DICIONÁRIO
DO
LIVRO

DA ESCRITA AO LIVRO ELECTRÓNICO

MARIA ISABEL FARIA
MARIA DA GRAÇA PERICÃO

DICIONÁRIO
DO
LIVRO

DA ESCRITA AO LIVRO ELECTRÓNICO

ALMEDINA

DICIONÁRIO DO LIVRO
DA ESCRITA AO LIVRO ELECTRÓNICO

AUTORAS
MARIA ISABEL FARIA
MARIA GRAÇA PERICÃO

EDITOR
EDIÇÕES ALMEDINA, SA
Av. Fernão Magalhães, n.º 584, 5.º Andar
3000-174 Coimbra
Tel.: 239 851 904
Fax: 239 851 901
www.almedina.net
editora@almedina.net

PRÉ-IMPRESSÃO | IMPRESSÃO | ACABAMENTO
G.C. – GRÁFICA DE COIMBRA, LDA.
Palheira – Assafarge
3001-453 Coimbra
producao@graficadecoimbra.pt

Novembro, 2008

DEPÓSITO LEGAL
281436/08

Os dados e as opiniões inseridos na presente publicação
são da exclusiva responsabilidade do(s) seu(s) autor(es).

Toda a reprodução desta obra, por fotocópia ou outro qualquer
processo, sem prévia autorização escrita do Editor, é ilícita
e passível de procedimento judicial contra o infractor.

Biblioteca Nacional de Portugal – Catalogação na Publicação

FARIA, Maria Isabel Ribeiro de, 1946-   , e outro

Dicionário do livro / Maria Isabel Faria, Maria da Graça Pericão
ISBN 978-972-40-3499-7

I – PERICÃO, Maria da Graça, 1942-

CDU 655
     002/003
     01/02
     930.2

Naturalmente, aos nossos Filhos
Guilherme, Marta, João, Pedro, Francisco e Cristina

DO BOM USO DESTE DICIONÁRIO

O livro é o modo de apresentação tradicional do pensamento sob a forma de escrita que, no momento que vivemos começa, ele também, a ser posto em causa. Acreditamos que se trata apenas de uma questão passageira. Por isso, em vez de nos dispersarmos a tomar partido ao lado dos adeptos da sua perda de importância no futuro ou ao do daqueles que afirmam com convicção que o livro é e continuará a ser um veículo de cultura e de saber inigualável, decidimos fixar no papel a nomenclatura que tem estado subjacente à comunicação, através da palavra escrita, desde que o ser humano começou a esboçá-la.

A ideia da elaboração deste dicionário nasceu da circunstância de, na nossa actividade profissional diária, nos termos confrontado frequentemente com dúvidas pessoais, de utilizadores dos Serviços onde trabalhámos ou de colegas que, por vezes, nos procuravam para debater questões ligadas à área que esta obra intenta cobrir. Das dificuldades então sentidas nasceu o nosso interesse por este tema. Começou, pois, a dar-lhe corpo o numeroso elenco de definições que, por necessidades de trabalho, fomos recolhendo e elaborando ao longo dos anos. Muitas delas foram coligidas, após uma longa busca, nas escassas fontes bibliográficas então existentes sobre o assunto, outras foram redigidas por nós após troca de impressões com especialistas que no momento nos pareceram os mais bem informados. Quando fizemos o levantamento bibliográfico das existências sobre as temáticas a considerar, pudemos verificar que elas eram quase exclusivamente de origem estrangeira. De facto, a maior parte da bibliografia é redigida principalmente em inglês, francês, alemão, italiano, espanhol e noutros idiomas menos acessíveis para nós. Esta circunstância terá favorecido a inclusão de um grande número de vocábulos técnicos de origem inglesa na terminologia biblioteconómica e na das disciplinas afins, facto que, de resto, se verifica em muitas outras áreas do conhecimento. Efectivamente, até à publicação da primeira edição do *Dicionário do Livro* (Lisboa: Guimarães Editores, 1988) era notória em Portugal a ausência de textos desta índole sobre o livro. Os poucos trabalhos existentes, na sua maior parte traduções, revelaram-se incompletos e desactualizados com o passar dos anos o que, certamente, virá a acontecer com este. Soma a isto, o facto de estas obras serem na generalidade parcelares e rapidamente se deixarem ultrapassar pela dinâmica da investigação, da tecnologia e do ritmo que o acontecer da vida sempre incute ao que quer que seja.

Para consolidar a ideia inicial contribuiu também a circunstância de, durante alguns anos, termos trabalhado sobretudo com fundos de livro antigo, que nos exigiram um contacto frequente com a terminologia específica da imprensa manual, cujo vocabulário naturalmente consignamos no âmbito deste dicionário, pese embora o facto de uma boa parte dele hoje se encontrar quase esquecida. Por isso, com a organização desta obra de referência pretendemos registar os termos do passado que, pouco a pouco, foram sendo abandonados; fazê-lo em simultâneo com a terminologia a que chamaremos de ponta, que as novas tecnologias da comunicação aplicadas à informação trouxeram consigo. Pretendemos também conservar na língua portuguesa algum vocabulário cujo desaparecimento tende a verificar-se com o advento e a imposição das novas técnicas. E, falando em *imposição*, quem se lembra ainda do significado desta palavra nos códices manuscritos medievos? Que dizer também da gíria dos nossos tipógrafos, tão diferente de região para região e específica de determinada zona do país ou tipografia? O *calão* dentro da mesma cidade, de oficina para oficina, mantinha e continua a manter aquilo a que poderá chamar-se *gíria doméstica* e que também será contemplado pelo nosso texto. São considerados igualmente termos que reflectem uma modernização lexicográfica resultante do desenvolvimento que se tem verificado nas diferentes ciências e saberes, que contribuem para a problemática do livro. E se outras razões não houvesse, esse seria um dos principais argumentos para os incluirmos aqui, pois tentámos inserir os diversos registos, captando os aspectos regional, jocoso, depreciativo, profissional, de gíria, etc.

Foi também nossa intenção contribuir para que ela pudesse vir a ser um elemento de consulta para quantos lidam com qualquer assunto terminológico num campo tão variado e amplo como o que é abrangido pela impressão e indústrias afins, hoje tão modificadas com a utilização das novas tecnologias.

Quando se pensa em livro, essa noção arrasta consigo muitas outras, que vão desde a escrita aos seus meios de transmissão e difusão e aos seus modos de recepção. Tentando abarcar uma tal diversidade, procurámos fixar não apenas as rubricas que têm em vista o livro como expressão do pensamento, mas algumas outras, provenientes de áreas que vão desde o suporte da escrita ao instrumento gráfico manual ou mecânico, passando pelo manuscrito, livro impresso e electrónico e ainda considerando aspectos específicos relacionados com o seu conteúdo intrínseco. Assim, reunimos a terminologia inerente à expressão da palavra, figuras de estilo, retórica, formas de linguagem, expressões que consignam o pensamento por escrito. Foram também consideradas outras formas de enunciação assentes no suporte papel, como modalidades de gravura, pintura, desenho, etc.

A explosão da informação que se verificou a partir dos anos 60, se por um lado facilitou as tarefas de delimitação das áreas do conhecimento a considerar e da selecção e recolha de rubricas e definições, por outro acabou também por dificultá-las, pelo facto de, perante as enormes possibilidades de escolha existentes, elas se tornarem muito mais difíceis de pôr em prática.

Examinando este dicionário, a primeira coisa que surpreende (e não fomos nós as menos surpresas!...) é o considerável número de palavras e expressões que é usado na arte gráfica e nas indústrias afins. Evidentemente que não temos a veleidade de ter recolhido todos os vocábulos de um universo tão extenso como este sem omitir algum, mas pareceu-nos que seria uma perda irreparável deixar passar a oportunidade da sua divulgação, apesar da limitação que à partida lhe reconhecemos, dada a enorme quantidade e diversidade de domínios terminológicos que abarca. Também é provável que a terminologia recém-chegada e os neologismos todos os dias criados e ainda não fixados, até por esse facto, possam não ter sido consignados; todavia, no que respeita à terminologia mais antiga, caída em desuso e que corria o risco de desaparecer irremediavelmente, essa terá sido recolhida quase na totalidade.

Parece redundante definir o universo, o objectivo e a abrangência do *Dicionário do Livro*. O seu título e a sequência das informações que lhe delimitam o âmbito, seleccionadas para apresentar em subtítulo: *da escrita ao livro electrónico* informam, de imediato, acerca da sua verdadeira natureza e finalidades. Este subtítulo justifica-se, porque o seu mundo é também o das microformas, dos audiovisuais e dos media, por exemplo, onde abundam palavras como "Ecrã", "Terminal", "Microimagem", "Holograma", "*Pen*", "*DVD*", "Hipertexto" e "Hipermédia" ou expressões como "Microfilme em cartucho", "Livro electrónico", "Registo sonoro", "Consola de visualização", etc., dado que o livro hoje em dia já não é apenas um conjunto de folhas impressas e brochadas ou encadernadas, mas, com frequência, um todo em que o texto é complementado com material audiovisual ou outro, que foi concebido para ser utilizado com ele ou para o substituir como veículo de informação. O seu suporte pode ser o papel, como no caso dos atlas, cadernos de exercícios e mapas, outro, como acontece com os filmes, discos, diapositivos, transparências, cassetes, etc., ou ainda outro, como é o caso do livro electrónico.

As rubricas inseridas no Dicionário do Livro abarcam campos muito diversos. Além da circunstância acabada de expor e de terem sido considerados significantes associados à divulgação, manuseamento e exploração do livro, a ele anda também ligada uma série de técnicas e de recursos, que fizeram com que tivessem de ser contemplados aqui, como já atrás referimos, termos de muitas outras áreas.

A terminologia que a obra contempla pretende ser a mais característica de ciências e/ou disciplinas como história da escrita e sua natureza (paleografia, diplomática, filologia), sigilografia (importância documental orgânica do selo), bibliografia, história do livro, biblioteconomia, codicologia, novas tecnologias ao serviço da informação (informática e ciência do audiovisual), sociologia da informação - suas incidências e problemáticas sociais, ciências físico-químicas (no que respeita a problemas e técnicas de conservação dos suportes da escrita e seu restauro) e novas questões da ciência da informação, indústria da informação, gestão de documentos e gestão da informação. Como poderá verificar-se, ela inclui todos os termos técnicos que se relacionam com os novos campos da informação escrita e sua transmissão, como os do documento electrónico, sistemas informáticos, etc., que a partir dos anos 80 invadiram, para grande proveito de todos, o mundo da edição, melhor dizendo, o da informação. Como testemunhas e participantes da grande revolução informática, que nos colocou numa viragem decisiva desta, como de outras actividades humanas, reconhecemos que ela resultou de uma longa evolução nos meios e nos processos da comunicação pela palavra escrita, a maior parte dos quais aqui deixamos registada através da terminologia que lhes serve de veículo.

Uma questão que poderá deixar perplexo o leitor é a de aparecerem inseridos numa obra desta natureza alguns termos arquitectónicos ou litúrgicos, por exemplo. Tal circunstância poderá, à primeira vista, levar a pensar numa selecção terminológica incorrecta ou feita de uma forma apressada, o que efectivamente não aconteceu. A inserção desses termos no texto justifica-se pelo facto de, no tratamento técnico do livro antigo ilustrado, por exemplo, poder haver necessidade de descrever portadas de estilo arquitectónico, referir gravuras com inscrições, etc., o que traz consigo o recurso obrigatório ao uso dessa terminologia. No que respeita aos termos litúrgicos (orações, diferentes partes do ofício divino, horas canónicas, partes da Bíblia) e a outros ligados à ambiência religiosa ou a termos musicais (libreto, notação musical, partitura e diversos géneros de música), a sua inclusão fica a dever-se à circunstância de tais informações serem necessárias a quem tem a seu cargo a descrição de códices iluminados ou outros ou o tratamento técnico de fundos bibliográficos musicais antigos. Incluímos ainda os aspectos da composição, edição e os da encadernação, dado que esta constitui o último estádio da montagem do livro tradicional como unidade física.

Quanto aos domínios abrangidos pela terminologia que se segue, há ainda um esclarecimento que se impõe. No passado, quando existiam apenas bibliotecas e arquivos, a aplicação da terminologia referente ao escrito limitava-se apenas ao âmbito daquelas instituições e seus utilizadores. Hoje, porém, tal já não se verifica. Com o aparecimento do material não-livro, do multimédia e dos recursos electrónicos, não só se diversificaram os suportes e os conteúdos dos fundos existentes, como as instituições passaram a apresentar designações muito diversas, consoante a filosofia que as rege e sobretudo o material que nelas predomina. Assim, daquelas duas únicas instituições passou-se a uma profusão delas, que dá pelas designações mais diversas: centro ou serviço de documentação a hemeroteca, mediateca, bedeteca, ludoteca, videoteca, filmoteca, teleteca, etc. É com a intenção de cobrir todo este leque de serviços, que no enunciado da definição de muitas das noções se inclui o seguinte fraseado: Em bibliotecas, arquivos, serviços de documentação, etc..., com a finalidade de englobar nesta sequência todas as especialidades de serviços informativos actualmente existentes, aos quais se aplica o termo definido.

Parece-nos caber aqui uma breve nota: a abordagem aos assuntos que se referem ao livro – escrita, composição gráfica, encadernação, tratamento técnico, pesquisa, etc. – tenta ir o mais possível ao âmago da questão, mas em matérias colaterais como literatura, estilística, gramática e outras do mesmo género, o destaque é apenas superficial. Daí os linguistas, os estudiosos da literatura, os gramáticos, especialistas ligados de um modo mais profundo ao livro, à palavra, à comunicação, certamente não encontrarem nesta obra qualquer novidade, antes poderem considerar demasiado sucintas as definições que nela são apresentadas. Convirá dizer que os elementos destas matérias foram aqui introduzidos apenas para não haver omissão, uma vez que eles estão directamente relacionados com a escrita. Em qualquer das obras da especialidade poderão encontrar-se estes assuntos tratados com uma profundidade muito maior.

Embora grande número de rubricas esteja directamente ligado com a história da escrita, do documento, do suporte e da transmissão da informação manuscrita ou impressa, intencionalmente não se desceu a considerações de pormenor de nomenclatura arquivística. O *Dicionário de Terminologia Arquivística* (Lisboa: Instituto da Biblioteca Nacional e do Livro, 1993), do qual nos socorremos amiúde no nosso dia a dia, será certamente instrumento mais apropriado que este para dar uma resposta pormenorizada e rigorosa a questões específicas desse foro.

Uma obra como esta destina-se a um universo muito vasto. Ela dirige-se a quantos, de uma ou de outra forma, intervêm no percurso do livro, tais como:

a) Autores, fabricantes de papel, tipógrafos, impressores, encadernadores, ilustradores, *designers*, leitores, etc.;
b) Bibliotecários, arquivistas, documentalistas e demais técnicos que trabalham com informação;
c) Bibliófilos, alfarrabistas, pessoas e entidades ligadas à comercialização do livro antigo ou moderno;
d) Investigadores;
e) Pessoas que trabalham no mundo dos negócios da informação;
f) Estudantes de Bibliografia, Biblioteconomia, Ciências Documentais, Ciências da Informação, Arquivologia, etc.;
g) Curiosos, que a compulsarão como recorrem a qualquer outro dicionário técnico e quantos, em suma, estão ligados à escrita e à informação registada em suporte papel ou electrónico.

De uma forma genérica, quase poderá afirmar-se que o seu público utilizador vai dos produtores, investigadores e editores aos coleccionadores, passando pelos alfarrabistas, profissionais de biblioteca, arquivo, serviços de documentação, etc., professores e estudantes dos diversos níveis de ensino e dos diversos países em que é escrita qualquer língua de raiz latina.

Seja esse público qual for, ao elaborarmos este livro esboçámos permanentemente um desejo: o de que ele fosse um instrumento de trabalho que, além de útil a quantos dele se servissem, pudesse também ser de manuseio fácil. Daí que tivesse havido um certo cuidado na escolha do papel, dos tipos e ilustrações, da implantação da página, do formato e dimensão, das capas, etc.

Acerca da metodologia que foi utilizada, poderá dizer-se que se procedeu a um levantamento exaustivo da terminologia cujas entradas pudessem ser representativas do contexto em que se insere o livro e a sua história, isto é, a montante e a jusante da sua elaboração. Sobre estas múltiplas temáticas foram consultadas obras específicas e compulsados os glossários, léxicos, vocabulários, dicionários, nomenclaturas, bancos de dados terminológicos, tesauros em diversas línguas, *sites*, etc.

Uma vez estabelecidos os limites, a recolha de dados foi feita de uma forma sistemática, através de leituras orientadas a partir de bibliografias que cobrissem as diversas temáticas a considerar. E tantas eram!... E tão variadas!

Deste modo, pouco a pouco foram sendo levantadas e coligidas todas as definições encontradas na bibliografia consultada, que nos pareceram pertinentes. Para especificar a natureza do termo, muitas situações houve em que tiveram de considerar-se, para além da definição, contexto, domínio de aplicação e sinónimos. Em seguida, foram sujeitas a um cuidadoso confronto, para se decidirem as diferentes acepções a considerar, se escolherem as mais específicas e completas e se estabelecer a sua ordem de aparecimento no texto do dicionário. A expressão definida, seja qual for a área do conhecimento a que pertença, é-o apenas na acepção relacionada com o documento gráfico e afins, sem que seja feita qualquer referência a outras que possa assumir em áreas diferentes.

Foram recolhidos os termos da língua portuguesa contemporânea, falada e escrita em Portugal e no Brasil, incluindo também algumas ocorrências na língua antiga e arcaica, e uma grande quantidade de termos e locuções de outros idiomas, vulgarmente designados como estrangeirismos e derivados gráficos de nomes estrangeiros. Fizemo-lo, porque muitos deles circulam com frequência na literatura da especialidade, são de uso corrente e não têm, em geral, qualquer palavra ou expressão que os substitua, mas não se encontram ainda documentados em dicionários. A inserção de um tão grande número de palavras e expressões em línguas estrangeiras, especialmente em língua inglesa, visa tão só traduzir a frequência com que ocorrem no mundo do livro e da informação. No uso diário todos dizemos, ouvimos e lemos *script* em vez de *guião*, *screen* em lugar de ecrã, *scope note* por nota de aplicação, *slide* em vez de diapositivo. A inclusão de palavras e expressões latinas deve-se ao facto de terem permanecido muito tempo na língua como a terminologia consagrada no que respeita a suportes e instrumentos da escrita, documentos codicológicos, actos notariais e outros, mas também porque são palavras que ocorrem frequentemente nos títulos das obras redigidas naquela língua e que, por vezes, têm conotações diversas das que hoje lhes atribuímos. Essas ocorrências, para que resulte evidenciado o seu empréstimo à língua portuguesa por parte de uma outra língua, vão assinaladas entre parênteses no corpo dos artigos, logo a seguir à palavra ou palavras de ordem, antes de dar-se início à definição da noção em causa. Assinalam-nas expressões do contexto, do género "[pal. lat.]", "[loc. ingl.]", etc. Com frequência são também fornecidos alguns elementos que contribuem para o registo diacrónico: o uso de palavras como "antigo", "arcaico", "moderno", "actual" pretende informar acerca disso mesmo.

A matéria que adiante se deixa registada não visa patentear erudição – nem para tal chegariam os nossos limitados conhecimentos! Visa, isso sim, responder de imediato, numa simples abertura do *Dicionário do Livro* – ali à mão, ao lado dos outros que se apanham já sem sequer olhar, por o muito uso ter transformado o gesto numa rotina mecânica – às variadas dúvidas terminológicas, que possam surgir a qualquer pessoa que trabalhe nas especialidades que ele pretende cobrir.

O *Dicionário do Livro* comporta cerca de 25.000 entradas de termos do domínio bibliográfico, não essencialmente de natureza técnica. A sua nomenclatura é uma lista de rubricas acrescida das respectivas definições. O uso de qualquer dicionário não dispensa um aprofundamento do tema escolhido se o investigador quiser ir mais longe. O bom uso deste Dicionário tem obviamente que ser completado, para o estudo monográfico dos assuntos, por obras mais informadas. Não se peça a um manual, por mais sério e opulento que seja, o que só estudos circunscritos podem oferecer. Quem quiser, por exemplo, saber mais acerca do conceito de "Incunábulo", terá que consultar bibliografia especializada. A consulta de todos os dicionários, mesmo os de âmbito menos dilatado como o que abarca o livro, deve ser completada através do recurso a estudos monográficos profundos.

Na medida do possível, demos preferência à definição dos conceitos que são expressos através das palavras ou locuções que funcionam como entradas. Apenas optámos pelo sinónimo, quando de todo nos foi impossível obter a sua definição satisfatória, o que acontece algumas vezes, dado que não se trata de um dicionário de sinónimos. Quando isso sucede, optámos pelo uso do sinónimo, propondo em geral mais que um significado para um mesmo significante. De qualquer forma, queremos aqui deixar expressa a eventual inexactidão, melhor dizendo, falta de precisão, que alguns dos sinónimos possam trazer consigo, para evitar que desvirtuem o real sentido da palavra à qual aparecem associados.

Não foi nossa intenção elaborar uma enciclopédia, nem tão-pouco redigir um manual. Na explicação dos termos, que pretendemos acima de tudo clara, procurámos estabelecer definições tão precisas quanto possível. Poderão verificar-se alguns desequilíbrios entre as rubricas seleccionadas. Umas são alvo de explicação mais extensa, dando-se de outras apenas uma definição breve. No campo que é reservado à definição ocorrem por vezes explicações que ultrapassam o significado estrito da palavra ou expressão em causa, fornecendo-se informação adicional acerca daquilo que pretendia apenas definir-se; são, regra geral, informações cuja inserção naquele lugar está quase sempre ao serviço de uma melhor explicitação e visa tão só esclarecer ou facilitar a compreensão do texto. Trata-se de uma diversidade de critérios que nós próprias reconhecemos, assumimos, e que fica a dever-se ao facto de nos parecer que um tratamento mais profundo de alguns assuntos colaterais ou caídos em desuso não caberia no âmbito desta obra. Sempre que foi julgada pertinente, inseriu-se a ocorrência em português do Brasil, convenientemente assinalada, que se situa, regra geral, em final de acepção ou de rubrica.

Um problema que se nos levantou à partida foi o da organização da globalidade dos elementos. A ordenação alfabética é a eleita por quase todos os bons dicionários de especialidade que conhecemos. Daí termos optado também por este modo de ordenação. Pensamos que ele facultará uma consulta rápida para solução de dúvidas acerca da grafia, do alcance ou do significado de uma palavra ou expressão. Quanto à ordem pela qual as entradas se apresentam, a sua ordenação alfabética poderá surpreender quantos a procurarem ainda baseada no método de alfabetação de letra a letra ou no de palavra a palavra. Será talvez conveniente esclarecer que neste aspecto não tivemos escolha possível, tendo ficado sujeitas às imposições da informática que, como é sabido, são variáveis de sistema para sistema. As abreviaturas e os acrónimos tiveram estatuto de palavra e, como tal, foram inseridos na sequência alfabética adequada. A propósito de abreviaturas, convirá referir que, para além das que têm uma entrada própria, o seu uso se restringiu às constantes da lista; quanto às formas que foram utilizadas, são aquelas que estão consignadas na NP respectiva, constante da Bibliografia final. Embora graficamente não seja comum usar a forma adoptada para apresentá-las escritas em maiúsculas, por uma questão formal, resultante do facto de constituírem uma entrada do Dicionário, a inscrever na ordem alfabética que lhe cabe, os caracteres que as compõem e que se encontram a seguir ao inicial estão também impressos em maiúsculas. Os termos são acompanhados pela indicação da acepção em que aparecem considerados e pela definição que lhes corresponde - definição que, como foi dito, houve a preocupação de formular com a maior simplicidade possível - ou pelo sinónimo adequado, no caso de definição inexistente. Sempre que se verificam relações conceptuais, elas são assinaladas incluindo todos os sinónimos aos quais é atribuída a mesma definição. Só em casos muito excepcionais são indicados termos relacionados. Ao elaborar a definição procurou esclarecer-se, de um modo conciso e rigoroso, o conceito associado a cada termo; por isso foi preterida a ordem alfabética, privilegiando-se a relação nocional. Alguns casos há em que são dadas explicações subsidiárias e/ou apresentados exemplos. Deu-se preferência à forma portuguesa da palavra ou expressão, sempre que ela existe. Casos houve, porém, em que, embora documentando ambas as formas, se considerou termo ou expressão preferencial para a entrada aquele que mais aceitação tem no País e que, com mais frequência, se encontrou documentado.

As palavras das entradas são sempre em letras maiúsculas, redondas e a negrito, usando-se apenas as minúsculas em símbolos químicos, quando a sua fórmula a isso obrigue, como é o caso de pH. As entradas de palavras ou locuções estrangeiras são apresentadas em letra maiúscula, itálica e a negrito, acompanhadas da indicação da língua a que pertencem entre parênteses ou, em casos esporádicos, dando-se conta disso no início da definição.

As palavras e expressões da língua portuguesa de uso exclusivo no Brasil são apresentadas em letras maiúsculas, redondas, a negro, acompanhadas da expressão "(pal./loc. Bras.)".

As rubricas das entradas podem ser simples (formadas apenas por um termo), constituídas por uma letra, por uma palavra, ligada ou não por hífen ou por uma forma abreviada do tipo símbolo, sigla, abreviatura, etc. ("D", "Dado", "Pé-de-mosca", "Corta-trapo", "pH", "I.H.S.". Podem também ser compostas (constituídas por mais de um termo, em geral por dois ou até mais: o núcleo e o modificador (temático), que pode aparecer ligado adjectivamente ou prepositivamente à palavra que constitui o núcleo, por uma pequena frase ou expressão ("Corte vertical", "Durabilidade do suporte", "*Ab urbe condita*", "Livro de venda directa por assinatura", "Ilustração didáctica", "Descrição bibliográfica", "Título paralelo").

Na escolha do género e do número na forma das rubricas das entradas optou-se em geral pelo uso da forma do masculino singular, como costuma acontecer em obras desta natureza. No que diz respeito ao género, embora se tenha optado pela forma do masculino, quando uma palavra tem um uso que lhe atribui um sentido diferente no masculino e no feminino, como no caso de "Acto" e "Acta", "Friso" e "Frisa" ou "Testemunho" e "Testemunha", cada uma das duas formas constitui uma entrada própria. Quanto ao número, é de referir também o caso de nomes apenas usados na forma plural, quando têm um sentido próprio privativo dessa forma, como acontece em rubricas simples, como "Pontusais", "Curiosidades" ou compostas, como "Quebras do papel". Apesar das escolhas feitas, circunstâncias houve, no entanto, em que teve de usar-se a palavra ou expressão na forma do feminino/masculino plural, como ocorre em " guardas duplas" ou "papéis pessoais", por exemplo, devido ao facto de a forma no singular não ser usada, arrastar consigo significados inexistentes ou completamente diferentes daqueles que pretendiam traduzir um determinado contexto no âmbito da temática da obra, ou apenas para garantir uma determinada lógica. Circunstâncias houve também em que um dos elementos constituintes da rubrica assume a forma singular, enquanto o seguinte assume a plural, como no caso de "fundo de manuscritos", " Gabinete de estampas", " Gestão de registos", " Índice de citações", "Livro de talões" ou "Livro de finados". Outras houve ainda em que a entrada se fez por cada uma das formas, uma no singular e outra no plural. É o caso de rubricas como "Fundo" e "Fundos", "Generalidade" e "Generalidades", "Acta" e "Actas", "Reservado" e "Reservados", "Memória" e "Memórias", que constituem cada uma delas uma entrada por direito próprio, porque assumem acepções diversas em cada uma das formas, não se tratando, nestes casos, de uma mera opção entre singular e plural.

No caso de entradas compostas, sempre que se justifica, o segundo elemento constitui uma entrada autónoma, quer para ser alvo de definição própria, quer para funcionar como mero ponto de remissão para o sintagma locucional de que faz parte, como acontece, por exemplo em "*Dentelle Ver* Encadernação *à la dentelle*" ou "Mudéjar *Ver* Encadernação mudéjar".

Em caso de palavras homógrafas com várias acepções, esgota-se primeiro uma delas, apresentando-se, em seguida, a outra.

No caso de palavras homónimas, procurámos estabelecer os seus significados assinalando a área de especialidade a que andam ligadas.

No que toca à grafia da língua portuguesa, o *Dicionário do Livro* tem por base o *Grande Dicionário da Língua Portuguesa* de José Pedro Machado e o *Dicionário da Língua Portuguesa Contemporânea*, publicado pela Academia das Ciências de Lisboa, que são referidos na Bibliografia final. Quanto à dos termos e expressões das outras línguas, respeitou-se aquela que as palavras ou expressões adoptam nos países de origem. Com a finalidade de aumentar a eficácia da consulta, antes da definição propriamente dita da rubrica que constitui a entrada apresenta-se, quase sempre, a tradução literal do seu significado.

O texto de cada definição inicia-se por letra maiúscula. As diferentes acepções para uma mesma entrada são separadas umas das outras por um sinal convencional iniciando cada uma delas com letra maiúscula. O elenco das diversas acepções consideradas remata com um ponto final. No uso de maiúsculas e minúsculas foram observadas algumas das regras de utilização geral preconizadas pelo Acordo Ortográfico (Portugal) e pelo Formulário Ortográfico (Brasil).

Na ordem da sucessão das acepções referidas em cada entrada procurou fazer-se, na medida do possível, uma apresentação diacrónica dos diferentes significados que uma mesma palavra ou expressão foi tendo ao longo dos tempos, começando pelos mais antigos e terminando sempre pelo sentido que ela assume no contexto das novas tecnologias da informação. Deste modo, quem pretender pesquisar um conceito ou uma noção no âmbito das novas tecnologias, poderá atentar apenas na última ou últimas linhas de texto da definição sob a entrada pretendida, pois aí encontrará aquilo que procura.

Na sequência das definições, sempre que é necessário ou conveniente realçar uma palavra ou expressão no interior do texto, assinala-se a ocorrência entre aspas ou em itálico. Os caracteres itálicos servem também para indicar as remissões, para destacar títulos de obras, como no caso de *Diário Oficial das Comunidades Europeias*, ou palavras e expressões de línguas estrangeiras, reservando-se as aspas para assinalar as transcrições inseridas no texto, quer como definição, quer para ilustrá-la.

Uma palavra nos merecem também as remissões, pelo enriquecimento que geram e pela forma como contribuem para melhorar a pesquisa. Servem para:

a) Assegurar as relações entre as entradas;
b) Orientar o utilizador para uma forma ou expressão vocabular preferencial (ou pelo menos considerada como tal);
c) Encaminhar de um dos sinónimos de uma palavra ou expressão para outro;
d) Remeter de um adjectivo para a locução de que faz parte.

Remete-se do termo não preferencial para o termo preferencial, aquele a que foi atribuído o estatuto de rubrica de entrada. No primeiro, em alguns casos é dada, de forma sintética, uma breve ideia do seu significado ou da acepção em que o termo ou expressão são ali considerados, antes de proceder-se à remissão. Deste modo, pretende informar-se de imediato o leitor acerca da noção que procurou, abrindo-se-lhe depois a possibilidade de recorrer à definição completa, caso os elementos ali fornecidos não sejam suficientes. As remissivas aparecem assinaladas pelos elementos de ligação *Ver* ou *Ver tb.*, que são sempre impressos em caracteres itálicos, pretendendo-se com o uso deste tipo destacá-las no conjunto do texto. A remissiva *Ver* é usada também para estabelecer relações de proximidade entre entradas, como acontece em "Antífona" e "Antifonário", por exemplo. Evitaram-se as remissões para entradas que eram, elas próprias, remissivas.

A utilização de e/ou no corpo das definições ocorre para introduzir informação aditiva e alternativa.

No caso dos séculos, a sua indicação apresenta-se por extenso quando a palavra se encontra associada a um algarismo romano; quando ela ocorre em sequência apresenta-se por extenso na primeira ocorrência, eliminando-se na segunda: "séculos XV-XVI" ou "séculos XII, XIII".

Acerca da bibliografia consultada, será oportuno dizer-se que a terminologia foi recolhida com base na leitura e consulta de obras e recursos de diversa natureza, das quais se destacam os livros, jornais, revistas, artigos esparsos, catálogos, actas de congressos, *sites*, etc., cujas referências se incluem na Bibliografia que vem apresentada no final, à guisa de remate da obra.

Esperamos que a longa lista de termos que aqui deixamos definidos dissipe algumas dúvidas. Na época em que vivemos, em que a velocidade da informação e a sua rápida desactualização são, quase poderá dizer-se, incontroláveis, estamos certas de que, a breve trecho, este dicionário se poderá revelar insuficiente. Novos tempos hão-de trazer consigo novas técnicas. Novas tecnologias gerarão consequentemente novos termos para a realidade que é o livro, seja qual for a forma que venha a assumir no futuro.

Dada a diversidade de disciplinas que cobre, a publicação de uma obra deste tipo apenas é possível graças à generosidade de quantos nos dispensaram o melhor do seu tempo e do seu apoio e incentivo. E tantos foram! A procura de soluções foi motivo para bons momentos de aprendizagem, de descoberta e de partilha, que aqui registamos com uma palavra de gratidão.

Coimbra, Primavera de 2008

MARIA ISABEL FARIA
MARIA DA GRAÇA PERICÃO

LISTA DE ABREVIATURAS

Al. – Alemão(ã)
Ár. – Árabe
Bras. – do Brasil/Brasileiro
Esp. – Espanhol(a)
c – Centígrado(s)
cm – Centímetro
Fr. – Francês(a)
Gr. – Grego(a)
Hebr. – Hebraico(a)
Ingl. – Inglês(a)
Ital. – Italiano(a)
Jap. – Japonês(a)
Lat. – Latim/Latino(a)
Loc. – Locução
m – Metro
mm – Milímetro
NP – Norma Portuguesa
Pal. – Palavra(s)
Per. – Persa
Port. – Português(a)
Sânsc. – Sânscrito(a)
Sue. – Sueco(a)
Tb. – Também
Tur. – Turco(a)

A

A – Primeira letra do alfabeto latino e do de quase todas as línguas antigas e modernas • O tipo que na impressão reproduz essa letra • Nas máquinas fundidoras é a matriz que dá esse carácter • Punção com que se grava essa matriz • Quando se usam letras em lugar de números, corresponde à assinatura do primeiro caderno de um volume • Nas chamadas de nota indica a primeira chamada, quando se usam letras em lugar de números ou sinais.

A & I – Forma abreviada de *Abstracting and Indexing*. *Ver* Serviço de A & I.

A ABRIR – Palavra ou expressão que antecede um esclarecimento no início do livro.

A APARECER – Termo referente a livros, periódicos, revistas, etc. para anunciar a sua próxima publicação • Vir a lume • Ser publicado.

A CAPITE (loc. lat.) – Desde o princípio.

A CAVALO – Diz-se do tipo que no momento da composição tipográfica ficou debaixo, de modo que provocou uma saliência, que redundou numa justificação defeituosa. (port. Bras.) Em canoa.

A CONTRAFIBRA – Diz-se do papel que foi dobrado ou cortado perpendicularmente à fibra.

À CABEÇA – No topo. Ao alto • Na parte superior da forma ou página. Em cabeçalho • Em título de capítulo.

À CUSTA DE – Expressão usada nos livros antigos, na portada ou no colofão, para indicar que a obra foi impressa com financiamento de alguma pessoa ou instituição.

A/D Interface (*Analogical/Digital Interface*) (loc. ingl.) – Circuito que transforma a informação analógica, como por exemplo um som musical, em digital ou vice-versa.

A DUAS COLUNAS – Diz-se do texto cuja mancha, manuscrita ou impressa, é disposta em duas secções verticais separadas por fio ou linha de branco, à qual se dá o nome de intercolúnio; os manuscritos a partir do século XII e os incunábulos são frequentemente compostos a duas colunas, o que coincide com a fase florescente da escrita gótica; esta disposição a duas colunas é devida à adopção de módulos de escrita muito reduzidos, que permitem multiplicar o número de linhas, mesmo nos manuscritos de pequenas dimensões; em épocas anteriores os manuscritos, cuja escrita era muito menos densa, podiam ser a uma só medida e a divisão entre as obras a duas colunas e a uma só medida era equilibrada. Em duas colunas.

A EXPENSAS – Expressão inscrita no pé de imprensa ou no cólofon de alguns livros antigos para indicar o editor, livreiro, instituição, comunidade ou mecenas que custeou a edição de uma obra; com o mesmo sentido são por vezes empregues as palavras *impensis* ou mais simplesmente *sumptibus* ou ainda *sumptibus fecit* precedidas ou seguidas do nome da pessoa que financiou a edição.

À LA LETTRE (loc. fr.) – Ao pé da letra, isto é, no sentido rigoroso das palavras. Exactamente.

À LA PLAQUE ROCAILLE (loc. fr.) – Expressão que designa em encadernação o estilo caracterizado por motivos rocócó, formados sobretudo por concheados.

À LEITURA – Diz-se de uma obra, publicação periódica ou outro qualquer documento não disponível no momento do pedido, porque está a ser dado à leitura.

À LETRA – Literalmente • Rigorosamente • Com exactidão.
À LINHA – Expressão usada para indicar que deve fazer-se nova alínea, sobretudo quando se dita.
À MANEIRA DE PASTEL – *Ver* Pastel.
À MARGEM – Colocado na parte sem letras que envolve o corpo do texto, numa folha manuscrita ou impressa. Na extremidade. No limite. Na borda.
A PLENA PÁGINA – Expressão usada para designar uma gravura, estampa ou desenho que ocupa a página completa e que geralmente está incluída na paginação; neste contexto ela distingue-se da estampa solta com paginação própria. Em página inteira.
A QUEM LER – Palavras que por vezes encabeçam o prefácio, preâmbulo ou prólogo de uma obra • Palavras prévias.
A *QUO* (loc. lat.) – Diz-se do dia a partir do qual se inicia a contagem de um prazo.
A ROL – Em pormenor e sob forma de lista escrita.
A SECO – Expressão para indicar uma decoração em encadernação de pele, pergaminho ou tecido, feita mediante a aplicação de um ferro ou punção muito quente sem dourado ou cor, como acontece, por exemplo, nas encadernações monásticas. A ferros secos.
A TÍTULO DE EMPRÉSTIMO – Cedência gratuita de um ou vários documentos a um indivíduo ou instituição por um período de tempo limitado.
A TODA A PÁGINA – A todo o plano.
A TODO O PLANO – Texto, fotografias, etc. que ocupam toda a largura de uma página. A toda a página.
A TOPO – *Ver* Gravura a topo.
A TRAÇO – Termo que caracteriza uma ilustração desenhada, gravada ou reproduzida, isenta de cor ou de sombras, que é figurada apenas pelo traço.
A UMA SÓ MEDIDA – Diz-se do texto cuja mancha manuscrita ou impressa está disposta de forma compacta, ocupando toda a página, sem qualquer divisão a meio. (port. Bras.) Em medida cheia.
À *VOL D'OISEAU* (loc. fr.) – De modo sumário, resumido; caracteriza um texto onde o assunto não é abordado com profundidade, mas sim pela rama. Rapidamente. Por alto. Ao de leve. Pela rama.
A. – Abreviatura de autor; o plural da abreviatura é AA.
a. C. – Forma abreviada de *ante Christum*, "antes de Cristo", usada depois da data a que respeita. Aparece também como A. C.
A. C. – Abreviatura de *ante Christum*, "antes de Cristo", usada depois da data a que respeita. Aparece também sob a forma *a. C.*
A. D. – Abreviatura de *Anno Domini*, no ano do Senhor.
A. M. D. G. – Abreviatura da expressão latina *Ad Majorem Dei Gloria*, "Para maior glória de Deus", frase que pretende ser uma homenagem à divindade e que subscreve alguns textos latinos, sobretudo de carácter religioso.
A. N. T. T. – Sigla de Arquivo Nacional da Torre do Tombo. ANTT.
A.K.A. – Forma abreviada da expressão inglesa *also known as*, conhecido também como.
A.P.E.L. – Acrónimo de Associação Portuguesa de Editores e Livreiros. APEL.
A.T. – Abreviatura de Antigo Testamento.
A.U.C. – Abreviatura da expressão latina *Ab Urbe condita*, a partir da fundação da cidade (de Roma), título da história de Roma por Tito Lívio. Os romanos costumavam contar os anos da sua era relativamente à fundação de Roma, que se verificou 753 anos antes de Jesus Cristo. *Ab U.C.* (port. Bras.) AUC.
A/c, C/a – Corrente alternada.
AA – *Ver Anglo-American Code*, Código anglo-americano, um conjunto de princípios de catalogação, que foi usado por algumas bibliotecas americanas e inglesas no passado, antes de terem sido publicadas as *AACR1*.
AACR1 – Forma abreviada de *Anglo-American Cataloguing Rules, 1st edition*, Chicago, American Library Association, 1974, Regras de Catalogação Anglo-Americanas. *Ver Anglo-American Cataloguing Rules*.
AACR2 – Forma abreviada de *Anglo-American Cataloguing Rules, 2nd edition*, London, Library Association, 1978, Regras de Catalogação Anglo-Americanas. *Ver Anglo-American Cataloguing Rules (2nd edition)*.

AB ABSURDO (loc. lat.) – Reduzindo ao absurdo. Pela redução ao absurdo.
AB INCUNABULIS (loc. lat.) – *Ver Ab initio*.
AB INITIO (loc. lat.) – Desde o princípio, no começo; utilizava-se antigamente para indicar que a música já executada se devia repetir; o mesmo que *Da Capo. Ab incunabulis*.
AB INTEGRO (loc. lat.) – Integralmente. Por inteiro.
AB ORIGINE (loc. lat.) – Desde a origem. Desde o princípio.
AB OVO (loc. lat.) – A partir do ovo. Desde o começo. Desde a origem. Desde o princípio.
AB U.C. – Abreviatura de *Ab Urbe condita*, desde a fundação da cidade. (port. Bras.) *A.U.C*.
ABA – Badana, orelha, extremidade da sobrecapa, parte da cobertura que ultrapassa as capas e cai sobre o corte do livro • Excesso de chumbo aderente a uma estereotipia, em correspondência com a boca do molde aquando da fundição. (port. Bras.) Desdobro.
ÁBACO – Quadro coberto de areia fina sobre o qual os atenienses traçavam figuras ou caracteres • Quadro antigo, onde eram inscritos os algarismos para ensinar a calcular. Tabuada antiga • Parte superior do capitel de uma coluna; as suas proporções, forma e decoração variam conforme as ordens arquitectónicas.
ABAIXO-ASSINADO – Petição, representação ou documento subscrito por várias pessoas. Infra-assinado.
ABALIZADA – Diz-se de uma publicação em série cujos manuscritos propostos para serem editados nela são apreciados, além do editor, pelo menos por um especialista do assunto, antes que sejam aceites para serem divulgados na referida publicação.
ABANICO – Dito epigramático.
ABANO (port. Bras.) – Dispositivo que, na saída da dobradeira das impressoras rotativas, separa quantidades predeterminadas de jornais.
ABATIDO – Diz-se, em paleografia, do carácter alongado quando este ultrapassa a altura normal.
ABBREVIATOR (pal. lat.) – Notário encarregado de redigir a minuta de um acto.
ABC – As três primeiras letras do alfabeto latino • Á-bê-cê • O mesmo que alfabeto. Abecedário.

Á-BÊ-CÊ – As três primeiras letras do alfabeto latino • Rudimentos de uma ciência ou de outro tipo de conhecimentos. Abecedário. Alfabeto. ABC.
ABECÊ – Cartilha ou livro elementar de leitura.
ABECEDÁRIO – Colecção de letras de adorno ou iniciais • Ordem das assinaturas dos cadernos, quando estes vão assinalados apenas com letras, em vez de ser com números • Livro cujas matérias se apresentam por ordem alfabética como os dicionários • Cartilha para ensinar ou aprender a ler, geralmente adornada com uma ou várias representações da letra maiúscula e minúscula acompanhadas de palavras começadas por essa letra para melhor compreensão, uma vez que se destina à leitura para crianças. Abectúrio. Abegetório.
ABECEDÁRIO ILUSTRADO – O que apresenta ilustrações alusivas ao assunto apresentado, de modo a tornar mais atraente o seu manuseio por quem o aprender ou utilizar.
ABECEDARIUM (pal. lat.) – Livro que contém um alfabeto, regras de ortografia, tabuadas ou uma gramática elementar latina; estes manuais estiveram em uso na Europa antes da invenção da tipografia; os que se destinavam ao ensino do latim continham normalmente extractos das obras de Ælius Donatus.
ABECTÚRIO – Designação antiga de abecedário.
ABEGETÓRIO – Designação arcaica de abecedário.
ABERRAÇÃO – Termo de uso geral, empregado para descrever uma grande variedade de defeitos ópticos em lentes, que têm como resultado a formação de imagens ópticas impróprias como, por exemplo, o astigmatismo e a aberração esférica.
ABERTA – Diz-se da composição tipográfica bem espaçada e circundada por uma ampla margem branca • Diz-se da composição em que existem claros entre os caracteres, as palavras e as linhas.
ABERTAS (port. Bras.) – Claros ou intervalos deixados num escrito para separar segmentos ou para posterior preenchimento.
ABERTO – Diz-se do livro cujos bordos dobrados das folhas foram cortados mecanicamente, com um corta-papel ou com faca.

ABERTURA – Frente • Goteira • Corte lateral do livro oposto ao dorso ou lombada • Parágrafo simples, directo, concreto e conciso em que é dado o essencial da notícia que se segue; nunca deve ser uma consideração geral, nem uma frase negativa ou interrogativa; também não deve ser escrito na voz passiva; devem evitar-se citações entre aspas, a não ser no caso em que a notícia seja de tal modo delicada ou controversa que haja vantagem na sua divulgação nos termos utilizados por quem a revelou; contudo, mesmo neste caso, é quase sempre preferível citar entre aspas apenas as palavras mais significativas da abertura. A forma mais directa de elaborar a abertura é incluir nela os chamados seis elementos fundamentais da notícia ou, pelo menos, os primeiros quatro: quem? quê? quando? onde? como? porquê? Mas como, em geral, os últimos dois são desnecessários e difíceis de resumir em poucas palavras, devem antes ser desenvolvidos no texto • Princípio de uma narração constituída por fórmulas consagradas pelo uso como *Era uma vez ..., Naquele tempo...* (port. Bras.) Letra capitular usada para iniciar uma secção de livro, capítulo, parte, etc.

ABERTURA DE CAPÍTULO (port. Bras.) – Matéria impressa antes do início do capítulo, como número, título, etc.

ABERTURA PLANA (port. Bras.) – Capacidade de um livro de lombada quadrada permanecer aberto sobre uma superfície plana.

ABESENTAR – Guarnecer com besantes.

ABF – Acrónimo de *Association des Bibliothécaires Français*.

ABIDOS – *Ver* Tábuas de Abidos.

ABOCADO – Termo usado em heráldica para significar a colocação de uma peça dentro da boca de animais num escudo de armas.

ABOLORECER – Ficar coberto de vegetais microscópicos e deteriorar-se sob a sua acção; sucede quando a documentação é guardada em condições não controladas de humidade e de temperatura.

ABOMINÁRIO – Livro que continha as excomunhões lançadas pelos papas, bispos e fundadores e os nomes dos excomungados pela Igreja.

ABONAÇÃO – Acto ou efeito de abonar • Afirmação ou trecho escolhido de um autor célebre que é utilizado para elucidar ou fundamentar o uso de uma frase ou palavra. Citação.

ABONADO – Assinante, pessoa que fez uma assinatura (de uma publicação, por exemplo) • Diz-se do que está documentado ou citado por um autor notável.

ABONAR – Inscrever uma entidade ou pessoa para receber periodicamente uma publicação ou serviço em troca de um pagamento previamente estipulado • Documentar citando um autor consagrado • Justificar o uso de uma palavra, frase ou expressão.

ABONO – Acto e efeito de abonar • Direito que adquire o que se abona • Assinatura. Subscrição • Pagamento anual ou mensal para ter direito a utilizar serviços bibliográficos. Preço pago ou acordo a que se chega para receber com regularidade livros de uma colecção em fase de publicação, etc.

ABORDAGEM – Acto e efeito de abordar. Modo de expor um tema, assunto ou problema • Sondagem de opinião.

ABORDAR – Tratar. Referir. Tocar. Versar • Sondar a opinião de uma pessoa • Expor.

ABORTAR UM PROGRAMA – Interromper um programa de computador voluntária ou acidentalmente.

ABORTIUM PERGAMENA (loc. lat.) – *Ver* Velino.

ABOSSADURA (port. Bras.) – *Ver* Bossagem.

ABRAÇADEIRA – Chave • Em encadernação, tira ou cordão que cinge a pasta superior e a inferior, segurando-as ao meio uma à outra • (port. Bras.) *Ver* Parêntese.

ABRAICO – Termo arcaico que designava hebraico.

ABRASÃO – Desgaste da superfície de um material provocado por atrito ou pelo emprego de substâncias abrasivas • Raspagem ou rasura de um documento escrito.

ABRASÃO DE TINTA (port. Bras.) – Desgaste da chapa *offset* ou do cilindro de impressão causado pela acção corrosiva da tinta.

ABRASOAR – O mesmo que brasonar.

ABRASONAR – *Ver* Brasonar.

ABRE-CARTAS – *Ver* Corta-papel.

ABRE-ILHÓS – Aparelho usado em encadernação e cartonagem para abrir furos e aplicar neles um aro de metal de reforço.
ABRE-LIVROS – *Ver* Faca de papel.
ABREVIAÇÃO – Acto ou efeito de abreviar • Representação de uma unidade feita por meio de uma parte dela • Forma reduzida de um trabalho produzido através da condensação ou omissão de maior ou menor número de pormenores, mas que retém a unidade do original e o seu sentido geral • Grafia que permite economizar o espaço ou tempo necessários para escrever uma palavra por sinais convencionais.
ABREVIADOR – Pessoa que abrevia ou compendia um texto ou uma obra • Nome dado a certo oficial da chancelaria romana, espécie de notário, que redigia a minuta das bulas assinadas pelo Papa, colacionava-as quando eram transcritas sobre pergaminho e enviava-as para serem taxadas.
ABREVIADOR *DE PARCO MAIORE* – Oficial da chancelaria papal que, no século XVI, estava encarregado da expedição e colação das bulas.
ABREVIAR – Tornar breve. Resumir. Encurtar. Sumariar. Condensar • Recompilar • Compendiar.
ABREVIAT. – Forma sucinta de abreviatura.
ABREVIATURA – Sinais, letras ou fracções de palavras rematadas por um ponto • Resumo ou forma abreviada para poupar espaço e tempo na escrita de uma palavra; as abreviaturas tornaram-se tão numerosas (segundo Séneca, cerca de 5000), que foram estabelecidas medidas legislativas para reduzir o seu emprego; no século VI o seu uso diminuiu, mas conservou-se na Irlanda e Inglaterra de onde foram para o resto do continente europeu levadas pelos monges. As mais comuns são: endereços, valores de grandeza, unidades de medida, designação de ano ou século em relação à era cristã, meses do ano, designações comerciais ou outras. Forma encurtada ou contraída de uma palavra resultante da omissão de algumas sílabas no interior da mesma ou da omissão de parte dela para a escrever mais depressa ou ocupar menos espaço; o uso que hoje se faz das abreviaturas é abusivo; no tempo dos copistas elas tinham razão de ser, hoje parece-nos carecerem de sentido e impedirem a regularidade do texto numa obra que se quer bem composta • Nos manuscritos a abreviatura é usada frequentemente para poupar espaço e esforço no trabalho de cópia; é geralmente de três tipos: por suspensão (ou apócope), quando é abreviado o final da palavra que é assinalado pelo uso de um traço horizontal ou outro símbolo gráfico; por contracção (ou síncope), quando qualquer outra parte de uma palavra é abreviada pelo uso de um símbolo gráfico; por símbolo de abreviação usado na totalidade de uma palavra através de símbolos taquigráficos; todos estes tipos de abreviatura podiam ser usados simultaneamente no mesmo manuscrito. Com o advento das universidades medievais, a partir de 1200, o uso da abreviatura teve um grande incremento; os leitores medievais familiarizaram-se com estas formas, embora algumas fossem de difícil decifração. Aliás, estas abreviaturas derivavam de uma antiga prática romana, frequentemente constituída por siglas ou acrónimos; verifica-se nos nossos dias um certo renascimento de tal prática, sobretudo em abreviaturas de nomes de instituições, associações, nomes de projectos, etc., a que se somam todas as que mais recentemente estão conectadas com o mundo informático, de mistura com muitos termos importados directamente da língua inglesa.
ABREVIATURA DE FORMATO – Símbolo que indica o número de folhas em que os cadernos estão dobrados: 4º para formato in-quarto, 8º para formato in-oitavo, etc. Símbolo de formato.
ABREVIATURA MISTA – Aquela em que a palavra sofre a supressão de algumas sílabas e de outras não; é usada frequentemente nos manuscritos medievais.
ABREVIATURA POR CONTRACÇÃO – Aquela em que a palavra é representada pela primeira ou primeiras letras e a última ou ainda também por algumas letras do meio da palavra; é o tipo mais comum na escrita visigótica; tende a conservar as consoantes na sua maior parte e a suprimir todas ou quase todas as vogais; foi também muito desenvolvida na escrita carolina, decaindo nos finais da Idade Média, voltando a estar em voga nos séculos XIV e XV.

ABREVIATURA POR SIGLA – Nos códices manuscritos consiste na palavra indicada apenas pela sua inicial, levando geralmente um dos sinais abreviativos gerais sobre a última letra da palavra abreviada; é usada quase só para indicar o nome próprio do autor, do destinatário ou dos confirmantes.
ABREVIATURA POR SÍNCOPE – Abreviatura por contracção.
ABREVIATURA POR SUSPENSÃO – Aquela em que se indica sempre o início da palavra, omitindo-se a parte final; sobre a última letra da palavra abreviada leva um dos sinais abreviativos gerais.
ABREVIATURA SILÁBICA – Aquela em que a palavra se resume apenas a parte das sílabas que a constituem; é usada nos manuscritos medievais.
ABREVIATURA SIMPLES – Usada nos manuscritos, é a que é formada apenas pela primeira sílaba da palavra a abreviar.
ABREVIATURAS *COLON* – Sistema usado para indicar os nomes próprios mais comuns através do uso da inicial acompanhada do sinal de dois pontos: para os nomes masculinos ou de dois pontos.. para os nomes femininos; assim: A: Álvaro, B: Bento; A.. Ana; B.. Beatriz.
ABRIDOR – O que abre a chapa de metal ou cobre com um desenho gravado • Gravador. Burilador • Instrumento utilizado na gravura manual • Buril, cinzel • Aparelho utilizado no fabrico do papel, para rasgar e bater os trapos.
ABRIDOR DE ESTAMPAS – Gravador.
ABRIDOR DE MATRIZES – Gravador de tipos, fabricante de tipos e de moldes tipográficos.
ABRIDOR DE TIPOS – *Ver* Abridor de matrizes.
ABRIR – Começar • Espacejar. Entrelinhar • Aumentar os brancos que separam as letras ou linhas de um texto • Cortar pelos vincos as páginas de um livro • Rasgar o invólucro que protege uma carta ou outro documento pondo a descoberto o seu conteúdo • Gravar.
ABRIR A FORMA – Soltar os cunhos que mantêm a forma apertada na rama, para corrigir ou levantar as páginas de uma forma e impor a outra. Desapertar a forma, afrouxar a forma.

ABRIR ASPAS – Começar palavra ou frase com o sinal de aspas (").
ABRIR CABEÇA – Cortar as folhas dos cadernos alceados antes de arredondar a lombada do livro, para evitar a formação de rugas.
ABRIR CADERNO – Cortar as páginas de um caderno para intercalar material fora do texto.
ABRIR INICIAL – Desenhar, inscrever uma letra capitular no início de um texto ou parágrafo; nos manuscritos era necessário deixar um espaço em branco para o efeito.
ABRIR JANELA – Deixar espaço numa página, de modo a poder incluir uma ilustração ou texto.
ABRIR O LIVRO – Cortar manualmente as folhas dobradas dos cadernos de um livro com instrumento cortante como uma máquina própria, um canivete ou um corta-papel • Separar as folhas de um livro entre uma página par e outra ímpar.
ABRIR O PAPEL – Passar a dobradeira num monte de papel ou batê-lo, a fim de separar as folhas e facilitar a sua arrumação na mesa de alimentação da impressora ou máquina de acabamento e o trabalho de marginação.
ABRIR O SINETE – Quebrar o selo de um documento a fim de se poder tomar conhecimento do seu conteúdo.
ABRIR PÁGINA – Começar em página nova, capítulo ou outra divisão do livro dando-lhe, na cabeça, o correspondente claro ou entrada.
ABRIR PARÁGRAFO – Deixar a linha em que se escrevia ou compunha e começar a escrever ou a compor na linha seguinte, permitindo o recuo especificado.
ABRIR PARÊNTESE – Colocar o sinal de parêntese (, que deve preceder palavra ou frase por eles encerrada.
ABRIR SINAL – Registar o nome nos livros dos notários.
ABRIR UMA ESTAMPA – Gravar uma estampa.
ABRIR UMA GRAVURA – *Ver* Abrir uma estampa.
ABRIR-SE UMA COMPOSIÇÃO – Partir-se ao meio uma composição • Empastelar-se.

ABRUNHEIRO SELVAGEM – Espécie de pequeno abrunho selvagem e espinhoso da família das rosáceas, cujos frutos fornecem um pigmento azul esverdeado usado como corante em pintura de manuscritos.
ABS – Acrónimo de *Association de Bibliothécaires Suisses*, Associação de Bibliotecários Suíços.
ABSOLUTUM (pal. lat.) – Indicação que designa *acabado de imprimir;* antigamente colocava-se no final das obras com o local e a data de impressão.
ABSORÇÃO – Capacidade que o papel tem de absorver a tinta de impressão ou qualquer outro líquido. Poder absorvente • União de duas publicações em que o título de uma delas se manteve ou em que os títulos mudaram, mas se manteve a numeração de uma delas.
ABSORVEDOR DE HUMIDADE – *Ver* Desumidificador.
ABSORVÊNCIA – Propriedade que possui o papel de se deixar embeber pelos líquidos com os quais entra em contacto • Grau de receptividade de um material aos líquidos, sob a forma líquida ou gasosa.
ABSORVENTE – Produto que tem a propriedade de absorver e fixar certas substâncias; é utilizado para eliminar as manchas • Diz-se do papel cuja composição embebe o óleo das tintas de aguarela, deixando-as sem brilho.
ABSTERSÃO – Em arquivística, limpeza de documentos através da eliminação de matérias estranhas, com vista à sua conservação.
ABSTRACÇÃO – Processo mental de divisão e agrupamento que está envolvido na classificação.
ABSTRACT (pal. ingl.) – Resumo. Extracto. Sumário.
ABSTRACTUS (pal. lat.) – O seu significado original era o de "extraído de".
AC – Acrónimo de Análise de conteúdo.
ACA – Sigla de *Association of Canadian Archivists*, Associação Canadiana de Arquivistas.
ACABADO (port. Bras.) – Diz-se do papel que teve uma ou ambas as faces alisadas por um rolo ou pela acção da calandra.
ACABADO DE IMPRIMIR – Inscrição que os antigos impressores colocavam no final das obras impressas e que equivalia ao *explicit* dos copistas medievais; corresponde ao colofão e inclui geralmente o nome da obra, o do autor, o lugar onde foi impresso, o impressor, por vezes o editor (à custa de, *impensis*) e a data, mencionando frequentemente o nome do santo do dia. *Absolutum*.
ACABADO DE SAIR – Nos incunábulos esta expressão iniciava o colofão, indo ao pormenor de indicar o próprio dia em que a obra tinha sido acabada • Comunicado escrito que anuncia a publicação de uma obra nova ou reeditada • Nas bancas.
ACABADOR – Operário encarregado do acabamento dos clichés, nas oficinas de fotogravura, estéreo ou galvanotipia • Encadernador que remata o trabalho de encadernação: polimento da pele, rotulagem, embelezamento, processos levados a cabo na fase final da encadernação.
ACABAMENTO – No fabrico do papel, é a operação manual ou mecânica a que ele é submetido através da prensa *offset*, cilindro friccionador, acetinadora, calandra ou supercalandra, e que confere características específicas à superfície da folha • Conjunto das operações que se seguem à imposição de um livro, folheto ou folha e que conferem ao produto impresso a sua apresentação definitiva • Em encadernação, conjunto de trabalhos que inclui o fabrico da capa e ornamentação das pastas e a colocação do rótulo • Em fotogravura é o conjunto de operações que consistem no chanframento e na montagem sobre bloco, a fim de obter a altura tipográfica.
ACABAMENTO DE MÁQUINA – Aquele que se dá ao papel na máquina contínua e não na calandra ou qualquer outra máquina.
ACABAMENTO DO PAPEL – Características da superfície do papel (contorno, aspecto, brilho, etc.) que identificam cada um dos tipos.
ACABAMENTO EDITORIAL (port. Bras.) – *Ver* Encadernação editorial.
ACABAMENTO EM LINHA (port. Bras.) – Operações de fabrico que são realizadas como parte da operação contínua, na própria impressora ou durante o processo de encadernação.
ACABAMENTO FORA DE LINHA (port. Bras.) – Operações de remate realizadas em equipamentos separados da impressora.

ACABAMENTO TIPO LINHO – Acabamento dado ao tecido de encadernação, para lhe conferir um aspecto de fio ou linho; obtém-se através da aplicação de um recheio e um revestimento da superfície, que inclui o tingimento do tecido incolor e a fricção da superfície revestida, de tal modo que aparecem em parte as fibras do tecido • Expressão usada igualmente para caracterizar determinado tipo de papel de carta.

ACABAR ENCOSTADO – Espacejar as linhas finais de uma composição tipográfica, de modo que a última linha seja cheia, sem parágrafo • Compor a dois. Compor à linha certa.

ACÁCIA – Género de planta da família das *Leguminosæ*; a seiva e a vagem de certas espécies, nomeadamente a *Acacia Arabica* e a *Acacia Senegal* são usadas na manufactura da goma arábica.

ACACIA NILOTICA (loc. lat.) – Espécie de acácia que era utilizada no curtimento de peles.

ACADEMIA – Lugar onde se ensina • Escola de ensino superior • Sociedade de sábios, artistas ou literatos • Corporação científica que reúne para expor e discutir os estudos levados a cabo pelos seus membros.

ACADEMIA ALDINA – Nome dado a uma célebre academia fundada em 1500 por Aldo Manuzio (o Velho), cujo objectivo principal era a impressão dos melhores manuscritos gregos e latinos antigos.

ACADEMIA LITÚRGICA DE COIMBRA – Instituição que possuiu a sua própria tipografia naquela cidade, que foi extinta em 1767, tendo os seus tipos sido incorporados na Imprensa da Universidade, fundada pelo Marquês de Pombal em 1772.

ACADÉMICO – Referente a academia • Membro de academia • Academista. Estudante.

ACAFELADO – Disfarçado. Dissimulado • Engessado.

AÇAFRÃO – Substância vegetal utilizada como pigmento amarelo ou amarelo alaranjado usado na ornamentação de iluminuras.

ACAMADOR – *Ver* Assentador.

ACANALADURA (port. Bras.) – *Ver* Canal.

ACANTIFORME – Diz-se do motivo decorativo ou da ornamentação, que apresenta a forma da folha de acanto.

ACANTO – Planta herbácea robusta, cultivada e espontânea, que é usada como motivo decorativo do capitel coríntio, que representa folhas de acanto espinhoso. Hoje as representações do acanto geralmente não são tão fidedignas à planta verdadeira como as da Antiguidade, reduzindo-o a um elemento decorativo consistindo em folhas carnudas estilizadas; este ornamento foi usado nomeadamente nos manuscritos carolíngios no século IX nos quais representava um reflorescimento consciente das formas mediterrânicas e já fora anteriormente utilizado na escultura romana e grega; tornou-se um dos principais ornamentos fitomórficos nas bordaduras de manuscritos e como símbolo de árvores foi usado pela Escola de Winchester.

ACANTOLOGIA – Compilação ou colecção de epigramas e sátiras.

ACANTÓLOGO – Autor ou compilador de acantologias • Coleccionador de epigramas.

ACANTONADO – Em heráldica significa a posição de quatro peças colocadas uma em cada cantão do escudo, assim como o mesmo número de peças iguais que na bordadura se encontrem, uma em cada ângulo do escudo; não é o mesmo que cantonado • Diz-se do motivo iconográfico colocado no ângulo interno ou externo de um quadro, de um friso ou de uma moldura.

ACAPITULAR – Dividir em capítulos.

ACAREAR – Cotejar. Confrontar.

ÁCARO DOS LIVROS – Pequeno insecto cinzento, branco ou translúcido, mais ou menos do tamanho da cabeça de um alfinete; encontra-se em grande número em zonas húmidas e escuras nos livros; aparece geralmente no Outono e causa mais estragos do que pelo seu tamanho poderia supor-se; come grude, goma e fungos; pode exterminar-se através da congelação, mas a melhor solução é procurar criar um ambiente mais seco.

ACARRETO – Plágio. Imitação. Cópia servil de um trabalho de outrem.

ACARTOLINADO – Que tem a consistência da cartolina.

ACARTONADO – Diz-se do papel que tem a consistência do cartão.

ACARTONAR – Conferir a um papel a consistência do cartão • Encadernar com cartão. Cartonar.

ACAVALADO – Tipo que ficou debaixo e acavalou, provocando assim uma saliência; o resultado final é uma má justificação. Montado.

ACAVALAR – Diz-se do fio ou entrelinha que saiu do alinhamento devido a sujidade existente entre os materiais que compõem a chapa • Em encadernação, sobrepor um ou mais bifólios a um fascículo já composto • Em tipografia, sobrepor dois fios ou entrelinhas no ponto de junção.

ACÇÃO – Conjunto das manifestações de um actante • Argumento de uma obra literária • Parte da retórica que estabelece os gestos, entoação e movimentos do corpo que devem acompanhar o discurso oral.

ACCEPTARE (pal. lat.) – Tomar para si. Receber. Aceitar.

ACCIONADOR DE FITA – Mecanismo que lê e escreve informações digitais em fitas magnéticas.

ACCIPIES (pal. lat.) – Recebe. Aceita • Na ilustração medieval, particularmente na iluminura, é o nome dado à miniatura de apresentação em que um autor oferece a sua obra a uma grande figura pública, em geral ao rei, que, rodeado pela sua corte, mostra agrado pela oferta • Cena de apresentação.

ACÇÕES – Títulos que representam capital.

ACEDER – Obter acesso. Conseguir acesso.

ACEDRENCHADO – Forma arcaica de acolchoado.

ACÉFALO – Diz-se daquilo a que falta o princípio • Manuscrito ou livro que se encontra solto dos seus precedentes ou a que falta a parte inicial; não se trata exactamente do mesmo que anepígrafo, onde em toda a edição falta a indicação de título e de autor.

ACEITABILIDADE – Factor da textualidade que respeita à expectativa do receptor de que o conjunto de ocorrências com que este se defronta seja um texto coerente, útil, relevante, coeso e que tenha potencialidades para o levar a adquirir conhecimentos ou a cooperar com os objectivos de quem o produziu; está ligado a um emprego normal da língua.

ACEITAÇÃO – Designação dada ao acto através do qual um editor aprova para ser editada uma obra cuja edição lhe havia sido proposta por um autor • Estimativa do número e da natureza dos leitores de que uma publicação goza.

ACENTO – Sinal diacrítico colocado sobre ou sob algumas letras do alfabeto em várias línguas, para mostrar a sua natureza ou realçar os sons que elas representam; em português pode ser agudo, grave, circunflexo e til; os acentos, o apóstrofo e a cedilha foram inventados por Aristófanes de Bizâncio, que foi bibliotecário de Alexandria, e o uso destes sinais gráficos em tipografia foi estimulado por Antoine Augereau • Inflexão particular da voz na pronúncia das palavras que reflecte o sentimento ou a intenção • Importância dada a nota ou frase musical quanto a duração, altura, intensidade e tempo. Acentuação • Ênfase. Destaque.

ACENTO AGUDO – O que, inclinado para a direita (´) indica, em português, o som da vogal tónica a, e, o, quando abertas; em francês e italiano marca o som fechado.

ACENTO CIRCUNFLEXO – Sinal diacrítico formado por dois traços que se juntam em ângulo (^) marcando, em português, o timbre semi-fechado das vogais tónicas a, e, o. Capucha. (port. Bras.) Chapéu. Chapéuzinho.

ACENTO ENFÁTICO – Inflexão dada à voz no discurso, de modo a aumentar a expressividade da frase ou palavra que se pretende fazer realçar.

ACENTO EXPIRATÓRIO – Aquele que se faz com uma expiração forte, como no caso da língua portuguesa.

ACENTO FIXO (port. Bras.) – Acento ortográfico cuja composição ocorre com um valor de escape fixo de modo que apareça centralizado sobre o carácter.

ACENTO FLUTUANTE (port. Bras.) – Aquele cuja composição é feita a partir de duas teclas separadas: uma para o acento e a outra para o outro carácter.

ACENTO GRÁFICO (port. Bras.) – Qualquer sinal impresso sobre uma letra para lhe mudar o som.

ACENTO GRAVE – O que é representado por um pequeno traço voltado para a esquerda (`) assinalando, em português, a existência de crase.

ACENTO MÓVEL – Acento destinado às maiúsculas; é fundido à parte e colocado por cima das letras a que se destina.

ACENTO MUSICAL – Aquele que é independente do acento tónico, como acontece na língua sueca, na qual a sílaba predominante de uma palavra é menos alta que outra.

ACENTO ORATÓRIO – Inflexão dada à voz do falante, de modo a fazer participar o ouvinte da ênfase ou exaltação de que está possuído.

ACENTO PATÉTICO – *Ver* Acento oratório.

ACENTO POSTIÇO – Carácter móvel que representa um sinal diacrítico ou ortográfico, que é colocado sobre tipos cujas fontes estão desprovidas de letras acentuadas.

ACENTUAÇÃO – Colocação de acentos num texto. Acto ou efeito de acentuar • Acento • Parte da gramática que trata do uso e emprego dos acentos ortográficos • Posição dos acentos ortográficos ou diacríticos; forma de acentuar uma vogal ou uma palavra.

ACENTUADO – Diz-se da sílaba, fonema ou vocábulo que recebeu um acento tónico.

ACENTUAR – Colocar o acento tónico numa vogal ou sílaba ou marcá-lo com sinal gráfico na escrita. Empregar acentos ortográficos em • Dar relevo. Destacar. Salientar.

ACEPÇÃO – Em lexicografia, cada um dos significados em que é tomada uma palavra, frase ou sintagma. Interpretação. Significação.

ACERAGEM – Operação usada no processo de gravura que consiste em cobrir as chapas de cobre com uma camada galvanoplástica de ferro amoniacal; destina-se a proporcionar um metal mais resistente que o cobre e que não se desgaste. Foi inventada por Salmon e Garnier e posteriormente aperfeiçoada por Jacquin.

ACERAMENTO – *Ver* Aceragem.

ACERAR – Revestir as matrizes de cobre com uma capa fina de aço para diminuir o seu desgaste em grandes tiragens; é um procedimento galvanoplástico, que se usa sobretudo na heliogravura.

ACEROGRAFIA – Arte de gravar em aço.

ACERTAR – Regular uma máquina impressora no tocante à velocidade, à tintagem, ao batente e ao registo dos fotólitos e chapas de impressão • Agitar um conjunto de fichas para alinhá-las.

ACERTAR A FOLHA – Na máquina de impressão, fazer o acerto da folha.

ACERTAR O MIOLO – Introduzir o miolo do livro na capa, de forma que as seixas fiquem iguais.

ACERTO – Registo das páginas de um livro entre si • Regulação ou ajustamento da máquina impressora de modo a obter uma impressão perfeita.

ACERTO DA CAPA – Em encadernação, operação que consiste em dimensionar e ajustar a cobertura da encadernação ao miolo do livro que vai revestir.

ACERTO DOS ROLOS – Ajuste de pressão do contacto entre os rolos dos sistemas de molhagem e tintagem de uma impressora *offset*.

ACERVO – Conjunto de bens culturais que foram acumulados ao longo dos anos, por herança ou tradição • Aquilo que faz parte de um património.

ACERVO BIBLIOGRÁFICO – Conjunto de livros, folhetos, etc., que uma biblioteca, arquivo, serviço de documentação, etc. possuem para uso dos leitores; é também designado por fundo bibliográfico.

ACERVO DOCUMENTAL – *Ver* Fundo Documental.

ACESSÃO – *Ver* Acesso.

ACESSIBILIDADE – Possibilidade de consultar documentos em instituições públicas ou particulares. Possibilidade de obter materiais em bibliotecas e instituições congéneres • Disponibilidade destes materiais; é, regra geral, estabelecida por regulamento.

ACESSÍVEL AO PÚBLICO – Diz-se da publicação que se encontra à disposição do público interessado na sua consulta, para que dela usufrua.

ACESSO – Em arquivologia é a disponibilidade dos arquivos oficiais ou outros ao público em geral; por vezes os documentos estão sujeitos a restrições de confidencialidade durante um determinado número de anos; os documentos mantêm-se fechados até que chegue a data do seu acesso, momento em que podem ser dados ao conhecimento público • Diz-se que o leitor tem livre acesso a um documento quando tem possibilidade de o consultar directamente • Autorização e oportunidade para utilizar um documento • Possibilidade de utilização de meios de registo da informação, tais como: índices, bibliografias, catálogos, terminais de computador, etc. • Acessão • Processos através dos quais se fazem coincidir os códigos utilizados numa pesquisa com os que são utilizados no tratamento de um documento • Método de exploração dos dados num ficheiro. Acção ou processo de obter ou recuperar informação armazenada na memória de um computador • Segundo os *IFLA/UNESCO Guidelines* tem diversas conotações, "com a liberdade, ou a capacidade para usar um recurso". Numa biblioteca é restrito àquilo que pode ser usado, referindo os diferentes aspectos do trabalho de uma biblioteca – o empréstimo de materiais por um bibliotecário dos serviços de acesso, por exemplo, ou a acção de identificar e localizar materiais que podem ser referidos como parte de um processo de melhorar o acesso às colecções • Na recuperação da informação é um meio ou método através do qual pode ser encontrado um documento de um fundo existente num organismo público ou privado • Em informática, comunicação de um dispositivo periférico ou de um computador com uma unidade central de processamento de um sistema informatizado • Segundo a *ISBD(ER)* é o método que permite aceder aos recursos electrónicos, dados ou programas.

ACESSO À DISTÂNCIA – Comunicação de um ou vários utilizadores, dispositivos ou estações com um computador que se encontra afastado. Acesso remoto.

ACESSO À ESTANTE – Livre acesso.

ACESSO À INTERNET – No sentido comum actual, possuir um computador dotado de *hardware* e *software* adequados e ligação a uma linha de telecomunicações apta a alcançar a *Internet*.

ACESSO ABERTO – *Ver* Livre acesso.

ACESSO ALEATÓRIO – Obtenção de elementos armazenados de uma forma não sequencial. Acesso selectivo. Acesso directo.

ACESSO AO DOCUMENTO – Facilidade concedida a um utilizador de uma biblioteca, arquivo, serviço de documentação, etc. para poder consultar um documento. Obtenção de um documento por um utilizador de uma biblioteca, arquivo, serviço de documentação, etc.

ACESSO AO DOCUMENTO EM MODO TEXTO – Modalidade de pesquisa informatizada que dá a possibilidade de procurar no conjunto do corpus informativo uma palavra (conceito, nome próprio, etc.).

ACESSO AO DOCUMENTO EM TEXTO INTEGRAL – Modalidade de pesquisa informatizada que dá a possibilidade de procurar no conjunto do corpus informativo textos completos ou partes de documentos.

ACESSO BIBLIOGRÁFICO – Expressão usada para designar a via para alcançar textos ou informações publicados ou impressos, seja qual for o tipo de suporte em que se apresentam; compreende três fases: a identificação dos documentos, a localização das cópias e a obtenção das cópias ou o acesso físico ao material.

ACESSO COMPLETO – Aquele em que qualquer entrada pode atingir qualquer saída de um determinado percurso.

ACESSO CONCORRENTE – *Ver* Acesso simultâneo.

ACESSO CONDICIONADO – Aquele que está dependente de certas condições, em geral constantes do regulamento do Serviço no qual é praticado • Limitações à utilização, geralmente aplicadas quando se trata da consulta de fundos raros ou reservados pela sua antiguidade ou matérias delicadas ou confidenciais.

ACESSO DEDICADO – Modalidade de acesso que está inteiramente ao serviço de alguma coisa.

ACESSO DE NÍVEIS MÚLTIPLOS – Acesso a ficheiros ou catálogos cujas entradas ou conjuntos de entradas estão ordenados segundo uma ordem definida de temas, que podem estar apresentados por ordem alfabética ou por símbolos.

ACESSO DIAL – Designação do acesso que é feito por intermédio de uma linha telefónica.

ACESSO DIFERIDO – O que foi remetido para um momento posterior àquele em que está a realizar-se a operação. Acesso em diferido; opõe-se a acesso imediato.

ACESSO DIRECTO – Modo de pesquisa de uma informação num catálogo ou ficheiro que permite encontrá-la sem perda de tempo • Em informática, dizem-se em acesso directo o armazenamento ou recuperação de dados fazendo referência aos registos, que não seguem uma ordem sequencial dentro de um ficheiro; o tempo de acesso aos registos não está relacionado com a sua posição no ficheiro, porque não se sabe quais são os registos que antecedem o que se pretende • Livre acesso.

ACESSO ELECTRÓNICO – Possibilidade de alcançar informação através de meios informáticos.

ACESSO EM LINHA – Método de utilização de um recurso electrónico no qual o utilizador não manipula o suporte físico que contém a informação; os ficheiros são guardados em dispositivos de armazenamento geridos de modo automático ou por um técnico de informática; estes dispositivos de armazenamento podem ser os discos duros instalados nos microcomputadores. Nome dado ao acesso a bases de dados localizadas num outro serviço, que é feito por intermédio de um computador e de uma rede de comunicações.

ACESSO EM SÉRIE – Método que permite encontrar a informação apenas depois da análise daquela que a precede num sistema.

ACESSO GRATUITO – Numa biblioteca, arquivo, serviço de documentação, etc., diz-se da possibilidade de ingresso e utilização que se fazem sem pagar nada, sem contrapartida ou retribuição.

ACESSO IDENTIFICADO – Em tecnologia da informação, modalidade de acesso que não é livre, mas condicionada a uma identificação. Acesso por *password*. Acesso por contra-senha.

ACESSO IMEDIATO – Aquele que acontece logo a seguir; opõe-se a acesso diferido.

ACESSO INDIRECTO – Obtenção de um livro ou documento numa biblioteca ou instituição congénere mediante o preenchimento prévio de um boletim de pedido, a fim de ser fornecido para consulta.

ACESSO INDIVIDUAL – Aquele que é feito por uma pessoa, a partir de um computador, obtendo a informação de que necessita, reproduzindo-a e armazenando-a, caso esteja interessada nisso.

ACESSO LIMITADO – Expressão usada para designar a restrição ou restrições ao uso de livros impressos, manuscritos, registos ou quaisquer outros documentos que contenham informação de determinada natureza ou sob determinada forma; essas restrições podem ser impostas pela própria instituição ou, no caso de doações, determinadas pelas pessoas que doaram os documentos. Acesso restrito.

ACESSO LIVRE – Disponibilização livre na *Internet* da literatura de carácter académico ou científico, permitindo a qualquer utilizador ler, descarregar, copiar, distribuir, imprimir, pesquisar ou referenciar o texto integral dos documentos. Existem duas vias para concretizá-lo: o auto-arquivo pelos autores ou seus representantes dos artigos publicados nas revistas científicas em repositórios, disciplinares ou institucionais e outra por meio de revistas de acesso livre, que não usam os direitos de autor (*copyright*) para restringir o acesso e o uso do material que publicam e não cobram assinatura nem taxas de acesso à versão *on-line* e usam outros meios para cobrir os seus gastos.

ACESSO LOCAL – Método que permite o acesso a um recurso electrónico a partir de um suporte físico, como uma disquete, um disco, uma cassete ou um cartucho, etc., tendo este suporte sido concebido para ser introduzido pelo próprio utilizador num periférico ligado a um computador, habitualmente um microcomputador.

ACESSO MEDIANTE ASSINATURA – Aquele que, para se tornar efectivo, depende de um contrato, mediante o pagamento de um determinado montante.

ACESSO MÚLTIPLO – Designação que é dada à possibilidade de se aceder a um registo bibliográfico através de elementos diferentes, como o autor, o título, o assunto, a classificação, etc. • Expressão usada para descrever um ficheiro de registos bibliográficos que possui vários pontos de acesso aos registos nele contidos.

ACESSO POR BLOCOS – Modalidade de acesso aos documentos por grupos, atribuindo a cada grupo um bloco de números consecutivos, sem numerar individualmente cada um dos documentos.

ACESSO POR *CD-ROM* – Aquele que se faz através de um *Compact Disk Read-Only Memory*, termo de multimédia que designa a integração de texto, imagens fixas e animadas, sequências de animação e de sons num mesmo suporte que permite a armazenagem de dados.

ACESSO POR CONTRA-SENHA – Em tecnologia da informação, é a modalidade de acesso que está condicionada a uma identificação. Acesso identificado. Acesso por *password*.

ACESSO POR *PASSWORD* – Em tecnologia da informação, modalidade de acesso que não é livre, mas está condicionada a uma identificação. Acesso identificado. Acesso por contra-senha.

ACESSO PRIMÁRIO – Em recuperação da informação, acesso a uma entrada ou a um conjunto de entradas numa base de dados ou ficheiro.

ACESSO PRINCIPAL – *Ver* Acesso primário.

ACESSO REMOTO – Faculdade de se aceder a uma base de dados remota. *Ver* Acesso à distância.

ACESSO RESERVADO – Método que consiste em conservar o leitor afastado dos fundos bibliográficos; opõe-se a livre acesso • Em arquivo por vezes o acesso é reservado ao público em geral, devido a restrições de ordem confidencial; normalmente está restringido a determinado período de tempo, expirado o qual pode ser facultado aos utilizadores em geral.

ACESSO RESTRITO – *Ver* Acesso limitado.

ACESSO SECUNDÁRIO – Em recuperação da informação, acesso de determinados pontos ou entradas para entradas ou pontos de acesso relacionados numa base de dados ou num ficheiro.

ACESSO SELECTIVO – Registo ou pesquisa de uma informação num ficheiro ou catálogo em função do seu cabeçalho ou ponto de acesso e não em função dos dados pesquisados ou registados anteriormente.

ACESSO SEMIDIRECTO – Diz-se da modalidade de acesso aos documentos que assume uma forma resultante da fusão do acesso indirecto com o livre acesso.

ACESSO SEQUENCIAL – Método que permite o acesso às informações de uma memória apenas seguindo a ordem de registo • Acesso em que para se obter uma informação se tem de fazer desfilar uma sequência de informações, como acontece, por exemplo, no caso de uma memória em banda magnética • Em informática, processo de consulta dos registos dispostos num ficheiro por ordem sucessiva.

ACESSO SIMULTÂNEO – Em recuperação da informação, modalidade de acesso na qual diversos utilizadores consultam os dados ao mesmo tempo. Acesso concorrente.

ACESSO UNIVERSAL – Princípio segundo o qual todas as pessoas devem ter acesso à informação. Acesso para todos.

ACESSO UNIVERSAL ÀS PUBLICAÇÕES – Programa universal redigido pela *IFLA* que resulta do Controlo Bibliográfico Universal (CBU), criado com o objectivo de tornar acessíveis aos utilizadores que delas necessitem, em qualquer lugar e em qualquer momento, o maior número possível de publicações recenseadas pelo Controlo Bibliográfico Universal. UAP.

ACESSÓRIOS TIPOGRÁFICOS – Ferramentas ou partes necessárias às operações com maquinaria, tais como: a prensa, a máquina de papel, etc. (port. Bras.) Espaços, entrelinhas, brancos, etc., utilizados na composição tipográfica.

ACETATO – Folha de plástico transparente usada como base para filmes fotográficos ou como base clara para projecção sobre a qual se pode escrever com tintas especiais de secagem rápida. (port. Bras.) Família de solventes utilizados na formulação de tintas de impressão.

ACETATO CLORETO DE POLIVINILO (port. Bras.) – *Ver* Acetato de polivinilo.

ACETATO DE CELULOSE – Material plástico derivado da celulose utilizado em restauro de materiais gráficos no processo de laminação.

ACETATO DE POLIVINILO – Resina de vinil, uma das resinas sintéticas termoplásticas usada em encadernação e em restauro como adesivo a frio, que tem a vantagem sobre as outras de ser solúvel em água, ser aplicada facilmente e ser segura, pois não contém solventes inflamáveis; além disso, não há necessidade de usar fungicidas porque não se deteriora facilmente e não é afectada por fungos ou vermes; a emulsão, contudo, hidroliza-se lentamente e não deve ser armazenada mais do que um ou dois anos antes de a usar. (port. Bras.) Acetato cloreto de polivinilo.

ACETINAÇÃO – No decurso do fabrico do papel, operação antigamente levada a cabo por meio de máquinas de laminar ou calandras que lhe conferiam um aspecto mais ou menos lustroso; operação de lustrar o papel para a impressão. Calandragem.

ACETINADEIRA (port. Bras.) – *Ver* Acetinadora.

ACETINADO – Diz-se do papel lustroso e macio como o cetim, obtido por supercalandragem.

ACETINADOR – Aquele que acetina.

ACETINADORA – Calandra geralmente situada no fim da máquina de papel, cujos rolos são metálicos; é usada para dar um certo acabamento ao papel e, eventualmente, regularizar a sua espessura. Prensa de acetinar. (port. Bras.) Acetinadeira.

ACETINAGEM – *Ver* Acetinação.

ACETINAR – Dar polimento e brilho ao papel, por meio de pressão, eliminando todo o relevo da impressão; esta operação efectua-se num aparelho chamado calandra. Calandrar. Passar as folhas impressas pela prensa para retirar os efeitos de cravação.

ACETONA – Líquido incolor, inflamável e volátil, de cheiro intenso, que é usado em encadernação e restauro de livros como dissolvente do verniz e das tintas. Também é utilizado em fotogravura e no fabrico de tinta para impressão de embalagens, acelerando a secagem.

ACHA – Em heráldica é o timbre que caracteriza a nobreza de origem militar.

ACHATAR – Designava antigamente a operação que, na gravura, consistia em amortecer, com o brunidor, os traços mais profundos e abater o metal, de forma a baixar, de certo modo, as partes já gravadas.

ACHEGA – Contributo. Aditamento. Acrescentamento. Subsídio. Auxílio.

ACIDENTE – Em classificação, termo para referir qualidades que podem ou não estar presentes numa determinada classe.

ACIDEZ – Condição em que a concentração dos iões de hidrogénio excede a dos iões de hidróxilo numa solução aquosa.

ACIDEZ DO PAPEL – Situação em que o papel contém um teor de ácido acima dos valores aconselhados. É o maior problema da conservação do papel. A acidez inicial muito elevada do papel devido a um deficiente processo de fabrico pode ser um facto que contribui decisivamente para a auto-destruição do papel; frequentemente este processo é acelerado pelas deficientes condições ambientais. A acidez do papel mede-se com um aparelho próprio electrónico segundo uma escala que vai de 1 a 14, sendo 7 o ponto neutro; de 7 a 1 a acidez vai aumentando e de 7 a 14 existe alcalinidade.

ACIDEZ pH – Medida do grau de acidez que apresenta um papel, também denominado concentração do íon de hidrogénio; o valor pH é expresso segundo uma escala logarítmica de 0 a 14; o ponto neutro é 7, sendo os valores superiores alcalinos e os inferiores, ácidos.

ACID-FREE PAPER (loc. ingl.) – Papel não ácido. Papel *acid-free*. *Ver* Papel permanente.

ACIDIFICAÇÃO – Resultado da acção do ácido da tinta dos manuscritos no papel, que se apresenta fragilizado e por vezes mesmo corroído nos lugares em que essa acção se exerceu; a acidificação também pode dar-se em papel impresso, quando as tintas de impressão são de má qualidade ou quando o papel é submetido a condições de humidade que provocam a acidez da tinta.

ÁCIDO ACÉTICO – Um dos produtos químicos utilizado em fotogravura.

ÁCIDO BÓRICO – Ácido formado de oxigénio, hidrogénio e boro, ideal para extermínio das baratas dos livros, assim como do *Lepisma Saccharina* e da termóbia.

ÁCIDO GÁLICO – Produto químico, solúvel em água, usado como corante de tintas.

ÁCIDO OXÁLICO – Agente de branqueamento. São cristais transparentes incolores, solúveis em água, álcool ou glicerina e insolúveis no benzeno e no clorofórmio, usados no restauro de documentos para remover manchas ferruginosas.

ÁCIDO TÂNICO – Princípio activo do tanino. *Ver* Tanino.

ACIDULAÇÃO (port. Bras.) – Processo de preparação da pedra litográfica ou da chapa *offset* com uma solução de goma arábica acidificada.

ACIDULAR – Aumentar a intensidade de um banho galvanoplástico acrescentando-lhe ácidos • Em gravura, processo que consiste em acidificar ligeiramente um líquido, com vista a torná-lo mordente.

ACINZENTADO – Desenhado em estrias para obter um tom cinzento. Grisado. Hachurado.

ACINZENTAR – Revestir uma superfície com estrias de modo a obter um tom cinzento. Grisar. Hachurar.

ACLARAÇÃO – Explicação, sob forma de nota ou aditamento a um texto, para o tornar mais claro. Explicitação.

ACLARAR – Explicitar. Explicar. Esclarecer. Tornar claro. Deslindar.

ACLIMATAÇÃO – Exposição do papel a condições uniformes de temperatura e humidade, a fim de equilibrar o seu teor de humidade.

ACOLCHOAR – Pôr certas matérias (algodão, lã, seda cortada, estopa, material sintético, etc.) entre o cartão e a tela ou matéria que recobre as capas dos livros, para as encorpar e embelezar.

ACOLHIMENTO – Numa biblioteca, arquivo, serviço de documentação, etc., modo como é recebido o leitor/utilizador e nele são tomados em linha de conta os seus interesses e / ou necessidades.

ACOLUNADO – Diz-se da escrita em que as letras ou palavras se apresentam dispostas umas sobre as outras formando coluna.

ACOLUTIA – Série e encadeamento natural do discurso.

ACOMENDAR – Forma arcaica de encomendar, recomendar.

ACOMODAÇÃO DE CÓPIA – Ajustamento da cópia ao espaço que lhe está destinado, feito, quer através da mudança de letras, quer através da dimensão do tipo.

ACOMODADOR (port. Bras.) – Peça do linótipo onde se alinham as matrizes à medida que caem no componedor.

ACOMODADOR DE SORTES (port. Bras.) – Espécie de componedor onde as matrizes do linótipo se alinham mecanicamente ao descerem pelo tubo de sortes após a fundição.

ACOMPANHADO – Termo usado em heráldica para caracterizar as peças principais do escudo, quando as secundárias se encontram postas acima, abaixo delas ou à sua volta, isto é, em chefe, em ponta, ou em orla.

ACOMPANHADOR (port. Bras.) – *Ver* Conferente.

ACOMPANHAMENTO – Conjunto de elementos heráldicos que guarnecem o escudo e que se situam fora dele, como o elmo, o timbre, etc.

ACONCHEGAR A FORMA – Em tipografia, apertar a forma levemente na rama, antes do aperto final.

ACONDICIONADO – Arrumado, guardado em boas condições.

ACONDICIONAMENTO – Acto ou efeito de acondicionar ou dispor • Conjunto de operações que visam a protecção e guarda em lugar conveniente dos livros e mais documentos gráficos, de modo a proporcionar um armazenamento em boas condições; um bom acondicionamento é indispensável igualmente para o transporte de livros e materiais gráficos • Modo de embalagem e apresentação de um produto, o qual, por vezes, serve de suporte publicitário • Em arquivística, operação material complementar da classificação como a numeração num documento ou a sua colocação nas estantes. Arrumação. Arranjo. Disposição • Empacotamento.

ACONDICIONAR – Preparar. Preservar de dano.

ACONTIADO – Arcaísmo, vassalo que recebia um determinado montante em dinheiro (contia), com a finalidade de servir o rei com armas ou com armas e cavalos.

ACONTIAMENTO – Arcaísmo para assento, isto é, registo, da contia (leia-se quantia, montante).

ACONTIAR – Arcaísmo com o sentido de recensear os bens de uma pessoa ou instituição, para a recrutar e obrigar a prestar serviço de acontiada.

ACOPLADOR ACÚSTICO – Modem que possibilita a ligação de um terminal situado num lugar distante com o processador central de um sistema informático, através do microauscultador de um telefone comum e marcando um número de assinante da rede telefónica de serviço público.

ACOPLADOR ELECTROACÚSTICO – Dispositivo electroacústico que faz a conversão de sinais entre um computador e uma linha telefónica; neste dispositivo é utilizado o auscultador/microfone de um telefone.

ACOPLADORA (port. Bras.) – Máquina que procede ao empastamento de duas ou mais folhas ou bobinas de papel.

ACOPLADORA DE MICRO-ONDULADO (port. Bras.) – Equipamento que procede ao acoplamento de cartão impresso sobre cartão ondulado.

ACOPLAMENTO – Junção de duas coisas ou sistemas • Conexão de dois sistemas • Combinação de duas rotativas, uma tipográfica e a outra de gravura em cavado, mediante a qual, como se se tratasse de uma única máquina, se imprimem o texto e as gravuras ao mesmo tempo.

ACORDAÇÃO – Termo arcaico que designava acordança. Acordo.

ACORDAM – *Ver* Acórdão.

ACÓRDÃO – Sentença. Resolução de recurso em tribunal.

ACORDAR – Harmonizar, afinar, ajustar equilibradamente os elementos entre si, de modo a obter uma harmonia de composição e de colorido.

ACORDEÃO – Dobragem da folha em forma de acordeão. Livro em acordeão. *Ver* Livro pregueado.

ACORDO – Convenção. Compromisso. Convénio.

ACORDO DE CARTAGENA – Acordo assinado em 17 de Dezembro de 1993, em Lima, com a finalidade de fixar um regime comum sobre direito de autor e direitos conexos, garantindo uma adequada e efectiva protecção aos autores e outros titulares de direitos sobre as obras de invenção, no campo literário, artístico ou científico, qualquer que seja o seu mérito ou forma de expressão.

ACORDO DE EDIÇÃO – Acto pelo qual o autor encarrega outra pessoa e/ou instituição de produzir, por conta própria, um número determinado de exemplares de uma obra e assegurar o seu depósito, distribuição e venda, convencionando as partes dividirem os lucros ou prejuízos da exploração ou contra o pagamento de certa quantia fixa ou proporcional, comissão ou qualquer outra forma de retribuição • Documento em que está consignado esse acto. Contrato de edição.

ACORDO DE FLORENÇA – Convenção para importação de material educacional, científico e cultural aprovada pela Conferência Geral da *UNESCO* realizada em Florença em 1950, à qual aderiram cerca de cem países e que foi redigida com a finalidade de fomentar a livre circulação de livros entre os países signatários.

ACORDO ORTOGRÁFICO – Convenção acordada com a finalidade de normalizar a língua portuguesa que foi assinada em Lisboa, por Portugal, Brasil, e pelos PALOP (Angola, Cabo Verde, Guiné-Bissau, Moçambique e São Tomé e Príncipe) em 16 de Novembro de 1990. O acordo ortográfico foi aprovado pela Assembleia da República Portuguesa em 1991 e publicado no *Diário da República*, para entrar em vigor a 1 de Janeiro de 1994, o que não veio a acontecer, por ter sido apenas ratificado por Portugal, Brasil e Cabo Verde. Entretanto, na sua sequência, continua pendente o projecto de elaborar um vocabulário comum da língua portuguesa. Com ele pretende atingir-se a unidade da língua na escrita (grafia) e apenas nesta. *Ver tb*. Protocolo Modificativo do Acordo Ortográfico da Língua Portuguesa.

ACORDO SOBRE O PREÇO MÍNIMO DO LIVRO – Conhecido em geral sob a expressão inglesa *net book agreement*, é a convenção feita entre os livreiros ingleses pela qual se comprometem a não vender os livros abaixo do preço que é fixado pelas editoras.

ACOSTADO – Diz-se da peça principal de um escudo heráldico quando está colocada entre duas peças secundárias, alinhadas em faixa • Termo arcaico que designava a pessoa que tinha o seu nome no livro dos fidalgos do rei, e recebia moradia (ordenado, pensão).

ACOSTAR – Termo arcaico que designava a acção de inscrever no livro dos acostamentos.

ACREDITAÇÃO – Reconhecimento para fins legais ou oficiais. Autorização.

ACREDITAR – Certificar. Homologar. Reconhecer.

ACRESCENTADA – Diz-se da edição de uma obra à qual foram adicionados novos elementos que a completam.

ACRESCENTADO – Adscrito. Aditado. Adicionado • Aumentado. Ampliado.
ACRESCENTAR – Tornar maior, aumentar, ampliar. Desenvolver. Adicionar.
ACRESCENTO – Palavra ou palavras que se aumentam no original, nas provas ou no caderno tipográfico • Correcção extensa feita pelos autores; às vezes utiliza-se este recurso para fazer duplicar uma linha, com a finalidade de obviar a uma dificuldade de compaginação, embora possa optar-se, quando é possível, por dividir um parágrafo em dois, para que a página tenha mais uma linha • Adição. Aditamento. Acrescentamento. Acréscimo.
ACRÉSCIMO – Intercalação de palavras ou frases que não constavam do original, feita pelo autor em prova tipográfica • Alteração. Acrescento, aumento, adição a um texto • Suplemento • (port. Bras.) Juntar dois verbetes.
ACRIBIA – Precisão e exactidão no estilo ou na posição crítica.
ACRIBOLOGIA – Exactidão e rigor na selecção das palavras, no estilo.
ACRIBÓLOGO – Estilista.
ACRÍLICO – *Ver* Pintura a tinta acrílica.
ACRL – Sigla de *Association of College and Research Libraries*, Associação de Bibliotecas Universitárias e de Investigação.
ACROÁTICO – *Ver* Acroamático.
ACROAMÁTICO – Diz-se do ensino ministrado por Aristóteles aos seus discípulos em Atenas e apenas a eles reservado, sendo inacessível ao público em geral. Acroático. Esotérico • Designa tanto o modo de ensinar através de narrações, explicações ou discursos, como o tipo de ensino ministrado por este método.
ACROFONIA – Princípio da escrita pictográfica segundo o qual o valor de cada consoante é o valor da primeira letra do nome.
ACROGRAFIA – Método de produzir superfícies de relevo em metal ou pedra por meio do traçado com giz, a fim de fazer estampas electrotípicas ou estereotípicas • Gravura e estampa obtidas por este processo • Gravação em relevo sobre metal ou pedra, através do emprego de ácidos • A estampa obtida por este processo • Grafia, sob forma abreviada, de uma locução através das letras iniciais das palavras componentes que, em conjunto, formam um nome próprio, como por exemplo Hospitais da Universidade de Coimbra – H.U.C.; as iniciais por vezes não aparecem separadas por pontos (HUC). Acrograma.
ACROGRAMA – *Ver* Acrografia.
ACROLOGIA – Sistema de escrita usado pelos egípcios, caldeus e assírios em que cada sinal ideográfico tinha o valor fonético correspondente à primeira sílaba da palavra que representava; significa uma transição da escrita figurativa para a fonética constituindo, deste modo, uma etapa no processo de evolução para o alfabeto; escrita fonético-silábica.
ACROMÁTICO – Que não tem cor. Incolor • Diz-se dos sistemas ópticos que, com luz branca, podem dar imagens sem irisação.
ÁCROMO – O que não tem cor.
ACRONÍMIA – Processo de formação de acrónimos.
ACRONÍMICO – Referente a acrónimos.
ACRÓNIMO – Palavra pronunciável formada pela letra ou letras iniciais de cada uma das partes sucessivas do nome de uma organização, grupo ou termo.
ACROSSEMIA – Representação de palavras e locuções pelas suas letras iniciais como em S. (Santo), Dr. (Doutor), etc. Escrita ou pronúncia das palavras escrevendo somente as suas iniciais • Transformação de palavras em siglas.
ACRÓSTICO – Poesia na qual as letras iniciais e por vezes as médias e finais de cada verso quando lidas de alto a baixo formam nome, palavra ou frase que completa o sentido da própria composição; neste género de trabalho, normalmente estas iniciais vão em tipo mais destacado do que o do resto do texto.
ACRÓSTICO BILATERAL – Acróstico no qual as primeiras e últimas letras das linhas do texto formam nomes.
ACRÓSTICO CENTRAL – Acróstico no qual as letras centrais formam um nome de pessoa ou outra palavra.
ACRÓSTICO UNILATERAL – Acróstico em que as letras que formam o nome ou palavra estão ou à esquerda ou à direita do texto.
ACROTÉRIO – Pedestal de figuras sobrepostas em portadas de estilo arquitectónico.
ACT. – Abreviatura de actualização, actualizado.

ACTA – Escrito atestando ou autenticando um facto, uma convenção, uma decisão • Os autos de uma causa ou de um litígio, ou seja, tudo aquilo que de uma e de outra parte se escreveu, disse e juntou • Compilação de actos administrativos que devem ser levados ao conhecimento do público • Colecção de processos verbais, de comunicações ou outros documentos relativos a uma reunião, um colóquio, um congresso, etc. • Documento oficial que relata as discussões e as resoluções de uma assembleia, sessão ou reunião, lavradas em livro próprio, devidamente autenticadas e cujas páginas são rubricadas pela autoridade que redigiu os termos de abertura e encerramento.

ACTA (pal. lat.) – Memórias ou relatos de acontecimentos, sobretudo relacionados com vidas de santos.

ACTA AUTÊNTICA – Documento destinado a consignar uma acta jurídica elaborado com as formas exigidas e com as marcas de validade necessárias.

ACTA DE CHANCELARIA – Acta que foi redigida e escrita numa chancelaria, por um dos seus oficiais.

ACTA DE NOTORIEDADE – Documento pelo qual se prova e firma a existência de factos notórios, e que serve para fundamentar direitos de transcendência jurídica.

ACTA DIURNA (loc. lat.) – Folha manuscrita que os romanos no fim da República e durante o Império afixavam diariamente nos lugares públicos com as notícias mais recentes, tendo sido, de certo modo, a precursora dos modernos jornais • Relato detalhado e diário de tudo o que se passava em Roma antes do Império.

ACTA DOS MÁRTIRES – Acta sobre o processo e suplício dos mártires, que costumava ler-se junto ao seu sepulcro no aniversário de cada um • *Acta martyrum* • Para efeitos de atribuição de autoria, relato dos martírios vividos por uma determinada pessoa, apresentados com vista a ser-lhe atribuída a designação de mártir.

ACTA MARTYRUM (loc. lat.) – *Ver* Acta dos Mártires.

ACTA NOTARIAL – Documento autorizado por um notário, no qual se afirma a existência de um facto de cuja realização ele contém o relato.

ACTA SANCTORUM (loc. lat.) – Trabalho de grande envergadura sobre a vida dos santos; foi começado em 1613 por Bolland e continuado pelos bolandistas; em 1794 era formado por 53 volumes in-fólio a duas colunas.

ACTA SUB-REPTÍCIA – Acta autêntica sob o ponto de vista diplomático, mas cujo conteúdo é falso.

ACTÂNCIA – Participação na acção; o esquema actancial reúne todos os actantes, isto é, os participantes na acção expressa pelo verbo.

ACTANTE – Termo cujo significado é taxativo, não admitindo variações para mais nem para menos • Em análise narrativa, classe que reúne diversos papéis numa mesma e grande função, por exemplo o adversário e o aliado.

ACTAS DE CONFERÊNCIA – Compilação das comunicações apresentadas numa conferência e geralmente o relatório das discussões e outras partes. Actas de congresso.

ACTAS DE CONGRESSO – Compilação das comunicações apresentadas num congresso e geralmente o relatório das discussões e outras partes. Actas de conferência. Por vezes incluem a lista dos participantes, o texto das sessões de abertura, de encerramento, das sessões plenárias e o registo dos pontos mais relevantes das sessões de debate sobre os trabalhos apresentados; podem ser editadas sob forma monográfica (por universidades, organismos governamentais que patrocinaram a reunião, editoras comerciais, sociedades científicas ou pelo grupo eventual responsável pela sua organização ou integradas numa publicação periódica), ou sob forma de publicação periódica da responsabilidade de sociedades científicas que consagram um ou vários fascículos dos seus títulos à publicação dos trabalhos apresentados nas reuniões que elas próprias organizaram.

ACTAS PARLAMENTARES – Colecção de vários documentos oficiais, que relatam as discussões e as resoluções das sessões de um parlamento, lavradas em livro próprio, devidamente autenticadas e cujas páginas são rubricadas pela autoridade que redigiu os termos de abertura e de encerramento.

ACTIO (pal. lat.) – Contrato ou convenção que precede a consignação de um documento;

nela podem considerar-se quatro fases: a *petitio* (um requerimento, um pedido, por exemplo), a *intercessio* (intervenção ou recomendação de alguém), os *consentientes* (isto é os que consentem no acto a realizar) e os *testes* ou testemunhas.

ACTION STORY (loc. ingl.) – História, reportagem de acção.

ACTIVIDADE – Em sistemas de pesquisa e armazenamento de informação, a frequência de utilização dos registos de um ficheiro • Em recuperação da informação *Ver* Movimento.

ACTIVIDADE ARTÍSTICA – Acção colectiva por vezes ligada à leitura, que permite a uma criança exprimir de forma pessoal e original aquilo que apreendeu da leitura de uma história ou livro, reconstituindo de modos diversos as personagens ou o quadro.

ACTIVIDADE CULTURAL – Actividade organizada por uma biblioteca, arquivo, serviço de documentação, etc., com a finalidade de chamar a atenção do público para a existência do seu acervo e para a importância do mesmo ao serviço de vários fins de interesse individual e colectivo.

ACTIVIDADE DOCUMENTAL – Conjunto dos processos de recolha, tratamento, conservação e difusão dos documentos e das informações.

ACTIVIDADE DOCUMENTAL CENTRALIZADA – Actividade documental baseada no princípio da centralização da recolha, tratamento, conservação e difusão das informações, compreendendo uma gestão centralizada das mesmas.

ACTIVIDADES CORRELATAS – *Ver* Actividades paralelas.

ACTIVIDADES PARALELAS – Iniciativas culturais relacionadas com o livro, as bibliotecas, os arquivos, os serviços de documentação, etc., desenvolvidas com a finalidade de chamar a atenção do público para a existência de um acervo, serviço, novas potencialidades e para a importância dos mesmos ao serviço de diversos fins de interesse colectivo e individual.

ACTO – Em teatro, divisão da obra dramática • Nome genérico aplicado a todos os documentos manuscritos • Documento que exprime a decisão de um órgão legislativo, judicial, executivo, uma autoridade pública ou de direito privado • Exame final em cada ano dos cursos da universidade.

ACTO AUTÊNTICO – Acto estabelecido nas formas requeridas e provido das marcas de validação próprias para conceder plena fé ao conteúdo • Documento escrito destinado a consignar um acto jurídico, estabelecido nas formas requeridas e com as marcas de validação necessárias.

ACTO DE CHANCELARIA – Aquele que é redigido e posto por escrito numa chancelaria por um funcionário desta.

ACTO DE LEITURA – Compreensão de um texto escrito desconhecido.

ACTO ESCRITO – Documento escrito onde se encontram consignados, quer a realização de um acto jurídico, quer a existência de um facto jurídico, quer ainda eventualmente um outro facto, desde que este escrito esteja redigido segundo uma certa forma própria para lhe conceder validade • Convenção escrita, lavrada entre pessoas com capacidade jurídica, que cria direitos e obrigações; podem ser: actos jurídicos, cartas missivas e outros documentos diversos; os actos jurídicos podem ser públicos ou privados, cartas patentes e cartas fechadas; as cartas missivas consistem na correspondência epistolar; quanto aos documentos diversos podem consistir em memorandos, relatórios, registos de contas, minutas, depoimentos de testemunhas, etc.

ACTO FALSIFICADO – Acto (original ou cópia) cujo texto sofreu uma alteração material ou acto que, em relação ao acto sincero de que decorreu, apresenta uma modificação voluntária do texto no seu fundo ou forma.

ACTO FALSO – Acto que não é sincero, que não apresenta o carácter da autenticidade diplomática.

ACTO JURÍDICO – Testemunho escrito de assunto de natureza jurídica, sob determinada forma; quanto à declaração da vontade, o acto jurídico pode ser simples, no caso de só intervir uma vontade (uma doação, por exemplo) ou colectivo; neste último caso é unilateral quando existe apenas acordo de uma vontade e bilateral ou sinalagmático, no caso de haver acordo das duas partes intervenientes (por exemplo uma venda); no que diz respeito à forma pode considerar-se o acto jurídico consensual, no caso de haver simples acordo de vontades e solene, aquele em que, além do consentimento, se exige a observância de certas formalidades legais; quanto ao valor probatório pode ser verdadeiro ou falso, público (autêntico se for feito por uma autoridade competente) e privado no caso de ser feito por uma pessoa que não é autoridade pública.

ACTO MATERIALMENTE FALSO – Aquele que se apresenta com todas as aparências diplomáticas da falsidade.

ACTO REESCRITO – Acto cujo texto, perdido num acidente (guerra, incêndio, por exemplo), foi reconstituído, respeitando a verdade histórica e sem intenção de engano no seu conteúdo.

ACTO SOB SINAL PRIVADO – Acto pelo qual as partes se comprometem entre si, sob simples assinatura, sem recorrer a uma autoridade pública.

ACTO SUB-REPTÍCIO – Acto regularmente expedido, mas que foi obtido num falso enunciado, surpreendendo a boa fé da autoridade responsável; tal acto é presumido sincero, enquanto não é apresentada a prova da intenção culpável do beneficiário.

ACTO SUSPEITO – Acto cuja apresentação ou conteúdo de certas cláusulas, levanta reticências no aspecto diplomático ou histórico, sem que se possa apresentar uma prova certa da sua falsidade.

ACTO UNILATERAL – Designação do acto jurídico que depende apenas da vontade de uma das partes; um testamento, por exemplo, é um acto unilateral.

ACTOS DOS APÓSTOLOS – Livro do Novo Testamento em que se narram factos relativos à actividade de pregação levada a cabo por S. Pedro e S. Paulo e à história da primitiva igreja.

ACTUAL – Contemporâneo. Corrente.

ACTUALIDADE – Contemporaneidade. Oportunidade • Informação corrente.

ACTUALIDADE DO CONTEÚDO – Qualidade da informação contida num documento que assenta no facto de ela ser válida e oportuna no momento em que vem a público.

ACTUALIZAÇÃO – Acto ou efeito de actualizar • Operação por meio da qual se alteram determinados valores em função de novas informações • Documento que põe em dia o conteúdo de uma determinada publicação periódica • Nas enciclopédias é o volume que relata anualmente os acontecimentos sucedidos no decurso do ano, de acordo com os temas tratados na enciclopédia que actualiza • Informação do essencial sobre um ou vários assuntos, daquilo que foi publicado num determinado período de tempo • Em informática, operação que consiste em modificar determinados valores em função de novas informações correntes, segundo um determinado processo; pode fazer-se a actualização de uma directoria, um ficheiro, um programa ou um sistema de informação.

ACTUALIZAÇÃO DE FICHEIRO – Processo por meio do qual se acrescentam, mudam ou eliminam dados num ficheiro, de modo a mantê-lo actualizado. Manutenção de catálogo.

ACTUALIZADO – Posto em dia • Informado • Modernizado. Contemporâneo.

ACTUALIZAR TEXTO – Tornar actual. Modernizar ou reformar a ortografia.

ACTUÁRIO – Escriba encarregado de redigir os discursos pronunciados no senado romano e noutras reuniões públicas. Secretário.

ACTUARIUS (pal. lat.) – Copista. Escrivão.

ACTUM (pal. lat.) – Acção de projectar um testamento, doação, etc. e fazer disso uma minuta ou carta, não a entregando ainda ao donatário nem a assinando, selando, etc.

ACUMULAÇÃO – Diz-se que há acumulação quando a tinta se junta sobre as formas, chapas, rolos, etc. formando aglomerados, de aparência seca, como se o pigmento se separasse do verniz em tipografia e *offset* • Formação orgânica dos núcleos documentais, pelo funcionamento normal das instituições, por oposição à formação artificial típica da colecção. (port. Bras.) Modo de operação da dobradeira de algumas impressoras rotativas que acumula dois cadernos antes de os depositar na esteira de saída.

ACÚMULO (port. Bras.) – Designação dada ao problema que ocorre durante a impressão pela deposição de partículas de papel, tinta ou verniz na superfície da chapa ou dos rolos de uma impressora *offset*, prejudicando a qualidade do impresso.

ACUNHADOR – Aquele que cunha • Instrumento para mover as cunhas com que se fixam as formas à rama.

ACUNHAR A FORMA – Colocar as cunhas com que se fixam as formas à rama.

AD APERTURAM LIBRI (loc. lat.) – *Ver Aperto libro*.

AD HOC (loc. lat.) – Para isto • Para tal fim. Com essa finalidade • De propósito • Adrede.

AD HONORES (loc. lat.) – A título gratuito. Apenas pelas honrarias.

AD INSTANTIA (loc. lat.) – "A expensas de", "à custa de", expressão inscrita no pé de imprensa ou no cólofon de alguns livros antigos para indicar o editor, livreiro, instituição, comunidade ou mecenas que custeou a edição de uma obra; com o mesmo sentido são por vezes empregues as palavras ou expressões *sumptibus*, *sumptus fecit*, *expensis ou impensis* precedidos ou seguidos do nome da pessoa que financiou a edição.

AD INSTAR (loc. lat.) – À maneira de • À semelhança de.

AD LIBITUM (loc. lat.) – A seu bel-prazer. À vontade.

AD LITTERAM (loc. lat.) – À letra • Palavra por palavra • Literalmente. Textualmente.

AD LOC. – Abreviatura da expressão latina *ad locum*, na passagem citada ou dizendo respeito à mesma.

AD MAJOREM DEI GLORIAM (loc. lat.) – Para maior glória de Deus; esta frase, lema da Companhia de Jesus sob forma abreviada (*A.M.D.G.*), serve de epígrafe a grande parte dos livros por ela editados.

AD MODUM (loc. lat.) – Conforme a maneira ou o estilo de.

AD PERPETUAM (loc. lat.) – Para sempre.

AD PERPETUAM REI MEMORIAM (loc. lat.) – Para perpetuar a memória do facto; expressão usada no começo das bulas doutrinais, em medalhas, monumentos comemorativos, etc.

AD QUEM (loc. lat.) – Locução latina que assinala o dia em que expira um prazo.

AD REM (loc. lat.) – Adaptado às circunstâncias. Para o caso. À coisa.

ADSL – Acrónimo de *Asymmetric Digital Subscriber Line*, sistema que faculta o uso da linha do telefone para voz e para dados.

AD SUMMA (loc. lat.) – Em suma, em resumo.

AD UMBILICUM PARVENIRE (loc. lat.) – Expressão latina para significar "acabar a escrita ou a leitura de um texto".

AD USUM (loc. lat.) – Conforme o uso • Segundo o costume.

AD USUM DELPHINI (loc. lat.) – Em sentido estrito significa "para uso do delfim", empregando-se para designar as edições dos clássicos latinos preparadas, a partir de 1671, em França, para o filho de Luís XIV com finalidades didácticas, e às quais tinham sido retiradas as passagens menos convenientes; estas obras eram acompanhadas de notas explicativas e compreendem 64 volumes impressos in 4º • Por extensão designa também toda e qualquer edição expurgada e alterada com intenção didáctica ou moral • Um pouco ironicamente a expressão usa-se ainda para qualificar quaisquer publicações que foram expurgadas e arranjadas para uma aplicação especial.

AD VERBUM (loc. lat.) – Literalmente. Palavra por palavra.

AD. – Abreviatura de adenda e de adição.

ADAGA – Sinal (†) que é usado em tipografia e que, colocado após o nome de uma pessoa, significa que ela faleceu. (port. Bras.) Letra pi utilizada em referências ou chamadas de nota ou rodapé, como segunda marca depois do asterisco. Cruz. Obelisco. Óbelo.

ADAGA DUPLA (port. Bras.) – Sinal igual à adaga mas com dois braços que, nas chamadas de nota, vem antes do caldeirão e depois da adaga simples. Cruz dupla.

ADAGIAR – Dizer ou fazer adágios.

ADAGIÁRIO – Colecção de adágios ou máximas populares. Rifoneiro • Que diz respeito aos adágios.

ADAGIARISTA – O que compila ou estuda adágios.

ADAGIEIRO – Aquele que emprega, diz ou sabe muitos adágios.

ADÁGIO – Provérbio. Sentença moral de fonte popular. Rifão. Ditado. Aforismo. Máxima.

Parémia. Anexim • Trecho musical cujo andamento é lento.

ADAMASCADO – Tecido originário de Damasco ou que imita o fruto com este nome, com tons da mesma cor, cujo emaranhado, com o auxílio de diferentes incidências de luz, forma desenhos; foi muito usado em encadernações de luxo, sobretudo das obras que se destinavam às funções litúrgicas solenes.

ADAPT. – Abreviatura de adaptação, adaptado e adaptador.

ADAPTAÇÃO – Forma reescrita de um trabalho literário com vista a uma finalidade ou utilidade que não aquela para a qual o trabalho foi feito • Nova versão baseada numa ou mais versões de uma determinada obra ou história • Em sentido mais lato, tradução livre. Segundo o *Código do Direito de Autor* são adaptações de obra as traduções, arranjos, revisões, actualizações e anotações, esboços, resumos, instrumentações, extractos, arranjos musicais, dramatizações e filmagem (cinematização) ou qualquer outra forma de "transformação" a que ela seja submetida • Transformação do texto de uma obra procurando torná-lo acessível a um determinado tipo de leitores; a adaptação supõe uma mudança de tipo da obra em questão (respeitando os valores do original), como quando se adapta uma novela ao teatro ou ao cinema, ou uma obra teatral se transforma em novela • Obra derivada resultante da transformação de uma versão original de qualquer género, com vista a um público específico ou a uma finalidade diferente daquela a que se destinava o original.

ADAPTAÇÃO LIVRE – Conjunto de modificações feitas num texto literário com vista a transformá-lo num filme, peça de teatro, texto com uma utilização específica, aplicação pedagógica ou outra, sem que o texto seja seguido rigorosamente, mas tornando-o apto à finalidade que com ela pretende atingir-se.

ADAPTADOR – Pessoa que altera um trabalho literário ou outro simplificando o texto, omitindo passagens ou mudando a sua forma como, por exemplo, a de um romance para a de uma peça teatral • Placa de circuito que permite ao computador usar um equipamento periférico para o qual não possui, internamente, as conexões ou placas necessárias. Placa de interface.

ADAPTADOR DE RECEPTOR – Em informática, designação atribuída ao mecanismo de *hardware* que contém a unidade central de processamento que permite ligar periféricos diversos.

ADAPTAR – Acomodar um texto ou uma obra a uma finalidade diferente da original, traduzindo-o, arranjando-o, revendo-o, actualizando-o, anotando-o, fazendo dele um esboço ou resumo, instrumentando-o, dramatizando-o, filmando-o ou transformando-o de qualquer outro modo.

ADAPTÁVEL – Susceptível de ser adaptado.

ADC – Forma abreviada de *Analog to Digital Converter*, Conversor analógico digital.

ADC. – Acrónimo usado para Análise documental de conteúdo • Acrónimo de Análise de conteúdo • Abreviatura de adicionador.

ADDENDUM (pal. lat.) – *Ver* Adenda.

ADELGAÇAMENTO – Perda da resistência do papel caracterizada pela desintegração das fibras constitutivas, que pode ser provocada por vários agentes. Rarefacção.

ADENDA – Texto, em geral curto, que se acrescenta a uma obra após a impressão, para a completar ou corrigir certos aspectos nela contidos; costuma colocar-se na parte final do texto ou de um capítulo, sendo menos extenso do que um suplemento. Aditamento. Acrescentamento. *Addendum*. (port. Bras.) Adendo • Folha solta acrescentada ao livro depois de terminado • Adição. Ladrão • *Comparar com* Apêndice.

ADENDO (port. Bras.) – *Ver* Adenda.

ADENTADA – *Ver* Carta partida.

ADENTADO – Diz-se do documento que se apresenta separado de um outro por um corte irregular, de tal forma que, uma vez juntos, se pode averiguar da sua identidade.

ADENTAR – Morder com água-forte a lâmina que se grava.

ADERÊNCIA DA TINTA – Capacidade que a tinta apresenta de se colar ao suporte de escrita.

ADERENTE – Termo que se aplica a certos papéis sobre os quais a tinta adere fortemente;

o mesmo sucede com certas superfícies preparadas para receber ouro.

ADESÃO – Junção de dois materiais pela aplicação de uma substância entreposta, como a cola ou o grude.

ADESIVIDADE – Propriedade de um material de aderir a outro ou de proporcionar a aderência.

ADESIVO – Designação de todas as substâncias com capacidade para unir entre si dois ou mais materiais ao ponto de constituírem um só; a maior parte dos adesivos é composta por matérias de origem sintética. As colas animais, pastas vegetais e adesivos sintéticos tiveram e ainda têm grande aplicação na encadernação de livros. (port. Bras.) Autocolante. Goma adragante.

ADÉSPOTA – Obra de autor desconhecido.

ADESTRAMENTO – Em galvanotipia, é a operação pela qual se corrigem as deformações por meio de martelagem, procurando colocar no mesmo plano todos os pontos da superfície.

ADI – Acrónimo de *American Documentation Institute*, Instituto Americano de Documentação.

ADIANTAMENTO – Quantidade de dinheiro dada a um autor, por uma editora, na assinatura do contrato de edição, a título de pagamento de direitos de autor, como contrapartida da sua capacidade de garantir um mercado para o título que está a preparar.

ADIANTAMENTO DE CAUÇÃO – Designação do montante pago pelo editor ao autor, a título de pagamento de direitos de autor, calculado sobre um determinado número de exemplares e liquidado no momento da entrega do manuscrito, do início da venda do impresso ou outro.

ADIANTAR-SE – Antecipar-se.

ADIÇÃO – O que se acrescenta a um livro, suplemento, esclarecimento, nota, etc. • Correcção extensa feita pelo(s) autor(es) • Acrescento • Adenda.

ADIÇÃO MARGINAL – Acrescentamento feito na margem do texto. Glosa marginal. *Marginalia*. *Ver* Nota marginal.

ADIÇÃO SUPRALINEAR – Acrescentamento a um texto manuscrito colocado sobre a linha a que se refere.

ADICIONADOR – Aquele que adiciona.

ADICIONAL – Termo aplicado a uma rubrica que se sobrepõe a outra • O que se adiciona • Símbolo (+) usado na Classificação Decimal Universal para ligar duas ou mais notações não consecutivas, de modo a representar um assunto composto, para o qual não existe uma notação própria nas tabelas principais • Alteração da estrutura narrativa de um texto, que passa a conter elementos que à partida não figuravam nela • Suplementar.

ADICIONAR – Acrescentar. Juntar. Aditar. Anexar.

ADITAMENTO – Acrescento • Adição • Adenda. Parte acrescentada no final de um documento, tendo em vista a alteração, explicação ou correcção do seu conteúdo.

ADITAR – Fazer aditamento. Acrescentar.

ADITÍCIO – Que se acrescentou a um texto, obra, etc. Complementar.

ADITIVO – Material que se junta em pequenas quantidades à pasta de papel para lhe conferir determinadas características, promovendo certas propriedades desejáveis ou eliminando as indesejáveis; são aditivas as cargas destinadas a dar opacidade, lisura e capacidade de serem impressos aos papéis e aos agentes de colagem que actuam como aglomerantes das fibras celulósicas; como exemplo de cargas citam-se o caulino e o carbonato de cálcio; os agentes de colagem, por seu lado, podem ser de natureza ácida, à base de resinas derivadas do breu, e de natureza alcalina, à base de substâncias reactivas como a celulose na presença do carbonato de cálcio.

ÁDITO – Aditamento. Acrescentamento • Entrada. Acesso. Aproximação.

ADIVINHA – Fórmula na qual é dada uma indicação em termos alusivos e propositadamente obscuros • Pergunta ou frase idiomática, geralmente de carácter jocoso, que é dirigida a um interlocutor com a intenção de obter dele uma solução adequada. Charada. Enigma.

ADIVINHAR – Decifrar. Descobrir • Tirar conclusões. Interpretar.

ADJACÊNCIA – Proximidade de duas ou mais palavras especificadas como necessárias numa lista de pesquisa em linha; deste modo pode pesquisar-se uma frase quando a pesquisa de palavras isoladas seria irrelevante.

ADJECTIVAÇÃO – Qualificação ou caracterização, através de adjectivos. Uso ou emprego de adjectivos.

ADJECTIVADO – Acompanhado de adjectivo • Tornado adjectivo.

ADJECTIVAR – Qualificar. Caracterizar através do uso de adjectivo • Ornamentar um período, uma frase, com profusão de adjectivos.

ADJECTIVO – Em gramática é a palavra que se junta ou refere a outra com a finalidade de a qualificar ou determinar.

ADJECTO – Acrescentado. Anexado. Agregado. Adicionado.

ADJUDICAÇÃO – Numa venda em leilão público é a atribuição de uma obra, livro ou objecto à melhor oferta, passando à posse do novo proprietário após o pagamento do preço acrescido das respectivas taxas; porém, se o preço de reserva não foi atingido, ou seja, o preço mínimo combinado entre o perito e o vendedor, a obra pode ser retirada da venda.

ADJUNÇÃO – Acrescentamento. Anexação. Agregação. Adição.

ADJUNTO DA DIRECÇÃO – Ajudante do chefe de uma organização ou de uma divisão dessa organização; costuma ter autoridade sobre o pessoal e é incumbido de trabalhos de apoio à direcção.

ADJUTOR (pal. lat.) – Palavra que designava a pessoa que assessorava o bibliotecário ou, na falta deste, se encarregava da guarda dos livros do mosteiro ou comunidade medieval, a título permanente ou temporário. *Subrogatus. Suffragans.Suffraganeus.* Ajudante. Auxiliar.

ADMINISTRAÇÃO – Gestão. Define-se como o processo de coordenar os recursos de uma organização para conseguir todos os objectivos por ela fixados através de um conjunto de funções inter-relacionadas como o planeamento, a organização, a contratação, o controlo e a orientação do pessoal • Pessoas responsáveis pela gerência de uma instituição.

ADMINISTRAÇÃO DE ARQUIVOS – *Ver* Gestão de arquivos.

ADMINISTRAÇÃO DE BIBLIOTECAS – *Ver* Gestão de bibliotecas.

ADMINISTRAÇÃO DE DOCUMENTOS – *Ver* Gestão de documentos.

ADMINISTRAÇÃO DE FICHEIROS – *Ver* Gestão de ficheiros.

ADMINISTRAÇÃO GOVERNAMENTAL AUTÓNOMA – Para efeitos de atribuição de autoria, designação dada aos institutos e órgãos nacionais governamentais (autarquias), com um nome definido e autonomia própria e que não pertencem à administração central.

ADMINISTRAÇÃO TOTALMENTE REGRADA – Sistema de gestão baseado em critérios, processos e regras claramente definidos para todas as actividades normais, limitando, assim, a consulta à direcção a situações excepcionais.

ADMINISTRADOR DO SISTEMA – Em informática, designação atribuída à pessoa que está encarregada do funcionamento dos programas do computador.

ADMIRAÇÃO – *Ver* Ponto de exclamação.

ADMITTITUR ET IMPRIMATUR (loc. lat.) – Admita-se e imprima-se; expressão usada nas licenças eclesiásticas para a impressão de obra com doutrina heterodoxa.

ADMONIÇÃO – Advertência. Aviso, conselho.

ADMONITIO (pal. lat.) – Advertência. Observação.

ADMONITÓRIO – Discurso ou texto que admoesta.

ADNOMINAÇÃO – Semelhança entre termos de diferentes línguas que permite depreender a sua origem comum.

ADNOTAÇÃO – Resposta do Pontífice a uma súplica, que é dada apenas através de uma assinatura • Nota, reparo, observação com que, no fim de uma página de um livro, tese, ensaio, etc. se esclarecem ou ilustram certas passagens. *Adnotatio.*

ADNOTATIO (pal. lat.) – *Ver* Adnotação.

ADNUMERAR – *Ver* Enumerar.

ADOÇAR – Preparar ou polir com pedra-pomes as peças ou suportes que posteriormente serão dourados.

ADONIS – Acrónimo de *Automated Document Delivery Over Networked Information Systems*, Distribuição automática de documentos por meio de sistemas de informação em rede.

ADORNAR – Embelezar • Enfeitar. Esmaltar. Decorar. Ornamentar.

ADORNO – Volta de pele que protege as extremidades da lombada do livro e cobre a tranchefila • Enfeite. Ornamento.

ADORNO CALIGRAFADO – Ornamentação dos manuscritos ou mesmo dos incunábulos que se desenvolve no espaço destinado à inicial capital e que tem esta inicial como ponto de partida; por vezes a ornamentação ultrapassa o espaço destinado à letra e desce pela margem ou pelo intercolúnio.

ADORNO TIPOGRÁFICO – Desenho, enfeite, vinheta, cabeça ou outro qualquer ornato que na composição tipográfica é aplicado para amenizar, enquadrar ou aliviar o texto.

ADOSSADO – Em heráldica dizem-se adossadas duas peças de contorno irregular que estão lado a lado e de costas uma para a outra. Termo usado para qualificar duas figuras que, em heráldica, se apresentam dorso contra dorso.

ADOXOGRAFIA – Escrita brilhante sobre assunto comum ou vulgar.

ADP – Abreviatura de *Automatic (ou Automated) Data Processing*, Distribuidor de bases de dados não bibliográficas. *Ver* PAD (Processamento Automático de Dados).

ADQUIRIÇÃO – *Ver* Aquisição.

ADRAGANTA (port. Bras.) – *Ver* Goma-adraganto.

ADRAGANTO – *Ver* Goma-adraganto.

ADRESSÓGRAFO – Máquina que estampa endereços através de placa metálica de *stencil*. Máquina de endereçar.

ADSCREVER – Acrescentar, adicionar (ao que está escrito) • Registar. Inscrever.

ADSCRIÇÃO – Acto ou efeito de adscrever • Aditamento ao que foi escrito. Acrescento. Adição • Registo. Inscrição.

ADSCRIPTOR (pal. lat.) – Aquele que assina em sinal de aprovação. O que aprova.

ADSCRITO – Acrescentado. Aditado. Adicionado (ao que está escrito) • Registado. Inscrito. Arrolado.

ADSORÇÃO – *Ver* Absorção.

ADSTARS – Acrónimo de *Automatic Document Storage and Retrieval System*, Sistema automático de armazenamento e recuperação de documentos • Enorme quantidade de sistemas de microformas que utilizam técnicas automáticas ou semiautomáticas para o armazenamento e recuperação de microimagens específicas dentro de uma base de dados de microformas.

ADUCHO – Termo arcaico que designa testemunha aduzida, apresentada.

ADULTERADA – Diz-se da edição de uma obra cujo texto foi objecto de alterações que modificaram ou corromperam o texto original, mudando a intenção do seu autor.

ADULTERAR – Alterar. Modificar. Falsificar. Contrafazer • Corromper (um texto).

ADUMBRAR – Sombrear, obscurecer. (port. Bras.) Esboçar.

ADVANCEMENT OF LIBRARIANSHIP IN THE THIRD WORLD – Fomento da Biblioteconomia no Terceiro Mundo. *ALP*.

ADVERSÁRIA – Colecção de notas ou comentários; originalmente designava as obras romanas com o texto escrito de um lado do pergaminho e as notas no verso, vindo daí a sua denominação; o termo alargou-se e, no Renascimento, passou a designar colecções de crítica textual e também livros • Agenda. Canhenho • *Scholium* • Livro diário, aberto ao alcance da vista ou da mão para ser utilizado com maior comodidade, usado antigamente; nele os comerciantes tomavam nota das operações realizadas durante o dia e depois passavam-nas para um livro maior.

ADVERTÊNCIA – Texto, em geral curto, que costuma colocar-se no princípio de uma obra literária antes do prólogo ou prefácio e do qual se distingue por ser mais breve; pode ser do autor ou do editor; diferencia-se do prefácio porque é de curta extensão e tem como objectivo fazer notar ou observar algo relacionado com o livro que precede; o prefácio ou prólogo, por seu lado, fala sobre o conteúdo ou outros aspectos da obra • Preâmbulo • Apresentação. Espécie de pequeno prefácio de um livro. Palavras prévias • Aviso prévio.

ADVERTÊNCIA AO LEITOR – Texto preliminar de uma obra destinado a esclarecer quem a lê. Palavras prévias.

ADVOCAÇÃO – Termo arcaico que designava invocação. Avocação.

AE – *Ver* Autoedição.

AEDES (pal. lat.) – Nome dado antigamente à oficina de impressão.

AEROFOTO – Fotografia da terra tirada com uma máquina fotográfica a partir de um avião. Aerofotografia. Fotografia aérea.

AEROFOTOGRAFIA – Levantamento fotográfico e geodésico da terra através de fotografia aérea. Aerofoto. Fotografia aérea.

AERÓGRAFO – Espécie de pistola de ar comprimido usada para lançar um finíssimo *spray* de líquido colorido produzindo determinados efeitos numa pedra litográfica ou em desenhos ou quando se retocam fotografias.

AEROGRAMA – Comunicação que é feita por meio do ar ou telegrafia sem fio • Despacho telegráfico feito através de ondas hertzianas • Papel de carta provido de franquia onde se escreve e que se dobra no final formando sobrescrito.

AFABULAÇÃO – *Ver* Fabulação.

AFÉRESE – Supressão de fonema ou grupo de fonemas no início de uma palavra.

AFESTOAR – Engrinaldar, ornamentar com festões.

AFFICHE (pal. fr.) – Cartaz.

AFIADEIRA – *Ver* Apara-lápis.

AFIA-LÁPIS – *Ver* Apara-lápis.

AFIAR – Dar gume ou amolar os instrumentos de gravura, de acordo com a finalidade a que se destinam: de ponta, na superfície, etc.

AFILAR – Formar em ponta aguda a corda depois de farpada na encadernação.

AFILIAÇÃO DE AUTOR – Organismo a que um autor está profissionalmente ligado, circunstância assinalada nos documentos em que tem intervenção.

AFILIAÇÃO INSTITUCIONAL – Local de trabalho de um autor • Relação de um autor com a instituição onde exerce funções profissionais.

AFINAÇÃO – Acto de passar o linho ou o cânhamo pelo sedeiro. Afinamento. (port. Bras.) Redução permanente da espessura da blanqueta de *offset* por amassamento ou por falta de resiliência. Assentamento da blanqueta • (port. Bras.) Redução irreversível da espessura de um cliché flexográfico • (port. Bras.) Erosão e desaparecimento gradual da imagem na chapa da impressão durante a tiragem.

AFINADO – Posto no tom adequado. Harmonioso.

AFINADOR – Aquele que afina.

AFINAMENTO – *Ver* Afinação.

AFINAR – Colocar a capa ou revestimento no livro, documento ou conjunto de documentos, de modo que sobressaia uniformemente por todas as partes da encadernação • (port. Bras.) Reduzir a espessura dos textos e traços, geralmente por meios fotomecânicos.

AFINAR A FORMA (port. Bras.) – Fazer o aviamento.

AFINAR A TINTA (port. Bras.) – Em litografia, espalhar a tinta com o rolo sobre uma pedra antes de aplicá-la à chapa na impressora ou no prelo de provas.

AFINAR O TEXTO – *Ver* Limar o texto.

AFINIDADE BIBLIOGRÁFICA – Medida que é usada para avaliar qual é a analogia temática existente entre diversas publicações, tendo como ponto de partida o número de citações bibliográficas comuns que apresentam.

AFIRMAÇÃO – Acto ou efeito de afirmar, isto é, de declarar com firmeza. Asseveração; a leitura e a meditação sobre afirmações célebres, coleccionadas com finalidades didácticas, eram uma prática dos eruditos que viviam em comunidades. *Ver tb.* Apotegma.

AFNOR – Acrónimo de *Association Française de Normalisation*, Associação Francesa de Normalização, organismo encarregado de centralizar e de coordenar as actividades de normalização em França.

AFOGADO – Título ou texto no qual o efeito estético não é bom, dada a má distribuição dos brancos.

AFORISMO – Sentença ou máxima que de modo breve contém um princípio de doutrina em qualquer assunto. Provérbio.

AFORÍSTICA – Colecção de sentenças ou aforismos.

AFRONTADO – Em heráldica diz-se que estão afrontadas duas peças de contorno irregular ou dois animais que estão com as frentes voltadas uma para a outra; no caso de animais é sinónimo de batalhante.

AFROUXAR A FORMA – Soltar os cunhos que mantêm a forma apertada na rama, para corrigir ou levantar as páginas de uma forma e impor a outra. Desapertar a forma. Abrir a forma.

AFUNDADO – Cavado.

AFUNDAMENTO – Escavação (em gravura).

AFUNDAR – Implantar o artigo de fundo na página de uma publicação periódica • Colocar no fundo • Aprofundar • Penetrar. Escavar.

AGALITA (port. Bras.) – Carga mineral, semelhante ao talco, hidratada com silicato de magnésio, utilizada no fabrico de papel.

AGALOADO – Guarnecido, ornamentado com galão • Guarnição de galão.

AGALOADURA – Acto ou efeito de guarnecer com galão • Guarnição de galão.

AGALOAMENTO – *Ver* Agaloadura.

AGALOAR – Guarnecer com um galão.

ÁGATA – Instrumento usado pelos encadernadores para brunir lombadas douradas ou prateadas. Brunidor de ágata • Em iluminura é o utensílio cuja extremidade era constituída por uma pedra especial, que servia para polir e dar brilho ao ouro • Carácter de letra de cinco pontos e meio na antiga nomenclatura; originalmente o corpo dos tipos não era expresso por números, mas por nomes como ágata, diamante, pérola, etc. • (port. Bras.) Unidade de medida usada nos jornais para calcular o espaço de coluna.

AGÊNCIA ANUNCIADORA – Agência de publicidade, agência de anúncios.

AGÊNCIA BIBLIOGRÁFICA NACIONAL – Unidade técnica encarregada da recolha e da redacção das notícias bibliográficas das edições nacionais e centro de investigação científica, que seja um observatório permanente da vida intelectual de um país especialmente escrita e impressa, levando a cabo análises bibliométricas em primeiro lugar dos documentos editados no território nacional e em segundo lugar dos que são editados no estrangeiro, mas que interessam ao país devido à língua, ao tema ou à nacionalidade dos autores.

AGÊNCIA CATALOGRÁFICA NACIONAL – Instituição que faz a catalogação da bibliografia nacional de um determinado país. É ela que determina o nível de profundidade da descrição bibliográfica e estabelece as entradas de autoridade. Agência nacional de catalogação.

AGÊNCIA *CLIPER* (port. Bras.) – *Ver* Agência de recortes.

AGÊNCIA DE ANÚNCIOS – Agência de publicidade, agência anunciadora.

AGÊNCIA DE ASSINATURAS – Instituição criada com a finalidade de fornecer assinatura de periódicos, séries irregulares e anuários facilitando as assinaturas de publicações e permitindo às bibliotecas, arquivos, serviços de documentação, etc., a redução ao mínimo das assinaturas directas, facto que simplifica a gestão orçamental e os problemas de mudança e de importação. Com frequência as agências de assinaturas comercializam sistemas informatizados de gestão de periódicos.

AGÊNCIA DE AVISOS – Agência de publicidade.

AGÊNCIA DE BIBLIOTECA – Instituição intermediária entre a biblioteca e o leitor, que tem por missão recolher os pedidos de empréstimo de livros.

AGÊNCIA DE EMPRÉSTIMO – Departamento de biblioteca, sem colecção de livros, no qual o utilizador pode pedir um documento emprestado sem ir à biblioteca, sendo a agência intermediária entre o leitor e a biblioteca.

AGÊNCIA DE IMPRENSA – *Ver* Agência noticiosa.

AGÊNCIA DE INFORMAÇÃO – Instituição que tem por finalidade dar a conhecer aos jornais os factos que se passam ou que se presume passarem-se nas cidades estrangeiras onde está instalada; goza de um certo monopólio; é a esta instituição que os governos se dirigem quando querem confirmar e/ou dar a conhecer ao público certos factos. *Ver* Agência noticiosa.

AGÊNCIA DE INFORMAÇÃO GRÁFICA – *Ver* Agência fotográfica.

AGÊNCIA DE LEITURA – Serviço de biblioteca existente nalguns países que constitui a expressão mínima da biblioteca básica com fundos fixos e renováveis e sem a necessidade de possuir lugares especiais de colocação; este serviço substitui com frequência a biblioteca pública em pequenas aldeias ou lugares • Sector de uma biblioteca, com uma pequena colecção de livros renovável a espaços de tempo determinados, situado em fábricas, escolas, clubes ou outras organizações; funciona com um horário restrito e pratica empréstimo para leitura domiciliária.

AGÊNCIA DE NOTÍCIAS – *Ver* Agência noticiosa.

AGÊNCIA DE NUMERAÇÃO NORMALIZADA DO LIVRO – Agência de um determinado país incumbida de atribuir os números internacionais normalizados aos livros que são publicados pelas diferentes editoras participantes no programa nesse país.

AGÊNCIA DE RECORTES – Instituição encarregada da selecção temática, recorte, classificação e distribuição aos seus assinantes dos artigos das publicações periódicas. (port. Bras.) Agência *cliper*.

AGÊNCIA DE RESUMOS – Empresa comercial que elabora e edita resumos sobre temas diversos, em geral de especialidades.

AGÊNCIA DE TEXTOS – Agência de artigos.

AGÊNCIA ESTATAL – Agência informativa criada por iniciativa do poder político de um determinado país ou por iniciativa privada posteriormente assumida pelo Estado, por contrato ou por um acto de autoridade. Agência oficial.

AGÊNCIA FOTOGRÁFICA – Instituição que proporciona informação gráfica para a ilustração de livros e revistas.

AGÊNCIA INFORMATIVA – *Ver* Agência de informação.

AGÊNCIA LITERÁRIA – Instituição cuja função consiste em representar o autor junto do editor, podendo transaccionar os direitos de tradução ou outros • Instituição de ligação entre uma editora estrangeira e outra nacional, para proporcionar a esta a produção daquela, além de outras funções; representa os interesses de uma ou mais editoras estrangeiras e funciona como elemento de ligação com as agências nacionais para a compra e venda de direitos de autor e de outros aspectos ligados à edição.

AGÊNCIA NACIONAL DE CATALOGAÇÃO – *Ver* Agência catalográfica nacional.

AGÊNCIA NACIONAL DO *ISBN* – Instituição que atribui, a nível nacional, o Número Internacional Normalizado do Livro e que assegura o bom funcionamento do código; funciona, em geral, na dependência ou estritamente ligada à Associação Nacional de Editores e Livreiros.

AGÊNCIA NOTICIOSA – Organização encarregada de receber notícias e de as distribuir às publicações periódicas • Agência de imprensa • Empresa criada com a finalidade de abastecer de conteúdo informativo a imprensa e outros órgãos de informação ou quaisquer outros elementos.

AGÊNCIA OFICIAL – Agência estatal.

AGENDA – Livro com folhas em branco e com as datas impressas, para um registo diário dos acontecimentos • Livro de apontamentos geralmente de pequenas dimensões; por extensão, pequeno manual com fórmulas e indicações úteis para o exercício de diversas profissões: agenda do médico, agenda do agricultor, etc.; nela são anotadas informações de todo o tipo, ordenadas ou não, para serem lembradas ou referidas a seu tempo. Livro de lembranças • Registo diário dos acontecimentos a cobrir na área jornalística • Secção de um periódico na qual são reunidos elementos com interesse informativo reduzido, como o nascer e o pôr do sol, marés, hagiológio, etc. • Secção paga de um jornal dedicada à vida social das pessoas interessadas • Na liturgia antiga era o nome dado ao que hoje se designa por ritual.

AGENDA-PLANO – Espécie de mapa, em geral de material rígido, por vezes plastificado, onde está inscrito o calendário anual e onde podem ir-se anotando, no lugar próprio, e a longo prazo, alguns compromissos que vão sendo assumidos; serve com frequência como base de secretária e por vezes contém elementos publicitários.

AGENDAR – Inscrever em agenda.

AGENTE – Empresa ou pessoa através da qual se compra material bibliográfico; usa-se com frequência para indicar o intermediário através do qual se fazem as assinaturas das publicações em série • Pessoa que assume ou mantém a iniciativa da acção • Em preservação digital, segundo o Dicionário de Dados *PREMIS*, "qualquer pessoa, organização ou aplicação de *software* que esteja envolvida num evento de preservação".

AGENTE DE INFORMAÇÃO – Entidade individual ou colectiva, geralmente comercial, que se encarrega de localizar e recuperar informação sobre qualquer assunto.

AGENTE DE PERIÓDICOS – Distribuidor que vende os periódicos por junto, geralmente aos postos de venda (livrarias, quiosques, etc.).

AGENTE DE PUBLICIDADE – Particular que dá a conhecer, através da imprensa, ou por outros meios, um livro, um folheto ou qualquer outro produto.

AGENTE LITERÁRIO – Pessoa física ou privada paga por salário ou por comissão, cuja função consiste em representar um autor junto do editor; também pode transaccionar os direitos de tradução ou outros, nomeadamente no que diz respeito a direitos de representação, transmissão radiofónica ou filmagem; o agente literário também funciona para os editores, arranjando textos de obras ou peças de que eles necessitam; o autor paga ao agente literário na base de uma comissão • Pessoa que actua ao serviço de casas editoras, com a finalidade de lhes arranjar obras especiais que lhes interesse publicar.

AGGLUTINARE (pal. lat.) – Colar, unir. Termo ligado à operação que consistia em grudar as folhas de papiro ou de pergaminho umas às outras, de modo a permitir a formação de um rolo.

AGIRONADO – Termo arcaico que designava enfeitado, guarnecido com girão.

AGITAÇÃO – Durante a revelação fotográfica, movimento do papel, da película fotográfica ou da solução, para garantir o máximo contacto entre o material fotográfico e os agentes químicos.

AGLOMERADO DE COURO – Tipo de material usado como tela ou papel para revestir capas de livros; é formado por partículas de couro coladas umas às outras.

AGLUTINAÇÃO – Acto ou efeito de aglutinar • Forma de separar as palavras de um texto em que os espaços em branco se introduziam para separar grupos de palavras estreitamente ligadas pela sintaxe • Processo de formação de palavras por composição, em que duas ou mais unidades lexicais se fundem numa só.

AGLUTINANTES – Grupo muito numeroso de colas usadas para manter unidas duas superfícies, por métodos mecânicos, químicos ou ambos. Os aglutinantes cujo uso é mais frequente na encadernação de livros são de três tipos: pastas de amido, colas animais e borrachas sintéticas; foram usados igualmente na pintura e iluminura de manuscritos na fase da preparação das cores; um dos mais frequentes era a gema de ovo; muita da tonalidade brilhante das cores que os pigmentos das iluminuras apresentam ainda hoje depende exactamente do aglutinante inicialmente utilizado; além disso o aglutinante contribui em muito para ligar as partículas do pigmento e fazer a tinta aderir à base ao secar.

AGNIÇÃO – Termo arcaico que designava o reconhecimento que se dá entre personagens de um drama ou romance. Conhecimento.

AGNOME – Apelido que os romanos acrescentavam ao cognome. Alcunha. Apelido.

AGNOMINAÇÃO – Reprodução de uma palavra que, pela troca de letra ou letras, muda de sentido. Paranomásia.

AGNOMINAR – Dar apelido. Alcunhar.

AGNUS DEI (loc. lat.) – Cântico do ritual ordinário da missa que se inicia com essa expressão latina • Representação simbólica de Cristo sob a forma de um cordeiro com uma auréola, cruz ou estandarte e, por vezes, um cálice.

AGÓGICO – Que se depreende das palavras.

AGONÓTETA – Na Grécia antiga era o nome dado ao presidente dos jogos sagrados; por extensão de sentido, passou a designar mais tarde a pessoa que assumia a despesa da encadernação dos livros que eram oferecidos nos colégios aos bons alunos.

AGORENTAR – Aparar à volta.

AGRADECIMENTO – Parte de uma obra, independente ou não, na qual o autor ou o editor expressa a sua gratidão a pessoas ou instituições que colaboraram nela ou que facilitaram a sua elaboração • Palavras de gratidão trocadas entre quem recebe e quem remete dados, através das quais se traduz a presteza da acção e se incita a prosseguir.

AGRAFADOR – Aparelho usado para prender por agrafo folhas, folhetos, papéis.

AGRAFAR – Segurar por meio de agrafo. (port. Bras.) Grampear.

AGRAFE – *Ver* Agrafo.

AGRAFIA – Abolição da faculdade que um indivíduo possuía de exprimir o seu pensamento através da escrita.

AGRÁFICO – Que diz respeito à agrafia.

AGRAFO – Grampo de metal usado para prender folhas de papel umas às outras com o agrafador. Colchete metálico.

ÁGRAFO – Que não está escrito • Que não admite escrita • Em filologia, desenho dos caracteres que compõem um grafema.

AGREGADO – Nome dado ao complemento que é introduzido num texto do qual tinha sido omitido.

AGREGADOR – Em fornecimento da informação em suporte electrónico, é o tipo de fornecedor que aloja o conteúdo de vários editores, fornece esse conteúdo directamente aos clientes, que lhe pagam por esse trabalho.

AGREGAR – Acrescentar alguma coisa àquilo que foi escrito ou dito • Reunir numa só todas as partes que não têm ligação entre si.

AGRÉMENT (pal. fr.) – Concordância. Aprovação. Permissão. Consentimento. Acordo. O mesmo que *placet* e *exequatur*; traduz a aprovação da autoridade a uma nomeação ou pretensão.

AGREMIAÇÃO ACADÉMICA – Conjunto de pessoas ou de entidades, membros de uma academia científica, literária ou artística, que se associam para defender interesses e objectivos comuns.

AGRICOLA – Base de dados sobre temas de agricultura.

AGRIS – Acrónimo de *International Agricultural Information System*, Sistema Internacional de Informação sobre Agricultura, conhecida base de dados sobre agricultura.

AGROVOC – Tesauro de termos sobre agricultura, cuja compilação é da responsabilidade da *CEE* e da *FAO*.

AGRUPAMENTO – Acção de reunir em grupo diversas bibliotecas, arquivos, serviços de documentação, etc., com finalidades de cooperação ou outras. Associação. Agrupação.

AGRUPAMENTO DE BIBLIOTECAS – Reunião de bibliotecas, feita por critérios diversos, em geral com finalidade de cooperação e visando uma maior eficácia na prestação de serviços.

AGRUPAR – Combinar dois ou mais cadernos alceados para formar o bloco de um livro • Recurso de certos programas de composição tipográfica que permite reunir diversos elementos como composição e desenho, numa só unidade, podendo ser separados, quando necessário.

ÁGUA DE JAVEL – Solução de hipoclorito de sódio empregada como agente de branqueamento.

ÁGUA DIALISADA – Água purificada das impurezas com a qual se procede à lavagem das folhas de papel dos livros antigos, antes do restauro.

ÁGUA OXIGENADA – Bióxido de hidrogénio empregado como agente de branqueamento.

AGUADA – Desenho feito com tinta da China, a pastel ou lápis, sobre o qual se aplicam tintas de cores transparentes diluídas ou não em água • Género de pintura em que a tinta é diluída com água e goma, como no processo a têmpera (cores opacas) ou na aguarela (cores transparentes) • Mistura de água e clara de ovo batida, usada como mordente na douração. *Ver* Desenho a aguada.

ÁGUA-FORTE – Documento impresso em talhe doce por meio de uma placa de cobre, zinco ou ferro inicialmente revestida com um verniz resistente ao ácido; o desenho é realizado por incisão do verniz; a gravura é obtida expondo mais ou menos a placa à mordedura do ácido, ácido que provoca, por corrosão, a mordedura das zonas escavadas • De uma forma abreviada, chama-se água-forte à prova de uma estampa feita por este processo; actualmente é apenas usada em edições artísticas.

ÁGUA-FORTE EM METAL – Impressão obtida a partir de uma gravura de cobre ou de outro metal como o zinco ou o ferro cujas áreas a imprimir são delimitadas pelo desenho manual e gravadas ou entalhadas pelo ácido com processamento à mão ou à máquina; a chapa pode ser entintada ou não, segundo o suporte de impressão a utilizar.

ÁGUA-FORTE EM PONTILHADO – Água-forte cujo fundo se apresenta pontilhado.
ÁGUA-FORTISTA – Gravador de água-forte.
AGUARELA – Imagem geralmente desenhada a pincel com sépia, bistre ou tintas diluídas em água, em cores transparentes • Pintura a água sobre papel em que os pigmentos são muito diluídos, deixando visível o fundo. (port. Bras.) Aquarela.
AGUARRÁS – Nome comum da essência de terebentina, líquido incolor e inflamável, que se obtém pela destilação da resina dos pinheiros; tem aplicação na tipografia, na litografia e nos processos fotomecânicos, de modo particular como solvente e detersivo.
AGUATINTA – Água-tinta.
ÁGUA-TINTA – *Ver* Aquatinta.
ÁGUA-TINTISTA – *Ver* aquatintista.
AGUÇADEIRA – *Ver* Apara-lápis.
AGUÇAR – Avivar um traço de gravura, dando-lhe mais profundidade • Aparar. Afiar.
ÁGUIA – Nome dado ao peso principal de equilíbrio de um prelo; provém do facto de ter a forma daquela ave • Elemento iconográfico que surge em selos, brasões e documentos, frequentemente com duas cabeças e, na circunstância, designada águia bicéfala • Um dos símbolos do tetramorfo, a águia representa o evangelista S. João e é frequentemente apresentada no início do Evangelho daquele santo, segurando o texto sagrado ou acompanhando-o no acto da escrita.
AGULHA – Instrumento semelhante às vulgares agulhas de coser, porém maior, que os encadernadores usam para costurar o volume nos estribilhos • Peça das costuradoras que junta com linhas os cadernos dos livros • Utensílio em forma de lápis, com ponta de aço, utilizado pelos gravadores para traçar desenhos no verniz que protege a placa • Ponta.
AGULHA DE DISPARO (port. Bras.) – Haste cilíndrica do componedor do linótipo cuja função é destravar o carro despachador que transporta a linha de matrizes.
AGULHAGEM – Em informática, escolha entre várias alternativas de um programa feita segundo um determinado critério.
AGULHETA DE SELECÇÃO (port. Bras.) – Eixo atravessado na entrada da caixa selectora da linótipo, sobre a qual se encontra o selector de fonte.
AIB – Acrónimo de *Associazione Italiana Biblioteche*, Associação Italiana de Bibliotecas.
AIBDA – Acrónimo de *Asociación Interamericana de Bibliotecarios y Documentalistas Agricolas*, Associação Interamericana de Bibliotecários e Documentalistas Agrícolas.
AIDE-MÉMOIRE (pal. fr.) – Em sentido literal, auxiliar de memória • Resumo próprio para reter facilmente na memória os pontos fundamentais da matéria de qualquer obra, ciência, sermão, discurso, etc. • Anotação que tem como finalidade ajudar a memória com elementos fundamentais sobre um dado assunto.
AIL – Acrónimo de *Association of International Libraries*, Associação Internacional de Bibliotecas.
AIL – Sigla de *Australian Institute of Librarians*, Instituto Australiano de Bibliotecários, mais tarde designado Associação Australiana de Bibliotecários.
AJUDADEIRA – Termo arcaico que designava o foro ou pensão que onerava alguns prazos da Sé de Viseu • Contribuição feudal com a qual o vassalo ajudava nas despesas do suserano.
AJUSTADO – Compaginado.
AJUSTADOR – Funcionário encarregado de ajustar as páginas e regular a impressora.
AJUSTAMENTO – Acto de acertar diferentes peças de uma obra, quando têm de executar-se diversas tiragens a cor e harmonizar-se rigorosamente todas as cores; para o conseguir os impressores colocam marcas nas margens das folhas, marcas essas que não deverão ser visíveis uma vez terminada a impressão.
AJUSTAR – Formar páginas com a composição que está em granel • Compaginar.
AJUSTE – Operação de ajustar • Compaginação.
AJUSTE DE ESPAÇO (port. Bras.) – Acerto do espaço horizontal entre os caracteres individuais de uma linha de texto. *Kerning*.
AL. (pal. lat.) – *Ver Et al*.
ALA – Acrónimo de *American Library Association*, Associação Americana de Bibliotecários, instituição fundada em 1876; é a mais antiga associação de bibliotecas no mundo.
ALARDO – Caderno ou rol por onde se faz a chamada de pessoal.

ALARGAR – Meter mais espaço entre letras ou palavras que estão muito chegadas.

ALARME DE COMPOSIÇÃO – Toque de campainha, que nas máquinas compositoras avisa que a linha está quase completa, sendo preciso proceder à justificação.

ALARME DE FUNDIÇÃO – Campainha da intertipo, que, ao tocar, significa que a linha não foi fundida por falta de justificação.

ALARME ELECTRÓNICO – Tipo de alarme colocado nas estantes de exposição bibliográfica, assim como em outras zonas de exposição, destinado a detectar qualquer intrusão ou anomalia.

ALAVANCA – Barra rígida, recta ou curva ou em forma de cotovelo, que se move à volta de um ponto chamado fulcro, e que, nas máquinas, se destina a transmitir o movimento a outras peças.

ALAVANCA DO COMPONEDOR – Alavanca ligada ao componedor do linótipo e que serve para mandar à fundição a linha de matrizes já composta.

ALAVANCA DO ESCAPE – Peça do linótipo que comanda a queda das matrizes nos canais do magazine.

ALAVANCA DO EXPULSOR – Haste situada na parte posterior da linótipo que, ligada à gaveta do expulsor, comanda o movimento de saída das linhas.

ALAVANCA DO IMPULSOR – Em composição tipográfica, longa haste vertical que liga os excêntricos à haste do impulsor e empurra as matrizes para a caixa selectora, de onde passam à distribuição.

ALBA – Designação dada às cantigas de amigo em que aparece o tema da alvorada; descreve geralmente o encontro dos dois amantes durante a noite e a sua despedida ao romper do dia, daí o seu nome. Alva.

ALBARDINO – Planta gramínea que é utilizada para produção de pasta para papel.

ALBERTIPIA – Processo de fototipia no qual é utilizado um suporte de vidro em lugar de um suporte metálico revestido de cromato de potassa. Colotipia • Processo de obter desenhos com uma placa revestida de gelatina sendo a impressão uma variedade de fotogravura.

ALBORQUE – Escambo. Permutação.

ÁLBUM – Recolha de documentos iconográficos • Livro em branco, geralmente oblongo, cujas folhas se preenchem com composições literárias pequenas, sentenças, máximas, peças de música, retratos, fotografias, aguarelas, versos, selos, etc. • Tipo de encadernação de folhas soltas destinada a suporte de fotografias ou outros materiais montados nas folhas • Livro constituído por envelopes ou bolsos para guardar discos de gramofone, geralmente com capa decorativa e notas descritivas • Tabuleta de superfície branqueada na qual se transcreviam e expunham à leitura pública os éditos dos pretores romanos.

ALBUM (pal. lat.) – Nome que no império romano se dava ao quadro branco exposto ao público onde estavam registados os nomes dos magistrados, festas solenes, fórmulas do direito, etc.; mais tarde, na Idade Média, o termo é um equivalente poético e hagiográfico do termo *liber* quando este se refere ao livro celeste onde estão inscritos os nomes dos justos • Tabuinha branqueada usada sobretudo para ser afixada publicamente; podia contudo servir em formato menor para conter textos literários ou documentais; já era conhecida dos egípcios sob a forma de díptico • Face anterior do pergaminho, que corresponde ao lado da carne do animal. Carnaz.

ALBUM AMICORUM (loc. lat.) – Conjunto de folhas em branco reunidas em livro, caderno ou apensas a uma obra, destinadas a autógrafos ou a pensamentos, poemas, desenhos ou pequenas partituras musicais deixadas como lembrança pelos convidados duma casa; aparece em França no século XI, mas só se generalizou no século XVI; a partir desta data o seu uso estendeu-se a todo e qualquer livro formado por folhas em branco e destinado a receber gravuras, fotografias, selos e outras pequenas peças de colecção aptas a serem coladas sobre papel ou cartão.

ÁLBUM CLASSIFICADOR – Álbum que contém guardas de compensação iguais à espessura antecipada da matéria adicional que irá mais tarde ficar inserida nas bolsas; as guardas são cosidas na lombada em conjunto com o livro e destinam-se a prevenir os danos da lombada, quando o livro estiver cheio com fotografias, recortes, facturas, etc.

ÁLBUM DE AMOSTRAS – Pequeno caderno que contém amostras de determinado produto como cartão, cartolina, papéis da mais variada qualidade, etc.

ÁLBUM DE BANDA DESENHADA – Álbum cujo conteúdo é constituído por um relato apresentado graficamente sob forma de tiras ilustradas, quer seguido, quer unitário (um tema por volume) ou dividido em diversos temas • Livro-cómico, em tradução literal. (port. Bras.) Álbum de história em quadrinhos.

ÁLBUM DE MEMÓRIAS – Colectânea de documentos de diversos tipos apresentada sob a forma de álbum, na qual o organizador considera acontecimentos que lhe dizem respeito ou que pertenceram à sua época e nos quais é mais ou menos interessado, com vista a que sejam conservados para a posteridade.

ÁLBUM DE RECORTES – Volume em que se colam recortes de imprensa sobre um determinado tema ou acontecimento.

ÁLBUM DE VIAGEM – Livro em que o viajante anota as suas impressões, redige comentários e cola fotografias e outros materiais e documentos dos países e lugares visitados.

ÁLBUM FOTOGRÁFICO – Livro de folhas soltas encadernadas, geralmente em forma oblonga, que servem de suporte a fotografias.

ALBUMINA – Proteína natural solúvel na água e vulgarmente encontrada na clara do ovo; é usada na encadernação, iluminura e fotogravura como base para a estampagem e aplicação de folhas de ouro.

ALÇA – Termo arcaico que designa recurso. Apelação. Agravo • Pedaço de papel embebido em grude que se coloca no tímpano da prensa ou no padrão do tambor da máquina para reforçar letras, títulos ou outras partes débeis da forma, a fim de que a impressão saia toda por igual • Pequenas peças de madeira destinadas a altear as caixas para os tipógrafos de mais baixa estatura, evitando a deterioração das caixas e do material que elas contêm pela sobreposição • Pedaço de papel que se coloca sob uma letra ou gravura para as elevar.

ALÇA DE GRIFO (port. Bras.) – *Ver* Borboleta.

ALÇA DO COMPONEDOR (port. Bras.) – Parte anterior do componedor do linótipo ou da intertipo que se pode abrir na direcção do componedor.

ALÇAÇÃO – Acto de contar, separar e dobrar os exemplares de uma folha impressa • Alceamento. (port. Bras.) Alceação.

ALCAÇARIA – Lugar onde se curtia e preparava todo o tipo de peles e couramas. Tanaria. Casa de tanaria. Pelame. Palame.

ALÇADA – Distância desde a base superior do prisma tipográfico até ao olho da letra.

ALÇADO – Preparado com alças para se fazer a tiragem. *Ver tb.* Alceado.

ALÇADOR – *Ver* Alceador.

ALÇADORA – Em encadernação é a máquina que alça os cadernos. *Ver tb.* Alceadora.

ALÇADURA (port. Bras.) – *Ver* Alceamento.

ALÇAGEM (port. Bras.) – *Ver* Alceamento.

ALCAIZ – Termo arcaico que designava o livro de alardo ou recenseamento de gente de guerra.

ALCALINO – Em relação ao papel, é aquele que tem um baixo grau de acidez, medida em valores pH; de notar o facto de a acidez ser uma das principais causas da deterioração do mesmo.

ALÇAMENTO – Levantamento, junção e ordenação das folhas impressas para formar um livro com elas. Alceamento.

ALCANAVY – Linho. Cânhamo.

ALCANCE – Acto ou efeito de alcançar • Possibilidade de alcançar • Extensão • Refere-se em relação a um documento, temáticas ou assuntos que abrange. Cobertura.

ALCANINA – Substância corante vermelha extraída das raízes da alcana, planta do género *Alkanna*, da família das boragináceas, usada como pigmento em iluminura.

ALÇAR – Acção de colocar alças na base das gravuras para que alcancem a altura desejada • Colocar calços sob a forma tipográfica, de modo a compensar as diferenças de altura dos tipos. *Ver tb.* Alcear.

ALCATIRA (port. Bras.) – *Ver* Goma-adraganto.

ALCAVALA – Imposto sobre vendas públicas ou trocas. Sisa.

ALCEADEIRA (port. Bras.) – *Ver* Alceadora.

ALCEADO – Lugar onde se dependuram as folhas húmidas do prelo • Compartimento afastado da oficina onde se faz a contagem, dobragem, cintamento, escolha e embalagem dos livros • Diz-se da obra cujos cadernos foram colacionados ordenadamente, mas que ainda não foram cosidos ou grampeados ou colados • Projecção vertical, em oposição a "planta" que é a projecção horizontal. Alçado.

ALCEADOR – Operário empregado nas tipografias que faz o alceamento manual dos cadernos de um livro ou trabalha com a alceadora • Em encadernação, aquele que examina os cadernos dos livros para ver se estão completos, paginados e prontos para encadernar. Alçador • Lugar da tipografia ou encadernação onde se efectua a operação de alcear.

ALCEADORA – Máquina de acabamento que faz o alceamento dos cadernos de um livro. (port. Bras.) Alceadeira.

ALCEADORA-GRAMPEADORA (port.Bras.) – Máquina de acabamento que colaciona os cadernos de um livro ou revista e grampeia o conjunto com grampos de arame na dobra da lombada.

ALCEAMENTO – Operação tipográfica que consiste em colocar suportes, alças e folhas recortadas sobre o estofo do tímpano ou sobre o tipo e gravura a imprimir, para regular a impressão, de modo que todos os pontos da forma tenham o devido valor na tiragem, segundo o corpo dos respectivos caracteres • Armação e montagem dos diversos elementos que constituem um livro (cadernos, estampas, índice, etc.) com vista à encadernação. Alçamento • Aviamento.

ALCEAR – Ordenar um a um os cadernos de uma impressão por ordem de assinaturas para formar com eles os exemplares de um livro; nos manuscritos e livros impressos antigos a comprovação faz-se pelos reclamos; nos livros modernos utiliza-se o registo da medianiz • Levantar os espaços, letras, etc. durante a tiragem • Colocar as folhas dobradas de um livro sobre uma mesa em posições iguais, recolhê-las e compilá-las desde a primeira folha até à última, retirando uma de cada monte, formando volumes regulares prontos para brochar ou encadernar; nos nossos dias este trabalho é feito pela máquina de alcear.

ÁLCOOL ETÍLICO – Líquido incolor, de cheiro característico, perfeitamente miscível com água, acetona, clorofórmio, éter, etc., que ferve a 78,4ºC. e solidifica a 114ºC.; é usado em restauro de documentos puro ou como solvente.

ÁLCOOL METÍLICO – Líquido volátil incolor, inflamável, ardente e de odor característico e tóxico, muito usado em restauro de documentos como solvente de gorduras e substâncias oleosas e para amaciar o pergaminho.

AL-CORANUS – Ver *Alcorão*.

ALCORÃO – Livro sagrado do Islão que Deus terá feito conhecer ao seu profeta Maomé a partir do ano 610 da nossa era; tal como a Bíblia dos judeus e dos cristãos, o *Corão* dos muçulmanos designa também um livro na sua materialidade; contém a lei religiosa de Maomé; é também chamado *Corão* • Colecção de normas ou preceitos pelos quais se rege alguma coisa • Religião maometana.

ALCUNHA – Epíteto atribuído a uma pessoa, em geral depreciativo, que caracteriza qualquer particularidade moral ou física dessa pessoa • Sobrenome • Apelido • Cognome. (port. Bras.) Prosônimo.

ALCUNHAR – Dar alcunha a • Identificar alguém com um nome diferente do apelido ou do nome próprio, frequentemente com carácter depreciativo.

ALDEIA GLOBAL – Conceito correspondente a uma nova visão do mundo que é possibilitada através do desenvolvimento das novas tecnologias de informação e da facilidade e rapidez com que funcionam os meios de transporte e as telecomunicações.

ALDEÍDO FÓRMICO – Gás incolor, lacrimogéneo e de odor sufocante, usado no restauro de documentos em operações de fixação, para tornar a gelatina mais espessa. Formol.

ALDI NEOACADEMIA (loc. ital.) – Grupo de sábios, organizados numa academia, fundada em 1500, que rodeou Aldo Manuzio, o precursor da tipografia moderna; funcionava como um moderno conselho científico de redacção.

ALDINA – Nome dado à letra cursiva de imprensa usada por Aldo Manuzio e outros impressores da sua família.

ALDINO – Nome dado ao tipo de letra imitando a cursiva derivado do nome do seu criador • Aldo, itálico ou grifo. Tebaldo Manuzio, mais conhecido como Aldo Manuzio, impressor veneziano dos séculos XV-XVI imprimiu com este tipo um *Virgílio* em 1501; apenas empregou tipos tombados na caixa baixa, porque as letras de caixa alta eram todas verticais, como os caracteres romanos • Pertencente ou relativo a Aldo Manuzio ou à sua família • Nome das edições de clássicos gregos e latinos impressas nos prelos desta família de impressores veneziana dos finais do século XV e inícios do século XVI.

ALDO – Modalidade de caracteres, mais conhecido por aldino. Ver Aldino.

ALDUS – Firma de publicação fundada em Veneza por Tebaldo Manuzio em 1494-95; Aldus especializou-se em edições de pequeno formato de clássicos gregos e latinos, publicadas entre 1494 e 1515, e o primeiro tipo itálico gravado por Griffi para Aldus foi pela primeira vez usado em edições dos autores clássicos em pequeno formato.

ALDUS PAGEMAKER – Conhecido programa de auto-edição, vulgarmente designado apenas *Pagemaker*.

ALEGAÇÃO – Consideração apresentada por escrito ou oralmente perante autoridades ou serviços públicos, como prova de alguma coisa • Peça oferecida nos autos em sustentação ou impugnação, de facto ou de direito, por alguma das partes • Exposição feita por um advogado em defesa de uma causa, impugnando as razões aduzidas pela parte contrária.

ALEGORIA – Exposição de uma ideia por imagens • Obra artística ou literária que representa uma coisa, a fim de dar ideia de outra • Adorno, vinheta ou gravura alegórica, cuja representação tem significado filosófico • Nos manuscritos medievais, por exemplo, os azares da Fortuna eram frequentemente simbolizados visualmente por uma figura feminina, a Fortuna, fazendo girar uma roda na qual figuras de vários extractos sociais sobem e descem • Figura de retórica, que consiste em várias metáforas consecutivas, que exprimem, por alusão, ideia diferente da que se enuncia.

ALEGORIA RELIGIOSA – Alegoria cujo motivo é uma cena religiosa extraída da Bíblia ou de qualquer outro livro sagrado, frequentemente compreendida apenas por aqueles que conhecem bem esses textos.

ALEGÓRICO – Relativo ou pertencente à alegoria. Alusivo. Figurativo. Metafórico. Simbólico • Que contém alegoria.

ALEGORISMO – Uso sistemático da alegoria na interpretação dos acontecimentos históricos ou dos textos sagrados • Estado de uma coisa ou situação apresentada alegoricamente.

ALEGORISTA – Aquele que faz alegorias. Pessoa que usa alegorias com frequência • Pessoa que explica em sentidos alegóricos.

ALEGORIZAÇÃO – Acto ou efeito de representar através de alegorias • Tratamento alegórico.

ALEGORIZADO – Que possui alegoria • Exposto através de alegoria.

ALEGORIZADOR – Pessoa que decifra alegorias.

ALEGORIZAR – Expor através de alegoria(s) • Interpretar ou explicar em sentido alegórico.

ALELUIA – Estampa de tema religioso com a palavra "aleluia" escrita, que se distribui às pessoas no Sábado Santo, quando o celebrante entoa a aleluia, ou no Domingo de Páscoa aquando da visita pascal • Nome dado ao conjunto de figuras organizadas em série e contidas num caderno de papel, com as quais se explicava um assunto, em geral através de versos emparelhados • Notícia que alegra.

ÁLEO – Em heráldica, representado com asas. Alado.

ALEPH – Programa integrado de gestão de bibliotecas e tratamento da informação, desenvolvido em Israel.

ALERTA POR *E-MAIL* – Conhecido serviço de novidades que é veiculado por meio do correio electrónico.

ALETOLOGIA – Tratado ou discurso sobre a verdade.

ALETOSCÓPIO – Instrumento munido apenas de uma lente que se usa como substituto do estereoscópio e produz impressão de relevo nos objectos e nas imagens.

ALEXANDRINO – Nome dado ao verso de doze sílabas, com acento na sexta e última sílaba e com cesura ou pausa a seguir à sexta sílaba.

ALEXIA – Impossibilidade patológica para ler, que se verifica entre pessoas que sabiam ler e que não perderam a faculdade de ler. Cegueira verbal.

ALEXIS – Programa integrado de tratamento da informação.

ALFA – Primeira letra do alfabeto grego • Tipo de papel obtido pelo tratamento da alfa, planta que cresce em abundância no Norte de África; utilizado a partir do início do século XX, é muito apreciado devido às suas qualidades de leveza, de finura e absorção da tinta. Esparto.

ALFABETAÇÃO – Ordenação que segue as letras do alfabeto • Acto ou efeito de alfabetar, colocar em ordem alfabética; pode fazer-se de acordo com duas modalidades: letra a letra ou palavra a palavra; a primeira ignora os sinais de pontuação e a separação das palavras e quando um conceito é expresso por várias palavras considera-o como um todo, uma única palavra; a segunda tem em conta a palavra em si como ponto de referência para a ordenação. (port. Bras.) Alfabetamento.

ALFABETAÇÃO LETRA A LETRA – Ordenação alfabética em que o ponto de partida é o carácter em si, independentemente das palavras que constitui.

ALFABETAÇÃO PALAVRA POR PALAVRA – Ordem alfabética estabelecida tomando como ponto de partida, como unidades de ordenação, as palavras em vez das letras. Alfabetação palavra a palavra.

ALFABETADO – Disposto por ordem alfabética • Marcado com as letras do alfabeto.

ALFABETADOR – Aquele que alfabeta.

ALFABETAMENTO (port. Bras.) – *Ver* Alfabetação.

ALFABETAR – Pôr uma linha de palavras, frases, etc. por ordem alfabética • Ordenar segundo as letras do alfabeto.

ALFABETÁRIO – Relativo ao alfabeto. Colecção de alfabetos. Abecedário.

ALFABÉTICO – Que segue a ordem do alfabeto. Alfabetário.

ALFABETISMO – Sistema de escrita em que se faz uso do alfabeto • Instrução primária • Aptidão para ler e escrever.

ALFABETISTA – O que inventou o alfabeto • O que faz alfabetos para modelos caligráficos • Alfabetador • Alfabetário.

ALFABETIZAÇÃO – Capacidade de exercer certas operações. A alfabetização é definida através de um determinado índice: assinatura, capacidade declarada para ler e escrever, testes de escrita e de leitura • Acto de ensinar e de aprender a leitura, a escrita e o cálculo • Aprendizagem das letras. A escola é um lugar recente da alfabetização e, mesmo no século XIX, a alfabetização nunca esteve assente apenas na escola, mas em diversos contextos sociais, como a família, o grupo de amigos, a comunidade religiosa, o ofício, o exército, etc. • Difusão da escrita-leitura.

ALFABETIZAÇÃO FUNCIONAL – Acção que se insere em projectos precisos de desenvolvimento económico e social associando a aquisição da leitura e da escrita a actividades definidas, nomeadamente à formação profissional; deste modo poderá assegurar-se o desenvolvimento individual e o da comunidade em que a pessoa se encontra inserida.

ALFABETIZADO – Diz-se do indivíduo a quem foram ensinadas as primeiras letras • Aquele que sabe ler e escrever.

ALFABETIZAR – Ensinar o alfabeto; por extensão, dar instrução primária. Ensinar as primeiras letras.

ALFABETO – Palavra proveniente, segundo alguns, da junção do nome de duas letras fenícias: *alef* (vaca), em grego *alfa* e *bet* (casa), em grego *beta*, que designa o conjunto de letras de uma língua • Sistema fonético de escrita em que um som ou palavra é representado por um sinal • Livro que contém os primeiros rudimentos de leitura. Á-Bê-Cê. Cartilha para aprender a ler • Rudimentos de uma arte ou ciência • Conjunto de matrizes de uma determinada fonte • Abecedário. Carreira do a • Junção de todas as letras duma língua dispostas pela devida ordem • Notação musical que representa os acordes através de letras maiúsculas, em geral colocadas sobre uma linha contínua ou quebrada, com breves traços sobre ou sob ela, a indicarem a direcção em que os acordes são tocados; foi usada sobretudo para a guitarra nos séculos

XVII-XVIII • Pessoa que foi alfabetizada, que sabe ler e escrever.

ALFABETO ANTROPOMÓRFICO – Aquele cujos caracteres se apresentam ornamentados com desenhos de figuras humanas.

ALFABETO ÁRABE – Está na base do alfabeto turco, persa, africano e outros; as suas letras dividem-se em lunares e solares e em fortes e ténues; nasceu na Arábia nos séculos IV-V d. C. e, apesar das 28 letras, na realidade dispõe apenas de 15 caracteres, sendo 13 consoantes notadas por meio de 9 letras que servem para notar as diversas consoantes; o seu sistema é alfabético, consonântico e o sentido da leitura é da direita para a esquerda, ligando-se todas as letras à seguinte, excepto cinco.

ALFABETO BRAILE – Denominação do alfabeto para cegos inventado pelo francês Louis Braille (l809-1852); é formado por pontos em relevo que se combinam até ao máximo de seis e que se lêem pelo tacto • Sistema do pedagogista V. Hauy para ensinar os invisuais a ler e a escrever. *Ver* Impressão em braile.

ALFABETO CALCÍDICO – Alfabeto grego arcaico (proveniente de Cálcis na ilha Eubeia). Variedade local do alfabeto grego arcaico usado antes do século IV no Peloponeso, excepto Argos e Corinto; é também chamado alfabeto ocidental.

ALFABETO CALCOGRÁFICO – Alfabeto gravado em metal.

ALFABETO CALIGRÁFICO – Aquele cujos caracteres imitam as letras manuscritas.

ALFABETO CIRÍLICO – Alfabeto proveniente do grego, a partir do qual foi adaptado pelos irmãos São Cirilo e São Metódio, que é ainda hoje utilizado pelas línguas russa e eslava. Compõe-se de 33 letras e é usado com ligeiras variantes por milhões de pessoas; a sua designação provém do nome de um dos adaptadores.

ALFABETO DA MORTE – Alfabeto gravado por Holbein no qual cada letra representa um tema fúnebre.

ALFABETO DE MILETO – Designação do alfabeto adoptado por Atenas no ano 403 a. C. para os textos oficiais; é também chamado alfabeto jónico.

ALFABETO DE SÍMBOLOS – Conjunto de caracteres ou símbolos distintos reconhecíveis e repetíveis, usados para identificar documentos, tais como a notação usada num esquema de classificação.

ALFABETO DOS CEGOS – *Ver* Alfabeto braile.

ALFABETO DOS NÓS – Alfabeto peruano que consistia numa série de cordas de várias cores com nós; quanto mais o nó estava próximo do início da corda, mais importante era a mensagem; um nó preto significava morte, um branco o dinheiro e a paz; um nó vermelho queria aludir à guerra, um amarelo ao ouro e um nó verde referia-se ao pão. Quipos. *Ver* Quipus.

ALFABETO EGÍPCIO – Tinha vinte e quatro consoantes, mas os egípcios não adoptaram o estilo de escrita totalmente alfabético; misturavam na escrita sinais pictográficos, ideográficos e silábicos com as letras deste alfabeto e criaram um estilo superficial de escrita para manuscritos; as inscrições que faziam nos monumentos eram hieroglíficas.

ALFABETO ETRUSCO ARCAICO – Alfabeto de onde provém o alfabeto latino.

ALFABETO FENÍCIO – Sistema abstracto resultante de uma convenção, em que não existe ligação entre o sentido do texto escrito e a sua concretização gráfica; supõe-se que esteja na origem de todos os alfabetos; a partir da sua invenção a escrita passa a ser puramente fonética, isto é, aquela em que cada signo representa um som; constituído por 22 sinais do sistema alfabético consonântico, terá sido criado no Próximo Oriente em Byblos, Tyr, entre os séculos XIII e XI a. C. e o seu sentido da leitura é da direita para a esquerda.

ALFABETO FITOMÓRFICO – Aquele cujos caracteres se apresentam ornamentados com desenhos de natureza vegetal.

ALFABETO FLOREADO – *Ver* Alfabeto fitomórfico.

ALFABETO FONÉTICO INTERNACIONAL – Conjunto de símbolos e sinais diacríticos susceptíveis de permitir a transcrição fonética de todas as línguas.

ALFABETO GEOMÉTRICO – Aquele cujos caracteres assumem formas geométricas.

ALFABETO GLAGOLÍTICO – Antigo alfabeto eslavo em cuja origem do nome está o termo *glagol*, que em eslavo quer dizer "palavra".
ALFABETO GODO – Alfabeto organizado com vários elementos nos meados do século IV por um bispo dos godos na Dácia.
ALFABETO GÓTICO – Alfabeto usado na Alemanha até à Segunda Grande Guerra; é formado por letras caligráficas e geométricas, angulosas e de linhas quebradas, que tiveram como base a letra carolíngia.
ALFABETO GREGO – Compõe-se de 24 caracteres e 15 sinais ortográficos, divididos estes em 5 classes ou séries; inicialmente era composto por apenas 22 caracteres como o fenício e utilizava apenas letras maiúsculas, tendo mais tarde adoptado as minúsculas; o alfabeto fenício é o seu ascendente e nasceu na Grécia cerca do século X a. C.; o seu sistema é alfabético e foram os gregos que inventaram as vogais; serve a língua grega e anteriormente serviu o jónico e o dórico; é usado também na linguagem científica e matemática e serviu de ponto de partida para a criação do alfabeto latino.
ALFABETO GREGO ALDINO – Designação pela qual é conhecido o alfabeto grego que foi usado entre 1490 e 1597 por Aldo Manuzio e sucessores, impressores venezianos dos séculos XV-XVI.
ALFABETO HEBRAICO – Compõe-se de 22 símbolos e não possui letras capitais; na escrita hebraica não existem algarismos, substituem-nos as letras do próprio alfabeto, às quais foi atribuído um determinado valor; as línguas assinaladas são o hebraico, o arménio, o yiddish, o judeo-espanhol, o judeo-árabe; o seu sistema é alfabético, consonântico e o seu sentido de leitura é da direita para a esquerda.
ALFABETO IDEOGRÁFICO – Aquele que representa os sons pelo desenho ou pintura das ideias.
ALFABETO JÓNICO – *Ver* Alfabeto de Mileto.
ALFABETO LATINO – Com algumas pequenas modificações introduzidas pelos bizantinos, deriva do antigo alfabeto fenício, através dos gregos e posteriormente dos romanos; o alfabeto latino criado por estes é constituído por 26 letras; só no século I assumiu a forma que hoje apresenta. No período clássico era composto por 21 letras, por 22 no século I d. C. e mais tarde por 23. Actualmente o número de letras deste alfabeto é variável conforme a língua que o usa: a espanhola 29, a catalã, a francesa, a alemã e a inglesa 26, a galega 25, a portuguesa 23 e a italiana 21; tal como o alfabeto grego, de início usava apenas maiúsculas, que eram designadas capitais, tendo posteriormente sido adoptadas as formas uncial, semi-uncial, minúscula e cursiva; serviu primeiro para escrever o latim, depois as línguas românicas e actualmente são numerosíssimas as línguas que o usam; o seu sentido de leitura é da esquerda para a direita. Alfabeto romano.
ALFABETO MAIÚSCULO – Conjunto das letras maiúsculas. Abecedário maiúsculo.
ALFABETO MINÚSCULO – Conjunto das letras minúsculas. Abecedário minúsculo.
ALFABETO OGÂMICO – Forma antiga de escrita alfabética dos celtas das Ilhas Britânicas que data do século IV ou V d. C. e de que restam vestígios em manuscritos; parece ter sofrido influências do alfabeto latino e da escrita rúnica.
ALFABETO ORIENTAL – Designação da variedade local do alfabeto grego usada antes do século IV na Ásia Menor, Ática, Mégara, Corinto e Argos.
ALFABETO ORNAMENTAL – Aquele cujos caracteres se apresentam decorados com elementos de determinado tipo.
ALFABETO ROMANO – *Ver* Alfabeto latino.
ALFABETO UGARÍTICO – Uma das mais primitivas formas de escrita que empregava caracteres cuneiformes; foi inventado cerca do século XIV a. C.
ALFABETO ULFILANO – Criado por Ulfilas, bispo dos godos (311-381), usado por ele para traduzir os Evangelhos, misturando os caracteres gregos, latinos e rúnicos; era composto por 24 signos, 18 dos quais eram de origem grega e os restantes 6 de origem latina.
ALFABETO ZOOMÓRFICO – Aquele cujos caracteres se apresentam ornamentados com desenhos de animais.
ALFABETOLOGIA – Estudo do desenvolvimento da escrita alfabética.

ALFABETOS AFRICANOS – Os principais alfabetos africanos (vai, bamoun, mendé e bassa) datam do século XIX; distinguem os sistemas silábicos que transcrevem a língua e os sinais gráficos que dão visibilidade à palavra; são constituídos por caracteres originais alimentados por ideogramas e pictogramas tradicionais.

ALFANUMÉRICO – Palavra composta da contracção de *alfabético* e *numérico*; sequência de caracteres que podem ser letras do alfabeto e/ou numerais ou os seus símbolos, pontuação, caracteres especiais ou símbolos matemáticos • (port. Bras.) Numeralfa.

ALFARRÁBIO – Livro antigo e de pouca utilidade • Livro de leitura maçadora. Cadeixo. Calhamaço. Cartapácio. Livrório.

ALFARRABISMO – Comércio de livros antigos.

ALFARRABISTA – Pessoa que lê ou colecciona alfarrábios • Vendedor de livros velhos ou usados. Comerciante de livros antigos, raros, curiosos, em segunda mão ou de ocasião. Livreiro antiquário • Sebista. Estabelecimento que vende ou compra livros em segunda mão.

ALFIZ – Caixilho quadrado ou rectangular, de pedra lavrada ou de tijolo, que emoldura um portal ou a sua parte superior.

ALFÓNIMO – Conjunto de iniciais correspondentes ao nome de um autor, como J. P. (José Pires) ou A. L. M. C. (António Lopes Marques da Costa).

ALGARAVIA – Linguagem árabe • Linguagem falada ou escrita difícil de entender. Algaraviada. Algemia.

ALGARAVIADA – *Ver* Algemia.

ALGARAVIADO – Falado ou escrito numa língua obscura e confusa.

ALGARAVIAR – Escrever ou falar confusamente. Araviar.

ALGARISMO – Cada um dos sinais que compõem o nosso sistema usual de numeração conhecido como árabe ou arábico: 1, 2, 3, 4, 5, 6, 7, 8, 9, 0 • Por extensão, o mesmo que número. Carácter que serve para indicar os números. Número ou letra numeral.

ALGARISMOS ÁRABES – Sinais de origem árabe: 1, 2, 3, 4, 5, 6, 7, 8, 9, 0; o sistema de numerais parece ter sido trazido para a Europa pelos árabes, que o teriam importado da Índia no século VIII; os numerais começaram a ser utilizados na foliação dos livros no último quartel do século XV. (port. Bras.) Algarismos arábicos.

ALGARISMOS ARÁBICOS (port. Bras.) – *Ver* Algarismos árabes.

ALGARISMOS ROMANOS – Caracteres ou sinais de origem latina que representam os números; são muito utilizados na numeração das datas nos livros antigos e na numeração das páginas preliminares dos livros impressos antigos e modernos.

ÁLGEBRA – Ciência em que os números são substituídos por letras e sinais com determinados valores.

ÁLGEBRA DE *BOOLE* – Conhecida pelo apelido do seu inventor, Georges Boole, é aquela em que as notações algébricas não são usadas para exprimir relações aritméticas, mas sim relações lógicas e compreende os operadores *E, Ou, Não, Excepto, Se, Então*. *Ver* Lógica de Boole para pesquisa.

ALGEMIA – Processo de escrita que consiste em reproduzir os sons duma língua ocidental nos caracteres duma língua oriental. Processo de escrita que reproduz em caracteres árabes os sons de uma língua não árabe • Algaravia.

ALGEMIADO – Escrito em algemia.

ALGEMIAR – Escrever em algemia. Escrever em caracteres árabes. Falar ou escrever algemia.

ALGOL – Acrónimo de *Algorithmic-Oriented Language* (linguagem algorítmica). Linguagem comum internacional de programação de alto nível que usa algoritmos para aplicações matemáticas e técnicas orientada para processos e projectada para programação de aplicações numéricas em sistemas informatizados.

ALGORITMO – Instruções para levar a cabo uma série de operações numa determinada ordem com vista a obter um resultado ou conseguir a solução de um problema, expressa geralmente em termos aritméticos • Método de decomposição de um problema em etapas elementares • Em programação, conjunto de regras operatórias ou de processos definidos com vista à obtenção de um resultado determinado através de um número finito de operações; a realização de um algoritmo é a primeira etapa da escrita de um programa.

ALGORITMO DE ORDENAÇÃO POR PERTINÊNCIA – Algoritmo que dispõe os documentos recuperados segundo o seu grau de adequabilidade com a equação de pesquisa.

ALGRAFIA – *Ver* Aluminografia.

ALHETA (port. Bras.) – Cada uma das duas alavancas que controlam o movimento do linótipo.

ALIA – Acrónimo de *Australian Library and Information Association*, Associação Australiana de Bibliotecários e Documentalistas.

ALICE – Sistema informatizado usado na Biblioteca Universitária do Ohio.

ALIENAÇÃO – Transferência para terceiros dos direitos de propriedade sobre alguma coisa; a alienação pode ser levada a cabo através de um acto legislativo específico ou mesmo de forma ilegal • Em arquivologia, acto de transferir ou perder a custódia ou posse de documentos em favor de uma agência ou pessoa não oficialmente relacionada com a organização com a qual os documentos estão envolvidos ou de uma para outra entidade pública ou privada.

ALIENAÇÃO DE PATRIMÓNIO – Em arquivologia, designação atribuída ao acto de transferir ou vender a posse ou custódia dos documentos para uma pessoa ou instituição não oficialmente ligada com a organização que detém os documentos.

ALIENAÇÃO DO NEGATIVO – Destruição do negativo de uma obra fotográfica prevista no *Código de direito de autor*, salvo convenção em contrário.

ALIMENTAÇÃO DE TINTA – Quantidade de tinta que entra no sistema de entintamento de uma impressora *offset*.

ALIMENTAÇÃO DO PAPEL – Nome dado ao processo contínuo de introdução do papel numa impressora • Parte de uma impressora ou máquina de acabamento por onde o papel é introduzido.

ALIMENTADOR – Equipamento desenhado para guiar documentos do mesmo tamanho até à zona de exposição de uma câmara, como no caso dos cheques bancários numa câmara copiadora em série • Dispositivo mecânico de uma perfuradora que muda as fichas de um lugar para outro. *Ver* Marginador automático.

ALIMENTADOR AUTOMÁTICO – Dispositivo de impressoras *offset* planas responsável pela alimentação das folhas.

ALIMENTAR – Fornecer • Manter. Conservar.

ALÍNEA – Literalmente, à linha, ou seja primeira linha dum parágrafo que se recua em relação ao resto do texto desse parágrafo • Parágrafo. Inciso • Cada uma das subdivisões de artigo assinalada por uma letra ou número com um parênteses curvo à direita • Parte do texto compreendida entre duas alíneas consecutivas • Nos diplomas legislativos, cada uma das divisões do parágrafo.

ALÍNEA ALINHADA – A que está ao nível das outras linhas da página.

ALÍNEA REENTRANTE – A que deixa um espaço vazio no início da linha, como pode observar-se nas edições modernas.

ALÍNEA SALIENTE – A que ultrapassa de algumas letras as outras linhas.

ALINHADO – Diz-se do texto que está em linha recta • Elegante. Acertado. Direito.

ALINHADOR – Dispositivo do linótipo, que ajusta e centra automaticamente brancos à esquerda ou à direita da composição, determinando assim o comprimento e corpo da linha de fundição. Medida • Aparelho provido de uma lente e um parafuso micrométrico que serve para alinhar os tipos na unidade fundidora do linótipo.

ALINHAMENTO – Em tipografia, acto ou efeito de alinhar letras, palavras, linhas, gravuras, números, etc. • Forma por que devem colocar-se na mesma linha, guardando igual nível pelo pé, os tipos de diversos corpos que se empreguem juntos (parangonagem), assim como na vertical os versos da mesma medida, os corandéis, etc.; é um dos elementos fundamentais da composição de títulos e textos; as regras aplicáveis a uns e a outros são as mesmas, mas o mais frequente é usar-se o alinhamento na composição de textos, mais abundante que no dos títulos. Há dois tipos de alinhamento: o horizontal e o vertical.

ALINHAMENTO À ESQUERDA – Situação em que as linhas de um texto começam exactamente no princípio determinado para a margem esquerda.

ALINHAMENTO DE ASTERISCOS – Os asteriscos (*) quando se empregam como notação alinham-se pela direita.

ALINHAMENTO DE GRAVURAS – Nas publicações em que vão marginados todos os elementos susceptíveis de marginação, as gravuras marginam-se também de acordo com a regra geral.

ALINHAMENTO DE NÚMEROS – Nas listas, notas, alíneas, etc., se a numeração é ordinal, os números alinham-se pela esquerda, se é cardinal pela direita.

ALINHAMENTO HORIZONTAL – É o que dispõe dois ou mais caracteres de corpos diferentes de modo que o olho de cada um ficou alinhado pelo pé; em tipografia este alinhamento obtém-se por parangonação; em fotocomposição realiza-se de modo automático.

ALINHAMENTO PELA BASE – Posicionamento dos tipos sobre a mesma linha óptica de base.

ALINHAMENTO SISTEMÁTICO – Artifício usado por algumas fundições de tipos, que consiste em calcular a rebarba dos diversos corpos de caracteres, de modo a facilitar o alinhamento horizontal.

ALINHAMENTO VERTICAL – O alinhamento do início e do final das linhas está determinado pela forma do parágrafo; a composição em parágrafo ordinário é a mais estendida; a primeira linha começa sangrada, ou seja, mais dentro; o valor da sangria é de meio quadratim e pode ir até três quadratins; não há, contudo, nenhuma regra estabelecida e tudo depende do tipo empregado e, sobretudo, da medida.

ALINHAR – Dispor ou arranjar os caracteres do olho e do corpo, de modo que a base do olho esteja perfeitamente em linha • Acertar uma composição tipográfica defeituosa, mal justificada ou com ondulação • Dispor em linha recta • Marcar alinhamento de • Colocar na mesma linha guardando igual nível pelo pé, os tipos de diversos corpos que se empregam juntos • Dispor na mesma recta perpendicular no pé da página os versos da mesma medida, corondéis, etc.

ALINHAR À DIREITA – Compor linhas de tipos alinhadas à direita da página e irregulares à esquerda.

ALINHAR À ESQUERDA – Compor linhas de tipos alinhadas à esquerda da página e irregulares à direita.

ALINHAR AS MARGENS – Dispor as margens de modo a respeitar o mesmo acertamento ou direcção.

ALINHAR HORIZONTALMENTE – Sinal usado na revisão de provas (=) que indica que as letras ou palavras assinaladas devem ser alinhadas na horizontal.

ALINHAR VERTICALMENTE – Sinal usado na revisão de provas (|||) que indica que as letras ou palavras assinaladas devem ser alinhadas na vertical.

ALINHAVAR UMAS LINHAS – Redigir um texto, em geral de curta dimensão e de modo apressado.

ALISADO – Diz-se do papel que recebeu acabamento superficial na calandra.

ALISADOR – Dispositivo do alimentador das impressoras e máquinas de acabamento que ajuda a manter planas as folhas de papel.

ALISADOR DE FOLHAS – Dispositivo localizado na saída de uma impressora *offset*, cuja função é uniformizar as folhas antes que sejam depositadas na pilha de entregas.

ALISAMENTO – Operação de calandragem do papel ou do cartão com a finalidade de melhorar o seu acabamento e, se for o caso, regularizar a sua espessura; consiste na aplicação de uma mistura de caseína ou de glucose, argila e outros ingredientes sobre a sua superfície, tornando-o macio e capaz de receber a impressão; os primeiros papéis assim fabricados apresentavam muito lustro, o que não acontece actualmente, resultando daí o chamado *papel calandrado mate*. Calandragem. Satinagem.

ALISAR – Remover bolhas de ar, engomar, achatar e assegurar a adesão entre dois materiais através da fricção com um instrumento achatado de osso ou plástico. Brunir. Lustrar. Polir.

ALISE – Acrónimo de *Association for Library and Information Science Education*, Associação para a Educação em Biblioteconomia e Documentação.

ALISTAR – Dispor em lista. Inscrever em rol.
ALITERAÇÃO – Repetição insistente dos mesmos sons consoantes num ou mais versos ou membros da frase. Paragramatise. Paragramatismo.
ALITERACIA – Inaptidão para ler e escrever.
ALITERAR – Repetir letras ou fonemas. Usar a aliteração.
ALIVIAR – Diminuir num rosto a matéria tipográfica ou compô-la em tipos mais leves • Cortar na folha de preparo os pontos onde se manifesta mais pressão • Desafogar.
ALIZARINA – Substância corante vermelha que existe nas raízes da garança.
ALJAMIA – *Ver* Algemia.
ALJAMIADO – *Ver* Algemiado.
ALJAMIAR – *Ver* Algemiar.
ALLEGRO – Sistema informático para uso em microcomputadores de bibliotecas.
ALMAÇO – *Ver* Papel almaço.
ALMAGESTO – Recolha de observações astronómicas feita pelos antigos • Nome adoptado por Ptolemeu para designar o seu célebre tratado de astronomia.
ALMANAQUE – Calendário com indicações astronómicas, previsões meteorológicas, conselhos relativos à cultura das terras, etc.; o almanaque distingue-se do calendário porque este é constituído por um quadro ou lista que contém os dias do ano distribuídos ordenadamente por semanas ou meses, com indicações das festividades religiosas, horário solar, fases da lua, estações, eclipses, etc., enquanto que o almanaque é um folheto ou livro que contém, além do calendário anual, artigos, efemérides, anedotas, etc. e ainda uma parte de conselhos de medicina caseira e de utilidades domésticas; foi uma das vias mais fáceis de fazer penetrar a informação no meio do povo assegurando desde o século XVI a difusão popular da astrologia e do movimento dos astros, previsões meteorológicas, em livros de pequeno formato, em geral à volta de vinte páginas; eram de preço módico, 4, 6, 10 reis na segunda metade do século XVII e cerca de vinte reis, isto é, um vintém, no século XVIII; revestidos com encadernações delicadas, em seda bordada ou marroquim colorido, eram frequentemente oferecidos pelo Natal ou Ano Novo. Lunário. Reportório. Prognóstico • Calendário científico • Publicação normalmente editada todos os anos contendo uma grande variedade de factos de natureza heterogénea (efemérides, anedotas, informações sobre festividades e feriados, curiosidades, informações estatísticas); originalmente continha os planos do ano seguinte por dias, meses, feriados, etc. Sarrabal. Borda d'água. Seringador.
ALMANAQUE ASTRONÓMICO – Livro que contém os dados astronómicos para um ano. Anuário astronómico.
ALMANAQUE NÁUTICO – Obra que contém dados astronómicos sobre o sol, a lua, os planetas e as estrelas de navegação.
ALMANAQUE REAL – Género de livro cujo conteúdo começa por ser constituído por considerações de natureza política e depois se alarga consideravelmente a outras áreas de interesse comum, uma miscelânea de curiosidades e informações de natureza prática sobre as estações do ano, eclipses, plantações agrícolas, fases da lua, universidades, academias, etc.
ALMANAQUEIRO – Pessoa que faz ou vende almanaques.
ALMOFADA – Pedaço de pano cru, papel-ferro ou cartão com que se envolvem os cilindros ou platinas da máquina para se proceder à impressão • Nervo muito largo numa encadernação • Espécie de saco revestido por materiais diferentes, conforme o fim a que se destina, e cheio com uma substância fofa, usado para aplicações diversas • Parte saliente que se encontra por vezes na pasta superior de uma encadernação.
ALMOFADA DE CARIMBO – Pequena caixa onde se encontra uma almofada de tecido embebido em tinta, sobre a qual se pressiona o carimbo antes de o aplicar. Objecto impregnado de uma substância corante sobre o qual o carimbo húmido recebe a tinta.
ALMOFADA DE DOURADOR – Almofada de pequeno formato revestida de pele, na qual se aplica a folha de ouro para a poder trabalhar.
ALMOFADA DE GRAVADOR – Almofada cheia de areia fina, redonda e abaulada, que o gravador utiliza para assentar a chapa a gra-

var, quer seja de metal ou de madeira, para procurar o melhor ângulo.

ALMOFADADO – Guarnecido por almofada. Estofado.

ALMOFADAR – Encher ou guarnecer com almofada. Estofar.

ALMOFADILHA – Pequena almofada • Tábua de madeira coberta de carneira, usada para trabalhar com os panos de ouro a aplicar na decoração das encadernações.

ALOCUÇÃO – Discurso, geralmente breve, pronunciado em ocasião solene • Arenga • Texto no qual o autor se dirige ao leitor em geral ou a um personagem em particular, para chamar a atenção sobre a própria obra ou sobre o assunto nela tratado. Apóstrofe.

ALOÉS – Goma extraída da planta do mesmo nome.

ALOGRAFIA – Processo de gravação no qual a pedra litográfica é substituída por uma lâmina de alumínio; foi inventado por José Scholz, litógrafo de Mogúncia, em 1893.

ALÓGRAFOS – Nome dado aos signos diferentes que servem para representar uma mesma palavra.

ALOMBADO – Acto e efeito de alombar.

ALOMBAR – Fazer a lombada do livro, arredondando-a e colocando o reforço • Enlombar. Endorsar. Reforçar a lombada.

ALONGAMENTO DE ROTURA – Durante um ensaio de rotura por tracção, é o alongamento do provete de papel ou cartão ensaiado; esse alongamento é dado em relação ao comprimento inicial; é normalmente expresso em percentagem relativamente ao comprimento inicial.

ALÓNIMO – O que assina com outro nome que não o seu • Obra assim publicada • Nome próprio simulado, com que alguns autores ocultam o seu próprio nome • Pseudónimo • Criptónimo • Heterónimo.

ALP – Acrónimo de *Advancement of Librarianship in the Third World*, Fomento da Biblioteconomia no Terceiro Mundo.

ALTA CRÍTICA – *Ver* Crítica interna.

ALTA RESOLUÇÃO – Termo aplicado a uma tela ou imagem de alta qualidade, que reproduz texto e gráficos com uma relativa nitidez e riqueza de pormenores; a alta resolução refere-se ao número de pixels (pontos) usados para criar a imagem, de forma que quanto mais pixels forem, maior será a resolução.

ALTER EGO (loc. lat.) – Outro eu.

ALTERAÇÃO – Mudança em provas tipográficas • Mudança no texto ou na disposição do tipo numa forma composta • Emenda. Acréscimo.

ALTERAÇÃO DA COR – Acção de tornar uma cor diferente da inicial sob o efeito do envelhecimento ou de um agente qualquer.

ALTERAÇÃO GLOBAL – Em processamento automático de dados, mudança de todas as ocorrências numa cadeia específica de caracteres ou de todas as ocorrências dela num contexto específico dentro de uma base de dados, substituindo a cadeia incorrecta por uma nova que seja correcta.

ALTERAÇÃO MATERIAL – Qualquer transformação levada a cabo no próprio suporte de um acto; pode consistir no riscar de letras ou palavras, substituindo um texto por outro, no apagamento da escrita por lavagem de água ou aplicação de mordente, raspagem, pontilhado ou aditamento nas partes não escritas.

ALTERADO – Modificado • Fora de ordem. Desorganizado • Adulterado.

ALTERAR – Modificar • Adulterar. Contaminar • Desorganizar.

ALTERIDADE – Qualidade ou estado do que é outro, diferente, diverso. Não-eu • Objectividade • Relações com outrem.

ALTERNÂNCIA DE COR – Série ordenada de dois motivos ornamentais com cores diferentes; nos manuscritos iluminados, uma das regras a observar é a do uso alternado das cores nas iniciais simples (aquelas em que está ausente qualquer ornato); estas cores, geralmente o vermelho e o azul, não deveriam ser aplicadas sucessivamente, caso em que se revelaria o menor cuidado ou habilidade do executante.

ALTO – Diz-se, numa prova de gravura, dos traços negros que fazem realçar as partes claras.

ALTO-CONTRASTE – Técnica fotomecânica usada com a finalidade de reproduzir imagens sem nuances de tom.

ALTO-RELEVO – *Ver* Impressão em relevo.

ALTURA – Dimensão tirada desde a base do corpo até à superfície da letra • Medida de um livro ou documento no sentido perpendicular às linhas do texto.

ALTURA (pôr as gravuras na) – Calçar as gravuras ou colocar alças na sua base para que tenham altura igual à do corpo.

ALTURA DA PÁGINA – Dimensão da folha de papel medida na vertical • Medida vertical da caixa de composição, que se estabelece em determinado número de linhas do corpo principal de composição compreendendo o fólio.

ALTURA DAS GUARNIÇÕES – Medida da base ao topo.

ALTURA DAS MAIÚSCULAS – Dimensão a partir da linha de base até ao topo das letras maiúsculas, que pode ou não ser igual à das letras ascendentes; em alguns sistemas é a que serve de referência para medir o tamanho do tipo.

ALTURA DO CARÁCTER – Nome dado à altura tipográfica; é fixa, 23,60 mm.

ALTURA DO MAPA – Medida de alto a baixo de um mapa quando ele está na posição de leitura.

ALTURA DO PAPEL – Distância entre a base da peça do tipo e a superfície do olho, que é igual à distância entre o cofre da prensa e o papel.

ALTURA DO TIPO – Distância que medeia entre a superfície do olho e o pé ou base da letra.

ALTURA TIPOGRÁFICA – Nome dado à altura do carácter tipográfico; é fixa, 23,60 mm.

ALUGADOR DE LIVROS – Designação do livreiro que antigamente emprestava livros, em troca de um determinado montante pecuniário, a pessoas que não podiam comprá-los.

ALUGUER DE LIVROS – Acto de colocar à disposição do público, para utilização, o original ou cópias de uma obra, durante um período de tempo limitado e com benefícios comerciais directos ou indirectos • Operação de empréstimo de livros por um determinado período de tempo mediante o pagamento de uma certa quantia. Em Portugal a prática de aluguer de livros encontrava-se centrada nos gabinetes de leitura e generalizou-se a partir de 1830. O último gabinete de leitura conhecido em Lisboa esteve adstrito à Livraria Universal e o seu catálogo foi publicado em 1916.

ALUME – *Ver* Alúmen.

ALÚMEN – Sulfato duplo hidratado de alumínio e potássio, obtido por acção do ácido sulfúrico sobre certas variedades de argila, utilizado como agente corante e mordente; é o produto usado na composição de certas cores entre as quais o amarelo e o vermelho; emprega-se no fabrico de papel e no curtimento de peles; normalmente para este tratamento é usada a pele de cabra ou de porco, em que, além do alúmen, é também aplicado sal • Nome genérico dos sulfatos duplos de um metal trivalente de potássio, amónio ou sódio, usado no fabrico do papel, como agente promotor da colagem; actua como inibidor da putrefacção do grude contribuindo, ao mesmo tempo, para melhorar as características físico-mecânicas do papel.

ALUMÍNIO – Metal branco e leve, aplicado no fabrico de alguns objectos indispensáveis à tipografia: galés, lingotes, etc.; a litografia também se serve do alumínio para substituir a pedra e a gravura.

ALUMINOGLIFIA – Gravura funda feita sobre placas de alumínio.

ALUMINOGLIPTIA – *Ver* Aluminoglifia.

ALUMINOGLIPTOTIPIA – Gravura em relevo para impressão tipográfica feita em alumínio.

ALUMINOGRAFIA – Processo de fabrico e uso de chapas de alumínio para impressão litográfica e de *offset*; também é conhecido como algrafia.

ALUMINOTIPIA – Chapa para impressão tipográfica obtida pelo vasamento de uma liga de alumínio numa matriz de gesso; usa-se para grandes tiragens pois é muito resistente.

ALUSÃO – Referência velada ou indirecta, que terá de ser do conhecimento do leitor para poder ser entendida.

ALUTA (pal. lat.) – Couro macio preparado com alúmen.

ALVA – *Ver* Alba.

ALVAIADE – Carbonato básico de chumbo, branco ou amarelado, largamente usado para dar corpo a tintas e vernizes, também chamado cerusa; pode ser substituído pelo protóxido de zinco ou alvaiade de zinco, que tem a vantagem de não ser tóxico.

ALVARÁ – Diploma, geralmente emanado da autoridade, pelo qual se concede mercê, licença, privilégio ou isenção ou se toma qualquer providência legislativa da autoridade real, civil ou judiciária.

ALVEJADO – Branqueado.

ALVEJAMENTO – Tratamento sofrido pela pasta do papel durante o fabrico; tem por fim branquear as fibras e libertá-las de impurezas. (port. Bras.) *Ver* Branqueamento.

ALVEJAR – Tratar por meio de alvejamento. Branquear.

ALVENDE – Termo arcaico que designa alvará, carta, rescrito, escritura, licença, decreto real.

ALVÉOLO – Gabinete de trabalho onde, nos *scriptoria* monásticos medievais, os monges se dedicavam à cópia de manuscritos.

AMACIAMENTO – Operação que consiste em restituir aos materiais rígidos, encarquilhados ou com rugas, as dimensões e flexibilidade originais, mediante humidificação controlada.

AMÁLGAMA – Forma resultante do cruzamento de duas ou mais palavras, reunindo segmentos dessas palavras • Mistura de coisas diferentes • Confusão.

AMANAR – Preparar o papel para a colagem.

AMANTE DO LIVRO – *Ver* Bibliófilo.

AMANUENSE – Calígrafo especializado encarregado de escrever os livros antes de Gutenberg ter criado os tipos móveis; esta tarefa era executada principalmente nos mosteiros, e exercida por monges; a estes livros chama-se códices. Tanto copiava um escrito já existente como ia escrevendo à medida que um leitor ia ditando • *Servus a manu*. *Ver* Cópia directa *e* Cópia ditada. Entre os romanos era o escravo copista que copiava os textos dos clássicos • Trabalhador de repartição pública que tem como função copiar registos e correspondência oficial. Escrevente. *Ver* Copista.

AMARELECER – Diz-se das páginas de um livro passando gradualmente do branco ao amarelo, sob o efeito da luz, do tempo ou de outro agente.

AMARELECIMENTO – Alteração da brancura do papel sob a acção da luz ou da humidade • Fotodegradação da celulose.

AMARELO – Cor que se situa no espectro solar, entre o verde e o alaranjado; a cor amarelo-vivo das iluminuras era obtida pelo ouropigmento, um sulfureto de arsénico ou ainda através do açafrão e outras substâncias de origem vegetal, do antimoniato de chumbo e outros minerais.

AMARRADOR – Operário que, nas oficinas de composição, amarrava os granéis ou paquês saídos do linótipo.

AMARRAR – Atar com barbante ou fio e com várias voltas o granel, para que possa ser manuseado facilmente sem se empastelar.

AMARRILHADO – Atado com cordel, cordão ou atilho; diz-se da forma com o texto já composto e seguro com cordel para não se desmanchar.

AMARRILHAR – Atar a forma com fio ou cordão.

AMARRILHO – Barbante ou cordel que ata a forma.

AMBÃO – Estante alta existente nas igrejas onde se procede, de pé, às leituras litúrgicas.

AMBIENTAR – Descrever o ambiente em que se desenrola um determinado acontecimento ou se movimenta uma determinada personagem.

AMBIENTE – Unidade de lugar, de esfera material e moral que é devida à configuração de luzes e de sombras e de cores (ambiente visual) e também de sons (ambiente sonoro) • Conjunto dos requisitos físicos, químicos e biológicos capazes de agir sobre os materiais. No caso dos materiais bibliográficos o controlo das condições ambientais é fundamental para a sua conservação e permanência.

AMBIGUIDADE – Duplicidade ou multiplicidade de interpretações para uma palavra, frase ou enunciado, em geral aproveitada com finalidades estilísticas • Característica de um texto que faz com que ele admita diversas interpretações, podendo suscitar dúvidas, incertezas e confusão.

AMBIGUIDADE DA LINGUAGEM NATURAL – Termo usado para caracterizar uma sequência linguística que pode ser interpretada de diversos modos diferentes e, portanto, determinar várias análises (morfológica, sintáctica, semântica).

AMBIGUIDADE LEXICAL – Modalidade de ambiguidade que não é devida a factores estruturais ou contextuais do enunciado ou da frase, mas ao facto de existirem significados alternativos para uma unidade lexical.

AMBÍGUO – Que possui vários significados, o que pode levar a que se tome um deles por um outro. Equívoco. Dúbio.

ÂMBITO E CONTEÚDO DE UM DOCUMENTO DE ARQUIVO – Sumário da natureza e conteúdo dos documentos a descrever, efectuado na sequência da sua análise; o âmbito e conteúdo podem compreender informações sobre os tipos de documentos, seus assuntos principais, sua classificação, etc.

AMBROTIPO – Processo fotográfico primitivo que imitava o daguerreotipo; o processo consistia no branqueamento de um negativo de chapa de vidro, posteriormente colocado contra um fundo negro, produzindo, assim, uma imagem positiva; esta técnica data de cerca de 1831 e foi patenteada em 1854 pelo americano James Cutting.

AMELANOTIPIA – Processo de impressão em pano, hoje em desuso, no qual se utilizavam precipitados metálicos em lugar da tinta.

AMENIDADES – Secções ou colunas de jornais que se destinam a proporcionar lazer aos leitores.

AMERICAN DOCUMENTATION INSTITUTE – Instituto Americano de Documentação. *ADI.*

AMERICAN LIBRARY ASSOCIATION – Associação Americana de Bibliotecários, instituição fundada em 1876; é a mais antiga associação de bibliotecas no mundo. *ALA.*

AMERICAN NATIONAL STANDARD INSTITUTE – Instituto Nacional Americano de Normalização. *ANSI.*

AMERICAN SOCIETY OF COMPOSERS, AUTHORS AND PUBLISHERS – Sociedade Americana de Compositores, Autores e Editores.

AMERICAN STANDARD ASSOCIATION – Associação Americana de Normalização. *ASA.*

AMERICAN STANDARD CODE FOR INFORMATION INTERCHANGE – Código Normalizado Americano para Permuta de Informação. *Ver ASCII.*

AMERICAN THEOLOGICAL ASSOCIATION – Associação Americana de Bibliotecas de Teologia. *ATLA.*

AMERICANA – Todo o material que foi impresso sobre a América, editado na América ou escrito por americanos, com frequente restrição ao período de formação dos países desse continente, variando de 1800 a 1820.

AMERICANO – Tipo comum norte-americano de justificação matemática dentro do ponto tipográfico inglês, semelhante ao tipo *elzevier* modernizado e bem fundido; é muito utilizado em edições de luxo.

AMETISTA – Variedade violeta de quartzo utilizada como pigmento e como brunidor.

AMIANTO – Silicato de magnésio, contendo um pouco de cal e alumínio usado no fabrico de alguns tipos de papel; é refractário ao fogo; fica rubro mas não se inflama.

AMIDO – Polissacarídeo que existe em muitos vegetais, sobretudo no grão dos cereais e em alguns tubérculos, formado por grânulos em forma de esfera, de ovo ou alongada, usado em diversas preparações farmacêuticas e cosméticas, em diversos tipos de colas e no acabamento de tecidos; é também usado nas folhas de papel impressas na saída das máquinas *offset*, a fim de evitar o decalque. Fécula.

AMIGOS DA BIBLIOTECA – Expressão usada para designar uma associação ou grupo de pessoas que procura fomentar o gosto pela leitura e dinamizar a utilização da biblioteca, através de iniciativas diversas, que vão desde a sua divulgação até à recolha de fundos para melhorar o seu funcionamento.

AMONÍACO – Gás incolor, extremamente volátil, de odor forte, muito solúvel na água, constituído pela combinação de azoto e hidrogénio; emprega-se, em solução aquosa, na fotografia e nos processos mecânicos.

AMONTOADO – Acumulação • Aglomerado • Conjunto • Reunião.

AMONTOAR – Reunir todo o pastel • Colocar páginas umas sobre as outras para guardar. Acumular. Agregar.

AMOSTRA – Parte de alguma coisa apresentada para provar • Modelo. Exemplo • Em estatística, parte de uma certa população, escolhida por um determinado método e examinada com a finalidade de fornecer informação sobre a população como um todo • Medida do valor de uma variável a intervalos regulares ou aleatórios.

AMOSTRA ALEATÓRIA – Pesquisa por amostragem, feita ao acaso, mas que permite obter uma ideia representativa da população objecto do estudo. Amostra casual.

AMOSTRA CASUAL – *Ver* Amostra aleatória.

AMOSTRA DESVIADA – Aquela em que se introduziu um erro devido à selecção de elementos de uma população que não era correcta ou de elementos incorrectos de uma população correcta.

AMOSTRA DO PAPEL – Folha-modelo retirada aquando de uma colheita de amostra ou do fabrico.

AMOSTRA ESTRATIFICADA – Tipo de amostra em que a população é dividida em estratos ou partes, para tirar uma amostra.

AMOSTRA POR ESTRATOS – *Ver* Amostra estratificada.

AMOSTRAGEM – Selecção ou triagem de uma pequena parte ou de uma unidade de um produto para calcular a sua qualidade • Em arquivologia, forma particular de triagem que visa reter documentos considerados representativos de um conjunto que a sua massa não permite conservar; os critérios de triagem podem ser de vários tipos, nomeadamente numéricos, alfabéticos, topográficos ou qualitativos.

AMOSTRA-TIPO – Folha-modelo que serve de referência para a fábrica ou para venda.

AMOSTRISTA – Aquele que executa as amostras.

AMOVER – Deslocar. Remover • Alterar.

AMOVÍVEL – Deslocável. Removível • Alterável • Transitório.

AMPARA-LIVROS – Objecto que serve para manter livros de pé sobre uma mesa ou qualquer superfície horizontal; há no mercado vários tipos; contudo, os ampara-livros de suspensão feitos de tubagem metálica que necessitam de ranhuras sob as tabelas não servem nem apresentam estabilidade. Aperta-livros. Cerra-livros. Anteparo. (port. Bras.) Bibliocanto.

AMPERSAND (pal. ingl.) – Símbolo (&) resultante da fusão de *et*, conjunção coordenada copulativa latina, com o significado de "e", que na língua portuguesa assume o mesmo significado.

AMPHITHEATRICA (pal. gr.) – Espécie de papiro de qualidade média.

AMPL. – Abreviatura de ampliado.

AMPLIAÇÃO – Acto ou efeito de ampliar • *Amplificatio* • Expedição em forma especialmente solene de um acto, do qual foi estabelecida uma outra expedição em forma mais simples • Reprodução em escala superior à do original ou à da cópia intermédia • Operação pela qual se obtém uma cópia maior do que o original • Alteração de uma estrutura narrativa de um texto pela qual ele passa a conter elementos que inicialmente não o constituíam • Cópia feita ao ampliar um documento-fonte ou uma outra cópia; pode ser feita a partir de um negativo, um original ou um positivo • Reprodução de uma microimagem em dimensões superiores a esta.

AMPLIAÇÃO DE ORIGINAL – Consiste na reprodução de um documento original que ainda existe, mas que assume uma forma mais solene, embora seja a cópia exacta do original • Aumento do original.

AMPLIADOR – Aparelho usado para fazer ampliações.

AMPLIADOR DE MICROCÓPIAS – Aparelho que dá ampliação duma microcópia sobre papel ou outro suporte.

AMPLIADORA-IMPRESSORA – Dispositivo óptico constituído por um sistema de lentes, que amplia um positivo, um negativo ou um original e pode também fazer uma cópia aumentada.

AMPLIAR – Aumentar o formato, reproduzir uma fotografia ou desenho em tamanho maior do que o que tem o positivo ou negativo • Aumentar um texto que é pequeno para o espaço disponível para ele.

AMPLIFICADOR – Dispositivo electrónico que aumenta a amplitude dos sinais que recebe, ao mesmo tempo que minimiza qualquer distorção deles; este termo anda, em geral, associado a um outro para indicar o tipo de sinal amplificado, como em vídeo-amplificador (para sinais de vídeo) ou áudio-amplificador (para sinais de áudio).

AMPLIFICATIO (pal. lat.) – *Ver* Ampliação.
AMPLITUDE – Intensidade de um sinal de áudio ou de qualquer outro tipo.
AMPLITUDE TÉRMICA – Variação entre as temperaturas máxima e mínima de um lugar, retiradas num determinado lapso de tempo; a análise da amplitude térmica de espaços de armazenamento como os depósitos de livros e demais documentação é essencial para a sua correcção e controlo, no caso de exceder os parâmetros recomendados para a conservação dos documentos gráficos; a oscilação térmica deverá ser a menor possível, de modo a evitar a extensão e retracção dos suportes.
AMPUTAÇÃO – Acto de suprimir uma página ou parte de um texto • Diz-se que sofreu amputação o texto ou obra ao qual intencionalmente foram suprimidas palavras, partes, capítulos, etc., com finalidades de censura ou outras.
AMPUTAR – Suprimir uma página ou parte de um texto.
AMULETO – Objecto que se usa ao qual se atribuem virtudes. Talismã • Livro em forma de rolo, com textos de orações, muito usado no Próximo Oriente como talismã, a fim de evitar desgraças e males a quem o usa.
AN. – Abreviatura de anais *e* anexo.
ANA – Compilação dos bons ditos ou anedotas de um personagem célebre; datam do século XVII, tornando-se populares a partir de 1666, data da edição da famosa *Scaligerana* publicada pelos irmãos Dupuy. Colecção de sentenças, anedotas, etc. (port. Bras.) Cabeçalho de grupo em catálogos de livreiros antiquários para designar livros que têm um tema comum, como um país, um autor, etc.
ANÃ – Obra de pequeno formato.
ANÁCLASE – Processo usado no verso jónico menor, consistindo na introdução num pé de uma sílaba longa em lugar de uma sílaba breve, dado que no pé anterior se verificara o contrário.
ANACOLUTIA – *Ver* Anacoluto.
ANACOLUTO – Frase cortada em que a concordância inicial foi mudada • Abandono da construção gramatical utilizada numa frase ou verso para se adoptar outra construção. Anacolutia.
ANACREÔNTICA – Composição poética de Anacreonte • Poesia elaborada ao gosto de Anacreonte.
ANACRONISMO – Erro de data ou de cronologia, que consiste na atribuição a um determinado facto de uma data posterior àquela que lhe corresponde.
ANADIPLOSE – Repetição de palavra ou frase final de um período no início do seguinte.
ANÁFORA – Repetição da mesma palavra ou palavras no início de vários versos ou frases sucessivas; é usada para expressar a intensidade de uma ideia.
ANAFORISMO – Abuso de anáforas.
ANÁGLIFA – Imagem impressa em cores complementares que, vista através de óculos coloridos, dá a sensação de relevo • Obra esculpida em relevo.
ANAGLIFO – Processo de impressão de fotografias pelo qual se obtém a imagem em relevo do objecto representado • Obra em relevo.
ANAGLIPTA – *Ver* Anaglipto.
ANAGLÍPTICO – Designação do processo de impressão em relevo destinado à leitura de invisuais.
ANAGLIPTO – Produto obtido pela redução do papel a pasta, sua prensagem em moldes e secagem para endurecimento. Anaglipta.
ANAGLIPTOGRAFIA – Processo de escrita por meio de sinais gráficos em relevo, descoberto por Braille e destinado à leitura de invisuais • Rafigrafia.
ANAGLIPTOGRÁFICO – Relativo à anagliptografia.
ANAGLIPTÓGRAFO – Pessoa que faz anagliptografia.
ANAGLIPTOSCOPIA – Processo de projectar em relevo a parte côncava da medalha.
ANAGLIPTOSCÓPIO – Aparelho que dá a projecção em relevo da parte côncava da medalha.
ANAGNOSASTENIA – Mal-estar provocado pelo cansaço devido a excesso de leitura, ao ponto de a pessoa atacada por ele não conseguir compreender o que lê. Anagnosiastenia. Anagnostenia.
ANAGNOSE – Leitura acima do normal de textos que são inacessíveis aos sentidos. Anagnosia.
ANAGNOSIA – *Ver* Anagnose.

ANAGNOSIASTENIA – *Ver* Anagnosastenia.
ANAGNOSIGRAFIA – Arte de ensinar a ler e a escrever simultaneamente.
ANAGNOSIGRÁFICO – Referente à anagnosigrafia. Legográfico.
ANAGNOSÍGRAFO – Pessoa que pratica a anagnosigrafia.
ANAGNOSTA – Em codicologia, revisor. Revisor dos manuscritos • Escravo que, durante os banquetes, na Grécia e em Roma, lia em voz alta para os convivas do seu senhor. Anagnoste.
ANAGNOSTE – *Ver* Anagnosta.
ANAGNOSTENIA – *Ver* Anagnosastenia.
ANAGNÓSTICO – Relativo ao anagnosta.
ANAGOGIA – Interpretação mística dos livros sagrados. Anagogismo.
ANAGÓGICO – Relativo à anagogia.
ANAGOGISMO – Interpretação mística dos livros sagrados. Anagogia.
ANAGOGISTA – Pessoa que se ocupa de anagogia.
ANAGRAMA – Nome suposto formado pela transposição das letras do verdadeiro, ou pela escrita na ordem inversa das suas letras (Airam, Raima, por Maria) • Transposição das letras de uma palavra ou frase para formar nova palavra ou frase.
ANAGRAMÁTICO – Relativo a anagrama. Em que existe anagrama.
ANAGRAMATISMO – Hábito ou processo de fazer anagramas.
ANAGRAMATISTA – Aquele que faz anagramas.
ANAGRAMATIZAR – Fazer anagramas.
ANAIS – Publicação periódica que contém actas, documentos e diversas peças relativas a um acontecimento • Relação de factos segundo a ordem dos anos em que os mesmos ocorreram; o uso deste termo data da Roma Antiga; distingue-se de anuário porque este contém resumos ou relatos anuais e é publicado em períodos de um ano • Em astronomia, compilação das observações feitas no decurso de vários anos; neste sentido, é um termo que data do tempo dos caldeus.
ANALECTAS – Coisas recolhidas; palavra usada na Antiguidade, quer aplicada aos restos dos banquetes que caíam ao chão, quer aos escravos encarregados de os apanhar; por extensão, antologia.
ANALECTO – Selecta. Florilégio. Crestomatia. Antologia. Colecção de escritos. Colectânea de ditos célebres ou aforismos.
ANALECTOR – Coleccionador de analectos.
ANALEMA – Planisfério.
ANALFABÉTICA – Diz-se da língua que não tem alfabeto como o tupi, o quimbundo, etc.
ANALFABETISMO – Situação ou estado daquele que não sabe ler nem escrever. Qualidade daquele que é analfabeto • Falta de instrução • Ignorância completa de qualquer forma de escrita • Incapacidade de estabelecer uma ligação entre a palavra e um sistema de signos cuja existência é conhecida • Situação em que existe uma certa aptidão para a decifração dos signos isolados e das suas combinações simples, embora não haja capacidade para ler um texto.
ANALFABETISMO FUNCIONAL – Incapacidade para utilizar o conhecimento ou o manejamento dos signos com finalidades práticas; esta designação é atribuída à situação que se verifica em grande parte dos países onde, apesar da existência de uma longa escolaridade obrigatória, a população apresenta dificuldades no domínio da leitura, da escrita e do cálculo; na sua origem está uma aprendizagem insuficiente, mal sedimentada e pouco utilizada na prática, que se traduz através da existência de dificuldades que lhe limitam a capacidade de participação na vida social. *Ver* Literacia.
ANALFABETISMO TÉCNICO – Fenómeno geral que surge especialmente entre jovens adultos pela falta de prática da leitura, uma vez terminada a escolaridade e abandonada a actividade cultural da infância e da adolescência apoiada pelo sistema educacional e que se traduz pela dificuldade em ler e escrever ; a única saída para tal situação só pode ser encontrada através da educação permanente.
ANALFABETO – Pessoa que não teve oportunidade de aprender a ler, mas que pode fazê-lo • Alguém que é totalmente iletrado.
ANALFABETO FUNCIONAL – Segundo a *UNESCO*, pessoa que não tem capacidade para exercer todas a actividades para as quais é necessária a alfabetização, no interesse do

bom funcionamento do seu grupo e da sua comunidade e que lhe permita, também, continuar a ler, escrever e calcular, tendo em vista o seu próprio desenvolvimento e o da sua comunidade.

ANALFABETOS DO AUDIOVISUAL – Designação atribuída por estudiosos da escrita e do livro quando, ao deplorarem o desinteresse da juventude dos nossos dias pela leitura, admitem a chegada do fim do livro.

ANALISADOR – Aquele que analisa, que faz a análise de • Crítico.

ANALISAR – Proceder à análise de. Extractar • Examinar, criticar • Sujeitar à crítica.

ANALISAR O ESTADO DE CONSERVAÇÃO DA DOCUMENTAÇÃO – Controlar periodicamente a documentação para fazer um levantamento da necessidade de substituição de exemplares ou de exemplares para restaurar.

ANALISÁVEL – Que pode (ou deve) ser analisado.

ANÁLISE – Estudo detalhado de uma obra, discurso, escrito ou documento, identificando as suas características essenciais; operação que consiste na apresentação concisa e precisa de dados que caracterizam a informação contida num documento ou conjunto de documentos • Processo de decompor um problema nas suas partes componentes • Género jornalístico que explora diversos aspectos de factos relevantes e actuais, principalmente os seus antecedentes e consequências; é sempre assinado • Investigação dos elementos que compõem uma mensagem ou dos sujeitos que a recebem • Em filosofia, método que vai do composto ao simples • Em gramática, decomposição de um trecho nos seus elementos significativos e estudo das relações existentes entre os mesmos • Em tratamento bibliográfico, operação intelectual que antecede a indexação; consiste na identificação e na selecção dos dados característicos do conteúdo de um documento, para os extrair e exprimir sob a forma de palavras-chave • Em catalogação diz-se também que uma obra foi sujeita a análise quando as partes que a compõem foram registadas separadamente num catálogo através de uma entrada analítica • Em classificação, é a divisão de um assunto nas suas facetas (recuperação da informação); exame das fontes materiais e selecção analítica (isto é, entradas, encabeçamentos, palavras-chave e descritores) que são considerados com importância suficiente para justificar o esforço de as tornar passíveis de pesquisa num sistema de recuperação da informação • Em informática designa o conjunto de operações de análise de um problema, de concepção de uma solução e de definição do tratamento informático • Em linguística diz-se do método que, perante um enunciado, permite destacar unidades, tais como signos, morfemas, palavras e as relações entre estas unidades, tais como as relações sintagmáticas, associativas, a oposição e a distribuição.

ANÁLISE AUTOMÁTICA – Elaboração de um resumo analítico por meios automatizados • Técnica que permite, tendo por base as propriedades estatísticas, seleccionar num documento uma informação ou uma sequência de frases como sendo representativa do seu conteúdo geral.

ANÁLISE BÁSICA – Citação progressiva por ordem hierárquica dos elementos constitutivos de um assunto composto; é a primeira fase da conversão de uma classificação simbólica de um cabeçalho de assunto nominal para um catálogo alfabético de assuntos específico; a segunda fase consiste na elaboração da lista qualificada.

ANÁLISE BIBLIOGRÁFICA – Aquela que indica, de maneira sucinta, o conteúdo de um artigo ou de qualquer outro documento; é publicada independentemente deste e acompanhada da respectiva referência bibliográfica • Resumo analítico • No contexto catalogação uma análise bibliográfica conduz à preparação de um registo bibliográfico de uma parte ou partes de um documento mais vasto, para o qual se fez já um registo completo. Processo de preparar um registo bibliográfico que descreva uma parte ou partes de um documento maior.

ANÁLISE BIBLIOMÉTRICA – Análise quantitativa das propriedades e comportamento do conhecimento registado; utiliza métodos estatísticos para revelar o desenvolvimento histórico dos campos de assuntos e tipos de autorias, publicação e utilização • Estudo bibliométrico. Bibliografia estatística.

ANÁLISE BIOCRÍTICA – Aquela que assenta nos aspectos psico-sociológicos da vida de uma determinada pessoa ou personagem.

ANÁLISE CATEGORIAL – Modalidade de análise que funciona através de operações de decomposição do texto em unidades, seguidas de classificação destas unidades em categorias, segundo agrupamentos analógicos.

ANÁLISE COMERCIAL – Operação da edição do livro que implica considerações de diversa ordem, sendo as principais o número da tiragem e as naturezas da audiência e da distribuição.

ANÁLISE COMPONENCIAL – Estudo do significado das palavras em termos de traços semânticos distintivos (semas).

ANÁLISE CONCEPTUAL – *Ver* Análise de conteúdo *e* Análise documental.

ANÁLISE CONTEXTUAL – Definição do significado de uma palavra ou sintagma através do exame do contexto em que se encontra. Estudo do contexto para achar o significado da mensagem nele emitida.

ANÁLISE CRÍTICA – Resumo acrescido de um comentário crítico feito pelo analista. Recensão crítica.

ANÁLISE DA ENUNCIAÇÃO – Modalidade de análise que se baseia na concepção da comunicação como processo e funciona pondo de parte as estruturas e os elementos formais para se centrar no discurso, considerado como um momento de um processo de elaboração.

ANÁLISE DA ESTRUTURA DO TEXTO – Estudo das características estruturais de um texto, como a coerência, a densidade, a estrutura hierárquica, em relação com o grau de compreensão conseguido.

ANÁLISE DE AUDIÊNCIA – Investigação feita às pessoas que receberam uma determinada mensagem, com a finalidade de identificar e circunscrever o público de um meio informativo e determinar o seu procedimento e modo de apreensão.

ANÁLISE DE *CLUSTER* – Criação de grupos de documentos que possuem características comuns.

ANÁLISE DE CONTEÚDO – Descrição de um texto em termos qualitativos ou estatísticos; é utilizada sobretudo em sociologia e semântica estrutural; operação destinada a fornecer, sob forma concisa e precisa, dados que caracterizam o conteúdo de um documento • Operação que consiste na apresentação, de modo resumido, dos dados que caracterizam a informação contida num determinado documento ou num conjunto de documentos • Estudo objectivo, sistemático e quantitativo de uma mensagem • Método que visa o estudo por assuntos ou origens, do que foi veiculado por um meio de comunicação de massas • Análise conceptual.

ANÁLISE DE DADOS – Em estatística, conjunto de métodos cuja finalidade essencial é o destaque das relações existentes entre os objectos, entre os parâmetros que os caracterizam e entre os objectos e os parâmetros; na generalidade consiste especialmente em situar globalmente estes objectos uns em relação aos outros e em medir a importância relativa de cada um dos parâmetros nesta distribuição.

ANÁLISE DE FREQUÊNCIA DE PALAVRAS – Em indexação automática, análise de um documento pela qual se calcula a frequência com que as palavras mais significativas aparecem no texto e se escolhem as mais usadas, para representar o conteúdo temático do documento.

ANÁLISE DE PERIÓDICOS – *Ver* Catalogação de analíticos.

ANÁLISE DE SISTEMAS – Estudo de uma actividade (uma técnica, um método, um processo, etc.) feito em geral em bases matemáticas, com a finalidade de determinar os objectivos que pretendem atingir-se e qual o melhor modo de atingi-los.

ANÁLISE DE TEXTO – Operação informática que identifica os termos de entrada de um determinado texto.

ANÁLISE DE UM DOCUMENTO – Modalidade de análise intelectual feita com a finalidade de decompor a estrutura discursiva de um documento para texto, compreender o seu funcionamento interno.

ANÁLISE DE VARIÂNCIA – Conhecido vulgarmente sob o acrónimo *ANOVA*, é o procedimento estatístico usado com vista a comprovar a igualdade das médias de duas ou mais amostras através da distribuição F.

ANÁLISE DIPLOMÁTICA – A análise diplomática de um acto é um resumo desse acto redigido de forma concisa adequada e retirando o essencial do seu conteúdo histórico e jurídico.

ANÁLISE DO VALOR – Método de competitividade organizada e criativa visando a satisfação da necessidade do utilizador por um meio específico de concepção ao mesmo tempo funcional, económico e pluridisciplinar.

ANÁLISE DOCUMENTAL – Operação ou conjunto de operações que visa apresentar um documento por meio das suas referências bibliográficas acompanhadas por um resumo do seu conteúdo e por vezes por uma indexação • Conjunto de operações que permitem extrair de um documento a informação que nele está contida • Representação breve e completa dos dados formais e de conteúdo de um documento. Análise conceptual.

ANÁLISE DOCUMENTAL DE CONTEÚDO – Segundo Pinto Molina, é o "processo cognitivo de identificação, descrição e representação do conteúdo documental". *Ver* Análise de conteúdo.

ANÁLISE EXTERNA – *Ver* Análise formal.

ANÁLISE FACTORIAL – Em estatística, técnica usada para analisar ou estudar a interconexão entre diversas variáveis.

ANÁLISE FORMAL – Modalidade de análise documental que tem como objecto o suporte material (continente). Análise externa.

ANÁLISE GRAMATICAL – Exame da frase ou da palavra nos elementos que a constituem; a análise gramatical inclui as análises morfofonológica e sintáctica.

ANÁLISE INDICATIVA – Análise documental caracterizada pela enumeração dos temas essenciais abordados num documento.

ANÁLISE INTERPRETATIVA – Fase da leitura analítica de um texto na qual aquele que analisa assume posições próprias sobre as ideias e as mensagens que nele estão enunciadas.

ANÁLISE LITERÁRIA – Estudo de uma obra literária por um crítico, um investigador ou um estudante. Leitura pormenorizada de uma obra para a realização de um trabalho sobre ela.

ANÁLISE MORFOLÓGICA – Aquela que destaca as variações da formas das palavras.

ANÁLISE MORFO-SINTÁCTICA – Aquela que estuda simultaneamente as formas e as relações objectivas numa frase.

ANÁLISE SELECTIVA – Análise documental que consiste na representação abreviada de um documento, destacando apenas os dados que interessam a um determinado tipo de investigadores.

ANÁLISE SEMÂNTICA – Análise do significado das unidades lexicais em relação ou não com a sintaxe.

ANÁLISE SINALÉTICA – Breve resumo analítico de um artigo contendo referências bibliográficas que permite ao utilizador decidir se deve ou não recorrer à fonte original.

ANÁLISE SINTÁCTICA – Estudo dos sistemas de relação e das combinações entre as diferentes unidades linguísticas.

ANÁLISE TEMÁTICA – Fase da leitura analítica de um texto que visa uma prospecção mais avançada no texto do que na fase de análise textual; com ela tende-se a localizar as ideias central e secundárias do texto ao serviço da mensagem do autor.

ANÁLISE TEXTUAL – Fase da leitura analítica de um texto que tem como objectivo a resolução de problemas inerentes à sua primeira abordagem: delimitação da unidade de leitura, esclarecimentos sobre o vocabulário, autor e co-autores, doutrinas, factos e esquematização do texto.

ANALISTA – Em informática, pessoa que analisa os problemas • Pessoa que faz análise documental • Nome dado a certos jornalistas que se especializaram no comentário e análise de certos assuntos como política nacional ou internacional, economia, finanças, assuntos sociais, estratégia militar e outros • Palavra usada em geral como abreviatura de analista de sistemas • Pessoa que analisa um documento e redige o seu resumo analítico. Extractador. O que faz extractos.

ANALISTA DE DOCUMENTOS – Pessoa que analisa um documento e redige o seu resumo analítico.

ANALÍSTICA – Parte da crítica histórica que trata dos analistas.

ANALÍTICA – *Ver* Entrada analítica.

ANALITICIDADE – Propriedade das frases/proposições cuja interpretação semântica as torna obrigatoriamente verdadeiras.
ANALÍTICO – Referente à análise • Que analisa • Que exprime as relações gramaticais através de palavras auxiliares.
ANALÍTICO DE ASSUNTO – *Ver* Entrada analítica de assunto.
ANALÍTICO DE AUTOR – Designação comum dada à entrada sob o nome do autor para parte de uma obra ou de algum artigo contido numa colecção (volume de ensaios, série, etc.) incluindo uma referência à publicação que contém o artigo ou trabalho.
ANALOGIA – Modificação ou criação de uma entidade linguística numa determinada língua à semelhança de uma outra entidade do mesmo nível • Relação de conformidade, de semelhança entre as coisas, quer na ordem física, intelectual ou moral • Investigação filosófica do motivo das semelhanças entre as coisas • Razão da formação de determinadas palavras.
ANALÓGICO – Pertencente ou relativo à analogia, isto é, à relação de semelhança entre coisas distintas • Representação de um fenómeno por meio de uma grandeza física que varia de uma forma contínua • Variação contínua de tensão ou corrente eléctrica, cujas características são análogas à causa que lhe deu origem.
ANALOGISMO – Acção de discorrer por analogia.
ANALOGISTA – Pessoa que discorre por analogia.
ANAMNESE – Figura de retórica pela qual o orador simula lembrar-se, de repente, de uma coisa esquecida.
ANÃO – Nome convencional dado ao livro que apresenta menos de 15 cm de altura.
ANAPESTO – Pé de verso grego ou latino em que entram duas sílabas breves e uma longa.
ANAPTIXE – Intercalação de vogal entre consoantes que formam grupo. Suarabácti.
ANASTÁSIA – Designação burlesca dada à censura pelos franceses durante a guerra francoprussiana de 1870; esta designação terá resultado do nome da porteira Anastásia, personagem de Eugène Sue (mulher submissa e calada do palrador Pipelet), ou da crença de que santa Anastásia terá sido martirizada arrancando-lhe as partes mais interessantes do corpo.
ANASTASIOGRAFIA – Técnica de reactivação da escrita raspada dos palimpsestos através da utilização de raios ultravioleta com uma lâmpada de cristal de quartzo. Foi descoberta pelo italiano Giuseppe L. Perugi.
ANASTÁTICO – Diz-se do processo de impressão, gravação e cópia que permite reproduzir, por meio de decalque químico, textos e gravuras já impressos. *Ver* Impressão e Reimpressão anastática.
ANÁSTROFE – Inversão da ordem natural das palavras correlativas • Palavra formada por inversão na ordem das letras, do nome e apelido verdadeiros, por exemplo *Siul Seuqram* por Luís Marques.
ANASTRÓFICO – Referente à anástrofe.
ANÁTEMA – Excomunhão. Maldição. Reprovação. Imprecação; os anátemas por vezes eram usados pelos autores antigos nos seus prefácios contra quem alterasse o texto dos seus livros ou pelos possuidores dos livros contra aqueles que os roubassem.
ANATEMATIZAR – Excomungar. Reprovar. Condenar. Amaldiçoar.
ANATHEMA (pal. gr.) – Maldição que o copista por vezes deixava gravada no seu manuscrito, destinada a cair sobre aquele que destruísse ou estragasse o manuscrito que ele, com tanto trabalho, acabava de copiar após meses e meses de árduo e intenso labor.
ANCIEN ŒIL (loc. fr.) – Designação dos caracteres gravados em 1734 por William Caslon, inglês fundidor e desenhador de caracteres tipográficos.
ANCÍPITE – Bicéfalo. Que tem duas cabeças • *Ver tb.* Edição ancípite.
ÂNCORA – Sinal usado nos manuscritos antigos para indicar, quando com os braços voltados para cima, as passagens importantes e, na posição oposta, as passagens obscuras ou inconvenientes.
AND (pal. ingl.) – E, operador booleano para exprimir a intercepção; é usado em recuperação da informação para recuperar os registos que contenham os termos constantes da equação de pesquisa que foi feita.

ANDAMENTO – Desenvolvimento e avanço de um trabalho.
ANDRINOPLA – Tecido turco de algodão de baixo custo, geralmente de cor vermelha, muito usado em encadernação no século XIX • Cor vermelha.
ANEDOTA – Exposição rápida de um facto jocoso • Chiste. Piada, chalaça. Remoque. História. Historieta.
ANEDOTÁRIO – Colecção ou colectânea de anedotas.
ANEDÓTICO – Referente a anedota • Ridículo. Grotesco.
ANEDOTISTA – Pessoa que escreve anedotas. Diz-se da pessoa que conta anedotas sob forma escrita ou oral.
ANEDOTIZADO – Contado em forma de anedota • Recheado de anedotas.
ANEDOTIZAR – Conferir forma de anedota a • Contar sob forma de anedota • Contar anedotas.
ANEL – Elo formado pelo traçado de algumas letras • Círculo • Elo • Selo do anel.
ANEL DO PESCADOR – Originariamente designava o selo secreto com que o Papa lacrava algumas das suas missivas; mais tarde passou a significar o selo com o qual eram selados os actos fixados pelos secretários e, nomeadamente, os breves pontifícios; a partir do século XIX apresenta-se sob a forma de um timbre de tinta vermelha. *Anulus piscatoris*.
ANEL SIGILAR – Anel de metal no qual está incorporada a matriz; esta pode assumir, quer a forma de alargamento do metal em forma de platina, quer uma pedra ou uma gema engastada; numa ou noutra está gravada a figura ou o monograma.
ANEMOLOGIA – Tratado acerca dos ventos.
ANEPIGRAFIA – Desaparecimento ou falta de inscrição em medalhas, baixos relevos, etc.
ANEPIGRÁFICO – Que carece de inscrição, título ou epígrafe; os incunábulos eram frequentemente anepigráficos.
ANEPÍGRAFO – Livro sem folha de rosto, sem título, sem inscrição, indicações que faltam em toda a edição • Diz-se de um monumento ou de uma medalha desprovidos de uma inscrição, ou de uma moeda que não tem legenda.

ANEXAÇÃO – Acto ou efeito de anexar. Acrescentamento. Junção. União. Ligação • Incorporação. (port. Bras.) Juntada em documento ou processo a outro processo, que é feita com carácter definitivo; neste caso prevalece para referência o número do processo mais antigo. Apensamento.
ANEXADO – Unido. Reunido. Juntado.
ANEXADOR – Que anexa.
ANEXAR – Acrescentar a um volume já formado e encadernado um folheto suplementar por meio de colagem ou costura num dos cadernos • Juntar. Unir, reunir partes de modo que formem um todo • Pôr em anexo. (port. Bras.) Apensar.
ANEXIDADE – *Ver* Anexo.
ANEXIM – *Ver* Provérbio.
ANEXINISTA – Aquele que diz ou faz anexins.
ANEXO – Matéria complementar relacionada com um texto ou documento que não constitui parte essencial dele e que é acrescentada no final; compreende citações, ilustrações, gráficos, tabelas ou mapas, correspondência, documentos, legislação de interesse, etc. • Conjunto de documentos, estatísticas, gráficos, ilustrações ou textos dos quais não costuma ser autor o da obra em que se inserem, mas que tem com ela estreita dependência; *Ver* Apêndice • Parte de uma instituição de biblioteca, arquivo, etc., localizada em imóvel fisicamente separado do edifício principal, onde se encontra depositada documentação menos importante ou de menor consulta • Nome dado à biblioteca de bairro que se integra numa rede mais vasta e cuja importância depende também do número de habitantes do perímetro que serve.
ANFIBIOGRAFIA – Tratado em que é apresentada a descrição dos animais que têm condições anatómicas para viver na terra e na água.
ANFIBIOGRÁFICO – Referente à anfibiografia.
ANFIBIÓGRAFO – Pessoa que descreve animais anfíbios.
ANFIBOLOGIA – Ambiguidade resultante da polissemia de uma palavra ou expressão ou de uma construção sintáctica imperfeita.
ANFIBOLÓGICO – Que contém anfibologia.

ANFIGURI (pal. lat.) – Discurso ou trecho feito para não ser entendido • Peça literária desordenada e sem sentido.
ANFIGURISMO – Uso e abuso de *anfiguri*.
ANFÍMACRO – Pé de verso grego ou latino no qual figura uma sílaba breve entre duas longas.
ANGELOGRAFIA – *Ver* Angelologia.
ANGELOGRÁFICO – Referente à angelologia.
ANGELÓGRAFO – Autor de angelologia.
ANGELÓIDE – Em forma (com forma) de anjo.
ANGELOLOGIA – Tratado acerca dos anjos. Angelografia.
ANGELOLÓGICO – Referente à angelologia.
ANGLICANISMO – *Ver* Anglicismo.
ANGLICISMO – Palavra inglesa que entrou no discurso quotidiano, oral ou escrito, da língua portuguesa ou de qualquer outra língua.
ANGLICISTA – Pessoa que usa anglicismos.
ANGLO-AMERICAN CATALOGUING RULES – Código de Regras de Catalogação Anglo-Americanas, cuja primeira edição é conhecida por *AACR1* e a segunda por *AACR2*.
ANGLO-AMERICANO (port. Bras.) – Designação dada ao sistema de medida tipográfica cuja principal unidade é a paica (4,218 mm), correspondente a 12 pontos de 0,351 mm; nesse sistema, a altura dos tipos mede 23,566 mm.
ANGLÓFONO – Que tem a língua inglesa como língua materna ou como segunda língua • De língua inglesa.
ANGULETE (port. Bras.) – *Ver* Bisel.
ÂNGULO – Esquina da capa ou revestimento dos livros • Ponta. Canto • Sinal de revisão de provas tipográficas usado para indicar onde hão-de colocar-se as entrelinhas • Destaque de um determinado aspecto de uma informação ou notícia. Enfoque. Forma como um aspecto de um tema é abordado • Diversas abordagens de um mesmo assunto, que são feitas a partir de posições diferentes • Em heráldica, arruela com forma angular • Ponto de vista sob o qual uma coisa (tema, assunto, notícia, etc.) é contada, narrada, analisada, encarada, etc.
ÂNGULO DE ATAQUE – Ângulo que o buril faz em relação à superfície a gravar; o artista tem que escolher o ângulo e mantê-lo.
ANGULOSO – Com ângulos. Com esquinas. Esquinado.

ANÍDRICO – Sem água; termo normalmente usado relativamente a sais químicos e solventes.
ANILINA – Matéria corante extraída do indigo e do alcatrão de hulha, muito utilizada no fabrico de tintas de cor e para colorir o papel.
ANIMAÇÃO – Acto ou efeito de animar. Movimento • Na produção de vídeos ou programas animados, é o processo que consiste em fotografar uma quantidade de desenhos com pequenas diferenças de posição de uma figura em relação à anterior, de forma que a película final apresente uma sucessão de movimentos • Criação da ilusão de movimento por meio do uso de bonecos, desenhos ou fotografias • Designação dada a qualquer movimento artificial visto num ecrã.
ANIMAÇÃO COLECTIVA DE HISTÓRIA – Actividade conjunta ligada à leitura e usada como meio de estimulá-la, através da qual o orientador do jogo conta a história e os alunos imitam as suas personagens ou reconstituem o *décor* sonoro.
ANIMAÇÃO DE BIBLIOTECAS – Conjunto de actividades tais como conferências, visitas, exposições, projecção de filmes, etc. levadas a cabo pelos serviços de leitura e difusão da biblioteca, com a finalidade de dinamizar a utilização dos seus fundos • Conjunto de acções que pretendem divulgar junto do público, particularmente do público mais jovem, as actividades levadas a cabo pelas bibliotecas, e que podem não consistir apenas em programas que visem a leitura; são particularmente recomendáveis acções de animação de bibliotecas nas escolas primárias e secundárias, visando a dinamização da leitura.
ANIMADO – Vivificado. Estimulado. Encorajado • Movimentado. Com imagens em movimento.
ANIMADOR – Aquele que anima, que dinamiza, que estimula • (port. Bras.) Artista gráfico ou ilustrador que faz sequências de desenho animado.
ANIMALÍSTICO – *Ver* Zoomórfico.
ANIMAR – Dar movimento ao que estava parado • Promover • Desenvolver • Dar vida a.
ANJINHO – Figura decorativa muito frequente em iluminuras religiosas que ornamentavam livros de espiritualidade em que a deco-

ração era com frequência constituída por um misto de elementos pagãos e cristãos.

ANJO-CUSTÓDIO – Anjo da guarda. Elemento iconográfico que figura frequentemente de um e outro lado do escudo de armas reais portuguesas; simboliza o espírito protector que vela pela protecção de Portugal, em nome de Deus.

ANNO ÆTATIS SUÆ (loc. lat.) – Expressão usada em inscrições tumulares e em iconografia de um modo geral, com o sentido de "No ano × da sua idade".

ANNOTATIO LIBRORUM (loc. lat.) – Anotações manuscritas nos livros, particularmente comentários e adendas ao seu conteúdo.

ANO ACADÉMICO – Período de tempo durante o qual são ministradas as aulas e se procede à avaliação de aquisição de conhecimentos através de exames numa instituição de ensino, período este em que professores e alunos são obrigados a comparecer nela. Ano escolar. Ano lectivo.

ANO DA ANUNCIAÇÃO – *Ver* Ano da Incarnação.

ANO DA CIRCUNCISÃO – Fórmula usada na datação de documentos medievais; tinha início a 1 de Janeiro.

ANO DA GRAÇA – Designação dada a cada um dos períodos anuais contados da era cristã.

ANO DA INCARNAÇÃO – Fórmula usada na datação de documentos medievais; tinha início a 25 de Março.

ANO DE PUBLICAÇÃO – Fórmula usada na datação de documentos medievais; ano em que uma obra foi publicada.

ANO DO NASCIMENTO – Fórmula usada na datação de documentos medievais; tinha o seu início a 25 de Dezembro.

ANO ESCOLAR – *Ver* Ano académico.

ANO GREGORIANO – Período anual considerado segundo o calendário gregoriano.

ANO INTERNACIONAL DO LIVRO – Iniciativa que foi proclamada pela *UNESCO* em 25 de Março de 1972 sob o slôgane "Livros para todos".

ANO LECTIVO – *Ver* Ano académico.

ANÓBIO – Coleóptero perigosíssimo, talvez o maior inimigo dos livros, voracíssimo e muito comum, cujas larvas causam grandes danos, tanto no papel como na madeira.

ANÓN. – Abreviatura de anónimo.

ANONIMADO (port. Bras.) – Qualidade daquilo que é anónimo • Sistema de escrever anonimamente.

ANONIMATO – Carácter ou condição de anónimo. O anonimato dos copistas é corrente em quase toda a Idade Média; só muito raramente o monge copista deixou na última linha do texto o testemunho da sua alegria por ter acabado o trabalho rematando com o pedido de uma oração pela sua alma. Nos livros de horas nunca é apresentado o cólofon com a menção do lugar, copista e data. No caso dos copistas leigos, dado que eram considerados como um outro qualquer operário trabalhando para outrem, o anonimato era comum.

ANONÍMIA – Qualidade ou estado do que é anónimo. Anonimato.

ANÓNIMO – Pessoa que não assina aquilo que escreve • Que não tem assinatura. Que não apresenta o nome do autor • Diz-se de uma obra publicada sem qualquer indicação de autor ou de uma obra cujo autor é desconhecido e não pode ser identificado • Autor, colaborador, editorialista, etc. cujo nome é desconhecido.

ANÓNIMO CLÁSSICO – Obra de autor desconhecido ou de autoria duvidosa, comum-

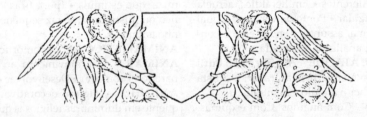

Anjos-custódios

mente indicada pelo título e que no decorrer dos tempos pode ter surgido em várias edições, versões e/ou traduções.
ANOPISTOGRÁFICO – Processo pelo qual o texto se apresenta manuscrito ou impresso apenas de um lado; opõe-se a opistográfico.
ANOPISTÓGRAFO – Livro cujas folhas estão manuscritas ou impressas apenas de um lado, o recto ou o verso; assim se apresentavam os rolos e os primitivos livros xilográficos; na actualidade encontram-se muito poucos exemplares com estas características; os livros cujas páginas são impressas dos dois lados, na realidade todos os actuais, recebem o nome de opistógrafos • Diz-se da folha de papel impressa ou escrita apenas de um lado • Que não tem nada escrito no verso.
ANOT. – Abreviatura de anotado, de anotador.
ANOTAÇÃO – Denominação atribuída a uma espécie de carta imperial que vai buscar o nome à assinatura do imperador, chamada *adnotatio*, necessária para validar o acto; Justiniano acrescentou-lhe a assinatura do questor, elemento que contribuía para aumentar a sua autoridade • Comentário breve ou explicação de um documento ou do seu conteúdo ou mesmo uma descrição muito resumida, habitualmente junta em nota depois da referência bibliográfica do documento. Apontamento. Glosa. Apostila. Apostilha. Postila • Nota explicativa • Nota que acompanha uma entrada numa bibliografia, lista de leitura ou catálogo para descrever, explicar ou avaliar a publicação a que se refere • Processo de fazer notas.
ANOTAÇÃO MARGINAL – *Ver* Glosa marginal.
ANOTAÇÃO TIPOGRÁFICA – Expressão usada para designar qualquer nota que seja feita durante o processo de preparação tipográfica de um original.
ANOTADO – Diz-se do exemplar que contém notas autógrafas do autor ou de pessoas que, pelo seu mérito científico ou pela sua origem, aumentam o valor bibliográfico da obra • Comentado. Apostilado. Apostilhado.
ANOTADOR – Pessoa que faz as anotações que esclarecem, ampliam ou explicam o texto de um livro; em geral é o tradutor ou o compilador. Comentarista.

ANOTAR – Fazer anotações ou esclarecer com comentários, tomar notas, apontar • Fazer uma anotação num registo público • Inscrever uma informação num registo para indicar uma situação particular.
ANOVA – Acrónimo de *Analysis of Variance*, Análise de variância. *Ver* Análise de variância.
ANOVELADO – Que possui características da novela.
ANQUILHA – Nome dado na Universidade a quatro teses finais que eram escolhidas pelo defendente.
ANSI – Acrónimo de *American National Standard Institut*, Instituto Nacional Americano de Normalização, a maior organização de normalização existente nos Estados Unidos da América na área da informática e das telecomunicações.
ANSIEDADE PROVOCADA PELA BIBLIOTECA – Barreira psicológica que é produzida no utilizador devido ao desconhecimento que tem do modo de utilizar uma biblioteca e os seus fundos ou equipamentos.
ANT. – Abreviatura de antigo, antologia, antólogo *e* anterior a.
ANTE LEGEM (loc. lat.) – À letra, "antes da lei", ou seja, antes (da lei) de Moisés, expressão usada para designar a época anterior a Moisés.
ANTEACTO – Peça teatral de pequena dimensão representada antes da peça principal.
ANTECANTO – Estribilho que se repete no início de cada estrofe.
ANTECEDENTE – Manuscrito do qual deriva um outro, mais ou menos directamente.
ANTECIPAÇÃO – Num discurso, é a refutação prévia de objecções por parte do interlocutor.
ANTECIPO – Publicação normalmente não dada à luz antes das reuniões técnico-científicas e que contém os resumos e até textos integrais de comunicações que nelas irão ser apresentadas • Informação relativa a um acontecimento que se prevê, cujo original ou composição se guarda para o momento oportuno • Parte ou fragmento que se publica antes de estar terminada a obra.
ANTECRÍTICA – Crítica de uma obra, sobretudo se se trata de uma obra de teatro, que se publica antes da sua estreia. Pré-crítica.

ANTEDATA – Data falsa de um documento, que é anterior à verdadeira.
ANTEDATADO – Diz-se da obra que apresenta uma data de publicação anterior à data da edição em que aparece; oposto de pós-datado • Documento que apresenta uma data anterior àquela em que foi escrito.
ANTEDATAR – Pôr antedata em. Atribuir, aplicar uma antedata.
ANTEFIRMA – Frases que iniciam a parte final de uma carta e que antecedem a assinatura.
ANTELÓQUIO – *Ver* Prefácio.
ANTENOME – Título que vem antes do nome. Pré-nome.
ANTEPARO – *Ver* Ampara-livros.
ANTEPOR – Pôr antes • Correcção tipográfica ou de estilo, que consiste em colocar no lugar anterior ao que ocupam, letras, frases, linhas ou parágrafos.
ANTEPORTA – *Ver* Anteportada.
ANTEPORTADA – Página impressa antes da portada ou página de título, na qual é anunciado, de forma abreviada, o título e por vezes são apresentados outros elementos. Anterrosto. Página do livro que precede o frontispício. Falsa portada. Falso rosto. Folha de rosto falsa.
ANTEPOSIÇÃO – Acto ou efeito de antepor.
ANTEPREDICAMENTO – Termo arcaico que designava as questões prévias. Argumento preliminar.
ANTEPREFÁCIO – Nota que precede o prefácio.
ANTEPROJECTO – Embrião de projecto, feito com a finalidade de vir a ser discutido e transformado em projecto definitivo.
ANTERIANO – Referente a Antero de Quental, à sua obra literária, ao seu pensamento.
ANTERIORIDADE DE UM TÍTULO DE PROPRIEDADE INDUSTRIAL – Nome dado a um documento susceptível de afectar a patente de uma invenção.
ANTERROSTO – Primeira página de uma publicação, que apresenta apenas o título desta de forma abreviada e por vezes outros elementos e que precede o rosto • Anteportada. Rosto falso. Falso rosto. Falsa portada. Folha de rosto falsa. (port. Bras.) Olho.

ANTETEXTO – Nome dado às partes do documento que antecedem o texto propriamente dito, nas quais se incluem as páginas preliminares; matérias pré-textuais.
ANTETÍTULO – Informação complementar do título, que o precede e ocorre antes do título próprio, na página de título ou sua substituta; o seu uso generalizou-se apenas no século XIX • (port. Bras.) Olho.
ANTEVOCÁLICO – Que está colocado antes de uma vogal.
ANTICLÍMAX – Cena significativamente menos relevante do que o clímax que a precede.
ANTICRÍTICA – Resposta. Refutação de uma crítica.
ANTICRÍTICE – Que se opõe às regras da crítica.
ANTIDÁCTILO – Diz-se do pé de verso, que era contrário ao dáctilo, pela disposição das suas sílabas.
ANTIDICIONÁRIO – Repertório alfabético de palavras vazias.
ANTIDOGMÁTICO – Que se opõe aos dogmas.
ANTIDOTÁRIO – Livro que trata da composição dos medicamentos, muito corrente na Idade Média • Livro que tratava das prescrições e antídotos para todos os géneros de doenças.
ANTIDRAMÁTICO – Que é contrário às regras da arte cénica.
ANTIFAAL – Termo arcaico que designa livro das antífonas ou antifonário.
ÂNTIFEN – Sinal (#) usado pelos revisores para indicar a separação de palavras, quando por erro de composição faltou o espaço devido.
ANTIFILOSÓFICO – Contrário à filosofia.
ANTÍFONA – Texto breve extraído de um salmo ou de outra fonte; a antífona introduz e conclui cada salmo ou secção dele segundo o esquema: antífona → salmo → *Gloria Patri* → antífona • Forma de canto litúrgico cantado alternadamente por dois grupos de pessoas. Dá-se o mesmo nome aos quatro hinos de louvor à Virgem Maria cantados cada um na sua estação. *Ver* Antifonário • Nome dado à expressão ou palavra que se repete com frequência num texto.
ANTIFONAL – Livro das antífonas. Antifonário.

ANTIFONÁRIO – Texto litúrgico, que corresponde ao gradual da missa, que contém todas as peças cantadas da liturgia das horas pela *schola cantorum*, tanto na missa como no ofício coral; o seu nome deriva do facto de as antífonas (*a, ant*) constituírem o maior número dos cantos; é o principal livro de cânticos do ofício divino, usualmente de grande formato, destinado a ser colocado na estante do coro, de modo a ser lido por muitos cantores simultaneamente; hoje refere-se apenas às partes do breviário cantadas; inclui iniciais decoradas e historiadas com santos e elementos-chave do ano litúrgico; os hinos eram geralmente recolhidos num livro à parte. Originalmente o antifonário podia ter incluídos cantos entoados durante a missa, mas o seu uso passou a restringir-se ao ofício divino durante o período carolíngio e o gradual tornou-se o livro de coro principal para a missa. O conteúdo do antifonário está geralmente de acordo com o *Temporale* e *Sanctorale* e o Comum dos Santos por ordem litúrgica. Como se trata de um livro de grande formato e, dada a dificuldade da sua impressão, apenas deixou de ser manuscrito a partir do século XVII.

ANTIFONEIRO – Pessoa que leva a antífona ou à antifonia.

ANTIFONIA – Contradição.

ANTIFÓNICO – Referente à antífona ou à antifonia.

ANTÍFRASE – Emprego de uma palavra em sentido oposto ao verdadeiro. Expressão de uma coisa através de um termo de significado oposto.

ANTIFRASEAR – Fazer antífrase.

ANTIFRÁSTICO – Em que há antífrase • Referente à antífrase.

ANTIGO – Tipo de transição, como o grotesco, que se caracteriza pela total ausência de perfis e bases; apareceu pela primeira vez em Veneza, em 1465; em 1472 passou a usar-se na Alemanha.

ANTIGO TESTAMENTO – Conjunto dos livros bíblicos que relatam os acontecimentos anteriores ao nascimento de Cristo; é também conhecido sob a forma abreviada A. T.

ANTÍGRAFO – Transcrição. Cópia manuscrita • Sinal ortográfico antigo usado para separar o texto das notas ou comentários • Sinal ortográfico usado nos manuscritos medievais, geralmente com a forma de um Y encimado por um ponto e que se empregava para designar passagens vertidas com diferentes sentidos • Cópia manuscrita, transcrição.

ANTIGRAMATICAL – Oposto à gramática.

ANTIGUALHA – Notícia de algum facto ou coisa que pertenceu a tempos antigos • Obra antiga • Termo antigo e ultrapassado. Antiqualha.

ANTI-HALO – Em fotogravura, é a câmara que absorve os raios luminosos, impedindo a sua reflexão.

ANTI-HERÓI – Oposto ao herói; diz-se da personagem de ficção que carece de atributos físicos ou morais próprios do herói clássico.

ANTÍLABE – Sentença curta ou proferida em poucas palavras.

ANTI-LAMBDA – Sinal ortográfico que antigamente se usava nos textos manuscritos para assinalar as citações em lugar das aspas ou para anotar textos; a sua forma é a de dois V V deitados e colocados frente-a-frente (< >); hoje volta a usar-se em obras especiais, principalmente nas de lógica.

ANTILATINO – Em desacordo com o latim • Oposto ao modelo latino.

ANTILEGÓMENO – Designação atribuída por Santo Eusébio a determinados textos do Novo Testamento, cuja origem apostólica e autenticidade tinham sido negadas por alguns. Antilogómeno.

ANTILITERÁRIO – Que é contrário às regras da literatura ou da sintaxe.

ANTILOGIA – Contradição entre dois textos • Oposição que se dá entre as palavras ou entre as ideias de um livro ou discurso.

ANTILÓGICO – Referente à antilogia. Contraditório • Não lógico.

ANTILOGÓMENO – *Ver* Antilegómeno.

ANTIMACULADOR – Em certas prensas, é o dispositivo que cobre o caderno, uma vez impresso, com uma capa de pó para evitar que esborrate.

ANTIMETÁBOLE – Formação de uma frase com palavras de outra. Antimetalepse. Antimetátese.

ANTIMETALEPSE – *Ver* Antimetábole.

ANTIMETÁTESE – *Ver* Antimetábole.

ANTIMÓNIO – Metal quebradiço, de estrutura cristalina e de cor prateada muito brilhante e azulada; é um dos elementos que entram na composição das ligas para a fundição de tipos, conferindo-lhe maior dureza. *Stibium*.

ANTINOMIA – Contradição entre duas leis • Oposição entre duas pessoas ou coisas.

ANTINÓMICO – Que tem antinomia. Contrário. Antagónico.

ANTIPOÉTICO – Oposto à poesia.

ANTIPTOSE – Em gramática, é o uso de um caso por outro.

ANTIQUA (pal. lat.) – Uma das quatro famílias da classificação de Thibaudeau, a que agrupa o conjunto de caracteres desprovidos de remate. Tipo de impressão mais antigo desenvolvido pelos italianos Niccoli e Poggio que o copiaram segundo os modelos manuscritos da Itália do Norte, nos séculos XII e XIII • Nome alemão para o tipo romano. Designação germânica aplicada ao tipo romano, baseado na carolina minúscula, chamada *lettera rotonda* ou *lettre ronde* (letra redonda) em Itália e França; o tipo baseado nesta escrita é chamado romano e é o mais comum. *Lettera fonda*.

ANTIQUALHA – *Ver* Antigualha.

ANTIQUÁRIO – Na Antiguidade, livreiro.

ANTIQUÁRIO-LIVREIRO – Aquele que negoceia com manuscritos e livros antigos de valor, que os colecciona e que os vende. Livreiro antiquário.

ANTIQUARIUS (pal. lat.) – No *scriptorium* medieval era o nome dado ao monge experiente possuidor de habilidade e com técnica apurada que se ocupava dos livros litúrgicos ou artísticos, verificando a fidedignidade do texto e a sua perfeita execução.

ANTI-REGULAMENTAR – Que vai contra o que está disposto no regulamento.

ANTI-SÁTIRA – Resposta a uma sátira.

ANTI-SÉPTICO – Produto que impede o apodrecimento ou a degradação dos materiais, destruindo os microrganismos que são causadores desse facto.

ANTI-SIGMA – Antigo sinal de correcção, em forma de C virado (⊃) com o qual os copistas medievais assinalavam os versos que deviam alterar-se ou mudar de lugar.

ANTI-SIGMA PERIESTIGMENO – Nos códices, sinal de apostila usado para indicar a pluralidade de versos que, com o mesmo sentido, apresentavam variedade no texto.

ANTÍSTROFE – A segunda parte de um cântico ou de um hino, entre a estrofe e o epodo.

ANTÍTESE – Apresentação de um contraste entre duas ideias tornado mais evidente através da oposição das palavras ou das frases que as designam, com o intuito de fazer realçar uma das ideias ou ambas, dar ao leitor uma visão inesperada da realidade ou apenas ornamentar o discurso.

ANTITÉTICO – Que tem antítese.

ANTI-VÍRUS – *Ver* Programa anti-vírus.

ANTOLOGIA – Colecção de textos escolhidos, usualmente de poesia ou acerca de um assunto, dos escritos de um autor ou vários autores e tendo como característica comum um mesmo assunto de forma literária. Selecta. Colecção. Colectânea • Crestomatia. Textos escolhidos • Tratado acerca das flores. Florilégio.

ANTOLOGIA CRÍTICA – Colecção de textos literários escolhidos acompanhada por uma apreciação escrita dos textos que a constituem.

ANTOLOGIA DE IMPRENSA – Revista de imprensa.

ANTOLOGIADO – Repertoriado numa antologia. Que foi compendiado numa antologia.

ANTOLOGIADOR – Compilador de antologias. O que organiza antologias. Antologista.

ANTOLOGIAR – Organizar sob forma de antologia.

ANTOLÓGICO – Relativo à antologia • Que tem qualidade. Digno de figurar numa antologia • Que reúne textos fundamentais de variados autores nacionais e estrangeiros (críticos, escritores, artistas, etc.) que estudam uma determinada obra.

ANTOLOGION (pal. gr.) – Livro da Igreja ortodoxa grega, que contém os ofícios e cânticos litúrgicos das festividades religiosas de todo o ano organizados por meses • Antólogo.

ANTOLOGISTA – Compilador de antologias. Aquele que organiza uma antologia. Autor de antologia. Antologiador • Coleccionador de antologias.

ANTOLOGUM – (pal. lat.) *ver* Antólogo.

ANTÓLOGO – Pessoa que compila uma antologia. Antologista.
ANTONIANO – Relativo a Santo António.
ANTONÍMIA – Oposição de sentido entre duas palavras • Qualidade dos vocábulos antónimos. Uso de antónimos.
ANTONÍMICO – Referente à antonímia.
ANTÓNIMO – Vocábulo de significação oposta à de outro • Oposto a sinónimo.
ANTONOMÁSIA – Substituição de um nome próprio de um ser por uma qualidade ou epíteto que o define ou, ao contrário, substituição do nome comum por um nome próprio de alguém que se tornou protótipo da qualidade ou circunstância que pretende designar-se.
ANTONOMASTA – Pessoa que faz uso de antonomásias. O que usa antonomásias.
ANTONOMÁSTICO – Usado por antonomásia.
ANTORISMO – Substituição de uma palavra por outra, que se pensa ser mais exacta ou mais significativa.
ANTRELIAR – Termo arcaico que designa entrelinhar, isto é, escrever alguma coisa entre linha e linha ou regra e regra o que, sem as habituais ressalvas, pode fazer suspeitar de falsidade, fraude ou dolo.
ANTRELINHADURA – Termo arcaico que designa entrelinhadura.
ANTREMEZ – Termo arcaico que designava o mesmo que entremez.
ANTRENO – Coleóptero semelhante ao dermestes que provoca danos análogos aos deste no couro e no pergaminho.
ANTROPONÍMIA – Ciência dos nomes próprios de pessoas ou de antropónimos.
ANTROPONÍMICO – Relativo à antroponímia.
ÂNUA – Designação da carta na qual se referiam os sucessos ocorridos durante um ano; as mais conhecidas eram as enviadas pelos padres jesuítas relatando os eventos que presenciavam nas colónias portuguesas onde missionavam.
ANUAL – Periodicidade da publicação produzida e que é editada anualmente; no século XIX significava uma variedade de antologia literária ilustrada, frequentemente com gravuras em metal, por vezes com mais interesse do que o próprio texto • Publicação que sai regularmente uma vez por ano, como o relatório anual de uma organização • Publicação que analisa acontecimentos ou desenvolvimentos de determinada área decorridos durante um ano • Livro que contém o texto da missa de requiem que se diz todos os dias durante um ano • Cerimónia religiosa que é celebrada diariamente durante o período de um ano.
ANUALIDADE – Qualidade do que é anual • Montante que é pago todos os anos. Prestação anual. Anuidade.
ANUALMENTE – Todos os anos. De ano a ano.
ANUÁRIO – Termo genérico aplicado a obras muito diferentes, de periodicidade anual. Fornece uma lista de nomes de pessoas ou organismos, e seus endereços apresentados por uma determinada ordem (alfabética, geográfica, profissional) complementada por dados com carácter estatístico ou um resumo de actividades; pode ser geral ou especializado, nacional ou internacional, regional, local, telefónico, agrícola, etc. Muitos anuários apesar de apresentarem esta designação mantêm uma periodicidade variável sendo desejável que eles sejam reeditados • Publicação que se edita uma vez por ano, geralmente no início do mesmo, quando fornece dados relativos ao exercício de diversas profissões ou quando apresenta o desenvolvimento de um plano a cumprir; costuma publicar-se no final do ano, quando resume as actividades de uma entidade e assume a forma de memória periódica quando resume o trabalho bibliográfico de um país, tema, etc. ou quando pormenoriza o movimento de uma indústria, escritório, cobrança, censo, etc.
ANUÁRIO ASTRONÓMICO – *Ver* Almanaque astronómico.
ANUÁRIO DE ENCICLOPÉDIA – Obra publicada pelos grandes editores de enciclopédias com a finalidade de mantê-las actualizadas; apresenta, de forma resumida, todos os grandes acontecimentos do ano anterior.
ANUÁRIO DE PROPAGANDA – Publicação periódica que sai no início de cada ano que contém informações relativas ao ano que passou e contendo endereços de publicações

periódicas, emissoras, agências publicitárias e listas dos principais anunciantes.

ANUIDADE – Anualidade. Quantia que se paga anualmente • Em propriedade industrial, taxa de vencimento anual exigível para a manutenção em vigor de uma patente de invenção.

ANULAÇÃO DE UM ACTO – Diz-se haver anulação de um acto quando, por vício no acto jurídico ou por defeito de forma no acto escrito, por falta de execução nas condições previstas ou, pelo contrário, por acordo entre as partes, na sequência da execução das obrigações que incumbem, ou ainda por decisão da autoridade política ou administrativa ou de uma autoridade judicial, se apagam os efeitos ou mesmo a existência de um acto anterior; na Idade Média a anulação fazia-se através de incisão (por *instrumentum incisum*) ou cancelamento, cujo desenho faz justamente lembrar uma cancela ou uma grelha, daí o nome. Revogação.

ANULAR – Revogar. Invalidar. Desfazer.

ANULUS PISCATORIS (loc. lat.) – Com o significado de "anel do pescador", expressão que designava originalmente o selo secreto que lacrava algumas das missivas papais; posteriormente passou a significar o selo com que se selavam os actos fixados pelos secretários, sobretudo os breves pontifícios; a partir do século XIX apresenta-se sob a forma de um timbre de tinta vermelha.

ANUNCIAÇÃO – Mensagem do anjo Gabriel a Nossa Senhora comunicando-lhe que vai ser a mãe de Jesus, cena muito frequente em livros de horas e noutras obras de devoção; geralmente a cena decorre no quarto, apresentando-se a Virgem Maria rodeada pelos objectos domésticos que nos permitem reconstituir, não o ambiente histórico em que a cena terá ocorrido, mas os cenários que o miniaturista contemplava no seu quotidiano, daí o interesse documental destas miniaturas.

ANUNCIADOR – Que anuncia. Anunciante.

ANUNCIANTE – Que anuncia. Anunciador. Instituição ou entidade individual que utiliza a publicidade.

ANUNCIAR – Publicar ou divulgar anúncios.

ANÚNCIO – Texto que pode ou não conter ilustração, destinado a ser divulgado nos meios de comunicação social, através do qual se publicita um produto, se oferecem serviços ou se incentiva uma campanha • Designação dos instrumentos, doações, sentenças, etc. que principiavam pela frase *dubium quidem non est, sed multis manet notis sinum*, ou por outra semelhante, seguindo-se uma relação do que tinha passado ou precedido a feitura do citado instrumento (referindo litígios havidos e vários outros acontecimentos que tinham tido lugar) • Propaganda. Papeleta. Prospecto. Aviso. Sinal • Publicidade feita pelo editor a livros seleccionados; pode ser impressa no final do livro (geralmente para aproveitar folhas em branco) ou na capa; pode também ser impressa separadamente e inserida no livro; o anúncio impresso de livros mais antigo apareceu numa obra publicada em Estrasburgo em 1466 por Heinrich Eggestein • Nota impressa oficial de um acontecimento a ter lugar ou que teve lugar.

ANÚNCIO ADJACENTE – O que é colocado ao lado de outro.

ANÚNCIO CLASSIFICADO – O que é constituído por poucas linhas de tipo pequeno e composição uniforme, destacando-se apenas a palavra inicial, em maiúsculas, geralmente começando com letra de dois pontos; os anúncios classificados formam secção à parte nos periódicos e estão ordenados alfabeticamente pela matéria anunciada. De tamanho pequeno ou médio, são inseridos num vasto conjunto de várias páginas, reunido em blocos de temas semelhantes, de acordo com o que oferecem ou pedem.

ANÚNCIO COMPLEMENTAR – *Ver* Anúncio de apoio.

ANÚNCIO DE APOIO – É o que se aproveita de outro mais vasto para fornecer informações complementares. Anúncio complementar.

ANÚNCIO DE COMPOSIÇÃO – Aquele que é feito somente com recursos tipográficos, sem qualquer ilustração.

ANÚNCIO DE EDITOR – Notícia por meio da qual o editor dá a conhecer que editou ou vai editar em breve determinada(s) publicação(ões). Pregão de editor.

ANÚNCIO DE LANÇAMENTO – Comunicado feito a órgãos de imprensa sobre o lançamento de um novo livro. Lançamento.

ANÚNCIO DETERMINADO – O que, por determinação da direcção da publicação, é colocado em lugar privilegiado: ao alto da página, ao lado do editorial, na contracapa, etc.
ANÚNCIO ECONÓMICO – Aquele que ocupa poucas linhas e usa um tipo de pequeno corpo para economia de espaço e de custo.
ANÚNCIO EDITORIAL – Resumo do conteúdo de uma obra.
ANÚNCIO FORA A FORA – O que ocupa toda a página de um jornal ou revista. Anúncio sangrado.
ANÚNCIO LEGAL – Divulgação, em publicações periódicas designadas oficialmente, de certos actos (julgamentos, vendas judiciais, etc.) ordenados por lei.
ANÚNCIO POR PALAVRAS – O que é cobrado pelo número de palavras que contém, obedecendo a um tipo-padrão, quase sempre classificado, de acordo com os assuntos.
ANÚNCIO PRIORITÁRIO – Anúncio colocado no lugar mais importante de uma página, de modo que se sobrepõe a todos os outros. (port. Bras.) Rouba-página.
ANÚNCIO PUBLICITÁRIO – Texto, sinal, desenho ou outro elemento apresentado com finalidade de propaganda; o anúncio deve ser simples, conciso, deve estar separado do resto do texto junto do qual é impresso e deve ser tipograficamente homogéneo.
ANÚNCIO ROUBA-PÁGINA (port. Bras.) – Aquele que ocupa sozinho quase toda a página da publicação, sem nenhum outro, tendo porém, acima, ao lado ou em baixo, apenas matérias de redacção.
ANÚNCIO SANGRADO – *Ver* Anúncio fora a fora.
ANÚNCIO-SANDUÍCHE – Aquele que é apresentado sob a forma de dois cartazes justapostos presos aos ombros de uma pessoa que se movimenta em lugares públicos, de modo que um fique nas costas e outro no peito.
ANUNCISTA (port. Bras.) – Operário gráfico que monta ou compõe anúncios na oficina de um jornal.
ANVERSO – Branco ou frente da folha que se imprime com o primeiro molde; também se chama impressão de branco • O próprio molde • Recto de uma folha impressa ou manuscrita • Frente • No selo, é o lado que contém o tipo impresso, que apresenta o busto do soberano ou abade, o escudo de armas e o essencial da legenda • Nos selos com duas faces é o lado que contém o tipo que melhor identifica o dono do selo, quer pela imagem que melhor o figura ou simboliza nas suas características essenciais (por exemplo, o rei no trono no tipo de magestade), quer pela legenda que aí se inicia e comporta, geralmente, o seu nome e títulos principais • Face de uma moeda ou medalha, sobre a qual a face do desenho principal é cunhada; opõe-se a reverso.
AO LEITOR – Expressão que geralmente encima uma nota prévia destinada a quem ler a obra, na qual o autor ou prefaciador expõe os motivos que o levaram a escrever a obra ou simplesmente a dedica a quem se dignar lê-la.
AO PÉ DA LETRA – Expressão usada para significar exactamente, pontualmente, no sentido rigoroso das palavras • Diz-se de uma tradução literal.
AO PÉ DA PÁGINA (port. Bras.) – *Ver* Em rodapé.
AP. – Abreviatura de apêndice, apartado.
APAGADOR – Aquilo que apaga • Aquele que apaga • Esponja. *Spongia*.
APAGAMENTO – Processo que permite fazer desaparecer qualquer sinal gravado anteriormente num suporte magnético.
APAGAR – Fazer desaparecer um traço deixado por uma matéria dura (lápis, por exemplo) esfregando-a com o auxílio de um material ao qual aderem as partículas de pigmento (miolo de pão, borracha, etc.). Safar • Em correcção de provas, os dados a apagar são assinalados no texto e na margem escrevendo a letra grega δ • Destruir. Extinguir • Suprimir • Em informática, expressão utilizada para eliminar parte dos dados de um registo ou ficheiro, por meio de sobreposição de escrita ou por meio de supressão de referências. *Ver* Limpar.
APAPOGIA – Demonstração de uma proposição pelo absurdo da contrária.
APARA – Tira estreita de papel que sai das folhas impressas ou em branco depois de cortadas mecanicamente. Retalho • Parte de matéria retirada do metal ou madeira pelo utensílio

de gravar • Papel já usado que é recolhido para reciclagem.

APARADEIRA – Faca da plaina de encadernador que se destina a aparar o corte dos livros.

APARADO – Termo que se aplica ao volume cujas margens foram aparadas pela guilhotina, não deixando sinais de folhas-testemunho; o corte fica mais nítido e aparentemente mais bonito e o volume adquire a dimensão pretendida (que não é a original); frequentemente nos catálogos de leilões aparece a expressão "curto de margens" ou "muito aparado", frases que devem pôr de sobreaviso o possível comprador, pois podem significar que o título corrente pode ter sido atingido ou até mesmo o próprio texto, assim como as glosas marginais; a falta de perícia do encadernador pode ter alterado de tal modo o corpo do livro que um in 8º pode ficar com o tamanho de um in 16º; o bibliógrafo tem o dever de fornecer o tamanho original, informando em seguida o que sucedeu ao livro antigo que foi sendo objecto de sucessivos aparos no decurso de várias encadernações, cada uma das quais obrigou o encadernador a cortar um pouco das margens; é fácil de perceber que uma obra muito aparada pode ver diminuído substancialmente o seu valor no mercado livreiro.

APARA-LÁPIS – Pequeno instrumento que serve para afiar os lápis. Afia-lápis. Afiadeira, aguçadeira. (port. Bras.) Apontador de lápis.

APARAR – Operação que consiste em cortar regularmente na cabeça, no pé e nas margens das folhas de um livro uma estreita tira, em rigorosa esquadria, a fim de que as folhas apresentem exteriormente uma perfeita uniformidade. Tosquiar • Afiar. Aguçar.

APARATO – Designação atribuída a algumas obras destinadas à preparação ou introdução de estudos superiores acerca de uma determinada temática • Diz-se dos livros dispostos em forma de dicionário ou de catálogo.

APARATO BIBLIOGRÁFICO – Conjunto das fontes referentes a um ou vários assuntos, que constituem a bibliografia geral utilizada para elaborar uma obra, seja qual for a parte da obra em que se coloque, no fim de um capítulo ou parte, em notas ou em citações bibliográficas.

APARATO CIENTÍFICO – Conjunto de dados com que se enriquece e documenta o texto original em obras científicas e técnicas; inclui as notas e citações, a bibliografia, o índice de fontes, etc.

APARATO CRÍTICO – Conjunto de notas de carácter explicativo, literárias, linguísticas, históricas ou outras que acompanham uma edição crítica, a fim de dar conta das diferentes lições dadas pelos manuscritos e justificar as escolhas feitas pelo editor; cada colecção de edições eruditas dispõe dos seus protocolos de apresentação mais ou menos complexos e que podem compreender notas secundárias no interior das notas principais; um texto do século XVI não exige o mesmo tipo de aparato crítico que um outro do século XIX ou XX • Indicação, à cabeça da edição de um documento, de todos os estados da tradição que nos chegaram ou de que temos conhecimento e que permitem o estabelecimento crítico do texto ou nos informam sobre a sua difusão ou a sua utilização. Aparato de notas críticas.

APARATO CRÍTICO NEGATIVO – Aquele que inclui apenas textos divergentes dos que são propostos pelo editor.

APARATO CRÍTICO POSITIVO – O que recolhe todos os textos, sejam distintos ou não daqueles que são propostos pelo editor.

APARATO DE GLOSAS – Conjunto organizado das glosas que acompanham um texto.

APARATO DE NOTAS CRÍTICAS – *Ver* Aparato crítico.

APARATO DECORATIVO – Conjunto dos elementos que compõem uma decoração.

APARATO DIACRÓNICO – Aquele que apresenta as variantes de autor.

APARATO EVOLUTIVO – Na elaboração de uma edição crítica, aquele que regista as variantes que são posteriores à primeira versão de uma obra.

APARATO GENÉTICO – Na elaboração de uma edição crítica, aquele que regista todas as variantes que são anteriores à primeira versão de uma obra que é considerada definitiva pelo autor.

APARATO NEGATIVO – Aparato crítico em que são assinaladas apenas as variantes que não são adoptadas pelo editor.

APARATO POSITIVO – Aparato crítico em que são assinalados os testemunhos em que a edição é fundamentada e as respectivas lições, quer elas concordem ou divirjam daquela que foi aceite pelo editor.
APARATO SINCRÓNICO – Aquele que apresenta os erros de tradição, as variantes e as sub-variantes recusadas pelo autor.
APARCELAR – Arranjar em parcelas. Distribuir em parcelas. Fraccionar.
APARECER – Vir à luz. Sair. Ser publicado. Ser posto à venda. Vir a lume. Publicar. Editar.
APARELHAMENTO – Em encadernação, conjunto das operações que precedem o revestimento das pastas de um livro.
APARELHO – Preparação prévia de que são revestidas as superfícies destinadas a receber uma pintura.
APARELHO DESUMIDIFICADOR – *Ver* Desumidificador.
APARELHO FOTOGRÁFICO ESTÁTICO – Aparelho fotográfico no qual o original e a superfície sensível permanecem imóveis durante todo o tempo de exposição, mudando normalmente o original e a superfície sensível avançando, manual ou automaticamente, entre duas exposições.
APARÊNCIA – Conjunto de características visuais do papel, incluindo a cor, a alvura, o acabamento, a formação e outras mais.
APARIÇÃO – Momento em que uma determinada edição é posta à venda, dada a público.
APARO – Acto de aparar, de tosquiar • Corte do livro • Corte na pena para escrever • Peça de metal que se adapta a uma caneta.
APARO DE METAL – Instrumento metálico usado para anotações, desenho e traçado de linhas, que deixa um traço na superfície a escrever; este traço varia de aparência de acordo com o metal usado, deixando uma marca castanha, prateada ou acobreada; as marcas produzidas com uma ponta de ferro, eram mais discretas do que as feitas com tinta, mas mais visíveis do que as feitas com uma ponta dura. O aparo de metal desenvolveu o seu uso a partir do século XI.
APARO DO LIVRO – *Ver* Corte do livro.

APARTA – Acto de separar os trapos, nas fábricas de papel, para lhes dar a utilização conveniente.
APARTADOR – Operário que, nas fábricas de papel, se encarrega de separar o trapo, de acordo com a sua qualidade.
APARTAR – Guardar linhas, títulos, cabeças, bigodes, etc. que se utilizam frequentemente na composição • Linhas de pé da página que se separam da forma já impressa para serem aproveitadas na paginação de outras folhas • Separar o pastel para facilitar a sua composição e distribuição nas respectivas caixas • Separar impressos maus de bons • Desunir as letras ou palavras que estão juntas sem o respectivo espaçamento.
APARTE – Numa peça de teatro, é a reflexão que um actor faz em voz alta, sem se dirigir a qualquer interlocutor ou enquanto o outro actor está discursando; na tipografia os apartes são habitualmente compostos em grifo.
APEL – Sigla da Associação Portuguesa de Editores e Livreiros.
APELATIVO – Que invoca. Que chama. Que evoca • Designação. Nome.
APELIDO – Parte do nome que uma pessoa usa em comum com os membros da sua família ou de outro grupo. Sobrenome. Alcunha. Cognome.
APELIDO COMPOSTO – Aquele que é constituído por duas ou mais palavras ligadas ou não por hífen e que não são susceptíveis de separação para efeitos de identificação da pessoa. Sobrenome composto.
APELIDO SIMPLES – Diz-se do apelido que é constituído apenas por um elemento. Sobrenome simples.
APELO PARA A ADOPÇÃO DE UM LIVRO – Convite feito pelo *National Preservation Office of the British Library*, que tem por finalidade a obtenção de fundos para a conservação de obras; através dele o patrocinador recebe um rolo de pergaminho iluminado e, na obra conservada, é colocada uma chapa com o nome do patrocinador; outras instituições adoptaram a ideia, com variantes.
APÊNDICE – Texto que o autor acrescenta ou agrega no fim de uma obra; serve de sua continuação ou prolongamento; distingue-

-se do anexo porque este é um conjunto de documentos, estatísticas, gráficos, ilustrações, etc. do qual o autor da obra não é habitualmente o responsável; pode compor-se de forma diferente da utilizada no corpo da obra, em corpo menor (geralmente dois pontos); a disposição geral será semelhante à do resto do livro; inclui tabelas, quadros sinópticos, organogramas, etc. Se a obra levar índice onomástico ou ideográfico, os dos apêndices serão também incluídos nele • Volume ou volumes que aumentam ou complementam uma obra; difere da adenda, porque a necessidade de a elaborar só é sentida após terminar o texto, enquanto que o apêndice é planeado desde o início como parte integrante da obra • Suplemento. Apenso. Adição. É colocado regra geral depois do texto, impresso no mesmo corpo e com justificação igual à dele. No caso de os apêndices serem muito extensos podem compôr-se num tipo um pouco mais pequeno.

APÊNDICE DOCUMENTAL – Lista dos documentos insertos numa determinada obra, que é apresentada no final da mesma obra, como seu complemento ou suplemento.

APÊNDICE EPISTOLOGRÁFICO – Parte anexa a uma obra que é constituída por cartas notáveis literária ou historicamente ou outras.

APENDICIADO – Com apêndices.

APENDICIAL – Parte não essencial. Com carácter acessório • Acrescentamento. Parte complementar. Adjunta. Em apêndice.

APENDICULAR – Não essencial. Acessório.

APENDIX – *Ver* Apêndice.

APENSAMENTO – Em arquivística, anexação provisória de um processo a outro ou outros. (port. Bras.) – *Ver* Anexação.

APENSAÇÃO – Em arquivística, anexação, com carácter temporário, feita com a finalidade de elucidar ou subsidiar o assunto tratado, conservando cada processo a sua identidade e independência.

APENSAR – Anexar a uma parte principal. Juntar em apêndice. Aditar.

APENSO – Diz-se do documento secundário anexado ao principal mas que não faz parte integrante dele • Anexo. Apêndice. Junto • Suplemento. Acréscimo.

APERGAMINHADO – Diz-se do papel que tem a consistência e o aspecto do pergaminho • Enrugado.

APERIÓDICO – Que não tem periodicidade.

APERTADO – Espacejamento da linha em que o claro que separa as palavras é menor do que o usual, tornando a leitura difícil • Diz-se do texto que não apresenta espaços em branco.

APERTADOR – Tira de couro que se utiliza para recobrir a parte da mão em que roçam as cordas ao bater as balas, com a finalidade de que aquelas não danifiquem a pele.

APERTA-LIVROS – Jogo de duas peças, que podem ser trabalhadas artisticamente e que se colocam de um lado e do outro de um conjunto de livros para os manter de pé sobre uma mesa ou outra superfície plana • Ampara-livros. Cerra-livros. (port. Bras.) Bibliocanto • Porta-livros.

APERTA-NERVOS – Alicate especial de pontas muito largas e achatadas destinado a conferir relevo aos nervos da lombada da encadernação. Forma-nervos.

APERTA-PAPÉIS – Mola. Clipe.

APERTAR – Suprimir ou omitir algum espaço em branco ao redor de um elemento da composição.

APERTAR A FORMA – Apertar os cunhos para impor a forma ou depois de ter feito as correcções. Fechar a forma.

APERTAR OS BRANCOS – Diminuir os brancos ou espaços que separam as linhas ou palavras de uma composição tipográfica • Embeber.

APERTO DAS FORMAS – Instrumento próprio para apertar a chapa dentro da rama.

APERTO LIBRO (loc. lat.) – De livro aberto, em qualquer página que se abra. À primeira leitura. *Ad aperturam libri*. À primeira vista • Gesto vulgar de abrir materialmente o suporte da escrita chamado livro, para dar início à leitura • Representação simbólica de todo o processo da codificação e descodificação textual, que vai da produção à recepção do texto, passando pela sua transmissão.

APERTOS – Conjunto dos materiais utilizados para apertar a forma.

APETÊNCIA PELA LEITURA – Desejo ou vontade de ler.

APEX (pal. lat.) – Ornamento ocasional oblíquo que prolonga algumas letras manuscritas. Ápice • Espécie de enquadramento que encima uma palavra ou uma data nas inscrições latinas.

ÁPICE – Extremo superior da letra. Cume. Cimo • Sinal paleográfico em forma de vírgula ou acento agudo, que nas antigas transcrições lapidares se sobrepunha a certas palavras para indicar supressão de letra ou uma consoante dobrada • Cada um dos pontos colocados sobre uma vogal, para evitar que faça ditongo com outra. Trema • *Apex*.

APIRÓTIPO – Tipo de letra fabricado que, em lugar de ser fundido, é estampado a frio por um processo especial.

APLAINAR A FORMA – Bater levemente na forma com o tamborete e o maço para que as letras fiquem de igual altura • Assentar a forma.

APLANADO – *Ver* Abatido.

APLANADOR – *Ver* Tamborete.

APLAUSO – Elogio. Louvor. *Ver* Encómio.

APLICAÇÃO (port. Bras.) – Inclusão de qualquer elemento (marca, logótipo, desenho ou foto) numa arte-final, no espaço reservado para tal na fase de produção de fotólito.

APLICAÇÃO DO CABECEADO – Operação que consiste em fixar cordões decorativos nas extremidades da lombada de um livro de capa dura.

APLICAÇÃO REVERSA (port. Bras.) – Processo de aplicação de cola na lombada de um livro por meio de um rolete que gira em sentido contrário ao do movimento dos cadernos alceados.

APLICATIVO (port. Bras.) – Programa ou conjunto de programas cujo objectivo é o de realizar uma determinada tarefa.

APLICÁVEL – Que se aplica. Pertinente.

APOCALIPSE – Último livro do Novo Testamento escrito por São João, que descreve as revelações que lhe foram feitas sobre o fim do mundo; foi um dos textos mais copiados e iluminados na Europa do Norte, durante os séculos XIII e XIV; os Apocalipses mais famosos eram os da St. Alban's School, abadia inglesa; o texto era frequentemente iluminado com desenhos de traço delicado e claro, destinados a representar as forças do Bem, enquanto formas horríveis representavam as forças do Mal.

APOCALÍPTICO – Segundo Umberto Eco, pessoa que julga negativa a cultura de massas, pelo facto de acreditar que ela tem como consequência o desaparecimento de uma cultura elitista, selecta e minoritária.

APOCÓNIMO – Grupo de iniciais com que um autor assina uma obra.

APOCOPAR – Em gramática, cortar uma letra ou sílaba no final de uma palavra.

APÓCOPE – Supressão de letra ou sílaba no final de uma palavra.

APOCÓPICO – Relativo à apócope.

APÓCRIFO – Palavra de origem grega que significa oculto e que se aplica somente a algumas obras; antigamente usava-se, no sentido etimológico, para designar os livros que se ocultavam dos olhares do público; deste modo, os livros sibilinos em Roma e os livros sagrados dos judeus eram apócrifos porque eram conservados secretamente nos templos; na era cristã, porém, a palavra ganhou um sentido diverso, passando a significar qualquer obra duvidosa, de autor incerto • Livros da Bíblia cuja canonicidade não é reconhecida pelas diferentes igrejas • Obra cuja identidade do autor é duvidosa, incerta, desconhecida ou suposta. Obra cuja autenticidade nunca pôde ser provada. *Ver* Obra apócrifa.

APODAR – Designar, empregando termos pouco elogiosos.

APODO – Nome que se dá a uma pessoa, tomado dos seus defeitos físicos, hábitos, etc.; alguns autores são mais conhecidos por ele do que pelo seu nome verdadeiro. Apelido. Alcunha • Comparação ridícula. Troça. Motejo. (port. Bras.) Prosónimo.

APÓDOSE – Segunda parte de um período face à primeira parte, cujo sentido ela completa.

APÓFASE – Refutação que é feita por uma pessoa daquilo que acaba de dizer.

APOFONIA – Alteração do valor fonético da vogal de um radical, que não resulta da influência da vogal final.

APÓGRAFO – Cópia exacta e coetânea de um original manuscrito; neste sentido opõe-se a autógrafo • Instrumento para reproduzir desenhos.

APOIA-LIVROS – Peça de madeira ou metal em forma de ângulo recto, que se coloca no princípio e/ou no fim de um conjunto de livros dispostos numa prateleira, com a finalidade de mantê-los direitos na colocação. Aperta-livros. Cerra-livros. Ampara-livros.

APÓLICE – Tabela que explica a quantidade de letras, linhas, etc. que é precisa para encher uma caixa tipográfica • Documento que dá direito a indemnização, no caso de dano • Título de uma ou mais obrigações de uma companhia • Cédula.

APOLOGAL – Referente a apólogo • Que tem apólogo.

APOLOGETA – Usado sobretudo na forma plural, designa os escritores, em especial os do século II, que defenderam o cristianismo e os cristãos dos ataques dos judeus e dos pagãos. O mesmo que apologista.

APOLOGÉTICA – Parte da Teologia em que são desmentidas as objecções levantadas à Igreja católica.

APOLOGIA – Discurso em que se pretende defender ou justificar alguém ou alguma coisa • Elogio, encómio.

APOLÓGICO – Relativo ao apólogo, à fábula.

APOLOGISTA – Que faz apologia.

APOLOGIZAR – Fazer a apologia de uma coisa ou pessoa.

APÓLOGO – Alegoria de carácter moral em que falam animais ou objectos inanimados • Fábula, escrito fictício.

APONTADOR – Livro para apontamentos • Livro de ponto • O que encaminha para pormenores e aspectos adicionais • Ponteiro usado para apontar aquilo que se pretende mostrar num quadro, mapa, etc. Indicador • Endereço *URL* que especifica a localização de dados ou ficheiros.

APONTADOR DE LÁPIS (port. Bras.) – *Ver* Apara-lápis.

APONTAMENTO – Acto e efeito de apontar • Aquilo que se aponta. Nota escrita, regra geral de curta dimensão, que mais tarde poderá ser usada como auxiliar da memória. Anotação.

APONTAMENTO AVULSO – Registo escrito, solto, em geral de reduzida dimensão. Nota solta. Anotação isolada e independente.

APONTAMENTO DE AULA – Registo da matéria essencial que foi lida ou ouvida numa aula. Nota.

APONTAMENTO DE LEITURA – Designação do conjunto das anotações escritas ao mesmo tempo que se lê ou analisa um texto, tirado, em geral, com finalidades didácticas.

APONTAMENTOS DE PROFESSOR – Registo escrito das lições proferidas por um docente, depois de passadas a limpo, litografadas ou impressas, que será usado como auxiliar da memória na preparação das respectivas disciplinas e que pode ser distribuído ou vendido aos estudantes.

APONTAR – Espetar nas puncturas a folha de papel que se há-de imprimir • Notar, anotar, tomar nota • Tomar apontamento de • Marcar com pontos. Numerar. Indicar.

APOR – Colocar junto de • Utilizar uma palavra, morfema ou expressão ligado a outro elemento.

APOR ASSINATURA – Assinar, subscrevendo assim um documento. Colocar a assinatura.

APORIA – Figura de retórica na qual um orador, no decurso da sua exposição, finge hesitar no emprego de um termo ou expressão ou de um rumo a dar ao seu discurso.

APORTUGUESAMENTO – Adaptação morfológica, fonológica e gráfica dos estrangeirismos lexicais ao português.

APOSIÇÃO DE EX LIBRIS – Operação que consiste em fixar o ex libris no livro.

APOSIÇÃO DE SELO – Operação pela qual um selo é aplicado a um objecto ou documento, nomeadamente a uma peça diplomática.

APOSIOPESE – Interrupção de uma frase para reforçar o que se omite • Reticência • Sinal que na música indicava o fim do canto • Pausa geral.

APOSTELIA – Forma antiga de apostila.

APOSTILA – Nota que interpreta, anotação a um texto, impressa ou manuscrita, colocada na margem de qualquer documento, sob a forma de comentário ou interpretação ou mesmo de desenho. Apontamento. Glosa. Apostilha. Postila. *Marginalia* • Aditamento a diploma ou título oficial • Recomendação feita na margem de um memorando ou documento. (port. Bras.) Recomendação escrita na margem de

um documento, seja ele requerimento, petição ou escritura • Resumo de lições feitas em estabelecimento de ensino • Ponto ou matéria de ensino publicado para uso dos alunos • Acrescento no final de uma carta. Pós-escrito.
APOSTILA DE CABEÇA – Nota marginal situada na esquina superior e exterior de uma página.
APOSTILAÇÃO – Acto de apostilar.
APOSTILADO – Que tem apostilas. Anotado.
APOSTILADOR – O que escreve apostilas. Apostilhador • Glosador, comentador.
APOSTILHA – *Ver* Apostila.
APOSTILHADOR – *Ver* Apostilador.
APOSTILHAR – *Ver* Apostilar.
APOSTÍLIA – *Ver* Apostila.
APÓS-TÍTULO – Termo jornalístico que designa o título que vem depois do título principal, em tipo bem menor que o anterior e que pode ter várias linhas. Subtítulo.
APOSTROFADO – Interpelado por apóstrofe • Diz-se da sílaba ou palavra em que o apóstrofo foi usado.
APOSTROFAR – Colocar apóstrofo em • Interromper com apóstrofe • Dirigir apóstrofes a.
APÓSTROFE – Interrupção de um discurso, para invocação de alguém ou de alguma coisa, sob forma de exclamação • Interpelação a alguém – um ouvinte, um leitor, uma personagem, um objecto personificado, etc.; faz-se usando o vocativo e o discurso directo, embora possa encontrar-se também, com menor frequência, em frases de discurso indirecto. Alocução.
APÓSTROFO – Sinal ortográfico em forma de pequena vírgula (') que alinha pela parte superior dos caracteres maiúsculos e que serve para assinalar a supressão de um fonema – geralmente de uma vogal – no verso, em certas pronúncias populares ou em palavras compostas, ligadas pela preposição *de*; foi inventado por Aristófanes de Bizâncio, bibliotecário de Alexandria, a quem se deve também a invenção dos acentos e da cedilha, devendo-se a estimulação do uso destes três sinais gráficos em tipografia a Antoine Augereau.
APOTEGMA – Dito sentencioso de pessoa célebre. Aforismo. Máxima • História sucinta, escrita com finalidades morais, atribuída a uma personalidade notável e que remata por um dito sentencioso reproduzido em discurso directo.
APOTEGMÁTICO – Sentencioso. Axiomático. Aforístico.
APPARARE (pal. lat.) – Na Idade Média significava munir um texto com um aparato de glosas.
APPROBATIO (pal. lat.) – *Ver* Aprovação.
APRECIAÇÃO LITERÁRIA – Valorização das qualidades de uma obra. Estudo das obras literárias com vista à ampliação do conhecimento que o leitor tem delas.
APREENSÃO AUDITIVA – No processo de aprendizagem da leitura, aquilo que se entende ou compreende ao ouvir ler, sem que qualquer juízo a seu respeito seja formulado.
APREGOADO – Anunciado em voz alta (para venda) através de pregão. Proclamado. Divulgado.
APREGOAR – Anunciar (um artigo para venda) em voz alta através de pregão. Proclamar. Divulgar.
APRENDER – Acto metódico, sistemático e objectivo de examinar a realidade por meio da investigação e da reflexão, com vista a conseguir compreender e entender as coisas que cercam o homem.
APRENDER A LER – Aprender a reconhecer os signos gráficos fazendo-os corresponder a palavras com um sentido.
APRENDIZ – Pessoa que aprende um ofício; por exemplo aprendiz de tipógrafo, de encadernador, etc.
APRENDIZAGEM – Acto ou efeito de adquirir conhecimentos. Aquisição de conhecimentos.
APRESENTAÇÃO – Aspecto gráfico de um livro, que passa pela qualidade do papel, formato, qualidade de impressão, capa e ilustrações • Formato do volume • Palavras prévias • Preâmbulo • Espécie de prólogo com que um especialista ou autoridade no assunto de que trata uma obra inicia o leitor no tema • Acto em que a aparição pública de um livro ou colecção é anunciada e algumas vezes festejada. Divulgação. Lançamento.
APRESENTAÇÃO DE CAPA – Nota informativa sobre uma obra, que geralmente é escrita por outra pessoa que não o seu autor, e que é

apresentada na sobrecapa do livro, geralmente na badana.

APRESENTAÇÃO DE SOBRECAPA – Palavras de apresentação de uma obra, que foram escritas por uma pessoa que não é o autor da obra e que regra geral aparecem impressas na sobrecapa de um livro.

APRESENTAÇÃO GRÁFICA – *Ver* Grafismo.

APRESENTADOR – Pessoa que escreve uma apresentação • Pessoa que faz uma apresentação.

APRESENTADOR DE PERIÓDICOS – *Ver* Expositor de periódicos.

APRESENTAR – Introduzir uma obra em texto sob forma de prólogo ou palavras prévias, justificando a sua publicação • Dar a conhecer uma obra em evento público de lançamento.

APRESTO – Operação que consiste em alisar, acetinar, gofrar ou dar um acabamento ao papel.

APROVAÇÃO – Texto em que o censor do livro justifica que este pode ler-se, por nada conter que prove ir contra os bons costumes e leis vigentes • Parecer favorável a uma petição ou à adopção de uma decisão apresentado sob forma de apostila por quem tem direito a fazê-lo • Autorização para imprimir. Licença. *Imprimatur. Approbatio* • Confirmação de um acto escrito que é expressa pela aposição de uma ou mais assinaturas.

APROVAÇÃO ECLESIÁSTICA – *Ver Imprimatur*.

APROXIMAÇÃO – Relação do olho do tipo com a espessura do corpo; o mesmo tipo com aproximação diversa mete mais ou menos letras em cada linha.

APTIDÃO À RASURA – Propriedade do papel que consiste em permitir raspaduras e emendas sem que se altere muito a sua superfície.

APTIDÃO PARA A LEITURA – Tendência que determinadas pessoas apresentam para se dedicarem à leitura destinando a tal actividade os seus momentos de lazer • Capacidade para apreender o significado de um texto e assimilar o seu conteúdo.

APUD (pal. lat.) – Forma latina para *em, em casa de, dentro de*; a palavra, seguida pelo nome do impressor, editor ou livreiro em acusativo, aparece ocasionalmente nas folhas de rosto dos livros antigos • Nas citações significa: na *obra de* ou *no livro de* • Segundo. Conforme. Usa-se em textos sempre que o extracto ou a obra citados não foram vistos pelo autor e a citação é feita por intermédio de outro autor.

APUD ACTA (loc. lat.) – Nos autos. Junto aos autos.

APUD PLATONEM (loc. lat.) – Segundo Platão. Como se lê em Platão.

AQUA-BAY (pal. ingl.) – Instrumento usado para medir o conteúdo de humidade do papel, através da introdução das pontas do instrumento no livro colocando-se um peso em cima e lendo-se em seguida no mostrador o grau de humidade; como as leituras variam com o valor da pressão, obtêm-se indicações relativas, não absolutamente exactas.

AQUADRELAMENTO – Rol. Conta. Resultado da conta. Enumeração.

AQUADRELAR – Inscrever em rol. Enumerar.

AQUATINTA – Processo de gravura que é uma variante da água-forte e que assenta na impressão obtida a partir de uma chapa de cobre previamente recoberta de resina em pó, pez, sal, etc., sobre a qual se executa o desenho; adicionando ou retirando pó, expõe-se por imersão à maior ou menor mordedura do ácido, de forma que os elementos a imprimir, ficando mais profundos, permitam o depósito da tinta a transferir por pressão ao suporte; foi muito usada em livros ilustrados nos finais do século XVIII e início do século seguinte, apresentando-se frequentemente colorida à mão após a impressão. Água-tinta.

AQUATINTISTA – Pessoa que grava pelo processo de aquatinta.

AQUECER – Em fotogravura, diz-se das mordeduras para fazer fundir a resina sobre os metais.

AQUISIÇÃO – Modalidade de obtenção de documentos por uma biblioteca, um arquivo, um serviço de documentação, etc.; permite aumentar e actualizar um fundo de uma biblioteca, de um arquivo, de um serviço de documentação, etc., em função dos seus objectivos; pode ser feita por compra, oferta ou permuta; num arquivo a aquisição de documentos ou arquivos é feita a título de compra, depósito legal, doação, incorporação, legado, reintegração ou transferência • Livro ou outro documento adquirido por uma instituição ou serviço.

AQUISIÇÃO "À CONSIGNAÇÃO" – Modalidade de compra na qual um livreiro adquire livros, pagando ao editor apenas no fim de um determinado período de tempo e somente os livros que tenha conseguido transaccionar.

AQUISIÇÃO "A CONTA FIRME" – Modalidade de compra na qual um livreiro adquire livros, em geral estrangeiros, tendo de os pagar ao editor no momento em que os encomenda, quer venha a vendê-los ou não.

AQUISIÇÃO A TÍTULO GRATUITO – Obtenção de um documento ou conjunto de documentos que não é feita por meio de permuta ou de compra.

AQUISIÇÃO A TÍTULO ONEROSO – Obtenção de documentos por meio de compra ou permuta. Aquisição não gratuita.

AQUISIÇÃO COOPERATIVA – Sistema de organização e coordenação de aquisições entre duas ou mais instituições documentais (biblioteca, arquivo, serviço de documentação, etc.) a nível local, regional, nacional ou internacional, com vista a assegurar que um exemplar de cada publicação é conservado na área geográfica abrangida e a garantir a não duplicação de aquisições de certo tipo de obras.

AQUISIÇÃO CORRENTE – Aquela que se faz à medida que os documentos são produzidos.

AQUISIÇÃO DE DADOS – Recolha, avaliação e transmissão de dados • Obtenção de informação • Em processamento de dados, identificação e recolha de dados que estão em posições não centralizadas, para o seu posterior processamento em forma utilizável num ponto central.

AQUISIÇÃO DE PUBLICAÇÃO – Entrada de documentação num serviço de biblioteca ou semelhante, por oferta, compra ou permuta.

AQUISIÇÃO DEPENDENTE DE ANÁLISE E ACEITAÇÃO – Envio de documentos por parte de um livreiro ou editor a título condicional, reservando-se o comprador o direito de os adquirir ou não.

AQUISIÇÃO EM LINHA – Processo informático que permite fazer a compra de um bem ou produto na *Internet*, no caso concreto a encomenda de bens culturais (livros, revistas, documentos multimédia, *CD, DVD*, etc.; em geral permite uma maior rapidez e eficácia e economia de gastos. *Ver* Comércio electrónico.

AQUISIÇÃO NÃO GRATUITA – *Ver* Aquisição a título oneroso.

AQUISIÇÃO POR DOAÇÃO – *Ver* Aquisição por legado.

AQUISIÇÃO POR LEGADO – Modalidade de aquisição baseada numa disposição testamentária atribuindo a um organismo ou particular um documento ou conjunto de documentos, exigindo ou não contrapartidas por parte do beneficiário. Aquisição por doação. *Ver* Legado e Doação.

AQUISIÇÃO RETROSPECTIVA – Obtenção de obras que apareceram no mercado há já algum tempo, usualmente muito tempo; a noção de "retrospectivo" anda em geral ligada a um período de tempo que prevê pelo menos 12 meses de existência • Para as publicações periódicas a aquisição retrospectiva incide sobre números anteriores de periódicos vivos e mortos.

ARABESCO – Orla de estilo árabe, daí o nome, caracterizada por apresentar múltiplos motivos • Desenho ou ornamento decorativo formado por linhas, folhas, frutos, flores ou motivos abstractos entrelaçados, formando conjuntos graciosos destinados à decoração das pastas dos livros, folhas de rosto e outras • Traço ilegível, garatuja, gatafunho. Rabisco • Ornamento característico da arte muçulmana feito de linhas entrelaçadas (em regra quebradas) que formam figuras geométricas complexas: estrelas, polígonos inclusos e combinados.

Arabesco

ARABISMO – Palavra portuguesa de origem árabe.

ARANZEL – Narração verbal ou escrita aborrecida, longa e cheia de detalhes importunos e dispensáveis. Discurso prolixo e enfadonho. Arenga. Lengalenga • Palavrório.

ARAVIA – Língua árabe • Expressão obscura.
ARAVIADO – Falado ou escrito numa língua obscura e confusa.
ARAVIAR – Falar ou escrever numa língua obscura e confusa. Algaraviar.
ARBA – Acrónimo de *American Reference Books Annual*, Anuário de Obras de Referência Americanas, publicação anual que contém os resumos das obras de referência que apresenta.
ARBORESCÊNCIA – Classificação das informações cuja consulta é possível por escolhas sucessivas indo do geral (o tronco) para o particular (os ramos).
ARC. – Forma abreviada de Arcebispo.
ARCA – Móvel onde, além de outros objectos, também se guardavam livros. Cofre.
ARCA DOS SELOS – Numa chancelaria, caixa destinada a conservar as matrizes do selo e contra-selo. Cofre.
ÁRCADE – Membro de uma academia que tem o nome de Arcádia.
ARCÁDICO – Relativo a Arcádia.
ARCADISMO – Influência literária das Arcádias.
ARCADURA – Série de pequenas arcadas decorativas.
ARCAICO – Tudo o que tem um gosto primitivo ou antiquado e fora de uso.
ARCAÍSMO – Palavra ou expressão duma fase antiga da língua, que se usa para evocar a atmosfera de uma época ou para tirar partido da sugestividade do vocábulo. Termo ou expressão caído em desuso • Maneira antiquada de escrever.
ARCAÍSTA – Arcaizante • Que ou pessoa que arcaíza.
ARCAIZANTE – Que usa arcaísmo.
ARCAIZAR – Empregar formas arcaicas. Tornar arcaico • Dar carácter arcaico.
ARCATURA – Motivo arquitectónico formado por séries de pequenas arcadas, abertas ou cegas, servindo de ornamento; também foram usadas para unir os modilhões ou cachorros das cornijas românicas.
ARCHETIPON (pal. gr.) – Modelo. *Exemplar*.
ARCHITYPOGRAPHIA (pal. lat.) – Nome dado antigamente à oficina de impressão.
ARCHIVALIA (pal. lat.) – Acervo documental de carácter histórico que um arquivo conserva. (port. Bras.) Arquivalia.
ARCO – Elemento de construção de forma curva, assente em dois planos de apoio acima de um vão • Cada um dos elementos gráficos do parêntese curvo.
ARCO DE FERRADURA – Elemento decorativo comum na arquitectura islâmica, caracterizado pela curvatura superior a 180°; foi importado pela iluminura para albergar alguns textos, nomeadamente os textos iniciais da Bíblia e também as concordâncias bíblicas. Arco mourisco.
ARCO DE VOLTA INTEIRA – Aquele que apresenta uma secção correspondente a uma semicircunferência. Arco de volta perfeita. Arco pleno.
ARCO DE VOLTA PERFEITA – *Ver* Arco de volta inteira.
ARCO GÓTICO – *Ver* Arco quebrado.
ARCO LOBULADO – Aquele que apresenta vários segmentos de círculo recortados: três lóbulos unidos formam um arco trevado ou trilobado, quatro, um arco quadrilobado; com mais de quatro lóbulos, o arco denomina-se polilobado; este elemento que tem origem na arquitectura islâmica foi adaptado pelos iluminadores de manuscritos como solução para albergar algumas cenas miniaturadas e também textos.
ARCO MOURISCO – Tal como o nome indica, é oriundo da arte islâmica e caracteriza-se pela curvatura superior a 180°; está presente na iluminura medieval e por vezes rodeia textos iniciais da Bíblia e também as concordâncias bíblicas. Arco de ferradura.
ARCO PLENO – *Ver* Arco de volta inteira.
ARCO QUEBRADO – Elemento presente na arte gótica e que assenta na intercepção de dois segmentos de círculo de raio igual e que foi, como muitos outros elementos da arquitectura, importado pelos iluminadores de códices para conter miniaturas. Arco gótico.
ARCO TRILOBADO – Aquele que apresenta três lóbulos.
ARDINA – Jornaleiro ambulante, que vende na rua, apregoando os títulos do jornal.
ARDÓSIA – Pedra cinzenta escura que, dividida em lâminas e rodeada ou não de moldura de madeira, servia para escrever; os documen-

tos mais antigos da Espanha visigótica hoje conservados, foram traçados em escrita cursiva sobre ardósia; este suporte sobreviveu até aos nossos dias, sobretudo para uso escolar. Lousa.

ÁREA (em descrição bibliográfica) – *Ver* Zona.

ÁREA COLADA – Em encadernação, designação dada às primeiras e últimas folhas de um livro que são coladas na parte de dentro do papelão.

ÁREA DE CIRCULAÇÃO – *Ver* Zona de circulação.

ÁREA TOTAL – Espaço global da superfície vaga de uma biblioteca, arquivo ou outra instituição análoga expresso em metros quadrados incluindo as fachadas dos muros exteriores e excluindo as partes salientes ou projecções arquitectónicas de todas as plantas ou zonas com superfícies reais. *Comparar com* Área utilizável.

ÁREA UTILIZÁVEL – Espaço útil ou efectivo. Área total de uma biblioteca, arquivo ou outra instituição análoga expressa em metros quadrados determináveis ou úteis, que pode utilizar-se para as finalidades directas; compreende: uma zona para utilizadores que inclui as salas de reunião e de conferências, espaço para o pessoal e serviços de utilizadores incluídas zonas de exposição e informação e área pública de catálogos, zona de armazenamento de material, zonas para realização de cópias e para equipamento audiovisual e outro, corredores entre estantes, mobiliário, equipamento e áreas funcionais. Esta designação exclui o espaço não efectivo como é o dos vestíbulos, corredores, antecâmaras ou outras zonas de passagem, portaria ou compartimentos auxiliares dela, salas de repouso, espaço de escadas e elevadores, salas de máquinas e qualquer outro espaço que não seja utilizado rigorosamente como biblioteca, arquivo ou instituição análoga. *Comparar com* Área total.

AREEIRO – Recipiente onde se punha a areia fina com que se polvilhava a escrita para a secar; por vezes era-lhe adicionado pó dourado ou prateado.

AREJADO – Diz-se do trabalho tipográfico em que há boa distribuição dos brancos, não estando as linhas de composição e os ornamentos muito carregados em relação ao espaço disponível, mas harmoniosamente dispostos, estabelecendo-se um equilíbrio perfeito entre os diversos elementos da página.

AREJAMENTO – Renovação do ar feita através da abertura de janelas ou outros orifícios, de modo a permitir a circulação do mesmo; este cuidado deve ser acompanhado das acções de controlo da temperatura, a fim de que os parâmetros recomendados não sejam ultrapassados.

ARENGA – Palavras iniciais das cartas antigas, onde se expõem os motivos que se alegam para autorizar o objecto principal do acto. É muito antiga, encontra-se em quase todos os documentos merovíngios, tornando-se mais rara no século XI e ainda mais no século seguinte; remata quase sempre com a palavra *igitur, ergo*, por isso • Discurso que é lido ou pronunciado em público, geralmente prolixo e enfadonho. Alocução pública • Aranzel • Discurso fastidioso • Palavrório. Parlenga, parlenda • Charla. *Ver* Preâmbulo.

ARENGAR – Fazer arenga • Discursar sem nexo.

ARESTA – Diferença entre a superfície do olho e o corpo e a grossura do tipo; determina que numa página impressa as figuras das letras vão separadas por pequenas superfícies em branco. Rebarba • Em encadernação é a superfície da margem dos materiais usados, especialmente dos papelões.

ARGEMPEL – Termo arcaico que designa o couro lavrado e prateado.

ARGENTOGRAFIA – Escrita feita com prata.

ARGILA – É o mais antigo suporte da escrita, usado na Suméria a partir do IV milénio antes de Cristo. Não deixa de ser interessante a analogia que se fazia entre o material que tinha servido, segundo a Bíblia, para moldar o Homem, ser o mesmo que servia de base à escrita; com ela formavam-se pequenas tabuinhas que, após terem sido gravadas com um cunho de metal, marfim ou madeira, eram secas ao sol ou cozidas no forno; as mais pequenas apresentavam um dos lados abaulados, de modo a adaptarem-se à mão que as segurava, enquanto se escrevia do outro lado; as maiores, lisas de ambos os lados e destinadas a mensagens mais longas, eram opistográficas, ou seja, escritas dos dois lados; os povos da Mesopotâmia usaram também outros suportes como a pedra, o metal, as pedras semi-preciosas e o lápis-lazúli; nesta época pode dizer-se que a escrita, mais que escrita, era impressão cuneiforme.

ARGIROGRAFIA – Processo que permite escrever ou imprimir com tinta prateada.

ARGIRÓGRAFO – Copista que escrevia com letras de prata.

ARGUENTE – Candidato a um grau académico que, numa discussão académica, defende ou opõe uma tese proposta pelo *præses*. Respondente • O que argui. Pessoa que argumenta ou objecta aquela que defende a tese. Argumentante. Examinador.

ARGUIÇÃO – Acto de arguir. Acusação. Imputação.

ARGUIDO – Censurado. Alegado. Argumentado.

ARGUIDOR – O que argui. Arguente.

ARGUIR – Censurar. Impugnar. Criticar. Argumentar.

ARGUITIVO – Usado como argumento. Acusatório. Denunciador.

ARGUÍVEL – Que se pode arguir.

ARGUMENTAÇÃO – Acto de argumentar • Conjunto de argumentos, de razões invocadas para defender uma tese ou opinião.

ARGUMENTADOR – Pessoa que argumenta. Arguente. Questionador.

ARGUMENTAL – Relativo a argumento • Usado com argumento.

ARGUMENTANTE – *Ver* Arguente.

ARGUMENTAR – Sustentar ou impugnar com argumentos. Discutir. Alegar. Aduzir argumentos.

ARGUMENTATIVO – Que contém argumento. Que serve de argumento.

ARGUMENTILHO – Argumento de pouco valor.

ARGUMENTISTA – Pessoa que faz o argumento de um livro ou filme.

ARGUMENTO – Assunto ou matéria de que trata uma obra • Raciocínio destinado a provar ou a refutar uma determinada tese • Conjectura • Exposição analítica da matéria contida num maior contexto de palavras. Resumo. Sumário • Valor de uma variável independente que entra no cálculo de uma função • No jornalismo escrito, esboço da reportagem a escrever, que foi estabelecido previamente ou que é construído no momento da montagem: o desenrolar da acção, em função do fio condutor da mesma, o lugar destinado aos diálogos, etc.

ARGUMENTO DE AUTORIDADE – Aquele que se fundamenta, não no valor intrínseco do seu arrazoado, mas na autoridade de quem o defende • Raciocínio de pessoa de grande competência em determinado assunto que é usado para provar ou demonstrar uma proposição, ou para convencer alguém da veracidade daquilo que se afirma ou nega.

ARISTARCO – Crítico entendido, mas duro nas suas críticas; usa-se em sentido figurado por alusão a Aristarco de Samotrácia, famoso crítico da Antiguidade.

ARISTÓNIMO – Título nobiliárquico que se utiliza num livro para substituir o nome do autor transformado em apelido ou usado como tal.

ARL – Acrónimo de *Association of Research Libraries*, Associação de Bibliotecas de Investigação localizada nos Estados Unidos da América.

ARMAR – Ajustar • Compaginar • Montar.

ARMARARIUS (pal. lat.) – Termo pouco difundido, sendo mais usada a palavra *armarius*.

ARMARIA – Arte heráldica.

ARMÁRIO – Móvel com portas e prateleiras onde se guardam livros e documentos • Lugar onde se guardavam os livros nos conventos medievais.

ARMÁRIO-BIBLIOTECA – Móvel para arrumação de livros, que pode assumir formas diversas, que vão desde o pequeno aparador que pode fechar-se com chave à mesa de livros de duas portas que também se fecha.

ARMARIOLA (pal. lat.) – Pequeno armário.

ARMARIOLUM (pal. lat.) – Diminutivo de *armarium*, móvel onde se guardavam os documentos no arquivo.

ARMARISTA (pal. lat.) – Bibliotecário; termo usado em vários conventos italianos dos séculos XIV e XV.

ARMARIUM (pal. lat.) – Termo que permanece até ao século XV com desvios semânticos, acabando por designar, não só o armário ou móvel onde se colocavam os livros, como também uma biblioteca inteiramente desprovida de móveis; desde a Alta Idade Média já designava, porém, uma cavidade praticada na parede de uma galeria do claustro para abrigar este móvel; por vezes este nicho era forrado de madeira para evitar a humidade; por extensão de sentido passa a designar o lugar onde se encontra, ou seja, uma biblioteca; a exiguidade de livros até ao século XII faz com que o termo *armarium* seja empregue indistintamente nestas diversas acepções, sendo apenas o contexto a fornecer alguns cambiantes; com o passar dos séculos, o termo *armarium* começa a designar, no sentido topográfico, biblioteca ou fundo. Arca dos livros.

ARMARIUS (pal. lat.) – Monge responsável pela guarda e manutenção dos livros da biblioteca de um mosteiro, da qual por vezes também fazia o catálogo; o *scriptorium* e a supervisão dos escritos e cópias feitas pelos outros monges, constavam habitualmente das suas atribuições num mosteiro medieval • Palavra precedida de *armarium* e *armaria* (armário de livros, biblioteca), aparece como adjectivo substantivado por volta do ano mil; a partir daí, concorre com os termos *cantor, librarius* e *bibliothecarius*, tornando-se a denominação-tipo do bibliotecário medieval. As suas funções estão consignadas nos estatutos das universidades e iam desde os cuidados de armazenamento dos materiais e do edifício que os albergava, reparações a fazer, encadernação, classificação, organização de catálogos, trocas, empréstimos, etc. às funções de distribuir os livros de coro em cada ofício, corrigi-los se fosse caso disso, fechá-los se ficassem abertos; incumbia-lhe ainda a direcção do *scriptorium* com todas as tarefas daí decorrentes: deveria ter em dia os obituários, redigir os rolos dos mortos e estabelecer, quanto aos vivos e por ordem hierárquica e de competência, as tabelas semanais de serviços afixadas no claustro destinadas aos oficiantes, aos leitores do refeitório e aos que estavam destinados às diferentes tarefas na cozinha. Chefe do *scriptorium*.

ARMAS – Em heráldica, brasão e marcas honoríficas hereditárias, com esmaltes e figuras determinados de uso imemorial ou concedidas por vontade régia que distinguem as diversas famílias nobres • Insígnias de quem possui ou possuiu um livro; podem ser gravadas, douradas ou contornadas com ornamentação e usadas nas encadernações ou como tema decorativo ou comprovação de propriedade; umas vezes figuram na página de título com carácter de dedicatória, outras no ex libris ou no super libros • Ferros de dourar, do mesmo tamanho dos caracteres tipográficos, nos quais estão gravadas as armas que devem figurar nas encadernações.

ARMAS CONJUNTAS – Brasão de armas bipartidas em que se encontram a par as insígnias pertencentes a um casal e que, naturalmente, começam a ser utilizadas após o casamento, sendo que no lado esquerdo, ou seja, em primeiro lugar se apresentam as armas do marido, figurando as da mulher à direita.

ARMAS DE FÉ – Elementos emblemáticos constantes da iconografia religiosa que possuem significado e simbolismo religiosos: a cruz, o báculo, o Cordeiro, a palma do martírio, os cravos da Paixão, etc.

ARMAZÉM – Compartimento da oficina tipográfica onde está guardado o material • Depósito secundário. Parte do edifício de uma biblioteca, arquivo, serviço de documentação, etc., em que são guardados os documentos que são pouco requisitados e que não são de uso imediato • Secção de uma editora onde se depositam os livros antes de se proceder à sua distribuição.

ARMAZÉM DE DOCUMENTOS – *Ver* Depósito de documentos.

ARMAZÉM DE RESERVA – Nas instalações de uma casa editora, espaço destinado a depositar as obras impressas; em geral é amplo e fica situado nos arredores da cidade onde a editora está sediada.

ARMAZÉM DE VENDA – Nas instalações de uma casa editora, espaço reservado à exposição e comercialização de obras.

ARMAZÉM DOS LIVROS – Parte da biblioteca ocupada pelas estantes, onde se guardam os livros destinados a serem utilizados pelos leitores. Depósito.

ARMAZENAGEM – *Ver* Armazenamento.

ARMAZENAMENTO – *Ver* Armazenamento de documentos.

ARMAZENAMENTO AUTÓNOMO – Aquele que não está directamente ligado à unidade central de processamento de um computador ou sob o seu controlo.

ARMAZENAMENTO COMPACTO – Sistema de arrumação de documentos concebido para aumentar o lugar disponível ou a segurança e composto por corpos movidos manual ou electricamente, seja horizontalmente, seja sobre carris, ou seja em quarto de círculo sobre gonzos • *Compactus*.

ARMAZENAMENTO DA INFORMAÇÃO – Acção de introduzir dados num ficheiro para os reter permanentemente ou por um período de tempo determinado, com vista à sua futura recuperação • Acto ou efeito de recolher, coligir, guardar, juntar e tratar factos, noções, etc., que existem em determinado momento sobre um determinado assunto e que são susceptíveis de serem comunicados, interpretados ou tratados.

ARMAZENAMENTO DE ACESSO DIRECTO – Em armazenamento e recuperação da informação por computador, recolha de dados num dispositivo em que o tempo necessário para registar ou recuperar a informação não depende da sua posição. É sinónimo da expressão inglesa *RAM* (*Random-Access Memory*) e de *Random-Access Storage*.

ARMAZENAMENTO DE DADOS – Acto de reunir dados numa unidade de computador da qual podem ser recuperados posteriormente; podem introduzir-se com a finalidade de os reter permanentemente ou por um período de tempo determinado.

ARMAZENAMENTO DE DOCUMENTOS – Gestão da manutenção da obra reproduzida antes de ser vendida • Conjunto das operações relativas à arrumação e conservação dos documentos em armazém ou depósitos de arquivo ou biblioteca para fins de conservação e de utilização.

ARMAZENAMENTO DE RESERVA – Numa biblioteca ou instituição congénere, é o conjunto de publicações que se conservam em armazém e que se não destinam a ser consumidas imediatamente, mas se guardam para a eventualidade de desaparecerem os documentos que estão em uso; no caso de se tratar de publicações da própria entidade, este armazenamento de reserva destina-se a ofertas especiais, não se encontrando à venda ao público.

ARMAZENAMENTO DIGITAL – Forma de conversão de documentos manuscritos e impressos ou outros, em discos ópticos (vídeos, discos ou videocassetes), usada nomeadamente como meio de preservação de documentos.

ARMAZENAMENTO E RECUPERAÇÃO DA INFORMAÇÃO – Expressão usada para traduzir a arrumação e a possibilidade de reaver a informação.

ARMAZENAMENTO EM LINHA – Armazenamento que está ligado directamente à unidade central de processamento de um computador ou sob o seu controlo.

ARMAZENAMENTO INTEGRADO – Arrumação de material livro e não-livro nas estantes, em conjunto, independentemente do suporte e do formato.

ARMAZENAMENTO MACIÇO – Armazenamento auxiliar de grande capacidade a que a unidade central de processamento pode aceder facilmente, mas que não é tão acessível como a memória principal.

ARMAZENAMENTO SEQUENCIAL – Arrumação que é feita por ordem de publicação • Em informática, modalidade em que se pode aceder a um dado apenas depois de ter lido toda a informação que o antecede.

ARMILA – Círculo da esfera armilar.

Armila

ARMOREJADO – *Ver* Armoriado.
ARMOREJAR – *Ver* Armoriar.

ARMORIADO – Que tem armas ou brasões aplicados, esculpidos ou pintados. Armorejado.

ARMORIAL – Livro que descreve as armas e brasões não só das famílias reais, mas também das famílias nobres; pode conter ainda as armas e brasões de cidades, vilas, instituições, corporações e comunidades, assim como os de famílias burguesas; de modo geral este género de livros apresenta-se organizado por zonas geográficas, províncias, departamentos ou regiões • Referente a heráldica ou brasões.

ARMORIAR – Colocar armas ou brasões, empregar os símbolos da nobreza.

ARPANet – Abreviatura de *Advanced Research Projects Agency Network*, Rede de Agências para Projectos de Investigação Avançada, designação da rede que foi desenvolvida pelo Departamento de Defesa dos Estados Unidos em finais dos anos 60 e inícios dos anos 70, visando, após o alargamento, a sobrevivência a um possível ataque nuclear. Esteve na origem da actual *Internet*.

ARQUEADA – Diz-se da composição em colunas que dobrou por estar mal amarrada, abaulando-se a ponto de se empastelar.

ARQUEOGRAFIA – Descrição dos usos e costumes da Antiguidade através do desenho, da pintura ou da gravura.

ARQUÉTIPO – Exemplar conhecido ou hipotético de que se supõe terem derivado todas as espécies conhecidas • Manuscrito original de um códice, mesmo que não seja o autógrafo. *Ver* Modelo.

ARQUICANCELÁRIO – Primeiro chanceler.

ARQUITECTAR – Acto ou efeito de idealizar, projectar, planear um conto ou obra.

ARQUITECTURA DA PÁGINA – Expressão usada para designar o conjunto de elementos que integram a página do livro e que determinam o modo como ela vai ser apresentada, tais como a dimensão da mancha tipográfica, tipos e corpos de tipos a utilizar, dizeres do título corrente, aplicação de grafismos, etc.; no caso da página de título terá que ter-se em conta ainda o enquadramento e o jogo dos tipos a empregar, a colocação da marca tipográfica, etc. A aplicação deste termo tem mais expressão no livro antigo, uma vez que ele foi evoluindo através dos tempos segundo a moda usada na arquitectura; de qualquer modo esta ideia está ligada à construção e apresentação de um produto de consumo para gente de qualidade e com gosto estético apurado.

ARQUITECTURA DO LIVRO – Conjunto dos componentes que estão subjacentes à apresentação gráfica do livro e que consistem na escolha equilibrada das suas dimensões, do corpo dos tipos, da página de título, disposição da mancha tipográfica e demais elementos, de modo a resultar num todo harmonioso.

ARQUITECTURA *KAHN/WILENSKY* – Estrutura geral para uma biblioteca digital, financiada pelo *Department of Defense's Advanced Research Project Agency* (ARPA) dos Estados Unidos, na qual grande número de objectos (materiais de tipologia diversa) são acessíveis por meio de redes de computadores; nela os itens designam-se *digital objects* (objectos digitais), estão armazenados em *repositories* (depósitos) e são identificados através do uso de um identificador único (*handle*).

ARQUITIPOGRAFIA – Nome dado às antigas oficinas de impressão, que é geralmente aplicado sobretudo à célebre oficina de Christophe Plantin em Antuérpia, activa de 1555 a 1589.

ARQUITIPÓGRAFO – Impressor privilegiado, de primeira ordem; termo caído em desuso • Designação pela qual António de Mariz, livreiro privilegiado pela Universidade de Coimbra, se designava nas suas edições, assim como outros.

ARQUITRAVE – Viga mestra de uma armação de madeira; na arquitectura grega é a parte inferior do entablamento, assente sobre os capitéis: por extensão, viga ou verga de pedra que descansa sobre colunas, pilares ou pilastras, frequente nas portadas de estilo arquitectónico.

ARQUIVAÇÃO – Acto e efeito de arquivar.

ARQUIVADOR – Aquele que arquiva. Arquivista • Móvel usado para guardar documentos, recortes e outros papéis e objectos.

ARQUIVAGEM – *Ver* Arquivamento.

ARQUIVAL (port. Bras.) – *Ver* Arquivístico.

ARQUIVALIA (port. Bras.) – Acervo documental de carácter histórico, que um arquivo conserva.

ARQUIVAMENTO – Acção de conservar, guardar em arquivo • Operação que consiste no acondicionamento dos documentos nas respectivas unidades de instalação, de acordo com um quadro ou plano de classificação e/ou uma ordenação previamente estabelecidos. Arquivagem • Acção pela qual uma autoridade determina a custódia de um documento, cessada que foi a sua tramitação.

ARQUIVAMENTO HORIZONTAL – Acondicionamento de documentos em posição horizontal; opõe-se a arquivamento vertical.

ARQUIVAMENTO VERTICAL – Acondicionamento de documentos em posição vertical.

ARQUIVAR – Guardar documentos num arquivo • Guardar documentação e outros papéis em arquivadores • Memorizar.

ARQUIVISTA – Pessoa que tem a seu cargo um arquivo, ou que trabalha nele como técnico; normalmente trata-se de um profissional de nível superior, especializado em arquivo; as suas atribuições consistem no acompanhamento, direcção, supervisão, coordenação, controlo e execução de tarefas relacionadas com controlo da produção, racionalização e controlo de fluxo documental, recebimento, classificação, indexação, registo, gerando avaliação e selecção de documentos com vista à sua conservação definitiva ou eliminação, tramitação da documentação, planeamento de meios e aplicação de técnicas de acesso rápido e eficiente aos documentos e auxílio à pesquisa. Arquivólogo • Escrinário. Papelista.

ARQUIVISTA-PALEÓGRAFO – Pessoa apta a decifrar e transcrever documentos antigos.

ARQUIVÍSTICA – Ciência que tem por objecto os arquivos, os princípios da sua constituição, conservação, organização e comunicação • Arquivologia.

ARQUIVISTICAMENTE – Sob o ponto de vista arquivístico.

ARQUIVÍSTICO – Referente a arquivo. (port. Bras.) Arquival.

ARQUIVO – Conjunto orgânico de documentos, produzidos ou recebidos por uma pessoa jurídica, singular ou colectiva ou por um organismo público ou privado, no exercício da sua actividade e organizados e conservados de forma permanente ou durante um período de tempo determinado, a título de prova ou informação, qualquer que seja a data, a forma ou o suporte material; estes documentos são elaborados ou recebidos por uma pessoa, organismo público ou privado, em função da sua actividade • Em arquivologia, colocação homogénea de registos ou de outros documentos, que se mantém segundo uma ordem material pré-estabelecida • Em preservação digital, é a organização que garante o acesso constante à informação conservada • Organismo encarregado de reunir arquivos, conservá-los e colocá-los à disposição dos utilizadores • Edifício no qual são conservados registos públicos ou documentos históricos, geralmente não impressos • Título de publicação periódica, científica ou académica (uso que remonta ao início do século XVIII, particularmente na Europa) • Organismo encarregado do controlo da conservação dos arquivos correntes, da conservação ou controlo dos arquivos intermédios, da conservação, triagem, classificação, inventário e comunicação dos arquivos definitivos • Edifício ou parte de edifício onde são recebidos, conservados, organizados e comunicados registos públicos ou privados, impressos ou manuscritos • Conjunto de documentos classificados e ordenados • Memória organizada de uma instituição • Centro de informação importantíssimo para a empresa a que pertence, criado com a finalidade de manter a instituição em perfeitas condições de funcionamento • Móvel destinado à guarda de documentos • Em informática é um conjunto organizado de registos de um computador ou conjunto estruturado de informações, geralmente conservado em memória secundária de um sistema informático. Conjunto de dados • Unidade de informação (ficheiro de dados e/ou programa) codificada para manipulação por computador.

ARQUIVO PERMANENTE – *Ver* Arquivo definitivo.

ARQUIVO ACTIVO – Aquele cuja frequência de consulta é extremamente elevada • Arquivo de uso corrente.

ARQUIVO ADMINISTRATIVO – Arquivo corrente de uma instituição pública ou privada; contém a documentação produzida por uma unidade administrativa ou órgão no decurso da sua actividade • Unidade administrativa ou órgão encarregado dos arquivos correntes; esta expressão é com frequência utilizada em oposição a arquivo técnico.

ARQUIVO AUDIOVISUAL – Conjunto de documentos que consiste em reproduções de imagens móveis ou fixas e registos sonoros, qualquer que seja o suporte, incluindo os textos relacionados com aqueles documentos audiovisuais; podem revestir a forma de fotografias, discos, fitas magnéticas, filmes, *slides*, microfilmes, microformas ou outros. *Ver tb.* Arquivo iconográfico, Arquivo fotográfico *e* Registo sonoro.

ARQUIVO AUTOMATIZADO – Conjunto de informações que são objecto de um tratamento em suporte informático.

ARQUIVO AUXILIAR – Arquivo organizado por espécies de informações: autores, assuntos, datas, em que cada elemento é seguido pelo número do documento ou da descrição completa que o representa.

ARQUIVO BIOGRÁFICO – Conjunto de informações, recortes de imprensa e outro tipo de notícias, que fornece dados informativos acerca de pessoas. Arquivo *Who's who*.

ARQUIVO *BITMAP* – Forma de representação de imagens ou letras por meio de numeração e descrição sucessiva de todos os seus pontos.

ARQUIVO CARTOGRÁFICO – O que é constituído por mapas, planos e objectos afins tais como globos, maquetas em relevo, fotografias aéreas, desenhos técnicos; o conjunto dos documentos conservados nos arquivos cartográficos tem o nome genérico de documentos cartográficos.

ARQUIVO CARTORIAL – *Ver* Arquivo notarial.

ARQUIVO CATEDRALÍCIO – Arquivo eclesiástico onde se guardam os documentos pertencentes a uma catedral.

ARQUIVO CENTRAL – Unidade que centraliza o armazenamento, controlo e tratamento técnico a que devem estar sujeitos os documentos produzidos pelos diferentes serviços de uma unidade administrativa, agrupados para facilitar a sua conservação, tratamento e utilização.

ARQUIVO CENTRALIZADO – Arquivo comum a várias dependências ou serviços de uma instituição ou empresa; é exemplo de arquivo centralizado o arquivo central de utentes de um hospital, pois inclui os registos dos utilizadores de todos os serviços ou unidades de saúde (sede e extensões).

ARQUIVO CINEMATOGRÁFICO – Acervo onde são conservados, preservados e consultados materiais de representação cinematográfica, tais como filmes (sonoros ou mudos), videotapes, videogramas, videocassetes, videodiscos e outros materiais similares • Cinemateca. Filmoteca.

ARQUIVO COMPLEMENTAR – Local de conservação de arquivos destinados a recolher certos tipos de documentos de género, data, volume ou uso particular.

ARQUIVO COMPUTORIZADO – O que é formado por conjuntos de dados gravados em fitas magnéticas, discos magnéticos, cartões perfurados, etc., cujo conteúdo é acessível apenas por meios informáticos. Arquivo informatizado.

ARQUIVO CORRENTE – Conjunto de documentos de utilização quotidiana ou não, mas que são consultados frequentemente na instituição que os produziu ou recebeu e a quem cabe a sua administração • Serviço encarregado do arquivo corrente.

ARQUIVO CRONOLÓGICO – Arquivo em que os documentos que o constituem estão arrumados por ordem cronológica • Catálogo cronológico.

ARQUIVO DE CUSTÓDIA – Lugar onde se conservam os documentos que já não se encontram em uso corrente, mas que pelo seu valor administrativo, histórico, patrimonial e jurídico devem ser preservados. Arquivo morto.

ARQUIVO DE EMPRESA – O que resulta das actividades de uma empresa ou estabelecimento industrial, comercial ou bancário • Instituição de arquivo estabelecida para assegurar a recolha, a conservação e a comunicação destes arquivos • Colecção de material sobre sociedades ou outras associações existente numa biblioteca especializada, etc.

ARQUIVO DE FAMÍLIA – Arquivo que conserva documentação produzida por uma família ou seus membros individuais na suas actividades de negócios públicos ou privados e na administração do seu património; pode conter documentação variada, desde a oficial, até diários ou recortes de jornais e revistas relativos a um ou mais membros da família, escrituras dos bens da família, etc. Arquivo familiar.

ARQUIVO DE FUNÇÃO – Nome dado ao conjunto da documentação produzida e recebida por uma determinada pessoa durante o exercício de um determinado cargo.

ARQUIVO DE GABINETE – Arquivo que inclui os documentos de um gabinete de direcção administrativa, de um órgão ou entidade e dos seus colaboradores, recebidos ou produzidos no exercício das suas funções.

ARQUIVO DE GESTÃO – *Ver* Arquivo administrativo.

ARQUIVO DE IMAGENS – Conjunto de documentos iconográficos, devidamente organizados, destinados à imprensa ou a serem usados com fins didácticos.

ARQUIVO DE IMPRESSOS – Conjunto de documentos impressos ou multigrafados produzidos por um órgão público, empresa ou organização no decorrer das suas actividades administrativas • Documentos impressos confiados à guarda de um arquivo.

ARQUIVO DE JORNAL – Conjunto dos documentos devidamente organizados pertencentes a um jornal, que servem como fonte de informação para notícias, particularmente as que procuram elementos relativos a factos passados, biografias de pessoas recentemente falecidas, etc. Funciona como centro de documentação que, embora não actual, fornece dados sobre o passado (recortes, estatísticas, etc.), constituindo uma fonte de consulta importante que permite ao jornalista completar a informação e dar-lhe um sentido mais global e evolutivo.

ARQUIVO DE MATERIAL GRÁFICO – Compilação organizada de fotografias, ilustrações, desenhos, gravuras, recortes e esboços.

ARQUIVO DE PALAVRAS VAZIAS – Arquivo específico que define as palavras que devem ser ignoradas pelo processo de indexação ou outro num campo em particular, como o do título dos artigos, por exemplo; permite eliminar palavras como "um", "o", "para", etc.

ARQUIVO DE PROTOCOLOS – *Ver* Arquivo notarial.

ARQUIVO DE SEGURANÇA – Colecção de cópias de documentos originais que se guardam em lugar seguro; é feita com finalidades preventivas para o caso de uma eventual catástrofe; garante a sobrevivência de livros e documentos que se encontram sujeitos a ataques das pessoas, da humidade, do fogo, dos xilófagos e outros insectos • Arquivo que contém documentos que dizem respeito à segurança de um país.

ARQUIVO DEFINITIVO – Nome dado ao conjunto de documentos que são conservados por tempo ilimitado • Fundo ou núcleo constituído por documentos previamente seleccionados para conservação permanente, em função do seu valor probatório ou informativo • Arquivo encarregado exclusivamente de arquivos definitivos • Arquivo histórico. Arquivo permanente.

ARQUIVO DEPARTAMENTAL – Documentos definidos como tal pela lei e regulamentação, provenientes de serviços do Estado ou departamentais, cuja competência se exerce no território do departamento, assim como os fundos e colecções requeridos a diversos títulos pelos arquivos departamentais.

ARQUIVO *DESIDERATA* – Num processo de aquisição de livros ou documentos, é aquele que contém as referências bibliográficas das espécies cuja aquisição se pretende fazer. Inclui em geral dados como autor, título, data da edição, empresa vendedora, preço, justificação da aquisição e data da encomenda e da recepção prevista.

ARQUIVO DESLOCADO – Conjunto de documentos transferidos para um lugar que fica fora do serviço que está encarregado oficialmente da sua custódia ou do país onde se encontrava originalmente.

ARQUIVO DIGITAL – Segundo a norma *OAIS* é "uma organização composta por pessoas e sistemas, que aceitou a responsabilidade de preservar a informação e de a tornar acessível a uma determinada comunidade".

ARQUIVO DIOCESANO – Arquivo encarregado de recompilar e conservar a documentação das paróquias que constituem uma diocese.

ARQUIVO DIPLOMÁTICO – Arquivo que resulta da actividade do departamento ministerial encarregado das relações de um país com os outros países.

ARQUIVO DO EXECUTIVO – Nome dado ao conjunto dos documentos produzidos e recebidos por uma autoridade pública, no exercício de funções oficiais de um presidente, ministro, secretário de estado, etc.; um arquivo do executivo engloba categorias distintas de documentos: os documentos provenientes de instituições oficiais, os documentos ministeriais, os documentos pessoais ou políticos e a documentação dos gabinetes • Arquivo presidencial. Arquivo governamental.

ARQUIVO ECLESIÁSTICO – Conjunto de documentos de uma ou mais instituições religiosas; costumam dividir-se em catedralícios, monacais e paroquiais • Arquivo encarregado da recompilação, conservação e colocação à disposição dos utilizadores deste tipo de documentos.

ARQUIVO ELECTRÓNICO – Conjunto de documentos produzidos por uma instituição pública ou privada no exercício da sua actividade, que foi conservado sob a forma de registo electrónico • Expressão usada para descrever os sistemas de pesquisa e armazenamento da informação em que estão associadas as tecnologias micrográfica e computorizada.

ARQUIVO EMPRESARIAL – *Ver* Arquivo de empresa.

ARQUIVO ENROLADO HORIZONTAL – Arquivo constituído por documentos sob forma de rolo que se encontram armazenados horizontalmente.

ARQUIVO ENROLADO VERTICAL – Arquivo constituído por documentos sob forma de rolo que se encontram armazenados verticalmente.

ARQUIVO ESTATAL – Instituição responsável pelos arquivos produzidos pela administração directa ou indirecta; os arquivos estatais são identificados como principais agentes da política arquivística de um país.

ARQUIVO FAMILIAR – *Ver* Arquivo de família.

ARQUIVO FOTOGRÁFICO – Fundo ou colecção de fotografias que inclui os diapositivos, os negativos, as provas e, se possível, os documentos a eles relativos. *Ver* Arquivo audiovisual *e* Arquivo iconográfico.

ARQUIVO GERAL – Arquivo cuja responsabilidade cobre fundos e colecções e outros materiais de pesquisa, sem olhar à proveniência ou tipo de documento.

ARQUIVO GOVERNAMENTAL – *Ver* Arquivo do executivo.

ARQUIVO HISTÓRICO – Serviço destinado a receber a documentação mais antiga de uma instituição e a colocá-la facilmente à disposição dos investigadores. *Ver* Arquivo definitivo.

ARQUIVO HORIZONTAL – Aquele em que os documentos estão armazenados no sentido do comprimento.

ARQUIVO HOSPITALAR – Conjunto dos documentos que resultam do funcionamento dos serviços médicos e administrativos de um hospital e do da gestão do conjunto dos seus bens.

ARQUIVO ICONOGRÁFICO – Conjunto de documentos que se apresentam sob a forma de imagens manuscritas, impressas, fotográficas ou outras acompanhadas ou não com textos a eles relativos.

ARQUIVO INACTIVO – Aquele cuja frequência de consulta é muito baixa ou nula.

ARQUIVO INDUSTRIAL – Arquivo de exploração comercial ou industrial.

ARQUIVO INFORMATIZADO – *Ver* Arquivo computorizado.

ARQUIVO INTERMÉDIO – Conjunto de documentos que, não pertencendo já ao uso corrente e não podendo ainda, por razões de ordem administrativa, ser objecto de triagem ou eliminação, devem ser conservados temporariamente, em geral numa unidade de pré--arquivagem.

ARQUIVO INVERSO – Aquele que permite a busca quase em texto livre; a sua base é constituída por índices de palavras retiradas dos registos e mantidas ordenadamente e em relação com o arquivo principal. Ficheiro inverso.

ARQUIVO LITERÁRIO – Arquivo resultante das actividades de personalidades, instituições ou sociedades literárias • Conjunto de documentos acumulados por escritores ou por instituições de carácter literário • Serviço de arquivo encarregado da recolha, conservação, difusão ou empréstimo deste tipo de documentos.

ARQUIVO MINISTERIAL – Conjunto dos arquivos pertencentes a um ministério ou serviço de arquivos responsável pela sua gestão.

ARQUIVO MONACAL – Arquivo eclesiástico onde se guardam e conservam os documentos de um centro monacal (mosteiro, convento, etc.).

ARQUIVO MORTO – Lugar onde se conservam os documentos que já não se encontram em uso corrente, mas que pelo seu valor administrativo, histórico, patrimonial e jurídico devem ser preservados. Arquivo de custódia • Arquivo que se conserva por alguma razão especial, pois já não está em uso nem se espera que possa voltar a estar.

ARQUIVO MUNICIPAL – Conjunto de documentos provenientes dos serviços municipais ou pertencentes à comunidade, assim como os fundos e colecções adquiridos a diversos títulos pelos arquivos municipais • Organismo encarregado do controlo da conservação dos arquivos correntes, da conservação ou controlo da conservação dos arquivos intermédios, da conservação, triagem, classificação, inventário e da comunicação dos arquivos definitivos provenientes de assembleias, administrações e estabelecimentos municipais.

ARQUIVO NACIONAL – Conjunto de documentos provenientes de orgãos centrais do Estado e de organismos públicos, cuja competência se estende ao conjunto do território, assim como os fundos e colecções adquiridos a diversos títulos pelos arquivos nacionais • Organismo encarregado do controlo, da conservação dos arquivos correntes, da conservação ou do controlo da conservação dos arquivos intermédios, da conservação, triagem, classificação, inventário e comunicação dos arquivos definitivos provenientes de órgãos centrais do Estado e dos organismos públicos, cuja competência se estende ao conjunto do território de uma nação.

ARQUIVO NOTARIAL – Arquivo resultante da actividade notarial de um cartório; compreende os actos notariais feitos perante o notário ou tabelião pelas partes testificadas pelas testemunhas exigidas por lei, visando assegurar a autenticidade e validade dos actos.

ARQUIVO ORAL – Expressão usada para designar o conjunto de testemunhos orais, provocados ou espontâneos, recolhidos em disco ou banda magnética ou transcritos com vista a constituírem documentação científica.

ARQUIVO PAROQUIAL – Arquivo eclesiástico onde se guardam os documentos próprios de uma paróquia.

ARQUIVO PARTICULAR – *Ver* Arquivo privado.

ARQUIVO PERMANENTE – *Ver* Arquivo definitivo.

ARQUIVO PESSOAL – Arquivo cujos produtores da documentação são essencialmente privados podendo, no entanto, admitir documentos de índole pública, de acordo com as actividades desempenhadas pelos elementos produtores da documentação; os arquivos pessoais são tipologicamente bastante heterogéneos, daí que as suas séries tenham, em geral, uma reduzida expressão documental e uma organicidade nem sempre muito vincada; na organização de um arquivo deste tipo consideram-se, em geral, as grandes esferas de acção do seu titular: actividade pública, actividade privada, etc. e, dentro de cada uma delas, as diversas subsecções que correspondem a cada uma das funções ou cargos públicos que foram desempenhados pela pessoa em questão.

ARQUIVO POR ASSUNTOS – Expediente que agrupa documentos sobre ou relacionados com uma determinada matéria.

ARQUIVO PRESIDENCIAL – *Ver* Arquivo do executivo.

ARQUIVO PRIVADO – Arquivo ou conjunto de documentos produzidos ou recebidos por um particular, uma família, empresa, instituição ou organização não governamental, no decorrer das suas actividades quotidianas com uma relação orgânica que se pode depreender através do processo de acumulação; estes arquivos particulares podem ser pessoais,

nobiliárquicos, empresariais, institucionais • Arquivo produzido por pessoas físicas ou jurídicas de direito privado (arquivo de empresa, familiar ou pessoal). Arquivo particular.
ARQUIVO PROVINCIAL – Arquivo onde se guardam e conservam os documentos provenientes de instituições de âmbito provincial.
ARQUIVO PUBLICITÁRIO – Ficheiro de anúncios de serviços e produtos; pertence habitualmente a empresas comerciais. Ficheiro publicitário.
ARQUIVO PÚBLICO – Conjunto de documentos provenientes da actividade do Estado, colectividades locais, estabelecimentos e empresas públicas, organismos de direito privado encarregados da gestão dos serviços públicos ou de uma missão de serviço público, minutas e repertórios de agentes públicos e ministeriais, assim como os fundos e colecções adquiridos a diversos títulos; os arquivos estatais, municipais ou nacionais são arquivos públicos.
ARQUIVO REGIONAL – Conjunto de documentos definidos como tal pela lei, provenientes de serviços estatais ou regionais, cuja competência se exerce sobre o território da região; são arquivos de nível intermédio da administração pública e destinam-se a prestar assistência técnica aos arquivos municipais da região em que estão inseridos.
ARQUIVO REMOVIDO – Arquivo que foi deslocado ou afastado do lugar ou posição em que se encontrava originalmente para outro ou outros lugares ou posições, transferindo a sua custódia ou conservação para outra entidade ou país.
ARQUIVO SECTORIAL – Unidade responsável pela arquivagem de documentos que, no sistema de arquivos adoptado pela administração a que pertence, fica subordinada tecnicamente ao arquivo central.
ARQUIVO SONORO – Conjunto de documentos que foram produzidos por uma instituição pública ou privada no exercício das suas actividades e que se encontram conservados sob a forma de registos sonoros.
ARQUIVO TEXTUAL – Arquivo tradicional composto por documentos manuscritos ou impressos em oposição ao arquivo de documentos audiovisuais, mecanográficos e/ou informatizados.
ARQUIVO TOTAL – Arquivo cuja responsabilidade abrange núcleos e colecções e outros materiais de pesquisa, sem ter em conta a proveniência ou o tipo de documento.
ARQUIVO VERTICAL – Aquele em que os documentos estão armazenados no sentido da altura.
ARQUIVO VIVO – Aquele onde se conservam os documentos que se encontram em uso corrente. Opõe-se a arquivo morto.
ARQUIVOBUS – Veículo que se destina ao transporte e à exposição de arquivos e, por tal motivo, se apresenta adaptado para receber público.
ARQUIVOECONOMIA – Conjunto de prescrições de ordem material que dizem respeito à instalação, manutenção e salvaguarda dos arquivos.
ARQUIVOLOGIA – Disciplina que estuda a criação, desenvolvimento, organização, administração e funções dos arquivos • Ciência que descreve o aparato, reconstitui a estrutura produtora (nos planos orgânico e funcional) e salvaguarda dos arquivos. Arquivística.
ARQUIVÓLOGO – Cientista que através de um método rigoroso consegue estudar a génese, a forma e a finalidade das séries documentais orgânicas. Arquivista.
ARQUIVOLTA – Conjunto dos ornamentos, esculturas, molduras, etc. que sublinham os contornos superiores e inferiores das aduelas de um arco; também designa o conjunto das molduras dos arcos sobrepostos de portais, portas e janelas, existentes nas portadas de estilo arquitectónico.
ARQUIVOS CONJUNTOS – Conjunto de documentos que fazem parte do património nacional de um ou mais estados, que não podem ser repartidos, sob pena de perderem o seu valor administrativo, legal ou histórico.
ARQUIVOS IMPRESSOS – Conjunto dos documentos tipografados ou multigrafados produzidos por uma instituição, com vista a prover às necessidades do seu funcionamento • Todos os arquivos impressos conservados num serviço de arquivos.

ARQUIVOS INFORMÁTICOS – Conjunto de arquivos tradicionais e de arquivos geralmente codificados, legíveis apenas por máquina, registados em suportes tais como discos, tambores ou bandas magnéticas, cartões ou bandas perfuradas, etc. abrangendo os documentos preparatórios, as folhas de registos de dados, os documentos de tratamento e os produtos de saída obtidos por meios informáticos.

ARQUIVOS LOCAIS – Conjunto dos arquivos recebidos e produzidos por uma colectividade local • Serviço de arquivos encarregado da recolha, conservação e difusão destes arquivos.

ARRACADA – Conjunto de linhas disposto em tamanho menor que o comum da página, de molde a facilitar a colocação de uma gravura ou de uma inicial no espaço ou nicho assim obtido.

Arracada

ARRÁFICA – *Ver* Encadernação arráfica.

ARRANCAMENTO – Descolagem de zonas superficiais da folha quando a solicitação exterior é maior do que a coesão interna do papel ou do cartão.

ARRANJO – Conjunto de operações que é necessário realizar numa forma ou no caderno-padrão para que a tiragem seja perfeita • Caderno de recortes • Mudança de forma de uma obra intelectual para a adequar a um determinado tipo de leitores, por exemplo quando se adapta uma novela para ser lida por crianças; distingue-se da adaptação. Alteração da forma original de um texto feita com a finalidade de obedecer a um objectivo diferente daquele que tivera inicialmente • Em arquivo, operação intelectual baseada no princípio da proveniência de acordo com um plano previamente estabelecido, desenvolvida para o tratamento de um núcleo ou de parte dele, de modo a reflectir a estrutura administrativa e as funções exercidas pelas entidades produtoras desse núcleo; é referida a ordenação dos núcleos e dos itens dentro dos núcleos documentais uns em relação aos outros, ordenação das séries dentro dos núcleos e dos itens dentro das séries • Operação que consiste em actividades físicas de acondicionar os documentos nos depósitos, de acordo com a sua colocação.

ARRANJO DA PÁGINA – *Ver* Arranjo gráfico.

ARRANJO DESCONTÍNUO – Arrumação de um arquivo, biblioteca, etc., reservando espaços livres entre os núcleos documentais, as séries e as subséries para inserir novas aquisições.

ARRANJO DO TEXTO – Disposição dos elementos do texto, feita com vista a atingir os objectivos pretendidos.

ARRANJO GRÁFICO – Disposição dada a um texto ou a um conjunto de pequenos textos (no caso de um jornal), de modo a obter uma página harmoniosa e esteticamente agradável; a disposição do corpo das letras, dos espaços interlineares, a largura das margens, as notas de rodapé e as notas marginais, a largura das colunas ou da mancha tipográfica, a colocação do título corrente e a página de título são alguns dos elementos a ter em conta para obter um produto final de boa qualidade. Leiaute. Maqueta de publicidade. Esboço.

ARRANJO MUSICAL – Obra musical ou fragmento dela adaptada para ser executada em instrumentos diferentes daqueles para que foi escrita • Versão simplificada de uma obra musical para o mesmo instrumento para que foi escrita.

ARRAZOADO – Discurso ou exposição oral de argumentos ou razões. Palavrório.

ARREBIQUE – Enfeite excessivo e ridículo. Fantasia. Artifício.

ARREDONDA-ÂNGULOS – Em encadernação, é o aparelho utilizado para arredondar os cantos do papel e do papelão.

ARREDONDA-DORSO – Em encadernação, é a máquina utilizada para arredondar a lombada dos livros • Instrumento para arquear o cartão que vai formar o falso dorso.

ARREDONDAMENTO – Em encadernação, operação que consiste em preparar a lombada dando-lhe um formato arredondado. Borneamento.

ARREDONDAR A LOMBADA – Virar a lombada tornando-a redonda.

ARREDONDAR O LOMBO – Dar à lombada um formato arredondado, bornear.

ARREMEDILHO – Comédia ou representação jocosa. Farsa. Entremez.

ARREPELAR – Despegar as folhas coladas.

ARRIÈRE-PENSÉE (loc. fr.) – Segunda intenção. Pensamento reservado.

ARROLADO – *Ver* Exemplar arrolado.

ARROLAMENTO – Acto ou efeito de arrolar • Inventário. Recensão • Inscrição em rol.

ARROLAR – Inventariar determinado tipo de publicações que, dada a sua raridade e valor, não podem ser transaccionadas sem conhecimento oficial e muito menos serem vendidas para o estrangeiro • Inscrever em rol • Classificar • Enrolar. Dar forma de rolo.

ARROMANÇAR – Romancear. Traduzir em romance. Dar a forma e o estilo de romance.

ARRUELA – Num escudo heráldico, nome do círculo que é usado como ornamento, de cor, mas não de metal. Besante. Círculo parecido com uma moeda que faz parte dos brasões.

Arruelas

ARRUELADO – Com arruelas.

ARRUMAÇÃO ALFABÉTICA – Arrumação sistemática de entradas num catálogo, índice ou qualquer outra lista ou de livros nas tabelas de uma biblioteca por ordem alfabética de autores, assuntos, títulos ou outras características distintivas.

ARRUMAÇÃO FIXA – Reunião de livros e documentos diversos, de acordo com o tamanho, sem atender ao assunto.

ARRUMAÇÃO MISTA – Reunião de livros e documentos diversos, de acordo com o assunto e dentro do mesmo assunto por tamanho.

ARRUMAÇÃO NA ESTANTE – Disposição dos documentos na estante, de uma forma lógica, segundo os assuntos que versam, uma classificação previamente estabelecida, a ordem de chegada dos documentos ou o tamanho.

ARRUMAÇÃO POR ENTRADAS – Método de arrumar as obras nas estantes pela mesma ordem pela qual foram adquiridas.

ARRUMAÇÃO POR NÚMERO DE ACESSO – *Ver* Colocação por ordem de registo.

ARRUMAÇÃO RELATIVA – Reunião de documentos diversos que tratam do mesmo assunto, sem dar atenção ao tamanho.

ARRUMAÇÃO SEQUENCIAL – Armazenamento por ordem de publicação.

ARRUMAÇÃO TEMÁTICA – Critério de ordenação e colocação de espécies bibliográficas ou outras que tem subjacente uma estrutura baseada em grandes temas: Religião, Filosofia, Geometria e Trigonometria, História, Medicina, Ciências Sociais, etc.

ARS ARTIFICIALITER SCRIBENDI (loc. lat.) – Frase latina usada frequentemente no cólofon dos livros impressos no século XV, indicando que a oficina do impressor era a da escrita artificial, em oposição à da cópia manuscrita.

ARS ARTIUM OMNIUM CONSERVATRIX (loc. lat.) – "Arte conservadora de todas as artes", definição da tipografia, gravada na casa onde viveu Laurens Janszo, dito Coster, impressor holandês (1405-1484), que terá inventado a impressão em caracteres móveis cerca de 1423, antes de Gutenberg e que é tido por alguns como o verdadeiro inventor da imprensa.

ARS DICTAMINIS (loc. lat.) – Expressão latina que significa o modelo seguido na redacção de um documento manuscrito.

ARS IMPRESSORIA (loc. lat.) – Primitiva designação da arte tipográfica que também foi chamada *calcographia* antes que, no final do século XV, passasse a ser conhecida como *tipographia*.

ARS MERCADENDI LIBRORUM – Expressão latina que designa o comércio do livro na Idade Média.

ARS MORIENDI (loc. lat.) – Livro de devoção destinado a preparar os fiéis para a morte, composto por meditações sobre o assunto e outras orações.
ARS SCRIBENDI (loc. lat.) – Conjunto das regras que presidiam à cópia de manuscritos. *Ars scriptoriæ*.
ARS SCRIBENDI ARTIFICIALITER (loc. lat.) – À letra pode traduzir-se por "arte de escrever artificialmente", frase usualmente atribuída a um holandês com a intenção de definir a tipografia como um processo artificial de escrever, face à tradicional escrita manuscrita, essa a natural.
ARS SCRIPTORIÆ (loc. lat.) – Conjunto das prescrições que regiam a arte do copista executada no *scriptorium* monástico; *ars scribendi*.
ARS TYPOGRAPHICA (loc. lat.) – *Ver* arte tipográfica.
ARSENAL – Obra que reúne um conjunto heterogéneo de dados, notícias, etc. sobre um assunto • Arquivo.
ART. – Abreviatura de artigo.
ART. CIT. – Abreviatura de artigo citado.
ARTAVUS (pal. lat.) – Instrumento cortante usado pelos copistas para afiar e talhar a pena ou o cálamo com que escreviam.
ARTE DA IMPRIMISSÃO – Expressão antiga usada para designar a imprensa enquanto ofício de imprimir.
ARTE DE PREGAR – Designação genérica atribuída a qualquer obra que prescrevia algumas regras para a redacção de sermões. Livro de modelos de sermões.
ARTE FINAL – Nome dado ao original que foi especialmente tratado com a finalidade de ser reproduzido. (port. Bras.) Qualquer trabalho de ilustração, fotografia, desenho, etc., pronto para a reprodução • Montagem de um trabalho gráfico como livro, cartaz, anúncio, etc., pronto para ser reproduzido.
ARTE HERÁLDICA – Armaria. *Ver* Heráldica.
ARTE MAIOR – Em poesia, designação antiga usada para classificar o metro que apresentava lugares fixos para a acentuação; actualmente designam-se versos de arte maior todos aqueles que têm mais de sete sílabas.
ARTE MENOR – Em poesia, designação antiga usada para classificar o metro que não apresentava lugares fixos para a acentuação; actualmente designam-se versos de arte menor todos os versos com menos de oito sílabas.
ARTE NEGRA – Nome dado à arte da impressão na época em que foi inventada, derivado da cor da tinta e do segredo e mistério que rodeavam a sua rapidez de execução.
ARTE POÉTICA – Título comum de obras didácticas em prosa e em verso, nas quais se definem as principais características da criação poética e se prescrevem regras para a sua prática.
ARTE SIGILAR – Um dos aspectos da sigilografia e também da glíptica que diz respeito às qualidades artísticas das matrizes e à iconografia dos selos • Ofício do talhe das matrizes, que é do domínio da arte de ourives.
ARTE TIPOGRÁFICA – Conjunto das operações da imprensa, desde a composição do original à tiragem definitiva do texto e das gravuras • História da tipografia, das suas origens, evolução e progressos. *Ars typographica*.
ARTE-FINALISTA (port. Bras.) – Operário que executa arte-final.
ARTES DECORATIVAS – Expressão que engloba a pintura, ilustração, desenho e arquitectura na tipografia.
ARTES GRÁFICAS – Conjunto dos processos e das actividades subsidiárias que visam a reprodução, em qualquer número de cópias, de escritos e imagens, mediante uma chapa ou matriz mecanicamente impressa • Denominação genérica que se aplica às diversas ramas que intervêm na execução de um trabalho impresso, seja qual for o processo. A tipografia ou imprensa é apenas uma das partes das artes gráficas. Nos nossos dias há tendência para substituir esta designação pela de indústrias gráficas. As principais áreas gerais que compõem as artes gráficas são: imprensa, encadernação, litografia, fotogravação, gravura em cavado, *offset*, fototipia, galvanotipia, metalografia e serigrafia, com a extensa gama de processos derivados de cada uma delas • Em sentido lato é o conjunto das artes de representar letras, figuras e ornatos numa superfície plana, abarcando o desenho, a caligrafia, a gravura, a tipografia e outras técnicas de impressão, entre as quais a arte do livro e a fotografia.

ARTICULAÇÃO – Modo como os factos e os conceitos que são apresentados num texto se encadeiam, se organizam, que papéis exercem e que valores assumem uns em relação aos outros.

ARTICULADO – Série dos artigos de um tratado, lei, etc. • Exposição jurídica em parágrafos ou artigos.

ARTICULAR – Apresentar em artigos ou parágrafos • Pronunciar.

ARTICULISMO – Técnica, prática ou profissão de escrever artigos.

ARTICULISTA – Pessoa que escreve artigos para periódicos ou revistas.

ARTÍCULO – Segmento ou parte de um trabalho literário. Artigo.

ARTICULUS (pal. lat.) – Membro da frase, capítulo, parte, divisão, artigo • Artigo (gramática).

ARTIGO – Parte ou divisão de um escrito • Cada uma das disposições de uma lei, tratado, regulamento, etc. • Cada uma das divisões de um dicionário encabeçado com palavra distinta; também se chama entrada • Escrito de maior extensão inserido nos periódicos ou outras publicações do género, versando questões de ciência, arte, literatura, filosofia, religião, política, desporto, etc. • Parte de um documento cuja identidade é registada separadamente na memória de um sistema de pesquisa da informação • Conjunto de um ou vários domínios contendo informações aparentadas • Conteúdo de uma única mensagem • Texto independente que constitui uma parte de uma publicação.

ARTIGO A MODO DE RÉPLICA – Aquele que é escrito para contestar argumentos críticos que foram apresentados num outro artigo, aos quais pretende responder.

ARTIGO CIENTÍFICO – Escrito sobre determinado assunto, apoiado em autoridades ou na observação pessoal; deve ser original, pelo emprego de fontes desconhecidas, pelo aspecto sob o qual estuda o assunto e pela síntese dos resultados. Artigo de investigação.

ARTIGO COMPLEMENTAR – Aquele que completa e preenche algumas lacunas na informação colhida sobre determinado assunto.

ARTIGO DE ABERTURA – Comentário importante impresso na primeira página de uma publicação periódica.

ARTIGO DE ANÁLISE – É uma forma mista de notícia desenvolvida (ou reportagem) e de artigo de opinião; está presente sobretudo nos semanários, quando as notícias já não se justificam por terem sido difundidas durante a semana; no artigo de análise o que se dá é uma informação comentada sob a perspectiva do analista; aqui, o importante é, tanto a informação quanto a análise, em oposição aos artigos de opinião em que o importante é esta última.

ARTIGO DE FUNDO – O artigo principal de um jornal ou outro periódico, que exprime quase sempre o pensamento da direcção e se publica em lugar de destaque • Editorial • Numa publicação, designação atribuída a um escrito, em geral extenso, onde é exposto de forma desenvolvida um assunto versando especialmente as matérias que constituem o objectivo doutrinário da publicação. Nos jornais ocupa habitualmente as colunas da esquerda da primeira página e nas revistas é geralmente o primeiro artigo. Fundo.

ARTIGO DE IMPRENSA – Aquele que é escrito para ser difundido na imprensa, em jornal ou em revista.

ARTIGO DE INVESTIGAÇÃO – *Ver* Artigo científico.

ARTIGO DE JORNAL – Escrito doutrinário ou literário que é publicado numa folha diária ou, por extensão, em qualquer periódico.

ARTIGO DE OPINIÃO – Aquele que é focado, não do ponto de vista informativo, mas espelhando uma perspectiva pessoal; normalmente é escrito a pedido da publicação periódica por indivíduos em destaque, embora também possa ser da autoria de um jornalista do quadro.

ARTIGO DE PERIÓDICO – *Ver* Artigo de publicação periódica.

ARTIGO DE PUBLICAÇÃO PERIÓDICA – Escrito independente, de carácter doutrinário, literário, científico ou outro, que é dado à luz numa publicação colectiva com um título legalizado, editada a intervalos regulares, durante um determinado período de tempo, cujos fascículos ou números se encadeiam cronologicamente uns nos outros, para que no fim do ano constituam um ou mais volumes, que tomam a sua ordem numa série contínua.

ARTIGO DE REVISÃO – Aquele em que se estuda, compara e procuram apresentar-se alguns resultados dos progressos que tiveram lugar recentemente acerca do conhecimento de um determinado tema.

ARTIGO DE VULGARIZAÇÃO – Pequeno escrito sobre determinado assunto destinado a colocar ao alcance do chamado grande público a compreensão do tema sobre o qual se debruça.

ARTIGO DE VULGARIZAÇÃO CIENTÍFICA – Pequeno escrito sobre determinado assunto de natureza científica, destinado a dar a conhecer a um público mais ou menos especializado aquilo que se sabe sobre um determinado tema; um artigo de enciclopédia pode ser considerado artigo de vulgarização científica.

ARTIGO DEFINIDO – Artigo que antecede, em geral, qualquer nome, quer ele seja comum ou próprio, pessoal ou geográfico, individual ou colectivo.

ARTIGO EDITORIAL – *Ver* Editorial.

ARTIGO EM TEXTO INTEGRAL – O texto completo de um artigo, incluindo a totalidade da bibliografia, as figuras e quadros, mais as ligações para qualquer outro documento complementar que o acompanha.

ARTIGO NECROLÓGICO – *Ver* Necrológio.

ARTIGO PRINCIPAL – *Ver* Artigo de fundo.

ARTIGO RELACIONADO – Aquele que tem ligação, conexão ou relação com alguma coisa.

ARTIGUELHO – Artigo de jornal sem grande valor. Artiguete.

ARTIGUETE – *Ver* Artiguelho.

ARTOTECA – Galeria de empréstimo de estampas de pinturas originais e de reproduções obtidas por meio de gravura, litografia e serigrafia • Secção de uma biblioteca na qual se encontram as obras de arte.

ARTOTIPIA – Nome atribuído a uma variante da fototipia. Fototipia.

ARUNDO (pal. lat.) – Nome dado à pequena cana talhada em ponta que, uma vez molhada em tinta, era usada para escrever no papiro ou no pergaminho. Cálamo.

ÁRVORE – Metáfora apresentada na Bíblia e usada noutras culturas como a indiana, que reenvia a um crescimento, a uma dinâmica do conhecimento, mas também a uma hierarquia classificadora do conhecimento • Série de cadeias que têm em conjunto um elemento.

ÁRVORE DA LETRA – Paralelepípedo que sustem o olho da letra.

ÁRVORE DE DECISÃO – Representação gráfica das alternativas que ficam disponíveis a partir de uma decisão inicial.

ÁRVORE DE JESSÉ – Representação iconográfica da árvore genealógica de Cristo, descendente de David e descendente de Jessé, de cujo corpo sai o tronco da árvore; pintada ou esculpida, tornou-se um dos temas preferidos pelos artistas a partir do século XII, nomeadamente na iluminura.

ÁRVORE DE PORFÍRIO – Em classificação, divisão dicotómica que, a cada novo estádio, dá origem apenas a duas classes complementares A e não-A; a estrutura da árvore mostra três dos "cinco predicáveis": género, espécie, diferença, propriedade e acidente, sendo género o conceito subdividido em qualquer estádio, espécie os subgrupos resultantes, diferença a qualidade cuja existência ou inexistência provia aos dois conceitos e sendo os restantes dois predicáveis introduzidos na lógica, a fim de possibilitarem uma descrição completa de qualquer classe.

ÁRVORE DO CONHECIMENTO – Metáfora usada para significar o conhecimento humano, cuja representação gráfica supõe como origem o "entendimento" dividido em três grandes ramos: a memória, a razão e a imaginação, que por sua vez se subdividem numa quantidade de outras secções e subsecções. Aparece formada de modos diversos, seja relacionando-se com as diversas faculdades da alma humana nos seus conhecimentos, seja em relação aos seres que tem por objecto.

ÁRVORE GENEALÓGICA – Quadro esquemático, semelhante a uma árvore com os seus ramos, normalmente usado para representar a descendência de família real ou nobre ou para representar as relações de conexão e derivação que se estabelecem entre os testemunhos de uma tradição. Tabela genealógica.

ÁRVORE GIRATÓRIA – Em arquivística, suporte giratório provido de folhas metálicas com índices visíveis, que é utilizado como catálogo.
ÁRVORE GRAMATICAL – Figuração que consiste em representar hierarquicamente os elementos constitutivos de uma frase e a sua atribuição a categorias gramaticais.
ÁRVORE HIERÁRQUICA – Conjunto de cadeias hierárquicas engendradas por um mesmo elemento.
ÁRVORE PARADIGMÁTICA – Toda ou parte de uma organização paradigmática apresentada sob forma de uma arborescência.
ASA – Acrónimo de *American Standard Association*, Associação Americana de Normalização.
ASA (port. Bras.) – *Ver* Badana. Orelha.
ASA-DE-MOSCA (port. Bras.) – Antiga nomenclatura do corpo 3, também chamado diamante. Diamante.
ASCENDENTE – Numa classificação, para um termo qualquer, é a classe ou classes a que esse termo pertence • Diz-se da haste ou parte do desenho de um carácter de caixa baixa (b, d, f, h, k, l, t) que excede por cima o olho médio da letra.
ASCENSOR – No marcador automático, é a mesa em que se coloca a pilha de papel que há-de imprimir-se.
ASCÉTICA – Parte da Teologia que estuda a ascese e perfeição espiritual.
ASCETÓNIMO – Nome de santo com que um autor substitui o seu. Pseudónimo em forma de nome de santo.
ASCII – Acrónimo de *American Standard Code for Information Interchange*, Código americano normalizado para permuta de informação, um código binário de representação alfanumérica e dos signos complementares, que é universalmente aceite pelas empresas que concebem e fabricam computadores; é um formato de grande utilização pelo facto de ser universal, legível em quase todos os computadores e outros aparelhos de leitura digital. Código *ASCII*.
ASELHA – Em encadernação, presilha que, ligada a um botão colocado no lado oposto, une as pastas superior e inferior de um livro, com a finalidade de manter o livro fechado e prevenir a distorção da sua forma. *Ver* Presilha e botão.
ASFALTO – *Ver* Betume da Judeia.
ASLIB – Sigla de *Association of Special Libraries and Information Bureaux*, Associação de Bibliotecas Especializadas e Centros de Informação.
ASNA – Uma das peças honoríficas heráldicas mais comuns da primeira ordem; parte próxima do alto do escudo que se divide em dois braços, dirigindo-se um para a direita, outro para a esquerda da ponta; quando um destes braços se encontra partido em dois denomina-se roto. Chaveirão.

Asna

ASPA – Insígnia heráldica de primeira ordem em forma de X, formada pela união da banda com a barra em forma de cruz de Santo André. Sautor. (port. Bras.) Sotoar.
ASPADO – Colocado entre aspas. (port. Bras.) Aspeado • Eliminado. Riscado.
ASPAR – Colocar entre aspas. Pôr entre aspas. Aspear • Eliminar. Riscar.
ASPAS – Sinais (« » " ") usados em tipografia para encerrar citações, destacar palavras ou indicar a sua repetição • Comas • (port. Bras.) Vírgulas dobradas.
ASPAS ALEMÃS – As que apresentam a forma de vírgulas, ficando à altura da linha em que se inicia a citação e invertidas e ao alto no final da citação (' ').
ASPAS INGLESAS – Aquelas que têm forma de vírgulas colocadas ao alto, sendo invertidas as que abrem a citação (" ").
ASPEADO (port. Bras.) – Posto entre aspas. Aspado.
ASPEAR (port. Bras.) – Pôr entre aspas. Aspar.
ASPECTO – Elemento de informação patente num documento • Relação entre faces, segundo S. R. Ranganathan.

ASPECTO À TRANSPARÊNCIA – Aparência que o papel apresenta quando se observa contra a luz; neste exame procura-se sobretudo verificar se o papel tem marca e qual ela é.

ASPIRAÇÃO – No marcador automático da máquina de impressão, é a operação que consiste em retirar por meios mecânicos a primeira folha da pilha e depositá-la nas correias transportadoras.

ASPIRADOR – No marcador automático, é a barra oca provida de uma fileira de aberturas por meio das quais a folha é levantada e conduzida ao transportador da máquina, no qual a deixam quando cessa a aspiração.

ASSELAR – Termo arcaico que designava selar. Confirmar. Validar. Garantir.

ASSEMBLER (pal. ingl.) – Em informática, espécie de compilador que tem capacidade para traduzir uma rotina escrita numa linguagem-máquina externa em instruções-máquina internas e atribuir o lugar que ocupam na memória às instruções e aos dados.

ASSENTADOR – Operário que procedia à secagem do papel sobre pedaços de lã ou feltro no fabrico manual do papel • Acamador • Tamborete.

ASSENTADOR DE PROVAS (port. Bras.) – Tamborete de provas.

ASSENTAMENTO – Acto ou efeito de assentar • Registo ou anotação escrito em livro próprio. Escrita. Averbamento. Acrescentamento à margem como nota ou comentário. Assento. Acórdão.

ASSENTAR – Operação que se faz com o maço e o tamborete batendo ao de leve sobre a forma apenas aconchegada, para que todas as letras fiquem ao mesmo nível • Bater o livro na direcção do lombo para abater o volume formado pela costura • Tomar nota ou registar por escrito em livro próprio.

ASSENTAR A COSTURA – Bater com o martelo ou apertar com a prensa a costura do livro, para que não fique demasiado saliente. Bater a costura.

ASSENTAR A FORMA – *Ver* Aplainar a forma.

ASSENTAR O OURO – Depositar o ouro sobre a camada de mordente no trabalho de douração da encadernação.

ASSENTO – Assentamento. Declaração que é lançada por escrito, para clarificação ou para que conste. Registo. Escrita. Averbamento • Livro, caderno ou folha em que se fazem registos de actos ou serviços • Anotação • Termo escrito de qualquer acto oficial • Operação de calcar convenientemente o piso ou soco das gravuras para que elas imprimam com uniformidade.

ASSERÇÃO – Proposição que se adianta como verdadeira. Afirmação.

ASSERES (pal. lat.) – Termo latino que designava os planos da encadernação.

ASSERTO – Asserção. Afirmação.

ASSESSOR DE IMPRENSA – Pessoa que, no interesse de uma entidade pública ou privada, com exposição pública, coordena com os media as acções de esclarecimento, as promoções ou informações respeitantes a essa entidade.

ASSESSOR LITERÁRIO – Nas editoras, pessoa que lê e avalia o conteúdo de uma obra original ou traduzida com a finalidade de aconselhar ou rejeitar a sua edição pela editora.

ASSIMETRIA – Falta de simetria; tipograficamente é o arranjo de linhas e blocos de composição fora do eixo ou centro da página que caracteriza grande número de arranjos gráficos modernos exigindo, porém, um perfeito equilíbrio entre as diversas partes do impresso.

ASSIMILAÇÃO – Identificação, por eufonia, de uma letra por outra, que a segue ou precede • Transformação ou confusão de palavras que se assemelham.

ASSIN. – Forma abreviada de assinatura.

ASSINADO – Que tem assinatura, em que há assinatura. Subscrito.

ASSINALADO – Assinado. Rubricado • Marcado.

ASSINAMENTO – Termo arcaico que designa consignação • Escritura • Título de apresentação.

ASSINANTE – Pessoa que subscreve periódico ou obra publicada em fascículos, volumes ou partes.

ASSINANTE EXTERNO – Designação pela qual eram conhecidos os não-sócios dos gabinetes de leitura, a quem, apesar disso, eram também emprestados livros mediante o pagamento periódico de uma certa quantia.

ASSINAR – Firmar. Marcar com sinal. Assinalar. Abonar. Concordar. Fazer assinatura. Subscrever. Autenticar escrevendo o nome à mão ou fazendo o sinal da cruz em substituição deste, no caso das pessoas que não sabem escrever o seu nome • Ser autor de um texto escrito • Subscrever uma publicação mediante pagamento. Ser assinante. Tornar-se subscritor de. Tomar de assinatura.
ASSINAR A ROGO – Autenticar um documento relativo a outra pessoa, por esta não saber ou não poder assinar.
ASSINAR DE CRUZ – Firmar, assinalar, autenticar, concordar escrevendo o sinal da cruz, o que acontece actualmente apenas pelo facto de o subscritor não saber escrever o seu nome, circunstância pela qual este era substituído pelos dois traços cruzados; a cruz figurava nos sinais dos tabeliães como símbolo da autoridade jurídica; ainda hoje assim sucede, mas apenas no sinal feito pelas pessoas analfabetas que com ela validam o documento onde a apõem.
ASSINATURA – Marca pessoal autógrafa, compreendendo o nome da pessoa (ou uma parte dele) geralmente seguido de uns traços, sempre igual a si mesma, pela qual o signatário toma a responsabilidade do documento no qual está aposta. Linha de pé • Acordo para entrega regular de uma publicação em série durante um determinado período, usualmente contra o pagamento de uma soma previamente fixada. Subscrição. Abono • Convenção feita entre um fornecedor e um cliente, com vista ao fornecimento regular de produtos ou à utilização habitual de um serviço, por um preço limitado global • Rubrica. Firma. Jamegão.
ASSINATURA À ESCALA – Colocação de um elemento decorativo no meio da medianiz entre a primeira e última páginas de cada folha durante a impressão que auxilia no cotejo da numeração dos cadernos, a fim de verificar se há ou não falhas na sua ordenação.
ASSINATURA A ROGO – Aquela que é aposta por uma pessoa num documento a que é estranha, a pedido do interessado, por este ser analfabeto ou por não lhe ser possível assinar.
ASSINATURA COM TÍTULO – Forma abreviada do nome do autor e do título de um livro que aparece inscrita na mesma linha da marca tipográfica, mas situada perto da margem interior da primeira página de cada assinatura.
ASSINATURA DE CADERNO – Numeração colocada na parte inferior da primeira página de cada caderno, à direita ou à esquerda ou apenas na primeira folha de cada caderno. *Signatura*; os manuscritos ocidentais mais antigos tinham a assinatura dos cadernos na última página de cada um, sob forma numérica ou alfabética, por vezes precedida de Q (*quaternion*); nestes tempos de produção monástica de manuscritos, quando o trabalho era feito em casa com todo o cuidado e sem pressas, esta numeração servia perfeitamente os seus propósitos, pois não se corria o risco de misturar os textos; mas pelo século XII, quando a cópia se tornou uma verdadeira pequena empresa, os copistas adoptaram os reclamos, ou seja, a palavra ou parte da palavra que colocavam no canto inferior da última página de cada caderno, a fim de se fazer a ligação com a primeira palavra do caderno seguinte; esta palavra ou parte de palavra era colocada no sentido horizontal, mas, em alguns manuscritos italianos do século XV, a palavra apresenta-se no sentido vertical; do século XV ao século XIX a assinatura colocava-se geralmente ao meio e tinha como finalidade servir de indicação ao encadernador para a ordem a seguir nos cadernos a serem cosidos; contudo, nos primitivos incunábulos, a assinatura dos cadernos não existia e só reapareceu por volta de 1480. A explicação deste facto prende-se com dificuldades de ordem técnica no ponto de vista tipográfico, uma vez que exigia do impressor um esforço adicional para imprimir este elemento fora da mancha tipográfica; contudo, não pode deixar de pensar-se que o seu reaparecimento se deve às dificuldades entretanto sentidas na ordenação dos cadernos; nos primeiros séculos da imprensa usavam-se letras por ordem alfabética para indicar estas assinaturas e, se o livro era volumoso e tinha mais cadernos que as letras do alfabeto, empregavam-se maiúsculas e minúsculas ou repetiam-se as letras em duplicado ou triplicado; no livro antigo a assinatura dos cadernos ajudava a determinar o formato real. Assinatura tipográfica.

ASSINATURA DE FASCÍCULO – Em códices manuscritos, em especial nos mais antigos, assinatura que aparece no verso da última folha de cada fascículo, expressa geralmente em números romanos ou letras; mais tarde a assinatura de fascículo aparece em diversas posições e é expressa também com fórmulas diferentes; na descrição externa de manuscritos é importante assinalar em que lugar se encontra a assinatura dos fascículos, indicando a posição, tipo e data, se não for a original.

ASSINATURA DE FÉRIAS – Remessa de um periódico ao domicílio, durante um período curto, o período de férias.

ASSINATURA DE LANÇAMENTO – *Ver* Assinatura de promoção.

ASSINATURA DE PROMOÇÃO – Envio de uma publicação, a um preço reduzido, no momento do seu lançamento.

ASSINATURA DE PROPAGANDA – *Ver* Assinatura de promoção.

ASSINATURA DIGITAL – Processo de assinatura electrónica baseado em sistema criptográfico assimétrico composto de um algoritmo ou série de algoritmos, mediante o qual é gerado um par de chaves assimétricas exclusivas e interdependentes, uma das quais privada e outra pública, e que permite ao titular usar a chave privada para declarar a autoria do documento electrónico ao qual a assinatura é aposta e a concordância com o seu conteúdo, e ao declaratário usar a chave pública para verificar se a assinatura foi criada mediante o uso da correspondente chave privada e se o documento electrónico foi alterado depois de aposta a assinatura.

ASSINATURA DO SELO – Menção do nome do gravador aposta à matriz.

ASSINATURA ELECTRÓNICA – Designação geralmente atribuída à assinatura de uma publicação, base de dados, etc., que é feita através de uma rede e em que os dados são fornecidos em suporte electrónico, para o distinguir do suporte papel. Resulta de um processamento electrónico de dados susceptível de constituir objecto de direito individual e exclusivo e de ser utilizado para dar a conhecer a autoria de um documento electrónico ao qual seja aposta, de modo que: a) identifique de forma unívoca o titular como autor do documento; b) a sua aposição ao documento dependa apenas da vontade do titular; c) a sua conexão com o documento permita detectar toda e qualquer alteração superveniente do conteúdo deste.

ASSINATURA EXPERIMENTAL – Envio de uma publicação, a título gratuito ou por um preço reduzido, durante um período de tempo limitado.

ASSINATURA FAC-SIMILADA – Cópia ou imitação da assinatura de alguém.

ASSINATURA LITERAL – Assinatura expressa com versais e, uma vez esgotadas estas, com versais e minúsculas.

ASSINATURA TIPOGRÁFICA – *Ver* Assinatura de caderno.

ASSINDÉTICO – Sem referências cruzadas.

ASSÍNDETO – Figura de estilo que resulta da supressão dos elementos de ligação (em geral a conjunção copulativa), entre diversas palavras ou frases sucessivas. Incute maior vigor à frase ou ao verso e gera a impressão de movimento.

ASSOANTE – Diz-se da rima em que só coincidem as vogais tónicas da última palavra de cada verso. Toante.

ASSOCIAÇÃO – Acto ou efeito de associar. Conexão • Constituição de sociedade, liga, agremiação, etc. • Sociedade. Liga. Agremiação. Colectividade • Processo que permite relacionar itens do vocabulário pertinentes a um mesmo esquema cognitivo.

ASSOCIAÇÃO DE BIBLIOTECÁRIOS – Agrupamento de bibliotecários que desejam entreajudar-se mutuamente no exercício da sua actividade profissional e procuram promover, por todos os meios possíveis, a causa das bibliotecas, assim como de todos os funcionários que nelas prestam serviço.

ASSOCIAÇÃO DE CLASSE DOS EDITORES E LIVREIROS DE PORTUGAL – Associação criada por alvará de 1933, datado de 9 de Maio, assinado pelo Presidente do Conselho de então, que aprova novos estatutos e mudança de nome de Associação de Classe dos Livreiros de Portugal para esta.

ASSOCIAÇÃO DE CLASSE DOS LIVREIROS DE PORTUGAL – Associação criada a partir de 23 de Julho de 1927 que vem na se-

quência da Associação dos Livreiros de Lisboa, cujas iniciativas e interesses vai continuar.
ASSOCIAÇÃO DOS LIVREIROS DE LISBOA – Nome da primeira associação de editores e livreiros de Lisboa, associação também conhecida por Subsecção de Livreiros da Associação de Lisboa, existente desde 1923, com estatutos próprios, obra de uma comissão de redacção composta pelos livreiros José Simões Afra (Livraria Rodrigues), João de Araújo Morais (Livraria Morais) e Raul Nunes (Livraria Bertrand).
ASSOCIAÇÃO PORTUGUESA DE EDITORES E LIVREIROS – Associação resultante da transformação do Grémio Nacional de Editores e Livreiros, numa assembleia que teve lugar em 3 de Maio de 1974.
ASSOCIATION FRANÇAISE DE NORMALISATION – Ver AFNOR.
ASSOCIATION OF COLLEGE AND RESEARCH LIBRARIES – Associação de Bibliotecas Universitárias e de Investigação, também conhecida sob o acrónimo de *ARL. ACRL*.
ASSOCIATION OF SPECIAL LIBRARIES AND INFORMATION BUREAU – Associação de Bibliotecas Especializadas e Centros de Informação, vulgarmente conhecida e designada sob a sigla *ASLIB*.
ASSONÂNCIA – Consonância imperfeita. Repetição da mesma vogal acentuada em duas palavras sucessivas ou, em poesia, no final de dois versos sucessivos; distingue-se da rima pelo facto de nesta todos os fonemas que seguem a vogal acentuada serem também repetidos.
ASSUNÇÃO – Representação simbólica da alma e do corpo da Virgem Maria no acto de ascender ao céu três dias após a sua morte.
ASSUNTO – Aquilo que, numa obra literária, constitui o conteúdo de pensamento sobre o qual se exerceu o talento criador do autor • Aquilo sobre o que se aplicou a reflexão do escritor numa obra científica ou didáctica • O tema, matéria ou argumento de uma obra, mencionado ou não no título.
ASSUNTO INACTIVO – Assunto que tem pouca documentação a ele relativa no arquivo de uma empresa.

ASTERISCO – Sinal já usado nos manuscritos latinos e que, segundo Santo Isidoro de Sevilha, marcava uma omissão ou, segundo outros, uma restituição; em alguns documentos tem outros significados • Sinal gráfico em forma de pequena estrela (*) colocado ligeiramente à direita superior da palavra que assinala e que remete o leitor para uma nota na margem ou no pé da página; quando acoplado a uma data, indica, em geral, a data de nascimento; quando ligado a um apelido indica a função; tem aplicação diversa em tipografia: dois ou três asteriscos seguidos marcam, em geral, a omissão de algumas letras numa palavra ou qualquer expressão menos correcta ou ainda qualquer defeito de leitura num manuscrito. Estrela. Estrelinha.
ASTERISMO – Grupo de três asteriscos formando um triângulo; usa-se para separar assuntos.
ASTERÓNIMO – Nome de autor abreviado com um ou mais asteriscos • Obra assinada desta maneira.
ASTIGMATISMO – Numa lente, defeito óptico que faz com que os raios de luz que partem de um objecto não se encontrem num ponto focal, dando lugar a imagens confusas.
ATACADISTA (port. Bras.) – Nome dado ao comerciante que adquire as obras às editoras e as vende às livrarias e bibliotecas. Distribuidor.
ATACAR – Juntar, unir entre si as extremidades de fios, vinhetas ou tipos com ligações de modo que, no trabalho impresso, se notem o menos possível os pontos de junção • Destruir gradualmente sob o efeito de uma acção física ou química.
ATACAS – Tiras de pele, pergaminho ou tecido, fixadas nas bordas das pastas dos livros, especialmente nos livros encadernados em pergaminho, sempre com tendência a encarquilhar; eram atadas ou presas para evitar que o livro se abrisse e, por vezes, usadas como elemento decorativo; podiam estar colocadas não só do lado do corte lateral, mas igualmente à cabeça e no pé, o que geralmente sucedia apenas em obras de grande formato; como eram muito manuseadas e o material era frágil, restam poucas atacas ainda em bom estado e daí as

encadernações das obras serem descritas muitas vezes como apresentando apenas vestígios ou restos de atacas. Laços. Atilhos. *Ver* Encadernação de ataca.
ATANÁSIA – Na antiga nomenclatura dos tipos, é o carácter de letra de 14 pontos; o nome provém do facto de ter sido impressa com ele a Vida de Santo Atanásio.
ATAR – Amarrar, prender com fio as páginas, os granéis, as formas de remendagem, etc.
ATAURIQUE – Elemento decorativo de origem mourisca muito usado em encadernação.
ATELIÊ – Oficina. Seminário. *Workshop*.
ATENDA – Termo arcaico que designava dilação. Adiamento. Prorrogação. Moratória.
ATENDEDOR – O ajudante que na oficina de composição tipográfica presta atenção ao que lê o corrector para ver se está de acordo com o original.
ATENEU – Lugar onde na Grécia antiga os autores recitavam as suas obras • Designação atribuída no século XIX a algumas bibliotecas particulares, salas de leitura ou edifícios utilizados como bibliotecas.
ATESTADO – Documento assinado em que se afirma alguma coisa • Aquilo que se atesta • Acto de atestar • Certificado. Certidão. Prova. Declaração escrita e assinada sobre a verdade de um facto para servir a outrem de documento.
ATESTAR – Certificar por escrito • Demonstrar • Afirmar como testemunha. Abonar.
ATHARVAVEDA – Texto muito importante da cultura hindu, contido no *Vedas*.
ATILAR UMA LETRA – Sobrepor-lhe um til.
ATILHOS – *Ver* Atacas.
ATINTAR – Untar ou tingir com tinta • Dar tinta aos rolos da prensa • Dar tinta aos moldes.
ATITUDE – Acção. Disposição. Manifestação de uma intenção. Procedimento • Modo de comportar-se numa determinada situação.
ATITUDE FACE À LEITURA – Modo como os diferentes leitores se posicionam quando assumem o acto de ler: ler por obrigação, ler ser perda de tempo, ler ser cansativo, ler ser passatempo, etc.
ATLA – Acrónimo de *American Theological Library Association*, Associação Americana de Bibliotecas de Teologia.

ATLANTE – Estátua masculina que serve de suporte a qualquer parte de uma construção como se fosse uma coluna ou pilastra; é o correspondente masculino das cariátides. Telamão. Télamon.
ATLÂNTICO – Nome dado ao formato constituído por cadernos de papel de grande dimensão formado por folhas de papel não dobrado, tal como saía da tina; esta folha era usada para imprimir obras de tamanho pouco habitual, como atlas, por exemplo. Formato atlas. Formato atlântico.
ATLAS – Designação que nos séculos XIV e XV era atribuída a vários grupos de cartas italianas e maiorquinas que representavam o Mar Mediterrâneo e as regiões que o contornavam • Volume constituído por mapas, estampas, gravuras, planos, gráficos, desenhos, etc. com ou sem texto; pode ser uma publicação independente ou pode estar associado à publicação de um ou mais volumes de texto • Livro de grande formato composto de folhas não dobradas.
ATLAS CELESTE – Conjunto de fotografias do firmamento, que reproduzem as suas regiões e permitem a localização dos corpos celestes.
ATLAS DE BOLSO – Carta geográfica de tamanho reduzido, de modo a poder ser transportada facilmente.
ATLAS ESCOLAR – Colecção de mapas que, devido à sua simplicidade, foi concebida e pode ser utilizada por estudantes.
ATLAS GEOGRÁFICO – Colecção de mapas.
ATLAS LINGUÍSTICO – Conjunto de mapas de um país ou região, em que se registam os resultados de inquéritos dialectológicos acerca das formas como se exprime um certo conceito ou da localização geográfica de um determinado fonema.
ATLAS MANUAL – Atlas de bolso, atlas portátil.
ATLAS PORTÁTIL – Atlas de bolso. Atlas manual.
ATRACÇÃO DO PAPEL – No fabrico do papel, é o sentido em que a pasta corre para a máquina.
ATRAMENTALE (pal. lat.) – *Ver Atramentarium*.
ATRAMENTÁRIO – Com o aspecto e a coloração de tinta preta.

ATRAMENTARIOLUM (pal. lat.) – Diminutivo de *atramentum*. Pequeno tinteiro.

ATRAMENTARIUM (pal. lat.) – Termo que deriva de *atramentum*, isto é, cor negra como a da tinta; usava-se para designar tinteiro; por vezes utilizava-se um chifre de animal para este fim *(cornus cum incaustum)*. Escrivaninha.

ATRAMENTO – Tinta de escrever usada pelos romanos. *Atramentum. Incaustum.*

ATRAMENTUM (pal. lat.) – Palavra derivada do termo *ater*, negro, termo que sublinha a negrura das tintas que têm origem no carvão; tinta negra resultante de uma mistura de goma com negro de fumo, que os romanos utilizavam para escrever. O mesmo que *incaustum*, termo que no uso corrente acabou por suplantar *atramentum*. Tinta.

ATRAMENTUM LIBRARIUM (loc. lat.) – *Ver Atramentum.*

ATRASADO – Diz-se do número, fascículo, exemplar, etc., cuja escrita e/ou publicação se retardaram e que, por isso, não foi dado a público na data prevista • Designação do material que se encontra à espera para ser tratado • Palavra usada para referir uma obra que foi emprestada por uma instituição e que não foi devolvida dentro do prazo fixado para que a sua entrega fosse feita.

ATRAVESSAMENTO (port. Bras.) – Defeito de impressão que consiste no repasse do papel pela tinta, geralmente pela presença de solvente a mais. Repasse.

ATRENADO – Termo arcaico que designava triplicado.

ATRIBUIÇÃO – Acto e efeito de atribuir • Indicação da origem de uma informação.

ATRIBUIÇÃO DE AUTORIA – Conferir autoria a • Operação prévia à descrição de um documento, que consiste em determinar com rigor qual é o autor-pessoa física, colectividade, etc., sob o qual irá ser estabelecido o ponto de acesso principal ao referido documento.

ATRIBUIÇÃO DE NOTAÇÃO – Escolha e aplicação de termos de indexação ou de símbolos como representantes de documentos ou dados neles contidos, feita de acordo com um determinado conjunto de regras.

ATRIBUIÇÃO DE TERMOS – Selecção dos termos de indexação, quer eles apareçam no texto, quer não, para representar documentos ou dados, segundo determinadas regras.

ATRIBUÍDO – Diz-se de uma autoria incerta.

ATRIBUIR – Imputar.

ATRIBUTO – Qualidade ou característica própria de um elemento • Objecto que simboliza uma dignidade ou função (cruz, coroa, espada, ceptro, colar de ordem, etc.) e que acompanha um escudo heráldico • Em classificação, uma linha de desenvolvimento teórico admitiu que todas as áreas de assuntos existentes podem dividir-se em duas categorias: as entidades (coisas concretas) e as construções mentais e atributos/propriedades das coisas, actividades, tempo, espaço, etc. • Em armazenamento e recuperação da informação os atributos de um dado compreendem: a sua utilização, dimensão, data de criação, modelo ou forma de registo, nome do conjunto de dados, identificação do tipo de unidade e do volume utilizado, etc.

ATRIBUTOS HERÁLDICOS – Características próprias da arte dos brasões.

ATRIL – Espécie de estante em plano inclinado onde se coloca o papel ou um livro aberto para que possa ser lido comodamente. (port. Bras.) Leitoril.

ATRIMARGINADO (port. Bras.) – *Ver* Atromarginado.

ATRIMARGINAR (port. Bras.) – *Ver* Atromarginar.

ATRITO – Em *offset* é a diferença de velocidade circunferencial das superfícies em contacto, causando velatura na impressão.

ATROMARGINADO – Diz-se do impresso orlado de negro em toda a margem • Diz-se dos papéis tarjados, usados por quem está de luto • Por extensão, impresso cujas margens vão em cor. Atrimarginado.

ATROMARGINAR – Tarjar de preto o papel ou o sobrescrito, em sinal de luto. Atrimarginar.

ATTACHMENT FILE (loc. ingl.) – À letra "ficheiro anexo", sistema associado aos programas de correio electrónico, que permite ao utilizador enviar rapidamente para qualquer lugar do universo um documento de texto ou de imagem ou de ambos, impecavelmente formatado e pronto a ser reproduzido.

AU COURANT DE LA PLUME (loc. fr.) – Ao correr da pena, ao acaso; frase que serve para caracterizar uma escrita feita à medida que a inspiração chega, sem grandes preocupações de estilo ou forma.

AU PIED DE LA LETTRE (loc. fr.) – À letra, no sentido rigoroso das palavras.

AUC (port. Bras.) – *Ver A.U.C.*

AUCTA (pal. lat.) – Termo frequente na menção de edição das obras redigidas em latim e que significa que a edição foi aumentada com elementos novos em relação à anterior ou anteriores.

AUCTIO (pal. lat.) – *Ver* Leilão.

AUCTOR (pal. lat.) – Autor • Autoridade. Modelo. Mestre • Fiador. Abonador.

AUCTORI INCUMBIT ONUS PROBANDI (loc. lat.) – Ao autor compete a obrigação de provar.

AUCTORITAS (pal. lat.) – Qualidade do *auctor* • Modelo • Opinião. Fundamentação • Exemplo.

AUDIÇÃO – Percepção de sons por meio do ouvido.

AUDIÊNCIA – Audição • Atenção que se dá a quem fala • Acção de receber as pessoas que nos pretendem falar • Totalidade de público que recebe as mensagens de um determinado meio de comunicação • Medida do número de utilizadores de um serviço de informação electrónica, espectadores ou auditores ou da quantidade de internautas que visitam um determinado sítio na *web*.

ÁUDIO – Sinal sonoro, referente a frequências na faixa perceptível ao ouvido humano, cerca de 15 hertz até 20000 hertz (15-20000 ciclos por segundo).

AUDIO STREAMING (loc. ingl.) – Técnica de áudio feita através da *Internet*, que permite que se abram ficheiros de áudio no computador do utilizador que o solicita, quase em simultâneo com a recepção.

AUDIOBOOK (pal. ingl.) – Cópia de livro em formato áudio, que ao longo dos tempos passou por diversas tecnologias; actualmente as que são produzidas estão num formato de *CD*. Livro falado. Livro sonoro. Os *audiobooks* são pouco populares em Portugal e correntes nas culturas de origem anglo-saxónica.

AUDIOTEXTO – Serviço baseado numa nova tecnologia de informação, dirigido para o grande público, assente no reconhecimento de palavras e frases pelo computador que as interpreta e selecciona a resposta adequada, a partir de um conjunto de conhecimentos com os quais antecipadamente foi instruído; esta informação é, em geral, pré-gravada e é recolhida e registada para depois ser usada.

AUDIOVIDEOTECA – Conjunto organizado de documentos audiovisuais, isto é, que se apresentam sob uma forma diferente da de um livro e que não podem ser utilizados senão através de aparelhos de audição ou de visionamento; este termo opõe-se a biblioteca, entendida no sentido estrito de colecções de impressos ou de manuscritos, assim como a mapoteca, etc.

AUDIOVISUAL – Documento com texto e/ou imagem e/ou som, que requer o uso de equipamento apropriado para ser visto e/ou ouvido • Método pedagógico que junta o som à imagem; deste modo, pode falar-se de documentação audiovisual, equipamento audiovisual, meios audiovisuais, técnicas audiovisuais, etc. *Ver* Material audiovisual.

AUDITORIA (pal. lat.) – Na Antiga Roma era o lugar onde os oradores praticavam os seus discursos e também o lugar onde, através da leitura em voz alta, se davam a conhecer os textos dos escritores, por vezes de má qualidade, o que se revelava um verdadeiro flagelo para os ouvintes.

AUDITORIA DA INFORMAÇÃO – Análise e avaliação dos produtos, serviços e fontes de informação que existem numa instituição e cuja finalidade é a de desenvolver uma estratégia que permita um *marketing*, utilização e promoção ou preparação mais efectiva e eficaz dos mesmos.

AUDITÓRIO – Reunião de pessoas para ouvirem oradores ou para assistirem a uma audiência ou sessão • Conjunto dos ouvintes • Lugar onde se recebem os ouvintes.

AUDITORIUM (pal. lat.) – Espaço destinado à leitura, uma sala especialmente concebida com esse propósito, onde o autor recitava a sua obra a grupos numerosos de pessoas conhecidas; os proprietários destes espaços emprestavam-nos por vezes para que outros escritores os usassem com a finalidade de divulgar as suas obras.

AUGURALE LIBRI (loc. lat.) – O livro dos áugures em Roma.

AUGUSTA (pal. lat.) – Espécie de papiro da mais alta qualidade • Nome dado à transcrição dos textos sagrados, palavra que veio substituir a expressão *charta hieratica,* que era usada antes.

AUGUSTINUS (pal. lat.) – Nome derivado do protector das artes gráficas, Santo Agostinho, bispo de Hipona; designa caracteres góticos muito estreitos.

AUREOGRAFIA – Escrita feita com ouro.

AURÉOLA – Zona luminosa que rodeia a cabeça de Deus ou dos santos nas representações gráficas ou outras; só a partir do século III a auréola foi utilizada nas imagens religiosas; tem forma quase sempre circular, embora possa assumir outras formas, sendo diáfana ou opaca, simples ou decorada. Resplendor • Glória. Halo. Nimbo. Diadema • Manchas provocadas pela exposição à humidade.

AUREOLADA – Diz-se da figura cuja cabeça está rodeada por uma auréola ou nimbo.

AUREOLAR – Ornar, cingir, coroar a cabeça com uma auréola • Exaltar.

AURICOLOR – Da cor do ouro. Dourado. Áureo.

AURICULAR – Transdutor electroacústico que é aplicado directamente na cavidade auricular.

AUSCULTADOR – Pessoa que confere no original a leitura feita pelo revisor de provas em voz alta.

AUSMARC – Em catalogação, *MARC* usado na Austrália.

AUSTRALIAN LIBRARY AND INFORMATION ASSOCIATION – Associação Australiana de Bibliotecas e Informação. *Ver LAA.*

AUT.(S). – Abreviatura de autor(es) *e* autógrafo(s).

AUTÊNTICA – Carta ou certidão que faz fé • Termo. Acta. Certidão • No plural, e com inicial capital, designa os resumos das *Novellæ* de Justiniano que são apresentados no seu código, por baixo das leis que revogam, derrogam ou ampliam • Actas originais das eleições de deputados e senadores no período do Império.

AUTENTICAÇÃO – Assinatura aposta por um funcionário no exercício das suas funções, corroborando a assinatura de uma autoridade superior para dar à peça pleno valor executório. Certificado de autenticidade de um documento ou sua reprodução • Certificação. Acto ou efeito de autenticar. Carimbagem. Selagem.

AUTENTICAÇÃO DE ACTO – Elemento constituído por uma assinatura, carimbo, selo branco ou outro, que confere a um documento as formas legais que lhe dão crédito em particular • Certificação que garante que uma cópia está conforme o original • Fórmula pela qual pessoa revestida de autoridade para fazê-lo certifica que o texto de um códice ou qualquer outro documento está conforme o do modelo ou o do exemplar que serviu de referência.

AUTENTICADO – Escrito em documento fidedigno. Legalizado. Abonado.

AUTENTICADOR – Que autentica, valida, certifica, autoriza. Abonador.

AUTENTICAR – Marcar com sinal de validade. Carimbar. Selar. Reconhecer como incontestável • Legalizar, autorizar alguma coisa. Subscrever. Assinar.

AUTENTICIDADE – Qualidade de autêntico. Validade. Veracidade. Legitimidade • Conceito que traduz a capacidade de identificar os elementos diplomáticos que permitem verificar se um determinado objecto é autêntico.

AUTENTICIDADE DIPLOMÁTICA – Fidedignidade de um documento atestada pela presença de elementos que confirmam ser ele verdadeiro e dimanado de uma autoridade, como por exemplo a assinatura, robora, selo pendente, selo branco, etc.

AUTÊNTICO – Que é tido como genuíno • Autorizado. Legalizado. Verdadeiro. Fidedigno. Real • Que é do autor a quem se atribui • Autenticado.

AUTHENTICUM (pal. lat.) – Adjectivo que, usado por extenso junto à palavra *exemplar* ou *epistola* (*authentica epistola*) ou na sua forma abreviada, significava o original por oposição à cópia.

AUTO – Termo usado no século XVI, aplicado a peças de teatro ao gosto tradicional, de tema religioso, profano, sério ou cómico, que moralizavam e divertiam pela sátira de costumes • Narração escrita e autenticada de qualquer acto • Composição dramática • Conjunto de peças de um processo forense • Processo.

AUTO DE ENTREGA – Narração escrita e autenticada de transferência e outorga de bens de um possuidor a outro.

AUTO DE FÉ – Destruição pelo fogo de objectos (neste caso livros) que são considerados inúteis e prejudiciais.

AUTO DE NOTÍCIA – Relato legal da verificação de qualquer facto.

AUTO-ADAPTÁVEL – Adjectivo que exprime a possibilidade que um sistema tem de modificar as suas características de desempenho segundo o ambiente.

AUTOBIBLIOGRAFIA – Bibliografia de um autor feita por ele próprio.

AUTOBIOGRAFIA – Relato da vida de uma pessoa escrito por ela própria. Memórias; contém em geral informações que ajudam a compreender e a explicar determinados factos da vida do autor e esclarecem, embora tardiamente, o motivo de muitas atitudes e reacções do mesmo.

AUTOBIOGRÁFICO – Relacionado com a descrição oral ou escrita que alguém fez da sua vida passada • O que contém autobiografia ou é relativo à autobiografia.

AUTOBIÓGRAFO – Autor da sua própria biografia.

AUTOCAPA (port. Bras.) – Capa de livro ou revista impressa no mesmo papel usado no miolo.

AUTOCENSURA – Controlo sobre a informação feito pelo seu próprio emissor, a fim de evitar ser julgado pelas suas opiniões.

AUTOCLAVE – Aparelho hermético destinado à desinfecção e esterilização dos documentos, particularmente antes de se proceder ao seu restauro e por vezes também antes da sua entrada num arquivo ou biblioteca • Aparelho hermético no qual os objectos são submetidos no vácuo à acção de gazes ou vapores para desinfestação. Esterilizador.

AUTOCODIFICAÇÃO – Em informática, processo de indexação automático baseado em estatística de frequência de utilização de uma palavra, o que conduz à notação de conceitos num documento e à relação existente entre eles; este processo foi aperfeiçoado por H. P. Luhn. *Comparar com* Indexação automática.

AUTOCODIFICADOR – Em informática, nome dado a certos sistemas de programação simbólica, geralmente caracterizados pela presença de macro-instruções.

AUTOCOLANTE – Pedaço de papel ou outra matéria, usado em geral com finalidades de divulgação, cujo verso é aderente por se encontrar impregnado de cola. (port. Bras.) Adesivo.

AUTOCOMPLEMENTADOR – Em informática, característica de um código ou de um registo binário em que a substituição do 1 pelo 0 e vice-versa dá o complemento do número.

AUTOCONTRATO DE EDIÇÃO – Figura jurídica que se verifica quando autor e editor, as duas partes de um contrato de edição, são assumidas apenas por uma que é, simultaneamente, titular do direito de autor e representante do editor.

AUTOCONTROLO – *Ver* Autocensura.

AUTOCÓPIA – Cópia obtida por meio da autografia.

AUTOCOPIAR – Copiar pelo sistema de autografia • Reproduzir através de copiógrafo. Copiografar.

AUTOCOPISTA – Aparelho que permite tirar, por processos autográficos, várias cópias de um escrito ou desenho, empregando papel e tinta especiais numa prensa. Multicopista. Policopista.

AUTOCRÍTICA – Crítica de uma obra feita pelo seu próprio autor.

AUTOCROMÁTICO – *Ver* Autócromo.

AUTOCROMIA – Processo fotográfico, aperfeiçoado pelos irmãos Lumière, que reproduz exactamente um original colorido.

AUTÓCROMO – Diz-se da fotografia directa das cores; o processo autócromo ou autocromático é aquele que reproduz directamente as cores.

AUTOCROMO (port. Bras.) – Primeira chapa comercial para fotografia colorida, introduzi-

da em França pelos irmãos Auguste e Louis Lumière, em 1904 • Chapa usada em autocromia.
AUTODESTRUIÇÃO DO PAPEL – A acidez que o papel contém derivada dos deficientes processos de fabrico leva-o à sua própria destruição; milhões de livros em todo o mundo estão condenados por esta "doença genética", que pode ainda ser acelerada se as condições ambientais forem deficientes.
AUTODICIONÁRIO PERSONALIZADO – Dicionário que é organizado total ou parcialmente a partir de outros dicionários por uma pessoa, para responder às suas necessidades específicas de aquisição de conhecimentos numa determinada área do saber • Aprendizagem de vocabulário.
AUTODIDACTA – O que é mestre de si mesmo. Aquele que, sem frequência de estabelecimentos de ensino, aprende à sua custa, sem mestre.
AUTODIDÁCTICA – Instrução própria dispensando professores • Acto de se instruir a si próprio.
AUTODIDÁCTICO – Relativo ou pertencente à autodidáctica.
AUTODIDACTISMO – Acto ou efeito de se cultivar apenas graças ao esforço próprio, sem recorrer a outra pessoa. Qualidade de autodidacta. Mérito ou acção de autodidacta. Autodidaxia.
AUTODIDACTO – *Ver* Autodidacta.
AUTODIDAXIA – Acto ou efeito de se instruir por mérito próprio, sem a intervenção de professores • Capacidade para aprender sem mestre. Autodidactismo.
AUTO-EDIÇÃO – Utilização de um microcomputador para obter documentos de qualidade semelhante à da imprensa, através de um programa de edição e de uma impressora laser; é um sistema rápido e barato de divulgação de folhetos, boletins de notícias, revistas de resumos, relatórios, livros, etc. Edição de secretária.
AUTO-EDITAR – Editar usando os mecanismos da auto-edição.
AUTO-EDITOR – Autor que edita as obras que escreve. Pessoa que auto-edita. *Ver* Edição do autor.

AUTO-EMPRÉSTIMO – Modalidade de empréstimo na qual o registo dos dados do documento que o utilizador pretende levar por empréstimo é feito por si próprio.
AUTOFORRO – Capa de um folheto que pertence a uma assinatura e não foi acrescentada pelo encadernador.
AUTOFOTOGRAFAR – Tirar fotografia de si próprio.
AUTOFOTOGRAFIA – Fotografia que é tirada pelo fotografado a si próprio.
AUTOGRAFAR – Transportar para a pedra litográfica ou para o zinco, um original para reproduzir por meio da autografia • Assinar pelo próprio punho. Pôr autógrafo em. Quirografar.
AUTOGRAFIA – Processo litográfico de reprodução de um escrito, desenho, etc., transferindo-o para uma pedra adequadamente preparada; para tal reproduz-se o desenho num papel com tinta gorda (chamada tinta autográfica) e passa-se por pressão para uma pedra litográfica; obtêm-se assim tiragens bastante numerosas; foi muito utilizado no século XIX • Reprodução obtida por este processo • Reprodução litográfica de autógrafos • Reprodução fiel de um texto • Dependência onde se autografa.
AUTOGRÁFICO – Relativo à autografia.
AUTÓGRAFO – Texto escrito pelo próprio punho do autor; não tem de coincidir obrigatoriamente com o original. Manuscrito feito pelo próprio autor, independentemente ou não da assinatura • Assinatura de uma pessoa pelo próprio punho • Quirógrafo • Autográfico.
AUTOGRAFOTECA – Lugar, numa biblioteca, onde se guardam as colecções de autógrafos ou obras autográficas, isto é, escritas pelo punho do autor, para divulgação pública.
AUTOGRAPHUM (pal. lat.) – *Ver* Original.
AUTOGRAVURA – Nome genérico da gravura química em cavado • Gravura em cavado.
AUTO-INDEXAÇÃO – Indexação complementar de um documento ou de um assunto, que consiste na atribuição automática dos descritores que pertencem às mesmas cadeias hierárquicas que os descritores que foram atribuídos directamente pelo indexador.

AUTO-INDEXAR – Preparar um índice pelo método máquina.
AUTOLITOGRAFIA – *Ver* Autografia.
AUTOMAÇÃO DE DADOS – *Ver* Automatização de dados.
AUTOMAÇÃO/AUTOMATIZAÇÃO – Utilização de máquinas em vez de mão de obra. A robótica tem uma parte importante na automação, assim como as tecnologias de informação, os computadores e as telecomunicações.
AUTOMATED DOCUMENT DELIVERY OVER NETWORKED INFORMATION SYSTEMS – Distribuição automática de documentos por meio de sistemas de informação em rede. *ADONIS.*
AUTOMÁTICA – Termo que qualifica o conjunto das disciplinas científicas e as técnicas utilizadas para a concepção e o emprego dos dispositivos e dos conjuntos que funcionam ou são assegurados sem interferência de um operador humano.
AUTOMATIZAÇÃO – Realização de uma operação, série de operações ou processo por autocontrolo, auto-activação ou por meios automáticos; a automatização passa pela utilização de equipamento automático de processamento de dados, que pode ser um computador ou outros mecanismos que simplifiquem o trabalho.
AUTOMATIZAÇÃO DE BIBLIOTECA – *Ver* Informatização de biblioteca.
AUTOMATIZAÇÃO DE DADOS – Expressão que assenta na combinação da automatização com o processamento de dados.
AUTOMECENATO – Designação usada para denominar a circunstância em que o financiamento de um autor é assegurado pela sua fortuna pessoal.
AUTÓNIMO – Nome real de um autor, em oposição a pseudónimo. Nome de uma pessoa • Aplica-se ao livro que leva o nome próprio do autor. *Ver* Pseudónimo.
AUTÓNOMO – Diz-se do equipamento ou mecanismo que não está directamente ligado à unidade central de processamento de um computador ou que não está sob o seu controlo, e que funciona independentemente do conjunto.

AUTO-ORGANIZÁVEL – Capaz de classificação espontânea • Adjectivo que indica a possibilidade que um sistema tem de organizar a sua própria estrutura interna.
AUTOPOSITIVO – Diz-se do filme que permite obter directamente um positivo de um positivo, ou um negativo de um negativo.
AUTOR – Na Idade Média, figura que produz ideias suas que são apoiadas em autoridades. É anónimo, porque não assina os textos que faz e aparece recoberto pela figura da *auctoritas* • Pessoa física ou colectividade que cria uma obra literária, artística ou científica ou é responsável pelo seu conteúdo intelectual, ordenação e forma • Escritor de um livro, distinto do tradutor, editor, etc. • Num sentido mais lato, o fabricante do livro ou a pessoa directamente responsável pela sua existência • A pessoa que reúne os escritos de diversos autores (compilador ou editor) pode ser denominada autor da colecção; um autor colectivo pode ser considerado o autor de publicações saídas com o seu nome ou sob a sua responsabilidade • Pessoa ou colectividade responsável pelo conteúdo intelectual ou artístico de um documento.
AUTOR POLIÓNIMO – Autor que é conhecido por dois ou mais nomes.
AUTOR ANÓNIMO – Aquele cujo nome se desconhece, ou pelo menos não figura na obra.
AUTOR ANTIGO – Designação dos autores clássicos gregos e latinos, autores da Idade Média e Renascimento inclusive.
AUTOR CITADO – Designação atribuída ao responsável principal pelo conteúdo de uma obra que é mencionada pelo autor de um documento.
AUTOR CLÁSSICO – Autor que pertenceu à Antiguidade grega ou romana; Homero, Horácio, Virgílio, Anacreonte, Plutarco, Ovídio, Quintiliano, Cícero, Tito Lívio são alguns exemplos de autores clássicos • Autor que, devido às qualidades da sua escrita, merece ser imitado.
AUTOR COLECTIVO – Pessoa jurídica, grupo ou entidade social que promove e dirige a leitura e publicação de uma obra em colaboração.
AUTOR CONSAGRADO – Aquele que, devido à qualidade da sua produção, conse-

guiu fama e reputação, que levam a que seja reconhecido como uma autoridade nos assuntos sobre os quais escreve.

AUTOR CORPORATIVO – Diz-se que uma obra é de um autor corporativo quando foi escrita por pessoa ou pessoas pertencentes a uma instituição (arquivo, biblioteca, colégio, conservatório, convento, escola, universidade, laboratório, mosteiro, museu, observatório, estação experimental ou de observação, etc.), sociedade (científica, de negócios, recreativa, educativa, moral, de beneficência, etc.) ou uma oficina ou departamento governamental (ministério, direcção-geral, secretaria, serviço, etc.).

AUTOR CRIATIVO – Aquele que, trabalhando em privado, é capaz de dar origem a um conteúdo original, de preferência a compilar, sintetizar, comentar ou censurar o trabalho de outros.

AUTOR DE CULTO – Aquele a cujo trabalho são dedicados *sites* na *web*, cujo mundo que criou as pessoas tentam recriar, que as pessoas imitam no modo como agem, reinterpretando inúmeras vezes as palavras que escreveu e aplicando-as às suas vidas.

AUTOR DE ÉPOCA – Aquele que deixou memória de si porque realizou ou inventou alguma coisa num determinado período, que ficou marcado por acontecimentos relevantes, mudanças importantes ou estilo artístico próprio.

AUTOR DO ACTO ESCRITO – É aquele em nome do qual este acto é intitulado.

AUTOR DO ACTO JURÍDICO – Interveniente ou intervenientes no acto jurídico, normalmente denominado(s) a(s) parte(s).

AUTOR DO INSTRUMENTO JURÍDICO – Pessoa em nome da qual o documento é passado e à responsabilidade da qual é elaborado.

AUTOR DRAMÁTICO – Autor de obras dramáticas. Dramaturgo.

AUTOR EM COLABORAÇÃO – Co-autor. Autor que contribui para a elaboração de uma obra de mais de um autor, na qual se especifica a contribuição de cada um deles.

AUTOR FECUNDO – Diz-se de um escritor, artista, etc. que tem uma produção abundante.

AUTOR HIPOTÉTICO – Autor suposto.

AUTOR IDENTIFICADO – Autor de uma obra publicada anonimamente, cujo verdadeiro nome foi reconhecido.

AUTOR INDIVIDUAL – Pessoa que concebe e executa uma obra literária, artística ou científica.

AUTOR MODERNO – Designação dos autores que exerceram a sua actividade a partir do Renascimento.

AUTOR MÚLTIPLO – Autor constituído por duas ou mais pessoas ou entidades, como no caso de obras em colaboração.

AUTOR NACIONAL – Qualificação atribuída ao autor que é natural de um determinado país.

AUTOR PESSOAL – Autor individual.

AUTOR PRESUNTIVO – *Ver* Autor suposto.

AUTOR PRINCIPAL – Pessoa ou instituição em quem recai a responsabilidade fundamental da criação de uma obra • Autor que é o primeiro responsável pelo conteúdo intelectual ou artístico de um documento.

AUTOR PROLÍFICO – *Ver* Autor fecundo.

AUTOR SAGRADO – Cada um dos autores que escreveram acerca de temas religiosos, como os apóstolos, os evangelistas, os profetas e os Padres da Igreja.

AUTOR SECUNDÁRIO – Pessoa ou colectividade que colaborou ou contribuiu para a criação do conteúdo intelectual ou artístico de uma determinada publicação (tradutor, autor de anexos ou suplementos, prefaciador, redactor, compilador, etc. ou um editor literário ou científico).

AUTOR SUBSIDIÁRIO – *Ver* Autor secundário.

AUTOR SUPOSTO – Também chamado autor presuntivo e autor hipotético, é aquele ao qual se atribui uma obra anónima ou de autor duvidoso.

AUTOR TEATRAL – *Ver* Autor dramático.

AUTOR ÚNICO – *Ver* Autor individual.

AUTORAL – Relativo ao autor de obra literária, científica, artística, musical ou outra.

AUTOR-COLABORADOR – Colaborador. Co-autor. Autor em colaboração.

AUTOR-EDITOR – Nome dado àquele que edita a sua própria obra. Autor que assume a responsabilidade da edição de uma obra produzida por ele, suportando os encargos.

AUTO-RETRATO – Miniatura ou inicial historiada que representa o autor de um texto; os auto-retratos eram conhecidos já na Antiguidade e aparecem nos manuscritos durante a Idade Média numa grande variedade de textos.

AUTORIA – Condição ou qualidade de autor.

AUTORIA BICÉFALA – Aquela que é partilhada por duas pessoas em colaboração. Co-autoria.

AUTORIA DISCUTIDA – Autoria não comprovada, no caso em que uma obra é atribuída a diversos autores.

AUTORIA DUVIDOSA – Autoria não provada, mas atribuída a um ou mais autores sem evidência convincente.

AUTORIA EM COLABORAÇÃO – Aquela que consiste na intervenção indiferenciada de dois ou mais autores que contribuem individualmente para a criação do conteúdo intelectual ou artístico de uma obra.

AUTORIA INCERTA – Diz-se daquela que é expressa de maneira imprecisa, por iniciais ou qualquer outra forma de expressão ou por referência a outra obra do mesmo autor, cuja identificação evidente não consegue fazer-se.

AUTORIA MÚLTIPLA – Designação aplicada a cada um dos diversos autores ou colaboradores de uma obra compósita; distingue-se de uma co-autoria pelo facto de a contribuição de cada co-autor constituir uma entidade separada evidentemente distinta. Diz-se da autoria que envolve várias pessoas ou entidades.

AUTORIA PARTILHADA – *Ver* Autoria em colaboração.

AUTORIA SIMPLES – Diz-se da autoria que envolve uma única pessoa ou entidade.

AUTORICIDA – Pessoa que altera substancialmente uma obra de outra pessoa.

AUTORIDADE – Texto, frase ou conjunto de frases que se apresentam numa obra escrita e que se citam ou utilizam para fundamentar o que se refere ou escreve. Abonação • Responsável por alguma coisa.

AUTORIZAÇÃO – Licença de acesso a informações submetidas a uma classificação de segurança, quando é requerida para trabalhos oficiais.

AUTORIZAÇÃO DA UTILIZAÇÃO DE OBRA POR TERCEIRO – Permissão que é concedida a terceira pessoa pelo autor ou seu representante legal, para divulgar, publicar, utilizar ou explorar uma obra por qualquer processo.

AUTORIZAÇÃO DE ADMISSÃO AO DEPÓSITO – Etiqueta especial de identificação de um utilizador de uma biblioteca, arquivo, serviço de documentação, etc., cujo uso lhe permite ter acesso a um depósito fechado.

AUTORIZAÇÃO DE CONSULTA – Licença administrativa com carácter excepcional que permite o acesso a documentos ou informações que, por qualquer motivo, são considerados de acesso restrito.

AUTORIZAÇÃO DE FOTOCÓPIA – Consentimento para a reprodução de um documento por meio de fotocópia.

AUTORIZAÇÃO DE IMPRESSÃO – *Ver Imprimatur.*

AUTORIZAR – Dar autorização. Permitir.

AUTOR-PESSOA FÍSICA – Indivíduo que é principal responsável pela criação do conteúdo intelectual ou artístico de uma obra.

AUTOS – Conjunto ordenado das peças de um processo administrativo ou judicial.

AUTOTIPIA – Fotogravura em relevo que permite reproduzir fotografias, desenhos, etc. em que há gradações intermediárias entre o preto e o branco. Reprodução de fotografias através dos prelos • Gravura obtida por este processo. Fototipografia • Cliché a meia tinta. Cliché a meio tom. Cliché de retícula.

AUTOTIPIA DE PONTO DUPLO – Processo de meios tons em que se fotografa o original duas vezes com exposições diferentes e os negativos em meio-tom; são colocados um sobre o outro e fotografados para fazer um único positivo ou negativo obtendo assim uma maior escala de tons.

AUTOTIPIA ESFUMADA – Modalidade de autotipia em que o fundo envolvente da imagem desaparece gradualmente na direcção das margens, formando uma espécie de nuvem.

AUTOTIPIA RECORTADA – Modalidade de autotipia em que o fundo desaparece, ficando apenas a imagem recortada contra o branco do papel • Cliché recortado.

AUTOTIPO – Cópia impressa autêntica de um original • Única edição de uma obra.

AUTOTIPOGRAFIA – Processo de gravura em cobre feita por meio de uma capa de verniz ou betume sobre a qual se grava o desenho.

AUTOZINCOGRAFIA – Fotografia directa em folha de zinco previamente revestido por uma camada de albumina bicromatada; depois de ter submetido o zinco aos preparativos usuais, tais como o banho e os retoques necessários, tira-se do modo habitual.

AUTOZINCOGRAVURA – Processo de gravação sobre zinco, por meio de uma capa de albumina bicromatada.

AUXILIAR COMUM DE FORMA – Na Classificação Decimal Universal, símbolos (0...) que indicam a apresentação ou características formais sob as quais é representado o assunto principal.

AUXILIAR COMUM DE LÍNGUA – Na Classificação Decimal Universal, símbolos (= ...) que servem para caracterizar as formas linguísticas de um conceito expresso pelo número principal.

AUXILIAR COMUM DE LUGAR – Na Classificação Decimal Universal, símbolo(s) (...) que serve(m) para indicar o aspecto geográfico do assunto.

AUXILIAR COMUM DE PESSOA – Na Classificação Decimal Universal, símbolo (-05) que indica aspectos relativos a pessoas ou características pessoais.

AUXILIAR COMUM DE RAÇA E NACIONALIDADE – Na Classificação Decimal Universal, símbolos (= ...) destinados a indicar os aspectos étnicos ou de nacionalidade do assunto expresso pelo número principal.

AUXILIAR COMUM DE TEMPO – Na Classificação Decimal Universal, símbolo (" ...") destinado a indicar o aspecto temporal do assunto expresso pela notação principal.

AUXILIAR DE MEMÓRIA – Resumo destinado a fazer reter facilmente na mente os pontos fundamentais da matéria de qualquer obra, ciência, sermão, discurso, etc. • Anotação que tem como finalidade ajudar a memória com elementos fundamentais sobre um dado assunto. *Aide-mémoire*.

AUXILIARES COMUNS ESPECIAIS – Na Classificação Decimal Universal, divisões com .0 ou hífen –, que servem para exprimir determinados aspectos dos assuntos expressos na classe principal; o seu uso é indicado em determinadas classes, onde estão ordenadas de acordo com as necessidades.

AV. – Forma abreviada de audiovisual ou referente ao audiovisual.

AVALIAÇÃO – Cálculo do valor de um livro, manuscrito ou outro documento feito normalmente por um perito, sobretudo quando se trata de uma obra antiga, tanto quanto possível exacto; o perito deve obedecer a três critérios: reconhecer a obra que lhe é apresentada, avaliar a sua qualidade e autenticidade e fixar-lhe o valor; este último é o parâmetro mais difícil de estabelecer; alguns livros aparecem regularmente à venda ou no mercado livreiro, sendo fácil seguir a sua cotação; outros, porém, não apresentam qualquer referência, constituindo verdadeiras raridades e curiosidades, de que é difícil avaliar o preço. A avaliação, bastante incerta, é apenas indicativa e é por isso que tem sido difícil estabelecer uma lista de avaliações a ter como base nas vendas públicas • Conjunto de processos de análise da documentação de um arquivo, que visa estabelecer o seu destino, de acordo com o valor probatório e informativo e que determina a sua guarda permanente ou a sua eliminação • Valor que é determinado por quem avalia.

AVALIAÇÃO DO ORIGINAL – Cálculo do número de caracteres de que se compõe um manuscrito por forma a que, após ter fixado o número de linhas que ocuparão cada página e o número de caracteres que comporão cada linha, possa saber-se exactamente o número de páginas que dará.

AVALIAÇÃO DOCUMENTAL – Processo de análise e selecção da documentação arquivística que tem como finalidade a fixação do prazo para retenção ou descarte, estabelecendo o seu destino, considerando a validade permanente ou temporária de cada documento, de acordo com as prescrições legais.

AVALIAÇÃO POR PARES – Apreciação das aptidões de uma pessoa feita por outras que detêm a mesma categoria profissional que a pessoa avaliada. *Peer review.*

AVALIADOR DE LIVROS – Pessoa conhecedora da importância das espécies bibliográficas e que é frequentemente consultada para atribuir valor a determinadas obras raras, particularmente quando se trata de dividir fundos desta natureza.

AVANGELHOS – Termo arcaico que designava os Evangelhos.

AVANT LA LETTRE (loc. fr.) – Antecipado. Precoce • Ver tb. Gravura *avant la lettre.*

AVENIÊNCIA – Termo arcaico que designava avença. Contrato. Ajuste.

AVENTURAS – Empreendimentos ou experiências perigosas, recheados de acontecimentos extraordinários e imprevistos. Livro de aventuras.

AVERBAMENTO – Acrescentamento à margem como nota ou comentário. Assentamento • Alteração em documento escrito.

AVERBAR – Escrever à margem comentários ou notas. Anotar. Assinalar • Registar.

AVERGOADO – *Ver* Papel avergoado.

AVESSO – Diferença mais ou menos acentuada da textura superficial ou do tom existente entre as duas faces de uma folha de papel ou cartão resultante do fabrico. Inverso. Oposto. Reverso.

AVIAMENTO – Conjunto de operações que integra o alçamento e recorte realizadas com a forma na prensa, destinadas a corrigir excesso ou falta de pressão.

AVIÁRIO – Livro de aves, em especial o códice manuscrito ilustrado à maneira dos bestiários, isto é, com ilustrações de aves reais ou imaginárias.

AVIS RARA (loc. lat.) – Ave rara. A Fénix da lenda.

AVISA – Designação alemã para gazetas ou notícias, publicação periódica com carácter semanal aparecida no início do século XVII na Alemanha, mais concretamente em Frankfurt, Hamburgo e Berlim, na qual eram publicadas sobretudo notícias de diversos lugares da Europa; tratava-se de publicações ilustradas com algumas gravuras e até mapas; a mais antiga que se conhece foi publicada em Estrasburgo em 1609 por Johann Carolus.

AVISO – Notícia. Anúncio elaborado com finalidades informativas e/ou preventivas. Pregão. Proclamação. Participação. Sinal.

AVISO AO ENCADERNADOR – Folheto suplementar, isolado ou pertencente a um caderno, colocado geralmente no final de um volume ilustrado, onde são feitas algumas recomendações a respeito da encadernação da obra; tem como finalidade facilitar o trabalho de intercalação das estampas e dirige-se apenas ao encadernador, que por isso frequentemente o retira, uma vez pronto o volume; no entanto algumas vezes este aviso vem junto da obra, facto muito apreciado pelos coleccionadores.

AVISO AO LEITOR – *Ver* Aviso prévio.

AVISO DE ATRASADO – Advertência que é enviada por uma instituição a um utilizador que, por qualquer razão, não devolveu um documento a essa instituição de acordo com o período de empréstimo que lhe foi atribuído.

AVISO DE PASSAGEM – Circular de cuidado arranjo gráfico em que se comunica a passagem próxima do representante de uma empresa comercial ou outra.

AVISO DE VISITA – *Ver* Aviso de passagem.

AVISO FÚNEBRE – Notícia que convida para enterro ou cerimónia litúrgica ou informa acerca de um falecimento.

AVISO PRÉVIO – Palavras prévias • Preâmbulo. Aviso ao leitor • Apresentação. Espécie de pequeno prefácio de um livro • Advertência.

AVIVAR – Acentuar a tonalidade de uma gravura, estampa ou desenho • Reforçar a tintagem de transporte litográfico • Guarnecer de vivos. Repintar. Aperfeiçoar.

AVOCAÇÃO – Termo arcaico que designava advocação. Invocação.

AVULSO – Notícia pequena, sem grande valor, destinada a fechar as páginas de uma publicação periódica; está a cair em desuso • Impresso tirado em folha solta • Separado do corpo ou da colecção de que faz parte • Desirmanado. *Ver* Venda avulsa.

AXADREZADO – Em forma de tabuleiro de

xadrez • Encadernação de estilo axadrezado: diz-se dos planos da encadernação estampados com motivo de pequenos quadrados ou dados, de forma semelhante a um tabuleiro de xadrez. Enxadrezado. Enxaquetado. Xadrezado.

AZERTY – Sequência das seis primeiras letras da fila de teclas que estão sob os números no tipo de teclado que é conhecido sob esta designação e que é usada para o identificar.

AZUL DE COBALTO – Tinta fabricada a partir do cobalto, metal de propriedades semelhantes às do ferro.

AZUL ULTRAMARINO – Corante obtido à base de lápis-lazúli • Nome dado à tinta azul preparada a partir do lápis-lazúli calcinado ou preparado artificialmente; trata-se de um dos mais dispendiosos pigmentos, uma vez que a matéria-prima provinha das longínquas minas do Afeganistão. Ultramarino.

AZURADO – Ferro estriado de linhas oblíquas utilizado para a decoração de encadernações • Filete de metal composto por uma série de traços finos paralelos e ondulados, que se emprega em recibos, avisos de crédito e outros papéis, no lugar onde devem ser escritos números ou quantias por extenso, evitando deste modo falsificações ou emendas • Decoração manual da capa de um livro com barras ou linhas paralelas; a designação provém da utilização de finas linhas horizontais em heráldica. *Azuré.*

AZURÉ (pal. fr.) – *Ver* Azurado.

AZURITE – Carbonato básico de cobre, do qual se obtém um pigmento azul.

B

B – Letra do alfabeto latino e do de quase todas as línguas antigas e modernas • O tipo que na impressão reproduz essa letra • Matriz com que se funde esse carácter • Punção que serve para gravar essa matriz • No livro antigo, assinatura correspondente ao segundo caderno de um volume, quando se usavam letras em lugar de números • Nas chamadas de nota indica a segunda chamada, quando se usam letras em lugar de números ou sinais • Como letra numeral usada pelos antigos tinha o valor de 300; quando encimada por um til (~) tinha o valor de três mil.

B. P. E. – *Ver Bibliotheca do Povo e das Escolas.*

BABILLARD – Termo francês para *BBS* ou serviço em linha local.

BABOUINERIE (pal. fr.) – Diz-se de um tipo de iluminura ou gravura em cujos elementos de ornamentação figuram babuínos; estes animais exóticos e pouco conhecidos foram aproveitados, como de resto muitos outros elementos raros, tais como dragões e figuras híbridas e fantasiosas, para figurar nas bordaduras dos manuscritos mais variados, mesmo não tendo nada a ver com o conteúdo, como acontece nos livros de horas onde tais representações eram frequentes.

Babouinerie

BABUÍNO – Macaco, animal exótico e estranho que figurava, por vezes, nas iluminuras medievais e renascentistas • Anão • Mamarracho.

BACAMARTE – *Ver* Alfarrábio.

BACKBONE (pal. ingl.) – Termo com o significado de "espinha dorsal", pelo qual é designada em linguagem no âmbito da *Internet* uma linha de alta velocidade numa rede de comunicações.

BACKFILE (pal. ingl.) – *Ver* Ficheiro retrospectivo.

BACKLINK (pal. ingl.) – *Link* que liga uma página *Web* à página que está a ser estudada/usada/analisada.

BACKLIST (pal. ingl.) – Lista organizada pelo editor da qual constam os livros publicados antes da estação corrente e que ainda se encontram na impressão.

BACKUP (pal. ingl.) – Termo usado correntemente para designar uma cópia de segurança.

BACTÉRIAS – Microrganismos vegetais unicelulares que por vezes atacam os livros; menos frequentes que os bolores, podem ser igualmente agentes de deterioração do papel, do pergaminho e do couro.

BACTERICIDA – O que destrói as bactérias, que tem poder germicida • Produto usado para este fim.

BAD – Sigla pela qual é conhecida a Associação Portuguesa de Bibliotecários, Arquivistas e Documentalistas. Trata-se de uma pessoa colectiva de utilidade pública, sem fins lucrativos, que se rege por estatutos próprios e pela lei geral aplicável, vigorando por um período indeterminado. Tem a sua sede social em Lisboa, podendo estabelecer delegações regionais onde e quando o número de sócios e as condições locais o justifiquem.

BADAMECO – Pasta para papéis ou livros que os estudantes usam na escola.

BADANA – Prolongamento natural da capa ou cobertura de um livro, que se dobra para dentro ao nível da frente das pastas, podendo nele ser impressos alguns avisos, advertências, dados sobre o autor e a sua obra, publicidade, edições da mesma editora, etc.; denomina-se badana anterior e badana posterior consoante o lado onde se localiza. Solapa. Pestana. Bandeira • Orelha. Aba. (port. Bras.) Desdobro. Asa.

BAEDEKER (pal. al.) – Guia turístico ou de viagens, em especial aqueles que foram editados por Karl Baedeker, descendente de uma família de editores e livreiros alemães, que publicou em 1839, em Koblenz, a narração de uma viagem realizada no Reno, que se tornou famosa e à qual se seguiu uma série de guias de viagens também muito conhecidos.

BAGOCHO – Bocado de cartão ou papel que serve para enrolar por cima o fio ou barbante para formar novelo.

BAILADA – Cantiga de amigo que, acompanhada por música, se destinava a ser cantada no baile. Bailia • Espécie de poesia concernente à bailada, dança antiga do povo e de jograis.

BAILIA – Cantiga de amigo que, acompanhada por música, se destinava a ser cantada no baile. Bailada • Género poético medieval, próprio para dançar.

BAIXA – Nome dado à operação que consiste em retirar dos registos dos fundos de uma biblioteca, arquivo ou serviço de documentação, um documento que já não faz parte da sua colecção ou que foi devolvido do empréstimo • Documento que vai ser retirado • Descarga.

BAIXA CRÍTICA – *Ver* Crítica externa.

BAIXAR OS ESPAÇOS – Empurrar para baixo os espaços de uma forma tipográfica que subiram durante a tiragem, porque a linha estava frouxa, para que eles não imprimam no papel, pois se isso acontecer, os espaços poderão surgir na impressão como traços pretos.

BAIXO LATIM – Latim tardio. *Ver* Latim medieval.

BAIXO-RELEVO – Obra de escultura, sobre um fundo a que as figuras ficam aderentes; as *grisailles* ou miniaturas a preto e branco ou tons de cinza tentavam imitar o baixo-relevo.

BALANCÉ – Aparelho em forma de prensa com dois planos em sentido horizontal usado pelos encadernadores para aplicar as letras de metal aquecidas no couro das encadernações, a fim de as dourar • Máquina para reproduzir documentos em livros chamados copiadores, para imprimir cartões de visita, etc. Prensa *au balancier*.

BALANCIM – Prensa usada para imprimir em relevo. Prensa de balancim. Prensa para alto-relevo • Calcador.

BALANÇO – Documento que indica, numa determinada data, o activo e o passivo das contas de uma instituição, a fim de dar a conhecer o saldo das operações.

BALÃO – Elemento da banda desenhada, normalmente em forma de balão, onde se insere o texto que sai da boca de uma personagem • Fardo de papel que contém vinte e quatro resmas • Notícia exagerada.

BALAS – Instrumentos de que se serviam os primitivos impressores para dar tinta às formas antes da invenção dos rolos; eram feitos de pele de cão ou cordeiro e tinham um cabo para se lhes poder pegar; o operário que com elas trabalhava chamava-se *batedor ou bate-balas*, dada a operação de as bater uma contra a outra para uniformizar a distribuição da tinta; actualmente usam-nas os gravadores • Baldreu, tampão • Fardo de papel equivalente a dez resmas, ou seja cinco mil folhas. Nome dado ao conjunto de trinta e duas mãos de papel.

BALAÚSTRE – Colunelo ou pequeno pilar que por vezes figura nas gravuras de portadas arquitectónicas • Parte lateral da voluta de um capitel jónico.

BALDAQUINO – Construção fixa, semelhante a um dossel ou sobrecéu, que encima o altar-mor; é formado por um edículo, se está encostado à parede ou um templete se está isolado, com colunas ou pilastras, com arcos ou arquitraves e tecto plano ou de cúpula • Pálio de tecido sustentado por varas nos cantos que por vezes aparece sobre o altar ou pendendo do tecto e que figura em iconografia, sobretudo em heráldica e motivos de encadernação.

BALDOAIRO – Termo arcaico que designava o livro de ladainhas e orações que eram cantadas nas igrejas. Baldoário.

BALDOÁRIO – Livro do qual constam ladainhas, orações e preces que se rezam, cantam e entoam nas devoções de Maio, procissões e clamores. Baldoairo. Caritenho.
BALDREU – *Ver* Balas.
BALEIRO – Batedor.
BALIZA – Peça a que se encosta o papel nas máquinas de imprimir. Batente.
BALIZAGEM – Linguagem de descrição normalizada de um texto, que consiste na identificação dos elementos formais diferentes, como por exemplo um capítulo de um livro, um título de um artigo, um parágrafo, etc., enquadrando-os através de balizas.
BALSAM – Termo arcaico usado para designar estandarte, pendão, bandeira.
BAMBINOTECA – *Ver* Bébéteca.
BAMBIX (pal. lat.) – Termo que no latim medieval alternava com *bombix* e que designava "algodão", mas também significava papel (daí a expressão *charta bombicina* usada para o designar); significava ainda papiro, denunciando, afinal, a origem vegetal de todos estes suportes.
BAMBU – Na Ásia, onde é muito abundante, foi usado como suporte da escrita em secções cilíndricas (entrenós) ou em lamelas mais ou menos longas que, ligadas umas às outras podiam formar um livro; era gravado com um estilete de escrever e usado para correspondência, com frequência entre pessoas importantes • Matéria-prima utilizada no fabrico do papel.
BANALIZAÇÃO – *Ver* Trivialização.
BANCA – Espaço ou guarita de lona ou madeira instalada em lugares de passagem muito frequentados, onde se vendem jornais e revistas.
BANCA DE ESCREVER – Carteira. Secretária.
BANCA DE JORNAL – Local situado na via pública, em geral isolado do restante comércio, onde se vendem essencialmente publicações periódicas e outros produtos avulsos; antigamente esta venda era acompanhada de um pregão ou chamamento da freguesia.
BANCADA – Bastidor muito sólido, em forma de mesa ou banco, que constitui a parte fixa das máquinas de imprimir de pressão plano-cilíndrica.

BANCO DE COMPOR – Antigo cavalete das caixas de composição tipográfica • Na tipografia antiga era um género de mesa onde se colocava o papel para o tirador imprimir.
BANCO DE DADOS – Serviço onde se procede a uma análise da documentação com vista ao fornecimento de elementos concretos (numéricos ou outros) relativos à matéria de determinada especialidade; são sobretudo de três tipos: bibliográficos, estatísticos e de texto integral • Sistema de aplicação da informática à recolha, actualização e pesquisa selectiva de dados sobre um centro de interesses determinado • Conjunto de dados relativo a um determinado sector do conhecimento e organizado de modo a poder ser posto à disposição do utilizador; as informações têm uma apresentação normalizada e estão reunidas em ficheiros que podem ser interrogados; os produtores de bancos de dados confiam frequentemente a sua exploração comercial a servidores; o termo banco de dados emprega-se indiscriminadamente como base de dados, embora a última expressão caracterize mais os ficheiros que permitem o acesso ao documento primário. Os bancos de dados nascem da utilização em computador de uma ou várias bases de dados provenientes de diversas fontes. *Ver tb.* Base de dados.
BANCO DE DADOS DE IMAGENS – Conjunto de informações inter-relacionadas, apresentadas sob forma de imagem, organizado segundo um determinado esquema, com vista a servir uma ou várias aplicações através de um programa. Banco de dados iconográfico.
BANCO DE DADOS FACTUAL – Conjunto de informações inter-relacionadas relativas a factos ou neles baseadas, organizado segundo um determinado esquema, com vista a servir uma ou várias aplicações acessíveis através de um programa.
BANCO DE DADOS ICONOGRÁFICO – *Ver* Banco de dados de imagens.
BANCO DE DADOS TERMINOLÓGICO – Colecção de elementos referentes a um conjunto organizado de termos em linguagem especializada, cujos significados foram definidos ou são geralmente conhecidos nas áreas do saber consideradas. Banco terminológico.

BANCO DE IMAGENS – Base de dados de imagens.
BANCO DE LIVROS – Serviço de empréstimo de manuais e obras de consulta a estudantes que, devido a limitações de ordem económica, não podem adquiri-las.
BANCO DE PINCHAR – Elemento frequente nos escudos heráldicos dos infantes portugueses; também denominado lambel, é constituído por uma cotica em faixa alçada, onde estão suspensos geralmente três pendentes de forma triangular; na descrição da peça, e caso sejam mais do que três, é necessário assinalá-lo; o nome provém do facto de muitos pensarem que representava o banco em que os infantes tomavam assento nas cerimónias da corte.

Banco de pinchar

BANCO TERMINOLÓGICO – *Ver* Banco de dados terminológico.
BANDA – Tira ou cinta de jornal, impresso, etc., que é expedido pelo correio • Uma das peças heráldicas da primeira ordem, com a forma de uma lista achatada, que ocupa diagonalmente da direita para a esquerda mais ou menos a terça parte do escudo; é uma das figuras mais correntes; em heráldica pode aparecer só ou em conjunto com outras bandas paralelas • Em informática, grupo de canais de registo ou pistas em suportes de armazenamento, como discos magnéticos, bandas magnéticas e tambores magnéticos • Suporte linear que pode registar informação e que é utilizado como meio de entrada e de saída numa calculadora ou em outras máquinas • Forma como é designado o espaço correspondente a uma página, num texto de banda desenhada.
BANDA ALTERNADA – Registo da informação em duas bandas magnéticas utilizadas alternativamente passando automaticamente de uma para a outra, no fim da banda.

Banda

BANDA DE PELÍCULA – Conjunto de fotogramas com imagens físicas relacionadas, que se projectam uma a uma.
BANDA DESENHADA – Modalidade de narrativa gráfica constituída por uma história em imagens, geralmente acompanhada de um texto breve disposto frequentemente em balões; esta ideia não é recente, remontando à Idade Média em cujos manuscritos as figuras eram acompanhadas com legendas e inscrições colocadas em filactérios; o caso mais frequente é o da Anunciação do anjo a Nossa Senhora, com a legenda inscrita num desses motivos • *Comics*. História em quadradinhos. História em quadrinhos.
BANDA ESTREITA – Canal de comunicação que possui uma largura de banda menor do que a de um canal de adaptação acústica (até 2 mbits) e que, por tal motivo, alcança uma velocidade mais reduzida na transmissão de dados.
BANDA LARGA – Canal de comunicação com uma largura de banda maior que a de uma faixa de frequências e que, em consequência disso, tem capacidade para transmitir dados a maior velocidade • Transmissão de um sinal de portadora em frequência muito alta, modulado por informação digital.
BANDA LOMBARDA – Faixa vertical lisa, semelhante a uma pilastra, mas sem base ou capitel, pouco saliente, unida ao alto por pequenas arcaturas.
BANDA MAGNÉTICA – Banda flexível, geralmente de matéria plástica, impregnada ou revestida de uma substância ferromagnética, que permite o registo de informações sob a forma de polarização magnética • Pedaço de fita magnética que é inserido nos documentos para evitar que sejam furtados.

BANDA MAGNÉTICA SONORA – Fita plástica maleável na qual é depositado um verniz magnético que permite o registo de sons.
BANDA PERFURADA – Suporte informativo de plástico ou papel em que a codificação é registada através de perfurações • Fita cujas perfurações representam as informações; esta representação é definida convencionalmente pelo código adoptado para traduzir os caracteres do alfabeto utilizado para exprimir informação (letras, números, caracteres especiais).
BANDA SONORA – Fita magnética que contém o registo de um documento sonoro.
BANDA-PILOTO – Fita magnética perfurada, geralmente em anel, que contém instruções de comando para operações repetitivas.
BANDARILHA – Tira de papel que se cola na margem de um original ou de uma prova quando as emendas não cabem nas margens • Na prensa, é o papel que se coloca na frasqueta para cobrir um branco.
BANDAS – Carris de ferro sobre os quais desliza o carro ou a platina em algumas prensas de imprimir.
BANDA-VÍDEO – Fita plástica maleável na qual é depositado um verniz magnético que permite o registo de imagens e de sons.
BANDEIRA – Pedaço de papel colado ao original ou prova tipográfica, que contém um acrescento ao texto. Papagaio. Fralda • Cartolina que se cola na vareta das máquinas de impressão vertical, de modo a impedir que a forma suje o papel nos lugares onde há brancos • O lado das máquinas • Título que ocupa apenas seis colunas, sem texto, colocado abaixo do título da primeira página, destinado a destacar uma notícia importante • Título de um periódico na primeira página • Em informática, carácter especial usado para indicar a realização de uma condição específica • (port. Bras.) Bandeirinha.
BANDEIRINHA (port. Bras.) – *Ver* Bandeira.
BANDEIROLA – Faixa de tecido ou pergaminho longa e estreita, desenrolada segundo um traçado mais ou menos caprichoso e que serve de elemento decorativo em gravuras. Pequena bandeira que se coloca nas efígies dos santos • Galhardete.
BANDO – Pregão público por meio do qual é dada a conhecer uma ordem ou decreto. Édito.
BANDOLEIRA – Corda ou correia que antigamente usavam os aprendizes de tipografia para transportar as formas.
BANDOTECA – Sala climatizada onde se guardam bandas magnéticas, com a finalidade de se manterem inalteradas as suas qualidades e características.
BANDULHO – Espécie de cunha de ferro ou madeira com que se desapertavam à força os antigos cunhos usados nas formas.
BANHO ÁCIDO – Em fotogravura, é o banho para dissolver o metal nas partes não cobertas da lâmina • Banho de mordente.
BANHO DE COMPOSIÇÃO – Operação que consiste em humedecer os caracteres de uma composição manual que vai ser distribuída ou paginada evitando, assim, o empastelamento.
BANHO DE MARMORIZAÇÃO – Aquele que é usado pelos encadernadores para marmorizar o corte dos livros e se obtém dissolvendo na água goma de adraganto ou musgo da Islândia; sobre esta solução derramam-se as tintas misturadas com fel de boi, que se ondulam com um pente.
BANHO DE MORDENTE – Banho ácido.
BANHO GALVÂNICO – Sistema antigo para obtenção de matrizes nas fundições tipográficas.
BANHO-DOTE – Em rotogravura, método pelo qual dos alvéolos se obtém traços nítidos dos quais nascem os pontos impressos nítidos.
BANHO-MARIA – Nome dado ao recipiente que na fundição de rolos se põe ao lume com água, dentro da qual se coloca a vasilha contendo a pasta para fazê-la cozer; usa-se também nas oficinas de encadernação para amolecer a cola. O nome resulta do modo como é feita a operação, por um método semelhante ao usado em culinária, para derreter produtos ou cozê-los em banho-maria, circunstância de onde lhe virá o nome.
BANHOS – *Ver* Proclama.
BANIDO – Eliminado. Abolido • Proibido.
BANIR – Eliminar. Abolir • Proibir.

BAPTISTÉRIO – Nome dado ao livro que antigamente continha o ritual litúrgico do baptismo.
BARATA – Insecto ortóptero, de cor escura, nocturno e caseiro; come cola e grude e penetra nas encadernações dos livros para as atingir; os seus excrementos mancham o papel e as encadernações • Termo arcaico que designa troca. Permuta. Escambo. Contrato.
BARBA – Bordo irregular de uma folha de papel fabricada à mão. Irregularidade das margens das páginas, que indica que o livro está, pelo menos, parcialmente intonso; nas obras antigas a presença de barbas pode aumentar notavelmente o preço e o valor do exemplar • Aspereza que a letra mal polida apresenta na sua superfície • Rebarba • Em gravura a ponta-seca, irregularidade deixada no cobre pela ponta de aço ao traçar o desenho na placa metálica • No processo de gravura em talhe doce, é a pequena apara de metal repelida pela ferramenta nos bordos dos talhes; as barbas da gravura a buril eliminam-se com o desbarbador; as da gravura a ponta-seca conservam-se, porque fazem parte da qualidade das provas impressas, conferindo-lhes um contorno doce e aveludado.
BARBANTE – Cordel com o qual se amarra a página de composição.
BARBARISMO – Vício de linguagem que consiste em praticar erros de pronúncia, grafia, forma gramatical ou significado. Erro de sintaxe. Solecismo • Erro gramatical que consiste no emprego de uma palavra sob uma forma que não existe numa língua. Estrangeirismo • Uso de palavras estranhas a uma língua.
BARBEAR – Retocar à tesoura as margens de um livro, de modo que fiquem iguais.
BARBO – Em heráldica, figura de peixe em pala e um pouco curvado.
BARCAROLA – Poesia trovadoresca inspirada em temas relacionados com o mar ou o rio. Marinha.
BARCO-BIBLIOTECA – Embarcação aproveitada para fazer chegar livros às populações da beira-mar; o seu interior encontra-se adaptado e nele foram colocadas estantes cheias de livros; o bibliobarco ou barco-biblioteca foi fundado na Noruega, em Bergen, em 1959 e na Suécia em Lidingö; tem tido um importante papel nestes países, em especial devido ao acidentado do seu litoral.
BAREMO – Livro de contas certas; o seu nome deriva do aportuguesamento do apelido de François Bertrand, Barrême ou Barème, matemático francês do século XVII, que publicou em 1670 um *Livre des comptes faites* (Livro de contas certas) • Livro de aritmética elementar • Designação atribuída a qualquer descrição, classificação ou tabela que, pela redundância de pormenores supérfluos, se torna enfadonha e pouco clara.
BAREN – Almofada redonda, com uma pega, feita sobretudo com folhas de bambu.
BARRA – Sinal (/) que se usa nos símbolos técnicos (medidas, electricidade, etc.) com significado de *por* (por exemplo: km/h – quilómetros por hora) e nos quebrados para indicar *dividido por* (por exemplo 4/5); também tem outros usos convencionais • Na imprensa, peça de ferro com um punho de madeira na extremidade; serve para fazer pressão • Defeito de impressão que consiste em parte do impresso sair sem imprimir ou sair muito mais claro por o molde não ter recebido a tinta necessária • Em descrição bibliográfica internacional normalizada, sinal que antecede a indicação de responsabilidade • Diagonal.
BARRA DE ATENÇÃO (port. Bras.) – Chamada de correcção tipográfica.
BARRA DE FRACÇÃO – Sinal oblíquo que serve para designar fracções ou abreviaturas; é vulgarmente chamado travessão diagonal.
BARRA OBLÍQUA – Sinal usado em linguagens documentais com finalidades ou sentidos diferentes: na C.D.U. é sinal de extensão reunindo os índices que se seguem; significa "até", "inclusivamente" e permite uma considerável economia de escrita; em indexação alfabética é usada na construção de descritores sintéticos para exprimir a ideia de relações ou de influência entre duas noções; significa "em relação com"; é usada também com a função de separar os elementos de um cabeçalho de assuntos e como sinal convencional que antecede a indicação de responsabilidade em algumas zonas da descrição bibliográfica internacional normalizada.

Bas de page

BARRADO – Diz-se de toda a letra ou signo cruzado por uma barra. Listado. (port. Bras.) Listrado.

BARRAS MAGNÉTICAS – Peças grossas de metal colocadas na entrada/saída de uma biblioteca, arquivo, serviço de documentação, etc. para controlar o furto e para dissuasão do mesmo, instaladas sobretudo em lugares onde se pratica o livre acesso ao documento; são também designadas barreiras magnéticas.

BARREIRAS ARQUITECTÓNICAS – Características estruturais ou de desenho de edifícios, terrenos ou equipamento que limitam o acesso de pessoas fisicamente diminuídas às instalações, serviços ou colecções de uma biblioteca, arquivo, serviço de documentação, etc.

BARREIRAS MAGNÉTICAS – *Ver* Barras magnéticas.

BARRIGA – Face anterior ou frente do tipo onde está a risca • O olho das letras b, d, g, p, e q, ao qual vai unida a haste ou traço • Defeito da composição, que por qualquer motivo avulta mais no centro do que nas extremidades • Na gíria jornalística, notícia apresentada com destaque ou alarde, mas subsequentemente desmentida pelos factos.

BARRO SIGILAR – Ingrediente de cor vermelha usado por vezes para dar consistência e cor aos selos.

BARROTE – Parte saliente das caixas, galés, galeras e cavaletes das caixas de composição tipográfica.

BAS DE PAGE (loc. fr.) – Literalmente pode traduzir-se por "pé de página"; contudo, sobretudo na terminologia da iluminura gótica, significa a cena ou cenas miniaturadas junto ao pé de página, a maior parte das vezes ligada ao texto, constituindo uma unidade orgânica. *Ver* Pé de página.

BASE – No linótipo, parte do molde, peça fixada ao disco; fixa a tampa por meio de duas barras • Parte inferior da letra também chamada pé • Segundo G. Cordonnier, é o número máximo de classes de qualquer esquema de classificação, seja ele qual for; segundo S. R. Ranganathan, é o número total de dígitos numa notação • Conjunto de símbolos que é usado numa notação específica • Em matemática, é o número que serve para definir um sistema de numeração de logaritmos • Substância que tem uma reacção química alcalina; reage com ácidos para formar sais • Substância que foi revestida com um material sensível à luz para formar um filme fotográfico, como seja o nitrato de celulose, acetato de celulose, vidro, etc.

BASE DA LETRA – *Ver* Pé da letra.

BASE DE DADOS – Selecção de dados representando parte ou o total de outra colecção de dados e constituída, no mínimo, por um ficheiro, concebida para determinado fim ou para um dado sistema de processamento de dados; os dados contidos numa base de dados são fundamentalmente de três tipos: bibliográficos, estatísticos e de texto completo, circunstância que está na origem das suas designações específicas • Colecção ou compilação de informações armazenadas num suporte magnético, acessível por computador. As bases de dados podem conter apenas referências e, nesse caso, designam-se *referenciais* ou conter dados ou textos completos e então designam-se *fonte* • Conjunto de unidades de informação (registos) do mesmo tipo, organizadas sob forma normalizada ou não, armazenadas num computador numa das diversas formas legíveis por máquina, com vista a serem utilizadas por programas correspondentes a aplicações distintas, de modo a facilitar a evolução independente dos dados e dos programas; nesse conjunto todos os registos estão inter-relacionados por algum denominador comum e é a partir dele que se criam os ficheiros legíveis por máquina; essa informação pode ser apresentada em *CD-ROM*, videodisco *CD-I* (disco compacto interactivo) e em linha.

BASE DE DADOS BIBLIOGRÁFICOS – Conjunto de registos bibliográficos • Base que fornece apenas referências bibliográficas e que se destina a ajudar o utilizador a obter uma lista completa das obras e/ou artigos a consultar com uma determinada finalidade acompanhadas, com frequência, de resumos analíticos e/ou respectivo texto completo dos documentos nela inseridos.

BASE DE DADOS CONCEPTUAIS – Conjunto de informações, sob a forma de noções, recolhidas, organizadas e memorizadas em computador, de forma a poderem vir a ser consultadas pelo utilizador.

BASE DE DADOS DE DOCUMENTOS PRIMÁRIOS – *Ver* Base de dados de fontes.

BASE DE DADOS DE DOCUMENTOS SECUNDÁRIOS – *Ver* Base de dados de referência.

BASE DE DADOS DE DOMÍNIO PÚBLICO – Conjunto de informações recolhidas, organizadas e memorizadas em computador, de modo a poderem vir a ser consultadas livremente pelo utilizador comum.

BASE DE DADOS DE FONTES – Base de dados que contém dados completos ou texto integral ou parcial da informação sobre as fontes originais. Base de dados de documentos primários.

BASE DE DADOS DE INVESTIGAÇÃO – Conjunto de informações sobre investigação feita, em curso ou a fazer, recolhidas, organizadas e memorizadas em computador, de modo a poderem vir a ser consultadas pelo utilizador.

BASE DE DADOS DE PROPRIEDADES – Base de dados de fontes que contém dados do tipo dicionário, tais como propriedades químicas e físicas.

BASE DE DADOS DE REFERÊNCIA – Base de dados que contém referências e algumas vezes resumos de documentos não publicados e que encaminha geralmente os utilizadores para organizações individuais ou pessoas, a fim de obterem uma informação mais completa. Base de dados de documentos secundários.

BASE DE DADOS DE TERMINOLOGIA – Conjunto de informações terminológicas recolhidas, organizadas e memorizadas em computador, de modo a poderem vir a ser consultadas pelo utilizador.

BASE DE DADOS DE TEXTO COMPLETO – Base de dados que é constituída pela totalidade do texto de uma ou mais obras. Base de dados de texto integral.

BASE DE DADOS DE TEXTO INTEGRAL – Base de dados de fontes que contém textos completos ou partes de documentos. Base de dados de texto completo.

BASE DE DADOS ESTATÍSTICOS – Aquela que contém dados estatísticos e outros semelhantes; este tipo de banco de dados, dada a natureza do seu conteúdo, exige uma actualização permanente.

BASE DE DADOS FACTUAIS – *Ver* Base de dados não bibliográficos.

BASE DE DADOS NÃO BIBLIOGRÁFICOS – Base de dados que contém informação numérica ou quantitativa (estatísticas, dados espectroscópicos, propriedades físicas e químicas de compostos, etc.).

BASE DE DADOS NUMÉRICO-TEXTUAL – Conjunto de informações sob a forma de números e de palavras, recolhidas, organizadas e memorizadas em computador, de modo a poderem vir a ser consultadas pelo utilizador.

BASE DE DADOS NUMÉRICOS – Base de dados de fontes que contém dados numéricos ou representações de dados tratados estatisticamente.

BASE DE DADOS TEXTUAIS E NUMÉRICOS – Base de dados de fontes com informação textual e dados numéricos.
BASE DE FITA MAGNÉTICA – Parte de uma fita magnética, em geral de poliéster ou acetato, a que se aplica um revestimento de partículas magnéticas.
BASE DE NOTAÇÃO – Em classificação, número de símbolos disponíveis para serem utilizados na notação de um determinado sistema de classificação.
BASE DE SÍMBOLOS – Alfabeto de símbolos.
BASE DO TIPO – *Ver* Pé do tipo.
BASE FONTE – Aquela que recolhe o dado ou o texto completo da informação; as bases fonte dividem-se em bases textuais e bases numéricas ou factuais; as primeiras armazenam textos completos; quanto às segundas, o seu conteúdo são dados estatísticos, resultados apurados, horários de transportes, etc.
BASE REFERENCIAL – Aquela que remete para uma outra fonte a obtenção da informação, como é o caso de uma base de dados bibliográfica.
BASIC – Acrónimo de *Beginners All Purposes Symbolic Instruction Code*, linguagem de programação de alto nível, apresentada sempre em letras maiúsculas, criada para permitir um acesso fácil aos principiantes através de palavras inglesas simples e signos matemáticos comuns.
BASÍLICAS – Nome dado à colecção das constituições imperiais desde o tempo de Justiniano até ao imperador de Constantinopla Leão VI, conhecido pelo cognome de "o Filósofo", que as fez publicar em língua grega no ano de 888; o seu nome vem do grego *Basilæon*, pelo facto de ter sido o imperador Basílio, "o Macedónio", pai de Leão VI, o autor do projecto; foram também conhecidas como *Hexicontobiblion*, ou seja, livro dividido em sessenta partes ou Colecção de sessenta livros.
BASKERVILLE (pal. ingl.) – Tipo de transição utilizado pelo seu desenhador, Baskerville, de Birmingham, na edição da obra de Virgílio *Bucolica, Georgica et Æneis*, em formato in-fólio, em 1757.
BASMALA – Forma abreviada corrente da fórmula alcorânica *bismillah al-rahman al-rahim* ("em nome de Deus, Beneficente e Misericordioso"), que é usada para prefaciar inscrições e manuscritos.
BASTÃO – Pala estreita que cobre o campo do escudo heráldico na totalidade ou em parte.
BASTÃO MENSAGEIRO – Peça de madeira na qual as tribos primitivas da Austrália gravavam marcas que serviam para transmitir ordens ou acontecimentos sociais.
BASTARDILHA – Nome dado à colecção de cursivos.
BASTARDINHO – Tipo de letra que é uma espécie de caligrafia semelhante à bastarda, mas mais miúda.
BATALHANTE – Em heráldica é a designação usada para indicar que dois animais estão em atitude de combate; sinónimo de afrontado.
BATÃO – *Ver* Patão.
BATCH (pal ingl.) – Em informática, termo utilizado para designar um método de tratamento electrónico de dados realizado em partes separadas (lotes); o tratamento por lotes opõe-se ao tratamento em linha; utilizando o primeiro trata-se uma série de partes (em diferido); utilizando o segundo pode tratar-se um ponto ou pontos determinados, ajustando-os ou modificando-os, conforme o caso • Conjunto de registos, programas e documentos que se considera uma só unidade, com vista ao processamento por computador.
BATE-BALAS – *Ver* Batedor.
BATEDOR – Nas fábricas de papel é o instrumento com que se corta e bate o trapo antes de o meter em pilhas • Almofada que bate a tinta. Bala • Na gíria tipográfica é o compositor muito ágil. Caixista • Rascador, patão, batão • Operário que trabalhava com as balas. Bate-balas. Baleiro.
BATE-FOLHA – Pessoa que reduz um metal maleável a folhas muito finas, para serem usadas na douração ou em trabalhos semelhantes.
BATENTE – *Ver* Baliza.
BATER – Nas fábricas de papel, cortar o trapo antes de o pôr em pilhas ou por baixo dos cilindros, deixando de lado o que esteja em más condições • Ajustar as resmas de papel depois de as ter formado • Distribuir a tinta sobre a mesa por meio do rolo • Em encadernação, golpear o volume com um maço ou martelo

para diminuir a sua grossura e fazer com que desapareça o relevo da impressão.

BATER A TINTA – Distribuir a tinta na mesa da máquina por meio dos rolos batedores, fazendo-os dar repetidas voltas até que fique bem repartida; de igual modo se procede com o rolo de mão na mesa para as provas tiradas no prelo, facilitando o entintamento da forma.

BATER AS PROVAS – Obter provas da composição colocando sobre ela o papel e batendo delicadamente com uma escova. Decalcar as provas; normalmente as provas são tiradas num prelo de pequenas dimensões.

BATER LETRAS – Compor ou alinhar letras.

BATER O ENCAIXE – Golpear com o martelo o festo dos cadernos de um volume que se vai reencadernar, para tirar a marca do primeiro encaixe.

BATER O PAPEL – Emparelhar pelas extremidades as pilhas de papel, batendo-as em montículos sobre a mesa, ou sujeitando-as à acção de dispositivos especiais.

BATERIA – Jogo de balas.

BATIDO – Acção e efeito de bater • Diz-se do tipo cansado.

BATTEN CARD (loc. ingl.) – *Ver* Ficha de coincidência óptica.

BAÚ – Antiga denominação da caixa tipográfica, quando ainda era utilizada uma caixa muito funda.

BAUD (pal. ingl.) – *Ver Baud rate*.

BAUD RATE (loc. ingl.) – Unidade de medida da velocidade de transmissão das informações numa linha de telecomunicações; corresponde a 1 bit por segundo; uma ligação a 300 *baud* ou 300 *bps* permite a passagem de trinta bits por segundo. Taxa de transmissão.

BBS – Acrónimo de *Bulletin Board System*, sistema para troca de ficheiros, informação, correio electrónico, etc., mediante o acesso de uma linha telefónica; permite a partilha de informação podendo os utilizadores recorrer a ele para afixar e ler mensagens, enviar correio electrónico e entrar em *chats* (conversas em tempo real).

BC – Acrónimo de *Bibliographic Classification*, Classificação Bibliográfica.

BCD – Forma abreviada de *Binary Coded Decimal*, decimal codificado em binário, código em que o número decimal está representado por um grupo de quatro dígitos binários.

BCID – Acrónimo de *Book Crossing ID*, Número de identificação do livro na prática do *book crossing*; é do tipo 123-456789 e os três primeiros números devem apenas ser conhecidos por quem teve o livro na mão, pois são eles que permitem que se façam comentários no *site*; cada exemplar de um livro deve ter um *BCID* próprio.

BD – Acrónimo de Banda desenhada.

BDRB – Forma abreviada de *Bibliographical Description of Rare Books*, Descrição Bibliográfica de Livros Raros.

BDTECA – Biblioteca de banda desenhada, com obras em suporte papel, sob forma de livro, em vídeo e em *CD*. (port. Bras.) Bêdêteca.

BÊ-Á-BÁ – Nome corrente para abecedário • Nos antigos livros de aprendizagem da leitura era o nome dado à lição que tratava da letra bê • Rudimentos de noções básicas de qualquer assunto.

BEATOS – Nome atribuído a certos códices medievais, muito divulgados na alta Idade Média; contêm os comentários que um monge das Astúrias chamado Beato de Liébana, pelo facto de ter vivido em Liébana (Santander), fez nos meados do século VIII ao Apocalipse de S. João; esta atribuição de autoria é da responsabilidade de Ambrósio de Morales, que nas suas viagens de reconhecimento de manuscritos atentou neles e afirmou ser aquele o autor dos comentários. Estes magníficos manuscritos iluminados com miniaturas em estilo moçárabe empregando cores muito vivas, estão por vezes acompanhados por passos das *Etimologias* de Santo Isidoro de Sevilha e pela explicação de S. Jerónimo ao Livro do profeta Daniel.

BÉBÉTECA – Biblioteca para bebés ou crianças de tenra idade, por vezes com obras compostas unicamente por imagens, sem texto e com frequência impressas em tecido. Bambinoteca.

BÊDÊTECA (port. Bras.) – Bdteca. *Ver* Gibiteca.

BEDIS – Acrónimo de *Book Trade Electronic Data Interchange Standards Committee*, Comité de Normas de Permuta de Informação Electrónica do Comércio do Livro.

BELA PÁGINA – Nome dado à página ímpar ou recto, página para a qual se dirige naturalmente o olhar quando se abre um livro; daí que geralmente sejam colocados nessa página os títulos dos capítulos e nos livros de arte as reproduções • Folha divisória.

BELAS-LETRAS – Designação dada ao conjunto de disciplinas composto pela eloquência, gramática, poesia e literatura • Humanidades. Boas letras.

BELETRISTA – Pessoa que cultiva as belas-letras.

BELETRÍSTICA – Designação dada à parte das belas-letras que inclui a literatura agradável.

BELINOGRAFIA – Telefotografia; a palavra tem origem no nome do seu inventor, o francês Édouard Belin.

BELINÓGRAFO – Aparelho destinado a reproduzir à distância documentos, gravuras, fotografias, etc.; foi inventado por Édouard Belin, electricista francês do século XIX; hoje a transmissão efectua-se através de rádio-ondas e com amplificadores electrónicos; o belinógrafo é utilizado especialmente nos periódicos para a recepção de informação gráfica.

BELINOGRAMA – Imagem telefotográfica transmitida por radiotelegrafia mediante o telegrafoscópio.

BENCHMARK (pal. ingl.) – Submeter um produto a provas com a finalidade de determinar os seus tempos de resposta em certas operações • Avaliar o rendimento de diversas aplicações através da comparação dos resultados de diversas provas.

BENCHMARKING (pal. ingl.) – Processo contínuo de avaliação e de comparação do nível de desempenho das melhores empresas do mercado, neste caso concreto do mercado do fornecimento da informação, que utiliza em geral as empresas concorrentes como termo de comparação, e tem por finalidade atingir uma melhoria de *performance*.

BENCHTEST (pal. ingl.) – Teste de rendimento. Prova de rendimento. Designa a avaliação a que são sujeitos diversos produtos cujo resultado é divulgado em revistas da especialidade.

BENÇOAIRO – *Ver* Bençoário.
BENÇOÁRIO – Termo arcaico que designava o livro ou rol dos bens que foram deixados por testamento ou doação ou que foram adquiridos por qualquer outro justo título. Bençoeiro. Bençoairo.

BENÇOEIRO – *Ver* Bençoário.
BENDAY (pal. ingl.) – Processo de fotogravura, cuja designação provém do nome do seu autor, o norte-americano Benjamin Day, após ter sido abreviado o nome próprio; consiste em sombrear um desenho à pena com pontos, riscas, etc., mediante placas de gelatina que o têm em relevo • Zona sombreada • Carvão.

BENE VALETE MONOGRAMÁTICO – Monograma formado pelas letras destas palavras, que expressam uma saudação de desejo de saúde, de agradecimento, etc., traçado na chancelaria pontifícia, na parte inferior direita dos privilégios, em substituição da fórmula idêntica precedentemente escrita por extenso.

BENEDICIÁRIO – Livro litúrgico que contém as fórmulas das bênçãos da Igreja, atribuído em grande parte a S. Gregório • Repertório das bênçãos pontifícias dispostas segundo o ano litúrgico; pode apresentar-se como um livro autónomo, mas em geral é uma secção dos sacramentários e pontificais; alguns espécimes profusamente iluminados foram produzidos na Inglaterra anglo-saxónica para certos bispos, tais como S. Ethelwold de Winchester.

BENEFICIARIA (pal. lat.) – *Ver* Carta de benefício.

BENZENO – Hidrocarboneto cíclico que se apresenta sob a forma de líquido incolor com cheiro a benzina, facilmente inflamável, tóxico e dificilmente solúvel em água, utilizado como solvente para eliminar as manchas de gordura • Produto extraído do petróleo utilizado como solvente em heliogravura; era nocivo e o seu uso acabou por ser proibido.

BENZINA – Mistura de hidrocarboneto que se apresenta sob a forma de líquido incolor solúvel em álcool, éter e clorofórmio, que é usado como solvente de gorduras e resinas; a benzina é também usada para lavar tipos em formas de poucas linhas; como seca rapidamente, permite que o tipo tome a tinta logo depois de lavado. Éter de petróleo.

BERÇÔ – Nome dado ao instrumento de gravação semelhante a uma faca para picar carne, provido de um cabo central e constituído por

uma lâmina de aço estriado com a parte inferior arredondada e biselada, com uma quantidade de pequenos fios cortantes muito juntos; é usado na gravura à maneira negra para crivar as placas de cobre com uma infinidade de orifícios justapostos, que depois serão tintados.
BERÇO – Parte do prelo manual onde desliza o carro no seu movimento de avanço e recuo • (port. Bras.) Peça de madeira, de metal ou de plástico à qual se prende o mata-borrão para mais facilmente se utilizar. Buvar • Almofada de carimbo.
BESANTE – Figura de uma moeda, redonda e plana, bastante frequente em heráldica, só ou acompanhada de outras; pode ser de ouro ou de prata, facto que deve assinalar-se na descrição. Arruela.

Besante

BEST SELLING (loc. ingl.) – Expressão que significa com qualidade de *best-seller*. Ver *Best-seller*.
BESTIÁRIO – Colecção medieval de descrições com intenção moralizante e apologética da vida de animais, de carácter fabuloso, muitas vezes acompanhadas de desenhos de efeito notável; nas suas variadas manifestações, o bestiário gozou de grande popularidade durante os séculos XII e XIII, especialmente em Inglaterra • Colecção de textos ou iconografia sobre animais.
BEST-PRACTICES (pal. ingl.) – Designação atribuída aos mais elevados padrões de desempenho em categorias específicas como, por exemplo, o serviço ao cliente ou a inovação de produtos.
BEST-SELLER – Termo inglês, de uso internacional, que significa livro de maior venda numa determinada época; o primeiro livro de uma época determinada que se converteu em *best-seller* foi a *Imitação de Cristo*, atribuída a Tomás de Kempis • Em sentido mais amplo, livro cuja venda é uniforme durante vários anos • Situação do comércio do livro em que as vendas ultrapassam os limites previstos e escapam ao controlo.
BET – Acrónimo de *British Education Thesaurus*, Tesauro Britânico de Educação.
BETA – Designação da letra grega que se usa nas formas algébricas • Palavra que associada à palavra *alfa* compõe a palavra alfabeto.
BETAGRAFIA – Processo de radiografia por acção dos raios beta numa placa sensível, através de um documento utilizado para obter imagens das filigranas do papel, sem interferência do traçado que ele pode produzir.
BETUME-DA-JUDEIA – Substância usada na cobertura da superfície dos clichés para evitar que se deteriorem; em heliogravura serve para revestir as placas de cobre destinadas a receber a acção da luz. Asfalto.
BEXIGA NATATÓRIA – Órgão hidrostático característico de muitos peixes, usado como membrana em restauro do pergaminho.
BEZERRO – Designação dada em Castela aos livros de privilégios nas igrejas e mosteiros; o nome provém da pele com que são forrados • Pele curtida de vitela ou vitelo.
BIANUAL – Duas vezes no ano. Diz-se da publicação que é editada duas vezes por ano. Semestral.
BIBELOT (pal. fr.) – Livro muito raro.
BIBL. – Abreviatura de bibliografia.
BIBLE MORALISÉE (loc. fr.) – É o tipo mais importante de Bíblia medieval ilustrada, também conhecida como *Bible historiée, Bible allégorisée* ou *Emblèmes bibliques*. Foi composta durante o século XIII e é constituída por certas passagens bíblicas e respectivos comentários acompanhados por lições alegóricas ou morais; mais tarde enfatizaram as ligações entre os relatores do Antigo e Novo Testamentos; algumas delas continham cerca de cinco mil imagens em forma de medalhão, ordenadas em colunas.
BIBLI(O) – Elemento que, na formação de palavras, significa *livro*, de acordo com o termo grego de onde é originário.
BÍBLIA – Palavra grega, plural de *biblos*, que significa "livro" usada para designar o con-

junto formado pelos textos do Antigo e do Novo Testamentos. Obra sagrada do Cristianismo e do Judaísmo; o mais antigo livro que se conhece impresso em caracteres móveis é conhecido pelo nome de *Bíblia de Gutenberg*. Sagrada Escritura • Nome dado ao livro sagrado de uma religião que não o Cristianismo e o Judaísmo • Obra de referência que compendia o pensamento sobre um assunto e que constitui leitura obrigatória para o seu conhecimento.

BÍBLIA COMENTADA – Texto sagrado, geralmente disposto em três colunas, em que a do centro contém o texto escriturístico e as laterais, em corpo menor, os comentários ou glosas; este termo aplica-se tanto a textos manuscritos como impressos. Bíblia glosada.

BÍBLIA DAS 36 LINHAS – É a segunda edição do texto da *Vulgata*, que se pensa ter sido impresso em Bamberg por volta de 1458, provavelmente por Heinrich Keffer; tem 822 folhas impressas, 2 colunas por página e 36 linhas em cada coluna; conhecem-se treze exemplares, dos quais apenas quatro estão perfeitos. É conhecida também pelo nome de Bíblia de Schellhorn ou de Bamberg e consta de três volumes in-fólio.

BÍBLIA DAS 42 LINHAS – Texto da Bíblia impresso em latim por Johann Gutenberg, Johann Füst e Peter Schöffer em Mogúncia, entre 1450-1455 e uma das mais antigas Bíblias impressas com caracteres móveis; é conhecida como Bíblia de Mazarino, pelo facto de o exemplar que primeiro chamou a atenção dos bibliógrafos ter sido descoberto por Debure, livreiro francês, entre os livros pertencentes ao cardeal Mazarino, bibliófilo bem conhecido, cuja biblioteca se encontra actualmente no Colégio Mazarino em Paris. Conhecem-se 48 cópias desta Bíblia, 12 das quais impressas em velino e 36 em papel. É conhecida também por Bíblia de Gutenberg ou Bíblia latina e a sua designação mais comum resulta do facto de a sua impressão ter quarenta e duas linhas por coluna.

BÍBLIA DAS 48 LINHAS – Bíblia impressa em Mogúncia por Johann Füst e Peter Schöffer em 14 de Agosto de 1462; supõe-se que o tipo em que está impressa foi especialmente feito para a sua impressão, pois é a primeira vez que é usado.

BÍBLIA DE 1462 – É a quarta edição do texto da Vulgata impresso em Mogúncia por Füst e Schöffer em 1462; é a primeira Bíblia datada. *Ver* Bíblia das 48 linhas.

BÍBLIA DE ALBA – Exemplar da Bíblia traduzida pelo judeu Moisés Arragel e copiada em 1430 ou 1432; conserva-se na Biblioteca Nacional de Madrid.

BÍBLIA DE ALCALÁ – *Ver* Bíblia poliglota de Alcalá.

BÍBLIA DE ALCUÍNO – Bíblia escrita na abadia beneditina de São Martinho, em Tours, no segundo quartel do século IX; o seu texto é uma revisão da *Vulgata*, feita por Alcuíno de York, arcebispo de Tours, por ordem de Carlos Magno.

BÍBLIA DE ANVERS – *Ver* Bíblia poliglota régia.

BÍBLIA DE BAMBERG – *Ver* Bíblia das 36 linhas.

BÍBLIA DE GUTENBERG – *Ver* Bíblia das 42 linhas.

BÍBLIA DE MAZARINO – *Ver* Bíblia das 42 linhas.

BÍBLIA DE SCHELLHORN – *Ver* Bíblia das 36 linhas.

BÍBLIA DE VALÊNCIA – Edição da Bíblia impressa em tradução catalã em 1478, que foi queimada pela Inquisição em 7 de Abril do mesmo ano, na Praça do Rei em Barcelona e da qual escapou apenas um exemplar, que foi destruído no incêndio que teve lugar na Biblioteca Real de Estocolmo em 1697.

BÍBLIA DO LORVÃO – Exemplar da Bíblia manuscrito em letra gótica constituído por dois volumes, hoje desmembrado provavelmente por motivos litúrgicos; tal como o nome indica, a sua proveniência terá sido daquele mosteiro, conhecido como um dos centros de cópia de manuscritos em Portugal.

BÍBLIA DO OSSO – Designação dada a uma edição da Bíblia que foi publicada por Cassiodoro de Reyna em Basileia em 1572; o seu nome deriva do facto de apresentar um osso estampado na encadernação.

BÍBLIA DOS JERÓNIMOS – Constituída por 7 volumes, recebeu este nome por ter sido oferecida pelo rei D. Manuel I aos frades do mosteiro de Nossa Senhora de Belém, da Ordem de S. Jerónimo, fundado pelo mesmo monarca em memória do descobrimento do caminho marítimo para a Índia; os volumes de grande formato, manuscritos em pergaminho, foram iluminados por Dante Attavanti, nos finais do século XV; furtada por Junot em 1808 durante as invasões francesas, foi restituída a Portugal por Luís XVIII, rei de França, em 1815; encontra-se actualmente no Arquivo Nacional da Torre do Tombo.

BÍBLIA DOS POBRES – *Ver Biblia Pauperum.*

BÍBLIA GLOSADA – *Ver* Bíblia comentada.

BÍBLIA HISPALENSE – Texto da Bíblia escrito em Sevilha por volta do ano de 900 para o bispo Sernado e completado apenas em 988, tendo-lhe então sido acrescentadas as figuras dos profetas Zacarias, Naún e Miqueias.

BÍBLIA HISTORIADA – *Ver* Bíblia moralizada.

BÍBLIA LATINA – *Ver* Bíblia das 42 linhas.

BÍBLIA MAZARINA – *Ver* Bíblia das 42 linhas.

BÍBLIA MOÇÁRABE – Nome dado ao manuscrito da Bíblia que no ano de 920 foi feita e iluminada por Johannes Diaconus para o abade Mauro do mosteiro de Santa Maria e de São Martinho de Albares.

BÍBLIA MOGUNTINA – *Ver* Bíblia de Gutenberg.

BÍBLIA MORALIZADA – É o tipo mais importante da Bíblia medieval ilustrada, também conhecida como Bíblia historiada, Bíblia alegorizada ou Emblemas bíblicos; composta entre 1225 e 1235 em Paris, é constituída por curtas passagens bíblicas e respectivos comentários acompanhados por lições alegóricas ou morais e ornamentados com extensas ilustrações; algumas delas continham cerca de 5000 imagens em forma de medalhão e ordenadas em colunas.

BIBLIA PAUPERUM (loc. lat.) – Literalmente "Bíblia dos pobres", consiste numa série de miniaturas ilustrando o paralelo entre o Antigo e o Novo Testamento; as cenas da vida de Cristo eram acompanhadas por cenas do Antigo Testamento e figuras dos profetas; foi impressa em 1430 e foi o mais antigo livro xilográfico conhecido, reeditado sucessivamente; embora poucas edições tenham sobrevivido, sabe-se que estas obras foram muito populares na Idade Média, especialmente como instrumento de instrução religiosa no meio do clero pobre e da sociedade leiga onde, apesar da vida abastada, a cultura era escassa; estas cenas eram representadas em gravuras de madeira de desenho ingénuo gravadas apenas de um dos lados do papel. Admite-se a hipótese de que este expediente servisse também ao padre como uma espécie de referência ou guia temático que funcionava como ponto de partida para as suas pregações, ajudando--o a mostrar a unidade da Bíblia. Há também quem entenda que, dado o seu preço, a *Biblia pauperum* se destinava a eruditos ou clérigos sem possibilidades de adquirirem uma bíblia completa, constituindo a expressão uma forma abreviada de *Biblia pauperum prædicatorum*, Bíblia dos pregadores pobres.

BIBLIA PAUPERUM PRÆDICATORUM (loc. lat.) – *Ver Biblia pauperum.*

BÍBLIA POLIGLOTA – Texto da Bíblia acompanhado por um mínimo de duas versões em línguas diferentes, disposto em colunas sobrepostas ou justapostas.

BÍBLIA POLIGLOTA COMPLUTENSE – *Ver* Bíblia poliglota de Alcalá.

BÍBLIA POLIGLOTA DE ALCALÁ – Texto da Bíblia em latim, grego, hebraico e caldaico apresentado em colunas paralelas; foi impresso em Alcalá de Henares em 1514-1517, sob o patrocínio do cardeal Francisco Ximenez de Cisneros, arcebispo de Toledo, e preparado por Nebrija, Nuñez Pinciano, Lopez de Estuñiga, Bartolomé de Castro e outros. A impressão desta obra em seis volumes começou em 1514 e terminou em 1517, na oficina de Guillerme de Brocar, tendo apenas vindo a lume seiscentos exemplares em 1520.

BÍBLIA POLIGLOTA DE ANVERS – Edição da Bíblia em hebraico, latim e grego, custeada por Filipe II, impressa por Plantin e dirigida por Benito Arias Montano, que teve início em 1568 e veio a lume em 1572. Bíblia poliglota régia. Bíblia poliglota de Plantin.

BÍBLIA POLIGLOTA DE PLANTIN – Bíblia em latim, grego, hebraico, caldaico e siríaco, editada por Arias Montano e impressa em Anvers por Christophe Plantin em 1569-1572.

BÍBLIA POLIGLOTA FRANCESA – Edição da Bíblia que começou a ser impressa em França por Antoine Vitre em 1628, que foi financiada por Michel Le Jay e editada em 1572; trata-se de uma obra em dez volumes com textos em hebraico, samaritano, caldaico, grego, siríaco, latim e árabe.

BÍBLIA POLIGLOTA INGLESA – Edição da Bíblia impressa por Thomas Roycroft de 1633 a 1657 e editada por Brian Walton; trata-se de uma obra em seis volumes, de textos em hebraico, latim, grego, aramaico, siríaco, samaritano, etíope, árabe e persa.

BÍBLIA POLIGLOTA RÉGIA – Edição da Bíblia feita pelo mais importante impressor belga, Christophe Plantin, em 1568-1572, cujo financiamento se ficou a dever em parte a Filipe II. Bíblia poliglota de Plantin. *Ver* Bíblia poliglota de Anvers.

BIBLÍACO – Aquilo que se refere ao livro.

BIBLIATOR (pal. lat.) – Nome dado na Idade Média aos vendedores de livros manuscritos, que eram ao mesmo tempo escritores e copistas; chamava-se-lhes igualmente *stationarius* e, se tivessem estudos, *clericus*.

BIBLIÁTRICA – Arte de restaurar os livros e as encadernações.

BIBLICISMO – Forma de expressão própria da Bíblia.

BIBLICISTA – Pessoa que se dedica ao estudo da Bíblia. Biblista.

BIBLICÍSTICO – Referente a biblicismo e a biblicista.

BÍBLICO – Aquilo que se refere à Bíblia • Aquilo que se refere ao livro em geral.

BIBLID – Acrónimo de *Bibliographic Identification*, identificação bibliográfica, conjunto dos dados bibliográficos que permitem identificar os artigos das publicações em série e dos livros que contêm contribuições de vários autores.

BIBLIOBARCO – *Ver* Barco-biblioteca.

BIBLIOBUS (pal. ingl.) – *Ver* Biblioteca itinerante.

BIBLIOCANTO (port. Bras.) – *Ver* Ampara-livros, Aperta-livros *e* Cerra-livros.

BIBLIOCAPELO – Vendedor ou mercador de livros na Antiguidade grega.

BIBLIOCIRURGIA – Técnica da biblioterapia ou biblioterapêutica, que tem como finalidade o restauro dos livros, eliminando as partes deterioradas e recuperando apenas as partes aproveitáveis, que podem ser restauradas.

BIBLIOCLASTA – Pessoa que destrói livros • Aquele que odeia livros • Bibliófobo. Bibliólito.

BIBLIOCLASTIA – Destruição voluntária de livros levada a cabo pela aversão ao seu conteúdo ou às teorias que veiculam.

BIBLIOCLEPTO – Ladrão de livros. Bibliocleptómano. Biblioclepta • Bibliopirata.

BIBLIOCLEPTOMANIA – Vício, mania de roubar livros. O furto de livros remonta aos primórdios das bibliotecas, sendo os ladrões de livros uma verdadeira praga na Idade Média e no Renascimento, a ponto de o Papa Bento XIV ter publicado em 1752 uma bula que excomungava os ladrões de livros.

BIBLIOCLEPTOMANÍACO – *Ver* Bibliocleptómano.

BIBLIOCLEPTÓMANO – Pessoa que sofre de bibliocleptomania. Biblioclepta.

BIBLIOCRISO – Livro escrito ou impresso a ouro.

BIBLIOCROMIA – Técnica de impressão de livros em papel de cor, usada em meados do século XIX.

BIBLIOCRÓMICO – Relativo à bibliocromia.

BIBLIÓCROMO – Livro impresso em papel de cor.

BIBLIOFAGIA – Qualidade de bibliófago, geralmente roedores ou outros animais que roem livros e encadernações.

BIBLIOFÁGICO – *Ver* Bibliófago.

BIBLIÓFAGO – Diz-se dos insectos ou roedores que se alimentam de papel, livros e suas encadernações. Bibliofágico • Animal que ataca livros ou papel escrito, roendo-os; aplica-se especialmente aos roedores e ao caruncho • Por extensão, aquele que destrói livros • Em sentido figurado, leitor insaciável, que devora livros ou que os adquire sem qualquer critério.

BIBLIOFER (pal. fr.) – Vagão-biblioteca destinado a proporcionar livros aos ferroviários e aos seus familiares, assim como aos habitantes de aldeias que não têm biblioteca; o primeiro foi inaugurado em França em 1957.

BIBLIOFILÁCIO – Guardador de livros. Bibliotecário.
BIBLIOFILAXIA – Ciência ou arte de preservar livros • Conjunto de técnicas de conservação dos livros e outra documentação.
BIBLIOFILIA – Paixão pelos livros, sobretudo raros e que contêm alguma particularidade especial • Ciência ou arte de bibliófilo.
BIBLIOFILIANA – Conjunto de pensamentos, ditos, anedotas, refrãos, etc. relativos ao livro.
BIBLIOFÍLICO – Relativo à bibliofilia.
BIBLIOFILME – Microfotografia negativa das páginas de um livro sobre filme, para projecção em aparelho próprio; usualmente utilizam-se microfilmes de 16 ou 35 mm. Microfilme.
BIBLIÓFILO – Pessoa amante das edições originais, raras e curiosas de livros; os bibliófilos apreciam sobretudo a beleza tipográfica, a encadernação e o material com que foi impresso e confeccionado um livro.
BIBLIOFOBIA – Ódio pelo livro.
BIBLIOFÓBICO – Pertencente ou relativo à bibliofobia.
BIBLIÓFOBO – O inimigo dos livros ou o que foge deles. Biblióleto • Pessoa que detesta livrarias • Biblioclasta.
BIBLIÓFORO – Empregado de uma biblioteca que tem a seu cargo o serviço interior; encarrega-se de entregar os livros.
BIBLIOFOTO – Livro obtido através de projecção fotográfica • Aparelho com o qual se obtém essa projecção.
BIBLIOFOTOGRAFIA – Arte de reproduzir as páginas de um livro por meio da microfotografia • Microfotografia de um livro. Reprodução desta microfotografia.
BIBLIOFOTOGRAMA – Fotograma obtido por intermédio de bibliofoto.
BIBLIOGÉNESE – Origem e formação de livro ou livros.
BIBLIOGÉNICO – Que diz respeito à bibliogénese.
BIBLIOGEOGRAFIA – Estudo da distribuição e localização geográfica dos livros, quer se trate de incunábulos, livros raros ou quaisquer outros • Estudo da materialidade do livro • Sociologia dos textos.
BIBLIOGNOSIA – Ciência dos livros, da sua história, títulos, datas de publicação, etc., em oposição à ciência dos livros, que é a bibliologia. Bibliognóstica.
BIBLIOGNOSTA – Palavra de origem grega que significa um bibliógrafo hábil, que conhece a fundo a história dos livros, os seus títulos, as diferentes datas de edição, os lugares onde foram impressos e os seus impressores.
BIBLIOGNÓSTICA – *Ver* Bibliognosia.
BIBLIOGNÓSTICO – Pertencente ou relativo à bibliognóstica.
BIBLIOGONIA – Manufactura, produção de livros.
BIBLIOGRAFAR – Fazer o levantamento da bibliografia de.
BIBLIOGRAFIA – Palavra derivada de duas palavras gregas, *biblion* (livro) e *graphein* (escrever) usada originariamente no sentido de "escrever livros"; a partir do século XVI verificou-se uma transição deste significado para o de "escrever sobre livros" • Sociologia dos textos • Disciplina que estuda os textos como formas conservadas, assim como os seus processos de transmissão, da produção à recepção • Como área do conhecimento, parte da bibliologia que estuda as técnicas de identificação e descrição de documentos e a ordenação dessas descrições • Deduções lógicas que podem ser estabelecidas a partir do estudo de signos impressos, considerados como marcas arbitrárias no pergaminho ou no papel • Estudo da forma material dos livros com comparações entre as variantes das edições e cópias, como meios de determinar a história e transmissão dos textos • Arte de descrever os livros correctamente no que diz respeito à autoria, edições, forma física, etc. • Arte de conhecer livros • Preparação de listas de livros, mapas, etc. • Ramo da bibliologia que se ocupa dos repertórios de livros • Secção especial existente em determinados jornais, revistas e outras publicações congéneres, onde são divulgadas as obras acabadas de publicar e se procede à sua apreciação • Ciência dos livros, ramo do conhecimento respeitante ao exame histórico e técnico de obras escritas, em que os livros impressos e manuscritos são analisados com a finalidade de descobrir ou verificar a sua origem e proveniência, datas, números e ordem de páginas, autoria e material de suporte • Disciplina que estuda o

livro impresso enquanto objecto material, com o objectivo de traçar a história da produção e circulação do livro sob os aspectos técnico e cultural; observa, descreve e interpreta os elementos bibliográficos no período inicial da tipografia, no período da tipografia manual, no período da tipografia mecânica e no período da composição electrónica • Como produto, documento secundário, que apresenta uma lista de referências bibliográficas segundo uma ordem específica e contendo elementos descritivos de documentos, de modo a permitir a sua identificação; pode apresentar-se quer sob a forma de um documento autónomo, repertório bibliográfico, quer sob a forma de um documento ou de uma parte de um documento. Como parte do documento é geralmente colocada no fim, onde se consigna a lista de obras consultadas para o redigir; é em geral ordenada alfabeticamente, por autores ou por títulos das obras; pode colocar-se também no fim de cada capítulo ou de cada parte, embora seja menos frequente isso acontecer; pode ser dividida por assuntos ou temas e conter comentários acerca da obra ou do seu autor (bibliografia comentada) • Referências bibliográficas • Secção num periódico, na qual se dá notícia e se faz a apreciação das últimas publicações da especialidade • Segundo McKenzie é a disciplina que estuda os textos enquanto formas conservadas, assim como os processos da sua transmissão, incluindo a sua produção e recepção.

BIBLIOGRAFIA ACTIVA – Conjunto das obras publicadas por um autor em monografias ou em artigos de publicações periódicas.

BIBLIOGRAFIA ACTUAL – *Ver* Bibliografia corrente.

BIBLIOGRAFIA ALFABÉTICA – Bibliografia em que as entradas estão ordenadas segundo as letras do alfabeto.

BIBLIOGRAFIA ANALÍTICA – Espécie de bibliografia que determina factos e dados relativos a uma publicação, examinando as assinaturas, reclamos, folhas reimpressas e marcas de água e fazendo um registo dos resultados; é também denominada bibliografia crítica ou histórica • Disciplina cujos dados fundamentais são aqueles que permitem reconstituir o modo de composição do texto, por exemplo indicando os hábitos gráficos e ortográficos dos diferentes compositores que trabalharam numa mesma obra ou identificando determinadas particularidades (letras danificadas, iniciais, ornamentos do seu próprio material); assenta no estudo dos documentos bibliográficos como objectos físicos: os pormenores da sua produção e os efeitos do método de elaboração sobre o texto; uma bibliografia analítica pode considerar a história de livreiros e impressores, a descrição de tipos de papel e de encadernação ou a evolução do texto, desde a fase do manuscrito até ao aparecimento a público • Repertório no qual a identificação de um documento é seguida da sua análise.

BIBLIOGRAFIA ANOTADA – Bibliografia acompanhada de comentários e observações. É aquela que, além dos elementos identificadores da obra, apresenta dados sobre o seu conteúdo ou particularidades específicas da obra ou do autor ou comentários e observações sobre ambos. Bibliografia crítica. Bibliografia comentada. Bibliografia analítica.

BIBLIOGRAFIA BIBLIOFÍLICA – Modalidade de bibliografia de primeiras edições, catálogos de livros antigos, etc., que é destinada a bibliófilos.

BIBLIOGRAFIA CLASSIFICADA – *Ver* Bibliografia sistemática.

BIBLIOGRAFIA COMENTADA – Bibliografia anotada. *Ver* Bibliografia crítica.

BIBLIOGRAFIA COMERCIAL – Aquela que é constituída em geral por catálogos de editores, livreiros ou distribuidores, que oferecem ao leitor, com finalidades comerciais, a produção documental que possuem.

BIBLIOGRAFIA COMERCIAL CORRENTE – Bibliografia que informa livreiros, bibliotecários, documentalistas, etc., acerca das novas publicações que são postas à venda; responde a necessidades comerciais e fornece informações necessárias à sua compra e venda.

BIBLIOGRAFIA COMERCIAL DE UM PAÍS – Em geral, lista de títulos em várias línguas existentes num determinado país e disponíveis para venda no seu espaço geográfico.

BIBLIOGRAFIA COMPLETA – Bibliografia que inclui todas as obras de um determinado tipo. Bibliografia exaustiva.

BIBLIOGRAFIA CORRENTE – Recenseamento do conjunto da produção editorial à medida que vai aparecendo, feito periodicamente, com intervalos mais ou menos regulares. A bibliografia corrente deve ser rápida, sair com uma periodicidade curta e regular, o mais exaustiva possível e incluir todos os elementos de identificação que possibilitem a aquisição do documento, oferecendo também alguns dados informativos sobre o conteúdo e a qualidade de cada um dos documentos nela incluídos. É redigida por organismos cuja finalidade é a de divulgar aos interessados aquilo que vai saindo. Bibliografia em curso. No século XIX o fomento do comércio do livro levou ao aparecimento das bibliografias correntes, que se multiplicarão no século XX, para enfrentar o crescimento exponencial dos documentos então editados, que havia conveniência em recensear em proporção ao seu aparecimento.

BIBLIOGRAFIA CRÍTICA – Bibliografia sinalética em que cada notícia é seguida por um comentário ao valor do texto e, eventualmente, da sua edição. Bibliografia comentada. Bibliografia analítica. Bibliografia histórica.

BIBLIOGRAFIA CRONOLÓGICA – Bibliografia em que os documentos nela inseridos estão dispostos pela ordem da data em que foram publicados.

BIBLIOGRAFIA CUMULATIVA – Bibliografia que, apesar de publicada separadamente, se acopla depois a outras bibliografias compiladas previamente seguindo os mesmos princípios.

BIBLIOGRAFIA DE AUTOR – Lista das obras escritas por um autor e/ou acerca dele; pode ser uma bibliografia descritiva ou uma simples enumeração de títulos. Bibliografia pessoal.

BIBLIOGRAFIA DE BIBLIOGRAFIAS – Obra que recenseia bibliografias. Pode ser de tipos diversos: corrente, retrospectiva, selectiva, exaustiva, etc., sinalética e analítica ou crítica.

BIBLIOGRAFIA DE BIBLIOGRAFIAS CORRENTES – Obra em geral organizada alfabeticamente por assuntos, que recenseia as bibliografias correntes publicadas em periódicos ou livros em diversas línguas.

BIBLIOGRAFIA DE PRIMEIRA MÃO – *Ver* Bibliografia primária.

BIBLIOGRAFIA DE SEGUNDA MÃO – *Ver* Bibliografia secundária.

BIBLIOGRAFIA DE UMA ÉPOCA – *Ver* Bibliografia periódica.

BIBLIOGRAFIA DESCRITIVA – Bibliografia que assenta numa descrição pormenorizada dos documentos; dela constam elementos sobre o autor, dados exactos do título, lugar de publicação e/ou impressão, data de publicação e/ou descrição física, indicação de ilustrações, formato, encadernação, estado de conservação e quaisquer outras particularidades consideradas importantes para a descrição do documento • Publicação constituída pelo resultado do trabalho anterior.

BIBLIOGRAFIA DO MANUSCRITO – Operação preliminar da descrição de um manuscrito, indispensável para a sua correcta interpretação, que consiste na análise de toda a bibliografia disponível a ele relativa; inserem-se nela os catálogos e inventários antigos e outras fontes não impressas, como teses, cartas e opiniões de investigadores, que amiúde se encontram no dossiê do manuscrito ou no arquivo da biblioteca ou arquivo a que o mesmo pertence.

BIBLIOGRAFIA ELEMENTAR – Repertório sumário de publicações no qual a referência foi reduzida ao essencial ou a uma notícia abreviada. *Ver* Bibliografia sumária.

BIBLIOGRAFIA EM CURSO – Bibliografia que insere elementos de obras ou documentos à medida que eles vão sendo publicados. *Ver* Bibliografia corrente.

BIBLIOGRAFIA ENCERRADA – Aquela que reúne títulos aparecidos até uma determinada data pré-estabelecida e que nos anos seguintes não foi objecto de actualização.

BIBLIOGRAFIA ENUMERATIVA – *Ver* Bibliografia sistemática.

BIBLIOGRAFIA ESCOLHIDA – *Ver* Bibliografia selectiva.

BIBLIOGRAFIA ESCONDIDA – Lista de documentos que contém dados bibliográficos, apesar de não serem designados à cabeça sob a rubrica "bibliografia".

BIBLIOGRAFIA ESPECIALIZADA – Repertório que recenseia apenas os documentos que tratam de uma única ciência ou de um único tema (objecto, lugar, pessoa, etc.).

BIBLIOGRAFIA ESPECÍFICA – Repertório de publicações que versa toda a espécie de textos referentes a um único tema ou área do saber, sem distinção de línguas, épocas ou lugares de edição, etc. • Em metodologia da investigação científica, designação atribuída ao conjunto dos estudos de carácter especializado sobre um determinado ou determinados temas que estão a ser alvo de um processo de investigação; usa-se por oposição a bibliografia geral.

BIBLIOGRAFIA ESTATÍSTICA – Bibliografia cuja ordenação é baseada no número de edições, traduções, consultas, vendas, etc.; actualmente designa-se estudo bibliométrico.

BIBLIOGRAFIA ESTRANGEIRA – Aquela que apresenta e descreve documentos publicados em país externo, traduzidos ou na língua original.

BIBLIOGRAFIA EXAUSTIVA – Repertório de publicações que renuncia a qualquer eliminação.

BIBLIOGRAFIA GEOGRÁFICA – Bibliografia que ordena os documentos pelo seu lugar de impressão.

BIBLIOGRAFIA GERAL – Repertório de publicações que se abre a toda a espécie de textos sem distinção dos assuntos de que tratam, línguas, épocas ou lugares de edição • Aquela que cobre diversas áreas temáticas. Bibliografia universal • Em metodologia da investigação científica, designação atribuída ao conjunto dos estudos de carácter genérico, que abordam de um modo universal um determinado tema que vai/está a ser investigado; incluem enciclopédias, obras de referência de reduzidas dimensões, artigos com análises conceptuais e sínteses básicas, etc.; usa-se por oposição a bibliografia específica.

BIBLIOGRAFIA GERAL INTERNACIONAL – Bibliografia que é constituída pelas publicações impressas sobre qualquer assunto e em qualquer língua. Bibliografia geral universal.

BIBLIOGRAFIA GERAL NACIONAL – Bibliografia constituída pelas publicações sobre qualquer assunto escritas numa única língua ou que apareceram no espaço territorial de uma única nação.

BIBLIOGRAFIA GERAL UNIVERSAL – *Ver* Bibliografia geral internacional.

BIBLIOGRAFIA GRADUALMENTE DECRESCENTE – Bibliografia em que se verifica variação dos pormenores de uma descrição bibliográfica conforme a importância da publicação a descrever ou o âmbito do período tratado; numa bibliografia gradualmente decrescente a descrição de uma primeira edição de uma obra é, regra geral, muito mais detalhada do que a das últimas edições ou reimpressões dessa obra.

BIBLIOGRAFIA HISTÓRICA – *Ver* Bibliografia retrospectiva.

BIBLIOGRAFIA INDICATIVA – Bibliografia que inclui apenas os elementos da notícia bibliográfica.

BIBLIOGRAFIA INDIVIDUAL – Repertório de publicações relativas a um só autor.

BIBLIOGRAFIA INTERNACIONAL – Bibliografia que apresenta e descreve documentos, independentemente da origem e da língua do país onde foram editados. As primeiras bibliografias internacionais impressas de livros datam do século XV e, na época, eram designadas "universais". O autor da *Bibliotheca universalis*, a mais antiga bibliografia internacional geral impressa, é Conrad Gesner e a obra data de 1545. Bibliografia universal.

BIBLIOGRAFIA LOCAL – Bibliografia relativa a uma área menor do que a de um país; normalmente inclui livros impressos sobre ou de pessoas aí nascidas ou que residiram na área, tais como obras relativas apenas à geografia, história natural, arquitectura e história social da região.

BIBLIOGRAFIA MATERIAL – Estudo dos signos que constituem os textos e os suportes que os veiculam • Bibliografia analítica.

BIBLIOGRAFIA MEDIAGRÁFICA – Constitui uma das divisões da bibliografia geral e tem por objectivo o inventário, a descrição e a classificação do documento escrito; não pode identificar-se como uma das partes da documentografia, pois deve ocupar-se igualmente dos escritos luminosos efémeros como os escritos projectados no ecrã.

BIBLIOGRAFIA METÓDICA – *Ver* Bibliografia sistemática.

BIBLIOGRAFIA MUNICIPAL – Lista das obras que foram editadas numa determinada cidade ou que são consagradas a ela.

BIBLIOGRAFIA NACIONAL – Bibliografia que apresenta e descreve documentos publicados num dado país ou escritos numa ou mais línguas desse país; há países em que a bibliografia nacional cobre também publicações estrangeiras referentes a esse país e as obras dos seus nacionais que foram publicadas no estrangeiro. As bibliografias nacionais são em geral retrospectivas. Apareceram a partir do século XVI, são com frequência muito parciais e multiplicaram-se com carácter metódico no século XIX.

BIBLIOGRAFIA OFICIAL CORRENTE – Bibliografia que recenseia, sem finalidades comerciais e apenas com finalidades patrimoniais, tudo o que é publicado num determinado país, incluindo aquilo que é pouco comercializado ou nem sequer comercializado é. Integra-se no Controlo Bibliográfico Universal (CBU).

BIBLIOGRAFIA PASSIVA – Aquela que contém tudo aquilo que foi publicado sobre um determinado autor.

BIBLIOGRAFIA PERIÓDICA – Bibliografia que se limita a um certo período de tempo • Bibliografia que é publicada a intervalos de tempo determinados.

BIBLIOGRAFIA PESSOAL – *Ver* Bibliografia de autor.

BIBLIOGRAFIA POR ASSUNTO – Bibliografia que é limitada a um determinado tema ou área específica.

BIBLIOGRAFIA POR AUTOR – Bibliografia que relaciona as obras de um autor e aquelas que sobre ele foram publicadas.

BIBLIOGRAFIA PRIMÁRIA – Repertório de publicações no qual a notícia dos textos é estabelecida em primeira mão, após o original. Bibliografia principal.

BIBLIOGRAFIA PRINCIPAL – *Ver* Bibliografia primária.

BIBLIOGRAFIA PROSPECTIVA – Lista de documentos que serão editados.

BIBLIOGRAFIA RECOMENDADA – Documento ou documentos aconselhados por uma autoridade como os essenciais para fundamentar uma determinada aprendizagem ou estudo. Leituras recomendadas.

BIBLIOGRAFIA REGIONAL – Repertório de publicações relativas a ou produzidas numa região, um distrito ou uma província.

BIBLIOGRAFIA RETROSPECTIVA – Bibliografia que inclui livros publicados em anos anteriores à sua data de publicação e que se distingue da bibliografia corrente, cujas referências são de livros acabados de publicar. Bibliografia histórica.

BIBLIOGRAFIA RETROSPECTIVA SELECTIVA INTERNACIONAL – Instrumento bibliográfico que identifica os documentos de um determinado país, numa determinada língua, publicados no estrangeiro sobre uma determinada temática ou tipologia documental. Exemplo: o *Manuel du libraire et de l'amateur des livres* de J.-C. Brunet.

BIBLIOGRAFIA SECUNDÁRIA – Repertório de publicações cujas notícias são extraídas das bibliografias primárias • Designação dada às obras de acompanhamento para o estudo de uma determinada temática, como histórias da cultura e da civilização, enciclopédias, dicionários e outros instrumentos auxiliares diversos para a análise e aprofundamento de um tema.

BIBLIOGRAFIA SELECTIVA – Repertório de publicações que retém apenas textos seleccionados pelo seu valor, nível ou qualidade.

BIBLIOGRAFIA SINALÉTICA – Repertório de publicações no qual as notícias apresentam a descrição dos textos segundo as regras catalográficas, enumerando os autores e títulos das obras, com indicações muito precisas, que permitem a sua fácil identificação.

BIBLIOGRAFIA SISTEMÁTICA – Repertório de publicações estabelecido segundo um sistema particular de classificação. Bibliografia enumerativa. Bibliografia metódica.

BIBLIOGRAFIA SUMÁRIA – Bibliografia resumida sob forma de lista breve. Bibliografia elementar.

BIBLIOGRAFIA SUPRANACIONAL – Aquela que visa recolher toda a informação, independentemente do país de edição; são exemplos de bibliografias supranacionais as relações de revistas científicas.

BIBLIOGRAFIA TÉCNICA – Conjunto de referências bibliográficas de documentos sobre uma determinada disciplina científica ou técnica.
BIBLIOGRAFIA TEMÁTICA – Conjunto de referências bibliográficas ordenadas e subordinadas a uma determinada matéria • Referências bibliográficas das obras que tratam de um dado tema.
BIBLIOGRAFIA TEXTUAL – Segundo os autores anglo-americanos é a parte da bibliografia analítica ou crítica, que trata do estudo e comparação dos textos e da sua transmissão por meio de edições e impressões sucessivas, para autenticar o seu conteúdo • Lista das referências bibliográficas de documentos sob a forma de texto, ordenada segundo determinado critério, para permitir a sua recuperação.
BIBLIOGRAFIA TOPOGRÁFICA – Conjunto de referências bibliográficas das obras ordenadas por países, regiões, localidades, etc.
BIBLIOGRAFIA UNIVERSAL – Aquela que cobre todas as áreas temáticas e gerais. Bibliografia geral. *Ver tb.* Bibliografia internacional.
BIBLIOGRÁFICO – Que respeita ou pertence à bibliografia • Relativo às obras publicadas.
BIBLIÓGRAFO – Pessoa que trabalha com os métodos de descrição física dos livros, que prepara bibliografias, catálogos e listas bibliográficas, quer sob o ponto de vista comercial, quer sob o ponto de vista intelectual • O que escreve acerca de livros, especialmente sobre a sua autoria, data, tipografia, edição, etc. • O especialista em bibliografia • O que escreve trabalhos bibliográficos.
BIBLIOGRAPHIC CLASSIFICATION (loc. ingl.) – Classificação Bibliográfica. *BC.*
BIBLIOGRAPHIC COUPLING (loc. ingl.) – *Ver* União bibliográfica.
BIBLIOGRAPHIC IDENTIFICATION (loc. ingl.) – Identificação Bibliográfica, conjunto dos dados bibliográficos que permitem identificar os artigos das publicações em série e dos livros que contêm contribuições de vários autores. *BIBLID.*
BIBLIOGRAPHIC UTILITY (loc. ingl.) – Expressão usada com frequência nos Estados Unidos para designar os sistemas que oferecem os serviços derivados de uma base de dados bibliográficos, como *OCLC*, *RLIN*, etc.
BIBLIOGRAPHICAL SOCIETY OF AMERICA – Sociedade Bibliográfica Americana.
BIBLIOGRAPHY (pal. ingl.) – *Ver* Bibliografia.
BIBLIOGUIÂNCIA – Arte de restaurar os livros preciosos deteriorados por um acidente ou pela passagem do tempo.
BIBLIO-HISTORIOGRAFIA – Ciência que estuda a história do livro, a sua evolução, sob o ponto de vista dos conteúdos, mas também das diferentes formas que os textos assumem e instrumentos utilizados na sua confecção.
BIBLIÓLATA – O que esquece ou pretende esquecer os livros • Aquele que finge ignorar as obras de que é autor.
BIBLIÓLATRA – Bibliófilo que leva ao exagero o amor e veneração pelos livros • Bibliómano.
BIBLIOLATRIA – Amor exagerado pelos livros • Bibliomania.
BIBLIOLETA – Pessoa que possui uma grande biblioteca sem a conhecer.
BIBLIOLITA – *Ver* Biblioclasta.
BIBLIOLITIA – Destruição de livros feita por vontade própria.
BIBLIOLÍTICO – Relativo aos bibliólitos.
BIBLIÓLITO – Livro fossilizado; designação atribuída aos manuscritos antigos que apareceram petrificados em Pompeia e Herculano, entre a lava das erupções vulcânicas • *Ver tb.* Biblioclasta.
BIBLIOLOGIA – Ciência do livro. Ciência da comunicação escrita • Arte de discorrer sobre os livros e de falar deles com pertinência, tanto no que respeita à sua temática, como à sua história • História crítica dos livros incluindo a sua origem, tema, tinta, suporte e forma interior e exterior, sua divisão em manuscritos, impressos e electrónicos • Segundo Otlet é a ciência geral que abarca o conjunto sistemático classificado dos dados relativos à produção, difusão, conservação, circulação e utilização dos escritos e dos documentos sob todas as suas formas incluindo a investigação dos factores e explicação dos fenómenos – tanto nos planos económico e técnico como nos planos político, social e cultural – para determinar as perspectivas de evolução, tanto quantitativas

como qualitativas. O seu objecto não é apenas o livro, mas também os seus substitutos, como o filme, a fotografia, os media • Ciência da escrita. A bibliologia apareceu em finais do século XVIII e evoluiu através dos séculos XIX e XX. Evoluiu de ciência do livro para ciência do escrito.

BIBLIOLÓGICO – Relativo ou pertencente à bibliologia.

BIBLIÓLOGO – Aquele que é versado em bibliologia.

BIBLIOMANCIA – Pretensa adivinhação por meio de um livro aberto ao acaso.

BIBLIOMANCIANO – Pessoa que pratica a adivinhação através de livros (bibliomancia) • Relativo à bibliomancia.

BIBLIOMANIA – Paixão pelos livros, em especial pelos raros e de grande valor • Bibliolatria, mania de coleccionar e possuir livros.

BIBLIOMANÍACO – Que sofre de bibliomania. Bibliólatra. Bibliómano • Que é próprio de bibliómano.

BIBLIÓMANO – Apaixonado pelos livros, em especial por aqueles que são raros. Bibliólatra. O que tem a mania de coleccionar e possuir livros. Bibliomaníaco.

BIBLIOMANTE – Nome dado ao que pratica a bibliomancia.

BIBLIOMÂNTICO – Relativo ou pertencente à bibliomancia.

BIBLIOMAPA – Termo antigo que designa o livro composto por cartas geográficas acompanhadas pelos respectivos textos explicativos.

BIBLIOMÁTICA – Disciplina da bibliologia que consiste no estudo do escrito informatizado.

BIBLIOMETRIA – Ramo da teoria da informação que tenta analisar quantitativamente as propriedades e comportamento do conhecimento registado; é seu objecto a obtenção, análise e interpretação de indicadores bibliométricos • Utilização de métodos estatísticos na análise de um corpo de literatura, para revelar o desenvolvimento histórico dos campos de assuntos e tipos de autorias, publicação e utilização. Trata-se de um conceito que apareceu pela primeira vez nos anos 30 do século XX, mas que apenas se impôs em finais dos anos 60; não há unanimidade quanto à autoria do termo: a opinião de Robert Estivals é que o termo terá sido usado pela primeira vez em 1934 por Otlet e retomado pelo próprio Estivals em 1969. Estudo bibliométrico • Bibliografia estatística • Aplicação da estatística ao domínio da escrita e da matemática à medida das actividades ligadas ao livro. Estatística bibliográfica.

BIBLIÓMETRO – Régua usada na medição dos livros, para determinar a sua medida.

BIBLIOMITA – Nome dado ao empregado de uma livraria de obras antigas.

BIBLIOMÓVEL – Biblioteca itinerante.

BIBLION (pal. gr.) – Diminutivo de *biblos*, palavra grega para designar a planta que era usada no fabrico do papiro; mais tarde aplicou-se, por extensão, ao suporte – o rolo em branco e por fim ao escrito, o livro ou o documento • Designação atribuída na Antiguidade a um escrito pouco extenso.

BIBLIONÍMIA – Parte da onomatologia que trata dos bibliónimos • Nomes de livros célebres na literatura universal.

BIBLIÓNIMO – Nome de livro que, pela sua importância, deve ser incluído no onomástico geral da língua • Nome de obra literária célebre. Nome de qualquer livro de reputação universal • Nome de livro sagrado.

BIBLIONOMIA – Estampa ou ilustração em extra-texto de um livro. *Hors-texte*.

BIBLIOPAGIA – Arte de encadernar livros. Bibliopegia.

BIBLIOPATOLOGIA – Estudo das causas e sintomas das doenças ou outros factores que atacam o livro enquanto entidade física. *Ver* Patologia do livro.

BIBLIOPEGIA – O mesmo que bibliopagia.

BIBLIOPEGISTA – Encadernador. Bibliopegisto. Bibliópego.

BIBLIOPEGISTO – *Ver* Bibliopegista.

BIBLIÓPEGO – Encadernador.

BIBLIOPEIA – Arte de escrever livros.

BIBLIOPEPSIA – Tendência para ler apressadamente muitas obras ao mesmo tempo, com um fraco aproveitamento.

BIBLIOPIRATA – Aquele que produz e vende livros sem autorização do seu autor, editor ou seus representantes legais • Pessoa que pratica a bibliopirataria • Biblioclepto.

BIBLIOPIRATARIA – Fraude que consiste em imitar, falsificar ou apossar-se indevidamente de edições alheias, contrariando as normas da ética comercial e as leis que apoiam os direitos de autor.
BIBLIÓPOLA – Editor na antiga Roma • Vendedor de livros, livreiro. Bibliopolista. Bibliópolo • Cidade dos livros.
BIBLIOPOLA (pal. lat.) – Palavra usada para designar o livreiro, a pessoa que comercializava livros nos séculos V e IV a. C.
BIBLIOPOLISTA – *Ver Bibliópola.*
BIBLIÓPOLO – *Ver Bibliópola.*
BIBLIOPROFILÁCTICO – Relativo à pessoa entendida em bibliopofilaxia.
BIBLIOPROFILAXIA – Ciência do ramo da bibliopatolgia que estuda os agentes destruidores dos livros, com vista a erradicá-los e a proteger os livros dos agentes nocivos.
BIBLIOPSICOLOGIA – Ramo da psicologia que estuda as relações entre o autor e o leitor e a psicologia do leitor, para o guiar na escolha criteriosa de leituras que lhe possam ser úteis; este processo coloca o leitor no centro de tudo, recorrendo a estudos cientÍficos que incidem sobre ele e à análise matemática dos dados obtidos. Psicologia da leitura. Psicologia bibliológica.
BIBLIORAPTA – Encadernação móvel para cartas, folhas volantes, facturas, verbetes, etc.
BIBLIORREIA – Grande existência ou produção de livros.
BIBLIORREICO – O que produz muitos livros • Relativo à bibliorreia.
BIBLIÓSCOPO – Pessoa que conhece apenas os seus livros pelo aspecto exterior.
BIBLIOSOFIA – Conhecimento do livro.
BIBLIÓSOFO – Pessoa sabedora de bibliosofia.
BIBLIOSSANIDADE – Conjunto de condições criadas para que um acervo bibliográfico se conserve em perfeitas condições de limpeza, humidade e temperatura.
BIBLIOTACTA – Nome dado ao que trata da classificação dos livros.
BIBLIOTACTO – Aquele que se ocupa sobretudo da ordenação e classificação dos livros.
BIBLIOTAFIA – Espaço da biblioteca onde são guardados os livros que não estão à disposição do público.

BIBLIOTÁFIO – Eclesiástico encarregado das actas dos concílios • Lugar reservado numa biblioteca onde se guardam as obras mais valiosas e raras, isentas de empréstimo externo.
BIBLIÓTAFO – Pessoa avara dos seus livros, que não os empresta nem comunica o seu conteúdo a ninguém • Biblioteca cujos livros não são lidos nem emprestados a ninguém • Lugar onde o bibliófilo avaro conserva secretamente os seus livros.
BIBLIÓTATA – Pessoa indiferente aos livros que tem.
BIBLIOTAXIA – *Ver* Taxonomia bibliográfica.
BIBLIOTECA – Arca, cofre, *armarium*, pequeno nicho localizado junto do templo onde eram guardados os livros que eram frequentemente necessários ao culto e a leitura complementar; inicialmente com este sentido de móvel de madeira provido de portas e prateleiras, pouco a pouco vai adquirindo o sentido topográfico, até atingir o de dependência, divisão com o sinónimo de *libraria*, o que acontece apenas no século XIV • Inicialmente espécie de depósito dos exemplares de uso onde procuravam recolher-se todos os textos conhecidos • Lugar onde os livros são guardados; em sentido mais lato, local de guarda e de manuseio de material escrito; tem-se notícia deste conceito desde os tempos recuados de 3000 a. C., na Mesopotâmia, com a escrita apresentada em placas de argila • Casa da livraria • Qualquer colecção organizada de livros e de publicações em série e impressos ou de quaisquer documentos gráficos ou audiovisuais disponíveis para empréstimo, consulta ou estudo, criada com determinados fins de utilidade pública ou privada; a biblioteca é propósito de formação intelectual nas áreas científica, literária, técnica ou de natureza social e estética • Organismo ou parte de uma organização cujo objectivo principal é organizar colecções, actualizá-las e facilitar, através de pessoal especializado, o acesso a documentos que respondam às necessidades dos utilizadores nos aspectos de informação, educação ou lazer • Móvel ou móveis onde se guardam os livros, publicações periódicas, documentos impressos, manuscritos ou outros • Edifício destinado a abrigar colecções de livros e documentos, devidamente ordenadas,

para consulta pública ou particular • Selecção, compilação de diversas obras da mesma natureza ou de autores que compilaram tudo quanto pode dizer-se acerca de um mesmo tema • Colecção em vários volumes, que reúne uma grande quantidade de obras já publicadas de um determinado género (relatos de viagens, contos, novelas, etc.) • Livro ou livros que contêm os catálogos dos livros das bibliotecas. Livraria • Livros em que se apontam os autores de alguma nação ou terra, com a história da sua vida, escritos e sua censura, edições, etc. • Colecção de obras de um autor • Colecção de obras de um povo • Colecção particular de livros que se tornaram célebres • Designação atribuída no passado a certas obras de carácter bibliográfico • Centro de recursos de informação e ideias • Centro de meios e/ou de ensino • Centro de informação • Em informática, conjunto organizado de ficheiros que são colocados à disposição dos utilizadores.

BIBLIOTECA ABERTA – *Ver* Biblioteca de livre acesso.

BIBLIOTECA ACADÉMICA – Biblioteca universitária • Biblioteca de uma academia.

BIBLIOTECA ALEXANDRINA – *Ver* Biblioteca de Alexandria.

BIBLIOTECA AMBULANTE – *Ver* Biblioteca itinerante.

BIBLIOTECA ANIMAL – Designação dada a uma biblioteca cujos fundos são constituídos apenas por rolos de pergaminho.

BIBLIOTECA ASSOCIADA – Biblioteca agregada a outras; a ligação pode incluir a partilha dos fundos ou o controlo; nesta modalidade de associação cada biblioteca mantém a sua direcção e autonomia administrativa total; por exemplo, a biblioteca de matemática e a de direito no contexto das bibliotecas de uma universidade.

BIBLIOTECA AUTÓNOMA – Biblioteca que não está integrada em qualquer rede de bibliotecas.

BIBLIOTECA AZUL – Fórmula editorial adoptada em França para designar uma colecção de cultura popular do Antigo Regime expressa e alimentada por livros de todos os géneros da literatura e difundida entre os leitores mais humildes; trata-se com frequência de textos da literatura culta, que foram adaptados à numerosa clientela a que se destinavam.

BIBLIOTECA BRAILE – *Ver* Biblioteca para cegos.

BIBLIOTECA CAMARÁRIA – *Ver* Biblioteca pública.

BIBLIOTECA CAPITULAR – Designação dada a uma modalidade de biblioteca que surgiu nos séculos IX e X aquando da fundação dos cabidos das catedrais; são exemplos de bibliotecas capitulares as de Chartres, Rouen, Reims, Clermont, a do mosteiro de Cluny da Ordem de S. Bento, as de Limoges, de Saint-Martin-des-Champs de Paris e a do mosteiro beneditino de Fleury.

BIBLIOTECA CENOBÍTICA – *Ver* Biblioteca monástica.

BIBLIOTECA CENTRAL – Biblioteca principal à qual estão ligadas sucursais; é a biblioteca fundamental de um conjunto ou de uma rede de bibliotecas no interior de um mesmo estabelecimento, por exemplo uma universidade; também é chamada biblioteca principal. Biblioteca matriz. Pode ser metropolitana, provincial, municipal, etc. e tem direcção e administração comuns, tarefas técnicas centralizadas, prestação de todos os serviços biblioteconómicos, aprovisionamento, inspecção e empréstimo comuns.

BIBLIOTECA CENTRAL DE EMPRÉSTIMO – Biblioteca que é em geral criada pelas bibliotecas nacionais e que assegura o serviço central de empréstimo num determinado país; nela existe um segundo exemplar de cada uma das obras a emprestar, que se destina a ser usado para circulação a pedido entre instituições. A primeira biblioteca deste tipo conhecida foi criada em França em 1945 e, como exemplo actual desta modalidade de biblioteca referir-se-á a British Library Lending Division.

BIBLIOTECA CIENTÍFICA – Biblioteca de carácter universal baseada na utilização das colecções de diversas bibliotecas-chave em cada área científica, interligadas por uma rede electrónica, que permite a comunicação directa entre diferentes computadores, quer para a pesquisa bibliográfica e localização das espécies, quer para o procedimento administrativo subjacente ao empréstimo interbibliotecas. Biblioteca de ciência.

BIBLIOTECA CIRCULANTE – Conjunto de livros escolhidos emprestados por uma biblioteca central a uma sucursal, a um grupo comunitário, etc. por um período de tempo limitado • Biblioteca itinerante.

BIBLIOTECA COM ESTANTES DE LIVRE ACESSO – *Ver* Biblioteca de livre acesso.

BIBLIOTECA COMEMORATIVA – Biblioteca de qualquer tipo, que foi criada para lembrar uma pessoa notável ou uma colecção de documentos – cartas, manuscritos, livros, etc., relacionados com uma figura famosa da literatura ou de outra área científica ou artística.

BIBLIOTECA CONVENTUAL – Aquela que pertencia, pertenceu ou pertence a uma congregação religiosa, para uso próprio dos seus membros; entre nós algumas bibliotecas conventuais foram também públicas, todas elas em Lisboa, como por exemplo: a do Convento de São Domingos, a do Convento de Jesus e a do Convento de São Francisco. Biblioteca monástica.

BIBLIOTECA DE ALEXANDRIA – Nome da mais rica biblioteca da Antiguidade, criada na cidade de Alexandria, no século IV a. C. Foi dirigida por uma série de bibliotecários ilustres (Apolónio de Rodes e talvez Calímaco), gramáticos de renome (Aristófanes de Bizâncio e Aristarco de Samotrácia), cientistas e filólogos (Eratóstenes). Nela tiveram início, a partir do século III a. C., grandes trabalhos de catalogação e selecção da literatura grega e Calímaco, por ordem de Ptolemeu II, escreveu as *Pínakes*, obra em 120 livros, espécie de catálogo detalhado da biblioteca, que compreendia, para cada um dos autores (agrupados por ordem alfabética, dentro de cada género – épica, drama, oratória, lírica, etc.), as primeiras palavras dos seus livros, o número de linhas, uma curta biografia e, por vezes, discussões de autenticidade. Possuía uma sala de leitura, uma oficina de copistas e um arquivo oficial para documentação; em 24 a. C. Estrabão descrevia a sala de leitura como um cenáculo erudito "destinado aos homens de letras que trabalhavam na biblioteca". É o símbolo da cultura clássica no Médio Oriente; foi sacrificada pelas chamas ateadas pelo general Amr--Ibn-El-As em 646, às ordens do califa Omar I. O edifício ultra moderno da nova Biblioteca de Alexandria, no Egipto, que demorou seis anos a construir (de 1995 a 2000), tem uma estimativa de tempo de vida de 400 anos e custou 220 milhões de euros; foi inaugurado oficialmente em 16 de Outubro de 2002 com um espectáculo cujo momento mais forte aconteceu quando 760 crianças vestidas de cores diferentes, espalhadas ao longo de sete pisos, cantaram em árabe o *Hino à alegria* de Beethoven; é constituído por onze andares, que se estendem por trinta e três metros de altura, oito dos quais subterrâneos e a sala de leitura – a maior do mundo – tem 2000 lugares; podem contar-se ainda 133 gabinetes de estudo individuais, um centro de conferências com três mil lugares, cinco bibliotecas especializadas (para crianças, jovens, invisuais, multimédia e recursos electrónicos – *ebooks* e textos e periódicos em linha), três museus (de antiguidades, de ciências e de manuscritos), cinco institutos de investigação, um arquivo da *Internet* com *backups* de todos os conteúdos na rede desde 1986, uma orquestra, um planetário, seis galerias de arte, duas exposições permanentes, 250 mil livros à data da inauguração (estando prevista para um total de oito milhões) e 700 funcionários. Funciona como uma biblioteca pública, com cobertura geral de temas, dos quais se destacam quatro: ciência e tecnologia, humanidades, arte e cultura e desenvolvimento, em especial água e ambiente.

BIBLIOTECA DE ALUGUER – Aquela que cobra um determinado montante em dinheiro pela cedência por empréstimo das colecções que constituem os seus fundos.

BIBLIOTECA DE ASSINATURA – Biblioteca criada por uma associação voluntária de pessoas, que contribuem para um fundo comum a ser usado na compra de livros, que cada membro tem o direito de utilizar, mas que são propriedade do grupo. Biblioteca social.

BIBLIOTECA DE ASSOCIAÇÃO – Aquela que é propriedade dos membros de uma agremiação (considerados no seu conjunto) ou é controlada por eles; a sua utilização costuma condicionar-se ao pagamento de uma quota anual ou vitalícia e o serviço pode ser limitado aos seus membros, às pessoas que eles designem ou aberto ao público em geral.

BIBLIOTECA DE BANDAS MAGNÉTICAS – Ver Bandoteca.

BIBLIOTECA DE C & T – Biblioteca de Ciência e Tecnologia.

BIBLIOTECA DE CÁRCERE – Ver Biblioteca de prisão.

BIBLIOTECA DE CENTRO DE ENSINO – Ver Biblioteca escolar e Biblioteca universitária.

BIBLIOTECA DE CENTRO DE EXTENSÃO – Biblioteca sucursal localizada num centro de extensão de uma universidade, colégio ou estabelecimento de ensino superior, que possui uma colecção e presta determinados serviços de empréstimo, fornece documentos de apoio às aulas ou outros serviços oferecidos pelo centro de extensão.

BIBLIOTECA DE CENTRO PENITENCIÁRIO – Ver Biblioteca de prisão.

BIBLIOTECA DE CIBERNÉTICA – Aquela onde se procede à investigação dos mecanismos de comunicação e de controlo nos organismos vivos e nas máquinas; baseia-se no estudo das funções humanas de controlo e da possibilidade da sua substituição por sistemas mecânicos e eléctricos; o conceito em que assenta é da autoria de Norbert Weiner e foi desenvolvido nos anos 40. Ciberbiblioteca.

BIBLIOTECA DE CIÊNCIA – Ver Biblioteca científica.

BIBLIOTECA DE CIRCULAÇÃO – Biblioteca que empresta documentos bibliográficos aos seus utilizadores, em geral para serem utilizados no exterior; o termo é usado hoje quase exclusivamente para qualificar uma biblioteca de obras que são enviadas em sistema de rotação a diversas instituições.

BIBLIOTECA DE CONSERVAÇÃO – Contraposta à biblioteca de referência, é aquela que, embora tenha os seus fundos à disposição da consulta dos utilizadores, tem como finalidade principal a garantia de manutenção da guarda e integridade dos mesmos.

BIBLIOTECA DE CONSULTA – Ver Biblioteca de referência.

BIBLIOTECA DE COOPERAÇÃO – Aquela que está associada a outra biblioteca ou conjunto de bibliotecas num plano comum, tal como a limitação das suas colecções e serviços em determinado campo ou contribuição para o serviço de catalogação num catálogo colectivo.

BIBLIOTECA DE CULTURA GERAL E DE VULGARIZAÇÃO – Biblioteca geral especialmente destinada a adultos.

BIBLIOTECA DE DEPARTAMENTO – Num sistema de bibliotecas do ensino superior, biblioteca distinta, que responde às exigências informativas de um determinado sector.

BIBLIOTECA DE DEPARTAMENTO OFICIAL – Biblioteca instalada num departamento ou organismo público ao serviço do qual se encontra.

BIBLIOTECA DE DEPARTAMENTO UNIVERSITÁRIO – Aquela que serve a população de uma secção ou divisão de uma universidade.

BIBLIOTECA DE DEPÓSITO – Biblioteca depositária. Biblioteca à qual se confiam documentos sob determinadas condições • Diz-se de uma biblioteca legalmente designada para receber gratuitamente as publicações oficiais • Biblioteca na qual obras pouco usadas e outros materiais impressos de um grupo de bibliotecas em cooperação estão armazenados, embora susceptíveis de serem requisitados.

BIBLIOTECA DE DEPÓSITO LEGAL – Biblioteca que, por disposição legal, está destinada a receber e guardar um exemplar de cada uma das publicações editadas num país.

BIBLIOTECA DE DIREITOS DE AUTOR – Biblioteca de depósito legal num país onde os direitos de autor resultam ou resultaram de um acto formal de depósito nessa biblioteca.

BIBLIOTECA DE DIVISÃO – Biblioteca que está ligada a uma divisão ou a um grupo de departamentos relacionados de uma universidade ou faculdade; pode ser administrada pela biblioteca central ou pela própria divisão, embora mantenha uma determinada cooperação com a biblioteca central.

BIBLIOTECA DE DOCUMENTAÇÃO ECONÓMICA – Biblioteca cujo fundo é principalmente constituído por obras e outros documentos relativos à economia e ao comércio.

BIBLIOTECA DE EMPRESA – Biblioteca privada gerida habitualmente pelo conselho administrativo; leva o livro à fábrica e é um modo de fomentar a leitura popular.

BIBLIOTECA DE EMPRÉSTIMO – Biblioteca cujo fundo documental está destinado a ser emprestado para consulta domiciliária e não para consulta local.

BIBLIOTECA DE ESTABELECIMENTO DE ENSINO – *Ver* Biblioteca escolar.

BIBLIOTECA DE ESTABELECIMENTO DE ENSINO SUPERIOR – Aquela que está ao serviço dos estudantes, professores e investigadores dos estabelecimentos de ensino superior; pode também estar aberta a outro tipo de público.

BIBLIOTECA DE ESTUDO – Biblioteca projectada e usada especialmente para estudar.

BIBLIOTECA DE FACULDADE – Biblioteca que fica localizada numa faculdade de uma universidade e que fornece aos estudantes livros e outro material para consulta e apoio aos conteúdos programáticos.

BIBLIOTECA DE GARE – Espaço de venda de livros de fácil leitura e de baixo preço, em geral em edições de bolso, situado em estações de caminho de ferro, metropolitano ou outras.

BIBLIOTECA DE HOSPITAL – Biblioteca instalada numa instituição hospitalar com a finalidade de atender às necessidades de informação de médicos, investigadores, enfermeiros, paramédicos, pessoal técnico, administrativo e docente e dos doentes nela internados ou que aí se deslocam para tratamento.

BIBLIOTECA DE INFORMAÇÃO INSTITUCIONAL – Aquela que depende de uma instituição pública ou privada e é usada exclusivamente pelos seus utilizadores; consoante a natureza da instituição que serve pode ser: escolar, especial, universitária, etc.

BIBLIOTECA DE INSTITUTO – Aquela que serve uma academia especializada num determinado tema.

BIBLIOTECA DE INSTITUIÇÃO – Biblioteca de uma entidade pública ou privada como por exemplo uma biblioteca de prisão, lar da terceira idade, hospital, etc.; o seu funcionamento é mantido por essa instituição e tem como finalidade estar ao serviço das pessoas que nela permanecem e do pessoal que nela trabalha.

BIBLIOTECA DE INVESTIGAÇÃO – Aquela onde se poderá levar a cabo a pesquisa exaustiva num dado domínio do conhecimento.

BIBLIOTECA DE LEITURA PÚBLICA – *Ver* Biblioteca pública.

BIBLIOTECA DE LIVRE ACESSO – Biblioteca que permite aos leitores irem directamente às estantes, quer para consultarem *in loco* os livros de que precisam, quer para os escolherem para leitura domiciliária.

BIBLIOTECA DE MOSTEIRO – *Ver* Biblioteca monástica.

BIBLIOTECA DE MUSEU – Biblioteca que é mantida por um museu e que inclui material bibliográfico relacionado com as exposições nele realizadas e com as áreas de especialização desse museu.

BIBLIOTECA DE MÚSICA – Biblioteca cujos fundos são constituídos por obras e partituras musicais.

BIBLIOTECA DE OBRAS ORIGINAIS – Biblioteca cujo fundo é constituído por documentos originais e não pelas suas reproduções ou cópias.

BIBLIOTECA DE PARÓQUIA – Aquela que se destina a servir todos os habitantes de uma comunidade paroquial.

BIBLIOTECA DE PÉRGAMO – Conhecida biblioteca da Antiguidade (época helenística), que rivalizava com a de Alexandria; foi um centro cultural de grande importância, pois nela trabalharam sobretudo os filósofos estóicos, de entre os quais se destaca o nome de Crates de Malos, gramático e orador da Escola de Pérgamo.

BIBLIOTECA DE PESQUISA – Biblioteca de consulta que contém obras especializadas destinadas à investigação exaustiva num ou mais domínios do saber.

BIBLIOTECA DE PRESERVAÇÃO – Aquela que se destina a conservar espécies consideradas raras, podendo, contudo, ser consultada mediante certas reservas e autorização específica.

BIBLIOTECA DE PRISÃO – Biblioteca criada para uso dos presos e do pessoal da prisão, cujo

funcionamento e manutenção são assegurados pela própria instituição prisional. Biblioteca de cárcere. Biblioteca de centro penitenciário.
BIBLIOTECA DE PROPRIEDADE INTELECTUAL – *Ver* Biblioteca de depósito legal.
BIBLIOTECA DE REFERÊNCIA – Biblioteca de consulta no local, que contém, geralmente, documentos de referência e fornece informações com o auxílio de pessoal especializado. É a forma mais antiga de biblioteca na história do mundo; mesmo na época das tabuinhas havia templos onde estas estavam disponíveis à consulta, encontrando-se afixada nas paredes a sua lista.
BIBLIOTECA DE RODES – Conhecida biblioteca da Antiguidade, célebre como centro cultural de grande importância para o desenvolvimento dos estudos de retórica; terá sido nela que Cícero completou o seu treino oratório junto de Mólon.
BIBLIOTECA DE TRABALHO – Designação atribuída em pedagogia a uma modalidade de ensino activa, que aparece como alternativa ao ensino a partir do livro didáctico.
BIBLIOTECA DE TURMA – Colecção de livros semipermanente ou temporária depositada numa sala da escola por uma biblioteca escolar ou pública • Colecção de livros de uma biblioteca escolar postos à disposição dos alunos pelos professores ou pelos próprios alunos.
BIBLIOTECA DE VIAGEM – Pequeno conjunto de obras versando temas de carácter genérico, que acompanhava uma pessoa erudita e de alta posição social quando ela viajava; deste conjunto faziam parte, quase sempre, algumas obras de carácter religioso.
BIBLIOTECA DEPARTAMENTAL – *Ver* Biblioteca de Departamento.
BIBLIOTECA DEPOSITÁRIA – Aquela que recebe, a título gratuito, as publicações editadas por outras bibliotecas e instituições, para que as ponha à disposição do público • Biblioteca de depósito.
BIBLIOTECA DIGITAL – Aquela cuja informação é constituída apenas por itens em formato electrónico e acessível por via remota; apresenta alguns inconvenientes, como a possibilidade de ocorrerem avarias, perda de bateria, exigindo assistência técnica frequente; contudo, o transporte é mais fácil, não é necessário esperar que a obra saia do prelo, pois a disponibilização do produto é permanente; a vantagem ecológica não é a menor, já que não será preciso abater florestas para produzir a pasta de papel; permite ainda a actualização automática e uma interactividade mais funcional que o livro tradicional, pois qualquer dos modelos até agora inventados, o *softbook*, o *rocketbook* e o *dedicated reader*, possuem canetas electrónicas para escrever. De qualquer modo, é um dado adquirido que o preço do livro em papel tem aumentado substancialmente, mas a versão digital aparece, contudo, ainda, como uma alternativa àquele e menos como um substituto • Colecção estruturada e informatizada de livros, revistas, jornais, textos, poemas, fotografias, esboços, filmes, desenhos, plantas arquitectónicas, sons, quadros, música e outros tipos de informação audiovisual que podem ser apresentados quer isoladamente, quer em conjunto, em duas ou três dimensões, em acesso livre ou através de pagamento e noutros tipos de modalidades em alternativa. Lideradas pelos Estados Unidos da América, começaram a ser mais activas nos finais da década de 90 do século passado • Segundo Gladney "é um agrupamento de meios informáticos, de armazenamento e de comunicações, conjuntamente com o conteúdo e *software* necessários a reproduzir, competindo e ampliando os serviços fornecidos pelas bibliotecas convencionais baseadas em papel e em outros meios de recolha, catalogação, busca e disseminação da informação". Segundo Leiner "é uma colecção de serviços e de objectos de informação, sua organização, estrutura e apresentação que suporta o relacionamento dos utilizadores com os objectos de informação, disponíveis directa ou indirectamente via meio electrónico/digital". Biblioteca electrónica.
BIBLIOTECA DOMÉSTICA – A que pertence a um particular, que a tem em casa para consulta, habitualmente com finalidades utilitárias; apresenta em geral um carácter utilitário.
BIBLIOTECA ELECTRÓNICA – Designação usada na Grã-Bretanha para designar o que os americanos denominam biblioteca digital;

os seus fundos são constituídos por materiais multimédia em formato digital e as operações de armazenamento, pesquisa e difusão da informação são feitas por meios electrónicos • Segundo Oppenheim é a "colecção de informação gerida e organizada numa variedade de meios (texto, imagem parada, imagem em movimento, som ou combinações destes), mas todos em formato digital". Biblioteca digital.

BIBLIOTECA EM REALIDADE VIRTUAL – Nome dado à biblioteca que resulta da tentativa de conjugar os benefícios da pesquisa em linha das bases de dados com as vantagens oferecidas pela pesquisa através do acesso directo aos documentos arrumados sistematicamente na estante; é apresentada como sendo composta por imagens de prateleiras e itens bibliográficos emersos em paredes, chãos, tectos rectangulares, que o utilizador percorre com um "rato tridimensional". Na biblioteca em realidade virtual de início o utilizador está numa grande sala, na qual os itens bibliográficos estão classificados em prateleiras, como se de uma biblioteca comum se tratasse. Os itens podem estar arrumados em tantos outros locais quantas as notações que lhes tiverem sido atribuídas. Esta sala é a divisão principal da biblioteca, conduzindo as suas portas a estantes em que os itens aparecem ordenados por autor, por título ou por assunto. Biblioteca virtual.

BIBLIOTECA ENCICLOPÉDICA – Ver Biblioteca geral.

BIBLIOTECA ERUDITA – Aquela que apresenta uma selecção de obras consideradas como manancial de um vasto saber.

BIBLIOTECA ESCOLAR – Biblioteca que serve a população estudantil de instituições educativas como universidades, institutos politécnicos, colégios, escolas e todas as outras instituições que fazem parte delas ou lhe estão associadas. Biblioteca dependente de um estabelecimento de ensino não superior, que é destinada a alunos, professores ou funcionários desse estabelecimento e que pode também estar aberta a outro tipo de público; responde às exigências dos programas escolares e à diversidade de gostos e necessidades dos alunos e dos professores.

BIBLIOTECA ESPECIAL – Aquela que, apesar de ter um fundo de carácter generalista se dirige a determinados utilizadores; dizem-se bibliotecas especiais as bibliotecas de centros penitenciários, de hospitais, etc. • Biblioteca composta por fundos de materiais peculiares como mapas, discos, ex libris, diapositivos, etc.; é especial tanto a sua natureza como os seus utilizadores.

BIBLIOTECA ESPECIALIZADA – Biblioteca dedicada quase exclusivamente a publicações sobre um assunto ou sobre um grupo de assuntos em particular, como ciências naturais, ciências sociais, agricultura, medicina, economia, química, direito, engenharia, etc. São exemplos de biblioteca especializada as bibliotecas universitárias, as de instituições científicas, de departamentos governamentais, de empresas, arquivos, museus, médicas, de câmaras de comércio, indústria, navegação, de fundações, de organismos administrativos, de centros de documentação e informação, bibliotecas eclesiásticas, como as dos seminários, de colégios profissionais, etc. • Biblioteca que foi criada, é administrada e mantida por uma instituição oficial ou particular, que se interessa especialmente por uma determinada área do saber ou tema, com a finalidade de responder às necessidades informativas dos seus membros, pessoal ou utilizadores e atingir os objectivos da organização • Biblioteca independente de qualquer estabelecimento de ensino superior, cuja documentação trata especialmente de uma disciplina ou domínio específico; pode satisfazer apenas determinados utilizadores ou estar aberta a qualquer pessoa que necessite de recorrer aos seus serviços.

BIBLIOTECA ESTADUAL – Biblioteca pertencente a um estado de um país ou a um país, caso ele não se encontre dividido em estados. Biblioteca estatal.

BIBLIOTECA ESTATAL – O mesmo que biblioteca estadual.

BIBLIOTECA EXPERIMENTAL – Aquela que é instalada num determinado local a título precário, para ver se há condições para montá-la com carácter definitivo nesse mesmo local.

BIBLIOTECA FILIAL – A que depende de outra, quer sob o ponto de vista técnico, quer administrativo. Biblioteca sucursal.

BIBLIOTECA GERAL – Biblioteca que explora todos os domínios do saber. Biblioteca enciclopédica; são exemplos de biblioteca geral as bibliotecas nacionais, públicas, municipais, etc. • Biblioteca central de um sistema de bibliotecas universitárias ou outras.

BIBLIOTECA GOVERNAMENTAL – Biblioteca especial ao serviço de entidades próprias de um governo.

BIBLIOTECA GRATUITA – Aquela que não exige nenhuma contribuição da parte do utilizador dos seus serviços.

BIBLIOTECA HÍBRIDA – Expressão usada para designar uma biblioteca cujas colecções são formadas por documentos em diversos tipos de suporte, pelo que exige a convivência de múltiplos sistemas de acesso.

BIBLIOTECA INFANTIL – Biblioteca cujas instalações e fundos têm em vista a instrução e o recreio de crianças em idade pré-escolar e escolar. A primeira biblioteca infantil conhecida foi fundada nos Estados Unidos no ano de 1802. Hoje, continua a ser este país aquele onde este tipo de bibliotecas se encontra em maior número, seguindo-se-lhe o Reino Unido, União Soviética, Bélgica, Brasil, Alemanha, Países Baixos e Países Escandinavos. Biblioteca para crianças.

BIBLIOTECA INSTITUCIONAL – Biblioteca que depende de uma instituição pública ou privada e é usada para uso exclusivo do seu pessoal.

BIBLIOTECA INTERNACIONAL – Biblioteca criada por um organismo constituído por duas ou mais nações, com fundos de interesse supranacional destinados a congressistas, diplomatas, investigadores, etc.

BIBLIOTECA ITINERANTE – Biblioteca ou, por vezes, serviço de uma biblioteca pública, que utiliza um veículo devidamente equipado de modo a poder colocar documentos à disposição de utilizadores que, por razões de distância, não têm acesso fácil às instalações da biblioteca; é também designada biblioteca móvel, *bibliobus*, bibliobarco ou barco-biblioteca; percorre periodicamente pequenas comunidades, bairros urbanos, zonas rurais, etc., lugares onde o acesso do livro é mais difícil. Biblioteca de empréstimo. Biblioteca móvel • Biblioteca circulante. A primeira que se conhece foi criada em Edimburgo (Inglaterra) por Allam Ramsay no ano de 1725.

BIBLIOTECA JURÍDICA – Biblioteca especializada em ciências jurídicas.

BIBLIOTECA LEGISLATIVA – Biblioteca cujos fundos são constituídos especialmente por textos legislativos e é destinada sobretudo ao uso de membros das câmaras legislativas.

BIBLIOTECA LIVRE – Biblioteca aberta a qualquer pessoa mediante a exigência do cumprimento do regulamento.

BIBLIOTECA MATRIZ – *Ver* Biblioteca central.

BIBLIOTECA MÉDICO-FARMACÊUTICA – Biblioteca dependente de uma universidade, instituição especializada de ensino superior, hospital, sociedade médica, empresa farmacêutica, organismo federal, estatal ou regional, que procura responder às necessidades informativas de médicos, farmacêuticos, investigadores e estudantes de um ou mais ramos da saúde, como a medicina, a farmácia, a estomatologia, a enfermagem, etc.

BIBLIOTECA MINERAL – Termo usado na Antiguidade para designar um conjunto de escritos sobre tabuinhas de argila.

BIBLIOTECA MONÁSTICA – Biblioteca pertencente a um mosteiro ou comunidade religiosa. Biblioteca de mosteiro. Biblioteca conventual. Biblioteca cenobítica.

BIBLIOTECA MÓVEL – *Ver* Biblioteca itinerante.

BIBLIOTECA MULTIMÉDIA – Aquela cujos fundos são constituídos por meios de diversos tipos, integrados em diversos suportes (papel, cassete áudio, vídeo, *CD*, *DVD*, etc.), acessíveis por formas diversas. Biblioteca polimédia.

BIBLIOTECA MUNICIPAL – Biblioteca pública mantida através de impostos municipais, para utilização de todos ou parte dos membros de um município, estabelecida como instituição independente ou em combinação com outras. Biblioteca camarária.

BIBLIOTECA MUSICAL – Biblioteca especializada em música; o acervo pode comportar música manuscrita e impressa e bibliografia musical, catálogos, trabalhos, livros de texto, biografias de compositores e obras de carácter pedagógico geral e históricas relativas ao assunto; uma biblioteca musical pode igualmente compreender gravações sonoras.

BIBLIOTECA NACIONAL – Biblioteca responsável pela aquisição e conservação de exemplares de todas as publicações editadas num país; pode funcionar como biblioteca de depósito legal; este tipo de biblioteca desempenha ainda outras funções: elaborar a bibliografia nacional, manter actualizada uma colecção significativa da produção estrangeira, desempenhar o papel de centro nacional de informação bibliográfica nacional retrospectiva, organizar catálogos colectivos, ser agência de atribuição do *ISSN*, etc. Pode caber-lhe também um papel de destaque na informação científica e técnica do país que representa, criando e mantendo serviços centrais indispensáveis às outras bibliotecas do referido país, como a cooperação na aquisição e tratamento dos documentos, a difusão selectiva da informação da bibliografia nacional, servir de centro nacional e internacional de empréstimo, estabelecer serviços centrais de referência, consulta e orientação, ser centro para o Controlo Bibliográfico Universal, promover a normalização a nível nacional, ter funções de planificação e orientação em relação às bibliotecas do país; na era digital compete-lhe ainda garantir a colecção nacional de recursos digitais, descrevendo-os, processando-os bibliograficamente e criando os metadados indispensáveis à sua recuperação, assegurar a colecção de recursos digitais e digitalizados, garantindo o acesso às colecções. As primeiras bibliotecas nacionais começaram a ser fundadas no século XVI, ainda não com esta designação, mas cumprindo as funções a ela inerentes. Dessa época destacam-se as de Paris (1522), Viena (1526), Berlim (1661), Madrid (1712), Museu Britânico (1753), Bogotá (1777), Quito (1792), Lisboa (1798), Buenos Aires e Washington (1800).

BIBLIOTECA NACIONAL DIGITAL – Em Portugal, serviço da Biblioteca Nacional, criado em 2002, e destinado a utilizadores à distância.

BIBLIOTECA NÃO ESPECIALIZADA – Biblioteca de carácter erudito com colecções que cobrem os diversos domínios do saber, sem particularização de qualquer deles.

BIBLIOTECA NÃO UNIVERSITÁRIA – Biblioteca ao serviço de um estabelecimento do ensino superior não integrado numa universidade.

BIBLIOTECA OFICIAL – Aquela que depende de uma autoridade pública.

BIBLIOTECA OPERÁRIA – Espaço de consulta de documentos, livros, revistas, etc. destinado às pessoas que vivem do trabalho de suas mãos • Denominação de colecção ou série constituída por espécies destinadas ao operariado.

BIBLIOTECA PALATINA – Conhecida biblioteca da Antiguidade fundada em Roma por Augusto, no templo de Apolo e constituída por duas partes, uma grega, outra romana.

BIBLIOTECA PARA ADOLESCENTES – Biblioteca projectada para servir utilizadores que já não encontram satisfação dos seus interesses de leitura numa biblioteca infantil e que ainda não os satisfazem também numa biblioteca para adultos.

BIBLIOTECA PARA CEGOS – Biblioteca com fundos gravados em suportes especiais adequados à leitura de invisuais. Biblioteca Braile.

BIBLIOTECA PARA CRIANÇAS – *Ver* Biblioteca infantil.

BIBLIOTECA PARA EMPREGADOS COMERCIAIS – Biblioteca, florescente no século XIX, à qual podia aceder-se através de assinatura e que se destinava ao uso exclusivo de empregados comerciais.

BIBLIOTECA PARA ESTÁGIO – Biblioteca para aprendizes.

BIBLIOTECA PARA GRADUADOS – Biblioteca universitária, destinada especialmente a estudantes licenciados, que contém, regra geral, as colecções mais importantes para apoio à investigação.

BIBLIOTECA PARLAMENTAR – Biblioteca criada num parlamento, com a finalidade de organizar tecnicamente e disponibilizar livros e documentos da sua área de actividade e afins, documentos parlamentares de outros países e publicações oficiais nacionais e internacionais.

BIBLIOTECA PAROQUIAL – Biblioteca organizada numa paróquia, mantida em geral à custa de doações e ofertas dos fiéis; contém sobretudo obras de formação moral e religiosa.
BIBLIOTECA PARTICULAR – *Ver* Biblioteca privada.
BIBLIOTECA PATRIMONIAL – Designação atribuída às bibliotecas nacionais, pelo facto de lhes competir um serviço público que assenta na garantia da salvaguarda e do acesso às colecções nacionais e às principais publicações sobre as diferentes áreas do saber.
BIBLIOTECA POLIMÉDIA – Aquela cujos fundos são constituídos por meios de diversos tipos, integrados em diversos suportes (papel, cassete áudio, vídeo, *CD*, etc.), acessíveis por formas diversas. Biblioteca multimédia.
BIBLIOTECA POPULAR – Designação indevida, que por vezes é aplicada a uma biblioteca pública, uma biblioteca com documentação bibliográfica e audiovisual de carácter geral. As primeiras bibliotecas populares a serem criadas foram na Carolina do Sul (1700) e em Filadélfia (1731) nos E.U.A. • Numa biblioteca dividida em departamentos é assim chamada a colecção de obras de interesse geral.
BIBLIOTECA PRESIDENCIAL – Biblioteca criada pelo presidente de um país, com a finalidade de depositar toda a documentação referente ao seu período governamental, quando terminar o seu mandato.
BIBLIOTECA PRINCIPAL – *Ver* Biblioteca central.
BIBLIOTECA PRIVADA – Biblioteca criada e sustentada por um particular ou instituição para seu uso exclusivo, com ausência de fundos públicos. Biblioteca particular.
BIBLIOTECA PROFISSIONAL – Biblioteca constituída em geral por um particular, com obras de uma determinada especialidade ou especialidades.
BIBLIOTECA PÚBLICA – Biblioteca geral, que serve a colectividade a título gratuito ou mediante quotização; dirige-se, quer ao público em geral, quer a determinadas camadas da população, como crianças, doentes internados em hospitais, elementos das forças armadas, presos, trabalhadores, etc., e destina-se a assegurar a educação dos adultos e a completar a obra da escola, desenvolvendo o gosto pela leitura nas crianças e nos jovens, de modo a fazer deles adultos capazes de apreciar os livros e tirar proveito deles; em Portugal a biblioteca pública é também designada biblioteca de leitura pública e encontra-se na dependência directa de uma Câmara. A mais antiga biblioteca pública de que há notícias é a ateniense do tirano Pisístrato, que foi trasladada de Atenas para a Pérsia por Xerxes após a batalha de Salamina e que foi reposta no seu lugar pelo rei da Síria Seleuco Nicator. As bibliotecas públicas tiveram grande incremento em meados do século XIX, tendo então sido criadas algumas das mais importantes, entre as quais se destacam: uma na Alemanha (1839), em Prato – Itália (1861), em Chicago (1872) e em Nova Iorque (1895). Em Portugal a criação de instituições desta natureza intensificou-se na segunda metade do século XIX, sobretudo depois de 1870. Nos nossos dias pretende-se que seja uma instituição democrática de ensino, de cultura e de informação. Biblioteca camarária. Biblioteca municipal.
BIBLIOTECA PÚBLICA DE LEITURA PAGA – Biblioteca geral que serve a comunidade em que se insere mediante o pagamento de uma quotização; os seus fundos bibliográficos destinam-se a um leque muito alargado de público e a sua dependência directa é de um serviço estatal.
BIBLIOTECA PÚBLICA GRATUITA – Biblioteca de carácter geral, que se dirige a uma vasta camada da população e na qual o serviço é totalmente grátis.
BIBLIOTECA REGIONAL – Biblioteca criada com os fundos públicos para apoiar uma comunidade determinada ou comunidades diversas de uma determinada região.
BIBLIOTECA SEM PAREDES – Biblioteca electrónica, biblioteca virtual.
BIBLIOTECA SOCIAL – *Ver* Biblioteca de assinatura.
BIBLIOTECA SONORA – Colecção de gravações sonoras, incluindo discos compactos, fitas e registos sonoros.
BIBLIOTECA SUCURSAL – Designação atribuída a uma biblioteca local, que constitui um ponto de serviço de uma biblioteca central,

mas não constitui uma unidade administrativa, nem presta a totalidade dos serviços de uma biblioteca.

BIBLIOTECA TÉCNICA – Aquela cujos fundos documentais são constituídos fundamentalmente por documentação referente a uma ou mais ciências aplicadas ou artes mecânicas ou industriais; pode ser uma biblioteca especializada ou um departamento administrativo independente de uma biblioteca do ensino superior ou pública.

BIBLIOTECA TRADICIONAL – Aquela que é constituída por fundos em suporte analógico. Biblioteca física.

BIBLIOTECA UNIVERSAL – Projecto de juntar num determinado lugar todos os documentos existentes disponíveis. Nunca chegou a concretizar-se este velho projecto de Gabriel Naudé, que foi bibliotecário do cardeal Mazarino; seria retomado mais tarde por outros, como o marquês de Paulmy em França.

BIBLIOTECA UNIVERSITÁRIA – Biblioteca criada para estar ao serviço de uma universidade. As primeiras bibliotecas universitárias a serem criadas foram as de São Domingos, na República Dominicana (1538), e nos Estados Unidos as de Harvard (1638), Yale (1701), Columbia e Nova York (1761).

BIBLIOTECA VEGETAL – Termo usado na Antiguidade para designar uma biblioteca constituída por rolos de papiro.

BIBLIOTECA VIRTUAL – Aquela cujos recursos se encontram disponíveis de forma remota e cujo funcionamento é baseado na utilização da tecnologia da realidade virtual (RV) • Nome dado a qualquer fonte ou serviço de informação a que se pode aceder por meio das telecomunicações; não se trata de uma biblioteca física, com existência real, mas de uma amálgama de serviços e de fontes localizadas num conjunto de bibliotecas e outras organizações ligadas por redes. Biblioteca em realidade virtual. Biblioteca digital • Directório.

BIBLIOTECA VIVA – Diz-se de uma pessoa muito erudita.

BIBLIOTECA-DEPÓSITO – Lugar usado para armazenar fundos bibliográficos pouco utilizados e que serão fornecidos a pedido, algum tempo depois de feito este. Num projecto cooperativo que vincule um determinado número de bibliotecas, cada biblioteca mantém a propriedade do material que coloca na biblioteca-depósito.

BIBLIOTECAL – Relativo a biblioteca.

BIBLIOTECA-PILOTO – Biblioteca equipada e organizada de acordo com as mais modernas técnicas, de forma que sirva de modelo a outras; a primeira biblioteca conhecida deste tipo foi a de Medellin (Colômbia) que foi patrocinada pela *UNESCO* e fundada em 1954.

BIBLIOTECÁRIO – Técnico superior especializado que trabalha numa biblioteca e que está encarregado da sua organização e gestão, do aumento das colecções, da classificação e do tratamento dos documentos para os pôr à disposição dos leitores, fazer a sua divulgação e assegurar eventualmente a sua conservação • No futuro, "pessoa que pode ajudar os outros a criar as suas próprias bibliotecas ou famílias a criarem o seu próprio sistema de biblioteca com métodos individuais para os membros da família, ou negócios ou sistemas de informação personalizados".

BIBLIOTECÁRIO ACADÉMICO – Bibliotecário de uma instituição do ensino universitário ou superior • Bibliotecário de uma academia.

BIBLIOTECÁRIO CIBERNÉTICO – *Ver* Ciberbibliotecário.

BIBLIOTECÁRIO DE AQUISIÇÕES – Aquele que tem a seu cargo a secção de aquisições ou que nela presta assistência técnica.

BIBLIOTECÁRIO DE BIBLIOTECA ESCOLAR – Profissional com preparação específica, que exerce funções técnicas e se mantém na orientação e gestão de uma biblioteca de estabelecimento de ensino não superior.

BIBLIOTECÁRIO DE CONSULTA – *Ver* Bibliotecário de referência.

BIBLIOTECÁRIO DE REFERÊNCIA – Bibliotecário cujo papel é o de informar e guiar o leitor no seu trabalho de pesquisa e escolha da documentação, de modo que aproveite o melhor possível os recursos existentes na biblioteca; nas bibliotecas de estabelecimentos de ensino de nível elementar ou secundário este conselheiro pode ser um professor-bibliotecário ou um bibliotecário escolar.

BIBLIOTECÁRIO DE TURMA – Diz-se do estudante encarregado de conservar os livros em ordem numa biblioteca de turma e de entregá-los aos alunos ou ainda de servir como representante da turma nas suas relações com a biblioteca da escola.
BIBLIOTECÁRIO ESPECIALIZADO – Bibliotecário com preparação específica numa determinada área da biblioteconomia • Bibliotecário preparado para exercer funções numa biblioteca especializada.
BIBLIOTECÁRIO-ARQUIVISTA – Pessoa encarregada da administração, gestão e orientação técnica de uma biblioteca e/ou arquivo • Pessoa que possui o curso de bibliotecário-arquivista.
BIBLIOTECAS DE ACÇÃO SOCIAL – Instituído no âmbito do plano de formação social e corporativa elaborado pela Junta de Acção Social, baseado num serviço de bibliotecas destinado a combater o analfabetismo fomentando e desenvolvendo a leitura nos ambientes em que o trabalhador se encontrava integrado, este serviço teve início no ano de 1956; assentava na criação de bibliotecas de pequenas dimensões (cerca de 300 títulos), que ficavam sediadas em organismos corporativos como sindicatos, Casas do Povo, Casas dos Pescadores e outros.
BIBLIOTECNIA – Tecnologia do livro em todos os seus aspectos e que engloba a bibliologia, a bibliografia, a biblioteconomia, a bibliotecografia, etc. • Conjunto dos conhecimentos relativos à parte material do livro e à sua produção: papel, formato, composição, processos de ilustração, encadernação, etc. Bibliotécnica.
BIBLIOTÉCNICA – *Ver* Bibliotecnia.
BIBLIOTÉCNICO – Pessoa versada em bibliotecnia • Relativo ou pertencente à bibliotecnia.
BIBLIOTECOFILIA – Amor pelas bibliotecas.
BIBLIOTECÓFILO – Pessoa que sente amor pelas bibliotecas.
BIBLIOTECOGRAFIA – Ramo do conhecimento essencialmente descritivo que tem por objecto a história, a estatística, a composição bibliográfica das bibliotecas públicas, privadas, etc. e os elementos da mesma natureza referentes aos bibliotecários.

BIBLIOTECOGRÁFICO – Relativo à bibliotecografia.
BIBLIOTECÓGRAFO – Pessoa perita em bibliotecografia.
BIBLIOTECOLOGIA – Ciência que tem por objecto o estudo da formação e do funcionamento das bibliotecas. Bibliotecosofia.
BIBLIOTECOLÓGICO – Relativo à bibliotecologia.
BIBLIOTECÓLOGO – Perito em bibliotecologia.
BIBLIOTECOMANIA – Paixão exagerada por bibliotecas.
BIBLIOTECONOMIA – Teoria, actividades e técnicas relativas à organização e gestão de bibliotecas, assim como à aplicação de legislação sobre as mesmas • Prática e estudo da recolha, armazenamento, recuperação e fornecimento da informação • Arte de organizar, administrar e conservar uma biblioteca.
BIBLIOTECONOMIA COMPARADA – Disciplina cujo objectivo são os estudos que assentam no paralelo entre o desenvolvimento da biblioteconomia nos diversos países do mundo.
BIBLIOTECONOMIA E DOCUMENTAÇÃO – *Ver* Ciências da documentação.
BIBLIOTECONOMIA ESPECIALIZADA – Biblioteconomia aplicada a um assunto específico ou a determinados fins • Parte da biblioteconomia cujo objectivo é o estudo dos diferentes tipos de bibliotecas.
BIBLIOTECONÓMICO – Relativo à biblioteconomia.
BIBLIOTECÓNOMO – Perito em biblioteconomia. Pessoa que elabora tratados de biblioteconomia.
BIBLIOTECOSOFIA – Ciência das bibliotecas. Bibliotecologia.
BIBLIOTERAPEUTA – Técnico de saúde que exerce a biblioterapia.
BIBLIOTERAPÊUTICA – *Ver* Biblioterapia.
BIBLIOTERAPÊUTICO – *Ver* Biblioterápico.
BIBLIOTERAPIA – Em medicina e psiquiatria, é a utilização de livros e outros materiais de leitura num programa de leitura orientada prescrito como terapia auxiliar no tratamento de perturbações mentais e emocionais e de desajustes sociais • Biblioterapêutica • Trata-

mento de restauro levado a cabo em materiais bibliográficos, com a finalidade de os recuperar.

BIBLIOTERÁPICO – Relativo à biblioterapia. Biblioterapêutico.

BIBLIOTHECA (pal. lat.) – Nome dado às Sagradas Escrituras, pelo facto de serem compostas por um conjunto de livros que eram copiados em volumes separados e cujo texto era com frequência acompanhado por comentários, para melhor esclarecimento da palavra de Deus • Biblioteca.

BIBLIOTHECA DO POVO E DAS ESCOLAS – Colecção popular, escrita para o povo, que começou a ser publicada em 1881 e que, durante 32 anos publicou 237 volumes.

BIBLIOTHECA SCRIPTORUM GRÆCORUM ET LATINORUM (loc. lat.) – Designação da colecção de autores clássicos ainda hoje utilizada pelos estudiosos destes autores, que foi iniciada em 1867, numa pequena tipografia em Leipzig e aí composta, impressa e corrigida por Benediktus Gotthelf Teubner.

BIBLIOTHECA UNIVERSALIS (loc. lat.) – A bibliografia mais antiga constituída por 12 000 obras em grego, latim e hebraico, organizada alfabeticamente e completada por um índice de assuntos constituído por 20 volumes. É da autoria de Conrad Gesner e foi publicada em 1545, em Zurique, por Christoph Froschauer.

BIBLIOTHECALIS THESAURUS (loc. lat.) – Depósito de livros.

BIBLIOTHECARIUS (pal. lat.) – Neologismo romano num mundo impregnado pela cultura helénica, aparece mencionado pela primeira vez numa carta datada de 144 d. C., enviada por Marco Aurélio; mais tarde, já no século VIII, aparece atribuído ao funcionário do palácio de Latrão; este termo vai alternar, do século XI ao século XV, com *librarius* e *armarius*. Bibliotecário. As suas funções ultrapassavam, por vezes, o trabalho numa biblioteca e, junto das catedrais, estes profissionais expediam bulas, pelo menos até finais do século XII.

BIBLIOTHECULA (pal. lat.) – Pequena biblioteca.

BIBLIOTHÈQUE DES CHEMINS DE FER (loc. fr.) – Designação de uma modalidade de livros de bolso criada em França em 1852 pela Editora Hachette, com a finalidade de atingir uma grande clientela por meio de edições de baixo preço e pequeno formato, organizadas em colecções sobre temas diversos, que iam desde a literatura francesa moderna, contemporânea, antiga e clássica aos livros ilustrados para crianças, guias de viagens, etc. e que apareciam à venda em grandes espaços abertos e de intensa passagem de pessoas, como eram as estações de caminho de ferro, de onde lhe vem o nome.

BIBLIÓTICO – Nome dado antigamente ao copista e ao bibliotecário.

BIBLISMO – Teorias ou doutrinas da Bíblia.

BIBLISTA – Pessoa versada em assuntos da Bíblia. Biblicista • Sectário que não admite a tradição e respeita apenas o texto da Sagrada Escritura.

BIBLÍSTICA – Parte da bibliografia que tem por objectivo o conhecimento das diversas edições da Bíblia, estudando as suas características e méritos. Conhecimento bibliográfico da Bíblia.

BIBLIOGRAFIA PASSIVA – Aquela que contém tudo o que foi publicado sobre um determinado autor.

BIBLOS (pal. gr.) – O uso medieval deste termo é quase só de índole poética; o termo grego designava estritamente o papiro e mais tarde, por metonímia, estendeu-se ao manuscrito nesse material; na Idade Média, apesar da vitalidade do termo *bibliotheca* que lhe é associado, *biblos* no sentido de livro torna-se muito raro a partir do século XI. Papiro.

BICARBONATO DE CÁLCIO – Substância química usada em restauro de documentos.

BICARBONATO DE MAGNÉSIO – Nome de um dos produtos componentes utilizados por Barrow na desacidificação aquosa.

BICÉFALO – Que tem duas cabeças; em heráldica, a águia de duas cabeças aparece no campo do escudo ou como timbre.

Bicéfalo

BICHO-DE-PRATA – Ver Lepisma saccharina.
BICÍPITE – Obra que contém somente dois capítulos.
BICO – Ver Obra de bico.
BICOLOR – Trabalho tipográfico impresso a duas cores. De duas cores • Diz-se da prensa que imprime em duas cores ao mesmo tempo.
BICROMÁTICO – Relativo a duas cores • Impresso em duas cores.
BICROMATO DE AMÓNIO – Um dos produtos químicos usado em fotogravura.
BICROMIA – Qualidade ou estado daquilo que apresenta duas cores • Impressão a duas cores.
BIDECENÁRIO – Que se publica cada vinte dias.
BIEBDOMADÁRIO – Que sai duas vezes por semana. Bissemanário. Bi-hebdomadário.
BIENAL – Que se publica cada dois anos. (port. Bras.) Bienial.
BIENIAL (port. Bras.) – Publicado a cada dois anos.
BIFÓLIO – Conjunto de dois fólios derivados da dobragem de uma folha; é a unidade básica de um caderno.
BIFÓLIO CENTRAL – Ver Bifólio médio.
BIFÓLIO EXTERIOR – Bifólio que forma a primeira e última folhas de um caderno.
BIFÓLIO INTERMÉDIO – Bifólio colocado entre os bifólios exterior e médio.
BIFÓLIO MÉDIO – Bifólio que ocupa o meio do caderno sobre o qual passa o fio da cosedura.
BIFOLIUM (pal. lat.) – Folha de material de escrita (geralmente o pergaminho durante a Idade Média) dobrada ao meio de modo a formar duas folhas (ou seja quatro páginas).
BIG MEDIA (loc. ingl.) – Designação atribuída à comunicação social tradicional.
BIGODE – Filete de antimónio ou bronze, de forma horizontal com ligeiros adornos mais espessos no centro e finos nos extremos, muito usado para dividir os títulos do texto • Filete inglês.
BIGRAMA – Qualquer grupo de duas letras.
BI-HEBDOMADÁRIO – Bissemanário. Bi-hebdomadário.
BILBOQUÉ – Rectângulo de madeira forrada a pano usado pelos douradores para levantar e aplicar o ouro em folha.

BILHETA – Em heráldica, peça de terceira ordem, de formato rectangular, colocada na horizontal no campo do escudo. Plinto.
BILHETA CHEIA – Aquela que apresenta elementos iconográficos no seu interior.
BILHETA VAZIA – Aquela que não apresenta qualquer elemento iconográfico no seu interior.
BILHETE – Carta simples e breve, sem as fórmulas das cartas comuns, que transmite pequena mensagem • Aviso • Documento, impresso ou manuscrito, que torna o seu possuidor interessado numa lotaria ou rifa • Papel onde se consignavam as notícias relativas às espécies bibliográficas manuscritas ou impressas. Ficha bibliográfica • Pedaço de cartão com um nome ou mais impresso e por vezes com a indicação da profissão e morada. Cartão de visita.
BILHETE DE ESPECTÁCULO – Impresso emitido por uma casa de espectáculos, que permite ao seu possuidor a entrada nos mesmos.
BILHETE DE IDENTIDADE – Documento oficial que comprova a identificação de um indivíduo e onde constam dados como nome, filiação, naturalidade, residência, impressões digitais e outros elementos identificativos acompanhados de fotografia. (port. Bras.) Carteira de identidade. Cédula de identidade.
BILHETE DE LOTARIA – Papel impresso, numerado, emitido por uma casa de jogo oficial, que dá direito ao seu possuidor a obter prémio pecuniário atribuído por sorteio.
BILHETE-DE-VISITA – Ver Cartão-de-visita.
BILHETE-POSTAL – Suporte de correspondência destinado a circular sem qualquer invólucro, constituído por uma folha de cartolina em que uma das faces é inteiramente dedicada ao texto da correspondência; na outra face cerca da metade direita está destinada ao endereço, à franquia e às indicações de fabricação. (port. Bras.) Cartão-postal.
BILHETE-POSTAL ILUSTRADO – Ver Postal ilustrado.
BILINGUE – O que fala duas línguas • Aquilo que está escrito em duas línguas.
BILINGUISMO – Carácter de bilingue. Situação linguística em que duas línguas coexistem numa mesma comunidade ou em que um indivíduo tem capacidade gramatical e comunicativa em mais do que uma língua.

BÍLIS – Substância amarelada segregada pelo fígado, rica em compostos de ácido cólico, empregada outrora como mordente; na iluminura medieval era utilizada a bílis de boi. Fel.

BILOGIA – Tratado ou livro constituído por duas partes em que se apresentam assuntos diferentes.

BIMENSAL – Diz-se da publicação que aparece regularmente duas vezes por mês. Que se publica duas vezes por mês.

BIMENSÁRIO – Periódico bimensal, publicação que se edita duas vezes por mês, quinzenário.

BIMESTRAL – Que se publica cada bimestre, cada dois meses.

BIMESTRÁRIO – Que se publica cada dois meses.

BIMESTRE (port. Bras.) – *Ver* Bimestral.

BIMETALISMO – Solução usada em litografia para prolongar a duração das placas.

BINA TABULA (loc. lat.) – Expressão usada a par com o termo *dipticus,* de origem greco-latina, significando dupla tabuinha articulada, que se abria ao meio, apresentando texto dos dois lados, à esquerda e à direita.

BINÁRIO – Que pertence a uma característica ou propriedade que supõe uma selecção ou condição na qual há duas possibilidades • Que pertence ao sistema numérico binário de base dois, aquele em que apenas são possíveis dois números, o 0 e o 1.

BINERVAL – Que tem duas nervuras. Binérveo.

BINÉRVEO – Que tem duas nervuras ou dois nervos. Binerval.

BÍNIO – Caderno composto por dois bifólios (oito páginas).

BINION (pal. lat.) – Caderno de duas folhas duplas, quatro folhas simples ou oito páginas. *Ver* Bínio.

BINIONES (pal. lat.) – Nome dado aos cadernos de oito páginas, que se formavam dobrando pelo meio duas folhas de pergaminho sobrepostas, para a confecção de um códice.

BINOMIAL – Nome que consiste em dois ou mesmo três termos • O que usa dois nomes.

BIOBIBLIOGRAFIA – Relato da vida de um autor, acompanhado da relação das suas obras; resulta da fusão da biografia com a bibliografia.

BIODEGRADAÇÃO – Degradação que é causada por agentes biológicos como microrganismos, insectos, etc.

BIOGR. – Abreviatura de biografia.

BIOGRAFADO – Pessoa que é objecto de uma biografia.

BIOGRAFAR – Escrever a biografia de uma pessoa. Biografiar.

BIOGRAFIA – História da vida de um indivíduo desde que nasceu até à sua morte, por forma a revelar determinados aspectos da sua personalidade e filosofia • Em sentido colectivo são as histórias das vidas de pessoas • Ramo da literatura que se dedica a este tipo de escrita.

BIOGRAFIA COLECTIVA – Obra (ou colectivamente obras) constituída por relatos separados das vidas de um dado número de pessoas de uma determinada nacionalidade, profissão, etc.

BIOGRAFIA NACIONAL – Colecção de biografias de pessoas notáveis de um país.

BIOGRAFIA ROMANCEADA – História da vida de uma pessoa que integra feitos reais e imaginados pelo autor. Biografia-ficção.

BIOGRAFIA-ANTOLOGIA – Descrição da vida de uma pessoa que é acompanhada por uma colecção de trechos literários escolhidos de sua autoria ou escritos por outros autores sobre ela.

BIOGRAFIA-FICÇÃO – *Ver* Biografia romanceada.

BIOGRAFIAR – Escrever a biografia de. Biografar.

BIOGRÁFICO – Relativo à biografia ou à vida de uma pessoa.

BIOGRAFISMO – Actividade de escrever a história ou biografia de alguém.

BIÓGRAFO – Autor da história da vida de uma ou várias pessoas. Aquele que escreve biografias.

BIPARTIDO – Dividido em duas partes.

BIQUEIRO – Compositor de obras de bico ou trabalhos de fantasia; para este tipo de tarefas exige-se um tipógrafo especialmente cuidadoso • Remendeiro • Chapista • Formista • Obrista.

BIQUINÁRIO – Em informática, diz-se de uma representação de um número decimal em duas partes: a primeira parte é codificada em binário, com os valores 0 ou 5; a segunda é codificada em quinário, com um dos valores de 0 a 4.

BIREME – Acrónimo de Bibliografia Regional de Medicina.

BIS NUMERATIS (loc. lat.) – Num códice, expressão com que se indicam os fólios numerados duas vezes.

BISAGRA – *Ver* Charneira.

BISEL – Talhe oblíquo dos bordos da placa do gravador; data apenas dos últimos anos do século XVIII, inícios do XIX • Cunha que serve para segurar as páginas nas formas • Extremidade da pena de escrever cortada transversalmente em relação ao seu eixo ou ângulo direito, ligeiramente oblíqua e cuja largura determina a grossura do traço • Aparelho utilizado para furar os clichés, de modo a poderem ser fixados à madeira • (port. Bras.) Angulete. Chanfro que se faz nas bordas do cliché para permitir que ele se fixe ao bloco • Faceta.

BISELADO – Chanfrado • Com feitio de bisel.

BISELADORA – Máquina ou plaina para biselar clichés e estereotipias.

BISELAGEM – Operação de biselar. Biselamento • Em encadernação é a operação que consiste no corte ou chanfradura de uma superfície.

BISELAMENTO – Acto de biselar. Biselagem.

BISELAR – Cortar em bisel. Chanfrar • Cortar em bisel as beiras de uma zincotipia ou estereotipia com plaina ou aparelho próprio • Facetar.

BISMELA (pal. ár.) – Primeira sura do *Corão* "Em nome de Alá", com que se iniciam muitos livros árabes manuscritos e impressos; esta frase é transmitida através de elementos caligráficos de grande beleza apresentados em formas diversas, com finalidades estéticas.

BISSECULAR – Que tem dois séculos.

BISSEMANAL – Que se publica duas vezes por semana.

BISSEMANÁRIO – Jornal ou outra publicação periódica que sai duas vezes por semana • Biebdomadário.

BISSERIADO – Disposto, dividido em duas séries.

BISSERIAR – Dispor, dividir em duas séries.

BISTRE – Tinta cor de ferrugem, feita com fuligem e água; os desenhistas do século XVIII fabricavam o bistre de um modo muito fácil, fervendo a fuligem com água; alguns desses trabalhos permaneceram até aos nossos dias em bom estado de conservação.

BISTURI – Juntamente com a lanceta, é um dos instrumentos usados em restauro, aplicado sobretudo no corte do papel japonês.

BIT – Termo inglês que entrou na língua portuguesa com o significado de dígito binário e que resultou da contracção das palavras originais *Binary digit* • Unidade elementar de informação representada por 0 ou por 1; um grupo de 8 bits é denominado octeto e permite representar um carácter alfanumérico.

BIT DE CONTROLO – Em informática, bit acrescentado a um grupo de dígitos binários com a finalidade de detectar a perda de um bit num grupo em fase de tratamento. Designa-se também "controlo de paridade". Por exemplo, num controlo de paridade anormal acrescenta-se um bit 1 ou 0 ao grupo de dígitos para tornar anormal o número de bits 1.

BIT DE PARIDADE – Bit ou dígito especial binário, que se associa a um conjunto ou série de bits com o objectivo de fazer com que a soma de todos eles seja par ou ímpar.

BITAFE – Termo arcaico que designava título • Inscrição sepulcral. Epitáfio.

BITMAP (pal. ingl.) – À letra mapa de pontos numéricos. *Ver* Mapa de bits.

BITOLA – Lâmina de fio fino ou grosso que serve de medida reguladora do paginador, que com ela verifica se as páginas ficam ou não na devida altura.

BITS PER SECOND (loc. ingl.) – *Ver BPS*, Bits por segundo.

BITS POR POLEGADA – Número de dígitos binários ou bits que podem registar-se por polegada num suporte como uma banda magnética; os números correntes de bits por polegada são 800 e 1600.

BITS POR SEGUNDO – Número de dígitos binários ou bits, que podem ser detectados ou registados por segundo por uma máquina ou transmitidos por um canal • Em informática, forma de medir a velocidade de transferência de dados. *Ver tb. BPS*.

BIZANTINA – Vinheta decorativa baseada no estilo arquitectónico de Bizâncio, muito utilizada em impressões de carácter antiquado, combinada com os tipos góticos e elzevirianos mais antigos.

BL – Acrónimo de *British Library*, Biblioteca Britânica.

BLASONAR – Em heráldica tem o sentido de descrever o escudo de alguém.

BLBSD – Acrónimo da *British Library Bibliographic Services Division*, Divisão de Serviços Bibliográficos da Biblioteca Britânica.

BLLD – Acrónimo de *British Library Lending Division*, Divisão de Empréstimo da Biblioteca Britânica, sector encarregado do empréstimo interbibliotecas.

BLOCADA (port. Bras.) – Diz-se da composição cuja mancha manuscrita ou impressa está disposta de forma compacta, ocupando toda a página, sem qualquer divisão ao meio. Uma só medida.

BLOCKBUSTER (pal. ingl.) – Livro que obtém um enorme êxito.

BLOCO – Pedaço de madeira gravado para imprimir ou estampar • A madeira preparada numa determinada altura e comprimento onde o gravador prega as zincogravuras • Título composto em linhas iguais • Espécie de caixilho de ferro onde assenta a chapa estereotípica • Conjunto de folhas de papel destinadas à escrita e unidas numa das extremidades por talão ou cabeceira, sistema de espiral de arame ou união de plástico ou colagem • Em processamento de dados, grupo de dígitos contínuos, palavras, caracteres ou registos que se tratam ou transmitem como uma unidade • Numa banda, registo físico compreendido entre dois intervalos • Em formato *UNIMARC*, conjunto de campos que contêm informação de idêntica função no registo.

BLOCO DE APONTAMENTOS – *Ver* Bloco de notas.

BLOCO DE JUSTIFICAÇÃO – *Ver* Talão de justificação.

BLOCO DE MADEIRA – *Ver* Forma de madeira.

BLOCO DE MEMÓRIAS ESPECIALIZADAS – Em informática, memória rápida que permite a passagem dos dados que estão a ser tratados.

BLOCO DE NOTAS – Caderno para escrever anotações, cujas folhas em geral se destacam. Bloco de apontamentos.

BLOCO DE RANHURAS – Bloco de ferro atravessado por entalhes em diagonal, onde correm unhas que permitem fixar em qualquer posição um cliché ou estereotipia.

BLOCO DE TEXTO – Pedaço de texto em suporte informático, que pode ou não corresponder a uma divisão convencional do texto, como um parágrafo, um capítulo ou outro.

BLOCO NOTICIOSO – Normalmente trata-se de um serviço de antecipação sobre acontecimentos agendados, tanto no quadro nacional como no internacional; pode também ser formado por artigos de magazine focando assuntos de vulgarização científica, de comentário à actualidade política, de apresentação de personalidades em vias de ascender a situações de relevo ou de rememoração de outras em vésperas de desaparecimento da cena internacional.

BLOG (pal. ingl.) – Forma abreviada de *Weblog*, usada para designar um registo na *Web*. Trata-se de uma ferramenta de edição pessoal na *Internet*, que se tem revelado como um ponto de convergência de crítica ao poder instituído, mediático, empresarial ou outro ou como mera fonte de desabafo pessoal. Blogue.

BLOGGER (pal. ingl.) – *Ver* Bloguer.

BLOGGING (pal. ingl.) – Na *Internet*, operação que consiste em inserir mensagens ou ligações de interesse numa página *blog*.

BLOGOSFERA – Maneira de reabilitar a escrita e a língua.

BLOGUE – Resultante aportuguesada da palavra inglesa *blog*, forma abreviada de *Weblog*, registo na *Web*. Blog.

BLOGUER – Editor, na *Web*.

BLOQUEIO – Em reprografia, problema que surge quando folhas de papel com revestimento sensível ou películas ficam pegadas umas às outras.

BLOQUISTA – Operário preparador dos blocos para clichés.

BM CODE (loc. ingl.) – Código de Regras de Catalogação do British Museum.
BMP – Abreviatura de *bitmap*.
BN – Sigla de Biblioteca Nacional.
BNBMARC (loc. ingl.) – Acrónimo de *British National Bibliography Marc*, MARC da Bibliografia Nacional Britânica.
BND – Acrónimo de Biblioteca Nacional Digital.
BOAS LETRAS – *Ver* Belas-letras.
BOATO JORNALÍSTICO – Notícia sem fundamento publicada num jornal ou outra publicação periódica e que, a pouco e pouco, pode vir a lançar a dúvida sobre determinado assunto.
BOBINA – Forma que apresenta todo o papel que vem da fábrica em rolo contínuo e que é aplicado sobretudo às máquinas rotativas para impressões tipográficas de grande tiragem • Núcleo provido de pratos fixados permanentemente de cada um dos seus lados, no qual o filme ou a fita magnética são enrolados para sua protecção. Carreto.
BOBINA RECEPTORA – Bobina que permite o enrolamento da banda perfurada após a leitura ou a perfuração.
BOBINADEIRA – Máquina de bobinar papel, fio, etc. Enroladeira. Bobinador.
BOBINADOR – Operário encarregado das máquinas de cortar, rebobinar, dobrar, gomar, gofrar e perfurar • Bobinadeira. Enroladeira.
BOBINAGEM – Designação da operação que consiste em transferir uma fita ou um filme da sua bobina original para uma outra.
BOBINAR – Enrolar, colocar o papel em bobina.
BOCA – Parte de algumas máquinas que trabalham com o papel, como a cisalha, a picotadeira, a guilhotina, etc. • Entrada do molde de estereotipia, onde se vaza o chumbo • Lado por onde se abre o livro • Vão situado entre a lombada e os cadernos cosidos da encadernação, que os livros de lombada saliente apresentam.
BOCAS DO CILINDRO – Duas cavidades longitudinais do cilindro de pressão; a superior leva as pegadeiras para prender as folhas e a inferior as varas, para esticar o padrão e a frisa.

BOLA – Selo pendente, especialmente o de chumbo • Cravo de cabeça grande ou pedra preciosa, frequentemente com forma de pirâmide, utilizado para proteger ou enfeitar as capas dos livros muito grandes; usava-se sobretudo nos livros de coro devido às suas dimensões. Brocho. Tacha.
BOLADO – Diz-se da carta ou documento munido de selo de chumbo. Chumbado.
BOLANDEIRA – Parte da antiga galé constituída por uma tábua que servia para fazer deslizar as páginas sobre o mármore e que se situava entre os pistões do aparelho (port. Bras.) Mudadeira.
BOLANDISTAS – Padres da Companhia de Jesus que, a partir de 1643 até 1794, dirigiram a conhecida publicação *Acta Sanctorum*.
BOLEADO – Diz-se do tipo que, após o excesso de uso, fica arredondado por todo nas superfícies.
BOLEAR – Arredondar a lombada dos livros.
BOLETIM – Publicação em série editada por entidades oficiais ou particulares relatando a sua actividade, apresentando informações de carácter oficial ou valendo como autoridade • Anúncio ou comunicação impressa em folha avulsa, para distribuição pública • Em gíria jornalística, notícia breve, concisa, com cerca de 30 a 50 palavras, que é importante divulgar com urgência; é o complemento obrigatório do *flash* de que amplia o conteúdo • Artigo que aparece inserto na parte inicial dos jornais políticos e no qual se apresentam de uma forma abreviada as notícias do dia • Lista de eleições. Boletim de voto.
BOLETIM ANALÍTICO – Publicação periódica constituída por uma série de notícias bibliográficas de documentos, acompanhadas pelos seus resumos e apresentadas, na maior parte dos casos, por assunto.
BOLETIM BIBLIOGRÁFICO – Publicação periódica constituída por referências bibliográficas ordenadas sob a forma de listas ou de fichas usada para fazer difusão da informação bibliográfica. Reporta-se aos documentos adquiridos num determinado período de tempo.
BOLETIM DE *ABSTRACTS* – Boletim mimeografado ou impresso, que contém resumos de

artigos de publicações periódicas, panfletos, etc., editado por uma biblioteca específica e distribuído periodicamente aos seus utilizadores. Boletim de resumos. Boletim de extractos.

BOLETIM DE ASSINATURA – Fórmula impressa para fazer a encomenda de um documento, antes ou depois da sua publicação.

BOLETIM DE EMPRESA – Publicação seriada editada por uma empresa ou organização, que é distribuída internamente ao pessoal que nela trabalha; o seu conteúdo reside na divulgação de notícias respeitantes ao pessoal e à instituição e de produtos da empresa ou temas relacionados com o comércio ou a indústria.

BOLETIM DE EMPRÉSTIMO – Formulário impresso que se preenche para obter o abono de um documento.

BOLETIM DE EXTRACTOS – *Ver* Boletim de resumos.

BOLETIM DE ÍNDICES – Boletim que costuma acompanhar os boletins bibliográficos ou de resumos e que permite a sua melhor utilização, remetendo dos assuntos para as referências dos próprios documentos.

BOLETIM DE INFORMAÇÃO – *Ver* Boletim informativo.

BOLETIM DE INFORMAÇÃO DIÁRIA – Documento secundário de divulgação usado para itens de grande circulação; cobre essencialmente jornais, publicações periódicas e publicações de divulgação semanal de informações muito recentes; foi muito usado na indústria durante vários anos; recentemente, contudo, a consciência do crescimento da informação local levou a que as organizações governamentais centrais e locais tornassem estes instrumentos de divulgação de uso quotidiano.

BOLETIM DE NOVIDADES – Tipo de publicação editada em geral com finalidades de divulgação comercial, enviada pelos editores ou grossistas para anunciar obras que foram ou vão ser publicadas, em que é reduzido ao mínimo o período de tempo que medeia entre a edição e a venda.

BOLETIM DE PEDIDO – *Ver* Requisição.

BOLETIM DE RESUMOS – Publicação que contém a sinopse dos artigos de periódicos de publicação corrente, panfletos, etc. elaborada periodicamente por uma biblioteca especializada e distribuída com regularidade pelos seus utilizadores. Boletim de *abstracts*. Boletim de extractos.

BOLETIM DE SUMÁRIOS – Publicação periódica que consiste na reprodução de sumários de periódicos seleccionados.

BOLETIM DE VOTO – Pequeno pedaço de papel onde está inscrito o nome ou nomes do(s) candidato(s) ou partido em que se vota. Lista de eleições.

BOLETIM DIOCESANO – *Ver* Folha diocesana.

BOLETIM FINANCEIRO – Boletim publicado por um banco, a intervalos regulares, em condições comerciais e financeiras gerais.

BOLETIM INDICATIVO – Boletim que compreende a descrição bibliográfica de documentos que, por vezes, vem acompanhada das palavras-chave que os indexam.

BOLETIM INFORMATIVO – Tipo de publicação periódica onde é referido o mais importante e recente material recebido num serviço, preparado com a finalidade de divulgar a informação • Publicação periódica, que pode apresentar uma ou mais folhas impressas, e que inclui informações e notícias que interessam apenas a um determinado grupo de pessoas. *Newsletter*.

BOLETIM INTERNO – Publicação em série editada por entidades oficiais ou particulares, geralmente para utilização dos seus membros, com o objectivo de lhes fornecer informação actualizada no seu domínio de actividade.

BOLETIM PAROQUIAL – *Ver* Folha paroquial.

BOLETIM SINALÉTICO – Publicação periódica que apresenta as notícias bibliográficas apenas reduzidas à sua referência.

BOLHA – Deformação aparente da superfície do papel; é provocada pela vaporização rápida da água existente na folha, sob a acção de uma fonte de calor • Área inchada na superfície dos materiais, especialmente do papelão causada por manchas de água • Defeito em forma de bolha no material fotográfico; resulta da separação da emulsão da base.

BOLHA MAGNÉTICA – Dispositivo magnético de armazenamento da informação.

BOLO ARMÉNIO – Terra argilosa e avermelhada usada pelos douradores depois de reduzida a pó, misturada com clara de ovo, para aumentar a consistência do ouro e conferir-lhe uma certa tonalidade, que o faz realçar mais do que o gesso branco; é interessante observar que tipo de bolo arménio foi usado sob o ouro, o que fornece informações importantes sobre a proveniência da iluminura; assim, em Paris quase nunca era usado, em Itália era usado o rosa, na Alemanha e na Flandres usava-se o castanho • *Bolus*. (port. Bras.) Terra bolar.

BOLOR – Alteração, corrupção de uma substância orgânica atacada e coberta por microrganismos que atacam os livros quando submetidos a ambientes húmidos; desenvolve-se a uma temperatura de 21° C e a uma humidade relativa de 65% sem circulação de ar; o seu crescimento pode evitar-se e/ou controlar-se mantendo uma humidade relativa estável não superior a 60%, e de preferência à volta de 50%, uma temperatura entre 16° e 18° C e uma boa circulação de ar • Nome genérico dos cogumelos microscópicos que se desenvolvem em colónias parasitas sobre um suporte orgânico como o papel, quando mal acondicionado.

BOLOTA – Em sigilografia, lande que fecha os fios (de seda ou linho) com que remata um selo. *Ver tb.* Noz-de-galha.

BOLSA – Tipo de sobrescrito em que a abertura é feita pelo lado menor • Espécie de sobrescrito ou carteira colado à contracapa de certos livros para conter mapas, diagramas, discos ou folhas soltas, que completam a obra • Recipiente, geralmente em pele ou tela, onde se guardavam os rolos escritos ou as tiras de bambu ou folhas de palmeira, também escritas • Nome dado à sucessão de envelopes de material transparente, onde são colocados fotogramas em tiras, em geral unidades feitas a partir do rolo de microfilme.

BOLSA COM JANELA – Bolsa cujo rosto apresenta uma superfície transparente, onde deve aparecer o endereço.

BOLSA DE AR – Superfície de papel, tecido ou pele não colada; é geralmente fruto da falta de habilidade, material de fraca qualidade ou cola degradada por condições de excessiva secura ou demasiada humidade.

BOLSA DE CAPA – Adaptação especial no interior de uma encadernação (normalmente na pasta inferior), na qual se instala um receptáculo para mapas, diagramas, discos, *CD* ou qualquer outro material acompanhante do texto do livro.

BOLSA DE CRIAÇÃO LITERÁRIA – Incentivo pecuniário estipulado com a finalidade de estimular vocações literárias a despontar ou de permitir que autores já conhecidos se dediquem a tempo inteiro à criação literária.

BOLSA PARA FICHA DE EMPRÉSTIMO – Pequeno saco, em geral de papel resistente, que se cola na contracapa de um livro, para nele inserir a ficha de empréstimo.

BOLSA PORTA-FICHA – Dispositivo aplicado no interior da contracapa do livro, destinado à colocação de uma ficha de empréstimo ou ficha de informações.

BOLSO DO LIVRO – Pequeno envelope em papel forte colado no interior da pasta, utilizado para albergar material acompanhante ou a ficha de empréstimo. Bolsa de capa. Bolsa para ficha de empréstimo. Bolsa porta-ficha.

BOLUS (pal. lat.) – Camada onde adere o ouro nas iluminuras • Mistura de caulino, óxidos metálicos e sedimentos orgânicos, também designada terra d'Arménia ou bolo arménio, local de onde é proveniente. Terra bolar.

BOM LIVRO – Qualificação usada em geral para designar o livro de devoção e piedade • Em linguagem editorial, aquele que vende bem • Livro de qualidade.

BOM PASTOR – Representação de Cristo sob a forma de um pastor com uma ovelha suspensa nos ombros, aludindo, assim, à parábola do bom pastor.

BOMBA – No linótipo é o conjunto formado pelo poço e pelo êmbolo dentro do crisol, que empurra o chumbo líquido até ao molde • Na fundidora monótipo é a parte móvel que mergulha no crisol, recebe o pistão e a boquilha e impele o chumbo líquido até ao molde • Notícia retumbante.

BOMBIX (pal. lat.) – *Ver Bambix*.

BONECA – Bola de algodão, simples ou coberta de pano usado, cujas pontas se amarram ou prendem, deixando no lado oposto uma forma lisa e arredondada usada para distribuir cola ou para outros fins.

BONECO – Nome dado ao modelo gráfico simulado de um jornal, revista, livro ou caderno a ser impresso; apresenta o mesmo formato em que se pretende imprimir e é feito para permitir uma visualização do conjunto formado nas páginas por textos, fotografias e outros elementos gráficos • Na gíria jornalística equivale a retrato • Ilustração. Representação em desenho de uma figura ou objecto. (port. Bras.) Leiaute.

BOOKBOX (pal. ingl.) – À letra caixa de livros; na prática do *book crossing*, receptáculo do qual cada pessoa tira um ou vários livros, repondo o mesmo número dos que retirou.

BOOK CLUB (loc. ingl.) – Clube de leitura. *Ver* Clube do livro.

BOOKCROSSER (pal. ingl.) – Praticante de *bookcrossing*.

BOOKCROSSING (pal. ingl.) – Troca de livros. Partilha de livros; assenta na ideia de que os livros devem ser lidos e relidos. Dirige-se a pessoas que gostam de ler e consiste em deixar um livro que já se leu num lugar público, banco de jardim, café, teatro, etc. a fim de que ele possa ser lido/usado por outrem. Trata-se de uma espécie de clube de livros global, cujo objectivo último é transformar o mundo inteiro numa biblioteca.

BOOK DESIGNER (loc. ingl.) – Desenhador de livros. Pessoa cuja profissão consiste em planear a forma, aspecto gráfico, etc. ou conceber um livro antes de ele ser feito, em especial para lhe cuidar do desenho em pormenor.

BOOK IN TIME (loc. ingl.) – Expressão usada para designar o "livro na hora" e que consiste em unir a tecnologia e a literatura para revolucionar o mercado literário e os hábitos de leitura dos leitores; assenta na aplicação das novas tecnologias à produção do livro optimizando a solução para a produção económica de tiragens pequenas de um único livro, podendo ser publicado o género e a quantidade de livros em que o cliente estiver interessado; com este novo sistema o cliente escolhe o seu próprio livro personalizado, com um estilo definido por si próprio ou por quem para tal o represente e a quantidade que julgar a mais adequada à circunstância; em determinadas áreas, como a das ciências, por exemplo, poderá seleccionar temas e matérias de maior utilidade, sem que tenha de adquirir o livro todo. Em Portugal este novo sistema, que permite ao cliente seleccionar e personalizar, foi apresentado pela primeira vez pela empresa Xerox durante o 1º Salão de Lisboa 2000.

BOOK TRADE ELECTRONIC DATA INTERCHANGE STANDARDS COMMITTEE (loc. ingl.) – Comité de Normas de Permuta de Informação Electrónica do Comércio do Livro. *BEDIS*.

BOOKLIST (pal. ingl.) – Lista de Livros.

BOOKMARK (pal. ingl.) – Apontador ou marcador para um documento na *WWW* que se guarda numa pasta de referência rápida, usualmente denominada por Favoritos ou *Bookmarks* • Nos navegadores da *Internet*, designação da entrada que se faz numa agenda de endereços *URL* • Marcador de livro.

BOOKRAY (pal. ingl.) – À letra linha do livro, raio do livro, designa o trajecto semelhante ao do *bookring*, mas em que o livro não volta ao seu dono inicial, porque é libertado do círculo ou passa adiante indefinidamente.

BOOKRING (pal. ingl.) – À letra círculo do livro, roda do livro, designa o percurso do livro que passa de um *bookcrosser* a um outro (por via postal) de acordo com uma lista pré-definida, até voltar de novo ao dono.

BOOKSELLER (pal. ingl.) – Pessoa que vende livros ao público.

BOOLE (pal. ingl.) – *Ver* Álgebra de Boole.

BOOM (pal. ingl.) – Crescimento rápido, por exemplo de venda ou de procura de determinada obra ou título.

BOOMERANG (pal. ingl.) – Designação atribuída ao efeito da comunicação pelo qual o receptor de uma mensagem desenvolve uma opinião contrária àquela que o emissor pretendia transmitir-lhe.

BORBOLETA (port. Bras.) – Alça de grifo • Baliza feita com tira de cartolina dobrada, que se cola ao padrão das minervas. Mosca.

BORBULHA DE AR – Ponto que fica por revelar nos negativos ou nas cópias devido a uma agitação insuficiente durante a revelação da película; resulta da formação de borbulhas de ar durante a lavagem, que evitam o contacto efectivo entre o revelador e o material fotográfico.

BORDA DE COBERTURA – Limite de farripas levemente irregular que a moldura de madeira deixa no papel feito à mão no momento do fabrico.

BORDA DE ENCADERNAÇÃO – Extremidade de um volume, usualmente a esquerda, que recebe o principal tratamento da encadernação: cosedura, abaulamento e arranjo, etc.

BORDA-D'ÁGUA – Designação popular do calendário • Almanaque. *Ver* Seringador.

BORDADURA – Banda decorativa que acompanha um texto • Ornamentação nos manuscritos que envolve a composição constituindo uma orla; é muito frequente nos livros manuscritos iluminados góticos e renascentistas onde a bordadura rodeava o texto e/ou a imagem e podia ocupar as margens ou o espaço intercolunar; algumas bordaduras assumem a forma de moldura de quadro, outras são compostas de barras ou decoração foliada; mais tardiamente, apresentam flores e insectos representados de forma naturalista e bem identificáveis, sendo por isso denominadas bordadura *trompe l'œil*; tal como uma inicial, uma bordadura pode ser historiada • Guarnição. Bordura. Orla. Moldura. Cercadura decorativa • Virola em volta do escudo.

BORDADURA DO CAMPO – Em sigilografia, heráldica, etc., figura ornamental mais ou menos complexa (em forma de folha de trevo quadrilobada, rosácea, estrela, etc.), que fecha o campo, separando-o da legenda.

BORDAGEM – Técnica de restauro empregada em documentos com as bordas danificadas, utilizando papel ou outros materiais de reforço.

BORDÃO – Apoio • Por extensão, palavra ou frase que se repete inconscientemente na conversa ou na escrita.

BORDEREAU (pal. fr.) – Formulário destinado a descrever e a acompanhar documentos que se transmitem • Folha de registo de dados • (port. Bras.) Borderô.

BORDEREAU DE ELIMINAÇÃO – Levantamento de documentos ou dossiês de um fundo ou de parte de um fundo destruído ou a ser destruído num serviço de arquivos • Formulário onde se faz esse levantamento.

BORDEREAU DE TRANSFERÊNCIA – Lista que indica o título e as datas-limite dos documentos que integram a transferência.

BORDERÔ (port. Bras.) – *Ver Bordereau*.

BORDURA – *Ver* Bordadura.

BORNEAMENTO – Acto e efeito de bornear. Arredondamento.

BORNEAR – *Ver* Arredondar o lombo.

BORRACHA – Produto que se obtém da solidificação e tratamento do látex extraído por incisão de algumas espécies vegetais, nomeadamente a *Hevea Brasiliensis* ou seringueira do Amazonas; nas artes gráficas tem aplicação no fabrico de clichés para impressão sobre determinados papéis ou outras matérias, carimbos, rolos, aparelhos de ampliar e reduzir, para litografia, etc.; está na base do *offset*, pois é o pano de borracha que, recebendo a imagem da placa-matriz, a transfere para o papel.

BORRACHA EM PÓ – Conjunto de grãos minúsculos de borracha que é friccionado sobre um suporte para remover as sujidades, como acontece na operação de limpeza prévia ao restauro de documentos.

BORRADO – Cansado, esborratado.

BORRADOR – Exemplar de trabalho no qual o autor elabora o texto que não se destina a ser lido por outrem • Escrito de primeira mão, no qual se fazem geralmente emendas. Rascunho. Borrão. Debuxo • Livro de borrões. Caderno de apontamentos escritos com a intenção de o passar a limpo • Caderno de esboços ou das primeiras linhas de desenhos • Livro usado pelos comerciantes para tomar apontamentos que lhes permitam mais tarde regularizar as suas contas • Mau escritor • Pessoa que faz o debuxo de alguma coisa.

BORRADURA – Acto e efeito de borrar.

BORRÃO – Borradela. Mancha. Nódoa • Bloco de papel de inferior qualidade onde se tomam apontamentos • O primeiro esboço de um escrito ou desenho. Rascunho. Debuxo. Plano. Esboço. Minuta.

BORRAR – Na impressão, espalhar-se a tinta por ser de fraca qualidade, estar em excesso,

ou por ter deslizado a folha durante a tiragem • Sujar com nódoas de tinta.
BOSQUEJAR – Rascunhar, esboçar, delinear, escrevinhar, minutar.
BOSQUEJO – Plano geral de um escrito ou obra. Primeiros traços • Descrição • Esboço que serve de modelo a um desenho mais elaborado • Resumo. Síntese.
BÓSTRICO – Coleóptero da família dos bostriquídeos, provido de corpo cilíndrico e de cor castanha escura ou vermelha, com as asas e o abdómen vermelho-vivo, que ataca sobretudo os cereais, mas também a madeira e o papel.
BOTÃO – Nome dado à aplicação de marfim, prata, ouro, pedras preciosas, etc., consoante o preço e o valor do manuscrito, que era colocada nas extremidades do *umbilicus* • (port. Bras.) Espessamento ovalado na ponta da haste de algumas letras.
BOUQUINISTE (pal. fr.) – Vendedor de livros velhos ou usados que, em geral, tem a sua tenda na rua. Alfarrabista.
BOUQUINÓMANO – Nome dado ao coleccionador sem gosto nem conhecimentos.
BOUT DE LIGNE (loc. fr.) – No texto manuscrito, parágrafo preenchido por uma ornamentação; os *bouts de ligne* tornaram-se populares na arte insular e pré-carolíngia e o seu uso prolongou-se até aos finais do século XV; a finalidade deste elemento provém da preocupação de apresentar a página como um rectângulo perfeito isento de brancos; este elemento, colocado no espaço vazio após a última palavra, permite a obtenção de um alinhamento perfeito dentro da caixa de escrita. Final de linha.
BOUTADE (pal. fr.) – Dito espirituoso.
BOX (pal. ingl.) – Nome dado ao espaço individual de trabalho numa biblioteca, arquivo ou serviço de documentação equipado, por vezes, em alguns destes serviços, com um microcomputador, leitor de audiovisuais, etc. *Carrel* • (port. Bras.) Espaço na página que contém uma ilustração ou um pequeno texto explicativo, de corpo diferente do do resto da página e limitado pela utilização de uma cercadura.
BPI – Acrónimo de *Bits Per Inch*, bits por polegada.
BPRO – *Acrónimo de British Public Record Office*, Arquivo Britânico de Documentação Pública.
BPS – Abreviatura de *Bits Per Second*, "bits por segundo", que exprime um fluxo de informações, isto é, a medida da velocidade da comunicação de dados • Forma de medir a velocidade de transferência de dados.
BRº. – Forma abreviada de branco(a).
BRAÇADEIRA – Cinta metálica que prende o justificador no componedor tipográfico.
BRAÇALHÃO – *Ver* Patão.
BRAÇO – Traço horizontal do pé ou da cabeça de uma letra, por exemplo do L ou do P • Alavanca principal de um prelo primitivo.
BRAÇO OSCILANTE – Num linótipo é a haste que liga entre si a caixa e a alavanca do expulsor, adaptando-se a sua extremidade arredondada ao entalhe da gaveta; também é designada por engate da caixa do expulsor.
BRACTEATES – Saltos de palavras ou frases dados pelos compositores tipográficos.
BRADEL (pal. fr.) – *Ver* Encadernação bradel.
BRAILE – *Ver* Alfabeto braile.
BRAINSTORMING (pal. ingl.) – Literalmente, tempestade de ideias; nome dado à forma colectiva de geração de novas ideias a partir da contribuição e da participação de um grupo; este conceito assenta na hipótese de um grupo gerar mais ideias do que um indivíduo; pode ser um método importante na inovação permitindo o desenvolvimento de pensamentos criativos e ideias promissoras.
BRÂMANAS (pal. sânsc.) – Texto muito importante da cultura hindu.
BRANCO – Espaço que não é impresso. Espaço em branco. *Ver* Tirar de branco • *Ver tb*. Forma de branco.
BRANCO DA CABEÇA – Margem superior da página.
BRANCO DE CHUMBO – Nome dado ao pigmento que se obtinha a partir da exposição prolongada de fragmentos de chumbo a vapor de vinagre; logo que aquecia, o branco transformava-se em vermelho de chumbo, vulgarmente chamado mínio, substância usada na pintura de manuscritos.
BRANCO DE GESSO – Material obtido a partir da cozedura do gesso, utilizado diluído como pigmento branco e, mais espesso, como enchimento.
BRANCO DO PÉ – Margem inferior da página.

BRANCO PARA INICIAL – Espaço deixado em branco no princípio do texto para abrir iniciais, desenhadas ou impressas; era prática comum nos manuscritos, quando o texto era copiado à mão e na fase seguinte (ou pelo mesmo copista ou por outra pessoa mais hábil)

Branco para inicial

era desenhada e por vezes iluminada a inicial a cores; mais tarde, nos incunábulos, e dado que no começo o texto era impresso e as iniciais desenhadas à mão, era seguido o mesmo processo; o que acontece é que por vezes este branco nunca chegou a ser completado com a inicial capital que lhe estava destinada e podemos encontrá-lo ainda hoje por preencher. Reserva.

BRANCO(S) – Espaço(s) não impresso(s) que se deixa(m) entre títulos e no início e fim do capítulo; nos manuscritos medievais este espaço deixado em branco no início da linha destinava-se à posterior pintura da inicial historiada, pintura essa que por vezes nunca chegou a efectuar-se, pelo que hoje podemos observar ainda esse branco; o mesmo aconteceu em incunábulos em que, na primeira fase, esse espaço também era reservado à decoração manual; neste caso a inicial a decorar está normalmente impressa em pequeno corpo, (a chamada letra-guia) para evitar erros; essa inicial ficava posteriormente coberta pela decoração • A cor branca usada nas iluminuras que era obtida a partir da cal, das cinzas de ossos queimados e da casca do ovo (especialmente o de aves) ou do chumbo • Na página impressa, a equilibrada distribuição dos espaços em branco e da mancha contribui para a harmonia final da composição tipográfica e da sua legibilidade; ela contempla, além dos espaços interlineares e entre as letras, as margens do texto e os espaços à volta das imagens • Diz-se do papel que não é azulado ou de cor • Diz-se do papel que não apresenta nada escrito • Em processamento de dados, carácter-máquina que indica a presença de um espaço ou de uma informação não significativa • A primeira impressão feita sobre um lado da folha, diferente da segunda, chamada retiração • Pés de páginas incompletas • Linhas de quadrados de todos os corpos empregadas pelo meio da composição • Contragrafismo.

BRANQUEAMENTO – Nome dado ao tratamento com agentes branqueadores feito aos pergaminhos que se apresentam muito manchados, a ponto de impedir a leitura; deve fazer-se só em casos excepcionais, pois o uso de agentes branqueadores tem sempre um efeito destrutivo sobre o material de suporte, seja ele pergaminho, papel ou outro, e pode atacar as tintas • (port. Bras.) Alvejamento.

BRANQUEAMENTO ÓPTICO – Operação que visa conferir ao papel a ilusão de uma maior brancura; consegue-se incorporando nele um produto que transforma em radiações visíveis os raios ultravioletas.

BRANQUEAMENTO POR CLORO – Operação que consiste na aplicação de cloro para o branqueamento das fibras vegetais do papel amarelecido.

BRANQUEAR – Operação que consiste em dar cor branca ao papel através de emanações de cloro ou por outro processo • Remoção ou redução da descoloração do papel através do uso de soluções ácidas ou alcalinas • Em gíria tipográfica significa aumentar os espaços interlineares da composição, para torná-la mais clara.

BRANQUETA – Pedaço de tecido colocado entre o tímpano e o timpanilho do prelo manual para amortecer a pressão exercida na chapa, quando se tiram provas tipográficas.

BRAQUIA – Sinal gráfico semelhante ao parêntese deitado (∪), usado para colocar sobre vogal ou sílaba breve para assinalar essa circunstância.

BRAQUIGRAFIA – Conjunto ou sistema de abreviaturas usadas na escrita; as abreviaturas destinavam-se a poupar espaço e tempo; no início do Império Romano empregava-se a abreviatura por sigla simples ou duplicada, isto é, a indicação da primeira letra da palavra, simples no singular e dobrada no plural • Termo geral que abarca os casos de abreviatura e acrografia • Escrita abreviada • Estenografia. Taquigrafia.

BRAS. – Abreviatura de língua portuguesa falada ou escrita no Brasil. Brasileirismo.

BRASÃO DE ARMAS – Escudo de armas. Insígnia de pessoas ou famílias nobres onde figuram os elementos heráldicos competentes. Constituído pelo escudo de armas, com frequência encimado por elmo com timbre e paquifes, destina-se a identificar o seu portador; pode ser ou não acompanhado com um mote ou divisa. As cores do brasão assumem um determinado simbolismo, a saber: o ouro (magnanimidade), a prata (pureza ou humildade), o azul (lealdade) e o vermelho (coragem); a estas associam-se também pedras preciosas e com as cores e as pedras os planetas, ou seja: o ouro (o topázio = o sol), a prata (a pérola = a lua), o azul (a safira = Júpiter), o verde (a esmeralda = Vénus), a púrpura (a ametista = Mercúrio), o negro (o diamante = Saturno).

BRASILEIRISMO – Termo ou expressão com origem no português do Brasil.

BRASILINA – Substância retirada do pau--brasil, que servia como corante na pintura de iluminuras.

BRASONAR – Descrever um brasão, explicando as cores, figuras e ornamentos que apresenta, com uma ordem expressa e com os termos próprios e concisos do brasão • Decorar com brasão.

BREU – Produto que é usado em gravura a água-tinta para pulverizar a matriz, dada a sua capacidade de aderir à superfície da chapa com o uso do calor.

BREVE – Etimologicamente significava um documento mais pequeno e simples, tomando este nome mais do modo como era expedido do que do seu pequeno conteúdo; normalmente relativo a assuntos administrativos, pode, contudo, versar assuntos importantes. O breve começa com o nome do Papa seguido do número de ordem respectivo; é dimanado pela Secretaria dos Breves e assinado pelo seu chanceler; tratando-se de breve mais importante, a assinatura é do Cardeal secretário; tem cláusula de perpetuidade ou saudação, tal como as bulas • Carta pontifícia, menos solene que a bula, normalmente relativa a assuntos menos importantes, diferindo daquela no preâmbulo, pergaminho e selo • Forma breve do ofício divino ou prece da igreja de uso dos clérigos • Mandato em sentido jurídico • Abreviatura • (port. Bras.) Pedacinho de tecido com uma oração escrita, que se usa ao pescoço por devoção.

BREVES – Em linguagem jornalística, forma abreviada de designar "notícias breves", pequenas informações com cerca de 20 linhas ou ainda menos, não assinadas e caracterizadas por um estilo rápido, quase telegráfico; normalmente não apresentam títulos, que são substituídos pelos destaques a negro ou a itálico das primeiras palavras; são apresentadas em colunas, com expressão gráfica própria, e por vezes incluem fotos ou outro material semelhante. *Flash.*

BREVIÁRIO – Nome dado à fundição de 9 pontos tipográficos, assim chamada por ter sido impresso com ela o primeiro breviário romano • Livro litúrgico que contém as preces do ofício divino ou horas canónicas, incluindo os salmos, as lições tiradas da Sagrada Escritura e os versículos, orações, etc. que as acompanham, obedecendo a um ciclo litúrgico anual; inclui ainda um calendário, um saltério, hinos, vidas de santos, orações e bênçãos; é o livro oficial da oração litúrgica da igreja e, tal como o missal, estende-se a todo o ano litúrgico. Era frequentemente ornado com iniciais decoradas ou historiadas e alguns exemplares contêm miniaturas descrevendo cenas bíblicas ou o decorrer do ofício; desde o século XI em diante os vários volumes usados durante o ofício divino (Psaltério, Antifonário, Leccionário, Martirológio) combinavam-se para formar o breviário, que inicialmente era somente usado por monges, mas foi popularizado pelos dominicanos e franciscanos a partir do século XIII, através de uma forma ligeiramente abreviada; todos os membros das ordens monásticas e o clero de ordens maiores eram obrigados à recitação diária do breviário; o seu conteúdo varia em certos pormenores, de acordo com o rito da ordem religiosa ou o uso da área geográfica; o breviário medieval era sempre acompanhado por um calendário, o que nos permite hoje localizar a região a que se destinava, a partir do exame das festas dos santos próprias de cada diocese, da comemoração da dedicação das igrejas, etc. Está dividido em quatro partes, correspondentes às quatro estações do ano; assim, a *pars hiemalis* designa a parte correspondente à estação do Inverno, ou seja, a primeira parte, designação esta que provém do facto de o ano litúrgico ter início com o advento, ou seja, com o primeiro domingo do mês de Dezembro; as outras três partes em que se divide são a *pars verna* (correspondente à Primavera), a *pars æstiva* (relativa ao Verão) e a *pars autumnalis* (que coincide com o Outono) • Resumo. Sinopse • Livro predilecto • Conjunto de orações e leituras destinadas a serem rezadas e lidas em coro • Livro litúrgico que as contém • Diz-se também do livro que se lê habitualmente • Epítome, compêndio.

BREVIÁRIO DE CARREIRA – Breviário de pequenas dimensões, resumido e portátil, de modo a poder ser levado para uma jornada; opõe-se ao breviário grande, que tem o texto todo por extenso e em caracteres de maior tamanho.

BREVIÁRIO GROSSO – Antiga nomenclatura do corpo nove.

BREVIÁRIO MIÚDO – Antiga nomenclatura do corpo oito.

BREVIARIUM (pal. lat.) – Etimologicamente significa resumo, sumário, inventário.

BREVIARIUS (pal. lat.) – Etimologicamente significa resumido, sumariado.

BREVIATIM (pal. lat.) – Advérbio latino que significa resumidamente, de forma concisa.

BREVIÓRIO – Livro eclesiástico. Breviário grande, que continha não apenas as horas do ofício divino, mas também o directório, orações, ofício de defuntos, ladainhas, etc. da liturgia e administração dos sacramentos.

BREVISTA – Pessoa que trata de breves pontifícios.

BRICA – Em heráldica é o pequeno espaço de esmalte distinto do do campo do escudo, no lado direito do chefe, que serve para distinguir a linhagem dos filhos segundos da dos filhos primogénitos.

BRIEFING (pal. ingl.) – Informação; em jornalismo pode ser usada em dois sentidos: instruções sobre a execução de uma tarefa ou resumo de informações sobre qualquer acontecimento que uma fonte fornece ao jornalista, frequentemente sob forma oral.

BRIGHTYPE (pal. ingl.) – Processo de fotografia feita directamente da composição, para evitar deformações quando se tiram as provas.

BRILHO – Num ponto de uma superfície e em dada direcção, quociente da intensidade luminosa de um elemento desta superfície pela área da projecção ortogonal deste elemento num plano perpendicular à direcção dada.

BRIM – Tecido forte de linho, algodão ou outras fibras usado em encadernação, justamente por ser resistente.

BRISTOL – Papel ligeiramente cartonado, branco e lustroso que serve, entre outras coisas, para fazer cartões de visita. *Ver* Cartolina bristol.

BRITISH CATALOGUE OF PERIODICALS – Catálogo Colectivo Britânico de Publicações Periódicas. *BUCOP.*

BRITISH EDUCATION THESAURUS – Tesauro Britânico de Educação. *BET.*

BRITISH LIBRARY BIBLIOGRAPHIC SERVICES DIVISION – Divisão de Serviços Bibliográficos da Biblioteca Britânica, vulgarmente conhecida e designada pela sigla *BLBSD*.
BRITISH LIBRARY LENDING DIVISION – Divisão de Empréstimo da Biblioteca Britânica, sector encarregado do empréstimo inter-bibliotecas. *BLLD*.
BRITISH MUSEUM LIBRARY – Biblioteca do Museu Britânico.
BRITISH PUBLIC RECORD OFFICE – Arquivo Britânico de Documentação Pública. *BPRO*.
BRITISH STANDARD INSTITUTION – Instituição Britânica de Normalização. *BSI*.
BROADSIDE (pal. ingl.) – Folheto de lançamento de um produto ou com explicação da sua campanha de venda.
BROCADO – Tecido lavrado usado por vezes em encadernações ricas.
BROCARDO – Axioma jurídico • Máxima • Anexim, provérbio, aforismo, ditério.
BROCHADEIRA – Mulher que brocha livros.
BROCHADO – Diz-se do livro ou folheto que apresenta as folhas cosidas e cobertura de papel ou cartolina; a gramagem do papel de cobertura é em geral mais forte que a do papel do texto; se se tratar de uma obra de boa qualidade, poderá dizer-se que este é um estado transitório em que o volume aguarda a encadernação definitiva.
BROCHADOR – Pessoa que faz brochuras de livros.
BROCHAGEM (port. Bras.) – *Ver* Brochura.
BROCHAR – Coser folhas de um livro ou folheto depois de dobradas e ordenadas, revestindo-as de uma cobertura de papel ou cartolina. (port. Bras.) Brochurar.
BROCHO – Peça de metal em forma de cabeça de cravo, usada para guarnecer as encadernações dos livros grandes; era colocada geralmente nos quatro cantos da encadernação para a proteger do atrito, uma vez que os livros eram arrumados na horizontal, servindo os brochos de pontos de apoio; a do meio tomava o nome de umbílico; sabe-se que adornou as encadernações dos manuscritos cristãos mais antigos, mas só se tornou mais vulgarizada a partir do século XV. Cravo. Tacha. Bola. *Bullum. Clavus.*
BROCHURA – Obra comportando um pequeno número de páginas (de 5 a 49, sem as páginas da capa, segundo a *UNESCO*) • Série de operações que asseguram ao livro a reunião das folhas e a sua protecção provisória; geralmente os cadernos são cosidos e depois revestidos por uma cobertura, que é colada na lombada • Livro ou folheto revestido com cobertura de papel ou cartolina colada na lombada. Opúsculo • Capa flexível • (port. Bras.) Brochagem.
BROCHURA COM SEIXAS – Livro brochado cuja capa, de cartolina ou papel grosso, forma seixas, ou seja, sobressai nos cortes ao formato da página, como no livro encadernado.
BROCHURA DE EDITOR – Aquela que é constituída por uma simples folha de papel, geralmente de gramagem superior à do miolo do livro, que reveste a lombada e as pastas da obra; trata-se de um revestimento transitório, pois a encadernação é o último estádio do acabamento de uma obra; a maior parte das vezes não apresenta nenhuma menção impressa ou gravada do título ou autor da obra, pelo que se denomina muda; no último quartel do século XVIII estas menções começaram a ser correntes e generalizaram-se a partir do primeiro quartel do século seguinte; são quase sempre informações preciosas para a identificação da obra, sobretudo se ela está truncada; podem apresentar ainda outras informações, como listas de outras obras do autor ou obras impressas pelo mesmo editor, respectivos preços e todo um conjunto de elementos preciosos sobre o mundo comercial do livro, pelo que são muito cobiçadas pelos bibliófilos. *Ver* Sobrecapa.
BROCHURAR (port. Bras.) – *Ver* Brochar.
BROMETO DE AMÓNIO – Um dos produtos químicos usado em fotogravura.
BROMETO DE METILO – Produto químico à base do qual se procede à desinfestação de documentos afectados por insectos.
BRONZAGEM – Acto ou operação de bronzear.
BRONZE – Material de suporte da escrita usado na Grécia antiga • Pó para bronzear • Chapa, geralmente de madeira, que se põe no padrão da máquina de imprimir quando se faz trabalho com fio de corte ou em relevo • Purpurina.

BRONZEADO – Aplicação de pó metálico a uma imagem, geralmente de pó de bronze; o cliché da parte a bronzear está impresso, como qualquer outra cor, mas recebe, em lugar de uma tinta de impressão, um verniz mordente ou preparação que agarra e fixa o pó metálico quando a folha passa pela bronzeadora; antigamente este processo era feito à mão, mas hoje emprega-se uma máquina à saída do prelo; aí, a folha é polvilhada com bronze purpurina numa câmara fechada, após o que um fole retira o pó dos lugares da imagem sem mordente, onde se depositou sem aderir; outros meios, com outros resultados, são aplicados para obter uma impressão dourada ou prateada.
BRONZEAR – Polvilhar com purpurina um impresso tipográfico ou litográfico para lhe dar uma cor metálica, geralmente de bronze, ouro, prata ou alumínio; deve aplicar-se enquanto a tinta ou o mordente ainda estão frescos para o pó aderir.
BROSSA – Escova grande de cerda de javali com a qual se limpa a tinta do tipo, depois de molhada em potassa, petróleo ou aguarrás. Escova de impressor.
BROSSAR – Passar a brossa com potassa, aguarrás ou petróleo sobre a composição depois de impressa, para retirar a tinta.
BROWSER (pal. ingl.) – Programa que permite a realização de pesquisas numa rede de informação tão ampla como a *Internet*; exemplos deste *software* são o *Gopher*, o *Mosaic*, o *Netscape Navigator* e o *Microsoft Explorer. Viewer*.
BROWSING (pal. ingl.) – Operação básica de navegação na *Internet* através da qual se analisam por alto fundos de documentos de uma forma aleatória, sem que se vise algum deles em especial • Acto que consiste em passar de um texto a outro nas prateleiras de uma biblioteca ao sabor dos caprichos das interrogações não satisfeitas e das respostas que levantam novas questões.
BRUNIDO – Brilhante. Polido. Luzidio.
BRUNIDOR – Utensílio em madeira, osso ou metal, que serve para polir as placas a gravar, antes de as utilizar definitivamente.
BRUNIDOR DE POLÉ – Instrumento que serve para limpar mecanicamente as matrizes do linótipo, e que é formado essencialmente por escovas de pano colocadas numa roda movida a vapor.
BRUNIDURA – Acção de brunir o cobre, o corte ou o dourado da encadernação dos livros.
BRUNIR – Lustrar. Polir • Alisar.
BRUNUM (pal. lat.) – *Ver* Terra bolar.
BRUTESCOS – Representação artística de animais ou cenas rudes. Grutescos. Grotescos.
BS – Sigla que é a forma abreviada de *British Standard*; seguida de um número designa a Norma Britânica com o respectivo número.
BSI – Acrónimo de *British Standard Institution*, Instituição Britânica de Normalização.
BSO – Forma abreviada de *Broad System of Ordering*, sistema de classificação geral, que cobre todo o saber como base para uma rede mundial de informação.
BTW – Acrónimo de *By The Way*, a propósito; é muito usado na *Internet* no texto das mensagens de correio electrónico.
BUCHA – Pedaço de desperdício ou de pano embebido em petróleo, que é usado para lavar os rolos da máquina.
BUCÓLICA – Composição em que predomina a observação da rudeza dos pastores reais e um sentimento leve das belezas da natureza. Poema pastoril. Écloga.
BUCOP – Acrónimo de *British Union Catalogue of Periodicals*, Catálogo Colectivo Britânico de Publicações Periódicas.
BUFARINHEIRO – Pessoa que vendia folhetos de cordel e literatura de baixo preço nas feiras e mercados. Vendedor ambulante.
BUFFER (pal. ingl.) – Memória intermédia.
BUG (pal. ingl.) – Em informática, defeito de concepção ou de escrita de um programa que provoca anomalias de funcionamento; em geral os programas comportam *bugs* que não são corrigidos senão com o decorrer dos tempos, servindo os primeiros utilizadores de cobaias; se as versões-fonte dos programas foram adquiridas, aqueles podem posteriormente beneficiar de versões melhoradas.
BUGALHO – *Ver* Noz-de-galha.
BULA – Selo metálico redondo em forma de bola (daí o nome), agregado a um documento solene, especialmente o selo de chumbo pendente de certas actas pontifícias ou documen-

tos reais • Selo fixado numa acta, a fim de autenticá-la • Acta selada deste modo. Uma das modalidades de bula mais corrente é a bula comum; validada apenas pela aposição do selo pendente, a data indica o lugar de expedição e o ano de pontificado; inicia-se pelo nome do Papa; outros elementos são o destinatário, a saudação e a cláusula de perpetuidade; do texto constam: a súplica ou motivos, a parte expositiva ou dispositiva e as cláusulas finais; a bula não é propriamente um documento, mas um tipo de documento; é designada por uma ou mais palavras do texto que a distinguem de todas as outras; inicialmente era assim denominada devido ao selo pendente que tinha a forma de uma bola; mais tarde a forma do selo tornou-se achatada, mas o nome do documento manteve-se • Diploma, breve, carta, rescrito ou letras apostólicas em pergaminho, com selo pendente com as imagens de S. Pedro e S. Paulo e o nome do pontífice reinante • Folha impressa que acompanha os medicamentos, na qual se indicam a sua composição, prescrição e contra-indicações, caso as haja • No plural, provisão ou despacho de um benefício.

BULA CONSISTORAL – Aquela que é expedida pelo Papa após ter reunido com os Cardeais em Consistório.

BULA MENOR – *Ver* Bula.

BULA SOLENE – Bula que apresenta a primeira linha escrita em letras capitais e é assinada pelo Papa, pelos Cardeais-bispos, pelos Cardeais-presbíteros e pelos Cardeais-diáconos; leva um selo rodado que lhe confere validade, além dos elementos de datação seguintes: lugar de expedição, ano do pontificado e ano da Encarnação.

BULADO – Despachado. Provido • Selado.

BULAR – Selar com bula, selo antigo com uma bola de metal pendente.

BULÁRIO – Conjunto das decisões papais de Leão Magno (440-461) a Gregório XVI (1831-1846) • Colecção de bulas pontifícias • *Bullarium* • Oficial que copia as bulas.

BULE – *Ver* Papel bule.

BULISTA – Pessoa encarregada de registar as bulas papais.

BULLARIUM (pal. lat.) – *Ver* Bulário.

BULLATOR (pal. lat.) – *Ver* Selador.

BULLETIN BOARD SYSTEM (loc. ingl.) – Habitualmente designado sob a forma abreviada *BBS*, é o endereço electrónico na *Internet* em que um particular ou uma entidade colocam informação ou programas para serem fruídos pelos diversos utilizadores daquela rede; permite a partilha de informação podendo os utilizadores recorrer a ele para afixar e ler mensagens, enviar correio electrónico e entrar em *chats* (conversas em tempo real).

BULLUM (pal. lat.) – Termo usado na Idade Média para designar os brochos em metal (prata, cobre, latão, ou ainda simplesmente ferro), que eram colocados nas pastas das encadernações com a finalidade de as proteger do atrito, uma vez que os livros eram guardados em posição horizontal; um outro termo, mais utilizado que este, era *clavus*.

BUQUINAR (port. Bras.) – Procurar livros em alfarrabistas.

BURELA – Em heráldica é a faixa estreita que aparece repetida no campo do escudo.

BURELADO – Em heráldica, diz-se do escudo que apresenta as burelas da mesma largura que o espaço que as separa.

BURIL – Cinzel para uso dos gravadores, cinzeladores, etc. • Placa gravada com este utensílio • Gravura feita com esse instrumento; diz-se um buril, como se diz uma água-forte • O modo, a arte ou gosto de gravar • Estilo enérgico de um escritor.

BURIL DE GRAVADOR – Espécie de buril de face achatada ou arredondada e de largura variável, com vista à gravação de traços diversos.

BURILADA – Golpe de buril • Traço feito com buril • Diz-se da composição que foi revista, retocada.

BURILADO – Gravado com buril • Revisto. Emendado • Escrito em estilo puro, enérgico ou brilhante.

BURILADOR – Aquele que burila. Burilista • Gravador.

BURILAGEM – Fundo formado por linhas paralelas ou entrecruzadas sobre o qual se destaca o desenho principal do selo.

BURILAR – Trabalhar, gravar com o buril • Aprimorar o trabalho escrito retocando as frases.

BURILISTA – O que burila. Burilador • Gravador.
BURLESCO – Designação dada ao género literário em que são usados efeitos cómicos para brincar com coisas sérias.
BURÓTICA – Aplicação das novas técnicas informáticas ao trabalho de secretária ou escritório.
BURRO – Tradução palavra a palavra de obras clássicas feita com a finalidade de auxiliar os estudantes e usada por muitos para fingir que estudam. Pai velho. Comento. *Ver* Cábula.
BUS (pal. ingl.) – Em informática, linhas de transporte da informação na unidade central de um computador; são constituídas por 8, 16, 32 ou 64 condutores eléctricos para transportarem simultaneamente o mesmo número de bits.
BUSCA – Procura • Averiguação. Exame. Pesquisa, investigação.
BUSCA BIBLIOGRÁFICA – *Ver* Pesquisa bibliográfica.
BUSCA BINÁRIA – *Ver* Pesquisa binária.
BUSCA EM FICHEIRO – *Ver* Pesquisa.
BUSTO – Representação da parte superior do corpo de uma pessoa, sob forma escultural ou pictórica.
BUSTROFÉDON (pal gr.) – Diz-se do modo de escrever dos gregos antigos em que as linhas eram traçadas alternadamente da direita para a esquerda e da esquerda para a direita como faz o boi ao lavrar a terra, imagem de onde deriva o termo, em uso entre os gregos e os etruscos • Anagrama formado pela inversão da ordem das letras de uma palavra.
BUVAR (port. Bras.) – Do francês *buvard*, mata-borrão. Peça de madeira, de metal ou de plástico à qual se prende o mata-borrão para mais facilmente se manusear.
BUXA CERATA (loc. lat.) – Termo abreviado para designar a tabuinha de madeira de buxo encerada; esta madeira aliava à dureza e leveza uma grande facilidade de polimento.
BUXO – Arbusto da família das Euforbiáceas cuja madeira, dura e compacta, de cor amarelada, é muito usada na xilogravura, prestando-se melhor do que a da cerejeira ou pereira para este género de trabalho; as melhores variedades são importadas da Ásia.
BUXUS (pal. lat.) – Designa a madeira de buxo de que era feita a tabuinha onde se escrevia directamente; a partir de certa altura passa a designar a própria tabuinha e até o tabuleiro do jogo das damas, que era feito no mesmo material; esta madeira tinha a vantagem de ser mais durável e segura que outras.
BYBLOS (pal. gr.) – *Ver Biblos*.
BYTE (pal. ingl.) – Octeto, unidade básica de informação, armazenada num computador, constituída usualmente por oito bits.

C

C – Letra do alfabeto latino e do de quase todas as outras línguas antigas e modernas • O tipo que na impressão reproduz essa letra • Nas máquinas fundidoras é a matriz que dá esse carácter • Punção com que se grava essa matriz • Assinatura correspondente ao terceiro caderno de um volume, quando se usam letras para tal fim • Terceira chamada de nota, se se usarem letras em lugar de números ou sinais • Na numeração romana equivale a 100.
© Símbolo universal de *copyright*, protegido pelo direito de propriedade autoral, aposto a qualquer produto que esteja sob a alçada deste direito.
C. – Abreviatura de *circa,* cerca de.
C&T – Abreviatura de Ciência e Tecnologia.
C. C. – Forma abreviada da expressão "com conhecimento" • Abreviatura de *Creative Commons*, licença que se situa entre os direitos de autor em que todos os direitos são reservados, e o domínio público, em que não existe nenhum direito reservado. *Ver* Licenças *creative commons.*
C. E. – Iniciais abreviadas de *Common Era*, expressão que é usada para designar a era cristã • Acrónimo de *Continuing Education*, Formação contínua.
C. I. C. – *Ver Corpus Juris Canonici. C. J. C.*
C. I. C. – *Ver Corpus Juris Civilis. C. J. C.*
C. J. C. – *Ver Corpus Juris Canonici. C. I. C.*
C. J. C. – *Ver Corpus Juris Civilis. C. I. C.*
C. O. – Sigla de Congregação do Oratório.
C. /Ca. – *Circa*, por volta de uma certa data. Cerca de.
C. R. S. A. – Forma abreviada de Cónegos Regrantes de Santo Agostinho.
C. S. J. E. – Forma abreviada de Congregação de São João Evangelista.

C.A. – Abreviatura de caixa alta. Maiúsculas • Com paginação automática, aquela que é realizada por meios informáticos.
C.B. – Abreviatura de caixa baixa. Minúsculas.
C.B.U. – *Ver* CBU.
C.D.I. – Abreviatura de Centro de Documentação e Informação. CDI.
C.D.U. – Abreviatura de Classificação Decimal Universal. Trata-se da classificação enciclopédica mais conhecida e divulgada no mundo inteiro. CDU.
C/O (pal. ingl.) – Forma abreviada da expressão *Care of*, ao cuidado de, que é usada em correspondência.
CA – Acrónimo de *Chemical Abstracts,* conhecida base de dados de química e ciências afins.
CAb – Abreviatura de Caixa alta e baixa. Cab.
Cab – Abreviatura de Caixa alta e baixa.
CABALA – Enredo. Intriga • Sistema hebraico usado para a interpretação da Bíblia • Ciência oculta.
CABEÇA – A parte superior de qualquer forma • A parte da rama que entra para o lado do cilindro • Parte superior do livro ou de qualquer página quando posta ao alto • Linha que indica o assunto que vai tratar-se num capítulo de um livro. Título de capítulo • Cabeçalho de jornal • Título corrente. Cabeça de página. Cabeceira da página • Palavra colocada em evidência no canto superior de um dicionário • Em tecnologia da informação, mecanismo que grava e lê um disco.
CABEÇA DA FORMA – Parte da forma onde o cilindro de pressão começa a imprimir.
CABEÇA DE CAPÍTULO – Espaço que costuma deixar-se em branco no princípio de um capítulo • Vinheta colocada ao alto de um capítulo com finalidades ornamentais • Rubrica

colocada ao alto do texto no início de um capítulo • Designação atribuída à folha ou folhas onde se encontram reunidos, além do número, o título do conjunto dos cabeçalhos de uma obra, completado por vezes por um sumário; o número aparece geralmente composto em algarismos romanos, quer só, quer antecedido pela palavra capítulo; pode igualmente aparecer em letras; o título do capítulo é quase sempre em capitais e o sumário em caracteres cujo corpo deve ser inferior ao do texto.

CABEÇA DE CARTAZ – Nome mais em destaque num anúncio, impresso em tipo de formato maior; por extensão significa o nome da pessoa que desempenha o mais importante papel na peça, concerto musical, filme, etc. Manchete.

CABEÇA DE CLICHÉ – Designação do título que se coloca a encimar uma fotografia ou outra ilustração num texto jornalístico.

CABEÇA DE COEDIÇÃO – Editor ou grupo de editores de quem parte a ideia de coeditar com outro ou outros uma ou algumas obras.

CABEÇA DE FANTASIA – Zona superior que encima os trabalhos comerciais.

CABEÇA DE FOLHA – Linha de texto recuada, ligeiramente separada das do texto da folha, onde é indicado o título do livro (do lado esquerdo) e o título da parte ou capítulo do livro (do lado direito). No caso de o livro não estar dividido em partes nem capítulos o título aparece impresso em todas as páginas, na totalidade ou sob forma abreviada e, no primeiro caso, se for extenso, pode ser dividido, metade para a página da esquerda e a outra metade para a página da direita. Obras há que não apresentam cabeça de folha. Título corrente. Título corrido. Título recorrente. Cabeceira de folha. (port. Bras.) Cabeço.

CABEÇA DE LEITURA-GRAVAÇÃO – Mecanismo electromagnético de pequenas dimensões usado para registar, ler ou apagar os pontos polarizados que representam informação num disco ou numa fita magnética.

CABEÇA DE MORTO – Letra invertida.

CABEÇA DE PÁGINA – Parte superior da página. *Ver tb.* Cabeçalho.

CABEÇA DE PORTADA – Linhas de texto colocadas na parte superior da página de rosto, nas quais se indicam os nomes do autor, do editor e da série.

CABEÇA DE PREGO – Termo de gíria tipográfica que designa o tipo cansado pelo uso.

CABEÇA DE VERBETE (port. Bras.) – *Ver* Entrada.

CABEÇA DO ARTIGO – Parte do artigo, designada em inglês *header*, que inclui as seguintes informações: editor, título da revista, volume, número do fascículo e número de páginas, informações sobre o direito de autor, lista dos nomes e das filiações dos autores, endereço da instituição do autor, título e resumo do artigo e palavras-chave (se for caso disso).

CABEÇA DOURADA – Diz-se do corte superior de um livro aparado e dourado, permanecendo os outros dois cortes sem qualquer aplicação de ouro, apenas aparados.

CABEÇADA – Extremidade do lombo do livro junto ao corte. Nas encadernações mais antigas ou de arte, era uma tira de seda ou algodão trabalhada à mão, que era colocada à cabeça e no pé da lombada do livro para a reforçar e adornar; nas encadernações mais modernas foi substituída por uma tira de tecido colada nesses lugares • Pequeno cordão colorido, em geral de seda ou algodão mercerizado, que o encadernador põe nas extremidades do lombo do livro, cabeça e pé, como elemento ornamental e de reforço, que sobressai ligeiramente dos cantos superior e inferior do livro. Cabeceado. Sobrecabeceado. Trincafio. Tranchefila. Requife.

CABEÇALHA – *Ver* Cabeçalho.

CABEÇALHO – Rubrica ou rubricas à cabeça da entrada. Elemento da notícia catalográfica colocado em destaque, à cabeça da notícia, para determinar o tipo de catálogo ou índice e permitir a ordenação (alfabética ou outra): o cabeçalho de autor no catálogo de autores, o cabeçalho de assunto no catálogo de assuntos, o cabeçalho de índice CDU, etc. no catálogo sistemático, o cabeçalho de título no catálogo de títulos, etc.; o cabeçalho pode ser constituído por uma rubrica simples ou composta e, por vezes, por uma sub-rubrica. Ponto de acesso. Epígrafe catalográfica (nome, palavra ou expressão) • Título (de artigo, capítulo, etc.). Cabeceira. Cabeça de página • Frases feitas que servem de começo a uma carta ou a outro texto escrito. Cabeçalha.

CABEÇALHO ADICIONAL – Rubrica correspondente aos pontos de acesso escolhidos para a ou as entradas adicionais. *Ver* Cabeçalho secundário.

CABEÇALHO AUTORIZADO – Designado anteriormente como cabeçalho uniforme, é o ponto de acesso uniforme, controlado, para uma entidade.

CABEÇALHO COMPOSTO – Aquele que é formado por duas ou mais palavras. Aquele que expressa o tema de que trata um documento por meio de duas ou mais palavras.

CABEÇALHO DE ASSUNTO – Palavra ou conjunto de palavras representando o ou os assuntos contidos num livro, documento, etc. • Ponto de acesso de um registo bibliográfico constituído por uma palavra ou frase que representa o tema do trabalho ou trabalhos que estão contidos num documento.

CABEÇALHO DE ASSUNTO COMPOSTO – Termo ou termos que introduzem uma entrada bibliográfica ou ponto de acesso num catálogo, numa lista, etc. constituído por mais de uma palavra (ex.: Jurisdição civil, Resistência de materiais, etc.).

CABEÇALHO DE ASSUNTO INVERTIDO – Encabeçamento em que as palavras que o constituem se apresentam transpostas como em Idade Média, História, em vez de História, Idade Média.

CABEÇALHO DE AUTOR – Termo ou termos que indicam o nome do autor de um documento • Modo pelo qual é feita uma entrada de autor.

CABEÇALHO DE AUTORIDADE – Palavra de ordem estabelecida por uma biblioteca, etc. na qual se apresentam as diferentes variantes utilizadas de um cabeçalho de autor-pessoa física ou colectividade, com a versão adoptada e aconselhada pela biblioteca, etc. e com remissivas das versões desprezadas para a escolhida.

CABEÇALHO DE CLASSE – Palavra ou frase que designa uma divisão num sistema de classificação ou num catálogo classificado.

CABEÇALHO DE ENTRADA PRINCIPAL – Ponto de acesso à cabeça da entrada principal. Cabeçalho de registo principal.

CABEÇALHO DE FORMA – Rubrica adoptada para representar e reunir documentos do mesmo tipo (por exemplo catálogos de exposições, de vendas, tratados, etc.), mas que diferem pelo conteúdo. Cabeçalho formal.

CABEÇALHO DE MATÉRIA – *Ver* Cabeçalho de assunto.

CABEÇALHO DE MICROFICHA – Designação atribuída aos dados que se apresentam inscritos à cabeça de uma microficha com a finalidade de identificar o seu conteúdo e que podem ser lidos sem que seja necessário ampliá-los.

CABEÇALHO DE REGISTO PRINCIPAL – *Ver* Cabeçalho de entrada principal.

CABEÇALHO DE TÍTULO – Rubrica que é constituída pela primeira palavra significativa do título de uma obra, escolhida para ponto de acesso em obras anónimas ou com mais de três autores; utiliza-se num catálogo ou numa bibliografia para reagrupar os títulos de um documento que aparecem sob várias formas.

CABEÇALHO ESPECIAL – Em catalogação, designação que é atribuída à forma do ponto de acesso para certas obras legislativas e judiciais (leis, decretos-leis, regulamentos, portarias, contratos, convenções e outros diplomas normativos de carácter vinculativo), religiosas (textos sagrados, obras litúrgicas, leituras da Bíblia para os serviços religiosos, livros de horas, concílios), etc.

CABEÇALHO FORMAL – Ponto de acesso a um registo bibliográfico, que consiste numa palavra ou frase que indica a natureza da obra ou obras contidas no documento (novelas, cartas, retratos), o tipo de composição (artística, literária, musical, etc.) ou o formato geral do documento (enciclopédia, dicionário, atlas, etc.). Cabeçalho de forma.

CABEÇALHO INVERTIDO – Aquele em que a ordem normal das palavras que o compõem se apresenta transposta, de modo a fazer destacar uma delas, aquela que é apresentada como ponto de acesso.

CABEÇALHO LATERAL – Aquele que fica colocado na margem do texto de uma página, numa linha à parte e ocupando a margem esquerda.

CABEÇALHO NÃO ADMITIDO – Cabeçalho excluído, rejeitado, que não foi aprovado, não autorizado.
CABEÇALHO POR NOME DE PESSOA – *Ver* Entrada por nome de pessoa.
CABEÇALHO PRINCIPAL – *Ver* Entrada principal.
CABEÇALHO RIGOROSO – Aquele que traduz com precisão o conteúdo de um documento, não o excedendo pela generalidade nem pela especificidade.
CABEÇALHO SECUNDÁRIO – Cabeçalho correspondente aos pontos de acesso escolhidos para as entradas adicionais. Cabeçalho adicional.
CABEÇALHO SIMPLES – Aquele que expressa o tema de que trata um documento por meio de uma única palavra (regra geral um substantivo ou expressão substantivada).
CABEÇALHO UNIFORME – Ponto de acesso ao documento estabelecido para nomes, títulos, classes e assuntos e a ser usado sempre que ocorra num registo bibliográfico • Diz-se daquele que apresenta sempre a mesma forma. Cabeçalho autorizado.
CABEÇÃO – Ornamento da cabeça • Vinheta na página de rosto de um livro • Adorno mais comprido do que largo colocado à cabeça da primeira página dos capítulos de um livro; usados a partir do século XVI, e mais frequentemente nos séculos XVII e XVIII, por vezes executados por gravadores de mérito, em gravuras subscritas com os seus nomes, os cabeções aparecem hoje nas obras destinadas ao mercado bibliófilo ou em edições especiais, mais raramente em edições correntes; os manuais da especialidade ditavam que a sua altura não devia ultrapassar a oitava parte da altura da página; podem ser obra de um xilógrafo ou calcógrafo, provir de um cliché ou resultar da justaposição de pequenas vinhetas tipográficas. *Tête de chapitre*.

Cabeção

CABECEADO – *Ver* Cabeçada.
CABECEAR – Em encadernação, é a operação de fazer ou colar a cabeçada no livro. Pôr a cabeçada no livro. Encabeçar. Sobrecabecear.
CABECEIRA – Parte da rama que fica situada em lugar mais próximo do cilindro de impressão ao ser colocada no cofre da máquina; a imposição que se coloca deste lado da rama • Cada um dos extremos da lombada do livro • Parte superior de qualquer chapa • Desenhos gravados em zinco ou cobre que ornamentam a parte superior das páginas de um livro • O lado da rama oposto ao pé • Indicação de título, proprietário, editores, etc. de um jornal ou outra publicação periódica; apesar da sua colocação ser variável, no caso dos jornais é comummente encontrada na página do editorial ou ao alto da primeira página e, no caso de publicação periódica, na página do sumário • Enfeite colocado no topo da lombada de um livro encadernado • Cabeçalho.
CABECEIRA CORRIDA – Título corrido. *Ver* Título corrente.
CABECEIRA DA PÁGINA – Margem que ocupa toda a largura superior de uma página. Cabeça.
CABECEIRA DE CARTA – Zona superior de uma carta, na qual se indica a toda a largura ou num dos cantos, normalmente o esquerdo, o nome, profissão e morada da pessoa que a escreve ou os dados da instituição em nome da qual se escreve.
CABECEIRA DE FOLHA – *Ver* Cabeça de folha.
CABECEIRA DE SECÇÃO – Título de secção de um periódico.
CABECEL – Termo arcaico que designava o cabeçalho de vinheta que aparece colocado por cima de um escrito.
CABEÇO (port. Bras.) – *Ver* Cabeça de folha.
CABÍDOLA – Termo arcaico que designava letra maiúscula. Cabídula.
CABIDUAL – Antiga designação da letra maiúscula. Cabridola.
CABÍDULA – Termo arcaico que designa o mesmo que cabídola.
CABINA DE ENSINO EQUIPADA – Cabina de estudo munida do equipamento necessário à utilização da documentação audiovisual.

CABO – Peça metálica pontiaguda, soldada no verso da matriz da letra e que, cravada numa extremidade da ponta gravadora, assegura a fixação dos dois elementos.

CABOCHÃO – Pedra preciosa ou semipreciosa não facetada ou ornamento semelhante a ela; as encadernações destinadas a livros litúrgicos feitas em prata ou ouro apresentavam por vezes estas pedras • Prego de metal com cabeça cinzelada colocado nos quatro cantos das pastas da encadernação e por vezes também ao meio (neste caso era denominado umbílico); destinava-se a evitar a fricção e o desgaste da encadernação, uma vez que a obra era colocada na horizontal.

CABOGRAMA – Telegrama transmitido por cabo submarino.

CABRIDOLA – *Ver* Cabidual.

CABRITO – Pele utilizada em encadernação, mais fina que o marroquim e com grão pouco nítido; é usada especialmente em pastas de livros a que se quer conferir uma grande maleabilidade.

CÁBULA – Pontos essenciais da matéria de estudo que se levam camuflados para uma prova de avaliação. Burro. Copianço. Chicha. Chouriça. (port. Bras.) Cola.

CAÇANTE – Em heráldica, diz-se do animal em atitude de caçar.

CACHA – Notícia em primeira mão; a origem do termo provém do aportuguesamento do francês *caché*, escondido; na gíria tipográfica, parte superior da caixa onde se colocam as letras capitais ou versais, letras acentuadas e elevadas; o nome vem-lhe do facto de antigamente as caixas serem formadas por duas peças e esta estar apoiada sobre a baixa. (port. Bras.) Furo. *Scoop*.

CACHIMBO – Chumaceiras de rolos em cuja cavidade gira o moente, espiga ou os cilindros dos rolos.

CACHING (pal. ingl.) – Designação atribuída ao processo que consiste em fazer cópias de ficheiros para tornar mais rápida e eficaz a recuperação da informação; pode assumir dois tipos: o *caching* cliente (na memória *RAM*) e o *caching* servidor (sistemas *proxy*).

CACHORRO – Peça destacada que segura uma varanda, cornija, cimalha, ameias, etc., vulgar em portadas arquitectónicas.

CACOFONIA – Efeito desagradável obtido pela junção do final de uma palavra com o início da palavra seguinte, de que resulta uma palavra ou um som de mau gosto.

CACOFÓNICO – Em que há cacofonia. Referente à cacofonia.

CACOGRAFAR – Escrever incorrectamente • Escrever com erros.

CACOGRAFIA – Erro ortográfico • Escrita não correcta.

CACOGRÁFICO – Referente à cacografia.

CACÓGRAFO – Pessoa que escreve com erros.

CACOTIPIA – Erro, infracção das normas tipográficas em trabalho de composição.

CAD – Acrónimo de *Computer-Aided Design*, Desenho assistido por computador.

CAD. – Abreviatura de caderno.

CADA – Acrónimo de Comissão de Acesso aos Documentos Administrativos, à qual cabe zelar pelo cumprimento das disposições da Lei do Acesso aos Documentos Administrativos (LADA); trata-se de uma entidade pública independente, que funciona junto à Assembleia da República e que dispõe de serviços próprios de apoio técnico e administrativo.

CADARÇO – Tira estreita e alongada de algodão ou linho • Fita, nastro; usa-se principalmente para certo género de costura dos livros e para prender e transportar a folha nas máquinas impressoras e dobradoras.

CADASTRADO – Que foi incluído no cadastro.

CADASTRAGEM – Acto de cadastrar. Execução de cadastro.

CADASTRAL – Referente a cadastro.

CADASTRAR – Registar em cadastro.

CADASTRO – Registo que contém a lista numerada de todas as parcelas situadas num dado espaço geográfico (senhorio, comuna, etc.) com o seu plano, a sua superfície e os nomes dos proprietários ou ocupantes • Registo sistemático de informações autênticas sobre pessoas, bens ou entidades levado a cabo por instituições públicas ou privadas. Tombo.

CADAXO – Livro velho. Alfarrábio. Calhamaço. Cartapácio. Cadeixo.

CADEADO – Corrente metálica usada para prender os livros às estantes, evitando, assim, o seu extravio; foi muito usada durante a Idade Média. Cadeia.

CADEIA – Série de classes em que cada uma está subordinada à precedente, à excepção da primeira • Corrente de ferro ou de outro metal com que se prendiam os livros cadenados às estantes, evitando, assim, o seu extravio. Cadeado • Sequência de artigos reunidos por um único conceito • Florilégio de comentários de Padres da Igreja ou de outros autores à Sagrada Escritura, que são ordenados em cadeia; o termo deriva do latim *catena* e consiste em colocar o texto escriturístico no meio do fólio, dispondo à sua volta os comentários ou então a seguir ao texto sagrado; trata-se de um género que foi criado no início do século VI por Procópio de Gaza, sob a forma de uma cadeia contínua de citações dos Santos Padres, que comentavam o texto bíblico • Em informática, conjunto de caracteres, bits ou elementos ordenados numa sequência previamente determinada.

CADEIA DE CARACTERES – Sucessão de coisas da mesma natureza; neste caso as informações memorizadas representam os caracteres (letras, sinais de pontuação, etc.).

CADEIA DE CATEGORIAS – Sequência de categorias representando a ordem pela qual os nomes devem ser combinados numa rubrica composta, por exemplo: objecto, parte, constituinte, propriedade, medida.

CADEIA DE CITAÇÕES – Índice de citações construído em cascata a partir de uma citação ou de uma lista de citações dada por um autor; referem-se como exemplo o *Bibliographic coupling* (união bibliográfica) ou o *Science Citation Index*.

CADEIA DE CONCEITOS – Conjunto de classes no qual cada uma delas, excepto a primeira, se encontra subordinada à classe que a precede.

CADEIA DE DISTRIBUIÇÃO – Sucessão de passos ligados uns aos outros de modo que o livro ou material não-livro possam circular • Conjunto de estabelecimentos comerciais pertencentes a uma empresa.

CADEIA DE REMATE – Costura nas extremidades da lombada dos livros, onde se dão os nós que prendem entre si os cadernos.

CADEIA DO LEITOR – *Ver* Circuito do leitor.
CADEIA DO LIVRO – *Ver* Circuito do livro.
CADEIA DOCUMENTAL – Conjunto composto por uma série sucessiva de actividades, que começam com a redacção de uma obra ou documento até à sua disponibilização aos leitores e/ou utilizadores. Circuito do livro • Em tratamento técnico, conjunto das operações sucessivas de recolha, tratamento e difusão dos documentos e das informações, que têm lugar numa biblioteca, arquivo, serviço de documentação, etc.

CADEIA EDITORIAL – Circuito que vai desde a criação do produto até à sua venda como livro.

CADEIA HIERÁRQUICA – Série de divisões em que cada uma está directamente subordinada à precedente. *Ver* Hierarquia.

CADEIRA DE LUTA DE GALOS – Modelo de cadeira cujo nome lhe vem do facto de aparecer em ilustrações de lutas de galos, que foi construída em Inglaterra e concebida especialmente para bibliotecas, no início do século XVIII; nesta cadeira o leitor sentava-se de pernas afastadas, de frente para uma tábua nas costas da cadeira e tinha de um e de outro lado apoios de uma largura considerável, nos quais podia descansar confortavelmente os braços durante a leitura.

CADEIXO – Livro velho. Alfarrábio. Calhamaço. Cartapácio. Cadaxo.

CADENADO – Diz-se do códice que está seguro a uma barra fixa por ligações de arames ou fios metálicos, que são presos uns aos outros e que evitam o seu extravio da biblioteca. Encadeado.

CADÊNCIA – Compasso e harmonia na disposição das palavras. Suavidade do estilo.

CADERNETA – Caderno pequeno • Livro de apontamentos • Livrete de registo de depósitos e levantamentos por conta destes depósitos • Fascículo de obra literária distribuído pelos assinantes.

CADERNETA DE CROMOS – Caderno onde, em lugares previamente estabelecidos, se colam desenhos relativos a um tema determinado.

CADERNETA ESCOLAR – Pequeno caderno onde se registam informações relativas ao aproveitamento, frequência e comportamento de um aluno • Registo das notas de presença e do comportamento dos alunos feito pelo professor e para ser usado por ele.

CADERNO – Designação do códice constituído por quatro folhas de pergaminho dobradas ao meio (dezasseis páginas) • Conjunto de folhas de pergaminho ou papel dobradas ao meio, encartadas umas nas outras e constituindo os elementos de um manuscrito ou de um livro antigo • Cada uma das folhas de impressão, dobrada segundo o número de páginas que contém e identificada por uma assinatura, que permite a sua reunião obtendo-se, deste modo, um número par de folhas; se este número for ímpar é porque falta uma parte do caderno; o conjunto dos vários cadernos reunidos pela ordem das respectivas assinaturas vai constituir o volume a encadernar posteriormente • Conjunto de páginas de um livro ou de um folheto, que ocupa uma única folha de papel.

CADERNO COMPOSTO – Caderno formado a partir de várias folhas dobradas separada ou simultaneamente.

CADERNO DE AMOSTRAS – *Ver* Álbum de amostras.

CADERNO DE ANOTAÇÕES (port. Bras.) – Calepino. Caderno de notas. Carnê. Canhenho. Agenda.

CADERNO DE APONTAMENTOS – *Ver* Livro de notas.

CADERNO DE CAMPO – Caderno usado pelos investigadores para recolherem dados sobre o terreno ou lugar que estão a estudar ou em que estão a trabalhar.

CADERNO DE DUAS LINHAS – *Ver* Caderno pautado.

CADERNO DE ENCAIXE – Diz-se do caderno dobrado de quatro páginas, ou de uma paginação que é múltiplo de quatro e que inclui uma assinatura em duplicado.

CADERNO DE ENCARGOS – Enumeração das causas e condições necessárias à realização de um projecto após a aprovação do dossiê de estudo do sistema de informação • Suporte em que estão inscritas essas causas e condições.

CADERNO DE ESPIRAL – Aquele em que as folhas estão reunidas por um arame em espiral, produzido por aparelho próprio, o que proporciona grande mobilidade na lombada.

CADERNO DE EXERCÍCIOS – Caderno onde os alunos de uma escola fazem os trabalhos, na aula ou em casa.

CADERNO DE INQUÉRITO – Designação atribuída ao bloco de notas usado pelo conhecido escritor francês Émile Zola.

CADERNO DE INSCRIÇÃO MARÍTIMA – O que é usado nas capitanias dos portos para proceder ao registo das embarcações inscritas num país.

CADERNO DE LEMBRANÇAS – *Ver* Livro de notas.

CADERNO DE MÁQUINA – *Ver* Diário de máquina.

CADERNO DE MÚSICA – Caderno de papel de música pautado, destinado a exercícios ou à cópia de músicas.

CADERNO DE NOTAS – Caderno de anotações. Livro de notas. Canhenho. Calepino. (port. Bras.) *Carnê*.

CADERNO DE PERGAMINHO – Também denominado *pugillares membranei* ou simplesmente *membrana*, é uma invenção romana e pode considerar-se o precursor do códice; uma vez cosidos uns aos outros, o conjunto dos cadernos constituía aquilo que hoje conhecemos sob a forma de livro; as vantagens em relação ao formato de rolo eram numerosas e foram atestadas por Marcial (séc. I d.C.) nos seus *Epigramas*: a sua maleabilidade, já que era facilmente seguro numa só mão (enquanto o manejar os rolos exigia a utilização das duas mãos), a sua capacidade que permitia textos mais longos e a comodidade proporcionada pelo seu formato, que tornava mais fácil o transporte e a arrumação nas bibliotecas. Esta mudança foi muito lenta, mas pouco a pouco as vantagens do novo formato impuseram-se naturalmente e pode dizer-se que no início do século IV o número de códices e de rolos era idêntico; no início do século V o códice substituía praticamente o rolo, sobretudo em textos longos de carácter histórico, literário e didáctico.

CADERNO DE PROCISSÕES – Livro que continha os cânticos destinados às procissões litúrgicas; devia ser de ponto, ou seja, conter a notação musical.

CADERNO DE SIGNIFICADOS – Caderno pautado, de pequeno formato, dividido a meio por uma linha, geralmente de cor, utilizado para anotar as palavras difíceis de um texto, acompanhadas da respectiva significação.

CADERNO DE TELEFONE (port. Bras.) – *Ver* Lista telefónica.

CADERNO DE TRABALHO – Caderno ou livro, em geral sob forma de borrão, que contém as provas práticas referentes a certos temas ou assuntos • Caderno ou livro suplementar que contém exercícios para a prática de leituras básicas.

CADERNO DE UNGIMENTO – Livro que contém o ritual da unção dos doentes.

CADERNO DE VIAGENS – Aquele que era usado para registar impressões sentidas por uma pessoa que anda em viagem.

CADERNO DIÁRIO – Aquele em que o aluno escreve apontamentos no dia a dia lectivo e onde faz os trabalhos escolares de cada disciplina.

CADERNO DOBRADO-ENCARTADO – Aquele que é constituído por duas ou mais folhas dobradas em separado e depois encasadas umas dentro das outras.

CADERNO ENCARTADO – Aquele que é formado por duas ou mais folhas dobradas separadamente e depois encasadas umas nas outras.

CADERNO FRANCÊS – Folha solta que resulta de uma folha de papel impressa só de um lado e dobrada em quatro sem ser cortada.

CADERNO HOMOGÉNEO – Aquele em que todos os bifólios foram obtidos pela dobra de uma mesma folha.

CADERNO PAUTADO – Caderno destinado a exercícios de caligrafia em que as duas linhas onde assenta o desenho das letras servem de guia, de modo a obter um traçado ou desenho caligráfico regular; caídos hoje no esquecimento, são raras as escolas que adoptam semelhante método de aprendizagem da caligrafia. Caderno de duas linhas.

CADERNO REFORÇADO – Aquele em que foram coladas protecções ou reforços de tela ou de papel especialmente nas páginas iniciais e finais.

CADERNO REGULAR – Aquele que é composto exclusivamente por bifólios inteiros, sem adição ou subtracção de folhas.

CADERNO SALIENTE – Numa brochura ou encadernação, aquele que sobressai do conjunto das folhas, porque não foi correctamente fixado à lombada do livro • Ruptura verificada entre os cadernos de um livro, que se provoca, em geral, ao forçar a abertura de um volume, porque as folhas estão muito apertadas.

CADIST – Centro de Aquisição e de Difusão da Informação Científica e Técnica. Trata-se de uma rede nacional de bibliotecas, que estão encarregadas de comprar todos os documentos que são necessários aos utilizadores de determinadas disciplinas. Além desta tarefa da aquisição, compete-lhe também o fornecimento dos documentos por empréstimo directo ou através de reprodução (sob a forma de microforma ou fotocópia). Propõe-se fornecer documentação, qualquer que seja o suporte (papel, microforma, documento audiovisual) ou a forma (livro, publicação periódica, tese, actas de congressos, etc.).

CADUCEU – Divisa ou insígnia constituída por um bastão de ouro com dois suportes enroscados posicionados frente-a-frente, rematando na parte superior com um par de asas; era o símbolo do deus Hermes ou Mercúrio, representando os arautos ou enviados; a partir do século XVI o caduceu passou a ser usado como símbolo da medicina, mas também figura frequentemente nas marcas tipográficas, como elemento ligado à ideia de notícia, nova, mensagem.

CADUCIDADE DA INFORMAÇÃO – Carácter transitório e passageiro da informação. Sendo a informação contínua rapidamente transmitida, a sua desactualização é uma das consequências inevitáveis; na actualidade, em que as facilidades de comunicação permitem a obtenção do conhecimento de qualquer acontecimento ocorrido no outro lado do mundo, mal ele acaba de suceder, a informação rapidamente caduca, isto é, perde actualidade. Opõe-se a perenidade da informação.

CADUCIDADE DO DIREITO DE AUTOR – Perda da validade de protecção de uma obra,

para efeitos de direito de autor. Que perdeu a validade.
CAENDAS – Queendas. *Ver* Calendas.
CAETERA DESIDERANTUR (loc. lat.) – Falta o resto. Deseja-se o resto. Frase latina que se aplica a uma obra para indicar que ela se encontra incompleta. Pretende-se o resto, aquilo que falta, de uma obra incompleta.
CAFÉ DE LEITURA – Estabelecimento que apareceu nas grandes capitais europeias, nos anos trinta e quarenta do século XIX e que, para atrair os clientes, punha gratuitamente à sua disposição jornais em livre acesso dispostos em varões.
CAI – Acrónimo de *Computer Aided Instruction*, Ensino assistido por computador.
CAIBO – Termo arcaico para designar câmbio. Caimbo.
CAIMBO – Termo arcaico que designava câmbio. Troca. Escambo. Permuta. Comutação. Caibo.
CAIR NO DOMÍNIO PÚBLICO – Expressão usada a propósito das produções dos escritores, dos artistas e dos inventores, cuja propriedade deixou de lhes pertencer, porque se cumpriram os prazos legais para que essas produções possam ser reproduzidas por qualquer pessoa jurídica ou moral.
CAIRS – Acrónimo de *Computer Assisted Information Retrieval System*, Sistema de Recuperação da Informação Assistido por Computador, um pacote de programas para recuperação da informação.
CAIXA – Objecto usado para armazenamento e protecção de documentos, com grande importância em termos de preservação; as caixas de protecção devem ser confeccionadas em papéis e cartões com reservas alcalinas, a fim de evitarem a propagação e continuação de mecanismos de acidificação do papel e sem uso de adesivos, que tendem a perder a sua acção e a libertar gases nocivos • Tabuleiro dividido em pequenos compartimentos ou caixotins onde o tipógrafo distribui os caracteres de imprensa separados por sortes ou de onde os retira no trabalho de composição • Artigo curto autónomo, sobre o mesmo assunto, que acompanha uma reportagem central; pode ser enquadrado por filetes ou destacado por qualquer outro modo e fornece uma informação ou esclarecimento complementar • Livro no qual são registadas as entradas e saídas de fundos.
CAIXA ALTA – Nome tipográfico das letras maiúsculas; o nome vem da divisão das caixas onde os tipos para a composição manual dos textos eram guardados; usa-se caixa alta por oposição a caixa baixa, porque as letras maiúsculas ficavam na divisão de cima (a caixa alta) e as minúsculas na de baixo (a caixa baixa).
CAIXA AUXILIAR – Em tipografia, é a caixa do lado superior direito onde se encontram elementos tipográficos pouco utilizados.
CAIXA BAIXA – Nome tipográfico das letras minúsculas; cinco séculos de composição manual vêm-nas colocando na parte inferior das caixas, com o fim de economizar ao máximo o movimento contínuo das mãos do compositor; as maiúsculas, menos empregues, ocupavam a caixa alta; esta expressão sobreviveu à prática da impressão mecânica, para a qual já não devia ser aplicada • Nome dado à parte inferior da caixa tipográfica em que estão colocadas as minúsculas, numerais, pontuação e espaços.
CAIXA CEGA – Caixa tipográfica sem divisões, onde se colocam os caracteres superiores a 36 pontos.
CAIXA DE ARQUIVO – Meio ou unidade material de conservação que se apresenta sob a forma de uma caixa de cartão espesso com tampa • Recipiente de madeira, papelão, plástico, metal ou outro material, com estrutura e dimensões variadas, destinado a acondicionar e conservar documentos.
CAIXA DE CALEFACÇÃO – Parte superior da prensa de dourar, onde se faz o aquecimento.
CAIXA DE COMPOSIÇÃO – Caixa tipográfica em madeira, com a forma de mesa inclinada, cujos compartimentos ou caixotins contêm os caracteres móveis de que o compositor se serve; a parte inferior contém as minúsculas ou letras de caixa baixa.
CAIXA DE DISTRIBUIÇÃO – *Ver* Caixa selectora.
CAIXA DE ENCADERNAÇÃO – Método de encadernação pelo qual uma capa é feita à parte do livro e mais tarde ligada a ele.

CAIXA DE ESCRITA – Em paleografia, espaço rectangular ou de outra forma, em que está contido um texto • Em codicologia é o espaço que na página é destinado ao texto, devidamente justificado por linhas laterais e regrado ou pautado horizontalmente. O rigor exigido no enquadramento do texto dentro destes limites era levado ao extremo, quer alargando os espaços entre as palavras (como se faz hoje no processamento de texto), quer usando abreviaturas, para que a linha ficasse uniforme; por vezes, quando a última palavra não chegava ao final da linha, desenhavam-se *bouts de ligne*, ou seja, pequenos ornatos longitudinais mais ou menos elaborados, para colmatar o espaço deixado em branco, a fim de que o texto se apresentasse sob a forma de um rectângulo perfeito, desprovido de vazios. *Ver tb.* Mancha tipográfica • Nome dado ao objecto ligado à arte da caligrafia, geralmente rectangular ou quadrado, com tampa, destinado a acondicionar todos os utensílios que eram utilizados na escrita, como pincéis, espátulas, cálamos, estiletes, o respectivo suporte e a faca de papel; no seu interior continha diversos tabuleiros para apoiar estes objectos e uma pedra-tinteiro, ligeiramente inclinada na base, formando uma concavidade destinada a preparar a tinta, e um recipiente com goteira para água, necessária à diluição da mesma a partir de um pigmento sólido. Escritório.

CAIXA DE ESPAÇOS – Em tipografia, lugar onde estão os espaços automáticos, para a colocação destes no componedor.

CAIXA DE EXPULSOR – Em tipografia, lugar onde estão as lâminas do expulsor.

CAIXA DE FANTASIA – Caixa onde se colocam tipos de arrebique, ornatos, vinhetas, etc.

CAIXA DE FRACÇÕES – Aquela onde se guardam os algarismos elevados, os sinais algébricos, etc.

CAIXA DE FUNDIR – Em tipografia, dispositivo em forma de caixa no qual estava o molde sobre o qual o estereótipo se fundia.

CAIXA DE IMPRESSÃO – Rectângulo e texto que o ocupa. Mancha de impressão.

CAIXA DE LINHA – Espaço limitado por duas linhas imaginárias paralelas e horizontais, que tocam nas hastes ascendentes e descendentes das letras minúsculas.

CAIXA DE PANFLETOS – Caixa aberta ou fechada destinada a guardar folhetos, folhas soltas e materiais semelhantes.

CAIXA DE PROPULSÃO – Em tipografia, lugar onde está o carretel de deslize da distribuição.

CAIXA DE PROTECÇÃO – Invólucro, caixa telescópica ou pasta destinados a guardar e a conservar documentos manuscritos ou impressos, sob a forma de rolos, panfletos ou livros.

CAIXA DE SELECÇÃO – *Ver* Caixa selectora.

CAIXA DE SINAIS – Caixa tipográfica onde se colocam os sinais especiais que se utilizam na composição de trabalhos científicos.

CAIXA DE SOBRAS – Grande caixa tipográfica que serve de depósito para reabastecimento das caixas comuns.

CAIXA DE SUGESTÕES – Dispositivo existente numa biblioteca, arquivo, serviço de documentação, etc. com a finalidade de que todos os seus utilizadores que o pretendam e a isso se disponham, possam dar o seu contributo ou opinião para a aquisição de materiais, proposta de actividades ou alterações no funcionamento do serviço; as sugestões apresentadas, depois de analisadas, permitem que se faça a avaliação do trabalho desenvolvido e a correcção de eventuais falhas, melhorando o seu funcionamento.

CAIXA DE TIPO – Caixa com divisões que, dentro do mesmo tipo e corpo, contém todos os caracteres possíveis.

CAIXA DE TIPO COMUM – Numa tipografia é a caixa maior de todas onde se guardam os tipos; pela sua capacidade é destinada ao tipo romano ou redondo.

CAIXA DE VERSALETES – Pequena caixa destinada a receber os caracteres de desenho igual ao das maiúsculas, mas em tamanho menor, designados por versaletes.

CAIXA DO TEXTO – Espaço reservado ao texto, tanto impresso como manuscrito, embora neste caso se utilize mais a expressão caixa de escrita.

CAIXA DO TINTEIRO – Parte onde está a tinta; nas máquinas impressoras é uma espécie de calha metálica que contém a tinta que será distribuída ao rolo tomador através de um cilindro de aço, que faz parte do próprio tinteiro.

CAIXA GRANDE – Aquela que contém a maior parte do material comum de uso corrente.

CAIXA JORNALÍSTICA – Manchete • Notícia sensacional • Furo jornalístico.

CAIXA PARA ALGARISMOS – Pequena caixa tipográfica na qual se colocam os algarismos e sinais matemáticos, destinados à impressão de livros de matemática.

CAIXA PARA DEVOLUÇÕES – Nas bibliotecas, arquivos, serviços de documentação, etc., designa-se deste modo o vão com uma abertura para o exterior do edifício, instalado para possibilitar a devolução dos documentos pelos utilizadores nos períodos de tempo em que os serviços se encontram encerrados.

CAIXA PARA DOCUMENTOS – Caixa de cartão, de preferência não ácido, em geral de formato normalizado, usada para armazenar manuscritos e documentos de arquivo.

CAIXA PARA LIVROS – Caixa, em geral de dimensões normalizadas, em que são transportados livros entre bibliotecas. Caixa porta-livros.

CAIXA PEQUENA – Caixa tipográfica onde se colocam as capitais e os versaletes.

CAIXA PORTA-LIVROS – Caixa usada especialmente para transportar livros. Caixa para livros; por vezes está munida de rodas • Num mostrador-balcão de circulação, espaço onde se colocam os livros que esperam a rotina do cancelamento do empréstimo.

CAIXA SELECTORA – Parte do aparelho distribuidor do linótipo, que recebe as matrizes e as separa, passando-as uma a uma aos fusos de distribuição. Caixa de distribuição.

CAIXA SISTEMÁTICA – Caixa tipográfica onde se colocam os filetes.

CAIXA TIPOGRÁFICA – Caixa de grandes dimensões dividida em diferentes partes, a cujas divisões se dá o nome de caixotins e onde se deitam as correspondentes sortes; constitui um dos principais utensílios da tipografia.

CAIXILHO – Rama em ferro forjado onde se impõem as formas para entrarem na máquina • Armação que suporta um diapositivo, transparência, etc. destinada a facilitar o seu manuseamento e projecção.

CAIXISTA – Operário que faz a composição juntando e ordenando as letras • Batedor de linhas • Compositor de cheio.

CAIXOTIM – Cada compartimento em que se divide a caixa tipográfica e que se destina a receber os caracteres representativos das letras.

CAIXOTIM DO PASTEL – Caixa tipográfica onde se colocam a monte os tipos defeituosos ou que estão partidos • Caixa onde se guardam as letras que estavam colocadas por engano noutras caixas.

CAL – Produto formado essencialmente por carbonato de cálcio, usado para uma série de finalidades na produção dos manuscritos: como abrasivo e lixa, quando se preparava a superfície do pergaminho; como componente do gesso ou outra base; como pigmento branco; como elemento alcalino nos pigmentos, servindo para modificar a cor de certos pigmentos orgânicos, e para tornar mais opacos outros.

CAL – Acrónimo de *Computer Aided Learning*, Aprendizagem assistida por computador.

CALAGEM – Em pedra litográfica, a operação de calar.

CALAMARIS (pal. lat.) – Com as variantes *calamare* ou *calamarium*, era o termo que designava mais frequentemente o estojo de couro, madeira ou metal precioso onde se guardavam os cálamos ou as penas para escrever. *Pennaculum.*

CALAMARIUM (pal. lat.) – Estojo ou caixa onde se guardavam os cálamos ou penas. *Pennaculum.*

CÁLAMO – Pedaço de cana com as extremidades cortadas em bico, que os antigos usavam para escrever no pergaminho, antes da vulgarização da pena das aves. A ponta do cálamo era cortada em bisel, de modo a ficar flexível, permitindo alternar os cheios e os delgados das letras enquanto era aplicada sobre um suporte bem vertical, como era o da estante inclinada sobre a qual se escrevia. Foi utilizado até ao século XII e pouco a pouco foi substituído pela pena de ave. *Canna* • Pena • Caneta • Estilo escrito.

CALAMUS (pal. lat.) – Etimologicamente designa a planta da cana; por extensão de sentido passa a designar o objecto feito de cana que serve para escrever, a caneta. *Ver* Cálamo.
CALAMUS PROBANDI (loc. lat.) – Designação dos grafismos, palavras, experiências com a pena ou *calamus* para verificar o aparo, ensaios de assinaturas ou apenas apontamentos ou lembretes usualmente feitos nas guardas iniciais ou finais dos livros por um ou mais punhos, por vezes em diversas épocas.
CALANDAIRO – Termo arcaico que designava calendário. *Ver* Calendário.
CALANDRA – Máquina onde se acetina o papel, passando-o intercalado em folhas de zinco por entre dois cilindros de ferro, ou metendo-o folha a folha, nas máquinas que são compostas de quantidade variável de cilindros de ferro e cartão comprimido aquecidos a vapor.
CALANDRA DE FRICÇÃO – Máquina na qual o papel passa entre um rolo de material fibroso comprimido e um outro rolo menor de metal; estes dois rolos são comandados de modo que o rolo menor tenha uma velocidade maior.
CALANDRADO – Acetinado. Lustroso.
CALANDRAGEM – Operação levada a cabo sobre o papel ou cartão parcialmente seco nos secadores de uma máquina chamada calandra, que tem por finalidade melhorar o seu acabamento e, se for o caso, regularizar a sua espessura; consiste na aplicação de uma mistura de caseína ou de glucose, argila e outros ingredientes sobre a superfície do papel, tornando-o macio e capaz de receber a impressão; os primeiros papéis assim fabricados apresentavam muito lustro, o que não acontece actualmente, resultando daí o chamado *papel calandrado mate*. Alisamento. Satinagem.
CALANDRAR – Passar pela calandra. Acetinar. Lustrar.
CALANDREIRO – Pessoa que trabalha com a calandra.
CALÃO – Linguagem especial que é usada por ladrões, vadios, ciganos, marginais, etc. • Linguagem própria de certas classes.
CALAR – Abrir cala ou entalhe em. Entalhar • Abaixar, fazer descer.

CALCADOR – Peça da guilhotina que prende o papel que se vai cortar, calcando-o • Parte móvel da cisalha que prende a folha de papelão, para que se não desloque durante o corte • Balancim.
CALÇAR – Colocar alças sob as gravuras para que fiquem da altura da letra.
CALCÁRIO LITOGRÁFICO – *Ver* Pedra litográfica.
CALCE – *Ver* Calço.
CALCO – Desenho das letras, títulos e figuras dos mais antigos livros gravados em madeira ou impressos em caracteres móveis, após a invenção tipográfica • Decalque • Acrograma para catalogação legível por computador, formato para registos bibliográficos, derivado do formato *MARC* e adoptado no Brasil.
CALÇO – Pedaço de papel ou de cartolina, que se cola por baixo do cliché ou da composição tipográfica, para normalizar a sua altura. Calce.
CALCOGLIFIA – Arte de gravar em cavado em qualquer metal. Calcogliptia.
CALCOGLIPTIA – *Ver* Calcoglifia.
CALCOGRAFIA – Arte de gravar em cavado no cobre e, por extensão, em qualquer outro metal • Placa obtida por meio da gravura em cavado • A estampa que se obtém com esta placa • Lugar onde se imprimem, vendem ou coleccionam gravuras tipográficas.
CALCÓGRAFO – Gravador em cobre, por oposição ao gravador em madeira ou xilógrafo.
CALCOLITOGRAFIA – Processo de reprodução litográfica que permite o transporte na pedra ou no zinco de gravuras em metal; é adoptado especialmente na reprodução de desenhos, composições musicais e mapas geográficos.
CALÇOS DE ALTURA DUPLA – Blocos que podem utilizar-se dos dois lados: um para as gravuras, outro para a estereotipia.
CALÇOS DE CHUMBO – Blocos inteiros que deixaram de utilizar-se devido à sua fragilidade, quando sujeitos à acção da pressão.
CALÇOS DE MADEIRA – Calços cortados à medida do cliché, em que as chapas são fixadas com pregos.

CALCOTIPIA – Processo de gravação em relevo em placas de cobre; difere da calcografia, porque esta é uma gravura em cavado, enquanto a calcotipia é uma gravura em relevo.
CALCULADOR ANALÓGICO – Em informática, dispositivo de cálculo em que a representação dos dados é analógica.
CALCULADOR DIGITAL – Em informática, dispositivo de cálculo em que a representação dos dados é analógica discreta (ou binária).
CALCULADOR HÍBRIDO – Em informática, calculador em que, para o tratamento dos dados, se utiliza a representação discreta (ou binária) e a representação analógica dos mesmos.
CALCULADORA – Em informática, órgão capaz de registar, tratar e reenviar para o exterior determinados dados, numéricos ou não; esse envio pode ser feito através de impressão, por exemplo.
CALCULISTA – Na oficina tipográfica, pessoa que faz os orçamentos, mediante o planeamento cuidado do trabalho gráfico a executar.
CÁLCULO – Operação feita para determinar o custo de uma composição.
CÁLCULO DE OCORRÊNCIAS Cômputo do número de registos de uma base de dados recuperáveis por um termo específico ou frase.
CALDEIRA – Grande recipiente de ferro em que no forno de refundição se derretem as linhas de composição já servidas, purificando o metal e vazando-o em formas apropriadas, para poder ser novamente utilizado. Crisol • Recipiente ou aparelho em que se derrete a liga para estereotipia • Vasilha de lata ou cobre na qual os encadernadores derretem a cola em banho-maria. Coleiro.
CALDEIRÃO – Sinal em forma de C barrado (¶) que nos manuscritos medievais indicava o início dos capítulos, usado igualmente mais tarde nos impressos dos séculos XV e XVI, sobretudo nos livros litúrgicos e de direito, para chamar a atenção para determinadas passagens; também se usava para a assinatura das folhas preliminares que não faziam parte do texto principal.
CALEIRA – Espaço reservado na parte superior de uma matriz chata de um selo, para permitir a passagem das atacas do acto à cera.

CALEMBUR – Neologismo para designar jogo de palavras que, sendo diferentes na significação, são parecidas no som, o que dá lugar a equívocos. Calemburgo. Trocadilho.
CALEMBURGO – O mesmo que calembur.
CALEMBURISTA – Pessoa que faz calemburres.
CALENDA – Quadro do martirológio romano onde aparecem registados os nomes e as efemérides dos santos que correspondem a cada um dos dias do ano • Nome dado ao livro de anotações feitas antigamente pelos sacerdotes de acordo com os dias do ano contados à latina.
CALENDAR – Referente a calenda e a calendário.
CALENDÁRIO – Palavra derivada da palavra calendas; significa hoje um quadro, opúsculo ou livro contendo os dias, semanas, meses e estações do ano, assim como as festas litúrgicas e os feriados, as fases da lua, as horas do nascimento e ocaso do sol, as marés, os eclipses, as previsões meteorológicas, etc.; pode também trazer informações de carácter agrícola, histórico e outras. Almanaque. Borda d'água • A secção de calendário dos manuscritos iluminados precede muitas vezes os textos litúrgicos e de devoção; no seu contexto identificam-se os dias de festas mais importantes, sendo os nomes dos santos de maior devoção e as festas principais geralmente escritos a ouro; o calendário de uma obra litúrgica ocupava geralmente doze páginas (para os doze meses do ano), constituindo um caderno independente, que podia ser facilmente extraído e substituído sem alterar a ordem dos cadernos; variava de acordo com o uso local e as festas dos santos comemorados fornecem elementos para a identificação da sua origem e proveniência; os textos privados, universitários e administrativos oficiais incluíam igualmente calendários que permitiam à comunidade literária calcular as datas. Eram muitas vezes iluminados, sendo os temas mais populares os trabalhos agrícolas dos diferentes meses do ano (são os chamados calendários ocupacionais) e os signos do zodíaco • Sinaxário • Lista de análise de documentos ordenada cronológica ou alfabeticamente pertencendo ao mesmo núcleo

de documentos ou relativa a um determinado tema, fornecendo ao utilizador informações destinadas a uma pesquisa.

CALENDÁRIO AMERICANO – Bloco de folhas destacáveis onde está impresso o dia da semana em cada uma delas e o número de ordem decrescente do seu local nos dias do ano.

CALENDÁRIO DIÁRIO – Bloco de folhas destacáveis, análogo ao calendário americano, tendo impresso no recto o ano, mês e dia e no verso pequenas indicações úteis.

CALENDÁRIO ECLESIÁSTICO – Calendário para uso das pessoas ligadas à Igreja, que contém as orações e os ofícios para todo o ano e que é por vezes destinado a uma determinada diocese; é também chamado folhinha de reza. Ver tb. Calendário litúrgico.

CALENDÁRIO GREGORIANO – Modalidade de calendário que resultou da reforma empreendida pelo Papa Gregório XIII no século XVI e determinou que de quatro em quatro anos haveria um ano bissexto; é o que está actualmente em vigor.

CALENDÁRIO JULIANO – Modalidade de calendário que precedeu o calendário gregoriano e já continha anos bissextos cada 4 anos sem excepção, mas o dia duplicado era o dia 24 de Fevereiro; esta reforma foi introduzida no ano 46 a. C. por Júlio César; ao mesmo tempo o início do ano foi transferido de 1 de Março para 1 de Janeiro; o ano 45 a. C. inaugura, deste modo, a Reforma Juliana; é este o calendário seguido pela igreja ortodoxa.

CALENDÁRIO LITÚRGICO – Também denominado eclesiástico, é o livro constituído por uma sucessão dos diversos dias do ano segundo a estrutura do calendário romano com indicações para a prática da liturgia de cada dia e, em poucos ou muitos casos, com a indicação dos santos que são venerados nas diferentes igrejas locais; o nome do santo é usualmente seguido por uma especificação (*m.*: mártir, *b.*: bispo, *c*/*cf.*: confessor, *v.*: virgem, *e.*: eremita); neste livro os santos principais são salientados de modos diversos, como o uso de maiúsculas, a escrita a vermelho, a presença de uma oitava, mais celebrações para um único santo (como o dia do nascimento, da morte, a trasladação do corpo ou das relíquias), número elevado das leituras no ofício da manhã; normalmente é escrito em forma de lista, de modo que cada mês ocupa uma página. Pode estar situado no início de outros livros litúrgicos como o missal, o breviário ou o livro de horas; possui também algumas vezes indicações relativas aos dias nefastos para as sangrias.

CALENDÁRIO MENSAL – Aquele que é constituído por doze folhas, uma referente a cada um dos meses do ano.

CALENDÁRIO OCUPACIONAL – Calendário que incorpora séries de ilustrações que descrevem as tarefas do campo adequadas a cada um dos meses do ano (por exemplo, o trabalho descrito em Junho é a ceifa e o de Setembro é a vindima); este tipo de cenas começou a aparecer na decoração de calendários em simultâneo com os signos do zodíaco por volta dos séculos X-XI e tornou-se extremamente elaborado e célebre pelos finais da Idade Média; as cenas eram na generalidade de carácter agrário, mas alguns manuscritos quatrocentistas, nomeadamente as *Très riches Heures* de Jean de Berry e as *Horas* dos Sforza contêm simultaneamente cenas de corte.

CALENDÁRIO PERPÉTUO – Aquele que é permanente para todos os anos, calculando o dia da semana que corresponde a uma certa data.

CALENDÁRIO RELIGIOSO – Em livros manuscritos medievais, o calendário religioso era colocado no início dos livros religiosos e até, por vezes, em livros de carácter não religioso; permite localizar o livro no tempo e no lugar em que foi copiado, dado que espelha as festividades do lugar e os santos oragos e de devoção local; serve, por isso, frequentemente de elemento de identificação da posse; regista os santos e as festas fixas, não as móveis, porque mudam de ano para ano e os calendários eram feitos para durar para sempre.

CALENDÁRIO REPUBLICANO – Foi instituído pela Convenção nacional em França em 24 de Novembro de 1793, após a Revolução; o ano I da era republicana começava a 22 de Setembro de 1792, data do estabelecimento da República; era dividido em 12 meses (com denominações diferentes) com 30 dias cada um, sendo os dias remanescentes consagrados às celebrações das festas republicanas. Esteve em vigor durante 13 anos, sendo substituído definitivamente pelo calendário gregoriano a 1 de Janeiro de 1806.

CALENDÁRIO ROMANO – Usado na Antiga Roma, não era regular, podendo ter dez meses de vinte ou cinquenta dias e variando segundo o calendário agrícola ou as ideias religiosas ou políticas.

CALENDARISTA – Pessoa que faz calendários.

CALENDARIUM (pal. lat.) – Etimologicamente significa registo, livro de contas.

CALENDARIZAR – Organizar segundo o calendário.

CALENDAS – O primeiro dia de cada mês, entre os romanos. Nesse dia o chefe dos sacerdotes convocava o povo de Roma para o Capitólio onde oferecia o sacrifício a Juno e anunciava os dias da lua nova.

CALEÓGRAFO – Exemplo raro de livro gravado em cobre.

CALEPINO – Vocabulário • Agenda • Livro de notas que alguém faz para uso próprio • Qualquer dicionário com correspondência noutras línguas; o nome provém de Ambrogio Calepino, notável autor italiano de um dicionário de latim impresso em 1502 • Canhenho • (port. Bras.) Caderno de anotações. Carnê • Calendário.

CALFE – Couro macio fabricado a partir da pele de vitela curtida usado em encadernação e outros artefactos.

CALFE DIVINO – Couro de pele de bezerro usado no século XIX em encadernações flexíveis de bíblias e devocionários • Encadernação em couro escuro de pele de bezerro com ferros a seco e sem douração.

CALHA – Nas encadernações *Bradel*, é o nome dado às caneluras paralelas ao lombo, onde se encaixam e articulam os planos.

CALHAMAÇADA – Quantidade de calhamaços.

CALHAMAÇÃO – Livro antigo e de grandes dimensões.

CALHAMAÇO – Livro grande, antigo e de pouca utilidade. Alfarrábio. Cadeixo. Cartapácio.

CALHANÇA – Termo que designa claros, aproveitamentos ou qualquer trabalho que dê vantagem ao tipógrafo.

CALHAU – Os claros que se colocam ao pé das páginas incompletas.

CALIBOGRAFIA – Arte de gravar em aço.

CALIBRADOR DE ECRÃ – Dispositivo de medida colorimétrica, que permite regular a cor num sistema informático.

CALIBRAGEM – Avaliação do número de palavras de um texto manuscrito ou dactilografado destinada a calcular do modo mais exacto possível o número de páginas que irá ter a obra, em função dos caracteres, entrelinhamento, justificação e corpo do volume escolhidos para a impressão.

CALIBRAGEM DO COURO (port. Bras.) – *Ver* Desbaste do couro.

CALIBRAR – Medir a altura e grossura dos caracteres tipográficos, linhas-bloco ou outro material, a fim de corrigir qualquer eventual defeito de fundição • Calcular o número de caracteres de um original face ao espaço que o mesmo irá ocupar quando o texto estiver composto.

CALIBRE DA LETRA – Peça para verificar a altura de letras, gravuras, etc.

CALIGRAFADO – Escrito em caracteres muito bem desenhados, traçados com perfeição e beleza. Escrito de acordo com os moldes da arte de escrever com perfeição. Escrito à mão com letra bem delineada.

CALIGRAFAR – Escrever com letra bem delineada.

CALIGRAFIA – Escrita manual considerada como arte; algumas caligrafias, recordando talvez a presumível origem pictográfica dos signos que reproduzem, tentam pôr de acordo o grafismo significante e a noção significada; assim, as caligrafias chinesa e japonesa têm estreita relação com a pintura; outra caligrafia célebre, a árabe, teve como ponto de partida um objectivo muito diferente: conferir ao livro dos livros, o *Corão*, uma ornamentação digna do seu ensino; a proibição feita pela religião corânica de utilizar as imagens não é estranha ao papel ornamental conferido somente à escrita. No Ocidente, a caligrafia nasceu nos manuscritos gregos, latinizou-se nos *scriptoria* da Idade Média, propagou-se com a escrita gótica e triunfou com o Renascimento; esta caligrafia não procurava ilustrar como na China nem decorar como no mundo árabe, mas produzir obras equilibradas, serenas, agradáveis ao olhar do leitor; a arte da boa caligrafia foi muito apreciada durante a Idade Média e a Renascença; foram produzidos nestas épocas muitos tratados de caligrafia e numerosos espécimes de escrita tais como livros de cópia e de alfabetos, os mais interessantes dos quais datam do século XV-XVI; após a introdução da imprensa a caligrafia continuou a ser ensinada pelos mestres de escrita, calígrafos e iluminadores que continuaram a produzir peças manuscritas, autênticas obras de arte destinadas à bibliofilia, a fins comemorativos ou de exposição. Desde a escrita chinesa todas as escritas a utilizaram • Arte de escrever com bela letra. Esta arte não morre com a invenção da tipografia, embora o escrever um livro à mão a partir de então já não fosse uma necessidade; no entanto, a caligrafia continuou a manter o seu lugar na correspondência, documentos oficiais e certificados comemorativos e, mais tarde, na correspondência comercial; os manuais de caligrafia eram por vezes autênticos tratados de perfeitas projecções de letras e outras vezes constituíam apenas cadernos de exercícios para aspirantes a calígrafos; à medida que os séculos passavam, a cursiva tornou-se cada vez mais exagerada, na tentativa propositada de a fazer distinguir da letra impressa.

CALIGRAFIA ALCUÍNA – *Ver* Caligrafia carolíngia.

CALIGRAFIA CAROLÍNGIA – Género de escrita surgida na França na época de Carlos Magno e derivada da semi-uncial; serviu, mais tarde, para a criação dos caracteres romanos, que foram usados nos primeiros tempos da imprensa.

CALIGRÁFICO – Referente à caligrafia • Escrito de acordo com as directivas da caligrafia.

CALÍGRAFO – O que sabe caligrafia. O especialista em caligrafia • O que a ensina. *Ver* Copista.

CALIGRAMA – Composição poética cuja disposição tipográfica adopta uma forma sugestiva como, por exemplo, a do objecto a que se alude na composição; conjuga o legível e o visível para dar à disposição de um texto, geralmente poético, uma silhueta emblemática da mensagem que ele contém. Poema figurado. *Carmina figurata*.

CALILOGIA – Forma apurada de expressão. Beleza de expressão.

CALÓTIPO – Antigo processo de obtenção de negativos fotográficos feitos em papel, inventado em 1841 por William Talbot • Prova fotográfica obtida por este processo; alguns livros foram ilustrados com calótipos, figurando o nome do fotógrafo gravado em caracteres minúsculos, tal como acontecia nas obras ilustradas em talhe doce ou com litografias.

CALUMET (pal. fr.) – Pequeno cálamo dos índios americanos; trata-se de um objecto simbólico cuja aceitação simboliza a amizade e cuja recusa exprime a guerra.

Calvário

CALVÁRIO – Representação iconográfica da crucificação de Cristo em manuscritos e livros impressos; apresenta geralmente a figura central de Cristo pregado na cruz ladeado pela Virgem Maria e por S. João em atitude dolorosa; nos calvários de traço nitidamente germânico, como são aqueles que podemos observar em incunábulos como a *Vita Christi*, podem ver-se ainda uns anjos que recolhem em cálices o sangue que jorra das feridas abertas nas mãos do crucificado.

CAMA – Conjunto de folhas em que se faz o alceamento, no cilindro ou tambor das máquinas; tem como finalidade facilitar a impressão sobre o papel.

CAMADA DE ESTUCAGEM – Camada aplicada na superfície de um papel ou de um cartão em fase de fabrico; é constituída geralmente por um ligante e uma base mineral; outros minerais, como um produto corado podem ser igualmente adicionados à mistura.

CAMADA FIBROSA – Folha húmida de cartão ou de papel, constituída por folhas de composição igual, unidas entre si no estado húmido, sem intervenção de adesivo.

CAMADA FOTOSSENSÍVEL – Capa sensível a um raio luminoso ultravioleta, visível ou infravermelho.

CAMADA INTERIOR – Designação da camada fibrosa de um cartão colocada entre as camadas exteriores ou semi-interiores ou entre uma semi-interior e uma exterior.

CAMADA SEMI-INTERIOR – Camada fibrosa de um cartão situada entre uma camada fibrosa interior e uma exterior.

CAMADA SENSÍVEL – Capa fina que cobre a superfície de um suporte; é, em geral, constituída por uma substância ou mistura de substâncias impressionáveis pelos raios luminosos ou outros.

CAMAFEU – Gravura obtida por tiragens sucessivas da mesma cor mas de valores diferentes; permite conseguir efeitos semelhantes aos do desenho de aguarela ou da pintura em *grisaille*; este processo aplica-se tanto na pintura (guache, óleo ou aguarela) como em gravura; esteve muito em voga na Alemanha e na Itália no século XVI • Gema, gravada em relevo, que permite obter uma impressão em cavado; está geralmente incrustada num anel sigilar; o seu emprego é característico da Antiguidade greco-romana.

CÂMARA – Aparelho fotográfico ou cinematográfico.

CÂMARA CLARA – Dispositivo que produz o mesmo efeito de uma câmara escura usando um prisma para concentrar e projectar a luz do objecto para o papel sobre o qual irá ficar marcada.

CÂMARA DE ARTES GRÁFICAS – Câmara equipada com acessórios especiais e projectada para produzir imagens num material intermédio, a partir do qual podem ser feitas cópias, como acontece na fotolitografia.

CÂMARA DE EXPURGO – Lugar onde se procede à desinfestação de objectos.

CÂMARA DE FUMIGAÇÃO – Aparelho por onde passam os documentos (especialmente em papel) como medida preventiva ou curativa com a finalidade de os desinfectar; consiste numa cabina ou caixa hermeticamente fechada contendo um exaustor destinado a produção de vácuo e, na parte inferior, sobre uma lâmpada de 20 *watts*, um contentor de vidro onde são colocados os cristais do material químico (timol, paradiclorobenzeno, formaldeído) que, sob a acção do calor, liberta os gases que irão fumigar os documentos.

CAMÂRA DE LEITURA – Espaço que possui em geral três compartimentos: um para a leitura, outro para a troca de impressões e um terceiro onde estão os livros.

CÂMARA DE REPETIÇÃO – Câmara destinada à microfilmagem de áreas pré-determinadas do filme; normalmente é utilizada para produzir microfichas.

CÂMARA DE SEGURANÇA – Lugar onde se armazenam documentos, construído especialmente para tal, e que visa a máxima garantia da integridade dos documentos em caso de sinistros.

CÂMARA DE VÁCUO – Espaço hermeticamente fechado onde, no vácuo, a documentação afectada é sujeita a desinfecção e fumigação, para eliminar parasitas e outros microrganismos que a atacam; independentemente de estarem ou não infestadas, todas as espécies documentais entradas num serviço de documentação, biblioteca, arquivo, etc. devem passar por este tratamento, pois o perigo de transportarem consigo os elementos nocivos e contaminantes é notório, mormente no que toca ao material bibliográfico submetido a empréstimo.

CÂMARA ESCURA – Compartimento sem luz ou com uma luz de segurança vermelha, onde

se manipula o material fotossensível por revelar durante a carga e descarga da câmara ou a revelação. Há películas e papéis que, devido ao facto de possuírem características de carga com luz diurna, não exigem a utilização da câmara escura • Caixa escura com um orifício ou lente num dos lados, o qual capta a imagem do objecto, projectando-a numa chapa de vidro ou em papel que poderá ficar impressionado.
CÂMARA ESTÁTICA – Aparelho de microfilmagem no qual o documento a reproduzir e o filme estão imóveis durante o período de exposição, sendo o documento colocado manualmente e o filme puxado também à mão para cada nova exposição.
CÂMARA FOTOGRÁFICA – Câmara formada por objectiva, folha, respaldo, porta-original e lâminas.
CÂMARA PLANETÁRIA – Câmara para microfilmagem de documentos na qual, durante a exposição, tanto o documento como o filme ficam imóveis, sendo o primeiro mantido sobre uma superfície plana; este tipo de equipamento de realização de microfilme exige que o manuseamento da documentação seja feito manualmente, documento a documento.
CÂMARA ROTATIVA – Câmara para microfilmagem de documentos na qual, durante a exposição, tanto o documento como o filme são movidos simultaneamente por mecanismos especiais.
CAMARÃO – Elemento utilizado na composição tipográfica para fazer ressaltar determinadas partes do texto, particularmente no início de capítulos • Pequeno borrão na gíria tipográfica.

Camarão

CAMELOT (pal. fr.) – Vendedor ambulante de livros e periódicos.
CAMENA – Composição poética.
CAMILIANA – Colecção das obras de Camilo Castelo Branco ou de obras a ele relativas.
CAMILIANO – Referente, que diz respeito ao escritor Camilo Castelo Branco.
CAMISA – Revestimento de papel usado para proteger documentos ou para os manter juntos. Invólucro. Envoltório. Cobertura. Sobrecapa • Estampa sem inscrição.
CAMISIA (pal. lat.) – Cobertura ou invólucro destinado a proteger uma caixa na qual é guardado um códice ou rolo de pergaminho; o mesmo que *marsupium* • Envoltório exterior de uma encadernação medieval, que a protegia do pó. Funda. *Chemise*.
CAMONIANA – Colecção das obras de Luís de Camões ou de escritos a ele relativos.
CAMONIANISTA – Camonista • Camoniano.
CAMONIANO – Referente a Camões • Admirador do poeta, coleccionador de tudo quanto lhe diga respeito • Perito em temas camonianos.
CAMONISMO – Culto literário do poeta Luís de Camões.
CAMPANHA DE ALFABETIZAÇÃO – Iniciativa levada a cabo com a finalidade de elevar a percentagem de população alfabetizada, especialmente nos países em vias de desenvolvimento. A *UNESCO* tem sido a instituição intergovernamental que mais tem insistido na ideia de que os planos de desenvolvimento económico passam também pelo planeamento educativo e a luta contra o analfabetismo.
CAMPANHA DE FOMENTO DA LEITURA – Expressão usada para designar o conjunto de actividades de diversa natureza, cuja finalidade visa o desenvolvimento e fortalecimento do hábito de ler; vão desde o uso da publicidade nos transportes públicos às oficinas literárias, encontros com autores, sessões públicas de leitura, anúncios na televisão, apresentação de livros, etc.
CAMPANHA DE INSTRUÇÃO POPULAR – Designação dada às iniciativas levadas a cabo em Portugal, nos últimos anos da monarquia e nos primeiros da República ou posteriormente, no âmbito da Fundação Calouste Gulbenkian (através do seu serviço de Bibliotecas Itinerantes), visando uma maior instrução do povo, mediante o incentivo da leitura.
CAMPANHA DO LIVRO – Propaganda organizada com vista à obtenção de livros para uma biblioteca por meios gratuitos.

CAMPO – Espaço apanhado pela objectiva fotográfica que se reflecte sobre a superfície sensibilizada • Fundo onde estão inscritos os elementos constitutivos de uma iluminura, gravura ou desenho • Espaço circunscrito pelas hastes de uma letra e que por vezes é ornamentado por filigranas ou miniaturas • Superfície, materialmente delimitada ou não, que o artista utiliza para executar o seu trabalho • Divisão do léxico documental que compreende as noções próprias de uma determinada área • Área científica ou técnica à qual se referem os documentos de um dado corpus • Em heráldica, fundo ou área do escudo em que estão inscritos os esmaltes e figuras de um brasão • Em sigilografia, parte do selo que contém a imagem e é geralmente limitada por um filete ou uma serrilha • Numa ficha perfurada, coluna ou grupo de colunas usado para representar um tipo específico de dados • Em programação, grupo de vários bits ou caracteres tratado como uma sequência de informações • Em informática, zona específica de um registo, que engloba um conjunto definido de caracteres, identificado por uma etiqueta e que pode conter um ou mais subcampos de dados de uma categoria particular.

CAMPO DE APLICAÇÃO – Âmbito de aplicação.

CAMPO DE DADOS – Em informática, conjunto definido de caracteres identificado por uma etiqueta e que pode conter um ou mais subcampos de uma determinada categoria.

CAMPO DE ENEGRECIMENTO – Superfícies de uma emulsão de microfilme que podem expor-se.

CAMPO DE LIGAÇÃO DE ENTRADAS – Zona que contém dados que relacionam um documento bibliográfico com outro num registo bibliográfico.

CAMPO FIXO – Campo de uma extensão específica ou seja, limitado a um determinado número de caracteres • Em catalogação em sistemas automatizados, formato *UNIMARC*, é o campo cujo comprimento é invariável de registo para registo; é previsto e determinado pelo próprio formato todas as vezes que ocorrer e reservado ou atribuído a um determinado tipo específico de dados do registo, seja qual for o registo em que ocorra.

CAMPO LIVRE – Em processamento de dados, campo sem posição nem comprimento previamente determinados num registo.

CAMPO SEMÂNTICO – Nome dado ao conjunto de unidades lexicais que denota um conjunto de conceitos incluídos num conceito etiqueta; um tal conjunto é um sistema onde as alterações que ocorrem num ponto podem desencadear reacções em cadeia.

CAMPO VARIÁVEL – Em catalogação em sistemas automatizados, formato *UNIMARC*, é o campo cujo comprimento pode mudar de registo para registo; pode conter mais do que um dado e mais do que um subcampo.

CAMURÇA – Pele macia e de aspecto aveludado que se obtém a partir do antílope ou cabra do monte conhecida com esse mesmo nome, usada em encadernação.

CANA – Instrumento primitivo com extremidade em forma de pincel usado para traçar as letras com tinta. Caniço.

CANADIAN LIBRARY ASSOCIATION – Associação Canadiana de Bibliotecas. *CLA*.

CANADIAN MARC (loc. ingl.) – Formato para registos bibliográficos, derivado do formato *MARC* e adoptado no Canadá. *CANMARC*.

CANAL – Parte côncava de um livro encadernado, formada pelo canto das folhas, ou seja, o lado oposto ao lombo. Goteira • Sulco aberto com plaina no pé do tipo • Branco que separa verticalmente duas colunas • Nome dado na gíria tipográfica ao defeito numa composição, que consiste no aspecto de uma série de espaços, ligados em diversas linhas seguidas, constituindo uma espécie de risca branca e irregular • Rua. Lombriga • Pista numa banda magnética • Meio de transmissão de dados numa direcção, usado em sistemas com multiplexagem por divisão no tempo (*TDM*) • Em informática, linha longitudinal de registo numa banda perfurada • Órgão que liga unidades entre si, especialmente unidades de entrada/saída à unidade central • Em informática, tecnologia que possibilita a transferência da informação da *Internet* para um computador pessoal, permitindo a leitura da informação sem estar ligado à rede.

CANAL ANALÓGICO – Canal de comunicações utilizado para transmitir dados analógicos.
CANAL DE DADOS – Via para a transmissão eléctrica de dados entre dois ou mais pontos.
CANAL DE DISTRIBUIÇÃO – Nome dado a cada um dos meios utilizados para a venda de livros: livrarias, venda directa, por via postal, do editor ao comprador final, envio de brochuras informativas com ou sem cupão-resposta para a compra, publicação de anúncios comerciais, divulgação em reuniões, seminários, congressos, informação das bibliotecas, centros de documentação, livreiros, etc.
CANAL DE INFORMAÇÃO – Meio material usado pelo emissor na transmissão de uma mensagem.
CANAL DE LIGAÇÃO DIRECTA – Em informática, aquele que permite a troca de informações entre as unidades centrais de duas calculadoras, sem utilização de memórias intermédias.
CANAL DE TROCA – Em informática, circuito que permite a permuta de informações entre os diversos elementos de um sistema.
CANAL DIGITAL – Canal que se utiliza para transferir dados digitais sem que seja necessária a sua conversão em dados analógicos.
CANAL MÚLTIPLO – Em informática, canal que permite fazer a gestão simultânea de diversas unidades de entrada/saída.
CANAL SIMPLES – Em informática, canal de uma calculadora que permite a transmissão de informações de apenas uma unidade de cada vez.
CANALETA ANTERIOR (port. Bras.) – *Ver* Encaixe.
CANARD (pal. fr.) – Folha volante de informação, de carácter popular, versando pequenos acontecimentos quotidianos, frequentemente ornamentada com gravuras em madeira; muito populares no século XVI, estas folhas volantes fazem reviver, após cerca de dez séculos, as *actæ diurnæ* dos romanos, precursoras dos modernos jornais.
CANARDIER (pal. fr.) – Vendedor de folhas volantes de informação nas ruas.

CANÁRIO – Cor composta de cinco partes de tinta branca e três de amarelo-limão, que era usada em iluminura.
CANÇÃO – Poema de tema lírico e geralmente de forma curta dividido em estrofes, com ou sem refrão, por vezes destinado a ser cantado; em geral designam-se canção três géneros literários diferentes: a canção provençal, a clássica e a romântica.
CANÇÃO DE GESTA – Nas literaturas românicas medievais, designação do poema épico tradicional em que se relatam, em verso, factos históricos poetizados em maior ou menor grau e lendas antigas de natureza histórica; as canções de gesta são conhecidas a partir de finais do século XI.
CANCELAMENTO – Operação material através da qual o texto de um acto anulado é coberto de garras formando grelha, destinadas a impedir ulterior utilização do documento, ao mesmo tempo que se conserva este a título de prova do acto primitivo e da sua execução, ou então de prova da anulação.
CANCELAMENTO DE EMPRÉSTIMO – Acção pela qual se encerra a cedência por empréstimo de um documento, após a entrega do mesmo na instituição que o havia emprestado.
CANCELAMENTO DO SELO – Operação pela qual uma matriz de selo é posta materialmente fora de uso (sem ser quebrada).
CANCELAR – Inutilizar. Invalidar. Anular • Riscar com traços uma escrita • Considerar sem efeito • Terminar, arquivar um processo, um escrito, com a declaração expressa de que deixa de ter efeito.
CANCELLANDUM (pal. lat.) – Nome dado ao folheto impresso com erros que deve ser substituído por um outro a inserir no lugar.
CANCELLARIUS (pal. lat.) – *Ver* Chanceler.
CANCELLATURA (pal. lat.) – Anulação de um acto.
CANCIONEIRO – Colecção de canções, baladas ou outras obras em rima de determinado autor ou época literária • Cada uma das colecções da antiga poesia lírica galaico-portuguesa.
CANELURA – Espaço existente na cruzeira das máquinas de marginação manual • Goteira. Corte do livro • Ondulado do papel canelado.

CANETA – Tubo a que se adapta um recipiente metálico onde se introduz tinta, rematado por um aparo para que possa escrever.

CANETA DE LASER – Instrumento com forma de caneta, cuja extremidade emite um feixe de raios laser, que serve para apontar alguma coisa num quadro.

CANETA LUMINOSA – Instrumento em forma de caneta com ponta fotossensível, que se apoia no monitor de um computador para transmitir ordens.

CANETA ÓPTICA – Acessório semelhante a uma caneta, que lê formas especiais de dados ou signos, como aqueles que são utilizados no código de barras, através de um raio de luz e células ópticas. Lápis óptico.

CÂNHAMO – Planta têxtil, da família das Canabiáceas, largamente cultivada nos trópicos e usada no fabrico de pasta de papel.

CANHANHO – *Ver* Canhenho.

CANHENHO – Caderno de apontamentos utilizado pelos repórteres para as suas anotações. Livro de notas. (port. Bras.) *Carnê*.

CANHOTO – Nos blocos mais alongados, a parte das folhas de registo, livro de cheques, de recibos, etc., que fica para arquivo ou cotejo, depois que se separou a outra parte à tesoura ou segundo um risco picotado. Toco • Talão.

CANIÇO – Planta que vive nas margens dos rios e outros sítios húmidos • Cana fina com a qual se escreviam os manuscritos.

CANIPULUM (pal. lat.) – Termo do latim tardio que designava canivete, objecto usado na actividade diária do copista para talhar a pena ou o cálamo, e ainda para fixar o pergaminho.

CANIVETE – Navalha de pequenas dimensões; era usada para uma série de operações entre as quais marcar com a ponta, cortar o aparo do cálamo e corrigir, raspando, os erros do manuscrito; as iluminuras medievais que descrevem os copistas, mostram-nos segurando o cálamo na mão direita e o canivete na mão esquerda; o equilíbrio destes dois instrumentos era não só conveniente, como ajudava a segurar ainda melhor o suporte da escrita e a obter uma pressão maior do traço e tinha a vantagem de não sujar nem engordurar o pergaminho, o que aconteceria se se aplicassem os dedos. Raspador. *Rasorium* • *Cultellus*.

CANMARC (pal. ingl.) – Em catalogação, MARC que é usado no Canadá. *Canadian MARC*.

CANNA (pal. lat.) – *Ver* Cálamo.

CÂNON – *Ver* Cânone.

CANON PASCHALIS (loc. lat.) – Tabela ou calendário que indica, para um ou vários anos, os dias em que caem a Páscoa e as outras festas móveis do calendário cristão.

CÂNONE – Caracteres de corpo 36 e 40 pontos na antiga nomenclatura • Catálogo • Regra. Instrução. Tabela. Quadro • Norma. Modelo • Catálogo dos livros sagrados e autênticos recebidos pela Igreja católica • Livro que usam os bispos na missa, do início do cânone até ao final das abluções • Relação ou lista de livros que constituem a Bíblia • Decisão de concílio • Fórmula de orações.

CÂNONE APOSTÓLICO – Cada uma das compilações ou decretos que se encontram na parte final das constituições apostólicas.

CÂNONE BÍBLICO – Livros do Antigo Testamento e do Novo Testamento reconhecidos pela Igreja católica como sagrados e autênticos.

CÂNONE DAS ESCRITURAS – Lista oficial dos livros que terão sido inspirados pelo espírito de Deus.

CÂNONE DE EUSÉBIO – *Ver* Concordância.

CÂNONE DOS SANTOS – Catálogo oficial dos santos.

CÂNONE DUPLO – Corpo 56 na antiga nomenclatura. Carácter tipográfico de 56 pontos *Didot*.

CÂNONE PONTIFICAL – Livro litúrgico.

CÂNONES – Tabelas de concordâncias.

CÂNONES CONCILIARES – Decisões dos concílios expressas sob a forma de sequências de leis.

CANONICAMENTE – Ajustado aos cânones.

CANONISTA – Pessoa versada nos cânones da Igreja.

CANÓNICO – Diz-se dos livros que fazem parte do cânone da Bíblia, isto é, que são reconhecidos como inspirados e verdadeiros em oposição aos apócrifos, que são aqueles cuja inspiração e autenticidade não se podem provar • Referente aos cânones • Conforme os cânones. Consoante as regras.

CANONIZAÇÃO – Em preservação digital, segundo Lynch, é "uma forma de avaliar o sucesso de uma migração".

CANSADO – Diz-se do tipo, da gravura, da encadernação ou de outros materiais que estão gastos pelo uso • Borrado.

CANTADOR – Auxiliar do revisor, que lê o original em voz alta • Conferente.

CANTÃO – Superfície quadrangular formada pela intersecção de uma banda vertical e outra horizontal, nomeadamente na junção das margens vertical e horizontal ou dos frisos da moldura do enquadramento, muito usada em iluminura para conter pequenas cenas • Em heráldica é uma das figuras da segunda ordem, de forma quadrada, adossada a um dos ângulos do chefe; pode ter dimensão variável.

Cantão

CANTAR – Acto ou efeito de ler um texto para outra pessoa, com vista à verificação dos erros durante a revisão das provas do mesmo • Celebrar em verso • Cântico • Trova • Hino.

CANTATA – Poema lírico narrativo, conceituoso, de pequenas dimensões, destinado a ser cantado • Composição poética musicada.

CANTATÓRIO – Livro com os cantos solísticos da Missa: Responsório, Gradual, Aleluia, Ofertório com os versículos respectivos ou apenas estes últimos.

CANTEAR – Arredondar os cantos da folha de papel ou de cartão, para fazer livros, pastas, etc.

CÂNTICO – Poema. Hino. Ode. Salmo. Canção • Canto em louvor de uma divindade.

CÂNTICO DOS CÂNTICOS – Quarto livro dos hagiógrafos, atribuído a Salomão e no qual são versados temas como a mulher, os palácios, os soldados do rei judeu e o próprio rei; trata-se de uma colecção de cânticos, principalmente nupciais, incluindo também simples cânticos de amor.

CANTIGA – Designação atribuída a certos poemas líricos, cujo carácter é, em geral, leve • Narração ou conversa ardilosa com intenção de enganar.

CANTIGA DE AMIGO – Designação atribuída à poesia lírica medieval em que o trovador, pela boca da amada, exprimia os sentimentos que supunha que ela lhe dedicava.

CANTIGA DE AMOR – Designação dada à poesia lírica medieval de origem provençal na qual o trovador, em seu próprio nome, exprimia os sentimentos amorosos que tinha pela dama cortejada.

CANTIGA DE ESCÁRNIO – Expressão usada para designar a cantiga satírica medieval, em que o trovador ridicularizava as atitudes de uma determinada personagem, quer indirectamente ("per palavras cubertas"), quer recorrendo à ambiguidade, ao sentido duplo ou à alusão.

CANTIGA DE MALDIZER – Expressão usada para designar a cantiga satírica medieval em que o trovador ria e ridicularizava abertamente, por palavras descobertas, as atitudes de uma determinada personagem.

CANTIGA DE MESTRIA – Cantiga trovadoresca que não tem refrão.

CANTIGA DE ROMARIA – Cantiga de amigo cujo tema era a peregrinação a igrejas e capelas.

CANTILENA – Melopeia. Pequena canção.

CANTINHO – *Ver* Cantoneira.

CANTO – Cada ângulo da forma • Vinheta, alegórica ou não, que se coloca na quina das páginas • Lâmina de 24 pontos (fina ou grossa) chanfrada na extremidade direita ou esquerda • Cantoneira • Parte de um poema formando um todo mais ou menos completo, que se canta ou pode cantar • Em sigilografia, pequeno espaço curvilíneo compreendido entre os lobos de um polilobo constituindo a bordadura do campo e o filete interior do selo; contém frequentemente pequenos motivos ornamentais (ramos com folhas, flores, anjos ou *putti*, motivos heráldicos, etc.) • Ângulo externo do plano revestido a couro numa meia-encadernação.

Canto

CANTO ARREDONDADO – Esquina da capa de um livro a que foi dada forma redonda antes de a capa ser revestida pelo material que a cobre.
CANTO CEGO – Revestimento dos ângulos das pastas da encadernação quando estas são revestidas com papel.
CANTO DA LEITURA – Espaço de uma sala, com estantes e livros, por vezes decorado com cartazes e desenhos alusivos a autores e a conteúdos de livros, em geral existente nas aulas do ensino básico, onde a seu ritmo e gosto as crianças podem contactar com o livro. Canto do conto. Canto dos livros.
CANTO DO CONTO – *Ver* Canto da leitura.
CANTO DOS LIVROS – Espaço da sala de aula destinado a albergar um pequeno conjunto de livros, solução que é comum nas escolas rurais com apenas uma sala. Canto da leitura.
CANTO EM ÂNGULO – Esquina da capa de uma obra em que foi cortado um pedaço de material da capa, na quina, de modo que ao dobrar-se cada lado, o material de ambos se sobreponha sem dobra adicional.
CANTO GREGORIANO – Também chamado cantochão, é o canto segundo a selecção de primitivas melodias cristãs organizado no século VI por S. Gregório, na sequência do que já havia feito Santo Ambrósio no século IV; é constituído por uma melodia simples cantada em uníssono, sem valores figurados nem compasso.
CANTO OBLÍQUO – Diz-se que tem cantos oblíquos a meia-encadernação com cantos cortados num ângulo diferente do de 45º; os cantos oblíquos estão normalmente associados a livros oblongos.
CANTO QUEBRADO – Simulação de um canto dobrado num cartão-de-visita.
CANTO RECTO – Canto do livro quando forma ângulo recto nas pontas, que não são arredondadas.
CANTO REDONDO – Diz-se que o canto é redondo, quando os cantos externos da capa de um livro têm a ponta arredondada. Canto arredondado.
CANTO REFORÇADO – Em encadernação é um canto que foi fortalecido pela aplicação de um material como a pele (no caso de uma meia-encadernação), o metal (como acontece no livro antigo) ou qualquer outro material.
CANTONADO – Em heráldica significa acompanhado; numa extensão de sentido, aplica-se igualmente quando uma qualquer figura principal num escudo tem outras quatro peças que acompanha, uma em cada cantão do chefe e da ponta.
CANTONEIRA – Peça de metal, couro, pano ou pergaminho que se coloca como reforço e adorno nos cantos externos da capa dos livros • Canto • Ângulo de papel gomado de pequena dimensão que se utiliza para prender nos álbuns, pelos cantos, os retratos e fotografias ou outro material. Cantinho • Compartimento ou motivo triangular que ocupa os ângulos do quadrilátero que constitui a pasta, deixados vazios por uma figura inscrita nesta (círculo, medalhão, arco) ou por um motivo principal.
CANTORAL – Livro de pequeno formato com conteúdo heterogéneo, que apresenta especialmente formas de entoação, salmodia e módulos para o canto da Paixão. Enquirídio.
CANTUS MISSÆ (loc. lat.) – Cantos do ordinário da Missa, cujos textos são sempre iguais para todas as celebrações.
CANUDO – Nome vulgarmente dado, em gíria estudantil, ao diploma de curso; o nome provém da caixa ou tubo onde se guarda este documento. Diploma. Carta de curso.
CAOSTIPIA – Plumbotipia. Selenotipia.
CAP – Sigla de *Community Action Programme*, programa de actuação comunitária.
CAP. – Abreviatura de capítulo.
CAPA – Parte exterior de um documento, seja de que matéria for, destinada a protegê-lo; pode conter o título da obra, o nome do autor e do editor, a data, etc. Cobertura. Página de cobertura • Folha de papel sobre a qual se imprime o título da obra e que a envolve, enquanto brochura; nos livros modernos é usualmente

feita em papel colorido, com desenhos mais ou menos vivos e atraentes.

CAPA A LOMBADA DESTACADA – Em encadernação, diz-se do livro que não é todo colado nas capas.

CAPA A LOMBADA UNIDA – Em encadernação, diz-se do livro que é todo colado nas capas.

CAPA ALMOFADADA – Aquela que contém uma camada de algodão entre o papelão e o couro, que lhe confere um aspecto de almofada.

CAPA ANTERIOR – Parte dianteira da capa. Pasta superior.

CAPA APLICADA – Placa decorativa, geralmente de trabalho em metal ou marfim, ajustada às pastas da encadernação; o seu início data do período paleocristão e essa voga prolonga-se por muito tempo.

CAPA CARTONADA – Aquela que reveste os livros e que apresenta os planos executados em cartão, posteriormente revestidos com outro material (couro, tecido, papel, etc.). Capa rígida.

CAPA DE BROCHURA – Capa menos rígida do que a de encadernação; é em geral feita de papel ou cartolina.

CAPA DE ENCADERNAÇÃO – Cobertura de papel, tecido, plástico, etc., mais ou menos rígida, que se usa para proteger a capa que cobre o livro, revista, folheto, etc.

CAPA DE ENCADERNAÇÃO EM BROCHURA – Capa que se aplica na lombada lisa (não arredondada) de livros e publicações periódicas brochadas.

CAPA DE PAPEL – Folha de papel, geralmente de gramagem superior à do miolo do livro, que reveste a lombada e as pastas de uma obra brochada; é um revestimento transitório, se se considerar que a encadernação é o último estádio do acabamento de uma obra. A maior parte das vezes a capa é muda, isto é, não apresenta nenhuma menção impressa do título ou autor da obra; no último quartel do século XVIII estas menções começaram a ser correntes e generalizaram-se a partir do primeiro quartel do século seguinte; em alguns casos são informações preciosas para a identificação da obra, sobretudo se esta estiver truncada; outras informações que as capas de papel porventura podem apresentar são as que referem listas de outras obras do autor ou obras impressas pelo mesmo editor, respectivos preços, todo um conjunto de informações preciosas sobre o mundo comercial do livro; pelas razões expostas, e ainda porque muitas vezes são decoradas com estampagem feita à mão, estas capas de papel são muito cobiçadas pelos bibliófilos. *Ver* Sobrecapa.

CAPA DE PROTECÇÃO – *Ver* Sobrecapa.

CAPA DECORADA – Em encadernação, capa ornamentada com uma ilustração, desenho, ou rotulação especiais.

CAPA DURA – Cobertura rígida de um livro.

CAPA FLEXÍVEL – Capa maleável, aquela que não tem planos rígidos constituídos por madeira ou, mais modernamente, por cartão, posteriormente revestido com couro, tecido, papel, etc. *Ver tb.* Brochura.

CAPA ILUSTRADA – A que é decorada com adornos, frequentemente de temática alusiva ao assunto tratado no interior da obra.

CAPA MALEÁVEL – *Ver* Capa flexível.

CAPA POSTERIOR – Parte traseira da pasta. *Ver* Pasta inferior.

CAPA RÍGIDA – *Ver* Capa cartonada.

CAPA SOBREPOSTA – Aquela que é colocada pelo encadernador sobre a capa primitiva do livro, que não é retirada.

CAPA SOLTA – Aquela em que o corpo do livro e a cobertura são trabalhados separadamente e só se reúnem quando prontos.

CAPA SUPERIOR – Parte da frente da pasta. *Ver* Pasta superior.

CAPA SUPLEMENTAR – Designação do invólucro exterior de um livro feito em geral em papel, que reveste a cobertura rígida, com a finalidade de protegê-la.

CAPACIDADE DE ARMAZENAMENTO DE MATERIAL BIBLIOGRÁFICO EM ESTANTES – Área que uma biblioteca, arquivo, serviço de documentação, etc., têm para armazenar o diferente tipo de material das suas colecções; é expressa pelo número total de metros de estantes ou o número de volumes e de outras unidades de material bibliográfico que podem colocar-se nela; pode obter-se através da aplicação de diversas fórmulas, como o número de volumes por secção ou metro linear da estante.

CAPACIDADE DE DEPÓSITO – Capacidade que tem um arquivo, biblioteca, serviço de documentação, etc., para armazenar um determinado volume de documentos, expresso em metros lineares ou metros cúbicos.

CAPACIDADE DE LEITURA – Diz-se que tem capacidade de leitura quem está de posse dos conhecimentos que são necessários ao acto ou prática de ler.

CAPACIDADE DE MEMÓRIA – Quantidade de informação, expressa em *bytes*, que um dispositivo de memória pode conter. Quantidade de informação comportável em memória, ou que pode ser armazenada numa unidade de suporte magnético.

CAPACIDADE DO DISCO – Na tecnologia do disco óptico é um sistema de sinais codificados no disco que guia o *stylus*, o qual toca a superfície; o sistema alternativo é a *VHD*.

CAPACIDADE EXCEDIDA – Em informática, estado de uma zona ou de um registo cujo espaço é inferior à extensão do dado ou do resultado que nele foi introduzido.

CAPACIDADE LINEAR – Área de armazenamento de documentos numa biblioteca, arquivo, serviço de documentação, etc., calculada em metros lineares.

CAPACIDADE LOGOGRÂMICA – *Ver* Competência ideogrâmica.

CAPACIDADE SIGILAR – Direito reconhecido a uma pessoa física ou moral para poder dispor de um selo com o qual pode validar contratos e obrigações passadas por si mesma e, eventualmente, pelos seus subordinados.

CAPAR – Em gíria jornalística, cortar um texto que não cabe numa página quando, por falta de tempo, não é possível encontrar uma outra solução.

CAPARROSA – Sulfato a partir do qual se produz uma tinta escura que servia para conferir à pele das encadernações, sobretudo à carneira, um aspecto semelhante ao do mármore; essa tinta era aplicada sob a forma de salpicos, a que por vezes se dava o nome de pé-de-gato; para obter efeito semelhante usava-se igualmente o sal de azedas ou a potassa. Vitríolo.

CAPEAMENTO – Em encadernação, última operação feita numa brochura antes de se proceder à cosedura e que consiste na colocação das folhas ordenadas, impressas ou manuscritas, dentro da capa (port. Bras.) *Ver* Encadernação.

CAPEAR – Revestir com capa. Encapar.

CAPILAR – Letra mais alta do que larga e de haste delgada.

CAPILHA – Exemplares a que tem direito a tipografia para mandar para as bibliotecas (cumprindo a lei do Depósito Legal) e conservar para si • Os exemplares de jornais que se distribuem gratuitamente aos empregados • Exemplares escolhidos de cada uma das obras que se imprimem e destinados ao autor, chefe da tipografia e revisor, para deles se servirem até final da edição • Capa.

CAPISTA (port. Bras.) – Pessoa que faz a arte-final de uma capa. Arte-finalista.

CAPITAL – Letra maiúscula • Letra que inicia um capítulo; as grandes capitais ultrapassavam em geral mais de metade do corpo da letra minúscula; a pequena capital tem a forma da capital de grande corpo, mas com a dimensão da letra comum; a capital servia para os títulos e para as iniciais dos nomes próprios; era usual, depois de uma inicial de um capítulo, compor em pequenas ou grandes capitais a primeira palavra do texto, de modo a fazer a transição entre a letra de grande formato e as letras do texto de tamanho comum. *Ver* Letra capital.

CAPITAL HISTORIADA – *Ver* Letra historiada.

CAPITAL ICTIOMÓRFICA – *Ver* Inicial capital ictiomórfica.

CAPITAL RÚSTICA – Letra latina usada em antigos manuscritos; era menos rígida e formal do que a capital clássica e por isso de mais fácil execução.

CAPITALIS QUADRATA (loc. lat.) – *Ver* Letra maiúscula.

CAPITEL – Parte superior e mais ornamentada de uma coluna, pilar ou pilastra, acima do fuste; normalmente é constituída por duas partes: o coxim e o ábaco. *Ver* Sobrecabeceado.

CAPÍTULA – Lição curta de breviário, que foi retirada da Sagrada Escritura.

CAPITULAÇÃO – Subdivisão de um texto em diferentes partes.

CAPITULADO – Dividido em capítulos • Compendiado, abreviado, resumido.
CAPITULAR – Compilação das actas legislativas emanadas dos reis merovíngios e carolíngios franceses; o nome provém da sequência dos *capitula* ou pequenos capítulos de que eram compostas • Proveniente de um capítulo, isto é, da assembleia religiosa reunida em capítulo • Pertencente a uma comunidade religiosa, como as bibliotecas capitulares • Reduzir a capítulos • Letra que se usa no início de capítulo, de nome próprio, de título, de período. Capital. *Ver* Letra capitular.
CAPITULAR DOS EVANGELHOS – Nome dado ao índice das festas litúrgicas com a assinalação dos textos evangélicos determinados para cada celebração.
CAPITULARES – Decretos reais e ordenanças prescritas pelas assembleias nacionais em França, durante a Idade Média.
CAPITULÁRIO – Compilação das leituras bíblicas breves, chamadas *capitulæ*, para serem lidas durante as horas diurnas (laudes, prima, terça, sexta, nona, vésperas, completas) • Livro para uso do coro, que contém os capítulos e orações do ano.
CAPITULEIRO – Livro que contém as capítulas.
CAPÍTULO – Divisão numerada de um documento escrito que é, em si mesma independente, mas se relaciona com as divisões que a seguem ou precedem; normalmente o capítulo deve começar em nova página, sempre ímpar, nas obras de luxo ou de composição tipográfica cuidada, acompanhado por um cabeção ou outro elemento decorativo • Passagem • Trecho da Sagrada Escritura • Assunto, matéria, objecto.
CAPRICHOS – Grotescos.
CAPSA (pal. lat.) – Caixa de forma cilíndrica usada nas bibliotecas romanas da Antiguidade para guardar um ou mais rolos de papiro devidamente acomodados. Escrínio. *Cista. Scrinium*. Caixa de madeira ou outro material para protecção de documentos • Divisões na estante da biblioteca destinadas a guardar os rolos de papiro ou pergaminho; cada *capsa* só levava um rolo, a fim de permitir a sua rápida consulta, ao mesmo tempo que garantia uma melhor conservação, pois assim os rolos não se danificavam, uma vez que não ficavam uns sobre os outros; o seu uso conheceu posteriormente um longo eclipse, após o que reapareceu no século XV, sobretudo em Itália e nos países mais tocados pelo Humanismo. *Forulus.*
CAPSARIUS (pal. lat.) – Escravo que antigamente costumava levar a caixa com livros quando acompanhava a criança à escola.
CÁPSULA – Pequena caixa de protecção, geralmente em metal, onde se guarda o selo suspenso num documento manuscrito.
CAPSULAÇÃO – Processo de conservação de materiais bibliográficos em adiantado estado de degradação; consiste na colocação de cada uma das folhas do documento num envelope de poliéster, que posteriormente é reunido com os restantes numa mesma encadernação; tem a desvantagem de destruir o livro como objecto e por isso é unicamente usado quando não existe outra solução.
CAPTURA – Recuperação das notícias bibliográficas de uma base de dados para bandas magnéticas, disquetes, etc., após uma interrogação por um elemento conhecido da notícia bibliográfica, com frequência o *ISBN*.
CAPTURA DE DADOS – Em tecnologia de informação, operação que consiste em recolher dados num formato que seja legível por máquina com a finalidade de os integrar num suporte informático. Extracção de dados.
CAPTURA DE REGISTOS – Acto que consiste em extrair dados organizados sob forma de registo num formato que seja legível por máquina, a fim de os integrar num suporte informático • Recolha de registos de uma base de dados, após a operação de pesquisa, para posterior utilização. Importação de registos. Extracção de registos.
CAPTURAR – Extrair. Recolher. Colher.
CAPUCHA – Nome vulgar do acento circunflexo.
CAPUCHINHA – Conjunto de dois ou mais cavaletes unidos pela parte posterior.
CAQUI – *Ver* Pele do diabo.
CAR (pal. ingl.) – Sistema de pesquisa de registos de microfilmes assistida por computador; inclui um computador, que propicia a indexação dos documentos, um ficheiro de depó-

sito de microfilmes, que mantém as imagens dos documentos ou registos e um terminal de pesquisa de microimagens (*on* ou *offline* com o computador), que pesquisa e visualiza automaticamente as imagens microfilmadas dos documentos que o leitor pretende.

CAR. – Forma abreviada de carácter(es).

CARA – Face anterior do caderno de papel • Lado anterior da moeda que contém a efígie de um personagem, oposta ao escudo ou coroa. Face. Anverso.

CARACOL – Apara muito fina que se retalha e se separa das folhas de um livro ao ser aberto por meio de um corta-papel, fazendo-o penetrar por baixo das páginas num corte vertical e/ou horizontal.

CARÁCTER – Sinal traçado, escrito ou gravado • Elemento de um sistema de escrita, alfabética ou não, representando um fonema, uma sílaba, uma palavra ou um traço prosódico de uma língua por meio de sinais gráficos: letras, sinais diacríticos, sinais silábicos, sinais de pontuação, acentos prosódicos ou combinações destes sinais • Cada uma das propriedades que constituem uma noção. Característica (de uma noção) • Nas obras literárias e artísticas, originalidade no tema, no estilo, etc., características que as distinguem das vulgares • No ponto de vista do tratamento da informação, elemento de um conjunto empregado convencionalmente para constituir, comandar ou representar dados • Símbolo que pode ser representado por um elemento alfabético, numérico ou sinal de pontuação ou por outro sinal que entre na constituição de uma mensagem a ser transmitida por um sistema digital • Qualquer sinal ou símbolo usado convencionalmente para escrever ou para imprimir • Grupo de dígitos binários que represente uma letra, número, marca, sinal ou símbolo • Em informática, elemento de um conjunto chamado "jogo de caracteres", que é utilizado para representar funções, dados ou instruções; esses caracteres, que formam um código utilizado pela máquina, podem ser números, letras, sinais de pontuação, símbolos, etc. (port. Bras.) Caractere.

CARÁCTER ACENTUADO – Tipo que apresenta um acento; está colocado à direita, no alto da caixa tipográfica.

CARÁCTER ALFABÉTICO – Símbolo pertencente a um conjunto de caracteres usado numa língua e constituído por letras ou por outros símbolos, excepto dígitos.

CARÁCTER ALONGADO – Carácter paleográfico, semelhante ao cursivo, estreito e alto, formado por riscas perpendiculares com um minúsculo sinal que distingue os diferentes caracteres.

CARÁCTER DE CANCELAMENTO – Nome dado ao carácter que indica que os dados a que aparece associado devem ser ignorados.

CARÁCTER DE CONTROLO – Nome dado ao carácter que garante a execução de uma função.

CARÁCTER DE DESTINO – Carácter extrínseco que indica o domínio de aplicação de um objecto.

CARÁCTER DE ENSAIO – Nome dado ao carácter que permite que um determinado ensaio se faça.

CARÁCTER DE ESCRITA – Família de caracteres tipográficos cujo desenho imita a escrita cursiva; ao mesmo tempo que a morfologia da escrita à mão evoluía, os tipógrafos tentaram transpor para a tipografia a letra manuscrita do seu tempo.

CARÁCTER DE FANTASIA – *Ver* Letra capital historiada.

CARÁCTER DE IMPRESSÃO MÓVEL – *Ver* Tipo.

CARÁCTER DE PREENCHIMENTO – Em catalogação em sistemas automatizados, formato *UNIMARC*, é o carácter usado em posições específicas para indicar a não existência de elementos disponíveis para ser atribuído o valor adequado a determinada posição, embora ela deva ser preenchida.

CARÁCTER DE PROVENIÊNCIA – Carácter extrínseco que indica onde, por quem ou como um objecto começou a existir, a ser conhecido ou a ser aplicado.

CARÁCTER DE UM TEXTO – Aspecto formal geral da sua redacção; esta segue normalmente os usos da época ou da chancelaria em questão.

CARÁCTER DIFERENCIADOR – Em processamento de dados, carácter especial que deve preceder outro ou outros e que deve interpretar-se de uma forma diferente deles, porque não é independente do código que nesse momento está a ser usado.

CARÁCTER EXTRÍNSECO – Aquele que pertence a um objecto apenas nas suas relações com um outro.

CARÁCTER INTRÍNSECO INERENTE – Carácter pertencente a um objecto em si próprio e não nas suas relações com um outro.

CARÁCTER MAGNÉTICO – Carácter impresso ou escrito com tinta magnetizada, que permite assegurar uma leitura automática designada leitura magnética.

CARÁCTER MEIO-IMPRESSO – Designação da letra cuja impressão no papel não ficou completa.

CARÁCTER NÃO VÁLIDO – Num programa ou sistema informático, é o carácter que não é aceite ou admissível.

CARÁCTER SEPARADOR – Carácter de comando usado para balizar e caracterizar unidades de dados de forma lógica e, eventualmente, hierárquica.

CARÁCTER SEPARADOR DE REGISTO – *Ver* Fim de registo.

CARÁCTER TIPOGRÁFICO – Pequeno paralelepípedo móvel, fabricado em metal (geralmente numa liga formada por antimónio, chumbo e estanho), de secção rectangular, tendo em relevo numa das extremidades uma letra ou um sinal ao contrário que, após a tintagem e impressão, é pressionado na folha de papel. Tipo; os caracteres eram reunidos em linhas através de um componedor e as linhas em páginas. A produção de caracteres de imprensa iniciou-se no nosso país no ano de 1732 por Jean de Villeneuve, fundidor e gravador de punções • Figura, forma ou estilo de um tipo.

CARACTERES ALEMÃES – *Ver* Gótica de fractura.

CARACTERES ALFABÉTICOS – Símbolos criados no Egipto, Creta e Síria, que foram a base da escrita grega e de toda a escrita europeia.

CARACTERES ANTROPOMÓRFICOS – Caracteres cuja ornamentação inclui figuras humanas.

Caracteres antropomórficos

CARACTERES AUGUSTAIS – Designação dos caracteres capitais elegantes criados por M. L. Perrin, usados a partir de 1846 e adoptados pela Imprensa Imperial francesa. São inspirados directamente pelos velhos caracteres *jenson* do século XV, dos quais derivam.

CARACTERES *BASKERVILLE* – Designação de caracteres proveniente do nome do seu autor, Baskerville de Birmingham, que criou estes tipos, usados pela primeira vez na obra de Virgílio *Bucolica, Georgica et Æneis*, editada em 1757.

CARACTERES *BODONI* – Nome dos tipos criados pelo italiano Giambattista Bodoni, imitação dos caracteres *Baskerville*, em que o olho da letra é em geral estreito e o seu traço tem uma notória tendência para se estreitar nos finos e para a coexistência de hastes finas e grossas, destacando-se um jogo de claro-escuro, que marca a página e a individualiza.

CARACTERES CHINESES – Sinais de desenho complicado representando cada figura uma ideia e dispostos em colunas da direita para a esquerda; terão sido inventados por Tsang-Kié, a cujo nome se associa o de Ju Song, escrivão ou analista do imperador fundador da China, que terá reinado de 2697 a 2599 antes da nossa era.

CARACTERES CIRÍLICOS – Letras pertencentes ao alfabeto criado no século X na Bulgária destinado a anotar os textos eslavos, a partir do alfabeto inventado um século antes por São Cirilo na Morávia e do alfabeto grego.

CARACTERES COMPACTOS – Caracteres estreitos que permitem compor textos longos em pequeno espaço.

CARACTERES COMUNS – Designação atribuída sobretudo ao redondo, itálico, negritas e versaletes, caracteres que são utilizados usualmente na composição de livros.

CARACTERES COMUTATIVOS – Sinais que podem apresentar-se em qualquer ordem sem que o significado se altere (A B é idêntico a B A).

CARACTERES CUNEIFORMES – Caracteres que eram gravados nos tijolos secos ao sol usados para escrever em algumas civilizações do Próximo Oriente como os hititas, babilónios, assírios, medos e persas dois mil anos antes de Cristo; a sua designação provém do facto de o estilete assumir por vezes a forma de cunha.

CARACTERES CURTOS – Designação atribuída às letras que não têm hastes fora da linha.

CARACTERES DE FANTASIA – Expressão com que são designados aqueles que são utilizados em trabalhos de imaginação ou comerciais, caracterizados por apresentarem um desenho rebuscado e ornamental • Futuras.

CARACTERES DE IMPRENSA – *Ver* Caracteres tipográficos.

CARACTERES DE LEITURA ÓPTICA – Sinais destinados especificamente a serem lidos por um material de reconhecimento óptico, como a retina electrónica.

CARACTERES DE REDACÇÃO DE UM ACTO – Elementos que são usados no formulário de um documento; são a língua empregue, o vocabulário, o recurso às figuras de retórica, o uso de um certo estilo, etc.

CARACTERES EQUIVALENTES – Qualidades que, apesar de diferentes, podem substituir-se uma à outra numa determinada compreensão (de uma noção), sem que daí resulte uma mudança da extensão.

CARACTERES EXÓTICOS – Expressão usada por tipógrafos e impressores para designar os caracteres gregos e hebraicos, três tipos distintos de caracteres siríacos (o estranguelo, o nestoriano ou caldaico e o maronítico), o árabe e outros.

CARACTERES EXTERNOS DE UM ACTO – Elementos de forma que não podem ser examinados e estudados senão no original ou sua exacta reprodução: natureza e apresentação do suporte, escrita, elementos figurados ou decorativos.

CARACTERES FITOMÓRFICOS – Aqueles cuja ornamentação inclui elementos de natureza vegetal.

CARACTERES FIXOS – Tipos fixos.

CARACTERES *FOURNIER* – Designação de caracteres proveniente do nome do célebre gravador francês, que criou caracteres romanos comparáveis aos garamond, que lhe serviram de ponto de partida.

CARACTERES GEOMÉTRICOS – Aqueles cuja forma é regular.

CARACTERES GÓTICOS – Letras marcadas por traços grossos e finos, que formam ângulos quando se juntam.

CARACTERES GRANDES – Caracteres tipográficos com dimensões acima da média usados para imprimir monografias, publicações em série e outros documentos destinados a serem lidos por principiantes na aprendizagem da leitura e por pessoas com visão limitada.

CARACTERES *GRANDJEAN* – Tipo de caracteres criados por Philippe Grandjean cerca de 1700, que se caracterizam pela disposição horizontal dos ápices e o estreitamento da linha para formar os finos da letra.

CARACTERES GREGOS – Caracteres gregos de imprensa que apareceram cerca de 1465; por vezes os tipógrafos do século XV, por dificuldades de material ou execução, deixavam em branco os caracteres gregos, que eram acrescentados posteriormente à mão.

CARACTERES INTERNOS DE UM ACTO – Elementos de forma que contêm o próprio texto do acto; uns derivam do estudo da língua e estilo, outros são dados pela disposição e formulação do discurso diplomático.

CARACTERES ITÁLICOS – Caracteres delicados, finos e inclinados para a direita; foram usados inicialmente para fazer distinguir os títulos dos capítulos, as citações, as passagens e as pequenas peças inseridas nos impressos. Numa composição cuidada eram reservados aos prefácios, dedicatórias ou preâmbulos e no texto corrente eram usados para chamar a atenção do leitor para uma palavra ou locução. A primeira obra conhecida totalmente impressa em caracteres itálicos, no que respeita a caracteres minúsculos, foi um *Virgilius* publicado por Aldo Manuzio em Abril de 1501; o autor dos tipos foi Francesco Griffo, de Bolonha, que os produziu por encomenda de Aldo Manuzio, inspirado para o seu desenho num manuscrito das obras de Petrarca, pensando, ao imitar a letra do manuscrito, estar imitando a letra do notável poeta. Cursivo. Grifo.

CARACTERES *JACQUEMIN* – Caracteres romanos grossos criados por Jacquemin em 1818 para a Imprensa Nacional francesa.

CARACTERES LATINOS – Os que, em geral, se empregam no Ocidente para a escrita e impressão e que são derivados do alfabeto usado pelos antigos romanos; por vezes a expressão é usada em oposição a caracteres góticos, que vieram substituir nos primeiros tempos da imprensa • Cristengos.

CARACTERES LITOGRÁFICOS – Letras que são traçadas directamente pelo desenhador na pedra litográfica.

CARACTERES *MARCELLIN-LEGRAND* – Tipo de caracteres romanos gravados em 1825 por Marcellin-Legrand. São muito semelhantes aos caracteres romanos do tipo *Didot*, embora mais estreitos. Em 1847 Marcellin-Legrand executou uma nova gravação destes tipos para a Imprensa Nacional francesa baseada nos primeiros e muito semelhante a eles.

CARACTERES MODERNOS – Designação usada em Inglaterra para nomear os tipos da classe dos *Grandjean*, *Baskerville* e *Bodoni*, letras bem quadradas, alinhadas, com cheios abundantes, com finos filiformes, cujos traços terminais das hastes seguem a maior parte das vezes uma linha perfeitamente horizontal.

CARACTERES MÓVEIS – Letras soltas que se justapõem a outras ao compor e que, após a impressão, se podem desmanchar; François Ambroise Didot aponta o início dos caracteres móveis para o século XV. A sua invenção prévia em madeira é atribuída a Laurens Coster, mas afirma-se também terem aparecido caracteres móveis de bronze no princípio do mesmo século, na Coreia; e também há notícias de que, desde o século XIII, um monge da abadia de Vauclair, na Picardia, tinha imprimido com uma matriz em relevo iniciais de manuscritos. Tipos móveis • Letras soltas.

CARACTERES POÉTICOS – Letras muito estreitas que são empregadas sobretudo nos livros de versos.

CARACTERES REDONDOS – Nome dado aos caracteres de escrita criados por Pierre Moran, impressor francês, em 1640.

CARACTERES ROMANOS – Tipos que teoricamente tiveram origem na Península itálica, caracterizados por serem redondos e perpendiculares à linha em que assentam; terão sido usados pela primeira vez pelos impressores alemães Konrad Sweynheyn e Arnold Pannartz, no mosteiro de Subíaco, perto de Roma, cerca de 1463-64; o primeiro livro totalmente impresso em caracteres romanos e que os divulgou e consagrou foi a obra *De Evangelica Præparatione*, da autoria de Eusébio de Cesareia e que foi impressa em 1470 em Veneza por Nicolas Jenson. Caracteres venezianos. *Litteris venetiis*.

CARACTERES ROMANOS DE *DIDOT* – Nome dado aos caracteres romanos em que são modificadas as proporções das letras antigas, gravados por Waflard a quem sucedeu Firmin Didot, filho. Pierre-François Didot mandou também gravar caracteres, o mesmo tendo acontecido com Henri Didot, o segundo dos filhos deste.

CARACTERES TIPOGRÁFICOS – Tipos, caracteres móveis. Caracteres de imprensa • A letra de imprensa ou escrita manual que a imita. Ver Tipo.

CARACTERES TRANSFERÍVEIS – Alfabetos cujas letras, números e sinais de pontuação contidos em folhas especiais se transportam ao papel ou a outra superfície lisa por simples fricção; estas folhas apresentam um suporte plástico transparente, em cujo verso estão impressos em serigrafia os sinais a reproduzir; cobre-os uma superfície adesiva, de modo que a pressão exercida no lado da frente sobre cada um os despega do suporte e os fixa no lugar previsto; as letras, que se apresentam em negro, branco e várias cores, são de estilos e dimensões variados. Letras transferíveis.

CARACTERES VENEZIANOS – Ver Caracteres romanos.

CARACTERES ZOOMÓRFICOS – Caracteres iniciais, cuja ornamentação inclui figuras de animais.
CARACTERÍSTICA – Aspecto, tema, conceito ou elemento de descrição aplicável ao conteúdo de um artigo informativo registado com vista a uma eventual identificação futura desse artigo • Última letra do radical de um verbo • Letra que serve para determinar uma forma gramatical • Em classificação bibliográfica, atributo que serve para reunir conceitos ou conhecimentos • Cada uma das propriedades que constituem uma noção. Representação mental de uma propriedade que é atribuída a um determinado objecto e que serve para delimitar a noção.
CARACTERÍSTICA ARTIFICIAL – Em classificação, qualidade comum às coisas classificadas, mas não essencial à sua existência.
CARACTERÍSTICA DE DIVISÃO – Atributo utilizado pela análise de um assunto e sua subdivisão em classes.
CARACTERÍSTICA NATURAL – Em classificação, qualidade ou conjunto de qualidades comuns às coisas classificadas e também essenciais à sua existência.
CARACTERIZAÇÃO – Acto ou efeito de destacar o carácter de alguém ou de alguma coisa. Descrição. Qualificação. Individualização.
CARACTERIZAR – Descrever. Individualizar. Qualificar.
CARANCHO – Termo de gíria que designa o operário de tipografia que substitui o colega em determinado trabalho quando este falta ou o ajuda em dias de muita azáfama.
CARÂNTULA – Termo arcaico que designava figura, imagem • Cifra ou carácter que era usado na prática da magia.
CARBONATO DE CÁLCIO – Mineral de cálcio muito abundante na natureza, tomado como ponto de partida para a preparação do bicarbonato de cálcio, que é usado para travar a acção dos ácidos que se libertam do papel, o que faz com que seja muito utilizado em produtos destinados ao restauro de documentos.
CARCELA – Tira de pano ou papel que liga as folhas ou gravuras soltas do livro, de modo que elas sejam cosidas em conjunto com os cadernos • (port. Bras.) Tira estreita e fina de cartolina ou papel com que se compensa, na lombada, a espessura de recortes, fotografias, etc., que se colam num álbum ou em outra obra do mesmo género.
CARCELA DE REFORÇO – Tira de pano colocada na encadernação por dentro do festo da folha exterior do primeiro e último cadernos.
CARCELADO – Processo aplicado na encadernação de livros constituídos por folhas de cartolina ilustradas.
CARCOMA – Coleóptero que ataca a madeira • Pó da madeira carcomida.
CARCOMER – Desfazer do mesmo modo que a carcoma desfaz a madeira. Destruir.
CARCOMIDO – Corroído. Apodrecido • Gasto.
CARDAGEM – Adelgaçamento e fixação das pontas dos fios da segurança da lombada da encadernação • (port. Bras.) Operação que consiste em distorcer e desfiar os barbantes da encadernação do livro, a fim de que fiquem disfarçados nas pastas.
CARDÁPIO – Lista das iguarias que são servidas num banquete ou dos pratos que se podem obter num restaurante. Ementa, menu.
CARDINAL – Sinal (#) usado na pesquisa documental para fazer o truncamento de um termo.
CARDIÓGRAFO – Aparelho que regista por processos gráficos os movimentos do coração humano.
CARE OF (C/O) (loc. ingl.) – Expressão usada em correspondência significando ao cuidado de.
CARÊNCIA DE SELO – Diz-se que tem carência de selo uma pessoa física ou moral que não possui selo ou que não tem capacidade sigilar.
CARGA – Nome aplicado às substâncias minerais que compõem o papel e lhe dão mais peso, diminuindo o preço do fabrico • Registo de pastas ou papéis avulsos requisitados do arquivo para consulta; é também chamado sistema de carga • Categoria de constituinte da pasta de papel, que é uma substância mineral pouco solúvel e finamente dividida, que se junta à matéria fibrosa ou é pulverizada uniformemente sobre a superfície da folha de papel, durante o processo de fabrico; as cargas são usadas com a finalidade de criarem uma superfície bem uniforme e

fácil de imprimir e aumentarem a opacidade e o grau de brancura da folha; agravam também o peso do papel e contribuem para estabilizar a sua dimensão.

CARGA-LIMITE – Limite de peso que o soalho de uma biblioteca, arquivo ou serviço de documentação pode suportar com segurança (cerca de 1000 kilos/m^2).

CARIÁTIDE – Estátua feminina usada como coluna para sustentar uma arquitrave ou os arcos de uma arcada, observada frequentemente em portadas de estilo arquitectónico.

CARICATURA – Desenho que acentua propositadamente as características marcantes de um rosto; nem sempre é um desenho humorístico • Representação grosseira, burlesca ou satírica de acontecimentos ou pessoas que pretendem criticar-se ou ridicularizar-se, exagerando-lhes os defeitos ou atitudes • Descrição satírica ou cómica; assume-se hoje como grande comentário da realidade.

Cariátide

CARICATURAL – Relativo a caricatura. Grotesco. Caricato. Caricaturesco.

CARICATURAR – Representar em forma de caricatura • Descrever uma pessoa ou situação de forma exagerada, ampliando e destacando certas facetas.

CARICATURESCO – Caricatural. Caricato. Grotesco.

CARICATURISTA – Aquele que faz caricaturas.

CARIMBADOR – Aquele que carimba.

CARIMBAGEM – Operação pela qual um sinete ou selo é aposto nos documentos para indicar a sua pertença. Selagem. Autenticação.

CARIMBAR – Marcar com carimbo. Autenticar. Selar.

CARIMBO – Peça de metal, madeira ou borracha, que contém, em relevo, dizeres, figuras ou sinais para marcar papéis de carácter oficial ou particular • A marca ou sinal produzido por esse instrumento. *Ver* Selo, sinete, timbre.

CARIMBO DATADOR – Marcador de elementos móveis para datas.

CARIMBO DE ENTRADA – Marca feita com carimbo de borracha no verso da página de título ou noutro local convencionado, quando uma obra entra numa instituição.

CARIMBO NUMERADOR – Aparelho manual para enumerar talões, entradas, livros em branco e outros documentos; pode ser regulado para dar a numeração seguida ou repetir um mesmo número duas ou mais vezes.

CARITENHO – Antes de mais significa um manual portátil ou livro de pequeno formato que lê o celebrante que preside ao ofício divino; um caritenho de baptizar era o que continha o ritual do baptismo. Pequeno breviário ou livro de ladainhas. Baldoário.

CARIZ – Aspecto. Aparência • Natureza.

CARMÁTICO – Nome de uma escrita arábica em que não se empregam sinais diacríticos.

CARMEN FIGURATUM (loc. lat.) – *Ver* Caligrama.

CARMIM – Pigmento vermelho extraído da cochonilha.

CARMINA BURANA (loc. lat.) – Códice que contém uma antologia de canções dos goliardos denominadas *Carmina Burana*, descobertas no mosteiro de Beuron, no século XIX, após a secularização dos bens da Igreja; o seu nome vem da circunstância de as canções terem sido encontradas naquele mosteiro.

CARMINA FIGURATA (loc. lat.) – Poemas figurados manuscritos, mais tarde impressos, de carácter pluri-informativo, em que o poema assume formas geométricas alusivas ao tema ou simplesmente formas cabalísticas propositadas. *Ver* Caligrama.

CARMINADO – Que apresenta a cor de carmim. Tingido com carmim.

CARNAÇÃO – Em heráldica é o nome dado a qualquer parte do corpo humano figurada no brasão em esmalte natural.

CARNAZ – Parte inferior da pele que esteve em contacto com a carne do animal (por oposição a flor); o lado carnaz do pergaminho apresenta-se bem mais claro e liso do que o lado oposto – a flor – pois, após retirar os músculos e a carne, a superfície era raspada com facas, esfregada com cinzas para a desengordurar e

branquear e desbastada com o *lunellum*, espécie de faca em forma de crescente de lua, que a alisava; por oposição à flor, pode dizer-se que este é o lado mais nobre do pergaminho e não é por acaso que, quando observamos encadernações feitas com velhos pergaminhos (por vezes manuscritos reaproveitados), é o lado escolhido para ficar para o interior. Carne • *Album*.
CARNE – Parte do pergaminho que esteve em contacto directo com o animal, oposto à do pêlo. Carnaz • *Album*.
CARNÊ (port. Bras.) – Livro de notas. Canhenho. Caderno de anotações. Calepino.
CARNEIRA – Pele de carneiro curtida, maleável, leve e porosa, utilizada para encadernações baratas; a sua superfície é bastante frágil, pelo que deve ser evitada nos manuais mais correntes; é susceptível de ser tingida e ornamentada tal como a vitela.
CARNET (pal. fr.) – Livro de notas portátil • Aquele em que os negociantes anotam os dias do vencimento das letras a pagar ou a receber • Canhenho. Carteira. Livro de lembranças.
CAROLINA – *Ver* Letra carolina.
CARPET-PAGE (pal. ingl.) – *Ver* Página em tapete.
CARRANCA – Máscara disforme ou caricata que remata a extremidade das fontes ou chafarizes ou é usada como cachorro ou modilhão sob os beirais ou nas cimalhas dos edifícios; surge, por vezes, em gravuras e portadas de estilo arquitectónico.
CARREGADOR – Em tipografia, rolo de madeira ou metálico que se coloca sobre os rolos dadores para aumentar e melhorar a distribuição • Dispositivo no qual uma bobine debitadora pode ser fixada temporariamente ou não para simplificar o carregamento.
CARREGAR – Em informática, inserir informações em memória a partir de um meio exterior a essa memória • Colocar no lugar, isto é, ler um módulo de carregamento na memória principal, com vista à sua execução.
CARREIRA DO A – *Ver* Alfabeto.
CARREL (pal. fr.) – Espaço individual de trabalho numa biblioteca, arquivo, serviço de documentação, etc. equipado, por vezes, em alguns destes serviços, com um microcomputador, leitor de audiovisuais, etc. *Box*.

CARRETEL – Pequena polia que acciona, por fricção, os fusos do distribuidor do linótipo, que é movida pela correia redonda que está à direita da máquina • Bobina onde o filme ou a fita magnética são enrolados. Carreto.
CARRETILHA – Pequeno instrumento, semelhante ao usado em culinária e que se destina, na gravura da encadernação, a fazer pontilhados e outros motivos.
CARRETO – Peça de ferro com concavidades que engrena com os dentes dos enviezados para apertar as formas • Núcleo provido de pratos fixados permanentemente de cada um dos seus lados, em que o filme ou a fita magnética são enrolados, para sua protecção. Bobina. Carretel.
CARRINHO – Peça de mobiliário equipada com rodas, muito usada em bibliotecas, arquivos, serviços de documentação, etc. para deslocar com maior facilidade e em segurança, livros, revistas, documentos ou outro material de um lugar para outro. Carro.
CARRO – Parte móvel das máquinas cilíndricas de impressão que contém o quadro e a mesa de distribuição • *Ver* Carrinho.
CARTA – Originalmente significava a folha de papiro, passando mais tarde a designar o próprio documento; a sua forma é menos solene do que a do diploma, mas pode considerar-se como o documento mediante o qual o acto jurídico se completa e produz efeito; quanto à proveniência, as cartas podem considerar-se apostólicas, régias ou particulares; quanto à natureza jurídica podem consistir em vendas, doações, escambo ou permuta, privilégio, liberdades, etc.; no que respeita à forma de apresentação as cartas podem ser: patentes, fechadas ou partidas • Acta autêntica que concede a posse de direitos; por extensão, aplica-se sobretudo aos documentos medievais • Constituição escrita ou código fundamental de um Estado, especialmente a que é outorgada pelo rei. • Título profissional ou de habilitação. Diploma • Todo o escrito autêntico • Folha ou folhas de papel escrito dobradas, que se dirigem a alguém ausente e nas quais se dão notícias enviadas em envelope por via postal ou outra. Missiva • Designação aplicada a determinados títulos ou documentos

oficiais • Mapa • Escritura • Acto de privilégio • Representação convencional, geralmente plana, numa escala reduzida, de fenómenos concretos ou abstractos, localizáveis no espaço e no tempo; o termo carta é também utilizado em linguagem técnica de domínios específicos como carta de marear, carta astrológica ou carta aérea • Lista dos pratos que servem numa casa de pasto. Ementa. Menu.

CARTA ABERTA – Aquela que se dirige publicamente a alguém • Carta dirigida aos ricos-homens, cabidos e concelhos, copiada em vários exemplares; a fórmula de abertura era a do privilégio • Circular.

CARTA AÉREA – Em cartografia, representação espacial da terra ou de uma parte dela, mostrando determinados aspectos como particularidades dos terrenos, características hidrográficas e culturais e informações adicionais necessárias à navegação aérea, pilotagem ou planeamento de operações aéreas. Carta aeronáutica. Carta de navegação aérea.

CARTA AERONÁUTICA – *Ver* Carta aérea.

CARTA ANÓNIMA – Designação do texto exposto em forma de carta que não apresenta assinatura no final ou, se a apresenta, ela não é identificável; serve quase sempre para veicular denúncias ou calúnias e daí a razão de o autor não declarar a sua identidade.

CARTA AO DIRECTOR – Rubrica publicada por alguns jornais, assinada por um leitor, que versa temas de interesse público e contém comentários e opiniões acerca de textos publicados pelo jornal.

CARTA APOSTÓLICA – Cada um dos documentos emanados da autoridade papal; as cartas apostólicas dividem-se em quatro modalidades: breve, bula, moto-próprio e rubrica da cúria romana.

CARTA ASTRONÓMICA – Aquela em que são representadas as constelações e a sua posição relativa.

CARTA AUTÓGRAFA – Aquela que foi escrita à mão pelo punho do próprio autor.

CARTA BRANCA – Título ou despacho de um ofício no qual o nome do agraciado se deixava em branco para ser preenchido posteriormente com o nome que entendesse a pessoa a quem era oferecido um ou vários documentos destes • Papel sem nada escrito • Em sentido figurado, plenos poderes.

CARTA CERRADA – Termo antigo para designar uma carta fechada, normalmente encerrada dentro de um sobrescrito devidamente selado, cujo conteúdo de teor confidencial apenas deveria ser conhecido pelo destinatário.

CARTA CHUMBADA – Acto da chancelaria real escrito em pergaminho e validado com o selo de chumbo.

CARTA CIRCULAR – Como o próprio nome indica, a carta circular é um documento que circula pelas pessoas a quem diz respeito, as quais por vezes apõem a sua assinatura no verso, dando assim a entender que tomaram conhecimento do seu conteúdo. Vulgarmente é designada apenas circular.

CARTA CREDENCIAL – Documento que se entrega a um embaixador ou ministro de um estado soberano, para que ele seja admitido e reconhecido em outro estado ou corte. Carta de crédito diplomático.

CARTA DE ABJURAÇÃO – Fórmula de fé apresentada a um herege que quisesse reentrar no seio da Igreja e que simplesmente a assinava; mais tarde acrescentou-se-lhe um juramento ou *juramenta*.

CARTA DE ABOLIÇÃO – Carta de chancelaria abolindo um crime de natureza remissível.

CARTA DE ABRENUNCIAÇÃO – *Ver* Carta de renúncia.

CARTA DE ABSOLVIÇÃO – A que era dimanada do Papa e eximia de qualquer crime. *Littera absolutoria*.

CARTA DE ALFORRIA – Escritura de liberdade dada pelos donos aos escravos.

CARTA DE AMNISTIA – Documento no qual está inscrito um perdão colectivo, dado por quem de direito.

CARTA DE AMPARO – Documento expedido por um rei onde se determinavam penas a aplicar às pessoas que fizessem ofensas à pessoa nele indicada • Carta de seguro.

CARTA DE ANTECIPAÇÃO – Mandato para se apressar uma apelação, a fim de acelerar um julgamento.

CARTA DE BENEFÍCIO – Também denominada *beneficiaria*, designa a carta de doação feita por um imperador ou rei aos guerreiros, aos nobres ou mesmo aos membros do alto clero com a condição de vassalagem ou serviço militar; a pouco e pouco este benefício transmitiu-se aos seus descendentes.

CARTA DE CÂMARA – Alvará ou licença real.

CARTA DE CAUÇÃO – Também designada carta de obrigação, é o documento com o qual se garante, fundamentada numa autoridade, a admissão de um utilizador à consulta de uma biblioteca ou de um fundo bibliográfico. A expressão antiga era *charta cautionis*.

CARTA DE CITAÇÃO – Documento destinado a avisar alguém para comparência no tribunal; antigamente era denominada *charta audientialis*.

CARTA DE *COMMITTIMUS* – Privilégio concedido por carta avocatória; era conferido pelo rei, sob a forma de carta patente e atribuía ao beneficiário o direito de litigar em primeira instância diante de certos juízes.

CARTA DE COMUNHÃO – Epístola que os bispos escreviam uns aos outros, em testemunho de comunhão. Carta de paz.

CARTA DE CONDOLÊNCIAS – *Ver* Carta de pêsames.

CARTA DE COUTO – Documento que confere aos moradores de determinada zona bem delimitada certos privilégios e isenções.

CARTA DE CRÉDITO – Documento escrito sob forma de carta, atestando as boas qualidades de uma pessoa, sua autoridade e valimento. Carta credencial. Carta de crença.

CARTA DE CRÉDITO DIPLOMÁTICO – *Ver* Carta credencial.

CARTA DE CRENÇA – Nome dado antigamente à carta credencial, que o Estado confiava a um embaixador ou seu representante e que atestava a confiança nessa personalidade para o representar. Carta de crédito.

CARTA DE CURSO – Diploma que se entrega à pessoa que terminou um curso, obteve um grau ou completou uma licenciatura. Diploma de curso.

CARTA DE CURVAS DE NÍVEL – Mapa que apresenta relevos e depressões da superfície terrestre.

CARTA DE DISPENSA – Documento sob a forma de carta concedido pelo rei com a finalidade de atenuar a severidade do direito por motivos particulares, como a idade, o parentesco ou o grau académico. Carta de isenção.

CARTA DE DOAÇÃO – Documento que mencionava à cabeça o termo Epístola ou Carta, porque continha a mesma forma, quer dizer, a morada e a saudação; além da palavra *charta* e, mais frequentemente, *chartula donationis*, tinha ainda uma infinidade de denominações; a carta de doação é usada para fazer a dávida de alguma coisa a alguém; foi denominada em latim *chartula donationis*, *charta transfusionis* ou mesmo *charta usufructuaria*.

CARTA DE EDIFICAÇÃO – Nome dado a um determinado tipo de relação de viagem sob a forma de carta, enviada para a Europa pelos jesuítas, de todos os cantos do mundo onde missionavam; as cartas de edificação destinavam-se ao grande público, a ser lidas nos refeitórios dos colégios da Companhia de Jesus e a circular por benfeitores e amigos dos jesuítas; tratam de assuntos muito diversos, que vão da antropologia cultural à história, da religião à etnografia, das missões às informações pontuais variadas.

CARTA DE ENOBRECIMENTO – *Ver* Carta de nobreza.

CARTA DE EXCOMUNHÃO – Documento apresentado sob forma de carta, emanado da autoridade papal, no qual se aplica a pena eclesiástica que exclui o pecador do grémio dos cristãos, privando-o em parte ou na totalidade dos bens espirituais que a igreja concede; a excomunhão só pode ser revogada pelo próprio Papa.

CARTA DE FIDALGUIA – *Ver* Carta de nobreza.

CARTA DE FIDELIDADE – Carta de obediência, de homenagem; também era chamada *charta sacramentalis*, dado que continha um juramento: os romanos e os cristãos, depois de Constantino, juravam pela vida e salvação do Imperador; Carlos Magno acabou com este procedimento.

CARTA DE FORAL – Diploma que estabelecia as leis de uma localidade; consignava os direitos e deveres dos locais ou concelhos com os seus habitantes entre si e com o Estado. Eram sempre copiados três exemplares: um para o senhor da vila, outro para a Câmara da vila e outro para a Torre do Tombo; o seu suporte era o pergaminho. Carta de foro. Foral.

CARTA DE FORO – *Ver* Carta de foral.

CARTA DE FRANQUIA – Concessão efectuada pelo soberano ou senhor jurisdicional aos habitantes de uma vila ou aldeia de um estatuto jurídico determinado, que reconhecia garantias de liberdade civil ou política, sobretudo ante a autoridade senhorial e seus agentes ou a isenção de impostos e tributos.

CARTA DE GUARDA GUARDIÃO – Carta patente na qual era concedido um privilégio especial de jurisdição a uma congregação religiosa.

CARTA DE GUIA – Despacho dado a quem ia viajar para uma terra desconhecida, para que o seu detentor pudesse ir seguro e ninguém lhe impedisse o caminho.

CARTA DE INCUMBÊNCIA – Documento pelo qual o rei encarrega determinada pessoa de exercer uma função especial e temporária.

CARTA DE ISENÇÃO – *Ver* Carta de dispensa.

CARTA DE LEI – Diploma legislativo emanado do poder real, destinado a vigorar perpetuamente, até revogação; o seu texto começa em geral pelo nome próprio do soberano e termina pela expressão "o Rei" ou "a Rainha", "o Príncipe".

CARTA DE MALDIZER – Aquela que contém o crime, injúria ou infâmia de alguém, quer seja assinada ou não e se encontre na mão de um particular ou tenha sido dada a público.

CARTA DE MAREAR – Mapa que representa a linha da costa marítima de um oceano ou mar, com todos os contornos e acidentes, especialmente concebido e elaborado para auxiliar a navegação fluvial, marítima ou aérea, assinalando a posição de embarcações ou aeronaves nas navegações marítimas, fluviais ou aéreas. Carta de navegação. Carta náutica.

CARTA DE MERCÊ – Documento em papel emitido pela chancelaria real através do qual os reis concediam benefícios aos seus súbditos.

CARTA DE MESTRIA – Carta de privilégio pela qual um artista é dispensado de fazer uma obra de exame antes de ser considerado mestre.

CARTA DE NATURALIDADE – Documento patente, sob a forma de carta, por meio do qual o rei concedia a um estrangeiro os mesmos direitos e privilégios que tinham os cidadãos do seu reino.

CARTA DE NAVEGAÇÃO – *Ver* Carta de marear.

CARTA DE NAVEGAÇÃO AÉREA – Carta aérea.

CARTA DE NOBILITAÇÃO – Carta de nobreza.

CARTA DE NOBREZA – Carta patente pela qual o rei concede um título de fidalguia. Carta de enobrecimento. Carta de fidalguia. Carta de nobilitação.

CARTA DE NOTIFICAÇÃO – Documento no qual se informa uma pessoa que se candidatou a um trabalho, que foi ela a escolhida para ocupar o posto a que se candidatou e se acrescenta qualquer outra informação que seja considerada oportuna.

CARTA DE OBEDIÊNCIA – Licença para ensinar dada por um superior aos religiosos da sua ordem.

CARTA DE OBRIGAÇÃO – Também denominada carta de caução, era a que obrigava a termo o devedor perante o credor. *Charta cautionis*.

CARTA DE PAREDE – Documento sob a forma de carta projectado para ser exposto numa parede.

CARTA DE PAZ – Epístola que os bispos escreviam uns aos outros, em testemunho de comunhão. Carta de comunhão.

CARTA DE PERDÃO – Carta de graça concedida a uma pessoa implicada num crime, pelo facto de ter sido encontrada na companhia do acusado no momento do crime.

CARTA DE PÊSAMES – Escrito que é enviado a uma pessoa a quem faleceu alguém de família ou alguém a quem ela estava especialmente ligada. Carta de condolências.

CARTA DE POVOAÇÃO – Documento no qual um rei ou senhor determina as condições a que têm de sujeitar-se os habitantes ou os novos moradores de um determinado lugar. Carta póvoa.

CARTA DE PRAZO – Carta selada que os devedores de boa fé pediam à autoridade real

e cuja finalidade consistia em suspender as perseguições dos credores, durante um período de tempo que podia atingir os cinco anos.
CARTA DE PRIVILÉGIO – Carta escrita em pergaminho na qual é concedido ou ratificado um direito.
CARTA DE PRORROGAÇÃO DE PRIVILÉGIO – Carta pela qual se prolongava a duração de um direito.
CARTA DE PROVISÃO – Documento oficial concedido pelo poder estabelecido, que confere um cargo, dignidade, ofício, permite o exercício de uma profissão ou estabelece instruções • Documento pelo qual um chefe de Estado acredita um cônsul.
CARTA DE RECLAMAÇÃO – Aquela que é enviada a uma entidade superior ou ao próprio organismo ou entidade que não desempenhou as suas funções de forma correcta, dando conta do erro, de modo a poder corrigir-se o seu comportamento ou, em casos extremos, a obter uma compensação monetária ou outra.
CARTA DE RECOMENDAÇÃO – Despacho ou cédula do rei em que se declarava que podia ir livre para o reino uma pessoa prevenindo que não se lhe causasse qualquer prejuízo • Aquela que é escrita para atestar os bons serviços e a competência de uma pessoa, com a finalidade de a apresentar a um possível futuro empregador.
CARTA DE RELINQUIMENTO – *Ver* Carta de renúncia.
CARTA DE REMISSÃO – Carta patente pela qual o rei autoriza as pessoas de mão-morta a comprar ou conservar bens sem serem obrigadas a aliená-los.
CARTA DE RENÚNCIA – Instrumento de desistência, de cessão, de rejeição. Carta de abrenunciação. Carta de relinquimento.
CARTA DE REPRESÁLIAS – Carta patente pela qual se autoriza um cidadão a reaver dos estrangeiros o equivalente aos bens de que eles se tinham apoderado, quando o seu soberano recusava fazer justiça.
CARTA DE RESCISÃO – Ordem por escrito, dirigida a um juiz real ou seu representante, pela qual um requerente era autorizado a prover-se em justiça para pedir a anulação de um processo ou de um contrato.

CARTA DE REVISÃO – Ordem escrita autorizando um novo exame de um processo julgado na última instância.
CARTA DE SALVAGUARDA – Escrito destinado a colocar sob protecção real uma comunidade ou um particular, quando os seus direitos estão ameaçados.
CARTA DE SEGURANÇA REAL – Documento, privilégio, passado a mercadores estrangeiros que lhes concedia a garantia de que nada dos seus bens poderia ser tomado ou penhorado e que de nenhuma represália podiam ser objecto, mesmo que o país entrasse em guerra com os países das suas nacionalidades.
CARTA DE SEGURO – *Ver* Carta de amparo.
CARTA DE TRADIÇÃO – Carta que investia o beneficiário no bem que lhe tinha sido concedido. *Charta traditionis.*
CARTA DE VENTOS – Aquela em que se representam os ventos dominantes em determinado período de tempo.
CARTA DE VÍNCULO – Acto ligado a um outro por laço selado para o autorizar ou atestar a sua execução; as cartas de vínculo eram muito usadas na chancelaria pontifical para tornar executórias as bulas e os breves.
CARTA DE VINHOS – Lista de vinhos à disposição do cliente num restaurante ou espaço de vendas, com a indicação dos respectivos preços.
CARTA DENTADA – *Ver* Carta partida.
CARTA DIREITA – Aquela por meio da qual se mandavam aplicar as leis do direito, isto é, se mandava fazer justiça.
CARTA DO LIVRO – Conjunto de directrizes sobre o direito de todos os seres à leitura, a criação de ambiente próprio à actividade criadora dos autores, o fomento das actividades editoriais, etc. Trata-se de um documento composto por dez artigos, que foi aprovado no dia 22 de Outubro de 1971 em Bruxelas pelo Comité de Apoio ao Ano Internacional do Livro. Nele se fixa, em termos claros, o papel importante que cabe ao livro na educação, vida espiritual, exercício da liberdade e entendimento entre os povos do universo.
CARTA EM RELEVO – Carta que apresenta a informação gráfica sob forma saliente ou tridimensional.

CARTA EXPRESSO – Aquela que é enviada ao destinatário por um serviço especial que permite que seja recebida mais rapidamente do que pelo correio normal.

CARTA FECHADA – Carta encerrada dentro de um sobrescrito convenientemente colado • Correspondência oficial devidamente endereçada e cerrada por selo para manter o seu conteúdo confidencial. Carta cerrada.

CARTA FOREIRA – Provisão respeitante aos foros e leis.

CARTA GEOGRÁFICA – Documento impresso em tecido ou papel que representa, sob forma gráfica ou fotogramática, em escala superior a 1:20.000, sobre suporte plano, características físicas da superfície terrestre ou corpo celeste. Mapa.

CARTA GRÁFICA – Conjunto das regras de paginação, escolha de proporção de tipos e corpos, códigos gráficos, coloridos e formais, que é adoptado para a comunicação visual de um documento ou sítio na *Web*, a fim de garantir a coerência das diversas partes constituintes da publicação ou do sítio.

CARTA HIDROGRÁFICA – Mapa destinado ao traçado das rotas em que são representados os mares e outros elementos indispensáveis à navegação, como as profundidades.

CARTA INVITATÓRIA – Carta que o Papa dirige aos bispos convidando-os para assistirem a uma celebração ou à sua sagração.

CARTA MURAL – Carta geográfica de grandes dimensões, destinada a ser pendurada na parede.

CARTA NÁUTICA – *Ver* Carta de marear.

CARTA NUNCUPATÓRIA – Carta dirigida a alguém, que os autores dos livros imprimem no início.

CARTA OUTORGADA – Constituição concedida por um monarca sem a intervenção do Parlamento ou das Cortes.

CARTA PARTICULAR – Aquela que é enviada a outra pessoa, sem que dela seja dado conhecimento público, não ultrapassando, na maioria dos casos, o emissor e o receptor. Carta privada.

CARTA PARTIDA – O nome deriva do facto de o acto ser copiado na mesma folha tantas vezes quantos os contraentes, cortando-se, em seguida, cada cópia para a entrega a cada um dos interessados; se o corte ou separação das cópias fosse feito por um traço ondulado, a carta partida denominava-se ondulada, *undulata;* se o corte fosse praticado em forma de ziguezague ou dentes de serra, a carta chamava-se denteada, *indentata*; este processo destinava-se a evitar que um acto verdadeiro fosse substituído por um falso; era impossível imitar estes denteados e os diferentes cortes, pois aproximando-se as duas cópias, a fraude descobria-se facilmente. É, por conseguinte, um original múltiplo. Carta quirográfica.

CARTA PARTIDA POR ABÊCÊ – Carta partida em que a legenda era constituída pela sequência das letras ABC.

CARTA PASTORAL – Epístola com exortações e instruções dirigidas por um bispo aos fiéis da sua diocese versando pontos da doutrina religiosa.

CARTA PATENTE – Carta aberta cujo conteúdo se destina a ser divulgado e conhecido. Patente • Documento oficial que concede privilégios públicos, obrigações, doações, etc., dirigido a todos os que o lerem • Documento que define a situação hierárquica a que pertence cada indivíduo como oficial das forças armadas para comprovação de direitos e deveres que a lei lhe assegura • Diploma de confrade, membro ou associado.

CARTA PORTULANO – Carta hidrográfica antiga, normalmente manuscrita, produzida entre os séculos XIII e XVII; o suporte utilizado é usualmente o pergaminho, muitas vezes iluminado; as cartas portulano serviam essencialmente para a navegação ao longo da costa, e eram mais raramente utilizadas em viagens de longo curso; como características principais havia a figuração de variadas rosas-dos-ventos, algumas de apurado sentido estético e subjacente ao desenho da costa e respectivos portos, ficava uma complicada rede de linhas conhecidas sob o nome de linhas-de-rumo; os topónimos dos portos e enseadas são inscritos no suporte a tinta perpendicularmente ao litoral, segundo convenções precisas de cores (os portos mais importantes a vermelho, os outros a negro); as cartas portulano foram elaboradas nos grandes centros marítimos da Europa (Itália, Portugal, Espanha). Portulano.

CARTA PÓVOA – Foral rudimentar que contém apenas algumas disposições referentes ao início e desenvolvimento do povoamento. Carta de povoação.

CARTA PRECATÓRIA – Carta ou designativo da carta dirigida por um juiz a outro, para que este cumpra ou faça cumprir determinadas diligências judiciais, tais como citações, inquirição de testemunhas ou outras acções destinadas ao regular funcionamento da justiça. Precatória.

CARTA PRIVADA – *Ver* Carta particular.

CARTA QUIROGRÁFICA – *Ver* Carta partida.

CARTA REAL – Designação atribuída a todos os actos régios; as cartas reais podem dividir-se em dois grandes grupos: as referentes aos actos provenientes directamente do rei (missivas, cartas fechadas, alvarás e ordens reais) e as cartas patentes ou de chancelaria, que são referentes a actos menos solenes que os diplomas.

CARTA RECEPTÓRIA – Despacho no qual se incumbe alguém de receber ou fazer alguma prova ou diligência.

CARTA RÉGIA – Documento dimanado da autoridade real que participa oficialmente a concessão de mercê honorífica ou lucrativa; leva a assinatura do rei, do ministro e o selo.

CARTA REQUISITÓRIA – Escrito em que um magistrado se dirige a outro para que ele cumpra ou faça cumprir determinadas diligências judiciais.

CARTA REVERSAL – Aquela em que se fazia uma determinada concessão em troca de outra.

CARTA ROGATÓRIA – Aquela em que os fiéis de uma diocese pedem a sagração de bispo de um determinado sacerdote.

CARTA SELADA – Documento de chancelaria dirigido a uma só pessoa e fechado por selo, com a finalidade de conservar o seu conteúdo secreto.

CARTA SEMÂNTICA – Representação das relações entre as palavras de um texto sob forma esquemática em rede • Representação esquemática de um conceito.

CARTA TUITIVA – Aquela que impede a prisão de alguém.

CARTABUCHA – Escova de arame semelhante à utilizada pelos ourives, usada pelos gravadores de letras para limpar os punções.

CARTÁCEO – Designação utilizada inicialmente para designar os códices de pergaminho e aplicada posteriormente àqueles que são feitos em papel; provém de *charta* (papel).

CARTA-DEDICATÓRIA – Dedicatória em forma de carta, que é dirigida à pessoa a quem se oferece a obra.

CARTA-DE-PREGO – Carta cerrada que o comandante de um navio abre apenas fora da barra, na qual se lhe determina aquilo que tem de fazer • Documento do mesmo género destinado a um comandante militar.

CARTA-ENCÍCLICA – Carta solene dirigida por uma alta entidade eclesiástica a uma colectividade circular, por exemplo as cartas dirigidas pelo Papa a todo o universo católico ou aos bispos de um determinado país. Encíclica.

CARTAIO (pal ital.) – Papeleiro.

CARTAIRO – *Ver* Cartório.

CÁRTAMO – Também conhecida sob o nome de falso açafrão, é uma planta da família das compostas, cujo pistilo fornece um pigmento vermelho-alaranjado ou amarelo-alaranjado utilizado em iluminura.

CARTÃO – Material espesso e rígido, formado por várias camadas de papel coladas umas às outras; excepto quando se trata de cartões, que a maior parte das vezes são mais cartolinas que cartões (a gramagem destes é superior a 225g/m^2), as pastas utilizadas no fabrico de cartão são tão diversas quanto grosseiras, feitas sobretudo à base de palha e madeira; frequentemente juntam-se-lhe papéis velhos sem branqueamento e sempre uma forte proporção de matérias destinadas a dar consistência ao produto final: argila, cimento, greda. O cartão começou por ser feito a partir de papéis, escritos ou não, que eram colados uns sobre os outros até atingirem a consistência desejada • Papel forte e espesso empregado na encadernação. Papelão • Página reimpressa com vista a substituir num livro uma passagem que se quis alterar; pode constituir um caderno à parte, mas na maior parte dos casos é encartado num caderno ou montado numa tira de papel • Nome dado habitualmente aos contentores de arquivos • Carta complementar de uma carta principal que figura na mesma folha e frequentemente é dada em diferente escala • Modelo de execução para a pintura, o mosaico, a tapeçaria, o vitral, habitualmente do mesmo tamanho que o produto final.

CARTÃO À BASE DE PALHA – Cartão em cuja composição predomina a pasta crua de palha.

CARTÃO ACETINADO – Cartão tratado mecanicamente na máquina de papel para melhorar a lisura e a uniformidade do aspecto nas duas faces. Esta operação é geralmente menos intensa do que a de supercalandragem.

CARTÃO AMARELO – Cartão cujo produto essencial é a palha e cuja designação provém da sua cor.

CARTÃO BINÁRIO – Aquele em que as informações são perfuradas sob forma binária, representando um bit cada posição de perfuração.

CARTÃO BRANCO – Cartão fabricado sobretudo a partir da pasta mecânica de madeira e cuja designação provém da sua cor.

CARTÃO BRISTOL – Cartão composto por uma ou várias folhas de constituição não contracoladas, fabricado unicamente com pasta química branqueada e apto à escrita e à impressão. Caracteriza-se pela lisura, rigidez, ausência de impurezas e aspecto regular à transparência. Pode ser utilizado, por exemplo, para a confecção de cartões-de-visita, ementas e artigos semelhantes.

CARTÃO CALANDRADO – Cartão que foi submetido à operação de calandragem.

CARTÃO CANELADO – Cartão constituído por folhas de papel estriado sobrepostas ou por diversas folhas planas de papel ou de cartão.

CARTÃO CANELADO DE FACE DUPLA – Cartão constituído por uma folha de papel estriado colada entre duas folhas de papel ou de cartão.

CARTÃO CANELADO DE FACE SIMPLES – Cartão formado por uma folha de papel estriado colada sobre uma folha de papel ou de cartão.

CARTÃO CANELADO DUPLO – Cartão constituído por duas folhas de papel estriado intercaladas e coladas sobre três folhas de papel ou de cartão.

CARTÃO CANELADO TRIPLO – Cartão constituído por três folhas de papel estriado intercaladas e coladas sobre quatro folhas de papel ou de cartão.

CARTÃO CASTANHO – Cartão que é fabricado sobretudo a partir de pasta mecânica parda.

CARTÃO CASTANHO MISTO – Cartão fabricado a partir de papel velho, adicionando-se, por vezes, pasta de cor acastanhada sobre as duas faces.

CARTÃO CEM POR CENTO PALHA – Cartão de pasta crua de palha com exclusão de qualquer outra pasta. Apresenta geralmente uma cor amarelada.

CARTÃO CINZENTO – Cartão fabricado com desperdícios de papel. É o usado nas pastas dos livros, variando o tom do cinzento claro ao escuro e quanto mais claro for, melhor é a sua qualidade.

CARTÃO COLORIDO NAS DUAS FACES – Cartão cujas faces foram intencionalmente coloridas durante o fabrico.

CARTÃO COLORIDO NUMA FACE – Cartão em que uma das faces foi colorida intencionalmente durante o fabrico.

CARTÃO COM INCISÕES – Cartão perfurado com linhas de menor resistência, de forma a permitir uma dobragem rigorosa ou o destacamento de determinadas partes.

CARTÃO COMERCIAL – É o utilizado para publicitar firmas comerciais ou outras e pode assumir vários formatos e aspectos.

CARTÃO COMPACTO – Cartão formado por uma única camada fibrosa que pode, contudo, ser composta por uma ou mais folhas de constituição; daí o nome que toma de unifoliar, bifoliar, etc.; esta nomenclatura comercial é muito usada sobretudo pelos fabricantes de cartão e de caixas de embalagem de cartão, para designar o material de que é feita a caixa (por oposição ao cartão canelado).

CARTÃO COMPACTO CONTRACOLADO – Cartão contracolado, que pesa pelo menos 1000 g/m² e que incorpora uma folha exterior *kraft* (ou semelhante), próprio para fabrico de caixas de embalagem.

CARTÃO DE ALTO BRILHO POR FRICÇÃO – Cartão com um elevado grau de acabamento de superfície, obtido por meio de uma calandra de fricção.

CARTÃO DE AMIANTO – Cartão formado por fibras unidas entre si por um ligante que aumenta o seu grau de incombustibilidade; caracteriza-se justamente pelo seu elevado grau de resistência ao fogo.

CARTÃO DE BOAS-FESTAS – Pequeno cartão ilustrado com motivos ornamentais relativos ao Natal e Ano Novo, que se envia naquela quadra festiva com votos de boas-festas.

CARTÃO DE BORDOS REFORÇADOS – Cartão perfurado, cujas beiras foram sujeitas a um tratamento especial, de modo a torná-las mais resistentes; este tratamento aumenta o número de passagens possíveis na máquina.

CARTÃO DE CONTROLO – Aquele que contém informações que permitem adaptar um programa geral a uma utilização específica.

CARTÃO DE ELEITOR – Documento que identifica o seu titular como sendo um cidadão apto a exercer o direito de voto.

CARTÃO DE EMPRÉSTIMO – Cartão onde se assinalam os livros que um leitor pede emprestados numa biblioteca ou instituição similar.

CARTÃO DE ENCADERNAÇÃO – Cartão rígido e liso, constituído por uma única folha, que é utilizado para capas de livros.

CARTÃO DE ENROLADORA – Cartão homogéneo com espessura normalmente superior a 1 mm, feito sobre uma enroladora a partir de uma mistura de papéis velhos.

CARTÃO DE IDENTIDADE DE LEITOR – Cartão de utilização permanente entregue ao leitor, que contém o seu nome, morada, número de inscrição, assinatura e, eventualmente, a fotografia e que deve ser apresentado como elemento de identificação sempre que pedido. Cartão de leitor.

CARTÃO DE IDENTIFICAÇÃO – Cartão de pequenas dimensões em que está contida uma figura, números, palavras, etc. que, uma vez visualizados, identificam alunos, professores ou outro tipo de utilizadores.

CARTÃO DE JANELA – Cartão de tipo mecanográfico com uma ou mais aberturas rectangulares destinadas a receber uma ou várias microimagens.

CARTÃO DE LEITOR – Autorização ou placa de identificação, que serve para permitir a frequência de uma biblioteca, serviço de documentação, arquivo ou instituição similar por um utilizador, durante determinado período. Cartão de identidade de leitor.

CARTÃO DE LEITURA – Designação atribuída à ficha que acompanha uma obra, que se retira no momento do seu suprimento, para ser conservada pelo serviço de empréstimo.

CARTÃO DE LUTO – Bilhete-de-visita rodeado por uma tarja negra e usado na correspondência das pessoas a quem faleceu um familiar.

CARTÃO DE MEDIDA *COLE* – Verbete inventado por George Watson Cole para determinar a dimensão dos livros.

CARTÃO DE MEMÓRIA – Dispositivo de armazenamento magnético da informação. *Pc-card*.

CARTÃO DE PASTA – Cartão feito numa única folha na máquina contínua.

CARTÃO DE TEIA DUPLA – Cartão com duas folhas de constituição, formado pela combinação de duas bandas contínuas sem utilização do adesivo.

CARTÃO DO LOMBO – *Ver* Lombada falsa.

CARTÃO DÚPLEX – Cartão fabricado com duas ou mais camadas, com gramagem de 200 a 600 g/m², composto em geral de uma camada superior fabricada com pasta química branqueada monolúcida e uma ou mais camadas inferiores fabricadas com pasta química não branqueada, pasta mecânica ou aparas; é usado principalmente no fabrico de cartuchos, com ou sem impressão • Cartão constituído por duas camadas fibrosas, unidas entre si no estado húmido, durante o seu fabrico, sem adesivo.

CARTÃO DUPLO – Modalidade de cartão fabricada com duas ou mais camadas de cartão ou com cartão e papel colados, que é usada para as capas dos livros.

CARTÃO EM FOLHA – Cartão que é fornecido em folhas não dobradas, vincadas ou enroladas.

CARTÃO ESTEREOGRÁFICO – Par de imagens opacas ou transparentes, montadas de modo a produzirem um efeito tridimensional, quando utilizadas numa visionadora estereoscópica.
CARTÃO ESTUCADO – Cartão tratado com um verniz, que lhe melhora as suas qualidades de impressão e o seu aspecto.
CARTÃO FELTRADO – Cartão que contém fibras têxteis especialmente preparadas para lhe dar uma textura mole e flácida.
CARTÃO FRICCIONADO – Cartão em que uma das faces se apresenta mais uniforme e mais brilhante, por secagem resultante do seu contacto com um cilindro metálico polido e aquecido, pertencente ao dispositivo de secagem da máquina de papel. A outra face do papel ou cartão conserva um aspecto relativamente rugoso.
CARTÃO ILUSTRADO – *Ver* Postal ilustrado.
CARTÃO INTELIGENTE – Modalidade de cartão que possui um *chip* programável e memória.
CARTÃO LAMINADO – Cartão que passou numa laminadora com o objectivo de apresentar uma espessura regular.
CARTÃO LAMINADO POR PLACAS – Cartão cuja superfície apresenta um elevado grau de acabamento por tratamento numa laminadora por placas.
CARTÃO LITOGRÁFICO – Tipo de cartão muito espesso de um *mastic* especial com o qual Senefelder, em 1819, tentou substituir a pedra litográfica, experiência que não resultou.
CARTÃO MAGNÉTICO – Suporte de informação composto por uma ficha de cartão ou de plástico, que é revestida por uma substância magnetizável e onde estão armazenados dados identificadores do seu possuidor e que permitem o acesso a determinadas operações da mais variada índole.
CARTÃO MARFIM CONTRACOLADO – Cartão bem colado, de gramagem normalmente superior a 150 g/m^2, apto à impressão e à escrita, fabricado a partir de pasta química branqueada por contracolagem de duas ou mais bandas contínuas. Caracteriza-se pela lisura, rigidez, ausência de impurezas e o seu aspecto é regular à transparência. Utiliza-se, por exemplo, na confecção de cartões-de-visita.
CARTÃO MESCLADO – Cartão sobre o qual são visíveis, em pequena quantidade, fibras de uma cor diferente das do resto do papel. Alguns tipos destes cartões designam-se por "cartões granitados" ou "cartões marmoreados".
CARTÃO ÓPTICO – Cartão produzido pela sociedade *Laser Card Systems Corporation*, na Califórnia, que se destina a registar dados numéricos, como por exemplo os dos processos médicos individuais; é constituído por um revestimento reflexivo e uma camada termossensível em estado irreversível sobre material plástico.
CARTÃO PARA BANDA – Operação de conversão de suportes, que consiste em transferir para uma banda magnética informações que estão num cartão.
CARTÃO PARA ENCADERNAÇÃO – Aquele que é usado para fazer encadernação de livros.
CARTÃO PARA ESTEREOTIPIA – *Ver* Flã.
CARTÃO PARAFINADO – Cartão impregnado ou revestido de parafina e/ou ceras diversas.
CARTÃO *PEEK-A-BOO* – *Ver* Ficha sobreponível de selecção visual.
CARTÃO PERFURADO – Suporte de informação constituído por uma ficha de dimensões e gramagem determinadas, geralmente em cartão e perfurada de acordo com uma disposição adequada ao tratamento automático da informação; os cartões perfurados mais comuns permitem comportar 80 colunas em 12 posições de perfuração • Designação genérica para os cartões com perfurações marginais.
CARTÃO REVESTIDO DE ALTO BRILHO – Cartão que foi submetido a um processo de revestimento, no qual a superfície revestida é seca em contacto com uma superfície metálica fortemente polida (cilindro ou banda contínua).
CARTÃO SEM ACABAMENTO – Cartão de aparência rugosa nas duas faces no fim do processo de fabrico.
CARTÃO SEM PASTA MECÂNICA – Cartão cuja composição fibrosa contém apenas

pasta química. Na prática pode conter acidentalmente uma pequena quantidade de outras fibras.
CARTÃO TRIPLEX – Cartão semelhante ao cartão dúplex, mas com o suporte em mais do que duas camadas.
CARTÃO VERMELHO – Cartão fino e resistente usado em encadernação flexível • Penalização imposta a alguém ou a uma instituição.
CARTÃO-COURO – Cartão que imita o aspecto do couro devido ao tratamento com uma camada de verniz.
CARTÃO-DE-VISITA – Rectângulo de cartolina contendo impresso o nome da pessoa, morada e, frequentemente, os seus títulos profissionais ou outros; utiliza-se para diversos fins: enviar uma mensagem por razões comerciais, familiares, sociais, etc. O formato clássico dos cartões-de-visita é o seguinte: 89 mm x 49 mm; 97 mm x 54 mm; 100 mm x 60 mm.
CARTÃO-JANELA – Cartão do tipo utilizado em processamento de dados, com uma ou mais aberturas rectangulares vazadas, preparadas para a inserção ou montagem de segmentos de microfilmes. É um tipo de microforma que permite registar em simultâneo fotograma e texto explicativo do mesmo, pois a parte livre do cartão é utilizada para titulação e indexação de dados que identificam os documentos, sem a necessidade de aparelhos leitores; é muito usado para plantas e desenhos técnicos e também em processos médicos onde, a par do fotograma, se faz um pequeno registo do diagnóstico ou situação clínica do doente.
CARTÃO-PALHA – Cartão amarelado que se utiliza nas pastas dos livros.
CARTÃO-POSTAL (port. Bras.) – Bilhete-postal.
CARTÃO-SUPORTE – Cartão com boa resistência mecânica, que se destina a ser transformado, como, por exemplo, por revestimento ou por impregnação. Em certos países, o termo também se utiliza para designar os papéis aos quais se aplica uma camada de outro material (alumínio, poliéster, etc.).
CARTÃOZINHO – Pequeno cartão com diversas utilidades.
CARTAPÁCIO – Carta muito grande • Livro de grande dimensão • Colecção de documentos manuscritos sob forma de livro. Alfarrábio, calhamaço, cadeixo. Livrório. Cartapaço.
CARTAPAÇO – Ver Cartapácio.
CARTAPOLINHO – Assim se chamava antigamente a um papel escrito por escrivão público.
CARTA-PRÓLOGO – Carta utilizada, composta e situada como um prólogo, que substitui.
CARTÁRIO – Livro, tombo ou volume em que se conservam os títulos de doação, e quaisquer outros instrumentos públicos designados cartas; havia três tipos de cartários: os dos originais, encadernados e compostos em forma de livro, os das cópias autênticas, colacionadas com os originais e os que apenas tinham um resumo e compêndio dos originais.
CARTAS DE JOGAR – Documento formado por cartões em número variável, geralmente impressos de ambos os lados; dado o carácter repetitivo e pequeno formato foram, a par dos registos de santos, das primeiras imagens a serem gravadas.

Carta de jogar

CARTAZ – Anúncio ou reclamo composto manualmente em letras muito destacadas ou impresso em papel de grande formato destinado a ser afixado em lugar público • Papel acetinado apenas de um lado; os papéis para cartaz destinados a máquinas de impressão por folhas são de formatos normalizados de 65 x 100, 80 x 120 e 120 x 160 cm; estas são as dimensões usuais ou as suas múltiplas dimensões, quando o formato final de cada exemplar necessita que se faça o ajustamento de várias folhas, como acontece em locais de publicidade de grande superfície. Painel publicitário • Papeleta. Poster. O cartaz existia, certamente, antes de Gutenberg mas, apesar de ser destinado ao público, obrigava à aproximação deste para se inteirar do seu conteúdo; a imprensa, ao permitir a reprodução e difusão de um mesmo modelo, alterou esta situação, de modo que pode dizer-se que hoje é o cartaz que vai ao público; no início publicava ordens, programas de autoridades civis e religiosas e contrapropaganda política; a partir de meados do século XIX o comércio apoderou-se dele com outras finalidades • Numa biblioteca, arquivo, serviço de documentação, etc., quadro em que é projectado o número de um cartão dado ao leitor que pediu um documento, para indicar ao leitor se a obra pedida está nas prateleiras, disponível para empréstimo, ou emprestada; é muito usado nas bibliotecas inglesas e americanas • Passaporte que os conquistadores portugueses davam aos comerciantes para cruzarem os mares da Índia • Cartel • Rótulo.

CARTAZEIRO – Aquele que se emprega a colar e a afixar cartazes.

CARTAZISTA – Tipógrafo que usualmente trabalha na composição de cartazes.

CARTEAR – Manter correspondência através de cartas • Antigamente designava o folhear os livros.

CARTEIRA – Pasta de pequenas dimensões para guardar papéis • Banca de escrever. Secretária • Livrinho de lembranças. *Carnet*.

CARTEIRA DE IDENTIDADE (port. Bras.) – *Ver* Bilhete de identidade.

CARTEIRO (port. Bras.) – *Ver* Cartório.

CARTEL – Anúncio público • Carta em que se desafia para duelo, justa, torneio, etc., em geral em sentido provocador • Rótulo • Cartaz.

CARTELA – Ornato arquitectural ou gráfico, por vezes usado também em encadernação, em forma de folha de pergaminho ou de papel, enrolada nas extremidades, que pode conter uma inscrição, título de uma obra, divisa ou sinal, identificação de um personagem ou pode simplesmente apresentar-se sem qualquer legenda. Cártula. Filactera. *Cartouche*.

Cartela

CARTELA INFERIOR – *Ver* Supedâneo.

Cartela inferior

CARTILHA – Compêndio de doutrina cristã • Cartinha. Livrinho para o ensino da leitura. Manual escolar, compêndio de alfabetização; era geralmente o primeiro livro que se punha nas mãos de um estudante, prática generalizada desde o século XVI até ao século XIX; as primitivas cartilhas eram placas finas de madeira de carvalho providas de um cabo, que mediam cerca de 25 centímetros de comprimento e metade de largura, nas quais estava inscrita uma folha com o alfabeto impresso e por vezes algarismos de 1 a 9 e o Pai Nosso; como forma de evitar o atrito e proteger da sujidade, a placa era coberta por uma camada transparente de chifre, que era unida a ela através de uma moldura de latão • Silabário • Qualquer tratado breve ou elementar de um ofício ou arte.

CARTINHA – Carta breve ou de pequeno formato • Cartilha.

CARTODIAGRAMA – Mapa topográfico ou orográfico feito com a finalidade de permitir estudar um ou mais fenómenos estatísticos, cujas diferentes intensidades se encontram indicadas pela grandeza de determinada representação geográfica adoptada.

CARTOFILÁCIO – Dignitário eclesiástico bizantino correspondente ao bibliotecário na Igreja romana. *Chartophylax*.

CARTOGRAFAR – Delinear. Reproduzir a carta geográfica.

CARTOGRAFIA – Arte de traçar cartas geográficas. Ciência e arte de desenhar, segundo determinados sistemas de projecção e uma escala, a totalidade ou parte da superfície terrestre num plano, isto é, traçar cartas ou mapas geográficos em reprodução bidimensional e tridimensional.

CARTOGRÁFICO – Pessoa que traça cartas geográficas ou é versada nelas. Cartógrafo • Pertencente ou relativo à cartografia.

CARTÓGRAFO – Aquele que traça cartas geográficas ou é versado nelas. Cartográfico.

CARTOGRAMA – Mapa geográfico ou topográfico, no qual se representam certos fenómenos estatísticos ou meteorológicos, por meio de diversas cores, de acordo com a respectiva densidade em cada região.

CARTOLAIO (pal. ital.) – *Ver* Estacionário.

CARTOLINA – Cartão delgado, pouco mais encorpado do que o papel, com que se fazem cartões-de-visita, cartões comerciais, etc.; a sua gramagem é superior a 160 g/m² sem, contudo, ultrapassar os 300 g/m².

CARTOLINA BRISTOL – Cartolina formada por uma ou mais folhas e não por contracolagem, pronta para a escrita e impressão; contém integralmente pasta química branqueada, imitando a cartolina marfim contracolada.

CARTOLINA MARFIM CONTRACOLADA – Cartolina com grande grau de colagem, pronta para a escrita e impressão, formada por pasta química branqueada e obtida por contracolagem de duas folhas de papel ou mais; caracteriza-se pela sua uniformidade, pureza e homogeneidade à transparência e é usada sobretudo para confeccionar cartões-de-visita e convites.

CARTOLINA PARA CARTÕES PERFURADOS – Cartolina compacta, rígida, de espessura uniforme, inerte, que permite uma perfuração sem rebarbas, destinada a ser usada em sistemas de leitura de informações.

CARTOLOGIA – Colecção de cartas geográficas.

CARTOLOGIUM (pal. lat.) – *Ver* Cartulário.

CARTONADO – Encadernado em cartão. Diz-se do livro que se apresenta coberto por uma simples pasta de cartão em que foram coladas folhas de papel • Papel cartonado.

CARTONADOR – Operário que encaderna livros em cartão.

CARTONAGEIRO – Vendedor ou fabricante de artefactos de cartão, sobretudo de caixas de papelão.

CARTONAGEM – Processo de reunir ou proteger livros no qual os cadernos cosidos são encaixados numa cobertura preparada à parte, onde são fixos por meio de colagem • Invólucro em cartolina ou papel espesso dobrado de forma a que nele se possam guardar documentos • Resultado dessa acção • Encadernação simples, geralmente feita com cartão revestido com papel de fantasia, percalina ou tecido, muito popular no século XIX.

CARTONAGEM *BRADEL* – Modalidade de cartonagem cujo nome lhe vem do seu inventor; é uma espécie de meia-encadernação, em que a pele é substituída por tecido ou papel e em que a cabeça com frequência não é aparada.

CARTONAGEM PROVISÓRIA – Nos finais do século XVIII e inícios do século XIX era o nome dado à encadernação sumária, geralmente *à la Bradel*, feita para proteger o livro enquanto esperava pela encadernação definitiva, o que por vezes nunca veio a acontecer; as obras assim revestidas são hoje muito procuradas pelos coleccionadores que esperam encontrar nelas os volumes intonsos, com as margens intactas, por vezes acompanhados pelas folhas finais de anúncios, geralmente retiradas no momento da encadernação.

CARTONAR – Encadernar em cartão. Brochar • Pôr cartões ou resguardar com cartões • Termo de gíria tipográfica que significa reimprimir folhas para substituir algumas em que escaparam erros.

CARTOON (pal. ingl.) – *Ver* Cartune.

CARTOPHYLAX (pal. lat.) – Dignitário eclesiástico bizantino com as funções de arquivista-bibliotecário do palácio imperial e do patriarcado de Constantinopla, correspondente ao bibliotecário na Igreja romana. Cartofilácio.

CARTORÁRIO – Aquele que guarda um cartório ou que nele trabalha. Cartoreiro. Cartorista. • Livro de registo de cartas de doações, vendas e documentos semelhantes. Cartulário • Relativo ou pertencente a cartório.
CARTOREIRO – *Ver* Cartorário.
CARTORISTA – Que ou aquele que trabalha num cartório. Cartorário.
CARTÓRIO – Cartairo. Nome dado antigamente a todos os arquivos e que hoje se aplica aos dos tribunais judiciais de primeira instância • Livro ou registo de assuntos.
CARTOTECA – *Ver* Mapoteca.
CARTOUCHE (pal. fr.) – Representação de uma tira de pergaminho ou de papel com as extremidades enroladas usada com finalidades ornamentais ou para inscrever uma frase ou divisa heráldica. Cartela. Filactera.

Cartouche

CARTUCHO – Receptáculo, hermeticamente fechado, geralmente de papel ou material plástico, no qual se conservam filmes, fitas magnéticas, zincogravuras em espiral ou outros documentos como meio de protecção contra a aderência de partículas estranhas que poderiam provocar erros ou anomalias na imagem ou leitura, destinado a facilitar a reprodução contínua ou a simplificar o carregamento. Pacote • Banda magnética utilizável com o próprio invólucro, que permite armazenar grandes volumes de informação.
CARTUCHO VÍDEO – Bobina de filme ou fita magnética, que contém imagens vídeo, destinadas a serem reproduzidas por meio de um aparelho de televisão; apresenta-se guardada em invólucro de forma permanente, cujas extremidades estão ligadas uma à outra de modo a possibilitar uma execução contínua sem rebobinagem.
CÁRTULA – Ornato arquitectural ou gráfico, por vezes em forma de folha de pergaminho ou de papel, enrolada nas extremidades, que pode conter uma inscrição, título de uma obra, divisa ou sinal, ou pode apresentar-se sem qualquer legenda, apenas com finalidade decorativa, associado ou não a uma figura humana ou animal. Cartela. Filactera. *Cartouche*.
CARTULÁRIO – Copiador • Colectânea de cartas ou escrituras antigas, geralmente em forma de volume, dos registos que começaram a ser elaborados cerca do século IX na Alemanha, tendo permanecido o seu uso até ao século XII; os cartulários são fontes de grande valor documental, cuja transcrição é na maior parte dos casos fiel, em que se preservaram documentos que, de outro modo, estariam condenados a desaparecer. O nome do cartulário pode provir: da encadernação, da natureza dos documentos, do proprietário ou do crédito que os documentos merecem; quanto à sua organização, os cartulários podem incluir privilégios temporais, direitos de propriedade e histórias ou crónicas. *Cartologium*. Cartorário • Arquivista, pessoa que tem a seu cargo a guarda de documentos • Registo de privilégios, títulos de propriedade e outros documentos interessando a uma igreja, cidade, senhorio ou qualquer instituição; os mais antigos cartulários portugueses remontam ao século XII • Pancarta.
CARTULÁRIO CORPORATIVO – Cartulário de um município, comunidade de povos, universidade ou corporação.
CARTULÁRIO ECLESIÁSTICO – Cartulário pertencente a um bispado, abadia, mosteiro ou priorado.
CARTULÁRIO HISTÓRICO – Cartulário no qual o autor dispôs as cópias numa ordem aproximativamente cronológica, por episcopado ou abadiado, ligando os capítulos por notações de carácter histórico, aproximando assim este género de cartulário do tipo historiográfico das *gestæ abbatum* ou *episcoporum*. Cartulário-crónica.
CARTULÁRIO PRIVADO – Cartulário pertencente a uma pessoa ou entidade particular.
CARTULÁRIO-CRÓNICA – *Ver* Cartulário histórico.
CARTULARIUS (pal. lat.) – Termo que no século XI designava aquele que escrevia.
CARTUME – *Ver* Cartune.
CARTUNE – Caricatura. Desenho humorístico utilizado para ilustrar textos; é usado frequen-

temente para fazer crítica de costumes • Desenho executado sobre papel forte para servir de modelo a diversas obras, como tapeçaria, pintura a fresco, mosaico, etc. • Desenho animado. *Cartoon.*
CARTUNISTA – Pessoa que desenha cartunes. Desenhador de pequenas histórias.
CARUNCHO – Um dos maiores inimigos da conservação da documentação, é um microrganismo que se desenvolve em meio húmido e que corrói os suportes; muitas vezes é transmitido pela madeira dos próprios móveis onde os documentos são guardados. (port. Bras.) Cupim.
CARVÃO ANIMAL – Pigmento negro que se extrai da calcinação de ossos de animais num recipiente hermeticamente fechado, a fim de, a partir dele, se produzir a tinta de escrever.
CAS – Acrónimo de *Chemical Abstracts Services.*
CASA – Numa tabela ou mapa, é o espaço compreendido entre dois filetes horizontais e dois filetes verticais • Entrenervo.
CASA DA LIVRARIA – Nome dado antigamente a uma biblioteca.
CASA DA TANARIA – *Ver* Palame.
CASA DA VIDA – Entre os egípcios, nome dado à instituição em que se coleccionavam e ordenavam livros de todo o género e onde se dirigiam os escribas para conseguirem obter informações, consultar e copiar dados, etc.
CASA DE ENTRENERVOS – Em encadernação é o espaço compreendido entre os nervos da lombada de um livro, geralmente ornamentado com ferros dourados; é o lugar usualmente preenchido por um rótulo onde se grava o nome do autor, o título da obra e por vezes o lugar da impressão e a data. Compartimento da lombada. Painel. (port. Bras.) Casa de entrenervuras.
CASA DE ENTRENERVURAS (port. Bras.) – *Ver* Casa de entrenervos.
CASA DE ESTAMPAR – Nome dado inicialmente à oficina tipográfica, principalmente àquela que estava instalada na comunidade religiosa.
CASA DOS LIVROS – No antigo Egipto, instituição típica onde se guardavam alguns livros e documentação administrativa.
CASA EDITORA – *Ver* Editora.

CASADO – *Ver* Encasado.
CASA-FORTE – Local de conservação numa biblioteca, arquivo ou centro de documentação construído de modo a oferecer o máximo de segurança dos documentos contra o roubo ou qualquer outra espécie de sinistro.
CASAR – Juntar trabalhos diversos numa mesma forma e imprimi-los numa única tiragem.
CASCA – Película de cobre ou níquel que se forma sobre o molde, por electrólise, em galvanotipia.
CASCA DE ÁRVORE – Superfície exterior das árvores e outras plantas lenhosas; a parte interior da casca de certas árvores, como a bétula, foi usada na Antiguidade como suporte de escrita; em algumas regiões da Ásia Central e do Extremo Oriente ainda era comum este processo de escrita até há relativamente pouco tempo.
CASCA DE OVO – Pano branco muito fino, utilizado nas carcelas de reforço, colocação de algumas gravuras, etc.
CASE STUDY (loc. ingl.) – *Ver* Estudo de caso.
CASEADO – Conjunto de casas e colunas de gráficos ou mapas, normalmente separadas por linhas horizontais e verticais.
CASEÍNA – Substância albuminóide, insolúvel na água, que se extrai do leite por acção do ácido sulfúrico, empregada no fabrico do papel como componente da cola, com a finalidade de lhe dar um aspecto liso e brilhante.
CASELA – Entrenervo.
CASSAÇÃO DE UM ACTO – Operação através da qual um acto anulado é retirado da utilização para fins jurídicos.
CASSE (pal. fr.) – Nome dado à parte do tinteiro de algibeira onde se guardavam as penas • Tabuleiro com caixotins que contêm os tipos.
CASSETE – Invólucro em forma de caixa com filme ou banda magnética que contém uma bobina debitadora e uma bobina receptora destinadas a carregar e a descarregar um projector, leitor ou registador apropriado, sem ter de desenrolar e enrolar previamente a banda. Banda magnética áudio ou vídeo ou filme fotográfico enrolado sobre dois núcleos gémeos contidos numa caixa.
CASSETE DE ÁUDIO – *Ver* Cassete sonora.
CASSETE DE VÍDEO – Bobina de filme ou fita magnética, que contém imagens de vídeo,

destinadas a serem reproduzidas por meio de um aparelho de televisão; apresenta-se guardada em invólucro de forma permanente, que incorpora tanto a bobina alimentadora como a rebobinadora • Aquela que tem registado o texto e imagens de um livro.

CASSETE SONORA – Caixa fechada de fita sonora, contendo bobina debitadora e bobina receptora. Cassete de áudio.

CASSITEROGRAFIA – Arte de gravar em estanho • Gravura que é obtida por este processo de gravação.

CASTELHANISMO – Locução própria da língua castelhana.

CASTIGATE (pal. lat.) – Resumidamente, concisamente, termo aplicado geralmente a uma edição.

CASTIGATIOR (pal. lat.) – Palavra que aparece muitas vezes a qualificar a edição em livros antigos, querendo significar que ela foi objecto de uma revisão que a dotou com um estilo mais apurado que a precedente.

CASTIGATOR (pal. lat.) – Nome dado antigamente ao revisor de provas, aquele que tinha a seu cargo examinar o texto impresso com a finalidade de detectar os erros da impressão e de os fazer corrigir.

CASTIGATUS (pal. lat.) – Termo utilizado para caracterizar uma edição que foi objecto de correcções e emendas. Corrigido. Revisto.

CAT. – Abreviatura de catálogo.

CATACRESE – Emprego de palavra ou frase desviada da sua significação natural quando não há outra apropriada • Uso impróprio de uma palavra, que dá maior sugestividade à frase ou ao verso.

CATAGLOTISMO – Uso de palavras pretensiosas, extravagantes e pouco usuais.

CATALECTO – Conjunto de trechos escolhidos de um autor antigo, especialmente grego ou latino.

CATALOGAÇÃO – Elaboração, segundo princípios normalizados, de uma notícia bibliográfica sinaléctica, analítica ou descritiva de um documento, tendo em vista a criação e actualização do catálogo • Parte da biblioteconomia que trata das normas que se devem seguir na elaboração dos catálogos • Secção de uma biblioteca onde se procede à selecção, classificação e catalogação dos livros com a finalidade de servir o utilizador.

CATALOGAÇÃO ABREVIADA – Catalogação simplificada • Limitação da descrição bibliográfica aos elementos dos dados considerados pela biblioteca ou por outra agência de catalogação, como os essenciais para a identificação de documentos bibliográficos e do número de pontos de acesso aos registos das unidades bibliográficas, aplicada a todos os documentos catalogados ou a determinadas categorias deles.

CATALOGAÇÃO ANALÍTICA – Modalidade de catalogação feita com vista à elaboração de entradas analíticas. Assenta na selecção de certas partes de uma monografia ou de partes insertas em publicações periódicas como notas, artigos, notícias, etc. *Ver* Entrada analítica.

CATALOGAÇÃO BIBLIOGRÁFICA – Elaboração da notícia bibliográfica de um documento feita tomando em consideração normas existentes para o efeito. Catalogação documental.

CATALOGAÇÃO CENTRALIZADA – Elaboração e difusão de notícias catalográficas por uma unidade central dentro de uma rede de bibliotecas; esta modalidade de catalogação tem resultados muito mais perfeitos e uniformes do que a catalogação cooperativa. A catalogação na fonte é um exemplo de catalogação centralizada.

CATALOGAÇÃO COLECTIVA – Modo de catalogação de documentação avulsa, que consiste em agrupá-la e atribuir-lhe um cabeçalho e um título colectivos.

CATALOGAÇÃO COMPLETA – *Ver* Catalogação detalhada.

CATALOGAÇÃO COOPERATIVA – *Ver* Catalogação em cooperação.

CATALOGAÇÃO CORRENTE – Tratamento catalográfico da documentação que habitualmente é designada como corrente, deixando para oportunidade posterior a catalogação da documentação já existente.

CATALOGAÇÃO DE PRÉ-PUBLICAÇÕES – *Ver* Catalogação na fonte.

CATALOGAÇÃO DERIVADA – Catalogação feita a partir de um registo bibliográfico já existente alterando-o, no caso de ser necessário, para o tornar conforme com o documento que pretende catalogar-se e com a prática local de catalogação. *Ver tb.* Catalogação importada.

CATALOGAÇÃO DESCRITIVA – Operação do processamento documental, que diz respeito à identificação e descrição formal de um documento, assegurando a sua identificação precisa, bem como a definição dos pontos de acesso a essa descrição, com registo dessas informações em suporte considerado adequado, distinta da determinação do tema e da escolha da forma dos cabeçalhos de assuntos ou indexação. Ao identificar e descrever o documento tem como finalidade imediata distingui-lo dos outros.

CATALOGAÇÃO DETALHADA – Catalogação que, além dos dados da notícia bibliográfica, inclui informações bibliográficas suplementares como referências a aspectos particulares da obra, como a sua raridade, valor, estado de conservação, repertórios em que se lhe faz menção, etc.; esta modalidade de catalogação é muito utilizada para o tratamento técnico de fundos de incunábulos e de livros antigos. Catalogação completa. Catalogação integral. Catalogação pormenorizada.

CATALOGAÇÃO DOCUMENTAL – *Ver* Catalogação bibliográfica.

CATALOGAÇÃO EM COLABORAÇÃO – *Ver* Catalogação em cooperação.

CATALOGAÇÃO EM COOPERAÇÃO – Elaboração por centros bibliográficos das notícias bibliográficas dos documentos escritos nas línguas de um país, cujo reagrupamento no plano internacional deve culminar no controlo bibliográfico universal. É realizada por várias instituições e enviada a uma central, que se encarrega de normalizar e de reproduzir os registos bibliográficos e de os distribuir. Pressupõe a uniformização de uma quantidade de princípios e de regras respeitantes ao tratamento técnico e compatibilidade de equipamentos. Implica, em geral, uma partilha de tarefas e custos do trabalho catalográfico e visa evitar uma duplicação de gastos e de esforços • Participação comum num trabalho de catalogação de várias bibliotecas que se congregam para tal fim, através de um acordo cujas condições são à partida bem determinadas. Catalogação cooperativa. Catalogação partilhada.

CATALOGAÇÃO EM LINHA – Processo pelo qual, em contacto directo com uma base de dados, um catalogador pode pesquisar informação, recuperar informação e dispor dos registos bibliográficos existentes acrescentando, regra geral, alguns registos novos.

CATALOGAÇÃO IMPORTADA – Tratamento catalográfico de documentos que é capturado de uma base de dados na qual a catalogação dos mesmo já se encontra feita. Captura de catalogação.

CATALOGAÇÃO INTEGRAL – *Ver* Catalogação detalhada.

CATALOGAÇÃO MANUAL – Aquela que é feita sem a intervenção de meios informáticos.

CATALOGAÇÃO NA FONTE – Inserção num documento da sua descrição bibliográfica e eventualmente dos cabeçalhos de assunto, elaborados por organismos centrais ou de cooperação, com a finalidade de uma uniformização e de uma utilização comuns; a catalogação na fonte é um exemplo de catalogação centralizada. Os dados da notícia bibliográfica acompanham o respectivo documento, impressos no verso da página de rosto, pois a catalogação na fonte é feita quando o livro está ainda em fase de impressão. Catalogação de pré-publicações. Catalogação na publicação. Catalogação pré-natal. *Cataloguing in Publication. CIP.*

CATALOGAÇÃO NA PUBLICAÇÃO – *Ver* Catalogação na fonte.

CATALOGAÇÃO NÃO AUTOMATIZADA – *Ver* Catalogação manual.

CATALOGAÇÃO ORIGINAL – Elaboração do registo de um documento sem recorrer a um registo pré-existente do referido documento.

CATALOGAÇÃO PARTILHADA – *Ver* Catalogação em cooperação.

CATALOGAÇÃO PORMENORIZADA – *Ver* Catalogação detalhada.

CATALOGAÇÃO PRELIMINAR – Fase inicial da catalogação de uma obra, que consiste na preparação de um registo bibliográfico parcial ou abreviado, que serve de base à catalogação definitiva.

CATALOGAÇÃO PRÉ-NATAL – *Ver* Catalogação na fonte.

CATALOGAÇÃO RETROSPECTIVA – Aquela que parte de catálogos elaborados no passado, que têm que ser refeitos para responder às necessidades actuais, sobretudo no que toca à informatização.

CATALOGAÇÃO SEGUNDO A PORTADA – Modalidade de catalogação em que os dados a incluir na notícia bibliográfica são baseados apenas na portada, sem qualquer intenção de criar cabeçalhos uniformes para a obra em apreço.

CATALOGAÇÃO SELECTIVA – Diz-se da catalogação mais restrita ou mais completa de certos documentos de uma biblioteca, por oposição a outros documentos catalogados de modo corrente; conjuga três tipos de catalogação, de acordo com os fundos a tratar: catalogação comum para obras gerais, catalogação simplificada para obras literárias e catalogação detalhada para incunábulos e livros raros.

CATALOGAÇÃO SIMPLIFICADA – Catalogação reduzida, através da eliminação de elementos da notícia bibliográfica, que para um determinado tipo de biblioteca podem ser considerados supérfluos.

CATALOGAÇÃO TRANSITÓRIA – Elaboração de um registo provisório num catálogo que para um documento cuja catalogação completa se adiou; consta, em geral, de um cabeçalho de entrada principal, de uma descrição bibliográfica abreviada e de uma colocação.

CATALOGADOR – Técnico que cataloga ou que organiza catálogos; para isso determina as formas das entradas dos catálogos, elabora as descrições bibliográficas e, em alguns casos, indexa e classifica documentos.

CATALOGAR – Operação que consiste em extrair de um documento todos os elementos necessários à sua identificação e descrição • Elaborar notícias bibliográficas com a finalidade de organizar catálogos • Inscrever, ordenar ou enumerar notícias bibliográficas em catálogos. Catalogisar. (port. Bras.) Fichar.

CATALOGISAR – *Ver* Catalogar.

CATÁLOGO – Documento secundário que apresenta e descreve documentos reunidos permanente ou temporariamente • Conjunto de notícias catalográficas dos documentos de um ou vários fundos documentais, dispostas segundo os vários tipos de cabeçalhos e suas funções e apresentadas segundo certas regras, que permitem a sua recuperação • Conjunto ordenado de entradas respeitantes a uma colecção ou a colecções de livros e outros documentos • Lista de livros confinada às existências de uma biblioteca ou colecção particular, cujo objectivo é funcionar como uma chave de acesso para o fundo bibliográfico • Memória, inventário ou lista descritiva ordenada de nomes de pessoas, objectos, documentos ou acontecimentos • Em arquivística, instrumento de descrição que identifica de forma individual a totalidade ou parte dos documentos de arquivo de um fundo, núcleo ou colecção, que têm entre si uma relação tipológica, temática, cronológica ou outra; é também um instrumento de pesquisa organizado segundo critérios temáticos, cronológicos, onomásticos ou geográficos, contendo uma breve descrição de cada série ou unidade documental. Pode ser impresso, editado em microficha, estar disponível em *CD-ROM* ou em outro suporte informático e ser interrogável em linha ou em diferido • Peça de mobiliário de uma biblioteca, arquivo, serviço de documentação, etc.

CATÁLOGO ABERTO – Aquele em que a incorporação de registos bibliográficos novos não está limitada.

CATÁLOGO ABREVIADO – Modalidade de catálogo no qual a descrição bibliográfica dos documentos que o constituem se encontra reduzida aos elementos considerados os indispensáveis para a identificação de cada uma das espécies. Catálogo sucinto.

CATÁLOGO ALFABÉTICO – Aquele em que as notícias bibliográficas estão ordenadas segundo as letras do alfabeto.

CATÁLOGO ALFABÉTICO CLASSIFICADO – Catálogo em que os cabeçalhos principais de assunto são ordenados alfabeticamente e, em cada um deles, os seus derivados numa outra ordem também alfabética; neste catálogo alfabético classificado os cabeçalhos de assunto mostram as relações genéricas existentes entre eles como num sistema de classificação.

CATÁLOGO ALFABÉTICO DE ASSUNTOS – Catálogo em que as notícias bibliográficas são ordenadas alfabeticamente tomando como ponto de partida o conjunto das letras que formam o cabeçalho de matéria. Catálogo ideográfico. Catálogo de assuntos. Catálogo alfabético de matérias. Catálogo de matérias.

CATÁLOGO ALFABÉTICO DE AUTORES – Catálogo em que as notícias bibliográficas estão ordenadas alfabeticamente, sendo a palavra de ordem da entrada de cada obra o nome do seu autor e/ou dos colaboradores que nela intervêm.

CATÁLOGO ALFABÉTICO DE AUTORES E OBRAS ANÓNIMAS – Catálogo em que as notícias bibliográficas são ordenadas tomando como ponto de partida os caracteres que constituem o cabeçalho de autor, de colectividade ou de título que foi escolhido como ponto de acesso.

CATÁLOGO ALFABÉTICO DE MATÉRIAS – Ver Catálogo alfabético de assuntos.

CATÁLOGO ALFABÉTICO DE TÍTULOS – Catálogo em que as notícias bibliográficas são ordenadas tomando como ponto de partida o conjunto de letras que constituem o título de cada uma das obras. Catálogo didascálico.

CATÁLOGO ALFABÉTICO DIRECTO – Catálogo em que os cabeçalhos dos registos bibliográficos são ordenados segundo a ordem das letras do alfabeto e o cabeçalho de cada assunto exprime directa e especificamente o tema da obra a que ele diz respeito. Catálogo alfabético específico.

CATÁLOGO ALFABÉTICO ESPECÍFICO – Ver Catálogo alfabético directo.

CATÁLOGO ANALÍTICO – Catálogo cujas notícias sinaléticas são seguidas de uma análise de conteúdo redigida em linguagem natural; pode ser de autores ou de assuntos, embora esta expressão tenha sido usada durante muito tempo para designar apenas o catálogo alfabético de assuntos.

CATÁLOGO ANOTADO – Catálogo que inclui descrições bibliográficas e informação adicional sobre os documentos descritos.

CATÁLOGO ASSINDÉTICO – Catálogo em que não existem relações entre os pontos de acesso ou cabeçalhos que o constituem.

CATÁLOGO AUTOMATIZADO – Aquele que funciona por si próprio, com pouco ou nenhum controlo humano directo • Documento de carácter secundário formado pelas descrições bibliográficas de um conjunto documental feito com diferentes aplicações ou programas informáticos.

CATÁLOGO AUXILIAR – Catálogo privativo do pessoal especializado incumbido da catalogação. Catálogo interno.

CATÁLOGO BIOBIBLIOGRÁFICO – Aquele em que as notícias bibliográficas das obras de um determinado autor ou sobre ele escritas incluem também breves dados biográficos acerca do referido autor. Catálogo de identidade. Catálogo de autoridade.

CATÁLOGO CARTOGRÁFICO – Ver Catálogo de mapas.

CATÁLOGO CENTRAL – Catálogo geral existente numa biblioteca central de um sistema de bibliotecas, que é o catálogo comum das colecções nele existentes; é também chamado catálogo principal. Catálogo colectivo.

CATÁLOGO CENTRALIZADO – Ver Catálogo colectivo.

CATÁLOGO CLASSIFICADO – Catálogo organizado por assuntos, de acordo com um esquema de classificação sistemático; também é designado por catálogo sistemático, catálogo de assuntos e catálogo *raisonné*. Catálogo racional.

CATÁLOGO CLASSIFICADO ALFABETICAMENTE – Catálogo alfabético de assuntos, no qual as entradas não estão feitas sob assuntos específicos como num dicionário, mas sob assuntos mais amplos ordenados alfabeticamente, cada um dos quais subdividido alfabeticamente por assuntos para indicar subdivisões mais específicas. As entradas de autor e título podem ser incluídas no mesmo alfabeto sob encabeçamentos de assuntos apropriados.

CATÁLOGO COLECTIVO – Catálogo das existências parciais ou totais comum a várias bibliotecas, arquivos ou serviços de documentação. Os primeiros catálogos colectivos existentes eram feitos em suporte papel; hoje em dia assumem a forma de bases de dados actualizadas com regularidade. Os catálogos colectivos podem ser nacionais, regionais, locais, especializados ou enciclopédicos. A sua elaboração implica a aceitação de regras comuns de catalogação e descrição bibliográfica e/ou de formatação dos dados e de uma normalização dos princípios a seguir. Catálogo central. Catálogo principal.

CATÁLOGO COLECTIVO DE PUBLICAÇÕES PERIÓDICAS – Lista conjunta de revistas, jornais, relatórios de sociedades científicas, etc. que se encontram disseminados por várias bibliotecas de um dado território.

CATÁLOGO COLECTIVO NACIONAL – Catálogo que inclui as notícias bibliográficas de toda a produção editorial de um determinado país.

CATÁLOGO COMERCIAL – Directório comercial. *Ver* Catálogo de livreiro.

CATÁLOGO CONFIDENCIAL – Numa secção especial de uma biblioteca, é o catálogo de material que está segregado e é utilizado apenas sob certas restrições previamente definidas.

CATÁLOGO CONGELADO – Aquele em que deixou de fazer-se a inserção de novos registos bibliográficos.

CATÁLOGO CRONOLÓGICO – Catálogo em que as notícias bibliográficas estão ordenadas pelas datas de publicação dos documentos, reais ou atribuídas, ou pela ordem da data de entrada.

CATÁLOGO DE ACESSO PÚBLICO EM LINHA – Base de dados bibliográficos desenhada de modo que se lhe possa aceder através de terminais, em que os utilizadores do serviço a que ela pertence possam pesquisar e recuperar directamente registos bibliográficos, sem a intervenção de intermediários.

CATÁLOGO DE ACESSOS – Registo de acessos. Livro de registo.

CATÁLOGO DE ACTOS – Lista de actos emanados de um mesmo autor ou conservados num mesmo fundo de arquivo ou ainda dizendo respeito a um mesmo destinatário ou objecto, do qual se faz apenas a análise e a tradição, e, eventualmente, a sua crítica diplomática e histórica.

CATÁLOGO DE AQUISIÇÕES – *Ver* Registo de aquisições.

CATÁLOGO DE ASSUNTOS – *Ver* Catálogo ideográfico.

CATÁLOGO DE AUTORES – Aquele em que as notícias bibliográficas aparecem ordenadas alfabeticamente pelo nome (em geral apelido seguido do ou dos nomes próprios) do autor principal, co-autor, editor literário, tradutor, ilustrador, etc. do documento. Catálogo onomástico.

CATÁLOGO DE AUTORIDADE – Catálogo estabelecido por uma biblioteca, no qual se apresentam diferentes variantes utilizadas de um cabeçalho de autor (pessoa física ou colectividade) com a versão adoptada e aconselhada pela biblioteca e com remissivas das versões desprezadas para a escolhida. Ficheiro de autoridade. Catálogo bibliográfico. Catálogo de identidade.

CATÁLOGO DE BIBLIOTECA – Conjunto das notícias bibliográficas dos documentos e livros de uma biblioteca acompanhadas da sua colocação na estante e elaboradas de acordo com regras específicas. Catálogo bibliográfico. Catálogo de identidade.

CATÁLOGO DE CARACTERES – Aquele que exibe amostras dos caracteres de uma fundição, imprensa ou oficina de fotocomposição.

CATÁLOGO DE DISCOS – Lista de discos musicais de que constam pormenores relativos ao título, compositor, intérprete, data e circunstâncias em que o disco foi gravado, nome da editora discográfica, número do catálogo na editora e data de autorização de venda.

CATÁLOGO DE DISTRIBUIDORES – Catálogo de pedidos de documentos no qual estão inscritos os nomes dos distribuidores a quem os pedidos foram feitos.

CATÁLOGO DE EDIÇÕES – Lista de edições que uma biblioteca pretende acrescentar às suas colecções.

CATÁLOGO DE EDITOR – Lista de obras que uma editorial tem disponíveis para venda. Catálogo comercial. Catálogo de livreiro. Catálogo editorial.

CATÁLOGO DE EDITORES – Aquele em que as notícias bibliográficas se encontram ordenadas segundo os nomes dos editores inscritos nos documentos.

CATÁLOGO DE ENCADERNAÇÃO – Catálogo em que se registam por ordem alfabética as entradas referentes aos livros de uma biblioteca que se encontram em processo de encadernação, momentaneamente fora de uso.

CATÁLOGO DE ENTRADA – Catálogo de registo de aquisições. *Ver* Registo de entrada.

CATÁLOGO DE EXPOSIÇÃO – Descrição mais ou menos detalhada das obras, peças, etc. que são exibidas numa exposição, geralmente com ilustrações das peças mais significativas, quase sempre precedida de uma introdução explicativa, e que serve de guia para a visita; no caso de exposições bibliográficas, o catálogo pode mesmo funcionar como bibliografia sobre determinado assunto, autor ou colecção.

CATÁLOGO DE FAC-SÍMILES – Catálogo ilustrado que inclui reproduções de diapositivos, desenhos, esboços, etc., como parte da notícia catalográfica de cada documento.

CATÁLOGO DE FICHAS – Catálogo composto por tiras de cartolina de forma rectangular (7,5 x 12,5 cm para formato normalizado), que servem de suporte às notícias bibliográficas que o constituem. Catálogo manual. Catálogo tradicional. O seu uso generalizou-se sobretudo depois da Segunda Guerra Mundial, como forma de actualizar os catálogos ao ritmo da explosão documental verificada nessa época, assumindo até aí os catálogos o formato de livro.

CATÁLOGO DE FICHAS ABREVIADAS – Aquele que dá menor informação que o catálogo de entradas principais.

CATÁLOGO DE FOLHAS AVULSAS – Catálogo onde as notícias bibliográficas são consignadas sobre folhas destacáveis, permitindo uma revisão por reagrupamento, adição ou substituição.

CATÁLOGO DE IDENTIDADE – *Ver* Catálogo biobibliográfico. (port. Bras.) Catálogo de autoridade.

CATÁLOGO DE IMPRESSOR – Catálogo de caracteres de uma imprensa. *Ver* Catálogo de tipos.

CATÁLOGO DE *INCIPIT* – Lista organizada de obras manuscritas ou impressas apresentadas pela ordem alfabética das primeiras palavras de cada uma delas.

CATÁLOGO DE INVENTÁRIO – Relação feita para se proceder a um levantamento de determinadas espécies de um fundo; é, em geral, numerada sequencialmente. Catálogo de número de entrada. Catálogo de registo.

CATÁLOGO DE LEILÃO – *Ver* Catálogo de venda em leilão.

CATÁLOGO DE LEITORES – Catálogo alfabético das pessoas, administrações, organismos que requerem a consulta de documentos ou informações neles contidas.

CATÁLOGO DE LIVRARIA – *Ver* Catálogo de livreiro.

CATÁLOGO DE LIVREIRO – Relação que apresenta, sob a forma de lista ou outra, as obras disponíveis para venda por um vendedor de livros; a notícia é com frequência acompanhada do respectivo preço. Catálogo comercial. Catálogo de editor. Catálogo de livraria.

CATÁLOGO DE LIVROS DE OCASIÃO – Catálogo de livraria, que insere os autores e títulos de obras de lance oferecidas por um alfarrabista ou antiquário.

CATÁLOGO DE MAPAS – Aquele que contém notícias bibliográficas da colecção ou colecções de representações sobre uma determinada superfície de uma parte ou de toda a superfície terrestre, existente nos fundos de uma biblioteca ou instituição similar. Catálogo cartográfico.

CATÁLOGO DE MATÉRIAS – *Ver* Catálogo ideográfico.

CATÁLOGO DE MICROFICHAS – Conjunto de notícias catalográficas de microformas contendo uma série de microimagens dispostas em formato de grade, onde se podem identificar três zonas distintas: a do título, a da informação e a do índice.

CATÁLOGO DE MICROFILMES – Conjunto de notícias catalográficas de filmes de grão fino e alta resolução contendo uma série de microimagens apresentadas livremente reduzidas a partir do original e destinados a projecção e/ou reprodução.

CATÁLOGO DE MICROFORMAS – Conjunto de notícias catalográficas de suportes fotográficos em microfilme ou microficha, que contêm o armazenamento e a exploração de imagens ou páginas de texto miniaturizadas.

CATÁLOGO DE NÚMERO DE ENTRADA – *Ver* Catálogo de inventário.

CATÁLOGO DE PUBLICAÇÕES EM SÉRIE – Catálogo composto por registos de publicações seriadas.

CATÁLOGO DE PUBLICAÇÕES PERIÓDICAS – Catálogo no qual uma ficha com o nome da publicação periódica ou um registo informático contêm a descrição bibliográfica completa e uma breve informação histórica desta, quer a biblioteca a possua ou não.

CATÁLOGO DE RECORTES – Catálogo sob a forma de um livro encadernado ou em folhas soltas, que é constituído por recortes e que contém os seus registos bibliográficos individuais ordenados segundo uma classificação previamente estabelecida • Colecção de recortes.

CATÁLOGO DE REGISTO – Ver Catálogo de inventário.

CATÁLOGO DE SELOS – Ver Catálogo sigilográfico.

CATÁLOGO DE TIPOS – Aquele que exibe amostras dos caracteres de uma fundição, imprensa ou oficina de fotocomposição. É desde o século XVI, a amostra ilustrada dos caracteres tipográficos vendidos por uma oficina de fundição; é também desde o primeiro século da imprensa, o repertório publicado pelas imprensas de alguma importância para orientar a escolha dos seus clientes, mediante um mostruário de composições, feitas com todos os caracteres das suas caixas, nos seus diversos corpos e segundo diversos interlineados; com o passar do tempo, os catálogos de tipos vão cedendo lugar, cada vez mais, aos de fotocomposição e de fototitulação cuja finalidade é a mesma: para os fabricantes, vender aos compositores e para os compositores, vender serviços aos seus clientes. Catálogo de impressor.

CATÁLOGO DE TÍTULOS – Ver Catálogo didascálico.

CATÁLOGO DE TOMBO – Ver Catálogo de inventário.

CATÁLOGO DE VENDA EM LEILÃO – Catálogo de livros ou documentos que provêm de uma ou mais bibliotecas privadas, oferecidos para venda em hasta pública e entrega a quem oferecer maior lanço ou oferta. Catálogo de leilão.

CATÁLOGO DEPARTAMENTAL – Catálogo que contém as notícias bibliográficas dos documentos de um único sector de uma biblioteca ou organismo.

CATÁLOGO DIDASCÁLICO – Catálogo no qual as notícias bibliográficas estão agrupadas pela ordem alfabética dos títulos dos documentos. Catálogo de títulos.

CATÁLOGO DIVIDIDO – Catálogo que contém diversos tipos de entradas, como autores, títulos, assuntos, etc.

CATÁLOGO DO PÚBLICO – Nome dado ao catálogo que se destina apenas a ser consultado pelos utilizadores e não é usado para apoio aos serviços técnicos. Catálogo externo. Catálogo para uso do público.

CATÁLOGO EDITORIAL – Ver Catálogo de editor.

CATÁLOGO EM FICHAS – Conjunto de notícias bibliográficas do mesmo tipo inscritas em suportes de cartolina, independentes e que, depois de terem sido ordenadas alfabeticamente ou classificadas sistematicamente, são mantidas em ficheiros ou caixas. Ver tb. Catálogo de fichas.

CATÁLOGO EM FORMA DE LISTA – Conjunto de itens organizados tradicionalmente em ordem alfabética ou sistemática, que é apresentado sob a forma de um rol.

CATÁLOGO EM FORMA DE LIVRO – Catálogo de folhas soltas ou encadernadas, que assume a forma de volume; pode ser impresso convencionalmente ou em impressora de computador ou ser constituído por folhas com recortes. Catálogo em volume.

CATÁLOGO EM LINHA – Catálogo de registos bibliográficos, em formato legível por máquina, mantido num computador e que permite o acesso interactivo através de terminais, que durante toda a operação, se mantêm em comunicação directa e contínua com o computador; pode aceder-se através de chaves de pesquisa simples ou combinadas, determinadas previamente: autor, título, assunto, número internacional normalizado do livro, etc. Catálogo *on-line*.

CATÁLOGO EM MICROFICHA – Catálogo em que o suporte da informação é uma folha de película fotográfica (microficha), produzido por meio de filmagem ou saída de computador; tem de ler-se com o auxílio de um leitor de microformas. Tem como vantagem em relação ao catálogo impresso o facto de poder arrumar-

-se num espaço diminuto, ser mais económico e facilitar o empréstimo entre instituições.

CATÁLOGO EM MICROFILME – Catálogo cujo suporte da informação é a película fotográfica; produz-se através de filmagem ou saída de computador e tem de ler-se com o auxílio de um leitor de microformas. Catálogo em micropelícula.

CATÁLOGO EM MICROPELÍCULA – *Ver* Catálogo em microfilme.

CATÁLOGO EM VOLUME – Diz-se de um catálogo de biblioteca publicado sob a forma de livro e cujas notícias são agrupadas segundo uma classificação pré-estabelecida • Reprodução fotográfica de um catálogo em fichas sob a forma de livro.

CATÁLOGO EXTERNO – *Ver* Catálogo do público.

CATÁLOGO GEOGRÁFICO – Catálogo em que as notícias bibliográficas estão ordenadas alfabeticamente ou sistematicamente pelos nomes de lugares de edição ou de lugares de impressão inscritos nos documentos descritos.

CATÁLOGO IDEOGRÁFICO – Catálogo no qual se agrupam as notícias bibliográficas por ordem alfabética ou sistemática das rubricas de matéria. Catálogo de assuntos. Catálogo alfabético de assuntos. Catálogo alfabético de matérias. Catálogo de matérias.

CATÁLOGO IMPRESSO – Aquele em que as notícias catalográficas estão reproduzidas por um processo de impressão ou por reprografia, utilizando como suporte a ficha ou a folha de papel. Os catálogos impressos em forma de livro usaram-se até à primeira década do século XX, embora apresentassem o inconveniente de se desactualizarem rapidamente e de serem pouco económicos; nos dias de hoje ainda se editam, sobretudo para fundos especiais, dada a sua fácil divulgação.

CATÁLOGO IMPRESSO EM FORMA DE LIVRO – *Ver* Catálogo em volume.

CATÁLOGO INACTIVO – Aquele que não está a ser usado, mas que poderá um dia vir a sê-lo.

CATÁLOGO INTEGRADO – Catálogo em que não está limitada a incorporação de novos registos bibliográficos e no qual se procuram ajustar os cabeçalhos resultantes do uso de um código antigo ou esquema de catalogação e os que resultam da adopção de um novo.

CATÁLOGO INTERNO – Catálogo destinado ao pessoal de um serviço, por oposição ao catálogo que é destinado ao público. Catálogo auxiliar.

CATÁLOGO INTER-RELACIONADO – Catálogo composto por referências que se encontram dispostas segundo uma estrutura interligada.

CATÁLOGO MANUAL – Aquele que está organizado por meios não mecânicos nem informáticos, expressão que se usa por oposição a catálogo informatizado. Catálogo não automatizado.

CATÁLOGO MANUSCRITO – Conjunto organizado de notícias catalográficas que foram redigidas à mão.

CATÁLOGO METÓDICO – *Ver* Catálogo sistemático.

CATÁLOGO METÓDICO DE MATÉRIAS – *Ver* Catálogo sistemático de assuntos.

CATÁLOGO MORTO – Aquele que se conserva por alguma razão especial, pois já não está em uso nem se espera que possa voltar a estar.

CATÁLOGO MULTIMÉDIA – Aquele que apresenta registos referentes a todo o tipo de documentos existentes numa biblioteca, arquivo, serviço de documentação, etc., quer sejam bibliográficos, de material audiovisual ou outro.

CATÁLOGO MURAL – Lista de obras consignadas em grandes folhas e afixada numa parede com fins de consulta.

CATÁLOGO NACIONAL – Inventário que em princípio deverá conter a totalidade dos registos da documentação existente nas bibliotecas, arquivos e serviços de documentação de um determinado país.

CATÁLOGO NÃO AUTOMATIZADO – *Ver* Catálogo manual.

CATÁLOGO OFICIAL – Catálogo considerado pelo pessoal mais responsável de uma instituição como modelo para levar a cabo as actividades que exigem a consulta do registo mais correcto e actualizado da colecção de uma biblioteca, arquivo ou serviço de documentação.

CATÁLOGO ON-LINE – Ver Catálogo em linha.
CATÁLOGO ONOMÁSTICO – Catálogo que tem em cabeçalho os nomes dos autores principais ou secundários dos documentos ordenados alfabeticamente. Catálogo de autores. Catálogo alfabético de autores e anónimos.
CATÁLOGO PARA USO DO PÚBLICO – Ver Catálogo público.
CATÁLOGO POR COTAS – Ver Catálogo topográfico.
CATÁLOGO POR NOMES DE PESSOAS – Ver Catálogo onomástico.
CATÁLOGO POR NÚMEROS DE ENTRADA – Catálogo cujas notícias são ordenadas segundo o número de ingresso do documento na instituição.
CATÁLOGO PRINCIPAL – Catálogo central. Ver Catálogo colectivo.
CATÁLOGO PÚBLICO – Catálogo destinado aos utilizadores de um serviço, por oposição aos outros catálogos, que são reservados ao uso do pessoal. Catálogo para uso do público.
CATÁLOGO RACIONAL – Ver Catálogo classificado.
CATÁLOGO RAISONNÉ – Catálogo em que as notícias bibliográficas se apresentam ordenadas sistematicamente de acordo com um plano lógico de assuntos, que inclui informações bibliográficas, críticas e explicativas • Catálogo descritivo de obras de arte com anotações e comentários feitos por peritos com intenção pedagógica.
CATÁLOGO REGIONAL – Catálogo dos documentos existentes nas bibliotecas situadas em determinada zona geográfica • Catálogo de documentos relativos a, ou escritos por pessoas que vivem em determinada zona geográfica • Catálogo colectivo das colecções de um grupo de bibliotecas independentes numa determinada zona geográfica.
CATÁLOGO REPARTIDO – Catálogo em fichas, volumes ou partes, que se apresenta dividido em duas ou mais sequências.
CATÁLOGO SIGILOGRÁFICO – Aquele que contém as notícias referentes aos selos que pertencem a colecções ou fundos diversos relativos a um determinado assunto. Catálogo de selos.

CATÁLOGO SINDÉTICO – Catálogo alfabético de assuntos, catálogo-dicionário, etc., que inclui referências cruzadas como ligações de conexão entre assuntos, procurando minimizar os inconvenientes da separação de muitos assuntos relacionados, resultantes da ordenação alfabética dos seus nomes diferentes, comuns aos catálogos de entradas específicas; essas referências podem ser de dois tipos: coordenadas e hierárquicas.
CATÁLOGO SISTEMÁTICO – Catálogo em que as notícias bibliográficas estão ordenadas segundo um sistema de classificação previamente estabelecido. Apresenta uma disciplina formal na disposição dos assuntos, na qual se parte sempre do geral para o particular.
CATÁLOGO SISTEMÁTICO ALFABÉTICO – Aquele em que as entradas se apresentam ordenadas sistematicamente, mas os pontos de acesso usam a linguagem natural em vez de notações, como acontece no caso do catálogo sistemático dito puro.
CATÁLOGO SISTEMÁTICO DE ASSUNTOS – Catálogo em que as notícias bibliográficas dos documentos são dispostas segundo uma ordem estabelecida por uma classificação, que parte do geral para o específico. Catálogo metódico de matérias.
CATÁLOGO SUCINTO – Ver Catálogo abreviado.
CATÁLOGO TEMÁTICO – Lista dos vários trabalhos musicais de um compositor, com o tema de abertura ou o tema principal de cada um (ou de cada andamento, no caso de composições extensas); os trabalhos estão, regra geral, ordenados cronologicamente, mas podem encontrar-se divididos em categorias para servir determinados propósitos.
CATÁLOGO TOPOGRÁFICO – Catálogo em que as notícias bibliográficas seguem a ordem que os documentos a que respeitam têm nas colecções ou nos fundos documentais, coincidindo com a ordem das cotas; trata-se, em geral, de um catálogo com um ponto de acesso para cada título; por vezes não se encontra a público, destinando-se apenas a uso dos serviços e servindo também de inventário, dado que permite saber quantas espécies existem numa determinada secção • Em arquivística, roteiro.

CATÁLOGO TOPONÍMICO – Catálogo onde as notícias são dadas na ordem alfabética ou sistemática dos países descritos nas obras • Catálogo onde as notícias estão organizadas segundo a ordem alfabética dos lugares de edição ou de impressão.
CATÁLOGO TRADICIONAL – Catálogo manual. Catálogo de fichas, por oposição ao catálogo informatizado.
CATÁLOGO UNIFICADO – *Ver* Catálogo colectivo.
CATÁLOGO-DICIONÁRIO – Catálogo no qual todas as entradas (por autor, título, assunto, série, etc.) e as suas referências relacionadas se unem numa só série ordenada alfabeticamente; o seu uso teve início com a Revolução Francesa, em 1789, para registo das colecções confiscadas pelo governo revolucionário.
CATÁLOGO-REVISTA – Lista ou relação ordenada e sistemática de itens, de objectos ou de pessoas, em geral ilustrada e com a forma de brochura, acompanhada ou não de uma descrição sumária; sai periodicamente e é feita em geral com a finalidade de apresentar um produto aos potenciais compradores interessados pelo correio ou entregue em mão.
CATALOGOGRAFIA – *Ver* Catalografia.
CATÁLOGO-INVENTÁRIO – Estudo descritivo de cada uma das peças de um maço ou de cada uma das actas de um registo ou de um conjunto de maços ou de registos. Inventário analítico.
CATÁLOGO-LIVRO – Conjunto de notícias bibliográficas que é apresentado sob a forma de livro, por oposição àquele em que as notícias bibliográficas estão consignadas em fichas; tem a vantagem de ser facilmente manejável, poder ser usado como um dicionário, ver-se num relance de olhos, não haver repetições nem duplicações e poder estar ao mesmo tempo disponível em diversos locais. Tem o inconveniente de precisar de contínuos suplementos para se poder considerar actualizado.
CATALOGRAFIA – Parte da biblioteconomia que trata da organização dos catálogos e sua redacção. Técnica de catalogação • Catalogografia.
CATALOGRÁFICO – Relativo à catalografia.

CATALÓGRAFO – Aquele que redige catálogos • Bibliotecário que prepara a notícia catalográfica, escolhe a forma dos cabeçalhos e decide acerca da indexação a adoptar.
CATALOGUING-IN-PUBLICATION (pal. ingl.) – Catalogação na publicação, catalogação na fonte; trata-se de uma catalogação centralizada, feita de modo que cada nova obra, ao sair a público, possa ir acompanhada da sua correspondente notícia bibliográfica. *Ver tb.* Catalogação na fonte. *CIP*.
CATANGA – Termo da gíria tipográfica que designa a composição difícil, restos de tabelas, de títulos, de notas, cuja distribuição o tipógrafo menos diligente vai adiando.
CATÃO – Nome dado ao primeiro livro de leitura, designação que provém do apelido do gramático latino Dionísio Catão • Livro elementar composto por frases e períodos curtos e graduais, de modo que os principiantes exercitem a leitura.
CATATAU – *Ver* Tijolo.
CATECISMO – Livro ou folheto para o ensino dos preceitos da religião, redigido por vezes sob a forma de perguntas e respostas • Doutrinação elementar sobre qualquer ciência ou arte.
CATEGORIA – Resultado da divisão de conceitos universais em partes geralmente aplicáveis, em princípio, a todos os domínios • Conceitos gerais (tempo, espaço, forma, etc.) que intervêm na análise de um tema; Ranganathan distingue cinco conceitos fundamentais: a personalidade, a energia, o tempo, o espaço e a matéria • Classe. Série • Natureza. Carácter.
CATEGORIA DE ACESSO – Palavra, termo, etc. que permite a pesquisa e recuperação de um registo descritivo de um documento.
CATEGORIA DE ACESSO PRINCIPAL – Categoria de acesso que permite procurar e recuperar os registos descritivos do conjunto de um fundo e das suas partes.
CATEGORIA DE ACESSO SECUNDÁRIA – Categoria de acesso adicional à categoria de acesso principal, que permite pesquisar e recuperar um registo descritivo de um documento.

CATEGORIA PREFERENCIAL – Num sistema de classificação, classe a que se dá preponderância devido a necessidades ou interesses especiais.

CATEGORIAS FUNDAMENTAIS – Em classificação por facetas, categorias de facetas que se supõem aplicáveis a um campo temático; segundo Ranganathan, havia cinco categorias de facetas fundamentais, que estavam na base da sua classificação: personalidade, matéria, energia, tempo e espaço.

CATEGORIZAÇÃO – Processo que permite que se incluam num mesmo conjunto (categoria) objectos ou acontecimentos com base na partilha de determinadas propriedades • Criação de categorias.

CATEGORIZAÇÃO CONCEPTUAL – Processo de categorização que é uma forma de organização do conhecimento semântico.

CATEGORIZAÇÃO PERCEPTIVA – Processo de categorização que permite identificar um objecto ou constatar a repetição de um acontecimento através das diferenças físicas inevitáveis entre as sucessivas apresentações.

CATEGORIZAR – Atribuir categorias. Dispor por categorias. Integrar dentro de uma categoria.

CATENATUS (pal. lat.) – Etimologicamente significa acorrentado, preso por uma corrente, designação atribuída ao livro precioso que outrora era seguro à mesa de leitura por uma cadeia para evitar o seu roubo; por conseguinte, eram livros de leitura de presença na biblioteca da instituição a que pertenciam. Cadenado. Livro cadenado.

Catenatus

CATEQUÉTICO – Diz-se do texto que, geralmente ligado a uma religião, pretende ensinar ou promover uma doutrina, tentando converter o leitor aos princípios que a orientam.

CATHOLICON – Enciclopédia do dominicano genovês Johannes Balbus feita no século XIII e impressa em Mainz em 1460, provavelmente por Gutenberg; é o primeiro livro impresso de carácter pedagógico e laico.

CATILINÁRIA – Palavra cuja origem lhe vem das *Catilinariæ*, designação de quatro famosos discursos de Cícero contra Catilina, e que é usada com o sentido de texto ou discurso violento dirigido contra alguém.

CATRAIO – Pequeno componedor cujo tamanho atinge no máximo 15 cm.

CAUÇÃO – Montante em dinheiro depositado por um particular não-sócio ou utilizador de uma determinada biblioteca com a finalidade de ter acesso ao empréstimo de documentos dos seus fundos bibliográficos; o utilizador é reembolsado do montante depositado como fiança no momento em que devolver o material emprestado. *Ver tb.* Carta de caução.

CAUCHU (port. Bras.) – *Ver* Borracha.

CAUDA VERTICAL – Haste vertical da letra.

CAUDATA (pal. lat.) – Letra com pé muito pronunciado saindo da linha, formando cauda, daí o seu nome, muito usada nos livros antigos. Caudato.

CAUDATO – *Ver* Caudata.

CAUDEX (pal. lat.) – Tronco de árvore sobre o qual se escrevia; deste termo vão derivar mais tarde as palavras códex e códice.

CAULIM (port. Bras.) – *Ver* Caulino.

CAULINO – Nome de um adjuvante superficial, substância argilosa, friável e refractária, empregada não só no fabrico do papel com a finalidade de lhe aumentar o peso e de lhe conferir um aspecto liso e brilhante, mas também como pigmento branco. (port. Bras.) Caulim.

CAUSA – Pleito judicial.

CAUSA DE BEATIFICAÇÃO – Para efeitos de atribuição de autoria, aquela cuja finalidade é a atribuição do título de beato a uma determinada pessoa.

CAUSA DE SANTIFICAÇÃO – Para efeitos de atribuição de autoria, aquela cuja finalidade

é a atribuição da designação de santo a uma determinada pessoa.
CÁUSTICO – *Ver* Corrosivo.
CAUTE LEGENDUS (loc. lat.) – Expressão que significa « cuidado ao ler » e que por vezes surge como advertência ao leitor em certos textos de carácter polémico ou considerados pouco ortodoxos.
CAUTELA – Documento provisório • Senha.
CAUTELA DE LOTARIA – Subdivisão dos bilhetes de lotaria.
CAVADO – Profundidade do escavado das símile-gravuras.
CAVALEIRO – Indicador usado num ficheiro com a finalidade de assinalar, de forma bem visível e imediata, o que nele está contido.
CAVALETE – Móvel de plano inclinado feito em madeira onde o tipógrafo trabalha e se guardam as caixas tipográficas • Em encadernação, instrumento usado pelo cosedor para apoiar os cadernos com vista a costurá-los e a reunir os planos • Móvel de plano inclinado usado em pintura • Cavaleiro.
CAVALETE DE JORNAIS – Pequeno móvel ou parte de um móvel de determinado desenho destinado a expor jornais fixados por varas de madeira ou outras que assentam nas extremidades sobre suportes horizontais ou inclinados a 45°, munidos de entalhes formando cremalheira • Porta-jornais.
CAVALO – Letra, fragmento de letra ou qualquer corpo estranho que fica agarrado à forma pela parte inferior, obrigando algumas letras a ficarem mais altas.
CAVANETAS – Lugar aberto nos livros onde são feitos os remates.
CAVILHA – Barra ou marca usada pelo escriba para assinalar a linha do modelo onde ia a copiar o texto • Pequena peça de madeira inserida na parte vertical de uma estante e que suporta uma tabela.
CBB – Classificação Bibliográfica para Bibliotecas Públicas.
CBI – Sigla de *Cumulative Book Index*, conhecida bibliografia que é editada no Reino Unido • Acrónimo de *Computer-based instruction*, ensino assistido por computador.
CBL – Acrónimo de *Computer-based learning*, aprendizagem por computador.

CBN – Abreviatura de Controlo Bibliográfico Nacional, sistema criado com a finalidade de controlar os dados bibliográficos de um determinado país em todos os seus períodos (bibliografia retrospectiva e corrente), com vista a poder fornecer e disponibilizar os dados básicos de todas as obras nele editadas.
CBU – Abreviatura de Controlo Bibliográfico Universal. A sua criação pretende que todos os países controlem a sua bibliografia nacional; na medida em que ela é fundamentalmente nacional, terá como consequência um controlo bibliográfico universal, com o objectivo de promover um sistema mundial de controlo e permuta de informações bibliográficas, de modo a facilitar, rapidamente, em forma universalmente aceite, dados bibliográficos sobre todas as publicações editadas em todos os países; o conceito do CBU pressupõe a criação de uma rede formada em parte por componentes nacionais integrados, cobrindo cada um uma vasta actividade editorial e biblioteconómica para formar um sistema global.
CC – Acrónimo de *Colon Classification*, Classificação *Colon*, Classificação por facetas.
Cc. Vv. – Abreviatura latina que significa *Clarissimi viri*, ilustre senhor, frase que usualmente encabeçava uma dedicatória no início de um livro.
CD – Acrónimo de *Compact Disk*, disco compacto de 120 mm de diâmetro, feito de policarboneto, revestido por uma camada de alumínio reflector e por outra camada plástica de protecção.
CD MULTIREAD (loc. ingl.) – Modalidade de disco compacto; possibilita aos leitores de CD-ROM que leiam discos criados para *drives* CD-RW.
CD SAMPLER (loc. ingl.) – *Ver* CD-ROM de demonstração.
CDD – Acrónimo de Classificação Decimal de Dewey.
CDF – Acrónimo de *Channel Definition Format*, tecnologia que permite a transmissão, a intervalos regulares, de dados dos canais para o *Internet Explorer*.
CD-I – Forma abreviada de *Compact Disk Interactive*, combinação do *CD* com tecnologia de

vídeo cujo formato introduz informação adicional gráfica, dados, etc.

CD-PROM (pal. ingl.) – Disco híbrido que contém simultaneamente informações pré-gravadas e uma zona gravável que pode ser explorada pelo utilizador; esta parte é de tipo *WORM* e pode ser escrita com um gravador de *CD-R*; o utilizador pode proceder à actualização ligando-se à *Internet*; os complementos de *software* inscrevem-se na zona *WORM*. O *CD-PROM* pode igualmente apresentar-se como suporte seguro; a zona destinada à gravação está preparada para receber códigos de decifração ou desbloqueio transmitidos em linha (via *Internet*) pelo editor, enquanto o utilizador que comprou a licença o grava.

CD-R – Acrónimo de *Compact Disk Reversible*, disco compacto reversível, suporte de gravação em que podem reescrever-se dados na mesma camada.

CD-RECORDABLE (pal. ingl.) – Modalidade de disco compacto que, graças a um aparelho adequado, possibilita a produção de *CD-ROM* a partir de dados que existem em banda magnética, disquete ou *hard drive PC*; nestes *CD* uma vez registada a informação não pode ser alterada.

CD-ROM – Acrónimo de *Compact Disk Read-Only Memory*, termo de multimédia que designa a integração de texto, imagens fixas e animadas, sequências de animação e de sons num mesmo suporte. Aparece nas modalidades de *CD-ROM* (apenas com texto e imagens), *CD*-interactivo, com texto, imagens fixas e animadas, sons, etc., *CD*-foto, livros electrónicos, etc. Suporte de dados para os microcomputadores • Disco feito com base na mesma tecnologia que o disco compacto áudio; permite a armazenagem de 750 *megabytes* de dados numéricos; a sua utilização pressupõe a existência de um leitor ligado a um microcomputador *IBM-PC* ou compatível. Os produtos disponíveis em *CD-ROM* podem agrupar-se em três categorias: dados alfanuméricos (bibliográficos, estatísticos, texto integral, etc.), *software* e multimédia, que vão desde simples gráficos a produções que podem integrar em simultâneo imagem, som, texto, etc. Tende a substituir o suporte papel e traz consigo novas e múltiplas possibilidades de pesquisa (por palavras do título, por temas, por pesquisa booleana, etc.). Usa-se para armazenamento de conteúdos informativos e de entretenimento.

CD-ROM (pal. ingl.) – *Ver CD-Recordable*.

CD-ROM DE DEMONSTRAÇÃO – Demonstração de um produto, etc. apresentado em *CD-ROM*. *CD sampler*.

CD-ROM XA (loc. ingl.) – Suporte documental em forma de disco óptico, que permite gravar texto com algumas imagens.

CD-RW – *Ver Compact Disk Rewritable*.

CD-UDF – Acrónimo de *Compact Disk-Universal Disk Format*; foi concebido para fazer um *CD-R*, um *CD-RW* ou um *DVD* gravável usando facilmente os métodos de gravação por aumento, por transferência de pacotes de dados de medidas variáveis e fixas, o que evita a fase de pré-formatação, ou seja, para gravar um *CD-R* com o formato de gravação lógico *UDF* é tão fácil como gravar uma disquete magnética.

CDS/ISIS – Acrónimo de *Computerised Documentation System/Integrated Set of Information Systems*, Sistema de Documentação Informatizado/Conjunto Integrado de Sistemas de Informação.

CDU – Acrónimo de Classificação Decimal Universal. C.D.U.

CD-V – Acrónimo de *Compact Videodisc*, videodisco compacto.

CD-WORM – *Ver CD-Recordable*.

CD-WRITE ONCE (loc. ingl.) – *Ver CD-Recordable*.

CE – *Ver Continuing Education*, formação contínua.

CÊ-CEDILHA – A letra ç.

CECOGRAFIA – Máquina de escrever para invisuais, originalmente inventada por Julien Leroy e mais tarde modificada por Bataille • Método de escrita para invisuais. Nictografia.

CECÓGRAFO – Instrumento utilizado para leitura de cegos. Nictógrafo • Aquele que utiliza este instrumento • Aquele que ensina cegos a ler com este instrumento.

CECOGRAMA – Papel de correspondência em braile destinado a invisuais.

CEDILHA – Sinal gráfico (,) que se coloca debaixo do c, antes de a, o e u, para representar a fricativa linguodental surda (s); foi inventada por Aristófanes de Bizâncio, bibliotecário de Alexandria, a quem ficou também a dever-se a invenção dos acentos e do apóstrofo, tendo a estimulação do uso destes três sinais gráficos em tipografia ficado a dever-se a Antoine Augereau.

CEDILHADO – Com cedilha.

CEDILHAR – Colocar cedilha em.

CÉDULA – Palavra derivada do latim a partir das palavras *scheda* ou *schedula*, que faziam parte dos actos diplomáticos; teve vários usos em requerimentos, actos de apelação e por vezes na reforma de alguns abusos • Designação de documentos escritos de vária natureza • Papel representativo de moeda de curso legal • Apólice.

CÉDULA BIBLIOGRÁFICA – Cédula com dois furos na margem esquerda para permitirem a sua ligação através de parafusos a duas pastas de cartão que lhes servem de capa.

CÉDULA DE IDENTIDADE (port. Bras.) – *Ver* Bilhete de identidade.

CÉDULA ELEITORAL (port. Bras.) – *Ver* Boletim de voto.

CÉDULA PESSOAL – Documento de identificação de um indivíduo.

CÉDULA REAL – Despacho expedido por um monarca ou por um conselheiro em seu nome, por meio do qual era promulgada uma lei concedendo uma graça ou privilégio.

CEGO – Diz-se do documento manuscrito ilegível, apagado.

CEGO PAPELISTA – Pessoa pertencente a uma irmandade de cegos da paróquia de S. Jorge, que apregoava nas ruas os "papéis noticiosos" e a "literatura de cordel" e possuía armários ou tendas de livros usados, com os folhetos novos suspensos em barbantes. Os cegos papelistas gozavam de privilégio real e, por provisão régia de 4 de Março de 1751, apenas os cegos da irmandade podiam apregoar e vender pelas ruas papéis avulsos impressos. Em 1863 faleceu o último cego papelista da irmandade.

CELOFANAGEM – Revestimento das capas de um livro com celofane.

CELOFANE – Material plástico, transparente e impermeável, resultante da celulose e usado para envolver objectos.

CELOTEXTO – Texto impresso em celofane.

CÉLULA – Em informática, posição de memória (central ou auxiliar) • Unidade de armazenamento digital.

CÉLULA REDACTORIAL – Espaço de pequena ou grande dimensão existente num jornal para uso de um jornalista, onde em geral tem início a preparação de uma reportagem, etc.

CELULÓIDE – Substância muito inflamável, transparente, obtida pela combinação da nitrocelulose, cânfora e álcool, de que se fazem os filmes para fotografia e cinema; usa-se na gravura, especialmente para cortar fundos, ornatos e ilustrações.

CELULOLÍTICO – O que decompõe a celulose.

CELULOSE – Na sua forma mais pura, polímero natural constituído por cadeias moleculares de celulose (celobiose), que são constituídas por duas moléculas de glucose unidas entre si por um átomo de oxigénio por meio de uma ligação covalente; é a componente principal das paredes das células da estrutura lenhosa das plantas; o material fibroso permanece depois de os elementos não fibrosos da madeira serem retirados pelas operações de redução a polpa e branqueamento usadas no fabrico do papel • Papel feito a partir da celulose regenerada usado em finas folhas transparentes para embrulhar e outras aplicações; às vezes é impresso.

CELULOSE ALFA – Porção da pasta de papel e de outros materiais ricos em celulose resistente à acção de soluções aquosas cáusticas dos alcalis de acção mercerizante à temperatura ambiente.

CENA – Parte do teatro onde os actores representam. Palco • Decoração teatral • Parte de um acto de uma peça teatral durante a qual o cenário é o mesmo • Passagem.

CENA DE APRESENTAÇÃO – *Ver Accipies*.

CENÁCULO – Reunião de indivíduos que professam as mesmas ideias ou perseguem os mesmos fins.

CENÁRIO – Decoração teatral • Conjunto de bastidores e vistas adequados aos factos que se representam.

CENAS DE PÉ DE PÁGINA – Nos manuscritos medievais são imagens que geralmente se situam nas margens do pé da página e que podem ou não estar relacionadas com o texto; são encontradas nos manuscritos góticos a partir do século XIII. *Bas de page*.
CENS. – Abreviatura de censura.
CENSO – Levantamento oficial, periódico, simultâneo, de pessoas e/ou propriedades, com a indicação de certo número de circunstâncias determinadas por lei. Recenseamento. Censuário.
CENSOR – Pessoa a quem, por delegação da autoridade competente, está afecta a leitura e exame de obras literárias e artísticas, periódicos, etc., indicando o que porventura possa contrariar as leis e regulamentos da censura; alguns censores sondam os textos a censurar com mil cuidados, procurando neles mensagens subtilmente escondidas. Revisor • Crítico. (port. Bras.) Censurador.
CENSÓRIO – Relativo a censor ou à censura.
CENSUAL – *Ver* Censuário.
CENSUÁRIO – Livro onde se regista a cobrança dos censos ou prestações fixas e anuais, direitos, vendas e contribuições que os mosteiros, igrejas, cabidos, etc. recebiam pelos seus bens imóveis ou cobravam de um indivíduo ou corporação, como sinal de dependência; eram estes os direitos que as igrejas paroquiais eram obrigadas a pagar à Sé episcopal. Censual. Livro dos censos.
CENSURA – Cargo ou dignidade de censor • Direito de revisão e exame de publicações e livros para proibir a divulgação daqueles cuja leitura se julga nociva; deve distinguir-se a censura civil, exercida pelo Estado e que se baseia no direito político, da censura eclesiástica, a cargo da Igreja, da qual trata o direito canónico; nos livros dos século XVI-XVIII surgem em Portugal três tipos de censura: a da Inquisição, a do Ordinário (bispo) e a do Paço (poder civil); qualquer delas atrasava a publicação ou distribuição. Com a criação da Real Mesa Censória em 1768 procurou obviar-se a este atraso. No caso de o autor pertencer a uma ordem religiosa, surgia por vezes ainda a licença da Ordem. Aponta-se como primeira manifestação de censura a ordem do imperador chinês Ts'in Shihuangti, dada em 213 a. C. para que fossem queimados todos os manuscritos sobre madeira, como castigo aos autores por criticarem a sua política; o nascimento formal da censura religiosa aplicada ao livro impresso data de 1485, quando o arcebispo de Mogúncia, Berthold von Honneberg, ordenou que fossem cuidadosamente examinados os livros impressos a expor na feira da Quaresma, pedindo que fossem retiradas todas as publicações perigosas; a censura civil foi imposta um ano mais tarde, em 1486, em Mogúncia e Frankfurt simultaneamente • Repreensão. Condenação eclesiástica de determinadas obras • Não-aceitação do original do autor por parte do editor • Análise crítica de obras literárias ou artísticas • Corporação que está encarregada de proceder a essa análise • Na actualidade, a censura pode ocorrer quando os recursos informativos impressos, digitais ou audiovisuais são retirados da circulação por uma autoridade censora.
CENSURA BRANCA – Designação dos espaços em branco que são deixados no meio de um texto, quando as autoridades proíbem a sua divulgação na totalidade.
CENSURA CIVIL – Aquela que é exercida pelo poder civil e que incide de forma particular sobre as ideias políticas. O documento mais antigo conhecido em Portugal faz remontar a censura a 1537, pelo Desembargo do Paço. É o alvará de 22 de Fevereiro do mesmo ano, segundo o qual o rei D. João III concede a Baltasar Dias *privilégio para as suas obras* impressas ou a imprimir obrigando-o a apresentá-las à censura de Pedro Margalho. A censura civil foi instituída oficialmente pelas *Ordenações do Reino* e por alvará de 4 de Dezembro de 1576 foi proibida a impressão de livros sem licença régia a cargo de Desembargo do Paço, como tribunal de revisão, embora já tivessem sido aprovados no Santo Ofício e no Ordinário. Pelas *Ordenações Filipinas* a censura civil passa a depender da competência dos desembargadores do Paço, após a passagem da obra pelo Santo Ofício da Inquisição; a abolição da censura civil na Europa começou a verificar-se no século XVIII com movimentos em diversos países, com a Suécia à frente em 1766, seguida

da Dinamarca (em 1770) e mais tarde da França durante a Revolução de 1789. Censura política. Censura regalista. Censura temporal.

CENSURA DO ORDINÁRIO – Censura que era feita e assinalada pelo bispo de cada diocese.

CENSURA DO PAÇO – Censura que era feita através do Desembargo do Paço, como forma de garantir que as ideias apresentadas na obra não ofendiam a maneira oficial de pensar e de agir.

CENSURA DO SANTO OFÍCIO – Julga-se estar instituída em Portugal desde 1540, ano em que os impressores Luís Rodrigues e Germão Galharde receberam uma notificação de João de Melo, inquisidor-mor, segundo a qual qualquer texto que imprimissem teria de ser examinado previamente pelos censores nomeados, sob pena de execução e de multa (10 cruzados) para as despesas da Inquisição. O documento oficial que continha o rol dos livros proibidos era o *Index Librorum Prohibitorum*, o primeiro dos quais foi promulgado oficialmente em 1559 por Paulo IV e impresso em Roma por Antonio Blado, tendo sido reformado e publicado de novo em 1564 por ordem de Pio IV, desta vez editado por Paolo Manuzio.

CENSURA ECLESIÁSTICA – Modalidade de censura que é imposta e exercida pelas autoridades eclesiásticas, sobre textos pertencentes à religião ou com ela relacionados e que ofendem os dogmas da Igreja católica, os bons costumes e a moral. Foi o papa Alexandre VI quem introduziu a censura prévia de todos os textos, tentando uniformizar a censura em toda a cristandade e estendendo a censura religiosa aos livros teológicos. Leão X, na sequência das determinações do Concílio de Latrão, estabeleceu a censura prévia extensiva a todo o mundo católico. Censura religiosa.

CENSURA IMPLÍCITA – Juízo. Correcção ou reprovação de alguma coisa. Restrição. Exclusão.

CENSURA INDIRECTA – Aquela que não é exercida directamente sobre o original a publicar, mas que se fundamenta na existência de disposições legais (impostos, regulamentos, etc.), que dificultam a circulação dos textos impressos.

CENSURA INQUISITORIAL – *Ver* Censura do Santo Ofício.

CENSURA MILITAR – Modalidade de censura imposta em tempo de guerra e que tem como finalidade evitar que sejam divulgadas informações importantes de natureza militar (estratégicas, logísticas, balísticas), que possam vir a facilitar as operações inimigas.

CENSURA POLÍTICA – Modalidade de censura que é imposta pela autoridade civil e que é exercida tanto em tempo de paz como de guerra. Censura civil.

CENSURA PREVENTIVA – *Ver* Censura prévia.

CENSURA PRÉVIA – Situação em que impressos, desenhos ou escritos destinados a publicação, seja qual for a sua natureza, são submetidos ao controlo preventivo de um serviço geral de informação, que tem o poder de proibir a sua publicação. Dando continuidade às determinações de Alexandre VI, que impôs a censura eclesiástica, a censura religiosa foi estabelecida pelo Papa Leão X, na sequência dos acordos do Concílio de Latrão. Este Papa determinou que em toda a cristandade era proibida a produção de qualquer publicação que carecesse de autorização do bispado correspondente, preceito que se manteve até ao século XX; quanto à censura civil, ela começou a desaparecer no século XVIII, tendo sido a Suécia o primeiro país a aboli-la em 1766, seguido da Dinamarca em 1770 e dos países do resto da Europa, a partir de 1789, data em que a Assembleia Francesa promulgou os Direitos do Homem e do Cidadão. Actualmente ainda há países onde vigora a censura, exame feito à publicação de certos escritos pelas autoridades governamentais, com a finalidade de impedir que sejam publicadas notícias e textos que não lhes interessa que sejam dados a público. Em Portugal foi legalmente instituída pelo Decreto nº 22 469, de 11 de Abril de 1933, com o fim de "impedir a perversão da opinião pública na sua função de força social". Censura preventiva.

CENSURA REGALISTA – *Ver* Censura civil.
CENSURA RELIGIOSA – *Ver* Censura eclesiástica.

CENSURA REPRESSIVA – Acto pelo qual é impedida a difusão de um impresso publicado.
CENSURA TEMPORAL – *Ver* Censura civil.
CENSURADO – Escrito submetido à censura.
CENSURADOR (port. Bras.) – *Ver* Censor.
CENSURAR – Analisar um texto, filme, gravação, etc. antes que seja dado a público, para avaliá-lo sob o ponto de vista moral, social, político, militar, etc., com a finalidade de autorizar ou não a sua divulgação • Exercer censura sobre. Repreender. Criticar. Condenar.
CENTÃO – Composição poética ou musical formada por versos ou parte de versos de um ou vários autores e reunidos de forma a constituírem um sentido totalmente diverso • Obra literária em verso ou prosa, composta inteiramente ou na sua maior parte por sentenças ou expressões alheias.
CENTÁUREA – Planta da família das Resedáceas, cuja raiz segrega um pigmento amarelo-alaranjado.
CENTAURO – Monstro fabuloso formado por metade de homem e metade de cavalo presente na iconografia.
CENTENÁRIO – Referente a cem • Período de cem anos • Pessoa com cem ou mais anos • Comemoração secular.
CENTIFÓLIO – Que tem cem folhas.
CENTILÓQUIO – Obra composta por cem documentos, tratados ou partes.
CENTONADO – Desordenado, adulterado, falsificado.
CENTONAR – Compor textos literários com extractos retirados de outros.
CENTONE COPERTUS (loc. lat.) – Prancha coberta de feltro utilizada pelo copista para escrever sobre ela.
CENTR. – Abreviatura de central.
CENTRAL PROCESSING UNIT (loc. ingl.) – Unidade central de processamento, de um computador. Funciona sob o controlo directo de um descodificador de instruções e efectua operações correntes como a adição, multiplicação, etc. *CPU.*
CENTRALIZAÇÃO ADMINISTRATIVA – Limitação de autoridade e de tomada de decisões de chefes e supervisores administrativos, de modo a conseguir-se o controlo estrito das actividades e operações de uma organização.
CENTRALIZAR (port. Bras.) – Colocar uma palavra, um título, um desenho gráfico, etc. a igual distância das margens.
CENTRAR – Colocar no centro palavras ou outros elementos • Justificar.
CENTRO BIBLIOGRÁFICO – Entidade internacional, nacional ou regional responsável pela preparação da descrição definitiva de qualquer documento publicado num grupo de países, no país ou região pelo qual o centro é responsável.
CENTRO DE ANÁLISE DA INFORMAÇÃO – Organismo ou serviço encarregado de estudar, avaliar, resumir, sintetizar, organizar e difundir o conteúdo de documentos de todo o género, assim como o conteúdo das informações tiradas das experiências, de pesquisas, do desenvolvimento, dos ensaios e, em seguida, resumir e dar conta destas avaliações.
CENTRO DE AQUISIÇÕES – Num sistema de compras centralizadas, lugar, serviço ou instituição onde se procede a todas as operações inerentes à aquisição de livros, documentos, etc.
CENTRO DE AUDIÇÃO – Zona onde os utilizadores de uma biblioteca ou centro de meios audiovisuais ouvem gravações sonoras • Dispositivo de distribuição acústica a que podem ligar-se auriculares, de modo que um ou mais utilizadores possam ouvir em simultâneo um programa sonoro.
CENTRO DE ÁUDIO – No edifício de uma biblioteca, arquivo, serviço de documentação, etc., espaço ou departamento que se apresenta equipado de modo conveniente para que nele se ouça música de uma forma individualizada.
CENTRO DE COMUTAÇÃO AUTOMÁTICA DE DADOS – Centro de comutação de dados que recebe e analisa dados ou mensagens e os orienta de imediato para outro destino, sem intervenção humana.
CENTRO DE DADOS – Organismo cuja principal função é tratar e difundir dados numéricos.
CENTRO DE DOCUMENTAÇÃO – Organismo que assume funções de organização e tratamento da documentação e difusão da informação a vários níveis • Expressão usada em Portugal para designar as bibliotecas de empresa e de organismo da administração

pública • Num jornal, é um serviço fundamental de apoio, pronto para fornecer, em cada momento, os recortes de jornal, as estatísticas e os dados existentes sobre cada assunto.

CENTRO DE DOCUMENTAÇÃO SOCIAL – Serviço de documentação criado com a finalidade de pôr à disposição do público uma documentação adaptada a todos os problemas da vida administrativa e diária.

CENTRO DE INFORMAÇÃO – Organização que compila, ordena, armazena, recupera e distribui documentos e executa serviços como investigações literárias ou outras, organização de bibliografias, publicação e distribuição selectiva de boletins de informação e elaboração de resumos, mas não produz relatórios críticos, que requerem a análise e a síntese do conteúdo dos documentos.

CENTRO DE INFORMAÇÃO DOCUMENTAL – Organismo ou serviço encarregado de reunir e conservar documentos e dados relativos a estudos ou pesquisas em projecto, em curso de realização ou terminados, dando-os a conhecer, fornecendo-os e orientando para outras fontes de informação.

CENTRO DE INFORMAÇÃO E DOCUMENTAÇÃO – Unidade de informação que faz a análise ou descrição do conteúdo dos documentos e a difusão da informação neles contida.

CENTRO DE INFORMAÇÃO TÉCNICA – Centro de informação que selecciona, adquire, organiza, processa, armazena, recupera e divulga informação de natureza técnica.

CENTRO DE OPERAÇÕES DE REDE – Centro que controla, gere e mantém uma rede e auxilia os seus membros a usá-la.

CENTRO DE ORIENTAÇÃO – Instituição cuja finalidade não consiste em facultar a informação pedida, mas em indicar ao utilizador qual será a fonte mais correcta para obtê-la. Centro de referência.

CENTRO DE ORIENTAÇÃO DE CONSULTA – Repartição ou agência de informação que remete pedidos de informação ou de documentos para as fontes consideradas adequadas existentes em bibliotecas ou outras agências de informação, que possam responder àqueles pedidos.

CENTRO DE ORIENTAÇÃO PARA A INFORMAÇÃO – Organismo com a função de reunir e conservar documentos e dados relativos a estudos ou investigações em fase de projecto, em curso ou terminados e de os divulgar, podendo ainda orientar os utentes para outras fontes de informação.

CENTRO DE PERMUTA – Lugar onde se efectuam as trocas bibliográficas, seja qual for o processo utilizado.

CENTRO DE PERMUTA DE DUPLICADOS – Lugar para onde convergem e onde são reunidos os exemplares duplicados provenientes de diversas fontes, oferecidos para permutar ou para serem vendidos a preços reduzidos a certos beneficiários.

CENTRO DE PROCESSAMENTO DE DADOS – Lugar equipado com um ou vários computadores, equipamento periférico e pessoal, que trabalha com esse equipamento realizando tarefas de processamento de dados.

CENTRO DE RECURSOS – Designação usada modernamente para substituir o antigo termo biblioteca, procurando designar o espaço aberto ao público onde, além de livros e revistas, o utilizador pode ter acesso aos mais variados tipos de meios e suportes informativos, como bases de dados em linha ou em diferido.

CENTRO DE RECURSOS MULTIMÉDIA – Colecção de documentos, cuja natureza em geral não é bibliográfica, materiais necessários à sua criação e produção e equipamento indispensável à sua consulta e apresentação • Espaço no qual se encontra instalada a referida colecção.

CENTRO DE REFERÊNCIA DE INFORMAÇÃO – Instituição que serve como serviço central de compilação, organização, armazenagem e distribuição de documentos e executa serviços de referência, como a manutenção dos registos de investigação na fase de planeamento, de execução, de acabamento e questões relacionadas com a pesquisa na fonte • Organismo que encaminha os utentes para as fontes de informação mais aptas a fornecer-lhes a resposta apropriada. Centro de orientação.

CENTRO DE SERVIÇO BIBLIOGRÁFICO – Organização que serve como distribuidora de serviços bibliográficos informatizados, isto é, actividades que ajudam as instituições a estabelecer um controlo bibliográfico sobre os seus fundos bibliográficos e a conseguir o acesso a mecanismos para a sua identificação e recuperação; pode também fornecer outros serviços, como empréstimo de publicações e manutenção dos catálogos das colecções das diferentes bibliotecas associadas à organização.

CENTRO INTERNACIONAL DE REGISTO DAS PUBLICAÇÕES EM SÉRIE – Centro internacional, com sede em Paris desde 1972, criado com diversas finalidades: estabelecer a manutenção de um arquivo básico de publicações em série legível por máquina e disseminar as suas informações; promover a criação de centros nacionais ou regionais, que assegurem o seu funcionamento dentro dos objectivos do *ISDS*; assegurar o registo das publicações em série de países que não têm centros nacionais ou determinar que estes assumam aquela responsabilidade; promover uma coordenação perfeita entre as áreas do mesmo interesse do *ISDS* e outras organizações internacionais, como a *FID*, *FIAB*, *ISO*, etc.

CENTRO MULTIMÉDIA – *Ver* Mediateca e Centro de recursos multimédia.

CENTRO MUNICIPAL DE INFORMAÇÃO – Centro de informação sobre um município e os serviços que ele oferece.

CENTRO NACIONAL DE EMPRÉSTIMO – Instituição de um determinado país, sobre a qual recai a responsabilidade de satisfazer os pedidos de documentos que são feitos na sua área geográfica.

CENTRO NACIONAL DE REFERÊNCIA BIBLIOGRÁFICA – Organismo público nacional ao qual, em cada país, cabe a descrição bibliográfica dos documentos que são produzidos nesse país; a redacção da referência bibliográfica tem como ponto de partida a norma *ISO* 690-1987 para as referências que fazem parte das bases de dados ou repertórios e citações bibliográficas em publicações. Na sua forma mais completa a referência bibliográfica para catálogos é feita através da Descrição Bibliográfica Internacional Normalizada.

CENTRO NACIONAL DE REGISTO DAS PUBLICAÇÕES EM SÉRIE – Centro da responsabilidade dos governos participantes do programa *UNISIST*, criado com a finalidade de proceder ao registo das publicações em série dos seus respectivos países e de enviar regularmente estas informações ao centro internacional, contribuindo desta forma para a manutenção do arquivo internacional.

CENTRO NACIONAL *ISSN* – Elemento do sistema *ISSN*, que funciona na Biblioteca Nacional e que tem como função a identificação das publicações em série portuguesas, por meio da atribuição do *ISSN* e da criação do registo que corresponde a cada uma delas; a actividade dos Centros Nacionais *ISSN* é coordenada pelo Centro Internacional *ISSN*, que está sediado em Paris.

CENTRO REGIONAL DE REGISTO DAS PUBLICAÇÕES EM SÉRIE – Centro existente em alguns países que, por razões geográficas, económicas ou linguísticas podem criar um centro regional conjunto; tem as seguintes atribuições: registar em computador todas as publicações em série de todos os países que o compõem; registar em computador apenas a produção do país onde estiver situado e enviar ao centro internacional, para registo, a produção dos outros países do centro; recolher todas as informações do grupo de países que o compõem e enviá-las ao centro internacional para registo.

CENTÚRIA – Narrativa histórica dividida por séculos.

CERA – Substância que as abelhas segregam e com que fabricam os favos • Nome que se dá a diversos produtos de origem vegetal semelhantes à cera das abelhas; nas artes gráficas apenas a cera animal tem aplicação na fabricação do lápis litográfico, nas tintas tipográficas e/ou litográficas para transporte, na obtenção de vernizes, na gravura e em encadernação; a cera era aplicada previamente amolecida antes de receber a impressão da matriz no caso da sua aplicação em selos • Papel de textura especial impregnado ou revestido com uma preparação própria, de forma a poder reproduzir por meio de aparelhagem adequada os textos ou figuras que forem gravados nele, de modo que permitam a passagem de tinta; a gravação é obtida por percussão em máquina de escrever, à mão através de estiletes especiais ou ainda através de processos fotoquímicos.

CERA (pal. lat.) – Termo também usado mais frequentemente no plural *ceræ*, ou seja, no português cera, designa abreviadamente as *tabulæ ceratæ* ou *tabulæ cereæ*, numa evolução semântica que toma a parte pelo todo.

CERA DE CARNAÚBA – Cera extraída das folhas de uma palmeira da América do Sul, a *Copernicia Cerifera* que, como o nome latino indica, produz cera à superfície das suas folhas novas; é uma das ceras mais fortes e caras do mercado; é solúvel em éter, álcool a ferver e alcali e insolúvel na água; antigamente era aplicada ao corte dos livros, conferindo-lhes um brilho discreto e prevenindo o ataque de insectos papirícolas; mais recentemente é usada na confecção do papel químico.

CERA DE INSECTOS – Cera como a que é obtida na China onde insectos como o *Coccus Ceriferus* a depositam nas árvores; é raspada e lavada na superfície de água quente antes de ser inserida em moldes e colocada em blocos; tem um limite de amolecimento de cerca de 80-84º C. e é bastante sólida, tal como a cera de abelhas e consequentemente é aconselhada para aplicação nas encadernações em pele em países quentes.

CERA DE PARAFINA – Massa branca, cerosa, translúcida, sem odor nem sabor, que se utiliza, dissolvida em éter de petróleo, para impregnar corpos porosos que se deseja tornar impermeáveis à água, entre os quais alguns materiais gráficos.

CERA VIRGEM – Material empregue nos selos dos documentos sem grande resultado porque, além de ser mais escura, é mais mole e daí ser pouco resistente; por vezes misturava-se-lhe um pouco de cal e gesso, mas não resultava porque, secando estes materiais, a cera virgem tornava-se quebradiça; não acontecia o mesmo quando se lhe acrescentava resina ou cola, produtos que tornavam a cera virgem mais resistente.

CERACULUM (pal. lat.) – Diminutivo de cera.

CERATIS CODICILLI (loc. lat.) – Tabuinhas pequenas de madeira dura, revestida de cera ou de gesso, nas quais se escrevia com um estilete ou com um buril, e que eram usadas pelos romanos como suporte da escrita. Tabuinha encerada. *Pugillares. Ceratis tabulis. Tabula cerea.*

CERATIS TABULIS (loc. lat.) – Tabuinha encerada. *Tabula cerea.*

CERAUNIUM (pal. lat.) – Sinal utilizado nos manuscritos medievais para assinalar as tiradas de versos consideradas supérfluas, evitando assim a repetição dos óbelos.

CERCADURA – Elemento decorativo, formado por quatro bordaduras, utilizado em composição, gravura e encadernação • Guarnição, orla, tarja, margem, enquadramento. (port. Bras.) Revirada de bordas.

CERCAR – Colocar cercadura em trabalho tipográfico ou de encadernação enquadrando-o em guarnição de fios ou vinhetas. Orlar, guarnecer.

CERCILHO – Nome dado às extremidades ásperas e irregulares do pergaminho, que se cerceiam ou aparam.

CEREJEIRA – Uma das madeiras utilizadas com bons resultados na gravura em madeira.

CERIFA – Pequeno traço que remata a haste das letras no sentido horizontal.

CERIMONIAL – Livro que descreve os ritos ou cerimónias do culto divino; expõe de forma pormenorizada, por meio de rubricas detalhadas, o desenrolar dos ritos que são presididos por um bispo ou um papa. Ritual.

CEROGRAFIA – Processo de gravura em que a placa de metal é revestida com uma fina camada de cera tornada uniforme por acção do calor e depois riscada com o buril, a fim de pôr a descoberto as partes que devem ser atacadas pelo ácido.

CEROTIPIA – Método electrotípico que, como a cerografia, utiliza uma placa metálica coberta de cera e riscada para obter galvanos.

CERRA-LIVROS – Aperta-livros. Ampara-livros. Anteparo.

CERTAME – Discussão. Debate • Concurso literário, científico, comercial, desportivo, etc. • Exposição • Certâmen • Competição literária ou artística em que o concorrente apresenta uma obra, sendo atribuído um prémio ao melhor trabalho. *Ver* Prémio literário.

CERTÂMEN – *Ver* Certame.

CERTIDÃO – Relação exacta • Documento com que se certifica alguma coisa. Certificado. Atestação. Cópia de um documento ou de parte dele, feita por pessoa autorizada, com o valor legal do documento original • Em sentido jurídico é o documento autêntico passado por um oficial público no qual se afirma ou nega a existência de um facto, quer transcrevendo por teor o conteúdo dos documentos e processos donde é extraído, quer por extracto e narrativamente; tem fé pública.

CERTIDÃO DE ÓBITO – Documento oficial que atesta o falecimento de uma pessoa.

CERTIDÃO DE TEOR – Aquela que transcreve total e literalmente um documento original.

CERTIFICAÇÃO – Acto de passar certidões ou certificados que atestam o carácter oficial de um documento ou cópia; no rigor da técnica jurídica, certidão expressa exactamente toda a cópia autêntica ou transcrição feita por pessoa que tenha fé pública, de teor de acto escrito registado em autos ou em livros • Garantia de qualidade.

CERTIFICADO – Certidão. Documento onde se assevera ou se atesta a existência de um facto, de que se é testemunha em razão de ofício; não implica necessariamente a existência de um auto, documento ou qualquer outro escrito de onde se tiraram elementos para sua composição; pode decorrer simplesmente do conhecimento dele em virtude de função ou de ter sido testemunha da sua evidência. Em muitos casos o certificado tem mera função e efeito de atestado, como, por exemplo, o certificado de aprovação em concurso • Atestação, atestado • Título provisório para ser trocado posteriormente pelo definitivo • Registo.

CERTIFICADO DE ACRESCENTAMENTO – Patente de invenção dependente de uma patente principal, atestada pela mesma pessoa física ou moral, que tem por finalidade complementar uma invenção protegida pela primeira patente.

CERTIFICADO DE AUTENTICIDADE DO SELO – Atestação dada por uma autoridade pública, nomeadamente uma jurisdição, onde se declara que o selo com o qual está selado um acto é o da pessoa que sela e que ela goza da capacidade de se comprometer sob este selo de modo juridicamente válido.

CERTIFICADO DE CIRCULAÇÃO – Documento em que são consignados de uma forma específica os dados referentes ao movimento de uma publicação.

CERTIFICADO DE CONFORMIDADE – Documento passado por laboratório oficial, ou para tal reconhecido, em que se atesta que o material, o produto ou o serviço está de acordo com os requisitos das especificações, contratos ou regulamentos.

CERTIFICADO DE GARANTIA – Documento válido por determinado tempo, com que se atesta e assegura a qualidade de um determinado produto, material ou serviço.

CERTIFICADO DE PATENTE – Título de propriedade industrial, identificado por um número oficial, protegendo, na medida das reivindicações que enuncia e durante um certo tempo, uma invenção devidamente descrita.

CERTIFICADOR – O que certifica.

CERTIFICAR – Asseverar a certeza de. Atestar • Passar certificado de.

CERTIFICATIVO – Que certifica. Próprio para certificar.

CERULA (pal. lat.) – Diminutivo de cera.

CERUSA – Carbonato básico de chumbo utilizado como pigmento branco • Alvaiade.

CESÁRIA – Máquina empregada especialmente para cortar os cartões nas oficinas de encadernação • Cisalha. Guilhotina. (port. Bras.) Tesourão. Cortador.

CESSAÇÃO – *Ver* Suspensão.

CESSIONÁRIO – Pessoa ou instituição a quem se faz a cedência em exclusivo do direito de exploração de uma obra ou produção; está protegida pelo direito de autor e poderá antepor ao seu nome o símbolo ©, com indicação do lugar e do ano da reserva de direitos.

CESTA (port. Bras.) – No monótipo, é uma espécie de concha que na torre do elemento fundidor recebe a bobina de papel.

CESURA – Descanso da voz no interior do verso, que ocorre especialmente nos versos longos que ficam por ela divididos em grupos fónicos. Pausa.

CETIM – Tecido de seda com aspecto particularmente brilhante, obtido a partir de espaçamento dos pontos de entrecruzamento dos fios; no século XVIII empregava-se em ricas encadernações, por vezes bordadas, revestindo pequenos almanaques • Foi igualmente usado para tirar conjuntos de gravuras em edições ilustradas de luxo.

CETRAS – Traços que imitam a sigla que, no passado, representava a expressão *et cætera*, sob forma abreviada • Traços que, com frequência, se vêem acrescentados a uma assinatura, a fim de dificultar a sua falsificação.

CF. – Designação oficial dada ao acabamento do papel friccionado depois do fabrico • Abreviatura de confira, confronte, confirme, confere.

CFR. – Em notas e citações bibliográficas, abreviatura convencional com o significado de "compare", "confira"; indica que deve verificar-se o que se afirmou.

CFR. *ANTE* – Em notas e citações bibliográficas, abreviatura convencional com o significado de "confronte acima" ou "antes"; indica que deve verificar-se acima ou antes aquilo que se afirma.

CFR. *POST* – Em notas e citações bibliográficas, abreviatura convencional com o significado de "confronte abaixo" ou "depois"; indica que deve verificar-se abaixo, ou depois aquilo que se afirma.

CGI – Acrónimo de *Common Gateway Interface*, Interface comum de comunicações; na *Internet* normativa que descreve o modo como um servidor *Web* comunica com os outros programas situados no mesmo computador e vice-versa.

CGM – Acrónimo de *Computer Graphics Metafile*, Formato normalizado para imagens vectoriais.

CHACOTA – Canção satírica.

CHAGRÉM – *Ver Chagrin*.

CHAGRIN (pal. fr.) – Esta palavra, derivada do turco *sagri*, designa uma pele muito resistente de aspecto granuloso preparada com o quarto traseiro do cavalo, do burro, da cabra ou do macho, caracterizada por um grão muito miúdo e regular, usada em encadernação apenas depois da segunda metade do século XIX; alguns dicionários adoptam a forma *chagrém*.

CHAMADA – Sinal colocado junto a uma palavra para remeter para uma citação, esclarecimento, etc. • Traço de forma convencional com que se obtêm as gravuras • Relevo com que o revisor assinala os erros numa prova, repetindo-o na margem com a indicação das emendas • Texto curto inserto na primeira página de um jornal, que resume as informações publicadas pelo jornal acerca de um determinado assunto; remete o leitor para as páginas que trazem a cobertura extensiva; mais do que qualquer outro, é um texto de orientação • (port. Bras.) Barra de atenção.

CHAMADA AUTOMÁTICA – Em comunicação de dados, capacidade de uma estação numa rede para iniciar automaticamente uma chamada por meio de uma linha comutada.

CHAMADA DE MATÉRIA (port. Bras.) – *Ver* Nota de pé de página.

CHAMADA DE NOTA – No corpo de um texto escrito, nome dado ao signo (letra, asterisco, algarismo, etc.) que aparece elevado junto a uma palavra, usado para assinalar a circunstância de num outro lugar desse texto em pé de página, em nota complementar, no final do capítulo ou do texto, ou mais raramente na margem, geralmente em caracteres de menor corpo, se encontrar informação que vem precisar, completar, ilustrar ou esclarecer um elemento de informação dado no texto principal; no século XIX as chamadas de nota eram colocadas entre parênteses, o que caiu em desuso. Marca de referência.

CHAMADA DE PRIMEIRA PÁGINA – Síntese de uma notícia colocada na página de abertura de um jornal, informando a respeito de um ou vários assuntos que são tratados de forma desenvolvida nas páginas interiores.

CHAMADEIRA – *Ver* Reclamo.

CHAMPIDE (pal. fr.) – Este termo, mais precisamente aplicado na expressão letra *champide*, designa a letra dourada que se destaca num fundo vermelho e azul semeado com motivos filiformes brancos.

CHANCELA – Selo, sinete, que têm gravados a rubrica, nome ou marca de pessoa, entidade ou repartição pública, para assinatura e autenticação de papéis • Assinatura. Rubrica • Acto de chancelar.

CHANCELAR – Assinar com chancela • Selar • Apor o selo branco • Sancionar.

CHANCELARIA – Órgão oficial do Estado, instituição de administração pública, eventualmente um serviço de uma pessoa moral, encarregado da redacção, da escrita e da validação dos actos que lhe são ordenados pela autoridade de que depende • Colecção de

documentos ou diplomas oficiais, sobretudo os que provêm de uma chancelaria real.
CHANCELER – Funcionário encarregado da responsabilidade de uma chancelaria que pode, em consequência, ordenar documentos aos notários e controlar a sua expedição; normalmente guarda e conserva o uso do selo.
CHANFRA – *Ver* Chifra.
CHANFRADO – Diz-se do fio ou cercadura que tem uma extremidade cortada em bisel para poder formar ângulo quando se junta com outra chanfrada em sentido contrário • Escantilhado. Esquinado • Em encadernação é o mesmo que chifrado.
CHANFRADOR – Instrumento com que se fazem os chanfros nos filetes de chumbo.
CHANFRADORA – Serra eléctrica que, além de cortar, permite escantilhar, em pequenas quantidades de cada vez, fios e orlas de chumbo, de linótipo e monótipo ou filetes de bronze, quando se deterioram nas extremidades.
CHANFRADURA – Disposição formada por uma sucessão de alíneas reentrantes, sobretudo para marcar as diferenças de metros num texto em verso, as mudanças de réplica num diálogo, etc.
CHANFRAR – Escantilhar. Esquinar.
CHANFRO – O meio ângulo que forma cada filete de guarnição • Bordo de fotogravura.
CHANNEL DEFINITION FORMAT (loc. ingl.) – *Ver* CDF.
CHAP BOOK (loc. ingl.) – *Ver* Chapbook.
CHAPA – Relevo em metal ou madeira com que se obtêm as gravuras • Relevo para reprodução de textos por estereotipia.
CHAPA DE CORTE – Chapa tipográfica equipada com fios de corte destinada ao vinco e corte de caixas de cartão ou outro tipo de trabalhos • Faca.
CHAPA DE GRAVURA – Lâmina xilográfica ou metalográfica para impressão de texto ou gravura.
CHAPA DE IMPRESSÃO – *Ver* Chapa tipográfica.
CHAPA LITOGRÁFICA – Placa de zinco sobre a qual é disposta a montagem que é sujeita a um processo de revelação e posteriormente dá entrada nas máquinas de *offset*.

CHAPA PANCROMÁTICA – Chapa fotográfica que é sensível a todas as radiações coloridas.
CHAPA TIPOGRÁFICA – Composição em conjunto de tipos, espaços, entrelinhas e clichés • Composição tipográfica de trabalho de remendagem como cartão, nota, recibo, convite ou outro trabalho congénere • Molde para dourar na prensa, que se prepara colando os caracteres e florões sobre uma base de papelão • Lâmina de madeira ou metal para impressão de gravura ou texto.
CHAPAR – Cobrir, em impressão, com uma tinta uniforme e contínua.
CHAPBOOK (pal. ingl.) – Designação atribuída no século XVIII aos folhetos volantes, livrinhos, baladas, de cariz popular, que eram vendidos nas ruas por vendedores ambulantes; esta palavra deriva de *chapmen, chapel*, termo colectivo usado na época para designar os tipógrafos e comerciantes que vendiam essas publicações • Pequeno livro impresso, em geral de literatura ou poesia • Livro de contos populares que antigamente era vendido na rua • Brochura. Folheto. Livro de cordel.
CHAPÉU – Designação dada à palavra ou expressão, em geral curta, colocada acima de um título, para indicar o assunto de que trata o texto que está colocado por baixo dela.
CHAPISTA – Operário tipógrafo que faz trabalho de chapa • Biqueiro.
CHARADA – Enigma cuja solução é uma palavra ou frase que se vai construindo sílaba a sílaba ou palavra a palavra • Linguagem pouco clara.
CHARADISTA – Autor de charadas. Decifrador de charadas.
CHARGE (pal. fr.) – Desenho humorístico de carácter político, que não depende de texto que o explique.
CHARLA – *Ver* Arenga.
CHARNEIRA – Nas tabuinhas de madeira ou marfim usadas na Antiguidade, a charneira que lhes permitia a articulação era feita em couro, marfim ou osso, estando os elementos ligados entre si através de uma haste de metal passada verticalmente, como acontece nas dobradiças • Ponto de junção entre a lombada e as pastas do livro que permite a sua articu-

lação, independentemente de ele ser encadernado ou não; esta articulação é constituída por uma tira de papel ou tela, que cobre o encaixe entre a guarda e a contraguarda da encadernação, reforçando-a. Bisagra • Encaixe. Entalhe • Pequena tira de papel que une o selo ou a estampa ou outro qualquer material, como por exemplo, carta, cartão, ex libris, etc. a um álbum onde estes materiais são aplicados.
CHARNEIRA ABERTA – Em encadernação, charneira de movimento livre produzida ao encaixar o material da capa no espaço compreendido entre a margem da pasta e o rebordo ou encaixe que o encadernador faz nas primeiras e nas últimas folhas do livro; também é conhecida por charneira francesa.
CHARNEIRA FRANCESA – Ver Charneira aberta.
CHARTA (pal. lat.) – No seu sentido próprio, designava o material do escriba ou seja, segundo as épocas, o papiro, o pergaminho ou o papel; mas por um fenómeno de metonímia semelhante ao que acontece com *biblos*, a palavra tomou por vezes o sentido de livro • Folha de papiro • Texto • Carta • Rolo de papiro quando em branco.
CHARTA AUDIENTIALIS (loc. lat.) – Ver Carta de citação.
CHARTA BOMBICINA (loc. lat.) – Nome que se dava primitivamente ao papel; *bombix* ou *bambix* era o nome que designava a seda no latim medieval, embora a matéria-prima do papel fosse o linho, o cânhamo e mais tarde o trapo • Papel sedoso que outrora era feito com caules de bambu e que é semelhante ao papel da China.
CHARTA CAUTIONIS (loc. lat.) – Ver Carta de obrigação. Carta de caução.
CHARTA DAMASCENA (loc. lat.) – Folha de papel.
CHARTA DIVISA (loc. lat.) – Ver Charta indentata.
CHARTA HIERATICA (loc. lat.) – Expressão usada para designar, quase exclusivamente, a transcrição dos textos sagrados; mais tarde passou a dar-se-lhe o nome de *augusta*.
CHARTA INDENTATA (loc. lat.) – Documento ou carta partida em que o corte no pergaminho era feito em linha triangulada. *Charta divisa*.

CHARTA JUNCEA (loc. lat.) – Ver Papiro.
CHARTA LUCIDA (loc. lat.) – Espécie de papel vegetal com as mesmas funções deste. *Charta lustra*.
CHARTA LUSTRA (loc. lat.) – Espécie de papel vegetal com as mesmas características e finalidades deste. *Charta lucida*.
CHARTA MEMBRANACEA – Expressão latina para pergaminho.
CHARTA PAPIRACEA (loc. lat.) – Folha de papiro.
CHARTA PAPIRI (loc. lat.) – Ver Papiro.
CHARTA PARTITA (loc. lat.) – Ver Carta partida.
CHARTA PERGAMENA (loc. lat.) – Ver Membrana.
CHARTA SACRAMENTALIS (loc. lat.) – Ver Carta de fidelidade.
CHARTA TÆNIOTICA (loc. lat.) – Espécie de papiro de baixa qualidade.
CHARTA TRADITIONIS (loc. lat.) – Ver Carta de tradição.
CHARTA TRANSFUSIONIS (loc. lat.) – Ver Carta de doação.
CHARTA TRANSVERSA (loc. lat.) – Ver Transversa charta.
CHARTA USUFRUCTUARIA (loc. lat.) – Ver Carta de doação.
CHARTARIUS (pal. lat.) – Mercador de papel.
CHARTARUM CUSTOS (loc. lat.) – Bibliotecário, conservador de arquivos e bibliotecas no século IX; este termo caiu posteriormente em desuso.
CHARTE (pal. fr.) – Nome dado ao rolo de papiro em branco.
CHARTINACIUS (pal. lat.) – Termo que designava o arquivista-bibliotecário. Ver *Chartularius*.
CHARTOPHYLAX (pal. lat.) – Título dos arquivistas-bibliotecários do palácio imperial e do patriarcado de Constantinopla, que teve origem no grego e que no século VII foi transliterado para a língua latina; no início o seu significado confunde-se com o de *chartarum custos*, ou seja, com funções de conservador dos arquivos e das bibliotecas; mais tarde, o termo conserva-se apenas nos glossários, sendo substituído pelo termo *chartularius* ou *chartinacius*, designando igualmente o arquivista-bibliotecário. *Chartothesium*.
CHARTOPOLA (pal. lat.) – Ver *Chartarius*.

CHARTOTHESIUM (pal. lat.) – Bibliotecário. *Ver Chartophylax.*

CHARTULA (pal. lat.) – Diminutivo de *charta*, ou seja, livrinho ou pequeno códice ou ainda diploma ou mesmo fragmento de pergaminho • Carta. Parte de um documento que simula uma folha de papel ou pergaminho com letreiro ou dístico • Cartela • Papel pequeno escrito • Acta • Documento.

CHARTULA DONATIONIS (loc. lat.) – *Ver* Carta de doação.

CHARTULA MANDATI (loc. lat.) – *Ver* Procuração.

CHARTULARIUM (pal. lat.) – *Ver* Cartulário.

CHARTULARIUS (pal. lat.) – Termo usado para designar arquivista-bibliotecário. *Chartinacius.*

CHARUTOS – Pequenas tiras de papel enroladas nos barbantes e seguras nas duas patilhas para prender melhor o papel no acto da impressão e evitar que esta fique tremida.

CHAT (pal. ingl.) – *Ver* Grupo de debate.

CHAVÃO – Palavra ou frase repetida e vazia de sentido tornada comum e que na linguagem é usada como bordão; na redacção de um artigo deve ser evitada • Cliché. Lugar-comum. Molde.

CHAVE – Utensílio para apertar e afrouxar os cunhos que prendem a forma na rama • Num sistema de escritura cifrada, é aquilo que dá a correspondência entre os criptogramas e os caracteres comuns, permitindo a sua leitura. Cifra • Colchete • Chaveta, sinal que se emprega para incluir uma ou mais palavras de texto estranho ou para reunir sob o mesmo grupo várias alíneas • Parte de uma informação que a identifica • Parte final que encerra um trabalho literário • Sinal gráfico ({) usado para abranger o conjunto de palavras alinhadas. (port. Bras.) Parêntese • Em informática, conjunto de caracteres que identifica um registo.

CHAVE COMPOSTA – Em informática, designação atribuída à combinação dos caracteres iniciais de diversos campos que é usada numa base de dados para ordenar os registos.

CHAVE DE ACESSO – *Ver* Contra-senha.

CHAVE DE FICHEIRO – Em informática, carácter ou caracteres que permitem identificar, localizar, controlar ou recuperar um registo num ficheiro.

CHAVEIRÃO – *Ver* Asna.

Chaveirão

CHAVETA – Sinal gráfico ({) que agrupa e relaciona entre si linhas, parágrafos ou excertos diversos; é usado em fórmulas matemáticas e na composição tipográfica em geral. Chave.

CHAVETAR – Colocar chavetas em.

CHECAGEM (port. Bras.) – *Ver* Verificação.

CHECAR (port. Bras.) – Verificar. Controlar.

CHECK DÍGITO – *Ver* Dígito de controlo.

CHECKLIST (pal. ingl.) – *Ver* Lista de verificação.

CHEFE – Em heráldica, é a parte superior do escudo, que também se chama alto do escudo; emprega-se o mesmo termo para designar a primeira das peças honoríficas que se situa no mesmo lugar, ocupando, em altura, mais ou menos o terço do escudo.

CHEFE DE REDACÇÃO – Pessoa que coordena o conjunto do trabalho da redacção de um jornal, geralmente assistida por dois ou três subchefes, que com ela, constituem a chefia da redacção.

CHEGANÇA – Termo arcaico que designava citação judicial.

CHEGAR ÀS BANCAS – Ser posto à venda.

CHEIO – Composição corrida, sem títulos, sem tabelas, sem epígrafes, etc. Trabalho de cheio; opõe-se ao trabalho de fantasia • Traço compacto.

CHEIOS – Traços mais espessos dos tipos. Grossos.

CHEMICAL ABSTRACTS – Base de dados constituída por referências bibliográficas de documentos sobre química e temas afins. *CA.*

CHEMICAL ABSTRACTS SERVICES – Distribuidor de bases de dados sobre química e temas congéneres. *CAS.*

CHEMISE (pal. fr.) – Também denominada, em latim, *camisia*, camisa, é o revestimento exterior de uma encadernação medieval, geralmente feito com papel marmoreado e marroquim, que a protegia do pó; nesta acepção não deve confundir-se com sobrecapa.

CHEQUE – Impresso de forma rectangular, que é emitido por um estabelecimento bancário e pelo preenchimento do qual se pode movimentar uma conta-corrente. Rescrição.

CHEZ (pal. fr.) – Palavra que significa "em casa de", "na oficina de", precedendo no pé de imprensa de uma obra impressa em França o nome do impressor; em Portugal utilizava-se a mesma expressão em língua portuguesa.

CHICHA – Apontamento manuscrito, tradução de um livro para o estudo ou como auxiliar da memória. Cábula. Chouriça • Tradução interlinear.

CHICHADO – Anotado com comentários, a fim de evitar o trabalho de memória, ou apenas sublinhado.

CHICHAR – Palavra da gíria estudantil para designar as anotações que se fazem à mão com letra miúda num texto impresso de carácter didáctico. Cabular.

CHIFFON (pal. fr.) – Tecido fino e transparente de seda ou outro material, utilizado no restauro de suportes de escrita.

CHIFRA – Chanfra • Espécie de faca em ferro, muito larga, usada pelos encadernadores para desbastarem e rasparem o couro que há-de ser colado nos livros.

CHIFRADO – *Ver* Chanfrado.

CHIFRAR – Adelgaçar as peles destinadas à encadernação, especialmente nas extremidades.

CHILHAS – Tábuas de tamanhos diversos utilizadas para sujeitar os bordos do corte na douradura, brunidura e pintura.

CHINA – Nome dado a uma prova de gravura em papel da China. *Ver* Papel da China *e* Tinta da China.

CHINOISERIE (pal. fr.) – Tipo de ornamentação em que os elementos são de inspiração oriental.

CHIP (pal. ingl.) – Termo comum que é usado para designar os circuitos integrados (memórias, processadores, etc.). Circuito integrado.

CHISTE – *Ver* Anedota.

CHORAR – Em gíria jornalística, escrever um texto necrológico.

CHORO – Em gíria jornalística, designação dada ao texto da redacção a propósito do falecimento de uma pessoa.

CHOURIÇA – Nome dado correntemente à tradução interlinear em textos impressos em língua estrangeira • Cábula. Chicha.

CHOURIÇO – Em gíria jornalística é o arranjo gráfico em que as notícias se juntavam umas às outras, sem títulos, separadas apenas por um traço, o filete ou bigode.

CHRESIMON (pal. gr.) – Cristograma. Crisma • Monograma do nome de Cristo formado pelas letras gregas maiúsculas, X (qui) e P (ró) entrelaçados correspondentes às primeiras letras do nome de Cristo ou a letra P (ró) acompanhada da letras gregas (minúsculas) α (alfa) e Ω (omega) • Nos códices manuscritos era usado um sinal em forma de cruz (✝) para chamar a atenção para qualquer ponto do texto. (port. Bras.) *Christus*.

CHRISTUS (pal. lat.) – Termo adoptado no Brasil para designar o sinal em forma de cruz (✝) usado em livros de natureza religiosa. *Chresimon*.

CHUFA – *Ver* Dichote.

CHUMBADO – Diz-se do documento munido de selo, sobretudo quando ele é de chumbo • Bolado.

CHUMBAGEM – Colocação de um selo de chumbo nos documentos, para certificar a sua autenticidade.

CHUMBINHO – Termo de gíria para designar o tipo ou carácter.

CHUMBO – Metal de cor cinzenta-azulada, muito pesado, dúctil e maleável • Designação habitual da liga de chumbo, antimónio e estanho, usada para fundição dos caracteres e outro material tipográfico, em cuja composição entra na proporção de 60 a 65 por cento • Composição de um texto em granel • Em sigilografia, pequeno selo metálico aposto a título de selo por razões fiscais ou por atestações diversas de controlo em peças de tecido (especialmente na Idade Média), em embalagens, em produtos, em meios de transporte, etc. • Bocado de chumbo fundido ao feitio do interior do tinteiro e que serve para dividir e limitar o espaço que a tinta há-de ocupar.

CHUPADO – Em gíria tipográfica, nome que se dá ao carácter de letra alto e estreito.

CHUPAR (port. Bras.) – Em gíria jornalística significa plagiar.

CHUPA-TINTA – *Ver* Mata-borrão.

CHYROGRAPHUS (loc. lat.) – A expressão significava inicialmente o acto escrito à mão, mas a pouco e pouco o termo passou a ser mais usado para designar a carta partida.

CIA – Acrónimo de Conselho Internacional de Arquivos. *Ver tb. ICA.*

CIANOGRAFIA – Documento obtido por processo de duplicação mediante fotocópia por contacto do original (a traço) em suporte transparente; conforme a natureza do composto fotossensível utilizado no revestimento do papel, assim se distinguem os processos cianográficos e os resultados em cores (sépia, diazotipia, positiva, negativa).

CIANOTIPIA – Impressão com uma imagem branca sobre fundo azul produzida por cianografia.

CIBERBIBLIOTECA – *Ver* Biblioteca cibernética.

CIBERBIBLIOTECÁRIO – Bibliotecário encarregado de pesquisar informação na *Internet* • Bibliotecário cibernético.

CIBERCULTURA – Segundo Pierre Lévy é o conjunto das técnicas (materiais e intelectuais), das práticas, das atitudes, dos modos de pensamento e dos valores que se desenvolvem em sintonia.

CIBERESCRITA – Escrita que é feita por meio do uso de máquinas numa rede de computadores.

CIBERESPAÇO – Na *Internet*, o espaço criado quando se ligam milhões de computadores de uma rede de comunicações onde convergem todos os meios de comunicação: o áudio, o vídeo, o telefone, a televisão, o cabo e o satélite.

CIBERLINGUAGEM – Linguagem que é usada na ciência que estuda os mecanismos de comunicação e de controlo, tanto nas máquinas, como nos seres vivos.

CIBERMETRIA – Estudo quantitativo da comunicação que é feita através da *Internet*.

CIBERNAUTA – Utilizador do ciberespaço. Infonauta.

CIBERNÉTICA – Conceito da autoria de Norbert Weiner desenvolvido nos anos 40, que consiste na investigação dos mecanismos de comunicação e de controlo nos organismos vivos e nas máquinas; assenta no estudo das funções humanas de controlo e da possibilidade da sua substituição por sistemas mecânicos e eléctricos.

CIBERTECA – Serviço de informação e documentação cujo tipo de material que o constitui são recursos da *Internet*.

CIBERTECÁRIO – Profissional da informação cujas aptidões e actividades se desenvolvem nas redes electrónicas.

CICERAGEM – Elementos que no original indicam as medidas e mancha em que o trabalho tipográfico deve ser composto.

CÍCERO – Fundição de 12 pontos tipográficos (pontos *Didot*, criados em 1775 por F. A. Didot), que serve de unidade no cálculo dos brancos a distribuir. Mede cerca de 4,218 mm; na antiga nomenclatura era chamada "leitura". O nome deste carácter tipográfico resulta do facto de ele ter sido utilizado para imprimir pela primeira vez as *Epistolæ* de Cícero. Paica • Orador eloquente.

CICERONE – Guia em que são descritos monumentos artísticos • Pessoa que explica curiosidades sobre uma localidade, edifício, etc.

CICLO – Conjunto de poemas épicos em que se celebravam feitos heróicos dos tempos fabulosos da Grécia antiga • Período • Conjunto de tradições épicas relativas a determinada época ou de factos atribuídos a uma pessoa considerada como herói: o ciclo troiano, o ciclo do rei Artur • Em informática, sequência de instruções que se executa de forma repetitiva até que se verifique uma condição específica.

CICLO CULTURAL – Conjunto de manifestações destinadas a iniciar nos vários aspectos económicos, sociais, científicos, filosóficos, artísticos, etc. de um problema. Baseia-se, em geral, em diversas técnicas de difusão da cultura, como filmes, inquéritos, exposições, audição de discos, conferências, círculos-debate, etc.

CICLO DE BASE – Em informática, unidade de tempo fundamental de funcionamento do órgão central de um processador.

CICLO DE HISTÓRIAS – Série de contos ou histórias retiradas dos ciclos épicos ou romanceados adaptados para a hora do conto.
CICLO DE ILUSTRAÇÕES – Sequência de representações que ilustram as fases sucessivas de uma narração ou as diferentes partes de um texto.
CICLO DE VIDA DE UM DOCUMENTO – Sucessão de fases de tratamento a que ele é sujeito desde o registo inicial das ideias ou dos dados num suporte até à destruição lógica e física do mesmo.
CICLO FECHADO – Em informática, ciclo de que não se pode sair a não ser por uma intervenção exterior. *Loop*.
CICLO SELECTIVO – Na iluminura de códices medievais é o modelo escolhido pelo copista, de um ciclo mais vasto, de onde ele retira algumas cenas abreviando, deste modo, o ciclo completo que narra uma história.
CICLO VITAL DOS DOCUMENTOS – Diferentes fases por que passam os arquivos, sob o ponto de vista da sua administração e do seu uso, desde o momento em que são criados até à eliminação ou transferência dos documentos para instituições de carácter permanente.
CICLOSTILO – Pena especial usada para escrever num papel preparado para servir de matriz e produzir várias cópias • Aparelho que imprime diversos exemplares de uma matriz, gravada expressamente em folhas de papel ou cartão. Rotoduplicador.
CIÊNCIA BIBLIOGRÁFICA – Ciência que se dedica ao estudo da teoria, métodos e organização da bibliografia.
CIÊNCIA BIBLIOTECÁRIA – *Ver* Bibliotecologia.
CIÊNCIA DA DOCUMENTAÇÃO – *Ver* Ciências da documentação.
CIÊNCIA DA INFORMAÇÃO – Área do conhecimento nascida nos Estados Unidos, após a II Guerra Mundial, em função do desenvolvimento científico e técnico verificado na época; tem como finalidade o estudo objectivo do conhecimento que contém a informação como um dos seus elementos estruturais, procura controlar a explosão da informação tendo como base as novas tecnologias, reconhecida que é a ideia da informação como recurso estratégico, que tem de ser convenientemente gerido, com vista à produção de novos conhecimentos e produtos, vinculados ao projecto de desenvolvimento económico e social • Estudo do conhecimento registado e sua transferência • Segundo Bates, o seu domínio é o estudo dos produtos documentais resultantes da actividade humana, da forma como os homens os produzem, procuram, recuperam e usam • Área de estudos desenvolvida a partir da intercepção da biblioteconomia, da informação científica e da informática, interessada especialmente em facilitar a comunicação da informação científica e tecnológica e a aplicação de métodos de pesquisa para o estudo de sistemas e serviços de informação • Ciência interdisciplinar em gestação, que tem como objecto a recolha, processamento e difusão da informação de uma fonte para um utilizador e não a informação em si mesma.
CIÊNCIA DOS INCUNÁBULOS – *Ver* Incunabulogia.
CIÊNCIA LIVRESCA – Conjunto de conhecimentos que foram obtidos a partir dos livros.
CIÊNCIAS APLICADAS – Em classificação, designação atribuída aos livros técnicos.
CIÊNCIAS DA DOCUMENTAÇÃO – Designação atribuída ao conjunto de ciências constituído pela bibliotecologia, arquivologia e documentação.
CIÊNCIAS DA INFORMAÇÃO – Designação dada a tudo aquilo que está relacionado com a comunicação de massas ou comunicação social.
CIENTISTA DA INFORMAÇÃO – Expressão usada inicialmente para designar os cientistas que compunham as equipas de investigação em laboratórios de investigação e tinham especialmente o encargo de organizar e pesquisar a informação científica para apoio às equipas de cientistas de laboratório; é usada hoje para designar todos aqueles que assumem uma abordagem científica em relação à informação • Documentalista.
CIEPS – (pal. fr.) *Centre International d'Enregistrement des Publications en Série*. *Ver* Centro Internacional de Registo das Publicações em Série.
CIFRA – O mesmo que zero; por extensão, algarismo • Soma, importância, número total

• Iniciais entrelaçadas, monograma • Escrita secreta ou enigmática • Chave ou explicação dessa escrita.

CIFRADO – Diz-se do documento escrito em cifra.

CIFRÃO – Sinal em forma de S atravessado por um ou dois riscos verticais ($), que se usa junto à abreviatura ou aos algarismos que indicam certas moedas.

CIFRAR – Reduzir a poucas palavras. Resumir • Escrever em cifra. Codificar.

CILINDRAGEM – Acção de cilindrar, de acetinar o papel por meio de cilindros.

CILINDRAR O PAPEL – Acetinar o papel, passando-o entre os cilindros da calandra.

CILINDRO (port. Bras.) – Tambor da impressora planocilíndrica.

CILINDRO DA CHAPA – Na prensa de *offset*, é o que suporta a placa de metal.

CILINDRO DE MARGEAÇÃO – Aquele que é colocado em primeiro lugar e recebe a folha e faz a tiragem de branco, na prensa de retiração.

CILINDRO DE RETIRAÇÃO – Aquele que faz a impressão no verso da folha, na prensa de retiração.

CILINDRO DE SECAGEM – Dispositivo inserido na máquina rotativa de fabrico contínuo de papel, a partir do ano de 1820, a fim de obter uma secagem rápida do mesmo; a sua introdução teve como consequência a perda da resistência física do papel.

CILINDRO FILIGRANADOR – Cilindro usado no fabrico mecânico de papel para alisar a superfície do papel e imprimir motivos como a marca de água, a contramarca, os corondeis e pontusais do papel avergoado e o efeito reticular do papel avitelado.

CILINDRO FRICCIONADOR – Cilindro secador muito polido, usualmente de grande dimensão, que trabalha conjuntamente com uma prensa para friccionar.

CILINDRO IMPRESSOR – Peça cilíndrica das máquinas de impressão chamada tambor que, girando com o papel sobre a forma, permite a impressão. Plano impressor.

CIM – Acrónimo de *Computer Input on Microfilm*, sistema que permite fazer a entrada de dados de um microfilme para um computador.

CIMÁCIO – Moldura que remata uma cornija. Cimalha. Cornija.

CIMALHA – Antiga denominação do trema.

CIMEIRA – Ornamento emblemático que sobrepuja um elmo heráldico, geralmente prolongado por paquifes.

CIMELIARCHA (pal. lat.) – Nome dado ao guarda do tesouro nos grandes mosteiros medievais, que acumulava simultaneamente a vigilância dos livros preciosos.

CIMÉLIO – Literalmente, significa jóia e por extensão, obra rara, preciosa, que faz parte do tesouro ou reservados de uma biblioteca particular ou pública.

CIMELIOTECA – Lugar dos arquivos, bibliotecas e museus onde se guardam as obras de maior valor.

CINABRE – *Ver* Cinábrio.

CINÁBRIO – Sulfureto vermelho de mercúrio, natural ou preparado artificialmente, que fazia parte da composição da tinta vermelha usada na decoração de iluminuras. Mínio. Zarcão. Cinabre • Cor vermelha.

CINE MODE (loc. ingl.) – Microfilme e diafilme em que a base de cada imagem é perpendicular aos lados do filme.

CINEMA – Actividade levada a cabo numa biblioteca, como meio de aumentar a sua frequência e fomentar o uso do livro, que consiste na projecção de películas instrutivas e recreativas destinadas a serem vistas pelos seus utilizadores.

CINEMATECA – Organismo ou serviço cuja missão é reunir documentos cinematográficos, videogramas, etc. conservando-os e colocando-os ao serviço do utilizador • Filmoteca. Cineteca.

CINENOVELA – Relato do argumento de um filme feito através de uma sequência de fotografias fixas acompanhadas por um texto explicativo ou diálogo.

CINESCÓPIO – Película cinematográfica em que estão fotografadas as imagens produzidas electronicamente num ecrã de televisão.

CINETECA – Filmoteca.

CINNABAR (pal. lat.) – *Ver* Cinábrio.

CINOCÉFALO – Desenho de macacos com cabeça semelhante à do cão, frequente na iluminura medieval.

CINTA – Tira, faixa de papel com que se cingem os livros, jornais e revistas que se expedem pelo correio • Banda de papel que pode envolver um livro, na qual se inscrevem elementos de publicidade referentes ao mesmo, especialmente usada quando se faz nova edição da obra.

CINTA MÉTRICA – Fita da guilhotina utilizada para indicar a medida do corte que se pretende.

CINTADOR – Operário que coloca cintas nos jornais, destinadas a conter o endereço dos assinantes.

CINTAR – Rodear, pôr cinta em.

CINZAS DE OSSOS – Pó obtido a partir da fragmentação de ossos mediante calcinação dos seus componentes orgânicos, utilizado como pigmento branco.

CINZEL – Instrumento de ferro ou aço com a extremidade cortante em forma de bisel, usado para trabalhar madeira, pedra, metal, etc.; é indispensável na gravura e em estereotipia para entalhar, desbastar, retocar e corrigir os trabalhos. Granidor. *Ver tb.* Berço.

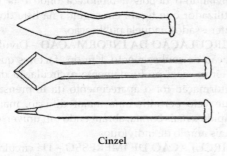

Cinzel

CINZELADO – Ornamentação de luxo no corte dos livros; por vezes é posteriormente dourada • Gravado.

CINZELADO MINIADO – Ornamentação que se faz no corte dos livros e que consiste em pintar a aguarela toda a parte do desenho que está em relevo, aplicando o ouro com um buril fino nas partes que são para cobrir de cor • O resultado desta operação.

CINZELADO REPUXADO – Rebaixamento do fundo de um desenho para que este fique em relevo.

CINZELADO SIMPLES – Aquele em que, após a douração do corte do livro, se procedeu à gravação do desenho, mediante instrumentos próprios.

CINZELAR – Lavrar metais a martelo e cinzel ou gravar couro; depois de traçar o desenho na superfície metálica, o cinzelador entalha e abaixa ligeiramente, de modo a fazer sobressair o desenho • Entalhar.

CINZELAR O CORTE – Operação feita no corte dos livros, por meio da qual se gravam nele motivos ornamentais.

CIP – Abreviatura de *Cataloguing – in – Publication,* catalogação na publicação, catalogação na fonte; trata-se de uma catalogação centralizada no editor, feita de modo que cada nova obra, ao sair a público, possa ir acompanhada da sua correspondente notícia bibliográfica, em geral no verso do rosto. *Ver tb.* Catalogação na fonte.

CIPO – Tronco de coluna ou de pilastra para suporte de uma inscrição • Em heráldica, tronco de família.

CIRCA (pal. lat.) – Cerca de, termo utilizado para indicar uma data aproximada; usa-se por extenso ou sob a forma abreviada "*ca.*" antecedendo a data.

CIRCINUS (pal. lat.) – Nome do compasso com que eram assinalados os quatro pontos que delimitavam a caixa de escrita ou mancha de texto no pergaminho destinado à elaboração de códices; esses pontos funcionavam como sinais de referência para orientar o traçado das linhas. *Punctorium.*

CIRCUITO – Designação dada ao conjunto de componentes electrónicos ou eléctricos, que tem capacidade de processamento passivo ou activo dos sinais que lhe são atribuídos. Em telecomunicações é uma configuração de meios de transmissão, de molde a poder responder às solicitações possíveis de comunicação entre pontos.

CIRCUITO ANALÓGICO – Também designado linear, é aquele em que algumas propriedades variam continuamente ao longo do tempo.

CIRCUITO DE TRATAMENTO – Fases do tratamento documental, que vão desde a descoberta do documento no circuito de distribuição comercial até ao momento em que ele é posto à disposição do público, em livre acesso ou em acesso condicionado, para consulta. Circuito do livro.

CIRCUITO DO LEITOR – Em biblioteconomia, designação atribuída ao conjunto das operações que têm como centro o leitor e que vão desde a pesquisa bibliográfica em catálogos até à consulta, devolução da espécie e sua recolocação na estante.

CIRCUITO DO LIVRO – Em biblioteconomia, designação dada ao conjunto sucessivo de operações técnicas centradas no livro, que vão desde a elaboração intelectual de uma obra, passando pela sua selecção e aquisição, etc. até ao momento da sua disponibilização aos leitores e/ou consumidores.

CIRCUITO DO UTILIZADOR – No edifício de uma biblioteca, arquivo, serviço de documentação, etc., designação dos espaços de circulação utilizados pelos leitores e a eles destinados.

CIRCUITO INTEGRADO – Circuito electrónico cujos componentes se fabricam a partir do mesmo material e são de dimensões microscópicas; é fabricado em cerâmica ou plástico, com cerca de 5x2 cm e 3 mm de espessura, apresenta mais de quarenta saídas ou tomadas. *Chip*.

CIRCUITO INTERNO – No edifício de uma biblioteca, arquivo, serviço de documentação, etc., designação dos espaços de circulação utilizados pelos funcionários e a eles reservados, por forma a que não perturbem os utilizadores, nem sejam perturbados por eles.

CIRCUITO LETRADO – Designação atribuída ao conjunto do público limitado que compreende sobretudo os membros da burguesia educada e das profissões liberais, intelectuais e artísticas, que constitui uma grande parte da população leitora.

CIRCUITO PRIVADO – *Ver* Linha privada.

CIRCUITO VIRTUAL – Modalidade de conexão de redes na qual o caminho físico entre o terminal e a base muda com cada chamada e é o próprio sistema que toma a decisão de escolher qual o melhor trajecto, sem que para isso o utilizador tenha qualquer tipo de intervenção.

CIRCULAÇÃO – Actividade de uma biblioteca, arquivo, serviço de documentação, etc., que se traduz no empréstimo de livros a leitores, conservando registos dos empréstimos • Número total de volumes, incluindo panfletos e publicações periódicas, que são emprestados durante um determinado período de tempo para fora da biblioteca • Empréstimo • Nome dado ao total de cópias de um jornal ou revista que chega às mãos dos leitores; inclui o número de exemplares que são assinados e vendidos em bancas e os exemplares que são distribuídos a título gratuito. (port. Bras.) *Ver* Tiragem líquida.

CIRCULAÇÃO BIBLIOGRÁFICA – Movimento conjunto dos livros ou outros documentos de uma biblioteca, arquivo, serviço de documentação, etc., que passam de um utilizador para outro; a circulação anual representa o cômputo global dos empréstimos da biblioteca.

CIRCULAÇÃO CONTROLADA – Movimento de periódicos, em que cada número deve ser enviado à biblioteca, arquivo, serviço de documentação, etc. por cada utilizador, enviando-o depois à biblioteca onde está o utilizador que figura em seguida na lista dos interessados naquela publicação.

CIRCULAÇÃO DA INFORMAÇÃO – Divulgação de conhecimento. Um dos factores que alterou mais profundamente a circulação da informação foi o aparecimento da imprensa, que veio permitir uma maior difusão, mais rápida e mais barata, abrangendo um universo mais amplo de indivíduos.

CIRCULAÇÃO DE IMPRESSO – Há circulação de um impresso sempre que pelo menos seis exemplares do referido impresso tenham sido distribuídos ou o mesmo tenha sido afixado ou exposto em lugar público ou colocado à venda.

CIRCULAÇÃO DE PERIÓDICOS – Modalidade de operação praticada numa biblioteca, arquivo, serviço de documentação, etc., através da qual se fazem passar os últimos números de publicações periódicas nele recebidos, com a finalidade de os dar a conhecer e de divulgar os seus conteúdos; tem contra si a possível danificação e extravio.

CIRCULAÇÃO DO LIVRO – Percurso de uma obra realizado após a sua publicação, com vista à sua divulgação e difusão do seu conteúdo.

CIRCULAÇÃO GRATUITA – Designação do número de exemplares de uma publicação que são distribuídos de forma grátis.

CIRCULAÇÃO *PER CAPITA* – Empréstimo feito por utilizador.

CIRCULAR – Ofício com o mesmo texto para diversos destinatários; carta-circular. Carta, manifesto ou ofício que, reproduzido em muitos exemplares, é dirigido a muitas pessoas. Carta aberta.

CÍRCULO – Elemento decorativo utilizado em marcas tipográficas para representar a terra, que também aparece em numerosas marcas comerciais não tipográficas • Orla ou filete que delimita um texto • Assembleia. Grémio.

CÍRCULO DE LEITORES – Sociedade de leitura constituída por pessoas amantes do livro e da leitura existente em alguns bairros residenciais afastados das cidades ou em terras pouco povoadas, onde não há serviço de biblioteca, com vista a divulgar o prazer do livro e da leitura • Clube do livro • Editora que se dedica à divulgação do livro através da publicação de obras de qualidade • Numa biblioteca, lugar onde e circunstância em que, sob a direcção de uma pessoa, se analisam e discutem os livros lidos; deste modo os intervenientes fixam-se mais naquilo que lêem, habituam-se a discutir e apresentam espontaneamente os seus gostos e tendências.

CÍRCULO DE QUALIDADE – Designação do sistema que assenta na criação de equipas de trabalhadores responsáveis pela qualidade das tarefas executadas e pela identificação de melhorias que possam conduzir a ganhos de eficiência e de produtividade. Foi criado pelo japonês Ishikawa.

CÍRCULO LITERÁRIO – Lugar onde se vai ouvir determinada pessoa fazer uma conferência sobre um autor ou uma época literária.

CIRCUNFLEXO – *Ver* Acento circunflexo.

CIRCUNLOCUÇÃO – Perífrase, emprego de frases ou palavras análogas em lugar da própria. Circunlóquio.

CIRCUNLÓQUIO – Figura que consiste em se exprimir por meio de uma frase aquilo que podia ser expresso através de uma palavra. Circunlocução. Perífrase.

CIRCUNSCRIÇÃO LOCAL – Para efeitos de atribuição de autoria, designação atribuída às circunscrições administrativas locais, seja qual for a sua natureza: civis, eclesiásticas, jurídicas, militares, etc.

CIRÍLICO – Diz-se do antigo alfabeto eslavo, decalcado do grego e cuja criação se atribui a São Cirilo (século IX), que esteve na origem dos caracteres actualmente usados na Rússia, Bulgária e Sérvia.

CIROGRAFIA – Arte de escrever ou imprimir documentos fidedignos e autoritativos.

CIRÓGRAFO – Escritura de dois. Escritura em que duas pessoas escreveram ou fizeram escrever o seu nome • Nas cartas partidas é a figura ou símbolo que separa as duas partes de um mesmo texto.

CIROGRAPHUM (pal. lat.) – Cirógrafo. Carta redigida em dupla expedição num mesmo pedaço de pergaminho.

CIROPEDIA – Livro da educação de Ciro • Romance alegórico em que há mais ficção que realidade, predominando a imaginação e a criatividade do estilo utilizado.

CISA – Acto de aparar. Corte.

CISALHA – Tesoura mecânica de grande dimensão usada pelos encadernadores para cortar cartão ou papel. Guilhotina. (port. Bras.) Tesourão. Cesária.

CISÃO – Acto ou efeito de cindir. Diz-se que ocorre uma cisão, quando uma coisa se divide, para que dela resultem duas. Separação; é o que acontece, por exemplo, em Biblioteconomia, quando uma publicação ou um recurso continuado se divide para dar origem a dois, cujos novos títulos podem ou não manter elementos comuns com aquele que lhes deu origem.

CISAR – Cortar. Aparar.

CISTA (pal. lat.) – Receptáculo primitivamente de forma redonda, espécie de cofre onde se guardavam os documentos na Idade Média; o termo, porém, já remonta à latinidade clássica. *Capsa. Cistula.*

CISTERCIENSE – Relativo à Ordem de Cister, fundada por S. Bento e reformada por S. Bernardo.

CISTULA (pal. lat.) – Receptáculo medieval em madeira onde se guardavam os documentos de arquivo. *Cista*.

CIT. – Abreviatura de citado e citação.

CIT. POR – Expressão usada em textos com o significado da palavra latina *apud*, sempre que o extracto ou a obra citados não foram vistos pelo autor e a citação é feita por intermédio de outro autor.

CITA – Referência a um texto ou opinião acreditada • O texto citado. Citação.

CITAÇÃO – Acto ou efeito de citar • Forma abreviada de referência colocada entre parêntesis no interior de um texto ou acrescentada ao texto como nota – de pé de página, no fim de capítulo ou no final do texto – usada para fazer a identificação do documento ou lugar onde se encontrou ou se foi procurar, sem o conseguir, a informação relativa ao cabeçalho ou referência; compõe-se em geral pela identificação da fonte consultada e pela informação encontrada; permite fazer a identificação da publicação de onde foram retirados a ideia, o extracto, etc. e indicar a sua localização exacta na fonte. Indicação da fonte • Notas de referência a uma obra da qual foi retirada uma passagem ou a uma fonte de autoridade para uma afirmação ou proposição • Texto que se cita. Passo. Passagem. Cita. Extracto • Em direito, referência ou citação de estatutos, acórdãos ou outras autoridades.

CITAÇÃO ARTÍSTICA – Reprodução numa obra literária de uma obra de pintura ou de escultura ou de uma parte desta obra, com finalidade de crítica, documental, de ilustração ou pedagógica.

CITAÇÃO BIBLIOGRÁFICA – Conjunto de informações que são colocadas entre parêntesis no interior de um texto ou acrescentadas ao texto como nota em pé de página, no fim de capítulo ou no fim do texto; permite identificar a obra de onde foram extraídos o trecho ou a ideia de outrem usados para apoiar ou discutir uma opinião expressa e indicar a sua localização precisa; a citação bibliográfica obedece a um certo número de princípios, que interessa conhecer, e que estão definidos na NP 405-1. (1994).

CITAÇÃO BIBLIOGRÁFICA FICTÍCIA – Aquela que faz referência a um documento ou publicação inexistentes. Citação bibliográfica falsa.

CITAÇÃO DE CITAÇÃO – Citação feita de outra citação • Referência feita por um autor a uma citação que foi feita por outro; é em geral seguida da expressão "citado por" e rematada com a citação da obra intermédia, a partir da qual o autor que faz a citação teve conhecimento da citação em apreço.

CITAÇÃO DIRECTA – Designação da citação em que as palavras de uma pessoa ou aquilo que escreveu é referido *ipsis litteris*. Costuma ser marcada através da introdução entre aspas ou do uso de cursivo ou negritas.

CITAÇÃO EPÓNIMA – Aquela que se faz sem atender aos termos formais da citação bibliográfica, não constando, por isso, dos índices de citações e das análises bibliométricas.

CITAÇÃO *IN PROCESS* – Aquela que é feita e que disponibiliza a informação, mesmo antes de o texto ser publicado

CITAÇÃO INDIRECTA – Aquela em que as palavras ou o texto que foi escrito por uma determinada pessoa não é referido *ipsis litteris*, mas sob a forma de resumo ou alterado no seu modo de elocução ou escrita.

CITAÇÃO LITERAL – Aquela que reproduz de um modo exacto e rigoroso os dados mencionados.

CITADO – Que se citou. Mencionado.

CITADOR – Pessoa que cita. Aquele que faz citações. Citante.

CITANTE – Pessoa que faz uma citação. Citador.

CITAR – Indicar ou anotar os autores e os textos que se referem ao que se escreve ou diz • Indicar como autoridade ou exemplo.

CITATÓRIO – Relativo a citação.

CITÁVEL – Que pode ser objecto de citação.

CIVILITÉ (pal. fr.) – Letra de civilidade. Letra tipográfica caracterizada pela imitação da letra manuscrita cursiva do século XVI; foi criada por Robert Granjon, em Lyon, em 1557, era empregue a par com a letra itálica e o seu uso manteve-se até ao século XIX em certas obras de carácter pedagógico. *Ver* Tipo *civilité*.

CL. – Abreviatura de classe.

CLA – Acrónimo de *Canadian Library Association*, Associação Canadiana de Bibliotecas.

CLARA DE OVO – Invólucro protector e nutritivo do ovo, contém albumina, uma proteína simples e é utilizada como mordente pelos encadernadores para facilitar a aderência da folha de ouro ao couro; a clara de ovo é batida e misturada, em geral, com vinagre, água, sal e glicerina; também era usada na iluminura para adicionar aos pigmentos.

CLARIFICAR – Tornar inteligível a um leitor médio um complexo escrito científico ou tecnológico. Tornar compreensível.

CLARO – Espaço formado por espacejamento de palavras ou por linha em branco. Branco • Inteligível. Que se compreende bem. Que não deixa dúvidas.

CLARO DE ABERTURA – Espaço em branco deixado no início de um parágrafo. Recolhido. Entrada. Claro de entrada.

CLARO DE ENTRADA – *Ver* Claro de abertura.

CLARO-ESCURO – Transição do claro para o escuro • Impressão produzida no observador pelo contraste dos claros com os escuros, em desenhos, pinturas ou gravuras • Imitação em desenho, pintura, fotografia, etc. dos efeitos de contraste que se produzem quando certas partes de um objecto, pessoa, lugar, etc. recebem luz, enquanto outras ficam mais ou menos na sombra • Designação atribuída ao desenho ou pintura em que só se usa preto e branco ou branco e qualquer outra cor escura • Designação dada à diferença visual mensurável entre duas densidades adjacentes na película.

CLAROS – Abertas ou intervalos deixados num escrito para separar segmentos ou para posterior preenchimento.

CLASSE – Conjunto de elementos que têm pelo menos uma característica comum • Subconjunto resultante da divisão de um conjunto, mas em partes separadas (entidades) • Divisão de uma classificação reagrupando noções tematicamente próximas sob uma forma codificada • Categoria. Ordem. Secção • Categoria gramatical • Em arquivística tradicional, sequência de documentos da mesma natureza ou referentes à mesma matéria, que constituem uma linha de organização interna de um arquivo.

CLASSE EMPÍRICA – Subgrupo tradicional numa classe principal no qual não é perceptível qualquer princípio subjacente.

CLASSE ENUMERATIVA – Forma tradicional de classificação bibliográfica usada comummente como instrumento para o agrupamento de livros e materiais afins.

CLASSE FORMAL – Uma das classes formada quando o género de composição (artística, musical, literária, etc.) ou formato geral, como o de um documento bibliográfico, é usado como característica de classificação.

CLASSE FUNDAMENTAL – Num sistema de classificação, classe que abarca todos os aspectos de uma matéria • Classe a que pertence basicamente um tema particular, embora possa, por vezes, aparecer noutros contextos.

CLASSE GEOMÉTRICA – Em classificação, aquela que dispõe os objectos segundo a sua posição no espaço.

CLASSE GERAL – Diz-se do agrupamento dos livros em classes ou divisões, sem as subdivisões • Em classificação, a divisão superior no seio de uma hierarquia.

CLASSE HIERÁRQUICA – *Ver* Classe natural.
CLASSE HISTÓRICA – *Ver* Classe natural.
CLASSE LÓGICA – *Ver* Classe natural.

CLASSE NATURAL – Aquela que se fundamenta em propriedades essenciais inerentes à coisa em si, e que ocorrem de forma regular, inseparável do objecto de classificação. É também chamada classe lógica. Classe histórica. Classe hierárquica.

CLASSE PARCIAL – Aquela que é efectuada apenas por uma semelhança.

CLASSE PRINCIPAL – Em classificação, uma das divisões fundamentais do conhecimento, que constitui a base para o desenvolvimento de um sistema de classificação.

CLASSE SEMÂNTICA – Divisão do vocabulário em que são agrupadas noções conceptualmente vizinhas; título dado a estes suplementos agrupados.

CLASSES COORDENADAS – Conjunto de termos de um esquema, que representa classes derivadas por aplicação de uma sucessão de características.

CLASSICISMO – Qualidade do que é clássico • Sistema dos partidários exclusivos dos escri-

tores da Antiguidade ou clássicos • Imitação do estilo clássico na literatura, pintura, arquitectura, etc. • A literatura clássica • Abuso da imitação dos clássicos • Frase ou estilo de clássicos.
CLASSICISTA – Pessoa que segue o classicismo.
CLÁSSICO – Diz-se do autor abalizado, cujos escritos são modelo de perfeição literária; também se utiliza o termo como substantivo • Relativo à literatura grega ou latina • Designação atribuída à obra de um autor que, pela originalidade, pureza de linguagem e forma irrepreensível, constitui modelo digno de imitação • Que é autorizado por autores considerados modelares • Que constitui modelo em belas-letras • Correcto. Apurado. Vernáculo • Diz-se de certos períodos em que a linguagem usada pelos escritores se considera mais apurada • Que se opõe ao Romantismo. Que segue as regras e os modelos dos antigos • Escolar • Autor de obras clássicas.
CLÁSSICO ADAPTADO – Versão de uma obra clássica em que o original é simplificado no que respeita à estrutura sintáctica e ao vocabulário, as personagens são reduzidas no caso de ser julgado conveniente e se prescinde de partes do argumento que possam ser consideradas secundárias; normalmente esta adaptação destina-se a fins pedagógicos, facilitando o acesso destas obras a alunos mais jovens.
CLÁSSICO ANÓNIMO – Obra de autoria desconhecida ou duvidosa, habitualmente designada pelo título pelo qual é conhecida; esse título pode ter aparecido no decurso das sucessivas edições, versões e/ou traduções.
CLASSIFICAÇÃO – Conjunto ordenado de conceitos, distribuídos sistematicamente em classes, formando uma estrutura. Sistema de classificação • Estruturação de conceitos em classes e subdivisões para exprimir as relações semânticas existentes entre eles; as classes são representadas por meio de uma notação; permite agrupar de forma sistemática o conhecimento em grandes categorias • Atribuição dos índices de um sistema de classificação a dados ou a documentos para facilitar a sua indexação, ordenação e recuperação. As principais etapas desta operação são: a determinação do assunto principal do documento, a determinação da classe onde ele se enquadra, a pesquisa dos índices que correspondem a essa classe, a construção ou selecção do índice correspondente, a redacção da cota do documento ou outro índice de classificação, a indicação do índice de classificação • Linguagem documental fundada na representação estruturada de um ou vários domínios do conhecimento em classes e na qual as noções e as suas relações são representadas pelos índices de uma notação • Acto jurídico que estabelece uma protecção e um controlo do Estado nos monumentos, objectos e documentos privados, com vista à sua conservação • Conjunto das operações de ordenação de um fundo ou de um fragmento de um fundo segundo um esquema racional • Em arquivística, componente intelectual da organização de arquivos, que consiste na elaboração de um quadro ou de um plano, tabela ou código baseado em critérios de estrutura orgânica, cronológicos, geográficos, temáticos, alfabéticos ou critérios de relações lógicas e sistemáticas agrupados segundo as suas semelhanças ou diferenças, possibilitando a localização da série ou dos itens dentro do plano, esquema, etc.
CLASSIFICAÇÃO ABREVIADA – *Ver* Classificação simplificada.
CLASSIFICAÇÃO ADAPTÁVEL – *Ver* Classificação flexível. Classificação ajustável.
CLASSIFICAÇÃO AJUSTÁVEL – *Ver* Classificação flexível.
CLASSIFICAÇÃO ALFABÉTICA – Classificação das rubricas a ordenar segundo a ordem formal das letras do alfabeto.
CLASSIFICAÇÃO ALFANUMÉRICA – Esquema de classificação que usa uma combinação de caracteres alfabéticos e de números, sendo listados em ordem alfabética os assuntos amplos e as subdivisões dadas por números; não é necessário dar atenção especial à primeira letra da primeira palavra e pode haver ou não uma significação hierárquica; os documentos são identificados pelo número e arquivados de acordo com ele.
CLASSIFICAÇÃO ANALÍTICA – Classificação que divide a área temática considerada do geral para o específico através de relações hierárquicas.

CLASSIFICAÇÃO ANALÍTICO-SINTÉCTICA – Classificação que, através da análise, decompõe um determinado assunto e realiza seguidamente a síntese pela elaboração de um índice. Este esquema dá ao classificador a máxima autonomia na construção de números para novos assuntos específicos não enumerados nos inventário. A *Ranganathan Colon Classification* foi o primeiro esquema deste género.

CLASSIFICAÇÃO ARBORESCENTE – *Ver* Classificação em árvore.

CLASSIFICAÇÃO ARTIFICIAL – Sistema de classificação no qual é usada uma característica acidental; usa-se em oposição a uma classificação natural; é a partir dessa característica acidental que se agrupam ou separam os assuntos, sem tomar em linha de conta as suas relações lógicas.

CLASSIFICAÇÃO AUTOMÁTICA – Modo de classificar os documentos mecanicamente, comandado por um dispositivo automático.

CLASSIFICAÇÃO AUTOMÁTICA DE TERMOS – Em recuperação da informação, análise de textos por computador para formar classes de termos ou um tesauro baseado num tipo de coeficiente de correlação, em geral a frequência com que as palavras se apresentam unidas no mesmo texto.

CLASSIFICAÇÃO BIBLIOGRÁFICA – Processo mental pelo qual coisas, seres ou pensamentos são reunidos segundo as semelhanças ou diferenças que apresentam • Sistema de classificação destinado a ordenar material bibliográfico. Método para arrumar documentos nas estantes • Distribuição dos documentos segundo uma determinada ordem estabelecida por um sistema.

CLASSIFICAÇÃO BIBLIOLÓGICA – Linguagem documental derivada da classificação das ciências, que reparte os conceitos em categorias hierarquizadas segundo um esquema em árvore. Os conceitos são expressos por meio de índices construídos com a ajuda dos sinais da notação.

CLASSIFICAÇÃO BIFURCADA – Método de classificação pelo qual as classes se formam através da divisão do género em duas espécies por uma única diferença importante, por exemplo, a divisão do alfabeto em romano e não romano, baseando-se na sua origem.

CLASSIFICAÇÃO *CANDO* – Classificação alfanumérica da documentação visando especialmente a documentação médica. Dotada de um índice notavelmente concebido e detalhado, é baseada num sistema muito simples que oferece combinações diversas. Foi elaborada por um médico francês, o doutor J. Chevallier, em 1955, para médicos, e permite classificar a documentação médica e especialmente os artigos de publicações periódicas de uma forma muito lógica.

CLASSIFICAÇÃO *COLON* – Classificação que tem subjacente um esquema analítico-sintéctico, conhecida também como classificação por facetas; foi idealizada por S. R. Ranganathan e nela os documentos são analisados segundo conceitos gerais, como: personalidade, energia, matéria, espaço e tempo; a sua designação resulta do facto de nela se fazer uso dos dois pontos, sinal de pontuação que em inglês se designa *colon*, para estabelecer uma relação.

CLASSIFICAÇÃO COMPÓSITA – Método de classificação no qual os assuntos específicos se representam pela junção de termos elementares.

CLASSIFICAÇÃO CRUZADA – Subdivisão de uma faceta segundo mais de um grupo de características formando cada uma uma hierarquia separada • Numa classificação, possibilidade de atribuir dois ou vários lugares a um único termo.

CLASSIFICAÇÃO *CUNNINGHAM* – Classificação elaborada e apresentada por E. R. Cunningham para as bibliotecas médicas; trata-se de uma classificação alfanumérica publicada pela primeira vez em 1928, visando especialmente a literatura médica. É muito detalhada, de utilização simples e foi largamente utilizada nos anos cinquenta nos Estados Unidos.

CLASSIFICAÇÃO DA BIBLIOTECA DO CONGRESSO – Método de classificação de documentos utilizado desde 1904 pela Biblioteca do Congresso dos Estados Unidos da América; a sua estrutura é muito semelhante à da classificação expansiva de Cutter baseada originariamente na disposição dos livros segundo o que parecia ser uma ordem útil, ordem essa que foi anotada e estudada para eliminar anomalias. Cada classe tem um índice, se bem que não exista qualquer índice do esquema.

CLASSIFICAÇÃO DA *NATIONAL LIBRARY OF MEDICINE* – Organizada segundo métodos próximos dos da classificação da Biblioteca do Congresso, trata-se de uma classificação de tipo enumerativo, utilizando uma notação alfanumérica muito simples, usada, como o próprio nome indica, na N.L.M., para a classificação e ordenação das obras nas estantes.

CLASSIFICAÇÃO DAS FICHAS – *Ver* Intercalação das fichas.

CLASSIFICAÇÃO DE *BACON* – Classificação do conhecimento baseada nas três faculdades (imaginação, memória, razão); foi proposta por Francis Bacon em 1605, na sua obra *Advancement of Learning* e o sistema proposto por este autor teve uma grande influência nos sistemas de classificação das bibliotecas.

CLASSIFICAÇÃO DE *BARNARD* – Classificação alfabética para documentação existente em bibliotecas médicas e de veterinária, elaborada por C. C. Barnard em 1936.

CLASSIFICAÇÃO DE *BLISS* – Esquema de classificação bibliográfica da autoria de H. E. Bliss, publicado como projeto em 1910; é baseado num vasto estudo da natureza e história da classificação e de esforços anteriores de classificações gerais de conhecimento e de livros e caracteriza-o o facto de nele o conhecimento aparecer organizado segundo um critério científico e educativo.

CLASSIFICAÇÃO DE *BROWN* – Esquema de classificação bibliográfica criado por J. D. Brown, hoje caído em desuso.

CLASSIFICAÇÃO DE *BRUNET* – Sistema de classificação de documentos criado por Jacques-Charles Brunet, bibliógrafo francês, em 1810; neste sistema cada uma das classes é dividida com números romanos, cada sub--classe com algarismos árabes e estas, por sua vez, com letras maiúsculas.

CLASSIFICAÇÃO DE BRUXELAS – *Ver* Classificação Decimal Universal.

CLASSIFICAÇÃO DE *CUTTER* – Esquema de classificação bibliográfica não universal, da autoria de C. A. Cutter, que procurava responder às necessidades de diversos tipos de bibliotecas.

CLASSIFICAÇÃO DE *DEWEY* – Esquema de classificação criado por Melvin Dewey, em que o campo do conhecimento é tomado como uma unidade dividida em nove secções; é-lhe acrescentada uma décima secção para incluir as obras gerais, as publicações de forma especial, as bibliotecas e museus. Deste modo, o conjunto dos conhecimentos humanos fica estruturado em dez grandes classes, cada uma designada por um índice numérico compreendido entre 000 e 999, representando cada índice um aspecto particular do assunto no interior de cada classe. Foi a primeira classificação bibliográfica conhecida. Classificação decimal de Melvin Dewey. CD.

CLASSIFICAÇÃO DE DOCUMENTOS – Ordenação, arrumação de documentos, colecções, etc. • Atribuição uma classificação aos documentos.

CLASSIFICAÇÃO DE DOCUMENTOS OFICIAIS – Sistema de classificação usado pela Superintendência de Documentação dos Estados Unidos da América do Norte para ordenar as publicações oficiais federais.

CLASSIFICAÇÃO DE SEGURANÇA – Classificação de documentos contendo assuntos secretos, conforme o grau de sigilo que lhes é atribuído por razões de segurança.

CLASSIFICAÇÃO DECIMAL – Nome dado a qualquer classificação que usa para notação os números ordenados de dez em dez, isto é, cada classe é fraccionada em dez divisões, que são elas próprias subdivididas do mesmo modo em secções.

CLASSIFICAÇÃO DECIMAL ABREVIADA – Versão reduzida da Classificação Decimal de Dewey preparada para ser usada em pequenas bibliotecas.

CLASSIFICAÇÃO DECIMAL DE *MELVIN DEWEY* – Primeira classificação bibliográfica conhecida; constituída por uma introdução, tabelas e índice, tinha como novidade o facto de atribuir números decimais aos livros e não às estantes, possuir uma especificação de assuntos detalhada e um índice relativo. Divide o conjunto dos conhecimentos humanos em dez grandes classes, cada uma designada por um índice numérico compreendido entre 000 e 999, representando cada índice um aspecto particular do assunto no interior de cada classe. CD.

CLASSIFICAÇÃO DECIMAL UNIVERSAL – Diz-se da classificação bibliográfica em que os assuntos são divididos em dez grandes classes, cada uma delas repartida em dez divisões, cada divisão em dez secções, cada secção em outras dez e assim indefinidamente, o que permite designar-se cada assunto de forma simples e individual; foi preparada por P. Otlet e Henri la Fontaine a partir da classificação decimal de Dewey; é o exemplo-tipo de uma classificação enciclopédica. Classificação de Bruxelas.

CLASSIFICAÇÃO DECIMAL UNIVERSAL ABREVIADA – Versão reduzida da CDU com vista à sua utilização em bibliotecas de pequenas dimensões.

CLASSIFICAÇÃO DETALHADA – Classificação que tenta dar conta do assunto classificado com a máxima minúcia.

CLASSIFICAÇÃO DICOTÓMICA – Processo de divisão binária que consiste em distinguir num conceito um aspecto positivo e um aspecto negativo. Classificação por bifurcação.

CLASSIFICAÇÃO DIGITAL – Sistema para ordenação de documentos baseado na utilização de dígitos centrais e terminais.

CLASSIFICAÇÃO DO CONHECIMENTO – Sistema de classificação concebido para uma ou várias áreas do conhecimento e não propriamente para ser usado na classificação de documentos ou livros.

CLASSIFICAÇÃO EM ÁRVORE – Modalidade de classificação ramificada de tipo multidimensional (por exemplo o sistema *Cordonnier*). Classificação arborescente.

CLASSIFICAÇÃO EM DIVISÕES AMPLAS – Diz-se de uma classificação que agrupa os documentos em rubricas gerais sem levar a análise aos seus limites.

CLASSIFICAÇÃO ENCICLOPÉDICA – Sistema de classificação que incide sobre o conjunto dos conhecimentos existentes.

CLASSIFICAÇÃO ENUMERATIVA – Sistema de classificação bibliográfica como a da LCC, na qual se alinham todas as matérias que se supõem necessárias para tratar uma informação determinada (classificações especializadas) ou a totalidade do conhecimento (classificações enciclopédicas).

CLASSIFICAÇÃO ESPECIALIZADA – Distribuição metódica de documentos sobre um determinado assunto especializado por classes, segundo um plano previamente estabelecido; é construída com base nos mesmos princípios que uma classificação enciclopédica, mas privilegia uma noção entre muitas outras.

CLASSIFICAÇÃO ESPECÍFICA – Designação da forma de classificar segundo a qual as notações que são atribuídas aos documentos são muito detalhadas.

CLASSIFICAÇÃO EXPANSIVA – Classificação bibliográfica na qual a notação é constituída por números e letras ao mesmo tempo e pode ser ampliada.

CLASSIFICAÇÃO FACETADA – *Ver* Classificação por facetas.

CLASSIFICAÇÃO FIXA – Sistema de classificação em que se atribui um lugar determinado e permanente às obras nas tabelas de uma estante de biblioteca, arquivo, serviço de documentação, etc.

CLASSIFICAÇÃO FLEXÍVEL – Sistema de classificação delineado por James Duff Brown em 1897. Destina-se a pequenas bibliotecas e caracteriza-se pela utilização de uma notação integral alfanumérica deixando números por utilizar, para poder fazer-se a intercalação de novas matérias. Classificação ajustável. Classificação adaptável.

CLASSIFICAÇÃO FUNDAMENTADA NO MATERIAL BIBLIOGRÁFICO – Estrutura de um sistema de classificação baseada mais no material que há para classificar do que em considerações puramente teóricas de classificação.

CLASSIFICAÇÃO GEOGRÁFICA – Sistema de classificação baseado na disposição do material bibliográfico segundo o topónimo, quer seja alfabeticamente ou seguindo um esquema de classificação geográfico. Classificação toponímica.

CLASSIFICAÇÃO GERAL – Forma de classificar que é usada vulgarmente em bibliotecas gerais, na qual as notações atribuídas aos documentos são muito genéricas, isto é, contam apenas com as subdivisões, daí resultando que uma mesma notação seja partilhada por diversos documentos, reduzindo-se, assim, a especificidade da notação. Classificação que ordena de forma lógica todo o campo do conhecimento – o universo visível e o invisível.

CLASSIFICAÇÃO HETEROGÉNEA – Diz-se de uma classificação cuja característica de divisão é inconstante e variável.

CLASSIFICAÇÃO HIERÁRQUICA – Classificação baseada em hierarquias de cadeias de classes; o tema é laboriosamente dividido em secções cada vez mais pequenas, que devem todas elas ser consideradas em separado. Classificação múltipla.

CLASSIFICAÇÃO LINEAR – Sistema de classificação em que cada assunto é desenvolvido até atingir uma unidade indivisível e em que a cada termo corresponde uma notação, que vai do mais geral para o mais específico. *Ver* Classificação unidimensional.

CLASSIFICAÇÃO METÓDICA – *Ver* Classificação sistemática.

CLASSIFICAÇÃO MISTA – Classificação das rubricas a ordenar em secções alfabéticas no interior de uma classificação sistemática.

CLASSIFICAÇÃO MULTIDIMENSIONAL – Classificação que comporta várias espécies de relações semânticas.

CLASSIFICAÇÃO MÚLTIPLA – *Ver* Classificação hierárquica.

CLASSIFICAÇÃO MULTÍVOCA – Classificação na qual uma noção pode estar ligada a classes diversas.

CLASSIFICAÇÃO NATURAL – Classificação que distingue os diversos assuntos, agrupa os assuntos idênticos, separa os assuntos diferentes e estabelece entre eles relações lógicas; tem por finalidade aproximar os objectos que têm mais semelhanças naturais.

CLASSIFICAÇÃO POR ASSUNTOS – Sistema de classificação divulgado na Grã-Bretanha em 1906 por James Duff Brown, que fixa quatro classes principais: matéria e força, vida, mente e registo e uma notação mista. Classificação sistemática.

CLASSIFICAÇÃO POR BIFURCAÇÃO – *Ver* Classificação dicotómica.

CLASSIFICAÇÃO POR BLOCOS – Em informática, classificação de elementos ou registos que têm como referência ou base a parte de ordem superior da chave, para dividir um ficheiro em segmentos mais fáceis de manejar.

CLASSIFICAÇÃO POR DISCIPLINAS – Modalidade de classificação de conhecimentos cujo esquema assenta nas áreas principais de estudo, como ponto de partida para o desenvolvimento das tabelas classificativas.

CLASSIFICAÇÃO POR FACETAS – Classificação usada para a análise de determinadas características que se destacam muitas vezes de categorias fundamentais e terminando na definição de diversos pontos de vista ou facetas; é exemplo de uma classificação por facetas a que foi criada por S. R. Ranganathan, um conhecido bibliotecário indiano; esta modalidade de classificação é muito usada na elaboração de classificações especializadas. Classificação facetada.

CLASSIFICAÇÃO POR FORMATO – Diz-se daquela que é feita segundo a dimensão dos documentos, livros, etc., determinada, no caso de manuscritos ou impressos, pela forma como a folha está dobrada.

CLASSIFICAÇÃO REFERENCIAL – Sistema pragmático e empírico no qual os elementos constitutivos são relacionados com referência a um só aspecto isolado, propriedades ou utilização, desprezando outras características.

CLASSIFICAÇÃO SELECTIVA – Substituição da classificação por matérias específicas através da distribuição em grandes grupos ordenados alfabeticamente, cronologicamente ou cronológica e alfabeticamente; é usada para classificar livros com reduzida frequência de utilização.

CLASSIFICAÇÃO SIMPLIFICADA – Redução da extensão dos símbolos de classificação usando apenas um, dois ou três números conforme a capacidade da biblioteca. Classificação abreviada.

CLASSIFICAÇÃO SISTEMÁTICA – Classificação das rubricas a ordenar segundo uma

ordem lógica, que reflecte um sistema orgânico de noções. Classificação metódica.
CLASSIFICAÇÃO TOPONÍMICA – *Ver* Classificação geográfica.
CLASSIFICAÇÃO UNIDIMENSIONAL – Classificação que utiliza apenas uma espécie de relação semântica, por exemplo a relação de inclusão.
CLASSIFICAÇÃO UNÍVOCA – Classificação na qual cada noção apenas pertence a uma classe.
CLASSIFICADOR – Pasta destinada ao arquivo de cartas, facturas, recibos e outros documentos; é feita de cartão resistente, com lombada larga com rótulo, onde se regista o conteúdo • Móvel em que se guardam metodicamente papéis, verbetes, etc. • Pasta registadora • Aquele que classifica, isto é, aquele que atribui aos livros o seu lugar correcto nos esquemas de classificação • Separador • Arquivo.
CLASSIFICADOR DE RECORTES – *Ver* Álbum de recortes.
CLASSIFICADOR DO SANTO OFÍCIO – Teólogo nomeado pelo Tribunal da Inquisição para censurar os livros que haviam de ser editados.
CLASSIFICADOR HORIZONTAL – Móvel especial, formado por gavetas de grandes dimensões, destinado ao armazenamento de documentos de formato grande.
CLASSIFICADOR ROTATIVO – Material para armazenamento, de portas móveis, que possibilita que sejam afixados dados que necessitam de ser renovados periodicamente.
CLASSIFICADOR VERTICAL – Material para arrumação de dossiês suspensos, ordenados alfabeticamente ou classificados por assuntos.
CLASSIFICAR – Estabelecer um sistema de classificação, isto é, organizar o universo do conhecimento segundo uma ordem sistemática • Atribuir a um documento um grau de restrição, por exemplo: confidencial, secreto, segredo industrial, difusão restrita • Reunir e distribuir em classes e nos grupos respectivos os suportes dos registos ou os documentos, de acordo com um sistema de classificação, a fim de facilitar o seu acesso aquando da pesquisa • Arrumar. Ordenar • Dar categoria.

CLASSIFICAR DOCUMENTAÇÃO – Operação do tratamento documental, que consiste em definir o tipo e o assunto principal de um documento atribuindo-lhe um código e em representar esse assunto numa linguagem documental, tomando como ponto de partida uma lista ou tabela de classificação.
CLASSIFICÁVEL – Susceptível de classificação. Que pode classificar-se.
CLÁUDIA – Espécie de papiro da mais alta qualidade.
CLÁUSULA – Condição que faz parte de um tratado, contrato ou outro documento • Artigo • Preceito, regra, norma, doutrina, prescrição, disposição • Formulário.
CLÁUSULA COMINATÓRIA – Aquela que é imposta num documento, pela qual se obriga, sob ameaça de pena e imposição de um castigo, ao cumprimento de determinadas condições; é frequente em testamentos, documentos de doação ou outros. Cláusula de maldição. *Terribilis sententia*.
CLÁUSULA DE CONSCIÊNCIA – Disposição legal que permite a um escritor ou jornalista que não escreva contra as suas convicções.
CLÁUSULA DE ESPONTANEIDADE – Num documento, é a menção da vontade da pessoa que o passa; é uma cláusula essencial.
CLÁUSULA DE GARANTIA – Disposição segundo a qual num documento, se consignam bens presentes e futuros, móveis e imóveis, como garantia da obrigação de um acto.
CLÁUSULA DE MALDIÇÃO – *Ver* Cláusula cominatória.
CLÁUSULA DE OBRIGAÇÃO – Recusa que implica a desistência de um direito, caso essa condição não seja cumprida; é frequente a partir do século XII; hoje, ela está implícita no documento, mas antigamente eram partes detalhadas; pela cláusula de obrigação num documento, o autor obriga-se a si mesmo e aos seus bens, e eventualmente aos seus herdeiros e pessoas nele envolvidas, à sua execução.
CLÁUSULA DE RESERVA – Disposição surgida no século XII, pela qual se declara não fazer mal a ninguém nem usurpar a jurisdição ou os direitos de um terceiro.
CLÁUSULA IMPRECATÓRIA – *Ver* Imprecação.

CLAUSULAR – Relativo a cláusula • Dividir em cláusulas.

CLÁUSULAS ADICIONAIS – Num documento, são aquelas que se acrescentam à *dispositio* para precisar as suas modalidades e extensão.

CLÁUSULAS DERROGATÓRIAS – Num documento, são aquelas que ordenam a execução de um acto, a despeito de actos anteriores (ou posteriores) contrários, e apesar do direito comum; no caso de cartas de colação, de benefício, cláusulas derrogatórias especiais podem permitir ao beneficiário conservar o todo ou parte dos benefícios de que anteriormente gozava ou deter benefícios por derrogação ao direito canónico comum.

CLÁUSULAS FINAIS DOS ACTOS – São as que, num documento, asseguram a sua execução e obstam a qualquer impedimento, demora ou litígio susceptíveis de arrastar consigo a anulação do acto.

CLÁUSULAS OBRIGATÓRIAS – São as que, num documento, ordenam a qualquer agente ou a alguém a obtemperação à vontade expressa no acto.

CLÁUSULAS PROIBITIVAS – Num documento, são aquelas que interditam, a qualquer agente ou pessoa, que se oponha, directa ou indirectamente, à vontade expressa no acto.

CLAUSUM (pal. lat.) – Fecho. Conclusão de um discurso ou sermão.

CLAUSURA (pal. lat.) – Fecho metálico das encadernações medievais; outros termos para designar o mesmo elemento eram *fibula* ou ainda *hamulus*, *fermalia* ou *firmacula*.

CLAVE – Sinal que indica a posição de determinada nota na pauta e, por consequência, a de todas as restantes. *Ver* Colchete.

CLAVIGER (pal. lat.) – Em sentido restrito, é aquele que detém as chaves, termo que associado a *librarius (librarius claviger)* designa aquele que na Idade Média detinha as chaves da biblioteca do mosteiro.

CLAVUS (pal. lat.) – Brocho de metal (prata, cobre, latão ou ferro) colocado nas pastas dos livros e destinado a proteger a pele da encadernação, uma vez que os livros eram arrumados na horizontal; outro termo bastante difundido, mas menos que *clavus*, era *bullum*. *Umbilicus*.

CLEMENTINÆ (pal. lat.) – *Ver* Clementinas.

CLEMENTINAS – Compilação de direito canónico que inclui as Constituições Pontifícias de Clemente V reunidas por João XXII em 1317 e os cânones do Concílio de Viena (1311); foram editadas cerca de 60 vezes no século XV; com o *Decretum* de Graciano, as *Decretales* (de Bonifácio VIII) e o *Liber Sextus Decretalium* (de Gregório IX) formam um conjunto que dá pelo nome de *Corpus Juris Canonici*. Colecção daquelas constituições. Livro das Clementinas. *Clementinæ*.

CLICAR – Premir o botão do rato do computador.

CLICHAGEM – *Ver* Estereotipia.

CLICHÉ – Em fotografia é o negativo obtido por acção da luz sobre substâncias que lhe são sensíveis • Em fotogravura é a placa metálica (de chumbo, zinco, cobre, etc.) gravada obtida por processos de fotogravura, com vista à impressão de uma imagem. Matriz. Chapa • Placa de metal ou plástico, com imagens ou texto em relevo negativo, que se destina à impressão na máquina tipográfica • Gramaticalmente, frase excessivamente usada pelo povo, que autores conceituados já não usam. Frase feita. Lugar-comum. Imagem ou metáfora muito usada que se torna um estereótipo.

CLICHÉ A MEIA TINTA – *Ver* Autotipia.

CLICHÉ A MEIO TOM – *Ver* Autotipia.

CLICHÉ COMBINADO – Autotipia combinada.

CLICHÉ DE IMPRENSA – Frase feita, expressão gasta pelo excesso de frequência com que é usada.

CLICHÉ DE RETÍCULA – *Ver* Autotipia.

CLICHÉ MONTADO – Cliché tipográfico que se apresenta seguro numa placa de madeira ou metálica.

CLICHÉ RECORTADO – *Ver* Autotipia recortada.

CLICHERIA (port. Bras.) – *Ver* Estereotipia.

CLICHÉ-TIPO – Aquele que é usado em gravura em cavado, por oposição àquele que é obtido por duplicação, como no caso da estereotipia.

CLIENTE – Pessoa que recorre aos serviços de uma biblioteca, arquivo, serviço de documentação, etc., a título gratuito ou mediante retribuição pecuniária. Utilizador. (port. Bras.) Usuário • Em linguagem da *Internet*, designação do programa que é usado com a finalidade de comunicar com um programa servidor, que se encontra localizado num outro computador ligado por meio de rede.

CLIENTELA – Utilizadores no local ou no domicílio dos livros de uma biblioteca, etc., como um todo • De modo mais específico, as pessoas servidas por uma biblioteca especial. *Ver tb.* Utilizador de biblioteca.

CLIMATIZAÇÃO – Controlo da temperatura, da humidade e da poluição nos arquivos, bibliotecas, serviços de documentação, etc., feito através de instrumentos próprios e visando a criação de condições favoráveis à conservação dos documentos.

CLIMATIZADOR AUTOMÁTICO – Aparelho que mantém a temperatura e a humidade constantes, mantendo simultaneamente a renovação do ar e a sua purificação.

CLÍMAX – Sinónimo de gradação ascendente ou ponto culminante de uma gradação ascendente.

CLIPE – Peça, geralmente de metal, que se ajusta por si mesma para unir folhas de papel.

CLÍPEO – Termo que designa a superfície circular destinada a conter a figuração de um busto humano. Medalhão.

CLIQUE – Acto ou efeito de clicar • Acção de premir o botão do rato do computador.

CLORETO DE POLIVINILO – Material plástico utilizado no processo de laminação, mas que apresenta o inconveniente do amarelecimento.

CLORINA – Nome do produto usado no fabrico do papel, a partir de 1774, para conseguir o branqueamento da matéria fibrosa; o seu uso teve como consequência prática a oxidação da celulose.

CLORO – Gás de cor amarelo-esverdeada e cheiro sufocante, obtido através do tratamento do bióxido de manganés com ácido clorídico; sob a forma de clorato de cálcio usa-se no branqueamento da pasta do papel; no fabrico do papel, a aplicação do cloro é considerada indispensável, a partir do século XIX, para o branqueamento da pasta de papel.

CLOSE-UP (pal. ingl.) – Termo usado para designar o artigo documental em que é exposto o essencial sobre uma pessoa, entidade ou acontecimento, de uma forma resumida e usando um estilo cuidado.

CLUBE DE EDITORES – Associação de editores. Ser associado parece constituir para muitos uma garantia de qualidade.

CLUBE DE LEITORES – Associação que tem por finalidade promover a impressão de determinados livros e a sua distribuição a preço mais baixo aos seus sócios • Grupo de ledores que, sob supervisão do bibliotecário, se reúnem em lugares determinados para realizarem programas de leitura • Projecto editorial cujo objectivo é oferecer aos estudantes determinados títulos em edições económicas e vender por preços menos elevados que os comuns a outras pessoas ou instituições. Núcleo de ledores.

CLUBE DE LEITURA – Lugar onde se vai ouvir, pensar, exprimir opiniões, de um modo informal, acerca de uma determinada obra. O ponto de partida é o livro que o animador apresenta a um grupo de ouvintes por meio de uma leitura em voz alta; uma vez acabada a leitura começa a discussão à volta do livro. Visa divulgar um livro determinado e iniciar, sob forma de diálogo, a reflexão comum acerca do modo de abordagem do seu conteúdo, problemas que evoca, etc. • Nas aulas de língua portuguesa dos ensinos básico e secundário, iniciativa criada nas bibliotecas escolares para fomentar a leitura prática onde se faz uma nova forma de abordagem à literatura usando livros, filmes, *DVD* baseados em obras literárias; é uma oportunidade para os alunos falarem de livros, tentando transformar não-leitores em leitores.

CLUBE DO LIVRO – Círculo de leitores, instituição criada com finalidades de promoção do livro; trata-se, com frequência, de uma organização comercial com um serviço de venda de livros por correio ou porta a porta, apenas aos seus membros, feita geralmente a um preço mais baixo do que o preço de retalho; quando se junta ao clube do livro, o novo membro recebe em geral um prémio: um livro relativamente caro ou a possibilidade da aquisição de um conjunto de livros de baixo preço e concorda em adquirir um número mínimo de livros.

CLUBE DOS AMIGOS DA BIBLIOTECA – Grupo cujo objectivo consiste na ajuda aos outros alunos, sobretudo nas actividades relacionadas com a pesquisa e a elaboração de trabalhos escolares.

CM – Abreviatura de centímetro.

CMC – Forma abreviada de *Computer Mediated Communication*, Comunicação por meio de computador.

CO-AUT. – Abreviatura de co-autor e co-autoria.

CO-AUTOR – Pessoa física ou colectividade que compartilha a criação de uma obra sendo co-responsável pelo seu conteúdo intelectual, ordenação e forma.

CO-AUTORIA – Autoria de uma obra partilhada com outrem • Colaboração entre autores com vista à elaboração de documentos.

CO-CITAÇÃO – Noção usada em bibliometria para designar o número de vezes em que dois documentos são citados simultaneamente em publicações posteriores; isto significa que a citação conjunta num mesmo documento estabelece uma ligação quantificável entre documentos anteriores, sendo a ligação tanto maior quanto maior for o número de vezes em que os documentos são citados conjuntamente.

CO-CITADO – Citado juntamente com outro ou outros.

CO-OCORRÊNCIA – Em relação a duas palavras, designa o número de vezes que elas aparecem em conjunto num mesmo texto • Presença de uma cadeia de caracteres num texto ou numa frase.

CO-SIGNATÁRIO – Que assina em conjunto com outra ou outras pessoas.

COBALTO – Metal de propriedades semelhantes às do ferro que se emprega no fabrico da tinta chamada azul de cobalto.

COBERTURA – Folha de papel que reveste a lombada e os planos de um livro brochado; é chamada "muda" quando não contém qualquer indicação de título; também pode ser ornamentada • Invólucro exterior do livro. Capa. Borda de cobertura. Revestimento exterior de um livro ou folheto, qualquer que seja o material empregue • No sentido mais corrente designa a parte que cobre os dois lados de uma encadernação, ou seja a pasta superior e a inferior • Em jornalismo é a recolha de informações que é levada a cabo no local do acontecimento; refere-se também ao trabalho de acompanhamento de um facto ou assunto pela imprensa periódica. Fazer a cobertura de um acontecimento: acompanhar *in loco*, por conta de um jornal ou outro periódico, o desenrolar de acontecimentos importantes, fornecendo um noticiário directo para o periódico interessado. Reportagem jornalística • Em relação a um documento, temáticas ou assuntos que abrange. Alcance.

COBERTURA A PLENO COURO (port. Bras.) – Encadernação em inteira de pele.

COBERTURA BICOLOR *KRAFT* – Cobertura mista constituída por uma camada de papel *kraft* e por outra camada de papéis velhos.

COBERTURA DA PEDRA – Procedimento litográfico por meio do qual se colora a superfície da pedra com negro-de-fumo, sanguina ou indigo, para se poder ver bem o trabalho que nela vai ser executado.

COBERTURA DO CLICHÉ – Tintagem que protege as partes do cliché que não devem ser atacadas pelo ácido; o cliché é submetido a essa tintagem antes do banho de gravação.

COBERTURA *KRAFT* – Cobertura formada essencialmente por pasta *kraft*.

COBERTURA MUDA – Folha de papel que reveste a lombada e os planos de um livro brochado e que não contém qualquer indicação de título.

COBRE – Metal de cor avermelhada, muito dúctil e maleável, usado especialmente nos processos de gravura • Gravura em cobre.

COBRECAPA – *Ver* Sobrecapa.

COBRIR – Após a prensagem do livro, procede-se à operação de o forrar com um revestimento de papel colado à lombada, operação designada por cobrir. Pôr capas num texto ou livro • Garantir uma informação completa sobre um facto, um acontecimento, etc.

COBRIR AS PASTAS – Revestir os planos da encadernação ou os cartões das pastas com qualquer material (pele, percalina, tecido, etc.).

COCÇÃO – No fabrico de tintas metalogálicas é a operação através da qual se extraem os produtos insolúveis ou pouco solúveis a frio, ou

se acelera a obtenção dos solúveis, usada com frequência para retirar os princípios activos contidos nos vegetais usados para fazer tinta. (port. Bras.) Cozimento.
COCHINILHA – O mesmo que cochonilha.
COCHONILHA – Insecto da família dos homópteros de cuja fêmea se extrai uma substância corante de cor vermelha, o carmim, destinada a preparar pigmentos dessa cor e que é usada igualmente para fabrico de tintas. Cochinilha.
CÓD. – Abreviatura de código.
CODEC (*Coder Decoder*) – Equipamento que converte os sinais analógicos em digitais e vice-versa e que é usado em sistemas telefónicos.
CODEN (pal. ingl.) – Notação particular de cinco letras criada e actualizada pela *American Society for Testing Materials* para representar os títulos das publicações periódicas mundiais • Identificador atribuído aos periódicos científicos e técnicos pelo *Chemical Abstract Service*, editor de um banco de dados bibliográficos e de produtos impressos.
CODEN ASTM – *Ver* CODEN.
CÓDEX – Nome dado pelos romanos às tabuinhas de madeira revestidas por cera em que escreviam e que eram ligadas entre si por um cordel • Códice. A primeira menção de um códex com a forma de um livro foi feita por Marcial (finais do século I d. C.) nos *Epigrammæ* • Volume antigo e manuscrito. *Codex* • Código antigo • Segundo Isidoro de Sevilha, conjunto de livros ou escritos • Código farmacêutico. Farmacopeia.

Códex

CODEX (pal. lat.) – Volume antigo manuscrito. *Ver tb.* Códex e Códice.
CODEX CANONUM (loc. lat.) – Livro que contém as decisões dos antigos concílios que constituem a base do direito canónico.
CODEX DESCRIPTUS (loc. lat.) – Testemunho que é cópia directa de um testemunho conservado.
CODEX DUPLEX (loc. lat.) – *Ver* Díptico.
CODEX IMPRESSUS (loc. lat.) – Por oposição ao *codex manuscriptus*, designava os livros impressos.
CODEX MANUSCRIPTUS (loc. lat.) – Livro escrito à mão, ao qual vai opor-se o *codex impressus* quando a tipografia se impõe.
CODEX MEDICAMENTARIUS GALLENICUS (loc. lat.) – Recolha oficial de medicamentos simples, químicos ou galénicos.
CODEX MULTIPLEX (loc. lat.) – *Ver* Políptico.
CODEX QUINTUPLEX (loc. lat.) – Nome dado ao conjunto de cinco tabuinhas reunidas.
CODEX RESCRIPTUS (loc. lat.) – Códice rescrito. Palimpsesto • Raspado de novo.
CODEX TRIPLEX (loc. lat.) – *Ver* Tríptico.
CÓDICE – Primitivamente era assim chamada a aglutinação de pequenas tabuinhas enceradas prontas para a escrita, presas numa das pontas por um fio que atravessava os orifícios aí existentes; mais tarde designa o manuscrito em folhas de pergaminho ou papel encadernadas juntas, de modo semelhante ao dos nossos livros; é possível que a sua expansão tenha ficado a dever-se ao uso que os cristãos lhe deram, pois se serviam dele desde o século II • No sentido literal, um bloco de madeira • Um livro, dada a semelhança de um livro encadernado com um bloco de madeira • Livro manuscrito organizado em cadernos solidários entre si por cosedura e revestidos por uma encadernação; a alteração progressiva de formato do rolo para o códice foi lenta e deve ter-se dado, segundo a maioria dos autores, entre o século I e II d. C. até finais do século IV; a passagem do rolo para o códice consistiu num dos maiores progressos da cultura, pois a partir desse momento pode passar a escrever-se em folhas soltas, em vez de em longas tiras de pergaminho, além de que se utilizavam as duas faces do suporte, o que redundava numa economia considerável;

não pode esquecer-se ainda a facilidade de consulta e de localização dos textos que este novo formato permite, além de um armazenamento mais racional. O mais antigo códice de que se tem notícia designa-se *De bellis Macedonici* e data do ano 100. O mais antigo códice completo é um livro de salmos, em dialecto copta, com 490 páginas, datado da segunda metade do século IV. O fim da produção de códices anuncia-se no século XV, com o nascimento do livro xilográfico, e termina algum tempo mais tarde, com a invenção e a expansão da imprensa. *Codex* • Compilação de documentos históricos.

CÓDICE ANOPISTÓGRAFO – *Ver* Códice anopistográfico.

CÓDICE ANOPISTÓGRÁFICO – Aquele em que as folhas se encontram manuscritas apenas de um lado. Códice anopistógrafo.

CÓDICE BÍBLICO – Aquele cujo conteúdo é formado por livros do Antigo e do Novo Testamentos ou por comentários a estes livros.

CÓDICE BRANCO – Códice musical sem qualquer pauta ou que tem apenas uma linha, para orientação do cantor.

CÓDICE CARTÁCEO – Códice feito em papel (cujo nome deriva de carta – papel), por oposição ao códice membranáceo, feito de pergaminho (cujo nome deriva de *membrana* – pele).

CÓDICE DIPLOMÁTICO – Códice em que se copiavam na totalidade os documentos expedidos em negócios pelas corporações, entidades governativas e particulares e aqueles que se recebiam no curso dos seus trâmites, sobretudo os que eram garantia de propriedade, direito ou privilégio.

CÓDICE DOS SANTOS PADRES – Códice que contém tratados de dogma, controvérsia, moral ou apologética da autoria dos Santos Padres.

CÓDICE EM PAPEL – Livro encadernado composto por folhas de papel cosidas entre si contendo um só documento ou vários, versando um ou diversos assuntos.

CÓDICE EM PAPIRO – *Ver* Códice papiráceo.

CÓDICE EM PERGAMINHO – Livro encadernado formado por um ou vários documentos que se encontram reunidos numa mesma encadernação e cujo suporte é o pergaminho. Códice pergamináceo. Códice membranáceo.

CÓDICE FACTÍCIO – Designação habitualmente atribuída a um conjunto de documentos manuscritos originariamente independentes, mas fisicamente reunidos numa mesma encadernação; é regra geral composto por documentos de arquivo que se encontram descontextualizados e que foram reunidos numa fase posterior à sua produção, por razões que são alheias ao processo documental.

CÓDICE GÓTICO – Aquele que é escrito em caracteres góticos.

CÓDICE HAGIOGRÁFICO – Aquele cujo conteúdo são actas de mártires e vidas de santos. Códice hagiógrafo.

CÓDICE HAGIÓGRAFO – *Ver* Códice hagiográfico.

CÓDICE HISTÓRICO – Códice composto por vidas de personagens, cronicões, necrologias, etc.

CÓDICE ILUMINADO – Aquele que apresenta iluminuras.

CÓDICE LEGAL (por. Bras.) – *Ver* Códice legislativo.

CÓDICE LEGISLATIVO – Códice com compilações de leis eclesiásticas ou civis e os trabalhos anteriores, posteriores ou adicionais que as comentam. (port. Bras.) Códice legal.

CÓDICE LITÚRGICO – Códice cujo conteúdo é formado por tratados dos rituais, rezas e cerimónias eclesiásticas.

CÓDICE MEMBRANÁCEO – Códice pergamináceo.

CÓDICE MINIATURADO – Aquele que é ornamentado com orlas e miniaturas.

CÓDICE MUSICAL – Códice manuscrito que contém notação musical neumática caracterizada pela ausência de qualquer pauta ou uma pauta de quatro ou cinco linhas.

CÓDICE OPISTÓGRAFO – *Ver* Códice opistográfico.

CÓDICE OPISTOGRÁFICO – Aquele que é manuscrito dos dois lados. Códice opistógrafo.

CÓDICE PAPIRÁCEO – Aquele que é escrito em folhas de papiro.

CÓDICE PENTAGRAMADO – Códice musical que tem uma pauta de cinco linhas.

CÓDICE PERGAMINÁCEO – Aquele que é escrito em pergaminho. Códice membranáceo.

CÓDICE RESCRITO – *Ver* Palimpsesto.

CÓDICE ROMANO – Aquele que está escrito em caracteres romanos.

CÓDICE TETRAGRAMADO – Códice musical que tem uma pauta de quatro linhas, com a clave de dó ou de fá no início.

CODICELLUS (pal. lat.) – Ou *codicillus*, é o diminutivo de *codex*, que concorre nos catálogos de bibliotecas medievais com o termo *libellus*; trata-se, com efeito, de livros de poucas folhas.

CÓDICES ALCOBACENSES – Códices pertencentes à antiga livraria de Alcobaça. A maior parte deles foi produzida ou copiada no *scriptorium* da abadia, cuja produção codicológica nos revela um propósito de formação teológica dos monges e, por tal razão, são bastante sóbrios e contidos e raramente apresentam aplicações de ouro, dado que este era considerado um elemento de luxo que não estava de acordo com a austeridade da ordem, que prescrevia contenção de excessos e depuração de elementos. Os códices alcobacenses são de temática diversa, nem todos são medievais, nem foram produzidos no nosso país, e encontram-se depositados na Biblioteca Nacional e no Arquivo Nacional da Torre do Tombo.

CODICILAR – Em forma de codicilo • Estabelecido no codicilo • Referente a codicilo.

CODICILLUS (pal. lat.) – Tabuinha de escrever • Carta. Bilhete • Petição • Diploma • Códice de pequenas dimensões que é usado especialmente para correspondência. *Codicellus*; é também chamado *pugillares*.

CODICILO – Pequeno códice • Alteração ou aditamento de um testamento. Cláusula. Preceito • Escritura em que está contida a disposição escrita da última vontade sem instituição de herdeiro, através da qual o testador altera ou acrescenta alguma coisa ao seu testamento.

CODICOGRAFIA – Designação atribuída à codicologia nas primeiras décadas do século XX, na École des Chartes.

CODICOLOGIA – Ciência que estuda os manuscritos antigos vulgarmente designados códices, não tanto enquanto suportes de um texto, mas como possuidores de uma vida própria, objecto de pesquisa: história das colecções, localização actual dos manuscritos, catálogos, nomenclatura, reprodução, repertórios de copistas, encadernação, etc., com o objectivo de reconstruir as fases de elaboração do códice e de refazer a história da sua utilização. O estudo da estrutura física do códice permite uma melhor compreensão da sua produção e subsequente história. A partir dos finais do século IX, o conhecimento da estrutura do códice conduziu à formulação de certas normas tendentes à reconstituição do seu desenvolvimento, dado que a sua estrutura varia com o tempo e lugar de produção; marcas variáveis incluem o número de folhas usadas no caderno, a disposição relativa do carnaz e flor do pergaminho, a puncturação e a regragem (e quando estes processos eram levados a cabo antes ou depois das folhas dobradas, uma ou mais folhas de cada vez ou com a ajuda de um escantilhão) e o modo como o livro era cosido e encadernado. O exame da estrutura de um livro pode lançar luz sobre o seu método de fabrico, local de origem e proveniência e pode ajudar a reconstruir a sua aparência original. Como ciência ou arqueologia do manuscrito, afirma-se sobretudo no século XX.

CODICOLÓGICO – Relativo à codicologia.

CODICÓLOGO – Pessoa que se dedica ao estudo da codicologia • Especialista de manuscritos medievais.

CODIFICAÇÃO – Sistema de símbolos representando funções e instruções numa forma na qual podem ser tratados pelo computador e o seu equipamento associado • Compilação de leis dispersas em forma de código • Representação de noções expressas numa linguagem natural por sinais que pertencem a uma linguagem artificial • Acto de codificar • Passagem de um código para outro • Transformação de um texto escrito em linguagem clara segundo um código • Em teoria da comunicação, atribuição de sinais às noções, com vista à sua representação.

CODIFICAÇÃO ABSOLUTA – Codificação em que as instruções são escritas na linguagem básica de máquina directamente assimilável pelos circuitos-máquina.

CODIFICAÇÃO ALEATÓRIA – Selecção de um conjunto de elementos de um código para representar um carácter, de forma que a probabilidade de escolha de qualquer série de elementos de código seja igual à probabilidade de qualquer outra série.

CODIFICAÇÃO AUTOMÁTICA – Em informática, técnica através da qual uma máquina traduz automaticamente instruções escritas numa linguagem simbólica para instruções em linguagem-máquina.

CODIFICAÇÃO BÁSICA – Em informática, codificação em que as instruções são escritas numa linguagem directamente assimilável pelos circuitos da máquina.

CODIFICAÇÃO COLORIDA – Utilização de símbolos coloridos para indicar as rubricas de um catálogo de fichas convencionais; pode ser usada num catálogo de publicações periódicas para indicar a frequência de publicação, a língua, o tema ou outro elemento comum a diversas publicações.

CODIFICAÇÃO DE CAMPO LIVRE – Em informática, codificação de informação dentro de um campo sem restrições do seu comprimento ou posição no registo.

CODIFICAÇÃO DE CAMPO VARIÁVEL – Em informática, utilização de entradas de informação não limitadas a posições fixas, ou de formato livre.

CODIFICAÇÃO DE DADOS – Sistema que altera o formato dos dados de forma que precisa de um algoritmo específico para ser decifrado de novo; a informação da mensagem não se altera.

CODIFICAÇÃO DE INFORMAÇÃO – Tratamento adequado do sinal, por forma a possibilitar um adequado grau de protecção no acesso ao conteúdo informativo do mesmo (art° 2°, e) do Dec.-Lei n° 241/97 de 18 de Setembro.

CODIFICAÇÃO DE TEXTOS – Na *Internet*, introdução dos códigos que são necessários para fazer a conversão de um texto comum em páginas *Web*.

CODIFICAÇÃO DIGITAL – Transformação de uma mensagem falada ou escrita em sinais, que podem ser letras, algarismos ou outros, feita segundo um código numérico previamente estabelecido.

CODIFICAÇÃO DIRECTA – Método de codificação para os cartões com cortes laterais ou marginais com duas filas de orifícios à volta da margem, de modo a possibilitarem diversos tipos de cortes ou fendas em cada posição (profunda, pouco profunda ou perfuração intermédia).

CODIFICAÇÃO GENÉRICA – Em classificação, é a codificação dos descritores feita de tal modo que preserva as relações genéricas, como por exemplo as que são codificadas por classes numéricas hierárquicas ou com características, substituindo cada descritor por um composto das suas características.

CODIFICADO – Apresentado sob forma de código. Reduzido a código.

CODIFICADOR – Aquele que codifica • Autor de um código • Qualquer sistema que tenha capacidade de atribuição de um código pré-estabelecido aos sinais que lhe são apresentados.

CODIFICAR – Converter informação em código, para que ela possa ser identificada, aceite e processada por uma máquina • Reunir em código • Reduzir a código • Encadernar • Formar um corpo de leis metódico.

CODIFICATÓRIO – Relativo a codificação.

CODIFICÁVEL – Que pode codificar-se.

CÓDIGO – Título de uma parte do *Corpus Juris Civilis* • Conjunto de regras que transforma uma linguagem noutra linguagem • Transformação ou representação de dados em formas diferentes de acordo com um conjunto de regras pré-estabelecidas • Designação atribuída a determinadas linguagens documentais em que as noções são designadas de acordo com um determinado sistema de símbolos • Regras de formação e composição de expressões destinadas às máquinas de calcular • Conjunto de regras que permitem a passagem da informação para um sistema de símbolos sem a alterarem • Lei. Regra. Norma. Preceito • Colecção ordenada de leis referentes ao mesmo ramo do direito ou ao mesmo rei, de fórmulas práticas ou de quaisquer preceitos. • Recolha de leis e constituições que regem um país • Conjunto de leis que regem uma matéria especial • O volume que contém essas leis • Colecção autorizada de fórmulas médicas ou farmacêuticas • Documento que contém uma ou várias listas de equivalências servindo para a codificação • Em tratamento da informação, conjunto de regras que permitem representar dados de uma maneira binívoca sob uma forma discreta • Em cibernética, correspondência entre uma informação e os sinais que a materializam.

CÓDIGO A.-A. – *Ver* Código anglo-americano.

CÓDIGO ALFA – *Ver* Código alfabético.

CÓDIGO ALFABÉTICO – Código que utiliza as letras do alfabeto para representar dados. Código alfa.

CÓDIGO ALFANUMÉRICO – Código que utiliza letras do alfabeto, números e caracteres especiais para representar dados.

CÓDIGO ALGORÍTMICO – Aquele que tem regras para converter as palavras da fonte (a linguagem comum) em códigos equivalentes.

CÓDIGO AMERICANO NORMALIZADO PARA PERMUTA DE INFORMAÇÃO – Código normalizado esboçado para facilitar a permuta de informação entre grupos de comunicações e de processamento de dados não normalizados. É formado por 8 bits, incluindo 1 bit de paridade. Pode representar um total de 128 caracteres alfabéticos, numéricos e símbolos especiais. Código *ASCII. ASCII.*

CÓDIGO ANGLO-AMERICANO – Nome pelo qual é familiarmente conhecida a colecção de regras de catalogação: entradas de autor e título compiladas por comissões da Library Association e da American Library Association. Código A.-A.

CÓDIGO ANOTADO – Livro que contém um código de leis com anotações e comentários a esclarecê-lo.

CÓDIGO *BAUDOT* – Código de cinco dígitos binários que representam um carácter de informação utilizado para a transmissão de imagens por telétipo.

CÓDIGO BINÁRIO – Código em que os caracteres (letras, números ou signos) estão representados por uma combinação de elementos binários.

CÓDIGO BIQUINÁRIO – Código em que um número é representado pela soma de duas partes: uma binária, que representa os números de 1 a 4 e uma quinária, que representa 0 ou 5; o número 2 é 0 010 e o número 7 é 1 010.

CÓDIGO CATALOGRÁFICO – *Ver* Regras de catalogação.

CÓDIGO COMPARADO – Livro que contém um código de leis confrontado com outro, artigo por artigo, com anotações e comentários.

CÓDIGO DA FONTE – Indicativo ou marca convencional, que serve para identificar a procedência de um determinado dado.

CÓDIGO DA VATICANA – Nome dado às regras de catalogação usadas na Biblioteca do Vaticano, conhecida como Vaticana.

CÓDIGO DE AUTODESMARCAÇÃO – Método sistemático de abreviatura de palavras.

CÓDIGO DE BARRAS – Conjunto de riscos paralelos de diversas espessuras que são impressos, em geral, na capa, sobrecapa, badana ou orelha de um livro ou espécie de material não-livro, que permite identificar a origem, reconhecer o fabricante e o preço após descodificado por meio de um leitor óptico; é muito usado para a identificação e gestão automática dos títulos; é um código usado principalmente nos espaços de venda ou de empréstimo de documentos; cada artigo, neste caso livro, disco, etc., recebe uma referência sob forma codificada que é representada por barras de espessura e espaçamento variáveis; ao ser passado um instrumento adequado por esta marca, como por exemplo uma caneta óptica, é reconhecida a referência que é enviada a um computador central, que reenvia à caixa registadora o preço e/ou características do objecto; além do levantamento das vendas e dos empréstimos o código de barras permite que se faça uma provisão imediata dos estoques.

CÓDIGO DE BOA PRÁTICA – Documento que descreve as práticas recomendadas em matéria de projecto, produção, instalação, manutenção e utilização dos equipamentos, das instalações, das construções ou dos produtos.

CÓDIGO DE BUSCA – *Ver* Código de pesquisa.

CÓDIGO DE CAMPO – Designação da abreviatura, regra geral constituída por dois caracteres, que é usada em bases de dados para referir campos de registos fixos.

CÓDIGO DE CARTÃO – Código que define a natureza do conjunto de informações contidas num cartão perfurado.

CÓDIGO DE CLASSIFICAÇÃO – Formulação de princípios e regras através das quais pode ser mantido um critério uniforme pelo classificador na atribuição dos livros ao seu lugar próprio num sistema de classificação.

CÓDIGO DE CONSOANTES – Método sistemático de abreviatura de palavra por supressão das vogais.

CÓDIGO DE COR – Utilização da cor num catálogo de fichas, para indicar que o material é num formato não-livro ou num determinado suporte.

CÓDIGO DE DIREITO DE AUTOR – Obra publicada em 1966 (Dec.-Lei nº 46980, de 27 de Abril de 1966), que teve como ponto de partida um projecto aprovado pela Câmara Corporativa em 1953 e que, a partir da data da sua publicação, passou a reger o direito de propriedade intelectual até 1985.

CÓDIGO DE ÉTICA – Conjunto de princípios de natureza deontológica que os profissionais de uma determinada profissão, grupo, etc. de um determinado país se comprometeram a seguir. Código de honra.

CÓDIGO DE HAMURÁBI – Código preparado para o seu povo pelo rei amorita Hamurábi cerca do ano 1900 a. C., com a finalidade de facilitar e melhorar a administração dos bens sociais e impulsionar o desenvolvimento das ciências e da justiça; começou por ser gravado em diorite em escrita cuneiforme acádica e mais tarde sob forma de livro; é considerado o código mais antigo do mundo e foi descoberto nos primeiros anos do século XX.

CÓDIGO DE HOLLERITH – Código da autoria de Herman Hollerith criado com a finalidade de representar caracteres alfabéticos, numéricos e especiais em fichas perfuradas normalizadas de 80 colunas.

CÓDIGO DE HONRA – *Ver* Código de ética.

CÓDIGO DE IMPRENSA – Conjunto de determinações legais que regem a imprensa de um determinado país.

CÓDIGO DE JUSTINIANO – Compilação de disposições legais mandada fazer pelo Imperador Justiniano, entre 527 e 534, com a intenção de actualizar o direito romano; foi depois completado pelas *Pandectæ* (Pandectas), *Novellæ* (Novelas) e *Institutiones* (Institutas) que eram o ponto de partida para o estudo do direito civil na baixa Idade Média.

CÓDIGO DE LETRAS SIGNIFICATIVAS – Em recuperação da informação, código constituído por letras ou caracteres de palavras importantes ou indicativas.

CÓDIGO DE OPERAÇÃO – Código legível por máquina, que representa uma determinada operação de computador.

CÓDIGO DE PESQUISA – Designação dos três caracteres que se encontram associados a um campo e que são utilizados na pesquisa para o identificar. Código de busca.

CÓDIGO DE SUBCAMPO – *Ver* Identificador de subcampo.

CÓDIGO DE VISUALIZAÇÃO – Elemento ou conjunto de elementos existentes numa base de dados, que é usado para identificar os campos de um registo com a finalidade de os imprimir ou de os mostrar em ecrã.

CÓDIGO DECIMAL CODIFICADO EM BINÁRIO – Código em que cada número decimal é convertido separadamente num sistema binário.

CÓDIGO DETECTOR DE ERROS – Código supérfluo que permite detectar incorrecções de determinada natureza, como por exemplo alteração da representação de uma informação, erros de transmissão, etc.

CÓDIGO DO DIREITO DE AUTOR E DOS DIREITOS CONEXOS – Compilação oficial de legislação sobre a matéria definida no título e inerente "à gestão de direitos de autor, aos vários contratos que têm por objecto a utilização e exploração das obras literárias ou artísticas, em especial o contrato de edição e aos direitos do tradutor quanto à protecção do seu trabalho, em pé de igualdade com os dos autores traduzidos". Foi publicado no *Diário da República* nº 214, de 17 de Setembro de 1985, p. 2980 e seguintes. Foram introduzidas algumas alterações ao seu texto original pela Lei nº 114/91, de 3 de Setembro e pelos Decretos-Leis nº 332/97 e 334/97, ambos de 27 de Novembro.

CÓDIGO *EBCDIC* – Em informática, código utilizado para a representação de caracteres alfanuméricos em memória central e nos órgãos periféricos-tipo; a sua designação provém da contracção de *Extended Binary Coded Decimal Interchange Code*.

CÓDIGO INDIRECTO – Código que utiliza uma combinação de sinais num suporte de armazenagem para representar um descritor; por exemplo quatro furos numa ficha perfurada.

CÓDIGO NUMÉRICO – Código que se serve de números para representar outros dados.

CÓDIGO PONDERADO – Código em que cada elemento binário de representação de um número decimal é afectado de um valor em peso conforme a sua ordem, de modo que a soma dos pesos atinja o montante do número decimal.

CÓDIGO SELECTOR – Em codificação por combinação, combinação em que é minimizado o número de operações de selecção necessárias para isolar um assunto.

CÓDIGO SEMÂNTICO – Linguagem artificial preparada para a American Society of Metals pela Western Reserve University; é formada por uma lista de lexemas que constituem o vocabulário mínimo da linguagem e por uma sequência de morfemas que permitem exprimir as diferentes relações.

CÓDIGO TIPOGRÁFICO – Conjunto das regras tipográficas destinadas a unificar critérios da apresentação gráfica dos elementos impressos, transcritas num manual que as refere.

CÓDIGO-FONTE – Em tecnologia de informação, designação dada ao programa usado pelo computador como um conjunto de instruções para que seja feita qualquer operação ou para a apresentação em ecrã.

CÓDIGO-INSTRUÇÃO – *Ver* Código-operação.

CÓDIGO-OPERAÇÃO – Parte de uma instrução-máquina (ou simbólica) que indica a natureza da operação a efectuar. Código-instrução.

CÓDIGO-RELAÇÃO – Código que liga os descritores entre si.

CÓDIGO POSTAL – Número convencional que antecede o nome de uma terra e que facilita a distribuição da correspondência.

CO-EDIÇÃO – Edição de uma obra em cujos custos, riscos e lucros participam mais de um editor.

CO-EDIÇÃO INTERNACIONAL – Publicação de uma obra em diversos países ou línguas diferentes com o mesmo formato, características, gravações e ilustrações.

CO-EDIÇÃO NACIONAL – Publicação de uma obra por diversos editores de um mesmo país.

CO-EDITAR – Fazer sair uma obra em regime de co-edição, isto é, editar em comum, juntamente com outro ou outros editores.

CO-EDITOR – Cada um dos editores intervenientes numa co-edição.

COEFICIENTE – Número colocado em cima, à direita de um outro número ou letra, potencializando-lhe, assim, o valor.

COEFICIENTE DE IRRELEVÂNCIA – *Ver* Índice de irrelevância.

COEFICIENTE DE REFERÊNCIA CONJUNTA – Valor de afinidade temática existente entre publicações em função do número de vezes que foram citadas em conjunto.

COERÊNCIA – Palavra usada na análise de um discurso com a finalidade de referir os mecanismos de organização das partes que o constituem • Num discurso, qualidade que resulta da configuração que assumem os conceitos e relações que estão subjacentes à superfície textual; ela é considerada um factor fundamental da intertextualidade, uma vez que é a responsável pelo sentido do texto • Unidade organizativa e estrutural.

COERÊNCIA PRAGMÁTICA – Necessidade de que um texto seja reconhecido pelo receptor como uma utilização normal da linguagem num determinado contexto.

COESÃO – Manifestação linguística da coerência de um discurso; resulta do modo como os conceitos e relações subjacentes são expressos no texto; a coesão é responsável pela unidade formal do texto e constrói-se por meio de mecanismos lexicais e gramaticais.

COFFEE TABLE BOOK (loc. ingl.) – Expressão que designa o livro de capa dura que se deixa numa mesa de café ou lugar semelhante em espaço de convívio onde as pessoas se sentam a conversar, suscitando deste modo conversas ou entretendo um tempo de lazer; geralmente apresenta um razoável tamanho e é pesado, não convidando ao seu extravio; os assuntos que aborda estão quase sempre limitados à não-ficção e dirigidos à visualização de imagens, com profusas ilustrações, acompanhadas por comentários ou legendas ou ainda por pequenos textos. A maior parte versa biografias ou temas históricos, arte, natureza, fotografia ou simplesmente entretenimento. No fundo, o que se pretende é que o livro seja ponto de partida para uma conversa, troca de ideias ou simples passatempo.

COFRE – Plano de ferro que assenta e desliza sobre um carro, parte móvel das máquinas cilíndricas onde se colocam as páginas ou outras formas para imprimir.

COFRE DOS SELOS – *Ver* Arca dos selos.

COGNOME – Nos autores latinos é o nome de família. Apelido. Sobrenome • Alcunha. Epíteto. (port. Bras.) Prosónimo.

COGNOMINATIO (pal. lat.) – Sobrenome.

COGNOMINATUS (pal. lat.) – Sinónimo.

COGUMELO – Fungo desprovido de clorofila; por vezes surge em colónias nos livros atacados de humidade, em geral colocados em lugares pouco arejados e húmidos.

COIFA – Extremidade da lombada de um livro encadernado, geralmente arredondada; à coifa superior também se chama cabeça e à inferior pé.

COINS FLEURONNÉS (loc. fr.) – Cantos com filetes ou linhas ornamentais decoradas com elementos florais ou de folhas em gravura ou em encadernação.

COL. – Abreviatura de coluna *e* colecção.

COLA – Designação dada a diversos preparados glutinosos, de origem animal ou vegetal, que são usados para fazer aderir papel, cartão, madeira, etc.; são utilizados para juntar materiais através da colagem. De entre as colas naturais, a goma arábica é a mais frequentemente usada na indústria tipográfica; as colas artificiais podem ser obtidas a partir de produtos animais ou vegetais convertidos; o primeiro tipo inclui cola de pele, cola de ossos, cola de peixe, etc. A partir dos anos quarenta o problema das colas foi objecto de trabalhos profundos e a química das colas desemboca, dez anos mais tarde, no aparecimento de produtos adesivos e de colas com tempo de fixação conhecido e tempo de secagem determinado; estes novos tipos de cola permitem a criação da verdadeira encadernação sem costura e, por consequência, a edição de obras em grande quantidade de baixo custo. De há anos para cá utilizam-se colas a que os ingleses chamam *hotmelts*, ou seja, colas à base de resinas de vinilo, que se aplicam a altas temperaturas (cerca de 200º C) e de fixação instantânea; servem sobretudo para encadernação sem costura, em cadeia, de alto rendimento • Grude. (port. Bras.) Cábula.

COLA A QUENTE – Cola, geralmente proteica, dissolvida em água quente, que se utiliza a quente.

COLA ANIMAL – Substância constituída por proteínas derivadas do processo de cozedura de materiais provenientes de animais, tais como peles e ossos; a cola animal aquecida dissolvida em água é pegajosa e viscosa e forma um aglutinante forte quando seca; deteriora-se com o passar do tempo, tornando-se dura e quebradiça e perdendo as suas qualidades adesivas; pode ser prejudicial, corroendo por vezes o papel nas dobras da lombada; usa-se em têxteis, em fototipia e fotografia e na manufactura de rolos de impressão.

COLA DE AMIDO – Cola à base de amido, dissolvida em água quente, que se aplica a frio.

COLA DE CASEÍNA – Substância colante manufacturada a partir da proteína do leite.

COLA DE PEIXE – Gelatina semitransparente feita com a bexiga natatória do esturjão e de alguns outros peixes; apresenta-se em lâminas brancas e duras e emprega-se como emoliente e clarificador na preparação de diversos emplastros e compressas adesivas e protectoras. É mais refinada que a cola forte e a cola de ossos e usa-se em certos trabalhos de encadernação, fotografia e fotogravura, sendo elemento básico no processo de encadernação a esmalte. Ictiocola.

COLA FORTE – Nome genérico dado à cola grosseira feita à base de gelatina obtida a partir da fervura de ossos, peles, peixe, etc.

COLA SINTÉTICA – Substância fixante produzida artificialmente; não é facilmente reversível, pelo que não se recomenda a sua utilização.

COLA VEGETAL – Cola feita à base de produtos vegetais como a farinha e o amido.

COLAB. – Abreviatura de colaborador e colaboração.

COLABORAÇÃO – Acto ou efeito de colaborar • Remuneração ajustada que um jornalista independente recebe por um artigo • Cooperação entre duas ou mais pessoas, em geral da mesma área profissional, com a finalidade de produzirem um determinado documento; a colaboração pode ser explícita ou implícita • Trabalho feito por um colaborador.

COLABORADOR – O que trabalha com uma ou mais pessoas para produzir uma obra; todos dão o mesmo tipo de contribuição, como no caso da responsabilidade partilhada ou fazem diferentes tipos de trabalho, como no caso da colaboração entre um artista e um escritor • Co-autor • Pessoa que escreve para um jornal sem, contudo, fazer parte do seu corpo efectivo de redactores.

COLABORADOR TÉCNICO – Nome dado à pessoa singular ou colectiva interveniente a título de cooperação técnica na produção e divulgação de uma obra.

COLABORAR – Tomar parte, como colaborador, na feitura de obra científica ou literária.

COLAÇÃO – Comparação ou cotejo de exemplares manuscritos ou impressos feita com vista a assegurar a sua conformidade total • Comparação da cópia com o original • Cotejo de duas versões do mesmo texto de que resulta o levantamento das diferenças entre elas, como sucede no caso do manuscrito original e da sua versão impressa, por vezes alterada no decurso da impressão • Conjunto de elementos descritivos que na catalogação caracterizam uma obra sob o ponto de vista bibliográfico: número de volumes, paginação ou foliação, ilustração, formato; é designada também descrição física • Organização dos cadernos impressos, de acordo com a sucessão das suas assinaturas • Verificação de um exemplar de um documento para assegurar que ele está em perfeito estado, que todos os seus componentes estão completos e em correcta sequência. *Collatio*.

COLAÇÃO DE TEXTOS – Na edição crítica, comparação efectuada para estabelecer a versão mais correcta entre aquelas que as diversas fontes proporcionam.

COLACIONAMENTO – *Ver* Colação.

COLACIONAR – Comparar, conferir, comprovar, confrontar, cotejar, passar à letra; no caso da comparação do texto com outros textos de diferentes edições ou mesmo com versões manuscritas, as notas sob forma manuscrita nas margens de um exemplar antigo constituem um elemento de grande interesse para a história do texto • Verificar, através das assinaturas dos cadernos, do exame das páginas, folhas e ilustrações se uma espécie bibliográfica está ou não completa e perfeita • Comparar o livro com descrições de um exemplar perfeito através de bibliografias. Revistar • Comparar minuciosamente, página por página e linha por linha com a finalidade de determinar se dois livros são ou não cópias ou variantes • Em encadernação, verificar, antes de coser, se os cadernos do livro estão na ordem exacta, ou através das assinaturas ou à escala.

COLADOR – Pessoa que cola • Aparelho para colar. Coladora.

COLADORA – Máquina para colar usada pelos encadernadores. Colador.

COLAGEM – Imagem obtida pela composição ou junção de materiais e objectos diferentes e variados que, dispostos e colados, formam o painel ou o quadro • Adição de materiais, quer na massa, quer na superfície do papel ou do cartão, com a finalidade de aumentar a resistência do papel à penetração de líquidos, particularmente à da tinta de escrever e à resistência ao esborratamento desses líquidos sobre a sua superfície • Resistência do papel à penetração de líquidos molhantes • Cópia.

COLAGEM POR COMPUTADOR – Forma de arte cuja técnica consiste em fazer composições pictóricas partindo de desenhos ou de parte deles criados por outrem e já existentes em computador.

COLANTE – Substância hidrófoba de colagem (amido, gelatina, colofónia-alumínia), que é adicionada à pasta de papel ou aplicada na superfície da folha por meio de pincelagem ou por imersão na solução, durante o fabrico do papel; os colantes têm como função aumentar a coesão entre fibras, cargas e materiais corantes, criando na folha de papel aptidão para a escrita, tornando-a mais resistente à penetração da humidade e evitando o risco de escorrimento da tinta.

COLAR – Dar cola ao papel durante o seu fabrico para que, ao ser impresso, não absorva a tinta • Pôr cola na lombada dos livros para fixar o texto às capas • Encolar, grudar. (port. Bras.) Copiar.

COLATURAS – Corruptela de maculaturas, designação das folhas que se dão a mais em cada tiragem para fazer o acerto e suprir as que, por qualquer motivo ficaram inutilizadas, a fim de que não falte qualquer exemplar na tiragem estabelecida. Dá-se-lhe também o nome de perdidas.

COLCHETE SISTEMÁTICO – Motivo gráfico formado por três elementos: centro, ponta superior e ponta inferior, permitindo a inclusão de elementos intermédios que permitem alongá-lo.

COLCHETES – Elementos gráficos [ ] que têm uma função semelhante à dos parêntesis, mas mais abrangente; são usados para introduzir pequenos esclarecimentos no interior dum texto; são também chamados chave, parêntesis rectos ou quadrados. Clave.

COLECÇÃO – Grupo de publicações distintas, ligadas entre si por um título comum, cada uma com o seu título próprio e seu responsável, expresso ou não; a colecção, em si, tem o seu responsável, singular ou colectivo, pode ser ou não numerada e, ainda, ser subdividida em subcolecções, com numeração própria ou apenas a numeração da colecção em que se insere; obedece em geral a regras editoriais que regem o formato, a capa, as ilustrações, o número de pesquisas, a impressão de um conjunto de textos sobre temas considerados homogéneos pelo editor • Compilação • Reagrupamento voluntário de documentos, objectos, informações de diversas proveniências, etc. reunidos em função da semelhança de uma ou várias das suas características, afinidade de assuntos, formato, época, etc. • Conjunto de peças da mesma natureza seleccionadas por razões de raridade, singularidade ou beleza, constituído por um organismo, juntas e classificadas, com finalidades instrutivas, utilitárias ou recreativas • Totalidade de documentos postos à disposição de um utilizador • Em arquivística, unidade constituída por um conjunto de documentos de arquivo do mesmo fundo ou núcleo, organizada por tipologia documental, assunto ou outra(s) características(s) comum(ns); nesta acepção opõe-se a processo • Conjunto de documentos de arquivo reunidos artificialmente em função de qualquer característica comum, nomeadamente o modo de aquisição, o assunto, o suporte, a tipologia documental ou o coleccionador; nesta acepção opõe-se a fundo ou núcleo • Conjunto organizado de documentos, sob um título comum, para disponibilização aos utilizadores.

COLECÇÃO ABERTA – Colecção cujo número de títulos não foi fixado à partida.

COLECÇÃO ACABADA – Colecção de que foi publicado o último volume. Colecção fechada. Colecção finda.

COLECÇÃO CANÓNICA – Cada uma das compilações das disposições da Igreja, sobretudo as dos concílios.

COLECÇÃO COMPLETA – Colecção que contém todos os volumes que foram publicados.

COLECÇÃO DE ACTAS – Edição diplomática de actas emanadas de um mesmo autor ou de uma mesma chancelaria, ou respeitantes a uma mesma pessoa física ou moral, localidade, assunto, região, etc.

COLECÇÃO DE ANEDOTAS – *Ver* Anedotário.

COLECÇÃO DE DEPÓSITO – Conjunto de materiais de um único proprietário ou editor depositado numa biblioteca para garantir o seu uso pelo público e a sua preservação; o depositário pode impor normas de acesso à sua colecção.

COLECÇÃO DE DEPÓSITO LEGAL – Conjunto dos documentos publicados num determinado território, cuja biblioteca nacional contém em depósito.

COLECÇÃO DE DOCUMENTOS – Conjunto de peças reunidas pelo esforço voluntário do autor dessa reunião.

COLECÇÃO DE EDITOR – Conjunto de obras com as mesmas características.

COLECÇÃO DE EMPRÉSTIMO – Designação dada ao conjunto de livros ou documentos de uma instituição que se destina a ser cedido aos utilizadores para consulta.

COLECÇÃO DE EMPRÉSTIMO CIRCUNSCRITO – Em bibliotecas escolares e do ensino superior, conjunto de documentos que são recomendados por um professor como bibliografia obrigatória para uma disciplina, e cujo tempo de cedência para consulta está delimitado, para que possa ser utilizado por todos os alunos.

COLECÇÃO DE FUNDOS LOCAIS – Aquela que se foi constituindo ao longo da vida de uma biblioteca, arquivo, serviço de documentação, etc. e que privilegia bibliografia respeitante à história e acontecimentos de uma determinada região; são vários os modos de aquisição de um tal fundo bibliográfico, mas muitas vezes os autores locais e as pessoas que possuem elementos que podem enriquecer este fundo poderão ser estimuladas a fazê-lo por diversas formas. Colecção local.

COLECÇÃO DE ILUSTRAÇÕES – Conjunto de fotografias, estampas, imagens, desenhos, gravuras ou reproduções de desenhos conservados juntos com vista a apoiar o trabalho dos utilizadores em bibliotecas ou instituições congéneres.

COLECÇÃO DE LABORATÓRIO – Numa escola, conjunto de livros utilizados como material auxiliar para o ensino de determinados assuntos.

COLECÇÃO DE LIVRE ACESSO – Numa biblioteca, arquivo, serviço de documentação, etc., colecção que o público pode consultar livremente, sem necessidade de requisição.

COLECÇÃO DE LIVROS RAROS – *Ver* Reservados.

COLECÇÃO DE MANUSCRITOS – Conjunto de manuscritos de diversas proveniências sem ligação entre si, reunidos por uma biblioteca, arquivo, serviço de documentação, etc., ou um particular.

COLECÇÃO DE MAPAS – Número de folhas de mapa relacionadas designado para formar uma unidade simples, usualmente distinguíveis por conterem características comuns como um título colectivo, um sistema de numeração de folha e escala semelhante; é em geral o trabalho de uma agência de mapas.

COLECÇÃO DE OBRAS DE REFERÊNCIA – Conjunto de publicações como enciclopédias, dicionários, bibliografias, etc. destinado à consulta rápida e imediata dos utilizadores; encontra-se, regra geral, em livre acesso.

COLECÇÃO DE RECORTES – *Ver* Catálogo de recortes.

COLECÇÃO DE REFERÊNCIA – Numa biblioteca, arquivo, serviço de documentação, etc., conjunto das obras e/ou material de consulta usado para fornecer informação fiável, para identificar fontes ou para esclarecer dúvidas de momento; não costuma ser cedido para empréstimo domiciliário e encontra-se, regra geral, em livre acesso e num mesmo espaço, onde é procurado pelos utilizadores para consulta no local.

COLECÇÃO DE REFERÊNCIA RÁPIDA – Conjunto de obras que se apresentam em geral separadas da colecção de referência geral, para facultarem um acesso à informação sem perda de tempo; são obras de referência rápida os prontuários, dicionários, enciclopédias, guias, anuários, etc.

COLECÇÃO DE RESERVA – Conjunto de publicações que, devido às suas características internas ou externas, tem especial valor histórico, artístico, etc.; costuma falar-se de colecção de reserva a propósito de colecções especiais raramente dadas a público, constituídas sobretudo por manuscritos, incunábulos, livros antigos, etc. Reservados.

COLECÇÃO EDITORIAL – *Ver* Colecção de editor.

COLECÇÃO ENCICLOPÉDICA – Aquela que constitui um conjunto de conhecimentos de tipo enciclopédico editado sob a forma de monografias, tratados, estudos, etc. em volumes com as mesmas características físicas.

COLECÇÃO ESCOLHIDA – *Ver* Obras selectas.

COLECÇÃO FACTÍCIA – Volume constituído por peças heterogéneas, cuja reunião arbitrária sob uma mesma capa se justifica apenas por necessidades de conservação e não pela existência de uma relação entre elas.

COLECÇÃO FECHADA – Aquela que é constituída por um determinado número de títulos previamente fixado. Série fechada.

COLECÇÃO FICTÍCIA – Diz-se que existe uma colecção fictícia quando o material foi junto por razões muitas vezes não determinadas, casuais ou puramente externas (formato, matéria, língua).

COLECÇÃO FIXA – Conjunto de livros enviado por uma agência central para uma unidade de destino onde se conserva como unidade bibliográfica.

COLECÇÃO GERAL – A maior parte da colecção de uma biblioteca que constitui o núcleo do material bibliográfico nela existente, com excepção das colecções especiais ou das dedicadas a um determinado grupo de leitores.

COLECÇÃO HETEROGÉNEA – Em codicologia, colecção constituída por peças copiadas em duas épocas ou dois lugares diferentes • Conjunto formado por partes de natureza diferente.

COLECÇÃO HOMOGÉNEA – Em codicologia, conjunto de textos independentes copiados num mesmo volume por uma mesma pessoa, num mesmo lugar ou época • Conjunto formado por partes da mesma natureza.

COLECÇÃO INACTIVA – Conjunto de monografias ou séries das quais no momento cessou a publicação de partes, fascículos ou números.

COLECÇÃO INCOMPLETA – Aquela a que falta algum volume dos que nela foram publicados.

COLECÇÃO LOCAL – Parte de uma biblioteca que recolhe e organiza todo o tipo de documentação que se refira a uma determinada zona geográfica, com a finalidade de poder oferecer aos utilizadores da biblioteca todas as fontes de informação possíveis sobre qualquer particularidade da história e vida dessa zona. Colecção de fundos locais.

COLECÇÃO MONOGRÁFICA – *Ver* Série monográfica.

COLECÇÃO MORTA – Colecção fechada, que já não se publica, embora os livros que a constituem possam ser reimpressos, reeditados ou vendidos.

COLECÇÃO MULTIMÉDIA – Aquela que é composta por duas ou mais categorias de material, como o som e a imagem, misturando suportes áudio, vídeo e dados, nenhuma das quais predominante, e que se destina a ser usada como um todo unitário.

COLECÇÃO ORGANIZADA – Colecção de unidades codicológicas ou de textos cuja reunião foi feita com uma finalidade determinada; diz-se que existe uma colecção organizada de manuscritos, quando personalidades ou entes culturais recolheram material diverso e às vezes numeroso (relações, cartas, documentos) com uma determinada finalidade ou interesse.

COLECÇÃO PARTICULAR – Acervo documental, mais ou menos complexo, formando uma unidade orgânica, resultante da actividade literária, científica, cívica e cultural de um cidadão e composto pela respectiva obra manuscrita ou equiparada e pelos conjuntos de documentos que lhe foram enviados ou que ele recolheu; inclui, além de autógrafos, dactiloscritos, tiposcritos, etc., cartas, documentos biográficos, colecções, etc. • Espólio • Colecção de documentos organizada por uma pessoa para seu uso exclusivo ou por uma empresa particular, para uso dos seus membros.

COLECÇÃO POPULAR – Colecção constituída por obras de baixo custo que são difundidas em quiosques ou locais de venda de jornais.

COLECÇÃO PRIVADA – Colecção de documentos organizada por uma pessoa para seu uso exclusivo ou por uma empresa particular, para uso dos seus membros; são também designadas colecções privadas aquelas que pertencem a famílias, palácios, castelos, casas particulares, etc.

COLECÇÃO SIGILOGRÁFICA – Conjunto de selos (matrizes, moldes, marcas soltas) conservado numa determinada instituição, compreendendo, por vezes, documentos selados retirados de fundos arquivísticos com vista a uma conservação adequada.

COLECÇÃO TEMÁTICA – Conjunto de documentos que foram agrupados devido à coincidência do assunto de que tratam.

COLECÇÃO VIVA – Aquela que, apesar de já contar vários títulos, continua a ser publicada.

COLECCIONAÇÃO – Acto de coleccionar.

COLECCIONADOR – Aquele que faz colecção de. Coleccionista. Colector.

COLECCIONADOR DE LIVROS – Bibliófilo. Pessoa que reúne livros, de acordo com determinados princípios pré-definidos.
COLECCIONAR – Constituir uma colecção. Juntar. Reunir. Coligir. Compilar.
COLECCIONÁVEL – Que pode coleccionar-se.
COLECCIONISMO – Gosto e empenhamento em juntar objectos com características idênticas, com vista a formar colecções com eles.
COLECCIONISTA – *Ver* Coleccionador.
COLECÇÕES DOCUMENTAIS – *Ver* Fundos documentais.
COLECT. – Abreviatura de colectânea.
COLECTA DE LIVROS – Campanha sistemática intensiva destinada a encorajar ofertas de livros e sua recolha, com vista ao enriquecimento dos fundos de uma biblioteca, etc.
COLECTÂNEA – Documento que compreende várias obras no todo ou em parte independentes entre si, reunidas e publicadas em conjunto. Compilação. Antologia. Crestomatia. Excertos seleccionados e reunidos de diversas obras • Colecção de várias obras ou de várias coisas.
COLECTÂNEA DE *BEST OF* – Conjunto das obras independentes entre si, que têm em comum o facto de terem sido grandes sucessos editoriais. Colectânea de sucessos editoriais.
COLECTÂNEA DE MILAGRES – Compilação de relatos de prodígios de um ou mais santos destinados à difusão do culto, sobretudo entre a camada popular.
COLECTÂNEO – Coligido. Retirado de diversos escritores ou livros, de diversas fontes.
COLECTANO – Livro em que estavam contidas as orações da missa designadas colectas. Colectário. *Collectarium* • Colectânea.
COLECTAR – Recolher. Coligir • Fazer colecções. Coleccionar. (port. Bras.) Coletar.
COLECTÁRIO – Livro litúrgico que contém as capítulas e orações das horas canónicas; constitui, em geral, uma secção de um livro mais amplo. *Collectarium* • Oraçoeiro. • Livro litúrgico destinado ao celebrante que preside à recitação do ofício coral e que contém as orações chamadas colectas. Colectano.
COLECTIVIDADE – Instituição, corporação organizada ou reunião de pessoas conhecida por um nome corporativo ou colectivo; compreende estados e outras unidades políticas, igrejas, conferências, reuniões, expedições, etc., desde que tenham uma designação colectiva • Sob o ponto de vista catalográfico, organização ou grupo de pessoas ou de organizações, que é identificado por uma determinada designação e exerce uma actividade, que pode durar muito ou pouco; pode também denominar-se colectividade qualquer grupo ou manifestação temporária com designação própria.
COLECTIVIDADE DEPENDENTE POR COORDENAÇÃO – Em catalogação, aquela cujo nome inclui o nome de outra ou outras, das quais depende por coordenação.
COLECTIVIDADE RELACIONADA – Entidade que tem com outra entidade uma relação que não é a hierárquica; por exemplo uma colectividade que não é controlada por outra, embora tenha sido fundada por ela, uma colectividade que apoia economicamente outra, ou que a apoia de qualquer outro modo, uma colectividade que recebe apoio económico de outra, etc.
COLECTIVIDADE SUBORDINADA – Em catalogação, colectividade-autor que constitui parte integrante de uma colectividade mais genérica, com a qual mantém uma posição hierárquica inferior.
COLECTIVIDADE TERRITORIAL – Colectividade que exerce funções administrativas (plena ou parcialmente) de um determinado território ou que reivindica o seu exercício.
COLECTIVIDADE-AUTOR – Pessoa moral, pública ou privada, responsável pelo conteúdo intelectual ou artístico de uma obra.
COLECTIVIDADE-EDITOR – Organismo considerado responsável pela edição de um documento no que respeita ao seu conteúdo; pode ser uma pessoa moral, pública ou privada.
COLECTIVO – *Ver* Obra colectiva.
COLECTO – Coligido. Coleccionado. Escolhido.
COLECTOR – Aquele que colige. O que faz colecções. Coleccionador.
COLECTOR APOSTÓLICO – Pessoa nomeada pelo Papa, encarregada de compilar ou coligir as rendas, taxas, impostos, espólios e outros rendimentos da Santa Sé.

COLECTOR DE DADOS – Terminal que recebe e controla os sinais de dados após a sua transmissão numa rede.

COLECTÓRIO – Colecção de textos referentes a um mesmo assunto • Livro ou documento onde se encontram registadas as rendas, taxas, impostos, espólios ou outros rendimentos devidos a uma determinada pessoa ou instituição ou por ela recolhidos.

COLECTURA – Folha inutilizada que é usada para fazer experiência com a máquina antes de se dar início à impressão. Contraprova.

COLEIRO – Em encadernação, recipiente onde se guarda a cola que é aplicada depois de ser aquecida em banho-maria • Caldeira.

COLEÓPTERO – Insecto alado, com armadura bucal trituradora, que ataca os suportes de papel.

COLETAR (port. Bras.) – Recolher. Coligir.

COLHEITA DE DADOS – *Ver* Recolha de dados.

COLIGIR – Juntar • Reunir em colecção.

COLLATIO (pal. lat.) – Comparação, confronto, colação, cotejo. *Comparatio*.

COLLECTARIUM (pal. lat.) – Livro que contém os capítulos e orações das horas canónicas. Colectário • Missal que contém as colectas. Colectano.

COLLECTIO (pal. lat.) – Resumo. Recapitulação.

COLLEGIT (pal. lat.) – Palavra que significa compilou, coligiu e que garante que o texto em questão foi objecto de uma coordenação. *Conlegit*.

CÓLLEMA (pal. gr.) – Designação dada a cada uma das folhas de um rolo que eram muito variáveis, quer em altura, quer em largura.

COLLIGARE (pal. lat.) – Comparar, confrontar, coligir, cotejar.

COLLIGERE (pal. lat.) – Termo latino para designar a acção de unir, prender, atar juntamente e, ligado com esta ideia, encadernar.

COLN. – Forma abreviada de coluna.

COLOCAÇÃO – Conjunto de números, letras e números ou apenas letras, que se inscrevem num livro ou num documento para indicarem a sua localização numa biblioteca, arquivo ou serviço de documentação, etc. Cota • Localização face a outros elementos, textos, etc. • Situação ou lugar determinado da página, texto ou obra em que se encontra um item • Acto e efeito de colocar documentos.

COLOCAÇÃO ALFABÉTICA – Sistema de arrumação de livros em bibliotecas, etc., por ordem alfabética dos seus títulos ou autores.

COLOCAÇÃO DE ETIQUETAS – Colagem de rótulo para inscrição de cota num documento, livro, revista, etc. • Em informática, operação que consiste na selecção e no acrescentamento de identificadores às unidades ou aos campos de dados.

COLOCAÇÃO DESCONTÍNUA – Modalidade de colocação que se caracteriza pela reserva de espaços livres entre os fundos, as séries e as subséries, para neles inserir os números à medida que forem chegando.

COLOCAÇÃO FIXA – Modalidade de colocação de livros, documentos, etc., em que se atribui a cada um um determinado lugar de arrumação, em função da altura e/ou ordem de chegada ou por outras razões e se lhe apõe uma marca para indicar a sua posição na estante.

COLOCAÇÃO INTEGRADA – Expressão usada para caracterizar a ordenação de documentos em estantes, por forma a que todos os documentos sobre um determinado assunto sejam colocados juntos, quer se trate de livros, filmes, cassetes de áudio ou de vídeo, etc.

COLOCAÇÃO METÓDICA – Modalidade de colocação que é feita de acordo com um sistema de classificação; por esse motivo é também designada colocação sistemática.

COLOCAÇÃO MÓVEL – Método de colocação que permite manter em conjunto as obras que tratam de assuntos semelhantes ou conexos, quando se lhes juntam outros.

COLOCAÇÃO POR ORDEM DE AQUISIÇÃO – Modalidade de colocação fixa, que se baseia na arrumação dos livros e documentos à medida que chegam e pela ordem de ingresso na biblioteca, etc.

COLOCAÇÃO POR ORDEM DE REGISTO – Modalidade de colocação de publicações, cujo ponto de ordem é o número de registo de entrada no serviço. Arrumação por número de acesso.

COLOCAÇÃO POR TAMANHO – Modalidade de colocação de publicações numa biblioteca, etc., em que a sua altura é o ponto de referência para as colocar.

COLOCAÇÃO RELATIVA – Sistema de colocação móvel no qual a instalação de publicações numa biblioteca, etc., é feita segundo a temática de que tratam e as relações mútuas; trata-se de uma modalidade que permite a intercalação de novos volumes entre os já colocados; a ordenação é feita, em geral, por ordem alfabética, ou de acordo com um sistema de classificação previamente definido • Arrumação feita de acordo com a relação que os documentos mantêm entre si, sem considerar as salas ou estantes onde estão colocados. A arrumação relativa admite intercalações infinitas; os documentos podem ser levados de uma estante para outra sem que sejam alterados os números da colocação ou perturbada a sequência ou assunto de grupo.

COLOCAÇÃO SISTEMÁTICA – Modalidade de colocação de publicações numa biblioteca, etc., feita de acordo com um sistema de classificação previamente escolhido; é também designada colocação metódica.

COLOCAÇÃO TOPOGRÁFICA – Aquela que corresponde exactamente à colocação da obra na biblioteca, arquivo, serviço de documentação, etc.

COLOCAR – Arrumar na estante, de acordo com um critério determinado, atribuindo a cada exemplar uma cota.

COLOCAR A FORMA NA PRENSA – Pôr a forma na platina da prensa.

COLÓDIO – Dissolução de algodão nitrado em álcool e éter usada em fotogravura.

COLOFÃO – *Ver* Cólofon.

CÓLOFON – Conjunto dos elementos informativos colocados pelo escriba no final de um manuscrito e relativos à transcrição da obra: data do acabamento do trabalho, lugar onde foi copiado, nome, idade, qualidade do escriba, etc. e o *explicit*, fórmula final que incluía por vezes o nome do autor do texto, do tradutor (no caso de se tratar de uma tradução), o título da obra e o remate; nos manuscritos copiados por copistas monásticos eram quase sempre omitidos os dados pessoais e particularmente o nome. Os gregos antigos chamavam *Kolophón* à indicação, situada no final da última coluna de um manuscrito em rolo (*volumen*), do número de folhas de que era composto, assim como do número de colunas e de linhas nele escritas; este costume do cólofon transmite-se ao códice em pergaminho, um pouco alterado, não tendo já o papel de garantir a integridade da obra, mas o de informar sobre as suas origens; do manuscrito, o cólofon passa ao livro impresso do período incunabular; nos primeiros anos do século XVI reúnem-se-lhe, por vezes, no final do volume, o título exacto da obra e o nome do autor, o do tipógrafo ou livreiro, o lugar e a data de impressão, etc. seguida por vezes pela marca tipográfica • No sentido literal, o final de um livro. Nos livros modernos é normalmente composto em versaletes, em largura menor do que a da página, quase sempre com a disposição de epitáfio ou de fundo de lâmpada, mencionando muitas vezes (no caso de edições limitadas), o número de exemplares impressos; corresponde ao *explicit* dos manuscritos. Subscrição • Fecho de edição. Termo de impressão. Colofão. Colofónio. Colofúndio.

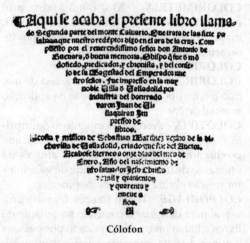

Cólofon

COLOFÓNIA – Resíduo da destilação da resina natural extraída do pinheiro e do abeto.

COLOFÓNIA-ALUMÍNIA – Produto usado como substância colante no processo de fabrico do papel, a partir de 1807; o seu uso teve como consequência prática a acidificação da celulose.

COLOFÓNIO – *Ver* Cólofon.
COLOFÚNDIO – *Ver* Cólofon.
COLÓIDE – Produto da família das colas ou gomas usado em fotogravura.
COLÓNIA – Conjunto de indivíduos de uma mesma espécie vegetal ou animal que se desenvolvem conjuntamente; estão neste caso os fungos e parasitas que destroem os suportes da escrita.
COLÓQUIO – Conversação, palestra, entre duas ou mais pessoas • Conferência.
COLOR. – Abreviatura de colorido.
COLORAÇÃO – Efeito provocado pelas cores. Colorido.
COLORANTE – Matéria primária mineral ou sintética usada no fabrico do papel.
COLORIDO COM BONECA – Processo demorado e minucioso de impressão de gravura a cores: o artista serve-se de uma gravura em cobre onde a composição se encontra já gravada e, com o auxílio de pequenas bonecas ou tampões em trapo, vai colorindo o desenho gravado com diferentes cores, cada uma delas destinada a uma parte da gravura; a impressão no papel faz-se de uma só vez.
COLORIMETRIA – Medição da cor; processa-se em termos de atributos da cor, ou seja, matiz, saturação e luminosidade ou termos de características físicas de estímulo.
COLORIR – Dar cor a • Ornamentar.
COLORIR À MÃO – Em gravura, seja de que tipo for, é a operação que consiste na aplicação manual de cor.
COLOTIPIA – Processo planográfico de imprimir desenhos semelhante à litografia, que produz uma gradação fiel de tons através da utilização de uma placa revestida de gelatina • Impressão obtida através deste processo.
COLPORTAGE – Termo francês, tornado universal para designar o comércio ambulante de livros a baixo preço; era praticado por pessoas naturais do país e por estrangeiros e em geral, de obras de baixo custo, folhinhas, almanaques, autos populares, etc. Literatura de *colportage*.
COLPORTEUR (pal. fr.) – Vendedor ambulante que se dedicava à comercialização de livros, especialmente de literatura popular. É uma personagem do circuito popular de distribuição do livro, que desapareceu na Europa, morta pelos meios de comunicação rápida, mas que ainda desempenha um papel importante em países da América Latina e na China. *Ver* Vendedor ambulante.
COLUMELO – Escritura ou instrumento público escrito em colunas, seja no corpo do texto, seja nas assinaturas dos confirmantes e testemunhas.
COLUNA – Divisão vertical de uma folha ou página. Os manuscritos a partir do século XII e os incunábulos são muitas vezes compostos a duas colunas; o número de colunas varia consoante o século e o tipo de texto; os códices mais antigos apresentam várias colunas – reminiscência provável da distribuição do texto nos rolos – e os códices irlandeses mais antigos podiam ser a duas colunas ou a uma só medida, o que também aconteceu nos códices carolíngios e nas imitações renascentistas italianas; os manuscritos românicos e góticos são usualmente escritos a duas colunas enquanto os romances franceses e alemães, de linhas curtas, se apresentam a maior parte das vezes a três colunas; os livros de horas são usualmente a uma só medida e os breviários a duas colunas; os manuscritos bíblicos comentados são quase sempre a três colunas, uma a meio com o texto da Sagrada Escritura e as laterais contendo, em corpo menor, os comentários; os textos jurídicos apresentam uma coluna dupla ao centro, enquanto outras se apresentam à esquerda ou à direita • Cada uma das duas ou mais secções verticais da composição gráfica separadas por fio ou linha de branco em que se dividem as páginas de certas monografias ou publicações em série • Numa ficha perfurada, zona vertical que corresponde ao registo de um carácter.
COLUNA COXA – Aquela que saiu defeituosa por qualquer motivo, não apresentando o mesmo tamanho das restantes.
COLUNA DUPLA – Mancha tipográfica a duas colunas, na qual o espaço reservado à impressão foi dividido a meio pelo intercolúnio, muito utilizada nos livros manuscritos sobretudo no século XIII, o que coincide com a fase florescente da escrita gótica; esta disposição a duas colunas é devida à adopção de módulos de escrita muito reduzidos, que per-

mitem multiplicar o número de linhas mesmo nos manuscritos pequenos; em épocas anteriores os manuscritos, cuja escrita era muito menos densa, podiam ser a uma só medida e a divisão entre as obras a duas colunas e a uma só medida era equilibrada. A coluna dupla hoje é usada praticamente apenas em determinado tipo de obras, como por exemplo dicionários, enciclopédias e bíblias.

COLUNA INDICADORA – A principal coluna de uma tabela, mapa ou gráfico, que determina o tamanho das restantes.

COLUNA NUMERADA – A que é assinalada por um número ao alto ou no pé da página.

COLUNARISTA (port. Bras.) – *Ver* Colunista.

COLUNAS GEMINADAS – Nas portadas de livros antigos, são colunas que se apresentam aos pares, duas de cada lado, nas páginas de título de estilo arquitectónico; no interior do espaço entre os dois pares de colunas pode ler-se o título e, por vezes, outros elementos de identificação.

COLUNAS LATERAIS – Colunas colocadas de um lado e de outro dos vãos de um nicho ou da construção de um edículo; são frequentemente coroadas por um pequeno capitel e podem receber ou não uma decoração ou suportar um escudo armoriado.

COLUNISTA – Colaborador de uma publicação que está encarregado, com carácter permanente, de preencher uma determinada coluna, que é assinada com o seu nome ou pseudónimo • Comentarista, cronista de jornal que tem a seu cargo e assina determinada secção.

COM – Acrónimo de *Computer Output Microfilm*, modalidade de microcópia que consiste na saída, em microfilme, e através de tubo de raios catódicos, do formato composto pelo computador • Acrónimo de *Computer Output Microform*, Microforma gerada por computador.

COM APRESENTAÇÃO AUTOGRAFADA – Diz-se da obra que apresenta um prefácio ou prólogo assinado pelo próprio punho do seu autor.

COM ENVIO AUTÓGRAFO – Exemplar de uma obra que tem a assinatura manuscrita do autor.

COM PRIVILÉGIO – Expressão usada para assinalar a protecção que era dada àquele que custeava uma edição. Em Portugal esta expressão aparece pela primeira vez à volta de 1520. Foi antecedida por outras menos lacónicas: "com privilégio del Rey nosso senhor", "por autoridade e privilégio de Sua Alteza", "com privilégio real, que ninguém a possa imprimir daqui a dezoito anos, nem trazer de fora do reino, tirada em outra linguagem, sob pena de perder os livros".

COM TODAS AS LETRAS – Expressão usada para significar claramente, sem reticências, sem dissimulação • Por extenso. Textualmente.

COM TODAS AS MARGENS – Expressão usada para caracterizar um volume não aparado, não intonso. É mais rigorosa do que não aparado, porque, em alguns casos, esta frase aplica-se a um volume que não foi aparado em nenhuma margem excepto à cabeça, que se encontra dourada ou pintada, operação que levou a que se fizesse um ligeiro aparo desse corte.

COMA – Vírgula.

COMÁCIO – Pequena frase rítmica, de oito versos, pela qual era apostrofada qualquer personagem na antiga comédia grega.

COMADO – Que está assinalado entre aspas. Que tem comas • Que está assinalado de qualquer modo.

COMANDITA – Sociedade temporária formada por alguns operários tipógrafos de acordo com os industriais, para a execução de trabalho em comum; é um regime de trabalho adoptado com frequência nos jornais.

COMANDO – Ordem dada pelo utilizador ao computador, que determina qual a operação que será executada.

COMARC (pal. ingl.) – *CO-operative MARC* • Programa cooperativo da Biblioteca do Congresso que visa a conversão de registos impressos de monografias em formas legíveis por máquina.

COMAS – Vírgulas duplas " " « » ; sinal ortográfico com que se marca o início e o fim de algumas citações ou outras palavras ou frases sobre as quais se quer chamar a atenção. Aspas. Plicas • Nome que os gramáticos davam ao inciso.

COMBINAÇÃO FALSA – *Ver* Referência errónea.

COMÉDIA – Designação da representação satírica de caracteres, costumes e acontecimentos sociais; a comédia de caracteres (ou de carácter) tem por finalidade a análise e ridicularização de uma personagem ou personagens; a comédia de costumes visa analisar e criticar aspectos sociais de uma determinada época ou classe; a comédia de acção (ou intriga) é aquela em que se atribui maior importância ao enredo enriquecendo-o com situações destinadas a provocar o riso.

COMENT. – Abreviatura de comentador, comentário, comentado.

COMENTADOR – Autor de um comentário literário, histórico, jurídico, etc., que acompanha uma obra ou é publicado à parte. A sua função consiste em devolver uma inteligibilidade aos conteúdos do texto, funcionando como uma reescrita, uma interpretação, mas com uma natureza diversa da reprodução; esclarece, ajuda a compreender melhor o texto procurando, em geral, evitar opiniões pessoais ostensivas, centrando-se somente no texto a analisar. Intérprete • Anotador. Apostilador. Apostilhador. Glosador • Crítico • Analista.

COMENTAR – Explicar, anotando ou interpretando • Analisar • Criticar • Expor com malícia.

COMENTÁRIO – Série de notas e esclarecimentos que ilustram uma obra literária ou científica; podem ser manuscritos ou impressos com o próprio texto ou isolados; os comentários manuscritos dão informações preciosas sobre as posições ou opiniões do anotador e da época em que foram escritos; podem ser impressos a seguir ao texto completo, acompanhá-lo página a página, ser colocados no pé de página, entrelinhados, etc. • Título que se dá ao conjunto de algumas histórias escritas em estilo conciso, como por exemplo os *Comentários* de C. J. César • Pequeno artigo de jornal ou revista em que se expõem e criticam factos do dia • Apostila. Apostilha. Glosa. Nota • *Verba*.

COMENTÁRIO AO TEXTO – Esclarecimento ou nota que incide sobre um texto e que o pretende tornar mais inteligível; pode ser manuscrito e ser obra de um leitor, que em determinada época o leu e nele deixou as reflexões que o texto lhe sugeriu ou ser impresso e, nesse caso, é fruto de um anotador ou do próprio autor, que assim o quer ver esclarecido. Glosa. Apostila.

COMENTÁRIO BIBLIOGRÁFICO – Opinião acerca de um livro apresentada sob forma escrita ou oralmente por um aluno, no âmbito dos seus estudos.

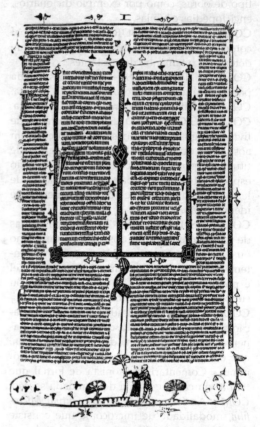

Comentário

COMENTÁRIO COLECTIVO – Crítica ou análise que visa um grupo de publicações que tratam de assuntos afins.

COMENTÁRIO CRÍTICO – Numa bibliografia ou nota bibliográfica, análise, exame, observação acrescentada à referência bibliográfica de uma obra feita por um especialista que domina a fundo a matéria de que a obra trata. *Ver* Recensão crítica.

COMENTÁRIO ESCOLÁSTICO – *Ver* Glosa marginal.

COMENTÁRIO GLOBAL – Artigo de crítica em que se analisa um conjunto de obras que tratam de assuntos relacionados.

COMENTÁRIO JORNALÍSTICO – Aquele que é feito por um profissional da comunicação e que pretende ser interpretativo, ajudando o leitor ou ouvinte a compreender o alcance de uma notícia ou a entender os factos apresentados; o jornalista aparece aqui no seu papel de informar com isenção e não a opinar por forma a atrair para o seu ponto de vista quem o lê ou ouve.

COMENTARISTA – Pessoa que escreve o comentário de um livro inserto na mesma obra; o seu nome por vezes aparece na página de título da obra junto ao do tradutor, a seguir ao título • Pessoa que escreve comentários em jornal. Colunista. Crítico. Autor de comentário. Comentista • Anotador.

COMENTISTA – Comentador. Comentarista.

COMENTO – Tradução palavra a palavra de uma obra clássica feita com a finalidade de auxiliar os estudantes e usada por muitos para fingir que estudam • Burro. Pai-velho.

COMER A LINHA – Suprimi-la.

COMER LINHAS – Apertar os espaços na composição para, deste modo, haver probabilidades de diminuir uma ou mais linhas, de acordo com as exigências da paginação. Embeber.

COMÉRCIO BIBLIÓFILO – Actividade comercial que visa a compra de espécies bibliográficas.

COMÉRCIO DE ALFARRÁBIOS – Actividade comercial que se exerce no campo bibliográfico, visando sobretudo os livros usados de pouco valor.

COMÉRCIO DE LIVRO RARO – Actividade comercial que tem como objecto a compra e venda de raridades bibliográficas, as quais atingem preços por vezes muito elevados.

COMÉRCIO DO LIVRO – Actividade que tem por finalidade a exploração comercial dos produtos do pensamento, sob forma de livros ou de outras publicações impressas.

COMÉRCIO ELECTRÓNICO – Actividade comercial que é feita através das redes globais de informação, que são usadas para fins comerciais • Designação atribuída às comunicações entre parceiros de negócio e serviço ao consumidor feitas através da *World Wide Web*.

COMIC MODE (loc. ingl.) – Em microfilmagem, situação em que os documentos são microfilmados perpendicularmente em relação ao filme, apresentando a base de cada imagem paralela aos lados do filme.

COMIC-BOOK (pal. ingl.) – Caderno de tiras desenhadas ou quadradinhos, que geralmente é impresso a cores.

COMIC-NOVEL (pal. ingl.) – Argumento para adultos, que é contado por meio de tiras de desenhos com uma dimensão física superior à do *comic-book*.

CÓMICO – Referente a comédia • Jocoso. Que provoca o riso.

COMICS (pal. ingl.) – Banda desenhada. Ver História em quadradinhos.

COMISSÃO DE ACESSO AOS DOCUMENTOS ADMINISTRATIVOS – Designada vulgarmente sob o acrónimo CADA, a ela cabe zelar pelo cumprimento das disposições da Lei do Acesso aos Documentos Administrativos (LADA); trata-se de uma entidade pública independente, que funciona junto à Assembleia da República e que dispõe de serviços próprios de apoio técnico e administrativo.

COMISSÃO DE BIBLIOTECA – Ver Comité de biblioteca.

COMISSÃO EDITORIAL – Designação atribuída à equipa de pessoas que estão encarregadas de tratar conjuntamente dos problemas levantados pela edição de uma obra e que lhe incute uma determinada orientação; é em geral constituída por pessoas que variam segundo o tipo de livro e o autor.

COMITÉ DE BIBLIOTECA – Conjunto de pessoas seleccionadas de entre o pessoal de ensino de uma biblioteca escolar, destinado a servir de elemento de ligação entre os membros do corpo docente, a direcção e a biblioteca • Nas bibliotecas públicas, é o grupo de pessoas oficialmente encarregadas de velar pelos interesses e actividades de uma biblioteca e de promover o seu desenvolvimento. Noutro tipo de bibliotecas tem as mesmas incumbências.

COMITÉ DE IMPRENSA – Entidade constituída por jornalistas que cobrem determinado acontecimento ou sector.

COMITÉ DE LEITURA – Grupo de pessoas cuja actividade consiste em assessorarem um editor para o aconselharem sobre aquilo que deve ser editado • Nome dado ao conjunto de pessoas que agrupa todos os que lêem ou leram numa aldeia, fábrica, sanatório, casa de juventude, etc. É, regra geral, constituído por pessoas de idades, formações, especializações e gostos diversos.

COMITENTE – Pessoa ou instituição a cujas instruções e despesas foi preparada uma obra.

COMMA (pal. lat.) – Figura de solenidade, de grande dimensão, traçada nos privilégios pontifícios, à direita do *Bene Valete*, dos meados do século I aos primeiros anos do século XII, tomando a forma geral de uma grande vírgula acompanhada de pontos, à semelhança do sinal de pontuação do mesmo nome, de que constitui uma ampliação. Vírgula • Cesura • Nome primitivo dos dois pontos (:).

COMMEDIA DELL'ARTE (loc. ital.) – Comédia de fantasia; trata-se de um género especial de peças dramáticas em que se procedia apenas à mudança do cenário e o diálogo era improvisado pelos actores em cena.

COMMENTARIUM (pal. lat.) – Livro de notas. Memorial. Nota • Formulário • Diário • Registo dos magistrados • Rascunho. Caderno de notas escolares.

COMMENTATIO (pal. lat.) – Dissertação • Tratado.

COMMENTATOR (pal. lat.) – Inventor. Autor. Intérprete. Ver Comentador.

COMMUNITY ACTION PROGRAMME – Programa de Acção Comunitária. *CAP.*

COMO NOVO – Expressão usada para descrever o estado físico de um livro anunciado para venda no comércio de antiguidades e/ou em segunda mão e empregada frequentemente em catálogos de livreiros, com o significado de "quase indistinguível da condição de coisa nova", querendo dizer que o livro oferecido para venda tem condições físicas muito semelhantes àquelas que tinha quando era novo.

COMODATO – Acto de colocar à disposição do público, para utilização, o original ou cópias de uma obra durante um período de tempo limitado e sem benefícios económicos ou comerciais directos e indirectos, quando efectuado através de estabelecimento acessível ao público.

COMP. – Abreviatura de compilado, compilador, compilação.

COMPACT DISK (loc. ingl.) – *Ver CD.*

COMPACT DISK INTERACTIVE (loc. ingl.) – *Ver CD-I.*

COMPACT DISK READ-ONLY MEMORY (loc. ingl.) – *Ver CD-ROM.*

COMPACT DISK REVERSIBLE (loc. ingl.) – *Ver CD-R.*

COMPACT DISK REWRITABLE (loc. ingl.) – Modalidade de *CD* em que a informação registada pode ser alterada e regravada em número de vezes ilimitado. *CD-RW.*

COMPACTO – Diz-se do texto que se apresenta muito denso e com um mínimo de espaços.

COMPACTOS – Nome dado aos caracteres mais fechados.

COMPACTUS (pal. lat.) – Nome que se aplica a um desenho específico de estantes nas quais as estantes de metal são deslocadas e justapostas umas às outras através de movimentos laterais, permitindo a consulta das obras; esta deslocação pode fazer-se mediante um sistema eléctrico ou mecânico; Ingold Compactus era o nome do engenheiro que inventou este sistema, daí o seu nome. Armazenamento compacto.

COMPAGINAÇÃO – Arte de distribuir numa superfície tomando a página como unidade os elementos constitutivos de um trabalho de impressão: livro, diário, desdobrável, prospecto, etc. • Junção de composições tipográficas para formar páginas • Paginação.

COMPAGINAÇÃO À AMERICANA – *Ver* Paginação americana.

COMPAGINAÇÃO CLÁSSICA – Aquela em que os elementos estão centrados, os brancos proporcionados, a apresentação é sóbria e as margens adequadas.

COMPAGINAÇÃO EM ESCADA – *Ver* Paginação em degrau.

COMPAGINAÇÃO COMPLEXA – Aquela em que intervêm outros elementos gráficos como quadros, figuras, fórmulas, gráficos, notas, etc. além do texto geral da obra.

COMPAGINAÇÃO LIVRE – Aquela que dispõe os elementos na página segundo esquemas

pessoais previamente definidos ou não, ignorando as normas clássicas da compaginação.
COMPAGINAÇÃO MODERNA – Aquela que, apesar de seguir as normas clássicas em alguns aspectos, introduz grandes zonas de brancos ou contragrafismos em oposição às manchas formadas pelas porções de texto e gravuras.
COMPAGINAÇÃO MODULAR – Aquela que é baseada na divisão da mancha num certo número de partes iguais que, agrupadas e formando figuras distintas (quadrados, rectângulos, etc.) possibilita a criação de módulos de disposição e tamanho, quer para o texto, quer para as figuras e quadros.
COMPAGINAÇÃO PÁGINA POR PÁGINA – Aquela em que a página seguinte de uma obra segue o modelo da página anterior da mesma obra.
COMPAGINAÇÃO SIMPLES – Aquela em que apenas existe o texto geral.
COMPAGINADO – Distribuído na página com arte, harmonia e eficácia.
COMPAGINADOR – Aquele que compagina, paginador.
COMPAGINAR – Reunir composições tipográficas para constituir páginas • Dividir em páginas regulares uma composição tipográfica completamente cheia, para a confecção de um livro ou folheto • Ajustar • Paginar.
COMPANHIA PRODUTORA – Empresa responsável pela administração financeira, técnica e de organização da produção de um filme • Companhia responsável pelo registo de som de uma sessão de gravação • Companhia responsável pela produção em série de um registo sonoro, por exemplo impressão de discos ou reprodução de cassetes.
COMPARAÇÃO – Processo mental através do qual se confrontam duas realidades com a finalidade de destacar semelhanças, relações ou diferenças.
COMPARAR – Cotejar, confrontar, examinar ao mesmo tempo, para achar as semelhanças, relações ou diferenças • Em informática, confrontar duas ou mais chaves, à procura de uma semelhança ou coincidência entre elas.
COMPARATIO (pal. lat.) – Ver *Collatio*.

COMPARTIMENTAR – Subdividir em compartimentos separados por frisos.
COMPARTIMENTO – Subdivisão materialmente delimitada de uma superfície decorada • Espaço deixado pelo cruzamento e intersecção de linhas nos planos de uma encadernação e que pode ou não ser decorado.
COMPARTIMENTOS DA LOMBADA – Espaços compreendidos entre os nervos da lombada nos quais se inscreve o nome do autor, título, lugar e data de publicação. Casa de entrenervos. (port. Bras.) Casa de entrenervuras.
COMPASSO – Instrumento para traçar circunferências e marcar medidas, indispensável em desenho, litografia, estereotipia e encadernação, entre outros; é constituído por duas hastes articuladas e um cabo; era frequentemente usado para marcar os pontos de origem das linhas que pautavam o manuscrito, geralmente a ponta-seca.
COMPASSO DE ESPESSURA – Compasso utilizado pelos fabricantes de clichés e galvanoplastas para medir com exactidão a altura dos clichés ou galvanos.
COMPATIBILIDADE – Conjunto de correspondências que podem estabelecer-se entre duas ou várias linguagens documentais referentes a campos semelhantes ou próximos, quanto às designações e definições dos seus descritores por um lado e quanto à classificação destes, conforme o caso • Em informática, possibilidade de permuta de programas ou de dados entre computadores ou entre diversos periféricos; muitas vezes requerida, a compatibilidade raramente é total; os "compatíveis" são computadores que procuram utilizar programas feitos para o *IBM-PC*; o grau de compatibilidade é variável e é preciso verificá-lo para cada programa.
COMPATIBILIZAÇÃO DE REGISTOS – Acto de conciliar dentro de uma lista ou de um mesmo catálogo registos que são substancialmente iguais, mas cuja forma de apresentação é diferente, por exemplo registos bibliográficos de um mesmo documento, que contêm os mesmos elementos, mas com os cabeçalhos diferentes ou os elementos dispostos por uma forma diferente.

COMPATÍVEL – Que tem compatibilidade. Que é conciliável com outro ou outros.
COMPENDIADOR – Aquele que compendia.
COMPENDIAR – Resumir, abreviar, sumariar, sintetizar, reduzir a compêndio • Juntar em apenas um volume vários textos ou documentos afins, com o propósito de constituir um todo.
COMPENDIÁRIO – Resumido. Sucinto. Compendioso. Sintético. Concentrado • Compendiador. Compilador. Abreviador.
COMPÊNDIO – Obra, geralmente destinada ao ensino, na qual se expõem sucintamente os princípios de uma ciência ou arte • Obra que apresenta de forma breve e sumária, oralmente ou por escrito, de modo condensado os pontos principais de uma obra de maior volume. Livro de texto escolar. Manual • Obra que versa determinado assunto de forma breve ou em linhas gerais • Resumo, síntese.
COMPENDÍOLO – Pequeno compêndio.
COMPENDISTA – Compendiador. Autor de compêndio.
COMPENDIUM (pal. lat.) – Resumo. Abreviação. Epítome • Tratado sumário ou abreviado de uma obra, de uma ciência.
COMPETÊNCIA DE LEITURA – Aptidão reconhecida a alguém para realizar o acto de ler e de entender um texto, embora todos os que lêem um texto não o entendam do mesmo modo. Competência leitora. Domínio da leitura • Capacidade de alguém para decifrar aquilo que está representado através de signos gráficos.
COMPETÊNCIA IDEOGRÂMICA – Capacidade de reconhecer, de imediato, globalmente, um elemento do vocabulário visual. Capacidade logogrâmica.
COMPETÊNCIA LEITORA – *Ver* Competência de leitura.
COMPETÊNCIA SIGILAR – Direito reconhecido a uma pessoa para selar actos emanados de uma instituição em nome e no lugar dela.
COMPIL. – Abreviatura de compilado, compilador *e* compilação.
COMPILAÇÃO – Acto ou efeito de compilar • Junção de textos sobre um determinado tema • Obra derivada, composta exclusivamente por extractos recolhidos de obras várias sobre o mesmo assunto e publicada sob um determinado título • Obra composta por textos de um ou vários autores • Volume colectivo. Miscelânea • Repertório. Tesauro • Respigo.
COMPILAÇÃO DE DADOS – *Ver* Recolha de dados.
COMPILAÇÃO DE LIVROS – Reunião de livros de acordo com um princípio determinado como, por exemplo, a raridade, a proveniência, o interesse bibliográfico, o tema de que tratam, etc.
COMPILADOR – Aquele que compila, que faz obra de compilação, isto é, pessoa ou entidade que produz uma obra individual, coligindo e ordenando material escrito ou impresso proveniente de diversas fontes, na forma como ele se apresenta em determinado momento; são compiladores os responsáveis pela organização de antologias, selectas, colecções de provérbios, etc. • Produtor de um trabalho musical feito a partir da recolha ou respigo de materiais escritos ou impressos em trabalhos de vários compositores. O que escolhe e combina numa obra selecções e excertos de um ou vários compositores • Em informática, programa que é destinado a traduzir um programa escrito numa linguagem evoluída ou simbólica (*PASCAL*, *COBOL*, etc. – programa-fonte) num programa-objecto (em linguagem-máquina) directamente utilizável pela máquina, isto é, pronto a ser executado.
COMPILAR – Reunir diverso tipo de material (documentos, leis, escritos de procedência variada) sobre um mesmo tema. Compendiar.
COMPILATIO (pal. lat.) – Compilação • Plágio.
COMPILATOR (pal. lat.) – Compilador • Plagiador.
COMPILATÓRIO – Relativo à compilação.
COMPL. – Abreviatura de completo.
COMPLEMENTAR – Que completa. Complementário.
COMPLEMENTARIDADE – Cunho do que completa, do que é complementar.
COMPLEMENTÁRIO – O mesmo que complementar.
COMPLEMENTO – Remate • O que completa. O que se acrescenta a um texto ou informação para o completar.
COMPLEMENTO DA NOTÍCIA – Em jornalismo utiliza-se quando os elementos essen-

ciais da informação foram dados nos boletins; como o nome indica, fornece indicações que completam o conteúdo do ou dos boletins; o complemento deve ser anunciado no fim do último boletim e precedido do título de referência dos boletins.

COMPLEMENTO DO TÍTULO – Palavra, locução ou grupo de caracteres ligados e subordinados ao título próprio de uma publicação; tem por finalidade precisar, explicar ou completar o título ao qual se aplica ou indicar a natureza, conteúdo, etc. da publicação ou das obras que ela contém; compreende os subtítulos e os antetítulos, mas não as variantes do título próprio encontradas na publicação em qualquer outro lugar que não seja a página de título ou página de título substituta. Subtítulo. Título adicional.

COMPLETAR – Tornar completo • Concluir.

COMPLETO – Aquilo a que não falta nada daquilo que deve ter • Concluído. Acabado • Inteiro. Integral. Total • Diz-se que está ou é completo um exemplar que contém todos os seus elementos constitutivos, tal como quando saiu do prelo.

COMPLICARE (pal. lat.) – Enrolar o *rotulus* (rolo) manuscrito.

COMPONEDOR – Utensílio do compositor tipográfico que permite reunir os caracteres de um texto e justificar as linhas; é uma ferramenta, geralmente de ferro ou de cobre ou mesmo de madeira, de uns 25 cm de comprimento, terminada de um lado por uma parte fixa e do outro por uma parte que avança ou recua conforme é preciso ou seja, consoante o tamanho que se queira dar às linhas, operação que o tipógrafo leva a cabo quando inicia a composição, sendo os tipos colocados da direita para a esquerda; a isto chama-se justificar o componedor. Pau de compor • Oficial caixista.

COMPONEDOR DE DADOS – Dispositivo do tamanho de uma carta, que permite a entrada manual de dados em certas máquinas.

COMPONEDOR UNIVERSAL – O que se utiliza para maiúsculas.

COMPONENTE – Parte de um conceito composto de várias partes que tem significado por si só.

COMPONENTE COM PARTES MÚLTIPLAS – *Ver* Componente multipartes.

COMPONENTE MULTIPARTES – Parte componente de uma publicação formada por duas ou mais subcomponentes (artigo com várias partes publicado durante vários números de uma publicação em série, por exemplo).

COMPOR – Acção de colocar as letras formando sílabas, palavras e linhas no componedor e pela ordem que marca o original • Produzir material em caracteres tipográficos para a impressão manual ou mecânica.

COMPOR A DOIS – *Ver* Acabar encostado.

COMPOR A QUADRATIM – Compor tendo como base de remuneração o milheiro de quadratins, de acordo com o preço acordado para cada corpo.

COMPOR UM TEXTO – Elaborar, redigir um texto.

COMPOS. – Abreviatura de composição *e* compositor.

COMPOSIÇÃO – Agrupamento de uma ou mais palavras ou discursos ou de partes de palavras numa única palavra • Acto ou operação de compor linhas e páginas de caracteres, fios e vinhetas, que o tipógrafo junta e combina para a impressão de qualquer trabalho. Operação que consiste em juntar os caracteres metálicos para formar palavras e com estas palavras formar frases, para compor o manuscrito de um autor; compreende dois estádios: a montagem das linhas e a compaginação • Secção da oficina tipográfica onde se fazem os trabalhos destinados à impressão • Um dos três grandes processos de formação de palavras • Disposição das partes componentes. Organização • Fusão de palavras ou partes de palavras numa palavra só • Junção de uma ou mais palavras ou discursos • Produção literária, científica ou artística • Autoria. Responsabilidade • Nome dado à passagem de um original para caracteres tipográficos antes de entrar no prelo • Trabalho de compositor tipográfico • Arte de escrever conforme as regras a música original.

COMPOSIÇÃO À AMERICANA – Apresentação chamativa de uma página, sobretudo da primeira, pelo emprego de títulos garrafais.

COMPOSIÇÃO A FRIO – Fotocomposição. As primeiras fotocompositoras produtoras de textos em filme a papel sensível funcionam desde cerca de 1950; os seus produtos tomaram o nome de composição a frio, por oposição aos anteriores.

COMPOSIÇÃO À MARGEM – Trabalho do compositor tipográfico que aparece localizado na parte habitualmente sem letras em volta de uma folha impressa, ou seja, nas margens; no livro antigo este tipo de composição era muito frequente, quase sempre impressa em itálico, e englobava em geral as referências às citações que ocorriam no texto e que o fundamentavam ou pequenas afirmações e acrescentos ao texto.

COMPOSIÇÃO A QUENTE – Desde que apareceu a composição fotográfica, dá-se este nome aos processos de composição que se utilizavam anteriormente e que se distinguiam porque reuniam caracteres obtidos por moldagem de metal em fusão.

COMPOSIÇÃO ABERTA – Diz-se da composição tipográfica bem espaçada e circundada por uma ampla margem branca • Composição em que existem claros entre os caracteres, as palavras e as linhas.

COMPOSIÇÃO ACAVALADA – Composição muito junta, em que os títulos ou as letras se encontram muito apertados, não permitindo um bom aspecto gráfico. Empastelamento das linhas.

COMPOSIÇÃO AFOGADA – Aquela em que os textos vão no meio dos anúncios.

COMPOSIÇÃO AO CANTO – Composição justificada à esquerda ou à direita.

COMPOSIÇÃO AREJADA – Aquela que, ao contrário da composição cerrada, apresenta espaços interlineares, tipos definidos e parágrafos bem dimensionados, de modo a tornar a leitura agradável.

COMPOSIÇÃO ATRAVESSADA – Composição feita em diagonal.

COMPOSIÇÃO AUTOMÁTICA – Aquela que é levada a cabo pelas compositoras-fundidoras mecânicas • Designação que engloba os diversos processos de composição através de máquinas accionadas por meio de fitas perfuradas ou magnéticas, discos magnéticos, leitores ópticos, etc.

COMPOSIÇÃO CERRADA – Composição tipográfica muito densa, sem entrelinhas. Composição cheia.

COMPOSIÇÃO CHEIA – Composição que apresenta texto compacto, sem entrelinhas • Composição cerrada.

COMPOSIÇÃO COM DEFESA – *Ver* Composição sangrada.

COMPOSIÇÃO COM METAL FUNDIDO – Processo de composição feita com tipos soltos fundidos, como a linotipia e a monotipia.

COMPOSIÇÃO CONFUSA – Em jornalismo é aquela em que os elementos estão dispostos desordenadamente, sendo difícil encontrar as notícias no meio das ilustrações e da publicidade.

COMPOSIÇÃO CORRIDA – Aquela em que os caracteres não alinham nas extremidades das linhas; é a mais usada e contém apenas textos e não corondéis, fórmulas ou tabelas • Trabalho de cliché.

COMPOSIÇÃO DACTILOGRÁFICA – Modalidade de composição a frio que é feita por meio de máquinas de escrever, as dactilocompositoras.

COMPOSIÇÃO DE BICO – Composição tipográfica delicada, que inclui elementos de fantasia menos frequentes que o trabalho comum e cuja combinação requer maior cuidado. *Ver tb.* Obra de bico.

COMPOSIÇÃO DE CHEIO – Composição comum, como a que constitui geralmente o texto de livros e jornais, não compreendendo corandéis, fórmulas, tabelas ou caracteres especiais.

COMPOSIÇÃO DE FANTASIA – Composição de trabalhos de gosto ou comerciais • Obra de bico.

COMPOSIÇÃO DE REGISTO – Em informática, modo como estão dispostas as unidades informativas num registo.

COMPOSIÇÃO DE TEXTO – Acto ou operação de compor texto. Pode fazer-se hoje por vários processos: em forma de caracteres tipográficos reunidos manual ou mecanicamente para servir, ou para a tiragem directa, ou para a confecção de provas em papel *couché*, quer para as de celotextos ou outros suportes em poliéster; sob forma de papel fotográfico ou de filmes (positivos ou negativos), no caso de se recorrer à fotocomposição; sob forma de impressões em papel *couché* ou suporte em poliéster, procedentes de máquinas de escrever componedoras; um complemento útil a este último sistema, para a obtenção de títulos, é-lhe trazido através de alfabetos de decalcar. *Ver tb.* Composição electrónica.

COMPOSIÇÃO DESCAÍDA – *Ver* Composição encostada.

COMPOSIÇÃO DO PAPEL – Natureza e proporção dos elementos constituintes do papel; é determinada, quer sejam fibrosos, quer não, através de uma adequada análise.

COMPOSIÇÃO ELECTRÓNICA – Redacção dos textos em teclados que arquivam o que foi escrito em computador; este sistema dispensa o uso de laudas, permitindo programar a composição, pronta para a montagem das páginas; a diagramação processa-se via computador, possibilitando aumentar ou diminuir a largura das colunas, colocar claros, incluir recursos gráficos ou alterar o corpo dos tipos.

COMPOSIÇÃO EM ARCO – Aquele tipo de composição em que as linhas de texto são dispostas em linha curva, como acontece em sinetes, carimbos ou rótulos.

COMPOSIÇÃO EM BANDEIRA – É a que alinha verticalmente linhas desiguais, tanto à esquerda como à direita; também é chamada "composição quebrada"; se o alinhamento das linhas se faz à esquerda diz-se "bandeira à direita" e se se dá o caso contrário, "bandeira à esquerda" (obviamente que a bandeira é a parte da composição não justificada).

COMPOSIÇÃO EM BLOCO – Composição compacta, sem parágrafos nem sangria no início dos parágrafos; contudo, ao contrário da composição em parágrafo moderno ou alemão com o qual não deve confundir-se, exige que a última linha seja cheia; é pouco usada, dada a dificuldade em conseguir este efeito sem aumentar ou diminuir exageradamente os espaços entre as palavras da última ou últimas linhas.

COMPOSIÇÃO EM COLUNAS – Disposição do texto em colunas, geralmente duas, como acontece com os dicionários; o texto pode igualmente ser disposto em três colunas, como acontece com algumas obras antigas, geralmente escritas em três línguas, de modo a poder cotejar-se a tradução em todas. A esta disposição em colunas na tipografia antiga pode corresponder uma numeração igualmente em colunas.

COMPOSIÇÃO EM EPITÁFIO – Aquela que na disposição dos elementos é semelhante às inscrições de lápides ou epitáfios, com linhas centradas e desencontradas.

COMPOSIÇÃO EM ESCADA – Composição na qual os cortes (títulos, textos ou ilustrações) se sucedem de forma gradual, quer no sentido ascendente, quer no descendente, de uma a outra coluna.

COMPOSIÇÃO EM MOSAICO – Aquela em que as notícias da publicação periódica têm sequência umas após outras com títulos de apenas uma coluna e sem quaisquer ilustrações; foi muito usada nos jornais do século XIX.

COMPOSIÇÃO EM PARÁGRAFO ALEMÃO – *Ver* Composição em parágrafo moderno.

COMPOSIÇÃO EM PARÁGRAFO FRANCÊS – Composição inversa da composição sangrada; faz sobressair a primeira linha de cada parágrafo, para a qual se sangram as seguintes; em França é também chamada composição em sumário.

COMPOSIÇÃO EM PARÁGRAFO MODERNO – Aquela que não apresenta sangria: o início de cada parágrafo alinha-se com as restantes linhas do texto e só no final dos parágrafos pode aparecer uma linha curta, isto é, que não preenche todo o espaço a ela destinado; pode, contudo, acontecer que o parágrafo remate com uma linha cheia, o que pode induzir o leitor no erro de pensar que se respeitou um parágrafo estabelecido pelo leitor ao mesmo tempo que por outro lado dá uma sensação de empastelamento: por isso, ao escolher esta forma de composição deve estabelecer-se um branco especial entre os parágrafos.

COMPOSIÇÃO EM PÉ – Aquela que está preparada para imprimir • Aquela que se guarda para reimprimir, isto é, aquela que se mantém, mesmo uma vez feita a impressão, admitindo a hipótese de vir a fazer-se uma reimpressão.

COMPOSIÇÃO EM RELEVO – Composição modelada sobre o papel, a capa ou a encadernação de um livro obtida por gofragem ou estampagem.

COMPOSIÇÃO EM SUMÁRIO – Aquela em que a primeira linha ocupa toda a largura e as posteriores são justificadas à esquerda. Composição em parágrafo francês.

COMPOSIÇÃO EM TRIÂNGULO – Composição semelhante ao fundo de lâmpada, apresentando linhas sucessivas de menor tamanho, em forma de triângulo invertido.

COMPOSIÇÃO ENCOSTADA – Aquela em que, na galé ou galeão, as letras em vez de estarem na devida posição, estão um pouco inclinadas sobre o lado onde encostam. Composição tombada. Composição descaída.

COMPOSIÇÃO ENTRADA – Aquela que apresenta um branco sempre igual do lado esquerdo ou de ambos os lados e em todas as linhas • Composição com largura menor do que a da página ou coluna • Defesas.

COMPOSIÇÃO ENTRELINHADA – Aquela que apresenta entrelinhas, geralmente compostas em tipo menor, contendo com frequência a tradução do texto principal.

COMPOSIÇÃO FIBROSA – Natureza e proporção dos elementos fibrosos constituintes do papel; a composição fibrosa exprime-se normalmente em percentagem ponderal, sendo reportada a cem partes da matéria fibrosa total do papel em questão.

COMPOSIÇÃO FICADA – Aquela que, dado o seu longo tamanho ou falta de espaço, sobra de uma para outra edição de uma publicação periódica.

COMPOSIÇÃO FORTE – Toda a composição que foi além da respectiva medida.

COMPOSIÇÃO FOTOGRÁFICA – *Ver* Fotocomposição.

COMPOSIÇÃO FROUXA – Toda a composição que não está bem justificada e cujas linhas apresentam folga.

COMPOSIÇÃO INFORMATIZADA – Destinada à fotocomposição, permite o armazenamento à distância das mesmas informações que a composição programada, mas directamente em memória do computador, sem auxílio de qualquer suporte magnético.

COMPOSIÇÃO INTERLINEAR – Composição de um idioma estrangeiro que leva debaixo de cada palavra a respectiva tradução.

COMPOSIÇÃO LINOTÍPICA – Aquela que é feita em máquinas de compor linhas-bloco.

COMPOSIÇÃO *LUDLOW* – Processo de composição semimanual, em linhas bloco, obtida após a montagem dos caracteres na matriz.

COMPOSIÇÃO MANUAL – Aquela que é feita pelo tipógrafo, letra a letra, sem o auxílio de máquina; é um processo cada vez mais raro, excepto entre os pequenos impressores de bairro, dedicados a trabalhos de pequeno porte para os quais a escassa quantidade de tipos e sua diversidade fazem com que continue a ser, contudo, o processo mais prático e económico; é praticada pelos impressores de arte, quando compõem obras de cuidado extremo dedicadas ao mercado bibliófilo; o operário, chamado compositor, retira os caracteres da caixa e junta-os num pequeno aparelho, o componedor; deste modo constitui linhas, cujo comprimento foi fixado à partida; a reunião de um certo número destas linhas, fixada também previamente, constitui a página; esta modalidade de composição é usada também entre os compositores de trabalho de encomenda para clientelas reduzidas (a maior parte das vezes publicitária) em papel *couché* ou baritado, em celofana ou em suporte de poliéster (com vista a montagens destinadas a fotogravura).

COMPOSIÇÃO MANUAL COM CARACTERES DECALCÁVEIS – Modalidade de composição que consiste em calcar para um papel as letras, desenhos e outros elementos que estão em folhas de acetato transparente.

COMPOSIÇÃO MANUAL COM CARACTERES MÓVEIS – Processo de composição que se caracteriza pela transferência das letras, desenhos ou outros motivos registados em folhas de acetato transparente para um suporte.

COMPOSIÇÃO MATERIAL – Na descrição externa de um manuscrito, a primeira operação que pretende reconhecer se ele é homogéneo ou compósito e, neste caso, se é compósito factício ou organizado; através dela podem fornecer-se também dados sobre a estrutura material do texto (se se trata de um volume com fascículos cosidos ou de cartas soltas, fascículos soltos, cadernos, notas, bilhetes soltos, etc.).

COMPOSIÇÃO MECÂNICA – Aquela que se realiza com o auxílio de máquinas ou aparelhos especialmente fabricados para esse fim; as máquinas de composição mecânica de uso mais frequente reduzem-se a dois tipos: o linótipo e o monótipo.

COMPOSIÇÃO MECÂNICA À DISTÂNCIA – Modalidade de composição que consiste em acoplar a um telétipo uma fita perfurada. Telecomposição.

COMPOSIÇÃO MECANOGRÁFICA – Composição dactilográfica.

COMPOSIÇÃO MISTA – Aquela em que abundam palavras compostas em tipos diversos.

COMPOSIÇÃO MONOTÍPICA – A composição mecânica formada por letras soltas, como as que são produzidas pelo monótipo.

COMPOSIÇÃO POR LEITURA ÓPTICA – Composição que é feita através de um leitor óptico ligado a uma fotocompositora; embora esteja operacional, ainda não está muito vulgarizada; garante o respeito pelo texto (que não será batido nas teclas mais do que uma vez), fazendo-se o resto do tratamento como nos outros processos de composição.

COMPOSIÇÃO PROGRAMADA – Consiste em confiar ao computador a tarefa dupla de justificar as linhas e, quando necessário, dividir as palavras que as terminam, tendo em conta as normas tipográficas tradicionais como, por exemplo, a que recomenda não dividir mais do que três linhas consecutivas. Por vezes é erradamente denominada composição automática, o que não está correcto, uma vez que esta, muito mais antiga, já era levada a cabo pelas compositoras-fundidoras mecânicas onde as decisões relativas à divisão correcta das palavras eram tomadas por elas; foi normal, pois, que estas operações que obedecem a regras bem definidas – as do ofício e da ortografia – fossem "programadas" para que passassem a ser executadas pelo computador.

COMPOSIÇÃO QUEBRADA – Aquela que tem linhas curtas e muitos brancos. *Ver* Composição em bandeira.

COMPOSIÇÃO RECOLHIDA – Aquela que tem espaço claro no início dos parágrafos.

COMPOSIÇÃO RECORRIDA – Aquela em que foi preciso recorrer para incluir uma gravura ou porque houve alteração na medida.

COMPOSIÇÃO RECUADA – *Ver* Composição sangrada.

COMPOSIÇÃO SANGRADA – A que tem espaços claros (em branco) num ou nos dois lados. Composição com defesa. Composição recuada.

COMPOSIÇÃO SEGUIDA – Aquela que, não tendo títulos, apresenta apenas um corpo de letra.

COMPOSIÇÃO SUJA – A que tem muitos erros.

COMPOSIÇÃO TABULAR – Aquela que não apresenta branco de entrada; pode apresentar no início uma vinheta e tem os parágrafos separados por entrelinhas.

COMPOSIÇÃO TELEMECÂNICA – Composição mecânica que é feita à distância.

COMPOSIÇÃO TELETÍPICA – Processo de composição mecânica a quente, que combina uma fita perfurada que depois se acopla a uma linotipia.

COMPOSIÇÃO TIPOGRÁFICA – Composição que é feita com tipos móveis.

COMPOSIÇÃO TOMBADA – Composição encostada. Composição descaída.

COMPÓSITA – Diz-se da obra heterogénea, que foi produzida por dois ou mais autores.

COMPOSITIO (pal. lat.) – Em retórica significa o arranjo ou disposição das palavras na frase.

COMPOSITIVO – Referente à composição. Apropriado para compor.

COMPOSITOR – Tipógrafo cujo trabalho consiste em seguir um texto, retirar os tipos das caixas que os contêm, alinhá-los num componedor formando palavras e linhas e transferi-los para as formas, que darão origem às páginas impressas.

COMPOSITOR DE BICO – Aquele que, devido à sua sensibilidade e sentido estético, se dedica na oficina tipográfica a trabalhos comerciais mais delicados ou de fantasia em que os brancos e a inclusão de elementos gráficos menos frequentes requerem maior cuidado.

COMPOSITOR DE CHEIO – O mesmo que caixista, operário especializado em compor linhas. Compositor de linha • Batedor de linhas.
COMPOSITOR DE FANTASIA – Tipógrafo que executa os chamados trabalhos de fantasia.
COMPOSITOR DE LINHA – *Ver* Compositor de cheio.
COMPOSITOR MANUAL – Operário encarregado de reduzir a páginas a composição e de as emendar.
COMPOSITOR MECÂNICO – Artista que junta no componedor, através da acção de um teclado, os caracteres previamente colocados em canais ou depósito.
COMPOSITOR TIPOGRÁFICO – Aquele que compõe tipograficamente, a partir de um original impresso, manuscrito ou dactilografado • Tipógrafo.
COMPOSITORA – *Ver* Máquina compositora.
COMPOSTO – Constituído por dois ou mais elementos. Designação que é dada à palavra formada por composição.
COMPRA – *Ver* Aquisição a título oneroso.
COMPRA DE DOCUMENTOS – *Ver* Aquisição de publicações.
COMPREENSÃO – Definição completa de um conceito pelo enunciado dos seus atributos • Em classificação, todos os atributos ou particularidades que têm em comum os conceitos definidos por um termo, conhecidos ou desconhecidos, essenciais ou eventuais. Extensão. Intensão.
COMPREENSÃO TEXTUAL – Segundo McNeil, é o "processo criador de um modelo mental que serve para interpretar os factos descritos num texto".
COMPREENSIBILIDADE – Qualidade do que é compreensível. Grau de inteligibilidade de um texto dependente do argumento ou texto.
COMPRESSÃO – Designação dada à operação pela qual se transforma uma palavra numa forma mais simples para o tratamento informático • Modo de compactar os dados, a fim de optimizar a sua transmissão ou armazenamento. Concentração; a compressão é utilizada em troca de dados, em sistemas de gestão de bases de dados e na transmissão por telecópia

• Redução • Método de planificação de um suporte que consiste em apertá-lo (eventualmente humedecido) entre dois suportes, exercendo uma pressão constante, de modo a restituí-lo à sua primitiva forma; estão neste caso o papel e sobretudo o pergaminho.
COMPRESSÃO DA INFORMAÇÃO – Em informática, técnica que é utilizada com a finalidade de reduzir o espaço que é ocupado pela informação.
COMPRESSÃO DE DADOS – *Ver* Concentração de dados.
COMPRIMENTO DE CAMPO – Em informática, medida da extensão de um campo de dados.
COMPRIMENTO DE REGISTO – Em informática, medida da extensão de um registo expressa em geral em unidades como octetos ou caracteres. Tamanho de registo.
COMPRIMENTO DE ROTURA – Comprimento calculado, a partir do qual uma tira de papel ou cartão de largura uniforme suspensa por uma das extremidades se rompe pelo seu próprio peso.
COMPROMISSO – Estatuto, regulamento duma confraria, irmandade ou outra associação religiosa ou laica, que contém os direitos e deveres a serem observados pelos seus membros.
COMPROVAÇÃO – Acto e efeito de comprovar • Prova que acompanha uma outra prova.
COMPROVAÇÃO POR ECO – *Ver* Verificação por eco.
COMPROVADO – Verificado por meio de prova. Demonstrado • Reconhecido como provado.
COMPROVADOR – Comprovativo. Que comprova.
COMPROVANTE – Exemplar de publicação periódica contendo publicidade e que é enviado a quem anunciou • Que comprova. Comprovativo. Comprovador.
COMPROVAR – Verificar, em nova prova, se foram feitas todas as emendas marcadas na prova anterior • Contraprovar • Conferir. Colacionar • Demonstrar com prova • Rever provas.
COMPROVATIVO – Que comprova. Demonstrativo.

COMPTE RENDU (loc. fr.) – Relatório pormenorizado de um acontecimento, com todas as circunstâncias que o acompanharam. *Ver* Actas.
COMPULSADO – Examinado, consultado.
COMPULSAR – Examinar, lendo • Percorrer, consultando, documentos ou livros.
COMPUTAÇÃO – *Ver* Informática.
COMPUTADOR – Máquina electrónica que tem capacidade de receber informações, submetê-las a um conjunto específico e pré-determinado de operações lógicas ou matemáticas, e fornecer o resultado dessas operações.
COMPUTADOR ANALÓGICO – Aquele que traduz condições físicas contínuas como voltagem ou corrente, pressão ou rotação de um eixo em magnitudes correspondentes eléctricas ou mecânicas, efectuando operações físicas com a informação assim obtida.
COMPUTADOR ASSÍNCRONO – Computador em que cada operação é comandada por um sinal proveniente da operação anterior.
COMPUTADOR AUTÓNOMO – Computador que opera independentemente de qualquer outro. Computador independente.
COMPUTADOR CENTRAL – Computador principal num sistema informático ou rede com mais de um computador. Computador base. Computador primário.
COMPUTADOR DE GRANDE CAPACIDADE – *Ver* Computador principal.
COMPUTADOR DEDICADO – Computador usado apenas para uma aplicação ou função especial ou para um conjunto de aplicações ou funções especiais.
COMPUTADOR DIGITAL – Tipo de computador que executa operações aritméticas e lógicas com dados que estão representados em forma de dígitos binários discretos.
COMPUTADOR HÍBRIDO – Computador com possibilidade de processar dados na forma discreta, digital e na de quantidades numéricas que exprimem variáveis físicas mudando de forma contínua.
COMPUTADOR PESSOAL – Computador que pertence a uma pessoa, por oposição àquele que pertence a uma instituição e que a referida pessoa usa na escola, no trabalho, etc.

COMPUTADOR PORTÁTIL – Modalidade de computador, de pequenas dimensões e facilmente transportável, no qual pode ser gravado um texto, susceptível de ser transmitido, uma vez ligado a uma linha telefónica.
COMPUTADOR PRIMÁRIO – *Ver* Computador central.
COMPUTADOR PRINCIPAL – Computador desenhado para uma enorme quantidade de aplicações, com grande capacidade de armazenamento maciço de dados e ligação a equipamento periférico.
COMPUTADOR SÍNCRONO – Computador em que cada operação é comandada pelo sinal de um relógio.
COMPUTADOR UNIVERSAL – Computador com programas permutáveis armazenados projectado para resolver um extenso conjunto de problemas ou para se adaptar a uma enorme diversidade de aplicações.
COMPUTADOR-BASE – *Ver* Computador central.
COMPUTER AIDED DESIGN (loc. ingl.) – Desenho assistido por computador. *CAD*.
COMPUTER AIDED INSTRUCTION (loc. ingl.) – Ensino assistido por computador. *CAI*.
COMPUTER AIDED LEARNING (loc. ingl.) – Aprendizagem assistida por computador. *CAL*.
COMPUTER ASSISTED INFORMATION RETRIEVAL SYSTEM (loc. ingl.) – Sistema de Recuperação da Informação Assistido por Computador, um pacote de programas para recuperação da informação. *CAIRS*.
COMPUTER GRAPHIC METAFILES (loc. ingl.) – Formato normalizado para imagens vectoriais. *CGM*.
COMPUTER INPUT MICROFILM (loc. ingl.) – Sistema de entrada de dados em microfilme num computador. *CIM*.
COMPUTER OUTPUT MICROFILM (loc. ingl.) – Modalidade de microcópia que consiste na saída, em microfilme, e através de tubo de raios catódicos, do formato composto pelo computador. *COM*.
COMPUTER OUTPUT MICROFORM (loc. ingl.) – Microforma gerada por computador. *COM*.

COMPUTER RETRIEVAL OF INFORMATION ON SCIENTIFIC PROJECTS (loc. ingl.) – Recuperação Informatizada de Informação sobre Projectos Científicos. *CRISP*.

COMPUTER-BASED INSTRUCTION (loc. ingl.) – Ensino assistido por computador. *CBI*.

COMPUTER-BASED LEARNING (loc. ingl.) – Aprendizagem por computador. *CBL*.

COMPUTER-TO-PLATE (loc. ingl.) – Forma desdobrada de *CTP*, com o significado de "do computador à chapa", um novo sistema de impressão que reduz o ciclo de produção do livro e do documento e consequentemente o seu preço.

COMPUTUS (pal. lat.) – Conjunto de tábuas usadas na Idade Média para calcular os acontecimentos astronómicos e as datas móveis do calendário.

COMUNIC. – Abreviatura de comunicação.

COMUNICABILIDADE – Qualidade daquilo que é comunicável. Disposição para estabelecer relação com alguém para entrar em comunicação; em relação aos documentos, é a maior ou menor facilidade com que se transmitem ou podem transmitir • Finalidade de uma notícia • Em arquivística, possibilidade de consultar documentos de arquivo em consequência de disposições legais e/ou regulamentares.

COMUNICAÇÃO – Acto ou efeito de comunicar • Segundo Escarpit "é um processo complexo que funciona através de um certo número de aparelhos de que os media são apenas a parte tecnológica" • Transferência de significados por meio de transmissão de sinais • Exposição oral ou escrita sobre um tema de pesquisa • Conferência • Transmissão da informação através de mensagens • Meio através do qual se transmitem as coisas; ponto de passagem • Conversação • Ligação telefónica • Divulgação dos instrumentos de pesquisa, informação sobre exposições, actividades educativas, publicações, conferências, de modo a atingir o maior número possível de utilizadores • Forma utilizada para divulgar resultados originais em publicações periódicas; é breve, tem significado imediato para o progresso do conhecimento na sua área; é uma espécie de relatório preliminar da actividade de investigação e, em geral, é publicada sem sumários • Aviso. Notícia • Participação • Declaração.

COMUNICAÇÃO CIENTÍFICA – Texto ou intervenção apresentado oralmente ou por escrito e elaborado com a finalidade de fomentar a troca de experiências entre os vários grupos que cultivam a mesma área de investigação, de forma que, de uma discussão com nível, se abram novas vias de pesquisa • Relatório de observação de campo e de experiência de laboratório, que consiste em descrever uma situação real que envolva, por exemplo, relações humanas, políticas ou administrativas, assim como factos que interessem às disciplinas científicas em geral.

COMUNICAÇÃO DA INFORMAÇÃO – Acção de pôr o conteúdo dos documentos à disposição dos utilizadores que os procurarem ou daqueles que tentarem captar-se através de uma política de difusão da informação.

COMUNICAÇÃO DE DADOS – Troca de dados ou mensagens através de canais de comunicação entre pessoas ou máquinas.

COMUNICAÇÃO DOCUMENTAL – Acção de pôr os documentos à disposição dos utilizadores que os procurarem.

COMUNICAÇÃO PÚBLICA – Acto pelo qual uma quantidade de pessoas possa ter acesso a uma obra sem que tenha havido uma distribuição prévia de exemplares a cada uma delas.

COMUNICACIONAL – Referente ao mundo da comunicação.

COMUNICAÇÕES AUDIOVISUAIS – Transmissão de informação por meio de métodos áudio e/ou visuais em vez de páginas impressas.

COMUNICADO – Nota de tom oficioso enviada a um ou mais jornais pela autoridade administrativa para rectificar um facto qualquer • Aviso ou informação • Informação dos correspondentes dos jornais • Partilhado em comum.

COMUNICADO DE GUERRA – Informação sob a forma de texto redigida pelo Estado Maior General, em tempo de guerra, com a finalidade de transmitir à opinião pública a versão oficial das operações.

COMUNICADO DE IMPRENSA – Informação enviada ao jornal, etc. com resumo informativo elaborado normalmente por gabinetes de imprensa ou de relações públicas, através da qual uma entidade, em dado momento resolve divulgar as suas actividades, posições políticas ou outras.

COMUNICADO FINAL – Informação sob a forma de texto oficial, que consiste no resumo de uma reunião, que é fornecido para a sua difusão.

COMUNICADO OFICIAL – Relato oficial de um acontecimento feito por um órgão de um governo ou pessoa para isso autorizada que, nessa condição, se dirige à opinião pública.

COMUNICADOR – Que ou o que comunica. Transmissor. Orador. Comunicante.

COMUNICANTE – Que estabelece comunicação. Que ou o que comunica. Comunicador. Transmissor. Orador.

COMUNICAR – Participar. Levar ao conhecimento de. Tornar conhecido • Transmitir uma mensagem de um ponto para outro, de um emissor para um receptor • Relacionar um ou mais emissores com um ou mais receptores através de uma mensagem e com auxílio de um canal de comunicação • Segundo P. Lévy, "construir em conjunto um mundo virtual de significações partilhadas (ou em debate)".

COMUNICATIVO – Que comunica com facilidade • Diz-se da tinta usada para tirar cópias nos copiadores.

COMUNICÁVEL – Que pode comunicar-se • Que é digno de ser comunicado.

COMUNIDADE DE LEITORES – Conjunto de pessoas que têm em comum o gosto e a prática da leitura e o uso de bibliotecas, arquivos e serviços de documentação. Comunidade de utilizadores.

COMUTAÇÃO – Troca. Permuta. Escambo.

COMUTAÇÃO ATRAVÉS DE COMPUTADOR – Designação das operações que são ou podem ser feitas por meio do computador, sem que a pessoa tenha necessidade de deslocar-se.

COMUTAÇÃO AUTOMÁTICA DE DADOS – Comutação da dados realizada por um computador, sem que haja intervenção humana no processo.

COMUTAÇÃO AUTOMÁTICA DE MENSAGENS – *Ver* Comutação automática de dados.

COMUTAÇÃO DE DADOS – Técnica de tratamento de dados por uma rede. Um conjunto de dados transmite-se para um ponto intermédio, é analisado e transmitido de imediato para o ponto seguinte.

COMUTAÇÃO DE MENSAGEM – Em informática, técnica que consiste na recepção de uma mensagem, na sua conservação em memória até que o circuito de saída esteja desimpedido e na sua transmissão.

CONCATENAÇÃO – Acto ou efeito de concatenar. Encadear. Relacionar • Modo de formar sequências de elementos numa estrutura linear.

CONCEBER – Formar ideia de uma coisa. Imaginar. Inventar. Colaborar. Projectar.

CONCEBIDO – Imaginado. Projectado. Criado.

CONCEITO – Qualquer unidade de pensamento • Noção seleccionada para reter como unidade de análise semântica, para fins de indexação; na indexação os conceitos existentes num documento são extraídos pela análise, que os exprime através de palavras-chave • Elemento do pensamento expresso, em geral, por um termo ou por um símbolo literal ou outro • Noção • Preceito. Máxima.

CONCEITO COLATERAL – Conceito associado.

CONCEITO COMPOSTO – Aquele que se exprime através de várias palavras.

CONCEITO ESPECÍFICO – Um conceito é específico em relação a outro se este último for genérico do primeiro.

CONCEITO GENÉRICO – Um conceito é genérico em relação a outro se este último for definido pelos mesmos atributos que o primeiro com um ou vários atributos suplementares.

CONCEITO GERAL ESPECIAL – Em classificação, subdivisão baseada numa característica que pode aplicar-se à subdivisão de uma classe geral e também às subdivisões dentro dela.

CONCEITO ISOLADO – Conceito único que pode ser considerado separadamente para fins de definição ou para ser colocado num sistema de classificação.

CONCEITO SIMPLES – Aquele que se exprime através de uma palavra.

CONCEITO-CHAVE – Em indexação, unidade fundamental do conteúdo temático de um documento; representa-se através de um termo (simples ou composto) de uma linguagem de indexação.
CONCEITUOSO – *Ver* Conceptuoso.
CONCENTRAÇÃO DE DADOS – Em processamento de dados, redução do espaço requerido para armazenar informação ou aumento dos dados que podem ser armazenados num determinado espaço. Compressão de dados.
CONCENTRADOR – Em informática, aparelho destinado a receber, a fraca ou média velocidade, caracteres provenientes de terminais, para os reagrupar sob a forma de pequenos blocos ou mensagens antes de os conduzir, a grande velocidade, para um processador e de modo inverso; fica situado no ponto de reunião de várias linhas de transmissão de dados à distância.
CONCENTRAR EM MEMÓRIA – Agrupar vários artigos de dados numa palavra de código.
CONCEPÇÃO – Acto e efeito de conceber.
CONCEPTISMO – Tendência característica da literatura barroca para os jogos de conceitos • Estilo cultivado pelos conceptistas.
CONCEPTISTA – Aquele que usa um estilo conceptuoso. Esta designação era dada aos poetas cultistas excessivos, que admitiam apenas figuras originais.
CONCEPTUAL – Relativo a conceito.
CONCEPTUOSO – Diz-se do escritor rebuscado, sentencioso e do estilo que usa. Conceituoso.
CONCESSÃO DE EXCLUSIVO – Autorização concedida pelo(s) autor(es) para a produção cinematográfica de uma obra, quer ela tenha sido escrita especialmente para esta forma de expressão, quer tenha sido adaptada.
CONCISÃO – Efeito de exprimir os conceitos com rigor e de forma breve; é uma característica extremamente importante na linguagem jornalística em que o jornalista deve ser directo e conseguir dizer o máximo no menor número possível de palavras; a concisão deve ser entendida como ligada à prestação de informações concretas, apresentadas de forma directa e clara, e não como um objecto em si.

CONCISO – Que tem concisão.
CONCL. – Abreviatura de concluído *e* conclusão.
CONCLUSÃO – Acto de concluir • Dedução • Ilação. Exame crítico do tema apresentado, onde são relacionadas as conclusões lógicas já devidamente comprovadas no decorrer da exposição que foi efectuada • Fim. Remate. Última parte de um discurso, de uma obra • Parte final de uma tese • Caderno em que existem teses ou princípios, teoremas, que devem defender-se ou sustentar-se. Tese, teorema em matéria científica ou princípios de moral.
CONCLUSUM (pal. lat.) – Em diplomática, nota que resume debates, petições ou alegações.
CONCORDÂNCIA – Livro, disposto por ordem alfabética, que indica as frases e palavras mais significativas de qualquer obra ou de todas as obras de um autor, com a finalidade de se encontrarem facilmente as passagens que se desejam e comparar os textos semelhantes no sentido ou na expressão; não só facilita a identificação de uma peça, mas também a de um fragmento qualquer de uma certa obra ou autor. As mais famosas são as concordâncias bíblicas, as primeiras que se fizeram; permitem localizar qualquer citação da Sagrada Escritura. Concordância evangélica. Índice comparativo • Antiga medida tipográfica equivalente a 48 pontos • Cânone de Eusébio.
CONCORDÂNCIA BÍBLICA – Indice alfabético das principais palavras da Bíblia indicando a sua colocação no texto, fornecendo em geral o contexto e algumas vezes definindo as palavras. Concordância evangélica.
CONCORDÂNCIA EVANGÉLICA – *Ver* Concordância bíblica.
CONCORDANTE – Que concorda, que está de acordo • Coincidente. Conforme. Idêntico • Harmónico.
CONCORDAR – Pôr de acordo. Estar de acordo. Harmonizar. Conciliar. Concertar • Pôr em concordância gramatical • Estar, achar-se em concordância gramatical.
CONCORDATA – Acordo. Convenção entre partes. Convenção, tratado entre o papa e o chefe de uma nação sobre matéria ou disciplina religiosa • Tratado entre príncipes.

CONCURSO DE DESENHOS – Iniciativa posta ao serviço do fomento da leitura e realizada dentro ou fora de uma biblioteca, que consiste na ilustração de contos, poesia, etc., acabados de ler.

CONCURSO DE REDACÇÃO – Iniciativa levada a cabo com a finalidade de fomentar a prática da leitura, sobretudo em bibliotecas infantis e escolares, por meio da qual as crianças escrevem contos, poesias, etc. usando palavras suas.

CONDENSAÇÃO – Acto ou efeito de condensar. Concentração. Síntese. Resumo • Representação de enunciados construída utilizando apenas algumas noções. Na elaboração de um resumo documental, contracção com perda de informação explícita do texto • Em análise do conteúdo, segundo Chaumier, é a "operação pela qual se resume o conteúdo de um documento e se representa através de certo número de operações, que expressam o essencial • Passagem do estado de vapor para o líquido.

CONDENSADO – Resumo de uma obra. Sucessão de extractos de um mesmo texto, escolhidos e apresentados de modo a dar uma ideia de conjunto dele.

CONDENSADOR – Lente de grande potência ou sistema de duas grandes lentes usado num projector para condensar e focar na imagem ao ser projectada a luz da fonte luminosa.

CONDENSAR – Resumir. Sintetizar. Compendiar.

CONDIÇÃO – Estado de um livro antigo ou em segunda mão; para os bibliófilos, a condição em que o livro se apresenta pode ser determinante para a aquisição da obra em causa, uma vez que o bom estado de conservação conta muito na valorização do exemplar; a raridade da obra, a proveniência, a encadernação da época, o facto de o exemplar estar intonso, a beleza da impressão, etc. são factores também a considerar e dos quais depende o seu valor. Recomenda-se aos eventuais interessados uma certa prudência na apreciação dos comentários dos alfarrabistas, que terão sempre tendência para minorar os defeitos que o exemplar apresenta e para exaltar o seu alegado bom estado de conservação.

CONDICIONAMENTO – Acção de levar o papel a um estado de humidade e temperatura em equilíbrio com uma atmosfera ambiente apropriada.

CONDIÇOAR – Termo arcaico que designava pôr em condições (um contrato). Estipular. Contratar.

CONDIÇÕES AMBIENTAIS – Conjunto dos requisitos físicos, químicos e biológicos capazes de agir sobre os materiais. No caso dos materiais bibliográficos, o seu controlo é fundamental para a sua conservação e permanência.

CONDIÇÕES DE VENDA – Enunciado de circunstâncias ligadas à comercialização de uma obra, como as comissões praticadas, períodos de pagamento, portes, etc.

CONDIÇÕES QUE REGEM A UTILIZAÇÃO E A REPRODUÇÃO DE UM DOCUMENTO – Conjunto das prescrições relativas ao uso e/ou à reprodução, total ou parcial, de um documento a descrever; pode incidir sobre direitos de autor, direitos literários, patentes, direitos de difusão, condições impostas por um doador ou exigências ditadas por contrato respeitando à reutilização do documento, qualquer que seja a forma ou o suporte.

CONDUTA INFORMATIVA – Conjunto dos hábitos, atitudes, procedimento, enfim, o comportamento dos utilizadores em relação à busca e emprego das fontes ou material de informação. Para orientar um serviço e oferecer um produto é necessário conhecer o seu comportamento perante a forma de investigar, de tomar contacto com o tema, saber como utilizar os catálogos e os documentos em livre acesso, os repositórios gerais, o cotejo e selecção das fontes, etc.

CONDUTOR – O encarregado de uma ou mais máquinas, que põe a forma a seguir e, durante a tiragem, vigia se prossegue bem, velando pelo tinteiro, pelos alceamentos de gravuras e por todo o andamento do trabalho.

CONDUTOR DE IMAGEM (port. Bras.) – Superfície impressora, seja qual for o processo.

CONECTADO – Em informática, característica de um sistema que trabalha directamente em ligação com um processador; é equivalente à expressão *on-line*, em linha.

CONECTIVO – Que une • Palavra de união.
CONECTOR – Palavra ou morfema que tem a função de ligar unidades linguísticas.
CONECTOR INTRAFACETAS – Símbolo específico que exprime, no interior de uma faceta, relações entre os seus elementos.
CONEXÃO – Num sistema de indexação de palavras, e no caso de um documento introduzido sob diversos descritores, alguns dos quais não estão relacionados, símbolo comum acrescentado ao número do documento dos descritores relacionados, com o objectivo de evitar combinações falsas na recuperação.
CONF. – Abreviatura de conferência e conferencista.
CONFABULADOR – Aquele que confabula.
CONFABULAR – Entreter-se com a narração de fábulas.
CONFERÊNCIA – Discurso literário ou científico em público • Acto de conferir, de confrontar provas tipográficas • Reunião técnico-científica.
CONFERENTE – Conferencista • Pessoa que assiste a uma conferência • Pessoa que confere alguma coisa • Auxiliar do revisor tipográfico que compara as provas com o original e assinala os erros encontrados. Cantador.
CONFERIR – Verificar pelo número das assinaturas se a ordem dos cadernos de um livro está correcta • Ler o original enquanto o revisor atende à leitura da prova • Comprovar, colacionar, passar • Cotejar. Confrontar. Comparar • Estar exacto.
CONFESSIONAL – Que tem o tom da confissão. Confessionário • Relativo a uma crença religiosa.
CONFESSIONÁRIO – Discurso ou directório em que são fornecidas regras para confessar e confessar-se. Confessional.
CONFETE – *Ver* Papelinho.
CONFIDÊNCIA – Revelação de carácter secreto.
CONFIDENCIAL – Diz-se do carácter da informação, etc., que não deve ser publicada.
CONFIDENCIALIDADE – Carácter de privacidade ou segredo atribuído a certos documentos dependente da informação que eles contêm e limitativo da sua comunicabilidade.

CONFIGURAÇÃO – Forma exterior. Aspecto. Feitio • Composição de um sistema informático; a configuração define, à volta do computador, os periféricos, o sistema de exploração utilizado e a quantidade de memória.
CONFIGURAÇÃO DE BITS – Agrupamento ou ordenação de dígitos binários ou bits.
CONFIGURAÇÃO INFORMÁTICA – Descrição dos elementos de um sistema informático fisicamente instalados, assim como das suas ligações e das suas condições, que constituem, num determinado momento, os meios de processamento disponíveis.
CONFIGURAR – Representar. Figurar • Em informática, organizar os elementos de um sistema de modo a que possam funcionar concertadamente.
CONFIRMAÇÃO – Acto através do qual são renovadas medidas que precedentemente foram consignadas em actos anteriores • Parte do discurso que contém as provas que certificam os factos apresentados • Garantia de validade de um anterior privilégio; normalmente é transcrito o anterior documento a que se alude. Ratificação. Segurança. *Confirmatio*. Robora.
CONFIRMADOR – Que ou aquele que confirma. Roborante. Confirmante.
CONFIRMANTE – Que ou quem confirma. Confirmador. Roborante.
CONFIRMATIO (pal. lat.) – Confirmação. Garantia. Segurança; o elemento mais importante da *confirmatio* e que constitui o dado mais seguro, uma vez que tinha que ser autógrafo e autêntico, é o *signum tabellionis*, o sinal de tabelião.
CONFISCAR – Transferir a propriedade de um bem que pertence a um particular para o Estado, autoritariamente e sem contrapartida, nomeadamente na sequência de uma decisão penal.
CONFISSÃO – Espécie do género autobiográfico na qual um homem escreve as suas próprias recordações, para que alguém as leia; a sua narração destina-se a um particular ou grupo de particulares ou aos homens, aos outros homens; o narrador pode também, em última instância, falando aos homens, dirigir-se ao Deus pessoal em que acredita, como acontece nas *Confissões* de Santo Agostinho.

CONFRARIA DE SANTA CATARINA DA CORPORAÇÃO DOS LIVREIROS – Irmandade instituída no século XV (cerca de 1460), em Lisboa, pelo infante D. Pedro (filho do infante D. Pedro, vencido de Alfarrobeira), formada pelos impressores e industriais de artes gráficas e regida por estatutos próprios.
CONFRONTAR – Comparar fontes históricas (ou outras) de épocas diferentes para determinar qual será o texto original. Cotejar.
CONGELAÇÃO PARA MATAR INSECTOS – Um dos processos mais modernos para eliminar os insectos dos livros afectados e também os adjacentes; tem a vantagem de não ser prejudicial aos materiais bibliográficos nem ser tóxico para as pessoas que com eles lidam. Previamente à congelação, que deve ser feita a 29º negativos, deve providenciar-se a secagem dos livros, cerca de uma semana antes, para prevenir a formação de cristais de gelo; as larvas ficam pretas, quando congeladas e devem permanecer nos livros até secar (são precisos vários dias), para evitar que manchem o papel quando forem retiradas.
CONGR. – Abreviatura de congresso e congregação.
CONGRATULAÇÃO – Designação dada ao texto, em geral de pequena dimensão, no qual se felicita alguém pela ocorrência de um acontecimento feliz, êxito profissional ou de outra índole.
CONGREGAÇÃO DO ÍNDICE – Corporação da Igreja católica que tinha como função examinar os livros para julgar acerca do seu conteúdo; aqueles que fossem considerados perigosos para a moral e os bons costumes eram incluídos no *Índice de livros proibidos*. Foi criada em 1571, em cumprimento de uma determinação do Concílio de Trento e extinta em 1908, pelo papa Pio X. A sua extinção não implicou a abolição do exame dos livros, pois as atribuições que lhe estavam cometidas passaram para a Congregação do Santo Ofício, mais tarde Congregação para a Doutrina da Fé. É também denominada Sagrada Congregação do Índice.
CONGRESSO – Reunião de um grupo de especialistas de uma mesma área ou de áreas afins, para resolver problemas de interesse comum, público ou internacional • Sob o ponto de vista catalográfico, termo geral usado para reuniões ou manifestações temporárias, que podem ser periódicas ou não, como os colóquios, simpósios, conferências, feiras, festivais, jornadas, exposições, expedições, etc.
CONGRUÊNCIA – Coerência. Propriedade.
CONHECEDOR – Que, ou aquele que conhece. Estudioso. Erudito.
CONHECIMENTOS BÁSICOS – Forma de designar as aptidões essenciais relacionadas com as bibliotecas, arquivos, serviços de documentação, etc., que qualquer utilizador deverá ter para neles poder orientar-se e fazer o seu trabalho.
CONIMBRICENSES – Nome dado ao conjunto de textos publicados pelo Colégio das Artes da Sociedade de Jesus, com o título geral de *Commentarii Collegii Conimbricensis Societatis Iesu*, compêndios onde se conserva o primitivo Curso Conimbricense, baseado essencialmente no comentário, glosa ou interpretação dos textos; este tinha o propósito de esclarecer, ajudar a compreender melhor o texto-base, procurando evitar opiniões pessoais ostensivas, centrando-se somente no texto; logo na época da sua publicação, Conimbricenses foi o termo usado para designar os referidos *Comentarii*, embora por antonomásia possa interpretar-se que o adjectivo se aplica igualmente aos seus omissos autores.
CONJECTURA – Versão adoptada por um editor de uma obra, orientada por um raciocínio ou uma dedução, mas que não está atestada pelos manuscritos conservados.
CONJUNTAS – Em braquigrafia são as letras que entrecruzam as suas linhas; quando dessa conjunção resulta apenas um sinal formam o que se denomina por monograma.
CONJUNTO – Colecção de elementos com uma certa relação entre si.
CONJUNTO DE CARACTERES – Série de notações codificadas (as letras do alfabeto e notações 0 e 1 da álgebra de Boole).
CONJUNTO DE DADOS – Em informática, unidade representada pelo maior grupo de dados que pode ser registado e pesquisado por um sistema de exploração; um tal conjunto compõe-se de dados classificados segundo uma ordem prescrita; é descrito por informa-

ções de controlo às quais o sistema pode ter acesso • Ficheiro.

CONJUNTO DE FICHAS – Colecção de verbetes redigidos para a descrição e análise de uma obra e destinados a serem intercalados nos diferentes catálogos.

CONJUNTO DE INSTRUÇÕES – Série de informações que o microprocessador de um computador reconhece.

CONJUNTO DE NOÇÕES LIGADAS – Série de conceitos ligados por relações lógicas ou ontológicas; um tal conjunto é constituído por séries horizontais e verticais de noções e compreende pelo menos uma destas séries; as relações lógicas baseiam-se na semelhança das noções; estas constituem um conjunto espécie-género; as relações ontológicas baseiam-se na contiguidade, quer dizer, no contacto dos indivíduos no espaço e no tempo representando noções. Os conjuntos ontológicos mais importantes na tecnologia são o conjunto parte-todo e o conjunto de evolução (por exemplo o quadro genealógico de um animal ou o conjunto das sucessivas formas assumidas por um produto ou por uma língua ao longo da sua história).

CONJUNTO DE NOÇÕES MISTAS – Conjunto de noções ligadas simultaneamente por diversos tipos de relações, formado sobretudo pela combinação de espécie-género e parte-todo.

CONJUNTO DE TRATAMENTO DA INFORMAÇÃO – Em informática, série coerente de máquinas que são usadas no tratamento da informação.

CONJUNTO DOCUMENTAL – Designação atribuída a dois ou mais documentos, seja qual for o seu tipo de suporte, que são publicados, editados ou tratados como uma unidade e, nessa condição, são a base de uma única descrição bibliográfica.

CONJUNTO DOCUMENTAL MULTIMÉDIA – *Ver Kit*.

CONJUNTO ELECTRÓNICO – Designação aplicada a todo o material que contém órgãos electrónicos; por exemplo, uma calculadora ou um processador é um conjunto electrónico.

CONJUNTO ESPÉCIE-GÉNERO – Série de noções ligadas pela relação lógica espécie-género.

CONJUNTO MONOGRÁFICO – Monografia que é editada em dois ou mais volumes separados fisicamente.

CONJUNTO MULTI-SUPORTES – Documento que combina vários suportes que, por razões de unidade intelectual, são tratados como uma unidade (por exemplo, um conjunto de diapositivos e de uma fita sonora).

CONJUNTO PARTE-TODO – Série de noções ligadas por uma das relações ontológicas, a saber: a relação parte-todo.

CONJUNTURA – Ponto ou linha onde se unem as folhas de pergaminho ou papel nos documentos em rolo.

CONLEGIT (pal. lat.) – *Ver Collegit*.

CONOTAÇÃO – Dependência que se verifica entre duas ou mais coisas comparadas entre si. Conexão. Relação • Conjunto de caracteres compreendidos na significação de um termo ou conceito • Cada um dos significados secundários que estão contidos num vocábulo. Compreensão • Aquilo que uma imagem evoca e simboliza em função dos esquemas mentais e do conhecimento do seu receptor.

CONOTAR – Incluir um termo, um conceito, etc.

CONOTATIVO – Que compreende conotação, expressão conjunta de diferentes caracteres • Que apresenta conotação, isto é, dependência, relação.

CONSCIÊNCIA – Nome aplicado ao conjunto de operários jornaleiros.

CONSCRIPTIO (pal. lat.) – Redacção de um documento; a *conscriptio* era precedida por alguns actos preparatórios: o recurso à documentação anterior, aos *ars dictaminis* (isto é modelos), a redacção da minuta (rascunho, borrão ou forma abreviada), a passagem desta ao *mundum* (ou seja, o documento definitivo passado a limpo), a verificação através da leitura em voz alta para ver se há algum erro, a validação que se consubstancia na robora, na subscrição dos que interviram no acto, na aposição de selos pendentes, das cruzes dos confirmantes (ou *testes*) e dos sinais públicos como os do notário; a *traditio chartae* era o acto de entrega final do documento ao interessado, usualmente mencionado no próprio documento.

CONSELHEIRO DE LEITURA – Pessoa que dá opiniões, pareceres, sugestões, etc. sobre aquilo que, do seu ponto de vista, é aconselhável ler; fá-lo por vezes indirectamente, sob forma escrita, como acontece com as notícias sobre leitura, que com frequência são publicadas em jornais e revistas de grande tiragem; implica o conhecimento da psicologia do leitor para que a(s) proposta(s) de livros a fazer corresponda(m) aos gostos e às capacidades do leitor • Numa biblioteca, bibliotecário que tem a seu cargo avaliar as dificuldades de leitura dos utilizadores e aconselhar acerca das melhores escolhas, organizar bibliografias, listas de obras seleccionadas e ensinar os utilizadores a usarem o melhor possível os recursos existentes na instituição.

CONSELHEIRO EDITORIAL – Pessoa que recomenda a um editor ou casa editora a publicação de determinadas obras de determinados autores; com frequência trata-se de um ou vários autores já notáveis, que aconselham o editor no recrutamento de autores novos. Também pode sugerir novos títulos, ajudar na escolha de tradutores e na revisão literária • Elemento de um conselho editorial • Comité de leitura.

CONSELHEIRO LITERÁRIO – Pessoa que trabalha como colaboradora de uma casa editora dando opiniões, pareceres, sugestões, etc. sobre aquilo que convém ou não editar.

CONSELHO AO LEITOR – Aviso dirigido ao leitor, destinado a adverti-lo para qualquer particularidade que a obra apresenta.

CONSELHO DE LEITURA – Colégio de consulta integrado por um grupo de pessoas com idoneidade cultural especialmente convidadas para o efeito, frequentemente constituído por um ou vários autores já notáveis, que se propõe recomendar a um editor ou casa editora a publicação de determinadas obras de determinados autores; com frequência privilegia-se o recrutamento de autores novos. Pode igualmente ser-lhe atribuída a tarefa de sugerir novos títulos, ajudar na selecção de tradutores e na revisão literária. Comité de leitura.

CONSELHO DE REDACÇÃO – Existente na maior parte dos órgãos de comunicação social, é um corpo constituído por elementos eleitos pelos seus pares, ao qual cabe, além de outras, a atribuição de dar parecer na nomeação da direcção ou director editorial.

CONSELHO SUPERIOR DAS BIBLIOTECAS PORTUGUESAS – Órgão com funções consultivas criado por Decreto-Lei nº 361/90, de 23 de Novembro, na dependência directa do membro do Governo que tutela a área da cultura, com a finalidade de: "a) Emitir pareceres e recomendações sobre a situação das bibliotecas portuguesas; b) Formular propostas sobre política de aquisições, política de empréstimo interbibliotecas e formação de pessoal, bem como todas as outras medidas susceptíveis de contribuir para a modernização das bibliotecas portuguesas; c) Estimular a cooperação entre as bibliotecas dependentes dos diversos organismos de tutela; d) Promover a coordenação entre as bibliotecas portuguesas, com vista à plena eficácia da cooperação internacional entre bibliotecas". Compete-lhe ainda, reunido em comissão executiva: "a) A elaboração de pareceres técnicos sobre as propostas emanadas do plenário; b) Promover a recolha e difusão de dados estatísticos actualizados sobre as bibliotecas portuguesas, bem como da produção bibliográfica nacional; c) Garantir as funções do ponto de convergência nacional das bibliotecas portuguesas, com vista à cooperação europeia e nacional".

CONSERVAÇÃO – Conjunto de técnicas que, através de materiais de boa qualidade, têm como finalidade preservar o objecto. Preservação. Protecção.

CONSERVAÇÃO ARQUIVÍSTICA – Função do arquivo que consiste em assegurar a custódia e a preservação do(s) arquivo(s).

CONSERVAÇÃO DE DOCUMENTOS – Nome dado ao conjunto de processos que visam a estabilização mecânica e química dos materiais constituintes do documento gráfico • Conjunto de medidas destinadas a manter em boas condições um acervo bibliográfico ou outro, com vista a garantir que se mantenha a sua forma original • Acções iniciais para conter o processo de degradação de um documento; centram-se em operações de protecção ao documento, como limpeza e manutenção de condições ideais de armazenamento que contribuam para garantir a sua integridade • Processo inicial de restauro • Campo do conhecimento respeitante à coordenação e planeamento da aplicação prática das técnicas de encadernação, restauro, química do papel e outro material tecnológico, assim como outros conhecimentos relativos à preservação dos fundos bibliográficos, arquivísticos ou outros.

CONSERVAÇÃO DE ENCADERNAÇÃO – Conjunto de medidas tomadas tendo em vista o bom estado da encadernação de uma espécie bibliográfica e que passam por uma manutenção assídua e cuidadosa da espécie, assim como do seu bom acondicionamento na estante.

CONSERVAÇÃO PREVENTIVA – Conjunto de medidas que visam o bom estado das colecções bibliográficas e documentais; pode consubstanciar-se na manutenção das condições necessárias à conservação dos documentos através de um correcto controlo do ambiente (no ponto de vista da temperatura e humidade), da escolha de um mobiliário adequado, luz conveniente e controlo periódico, para detecção de pragas ou outros elementos nocivos, e pela garantia de segurança (contra incêndio, roubo e vandalismo), cuidados a que deve adicionar-se o correcto manuseamento das espécies, por parte de quem as faculta à consulta do utilizador e o controlo da sua leitura. Prevenção. Preservação.

CONSERVADOR – Aquele que é encarregado da conservação de um arquivo, biblioteca ou outra instituição congénere • Aquele que é responsável pelas obras de conservação. (port. Bras.) Curador.

CONSERVAR – Proteger. Preservar. Manter em boas condições • Em sigilografia significa tomar todas as medidas apropriadas para preservar as colecções sigilográficas de matrizes e impressões sigilares, assim como os selos apostos nos documentos, restaurá-los, se for o caso, e preparar o seu estudo com finalidades científicas, nomeadamente através da elaboração de instrumentos de pesquisa adequados.

CONSERVATOR LIBRORUM (loc. lat.) – Expressão latina que designa o bibliotecário. *Observator librorum.*

CONSERVATÓRIA DE PROPRIEDADE CIENTÍFICA, LITERÁRIA E ARTÍSTICA – Por Decreto-Lei nº 14462, de 22 de Outubro de 1927 o registo de obra literária passou a designar-se deste modo e saiu da dependência do Ministério da Instrução Pública (Conservatória de Registo de Obras Literárias) para a do Ministério da Justiça. Em 1931, pelo Decreto nº 19952, de 24 de Junho, passou para a tutela do Ministério da Educação (Direcção-Geral do Ensino Superior e das Belas Artes – Serviço das Bibliotecas e Arquivos). Foi extinta provisoriamente pelo Decreto-Lei nº 37461, de 30 de Junho de 1949.

CONSERVATÓRIA DE REGISTO DE OBRAS LITERÁRIAS – Departamento criado pelo Decreto-Lei nº 4114, de 17 de Abril de 1918, na dependência do Ministério da Instrução Pública, com a finalidade de nele ser feito o registo de obras literárias e artísticas.

CONSIDERAÇÃO – Análise. Exame. Apreciação • Ponderação. Estudo. Reflexão. Julgamento.

CONSIDERAÇÕES – Reflexões. Arrazoado • Exposição fundamentada.

CONSIDERANDO – Fundamentação. Argumento.

CONSIDERAR – Examinar. Analisar. Apreciar • Ponderar. Reflectir. Julgar • Ter em boa conta.

CONSIGNARE (pal. lat.) – Registar. Assinalar, marcar com sinal, com selo ou sinete. Selar, chancelar.

CONSISTÊNCIA – Qualidade daquilo que tem firmeza, que apresenta carácter sólido.

CONSISTÊNCIA DA ESCRITA – Qualidade da escrita que resulta da sua densidade, da sua fundamentação, da estabilidade da sua textura.

CONSISTÊNCIA DA INDEXAÇÃO – Qualidade da indexação que resulta da coerência no nível da minúcia com que ela é feita, com que é usada terminologia, com que são aplicadas as subdivisões, as inversões, as remissivas, e do rigor que é posto nos indicadores de localização e na apresentação geral do catálogo ou do índice.

CONSOANTE – Uma das grandes categorias usadas para a classificação dos sons da fala •

Som que só pode ser pronunciado com uma vogal que lhe sirva de apoio • Letra consoante • Segundo. Conforme.

CONSOLA – Unidade periférica de um computador, constituída por monitor e teclado, que serve para estabelecer a comunicação visual entre este e o operador.

CONSOLA DE VISUALIZAÇÃO – Conjunto constituído por um ecrã e por um teclado, designado em linguagem corrente terminal.

CONSOLIDAÇÃO – Reforço da solidez de um objecto danificado e fragilizado • Restauro de papel ou de outro suporte que apresenta riscos de deterioração, nomeadamente de fragmentação; a consolidação pode consistir num tratamento de desinfecção, de estabilização e de reconstituição da matéria interna.

CONSOLIDAÇÃO DA FOLHA – Operação do fabrico do papel feita após a secagem da folha, por imersão, folha a folha, numa tina com a substância colante, ou feita antecipadamente, caso a substância colante tivesse sido adicionada aos outros elementos constituintes da pasta. Consiste na aplicação sobre um papel ou cartão, de uma ou mais folhas de papel, cartão ou outro material ligadas por uma cola própria.

CONSOLIDAÇÃO DOS PIGMENTOS – Em restauro de documentos, designação da operação de fixação dos pigmentos das pinturas que se encontram soltos do suporte.

CONSOLIDANTE – Produto que se aplica ao papel fragilizado ou que sofre um restauro, nomeadamente a reintegração por via mecânica, a fim de lhe conferir uma maior resistência.

CONSOLIDAR – *Ver* Reforçar.

CONSONÂNCIA – Acordo. Conformidade • Rima • Harmonia.

CONSONANTE – Que tem ou apresenta consonância. Harmonioso. Uniforme.

CONSÓRCIO – Conjunto de empresas que se une para a realização de um projecto específico.

CONSÓRCIO DE BIBLIOTECAS – Sociedade constituída por um grupo de bibliotecas, limitada com frequência a uma determinada zona geográfica, a um tipo de bibliotecas ou ao interesse de um tema e criada com a finalidade de partilhar e desenvolver os recursos de todos os membros e de melhorar os serviços e os recursos de que podem beneficiar os seus utilizadores.

CONSTITUIÇÃO – Lei fundamental que regula os direitos e deveres dos cidadãos em relação ao Estado: a Constituição Política da República Portuguesa • Conjunto de preceitos por que se rege uma instituição, corporação, etc. • Estatuto • Ordenação.

CONSTITUIÇÃO APOSTÓLICA – Documento solene dimanado da autoridade papal, no qual se contêm leis ou decisões pontifícias gerais para toda a Igreja ou particulares para determinada região, diocese ou lugar; a constituição apostólica define pontos de disciplina ou de fé e é por vezes expedida sob a forma de bula.

CONSTITUIÇÃO DIOCESANA – Estatuto ou ordenação diocesana, legislação canónica e medidas disciplinares e litúrgicas destinadas à diocese a que diz respeito.

CONSTITUIÇÕES – Documento dimanado do Papa que define pontos de disciplina ou de fé.

CONSTITUIÇÕES APOSTÓLICAS – Nome dado à colecção de oito livros de regras e prescrições sobre matérias eclesiásticas e teológicas, às quais muitos autores antigos atribuíram uma origem apostólica.

CONSTRUÇÃO – Maneira como uma coisa é formada; a disposição das partes que a compõem • Colocação das palavras de uma frase ou período segundo as regras próprias • Traçado metódico de uma figura geométrica.

CONSTRUÇÃO HIPOTÉTICA – Conceito abstracto construído por meio de um processo mental de síntese, que se aplica a uma experiência ou serve para desenvolver uma teoria.

CONSTRUÇÃO POR BLOCOS – Técnica de redacção jornalística, também chamada de pirâmides sucessivas, que consiste na decomposição do tema em meia dúzia de aspectos principais, tratados por ordem decrescente de importância, mas cada um de sua vez; este sistema é geralmente antecedido por uma abertura em que se resumem todos ou parte desses aspectos essenciais.

CONSUETUDINÁRIO – Fundamentado nos costumes. Usual. Costumeiro.

CONSULENTE – Aquele que faz consulta, que procura informações sobre um determinado assunto. Utilizador de biblioteca. (port. Bras.) Usuário.

CONSULTA – Acto de consultar • Pedido de opinião ou conselho. Parecer. Conselho • Todo o acto de leitura e estudo que é realizado por qualquer pessoa ou instituição • Pesquisa • Compulsão de textos ou elucidários, em caso de dúvida ou de ignorância • Exame. Reflexão • Forma de exploração de um ficheiro de ligação em que a ordem de apresentação de artigos é modificada em função de um determinado critério de arranjo • Pedido de informação a um sistema, rede, memória, catálogo, pessoa, etc. • Na *Internet*, pedido de informação feito a um servidor *Web* por um utilizador *Web*.

CONSULTA DE CURTA DURAÇÃO – Consulta rápida • Espaço onde são transmitidas informações pontuais, dadas respostas a questões de solução rápida, muitas vezes em pé.

CONSULTA DE FICHEIROS – *Ver* Pesquisa.

CONSULTA DE LONGA DURAÇÃO – Aquela que se prolonga por um período de tempo considerável.

CONSULTA DE PÁGINA *WEB* – Modalidade de diálogo que é possível desenvolver através de *e-mail* e que se caracteriza pela possibilidade de aceder a diversos serviços de informação disponíveis em linha na *Web*.

CONSULTA DE PRESENÇA – Utilização da documentação de uma biblioteca, etc., nomeadamente das fontes de informação denominadas obras de referência e de bibliografia no próprio local onde se encontram, por oposição ao seu empréstimo domiciliário.

CONSULTA *IN-SITU* – Consulta individual ou colectiva que é feita no sítio, no próprio local. Consulta no local.

CONSULTA LIMITADA – Limitação feita à utilização de um determinado fundo bibliográfico ou arquivo devido às suas características especiais (raridade, confidencialidade, estado de conservação, etc.).

CONSULTA NO LOCAL – Análise dos documentos de um organismo documental feita nesse mesmo organismo. Consulta *in-situ*.

CONSULTA POR DERROGAÇÃO – Possibilidade de acesso a determinados documentos sigilosos para consulta, através de uma autorização excepcional.

CONSULTABILIDADE – Disponibilidade das obras ou documentos para serem consultados, como resultado de uma autorização e da existência de instrumentos de recuperação da informação.

CONSULTADO – Que se consultou • Compulsado.

CONSULTADOR – Que ou o que consulta.

CONSULTANTE – Que consulta. Consulente • Indivíduo que pede conselho • Quem dá consultas.

CONSULTAR – Usar obras literárias, científicas, arquivos, ficheiros, etc., com a finalidade de recolher elementos e orientações para trabalhos • Pedir opinião, parecer, conselho ou instruções • Indagar. Pesquisar • Procurar conhecer alguma coisa por meio de. Observar • Sondar • Examinar antes de decidir • Interrogar • Apresentar ou dar a sua consulta ou parecer sobre um determinado assunto • Conferenciar • Deliberar.

CONSULTÁVEL – Que pode ser consultado. Disponível para consulta.

CONSULTIVO – Relativo a consulta • Que consulta • Que exprime opinião, que dá parecer • Diz-se das instituições ou pessoas que dão pareceres como esclarecimento e sem força deliberativa ou decisiva.

CONSULTOR – Aquele que dá conselho • Aquele que o pede. Quem consulta • Especialista num determinado assunto, que não faz parte do pessoal de uma biblioteca, arquivo, serviço de documentação, etc., mas a quem a biblioteca, etc., pede parecer técnico ou profissional sobre planeamento, gestão, instalações, transacções, etc. • Bibliotecário que actua como conselheiro junto de outro bibliotecário ou de uma instituição em conexão com problemas especiais • Designação do leitor que examina a obra no local e não a requisita para leitura domiciliária.

CONSULTÓRIO – Secção de uma publicação, em geral de localização fixa dentro da mesma, na qual se responde às cartas que são enviadas pelos leitores pedindo conselhos, informações, expondo questões, etc.

CONSULTÓRIO FEMININO – Secção de uma publicação na qual se responde a questões relacionadas com problemas do universo próprio das mulheres.
CONSULTÓRIO SENTIMENTAL – Secção de uma publicação na qual se responde a questões de natureza amorosa que são levantadas pelos leitores.
CONSUMIDOR DE INFORMAÇÃO – Aquele que usa a notícia em proveito próprio.
CONSUMIDOR DE LIVROS – No âmbito do livro, diz-se consumidor aquele que compra livros para uso próprio ou que deles faz muito uso. Devorador de livros.
CONSUMO – Uso. Gasto • Procura • Saída.
CONSUMO DE IMPRESSOS – Diz-se a propósito da quantidade de livros, jornais, revistas etc., documentação impressa em suporte papel, que é utilizada pelo ser humano numa determinada situação.
CONSUMO DE LEITURA – Diz-se da procura por parte do leitor, de livros, revistas, jornais, etc.; o índice de leitura, ou seja, o número que indica o total de pessoas que lêem, num determinado segmento do mercado ou da sociedade, pode avaliar-se através de várias análises feitas sobre este consumo.
CONT. – Abreviatura de continua, continuação, continuador, continuado.
CONTA – Documento que enumera as entradas e saídas de mercadorias e as verbas devidas ou pagas, com o fim de estabelecer periodicamente o total das receitas e despesas.
CONTACTO PARA RECEBER INFORMAÇÃO – Diálogo estabelecido telefonicamente, pessoalmente ou por correio tradicional ou electrónico entre um elemento do pessoal do serviço de referência de uma instituição e um utilizador, no qual se procura ou se recebe informação, que pode ser de diversas naturezas: modo de usar o serviço, recursos, informação bibliográfica, dados relacionados com a execução de uma pesquisa, etc.
CONTADOR – Aparelho que pode colocar-se nas máquinas para marcar automaticamente a tiragem • Mecanismo que permite a contagem de objectos ou fenómenos; estes mecanismos voltam a zero com facilidade • Em tratamento da informação, elemento lógico, registo (manual ou mecânico), lugar da memória onde se registam números acrescentados algebricamente uns aos outros.
CONTADOR DE HISTÓRIAS – Pessoa que cria, que empresta o corpo, a voz e a alma para dar vida a mais uma nova história • Técnica de iniciação à leitura fazendo intervir um adulto que narra um ou vários acontecimentos, sendo essa narrativa um ponto de partida para estimular o uso do livro pela criança ou pelo adulto em fase de alfabetização.
CONTADOR DIGITAL – Dispositivo aplicado em registadores de fita magnetofónica, que conta as voltas de um dos carretos ou a quantidade da fita que passa por um certo ponto; possibilita a localização de um determinado ponto da fita para indexar ou editar.
CONTA-FIOS – Aparelho usado na preparação de tramas fotográficas, que é uma espécie de lupa montada numa armação, em geral articulada, em que a base tem gravada a escala métrica, e que se destina a determinar a frequência e a qualidade do ponto em imagens tramadas.
CONTAGEM DO ORIGINAL – Contagem dos caracteres, linhas e letras de um original, com a finalidade de calcular o espaço que ocupam em determinado corpo e utilizando determinados tipos.
CONTAINER (pal. ingl.) – *Ver* Contentor.
CONTAMINAÇÃO – Influência exercida por um exemplar de um texto sobre outro, ao qual não serviu directamente de modelo • Propagação da deterioração de um documento aos documentos adjacentes; para a evitar, há que retirar do local a documentação afectada e proceder ao seu isolamento, após o que se deve seguir o tratamento adequado.
CONTAMINAR – Alterar • Comunicar. Contagiar. Corromper.
CONTARELO – Historieta. Narração sem importância. Conto • Anedota.
CONTAS DE INVERNO – Consideradas antecessoras do pergaminho, nome dado às peles de animais nas quais os índios dakota anotavam os acontecimentos mais relevantes do ano.
CONTAS DOBRADAS – Sistema de representação, nos livros de escrituração contabilís-

tica, que assenta no princípio de que qualquer transacção ou operação patrimonial implica sempre a troca de um valor que se recebe por outro, igual, que se entrega; é também chamado sistema de partidas dobradas.

CONTAS SIMPLES – Sistema de representação, nos livros de escrituração contabilística, das pessoas com quem o comerciante ou o empresário mantém relações a crédito, registando-se nelas apenas os débitos e os créditos, sem se lhes oporem os provimentos das contrapartidas; é também chamado sistema de partidas simples.

CONTENTOR – Receptáculo com uma ranhura ou colocado na parte inferior de um canal de transporte de livros, onde o utilizador de uma biblioteca, serviço de documentação, etc., pode devolver o material que requisitou, sobretudo em dias ou períodos em que o serviço está fechado • Grande caixa usada no transporte internacional de livros, que pode ser transferida de um meio de transporte para outro, por exemplo de grandes camiões para vagões e para navios, sem se tocar no seu conteúdo. *Container* • Qualquer receptáculo que contém uma obra ou de parte dela, da qual pode separar-se fisicamente.

CONTESTAÇÃO – Acto de contestar • Réplica. Resposta • Refutação. Negação • Debate. Polémica.

CONTEÚDO – Aquilo que está contido em • Assunto • Indicação dos títulos, das partes ou secções, capítulos, tomos ou de outras divisões de uma obra • Designação usada para os fundos das casas editoras.

CONTEÚDO DOCUMENTAL – Conjunto dos elementos informativos contidos num determinado documento ou obra.

CONTEÚDO ILEGAL – Segundo a *IFLA*, conteúdo de categorias especificamente proibidas pelas leis em vigor na jurisdição internacional, tais como as que incidem sobre obscenidade, ameaças à segurança pública, privacidade ou confidencialidade.

CONTEÚDO SIGILAR – Conjunto de informações transmitidas num selo; pode ser conhecido pela matriz, por uma marca de natureza material diversa, por uma moldagem, uma tiragem, uma fotografia ou um desenho, uma descrição, uma simples menção, vestígios num suporte ou o seu anúncio numa fórmula de corroboração.

CONTEÚDO TEXTUAL – Em relação a um códice manuscrito, é o elenco dos textos que nele estão contidos.

CONTEXTO – Encadeamento das ideias de um texto. Encadeamento do discurso. Textura. Contextura • O que constitui o texto no seu todo • Composição • Argumento.

CONTEXTUAL – Relativo ao contexto.

CONTEXTUALIZAÇÃO – Estabelecimento das relações que uma unidade linguística apresenta com as outras unidades que ocorrem no mesmo contexto • Encadeamento entre as diversas partes de uma composição.

CONTEXTUALIZAR – Integrar num determinado contexto. Ligar. Encadear.

CONTEXTUAR – Intercalar ou incluir num texto • Formar o contexto de.

CONTEXTURA – Contexto. Encadeamento dos diferentes elementos de um texto ou discurso. Textura • Ligação entre as partes de um todo. Trama.

CONTIN. – Abreviatura de continua, continuação, continuado, continuador.

CONTINUA – Informação que, colocada junto de uma figura, tabela, quadro ou outro elemento gráfico ou não, indica que aquilo que vem a seguir é parte de um todo, que se completa na(s) página(s) ou número(s) seguinte(s); normalmente surge colocada entre parênteses.

CONTINUAÇÃO – Obra que é completa em si própria, embora seja prolongamento de uma obra anterior • Parte de uma obra publicada no seguimento de um livro ou série • Obra publicada como um suplemento a uma outra obra previamente editada • Matéria que num periódico é seguimento de artigo ou conto iniciado em outra página ou em número anterior.

CONTINUAÇÃO À AMERICANA – Prolongamento de um artigo por baixo de um outro texto, sem qualquer chamada de título, e com uma simples separação assinalada por um filete horizontal.

CONTINUADO – Ininterrupto. Sucessivo • Continuação.

CONTINUADOR – Diz-se da pessoa que prossegue e continua uma obra começada por

outra ou outras, com a finalidade de actualizá-la ou terminá-la.
CONTINUAR – Prosseguir um trabalho começado por outro • Não interromper.
CONTINUIDADE – Qualidade respeitante à necessária retomada de elementos no decurso de um discurso.
CONTINUING EDUCATION (loc. ingl.) – Formação contínua. CE.
CONTÍNUO – Ininterrupto • Diz-se do papel fabricado à máquina em bobinas ou rolos, que é posteriormente recortado em folhas.
CONTISTA – O que conta • Autor de contos.
CONTO – Narrativa curta, caracterizada pela simplicidade do enredo, número de personagens reduzido e unidade de tempo e de espaço.
CONTO DA CAROCHINHA – Invenção. Lenda. Fábula • História para crianças. Conto infantil.
CONTO DE FADAS – História imaginária tradicional que contém um elemento sobrenatural que interfere nas acções humanas, de animais e de objectos inanimados; também é assim chamada uma história recente que possui as mesmas características, elaborada por autor conhecido. História de fadas.
CONTO INFANTIL – História para crianças. História da carochinha.
CONTO TRADICIONAL – Narrativa, historieta, fábula cuja temática é baseada em factos históricos, sistemas, lendas, etc., efabulados de idade em idade, sem prova autêntica ou escrita, provindo da transmissão oral ou de hábitos inveterados.
CONTORNADO – *Ver* Realçado.
CONTORNAMENTO (port. Bras.) – *Ver* Contorno.
CONTORNAR – Delimitar. Delinear. Esboçar • Em heráldica, voltar para o lado esquerdo do escudo. Contrabandar.
CONTORNO – Linha que remata ou limita um corpo, figura ou objecto ou alguma parte dele. Limite. Perfil. Delineamento. Esboço. (port. Bras.) Contornamento.
CONTRA-ARGUMENTO – Combate da ideia expressa. Refutação. Contestação. Resposta. Réplica.

CONTRABANDA – Em heráldica é a peça do escudo colocada no lado oposto ao da banda ou da direita para a esquerda.
CONTRABANDAR – Em heráldica, voltar para o lado esquerdo do escudo. Contornar.
CONTRACAIXA – Lado direito da caixa alta onde se colocam os caracteres menos utilizados; por vezes é na contracaixa que é colocada a galé.
CONTRACAPA – Lado interno da capa. (port. Bras.) Terceira capa.
CONTRACAPA ANTERIOR – Parte interna da capa anterior.
CONTRACAPA POSTERIOR – Parte interna da capa posterior.
CONTRACÇÃO – Acto ou efeito de contrair. Movimento de contrair • Sinal de abreviação utilizado nos manuscritos medievais indicado por um traço sobrepondo-se a uma letra ou mais; estas supressões, numerosas a partir do século XII e utilizadas como meio de apressar o trabalho de cópia e de poupar o suporte, encontram-se igualmente nos primeiros incunábulos • Abreviatura de uma palavra, sílaba ou grupo de palavras, obtida pela supressão de uma ou várias letras no interior da palavra • Redução do volume por aperto • Combinação • Em impressão, letras que estão impressas de tal forma que a parte posterior de uma se sobrepõe com a outra, como acontece no caso de æ.
CONTRACIFRA – Chave que permite decifrar uma escrita incompreensível.
CONTRACOLAGEM – Operação que consiste na aplicação sobre um papel ou cartão, de uma ou mais folhas de papel, cartão ou outro material ligadas por uma cola própria • Colagem da guarda de cor ou de papel de fantasia à guarda branca. Contraguarda.
CONTRACOLAR – Colar estreitamente dois elementos um ao outro em toda a extensão da sua superfície • Aplicar a guarda de cor ou contraguarda à guarda branca.
CONTRACUNHO – Peça com a impressão gravada em sentido oposto à do cunho. Em trabalhos de gofragem e relevografia é a reprodução da gravura em sentido inverso, com cola, gesso, chumbo ou outra substância moldável, a fim de forçar o papel nas cavidades da

chapa no momento da impressão • Contramatriz. Contramolde • Contramarca.

CONTRACURVA – Curva côncava que se segue a uma curva convexa ou vice-versa.

CONTRADIÇÃO – Afirmação que é contrária àquilo que foi afirmado anteriormente. Discordância. Antifonia.

CONTRA-ÉDITO – Édito que é contrário a outro.

CONTRA-ESCRITURA – Revogação clandestina de uma escritura pública.

CONTRAFACÇÃO – Violação do direito relativo a um trabalho intelectual ou a um título de propriedade industrial acarretando, em princípio, uma responsabilidade civil e uma responsabilidade penal; pratica contrafacção quem utiliza fraudulentamente como sendo sua uma obra, prestação de artista, videograma, fonograma ou emissão de radiodifusão, que reproduza total ou parcialmente uma obra ou prestação alheia, quer ela tenha sido ou não divulgada, ou de tal maneira semelhante, que não tenha individualidade própria • Edição feita sem autorização do autor, do editor ou dos seus representantes. Os exemplos mais antigos de contrafacção remontam aos primórdios da imprensa; no século XVI as magníficas impressões saídas dos prelos venezianos dos Aldi eram contrafeitas em Lyon por vários outros impressores, o mesmo acontecendo nos séculos seguintes; se é certo que, por um lado estas imitações trouxeram prejuízos aos autores e editores das obras, por outro permitiram uma difusão de muitas obras em voga nessas épocas. Edição pirata • Imitação fraudulenta. Plágio.

CONTRAFACTOR – Editor ou impressor que publica uma obra sem autorização do autor ou dos detentores dos direitos de autor.

CONTRAFACTUM (pal. lat.) – Alteração de letra de canção profana para letra religiosa ou vice-versa.

CONTRAFAZER – Reproduzir fraudulentamente uma obra.

CONTRAFÉ – Cópia autêntica de citação ou intimação judicial que é entregue à pessoa citada ou intimada.

CONTRAFLOREADO – Diz-se do escudo heráldico que apresenta florões opostos e alternados.

CONTRAFOLHA – A outra metade de um bifólio a que uma determinada folha pertence.

CONTRAFORMA – Chapa feita à parte para imprimir uma cor diferente • Destrinça.

CONTRAFORTE – Em encadernação, peça de couro cosida em cada uma das extremidades da lombada, sobressaindo desta.

CONTRAGRAFISMO – Qualquer parte do impresso que aparece da cor natural do suporte de impressão, sem mancha. Branco.

CONTRAGUARDA – Parte da guarda, de cor ou de fantasia, que na encadernação se encontra colada à parte externa da guarda branca do livro; trata-se do revestimento da contracapa da encadernação, cujo material tanto pode ser o papel como o tecido; este termo é mais frequentemente usado quando a guarda em frente é de papel ou de tecido. Forro. Contracolagem.

CONTRAMARCA – Marca adicional para completar, intensificar, autenticar ou anular outra • Senha, bilhete que se dá nos teatros a quem sai momentaneamente • Marca de papel secundária no papel do século XVIII e mesmo anterior, registando geralmente as iniciais do fabricante, lugar e data; está usualmente localizada no centro oposto da metade da folha que contém a marca de papel principal; no papel fabricado no início do século XIX, esta marca está frequentemente colocada perto da margem. *Ver* Filigrana *e* Marca de água secundária.

CONTRAMATRIZ – Contracunho • Contramolde. Contramarca.

CONTRAMOLDE – Contracunho • Contramatriz. Contramarca • Molde que envolve e reproduz outro • Desenho ou forma invertida do objecto a reproduzir.

CONTRANOTA – Nota a uma nota, composta usualmente em caracteres menores que os da nota • Subnota • Nota diplomática que é redigida em sentido oposto ao de uma outra anterior.

CONTRAPÁGINA – Página colocada em frente de uma outra, isto é, a página par relativamente à ímpar seguinte ou a página ímpar relativamente à página par anterior. Página oposta.

CONTRAPALA (port. Bras.) – Em heráldica é a pala dividida em duas ou oposta em cor.

CONTRAPASSANTES – Em heráldica, diz-se de dois animais que caminham em direcções opostas, um sobre o outro.

CONTRAPAUTA – Roteiro elaborado pela produção ou pelos editores de uma publicação periódica após o seu fecho, e que serve de orientação para o trabalho dos repórteres e redactores no dia seguinte.

CONTRAPILASTRA – Numa portada arquitectónica, pilastra em frente de outra, numa galeria ou pórtico.

CONTRAPORTADA – Página que corresponde ao verso da página de antetítulo ou ao verso da portada.

CONTRAPOSIÇÃO – Em heráldica é a posição oposta dos elementos no escudo.

CONTRAPROVA – Primeira folha que se mete na máquina antes de começar a impressão, para fazer a limpeza da chapa. Colectura • Desenho ou estampa obtida pela colocação de um papel sobre um desenho a lápis ou sobre uma prova fresca. Decalque • Verificação, numa prova tipográfica, se os erros apontados na prova anterior foram devidamente corrigidos • Segunda prova.

CONTRAPROVAR – Examinar uma por uma as emendas que se marcam nas primeiras provas tipográficas, confrontando-as depois com as segundas; o mesmo sucede com as provas de folha de máquina.

CONTRAPUNÇÃO – Punção para marcar letras • Ferramenta de serralheiro.

CONTRA-RAMPANTES – Em heráldica diz-se dos animais erguidos sobre as patas traseiras voltados um contra o outro.

CONTRA-REACÇÃO – Em documentação, as informações complementares (ou críticas) reintroduzidas num circuito de exploração documental • Retorno, para a entrada de um circuito, de uma certa parte do poder das informações ou do sinal emitido; é equivalente ao termo inglês *feedback*, estrangeirismo usado com grande frequência.

CONTRA-RECLAMO – Nos códices, indicação, numa página, das últimas palavras da página precedente.

CONTRA-RÉPLICA – Resposta a uma contestação.

CONTRA-SELAR – Pôr contra-selo em.

CONTRA-SELO – Selo de tamanho e desenho diferentes dos do selo principal de um documento, que se imprime no reverso do selo principal, para reforçar e aumentar a autenticidade do documento ; usou-se nos selos pendentes a partir do século XII e, em geral, era menor que o selo principal • Selo que se coloca por cima ou ao lado de um outro • Carimbo destinado a inutilizar selos.

CONTRA-SENHA – Palavra ou conjunto sequencial de caracteres fornecido por um utilizador de um sistema de tempo partilhado, com a finalidade de aceder aos ficheiros ou aos programas de um computador. *Password*. Senha.

CONTRASTE – Oposição, num documento, das partes escuras e claras, tanto no branco e preto como na cor; o contraste nasce do contacto ou da sobreposição parcial de dois valores ou de duas cores que realçam tanto mais intensamente uma à outra quanto mais diferenciada é a sua composição espectral; em consequência disto, uma cor complementar forma o contraste máximo com a cor primária que não entra na sua composição • Gradiente médio • Capacidade do material fotográfico para distinguir entre tons.

CONTRATIPO – Em reprografia, reprodução por contacto ou transparência; obtêm-se as cópias pela exposição à luz de uma superfície sensível de um suporte de cópia em contacto directo com uma matriz ou uma cópia intermédia; o feixe luminoso atravessa o original antes de impressionar a superfície sensível do suporte de cópia.

CONTRATO – Acto sinalagmático que arrasta consigo para as duas ou mais partes, direitos ou obrigações recíprocos • Documento resultante desse acordo.

CONTRATO COLECTIVO – Contrato firmado entre um editor e vários autores, entre um autor e vários editores ou entre vários editores e vários autores, em conjunto ou em separado.

CONTRATO DE AFORAMENTO – Acordo, mediante escritura de doação ou contrato, com certas condições do agrado de ambas as partes. Emprazamento. Prazo. Enfiteuse.

CONTRATO DE CO-EDIÇÃO – Contrato feito entre dois ou mais editores nacionais ou um nacional e um ou mais estrangeiros para a edição conjunta de uma obra.

CONTRATO DE CONTAS A MEIAS – Contrato de edição pelo qual o autor ou os seus representantes encarregam um editor de produzir, a expensas suas e em número, exemplares de uma obra na forma e segundo os modos de exploração determinados no contrato e de assegurar a sua publicação e difusão, mediante a obrigação contraída reciprocamente de partilhar os benefícios e as perdas de exploração, na proporção prevista.

CONTRATO DE EDIÇÃO – Formalidade jurídica através da qual o autor de uma obra intelectual do domínio literário, científico ou artístico concede a outrem, nas condições nela estipuladas ou previstas na lei, o direito que possui sobre a sua obra, nomeadamente a autorização para ele produzir por conta própria um determinado número de exemplares de uma obra ou conjunto delas, assumindo essa parte a obrigação de os distribuir e vender; pode ter por objecto uma ou mais obras, quer elas sejam existentes ou futuras, publicadas ou inéditas • Documento em que está registado esse acto.

CONTRATO DE ENCOMENDA – Contrato através do qual uma pessoa ou instituição se compromete a executar uma obra e a entregá-la a título oneroso, isto é, a troco de um determinado preço.

CONTRATO DE TRADUÇÃO – Contrato em que o assunto principal são as condições a respeitar pelo tradutor de uma obra.

CONTRATO POR CONTA DE AUTOR – Aquele que implica que o autor ou seus representantes paguem uma remuneração convencionada, com a condição de que o editor produza os exemplares da obra em número, forma e segundo os modos de exploração que estejam determinados no contrato de edição, e assegure a sua publicação e difusão.

CONTRATO-TIPO – Contrato proposto como modelo, para que a ele se ajustem os contratos entre autor e editor ou tradutor e editor, mudando apenas o que deve ser mudado.

CONTRAVEIRO – Em heráldica, veiro no qual o metal se opõe ao metal e a cor à cor.

CONTRA-VERSÃO – Versão contrária • Inversão • Contravenção.

CONTRIB. – Abreviatura de contribuição e contributo.

CONTRIBUIÇÃO – Material literário e/ou científico, que constitui a colaboração de um autor numa obra ou publicação. Contributo • Comunicação verbal ou escrita inscrita no quadro de um congresso ou publicação • Unidade documental independente que é parte integrante de um documento.

CONTRIBUIÇÃO PESSOAL – Numa obra feita em colaboração, nome dado à parte de um dos colaboradores, quer se trate de entidade singular ou colectiva.

CONTRIBUTO – *Ver* Contribuição.

CONTROLAR – Verificar. (port. Bras.) Checar.

CONTROLO – Verificação de um dado, máquina, serviço, trabalho, etc.

CONTROLO ADMINISTRATIVO – Processo de estabelecimento de um controlo físico e intelectual dos documentos que o depósito de biblioteca ou de arquivo tem à sua guarda. *Ver* Controlo físico *e* Controlo intelectual.

CONTROLO AMBIENTAL – Levantamento constante dos parâmetros ambientais (humidade, temperatura, luz, aparecimento de manchas, etc.) através da aparelhagem adequada e estudo das relações entre as variações destes parâmetros e as modificações produzidas na estrutura e nos objectos conservados nas bibliotecas, arquivos, serviços de documentação, etc.

CONTROLO BIBLIOGRÁFICO – Expressão que engloba algumas actividades bibliográficas com a finalidade de racionalizar o acesso às fontes do saber e à informação: registos bibliográficos completos de todos os documentos tal como foram publicados; normalização da descrição bibliográfica; disposição do acesso físico através de associações, redes ou de outro tipo de colaboração; disposição de aspectos bibliográficos através da compilação e distribuição de listas colectivas centralizadas e bibliografias por assuntos e por meio de centros de serviços bibliográficos.

CONTROLO BIBLIOGRÁFICO NACIONAL – Sistema criado com a finalidade de controlar os dados bibliográficos de um determinado país em todos os seus períodos (bibliografia retrospectiva e corrente), com vista a poder fornecer e disponibilizar os dados básicos de todas as obras nele editadas. CBN.

CONTROLO BIBLIOGRÁFICO UNIVERSAL – Programa internacional adoptado em 1973 pelos membros da Federação Internacional de Associações de Bibliotecários (*IFLA*); foi criado com a finalidade de fazer um controlo e permuta de informação bibliográfica e de poder fornecer e disponibilizar rapidamente, a nível mundial, dados bibliográficos fundamentais sobre todas as obras publicadas em qualquer país que a ele tenha aderido. O seu objectivo é o de tornar universalmente disponíveis para troca os dados bibliográficos referentes a todas as publicações, quer se trate de produtos impressos, quer de produtos informáticos (bandas magnéticas, *CD-ROM*, *DVD*, etc.), apresentados sob uma forma internacionalmente aceite. As suas linhas gerais foram definidas no congresso da *IFLA* realizado em Grenoble em 1973 e foram retomadas na conferência internacional organizada pela *UNESCO* em 1974. O CBU foi oficializado através da criação, nesse ano, do *International Office for Universal Bibliographic Control* da *IFLA*. O CBU apoia-se na criação de uma agência bibliográfica nacional (um organismo público ou privado investido desta missão), que é responsável oficial pela elaboração da bibliografia oficial, que dispõe de um recenseamento exaustivo das publicações devido à existência de uma legislação de depósito legal. CBU.

CONTROLO DE ACESSO – Fiscalização e poder de restrição do processo de obtenção ou recuperação da informação armazenada na memória de um computador.

CONTROLO DE AQUISIÇÕES – Designação dada ao conjunto de operações que se destinam a verificar as existências bibliográficas numa determinada instituição ou conjunto de instituições, com vista à aquisição de títulos ainda não existentes no(s) seu (s) acervo(s).

CONTROLO DE AUTORIDADE – Conceito genérico que engloba três tipos de funções: o estabelecimento, a manutenção e o uso de ficheiros de autoridade • Métodos pelos quais as formas autorizadas de nomes, assuntos, títulos uniformes, etc. utilizadas como pontos de acesso de um ficheiro de registos bibliográficos se aplicam e se mantêm de maneira consequente; o controlo de autoridade compreende o ficheiro de registos oficiais, que contém as formas autorizadas com referências adequadas e um ficheiro de registos informáticos (uma base de dados), mecanismo pelo qual podem actualizar-se automaticamente todos os registos, com a finalidade de manter a correspondência com o ficheiro oficial.

CONTROLO DE CIRCULAÇÃO – Controlo de empréstimo.

CONTROLO DE FUNDIDO – Dispositivo electrónico que dirige a iluminação de dois ou mais projectores de *slides*, de tal modo que as imagens que são projectadas no ecrã parecem fundir-se umas nas outras.

CONTROLO DE LINHAS – Conjunto de processos operativos e sinais de controlo usado para superintender canais num sistema de telecomunicações.

CONTROLO DE ORDENAÇÃO DOS LIVROS NAS ESTANTES – Inspecção periódica da ordem pela qual se encontram colocados os livros e outro material de biblioteca, arquivo, serviço de documentação, etc. num depósito ou noutra zona de armazenagem, para verificar se todos os documentos estão no lugar que corresponde à sua cota.

CONTROLO DE PARIDADE – Em informática, controlo efectuado com o auxílio de um único bit de paridade e que consiste em verificar que o número de bits de uma palavra é sistematicamente par ou ímpar conforme a paridade escolhida.

CONTROLO DE PUBLICAÇÕES EM SÉRIE – Designação das operações que visam à elaboração do registo sistemático de números, fascículos, etc. de uma publicação em série à medida que vão sendo recebidos numa instituição, registo esse que permite determinar em qualquer momento o estado em que se encontra a colecção.

CONTROLO DE QUALIDADE – Instrumento de inspecção que é aplicado em diferentes fases do processo de fabrico de um produto. Em geral é realizado por amostragem, sendo estabelecidos limites de tolerância para que a ocorrência de erros ou falhas seja considerada aceitável, não implicando a rejeição do produto. No Japão, onde predomina o princípio dos zero defeitos, este conceito foi levado ao limite.

CONTROLO DE SAÍDA – Designação do equipamento que se coloca na saída de uma biblioteca, arquivo, serviço de documentação, etc., que é constituído, regra geral, por uma espécie de braço mecânico, que tem que ser empurrado para permitir que se abandone o local.

CONTROLO DE TIRAGEM – Mecanismo legal que permite ao autor ter o conhecimento rigoroso do número de exemplares úteis editados de uma obra, de modo a defender os seus direitos de autor.

CONTROLO DE USO Operação que visa determinar qual a utilização de que é alvo uma publicação digital (quem a consulta, se é copiada ou impressa); o controlo de uso é feito por um instrumento designado *DOI* (*Digital Object Identifier*), identificador de objecto digital.

CONTROLO DOS CABEÇALHOS – Operação feita com a finalidade de garantir uniformidade nos pontos de acesso aos catálogos.

CONTROLO FÍSICO – Verificação que incide sobre os aspectos materiais de um grupo de documentos de arquivo, de que o arquivo é responsável (como o formato de apresentação, quantidade e localização). *Ver* Controlo administrativo *e* Controlo intelectual.

CONTROLO INTELECTUAL – Verificação que incide sobre o conteúdo intelectual de um grupo de documentos de arquivo, efectuado na sequência da avaliação e registo da sua proveniência, assim como da sua classificação e descrição. *Ver* Controlo administrativo *e* Controlo físico.

CONTROLO PRÉVIO – *Ver* Censura prévia.

CONTROVÉRSIA – Texto que apresenta debate sobre assuntos científicos, literários ou religiosos. Polémica. Disputa.

CONVENÇÃO – Acordo. Contrato. Convénio • Assembleia • Norma. Princípio • Reunião técnico-científica.

CONVENÇÃO DE BERNA – Designação atribuída a um acordo sobre propriedade intelectual assinado em 9 de Setembro de 1886 na Suíça e às suas revisões, acordo que foi realizado com vista à unificação internacional das regras de protecção dos autores. É o tratado multilateral mais antigo, a principal referência do direito de autor e aquele que garante o maior nível de protecção ao direito de autor no mundo. Foi o ponto de partida para a criação da União Internacional para a Protecção de Obras Literárias e Artísticas, instituição encarregada de recolher, difundir e rever toda a documentação referente ao direito de autor. Os direitos de protecção outorgados por esta convenção só se aplicam no caso de a primeira edição de uma obra ser feita num país signatário da mesma. Sofreu vários aditamentos e revisões: em Paris em 1896, em Berlim em 1908, em Berna em 1914, em Roma em 1928, em Bruxelas em 1948, em Estocolmo em 1967. Os últimos actos de revisão da Convenção de Berna para a Protecção das Obras Literárias e Artísticas e da Convenção Universal sobre o Direito de Autor foram efectuados em Paris em 1971. A adesão de Portugal aos actos de revisão destas convenções (Decretos-Leis nº 140-A/79, de 26 de Dezembro e 73/78, de 26 de Julho) obrigou a algumas alterações, quer terminológicas, quer substanciais da regulamentação do direito de autor vigente na época em Portugal; a actualização foi feita pelo Decreto-Lei nº 63/85, de 14 de Março e deu lugar ao aparecimento do actual *Código do Direito de Autor e dos Direitos Conexos*, publicado no *Diário da República* nº 214, de 17 de Setembro do mesmo ano; essas alterações foram introduzidas pelas Leis nº 45/85, de 17 de Setembro e 114/91, de 3 de Setembro e pelos Decretos-Leis nº 332/97 e 334/97, ambos de 27 de Novembro.

CONVENÇÃO DE BERNA PARA A PROTECÇÃO DAS OBRAS LITERÁRIAS E ARTÍSTICAS – *Ver* Convenção de Berna.

CONVENÇÃO DE ESTOCOLMO – Realizada nesta cidade e assinada em 14 de Julho de 1967, teve como ponto alto a instituição da OMPI (Organização Mundial de Propriedade Intelectual).

CONVENÇÃO UNIVERSAL DE GENEBRA – Convenção sobre o direito de autor, patrocinada pela *UNESCO* e realizada em Genebra no ano de 1952, com a finalidade de determinar relações contratuais do regime da propriedade literária e artística entre os estados aderentes à Convenção de Berna e os estados signatários das convenções panamericanas e elaborar um estatuto susceptível de ser aceite por todos os estados, mesmo por aqueles que nunca assinaram o Tratado de Berna sobre o direito de autor. Foi assinada a 6 de Setembro de 1952 e pretendia *assegurar a protecção suficiente e eficaz dos direitos dos autores e de quaisquer outros titulares dos mesmos direitos sobre as obras literárias, artísticas e científicas*. Nela se harmonizaram as convenções anteriores, tentando universalizar a protecção internacional do direito de autor. A adesão de Portugal a esta convenção foi assinada por Júlio Dantas e ratificada por resolução da Assembleia Nacional, de 11 de Maio de 1956. Os actos de revisão da Convenção Universal sobre o Direito de Autor e da Convenção de Berna para a Protecção das Obras Literárias e Artísticas efectuaram-se em Paris, a 24 de Julho de 1971. A adesão de Portugal aos actos de revisão destas convenções (Decreto-Lei nº 140-A/79, de 26 de Dezembro e 73/78, de 26 de Julho) exigiu algumas alterações, quer terminológicas, quer substanciais da regulamentação do direito de autor vigente na época em Portugal. Essas alterações foram introduzidas pelo Decreto-Lei nº 63/85, de 14 de Março e deram lugar ao aparecimento do actual *Código do Direito de Autor e dos Direitos Conexos*, publicado no *Diário da República* nº 214, de 17 de Setembro do mesmo ano.

CONVENÇÃO UNIVERSAL SOBRE O DIREITO DE AUTOR – *Ver* Convenção Universal de Genebra.

CONVÉNIO – *Ver* Acordo.

CONVERGÊNCIA – Situação que se verifica quando vários documentos ou ideias tendem para uma direcção comum, para uma determinada categoria; há convergência, por exemplo, numa bibliografia temática onde vários documentos convergem para um tema comum.

CONVERSAÇÃO – Diálogo entre o computador e o utilizador. *Ver* Conversacional.

CONVERSAÇÃO EM LINHA – Diálogo que é mantido por meio do computador.

CONVERSACIONAL – Sistema de troca de informação e de mensagens entre o operador de um terminal e um computador; trata-se de uma espécie de diálogo, de conversa, daí a designação. Conversação.

CONVERSÃO – Mudança de suporte • Processo de mudança da representação da informação para uma forma pronta a ser usada nos meios informáticos, isto é, convertendo-a para uma "linguagem de máquina".

CONVERSÃO DE ANALÓGICO PARA DIGITAL – Processo através do qual se faz um modelo de um sinal analógico e tem como resultado o sinal digital que lhe corresponde.

CONVERSÃO DE COTA – Alteração da colocação de um livro ou documento, devida a motivos de diversa ordem.

CONVERSÃO DE DADOS – Alteração na forma de representação de dados, segundo regras específicas, preservando totalmente os seus significados • Procedimento que consiste em mudar os dados de um suporte de registos para um outro ou de uma forma de representação para outra, em geral de uma forma legível pelo homem para uma forma legível por máquina.

CONVERSÃO DE DATA – Operação que consiste em transformar a data de um calendário na de outro.

CONVERSÃO DE DIGITAL PARA ANALÓGICO – Processo que converte na sua correspondente analógica os dados que estão sob forma digital.

CONVERSÃO DE FICHEIROS – Operação que consiste na transferência de todos ou de partes dos registos de um ficheiro, de um suporte para outro, em geral de uma forma não legível por máquina para uma legível por ela.

CONVERSÃO DE INFORMAÇÃO – Transferência de dados informativos de uma determinada forma de representação para outra, executada de acordo com determinadas regras e sem que haja qualquer alteração de significado do seu conteúdo.

CONVERSÃO DE MATERIAL – Mudança do material bibliográfico de um formato e, eventualmente, de um suporte para outro, com vista à sua melhor conservação.

CONVERSÃO PARCIAL – Em catalogação, processo através do qual as notícias bibliográficas de um catálogo se adaptam parcialmente a regras novas, que passam a ser usadas pela instituição.

CONVERSÃO RETROSPECTIVA DE CATÁLOGO – Transmutação parcial ou total de um catálogo existente • Mudança dos registos de um catálogo manual, não legível por máquina, para uma forma que seja legível por máquina. Retroconversão.

CONVERSIO (pal. lat.) – Versão. Tradução • Em retórica significa a repetição da mesma palavra no fim do período.

CONVERSOR ANALÓGICO/DIGITAL – Sistema electrónico com capacidade para transformação de sinais na forma analógica na sua equivalente digital.

CONVERSOR DE DADOS – Em informática, dispositivo que modifica o suporte físico de um dado, isto é, fá-lo passar de imediato de um armazenamento para outro, por exemplo de uma ficha para uma banda magnética, sem alterar a informação nele contida.

CONVERTER – Alterar a forma de representação dos dados, sem mudar a informação que neles está contida.

CONVITE – Impresso com o qual, segundo o próprio nome, se convida alguém para festas, solenidades, cerimónias públicas ou privadas, etc.

CONVIVIALIDADE – Familiaridade. De fácil convivência. O diálogo entre o homem e o computador melhora cada vez mais; os sistemas conviviais permitem limitar a utilização do teclado (rato, reconhecimento vocal); a convivialidade informática exprime-se igualmente no desenvolvimento das redes e das permutas através do computador. Sistema simpático.

CONVOCAÇÃO – *Ver* Convocatória.

CONVOCATÓRIA – Carta-circular de convocação. Convocação.

COOCORRÊNCIA – Presença simultânea, embora não obrigatoriamente contígua, num fragmento de texto, que pode ser uma sequência, frase, parágrafo, vizinhança de uma ocorrência, parte de corpus, etc., das ocorrências de duas formas determinadas.

COOKIE (pal. ingl.) – Palavra que designa a informação que é enviada por um servidor *Web* para o *browser* cliente. O *browser* guarda no disco do computador o ficheiro com a informação e envia-o para o servidor assim que execute uma nova ligação. A informação de um *cookie* é constituída pelos dados de registo do utilizador, informações sobre as suas preferências, etc.

COOP. – Abreviatura de cooperação.

COOPERAÇÃO INTERBIBLIOTECAS – Colaboração que se verifica entre duas ou mais bibliotecas com a finalidade de atingirem um ou vários fins de interesse para ambas. Pode efectuar-se a nível local, nacional ou internacional.

COOPERCULA (pal. lat.) – Termo latino que designa o couro ou tecido de revestimento de uma encadernação medieval; outro termo empregado para o mesmo fim era *coopertura*.

COOPERTORIO (pal. lat.) – Designa a cobertura, o revestimento e, finalmente, a encadernação.

COOPERTURA (pal. lat.) – Termo latino que designa o couro ou tecido de revestimento de uma encadernação medieval; outro termo empregado para o mesmo fim era *coopercula*. Ver *Coopercula*.

COORD. – Abreviatura de coordenador, coordenação, coordenado.

COORDENAÇÃO – Acto ou efeito de coordenar. Arranjo • Ordem de coisas entre si unidas, dispostas de acordo com determinadas regras • Composição metódica • Ligação de proposições independentes, sindética ou assindeticamente.

COORDENADOR EDITORIAL – Pessoa à qual cabe a função de reescrever um texto com vista à sua publicação.

COORDENAR – Organizar. Dispor segundo uma determinada ordem, com vista a obter um conjunto organizado • Dirigir, gerir, orientar.

CÓP. – Abreviatura de cópia.

COP. – Abreviatura de *copyright*.

COPAR – Bater aos poucos sobre uma mesa e pela parte superior (cabeça) todo o trabalho que é cosido a arame (especialmente folhetos).

CO-PATROCINADO – Apoiado em colaboração com outra(s) pessoa(s) ou instituição(ões).
CO-PATROCINAR – Apoiar em colaboração com outra(s) pessoa(s) ou instituição(ões).
COPERTINA (pal. ital.) – Encadernação de editor dos séculos XV e XVI ornamentada com uma gravura em madeira em preto ou dourado, muito rara hoje em dia.
CÓPIA – Arquétipo feito a partir de um manuscrito de autor usado pelos copistas profissionais para a difusão de um determinado texto. Acto de transcrição a partir de um exemplar. Traslado. Treslado. Transcrição. Reprodução textual • Exemplar de uma mesma edição • Representação • Resultado de um acto de transcrição • Suporte material em que se reproduzem imagens ou sons em separado ou cumulativamente, captados directa ou indirectamente de um fonograma ou videograma, e se incorporam os sons ou imagens neles fixados, na totalidade ou em parte • Texto manuscrito ou dactilografado entregue ao impressor com vista à impressão • Transporte de um cliché fotográfico para uma placa de metal coberta por uma camada fotossensível, por acção da luz • Exemplar cujo texto foi reproduzido por outrem • Duplicado • Reprodução feita através de transcrição, fotografia, gravura, decalque, xerocópia, fac-símile ou outro processo. (port. Bras.) Duplicata.
CÓPIA ACETINADA – *Ver* Cópia por ferrotipia.
CÓPIA ADICIONAL – Exemplar de algumas obras já existentes numa biblioteca, arquivo, serviço de documentação, etc., que se junta ou se há-de juntar ao seu fundo bibliográfico. *Comparar com* Duplicado.
CÓPIA ALTERADA – Transcrição de um documento a partir do texto original no qual foram introduzidas alterações voluntária ou involuntariamente. Cópia viciada. Cópia corrompida.
CÓPIA ANTECIPADA – Cópia de um livro, com frequência encadernado, destinada a servir para ensaio do trabalho do encadernador, resenha, divulgação ou outras finalidades.
CÓPIA AUTÊNTICA – Cópia feita por uma entidade pública, como por exemplo um notário, que tem, por conseguinte, uma validade legalmente irrefutável.
CÓPIA AUTENTICADA – Exemplar de um acto ou de um documento destinado a ser entregue ao interessado e provido dos sinais de validação • Cópia conforme.
CÓPIA AUTOGRAFADA – Exemplar de uma obra assinada pelo autor.
CÓPIA AUTORIZADA – Exemplar no qual a autenticidade do texto é garantida por uma autoridade, como por exemplo uma universidade, e à qual devem submeter-se todos aqueles que dela dependem • Condições com as quais uma cópia não infringe a lei da propriedade intelectual de um determinado país.
CÓPIA BRILHANTE – Cópia acetinada. Cópia com brilho. *Ver* Cópia por ferrotipia.
CÓPIA CERTIFICADA – *Ver* Cópia conforme.
CÓPIA COEVA – Transcrição exacta de um documento original, logo contemporânea deste; era frequentemente autenticada.
CÓPIA COLACIONADA – Transcrição de um documento que o copista atesta ter conferido palavra a palavra pelo modelo que reproduziu sem, por isso, ter autoridade para passar um certificado de autenticidade.
CÓPIA COM BRILHO – *Ver* Cópia por ferrotipia.
CÓPIA CONFORME – Cópia cuja autoridade pública certifica a conformidade material do texto com o documento que serviu à transcrição. Cópia certificada.
CÓPIA CORROMPIDA – *Ver* Cópia alterada.
CÓPIA DACTILOGRAFADA – Cópia escrita à máquina.
CÓPIA DE ARQUIVO – Exemplar de um documento de arquivo armazenado no lugar do original, na ausência deste, em local e condições de armazenamento adequados, com vista a garantir a sua conservação, podendo ou não ser autenticado e destinado a consulta.
CÓPIA DE AUTOR – Texto escrito total ou parcialmente pela mão do autor, muitas vezes caracterizado pelas suas sucessivas correcções ou aditamentos • Exemplar gratuito de uma obra que é dado pelo editor ao autor.
CÓPIA DE CARBONO – Cópia estabelecida ao mesmo tempo que o documento original

manuscrito ou dactilografado, obtida graças a uma folha de papel de carbono intercalada.

CÓPIA DE COPISTA – Manuscrito feito por um copista, por oposição ao manuscrito original escrito pelo punho e letra do autor ou ditado por ele.

CÓPIA DE CORTESIA – Exemplar de uma obra, enviado a título gratuito pelo seu autor ou editor, com a finalidade de a divulgar junto de potenciais interessados.

CÓPIA DE MICROFILME DE SEGURANÇA – Microfilme para obtenção de cópias a serem consultadas, assegurando a permanência da informação no caso de se perder ou danificar o filme original.

CÓPIA DE NOTÁRIO – Cópia que contém um certificado de autenticidade da mão de um ou vários notários.

CÓPIA DE REGISTO – Cópia elaborada em livros próprios, os livros de registo; destina-se a servir não só de modelo, mas pode utilizar-se mais tarde para saber quais os assuntos consignados nos documentos originais.

CÓPIA DE SEGURANÇA – Reprodução de um documento feita com a finalidade de conservar a informação contida no original, no caso da perda ou deterioração deste que, por qualquer razão, como a existência de um vírus, um erro humano, uma falha técnica ou uma possível catástrofe natural ou outra, estaria condenada sem remédio; a realização regular de cópias de segurança em meio informativo, testes e verificação, é considerada uma boa prática, com vista a garantir a segurança da informação digital • Transcrição, traslado ou cópia escrita, microfilmada, etc. de um determinado documento ou obra feita com a finalidade de garantir a sua integridade e impedir o seu desaparecimento ou danificação. *Backup*. *Ver tb.* Microfilme de segurança.

CÓPIA DE SERVIÇO – Exemplar destinado a ser frequentemente consultado ou correntemente lido no decurso das actividades diversas – litúrgicas, escolásticas, administrativas – e não destinado a ser conservado numa biblioteca, etc. Cópia de uso • Cópia de um documento feita em microforma ou outra modalidade de reprodução e usada para ser fornecida para empréstimo em vez do original, com a finalidade de o preservar.

CÓPIA DE TRABALHO – Exemplar que apresenta sinais da revisão e reflexão do autor ou de um leitor sob forma de anotações, notas remissivas, etc.

CÓPIA DE TRANSFERÊNCIA – Em reprografia, modalidade de reprodução que permite fazer a translação de uma imagem para um outro suporte, por meios químicos, térmicos ou mecânicos.

CÓPIA DE USO – *Ver* Cópia de serviço.

CÓPIA DIAZÓICA – *Ver* Diazocópia.

CÓPIA DIRECTA – Cópia positiva feita de um original positivo, através do processo de inversão • Aquela que era feita directamente a partir do manuscrito, sem a intervenção de intermediários, como acontecia na cópia ditada • Cópia de filme ou de vídeo feita por meio de contacto.

CÓPIA DITADA – Aquela que era feita no *scriptorium* ao mesmo tempo que um monge lia em voz alta o texto que os copistas deveriam escrever; esta permanece e não seria a cópia mais corrente, mas antes a cópia directa, que permitia melhor caligrafia, melhor ordenação da página e da ilustração, assim como uma maior velocidade do que a cópia ditada. *Pronuntiatio ad pennam*.

CÓPIA DURA – Cópia legível à vista desarmada, que é feita em suporte papel, a partir de um original em microforma ou em suporte electrónico.

CÓPIA ELECTROSTÁTICA – Aquela que resulta da acção das cargas eléctricas em repouso; trata-se de uma cópia de um documento que é obtida por qualquer processo em que seja utilizada a atracção de partículas de pigmento por meio da aplicação de carga electrostática. Electrocópia.

CÓPIA EM PAPEL – Reprodução de um documento em suporte papel, obtida em geral a partir de um microfilme, computador ou disco vídeo; opõe-se a documento legível por máquina, a cópia em microforma, etc. • Documento ou reprodução de um documento cujo suporte é o papel e que pode ser lido sem auxílio de acessórios ópticos especiais.

CÓPIA EM SÉRIE – Acto de reproduzir por cópia um mesmo original várias vezes • O resultado desse acto.

CÓPIA EXACTA – Aquela em que se reproduz fielmente um original. Cópia rigorosa. Cópia fiel. Cópia literal.

CÓPIA FAC-SIMILADA – Aquela que procura reproduzir o original, tanto na disposição do texto como nos caracteres extrínsecos, descendo ao mais ínfimo detalhe, mesmo que este consista num ou mais defeitos. Cópia exacta. Cópia literal. Cópia fiel.

CÓPIA FIEL – É aquela que reproduz exactamente o original; não confundir com cópia autêntica, porque esta é feita por uma entidade pública, como por exemplo um notário, sendo, por isso, irrefutável a sua validade. Cópia exacta.

CÓPIA FIGURADA – Cópia exacta de um documento, feita para fins autorizados por lei, cujo autor se esforça em reproduzir de modo fidedigno o grafismo e o aspecto do original, nomeadamente certos elementos deste (caracteres especiais, subscrições, assinaturas, elementos figurados tais como monogramas, etc.).

CÓPIA FOTOSTÁTICA – Processo de reprodução que origina cópias da mesma polaridade do original • Cópia obtida por esse processo • Cópia obtida por meio não fotográfico.

CÓPIA HELIOGRÁFICA – Aquela que é obtida por processo de heliografia.

CÓPIA ICÓNICA – Aquela que reproduz fielmente o aspecto, a disposição e até a escrita do modelo, sobretudo no caso dos documentos.

CÓPIA ILEGAL – Aquela que é feita a partir de um original manuscrito ou impresso, infringindo os direitos de propriedade intelectual; a expansão das redes abertas e a proliferação de fontes documentais aumentaram as possibilidades da sua proliferação.

CÓPIA *IN MUNDUM* – Cópia manuscrita redigida de forma definitiva e mais burilada a partir de um rascunho ou de um exemplar cheio de alterações ou aditamentos.

CÓPIA INFORME – Cópia de um documento que não contém nenhuma marca de autenticidade jurídica aposta por uma autoridade.

CÓPIA INTERMÉDIA – Duplicado especialmente preparado para a obtenção de outras cópias. Cópia intermediária.

CÓPIA INTERMEDIÁRIA – Em reprografia, cópia que serve de original com vista à obtenção de cópias definitivas. Cópia intermédia.

CÓPIA INVERTIDA – Em reprografia, cópia que apresenta uma semelhança geométrica inversa face ao original, por exemplo aquela que se obtém através da reflexão do original num espelho.

CÓPIA JUDICIÁRIA – Cópia feita por ordem de um juiz e/ou provida de um certificado de autenticidade deste.

CÓPIA LITERAL – Cópia de um documento após terem sido feitas todas as revisões e correcções finais. Cópia exacta. Cópia fiel.

CÓPIA LIVRE – É, nos países que conhecem ou conheceram uma administração fiscal de selo, uma cópia estabelecida num suporte livre, quer dizer, não selado. *Ver* Cópia simples.

CÓPIA MANUSCRITA – Processo de reprodução que origina cópias escritas à mão. Nos *scriptoria* monásticos o processo de cópia, quando se queria obter um grande número de exemplares podia ter duas soluções: ou se confiava a totalidade do modelo a um só copista e, a partir desta cópia dois outros copistas executavam duas novas cópias, após o que, a partir das quatro cópias existentes quatro outros copistas executavam quatro cópias e assim sucessivamente; o número de cópias crescia, assim, exponencialmente, enquanto que o tempo gasto crescia de maneira linear, daí que o processo parecesse rendível; contudo, o número de copistas também aumentava de forma exponencial e a integridade do texto sofria com isso, pois os erros acumulavam-se; a segunda solução passava pela distribuição de variadas partes do modelo simultaneamente a cada copista, processo que foi utilizado desde a época carolina ainda com a finalidade de apressar a execução de uma única cópia e não com a preocupação de produzir várias cópias; aqui observam-se também duas variantes: cada copista copiava sempre o mesmo texto ou as partes eram permutadas entre eles; tanto uma como outra apresentam inconvenientes: as cópias não eram transcritas na ordem do texto, dando origem a dificuldades de junção e, por outro lado, para um determinado prazo de execução era impossível calcular o número de copistas em função do número de cópias desejado; após várias tentativas a solução mais adequada foi a de distribuir cada parte do modelo sucessivamente na ordem do texto a um número de copistas igual ao das cópias a obter; o resultado eram cópias homogéneas, teoricamente isentas de defeitos de junção e cuja paginação era independente da do modelo. Foi este o processo adoptado na cópia dos textos de maior difusão, após um exame detalhado da sua fiabilidade – o *exemplar* constituído por vários fascículos ou cadernos, chamados *peciæ*.

CÓPIA MIMEOGRÁFICA – Processo de duplicação escrevendo à mão ou mecanografando um texto, desenhando ou perfurando de qualquer outro modo a superfície de uma matriz parafinada conhecida pelo nome de *stencil*; a pressão da escrita origina pequenos orifícios na matriz que, de imediato, é colocada unida a um tambor giratório num cilindro duplicador, cuja tinta penetra no papel branco por meio das perfurações, entra em contacto com a matriz e produz a cópia.

CÓPIA NUMERADA – Ver Exemplar numerado.

CÓPIA OFICIAL DE UM TÍTULO DE PROPRIEDADE – Exemplar impresso de uma patente de invenção com o selo, sinete ou carimbo da instituição que a concedeu.

CÓPIA ÓPTICA – Em reprografia, processo de cópia que usa um sistema óptico para formar imagens em material fotossensível.

CÓPIA ORIGINAL – Primeira reprodução que foi feita de um documento. Imagem de primeira geração.

CÓPIA PAPEL – Designação atribuída ao documento impresso em suporte papel, em geral legível sem a intervenção de qualquer auxiliar óptico.

CÓPIA PARA USO PRIVADO – Reprodução não autorizada de um documento ou de uma obra feita para utilização pessoal, familiar e doméstico.

CÓPIA PARTILHADA – Técnica de cópia colectiva, que consiste em confiar a diversos copistas diferentes partes de um modelo previamente desconjuntado.

CÓPIA POR CONTACTO – Reprodução de um documento obtida através do contacto directo sobre material sensível de um original ou o seu negativo fotográfico e um papel próprio para a reprodução.

CÓPIA POR CONTACTO DIRECTO – Cópia feita através do contacto directo de um material fotossensível e um positivo ou negativo de película ou um original.

CÓPIA POR FERROTIPIA – Cópia fotográfica, de superfície dura e brilhante, feita com placas de ferro. Cópia com brilho. Cópia brilhante. Cópia acetinada.

CÓPIA POR PROJECÇÃO – Fotocópia que é produzida por meio de uma copiadora óptica.

CÓPIA POR REFLEXÃO – Fotocópia.

CÓPIA POSITIVA – Na reprodução de documentos é uma cópia preparada por um processo positivo, que tem a mesma tonalidade de cor que o original.

CÓPIA PRIVADA – Reprodução que é feita para uso privado; em Portugal, a liberdade da cópia privada está prevista no art. 81ºb do *Código do direito de autor*, embora com algumas reservas; no caso da cópia privada digital "não se aplica a obras ou outros materiais disponibilizados ao público ao abrigo de condições contratuais acordadas e por tal forma que os particulares possam ter acesso àqueles a partir de um local e num momento por eles escolhido" (art. 6º, 4 parágrafo 4) • Reprodução textual de um escrito para uso particular. Traslado. Transcrição.

CÓPIA SELADA – Cópia cuja autenticidade é atestada pela aposição do selo de uma autoridade.

CÓPIA SIMPLES – Cópia que não contém qualquer menção de proveniência ou circunstâncias da sua elaboração; consiste na transcrição do original. Cópia livre.

CÓPIA SOBRE METAL – Transporte de um cliché negativo sobre uma placa de metal plana, feito pela acção da luz.

CÓPIA SOBRE PAPEL – Reprodução de um original em suporte papel, por oposição à cópia em microfilme.

CÓPIA SOLENE – Reprodução de um documento acompanhado com fórmulas ou formalidades que lhe conferem uma aparência nobre e imponente, geralmente complementadas por um suporte valioso, como o pergaminho, e uma encadernação de qualidade.

CÓPIA TARDIA – Transcrição de um documento antigo feita bastante tempo após a sua emissão.

CÓPIA TÉRMICA – Cópia positiva obtida por um processo de reprodução que utiliza um raio luminoso de elevado poder calorífico.

CÓPIA VICIADA – *Ver* Cópia alterada.

CÓPIA ZERO – Expressão usada para designar a primeira cópia de um filme, feita a partir do negativo original e contendo todos os planos, sem que tenha sido feita qualquer correcção. Copião.

COPIADOR – Pessoa que copia um texto. Copista • Pessoa que plagia ou imita outra. Plagiário • Pessoa que copia os negativos ou diapositivos fotográficos nas oficinas de gravura fotomecânica • Aparelho usado nessa função • Registo em que é transcrita, usualmente por ordem cronológica, a correspondência recebida ou expedida, ou a sua análise mais ou menos detalhada • Prensa que serve para copiar cartas e facturas escritas com tinta de copiar, apertando-as entre as folhas do livro a tal destinado • Em arquivo, registo que contém o resumo analítico de documentos primários, geralmente apresentado por ordem cronológica.

COPIADOR DE OFÍCIOS – Livro encadernado no qual são transcritos os ofícios e a correspondência oficial de determinada repartição ou entidade.

COPIADOR DE STÊNCIL – Máquina com a qual se faz a reprodução mecânica através de uma matriz de papel revestido de cera em que as aberturas que correspondem a imagens ou a um texto são gravadas, por uma máquina de escrever, um estilete ou um aparelho electrónico; essas aberturas são atravessadas pela tinta.

COPIADORA – Máquina de reprografia que se destina à reprodução em série de um original, seja sob a forma de textos em papel, filmes, cópias ou diapositivos. Fotocopiadora.

COPIADORA ÓPTICA – Mecanismo óptico constituído por um sistema de lentes e uma fonte luminosa, usado para projectar um original ou película positiva ou negativa sobre um material sensível à luz (em geral o papel) que, uma vez revelado, produz uma cópia.

COPIAM FACERE SCRIPTI (loc. lat.) – Expressão latina que significava divulgar um manuscrito reproduzindo-o em grande número.

COPIANÇO – *Ver* Cábula.

COPIÃO – Cópia zero.

COPIAR – Fazer a cópia de. Transcrever um texto a partir de um original • Reproduzir, imitando • Representar • Duplicar por contacto de impressão fotográfica. Imitar um trabalho feito por outrem, fazendo crer que é original. (port. Bras.) Colar.

COPIAR POR CIMA – Reproduzir um escrito ou desenho colocando o papel por cima do que se vai copiar.

COPIARE (pal. lat.) – Termo latino que na Idade Média significava divulgar um manuscrito reproduzindo-o em grande quantidade, em grande "cópia" de exemplares.

COPIDESCAR – Em gíria jornalística é o mesmo que corrigir.

COPIDESQUE – Aprontar um texto que se destina à publicação • Secção de um jornal onde é levada a cabo essa tarefa • Revisor de página de publicação, cujo trabalho incide sobretudo na revisão dos títulos e antetítulos, legendas das imagens, início e final dos textos e correcção das gralhas gráficas. *Copy-desk*.

COPILAÇÃO – *Ver* Compilação.

COPILADOR – *Ver* Compilador.

COPILAR – *Ver* Compilar.

COPIOGRAFAR – Reproduzir textos, desenhos, etc. através de um copiógrafo. Autocopiar.

COPIOGRAFIA – Processo através do qual se faz a reprodução de textos ou desenhos através de um aparelho denominado copiógrafo.

COPIÓGRAFO – Aparelho usado para copiar manuscritos e desenhos, utilizando-se uma camada de gelatina ou outra substância semelhante e uma tinta especial. Hectógrafo. Cromógrafo. Duplicador.

COPIOSE (pal. lat.) – Copiosamente, abundantemente, eloquentemente, termos muito utilizados nas frases relativas à edição para dar a entender que o texto foi substancialmente acrescentado e reformulado com novos elementos, que o valorizam em relação à edição ou edições precedentes.

COPIOSO – De que há cópia. Abundante.

COPISTA – Pessoa que desenvolve um trabalho de transcrição manuscrita de um texto, de cópia ou de escrita, habitualmente em boa caligrafia; para que um copista fosse considerado bom deveria reproduzir o modelo na íntegra, incluindo as faltas que ele apresentasse; a cópia directa do modelo era a mais recomendada (em oposição à cópia ditada), pois permitia melhor caligrafia, melhor ordenação da página e da ilustração e ainda maior velocidade. *Servus a manu*. Calígrafo • Escritor cuidadoso e erudito • Amanuense, escrevente. Escriba. *Scriptor*. *Servus ab epistolis* • Pessoa que plagia, que copia textos de outrem.

COPLA – Estrofe, pequeno grupo de versos, geralmente quadra ou sextilha em redondilha maior, com rima toante ou consoante, versando temas populares. Copra.

COPRA – *Ver* Copla.

COPY-DESK (pal. ingl.) – Posto de trabalho sedentário numa redacção, que em geral garante toda a actividade jornalística (secretariado de redacção) que consiste em preparar o texto chegado do exterior. Copidesque.

COPYRIGHT (pal. ingl.) – À letra, direito de tirar cópias, por extensão direito de ser o único produtor ou vendedor de um livro, jogo, filme ou registo durante um determinado período de tempo. Propriedade literária ou artística • Reserva de direitos de autor • Protegido pelo registo de propriedade autoral. Direitos de autor. Direito de reprodução. Termo vulgarmente usado na cultura anglo-americana para direito de autor. Todavia, segundo Luís Francisco Rebelo, na *Introdução ao Direito de Autor*, os dois termos não são equivalentes e "correspondem a noções distintas, oriundas de concepções diferentes sobre o direito de autor: a concepção latina, proveniente das leis francesas de 1791-93, e a concepção anglo-americana, radicada no Estatuto da Rainha Ana em 1710". Ainda de acordo com o mesmo autor, a primeira faz derivar o direito de autor do facto da criação, enquanto a segunda "desloca a matriz da protecção da obra em si mesma para os exemplares em que ela é reproduzida (a tradução literal do vocábulo *copyright* é direito de cópia). A expressão corresponde assim ao direito de reprodução, que é um dos direitos contidos no direito patrimonial dos autores". A sua forma universal é assumida pelo símbolo © seguido do nome do proprietário do direito e do ano da primeira publicação; indica a data de publicação da obra, permitindo saber se ela é recente.

COPYRIGHT ACT (loc. ingl.) – Lei inglesa da propriedade intelectual datada de 1709 com a finalidade de proteger os direitos de autor e do editor, mesmo após a sua morte.

COPYRIGHT AD INTERIM (loc. ingl./lat.) – Direito de propriedade intelectual temporal.

COPYRIGHT AMERICANO – Regime especial de registo de direitos de autor entre a França e os Estados Unidos segundo o qual a obra de um autor estrangeiro apenas está protegida nos Estados Unidos mediante o cumprimento de determinadas formalidades.

COPYWRITER (pal. ingl.) – *Ver* Redactor publicitário.

COR – Coloração, pigmento colorido que tem um papel fundamental nas representações iconográficas que ornamentam e complementam um texto, sobretudo na Idade Média, onde as imagens o explicitavam de forma a ser entendido, mesmo por aqueles que não sabiam ler; a indicação das cores que se deviam utilizar na decoração dos manuscritos após a cópia do texto, remonta ao século XII, tanto quanto pode ser documentado.

COR DE BASE – Cor usada como suporte para outras cores que virão a ser pintadas por cima.

COR DO SELO – A cor do selo, quer seja da cera virgem, quer seja devida a corantes, pode conter valor diplomático; assim, em certas chancelarias, aos selos de cor verde estava associado um valor de perpetuidade, enquanto que em outras a cera vermelha era reservada à chancelaria real ou a chancelarias privilegiadas pelo soberano.

CORAÇÃO DA BIBLIOTECA – Metáfora usada para designar a sala de leitura de uma biblioteca onde se desenrola a consulta de livros do seu acervo; é, de facto, a esta consulta que todo o trabalho técnico da biblioteca se destina.

CORANDEL – *Ver* Corondel.

CORANTE – Substância solúvel e sem corpo que tem o poder de colorir permanentemente uma outra; os corantes, naturais ou sintéticos e solúveis (ácidos e bases) ou insolúveis (pigmentos orgânicos e minerais) são adicionados à pasta do papel para a colorir, de acordo com as finalidades de utilização, ou seja, o mercado consumidor • Em sigilografia, ingrediente acrescentado à matéria do selo para lhe dar a coloração desejada.

CORANTE AZÓICO – É um colorante fotossensível e moderadamente transparente usado em diazotipia.

CORANTO – Folha noticiosa do início do século XVII, publicada com periodicidade irregular e impressa como meia folha in-fólio, dedicada às notícias estrangeiras, que começou por aparecer na Holanda, na Alemanha e na Inglaterra, em 1620-1621. Em Inglaterra, no ano seguinte, assumiu a forma de uma meia folha in-fólio, era publicada semanalmente e consistia em três folhas.

CORÃO – Livro sagrado do Islão, que Deus terá feito conhecer ao seu profeta Maomé a partir do ano 610 da nossa era; tal como a Bíblia dos judeus e dos cristãos, o *Corão* dos muçulmanos designa também um livro na sua materialidade. *Ver* Alcorão.

CORDA DE NÓS – *Ver* Quipus.

CORDÃO – Em sigilografia, ataca feita como se de um cabo se tratasse, de fios (de seda ou linho) reunidos e torcidos e por vezes terminando por bolotas; pode apresentar-se sob forma achatada ou tubular. *Ver* Sinal.

CORDÃO DE SELO – Sistema de atamento ou *vinculum* do selo de documentos que pode ser simples ou duplo, mais frequentemente em tira de pergaminho, cordão de seda de cor, cânhamo ou nastro; era aplicado sobre a tira de anta ou plica, ou seja, a dobra de rodapé do documento para que este reforço permitisse a sua segurança, mediante os furos por onde passavam as tiras ou cordões de suspensão.

CORDAS – Fios de cânhamo, algodão ou linho com os quais são cosidos à mão os cadernos de uma obra • Fios sólidos que reforçam na cabeça e no pé as orlas da lombada de uma encadernação • Nervos • Ornatos formados por cordões entrelaçados imbricados uns nos outros formando um conjunto de nós complexos que se repetem de uma forma regular.

CORDEIRO – Elemento iconográfico que simboliza Cristo e a analogia do seu sacrifício com o do cordeiro do Antigo Testamento, que era imolado pelos judeus na altura da Páscoa, celebrando a libertação e saída do Egipto.

CORDEL – O mesmo que fio de norte; serve para amarrar as páginas depois de paginadas ou ordenadas de qualquer outra forma. *Ver* Literatura de cordel.

CORDIFORME – Diz-se cordiforme o motivo ornamental em forma de coração.

CORDOVÃO – Em sentido restrito, pele de cabra de textura homogénea, curtida como o marroquim, ou seja, preparada segundo a técnica oriental, tingida de vermelho com um pigmento dessa cor derivado da cochonilha.

CORE MEMORY (loc. ingl.) – *Ver* Memória magnética.

CO-REDACTOR – Aquele que, juntamente com outro ou outros, redige qualquer artigo, monografia ou periódico.

CORES HERÁLDICAS – Nome dado ao sistema inventado nos finais do século XVI através do qual as cores, os esmaltes e os metais que figuram nos escudos heráldicos em textos manuscritos ou impressos são simbolizados através de tracejados convencionais, sem ter que se recorrer à aplicação da cor.

CORIUM (pal. lat.) – Tecido cutâneo existente na estrutura do pergaminho, formado por uma rede ou entrelaçado de fibras ramificadas, cujo principal componente é uma proteína designada colagénio • Couro.

CORNELIANO – Um dos tipos de papiro.

CORNIJA – *Ver* Título corrente.

CORNO – Cada um dos pequenos botões que se colocavam nos remates do umbílico.

CORNU (pal. lat.) – Tinteiro; a designação provém do facto de o reservatório para a tinta ser feito a partir do chifre de animais.

CORNUA (pal. lat.) – Extremidade do bastonete em torno do qual se enrolava o rolo de papiro ou pergaminho; por vezes era ornamentada com figuras humanas ou zoomórficas.
CORNUCÓPIA – Vaso ou objecto em forma de corno, cheio de flores e frutos, símbolo da abundância e fertilidade, usado em vinhetas como elemento decorativo.

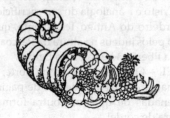
Cornucópia

Coroa fechada

CORNUS CUM INCAUSTUM (loc. lat.) – Chifre de animal que servia de tinteiro na Idade Média; uma outra expressão para tinteiro era *atramentarium*.
COROA – Em heráldica é a marca de dignidade correspondente aos feudos e aos títulos pessoais, que se coloca directamente sobre o escudo ou sobre o elmo que o encima; a coroa muda de forma consoante as pessoas que têm direito a usá-la; os papas, imperadores, reis e príncipes soberanos eram os únicos a poder usá-la sobre a cabeça; os outros só podiam ostentá-la nos brasões, nos quais constitui um dos principais ornamentos; geralmente é adornada com pérolas ou pedrarias, que dão indicações sobre os tipos de nobreza.
COROA ABERTA – Elemento iconográfico presente na heráldica real portuguesa utilizado até ao reinado de D. Sebastião, altura em que passou a utilizar-se a coroa fechada, usada pelos imperadores.
COROA DE LOUROS – Coroa triunfal de folhagem entrelaçada, que adorna a cabeça de alguns personagens que figuram em gravuras, simbolizando a glória e a fama intelectual, artística ou outra.
COROA FECHADA – Elemento iconográfico usado a encabeçar o escudo dos reis portugueses a partir do reinado de D. Sebastião; usualmente é considerada a coroa de imperador.

COROA FÚNEBRE – Colecção de textos de um autor publicados postumamente em volume, com a finalidade de honrar a sua memória.
COROA IMPERIAL – Aquela que se apresenta fechada na parte superior.

Coroa imperial

COROA LÍRICA – Coroa poética.
COROA LITERÁRIA – Colecção de textos editados em homenagem a uma pessoa, com finalidades honoríficas.
COROA POÉTICA – Colecção de poesias editadas em homenagem a uma pessoa.
COROAMENTO – Elemento ornamental superior de uma gravura, página de título, etc.
CORONDEL – Coluna de texto ou parte de coluna cuja largura se reduziu para, ao lado, se colocar uma gravura; se, em vez de filete, aparecer só o branco correspondente (o caso hoje mais frequente), chama-se corondel cego, ou seja, sem olho ou linha impressora; o seu valor pode ir de seis pontos de comprimento até trinta, mas o mais vulgar é o de doze pontos. Recorrido • Coluna de dizeres alinhados

que entram pelo meio da composição • Fio de jornal.

CORONEL – Em heráldica, remate em forma de coroa aberta encimado por um escudo.

CORONICA – Termo arcaico para designar crónica.

CORONIS (pal. lat.) – Sinal que nos manuscritos medievais indicava o final dos livros • Sinal destacado no texto manuscrito usado para facilitar a localização do texto indicando o começo dos parágrafos.

CORPO – Tomo, volume • Espessura • Solidez • Grandeza, dimensão • Tamanho dos caracteres de imprensa expresso em pontos referidos a um sistema de medida tipográfica • Altura da superfície do carácter tipográfico no qual se encontra o olho da letra; mede-se em pontos tipográficos; a letra que tem 6 pontos de altura é de corpo 6 e assim por diante • O número de pontos tipográficos que o tipo, quadrado, lingote, filete, etc. têm de espessura • A maior ou menor espessura do papel, da frisa, etc. • Colecção de leis canónicas e civis • Conjunto da obra escrita sem inclusão das partes preliminares e finais • Em encadernação, nome dado ao conjunto dos cadernos após a cosedura • Em relação a uma estante, parte que funciona como um bloco independente, quando considerada relativamente aos outros blocos que a constituem.

CORPO CIENTÍFICO – Designação do conjunto de especialistas, que validam e garantem os resultados obtidos pelo(s) autor(es) de artigos científicos apresentados ou a apresentar numa revista da especialidade.

CORPO DA DESCRIÇÃO – Parte da descrição bibliográfica que começa com o título e termina com o pé de imprensa.

CORPO DA ENTRADA – Conjunto de elementos descritivos e informativos que se inscrevem ou registam abaixo do cabeçalho, em área demarcada, e estão distribuídos por grupos constitutivos de zonas na *Descrição Bibliográfica Internacional Normalizada*.

CORPO DA LETRA – Parte central da letra, em alguns casos delimitada por hastes ascendentes e descendentes.

CORPO DA NOTÍCIA – Numa notícia catalográfica é o conjunto das indicações que constituem a descrição de uma obra: título, autor, edição, dados de publicação e descrição física.

CORPO DA OBRA – O conjunto de páginas de um livro encadernado • Obra de um autor num livro, por oposição às notas, comentários, páginas preliminares, apêndices, índices, etc. • Texto. Corpo do livro. Corpo do texto. Corpus.

CORPO DE ESTANTES – Designação do conjunto de estantes ligadas pelas costas e que formam uma ilha ou unidade independente à volta da qual pode circular-se e que usualmente se destina a documentos acerca de um tema.

CORPO DEZ – Diz-se de corpo dez a composição cujas letras componentes têm um corpo de 10 pontos.

CORPO DO LIVRO – Texto de uma obra sem os elementos acessórios que geralmente figuram nas páginas iniciais e finais. Corpo da obra. Corpo do texto. Corpus.

CORPO DO PAPEL – Espessura maior ou menor do papel, de acordo com a sua qualidade.

CORPO DO TEXTO – Páginas do texto propriamente dito, por oposição às páginas preliminares e finais da obra. Corpo do livro. Texto. Corpus • Tipo em que é composto o texto.

CORPO DO TIPO – Medida que cada símbolo gráfico ocupa na impressão. O corpo do tipo corresponde à largura do tipo (carácter móvel) onde a letra ou o olho do tipo está desenhado.

CORPO DOCUMENTAL – Designação atribuída a séries ou sequências de documentos agrupados em volta de um eixo temático, ligados a uma localidade ou região ou constituintes do fundo de uma instituição.

CORPO DOZE – Diz-se de corpo doze a composição cujas letras componentes têm um corpo de doze pontos.

CORPO EDITORIAL – Conjunto dos elementos a quem cabe a responsabilidade da edição de um livro, publicação periódica, etc. • Grupo de pessoas com poder de decisão sobre o sumário de um documento ou obra; esta entidade legitima uma publicação impressa ao rever o conteúdo científico dos textos que a constituem.

CORPO REDACTORIAL – *Ver* Redacção.

CORPORAÇÃO – Organismo colectivo sob cujo nome uma obra é publicada • Organização ou grupo de pessoas identificado sob um determinado nome e que actua ou pode actuar como uma entidade. Entidade corporativa.

CORPUS – Na Antiguidade, códice que continha os livros sagrados • Colecção dos textos escritos sobre um determinado assunto, doutrina, etc. • Conjunto das obras de um autor, de inscrições, de uma recompilação de leis, etc. • Corpo do livro • Corpo da obra • Conjunto dos documentos escritos ou orais referentes a uma determinada área, de onde são retirados dados • Conjunto de enunciados escritos ou registados, que são usados para a descrição linguística; por alargamento, o conjunto de documentos "testemunhas" • Texto • Colectânea.

CORPUS ABERTO – Aquele que não apresenta limites e ao qual vão podendo ser acrescentados outros documentos.

CORPUS DE REFERÊNCIA – O que contém amostragens de documentos devidamente seleccionadas e não documentos completos.

CORPUS DOCUMENTAL – Conjunto de dados oriundos de um mesmo centro, expresso numa mesma linguagem documental para um mesmo domínio.

CORPUS FECHADO – Aquele que apresenta limites cronológicos ou outros, estabelecidos de antemão.

CORPUS HIPPOCRATICUM (loc. lat.) – Conjunto de manuscritos de diversa proveniência, atribuídos a Hipócrates e aos seus discípulos, uns completos, outros incompletos ou até formados pela reunião de textos originariamente distintos; nenhum deles apresenta data, título ou nome do autor, nem sinal de que seja o início ou final de uma obra. Foi através deste conjunto de textos que foi transmitida à posteridade a chamada medicina hipocrática, que exerceu a sua influência sobre inúmeras gerações de médicos.

CORPUS ICONOGRÁFICO – Conjunto das representações de um objecto, imagem, estátua, quadro, monumento, etc. que são usadas para ilustrar ou documentar o texto de uma obra, que em geral acompanham.

CORPUS INSCRIPTIONUM (loc. lat.) – Compilação de inscrições, que podem apresentar-se escritas em qualquer língua: grego, latim, etc., da qual fazem parte todas as inscrições latinas que são conhecidas.

CORPUS JURIS CANONICI (loc. lat.) – Compilação de leis fundamentais para o estudo do direito canónico feita na Idade Média, primeiro com Graciano com o *Decretus*, depois por Bonifácio VIII com as *Decretales*, mais tarde por Gregório IX no *Liber Sextus Decretalium* e finalmente por Clemente V nas *Clementinæ*. C. J. C.

CORPUS JURIS CIVILIS (loc. lat.) – Compilação da jurisprudência romana realizada por ordem do imperador Justiniano entre os anos de 527 e 565 e que é considerada a mais importante obra legislativa existente na história do direito. Compreende várias partes, a saber: o Digesto ou *Pandectæ* (Pandectas), palavras que em latim e em grego têm o significado de compilação ordenada (neste caso das obras fundamentais dos juristas romanos), o Código, as *Institutiones* (Institutas), um manual para o ensino elementar do direito, e as *Novellae* ou *Novellae Constitutiones* (Novelas), resultantes da necessidade sentida por Justiniano de que se continuasse a adaptar o direito às novas exigências, completar o sistema e incutir-lhe unidade. Estes textos serviram de base aos estudos de direito civil nas primitivas universidades na Europa, após o século XIII. C. J. C.

CORPUS SIGILOGRÁFICO – Levantamento, tão completo quanto possível, do conjunto de selos de um país, de uma região, de uma categoria de titulares de selo, de um determinado tipo ou época.

CORPUS TERMINOLÓGICO – Aquele que é formado por documentos relativos a uma ciência, técnica ou assunto e do qual se pretende extrair as correspondentes terminologias.

CORPUS TEXTUAL – Aquele que, de modo exaustivo, contém documentos completos.

CORR. – Abreviatura de correcção, corrigido.

CORRECÇÃO – Acto de corrigir • Qualidade daquilo que é correcto • Alteração da forma final de um texto feita por um revisor • Emenda, pelo editor crítico, de um erro ou falha dos testemunhos usados na fixação do texto.

CORRECÇÃO DE AUTOR – Emenda tipográfica do autor aos erros e desvios feitos no decorrer da impressão ao seu original. Revisão de autor • Nome dado à matéria nova para ser inserida em fase de provas, como material distinto da rectificação dos erros de impressão feita pelo autor.

CORRECÇÃO DE CONCEITO – Emenda de um texto feita com a finalidade de rever o assunto de que trata a obra, o rigor das ideias, a qualidade do estilo, a terminologia utilizada, etc.

CORRECÇÃO DE ESTILO – Rectificação feita por especialista, para suprimir erros gramaticais e rever a clareza de exposição do texto.

CORRECÇÃO DE GRANEL – Revisão inicial levada a cabo pelo corrector tipográfico, com vista a eliminar os erros feitos durante a composição do texto.

CORRECÇÃO DE PROVAS – Operação que consiste em indicar nas provas tipográficas as alterações que devem ser feitas no texto composto, desde erros ortográficos, a saltos de palavras, falta de fidedignidade ao texto original ou outras. Até recentemente, a correcção de provas definia-se como o controlo de um texto composto; hoje já não é bem assim, uma vez que a fotocomposição beneficiou dos progressos recentes da informática. A correcção compreende: a leitura atenta das provas em comparação com o original para detecção dos erros e incorrecções e a rectificação na oficina de composição dos erros e faltas. Revisão de provas.

CORRECÇÃO DEFINITIVA – Última revisão das provas, com vista a dar a ordem de impressão.

CORRECÇÃO ORTOGRÁFICA – *Ver* Correcção de provas.

CORRECÇÃO REDACCIONAL – Revisão que é destinada a modificar intencionalmente o conteúdo ou os caracteres formais de um texto, e não apenas a corrigir um erro ou incorrecção.

CORRECÇÃO TIPOGRÁFICA – *Ver* Correcção de provas.

CORRECÇÕES – Na cópia de manuscritos, as correcções são frequentes, umas vezes feitas pelo próprio copista, outras efectuadas pelo corrector; este procurava rasurar o erro através da raspagem do pergaminho com a pequena faca que segurava na mão esquerda; se isto não fosse suficiente, usava uma mistura de leite, queijo e lima que ajudava a fazer desaparecer o texto errado, mistura essa a que por vezes se juntava sumo de laranja; as correcções feitas pelo corrector após o acto da cópia eram colocadas por cima da palavra ou nas margens. Emendas.

CORRECTIO (pal. lat.) – Emenda de um erro ou lacuna dos testemunhos utilizados na fixação do texto, feita pelo editor crítico. *Emendatio*.

CORRECTOR – Aquele que comparava o livro acabado de copiar com aquele pelo qual tinha sido copiado • Pessoa que corrige, quer o original (corrector de estilo), quer as provas (corrector tipográfico), quer o material tipográfico (corrector no chumbo) ou o material fotocomposto (corrector de fotocomposição); os dois primeiros decidem as correcções a fazer e os dois últimos executam-nas. Revisor • Líquido, verniz ou outro material que serve para cobrir erros dactilográficos ou outros • Programa informático, que pode ser accionado e que corrige automaticamente um texto, eliminando os erros ou gralhas.

CORRECTOR (pal. lat.) – Aquele que, no *scriptorium* monástico medieval, em geral um monge mais culto e experiente, se ocupava das correcções aos manuscritos; assinalava os erros nas margens e em seguida o próprio copista introduzia as alterações ou inseria o texto em falta, caso tivesse havido uma lacuna na cópia.

CORRECTOR DE ESTILO – Pessoa encarregada de rever o modo como um texto está escrito, a fim de propor as alterações que julga necessárias para o melhorar.

CORRECTOR DE PROVAS – Pessoa encarregada de comparar as provas com o original, a fim de verificar se estão conformes. Revisor de provas.

CORRECTOR LITERÁRIO – Revisor possuidor de cultura, que executa o trabalho de correcção tipográfica.

CORRECTOR ORTOGRÁFICO – Pessoa a quem cabe rever a grafia das palavras de um texto, com vista à detecção e correcção dos erros de ortografia nele existentes • Programa informático com idênticas funções.

CORRECTOR TIPOGRÁFICO – Revisor de provas.

CORRECTORIA (pal. lat.) – Formas de texto medieval de latim vulgar usadas pelos copistas para assegurarem cópias correctas e fiéis do texto original.

CORRECTUS (pal. lat.) – Qualificativo que na Idade Média era atribuído à *pecia* após o exame pelo corrector universitário, sempre que ela estava conforme com o texto original.

CORREDOR – Numa biblioteca, etc., espaço de passagem entre as filas de estantes; é de dimensões variáveis, sendo aconselhável que possua 1,50 m entre as extremidades de cada bloco de estantes, para permitir que se circule facilmente entre elas.

CORREIA – Elemento de fixação usado nas encadernações primitivas.

CORREIÇÃO – Correcção. Emenda de erros • Exame feito ao foral, a fim de verificar se os elementos nele inscritos se apresentam correctos.

CORREIO DO CORAÇÃO – Secção de publicação periódica na qual se dá resposta às questões sentimentais que os leitores colocam; o correio do coração é habitualmente considerado um género menor, mas tem grande impacto junto de determinado público, particularmente feminino. Correio sentimental.

CORREIO DO LEITOR – Secção de uma publicação periódica onde são recebidas cartas de leitores a denunciar factos ou a dar opiniões; em certo jornalismo regional é um modo de conquistar leitores; por vezes o correio do leitor é simulado ou forjado.

CORREIO ELECTRÓNICO – Processo telemático de transmissão e recepção de mensagens individuais de um local para outro através de um microcomputador e de um terminal com teclado e impressora; a recepção dos dados pode ser impressa ou visualizada num ecrã, podendo as mensagens ser emitidas, recebidas e arquivadas; permite que os utilizadores de um sistema permutem mensagens entre si e que haja troca de mensagens entre o utilizador e o bibliotecário, por exemplo; o correio electrónico é uma versão informatizada dos serviços de correspondência interna ou dos serviços postais; as mensagens podem incluir voz, imagens, gráficos e outras informações. *Electronic mail. E-mail.*

CORREIO SENTIMENTAL – *Ver* Correio do coração.

CORRELAÇÃO DE PROPRIEDADES – Apresentada a característica fundamental da classificação, da existência daquela qualidade podem ser deduzidas outras qualidades como presentes obrigatoriamente numa espécie; é esta inferência que se designa correlação de propriedades.

CORRELAÇÃO DE ZONA – Em tipografia, técnica de verificação na qual o espaço de um carácter é dividido em células virtuais (geralmente uma grelha rectilínea) e a presença ou ausência de tinta em cada célula é utilizada para reconhecer o carácter.

CORRELAÇÃO MÚLTIPLA – Correlação de três variáveis ou mais.

CORRENTES – Calhas de ferro onde desliza o cofre nas prensas manuais e nas máquinas.

CORRESP. – Abreviatura de corresponsável, correspondente *e* correspondência.

CORRESPONDÊNCIA – Modalidade de comunicação escrita, expedida (activa) ou recebida (passiva) por pessoas físicas ou jurídicas assumindo formas diversas como ofício, circular, memorando, telex, carta, cartão-postal, bilhete, nota, telegrama e outras, podendo ser oficial ou particular, ostensiva ou secreta • Artigo de jornal ou publicação periódica sob forma de carta aos redactores ou aos leitores • Artigo de interesse particular • Comunicado • Noticiário que respeita a determinado lugar publicado num jornal de outro lugar • Troca de cartas, bilhetes ou telegramas que são expedidos ou recebidos • Relações entre pessoas ausentes que se correspondem pelo correio • Correlação.

CORRESPONDÊNCIA ACTIVA – Cópias ou minutas de cartas ou outras comunicações escritas expedidas por uma instituição ou organização e mantidas por vezes em séries separadas. Correspondência expedida; opõe-se a correspondência recebida.

CORRESPONDÊNCIA COMERCIAL – Troca de cartas e documentos escritos diversos respeitantes às actividades de compra e venda • O conjunto destes documentos.

CORRESPONDÊNCIA DIPLOMÁTICA – Troca de cartas e documentos escritos diversos entre os representantes de um governo junto de outro e sobre temas referentes à diplomacia e às relações internacionais • Designação do conjunto dos documentos que resulta dessa actividade.

CORRESPONDÊNCIA EXPEDIDA – Cópias de toda a comunicação que foi enviada. Correspondência activa.

CORRESPONDÊNCIA INÉDITA – Aquela que permanece sem ser publicada, que nunca foi editada.

CORRESPONDÊNCIA OFICIAL – Toda a correspondência que é trocada entre organismos oficiais ou entre duas entidades particulares que representam uma sociedade. Divide-se em patente e secreta, apresentando a primeira valor muito diverso da segunda; a primeira limita-se à realidade, enquanto a segunda representa a tendência política de um Estado.

CORRESPONDÊNCIA PARTICULAR – Conjunto de cartas, bilhetes e telegramas recebidos ou expedidos entre duas ou mais pessoas que expressam relações de amizade ou de negócios • Em organização de arquivos, nome habitualmente atribuído à subsérie em que se agrupam cartas, integradas ou não numa produção epistolográfica sistemática.

CORRESPONDÊNCIA PASSIVA – Toda a espécie de comunicação escrita recebida por uma instituição ou organismo no decurso da sua actividade e que é organizada e conservada à parte. Correspondência recebida; opõe-se a correspondência activa.

CORRESPONDENTE – O que tem correspondência com • Pessoa que envia regularmente notícias para um jornal ou outro meio de informação de cidade ou lugar que não é o da sede deste; normalmente cada órgão noticioso possui no estrangeiro ou na província vários correspondentes, que podem ser jornalistas pertencentes ao próprio quadro redactorial (e neste caso não são propriamente correspondentes no sentido usual do termo), jornalistas que trabalham em regime livre (*free-lancers*) ou correspondentes que não são jornalistas profissionais e que recebem à peça por notícia ou por informação "bruta", muitas vezes telefonada • Diz-se do sócio não efectivo de certas agremiações científicas ou literárias.

CORRESPONDENTE ACTIVO – Pessoa que mantém comunicação escrita com frequência numa empresa, instituição, etc.

CORRESPONDENTE INACTIVO – Pessoa que tem poucos documentos nos arquivos de uma empresa, instituição, etc.

CORRETOR – Agente que se incumbe da compra e venda de informação. Intermediário.

CORRIGENDA – *Ver* Errata.

CORRIGENDUM (pal. lat.) – *Ver* Errata.

CORRIGIA (pal. lat.) – Tira ou atilho que unia as tabuinhas enceradas de um políptico umas às outras.

CORRIGIDA – Diz-se da edição que foi objecto de correcções ou emendas no ponto de vista tipográfico, mas pode também ter sofrido alterações ao próprio sentido do texto e das ideias nele expressas.

CORRIGIDO – Emendado. Rectificado. Revisto.

CORRIGIR – Indicar os erros de um texto assinalando ou não a sua forma correcta. Rever • Emendar. Rectificar • (port. Bras.) Copidescar.

CORRIGIR NO CHUMBO – Proceder às correcções sobre o texto composto em caracteres de chumbo; esta operação era geralmente feita pelo compositor tipográfico para verificar se a composição estava correcta; era uma leitura invertida, uma vez que os tipos estavam virados ao contrário.

CORRIGÍVEL – Que pode corrigir-se.

CORROBORAÇÃO – Frase que era colocada no final de um texto ou documento diplomático e que autenticava e confirmava o acto jurídico. Confirmação. Ratificação. *Corroboratio*.

CORROBORATIO (pal. lat.) – Em sentido etimológico é o fortalecimento, ou seja, a confirmação que é dada pela assinatura conjunta que valida e certifica um documento. Confirmação. Ratificação. Corroboração.

CORROMPER UM TEXTO – Alterar indevidamente um texto por omissão, supressão, adição ou alteração com a finalidade de lhe dar um sentido diferente daquele que o autor lhe quis dar; tal prática pode ser levada a cabo com a intenção de propaganda política.

CORROMPIDO – Diz-se do texto que sofreu alterações, que constituem erros ou degradação, em relação à sua qualidade inicial. Deturpado. Adulterado.

CORROSÃO DA TINTA – Danos provocados pela tinta de escrever no suporte, particularmente no papel, resultantes da sua acidificação.

CORROSIVO – Aquilo que destrói por reacção química as substâncias com as quais entra em contacto. Cáustico.

CORRUPÇÃO DE DADOS – Em informática, estado de deterioração da informação constituinte de um ficheiro, que leva a que não seja possível lê-lo.

CORRUPTELA – Passo de um texto que é de difícil reconstrução pelo facto de lhe terem sido introduzidos erros ao longo da sua transmissão.

CORTADO – Diz-se do estilo de um escritor que se exprime de uma forma sincopada, em frases breves e sem ligação entre si.

CORTADOR (port. Bras.) – Pequena máquina munida de uma lâmina horizontal que se utiliza para cortar entrelinhas e filetes. *Ver* Guilhotina.

CORTANTE – Faca com que se apara o corte dos livros, na ausência da guilhotina.

CORTA-PAPEL – Utensílio de metal, madeira, marfim ou outra substância, semelhante a uma faca, que é usado para cortar as folhas dos livros ou papel dobrado. Faca de papel • Farpador.

CORTAR – Afiar a pena de ave, de forma a prepará-la na extremidade para poder escrever • Diminuir a extensão de um texto. Encurtar; no caso de uma notícia de jornal, e se o texto tiver uma estrutura em pirâmide invertida, a supressão do texto é feita a partir do final até se obter a dimensão desejada e equilibrada, porque a informação principal é dada no início da notícia e os elementos vão sucessivamente decrescendo de importância, eliminando as palavras e frases consideradas inúteis ou redundantes.

CORTAR A FRASQUETA – Separar da folha os pedaços de papel que impedem a sua impressão.

CORTA-TRAPO – *Ver* Abridor.

CORTE – Cada uma das superfícies que resultam de cortar, com a ajuda de um instrumento (guilhotina, cisalha, manualmente, dobradeira), os três lados do livro; o corte pode ser deixado todo em branco, dourado apenas na cabeça, jaspeado ou gofrado em todos os lados, o que acontece em encadernações cuidadas; se for deixado por aparar denomina-se corte intonso • Operação do processo manual de fabrico do papel a partir de peças de trapo, pela qual, após a limpeza de todos os materiais indesejáveis, se rasgavam as peças em tiras estreitas, para que fossem desfiadas em seguida com o auxílio de lâminas (desfiação) • Gume • Amputação de parte de uma obra literária, científica ou de outra natureza • Processo de eliminação/destruição de documentos, que consiste na trituração do papel por meio de máquina própria para o efeito, por forma a que não seja possível reconstituir o documento eliminado.

CORTE ADAMASCADO – Corte trabalhado que imita os desenhos do damasco.

CORTE ALISADO – Corte cuja superfície é totalmente lisa.

CORTE APARADO – Corte de um livro quando os três cortes foram suavemente despontados.

CORTE BRUNIDO – Corte do livro que foi polido com o brunidor após a douração ou marmorização.

CORTE CARMINADO – Aquele que apresentam alguns livros encadernados, que é da cor do carmim, isto é, vermelho vivo.

CORTE CINZELADO (port. Bras.) – Corte cuja extremidade apresenta o aspecto de uma superfície trabalhada a cinzel. Corte gofrado.

CORTE CÔNCAVO – O que forma canal ou goteira na abertura do livro, para o distinguir do corte recto.

CORTE DA ABERTURA – *Ver* Corte dianteiro.

CORTE DA CABEÇA – O que se situa na parte superior do livro, à cabeça deste.

CORTE DA GOTEIRA – *Ver* Corte dianteiro.

CORTE DESBARBADO – Corte que não mostra as barbas do papel, porque foi guilhotinado.
CORTE DIANTEIRO – O que é paralelo à lombada, por onde o livro se abre. Corte da abertura. Corte vertical. Corte da goteira.
CORTE DO LIVRO – Superfície uniforme que apresentam as folhas do livro após serem aparadas e uma vez fechado este; a douradura no corte foi aplicada a partir dos finais do século XV; na Renascença encontram-se também cortes cinzelados e de diversas cores, isto é, ornamentos em relevo com composições decorativas, por vezes pintados; na encadernação corrente, a partir do século XVII usam-se cortes jaspeados, marmorizados ou tingidos; na época moderna no livro mais requintado pode ser dourado ou pintado apenas o corte da cabeça • Cada um dos três lados do volume, onde podem ver-se as extremidades dos cadernos não cosidas nem coladas • Margem lateral externa do livro por oposição à lombada • Divisão em folhas do cartão do papel • Aparo.
CORTE DO PÉ – Aquele que se situa na parte inferior do livro, no pé deste.
CORTE DOURADO – Corte ou aparo do livro ornamentado a ouro; pode também ser trabalhado com ferros secos antes de ser dourado e nesse caso denomina-se corte gofrado e dourado.
CORTE DOURADO SOBRE FOLHAS-TESTEMUNHO – Aplicação de ouro no corte das folhas de dimensão maior dos cadernos, aquelas que testemunham o tamanho original do papel, sem aparo; este estilo esteve em voga na França do século XIX.
CORTE DOURADO SOBRE VERMELHO – Designação usada para caracterizar o corte de um livro que foi pintado de vermelho e em seguida foi dourado por cima.
CORTE EM CAMALEÃO – Aquele que é tingido de vermelho e posteriormente dourado, mudando de cor ao abrir o volume.
CORTE ESPARGIDO – O que é salpicado com gotículas de tinta por meio de escova e rede apropriadas. Corte salpicado • Corte de uma obra em que a cor foi aplicada por meio de um borrifo irregular. Corte pintalgado. Corte mosqueado.

CORTE ESTAMPADO – O que é decorado com um desenho inscrito com ferros ou placa.
CORTE FRONTAL – *Ver* Corte dianteiro.
CORTE GOFRADO – Corte dourado nas folhas de um livro que foi decorado com instrumentos de gravura aquecidos para gravar um pequeno desenho repetitivo, frequentemente em pontilhado; esta decoração foi popular na Alemanha no século XVI e na Inglaterra no século XIX. (port. Bras.) Corte cinzelado.
CORTE GROSADO – Aquele que foi tornado irregular por acção da grosa.

Corte gofrado

CORTE INFERIOR – *Ver* Corte do pé.
CORTE INTONSO – Expressão usada para caracterizar o corte de um livro que não foi aparado. Corte irregular.
CORTE IRREGULAR – Corte do livro feito fora da dobra das folhas • Extremidade não regular de uma folha de papel; o papel fabricado à mão apresenta quase sempre esta irregularidade, o que é possível ver-se em provas de gravuras e mesmo em edições especiais de obras, nas quais este corte se apresenta assim, sem ser aparado, o que lhe confere uma característica muito apreciada pelos bibliófilos. Corte não aparado. Corte intonso.
CORTE JASPEADO – Corte colorido e matizado que imita o jaspe. Corte marmoreado. Corte marmorizado.
CORTE LATERAL – *Ver* Corte dianteiro.
CORTE LAVRADO – Corte de um livro trabalhado com desenhos decorativos.
CORTE LISO – Corte do livro no qual não foi aplicada qualquer ornamentação (douração, marmorização, espargimento, etc.).
CORTE LONGITUDINAL – Divisão da folha de papel no sentido do comprimento.
CORTE MANUSCRITO – Aquele que apresenta o nome do autor ou o título do livro escrito à mão na espessura das folhas, geralmente de forma abreviada; este uso remonta à época em que as obras eram colocadas nas estantes com o corte para o exterior, tornando-se fácil

a sua identificação através deste processo.

CORTE MARFIM – Nome dado ao corte do livro que recebeu um polimento rematado com cera de carnaúba, sem qualquer aplicação de cor; trata-se de um bom acabamento, que contribui para proteger a superfície em que foi aplicado contra o enegrecimento do papel e a penetração de insectos papirícolas.

CORTE MARMOREADO – Corte do livro no qual foram aplicadas tintas de modo a imitar os efeitos do mármore. Corte marmorizado. Corte jaspeado.

CORTE MARMORIZADO – Ver Corte marmoreado.

CORTE MOSQUEADO – Corte caracterizado por apresentar manchas escuras. Corte espargido.

CORTE PINTADO – Corte do livro no qual foi aplicada uma tinta de cor. Diz-se do corte do livro que se apresenta colorido, quase sempre de uma só cor, em geral a vermelha.

CORTE PINTALGADO – Corte salpicado. Corte espargido. Corte mosqueado.

CORTE POSTERIOR – Bordo esquerdo de um fólio recto (ou ímpar) que corresponde ao bordo direito de um fólio verso (ou par).

CORTE PRATEADO – Aquele em que foi aplicada uma camada de folha de prata.

CORTE QUADRADO – Ver Corte recto.

CORTE RECTO – Corte da abertura do livro quando não forma canal, mas se conserva plano por não ter sido arredondado o dorso. Corte quadrado.

CORTE RÚSTICO – Aquele que não se apresenta decorado.

CORTE SALPICADO – Ver Corte espargido.

CORTE SUPERIOR – Ver Corte da cabeça.

CORTE TRANSVERSAL – Divisão da folha de papel no sentido transverso.

CORTE VERTICAL – Ver Corte dianteiro.

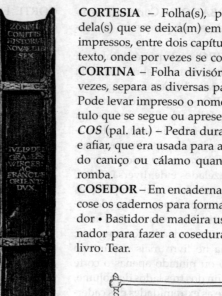

Corte manuscrito

CORTESIA – Folha(s), página(s) ou parte dela(s) que se deixa(m) em branco em alguns impressos, entre dois capítulos ou no início do texto, onde por vezes se coloca a dedicatória.

CORTINA – Folha divisória. Folha que, por vezes, separa as diversas partes de uma obra. Pode levar impresso o nome da parte ou capítulo que se segue ou apresentar-se em branco.

COS (pal. lat.) – Pedra dura, pedra de amolar e afiar, que era usada para afiar a extremidade do caniço ou cálamo quando ela se tornava romba.

COSEDOR – Em encadernação, é a pessoa que cose os cadernos para formar o livro. Costurador • Bastidor de madeira usado pelo encadernador para fazer a cosedura dos cadernos do livro. Tear.

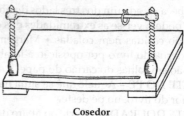

Cosedor

COSEDORA – Máquina usada em encadernação para coser os cadernos de papel com fio ou arame.

COSEDURA – Acto ou efeito de coser; no caso do livro, é uma operação levada a cabo no dorso dos cadernos, para os unir uns aos outros, segundo a sequência normal da obra; a cosedura dos livros pode ser feita à mão ou mecanicamente, com fio de algodão ou com pontos metálicos; no primeiro caso, pode ser efectuada com ponto simples, entrelaçado ou à inglesa; quando a obra tem apenas um, dois ou três cadernos, estes são cosidos através de um único pesponto e ao mesmo tempo que a capa. Costura.

COSEDURA EM ESPINHA DE PEIXE – Aquela que se faz na lombada sobre nervos duplos, na qual a agulha sai a meio entre os dois nervos, dá a volta a um deles e os abraça a ambos, passando ao da frente à altura do caderno precedente, imediatamente sobre a cosedura, para depois reentrar no fascículo através do furo de saída.

COSEDURA POR PERFURAÇÃO – Modalidade de cosedura usada na encadernação primitiva, para unir folhas simples ou bifólios, através de orifícios que eram feitos no material de suporte da escrita.
COSEDURA POR PONTO DE CORRENTE – Na encadernação primitiva, forma de unir múltiplas mãos de papel com um ponto ornamental de croché, feito habitualmente com duas agulhas curvas e dois fios separados, que dá o efeito de uma corrente.
COSEDURA SIMPLES – Aquela que se faz sobre os nervos, na qual a agulha sai sobre um dos lados do nervo, dá-lhe a volta e reentra no lado oposto, seguindo depois o percurso contrário no caderno seguinte.
COSEDURA SOBRE APOIOS – Modalidade de cosedura usada na encadernação primitiva, que é feita com tiras de couro, fitas, cordel ou correias de couro, por forma a que a ligação das capas fique mais robusta; o caminho do fio de cosedura passa por dentro de cada dobra de cada mão de papel, por fora à volta dos apoios e novamente por dentro da mão de papel, por forma a que os apoios fiquem completamente envolvidos na lombada.
COSEDURA SOBRE NERVOS – Sistema de cosedura da encadernação na qual um único fio percorre o comprimento do dorso no interior de cada caderno, saindo de cada furo da cosedura para enrolar-se à volta do suporte correspondente (nervo, corda, lingueta) e reentrar de novo no mesmo furo para seguir para o furo seguinte.
COSER – Unir os cadernos do livro pela lombada com um fio.
COSER A PLANO – Fazer a costura do caderno com fio metálico, na qual o agrafo é colocado na margem das folhas sobrepostas, a fim de constituir o caderno.
COSIDO – Acto e efeito de coser • Costura • Que se coseu.
COSIDO À MÃO – Encadernação, união de cadernos cosendo-os à mão pela parte dobrada; há várias modalidades de coser à mão; uma delas é o coser contínuo, caderno por caderno, outra o que é feito em duas secções alternadas, de dois em dois cadernos, o cosido com guita ou cordel fora do livro e o embutido.

COSTA (port. Bras.) – *Ver* Pasta inferior.
COSTADO – *Ver* Lombada.
COSTANEIRA – *Ver* Papel costaneira.
COSTAS – Lado em que o livro termina • No tipo é a face posterior, contrária àquela em que está a risca, dita barriga • Verso de um texto e o que nele se escreve.
COSTAS DA MATRIZ – Em sigilografia, lado oposto à face da matriz; pode compreender uma aresta dorsal ou uma corrente de preensão ou um cabo.
COSTERIANA – Nome genérico atribuído a uma colecção de fragmentos de livros ou edições de donatos, que se supõe terem sido impressos antes de 1473 pelo flamengo Laurens Janszoon Coster, personalidade a quem alguns atribuem a invenção da imprensa.
COSTUMEIRA – Livro no qual estão apontadas coisas feitas por uso e costume e que, embora nunca tivessem sido determinadas por lei, se consideram ou se indicam como devendo observar-se. Costumeiro.
COSTUMEIRO – Livro que contém o elenco dos costumes escritos. Normas, regras, regulamentos, reunião de máximas, originários, estabelecidos e fundados nos costumes de uma comunidade, servindo também como fonte subsidiária do direito, tendo força de lei para esclarecer e suprimir as ambiguidades e lacunas dos textos legislativos. Costumeira.
COSTURA – Acto ou efeito de coser • A superfície que apresenta a lombada de um livro uma vez cosidas todas as folhas que formam um volume antes de se colocar a cobertura. (port. Bras.) Costuragem.
COSTURA A CAVALO – Em encadernação, modalidade de costura manual ou mecânica que é feita passando um fio ou um arame pelo meio do caderno. Costura de cadernos encaixados.
COSTURA À GREGA – Costura da lombada do livro feita sobre cordas incrustadas num sulco previamente praticado no dorso dos cadernos, o que resulta na ausência de nervuras; esta técnica inspira-se nas encadernações greco-bizantinas, foi utilizada em algumas belas encadernações do século XVI e posteriormente abandonada até finais do século XVIII,

data em que o seu uso foi retomado, mas de modo diferente.

COSTURA A MEIO PONTO – Processo de cosedura, usado em encadernação, em que, apenas com uma linha, se prendem dois ou três cadernos; emprega-se em volumes espessos.

COSTURA CADERNO A CADERNO – Em encadernação, estilo de costura à mão que consiste em passar o fio através da folha e à volta de cada corda ou cinta, ao longo de toda a secção, desde o ponto da cabeça até ao da borda inferior.

COSTURA COM NERVO – Modalidade de costura em que o fio segue o compartimento do lombo pelo interior do caderno, saindo em cada fio da costura para se enrolar em volta do nervo correspondente; depois volta a entrar no mesmo caderno até ao fio seguinte; é o tipo de costura de que resultam cordas salientes.

COSTURA DE CADERNOS ENCAIXADOS – *Ver* Costura a cavalo.

COSTURA EM PLANO – Em encadernação, processo de fixação das folhas de um livro ou folheto pelo qual elas são unidas apenas de uma vez, em geral com arame ou linha, em vez de os cadernos serem cosidos uns aos outros sequencialmente.

COSTURA LATERAL A PLANO – Em encadernação, modo de segurar o corpo da obra, em que as folhas soltas ou os cadernos se cosem juntos muito perto da borda da lombada, atravessando todo o conjunto do livro.

COSTURA LATERAL POR CADERNOS – Em encadernação, modo de segurar as folhas pelo qual o livro se forma cosendo os sucessivos cadernos uns aos outros, muito perto da beira da lombada.

COSTURA POR CADERNOS – Processo de cosedura que é usado em encadernação, em que os diversos cadernos são ligados uns aos outros com arame ou fio, que é introduzido através da dobra central ou junto à borda da lombada; as espécies mais vulgares são: a cosedura manual e a lateral, incluindo esta o alinhavado e a sobrecosedura, e a cosedura contínua com fio.

COSTURA POR PERFURAÇÃO – Modalidade de cosedura usada na encadernação primitiva, para unir folhas simples ou bifólios, através de orifícios que eram feitos no material de suporte da escrita.

COSTURA POR PONTO DE CORRENTE – Na encadernação primitiva, forma de unir múltiplas mãos de papel com um ponto ornamental de croché, feito habitualmente com duas agulhas curvas e dois fios separados, que dá o efeito de uma corrente.

COSTURA SOBRE APOIOS – Modalidade de cosedura usada na encadernação primitiva, que é feita com tiras de couro, fitas, cordel ou correias de couro, por forma a que a ligação das capas fique mais robusta; o caminho do fio de cosedura passa por dentro de cada dobra de cada mão de papel, por fora à volta dos apoios e novamente por dentro da mão de papel, por forma a que os apoios fiquem completamente envolvidos na lombada.

COSTURADEIRA – Máquina que executa a costura mecânica dos livros.

COSTURADOR – *Ver* Cosedor. (port. Bras.) *Ver* Bastidor.

COSTURAGEM (port. Bras.) – *Ver* Costura.

COTA – Indicador de localização • Termo vulgarmente usado para designar a colocação de uma obra, de um documento, etc.; a cota é constituída por símbolos (letras, números ou ambos) e permite encontrá-lo na estante, pois faz a conexão entre o catálogo e a estante • Sinal ou número que serve para classificar as peças de um processo • Nota, glosa, citação ou apontamento à margem de um livro • Notação tipográfica. (port. Bras.) Número de chamada.

COTA ARQUIVÍSTICA – Código numérico, alfabético ou alfanumérico que é atribuído a uma unidade de instalação e/ou documento, para efeitos de instalação definitiva, ordenação e recuperação.

COTA MARGINAL – *Ver* Glosa marginal.

COTA SISTEMÁTICA – Número usado para a identificação da classe a que pertence um documento, uma publicação, etc. *Ver* Número de identificação.

COTA TOPOGRÁFICA – *Ver* Cota.

COTAÇÃO – Acto ou efeito de cotar • Operação que consiste na atribuição de uma cota • Técnica de processamento que consiste em atribuir a cada documento um código alfa-

bético e/ou numérico – a cota, que determina a posição/localização do documento no sistema.
COTAR – Colocar cota no livro, documento, etc. • Cotejar • Anotar • Marcar • Taxar.
COTEJADO – Examinado. Comparado. Conferido. Confrontado.
COTEJAR – Examinar e comparar minuciosamente, página por página e linha por linha, com a finalidade de determinar se dois livros são cópias idênticas ou variantes; é uma operação especialmente útil no tratamento técnico do livro antigo. Confrontar. Conferir. (port. Bras.) Decalcar uma prova.
COTEJO – Controlo da integridade e do estado de um documento, de um conjunto de documentos ou de uma lista • Verificação da conformidade das colecções de uma biblioteca, etc. com o inventário.
COTICA – Em heráldica, designação dada à peça estreita que atravessa o escudo.
COTICADO – Que tem cotica.
COTIZAÇÃO – Atribuição de cotas aos documentos bibliográficos.
COUCHÉ (pal. fr.) – *Ver* Cuchê.
COUP DE PLUME (loc. fr.) – Penada • Pena, por extensão estilo de um escritor.
COURIER (pal. fr.) – Correio. Correspondência enviada e recebida.
COURIÉRISTE (pal. fr.) – Encarregado num jornal da informação literária • Nome dado ao redactor de um jornal que faz a crónica diária dos acontecimentos.
COURO – Pele de certos animais, curtida e preparada para diversos usos; a utilização do couro como suporte da escrita remonta provavelmente ao terceiro milénio a. C.; hoje ainda subsistem alguns espécimes do segundo milénio a. C.; será substituído primeiro pelo papiro e mais tarde pelo pergaminho, embora se tenham utilizado ocasionalmente peles de veado, canguru, foca e outras. Há duas maneiras de preparar peles para utilização: curtimento e curtimento por pedra-ume. Nas encadernações utilizam-se couros de várias espécies, mas sobretudo de carneiro, cabra, ovelha, vitela, cavalo e porco, que dão peles como a carneira, o marroquim, o *chagrin*, a camurça, o pergaminho, etc.
COURO BÚLGARO – Couro curtido (originalmente com casca de bétula), impregnado com um óleo essencial aromático também extraído da bétula, que lhe confere uma certa flexibilidade, propriedades insectífugas e um odor áspero muito característico.
COURO DA RÚSSIA – Pele curtida segundo um processo especial, muito usada em encadernações de luxo; foi originariamente preparada na Rússia com couro de vitela tingido de vermelho e tornado macio e perfumado com óleo de bétula, que o protegia dos insectos e da humidade; modernamente prepara-se igualmente a partir do couro de vaca ou de cavalo, tingindo-o com cores diversas. Pele da Rússia.
COURO DA RÚSSIA TRABALHADO EM XADRÊZ – Couro tatuado • Couro cortado em quadrados e curtido por um processo especial utilizado com frequência na encadernação de livros nos finais do século XVIII.
COURO DE CÓRDOVA – Pele de cabra muito resistente, originalmente curtida e preparada em Córdova (Espanha), usada nas encadernações mudéjares, normalmente tingida de vermelho.
COURO ENVELHECIDO – Couro, em geral de vitela, que é tingido de modo irregular, para lhe conferir um aspecto antigo.
COURO GRAVADO – Couro pirogravado • Encadernação de pele reforçada com uma camada de matéria maleável (como a cera), na qual se grava um desenho em relevo, através de modelagem ou pirogravura.
COURO MARCHETADO – Couro cortado em quadrados e curtido segundo um processo especial, muito usado em encadernações de livros nos finais do século XVIII.
COUSIDOR – Termo arcaico que designava censurador.
COUSIR – Termo arcaico que designava ver com atenção. Analisar. Examinar • Censurar.
COUTAR – Termo arcaico que designava apreender. Proibir.
COVER (pal. ingl.) – Designa capa e, por extensão, a notícia ou informação da primeira página.
COXIM – Almofada especial para estender a folha de ouro destinada a ornamentar a encadernação.

COXIM DE DOURADOR – Almofada de dourador.

COZEDURA – Tratamento de uma matéria-prima fibrosa por água a ferver, com ou sem acrescentamento de produtos químicos.

COZIMENTO (port. Bras.) – *Ver* Cocção.

CPU – Abreviatura de *Central Processing Unit*, Unidade central de processamento, de um computador. Funciona sob o controlo directo de um descodificador de instruções e efectua operações correntes como a adição, multiplicação, etc.

CRASE – Contracção de duas vogais ou sílabas numa só.

CRATÍCULA – Grelha. Pequena grade • Quadradinho.

CRATICULAÇÃO – Processo para copiar desenhos, que consiste em dividir o original em pequenos quadrados que se repetem no papel destinado à cópia.

CRATICULAR – Fazer copiar uma rede de quadrados num desenho que se pretende, que é reproduzido na cópia, na mesma escala ou noutra. Quadricular.

CRAVAÇÃO – Compressão exercida na folha de papel pela platina de um prelo manual ou por um cilindro especial da máquina de impressão • Relevo mais ou menos saliente produzido no verso da folha pela penetração dos caracteres ou de uma estampa gravada em relevo sob a acção do prelo.

CRAVADOR – Peça metálica semelhante à sovela, que serve para baixar os espaços tipográficos levantados; modernamente integra a pinça.

CRAVO – Prego de metal colocado nos ângulos das pastas do livro; o do centro chama-se umbílico; destinava-se a proteger a pele da encadernação do atrito, constituindo um ponto de apoio para que não se desgastasse. Brocho.

CRAYON (pal. fr.) – *Ver* Gravura a *crayon*.

CRÉ BRANCO – Gesso pulverizado, utilizado como pigmento branco, que assume o nome das diversas variedades locais: branco de Champagne, branco de Espanha, branco de Orléans, etc.

CREATIVE COMMONS (loc. ingl.) – Forma abreviada de designar a licença que se situa entre os direitos de autor, em que todos os direitos são reservados, e o domínio público, em que não existe nenhum direito reservado.

CREDENCIAL – *Ver* Carta credencial.

CREDIBILIDADE DE UMA FONTE – Característica de uma fonte que consiste no facto de ela oferecer uma informação verdadeira, completa e digna de crédito.

CRÉDITO – Indicação da fonte de um texto ou ilustração, que é feita com vista a inspirar confiança • Abono.

CREIOM (port. Bras.) – *Ver Crayon*.

CREMALHEIRA – Régua dentada que engrena num cilindro ou roda dentada e transforma o movimento de rotação em movimento rectilíneo e vice-versa • Peça de madeira da estante munida de denteado, que permite a instalação de tabelas ou prateleiras a diferentes alturas.

CREMATÍSTICA – *Ver* Crisologia.

CRENADO – *Ver* Creno.

CRENAR – Operação que se faz no acabamento das letras que, por terem saliências, não podem ser passadas na pedra de esmeril ou lima e são raspadas com uma espécie de faca.

CRENO – Parte do olho da letra que sobressai do fuste, fácil de verificar no j dos grifos e no f. Crenado. *Ver* Letra crenada.

CRÊPELINE (pal. fr.) – Seda muito fina usada no século XIX para proceder à velatura.

CRESCENTE – Figura heráldica da segunda ordem, bastante frequente nos brasões, só, ou acompanhada; a sua posição é quase sempre ascendente, isto é, com as pontas viradas para o chefe; se tiver as pontas viradas para baixo diz-se crescente apontado.

CRESTOMATIA – Conjunto de extractos de diversas obras de um autor ou de autores diversos seleccionados com finalidades didácticas, a maior parte das vezes para uso de alunos que se dedicam à aprendizagem de uma língua • Antologia especialmente organizada para o ensino das línguas antigas de forma gradual, colocando os textos por ordem de dificuldade • Selecta. Florilégio. Analecto.

CRETA (pal. lat.) – Giz. Argila, greda • Carbonato de cal friável que era usado para branquear o pergaminho e também como lacre.

CRIAÇÃO – Acto ou efeito de criar. Realização • Elaboração de uma coisa não existente. Invenção. Produção • Obra literária.

CRIAÇÃO DO LIVRO – Designação atribuída ao conjunto de tarefas que englobam o trabalho do autor, do impressor e do editor com vista ao aparecimento do livro.
CRIAÇÃO EDITORIAL – Actividade do editor que reside no estudo, configuração, projecto e realização de obras de referência em áreas do conhecimento que estão desfalcadas delas.
CRIAÇÃO PLURAL – Diz-se da obra literária ou artística que foi feita por um conjunto de pessoas.
CRIAÇÃO SINGULAR – Diz-se da obra literária ou artística que foi feita por uma só pessoa.
CRIADOR – Que ou aquele que cria • Pessoa(s) ou instituição(ões) responsável(eis) pelo conteúdo intelectual de um documento ou contribuição. Inventor • O autor, compositor, fotógrafo ou outra pessoa responsável pelo conteúdo intelectual ou artístico de uma obra • Em arquivística, *ver* Proveniência.
CRIADOR DE CONTEÚDO – Na *Internet*, designação da pessoa ou empresa que oferece informação nas páginas *Web*.
CRIAR – Elaborar artística ou intelectualmente. Fazer. Gerar.
CRIATIVIDADE – Capacidade de inventar ou criar algo novo utilizando a imaginação ou o pensamento.
CRIATIVO – Diz-se daquilo que é capaz de dar origem através da imaginação e da capacidade inventiva.
CRIBLÉ (pal. fr.) – Gravura sobre matriz de metal na qual os traços do desenho são escavados e os fundos em relevo, geralmente crivados de pequenos pontos por instrumentos próprios.
CRIFIA – Sinal de apostila (∪) usado nos códices medievais para assinalar, na margem, as passagens menos claras e que não foi possível interpretar, devido ao seu carácter obscuro.
CRIME DE IMPRENSA – Aquele que se consuma pela publicação de textos ou imagens.
CRIPT. – Abreviatura de criptónimo.
CRÍPTICO – Diz-se daquilo que se apresenta de forma oculta, não imediata e que pressupõe a posse de uma chave para poder ser decifrado. Cifrado.

CRIPTOGRAFAR – Transformar um texto claro de acordo com os princípios da criptografia.
CRIPTOGRAFIA – Escrita secreta, em cifra • Processo usado para fazer com que as informações se tornem indecifráveis através do uso de códigos secretos, com a finalidade de protegê-las da consulta ou do uso não autorizado, sobretudo durante a transmissão ou quando ficam armazenadas nalgum suporte magnético transportável • Habilidade e engenho para escrever criptogramas • Esteganografia.
CRIPTOGRAFIA DE SUBSTITUIÇÃO – Sistema critpográfico que consiste na troca de letras ou palavras ou apenas algumas delas por outras letras ou palavras, sinais convencionais, cifras, etc.
CRIPTOGRAFIA DE TRANSPOSIÇÃO – Sistema criptográfico que consiste na modificação da ordem normal das letras ou palavras ou dos seus equivalentes criptográficos.
CRIPTOGRÁFICO – Relativo à criptografia.
CRIPTÓGRAFO – Pessoa entendida em criptografia ou hábil em decifrar escritas secretas • Aparelho ou instrumento para escrever em cifra.
CRIPTOGRAMA – Documento enigmático escrito em cifra. Documento cifrado • Figura ou sinal que encerra sentido oculto, conhecido apenas pelos iniciados.
CRIPTOGRAMISTA – Pessoa que escreve em cifra. Criptógrafo.
CRIPTOLOGIA – Ciência oculta. Ocultismo. Criptografia.
CRIPTOLÓGICO – Relativo à criptologia.
CRIPTÓLOGO – Aquele que trata de criptologia.
CRIPTONÍMIA – Pseudonímia. Ocultação do nome.
CRIPTÓNIMO – Nome factício, sinal ou letra(s) com que um autor oculta ou disfarça o seu nome; pode ser um pseudónimo, um alónimo, um anagrama, assim como um asterónimo ou uma ou mais iniciais • Heterónimo • Alónimo • Aquele que oculta o seu nome • Pseudónimo.
CRIPTOSSEMIA – Parte da semântica que estuda o verdadeiro sentido de expressões ocultas sob símbolos, linguagem cifrada, caracteres secretos, etc. *Ver* Anagrama.

CRISMA – Representação do monograma de Jesus Cristo, a partir da associação das letras X e P (qui)/(ró) que constituíam o início da palavra crisma. Monograma de Cristo. Cristograma. *Chresimon.*

CRISOGLIFIA – Processo da gravura em relevo sobre cobre, que se executa por meio da aplicação de uma película de ouro na gravura a água-forte ou a buril, preenchendo-se as lacunas com um betume especial; quando a película de ouro é retirada, a chapa é mergulhada num banho mordente; deste modo, o ácido não ataca as partes protegidas pelo betume e vai rebaixar as restantes partes em contacto com o líquido.

CRISOGRAFIA – Arte de estampar e decorar com letras de ouro ou prata; o ouro era misturado com clara de ovo ou cola para formar uma tinta que, uma vez seca, era geralmente brunida; a crisografia é conhecida desde o período paleocristão; as páginas tingidas com púrpura foram introduzidas nos livros bizantinos pelo menos a partir do século VI; foi usada na produção de livros de luxo insulares, anglo-saxões, carolíngios e otonianos e ocorre esporadicamente na época medieval final e na Renascença. A tinta dourada era também usada na iluminura bizantina para produzir pontos mais luminosos e outros pormenores.

CRISÓGRAFO – Escriba medieval especializado na aplicação do ouro na escrita; o ouro era geralmente aplicado sobre pergaminho previamente tingido de púrpura; é provável que este tipo de escrita date de tempos muito recuados, tal como se pode observar em alguns manuscritos; parece que a profissão de crisógrafo era muito considerada; o uso das letras de ouro era comum nos séculos IV e V, mas foi-se perdendo a pouco e pouco a técnica de fixar o ouro ao suporte.

CRISOL – Caldeira nas fundidoras (monótipo) e compositoras (linótipo) onde se coloca o metal para derreter e posteriormente ser injectado no molde em que se formam as letras ou as linhas.

CRISOLOGIA – Tratado das riquezas.

CRISÓLOGO – Que tem palavras de ouro • Perito em crisologia • Que tem uma linguagem correcta e harmoniosa • Pessoa elegante na forma como se exprime. Crisóstomo.

CRISOPOLICROMIA – Termo que se aplica à pintura de manuscritos ou à iluminura, em que o emprego de cores variadas está associado ao ouro.

CRISÓSTOMO – Orador eloquente. Crisólogo.

CRISP – Acrónimo de *Computer Retrieval of Information on Scientific Projects*, Recuperação Informatizada de Informação sobre Projectos Científicos.

CRISTALIZAÇÃO – Capacidade que têm o alumínio e o zinco de adquirir as características e propriedades da pedra litográfica, através de um polimento da sua superfície, para lhe dar grão.

CRISTENGO – Denominação dada aos caracteres latinos por oposição aos arábicos.

CRISTOGRAMA – Monograma formado pela combinação das letras gregas X e P, representando a palavra *Christos. Chresimon.* Crisma.

CRISTOLOGIA – Tratado acerca de Cristo ou da sua doutrina • Parte da teologia cristã que trata de Cristo e das relações da sua pessoa com Deus e a humanidade.

CRÍT. – Abreviatura de crítico(a).

CRITÉRIO – Sinal que permite que se distinga com fundamento uma coisa de outra • Raciocínio • Juízo.

CRITÉRIO CATALOGRÁFICO – Expressão usada para designar as normas a aplicar na catalogação de um determinado fundo, que assenta na determinação do nível de descrição a adoptar, descrição a dois níveis, etc.

CRITÉRIO DE ARQUIVO – Expressão usada para designar a regra que permite avaliar se os documentos devem ser conservados ou rejeitados.

CRITÉRIO ETÁRIO DE LEITURA – Determinação da idade privilegiada para a leitura de um determinado livro.

CRÍTICA – Arte de julgar obras literárias, artísticas ou científicas, apontando os seus méritos e defeitos • Artigo ou outro escrito que tem por fim a explanação desse julgamento. Apreciação • Discussão que tem lugar com a finalidade de esclarecer factos e textos • Censura • Apreciação não favorável • Visão pessoal de um jornalista ou de um colaborador especializado sobre um evento cultural: teatro, cinema, música, programa de televisão, etc. • Mecanismo de selecção e de hierarquização que traduz a reacção (ou as reacções contraditórias), quer da classe dirigente, quer da ideologia dominante através dos seus porta-vozes.

CRÍTICA ACTUAL – Ver Crítica contemporânea.

CRÍTICA CONTEMPORÂNEA – Aquela que é exercida por meio de crónicas especializadas dos jornais, das revistas, de certos grupos de pressão, dos media e sobretudo da televisão.

CRÍTICA DAS VARIANTES – Trabalho de investigação que tem como objecto toda a actividade de um determinado autor, com vista à versão definitiva da obra e que assenta no estudo de todas as variantes que correspondem às fases iniciais e intermédias da elaboração de um texto. Há também quem lhe chame crítica dos rascunhos.

CRÍTICA DE AUTORIDADE – Fase da determinação do valor dos documentos históricos e dos seus testemunhos, que verifica qual o critério científico que deve ser atribuído a um tal testemunho ou a um tal autor.

CRÍTICA DE INTERPRETAÇÃO – Ver Hermenêutica.

CRÍTICA DE ORIGINALIDADE – Fase da determinação do valor dos documentos históricos e dos seus testemunhos, que verifica se o autor, ao referir o que narra, foi testemunha imediata ou mediata do acontecimento, se se deixou influenciar por quaisquer factos ou preconceitos, se profere um juízo aceitável sobre os acontecimentos, no caso de ter sido testemunha mediata, quais as suas fontes de informação, etc.

CRÍTICA DE VERACIDADE – Fase da determinação do valor dos documentos históricos e dos seus testemunhos, em que pretende verificar-se se o autor diz a verdade.

CRÍTICA DIPLOMÁTICA – Ciência auxiliar da Diplomática que tem por finalidade a verificação da autenticidade dos documentos e, eventualmente, as alterações e modificações que eles possam ter sofrido, precisar a sua data, julgar do alcance real do seu conteúdo, tendo em conta a sua formulação; assenta fundamentalmente em dois aspectos: a crítica externa, que incide sobre os elementos externos da documentação – suporte (papiro, pergaminho, papel), tintas, tipo de letra e forma do documento e a crítica interna, que visa os elementos internos do documento – factos narrados, pessoas mencionadas, etc.

CRÍTICA DOS RASCUNHOS – Ver Crítica das variantes.

CRÍTICA EXTERNA – Em ciência histórica, aquela que lida com o documento sem se preocupar com o que ele diz ou possa dizer; é sua finalidade examinar o próprio texto (crítica textual, de autenticidade ou de integridade) e determinar, em certos casos, a sua origem (crítica de proveniência).

CRÍTICA GENÉTICA – Crítica textual de textos modernos e contemporâneos (séculos XIX e XX), cujo objectivo final é o de traçar o processo de génese de um texto; procura analisar, classificar e interpretar os espólios, avaliando a distância que separa as notas, os esquemas, os rascunhos, as redacções transitórias do texto definitivo, quer ele tenha sido publicado pelo autor ou não.

CRÍTICA GENÉTICO-COMPARATIVA – Crítica que estuda o influxo e a conexão permanente com outras linhas de pensamento religioso ou cultural geral e com outras tradições literárias, que têm o mesmo conteúdo ou intencionalidade religiosa.

CRÍTICA HISTÓRICA – Parte da ciência histórica que tem por fim determinar o valor dos documentos e dos seus testemunhos; divide-se em dois tipos: crítica interna ou alta crítica e crítica externa ou baixa crítica; opera sobre os critérios fundados no conhecimento dos acontecimentos, das instituições, das pessoas e dos lugares; concorre com a crítica diplomática para formar um julgamento sobre os actos • Crítica que se interroga acerca da historicidade do relatado.

CRÍTICA INTERNA – Em ciência histórica, crítica que se preocupa com o testemunho apresentado pelo documento, sem tomar em consideração a sua forma material.

CRÍTICA LITERÁRIA – Análise de opinião acerca de uma obra literária, que serve para apreciar a sua qualidade e que funciona como

sugestão e orientação para o público • Apreciação que distingue tradições, fontes, géneros literários, contextos de significação, autores, etc.
CRÍTICA *OMNIBUS* – Comentário colectivo, análise de um grupo de livros sobre matérias afins.
CRÍTICA TEXTUAL – Técnica que tem como finalidade reconstituir a forma mais correcta ou original de um texto, por meio do exame minucioso de cada uma das suas palavras e da comparação de cada uma das suas versões • Estudo da relação entre o texto tal como foi concebido pelo seu autor e o texto impresso.
CRITICADOR – Aquele que critica, que comenta o valor de algum documento ou obra.
CRITICANTE – Pessoa que critica. Crítico.
CRITICAR – Fazer a crítica de • Apreciar com a finalidade de distinguir o que há de bom e de mau numa obra • Glosar. Explicar.
CRITICASTRO – Mau crítico; aquele que julga obras de qualidade sem autoridade nem conhecimento e as deprecia. Critiqueiro.
CRITICÁVEL – Digno de crítica. Censurável.
CRITICIDADE – Qualidade ou condição de crítico.
CRÍTICO – Pessoa que escreve trabalhos de crítica em jornal, revista ou livro • Referente à crítica.
CRÍTICO LITERÁRIO – Aquele que analisa, comenta e julga obras literárias.
CRITIQUEIRO – Fraco crítico. Crítico não competente. Criticastro.
CRITIQUICE – Crítica não fundamentada. Fraca crítica.
CRIVAGEM – Operação que tem por finalidade separar as matérias primas constituintes da pasta do papel, passando-as através de orifícios de variadas dimensões.
CRIVO – Processo de gravura em relevo no qual algumas superfícies impressas estão crivadas de múltiplos pontos cavados • Designa igualmente as ilustrações assim obtidas e cujas partes escuras são crivadas de pontos brancos; este processo foi utilizado nos séculos XV e XVI.
CROCO – Planta herbácea da família das Iridáceas, de cujo pistilo se extrai uma droga fortemente aromática que, diluída em líquido, produz uma coloração amarela; pode ser usada tanto como corante, para avivar as douraduras, como como mordente.
CROMÁTICA – Arte de combinar as cores • Estudo das cores • Relacionado com as cores.
CROMÁTICO – Relacionado com as cores • Corado.
CROMATISMO – Produção da cor • Coloração • Conjunto das cores de um quadro.
CROMATOGRAFIA – Técnica de análise química das substâncias complexas que assenta na diferença de absorção dos diferentes compostos, segundo o seu peso molecular.
CROMISTA – Em litografia é o artista que decompõe o original nas suas cores básicas, preparando as pedras ou os zincos referentes a cada uma delas.
CROMO – Metal cujos óxidos entram na formação de diferentes cores, em especial dos verdes e dos amarelos; utiliza-se também para sensibilizar gelatina • Desenho impresso a cores, em geral de pequenas dimensões, que se destina à colagem em álbum ou caderno, geralmente por temas, de modo a constituir séries. (port. Bras.) Figurinha.
CROMOFOTOGRAFIA – *Ver* Fotocromia.
CROMOFOTOGRAVURA – Gravura a cores que se obtém por processos fotográficos.
CROMÓGENO – Nome dado aos agentes que, por reacções químicas, provocam manchas coloridas.
CROMÓGRAFO – Hectógrafo. Duplicador. Copiógrafo.
CROMOGRAVURA – Gravura a cores.
CROMOLITOGRAFIA – Qualquer processo de impressão a cores com matriz plana ou litográfica; o princípio fundamental da cromolitografia é o de desenhar uma pedra para os traços de cada cor que se deseja obter; cada uma delas pode receber apenas uma tinta. Fotocromotipografia. Litografia a cores. Litografia colorida • Estampa obtida por um desses processos.
CROMOLITÓGRAFO – Pessoa que executa cromolitografia.
CROMOTIPIA – Gravura a cor, cromotipogravura, cromotipografia, tipocromia, fototipocromia.

CROMOTIPOGRAFIA – Arte de imprimir a cores por processos tipográficos, ou seja, por meio de chapas em relevo. Fototipocromia.
CROMOTIPOGRAVURA – *Ver* Cromotipia.
CROMOXILOGRAFIA – Processo de impressão em cores, através de gravuras em madeira.
CROMOZINCOGRAFIA – Processo de reprodução a cores semelhante ao da litografia, no qual a pedra litográfica é substituída por uma chapa de zinco.
CRÓNICA – Relato histórico em que os acontecimentos são expostos em ordem puramente cronológica, normalmente sem comentários da parte do autor • Secção do jornal onde se noticiam e comentam determinados assuntos: crónica mundana, literária, desportiva, etc. • Também chamada em gíria jornalística bilhete, é uma rubrica regular ou um artigo de opinião de carácter polémico, humorístico ou irónico • Notícia sobre acontecimentos actuais • Narração dos acontecimentos relativos à ciência ou literatura, publicados periodicamente na imprensa jornalística • Biografia, usualmente controversa, de um personagem.
CRÓNICA DE CIRCUNSTÂNCIA – Narração, comentário, etc., que foi escrito expressamente para acompanhar ou assinalar um facto.
CRÓNICA DE COSTUMES – Narração histórica ou comentário feito em geral segundo a ordem dos tempos, acerca de comportamentos habituais de um grupo ou classe de indivíduos de toda uma sociedade.
CRÓNICA DE RUA – Aquela que é feita geralmente por um jornalista, partindo de interpelações aos transeuntes de uma cidade ou região, procurando auscultar a sua opinião acerca de qualquer assunto corrente e actual. Não apresenta grande consistência e as conclusões poderão ser manipuladas, uma vez que a selecção das respostas fica ao critério de quem elabora o produto final, ou seja, o editor de imagem (no caso da televisão) ou o do texto, se se tratar de uma publicação.
CRÓNICA HUMORÍSTICA – Narração curta de factos inventados ou do dia a dia, observados com mordacidade ou simplesmente de forma divertida, destinada a provocar boa disposição a quem a ler; mesmo sendo uma prosa ficcional deve respeitar as normas éticas, que prescrevem o respeito pelo bom nome e a imagem de instituições e pessoas.
CRONICÃO – Crónica medieval que versa factos relevantes em estilo resumido, de natureza histórica e por ordem cronológica.
CRONICÃO FALSO – Crónica de factos inventados, género que proliferou em Espanha no século XVI.
CRONIQUILHA – Crónica de fraca qualidade.
CRONISTA – Historiógrafo • Autor de crónica • Redactor de jornal que tem a seu cargo uma secção de crónica • Jornalista.
CRONÍSTICO – Relativo à crónica ou ao cronista.
CRONOGR. – Abreviatura de cronograma.
CRONOGRAFIA – Ciência cuja finalidade consiste em determinar a ordem e datas dos sucessos históricos • Cronologia • Tratado das divisões do tempo.
CRONOGRÁFICO – Relativo a cronografia.
CRONÓGRAFO – Pessoa que tem conhecimentos de cronografia e se dedica ao seu estudo.
CRONOGRAMA – Frase ou versos cujas letras, geralmente impressas em maiúsculas, formam uma data relativa ao facto a que a mesma frase alude • Em publicidade é o conjunto das estatísticas e quadros que mostram a programação de um plano dos media, indicando a sua duração e diferentes fases • Em metodologia da investigação científica, documento no qual se inscrevem, faseando-as, as diversas actividades a levar a cabo durante o período de tempo de que se dispõe entre começar e terminar um trabalho. *Ver tb.* Diagrama de barras.
CRONOLOGIA – Ciência dos tempos, de modo particular a que trata da sucessão das datas e da ordem dos acontecimentos; aplica-se na identificação e comparação das datas de calendários diferentes; possibilita ao historiador assinalar datas exactas ou prováveis aos documentos • Conjunto de dados referentes a acontecimentos importantes ou a factos seleccionados, que são apresentados cronologicamente • Livro, lista ou rol em que estão registados os acontecimentos segundo as suas datas.

CRONOLÓGICO – Relativo à cronologia.
CRONOLOGISTA – Cronólogo.
CRONÓLOGO – Pessoa que tem conhecimentos de cronologia e que se dedica ao seu estudo. Cronologista.
CRONONÍMIA – Nomes dos séculos, eras, anos, meses, etc.
CROQUIS (pal. fr.) – Desenho ligeiro de um terreno, paisagem, objecto, etc. feito a olho e sem auxílio de qualquer instrumento geométrico. Escorço. Esboço. Risco.
CRT – Acrónimo de *Cathode Ray Tube*, tubo de raios catódicos (TRC).
CRUCIBOLUM (pal. lat.) – Lanterna para iluminar, objecto que pode observar-se muito frequentemente na pintura de manuscritos, uma vez que fazia parte do mobiliário que rodeava os copistas medievais.
CRUCIFORME – Aquilo que apresenta a forma de cruz.
CRUCIGRAMA – Desenho geométrico, em forma de cruz, formado por casas brancas e pretas em quantidades não obrigatoriamente iguais, que é usado para passatempo, preenchendo as casas brancas com letras ou sílabas com as quais se formam palavras ou frases, que podem ser lidas na vertical ou na horizontal, e que correspondem a questões que acompanham o desenho.
CRUSTARIUS (pal. lat.) – Na antiga Roma, era o artista que praticava uma espécie de tauxia, escavando figuras em placas de metal e preenchendo-as com um outro metal.
CRUX DESPERATIONIS (loc. lat.) – Sinal colocado no início e no final dos passos não emendáveis do manuscrito mediante cotejo com outros e cujo restabelecimento por conjectura seja julgado impossível.
CRUZ – Sinal que imita a cruz latina (†), usado especialmente em obras eclesiásticas, calendários, enciclopédias, etc. com significado que pode variar, de acordo com a natureza do trabalho; em datas, ou ainda colocada antes ou depois de um nome, indica o ano do falecimento de uma pessoa; os dignitários da Igreja católica fazem preceder a sua assinatura composta apenas pelo nome próprio por uma cruz, seguindo-se o nome da diocese na qual exercem a sua autoridade • Óbelo. Adaga • Nas correcções de provas tipográficas indica a falta de uma letra ou de parte do texto que requer atenção • Elemento decorativo utilizado em marcas tipográficas, representação iconográfica da fé cristã; quando aparece colocado sobre o círculo terrestre pretende simbolizar o universalismo da Igreja de Cristo • Em sigilografia é um pequeno sinal em forma de cruz que aparece na pontuação dos selos; se o seu tamanho for maior, pode significar o início da legenda • Em jornalismo este sinal é usado junto ao pé da última folha do artigo, para indicar que ele terminou; pode ser substituído por um outro sinal (■, • □, *) com o mesmo significado.
CRUZ AUTÓGRAFA – Marca pessoal em forma de cruz aposta a título de subscrição ou de assinatura por uma pessoa que não sabe ou não pode escrever; pode, a título de invocação simbólica, acompanhar uma subscrição ou uma assinatura.
CRUZ DE CRISTO – Cruz da Ordem Militar de Cristo caracterizada por apresentar nas quatro extremidades um triângulo isósceles com a base virada para o exterior, muito representada sobretudo na produção renascentista de livros em Portugal, nomeadamente nos livros manuscritos da denominada Leitura Nova.

Cruz de Cristo

CRUZAMENTO DE INFORMAÇÃO – Comparação de uma mesma informação em duas fontes distintas e independentes, feita com vista a garantir objectividade, sobretudo em assuntos de carácter polémico ou sujeitos a manipulações.
CRUZAR INFORMAÇÃO – Confrontar informação derivada de determinada fonte com outra fonte independente; é particularmente útil quando há informações de cuja veracidade não se tem a certeza.

CRUZEIRA – Barra de ferro que está a meio da rama e que a separa em duas metades; a sua espessura ordinariamente é de 48 pontos • Claro que se mete no meio da folha de impressão.

CRUZETA – Cruz de pequeno formato ou cruz solta que figura no brasão heráldico quando são duas ou mais.

CTP – Acrónimo de *Computer-to-plate*, à letra, "do computador à chapa", designação de um novo e popular sistema de impressão.

CTT – Acrónimo de Correios, Telégrafos e Telecomunicações, sigla usada para referir as empresas que num país se encarregam de disponibilizar serviços de correios, telefones e telecomunicações.

CUBA – Vasilha grande de madeira onde se punha a pasta destinada ao fabrico de papel nas primitivas fábricas.

Cuba

CUBICAGEM – Unidade de medida da capacidade de armazenamento ou volume de espaço necessário para armazenar nas estantes livros de tamanho médio (média que toma em consideração livros de altura e espessura diversas), deixando como espaço vazio 10% do comprimento de cada tabela.

CUBITAL – Diz-se da letra capital demasiado comprida; em alguns códices medievais a letra inicial chegava ao pé da página.

CUCHAGEM (port. Bras.) – *Ver* Estucagem.

CÚFICO – *Ver* Escrita cúfica.

CUIR BOUILLI (loc. fr.) – Método de decoração de uma encadernação que utiliza a capacidade de uma pele curtida com elementos vegetais de poder ser moldada quando húmida; após ter sido humedecida com água, a pele pode ser moldada em formas variadas que, ao secarem, conservam essas formas com notável permanência; o processo de secagem pode ser acelerado artificialmente, segundo o grau de rigidez que se pretende obter; este processo foi conhecido e praticado pelos saxões na Inglaterra e foi largamente usado na Idade Média, tanto na Inglaterra como no Continente; os motivos usados eram geralmente mitológicos, animais e motivos florais entrelaçados; nos finais do século XIX o interesse por esta técnica foi reavivado e ela passou a ser usada, não só para fabrico de muitos objectos, mas também em encadernação.

CUL DE LAMPE (loc. fr.) – Emprega-se este termo para designar as últimas linhas de um título ou de um capítulo que rematam em forma de triângulo, de losango ou oval, mas que não vão até ao pé da página • Vinheta gravada, geralmente em madeira, que apresenta um motivo puramente decorativo, colocada no espaço em branco nos finais de capítulo para o rematar • Quartela. Pé de lâmpada. *Ver tb.* Fundo de lâmpada.

Cul de Lampe

CULTELLUS (pal. lat.) – Canivete usado na cópia manual de manuscritos, que pode observar-se nas iluminuras medievais seguro na mão esquerda do copista; servia para segurar o pergaminho com a ponta, de modo a fixá-lo, aparar o cálamo ou a pena e raspar os erros do texto.

CULTELLUS SCRIPTURALIS (loc. lat.) – Instrumento cortante usado pelos copistas destinado a afiar ou talhar o bico do *calamus* ou da *penna scriptoria*; quando se tornava rombo, era afiado com a pedra-pomes (*pumex*) ou com a faca de afiar (*cos*).

CULTERANISMO – *Ver* Cultismo.

CULTISMO – Qualidade ou estado daquele ou daquilo que é culto, instruído • Manifestação da cultura intelectual. Civilização • Preciosismo, afectação de estilo • Tendência característica da literatura barroca para o uso exagerado de metáforas, imagens, hipérboles e jogos de palavras. Culteranismo.

CUM CORNU ET ALVENDE (loc. lat.) – Tomar posse de alguma coisa com carta, alvará ou decreto escrito e assinado pelo próprio punho, sinete ou chancela do imperante ou governador da terra; equivale à fórmula "por tinta e papel".

CUM FIGURIS (loc. lat.) – Expressão usada para assinalar um documento ou edição ilustrada.

CUM LICENTIA (loc. lat.) – Expressão latina com o significado literal de "com direito de impressão garantido pela autoridade", usada em obras dos séculos XVI e XVII para exprimir que essas obras beneficiavam do direito de ser impressas; esta frase, colocada normalmente na página de título dos livros dessa época, garantia que a obra tinha sido autorizada pelas autoridades civil e religiosa então existentes com finalidades censórias.

CUM PRIVILEGIUM (loc. lat.) – Expressão latina significando "com privilégio"; era colocada num livro para assinalar a autorização, concedida por um príncipe ou rei ao autor ou ao editor de um livro; tal autorização permitia-lhe gozar, com carácter de exclusividade e por tempo determinado, do direito de publicá-lo.

CUMULATIVE BOOK INDEX – Bibliografia muito conhecida editada no Reino Unido. *CBI*.

CUMULATIVO – Que se acumula ou pode acumular-se • Reunido em um; um índice cumulativo é um índice em que são fundidos diversos índices.

CUNEIFORME – Em forma de prego ou cunho. *Ver* Escrita cuneiforme.

CÚNEO – Termo arcaico que designava escrínio.

CUNEUS (pal. lat.) – No sentido literal, uma cunha • Espaço onde se colocam livros • Canto.

CUNHA – Taco de madeira, mais baixo do que o tipo, com um dos lados cortado obliquamente, usado outrora para apertar na rama a forma tipográfica. Cunho.

CUNHAR – Imprimir cunho em • Destacar • Inventar • Introduzir. Adoptar.

CUNHO – Matriz • Molde • Peça ou bloco de metal gravado, utilizado para estampar • Peça de metal gravada, geralmente em liga de cobre, que se utiliza para estampar os planos de uma encadernação • Ferro gravado com o qual se marcam medalhas, moedas, etc. • Sinal gravado por este processo • Mecanismo de ferro ou madeira de diversos modelos que se entrepõe entre a rama e a forma e serve para apertar e segurar. Cunha • Nome dado à matriz na impressão a seco.

CUPÃO – Parte de um título de renda que se destaca na ocasião de receber os juros respectivos • Secção de anúncio ou outro impresso para o leitor cortar e preencher com o seu nome e outras indicações, devolvendo-a ao anunciante. (port. Bras.) Cupom.

CUPIM (port. Bras.) – Designação dada aos insectos da ordem dos Isópteros que se alimentam, entre outras coisas, do papel, causando graves prejuízos; algumas das espécies são xilófagas e digerem a celulose. Caruncho.

CUPROTIPIA – Gravura química em relevo destinada a impressão tipográfica, em que se utiliza o cobre em vez do zinco.

CURA (pal. lat.) – Em sentido lato significa cuidado; quando figura nos dados da edição dos livros antigos, antecede o nome do editor literário.

CURADOR – Pessoa que desempenha o papel de conselheiro na selecção e disposição de materiais em campos especiais. Conservador •

Comissário (de uma exposição, por exemplo). (port. Bras.) Bibliotecário.
CURCUMA – Planta de cuja raiz, misturada com argila e cerusa, se compunha o glauco utilizado nas iluminuras medievais.
CURIAL – *Ver* Escrita curial.
CURIOSA (pal. lat.) – Termo usado para qualificar livros de assuntos curiosos e invulgares; por vezes é utilizado eufemisticamente para designar uma colecção de livros eróticos. *Erotica*.
CURIOSIDADES – Elenco de notícias interessantes ou estranhas, que se destinam a entreter os momentos de ócio de um leitor.
CURRENTE CALAMO (loc. lat.) – Expressão latina que significa ao correr da pena, rapidamente, sem grande reflexão e sem preocupações estilísticas. Redacção descuidada.
CURRÍCULO – Conjunto de disciplinas, matérias e actividades que fazem parte do percurso escolar de uma pessoa • Matérias leccionadas num determinado curso ou plano de estudos. *Curriculum*.
CURRICULUM VITAE (loc. lat.) – Com o sentido literal de "curso da vida", esta expressão é usada para designar o documento em que são enumeradas e descritas as actividades científicas e outras, realizadas por um investigador no decurso da sua carreira profissional • História profissional de uma pessoa; é com frequência designado apenas sob a forma abreviada *curriculum*, ou ainda sob o acrónimo *CV*.
CURS. – Abreviatura de cursiva(o).
CURSIVA – *Ver* Escrita cursiva.
CURSIVA *CIVILITÉ* – Tipo de letra itálica criado por Robert Granjon.
CURSIVIDADE – Deformação que caracteriza uma escrita traçada muito rapidamente.
CURSIVO – *Ver* Escrita cursiva.
CURSO – Tratado de um assunto destinado a ser ensinado durante um período de tempo determinado • Colecção de tratados usados nas universidades ou escolas públicas para ensinar determinados assuntos.
CURSO CONIMBRICENSE – *Ver* Conimbricenses.
CURSOR – A parte alongada em forma de cunha do espaço automático do linótipo que, deslizando entre as matrizes, serve para justificar a linha • Sinal movediço que é em geral controlado através de um teclado, usado para localizar um determinado dado num ecrã.
CURSUS **MEDIEVAL** – Estilo que vai buscar à retórica regras estritas no que diz respeito ao começo e fim das frases, assim como elementos de que estas se compõem (períodos e cláusulas) exigindo, como a métrica, pés formados pela sucessão de sílabas acentuadas e átonas, e cortes entre as palavras ou entre os pés.
CURTIDO – Pele que se curtiu; pele preparada pelo curtimento.
CURTIDOR(A) – Pessoa cujo ofício consiste em curtir couros ou peles.
CURTIDURA – Curtimento. *Curtimenta*.
CURTIMENTA (pal. lat.) – *Ver* Curtimento.
CURTIMENTO – Acto ou efeito de curtir; transformar a pele em couro: trata-se de activar uma reacção química entre o colagénio, substância constitutiva da pele e um produto curtidor, que pode ser de diversas origens (orgânico, sintético ou mineral). Hoje em dia o curtimento é feito principalmente a partir de substâncias vegetais ou de crómio; em seguida a pele curtida é seca e tingida e finalmente amacia-se a flor pelo lustro, o polimento e o granitado. *Curtimenta*. Curtidura.
CURTIMENTO POR PEDRA-UME – Forma de curtimento através da utilização de uma solução de alúmen e sal; concede grande durabilidade à pele, dando-lhe um aspecto muito claro, quase branco, o que por vezes a leva a confundir-se com o velino; se a pele se destinar a ser colorida, a tinta mais comum utilizada é o quermes, feita a partir da cochonilha, insecto que vive nos carvalhos, que lhe concede um tom de rosa muito vivo; para obter o amarelo usava-se a casca de romãzeira.
CURTIMENTO VEGETAL – Modo de preparação das peles mais comuns; há testemunhos de que era conhecido no Egipto já no ano de 5000 a. C.; consiste em tratar a pele com água de cal para lhe tirar o pêlo com facilidade, mergulhá-la numa infusão de uma planta que activa o curtimento, como, por exemplo, a casca de carvalho ou de acácia, substituir os óleos naturais retirados pelo curtimento, tingi-la e prepará-la para produzir diferentes texturas ou superfícies.

CURTIR – Tornar a pele ou couro firme e imputrescível, submetendo-a à acção de substâncias naturais ou químicas.

CURTUME – Arte ou processo de curtir; o curtimento do couro começou por fazer-se através do uso de taninos orgânicos ou minerais, dado que o couro com o ácido torna-se imputrescível e muitíssimo resistente à acção da água.

CURVA NORMAL – Representação gráfica de uma distribuição normal.

CURVADOR – Utensílio usado em tipografia para dar forma de círculo ou de arco às entrelinhas e aos fios de chumbo ou de latão, apertando-os por meio de uma série de segmentos metálicos de raio decrescente. Curva-linhas.

CURVA-LINHAS – *Ver* Curvador.

CUSTODES (pal. lat.) – Reclamos.

CUSTÓDIA – Em arquivística, guarda física de documentos de arquivo com a consequente responsabilidade jurídica, sem necessariamente implicar a sua propriedade.

CUSTOM PUBLISHING (loc. ingl.) – Elaboração de obras que se destinam a satisfazer de uma forma totalmente rigorosa e pormenorizada as necessidades e exigências bem definidas de um conjunto de consumidores relativamente pequeno, que foram cuidadosamente caracterizadas.

CUSTOMIZATION (pal. ingl.) – Termo usado para definir o esforço que é feito por um editor de produtos de edição electrónica para adaptar e especificar produtos e serviços que se destinam a alvos de mercado cuidadosamente definidos.

CUSTOMIZE (pal. ingl.) – Criar ou alterar especialmente para uma pessoa, o cliente.

CUSTOS (pal. lat.) – Termo que na Idade Média designava o guarda dos livros da biblioteca ou do tesouro da catedral. *Præfectus a bibliothecis, Præpositus, Bibliothecarius.*

CUSTOS BIBLIOTHECÆ (loc. lat.) – Termo que designava na Idade Média o arquivista, o guarda dos documentos da biblioteca. *Custos librorum.*

CUSTOS DE DISTRIBUIÇÃO – *Ver* Despesas de distribuição.

CUSTOS LIBRORUM (loc. lat.) – Termo que na Idade Média designava o guarda dos documentos, dos livros. *Custos litterarum. Custos bibliothecæ.*

CUSTOS LITTERARUM (loc. lat.) – Termo que designava na Idade Média o arquivista, guarda dos documentos, das cartas.

CUSTOS THESAURI (loc. lat.) – Termo que na Idade Média designava, não só o guarda da igreja em geral, assistido por vezes por um *subcustos*, mas também o conservador do tesouro ou da biblioteca. *Custos thesauri chartarum.*

CUSTOS THESAURI CHARTARUM (loc. lat.) – *Ver Custos thesauri*.

CUTILADO – Vinco que se forma nas folhas durante a impressão, por estarem mal esticadas.

CUTTER (pal. ingl.) – *Ver* Tabela de *Cutter*. Número de *Cutter*.

CV – Acrónimo de *Curriculum vitæ*, enumeração e descrição das actividades científicas e outras, realizadas por um investigador no decurso da sua carreira profissional • História profissional de uma pessoa.

CVU – Acrónimo de Comunidade Virtual de Utilizadores, forum aberto no qual, através da participação de todos se produz cultura, seja qual for a área (genérica ou específica) e o suporte utilizado.

CYBRARIAN (pal. ingl.) – Pessoa a quem cabe a tarefa de localizar informação na *Internet*, com utilidade para as áreas das organizações e dos negócios.

CYPERUS PAPYRUS (loc. lat.) – Nome científico da planta Ciperácea, *Cyperus Papyrus L.* que está na origem da obtenção da folha de papiro; esta planta crescia, de forma abundante e espontânea, nas margens do delta do Nilo, na Abissínia e no Norte do Sudão, embora hoje esteja disseminada por muitas outras partes do mundo.

D

D – Letra do alfabeto latino e do de quase todas as línguas antigas e modernas • O tipo que na impressão reproduz essa letra • Nas máquinas fundidoras é a matriz que dá esse carácter • Punção com que se grava essa matriz • Assinatura correspondente ao quarto caderno de um volume, quando se usam letras para esse fim • Quarta chamada de nota, se se usarem letras em lugar de números ou sinais • Em maiúscula, em numeração romana equivale a 500. Tendo por cima um traço horizontal tinha o valor de cinco mil.

D. – Abreviatura de data • Forma abreviada de, *divus*, divino, santo • Forma abreviada de "Dom", "Dona", que encerra uma expressão de tratamento ou reverência e que é, em geral, grafada com letra maiúscula • Forma abreviada de *dicat*, dedica.

DC – Abreviatura de *Da Capo*, que no latim corresponde a *Ab initio*, desde o princípio; usava-se esta expressão, sob a forma abreviada, quando no final de uma composição musical se voltava ao início para rematar o trecho; por vezes também indicava que todo o trecho musical se devia repetir.

D.&C. – Abreviatura de *Dedicat et consecrat*, dedica e consagra, expressão que frequentemente subscreve as dedicatórias nos livros antigos.

d. C. – Abreviatura de "depois de Cristo", usada após a data a que respeita.

D.C.O. – Abreviatura de *Dedicat, consecrat et offertat*, dedica, consagra e oferece, frequente a subscrever o título de uma obra ou uma composição poética que pretende dedicar-se a uma pessoa.

D.D. – Forma abreviada de doutores, usada nos textos mais antigos caracterizando os autores, sobretudo aqueles que eram doutores da Igreja.

D.D.C. – Acrónimo de *Dewey Decimal Classification*, Classificação decimal de Melvin Dewey. DC.

D.D.D. – Abreviatura das seguintes expressões latinas: *Dono, dedit, dedicavit*, ou *Do, dico, dedico* ou *Dat, dicat, dedicat*, ou *Dat, donat, dedicat*, todas elas tendo o sentido de oferta e dedicatória a um personagem a quem é dirigido o texto, geralmente laudatório, subscrito por esta sigla.

D. et C. – Forma abreviada de *Dicat et consecrat*, dedica e consagra, usada sobretudo nos títulos das obras referindo-se ao mecenas que patrocinou a obra ou à pessoa a quem ela é dedicada.

D.&O. – Abreviatura de *Dedicat et offert*, dedica e oferece, usual a subscrever o título de uma obra ou uma composição poética que pretende oferecer-se a uma pessoa.

D.O.N. – Abreviatura de disco óptico numérico, mecanismo em que a imagem é decomposta em pontos de informação binários.

D.P.I. – Abreviatura da expressão inglesa *Dots Per Inch*, pontos por polegada, medida que define a resolução de uma impressora.

D.S.I. – Acrónimo de Difusão Selectiva da Informação. DSI.

D.T.P. – Abreviatura de *Desktop Publishing*, usada para designar a aplicação dos meios informáticos às artes gráficas.

D.V.C. – Conjunto de iniciais com o significado de *Dedicat, vovet et consecrat*, isto é, dedica, vota e consagra, muito utilizadas para subscrever uma dedicatória ou prefácio.

D.V.D. – Abreviatura de *Digital Versatile Disk*, disco digital versátil, um suporte com capacidade para armazenar sete vezes mais informações do que o disco compacto comum; pode ter texto e imagens interactivos.

DA – Forma abreviada de *Distribution Amplifier*, amplificador distribuidor ou de distribuição.

DA CAPO (loc. ital.) – *Ab initio*, desde o princípio; usava-se esta expressão na abreviatura DC quando, no final de uma composição musical, se voltava ao início para rematar o trecho; por vezes também indicava que todo o trecho musical se devia repetir.

DA ÉPOCA – Expressão usada quando se pretende dizer que uma encadernação, uma nota manuscrita, etc., são contemporâneas da data de escrita ou de impressão da obra.

DAC – Acrónimo de *Digital-to-Analogue Converter*, conversor digital/analógico.

DACTIL. – Abreviatura de dactilografado.

DACTILIOLOGIA – Parte da arqueologia que estuda os anéis e pedras preciosas gravados.

DÁCTILO – Pé de verso grego ou latino, de uma sílaba longa seguida de duas breves.

DACTILOCOMPOSIÇÃO – Composição dactilográfica.

DACTILOCOMPOSITORA – Máquina de escrever com características especiais que é usada para fazer composição dactilográfica.

DACTILOFOTOCOMPOSIÇÃO – Designação da composição que é feita através de dactilofotocompositora.

DACTILOFOTOCOMPOSITORA – Máquina de fotocomposição que tem a possibilidade de fotografar linhas ou conjuntos de linhas de determinados ficheiros, previamente preparadas por dactilocompositoras.

DACTILOGRAFADO – Escrito à máquina ou processado.

DACTILOGRAFAR – Escrever na máquina de escrever ou processar texto.

DACTILOGRAFIA – Arte de escrever à máquina.

DACTILOGRAFIA ORIGINAL – Texto que foi escrito à máquina pelo próprio autor. Numerosos escritores dactilografaram à máquina as suas próprias obras; esses textos são hoje procurados avidamente pelos bibliófilos, tanto mais que apresentam muitas vezes correcções autógrafas, o que confirma a sua atribuição; esta situação não se repetirá com o actual processamento de texto em suporte informático onde essas correcções não irão deixar o mínimo vestígio.

DACTILÓGRAFO – Pessoa que escreve à máquina • Máquina de escrever accionada por meio de um teclado, que tem inscritas as letras, os algarismos e outros sinais.

DACTILOGRAMA – *Ver* Manuscrito.

DACTILOSCRITO – Texto escrito à máquina, o que aconteceu depois de 1876 e na generalidade só a partir do início do século XX, ou processado, a partir de finais dos anos 70 em diante • Testemunho de um texto (autógrafo ou cópia) em forma mecanografada. (port. Bras.) Mecanoscrito.

DACTILÓTIPO – *Ver* Máquina de escrever.

DADO – Facto, noção ou instrução representados sob forma convencional que convêm a uma comunicação, a uma intervenção ou a um tratamento por meios humanos ou automáticos • Informação • Símbolos ou caracteres de uma linguagem seleccionados e combinados com a finalidade de fornecer informação • A mais pequena unidade de informação que se pode identificar e isolar. Nos campos, um dado é identificado pelo identificador de subcampo e constitui um subcampo; na etiqueta de registo, na directoria ou nos campos fixos, os dados constituem um código e são identificados pela posição que ocupam nesse código.

DADO ANALÓGICO – Dado representado por uma extensão física, que varia de modo contínuo.

DADO DE CARÁCTER PESSOAL – Informação respeitante a uma pessoa física identificada ou identificável.

DADO NOMINATIVO – Informação que permite, sob qualquer forma, directamente ou não, a identificação de pessoas físicas às quais ela se aplica, quer o tratamento seja feito por uma pessoa física ou moral.

DADO NUMÉRICO – Dado representado através de números e, por extensão, através de outros caracteres, que podem ser alfabéticos.

DADO TEXTUAL – Em catalogação em sistemas automatizados, é aquele que se destina a figurar numa entrada de catálogo, por oposição a dado codificado.

DADOR – Rolo que distribui a tinta que vem do distribuidor. Entintador.

DADOS – Segundo Rascão, são "factos ou eventos, imagens ou sons que podem ser pertinentes ou úteis para o desempenho de uma tarefa, mas que por si só não conduzem à compreensão desse facto ou situação" • Representação de factos, conceitos ou instruções de uma forma adequada à sua comunicação, interpretação ou processamento • Conteúdos simbólicos em formato digital (números, textos, gráficos, etc.).

DADOS BIBLIOGRÁFICOS – Dados necessários à identificação de um documento: número, autor, título, origem, data de publicação, etc.

DADOS BIOGRÁFICOS – Elementos relativos à identificação de um indivíduo, ou seja: o nome, a data de nascimento, a naturalidade, a filiação, a profissão, a morada, o estado civil, etc.

DADOS DE SAÍDA – Num sistema de tratamento de dados, designação atribuída àqueles que são recolhidos numa impressora.

DADOS DIGITAIS – Dados representados sob forma de dígitos binários descontínuos ou discretos.

DADOS REGISTADOS – Dados armazenados em memória de computador.

DAGUERREOTIPIA – Método inventado por Daguerre y Niepce para fixar imagens obtidas numa câmara escura sobre uma placa de cobre prateada e sensibilizada com vapores de iodo; consiste numa imagem fotográfica obtida em positivo sobre chapa de prata ou de cobre prateado previamente revestida por uma camada ou extracto sensível à luz.

DAGUERREÓTIPO – Aparelho primitivo usado para fotografar, por meio do qual as imagens da câmara escura eram fixadas sobre placas metálicas preparadas para esse efeito. Daguerrótipo • Nome dado à fotografia que era preparada pelo método de Daguerre • Descrição de grande rigor e precisão.

DAGUERRÓTIPO – O mesmo que daguerreótipo.

DAILY (pal. ingl.) – Diário. No Reino Unido aplica-se aos jornais cuja saída se verifica apenas em dias úteis.

DALASTIPIA – Antigo processo de gravação de clichés tipográficos através de água-forte.

DALASTIPO – Gravura obtida através do processo de dalastipia.

DÂMAR – Oleorresina de composição heterogénea, produzida por diversas plantas, especialmente a extraída do género dâmara, usada como verniz de acabamento, adesivo ou componente dos fixadores do pergaminho e na pintura a encáustica.

DÂMARA – Género de plantas resinosas da família das Araucariáceas da qual é extraída a resina dâmar usada na pintura a encáustica.

DAMASCO – Tecido de uma só cor, no qual os motivos decorativos são produzidos pelo entrelaçamento dos fios de seda; era usado em encadernações ricas, não só como cobertura exterior, mas também revestindo as guardas.

DAMEROGRAMA – Passatempo que tem por base uma espécie de tabuleiro de damas, que consiste em preencher os quadrados em branco com letras, de modo que elas formem uma frase ou sentença • Desenho que é ponto de partida para o passatempo.

Dança dos mortos

DANÇA DOS MORTOS – Representação gráfica e cheia de movimento em que, sob a forma de esqueletos, se apresentam as mais variadas cenas em que todas as classes sociais estão presentes, assim como pessoas de todas as idades, simbolizando a igualdade de todos perante a morte; esta ideia provém dos milagres, mistérios e moralidades do antigo teatro cristão medieval. Dança macabra.

DANÇA MACABRA – *Ver* Dança dos mortos.

Dança macabra

DANÇAR – Diz-se das letras de um molde, que se movem por estarem mal justificadas as linhas (linha frouxa) ou mal fundidos os caracteres • Diz-se da composição manuscrita ou impressa de brancos exagerados anti-estéticos ou de linhas não rectilíneas ou não paralelas.
DANIFICADO – Diz-se de um livro ou outro documento em mau estado.
DANO – Prejuízo, estrago causado em documento ou livro.
DANO MECÂNICO – Danificação causada a um livro por manipulação física no armazenamento, manuseamento ou uso; inclui também as alterações dos suportes causadas pelas rápidas flutuações de humidade e de temperatura.
DANTE – Termo arcaico que designava a palavra usada nas cartas reais, com o significado de dada. Datada.
DAR À ESTAMPA – Imprimir uma obra. Dar à imprensa. Dar ao prelo.
DAR À IMPRENSA – *Ver* Dar à estampa.
DAR A LUME – Publicar. Divulgar sob forma impressa.
DAR À LUZ – Vir a lume; ser publicado. Publicar. Dar a público. Editar.
DAR A PÚBLICO – Aparecer. Ser posto à venda. Publicar. Editar.
DAR AO PRELO – *Ver* Dar à estampa.
DAR BAIXA – Cancelar o registo de empréstimo, quando a espécie foi devolvida.
DAR BRANCOS – Alargar o espaçamento entre o texto ou entre o texto e os títulos, caso convenha ao efeito geral da composição.

DAR EM MANCHETE (port. Bras.) – Destacar na primeira página.
DAR ESPAÇOS – Dar brancos.
DAR TINTA – Passar o rolo impregnado de tinta sobre o molde • Dispor o tinteiro da máquina de modo que saia mais quantidade de tinta • Entintar com um rolo manual.
DAR UMA LEITURA – Passar os olhos por um original ou provas de um texto, de uma forma rápida.
DAR UMA OBRA À ESTAMPA – Imprimir uma obra.
DAR VOLTA AO ESTILO – Frase usada com o sentido de significar que todos os escritos devem ser corrigidos muitas vezes.
DAR VOLTA AO TEXTO – Escrever de novo. Reescrever.
DARANI (pal. jap.) – Conjunto de orações mágicas que devem ser repetidas pelos fiéis japoneses como se de um acto piedoso se tratasse; são dos textos impressos japoneses mais antigos que se conhecem.
DARE AD EXEMPLAR (loc. lat.) – Reprodução e difusão dos textos que serviam de base ao ensino medieval por um estacionário.
DARE LITTERAS (loc. lat.) – Escrever.
DAT – Acrónimo de *Digital Audio Tape*, fita, isto é, cassete de áudio digital • Acrónimo de *Digital Audio Technology*, tecnologia audiodigital ou digital áudio.
DATA – Menção do tempo em que uma obra foi escrita; nos primeiros tempos os manuscritos eram raramente datados e as xilografias não apresentavam data; na segunda metade do século XV os incunábulos também raramente apresentavam data ou esta figurava apenas no cólofon; as primeiras datas eram indicadas em algarismos romanos, tendo estes sido a pouco e pouco substituídos pela numeração árabe; os editores e impressores usavam por vezes formas enigmáticas ou cronográficas para dissimular as datas.
DATA (pal. lat.) – Dados, plural de *datum* • Termo geral de informática, particularmente empregue para designar a informação armazenada em bases de dados.
DATA ARQUIVÍSTICA – Em documentos não datados, é a data que pode ser considerada como a mais próxima da produção do docu-

mento; é estabelecida a partir da análise de dados indirectos de assinaturas, suporte, situações ou datas de fases de gestão administrativa anteriores ou posteriores ao documento.
DATA DE ACESSIBILIDADE – Período a partir do qual um documento está disponível para consulta.
DATA DE ACESSO – Data estabelecida por regulamento ou lei, variando consoante o tipo de documentação, disponibilizando os documentos à consulta pública, uma vez terminado o prazo de restrição ao acesso • Data em que uma publicação entra no registo de acessos.
DATA DE AQUISIÇÃO – Indicação inscrita no registo de aquisições do ano ou do dia, mês e ano em que uma determinada publicação ingressou numa biblioteca, arquivo, serviço de documentação, etc.
DATA DE *COPYRIGHT* – Indicação do ano em que foi feito o registo de uma publicação como propriedade de um autor, usualmente impressa no verso da sua página de título; por vezes são dadas várias datas, que significam alterações ao texto ou renovações do *copyright*; a data do primeiro *copyright* indica a data da primeira edição de um livro e corresponde à data de impressão da edição original.
DATA DE DEDICATÓRIA – Data que aparece no início ou no fim da dedicatória.
DATA DE DEVOLUÇÃO – Indicação do período, ano, mês ou dia em que deverá ser restituído um livro ou documento pedido ou cedido por empréstimo. Data de expiração do pedido. Data de expiração de empréstimo. Data de retorno.
DATA DE EDIÇÃO – Data que indica o ano, o mês ou o dia em que determinada edição de uma obra foi produzida ou dada a público.
DATA DE ELIMINAÇÃO – Período de tempo estabelecido para a destruição de determinados documentos de arquivo, etc.
DATA DE ENTRADA – Dia em que um item é entregue por um utilizador à instituição que lho emprestou para leitura domiciliária; passado este prazo de empréstimo, o utilizador pode ser obrigado a pagar uma multa • Data na qual uma obra foi integrada no registo de entradas.
DATA DE EXPIRAÇÃO DE EMPRÉSTIMO – Diz-se da data que indica o dia do vencimento do empréstimo de qualquer documento ou objecto emprestado numa biblioteca, serviço de documentação, etc. Data de expiração do pedido. Data de devolução.
DATA DE FONOGRAMA – O símbolo de *copyright* © «f» seguido por uma data é em geral conhecido por data de fonograma; tem diversos significados segundo as diferentes convenções e leis de *copyright*, mas indica normalmente a primeira data de um registo sonoro.
DATA DE IMPRESSÃO – Ano em que se compõe e imprime uma publicação; nos livros antigos e, ainda hoje em edições cuidadas, indica-se também o dia e o mês.
DATA DE INTRODUÇÃO – Data de um livro, que aparece no início ou no fim da introdução; é usada em descrição bibliográfica, na zona da publicação, quando o documento não apresenta qualquer outra; assinala-se o facto em nota.
DATA DE PREFÁCIO – Data que se apresenta no início ou no fim do prefácio de uma obra; é a que é usada na descrição bibliográfica, na zona da publicação, quando o documento não apresenta qualquer outra.
DATA DE PUBLICAÇÃO – Indicação do ano e mês e, se necessário, do dia em que uma obra foi publicada; é normalmente colocada no pé da página de título ou no verso ou ainda no cólofon; nos livros antigos fazia frequentemente parte do cólofon.
DATA DE REGISTO – Indicação do dia, mês e ano em que foi feito o registo de entrada dos documentos incorporados numa biblioteca, arquivo, serviço de documentação, etc. organizado por ordem de incorporação na instituição.
DATA DE REGISTO DO DIREITO DE AUTOR – *Ver* Data de *copyright*.
DATA DE RETORNO – *Ver* Data de devolução.
DATA DE SAÍDA – Dia em que um livro é emprestado para leitura domiciliária a um utilizador. Data de empréstimo.
DATA DE VENCIMENTO DE EMPRÉSTIMO – *Ver* Data de expiração de empréstimo.

DATA DO CÓLOFON – Menção do tempo em que uma obra foi escrita, apresentada no cólofon e que, à falta da data da edição ou impressão na página de rosto ou página de rosto substituta ou outras páginas preliminares, é a que vai figurar na descrição ou na referência bibliográfica.

DATA LITTERA (loc. lat.) – Literalmente significava, na Idade Média, o momento de redacção de um documento.

DATA TÓPICA – Aquela que é circunscrita a um determinado período cronológico.

DATAÇÃO – Acto e efeito de datar. Fixação da data de um documento ou de um objecto • Atribuição de uma data a um documento, obra, etc., que a não apresentavam • Em diplomática, cláusula cronológica existente nos documentos e diplomas, constituída pela data e pela fórmula diplomática usada para exprimi-la.

DATAÇÃO DO MANUSCRITO – Operação que consiste na atribuição ao manuscrito de uma data ou datas; dado que a maior parte dos manuscritos não apresenta indicação de ano de cópia tem de fazer-se uma estimativa do século da escrita individualizando possivelmente as partes (por exemplo metade, um terço, um quarto, etc.) com base em observações paleográficas e codicológicas, elementos internos, etc.

DATADOR – Aparelho usado para marcar datas em papel.

DATA LIMITE – Instante em que termina um prazo determinado • Elemento de identificação cronológica de uma unidade documental, onde se regista o início e final do período abrangido pelos documentos.

DATAR – Atribuir data a um escrito • Determinar a data de um documento, livro, etc. que a não possui.

DATARIA – Tribunal da chancelaria da Cúria Romana, ao qual estava cometida a missão de expedir as actas pontifícias.

DATÁRIO – Oficial da corte pontifícia que presidia à dataria.

DATAWARE (pal. ingl.) – Bases de dados comerciais com informação, como no caso das bases de dados em suporte *CD-ROM*.

DATUM (pal. lat.) – Dado.

DATUM ET DATUM (loc. lat.) – Fórmula usada nos documentos antigos para indicar que um instrumento foi projectado e escrito no mesmo tempo e dia nele indicados.

DBMS – Abreviatura de *Database Management System,* Sistema de gestão de base de dados, um suporte lógico criado para organizar, armazenar, manter e recuperar informação numa base de dados.

DC – Acrónimo de *Dewey Decimal Classification,* classificação decimal de Dewey • Acrónimo de *Dublin Core Metadata,* projecto de desenho de metadados.

DE COSTAS – Expressão usada para designar duas obras encadernadas juntas de tal modo que abrem em sentido oposto, sendo comum às duas uma das três capas utilizadas, tendo as duas lombadas opostas assim como as orlas dianteiras; este modelo de encadernação é frequentemente usado em obras redigidas em duas línguas. *Dos à dos. Tête-bêche.*

DE FÁCIL ACESSO – A que pode aceder-se sem dificuldade.

DE MÃO COMUM – Nome dado ao testamento que era feito por consortes, um dos quais ficaria herdeiro universal do que falecesse.

DE PANE LUCRANDO (loc. lat.) – Expressão usada a propósito de uma obra literária feita num curto período de tempo, procurando o autor com a sua escrita resolver eventuais dificuldades económicas.

DE PEQUENO PORTE – De pequenas dimensões.

DE PLANO (loc. lat.) – De forma calculada. Premeditadamente • Sem custo. Sem dificuldade.

DE PRIMEIRA MÃO – Expressão usada para caracterizar as fontes de consulta ou de estudo querendo significar terem sido tiradas directamente do original ou dos originais.

DE PUNHO E LETRA – Manuscrito. Escrito à mão.

DE RESERVA – Posto de parte para ser usado quando necessário. Sobresselente.

DE SEGUNDA MÃO – Expressão usada para caracterizar as fontes de consulta ou de estudo querendo significar terem sido tiradas de um trabalho de primeira mão.

DE USO PÚBLICO – Qualidade daquilo que se encontra disponível ao público em geral.

DE VERBO AD VERBUM (loc. lat.) – Palavra por palavra, expressão utilizada sobretudo nos treslados, pela qual se garante que eles estão feitos fiel e textualmente, pelas mesmas palavras e com exactidão.

DEBATE – Discussão entre duas ou mais pessoas sobre um determinado assunto. Contestação; livre ou dirigido, é muito usado em bibliotecas, sobretudo infantis, escolares e públicas como actividade colectiva ligada à leitura, para confrontação de reacções e apuramento de opiniões acerca do que se leu.

DEBITAR – Exprimir conhecimentos de forma pouco expressiva, com termos superabundantes e de pouco significado.

DÉBITO – Em informática, medida de actuação global de um processador baseada no número de registos entrados, tratados e saídos do processador durante a unidade de tempo.

DEBRUAR – Orlar as margens dos papelões da encadernação do livro com tiras de pele, papel ou pano.

DEBUXADOR – Desenhador.

DEBUXAR – Desenhar • Esboçar • Delinear.

DEBUXO – Desenho • Esboço. Risco • Delineamento • Matriz em relevo em que se passa a tinta.

DÉCADA – Cada uma das partes de uma obra, geralmente de conteúdo histórico, composta por dez partes ou dez livros • Livro que contém a história de dez personagens.

DECALCAR – Em relação a uma prova, reproduzir um original por meio de cópia feita em papel transparente. Transfoliar • Imitar servilmente. (port. Bras.) Cotejar.

DECALCAR AS PROVAS – *Ver* Bater as provas.

DECALCO (port. Bras.) – *Ver* Decalque.

DECALCOMANIA – Imagem decalcada sobre papel, porcelana ou outros suportes, a partir de reproduções impressas sobre papel especialmente preparado para o efeito • (port. Bras.) Figura de passar.

DECÁLOGO – Conjunto de dez leis ou preceitos, o mais conhecido dos quais são os dez mandamentos da lei de Deus que, segundo o Antigo Testamento, foram entregues a Moisés.

DECALQUE – Imagem esquemática ou esboçada numa folha de papel translúcido, sobre outra folha contendo a imagem e desenhando naquela os elementos a transferir. Calco; no tempo dos manuscritos esta operação era por vezes feita através de um suporte impregnado de resina. (port. Bras.) Decalco.

DECAMERON (pal. gr.) – Obra que contém uma série de narrações feitas em dez dias.

DECANTAÇÃO – Processo através do qual se separam substâncias sólidas imersas num ou dois líquidos não miscíveis e de densidade diferente; é usado em restauro de documentos para separar líquidos de sólidos.

DECAPAGEM – Operação que consiste em pôr o metal a nu para receber a imagem.

DECAPAGEM DO METAL – Operação que se verifica no metal quando revestido por um carbonato básico que, em contacto com o ar, perde as qualidades litográficas.

DECASSÍLABO – Verso de dez sílabas métricas. Apresenta-se sob três espécies: o heróico – acentuado na 6ª e na 10ª sílabas, mas podendo ser acentuado secundariamente na 8ª e numa das primeiras quatro sílabas; o sáfico – acentuado na 4ª, na 8ª e na 10ª sílabas, mas podendo ser acentuado secundariamente na 1ª e 2ª sílabas; e o jâmbico – acentuado nas 2ª, 4ª, 6ª, 8ª e 10ª sílabas.

DECÉMERO – Publicação que sai uma vez em cada dez dias. Decenário.

DECENÁRIO – Que é publicado uma vez em cada dez dias. Decémero.

DECIBEL – Unidade usada para exprimir a amplitude de uma onda acústica ou de um sinal eléctrico; aparece com frequência em especificações para equipamento sonoro usado nas bibliotecas, etc.

DECIFRAÇÃO – Acto ou efeito de decifrar • Leitura ou tradução daquilo que parece incompreensível ou enigmático, escrito sob forma obscura ou através de cifra • Técnica que permite transformar uma imagem gráfica numa realização oral.

DECIFRAÇÃO HIPERLOGOGRÁFICA – Aquela em que a palavra ou o grupo de palavras com a sua estrutura sintagmática se formam globalmente em toda a sua complexidade gramatical, sob o efeito de um certo número de estímulos. Leitura hiperlogográfica.

DECIFRAÇÃO HIPOLOGOGRÁFICA – Aquela em que o leitor deve reconstruir o logograma a partir da identificação de signos elementares. Leitura hipologográfica.

DECIFRADOR – Que ou aquele que decifra.

DECIFRAMENTO – Decifração.

DECIFRAR – Ler e descobrir o que está escrito em cifra • Compreender a complicação ou obscuridade de • Esclarecer • Conseguir ler e entender o que está mal escrito • Em informática, converter ou descodificar dados que estão representados sob forma cifrada. Descobrir.

DECIFRÁVEL – Que pode decifrar-se. Interpretável.

DÉCIMA – Estrofe de dez versos de arte menor dispostos segundo o esquema rimático abbaaccddc.

DECIMAL CONDENSADO – Em informática, método de representação pelo qual vários números decimais são registados num único *byte*.

DECLARAÇÃO – Acto ou efeito de declarar • Aquilo que se declara • Manifesto • Testemunho • Testificação • Depoimento feito por alguém a um repórter jornalístico • Informação ou conjunto de dados onde se esclarece alguma coisa • Depoimento ou afirmação sobre qualquer assunto, de modo a clarificá-lo, servindo como abonação perante uma entidade administrativa ou outra • Documento onde se faz uma afirmação ou uma denúncia pública.

DECLARAÇÃO DE USO DE SELO – Em sigilografia, expressão escrita da vontade de uma pessoa de passar a usar no futuro uma determinada matriz.

DECLINAÇÃO – Flexão dos substantivos, adjectivos e pronomes nas línguas sintéticas • Modificação das desinências, conforme os géneros, números e casos nas línguas de flexão • Cada uma das classes de palavras que são declinadas da mesma forma.

DECODIFICAÇÃO (port. Bras.) – *Ver* Descodificação.

DECODIFICADOR (port. Bras.) – *Ver* Descodificador.

DECODIFICAR (port. Bras.) – *Ver* Descodificar.

DECOMPOR – Separar. Dividir. Desmembrar • Analisar separadamente.

DECOMPOSIÇÃO – Acto ou efeito de decompor. Separação nos elementos constitutivos • Os exemplares de luxo de alguns livros ilustrados a cores (gravuras em madeira, cobre ou litografias) apresentam por vezes as sequências das provas de decomposição das cores, mostrando os estados sucessivos por tiragem de cada uma das cores em diferentes páginas.

DECORAÇÃO A OURO – Ornamentação com ferros quentes e com folha de ouro; remonta a 1460-1470 na Itália e aos finais do século XV na França, sendo a douração praticada numa oficina distinta da do encadernador; os estilos variaram consoante a moda da época, usando ferros dos mais variados desenhos.

DECORAÇÃO À PLACA – Tipo de ornamentação usada em encadernação que utilizava uma chapa de metal gravada para estampar no couro; esta técnica veio mecanizar a ornamentação, mas não retirou o valor da ornamentação laboriosamente executada à mão, que era reconhecida pelos especialistas e coleccionadores.

DECORAÇÃO A SECO – Ornamentação feita sobre o couro das encadernações, utilizando a impressão a seco, com ferros quentes, não utilizando tinta ou ouro em alto ou baixo-relevo.

DECORAÇÃO À *SEMIS* – Ornamentação usada em encadernação; caracteriza-se pela distribuição de pequenos desenhos sobre toda a superfície dos planos ou a rodear cartelas, que por vezes contêm elementos heráldicos ou monogramas; o nome vem do facto de os elementos se assemelharem a pequenas sementes colocadas regularmente nas pastas da encadernação.

DECORAÇÃO DA ENCADERNAÇÃO – Fase da encadernação que consiste no adorno das pastas, guardas, lombada e corte dos livros com motivos diversos • Conjunto destes motivos.

DECORAÇÃO EM MANUSCRITOS – Conjunto dos elementos ornamentais de um códice manuscrito; a decoração pode consistir apenas no uso da cor (vermelho ou azul, por exemplo) em vez da tinta preta, iniciais simples ou caligráficas, etc.; a decoração parece não ter existido nos manuscritos em papiro; mesmo nos códices da época clássica tardia e dos primeiros tempos do Cristianismo a decoração ornamental é muito escassa e limitada a frontispícios, calendários litúrgicos e pouco mais; só após ter-se começado a desenvolver na Irlanda a cópia de livros de forma artisticamente elaborada foi possível que certos elementos decorativos como iniciais, cabeções e outros invadissem as colunas de texto e se misturassem com elas, enquanto que no Oriente grego tais adornos não surgiram até ao século IX, e mesmo então nunca chegaram a atingir a sumptuosidade e brilho dos manuscritos ocidentais.

DECORAÇÃO FITOMÓRFICA – *Ver* Ornamentação fitomórfica.

DECORAÇÃO MACABRA – Designação genérica atribuída aos motivos relacionados com emblemas religiosos, símbolos da Paixão, elementos iconográficos como caveiras, cruzes, esqueletos, velas, lágrimas, ataúdes, cabeças de cadáver, de um modo geral aplicadas nas encadernações de obras de piedade sobre materiais escuros, frequentemente gravados a ferros secos.

Decoração macabra

DECORAÇÃO PICTÓRICA – Actividade ao serviço do fomento da leitura, posta em prática sobretudo em bibliotecas infantis e escolares, por meio da qual, em colaboração, os intervenientes na iniciativa formam frisos que são a descrição gráfica das representações levadas a cabo, etc., com os quais pode ser ornamentada ocasionalmente a biblioteca,

DECORAÇÃO POLÍCROMA – Estilo de decoração caracterizado pelo uso de ouro em combinação com várias cores disseminadas pelo desenho.

DECORAÇÃO ZOOMÓRFICA – *Ver* Ornamentação zoomórfica.

DECRETAIS – Documento pontifício que responde a consultas efectuadas que podem passar a servir de modelo para futuros casos relativos a questões de doutrina, direito moral ou administração eclesiástica. Corpo das epístolas dos pontífices romanos mandadas compilar por Gregório III e mandadas resumir num volume por Gregório IX; já em 494 estas epístolas eram designadas como *Decretales*, conforme consta do Concílio romano que então teve lugar.

DECRETAIS FALSAS – Designação conferida a uma recompilação de diversas decretais apócrifas atribuídas aos Papas dos seis primeiros séculos e publicadas como verdadeiras, nos finais do século IX; foi seu autor um monge beneditino, famoso impostor, falsificador e contrafactor conhecido como Isidoro Mercador ou Pecador; fingiu-as datadas antes do Papa S. Sirício, de quem temos a *I Legitima* para Himerio bispo de Tarragona, que é datada do ano 385.

DECRETAL – Antiga carta ou constituição pontifícia em resposta a consultas sobre moral ou direito.

DECRETALES (pal. lat.) – Compilação de direito canónico feita por ordem do Papa Bonifácio VIII, na sequência do *Decretum* de Graciano, que servia de base aos estudos de direito canónico; em conjunto com o *Decretum* (de Graciano), o *Liber Sextus Decretalium* (de Gregório IX) e as *Clementinæ* (de Clemente V) forma o *Corpus Juris Canonici*.

DECRETALISTA – Relativo ou pertencente a decretal • Jurisconsulto versado em Decretais. Decretista.

DECRETAR – Ordenar e estabelecer de modo oficial por meio de decreto ou de outro modo legislativo.

DECRETISTA – *Ver* Decretalista.

DECRETO – Decisão dimanada de qualquer autoridade superior, chefe de Estado, Papa ou poder executivo em que se ordena ou regulamenta qualquer assunto • Aquilo que ficava julgado ou sentenciado pelo príncipe, que tinha tomado conhecimento da causa.

DECRETO-LEI – Determinação escrita emanada do chefe do Estado, do poder executivo ou de outra autoridade superior • Qualquer lei que não seja feita por um Parlamento.

DECRETÓRIO – Que inclui decretos.

DECRETUM (pal. lat.) – Decisão. Decreto • Designação da conhecida compilação feita por Graciano na Idade Média, que servia de base aos estudos de direito canónico; na sequência desta foram feitas as *Decretales* a mando do Papa Bonifácio VIII, o *Liber Sextus Decretalium* (de Gregório IX) e as *Clementinæ* (de Clemente V), que no seu conjunto constituíam o *Corpus Juris Canonici*.

DED. – Abreviatura de dedica, dedicado, dedicatória.

DEDADA – Marca de dedo deixada nos documentos pelo seu manuseamento.

DEDEIRA – Designação do entalhe que é feito no corte dos livros que apresentam índice de dedo • Pedaço de couro ou borracha com que se cobre o dedo, para melhor folhear.

DEDICAÇÃO – Acto e efeito de dedicar. Dedicatória.

DEDICADO – Oferecido.

DEDICAR – Consagrar, destinar a uma divindade • Oferecer por escrito uma obra a uma ou várias pessoas.

DEDICATÁRIO – Pessoa ou pessoas a quem é dedicada uma obra; na iconografia medieval o autor munido do livro aparece postado de joelhos na frente do dedicatário, geralmente uma pessoa altamente posicionada, rodeada pela sua corte, ou santo patrono, num ambiente que dá marcas da recepção favorável da obra; esta cena tomou o nome de *accipies*, aceita, palavra intimamente ligada à cena • Pessoa para a qual foi composta uma obra; é o caso de obras feitas especialmente para o delfim ou outro príncipe, com intenção pedagógica, como acontece com certas obras de carácter didáctico destinadas à educação do delfim ou herdeiro do trono em França ou de outro príncipe • Pessoa à qual uma obra é dedicada.

DEDICATED EBOOK READER (loc. ingl.) – Dispositivo computacional que foi concebido para ver e ler livros electrónicos. *Ver Dedicated reader*.

DEDICATED READER (loc. ingl.) – Sistema semelhante ao do *softbook* mas substancialmente mais dispendioso, que disponibiliza a leitura de duas páginas em simultâneo, abrindo-se como um *notebook* para os lados e não para cima; apresenta uma coloração mais parecida à da folha de papel do livro tradicional e tem conteúdo colorido. Permite uma actualização automática e uma interactividade mais funcional que o livro tradicional, pois possui uma caneta electrónica para escrever. É um dado adquirido que o preço do livro em papel tem aumentado substancialmente, mas a versão digital aparece, contudo, ainda, como uma alternativa àquele e menos como um substituto.

DEDICATÓRIA – Nota de autor que precede o texto de um livro, na qual ele o oferece a um amigo ou protector como sinal de estima, homenagem, amizade ou gratidão ou como agradecimento de patrocínio; as dedicatórias tiveram grande importância e valor histórico em épocas recuadas em que os escritores, protegidos por reis e grandes senhores, deviam testemunhar publicamente os seus sentimentos em recompensa do benefício ou favor recebido; podem apresentar-se sob duas formas: impressas ou manuscritas; no primeiro caso constam geralmente de uma homenagem sob forma de epístola-dedicatória ou inscrição, que o autor ou editor faz a alguém, enquanto que no segundo caso podem constar apenas de uma oferta.

DEDICATÓRIA AUTOGRAFADA – Dedicatória manuscrita, seja da autoria do próprio autor da obra ou de uma pessoa que a oferece a outra.

DEFEITO – *Ver* Erro.

DEFEITO INERENTE – Termo empregue para qualificar as impurezas introduzidas no material bibliográfico durante o seu fabrico, tais como fibras de madeira moídas, materiais de colagem de resina de alúmen e outros ácidos do papel, couro preparado impropriamente por alúmen e adesivos ácidos ou o próprio fio de coser; a introdução deste tipo de elementos prejudiciais esteve no seu auge na última metade do século XIX.

DEFEITUOSO – Diz-se do exemplar que sofreu, no decurso da sua impressão ou posteriormente, qualquer acidente que deixou marcas visíveis.

DEFENSOR DOS LEITORES – Designação da pessoa a quem incumbe zelar pelos interesses dos frequentadores de uma biblioteca, arquivo, serviço de documentação, etc.

DEFERIMENTO – Aprovação dada por uma autoridade a um requerimento; por extensão, em algumas chancelarias o termo designa um requerimento escrito, entregue directamente à autoridade, para que ela tome uma medida favorável.

DEFESA – Espaço branco que se encontra nas tabelas ao lado dos números • Espaço branco colocado antes de alguns sinais gráficos como os :, !, , [] • Claro com que se recolhe uma composição, seja à esquerda ou à direita • Composição entrada.

DEFICIT (pal. lat.) – Ausência de um elemento material que primitivamente existia.

DEFINIÇÃO – Acto ou efeito de definir • Enunciado que descreve clara e brevemente uma noção e que faz com que ela possa ser diferenciada das outras no interior de um sistema nocional • Expressão pela qual se explica o que é um objecto ou facto, ou em que é que consiste • Processo no qual a compreensão do conceito ou da classe é transmitida mais claramente, realçando o carácter dominante, essencial ou genérico e pela subordinação ou mesmo omissão de pormenores acidentais. Explicação. Significação. Determinação da compreensão de um conceito • Ao observar uma imagem, impressão de clareza dos detalhes que se tem.

DEFINIÇÃO CIRCULAR – Definição que consiste em dar-se a explicação de um termo ou expressão através da utilização de sinónimos, que remetem a outros sinónimos e assim sucessivamente até se atingir o ponto de partida. Definição em círculo vicioso.

DEFINIÇÃO CONOTATIVA – Aquela em que se expõe uma lista de propriedades suficiente para tornar o fenómeno imediatamente reconhecível; também se costuma chamar definição descritiva.

DEFINIÇÃO DENOTATIVA – Definição feita segundo a classe a que o objecto pertence; torna-se evidente relacionando objectos conhecidos que pertencem à mesma classe. Chama-se também definição ilustrativa.

DEFINIÇÃO DESCRITIVA – Definição que explica a coisa designada pelo termo, indicando as suas propriedades e caracteres intrínsecos, próprios ou acidentais, que a distinguem de outras coisas, assim como indicando as causas extrínsecas, eficientes, finais ou exemplares. *Ver tb.* Definição conotativa.

DEFINIÇÃO EM CÍRCULO VICIOSO – *Ver* Definição circular.

DEFINIÇÃO ESPECÍFICA – Determinação da compreensão de uma noção.

DEFINIÇÃO ETIMOLÓGICA – Aquela que declara o significado do termo como a soma de significados das raízes das palavras-fonte.

DEFINIÇÃO GENÉRICA – Determinação da extensão de uma noção.

DEFINIÇÃO ILUSTRATIVA – *Ver* Definição denotativa.

DEFINIÇÃO NOMINAL – Aquela que não declara o que é o objecto, mas o sentido etimológico ou convencional de um termo.

DEFINIÇÃO OPERACIONAL – Aquela que descreve o objecto e termos da sua dinâmica ou modo exacto de funcionamento.

DEFINIÇÃO PELO USO – Definição sob a forma de um exemplo de emprego.

DEFINIR – Delimitar, demarcar com rigor • Dizer o que uma coisa é ou em que consiste • Enunciar os atributos ou qualidades de uma coisa, por forma a que ela não possa confundir-se com outra.

DEGENERESCÊNCIA DA INFORMAÇÃO – Perda da actualidade que sofre a informação. A desactualização da informação é uma das consequências inevitáveis no mundo actual, em que a informação contínua é rapidamente ultrapassada pois, dadas a facilidades de comunicação, de todos os lados e por todos os meios se toma conhecimento à distância de qualquer acontecimento ocorrido no outro lado do mundo. Efemeridade da informação.

DEGOLAR – Aparar o livro atingindo a mancha tipográfica ou, mais vulgarmente, o título corrente.

DEGRADAÇÃO – *Ver* Deterioração.

DEGRADAÇÃO CELULÓSICA – Deterioração da celulose. Os materiais celulósicos como o papel são sensíveis ao meio em que se encontram, originando o envelhecimento da celulose e modificando as suas propriedades físicas e químicas, à medida que o tempo passa; este envelhecimento depende de vários factores como a luz, o calor, a humidade ou a composição do ar ambiente, que alteram a estrutura das fibras constituintes, encurtando o comprimento das cadeias moleculares da celulose, trazendo consigo a diminuição da resistência, alteração que se designa como degradação; nesta degradação intervêm reacções de três tipos: fotoquímica, térmica e hidrólise.

DEGRADAÇÃO DO PAPEL – Destruição gradual do papel, à medida que a acção de agentes intrínsecos (provenientes de um fabrico deficiente do papel) ou exteriores (resultantes de um armazenamento deficiente ou de um manuseamento indevido) se vai acentuando, fazendo com que haja uma desagregação progressiva da pasta de papel.

DEGRADAÇÃO FOTOQUÍMICA DO PAPEL – Alteração que consiste num encurtamento das cadeias moleculares da celulose (abaixamento do grau de polimerização) e arrasta consigo reacções de oxidação e hidrólise, daí que as propriedades físico-químicas do papel fiquem reduzidas; torna-se amarelo e quebradiço, as tintas metalogálicas empalidecem, assim como as cores do couro da encadernação.

DEGRATAL – Termo arcaico que designava decretal.

DEGRATAR – Termo arcaico que designava decretar.

DEGREDO – Forma arcaica de decreto • Parte do Direito canónico compilado por Graciano dos cânones dos concílios, das Sentenças dos Padres da Igreja e de diversos rescritos pontifícios, no pontificado de Eugénio III • Alvará, ordenação, mandato real, carta régia pela qual se determina que uma determinada coisa se faça ou se deixe de fazer.

DEITADO – Na imposição, é um dos diversos modos de colocar as páginas na máquina conforme o seu tamanho e forma, para que ao dobrar as folhas fiquem os fólios pela ordem crescente das páginas.

DEITADOS – Grupos de 4, 8, 16, 32 ou 64 páginas que, depois de impressas, formam cadernos distintos.

DEITAR – Colocar as páginas no mármore, no lugar adequado à imposição.

DEITAR A FORMA – Colocar a forma na máquina para se proceder à tiragem.

DEITAR TIPO À CAIXA – Encher a caixa com tipo novo.

DEIXA – Frase ou palavra que numa peça de teatro ou outro texto indica que outro personagem deve intervir • Reclamo.

DEIXAR CORRER A PENA – Escrever sem controlo, à medida e de acordo com a fluência com que as ideias vão surgindo.

DEL. (pal. lat.) – Abreviatura de *delineavit*, desenhado por.

DELEATUR (pal. lat.) – Em latim significa apague-se; é o nome dado ao sinal δ usado em correcção de provas tipográficas para indicar a supressão e apagamento, tanto valendo para letras soltas como para palavras completas. *Delete*.

DELETE (pal. ingl.) – Apagar • Omitir • Marca semelhante à letra grega δ (delta) usada nas provas tipográficas a fim de assinalar a supressão de uma palavra ou frase. *Deleatur*.

DELIMITAR UMA PESQUISA – Processo através do qual se altera a chave inicial de uma pesquisa com a finalidade de torná-la mais adequada. Restringir uma pesquisa.

DELIN. (pal. lat.) – Abreviatura localizada ao fundo de uma gravura e que significa *delineavit*, desenhado por.

DELINEAMENTO – Primeiras linhas de uma figura, de um objecto • Contorno • Esboço • Desenho • Debuxo.

DELINEAR – Desenhar, bosquejar, escrevinhar, rascunhar, esboçar, traçar.

DELINEAVIT (pal. lat.) – Palavra latina cuja significação é desenhou e que segue ou precede muitas vezes a assinatura dos gravadores de estampas; *del. ou delin*. são abreviaturas de *delineavit*.

DELTOS (pal. gr.) – Tabuinha cuja superfície se cobria com uma camada composta por uma mistura de resina e cera, sobre a qual se traçavam as letras com o estilo.

DEMANDA – Pedido • Procura.

DEMODULAÇÃO – *Ver* Desmodulação.
DEMÓNIMO – Criptónimo formado por um nome de profissão, categoria literária, etc.
DEMONSTRAÇÃO – Explicação ou exemplificação • Raciocínio dedutivo através do qual se estabelece ou se contesta a verdade de uma proposição, segundo premissas consideradas como verdadeiras • Prova. Testemunho. Sinal.
DEMÓTICO – Escrita cursiva e popular reservada ao povo no antigo Egipto; o seu oposto era o hierático.
DENOMINAÇÃO – Fórmula que contém o nome do autor do texto colocada à cabeça ou o título ou qualquer designação no fim deste • Título • Rótulo.
DENOTAÇÃO – Acto ou efeito de denotar • Significação de uma palavra, imagem, etc. no contexto dos códigos sociais e culturais • Conjunto dos indivíduos abrangidos por um mesmo conceito • Indicação. Indício. Sinal. Marca • Em classificação, série de conceitos representados por um termo ou símbolo.
DENOTAR – Fazer ver ou mostrar através de certos sinais. Indicar. Significar • Simbolizar.
DENOTATIVO – Que anuncia por certos sinais. Significativo. Indicativo.
DENSA – Diz-se da composição tipográfica cheia e maçuda.
DENSIDADE – Opacidade da superfície fotográfica que não contém informação e que estabelece o grau de contraste das cópias positivas e negativas • Em processamento de dados, é a proporção entre uma determinada quantidade de bits ou caracteres e uma determinada unidade de dimensão do suporte informático em que esses bits venham a ser registados; diz-se *bpi* (bits por polegadas) • No filme é a medida do grau de opacidade que não contém informação, expressa numericamente pelo densitómetro.
DENSIDADE DE BITS – Número de bits (dígitos binários), que podem armazenar-se num determinado espaço, como uma banda magnética.
DENSIDADE DE IMAGEM – Medida da opacidade da imagem fotográfica.
DENSIDADE DE REFLEXÃO DIFUSA – *Ver* Densidade.

DENSIDADE DE SUPORTE DE PELÍCULA – Medida do grau de opacidade de um suporte de película.
DENSIDADE DE TRANSMISSÃO DIFUSA – *Ver* Densidade.
DENSIDADE DO FUNDO – Medida da opacidade da base de um documento-fonte, impresso ou sob forma de negativo fotográfico.
DENSIDADE INFORMATIVA – Relação que existe entre a quantidade de informação que possui um documento e o volume que essa informação ocupa.
DENSIDADE ÓPTICA – Medida que caracteriza o escurecimento, mais ou menos intenso, de um fotótipo ou a tintagem, mais ou menos forte, de uma reprodução impressa.
DENSITÓMETRO – Aparelho usado para medir a densidade de materiais através da quantidade de luz absorvida ou reflectida após a exposição e o processamento.
DENSO – Designação dada ao texto confuso, pesado, sem ordem nem diversidade e cuja composição é demasiado cheia.
DENT DU RAT (loc. fr.) – À letra significa dente-de-rato, dente serrotado, expressão usada na descrição de alguns motivos denteados, isto é, semelhantes a marcas de dentes, usados na decoração de encadernações.
DENTADO (port. Bras.) – *Ver* Denteado.
DENTAR – *Ver* Adentar.
DENTE – Baínha de couro que é utilizada pelos fotogravadores para empunhar as extremidades do rolo, quando fazem a tintagem do zinco • Defeito que se nota num impresso, quando o caderno está mal colocado no momento da impressão e o branco e a retiração não coincidem exactamente. (port. Bras.) Pinça. Unha. Pegadeira.
DENTE DA MÁQUINA – *Ver* Lingueta da máquina.
DENTEADO – Com forma de dente, recortado com forma de dente. (port. Bras.) Dentado.
DENTE-DE-CACHORRO (port. Bras.) – *Ver* Dente-de-cavalo.
DENTE-DE-CÃO – *Ver* Dente-de-cavalo.
DENTE-DE-CAVALO – Linha de composição que tem as palavras exageradamente espacejadas. Dente-de-cão. Dente-de-coelho • (port. Bras.) Dente-de-cachorro.

DENTE-DE-COELHO – *Ver* Dente-de-cavalo.
DENTE-DE-LOBO – Era o objecto que se usava como brunidor do ouro das iluminuras nos antigos manuscritos; por extensão de sentido começou a designar a peça de ágata com que os encadernadores davam brilho ao ouro da encadernação.
DENTELLE (pal. fr.) – Renda. *Ver* Encadernação *à la dentelle*.
DENTELLE DE ENQUADRAMENTO – Motivo de decoração no qual os elementos ornamentais imitando as rendas são colocados junto aos extremos das pastas da encadernação, virados para o centro; os motivos são compostos em dourado através da aplicação de pequenos ferros justapostos ou com a ajuda de uma placa aplicada com o balancé, se bem que este processo é considerado de menor qualidade que o primeiro; a *dentelle* de enquadramento foi muito praticada em França no século XVII por encadernadores de grande talento como alguns membros da família Derome e Pierre-Paul Dubuisson, nomeado encadernador oficial de Luís XV em 1758.
DENUO (pal. lat.) – Advérbio latino que significa de novo, muito frequente na menção de edição, advertindo para o facto de ter havido uma edição anterior que foi reformulada ou refundida.
DEO GRATIAS (loc. lat.) – Expressão com o sentido de "graças a Deus", "Deus seja louvado" escrita pelos copistas no final do texto que tinham trasladado e que marcava o desabafo compreensível do final da sua fadiga.
DEONTOLOGIA – Aquilo que deve fazer-se/ser feito. Determinada classe de deveres que é própria de uma certa situação social, sobretudo a nível profissional. Ética.
DE PANE LUCRANDO (loc. lat.) – Frase que literalmente significa "para ganhar o pão", epígrafe que era colocada em obras artísticas ou literárias exclusivamente realizadas com finalidades lucrativas.
DEPARTAMENTO – Divisão, secção em que frequentemente está dividida uma biblioteca, etc. para maior facilidade de serviço; poderão existir divisões como as de Leitura, Catalogação, Referência Bibliográfica, Publicações Periódicas, Reservados, Fundos Especiais, Manuscritos, etc. • Unidade administrativa mais importante de um sistema de bibliotecas, etc. à qual cabe uma determinada função ou um conjunto de funções relacionadas; tem em geral pessoal próprio, responsabilidades específicas e um chefe administrativo que informa o director ou quem o assessorar.
DEPARTAMENTO DE ADULTOS – Secção da biblioteca que fornece livros para o uso de adultos. *Ver* Secção de adultos.
DEPARTAMENTO DE AQUISIÇÕES – Unidade administrativa de uma biblioteca, arquivo, serviço de documentação, etc. encarregada da selecção de aquisições de obras, quer sejam monográficas, publicações periódicas ou outras, através da compra, permuta ou oferta e do seu registo de entrada; pode eventualmente ocupar-se da catalogação e do processamento destas aquisições.
DEPARTAMENTO DE CIRCULAÇÃO – Sector de uma biblioteca, etc. do qual saem para empréstimo domiciliário os livros para adultos e crianças; trata-se da unidade administrativa a cargo da qual estão todas as rotinas ligadas ao empréstimo domiciliário. Departamento de empréstimo.
DEPARTAMENTO DE DUPLICADOS – Secção da biblioteca, arquivo, serviço de documentação, etc. onde se reúnem as obras de que existem vários exemplares, para substituição, permuta ou oferta.
DEPARTAMENTO DE ENCADERNAÇÃO – Oficina de encadernação de uma biblioteca, arquivo, serviço de documentação, etc. • Unidade administrativa ou sector de uma biblioteca, etc. onde são preparados os materiais para encadernar os livros ou para reencaderná-los fora da biblioteca, etc.; nele podem igualmente ser realizados pequenos restauros.
DEPARTAMENTO DE IMPRESSOS – Unidade administrativa responsável pela selecção, aquisição e manutenção da documentação que se apresenta sob forma impressa, excepto publicações periódicas.
DEPARTAMENTO DE MANUSCRITOS – Secção de uma biblioteca, de um arquivo ou de um museu onde se conservam os documentos manuscritos e se facultam à consulta.

DEPARTAMENTO DE PERMUTAS – Sector onde se fazem as permutas ou trocas. Departamento de trocas.
DEPARTAMENTO DE TROCAS – *Ver* Departamento de permutas.
DEPARTAMENTO INFANTIL – Parte de uma biblioteca destinada à leitura das crianças • Unidade administrativa de um sistema público que tem a seu cargo o trabalho com as crianças na sala principal a elas destinada e todas as outras bibliotecas que oferecem serviço de biblioteca infantil; por vezes é também conhecida como departamento de crianças ou juvenil.
DEPARTAMENTO JUVENIL – Sector de uma biblioteca consagrado a serviços e colecções vocacionados para utilizadores com idades compreendidas entre os 14 e os 18 anos.
DEPARTIR – Termo arcaico que designava narrar com pormenor.
DEPILAÇÃO – Fase da preparação do pergaminho que consiste na eliminação do pêlo da pele dos animais.
DEPILAR – Eliminar o pelo da pele dos animais (carneiro, cabra, vitela, etc.) com vista à preparação do pergaminho ou da pele destinados à escrita ou à encadernação.
DEPOIMENTO – Conjunto de afirmações produzidas que servem como testemunho de algum acontecimento.
DEPOS. – Abreviatura de depositário.
DEPOSITANTE – Pessoa ou instituição que efectua um depósito de documentos num serviço de biblioteca, arquivo, serviço de documentação, etc.
DEPOSITAR – Confiar a uma pessoa ou a uma instituição a guarda de um bem, cuja propriedade permanece reservada.
DEPOSITÁRIO – Aquele que recebe em depósito • Pessoa ou instituição à qual se confia um depósito.
DEPÓSITO – Entrada numa biblioteca, arquivo, serviço de documentação, etc. de documentos cuja propriedade o depositante conserva; esta medida é tomada frequentemente por razões de segurança ou para permitir a consulta de documentos que de outro modo continuariam na posse de um particular • Conjunto de documentos que constituem objecto de um acto de depósito • Lugar onde se encontram colocados livros, revistas e/ou outro material que constituem os fundos de uma biblioteca, arquivo, serviço de documentação, etc. Armazém.
DEPÓSITO ABERTO – Depósito no qual a documentação se encontra imediatamente acessível. Depósito em livre acesso.
DEPÓSITO ANEXO – Local de conservação de arquivo, biblioteca, serviço de documentação, etc. separado do depósito principal e destinado, em princípio, a recolher certas categorias de documentos de tipo, data, volume ou uso particulares.
DEPÓSITO DE ARQUIVO – Superfície ou conjunto de espaços destinados a armazenar documentos • Local ou conjunto de locais destinados à conservação de fundos e colecções de arquivos.
DEPÓSITO DE ARQUIVO INTERMÉDIO – Local destinado à conservação de documentos não movimentados, utilizados pela administração e guardados temporariamente, até serem definitivamente incorporados no arquivo de custódia ou eliminados.
DEPÓSITO DE AUTO-SUSTENTAÇÃO – Aquele em que a estanteria é por vezes usada no caso de edifícios com pé direito muito alto ou de vários andares, por forma que postes metálicos servem de suporte às prateleiras suportando também os soalhos entre pisos.
DEPÓSITO DE *COPYRIGHT* – Cópias autorizadas de uma obra ou outro trabalho colocado num serviço de *copyright* ou bibliotecas designadas para tal efeito, de acordo com as leis do *copyright* de um país.
DEPÓSITO DE DOCUMENTOS – Lugar onde os documentos se encontram guardados de forma organizada e de onde são retirados para serem fornecidos ao utilizador que os solicite • Acto de confiar documentos à guarda de um particular ou de uma instituição.
DEPÓSITO DE EDITOR – *Ver* Depósito legal.
DEPÓSITO DE ESTANTES INDEPENDENTES – Armazém com uma única fila de estantes que se apoiam sobre a sua própria base que, por ser muito larga, não necessita de um suporte adicional para ter estabilidade.
DEPÓSITO DE IMPRESSOR – *Ver* Depósito legal.

DEPÓSITO DE OBRA – Obrigação cometida ao autor ou seu representante de entregar, na biblioteca para o efeito designada, um determinado número de exemplares de cada obra antes de ela ser difundida.

DEPÓSITO DE PRODUTOR – *Ver* Depósito legal.

DEPÓSITO EM LIVRE ACESSO – Lugar onde a documentação se encontra imediatamente acessível. Depósito aberto.

DEPÓSITO FECHADO – Depósito de conservação. Depósito de reserva de obras que não se encontram directamente à disposição do público.

DEPÓSITO INTERMÉDIO – Local onde os documentos que não estão mais em uso corrente são provisoriamente depositados, até que sejam definitivamente incorporados no arquivo de custódia ou eliminados.

DEPÓSITO LEGAL – Segundo o *Código do Direito de Autor* é o "depósito obrigatório de um ou vários exemplares de toda e qualquer publicação feita numa instituição pública para tal designada"; é uma obrigação atribuída aos impressores, editores e distribuidores de depositar, em organismos designados por lei ou por uma convenção, um número fixo de exemplares de determinados documentos produzidos, publicados, ou difundidos no país, seja qual for a sua natureza e o seu sistema de reprodução, isto é, todas as formas e tipos de publicações ou quaisquer outros documentos resultantes de oficinas, fábricas ou serviços de reprografia, quer sejam destinados a venda ou a distribuição gratuita; contribui também para a defesa e preservação dos valores da língua e cultura portuguesas, produção e divulgação da bibliografia nacional corrente, elaboração de estatísticas das edições nacionais. O Depósito legal foi criado com a finalidade de conservar todas as publicações no país; ao longo dos anos regulamentaram-no os seguintes diplomas: Alvará de 12 de Setembro de 1805, Carta de Lei de 10 de Setembro de 1822, Alvará de 30 de Dezembro de 1824, Alvará de 28 de Maio de 1834, Portaria de 27 de Agosto de 1835, Decreto de 29 de Dezembro de 1897, Decreto de 14 de Dezembro de 1901, Decreto de 18 de Março de 1911, Decreto nº 19952, de 27 de Junho de 1931, capítulo XV, Decreto nº 20636, de 19 de Dezembro de 1931, Decreto-Lei nº 411/78, de 19 de Dezembro, Decretos-Leis nº 74/82 e 75/82, de 3 de Março e Decreto-Lei nº 362/86, de 28 de Outubro. Deste modo garantem-se os direitos de autor sobre a obra, dos editores sobre a edição e preserva-se a produção literária do país. Em Portugal o depósito legal é um instrumento de documentação sistemática, que permite o enriquecimento dos fundos da Biblioteca Nacional e de outras grandes bibliotecas públicas; constitui também, para a ordem pública, um método de controlo do conteúdo das publicações. Começou por ser instituído em França em 1538 por Francisco I e na Grã-Bretanha com o *Licensing Act* em 1662, que impôs a censura prévia dos livros e determinou que os editores entregassem três exemplares gratuitos à Biblioteca Bodleiana, na Universidade de Oxford, considerada a biblioteca da propriedade intelectual. Em Espanha foi imposto a partir de 1712, ano em que foi fundada a Libreria Real, actual Biblioteca Nacional de Espanha. Em Portugal o Serviço de Depósito Legal funciona na Biblioteca Nacional de Portugal. A menção do depósito legal figura por vezes no fundo do verso da página do título ou na última página do texto com o número e a data de registo; esta disposição administrativa, destinada a impedir a circulação de livros heréticos, remonta em França ao reinado de Francisco I, mas deixou de ser aplicada durante longos períodos. Depósito de produtor. Depósito de impressor. Depósito de editor.

DEPÓSITO RADIAL – Numa biblioteca, arquivo, serviço de documentação, etc., armazém ou depósito em que os corpos das estantes estão dispostos como os raios num semicírculo. Depósito semicircular.

DEPÓSITO REGIONAL – Depósito arquivístico de documentos intermédios e permanentes localizados em diferentes regiões do país, a fim de descentralizar administrativamente a documentação.

DEPÓSITO SEMICIRCULAR – *Ver* Depósito radial.

DÉPOUILLEMENT (pal. fr.) – Extracção. Espiolhamento. Análise de artigos de publicações periódicas, etc.

DEPREDAÇÃO – Acto de malvadez (pilhagem, destruição, mutilação), que tem como consequência a destruição do que constituía a beleza, riqueza ou harmonia de um objecto ou de um conjunto de objectos.

DEPURAÇÃO – Termo que apresenta sempre a noção de purificação, aperfeiçoamento. Em literatura tem o sentido de revisão do texto, aperfeiçoamento do estilo, clarificação das ideias apresentadas e eliminação dos elementos inoportunos • Em informática designa a correcção de erros num programa.

DEPURAÇÃO DO PAPEL – Operação que tem por finalidade eliminar os corpos indesejáveis existentes na pasta ou massa do papel.

DEPURAÇÃO VERBAL – Clarificação e pureza do estilo partindo da escolha adequada dos termos a empregar, da correcção gramatical e da supressão de palavras inúteis e desadequadas.

DEPURAR – Aperfeiçoar. Localizar, emendar ou suprimir os defeitos numa peça de equipamento, num programa de computador ou num processo.

DERIVADO – Forma que resulta de um processo de derivação.

DERME – Camada mais espessa da pele de animal usada para obtenção de pergaminho; é constituída por restos de gordura e formada por fibras de colagénio entrelaçadas.

DERMESTES – Coleóptero de grande dimensão, da família dos Dermestídeos, com forma oval alongada, que se alimenta exclusivamente de materiais de origem animal como o couro e o pergaminho.

DES. – Abreviatura de desenho.

DESACIDIFICAÇÃO – Processo que pretende neutralizar a acidez do suporte documental em papel provocada pelo material empregado no seu fabrico, as tintas usadas na escrita e as condições de armazenamento, estabelecendo o seu pH num mínimo de 7.0; em geral, qualquer processo de desacidificação usa soluções aquosas de compostos alcalinos; há processos de desacidificação que não utilizam soluções aquosas pelo facto de os documentos serem sensíveis à água ou por a tinta com que são escritos ser solúvel nela; em geral este processo é levado a cabo antes de se proceder ao restauro ou laminação dos documentos; é uma etapa indispensável no conjunto das fases de um restauro, pois a sua ausência compromete irremediavelmente qualquer processo de recuperação de um documento.

DESACIDIFICAÇÃO AQUOSA – Tratamento químico tecnológico usado em materiais cartáceos para a sua conservação; o seu objectivo é o de remover e neutralizar a acidez contida no papel e que constitui uma das principais causas da sua degradação; é feito através de aplicações de produtos por via húmida.

DESACIDIFICAÇÃO DO PAPEL – Operação que consiste em proceder à eliminação do ácido presente num suporte de papel através da utilização de um procedimento adequado.

DESACIDIFICAÇÃO NÃO AQUOSA – Modalidade de desacidificação que consiste num tratamento usado especialmente para materiais que possam apresentar problemas ligados à acidez e temam o contacto com a água, como no caso em que a tinta seja solúvel; caracteriza-se pelo emprego de soluções que não incluem água.

DESACIDIFICANTE – Que desacidifica.

DESACIDIFICAR – Tirar a acidez. Depurar.

DESACTIVAÇÃO DE PROGRAMA DE PROTECÇÃO – Em tecnologia da informação, operação ou sequência de operações levadas a cabo com a finalidade de inutilizar o programa de protecção existente em algumas aplicações de computador, para evitar que elas sejam copiadas indevidamente.

DESACTUALIZAÇÃO – Qualidade daquilo que se apresenta sem actualidade.

DESACTUALIZADO – Que não tem actualidade.

DESACTUALIZAR – Tirar a actualidade a.

DESAFECTAÇÃO DE USO – Acto pelo qual se anula um vínculo legal inerente à propriedade ou posse de alguma coisa, desaparecendo, assim, o poder do seu uso; por exemplo, foram postos de lado, pelo facto de, por razões diversas, terem deixado de usar-se, os livros tradicionais da liturgia com a imposição do rito romano no Concílio de Constança em

1050, e em outros concílios foram postos de parte outros textos até então em uso; nos anos sessenta do século XX foi no Concílio Vaticano II que se decidiu banir o uso do latim em muitas cerimónias religiosas.

DESAFOGAR – Dar espaço branco entre os títulos • Aliviar.

DESAGREGAÇÃO – Destruição de uma obra na sequência da perda de coesão entre os elementos constitutivos dos materiais.

DESAGREGAÇÃO DO PAPEL – Perda de coesão dos elementos constitutivos do papel que leva à sua separação • Tratamento dado aos materiais fibrosos, que tem como finalidade separar as fibras entre si; é feito em meio aquoso.

DESAJUSTE TERMINOLÓGICO – Em pesquisa bibliográfica, circunstância em que se verifica falta de coincidência entre a terminologia que é usada pelo utilizador e os termos do catálogo ou ficheiro.

DESANEXAÇÃO – Desmembramento. Desunião. Desligamento. Separação. (port. Bras.) Desapensamento.

DESAPENSAMENTO (port. Bras.) – *Ver* Desanexação.

DESAPERTAR – Soltar o cordel ou fio que ata as linhas de composição de uma página ou forma.

DESAPERTAR A FORMA – Soltar os cunhos que mantêm a forma apertada na rama, para corrigir ou levantar as páginas de uma forma e impor a outra. Afrouxar a forma. Abrir a forma.

DESATAR – Tirar barbantes das páginas ou de qualquer outra forma.

DESBARBADO – Diz-se do corte do livro que sofreu apenas ligeiras aparadelas do que excedia nas folhas salientes.

DESBARBADOR – Instrumento usado em gravura para aparar o supérfluo – as barbas.

DESBARBAR – Aparar as barbas ao papel. Cortar.

DESBASTE DO COURO – Operação quase sempre necessária quando se executa uma encadernação em couro, pela qual se retiram alguns pedaços mais espessos que impedem uma boa aplicação do material de revestimento. Calibragem do couro.

DESC. – Abreviatura de desconhecido.

DESCAMAÇÃO – Perda da parte superficial do papel por pequenas placas. Esfoliação.

DESCANSO – Suporte para documento ou livro, quando ele está a ser utilizado em salas de leitura ou em exposições; é um objecto muito importante para a sua conservação em bom estado. Para que tenha a qualidade que garanta essa conservação o descanso deverá permitir que o leitor não precise de segurar o livro ou documento e possa ficar com as mãos livres para tirar notas. (port. Bras.) Estante.

DESCANSO DE LIVRO – *Ver* Estante.

DESCARGA – Folha que se interpõe entre o cilindro e a folha que retira ou se mete entre duas folhas impressas para evitar as sujidades; antigamente a intercalação manual das descargas era corrente; hoje as sujidades evitam-se mediante a colocação de dispositivos que vaporizam um pó ou um líquido sobre cada folha impressa; basta esta aplicação para isolar as folhas umas das outras, favorecendo assim a secagem da tinta por oxidação • Cancelamento do registo de empréstimo de uma obra quando esta é devolvida pelo utilizador • Folha de descarga • Em informática, medida de actuação global de um processador baseada no número de registos entrados, tratados e saídos do processador durante a unidade de tempo.

DESCARNAGEM – Fase da preparação do pergaminho e da pele destinada a encadernação, que consiste na eliminação de todos os vestígios de músculo do lado interno da pele do animal.

DESCARNAR – Operação que consiste em eliminar toda a massa muscular da pele do animal, com vista à obtenção do pergaminho destinado à escrita e da pele destinada à encadernação.

DESCARREGAR – Anular, cancelar um empréstimo, porque o documento foi devolvido à colecção a que pertence. Dar baixa.

DESCARTADO – Diz-se da obra que foi oficialmente retirada de uma colecção devido ao facto de estar deteriorada e não poder ser dada à leitura ou porque a sua informação caiu em desuso. Eliminado.

DESCARTAR (port. Bras.) – *Ver* Eliminar.

DESCARTE (port. Bras.) – Acto de descartar ou descartar-se • Exclusão. Rejeição • Acto de retirar uma obra de uma colecção devido ao facto de estar deteriorada e não poder dar-se à leitura ou porque caiu em desuso a sua informação. Eliminação • Exclusão de informação • Em arquivos, é a actividade natural que, após processo de análise e avaliação do conteúdo informacional e valor legal dos documentos, separa aqueles que foram considerados sem valor. Eliminação.

DESCASAR – Alterar a ordem das laudas componentes de uma forma ou caderno, a fim de ordená-las de outro modo.

DESCENDENTE – Diz-se do carácter que ultrapassa para baixo a linha do tipo. Letra descendente • Testemunho cujo texto foi copiado de um modelo anterior, que é o seu ascendente.

DESCENTRALIZAÇÃO ADMINISTRATIVA – Delegação de autoridade e tomada de decisões num número maior de funcionários do que o do sistema anteriormente adoptado, com vista a aperfeiçoar o pessoal e estimular a iniciativa; a descentralização administrativa assenta na criação de mecanismos de coordenação e de comunicação lateral.

DESCENTRALIZAÇÃO ORGANIZATIVA – Disposição da organização dentro de um sistema de bibliotecas, etc. caracterizada pela existência de diversas colecções de documentos e locais de serviço dispersos geograficamente.

DESCENTRAR – Dar outra disposição aos títulos, retirando-os da sua posição central.

DESCHAMBO – Termo arcaico que designava troca. Escambo.

DESCIDO – Diz-se do carácter, número ou outro sinal desalinhado propositadamente para baixo em relação aos outros, utilizado sobretudo em fórmulas químicas ou matemáticas. Subscrito.

DESCLASSIFICAÇÃO – Levantamento das limitações impostas a determinados documentos anteriormente sujeitos a segredo ou consulta limitada, que necessitavam de autorização especial para a sua consulta e divulgação.

DESCLASSIFICAÇÃO PARCIAL – Atribuição a um assunto classificado de uma classificação menos restringente • Mudança da designação de classificação que reflecte um grau de protecção menor.

DESCLASSIFICAR – Tirar ou deslocar de uma classe • Afectar a um documento uma classificação de segurança menos rígida.

DESCODIFICAÇÃO – Restituição em linguagem natural de noções expressas numa linguagem artificial • Transformação de uma mensagem codificada com vista à sua utilização • Passagem da informação que se apresenta num determinado código a outro.

DESCODIFICADOR – Em informática, mecanismo situado na unidade de controlo de um computador com a função de interpretar os sinais e dar início à execução das instruções do computador • Matriz de elementos lógicos de comutação que, segundo a natureza dos sinais de entrada, pode seleccionar um ou vários canais de saída.

DESCODIFICAR – Usar um código para inverter uma codificação já feita • Termo derivado do inglês *to decode*, usado com o significado de converter dados aplicando de modo inverso o código que anteriormente foi utilizado • Tratar e identificar palavras escritas para aceder ao seu significado. Decifrar.

DESCOLORAÇÃO – Perda da cor • Mancha do papel provocada por uma lenta acção de fungos, impurezas na manufactura do papel, humidade ou outras causas.

DESCOMPILAÇÃO – Tradução dos periféricos (código-objecto) expressos no ecrã ou no teclado, para conhecer a linguagem de programação e o próprio programa (código-fonte).

DESCONECTADO – Que tem quebrada a ligação • Que foi interrompido ou terminou por quebra da ligação.

DESCONTEXTUALIZAÇÃO – Acto ou efeito de tirar do contexto, isto é, do encadeamento das ideias, da tessitura em que se encontra ou do corpo de que faz parte.

DESCONTEXTUALIZADO – Fora do âmbito, fora do contexto, não inserido no conjunto de factos com que está relacionado. Retirado do contexto. Não integrado no contexto.

DESCONTEXTUALIZAR – Retirar do âmbito em que se insere, de modo que deixa de se relacionar com o conjunto de circunstâncias de que se rodeia. Não integrar no contexto.

DESCONTINUIDADE – Diz-se haver descontinuidade num texto, documento ou obra quando se verificam interrupções naquela que seria a sua sequência dita normal. Interrupção.

DESCONTO – Percentagem deduzida do preço de venda de um livro.

DESCONTO AO LIVREIRO – Montante que se reflecte no preço final do livro, praticado pelo facto de ele se destinar a uma posterior venda; as condições comerciais são variáveis de editor para editor e dependem do tipo de livro e da dimensão do pedido.

DESCORAMENTO DO PAPEL – Alteração da cor do papel, sob acções diversas, por exemplo sob a acção do ar ou da luz.

DESCOSIDO – Diz-se de um texto sem nexo, desunido, desconjuntado, sem uma sequência lógica.

DESCREVER – Representar através de palavras • Fazer a descrição de.

DESCRIBERE (pal. lat.) – Transcrever. Reproduzir. Descrever conforme o original. Copiar.

DESCRIÇÃO – Enumeração dos caracteres externos e internos de um documento ou de um grupo de documentos, fazendo do seu conteúdo objecto da análise ou da indexação; estão neste caso a forma material, o conteúdo, a história, etc., que permitem a identificação de modo completo e unívoco de uma obra ou documento • Relato. Narração. Relação • Conjunto dos elementos externos e internos (forma material, conteúdo, história), que permitem a identificação de modo completo e unívoco de uma obra ou documento • Processo intelectual de sintetizar elementos, formas e conteúdo textual de unidades de arquivo, adequando-os ao instrumento de pesquisa que se tem em vista produzir.

DESCRIÇÃO ANALÍTICA – Descrição de uma unidade física constitutiva de uma outra mais extensa.

DESCRIÇÃO ARQUIVÍSTICA – Identificação do conteúdo e elementos formais das unidades arquivísticas, a fim de as referenciar em instrumentos de descrição ou em citações. Segundo a 2ª edição da *ISAD(G)* é a "elaboração de uma representação exacta de uma unidade de descrição e das partes que a compõem, caso existam, através da recolha, análise, organização e registo de informação que sirva para identificar, gerir, localizar e explicar a documentação de arquivo, assim como o contexto e o sistema de arquivo que a produziu".

DESCRIÇÃO BIBLIOGRÁFICA – Conjunto de dados que identificam um documento, com a finalidade de proporcionar uma representação sua, que o descreva de um modo único não ambíguo e que possibilite a sua identificação e localização; esses dados são: título, indicação de responsabilidade, indicação de edição, local, editor, data, número de volumes e/ou de páginas, ilustração, dimensão, material acompanhante, colecção, notas, número internacional normalizado, encadernação, preço, etc.

DESCRIÇÃO BIBLIOGRÁFICA A DOIS NÍVEIS – Modalidade de descrição bibliográfica em que no primeiro nível de descrição se regista a informação comum à obra toda e no segundo nível a informação específica de cada um dos volumes ou partes.

DESCRIÇÃO BIBLIOGRÁFICA A VÁRIOS NÍVEIS – Método de descrição bibliográfica baseado na divisão da informação descrita por dois ou mais níveis; o primeiro nível de descrição contém a informação que é comum a todo o conjunto do item; o segundo e subsequentes níveis contêm a informação específica relacionada com a unidade individual. Descrição multinível.

DESCRIÇÃO BIBLIOGRÁFICA DE NÍVEL COMPLETO – *Ver* Descrição bibliográfica de terceiro nível.

DESCRIÇÃO BIBLIOGRÁFICA DE NÍVEL MÉDIO – *Ver* Descrição bibliográfica de segundo nível.

DESCRIÇÃO BIBLIOGRÁFICA DE NÍVEL MÍNIMO – *Ver* Descrição bibliográfica de primeiro nível.

DESCRIÇÃO BIBLIOGRÁFICA DE PRIMEIRO NÍVEL – Grau de descrição bibliográfica, previsto nas *AACR*, que preconiza que a descrição de um documento contenha, além do título próprio a primeira indicação de responsabilidade, se diferente da entrada principal, a indicação de edição, dados específicos do documento ou tipo de publicação, nome do editor ou seu substituto, data de publicação, extensão, notas e número internacional normalizado.

DESCRIÇÃO BIBLIOGRÁFICA DE SEGUNDO NÍVEL – Grau de descrição bibliográfica, previsto nas *AACR*, que preconiza que a descrição de um documento inclua a seguinte informação: título próprio, designação genérica de material, título paralelo, informação de outro título, primeira indicação de responsabilidade e outras indicações de responsabilidade secundárias, indicação de edição, primeira indicação de responsabilidade relativa à edição, dados específicos do documento ou tipo de publicação, primeiro lugar de publicação, etc., primeiro editor, etc., data de publicação, etc., extensão, outros detalhes físicos, dimensões, título próprio da série, indicação de responsabilidade da série, *ISSN* da série, numeração dentro da série, título da subsérie, *ISSN* da subsérie, numeração dentro da subsérie, notas e número internacional normalizado.

DESCRIÇÃO BIBLIOGRÁFICA DE TERCEIRO NÍVEL – Grau de descrição bibliográfica, previsto nas *AACR*, que preconiza que a descrição de um documento inclua toda a informação que faz parte da descrição de segundo nível (*ver*), acrescida daquela que a instituição julgar necessária para o fornecimento do máximo de informações sobre o documento a descrever.

DESCRIÇÃO BIBLIOGRÁFICA INTERNACIONAL NORMALIZADA – *Ver ISBD*.

DESCRIÇÃO BIBLIOGRÁFICA INTERNACIONAL NORMALIZADA DA MÚSICA IMPRESSA – *Ver ISBD(PM)*.

DESCRIÇÃO BIBLIOGRÁFICA INTERNACIONAL NORMALIZADA DAS MONOGRAFIAS ANTIGAS – *Ver ISBD(A)*.

DESCRIÇÃO BIBLIOGRÁFICA INTERNACIONAL NORMALIZADA DAS PARTES COMPONENTES – *Ver ISBD(CP)*.

DESCRIÇÃO BIBLIOGRÁFICA INTERNACIONAL NORMALIZADA DAS PUBLICAÇÕES EM SÉRIE E OUTROS RECURSOS CONTINUADOS – *Ver ISBD(CR)*.

DESCRIÇÃO BIBLIOGRÁFICA INTERNACIONAL NORMALIZADA DAS PUBLICAÇÕES EM SÉRIE – *Ver ISBD(S)*.

DESCRIÇÃO BIBLIOGRÁFICA INTERNACIONAL NORMALIZADA DAS PUBLICAÇÕES CARTOGRÁFICAS – *Ver ISBD(CM)*.

DESCRIÇÃO BIBLIOGRÁFICA INTERNACIONAL NORMALIZADA DAS PUBLICAÇÕES MONOGRÁFICAS – *Ver ISBD(M)*.

DESCRIÇÃO BIBLIOGRÁFICA INTERNACIONAL NORMALIZADA DE FICHEIROS DE COMPUTADOR – *Ver ISBD(CF)*.

DESCRIÇÃO BIBLIOGRÁFICA INTERNACIONAL NORMALIZADA DE MATERIAIS NÃO-LIVRO – *Ver ISBD(NBM)*.

DESCRIÇÃO BIBLIOGRÁFICA INTERNACIONAL NORMALIZADA GERAL – *Ver ISBD(G)*.

DESCRIÇÃO CARACTERÍSTICA – Representação dos elementos essenciais de um texto ou documento através de palavras que o descrevam ou através de um código.

DESCRIÇÃO CATALOGRÁFICA – Aquela que é feita de acordo com um código de catalogação; hoje em dia grande parte das notícias bibliográficas dos documentos são recuperadas das bases bibliográficas onde eles já se encontram descritos.

DESCRIÇÃO CODICOLÓGICA – Enumeração dos dados relativos a um códice tanto no seu aspecto físico – número de linhas por página, caracterização do pergaminho, tipologia da letra, iluminura e encadernação – como no tipo de transcrição do texto, abreviaturas, fidelidade ao original, etc.

DESCRIÇÃO DE SÉRIE – Parte do registo bibliográfico em que figuram dados informativos referentes à série a que pertence o documento bibliográfico; pode incluir, além do título próprio da série, o título paralelo numa outra língua, informação de outro título, indicação de autor, número internacional normalizado da série, número da obra dentro da série e nome e pormenores acerca de uma subsérie.

DESCRIÇÃO DE UM BRASÃO – Modo de exprimir, em termos específicos, breves e precisos, a posição, disposição, situação e esmaltes de uma ou mais figuras presentes num brasão de armas, enunciando cada uma delas sucessivamente por determinada ordem.

DESCRIÇÃO DE UM DOCUMENTO – Conjunto de descritores seleccionados num tesauro (dicionário de descritores) adequado para representar as noções essenciais contidas num dado documento, tendo em vista a sua ulterior recuperação num conjunto, graças a uma pesquisa documental incidindo sobre uma ou várias dessas noções.

DESCRIÇÃO DE UM DOCUMENTO DE ARQUIVO – Processo de registo da informação que incide sobre a natureza e conteúdo dos documentos de arquivo; a descrição precisa a proveniência dos documentos, a sua extensão, o número de unidades materiais, a classificação, o formato e o conteúdo, apresentando-os sob uma forma normalizada.

DESCRIÇÃO DIDASCÁLICA – Reprodução na entrada catalográfica da página de título de uma obra ou daquilo que estiver em seu lugar.

DESCRIÇÃO DOCUMENTAL – *Ver* Análise documental.

DESCRIÇÃO ENCICLOPÉDICA – Nas enciclopédias alfabéticas e dicionários enciclopédicos, parte posterior à definição, em que se especificam os princípios, métodos, fundamentos científicos, relações, divisões e subdivisões, história ou desenvolvimento histórico, características, técnica, funcionamento ou outros dados ou explicações acerca daquilo que se definiu.

DESCRIÇÃO EXTERNA – Descrição da forma material de uma obra ou documento. *Ver* Colação.

DESCRIÇÃO EXTERNA DO MANUSCRITO – Operação do tratamento técnico do manuscrito que engloba a indicação dos seguintes dados: identificação do manuscrito (cidade, lugar, fundo, assinatura), composição material, datação, origem, matéria, filigrana do papel, livro, dimensões, fascículos, assinatura dos fascículos, perfuração, regramento, linhas; disposição do texto, reclamos, letra e punhos, decoração e respectiva técnica, notação musical, selos e timbres, ligaduras, fragmentos, estado de conservação, copistas e outros artífices, compilador, revisões e anotações, vária, assinaturas antigas, possuidores e proveniência, notícia histórica.

DESCRIÇÃO FÍSICA – Parte do registo bibliográfico que refere a composição material da obra que está a ser descrita; dela constam elementos como o número de unidades físicas que a compõem, as páginas, folhas, colunas, cadernos, ilustrações e seu tipo (no caso de se tratar de uma obra num volume), os fotogramas numa tira de película, o tempo de reprodução de registo numa fita magnética, de vídeo ou sonora, as ilustrações, dimensões do item e a indicação do material acompanhante. Colação.

DESCRIÇÃO INTERNA – Análise do corpo de uma obra, com exposição do conteúdo, publicação e outros aspectos • Descrição do conteúdo de uma obra ou documento.

DESCRIÇÃO INTERNA DO MANUSCRITO – Operação do tratamento técnico do manuscrito que engloba a indicação dos seguintes dados: número de folhas ou páginas, autor (nome que consta no manuscrito, nome adicional e de outras fontes não impressas, nome identificado/elaborado), título (título manuscrito, título adicional e de outras fontes, título identificado/elaborado), *incipit* e *explicit*, fontes, etc.

DESCRIÇÃO LINGUÍSTICA – Em lexicografia, exposição dos elementos de relação entre um significante (palavra, sintagma, etc.) e o seu significado que, com frequência, inclui etimologia, género, assunto, alcance geográfico, etc.

DESCRIÇÃO MULTINÍVEL – *Ver* Descrição bibliográfica a vários níveis.

DESCRIÇÃO MUSICAL – Descrição das partes separadas para instrumentos ou vozes usadas simultaneamente durante uma execução musical; distingue-se da descrição bibliográfica que só respeita às partes sucessivas e/ou volumes de uma composição musical.

DESCRIPTIO (pal. lat.) – Reprodução. A cópia, o trabalho, a descrição de alguma coisa • Desenho. Traçado • Definição. Explicação.

DESCRIPTIO ORBIS TERRARUM (loc. lat.) – Mapa-múndi • Descrição da terra.

DESCRITIVO – Que descreve, em que há descrição.

DESCRITOR – Palavra ou grupo de palavras de um tesauro escolhido de um conjunto de termos equivalentes para representar sem ambiguidade um conceito num documento ou num pedido de pesquisa para recuperação da informação; é fixado após eliminação dos sinónimos e quase-sinónimos • Conjunto dos termos que permitem exprimir uma unidade de informação; emprega-se com frequência descritor por palavra-chave, mas as duas palavras não são sinónimas, pois a segunda tem um sentido mais restrito • Designação descritiva acrescentada a um cabeçalho, numa entrada de um catálogo ou de um índice, para distinguir cabeçalhos semelhantes.

DESCRITOR AUXILIAR – Aquele que só pode ser utilizado juntamente com um ou mais descritores.

DESCRITOR CANDIDATO – Na elaboração de um tesauro, nome dado à palavra ou conjunto de palavras seleccionado para uma possível inserção no tesauro. Descritor proposto. Descritor potencial.

DESCRITOR COMPLEXO – *Ver* Descritor sintético.

DESCRITOR COMPOSTO – Aquele que é constituído por mais de uma palavra • Aquele que representa um conceito através de um sintagma nominal (conjunto de termos unidos por ligações); é formado por duas ou mais palavras, dependendo este número da complexidade do conceito a representar; os sintagmas podem ser nominais (nome e adjectivo) ou proposicionais (usando nexos gramaticais para coordenar as palavras que os constituem). Descritor sintagmático.

DESCRITOR CRONOLÓGICO – Aquele que representa um espaço temporal: datas, períodos, etc. Descritor temporal.

DESCRITOR DE ASSUNTO – Aquele que representa o conteúdo de qualquer disciplina. Descritor de matéria. Descritor temático.

DESCRITOR DE MATÉRIA – *Ver* Descritor de assunto. Descritor temático.

DESCRITOR ESPECÍFICO – Aquele que traduz uma noção particular incluída numa noção geral.

DESCRITOR GENÉRICO – Descritor que traduz um conceito de larga extensão, que engloba vários conceitos particulares.

DESCRITOR GEOGRÁFICO – O que representa conceitos ligados a locais e espaços, como continentes, países, mares, serras, etc. ou qualquer outra unidade territorial. Descritor territorial.

DESCRITOR LIVRE – Palavra ou expressão, não pertencente a uma lista, que representa um conceito e é utilizada para fazer pesquisas de informação em sistemas informatizados.

DESCRITOR ONOMÁSTICO – O que representa um nome de pessoa, instituição, etc.

DESCRITOR POTENCIAL – Palavra ou grupo de palavras proposto para uma eventual inclusão num tesauro. Descritor proposto.

DESCRITOR PRIMÁRIO – Palavra ou conjunto de palavras que representa um conceito de forma unívoca.

DESCRITOR PROPOSTO – Na elaboração de um tesauro, nome dado à palavra ou conjunto de palavras seleccionado para uma possível inserção no tesauro. Descritor proposto. Descritor potencial.

DESCRITOR SECUNDÁRIO – Aquele que não se basta a si próprio, precisando de ser acompanhado por outros descritores.

DESCRITOR SIMPLES – Aquele que traduz um único conceito • Aquele que é expresso por um único termo ou palavra. Descritor unitermo.

DESCRITOR SINTAGMÁTICO – *Ver* Descritor composto.

DESCRITOR SINTÉTICO – Aquele que traduz diversos conceitos. Descritor complexo.

DESCRITOR TEMÁTICO – Aquele que representa qualquer conteúdo de qualquer matéria. Descritor de assunto. Descritor de matéria.

DESCRITOR TEMPORAL – *Ver* Descritor cronológico.

DESCRITOR TERRITORIAL – *Ver* Descritor geográfico.

DESCRITOR UNITERMO – Aquele que é constituído apenas por uma palavra. Descritor simples.

DESCRITOR-ALVO – Descritor pertencente a um tesauro-alvo.

DESCRITOR-FONTE – Descritor pertencente a um tesauro-fonte.

DESDOBR. – Abreviatura de desdobrável.

DESDOBRAMENTO – Acção de planificar (um documento, um mapa, uma estampa), de modo a eliminar as dobras ou pregas que apresentava; é uma operação que requer algum cuidado, sobretudo quando se trata de papel antigo, que já perdeu resistência mecânica nos festos ou dobras, sujeitas a abrir fendas.

DESDOBRAR – Desenrolar. Estender o que estava dobrado. Em arquivística, estender os documentos que estão dobrados • Desenvolver • Explicar.

DESDOBRAR ABREVIATURA – Escrever por extenso uma palavra apresentada sob forma abreviada.

DESDOBRÁVEL – Anexo de um documento, de dimensões superiores às do documento de que faz parte, dobrado sobre si mesmo • Documento constituído por uma só folha que pode ser dobrada várias vezes sobre si mesma para oferecer um formato prático; por vezes é de carácter publicitário e contém informação rápida e sucinta.

DESDOBRÁVEL EM ACORDEÃO – Pequeno folheto dobrado em forma de acordeão, ou seja, dobrado várias vezes sobre si mesmo, em dobras paralelas em sentidos alternados; as folhas assim constituídas podem sobrepor-se em número tão grande quanto o que permite o tamanho da folha de papel.

DESDOBRO (port. Bras.) – *Ver* Aba. Badana. Asa.

DESEMBALAR – Retirar um objecto, documento ou livro de uma embalagem na qual estava guardado ou tinha sido transportado. Desembrulhar. Desencaixotar. Desempacotar.

DESEMPASTELAR – Separar ou distribuir nos caixotins correspondentes os tipos que por qualquer razão se misturaram • Limpar uma caixa.

DESENCADERNADO – Diz-se do livro que tem solta a encadernação ou que a perdeu.

DESENCADERNAR – Soltar a encadernação propositada ou acidentalmente; é a primeira etapa no trabalho de encadernação e posterior reencadernação; consiste em retirar a capa e suprimir as costuras.

DESENCAIXOTAR – *Ver* Desembalar.

DESENCASAR – Desfazer o encasamento dos cadernos.

DESENCRAVAR O TIPO – Desentupir o olho do tipo.

DESENHADOR – Operário que executa os desenhos numa ou várias cores, para serem depois reproduzidos fotomecanicamente para impressão. Desenhista.

DESENHAR – Representar por meio de linhas e sombras. Delinear. Esboçar • Representar por palavras. Descrever.

DESENHISTA – Aquele que desenha. Desenhador. Esta actividade, a nível profissional admite três graus profissionais diferentes para os desenhadores: o de copista, aquele que copia desenhos já feitos a lápis ou coloca os títulos nos desenhos; o de desenhista, aquele que é encarregado de fazer desenhos, através de *croquis*, esboços, pormenores, etc.; o de projectista, aquele que elabora projectos, ajusta folhas de cálculo, etc. e regra geral orienta tecnicamente um pequeno grupo de desenhistas.

DESENHO – Imagem obtida com lápis (mina), com tinta líquida (à pena, caneta ou outro instrumento) ou com tintas de cores sólidas, ou ainda com instrumentos apropriados compatíveis com o suporte, geralmente o papel. Debuxo. Risco • Em propriedade industrial são as características de forma ou de superfície constituindo a aparência de um objecto, que podem ser depositadas ou registadas junto da autoridade competente, com vista à sua protecção • Desígnio. Projecto. Plano.

DESENHO A AGUADA – Desenho feito com tinta da China, a pastel ou lápis, sobre o qual se aplicam tintas de cores transparentes diluídas ou não em água • Género de pintura em que a tinta é diluída em água e goma, como no processo a têmpera (cores opacas) ou na aguarela (cores transparentes).

DESENHO A AGUARELA – Desenho em negro, branco e cinzento feito com escova ou pincel sobre o qual se aplicam tintas transparentes, frequente na ilustração de livros e folhas avulsas.

DESENHO A CARVÃO – Desenho feito com lápis especial para o efeito, fabricado numa matéria em que predomina o carbono e executado sobre papel ou tela.

DESENHO A ESFEROGRÁFICA – Desenho executado com esferográfica de ponta de diâmetro variável.

DESENHO A GIZ – Aquele que é obtido a partir do carbonato de cálcio, branco ou colorido.

DESENHO A GRAFITE – Desenho executado com uma substância mineral (a plumbagina) utilizada inicialmente como mina.

DESENHO A LÁPIS – Representação de pessoas e objectos feita com um lápis negro macio, muito usada em litografia.

DESENHO A LÁPIS DE CERA – Desenho executado com barras de pigmentos coloridos emulsionados em cera, parafina, etc.

DESENHO A LÁPIS DE COR – Desenho executado com lápis de pigmentos coloridos e compactos emulsionados em resina.

DESENHO A LÁPIS DE GRAFITE – Desenho executado com uma mistura de grafite com argila protegida por um tubo de madeira.

DESENHO A MINA DE CHUMBO – Desenho de traço leve, normalmente sob a forma de esboço, obtido através de uma mistura de chumbo com outras substâncias tais como o estanho.

DESENHO A PEDRA NEGRA – Aquele que é executado a partir de pedra de xisto; a cor varia do negro forte ao cinzento.

DESENHO À PENA – Desenho a traço executado através de uma pena ou instrumento semelhante utilizando tinta da China, tinta bistre, sépia, noz-de-galha, etc.

DESENHO A PONTA DE FELTRO – Desenho obtido através da utilização de canetas ou marcadores com ponta de feltro.

DESENHO A PONTA DE METAL – Desenho obtido através de uma ponta de metal (prata, ouro, chumbo, etc.) que é pressionada sobre um suporte de papel revestido com uma camada de pigmento opaco, branco ou colorido.

DESENHO A TINTA ESTILOGRÁFICA – Desenho executado com caneta de tinta recarregável.

DESENHO A TRAÇO – Aquele que não apresenta meio-tom; é trabalhado apenas com traços pretos e brancos.

DESENHO A TRÊS LÁPIS – Desenho cuja técnica combina a pedra negra, a sanguínea e o giz branco.

DESENHO ACADÉMICO – Aquele que é feito por uma pessoa enquanto aluna de uma escola, em especial de uma escola do ensino superior.

DESENHO ANIMADO – Filme que é composto por uma sequência de desenhos todos diferentes, que, filmados e projectados numa tela, são vistos como se estivessem em movimento.

DESENHO ANIMALÍSTICO – *Ver* Desenho zoomórfico.

DESENHO DE HUMOR – *Ver* Cartune.

DESENHO DE PASSAR – Processo de reprodução mecânica de um desenho usado na Idade Média, que consistia em partir de um desenho feito num pedaço de pergaminho cujos contornos eram picotados com uma agulha, de modo que o mesmo podia ser transmitido a um outro mediante a aplicação de um pó fino que se depositava através dos furos.

DESENHO FITOMÓRFICO – Aquele que é feito recorrendo a elementos decorativos vegetalistas, ou seja, retirados de plantas ou de partes de plantas; esteve muito em voga nas iluminuras e enquadramentos de miniaturas durante toda a Idade Média e até finais do século XV e mesmo depois; figurava sobretudo nas obras iluminadas, mas o seu uso permaneceu no enquadramento de portadas e na ornamentação de iniciais capitais de obras impressas, dado que os modelos seguidos nos primeiros tempos da imprensa eram os modelos manuscritos; as flores mais variadas, como rosas, violetas, amores-perfeitos e os frutos, entre os quais avultam os morangos – fruto ainda pouco conhecido, mas muito decorativo – são alguns dos elementos mais frequentes neste tipo de desenho. Desenho vegetalista.

DESENHO GRÁFICO – O que consiste na criação de formas gráficas tais como letras, figuras e símbolos de concepção estética perfeita e de fácil entendimento por parte do público a que se destina de modo a obter uma imagem agradável, geralmente com a finalidade de publicitar um produto.

DESENHO LEUCOGRÁFICO – Aquele que é feito em fundo negro por traços em branco.

DESENHO PUBLICITÁRIO – Desenho elaborado com o objectivo de divulgar um determinado serviço ou produto, em geral com intuitos comerciais.

DESENHO TÉCNICO – Desenho em escala reduzida, geralmente sob forma de detalhe, plano, secção, corte, elevação, perspectiva ou diagrama, utilizado num contexto de estudo de arquitectura, engenharia ou outro contexto técnico.

DESENHO TINTADO – Estilo de iluminura no qual os contornos do desenho são desenhados a preto ou tinta colorida e tingidos de aguarela, que se aplica a todas ou a algumas das superfícies para sugerir a modelagem; foi particularmente popular na Inglaterra anglo-saxónica e gozou de um reflorescimento no século XIII na Inglaterra na obra de Matthew Paris e na Escola da Corte de Henry III; a técnica é por vezes usada em combinação com elementos totalmente pintados.

DESENHO UNIVERSAL – Desenho para todos, concepção e desenvolvimento de produtos e ambientes tecnológicos capazes de serem usados por todos, ou pelo maior número possível de cidadãos sem haver necessidade de adaptação a situações específicas.

DESENHO VEGETALISTA – *Ver* Desenho fitomórfico.

DESENHO ZOOMÓRFICO – Aquele que emprega elementos decorativos retirados do mundo animal; esteve em moda nas iluminuras e enquadramentos de miniaturas durante toda a Idade Média, até finais do século XV e mesmo depois; nos primeiros tempos da tipografia, e dado que os modelos seguidos eram os manuscritos, foram igualmente usados os insectos, as aves e os animais mais ou menos exóticos e pouco conhecidos, como os macacos, de que são exemplo as *babouineries*. Desenho animalístico.

DESENLACE – Fim do enredo de um poema ou romance • Desfecho. Epílogo. Remate.

DESENROLAR O *VOLUMEN* – Desfazer o rolo, estender aquilo que estava enrolado; o *volumen* estava enrolado à volta de um bastão e para o desenrolar, a fim de permitir a leitura, segurava-se com uma das mãos e desenrolava-se com a outra.

DESENTRANHAMENTO – Em arquivística, acto de retirar documentos ou folhas de qualquer processo.

DESENTRANHAR – Em arquivística, retirar documentos ou folhas de um processo.

DESENTRELINHAMENTO – Acto ou efeito de desentrelinhar.

DESENTRELINHAR – Tirar as entrelinhas da composição ou da distribuição, com o cabo da pinça, com o bico da linha do componedor ou apenas com uma entrelinha.

DESENVOLVIMENTO – Acto ou efeito de desenvolver. Ampliação • Crescimento • Explanação minuciosa de um tema. Exposição detalhada.

DESENVOLVIMENTO DA NOTÍCIA – Retoma dos elementos divulgados em boletim ou sequência, apresentando-os por ordem de importância e não cronologicamente.

DESFIAÇÃO – Operação do processo manual de fabrico do papel a partir de peças de trapo, pela qual se esfiavam os trapos com o auxílio de lâminas.

DESFIAR – *Ver* Farpar.

DESFIBRADOR DE CADEIAS – Aparelho utilizado no fabrico industrial de papel em que os pedaços de madeira são transformados por cadeias munidas de bicos que os escorcham; após a eliminação da lenhina por meio da água, fica apenas a pasta, que é depois escorrida e seca. Moinho de pasta.

DESFIBRADOR DE MÓ – Aparelho usado no fabrico industrial de papel em que os pedaços de madeira são transformados por uma mó numa espécie de papa constituída por fibras celulósicas (celuloses e hemiceluloses), sendo a lenhina eliminada por meio da água e ficando apenas a pasta, que é em seguida escorrida e seca.

DESFIBRAMENTO DO PAPEL – Diz-se quando as fibras do papel estão muito soltas, mal acamadas e a carga está mal fixada.

DESFIBRINAÇÃO – Operação que consiste em tirar a fibrina, componente fundamental no fabrico do papel.

DESFIBRINAR – Tirar a fibrina a.

DESGALVANIZAR – Tirar a galvanização a.

DESGLOSAR – Retirar as glosas de um texto.

DESGRANAR – Retirar o relevo a qualquer superfície que se quer dourar.

DESGUARNECER – *Ver* Desimpor.

DESIDERATA (pal. lat.) – Lista de assuntos dos quais o autor de um livro necessita informação • Lista de livros pretendidos.

DESIDRATAÇÃO DO SUPORTE – Fenómeno que se observa em alguns suportes da escrita quando as condições ambientais de armazenamento apresentam elevado grau de secura, tendo como resultado final a apresentação de um aspecto frágil e quebradiço.
DESIGN – Conceito de estética associado à utilidade dos objectos de uso frequente, de modo a aliar a beleza à sua funcionalidade • Disciplina que visa as actividades relacionadas com a produção de artefactos, com a preocupação de uma harmonia estética do ambiente humano. No âmbito desta, tudo quanto, nesse aspecto, se refere a livros, jornais, cartazes, e que se relaciona com a ciência da computação.
DESIGN GRÁFICO – Conjunto de técnicas e concepções estéticas aplicadas à representação visual de uma ideia ou mensagem, criação de logotipos, ícones, sistemas de identidade visual, vinhetas para televisão, projecto gráfico de publicações impressas, etc. • Conceito estético aplicado à apresentação gráfica segundo determinadas regras de retórica visual, a fim de apresentar ao público uma imagem que fala por si mesma, esclarecedora, criativa e funcional.
DESIGNAÇÃO – Representação de uma noção • Nome. Indicação • Eleição. Escolha • Significado. Significação.
DESIGNAÇÃO DE COLECÇÃO DO MAPA – Identificação codificada numérica ou alfanumérica atribuída por um editor a um mapa, a uma colecção deles ou a um atlas.
DESIGNAÇÃO DE CONTEÚDO – Em catalogação em sistemas automatizados, formato *UNIMARC*, é o código que identifica ou fornece informação adicional sobre os campos ou sobre o que contêm.
DESIGNAÇÃO DE SUBSÉRIE – Palavra, conjunto de letras ou números, ou uma combinação que ocorre a seguir ao título da série principal e que pode ocorrer só ou conjuntamente com o título da subsérie.
DESIGNAÇÃO ESPECÍFICA DO MATERIAL – Em descrição bibliográfica, termo ou expressão que indica a categoria específica do material à qual o item pertence.
DESIGNAÇÃO GENÉRICA DO MATERIAL – Em descrição bibliográfica, é o termo ou expressão que indica, de forma genérica, a natureza do documento que está a descrever-se; a inclusão deste dado no início da descrição catalográfica tem por objectivo informar o utilizador de um catálogo acerca do tipo de documento descrito, no que respeita ao suporte e/ou forma de impressão, etc.
DESIGNAÇÃO GENÉRICA DO TIPO DE DOCUMENTO – Palavra ou expressão que indica, em termos genéricos e numa fase inicial da descrição, o tipo de formato físico ou material ou a categoria de documento a que a publicação pertence, como por exemplo "texto impresso".
DESIGNADOR DE CONTEÚDO – Código que identifica ou fornece informação adicional sobre os campos ou sobre o seu conteúdo. Designativo de conteúdo.
DESIGNATIVO DE CONTEÚDO – *Ver* Designador de conteúdo.
DESIGNER GRÁFICO – Segundo Abraham Moles, "profissional que tem por função transformar imagens segundo regras de retórica visual, tendo por premissa o que é necessário dizer ao cliente, na rua" • Pessoa que planeia a forma e o aspecto gráfico de uma obra antes de ela ser feita, em especial concebendo-a em pormenor; trata-se sobretudo de um trabalho de artes visuais, especialmente desenho, gravura ou *lettering*.
DESIMPOR – Tirar a guarnição das páginas, amarrando-as seguidamente; desfazer a imposição. Desguarnecer.
DESINCORPORAÇÃO – Em arquivística é a desanexação de um fundo ou seja, a sua separação do núcleo ao qual pertencia.
DESINÊNCIA – Elemento variável do fim de uma palavra que distingue as diferentes formas de um paradigma (nominal ou verbal) indicando por um lado o caso, género e número e por outro o nome, a pessoa e a voz.
DESINFECÇÃO DE DOCUMENTOS – Exposição de documentos através de vapores químicos no vácuo com a finalidade de destruir as diferentes formas de vida animal e vegetal que afectam a sua integridade. Expurgo; trata-se de um processo que deve ser utilizado sempre que um documento reentra numa instituição após empréstimo, por exemplo, mas que rara-

mente é levado a cabo; é contudo, obrigatório, após uma operação de secagem, qualquer que tenha sido o método utilizado (*ver* secagem de documentos), de modo a eliminar todo e qualquer microrganismo que tenha sobrevivido; para esta operação utiliza-se uma autoclave onde se coloca o material já seco; uma vez feito o vácuo, submetem-se os documentos aos efeitos do óxido de etileno ou a uma mistura resultante de uma parte de óxido de etileno e dez partes de anidrido carbónico.

DESINFECTAR – Submeter um objecto a uma acção física ou química que torna impossível a sobrevivência de microrganismos e parasitas diversos. Esterilizar. Expurgar.

DESINFESTAÇÃO – Processo pelo qual se desinfecta e expurga um acervo documental ou outro, utilizando meios químicos ou agentes físicos, a fim de erradicar pragas de insectos papirícolas e outros, que podem destruir e danificar esse acervo. Expurgo.

DESINFESTAÇÃO POR ANÓXIA – Modalidade de desinfestação por meio da qual o material a desinfestar se insere numa bolha, retirando-se o ar, impossibilitando deste modo a respiração aos seres vivos que aí possam estar; infiltra-se em seguida dióxido de carbono, até que na bolha exista apenas este, eliminando deste modo os insectos, as larvas e os ovos.

DESINFESTAR – *Ver* Expurgar.

DESINTEGRAÇÃO – Operação inicial do fabrico do papel, que tem como finalidade levar a pasta ao estado líquido.

DESINTEGRADOR – Aparelho usado para pôr em suspensão aquosa as fibras apresentadas sob a forma de papel ou de pasta.

DESINTEGRADOR DE DISCOS – Mecanismo utilizado no fabrico industrial de papel, em que os pedaços de madeira são transformados por meio de dois discos paralelos que trituram a massa das lascas de madeira permitindo a obtenção de uma pasta mais fina; a lenhina é eliminada posteriormente por meio da água, ficando apenas a pasta, que é depois escorrida e seca.

DESINTERCALAR – Colocar uma por uma as folhas dobradas, a fim de proceder a encadernação.

DESINTERLINEADA – Diz-se da composição tipográfica que não tem interlineado ou branco entre as linhas.

DESINTERMEDIAÇÃO – Situação resultante da publicação electrónica, que aplicada à indústria da edição levaria a uma aproximação entre o autor e o leitor tornando desnecessários os distribuidores ou livreiros.

DESKTOP PUBLISHING (loc. ingl.) – Auto-edição. *Ver* Edição electrónica. *DTP*.

DESLACRAR – Partir ou tirar o lacre que fecha uma carta ou pacote.

DESLAMINAÇÃO – Processo que consiste em retirar o produto que reveste ou protege um documento, com a finalidade de o substituir por outro; o princípio básico deste processo assenta na reversibilidade do restauro, ou seja, na possibilidade de, em qualquer momento, dever poder desfazer-se o restauro de um livro ou documento, se os produtos ou materiais utilizados puderem vir a revelar-se nocivos; por exemplo, hoje é necessário desfazer as laminações feitas com acetato de celulose muito praticadas nos anos sessenta; do mesmo modo, deve haver sempre a possibilidade de uma cola ou outro produto aplicado poder ser retirado.

DESLAVADA – Designação atribuída, em fotogravura, às cores que contêm branco.

DESLAVAR – Diminuir a nitidez de um traçado ou a intensidade de uma cor sob a acção de um líquido.

DESLOCAÇÃO LINHA A LINHA – Movimento das imagens em leitores de microformas ou em ecrãs de tubos de raios catódicos, de forma que elas vão desaparecendo na parte superior do ecrã à medida que vão aparecendo outras na parte inferior.

DESMANCHAR – Desfazer a encadernação ou brochura que o livro apresenta, separando os cadernos que o constituem, a fim de proceder à sua encadernação ou reencadernação. Desmontar.

DESMANCHE DO LIVRO – Conjunto de operações que consiste em desmembrar uma encadernação, ou para proceder ao restauro da obra (começando pela sua desacidificação, limpeza, remendos de rasgões por processos variados) ou porque a encadernação se encontrava deteriorada ou desajustada da obra que revestia.

DESMEMBRADO – Separado do todo. Dividido em partes.

DESMEMBRAMENTO – Divisão ou separação em partes.

DESMEMBRAR – Separar os elementos constitutivos de um volume (folhetos, cadernos, pastas, etc.).

DESMENTIDO DE PUBLICAÇÃO – Declaração pela qual se nega aquilo que tinha sido dado como certo, afirmando que o não é; esta declaração deve surgir na mesma publicação onde a primeira afirmação tinha sido feita. Retractação.

DESMODULAÇÃO – Processo que consiste em devolver a forma original a um sinal após a modulação, como a conversão de dados digitais em sinais adequados à transmissão de dados analógicos por meio de um canal telefónico convertendo-os depois em dados digitais para serem recebidos por um terminal receptor. Detecção. Operação contrária à modulação. Demodulação.

DESMONTAGEM – Em restauro de livros, operação que se segue à colação, e que consiste em destacar o corpo do livro da lombada; pode ter de destacar-se, em seguida, o corpo do livro nas suas partes componentes, operação que requer em geral uma certa habilidade e deve ser efectuada por um restaurador experimentado • (port. Bras.) Desmonte.

DESMONTAR – *Ver* Desmanchar.

DESMONTAR A CAIXA – Guardar uma caixa no respectivo cavalete.

DESMONTAR A PÁGINA – Retirar da rama todo o material que nela se encontra como clichés, tipos, fios, etc., distribuindo estes elementos para que possam aproveitar-se e fundindo as linhas de chumbo que já não servem • Distribuir os diferentes elementos utilizados na composição da página, recolocando-os nos respectivos lugares. Despaginar.

DESMONTE (port. Bras.) – *Ver* Desmontagem.

DESMULTIPLEXADOR – Dispositivo que distribui por vários destinatários informações que inicialmente se encontravam agrupadas.

DESMULTIPLEXAGEM – Processo de separação de informações ou de vias de transmissão de informações, inicialmente agrupadas, para permitir o seu encaminhamento para destinatários diferentes.

DESPACHAR – Dar despacho a • Expedir.

DESPACHO – Nota de deferimento ou indeferimento que é inscrita por uma autoridade num requerimento ou petição. Resolução escrita de uma autoridade • Actividade conducente à resolução.

DESPACHO INTERPRETATIVO GENÉRICO – Resolução escrita de uma autoridade que uniformiza a interpretação da lei no âmbito de um serviço.

DESPACHO NORMATIVO INTERNO – Resolução escrita de uma autoridade administrativa, que estabelece regras gerais que são obrigatórias para a generalidade de um grupo de destinatários. Regulamento.

DESPAGINAR – *Ver* Desmontar a página.

DESPESAS COM AQUISIÇÕES – Gastos feitos com a obtenção de documentos impressos, manuscritos e audiovisuais.

DESPESAS DE DISTRIBUIÇÃO – Gastos que são feitos com o armazenamento, facturação, acondicionamento e a expedição do livro (transporte físico do depósito do editor para o livreiro e, por fim para o leitor), quer as operações sejam mecânicas ou manuais; no orçamento de um livro, as despesas de distribuição representam mais de metade do preço de venda.

DESPESAS DE EMBALAGEM – Na comercialização de livros, designação dada aos gastos que são feitos com o seu acondicionamento, para garantir o seu transporte sem danos.

DESPESAS FIXAS – Relativamente à impressão, designação atribuída aos gastos que são feitos com a leitura e preparação do manuscrito, composição, correcção, paginação, tiragem, etc., as mais pesadas do processo editorial.

DESPESAS ORDINÁRIAS – Gastos resultantes do funcionamento de uma biblioteca, arquivo, serviço de documentação, etc.; costumam englobar as despesas com aquisições e as despesas com pessoal.

DESPOJOS – Na impressão, diferença entre o número teórico de exemplares e o real, após terem sido descontadas as perdas.

DESTACAMENTO – Perda progressiva de aderência ao suporte; verifica-se sobretudo na iluminura, quando os pigmentos começam a soltar-se dele, geralmente o pergaminho; as razões para esta situação podem ter origem na manufactura, ou seja, numa deficiente aplicação da tinta sobre o suporte, ou numa alteração posterior das condições ideais de conservação.
DESTACAR – Salientar, dar relevo, ressaltar.
DESTACAR NA PRIMEIRA PÁGINA – Dar em manchete.
DESTACÁVEL – Parte de uma publicação periódica na qual se aborda um assunto. Caderno • Separável.
DESTAQUE – Relevo de um elemento em relação aos restantes • Em gíria jornalística é o nome atribuído à notícia a que se pretende dar um certo realce, não precedida de antetítulo e redigida em estilo telegráfico, destinada a despertar o interesse; não deve exceder os trezentos caracteres. Notícia de destaque.
DESTINADOR – *Ver* Emissor.
DESTINATÁRIO – Pessoa física ou moral para quem foi executada determinada obra; no caso de manuscritos encomendados para oferecer a uma personagem, era frequente incluir na iconografia da obra, sobretudo no caso dos livros de horas, o santo patrono do destinatário • Nome da pessoa a quem o documento é passado; é uma cláusula essencial • Pessoa ou entidade a quem é dirigida uma mensagem • Pessoa ou instituição em benefício ou em honra da qual foi feito um livro • Leitor.
DESTINATÁRIO DE UM ACTO – O destinatário do acto é a pessoa que o recebe e que, em princípio, o conservará nos seus arquivos, a título de prova; geralmente é o beneficiário do acto, não sendo necessariamente a pessoa a quem ele é dirigido.
DESTINO – Aplicação. Fim para que se reserva ou designa alguma coisa, pessoa, etc. • Conjunto de actividades arquivísticas, posteriores à fase de avaliação de documentos para determinar a sua guarda temporária ou permanente, a sua microfilmagem ou eliminação, terminados os prazos de retenção.
DESTRINÇA – A chapa que, depois de feita aquela que há-de tirar em uma cor, se prepara para tirar em outra cor, quando a impressão é a duas ou mais cores • Exposição minuciosa • Contraforma.
DESTRUIÇÃO DA EDIÇÃO – Eliminação dos exemplares restantes de uma edição, porque não foram vendidos ou por qualquer outra razão.
DESTRUIÇÃO VOLUNTÁRIA – Eliminação espontânea de documentos numa biblioteca, arquivo, serviço de documentação, etc. feita por razões diversas.
DESUMIDIFICAÇÃO – Redução do grau higrométrico do ambiente nos locais de armazenamento de livros, documentos e outros materiais, por meio de processos mecânicos ou químicos, mantendo condições ambientais ideais (de 45% a 55%), impedindo, assim, a proliferação de agentes destruidores.
DESUMIDIFICADOR – Absorvedor de humidade • Sistema electromecânico destinado a captar e modificar o teor de humidade do ar em depósitos de livros e outros materiais; há dois tipos: o secador, adoptado nos climas frios e o refrigerador, mais próprio para zonas quentes. Exsicador.
DESUMIDIFICAR – Retirar a humidade a um espaço determinado.
DESUNIR – Desfazer a união. Desligar. Separar. Desirmanar. Dividir • Desviar.
DESVANECIMENTO – Em reprografia, perda da densidade de imagens em material fotográfico exposto ou revelado, durante um período de tempo.
DESVIAR – *Ver* Desunir.
DESVIO – Em tipografia, ângulo do bordo de referência prescrito para um documento com os caracteres impressos ou ângulos dos caracteres impressos com a linha sobre a qual apareceu • Tendência de um cálculo para se afastar numa direcção pela média de um conjunto de valores a partir de um valor verdadeiro.
DESVIRTUAMENTO – Alteração da natureza de uma pessoa ou coisa, que tem como consequência a sua perda de qualidades e/ou de valor • Depreciação • Desacreditação.
DETALHE – Pormenor. Aspecto particular. Na narrativa romanceada o detalhe tem um papel fundamental, fornecendo informação suple-

mentar aos leitores, apelando à sua sensibilidade, ao mesmo tempo que ajuda a recriar a atmosfera que se pretende.
DETALHE DE UM ÍNDICE – Nível de pormenor que orienta a sua elaboração; depende da minúcia posta na indexação que, por sua vez, se reflecte e traduz no número de entradas do índice.
DETECÇÃO – Desmodulação.
DETECÇÃO DE MARCAS – Revelação, por meios electrónicos, de indicações feitas à mão, numa posição fixa com um lápis electrográfico numa superfície não condutora, como o papel, por exemplo • Leitura de marcas.
DETECÇÃO DE REFERÊNCIAS CEGAS – Aspectos de controlo mecânico pelo qual se encontram as referências de um registo bibliográfico que não apresenta cabeçalho.
DETECÇÃO MAGNÉTICA – Processo usado em bibliotecas, arquivos, serviços de documentação, etc., para evitar que os leitores levem documentos sem passarem pelo balcão de registo de empréstimos; assenta num sistema magnético e pode ou não estar associado a uma gestão informatizada dos empréstimos.
DETECÇÃO POR ONDAS DE RÁDIO – Processo usado em bibliotecas, arquivos, serviços de documentação, etc. para evitar que os leitores levem documentos sem passarem pelo balcão de registo de empréstimos; assenta num sistema rádio em que cada documento é equipado com uma etiqueta autocolante, que contém um circuito electrónico e que pode ou não estar associado a uma gestão informatizada dos empréstimos.
DETECTÁVEL POR MÁQUINA – *Ver* Legível por máquina.
DETECTOR ELECTRÓNICO – *Ver* Sistema electrónico de segurança.
DETENTOR – Pessoa ou instituição que tem a guarda e pode dispor de um livro, sem ser necessariamente o seu possuidor.
DETERGENTE – Produto que tem a propriedade de suprimir a aderência das sujidades ao seu suporte e de as manter em solução ou em suspensão; é usado na fase prévia ao restauro de documentos gráficos.
DETERIORAÇÃO – Acto ou efeito de deteriorar, Deterioramento • Estrago. Ruína. Dano.
Depredação • Envelhecimento gradual de materiais devido a acções diversas, ocasionando a sua destruição • Estado de um livro ou outro impresso, etc. gasto por um uso prolongado, em particular pelo atrito e manipulação.
DETERIORAÇÃO DO PAPEL – *Ver* Degradação do papel.
DETERIORAÇÃO FÍSICA – Nome dado à degradação dos documentos que é resultante do seu incorrecto manuseamento e acondicionamento (documento aberto de forma forçada numa determinada página, documento deixado numa prateleira não completamente cheia sem um suporte de apoio, documento incorrectamente manuseado, etc.).
DETERIORAÇÃO PELO ÁCIDO – Degradação de um material como o couro ou o papel pelos efeitos químicos dos ácidos; os ácidos podem estar presentes nos materiais de suporte da escrita devido à sua deficiente manufactura original, através da poluição atmosférica ou pela migração dos ácidos de materiais adjacentes.
DETERIORAÇÃO QUÍMICA – Nome dado à alteração da natureza química de um documento; resulta, em geral, do encurtamento das cadeias moleculares do papel devido às hidrólises ácidas, que tem como consequência o amarelecimento e a perda de resistência física e mecânica; a deterioração química está directamente relacionada com duas causas internas (matérias-primas e métodos usados para a produção do papel) e externas (condições ambientais, sistemas de armazenamento e acondicionamento, manuseamento e intervenções incorrectas).
DETERIORAMENTO – *Ver* Deterioração.
DETERIORANTE – Que deteriora.
DETERIORAR – Danificar. Adulterar. Estragar, destruindo parcialmente a coesão dos elementos constitutivos de um volume (folhetos, cadernos, pastas) ou mesmo de todo o volume.
DETERIORÁVEL – Que pode deteriorar-se.
DETERMINAÇÃO – Resolução. Prescrição.
DETERMINANTE – Numa oração, palavra ou palavras que servem para distinguir uma expressão e que constituem o complemento.

DETERMINANTES – Notações combinadas de números e sinais que, numa classificação, servem para esclarecer ou limitar as particularidades de uma obra relativamente a um determinado aspecto dela; a C.D.U. usa-as; podem ser determinantes de forma, de língua, cronológicas, geográficas, de pontos de vista, relativas e onomásticas e as suas especificações estão consignadas nas tabelas auxiliares.

DETERMINANTES CRONOLÓGICAS – Aquelas que indicam o espaço de tempo a que certas obras se referem.

DETERMINANTES DE FORMA – Aquelas que indicam a origem, a forma, o destino ou a natureza especial de algumas obras.

DETERMINANTES DE LÍNGUA – Aquelas que servem para indicar o idioma em que uma obra está escrita.

DETERMINANTES GEOGRÁFICAS – Aquelas que são usadas para fixar o assunto que trata uma obra geograficamente, no espaço de um país, região ou localidade • Determinantes de lugar.

DETERSIVO – Detergente. Substância usada em solução para limpeza de produtos sólidos como o papel, cuja lavagem por vezes precede o restauro para retirar a sujidade.

DEUS EM MAJESTADE – Representação iconográfica de Deus Pai sentado no trono com os atributos do poder; por vezes tal representação é acompanhada dos restantes membros da Santíssima Trindade, o Filho em tamanho menor e o Espírito Santo, sob a forma de pomba.

DEUTERONÓMIO – Quinto e último livro do *Pentateuco*.

DEVERES – Trabalhos escolares.

DEVOCIONÁRIO – Livro de orações devotas e práticas piedosas, para uso de adeptos de uma religião, em circunstâncias diversas. Livro de piedade. Livro devoto. Obra de devoção. Devocioneiro.

DEVOCIONEIRO – *Ver* Devocionário.

DEVOLUÇÃO – Acto ou efeito de devolver • Restituição ao possuidor anterior • Em comércio do livro, número de exemplares não vendidos que são restituídos pelos livreiros aos distribuidores e por estes ao editor.

DEVOLUÇÃO DE EMPRÉSTIMO – Restituição de uma obra emprestada ao seu legítimo possuidor; no caso do empréstimo de obras numa biblioteca, etc. é permitido o uso temporário de um livro ou de um outro documento durante um determinado período de tempo, passado o qual é exigida a sua devolução; o empréstimo pode revestir várias formas: o empréstimo local, domiciliário, na cidade, interurbano, entre bibliotecas, entre sucursais, etc.

DEVOLVER – Reenviar. Volver. Restituir • Rejeitar. Recusar.

DEVORAR – Aplicado ao livro e à leitura significa ler com voracidade. Ler de uma vez, rapidamente e com sofreguidão.

DEXTROGIRO – Em grafologia é o termo que qualifica a letra inclinada para a direita. Dextrorrotatório.

DEXTRORROTATÓRIO – *Ver* Dextrogiro.

DIA DO AUTOR – Comemoração dedicada à celebração do criador, em especial do escritor, que tem lugar no dia 22 de Maio de cada ano; em Portugal o dia do autor comemora-se desde 1981, por iniciativa da Sociedade Portuguesa de Autores.

DIA INTEIRO – Expressão popular utilizada ao falar do trabalho das máquinas de reacção e dos tornos mecânicos e serras, sem fim, em que o trabalho é executado em todo o tempo, pois trabalham o "dia inteiro".

DIA MUNDIAL DA LIBERDADE DE IMPRENSA – Efeméride celebrada no dia 3 de Maio de cada ano.

DIA MUNDIAL DO LIVRO E DO DIREITO DE AUTOR – Efeméride comemorada no dia 23 de Abril, data da morte de Shakespeare e de Cervantes, em que pretende chamar-se a nível mundial a atenção para o livro e para as vantagens que advêm para o homem com a sua utilização.

DIACONICUM (pal. lat.) – Livro litúrgico que encerra instruções para os diáconos e orações que lhe estão atribuídas.

DIÁCOPE – Emprego de uma ou mais palavras semelhantes, intercalando outras • Tmese. Mesóclise.

DIACRÍTICO – Diz-se do sinal gráfico com o qual se distingue o timbre das vogais ou a pronúncia de certas palavras, que sem ele se confundem com outras. Sinal diacrítico.

DIADEMA – *Ver* Auréola.
DIAFANEIDADE DO PAPEL – Propriedade que tem o papel de se deixar atravessar pela luz, em maior ou menor grau.
DIAFILME – Tira de filme contendo imagens fotográficas, que são destinadas a serem projectadas ou visionadas como imagens fixas. Diapositivo.
DIÁFORA – Figura que consiste na repetição de uma palavra empregada anteriormente, mas à qual se atribui um significado novo. Dialogia. Dilogia.
DIAFRAGMA – Disco delgado num microfone, que é activado ao receber ou produzir ondas acústicas • Num sistema óptico, é o dispositivo que limita a quantidade de luz que penetra pela objectiva ou o campo coberto por esta ou ambos, segundo a sua posição.
DIAGNOSE – Em informática, exame destinado a detectar e caracterizar os erros que podem existir num programa, em dados ou circuitos de uma máquina • Descrição sucinta de um documento manuscrito ou impresso • Diagnóstico • Semiótica. Semiologia.
DIAGNÓSTICO – Determinação relativa à detecção e localização de falhas de funcionamento ou de erros num programa ou equipamento de um computador. Diagnose • Série de operações que precedem o restauro de um documento e que se destinam a detectar os problemas que ele apresenta para posterior tratamento.
DIAGONAL DE LEITURA – Direcção que o utilizador segue com o olhar, do alto esquerdo da página de texto até ao canto inferior direito, ao percorrer os títulos, textos e ilustrações.
DIAGR. – Abreviatura de diagrama.
DIAGRAFIA – Arte de desenhar usando diágrafo. Calcomania.
DIAGRÁFICO – Referente à diagrafia.
DIÁGRAFO – Aparelho que possibilita a reprodução de objectos que se vêem, por meio de movimento contínuo • Delineação. Esboço.
DIAGRAMA – Representação gráfica por meio de linhas que ilustra conceitos, correlações, processos, etc. • Aberturas praticadas dentro de pequenas lâminas de metal ou cartão, que se introduzem numa frente de montagem objectiva para regular o contraste de uma reprodução através da trama • Grupo de letras representando apenas um som • Figura linear que serve para ilustrar uma definição ou uma afirmação, ou para ajudar a provar uma proposição, tal como acontece na lógica, matemática ou mecânica • Figura que representa o plano geral ou a posição relativa das partes componentes de um objecto, tal como o corte transversal de uma máquina, um pormenor arquitectónico, uma peça de mobiliário, etc.; podem ou não ser dadas as dimensões originais • Desenho gráfico que explica as relações entre pessoas, objectos, disposição de materiais no trabalho, etc. Delineação. Bosquejo. Maqueta • Gráfico que, através de curvas, linhas, superfícies, símbolos, etc. mostra o decurso ou resultados de qualquer acção ou processo ou as suas variações • Sequência de duas letras ou de dois fonemas.
DIAGRAMA CIRCULAR – Gráfico de forma circular dividido em sectores em que o tamanho de cada sector corresponde à quantidade ou percentagem que representa.
DIAGRAMA DE BARRAS – Diagrama projectado sobre um eixo de abcissas e de ordenadas ou sob um quadro de dupla entrada no qual num dos eixos se situam as actividades e no outro a sequência temporal em unidades homogéneas (anos, meses e semanas), medindo-se a duração de cada fase em barras horizontais de diferente comprimento. Cronograma.
DIAGRAMA DE FLECHAS – *Ver* Diagrama de setas.
DIAGRAMA DE FLUXO – Representação gráfica dos passos de um processo que é feita por meio de uma série de símbolos pré-determinados.
DIAGRAMA DE FLUXO DE SISTEMA – Diagrama de fluxo que representa todo um sistema ou que inclui apenas os seus subsistemas ou elementos mais importantes.
DIAGRAMA DE FREQUÊNCIAS – Gráfico de uma distribuição de frequência, que se obtém traçando no ponto médio de cada intervalo de classe um ponto que representa a frequência nesse intervalo e ligando depois todos os pontos com linhas rectas. Polígono de frequências.

DIAGRAMA DE SETAS – Gráfico que mostra grupos de termos relacionados por meio de flechas. Diagrama de flechas • Forma de apresentação gráfica de um tesauro, na qual os descritores se dispõem em campos semânticos, exprimindo-se as suas relações hierárquicas através de setas.

DIAGRAMA DE *VENN* – Diagrama no qual os campos de interesse são representados por círculos cujas intersecções indicam as zonas de interesse comum.

DIAGRAMA DISPERSO – Representação gráfica da distribuição de dois tipos de valores, que mostra a inter-relação dos mesmos.

DIAGRAMA POR BLOCOS – Representação de uma paisagem em perspectiva ou em projecção isométrica, geralmente com um certo exagero na vertical • Representação gráfica dos componentes do suporte físico ou *hardware* de um computador, que mostra as funções básicas e as relações funcionais entre as partes.

DIAGRAMAÇÃO – Inventário da publicação, página por página, para obter a estruturação global de todas as páginas no seu conjunto.

DIAGRAMADOR – Aquele a quem compete planear e executar, em publicações periódicas, a distribuição gráfica de matérias ou ilustrações de carácter jornalístico com finalidade de publicação.

DIAGRAMÁTICO – Que respeita ao diagrama.

DIALÉCTICA – Arte ou método de argumentar ou discutir • Argumentação engenhosa.

DIALECTO – Linguagem própria de uma determinada região ou membros de um certo grupo social dentro da comunidade dos falantes de uma mesma língua, que não difere no fundamental da linguagem das regiões adjacentes. Cada uma das línguas, que são consideradas variedades do mesmo tipo fundamental.

DIALELO – Espécie de antimetábole.

DIÁLISE – Operação de purificação da água de todas as impurezas, após o que está preparada para com ela se poder proceder à lavagem do papel dos documentos, antes do restauro.

DIALOGADO – Exposto sob forma de diálogo. Dialogal.

DIALOGAL – *Ver* Dialogado.

DIALOGAR – Estabelecer comunicação entre duas ou mais pessoas, de modo a trocar opiniões, esclarecer pontos de vista e precisar ideias sobre determinado assunto.

DIALOGIA – Emprego repetido da mesma palavra em acepções diferentes. Diáfora. Dilogia.

DIALÓGICO – Que tem forma de diálogo. O mesmo que dialogal. Dialogado.

DIALOGISMO – Figura de retórica que reproduz as ideias das personagens sob forma de diálogo.

DIALOGISTA – Pessoa que compõe diálogos • Pessoa que dialoga.

DIÁLOGO – Conversação entre duas pessoas • Género de obra literária, em prosa ou verso, em que se finge uma prática com controvérsia entre duas ou mais personagens; o tema pode ser de ordem científica, literária, histórica, artística, filosófica, amorosa, etc.

DIÁLOGO ASSÍNCRONO *ONE TO MANY* – Modalidade de diálogo que é possível desenvolver através de *e-mail* e que se caracteriza pela relação de um interlocutor com vários outros interlocutores; é comum das *mailing--lists, newsletters, newsgroups*, etc.

DIÁLOGO ASSÍNCRONO *ONE TO ONE* – Modalidade de diálogo que é possível desenvolver através de *e-mail* e que se caracteriza pela relação de um interlocutor com outro.

DIÁLOGO FILOSÓFICO – Aquele em que se constrói uma verdade racional.

DIÁLOGO SÍNCRONO *ONE TO MANY* – Modalidade de diálogo que é possível desenvolver através de *e-mail* e que se caracteriza pela relação de um interlocutor com vários outros interlocutores em tempo real; é seu exemplo o *IRC (Internet Relay Chat)*.

DIÁLOGO SÍNCRONO *ONE TO ONE* – Modalidade de diálogo que é possível desenvolver através de *e-mail* e que se caracteriza pela relação de um interlocutor com outro através da fala e da escrita de mensagens em tempo real.

DIAMANTE – Designação dada na antiga nomenclatura ao mais pequeno corpo usado em tipografia, de três pontos; antigamente o corpo dos tipos não era expresso por números, mas por nomes como ágata, diamante, pérola, etc. (port. Bras.) Asa de mosca.

DIANTEIRA – *Ver* Goteira.
DIANTEIRO – Corte correspondente à abertura do volume no lado oposto ao lombo. Margem lateral externa. Corte dianteiro.
DIAPORAMA – Colecção de diapositivos subordinados a um tema e destinados a projecção em sequência, exigindo um pré-registo, em fita magnética, da impulsão eléctrica que irá permitir a sincronização de passagem da imagem, em função do registo sonoro.
DIAPORESE – Figura retórica pela qual o orador se interrompe a si próprio. Dubitação.
DIAPOS. – Abreviatura de diapositivo.
DIAPOSITIVO – Imagem positiva estática, transparente, em geral emoldurada, destinada a ser projectada através da luz de um projector, de um visor, ou da própria visão direita. A partir do filme diapositivo pode obter-se a sua ampliação. Este processo é chamado positivo directo. Diafilme • *Slide.* (port. Bras.) Eslaide.
DIAPOSITIVO ESTEREOSCÓPICO – Par de imagens fotográficas apresentadas de modo a darem um efeito tridimensional quando vistas através de um estereoscópio.
DIAPOTECA – Serviço de informação e documentação, cujo fundo é constituído por diapositivos.
DIARIA (pal. lat.) – Nome dado aos jornais da Antiguidade ou seja aos livros de contas que contêm a receita e a despesa de cada dia; em termos históricos são muito importantes, porque dão grandes informações sobre o modo de viver daquele tempo.
DIÁRIO – Documento em que o autor relata os factos que vive no dia a dia • Nome atribuído a alguns jornais e que marca a periodicidade da sua saída • Publicação diária ou que aparece pelo menos cinco vezes por semana. Quotidiano • Livro de contabilidade em que as operações comerciais são escrituradas todos os dias. Dial. Diurnal. Diurno.
DIÁRIO DE BORDO – Livro ou caderno onde o capitão inscreve as observações diárias referentes à sua navegação. Diário de navegação. Livro de navegação. Diário de voo.
DIÁRIO DE LEITURAS – Diário reflexivo daquilo que se lê, que pode ter por suporte os textos indicados por um professor • Caderno diário com um conjunto de textos escritos periódica ou diariamente fora da instituição.
DIÁRIO DE MÁQUINA – Livro ou caderno onde os maquinistas dos barcos anotam os dados referentes ao funcionamento das máquinas e ao seu consumo de lubrificantes e combustíveis. Caderno de máquina.
DIÁRIO DE MAQUINISTA – Livro ou caderno em que são anotados os dados considerados importantes acerca dos aparelhos, motor e evaporador de um barco.
DIÁRIO DE NAVEGAÇÃO – *Ver* Diário de bordo.
DIÁRIO DE OPERAÇÕES – Relato diário de tudo quanto se passa numa unidade militar durante uma campanha, comissão de serviço ou marcha.
DIÁRIO DE SESSÕES – Publicação periódica de carácter governamental, de uma entidade pública ou privada, para dar conta das sessões dos Conselhos, Câmaras, Directórios, etc.; apesar do seu nome, a sua periodicidade está de acordo com as sessões e por tal razão é irregular.
DIÁRIO DE VIAGEM – Aquele que descreve de forma detalhada o itinerário quotidiano e os episódios sucedidos no decorrer de uma viagem realizada em terras desconhecidas, mais ou menos distantes.
DIÁRIO DE VOO – *Ver* Diário de bordo.
DIÁRIO DIGITAL – Publicação colectiva, com um título legalizado, que é editada a intervalos regulares, durante um determinado período de tempo, que é apresentada e pode ser lida em formato digital.
DIÁRIO DINAMITE – Publicação que contém uma relação daquilo que se passa em cada dia; neste caso é assim denominada porque causa estragos vastos e é detonada em altura propícia, quando o protagonista já está longe do perigo; é exemplo de diário dinamite o que ficou conhecido como *Edwina Curries-Diaries 1987-1992*, pré-publicado pelo jornal diário *Times* e editado por Little, Brown, onde a autora, por sinal ex-colega de bancada, conta como foi amante do ex-primeiro ministro inglês John Major.

DIÁRIO ÍNTIMO – Espécie do género autobiográfico na qual um autor, instalado na sua própria solidão, conta a sua vida a si próprio.
DIÁRIO REGIONAL – Jornal ou periódico que se publica todos os dias numa determinada região.
DIÁRIO SECRETO – Aquele que, relatando os acontecimentos diários, é redigido com a intenção de não ser divulgado; permite à pessoa que o escreve, geralmente na fase da adolescência, o desabafo sentimental e a confissão de sentimentos e emoções que não consegue transmitir a outra pessoa e que apenas confia ao papel.
DIÁRIO-ROMANCE – Relação diária fantasiada dos acontecimentos do quotidiano, em que estes são ampliados pela imaginação da pessoa que os escreve e que divaga acerca deles, dando-lhes uma dimensão empolada que na realidade não têm.
DIARISMO – *Ver* Jornalismo.
DIARISTA – Aquele que escreve um diário • Jornalista.
DIARIZAR – Fazer diariamente, tornar diário.
DIASCÓPIO – Projector de imagens fixas num suporte transparente, num ecrã.
DIÁSTOLE – Alongamento de sílaba breve ou acentuação de sílaba átona.
DIATRIBE – Escrito ou discurso violento e ofensivo • Crítica severa. Sátira.
DIAZO – Diazóico • Composto sensível à luz que se forma fundamentalmente com sais de diazónio e se utiliza como revestimento de certos materiais; usa-se este termo frequentemente como abreviatura da expressão "processo de diazotipia".
DIAZOCÓPIA – Processo de reprodução de uma imagem por transparência sobre um suporte sensível à luz ultravioleta e revelada por acção de alcali (normalmente vapor de amoníaco) empregado nomeadamente para reproduzir as filigranas do papel. Cópia diazóica • Processo de cópia por contacto directo de imagem, por meio do qual o material com revestimento diazóico fica exposto à luz ultravioleta, que passa através de um original negativo ou positivo; uma vez branqueados os sais de diazónio da parte do material exposto à luz, originam uma imagem latente; os sais que não branqueiam são revelados com um revelador líquido de vapores de amoníaco para produzirem uma cópia numa de diversas cores, conforme o tipo de revestimento diazóico empregado; a impressão feita através deste processo designa-se cópia ou impressão diazóica, branca ou amoniacal e, conforme a cor usada, cópia azul ou cianotipia e castanha ou *vandyke*.
DIAZOTIPIA – Sistema de revelação a seco, em que se utilizam vapores de amoníaco para neutralizar os estabilizadores ácidos em material diazóico de dois componentes.
DIC. – Abreviatura de dicionário.
DICA (port. Bras.) – Achega. Notícia. Informação.
DICAR – Consagrar. Dedicar. Oferecer. Tributar.
DICÉLIA – Farsa, comédia licenciosa na antiga Grécia.
DICELISTA – Autor de dicélias.
DICHOTE – Motejo, chufa, expressão jocosa.
DICIONÁRIO – Repertório estruturado de palavras ou de uma categoria de palavras de uma língua, contendo informações de natureza semântica, nocional, referencial, gramatical ou fonética sobre cada uma delas; esse repertório pode assumir uma organização formal (ordem alfabética) ou semântica (conceptual) e apresentar o léxico de uma língua (dicionário monolingue), de duas línguas (dicionário bilingue) ou de várias línguas (dicionário multilingue ou plurilingue). Quanto à sua estruturação interna, um dicionário supõe uma nomenclatura organizada de palavras que servem de entradas e de enunciados, que definem e explicitam essas entradas. Glossário. Léxico. Vocabulário.
DICIONÁRIO ABREVIADO – Dicionário breve, em que as rubricas apresentadas, além de serem em menor número do que as daquele em que se baseia, têm também resumido o conteúdo das definições. Dicionário compendiado. Dicionário conciso.
DICIONÁRIO ACADÉMICO – Dicionário de língua, de carácter normativo, feito especialmente para ser usado por alunos de uma determinada instituição • Aquele que é elaborado e/ou publicado sob orientação e/ou

patrocínio de uma academia, sociedade literária, científica, artística, etc.

DICIONÁRIO ACTUALIZADO – Aquele que garante que as rubricas nele apresentadas estão postas em dia.

DICIONÁRIO ALFABÉTICO – Aquele em que as entradas que o constituem estão ordenadas segundo as letras do alfabeto da língua ou línguas em que está escrito.

DICIONÁRIO ANALÓGICO – Aquele que tem como ponto de partida a selecção de um conjunto de conceitos e apresenta ordenado alfabeticamente o vocabulário que lhes corresponde. Dicionário de ideias afins.

DICIONÁRIO AUTOMÁTICO – Aquele cujo conteúdo se apresenta registado em dispositivo automático de pesquisa.

DICIONÁRIO AUXILIAR – Aquele que apresenta questões de natureza prática, cujo conteúdo serve para ajudar de imediato na resolução de um assunto.

DICIONÁRIO BÁSICO – Aquele cujo conteúdo encerra o conhecimento julgado fundamental sobre uma matéria.

DICIONÁRIO BIBLIOGRÁFICO – Aquele que encerra a bibliografia referente a um determinado assunto.

DICIONÁRIO BILINGUE – Aquele cujas rubricas e respectivas definições se encontram redigidas em duas línguas.

DICIONÁRIO BIOBIBLIOGRÁFICO – Dicionário no qual a biografia dos autores é acompanhada pela sua bibliografia.

DICIONÁRIO BIOGRÁFICO – Aquele que contém esboços biográficos de personalidades conhecidas, em geral ordenados alfabeticamente pelos sobrenomes dos visados; não pode ser considerado biografia, porque apresenta apenas alguns dos aspectos das vidas das pessoas nele inseridas.

DICIONÁRIO BIOGRÁFICO NACIONAL – Dicionário biográfico de cobertura limitada, em que as pessoas visadas pertencem a determinados países ou regiões, mas inserem-se em qualquer profissão ou ocupação.

DICIONÁRIO BIOGRÁFICO PROFISSIONAL – Aquele em que as pessoas visadas são limitadas a uma determinada profissão ou ocupação específica.

DICIONÁRIO BIOGRÁFICO UNIVERSAL – Aquele em que as pessoas visadas não são limitadas a qualquer estado, país ou profissão.

DICIONÁRIO BREVE – Ver Dicionário abreviado.

DICIONÁRIO COMPENDIADO – Ver Dicionário abreviado.

DICIONÁRIO CONCEPTUAL – Lista alfabética de todos os termos de um tesauro, cada um dos quais é acompanhado pelo conjunto de descritores que lhe estão ligados, com a menção da ligação entre eles.

DICIONÁRIO CONCISO – Ver Dicionário abreviado.

DICIONÁRIO DAS PALAVRAS E DAS COISAS – Designação atribuída no século XVIII àquilo que hoje em dia é designado por enciclopédia.

DICIONÁRIO DE ABREVIATURAS – Aquele onde são compilados todos os tipos de palavras ou expressões abreviadas, desde os símbolos às siglas, e as abreviaturas propriamente ditas.

DICIONÁRIO DE ADÁGIOS – Ver Refraneiro.

DICIONÁRIO DE AMERICANISMOS – Aquele que apresenta vocábulos autóctones dos países americanos e a sua circulação em relação ao espanhol peninsular.

DICIONÁRIO DE ANGLICISMOS – Aquele que regista os vocábulos ou modismos próprios da língua inglesa, que são usados noutra língua.

DICIONÁRIO DE ANTÓNIMOS – Aquele cujo conteúdo é constituído por um termo e pelo seu contrário.

DICIONÁRIO DE ANTROPÓNIMOS – Aquele cujo conteúdo é constituído por nomes de pessoas.

DICIONÁRIO DE ARCAISMOS – Aquele em que estão inseridos os termos antiquados ou que deixaram de ser usados.

DICIONÁRIO DE AUTORIDADES – Aquele que contém citações de autores que avalizam o sentido do termo com a sua autoridade.

DICIONÁRIO DE BIOGRAFIA NACIONAL – Obra de referência muito em voga no século XIX, na maioria dos países europeus, que apresentava informações biográficas sobre todas as figuras nacionais importantes.

DICIONÁRIO DE BOLSO – Dicionário de dimensões reduzidas ao ponto de poder ser metido num bolso. Dicionário manual.

DICIONÁRIO DE CALÃO – Dicionário no qual é recolhido o léxico característico de um grupo humano, comunidade ou profissão. Dicionário de gíria.

DICIONÁRIO DE CITAÇÕES – Aquele cujo conteúdo é formado por frases célebres e extractos.

DICIONÁRIO DE DADOS – Lista de todos os campos de uma base de dados, acompanhada de uma explicação acerca do seu âmbito e de qualquer outra particularidade que afecte o comportamento do campo.

DICIONÁRIO DE DESCRITORES – Lista de autoridade de descritores e outros termos, que têm entre si relações hierárquicas e semânticas num ou vários domínios particulares do conhecimento e regras terminológicas correspondentes; é utilizada para traduzir em linguagem artificial isenta de ambiguidade as noções expressas num documento em linguagem natural.

DICIONÁRIO DE DESINÊNCIAS – Aquele que utiliza uma ordem alfabética inversa, tendo em consideração a última letra da palavra, a seguir a penúltima e assim sucessivamente, até à primeira; é também designado por dicionário inverso. Dicionário de terminações.

DICIONÁRIO DE DICIONÁRIOS – Aquele que regista a relação dos dicionários que foram publicados.

DICIONÁRIO DE DIFICULDADES – Aquele que divulga as dúvidas individuais com que pode confrontar-se o seu utilizador; de entre essas dificuldades podem enumerar-se problemas de ortografia, sintaxe, fonética, etc.

DICIONÁRIO DE ESTRANGEIRISMOS – Aquele que regista os vocábulos de vários idiomas utilizados noutra língua.

DICIONÁRIO DE FORMAS – Dicionário das fórmulas, como raízes, morfemas, etc.; lista de categorias de ordem sintáctica, organizadas ou não, utilizada em tradução automática.

DICIONÁRIO DE FRASEOLOGIA – Dicionário que define sintagmas, frases, etc.

DICIONÁRIO DE FREQUÊNCIAS – Ver Dicionário estatístico.

DICIONÁRIO DE GALICISMOS – Dicionário que regista os vocábulos ou modismos próprios da língua francesa que são usados noutra língua.

DICIONÁRIO DE GÍRIA – Ver Dicionário de calão.

DICIONÁRIO DE IDEIAS AFINS – Ver Dicionário analógico.

DICIONÁRIO DE LÍNGUA – Aquele em que são definidos os termos de uma língua através da sua descrição linguística. Dicionário linguístico.

DICIONÁRIO DE MATÉRIAS – Ver Dicionário enciclopédico.

DICIONÁRIO DE NEOLOGISMOS – Aquele que regista palavras ou expressões de formação nova a partir de elementos nacionais ou estrangeiros.

DICIONÁRIO DE PARÓNIMOS – Aquele que regista palavras que têm pronúncia e grafia tão parecidas com a de outras que levam, por vezes, a confundi-las entre si.

DICIONÁRIO DE PRONÚNCIA – Ver Dicionário ortoépico.

DICIONÁRIO DE REFRÃOS – Ver Refraneiro.

DICIONÁRIO DE REGIONALISMOS – Aquele que regista uma selecção do vocabulário de uma determinada zona ou região.

DICIONÁRIO DE SINÓNIMOS – Aquele que regista o vocabulário fundamental de uma língua acompanhado das palavras que têm o mesmo (ou idêntico) significado.

DICIONÁRIO DE TERMINAÇÕES – Ver Dicionário de desinências.

DICIONÁRIO DIACRÓNICO – Aquele em que os factos, temas, etc. são observados e registados segundo a sua evolução no tempo. Dicionário histórico.

DICIONÁRIO DIALECTAL – Aquele em que são registados os termos de um dialecto.

DICIONÁRIO ELECTRÓNICO – Dicionário de palavras ou códigos legíveis por máquina utilizados num sistema de tradução ou codificação automática; um computador substitui as palavras ou códigos do dicionário pelos de outras linguagens ou códigos.

DICIONÁRIO ENCICLOPÉDICO – Diz-se daquele que, além da definição das palavras da língua, apresenta rubricas dedicadas a temas de arte, ciência e outros. Dicionário de matérias. *Ver* Enciclopédia.

DICIONÁRIO ENCICLOPÉDICO REGIONAL – Aquele que regista vocábulos comuns, assuntos, biografias, topónimos, etc. de uma determinada região.

DICIONÁRIO ESCOLAR – Aquele que foi concebido para ser utilizado por estudantes.

DICIONÁRIO ESPECIALIZADO – Aquele que regista a lista dos vocábulos de uma ciência, arte ou técnica. Dicionário monográfico.

DICIONÁRIO ESTATÍSTICO – Dicionário que regista o índice de frequência de aparecimento de uma palavra numa determinada língua. Dicionário de frequências.

DICIONÁRIO ESTILÍSTICO – Aquele que regista a utilização das palavras no seu contexto acompanhada das construções mais adequadas.

DICIONÁRIO ETIMOLÓGICO – Aquele que regista a evolução formal de um significante através dos séculos; pode também fornecer dados relativos à evolução do seu significado.

DICIONÁRIO EXAUSTIVO – Aquele que pretende abranger todos os termos de uma língua, de uma técnica, de uma especialidade, de uma ciência, etc. Dicionário integral.

DICIONÁRIO GEOGRÁFICO – Obra de referência que fornece dados informativos gerais sobre locais geográficos; além da localização dá também informações históricas, estatísticas, culturais e outros elementos considerados importantes sobre os lugares nele inseridos.

DICIONÁRIO GERAL – Aquele que regista os termos sem tomar em linha de conta a área a que pertencem. Dicionário universal. Panléxico.

DICIONÁRIO HISTÓRICO – *Ver* Dicionário diacrónico.

DICIONÁRIO IDEOLÓGICO – Aquele em que as palavras que o compõem estão dispostas à volta de uma ideia, com a finalidade de fornecer, em cada caso, a palavra utilizada para expressá-la. Dicionário por assuntos.

DICIONÁRIO ILUSTRADO – Aquele em que a apresentação e a definição do material registado são enriquecidas com a sua iconografia.

DICIONÁRIO INTEGRAL – *Ver* Dicionário exaustivo.

DICIONÁRIO INVERSO – Aquele que regista as palavras que o compõem segundo uma ordem alfabética invertida, quer dizer, considerando a última letra da palavra, depois a penúltima e assim sucessivamente, até à primeira • Dicionário de desinências.

DICIONÁRIO LINGUÍSTICO – *Ver* Dicionário de língua.

DICIONÁRIO MANUAL – *Ver* Dicionário de bolso.

DICIONÁRIO MONOGRÁFICO – *Ver* Dicionário especializado.

DICIONÁRIO MONOLINGUE – Dicionário escrito numa única língua.

DICIONÁRIO MULTILINGUE – Aquele cujas rubricas e respectivas definições se encontram redigidas em diversas línguas. Dicionário plurilingue.

DICIONÁRIO NACIONAL – Dicionário de uma determinada língua, referente a um determinado país.

DICIONÁRIO NORMATIVO – Aquele que regista a linguagem que se considera normalizada. Dicionário prescritivo.

DICIONÁRIO ONOMASIOLÓGICO – Aquele que parte dos significados para indicar os seus significantes.

DICIONÁRIO ONOMÁSTICO – Dicionário de carácter etimológico, que regista nomes próprios, sejam eles antropónimos ou topónimos ou uns e outros.

DICIONÁRIO ORTOÉPICO – Dicionário característico de línguas como o francês, o espanhol ou o alemão em que se indica a pronúncia das palavras nele registadas. Dicionário de pronúncia.

DICIONÁRIO ORTOGRÁFICO – Aquele que pretende ser normativo na indicação da grafia das palavras que regista.

DICIONÁRIO PICTÓRICO – Aquele que agrupa de forma sistemática um determinado número de figuras de um assunto específico e, ao mesmo tempo, os nomes de cada uma das suas partes • Dicionário por imagens.

DICIONÁRIO PLURILINGUE – Aquele que regista as equivalências de palavras e expressões em mais de uma língua; pode registá-las em duas línguas (bilingue) ou em mais de duas línguas (multilingue).
DICIONÁRIO POLIGLOTA – *Ver* Dicionário multilingue.
DICIONÁRIO POPULAR – Dicionário que regista as palavras e locuções de uma língua, sem considerar a área a que pertencem e apresentando-as de uma forma que seja acessível ao povo, isto é, ao cidadão comum.
DICIONÁRIO POR ASSUNTOS – *Ver* Dicionário ideológico.
DICIONÁRIO POR IMAGENS – *Ver* Dicionário pictórico.
DICIONÁRIO POR MATÉRIAS – *Ver* Dicionário ideológico.
DICIONÁRIO PRESCRITIVO – *Ver* Dicionário normativo.
DICIONÁRIO RESTRITO – *Ver* Dicionário selectivo.
DICIONÁRIO SELECTIVO – Aquele que regista um conjunto de termos escolhidos segundo critérios valorativos. Dicionário restrito.
DICIONÁRIO SEMÂNTICO – Lista de propriedades semânticas destinadas a dados linguísticos; serve de utensílio linguístico em tradução automática.
DICIONÁRIO SEMASIOLÓGICO – Aquele que parte dos signos linguísticos para indicar os significados.
DICIONÁRIO SINCRÓNICO – Aquele que regista o léxico característico de um determinado período.
DICIONÁRIO SINTAGMÁTICO – Aquele que regista palavras segundo a sua situação num determinado contexto.
DICIONÁRIO TÉCNICO – Aquele em que estão consignados os dados terminológicos referentes a um ou vários temas ou domínios (artes, ciência, técnica, etc.).
DICIONÁRIO TERMINOLÓGICO – Aquele em que se encontram organizadas, por ordem alfabética ou outra, as palavras relativas a um ou vários domínios.
DICIONÁRIO TRILINGUE – Aquele cujas rubricas e respectivas definições se encontram redigidas em três línguas.

DICIONÁRIO UNIVERSAL – Dicionário geral. Panléxico.
DICIONÁRIO-CÓDIGO INVERTIDO – Ordenação alfabética ou alfanumérica de códigos associados às palavras que lhes correspondem.
DICIONARISTA – Autor de dicionário. Lexicólogo. Lexicógrafo.
DICIONARIZAR – Organizar em forma de dicionário. Registar em dicionário.
DICIONARIZÁVEL – Que pode dicionarizar-se. Que é próprio para registar em dicionário.
DICTAMEN (pal. lat.) – Processo de redacção de um acto escrito.
DICTATOR (pal. lat.) – Pessoa que, no *scriptorium* monástico ou outro, ditava aos *notatores* ou *scriptores* o texto que estes escreviam cuidadosamente • Autor de um *Ars dictaminis*.

Dictator

DICTATUS (pal. lat.) – Ditado.
DICTUM (pal. lat.) – Palavra. Dito. Termo.
DIDACTA – Pessoa que escreve uma obra de ensino • Pessoa que instrui.
DIDACTECA – Biblioteca cujos fundos são constituídos exclusivamente por programas educativos ou didácticos. Logiteca.

DIDÁCTICA – Arte de ensinar • Aplicação dos preceitos científicos que devem orientar o ensino, de modo que se torne eficiente e prático.
DIDÁCTICO – Destinado ao ensino • Que é próprio para instruir ou ensinar • Programa destinado ao ensino; existem diversos tipos de programas didácticos de diversa qualidade.
DIDACTISMO – Qualidade do que é didáctico.
DIDACTOLOGIA – Pedagogia • Tratado do ensino • O género didáctico nas competições literárias.
DIDACTOLÓGICO – Que respeita à didactologia.
DIDAKHÊ (pal. gr.) – Obra litúrgica e catequética do cristianismo primitivo (datada do século II), que é um reflexo das instituições eclesiásticas do seu tempo; o seu título significa Instrução do Senhor aos gentios através dos doze apóstolos; é um tratado destinado ao ensino dos catecúmenos dividido em três partes: na primeira (I-VI) são expostos os preceitos fundamentais da moral cristã; na segunda (VII-XI) o autor descreve o baptismo, o jejum e a eucaristia; na terceira (XII-XV) refere a organização da sociedade cristã.
DIDASCÁLIA – Na composição de obras teatrais, é o nome dado às rubricas ou instruções que o autor entremeia no diálogo para facilitar aos actores o desempenho dos seus papéis; as didascálias costumam ser impressas em itálico ou incluídas entre parênteses • A própria representação teatral • Crítica teatral • Qualquer escrito relativo à arte cénica • Jogo de cena • Nome dado ao conjunto de ensinamentos de uma pessoa com autoridade reconhecida.
DIDASCÁLICO – Diz-se do que se refere ao título de uma obra.
DIDOT – Família de caracteres romanos cujo desenho apresenta uma grande oposição dos cheios e dos finos com uniões finas e perpendiculares às hastes da letra.
DIEGESE – Dimensão ficcional de uma narrativa. Os acontecimentos principais de uma peça, novela, filme ou similar, delineados e apresentados pelo escritor como uma sequência inter-relacionada.
DIÉRESE – Pronúncia em duas sílabas diferentes de duas vogais que se sucedem numa mesma palavra • Divisão de um ditongo em duas sílabas • Separação de duas vogais seguidas pertencentes cada uma a sua sílaba • Sinal ortográfico que assinala a divisão do ditongo. Trema.
DIETÁRIO – Livro que apresenta informação sobre regimes alimentares para manter ou restabelecer a saúde ou atingir um determinado peso.
DIFERENÇA – Em classificação, é a propriedade pela qual uma espécie se distingue de todas as outras do mesmo género.
DIFERENÇA DE TOM DO PAPEL – Alteração da tonalidade da cor de um papel ou cartão, em relação à cor que apresentava inicialmente.
DIFTERA – Pele preparada para escrever, usada pelos persas, gregos e celtas.
DIFUNDIR – Divulgar notícias, conhecimentos, serviços, etc. Publicar. Disseminar.
DIFUSÃO – Acto e efeito de difundir • Alcance de um escrito ou publicação • Modo pelo qual um texto foi mais ou menos abundantemente copiado segundo a época, o lugar, o ambiente • Acto de dar a conhecer e de pôr uma publicação ao dispor de um público • Divulgação.
DIFUSÃO À DISTÂNCIA – Divulgação proporcionada pelas novas tecnologias, que permite difundir uma informação de e para um lugar afastado.
DIFUSÃO ACTIVA – Aquela que utiliza mecanismos próprios indo ao encontro do leitor/utilizador, oferecendo-lhe produtos documentais que possam interessar-lhe, como listas de aquisições, boletins bibliográficos, boletins de sumários, etc., em qualquer tipo de suporte.
DIFUSÃO CLANDESTINA – Aquela que é realizada sem atender ao cumprimento dos requisitos legais exigidos para a publicação, divulgação de textos, etc.
DIFUSÃO DA INFORMAÇÃO – Processo activo de distribuir ou enviar informação a membros ou utilizadores de uma organização, quer ela seja ou não solicitada; os meios usados são normalmente boletins, resumos, memorandos individuais, cartas e entrevistas pessoais ou chamadas telefónicas, etc., mas também podem revestir a forma de pequenas notas, que acompanham artigos, memorandos,

recortes ou relatórios ou sublinhados de frases ou parágrafos. Disseminação da informação. Vulgarização.

DIFUSÃO DE OBRA – Publicação de obra. Divulgação de obra; inicialmente a difusão andava ligada à invenção da imprensa, porque ela permitiu multiplicar, de um modo infinito, as possibilidades de reprodução de uma obra; nos nossos dias poder-se-á dizer que é ilimitada a possibilidade de reproduzir e difundir grandes massas de informação para todo o mundo.

DIFUSÃO DOCUMENTAL – Acto de divulgar a informação documental que interessa aos utilizadores de um serviço; a difusão documental pode ser feita através da difusão selectiva da informação (D.S.I./DSI), da pesquisa bibliográfica retrospectiva, do serviço de referência, da obtenção de documentos primários ou da pesquisa em linha em bases de dados.

DIFUSÃO ELECTRÓNICA DE DOCUMENTOS – Em recuperação da informação, serviço prestado por uma biblioteca, arquivo, serviço de documentação, etc. que consiste no pedido de uma cópia de um documento em formato legível por computador a outra instituição, por solicitação de um utilizador.

DIFUSÃO EXTERNA – Processo ou conjunto de acções através das quais se dá a conhecer e se põe ao dispor do público uma obra no exterior de um serviço, instituição, país, etc. Propagação no estrangeiro. Publicidade no estrangeiro.

DIFUSÃO GERAL DA INFORMAÇÃO – Distribuição global da informação a um conjunto de pessoas interessadas no sistema.

DIFUSÃO INTERNA – Processo ou conjunto de acções através das quais se dá a conhecer e se põe ao dispor do público uma obra no interior de um serviço, instituição, país, etc. Propagação no interior. Publicidade no interior.

DIFUSÃO PASSIVA – Aquela em que é o leitor que procura ter acesso aos documentos e/ ou informação.

DIFUSÃO SELECTIVA DA INFORMAÇÃO – Operação que consiste em assinalar aos utilizadores ou a um organismo, as publicações recentes que entram num serviço referentes aos seus campos de interesse, previamente expressos e definidos por um perfil; esta modalidade de serviço é demorada e exigente para os profissionais da informação, se for processada manualmente; o desenvolvimento de técnicas sofisticadas para descrever os interesses do utilizador num perfil e a utilização de meios informáticos para ligar esse perfil com regularidade a bases de dados permitem, nos nossos dias, um fornecimento imediato ou mais rápido da informação. D.S.I. DSI.

DIFUSÃO SIMULTÂNEA – Diz-se difusão simultânea, por exemplo, de um resumo, aquela em que são publicados ao mesmo tempo e na mesma fonte informativa o documento original e o seu resumo, como acontece no caso dos resumos de autor que acompanham as actas de um congresso, um artigo de publicação periódica, etc.

DIFUSOR – Que difunde • Pessoa física ou moral que possui direitos comerciais exclusivos ou parciais sobre uma unidade de descrição.

DIGERIR – Em relação a uma matéria, assunto, etc., estudá-los com atenção e proveito. Meditar. Assimilar. Digerir um livro é uma forma metafórica, que é usada com frequência para referir o estudo e assimilação da matéria que nele está contida.

DIGEST (pal. ingl.) – Ver *Digesto*.

DIGESTO – Parte do *Corpus Juris Civilis*, uma compilação ou recolha seleccionada de textos jurídicos romanos; corresponde ao termo grego Pandectas; esta compilação foi mandada fazer pelo Imperador Justiniano entre 527 e 534, tendo em vista a legislação e a actualização do direito romano; os outros textos jurídicos são o *Codex* (Código), as *Institutiones* (Institutas) e as *Novellæ* (Novelas) ou *Novellæ Constitutiones* • Resumo • Compêndio • Epítome • Recompilação de artigos de publicações periódicas • Compilação • Condensação sistemática de uma obra escrita, frequentemente levada a cabo por alguém que não é o autor do original, geralmente maior que uma sinopse e por vezes apresentando encabeçamentos e subtítulos como referência rápida • Revista que contém resumos de obras provenientes de diversas fontes, frequentemente classificadas • Compêndio compacto de leis, jurisprudência, ou de carácter literário, histórico, científico ou de qualquer outro assunto escrito, sistematicamente ordenado formando volume com índices numéricos, cronológicos, comentários, etc.

DIGITAÇÃO – Registo de dados através da pressão dos dedos no teclado de uma máquina • Acto ou efeito de introduzir dados num sistema informático através de um teclado com caracteres.

DIGITAL – Diz-se da maneira de representar uma função ou um objecto por uma sequência numérica; digitaliza-se uma imagem para a conservar numa disquete e a reproduzir num monitor • Numérico • Referente à utilização do código binário para representar a informação • Em informática, aplica-se para designar informações representadas sob forma discreta (descontínua), por oposição a informações analógicas; essas informações são, em geral, representadas através de caracteres codificados • Aplica-se também, por extensão, à máquina capaz de tratar essas informações • Conjunto de tecnologias baseadas numa transformação (digitalização) de um sinal em números (série de 0 e 1), que implicam em geral o uso de um computador.

DIGITAL INK (loc. ingl.) – *Tinta digital.*

DIGITAL LIBRARY (loc. ingl.) – Biblioteca digital. *DL.*

DIGITAL MILLENIUM COPYRIGHT ACT (loc. ingl.) – As críticas ao Livro branco de 1995 (USA, 1998) provocam a sua melhoria: consegue diferir-se por dois anos a aplicação das disposições relativas à protecção das medidas tecnológicas. Não há nenhuma mudança na doutrina do *fair use*. Estabelecem-se normas para a preservação das obras em formato digital.

DIGITAL PRINTING PRESS (loc. ingl.) – Com o significado de "impressão litográfica digital", este sistema possibilita a impressão directa de tiragens de qualidade a partir de computadores com recurso a matrizes renováveis, sem usar películas nem chapas.

DIGITAL VERSATILE DISK (loc. ingl.) – Disco versátil digital. *Ver DVD.*

DIGITAL VIDEO DISK (loc. ingl.) – Videodisco digital. *Ver DVD.*

DIGITALIZAÇÃO – Acto ou efeito de digitalizar • Processo de conversão de um sinal analógico num sinal digital, que é portador da mesma informação • Processo de leitura óptica e sua transformação em informação digital, que é feito através do uso de scâner • Criação de imagens digitais de objectos reais, como representações não materiais desses objectos; permite combinar no mesmo meio textos, imagens e sons • Redução de toda a operação aritmética ou lógica a uma sucessão de eventualidades ligadas umas às outras, nas quais a resposta pode apenas ser 1 ou 0 ou, caso se queira, sim ou não.

DIGITALIZAÇÃO DE IMAGEM – Processo que consiste em medir e codificar de modo utilizável por um calculador electrónico a luminosidade de cada um dos pontos de uma imagem, a fim de submetê-la a um tratamento susceptível de melhorá-la ou de analisá-la.

DIGITALIZADO – Armazenado sob forma digital.

DIGITALIZADOR – Dispositivo da tecnologia *OCR* com o formato de um marcador tradicional e funcionando praticamente como ele, que com um visor reconhece caracteres e outros sinais gráficos e pode converter uma página de texto de um livro ou revista em registo electrónico; permite armazenar várias páginas de texto que depois podem ser transmitidas para um *Pc* ou *Mac* através do processo normal de sincronização ou digitalizar directamente para um computador portátil ou de secretária, através de um cabo-série.

DIGITALIZAR – Processo que consiste em converter um sinal analógico tradicional num sinal digital, portador da mesma informação • Processo de leitura óptica e sua transformação em informação digital, feito através do uso de scâner.

DIGITALIZAR UMA IMAGEM – Representar uma imagem por valores numéricos, que não são mais que coordenadas dos pontos da imagem.

DIGITALMENTE – Em formato digital.

DIGITAR – Registar dados numa máquina premindo as suas teclas • Em informática, introduzir dados num determinado sistema pressionando um teclado com caracteres.

DIGITECA – Colecção de arquivos digitais • Arquivo digital. Organismo ou serviço encarregado de reunir documentos em suporte digital, conservá-los, organizá-los e colocá-los à disposição dos utilizadores.

DÍGITO – Diz-se de cada um dos números de um a dez • Em classificação, um único signo que compõe um número classificador • Em informática, elemento da representação de uma informação sob uma forma discreta (descontínua); os números, letras e símbolos gráficos são dígitos.

DÍGITO BINÁRIO – Em informática, qualquer dos dois caracteres, 0 e 1, do sistema numérico binário. Costuma designar-se bit por contracção de ambos os termos da expressão original *binary digit* • Elemento ou número binário. Signos, materializados cada um por uma polarização positiva ou negativa que se pode assimilar a 1 e 0, a sim ou não ou, numa palavra, a todo o valor e seu contrário.

DÍGITO DE CONTROLO – Em informática, dígito suplementar associado a um grupo de dígitos e que permite controlar-lhes a validade • No *ISBN*, dígito que permite a verificação automática da exactidão do valor e da ordem dos números que o constituem; é o último dígito e é estipulado de acordo com um elaborado cálculo.

DÍGITO DE ORDEM INFERIOR – Dígito menos significativo de um número num sistema de notação posicional. Dígito menos significativo.

DÍGITO MENOS SIGNIFICATIVO – *Ver* Dígito de ordem inferior.

DÍGITO VAZIO – Em classificação, dígito de notação sem significado usado para separar dígitos significativos e mostrar a sua inter-relação.

DÍGLIFO – Espécie de ornato, em forma de um S invertido, com duas estrias ou duas gravuras.

DIGRAFIA – Escrituração em partidas dobradas, ou seja, um sistema de representação, nos livros de escrituração contabilística, que assenta no princípio de que qualquer transacção ou operação patrimonial implica sempre a troca de um valor que se recebe por outro, igual, que se entrega; é também chamado sistema de contas dobradas.

DÍGRAFO – Instrumento que serve para o traçado de curvas ou rectas, por movimento contínuo de figuras • Conjunto de duas letras representando um único som • Aquilo que se apresenta escrito em dois tipos diferentes de letra • Diagrama.

DIGRESSÃO – Parte do discurso na qual o autor se afasta do assunto central para contar um episódio à margem da história; pode tratar-se de uma anedota, recordação, descrição de paisagem, etc.

DIJAMBO – Pé métrico que consiste em dois jambos na versificação grega e latina.

DIK – Acrónimo de *Data, Information, Knowledge,* Dados, informação, conhecimento.

DILACERAÇÃO – Rasgão • Laceração. Desmembramento.

DILACERADO – Rasgado • Lacerado. Desmembrado.

DILATAÇÃO DO SUPORTE – Aumento do volume de um suporte da escrita no sentido da espessura por acção de um líquido ou da humidade; ocorre quando uma obra está submetida a condições de demasiada humidade, aumentando, em consequência disso, o seu volume.

DILUCIDAÇÃO – Acto e efeito de explicar, esclarecer • Esclarecimento. Explicação.

DILUCIDADOR – Aquele que esclarece.

DILUCIDAR – Explicar, esclarecer, elucidar.

DILUCIDÁRIO – Texto em que se esclarece ou ilustra uma obra.

DILUENTE – Solvente ligeiro destinado a liquefazer uma tinta demasiado espessa; antigamente utilizava-se gasolina, mas a composição das tintas de impressão mudou muito no decurso dos últimos anos.

DILUIÇÃO – Operação do fabrico do papel que consiste em desfazer em água os constituintes da pasta do papel, de modo que se faça a sua distribuição regular e a suspensão à superfície da tina na produção manual, ou da teia da máquina na produção mecânica • Solução.

DIM. – Abreviatura de dimensão.

DIMANAR – Ser originário de. Ser proveniente de. Proceder de.

DIMENSÃO – Medida de um livro usualmente expressa em centímetros ou milímetros; normalmente é dada a medida da altura, mas por vezes também a da largura • Formato •

Termo usado para referir o tamanho, a extensão das colecções.
DIMENSÃO DA LETRA – *Ver* Medida da letra.
DIMENSÃO DE CAMPO – *Ver* Comprimento de campo.
DIMENSÃO DE REGISTO – *Ver* Comprimento de registo.
DIMENSÕES DE UMA CLASSIFICAÇÃO – Natureza das relações analíticas observadas entre os termos ou classes dessa classificação.
DIMINUENDO (pal. ital.) – Processo decorativo que faz a transição em escala de uma letra inicial até à letra usada no texto; é conseguido através de uma redução gradual do tamanho de algumas das letras que se seguem à inicial; era particularmente usado pelos escribas insulares.
DIMINUTIVO – Que abranda ou limita o significado da palavra.
DIODO – Pequeno vidro semicondutor com dois terminais, caracterizado especialmente pela sua capacidade de converter a corrente alterna em corrente contínua, utilizado em praticamente todos os tipos de equipamento electrónico.
DIORAMA – Representação de uma cena de vida real a três dimensões conseguida mediante a colocação de objectos de tamanho natural ou em miniatura diante de um fundo pintado.
DIORITO – Rocha ígnea, granulosa e cristalina em que foi escrito o *Código de Hamurabi*.
DIP – Acrónimo de *Document Image Processing*, Processamento de imagem de documentos.
DIPL. – Abreviatura de diploma *e* diplomático.
DIPLE – Sinal usado nos antigos manuscritos para melhor compreensão do texto, semelhante ao Y deitado colocado pelo escriba na margem do texto, destinado a chamar a atenção para um determinado elemento do mesmo; servia para designar as variantes nos versos de Homero e passagens na Sagrada Escritura, entre outros textos; o mesmo sinal com o óbelo no centro indicava os interlocutores no diálogo dramático; esta marca viria nos nossos dias a transformar-se nas aspas, com as quais se assinalam as citações e algumas vezes o texto em discurso directo.

DIPLÓGRAFO – Instrumento que produz simultaneamente duas espécies de escrita.
DIPLOMA – Etimologicamente significa "coisa dobrada"; a partir do Renascimento toma o significado de documento passado pela autoridade mais importante • Todo o documento público (por oposição a carta) • Nome dado aos documentos públicos revestidos de solenidade emanados do poder real ou de altos dignitários • Documento pelo qual uma universidade, academia ou outra corporação confere um grau ou qualidade de sócio ou a qualificação legal para o exercício de uma profissão. Documento oficial que se entrega à pessoa que terminou um curso, obteve um grau ou completou uma licenciatura. Diploma de curso. Carta de curso. Canudo • Título de contrato • Carta real.
DIPLOMA RODADO – Diploma expedido com o selo rodado.
DIPLOMÁTICA – Ciência que estuda a tradição, a forma e a elaboração dos actos escritos; tem como objectivo fazer a sua crítica, julgar a sua sinceridade, apreciar a qualidade do texto e extrair das fórmulas todos os elementos de conteúdo susceptíveis de serem utilizados pelo historiador, datá-los e editá-los.
DIPLOMÁTICO – Que se refere a diploma ou à diplomática.
DIPLOMATISTA – Tratadista de diplomática • Pessoa versada em diplomática.
DIPLOMATOTECA – Biblioteca especializada em documentologia escrita, oficial e privada, pública ou internacional.
DÍPTICO – Nome dado ao livro em uso na antiga Roma, que era composto por duas tabuinhas revestidas de cera escura sobre a qual se escrevia o texto com o *stilus*; estas tabuinhas eram unidas entre si por laços de nervo de boi ou charneira metálica e eram revestidas do lado exterior por placas de madeira, bronze, ou marfim, mais ou menos decoradas; designava inicialmente a placa ou tabuinha de madeira ou marfim onde se apontavam coisas dignas de memória como os nomes dos cônsules ou magistrados na Antiguidade e, mais tarde, os nomes dos bispos e dos mortos com o cristianismo; os dípticos dividem-se em profanos e sagrados; no primeiro sentido eram usados para cartas, pequenos documentos, anotações

ocasionais e trabalho escolar; também estiveram em voga entre os etruscos e permaneceram em uso em Roma, onde o nome grego por que eram conhecidos continuou a designá-los; no segundo sentido, díptico é um termo de liturgia: designa as tabuinhas, geralmente de marfim, e que eram recobertas de cera; nelas inscreviam-se os nomes dos defuntos ou dos bispos e dos benfeitores pelos quais se devia rezar no *Canon* da celebração litúrgica; no que toca à ornamentação, os que se destinavam a oferta eram frequentemente dourados e enriquecidos com baixos-relevos. Ditago. *Diptycha*.
DIPTYCHA (pal. lat.) – Ver Díptico.
DIR. – Abreviatura de direcção e director.
DIRECÇÃO – Corpo redactorial; conjunto das pessoas responsáveis pela saída de uma publicação • Endereço.
DIRECÇÃO DE FABRICO DO PAPEL – Lado do papel que corresponde à orientação da corrente da massa sobre a máquina de papel. Direcção de máquina do papel.
DIRECÇÃO DE MÁQUINA DO PAPEL – Ver Direcção de fabrico do papel.
DIRECÇÃO DE SERVIÇOS DE DIREITO DE AUTOR – Criada na sequência da reestruturação dos Serviços de Registo, pelos Decretos-Leis nº 340/77, de 19 de Agosto e 433/78, de 27 de Fevereiro, competiam-lhe as funções anteriormente atribuídas à Conservatória do Registo de Propriedade Literária, Científica e Artística; estavam-lhe cometidas as funções de registo das sociedades de autor e das obras dos autores, de formular propostas no domínio legislativo, de preparar a participação portuguesa em reuniões internacionais e os serviços de depósito legal; os últimos mantiveram-se a seu cargo até 1982; a DSDA foi reestruturada em 1980, quando foi criada a DGEDA, passando a compô-la uma repartição e duas secções (Registo e Processamento); em 1992 foi integrada num Departamento de Espectáculos e Direitos de Autor, que passou a incluir uma Divisão de Filmes, Videogramas e Fonogramas e uma repartição de Registo e Controlo, cabendo a esta as funções de registo de obras artísticas, literárias, científicas e novas obras, como frases publicitárias e programas de computador. DSDA.

DIRECÇÃO EDITORIAL – Numa publicação, conjunto dos elementos ao serviço de uma administração, ao qual cabe a responsabilidade de determinar o que se faz, como se faz e quem faz; assume um papel decisivo na definição da estratégia de comunicação da notícia da edição de uma determinada obra ou publicação • Conjunto de pessoas que prepara a edição e publicação de uma obra realizada por diversos autores. Editor literário.
DIRECÇÃO TRANSVERSAL DO PAPEL – Direcção do papel que é perpendicular à direcção de fabrico.
DIRECÇÃO-GERAL DOS ESPECTÁCULOS – Designação atribuída pelo Decreto-Lei 6/94, de 12 de Janeiro, à antiga Direcção-Geral dos Espectáculos e das Artes (DGEAT), criada pelo Decreto-Lei 106B/92, de 1 de Junho. DGESP.
DIRECÇÃO-GERAL DOS ESPECTÁCULOS E DAS ARTES – Foi criada pelo Decreto-Lei 106B/92, de 1 de Junho, além de outras, com a finalidade de proteger e assegurar sistematicamente o cumprimento da legislação sobre espectáculos e direitos conexos, nos termos da lei. DGEAT. Pelo Decreto-Lei 6/94, de 12 de Janeiro, passou a designar-se Direcção Geral dos Espectáculos (DGESP).
DIRECTIVA – Comunicação, com carácter oficial dentro de uma organização, determinando que o pessoal subordinado adopte uma certa prática ou execute uma dada acção.
DIRECTOR – Que ou aquele que dirige. Mentor de uma publicação.
DIRECTOR COMERCIAL – Numa casa editora, pessoa encarregada da comercialização das obras; trata-se de um colaborador imediato do editor, a quem cabe, além da venda ao público, a venda aos livreiros.
DIRECTOR DE COLECÇÃO – Figura criada por iniciativa de um editor e chamada para dirigir uma colecção de obras em princípio do mesmo tipo e/ou natureza, devido à sua competência no assunto em questão, ao seu conhecimento do público leitor e ao do meio no qual poderá recrutar autores; cabem-lhe: a escolha das personalidades marcantes, cujo nome caracteriza a tendência de uma colecção, pois uma vez fixadas com o editor as directrizes gerais, o director de colecção substitui o editor,

as funções de apresentar ao editor projectos de livros, etc. susceptíveis de se inscreverem nos objectivos da colecção, procurar autores, velar pelo cumprimento dos contratos, assumir o desenvolvimento das fases da edição (cumprimento do calendário, provas), ilustração, etc. e participar nas acções de promoção da obra.

DIRECTOR DE DISTRIBUIÇÃO – Pessoa que, numa editora, está em pé de igualdade com o director de edição e de produção e que é responsável pelas acções ou processos de fornecimento de livros, publicações periódicas e outros bens culturais ligados com a entrega aos respectivos destinatários ou consumidores.

DIRECTOR DE EDIÇÃO – Pessoa que tem a seu cargo a edição de uma obra ou de uma colecção, cabendo-lhe também o acompanhamento dos autores; em geral participa nessa obra com trabalho pessoal. Director editorial. *Ver* Editor, editor literário.

DIRECTOR EDITORIAL – *Ver* Director de edição.

DIRECTOR LITERÁRIO – Pessoa em quem recai a responsabilidade de definir as linhas de uma publicação e/ou série pertencentes às letras ou à literatura.

DIRECTORIA – Em catalogação em sistemas automatizados, formato *UNIMARC*, índice de identificação e especificação do conteúdo dos campos; é um código composto por três elementos: o primeiro é alfanumérico e identifica o campo; o segundo é numérico e indica o comprimento do campo; o terceiro indica a posição do primeiro carácter de cada campo.

DIRECTÓRIO – Nome que se pode dar aos guias de moradas e estabelecimentos comerciais e públicos; os directórios em geral apresentam-se ordenados alfabeticamente ou sistematizados por classes e incluem o endereço por classes e a filiação, altos cargos, funções, para as pessoas, etc. e dados semelhantes para as instituições. Anuário • Obra de referência que contém de forma sistematizada as coordenadas essenciais para que se possa proceder à assinatura das publicações periódicas, séries, etc. • Em informática, lista ou relação de identificadores com referências a campos de dados correspondentes, unidades de informação ou entradas dentro de um registo, ficheiro ou programa de computador; em tecnologia da informação, os directórios constituem o modelo hierárquico de armazenamento da informação nos suportes externos; pode conter ficheiros e outros directórios • Em recuperação da informação em *www*, designação geral que é atribuída ao serviço de localização e acesso à informação disponível na *Web*, que possui a forma e estrutura de uma classificação hierárquica. Por vezes é também designado "biblioteca virtual".

DIRECTÓRIO COMERCIAL – *Ver* Catálogo comercial.

DIRECTÓRIO WEB – Directório da *Internet*.

DIRECTORIUM CHORI (loc. lat.) – Livro de coro que serve de norma para as entoações do sacerdote e do chantre e onde estão indicados os tons dos salmos.

DIRECTORIUM ECCLESIASTICUM (loc. lat.) – *Ver* Ordinário.

DIRECTRIZ COMUNITÁRIA – Normativa feita pela União Europeia e que deve ser referendada pelos organismos respectivos dos diferentes países que a constituem.

DIREITO À INFORMAÇÃO – Direito de acesso, garantido por lei, à informação contida em documentos de arquivos correntes, intermédios e permanentes, distinto do direito legal de acesso aos arquivos. Acesso à informação.

DIREITO À INTEGRIDADE DA OBRA – Direito reconhecido ao autor de se opor a qualquer deformação, modificação ou outras alterações da sua obra.

DIREITO À LEITURA PRÉVIA – Direito reconhecido a um entrevistado de ler as suas declarações antes que as mesmas sejam publicadas, a fim de exercer sobre elas um controlo final.

DIREITO À MENÇÃO DO NOME – *Ver* Direito à paternidade.

DIREITO À PATERNIDADE – Direito reconhecido ao autor segundo o qual ele tem a faculdade de exigir que uma obra seja considerada sua em qualquer hipótese e circunstância, apondo-lhe o seu sinal identificador (nome, pseudónimo ou ex libris), revogando implicitamente o mandato de quem a faça publicar anonimamente, ou opondo-se a que outra pessoa conteste essa paternidade ou use a obra como sua • Exigência de que o nome do autor de uma obra seja indicado sempre que ela for publicada ou divulgada, sob forma do nome civil, completo ou abreviado, iniciais, pseudónimo ou qualquer outro sinal convencional, desde que tenha eficácia distintiva.

DIREITO À PRIVACIDADE – Direito garantido aos indivíduos contra a divulgação de informações contidas em documentos, relativas a assuntos pessoais ou privados.

DIREITO AO RESPEITO DA OBRA – Direito reconhecido ao autor de "assegurar a genuinidade e integridade" da sua obra.

DIREITO AO SELO – *Ver* Capacidade sigilar.

DIREITO DE ACESSO – Direito reconhecido a um autor de aceder ao exemplar único ou raro de uma obra, quando ele se ache na posse de um terceiro, a fim de exercer o direito de divulgação ou qualquer outro que lhe corresponda; o uso deste direito implica ocasionar poucos inconvenientes ao possuidor da obra, pagamento de indemnizações por eventuais perdas e danos e não permite a deslocação da obra para outro lugar.

DIREITO DE AUTOR TECNOLÓGICO – Modalidade de direito de autor que visa a protecção de bases de dados electrónicas, tutela dos sistemas técnicos de protecção anti-cópia e anti-recepção de programas codificados.

DIREITO DE CITAÇÃO – Faculdade reconhecida ao autor de uma obra de reproduzir nela uma parte da obra de um terceiro, quer seja para a criticar, quer para retirar dela argumento de apoio de uma tese, ilustrar uma ideia, etc., desde que indique o nome do autor e a fonte da citação. Direito de citar.

DIREITO DE CITAR – *Ver* Direito de citação.

DIREITO DE COLECÇÃO – Faculdade reconhecida legalmente ao autor ou aos seus herdeiros de publicarem todas as suas obras (colecção completa) ou parte delas (colecção escolhida) sob a forma de colecção, ainda que as tenham alienado parcialmente, salvo contrato em contrário ou no caso de terem vendido este direito.

DIREITO DE CONDENSAÇÃO – Faculdade reconhecida de reproduzir um texto por escrito sob forma resumida.

DIREITO DE CONTINUAÇÃO – Direito a receber uma determinada percentagem tantas vezes quantas se produzir a revenda de uma obra.

DIREITO DE CÓPIA – *Ver* Direitos de autor.

DIREITO DE DEVOLUÇÃO – No comércio do livro, faculdade reconhecida por lei, que permite ao livreiro restituir os títulos ao distribuidor, podendo reencomendá-los depois, caso lhe voltem a ser necessários.

DIREITO DE DISTRIBUIÇÃO – Faculdade conferida a quem de direito de oferecer ao público o original ou os exemplares em que é reproduzida uma obra que é protegida pelos direitos de autor.

DIREITO DE DIVULGAÇÃO – Direito moral, pessoal, que reconhece ao autor ou titular dos seus direitos autoridade para dar a conhecer a sua obra após a sua morte.

DIREITO DE DIVULGAÇÃO PÚBLICA – Direito reconhecido a um autor pelo código dos direitos de autor, de dar a conhecer abertamente a sua obra num âmbito amplo, com integração ou ligação a uma rede de difusão de qualquer natureza.

DIREITO DE EMPRÉSTIMO PÚBLICO – Direito reclamado pelos autores ou titulares dos direitos de propriedade intelectual de uma obra, reconhecido em princípios do século XX e baseado no facto de o acesso dos leitores aos livros das bibliotecas levar ao prejuízo nas vendas, razão pela qual os autores se sentem com direito a uma indemnização. Os primeiros países a introduzir este direito na sua legislação foram a Dinamarca, no ano de 1946, a Noruega, em 1947, a Suécia, em 1955, a Finlândia, em 1961, a Islândia, em 1963, a Alemanha, em 1972. Mais tarde introduziram-no também a Nova Zelândia, em 1973, o Reino Unido, em 1979, o Canadá e Israel, em 1986. Trata-se de uma variedade especial do direito de distribuição, é um direito de remuneração que afecta a exploração das obras, com uma eventual diminuição dos exemplares vendidos; pressupõe um custo suplementar ao Estado em benefício dos autores ou titulares dos direitos de propriedade intelectual.

DIREITO DE EXPLORAÇÃO – Direito reconhecido a um autor ou seu representante legal de desfrutar da sua obra sob qualquer forma, em especial dos direitos de reprodução, distribuição, divulgação pública e transformação, o que não poderá ser feito sem sua autorização, salvo em casos especiais, previstos pela lei e variáveis de país para país.

DIREITO DE FISCALIZAÇÃO – Direito que permite ao autor vigiar a sua obra em fase de execução, a fim de garantir a sua integridade, quer de forma, quer de conteúdo.

DIREITO DE INSPECÇÃO – Função regulamentar que compete a um serviço de arquivos, que lhe permite controlar a criação, conservação e arrumação dos documentos por administração submetidos à sua jurisdição, prescrevendo as medidas adequadas.

DIREITO DE MODIFICAÇÃO – Direito reconhecido ao autor de suprimir parte da sua obra ou toda ela, desde que respeite compromissos assumidos com terceiros.

DIREITO DE NÃO EDITAR – Faculdade reconhecida ao autor que lhe dá a liberdade de publicar ou não a sua obra.

DIREITO DE PREEMPÇÃO – Direito conferido pela lei ao Estado para se fazer substituir ao adjudicatário, quando de uma venda pública de um documento ou de um objecto.

DIREITO DE PREFERÊNCIA – Direito que é reconhecido ao autor, no caso de falência do editor, de ser o eleito para a aquisição dos exemplares postos em arrematação, pelo montante mais elevado que for alcançado na venda.

DIREITO DE PUBLICAÇÃO – Direito reconhecido por lei a um autor ou seus herdeiros para editar a sua obra.

DIREITO DE REPRODUÇÃO – Direito reconhecido legalmente a um autor ou seus herdeiros, de explorar a sua obra em qualquer modalidade de divulgação e apresentação possível. Segundo o *Dicionário da Academia das Ciências de Lisboa* é a "faculdade de um autor ou de um proprietário de uma obra literária ou artística autorizar a sua difusão e dela tirar benefício" • Autorização que permite a reprodução de um texto ou obra • Montante pago por essa autorização. *Ver* Direitos de autor.

DIREITO DE REPRODUÇÃO RESERVADO – *Ver* Direitos de autor.

DIREITO DE RESPOSTA – Em jornalismo, direito que assiste a qualquer cidadão que se considerar atingido por referências ao seu nome ou a alguém da sua família, a corrigir a notícia e a obter a retratação no mesmo espaço e rubrica em que aquela infracção foi cometida, reconhecendo o órgão de comunicação social a sua incorrecção.

DIREITO DE RETENÇÃO – Direito conferido pela lei a um organismo oficial para se opor à exportação de documentos ou de objectos cuja permanência no território nacional é considerada indispensável.

DIREITO DE RETIRADA – Direito que é reconhecido ao autor de obra divulgada ou publicada de poder retirá-la a todo o tempo da circulação e fazer cessar a respectiva utilização, sejam quais forem as modalidades dela, desde que tenha razões morais atendíveis.

DIREITO DE SEQUÊNCIA – Direito introduzido na legislação portuguesa pelo *Código de Direito de Autor* de 1966, a seguir ao Acto de Bruxelas da Convenção de Berna de 1948, ratificado em 1951, que atribui ao autor de um manuscrito original o "direito inalienável de beneficiar das operações de venda de que a obra é objecto após a primeira cessão".

DIREITO DE SUCESSÃO – Direito que concede aos autores, artistas, seus herdeiros ou pessoas que os representam a faculdade de levantar antecipadamente uma determinada percentagem sobre o preço de adjudicação das obras por eles alienadas e que venham a ser objecto de uma venda pública.

DIREITO DE TRADUÇÃO – Montante pago a um autor ou proprietário do direito de autor ou à edição original de um texto ou obra, com vista a garantir a sua tradução • Faculdade de um autor ou proprietário de uma obra literária ou artística autorizar a sua versão para outra língua. Sendo a tradução de obras literárias um dos principais meios de comunicação entre nações de línguas diferentes, a concessão de direito de tradução é uma prática corrente e a licença é concedida em geral por um período de tempo determinado.

DIREITO DE TRADUÇÃO RESERVADO – *Ver* Direitos de autor.

DIREITO DERIVADO DE UMA POSSESSÃO – Direito de uma pessoa, que não o titular de uma patente de invenção, que utilizava de boa fé uma invenção antes da data de depósito ou da prioridade do pedido da patente, continuar a utilizá-la apesar da patente.

DIREITO INTERNACIONAL DE AUTOR – Designação dada às leis de protecção ao direito de autor, iniciadas em Inglaterra em 1709 com o *Statute of Anne*, que esteve na base da assinatura dos primeiros tratados internacionais sobre esta matéria.

DIREITO INTERNACIONAL DE PROPRIEDADE INTELECTUAL – Protecção da propriedade intelectual, que é dada às obras estrangeiras e que está coberta pelos acordos internacionais e pela lei nacional (exemplo: Convenção de Berna, Convenção Universal sobre Direitos de Autor).

DIREITO MORAL – Parte do direito de autor, perpétuo, inalienável, imprescritível, que compreende o direito ao respeito do nome da obra, o direito de divulgação e o direito de emenda ou retirada.

DIREITO PATRIMONIAL – Parte do direito de autor, cessível e temporário, que confere um monopólio de exploração de uma obra com um proveito pecuniário que compreende: o direito de exploração, de adaptação, de tradução, de continuação e o direito de publicação póstuma; corresponde ao antigo privilégio.

DIREITOS AUTORAIS – Expressão usada no Brasil para designar os direitos de autor e que compreende, além do direito de autor propriamente dito, outros direitos que não respeitam aos criadores de obras do espírito (aquilo que em Portugal é designado por "direitos conexos" – direitos vizinhos ou afins). Direito exclusivo que têm os autores de autorizar o uso dos seus trabalhos sob qualquer forma. *Ver* Direitos de autor.

DIREITOS DE AUTOR – Conjunto de direitos morais e patrimoniais conferidos ao criador de uma obra intelectual e aos seus herdeiros. Para este efeito, segundo a legislação específica, considera-se obra "qualquer criação intelectual do domínio literário, científico e artístico, exteriorizada por qualquer modo"; não necessitam de registo, depósito ou outras formalidades • Direito exclusivo de reproduzir, publicar, vender a substância e a forma de um trabalho intelectual e/ou artístico de imagens digitais de objectos reais, como representações não materiais desses objectos • Menção impressa numa obra, indicando o titular do direito de autor sobre essa obra e o ano de obtenção desse direito; é indicada pelo símbolo © (*copyright*), que o titular ou cessionário exclusivo do direito de exploração de uma obra ou produção pode antepor ao seu nome, com indicação do lugar e do ano da reserva de direitos. Em Portugal o direito de autor é regido pelo *Código do Direito de Autor e dos Direitos Conexos*, publicado no *Diário da República* de 17 de Setembro, pelo Decreto-Lei nº 45/85, com as alterações introduzidas pelas Leis n.ºs 45/85, de 17 de Setembro e 114/91, de 3 de Setembro e pelos Decretos-Leis n.ºs 332/97 e 334/97, ambos de 27 de Novembro. Apesar desta designação, o *Código Civil Português*, na parte que respeita a esta matéria, chama-lhe direitos de autor (art^{os} 48º e 1303º) e a *Constituição Política da República Portuguesa* designa-os também assim (artº 42º, nº 2). Segundo o *Código do Direito de Autor e dos Direitos Conexos* de 1985, artigo 31º, depois de harmonizado com a Directiva Comunitária nº 93/98/CEE, do Conselho de 29 de Outubro, "o direito de autor caduca, na falta de disposição especial setenta anos após a morte do criador intelectual da obra, mesmo que a obra só tenha sido publicada ou divulgada postumamente". Os direitos de autor são controlados por organismos habilitados para esse efeito (em Portugal, a Sociedade Portuguesa de Autores). Verificam-se diferenças consideráveis de abrangência entre os sistemas anglo-americano e europeu no que respeita aos direitos de autor. O sistema anglo-americano assenta no *copyright*, exclusivo de reprodução, que desloca o foco do autor para a obra reproduzida. O sistema europeu cai sobre a criação intelectual em si e não sobre o direito de reprodução. A Directiva que se refere à protecção jurídica das bases de dados, no que respeita a direitos de autor na União Europeia, é a Directiva 96/9/CE do Parlamento Europeu e do Conselho, de 11 de Março de 1996 • Lucros pecuniários auferidos pelo autor de obra ou seu representante

legal. Direitos literários.
DIREITOS DE IMPRESSÃO – *Ver* Propriedade literária.
DIREITOS INTELECTUAIS – *Ver* Direitos de autor.
DIREITOS LITERÁRIOS – *Ver* Direitos de autor.
DIREITOS RESERVADOS – Frase impressa em muitos documentos, cuja finalidade é indicar que a sua reprodução, total ou parcial por qualquer meio, precisa do consentimento do titular dos direitos de propriedade intelectual; a mesma advertência assume algumas vezes a forma de *"Todos os direitos reservados"*.
DIREITOS SUBSIDIÁRIOS – Nome dado aos direitos à publicação de uma obra numa forma com características diferentes da original.
DIRIGIDO – Orientado. Administrado.
DIRIGIR – Dar determinada direcção a • Administrar.
DISC OPERATING SYSTEM (loc. ingl.) – Sistema Operativo de Disco. DOS.
DISC. – Abreviatura de discurso.
DISCAR – Marcar • Usar o disco ou o botão de um telefone para estabelecer um circuito de transmissão entre um terminal e outro dispositivo de comunicação ou um computador por uma linha de comutação.
DISCIPLINA DE LINHAS – Meio de controlar mensagens ou comunicações entre estações de uma rede, de modo a conseguir uma transmissão ordenada de dados.
DISCO – Placa metálica circular revestida por uma capa magnética, em que podem ser gravados dados em pistas concêntricas, sob forma de pequenos pontos magnéticos em configurações de bits ou dígitos binários, para serem reproduzidos através de um sistema de amplificação; com o uso dos sistemas informáticos passou a ser uma forma muito importante de armazenamento digital e de processamento da informação, não apenas sob forma de textos, mas também de gráficos, imagens animadas e som.
DISCO ACTUALIZADO – Aquele que contém a versão mais recente que existe da informação nele contida.
DISCO BRANDO – *Ver* Disquete.

DISCO COMPACTO – Aquele em que a informação é registada sob forma digital e que se lê por meio de laser, podendo conter sons sob forma analógica ou textos digitalizados; é de pequeno formato e utiliza-se hoje em dia como memória morta para certos microcomputadores.
DISCO DE ARQUIVO – Aquele em que estão gravadas versões anteriores de uma determinada informação que pretende guardar-se.
DISCO DE TINTAGEM – Prato de distribuição.
DISCO DE VINIL – Disco que se grava prensando o vinil com um disco em negativo do original, sendo a gravação feita modificando a forma do fundo e dos lados do sulco por onde passa a agulha.
DISCO DURO – Memória de massa de grande capacidade (5 a 20 *megabytes*) e de imediato acesso; consiste num disco magnético, não flexível, encerrado num receptáculo rígido, utilizado para ler e escrever recursos electrónicos; pode ser fixo ou amovível e está reservado aos utilizadores profissionais. Disco rígido.
DISCO DURO WINCHESTER – Disco magnético de grande capacidade (5 a 20 *megabytes*), cuja cabeça durante a rotação é mantida sem contacto com a camada magnética.
DISCO FLEXÍVEL – Disco magnético maleável, giratório, munido de uma cobertura de protecção.
DISCO FONOGRÁFICO – Disco, em geral de material sintético, que permite gravar e reproduzir sons, no qual os sulcos estão traçados em forma de espiral.
DISCO MAGNÉTICO – Dispositivo de armazenamento circular plano, com faces revestidas por uma camada magnetizável, no qual as informações são registadas na superfície em sulcos circulares e cilindros concêntricos, sob a forma de sinais electromagnéticos.
DISCO ÓPTICO – Suporte circular plano cujas superfícies são sensíveis aos raios laser, permitindo o registo, a conservação e a utilização de dados; cada superfície é revestida por uma camada transparente protectora, geralmente de vidro ou plástico; a sua utilização em bibliotecas e arquivos tem a vantagem de possibilitar uma grande densidade de armazena-

mento de informação, uma rápida exploração da informação, e de garantir a preservação dos originais.

DISCO ÓPTICO DIGITAL – Modalidade de disco em que a informação é armazenada sob forma digital, que pode ser lida por um interface de computador para um computador adequado.

DISCO ÓPTICO NUMÉRICO – Memória de massa que utiliza a luz laser para ler as informações conservadas; o disco óptico numérico tem uma capacidade grande, o que lhe permite conservar imagens ou grande quantidade de textos; constitui um futuro suporte de biblioteca e de arquivo, pois sob um volume reduzido pode aceder-se em simultâneo ao texto, à imagem e ao som. Disco compacto.

DISCO ÓPTICO NUMÉRICO *DVD-ROM* – Memória de massa revestida de camada dupla, semi-reflexiva e reflexiva do lado da face, que é moldada sobre substrato policarbonatado.

DISCO RÍGIDO – Suporte de informação, revestido de material magnetizável, sobre o qual se deslocam braços com cabeças que lêem e registam informação traduzida em impulsos electromagnéticos. Disco duro.

DISCO SONORO – Disco, geralmente de material sintético, que permite registar e restituir sons e no qual os sulcos estão traçados em forma de espiral.

DISCO VÍDEO – Disco que permite o registo e a restituição de sinais sonoros e visuais ou apenas visuais.

DISCO *WORM* – Modalidade de disco, que apresenta a vantagem de a informação nunca mais poder ser desgravada; este facto leva a que esta tipologia de suporte apareça de momento como a ideal para registo da informação contida na documentação das bibliotecas, dos arquivos, etc., pois além da garantia de autenticidade dos documentos é uma prova da fiabilidade dos próprios originais, em documentação actual, e é útil na execução de cópias de segurança, pois são muito menores os riscos de perda.

DISCOGRAFIA – Descrição de discos. Enumeração de um conjunto de discos respeitantes a um dado assunto, uma obra, uma composição, etc.

DISCO-ÍNDICE – Numa base de dados apresentada sob a forma de disco ou discos, aquele cujo conteúdo é o índice ou índices (em geral o último) da informação que está contida na base.

DISCORRÊNCIA – Acto de discorrer • Discurso.

DISCORRER – Discursar, falar • Examinar.

DISCOTECA – Organismo ou serviço cuja missão é reunir registos sonoros, conservá-los e colocá-los à disposição dos utilizadores. Fonoteca • Biblioteca musical multimédia; os seus fundos são compostos por documentos sonoros e obras impressas (monografias e periódicos), discos, discos compactos, cassetes, cassetes vídeo, etc. • Colecção de discos de fonógrafo • Móvel destinado a guardar discos • Edifício destinado a albergar discos.

DISCOTECÁRIO – Profissional responsável por uma discoteca.

DISCRETO – Em informática, qualificativo de dados compostos por elementos distintos, usado por oposição a contínuo ou analógico.

DISCRIPTIO (pal. lat.) – Distribuição. Classificação.

DISCURSO – Conjunto ordenado ou metódico de frases pronunciadas em público ou escritas como se tivessem de ser proferidas nessas circunstâncias. Arrazoado • Forma como os significados são atribuídos e trocados por interlocutores em contextos reais • Oração • Fala. Prédica. Prática. Homilia. Sermão. Elóquio • Palestra • Produto da palavra.

DISCURSO CIENTÍFICO – *Ver* Comunicação científica.

DISCURSO COMEMORATIVO – Palavras proferidas na celebração de uma efeméride.

DISCURSO GRATULATÓRIO – Fala em que se manifesta agradecimento, proferida na comemoração de um evento.

DISCURSO PRELIMINAR – *Ver* Preâmbulo.

DISCURSUS (pal. lat.) – Conversação. Colóquio.

DISCUS (pal. lat.) – Termo que de início se confunde com *rota (bibliotheca)*; não há a certeza absoluta, mas pelo menos sabe-se que se trata de um móvel que serviria para ler – *discum ad legendum*, enquanto que a rota servia *ad tenendum libros*, o que nos leva a pensar que as suas funções eram diferentes; o uso do termo *discus* foi curiosamente utilizado apenas na Itália e na Inglaterra.

DISCUSSÃO – Parlenga. Palavreado • Crítica • Debate • Polémica.

DISGRAFIA – Dano da função de escrita.

DISJUNÇÃO – Adição das extensões de diversas noções.

DISJUNTIVO – Símbolo que separa duas ou várias classes independentes.

DISLEXIA – Dificuldade em fazer corresponder duas sequências ordenadas, uma escrita, outra oral.

DISLIGATUS (pal. lat.) – Designava um livro desmanchado; *ligare* era o termo usado para o acto de coser os cadernos.

DISPENSATÓRIO – *Ver* Farmacopeia.

DISPERSÃO – Em estatística, variabilidade dos valores observados de uma variável, em geral respeitante a uma medida de tendência central • Em óptica, separação das cores fundamentais de um raio de luz quando sofre uma refracção ao passar através de um meio transparente • Atenção dada a várias coisas ou pessoas ao mesmo tempo • Desunião. Separação. Disseminação.

DISPERSÃO DE COLECÇÕES – Separação com disseminação dos volumes pertencentes a uma determinada obra, a uma determinada colecção, a uma determinada publicação em série ou aos fundos de determinada biblioteca, arquivo, etc.

DISPLAY (pal. ingl.) – Expositor. Quadro • Em tipografia, escolha e arranjo de tipos destinados a permitir destacar determinadas palavras.

DISPONIBILIDADE – Especificação da fonte onde o documento pode ser adquirido ou do local onde pode ser consultado • Em pesquisa bibliográfica, percentagem de pesquisas de material bibliográfico que foram realizadas com sucesso por um utilizador durante uma sessão de trabalho • Em relação ao livro, é a qualidade que assegura que se pode dispor dele; aplica-se, não apenas para referir o lugar ou instituição onde o mesmo se encontra disponível para consulta, mas também a modalidade do acesso, isto é, a forma como ele se apresenta para ser usado, livremente ou com restrições, etc. • Aplica-se ainda com o sentido de poder dispor de tempo para ler, por exemplo, nos fins de semana, nas férias, depois da aposentação, etc.

DISPONIBILIDADE ARQUIVÍSTICA – *Ver* Acessibilidade.

DISPONÍVEL – Diz-se da obra que se encontra à venda no editor ou no distribuidor.

DISPOR – Distribuir uma página, texto, etc. num esboço equilibrado, de modo que o conjunto resulte esteticamente agradável.

DISPOSIÇÃO – Colocação dos elementos que constituem a composição tipográfica, tentando obter o melhor efeito gráfico e visual. *Ver* Maqueta de composição • Prescrição legal.

DISPOSIÇÃO DE REGISTO – Em informática, formato ou distribuição das unidades de informação num registo.

DISPOSIÇÃO DO PERGAMINHO – Modo como os lados do carnaz e da flor do pergaminho aparecem no recto e no verso dos diferentes fólios de um caderno.

DISPOSIÇÃO DO TEXTO – Indicação do modo como o texto se encontra distribuído: a uma medida, a duas ou a mais colunas, largura das margens, elementos adicionais como título corrente, notas de rodapé, notas marginais, etc.

DISPOSIÇÃO DOS DADOS – Organização predeterminada de dados num suporte de informação.

DISPOSIÇÃO TIPOGRÁFICA – Forma dada a um texto ou a um conjunto de pequenos textos (no caso de um jornal), de modo a obter uma página harmoniosa e esteticamente agradável; a disposição do corpo das letras, dos espaços interlineares, a largura das margens, as notas de rodapé e as notas marginais, a largura das colunas ou da mancha tipográfica, a colocação do título corrente, a página de título e a capa são alguns dos elementos a ter em conta para obter um produto final de boa apresentação.

DISPOSIÇÕES – Elementos pelos quais se distribui a matéria da *dispositio* de um documento, considerando a sua natureza, extensão, limites e modalidades de aplicação.

DISPOSIÇÕES DE ALMA – Cláusula pela qual num documento, em contrapartida de um favor concedido a um estabelecimento eclesiástico, se pediam orações pelo interessado e, eventualmente, pela sua família (ou por membros nominalmente designados) e por vezes pela paz, estabilidade do reino, etc.; esta cláusula podia ser acompanhada de uma particular fundação perpétua ou do pedido de celebração de uma missa de aniversário ou cerimónia comemorativa.

DISPOSITIO (pal. lat.) – Parte fundamental do texto de um documento na qual o autor manifesta a sua vontade e faz nascer o acto jurídico ou reconhece a sua existência, determinando a sua natureza, alcance, modalidades e, eventualmente, a origem de propriedade.

DISPOSITIVO DE ENTRADA – Máquina ou unidade electrónica ou mecânica projectada para introduzir dados num computador ou para os transferir para ele.

DISPOSITIVO DE EXPLORAÇÃO – Dispositivo de um leitor de microformas, que permite centrar uma parte de uma imagem num ecrã movendo a microforma ou o sistema óptico; é muito útil quando não pode aparecer no ecrã a imagem completa de uma só vez.

DISPUTATIO (pal. lat.) – Debate, dissertação.

DISQUATERNATUS (pal. lat.) – Designava um livro desmanchado, em que os cadernos se encontravam soltos.

DISQUETE – Pequeno disco magnético flexível, apresentado em formato normalizado (3½ e 5¼ polegadas), que tem uma capa protectora e serve como veículo de entrada e saída de dados para processamento automático de informações, facilitando a sua transferência entre computadores. Pode ter capacidade de 360 ou 720 *Kb*, 1,2 *Mb* ou 1,44 *Mb*. *Disquette*. *Floppy disk*.

DISQUETTE (pal. fr.) – *Ver* Disquete.

DISQUISIÇÃO – Pesquisa. Investigação. Exame.

DISS. – Abreviatura de dissertação.

DISSECÇÃO – Modo de formação de novos temas específicos, por meio da divisão de uma classe, com vista à formação de um quadro de novas subclasses, usado na classificação Colon.

DISSECTOR DE IMAGENS – Em leitura óptica, é o dispositivo electrónico ou mecânico que detecta sequencialmente a intensidade luminosa nas diferentes zonas de um espaço de amostragem iluminado continuamente.

DISSEMINAÇÃO – Distribuição ou divulgação por muitas pessoas ou instituições. Vulgarização. Difusão. Propagação.

DISSEMINAÇÃO DA INFORMAÇÃO – *Ver* Difusão da informação.

DISSERENS (pal. lat.) – Candidato que defende uma tese na escola ou universidade.

DISSERTAÇÃO – Exposição escrita ou oral de um ponto doutrinário • Documento que apresenta uma investigação e os seus resultados, proposto pelo seu autor para apreciação; em princípio é destinado à obtenção de um grau académico ou de uma qualificação profissional. É também designada dissertação académica. Tese. *Dissertatio*.

DISSERTAÇÃO ACADÉMICA – Ensaio ou tratado apresentado por um candidato com vista à obtenção de um grau. Tese.

DISSERTADOR – Aquele que disserta ou faz dissertações.

DISSERTANTE – Que disserta.

DISSERTAR – Tratar, de forma desenvolvida, um ponto doutrinário • Discorrer metodicamente • Discursar.

DISSERTATIO (pal. lat.) – *Ver* Dissertação.

DISSÍLABO – Palavra constituída por duas sílabas. Dissilábico.

DISTÂNCIA – Designação do espaço que separa as letras entre si nas palavras não separadas por um espaço ou intervalo.

DISTÂNCIA FOCAL – Distância expressa em milímetros entre um centro de uma objectiva e o plano focal quando se foca a objectiva ao infinito.

DISTAXIA – *Ver* Distorção.

DÍSTICO – Máxima em dois versos • Que tem dois versos • Estrofe de dois versos de arte maior • Rótulo, letreiro.

DISTORÇÃO – Descontinuidade na série linear dos signos • Quebra da continuidade entre as unidades de uma sequência, através da introdução de unidades que remetem para outras sequências • Deformação, em geral mecânica, que se manifesta sob a forma de uma oscilação de tom muito ténue • Em comunicação de dados, troca involuntária do sinal que está a ser transmitido por um canal.

DISTORÇÃO DE AMPLITUDE – Deformação harmónica que ocorre quando uma componente de um equipamento de gravação ou de reprodução de som se satura ao aplicar um sinal amplo e aparecem na reprodução do som novas frequências que são um múltiplo exacto da frequência do sinal de entrada.

DISTRIBUIÇÃO – Na comercialização do livro designa-se assim a operação do circuito do livro que consiste em fazer chegar a produção do editor aos diversos pontos de comercialização • Operação que consiste na mudança física do livro do armazém do editor para o vendedor • Ordem pela qual uma coisa está disposta. Arrumação. Classificação. Arranjo • Em tipografia é a recolocação nas respectivas caixas ou caixotins do material tipográfico que já foi usado • Entrega • Arrumação dos elementos utilizados numa chapa nos respectivos lugares • Actividade que tem por fim a oferta a público, em quantidade significativa, de material original ou cópias de uma obra, para venda, aluguer, empréstimo ou qualquer outra forma.

DISTRIBUIÇÃO BIMODAL – Distribuição de frequência que tem dois modos.

DISTRIBUIÇÃO DE AMOSTRA – Distribuição de frequência teórica, baseada num modelo matemático, que representa a disposição de valores de uma estatística, que se obteria a partir de um número infinito de amostras aleatórias de um dado tamanho.

DISTRIBUIÇÃO DE FREQUÊNCIA – Ordem sistemática de uma colecção de medidas numa determinada variável indicando as repetições de ocorrência dos diversos valores da variável.

DISTRIBUIÇÃO DE *GAUSS* – *Ver* Distribuição normal.

DISTRIBUIÇÃO GAUSSIANA – *Ver* Distribuição normal.

DISTRIBUIÇÃO INDIRECTA – Na comercialização do livro, aquela em que existem intermediários entre a editora e o consumidor final. Venda indirecta.

DISTRIBUIÇÃO NORMAL – Distribuição de frequência na qual as quantidades estão dispostas de tal forma que a sua representação gráfica é uma curva contínua simétrica, em forma de sino, com uma grande preponderância de frequências na proximidade da média mediana e moda (que coincidem nesta distribuição) e com frequências baixas nos dois extremos. Distribuição de Gauss. Distribuição gaussiana.

DISTRIBUIÇÃO PRIMÁRIA – Envio de um documento pelo autor ou distribuidor a mais de um destinatário; pode ser feito a partir de uma lista de distribuição.

DISTRIBUIÇÃO SECUNDÁRIA – Distribuição de documentos a pedido, que é feita após uma distribuição inicial.

DISTRIBUIDOR – Pessoa singular ou colectiva que detém direitos, exclusivos ou partilhados, para colocar um determinado documento no mercado, junto dos potenciais consumidores • Agente ou agência responsável pela distribuição inicial de um filme.

DISTRIBUIDOR DE TAREFAS – Em informática, função do programa de controlo que escolhe, na fila de espera das funções acabadas, aquela que a unidade de tratamento deve utilizar e lhe dá o controlo.

DISTRIBUIDOR INTERMÉDIO – Distribuidor, em geral especializado por canal: grande distribuição organizada, livraria, quiosque, etc., a quem cabe a difusão do livro e, com frequência, a sua promoção.

DISTRIBUIDORES – Nome dado aos rolos que batem a tinta sobre a mesa da máquina.

DISTRIBUIDOR-GROSSISTA – Elemento do circuito da distribuição comercial do livro que coloca uma parte da edição em pontos de venda referenciados.

DISTRIBUIR – Desmanchar as formas que saem da máquina depois de impressas, arrumando o material nos seus devidos lugares • Deitar tipo à caixa • Dispor • Repartir. Partilhar • Administrar • Classificar.

DITADO – Anexim, provérbio • Aquilo que se dita ou que se ditou.

DITAGO – Rol ou livro enrolado, onde constavam os nomes de algumas pessoas ordenados em três colunas, cujas colunas laterais se fechavam sobre a do meio. Díptico.

DITAME – Aquilo que se dita • Aviso. Conselho • Regra. Máxima de prudência com conteúdo moral • Doutrina • Opinião. Parecer. Juízo.

DITAR – Dizer em voz alta, a fim de outra pessoa escrever o que se vai dizendo • Impor. Prescrever.

DITÉRIO – Dichote, chufa, motejo, brocardo, anexim, provérbio.

DITIRAMBO – Composição em verso livre e irregular na qual é expresso entusiasmo ou arrebatamento.

DITO – Máxima, frase, expressão frequentemente de cariz engraçado ou brejeiro.

DITOGRAFIA – Erro de cópia que consiste no acrescentamento mecânico de uma unidade gráfica que deveria aparecer isolada; se se verificar no início da palavra é acrescentada a última letra da palavra anterior. Repetição.

DITOLOGIA – Tratado das palavras de uma língua que têm forma dupla • Sinonímia.

DITOLÓGICO – Sinonímico.

DITONGO – Encontro de uma vogal com uma semivogal ou de uma semivogal com uma vogal.

DIURNAL – Na antiga Roma era assim chamado o conjunto das tábuas nas quais estavam anotados, dia por dia, todos os acontecimentos mais importantes, os éditos, as efemérides, etc. • Livro litúrgico que contém todas as orações que se recitam durante o dia, excepto as matinas (laudes, prima, terça, sexta, nona, véspera e completas). *Horæ diurnæ*. Diurno.

DIURNO – Livro litúrgico que contém os ofícios eclesiásticos das horas menores, desde laudes a completas. Diurnal. *Horæ diurnæ*.

DIURNUM (pal. lat.) – Nome dado na Antiga Roma ao jornal que relatava os factos diários.

DIV. – Abreviatura de divisão.

DIVÃ – Colecção de poesias recompiladas de um autor islâmico (turco, árabe, persa, etc.). Cancioneiro árabe • Antologia. Colectânea de poemas ou outros escritos de um mesmo autor.

DIVERSIDADE DE MÃOS – Expressão usada para designar as diversas intervenções visíveis na composição de um texto manuscrito onde vários copistas se sucederam no trabalho de cópia. Diversidade de punhos.

DIVERSIDADE DE PUNHOS – *Ver* Diversidade de mãos.

DIVIDIR – Cortar a escrita ou composição de uma palavra em duas partes, ficando uma delas na extremidade de uma linha e a restante no início da seguinte • Separar um capítulo ou parte • Quebrar.

DIVISA – Sentença breve ou frase que sintetiza a ideia ou sentimento de alguém • Em heráldica é a frase que acompanha as armas • Emblema, insígnia, alegoria. Epígrafe. Lema. Mote. Moto. Dispositivo • Artifício eléctrico, electrónico ou mecânico concebido para uma finalidade ou função especial • Na edição de livros é o lema que figura na marca tipográfica do impressor.

DIVISA-ANAGRAMA – Desenho ou objecto que serve de símbolo ou de sinal distintivo, usado para representar uma organização, instituição, país, etc.; é construído a partir da transposição de letras constituintes de uma outra palavra ou frase, apresentando um novo sentido.

DIVISA DE EDITOR – *Ver* Divisa de impressor.

DIVISA DE IMPRESSOR – Frase ou legenda que geralmente acompanhava a marca tipográfica, usualmente em latim, e que podia ou não englobar o nome do impressor; define de certo modo o pensamento deste em relação à sua actividade e ao ideal que o animava. Divisa de editor.

Divisa de impressor

DIVISÃO – Sinal (-) usado para separar as palavras no final de linha • Nome que se dá ao hífen • Departamento. Repartição • Separação. Fragmentação • Estado do que se acha dividido • Unidade num sistema de uma biblioteca, arquivo, serviço de documentação, etc.

responsável por um serviço especial em determinado assunto ou sector • Num esquema de classificação é um dos grupos no qual o conhecimento está dividido, quer seja uma classe geral dividida por secções e subsecções ou uma das secções ou subsecções subordinadas como acontece com a CDU.

DIVISÃO DE ASSUNTO – Divisão feita de assuntos tópicos subordinados a uma classe.

DIVISÃO DE EMPRÉSTIMO – Sector de uma biblioteca, serviço de documentação, etc. onde estão centradas as operações que permitem o uso temporário de um documento, seja qual for o tipo de suporte, por um utilizador que o pede emprestado, exigindo a sua restituição.

DIVISÃO DE FORMA – Diz-se da separação de acordo com a forma (livros, periódicos, folhetos, etc.). O nome resulta do facto de as divisões de forma subdividirem o assunto segundo o modo como foi apresentado. As divisões de forma são constantes para todas as classes, por isso mnemónicas. Têm a sua base na classe.

DIVISÃO DE PALAVRAS – Forma como se faz o corte dentro de uma palavra, quando há necessidade de separar os elementos que a constituem; em composição tipográfica manual ou mecânica ou no teclado justificador da fotocompositora, a divisão de palavras depende da decisão do compositor tipográfico ou teclista, que aplica as regras ortográficas e ortotipográficas; na composição programada é o computador que desempenha estas tarefas, para o que está provido de um programa de composição; por outro lado, os linguistas programaram a divisão de palavras em função das regras tipográficas próprias de cada língua: por exemplo, a divisão silábica, com excepções relativas a raízes etimológicas, a omissão de divisão nas palavras de duas sílabas ou antes de uma sílaba muda terminal, a recusa de divisão em mais de duas linhas sucessivas ou de um número expresso em cifras.

DIVISÃO DE REFERÊNCIA – *Ver* Serviço de referência.

DIVISÃO ERRÓNEA – Operação que consiste na aglutinação de partes de uma palavra à palavra anterior ou à seguinte.

DIVISÃO GEOGRÁFICA – Subdivisão por país, região ou localidade semelhante à que se encontra num sistema de classificação ou num encabeçamento de assunto.

DIVISÃO SEMÂNTICA – Método segundo o qual os termos que representam os conceitos específicos são objecto de uma pós-coordenação.

DIVISOR – Separador usado para distinguir grupos de entradas de natureza diferente dentro de um catálogo • Separador. Partidor. Divididor.

DIVISÓRIO – Utensílio de madeira onde se coloca o original quando se compõe; é formado por duas partes: a haste e o mordente, com o qual se seguem as linhas do original a compor. Porta-original.

DIVULGAÇÃO – Acto ou efeito de divulgar. Comunicação. Difusão. Vulgarização • Publicidade.

DIVULGAÇÃO DA INFORMAÇÃO – *Ver* Difusão da informação.

DIVULGAÇÃO DE INVENÇÃO – Acto de dar a conhecer a terceiros, por qualquer meio, a esfera de acção de uma patente.

DIVULGAÇÃO DE OBRA – Diz-se divulgação de uma obra qualquer expressão dessa obra tornada acessível ao público pela primeira vez sob qualquer forma, com o consentimento do autor.

DIVULGAÇÃO PÚBLICA – Acto pelo qual um grande número de pessoas pode ter acesso a uma obra, sem que se faça uma distribuição prévia de exemplares a cada uma delas; não é considerada divulgação pública a divulgação que é feita num âmbito restrito, que não esteja integrado ou ligado a uma rede de difusão de qualquer natureza.

DIVULGADO – Que se difundiu. Propagado. Publicado.

DIVULGADOR – Que ou aquele que divulga.

DIVULGAR – Tornar público. Dar a saber. Difundir. Vulgarizar.

DIVULGÁVEL – Que pode tornar-se público.

DIWÂNI – (pal. tur.) Variedade de caracteres recurvos usados pelos turcos.

DIXI (pal. lat.) – Disse. Tenho dito. Terminei, palavra que geralmente remata um texto escrito ou discurso.

DIXIT (pal. lat.) – Forma abreviada de *Magister dixit*, o mestre disse. Disse.
DIZEDELA – Máxima. Aforismo. Dito. Sentença. Prolóquio.
DIZER – Exprimir por palavras, por escrito ou por sinais. Enunciar. Dar a conhecer. Comunicar. Informar • A expressão do pensamento, a fala • A opinião expressa • Cada um dos pontos de uma enumeração, alegação ou exposição.
DL – Acrónimo de *Digital Library*, Biblioteca digital.
DLO – Acrónimo de *Documents Like Objects*. No ambiente de rede como a *Internet*, designa os documentos constituídos sobretudo por texto.
DMA – Acrónimo de *Direct Memory Access*, Acesso directo à memória; em informática, é o sistema que permite a um periférico ter acesso directo à memória principal RAM, sem necessitar de recorrer ao processador.
D-MAX – *Ver* Densidade.
D-MIN – *Ver* Densidade.
DMS – Acrónimo de *Document Management Systems*, segundo Rowley, Sistemas que "suportam a criação, armazenamento e recuperação dos documentos e/ou das suas representações em formato electrónico".
DMS. – Abreviatura latina de *Dominus*, Senhor, Deus. *Dns*.
DNS. – Abreviatura latina de *Dominus*, Senhor, Deus. *Dms*.
DO MESMO PUNHO – Num livro manuscrito ou impresso diz-se da nota manuscrita pela mesma mão que as outras.
DO USO DE – Expressão que precede o nome do proprietário de um livro. *Ver* Pertence.
DOAÇÃO – Entrega de um documento ou de um objecto a uma pessoa ou organismo, a título gratuito e irrevogável; esta entrega é por vezes condicionada a certas obrigações, tendo o organismo beneficiário a faculdade de a recusar. Oferta.
DOADOR – Pessoa física ou jurídica que efectua uma doação.
DOADOR DE LIVROS – Pessoa física ou jurídica que efectua um acto de doação de documentos, fundos bibliográficos, etc. • Pessoa que doa um livro a um estabelecimento público, particular, eclesiástico ou outro; por vezes é possível identificar o doador ou possuidor de um livro através da presença de uma inscrição, elementos heráldicos na encadernação ou imagens, santo padroeiro ou um *motto*; durante toda a Idade Média são encontrados retratos do doador (por vezes estilizados, embora em alguns retratos a semelhança seja um facto), mas tornam-se mais comuns a partir do século XIII; estes retratos podem representar o doador a oferecer o livro ajoelhado perante a Virgem com o Menino ou recebendo ou apresentando a obra encomendada. *Ver Accipies. Ver tb.* Doação.
DOBRA – Vinco, marca ou sinal que fica na parte por onde se dobrou o papel • Prega • Lugar por onde se sobrepõem as duas partes de uma folha, etc. Dobragem.
DOBRA DA CABEÇA – *Ver* Cabeça.
DOBRA DA COSTURA – *Ver* Festo.
DOBRA EM ACORDEÃO – *Ver* Dobragem em acordeão.
DOBRA INFERIOR – Nos documentos em pergaminho, a dobragem inferior (no latim *plica*, de *plicare*, dobrar) destinava-se a reforçar a parte inferior do documento, permitindo uma maior consistência no lugar onde eram aplicados os furos (na maior parte dos casos dois e mais raramente três) por onde passava o fio de seda ou a fina tira de pergaminho que segurava o selo; no século XV, a dobragem inferior tende a aumentar aflorando, por vezes, a última linha do texto.
DOBRADEIRA – Espécie de faca de papel feita em *teflon*, madeira, metal, osso, marfim ou plástico, muito usada em encadernação; serve para cortar e dobrar as folhas e capas dos livros antes de as bater e coser • Operária que dobra as folhas dos livros • Dispositivo da rotativa que recebe todas as páginas em sobreposição, as junta à largura e as dobra, em geral, a duas dobras.
DOBRADIÇA – *Ver* Charneira.
DOBRADO – Efeito de dobrar.
DOBRADOR – Operário que procede à dobragem das folhas impressas para brochura ou encadernação.
DOBRADORA – Nas oficinas de encadernação, é a máquina utilizada para dobrar folhas impressas.

DOBRAGEM – Acto de dobrar a folha de máquina determinado número de vezes, transformando-a em caderno; faz-se mecanicamente ou à mão; a primeira, muito mais rápida, exige um registo e distribuição dos brancos absolutamente perfeito, sem o que as páginas não ficarão exactamente no alinhamento umas das outras; a segunda pode evitar este inconveniente e é a mais usada em obras de grande rigor; a dobragem é feita após a impressão tomando como marca os fólios, que são colocados rigorosamente uns sobre os outros • Termo usado para indicar o modo como as folhas de papel são dobradas após a impressão, modo esse que está na origem dos diferentes formatos: fólio, f°, dobrado uma vez, dá 2 folhas ou 4 páginas; quarto, 4°, dobrado duas vezes, dá 4 folhas ou 8 páginas; oitavo, 8°, dobrado três vezes, dá 8 folhas ou 16 páginas; dezasseisavo, 16°, dobrado quatro vezes, dá 16 folhas ou 32 páginas; trigésimo segundo, 32°, dobrado cinco vezes, dá 32 folhas ou 64 páginas • Em galvanotipia, operação que faz dobrar a placa de chumbo a 3 % de antimónio e com estanho na face interna, para a fazer aderir.

DOBRAGEM DA FOLHA IMPRESSA – Operação que consiste em vincar a folha impressa em dobras cruzadas ou paralelas, de modo a formar um caderno dito "de base".

DOBRAGEM EM ACORDEÃO – Forma que assumiram alguns códices manuscritos que se apresentavam com dobras paralelas em sentido alternado, de modo que as páginas assim constituídas podiam sobrepor-se em número tão grande quanto o comprimento do papel o permitia; deste modo, podiam ser escritos dos dois lados, resultando, no final de dobrados numa forma semelhante à de um livro; são especialmente conhecidos alguns códices mexicanos. Dobragem em ziguezague • Forma de apresentação e dobragem do papel usado em impressoras armazenado em folhas dobradas de tal modo que a dobra de cada uma fica na direcção oposta da anterior, à semelhança das pregas de um acordeão.

DOBRAGEM EM ZIGUEZAGUE – *Ver* Dobragem em acordeão.

DOBRAL DE COURO – Rolo de pergaminho, bolsa ou carteira feita neste material.

DOBRAR – Dividir pelo meio as folhas que compõem um livro ou qualquer outra publicação. Enfestar.

DOBRAR À IMPRESSÃO – Reunir as folhas de um livro, seguindo a letra ou sinal que indica a sua ordem.

DOBRAR UMA LINHA – Acrescentar texto a uma linha, para que tenha como resultado a existência de mais uma linha, por necessidade de compaginação.

DOBRE – Repetição, numa mesma estrofe, de uma palavra final de verso, obrigando as estrofes seguintes a uma repetição paralela; verifica-se em geral entre o primeiro e o último versos de uma estrofe, cuja unidade se torna mais perceptível deste modo.

DOC. – Abreviatura de documento.

DOCÊNCIA – Professorado • Ensino.

DOCENTE – Pessoa que ensina. Professor • Que diz respeito a professores.

DOCTUS CUM LIBRO (loc. lat.) – Sábio com livro, expressão que se usa para referir alguém que exibe a ciência dos outros.

DOCUMENT MANAGEMENT SYSTEMS (loc. ingl.) – Segundo Rowley, são sistemas que "suportam a criação, armazenamento e recuperação dos documentos e/ou das suas representações em formato electrónico". *DMS*.

DOCUMENT PORTABLE FORMAT (loc. ingl.) – Formato de documento portátil; em informática, é a norma de codificação de documentos em ficheiros, que possibilita que eles sejam usados em equipamentos informáticos de diversos tipos. Geralmente é conhecido pela sigla *PDF*.

DOCUMENTAÇÃO – Disciplina científica, surgida entre os finais do século XIX e o início do século XX, que estuda a compilação contínua e sistemática de informação registada de modo a permitir a sua armazenagem, recolha, utilização ou transmissão • Em sentido genérico, aquisição, organização, armazenamento, recuperação e difusão de documentos • Colecção de documentos compilados sobre determinado assunto • Em informática, informação descritiva necessária para habilitar o utilizador a executar tarefas como iniciar, desenvolver, operar e manter sistemas, aplicações e ficheiros legíveis por computador; a documentação acerca de ficheiros de dados descreve as condições dos dados, a criação dos ficheiros e a posição e dimensão dos elementos informativos contidos nos registos. Documentalismo. Documentografia. *Ver tb.* Ciências da documentação.

DOCUMENTAÇÃO ACADÉMICA – Conjunto de documentos de diversa natureza e em vários tipos de suportes referentes ao ensino (sobretudo ao superior), às escolas, aos seus alunos ou professores, segundo as fases da vida académica, ou a uma sociedade literária, científica ou academia.

DOCUMENTAÇÃO ADMINISTRATIVA – Conjunto de documentos produzidos ou destinados ao tratamento de assuntos de administração, à gestão de negócios, pública ou privada.

DOCUMENTAÇÃO ALEATÓRIA – Método utilizado para a obtenção do mínimo de informação sobre um determinado tema publicado em livros, revistas, etc. Consiste em determinar, a partir de um certo número de elementos (antiguidade do problema, volume de trabalhos existentes, variedade linguística, etc.) o número mínimo de referências bibliográficas que, retiradas ao acaso de um catálogo revolvido, dêem uma probabilidade de omitir mais de y% de itens pertinentes inferior a x%.

DOCUMENTAÇÃO AUDIOVISUAL – Tipologia de documentos que utilizam a associação do som e da imagem como linguagem básica e requerem a utilização de equipamento para serem vistos e/ou ouvidos.

DOCUMENTAÇÃO AVULSA – Denominação atribuída ao conjunto de documentos esparsos, desirmanados e sem conexão uns com os outros ou seja, desligados do corpo documental ou colecção em que se encontram integrados. Documentação solta.

DOCUMENTAÇÃO CIENTÍFICA – Recompilação exaustiva e tratamento analítico da informação para divulgar os avanços da ciência e da técnica através de sistemas informatizados.

DOCUMENTAÇÃO CIENTÍFICA E TÉCNICA – Conhecimento organizado sob a forma de documento, que apoia o trabalho desenvolvido na esfera das actividades de uma organização.

DOCUMENTAÇÃO CORRENTE – Novo material que foi adquirido pela biblioteca, arquivo, serviço de documentação, etc., por oposição a material antigo já nela existente, que ainda não foi sujeito a tratamento técnico.

DOCUMENTAÇÃO DE UM ACTO – Conjunto de processos que respeitam à preparação deste acto desde o momento em que é solicitado até ao momento em que é tomada a decisão de ser reduzido a escrito.

DOCUMENTAÇÃO DIGITAL – *Ver* Informação digital.

DOCUMENTAÇÃO EFÉMERA – Colecção de brochuras de fragmentos e de outros documentos de carácter passageiro, periodicamente expurgada, classificada sob rubricas gerais em caixas, classificadores, etc., destinada a fornecer uma resposta rápida a questões breves ou a informações dificilmente encontradas noutro lugar.

DOCUMENTAÇÃO EPISTOLOGRÁFICA – Conjunto de documentos de diversa natureza cujo conteúdo se encontra apresentado sob forma de carta.

DOCUMENTAÇÃO ESCRITA – É toda aquela que tem como base um texto escrito, por oposição à documentação oral, o conjunto de informações que se transmitem de boca em boca, isto é, que são enunciadas pela palavra.

DOCUMENTAÇÃO GERAL – Conjunto de documentos contendo informações não restritas a um domínio particular.

DOCUMENTAÇÃO ICÓNICA – Aquela que é formada por documentos essencialmente constituídos por imagens, que podem ser a duas ou a três dimensões.

DOCUMENTAÇÃO ICONOGRÁFICA – Género documental que utiliza a imagem como linguagem básica.

DOCUMENTAÇÃO INDUSTRIAL – Termo geral para designar o conjunto dos diversos documentos utilizados na indústria.

DOCUMENTAÇÃO INFORMAL – Conjunto de documentos cujo conteúdo não obedece a regras nem formalidades.

DOCUMENTAÇÃO INFORMÁTICA – Aquela que utiliza os meios postos à disposição do homem pelas novas tecnologias no tratamento e produção de documentos • Conjunto de documentos em suporte informático. *Ver tb*. Informática documental.

DOCUMENTAÇÃO JURÍDICA – Colecção de material sobre leis e outros assuntos da área do direito • Aquela que é prescrita pelos tribunais nacionais e internacionais.

DOCUMENTAÇÃO MECÂNICA – Trabalho de documentação efectuado com auxílio de meios mecânicos ou electrónicos.

DOCUMENTAÇÃO ORAL – Nome dado ao conjunto de documentos que resultam de depoimentos, entrevistas, histórias pessoais e outras técnicas de recolha oral de testemunhos.

DOCUMENTAÇÃO PARTICULAR – Conjunto de documentos referentes ou pertencentes a apenas uma pessoa ou a um grupo específico que funciona como um todo. Documentação privada.

DOCUMENTAÇÃO PRIVADA – *Ver* Documentação particular.

DOCUMENTAÇÃO SOLTA – *Ver* Documentação avulsa.

DOCUMENTAÇÃO SUBTERRÂNEA – *Ver* Literatura cinzenta.

DOCUMENTAÇÃO TÉCNICA – Aquela que resulta da aplicação de conhecimentos teóricos específicos destinados à produção de equipamentos, por exemplo cartas, levantamentos topográficos, desenho de máquinas, mapas, etc.

DOCUMENTAÇÃO TÉCNICO-CIENTÍFICA – Aquela que é usada para divulgar avanços da ciência e da técnica, por meio de sistemas informatizados ou outros.

DOCUMENTAÇÃO TEXTUAL – Designação atribuída à modalidade de documentos que é composta por textos manuscritos, dactilografados ou impressos, como actas de reuniões, cartas, decretos, livros de registo, relatórios, panfletos, etc.; usa a palavra escrita como linguagem básica. Documentação escrita.

DOCUMENTADO – Baseado em provas, provado com documentos idóneos. Que está assente em provas documentais • Diz-se de uma pessoa que está de posse de conhecimentos versando um assunto de que trata ou sobre o qual escreve.

DOCUMENTAL – Referente a documentação • Constituído por documentos • Fundamentado na documentação • Que tem carácter de documento.

DOCUMENTALISMO – Arte de coleccionar, classificar e divulgar documentos de todos os tipos. *Ver* Documentação.

DOCUMENTALISTA – Pessoa que se dedica ao estudo e elaboração de dados bibliográficos, boletins, notícias, guias, etc. sobre um determinado assunto ou fundo, com vista à divulgação e gestão da informação • Pessoa encarregada de estabelecer, pesquisar, seleccionar, classificar, difundir e conservar todos os documentos numa administração pública ou privada • Cientista da informação.

DOCUMENTALISTA CIENTÍFICO – Pessoa com experiência no tratamento e divulgação da informação que confere, em geral, maior importância aos processos de aquisição, organização, armazenamento e recuperação da informação do que ao seu conteúdo.

DOCUMENTALISTA ESPECIALIZADO – Pessoa que é especializada na recolha, análise e distribuição do conteúdo dos documentos.

DOCUMENTAR – Palavra que evoca a ideia de ensino e de informação. Explicar. Instruir • Comprovar por meio de documentos • Preparar um determinado tema, baseado em documentação consultada.

DOCUMENTÁRIO – Relativo a documentos. Documental • Que contém documentos • Que tem o valor de documento • Lugar onde se guardam ou há documentos • Pessoa que se ocupa com documentos • Filme baseado num facto que foi estruturado de forma dramática com vista a fazer ressaltar os factos e as pessoas da vida real.

DOCUMENTARISTA – Cineasta que se dedica à realização de filmes documentários.

DOCUMENTISTA – Pessoa que cultiva e trata de documentos.

DOCUMENTO – Objecto informativo • Suporte físico ou material de informação • Segundo Suzanne Briet, "é qualquer símbolo, físico ou simbólico, conservado ou registado, destinado a representar, reconstituir ou demonstrar um fenómeno físico ou conceptual"; ultimamente a abrangência da palavra tem-se alargado, considerando-se também documento uma cassete (de áudio ou vídeo), formas electrónicas e apresentações multimédia • Qualquer elemento de conhecimento ou fonte de informação fixado materialmente, que possa ser utilizado para estudo, consulta ou prova, isto é informação • Informação contida em suporte de qualquer tipo (papel, filme, banda magnética, disco, etc.), que pode ser considerada como uma unidade, no decorrer do tratamento documental. Tem por objectivo potenciar a (re)utilização ou consumo dessa informação no espaço e/ou no tempo, de forma manual ou através de máquinas; entre os diversos tipos de documentos encontram-se os livros e material semelhante como os artigos de periódicos, as folhas impressas, os gráficos, mapas, brevetes, manuscritos, películas cinematográficas, gravações de vídeo e sonoras, ficheiros de dados legíveis por máquina, etc. No caso do documento manuscrito, consta essencialmente de três partes: parte inicial, protocolo ou cláusulas iniciais, parte do meio, texto ou cláusulas contextuais e parte final, escatocolo ou cláusulas finais. Em cada uma destas partes podemos considerar as cláusulas essenciais e as formulárias; o documento que não contenha as cláusulas essenciais não é válido, enquanto que as cláusulas formulárias podem não existir • Combinação de um meio e da informação nele registada.

DOCUMENTO ACÉFALO – Aquele que não tem indicação de autor ou data.

DOCUMENTO ACOMPANHANTE – Aquele que é produzido e que pode ser utilizado como apoio do documento a descrever.

DOCUMENTO ACTIVO – Documento pertencente a um arquivo administrativo e que é usado na actividade dos serviços que o produziram ou receberam.

DOCUMENTO ADJUNTO – Documento, com frequência sob forma de carta, no qual se apresenta ou explica um documento mais complexo que ele acompanha. Carta adjunta.

DOCUMENTO ADMINISTRATIVO – Aquele que é produzido ou detido por entidades que exercem funções administrativas, como os "órgãos do Estado, das Regiões Autónomas, dos institutos públicos, das associações públicas, das autarquias locais e das suas associações e federações", assim como "outras entidades no exercício de poderes de autoridade ou de responsabilidades públicas sob o controlo da Administração Pública".

DOCUMENTO ADULTERADO – Documento em que algumas partes foram falsificadas no original ou na cópia.

DOCUMENTO ANALÓGICO – Representação da informação através de uma relação de analogia; é directamente descodificado. Exemplo: documento gráfico, documento bibliográfico.

DOCUMENTO ANEXO – Documento ligado a um outro, com o qual mantém relações de analogia de conteúdo.

DOCUMENTO ANÓNIMO – Documento cujo autor não está identificado ou que não traz nome de autor. Obra anónima.

DOCUMENTO APÓCRIFO – *Ver* Documento falso.

DOCUMENTO ARQUITECTURAL – Representação gráfica das estruturas concebidas pelo Homem, e que serve para visualizar o efeito, uma vez descontada a estrutura realizada. Documento de arquitectura.

DOCUMENTO ARTIFICIAL – Documento constituído por extractos, transcrições, símbolos ou rubricas inspirados nos documentos naturais e destinados a completar a função informativa dos mesmos; são documentos artificiais os livros de registo, protocolo, etc.

DOCUMENTO AUDIOVISUAL – Aquele que é composto por reproduções de imagens fixas e registos sonoros em qualquer tipo de suporte, requerendo a utilização de equipamento para ser visto e/ou ouvido.

DOCUMENTO AUTENTICADO – Aquele que é rubricado pela pessoa em cujo nome foi redigido.

DOCUMENTO AUTÊNTICO – Documento que é aquilo que pretende ser, isto é, aquele que foi redigido no local e data que apresenta e que não sofreu qualquer alteração. Documento verdadeiro. Documento verídico • Documento expedido por uma pessoa ou entidade constituída em autoridade ou por um funcionário no exercício do seu cargo • Documento original • Documento primário.

DOCUMENTO AUTOBIOGRÁFICO – Aquele que contém informação sobre uma pessoa que foi fornecida por ela própria.

DOCUMENTO AUTO-EDITADO – Aquele que é produzido por meio da utilização de um computador através de um programa de edição e de uma impressora laser.

DOCUMENTO AUTÓGRAFO – Documento saído directa e imediatamente do seu autor. Documento hológrafo.

DOCUMENTO AVULSO – Documento que se encontra desligado do corpo ou colecção a que pertencia. Documento solto, desirmanado.

DOCUMENTO BIBLIOGRÁFICO – Documento ou conjunto de documentos em qualquer formato, editados, publicados ou tratados como uma entidade e que constituem, como tal, a base de uma única descrição bibliográfica. Documento tradicional.

DOCUMENTO BIOGRÁFICO – Aquele cujo conteúdo presta informações sobre a vida de uma ou mais pessoas.

DOCUMENTO CARTOGRÁFICO – Aquele cuja informação descreve, sob forma gráfica ou fotogramétrica, uma parte da superfície linear terrestre ou de um corpo celeste em qualquer escala; pode tratar-se de cartas aeronáuticas, de navegação e celestes, secções de mapas, quadros e documentos conexos: globos terrestres, atlas, planos topográficos e hidrográficos, cartogramas, modelos ou maquetas feitas à escala e fotografias aéreas, por satélite e do espaço: atlas, vistas gerais, etc.

DOCUMENTO CIFRADO – Aquele que é elaborado com base num sistema de escrita assente num conjunto pré-determinado de regras e símbolos estabelecidos para comunicação secreta • Criptograma.

DOCUMENTO CITADO – Aquele para o qual remete o autor de uma obra e que permite asseverar a autenticidade da sua afirmação, visto que nele se contêm descritos os factos que relata; geralmente é referenciado pela forma abreviada doc. cit.

DOCUMENTO CLÁSSICO – Expressão que se usa por oposição a documento electrónico, geralmente em suporte papel.

DOCUMENTO COMPOSTO – Aquele que é constituído por vários elementos que são combinados formando um todo. Documento compósito • Aquele que é constituído por um conjunto formado por texto e imagens.

DOCUMENTO CONFIDENCIAL – Documento que se encontra separado dos demais documentos por motivos de segurança ou outros, cujo uso é restrito em função do cumprimento de certas condições previamente estabelecidas. Documento secreto.

DOCUMENTO DE ACESSO LOCAL – Aquele que consta de um suporte físico a ser descrito (disquete, cassete, *CD*, *DVD*, etc.), que o utilizador tem de inserir no local adequado num computador ou num periférico. Nele não é possível dissociar a mensagem do suporte.

DOCUMENTO DE ACESSO REMOTO – Aquele em que o acesso se faz por meio da utilização de um dispositivo de entrada/saída de dados (recurso em rede, ambiente partilhado, disco rígido), sem que haja o suporte físico directamente manuseado pelo utilizador.

DOCUMENTO DE ARQUITECTURA – *Ver* Documento arquitectural.

DOCUMENTO DE ARQUIVO – Documento de qualquer natureza ou sobre qualquer suporte material que uma pessoa, entidade ou organismo criou ou recebeu e conservou em virtude das suas funções ou das suas actividades, para assegurar a prova de um facto ou acção, ou simplesmente a título de informação. Deve conservar-se permanentemente o mais próximo possível da sua forma original, como testemunho bibliográfico ou de qualquer outro tipo; é a mais pequena unidade arquivística indivisível e pode ser constituída por um ou mais documentos simples. No ponto de vista da conservação deste tipo de documentos e, dado que pela sua própria natureza não nasceram para ser divulgados, os problemas são muito específicos e, se as condições ambientais não forem favoráveis, a sua deterioração pode ser inevitável.

DOCUMENTO DE BASE – Documento em que se resume o estado da questão de um tema, com indicação de antecedentes, dados mais característicos, estatísticos, etc., com vista a facilitar a análise dos seus aspectos essenciais • Aquele que serve como ponto de partida para uma análise, discussão, etc. Documento de discussão. Documento-base • Numa aplicação informática é o documento que contém as informações sobre as quais deve incidir o tratamento.

DOCUMENTO DE DISCUSSÃO – *Ver* Documento de base.

DOCUMENTO DE GRANDE FORMATO – Documento de grandes dimensões que, por esse facto, exige um acondicionamento próprio.

DOCUMENTO DE ORIGEM EXTERNA – Documento proveniente de uma instituição que não aquela onde se processa o estudo.

DOCUMENTO DE ORIGEM INTERNA – Aquele que foi elaborado na instituição em que se encontra.

DOCUMENTO DE PRIMEIRA MÃO – *Ver* Documento primário.

DOCUMENTO DE SEGUNDA MÃO – *Ver* Documento secundário.

DOCUMENTO DE SUBSTITUIÇÃO – Aquele que vai ocupar o lugar de um outro documento emprestado para consulta; substitui temporariamente o original.

DOCUMENTO DE TRABALHO – Documento relativo ou pertencente a uma agência, serviço ou função ou conectado com uma pessoa dirigente desta agência ou serviço; serviu normalmente de base ao estudo ou elaboração de outro documento; são exemplo de documentos de trabalho os relatórios, notas, cálculos, etc. • Documento ou cópia, papel e/ou publicação, guardados por ou para funcionários, relacionados directa ou indirectamente com os seus deveres funcionais.

DOCUMENTO DERIVADO – Documento secundário, que resulta da adaptação, reordenação ou tradução de um ou mais documentos. *Ver* Documento secundário.

DOCUMENTO DIGITAL – Modalidade de documento no qual a informação é representada através de séries de bits; contém informação textual, visual e sonora codificada sob forma de dígitos, manipuláveis em sistemas informáticos.

DOCUMENTO DIPLOMÁTICO – Aquele que foi escrito com todo o rigor possível para que haja clareza bastante para se poder refutar qualquer interpretação errada; trata-se de um documento em geral escrito com grande cautela, pois os seus autores têm quase sempre latente a preocupação de não perder a confiança dos respectivos governos. É o estudo destes documentos que permite determinar o fio condutor das negociações entre Estados, quando os negociadores deixaram de estar obrigados ao peso do segredo mútuo.

DOCUMENTO DISPOSITIVO – Em diplomática, documento cuja força probatória reside no facto de ser escrito na totalidade pelo seu autor ou pessoa por ele mandatada para o efeito.

DOCUMENTO EFÉMERO – Documento impresso, normalmente de pequenas dimensões e de actualidade limitada, tal como o cartão de boas-festas, cartão de apresentação profissional, factura, recibo, rótulo, autocolante, etiqueta, cartão publicitário, programa e prospecto • Em arquivística, documento informal, cujo valor é temporário.

DOCUMENTO ELECTRÓNICO – Aquele que é elaborado mediante processamento electrónico de dados • Suporte informático com informação computorizada que pode ser descodificada por meio de uma máquina. *Ver* Recurso electrónico.

DOCUMENTO EM FOTOGRAMAS MÚLTIPLOS – *Ver* Documento em imagens múltiplas.

DOCUMENTO EM IMAGENS MÚLTIPLAS – Diz-se do documento de que, devido à sua grande extensão, se microfilma apenas uma parte num fotograma sendo as partes restantes filmadas em fotogramas posteriores. Documento em fotogramas múltiplos.

DOCUMENTO EM PAPEL – *Ver* Documento impresso.

DOCUMENTO EM RESERVA DE DIVULGAÇÃO – *Ver* Reserva de divulgação.

DOCUMENTO ESCRITO – Objecto informativo em diversos tipos de suporte no qual a informação se apresenta sob a forma de uma linguagem expressa através de sinais convencionais.

DOCUMENTO ESPECIAL – Documento em suporte material diverso e diferente do tradicional, que necessita de equipamento especializado para transmitir a informação ao utilizador.

DOCUMENTO EXECUTIVO – Aquele cuja presunção de certeza lhe confere força para fazer cumprir a obrigação nele contida.

DOCUMENTO EXEMPLIFICATIVO – *Ver* Documento ilustrativo.

DOCUMENTO EXPIRADO – *Ver* Documento vencido.

DOCUMENTO EXTERNO – O que vem de fora de uma instituição, ou é directamente dirigido a ela (carta, ofício, etc.), ou foi por ela adquirido (livro, revista, jornal, etc.), ou que lhe foi oferecido.

DOCUMENTO FALSIFICADO – Acto cujo conteúdo foi integralmente suposto ou que foi vertido pelo falsário no molde puramente formal de um acto sincero. Documento forjado.

DOCUMENTO FALSO – Documento parcial ou totalmente alterado na forma e no conteúdo, forjado ou falsificado com a intenção fraudulenta de fazê-lo passar por autêntico • Documento que foi fabricado falsamente. Documento apócrifo.

DOCUMENTO FÍLMICO – O que contém imagens visuais acompanhadas ou não de sons e registadas num suporte que, pelo seu visionamento, dá a ilusão do movimento.

DOCUMENTO GEOGRÁFICO – Expressão usada para designar atlas, mapas, planos e globos; a redacção das notícias bibliográficas deste tipo de documentos é orientada desde 1979 pelos princípios enunciados na *ISBD(CM)*.

DOCUMENTO GOVERNAMENTAL – Publicação feita a expensas de um governo ou publicada por autoridade de um departamento governamental.

DOCUMENTO GRÁFICO – Designação usada para agrupar, para efeitos de arrumação, os documentos que são obtidos graças às diversas técnicas de desenho, gravura ou fotografia; os documentos gráficos podem ter natureza e valor muito diversos, pois vão desde as gravuras originais às fotografias, cartazes ou pósteres, reproduções de obras de arte, postais, mapas geográficos e geológicos, etc.; qualquer documento gráfico se define por dois elementos estruturais básicos: o suporte e a grafia que é feita sobre ele.

DOCUMENTO HETERÓGRAFO – Aquele que não foi constituído materialmente por quem realiza o acontecimento documentado.

DOCUMENTO HIPOTÉTICO – O que não corresponde ao autor nem à época que lhe é atribuída.

DOCUMENTO HOLÓGRAFO – *Ver* Documento autógrafo.

DOCUMENTO HOSPEDEIRO – Publicação (livro, publicação em série, registo sonoro, etc.) que contém uma parte componente.

DOCUMENTO HUMANO – Documento histórico revelador da natureza humana e da vida diária.

DOCUMENTO ICÓNICO – Aquele cuja principal característica é a representação de imagens a duas ou três dimensões.

DOCUMENTO ICONOGRÁFICO – Documento cuja principal característica é a representação de imagens num plano a duas dimensões ou, aparentemente, a três, reproduzidas graficamente • Documento visual não acompanhado de som; costuma dividir-se em duas categorias, conforme é de acesso directo (não projectável) ou o seu acesso necessita da utilização de aparelhagem de um determinado tipo (projectável).

DOCUMENTO ILUSTRATIVO – Aquele de que se faz uso inserindo-o no texto ou em apêndice, com a finalidade de o esclarecer, comentar, elucidar. Documento exemplificativo • Estampa, gravura, ilustração, etc. que é utilizada para adornar o texto de uma obra, intercalada ou inserta nele.

DOCUMENTO IMPRESSO – Documento que foi alvo de todo e qualquer tipo ou técnica de impressão • Em terminologia informática significa o conjunto das informações impressas em papel, por oposição àquelas que são visíveis num ecrã. Documento publicado.

DOCUMENTO INAUTÊNTICO – Aquele que, sendo uma cópia, pretende apresentar-se como original; para a verificação da sua inautenticidade são de análise obrigatória o tipo de suporte, o formato, a letra, o formulário, o selo e a maneira como este está preso.

DOCUMENTO INFORMÁTICO – Documento cuja informação pode apresentar-se sob forma numérica, alfabética ou de símbolos, ou por uma combinação destes elementos e cuja leitura ou tratamento necessita da utilização de máquinas adequadas.

DOCUMENTO INORGÂNICO – Aquele que não se enquadra dentro da estrutura de uma organização ou instituição.

DOCUMENTO ÍNTEGRO – Aquele que tem todas as partes essenciais. Documento completo. Documento integral.

DOCUMENTO INTERMÉDIO – Documento que perdeu a sua utilização administrativa corrente e que deve ser guardado temporariamente em arquivo intermédio.

DOCUMENTO INTERNO – O que é elaborado numa instituição e que é referente à sua vida e actividade; são documentos internos os regulamentos, ordens de serviço, relatórios, circulares, projectos, estatísticas, etc.

DOCUMENTO IRREAL – Modalidade de documento cujo acesso à informação não é directo, necessitando de aparelhos de leitura para ser lido; opõe-se a documento real.

DOCUMENTO LEGAL – Aquele que cumpre com todas as determinações da lei • Documento que foi redigido no local e data que apresenta e que não sofreu qualquer alteração. Documento verdadeiro. Documento verídico • Documento expedido por uma pessoa ou entidade constituída em autoridade ou por um funcionário no exercício do seu cargo.

DOCUMENTO LITERÁRIO – Aquele que é relativo ao conhecimento das letras, à erudição • Que possui as características das obras de literatura.

DOCUMENTO MERCANTIL – Documento que contém relações mercantis de dar, fazer ou não fazer alguma coisa, em conformidade com aquilo que está preceituado no *Código Comercial*.

DOCUMENTO MULTIMÉDIA – À letra, "documento de muitos meios"; é aquele que reúne, num único suporte digital, diversos meios de informação (textos, imagens fixas e/ou animadas, sons, vídeos, realidade virtual, etc.) • Aquele que é composto por duas ou mais categorias de material, nenhuma das quais é predominante e que, em geral, se destina a ser usado como um todo unitário. Pode ser organizado internamente com uma narrativa sequencial como o livro, todavia, com vista a facilitar a recuperação da informação e utilizando as grandes possibilidades da tecnologia das bases de dados e do hipermédia, os diversos segmentos de informação são isolados e organizados em paralelo, em arborescência ou em redes mais ou menos complicadas.

DOCUMENTO MUSICAL – Aquele que contém representação gráfica de uma ou mais composições musicais.

DOCUMENTO NÃO BIBLIOGRÁFICO – O que pode ser impresso ou editado por meios não tipográficos, como as cassetes, os discos, as videocassetes, os *DVD*, etc.

DOCUMENTO NÃO CONVENCIONAL – *Ver* Material não-livro.

DOCUMENTO NÃO ESCRITO – Documento que corresponde ao acto de ver, olhar, ouvir, tocar; pode mobilizar apenas um ou diversos sentidos; são documentos não escritos os documentos iconográficos, sonoros e audiovisuais.

DOCUMENTO NÃO IMPRESSO – *Ver* Documento não publicado.

DOCUMENTO NÃO-LIVRO – *Ver* Material não-livro.

DOCUMENTO NÃO PUBLICADO – Documento que escapa ao circuito normal da edição e da impressão e que constitui grande parte da literatura cinzenta; é feito a partir de um texto processado em computador, dactilografado em *stencil*, etc. e reproduzido em diversos exemplares, embora as suas tiragens nunca sejam comparáveis às dos documentos impressos; o seu conteúdo informativo, apesar de actualizado, pode ser insuficiente, polémico ou com carácter meramente interno; são também documentos não publicados os documentos manuscritos ou dactilografados, como cartas, facturas e notas, que são vulgarmente designados por correio e que respondem a uma função mais administrativa que documental. Documento não impresso.

DOCUMENTO NÃO TEXTUAL – *Ver* Documento não escrito.

DOCUMENTO NÃO TRADICIONAL – *Ver* Material não-livro.

DOCUMENTO NOMINATIVO – Aquele que contém dados pessoais.

DOCUMENTO OFICIAL – Em direito, é o documento emanado do poder público ou de entidades de direito privado, que possui legal e juridicamente a propriedade de poder estabelecer qualquer facto.
DOCUMENTO ORIGINAL – Documento feito por vontade expressa do seu autor e conservado na sua forma inicial, no que toca à matéria e à forma.
DOCUMENTO PENDENTE – Aquele que aguarda uma resposta ou que está dependente de um estudo ou resolução posterior.
DOCUMENTO PESSOAL – Documento de identificação, tal como o bilhete de identidade, registo civil, diplomas, etc., que constituem uma série dentro dos arquivos privados de pessoas físicas • Documento privado.
DOCUMENTO PICTÓRICO – Informação sob a forma de imagem, que anda associada a dados e que faz parte de uma base de dados bibliográficos.
DOCUMENTO PONTIFÍCIO – Aquele que recolhe, sob forma escrita, os actos pontifícios; são exemplos de documento pontifício a bula, o breve, o decreto, a constituição, a letra apostólica, etc.
DOCUMENTO PRÉ-CATALOGADO – Documento que quando é adquirido vem já acompanhado por um conjunto de fichas ou outra modalidade de suporte bibliográfico, com a sua descrição.
DOCUMENTO PRIMÁRIO – Aquele que apresenta uma informação original ou corrente dimanada de um especialista ou de um perito do assunto tratado e comunicada ao utilizador sob a forma que o autor lhe deu. Documento de primeira mão (artigo de jornal, tese, relatório, etc.).
DOCUMENTO PRIVADO – O que difunde e autoriza os interesses de uma entidade particular, só por si ou com intervenção de testemunhas, mas sem confirmação de notário ou qualquer outro agente do Estado. Documento particular. Documento pessoal • Documento secreto.
DOCUMENTO PROBATÓRIO – Aquele que consigna um registo que pode produzir efeitos jurídicos como a propriedade ou a herança.
DOCUMENTO PUBLICADO – *Ver* Documento impresso.
DOCUMENTO PÚBLICO – Em direito, documento com qualidade legal e jurídica para poder estabelecer um facto qualquer.
DOCUMENTO REAL – Modalidade de documento cujo conteúdo é descodificado directamente pelos sentidos; opõe-se a documento irreal.
DOCUMENTO RECONSTITUÍDO – Documento que resulta legalmente do restabelecimento de um documento anterior que se perdeu.
DOCUMENTO REESCRITO – Documento redigido em data posterior à do original para o substituir. Segunda via.
DOCUMENTO RÉGIO – Aquele que é dimanado da autoridade real.
DOCUMENTO RESERVADO – Aquele que dada a sua natureza, o seu conteúdo ou por razões justificadas, não deve ser do conhecimento do público em geral.
DOCUMENTO SECRETO – O que contém informações classificadas como confidenciais, requerendo medidas especiais de acesso. Documento confidencial.
DOCUMENTO SECUNDÁRIO – Documento elaborado a partir de um documento primário ou que o descreve; contém uma informação de segunda mão, sinalética, analítica ou crítica elaborada por um técnico de documentação, que não tem de ser obrigatoriamente um especialista do assunto nele tratado; o documento secundário é uma redução do documento primário, sem o qual não existiria; são documentos secundários os catálogos das bibliotecas, as bibliografias, os guias bibliográficos, os repertórios, os anuários, etc. Documento de segunda mão. Documento derivado.
DOCUMENTO SEMI-ACTIVO – Documento que acabou o seu período de actividade, mas que não é ainda eliminado nem transferido, porque tem interesse administrativo.
DOCUMENTO SIMPLES – Aquele que é constituído por um único elemento.
DOCUMENTO SONORO – Documento que requer a utilização de equipamento para ser ouvido.

DOCUMENTO SUB-REPTÍCIO – Documento que é autêntico sob o ponto de vista diplomático, mas falso no que respeita ao seu conteúdo. Documento fraudulento. Documento doloso.

DOCUMENTO SUSPEITO – Aquele de cuja autenticidade se duvida.

DOCUMENTO TERCIÁRIO – Documento que contém informação original, que é produzido por meios mecânicos a partir do original, sem que lhe seja introduzida qualquer alteração, mas que apresenta uma estrutura marcadamente secundária. São exemplos de documentos terciários as bibliografias de bibliografias, as bibliografias selectivas, os dicionários, léxicos e tesauros.

DOCUMENTO TESTEMUNHAL – O que consigna um acto que pode produzir efeitos jurídicos como a propriedade ou a herança.

DOCUMENTO TEXTUAL – Aquele cujo conteúdo se apresenta sob a forma de texto impresso, manuscrito ou qualquer outro. Documento-texto.

DOCUMENTO TRADICIONAL – Expressão que se usa por oposição a documento electrónico, geralmente em suporte papel. Documento bibliográfico.

DOCUMENTO VENCIDO – Aquele cujo prazo de eficácia já chegou ao fim. Documento expirado.

DOCUMENTO VERDADEIRO – *Ver* Documento autêntico.

DOCUMENTO VERÍDICO – *Ver* Documento autêntico.

DOCUMENTO VÍDEO – Aquele que contém a transcrição de sinais áudio e/ou vídeo registados, cuja transmissão se processa através de um receptor televisivo e aparelhagem adequada a esse fim.

DOCUMENTO VIRTUAL – Modalidade de documento não disponível *in situ*; o seu acesso é feito à distância, em potência.

DOCUMENTO-FONTE – Aquele que contém partes identificáveis separadamente, embora não sejam independentes fisicamente nem sob o ponto de vista bibliográfico • Documento original. Documento de onde são extraídos os dados considerados num trabalho de investigação.

DOCUMENTOGRAFIA – Ciência simultaneamente descritiva e técnica de classificação dos documentos, seja qual for o seu suporte; sendo a bibliografia uma ciência que se ocupa do escrito impresso, é apenas uma parte da documentografia. Documentação.

DOCUMENTOLOGIA – Ciência das técnicas documentais. Ciência dos documentos. Ciência consagrada ao estudo da produção, conservação, organização, circulação e utilização de documentos. *Ver* Documentação.

DOCUMENTOS CONEXOS – Aqueles que se encontram no exterior do depósito de biblioteca, arquivo, serviço de documentação, etc. e que, pela proveniência, se encontram ligados aos documentos a descrever.

DOCUMENTOS DE ADMINISTRAÇÃO GERAL – Documentos decorrentes de actividades administrativas específicas, tais como: compras, equipamentos, pessoal, construção, e outras operações similares.

DOCUMENTOS DE PROXIMIDADE – Designação dada aos documentos como cartões-de-visita, de convite, facturas, orçamentos, etc., que fazem ou fizeram parte da administração de um domicílio ou empresa.

DOCUMENTOS DIVERSOS – Em técnica biblioteconómica e arquivística, nome dado, por uma questão organizativa, ao conjunto documental não subordinado a qualquer secção ou subsecção existentes, pelo facto de ser heterogéneo e, como tal, não possuir um denominador comum, que permita autonomizá-lo como série.

DOCUMENTOS NATURAIS – Documentos que existem em todas as instituições, por força da sua própria actividade: ofícios, cartas, cópias de cartas, facturas, contratos, mapas, catálogos, microfilmes, etc.

DOCUMENTOS PARTICULARES – *Ver* Documentos privados.

DOCUMENTOS PRELIMINARES – Documentos tais como rascunhos, notas prévias, cálculos, etc., que foram estabelecidos na preparação de outros documentos.

DOCUMENTOS PRIVADOS – Tipologia de documentos pessoais e outros documentos manuscritos, impressos, etc., que uma pessoa coleccionou e que são sua propriedade, que permanecem à sua disposição, embora possam

não estar na sua posse. Documentos particulares. Documentos pessoais.
DOCUMENTOS SEM VALOR – Materiais documentais não incluídos na definição legal de arquivo; têm valor arquivístico temporário e devem ser eliminados após cumprirem a sua função.
DOCUMENTOS-SOM – Categoria usada para arrumação de documentos audiovisuais em que se incluem os discos e as cassetes.
DOCUMENTO-TEXTO – *Ver* Documento textual.
DOCUMENTO-TIPO – Documento feito de acordo com as normas, no qual se inscrevem, em geral, uma ou duas linhas de informação.
DOCUMENTS LIKE OBJECTS (loc. ingl.) – No ambiente de rede como a *Internet* designa os documentos que são constituídos sobretudo por texto. *DLO*.
DODECASSÍLABO – Verso de doze sílabas; designa-se verso alexandrino quando é acentuado na 6ª e na 12ª sílabas e exige cesura após a 6ª sílaba; com os poetas pós-simbolistas deixou de ter acentuação rígida.
DOI – Acrónimo de *Digital Object Identifier*, Identificador de item numérico, meio de identificar de forma permanente um elemento digital que é usado na *Internet* e que corresponde ao *ISBN* ou *ISSN* das obras impressas, protegido pela propriedade intelectual (uma criação numa rede numérica, seja qual for a sua localização efectiva).
DOIS PONTOS – Sinal de pontuação (:); é usado quando a matéria precedente se liga com a que se segue • É usado também em matemática para indicar *ratio* • Em classificação é o símbolo que se utiliza para associar classes ou assuntos.
DOIS TOMOS NUM VOLUME – Indicação acrescentada à colação da notícia catalográfica para exprimir que dois tomos de uma mesma obra estão encadernados numa mesma encadernação; utiliza-se igualmente a expressão "dois volumes num só".
DOIS TONS – Processo de autotipia em duas cores em que o original é fotografado duas vezes com exposições diferentes fazendo-se uma lâmina de cada negativo; uma delas é impressa a cinzento, outra a negro.

DOMICÍLIO LEGAL DO DOCUMENTO – Jurisdição a que um documento pertence de acordo com a área territorial, a esfera de poder e o âmbito administrativo onde foi produzido e recebido.
DOMINGAL – Livro litúrgico que contém as lições que pertencem aos ofícios e festas dos Domingos; uns livros destinavam-se à missa e continham somente o ofício recitado; outros ao ofício coral, contendo a notação musical.
DOMÍNIO – Conjunto dos assuntos cobertos por uma ciência, tipo de investigação, biblioteca, arquivo, centro de documentação, etc. • Em informática, para um conjunto de dados, designa o sítio de uma memória exterior que deve ocupar este conjunto ou que está reservado para ele.
DOMÍNIO DE APLICAÇÃO DE UM TESAURO – Especialidade coberta por um tesauro.
DOMÍNIO DO SABER – Esfera especializada da actividade do espírito humano, cujos limites são definidos segundo um determinado ponto de vista.
DOMÍNIO PÚBLICO – Conjunto das obras intelectuais que, nomeadamente pela expiração do prazo de protecção, podem ser difundidas livremente, sob reserva do direito moral; diz-se do domínio público o conjunto das invenções não protegidas por um título de propriedade industrial. Diz-se que uma obra cai no domínio público quando deixa de ficar dependente de autorização do titular do respectivo direito e de estar sujeita ao pagamento de remuneração, isto é, uma vez decorrido o prazo de caducidade que a lei prevê, em geral setenta anos após a morte do seu autor. Cai igualmente no domínio público a obra que não for licitamente publicada ou divulgada no prazo de setenta anos a contar da sua criação, quando esse prazo não seja calculado a partir da morte do autor. É da competência do Estado reger os direitos das obras que caírem no domínio público. Cabe ao Ministério da Cultura e à Direcção-Geral dos Espectáculos e do Direito de Autor zelarem pela integridade e autenticidade dessas obras; é variada a legislação portuguesa que determina a duração da protecção legal dos direitos das obras intelec-

tuais depois da morte do seu autor. Períodos como trinta e cinquenta anos ou até menos em casos excepcionais, foram fixados, como poderá comprovar-se pela referida legislação sobre o assunto: Decreto de 8 de Julho de 1851, *Código Civil* de 1867 (artº 579º), Decreto nº 5693, de 10 de Março de 1919, Decreto nº 13725, de 27 de Maio de 1927, *Código de Direito de Autor*, aprovado pelo Decreto-Lei nº 46980, de 27 de Abril de 1966, Lei nº 192/79, de 13 de Julho, Decreto-Lei nº 393/80, de 25 de Setembro, Decreto-Lei nº 150/82, de 29 de Abril. Decorrente da adesão de Portugal à CEE passou a ter de aceitar-se a Directiva 93/98/CEE, de 29 de Outubro de 1993, directiva do Conselho sobre a Harmonização do Prazo de Protecção dos Direitos de Autor e de certos Direitos Conexos, que fixa um prazo de 70 anos após a morte do autor, para as obras literárias e artísticas e um de 50, após a primeira divulgação, para os direitos conexos. A DGESP elabora anualmente uma lista actualizada das obras caídas no domínio público.

DOMÍNIO PÚBLICO PAGO – *Ver* Domínio público remunerado.

DOMÍNIO PÚBLICO REMUNERADO – Obrigação reconhecida ao utilizador de uma obra caída no domínio público de pagar a uma autoridade ou organismo com patente determinado montante, proporcional ao lucro que aufere com a exploração da obra. O montante é, em geral, proporcional às receitas obtidas com essa exploração e as verbas resultantes da aplicação do domínio público destinam-se à formação de instituições beneficiárias de autores, artistas, intérpretes ou executantes ou revertem para o desenvolvimento da Segurança Social. Em Portugal o princípio domínio público remunerado foi introduzido pelo Decreto-Lei nº 393/80, de 25 de Setembro e revogado cerca de um ano e meio depois, pelo Decreto-Lei nº 150/82, de 29 de Abril, que o extinguiu. Domínio público pago.

DOMUS SCRIPTORUM (loc. lat.) – Oficina medieval de cópia de manuscritos, onde os copistas trabalhavam. *Scriptorium*.

DON – Abreviatura de disco óptico numérico, mecanismo em que a imagem é decomposta em pontos de informação binários.

DONATÁRIO – Aquele que recebeu uma doação de bens.

DONATIO (pal. lat.) – *Ver* Doação.

DONATO – Derivada do nome do gramático Ælius Donatus do século IV, é a designação dada aos antigos tratados de gramática latina, primeiro impressos xilograficamente e, em prelos tipográficos a partir de meados do século XV; por analogia, o termo passou a designar outros pequenos tratados elementares; os ditos "donatos" foram, a par com a Bíblia, os primeiros livros a ser impressos.

DÓRICO – *Ver* Etrusco.

DORSO – *Ver* Lombada.

DORSUM (pal. lat.) – Verso de um acto manuscrito. *Tergum*.

DOS – Acrónimo de *Disk Operating System*, Sistema operativo de disco.

DOS À DOS (loc. fr.) – Tipo de encadernação na qual dois livros são encadernados juntos, de costas, de modo a serem abertos em direcção opostas. *Tête-bêche*.

DOSSEL – Armação de madeira revestida de tecido drapeado colocada por cima de um personagem ou de uma cena, num desenho ou gravura, muito frequente em portadas alegóricas. Baldaquino.

DOSSIÊ – Conjunto sequencial de documentos recebidos ou elaborados por um serviço para a condução de determinado negócio; por extensão, designa um grupo de peças reunidas num mesmo invólucro • Suporte físico, em geral em forma de caderno, que contém toda ou parte dos documentos relativos a um determinado assunto • Em arquivologia, acumulação de documentos numa pasta ou numa outra unidade de arquivo, reunidos com o mesmo fim – informar sobre uma instituição ou pessoa. Maço. *Dossier*.

DOSSIÊ ABERTO – Conjunto sequencial de documentos no qual podem ainda ser arquivados novos documentos • Arquivo cuja consulta não sofre qualquer restrição. Dossiê acessível. Dossiê sem restrições de acesso; usa-se por oposição a dossiê fechado.

DOSSIÊ ACESSÍVEL – Arquivo cuja divulgação pode fazer-se sem restrições.

DOSSIÊ CRONOLÓGICO – Pasta de arquivo constituída por cópias de documentos recebidos ou expedidos, organizados por ordem cronológica.

DOSSIÊ DOCUMENTAL – Conjunto de documentos seleccionados e reunidos para informar sobre determinada questão, assunto, acontecimento ou personalidade, lugar ou qualquer outro assunto individual.

DOSSIÊ FECHADO – Conjunto sequencial de documentos ao qual não se podem acrescentar novos documentos, uma vez que o assunto foi dado por encerrado • Dossiê com restrições de acesso, por oposição a dossiê aberto.

DOSSIÊ PESSOAL – Arquivo de documentos formado por uma instituição para cada um dos seus funcionários e colaboradores e constituído por documentos relativos à sua situação pessoal e familiar e a outros aspectos considerados de interesse para a instituição, como carreira administrativa e qualidade do seu trabalho.

DOSSIÊ POR ASSUNTOS – Conjunto de documentos relativo a um determinado tema.

DOSSIER – *Ver* Dossiê.

DOUBLE-SIDED (pal. ingl.) – Em relação ao *DVD*, expressão que se usa quando o disco pode ser utilizado dos dois lados.

DOUBLURE (pal. fr.) – Forro. Tecido para forrar. Designa o forro das contracapas em pele ou seda, que pode apresentar-se simples ou ornamentado, a ferros secos ou dourados.

DOUBLURE PARLANTE (loc. fr.) – Encadernação emblemática representando a natureza do livro. Encadernação alegórica.

DOURAÇÃO – Acto ou efeito de dourar • Em encadernação é a aplicação da folha de ouro na lombada, pastas e guardas (seixas), mediante o uso do calor. Douragem. Douradura.

DOURAÇÃO MANUAL – Aplicação do ouro com os ferros e o componedor, sem utilização de meios mecânicos.

DOURAÇÃO MECÂNICA – Aplicação do ouro através da prensa ou balancim.

DOURADO – Impressão a ferro quente e folha de ouro • Termo usado genericamente para designar impressão de letras e ornatos a ouro, purpurina ou película • Em encadernação o dourado consiste no depósito de uma fina película de ouro ou de um produto que o imite, num material qualquer: papel, cartão, couro, tecido ou material plástico • Ornamentado a ouro.

DOURADO DO CORTE – Resultado da operação caracterizada pela aplicação de folha de ouro no corte dos livros, com a finalidade de os proteger e de valorizar a sua apresentação.

DOURADOR – Operário que doura os livros nas oficinas de encadernação.

DOURADOS – Decorações a ouro nas encadernações, provenientes da aplicação do ouro com ferros aquecidos permanecendo gravado somente o desenho dos ferros.

DOURADURA – Aplicação de ouro na ornamentação das pastas e no corte do livro. Douração. Douragem.

DOURAGEM – *Ver* Douração.

DOURAR – Estampar ou revestir com ouro ou outro metal, legendas e motivos ornamentais na capa, na lombada e no corte dos livros e outros trabalhos • Dar a cor do ouro a.

DOURAR A ENCADERNAÇÃO – Depositar uma fina camada de ouro ou de um produto que o imite num material como couro, papel, cartão, tecido ou plástico; para tal precisa-se de um ferro ou tábua de dourar, ferramenta que compreende o desenho em relevo do motivo a dourar a que se adiciona uma cola que se pega de imediato a um suporte delgado transparente.

DOURAR O CORTE – Revestir a ouro o corte do livro, só à cabeça ou nos três lados.

DOUTRINA – Conjunto de trabalhos (artigos, cursos, livros, etc.) que constituem uma das fontes da ciência jurídica e que foram elaborados com a finalidade de expor ou interpretar o direito • Conjunto de princípios em que se baseia uma religião, um sistema político ou filosófico • Norma, disciplina, catequese religiosa.

DOUTRINA COMUM – Opinião coincidente apresentada, em geral, pela maior parte dos autores que escrevem sobre um determinado assunto. Opinião comum.

DOUTRINAL – Livro que contém doutrina, isto é, princípios, regras e preceitos.

DOWNLOAD (pal. ingl.) – Domínio • Copiar, transferir, importar ficheiros de computadores remotos para o computador do utilizador, através de modem e linhas telefónicas • Processo de transmissão/transferência de dados (fichei-

ros) entre o servidor/controlador e um terminal de recepção (por exemplo o computador pessoal) • Operação de recolha de dados de uma base de dados em linha ou em *CD-ROM* e sua transferência para outro computador, com a finalidade de os processar e/ou integrar numa outra aplicação. *Ver* Gravação.
DOWNLOADABLE (pal. ingl.) – Em português transferível, é a designação dada ao texto em suporte electrónico que tem condições para ser transferido de um suporte para outro. Que pode transferir-se. Transferível.
DOWNLOADING (pal. ingl.) – Operação que consiste na importação de um documento integral de uma base de dados em linha ou em *CD-ROM* para um computador pessoal, com a finalidade de os processar e/ou integrar numa outra aplicação. Transferência.
DOXOGRAFIA – Reunião e classificação escrita das doutrinas, princípios e ideias dos filósofos antigos.
DOXÓGRAFO – Pessoa que se dedicava à composição e divulgação das sentenças dos filósofos na Grécia antiga.
DOXOLOGIA – Fórmula de oração, sob a forma de súmula, que rende graças a Deus ou aos santos, frequente em documentos manuscritos e que se recita no final dos Salmos, começando pela frase *Gloria Patri*. Hino de louvor a Deus.
DOZE – *Ver* Cícero.
DRAFT (pal. ingl.) – Borrão. Rascunho. Esboço de um texto.
DRAFTER (pal. ingl.) – Autor de um *draft*. *Ver tb.* Redactor.
DRAGÃO ALADO – Figura mitológica representada apenas na parte superior da coroa que encima o escudo de armas reais portuguesas • Elemento heráldico.

Dragão alado

DRAMA – Composição teatral que ocupa, quanto à sua índole e forma, o meio termo entre a tragédia e a comédia, quando não participa de ambas • Peça destinada à representação num palco • Composição literária em que se representa uma acção da vida através do diálogo das personagens que nela tomam parte, sem que o autor intervenha.
DRAMALHÃO – Nome de carácter depreciativo dado a uma peça de teatro, geralmente de fraca qualidade literária, em que os factos são exagerados e levados ao extremo com a intenção de comover a audiência.
DRAMATICA (pal. lat.) – Género dramático • Arte que ensina a compor obras dramáticas.
DRAMÁTICO – Relativo a drama. Diz-se do género literário em que são escritas as obras de teatro • Teatral.
DRAMATIZAÇÃO – Acto ou efeito de dramatizar. Transformação de um texto em drama.
DRAMATIZAR – Dar forma de drama a um texto ou a uma situação, com vista à sua representação teatral.
DRAMATOLOGIA – *Ver* Dramaturgia.
DRAMATURGIA – Actividade que consiste na escrita de peças de teatro. Dramatologia.
DRAMATURGO – Aquele que faz dramas; autor de obras dramáticas.
DRAP D'HONNEUR (loc. fr.) – Nome dado ao panejamento geralmente enriquecido com franjas, que serve de cenário ou ajuda a compor o fundo de uma pintura ou gravura sobre a qual, em primeiro plano, é representada uma figura humana, conferindo-lhe dignidade.
DRIVE (pal. ingl.) – Equipamento de um computador, geralmente parte da unidade central, que é usado para ler ou gravar informação. *Drive* de disco.
DRIVE **DE** *CD-ROM* – Entrada de computador para a leitura de *CD-ROM*, disco de armazenamento de dados, sob a forma de som e/ou imagem.
DRIVE **DE DISCO** – Unidade de computador que lê e grava um disco.
DRIVE **DE DISQUETE** – Unidade de computador que lê e grava uma disquete.
DRIVER (pal. ingl.) – Em informática, programa residente em memória que gere a comunicação entre o computador e um periférico.
DRÔLERIE (pal. fr.) – Cena de fantasia, mais ou menos grotesca, sem relação com o texto,

existente nas iluminuras dos manuscritos e nos primitivos livros impressos; trata-se em geral de orlas em cuja composição entram pessoas, animais vivos, monstros imaginários, acrobatas, bailarinos e músicos em atitudes jocosas e caricaturais; o seu aparecimento data do século XIV e alargam-se por todo o seguinte. São célebres as *drôleries* do livro de Kells; permaneceram em uso até aos finais da Idade Média, como acontece com o livro de orações de Carlos, o Calvo, mas as mais célebres são as do século XIII ao século XV.

DROP-OUT (pal. ingl.) – Falha ou inexistência de óxido numa fita magnética.

DSI – Acrónimo de Difusão selectiva da informação. D.S.I.

DTP – Abreviatura de *Desktop Publishing,* Auto-edição. *Ver* Edição electrónica.

DUAS COLUNAS – *Ver* Coluna dupla.

DUBITAÇÃO – *Ver* Diaporese.

DUBLIN CORE (loc. ingl.) – Forma abreviada usada para designar o *Dublin Metadata Core Element Set*, conjunto básico de elementos metadados de Dublin criado para facilitar a descrição e recuperação de recursos electrónicos.

DUBLIN CORE ELEMENT SET (loc. ingl.) – Formato que foi desenhado para criar registos que descrevem recursos electrónicos em rede.

DUBLIN CORE METADATA INITIATIVE (loc. ingl.) – Fórum aberto empenhado no desenvolvimento de metadados *on-line* interoperacionais que apoiam um largo espectro de modelos de projectos e negócios. As suas actividades incluem grupos de trabalho, conferências e *workshops*.

DUCTUS (pal. lat.) – Movimento natural da mão perceptível na ordem de sucessão e direcção na qual são desenhadas as letras de um manuscrito, assim como o ritmo da sua colocação e a pressão do instrumento de escrita.

DUERNO – Caderno de duas folhas • Designação do códice constituído por duas folhas de pergaminho dobradas ao meio (oito páginas) • Duas folhas de papel de impressão, contidas uma na outra. *Ver* Fólio.

DUODECIMO (pal. lat.) – Termo empregado sobretudo nos países anglo-saxónicos para designar o formato in-12°.

DUPL. – Abreviatura de duplicado.

DUPLA DOBRA – Unidade convencional de medida da resistência do papel à dobragem; o aparelho que faz este teste regista o número de duplas dobras feitas numa tira de papel, sempre na mesma linha, quer num quer noutro sentido, até que rompa, sob uma tensão previamente estabelecida.

DUPLA FACE – Que tem dois lados utilizáveis: o recto e o verso, a parte da frente e a parte de trás.

DUPLA FOLIAÇÃO – Consiste na repetição da numeração das folhas que se verifica por vezes em códices manuscritos que foram foliados em momentos diferentes, ocorrendo um erro que a segunda numeração das folhas pretende corrigir; pode resultar igualmente da adição ao documento original de outras folhas que vieram alterar a primitiva foliação.

DUPLA PÁGINA – *Ver* Página dupla.

DÚPLEX – Dúplice. Microcópia que assegura simultaneamente a reprodução do recto e do verso de cada folha de um documento.

DUPLICAÇÃO – Gralha ou erro tipográfico repetido. Repetição • Em microfilmagem, criação de cópias de trabalho, duplicados dos originais microfilmados em sais de prata; a duplicação pode ser feita por dois processos: o diazóico e o vesicular.

DUPLICADO – Exemplar adicional de uma obra já existente numa biblioteca, arquivo, serviço de documentação, etc., particularmente o que é destinado a permuta ou cedência de outro modo • Em reprografia, cópia exacta de um original, que pode ser usada em vez dele • Resultado de cópias únicas ou múltiplas de um original • Cópia de uma microforma por contacto ou por meios ópticos, geralmente à escala 1/1.

DUPLICADOR – Que duplica. Duplicadora. Multicopiador. Multicopiadora • Aquele que duplica • Sistema de impressão para pequenas tiragens (1000 a 5000 exemplares) que funciona com um *stencil* perfurado dactilograficamente, através de cujos orifícios um rolo impressor transmite a tinta a um papel absorvente. Copiógrafo.

DUPLICANTE – Que duplica. Duplicador ou duplicadora.

DUPLICAR – Acto de fazer cópias únicas ou múltiplas de um original • Multiplicar por dois. Repetir duas vezes.

DUPLICATA (pal. lat.) – Exemplar que reproduz exactamente o original elaborado pela própria chancelaria ou cartório e destinado a tomar o lugar deste original. Cópia. *Ver* Duplicado.

DUPLICATA (port. Bras.) – Cópia de uma microforma por contacto, geralmente na escala 1/1 • Exemplar adicional de uma obra já existente numa biblioteca, arquivo, serviço de documentação, etc., particularmente o que é destinado a permuta ou cedência de outro modo • Em reprografia, cópia exacta de um original, que pode ser usada em vez dele • Resultado de cópias únicas ou múltiplas de um original • Título de crédito pelo qual o comprador se obriga a pagar dentro de certo prazo a importância da factura. *Ver* Duplicado.

DUPLICATÓRIA – Termo arcaico que designava carta rogativa.

DUPLICATURA – Estado de obra de que há dois exemplares. Obra em duplicado. Duplicado.

DUPLICÁVEL – Que pode duplicar-se. Repetível.

DUPLICES (pal. lat.) – Nome dado no Império Romano ao conjunto de duas tabuinhas enceradas unidas lateralmente por meio de elos ou correias, que eram usadas para escrever.

DUPLO – Diz-se do segundo nome que usaram alguns autores e com o qual subscreveram as suas obras.

DUPLO NERVO – Dupla tira de pergaminho ou duplo fio posto em paralelo e na transversal do lombo, à volta do qual passa o fio da cosedura.

DURABILIDADE – Permanência da resistência de um material; a sua capacidade de resistência ao uso e à rasgadura • Qualidade da tinta de impressão, que traduz o seu período de tempo de resistência a agentes físicos e químicos; é importante sobretudo a resistência dos pigmentos à fotodegradação.

DURABILIDADE DO SUPORTE – Período de longevidade de um material de suporte previsível em condições de conservação; a pesquisa através de raios laser constitui um elemento adicional para a melhor preservação e, consequentemente, o aumento da durabilidade do suporte em uso corrente.

DURAÇÃO DE EXPOSIÇÃO – Designação do período de tempo que dura a exposição a um raio; é geralmente avaliada em segundos ou fracções de segundo.

DURAÇÃO DO DIREITO DE AUTOR – Período de tempo durante o qual um autor ou os seus legítimos representantes têm direitos sobre uma determinada obra; findo este período, que é fixado por lei e diferente de país para país, a obra cai no domínio público. A Directiva comunitária nº 93/98/CEE, do Conselho, de 29 de Outubro introduziu alterações na legislação dos diversos países da Comunidade, com vista à harmonização do prazo de protecção dos direitos de autor e de certos direitos conexos nos países da União Europeia, que os transpuseram para a sua respectiva ordem jurídica.

DURAÇÃO DO EMPRÉSTIMO – Período de tempo durante o qual uma determinada instituição cede por meio de abono um determinado documento a um utilizador.

DURAÇÃO DO PRIVILÉGIO – Período de tempo durante o qual estava em vigor a autorização de difusão de uma obra; esta determinação era quase sempre dimanada do poder real.

DUREX (port. Bras.) – *Ver* Fita adesiva.

DUST JACKET (loc. ingl.) – *Ver* Sobrecapa.

DVD – Acrónimo de *Digital Video Disk ou Digital Versatile Disk*, disco destinado à gravação e reprodução digital de imagens e sons; trata-se de um suporte de informação dentro de uma pequena caixa de plástico de reduzidas dimensões capaz de fazer circular um enorme volume de informação. Tem aplicação ao áudio, vídeo, filme e *Pc* e é lido em leitores áudio, de vídeo, *Pcs* e *game boxes*.

DVD-5 – Versão de disco óptico de armazenamento, utilizável apenas de um lado, com uma única camada de dados e capacidade de 4.7 *gigabytes*.

DVD-9 – Versão de disco óptico de armazenamento, utilizável apenas de um lado, de camada dupla e capacidade de 8.5 *gigabytes*.

DVD-10 – Versão de disco óptico de armazenamento, utilizável de ambos os lados, de camada simples e capacidade de 9.4 *gigabytes*.

DVD-14 – Versão de disco óptico de armazenamento, utilizável de ambos os lados, utilizando de um lado uma camada simples, do outro uma camada dupla e com capacidade de 13.24 *gigabytes*.

DVD-18 – Versão de disco óptico de armazenamento, utilizável de ambos os lados, de camada dupla e com capacidade de 17 *gigabytes*.

DVD-ÁUDIO – Versão de disco óptico de armazenamento para sons de grande capacidade.

DVD-RAM – Formato gravável e regravável de *DVD* da *Hitachi*, *Toshiba* e *Panasonic*.

DVD-ROM – Acrónimo da versão de *DVD* (*Digital Video Disk* ou *Digital Versatile Disk*)-*-Read-Only Memory*, disco óptico com grande capacidade de armazenamento.

DVD-RW – Formato gravável e regravável de *DVD* da *Pioneer*.

DVD+RW – Formato gravável e regravável de *DVD* da *Philips*, *Sony* e *Hewlett-Packard*.

DVD-VIDEO – Versão de disco óptico de armazenamento para imagens e sons de grande capacidade.

E

E – Letra do alfabeto latino e do de quase todas as línguas antigas e modernas • O tipo que na impressão reproduz essa letra • Nas máquinas fundidoras é a matriz que dá esse carácter • Punção com que se grava essa matriz • Assinatura correspondente ao quinto caderno de um volume, quando se usam letras para esse fim • Quinta chamada de nota, se se usarem letras em lugar de números ou sinais • Como numeral tinha o valor de 250 • Operador booleano para exprimir a intercepção; é usado em recuperação da informação para recuperar os registos que contenham os termos constantes da equação de pesquisa que foi feita. *AND*.

E – Forma abreviada da palavra inglesa *electronic*, que é usada como prefixo na *Internet*.

E OUTROS – Quando a autoria de uma obra é atribuível a mais do que três autores, colaboradores, etc., no seu tratamento técnico pode ser feita uma entrada de autor pelo nome do primeiro seguido de ... e outros ou de ... *et al*. [*et alii*], a expressão latina que lhe corresponde.

E.D. – Forma abreviada de "esfera de ferimento".

E. G. – Abreviatura da locução latina *exempli gratia*, "por exemplo".

E. L. – Abreviatura de *eodem loco*, "no mesmo lugar", usada em citações.

E.-T. – Abreviatura de extra-texto.

EA – Abreviatura de *E-mail Account*, Conta para *e-mail*, que permite a um utilizador gerir a sua correspondência privada; é uma porta para o ciberespaço e a sua identidade como pessoa virtual.

EAD – Acrónimo de *Encoded Archival Description*, Descrição de Arquivos Codificada, norma usada internacionalmente num crescente número de arquivos e bibliotecas com manuscritos para codificar dados que descrevem registos institucionais e papéis pessoais.

EAGLE – Acrónimo de *European Association for Grey Literature Exploitation*, Associação Europeia para a pesquisa da Literatura Cinzenta.

EARL – Acrónimo de *Electronic Access to Resources in Libraries*, Acesso Electrónico aos Recursos das Bibliotecas, consórcio de bibliotecas públicas britânicas criado com a finalidade de colaborar na criação de serviços baseados na *Internet*.

EBOOK (pal. ingl.) – *Ver Electronic book*.

E-BOOK (pal. ingl.) – *Ver Electronic book*.

E-BOOK BUSINESS (loc. ingl.) – Forma abreviada de *Electronic book business*, Negócio do livro electrónico.

E-BOOK READER (loc. ingl.) – Leitor para livro electrónico.

EBURNEÆ TABELLÆ (loc. lat.) – Tabuinhas de marfim.

ECDÓTICA – Ramo da filologia que ensina a técnica das edições críticas de textos históricos e literários.

ECL/ECLE. – Forma abreviada de *Eclesiastes*.

ECLI/ECLO. – Forma abreviada de *Eclesiástico*.

ÉCLOGA – Poema escrito sob a forma de diálogo, que celebra a vida campestre ou pastoril e exprime preocupações amorosas, sociais, morais, filosóficas, estéticas, etc. Égloga. Pastoral. Pastorela.

ECO – Em linguagem jornalística é um comentário crítico ou humorístico de pequena dimensão (vinte ou trinta linhas).

E-COLLECTION (pal. ingl.) – Forma abreviada de *Electronic-collection*, colecção de fundos electrónicos.

ECOLOGIA DA INFORMAÇÃO – Informação encarada sob o ponto de vista da tecnologia utilizada e dos valores das pessoas que a usam num determinado contexto.

E-COMMERCE (pal. ingl.) – Forma abreviada de *Electronic-commerce*, comércio electrónico. *Ver* Mercado *on-line*.

ECRÃ – Superfície em que se projectam imagens • Superfície frontal de um tubo de raios catódicos onde se projectam imagens. (port. Bras.) Tela.

ECRÃ DE BOLHAS – Aquele que usa bolhas magnéticas para a visualização da informação, por meio da interacção entre um feixe luminoso e as emanações de um material magnético.

ECRÃ DE CRISTAIS LÍQUIDOS – Aquele cuja técnica de visualização usa as propriedades electro-hidrodinâmicas de um estado particular da matéria aparentada às fases líquida e sólida, que aparecem em resultado das modificações térmicas dos materiais.

ECRÃ DE DIFUSÃO – *Ver* Luz difusora.

ECRÃ DE MEMÓRIA – Aquele que usa dois feixes de electrões, um de muito grande dispersão, designado feixe de manutenção e outro muito fino, designado feixe de escrita.

ECRÃ DE PLASMA – Aquele que é formado por duas folhas de vidro folheadas de cada lado por uma terceira folha de vidro munida de uma quadrícula regular de pequenos furos. As células obtidas por este processo são preenchidas por uma mistura gasosa, à base de néon, que possui a propriedade de se iluminar em determinadas condições de ionização.

ECRÃ DE RAIOS CATÓDICOS – Aquele que é baseado na utilização de um tubo de raios catódicos. Um feixe de electrões produzido por emissão termo-iónica é concentrado sob a forma de um ponto por um conjunto de lentes electrostáticas ou electromagnéticas, e desviado antes de atingir o ecrã. Este é coberto por um material luminescente, que brilha ao ser excitado por um feixe de electrões.

ECRÃ DE TÍTULO – Segundo a *ISBD(ER)*, ecrã ou monitor em que aparece informação sobre o título, em geral visualizada no primeiro ou primeiros ecrãs de um recurso.

ECRÃ DIFUSOR – Tela difusora. *Ver* Luz difusora.

ECRÃ EM CASCATA – Na *Internet* é designada assim a página que apresenta obras sobrepostas, como se de uma cachoeira se tratasse.

ECRÃ LASER – Aquele cuja técnica de visualização assenta na utilização das propriedades de um emissor laser.

ECRÃ OPACO – Superfície de material que não deixa passar a luz na qual a imagem se forma por meio de luz que é reflectida por projecção frontal.

ECRÃ-PÁGINA – Unidade de visualização de um terminal, em geral de forma rectangular e semelhante a um ecrã de televisão comum, que funciona como superfície de escrita, na qual está contida uma página de texto.

ÉCRAN (pal. fr.) – *Ver* Ecrã.

ÉCTIPO – Figura em relevo obtida com molde em cavado • Reprodução em relevo. Cópia de uma inscrição de um monumento antigo • Gravura de uma medalha.

ECTIPOGRAFIA – Arte de gravar em relevo a água-forte • Estampa tipográfica em relevo inventada pelo pedagogo V. Hauy (1745-1823) usada para leitura de invisuais, hoje caída em desuso, dada a difusão do alfabeto braile.

ECTLIPSE – Supressão do *m* ou *s* finais de uma palavra.

ED. – Abreviatura de edição, editado, editor.

ED. AMPL. – Forma abreviada de edição ampliada.

ED. AUM. – Forma abreviada de edição aumentada.

ED. CIT. – Forma abreviada de editor citado, edição citada.

ED. CORR. – Forma abreviada de edição corrigida.

ED. CRÍT. – Forma abreviada de edição crítica.

ED. DIPL. – Forma abreviada de edição diplomática.

ED. FAC-SIM. – Forma abreviada de edição fac-similada.

ED. FON. – Forma abreviada de edição fonética.

ED. LIT. – Forma abreviada de editor literário.

ED. MODERN. – Forma abreviada de edição modernizada.

ED. ORIG. – Forma abreviada de edição original.

ED. PAL. – Forma abreviada de edição paleográfica.

ED. PRINC. – Forma abreviada de edição *princeps*.

ED. REFORM. – Forma abreviada de edição reformada.

ED. REV. – Forma abreviada de edição revista.

EDERE (pal. lat.) – Na Idade Média *edere* significava o acto de dar a conhecer, fazer sair, fazer nascer uma obra, encarado sob o ponto de vista do autor; naturalmente que nesta época não se tratava de edição no sentido em que hoje se encara, mas no sentido de nascimento no pergaminho ou sob forma escrita da obra, tal como o autor a concebeu intelectualmente e a sua exposição ao futuro leitor.

EDI – Acrónimo de *Electronic Data Interchange*, Permuta electrónica de dados, programa que possibilita a comunicação directa, por meio de uma ligação de telecomunicações, entre o computador de um cliente e o de um fornecedor, para aquisição directa de um produto. Trata-se de um conjunto de normas para protocolo sobre transacções electrónicas, visando a integração dos processos de aquisições das bibliotecas com os sistemas de livreiros fornecedores, podendo usar a *Internet* como plataforma (*EDI* sobre *TCP/IP*) ou usar redes proprietárias exclusivas entre instituições; deste modo, a permuta de documentos entre computadores (facturas, recibos, contratos, notas de encomenda, etc.) pode efectuar-se sem recurso à circulação de papel.

EDIÇÃO – Na Antiguidade a "edição de manuscritos" ou, melhor dizendo, a difusão dos textos manuscritos, consistia em duas etapas: numa primeira fase, uma vez tomada a decisão de colocar um texto à disposição de outrem, o autor executava ou mandava executar uma cópia cuidada; na época clássica passava-se o texto da tabuinha encerada para o rolo de papiro ou pergaminho ou, já na época cristã, da *schedula* ou borrão pessoal ao códice definitivo; na fase seguinte, o autor depositava o manuscrito em casa de um amigo influente, bem conhecido no meio ou num livreiro; este manuscrito era copiado gradualmente através de transcrição privada; tal método de difusão tinha em vista atingir o mesmo resultado que mais tarde irá ter a edição de livraria • Conjunto de exemplares de uma publicação, obtido a partir de uma só matriz e publicado ou produzido por uma agência editora em especial ou por um grupo de agências; qualquer alteração, quer de textos, quer de aspecto gráfico dessa matriz constitui uma nova edição • Impressão ou estampagem de uma obra ou texto para publicação • Texto de uma obra preparado com critérios filológicos • Número de exemplares impressos ao mesmo tempo, quando o texto sofreu alterações, foi composto de novo total ou parcialmente ou se mudou o seu formato; uma nova edição tem que ter por base um novo molde; no caso de o molde ser o mesmo, não pode falar-se de nova edição, mas de nova tiragem ou reimpressão; o número de edição de uma obra costuma colocar-se na página de título ou no verso desta página, junto do *copyright* • Conjunto de operações e passos prévios à publicação de qualquer obra. Apresenta uma grande variedade, cuja nomenclatura original mais comum para além dos números é a seguinte: altera, nova, novíssima, posterior, póstuma, *recentissima*, reimpressa, última, etc. • De material não bibliográfico, todas as cópias de um documento feitas com base num original e distribuídas por uma agência editorial ou por um grupo delas • Genericamente designa a indústria e o comércio do livro.

EDIÇÃO A PEDIDO – Produção de exemplares individuais de publicações em macro ou microforma para atender determinados pedidos feitos antecipadamente. Publicação de encomenda prévia. Edição por medida.

EDIÇÃO ABERTA – Aquela que, pelo seu carácter especial, se deve manter actualizada podendo depois da publicação intercalar novas folhas, que se vão actualizando e completando; utiliza-se sobretudo para leis que se vão publicando num país, para obras científicas, etc.; a apresentação de uma obra destas é feita sob a forma de uma espécie de dossiê onde as folhas vão sendo intercaladas, dentro de uma ordem geral; este sistema é também muito utilizado na edição de atlas geográficos e obras congéneres.

EDIÇÃO ABREVIADA – Versão resumida de uma obra escrita, através da sintetização do texto ou omissão de ilustrações, mas conservando o significado geral e o estilo de apresentação do original, com a finalidade de servir um determinado tipo de leitores ou para tornar a obra mais económica; o trabalho de redução do texto é feito por uma pessoa diferente do autor • Aquela em que o texto foi suprimido em parte ou resumido nas partes não essenciais à sua compreensão. São termos sinónimos: epítome, sinopse, resumo, compêndio.

EDIÇÃO ABUSIVA – Edição pirata impressa ou manuscrita de textos que já circulam abundantemente, que o autor não consegue controlar e cuja repercussão dá azo a maiores expectativas e a uma grande procura.

EDIÇÃO ACÉFALA – Edição de uma obra sem título nem frontispício.

EDIÇÃO ACRESCENTADA – Diz-se de uma edição cujo texto foi tornado mais extenso através de adições.

EDIÇÃO ACTUALIZADA – Edição que sofreu modificações de acordo com as mais recentes descobertas na matéria a que diz respeito o seu conteúdo; uma edição actualizada reproduz o conteúdo da obra a que respeita sem sujeição de apresentação modificado de vinte por cento, modificação que é justificada por questões de actualidade do mesmo. Edição posta em dia.

EDIÇÃO *AD USUM DELPHINI* – Edição alterada ou expurgada com finalidades didácticas; esta designação é proveniente das edições dos clássicos gregos e latinos que o rei Luís XIV de França mandou fazer para seu filho, o delfim.

EDIÇÃO ADICIONAL – Edição de um documento bibliográfico acrescentada ao fundo bibliográfico de uma biblioteca, etc., e que difere das edições da mesma obra já existentes nesse fundo.

EDIÇÃO ALARGADA – *Ver* Edição aumentada.

EDIÇÃO ALDINA – Edição saída dos prelos de Aldo Manuzio e sua família, em Roma e em Veneza, entre 1494 e 1515. A expressão "edição aldina" caracteriza usualmente as obras que apresentam o chamado tipo aldino ou itálico e as que têm formatos pequenos dos clássicos gregos e latinos; as edições aldinas originais apresentam a marca tipográfica onde avulta a âncora e o golfinho, adoptados no século XIX por William Pickering; entre 1515 e 1533 a oficina de Aldo foi dirigida pelos seus cunhados, os Asulani, que não souberam conservar a mesma qualidade; a partir desta data (1533) Paolo, filho de Aldo, retomou o controlo da oficina, concentrando-se nas edições de clássicos latinos.

EDIÇÃO AMPLIADA – Edição à qual o autor juntou matéria nova, em relação a uma edição anterior. Edição aumentada.

EDIÇÃO ANASTÁTICA – Reprodução mecânica de textos e gravuras que já haviam sido impressos, por meio da utilização de processos químicos; humedece-se a página a reproduzir em ácido nítrico e pressiona-se depois contra uma chapa metálica; a partir da chapa fazem-se impressões litográficas • Edição estereotipada.

EDIÇÃO ANCÍPITE – Edição que não traz indicação do nome do impressor nem do lugar e ano da publicação; este tipo de edição fazia-se com os primeiros livros impressos, quando o receio de perseguições por parte dos copistas obrigava certos tipógrafos a ocultarem os seus locais de trabalho; mais tarde ocorria o mesmo quando se publicavam obras polémicas ou que tratavam matérias políticas ou religiosas controversas.

EDIÇÃO ANÓNIMA – Edição sem indicação do nome do autor.

EDIÇÃO ANOTADA – Edição que é acompanhada de notas explicativas, em geral na margem ou no pé da página; essas notas são redigidas por uma pessoa diferente do autor e têm como finalidade explicar ou actualizar a obra. Edição comentada.

EDIÇÃO ANTECIPADA – Edição de uma obra que se imprime antes da data prevista.

EDIÇÃO APÓCRIFA – Aquela em que o autor é hipotético ou fictício • Aquela que nunca existiu, sendo falsos ou imaginários o autor, título e conteúdo • Obra de conteúdo mais ou menos verídico, cujo título e autor não são de todo certos.

EDIÇÃO APOSTILADA – Aquela que leva notas marginais do autor ou de pessoa versada no assunto. Edição apostilhada.

EDIÇÃO APOSTILHADA – O mesmo que edição apostilada.

EDIÇÃO APROVADA – Diz-se de uma edição publicada com o consentimento do autor ou do titular dos direitos de autor. Edição autorizada.

EDIÇÃO ARTÍSTICA – Aquela que tem uma cuidadosa distribuição de tipos e brancos, harmonia entre texto e ilustrações, impressão cuidada, margens largas, etc., reunindo um considerável grau de beleza estética; é uma modalidade de edição de luxo.

EDIÇÃO AUMENTADA – Edição diferente de uma obra já existente em que o texto foi ampliado. Edição alargada.

EDIÇÃO AUTÊNTICA – Edição feita de acordo com os requisitos legais • Edição que é do autor a quem se atribui • Edição fidedigna. Edição verdadeira.

EDIÇÃO AUTOGRAFADA – Edição cujos exemplares estão assinados pelo autor.

EDIÇÃO AUTORIZADA – Que possui autorização. Edição publicada com o consentimento expresso do autor ou detentor dos direitos editoriais, tradutor, compilador ou seu representante, a quem delegou a autorização dos seus direitos e privilégios. Edição aprovada • Edição digna de crédito.

EDIÇÃO BASEADA EM REDES – Modalidade de edição segundo a qual o editor se limita a disponibilzar capítulos de livros, artigos de revistas, etc. a redes de pesquisa ou educação, em troca do pagamento de uma taxa pelos clientes, e mandando estes fazer a impressão dos seus textos rearranjados quando e onde quiserem, enviando-os também ao impressor por meios electrónicos; este tipo de edição permite que diversos editores participem na edição "a pedido", sem terem que distribuir fisicamente a edição electrónica.

EDIÇÃO BASTARDA – *Ver* Edição clandestina.

EDIÇÃO BÉDIERISTA – Melhor edição possível baseada não num arquétipo reconstruído, mas num testemunho único, seleccionado a partir do estudo das variantes da tradição.

EDIÇÃO BILINGUE – Aquela que é publicada em duas línguas; este tipo de edições tem, em geral, finalidades pedagógicas.

EDIÇÃO BIPONTINA – Tipo de edição de grande qualidade dos clássicos gregos e latinos publicada a partir de 1779 na cidade alemã de Zweibrücken, vocábulo que em português significa duas pontes, daí o nome.

EDIÇÃO BODONIANA – Designação geral atribuída às edições feitas por Giambattista Bodoni • Edição no estilo destas.

EDIÇÃO BROCHADA – Edição de livros com capa flexível e habitualmente impressos em papel de fraca qualidade • Edição de livros brochados, por oposição a edição de livros encadernados. Edição *paperback*. Edição em *paperback. Paperback edition.*

EDIÇÃO CENSURADA – A edição que passou pela censura, podendo ter-lhe sido retirada parte do texto que não estava de acordo com as leis vigentes ou as ideias professadas pela entidade censora, seja por razões políticas, religiosas ou outras. Edição expurgada.

EDIÇÃO CIENTÍFICA – Tipo de edição que visa objectivos de ensino e de investigação. Tem um mercado reduzido a uma camada populacional bem limitada e bem circunscrita geograficamente, ligada à investigação, de que a publicação é apenas um subproduto • Livros e revistas redigidos por cientistas, depois comprados ou emprestados e lidos pelos professores, estudantes ou investigadores. A edição científica pode dividir-se em livros para estudantes, livros profissionais, livros de referência e de investigação, com características diferentes do ponto de vista comercial.

EDIÇÃO CLANDESTINA – A que se realiza sem consentimento do autor, editor ou do titular dos direitos de autor, isto é, uma edição saída em completa violação do privilégio de *copyright*; apesar do desenvolvimento universal da noção de direitos de autor e da generalização do *copyright*, há edições clandestinas que ainda hoje são contrafeitas em Taiwan e outras edições de obras licenciosas circulam sob a mesa; o facto não é novo, pois já no século XVI havia edições aldinas contrafeitas em Lyon e no século XVII algumas edições in-4º de clássicos franceses eram-no na Holanda e na Alemanha em formato in-12º; no século XVIII a *Enciclopédia Francesa* era contrafeita na Suíça e em Itália e no século seguinte algumas edições românticas parisienses eram contrafeitas na Bélgica, em grande escala, circulando posteriormente em avultado número em toda a Europa até 1852. Edição ilícita. Edição bastarda. Edição fraudulenta. Edição furtiva. Edição falsificada. Edição pirata. Edição pirateada.

EDIÇÃO CLÁSSICA – Edição de autores clássicos, geralmente utilizada nas escolas com finalidades pedagógicas; tem muitas vezes comentários gramaticais e literários • Diz-se da edição de uma obra adaptada ao ensino.

EDIÇÃO COLECTIVA – Edição de várias obras de um mesmo autor • Edição de uma obra que é comum a vários autores, que compreende diversos autores.

EDIÇÃO COLIGIDA – Edição de um trabalho de um autor previamente publicado em separado (por vezes por editores diferentes) e que saiu em um ou mais volumes ou em vários volumes com estilo uniforme.

EDIÇÃO COM DIREITOS RESERVADOS – Edição que apresenta limitações à sua divulgação sem autorização do autor e editor; este princípio deveria ser observado em toda a actividade editorial.

EDIÇÃO COM ILUSTRAÇÕES ESPECIAIS – Edição que possui ilustrações dignas de nota.

EDIÇÃO COM NOTAS CRÍTICAS – *Ver* Edição crítica.

EDIÇÃO COM VARIANTES – Publicação de um texto clássico através da reconstrução do original acompanhado de todas ou algumas das alterações ou variações sofridas pelo mesmo durante o seu processo de transmissão.

EDIÇÃO COMEMORATIVA – Aquela que se imprime para festejar uma determinada data ou facto.

EDIÇÃO COMENTADA – *Ver* Edição anotada.

EDIÇÃO COMERCIAL – Colecção dos exemplares de uma obra que foram publicados de uma só vez e que se destinam a ser vendidos.

EDIÇÃO COMPACTA – Aquela que é composta em letra miúda e desentrelinhada, com poucos brancos e margens reduzidas, para diminuir o número de páginas e o custo.

EDIÇÃO COMPARADA – Aquela que põe frente-a-frente dois textos em forma comparativa, como acontece com obras jurídicas relativas a códigos comparados, etc.

EDIÇÃO COMPLETA – Aquela que compreende todas as obras de um autor. Edição integral.

EDIÇÃO CORRENTE – Publicação, em formato normalizado, de uma obra destinada ao mercado geral. Edição normal. Edição ordinária.

EDIÇÃO CORRIGIDA – Edição de uma obra já impressa, que o autor ou os seus herdeiros emendaram antes de a enviarem à tipografia para uma nova edição. Edição melhorada.

EDIÇÃO CRIATIVA – Nome dado ao conjunto de iniciativas que consistem em escolher a melhor obra para publicar, indicar aos autores como reorganizarem os seus textos completando-os ou condensando-os, por forma a assegurarem uma progressão mais lógica das suas ideias e a darem uma melhor orientação ao seu trabalho.

EDIÇÃO CRÍTICA – Edição feita através de composição tipográfica com aparato crítico do editor ou outro inserto no texto, com inclusão de sinais (colchetes, parêntesis, reticências, etc.), que marcam a intervenção levada a cabo no original; é comentada com notas que assinalam variantes de cópias do original ou esclarecem passagens obscuras do texto; as duas primeiras fases deste trabalho consistem no levantamento e na colação dos testemunhos manuscritos; deste modo procura restabelecer-se o texto original do autor ou a sua melhor versão, acompanhada de um aparato descritivo, explicativo e crítico. Edição com notas críticas. *Ver* Edição de documentos.

EDIÇÃO CRÍTICO-DIVULGADORA – Edição feita tendo como base edições diplomático-críticas; numa edição crítico-divulgadora o aparato crítico é reduzido, a simplificação feita, sem chegar à actualização, sem nunca alterar a forma das palavras ou as substituir por outras de uso mais corrente actualmente, sem alterar a sintaxe, mantendo a respiração da frase própria da época, embora auxiliando o leitor na leitura. Nela o sentido histórico-cultural e a análise estética são mais desenvolvidos no propósito de levar o leitor a fruir plenamente da obra e a situá-la no legado cultural-social a que pertence.

EDIÇÃO DA NOITE – *Ver* Edição vespertina.

EDIÇÃO DA TARDE – *Ver* Edição vespertina.

EDIÇÃO DANTINA – Designação atribuída em Itália às edições miniatura da *Divina Comédia* de Dante.

EDIÇÃO DE AUTOR – Edição da obra completa de um autor, encadernada de modo uniforme e com um título colectivo • Edição autorizada pelo autor e publicada a expensas suas.

EDIÇÃO DE BIBLIÓFILO – Edição de luxo destinada apenas a pessoas que se interessam, em geral, por livros, não apenas pelo seu conteúdo, mas também pela sua beleza estética e outras características; a sua tiragem é reduzida e os exemplares são numerados. Edição de coleccionador.

EDIÇÃO DE BOLSO – Edição de livros de pequeno formato e, em geral, económicos • Edição em formato portátil, para ser lido comodamente fora de portas, no campo, na praia ou em viagem. Edição portátil.

EDIÇÃO DE COLECCIONADOR – *Ver* Edição de bibliófilo.

EDIÇÃO DE COMPUTADOR – Edição electrónica.

EDIÇÃO DE CONSULTA – Edição técnica de obras que se dedicam a assuntos de indagação e/ou cotejo (dicionários, enciclopédias, formulários, etc.).

EDIÇÃO DE DOCUMENTOS – Acto de editar ou publicar documentos, particularmente os que apresentam valor histórico; os processos de edição podem ser: a) fotomecânicos, reproduzindo-se integralmente o original no formato e caligrafia, margens, etc.: é a chamada edição fac-similada; b) por composição tipográfica, que reproduz com fidelidade a transcrição paleográfica do original: é a edição diplomática ou paleográfica; c) por uma associação dos meios fotomecânicos e simultaneamente de composição tipográfica em que surgem, lado a lado, o texto em fac-símile e a sua transcrição paleográfica: é a chamada edição técnica; d) por composição tipográfica com aparato crítico do editor ou de outro inserto no texto, com inclusão de sinais (colchetes, parêntesis, reticências, etc.) para indicar a intervenção levada a cabo no original; é comentada com notas que assinalam variantes de cópias do original ou explicitam passagens obscuras do texto: é a chamada edição crítica ou edição com notas críticas.

EDIÇÃO DE FONTES – Transcrição e edição de um ou mais documentos acompanhados da reprodução do texto e do aparato crítico requerido pelo conteúdo.

EDIÇÃO DE INICIATIVA OFICIAL – Aquela em que o Estado, através de uma Secretaria de Estado ou outra estrutura análoga, assume a iniciativa de promover a edição de uma obra.

EDIÇÃO DE INICIATIVA PRIVADA – Aquela em que uma instituição de natureza particular assume a iniciativa de promover a publicação de uma obra.

EDIÇÃO DE JUBILEU – Edição comemorativa de uma obra, feita em geral para celebrar um aniversário.

EDIÇÃO DE LUXO – Tipo de edição que se caracteriza pela riqueza dos materiais e trabalho apurado em que cada exemplar constitui o belo livro levado ao máximo de perfeição; trata-se, em geral, de uma edição limitada com exemplares numerados.

EDIÇÃO DE MEIO LUXO – Edição que, embora não podendo ser considerada de luxo, tem características que a diferenciam de uma edição comum.

EDIÇÃO DE REFERÊNCIA – Aquela que possui um conjunto de características próprias, que levam a que seja tomada como modelo; aquela que é considerada uma autoridade.

EDIÇÃO DE REPRESENTAÇÃO – Edição de uma peça de teatro especialmente concebida para os encenadores e actores, pois contém informações sobre entradas e saídas de cena, adereços, etc.; é, em geral, em papel comum e brochada. Edição para encenação.

EDIÇÃO DE SECRETÁRIA – *Ver* Auto-edição.

EDIÇÃO DE VARIANTE – A que recolhe, na edição de um manuscrito que é considerado o melhor, as alterações que oferecem outros manuscritos ou impressos dessa obra.

EDIÇÃO DEFINITIVA – Edição que foi revista pelo autor ou pelos seus herdeiros e que é declarada como fixa e invariável, e cujo texto constitui autoridade, não admitindo, portanto, acrescentamentos ou correcções. Edição *ne varietur*.

EDIÇÃO DESAUTORIZADA – Edição privada da autoridade do autor ou do editor, uma vez que foi feita sem o seu consentimento, violando o privilégio de *copyright*.

EDIÇÃO DIAMANTE – Edição de formato reduzido, bonita e cuidada, impressa em caracteres muito pequenos; é também chamada edição liliputiana ou edição microscópica. Edição miniatura. Edição mínima. Edição minúscula.

EDIÇÃO DIDÁCTICA – Edição de uma obra destinada ao ensino. Edição escolar. Edição educativa.

EDIÇÃO DIFERENTE – Edição em que houve modificações do texto, com novo material em forma de capítulos adicionais, notas, apêndices ou instruções.

EDIÇÃO DIGITAL – *Ver* Edição electrónica.

EDIÇÃO DIPLOMÁTICA – A que reproduz escrupulosamente um determinado exemplar (ou o exemplar único) de um texto; nela procura dar-se conta de todas as particularidades materiais e gráficas sem interpretação ou modificação por parte do editor; esta operação é feita após o estabelecimento crítico do texto, tendo em conta a tradição deste e a crítica da sua autenticidade e data.

EDIÇÃO DIPLOMÁTICO-CRÍTICA – Edição que visa fundamentalmente estabelecer o melhor texto, o mais fidedigno ao que o autor elaborou, às suas intenções, à sua ferramenta intelectual, às características da época. Os critérios que a orientam são regra geral os seguintes: comparação de originais, cópias manuscritas, edições *princeps* e outras, atender às correcções do autor ao texto; indicação em notas de rodapé de variantes significativas (transcrição de trechos que representam versões diferentes); correcções ao texto assinaladas (palavras a suprimir ou a inserir, substituição de palavras nos erros manifestos). Os erros são transcritos, no que respeita ao desdobramento de abreviaturas, fidelidade à ortografia e forma das palavras (atendendo sobretudo ao valor fonético na época e ao valor etimológico); fidelidade à pontuação originária, notas de esclarecimento, glossário, cronologia, índices, introdução histórica e erudita.

EDIÇÃO DIPLOMÁTICO-INTERPRETATIVA – Edição de carácter diplomático apresentando ligeiras adaptações que não atingem a substância do texto (desdobramento de abreviaturas, actualização do uso da pontuação e das maiúsculas, por exemplo).

EDIÇÃO DIVULGADORA – Edição cujo objectivo consiste em tornar a leitura fácil ao leitor actual; para isso, actualiza-se a grafia das palavras e pontua-se segundo as regras actuais.

EDIÇÃO DOMINICAL – Nome dado à edição de uma publicação periódica que apenas sai ao domingo; geralmente é uma edição melhorada em relação à edição semanal, contendo vários cadernos temáticos e de lazer.

EDIÇÃO ECONÓMICA – Edição pouco cuidada no que respeita à qualidade do papel e apresentação de pormenores tipográficos, subordinando a qualidade ao preço. Edição popular.

EDIÇÃO EDUCATIVA – Edição didáctica. *Ver* Edição escolar.

EDIÇÃO ELECTRÓNICA – Expressão usada para designar a aplicação das tecnologias da informação às artes gráficas. Baseia-se na utilização de um *software* capaz de controlar o tratamento de texto, de modo a poder formatar, corrigir gralhas, melhorar e alterar esse texto, bem como fazer o seu armazenamento em memória magnética e ainda a sua impressão. Processamento de texto. Engloba dois tipos de textos, que vão desde as representações derivadas ou secundárias de livros impressos publicados ou de textos que foram pensados primeiro que tudo para serem publicação impressa e a publicação de textos electrónicos, que à partida foram pensados e concebidos para serem apresentados em suportes digitais. São suas características fundamentais, entre outras: a grande capacidade de armazenamento de dados, a rapidez na produção e divulgação, a agilidade de actualização e correcção, as potencialidades colaborativas e interactivas. Edição digital.

EDIÇÃO ELZEVIRIANA – A que se deve a qualquer dos membros da conhecida família de impressores holandeses chamados Elzevier • Edição composta no estilo e com caracteres elzevirianos.

EDIÇÃO EM CADERNOS – Expressão usada para designar o conjunto dos cadernos que foram impressos, mas que ainda não estão dobrados nem cosidos.

EDIÇÃO EM CAIXA – Aquela que não chegou a imprimir-se, embora existam os moldes.

EDIÇÃO EM CD – Aquela cujo suporte é o disco compacto. Edição em disco compacto.

EDIÇÃO EM DIFERIDO – Ver Edição *offline*.

EDIÇÃO EM DISCO COMPACTO – Aquela cujo suporte é o disco compacto. Edição em CD.

EDIÇÃO EM FAC-SÍMILE – Ver Edição fac-similada.

EDIÇÃO EM FASCÍCULOS – Edição publicada em separado, a pouco e pouco, sob a forma de cadernos que, uma vez reunidos, constituem o volume ou ano.

EDIÇÃO EM GRANDE FORMATO – Exemplares ou edição de um livro impresso num papel maior do que o da edição corrente, compreendendo geralmente margens maiores, mas com o mesmo corpo tipográfico.

EDIÇÃO EM LINHA – Ver Edição *on-line*.

EDIÇÃO EM MICROFORMA – Texto de uma obra que se apresenta sob a forma de suporte fotográfico (microfilme ou microficha).

EDIÇÃO EM PAPEL – Edição em que o suporte material do texto é o papel • Diz-se da edição em que os cadernos, uma vez impressos, não foram dobrados nem cosidos.

EDIÇÃO EM *PAPERBACK* – Ver Edição *paperback*.

EDIÇÃO EM RAMA – Diz-se da edição em que as folhas já impressas e dobradas em cadernos, não foram cosidas nem coladas ou unidas. Ver Livro em rama.

EDIÇÃO EMENDADA – Diz-se da edição à qual foram retirados os erros ou defeitos verificados. Edição corrigida, melhorada.

EDIÇÃO ENCADERNADA – Edição de livros com capa firme e resistente. Edição de livros encadernados, por oposição a edição de livros brochados. Edição *hardback*. Edição em *hardback*. *Hardback edition*. Edição *hardcover*. Edição em *hardcover*. *Hardcover edition*.

EDIÇÃO ERUDITA – Aquela que foi preparada por pessoa ou pessoas dotadas de um vasto e diverso saber.

EDIÇÃO ESCOLAR – Aquela cuja matéria é definida, estabelecida e apresentada de acordo com os conteúdos programáticos da escola • Publicação de uma obra para uso dos estudantes nos estabelecimentos de ensino. Edição didáctica. Edição educativa. Opõe-se a edição corrente.

EDIÇÃO ESGOTADA – Diz-se de uma edição cujos exemplares foram todos vendidos e são, por consequência, difíceis de encontrar no mercado corrente.

EDIÇÃO ESPECIAL – Diz-se da edição de uma obra clássica ou das obras de um autor clássico reimpressa com outro formato, compreendendo por vezes uma introdução, notas, apêndices, ilustrações e apresentando com frequência um novo título • Diz-se de uma edição que se distingue da edição vulgar, quer pela qualidade do papel e da encadernação, quer pela adição de ilustrações. Edição extra. Edição extraordinária • Número extra ou aumentado de uma publicação periódica ou outra dedicado a determinado assunto, cidade, país, região ou editado aquando de um aniversário, Natal, etc. Número especial.

EDIÇÃO ESPÚRIA – Aquela que não é reconhecida pelo seu autor.

EDIÇÃO ESTEREOTIPADA – A de uma obra que foi impressa por meio de estereótipo em vez de utilizar a composição feita com letras soltas ou com linótipo; costumam ser edições de grande tiragem que se imprimem em rotativas. Edição anastática.

EDIÇÃO EXEGÉTICA – Ver Edição crítica.

EDIÇÃO EXPURGADA – Diz-se de uma edição de que se retiraram certas expressões que ofendem uma doutrina ou uma ideologia reconhecida ou estabelecida. Edição censurada.

EDIÇÃO EXTRA – Num jornal, é a edição extraordinária justificada por um facto de excepcional importância jornalística: é um jornal menor que o habitual, sobre um determi-

nado tema, que é distribuído, regra geral, mais tarde do que a edição do dia. Edição especial.
EDIÇÃO EXTRACOMERCIAL – *Ver* Edição fora do comércio.
EDIÇÃO EXTRAORDINÁRIA – Em publicações de saída diária, aquela que difunde uma informação importante, cuja impressão não foi prevista e que é preparada fora dos períodos de trabalho habitualmente fixados • Edição especial. Edição extra.
EDIÇÃO FAC-SIMILADA – A que reproduz a edição original exactamente, quer no texto, quer nas ilustrações; costuma fazer-se de textos com valor documental, particularmente de textos manuscritos que se reproduzem por processos fotomecânicos. Fac-símile. Edição fototípica. (port. Bras.) Edição facsimilar.
EDIÇÃO FACSIMILAR (port. Bras.) – *Ver* Edição fac-similada.
EDIÇÃO FALSA – Edição não verdadeira.
EDIÇÃO FALSIFICADA – Edição clandestina em que são falsas as aprovações, as licenças e os dados de publicação • Edição fraudulenta. Edição furtiva. Edição ilícita. Edição bastarda.
EDIÇÃO FANTASMA – Edição que contém um texto reconhecido como falso, ou que se atribui sem base certa a um autor • Aquela de que se fala, mas que nunca ninguém viu. Edição suposta.
EDIÇÃO FILMADA – Edição de um documento bibliográfico reproduzido em película e que é publicada em simultâneo com a sua edição impressa, depois dela ou em vez dela.
EDIÇÃO FONÉTICA – Reedição de um texto clássico mantendo apenas as expressões linguísticas com valor fonético próprias da época.
EDIÇÃO FORA DO COMÉRCIO – Edição que não se encontra nos circuitos tradicionais de comercialização. Edição extracomercial.
EDIÇÃO FOTOTÍPICA – *Ver* Edição fac-similada.
EDIÇÃO FRAUDULENTA – Edição falsificada. *Ver* Edição clandestina.
EDIÇÃO FURTIVA – Edição falsificada. *Ver* Edição clandestina.
EDIÇÃO GIUNTINA – Edição saída das oficinas dos membros da célebre família de impressores italianos Giunti ou Junta, de Florença. Edição Juntina. Giuntina.
EDIÇÃO *HARDBACK* – Edição de livros com capa firme e resistente. Edição de livros encadernados, por oposição a edição *paperback* ou edição em *paperback*. Edição encadernada. Edição em *hardback*. *Hardback edition*. Edição *hardcover*. Edição em *hardcover*. *Hardcover edition*.
EDIÇÃO *HARDCOVER* – Edição de livros com capa firme e resistente. Edição de livros encadernados, por oposição a edição *paper-back* ou edição em *paperback*. Edição encadernada. Edição em *hardcover*. *Hardcover edition*. Edição *hardback*. Edição em *hardback*. *Hardback edition*.
EDIÇÃO HIPOTÉTICA – *Ver* Edição suposta.
EDIÇÃO HISTÓRICA – Aquela que é feita com base num conjunto de investigações científicas que abrange a preparação da edição de textos.
EDIÇÃO ILEGAL – Edição feita sem que tenham sido cumpridos os requisitos legais exigidos para a sua efectivação. Edição sem licença. Edição não autorizada.
EDIÇÃO ILÍCITA – *Ver* Edição clandestina.
EDIÇÃO ILUSTRADA – Aquela em que o texto é enriquecido com desenhos, gravuras, estampas, fotografias, etc.
EDIÇÃO IN-FÓLIO – Edição saída em formato de fólio.
EDIÇÃO INÉDITA – A de uma obra que se publica pela primeira vez. Primeira edição; também se chama edição original.
EDIÇÃO INFANTIL – Edição destinada a crianças; por vezes trata-se de relatos históricos ou outros com linguagem especialmente adaptada a crianças. Edição para crianças.
EDIÇÃO INFANTIL-JUVENIL – Edição de uma obra que foi concebida para crianças e jovens. Edição infanto-juvenil.
EDIÇÃO INFANTO-JUVENIL – *Ver* Edição infantil-juvenil.
EDIÇÃO INSTITUCIONAL – Aquela que tem origem em organismos oficiais: ministérios, autarquias, empresas públicas, etc., escolas e universidades, fundações e instituições sem fins lucrativos. Publicação oficial.
EDIÇÃO ÍNTEGRA – *Ver* Edição integral.

EDIÇÃO INTEGRAL – Diz-se da edição de uma obra feita sem omissões nem cortes. Edição íntegra.

EDIÇÃO INTERNACIONAL – Edição de um periódico que é enviada para outros países, onde é lida.

EDIÇÃO INTERPRETATIVA – Edição feita sobre textos antigos nos quais se actualiza a grafia, se introduzem pontuação e acentuação novas e se esclarecem determinados pontos que possam dificultar a sua consulta e leitura.

EDIÇÃO LACHMANIANA – Método de preparação e de composição de uma edição crítica construído a partir dos trabalhos de um filólogo alemão chamado Karl Lachmann. Tem o objectivo de activar um processo quase mecânico de reconstrução do original, reduzindo ao máximo a subjectividade do editor; baseia-se na recensão dos testemunhos, na construção de um estema a partir dos erros conjuntivos e separativos presentes na tradição e na produção de um texto compósito, baseado nos testemunhos mais autorizados.

EDIÇÃO LEGAL – Edição feita de acordo com as exigências legais vigentes no lugar e época em que é realizada.

EDIÇÃO LILIPUTIANA – *Ver* Edição diamante.

EDIÇÃO LIMITADA – Aquela que é feita em número reduzido de exemplares aos quais são atribuídos números consecutivos, normalmente rubricados; a edição limitada sai, por vezes, concomitantemente com a edição normal, mas em papel e encadernação de melhor qualidade.

EDIÇÃO LITERÁRIA – A de uma obra que contém literatura (reportagem, ensaio, romance, novela, viagens, etc.); contrapõe-se a edição técnica.

EDIÇÃO LOCAL – Edição que inclui uma página ou secção especial para um determinado lugar, ao qual está destinada.

EDIÇÃO MANIPULADA – Edição de um texto ou de uma obra, cuja versão original foi alvo de intervenções alheias à vontade do seu autor.

EDIÇÃO MATUTINA – Aquela que é publicada pela manhã.

EDIÇÃO MELHORADA – *Ver* Edição corrigida.

EDIÇÃO MICROSCÓPICA – *Ver* Edição diamante.

EDIÇÃO MIMEOGRAFADA – Aquela cujo texto foi composto mecanograficamente e foi reproduzido por meio do mimeógrafo.

EDIÇÃO MINIATURA – *Ver* Edição diamante.

EDIÇÃO MÍNIMA – *Ver* Edição diamante.

EDIÇÃO MINÚSCULA – *Ver* Edição diamante.

EDIÇÃO MODERNIZADA – Edição de um texto clássico, cuja grafia original foi total ou parcialmente actualizada.

EDIÇÃO MONUMENTAL – Publicação de grande formato destinada a obras de interesse geral, como a história de um país, o estudo de um monumento ou de uma grande figura pública, normalmente objecto de uma tiragem limitada de exemplares de preço elevado.

EDIÇÃO MUTILADA – Edição que, por qualquer motivo, sofreu supressões no texto.

EDIÇÃO NACIONAL – Aquela cujo editor-sede é no território de um determinado país; se o editor tem sede em mais de um país, a edição nacional avalia-se pelo país da primeira distribuição • Edição que circula por todo o país.

EDIÇÃO NÃO AUTORIZADA – Edição feita sem as licenças necessárias (consentimento do autor, editor, adaptador, compilador, tradutor, etc.). Edição clandestina. Edição ilícita. Edição bastarda. Edição ilegal. Edição fraudulenta. Edição furtiva. Edição pirata.

EDIÇÃO NÃO COMERCIAL – A de uma obra não destinada ao comércio.

EDIÇÃO NÃO PRIVILEGIADA – Edição que, apesar de ter licença de impressão, não tinha privilégio.

EDIÇÃO NÃO VENDÁVEL – Edição prevista para ficar fora dos circuitos de comercialização.

EDIÇÃO *NE VARIETUR* – Edição definitiva das obras de um autor, de modo que não seja possível a alteração dos seus textos em edições posteriores; pretende corrigir a vinda a público de um mesmo texto em formas não coincidentes, invocando ora a fidelidade à primeira edição, ora a descoberta de um manuscrito que entretanto poderá ter sido corrigido pelo autor e já não corresponder ao primitivo texto, ora por lapsos de revisores de provas tipográficas que alteraram significativamente o original; segundo o artigo 58º do *Código dos Direitos de Autor* significa que a edição como tal designada é a única válida e só ela deverá ser utilizada para estudo e divulgação. De referir ainda que devem ser publicados em conjunto os textos sobre os quais foi feito o trabalho de fixação do texto; o texto fixado e editado como *ne varietur* apenas poderá ser alterado pelo próprio autor.

EDIÇÃO NORMAL – Edição intermédia entre a de luxo e a económica; nela harmoniza-se o preço com a apresentação, embora se procure que esta seja o mais correcta possível; é também chamada edição corrente. Edição ordinária.

EDIÇÃO NUMERADA – Aquela em que os exemplares possuem um número de ordem, que os individualiza; costuma ser uma edição limitada.

EDIÇÃO NUMERADA E ASSINADA – Edição de uma obra cujos exemplares possuem um número de ordem, que os individualiza e estão rubricados pelo autor.

EDIÇÃO OFF-LINE – *Ver* Edição *offline*.

EDIÇÃO OFFLINE – Edição em diferido, por exemplo em *CD-ROM* ou em *DVD-ROM*. Edição *offline*.

EDIÇÃO OFICIAL – Aquela que foi autorizada, custeada e publicada pelo Governo de um país, região, etc. ou por uma autoridade oficialmente reconhecida • Diz-se da edição dos jornais e da de outras publicações em que um Governo faz publicar leis, decretos, avisos, etc.

EDIÇÃO ON-LINE – Edição em linha; implica a existência de tempo real, interactividade e soluções de aprendizagem constante.

EDIÇÃO ORDINÁRIA – Edição corrente. Edição normal.

EDIÇÃO ORIGINAL – Edição na qual o texto de um documento aparece pela primeira vez com o consentimento do autor ou dos seus representantes; o sentido que hoje lhe atribuímos apenas se generalizou a partir de 1840, apesar de ter aparecido no século XVIII. Edição inédita. Primeira edição.

EDIÇÃO ORLADA – Aquela em que todos os exemplares apresentam o texto enquadrado por uma cercadura.

EDIÇÃO PALEOGRÁFICA – Aquela que se limita a publicar documentos transcrevendo-os.

EDIÇÃO *PAPERBACK* – Aquela em que os livros são brochados, isto é, têm uma capa flexível; são habitualmente impressos em papel de fraca qualidade pelo que, uma vez lidos, são com frequência postos de parte para reciclagem; usa-se por oposição a edição *hardback*. Edição em *paperback*. *Paperback edition*.

EDIÇÃO PARA A JUVENTUDE – Edição especial de uma obra destinada aos jovens, compreendendo geralmente ilustrações, impressão em caracteres grandes e apresentação com uma encadernação sólida.

EDIÇÃO PARA BIBLIOTECA – Expressão do editor empregada para designar uma colecção ou uma série, mais frequentemente as obras completas de um autor, publicadas com um aspecto tipográfico uniforme • Edição especialmente encadernada feita de propósito para bibliotecas.

EDIÇÃO PARA CRIANÇAS – *Ver* Edição infantil.

EDIÇÃO PARA ENCENAÇÃO – Edição de uma obra teatral com anotações especiais ou didascálias para a sua representação cénica, com indicação das entradas e saídas de personagens e outras notas. Estas anotações especiais reportam-se com frequência a uma determinada encenação. Edição de representação.

EDIÇÃO PARALELA – Aquela em que são apresentadas diferentes versões do mesmo texto impressas lado a lado. Edição de uma obra que é feita ao mesmo tempo em dois idiomas ou mais • Aquela cuja publicação é feita num formato alternativo.

EDIÇÃO PARTICULAR – Edição que, por razões especiais, não é posta à venda; trata-se, em geral, de uma edição de luxo, publicada em tiragem limitada, que o autor ou proprietário costuma distribuir por amigos, instituições e pessoas que ele próprio selecciona. Edição privada.

EDIÇÃO PERIÓDICA – Edição publicada em determinados períodos do ano, geralmente fixos: anos (anuários), estações do ano (almanaques), meses (mensários), semanas (semanários), etc.

EDIÇÃO PIRATA – *Ver* Edição clandestina.

EDIÇÃO PIRATEADA – *Ver* Edição clandestina.

EDIÇÃO PLANTINIANA – Edição de grande qualidade de composição e impressão, saída das célebres oficinas de Christophe Plantin e seus sucessores.

EDIÇÃO POLIGLOTA – Diz-se da edição em que um mesmo texto aparece em línguas diversas, geralmente em colunas paralelas, para facilitar a sua comparação e estudo; exemplos notáveis deste tipo de publicação são *a Bíblia poliglota* de Christophe Plantin, publicada em 1569-1572 em grego, latim, hebraico, caldaico e siríaco e as *Hexaplas* de Orígenes; os *Salmos* e o *Pater Noster* conheceram várias edições poliglotas de grande beleza, mais consideradas como exercícios tipográficos do que como obras de piedade.

EDIÇÃO POPULAR – Diz-se de uma edição de preço módico. Edição económica.

EDIÇÃO POR ASSINATURA – Edição cuja tiragem é calculada em função do número de instituições ou pessoas nela interessadas e inscritas.

EDIÇÃO POR MEDIDA – Aquela que é baseada na adaptação das publicações às necessidades dos seus utilizadores, consoante a sua tipologia. Edição a pedido.

EDIÇÃO POR SUBSCRIÇÃO – Edição preparada para circular apenas entre pessoas que concordam em adquiri-la após terem sido contactadas antes da publicação; pode diferir da vulgar edição pela inclusão de uma lista dos subscritores, por ser impressa em papel feito à mão, por ter margens mais largas ou pela sua encadernação de luxo; só quando há suficiente número de subscrições que garantam o sucesso financeiro é que este tipo de edições é efectuado.

EDIÇÃO PORTÁTIL – *Ver* Edição de bolso.

EDIÇÃO POSTA EM DIA – *Ver* Edição actualizada.

EDIÇÃO PÓSTUMA – A de uma obra publicada após a morte do autor e que nunca deve tê-lo sido antes.

EDIÇÃO PRELIMINAR – Edição de ensaio ou de prova de uma obra, que é dada a público antes da edição definitiva, com frequência para que dê azo a crítica do texto; tem carácter provisório; costuma fazer-se edição preliminar de obras que, pela sua natureza, requerem a colaboração da crítica; a edição definitiva realiza-se quando completados e coligidos os dados e rectificadas as observações pertinentes que foram feitas.

EDIÇÃO PRÉ-ORIGINAL – Diz-se do conjunto de publicações onde apareceram os trabalhos posteriormente recolhidos em volume, como aconteceu com as *Viagens na minha terra* de Almeida Garrett, inicialmente publicadas em folhetim • Reunião em volume dos números de uma publicação periódica na qual uma obra apareceu publicada em fragmentos sucessivos.

EDIÇÃO *PRINCEPS* – Designação que se dá vulgarmente às edições dos clássicos tidas como primeiras, isto é, às edições que, sem o auxílio de um livro já impresso, foram feitas a partir de manuscritos mais ou menos antigos, anteriores à invenção da imprensa; cobiçadas pelos coleccionadores devido ao seu valor simbólico, sob o ponto de vista do texto são frequentemente inferiores às edições posteriores, dado que muitas vezes o impressor reproduziu tal e qual o texto corrompido do manuscrito que lhe serviu de modelo; alguns editores tiveram o cuidado desde o advento da imprensa de mandar rever o texto antes de o editar • Diz-se da primeira edição de uma obra. Edição principal. *Editio princeps*. (port. Bras.) Edição príncipe.

EDIÇÃO PRINCIPAL – A primeira edição de uma obra quando se fizeram várias edições dessa obra; edição *princeps*.

EDIÇÃO PRÍNCIPE (port. Bras.) – *Ver* Edição *princeps*.

EDIÇÃO PRIVADA – Edição que, por motivos especiais, não é posta à venda pelo seu autor e proprietário, que a distribui de forma limitada entre as pessoas do seu conhecimento ou as pessoas a quem ela pode interessar. Edição particular.

EDIÇÃO PRIVILEGIADA – Edição detentora de privilégio exclusivo para um determinado período e âmbito territorial.

EDIÇÃO PROFISSIONAL – Aquela que é preparada como resposta à procura e visando a formação profissional daqueles a quem se destina.

EDIÇÃO PROVISÓRIA – Diz-se de uma edição prévia à edição permanente ou definitiva, feita com a finalidade de submeter a obra à crítica.

EDIÇÃO PSEUDÓNIMA – Edição em que o autor, em vez do seu verdadeiro nome utiliza um nome falso ou suposto, com o qual assina as suas obras.

EDIÇÃO RARA – É assim denominada pelos bibliófilos a edição de que se conhecem muito poucos exemplares.

EDIÇÃO REDUZIDA – Impressão de um livro em papel de dimensões mais diminutas que as de uma edição em papel de maiores dimensões, feita a partir da mesma imagem tipográfica • Aquela cuja tiragem foi de um número diminuto de exemplares.

EDIÇÃO REFEITA – Aquela em que algumas páginas foram reescritas ou os elementos dispostos de novo.

EDIÇÃO REFORMADA – A de uma obra cujo texto foi reformulado.

EDIÇÃO REFUNDIDA – A que inclui ou compreende duas ou mais edições anteriores da mesma obra, à qual o autor muda a forma ou disposição, com a finalidade de a melhorar ou modernizar.

EDIÇÃO RESUMIDA – Aquela que reproduz apenas fragmentos de uma obra completa, que sintetizam o texto original da obra. Epítome.

EDIÇÃO REVISADA (port. Bras.) – *Ver* Edição revista.

EDIÇÃO REVISTA – A que foi actualizada pelo autor, seus herdeiros, editor ou especialista na matéria. (port. Bras.) Edição revisada.

EDIÇÃO REVISTA E AUMENTADA – Aquela que, além de ter sido actualizada pelo próprio autor, seus herdeiros, editor, etc., foi acrescentada com outros elementos.

EDIÇÃO SALDADA – Edição vendida a mais baixo preço do que aquele que inicialmente lhe foi atribuído para venda.

EDIÇÃO SEM CABEÇA – *Ver* Edição acéfala.

EDIÇÃO SEM LICENÇA – Edição ilegal.

EDIÇÃO SEPARADA – Edição tirada à parte.

EDIÇÃO SUB-REPTÍCIA – Aquela que é feita de forma clandestina. Aquela que é produzida por meios fraudulentos. Edição pirata. Edição clandestina.

EDIÇÃO SUPOSTA – Também designada edição hipotética, é a de uma obra registada numa bibliografia ou citada por algum autor, mas de cuja existência não há provas dignas de fé. Edição fantasma.

EDIÇÃO TÉCNICA – É o tipo de edição de textos em que, através de meios fotomecânicos e de composição tipográfica, aparecem os dois textos, um em fac-símile e o outro em transcrição paleográfica; é uma espécie de combinação de dois tipos de edição de um texto: a edição fac-similada e a edição diplomática ou paleográfica feitas simultaneamente, de molde a poderem confrontar-se os processos de leitura paleográfica com a reprodução exacta do texto original • A de uma obra que contém informação de natureza científica, isto é, trata de assuntos relacionados com a ciência e suas aplicações práticas; contrapõe-se a edição literária.

EDIÇÃO ÚNICA – Primeira edição de uma obra que nunca teve outra.

EDIÇÃO UNIFORME – Trabalhos individuais de um autor publicados em idêntico formato e encadernação.

EDIÇÃO UNIVERSITÁRIA – Edição de um texto para os alunos de uma universidade feita por ela própria.

EDIÇÃO *VARIORUM* – Expressão que deriva da frase latina *cum notis variorum*, ou seja, edição publicada com as variantes e as glosas eruditas de críticos e humanistas dadas como definitivas • Edição de uma obra composta a partir da comparação de vários textos publicados previamente, sendo fornecidas as variantes em notas de rodapé e incluindo as notas de vários comentadores.

EDIÇÃO VESPERTINA – Edição de uma publicação que sai no período da tarde ou da noite. Edição da tarde. Edição da noite.

EDIÇÕES JUNTINAS – Obras impressas pela célebre família italiana dos Junta ou Giunti, de Florença. Giuntinas.

EDICTAL – Referente a edictos. Edital.

EDICTO – Parte da lei que expõe as disposições a que ela obriga • Ordem • Decreto. Édito.

EDÍCULO – Pequena estrutura arquitectónica constituída por duas colunas com um frontão sobreposto, que geralmente alberga um personagem e que surge frequentemente em portadas de estilo arquitectónico. Nicho para colocar santos ou outras figuras • Oratório. Capela.

EDIT. – Abreviatura de editorial e editado.

EDITAÇÃO – Acto de editar.

EDITADO – Publicado.

EDITADO PELO AUTOR – *Ver* Edição de autor.

EDITAL – Relativo a édito, que se faz público por afixação de edital • Ordem oficial ou traslado de postura ou édito destinada ao conhecimento geral, através da afixação em lugares públicos ou de anúncio na imprensa periódica. Papeleta.

EDITAR – Publicar uma obra ou qualquer outro tipo de impresso (folheto, publicação periódica, mapa, etc.) por meio de impressão ou qualquer outra modalidade de reprodução gráfica. Dar à luz. Conceber, planear e preparar o conteúdo de um livro, em cooperação com o autor. Imprimir. Mostrar • Orientar • (port. Bras.) Editorar.

EDITIO (pal. lat.) – O significado etimológico é acção de dar à luz e, por extensão de sentido, passa a significar edição, publicação de livros.

EDITIO PRINCEPS (loc. lat.) – Expressão latina usada para designar a edição *princeps*, primeira edição de uma obra.

ÉDITO – Ordem judicial que se faz pública através de anúncio ou edital • Texto publicado durante a vida e sob responsabilidade do seu autor • Lei, decreto, diploma, edital, mandato, mandado, ordem • Acordo • Ordem do Papa, imperador, rei, etc. • Bando.

EDITOLOGIA – Ciência da reprodução dos media.

EDITOLOGIA CIENTÍFICA – Conhecimento lógico de todas as operações necessárias à preparação de um texto com vista à sua impressão; esta nova especialidade científica tem dois objectivos: um diz respeito ao bom escrever e estilo elegante dos autores científicos, o outro aos editoristas e ao seu empenhamento na apresentação e na selecção dos artigos das suas publicações periódicas, com a finalidade de moderar a inflação quantitativa de publicações científicas e de lhes conservar a legibilidade e a concisão.

EDITOR – Pessoa que manda imprimir à sua custa livros e papéis, em oficina própria ou alheia. Aquele que edita. Autor de uma edição, quer ela seja diplomática ou interpretativa, crítica, etc. • Pessoa física ou moral, singular ou colectiva, que assume a iniciativa e a responsabilidade da produção, divulgação e difusão de uma publicação ou documento. É o mediador entre o autor e o mercado através do recurso a agentes gráficos, distribuidores, líderes de opinião, etc. O editor é o principal agente comercial do ramo das artes gráficas no que diz respeito ao livro e publicações periódicas; o trabalho do editor pode limitar-se à preparação do item para o tipógrafo ou pode incluir a supervisão da sua execução, revisão ou elucidação do texto e a adição de uma introdução, notas ou aparato crítico; no caso de algumas obras pode envolver a direcção técnica de um grupo de pessoas implicadas na escrita ou compilação do texto; esta figura, segundo uns, terá surgido entre nós na primeira metade do século XVII, quando em 1630 Mateus Pinheiro afirma, ao referir-se a uma determinada obra, que imprimira "a sua custa e a fizera emendar de muitos erros..."; segundo outros, o seu aparecimento ter-se-á dado por volta de 1830; outros, porém, acreditam datar de dez anos antes, não como mercador de livros nem mestre impressor, devendo-se a sua emancipação à ruptura tecnológica que virava costas ao tempo de Gutenberg ou à mudança na organização social. Até ao século XIX o editor está em geral ligado a uma tipografia ou a um livreiro. O aparecimento do editor puro dá-se apenas no século XX, altura em que este se torna independente do impressor e do livreiro e são criadas editoras de prestígio, como resposta a uma grande procura de livros impressos • Pessoa que exerce a indústria da produção e divulgação de obras literárias, artísticas, científicas, musicais, etc. por meio da imprensa, embora nem sempre se ocupe da arte tipográfica e do comércio de livros. Nesse papel concebe e planeia o livro ou uma série deles, procura e escolhe os originais, determina o tamanho, forma da edição e todos os seus pormenores, dirige a sua execução material e divulga as suas publicações pelos mercados que podem estar interessados nelas • Erudito que, com finalidades de depuração crítica, se vota à publicação de obras consideradas importantes para a história da cultura • Em informática, programa de computador que permite editar ficheiros de dados e texto.

EDITOR (pal. lat.) – Aquele que produz, o autor; esta palavra latina esteve na origem da actual homógrafa portuguesa, usada com o mesmo sentido.

EDITOR CIENTÍFICO – Aquele que faz sair a público o texto de um autor, geralmente já desaparecido e que o publica com o aparato crítico mais ou menos desenvolvido – prefácio, notas, comentários, variantes, etc.; confunde-se raramente com o editor, este mais ligado ao aspecto comercial e material do ofício • Aquele ou aquela que publica uma obra científica • Aquele que faz aparecer um jornal, revista ou periódico sob sua responsabilidade. Editor intelectual.

EDITOR COMERCIAL – Pessoa física ou colectividade responsável pela produção de um livro ou pelo fornecimento de exemplares dele para o público através da sua venda.

EDITOR CRÍTICO – Aquele que organiza uma edição crítica de uma obra.

EDITOR CULTURAL – Aquele que não tem como primeira finalidade do seu trabalho o lucro que ele poderá proporcionar-lhe, mas sim motivações respeitantes a um ou a diferentes domínios científicos, literários ou artísticos; usa-se por oposição a editor mercenário.

EDITOR DE ARTE – Aquele que superintende no projecto gráfico-visual de uma obra.

EDITOR DE OBRAS GERAIS – Editor que não publica obras sobre uma temática definida nem um determinado tipo de edições; como dispõe de uma grande organização financeira e comercial edita nas áreas mais diversas.

EDITOR DE TEXTO – *Ver* Editor literário.

EDITOR ELECTRÓNICO – Aquele que aplica os meios informáticos às artes gráficas; usa-se por oposição a editor tradicional e a sua actividade manifesta-se no domínio do livro electrónico.

EDITOR ESCOLAR – Editor especializado em publicações destinadas ao ensino.

EDITOR ESPECIALIZADO – Aquele que se dedica apenas à publicação de obras de um determinado tipo e área do conhecimento científico ou técnico.

EDITOR FINANCEIRO – Pessoa ou entidade que publica uma obra alheia, arrostando com a despesa de impressão, obrigando-se à sua difusão e colocação à venda.

EDITOR HUMANÍSTICO – Editor que publica obras cuja temática abarca áreas como a história, arte, política, ciências sociais, etc.

EDITOR INTELECTUAL – Pessoa ou organização que prepara uma obra ou um conjunto de obras das quais não é autor, com vista à sua publicação; o seu papel pode limitar-se à preparação do manuscrito para o impressor, à revisão ou à explicação de um texto ou a uma introdução, notas ou observações críticas. Editor científico.

EDITOR LITERÁRIO – Organização ou pessoa responsável pela preparação para publicação de um documento de que não é autor, do ponto de vista do seu conteúdo intelectual. Editor de texto. O papel do editor literário pode cingir-se à preparação do documento para o impressor, incluir o controlo do fabrico, a revisão ou o esclarecimento do conteúdo do documento, a adição de palavras prévias, introdução, notas ou outras observações críticas; a sua função engloba também, com frequência, a direcção técnica das pessoas encarregadas da redacção ou compilação do documento.

EDITOR MERCENÁRIO – Aquele que trabalha exclusivamente a troco de lucro, em dinheiro ou outro; usa-se esta expressão por oposição a editor cultural.

EDITOR ORIGINAL – Primeiro editor de uma obra • Nas traduções, editor que transmite o direito de tradução a outro editor de outra língua.

EDITOR PRIVADO – Pessoa ou instituição particular que assume a responsabilidade da produção de uma determinada edição; opõe-se a editor oficial.

EDITOR RESPONSÁVEL – Pessoa que assina os números de um periódico, responsabilizando-se pelo seu conteúdo, embora não seja ela quem o escreve.
EDITOR TRADICIONAL – Aquele que edita segundo usos antigos, recusando a aplicação dos meios informáticos às artes gráficas; a sua actividade manifesta-se no domínio do livro impresso; a expressão usa-se por oposição a editor electrónico.
EDITOR. – Abreviatura de editorial.
EDITORA – Casa ou instituição que se responsabiliza pela edição de publicações. Casa editora.
EDITORA COMERCIAL – Empresa editora a quem compete o projecto e a comercialização do livro. Empresa editorial.
EDITORA DIGITAL – Modalidade de editora muito moderna assente nas telecomunicações e na informática, tirando o melhor partido do aumento rapidíssimo dos suportes com os quais é possível transferir a informação, da eficácia dos canais de distribuição e do desenvolvimento das estratégias da competição; opõe-se a editora tradicional.
EDITORA TRADICIONAL – Aquela que usa métodos e processos que se afastam das ideias do progresso. Opõe-se a editora digital.
EDITORA UNIVERSITÁRIA – Aquela que orienta o perfil das obras que edita tendo em vista o público universitário, publicando as obras que servem os propósitos pedagógicos dos cursos que são ministrados na universidade; eventualmente as obras dos professores que os asseguram são também publicadas por este tipo de editor.
EDITORAÇÃO – Acto de editar • Projecto gráfico e edição de livro, etc. • Preparação técnica do original com vista à publicação, com intervenção ocasional na revisão da forma e mesmo do conteúdo. Projecto gráfico e edição de livro, etc. *Ver* Edição.
EDITORAL (port. Bras.) – *Ver* Editorial.
EDITORAR (port. Bras.) – *Ver* Editar.
EDITORIA – Cada uma das secções (de órgão de imprensa, de obra de referência, etc.) que está a cargo de um editor.
EDITORIAL – Relativo a edição ou a editor: comércio, contrato, direito editorial • Artigo de jornal ou revista que reflecte o pensamento e a orientação dos seus dirigentes, habitualmente colocado na primeira página; em alguns jornais o editorial está sempre presente e chega a constituir a peça forte, quando exprime frontalmente uma posição própria. Nota editorial • Artigo de fundo • Empresa editora. (port. Bras.) Editoral.
EDITORIALISTA – Pessoa que escreve editoriais. Aquele que redige os editoriais.
EDITORISTA – Pessoa responsável pela escolha e preparação de um texto com vista à sua impressão: correcção, revisão, arranjo gráfico, etc.
EDITOR-LIVREIRO – Nome dado à pessoa, em geral letrada, cuja função, além de proceder à difusão de uma obra, consiste em criar um público para ela; entre outros, cabem-lhe os papéis de corrigir, anotar e fixar o texto.
EDITOR-TIPÓGRAFO – Pessoa que edita e que, em simultâneo, exerce a arte tipográfica.
EDMS – Acrónimo de *Electronic Document Management System*, sistema de gestão de documentos electrónicos.
EDP – Acrónimo de *Electronic Data Processing*, Processamento electrónico de dados.
EDUCAÇÃO DE USUÁRIO (port. Bras.) – *Ver* Formação do utilizador.
EDUCAÇÃO DO LEITOR – *Ver* Formação do utilizador.
EDUCAÇÃO DO UTILIZADOR – *Ver* Formação do utilizador.
EDUCAÇÃO PARA ADULTOS – Programas educativos para pessoas que ultrapassaram a idade escolar; têm como objectivo desenvolver conhecimentos escolares rudimentares, capacidades, atitudes ou hábitos.
EDUCAÇÃO PERMANENTE – Aquela que é feita de um modo continuado, constante, e que visa uma actualização sucessiva dos conhecimentos.
EED – Acrónimo de *Encoded Electronic Description*, Descrição electrónica codificada.
EFABULAÇÃO – *Ver* Fabulação.
EFEITO DE CHAMINÉ – Em tipografia é o aparecimento na composição tipográfica do texto de brancos no mesmo lugar em várias linhas consecutivas, o que é considerado de mau gosto.

EFEITO DE DIFERENCIAÇÃO – Tom que apresenta o livro impresso e que resulta do uso de uma gama variada da cor das tintas, do uso de papéis coloridos e do uso de sedas batidas nos prelos.

EFEITOS DA LEITURA – Diz-se dos resultados visíveis que se fazem sentir no leitor atento e frequente e que podem ir desde a solução prática de um problema concreto, à aquisição de conhecimentos mais ou menos especializados, ao prestígio que resulta da leitura, à auto-confiança que confere, ao repouso e ao preenchimento de tempos livres e ao prazer da leitura que daí se retira.

EFEMERIDADE DA INFORMAÇÃO – Carácter transitório, passageiro da informação. Sendo a informação contínua rapidamente transmitida, a sua desactualização é uma das consequências inevitáveis; nos dias de hoje, em que as facilidades de comunicação nos permitem obter conhecimento de qualquer acontecimento ocorrido no outro lado do mundo mal ele acaba de suceder, a informação rapidamente perde actualidade. Opõe-se a perenidade.

EFEMÉRIDES – Almanaque astronómico que indica para cada dia do ano o lugar do sol, da lua, dos planetas e das estrelas • Obra que apresenta os acontecimentos de relevo que tiveram lugar num mesmo dia do ano em épocas diferentes • Secção de uma publicação periódica em que se relatam os acontecimentos ocorridos na data da edição do periódico • Livro que relata dia-a-dia os sucessos da vida de um personagem ilustre. Diário • Diz-se do texto publicado em jornal por motivo de aniversário de acontecimento importante na história: aniversário de revolução do país ou cidade, de morte de um artista, etc.

EFÉMERO – Diz-se da publicação de curta duração • Passageiro. Transitório.

EFEMEROTECA – Conjunto de jornais e periódicos; hoje utiliza-se o termo hemeroteca, embora com menos exactidão. *Ver* Hemeroteca.

EFICÁCIA – Força produtora de efeito. Eficiência • Em avaliação de serviços, nível que é alcançado por uma biblioteca, arquivo, serviço de documentação, etc., no cumprimento dos objectivos que tinha determinado.

EFICÁCIA DA PESQUISA – Grau de eficiência obtido quando se faz uma investigação. *Ver* Factor de exaustividade, Factor de pertinência *e* Factor de ruído.

EFICÁCIA DE UM ÍNDICE – Qualidade de um índice resultante do modo como ele corresponde às necessidades de quem procura a informação contida no documento ou documentos a que o índice diz respeito. Eficiência de um índice.

EFÍGIE – Imagem ou figura de pessoa numa moeda, medalha ou pintura. Representação.

EGÍPCIA – Designação atribuída à letra de transição caracterizada por apresentar linhas grossas, estreitas ou largas, cujas ligações são rectangulares e tão espessas como as hastes. Letra egípcia. Letra negrita.

EGIRA – *Ver* Hégira.

ÉGLOGA – *Ver* Écloga.

E-INK (pal. ingl.) – Forma abreviada corrente para *Electronic ink*, tinta electrónica.

EIXO – Linha fixa, horizontal ou vertical, usada como referência num diagrama ou gráfico • Peça de forma cilíndrica que liga os dois pratos de uma bobina, em volta da qual é enrolado o filme ou fita magnética.

EIXO DE ABCISSAS – Linha horizontal ou eixo de um diagrama, mapa ou gráfico que usa coordenadas rectangulares.

EIXO DE ORDENADAS – Linha vertical ou eixo de um diagrama, mapa ou gráfico que usa coordenadas rectangulares.

EIXO PARADIGMÁTICO – Aquele que é fixado segundo um dos tipos de relações mantidas pelas unidades linguísticas entre si: relação entre as unidades que podem figurar num mesmo contexto e que, pelo menos neste contexto, se excluem mutuamente • Segundo Roman Jakobson, eixo do discurso que respeita às possibilidades da actualização de cada uma das palavras que são empregadas na cadeia frásica.

EIXO SINTAGMÁTICO – Eixo de ligação das unidades linguísticas na cadeia falada; estas unidades são solidárias pelo seu encadeamento devido ao carácter linear da língua • Segundo Roman Jakobson, eixo do discurso que respeita ao encadeamento das palavras na frase.

E-JOURNAL (pal. ingl.) – Forma abreviada de *Electronic Journal,* revista em suporte electrónico.

EJS – Acrónimo de *Electronic Journals Service,* Serviço electrónico de revistas, sistema que serve de ponto de acesso a bases de dados referenciais, bases de dados em texto integral e revistas electrónicas.

ELABORAÇÃO – Acto ou efeito de elaborar • Preparação. Produção de um trabalho • Composição de um texto ou obra.

ELABORAÇÃO DO ACTO ESCRITO – Sucessão das operações pelas quais passa um documento, desde o momento em que é solicitado ou concebido e reduzido à escrita, até ao cumprimento de todas as formalidades susceptíveis de concorrer para a sua execução.

ELABORAR UM TEXTO – Dispor literariamente os dados referentes a um determinado tema, combinando-os de modo a serem apresentados de forma inteligível.

E-LEARNING (pal. ingl.) – Ensino à distância por meio da *Internet*.

ELECTOR PERGAMENI (loc. lat.) – Designação do pergaminheiro que seleccionava o pergaminho segundo a sua qualidade.

ELECTROAUTÓGRAFO – Pantelégrafo com o qual se transmitem à distância fotogravuras, que podem ser empregadas directamente para matrizes tipográficas.

ELECTROCÓPIA – *Ver* Cópia electrostática.

ELECTRODIFUSOR – Mesa luminosa usada em artes gráficas para fazer fotomontagens, analisar transparências, fazer retoques, etc.

ELECTROFOTOCÓPIA – Fotocópia • Fotoelectrografia.

ELECTROGRAFIA – Processo de gravação no qual se emprega directamente a acção da electricidade, conseguindo-se electroliticamente estampas gravadas em cavado ou em relevo • Nome genérico dos processos de impressão e reprodução documental nos quais a tinta passa ao material que serve de suporte por atracção electrostática; inclui a fotoelectrografia e a impressão electrostática.

ELECTRÓGRAFO – *Ver* Pantelégrafo.

ELECTRONIC ACCESS TO RESOURCES IN LIBRARIES (loc. ingl.) – Acesso Electrónico aos Recursos das Bibliotecas, consórcio de bibliotecas públicas britânicas criado com a finalidade de colaborar na criação de serviços baseados na *Internet*. *EARL*.

ELECTRONIC BOOK (loc. ingl.) – Em português livro electrónico, versão digital de um livro, artigo ou outro documento; segundo alguns autores, trata-se de um termo vago, que é usado para descrever um texto ou monografia sob forma electrónica • Aquilo onde ele se lê, isto é, um computador pessoal, de secretária ou portátil, *palm size* ou um *dedicated eBook reader*.

ELECTRONIC COMMERCE (loc. ingl.) – Comércio electrónico, aquele que se faz via *Internet*. *E-commerce*.

ELECTRONIC DATA INTERCHANGE (loc. ingl.) – Troca electrónica de informação normalizada entre computadores podendo usar a *Internet* como plataforma (*EDI* sobre *TCP/IP*) ou usar redes proprietárias exclusivas entre instituições. Permite a permuta de documentos entre computadores (facturas, recibos, contratos, notas de encomenda, etc.) sem recurso à circulação de papel. *EDI*.

ELECTRONIC DOCUMENT MANAGEMENT SYSTEM (loc. ingl.) – Sistema de gestão de documentos electrónicos. *EDMS*.

ELECTRONIC INK (loc. ingl.) – Tinta electrónica. *E-ink*. *Ver tb. Electronic paper*.

ELECTRONIC JOURNAL (loc. ingl.) – Revista em suporte electrónico. *E-journal*.

ELECTRONIC JOURNALS SERVICE (loc. ingl.) – Serviço electrónico de revistas, sistema que serve de ponto de acesso a bases de dados referenciais, bases de dados em texto integral e revistas electrónicas. *EJS*.

ELECTRONIC LIBRARY – *Ver* Biblioteca digital *e* Biblioteca electrónica.

ELECTRONIC LIST (loc. ingl.) – Lista electrónica, aquela cujo conteúdo se encontra registado em suporte electrónico. *E-list*.

ELECTRONIC MAGAZINE (loc. ingl.) – Revista electrónica. Revista *Web*. *E-zine*.

ELECTRONIC MAIL (loc. ingl.) – Correio electrónico. *E-mail*.

ELECTRONIC METRICS (loc. ingl.) – Estatísticas sobre o uso dos recursos electrónicos. *E-metrics*.

441

ELECTRONIC PAPER (loc. ingl.) – Designação do projecto que visa substituir o suporte ecrã conservando o suporte papel; baseia-se na colocação de uma camada de vinil, um determinado género de preparado para conduzir uma carga eléctrica, que recebe sinais digitais e que indica às minúsculas microesferas presentes, do tamanho de um grão de *toner*, a posição que lhes cabe (branca ou negra); não é exclusivo para o suporte papel, podendo também ser aplicado a outro tipo de materiais, como determinadas variedades de plástico. Papel electrónico.

ELECTRONIC PRE-PRINT (loc. ingl.) – Parte de texto ou obra que é publicada sob forma electrónica e distribuída antes da fase da publicação geral do texto ou obra; pressupõe uma publicação posterior sob forma impressa.

ELECTRONIC PROJECT (loc. ingl.) – Projecto de digitalização. *E-project*.

ELECTRONIC PUBLISHER (loc. ingl.) – Editor de publicações electrónicas. *E-publisher*.

ELECTRONIC RESOURCE (loc. ingl.) – Recurso electrónico. *E-resource*.

ELECTRONIC TITLE (loc. ingl.) – Título electrónico. Título disponível electronicamente.

ELECTROTIPIA – Arte de reproduzir caracteres, gravuras ou matrizes tipográficas em cavado ou em relevo por meio da galvanoplastia • Arte de reproduzir tipos, medalhas, bustos, retratos, etc. através do uso da electricidade.

ELECTROTIPISTA – Pessoa que se dedica à electrotipia.

ELECTRÓTIPO – Aparelho empregado na electrotipia • Matriz de cobre obtida por electrotipia.

ELEFANTE – Formato de papel alemão que mede 67 x 92 cm; as suas dimensões são variáveis de país para país: o italiano do mesmo nome mede 66 x 96 cm e o belga 61,6 x 77 cm.

ELEGANTE – Nome dado entre os romanos à letra capital feita com delicadeza e simetria.

ELEGIA – Pequena composição poética consagrada a luto ou mágoas • Composição poética, da literatura grega e latina, composta de hexâmetros e pentâmetros.

ELEMENTAR – Que é pouco complicado. Rudimentar. Primário • Essencial. Fundamental. Básico.

ELEMENTO – Palavra, expressão ou grupo de caracteres que representam uma unidade distinta da informação bibliográfica e fazem parte de uma zona da descrição bibliográfica • A mais pequena unidade de informação identificável explicitamente • O que serve de fundamento a uma investigação ou outro trabalho intelectual.

ELEMENTO AFIM – Em recuperação da informação, documento ou termo que está próximo de um outro pelo significado ou pelo conteúdo.

ELEMENTO BIBLIOGRÁFICO – Palavra, frase ou grupo de caracteres que representam uma unidade distinta de informação bibliográfica e fazem parte de uma zona da descrição bibliográfica.

ELEMENTO BINÁRIO – Em informática, informação mais simples: um elemento binário corresponde a um número do sistema binário, que não pode assumir senão dois valores: 1 ou 0.

ELEMENTO DE FACETA – Na classificação por facetas, designação de cada uma das partes de uma faceta.

ELEMENTO DE IDENTIFICAÇÃO – Aquele que se junta ao nome do autor a fim de evitar, tanto quanto possível, situações de homonímia e de insuficiência de identificação. São elementos de identificação os títulos que designam funções, cargos, ordens religiosas, títulos nobiliárquicos, datas de nascimento e morte (ou apenas uma delas), datas-limite da obra de um autor, indicação da profissão, grau académico, funções desempenhadas na obra ou outros.

ELEMENTO DE INFORMAÇÃO – Num registo bibliográfico, frase, palavra ou grupo de caracteres que representa uma unidade de informação bibliográfica e que forma toda uma zona da descrição bibliográfica ou parte dela • Num registo informático, unidade definida de informação que constitui todo o campo ou uma parte dele.

ELEMENTO DE LIGAÇÃO – Elemento formal de descrição em *ISBD(CP)* que relaciona a descrição da parte componente com a identificação do documento hospedeiro; tem por finalidade assinalar o fim da descrição da parte componente e o início da identificação do documento hospedeiro indicando, desse modo, a existência de uma relação entre essa parte e o respectivo hospedeiro.

ELEMENTO DE ORDENAÇÃO – Carácter ou palavra que subordina ou é utilizada ao arrumar.

ELEMENTO DISTINTIVO – Dado que pode ser acrescentado ao apelido do autor, como título designativo de função, cargo, datas, etc., e que serve como base de distinção no caso de autores com nomes iguais.

ELEMENTO ESSENCIAL – Elemento bibliográfico que deve ser incluído na referência bibliográfica, que é indispensável à identificação do documento ou à sua localização.

ELEMENTO FACULTATIVO – Elemento bibliográfico que, não estando directamente ligado à identificação do documento, pode fornecer uma informação adicional, útil ao utilizador da referência.

ELEMENTO HERÁLDICO – Motivo decorativo cujo assunto principal são as armas de uma pessoa ou família, usadas frequentemente nos brasões e em decoração de livros para envolver ou decorar na parte interior uma letra capitular.

ELEMENTO NÃO ORDENÁVEL – Designação dada ao carácter ou palavra que, por não ser significativo, não é considerado na ordenação; os artigos iniciais e os sinais diacríticos são, regra geral, elementos não ordenáveis.

ELEMENTO RECOMENDÁVEL – Elemento bibliográfico que fornece uma clareza adicional à identificação do documento e que, pela sua importância, deverá ser incluído, quando disponível.

ELEMENTOS – Livro que contém os fundamentos de uma ciência, arte ou técnica. Noções; é um título usado para um grande número de obras nas quais esses fundamentos estão contidos.

ELEMENTOS DO DISCURSO DIPLOMÁTICO – Diferentes partes constitutivas do acto escrito.

ELEMENTOS DO LIVRO – Os elementos constitutivos do livro tal como o conhecemos hoje são: guarda branca ou folha de guarda, antetítulo, rosto, título, *copyright*, dedicatória, prefácio, agradecimentos, sumário, texto da obra, apêndices, notas do autor (quando não estão em pé de página), glossário, bibliografia, índice, índice das ilustrações, errata e cólofon; a ordem destes elementos pode variar.

ELEMENTOS METÁLICOS – Nome genérico dado na descrição das encadernações aos fechos, brochos, tachas, umbílicos e cantoneiras, que as seguram, protegem e ornamentam.

ELEMENTOS PRELIMINARES – Em documentação, aqueles que antecedem a parte principal do documento, número de classificação, título, autor, sumário, resumo.

ELEMENTOS SUSTENTADOS – Nome dado aos materiais que são usados para registo gráfico sobre um determinado suporte, por exemplo as tintas para a escrita e os pigmentos usados na pintura de iluminuras e miniaturas.

ELENCAR – Listar. Dispor em rol.

ELENCHUS (pal. lat.) – Designa o apêndice de um livro, geralmente ligado à lista dos títulos dos capítulos.

ELENCHUS CAPITULI (loc. lat.) – Expressão que encabeça nos livros antigos a lista dos capítulos.

ELENCO – Índice • Súmula • Lista. Rol. Catálogo.

ELEVADO – Algarismo, letra ou sinal de olho menor do que os demais da fonte a que pertence e que é alinhado no alto, na parte superior da linha; é usado nas abreviaturas, em fórmulas e notas e para formar os expoentes em trabalhos de matemática; também é designado por subido • Exaltado. Engrandecido. Enobrecido.

ELEVADOR – Designação de duas peças móveis do linótipo: o primeiro elevador é o que, recebendo a linha de matrizes, tem por fim levá-la ao molde de fundição, subindo em seguida até à caixa de translação, onde entrega as matrizes ao segundo elevador, conhecido também pelo nome de guindaste, que as leva até ao mecanismo distribuidor.

ELEVAR – Levantar uma letra ou sinal para que fique mais alto. Subir • Engrandecer, exaltar.

ELGRAMA – Máquina de gravar em material sintético.
E-LIB (pal. ingl.) – Forma abreviada de *Electronic Library*. Ver Biblioteca electrónica.
ELIDIR – Suprimir na escrita ou apenas na pronúncia.
ELIMINAÇÃO – Acto ou efeito de eliminar. Operação que consiste em retirar de um fundo de uma biblioteca, arquivo, serviço de documentação, etc., os materiais duplicados, supérfluos, não utilizados, excessivamente degradados, obsoletos, velhos ou mal acomodados ou ainda por simples falta de espaço. Supressão. Exclusão. (port. Bras.) Descarte.
ELIMINAÇÃO DE DOCUMENTOS – Acção de remover, após uma selecção criteriosa, os documentos que já não interessam; pode tratar-se também de exemplares supérfluos. Esta operação efectua-se em geral, porque eles estão velhos, desactualizados, danificados pelo uso, ultrapassados ou inadequados; a eliminação faz-se geralmente com base no conteúdo, idade, utilidade, uso e estado; por vezes é feita com desconhecimento do valor histórico e cultural do património bibliográfico • Em arquivística, destruição de documentos que, após avaliação, foram considerados sem valor probatório e/ou informativo que justifique a sua conservação permanente.
ELIMINAÇÃO DE UM REGISTO – Acto de retirar de um catálogo um registo bibliográfico que não deve continuar em acesso público. Anulação de um registo.
ELIMINAR – Retirar de um fundo os livros e demais documentos supérfluos, não utilizados, obsoletos, velhos ou mal acomodados. (port. Bras.) Descartar • Em informática, anular, fazer desaparecer um registo ou um programa de uma memória.
ELIMINAR DO CATÁLOGO – Acção de retirar dos diversos catálogos as notícias catalográficas tornadas inúteis.
ELIMINAR ERROS – Corrigir, emendar incorreções, gralhas, imprecisões.
ELIPSE – Uso de um enunciado considerado como truncado em relação a uma forma julgada a correcta • Em gramática, figura de estilo que consiste na supressão de uma palavra, uma sílaba ou frase inteira que, embora necessária à compreensão, se adivinha com facilidade; tal supressão confere ao discurso maior sobriedade, rapidez e espontaneidade, tornando-o mais denso e expressivo.
ELIPSÓGRAFO – Instrumento usado por desenhistas e gravadores para traçar elipses • Aparelho utilizado nas oficinas de fotogravura para cortar os clichés em forma de oval ou de círculo; é conhecido vulgarmente por ovaladeira.
ELISÃO – Supressão de um ou vários fonemas ou morfemas num vocábulo.
E-LIST (pal. ingl.) – Forma abreviada de *Electronic List*, lista de distribuição electrónica, lista cujo conteúdo se encontra registado em suporte electrónico.
ELITE – Tipo miúdo das máquinas de escrever, de olho aproximadamente igual ao carácter de dez pontos • Escol. Flor. Nata.
ELMO – Peça de armadura, destinada a proteger a cabeça, usada em heráldica e representada quase sempre de perfil e cerrada, virada para a direita; quando se apresenta de frente, está aberta, o que denota linhagem antiga; é o primeiro dos ornamentos do escudo, o verdadeiro indicador da nobreza; em Portugal, segundo alguns autores, apenas o rei podia apresentar o elmo de frente.

Elmo

ELOCUÇÃO – Expressão de uma ideia por meio de palavras • Arte de bem falar publicamente • Escolha de palavras e frases no discurso. Estilística • Estilo • Dicção • Linguagem.
ELOCUTÓRIA – Ver Retórica.
ELOGIO – Discurso ou narração em louvor de alguém ou de alguma coisa • Sentença ou inscrição • Encómio. Panegírico • Apologia.

ELOGIO FÚNEBRE – Discurso em louvor de alguém falecido, que é feito aquando do funeral ou celebração das exéquias e que consiste geralmente no panegírico e relato lisonjeiro das qualidades e acções do defunto.

ELOQUÊNCIA – Qualidade que um orador possui de dominar os ouvintes através do seu discurso • Arte de bem falar.

ELÓQUIO – *Ver* Fala *e* discurso.

ELUCIDAÇÃO – Acção de tornar claro ou evidente por meio de explicação. Explicação. Esclarecimento.

ELUCIDAR – Esclarecer, explicar, informar.

ELUCIDÁRIO – Livro que explica, esclarece ou elucida questões difíceis ou obscuras acerca de diversas ciências e artes. Lucidário.

ELUCIDATIO (pal. lat.) – Explicação. Esclarecimento.

ELUCUBRAÇÃO – Obra que é feita à custa de trabalho e de vigílias. Investigação trabalhosa e demorada.

ELZEVIER – Tipo que usavam os Elzevier, a família de tipógrafos e livreiros seiscentistas mais famosa da Holanda e que, embora modificado, tem tido grande voga de há alguns anos para cá; as cerca de mil edições em latim e em francês saídas dos seus prelos caracterizam-se pela elegância tipográfica e pela correcção dos textos; o desenho dos tipos apresenta uma oposição moderada dos cheios e dos finos e ligações triangulares • Nome dado pelo fundidor Théophile Beaudoire nos finais do século XIX a um carácter gravado por ele, com a finalidade de honrar a memória dos famosos impressores holandeses de Leiden • Volume que foi impresso ou publicado por um dos elementos da família que era designada sob este apelido.

ELZEVIRIANA – Colecção de livros impressos pela célebre família de impressores Elzevier, durante várias gerações.

ELZEVIRIANISMO – Tendência ou mania de imitar o estilo elzeviriano, mesmo em obras que não condizem com esse estilo.

ELZEVIRIANO – Carácter de letra derivada do romano antigo; tem o pé triangular; este nome vem-lhe do facto de ter sido utilizado pela família dos Elzevier nas suas impressões • Diz-se das edições que foram compostas com esses caracteres • Trabalho realizado pelos Elzevier. Elzevírio.

ELZEVÍRIO – *Ver* Elzeviriano.

ELZEVIROMANIA – Procura sôfrega das edições elzevirianas praticada entre bibliófilos nos séculos XVIII e XIX e por parte de alguns amadores, para coleccioná-las • Culto que por vezes atingiu as raias do ridículo por parte dos bibliófilos e que consistia na busca e aquisição desenfreadas de obras impressas por esta família, com as margens intonsas ou, pelo menos, o menos aparadas possível, para o que traziam sempre consigo uma bitola, a que Charles Nodier chamava elzevirómetro. Situações como esta levaram a que os livros por eles impressos atingissem, por vezes, preços verdadeiramente absurdos.

ELZEVIRÓMETRO – Instrumento de medida muito aplicado às obras saídas dos prelos da famosa oficina tipográfica de Leiden pertencente à família Elzevier, que durante largos anos dominou o panorama da tipografia nos Países Baixos e o de toda a Europa e cujas esmeradas edições fizeram as delícias dos coleccionadores; consistia numa espécie de bitola que os coleccionadores e bibliómanos usavam para medir essas obras, a fim de verificar o tamanho original das margens do exemplar, procurando que este estivesse o menos aparado possível.

EM ABERTO – Diz-se do espaço deixado em branco para posterior preenchimento.

EM ANALÍTICO – Diz-se do tratamento catalográfico que dá origem a uma entrada analítica, que inclui uma descrição da parte componente analisada e uma nota analítica, que é introduzida pelo elemento de ligação "in" seguido por uma referência abreviada do documento hospedeiro.

EM ASPA – *Ver* Em sautor.

EM *ATTACHEMENT* – Em anexo.

EM BANDEIRA – *Ver* Composição em bandeira.

EM CAMPO ABERTO – *Ver* Em campo livre.

EM CAMPO LIVRE – Expressão que qualifica uma figura desenhada sem fundo nem enquadramento. Em campo aberto.

EM CHEFE – Em heráldica significa que as peças honoríficas do escudo estão colocadas no chefe do campo, ou seja, no terço superior.

Em chefe

EM CUTELO – Modo de colocar o livro assentando o corte dianteiro na superfície da tabela, ficando a lombada virada para cima.

EM DESTAQUE – Em primeiro plano • Em primeira página.

EM DIFERIDO – Modo de utilização de um sistema no qual as informações não são imediatamentre tratadas pelo computador; os dados e os processos devem ser reagrupados previamente e o utilizador não intervém mais no curso do tratamento.

EM DUPLICADO – De que há dois exemplares. Repetido.

EM LINHA – Diz-se de termos, títulos, etc. que ocupam a mesma linha • Tradução da expressão inglesa *on-line*, equivalente a conectado. Modo de utilização de um sistema no qual as informações são imediatamente tratadas pelo computador; a troca de informação é levada a cabo de forma interactiva e desenrola-se em tempo real. *On-line*.

EM ORLA – Expressão que se usa em heráldica para designar a posição que ocupa um elemento do escudo colocado à volta deste.

Em orla

EM PÁGINA DUPLA – Gravura ou ilustração que ocupa duas páginas situadas frente-a-frente. Em dupla página.

EM PÁGINA INTEIRA – Expressão usada para designar uma gravura, estampa ou desenho que ocupa a página completa, que geralmente está incluída na paginação; neste contexto, ela distingue-se da estampa solta com paginação própria. A plena página.

EM PONTA – Em heráldica esta expressão designa a posição que assume qualquer elemento colocado no centro da linha inferior do escudo.

EM PÓRTICO – Diz-se da frase ou pensamento colocado à cabeça de um capítulo, texto, etc.

EM PREPARAÇÃO – Diz-se de um livro ou outro documento cuja composição ainda não terminou e que, por tal razão, não pode ser posto em circulação ou transmissão.

EM PRIMEIRO PLANO – Diz-se das notícias, fotografias, etc. que devem ir colocadas na primeira página • Em destaque.

EM PUBLICAÇÃO – Expressão usada para caracterizar a situação de uma publicação que ainda não está completa, porque é formada por partes ou volumes que se vão editando à medida que vão estando previstos.

EM PÚBLICO – Publicamente. De um modo público.

EM RAMA – Expressão usada para caracterizar um livro ou documento que não está encadernado, apresentando apenas os cadernos impressos dobrados e ordenados.

EM REIMPRESSÃO – Diz-se de uma obra que não pode ser encontrada temporariamente no editor, porque está a ser impressa de novo.

EM RETIRAÇÃO – Diz-se de uma imposição de duas formas diferentes que imprimem frente e costas da folha.

EM RODAPÉ – Na parte inferior de uma página. (port. Bras.) Ao pé da página.

EM ROQUETE – Expressão usada em heráldica para designar a posição de três peças dispostas em triângulo; a mesma expressão é aplicada a três peças enfeixadas que se encontrem na mesma posição.

EM SAUTOR – Termo usado em heráldica para designar a posição de cinco peças móveis ou nove assentes no campo em forma de aspa. Em aspa.

EM SEGURANÇA – Em lugar seguro. Ao abrigo de qualquer perigo. Acautelado. Resguardado. Defendido.

EM SÉRIE – Expressão que se aplica às operações efectuadas em número um por um, por oposição às operações sobre números tratados simultaneamente • Sucessivamente. Em sequência.
EM SUMA – Em resumo. Em conclusão. Resumidamente • Enfim. Por fim de contas.
EM TEMPO REAL – Expressão usada em informática para designar a característica de um sistema automatizado que permite executar qualquer operação no momento, sem que se verifique qualquer demora.
EM TIRA-E-RETIRA – *Ver* Em retiração.
EM TODA A EXTENSÃO DA PALAVRA – Palavra que é usada na totalidade da sua significação.
EM VENDA – Expressão que se aplica aos livros publicados por uma determinada editora comercial ou que podem obter-se nela.
EM VERNÁCULO – Em linguagem própria do país a que pertence, sem mescla de estrangeirismos.
EMAÇAR – Reunir, dispor em maço • Empacotar páginas de tipo que se guardam para uma nova impressão, ou granéis de letras que se põem de reserva • Empapelar. Envolver em papel.
E-MAIL (pal. ingl.) – Forma abreviada de *Electronic mail*. *Ver* Correio electrónico.
EMANAÇÃO – Acto de emanar. Proveniência.
EMANADO – Procedente. Proveniente.
EMANAR – Proceder. Provir. Sair de.
EMBALADOR – Pessoa que faz pacotes. Empacotador. Enfardador. Encaixotador.
EMBALAGEM – Acto e efeito de empacotar, enfardar ou encaixotar.
EMBALAGEM PARA TRANSPORTE MARÍTIMO – Acondicionamento de um livro ou documento para ser transportado por navio, que deve obedecer aos seguintes requisitos: ser feito em papel de seda não ácido, protegido por plástico para impedir que entre humidade, com dois invólucros de plástico de bolhas ou um invólucro interior de cartão ondulado, e todo o conjunto inserido numa embalagem exterior forte de cartão ondulado, devidamente fechada.
EMBALAR – Empacotar. Enfardar. Encaixotar.

EMBARGAR – Impedir o uso de. Dificultar. Interromper. Suspender. Proibir de circular • Confiscar.
EMBARGO – Proibição temporária de publicação de uma notícia fornecida antecipadamente aos jornalistas, sob confiança, cuja publicação só pode ser feita em determinado dia ou hora • Proibição de circular • Confiscação.
EMBASAMENTO – Sobrebase, em geral simples, larga e sem ornamentos, que serve para sustentar pedestais de colunas ou de estátuas.
EMBEBER – Estreitar a composição ou suprimir alguma linha curta com a finalidade de ganhar espaço; esta operação efectua-se com frequência nas compaginações, em especial para evitar linhas curtas no princípio da página ou para ganhar linhas • Apertar os brancos.
EMBLEMA – Figura simbólica, acompanhada ou não de legenda, que serve de distintivo de sociedade, grémio, empresa, corporação, classe, etc. • Insígnia. Marca. Atributo.
EMBLEMA DE EDITOR – *Ver* Marca tipográfica.

Emblema de editor

EMBLEMA EDITORIAL – *Ver* Marca tipográfica.
EMBLEMA FALANTE – *Ver* Marca de impressor.
EMBLEMA HERÁLDICO – Conjunto dos símbolos e atributos relativos a uma família nobre e que geralmente figuram no seu brasão de armas.
EMBLEMA TIPOGRÁFICO – *Ver* Marca tipográfica.
EMBLEMAS BÍBLICOS – *Ver* Bíblia moralizada.
EMBLEMÁTICA FALANTE – Conjunto de elementos iconográficos constantes de um brasão, de um selo, etc., cujo significado se identifica estreitamente com o nome ou nomes a que está ligado: as chaves no apelido Chaves, o pinheiro no apelido Pinheiro, a torre no apelido Torres, etc.
EMBLEMÁTICO – Simbólico. Alegórico.
EMBOÎTAGE (pal. fr.) – Termo francês que designa o tipo de encadernação em que a capa do livro é colada e não cosida; muitas vezes trata-se de uma situação transitória na expectativa de a obra poder vir a ser encadernada, pois nesta fase intermédia a sua integridade corre perigo; por vezes o exemplar encontra-se revestido por uma simples cobertura de cartão, forrada ou não de papel.
ÊMBOLO – Designação atribuída pelos linotipistas ao conjunto constituído por uma haste de ferro articulada com um cilindro (chamado testeira), que constitui o êmbolo propriamente dito e que serve para comprimir e lançar o metal derretido no molde no acto da fundição • Pistão.
EMBRAIAGEM DE FRICÇÃO – Mecanismo do linótipo que compreende uma alavanca articulada que aperta as sapatas revestidas de couro contra a superfície interna da polia, accionando os excêntricos, que determinam o funcionamento da máquina.
EMBRAIAGEM DO DISTRIBUIDOR – Conjunto de peças do linótipo que accionam, por fricção, os fusos distribuidores; compreende o carretel e as engrenagens ligadas a ele; é também designado indevidamente caixa de propulsão.

EMBRICAR – O mesmo que imbricar. Entelhar.
EMBUCHADO – Nome caricato de gíria que os tipógrafos aplicam ao intercalado.
EMBUTIDO – Termo usado para caracterizar a situação em que uma folha, estampa ou outra peça de material gráfico foi colocada dentro de uma moldura ou de uma parte colada sobre a cavidade num outro papel de maiores dimensões, após ter-lhe recortado um pedaço. Encaixe • Incrustado. Marchetado.
EME – Quadratim, no sistema anglo-americano de medidas tipográficas; o nome provém do facto de o M maiúsculo, em muitas fontes de tipos, corresponder à largura de um quadratim; no monótipo, onde serve de base para as medidas no teclado, nem sempre corresponde com exactidão ao quadratim, mas varia até três quartos de ponto, de acordo com o *set* e, neste caso, será de toda a conveniência distinguir entre quadratim e eme.
EMENDA – Acto e efeito de emendar ou corrigir • Correcção ou rectificação que os autores e os revisores fazem nas provas • Correcção de um texto ou adição, que é feita após a impressão original e que é colada na página a que diz respeito ou na página oposta • Realinhamento das folhas dobradas de um item, normalmente pela sujeição a um suporte não intrínseco do objecto, tal como uma tira de papel ou tecido • Ligação por meio de um adesivo feita na direcção transversal de uma folha de papel ou de cartão. Remendo. Retalho.
EMENDA DE MÁQUINA – Aquela que se faz depois de a forma estar na máquina, antes de iniciar a tiragem.
EMENDAÇÃO – Acto de emendar. Correcção • Compartimento de oficina de jornal ou tipografia, onde são corrigidos os granéis e as páginas de composição.
EMENDADA – Diz-se da edição que foi objecto de emendas aos erros tipográficos que continha ou outras alterações e acrescentos que, em princípio, contribuíram para a sua melhoria.
EMENDADO – Texto ao qual foram retirados os erros ou os defeitos • Corrigido. Melhorado. Correcto. Rectificado. Modificado. Restaurado. Que levou emenda, remendo, acrescento. Acrescentado.

EMENDADOR – O que emenda (o corrector entre os tipógrafos, por antonomásia).
EMENDANDA (pal. lat.) – Correcção a executar num texto.
EMENDAR – Corrigir os erros que foram assinalados pelo revisor na prova tipográfica • Substituir qualquer texto errado ou batido numa chapa, por nova fundição ou linhas do linótipo, quando não convenha refazer toda a chapa • Tirar defeitos. Alterar. Reparar. Modificar.
EMENDAR NO CHUMBO – Proceder às emendas na composição tipográfica antes de tirar a prova, com a finalidade de detectar erros; esta operação é levada a cabo na oficina pelo compositor. Rever no chumbo. Corrigir no chumbo.
EMENDATIO (pal. lat.) – Emenda • Correcção da cópia manuscrita levada a cabo pelo censor. *Correctio* • Reforma.
EMENDATIO OPERE INGENII (loc. lat.) – Expressão usada para significar a lição reconstruída pelo editor sem apoio em testemunhos, destinada ao preenchimento de uma lacuna ou à emenda de um erro presente na tradição.
EMENDATOR (pal. lat.) – Aquele que corrige. Corrector.
EMENTA – Memorial ou livro no qual se põe em lembrança o que se compra, vende ou gasta; destina-se a evitar o esquecimento. Registo da receita e despesa • Apontamento para lembrança • Resumo de informação incluída num documento • Nome dado ao livro no qual eram escritos, de forma resumida, os treslados das cartas régias, graças, mercês, para que se pudessem compreender com facilidade e guardar na lembrança. Sumário • Rol • Lista das iguarias de uma refeição. Menu.
EMENTAIRO – Forma arcaica de ementário. *Ver* Inventário.
EMENTAR – Dizer de forma resumida • Recapitular as acções de uma pessoa, quer elas sejam boas ou más.
EMENTÁRIO – Livro de ementas • Agenda.
E-METRICS (pal. ingl.) – Forma abreviada de *Electronic Metrics*, estatísticas sobre o uso dos recursos electrónicos.
EMISSÃO – Conjunto de exemplares de uma mesma edição com alterações propositadas feitas ao texto ou à imposição após a impressão dos primeiros exemplares • É um dos subconjuntos da edição.
EMISSIO (pal. lat.) – Termo usado nos livros antigos com o mesmo sentido de edição.
EMISSOR – Ser ou objecto que produz sinais originários de uma fonte de mensagens que as representam, com vista a uma transmissão • Criador de mensagem • Todo o elemento ou dispositivo que realiza uma emissão.
EMISSUM (pal. lat.) – Termo usado nos livros antigos com o mesmo sentido de publicado.
EMOLDURAMENTO – Enquadramento, cercadura.
EMOLDURAR – Guarnecer, ornar em volta. Colocar dentro de uma moldura. Enquadrar.
EMOLUMENTO DO SELO – Montante de todas as taxas cobradas pela entrega das cartas, após dedução das despesas materiais; antigamente estas despesas compreendiam a compra de pergaminho, de cera, etc.
EMOTICON (pal. ingl.) – *Ver Smiley*.
EMPACOTADOR – Pessoa que prepara os exemplares de uma publicação para que sejam distribuídos. Embalador.
EMPACOTAMENTO – Preparação dos exemplares de uma publicação para que sejam distribuídos.
EMPACOTAR – Atar os tipos, moldes, etc. em pacotes, embrulhando-os em papel forte • Preparar os exemplares de uma publicação para que sejam distribuídos. Embalar.
EMPAGINAÇÃO – Fixação de uma proporção que regula a relação entre a largura e a altura de uma página e a disposição geral dos elementos que nela figuram, como a relação entre o corpo textual e as imagens que o ilustram e lhe complementam o sentido e a distribuição do corpo do texto em colunas ou a uma só medida • Disposição dos elementos materiais da página de determinada maneira, com o formato escolhido, dimensão das margens, das colunas traçadas a ponta-seca ou a lâmina de chumbo (no caso dos manuscritos). *Mise en page*.
EMPAGINADO – Diz-se da preparação de uma página com textos fotocompostos.
EMPAGINADOR – Pessoa que traçava as linhas-base para delimitar o espaço a preen-

cher com o texto (a caixa de escrita do manuscrito), a fim de posteriormente implantar o regramento após a puncturação.

EMPAGINAR – Preparar o pergaminho para a escrita, traçando as linhas-base que delimitavam a caixa de escrita; procedia-se em seguida à puncturação com o compasso, estabelecendo o espaço interlinear, após o que se implantava o regramento • Preparar uma página utilizando textos fotocompostos que já foram alvo de uma primeira correcção.

EMPAPELAR – Forrar. Cobrir com papel. Resguardar com papel.

EMPASTAÇÃO – Acto de empastar.

EMPASTADO – Acção ou efeito de empastar.

EMPASTADOR – Encadernador.

EMPASTADURA – Acto e efeito de empastar.

EMPASTAGEM – *Ver* Empaste.

EMPASTAR – Encadernar um livro em pasta ou seja, estender de um modo uniforme uma capa de pasta, cola, etc. sobre papéis, telas ou peles • Prender as pastas ao livro para o encapar, colando-lhes os cordões da costura.

EMPASTE – Acto ou efeito de empastar, de pôr as pastas num livro. (port.Bras.) Empastagem.

EMPASTE À FRANCESA – Maneira de empastar em que se faz passar a extremidade dos cordões por dois furos dispostos numa diagonal.

EMPASTE À INGLESA – Maneira de empastar em que a extremidade dos cordões passa por três furos, formando um triângulo.

EMPASTELADOR – Que, ou aquele que empastela.

EMPASTELAMENTO – Amontoado confuso de caracteres tipográficos • Mistura de tipos • Composição acavalada • Efeito anti-estético que produz uma página cuja composição é apertada e monótona, apresenta margens exíguas e carece de brancos.

EMPASTELAR – Amontoar confusamente caracteres tipográficos • Misturar entre si as letras de uma caixa, de modo que as de um caixotim se acham noutro • Juntar entre si as letras ou materiais de um molde • Decompor um molde ou embrulho.

EMPATTEMENT (pal. fr.) – Pequeno traço horizontal, por vezes diminuído em triângulo, colocado no pé das letras d, f, h, i, k, l, m, n, p, q, r, u, x. Os caracteres das inscrições lapidares eram capitais desenhadas em traços simples de espessura regular; os gregos ornamentaram-nos na cabeça e no pé das hastes com um traço horizontal. É esta a primeira forma de espessamento. Os romanos introduziram-lhe uma outra modificação engrossando as extremidades dos seus caracteres com um cheio triangular. É a segunda forma de espessamento (carácter romano). Uma e outra levaram à prática dos grossos e dos finos tanto na caligrafia como, mais tarde, na tipografia.

EMPENACHADO – Em heráldica, termo atribuído ao elmo ornamentado com um penacho.

EMPENACHAR – Guarnecer com um penacho.

EMPENADO – Gravura de madeira, cliché, etc., que não assenta bem no cofre, devido à acção da temperatura ou da humidade que a fez encurvar.

EMPENAR – Perder a horizontalidade na sequência de uma transformação do material.

EMPERGAMINHAR – Forrar, cobrir com pergaminho.

EMPILHAMENTO – Acção de colocar livros ou documentos uns sobre os outros, de modo a formar uma pilha.

EMPILHAR – Pôr em pilha. Amontoar. Acumular.

EMPILHAR PÁGINAS – Colocar páginas umas sobre as outras, as quais são defendidas por um porta-páginas, para não arranhar o perfil dos caracteres.

EMPOLADO – Diz-se do texto afectado e pomposo que não exprime ideias originais.

EMPORÉTICA – Espécie de papiro de baixa qualidade. Emporético. *Charta emporetica*.

EMPORÉTICO – Diz-se da qualidade inferior de papiro que era apenas utilizado em embrulhos. Emporética. *Charta emporetica*.

EMPRAZAMENTO – *Ver* Prazo.

EMPREINTE (pal. fr.) – Grupo de caracteres destacados do texto da publicação antiga com a finalidade exclusiva de o reconhecer; com a sua utilização pretendem-se identificar duplicados aparentemente distintos e distinguir edições aparentemente idênticas; parece existir, poucos anos depois da sua concepção, um consenso generalizado entre os especialistas sobre a falta de garantia de tal método; a intenção subjacente à sua criação era tentar que ela fosse para o livro antigo aquilo que o *ISBN* é para o livro moderno. Marca. Sinal. Impressão. Identificação. Identificador tipográfico • Determinação da identidade. Reconhecimento • Referência bibliográfica codificada; é constituída por letras e números que representam sucessivamente datas, nomes de publicações, volumes, títulos, artigos e páginas.

EMPREMIDOR – *Ver* Impressor.

EMPRENTAR – *Ver* Imprimir.

EMPRESA – Em heráldica, símbolo • Divisa.

EMPRESA DOCUMENTAL – Segundo Paños Álvarez, é uma "organização empresarial (com fins lucrativos) pertencente ao sector da indústria da informação dotada de meios pessoais, económicos e materiais, dedicada à elaboração de produtos e serviços informativos e documentais, criados a partir de processos informativos anteriores, que se destinam ao mercado, isto é, a cobrir os pedidos dos clientes da indústria da informação, com o objectivo de servir de base à obtenção de novo conhecimento ou à tomada de decisões".

EMPRESA EDITORIAL – Aquela que se dedica, separada ou conjuntamente, à edição de publicações não periódicas e à sua distribuição, quer directamente, quer através de livreiro e revendedor e/ou à importação ou distribuição de publicações de origem estrangeira, periódicas ou não • Aquela a quem cabe o planeamento do livro e sua comercialização. Editora comercial.

EMPRESA IMPRESSORA – Elemento independente da cadeia editorial, a quem cabe a impressão do livro.

EMPRESA INFORMATIVA – Nos termos da Conferência de Genebra sobre Liberdade de Informação de 1948 é a "exploração de uma organização constituída por um grupo de especialistas que se valem de determinados procedimentos técnicos para difundir um conteúdo simbólico entre um público variado, heterogéneo e disperso, com evidente espírito lucrativo; pode ser empresa de imprensa, cinema ou radiodifusão sonora ou audiovisual".

EMPRESA PAPELEIRA – Elemento da cadeia documental a quem cabe o fornecimento do papel para a feitura da edição.

EMPRESA PÚBLICA DE COMUNICAÇÕES – Empresa pública de serviços regulamentada pelo governo, que fornece serviços de comunicações ao público.

EMPRESA PÚBLICA DE SERVIÇO BIBLIOGRÁFICO – Organização pública que mantém bases de dados bibliográficos em linha possibilitando a sua oferta em suporte informático a qualquer utilizador nelas interessado. Faculta uma ligação mútua normalizada pela qual as bibliotecas, arquivos, serviços de documentação, etc. podem dispor de registos bibliográficos directamente ou através de centros de serviços bibliográficos.

EMPRESTADOR – Pessoa, entidade ou estabelecimento público que põe as obras à disposição de terceiros, para a sua cedência a título gratuito ou oneroso, por um período de tempo determinado.

EMPRESTAR – Ceder. Abonar.

EMPRÉSTIMO – Cedência de um documento existente numa instituição a um utilizador • Figura jurídica muito antiga, já existente no direito romano, que se traduz por dar, fazer ou emprestar; pelo empréstimo uma parte (emprestador) entrega a outra parte (prestatário) algum bem para que o use de forma gratuita, sem consumi-lo nem gastá-lo e, no futuro, o devolva ao proprietário (emprestador) • Contrato tácito pelo qual uma biblioteca, arquivo, serviço de documentação etc., permite o uso temporário de um livro, de uma publicação periódica ou de um outro documento, seja qual for o tipo de suporte, a um utilizador que os pediu emprestados durante um determinado período de tempo, exigindo a sua restituição; o empréstimo pode revestir várias formas: o empréstimo local, domiciliário, na cidade, interurbano, entre bibliotecas, entre sucursais, etc. • O livro ou o documento emprestado • Termo ou vocábulo importado de uma língua para outra.

EMPRÉSTIMO AO EXTERIOR – Cedência de material de biblioteca, arquivo, serviço de documentação, etc. que é feita a instituições ou particulares fora da área normal de uma biblioteca, arquivo, serviço de documentação, etc.

EMPRÉSTIMO BIBLIOGRÁFICO INTERNACIONAL – Operação que consiste no intercâmbio de material bibliográfico entre as bibliotecas, arquivos e serviços de documentação dos diversos países do mundo para utilização e posterior devolução.

EMPRÉSTIMO CADUCADO – Cedência de um livro ou documento cujo período de vigor já chegou ao fim. Empréstimo prescrito. Empréstimo vencido.

EMPRÉSTIMO DOMICILIÁRIO – Cedência de publicações para serem utilizadas em casa pelos leitores. É uma prática corrente em bibliotecas escolares, públicas, especializadas e outras, mas não nas bibliotecas nacionais, dado o elenco das suas atribuições. *Ver* Biblioteca nacional.

EMPRÉSTIMO ENTRE BIBLIOTECAS – Modalidade de cedência periódica de documentos para consulta que é efectuada entre duas instituições congéneres, no caso bibliotecas, baseada num acordo mútuo tácito ou escrito. Empréstimo interbibliotecas. Empréstimo interbibliotecário.

EMPRÉSTIMO ILIMITADO – Cessão do uso mas não da propriedade de um livro; o livro assim emprestado chama-se também "exemplar cedido" • Cedência de documento sem prazo de entrega.

EMPRÉSTIMO INTERBIBLIOTECÁRIO – Empréstimo entre bibliotecas.

EMPRÉSTIMO INTERBIBLIOTECAS – Cedência de publicações de uma biblioteca para serem utilizadas *in loco* pelos utilizadores de outra biblioteca. Empréstimo entre bibliotecas. Empréstimo interbibliotecário. *Interlibrary loan. ILL.*

EMPRÉSTIMO INTERNACIONAL – Empréstimo de documentos praticado entre as bibliotecas, serviços de documentação, etc., de dois ou mais países.

EMPRÉSTIMO INTERNO – Empréstimo de documentos para consulta na sala de leitura • Empréstimo feito a instituições ou a particulares que pertencem à esfera de acção de uma biblioteca, arquivo, serviço de documentação, etc.

EMPRÉSTIMO INTERURBANO – Forma de empréstimo entre bibliotecas públicas que se pode alargar aos habitantes de outras cidades ou localidades.

EMPRÉSTIMO LIMITADO – Cedência de documento durante um período de tempo delimitado.

EMPRÉSTIMO NOCTURNO – Empréstimo de livros autorizado somente à noite ou no fim da tarde, antes do encerramento da biblioteca, ou ainda na sexta feira à tarde, para o fim de semana.

EMPRÉSTIMO PERMANENTE – Diz-se do empréstimo que é feito por um período de tempo duradouro e ininterrupto.

EMPRÉSTIMO PRESCRITO – *Ver* Empréstimo caducado.

EMPRÉSTIMO PÚBLICO – Cedência para consulta de uma ou várias obras num estabelecimento do estado, por um período de tempo limitado, sem benefício económico ou comercial directo nem indirecto.

EMPRÉSTIMO RECÍPROCO – Empréstimo de documentos de uma biblioteca, arquivo ou serviço de documentação a outros ou de um leitor a outro.

EMPRÉSTIMO RESTRITO – Diz-se de uma forma de empréstimo submetida a diversas restrições incidindo, quer sobre a natureza, qualidade ou quantidade dos documentos, quer sobre a duração do empréstimo, quer sobre a categoria de quem pede emprestado.

EMPRÉSTIMO VENCIDO – *Ver* Empréstimo caducado.

EMPURRAR – Abrir os espaços que separam as palavras mais do que o normal, como que impelindo-as para a frente, para as linhas seguintes.

EMULSÃO – Suspensão de substâncias químicas sensíveis à luz como o nitrato de prata em gelatina, que são usadas como revestimento de película fotográfica, chapa, papel ou suportes de outra natureza; a exposição à luz faz com que na emulsão se formem imagens latentes.

EN GROSSES LETTRES (loc. fr.) – Em letra gorda, isto é, em caracteres que se lêem com muita facilidade.

EN TOUTES LETTRES (loc. fr.) – Com todas as letras. Por extenso.

ENÁLAGE – Figura resultante de uma construção inesperada, devido ao emprego de categorias e formas em funções não previstas pela gramática, por exemplo o uso transitivo de verbos intransitivos, o emprego concreto de palavras abstractas ou vice-versa.

ENARGIA – Representação ou descrição rigorosa de um objecto num discurso.

ENARRAÇÃO – Narração minuciosa e rigorosa.

ENARRAR – Narrar minuciosamente.

ENC. – Abreviatura de encadernação e encadernado.

ENCABEÇADO – Colocado à cabeça.

ENCABEÇAMENTO – Cabeça ou início dos textos constituído, em geral, pelo título • Cabeçalho. Ponto de acesso • Nome, termo ou código pelo qual pode pesquisar-se e recuperar-se a informação que está contida nos ficheiros e nos registos bibliográficos • Vinheta ou gravura que se coloca ao alto das páginas que abrem capítulos, partes, etc. de uma obra impressa.

ENCABEÇAMENTO DE ASSUNTO *Ver* Cabeçalho de assunto.

ENCABEÇAMENTO DE AUTOR – *Ver* Cabeçalho de autor.

ENCABEÇAMENTO DE CLASSE – *Ver* Cabeçalho de classe.

ENCABEÇAMENTO DE FORMA – *Ver* Cabeçalho de forma.

ENCABEÇAMENTO DE TÍTULO – *Ver* Cabeçalho de título.

ENCABEÇAMENTO UNIFORME – *Ver* Cabeçalho uniforme.

ENCABEÇAR – Redigir e/ou colocar um título ou epígrafe no alto de um artigo ou outro escrito • Cabecear. Sobrecabecear • Colocar as cabeçadas na encadernação.

ENCADEADO – *Ver* Cadenado.

ENCADEAMENTO – Processo de colocação de um sinal ou de um símbolo para ligar, entre si, os descritores atribuídos a um mesmo documento na recuperação da informação.

ENCADEAR – Conectar, ligar entre si os diferentes cabeçalhos de assunto de um catálogo com o fim de facilitar as referências e as pesquisas.

ENCADERNAÇÃO – Operação de juntar as folhas de um livro, costurando os cadernos e cobrindo ou "vestindo" o corpo do volume com uma capa mais grossa e sólida que a folha vulgar; o termo grego está ligado à palavra vestir e envolver; a encadernação visa dar ao livro uma unidade material que facilite a sua leitura e o preserve da destruição e perda • Trabalho acabado de produzir por este processo. A encadernação remonta ao aparecimento do códice e o seu aspecto primitivo deve ter sido o de umas tabuinhas de madeira, vulgarmente cedro, com umas bandas de couro a envolver o texto e uma correia com que se apertava o conjunto; começou, portanto, por ser uma simples técnica de protecção tendo acabado por evoluir gradualmente para a confecção de verdadeiras obras de arte executadas com uma técnica apurada, em que eram usadas matérias-primas de qualidade; as encadernações dos códices mais ricos eram com frequência ornamentadas com ouro, pedras preciosas e esmaltes. A encadernação podia ser feita nos materiais mais diversos, que iam das peles (badana, *chagrin*, marroquim, camurça, pele da Rússia, pergaminho, tafilete, etc.) aos papéis e às telas • A capa do livro encadernado. *Ligatura* • A acção de encadernar. Actualmente existem três tipos de encadernação: a corrente, a industrial e a artística ou de bibliofilia, todas bem distintas e levadas a cabo em diferentes tipos de oficinas, por especialistas bem diferenciados. (port. Bras.) Capeamento • Oficina onde se encadernam livros.

ENCADERNAÇÃO À AMERICANA – Tipo de encadernação que é feito sem grampos nem costura, sendo apenas colado na lombada. Encadernação arráfica.

ENCADERNAÇÃO À *BRADEL* – *Ver* Encadernação *Bradel*.

ENCADERNAÇÃO À CATEDRAL – *Ver* Encadernação *à la cathédrale*.

ENCADERNAÇÃO À FRANCESA – Modalidade de encadernação em que o bloco do livro é ligado aos planos através de fios ou cordas da costura que os atravessam.

ENCADERNAÇÃO À GREGA – Modalidade de encadernação executada segundo uma técnica importada de Constantinopla via Veneza e que revestia sempre os livros gregos manuscritos e impressos, daí o nome; apresenta pastas espessas, coifas que ultrapassam as pastas à cabeça e no pé; por vezes a coifa interior estava rematada com uma peça metálica que a consolidava; foram executados vários exemplares deste tipo para a biblioteca do rei Henrique II de França. Encadernação bizantina.

ENCADERNAÇÃO À LA BRADEL – *Ver* Encadernação *Bradel*.

ENCADERNAÇÃO À LA CATHÉDRALE – Nome dado a um estilo de encadernação nascido na primeira metade do século XIX, no qual os motivos ornamentais representam pórticos de igrejas, janelas ogivais e outros elementos retirados da arquitectura gótica; este gosto está ligado à ideologia romântica que sobrevalorizou a Idade Média e os seus cânones estéticos; as pastas da encadernação podiam ser gravadas a ouro ou a ferros secos, por meio de placa, pelo que a gravura era executada numa única operação. Encadernação neogótica. *Ver* Encadernação de estilo arquitectónico.

ENCADERNAÇÃO À LA DENTELLE – Tipo de encadernação no qual os elementos ornamentais imitando as rendas são colocados junto aos extremos das pastas da encadernação, virados para o centro; o motivo em forma de renda que ornamenta os bordos da encadernação é composto pelo dourador através da aplicação de pequenos ferros justapostos ou com a ajuda de uma placa aplicada com o balancé, se bem que este processo seja considerado de menor qualidade que o primeiro; os motivos são volutas, pontos, enrolamentos, conchas, elementos florais e vegetalistas estilizados, aplicados nas pastas da encadernação e alargados nos ângulos; a *dentelle* de enquadramento foi muito praticada em França no século XVII por encadernadores de grande talento, alguns dos quais serviram a casa real; os mais célebres encadernadores que trabalharam neste estilo pertenciam à família Derome e Pierre-Paul Dubuisson; este, celebrizou-se por ser nomeado encadernador oficial de Luís XV em 1758. No século XIX, se bem que a técnica se tenha esmerado, os encadernadores limitaram-se a executar pasticrolos, copiando modelos anteriores. Encadernação rendilhada.

ENCADERNAÇÃO À LA DU SEUIL – Encadernação originária de França, aparecida no início do século XVII, caracterizada por apresentar três frisos dourados com flores-de-lis nos ângulos internos e ser executada em vitela ou marroquim. Teve grande voga em toda a Europa e em Portugal no século XVIII.

ENCADERNAÇÃO À LA FANFARE – Tipo de encadernação que surgiu por volta de 1560 e dominou os finais do século XVI e o início do século seguinte; é caracterizado por motivos gravados a ouro, simples e delicados, compostos quase exclusivamente por linhas curvas e entrelaçadas formando compartimentos, que por vezes estão vazios; noutros casos encontram-se preenchidos com flores, folhas, volutas, querubins, corações, ramos espiralados, revestindo a capa por inteiro; é inspirado nos trabalhos de Clóvis e Nicolas Eve. Este estilo de encadernação é atribuído à família dos Eve e o seu nome resulta do facto de a primeira encadernação com este estilo ter sido feita para o escritor Charles Nodier na obra *Fanfares et courvées*; a partir deste momento passaram a designar-se deste modo as encadernações que apresentam decoração semelhante àquela.

Encadernação *à la fanfare*

ENCADERNAÇÃO À L'ÉVENTAIL – *Ver* Encadernação em leque.

ENCADERNAÇÃO À MÃO – *Ver* Encadernação manual.

ENCADERNAÇÃO À RÚSTICA – Técnica moderna de encadernação sem nervos, na qual os cadernos são mantidos juntos por ponto de cadeia e revestidos por uma capilha de papel ou de cartão fino colada ao dorso.

ENCADERNAÇÃO A TRÊS QUARTOS – Estilo de encadernação em que a lombada e os cantos são de um determinado material e as pastas de um outro. Distingue-se da meia-encadernação porque a lombada cobre mais as pastas, teoricamente três quartos da metade da largura das pastas (daí lhe vindo o nome), sendo os cantos de uma dimensão proporcional.

ENCADERNAÇÃO ACARTONADA – Tipo de encadernação no qual a capa é constituída por cartão pouco resistente revestido com papel ou tela.

ENCADERNAÇÃO ACOLCHOADA – Modalidade de encadernação cujas pastas se apresentam almofadadas. Encadernação almofadada.

ENCADERNAÇÃO ADERENTE – Aquela em que as folhas do livro ou da publicação em série ficam unidas através da aplicação de cola e produtos aglutinantes na lombada do volume; para o conseguir corta-se o bordo posterior do livro, de modo a obter um bloco de folhas separadas, que depois ficam seguras pela encadernação.

ENCADERNAÇÃO ADESIVA – Modalidade de encadernação resultante de um método que consiste em juntar simples folhas de um livro para formar um bloco de texto através da aplicação de uma cola flexível no dorso; foi desenvolvida com a finalidade de evitar a dispendiosa cosedura dos livros.

ENCADERNAÇÃO *AJOURÉE* – Estilo de encadernação praticado no último quartel do século XV em Veneza, caracterizado por uma ornamentação tradicional à maneira oriental, com arabescos, dourados e com pedaços de pele recortados aplicados sobre um revestimento colorido.

ENCADERNAÇÃO ALCOBACENSE – Tal como o nome indica, é aquela que reveste os códices que pertenceram à Abadia de Alcobaça, caracterizada por uma grande sobriedade na decoração quase ausente e em que o que avulta mais é a solidez do conjunto e a funcionalidade.

ENCADERNAÇÃO ALDINA – Nome pelo qual são conhecidas as encadernações de marroquim trabalhado executadas em Veneza nos finais do século XV por Aldo Manuzio e seus discípulos sobre livros saídos dos seus prelos; revestiam ordinariamente pastas de cartão espesso ou de madeira com marroquim vermelho, azul, verde ou castanho com moldura, gravado a ouro ou ferros secos e letras centrais douradas; este tipo de encadernação caracteriza-se pelo emprego na sua decoração de folhas estilizadas terminando em espiral, filetes a seco, rectos e curvos, entrelaçando-se flõres no centro e nos cantos, e guardas de marroquim com impressão a ouro.

ENCADERNAÇÃO ALEGÓRICA – Encadernação cuja decoração ilustra e de certo modo explica o conteúdo do livro • Encadernação emblemática.

ENCADERNAÇÃO *ALLA CORTINA* – Aquela que apresenta as pastas ornamentadas com uma decoração simulando uma cortina dourada ou ornada com mosaicos, posta em moda pelos artesãos espanhóis entre 1815 e 1840.

ENCADERNAÇÃO *ALLA RUSTICA* – Modalidade de dispositivo usado para protecção e conservação do livro nos séculos XVIII e XIX, que era constituído por uma simples caixa de papel, que provou ser muito durável.

ENCADERNAÇÃO ALMOFADADA – Aquela em que se coloca uma camada de algodão entre o papelão e o couro da encadernação, que lhe dá o aspecto de um coxim; usa-se sobretudo em álbuns. Encadernação acolchoada. Encadernação estofada.

ENCADERNAÇÃO ARÁBICA – Estilo de encadernação caracterizado pela ornamentação com linhas rectas e curvas entrelaçadas à maneira árabe.

ENCADERNAÇÃO ARMORIADA – Tipo de encadernação que apresenta um brasão de armas do possuidor a meio da pasta superior ou colocado nos ângulos, na lombada ou, mais raramente, também na pasta inferior; esta moda remonta aos finais do século XV. Encadernação brasonada. Encadernação heráldica.

ENCADERNAÇÃO ARRÁFICA – Modelo de encadernação relativamente recente, executada sem grampos nem costura, apenas colada na lombada, técnica que a torna mais económica; posteriormente é revestida com uma cartonagem do tipo *Bradel*; é também designada encadernação à americana.

Encadernação armoriada

ENCADERNAÇÃO ARTÍSTICA – Modalidade de encadernação caracterizada pelo adorno refinado de pastas e lombada, com ferros de dourar em que predominam os filetes, florões, escudos de armas e outros ornamentos.

ENCADERNAÇÃO BIZANTINA – Tipo de encadernação ornamentada com marfim esculpido, metais dourados e esmaltes de cores vivas, com figuras de santos e outros motivos religiosos. Também designada encadernação à grega, conferia solenidade aos livros sagrados em que era aplicada e o seu estilo influenciou a encadernação europeia da época.

ENCADERNAÇÃO BODONIANA – Cartonagem com seixas, ficando as folhas intonsas, de acordo com o tipo de encadernação adoptado por Bodoni para as suas famosas edições; as pastas são revestidas com uma capa impressa e a lombada pode ser plana ou arredondada.

ENCADERNAÇÃO BORDADA – Tal como o nome indica, a encadernação bordada é aquela cujo revestimento é feito de tecido no qual foram lavrados à mão motivos heráldicos, florais, com figuras ou arabescos; as encadernações bordadas, cujo suporte é geralmente a seda, o cetim, o veludo e, mais raramente, o linho, tiveram grande voga na Inglaterra onde atingiram o maior grau de perfeição; os fios usados para as bordar eram de seda, ouro ou prata; a iconografia medieval revela-nos que eram muito comuns na Idade Média, contudo o exemplar mais antigo data do século XIV. Encadernação em tela bordada.

ENCADERNAÇÃO *BRADEL* – Modalidade de encadernação caracterizada pela costura sobre cadarços em vez de nervos ou barbantes e, em especial pela existência de meia cana, e uma lombada sem nervos, que permite uma abertura mais fácil do livro; trata-se de um tipo de encadernação de origem alemã, que foi usado sobretudo para registos, livros litúrgicos, álbuns e partituras musicais, vulgarizado no começo do século XIX pelo encadernador parisiense Bradel. Encadernação *à Bradel*. Encadernação *à la Bradel*.

ENCADERNAÇÃO BRASONADA – Aquela que apresenta numa ou em ambas as pastas um brasão que pode pertencer ao possuidor ou a outro personagem a quem o exemplar é dedicado. Encadernação armoriada. Encadernação heráldica.

ENCADERNAÇÃO CARTONADA – Modalidade de encadernação corrente caracterizada por a lombada ser forrada com tela e as pastas com cartão.

ENCADERNAÇÃO *CHAMPLEVÉ* – Produzido entre os séculos XI e XIII, este tipo de encadernação é caracterizado pelo facto de os planos serem constituídos por placas de ouro ou cobre com cavidades preenchidas com esmaltes; por vezes a aplicação do esmalte limitava-se às margens ou cantos; esta encadernação distingue-se da encadernação *cloisonnée* por as superfícies que circundam os esmaltes serem mais irregulares.

ENCADERNAÇÃO *CLOISONNÉE* – Muito em voga no século XI, foi produzida sobretudo nas oficinas gregas e italianas; é resultante do uso de uma técnica baseada na decoração de superfícies de metal com esmalte ou porcelana, na qual cada área colorida é rodeada por uma fina tira de metal nivelada com a superfície do esmalte; as partes coloridas são revestidas por uma camada vítrea e polida; este tipo de encadernação pode ser distinguido da encadernação *champlevé*, porque apresenta uma uniformidade de espessura das linhas metálicas maior do que a daquela.

ENCADERNAÇÃO COLADA – Inventada em Inglaterra em 1830, esta modalidade de encadernação foi muito difundida a partir dos anos 50 com a divulgação dos livros em formato de bolso; a costura não existe: todas as páginas são isoladas e coladas juntas na lombada; é uma técnica económica mas pouco sólida; o livro pode em seguida ser inserido numa cobertura rígida ou simplesmente colado numa cobertura maleável, sem sobrecabeceado nem arredondamento da lombada.

ENCADERNAÇÃO COM ARGOLAS – Modalidade de encadernação em que as folhas são mantidas soltas através do uso de diversas argolas de metal, que estão sujeitas a uma placa metálica e que abrem em geral ao meio, quando é necessário acrescentar ou eliminar algumas folhas.

ENCADERNAÇÃO COM PESTANA – Aquela que apresenta o prolongamento natural da capa ou cobertura de um livro que cobre o corte dianteiro do livro, protegendo-o, ligando as duas pastas através de um fecho ou botão. Encadernação de solapa.

ENCADERNAÇÃO COMERCIAL – Aquela que é feita com o auxílio de máquinas, pelo sistema de capa solta, compreendendo todos os volumes de uma edição; pode ser dourada com a prensa de dourar e cunhos próprios.

ENCADERNAÇÃO CONTEMPORÂNEA – Encadernação executada no período da publicação da obra que reveste. Encadernação da época.

ENCADERNAÇÃO COPTA – Encadernação em couro executada nos mosteiros coptas do Egipto, do século IV ao século IX; existem cerca de cento e cinquenta, algumas em estado fragmentário, em diversos museus e bibliotecas; produzidas por meios muito particulares e com uma técnica e decoração especiais, são de grande importância para a história da encadernação; cinquenta e cinco delas, conservadas hoje na Pierpoint Morgan Library, nos Estados Unidos, foram descobertas em 1910 nas ruínas do mosteiro copta de São Miguel do Deserto em Fayoum, no Egipto.

ENCADERNAÇÃO DA ÉPOCA – Até ao século XIX os livros eram publicados sem encadernação, tendo em conta que as pessoas que os adquiriam os mandariam encadernar a seu gosto; esta expressão refere-se às encadernações executadas no período em que a obra foi publicada, mais ano menos ano. Encadernação contemporânea.

ENCADERNAÇÃO DE ALTAR – Designação atribuída em Espanha a uma encadernação de luxo destinada sobretudo às obras de conteúdo religioso como missais, pontificais e outras que figuravam nas cerimónias litúrgicas, daí o nome; essas encadernações geralmente apresentavam cobertura em prata ou mesmo ouro e motivos religiosos na decoração. Encadernação de ourivesaria.

ENCADERNAÇÃO DE AMADOR – Encadernação caracterizada pela lombada em couro, pastas em papel de fantasia, cantoneiras em percalina e corte superior frequentemente dourado; o nome caracteriza não o artesão que a executa, mas o destinatário, uma pessoa que ama os livros.

ENCADERNAÇÃO DE ATACA – Modalidade de encadernação que é caracterizada por duas barras de couro de tom mais escuro do que o da capa atravessando-a, a pouca distância da cabeça e do pé, de modo a abranger ambos os planos, sem contudo atingir as beiras; essas barras chamam-se lemes e nos formatos maiores podem ser três ou quatro; são constituídas por vezes por tiras de pergaminho e a capa não deve levar dourados; em modalidades mais simples, o material de revestimento é o pergaminho sendo as atacas do mesmo material; as atacas tinham a função de manter o livro bem fechado, tanto mais que os planos de pergaminho raramente eram cartonados, facto que conferia pouca consistência ao volume.

ENCADERNAÇÃO DE BIBLIÓFILO – Designação atribuída ao tipo de encadernação que se distingue pelo pormenor do acabamento e pela qualidade do material de que é feito.

ENCADERNAÇÃO DE BIBLIOTECA – Encadernação aplicada nos livros de uma biblioteca com vista à sua conservação e apresentação numa estante; trata-se regra geral de um tipo de encadernação resistente, para que garanta a melhor conservação e defesa do contínuo manuseamento pelos utilizadores.

ENCADERNAÇÃO DE COBERTURA DESTACADA – Qualquer técnica de encadernação na qual a capa é executada separadamente e aplicada ao livro depois de este estar cosido e endorsado.

ENCADERNAÇÃO DE CORTINA – Estilo de encadernação inventado em Espanha nos finais do século XVIII, caracterizado por ter as pastas adornadas por filetes com arcos que formam decorações semelhantes a cortinas, frequentemente sobre mosaicos pintados em combinações diversas; a sua invenção é atribuída a António Suarez.

ENCADERNAÇÃO DE EDITOR – Encadernação de uma edição ou de um determinado número de exemplares do mesmo livro em estilo idêntico, normalmente através de métodos de produção em massa e em razoável número de exemplares; opõe-se à encadernação manual ou de uso corrente; executada na totalidade ou numa parte dos exemplares de uma edição, a encadernação de editor pode ser, no ponto de vista técnico, ou uma cartonagem ou uma encadernação industrial. Encadernação editorial. (port. Bras.) Acabamento editorial.

ENCADERNAÇÃO DE ESTILO ARQUITECTÓNICO – Designação atribuída à tipologia de encadernação frequente no século XVI, da qual restam apenas alguns exemplares, cuja característica principal são as colunas sustentando um arco sob o qual se encontrava o espaço onde devia ser colocado o título; o conteúdo do livro raramente tinha a ver com a arquitectura.

ENCADERNAÇÃO DE FOLHAS SOLTAS – Modalidade de encadernação mecânica, que possibilita a inserção e retirada rápida de folhas em qualquer lugar da obra, quando há necessidade de introduzir actualizações no seu conteúdo.

ENCADERNAÇÃO DE FOLHETOS – Encadernação feita na tipografia ou para a tipografia, na qual as folhas dos periódicos são agrafadas tal como saem do prelo.

ENCADERNAÇÃO DE LUXO – Expressão que se aplica para caracterizar a enorme técnica, cuidado e excelente qualidade do material com que a encadernação de uma obra é realizada e a sua esmerada ornamentação, guardas marmoreadas ou decoradas a ouro, gofradas, etc. Encadernação extra.

ENCADERNAÇÃO DE MEIO-LUXO – Encadernação executada com couro de boa qualidade, ornamentada à mão e com guardas revestidas de material nobre; pode ter apenas em pele a lombada e os cantos, sendo o resto em material diverso, como outro tipo de couro ou tecido, por exemplo.

ENCADERNAÇÃO DE MOSAICO – *Ver* Encadernação em mosaico.

ENCADERNAÇÃO DE OURIVESARIA – Tipo de encadernação medieval feita com intenção artística e de luxo, que consiste em planos de madeira revestidos de placas de marfim esculpido, de prata ou ouro trabalhados e incrustados de pérolas, pedras preciosas ou esmaltes pintados, que era usado sobretudo em livros de Igreja. Encadernação de altar.

ENCADERNAÇÃO DE PANFLETOS – Encadernação de papelão onde um ou vários panfletos estão reunidos com uma tira adesiva; a qualidade do cartão geralmente usado neste tipo de encadernação, que serve em muitas bibliotecas como encadernação permanente, é tal que, mais cedo ou mais tarde, ele se torna altamente acidificado, transferindo a sua acidez às primeiras e últimas folhas da publicação, acidificando-as igualmente.

ENCADERNAÇÃO DE SOLAPA – Aquela em que o revestimento da pasta inferior se prolonga de tal modo que vem ligar-se à pasta superior através de um fecho ou botão, protegendo, assim, o corte dianteiro. Encadernação com pestana.

Encadernação de solapa

ENCADERNAÇÃO DE UM QUARTO – Nome que é dado ao género de encadernação em que são usados dois materiais de revestimento diferentes: um na lombada e outro nas pastas.

ENCADERNAÇÃO DE VIAGEM – Encadernação em que as pastas não são feitas de cartão mas de cartolina, o que as torna mais leves e fáceis de transportar.

ENCADERNAÇÃO EDITORIAL – *Ver* Encadernação de editor.

ENCADERNAÇÃO EM CAIXOTÃO – Encadernação cuja decoração foi criada por Pierre-Marcelin Lortic, encadernador francês, que criou este estilo de encadernação inspirado nos padrões que tinham sido usados na época seiscentista por Le Gascon. Neste estilo a superfície do livro era coberta por uma série de compartimentos formados pelo entrelace de três filetes quebrados e dourados, sendo a parte interior destes compartimentos, assim como os intervalos cruciformes por eles definidos, preenchidos com pequenos ferros em delicados arranjos.

ENCADERNAÇÃO EM CAMAFEU – Modalidade de encadernação de luxo muito divulgada no Renascimento, caracterizada pela presença de um medalhão gravado ou jóia em relevo no centro da pasta superior.

ENCADERNAÇÃO EM COURO – Aquela que se apresenta revestida por pele de boa qualidade; os couros mais usados em encadernação são o carneiro ou marroquim, pele fabricada a partir da cabra, também denominada *chagrin*, um couro de grão mais ou menos visível, segundo a origem e a idade do animal; o grão pode ser natural ou alongado se estiver todo disposto no mesmo sentido; a vitela é um couro macio e resistente, com poros muito apertados; o porco tem um couro com poros espaçados e agrupados.

ENCADERNAÇÃO EM COURO CINZELADO – Modalidade de encadernação cuja decoração foi praticada na Itália e no Sul da Alemanha nos séculos XV e XVI; o artista cinzelava o couro com o buril, com desenhos em parte figurativos, em parte ornamentais, repuxando ligeiramente a pele, de modo a conferir-lhe relevo.

ENCADERNAÇÃO EM COURO CRU – Tipo de encadernação conhecido desde a Antiguidade no qual se recobriam as placas de madeira leve com o couro cru, que por vezes era posteriormente ornamentado.

ENCADERNAÇÃO EM COURO INCISO – Tipo de encadernação praticado no sul da Alemanha no século XV e posto de novo em moda em Paris nos finais do século XIX; por meio de um buril, o artista traçava um desenho num pedaço de couro espesso, aprofundando este sulco por meio da pirogravura, obtendo um desenho em relevo que depois era colorido e aplicado nos planos da encadernação; alguns desses motivos tiveram a intervenção do próprio ilustrador dos livros.

ENCADERNAÇÃO EM ESPIRAL – Modalidade de encadernação mecânica feita através da aplicação de um arame espiralado produzido por um aparelho especial, e que enfia na série de ferros que guarnecem a margem de junção dos livros de folhas soltas; é usada apenas para manuais e outras obras de manejo frequente.

ENCADERNAÇÃO EM ESTILO CABANA – Desenho característico de encadernação, que foi desenvolvido por Samuel Mearne e no qual as capas são ornamentadas por forma a parecerem quadros figurando choupanas.

ENCADERNAÇÃO EM ESTILO *LYON* – Encadernação que apresenta um grande ornamento central, frequentemente em forma de losango, e que se repete também nos cantos, sendo o fundo coberto por pequenos elementos decorativos e por pontos.

ENCADERNAÇÃO EM ESTILO *ROXBURGHE* – Estilo de encadernação usado para as publicações do Roxburghe Club, um clube de coleccionadores particulares de livros em Londres, cujo nome teve origem no Duque de Roxburghe, e que se caracteriza por ter uma lombada de couro escuro, as capas revestidas de papel, o corte superior dourado e os outros não aparados.

ENCADERNAÇÃO EM ESTILO XADREZ – Encadernação em que as pastas são gravadas ou estampadas com um motivo de quadrados pequenos ou dados que é parecido com a superfície de um tabuleiro de xadrez.

ENCADERNAÇÃO EM LEQUE – Tradução da expressão francesa encadernação *à l'éventail*, designa uma encadernação em pele, característica do século XVII, ornamentada com ferros dourados, estampados, formando leques nos quatro cantos das pastas e apresentando um outro ferro circular ao centro, frequentemente constituído pela justaposição de quatro leques.

Encadernação em leque

ENCADERNAÇÃO EM MEIO-COURO – Ver Meia-encadernação.

ENCADERNAÇÃO EM MEIO-PANO – Encadernação em que a lombada é em tecido e os planos em tela.

ENCADERNAÇÃO EM MOSAICO – Expressão que designa um tipo de encadernação polícroma, obtida com lacas e vernizes de cores variadas ou com a aplicação de pedacinhos de peles de diversas cores e qualidades ou ainda com a aplicação de ceras coloridas; as emendas disfarçam-se com ferros dourados, que são integrados na decoração.

ENCADERNAÇÃO EM PELE – Encadernação que é feita toda deste material • Encadernação inteira.

ENCADERNAÇÃO EM PELE DO DIABO – A que emprega o caqui, tecido resistente mas maleável, utilizado sobretudo para revestir livros de uso frequente, como manuais e livros de administração.

ENCADERNAÇÃO EM PERGAMINHO – Tipo de encadernação em que é escolhida para revestimento a flor do pergaminho, ou seja, a sua face mais brilhante e lisa, dada a sua maior resistência à esfoliação e à deposição do pó; muitas vezes utilizavam-se velhos pergaminhos manuscritos para revestir os planos da encadernação.

Encadernação em mosaico

ENCADERNAÇÃO EM TELA – Tipo de encadernação em que os planos rígidos são revestidos com pano ou tecido que vai do veludo, seda, cetim, brocado, linho, lona, entre outros, simples ou com aplicações de bordados a ouro, a prata ou a seda, vidrilhos, missangas, contas, etc.

ENCADERNAÇÃO EM TELA BORDADA – Encadernação em que a matéria-prima é um tecido bordado, usualmente a seda, cetim, veludo ou, mais raramente, o linho; os fios usados são a seda, o ouro ou a prata. Encadernação bordada.

ENCADERNAÇÃO EMBLEMÁTICA – Tipo de encadernação no qual a decoração não sugere apenas, mas representa a natureza do livro que reveste. Encadernação alegórica.

ENCADERNAÇÃO EPIGRÁFICA – Aquela que apresenta uma longa inscrição, geralmente de posse ou de dedicatória, que é gravada frequentemente a ouro e por vezes enquadrada numa cartela de forma arquitectónica.

ENCADERNAÇÃO ESCULPIDA – Modalidade de encadernação inventada em França por Paul Bonet por volta de 1930, caracterizada por apresentar as pastas revestidas por mate-

riais novos no ofício, como o aço, níquel, ouro, platina, madeiras preciosas, madrepérola, etc., nos quais eram entalhados, esculpidos, cinzelados e gravados várias figuras e ornatos.
ENCADERNAÇÃO ESTAMPADA – Aquela que apresenta uma decoração desprovida de ouro gravada na pele por meio de ferros ou de placas.
ENCADERNAÇÃO ESTOFADA – *Ver* Encadernação almofadada.
ENCADERNAÇÃO EXTRA – *Ver* Encadernação de luxo.
ENCADERNAÇÃO FALANTE – Aquela cuja decoração ilustra o conteúdo do volume que reveste.
ENCADERNAÇÃO FARNESIANA – Modalidade de encadernação realizada ao estilo de P. L. Farnesio e caracterizada por apresentar uma imagem ovalada no centro dos planos.
ENCADERNAÇÃO FLEXÍVEL – Encadernação executada com pergaminho, papel ou tecido, sem a utilização de planos rígidos; foi usada nos finais da Idade Média e do período moderno para livros mais modestos.
ENCADERNAÇÃO GÓTICA – Aquela que é ornamentada com motivos extraídos do estilo gótico • Encadernação monástica.
ENCADERNAÇÃO GRAVADA A FRIO – Aquela que é desprovida de ouro, o que não exclui a utilização de um utensílio aquecido na gravação do material que reveste os seus planos.
ENCADERNAÇÃO *GROLIER* – Encadernação executada por este famoso encadernador francês, que nasceu em França em 1479 e que, após a sua estadia na Itália, criou um estilo de encadernação muito pessoal, que reformou os estilos usados até então; as suas encadernações são caracterizadas por traços geométricos paralelos, mais ou menos ornamentados com motivos vegetalistas a ouro, enquadrando por vezes uma parte central onde figura o título da obra, repetindo na pasta inferior os mesmos motivos, mas por vezes com uma inscrição que constitui a sua própria divisa • Encadernação realizada neste estilo.
ENCADERNAÇÃO HERÁLDICA – Encadernação decorada com o escudo de armas ou outro emblema do proprietário da obra encadernada. Encadernação armoriada. Encadernação brasonada.

Encadernação *Grolier*

ENCADERNAÇÃO HISPANO-ÁRABE – *Ver* Encadernação mudéjar.
ENCADERNAÇÃO HISPANO-MOURISCA – *Ver* Encadernação mudéjar.
ENCADERNAÇÃO HOLANDESA – Encadernação muito em voga nos Países Baixos desde o final do século XVII até ao início do século XVIII; caracteriza-se por ser flexível, sólida e sóbria, apresentando nervos embutidos, em que o lombo e parte das pastas estão revestidos com couro ou pergaminho, enquanto o resto está coberto de papel de fantasia ou outro tipo de papel.
ENCADERNAÇÃO ILUMINADA – Expressão usada para designar todo o tipo de encadernações cuja decoração inclui cores; aplica-se também às encadernações cujo desenho é delineado e posteriormente coberto com cor.
ENCADERNAÇÃO INDUSTRIAL – Encadernação rápida e de baixo custo, de planos ou capas soltas, que mantém o mesmo estilo em grande número de exemplares de uma obra; a sua técnica de fabrico é análoga à da encadernação manual: os fios ou fitas sobre os quais os cadernos são cosidos são passados através das pastas; todas estas operações são executadas em série e por máquinas. Encadernação editorial. Encadernação de editor.

ENCADERNAÇÃO INTEIRA – Aquela em que se emprega um único tipo de material para a cobertura da lombada e das pastas; tanto pode ser o couro (encadernação inteira de couro) como o pano (encadernação inteira de pano). Encadernação total.

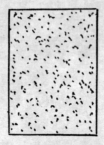
Encadernação inteira

ENCADERNAÇÃO IRRADIANTE – Modalidade de encadernação inventada em França por Paul Bonet, por volta de 1930, caracterizada pela existência de linhas ondulantes nascendo de um ponto central, criando a ilusão óptica de três dimensões.

ENCADERNAÇÃO JANSENISTA – Tipo de encadernação muito sóbria, da segunda metade do século XVII, em marroquim muito escuro ou preto, sem qualquer ornamento ou apenas com um filete de contorno; o seu nome pretende evocar a virtude austera dos jansenistas, os religiosos seguidores da doutrina de Jansenius, em especial a da célebre abadia de Port-Royal.

ENCADERNAÇÃO JURÍDICA – Tipo de encadernação de estilo sóbrio, completamente executada em couro de cor clara, com dois enfeites escuros na lombada, que é muito comum em obras de natureza jurídica.

ENCADERNAÇÃO LACADA – Neste tipo de encadernação, os planos são revestidos com laca sobre a qual a decoração assenta, pintada directamente.

ENCADERNAÇÃO MANUAL – Modalidade de encadernação de livros sem intervenção de meios mecânicos, que compreende a cosedura, a execução da lombada, o revestimento e o acabamento.

ENCADERNAÇÃO MANUELINA – Aquela que apresenta decoração com motivos de estilo manuelino.

ENCADERNAÇÃO MECÂNICA – Encadernação que é confeccionada com a intervenção de máquinas, assim designada por oposição a encadernação manual. O seu aparecimento começou a verificar-se em finais do século XVIII e ela tornou-se uma grande concorrente da encadernação artística manual, cuja procura se reduziu consideravelmente.

ENCADERNAÇÃO MEDIEVAL – *Ver* Encadernação monástica.

ENCADERNAÇÃO MEIA-ESPANHOLA – Diz-se da encadernação em que a lombada é de carneira jaspeada ou listada e as capas de papel jaspeado.

ENCADERNAÇÃO MEIA-FRANCESA – Diz-se do tipo da encadernação no qual o couro da lombada se estende pouco sobre as pastas, podendo também não ter cantos em couro, sendo o resto revestido com papel ou tecido; a lombada apresenta nervos e as casas não são decoradas.

ENCADERNAÇÃO MEIA-FRANCESA AMADOR – Encadernação em que apenas a lombada e uma pequena parte das pastas são forradas com pele ou tecido, sendo o resto forrado com papel ou pano; a lombada apresenta nervos e as casas são ornamentadas por meio de elementos decorativos.

ENCADERNAÇÃO MEIA-FRANCESA COM CANTOS – Encadernação meia-francesa em que os cantos da pasta opostos à lombada se apresentam revestidos pelo mesmo material que cobre a lombada.

ENCADERNAÇÃO MEIA-INGLESA – Encadernação em que apenas a lombada do livro e uma pequena parte das pastas são forradas com pele ou tecido, sendo o resto forrado com papel ou pano. Pode apresentar cantos ou não; a lombada não apresenta nervos e a separação das casas é feita apenas por gravação.

ENCADERNAÇÃO MEIA-ITALIANA – Diz--se do estilo de encadernação em que a lombada e os cantos são em pergaminho ou tecido branco e as capas se apresentam revestidas de papel jaspeado.

ENCADERNAÇÃO MEIA-TELA – Tipo de encadernação em que a lombada é só em tela e os planos em papel.

ENCADERNAÇÃO MEIO-AMADOR – Encadernação na qual um material, geralmente o couro, reveste a lombada, uma parte das pastas e os dois ângulos exteriores de cada pasta, sendo as restantes partes revestidas por um outro material.

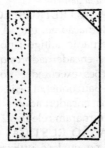

Encadernação meio-amador

ENCADERNAÇÃO MEIO-AMADOR EM PAPEL DE FANTASIA – Aquela em que o material que reveste as pastas é o papel de fantasia, geralmente feito à mão, enquanto que as restantes partes são revestidas por pele ou, mais raramente, por tecido.

Encadernação meio-amador em papel de fantasia

ENCADERNAÇÃO MOLDADA – Aquela que é estruturada a partir de um material dúctil constituído por uma pasta maleável, que é depois ajustada ao livro que se pretende revestir; posteriormente esse material pode ser decorado de variadas formas, enfeitado com materiais colados, pintado, etc.

ENCADERNAÇÃO MONÁSTICA – Modalidade de encadernação anterior à descoberta da imprensa, também conhecida como gótica ou medieval; teve origem nos mosteiros e conventos da Idade Média e é caracterizada pela impressão a seco, em couro natural, de motivos severos, muito usados nos séculos XIII, XIV e XV; de entre esses motivos destacam-se os traços verticais ou em diagonal, os losangos, cruzes, figuras humanas ou animais fantásticos, especialmente dragões, flores, folhas, etc.; apresenta geralmente cantos e fechos de metal; inicialmente era feita pelos próprios copistas, pergaminheiros e livreiros, em especial nos mosteiros e igrejas onde o livro era copiado.

ENCADERNAÇÃO *MOSAÏQUÉE* – Ver Encadernação em mosaico.

ENCADERNAÇÃO MOURISCA – Tipo de encadernação que apresenta na sua decoração filetes entrelaçados que formam figuras geométricas ou arabescos nas pastas e quadrados com diagonais na lombada.

ENCADERNAÇÃO MUDA – Aquela que não apresenta qualquer menção manuscrita, impressa ou gravada do título ou autor da obra, que permita identificá-la pelo exterior.

ENCADERNAÇÃO MUDÉJAR – Encadernação do século XV em tábua ou cartão muito forte, de estilo genuinamente espanhol, forrada de couro de bezerro ou outro, quase sempre repuxada ou gofrada com pequenos ferros de estilo árabe, com os quais se conseguem excelentes efeitos; por vezes tem acrescentados cravos e brochos nas pastas. Encadernação hispano-mourisca. Encadernação hispano-árabe.

ENCADERNAÇÃO NIGELADA – Género de encadernação no qual os motivos são gravados na pele e depois cheios com ceras coloridas.

ENCADERNAÇÃO ORIGINAL – Aquela que foi aplicada num livro, aquando da sua publicação.

ENCADERNAÇÃO *PADELOUP* – Estilo de decoração de encadernações praticado por Antoine-Michel Padeloup, conhecido por Padeloup, le Jeune, e pela sua família em França, no século XVIII; ele foi um dos primeiros encadernadores a assinar as obras saídas da sua oficina por meio de uma etiqueta colada, na qual constavam o seu nome e morada; este estilo caracteriza-se por embutidos de peles coloridas com formas geométricas simples, desprovidas de floreados.

ENCADERNAÇÃO *PAPILLOTANTE* – Designação atribuída às encadernações de aspecto atraente e cintilante derivado do facto de serem ornamentadas, pintadas e decoradas com placas cobertas de metal de cores e formatos diferentes e palhetas de outros materiais como o ouro ou a prata, que contribuíam para provocar esse efeito brilhante.

ENCADERNAÇÃO PLANA – Aquela em que o mesmo material reveste toda a encadernação.

ENCADERNAÇÃO PLATERESCA – Tipo de encadernação na qual os elementos ornamentais imitam os que se encontram nas peças de ourivesaria.

ENCADERNAÇÃO PONTILHADA – Aquela cuja decoração é constituída por filetes ou linhas formadas por uma sucessão de pequenos pontos.

ENCADERNAÇÃO POR ADESIVO – Método de encadernação no qual a junção de folhas individuais na lombada é feita por meio de materiais aderentes em vez de o ser por meio de costura.

ENCADERNAÇÃO POR COLAGEM – Tipo de encadernação no qual a capa é fixada ao dorso do volume por meio de colagem; é a encadernação mais corrente modernamente e tem durabilidade garantida, se usados os materiais adequados; apresenta a vantagem de se poder ver uma figura a ocupar duas páginas frente-a-frente em livros ilustrados, sem o inconveniente de se ver o fio da cosedura.

ENCADERNAÇÃO POR COSTURA – Opõe-se à encadernação por colagem, uma vez que se utiliza a cosedura como meio de juntar os cadernos e de os tornar solidários; há três processos de juntar as secções ou folhas de um livro por meio de costura: a que se faz ao longo do vinco central, que consiste em juntar e coser as secções ao longo do festo, tanto à mão como à máquina; a sobrecostura é o processo em que as folhas individuais são unidas e cosidas através da margem da lombada; finalmente o processo em que, usando um ponto de ziguezague, as folhas individuais são agrupadas em secções e depois cosidas ao longo do vinco central.

ENCADERNAÇÃO POR ENCOMENDA – Aquela que é executada tendo em consideração as instruções do proprietário da obra, oposta à encadernação comercial que vulgarmente ela recebe.

ENCADERNAÇÃO REFORÇADA – Tipo de encadernação em que é colada uma tira de tela ao longo das bordas posteriores das guardas e, em alguns casos, no primeiro e último cadernos.

ENCADERNAÇÃO RENDILHADA – *Ver* Encadernação *à la dentelle*.

ENCADERNAÇÃO RETROSPECTIVA – Género de encadernação em que se imitam estilos de encadernação antigos; no século XIX foram vários os encadernadores que imitaram as encadernações executadas por Padeloup, Gruel, Trautz-Bauzonnet, Lortic, Chambolle-Duru e outros encadernadores de diversas épocas que se tornaram célebres.

ENCADERNAÇÃO RÚSTICA – Modelo de encadernação no qual se utilizam materiais humildes e por vezes grosseiros como a serapilheira, a madeira sem revestimento de couro, etc. • Diz-se do tipo de encadernação em que o volume é ligeiramente cosido e protegido com capas de papel ou de cartão.

ENCADERNAÇÃO SEM GUARDAS – Diz-se do tipo de encadernação em que a primeira e a última páginas do texto se ligam à capa directamente, sem que existam as páginas em branco designadas guardas.

ENCADERNAÇÃO *SEMIS* – Modalidade de encadernação em que a decoração é constituída por pequenas flores, folhagens e ramagens, que se repetem com frequência, a intervalos regulares, na maior parte da superfície da encadernação.

ENCADERNAÇÃO SIMBÓLICA – Designação atribuída ao estilo de encadernação em que a ornamentação da capa se relaciona com o assunto tratado no livro; estas encadernações designam-se deste modo a partir da segunda metade do século XIX.

ENCADERNAÇÃO SINTÉTICA – Aquela que é efectuada com material artificial, plástico ou outro não natural.

ENCADERNAÇÃO SOBRE BROCHURA – Aquela que é feita sobre um livro íntegro, ou seja, não descosido, com a lombada cosida com fios (sem a serrotagem que se destina a esconder as cordas), conservando a capa, a lombada e todas as margens, mesmo que estas venham a ser douradas; se nas operações finais a encadernação for submetida à prensa, é-o com uma pressão ligeira, de modo a conservar o seu volume original.

ENCADERNAÇÃO SOLTA – Expressão usada para descrever o estado físico em que se encontra um livro cujo miolo se encontra separado das suas capas.

ENCADERNAÇÃO TERMOPLÁSTICA – Método de encadernação de um livro sem cosedura, no qual as folhas são cortadas, as margens aparadas e coladas, após o que são colocadas as capas.

ENCADERNAÇÃO TOTAL – *Ver* Encadernação inteira.

ENCADERNAÇÃO *UNIBIND* – Sistema belga de encadernação que permite encadernar todo o tipo de documentos (cartas, relatórios, recortes, folhetos, tabelas de preços, listagens de computador, pastas de apresentação a clientes, etc.) em todos os formatos, desde o A4 às folhas grandes de computador.

ENCADERNADO – Diz-se do livro, documento ou conjunto de documentos cuja capa é formada por pastas mais ou menos rígidas, em geral de papelão, forradas de couro, pergaminho, papel ou pano; os cadernos são cosidos e presos solidamente à cobertura.

ENCADERNADO COM – Expressão usada quando se descreve o material suplementar acrescentado a outro já encadernado; por vezes este material é subsidiário do primeiro, outras vezes este processo utiliza-se para evitar uma nova encadernação, reunindo num só volume uma série de folhetos; normalmente há uma afinidade de assuntos quando se reúnem estes folhetos, por exemplo uma colecção de sermões, folhetos de teatro de cordel, panfletos políticos, de poesia, etc.

ENCADERNADOR – Pessoa responsável no todo ou em parte pela cosedura de um *codex* e pelo seu revestimento com cobertura; embora haja provas de que o copista frequentemente era o responsável pela cosedura preliminar das suas folhas manuscritas, o encadernador era geralmente um outro membro do *scriptorium*. *Ligator* • Pessoa que trabalha numa oficina de encadernação (alçador, dourador, colador, picotador, etc.) ou que reveste os livros com encadernações.

ENCADERNADOR-DOURADOR – A partir do momento em que começa a ser moda aplicar o ouro nas pastas da encadernação, alguns encadernadores mais habilidosos começam a aplicá-lo, enquanto outros continuam com o trabalho mais simples de revestir o livro com couro ou pergaminho e de ornamentá-lo, quando muito, usando ferros a seco.

ENCADERNAR – Juntar as folhas de um livro cosendo os cadernos e cobrindo o volume com uma capa mais sólida do que a capa comum de papel ou de cartolina, para que possa ser usado com mais facilidade e se torne mais resistente ao desgaste por um período de tempo maior; podem distinguir-se duas formas de encadernar: à mão e à máquina. Ao encadernar uma obra, a sequência das operações levadas a cabo engloba três grupos de tarefas: a cosedura ou colagem das folhas, a colocação das capas e o acabamento.

ENCAIXADO – Diz-se das folhas que resultam da impressão de várias assinaturas com uma única forma.

ENCAIXAR – Meter num encaixe • Introduzir • Inserir uma folha, caderno, etc. dentro de outro • Em encadernação, meter o livro em capas, quando preparadas com a lombada correspondente • Encasar • Encaixotar.

ENCAIXE – Folha impressa incompleta (meia-folha, folha de quatro ou duas folhas, etc.) que se intercala dentro ou se coloca junto das outras folhas impressas; em geral costuma colocar-se no fim, para não alterar a numeração dos cadernos. Metido • Espaço aberto num cliché para receber linhas de composição • Modo de dispor as folhas dos cadernos e folhetos metendo-os uns dentro dos outros para os coser juntos • Em encadernação, papel ou tela que se usa como enchimento da lombada para lhe conferir mais resistência • Trabalho de encadernação que consiste em decorar as capas com pedaços de couro de várias cores; as junções disfarçam-se com dourados e desenhos artísticos; os encadernadores chamam a este trabalho de marchetaria ou em bruto • Pestana que o encadernador faz na lombada de um livro sobre as primeiras e as últimas folhas, a fim de que caibam os cartões que hão-de cobri-las ao ser encadernado; coloca-

-se entre a lombada e a capa e a contracapa e funciona como uma dobradiça para a abertura e o fechamento das capas • Freio. (port. Bras.) Canaleta anterior.
ENCAIXO – *Ver* Encaixe.
ENCALHE – Livros, jornais ou revistas que não se venderam e que ficam nas bancas ou nos balcões das livrarias; são posteriormente devolvidos às editoras. Retorno.
ENCAPAGEM – Acto ou efeito de encapar, isto é, de cobrir com uma capa. Revestimento. Encapamento.
ENCAPAMENTO – *Ver* Encapagem.
ENCAPAR – Prender a capa ao livro; diz-se, em especial, do trabalho de brochura e encadernação comercial • Revestir o livro com uma capa de papel ou de outro material, com a finalidade de o proteger.
ENCAPSULAÇÃO – Acto ou efeito de encapsular, processo de conservação de documentos pelo qual se coloca o documento a conservar entre duas folhas de papel do Japão específico para tal, que tem a vantagem de não amarelecer e é aplicado a 100/120 graus centígrados; em alguns casos usam-se folhas finas de material plástico transparente, próprio para o efeito e isento de ácidos, cujas bordas são seladas; pode também impregnar-se o suporte com uma matéria sintética transparente, de modo a consolidá-lo e a protegê-lo. Encapsulamento. Encapsulagem. Plastificação.
ENCAPSULAGEM – *Ver* Encapsulação.
ENCAPSULAMENTO – *Ver* Encapsulação.
ENCAPSULAR – Colocar um documento a conservar entre duas superfícies de material plástico transparente adequado ao efeito e isento de ácido, cujas bordas são seladas • Meter num envelope de poliéster, folha a folha, as folhas muito frágeis de um livro ou documento, que depois são reunidas numa encadernação.
ENCARCELADO – Diz-se do meio caderno intercalado no conjunto de cadernos de um livro.
ENCARCELAR – *Ver* Intercalar.
ENCARNAÇÃO – Encarnar ou incarnar é dar cor de carne às figuras esculpidas ou pintadas; há duas espécies de encarnação em geral: a de polimento e a de pincel.

ENCARQUILHAR – *Ver* Enrugar.
ENCARTADO – Acção ou efeito de encartar. Encasado.
ENCARTAR – Diplomar • Em encadernação, encaixar um caderno dentro de outro. Encasar.
ENCARTE – Intercalação de folhas soltas, estranhas ao texto, numa brochura • Folha ou caderno colocado solto num livro ou numa publicação em série já encadernado ou brochado.
ENCARTE DESDOBRÁVEL – Aquele cujas dimensões ultrapassam as do livro em que se insere, por isso é apresentado dobrado sobre si próprio.
ENCASADO – Caderno que se insere dentro de outro para completar a folha, quando nisso houver vantagem para a impressão ou para a dobragem. Casado • Várias formas que se introduzem juntas na máquina e que se dividem depois do papel impresso; na terminologia antiga chamava-se enforcado.
ENCASAR – Inserir um caderno dentro de outro, para completar a folha de impressão; também se diz encaixar. Encartar. Enforcar.
ENCÁUSTICA – Camada de cera sobre a qual pintavam os antigos • Pintura em cera ou com cera derretida.
ENCAUSTO – Tinta purpúrea usada na Antiguidade pelos imperadores romanos para escrever • Esmalte ou pintura a fogo feita com cera misturada com as cores. O mesmo que encáustica, *encaustum*, *incaustum*.
ENCAUSTUM (pal. lat.) – O termo mais correcto é *incaustum*, mas a forma mais corrente é esta, datada do final do século IV onde, numa obra denominada *De medicamentis*, de Marcellus Empiricus, é relacionada com a noz-de-galha: *gallas, de quibus encaustum fit*. O mesmo que *atramentum*; o termo *encaustum* suplantou *atramentum* no uso corrente. Tinta.
ENCAVALGAMENTO – Processo poético que consiste numa não-coincidência da unidade sintática e da unidade do verso, como se a frase ou a proposição extravazassem a rima e fossem acabar numa das primeiras sílabas do verso seguinte. *Enjambement*. (port. Bras.) Ensamblamento.
ENCAVO – O côncavo. A parte cavada na gravura • Encaixe.

ENCENAÇÃO – Acto ou efeito de encenar • Cenário • Exibição • Fingimento.
ENCENAR – Fazer representar em teatro. Pôr em cena • Exibir • Fingir.
ENCEPAR – Ficar trancada a linha-bloco no molde da máquina quando, por qualquer motivo (calor excessivo do metal ou paredes sujas), as lâminas do ejector não conseguem expulsá-la.
ENCERRAMENTO – Fórmula final que remata um documento. Conclusão. Remate. Fim.
ENCERRAMENTO DE CATÁLOGO – Suspensão da actualização de um catálogo, em geral manual, pelo facto de ele ter passado a ser continuado por um catálogo informatizado. Fecho da actualização do catálogo.
ENCERRAR – Concluir. Rematar, nada mais escrevendo, dizendo ou apensando.
ENCHIMENTO – Metal fundido, em geral liga tipográfica, que se lança nas costas do galvano para reforçar e encher a casca • Parte supérflua que aumenta um discurso ou documento • Folha ou folhas de papel com as quais se guarnece uma capa cartonada antes de lhe colocar as guardas, para compensar a diferença de grossura entre a pele e o papel.
ENCHIRIDII FORMA (loc. lat.) – Formato de manual, de livro portátil.
ENCHIRIDION (pal. lat.) – Manual, livro portátil. Enquirídio. Cantoral.
ENCICL. – Abreviatura de enciclopédia e encíclica.
ENCÍCLICA – Carta dirigida pelo Papa a toda a Igreja universal sobre qualquer ponto de dogma ou doutrina; só excepcionalmente é enviada aos bispos dum país • Bula que define pontos doutrinários.
ENCÍCLICO – Circular; diz-se das cartas circulares do Papa.
ENCICLOGRAFIA – Colecção de tratados de todos os ramos do saber ou das divisões e subdivisões de uma ciência.
ENCICLOPÉDIA – Obra de síntese, organizada alfabética ou sistematicamente, que abarca os conhecimentos adquiridos pela humanidade num determinado momento da sua história, sobre todos os temas ou sobre um conjunto de temas relacionados entre si. O discurso nestas obras assume a forma material de um livro ou de uma série homogénea de livros, mas também pode conceber-se sob a forma de um banco de dados consultável. Apesar de a finalidade básica de uma enciclopédia ser a de dar informações sobre todos os ramos do conhecimento, cada enciclopédia tem certos pontos fortes. Quanto à sua organização interna, uma enciclopédia supõe uma nomenclatura organizada de palavras, que servem de entradas, e enunciados, que definem e explicitam essas entradas. As mais conhecidas aparecem no século XVIII, como a *Cyclopædia de Chambers*, obra em dois volumes editada em 1728 e a famosa *Encyclopédie* de Diderot e D'Alembert, obra em 35 volumes de texto e 3132 ilustrações, editados entre 1751 e 1765 e a *Encyclopædia Britannica*, obra em 3 volumes de texto e 160 gravuras, publicada em Edimburgo entre 1768 e 1771; a partir do século XIX começaram a editar-se as enciclopédias nacionais, obras geralmente formadas por uma grande quantidade de volumes; nos nossos dias muitas delas encontram-se já disponíveis em formato electrónico.
ENCICLOPÉDIA ALFABÉTICA – Aquela em que os assuntos apresentados estão dispostos pela ordem das letras do alfabeto.
ENCICLOPÉDIA ESPECIALIZADA – Designação dada à enciclopédia que abarca apenas uma parte do saber como, por exemplo, uma enciclopédia filosófica ou científica.
ENCICLOPÉDIA GERAL – Designação dada à enciclopédia que cobre o conjunto dos conhecimentos. Enciclopédia universal.
ENCICLOPÉDIA METÓDICA – Aquela em que os temas tratados estão dispostos segundo uma ordem dos conhecimentos que não é a alfabética, mas a sistemática. Enciclopédia sistemática.
ENCICLOPÉDIA MONOGRÁFICA – Aquela em que os temas expostos estão desenvolvidos sob forma de monografias mais ou menos extensas e coordenadas.
ENCICLOPÉDIA SISTEMÁTICA – Enciclopédia metódica.
ENCICLOPÉDIA UNIVERSAL – Enciclopédia geral na qual se compendia a maior quantidade possível de informação.

ENCICLOPÉDIA VIVA – Diz-se da pessoa que tem vastos conhecimentos sobre diferentes ciências ou artes.

ENCICLOPÉDICO – Relativo a enciclopédia • Pessoa de vasto saber sobre diferentes ciências ou artes • Dicionário global.

ENCICLOPEDISMO – Sistema dos enciclopedistas.

ENCICLOPEDISTA – Colaborador de enciclopédia • Enciclopédico.

ENCIPROTIPIA – Género de gravura em cobre.

ENCIPRÓTIPO – Diz-se de qualquer gravura ou desenho executado em cobre.

ENCODED ARCHIVAL DESCRIPTION – Descrição de Arquivos Codificada. *EAD.*

ENCODED ELECTRONIC DESCRIPTION – Descrição de Arquivos Electrónica. *EED.*

ENCOLAGEM – Processo de restauro de documentos feito após a lavagem e desacidificação dos mesmos, que consiste na colagem de pequenos pedaços de papel que vão sendo rasgados pelos bordos, até se obter a espessura do papel original e preenchimento das lacunas existentes; a encolagem pode igualmente ser feita através da aplicação de uma massa, verniz ou cola imergindo o documento, vaporizando-o ou aplicando aqueles elementos através de uma escova; visa restituir ao documento em papel a sua quantidade de adesivo estrutural perdida pela acção de substâncias líquidas, humidade do ar ou acção do tempo.

ENCOLAMENTO – Acto ou operação de encolar.

ENCOLAMENTO DO PAPEL – Aplicação de cola na superfície da folha de papel para evitar a sua porosidade; no início era aplicada uma mistura à base de amido e fécula de batata que se revelou extremamente nociva, dado que atraía os insectos bibliófagos; mais tarde, por influência italiana, passou a aplicar-se uma gelatina e finalmente a mistura da cola passou a ser incorporada na própria massa • Processo de restauro destinado a reforçar um documento mediante a aplicação de uma massa, verniz ou matéria obturante através da imersão, vaporização ou aplicação com escova.

ENCOLAR – Cobrir com uma camada de cola • Juntar a cola à pasta ou, no fabrico do papel, aplicá-la à folha já pronta • Colar.

ENCOLCHETADO – Nome dado às operações de fórmulas ou quadros em que intervêm colchetes ou chavetas.

ENCOLCHETAR – Pôr entre colchetes ou chavetas.

ENCOMENDA – Pedido dirigido a um fornecedor, contendo as referências dos documentos que se desejam adquirir por compra • Recomendação.

ENCOMENDA EM CURSO – Diz-se de uma aquisição de obras, uma parte da qual ainda não foi entregue.

ENCOMENDA FIRME – Diz-se de uma encomenda entregue a um livreiro especializado no comércio de obras difíceis de obter e autorizado a procurar certas obras por conta de uma biblioteca, etc. ou de um particular.

ENCOMENDA GLOBAL – Diz-se de uma encomenda definitiva entregue a um editor, livreiro ou agente compreendendo uma categoria ou classe de publicações, especificamente mencionada e descrita na encomenda.

ENCOMENDA PERMANENTE – Aquela que é feita a um fornecedor autorizando-o a procurar e obter sistematicamente documentos por conta de um cliente • Designação da situação que diz respeito às aquisições, em que uma instituição decide adquirir todos os volumes de determinadas séries ou colecções, tendo assinalado essa circunstância ao livreiro ou ao fornecedor, sendo estas fornecidas sistematicamente, à medida que vão sendo publicadas • Acordo escrito que autoriza um livreiro, um editor ou um agente a entregar obras ou parte de obras logo que são publicadas a uma determinada biblioteca, arquivo, serviço de documentação, etc. ou a um grupo de bibliotecas, arquivos, serviços de documentação, etc.

ENCOMENDANTE – Aquele que encomenda; na Idade Média, era a pessoa que mandava executar a cópia de um manuscrito, fosse de que natureza fosse, mediante um pequeno contrato, no qual constava o preço do produto, uma vez escolhido o tipo de letra (através da consulta de pequenos catálogos de amostras e padrões), a ornamentação (e sabemos que os manuscritos que incluíssem a cor azul e o ouro eram os mais caros) e a encadernação; o tempo de execução da obra também era um factor a ser considerado • No comércio do livro, aquele que pediu para aquisição uma determinada obra a um fornecedor. Comanditário.

ENCOMENDAR – Pedir por compra. Proceder à encomenda • Assinar • Mandar fazer.

ENCÓMIO – Aplauso • Louvor. Elogio entusiástico • Apologia. Louvor público.

ENCOMIÓGRAFO – *Ver* Panegirista.

ENCONTRO – Reunião de natureza literária, científica ou outra. Congresso.

ENCORDOAR – Segurar com cordões ou galões as partes de um livro, fazendo-os passar pelos canais transversais da lombada.

ENCOSTAR – Diz-se que encostam as linhas de uma composição, quando não são perfeitamente perpendiculares ao mármore ficando os tipos levemente deitados, o que torna impossível qualquer boa impressão enquanto não se remediar esse defeito • Escorar, em gíria jornalística; na gíria de jornal, encosta o linotipista que, de propósito, retarda a conclusão de um trabalho, com a intenção de evitar um original difícil, que está sobre a mesa.

ENCOSTO – Parte lateral de um carácter tipográfico • Sustentáculo. Apoio.

ENCRAVADO – Qualificativo do tipo cujo olho cegou ou entupiu por se ter enchido de tinta, que aí endureceu, esborratando a impressão • Diz-se das letras conjuntas cujas linhas, em vez de se cruzarem, estão inseridas dentro de outras letras.

ENCRAVAR – Entupir-se com tinta o olho da letra.

ENCRESPAMENTO DO PAPEL – Enrugamento da folha de papel com a finalidade de aumentar a sua capacidade de alongamento e elasticidade • Em encadernação, compressão das fibras do papel ao longo de uma linha, antes de ser feita a encadernação, para a facilitar.

ENCRIPTAÇÃO – Processo de codificação de dados, usado por razões de segurança, e levado a cabo com a finalidade de impedir que eles possam ser lidos por utilizadores que não possuam a adequada senha de acesso.

ENCURTAR – Diminuir a extensão de um texto por meio da eliminação de palavras e frases. Fazer uma versão abreviada de uma obra extensa. Abreviar.

ENCURVAMENTO – Deformação da folha de papel, que tende a enrolar-se sobre si mesma.

ENDECASSÍLABO – Verso de onze sílabas; é chamado também verso de arte maior.

ENDECHA – Poema lírico dividido em quadras e escrito em versos de cinco ou seis sílabas • Poesia de tom fúnebre.

ENDENTADO – Conjunto dos dentes da matriz linotípica, de cuja combinação depende a queda desta no canal apropriado, durante a distribuição.

ENDEREÇAMENTO – Acto ou efeito de endereçar. Colocação do nome e morada do destinatário • Direcção. Endereço • Codificação concebida para representar os diferentes órgãos de um sistema e facultar a permuta de informações codificadas entre os órgãos definidos pelos seus endereços • Função de *hardware* ou de *software* que permite seleccionar um determinado elemento de um conjunto de elementos do mesmo tipo, por meio do cálculo de um endereço.

ENDEREÇAR – Enviar • Dirigir • Pôr endereço em.

ENDEREÇO – Indicação da residência. Morada • Em informática, etiqueta, nome ou número que designa o registo, localização ou esquema num computador onde a informação está armazenada.

ENDEREÇO BIBLIOGRÁFICO – Indicações de lugar de publicação, nome do editor e data de publicação e, eventualmente, local de impressão e nome do impressor ou, na falta destes, menção do nome do autor acompanhada do seu endereço postal.

ENDEREÇO ELECTRÓNICO – Cadeia de caracteres que identifica univocamente um determinado recurso numa rede informática.

ENDEREÇO *IP* – Número único de 32 bits, escrito em 4 *bytes* separados por pontos; todas as máquinas ligadas na *Internet* possuem um endereço *IP* (*Internet Protocol*) próprio.

ENDEREÇO TELEGRÁFICO – Elementos que nos telegramas representam o nome e morada do destinatário.

ENDEREÇO WEB – Endereçamento, localização de uma página *Web*. *Ver URL*.

ENDIREITAR – Pôr direito um molde, linha ou gravura que estão torcidos • Rectificar o encavalgamento das letras que sobem ou descem nas extremidades das linhas • Corrigir. Emendar. Rectificar.

ENDÓFORA – Realidade puramente textual ligada ao uso de palavras ou frases que têm como referentes imediatos outras palavras ou frases do texto.

ENDORSAMENTO – Operação de alombar livros. Enlombamento.

ENDORSAR – O mesmo que alombar • Reforçar a lombada, dar-lhe forma • Enlombar. Pôr o dorso ou lombo.

ENDORSO – Colocação do dorso ou lombada. Endorsamento. Enlombamento.

ENDOSSAMENTO – Acto de endossar. Endosso.

ENDOSSE – *Ver* Endosso.

ENDOSSO – Indicações breves no verso de um documento • Forma de transmissão dos direitos resultantes de títulos de crédito. Diz-se endosso completo ou em branco, consoante se indica ou não o nome do endossado. O endosso faz-se através de assinatura no verso do título. Endossamento.

ENDRÍAGO – Monstro fabuloso, misto de feições humanas e animais, que é mencionado nos livros de cavalaria e por vezes neles representado.

ENEASSÍLABO – Verso de nove sílabas.

ENEWS (pal. ingl.) – Forma abreviada de *Electronic news*, notícias electrónicas, informações por via electrónica.

ÊNFASE – Modo exagerado, empolado ou afectado de escrever ou falar • Realce. Destaque.

ENFÁTICO – Que tem ênfase. Empolado.

ENFATISMO – Uso exagerado da ênfase.

ENFEITE – Adorno, ornato, vinheta.

ENFESTAR – Dobrar.

ENFOCAR – Pôr em foco. Focar. Focalizar. Evidenciar. Pôr em evidência • Trazer à baila.

ENFOQUE – Destaque ou análise de um determinado aspecto de uma informação ou notícia. Ângulo • Na fotogravura de reprodução, é a operação que consiste em modificar as distâncias do porta-original e do porta-cliché em relação à objectiva, a fim de obter uma imagem nítida, à escala desejada, na superfície sensível que ocupará o seu lugar; nas aparelhagens modernas o enfoque é automático, em função da ampliação ou da redução desejadas.

ENFORCADO – *Ver* Encasado.

ENFORCAR – Iniciar com linha quebrada uma página ou coluna (isto é, incompleta, sendo final de período, iniciado em página ou coluna anterior) ou colocar qualquer linha numa posição discordante das normas de paginação, como seria, por exemplo, o caso de colocar um subtítulo em fim de coluna • Encasar.

ENFUMAGEM – Acto de enfumar.

ENFUMAR – Enegrecer a superfície envernizada do cobre com o fumo de uma vela; esta operação realiza-se em alguns processos de gravura calcográfica.

ENGASGUE – Dificuldade surgida no trabalho de paginação, quando há título, tabela, nota ou gravura que cai mal, linha enforcada ou outro defeito, podendo obrigar a recorrer a páginas anteriores.

ENGATAR – Encher de erros, de gatos. Engatar uma composição, um original.

ENGATE DA CAIXA DO EXPULSOR – *Ver* Braço oscilante.

ENGATE DA RAMA – Unha de ferro que, comprimida por uma mola forte, mantém a rama segura pelo lado superior, no cofre das minervas.

ENGATE DE BOMBA – Haste longa, cuja extremidade de comando, dobrada em ângulo recto, aparece pouco abaixo da alavanca do movimento da fundidora monótipo, servindo para ligar e desligar a bomba.

ENGATE DOS ROLOS – Suporte que prende os rolos nas minervas pelas extremidades dos seus eixos.

ENGENHO DE PAPEL – Designação usada para referir as antigas fábricas de papel; o nome provém do facto de se situarem geralmente junto de cursos de água, condição indispensável para o seu funcionamento.

ENGRADADA – Diz-se da composição geométrica, cujas partes se apresentam dispostas simetricamente sob forma de uma grade.

ENGRADAMENTO – *Ver* Enramação.

ENGRADAR – Pôr as guarnições e os cunhos em chapa ou forma tipográfica, apertando-a na rama. Enramar. Guarnecer a forma.

ENGRAMPAMENTO – Espessamento dos caracteres ao alto e em baixo das hastes das letras; nos caracteres romanos, sobretudo no século XVI, estes engrampamentos são ligados às hastes por linhas curvas e por vezes oblíquas; nos caracteres didot são horizontais, muito afilados e cortam em ângulo direito as hastes; nos caracteres egípcios são tão espessos como as hastes.

ENGRAMPAR – Unir com grampos, grampar.

ENIGMA – Definição ou descrição de uma coisa voluntariamente obscura e das suas qualidades sob forma metafórica, feita em termos ambíguos, para dificultar a sua descoberta. *Puzzle*.

ENJAMBEMENT (pal. fr.) – *Ver* Encavalgamento.

ENLAÇADAS – Diz-se das letras que têm um traço comum, como os ditongos æ e œ.

ENLACE – Encadeamento. Ligação. Enleio.

ENLOMBAMENTO – Colocação da lombada num livro. Endorso. Endorsamento. Alombamento.

ENLOMBAR – Colocar a lombada no livro, arredondando-a e colando-lhe o reforço. Endorsar. Alombar.

ENQUADRADO – Em tipografia, texto composto numa justificação mais estreita e rodeado por um filete, com a finalidade de atrair a atenção do leitor. Emoldurado.

ENQUADRAMENTO – Em encadernação, ornamento que consiste num rectângulo côncavo simples situado a certa distância das bordas da capa de um livro • Conjunto de tarjas ou outros motivos ornamentais que rodeiam um texto ou mais frequentemente os elementos constantes numa página de rosto; o engenho e apuro gráficos de um impressor estão patentes no gosto estético e perfeição destes elementos; estes motivos ornamentais eram muitas vezes aplicados à volta de uma gravura para lhe aumentar o tamanho, permitindo assim que uma gravura que em princípio tinha sido feita para figurar numa obra in-8° passasse a figurar numa outra de maior corpo, facto que um perito consegue detectar, pois nem sempre as marcas e a qualidade da gravura em cobre coincidem; usualmente este trabalho não era feito por um gravador de estampas, mas por um outro artista. Cercadura. Moldura. Caixilho.

Enquadramento

ENQUADRAR – Dispor dentro de um quadro. Encaixilhar. Emoldurar. Rodear. Cercar • Tornar quadrado.

ENQUETE (port. Bras.) – *Ver* Inquérito.

ENQUETE POR INQUÉRITO (port. Bras.) – *Ver* Inquérito por inquérito.

ENQUIRÍDIO – Manual • Livro portátil • Livro que, num volume reduzido, encerra muito conteúdo • Livro de pequeno formato com conteúdo heterogéneo, que apresenta especialmente formas de entoação, salmodia e módulos para o canto da Paixão. Cantoral.

ENRAMAÇÃO – Acto ou efeito de enramar • Engradamento.

ENRAMAR – Pôr na rama (forma tipográfica). Guarnecer a forma. Engradar • Enfeitar. Enramear.

ENRAMEAR – Ornamentar com desenhos, vazados, lavrados, etc., em forma de ramos.

ENREDO – Acção de uma composição literária. Entrecho. Intriga. Cabala • Modo de organizar essa acção.

ENRESMAR – Separar em resmas as folhas de papel, fazer pacotes de resma.

ENROLADEIRA – Dispositivo que enrola o papel nas fábricas. Bobinadeira.

ENRUGAR – Provocar rugas no pergaminho ou no papel, por exemplo, por qualquer motivo.

ENSAIO – Escrito, em geral breve, que não tem o aparato e a extensão que requer um tratado completo sobre um mesmo assunto • Tratado sucinto • Esboço • Resumo • Tentamen literário, artístico, etc. • Provas tiradas em fotogravura, a mais que uma cor, no final da execução.

ENSAIO DE GRAVURA – *Ver* Estado.

ENSAÍSMO – Actividade literária que tem o ensaio como forma de apresentação preferida • Actividade literária própria do ensaísta.

ENSAÍSTA – Autor de ensaios literários.

ENSAÍSTICO – Texto que reveste a forma de ensaio.

ENSAMBLAMENTO (port. Bras.) – *Ver* Encavalgamento.

ENSANCHA – Pedaço de papel ou cartolina que fica a mais, para ser aparado posteriormente.

ENSELADA – Termo arcaico que designava composição na qual entravam diversos géneros de versos e em diferentes línguas.

ENSINO À DISTÂNCIA – Processo de ensino e aprendizagem através do qual os estudantes podem aprender nas suas próprias residências ou centros de estudo usando materiais enviados pelo correio ou comunicados através dos meios de informação, a partir de uma unidade central. O trabalho tutelar pode ser feito por correspondência com a unidade central ou em base regional; deste modo ultrapassam-se as barreiras provocadas pelo isolamento regional, pessoal ou dos cursos convencionais que impediram durante muito tempo o acesso de certas camadas da população ao ensino.

ENTABLAMENTO – Coroamento ou parte superior de uma ordem arquitectónica, composta por três partes: a arquitrave (parte inferior que assenta nas colunas), o friso (parte intermédia) e a cornija (parte superior), muito comum em portadas de estilo arquitectónico. Entabulamento. Cimalha.

ENTALHA – Corte ou chanfradura que se faz na madeira para gravar, esculpir, etc. Entalho. Entalhe • Talha.

ENTALHADOR – O que faz obra de talha, o que grava, especialmente em madeira • Instrumento para entalhar.

ENTALHAR – Gravar. Esculpir. Cinzelar • Abrir entalhes • Colar.

ENTALHE – Gema, geralmente antiga, gravada em cavado para obter uma impressão sigilar em relevo, representando uma figura ou cena; o entalhe está geralmente engastado num anel sigilar, cuja montagem metálica contém a legenda; o seu emprego é característico da Antiguidade greco-romana e da Alta Idade Média, assim como da Renascença. Pode estar inserido no campo de um selo a título de complemento de decoração, ou ainda servir de contra-selo. Entalha. Entalho.

ENTALHO – Entalha, corte ou incisão na madeira. Entalhe.

ENTELAR – Contracolar um documento sobre um suporte têxtil, de modo a consolidá-lo; esta operação é comum fazer-se em mapas, estampas avulsas, etc., sobretudo para uso didáctico. Colar sobre morim mapas, gravuras ou quadros impressos, para reforçá-los. Telar.

ENTELHAR – Imbricar. Embricar.

ENTENÇOM – Termo arcaico que designava cantiga de contenda, em forma de diálogo • Intenção. Intento. Desígnio.

ENTER (pal. ingl.) – Tecla de um teclado de computador usada para terminar uma ordem ou para criar uma linha nova.

ENTIDADE – Qualquer conceito abstracto ou concreto, que representa um conjunto de propriedades constitutivas • Pessoa jurídica que é responsável pela redacção ou publicação de uma obra.

ENTIDADE COLECTIVA – Organização ou grupo de pessoas identificado por um nome, e que age ou pode agir como um todo. Podem ser associações, instituições, empresas, congressos, conferências, etc.

ENTIDADE COMO AUTOR – Pessoa jurídica constituída por uma instituição, departamento, sociedade, etc., que aparece numa publicação formalmente identificada e que assume a responsabilidade da redacção ou edição de uma obra.

ENTIDADE DETENTORA – Em arquivística, instituição que detém a custódia da documentação.

ENTIDADE EDITORIAL – Produto de edição individualizada (um livro, uma cassete, um disco, etc.).

ENTIDADE INTELECTUAL – Em preservação digital, segundo o *Dicionário de Dados PREMIS*, é o "conjunto coerente de informação que pode ser identificado e descrito como uma unidade"; são exemplos de entidade intelectual um livro, uma fotografia, uma base de dados.

ENTIDADE INTERGOVERNAMENTAL – Organismo criado por acordo internacional.

ENTIDADE PRODUTORA – *Ver* Produtor.

ENTIDADE RECEPTORA – Aquela que recebe um legado documental por uma das vias dessa transmissão, seja por legado testamentário, doação em vida ou mera oferta; a esta entidade cabe a responsabilidade da manutenção do fundo e sua conservação, tratamento técnico (se for caso disso) e difusão; no acto da recepção dos documentos deverá ser celebrado um protocolo entre a entidade doadora e a receptora, pelo qual esta se responsabiliza pela sua guarda e pelo cumprimento de quaisquer cláusulas impostas pelo doador.

ENTIDADE RELACIONADA – *Ver* Instituição relacionada.

ENTIDADE SUBORDINADA – *Ver* Instituição subordinada.

ENTIMEMA – Raciocínio cujo ponto de partida é tácito, é um dado adquirido.

ENTINTADOR – Cada um dos rolos que, na máquina impressora, apanha a tinta da mesa ou do prato de distribuição para entintar a forma; chama-se também rolo dador ou tomador ou apenas dador ou tomador.

ENTINTAMENTO – Modo de distribuição da tinta nos diferentes géneros de prensa. Tintagem. (port. Bras.) Tingidura.

ENTINTAR – *Ver* Dar tinta.

ENTOAÇÃO – Na leitura, modulação da voz de quem lê ou recita. Tom. Inflexão.

ENTONÁRIO – *Ver* Entonatório.

ENTONATÓRIO – Livro que contém texto e música para cantar nos coros. Entonário.

ENTRADA – Conjunto de elementos essenciais constituído por um índice de classificação, termo sinónimo e uma definição da noção expressa por esse termo; a fim de facilitar a compreensão da definição, este conjunto pode ser completado por exemplos ou notas • Conjunto das operações pelas quais os objectos ou documentos passam a fazer parte dos fundos de um estabelecimento de conservação ou de um organismo documental • Os objectos e documentos entrados • Registo de um livro numa lista ou catálogo • Espaço, em geral de um quadratim ou dois, que se põe no princípio dos parágrafos. O mesmo que recolhido • Branco que costuma deixar-se no alto das páginas que são começo de capítulo ou parte dele, correspondendo geralmente de um sexto a um quarto da altura total. Parágrafo • Páginas iniciais de um livro que precedem o texto; são, em geral, numeradas com algarismos romanos • Artigo (em dicionário) • Unidade de informação em catálogo ou bibliografia constituída por elementos que identificam e por vezes descrevem os documentos e que são estabelecidos de acordo com os objectivos a alcançar e princípios a seguir; as entradas quando agrupadas e ordenadas formam catálogos. Vedeta • Ponto de acesso • Uma ou várias palavras ou um número, no caso de uma ordenação numérica, um índice numa ordenação sistemática ou uma data numa ordenação cronológica; as entradas podem ser de tipo ou categorias diversas (entrada de autor, entrada de título, entrada de assunto), por exemplo • Em micrografia é o conjunto, em geral recuperado por um índice classificado, que compreende essencialmente um ou vários termos sinónimos e uma definição de uma noção expressa por este(s) termo(s); além disso, este conjunto pode ser completado por notas, exemplos, esquemas ou ilustrações, que facilitem a compreensão desta noção • Em gíria jornalística é o texto de pequena dimensão (de 200 ou 300 caracteres), que chama a atenção do leitor para um determinado tema, incitando-o a deter-se na sua exposição; no fundo é a síntese da peça e, por isso, costuma ser redigido no final

• Processo de transferência de dados para um sistema informático, especialmente para a sua memória • Dispositivo usado para armazenar os dados processados por computador • Ponto de um circuito ou de um equipamento ao qual é fornecido um sinal para tratamento, transporte ou descodificação. (port. Bras.) *Ver* Cabeça de verbete.

ENTRADA ABERTA – *Ver* Entrada em aberto.

ENTRADA ADICIONAL – Em catalogação é uma entrada secundária, isto é, outra entrada que não a principal; à principal podem ser acrescentadas entradas de editor, tradutor, título, assunto, colecção, etc.

ENTRADA ALFABÉTICA DE ASSUNTO – Em catalogação, ponto de acesso de uma obra constituído pelo termo ou termos que caracterizam o conteúdo da mesma, expresso na linguagem normal, como contraposto à linguagem notacional.

ENTRADA ALTERNATIVA – Qualquer dos pontos de acesso pelos quais pode pesquisar-se e identificar-se o registo bibliográfico de um documento.

ENTRADA ANALÍTICA – Entrada num catálogo para parte de um livro, publicação periódica ou outra, artigo ou contribuição de autoria separada numa colecção (volume de ensaios, publicação em fascículos, volume de composições musicais, etc.); a entrada inclui uma referência ao trabalho que a contém; é suplementar à entrada principal de todo o trabalho; as entradas chamadas analíticas podem ser feitas sob o nome de autores, assuntos ou títulos; em bibliotecas especializadas são muitas vezes feitas de parágrafos, secções, tabuadas e ocasionalmente de factos particulares ou figuras, como suplementos a partes ou capítulos de livros, unidades de série ou de uma colecção • Ponto de acesso para um documento de que se fez um registo bibliográfico completo; faz-se com frequência para intervenções em antologias, compilações, capítulos de monografias, de obras em colaboração, título específico de um volume numa colecção, etc. • Unidade de informação respeitante a parte de uma obra, obra de uma série ou artigo de publicação em série.

ENTRADA ANALÍTICA DE ASSUNTO – Ponto de acesso de um catálogo, que regista sob uma rubrica de matéria uma monografia, parte de uma monografia, a obra de uma série ou o artigo de publicação em série a que diz respeito.

ENTRADA ANALÍTICA DE AUTOR – Entrada analítica em que se regista o autor nas entradas de monografias, partes de monografias, obras de uma série ou artigos de publicação em série a que diz respeito.

ENTRADA ANALÍTICA DE TÍTULO – Entrada analítica em que se regista o título de uma monografia, parte de monografia, obra de uma série ou artigo de publicação em série a que diz respeito.

ENTRADA ANÓNIMA – Entrada num catálogo para um documento cujo autor não é mencionado na página de rosto nem no corpo do texto.

ENTRADA BIBLIOGRÁFICA – Registo ou descrição extrínseca e intrínseca de uma unidade bibliográfica documental feita de acordo com as normas.

ENTRADA COMENTADA – Registo bibliográfico que integra uma análise mais ou menos completa e eventualmente uma crítica do conteúdo do documento.

ENTRADA CORPORATIVA – Entrada sob o nome de uma sociedade, departamento governamental ou outro corpo organizado para obras saídas no seu nome ou sob sua autoridade, quer ela seja uma entrada principal ou secundária.

ENTRADA DE ASSUNTO – Entrada que tem um cabeçalho adicional de matéria, com indicação do conteúdo ou tema da obra, destinado ao catálogo de assuntos. Entrada de matéria. Entrada por assunto • Registo bibliográfico que tem um assunto como cabeçalho ou ponto de acesso.

ENTRADA DE AUTOR – Ponto de acesso de um registo bibliográfico constituído pelo nome de um autor expresso na obra ou identificado, se nela não figurar; em termos catalográficos o conceito autor engloba o autor-pessoa física e a colectividade-autor (instituição), incluindo-se nesta modalidade, para elaboração de entradas principais, os congressos, simpósios, colóquios, reuniões, encontros, etc., desde que tenham designação própria ou título de conjunto; na ausência de um ou mais nomes reais, a entrada de autor pode ser feita sob um pseudónimo, iniciais ou qualquer outro cabeçalho; em obras musicais há geralmente uma entrada adicional sob o nome do autor do texto que acompanha a música, como por exemplo o libretista, ou o autor cujo trabalho serviu de base ou inspiração a um trabalho musical, podendo a entrada principal ser feita sob o nome do autor da música. Entrada por autor • Registo bibliográfico em cujo cabeçalho figura um nome de autor.

ENTRADA DE AUTORIDADE – Aquela cujo elemento inicial é constituído pelo cabeçalho uniforme, estabelecido pela agência responsável pela catalogação, pelas formas variantes e relacionadas, notas biobibliográficas, indicação das fontes consultadas, regras ou códigos utilizados, identificação da agência responsável pela entrada, número de ordem e data de registo.

ENTRADA DE AUTOR-TÍTULO – Ponto de acesso que engloba o nome de uma pessoa ou instituição e o título de um item ou de parte dele • Registo bibliográfico com o nome de uma pessoa ou de uma instituição e o título de um documento bibliográfico ou de parte dele como cabeçalho.

ENTRADA DE BIOGRAFIA – Entrada formal de assunto para uma obra na qual se faz a descrição da vida de uma pessoa, isto é, a entrada para uma biografia num catálogo de assuntos sob a rubrica "biografia".

ENTRADA DE CATÁLOGO ABREVIADA – Entrada de catálogo que não fornece tanta informação como a entrada principal do catálogo, mas apenas alguns elementos (autor, título, assunto, etc.).

ENTRADA DE COLECTIVIDADE-AUTOR – Entrada encabeçada com o nome de uma instituição.

ENTRADA DE COMPILADOR – Entrada que tem como cabeçalho o nome da pessoa responsável pela compilação do texto.

ENTRADA DE DADOS – Em tecnologia da informação, introdução de informação que geralmente é feita através de um teclado num programa de computador. *Ver tb.* Saída de dados.

ENTRADA DE DOCUMENTOS – Operação pela qual as aquisições entram numa colecção, por compra, permuta ou oferta depois da verificação da eventual encomenda, no caso de serem adquiridas por compra, e após a cotação; esta entrada pode ainda ser feita por transferência, recolha, reintegração, doação, ou depósito.

ENTRADA DE IDENTIDADE – Entrada feita com a finalidade de identificar os autores ou as entidades a que se reporta; costuma conter dados biográficos do autor a que diz respeito ou a história da entidade, apresentados sob forma resumida; *Ver* Entrada de autoridade.

ENTRADA DE MATÉRIA – *Ver* Entrada de assunto.

ENTRADA DE REFERÊNCIA – Aquela cujo elemento inicial é constituído por uma forma variante do cabeçalho que remete para o cabeçalho uniforme (correspondente à remissiva *Ver*) ou por uma forma relacionada do cabeçalho uniforme, acompanhada, se necessário, de explicações adequadas (correspondente à remissiva explicativa *Ver tb.*).

ENTRADA DE SÉRIE – Ponto de acesso de um registo bibliográfico constituído pelo nome do autor ou do editor da série e/ou pelo seu título em conjunto com algum elemento de identificação, como o número ou o nome da subsérie • Registo bibliográfico que tem como cabeçalho ou ponto de acesso o nome do autor ou do editor e/ou o título da série em conjunto com algum elemento de identificação, como o número ou o nome da subsérie.

ENTRADA DE SÉRIE CONCLUÍDA – Registo bibliográfico que contém a informação completa de todas as partes ou volumes de uma publicação em série.

ENTRADA DE TESAURO – Elemento de uma parte principal de um tesauro compreendendo um descritor ou um não-descritor e todas as informações a ele respeitantes.

ENTRADA DE TÍTULO – Ponto de acesso que é constituído pelos elementos do título de uma monografia, de um trabalho nela contido, de um documento que faz parte da obra ou da série a que ela pertence. Entrada por título • Registo bibliográfico em que o ponto de acesso é o título.

ENTRADA DE TÍTULO PARCIAL – Entrada secundária feita para a segunda parte do título que aparece na página de rosto: complemento do título, título alternativo, título paralelo, etc.

ENTRADA DUPLA – Entrada num catálogo em mais do que um assunto ou sob o assunto e o lugar e sob os nomes dos autores secundários, editores, ilustradores, tradutores, etc. usando a mesma forma da entrada com as entradas secundárias anexadas • Entrada dada a um trabalho publicado sob pseudónimo sob o nome real do autor e ao mesmo tempo sob o pseudónimo.

ENTRADA EM ABERTO – Entrada de um catálogo ou registo bibliográfico à qual é possível acrescentar dados novos respeitantes a um documento que a biblioteca, arquivo, serviço de documentação, etc. não possui na totalidade ou sobre o qual falta alguma informação; refere-se em geral a periódicos, obras em vários volumes ou outros documentos em curso de publicação. Entrada aberta.

ENTRADA ESPECIAL – Entrada redigida segundo critérios que se afastam das regras gerais estabelecidas, aplicável a obras de determinado tipo, como incunábulos, códices, mapas, microfilmes, gravuras, etc.

ENTRADA ESPECÍFICA – Representação de uma obra ou de um documento num catálogo, ficheiro ou índice sob um descritor ou cabeçalho de assunto que traduz o seu conteúdo temático.

ENTRADA FECHADA – Nome dado à entrada com informações bibliográficas completas de um determinado trabalho.

ENTRADA FORMAL – Ponto de acesso que é um cabeçalho formal • Registo bibliográfico que tem um cabeçalho formal como entrada.

ENTRADA GEOGRÁFICA – Nome dado às entradas no catálogo para livros topográficos e guias geográficos que entram sob o nome do país ou região a que se referem.

ENTRADA MÚLTIPLA – Preenchimento de tantos descritores (termos, entradas) num sistema de entradas quantos os que foram feitos para um documento.

ENTRADA POR ASSUNTO – *Ver* Entrada de assunto.

ENTRADA POR AUTOR – *Ver* Entrada de autor.

ENTRADA POR NOME DE COLECTIVIDADE – Ponto de acesso de um registo bibliográfico constituído por um nome de entidade ou pessoa jurídica • Registo bibliográfico que tem por cabeçalho o nome de uma instituição.

ENTRADA POR NOME DE PESSOA – Ponto de acesso que é constituído por um nome de uma pessoa • Registo bibliográfico que tem por cabeçalho um nome de pessoa.

ENTRADA POR TERMO – Método de organização de ficheiros-descritores segundo o qual a entrada compreende um único descritor e uma lista de números, que representam os documentos aos quais este descritor foi aplicado • Registo bibliográfico que tem por cabeçalho uma palavra ou conjunto de palavras.

ENTRADA POR TÍTULO – Ponto de acesso que é constituído pelos elementos do título de uma monografia, de um trabalho nela contido, de um documento que faz parte da obra ou da série a que ela pertence. Entrada de título • Registo bibliográfico em que o ponto de acesso é o título.

ENTRADA PRINCIPAL – Unidade de informação que contém os dados considerados necessários para a identificação de uma unidade bibliográfica. Entrada-tipo.

ENTRADA PRINCIPAL DE TÍTULO – Título de uma obra escolhido para cabeçalho da entrada fundamental num catálogo.

ENTRADA PRINCIPAL DE TÍTULO DE SÉRIE – Título de série escolhido como cabeçalho para entrada básica de um catálogo.

ENTRADA REMISSIVA – Aquela que orienta, sob outro cabeçalho, de uma para outra localização do catálogo • Indicação escrita, frequentemente abreviada, que guia o leitor de um termo para outro, quer numa lista homogénea de rubricas de matéria ou de descritores, quer num índice, lista, catálogo, etc.

ENTRADA REMISSIVA-EXPLICATIVA – Aquela que insere certos princípios de orientação catalográfica ou pormenores explicativos em relação a qualquer cabeçalho. Remissiva.

ENTRADA SECUNDÁRIA – Unidade de informação que, sob outro cabeçalho, contém todas ou parte das informações dadas na entrada principal • Num catálogo de registos bibliográficos, registo adicional ao correspondente à entrada principal ou de identificação de um documento bibliográfico. A entrada secundária pode ser de co-autor, editor, tradutor, título, ilustrador, série, assunto, etc. • Num índice, palavra, conjunto de palavras ou de símbolos subordinados ao ponto de acesso, tornando-o mais específico.

ENTRADA SECUNDÁRIA DE AUTOR-TÍTULO – Entrada secundária na qual se destacam o autor e o título da obra à qual a entrada diz respeito.

ENTRADA SECUNDÁRIA DE TÍTULO – Entrada sob o título de uma obra, que não é a entrada principal e que se faz no caso de a obra ter títulos diferentes ou no caso de a entrada de título poder ser considerada útil para a pesquisa, como acontece com as obras anónimas.

ENTRADA SECUNDÁRIA GERAL – Em catalogação, termo por vezes aplicado a uma entrada adicional para um autor-pessoa física ou colectividade-autor, cuja relação com a obra em causa não pode ser indicada no cabeçalho pelo uso de alguma designação específica, tal como editor, tradutor, ilustrador, etc.

ENTRADA SISTEMÁTICA – Listagem ou entrada de um livro num catálogo sob o nome da classe que é o seu assunto geral.

ENTRADA/SAÍDA – Em informática, expressão geral usada para mencionar todos os aspectos da introdução de dados ou entradas num computador e a recepção dos resultados do processo ou a saída • Unidade de material que permite a entrada e saída simultânea dos dados • Conjunto das funções de entrada e saída de dados de um computador, designação habitualmente conhecida pela expressão inglesa *input/output*.

ENTRADA-TIPO – *Ver* Entrada principal.

ENTRAR – Iniciar a linha com recuo. Recolher; em larguras médias da composição tipográfica entra-se com quadratim e meio.

ENTRAR NO SISTEMA – Em informática, numa modalidade de tempo partilhado, iniciar a comunicação com um computador.

ENTREACTO – Pequena peça de teatro que se representa no intervalo entre actos de uma peça maior, de teatro ou ópera.

ENTRECHO – *Ver* Enredo.

ENTRECOLÚNIO – *Ver* Intercolúnio.

ENTREFILETE – Artigo de jornal, muitas vezes sem título, que aparece em geral destacado por um fiozinho ou asterisco; chama-se também solto • Espaço entre dois filetes na lombada de um livro • Entrenervo.

ENTREFOLHA – Folha de papel em branco ou manuscrito, que se intercala entre as folhas impressas de um livro no acto da encadernação, a fim de aí serem feitas anotações.

ENTREFOLHAGEM – Na recuperação de documentação, logo após uma inundação, é o método que consiste na intercalação de folhas de papel espesso isento de ácido, a cerca de 25 folhas de intervalo, no livro, a fim de facilitar a sua secagem; esse material tem de ser mudado com frequência, pelo que este processo se torna moroso; a operação deve ser executada com extremo cuidado, porque o papel molhado é frágil e rasga com muita facilidade.

ENTREFOLHAR – Inserir folhas em branco entre as páginas de um livro impresso, a fim de aí serem escritas anotações. *Ver* Interfoliar.

ENTREFOLIADO – Que tem entrefolhas; o mesmo que interfoliado.

ENTREGA – Caderno composto por uma ou mais folhas de uma obra impressa que se vende por partes • Colocação das folhas imediatamente após a sua impressão • Envio do original à tipografia • Número de exemplares para venda recebidos por um agente • Conjunto de exemplares de uma publicação periódica que apresentam a mesma data de publicação • Fascículo. (port. Bras.) *Ver* Retorno.

ENTREGADOR – Aquele que faz a entrega de jornais aos assinantes.

ENTRELAÇADO – Termo usado em heráldica ou na descrição de gravuras ou decoração de encadernações para significar a posição de um elemento em relação a outro, particularmente as peças que passam umas pelas outras ou umas sobre as outras.

ENTRELAÇADO ZOOMÓRFICO – Ornamento que é constituído por representações de animais estilizados e enlaçados.

ENTRELAÇAR – Traçar entrelaços. Enlaçar. Entrançar. Enlear.

ENTRELAÇO – Em iluminura designa o elemento ornamental curvo e enleado, que se desenvolve ao longo das margens e no intercolúnio dos manuscritos e que se combina com outros ornatos, onde por vezes surgem elementos zoomórficos e fitomórficos • Em caligrafia, ornato que é formado por traços de pena que se encontram enlaçados.

ENTRELACS (pal. fr.) – Desenhos formados por fitas entrelaçadas ou pequenos pedaços de pele trabalhados e por vezes coloridos, que derivam dos arabescos islâmicos e começaram a estar em voga nas encadernações francesas no século XVI.

ENTRELINHA – Espaço que separa duas linhas consecutivas; os incunábulos mais antigos não têm entrelinhas. Faia • Na composição mecânica é o branco adicional que se deixa ao corpo do tipo: uma linha de tipos corpo 10 fundida em molde de 12, terá uma entrelinha de 2 pontos • Lâmina de metal, mais baixa do que o tipo, com que se separam as linhas de composição, quando é preciso aumentar a distância entre elas • O que se escreve entre duas linhas • Comentário.

ENTRELINHADO – Com entrelinhas; diz-se do texto ou da composição em que as linhas estão separadas por entrelinhas, ou foram fundidas em molde de corpo superior ao da letra, no caso de composição mecânica • O escrito entre linhas • Comentário • Correcção de estilo situada entre duas linhas do original • Intercalado. Glossado. Grossado.

ENTRELINHAGEM – Acto ou efeito de entrelinhar • Branco que parece razoável deixar entre as linhas de composição; é variável conforme as dimensões dos caracteres.

ENTRELINHAMENTO – Acto ou efeito de entrelinhar • Distância entre as linhas de um texto ou de um título.

ENTRELINHAR – Meter entre as linhas de composição entrelinhas para a tornar menos compacta e de melhor leitura • Abrir uma composição com entrelinhas de metal • Fundir composição de linótipo ou monótipo com molde de corpo maior do que o da letra com que se trabalha • Intercalar • Escrever entre linhas • Intervalar, espacejar. Faiar • Comentar • Falar.

ENTREMEAR – Intercalar. *Ver* Interpolar.
ENTREMEIO – Certo corpo tipográfico de pequeno tamanho.
ENTREMEZ – Composição teatral de pequena duração que serve de entreacto a uma peça teatral ou ópera • Farsa.
ENTRENERVO – Espaço entre dois nervos na lombada de um livro; chama-se também casa de entrenervos ou casela. Entrenervura; no caso de a lombada ser lisa, sem nervos, atravessada apenas por filetes, designar-se-á entrefilete. (port. Bras.) Entrenervura.
ENTRENERVURA – *Ver* Entrenervo.
ENTRESSULCO – Incisão de espessura desigual, feita de modo a ser mais larga e funda ao centro; na xilogravura é obtida tornando o traço mais fino nas extremidades e na gravura a buril em metal, aprofundando.
ENTRETELAR – Colocar os cadernos impressos alternados com finos cartões e apertá-los com uma prensa, a fim de que desapareça o vestígio da impressão e o papel adquira brilho.
ENTRETÍTULO – Título de pequenas dimensões, com carácter incentivador à leitura, que se apresenta colocado no meio do texto, entre dois parágrafos; o seu papel fundamental consiste em arejar o artigo, proporcionando uma pausa ao leitor e reactivando o seu interesse.
ENTREVISTA – Técnica empírica de recolha de informação verbal mediante uma relação entre pessoas, que engloba vários tipos, conforme o grau de liberdade e profundidade que se concede ao informante. Há entrevistas de diversas naturezas. Como género jornalístico, a entrevista é um relato de afirmações obtidas a partir de perguntas feitas por um jornalista; pode ser pessoal ou colectiva, focar assuntos políticos ou tentar obter um retrato psicológico do entrevistado • Comentários fornecidos a um jornal ou outro meio de comunicação, para publicação • Encontro combinado ou conferência aprazada • Declarações que um jornalista obtém de alguém e depois faz publicar em forma de conversa.
ENTREVISTA COLECTIVA – Aquela onde se encontram presentes jornalistas de vários veículos de comunicação. Nas entrevistas colectivas reproduzidas na íntegra, a boa técnica

manda que sejam identificados os autores de cada pergunta, se não pelo nome, pelo menos pela publicação que representam.

ENTREVISTA DE REFERÊNCIA – Parte importante de qualquer processo de recuperação da informação em que o utilizador é estimulado a exprimir-se livremente acerca daquilo que precisa, de modo a fornecer um enunciado, o mais completo possível, do que ele procura, por palavras suas para, a partir delas, estabelecer a melhor forma de utilizar a linguagem de indexação para pesquisar em catálogos e bibliografias.

ENTREVISTA EXCLUSIVA – A que é concedida a um só jornalista ou veículo de comunicação; se a informação de que trata for de grande impacto, deve constar da abertura do texto, na forma "entrevista exclusiva".

ENTREVISTA ORIENTADORA – *Ver* Informação orientadora.

ENTREVISTA PINGUE-PONGUE – A que é publicada na forma de perguntas e respostas em sequência; exige um texto introdutório, contendo a informação de maior impacto, uma biografia breve do entrevistado e demais informações como local, data, duração da entrefala e resumo do tema focado; estas informações adicionais podem ser editadas em texto independente.

ENTREVISTA RETROSPECTIVA – Conferência de duas ou mais pessoas, em lugar previamente combinado, na qual os temas tratados são analisados numa perspectiva do passado, questionando tudo ou parte acerca de factos ou tempos pretéritos.

ENTREVISTADO – Que foi sujeito a entrevista.

ENTREVISTAR – Questionar, interrogar.

ENTROPIA – Princípio seguido ao elaborar um resumo documental, segundo o qual se reduz a informação contida no texto, sem que se perca a mensagem fundamental.

ENTROSAMENTO – Acto ou efeito de entrosar.

ENTROSAR – Organizar. Pôr em ordem Ordenar • Encaixar.

ENUMERAÇÃO – Acto ou efeito de enumerar • Inventário. Lista. Rol. Apresentação sucessiva de vários elementos; se são da mesma natureza formam uma enumeração simples; se entre os diversos elementos não há relação aparente mas um último revela o aspecto comum que os aproxima, verifica-se uma enumeração recolectiva; se os termos se sucedem ao acaso, a enumeração denomina-se caótica • Em retórica designa a parte do discurso que, antes do epílogo, sintetiza as provas encerradas na argumentação.

ENUMERAR – Expor, enunciar um a um • Numerar. Adnumerar • Narrar minuciosamente • Relacionar metodicamente • Especificar.

ENUNCIAÇÃO – Acto ou efeito de enunciar • Forma de enunciar. Declaração. Exposição • Na lógica antiga, o acto de afirmar ou de negar • Enunciado. Proposição.

ENUNCIADO – Tese que se há-de demonstrar • Proposição • Segundo Benveniste é um processo de apropriação individual da linguagem, em que o locutor acentua uma relação discursiva com um parceiro, seja ele individual ou colectivo, real ou imaginário • Conjunto de elementos propostos com vista à resolução de um problema • Elenco de perguntas utilizado em provas de avaliação e exames • Sequência textual a que é associada uma significação • O que se expõe. O que pretende demonstrar-se.

ENUNCIAR – Exprimir • Expor o enunciado de • Declarar.

ENVELHECER – Perder o brilho ou a intensidade da cor sob a acção do tempo ou da luz.

ENVELHECIMENTO – Alteração e/ou degradação das características do papel provocadas pelo tempo • Termo usado para descrever a degradação natural do papel, colas, peles e outros materiais bibliográficos quando armazenados; com alguns têxteis o envelhecimento denuncia oxidação pela exposição ao ar.

ENVELHECIMENTO ARTIFICIAL – Teste feito com o objectivo de verificar o comportamento dos produtos empregues no restauro de documentos, ao longo dos anos.

ENVELOPE – *Ver* Sobrescrito.

ENVELOPE DE ACETATO – Envoltório feito usualmente de acetato de celulose transparente, utilizado para protecção temporária de documentos, cartas, impressos, fotografias, mapas, etc.; é superior ao de papel porque reduz o período de transferência da acidez; o seu uso, contudo, está a declinar em favor do envelope de poliéster.

ENVELOPE-BOLSA – Sobrescrito em forma de bolsa, destinado ao envio de pequenos folhetos, catálogos, publicações periódicas, etc.

ENVERNIZAMENTO – Acto ou efeito de envernizar • Operação que consiste em aplicar verniz através de uma boneca ou rolo apropriado numa chapa aquecida de cobre ou outro material para poder começar a gravar.

ENVERNIZAR – Passar verniz numa superfície para a proteger e dar-lhe brilho; envernizam-se as placas de cobre que são destinadas à gravura calcográfica, aquecendo-as e passando-lhes por cima a bola de verniz e depois um tampão de pano; certos livros encadernados em couro e certos impressos como cromolitografias e mapas podem ser envernizados manualmente em prelos, nos quais o verniz substitui a tinta ou em máquinas de envernizar • Aplicar verniz sobre uma pintura.

ENVIO – Acto e efeito de expedir livros, correspondência, documentos e materiais didácticos, etc. Remessa. Expedição.

ENVIO À CONDIÇÃO – Expedição de documentos por um fornecedor, para aceitação ou recusa pelo eventual comprador. Envio à consignação.

ENVIO À CONSIGNAÇÃO – Envio de documentos por um fornecedor, para aceitação ou recusa pelo receptor. Envio para apreciação. Envio sob condição • Conjunto de obras expedidas globalmente por um editor ou um livreiro para fins de exame e sujeito à aceitação ou recusa do comprador eventual; se se trata de uma casa comercial, pode empregar-se a expressão "mercadoria à consignação".

ENVIO PARA APRECIAÇÃO – *Ver* Envio sob condição.

ENVIO SISTEMÁTICO – Remessa de documentos, a partir do momento da sua publicação, a uma biblioteca, arquivo, serviço de documentação, etc. por iniciativa de um fornecedor, em cumprimento de um acordo prévio.

ENVIO SOB CONDIÇÃO – Remessa de um produto que pode estar sujeita a determinadas circunstâncias; no caso da venda de livros podem ser enviados a uma biblioteca para avaliação, sendo apenas adquiridos aqueles que interessarem. Envio para apreciação. Envio à consignação.

ENVOLTÓRIO – Capa. Invólucro. Pacote. O que reveste.

ENXADREZADO – Em heráldica designa as peças quadradas colocadas em xadrez. Enxaquetado. Axadrezado. Xadrezado • Em encadernação, os motivos dispostos em xadrez foram aproveitados para a ornamentação de certos estilos de encadernação.

ENXAQUETADO – Em heráldica, enxadrezado. Axadrezado. Xadrezado.

ENXEMPRADO – Termo arcaico que designava reduzido a escritura pública.

ENXEMPRO – Termo arcaico que designava provérbio. Exemplo.

ENXERTO – Fragmento de material (pergaminho, papel, couro), que é utilizado para reparar uma lacuna num material gráfico danificado.

ENXERTO DE RETALHOS DE PERGAMINHO – Inserção de pedaços de pergaminho num determinado documento em mau estado de conservação, com a finalidade de o restaurar.

ENXUGADOURO – No fabrico manual de papel, lugar onde se põem as folhas a secar, depois de apertadas na prensa.

ÉOLO – Deus dos ventos, figura mitológica apresentada soprando a brisa, muito representada em gravura impressa antiga especialmente na de natureza cartográfica, como mapas e atlas onde normalmente é colocada nos cantos e extremidades.

Éolo

EP. – Abreviatura de epígrafe.

EPACTA – Termo de cronologia, número que indica a idade da lua no começo do ano.

EPANADIPLOSE – Figura de estilo que consiste na repetição de uma mesma palavra ou expressão no princípio e no fim do mesmo verso.

EPANÁFORA – Repetição de palavra no início de parágrafos, versos ou estâncias. Anáfora.

EPANALEPSE – Figura de estilo que consiste na repetição de uma ou mais palavras ou de uma parte de uma frase em vários pontos do contexto próximos uns dos outros.

E-PAPER (pal. ingl.) – Forma abreviada de *Electronic paper*, na generalidade documento electrónico.

EPDF – *Acrónimo de Encapsulated Portable Document Format*, em informática, norma de codificação de documentos em ficheiros que permite o seu uso em equipamentos informáticos de diversos tipos.

EPÊNTESE – Acrescentamento de um fonema ou sílaba no meio de um vocábulo.

EPHEMERA (pal. gr.) – Material bibliográfico corrente, usualmente constituído por panfletos, recortes e folhas soltas de interesse e valor transitório, por vezes conservados a título de amostragem. *Prospectus. Jaquette.*

ÉPICA – Subgénero literário cujos textos em verso e em estilo elevado narram acções heróicas.

EPICAUSTERIUM (pal. lat.) – Pequeno aquecedor que se usava antigamente para secar a tinta no pergaminho, sobretudo no tempo húmido.

EPICÉDIO – Composição poética ou discurso em memória de uma pessoa; não tem forma fixa e a sua extensão é muito variável • Em música, hino fúnebre ou dedicado à memória de alguém.

ÉPICO – Relativo a epopeia, narrado sob forma de epopeia • Autor de epopeia.

EPIDERME – Camada muito fina da pele do animal constituída por queratina, na qual se encontram implantados os pêlos.

EPIDIASCÓPIO – Projector por reflexão ou por transparência.

EPÍFORA – Figura que consiste na repetição de uma mesma palavra no fim de vários versos ou frases sucessivas; designa-se também epístrofe.

EPÍFRASE – Acrescentamento suplementar a uma frase que serve para desenvolver ideias acessórias, embora a frase parecesse concluída.

EPIGRAFAR – Intitular • Inscrever • Pôr epígrafe em.

EPÍGRAFE – Título de uma obra, capítulo ou artigo • Texto explicativo que se coloca por baixo ou por cima dos quadros, gravuras ou figuras • Citação, resumo, máxima, que se põe à cabeça de uma obra, capítulo, discurso ou qualquer outro escrito; costuma ser escrita em tipo mais pequeno • Inscrição em mármore, pedra, bronze ou outro material, colocada em monumentos, edifícios, etc. • Palavra ou frase que serve de tema a um assunto ou que se situa à cabeça de um livro para caracterizar o espírito que presidiu à sua elaboração. Mote. Divisa. Lema. Preceito escrito • Cabeçalho • Texto geralmente de curta extensão, de autoria própria ou alheia, que aparece inscrito antes de uma história, parte ou capítulo.

EPÍGRAFE ALÓGRAFA – Aquela que não é da responsabilidade do autor do texto que antecede, mas de um outro, em geral uma autoridade reconhecida.

EPÍGRAFE AUTÓGRAFA – Aquela que é da responsabilidade do autor do texto que antecede, que nela patenteia uma propensão reflexiva.

EPIGRAFIA – Parte da paleografia que estuda e explica as inscrições antigas em lápides e monumentos, em pedra, madeira, etc. Lapidária.

EPIGRÁFICO – Relativo à epigrafia.

EPIGRAFISTA – Estudioso de epigrafia.

EPIGRAMA – Inscrição • Género literáro menor cultivado na Antiguidade grega, que de início se destinava a ofertas votivas ou a pedras funerárias; continuou a ser cultivado, quer durante a Antiguidade clássica, quer até ao Renascimento • Breve composição poética de índole satírica que remata com um pensamento; os epigramas são um reflexo das características económicas, sociais, intelectuais, religiosas, de mentalidades e outras • Sátira • Dito picante • Inscrição em prosa ou verso, de carácter comemorativo, que os antigos gravavam nos templos, arcos de triunfo, monumentos funerários e outros.

EPIGRAMAR – Pôr epigrama.

EPIGRAMATÁRIO – Colecção de epigramas • Pessoa que faz epigramas.

EPIGRAMATICAR – Satirizar, dirigir epigramas a.

EPIGRAMÁTICO – Relativo a epigrama. Que contém epigrama.

EPIGRAMATISTA – Autor de epigramas. Epigramista.
EPIGRAMATIZAR – Fazer epigramas • Satirizar, criticar de modo epigramático • Dirigir epigramas a alguém.
EPIGRAMISTA – Autor de epigramas. Epigramatista.
EPÍL. – Abreviatura de epílogo.
EPILOGAÇÃO – Acto ou efeito de epilogar.
EPILOGADOR – Que ou o que epiloga.
EPILOGAR – Resumir, recapitular, condensar, compendiar • Pôr fim a, rematar, concluir.
EPILOGISMO – Raciocínio que leva a uma conclusão, indo de um facto conhecido a outro oculto.
EPÍLOGO – Parte final de uma obra em que se recapitula ou se tiram conclusões daquilo que anteriormente foi dito • Parte final de uma novela, poema dramático, etc. em que, com uma acção posterior ao relato, se dá aquele por concluído • Remate, fecho. Conclusão. Desfecho • Nos autores clássicos latinos e gregos, discurso em verso que era dirigido por um dos actores ao público, uma vez acabada a peça, com a finalidade de elogiar as suas qualidades e atrair aplausos • Resumo colocado habitualmente na parte final de um trabalho, escrito com a finalidade de destacar a conclusão e/ou apresentar um condensado do que foi escrito • Recapitulação, resumo de um texto • Peroração.
EPIMERISMO – Figura de retórica que consiste em recapitular assuntos já tratados no discurso e anunciar os que vão seguir-se.
EPISCÓPIO – Aparelho usado para projectar num ecrã, por reflexão, imagens ampliadas de objectos opacos, desenhos, folhas, etc.
EPISCOPOLÓGIO – Tratado onde são apresentados os bispos de uma igreja.
EPISEMO – *Ver* Epissemo.
EPISÓDIO – Facto acessório relacionado com a acção principal de uma narrativa ou de uma obra literária ou artística. Acção secundária ou incidente que aparece ligado a uma acção principal na estrutura de um romance, poema, etc. • Aquilo que não pode ser considerado essencial, que tem importância menor no conjunto de um assunto.
EPISSEMO – Cada um dos três caracteres que, embora não fazendo parte do alfabeto grego, eram utilizados pelos gregos na numeração escrita. Episemo.
EPISTEMA – Série de conhecimentos relativos a uma época, a um grupo, etc.
EPISTEMOLOGIA – Teoria do conhecimento • Estudo crítico das várias ciências • Ciência que estuda a classificação, os princípios e os métodos das outras ciências.
EPISTEMOLÓGICO – Relativo à epistemologia.
EPISTEMÓLOGO – Aquele que se dedica à epistemologia.
EPÍSTOLA – Carta. Missiva • Composição didáctica em verso decassílabo em que o poeta trata temas de natureza literária, estética, política ou moral sob a forma e adoptando o tom de uma carta • Primeira leitura da missa, depois da colecta, constituída por fragmentos das Epístolas dos Apóstolos • Carta-dedicatória.
EPÍSTOLA-DEDICATÓRIA – Dedicatória sob forma de carta que precede a obra e que o autor dirige a uma pessoa à qual deseja prestar homenagem e a quem deve por vezes o favor da publicação; também pode ser dirigida ao "benévolo leitor"; hoje está caída em desuso. Carta-dedicatória.
EPISTOLAR – Referente à epístola; diz-se do género literário em que são escritas as cartas ou daquele cuja forma é a carta. Narração em epístola ou sob forma de epístola. Romance epistolar.
EPISTOLÁRIO – Colecção de epístolas • Trechos seleccionados do Antigo e do Novo Testamentos que são lidos antes do Evangelho, dispostos segundo o ano litúrgico • Livro que contém as epístolas da missa. Epistoleiro • Livro em que se acham reunidas diversas cartas de um autor escritas a diferentes pessoas sobre diversos assuntos.
EPISTOLEIRO – *Ver* Epistolário.
EPISTOLIZAR – Escrever cartas • Mandar epístolas.
EPISTOLOGRAFIA – Arte de escrever cartas • Parte da literatura que se ocupa do género epistolar.
EPISTOLOGRÁFICO – Relativo à epistolografia.
EPISTOLÓGRAFO – Autor de cartas notáveis • Aquele que escreve cartas, epístolas.

EPÍSTROFE – Repetição de uma palavra no fim de frases seguidas.
EPITÁFIO – Inscrição sepulcral. Inscrição tumular • Texto impresso em letras maiúsculas inscrito num enquadramento • Breve poesia satírica ou lírica, dedicada a uma pessoa viva, mas como se se destinasse a ser colocada sobre a sua campa.
EPITAFISTA – Aquele que escreve epitáfios.
EPITALÂMIO – Canto em que se celebram núpcias. Hino nupcial.
EPÍTASE – Parte do poema dramático que desenvolve os incidentes principais e contém o enredo da peça.
EPÍTETO – Alcunha. Apelido. Nome. Sobrenome. Cognome • Qualificação.
EPÍTETO LOCAL – Locativo de origem, derivado do local de nascimento.
EPITOMADOR – Aquele que epitoma.
EPITOMAR – Pôr em epítome. Resumir • Epilogar • Compendiar.
EPÍTOME – Resumo de um livro de ciência em que se incluem as partes principais e substanciais • Compêndio • Sinopse. Soma. Pequena súmula. Suma • Resumo de doutrina • Compêndio de uma obra extensa, que contém as ideias fundamentais da matéria nela tratada, expostas metodicamente, sob forma abreviada. Resumo.
EPODO – Designação que era dada pelos gregos à estância que se cantava logo a seguir à estrofe e à antístrofe nas odes e nos coros das tragédias • Parte final de um canto • Sentença ou aforismo moral.
EPÓNIMO – O que dá o nome a alguma coisa.
EPOPEIA – Extensa narração das façanhas heróicas de um povo feita em estilo grandioso e caracterizada por uma acção una e variada ao mesmo tempo, em que intervêm seres sobrenaturais. Poema épico.
E-PRINT (pal. ingl.) – Forma abreviada de *Exemplar Print*, Edição electrónica de um documento que é feita antes da sua edição definitiva, geralmente com a finalidade de recolher opiniões acerca dele.
E-PROJECT (loc. ingl.) – Forma abreviada de *Electronic Project*, Projecto de digitalização.
EPS. – Abreviatura latina de *Episcopus*, Bispo. *Epus*.

E-PUBLISHER (pal. ingl.) – Forma abreviada de *Electronic Publisher*, Editor de publicações electrónicas.
E-PUBLISHING (pal. ingl.) – Forma abreviada de *Electronic publishing*, Edição electrónica, publicação electrónica.
EPUS. – Abreviatura latina de *Episcopus*, Bispo. *Eps*.
EQUILÍBRIO – Disposição harmónica das partes de uma página (títulos, ilustrações, texto, brancos, cores, etc.) no seu conjunto; o equilíbrio pode ser: simétrico (com distribuição de grupos de brancos e manchas em partes iguais nos dois lados da página ou impressão), assimétrico (quando uma das partes está mais sobrecarregada do que a outra, embora mantendo a harmonia) e livre, quando a disposição das manchas e brancos não se sujeita às regras do equilíbrio, mas toma em linha de conta as normas tipográficas de distribuição do texto e brancos.
EQUIPA DE COLABORADORES – Conjunto de pessoas que com as suas intervenções contribuem para a realização de uma obra, por vezes de carácter enciclopédico.
EQUIPA EDITORIAL – Conjunto de redactores e técnicos editoriais, que contribuem para a redacção e realização técnica de uma obra, muitas vezes com carácter enciclopédico; quer uns, quer outros são orientados por um director de edição.
EQUIPA LITERÁRIA – Segundo Escarpit é um grupo de escritores de todas as idades, embora uma delas dominante, que toma a palavra no momento de certos acontecimentos, ocupa a cena literária e, conscientemente ou não, bloqueia o acesso por um certo tempo, interditando a realização das novas vocações.
EQUIPA REDACTORIAL – Designação atribuída ao conjunto de pessoas que são responsáveis pelas secções de um jornal ou publicação periódica, centralizando e supervisionando cada uma delas.
EQUIPAMENTO – Conjunto dos objectos e dos instrumentos que não o terreno e a construção, requeridos e utilizados por uma biblioteca, arquivo, serviço de documentação, etc., para o seu funcionamento e o exercício das suas actividades correntes.

EQUIPAMENTO AUDIOVISUAL – Equipamento especial desenhado para projectar, reproduzir ou produzir material em que se juntam o som e a imagem.
EQUIPAMENTO AUXILIAR – *Ver* Equipamento periférico.
EQUIPAMENTO PERIFÉRICO – Equipamento que é usado em conexão com um computador, embora directamente não faça parte dele • Em informática, nome dado às máquinas auxiliares que podem ser colocadas sob o controlo de um processador electrónico. Equipamento auxiliar.
EQUIVALÊNCIA LINGUÍSTICA – Relação entre as representações de uma mesma noção em línguas diferentes.
ERA – Data, ponto ou facto a partir do qual se contam cronologicamente os acontecimentos; deriva da palavra latina *æs-æris*, cobre, latão, bronze, que significava também o imposto anual pago em moedas de cobre; por extensão passou a designar a data em que se procedia ao pagamento da contribuição • Série dos anos ou períodos que se contam a partir de um acontecimento.
ERA DE AUGUSTO – *Ver* Era hispânica.
ERA DE CÉSAR – *Ver* Era hispânica.
ERA DE DIOCLECIANO – Também chamada Era dos Mártires, a sua origem remonta a 29 de Agosto de 284 da era vulgar; esta data coincide com o começo do ano no calendário copta, usado no Egipto e na Etiópia.
ERA DOS MÁRTIRES – *Ver* Era de Diocleciano.
ERA HISPÂNICA – Usada até ao ano de 1422 em Portugal, está adiantada 38 anos em relação à era cristã; foi usada apenas na Península Ibérica e era erradamente designada por Era de César. Era de Augusto.
ERA UT SUPRA (loc. lat.) – A data como acima; expressão que se usa para evitar a repetição de uma data já indicada.
E-READER (pal. ingl.) – Forma abreviada de *Electronic Reader*, em português Leitor electrónico.
E-RESOURCE (pal. ingl.) – Forma abreviada de *Electronic Resource*, Recurso electrónico.
ERGONOMIA – Ciência que trata do conforto e eficiência de um computador, ou seja, do modo como o computador é construído para se adequar a quem vai utilizá-lo • Característica de um documento multimédia, que consiste em integrar a visualização como um pré-requisito básico na configuração do conteúdo.
ERGONOMIA GRÁFICA – Introdução de um formato, mancha tipográfica, corpo e tipo de letra, grelha, ilustrações, legendas, parágrafos, subtítulos, papel, encadernação, etc. com a finalidade de aumentar a inteligibilidade de um texto.
EROSÃO DO SUPORTE – Destruição gradual que ocorre no papel, pergaminho, cartão, etc., sob o efeito de uma acção física ou química.
EROTICA (pal. lat.) – Secção de algumas bibliotecas onde se encontram os livros que tratam de literatura sexual ou relativa ao amor • Colecção de livros indecentes ou obscenos • *Curiosa*. *Ver* Literatura erótica.
ERPOR – Programa utilitário, criado no âmbito da Plataforma Tecnológica da PORBASE, "que se destina a ser utilizado pelas bibliotecas cooperantes da PORBASE, no envio de lotes dos registos e bases bibliográficas completas para integração na Base Nacional de Dados Bibliográficos".
ERR. – Forma abreviada de errado(a).
ERRADA – Termo usado no século XV para errata.
ERRATA – Lista dos erros, quer tipográficos quer de outra natureza, que se encontram numa obra e que se imprimem usualmente no final do volume sob a forma de lista, para advertir o leitor e lhe facilitar as correcções; nas primeiras obras impressas, a errata (*corrigenda*) não era impressa; os calígrafos ou iluminadores (*miniatores*) faziam as correcções à mão e no decurso da impressão; tal aconteceu em alguns exemplares da Bíblia impressa por Füst e Schöffer em 1462 em Mainz; a errata deve compor-se sempre em tipo menor do que o do texto e é, em geral, dividida em quatro colunas encimadas pelas rubricas: "pág., linha., onde se lê, leia-se"; pode por vezes ocorrer sob a forma de uma pequena tira de papel, frequentemente de outra cor, colada no final do livro. Tabela de correcções. Corrigenda • Plural da palavra *erratum* • Cada um dos erros.

ERRATUM (pal. lat.) – *Ver* Errata.
ERRO – Inexactidão • Em tipografia, tudo o que não concorda com os termos do original e as normas da linguagem, composição e paginação. Gato. Gralha. Vício. Lapso. Equívoco. Piolho • Defeito • Em informática, engano de programa ou mau funcionamento do equipamento.
ERRO AUTORAL – *Ver* Erro de autor.
ERRO CONJUNTIVO – Erro comum a dois testemunhos que demonstra a sua conexão enquanto se crê que eles não possam tê-lo cometido em separado.
ERRO CRIATIVO – Erro lógico detectado num manuscrito, que consiste em modificar involuntariamente uma palavra numa outra com sentido completo.
ERRO DA AMOSTRA – Em estatística é a eventual diferença que existe entre o resultado obtido pela amostra e o valor real que se obterá ao considerar a totalidade da população.
ERRO DE AUTOR – No texto de uma obra ou documento, inexactidão que é devida ao desconhecimento ou lapso do autor. Erro autoral.
ERRO DE CAIXA – *Ver* Erro tipográfico.
ERRO DE IMPRENSA – *Ver* Erro tipográfico.
ERRO DE IMPRESSÃO – Erro de caracteres, palavras, etc., em geral de composição, que escapou à revisão e saiu impresso. Gralha. Erro tipográfico.
ERRO DE LEITURA – Leitura errada de um texto correcto.
ERRO DE REVISÃO – Erro tipográfico.
ERRO DE TRANSCRIÇÃO – Inexactidão cometida ao copiar um texto, em geral pela substituição ou omissão de palavras ou frases.
ERRO FONÉTICO – Erro de cópia devido a uma confusão de sons na pronúncia de uma palavra.
ERRO ORTOGRÁFICO – Inexactidão na grafia de uma ou mais palavras.
ERRO PALEOGRÁFICO – Erro devido a uma leitura incorrecta do modelo, causado pela presença de uma forma de letra, uma abreviatura ou sinal ilegíveis ou desconhecidos do copista.
ERRO POLAR – Aquele que consiste na substituição involuntária, numa cópia manuscrita, de uma palavra por uma outra com sentido oposto.
ERRO SIGNIFICATIVO – Desvio em relação à lição ou original que faz com que possam inter-relacionar-se testemunhos de uma tradição.
ERRO TIPOGRÁFICO – Deslize cometido pelo tipógrafo ao compor. Erro de caixa. Erro de imprensa. Erro de impressão. Pastel • Erro de revisão.
ERRÓNEO – Epíteto usado pela Real Mesa Censória para classificar os livros que apreciava e que incluía no "Índice".
ERUDIÇÃO – Qualidade de erudito • Vasto saber, instrução variada.
ERUDITA – Diz-se da biblioteca que tem como finalidade servir de instrumento à criação da ciência, enquanto a biblioteca popular tem como objectivo fazer a divulgação dos seus fundos.
ERUDITO – Aquele que assimila mentalmente o conteúdo dos livros • O que tem instrução vasta e variada • Indivíduo que sabe muito. Pessoa culta. Letrado • Poeta. Prosador. Escritor.
ESBOÇADO – De que foram traçados apenas os contornos. Delineado. Bosquejado. Rascunhado • Resumido.
ESBOÇAR – Desenhar. Bosquejar. Delinear • Escrevinhar. Rascunhar. (port. Bras.) Adumbrar.
ESBOCETO – Pequeno esboço. Primeiro esquisso. Versão preliminar de um desenho. Projecto.
ESBOCISTA – Na oficina tipográfica, pessoa que apronta os originais, distribuindo os tipos a utilizar e arranjando-os para a composição.
ESBOÇO – Delineamento inicial de uma obra de desenho, pintura ou outra. *Croquis*. Plano. Borrão. Minuta. Rascunho • Primeiro estudo, em traços largos, de um projecto de arquitectura • Apontamento feito a tinta, lápis, carvão, pastel ou com uma máquina de escrever sobre um material transparente ou translúcido • Resumo, sinopse • *Outline*. (port. Bras.) Escopo. Rafe.
ESBOÇO BIOGRÁFICO – Biografia resumida.
ESBORRATADO – Diz-se da superfície na qual caíu um borrão. Borrado.
ESC. – Forma abreviada de *Escape*, nome dado à tecla do teclado do computador, assinalada

sob a forma abreviada *ESC*, que se usa com a finalidade de anular a acção anterior.

ESCADINHA – Fazer escadinha com o papel é ajeitar as folhas de modo que a margem de cada uma sobressaia um pouco da que lhe fica logo acima, como formando degraus; é a operação prévia à contagem das folhas, verificação dos cadernos e paginação • Para os encadernadores, costura em escadinha é aquela em que os pontos de caderno a caderno se vão aproximando cada vez mais do pé, para depois voltarem no sentido contrário.

ESCADOTE – Escada móvel de diversas dimensões usada em bibliotecas, arquivos, serviços de documentação, etc. para alcançar livros e documentos colocados nas prateleiras mais altas das estantes, não acessíveis ao comprimento do braço.

ESCALA – Linha graduada que nas cartas geográficas relaciona as distâncias reais com as figuradas • Proporção entre a medida de um desenho ou plano e a medida real do que representa • Categoria • Razão das dimensões lineares homólogas da reprodução e do original. Relação entre as dimensões de um objecto e as da sua reprodução.

ESCALA CONSTANTE – No tambor do monótipo, é o nome dado à coluna correspondente ao zero na qual, para um dado *set*, o par de número é sempre igual, seja qual for a quantidade de espaços automáticos a que corresponde.

ESCALA CROMÁTICA – Amostra impressa das principais cores, por gradação de tonalidade, servindo para comparação em trabalhos policrómicos.

ESCALA DE AMPLIAÇÃO – Medida da escala de aumento de microimagens ou fotografias expressa como 18 x, 23 x, etc., relação entre a imagem ampliada e a original expressa em diâmetro • Grau até ao qual pode aumentar-se uma imagem num determinado sistema óptico (um leitor de microfilme, por exemplo), que oferece relações variáveis de aumento. Relação de ampliação.

ESCALA DE CORES – Círculos ou rectângulos impressos no pé de uma prova progressiva para mostrar o valor das diversas cores, não sobrepostas, usadas num trabalho de cromotipia ou cromolitografia.

ESCALA DE *GRIS* (port. Bras.) – *Ver* Escala de grisados.

ESCALA DE GRISADOS – Faixa de tons neutros, graduados do branco ao preto, que se fotografa com o original nas selecções de tri e tetracromia, para servir de termo de comparação quanto à densidade e contraste dos diversos negativos. (port. Bras.) Escala de *gris*.

ESCALA DE JUSTIFICAÇÃO – Cilindro giratório que, na frente do teclado do monótipo, logo acima da roda das unidades, dá os algarismos correspondentes às teclas de justificação, no momento de completar a linha; peça também designada por tambor ou tambor de justificação; a cada *set* corresponde uma escala própria com colunas diferentes de números, efectuando-se a troca de uma escala por outra de uma forma simples.

ESCALA DE REPRODUÇÃO – Relação de dimensões homólogas de uma imagem ou de uma cópia e do objecto ou original que lhe corresponde.

ESCALA DE VERIFICAÇÃO DE ASSINATURAS – Conjunto de marcas constituídas por pequenos fios pretos, que se imprimem no recto dos cadernos, de acordo com as respectivas assinaturas e que devem, na alçagem, formar uma escadinha regular; no caso de haver omissão ou transposição de qualquer caderno, o erro torna-se logo evidente pela simples análise da lombada.

ESCALA DO ACOMODADOR – Regreta metálica, graduada em cíceros e meios cíceros, que está presa por parafusos à extremidade direita da régua do acomodador do linótipo, servindo para estabelecer a medida da linha.

ESCALA DO COMPONEDOR – Peça do linótipo semelhante à escala do acomodador, mas com a numeração em sentido contrário, que se vê no alto da portinhola do componedor, onde indica a medida da linha composta.

ESCALA DO EXPULSOR – Régua numerada, de movimento vertical, que se desloca de acordo com a alavanca de mudança do expulsor do linótipo, indicando a medida para a qual este último se acha regulado; a sua leitura faz-se através de um furo situado um pouco à esquerda do componedor.

ESCALA EM PUBLICAÇÃO CARTOGRÁFICA – Quociente entre as distâncias representadas na publicação cartográfica e o valor real que as mesmas representam.

ESCALA GRÁFICA – Linha graduada que acompanha a reprodução de um objecto e que permite calcular o seu grau de redução ou ampliação.

ESCALA NOMINAL – Nível de medida no qual coisas, acontecimentos ou indivíduos são atribuídos a categorias de variáveis mutuamente exclusivas e colectivamente exaustivas.

ESCALA NUMÉRICA – Número que exprime o grau de redução ou de ampliação • Lista, rol, ordem em que os elementos que a constituem se apresentam ordenados por meio de números • Linha dividida em partes iguais, com elementos assinalados em números, que se apresenta colocada na parte inferior de um mapa ou carta, com a finalidade de servir de medida típica para avaliar as distâncias • Nome dado à indicação das proporções de uma carta ou plano, em que os elementos são apresentados através de algarismos.

ESCALA ORDINAL – Nível de medida no qual se atribuem as coisas, acontecimentos ou indivíduos a categorias de variáveis por ordem hierárquica; as categorias reflectem só a ordem ou sequência, sem que exista implicação de distância específica ou separação entre categorias adjacentes.

ESCALA TIPOMÉTRICA – Régua graduada em quadratins e meios-quadratins no teclado do monótipo, situada logo abaixo da roda das unidades, e servindo, em combinação com ela, para estabelecer a largura das linhas de composição.

ESCALPELIZAR – Termo que tem origem na terminologia cirúrgica, e que significa a investigação levada a cabo de forma profunda, até que a verdade surja; emprega-se quando se quer caracterizar uma análise penetrante de qualquer assunto.

ESCALPELO – Faca de pequeno tamanho muito afiada utilizada em cirurgia e por vezes também em encadernação • Crítica • Investigação.

ESCAMBADOR – Aquele que faz escambo, permuta ou troca com outro.

ESCAMBO – Câmbio, troca, permuta.

ESCANDIR – Decompor uma poesia em sílabas longas e breves • Examinar minuciosamente.

ESCANEAMENTO (port. Bras.) – *Ver* Digitalização.

ESCANEAR (port. Bras.) – *Ver* Digitalizar.

ESCANTILHADO – *Ver* Chanfrado.

ESCANTILHÃO – Régua com orifícios correspondentes a números, letras ou outros motivos e que serve de modelo para o desenho destes; a sua técnica já era conhecida na Idade Média, sobretudo para traçar os enquadramentos. *Ver tb. Opus mallei*.

ESCANTILHAR – Chanfrar • Fazer canto em.

ESCAPAMENTO – Mecanismo que, preso na parte inferior da boca do armazém do linótipo, regula a saída das matrizes sob a acção das teclas.

ESCAPARATE – Estante ou armário envidraçado usado para arrumar, expor e resguardar livros ou outros documentos e objectos. Vitrina. Expositor. Montra.

ESCAPE – Cilindro de madeira em que antigamente se enrolavam os papiros escritos e que formava o âmago do volume • Cada um dos noventa e um trincos oscilantes que, integrando o mecanismo de escapamento do linótipo e correspondendo a um dado canal do armazém, provocam a queda da matriz, quando se comprime a respectiva tecla.

ESCAPE (pal. ingl.) – Tecla de um teclado do computador, também conhecida sob a forma abreviada *ESC*, que se usa com a finalidade de anular a acção anterior.

ESCAPE DOS ESPAÇOS – Lâmina alongada terminando em ponta recurva, que regula a queda dos espaços automáticos do linótipo; é colocada uma de cada lado da saída da caixa dos espaçadores.

ESCARAVELHO – Nome dado à matriz de forma oval, esculpida em pedra preciosa ou semi-preciosa, cujo dorso convexo oferece frequentemente uma decoração gravada com a imagem de um coleóptero; de dimensões variáveis, a face que apresenta caracteres em cavado, permite obter uma impressão sobre a terra crua, assim como sobre o papiro e outros objectos; é característica do Antigo Egipto.

ESCAREADOR – Instrumento de serralheiro com que se alargam furos • Fresadora.
ESCAREAR – Alargar um orifício com o escareador • Vazar com o escareador os claros dos clichés.
ESCATOCOLO – Última folha de um rolo ou volume de papiro à qual se fixava o umbílico • Protocolo final de um documento, que inclui a data, a apreciação e os sinais de validação: subscrições, assinatura e selo.
ESCHATOCOLLION (pal. gr.) – A última folha ou coluna do rolo de papiro. Escatocolo.
ESCHATOL (pal. gr.) – A última página de um *codex*, na qual está fixada a peça onde se enrola.
ESCÍTALA – Pedaço cilíndrico de madeira em que os generais espartanos enrolavam as mensagens recebidas do tribunal dos éforos.
ESCLARECIMENTO – Palavras dirigidas pelo autor ou editor ao leitor e que pretendem tornar claras as intenções que presidiram à elaboração de determinada obra ou edição ou o modo como podem consultá-la • Informação. Elucidação. Texto que uma publicação apresenta para clarificar uma informação falsa ou explicitar uma que foi apresentada de forma errónea ou menos clara; deve ser publicado na mesma secção ou rubrica onde a informação incorrecta foi dada.
ESCOLA INVISÍVEL – Designação da informação que é obtida por um investigador com base nos contactos pessoais realizados com outros colegas.
ESCOLARIDADE – Frequência da escola. (port. Bras.) Aprendizagem. Rendimento escolar.
ESCOLARIZAÇÃO – Acto e efeito de escolarizar • Frequência do ensino escolar.
ESCOLARIZAR – Tornar escolarizado por meio da ida à escola, da frequência do ensino escolar. Submeter ao ensino escolar.
ESCOLÁSTICO – Designação atribuída aos caracteres góticos • Diz-se dos filósofos e teólogos seguidores da filosofia ensinada nas escolas da Idade Média, que era conhecida como Escolástica.
ESCOLDRINHAR – Termo do século XVI para esquadrinhar, procurar com diligência, investigar.

ESCOLHA – Exame individual das folhas de papel ou cartão para pôr de parte as defeituosas • Em tipografia, selecção e arranjo de tipos para fazer sobressair certas palavras • Classificação por qualidade de trapos ou de papéis velhos destinados ao fabrico de papel ou cartão.
ESCOLIADOR – Aquele que faz escólios a uma obra. Escoliasta • Comentador • Explicador.
ESCOLIAR – Fazer escólios.
ESCOLIASTA – Comentador de autor clássico. Escoliador. Escoliaste.
ESCOLIASTE – *Ver* Escoliasta.
ESCÓLIO – Em sentido geral é toda a nota esclarecedora, explicativa ou complementar de um texto, quer seja manuscrita quer impressa; na sua origem, o escólio é toda a nota marginal inserida num manuscrito de autor clássico grego ou latino com o objectivo de explicar alguma dificuldade gramatical ou de interpretação; era encabeçado, em geral, pela palavra a que se refere ou pelo sinal que a representa • Nota marginal. Glosa. Marginália • Cantiga que se cantava à mesa entre os gregos.
ESCOPO (port. Bras.) – *Ver* Esboço.
ESCORÇO – Síntese, resumo, descrição resumida • Redução de um desenho a uma menor escala.
ESCOVA – Utensílio de formas variadas, que compreende essencialmente um suporte em que estão implantadas sedas ou fios metálicos, destinado à limpeza de diferentes materiais e a outros fins; nos diversos ramos das artes gráficas utiliza-se um sem-número de escovas de tipos variados.
ESCOVA DE ESPARGIR – A que é utilizada pelo encadernador para espalhar a tinta no corte do livro.
ESCOVILHÃO – Haste de ferro, com um limpador de amianto numa extremidade, destinada a esfregar a boca do crisol das máquinas compositoras quando há acumulação de chumbo.
ESCREVEDOR – O que escreve • Escrevinhador, mau escritor.
ESCREVEDURA – Composição escrita de pouco mérito, de estilo familiar.

ESCREVENTE – Escriturário. Amanuense. Copista • Escritor. Autor • Escriba.

ESCREVER – Desenhar letras e palavras numa superfície, com utensílio de traçar • Redigir, compor trabalho literário ou científico • Em informática, registar informação num suporte de gravação ou transferir dados para um mecanismo de armazenagem. Gravar. Registar.

ESCREVER À MÁQUINA – Dactilografar.

ESCREVER DE JACTO – Redigir um texto rapidamente, sem interrupção, muitas vezes numa situação de inspiração súbita provocada por um estímulo emocional ou físico.

ESCREVER EM BANDEIRA – Designação dada ao modo de escrever em rolo ou rótulo. *Ver* Rótulo.

ESCREVER EM CIMA DO ACONTECIMENTO – Expressão usada para caracterizar uma situação em que a pessoa que relata o evento o faz imediatamente a seguir à sua realização, de modo a poder fornecer a notícia em tempo (quase) real; estão neste caso as notícias de episódios de guerras, crimes e outros acontecimentos de carácter mais ou menos bombástico, quase sempre relatadas nos jornais na primeira página em corpo grande, de modo a chamar a atenção do leitor.

ESCREVINHADOR – O que escrevinha, rabiscador, mau escritor.

ESCREVINHAR – Escrever mal, rabiscar • Escrever coisas fúteis, sem mérito algum.

ESCRIBA – Doutor que, entre os judeus, lia e interpretava as leis • Copista. Pessoa que nas antigas civilizações da Mesopotâmia, do Egipto, da China, entre outras, tinha um cargo muito importante e considerado, possuindo um nível de vida superior ao do resto da população: registava os mitos divinos, a história do país, os hinos, as orações, juntamente com os sacerdotes, tendo começado pelo simples registo das contas, impostos e listas dos produtos; o poder dos escribas derivava do facto de deterem o saber escrever, reservando os segredos da escrita e colocando-se ao serviço do poder instituído que os recompensava com privilégios; a formação de um escriba levava aproximadamente 12 anos de aprendizagem • Pessoa que leva a cabo a transcrição manuscrita de um texto. *Servus a manu*.

ESCRIBARIATO – Ofício de escriba copista. Entre os sumérios os escribas pertenciam a famílias abastadas e era um ofício muito considerado, sendo dele excluídas as mulheres.

ESCRIBOMANIA – *Ver* Graforreia.

ESCRINÁRIO – *Ver* Arquivista.

ESCRÍNIO – Armário ou cofre usado para guardar papéis e outros objectos ligados à escrita. Escrivaninha. Estojo. *Capsa. Scrinium.*

ESCRITA – Gravação. Marca • Arte de escrever. Transposição da expressão oral por meio de sinais gráficos utilizados pelas diversas civilizações recorrendo a um silabário ou a um sistema de ideogramas; está ligada à linguagem oral que a precedeu no tempo, designa também o objecto material que resulta do acto de escrever e se conserva no tempo e no espaço; por outro lado, o acto da escrita é dinâmico e desenrola-se num espaço a três dimensões: o movimento da mão guiado pelo olhar acompanha a trajectória do instrumento no espaço, trajectória que deixa sinais apenas no suporte • Inscrição de signo • Aquilo que se escreve. Escrito • Escrituração comercial • Registo da contabilidade.

ESCRITA A ESPELHO – Tipo de escrita da direita para a esquerda, que só pode ler-se com o reflexo de um espelho. Escrita invertida; um exemplo típico é a escrita de Leonardo da Vinci. Escrita especular. Escrita retrógrada.

ESCRITA ACOLUNADA – Diz-se da escrita em que se colocam letras umas sobre as outras.

ESCRITA ACROFONÉTICA – Escrita que, embora tendo origem em signos ideográficos, usa signos fonéticos com o valor da inicial do nome que tinha o objecto designado por aqueles.

ESCRITA ALFABÉTICA – Aquela que pressupõe a existência de um alfabeto • Terceiro e último estádio do desenvolvimento da escrita, no qual um único símbolo representava um único som distintivo na linguagem falada, de preferência a ideias ou símbolos.

ESCRITA ALFABÉTICA FONÉTICA – Sistema de letras em que há correspondência não equívoca entre as letras e, quer os sons, quer os fonemas.

ESCRITA ALFABETIZANTE – Escrita em processo de evolução para o sistema alfabético.

ESCRITA ANALÍTICA – Estágio em que cada sinal figurativo ou geométrico constitui a notação de uma palavra, como acontece na escrita chinesa. Escrita ideográfica.

ESCRITA ANGLO-SAXÓNICA – Escrita minúscula caligráfica usada em Inglaterra desde do século VIII ao século XII e que entretanto se estendeu até à Alemanha graças aos missionários hibérnicos, particularmente nos séculos VIII e IX; é também conhecida como *square minuscule*, minúscula quadrada.

ESCRITA BARATA – Modo de escrever, geralmente novelas, que é feito à base de chavões e ideias comuns e sem linguagem elaborada.

ESCRITA BENEVENTANA – Produzida entre o século VIII e o XI, deve o seu nome ao mosteiro beneditino do Monte Cassino, situado no Benevento; de certo modo faz prever a evolução para a escrita gótica, uma vez que os traços verticais são executados individualmente e apresenta um aspecto bastante anguloso.

ESCRITA CALIGRÁFICA – Aquela que é feita tendo em consideração as regras da boa caligrafia. *Ver* Caligrafia.

ESCRITA CAROLINA MINÚSCULA – *Ver Scriptura francisca*.

ESCRITA CHINESA – Escrita muito antiga, ideográfica com alguns elementos fonéticos, que quase não sofreu alterações na estrutura desde a sua criação.

ESCRITA CIFRADA – Sistema de escrita destinada à comunicação secreta; é elaborada a partir de uma chave ou de regras ou símbolos antecipadamente definidos. Emprega-se com o fim de manter secreto o conteúdo dos documentos e só a pessoa que estiver de posse do segredo dessa cifra pode interpretar o seu conteúdo; há muitos sistemas de cifra, mas os mais comuns são: a) o valor inverso das letras do alfabeto; b) a substituição dos caracteres de uma escrita pelos de outra (algemia); c) os sinais convencionais indicados pelo próprio código da cifra; d) as tintas incolores; e) a substituição das vogais pelas letras romanas correspondentes às cinco primeiras dezenas. Escrita criptográfica.

ESCRITA CIRÍLICA – A que é feita com caracteres cirílicos. O seu nome provém do facto de a sua invenção ser atribuída a São Cirilo.

ESCRITA CONSONÂNTICA – Aparecida com os fenícios, é aquela que é baseada no isolamento das consoantes e na simplificação, servindo os signos consonânticos para figurar também números; na base do seu desenvolvimento estiveram necessidades ditadas pela intensa actividade comercial desse povo.

ESCRITA CRIPTOGRÁFICA – *Ver* Escrita cifrada.

ESCRITA CÚFICA – Escrita monumental dos primeiros manuscritos do *Alcorão* e inscrições, caracterizada por apresentar traços largos, angulares e por vezes descontínuos.

ESCRITA CUNEIFORME – Diz-se da escrita cujos caracteres têm traços em forma de cunha, utilizada na Ásia Ocidental, aquela que empregavam os assírios, os sumérios, os persas e os medos; os traços caracterizam-se pela forma de cunha em várias posições (horizontal, vertical e oblíqua), soltos ou unidos pela parte mais larga. O nome vem de *cuneus*, a palavra latina para cunha. O material de suporte da escrita cuneiforme era a argila mole e o objecto com que se gravava era um estilete de metal, marfim ou madeira em forma de cunha. Era obtida através da pressão de um destes instrumentos na argila mole da tabuinha com determinado ângulo, prolongando-se a pressão em linha recta com pressão decrescente. Posteriormente a argila era cozida até ficar tão dura como um tijolo. Um dos mais famosos espécimes remanescentes da escrita cuneiforme é o *Código de Hamurabi*, que se encontra depositado no Museu do Louvre e que não foi escrito em argila, como inicialmente se supunha, mas gravado num cilindro de diorito; trata-se de um sistema de escrita que permaneceu cerca de 3500 anos. *Litteræ cuneatæ*.

ESCRITA CURIAL – Aquela que era usada na cúria papal e na documentação dela dimanada.

ESCRITA CURSIVA – Escrita rápida. Escrita quotidiana, informal, como a das notas pessoais e das cartas familiares. Etimologicamente significa escrita feita a correr, escrita apressada, o que redunda em pouca perfeição • Diz-se da letra manuscrita corrente, da que

não é assentada • Diz-se igualmente dos caracteres de imprensa que imitam a letra cursiva manuscrita.
ESCRITA DA DIREITA PARA A ESQUERDA – *Ver* Bustrofédon.
ESCRITA DEMÓTICA – Escrita em caracteres egípcios vulgares usados na vida corrente e no comércio, por oposição à escrita hierática, apenas usada pela classe sacerdotal (na correspondência, nos documentos administrativos, etc.); surgiu nos finais do século VII a. C. e deriva dos caracteres hieráticos.
ESCRITA DIGITAL – Aquela que é expressa através de uma linguagem ou código legível por máquina.
ESCRITA ELECTRÓNICA – Aquela que respeita aos dados e às informações que circulam em redes de telecomunicações ou que estão armazenadas em memórias de massa, sem serem alvo de uma utilização independente destes meios de tratamento e de comunicação.
ESCRITA EPIGRÁFICA – Escrita usada nas inscrições dos monumentos, especialmente dos antigos.
ESCRITA EPISTOLOGRÁFICA – Escrita destinada à redacção de cartas.
ESCRITA ESPECULAR – *Ver* Escrita a espelho.
ESCRITA FIGURATIVA – Aquela que imita a figura de objectos, em vez de representar os sons que constituem a palavra que eles designam. Pictografia.
ESCRITA FONÉTICA – Aquela em que os símbolos representam sons. Escrita cujos sinais representam sílabas ou os seus elementos componentes.
ESCRITA FONOGRÁFICA – Sistema de escrita em que os caracteres correspondem a elementos constituintes da cadeia falada.
ESCRITA FORENSE – Escrita dos tabeliães caracterizada pelo uso de letra corrida.
ESCRITA GALEGA – *Ver* Escrita visigótica.
ESCRITA GERMÂNICA – Escrita pré-carolíngia ou pré-carolina, cuja moda foi extremamente limitada no tempo e no espaço (séculos VIII-IX) • Estilo "nacional" de escrita que se desenvolveu após a dissolução do Império Romano e constituiu um desenvolvimento da latina cursiva.
ESCRITA GLAGOLÍTICA – Escrita usada pela literatura eslava nos seus primeiros textos, que datam do século IX.
ESCRITA GLÍFICA – Designação dos glifos maias; esta escrita, gravada em cavado, nasceu na América Central, de San Salvador ao México; é baseada nos esboços dos glifos, conhecidos desde o século IV a. C., cujo sentido é obscuro e enigmático; os estilos dos glifos diferem consoante os suportes, em geral a pedra, o papel feito de cascas de figueira selvagem e a cerâmica. É uma escrita mista, logográfica e fonética de tipo silábico.
ESCRITA GÓTICA – Nome dado à escrita que se caracteriza pelo contraste de traços grossos e finos, que formam ângulos quando se juntam; a sua influência fez-se sentir sobretudo entre os séculos XII a XIV, embora tivesse surgido já no século XI e mesmo após o século XV se escrevessem textos nesta letra, que assume diferenças bastante notórias; na Alemanha chegou a ser usada até há poucos anos. Escrita quebrada • Designação dada aos caracteres tipográficos que se assinalam pelo contraste de traços grossos e finos, formando ângulos quando se juntam • Designação pejorativa com que os humanistas italianos apodavam a arquitectura "bárbara" do Norte da Europa • Também denominada *fractura* na Idade Média, termo que um determinado tipo germânico de letra inspirou; os italianos possuíam o seu próprio tipo de escrita gótica, com letras mais arredondadas, chamadas *rotundæ*.
ESCRITA GREGA – Aquela em que se utilizam caracteres gregos.
ESCRITA HEBRAICA – Aquela em que se utilizam caracteres hebraicos.
ESCRITA HIERÁTICA – Escrita com caracteres cursivos derivados da hieroglífica por abreviação e simplificação; era usada pela classe sacerdotal no antigo Egipto e entendida apenas pelos iniciados, sendo no começo reservada a textos religiosos; os primeiros textos em hierático datam do Império Antigo; mais tarde serviu igualmente para os textos de carácter judicial e administrativo, exactamente porque era uma escrita mais rápida.
ESCRITA HIEROGLÍFICA – Escrita figurativa usada pelos antigos egípcios; pela obser-

vação dos sinais e figuras que estão na sua base conseguiu-se, em parte, a sua tradução. O seu nome deriva do grego *hieros*, que significa sagrado, e *glyphein*, esculpir; destinava-se a textos mais nobres e de carácter religioso, enquanto que a escrita hierática, resultante da esquematização da escrita hieroglífica, permitia mais rapidez na redacção dos textos; nasceu no vale do Nilo por volta de 3200 a. C.; escreve-se da direita para a esquerda e pode ler-se em várias direcções: da esquerda para a direita e da direita para a esquerda ou na vertical, sendo a orientação da leitura dada pelos signos animados (homens ou animais) que se apresentam voltados para o início da inscrição; desapareceu nos finais do século IV d. C.

ESCRITA HISTÓRICA ETIMOLÓGICA – Sistema de escrita em que certos fonemas são escritos de forma diferente conforme a origem da palavra.

ESCRITA ICONOGRÁFICA – Escrita que usa como signo a imagem do objecto designado pela palavra.

ESCRITA IDEOFONOGRÁFICA – Aquela que é constituída por figuras simples (pictogramas ou símbolos) e sinais destinados a representar os sons da voz.

ESCRITA IDEOGRÁFICA – Aquela em que as ideias sugeridas pelos objectos são representadas por imagens dos objectos ou pelos seus símbolos; tipos de escrita ideográfica são os caracteres chineses, os caracteres cuneiformes, os hieróglifos egípcios, os algarismos árabes e os sinais de pontuação.

ESCRITA IDEOGRAMÁTICA – Escrita baseada no uso de sinais que não exprimem letras nem sons, mas ideias.

ESCRITA INFORMATIZADA – Sistema de escrita de que resulta um documento operacional a dois níveis diferentes, um não legível directamente e que permanece em estado virtual na memória do computador, o outro, legível num ecrã de visualização, mas de um modo fugaz; a informatização da escrita trouxe consigo a mudança do suporte (do papel para o ecrã luminoso) e o signo não é uma imagem fixa num suporte, aparece legível momentaneamente devido à luminosidade do ecrã.

ESCRITA INSULAR – Aquela que é característica dos escrivães de origem anglo-saxónica.

ESCRITA INVERTIDA – Escrita traçada no sentido inverso ao normal, na qual a esquerda e a direita se encontram trocadas, de tal modo que pode aparecer como uma escrita normal por reflexo num espelho • Escrita a espelho. Escrita especular. Escrita retrógrada.

ESCRITA IRLANDESA – Escrita usada na Irlanda, derivada da minúscula semi-uncial romana, caligráfica, onde cada traço de cada letra e cada letra são traçados sem ligação.

ESCRITA JAPONESA – Escrita feita com caracteres nipónicos.

ESCRITA LAPIDAR – Modalidade de escrita monumental que era usada em inscrições de lápides.

ESCRITA LATINA – Escrita baseada na letra capital arcaica, que é a evolução final da escrita etrusca, a partir do século VI a. C.

ESCRITA LIBRÁRIA – Escrita usada na redacção de livros, mais regular e mais assentada que a de documentos. Escrita livresca.

ESCRITA *LIGHT* – *Ver* Literatura *light*.

ESCRITA LINEAR – Sistema de escrita usado na Idade do Bronze na Grécia e em Creta pelos micénicos e minóicos.

ESCRITA LIVRESCA – *Ver* Escrita librária.

ESCRITA LOGOGRÁFICA – Forma de escrita em que cada palavra é representada por um desenho.

ESCRITA MEROVÍNGIA – Modalidade de escrita cursiva minúscula derivada do cursivo latino, que foi utilizada no território que corresponde à actual França, entre os séculos VI e VIII.

ESCRITA MISTA – Diz-se da forma de escrita que resulta da mistura de dois sistemas, por exemplo o logográfico e o fonético, de tipo silábico; um exemplo de escrita mista é a escrita glífica.

ESCRITA MITOGRÁFICA – Aquela em que os signos exprimem os objectos ou representações mentais, cabendo à palavra apenas o papel de espécie de comentário ou decifração livre dos símbolos.

ESCRITA MNEMÓNICA – Aquela que visa ajudar a memória facilitando as suas operações.

ESCRITA MOÇÁRABE – *Ver* Escrita visigótica.

ESCRITA OGÂMICA – Forma primitiva de escrita, de origem ideográfica, que teve o seu berço na Irlanda e que possuía um sentido cabalístico; consistia em fazer cortes transversais ao longo de uma linha intermédia chamada *ogam*.

ESCRITA PARA USO DE CEGOS – *Ver* Braile.

ESCRITA PICTOGRÁFICA – Aquela em que as ideias são representadas directamente por meio de sinais gráficos, que não representam imediatamente fonemas ou sons, mas objectos. Teve como suporte a fibra vegetal, tecido, madeira, cortiça, pele de animais, argila e metal, mas só sobreviveram as escritas em argila, pedra e metal; é exemplo de escrita pictográfica a gravação de ícones e a pintura rupestre. Escrita figurativa.

ESCRITA PRÉ-CAROLINA – Escrita com influência da semi-uncial, da minúscula cursiva e da merovíngia, que é a primeira etapa da evolução da escrita carolina; esteve em voga dos séculos VII a VIII.

ESCRITA PROTO-ISLAMITA – Modalidade de escrita indecifrável que, ocultando documentos de contabilidade, exprime as ideias através de ideogramas por vezes figurativos e grupos de sinais fonéticos.

ESCRITA QUEBRADA – *Ver* Escrita gótica.

ESCRITA RABÍNICA – Modalidade de escrita hebraica, também chamada de Rasci, nome que lhe vem do conhecido comentador da Bíblia e do Talmude, pelo facto de ter sido usada nas notas e nos comentários que acompanham o texto ou são apresentados em pé de página.

ESCRITA RETRÓGRADA – *Ver* Escrita invertida.

ESCRITA RÚNICA – Forma de escrita primitiva, de origem ideográfica, que era usada pelos escandinavos, em especial pelos adivinhos ou sacerdotes para fazerem as suas adivinhações; era alfabética e assentava no uso de vinte e quatro signos que davam pelo nome de runas.

ESCRITA SEMASIOGRÁFICA – *Ver* Escrita mitográfica.

ESCRITA SEMI-CURSIVA VISIGÓTICA – Modalidade de escrita que tem características da escrita cursiva e da escrita redonda, apresentando um traçado irregular e descuidado.

ESCRITA SEMI-GÓTICA – Designação atribuída à letra de estilo gótico arredondado difundida durante o século XV.

ESCRITA SEMI-UNCIAL – Modalidade de escrita librária de tipo intermédio entre as formas solenes da capital e da uncial e as da minúscula cursiva que se encontra nos códices do século V ao IX.

ESCRITA *SHIKASTA* – Escrita persa, cursiva, com frequência de difícil leitura devido ao uso irregular dos elementos de ligação.

ESCRITA SILÁBICA – Aquela em que cada sinal corresponde a uma sílaba, como a japonesa.

ESCRITA SUMERIANA – Tipo de escrita usado pelos sumérios que apresenta uma grande quantidade de ideogramas, com representações figuradas facilmente reconhecíveis, pelo menos sob a forma hieroglífica.

ESCRITA *THULUTH* – Escrita árabe, mais alongada e ondulada que o *naskhi*, que é utilizada nos manuscritos do *Alcorão* e nas inscrições, sobretudo nas alcorânicas. *Thuluth*.

ESCRITA TIPOGRÁFICA – Aquela que tem características próprias da tipografia.

ESCRITA ULFILANA – Escrita derivada do grego, criada pelo bispo ariano Ulfilas e na qual ele traduziu a Bíblia.

ESCRITA VESPASIANA – Escrita com carácter ornamental em que se empregavam traços curvos semelhantes a Ss alongados ou vírgulas.

ESCRITA VISIGÓTICA – Ao contrário do que o nome parece indicar, a escrita visigótica não foi inventada pelos visigodos; a sua evolução processou-se na Península Ibérica após a invasão dos visigodos, que a usavam (ano 415 d.C.); é também chamada escrita moçárabe ou galega; generalizou-se durante os séculos IX-XI; foi utilizada em Espanha entre os séculos VIII e IX e também foi usada na Itália.

ESCRITA VISIGÓTICA MAIÚSCULA – Teve origem nos caracteres da escrita uncial.

ESCRITA VISIGÓTICA MINÚSCULA – Provém da minúscula cursiva, com influência da escrita semi-uncial.

ESCRITA VISIGÓTICA REDONDA – Deriva da escrita cursiva minúscula, e igualmente com influências da escrita semi-uncial que vem substituir, tornando-se uma verdadeira escrita librária.

ESCRITAS ANALÍTICAS – Designação dada às escritas aparecidas há cerca de cinco mil anos na Mesopotâmia, Egipto, China ou América pré-colombiana, que são caracterizadas pelo facto de o signo não ter como finalidade notar uma frase mas evocar uma palavra, apresentando um valor constante.

ESCRITO – Obra científica ou literária • Escritura • Composição escrita • Bilhete • Documento • Carta • Escrita • Título • Redigido. Lavrado. Notado.

ESCRITO À MÃO – Manuscrito. De punho e letra.

ESCRITO ACADÉMICO – Comunicação escrita que é elaborada no âmbito de uma escola (em geral do ensino superior), sociedade literária, científica, artística, academia, etc.

ESCRITO DE CIRCUNSTÂNCIA – Texto redigido para uma situação ocasional.

ESCRITO DE ECRÃ – Noção que se articula à volta de três componentes técnicas que são a memória informática, o ecrã e a página da impressora.

ESCRITO DEVOCIONAL – Ver Devocionário.

ESCRITOLOGIA – Ciência da escrita.

ESCRITOR – Pessoa que escreve, embora não tenha obrigatoriamente obra publicada • Autor de obras literárias ou científicas • Aquele cuja escrita é artística, apresentando um estilo formal, com trabalho da linguagem, construção de personagens complexas, fabulação de acções diversificadas, temática ideológica própria e se referencia por meio de um conjunto de símbolos cujo todo estético harmónico constitui o universo representacional da sua obra • Letrado, literato, erudito • Copista.

ESCRITOR CLANDESTINO – Aquele que, por razões de ordem política, religiosa ou outras, escreve obras que desafiam a autoridade do país em que exerce a sua actividade e que, por isso, vê com dificuldade a sua obra publicada.

ESCRITOR INDEPENDENTE – Aquele que escreve o que quer, sem se submeter ao poder instituído, nem participar da ideologia vigente.

ESCRITOR MEDIÁTICO – Aquele que, através dos temas versados na sua obra ou por outras razões, aparece frequentemente nos meios de comunicação social dando entrevistas, participando em mesas redondas, obtendo êxito junto do público de forma rápida e sensacional.

ESCRITORINHO – Escrivaninha. Secretária.

ESCRITÓRIO – O móvel em que se escreve • Escrivaninha compreendendo apenas o tinteiro e o areeiro • Caixa de escrita • Compartimento, sala em que se escreve e trabalha. Gabinete • Sala em que se reúnem os redactores dos jornais para escreverem os seus artigos.

ESCRITÓRIO ELECTRÓNICO – Expressão convencional usada para designar um conjunto de aplicações ou programas de computador que, uma vez interligados, fornecem uma estrutura funcional que pode substituir com vantagens os procedimentos característicos de um dito escritório tradicional.

ESCRITOR-FANTASMA (port. Bras.) – Ver Escritor-sombra.

ESCRITOR-SOMBRA – Aquele que redige um texto geralmente a partir de entrevistas gravadas e do relato de experiências pessoais vividas por outrem; esta situação é hoje muito frequente entre a classe política, desportiva e vultos da sociedade que, incapazes de escrever as suas autobiografias, recorrem a outra pessoa para as redigir como se fossem eles próprios a escrevê-las. (port. Bras.) Escritor-fantasma.

ESCRITURA – Escrita. Caligrafia • Documento autêntico feito por oficial público • O conjunto dos livros do Antigo Testamento e do Novo Testamento • Escrito literário.

ESCRITURA DE AFORAMENTO – Documento com valor legal, quando feito segundo os trâmites definidos para a sua redacção e apresentação, que transfere para outra pessoa ou instituição, por longo prazo ou perpetuamente, o usufruto de uma propriedade em troca do pagamento de determinada renda.

ESCRITURA DE DOAÇÃO – Documento com valor legal, quando feito segundo os trâmites definidos para a sua redacção e apresen-

tação, que transfere para outra pessoa física ou jurídica sem compensação económica, o título de propriedade de um bem, especificando por vezes determinadas restrições de uso e acesso.
ESCRITURAÇÃO – Acto de escriturar • Escrita metódica das contas de uma casa comercial • Contabilidade • Assento • Lançamento. Registo.
ESCRITURAL – Relativo a escritor ou escritura.
ESCRITURAR – Registar metodicamente • Escrever. Lavrar.
ESCRITURÁRIO – Aquele que faz escrituração • Escrevente. Escrivão.
ESCRITURECO – Escritor sem merecimento literário.
ESCRITURÍSTICO – Relativo à Sagrada Escritura.
ESCRIVÃ – Freira que fazia escrituração nos conventos • Forma feminina de escrivão.
ESCRIVANIA – Cargo de escrivão.
ESCRIVANINHA – Pequena caixa que contém os instrumentos necessários à escrita • Tinteiro que contém, além do reservatório para tinta, o lugar para colocar as penas, areia, etc. • Mesa em que se escreve • Secretária. Escritorinho.
ESCRIVÃO – Oficial público que, junto de uma autoridade, corporação ou tribunal, escreve autos, termos de processo, actas e outros documentos legais • Escrevente, escriturário.
ESCRIVÃO PÚBLICO – *Ver* Notário.
ESCRUTÍNIO BIBLIOGRÁFICO – Análise bibliográfica.
ESCUDETE – Chapa em forma de escudo na qual se encontram inscritas as armas de uma determinada família • Pequeno escudo inscrito no centro de outro e que apresenta a mesma forma do primeiro.
ESCUDETES APONTADOS – Colocação dos escudetes de modo a que cada um deles esteja posicionado convergindo para o que se encontra em posição central.
ESCUDIFORME – Em forma de escudo ou broquel; motivos com este desenho eram aplicados com frequência a encadernações medievais sob forma de pequenos ferros apresentando por vezes inscrições gravadas, hoje ilegíveis.

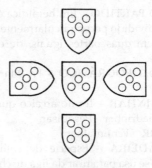

Escudetes apontados

ESCUDO – Em sentido próprio da ciência heráldica, representa a rodela trazida pelos cavaleiros medievais sobre a qual eram colocadas as peças e figuras heráldicas; é de forma muito variável.
ESCUDO DE ARMAS REAIS PORTUGUESAS – Aquele em que figuram os sete castelos e os escudetes com as cinco chagas de Cristo, encimado por coroa real que se conserva aberta até D. Sebastião, após o qual passa a ser fechada (coroa imperial).

Escudo de armas reais portuguesas

ESCUDO EM BANDEIRA – Em heráldica, escudo quadrado.
ESCUDO ESQUARTELADO – Escudo de campo dividido em quatro partes (quartéis) por duas linhas que se cruzam no meio em ângulo recto ou em diagonal.

ESCUDO PARTIDO – Em heráldica é aquele que está dividido perpendicularmente, de alto a baixo, em duas partes iguais, de esmaltes diferentes.
ESCUDO TIPOGRÁFICO – *Ver* Marca tipográfica.
ESCUDRINHAR – Termo arcaico que designava esquadrinhar • Pesquisar.
ESCULPIR – *Ver* Entalhar.
ESCUMADEIRA – Espécie de colher com furos que se usa para tirar da liga de chumbo a escória existente no crisol das máquinas compositoras, fornos de refundição e de estereotipia • Crivo.
ESFERA – Modelo de um corpo celeste, em geral a terra ou a esfera celeste, representado na superfície de uma esfera. Globo.
ESFERA ARMILAR – Figura geométrica que representa a esfera celeste; as armilas são os círculos equivalentes aos meridianos, aos paralelos e à elíptica; foi adoptada pelo rei D. Manuel I e aparece com grande frequência na iconografia deste período, sendo um dos símbolos favoritos na heráldica tipográfica dos livros quinhentistas impressos em Portugal.

Esfera armilar

ESFEROGRÁFICA – Caneta que apresenta uma esfera na ponta que distribui a tinta de escrever.
ESFINGE – Monstro imaginário com corpo de leão e cabeça de mulher; entre os antigos egípcios simbolizava o sol • Enigma. Mistério.

ESFOLADURA – Finas lamelas destacadas da superfície da pele das encadernações. Descamação. Esfoliação.
ESFOLAR – Agredir acidentalmente a superfície de um material liso com um objecto agudo ou cortante; por mau acondicionamento ou manuseamento, estas agressões são por vezes visíveis na pele das encadernações.
ESFOLIAÇÃO – Operação delicadíssima de restauro, através da qual se separam em lâminas as folhas de papel, dividindo-as no sentido da espessura • Fragmentos que se destacam da superfície da pele das encadernações. Descamação • Folheação. Desfolhação.
ESFOLIADO – Diz-se do papel cujas fibras se separam ou caem devido à secura ou humidade • Folheado.
ESFOLIAR – Destacar em pequenas placas ou lâminas. Descamar • Folhear. Desfolhar.
ESFRAGÍSTICA – *Ver* Sigilografia.
ESFREGAÇO – Leve camada de tinta ou verniz, aplicada sobre um quadro ou gravura, de modo a permitir transparecer o grão do suporte.
ESFUMAR – Desenhar ou pintar a carvão • Esbater com o esfuminho os traços a carvão num desenho ou esboço • Esboçar com o esfuminho.
ESFUMINHO – Utensílio próprio para esbater constituído por um rolo de papel com as extremidades aguçadas destinado a atenuar linhas desenhadas com lápis ou carvão, conseguindo assim várias gradações de tom.
ESGOTADO – Diz-se de uma edição cujos exemplares foram todos distribuídos ou vendidos. *Out of print.*
ESGOTADO EM ARMAZÉM – Expressão usada para indicar que uma casa editora não possui em depósito exemplares de uma determinada obra que se pretende.
ESGOTADO EM ARMAZÉM INDEFINIDAMENTE – Expressão usada para indicar que uma casa editora não tem armazenada uma determinada obra e é muito provável que nunca mais volte a tê-la.
ESGRAFITADO – Nome dado à técnica de pintura que consiste na aplicação de uma camada cromática sobre um fundo dourado, camada essa que depois é raspada delicadamente for-

mando finas decorações, que assim enriquecem o desenho; esta técnica, em geral usada em pintura de grandes dimensões, foi igualmente utilizada em pintura de manuscritos.

ESGRIMIR COM AS PALAVRAS – Servir-se das palavras para atingir determinadas finalidades no discurso oral ou escrito.

ESLAIDE (port. Bras.) – *Ver* Diapositivo.

ESMAGAMENTO DO PAPEL – Defeito do papel provocado por uma deformação local da estrutura da folha de papel húmida depois de formada, caracterizado por um fundo nebuloso; o esmagamento pode produzir-se também quando o papel é calandrado e provoca manchas mais translúcidas e, em caso extremo, orifícios.

ESMALTAR – *Ver* Adornar.

ESMALTE – Material vítreo à base de sílica colorida através de óxidos metálicos, que se aplica sobre um suporte metálico fundindo-o a alta temperatura; é um dos processos usados para ornamentar encadernações ricas, muito frequente nos livros de liturgia desde a alta Idade Média, geralmente aplicado sobre ouro, prata ou bronze, permitindo um resultado final de grande efeito cromático e de valor inestimável • Processo de fotogravura; pode revestir dois tipos: esmalte a frio (consiste em cobrir a lâmina com uma solução alcoólica de goma-laca bicromatada); esmalte a quente (consiste em cobrir a lâmina com uma solução aquosa de cola de peixe bicromatada endurecida por cozedura antes de ser gravada).

ESMALTE *CHAMPLEVÉ* – Decoração esmaltada inserida em pequenos compartimentos escavados directamente no suporte que reveste uma encadernação. *Ver* Encadernação *champlevé*.

ESMALTE *CLOISOINNÉ* – Decoração esmaltada existente em algumas encadernações ricas em que cada compartimento destinado a receber o esmalte está separado dos compartimentos contíguos por meio de pequenos filamentos de metal soldados directamente ao suporte. *Ver* Encadernação *cloisonnée*.

ESMALTES – Termo de heráldica destinado a designar as cores no brasão; uma das regras mais comuns é que nunca deve ser colocada cor sobre cor nem metal sobre metal; as cores usadas são o vermelho, azul, verde-negro e púrpura; os metais são o ouro e a prata.

ESOPETE – Colecção de fábulas legendariamente atribuídas a Esopo durante a Idade Média. Fabulário.

ESP. – Abreviatura de espanhol.

ESPAÇAMENTO – *Ver* Espacejamento.

ESPAÇAR – Operação tipográfica que consiste em espacejar as linhas com a regreta. Espacear. Espacejar. Abrir intervalos ou espaços num texto. Ampliar. Intervalar. Faiar.

ESPAÇARIA – Conjunto dos espaços tipográficos.

ESPACEAR – *Ver* Espacejar.

ESPACEJAÇÃO – *Ver* Espacejamento.

ESPACEJADO – Dá-se este nome a todos os brancos que a composição apresenta entre as palavras.

ESPACEJAMENTO – Realização prática da justificação, ou seja, dos intervalos ou espaços entre linhas, letras ou palavras que concorrem para a justificação de uma linha. Espacejação. Espaçamento.

ESPACEJAR – Abrir espaços ou intervalos entre palavras numa linha, entre letras numa palavra ou entre linhas em qualquer composição • Dilatar, ampliar, espaçar. Faiar.

ESPAÇO – Peça metálica inferior ao quadratim (de que é submúltiplo), mais baixa do que as letras e que serve para separar entre si as palavras e as letras; encontra-se nos caixotins correspondentes da caixa; o número de pontos do espaço varia de acordo com os corpos • Intervalo que separa as palavras manuscritas ou impressas • Lugar em branco entre letras ou palavras produzido pelos claros • Em comunicação de dados *Ver* Intervalo.

ESPAÇO BRANCO – Aquele que não sai na impressão.

ESPAÇO DE ACOLHIMENTO – Área, dentro do edifício de uma biblioteca, arquivo, serviço de documentação, etc. onde se recebe o público e se procede à sua orientação. Recepção. Zona de acolhimento.

ESPAÇO DE ARMAZENAMENTO – Área do edifício de uma biblioteca, arquivo, serviço de documentação, etc. onde se encontram colocadas as colecções de documentos.

ESPAÇO DE CONSULTA – Lugar da biblioteca, arquivo, serviço de documentação, etc. onde estão sedeados os diversos tipos de postos de consulta de livros e documentos e onde são disponibilizados ao público para que os consulte os documentos impressos, audiovisuais, informáticos ou outros; pode ser de dois tipos: separado das colecções (em depósitos próximos em livre acesso), em depósitos com livre acesso ou espaços de consulta diferenciados no seu arranjo e totalmente integrados nas colecções em livre acesso; são espaços de consulta organizados em subconjuntos de diversas naturezas, com a finalidade de responder às diferentes necessidades de um utilizador ou às necessidades diferentes de utilizadores diferentes, repartidos numa proximidade e numa configuração que evita a concentração e o ruído. Zona de consulta.
ESPAÇO DE ENTRADA – Recuo que a linha inicial de um parágrafo apresenta à esquerda.
ESPAÇO DE FORMAÇÃO – Área, zona ou local dentro do edifício de uma biblioteca, arquivo, serviço de documentação, etc. onde se prepara o utilizador para fazer pesquisa documental, entender o tratamento da informação e no manuseio dos mecanismos para o melhor modo de obtê-la.
ESPAÇO DE OPINIÃO – Numa publicação, designação que é atribuída ao lugar e rubrica destinados a apresentar comentários e pareceres que são emitidos pelos seus leitores.
ESPAÇO DE REFERÊNCIA – *Ver* Serviço de Referência.
ESPAÇO DE RESTAURAÇÃO – *Ver* Sala de repouso do pessoal.
ESPAÇO FINO – Designa em tipografia o menor espaço possível, correspondente a 0,167 paica na composição a quente e a 0,5 ponto na fotocomposição • Espaço de valor relativo, geralmente 1/5 ou 1/4 do espaço eme, usado para espacejar letras ou palavras numa composição tipográfica.
ESPAÇO INTERCOLUNAR – *Ver* Intercolúnio.
ESPAÇO INTERLINEAR – Aquele que se situa entre as linhas de um texto, seja manuscrito ou impresso. Nos manuscritos este espaço era estabelecido quando se procedia ao regramento da página, através da puncturação feita com compasso de pontas secas, seguida do traçado das linhas onde assentava a escrita; este espaço podia ser drasticamente reduzido quando o corpo do livro se tornava mais diminuto ou quando se pretendia poupar mais o suporte; neste caso o elemento que mais se ressentia era o corpo das hastes das letras, que era encurtado.
ESPARGIDO – Diz-se do corte ou das pastas dos livros nos quais foi colocada tinta de cor de forma irregular através da aplicação de pequenas gotículas com escova e rede apropriadas, com a intenção de os ornamentar.
ESPARGIR – Espalhar pequenas gotas de tinta de forma irregular na superfície do corte ou das pastas de couro da encadernação a ornamentar. Salpicar.
ESPARSA – Trova curta de tom melancólico, composta em redondilha e que comporta um mínimo de oito versos e um máximo de dezasseis.
ESPARSO – Solto; diz-se do texto que não está reunido em colecção. Disperso. Avulso.
ESPARTO – Planta gramínea a partir de cujos caules se fabricam cordas, cestos e outros objectos, usada igualmente no fabrico do papel, em conjunto com outras fibras. Alfa.
ESPÁTULA – Instrumento de ferro com que se retira a tinta das latas, se mistura com outras ou adicionais e se espalha no tinteiro • Faca de papel.
ESPEC. – Abreviatura de especial.
ESPECIAL – Em linguagem jornalística é o telegrama que se destina, em particular, a determinado cliente ou a uma zona geográfica expressamente indicada; deve ser precedido por essa indicação quando não haja linha directa e exclusiva entre a agência e o cliente; pode servir tão somente para alertar um cliente ou uma região para o interesse particular que a notícia possa ter para eles.
ESPECIALISTA DA INFORMAÇÃO – Pessoa muito conhecedora do conteúdo dos documentos de uma determinada matéria.
ESPECIALISTA DE ZONA – Elemento do pessoal de uma biblioteca, arquivo, serviço, de documentação, etc., que está encarregado de avaliar e seleccionar documentos relaciona-

dos com uma região geográfica do mundo, por exemplo Europa ou Ásia; com frequência está também encarregado do serviço de informação referente a essa área geográfica e da organização bibliográfica dos documentos.

ESPÉCIE – Nome geral com que se denominam todas as entidades bibliográficas como os livros manuscritos ou impressos, etc. • Em classificação, designação atribuída a uma das classes em que um género se divide, baseando-se numa característica que lhe é acrescentada; a espécie pode transformar-se em género quando é dividida em sub-espécies; uma noção ou classe é espécie de uma outra noção ou classe, se esta última constitui um género da primeira (a noção *b* é uma espécie em relação à noção *a*, se *a* é um género em relação a *b*).

ESPÉCIE BIBLIOGRÁFICA – Artigo de periódico, relatório técnico, patente, capítulo de monografia, etc. que pode ser objecto de uma entrada bibliográfica individual num catálogo ou numa bibliografia.

ESPECIFICAÇÃO – Descrição detalhada, explicação pormenorizada • Documento que descreve em pormenor os requisitos a que o material, produto ou serviço têm que obedecer • Alguns organismos nacionais de normalização utilizam este termo com o mesmo significado de especificação técnica, mas não inclui os códigos de boa prática.

ESPECIFICAÇÃO DE ALCANCE – Nota que explica a acepção em que um termo é usado numa lista de cabeçalhos de assunto, num tesauro ou num sistema de classificação, referindo-se, em geral, a um termo relacionado ou simultâneo. *Scope note*.

ESPECIFICAÇÃO DE ENSAIO – Documento que descreve em pormenor os métodos de condução de ensaios incluindo, se necessário, os critérios para avaliação do resultado; pode conter indicações para apreciação da conformidade e da fiabilidade.

ESPECIFICAÇÃO DO MATERIAL – Documento que descreve em pormenor os materiais componentes usados na fabricação de um produto.

ESPECIFICAÇÃO DO OBJECTIVO – Documento que descreve a finalidade primária de um item e fornece a orientação essencial no que se refere a assuntos como estilo, categoria, padrão de comportamento, aspecto, condições de utilização (incluindo saúde e segurança), características, embalagem, conformidade, fiabilidade, manutenção, etc. Esta especificação resulta com frequência de estudos prévios e forma a base do projecto. É muitas vezes denominada "anteprojecto" ou "especificação preliminar".

ESPECIFICAÇÃO TÉCNICA – Documento que estabelece as características que são requeridas para um produto ou um serviço, tais como: os níveis de qualidade ou de propriedade de emprego e padrões de comportamento, a segurança e as dimensões; este tipo de documento pode também ou apenas, incluir ou estabelecer terminologia, simbologia, ensaios a realizar e técnicas de ensaio e prescrições relativas a embalagem, marcação e rotulagem (art° 2d) do decreto-lei n° 228/93 de 22 de Junho); uma especificação técnica assume por vezes a forma de código de boa prática. Recomendação.

ESPECIFICIDADE – Extensão em que o sistema de recuperação da informação permite ser preciso ao esmiuçar o assunto de um documento que está a ser processado.

ESPECIFICIDADE DA INDEXAÇÃO – A especificidade da indexação diz respeito ao tipo de termos que o vocabulário de indexação permite usar ao indexador; se os termos de indexação usados são aplicáveis ao conceito e o descrevem com precisão, a indexação é específica; alternativamente, os termos de indexação disponíveis podem não corresponder ao conceito de forma precisa e nesse caso a linguagem de indexação tem menor especificidade; à medida que a linguagem se torna menos específica ou menos precisa e menos co-extensiva, cada termo de indexação usado aplica-se a uma maior extensão de documentos dos quais nenhum é exactamente igual.

ESPECÍFICO – Que é exclusivo. Próprio. Singular; usa-se por oposição a genérico • Referente à espécie • Particular. Especial.

ESPECILÉGIO – Respigo. *Ver* Florilégio.

ESPÉCIME – Exemplar, modelo, amostra, espécie • Em biblioteconomia é o exemplar

de amostra, não acabado, em cadernos soltos e com uma brochura diferente da definitiva. Espécimen.
ESPÉCIMEN – *Ver* Espécime.
ESPECTRO DUPLO – Em reprografia, processo de revelação a seco em duas fases que usa luz ultravioleta para a produção da matriz e luz infravermelha para produzir as espécies posteriores.
ESPECTROGRAMA – Representação visual gráfica da onda sonora a três dimensões: a dimensão "tempo" é representada na horizontal, a dimensão "frequência" na vertical e a dimensão "intensidade" (para cada frequência a cada momento temporal) é representada pelos diferentes tons de cinzento das marcas traçadas no papel.
ESPELHADO – Diz-se do documento ou livro que foi submetido a uma técnica de restauro que passa pela aplicação de fragmentos de papel semelhante ao do suporte original, isento de ácido, que vai colmatar fissuras ou rasgos provocados pelos mais variados agentes • (port. Bras.) Publicado em página-dupla.
ESPELHAMENTO – Processo de restauro que consiste na aplicação, por colagem, de fragmentos de papel semelhantes na textura ao suporte a recuperar, colmatando fissuras ou reparando rasgos, intencionais ou não; é muito usado no festo dos livros, dado que essa zona é a mais atacada por bibliófagos, permitindo, deste modo, que a obra possa ser reencadernada; a principal precaução nesta modalidade de restauro é, como em quase todas as outras, a desacidificação prévia do suporte e a utilização de materiais isentos de ácido.
ESPELHAR – Restaurar as folhas de um livro; este restauro deve ser feito por especialistas, através da aplicação de papel contendo o mesmo grau de acidez • Polir • Traduzir • Retratar.
ESPELHO – Designação atribuída na Idade Média a algumas obras de carácter moral, didáctico, científico ou ascético • Ensinamento. Exemplo. Exemplar. Modelo • Nos jornais é, no cabeçalho, o espaço que fica de ambos os lados onde se colocam anúncios, provérbios, pensamentos ou pequenas notícias • Esboço de uma página para orientar o compositor tipográfico • Dispositivo existente na parte da frente das gavetas de um ficheiro onde se colocam os rótulos com as respectivas indicações, para tornar bem patente o seu conteúdo • Face externa do plano da encadernação. Na imprensa jornalística, esquema das matérias a serem publicadas e suas respectivas retrancas • (port. Bras.) Cada um dos lados da carteira de identidade.
ESPELHO DA ENCADERNAÇÃO – Nome dado ao rectângulo de qualquer tipo de material que é colocado num determinado espaço do centro interior da pasta da encadernação, tendo um enquadramento relativamente largo, à maneira de moldura; pode ser de tecido, couro ou outro material.
ESPELHO DE RETRANCAS – Quadro onde se regista a retranca ou disposição dada aos originais que constam das diferentes secções de um jornal.
ESPELHO REGRADO – Num códice manuscrito, esquema figurativo derivado das linhas traçadas horizontalmente para albergar a escrita e verticalmente para conter o campo que lhe era destinado. Caixa de escrita regrada.
ESPESSURA – Nos caracteres tipográficos, é a distância entre as partes laterais. *Ver* Grossura.
ESPESSURA DAS PLACAS – Dimensão da altura das placas para os clichés tipográficos.
ESPINHA – Em encadernação é a linha formada pelo cruzamento dos fios na passagem da cosedura de um caderno para outro na cabeça e no pé.
ESPIOLHAMENTO – Identificação e análise das informações contidas num documento em função de critérios pré-determinados, com vista à sua recuperação e selecção; por exemplo a catalogação analítica dos diversos volumes de uma obra, de uma colecção ou compilação, dos artigos de uma publicação periódica, etc. Respigo • Enumeração dos títulos dos diferentes tomos de uma obra, de uma compilação, de uma colecção • Catalogação dos diferentes elementos de uma colecção • Catalogação dos diferentes artigos de miscelâneas ou obras semelhantes • Catalogação dos artigos de uma publicação periódica, etc. *Dépouillement*.

ESPIOLHAR – Recolher dados de um ou mais livros retirando-os daqui e dali passo a passo. Respigar • Examinar.

ESPIRAL – Sistema de encadernação que consiste num arame enroscado que uma máquina introduz nas ranhuras que existem na lombada de certos conjuntos de folhas soltas que se desejam reunir.

ESPÍRITO CRÍTICO – Atitude intelectual que se caracteriza pela tendência para não admitir nenhuma asserção sem reconhecer a sua legitimidade.

ESPÍRITOS – Acentos que se colocam nas palavras gregas: dividem-se em brandos (/) ásperos (\) podem combinar-se com acento agudo (/\ /\), acento grave (\\ \\), acento circunflexo (^) ou entre si (\ \), embora este caso seja pouco frequente.

ESPÓLIO EPISTOLOGRÁFICO – Aquele que tem como suporte as cartas, telegramas, postais ou outros textos semelhantes escritos e recebidos por uma pessoa ao longo da sua vida e que por vezes são doados pela família a uma instituição como uma biblioteca, arquivo, serviço de documentação, etc.; pelo seu carácter íntimo e espontâneo é muitas vezes uma fonte preciosa de informação sobre o seu autor, não só pelas cartas que recebeu, como porventura pelo copiador que revela as que ele próprio escreveu; geralmente este tipo de doações, por razões óbvias, está sujeito a reservas de consulta estabelecidas pelo próprio ou pela sua família.

ESPÓLIO LITERÁRIO – Bens pertencentes às letras ou literatura que ficaram por morte de uma pessoa • Colecção bibliográfia particular • Arquivo literário.

ESPONJA – Instrumento usado para apagar a tinta ainda fresca dos manuscritos.

ESPORO – Elemento unicelular produzido pelos cogumelos e que assegura a sua reprodução; surge com frequência em livros antigos em decomposição, sujeitos a um ambiente húmido.

ESPORO DE FUNGO – Míldio destrutivo que se desenvolve em condições de humidade; aparece com forma irregular e assume o aspecto de manchas esverdeadas, verdes, castanhas, azuladas ou púrpura.

ESQ. – Abreviatura de esquema.

ESQUADRAR – Dispor ou cortar em esquadria ou ângulo recto. Esquadriar. Era uma operação rigorosa prévia à encadernação dos manuscritos em pergaminho, de modo a poder aproveitar este precioso suporte ao máximo; os fragmentos que sobravam eram guardados para textos mais pequenos, até mesmo para apontamentos, muitas vezes apresentando bordos irregulares.

ESQUADRAR A FORMA – Verificar o alinhamento vertical e horizontal das páginas apertadas na rama e corrigir possíveis desvios.

ESQUADRAR O PAPEL – Cortar o papel em ângulo recto.

ESQUADRIA – Corte em ângulo recto • Simetria • Estrutura em forma de moldura feita geralmente em madeira e usada para esticar a pele dos animais durante a preparação do pergaminho, para se raspar e tornar macio, a fim de se poder escrever nele.

ESQUADRIAR – *Ver* Esquadrar.

ESQUADRO – Instrumento em forma de triângulo rectângulo, com o qual se traçam linhas paralelas e perpendiculares.

ESQUADRO DA GUILHOTINA – Peça que ajusta o papel quando se procede ao seu corte na guilhotina.

ESQUADRO FALSO – Aparelho que se encosta ao esquadro da guilhotina quando é necessário cortar tiras muito estreitas de papel, podendo entrar sob o calcador e ser comprimido em conjunto com as folhas.

ESQUADRO FORMA-CANTOS – Esquadro formando ângulo recto com os demais, no qual uma das partes é móvel; é utilizado no traçado dos cantos dos livros.

ESQUADRO LATERAL – Na máquina impressora, peça em que é marginada a folha que vai ser impressa, regulando a exacta posição do papel em relação à chapa.

ESQUARTELADO – Em heráldica é uma figura honorífica da segunda ordem; consiste na divisão do escudo em quatro partes por duas linhas que se cruzam no meio em ângulo recto ou em diagonal.

ESQUARTELADURA – Divisão do escudo em quartéis, ou seja, em quatro partes.

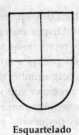
Esquartelado

ESQUARTELAR – Dividir o escudo em quartéis.
ESQUECIDO – Parte do original que o caixista ou os teclistas não se lembraram de compor.
ESQUELA MORTUÁRIA – Notificação da morte de uma pessoa.
ESQUELETO – Carácter de letra muito estreito • Impresso em que se deixam brancos para preencher à mão • Em linotipia é a peça especial que serve para poupar chumbo por causa da sua estrutura própria, que permite fundir parte da linha em côncavo; isto efectua-se em corpos grandes • Delineamento • Esboço, esquema, riscado • Nome dado ao corpo que constitui o mapa ou tabela sem pautado ou composição junta nas respectivas colunas em que é dividida • No fabrico do papel é o conjunto das peças de madeira nas quais está esticada a trama da forma: moldura e pontusais.
ESQUEMA – Representação icónica, desenho • Representação sintética simplificada do real • Elenco ordenado de tópicos • Resumo. Síntese. Sinopse.
ESQUEMA DE CLASSIFICAÇÃO – Apresentação gráfica das classes, divisões, subdivisões e secções, etc. de uma classificação.
ESQUEMA DE CLASSIFICAÇÃO ANALÍTICO – Sistema de classificação cuja base são as relações formais fixas entre classes.
ESQUEMA DE CLASSIFICAÇÃO DICOTOMIZADO – Aquele em que cada uma das classes pode ser dividida em duas classes subordinadas.
ESQUEMA GLOBAL – Elemento de uma classificação que apresenta a ordem lógica escolhida.
ESQUEMA RELACIONAL – Tipo possível de organização sintáctica das frases básicas de uma língua, fornecendo informação acerca do número de argumentos nucleares do predicador, a relação gramatical final de cada um deles e a ordem linear segundo a qual ocorrem os constituintes da frase.
ESQUEMÁTICO – Relativo a esquema • Em forma de esquema • Resumido. Abreviado. Sintético.
ESQUEMATISMO – Processo em forma de esquema para a exposição de doutrinas.
ESQUEMATIZAR – Fazer o esquema de • Representar uma coisa ou assunto sob a forma de esquema.
ESQUINA – Cada um dos ângulos de um molde • Adorno de uma única peça ou elemento formado por combinação, que se coloca nos ângulos das capas dos livros • Canto • Cantoneira.
ESQUINADO – *Ver* Chanfrado.
ESQUISSAR – Fazer o esquisso de. Esboçar. Bosquejar.
ESQUISSO – Primeiros traços de uma obra • Pequeno desenho que exprime o projecto de uma obra rascunhada pelo autor; difere do esboço porque o precede, sendo mais vago e primitivo. Delineamento. Debuxo • Obra improvisada não acabada.
ESSÊNCIA – Em relação a um objecto digital no contexto da preservação digital, segundo Hoffman, designa "o conjunto de propriedades que deverão ser mantidas e preservadas de forma intacta para que o objecto possa ser considerado autêntico" • Propriedade significativa.
ESSÊNCIA DE TEREBINTINA – Oleorresina que escorre dos cortes praticados nos troncos dos abetos, pinheiros e outras coníferas, que depois de destilada é usada como solvente para eliminar matérias gordas dos suportes gráficos.
EST. – Abreviatura de estampa, estudo e estante.
EST. CIT. – Abreviatura de estudo citado.
ESTABELECIMENTO DO TEXTO – Trabalho que resulta de uma comparação entre o texto manuscrito, o original dactilografado, a correcção de provas, a detecção de anomalias, de lapsos, de enganos, proposta de correcção e após terem sido confirmadas as sugestões

feitas pelo autor, pode o texto publicar-se em edição *ne varietur*.

ESTABILIDADE – Qualidade imprescindível a todos os materiais que intervêm num restauro de espécies bibliográficas, seja qual for o suporte a reparar; é esta característica que garante que, apesar da passagem do tempo, o material empregue – cola, papel, couro, fio de coser a encadernação, etc., não irá sofrer alterações de qualquer índole, permanecendo imutável e inalterável • Qualidade da tinta de impressão que traduz o seu comportamento durante a armazenagem e durante e após a impressão.

ESTABILIDADE DE PELÍCULA – Designação usada para caracterizar a vida de uma película armazenada ou a relativa resistência à deformação física (a dilatação e a contracção, por exemplo) que apresenta.

ESTABILIDADE DIMENSIONAL – Expressão geralmente aplicada a material fotográfico, mas que pode igualmente usar-se para livros e outros objectos e que caracteriza a resistência de um determinado material à alteração dimensional durante a produção, revelação, tratamento e armazenamento.

ESTABILIDADE DIMENSIONAL DO PAPEL – Permanência maior ou menor das dimensões e do desempenho de um papel ou cartão, sob influência das variações da sua humidade.

ESTABILIDADE INTERNA – Propriedade definidora da palavra como unidade gramatical.

ESTABILIZAÇÃO DE UM DOCUMENTO – Criação de condições de equilíbrio dos diferentes elementos constitutivos do suporte de um documento, com vista à garantia da sua estabilidade e permanência; esta operação precede a acção de restauro propriamente dita e é geralmente feita através da imersão ou aspersão com várias substâncias específicas.

ESTABILIZAR – Na totalidade das operações prévias ao restauro de documentos, é o conjunto de acções levadas a efeito com a finalidade de estabelecer o equilíbrio entre os componentes do suporte, com vista à sua permanência e constância.

ESTAÇÃO DE CONTROLO DE REDE – Numa rede, estação que fiscaliza a transmissão dos dados, resolve as dificuldades que vão surgindo e supervisiona operações como o ensaio e a selecção.

ESTAÇÃO DE REDE – Numa rede, instalação independente de um ou mais terminais e de outros equipamentos necessários para estabelecer e manter a comunicação.

ESTAÇÃO DE TRABALHO – Computador pessoal ligado a uma rede de comunicações. *Workstation*.

ESTAÇÃO SECUNDÁRIA DE REDE – Estação de uma rede que foi seleccionada para receber uma transmissão a partir de uma estação primária da rede.

ESTACIONÁRIO – Pessoa que na Antiguidade e na Idade Média comerciava a transcrição e venda de livros • Livreiro medieval cuja função era alugar livros de texto para que os estudantes fizessem cópias ou cotejassem os seus apontamentos com vista às necessárias correcções; geralmente era nomeado pelas universidades e não só supervisionava a distribuição das lições aos estudantes como também se podia responsabilizar pela sua cópia, encadernação e separação; alugava os manuscritos autorizados em cadernos a estudantes ou professores ou aos seus escribas contratados, copiando-os em seguida; era obrigado a afixar na sua loja a lista das obras das quais tinha *exemplaria* com o correspondente preço oficial; várias cópias deste género de listas de estacionários anónimos foram conservadas até hoje. O estacionário foi uma figura importante em toda a universidade medieval, e o controlo por parte da instituição universitária garantia a autenticidade dos textos; segundo alguns autores esta actividade, que no fundo se pode considerar uma organização comercial moderna, terá nascido na Universidade de Paris, onde se terá criado também a *pecia*. *Cartolaio*.

ESTADO – Condição de uma estampa nas diversas etapas de avanço do trabalho do gravador; uma delas é a prova de autor, frequentemente procurada pelos coleccionadores por ser considerada a melhor. Ensaio de gravura • Fase • Indicação geral dos documentos contidos num fundo ou colecção • Prova antes da letra.

ESTADO ANEXADO – Para efeitos de atribuição de autoria, é aquele que no passado teve estatuto de Estado independente e que hoje está ligado a um outro Estado, do qual é parte integrante.

ESTADO DA COLECÇÃO – Menção que indica o número de volumes ou anos de uma publicação em série, etc. possuídos por um organismo documental ou por um particular.

ESTADO DA GRAVURA – Nome que se dá às provas tiradas pelo gravador nos diversos momentos de execução de uma gravura para verificar qual o efeito que se vai obtendo.

ESTADO DE CONSERVAÇÃO – Nome dado ao conjunto de elementos da descrição que permitem avaliar qual o grau de integridade física de um documento, códice manuscrito, fascículo, ou volume impresso descrevendo os danos visíveis ou mutilações, restauro, etc. a que foi sujeito.

ESTADO DOS FUNDOS – Lista descritiva dos fundos e colecções de depósito de uma biblioteca, arquivo, serviço de documentação, etc.

ESTADO DOS INVENTÁRIOS – Lista descritiva de todos os instrumentos de pesquisa de depósitos de arquivos.

ESTADO FEDERADO – Para efeitos de atribuição de autoria, designação dada ao Estado moderno que faz parte de uma União ou Federação.

ESTADO-EDITOR – Designação usada para qualificar o caso em que a difusão é assegurada por grandes organismos públicos ou para-públicos, que desenvolvem importantes redes paralelas de edição científica e técnica, cujo crescimento não obedece aos imperativos económicos de uma empresa editorial.

ESTADOS UNIDOS – Para efeitos de atribuição de autoria, designação atribuída aos Estados menores, no passado independentes e que hoje são parte constituinte de unidades políticas maiores.

ESTAFE (port. Bras.) – *Ver* Pessoal.

ESTAMPA – Ilustração, com ou sem legenda, que figura numa página não compreendida na sequência numérica das páginas do texto; geralmente é impressa apenas de um lado do papel (excepto em alguns casos de impressão em papel *couché*); são as chamadas estampas *hors-texte* • Figura, imagem obtida por meio da impressão com ou sem tinta, de uma forma ou matriz compatível com o processamento ou mediante aspersão, por jacto de tinta, através de uma grelha apropriada com comando electrónico • Folha com a reprodução obtida por estampagem, de uma gravura (de madeira, em cobre, água-forte ou outra); nas estampas artísticas as folhas apresentam dois números na margem inferior: o primeiro é o da tiragem e o segundo o do exemplar • Gravura • Reprodução • Impressão ou marca feita no suporte por pressão • Arte de imprimir. Arte gráfica • Imprensa. Tipografia • Prelo.

ESTAMPA COM PAPEL DE SEDA – Folha que é protegida por uma lâmina fina de papel de seda ou de tela transparente ou semi-transparente, que pode estar solta ou colada na margem interior do livro; em condições ideais este papel de seda deverá ser isento de ácido para não danificar a estampa.

ESTAMPA DOBRADA – Ilustração de grandes dimensões vincada sobre si própria; também se chama estampa preguada ou desdobrável.

ESTAMPA DUPLA – Uma única unidade de ilustração que se estende em duas páginas face a face; muitas vezes a ilustração é impressa numa folha de tamanho duplo dobrada ao meio e segura no festo.

ESTAMPA FORA DO TEXTO – Ilustração que não faz parte integrante da paginação do texto, podendo ter uma paginação independente. Estampa *hors-texte*.

ESTAMPA *HORS-TEXTE* – Ilustração que não faz parte integrante do texto, podendo apresentar uma paginação independente. Estampa fora do texto.

ESTAMPA LITOGRAFADA – Aquela que tem como técnica de reprodução a litografia.

ESTAMPA PREGUEADA – *Ver* Estampa dobrada.

ESTAMPA SOBREPOSTA – Aquela que aparece dobrada sobre uma folha ou outra estampa, aderente apenas por um lado.

ESTAMPA SOLTA – Aquela que é incluída na obra sob forma avulsa e não faz parte da paginação; as estampas soltas são apresentadas, em geral, no fim da obra ou numa pasta separada.

ESTAMPADO – Impresso, publicado, gravado, escrito • Representado em imagem ou estampa • Prensado • Patente.

ESTAMPADOR – Que ou aquele que estampa. Estampeiro. Impressor.

ESTAMPAGEM – Acto ou feito de estampar • Impressão de ornamentos ou caracteres em suporte duro através de matriz gravada ou molde • Impressão de um desenho feita na capa de um livro por meio de uma chapa; esteve em uso na Idade Média antes da introdução da técnica da douradura sobre o couro e de novo na época romântica; a estampagem pode ser feita a quente ou a frio; a primeira usa-se para aplicar pano de ouro ou prata, para a estampagem a seco e o lavrado; o calor fixa o pano de ouro à capa; a estampagem a frio é feita com tinta numa prensa plana semelhante às que são usadas para imprimir.

ESTAMPAGEM A SECO – Impressão a seco, não utilizando tinta ou ouro em alto ou baixo-relevo com ferros quentes • Imprimir sobre matriz gravada • Reprodução de desenhos em tecido ou folhas metálicas pelo processo da impressão.

ESTAMPAR – Imprimir, gravar, dar à estampa • Fazer sair em estampa algo contido num molde. Imprimir sobre matriz gravada • Publicar • Reproduzir desenhos em tecido ou folhas metálicas pelo processo da impressão • Marcar. Deixar marca através de pressão.

ESTAMPAR A SECO – Imprimir com ferros de dourar, deixando apenas a marca da pressão, não utilizando ouro nem tinta de cores.

ESTAMPARIA – Oficina onde se imprimem estampas ou ilustrações • Impressão • Tenda onde se vendem estampas • Diz-se das imagens populares que são coloridas à mão ou grosseiramente impressas em cores; antigamente dava-se este nome a todos os géneros de gravuras.

ESTAMPEIRO – Fabricante ou vendedor de estampas • Impressor. Estampador.

ESTAMPILHA – Pequena estampa ou vinheta apresentando um desenho a preto ou a cores a que foi atribuído um determinado valor e que se cola em documentos sujeitos a franquia. *Ver* Selo • Chapa para estampar em papel ou outro material • Marca feita com essa chapa.

ESTAMPILHA EDITORIAL – Pequena estampa com uma vinheta, emblema ou ex libris, que leva um número correlativo e que serve para controlar a tiragem e autenticidade das obras de um autor.

ESTAMPILHAGEM – Acto ou efeito de estampilhar • Impressão obtida manual ou mecanicamente a partir da reprodução gráfica por qualquer sistema sobre suporte especialmente tratado para transferir, colar (auto-colante) ou fixar em objectos variados, mediante o humedecimento da cola ou goma ou por acção do calor e com pressão para fundir a resina dispersa nas tintas, deixando a imagem no suporte.

ESTAMPILHAR – Pôr estampilha em. Selar. Marcar. Franquiar.

ESTÂNCIA – Cada uma das divisões de uma composição poética, que tem igual número de versos e a mesma disposição das rimas. Estrofe.

ESTANGA – Vara para enrolar o papel de bobina. Sabugo.

ESTANHO – Metal branco-prateado, semelhante ao chumbo, que entra na composição da liga usada para a fundição do material de tipografia, dando-lhe maior compacidade e dureza.

ESTANTARIA – O mesmo que estanteria.

ESTANTE – Móvel, com frequência metálico, com tabelas apoiadas em suportes laterais, ajustáveis, de face simples ou dupla, onde se colocam livros, publicações periódicas, caixas, pastas, rolos, etc. • Móvel que tem superiormente uma tábua inclinada em que se estendem livros ou se coloca a partitura musical para execução. Atril • Em heráldica é o adjectivo que qualifica o animal que se apresenta assente nos pés.

ESTANTE ABERTA – Estante com acesso não limitado. *Ver tb.* Estanteria aberta.

ESTANTE AJUSTÁVEL – Diz-se da estante que permite colocar livros de diversos tamanhos. *Ver tb.* Estanteria ajustável.

ESTANTE COM RODAS – Estante com uma profundidade maior do que a normal, que é usada em instituições ou casas particulares para armazenar livros e documentos de tamanhos muito grandes, como os fólios de tamanho elefante; desliza sobre pequenas rodas, por forma a facilitar o manuseamento dos livros e documentos nela contidos.

ESTANTE DE CORO – Estante grande das igrejas onde se colocam os livros com a música destinada a ser cantada pelo coro que acompanha as cerimónias litúrgicas. Estante de pé.

ESTANTE DE LEITURA – Móvel destinado à consulta de obras de grande corpo, cuja consulta se fazia de pé e onde os livros podiam estar abertos e bem apoiados.

ESTANTE DE LIVROS – Móvel, com frequência metálico, com tabelas apoiadas em suportes laterais, ajustáveis, de simples ou dupla face, onde se colocam livros, publicações periódicas, caixas, pastas, rolos, etc. • Móvel que tem superiormente uma tábua inclinada em que se estendem livros ou se coloca a pauta musical para execução. (port. Bras.) Descanso de livros.

ESTANTE DE MISSAL – Estante de pequeno formato, com um plano inclinado onde se coloca o missal aberto para que possa ser lido comodamente no decorrer da liturgia; geralmente era feita em madeira de boa qualidade, dourada ou incrustada com madrepérola ou outros materiais, ou mesmo em prata. Atril. (port. Bras.) Leitoril.

ESTANTE DE PÉ – *Ver* Estante de coro.

ESTANTE DESLIZANTE – Estante funda planeada para colocar livros e documentos de tamanho muito grande; desloca-se em carris, para que os livros e documentos possam retirar-se com facilidade e as encadernações fiquem protegidas.

ESTANTE DUPLA – Aquela que é composta por prateleiras de duas faces.

ESTANTE PARA FÓLIOS – Estante com uma profundidade superior à normal, especialmente concebida para conter documentos e livros de grande dimensão, que são colocados em posição horizontal.

ESTANTE PARA PERIÓDICOS – Estante com uma profundidade bastante maior que aquela que se destina a livros, por forma a que possam colocar-se nela publicações em série encadernadas em volume, que são arrumadas horizontalmente.

ESTANTERIA – Conjunto dos móveis, geralmente sem portas e providos de prateleiras ou tabelas móveis ou fixas, destinados a apresentar devidamente alinhados os livros, tanto para consulta directa em livre acesso como em depósitos.

ESTANTERIA ABERTA – Modalidade de estante que não tem portas, para que os utilizadores das bibliotecas, arquivos, serviços de documentação, etc. possam seleccionar com facilidade os documentos de que necessitam e que se encontram em sistema de livre acesso.

ESTANTERIA AJUSTÁVEL – Sistema de estantes concebido de modo a poder colocar itens de diversos tamanhos.

ESTANTERIA COMPACTA – Sistema de estantes concebido para optimizar o espaço disponível; é composto de módulos deslizantes, manual ou electricamente, tanto horizontalmente sobre trilhos, como num círculo sobre um eixo. Estanteria densa.

ESTANTERIA DE DUPLA FACE – Grupo, secção ou corpo de estantes munidas de um conjunto de prateleiras de duas faces, imediatamente próximas uma das outras, dispostas ao longo do seu eixo longitudinal, com acesso por dois lados opostos.

ESTANTERIA DE LIVRE ACESSO – Sistema de estantes em que estão colocadas obras que podem ser consultadas directamente pelos utilizadores, sem necessidade de requisição.

ESTANTERIA DE PAREDE – Estantes de uma única face ou secções de estantes que se apoiam de encontro a uma parede, por vezes fixadas a ela.

ESTANTERIA DE UMA SÓ FACE – Secção ou corpo de estante a que apenas se pode aceder por um lado; em geral encontra-se apoiada numa parede, sendo nesse caso também designada estanteria de parede.

ESTANTERIA DENSA – *Ver* Estanteria compacta.

ESTANTERIA EXTENSÍVEL – Tipo de estante compacta em que as prateleiras são suficientemente largas para acomodarem duas filas de livros com os cantos dianteiros de frente.

ESTANTERIA FECHADA – Estantes em depósito de biblioteca, arquivo, serviço de documentação, etc. às quais o público não tem acesso ou que estão abertas apenas a um grupo restrito de público, como acontece, por vezes, nas bibliotecas universitárias.

ESTANTERIA FIXA – Conjunto de prateleiras em que a posição das tabelas é inalterável, não permitindo o seu ajustamento, de modo a possibilitar a colocação de material bibliográfico de altura diferente. *Comparar com* Estanteria regulável.

ESTANTERIA GIRATÓRIA – Tipo compacto de móvel de biblioteca formado por quatro faces com uma ou mais estantes em volta de um cilindro, que gira sobre um eixo.

ESTANTERIA MÓVEL – Sistema de estantes compactas, que consiste num bloco de corpos montados sobre um sistema de barras de metal e só com uma passagem estreita e comprida; o acesso à documentação de um determinado corpo faz-se abrindo uma passagem entre os dois corpos a que pretende chegar-se.

ESTANTERIA REGULÁVEL – Conjunto de prateleiras (estante, armário, armação) em que as tabelas podem ajustar-se de modo a permitir colocar material bibliográfico de altura diferente. Estanteria ajustável. *Comparar com* Estanteria fixa.

ESTANTERIA TRADICIONAL – Nome dado à estante fixa, por oposição à estante dita móvel, compacta ou densa.

ESTAR NAS BANCAS – Diz-se do livro ou publicação que acabou de sair e que se encontra à venda.

ESTATÍSTICA – Ciência que se debruça sobre os factos sociais através da sua tradução em termos numéricos • Em dedução estatística, característica quantitativa de uma amostra usada para avaliar o valor de um parâmetro demográfico correspondente.

ESTATÍSTICA BIBLIOGRÁFICA – Aquela que utiliza métodos estatísticos para fazer a análise de um corpo de literatura, revelando o desenvolvimento histórico dos campos de assuntos e tipos de autorias, publicação e utilização; este termo foi usado durante largos anos até que, nos anos 30 do século XX, apareceu com o mesmo sentido o termo bibliometria, termo esse que apenas se impôs em finais dos anos 60. *Ver tb.* Bibliometria • Bibliografia estatística • Aplicação da estatística ao domínio da escrita.

ESTATÍSTICA DE CIRCULAÇÃO – *Ver* Estatística de empréstimo.

ESTATÍSTICA DE EMPRÉSTIMO – Conjunto de dados numéricos relativos à circulação da documentação de uma biblioteca, arquivo, serviço de documentação, etc. Estatística de circulação. Registo de circulação.

ESTATÍSTICA DE INFERÊNCIA – Métodos estatísticos usados para fazer deduções sobre grandes grupos ou populações, com base na estatística descritiva derivada de pequenos grupos ou amostras, escolhidas dentro dessas populações.

ESTATÍSTICA DE LEITURA – Elementos estatísticos que permitem avaliar o movimento de leitores numa biblioteca, arquivo, serviço de documentação, etc. e o número e tipo de obras consultadas.

ESTATÍSTICA DE PESQUISA – Relação das consultas que foram feitas pelos utilizadores de uma base de dados, da qual constam os elementos que foram pesquisados, a frequência da pesquisa, etc.

ESTATÍSTICA NÃO PARAMÉTRICA – Processos estatísticos para serem usados na medição com escalas ordinais e nominais.

ESTATUTO – Lei, regulamento, constituição ou conjunto de disposições por que se rege um Estado, uma associação, um grupo ou uma companhia; usa-se quase sempre no plural e aplica-se modernamente em exclusivo às normas por que se regem as associações • Conjunto de textos que regulamentam a situação de um grupo; a própria situação.

ESTATUTO DA IMPRENSA – Designação do Decreto-Lei nº 150/72, de 5 de Maio, que regulamenta a Lei da imprensa.

ESTAUROGRAMA – Forma particular de crisma na qual o X toma o feitio de uma cruz vertical.

ESTEGANOGRAFIA – *Ver* Criptografia.

ESTELA – Coluna monolítica destinada a uma inscrição • Laje tumular vertical que usualmente recebe inscrições ou gravações em relevo.

ESTELEGRAFIA – Arte de compor e gravar inscrições em colunas, estelas, etc.

ESTELÉGRAFO – Gravador de colunas, placas de mármore ou pedra, etc.; o nome provém de estela, monólito com a forma de um cipo ou de um fuste de coluna.

ESTEMA – Em crítica textual, esquema da filiação e transmissão de manuscritos ou versões procedentes do original de uma obra • Grinalda, coroa • Representação esquemática, sob forma de árvore genealógica, das relações entre os diversos exemplares de um texto codicológico. Árvore genealógica.

ESTÊNCIL – Nome dado ao papel especial impregnado e/ou revestido de parafina, usado para copiar documentos através de equipamento adequado, da matéria textual ou modelos que neles foram impressos, de tal modo que permite a passagem de uma tinta apropriada; a impressão é geralmente obtida por meio de uma máquina de escrever, à mão com uma caneta especial ou por processo fotomecânico.

ESTENDAL – Lugar, nas antigas oficinas, onde se punha a secar o papel húmido após a impressão. Estendedouro. Estendedor.

ESTENDEDOR – *Ver* Estendedouro.

ESTENDEDOURO – Pau comprido usado nas fábricas de papel para o pendurar a secar • Tábua comprida e delgada usada na imprensa para pôr as folhas impressas a secar. Estendal. Estendedor.

ESTENDIDO – Nome dado à tabela, quadro sinóptico, mapa ou gráfico que, excedendo a largura das páginas do livro, vai em folha solta dobrada.

ESTENOCROMIA – Arte de imprimir desenhos nos quais figuram várias cores.

ESTENODACTILOGRAFIA – Escrita feita através de sinais e abreviaturas convencionais combinada com a escrita à máquina. Uso misto da estenografia e da dactilografia.

ESTENODACTILÓGRAFO – Pessoa que é versada em estenografia e dactilografia.

ESTENOGRAFIA – Arte de escrever por meio de sinais convencionais e de regras determinadas, muito mais rapidamente do que o permite o processo comum de escrita e de transcrever a palavra tão rapidamente como ela é pronunciada; a sua velocidade ultrapassa quatro a sete vezes a da escrita comum; como forma de escrita rápida para os sons e não para as letras, procurou responder com rigor e eficácia a um discurso rápido, mas tem vindo a ser gradualmente substituída e ultrapassada por modernos processos tecnológicos, tais como os gravadores portáteis que, a breve trecho, se viram ultrapassados, por sua vez, por sistemas computorizados de transcrição da fala. Braquigrafia. Taquigrafia.

ESTENOGRÁFICO – Relativo à estenografia.

ESTENÓGRAFO – Taquígrafo. Pessoa que escreve segundo as normas da estenografia.

ESTÉREO – Contratipo de uma composição tipográfica (que pode levar gravuras) e que se utiliza para grandes tiragens, dado que os seus materiais aguentam um maior número de exemplares do que o chumbo tipográfico normal; os estéreos utilizam-se especialmente nas tiragens de periódicos e obtêm-se por estereotipia; existem outras formas de conseguir o estéreo para as grandes tiragens de livros (por exemplo em borracha); apresentam uma grande vantagem: podem guardar-se para uma nova tiragem, o que diminui o preço da nova composição da obra.

ESTÉREO CURVO – Cliché cilíndrico preparado para as rotativas dos jornais.

ESTEREOGRAFIA – Designação dos diversos processos gráficos de impressão com partes em relevo da matriz ou chapa, como na estereotipia, tipografia, fotografia, galvanotipia, xilogravura, etc.

ESTEREOGRAMA – Conjunto das duas fotografias de um mesmo objecto, geminadas, feitas por meio de duas objectivas paralelas e que, vistas através de um estereoscópio, dão a impressão de relevo.

ESTEREOSCÓPIO – Instrumento óptico que apresenta as imagens planas em relevo.

ESTEREOTIPADOR – Pessoa que faz estereótipos.

ESTEREOTIPAGEM – Processo inventado nos finais do século XVIII que permite obter uma réplica de uma composição tipográfica; consiste em tomar por pressão a marca dessa composição num papel espesso, depois colocar neste molde o metal em fusão; a réplica assim obtida é um estereótipo.

ESTEREOTIPAR – Reduzir a uma só peça cada página ou mais do que uma, por meio de matriz tirada em gesso ou, mais modernamente, em papel • Fundir em lâminas de metal uma composição tipográfica de caracteres móveis, isto é, converter em pranchas sólidas páginas que antes haviam sido compostas em caracteres móveis.

ESTEREOTIPIA – Arte de fundir páginas para a impressão das obras de que vão fazer-se várias edições e cujo molde da matriz foi tirado sobre a composição de caracteres móveis em gesso ou papel; foi inventada por Valleyre em 1753 e consideravelmente aperfeiçoada por Hofmann em 1783; a estereotipia reduz sempre a composição ou gravura na razão de 1/60, isto é, em 60 pontos reduz 1 • Clichagem. (port. Bras.) Clicheria • Local onde se estereotipa.

ESTEREOTIPIA CURVA – Aquela que é utilizada nas rotativas e empregada na impressão de jornais e revistas.

ESTEREOTIPIA PLANA – Aquela que é utilizada nas máquinas de impressão e em obras com grande frequência de impressão.

ESTEREÓTIPO – Impressão numa chapa metálica de caracteres fixos • A chapa de caracteres fixos para a impressão. Cliché • Obra impressa por este processo.

ESTERILIZAÇÃO – Processo de eliminação de germes ou elementos nocivos à boa conservação de documentos. Desinfecção.

ESTERILIZADOR – Aparelho para esterilizar. Autoclave.

ESTERILIZAR – Destruir os germes. Desinfectar.

ESTICOMETRIA – Divisão dos textos antigos em linhas de determinado comprimento para facilidade de referência e consulta ou para fins comerciais • Cálculo das linhas que compõem um livro; emprega-se para descobrir as interpolações nas obras clássicas antigas.

ESTIGMATOGRAFIA – Arte de escrever ou desenhar com pontos em relevo.

ESTIGMATOGRÁFICO – Relativo à estigmatografia; diz-se do papel que tem pontos em relevo para a leitura dos cegos. Estigmográfico.

ESTIGMOGRÁFICO – Respeitante à estigmatografia.

ESTIGMOLOGIA – Ramo da paleografia que estuda a pontuação.

ESTIGMÓNIMO – Criptónimo formado por um ou mais pontos. Nome substituído por uma série de pontos ou reticências.

ESTILEMA – Elemento de estilo que caracteriza um artista, uma oficina ou uma escola.

ESTILETE – Instrumento de aço, delgado e pontiagudo, utilizado para gravar.

ESTILETE ELECTRÓNICO – Instrumento pontiagudo aquecido por meios eléctricos usado para imprimir cotas nos livros.

ESTILHA – Fragmento grosseiro de materiais fibrosos existentes na pasta de papel, resultante da maceração deficiente no fabrico da pasta.

ESTILISMO – Apuro demasiado na linguagem ou no estilo de um texto.

ESTILISTA – Que ou a pessoa que se diferencia pela elegância do seu estilo.

ESTILÍSTICA – Tratado das diferentes espécies e preceitos do estilo • Arte de bem escrever • Manual onde se expõem os assuntos e regras do estilo.

ESTILÍSTICO – Relativo à estilística.

ESTILIZADO – Diz-se do elemento decorativo que apresenta uma simplificação de motivos extraídos da natureza, particularmente da fauna e da flora.

ESTILO – Instrumento agudo de metal, osso ou marfim com que se escrevia nas tabuinhas enceradas. Os estilos podiam ser simples ou ligados a um cabo, dentro do qual podiam acomodar-se como a lâmina dum canivete; a extremidade oposta era algumas vezes achatada para facilitar o apagar dos caracteres traçados na cera; o uso do estilo chegou até à Idade Média, sendo depois substituído pelo do cálamo e pelo uso da pena de ave. *Stilus*. *Graphium* • Modo de expressão, seja sob que forma for. Modo de falar ou escrever • Apuro no falar ou escrever • Característica especial dos trabalhos de um artista.

ESTILO ALDINO – Designação atribuída aos ornamentos de configuração sóbria sem quaisquer sombreados, usados nas impressões de Aldo Manuzio e nas de outros impressores italianos antigos.

ESTILO BÍBLIA – Expressão usada em encadernação para caracterizar uma encadernação em pele flexível e com os cantos arredondados.

ESTILO GRÁFICO – Diz-se das características que conferem aos elementos de uma mesma fundição de tipos uma fisionomia específica.

ESTILO JORNALÍSTICO – Maneira particular de exprimir pensamentos escrevendo, adoptada pela pessoa de um jornalista; comum aos jornais contemporâneos, não implica, contudo, uma uniformidade absoluta no modo de redacção nem a perda de personalidade dos profissionais, tendo o redactor uma margem alargada para a utilização do seu modo particular de escrita e é mesmo possível, em alguns géneros como a crónica ou o inquérito, desenvolver um estilo literário próprio, mais emocional que raciocinado, com grande agilidade e vibração, de que resulta uma leitura corrente.

ESTILO LAPIDAR – Modo de escrever conciso, semelhante às inscrições dos monumentos antigos.

ESTILO *LE GASCON* – Tipo de encadernação original de um encadernador com este nome, que trabalhou em Itália e França na primeira metade do século XVII e que depois teve grande voga.

ESTILO LITERÁRIO – Modo como são usadas por uma determinada pessoa as possibilidades que uma língua põe ao dispor de um enunciador para atingir uma determinada intenção ou objectivo através da adequação da expressão ao conteúdo, segundo as características próprias de um discurso pertencente a um género determinado.

ESTILO MANUELINO – Estilo de encadernação gótica, que apresenta a cruz de Cristo e a esfera armilar acompanhadas de cordas simples ou atadas em nós e outros motivos característicos desse estilo.

ESTILO PINGUE-PONGUE – Em linguagem jornalística é o estilo que define a entrevista feita de perguntas e respostas em sequência; normalmente caracteriza-se por perguntas breves e directas e é especialmente recomendado para entrevistas longas. *Ver* entrevista pingue-pongue.

ESTILO TELEGRÁFICO – Modo de escrever caracterizado por uma grande sobriedade no fraseado, apresentado de uma forma resumida, com grande economia de palavras.

ESTILOGRAFIA – Modo de obter imitações de desenhos através de chapa gravada.

ESTILOGRÁFICO – Relativo à estilografia • Próprio de caneta de tinta permanente, de estilógrafo.

ESTILÓGRAFO – Caneta que apresenta um depósito para tinta. Caneta de tinta permanente.

ESTIMATIVA – Cálculo (de custos, de tempo a gastar numa tarefa, etc.).

ESTIRADOR – Espécie de moldura em madeira onde era colocado o pergaminho depois de macerado com cal durante largos dias para perder o pêlo; esticado e sucessivamente estirado por meio de torniquetes, era raspado com o *lunellum*, um cutelo em forma de crescente de lua que lhe eliminava toda a gordura ainda existente e o alisava, operação que era completada com aplicação da pedra-pomes ou *pumex* para o tornar mais macio • Mesa, geralmente de grande dimensão, onde se estende o papel para desenhar ou pintar.

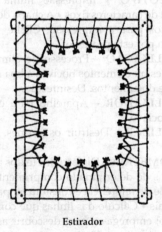

Estirador

ESTIRAMENTO – Na preparação do pergaminho, operação que consiste em puxar a pele para a alongar, esticando-a numa espécie de moldura ou bastidor, o chamado estirador • Método de planificação que se aplica aos pergaminhos muito deformados e que consiste em colocar as folhas sob tensão num caixilho ou estirador.

ESTOJO – Caixa feita com a finalidade de proteger e/ou guardar um ou vários livros ou documentos; quando se trata de um único livro ou documento cobre-o de tal modo que apenas deixa de fora a lombada. Invólucro.

ESTOJO DUPLO – Caixa feita para proteger um livro ou documento, constituída por duas partes, uma das quais encaixa dentro da outra, podendo apresentar no final a forma de livro.

ESTOJO PARA PENAS – Caixa de forma oblonga destinada a guardar as penas e outros objectos de escrita, como por exemplo o tinteiro; pode ser confeccionada em diversos materiais e apresentar decorações muito variadas. Na Idade Média era designada por *calamarius, calamare* ou *calamarium ou ainda pennaculum.*

ESTOQUE – Quantidade de mercadoria que está armazenada para ser vendida, usada ou exportada. Reserva • Colecção • Inventário.

ESTOQUE DE EDIÇÃO – Conjunto dos exemplares de determinada edição de uma dada obra, que se encontram armazenados para venda ou doação.

ESTÓRIA – Conto. Historieta. História. Lenda. Novela.

ESTOURAR UMA LINHA – Desfazer-se a linha por o tipógrafo forçar a sua justificação no componedor, ao querer aumentar ou diminuir os espaços.

ESTRADO – Banca colocada na parte inferior do cavalete para pôr sobre ela embrulhos, porta-páginas, sortes, etc.

ESTRANGEIRISMO – Utilização de termos ou construções gramaticais pertencentes a uma língua estrangeira, adoptados pela língua nacional. Uso de termos estrangeiros • Importação • Barbarismo.

ESTRATÉGIA DE LEITURA – Procedimento que coordena diversas acções na leitura (identificar, descodificar, reconhecer, antecipar, explorar, controlar, memorizar, etc.) com uma finalidade determinada: compreender um enunciado escrito.

ESTRATÉGIA DE *MARKETING* – Conjunto das formas de divulgação e publicidade que são usadas por uma editora nas diferentes edições, para promover uma obra, por forma a mantê-la em constantes reedições; pode passar por uma mudança de capa, uma nova composição, ilustrações renovadas, lançamento em vários tomos para serem comercializados e adquiridos separadamente, etc.

ESTRATÉGIA DE PESQUISA – Conjunto de operações pré-concebidas para efectuar a pesquisa mais lógica, mais exaustiva e mais rápida tomando em linha de conta o interlocutor e o nível da questão, a disponibilidade e a apresentação dos instrumentos bibliográficos.

ESTRATÉGIA DE PRESERVAÇÃO DIGITAL – Nome dado à abordagem técnica que permite o acesso permanente à informação contida em formatos digitais.

ESTRATÉGIA DOCUMENTAL – Em documentação, conjunto de operações que foram pré-concebidas para efectuar o tratamento técnico de documentos.

ESTRATÉGIA EDITORIAL – Conjunto de medidas que orientam uma editora, no sentido de escolher o público-alvo ao qual se dirige, seleccionando os campos de interesses que o podem captar, de modo a encaminhar todas as acções que possa vir a desenvolver para satisfazer esse perfil de leitor; esta estratégia pode passar pela criação de uma imagem de marca acompanhada por toda uma máquina publicitária a ela associada, constituição de colecções com títulos apelativos, convites a novos valores na literatura, lançamentos de livros, etc.

ESTREITO (port. Bras.) – *Ver* Fino.

ESTREITOS – Designação que se aplica a uma forma especial de caracteres de impressão em que a largura das letras é menor do que a altura.

ESTRELA – *Ver* Asterisco.

ESTRELA DE DAVID – *Ver* Signo-saimão.

ESTRELINHA – *Ver* Asterisco.

ESTRESIR – Passar um desenho de um papel para outro, assinalando, com o lápis ou a boneca de carvão, os traços principais ou contorno do desenho a reproduzir.

ESTRIBILHA – Peça de madeira usada para segurar os livros quando são encadernados.

ESTRIBILHADO – Seguro com estribilhas.

ESTRIBILHAR – Colocar estribilhas.

ESTRIBILHO – Trecho musical repetido na mesma peça com o mesmo intervalo • Palavra ou frase que alguém emprega com frequência • Verso ou versos que se repetem na parte final de cada estância de uma poesia. Refrão •

Palavra ou expressão que se repete automaticamente.

ESTRIBO – Prancha de ferro da máquina de imprimir sobre a qual se coloca o marginador.

ESTRO – Inspiração criadora. Engenho poético. Talento.

ESTROFE – Agrupamento rítmico constituído por dois ou mais versos que, regra geral, se combinam pela rima. Estância. Verso • Versículo. Verseto.

ESTRUTURA – Disposição e construção das partes de um todo (texto, documento, obra, etc.), consideradas nas suas relações recíprocas • Modo por que estão dispostas e harmonia das partes que constituem um todo (texto, documento, obra, etc.). Ordem.

ESTRUTURA ARBORESCENTE – *Ver* Estrutura em árvore.

ESTRUTURA DE DADOS – Disposição e relações lógicas entre os registos de um ficheiro.

ESTRUTURA EM ÁRVORE – Aquela em que os elementos que a constituem se encontram dispostos como ramos de uma árvore.

ESTRUTURA FUNCIONAL – Expressão utilizada para designar a organização de uma empresa por funções ou departamentos, por exemplo: a contabilidade, o *marketing*, os recursos humanos e a produção.

ESTRUTURA INTER-RELACIONADA – Rede de referências "veja" ou "veja também" que apresenta as relações genéricas e específicas entre os cabeçalhos ou os descritores que constituem um determinado catálogo ou índice.

ESTRUTURA PRINCIPAL – *Ver* Unidade central de processamento.

ESTRUTURA SUBJACENTE – Organização hierárquica e linear abstracta da constituição da frase, que pode ser apresentada em diversos níveis.

ESTRUTURAÇÃO – Acto e efeito de estruturar. Organização. Composição.

ESTRUTURADO – Diz-se do texto que apresenta uma sucessão equilibrada das diferentes partes que o compõem, de modo a obter um conjunto harmonioso de leitura agradável.

ESTRUTURAR – Delinear, fazer a estrutura. Organizar. Compor.

ESTUCAGEM – Cobertura da superfície do papel ou cartão por uma ou mais camadas de estuque (port. Bras.) Cuchagem.

ESTUDAR – Concentrar todos os recursos pessoais na captação e assimilação de dados, relações e técnicas que levam ao domínio de um problema. Analisar.

ESTUDARIA – Termo arcaico que designava casa de estudos.

ESTUDIOSO – Que se dedica ao estudo. Aplicado • Culto.

ESTUDO – Trabalho preliminar para estabelecer o traçado de uma obra, o plano de investigação de uma matéria, ciência ou arte • Análise. Exame • Ensaio • Conhecimentos que se adquirem estudando • Desenho de trabalho no qual o artista finaliza uma obra ou parte dela.

ESTUDO ACOMPANHADO – Aquele em que os professores ensinam os alunos a estudar de modo autónomo e responsável.

ESTUDO BIBLIOMÉTRICO – Aquele que é baseado na análise bibliométrica. *Ver* Bibliometria.

ESTUDO CRÍTICO – Texto que antecede a edição de um texto clássico e que assume com frequência a forma de introdução ou prólogo.

ESTUDO DE CASO – Análise do comportamento e de outros factores importantes referentes a um único indivíduo ou grupo ou a uma situação com características próprias.

ESTUDO DE CONTEÚDO – Análise metódica e quantitativa dos elementos constitutivos de um texto ou conjunto de textos de uma publicação.

ESTUDO DE USUÁRIO (port. Bras.) – *Ver* Estudo de utilizador.

ESTUDO DE UTILIZADOR – Aquele que se fundamenta na recolha de dados acerca das pessoas que usam uma biblioteca, arquivo, serviço de documentação, etc. como consulentes, para a partir dele estruturar, criar ou melhorar a organização do serviço que lhes é destinado; baseia-se na necessidade de fundamentar teoricamente as opções tomadas em nome do utilizador e na recolha de orientações metodológicas práticas.

ESTUDO DE VIABILIDADE – Análise sistemática e objectiva de um eventual conjunto de acções, feita com a finalidade de avaliar o seu custo, probabilidade de execução e consequências.

ESTUDO INÉDITO – Trabalho sobre determinado assunto que ainda não foi publicado ou que nunca chegará a sê-lo, pelo que o seu conhecimento dificilmente será difundido.

ESTUDO INTRODUTÓRIO – Pequeno texto que precede o texto principal da obra e se destina a esclarecer o leitor acerca da intenção do autor ao escrevê-lo, percurso da sua obra ou outros elementos que a valorizam; geralmente é trabalho do próprio autor, mas pode também ser redigido por outra pessoa. Introdução • Prefácio.

ESTUDO LEXICOMÉTRICO – Aquele que é baseado na análise lexical. *Ver* Lexicometria.

ESTUDO PILOTO – Designação dada a uma investigação de pequenas dimensões que antecede uma outra de maiores dimensões e que é feita em geral com a finalidade de tentar hipóteses, metodologia e técnicas preliminares e de melhorar procedimentos.

ESTUFA – Aparelho no qual os objectos são submetidos à acção do calor seco ou de vapores quentes.

ET AL. (loc. lat.) – Expressão latina que significa "e outros" e que se apresenta sob forma abreviada e normalizada; é prescrita pela *ISBD(M)* para os registos em caracteres latinos, e utiliza-se quando há mais de três autores, colaboradores, etc. para indicar a menção de responsabilidade, precedida pelo nome do primeiro responsável. *Et alii.*

ET ALII (loc. lat.) – Forma desdobrada de *et al.*, expressão latina que significa "e outros". *Ver Et al.*

ET CŒTERA (loc. lat.) – Apresenta-se normalmente sob a forma abreviada (*etc.*), incluída no final de linha ou parágrafo, mas não no início, pois como está separada do seu complemento deve escrever-se por extenso; a abreviatura *etc.* costuma empregar-se depois de palavras de texto conhecido; é redundante repeti-la (*etc., etc.*), pelo que deve evitar-se; os dicionários consignam também o sinal & como abreviatura desta palavra.

ET PASSIM (loc. lat.) – E aqui e ali, e em diversas partes; em notas e citações bibliográficas indica que o assunto foi tratado em diversos passos da obra.

ÉTER DE PETRÓLEO – *Ver* Benzina.

ÉTER ETÍLICO – Composto orgânico que se apresenta sob forma de um líquido incolor, de odor forte, dificilmente solúvel em água e muito inflamável, que é usado em restauro como solvente de gorduras, resinas, ceras e borracha.

ETHERNET (pal. ingl.) – Método de ligação de computadores numa rede local.

ÉTICA DE EDIÇÃO – Conjunto de princípios morais e de conduta pelos quais se regem, no desempenho das suas vidas, profissões ou actividades, quantos estão ligados ao mundo da publicação.

ÉTIMO – Vocábulo que é considerado como origem de outro. Radical. Raiz • Qualquer forma atestada ou hipotética de que se faz derivar uma palavra.

ETIMOLOGIA – Parte da linguística que estuda a origem das palavras de uma língua e a sua evolução até à actualidade • Fonte. Origem. Génese. Étimo.

ETIMOLOGIAS – Obra fundamental de Santo Isidoro de Sevilha, texto que servia de apoio à *lectio* e ao mesmo tempo de manual didáctico, surgida na Península Ibérica no século VII, onde se resumia o saber antigo à luz do Cristianismo.

ETIMOLOGISTA – Pessoa que se dedica ao estudo da origem das palavras e da sua evolução.

ETIQUETA – Pedaço de papel afixado na frente ou, mais frequentemente, na lombada de um item (maço, registo, caixa, pasta ou livro) onde está inscrita uma cota ou outra informação que permite a sua rápida localização • Letreiro. Rótulo; na remoção de etiquetas antigas deve ser empregado um produto próprio para amolecer a cola, de modo a não arrancar juntamente com a etiqueta parte da superfície onde esta assenta • Identificador constituído por caracteres alfanuméricos que fornece informação acerca do conteúdo de um volume de ficheiro de dados legíveis • Registo no início de um volume de ficheiro de dados legíveis por máquina ou no princípio ou no fim de uma parte de um ficheiro, ou no fim de um ficheiro, que identifica, caracteriza e/ou limita esse volume ou parte de ficheiro • Em informática, nome ou identificador usado como chave para reconhecer uma instrução num programa de computador, uma unidade de informação, um ficheiro, um registo ou um campo.

ETIQUETA À CABEÇA – Etiqueta ou registo (sobre banda, disco ou tambor) colocado no início do ficheiro, identificando-o.

ETIQUETA DE CAMPO – Em catalogação em sistemas automatizados, formato *UNIMARC*, é o conjunto de três caracteres numéricos que identifica cada campo. O algarismo da primeira posição relaciona os campos de um mesmo bloco.

ETIQUETA DE CÓDIGO DE BARRAS – Aquela que contém dados legíveis por máquina sob a forma de barras verticais de largura diferente e com separação diversa entre elas, representando dígitos binários.

ETIQUETA DE EMPRÉSTIMO – Em circulação da informação, designação da etiqueta que identifica o documento que é usado para ceder por empréstimo.

ETIQUETA DE ESTANTE – Pequeno pedaço de papel forte ou de cartão, de forma oblonga, fixado numa tabela de uma estante e que serve para indicar a categoria e o assunto das obras ou documentos que aí se encontram. Porta-título.

ETIQUETA DE PROPRIEDADE – Qualificação dada à etiqueta do anterior proprietário de um livro ou documento, que é mantida pelo proprietário actual do mesmo.

ETIQUETA DE REGISTO – Em catalogação em sistemas automatizados, formato *UNIMARC*, é o campo fixo com uma extensão de 24 caracteres que estabelece os parâmetros para o processamento desse registo; contém informação sobre a extensão do registo, a data da sua criação e a extensão dos designadores.

ETIQUETAGEM – Acto de etiquetar. Rotulagem. Operação que consta em colar etiquetas em livros, revistas, etc., em que é inscrita a sua colocação ou cota.

ETIQUETAR – Colocar etiqueta. Rotular.

E-TITLE (pal. ingl.) – Forma abreviada de *Electronic title*, Título electrónico.

ETOPIA – Designação atribuída por Weisberg à "utopia electrónica".

ETRUSCO – Expressão que caracteriza todos os caracteres tipográficos de traçado uniforme • Dórico.

EUCOLÓGIO – Devocionário, livro de orações que contém especialmente o ofício dos domingos e das principais festas do ano • Entre os gregos, livros que contêm as regras do missal, ritual e pontifical da liturgia. Eucólogo.

EUCÓLOGO – *Ver* Eucólogio.

EUFEMISMO – Figura através da qual se disfarça ou atenua a expressão de uma ideia considerada desagradável ou chocante.

EUFUÍSMO – Estilo literário afectado que predominou na Inglaterra nos finais do século XVI.

EURONET (pal. ingl.) – Forma abreviada de *EUROpean NETwork*, rede europeia de transmissão de dados por comutação de pacotes destinada a permitir o acesso a bancos de dados científicos e técnicos dos países da Comunidade. Foi encomendada pela União Europeia e inaugurada em 1980.

EVANGELHO – Doutrina de Cristo • Cada um dos quatro livros que formam o Novo Testamento • Conjunto dos princípios por que se regula uma seita religiosa, um sistema político ou filosófico.

EVANGELHO APÓCRIFO – Cada um de certos livros que alguns afirmam conterem narrações inspiradas nos feitos evangélicos, mas que a Igreja católica não admite no seu *canon*.

EVANGELHO CANÓNICO – Cada um dos quatro Evangelhos que relatam a vida de Cristo e expõem a sua doutrina; segundo a Igreja católica, que os inclui no *canon* dos Livros Santos, terão sido inspirados por Deus.

EVANGELHOS SINÓPTICOS – Os três primeiros Evangelhos canónicos (São Mateus, São Marcos e São Lucas) que, quase pelos mesmos termos, narram os mesmos factos, apesar de os apresentarem por ordem e palavras diferentes.

EVANGELIÁRIO – Livro que contém o texto integral dos quatro Evangelhos; como livro autónomo aparece nos séculos VIII-IX e começa a perder a sua importância a partir do século XIII, com o advento do missal plenário; quando manuscrito, contém quase sempre no início, uma série de números dispostos em várias colunas, apresentados sob arcadas e um frontão mais ou menos decorados; são as chamadas concordâncias ou cânones de Eusébio • Livro que contém fragmentos dos Evangelhos para a missa de cada dia do ano; de entre os códices medievais, os evangeliários foram os mais iluminados pelos monges.

EVANGELIÁRIO FERIAL – O que contém os Evangelhos das missas dos dias úteis.

EVANGELIÁRIO FESTIVO – O que contém os Evangelhos das missas dos dias de festa.

EVANGELISTA – Cada um dos autores de um dos quatro livros do Evangelho • Aquele que preconiza uma doutrina nova. Os símbolos dos quatro evangelistas ou tetramorfo surgem frequentemente nas obras de carácter religioso, sobretudo as de Sagrada Escritura e são: a águia para São João, o boi simboliza São Lucas, o anjo representa São Mateus e o leão alude a São Marcos; por vezes estes símbolos estão acompanhados por cartelas ou por outros instrumentos de escrita, representando a função que os quatro santos desempenharam na redacção dos textos sagrados.

Símbolos dos quatro evangelistas

EVANGELISTÁRIO – Texto litúrgico destinado a ser lido durante a missa; é diferente do Evangeliário, que contém o texto integral dos quatro Evangelhos.

ÉVENTAIL (pal. fr.) – *Ver* Encadernação à l'éventail.

EVERYBOOK (pal. ingl.) – Produtor do *dedicated book*. Ver Dedicated book.

EVOCAÇÃO – Acto de evocar. Invocação. Chamada.

EVOCAR – Chamar (almas, demónios, etc.) para que apareçam. Invocar • Trazer à lembrança, à imaginação.

EVOCATÓRIO – Que serve para evocar. Evocativo. Recordativo.

EVOCÁVEL – Que se pode evocar.

EVOLUÇÃO DOS DADOS – Em estatística, tendência que se apreende com base na análise dos dados numéricos.

EVOLVERE LIBRUM (loc. lat.) – Expressão latina para designar o desenrolar de um manuscrito e o compulsar ou percorrer, folheando, um livro.

EX ABRUPTO (loc. lat.) – De improviso. Sem preparação. *Ab abrupto*.

EX ÆDIBUS (loc. lat.) – Da casa (editora); precede, por vezes, o nome do editor ou impressor.

EX AEQUO (loc. lat.) – Por igual mérito.

EX ARTE (loc. lat.) – Segundo a arte. De acordo com as regras da arte.

EX BIBLIOTHECA (loc. lat.) – Expressão latina usada à semelhança e com a mesma finalidade de ex libris, tendo prevalecido esta frase como a mais genérica e expressiva; precede o nome da biblioteca a que pertence um livro ou, mais raramente, o nome do anterior possuidor; os livros que apresentam esta expressão, geralmente têm outras marcas da instituição a que pertenceram, tais como cotas, notas manuscritas, marcas de manuseamento e outros sinais de uso; no mercado livreiro tais exemplares têm menor valor do que aqueles que nunca pertenceram a uma biblioteca institucional.

EX CATHEDRA (loc. lat.) – Em sentido literal significa "da cadeira", lugar mais elevado que a autoridade ou o professor ocupava numa sala de aula, a partir do qual emitia a sua opinião que era aceite por todos, sem discussão possível.

EX CORDE (loc. lat.) – Expressão de saudação que geralmente acompanha uma dedicatória ou que subscreve uma missiva ou carta e que

Ex cathedra

significa do fundo do coração ou, mais modernamente, cordialmente.

EX DONO (loc. lat.) – Fórmula que precede o nome do doador que oferece de presente um objecto ou um livro. Indicação especial escrita em alguns livros para indicar que foram oferecidos.

EX DONO AUTORIS (loc. lat.) – Diz-se de um livro que foi oferecido a uma entidade pública ou privada pelo seu autor.

EX LIBRIÁRIO – Colecção de ex libris, devidamente organizada e estudada.

EX LIBRIS – Literalmente é uma expressão latina que significa *dos livros de; o* ex libris serve para designar toda a menção de posse de um livro; pode ser manuscrito e figurar em qualquer lugar do livro; quando é impresso ou gravado num pedaço de papel (ou excepcionalmente de outro material) está geralmente colado no verso da pasta da encadernação; a identidade do possuidor pode ser indicada pelo nome (por vezes precedido da frase ex libris) ou suas iniciais, eventualmente pelas suas armas, um emblema ou uma divisa • Vinheta, geralmente gravada ou impressa em papel, que menciona o nome, completo ou abreviado, de uma ou mais pessoas ou mesmo de uma instituição, por vezes com desenho de concepção mais ou menos artística e ainda com divisa ou legenda; destina-se a ser colada na parte interior da encadernação de um livro ou numa das guardas, constituindo, deste modo, uma marca de posse. Os primeiros ex libris apresentavam elementos decorativos de natureza heráldica que, com o passar dos anos e a proliferação do livro, foram dando lugar aos alegóricos • Qualquer indicação de propriedade.

EX LIBRIS ECLESIÁSTICO – Aquele que pertence a uma entidade religiosa ou dignidade eclesiástica, no qual figuram elementos religiosos, escudos e outros elementos alusivos.

EX LIBRIS EXTERIOR – *Ver* Super libros.

EX LIBRIS HERÁLDICO – Aquele em que figura o escudo de armas ou de nobreza do proprietário, umas vezes com o nome ou o título do mesmo, outras vezes sem nenhuma indicação identificadora.

EX LIBRIS ORNAMENTAL – Aquele em que no desenho apenas se procura o efeito ou beleza da sua decoração.

EX LIBRIS SIMBÓLICO – Aquele cujo desenho encerra algum significado alusivo ao livro, à biblioteca, etc. ou aos interesses culturais ou outros do seu proprietário.

EX LIBRISADO – Pessoa ou entidade para a qual foi feito um ex libris, no qual aparecem representadas, através de simbologia específica, as suas armas heráldicas, tendências culturais e a definição da sua personalidade • Publicação na qual tenha sido colado um ex libris.

EX LIBRISMÁTICA – Hibridismo usado para designar o estudo metódico e sistemático da ex librística como matéria auxiliar para aprofundar investigações de história, arte e bibliografia.

EX LIBRISMO – Actividade cultural ou de lazer que consiste em coleccionar ex libris; as colecções assim constituídas permitem estudos subsidiários a outros domínios do saber • Coleccionismo de ex libris • Estudo, ciência dos ex libris • Emprego de ex libris.

EX LIBRISTA – Pessoa versada em ex libris, que os colecciona e estuda.

EX LIBRÍSTICA – Estudo sistemático e profundo dos ex libris sob todas as suas facetas: artísticas (desenho e gravura), genealógicas, heráldicas, históricas, biobibliográficas, etc.

EX LIBRÍSTICO – Que diz respeito ao ex librismo.

EX VI VERBORUM (loc. lat.) – Por determinação expressa • Por força de expressão.

EX. – Abreviatura de exemplar • Abreviatura de exemplo.

EXAME DE FICHEIROS – *Ver* Pesquisa.

EXAME PRÉVIO – Análise a que, em determinadas circunstâncias, como no caso em que tenha sido decretado estado de sítio ou de emergência, fica sujeita a publicação de textos ou imagens na imprensa periódica; essa análise é efectuada por comissões nomeadas pelo Governo. *Ver tb.* Censura.

EXARADO – Registado. Inscrito. Gravado. Impresso.

EXARAR – Registar. Consignar por escrito. Inscrever. Gravar. Imprimir.

EXARARE (pal. lat.) – Escrever com cuidado. Gravar. Inscrever. Mencionar. Assinalar; é um termo com origem na terminologia agrícola, numa alusão à sementeira e à colheita, dada a semelhança com o processo de romper a cera com o *stilus*, tal como o arado rompe a terra, a fim de nela semear as futuras colheitas.

EXARATOR (pal. lat.) – Termo do século XI para designar a pessoa que escrevia.

EXARATUM (pal. lat.) – Traçado. Escrito.

EXAUSTÃO DO AR (port. Bras.) – *Ver* Arejamento.

EXAUSTIVIDADE – Grau de detalhe. Profundidade.

EXAUSTIVIDADE DA INDEXAÇÃO – Qualidade conferida à indexação, função da relação quantitativa entre as informações efectivamente expressas por todos os elementos de indexação e as contidas no documento. A exaustividade do processo de indexação é definida pelo número de diferentes temas ou conceitos do documento original que o indexador revela na sua cadeia de termos de indexação. Geralmente, quanto mais exaustiva é a indexação, maior é o número de termos de indexação. Os sistemas de informação que usam apenas um termo de indexação não são muito profundos na sua indexação; contudo, alguns artigos podem encerrar tão poucos temas ou conceitos que mesmo uma indexação exaustiva contenha apenas poucos termos.

EXAUSTIVIDADE DA RECUPERAÇÃO – Em recuperação da informação, qualidade conferida à recuperação, função da relação quantitativa entre as informações relevantes recuperadas numa determinada pesquisa, face ao número global de informações relevantes para a mesma pesquisa existentes no catálogo ou na base de dados em que foi feita.

EXC. – Abreviatura de *excudit, excusum*, impresso, impresso por.

EXCEDENTE – Parte de um valor ou quantidade que ultrapassa a capacidade de um dispositivo de armazenagem ou de uma posição • Diz-se do material não utilizado que, por excedentário ou menos pertinente, com frequência se guarda de parte, para ser utilizado em trabalho a realizar posteriormente.

EXCEDENTE DE TIRAGEM – Sobras dos exemplares de uma edição ou de uma tiragem que um editor cede a um grossista para revenda a preço reduzido.

EXCELÊNCIA – Filosofia de gestão inspirada no livro *In Search of Excellence* de Tom Peters e Robert Waterman; consiste numa nova abordagem no pensamento dos gestores visando a procura da qualidade direccionada para o utilizador.

EXCÊNTRICOS – Peças que nas máquinas transformam o movimento contínuo em movimento alternado, suspendendo o cilindro por meio de garfo, fazendo recolher as puncturas, mover o leque, etc.

EXCEPÇÕES – Meios de direito alegados para subtrair um contrato às regras gerais do direito; são, com efeito, as evasivas pelas quais se tenta cassar um contrato, atacar a sua validade ou retardar a sua execução.

EXCEPTOR (pal. lat.) – *Ver Notarius*.

EXCERTO – Compilação de pensamento, doutrina, trechos de um autor • Fragmento. Extracto • Extraído, tirado, colhido.

EXCLAMAÇÃO – Figura de estilo que equivale a um desabafo, a um lance de emoção e que graficamente se marca através de um ponto de exclamação.

EXCLUÍDO DO EMPRÉSTIMO – Diz-se do documento que foi retirado da circulação.

EXCLUSÃO – Nome dado ao que resulta da utilização do operador booleano "excepto" para pôr de parte certas informações.

EXCLUSIVO – Individual. Pessoal. Particular. Privativo. Restrito. Único. Que não inclui. Que não considera. Que pertence a uma ou mais pessoas com omissão de outras • Direito de não ter concorrente na exploração de uma obra, por exemplo. Monopólio. Privilégio.
EXCOGITAR – Investigar. Examinar • Descobrir.
EXCUD. – Abreviatura da palavra latina *excudebat*, forma latina do verbo *excudere* que significa compor e que, anteposto a um nome, o designa como impressor.
EXCUDEBAT (pal. lat.) – Imprimiu, palavra que geralmente inicia a frase que contém o nome do impressor.
EXCUDEBATUR (pal. lat.) – Foi impresso, expressão a que se segue o nome da oficina onde a obra foi impressa. *Excudebantur.*
EXCUDEBANTUR (pal. lat.) – Ver *Excudebatur.*
EXCURSO – Divagação. Digressão. Desvio do tema ou assunto principal.
EXCUSA (pal. lat.) – Impresso, saído (da oficina de).
EXCUSOR (pal. lat.) – Impressor.
EXECUTAR – Em informática, interpretação e cumprimento de uma instrução do computador.
EXECUTÁVEL – Que pode ser processado por computador.
EXECUTÓRIA – Diploma que continha as sentenças régias ou dadas em nome dos reis nos altos tribunais, em recursos litigiosos na Idade Média • Livro manuscrito onde se fazem constar os méritos, serviços, fidalguia, nobreza ou títulos concedidos a alguém; a maior parte das executórias são dos séculos XVI-XVIII e muitas delas ostentam grandes iniciais e iluminuras.
EXEGESE – Interpretação crítica, gramatical, histórica, dissertação ou comentário feitos com a finalidade de esclarecer ou interpretar mais claramente o sentido de uma palavra ou de um texto; aplica-se especialmente à interpretação histórica e gramatical dos textos sagrados e sobretudo aos do Antigo e Novo Testamentos • Explicação gramatical, palavra por palavra, de um texto • Comentário.
EXEGESE BÍBLICA – Interpretação da Bíblia.
EXEGESE DOGMÁTICA – Interpretação aplicada à Bíblia, que a relê à luz da situação concreta da igreja e das suas necessidades religiosas, morais ou sociais, com o perigo permanente de fazer dos textos bíblicos instrumento directo ao serviço de convicções nascidas à margem deles e de pôr a palavra de Deus ao serviço da palavra ou das necessidades e inclusivamente interesses materiais da igreja.
EXEGETA – Pessoa que se dedica ao estudo crítico dos livros sagrados. Comentador. Intérprete.
EXEGÉTICA – Parte da teologia que trata da explicação e da interpretação da Bíblia • Pesquisa de qualquer assunto.
EXEGÉTICO – Relativo à exegese.
EXEMPLA (pal. lat.) – São os textos utilizados no ensino medieval; a maior parte das vezes são compostos por cadernos não encadernados de quatro folhas (*quaterni*) a que se chama *peciæ*; há, todavia, também *exemplaria* que, no total ou parcialmente são compostos de oito folhas; os *exemplaria* serviam de modelo aos copistas e eram alugadas peça por peça aos estudantes que os queriam mandar copiar. A confecção de um *exemplum* é designada pelo verbo *exemplare* e a palavra *exemplatura.*
EXEMPLAR – Primitivamente designava a unidade bibliográfica completa e isolada, na época em que cada livro procedia imediata e directamente de outro, de um original ou modelo manuscrito a partir do qual era copiado • Exemplar das lições de um curso universitário medieval oficialmente reconhecido por um grupo de especialistas e que servia de modelo para outras cópias • Cada desenho, impresso, livro ou periódico que é a cópia de um original • Unidade de tiragem. Cada uma das cópias impressas que constituem uma edição • Manuscrito do qual foi feita uma ou mais cópias. Tipo. Modelo. Original, por oposição a cópia; era colocado no livreiro (estacionário), que o alugava peça a peça a todos os interessados, a fim de o copiarem; o copista tinha o cuidado de assinalar o número da peça que começava a transcrever ou a que acabava de copiar, e isto para sua orientação, não apenas na tarefa já feita, mas também para calcular o preço a pedir ao encomendante.
EXEMPLAR (pal. lat.) – Figura nas subscrições antigas no sentido técnico de manuscrito

explorado como modelo digno de fé que por sua vez pode também servir de modelo; nas universidades medievais este manuscrito de base cujo conteúdo era cuidadosamente verificado de acordo com os ensinamentos aí ministrados, era depositado no estacionário e a partir dele é que se podiam multiplicar as cópias; na Idade Média esta nomenclatura desaparece quase definitivamente dos colofones até ao século XIII, reaparecendo na época humanística em concorrência com *originalis;* o seu emprego é raro nos inventários, mas corrente na correspondência de eruditos e nas discussões exegéticas. O termo grego correspondente é *archetipon*. Designa, desde cedo, tanto o modelo como a cópia, sentidos estes que já se encontravam indiferentemente empregados por Cícero; esta ambiguidade complica-se ainda mais quando o termo começa a designar também o manuscrito de que o tradutor se serve para elaborar a tradução, o que acentua a ideia de que o *exemplar* significa o texto digno de fé, autêntico, mesmo que seja, ele próprio, uma cópia; aliás, é este o significado que adquire quando designa o modelo submetido a um certo controlo da própria universidade; subsiste, contudo, o sentido de que se trata de um modelo dividido em cadernos não encadernados.

EXEMPLAR ANOTADO – Aquele que contém notas autógrafas do autor ou de pessoas que, pelo seu mérito científico ou pela sua origem, aumentam o valor bibliográfico da obra. Exemplar apostilhado. Exemplar apostilado • Exemplar com comentários.

EXEMPLAR ANTECIPADO – Volume de um livro, que é enviado em geral antes da data da sua publicação a revistas, publicações periódicas oficiais ou particulares, etc. para recensão crítica. Exemplar de imprensa.

EXEMPLAR APARADO – Aquele cujas margens foram reduzidas e uniformizadas pela faca ou guilhotina do encadernador.

EXEMPLAR APOSTILADO – *Ver* Exemplar anotado.

EXEMPLAR ARROLADO – Exemplar de extrema raridade que, por esse facto, consta de um rol oficial pelo qual se determina que não pode ser transaccionado sem autorização superior e muito menos vendido para o estrangeiro. Exemplar recenseado.

EXEMPLAR AUTOGRAFADO – Exemplar de uma obra no qual estão inscritos o nome de uma pessoa, dedicatória, notas ou o nome e as notas e, mais particularmente, a assinatura do autor.

EXEMPLAR AUTORIZADO – Exemplar cujo conteúdo está garantido por uma autoridade e em conformidade com o qual devem estar todos os que dependem dele. Exemplar outorgado. Exemplar reconhecido.

EXEMPLAR CENSURADO – *Ver* exemplar expurgado.

EXEMPLAR COM ILUSTRAÇÕES ADICIONAIS – Designação atribuída a um volume ilustrado com inserção de desenhos, quadrados, gravuras, etc., originais ou não, que não fazem parte do volume tal como foi editado originalmente.

EXEMPLAR COM NOTA DE APRESENTAÇÃO – Exemplar de uma obra que inclui um texto inicial, no qual se dão a conhecer as razões que levaram à sua realização e se fornecem elementos informativos sobre o autor e as circunstâncias em que a obra foi escrita; esse texto pode ser do punho do autor, editor, ilustrador, etc.

EXEMPLAR COMPLETO – Volume a que não falta nenhuma das partes que o constituem. Exemplar íntegro. Exemplar integral.

EXEMPLAR COMPÓSITO – *Ver* Exemplar híbrido.

EXEMPLAR DE AMOSTRA – Livro enviado com antecedência relativamente à sua vinda a público, para crítica ou promoção comercial; trata-se, em geral, de um exemplar não acabado, em cadernos soltos, por encadernar ou com uma encadernação diferente da da edição definitiva. *Comparar com* Exemplar de imprensa.

EXEMPLAR DE APRESENTAÇÃO – Aquele cuja execução foi particularmente cuidada, porque se destina a ser oferecido como homenagem a uma personalidade importante.

EXEMPLAR DE AUTOR – Exemplar de uma obra reservado gratuitamente para o autor da obra.

EXEMPLAR DE BIBLIÓFILO – Exemplar ricamente encadernado e cuidadosamente conservado.

EXEMPLAR DE CORO – Exemplar usado nas cerimónias religiosas pelos oficiantes.

EXEMPLAR DE DEDICATÓRIA – Aquele que é dirigido pelo autor ou editor através de uma dedicatória autógrafa dirigida ao destinatário da própria obra ou da edição; geralmente é revestido por uma encadernação, que por vezes apresenta nas pastas as armas da personagem a quem se oferece ou qualquer outra marca afectuosa, que atesta os laços de amizade ou estima que os une.

EXEMPLAR DE DEPÓSITO LEGAL – Cada um dos exemplares de uma publicação acabada de sair, que é entregue por determinação legal, no dia da publicação ou no do lançamento em circulação, se não coincidir com aquele enviado ao Registo da Propriedade Intelectual e posteriormente depositado nas instituições que, por disposição legal, a ele têm direito.

EXEMPLAR DE EMPRÉSTIMO – Numa biblioteca, etc. exemplar especialmente destinado a ser usado no empréstimo para leitura de presença ou domiciliária.

EXEMPLAR DE ESTUDO – *Ver* Exemplar de trabalho.

EXEMPLAR DE HOMENAGEM – Aquele que é particularmente cuidado na sua apresentação, destinado a ser oferecido por cortesia do autor a um personagem de alta linhagem, que não coincide obrigatoriamente com o dedicatário do texto.

EXEMPLAR DE IMPRENSA – Exemplar de uma obra acabada de publicar, que é enviado gratuitamente pelo editor, com a finalidade de a sua publicação ser noticiada e o seu conteúdo criticado. Exemplar antecipado. *Ver* Exemplar para recensão.

EXEMPLAR DE OFERTA – Aquele que é enviado pelo autor ou editor a outras pessoas, órgãos de comunicação social ou organismos documentais logo após a sua publicação, com vista à sua divulgação, submetendo-a à apreciação do público em geral. Exemplar de presente • Exemplar de confecção muito cuidada destinado a oferta a um alto personagem ou a uma pessoa muito estimada; geralmente contém uma dedicatória escrita ou impressa ou ainda dourada na pasta superior da encadernação, quase sempre executada com pele de alta qualidade.

EXEMPLAR DE PERMUTA – Numa biblioteca, exemplar destinado a troca ou que entrou no serviço por esse meio.

EXEMPLAR DE PRESENTE – *Ver* Exemplar de oferta.

EXEMPLAR DE PRIMEIRA ESCOLHA – Aquele que é referido à cabeça de todos os outros devido à sua importância ou ao seu valor. Exemplar de primeira qualidade.

EXEMPLAR DE PRIMEIRA QUALIDADE – Exemplar que é mencionado à cabeça de todos os outros em razão da sua importância ou do seu valor. Exemplar de primeira escolha.

EXEMPLAR DE PROCEDÊNCIA ILUSTRE – Aquele que pertenceu a uma alta individualidade.

EXEMPLAR DE SUBSTITUIÇÃO – Exemplar adquirido com vista a ocupar o lugar de um outro de uma obra ou de um volume desaparecido ou deteriorado.

EXEMPLAR DE TESTEMUNHO – Livro no qual algumas folhas não foram cortadas pela guilhotina do encadernador, apresentando a margem intonsa dando, assim, ideia do seu tamanho original.

EXEMPLAR DE TRABALHO – Aquele em que se encontram vestígios do trabalho do autor ou de um leitor, sob forma de anotações, comentários, acrescentos, etc. Exemplar geralmente anotado porque o seu possuidor nele assinalou uma série de indicações, observações, referências, etc., que a sua utilização lhe foi sugerindo • Cada um dos exemplares de uma obra que a editora original entrega à pessoa ou pessoas encarregadas de traduzi-la.

EXEMPLAR DE USO CORRENTE – Aquele que se destina a ser frequentemente lido ou utilizado no decurso de diversas actividades litúrgicas, escolares, administrativas e não a ser preciosamente conservado na biblioteca, arquivo, serviço de documentação, etc.

EXEMPLAR DE VALOR HISTÓRICO – Aquele que teve uma ligação especial com o autor ou com pessoa das suas relações, com uma pessoa importante ou com uma colecção ou biblioteca famosa.

EXEMPLAR DEDICADO – Aquele em que vai inscrito o nome da pessoa que o oferece e o da pessoa ou instituição a quem é oferecido, com frequência acompanhado de mensagem de oferta • Exemplar em que a dedicatória foi feita pelo autor da obra e vai inscrita nela.

EXEMPLAR DEFEITUOSO – O que tem notas manuscritas ou manchas de humidade, marcas de manuseamento ou outras • Aquele a que faltam ou sobram cadernos, ou tem qualquer outra anomalia devida à encadernação.

EXEMPLAR DEGOLADO – Aquele cuja cabeça foi muito aparada atingindo o título corrente ou mesmo o texto.

EXEMPLAR DESINFESTADO – Aquele que foi objecto de uma desinfestação. *Ver* Desinfestação.

EXEMPLAR DESIRMANADO – Exemplar separado de outros, com os quais formava unidade ou constituia colecção. Exemplar avulso.

EXEMPLAR DESMEMBRADO – Aquele que foi dividido em partes, partes essas que podem ser vendidas em separado dado o seu valor tipográfico ou artístico.

EXEMPLAR DETERIORADO – Aquele que não pode ser comercializado devido ao seu estado de apresentação, com rasgões, folhas a menos ou apresentando defeitos na brochura ou na encadernação.

EXEMPLAR DUPLICADO – Segundo exemplar de uma publicação ou livro existentes numa biblioteca, arquivo, serviço de documentação, etc.

EXEMPLAR EM DEPÓSITO – Designação do exemplar que foi cedido mediante protocolo próprio por tempo ilimitado tendo-se verificado por parte do emprestador a cessão do uso, mas não da propriedade. *Ver* Empréstimo ilimitado.

EXEMPLAR ESPECIAL – Exemplar que, no decorrer de uma mesma edição, adquire características que o diferenciam dos restantes que constituem a edição • Exemplar de uma edição especial. *Ver* Tiragem especial.

EXEMPLAR ESPELHADO – Aquele que apresenta restauros feitos pela aplicação de pedaços de papel nos rasgões ou lacunas.

EXEMPLAR EXCEDENTE – Numa biblioteca, etc., exemplar do fundo que não é utilizado pelo facto de nele existirem vários outros.

EXEMPLAR EXPURGADO – Exemplar que apresenta cortes no texto em palavras, frases ou parágrafos ou supressão de folhas ou colagem destas umas às outras, por motivo de censura. Exemplar censurado • Exemplar desinfestado.

EXEMPLAR GRATUITO – Exemplar que se obteve por canais diversos dos comerciais.

EXEMPLAR HÍBRIDO – Aquele que é constituído por folhas provenientes de duas edições diferentes.

EXEMPLAR IDEAL – Em descrição bibliográfica é considerado ideal o mais perfeito exemplar da impressão de uma edição, escolhido após a análise do maior número possível de exemplares; com ele serão comparados todos os outros exemplares da primeira impressão e das seguintes, para avaliar as tiragens e os exemplares desiguais delas • Em crítica textual, exemplar que, entre vários estados, oferece a forma mais perfeita da obra segundo a opinião do autor, editor e impressor.

EXEMPLAR IMPECÁVEL – Expressão usada sobretudo no universo da bibliofilia para qualificar um exemplar conservado sem qualquer reparação posterior à sua publicação, próximo do seu estado original; o termo aplica-se igualmente à encadernação do século XV ou XVI que, mesmo apresentando marcas do tempo, não mostra quaisquer restauros ou defeitos graves.

EXEMPLAR IMPRESSO – Reprodução de um documento que é feita em suporte papel. Formato impresso.

EXEMPLAR INCOMPLETO – Aquele a que faltam algumas partes.

EXEMPLAR ÍNTEGRO – Exemplar completo.

EXEMPLAR INTONSO – Exemplar que não foi aparado. *Ver* Exemplar virgem.

EXEMPLAR LIMPO – Expressão muito utilizada pelos livreiros antiquários nos seus catálogos descritivos de obras à venda, para caracterizar um exemplar completo, isento de manchas de manuseamento e outros defeitos que porventura o possam desvalorizar.

EXEMPLAR MANCHADO – Aquele que apresenta marcas de humidade ou de outra natureza.

EXEMPLAR MANIPULADO – Exemplar que foi alvo de reestruturação por terceira pessoa alheia ao editor ou impressor, acrescentando-o com elementos de uma outra edição ou com páginas fac-similadas ou dados que nunca constituíram parte integrante da edição original.

EXEMPLAR MANUSEADO – Aquele que se apresenta com mau aspecto (capas arrancadas, folhas dobradas, escritas e manchadas), devido ao facto de ter sido muito utilizado. Exemplar cansado.

EXEMPLAR MODESTO – Expressão usada para qualificar o exemplar de uma obra que se apresenta num estado de conservação menos que razoável, com marcas de cansaço, encadernação medíocre, possivelmente manchado de humidade e manuseamento, factores que o desvalorizam e que são motivos de recusa de aquisição por parte dos bibliófilos mais exigentes; possivelmente outros com menos exigência poderão adquiri-lo, sabendo que a aquisição de um exemplar em estado irrepreensível iria custar uma quantia muito mais elevada.

EXEMPLAR MUTILADO – Aquele a que falta alguma parte da publicação: portada, determinadas páginas, índice, ilustrações, etc.; a mutilação pode ser devida a vários agentes: censura, acção de xilófagos, incúria, vandalismo, etc.

EXEMPLAR NUMERADO – O exemplar de uma edição numerada. Exemplar de um livro que pertence a uma tiragem limitada, ao qual foi atribuído e impresso ou carimbado um número de ordem. Cópia numerada.

EXEMPLAR OFERECIDO EM HOMENAGEM – Exemplar de uma obra com um texto de apresentação, normalmente da mão do autor, enviado a título gracioso, quer por este último, quer pelo editor.

EXEMPLAR PARA COMENTÁRIO – *Ver* Exemplar para recensão.

EXEMPLAR PARA CRÍTICA – *Ver* Exemplar para recensão.

EXEMPLAR PARA DEPÓSITO LEGAL – *Ver* Depósito legal.

EXEMPLAR PARA RECENSÃO – Documento enviado, a título gratuito, para divulgação sob a forma de referência, comentário ou resumo a ser publicado pelo destinatário, geralmente numa publicação em série. Exemplar para comentário. Exemplar para crítica. Exemplar de imprensa.

EXEMPLAR PRINT (loc. ingl.) – Edição electrónica de um documento que é feita antes da sua edição definitiva, geralmente com a finalidade de recolher opiniões acerca dele. *E-print*.

EXEMPLAR RASGADO – Aquele que apresenta rasgos, atingindo ou não o texto.

EXEMPLAR REFEITO – Exemplar cujo texto estava truncado e foi parcialmente restaurado.

EXEMPLAR RUBRICADO – As tiragens limitadas de edições especiais, quase sempre apresentam a rubrica do autor ou por vezes do editor, geralmente acompanhada pelo número do exemplar.

EXEMPLAR SOLFADO – Aquele cujas páginas, com margens curtas ou defeituosas, foram restauradas e aumentadas com a adição de papel mais largo, no qual a primitiva página foi inserida.

EXEMPLAR SOLTO – Aquele que não forma nenhuma série com outro. Número solto.

EXEMPLAR SUPLEMENTAR – Cada um dos exemplares que o editor imprime além daqueles que estão estipulados para a edição • Exemplar acrescentado a outro que a biblioteca, etc., já possui.

EXEMPLAR TRAÇADO – Aquele que apresenta marcas de ter sido atacado pela traça.

EXEMPLAR UNIVERSITÁRIO – Modelo ou texto composto por uma série de elementos (*peciæ*) que os copistas vinham alugar à vez para copiar, cada um por sua conta, um exemplar do texto da lição.

EXEMPLAR ÚNICO – Aquele que, após feitas inúmeras buscas bibliográficas, se conclui ser o único exemplar conhecido. *Unicum*.

EXEMPLAR VIRGEM – Aquele que se mantém com os cadernos por aparar, conservando as rebarbas do papel; é também chamado exemplar intonso ou livro intonso.

EXEMPLARE (pal. lat.) – No latim medieval significa confeccionar um exemplar.

EXEMPLARIA (pal. lat.) – Manuscrito modelo.
EXEMPLÁRIO – Livro composto de casos ou exemplos doutrinais. Livro de exemplos.
EXEMPLATOR (pal. lat.) – *Ver Stationarius peciarum.*
EXEMPLATUS (pal. lat.) – Transcrito. Copiado.
EXEMPLI GRATIA (loc. lat.) – Por exemplo; é frequente sob a forma abreviada *e.g. Ver Verbi gratia.*
EXEMPLUM (pal. lat.) – Modelo. Original. Minuta.
EXEQUATUR (pal. lat.) – Execute-se. Agrada. O mesmo que *placet* e *agrément*; traduz a aprovação da autoridade a uma nomeação ou pretensão, no caso a proceder à impressão da obra.
EXERGO – Espaço de uma moeda ou medalha em que se grava a data ou inscrição • Parte do selo compreendida entre a orla e o campo; o exergo é geralmente delimitado por dois filetes ou duas serrilhas e contém a legenda que menciona o titular do selo.
EXIBIÇÃO – *Ver* Exposição.
EXISTÊNCIA – *Ver* Fundo bibliográfico.
ÊXITO DE LIVRARIA – No comércio do livro, designação dada ao livro que, num determinado período de tempo, se encontra entre os mais procurados para venda e mais vendidos.
ÊXITO DE PRATELEIRA – Designação atribuída ao livro que não teve saída, que não se vendeu.
ÊXITO DE VENDAS – Designação aplicada à obra que se vendeu rapidamente e com sucesso.
ÊXITO EDITORIAL – Expressão aplicada à edição que vendeu bem e rapidamente.
ÊXODO – Nome do segundo livro do *Pentateuco*, que narra a saída dos hebreus do Egipto e a sua viagem para a terra de Canaã.
EXÓFORA – Termo respeitante à referência que remete para alguma coisa identificável no contexto situacional, por oposição à endófora.
EXÓRDIO – No texto de um documento é uma das cláusulas formulárias; através dele justifica-se a elaboração do documento • Primeira parte de um discurso; nela se dá a ideia geral daquilo que vai ser tratado • Prefácio. Prólogo.
EXOTÉRICOS – Na Antiguidade clássica grega, nome dado aos escritos autênticos de Aristóteles, destinados ao grande público e dispostos em forma de diálogo, de que apenas restaram fragmentos • Nome dado aos apontamentos, notas de aulas e esquemas que por vezes eram recolhidos pelos discípulos de Aristóteles.
EXOTISMO – Influência exercida por uma língua estrangeira sobre a língua ou grafia de um texto.
EXPANDIDO (port. Bras.) – Diz-se do tipo que se apresenta ampliado, em geral pelo alargamento dos claros entre as letras.
EXPANSIBILIDADE – Num sistema de classificação, possibilidade de uma notação admitir a inserção de uma nova classe ou de parte dela, sem desorganizar a sequência do sistema.
EXPEDIÇÃO – Distribuição ou entrega • Acto e efeito de enviar livros, correspondência, documentos e materiais didácticos, etc. Envio. Remessa.
EXPEDIÇÃO DE UM ACTO – Exemplar em forma definitiva entregue à parte interessada, que geralmente o conserva a título de prova.
EXPEDIDO – Enviado. Remetido.
EXPEDIENTE – Versão final da minuta de um documento, pronta a ser expedida • Secção de publicação periódica onde são apresentados os nomes do director, editor, colaboradores, endereço e sede, preço e outros elementos com ela relacionados • Despacho ordinário de petições, requerimentos, negócios, etc.
EXPEDIR – Enviar. Remeter. Fazer chegar ao seu destino.
EXPENSIS (pal. lat.) – "A expensas de", "à custa de", palavra inscrita no pé de imprensa ou no cólofon de alguns livros antigos para indicar o editor, livreiro, financiador, instituição, comunidade ou mecenas que custeou a edição de uma obra; com o mesmo sentido são por vezes empregues as palavras ou expressões *sumptibus, sumptus fecit, ad instantia* ou *impensis* precedidas ou seguidas do nome da pessoa que financiou a edição.
EXPIRAÇÃO DE EMPRÉSTIMO – Termo de um período convencionado para a cedência de um documento por empréstimo. Vencimento de empréstimo.
EXPIRAÇÃO DE PRIVILÉGIO – Termo de um período convencionado e/ou designado

em documento para a autorização concedida a um autor, editor ou impressor para que goze do direito exclusivo da publicação de uma obra.

EXPLANAÇÃO – Explicação de qualquer texto, máxima ou doutrina que precisa de ser explicitada, porque tem um sentido pouco claro ou oferece diversas possibilidades de interpretação.

EXPLANATIO (pal. lat.) – Comentário literal que acompanhava o texto a comentar, rodeando-o tipograficamente,; é muito comum no estudo de textos filosóficos, não só manuscritos, mas também impressos. Glosa textual.

EXPLICAÇÃO – Acto ou efeito de explicar • Palavras com que se explica.

EXPLICADOR – Pessoa que explica. O que explica • Comentador. Escoliador.

EXPLICAR – Expor um assunto, doutrina, dados, sobre um tema, etc., de modo que o torne compreensível.

EXPLICARE (pal. lat.) – Etimologicamente significava desenrolar o rolo à medida que se lia ou escrevia • Por extensão de sentido, passou a significar o *explicit*, palavra que inicia a fórmula final do cólofon dos livros, significando o final do texto • Mais tarde tomou o sentido de tornar claro, desenvolver uma ideia • Folhear.

EXPLICARE VOLUMEN (loc. lat.) – Desenrolar um manuscrito.

EXPLICATIVO – Que explica. Que serve para explicar. Interpretativo.

EXPLICIT (pal. lat.) – Provém do verbo latino *explicare* (desenrolar); à letra significa "está tudo desdobrado", expressão que ficou aos copistas do tempo do *rotulus* e que eles escreviam no final do texto que tinham transladado, para assegurarem esse facto • Indicação localizada no final do códice na qual era inscrito o título da obra; podia também incluir o nome do copista, do miniaturista ou do iluminador, a data em que foi concluído o trabalho, invocações agradecendo a Deus a graça de isso ter acontecido ou outras observações e notas, por vezes espirituosas; transitou mais tarde para a fórmula final dos livros impressos. Cólofon. Subscrição.

EXPLICIT LIBER (loc. lat.) – Expressão que significa *explicit est liber*, ou seja, o livro termina aqui, fim, frase que rematava o texto e que precedia os dados do cólofon.

EXPLICIT-**REFERÊNCIA** – Palavras finais de uma folha escolhida de forma arbitrária (em geral a penúltima, sem contar as guardas), que permitem identificar um determinado exemplar de um texto.

EXPLORAÇÃO – Pesquisa. Análise.

EXPLORAÇÃO DE OBRA – Acção de valorizar, de tirar partido de alguma coisa, especialmente pelo trabalho.

EXPLORAR – Em informática, examinar passo a passo, de um modo sistemático, informações memorizadas, com uma determinada finalidade • Pesquisar. Analisar.

EXPLORATÓRIO – Preliminar. Preparatório • De investigação. De análise.

EXPLOSÃO BIBLIOGRÁFICA – Designação usada para significar o crescimento súbito do número de publicações editadas, que se verificou sobretudo a partir dos finais dos anos sessenta.

EXPLOSÃO DA INFORMAÇÃO – Diz-se da esmagadora quantidade de publicações que vêm a lume a todo o momento sob a forma de livros, periódicos, opúsculos, reedições, catálogos, especificações e relatórios, seja qual for o tipo de suporte e o assunto que versem.

EXPLOSÃO DE PUBLICAÇÕES – *Ver* Explosão da informação.

EXPOENTE – O número que indica ou designa o grau da potência a que é elevada uma quantidade e que se coloca à direita e um pouco acima dessa quantidade • Representante notável de um ramo do saber • Signo.

EXPONCTUARE (pal. lat.) – Colocar um ponto sob uma letra manuscrita errada, a fim de indicar que deve ser substituída.

EXPONTUAÇÃO – *Ver* Expunção.

EXPOR – Apresentar • Explicar, tornar claro • Narrar.

EXPOS. – Abreviatura de exposição.

EXPOSIÇÃO – Acto ou efeito de expor. Mostra usada como meio de despertar o interesse em favor dos livros, especialmente daqueles que tratam de temas pouco conhecidos • Conjunto de coisas expostas • Narração circunstanciada de um facto ou acontecimento • Declaração. Relação • Processo seguido para submeter um material sensível à luz a uma fonte luminosa durante um determinado período de tempo, a fim de que seja produzida uma imagem latente, que se torna visível através da revelação.

EXPOSIÇÃO À LUZ – Produto da intensidade de luz que um material fotossensível recebe no tempo de exibição.

EXPOSIÇÃO ACADÉMICA – Explanação que é feita segundo a lógica do esquema clássico: introdução, desenvolvimento e conclusão.

EXPOSIÇÃO BIBLIOGRÁFICA – Apresentação pública de livros, publicações periódicas ou outros documentos que apresentam um interesse particular permanente ou passageiro, levada a cabo em expositores ou vitrinas, armários ou prateleiras.

EXPOSIÇÃO DE DOCUMENTOS – Mostra bibliográfica que periodicamente ou por ocasião de qualquer efeméride os arquivos, bibliotecas, serviços de documentação, etc. levam a cabo, geralmente com intuitos pedagógicos e culturais; durante o tempo de exposição são vários os cuidados a ter em conta no sentido de não se deteriorarem os documentos expostos.

EXPOSIÇÃO DE PERIÓDICOS – Exibição dos últimos fascículos de publicações periódicas que foram recebidos num serviço, usada em geral como forma de os divulgar junto dos utilizadores de uma biblioteca, arquivo, serviço de documentação, etc. Mostra. Apresentação de publicações periódicas.

EXPOSIÇÃO DUPLA – Em microfilmagem ou fotografia, revelação de toda a zona de imagem ou de parte dela duas vezes seguidas; este facto pode fazer aparecer um documento duplo ou produzir um fantasma, no caso de as imagens não estarem exactamente impressas umas sobre as outras.

EXPOSIÇÃO INDIVIDUAL – Acção feita por uma pessoa, que dá conta de uma leitura ou relata um episódio marcante de um livro, com a finalidade de levar outros a lê-lo.

EXPOSIÇÃO ITINERANTE – Mostra que se patenteia em diversos sítios e lugares através de deslocações e viagens, geralmente com propósitos didácticos.

EXPOSIÇÃO RETROSPECTIVA – Exibição pública e solene de diversas produções literárias, artísticas, etc., cujos temas são expostos numa perspectiva que se volta para o passado, tempos ou factos transactos.

EXPOSIÇÃO TEMÁTICA – Exibição pública e séria de diversos produtos literários, artísticos ou de outra índole, centrados numa determinada matéria ou assunto.

EXPOSIÇÃO TEMPORÁRIA – Aquela que é organizada tendo um limite cronológico mais ou menos dilatado.

EXPOSITIO LITTERA (loc. lat.) – Explicação palavra a palavra.

EXPOSITOR – *Ver* Vitrina.

EXPOSITOR (pal. lat.) – Intérprete. Comentador.

EXPOSITOR DE PERIÓDICOS – Móvel equipado com portas individuais inclinadas e escamoteáveis formando expositores e descobrindo cada uma delas um alvéolo de arrumação, onde são guardados os fascículos das revistas.

EXPRESSÃO – Termo que assinala o aspecto concreto do sistema de significantes que constitui a linguagem humana • Palavra • Locução. Frase • Manifestação do pensamento através de gestos ou palavras escritas ou faladas • Enunciado. Declaração • Combinação de números, letras, sinais de operações, representação do valor de uma quantidade sob forma algébrica.

EXPRESSÃO ARITMÉTICA – Expressão que consiste num número de valores (ou equivalentes) ligados por diversos operadores aritméticos.

EXPRESSÃO DE BUSCA – *Ver* Expressão de pesquisa.

EXPRESSÃO DE PESQUISA – Termo ou frase de que o utilizador se serve para pesquisar a bibliografia que lhe interessa. Expressão de busca.

EXPRESSIVIDADE – Capacidade de comunicar e transmitir com gestos, o rosto ou a voz, sentimentos ou ideias.

EXPRESSIVO – Que transmite com energia os sentimentos ou as ideias que se experimentam. Significativo • Claro.

EXPUNÇÃO – Extinção. Apagamento • Nome dado ao sistema convencional usado nos manuscritos, que consistia na colocação de um ponto sob uma letra ou palavra ou mesmo de um sublinhado, para indicar a sua supressão na leitura. Expontuação.

EXPURGAÇÃO – Censura e eliminação de passagens de um texto consideradas contrárias à moral vigente. Crítica • Expurgo. Desinfestação.

EXPURGADA – Diz-se da obra literária submetida a censura ou expurgo. Censurada • Diz-se da obra que foi submetida a desinfestação. Desinfestada.

EXPURGAR – Suprimir dos livros por ordem da autoridade palavras, passagens ou cláusulas por ela consideradas irreverentes ou imorais • Por extensão aplica-se à desinfestação a que são sujeitos os livros e documentos para lhes eliminar os microrganismos e outros elementos nocivos.

EXPURGATIVO – *Ver* Expurgatório.

EXPURGATÓRIO – Relação dos livros condenados pela Igreja católica. Rol de livros proibidos. Índice expurgatório.

EXPURGO – Conjunto de erros mandados censurar num livro impresso • Desinfestação. Expurgação • Câmara de expurgo.

EXQUISA – Termo arcaico que designava devassa. Inquirição. Averiguação.

EXSICADOR – *Ver* Desumidificador.

EXTENSÃO – Número de unidades materiais que constituem um documento ou obra; a extensão pode ser referida em número de volumes, páginas, folhas, colunas, cadernos, etc. e incluir indicações adicionais de acordo com os materiais a caracterizar, como a duração, no caso de cassetes de som, por exemplo • Em lógica, conjunto dos seres ou das coisas às quais se aplica um conceito ou o termo que o exprime • Em classificação, a extensão de um termo ou classe indica todos os itens diferentes incluídos no termo, ou seja, o alcance do termo; a intensão indica as suas qualidades; a extensão e a intensão variam inversamente; quando uma é grande, a outra é pequena.

EXTENSÃO DA UNIDADE DE DESCRIÇÃO – Número e indicação específica do género de documentos correspondente às unidades materiais do documento a descrever e, por vezes, de outros pormenores (como a duração). *Ver* Indicação específica da natureza do documento.

EXTENSÃO DE BIBLIOTECA PÚBLICA – Serviços que uma biblioteca pública oferece fora do seu edifício, como por exemplo junto às prisões, hospitais, quartéis, etc.

EXTENSÃO DE UM ÍNDICE – Amplitude, dimensão de um índice; depende da natureza e do objectivo dos documentos indexados e do objectivo da indexação, definido de acordo com a audiência a que se destina.

EXTENSÃO DE UM ITEM – Parte da área da descrição física de uma entrada catalográfica de documentos, onde se faz a indicação do número de páginas ou partes, dimensões, etc.

EXTENSÃO DUPLA – Em publicidade impressa, duas páginas frente-a-frente nas quais o assunto se lê continuamente.

EXTENSÃO POR ANALOGIA – Conjunto de todas as espécies imagináveis de uma noção consideradas separadamente • Conjunto de todos os indivíduos que podem estar compreendidos nesta noção.

EXTENSÃO POR COMPOSIÇÃO – Conjunto de todas as partes que constituem um todo consideradas separadamente.

EXTENSIBLE MARKUP LANGUAGE (loc. ingl.) – Designação atribuída a uma linguagem para a publicação, armazenamento e transferência de documentos electrónicos, que pretende funcionar com carácter normativo. *XML*.

EXTENSO – *Ver* Por extenso.

EXTERIORICA (pal. lat.) – Termo latino usado para designar as espécies, os documentos que são publicados num determinado país, de autores de outro país ou sobre temáticas que a ele dizem respeito; por exemplo, espécies que são publicadas em países que não sejam Portugal, mas que dizem respeito ao nosso país ou sejam da responsabilidade de autores portugueses.

EXTINTOR – Peça complementar do mobiliário numa biblioteca, arquivo, serviço de documentação, etc., que, colocada em local bem visível, é um elemento fundamental na luta contra o fogo.

EXTR. – Abreviatura de extracto e extraordinário.

EXTRA – Item não previsto numa estimativa e que é acrescentado à parte e ao preço calculado.

EXTRACÇÃO DOS TERMOS – Processo pelo qual os termos da indexação são tirados do próprio texto.
EXTRACTA (pal. lat.) – Cópia fiel de qualquer documento público ou de parte dele.
EXTRACTADOR – Que faz extractos • Analista.
EXTRACTAR – Analisar • Resumir, reduzir a extracto um texto, livro, discurso, etc. • Extrair parte de um texto para o utilizar separadamente.
EXTRACTO – Parte de uma composição mais vasta concebida como unitária. Fragmento • Cópia textual de certos elementos de um documento; se contém uma marca de autenticidade diz-se autêntico • Impressão em separado de parte, secção ou artigo de uma publicação, sem paginação própria mas com a paginação original. Passo. Passagem. Citação • Nome dado à parte ou partes mais representativas de um documento • Recompilação.
EXTRACTO AUTÊNTICO – Cópia *ipsis litteris* de um documento registado ou de determinadas partes dele, que é fornecida pelo seu depositário a título oficial.
EXTRAIR – Reduzir a extracto um texto, livro, discurso, etc. • Em informática, fazer sair os documentos pertinentes que respondem à pergunta feita.
EXTRANET (pal. ingl.) – Em telecomunicações, designação da rede interna de uma companhia *(Intranet)* que se liga com fornecedores, clientes, etc. por meio da *Internet*.
EXTRAPOLAÇÃO – Em estatística, cálculo do valor de uma variável para lá da sua extensão conhecida ou observada.
EXTRA-TEXTO – Figura, imagem ou qualquer representação gráfica independente da paginação ou da foliação de um texto de um documento e geralmente impressa sobre papel diferente. *Hors-texte*. Fora do texto.

EXTRAVAGANTES – Constituições pontifícias reunidas depois das Clementinas e colocadas no final do *Corpus Juris Canonici*.
EXTRAVIADOR – Que ou o que extravia ou faz desaparecer de modo fraudulento.
EXTRAVIAR – Fazer desaparecer. Subtrair de modo fraudulento.
EXTRAVIO – Acto ou efeito de extraviar. Desaparecimento fraudulento.
EXTRAVIO DE DOCUMENTOS – Desvio de documentos do seu lugar na instituição a que legalmente pertencem.
EXTREMO DE IMAGEM – Proximidade física de dois pontos específicos situados em fotogramas adjacentes.
EXULTET (pal. lat.) – Manuscrito litúrgico autónomo, típico da Itália central e meridional, que contém o texto próprio da liturgia da vigília pascal; datado de cerca do ano mil, apresenta em geral a forma de rolo com o conteúdo litúrgico ilustrado, cujas imagens iam sendo mostradas aos fiéis que assistiam às cerimónias litúrgicas à medida que o sacerdote fazia as leituras; o nome provém do facto de as orações começarem pela palavra *Exultet*, convite à alegria pela ressurreição de Cristo; o texto, musicado ou não, pode encontrar-se também em sacramentários, pontificais ou missais.
EX-VOTO – Primeiras palavras da frase *ex voto donatum* (dado por promessa feita), que designam qualquer objecto exposto numa igreja – quadros com cenas de milagres, placas pintadas ou gravadas, vitrais ou reproduções de partes do corpo feitas em cera, que os fiéis oferecem em agradecimento de uma graça recebida; as legendas dos ex-votos pintados ou gravados relatam o milagre e têm sabor popular.
E&G – *Ver* Gastos gerais e de educação.
E-ZINE (pal. ingl.) – Forma abreviada de *Electronic Magazine*, Revista electrónica. Revista Web.

F – Letra do alfabeto latino e do de quase todas as línguas antigas e modernas • O tipo que na impressão reproduz essa letra • Nas máquinas fundidoras é a matriz que dá esse carácter • Punção com que se grava essa matriz • Assinatura correspondente ao sexto caderno de um volume, quando se usam letras para tal fim • Sexta chamada de nota, se se usarem letras em lugar de números ou sinais • Como numeral valia 40; com um traço horizontal por cima valia 40000.

F. – Abreviatura de folha(s), fólio(s) • Abreviatura de *filius* ou *fecit*.

F.F. – Abreviatura de *fieri fecit*, expressão que, dada por extenso, significa razão de ser feito; o nome que a segue ou precede é o da pessoa responsável pela criação da obra onde aparece.

FABRICAÇÃO – Conjunto das actividades que reproduzem o produto (neste caso o livro, documento, etc.) até à fase da venda.

FABRICO MECÂNICO – Em relação ao papel diz-se da modalidade de fabrico inventada em 1798, que assenta no uso da máquina rotativa de fabrico contínuo.

FÁBULA – Narração mitológica. Mito • Narração de coisas imaginárias, cujas personagens são, em geral, animais • Composição literária geralmente em verso em que, por meio de uma ficção alegórica e da representação de pessoas humanas e de personificação de seres irracionais, inanimados ou abstractos, se encerra uma lição moral; nos primeiros tempos da tipografia estas histórias eram pretexto para a inclusão de imagens gravadas em madeira com desenhos muito simples e ingénuos que quase dispensavam o texto, pelo que eram muito populares entre o povo analfabeto • Enredo de romance, poema ou drama.

Fábula

FABULA MILESIA (loc. lat.) – Novela imoral ou conto cujo objectivo consiste apenas no entretenimento dos leitores ou ouvintes.

FABULAÇÃO – Novela. Narração fabulosa • Moral contida numa fábula • Efabulação. Afabulação.

FABULADOR – Pessoa que escreve ou narra histórias fabulosas. Fabulista.

FABULÁRIO – Repertório de fábulas.

FABULESCO – Próprio da fábula enquanto género literário.

FABULISTA – Autor de fábulas. Fabulador.

FAC. – Abreviatura de faculdade.
FACA – Peça da guilhotina bem afiada que serve para cortar o papel. *Ver* Chapa de corte • (port. Bras.) Chapa flexível ou telha do tinteiro de uma impressora.
FACA DE CHIFRAR – Espécie de faca em ferro usada pelos encadernadores para rasparem o couro que há-de ser colado nos livros, tornando-o mais fino e maleável. Chifra.
FACA DE DOURADOR – Espécie de faca, de lâmina fina, flexível e de ponta redonda, usada para cortar o ouro destinado a ornamentar a encadernação.
FACA DE PAPEL – Utensílio de osso, marfim, madeira, plástico ou metal, em forma de faca, usado para dobrar ou cortar papel. Farpador • Espátula.
FACA HORIZONTAL – Peça da guilhotina que corta o papel e que tem o fio paralelo à platina.
FACE – Cada uma das quatro partes que delimitam o paralelepípedo que constitui a forma de um carácter tipográfico e que é costume designar por: barriga, costas, olho, pé • Lado do pergaminho que corresponde à flor da pele; é mais acetinado, liso, brilhante e um pouco mais escuro, sendo por isso quase sempre escolhido para ficar para o lado exterior, tanto nas encadernações como nos manuscritos enrolados, em que a parte preferida para conter o texto é a oposta, ou seja o carnaz, mais branco e macio e um pouco mais delicado.
FACE A FACE – Rosto a rosto. *Ver* Frente-a-frente.
FACE SUPERIOR DO PAPEL – Lado da folha do papel oposta à face teia.
FACE TEIA – Face da folha do papel que durante o fabrico esteve em contacto com a teia.
FACEAR – Fazer faces ou lados a • Esquadriar.
FACÉCIAS – *Ver Facetiæ*.
FACETA – Conjunto das subdivisões que resultam da aplicação de uma única característica a uma classe • Categoria de noções da mesma natureza ou expressas sob o mesmo ponto de vista tal como fenómeno, processo, propriedade, utensílio, permitindo um reagrupamento das noções, independentemente das disciplinas tratadas • Aspecto sob o qual é considerada uma matéria tratada numa obra • Pequena face • Bisel. Angulete.
FACETADO – Que se talhou em facetas.
FACETADOR – Pessoa que faceta.
FACETAMENTO – Acto ou efeito de facetar.
FACETAR – Cortar em facetas.
FACETIÆ (pal. lat.) – Nome comum que era dado aos livros que continham uma colecção de chistes, ditos e escritos agudos ou de espírito • Contos graciosos • Obra humorística.
FACHADA – *Ver* Portada.
FACISTOL – Estante do coro das igrejas na qual se colocavam os livros de coro de grandes dimensões, com caracteres de grande formato para poderem ser lidos por todos os elementos do coro.
FACS. – Abreviatura de fac-símile.
FAC-SÍM. – Abreviatura de fac-símile.
FAC-SIMILADO – *Ver* Fac-símile.
FAC-SIMILAR – Reproduzir em fac-símile • (port. Bras.) Relativo a fac-símile.
FACSIMILAR (port. Bras.) – Fac-similado.
FAC-SÍMILE – Reprodução exacta de uma assinatura, desenho ou escrito feita por meios fotomecânicos; as técnicas do fac-símile derivam da fotografia, clichés fotográficos, impressão por fotogravura ou *offset*, fotocópia. *Ver* Edição fac-similada.
FAC-SÍMILE FOTOGRÁFICO – Reprodução de impressão através de um método fotográfico.
FACTÍCIO – Artificial. Imitado. *Ver* Título factício.
FACTOR DE AMPLIAÇÃO – Relação entre as dimensões de uma cópia em papel e as dimensões correspondentes da microimagem. *Ver* Escala de ampliação.
FACTOR DE IMPACTO – Em bibliometria, medida da frequência com a qual o "artigo médio" de uma revista foi citado nos artigos das outras revistas, num determinado período de tempo. FI. *Impact factor*.
FACTOR DE IMPACTO ESPERADO – Em bibliometria, FIE de um documento é a probabilidade que ele tem de ser citado se todos os documentos publicados numa revista tiverem a mesma taxa de citação. FIE.
FACTOR DE IMPACTO OBSERVADO – Em bibliometria é o resultado da medição de todas

as citações alcançadas por cada documento; pressupõe a medida real do impacto de cada documento, independentemente do factor de impacto da revista onde ele é publicado. FIO.

FACTOR DE REDUÇÃO – Relação entre as dimensões de uma microimagem e as correspondentes dimensões do original.

FACTOR DE REPRODUÇÃO – O número de vezes em que foi reduzida a dimensão de um documento num processo fotográfico.

FACTUM (pal. lat.) – Publicação de carácter polémico. Libelo. Panfleto • Memória jurídica em forma de alegações para uma das partes de um processo.

FACTURA – Impresso de formato variável, com o nome e morada do vendedor (além de outros dizeres obrigatórios), que se entrega ao comprador com a lista e preço das mercadorias compradas à vista. Nota de venda. (port. Bras.). Fatura.

FACTURA ELECTRÓNICA – Factura ou documento equivalente que é transmitido por via electrónica, equiparado ao original da factura em papel para todos os efeitos legais pelo Decreto-Lei nº 375/99.

FACTURA PRÓ-FORMA – Aquela que é enviada por uma empresa fornecedora a um cliente antes do envio do documento ou material que foi pedido e nela vem facturado; é geralmente paga antes da recepção desse documento ou material.

FACTURAÇÃO – Acto e efeito de facturar • Quantidade de produtos que foram facturados durante um determinado período de tempo • Na compra de publicações, acto de inscrever na factura a relação da mercadoria vendida ou expedida para alguém, acompanhada do respectivo preço, que pode também incluir as despesas referentes aos portes.

FACTURAR – Registar em pormenor um produto que foi vendido ou enviado ou um serviço prestado, incluindo nesse registo o montante abatido pelos descontos.

FADIGA – Cansaço do carácter provocado por manipulações frequentes ou pouco cuidadosas.

FAIA – Entrelinha tipográfica.

FAIANÇA – Desde o Antigo Egipto foi um dos suportes da escrita, particularmente presente nas estatuetas funerárias; bem mais tarde podemos encontrar objectos variados fabricados em faiança onde podem ler-se inscrições, legendas e mensagens.

FAIAR – Pôr entrelinhas tipográficas. Entrelinhar. Espacejar.

FAIR USE (loc. ingl.) – Nome dado à doutrina que permite utilizar pequenas partes de obras de carácter didáctico para uso científico ou literário, tanto em formato digital como em papel.

FAIT-DIVERS (loc. fr.) – Em gíria jornalística, assim se denominam as notícias sobre acontecimentos diversos – acidentes, casos de polícia, catástrofes, roubos, etc.; normalmente são notícias colhidas nos bombeiros, hospitais, etc. ou procuradas pelos jornalistas na via pública; é um tipo de notícia característico da fase industrial da imprensa e ajudou a conquistar o grande público • Notícia • Crónica.

FAIXA – Tira de papel que se coloca sobre a capa ou a sobrecapa do livro; imprime-se nela em geral uma frase publicitária alusiva à obra, menção do número da edição ou a atribuição de prémio literário • Tira de papel colocada num livro ou qualquer outro impresso para o enviar pelo correio • Cinta, banda.

FAIXA LEVANTADA – Apoio da cosedura na lombada do livro.

FALA – Discurso. Arenga. Alocução • Estilo • Conjunto de palavras constituindo frases de dimensão variável, que fazem parte integrante dos papéis que os artistas de teatro têm de dizer em cena, de acordo com a interpretação da respectiva personagem, de que elas são a expressão verbal • Frase.

FALAR COM ACENTO – Falar bem. Falar correctamente.

FALDA – Parte inferior de um trabalho tipográfico • Branco do fundo da página • Parte inferior de um carácter • Parte inferior de um mapa.

FALHA – Omissão involuntária de uma palavra, frase ou extensão de texto mais vasta feita pelo compositor ao executar a composição • Falta de pressão entre a forma e o papel, que se traduz em zonas acinzentadas e debilmente impressas • Em informática, palavra usada para dizer que um programa ou um computador deixaram de funcionar imprevistamente.

FALHA DO SISTEMA – Em informática, acção pela qual um computador ou conjunto de computadores interrompe inesperadamente o seu funcionamento, com frequência devido a problemas eléctricos.

FALS. – Abreviatura de falsificação.

FALSA FOLHA DE ROSTO – Folha que precede a folha de rosto e na qual figura apenas o título abreviado da obra. Folha de antetítulo ou de anterrosto.

FALSA GUARDA – Folha de papel destinada a proteger o princípio e o final da obra enquanto se procede à sua encadernação e que é arrancada no final desta tarefa. Salvaguarda.

FALSA LOMBADA – *Ver* Lombada falsa.

FALSA MARGEM – *Ver* Margem falsa.

FALSA PORTADA – *Ver* Anteportada.

FALSÁRIO – Nome dado ao autor de um acto falso, qualquer que tenha sido o motivo que o originou.

FALSIFICAÇÃO – Acto ou acção de alterar voluntariamente um texto com a finalidade de ludibriar o leitor. Contrafacção.

FALSIFICADO – Diz-se do documento que, sendo falso, é apresentado como verdadeiro.

FALSIFICAR – Alterar fraudulentamente. Forjar • Dar como verdadeiro aquilo que é falso.

FALSO – Qualificação atribuída ao documento cuja forma e/ou conteúdo são total ou parcialmente não autênticos, criado ou alterado com intenção fraudulenta de o fazer passar por verdadeiro; no que toca aos livros, a maior parte das fraudes tem como objecto a encadernação, que muitas vezes apresenta monogramas de encadernadores célebres copiados, assim como a decoração executada com ferros antigos; no que respeita à impressão, a tarefa é mais difícil e por isso mais rara, mas mesmo assim, algumas folhas que faltavam em alguns incunábulos foram substituídas por outras, que são réplicas impressas recentemente e que imitam as originais em falta.

FALSO DOCUMENTO DE CHANCELARIA – Acto que se apresenta como um documento regularmente expedido, mas que é de facto o produto de um oficial de chancelaria, que o preparou ou fez validar por inspiração do seu autor ou sem a vontade da autoridade responsável.

FALSO DORSO – *Ver* Lombada falsa.

FALSO LOMBO – *Ver* Lombada falsa.

FALSO LUGAR DE IMPRESSÃO – Estratagema usado pelos autores e editores para fugir à vigilância da censura ou para evitar obrigações legais ou problemas de concorrência; no primeiro caso este lugar fictício era aplicado em textos de carácter político ou polémico, em tempos de crise.

FALSO NERVO – Saliência na lombada do livro serrotado, que se obtém colando por baixo da pele tiras de papelão ou pedaços de cordão para imitar o relevo que seria produzido pelos nervos verdadeiros; por vezes uma simples decoração sob forma de filete, geralmente dourado e colocado no lugar do nervo simula a sua existência.

FALSO ROSTO – *Ver* Anteportada.

FALSO TÍTULO – Título, por vezes abreviado, que se encontra no recto da página que se segue à guarda e que precede a página de título propriamente dita. É o mesmo título da obra, composto em caracteres mais pequenos que os do título propriamente dito, mas com a mesma disposição tipográfica; o verso da folha onde se inscreve o falso título é com frequência deixado em branco ou aproveitado para imprimir a lista de obras do mesmo autor ou a indicação das diversas tiragens numeradas em papel de luxo; foi muito divulgado no século XIX e parece que a inclusão deste título abreviado tem a sua razão de ser no facto de, ao abrir o livro, o leitor ficar imediatamente a par do seu conteúdo; esta página não é numerada, mas entra, regra geral, na paginação da obra. Folha de rosto falsa.

FALSUM NOMEN (loc. lat.) – Nome falso, ou seja, o pseudónimo pelo qual era conhecida a musa que inspirava a criação de poesia na literatura latina; uma das regras a observar na formação do *falsum nomen* era utilizar o mesmo número de sílabas e o mesmo valor dessas sílabas que os do nome real, que assim ficava dissimulado.

FALTA – *Ver* Número em falta.

FALTA PALEOGRÁFICA – Dificuldade de leitura provocada pela presença, no original, de uma forma de letra, de abreviação, etc. desconhecida ou mal interpretada pelo copista.

FALTA TIPOGRÁFICA – *Ver* Gralha.
FALTAR – Não possuir, não ter • Ser necessário para completar.
FAMÍLIA – Conjunto de tipos e corpos de um mesmo desenho ou traço, ou seja, do mesmo estilo; numa obra devem empregar-se sempre tipos da mesma família ou variedades dela • Em tipografia, conjunto de fontes (desenhos de letras) com as mesmas características fundamentais, independentemente das suas variações (por exemplo negritas, itálico, redondo); há uma enorme variedade de famílias de tipos, frequentemente com origem no nome dos seus criadores (Bodoni, Garamond, Elzevier), ou da sua origem (romano, gótico) ou no veículo para que foram criados *(times)*. Família de tipos.
FAMÍLIA DE CARACTERES TIPOGRÁFICOS – *Ver* Família de tipos.
FAMÍLIA DE PALAVRAS – Conjunto de palavras que têm o radical comum. Família de termos. Família lexical.
FAMÍLIA DE TERMOS – *Ver* Família de palavras.
FAMÍLIA DE TIPOS – Colecção completa de todos os caracteres tipográficos de um mesmo tamanho e estilo, desde maiúsculas ou letras de caixa alta, minúsculas ou caixa baixa, versaletes, caracteres especiais e sinais de pontuação; quanto à forma designam-se aumentadas, reduzidas, negritas ou destacadas e/ou cursivas. Família de caracteres tipográficos. Polícia.
FAMÍLIA LEXICAL – *Ver* Família de palavras.
FANIANA – Espécie de papiro de qualidade média.
FANTASIA – Adorno, arrebique que ornamenta uma obra literária • Ficção • Nome dado a todos os caracteres que não o romano e itálico, mais ou menos carregados de ornamentos • Papel que apresenta desenhos ornamentais.
FANTASIOSO – Que revela imaginação. Fantástico. Inventado. Irreal.
FANTASISTA – Tipógrafo especializado em trabalhos de fantasia ou remendagem • Original. Imaginador. Criativo.
FANTASMA – Em bibliotecas, arquivos, serviços de documentação, etc. é o substituto de uma obra que, por qualquer motivo, não se encontra na colocação respectiva; geralmente assume a sua forma e pode ser feito com cartão, madeira ou, mais modernamente, de plástico; deve conter os elementos relativos à obra que substitui e o motivo da sua ausência: empréstimo, restauro, exposição, encadernação, etc. • Num catálogo, é um pedaço de papel ou ficha no qual está a localização do material catalogado, temporariamente mudado de lugar • Prova não impressa ou impressa em parte de um livro projectado, panfleto, capa ou outro material, para sugerir a aparência final do trabalho completo • Resultado de duas imagens fotográficas de um objecto que estão sobrepostas, mas não totalmente.
FANTÁSTICO – Que existe apenas na imaginação. Imaginário. Inventado. Irreal.
FAQs – Forma abreviada de *Frequently Asked Questions*, perguntas feitas com frequência, sob a qual é designado e conhecido na *Internet* o tipo especial de documentos que contêm selecções de perguntas e respostas sobre diversos assuntos e que responde àquelas que com mais frequência são colocadas pelos utilizadores de uma rede ou de um serviço.
FARDO – *Ver* Bala.
FARMACÓNIMO – Pseudónimo formado pelo nome de uma substância mineral.
FARMACOPEIA – Livro que descreve as substâncias medicinais e dá regras para os farmacêuticos prepararem e comercializarem os medicamentos; tratava-se em geral de uma obra redigida por sujeitos individuais que, considerando úteis os seus conhecimentos e as suas compilações científicas, publicavam os seus trabalhos e que podia ser ou não ser adoptada por médicos e boticários. Dispensatório • Livro oficial que normaliza os vários aspectos relacionados com a produção de medicamentos, as matérias-primas que são necessárias a essa produção, assim como um conjunto de ensaios diversos fundamentais na dinâmica da produção de medicamentos. É revisto periodicamente. No nosso país a primeira farmacopeia escrita em língua portuguesa data de inícios do século XVIII, mais precisamente de 1704, data em que o cónego regrante de Santo Agostinho D. Caetano de Santo António publi-

cou a primeira edição da sua *Pharmacopea Lusitana*, que foi editada em Coimbra e impressa por João Antunes. A primeira farmacopeia oficial, a *Pharmacopea Universal da Nação*, foi redigida por Francisco Tavares, médico e lente da Faculdade de Medicina de Coimbra, juntamente com Joaquim de Azevedo, lente jubilado de Medicina, e publicada em 1794. A última farmacopeia oficial portuguesa, a *Farmacopeia portuguesa VI*, é constituída por um volume editado pelo Ministério da Saúde/Infarmed em 1997 e teve origem na *Pharmacopeia geral*. Receituário.

FARPADOR – Corta-papel. Faca de papel.

FARPAR – Desfiar as cordas da encadernação para ficarem muito mais delgadas na ponta e disfarçadas sob a cobertura.

FARPEAR – Conferir ao livro um aspecto artesanal através do corte irregular feito à mão.

FARSA – Peça teatral burlesca. Pantomima. Mimodrama.

FASC. – Abreviatura de fascículo.

FASCICULAR – Relativo a fascículo.

FASCÍCULO – Caderno ou grupo de cadernos que não estão cosidos, protegidos por uma cobertura provisória não colada, constituindo uma parte de uma obra cuja publicação está escalonada no tempo • Fragmento de unidade bibliográfica cujo conjunto forma um todo; na maior parte dos casos designa um elemento de publicação periódica. Folheto. Entrega. Caderno.

FASCÍCULO ESPECIAL – *Ver* Número especial.

FASE – Em classificação, parte de um assunto composto que derivou na totalidade de uma única classe. *Ver* Estado.

FASE DE INFLUÊNCIA – Em classificação, a relação de fase entre dois assuntos, um dos quais está determinado pelo outro.

FASTOS – Registo que contém a lembrança de feitos memoráveis geralmente acompanhados de imagens; na antiga Roma os fastos constituíam importantes tábuas cronológicas, onde se indicavam os acontecimentos relevantes e as festas públicas.

FATURA (port. Bras.) – Nota de venda. *Ver* Factura.

FAUSSE ADRESSE **TIPOGRÁFICA** – Relacionada com a clandestinidade editorial, manifesta-se sob a forma de localidades fictícias e oficinas estrangeiras ou tipografias inventadas ou extintas, por forma a apresentar como antiga uma edição impressa posteriormente. *Ver* Pé de imprensa falso.

FAVOURITE NAME (loc. ingl.) – Nome usado por alguns escritores anglo-saxónicos, antes do apelido de família, prestando assim homenagem à memória de alguém que admiram.

FAXE – Sistema de comunicação que permite produzir textos e gravações teletransmitidos via rádio • Produto resultante de sistema de transmissão de fac-símiles.

FAZER A MEDIDA – Dar à boca do componedor a abertura necessária para realizar, na largura precisa, uma determinada composição tipográfica • Regular a máquina compositora para trabalhar em determinadas dimensões.

FAZER O ACERTO – Indicar com precisão as margens do impresso e fixação dos encostadores.

FAZER O PREPARO – Tarefas preparatórias do trabalho tipográfico, destinadas a pôr a máquina tipográfica a correr: alcear gravuras ou tipo, registar o tinteiro, regularizar as margens, cortar o papel, etc.

FAZER PIÃO – Expressão corrente usada pelos litógrafos para designar a operação de dar uma volta ao papel sobre a mesma forma com a face já impressa para inverter as páginas.

FÉ DE ERRATAS – Nome antigo dado à lista dos erros encontrados num texto depois de impresso acompanhados da sua correcção, destinada a ser inserida nele. Errata. Corrigenda.

FE. – Abreviatura de *fecit*.

FEC. – Abreviatura de *fecit*.

FECHADO – Em heráldica, diz-se do escudo dividido em quatro partes, pelas duas diagonais que passam pelo centro • Que tem as páginas unidas. Por abrir. Intonso.

FECHAR A EDIÇÃO – Dar por terminado o trabalho de redacção de um jornal.

FECHAR A FORMA – *Ver* Apertar a forma.

FECHAR ASPAS – Acabar palavra ou frase com o sinal de aspas (>>).

FECHAR PÁGINA – Acabar a compaginação de uma página.
FECHAR PARÁGRAFO – Completar a linha tipográfica com material branco, quando o texto muda de linha.
FECHAR PARÊNTESE – Colocar o parêntese de encerramento ()) em qualquer palavra, frase ou expressão apresentada entre parênteses.
FECHO – Fixador de metal ligado às margens e corte de uma encadernação com a finalidade de conservar o livro fechado e preservar o pergaminho ou papel; aquele, a não ser que seja conservado num nível de humidade e temperatura adequados, tem tendência para encarquilhar e regressar à forma primitiva do animal; o fecho tornou-se popular durante o século XVI, sendo inicialmente formado por uma combinação de guarnição de metal e tiras de pele e mais tarde apenas de metal. *Ver* Fecho de encadernação • Parte triangular do sobrescrito que se destina a fechar o mesmo, através de cola que se encontra aplicada em dois dos seus lados • Remate. Desfecho. Conclusão. Epílogo. Conclusão de um discurso ou sermão. *Clausura.*
FECHO DE CAPÍTULO – *Ver* Fundo de lâmpada.
FECHO DE EDIÇÃO – *Ver* Cólofon.
FECHO DE ENCADERNAÇÃO – Peça, geralmente em metal, que aperta o livro na sua espessura; nos livros de menor tamanho era aplicada no corte da goteira em número de um ou dois e nas obras de maior corpo levava ainda mais um à cabeça e outro no pé do livro; nos fechos utilizava-se frequentemente o bronze, mas por vezes também podia ser usada a prata ou outro metal mais ou menos trabalhado; a finalidade desta peça era a de manter o livro fechado, de modo a conservar íntegra a sua forma; o seu uso remonta ao tempo dos manuscritos em pergaminho, onde era necessário este aperto para que a pele não retomasse a sua forma primitiva, mas se mantivesse plana e lisa; nos séculos XIX e XX esta peça tornou-se um mero motivo decorativo. *Ver Fibulæ.*
FECIT (pal. lat.) – Fez. Executou; é uma palavra frequentemente acrescentada ao nome do autor de um desenho, gravura ou escultura, para assinalar a sua autoria.

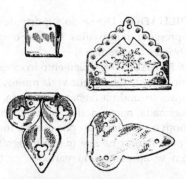

Fechos de encadernação

FÉCULA – *Ver* Amido.
FEEDBACK (pal. ingl.) – Retroacção • Resposta a um estímulo • Retroinformação. Repercussão. Reacção. Realimentação.
FEIRA DO LIVRO – Mostra de livros, etc. patrocinada por editores e livreiros, bibliotecas ou outras instituições ligadas ao comércio do livro; é uma oportunidade para divulgar as últimas edições feitas, vender livros em primeira ou segunda mão, incluindo por vezes no seu programa a realização de actividades de carácter cultural directa ou indirectamente relacionadas com o mundo do livro • Mercado em que são comercializados livros ou direitos de reprodução. A primeira feira do livro realizada em Portugal foi promovida pela Associação de Classe dos Livreiros de Portugal e teve lugar em 1930.
FEIRA DOS ALFARRABISTAS – Aquela em que se vendem livros antigos ou mesmo livros em segunda mão com valor menor do que o seu real valor.
FEIXE – No fabrico do papel, nome dado ao conjunto de fibrilas que formam as fibras da celulose.
FEL – Substância amarelada segregada pelo fígado, utilizada como mordente; na iluminura medieval era utilizado o fel de boi. Bílis.
FELTROS SECADORES – Pedaços de tecido feito de pêlos ou de lã aglutinados, no qual as folhas de papel são dispostas após moldagem na forma para secagem do papel.
FENDA – Risca ou ranhura numa das faces dos caracteres, que serve de orientação ao tipógrafo para fazer o seu alinhamento.

FENDILHADO – Diz-se do suporte de texto que apresenta minúsculas fendas, o que o torna frágil e quebradiço.

FÉNIX RENASCIDA – Elemento iconográfico baseado no mito da ave que vivia muitos séculos e que, segundo a crença mitológica, após ser queimada renascia das próprias cinzas; este motivo foi adoptado por muitos impressores para figurar na sua marca tipográfica e também se apresenta em variados ex libris.

Fénix renascida

FENOTEXTO – Texto que é considerado pelo seu autor como uma redacção definitiva.

FERIAL – Livro litúrgico que contém os ofícios das férias, ou seja, dos dias não festivos nem domingos.

FERIDO – Diz-se do tipo falhado, cansado, que já não imprime bem.

FERMALIA (pal. lat.) – Fecho metálico das encadernações medievais. *Firmacula. Clausura.*

FERRAMENTA – Meio usado para atingir um determinado objectivo. Instrumento.

FERRAMENTAS – Termo usado em relação a um autor para asseverar que ele tem noções de escrita, argumento, desenvolvimento, divisão temporal.

FERRO À *L'OISEAU* – Instrumento de gravar cujo elemento decorativo é um pequeno pássaro de asas abertas, daí o nome.

FERRO A OURO PLENO – Aquele que permite dourar uma superfície inteira de uma encadernação numa única operação.

FERRO AZURADO – Ferro estriado sob forma de linhas oblíquas paralelas, que é usado em decoração de encadernações.

FERRO DE DOURAR – Utensílio constituído por um cabo, na extremidade do qual se encontra uma peça de metal, geralmente em cobre, bronze ou latão, nunca em ferro, com um motivo gravado em relevo; é com ele que se gravam os desenhos na pele da encadernação; os motivos nele gravados assumem as mais variadas formas decorativas, estriadas, estilizadas, deixando na pele da encadernação o motivo gravado, ele próprio também denominado ferro; os ferros de dourar não excedem os 10 cm, pois os motivos maiores que esta medida são gravados com placa fixada num prelo e aplicada sobre a encadernação.

FERRO DE POLIR – Ferro que serve para brunir o couro das lombadas.

FERRO ELEMENTAR – O que serve para ornamentar uma encadernação, privado de autonomia, utilizado como elemento de uma decoração.

FERRO ICONOGRÁFICO – Aquele que apresenta um elemento autónomo que pode ser usado de forma independente na decoração da encadernação.

FERRO PLENO – Ferro usado na decoração das encadernações, nas quais o motivo é impresso uniformemente com relevo.

FERROS A FRIO – Termo erradamente aplicado à técnica de gravura do couro com ferros secos, isto é, sem aplicação de ouro; esta técnica, a pirogravura é, como o próprio nome indica, aplicada por meio de ferros quentes. *Ver* Ferros a seco.

FERROS A QUENTE – Em encadernação, o ferro a quente é empregado para aplicar o ouro nos ornamentos ou gravar a ferros a seco.

FERROS A SECO – Em encadernação aplicam-se os ferros a seco para ornamentar sem ouro, ficando apenas a marca da pressão dos ferros ou da forma. Ferros a frio. Pirogravura.

FERROS DE DOURAR ENCADERNAÇÕES – Peças de metal em forma de filetes, vinhetas, florões, etc., usadas para ornamentar as pastas e as lombadas dos livros; são quase sempre de bronze, cobre, magnésio ou até mesmo de zinco, no caso de tiragens pequenas; para aplicar um ferro é sempre imprescindível o calor, mas a decoração chama-se a quente ou a frio, consoante se interponha ou não a folha de ouro ou, mais economicamente, a de bronze ou purpurina entre a ferramenta e o suporte: couro, plástico, tela, papel, etc.; o ferro de dourar curvo é de invenção francesa.

FERROS FILIGRANADOS – Ferros de encadernação que produzem desenhos muito finos e delicados, usados sobretudo nas encadernações *à la fanfare* e *à dentelle*.

FERROS HERÁLDICOS – Designação da placa de cobre de dimensões variáveis representando o brasão de uma família, de uma cidade ou instituição gravado em relevo acompanhado de elementos ornamentais exteriores; os ferros heráldicos são aplicados a seco ou com dourado nas pastas de uma encadernação para marcar a sua proveniência.

FERROS MONÁSTICOS – Ferros representando figuras de anjos, monges, dragões, etc. usados nas encadernações dos séculos XIII a XV.

FERROS PONTILHADOS – Ferros de encadernação cujos motivos: flores, folhas, estrelas, palmas, volutas, etc. são formados ou estão entremeados com uma sucessão de pequenos pontos seguidos em lugar de linhas; caracterizam o estilo Le Gascon.

FERROTIPIA – *Ver* Cópia por ferrotipia.

FERRÓTIPO – Imagem fotográfica positiva que é obtida directamente sobre chapa de ferro recoberta de verniz preto e um extracto de colódio iodado ou de gelatina com bromato de prata.

FESCENINAS – Designação atribuída às poesias e composições dramáticas grosseiras e licenciosas usadas em Fescenia, cidade da Etrúria, e que mais tarde foram introduzidas em Roma.

FESTÃO – Pequeno elemento decorativo formado por uma minúscula pincelada de cor de forma alongada e geralmente acompanhada de gavinhas ou floreados, por vezes igualmente decorados de determinado modo (flor-de-lis, por exemplo) ou executados em filigrana, alinhado ao longo da justificação do texto ou colocado na ornamentação de portadas. Grinalda.

FESTIVAL DO LIVRO – Apresentação pública de um conjunto de livros, durante um determinado período de tempo, que foi previamente determinado e divulgado; os festivais do livro são organizados com a finalidade de estimular a criação de hábitos de leitura e ajudar a distribuição e a venda, criando no público a consciência das necessidades e dos recursos para as suprir. Por vezes é acompanhado de espectáculos, sessões com escritores, etc.

FESTO – Parte do caderno onde as folhas do livro estão dobradas e onde são cosidas • Margem interior.

FESTSCHRIFT (pal. al.) – Publicação de homenagem ou comemorativa que assume em geral a forma de um conjunto de ensaios, discursos ou contribuições científicas, bibliográficas, biográficas ou de outra natureza, editada em honra de uma instituição, pessoa ou sociedade, quase sempre por ocasião da celebração de um aniversário ou de uma circunstância especial da sua existência. Miscelânea de homenagem.

FI – Forma abreviada de Factor de impacto. *Impact factor. Ver* Factor de impacto.

FIAB – Acrónimo de Federação Internacional das Associações de Bibliotecários.

FIADOR – Pessoa que garante a idoneidade de uma outra junto de uma biblioteca, arquivo, serviço de documentação, etc., a fim de que lhe seja permitido o acesso ou o empréstimo.

FIANÇA – *Ver* Caução.

FIAT (pal. lat.) – Seja. Autorizo. Aceito.

FIÁVEL – Digno de crédito. Em que se pode confiar. Confiável.

FIBRA – Nome dado à matéria-prima fibrosa, em geral rica em celulose, que é a constituinte fundamental da pasta de papel; a fibra está presente nos tecidos vegetais • Cada um dos filamentos componentes do papiro ou do papel.

FIBRA ÓPTICA – Material usado em tecnologia da informação constituído por fios muito finos de substância vítrea que não permite interferências e que tem capacidade para transportar enormes quantidades de informação através da tecnologia laser.

FIBRAS DE CELULOSE – Todas as fibras que restam depois da remoção dos componentes não fibrosos da matéria usada no fabrico do papel.

FIBRILA – Pequena fibra.

FIBRILAÇÃO – No fabrico do papel, operação que consiste em provocar a contracção e relaxação das fibras da matéria, de modo a transformá-las em fibrília, para favorecer as ligações entre as fibras celulósicas. Fibrilhação.

FIBRILHAÇÃO – *Ver* Fibrilação.

FIBRÍLIA – Material têxtil a que se reduzem o linho e o cânhamo para adquirirem as propriedades do algodão.

FIBULÆ (pal. lat.) – Nome dado na Idade Média aos fechos da encadernação; outros termos igualmente usados são *clausuræ*, *firmatorium* e ainda *fermaliæ* ou *firmaculæ e hamulus*; estes fechos podiam assumir várias formas como uma rosa, uma mão, uma concha, uma estrela, uma flor-de-lis, etc.

FICADA – Conjunto de trabalhadores que ficam de serviço na oficina de um jornal, depois de ele estar pronto, para remediar qualquer problema de última hora • (port. Bras.) Matéria que sobra da edição de um jornal por falta de espaço e que pode ser aproveitada na edição seguinte. Ficado.

FICAR EM PLANO – *Ver* Ficar em projecto.

FICAR EM PROJECTO – Ficar em plano. Ficar em suspenso. Não chegar a ser publicado. Abandonar. Deixar.

FICAR NO PAPEL – Não passar de projecto.

FICÇÃO – Invenção literária • Género literário que é baseado em factos imaginários • Fantasia. Criação da imaginação. Fábula. Suposição. *Ver* Livro de ficção.

FICÇÃO CIENTÍFICA – Género literário de natureza indefinida, que abrange um conjunto de obras heterogéneas, cuja temática assenta na antecipação dos factos narrados, que se apresentam como se de uma história do futuro se tratasse.

FICÇÃO INFANTIL – *Ver* Literatura infantil.

FICCIONALIDADE – Qualidade daquilo que é imaginário, simulado, fabuloso.

FICCIONALIZAÇÃO – Acto de dotar de carácter imaginário, fantasioso.

FICCIONALIZAR – Dotar de carácter imaginário. Fantasiar.

FICCIONAR – Apresentar ideias imaginárias sob forma de texto escrito ou discurso como sendo verdadeiras, conferindo-lhes, assim, uma maior verosimilhança.

FICCIONISTA – Escritor que cria textos literários assentes na invenção fabulosa, fruto da sua imaginação fértil. Autor de obras de ficção.

FICELLE (pal. fr.) – Nome dado ao momento da narrativa em que o *suspense* ocorre.

FICHA – Pedaço de papel ou de cartolina normalizado, que serve para os diferentes registos de uma biblioteca, arquivo, serviço de documentação, etc.; por extensão, aplica-se a qualquer notícia catalográfica manuscrita ou dactilografada que tem como suporte uma ficha • Suporte utilizável para registo de informação sob forma ordenada. Verbete.

FICHA ABERTA – Aquela que contém um registo bibliográfico que não está fechado.

FICHA ADICIONAL – Ficha secundária.

FICHA ADVERTIDORA – Aquela em que se encontram registados os dados fundamentais de um livro ou publicação, que se coloca na estante em seu lugar, por ele ter sido emprestado para leitura ou por qualquer outro motivo.

FICHA ANALÍTICA – A que contém uma entrada analítica.

FICHA ARTICULADA – Aquela que, como o nome indica, foi concebida para se mover sobre um eixo.

FICHA *BATTEN* – *Ver* Ficha de coincidência óptica.

FICHA BIBLIOGRÁFICA – Suporte de informação com forma de ficha, em geral com dimensões normalizadas (12,5 x 7,5 cm) onde é inscrita uma notícia bibliográfica. Ficha catalográfica.

FICHA BINÁRIA POR COLUNA – Ficha binária em que os bits sequenciais de uma informação são registados coluna a coluna.

FICHA BINÁRIA POR LINHA – Ficha binária em que os bits sequenciais de uma informação são registados linha a linha.

FICHA BORRÃO – Ficha de trabalho que é utilizada nos diferentes serviços internos de uma biblioteca, arquivo, serviço de documentação, etc.; pode também ser utilizada por particulares com a mesma finalidade.

FICHA CALENDÁRIO – Pedaço de papel ou ficha colada na parte interior da capa ou inserta numa bolsa que acompanha o documento emprestado, onde se regista a data em que termina o empréstimo e em que ele deverá ser devolvido. Ficha de data.

FICHA CATALOGRÁFICA – *Ver* Ficha bibliográfica.

FICHA CLÍNICA – Informação escrita, geralmente de carácter confidencial, que contém elementos relativos à doença e outros dados informativos acerca de uma pessoa doente • Nome dado à informação apresentada sob forma de ficha onde se inscrevem todos os dados referentes ao estado de conservação de um documento ou livro, que se encontra em fase de pré-restauro e na qual se prescreve o tratamento a seguir para a sua recuperação física. *Ver* Ficha de restauro.

FICHA DA BIBLIOTECA DO CONGRESSO – Ficha de catálogo impressa, preparada e distribuída pela Biblioteca do Congresso dos Estados Unidos da América do Norte.

FICHA DE AUTOR – Aquela cujo ponto de acesso é constituído por um nome de autor-pessoa física ou colectividade.

FICHA DE AUTORIDADE – Aquela que contém a forma seleccionada para um ponto de acesso num catálogo; se é de um autor pessoal, contém referências a fontes e um registo das formas variantes; se é de um autor colectivo, é feita uma breve declaração acerca da sua história e das suas formas variantes.

FICHA DE BASE – Aquela que compreende, além da rubrica principal do catálogo de autores e de obras anónimas, uma notícia bibliográfica completa; é reproduzida, quer por meios mecânicos, quer por processos multigráficos ou elaborada por computador; os diversos exemplares reproduzidos, completados por rubricas apropriadas, servem para alimentar os catálogos de autores e anónimos, títulos e de assuntos. Ficha matriz. Ficha principal. Ficha mestra.

FICHA DE CHAMADA – Aquela que relaciona as entradas utilizadas no catálogo que representam assuntos correlatos. Ficha de referência.

FICHA DE COINCIDÊNCIA ÓPTICA – *Ver* Cartão *peek-a-boo*.

FICHA DE COLECÇÃO – Aquela em que estão inscritos dados de uma série ou colecção e as partes dela que foram recebidas numa instituição.

FICHA DE CONSULTA – Formulário destinado a pedido de utilização, usado também para efeitos de controlo dos documentos que saem do seu lugar nos depósitos. Requisição.

FICHA DE DATA – *Ver* Ficha calendário.

FICHA DE EDITOR – A que é usada por um editor para divulgar a sua obra.

FICHA DE EMPRÉSTIMO – Em circulação por meios manuais, verbete no qual se inscrevem os dados fundamentais de identificação de um documento, que se guarda junto com o cartão de leitor quando o documento sai da biblioteca, arquivo, serviço de documentação, etc., cedido por empréstimo; serve de registo para o empréstimo e por vezes encontra-se inserida numa bolsa aplicada no interior da contracapa do próprio livro, a chamada bolsa porta-ficha. Ficha clínica.

FICHA DE ENCADERNAÇÃO – Aquela que contém instruções para o tratamento do livro e que o acompanha à oficina quando vai para encadernar.

FICHA DE IDENTIDADE – Aquela em que se regista a grafia correcta do nome de um autor-pessoa física ou colectividade, no caso de ele apresentar diversas formas.

FICHA DE INSCRIÇÃO – Formulário impresso a preencher por um indivíduo para ter direito a utilizar os serviços de uma instituição; os dados a inscrever são, regra geral, o nome, endereço, número de telefone, profissão e assinatura e, por vezes, o número do bilhete de identidade ou de outro documento de identificação; algumas instituições recolhem ainda outros elementos como os interesses temáticos, que servirão para organizar a Difusão Selectiva da Informação (DSI).

FICHA DE INSCRIÇÃO DE LEITOR – Cartão no qual estão inscritos o nome, morada, número de telefone e número de ordem do leitor; este cartão, assinado, é conservado na biblioteca, arquivo, serviço de documentação, etc.

FICHA DE LANÇAMENTO – Documento de contabilidade que comprova o registo de despesa ou recebimento de verbas; serve de rascunho para os lançamentos no livro diário de contabilidade.

FICHA DE LEITOR – Registo com os dados de identificação pessoal de cada um dos seus utilizadores, que é guardado num arquivo, biblioteca, serviço de documentação, etc., sob a forma de verbete ou em suporte electrónico.

FICHA DE LEITURA – Verbete ou registo onde se inscrevem os dados contidos nos documentos que possam vir a ser úteis a quem realiza a investigação (livros, artigos de revista, discos, cassetes áudio ou vídeo); contém a referência bibliográfica da obra consultada e, na margem inferior, os temas que foram objecto de fichas de assunto; a transcrição do texto para a ficha poderá ser a cópia exacta do texto lido ou uma análise do seu conteúdo; serve para sistematizar dados recolhidos para um trabalho, evitando andar com apontamentos dispersos por cadernos. Ficha ideográfica.

FICHA DE MARGENS PERFURADAS – Aquela que apresenta os bordos furados e cujas perfurações representam dados codificados.

FICHA DE NOVIDADE – Tipo de documento impresso apresentado sob a forma de uma ficha, que é enviada pelos editores ou grossistas para anunciar uma determinada obra, que foi ou vai ser publicada.

FICHA DE PEDIDO – Aquela que contém a primeira solicitação formal de compra de obra(s) desejada(s).

FICHA DE PROTOCOLO – Resumo do conteúdo de um acto ou correspondência mencionando os elementos de identificação indispensáveis: data, número, nome do remetente, partes em causa, destinatário, assunto, etc. Protocolo.

FICHA DE REFERÊNCIA – A que relaciona as entradas utilizadas no catálogo que representam assuntos correlatos. Ficha de chamada.

FICHA DE RESTAURO – Aquela que acompanha o documento passo a passo na operação de restauro; tal como uma ficha onde estão registados todos os problemas, análises e tratamentos prescritos a um doente, ela consigna o estado de conservação do documento a restaurar, os diversos desgastes que apresenta e o tratamento a seguir na sua recuperação, após a análise cuidadosa de cada um dos problemas, decisão esta que é tomada por uma equipa multidisciplinar que envolve especialistas como bibliotecários, químicos, encadernadores e técnicos de restauro. Ficha clínica.

FICHA DE RESUMO – Aquela que contém uma súmula de um documento ou artigo de publicação periódica.

FICHA DE SÉRIE – *Ver* Entrada de série.

FICHA DE SUBSTITUIÇÃO – *Ver* Ficha provisória.

FICHA DE SUJEIÇÃO – Designação da ficha que está ligada ao ficheiro através de um sistema de varetas metálicas, como meio de evitar perdas ou roubos.

FICHA DE TAMANHO NORMALIZADO – Ficha habitualmente usada nos catálogos tradicionais das bibliotecas, arquivos, serviços de documentação, etc. cujas dimensões são 12,5 x 7,5 cm. Ficha bibliográfica.

FICHA DE TRATAMENTO – Nome dado à folha de papel que acompanha um documento durante a sua preparação material e a sua catalogação; nela é reunida toda a informação necessária para a preparação do registo desse documento, em ficha ou em qualquer outro suporte.

FICHA DIVISÓRIA – Ficha-guia.

FICHA EM ROLO – Rolo de microfichas não cortadas, de formato comum, que em geral são lidas em leitores especiais.

FICHA EPIGRAFADA – Ficha em que os dados a preencher têm de ser inseridos nos lugares adequados indicados nas epígrafes.

FICHA IDEOGRÁFICA – Aquela que se destina a registar as ideias que são recolhidas a partir da leitura e análise da bibliografia consultada para a elaboração de um trabalho, artigo, obra, parecer, etc.; as fichas ideográficas incluem em geral a referência bibliográfica da obra a que dizem respeito, a temática em que se inserem, as ideias que pretendem reter-se e outras observações julgadas pertinentes, como a localização, citações, comentários, resumos ou remissões para outras fichas ou documentos. Ficha de leitura.

FICHA IMPRESSA – Aquela em que se apresentam fixadas as rubricas que há a preencher • A que é reproduzida por processo tipográfico.

FICHA INTERCALAR – Ficha de determinado formato ou cor que permite separar grupos de fichas no interior do mesmo ficheiro.

FICHA INTERNACIONAL – Ficha branca ou pautada de formato normalizado (12,5 x

7,5 cm), que serve para a inscrição de notícias bibliográficas em catálogos tradicionais ou outros registos.

FICHA MAGNÉTICA – Cartão de plástico revestido de um material magnético em que podem ser registados e armazenados dados.

FICHA MANUSCRITA – Aquela em que a notícia ou os dados que contém foram escritos à mão, por oposição à ficha dactilografada, multigrafada ou impressa.

FICHA MATRIZ – A que serve de base para a elaboração de um catálogo, em geral a ficha de autor ou título, e que contém toda a informação necessária para identificar uma obra; inclui regra geral também as pistas. Ficha principal. Ficha de base.

FICHA MESTRA – Aquela que compreende, além da rubrica principal do catálogo de autores e de obras anónimas, uma notícia bibliográfica completa; é reproduzida, quer por meios mecânicos, quer por processos multigráficos ou elaborada por computador; os diversos exemplares reproduzidos, completados por rubricas apropriadas, servem para alimentar os catálogos de autores e anónimos, títulos, assuntos, etc. Ficha matriz. Ficha principal. Ficha de base • Num lote de fichas perfuradas, a primeira ficha indicativa ou de controlo sobre o referido lote.

FICHA PAUTADA – Aquela que tem inscrita uma pauta, para que se escreva sobre ela.

FICHA PERFURADA – Ficha de cartão de determinadas dimensões em que podem ser representados dados através de uma configuração de perfurações ou por qualquer outro modo que possa ser lido por meios eléctricos, mecânicos ou ópticos; foi inventada por Herman Hollerith.

FICHA PRINCIPAL – A que contém uma entrada principal. Ficha matriz. Ficha de base. Ficha mestra.

FICHA PROVISÓRIA – Aquela que se substitui à que se retira do catálogo para corrigir ou por qualquer outra razão; contém elementos da ficha principal e a data em que se operou a substituição; normalmente utiliza-se uma ficha de cor diferente. Ficha de substituição.

FICHA REMISSIVA – Aquela que contém inscritos os dados de uma entrada remissiva. *Ver* Entrada remissiva.

FICHA SECUNDÁRIA – Aquela que contém inscritos os dados de uma entrada secundária. Ficha adicional. *Ver* Entrada secundária.

FICHA SECUNDÁRIA DE ASSUNTO – Aquela que contém inscritos os dados de uma entrada secundária de assunto. *Ver* Entrada secundária de assunto.

FICHA SECUNDÁRIA DE AUTOR – Aquela que contém inscritos os dados de uma entrada secundária de autor. *Ver* Entrada secundária de autor.

FICHA SECUNDÁRIA DE TÍTULO – Aquela que contém inscritos os dados de uma entrada secundária de título. *Ver* Entrada secundária de título.

FICHA SOBREPONÍVEL DE SELECÇÃO VISUAL – Ficha de coincidência óptica. Cartão *peek-a-boo*.

FICHA SUBSTITUTA DE SAÍDA – Ficha usada quando se retira dos arquivos, por algum tempo, uma carta ou documento; é colocada dentro da pasta no lugar que nela era ocupado pelo documento emprestado. Em vez de cartão pode também ser feita em folha e, nesse caso, designa-se folha substituta de saída. Guia "fora".

FICHA SUPLEMENTAR – Aquela em que é recolhida parte do texto da principal, na qual ele não cabe na totalidade devido à sua extensão.

FICHA TÉCNICA – Relação de quem participa de um filme, vídeo, espectáculo, disco, *show*, programa de TV, jogo desportivo ou outro acontecimento. Inclui outras informações técnicas de utilidade prática para o leitor; também se usa nos livros e outras publicações.

FICHA TERMINOLÓGICA – Suporte que inclui um conjunto estruturado de dados terminológicos referentes a uma noção.

FICHA UNITERMO DE NÚMERO DE REGISTO – Aquela em que se inscrevem os números de registo de todos os documentos da colecção da biblioteca, arquivo, serviço de documentação, etc. que tratam do assunto atribuído àquela ficha e que em geral se apresenta à cabeça da mesma.

FICHA-GUIA – A que serve para separar ou agrupar outras fichas; é feita de cartolina forte, mais alta ou com cavaletes, ultrapassando o conjunto das fichas; no cavalete está inscrita a divisão da classificação adoptada: numérica, alfabética, ideográfica, cronológica, geográfica.

FICHA-GUIA DE REFERÊNCIA – Aquela que é usada para chamar a atenção para o ficheiro vertical, de gravuras, filmes, fotografias para projecção vertical, catálogos comerciais, etc. Guia de referência secundária.

FICHA-GUIA DO VENCIMENTO DO EMPRÉSTIMO – Ficha intercalar que contém no cavalete a data do vencimento do empréstimo das fichas que a seguem.

FICHAMENTO – Acto de fichar.

FICHAR – Registar. Anotar em fichas • Catalogar. (port. Bras.) Registar em ficha.

FICHÁRIO (port. Bras.) – *Ver* Ficheiro.

FICHEIRO – Suporte metálico ou de outro tipo de material, que contém os catálogos organizados de um modo que facilita a sua utilização. Verbeteiro. (port. Bras.) Fichário • Conjunto de fichas de formato uniforme ordenadas segundo um critério pré-estabelecido (alfabético, numérico, cronológico, metódico) • Conjunto de registos relacionados tratados como uma unidade e organizados ou ordenados numa sequência específica para facilitar o seu armazenamento e recuperação • Conjunto de informação com uma determinada estrutura rígida ou semi-rígida • Em arquivologia, colecção homogénea de registos ou de outros documentos, que se mantém segundo uma ordem material pré-estabelecida • Conjunto estruturado de informações, conservado geralmente em memória secundária de um sistema informático. Conjunto de dados • Em informática é uma unidade de informação (ficheiro de dados e/ou programa) codificada para manipulação por computador. Arquivo.

FICHEIRO AUTO-CORRECTIVO – Material pedagógico orientado para a promoção de actividades autónomas, individualizadas, disponível em diferentes suportes e utilizável em diversos contextos de aprendizagem, com maior ou menor componente lúdica e/ou informativa.

FICHEIRO AUTOMATIZADO – Conjunto de informações que são objecto de um tratamento em suporte informático. Ficheiro informatizado.

FICHEIRO AUXILIAR – Ficheiro organizado por espécies de informações: autores, assuntos, datas, em que cada elemento é seguido pelo número do documento ou da descrição completa que o representa.

FICHEIRO BIOGRÁFICO – Aquele que é constituído por recortes de imprensa e outro tipo de notícias, que fornece dados informativos sobre pessoas • Ficheiro *who's who*.

FICHEIRO BIT*MAP* – Forma de representação de imagens ou letras através da enumeração e descrição sucessiva de todos os seus pontos.

FICHEIRO CONVENCIONAL – Caixa ou móvel com gavetas ou qualquer outra espécie material na qual possa ter-se devidamente ordenado um conjunto de fichas. Ficheiro tradicional. Ficheiro manual.

FICHEIRO CRONOLÓGICO – Designação usada para o catálogo cronológico.

FICHEIRO DE ANUNCIANTES – Catálogo de reclamos, que pode ser ordenado pelo nome da empresa ou pelo do produto publicitado.

FICHEIRO DE AQUISIÇÕES – Termo geral para designar os registos de pedidos de um serviço de aquisições; pode compreender ficheiros de pedidos em fase de processamento, pedidos pendentes para receber ou pagar, por autores ou títulos, por número de pedido e por distribuidores.

FICHEIRO DE AQUISIÇÕES EM CURSO – *Ver* Ficheiro de pedidos.

FICHEIRO DE AUTORIDADE – Ficheiro constituído pelos cabeçalhos oficiais ou normalizados seleccionados da linguagem natural (cabeçalhos de rubricas e sub-rubricas) ou descritores decimais (índices) usados pelos catálogos sistemáticos, de assuntos e de autores para serem utilizados num conjunto especial de registos bibliográficos, com vista a garantir a coerência e a integridade dos catálogos e a uniformidade de tratamento e de acesso à informação; um ficheiro de autoridade adopta, em geral, uma forma estruturada; nele se indicam os descritores e os não-descritores, as remissões e orientações úteis e se incluem notas explicativas do sentido e das modalidades de utilização das sub-rubricas. Ficheiro normalizado. Lista de autoridade. Lista ou ficheiro de pontos de acesso que são usados num índice, como formas de nomes próprios, assuntos, etc. Os mais frequentes são os de nomes (de pessoas ou entidades ou geográficos), de cabeçalhos de assunto, de títulos uniformes, de séries e de notações de um sistema de classificação • Em catalogação em sistemas automatizados é o conjunto organizado de registos de autoridade destinado a garantir a uniformidade de tratamento e de acesso à informação.

FICHEIRO DE AUTORIDADE DE ASSUNTOS – Conjunto dos registos que contêm as formas autorizadas de termos que se usam como cabeçalhos de matérias num determinado conjunto de registos bibliográficos.

FICHEIRO DE CIRCULAÇÃO – Aquele que contém os dados respeitantes a cada exemplar emprestado e os dados relacionados com o acto de empréstimo: devoluções, renovações, reclamações, avisos, etc. • Em empréstimo bibliográfico informatizado, ficheiro do módulo de empréstimo que contém um registo de cada exemplar emprestado e os dados relacionados com o acto de empréstimo: devoluções, renovações, reclamações, avisos, etc. Ficheiro de empréstimo.

FICHEIRO DE COMPUTADOR – Ficheiro que é codificado para manipulação por computador.

FICHEIRO DE DADOS LEGÍVEIS POR MÁQUINA – Conjunto de informação codificada por métodos que exigem a utilização de uma máquina para o seu processamento.

FICHEIRO DE DISTRIBUIDORES – Ficheiro de pedidos de documentos no qual estão inscritos os nomes dos distribuidores a quem os pedidos foram feitos.

FICHEIRO DE EDIÇÕES – Levantamento, sob forma de lista, das edições que uma biblioteca, etc. pretende adquirir. Lista de edições.

FICHEIRO DE EMPRESAS – Colecção de material sobre sociedades ou outras associações existente numa biblioteca especializada.

FICHEIRO DE EMPRÉSTIMO – Conjunto de gavetas do ficheiro que contém as fichas das obras emprestadas. Ficheiro de circulação • Em empréstimo bibliográfico informatizado, ficheiro do módulo de empréstimo que contém um registo de cada exemplar emprestado e os dados relacionados com o acto de empréstimo: devoluções, renovações, reclamações, avisos, etc.

FICHEIRO DE ENCOMENDAS – Ficheiro de pedidos de aquisição em curso • Em gestão informatizada de aquisições, ficheiro secundário do ficheiro de aquisições, em que se encontra informação referente aos pedidos de aquisição feitos, estado em que se encontram, reclamações, etc.

FICHEIRO DE ENDEREÇOS – Aquele que contém informações referentes à direcção postal e electrónica dos utilizadores, fornecedores, colaboradores, etc.

FICHEIRO DE ENTRADA – Em informática, aquele que subministra os dados a um processo.

FICHEIRO DE EXEMPLARES – Ficheiro do módulo de gestão de periódicos onde são indicadas todas as existências de publicações periódicas na instituição.

FICHEIRO DE FACTURAS – Em gestão informatizada de aquisições, ficheiro secundário de aquisições, em que se encontra informação sobre o estado em que estão os pagamentos dos pedidos de aquisição feitos.

FICHEIRO DE FORNECEDORES – Ficheiro do módulo de gestão de periódicos, que contém os dados referentes a fornecedores específicos de cada um dos títulos.

FICHEIRO DE LEITORES – Ficheiro alfabético constituído pelos nomes de pessoas e instituições e seus dados de identificação ou outros, que solicitaram consultas ou informações sobre os documentos de um arquivo, biblioteca, etc. • Ficheiro que contém o elenco dos utilizadores de um arquivo, biblioteca, etc. possuidores do cartão de leitor, sem o qual não podem pesquisar os fundos documentais, a menos que lhes seja passada uma credencial temporária por um ou mais dias • Em empréstimo bibliográfico informatizado, ficheiro do módulo de empréstimo que contém informações actualizadas sobre a identificação dos leitores e o registo individual de empréstimos • Ficheiro do módulo de gestão de periódicos que contém listas de circulação dos fascículos ou volumes.

FICHEIRO DE NÚMEROS ATRASADOS – Aquele em que estão indicados os números de uma publicação periódica que ainda não foram recebidos.

FICHEIRO DE PATENTES – O que contém especificações e desenhos e pode classificar-se por países e números, nome da pessoa que obtém a patente, assunto ou índice com estes dados ordenados de um modo análogo.

FICHEIRO DE PEDIDOS – Ficheiro de aquisições de documentos, desde o momento em que o pedido é feito até ao momento em que o documento é catalogado e colocado; este momento é aquele em que acaba o circuito do livro e tem início o circuito do leitor. Ficheiro de aquisições em curso.

FICHEIRO DE PEDIDOS PENDENTES – Ficheiro de obras cuja aquisição foi solicitada a um fornecedor, mas que ainda não foram entregues; costuma estar ordenado por autores e/ou títulos.

FICHEIRO DE PERIÓDICOS – Ficheiro do módulo de gestão de publicações periódicas onde, além dos elementos identificadores de cada título, são indicados os padrões de previsão de periodicidade, fascículos em falta e demais informações relacionadas com esse título que são consideradas importantes.

FICHEIRO DE PORMENOR – Ficheiro de transacções • Ficheiro de movimento • Em processamento de dados é aquele que contém dados de vigência relativamente transitória, que devem processar-se em combinação com um ficheiro-mestre.

FICHEIRO DE PRAZOS – Ficheiro dos registos dos documentos emprestados por uma instituição com a indicação da data de entrega de cada um deles.

FICHEIRO DE PROGRAMAS – Ficheiro de dados que contém instruções com vista a controlar as operações de um computador, por forma a que ele realize convenientemente as tarefas previstas.

FICHEIRO DE RECORTES – Ficheiro de notícias cortadas de jornais e periódicos e outras fontes ordenado segundo uma qualquer ordem definida, cujo objectivo é em geral determinado pelas necessidades eventuais de potenciais utilizadores.

FICHEIRO DE TEXTO – Aquele cujo conteúdo é sobretudo constituído por material textual • Sequência de códigos de caracteres representativos das palavras e dos espaços que foram digitados.

FICHEIRO DE TRANSACÇÕES – Em processamento de dados, aquele que contém dados cuja vigência é passageira e que hão-de processar-se combinados com os de um ficheiro-mestre. Ficheiro de pormenor.

FICHEIRO *DESIDERATA* – Num processo de aquisição de livros ou documentos, é aquele que contém as referências bibliográficas das espécies cuja aquisição se pretende fazer. Inclui em geral dados como autor, título, data da edição, empresa vendedora, preço, justificação da aquisição e data da encomenda e da recepção prevista.

FICHEIRO DIRECTO – Ficheiro organizado sobre os números dos documentos atrás dos quais está memorizado o conjunto das descrições que serviram para indexar o documento. Ficheiro sequencial.

FICHEIRO EM PROCESSAMENTO – Ficheiro de documentos que foram recebidos, mas cuja catalogação ainda não está finalizada.

FICHEIRO GIRATÓRIO – Aquele que se encontra fixado num eixo vertical que permite rotação. Ficheiro rotativo.

FICHEIRO INDIVIDUAL – Aquele que pertence ou respeita a uma só pessoa.

FICHEIRO INERTE – Diz-se de um ficheiro que contém as fichas das obras integradas, as fichas das obras desaparecidas e as fichas das séries completadas ou mesmo das publicações periódicas completas.

FICHEIRO INFORMATIZADO – Conjunto de informações que são objecto de um tratamento em suporte informático. Ficheiro automatizado.

FICHEIRO INVERSO – Aquele que é organizado sobre os descritores ou os números de identificação dos descritores; atrás de cada descritor figuram todos os números de documentos que estão indexados por descritores; o ficheiro é organizado em relação ao ficheiro directo, daí o nome que lhe foi atribuído •

Ficheiro que dá a lista de todos os artigos referentes a cada uma das chaves; a lista é identificada por chave de pesquisa e depende do modo de registo do ficheiro dos artigos. Arquivo inverso.

FICHEIRO INVERTIDO – Em recuperação da informação, ficheiro cujos registos se identificam por uma ou mais palavras-chave.

FICHEIRO *KARDEX* – *Ver Kardex.*

FICHEIRO-MESTRE – Em informática, ficheiro principal cujo conteúdo é uma informação relativamente permanente, que é actualizada periodicamente. (port. Bras.) Arquivo-mestre.

FICHEIRO MORTO – Aquele que se conserva por alguma razão especial, pois já não está em uso nem se espera que possa voltar a estar.

FICHEIRO NORMALIZADO – *Ver* Ficheiro de autoridade.

FICHEIRO OFICIAL – Lista oficial de cabeçalhos. Ficheiro de autoridade.

FICHEIRO PESSOAL – Aquele que respeita a uma só pessoa ou assunto e que revela os interesses ou gostos dessa pessoa.

FICHEIRO PUBLICITÁRIO – Arquivo publicitário.

FICHEIRO RETROSPECTIVO – Catálogo, lista ou conjunto de registos que são anteriores a uma determinada data, regra geral a presente.

FICHEIRO ROTATIVO – Móvel de aço com gavetas suspensas numa engrenagem rotativa, que obedece a um comando electromecânico; o conjunto é comandado por um teclado, sendo possível, com um simples toque, obter a gaveta desejada. Ficheiro giratório.

FICHEIRO SEQUENCIAL – Aquele em que os documentos com as suas palavras-chave são registados uns a seguir aos outros, segundo a ordem de aquisição de cada um deles; tem a desvantagem de não permitir o acesso imediato obrigando a ler todo o ficheiro para encontrar a informação. Ficheiro directo.

FICHEIRO SEQUENCIAL INDEXADO – Em recuperação da informação, ficheiro de registos organizados segundo uma ordem contínua, em que uma ou mais chaves determinam a posição dos registos; essa posição completa-se através do uso de um índice, que contém as chaves que serão usadas para verificar se os registos estão efectivamente no ficheiro e se a sua posição é efectivamente essa.

FICHEIRO SIGILOGRÁFICO – Levantamento em fichas mais ou menos sumário, permanecendo aberto, dos selos de um determinado fundo; estas fichas podem ser classificadas numérica, cronológica, alfabética ou sistematicamente; este ficheiro pode coincidir com um levantamento análogo de toda ou parte dos selos publicados e ser completado por reprodução fotográfica; pode ser informatizado e dar lugar, no que respeita às reproduções, ao estabelecimento de um índice em disco ou de um videodisco.

FICHEIRO SINÓPTICO – Ficheiro no qual certos critérios de selecção se tornam imediatamente acessíveis através de uma sinalização apropriada (língua, formas de documentos, país de origem, etc.).

FICHEIRO TRADICIONAL – Caixa ou móvel com gavetas ou qualquer outra espécie material no qual está devidamente ordenado um conjunto de fichas. Ficheiro convencional.

FICHEIRO VELHO – *Ver* Ficheiro retrospectivo.

FID REGIONAL ORGANIZATION FOR NORTH AFRICA AND THE NEAR EAST – Organização Regional da Federação Internacional de Documentação para o Norte de África e o Próximo Oriente. *FID/NANE.*

FID/NANE – Acrónimo de *FID Regional Organization for North Africa and the Near East*, Organização Regional da Federação Internacional de Documentação para o Norte de África e o Próximo Oriente.

FIDELIDADE – Em relação a uma tradução, diz-se haver fidelidade quando a obra resultante representa com rigor aquela que serviu de ponto de partida para a tradução • Em relação a uma cópia, diz-se haver fidelidade quando ela apresenta *ipsis litteris* o texto que o original continha. Conformidade. Exactidão.

FIDELIDADE AO TEXTO – Numa tradução, diz-se haver fidelidade ao texto quando o tradutor faz dele uma tradução exacta, feita à letra, sem deturpar o pensamento do autor e que, por esse motivo, é merecedora de crédito.

FIDELIDADE CROMÁTICA – Semelhança ao original numa reprodução a cores, seja qual for o processo empregado • Na scanerização de documentos, exactidão verificada na reprodução das cores.
FIDELIDADE DA CÓPIA – Autenticidade e integridade de uma cópia face ao seu original.
FIDELIZAÇÃO DO CLIENTE – Consumo habitual de um produto ou serviço por parte de um utilizador; as empresas visam cada vez mais fidelizar os clientes e, para tal, desenvolvem técnicas destinadas a conhecer o seu comportamento, tais como os estudos de mercado, de modo a compreender o que pode estar na origem das suas motivações de adesão, com vista a mantê-los como clientes utilizadores.
FIE – *Ver* Factor de impacto esperado.
FIERI FECIT (loc. lat.) – Usada por extenso ou sob a forma abreviada *f.f.* significa razão de ser feito. Indicação de que o nome que a segue ou precede é o do patrono que foi responsável pela criação da obra onde aparece.
FIG. – Abreviatura de figura, figurado, figurativo.
FIGURA – Designação genérica de uma ilustração destinada a explicar ou completar um texto ou um livro; em geral as ilustrações de uma obra são numeradas ao longo da obra ou por capítulos; devem ser colocadas no fim do parágrafo onde lhes é feita referência ou no lugar mais próximo dela • Representação • Símbolo • Imagem. Aspecto • Estampa • Forma de expressão em que se permitem alterações fonéticas, morfológicas ou sintácticas • Em heráldica, objecto que se coloca no campo do escudo; há figuras de três tipos: as heráldicas, as naturais e as artificiais. Peça heráldica • Peça • Móvel.
FIGURA DE ESTILO – Modo enfático de utilizar a linguagem, usando os termos num sentido diverso do sentido literal, por forma a criar as imagens no espírito do leitor. Figura de retórica.
FIGURA DE PASSAR (port. Bras.) – *Ver* Decalcomania.
FIGURA DE RETÓRICA – *Ver* Figura de estilo.
FIGURA MARGINAL – Pequena gravura impressa na margem de uma publicação para indicar o número de uma linha de tipo com vista a facilitar uma referência.
FIGURAÇÃO – Acção de figurar, isto é, de representar alguma coisa sob uma forma visível. Representação.
FIGURAÇÃO DE AUTOR – Representação do autor de uma obra presente nos livros da Antiguidade, ainda em formato de rolo e que continuou a ser praticada na iconografia medieval, mesmo depois de o códice ser a forma adoptada; nela dá-se grande destaque às figuras dos evangelistas representando neles a inspiração divina.
FIGURADO – Em que há alegoria. Representado • Em heráldica, diz-se da arruela e do besante quando estão carregados de uma outra peça que não seja a cruz.
FIGURAL – Simbólico • Que serve de modelo • Típico.
FIGURAR – Fazer a figura de. Representar • Imaginar. Simbolizar • Fazer parte de um conjunto.
FIGURAS EXPLICATIVAS – Miniaturas que o escriba acrescentava ao texto manuscrito, tais como desenhos de plantas, construções, máquinas ou outros ou qualquer objecto para explicar ao leitor a sua utilidade, efectividade, mecanismos, etc.; ao contrário de outros desenhos miniaturais, estes não têm intenção decorativa ou artística, mas didáctica ou elucidativa.
FIGURATIVO – Diz-se do primeiro período da escrita ideográfica, em que os sinais utilizados traduzem directamente os objectos naturais • Elemento decorativo representativo da realidade natural. Que figura, que representa • Alegórico. Simbólico • Típico.
FIGURINHA (port. Bras.) – Estampa de pequenas dimensões, muito apreciada pelos coleccionadores. Cromo.
FIGURINISTA – Aquele que se dedica a desenhar e/ou a publicar ilustrações que representam pessoas com vestuário e acessórios segundo a moda.
FIGURINO – Jornal de moda. Revista de moda • Exemplo. Modelo. Padrão.
FILA – Nos quadros, as linhas de números em contraposição às colunas; nalguns casos são numeradas • Conjunto das divisões de uma

classe que estão directamente subordinadas a esta classe.

FILACTERA – Espécie de banda ou bandeirola com as extremidades enroladas semelhando um pergaminho que, colocada sobre os escudos ou isoladamente, apresenta legenda ou divisa, geralmente associada a uma figura humana (anjo, santo, profeta) ou animal. *Cartouche*. Cartela • Tira em pergaminho usada pelos judeus, suspensa da testa ou do ombro esquerdo, para funcionar como amuleto contra todo o género de malefícios; em geral tem impressas legendas religiosas ou cabalísticas. Filactéria. Filactério. Amuleto.

Filactera

FILACTÉRIA – *Ver* Filactera.
FILACTÉRIO – Manuscrito em pergaminho contendo um texto e que, sob forma de rolo desdobrado se apresenta na iconografia como atributo de Deus, dos profetas e dos anjos, ou seja, daqueles que falam com autoridade, já que anunciam a palavra divina; embora surja em inúmeros contextos, o caso mais comum é o do anjo Gabriel que, empunhando o rolo desdobrado, aparece a Maria anunciando-lhe que vai ser mãe de Jesus • Pedaço de pele ou pergaminho no qual estavam escritos os Mandamentos ou passagens da Bíblia e que os judeus traziam consigo, por vezes encerrado numa pequena caixa. Filactera. Filactéria. Amuleto.
FILE ATTACHMENT (loc. ingl.) – Inclusão de ficheiros; em correio electrónico é a função que possibilita que se junte a uma mensagem que se envia, um ficheiro que pode ser em código *ASCII* ou binário.
FILE TRANSFER PROTOCOL (loc. ingl.) – Protocolo de transferência de dados, instrumento que permite obter ficheiros que se encontram guardados em qualquer servidor da *Internet*, método corrente que permite fazer *downloads* ou *uploads* de ficheiros. *FTP*.
FILETE – Peça de metal da mesma altura dos tipos terminada por uma ou mais riscas de grossura e desenho variados, usada na imprensa para diversas utilizações em quadros, tabelas, etc. • Traço obtido na impressão pelo uso desta peça • Em encadernação, adorno dourado igual e repetido em traços paralelos, que se encontra nas capas de alguns livros • Em heráldica é o nome que se dá às peças honoríficas reduzidas à sua largura mínima que é 1/6 da ordinária, devendo indicar-se a peça da qual provêm • Em sigilografia, fino traço contínuo destinado a limitar o exergo onde figura a legenda, separando-o do campo do selo (filete interior) e da orla (filete exterior ou listel) • Fio.
FILETE À ANTIGA – Modalidade de distribuição dos filetes decorativos em três filetes paralelos, em que dois estão próximos um do outro e o terceiro se apresenta ligeiramente afastado.
FILETE DE ADORNO – Nome genérico dos filetes que formam desenhos variados.
FILETE DE PÉROLAS – Traço contínuo no qual grãos ou pérolas fazem uma ligeira saliência, a espaços regulares.
FILETE DE TRÊS LINHAS – *Ver* Filete francês.
FILETE FRANCÊS – Filete usado em decoração caracterizado por ser constituído por três linhas paralelas, colocadas a espaços desiguais. Filete de três linhas.
FILETE INGLÊS – Filete espesso, caracterizado por apresentar traço simples ou uma combinação de elementos decorativos, mais largo no centro e mais fino na extremidade. Bigode.
FILETE TRABALHADO – Aquele que é formado pela sucessão de diversos elementos ornamentais, nomeadamente gregas ou pequenos desenhos dispostos em escamas de peixe.
FILETES MÚLTIPLOS – Linhas múltiplas ornamentais, rectas ou curvas.
FILETES MÚLTIPLOS EM PERSPECTIVA – Linhas múltiplas de tipo ornamental, rectas ou curvas, posicionadas de modo a darem a ilusão da profundidade.

FILETES MÚLTIPLOS ENTRELAÇADOS – Linhas múltiplas de carácter ornamental, rectas ou curvas e entrecruzadas.

FILIAÇÃO DE AUTOR – Indicação dos organismos (instituições) aos quais um escritor está ligado profissionalmente, tal como eles são referidos nos documentos que lhes dizem respeito • Indicação da ligação profissional ou honorífica do autor de um documento.

FILIAL – Instituição que faz parte de uma instituição maior e que pertence a uma ordem hierárquica inferior a ela. Sucursal.

FILIGRANA – Desenho ou inscrição que aparece em claro numa folha de papel olhada à transparência; este desenho era primitivamente formado com fios de cobre no fundo da forma que servia para o fabrico do papel à mão; o seu uso remonta aos finais do século XIII. A primeira filigrana conhecida data de 1282 e é procedente de Fabriano (Itália). Há três teorias sobre a origem da filigrana: uma diz que as filigranas foram criadas pelos albigenses; a segunda afirma que as filigranas terão chegado aos moldes de um modo acidental e que terá sido pouco a pouco que se foi implantando o seu uso; uma terceira teoria afirma que a filigrana terá sido uma marca usada pelo papeleiro para poder ser identificado. Era constituída por fios metálicos e colocada entre dois pontusais, em geral a três quartos do sentido transversal e a meio da altura. O estudo das filigranas permite identificar o fabricante do papel e datar aproximadamente o seu fabrico; frequentemente os copistas, quando copiavam um documento antigo, transcreviam igualmente a subscrição final que incluía por vezes a data, facto que nos coloca perante a dificuldade da datação da cópia; por vezes a única certeza da verdadeira data desta cópia é a identificação da filigrana, que assim evita frequentemente fraudes documentais apresentadas como verdadeiros autógrafos. Esta vantagem não se aplica apenas a manuscritos, mas igualmente a obras impressas, sobretudo aos incunábulos, que por vezes não estão datados, e mesmo a obras posteriores pois, segundo dizia Charles Briquet, toda a folha de papel traz em si a data do seu nascimento. Na fabricação moderna a filigrana é traçada na tela sem fim da máquina e serve ainda para ajudar a identificar alguns formatos. Os motivos utilizados, de grande variedade iconográfica, iam desde os escudos, emblemas heráldicos, instrumentos musicais, signos do zodíaco, animais, objectos diversos, flores-de-lis, aos simples monogramas. Marca de água. Marca de papel. (port. Bras.) Linha de água • Por extensão de sentido, e devido ao carácter ornamental das filigranas, aplica-se igualmente este termo aos elementos retóricos e preciosismos utilizados num discurso.

Filigrana

FILIGRANA ARTIFICIAL – Tipo de marca de água que se obtém através da colocação de uma prensa logo a seguir ao primeiro cilindro secador ou humedecendo e gofrando após o seu fabrico.

FILIGRANA CENTRADA – A que é colocada no centro do formato de utilização do papel, com certa tolerância de localização.

FILIGRANA CLARA – Aquela que é obtida por desenhos ou letras salientes na teia do papel, provocando um adelgaçamento da massa na folha e por tal razão, aparecendo mais transluzente quando observada em contra-luz.

FILIGRANA COMPOSTA – Conjunto de filigranas claras e escuras no mesmo motivo.

FILIGRANA CORTADA – Marca de água para a qual não se fixou posição e que, em consequência disso, pode apresentar-se truncada nalguma ou em todas as folhas do lote.

FILIGRANA DO PEREGRINO – Designação dada à marca de água frequente no papel em Espanha e Itália formada por um círculo dentro do qual estava inscrita uma figura humana transportando na mão um bordão semelhante ao que era usado pelos caminhantes.

FILIGRANA ESCURA – A que é obtida por desenhos ou letras reentrantes na teia, provocando uma espessura da massa na folha e que origina um aspecto mais escuro na observação em contra-luz.

FILIGRANA LOCALIZADA – Aquela que fica situada numa zona pré-estabelecida da folha, com uma determinada tolerância de localização.

FILIGRANA SOMBREADA – Variante da filigrana artificial onde os meios-tons podem distinguir-se; usa-se especialmente para notas ou para títulos, porque a sua reprodução é muito difícil ou quase impossível.

FILIGRANADA – Diz-se da inicial que apresenta motivos ornamentais delicados semelhantes ao trabalho de filigrana em ouro. Inicial filigranada • Diz-se da decoração que assenta no uso da filigrana como motivo decorativo.

FILIGRANADOR – Aquele que executava as iniciais de um manuscrito com desenhos de grande delicadeza e perfeição, utilizando apenas arabescos sem quaisquer motivos figurativos identificáveis.

FILIGRANADORA – Máquina de filigranar; tem os cilindros gravados com os motivos da filigrana.

FILIGRANAR – Sujeitar o papel à acção da filigranadora para marcar a filigrana • Marcar a filigrana no papel que se fabrica.

FILIGRANAS À LA GERBE – Elementos decorativos filigranados reunidos formando uma espécie de feixe.

FILIGRANOSCÓPIO – Aparelho destinado a observar minuciosamente uma filigrana ou marca de água.

FILME – Fita ou película de acetato ou celulóide transparente preparada com emulsão especial, em rolo ou chapa, onde podem gravar-se imagens fotográficas em positivo ou negativo que, projectadas uma após outra, em sucessão rápida, dão a ilusão de uma imagem em movimento contínuo; os filmes destinam-se à execução de fotografias simples e à produção cinematográfica • Película fotográfica, geralmente montada sobre cartuchos ou carretel, para produção de fotografias • Qualquer sequência de cenas projectadas • Fita • Obra cinematográfica ou audiovisual e toda e qualquer sequência de imagens em movimento, quer sejam acompanhadas ou não de som.

FILME CINEMATOGRÁFICO – Banda transparente de filme fotográfico que contém uma sequência de imagens distintas que, projectadas uma após outra, dão a ilusão de um movimento contínuo; o som pode ser registado por processos magnéticos ou ópticos na mesma banda que a imagem ou em banda à parte.

FILME COM QUALIDADE DE ARQUIVO – Filme fotográfico composto e revelado de tal forma que, sob boas condições de acondicionamento e armazenamento, pode ser utilizado na preservação de registos com valor permanente; o seu uso em bibliotecas, arquivos, serviços de documentação, etc. destina-se a preservar, a longo prazo, as espécies documentais. A qualidade do filme pode verificar-se a dois níveis: qualidade da execução e permanência do filme.

FILME DE ARQUIVO – Película de duração praticamente infinita, se a reprodução for feita convenientemente e se forem utilizados os meios existentes nos nossos dias para assegurar a sua conservação, usada na preservação de registos com valor permanente.

FILME DE PRIMEIRA GERAÇÃO – Designação dada ao microfilme-matriz, em geral um filme de sais de prata; este filme é considerado um filme de segurança, que serve de substituto do original, caso este desapareça.

FILME DE PROTECÇÃO – Produto transparente, devidamente testado, que serve de protecção para brochuras, papel e capas brilhantes; pode apresentar-se em filme mate ou brilhante, sempre transparente e com protecção UV; é usado sobretudo em mapas, fotos, estampas, projectos e plantas, sinais e cartazes, painéis de informação, etc.; geralmente este tipo de produtos, elaborados à base de polipropileno, amigo do ambiente, proporcionam uma superfície livre de reflexos, e permitem a leitura óptica com pistolas ou canetas de infra-vermelhos.

FILME DE SAIS DE PRATA – Tipo de filme usado na microfilmagem de documentos a preto e branco constituído por um suporte de poliéster e uma emulsão de haletos de prata e gelatina; não é muito resistente fisicamente, pois risca com facilidade e é facilmente atacado por microrganismos, devido à presença da gelatina.

FILME DE SEGUNDA GERAÇÃO – Designação dada à cópia de um microfilme (em geral em filme diazo), que se destina à realização de cópias de trabalho; nas grandes bibliotecas e arquivos mundiais costumam fazer-se, à partida, duas cópias de segunda geração: uma que se destina a ser reproduzida, outra a ser consultada.

FILME DIAZO – Tipo de filme usado na microfilmagem de documentos constituído por uma emulsão à base de compostos nitrogenados; apesar da sua extrema sensibilidade às radiações ultravioletas, que leva à perda de definição de imagem, passados cerca de dez anos apresenta alguma resistência em termos físicos.

FILME DUPLICADOR – Película usada para fazer cópias rigorosas de uma matriz.

FILME EBR – Microfilme especial sensível à energia directa do feixe de electrões, usado nos registos por feixes de electrões.

FILME EM BOBINA – Bobina aberta de filme cinematográfico destinado a ser usado com um projector, que tem a sua própria bobina rebobinadora.

FILME FIXO – Banda de filme curta que comporta imagens fotográficas projectadas como imagens fixas.

FILME LAMINADOR – Película que é usada para encapsular um mapa ou uma folha para ser submetida à laminação; deve ser flexível, ser mais forte do que o papel que protege, ter poder de alongamento e resistência, possuir propriedades que a façam resistir à degradação, ser capaz de ser adicionada ao documento com um mínimo esforço, de preferência sem a aplicação de calor ou pressão, permitir a separação do filme do papel sem o danificar, ser resistente à abrasão, ser transparente à luz e não conter elementos ou substâncias que possam danificar de qualquer modo o documento que pretende proteger.

FILME *LOOP* – Filme cinematográfico de voltas contínuas, geralmente em forma de cartucho, utilizando filmes de 8 mm, com a duração máxima de 4 minutos e 30 segundos.

FILME VESICULAR – Tipo de filme usado na microfilmagem de documentos constituído por compostos de diazo; devido à sua composição é por vezes confundido com o filme diazo, embora o filme vesicular seja muito sensível a temperaturas elevadas e se deteriore rapidamente após a sua passagem em leitores que libertem calor, o que não acontece com aquele.

FILMOGRAFIA – Lista dos filmes classificados segundo uma ordem pré-estabelecida • Catálogo dos filmes realizados por um encenador, um produtor ou interpretados por um actor.

FILMOTECA – Colecção de películas cinematográficas que podem ser cedidas por empréstimo, a título gratuito ou não. Cinemateca. Cineteca • Serviço de informação e documentação cujo fundo é constituído por filmes.

FILOLOGIA – Ciência da língua escrita. O seu campo de estudos situa-se no cruzamento da linguística, da literatura, da retórica, da paleografia e da gramatologia.

FILOSOFIA – Carácter de letra de 11 pontos da antiga nomenclatura • Razão • Sabedoria.

FILOSOFIA DA OBRA – Conjunto de ideias subjacentes ao enredo de uma obra e que o autor quer fazer passar.

FILOSOFIA DO SISTEMA – Estudo da estrutura e dos princípios que formam um sistema de classificação.

FILOSOFIA EDITORIAL – Conjunto das linhas de rumo subjacentes à política que orienta uma determinada casa editora na selecção das obras a publicar, privilegiando um certo perfil de publicações com vista a satisfazer um determinado segmento do mercado.

FILTRAÇÃO – *Ver* Filtragem.

FILTRAGEM – No fabrico de papel, fase da formação da folha, que consiste no escoamento do excesso de água da matéria-prima e realização do formato da folha • Processo que permite que se faça a separação de um sólido de um líquido, com o auxílio de uma membrana porosa • Em restauro de documentos é a separação dos sólidos dos líquidos, que se emprega em vez da decantação, quando as partículas são muito finas ou quando a separação é muito lenta. Filtração • Designação das técnicas através das quais é imposto o controlo no acesso à informação na *Internet*.

FILTRAGEM DO AR – Purificação do ar através de equipamento de tratamento, feita para evitar a deterioração dos documentos.

FILTRAR A INFORMAÇÃO – Fazer uma selecção preliminar de informações ou documentos para reduzir o número daqueles que se situam à volta de um campo de interesses.

FILTRO – Sinónimo de extractor; serve para extrair informações de uma base de dados a partir da definição de um critério ou conjunto de critérios • Sistema de protecção da visão do utilizador, reduzindo a luminosidade do ecrã • Em fotografia, pedaço de cristal óptico ou outro material transparente colorido usado para transmitir a radiação luminosa que passa da objectiva à película • Dispositivo que se destina a eliminar parasitas que podem prejudicar a qualidade da imagem • Conjunto de programas de *software* que impede a transmissão de dados a utilizadores que não estão autorizados ou que acedem por meio de ligações não protegidas • Em telecomunicações, equipamento que possibilita que se faça a transmissão de determinadas frequências, atenuando ou excluindo outras.

FILTRO ABSORVENTE DE RADIAÇÃO ULTRAVIOLETA – Material que contém substâncias capazes de neutralizar as radiações ultravioletas.

FILTRO DE PANO-DE-QUEIJO – *Ver* Pano-de-queijo.

FILUM CANNABIS (loc. lat.) – Fio ou cordão de cânhamo usado para suspender o selo das bulas na chancelaria pontifícia. Também podia ser feito a partir de seda e nesse caso tomava o nome de *filum sericum*.

FILUM SERICUM (loc. lat.) – Fio ou cordão de seda usado na chancelaria pontifícia como fita de suspensão do selo das bulas. Podia também ser fabricado a partir do cânhamo e nesse caso tomava o nome de *filum cannabis*.

FIM – Palavra que se coloca na parte final das obras literárias, na última página, imediatamente depois do texto (separada dele por algumas linhas); é em geral composta em versais espaçadas. *Finis* • Conclusão • Motivo • Ponto • Propósito.

FIM DE LINHA – *Ver* Final de linha.

FIM DE REGISTO – Carácter separador de registo.

FINA – Nome comum dado à letra fina, de traço mais leve e delgado do que aquela a que os olhos do leitor estão habituados num texto corrente.

FINAL – Último parágrafo de um texto. Fim • Parte do livro que inclui a bibliografia, apêndices, índices, cólofon, erratas, licenças (no caso de serem colocadas no fim da obra) • Diz-se das vinhetas que se colocam como remate no fim das páginas, como os fundos de lâmpada.

FINAL DE CAPÍTULO – Pequena vinheta que se coloca no fim do capítulo, por vezes em forma de triângulo com o vértice para baixo; composição tipográfica colocada na mesma disposição. *Ver* Fundo de lâmpada.

FINAL DE LINHA – Tradução da expressão francesa *bout de ligne*, que designa nos manuscritos iluminados o elemento ornamental sob forma rectangular, mais ou menos extenso (consoante o espaço a preencher), colocado no final do texto até ao alinhamento com as restantes linhas; o cuidado de uniformizar as linhas do texto recorrendo a este motivo provém da preocupação de apresentar a página como um rectângulo perfeito, isento de brancos, permitindo uma uniformidade total dentro da caixa de escrita; tornou-se popular na arte insular e pré-carolíngia e esteve em moda até aos finais do século XV • Designação dada ao lado direito de uma linha num manuscrito ou num livro impresso. Fim de linha.

Final de linha

FINANCEIRA – Designação do tipo de imprensa que imita a escrita de chancelaria do século XVII; criado por P. Morau em 1642, é por vezes empregado à guisa de itálico.
FINCO – Termo arcaico que designava escrito de obrigação de dívida. Escritura pública. Contrato. Documento autêntico e inegável. Obrigação por meio de escritura.
FINDA – Termo arcaico que designava fim. Remate. Conclusão • Verso-remate, constituído por um a quatro versos, usado pelos trovadores para desfecho de alguns dos seus poemas • Volta de uma estrofe.
FINIAL (pal. ingl.) – O ápex ou ponta de um ornamento.
FINIS (pal. lat.) – Fim, palavra que iniciava o cólofon e que ainda hoje se encontra a rematar algumas obras de carácter literário. *Ver Finit.*
FINIS CORONAT OPUS (loc. lat.) – O fim coroa a obra, isto é, o remate está de acordo com o princípio.
FINIS LIBRIS (loc. lat.) – Designação do ex libris que se aplica no verso da contracapa (cobertura posterior).
FINIS OPERIS (loc. lat.) – Expressão latina que se coloca no fim do texto, anunciando o final da obra.
FINIT (pal. lat.) – Palavra que introduzia o cólofon nos manuscritos medievais, menos usada que o *explicit*, embora esta palavra esteja mais ligada ao desenrolar do rolo manuscrito do que ao *codex*; esta palavra mudou para *finis* no século XV, quase definitivamente, encontrando-se ainda hoje a rematar algumas obras de carácter literário.
FINO – Letra fina • Filete fino • (port. Bras.) Magro.
FINTO – Maço ou rol dos documentos, títulos ou inquirições que pertencem a um determinado povo, território ou fazenda.
FIO – Lâmina metálica fundida na altura dos caracteres e, em alguns casos, mais elevada; é usada em tipografia para imprimir traços ou para dar picotado ou corte a determinados trabalhos • Filete • Encadeamento, continuação, ligação (da narrativa) • *Ver* Factor de impacto observado.
FIO CONDUTOR – Designação da ideia ou impressão que domina uma narrativa, que ordena a sua construção e guia o seu percurso, desde o texto de apresentação até ao rodapé.
FIO DA HISTÓRIA – Encadeamento das ideias numa narração.
FIO DATA – Traço sobre o qual se escrevem dados como data da edição, número da página, nome e secção do jornal; é colocado ao alto de cada página ou nas capas de caderno, logo abaixo do logótipo.
FIO DE COLUNA – Fio claro empregado em livros e publicações periódicas para separar colunas.
FIO DE DOBRA – *Ver* Fio de vincar.
FIO DE JORNAL – *Ver* Corandel.
FIO DE NOTA – Filete usado para separar o texto das notas de pé de página. Risca de nota.
FIO DE PAUTADO – Filete tracejado ou pontilhado que é usado na composição de pautados.
FIO DE SOMA – Filete colocado abaixo de vários algarismos para, sob ele, se inserir o resultado da soma.
FIO DE VINCAR – Lâmina de aço, de fio arredondado, usada para marcar papéis e cartolinas, de modo a facilitar a sua dobragem. Fio de dobra. Fio seco.
FIO DO DISCURSO – Encadeamento das ideias presentes num texto que se encontram interligadas por uma estrutura que se delineou à partida, tendo em vista um determinado propósito.
FIO SECO – *Ver* Fio de vincar.
FIREWALL (pal. ingl.) – Na *Internet*, ordenador que por questões de segurança é colocado como porta de acesso entre uma rede local e outras redes, com a finalidade de controlar quem acede e como se acede à rede local. Ordenador de segurança.
FIRMA – O nome ou sinal de alguém, escrito pela sua própria mão ou por outra pessoa a seu pedido, e mesmo por uma pessoa pública perante outras testemunhas, como em geral acontecia até ao século XVIII; a designação vinha do facto de a assinatura do nome tornar firme e válido tudo aquilo que acima dele ficava escrito. Assinatura, chancela manuscrita ou impressa num documento • Nome constituído pela união de apelidos de autores que cola-

boraram numa obra, formando uma espécie de nome colectivo. Rubrica, jamegão • Assinatura de testemunha ou seja, de qualquer pessoa que confere valor e segurança a um documento escrito apondo o seu nome ou selo.

FIRMA LITERÁRIA – Nome formado pela união dos apelidos dos autores de uma obra, constituindo uma espécie de nome colectivo.

FIRMA MANUAL – Marca pessoal de aparência muito diversa, conforme a um modelo único idêntico, que é aposta pelos notários e por certos escribas profissionais, a fim de assegurar a validade dos actos escritos por sua mão.

FIRMACULA (pal. lat.) – Fecho metálico das encadernações medievais. *Fermalia. Clausura.*

FIRMATORIUM (pal. lat.) – Ver *Fibulæ.*

FISIOLOGIA DA LEITURA – Ciência que observa as relações dos signos escritos e os processos fisioneurológicos da percepção visual.

FISIONOTRAÇO – Aparelho inventado nos finais do século XVIII, que servia para desenhar mecanicamente o retrato; compreendia um pantógrafo, a partir do qual se podiam reproduzir, reduzidos ou em tamanho real, desenhos, quadros ou mesmo retratos de rostos humanos a partir do natural; estes eram depois gravados em placa de cobre, passados a papel e por vezes coloridos; alguns serviram de frontispícios de livros. O seu inventor foi, segundo alguns, o miniaturista Èdme Quenedey, que o divulgou a partir de 1790; conhecem-se retratos gravados por este processo de Jean-Jacques Rousseau, Stendhal, Madame de Stäel e outros personagens.

FISTULA (pal. lat.) – Caniço ou cálamo talhado para escrever.

FITA – Tira utilizada nas máquinas para conduzir o papel • Tira usada como suporte de uma inscrição impressa • Película • Filme • Em encadernação é o material usado na costura, em geral nastro ou algodão (dado que se trata de materiais estáveis), aplicado transversalmente aos cadernos, como meio de reforçar o bloco.

FITA ADESIVA – Tira, transparente ou não, que serve para unir e colar; é geralmente auto--adesiva; utilizada durante muito tempo para reparar pequenos rasgões do papel, está hoje definitivamente proscrita para tal fim; no mercado aparece de vez em quando alguma nova fita adesiva, mas que deve ser evitada porque nem sempre é reversível, qualidade indispensável a um bom e duradouro material de restauro. Fita-cola.

FITA CASSETE (port. Bras.) – Fita magnética que é usada na gravação de sons e acondicionada numa cassete. Cassete.

FITA CORRECTORA – Pedaço de papel plastificado, sob a forma de fita, no qual está fixada uma substância branca que, colocada sobre a letra errada, adere e permite cobri-la; em seguida, pode escrever-se de novo por cima dela a letra exacta, corrigindo deste modo o erro existente.

FITA DE ACETATO – Cinta de acetato de celulose utilizada como base para as fitas magnéticas.

FITA DE REPARAÇÃO – Produto destinado a pequenos restauros ou à protecção e reparação de páginas de livros; as fitas de protecção de boa qualidade são isentas de solventes, apresentam pH neutro e resistem à passagem do tempo, combatendo o efeito dos ácidos que possam encontrar-se presentes no suporte, pois estão fortalecidas com carbonato de cálcio.

FITA DE SUSPENSÃO – Em sigilografia, atilho destinado a receber o selo, que passa através do suporte por meio de uma incisão; no latim da chancelaria pontifical a fita de suspensão da bula era denominada *filum*, fosse qual fosse a sua natureza: o cordão de seda (*filum sericum*) ou o cordão de cânhamo (*filum cannabis*).

FITA DE VÍDEO – Suporte magnético em forma de fita onde são gravadas imagens com ou sem registo de som, através de processo electrónico. Fita vídeo.

FITA MAGNÉTICA – Fita de qualquer material, que é impregnada ou revestida com partículas magnéticas, em que podem registar-se sinais de áudio e de vídeo como variações magnéticas • Fita semelhante às dos magnetofones, na qual podem ser armazenadas informações sob forma de polarizações magnéticas e reproduzidas à vontade; para tal, uma das faces está revestida por uma ligeira camada constituída por uma capa que cobre cristais de óxido de ferro magnetizáveis; as fitas magnéticas, com os discos flexíveis (disquetes) e discos duros acumuláveis e de laser fazem parte do número das memórias externas, ou seja, exteriores à unidade central dos computadores.

FITA PERFURADA – A compositora-fundidora de letras monotípicas foi, até cerca de 1932, o único sistema de composição automática de textos que utilizava uma fita de papel perfurada; esta fita, de 11 cm de largura, dita de 31 canais (31 linhas de perfuração possíveis), servia de intermediário entre o teclado no qual era perfurada (perfuração codificada) e a fundidora que ela dirigia.

FITA SONORA – Fita de gravação sonora, que pode apresentar-se sob forma de bobine ou de cassete.

FITA SONORA DE QUATRO PISTAS – Fita de gravação de som em que se registam quatro pistas.

FITA VÍDEO – Fita magnética que permite gravar e reproduzir sinais visuais e sonoros.

FITA VIRGEM – Filme que nunca foi exposto nem processado ou banda magnética que nunca foi utilizada.

FITA-COLA – *Ver* Fita adesiva.

FITILHO – *Ver* Sinal.

FITOMÓRFICO – Em forma de planta ou de parte de planta; as iluminuras com elementos fitomórficos estiveram em voga durante toda a Idade Média e mesmo depois, usando como motivos decorativos, muitas vezes isolados ou combinados com elementos de carácter zoomórfico: flores como rosas, violetas, lírios, cravos, amores-perfeitos, frutos como os morangos e folhagens diversas. Vegetalista.

FITOTECA – Colecção de fitas gravadas.

FIW – Acrónimo de Factor de impacto na *Web*. WIF.

FIXAÇÃO – Em restauro de documentos gráficos, nome dado à consolidação dos pigmentos das pinturas • Na esfera do audiovisual, é a fase do processamento durante a qual se eliminam os vestígios de sais de prata residuais, para a conservação permanente da imagem.

FIXAÇÃO DE CADERNOS – Em encadernação, expressão genérica que cobre os diversos processos de unir as folhas de um livro.

FIXAÇÃO DO TEXTO – Trabalho de crítica textual, de natureza estilística e filológica, que consiste na combinação e escolha de variantes de textos diferentes conforme as edições deles existentes, tentando reconstituir um ortotexto, um restauro do discurso específico do escritor. A fixação de um texto (no sentido de não se verificar a sua alteração), só foi conseguida quando do advento da imprensa, uma vez que até aí os copistas, involuntária ou voluntariamente alteravam o que copiavam, no primeiro caso devido a distracções ou cansaço, e no segundo caso por nem sempre concordarem com as opiniões do autor cuja obra transcreviam; a tipografia, criando uma matriz do texto que era sucessivamente impressa, permitiu que ele continuasse íntegro, ressalvando-se apenas algumas (pequenas) alterações quando, no decorrer da impressão, se dava conta de certas incorrecções ou gralhas.

FIXAÇÃO FONOGRÁFICA E VIDEOGRÁFICA – Fixação de sons e imagens, separada ou cumulativa num suporte material suficientemente estável e duradouro, que permite a sua percepção, reprodução ou comunicação de qualquer modo, em período não efémero.

FIXADOR – Elemento de fixação usado em encadernação; podia assumir dois géneros: a correia e perno e a abraçadeira e batente • Em fotografia, solução usada para fixar a imagem que se revelou num negativo ou cópia.

FIXAR – Aplicar uma solução natural ou sintética a uma superfície, a fim de estabilizar cores ou tintas.

FIXAR UM TEXTO – Estabelecer de forma definitiva um determinado texto • Uma das grandes vantagens da imprensa, quando apareceu, foi a de permitir fixar um texto, de modo que ele saísse sempre igual, dentro da mesma edição, facto que não acontecia quando se processava a cópia manual, uma vez que, ou por distracção, ou por cansaço ou voluntariamente, os erros e as alterações se acumulavam de cópia para cópia.

FLÃ – Cartão especial destinado a matrizes de estereotipia, formado por folhas de papel de seda grudadas com outras de papel mais grosso, sem cola.

FLACHE – Em gíria jornalística é o anúncio de um facto muito importante e extraordinário; pode ser redigido em estilo telegráfico, mas sem induzir em dúvida; não deve ultrapassar as quatro ou cinco palavras, mas deve indicar a fonte de proveniência • Breve. Notícia breve, informação curta, com frequência de última hora.

FLASH (pal. ingl.) – Anúncio redigido em estilo claro de um facto concreto de importância excepcional. Flache.

FLASHBACK (pal. ingl.) – Expressão da terminologia cinematográfica que tem o significado de "voltar atrás".

FLASH-DRIVE (pal. ingl.) – *Ver Pen*.

FLECHA – *Ver* Seta.

FLEXÃO – Um dos três grandes processos de formação de palavras; consiste na variação formal das mesmas • Em gramática, variação das desinências de uma palavra segundo o seu emprego • Curvatura. Torção.

FLEXIBILIDADE – Qualidade de uma classificação que oferece uma mobilidade dos seus elementos semânticos como a que se obtém através de variações autorizadas na ordem de citação • Característica de uma notação que admite a inserção de novas classes numa classificação.

FLEXIBILIDADE DE NOTAÇÃO – Qualidade atribuída a uma notação acomodatícia, em que é possível inserir novos assuntos sem quebrar a ordem lógica da notação nem o plano de classificação.

FLEXOGRAFIA – Processo de impressão directa, no qual a matriz é constituída por um cliché que pode ser de borracha porosa ou de plástico fotopolímero com uma superfície de impressão irregular, em que estão em relevo as partes a imprimir à volta de um cilindro com tinta fluida de secagem rápida; este processo é também conhecido por impressão a anilina.

FLEXOGRÁFICO – Relativo à flexografia.

FLEXOGRAVURA – Impressão obtida a partir de uma forma flexível de borracha ou fotopolímeros com processamento estereotípico ou fotoquímico; a gravura ou matriz é aplicada ao cilindro ou à base (calço) para ficar utilizável em máquina de papel, cartolina ou polietileno.

FLOPPY DISC (loc. ingl.) – *Ver* Disquete.

FLOR – Parte exterior do pergaminho ou couro, em oposição ao carnaz; o lado flor do pergaminho é mais escuro que o lado carnaz, sendo frequentemente visível o lugar do nascimento dos folículos ou raízes do pêlo do animal que por observação minuciosa, nos podem fornecer elementos de identificação da sua espécie; talvez por ser o lado mais escuro e mais brilhante do pergaminho seja aquele que quase sem excepção é preferido para o exterior das encadernações, dado que o lado carnaz é, além de mais claro, o de grão mais fino e delicado • Lado polido e brilhante da encadernação • Adorno tipográfico ou usado em encadernação em que o elemento fundamental é uma composição feita de folhas ou uma flor • Por extensão, aplica-se hoje a qualquer ornamento de pequena dimensão, colocado na margem de uma página, no princípio ou no fim de um capítulo ou numa encadernação.

FLORAIS – Designação dada aos jogos antigos que tinham lugar em homenagem a Flora, deusa das flores • Modernamente designa um concurso de poesia.

FLORÃO – Vinheta ornamental de desenho semelhante ao de uma flor, utilizada como elemento decorativo na composição tipográfica. Originalmente era assim chamado um ornamento tipográfico de forma semelhante a uma flor ou folha, aberta, estilizada e interpretada em sentido ornamental, rodeada ou não por folhagem; hoje chama-se florão a qualquer pequeno ornamento que se apresenta solto, em moldura ou friso; os florões foram muito usados do século XVI ao XVIII • Ornamento solto, em forma de flor ou folha usado pelos encadernadores para gravar nas lombadas, pastas e seixas das encadernações. Roseta. Os italianos chamavam-lhes *piccoli ferri* • Ferro com esse ornamento • Em sigilografia, pequeno ornamento em forma de flor ou folhagem que por vezes é colocado no final das legendas dos selos para ajudar a preencher o espaço disponível ou para separar as palavras. (port. Bras.) Tipográfica.

FLOR-DE-LIS – Flor de lírio estilizada, usada durante longo tempo como emblema dos reis de França desde S. Luís, muito utilizada como elemento decorativo em escudos, bandeirolas, etc. colocadas em bordaduras filigranadas nos manuscritos medievais; porém, o lugar onde ela é mais frequente é nas cenas da Anunciação do anjo a Nossa Senhora, em que aparece como símbolo de pureza e da tríplice virgindade de Maria antes, durante e depois do parto; por vezes era substituída pela açucena • Elemento decorativo frequente em marcas tipográficas, particularmente nas de impressores franceses.

Flor-de-lis

FLORDELISAR – Guarnecer com flores-de-lis, motivo decorativo usado com frequência nas encadernações, sobretudo de marroquim do século XVII; pode indicar uma proveniência real ou de membros da família real francesa da qual, como se sabe, é um dos símbolos.

FLOREADO – Vinhetas e caracteres de traços delicados, de desenho mais ou menos caprichoso, prolongando um elemento da escrita ou da decoração.

FLORENCIADA – Em heráldica, adjectivo atribuído à peça bordada ou rematada por flores-de-lis de pé cortado nas extremidades (Cruz de Avis florenciada de verde).

FLORENTE LITTERA (loc. lat.) – Iniciais antigas compostas por flores e festões, cuja invenção tem sido atribuída a Ehrard Ratdolt, em Veneza, no século XV.

FLORES DE RETÓRICA – Expressão que designa a elegância estilística.

FLORETA – Ornato em forma de flor.

FLORETO – Designação atribuída durante a Idade Média e o Renascimento a obras que tratavam de assuntos não relacionados, uma espécie de miscelâneas.

FLORILÉGIO – Recolha de composições literárias variadas. Respigo. Antologia, selecta, analecto, crestomatia, especilégio.

FLORÕES – Ferros ornamentados com flores usados pelos encadernadores para gravar nas lombadas, pastas e seixas das encadernações.

FLOS SANCTORUM (loc. lat.) – Literalmente, flor dos santos; obra que contém a biografia dos santos, também chamada em latim *Legenda aurea*. Trata-se de narrativas das vidas de santos que constituíram um género muito popular no início da Idade Média; à medida que figuras santas continuaram a ser canonizadas neste período, compunham-se novas biografias e eram feitas traduções para vernáculo; muitas das antigas biografias foram incorporadas no martirológio, destinando-se a leituras no ofício divino; as hagiografias ou *flos sanctorum* constituíam parte essencial das bibliotecas monásticas e eram uma fonte popular de leitura para os leigos. Hagiológio.

FLUIDEZ – Qualidade da tinta usada tanto para escrever à mão como para imprimir, que traduz a sua consistência, isto é, a sua capacidade de correr como um líquido, de modo a permitir a sua aderência ao suporte; naturalmente que quando o suporte deixou de ser o pergaminho e passou a ser o papel, a tinta teve que passar a ter uma consistência diferente, problema que foi solucionado através de vários aditivos, tais como gomas e outros produtos • Espontaneidade, fluência de estilo.

FLUOROGRAFIA – Fotografia de uma imagem num alvo fluorescente.

FLUXO – Movimento. Afluxo. Flutuação.

FLUXO DE DADOS – Conjunto de informação de estrutura conhecida, que decorre de um processo e/ou o alimenta.

FLUXOGRAMA – Representação gráfica de um procedimento escrito numa linguagem de programação.

FLUXOGRAMA DE PROGRAMAÇÃO – Representação gráfica da sequência das operações de um programa de computador.

FOCALIZAR – Focar, destacar alguma coisa, chamando a atenção. Pôr em foco.

FOCAR – Em fotografia, ajustar a objectiva de uma câmara a fim de obter uma imagem que seja o mais nítida possível no plano focal.

FOCO – Elemento de uma faceta.

FOGUETE – Emenda assinalada na margem e ligada à letra ou palavra a corrigir por meio de um traço. (port. Bras.) *Ver* Papagaio.

FOL. – Abreviatura de foliação, de fólio(s).

FOLDER (pal. ingl.) – Um ícone no ecrã de um computador, que pode ser usado para aceder a um directório contendo ficheiros ou documentos relacionados.

FÔLDER (port. Bras.) – Impresso de pequenas dimensões de conteúdo informativo ou publicitário, constituído por uma única folha de papel com uma ou mais dobras. Prospecto dobrável.

FOLE – Instrumento usado nas tipografias para limpar o pó das caixas de composição • Nome das pregas ou rugas que se formam (sobretudo em encadernação).

FOLH. – Abreviatura de folheto.

FOLHA – Peça rectangular de pergaminho ou papel, não dobrada, tal como foi produzida pelo fabricante • Conjunto de páginas contidas em determinado formato, tanto no recto como no verso; o formato de uma folha determina o número de páginas do caderno formado pela folha dobrada • Nome dado aos cadernos impressos, que comportam grupos de 4, 8, 12, 16, 24, 32, 48 ou mais páginas • Nome dado antigamente a uma publicação periódica. Periódico • Relação, rol • Cada um dos papéis dobrados pelo meio em duas partes, que constituem um caderno • Papel que se imprime de uma vez, produzindo um certo número de páginas.

FOLHA ABERTA – Folha de papel não dobrada.

FOLHA ACESSÓRIA – Folha preliminar. Folha complementar.

FOLHA ANOPISTÓGRAFA – Folha escrita ou impressa apenas de um lado; as primitivas impressões xilográficas apenas permitiam a impressão de um lado da folha, dado o relevo que o premir da folha contra o papel produzia no verso.

FOLHA AVULSA – Publicação não periódica com menos de quatro páginas • Folha isolada, solta • Folha anónima • Folha não autêntica • Folha volante.

FOLHA COMPENSATÓRIA – Aquela que se insere numa obra na fase de encadernação com a finalidade de anular desníveis provocados por diversos tamanhos das folhas do livro.

FOLHA COMPLEMENTAR – Folha preliminar. Folha acessória.

FOLHA CONTÍNUA – Nome dado à folha resultante do processo mecânico de fabrico do papel.

FOLHA CUSTÓDIA – *Ver* Folha de guarda.

FOLHA DE ACERTO – Aquela que, na oficina tipográfica, serve para experimentar a máquina, não só a de imprimir como a de dobrar os cadernos.

FOLHA DE ACETATO – Suporte da informação que é usado em projectores de transparências e sobre o qual se pode escrever com tintas especiais de secagem rápida.

FOLHA DE ANTERROSTO – Aquela que precede a folha de rosto e serve para protegê-la; com frequência apresenta-se nela o antetítulo e/ou o título da série, no caso de o livro pertencer a uma.

FOLHA DE ÁRVORE – Material de suporte da escrita usado na Grécia antiga.

FOLHA DE AVIAMENTO (port. Bras.) – A que fica debaixo da folha de padrão e na qual se fazem recortes e colam alças, para corrigir o excesso ou a falta de pressão. Folha de preparo.

FOLHA DE BALANÇO – Declaração escrita que descreve a situação financeira de uma organização em termos de activo e passivo numa determinada data, que costuma coincidir com o final do período fiscal.

FOLHA DE CAIXA – Aquela em que se registam diariamente as receitas e despesas numa unidade comercial.

FOLHA DE CÁLCULO – Quadro de números informatizado. Cada "célula" recortada no ecrã pode receber um número ou uma fórmula de cálculo; neste último caso, a modificação de um valor traz consigo a de todos os valores interligados; é muito útil para as previsões económicas; é o programa profissional mais difundido.

FOLHA DE CIRCULAÇÃO – *Ver* Lista de circulação.

FOLHA DE CONSTITUIÇÃO – Folha elementar, de composição homogénea, formada sobre a teia da máquina do papel.

FOLHA DE CORTESIA – Cada uma das folhas deixadas em branco no início e no final de um livro. Guarda.

FOLHA DE COUVE – Termo depreciativo usado para caracterizar um jornal de fraca qualidade.

FOLHA DE DESCARGA – Folha de papel embebida em petróleo com que se reveste o cilindro da prensa, quando se faz a retiração, evitando assim que o padrão manche as folhas adjacentes • Folha que se introduz entre os rolos das prensas para eliminar o excesso de tinta. Descarga. (port. Bras.) *Ver* Maculatura.

FOLHA DE ENTRADA – *Ver* Folha de registo de dados.

FOLHA DE ENVIO DE REMESSA – A que acompanha a expedição de um produto ou encomenda, em que aparece discriminada a sua quantidade e conteúdo. Folha de expedição.

FOLHA DE ERRATA – Folha de papel acrescentada ao corpo do livro onde se indicam os erros que escaparam durante a impressão da obra. Corrigenda. Fé de erratas. *Ver* Errata.

FOLHA DE ESTANHO – Lâmina fina polida e envernizada, utilizada como substituto da prata na iluminura.

FOLHA DE ESTILO – Conjunto de informações fornecidas numa folha, das quais constam as instruções referentes à apresentação dos artigos; são impressas numa revista ou enviadas em separado aos autores que nela pretendam colaborar. Instruções para os autores • (port. Bras.) Gabarito que pode ser pré-formatado para gerar automaticamente o estilo ou leiaute de um documento, como um manual, revista ou livro • Folha que indica o estilo que deve ser seguido por um compositor.

FOLHA DE EXPEDIÇÃO – *Ver* Folha de envio de remessa.

FOLHA DE GUARDA – Folha, geralmente branca e de um papel mais espesso, colocada no início e final de um volume; destina-se, tal como o nome indica, a proteger a obra. Folha de protecção. Folha custódia. Guarda. Página de guarda • Folha de papel, geralmente mais fina que a do texto ou mesmo transparente, que acompanha uma estampa ou gravura de um livro, para protegê-la; por vezes tem estampada a legenda explicativa do desenho que acompanha.

FOLHA DE IMPRESSÃO – Folha de papel, de um determinado formato, impressa dos dois lados, composta por um dado número de páginas e que, dobrada, constitui um caderno de um livro.

FOLHA DE LIVRO – Cada um dos rectângulos de papel que constituem o livro • A parte manuscrita ou impressa de um lado e de outro • Pedaço de papel de dimensões variáveis cortado segundo uma determinada altura e largura, que faz parte de um conjunto de forma a constituir um volume ou folheto.

FOLHA DE MÁQUINA – Folha de papel de qualquer formato onde está impresso um certo número de páginas, que se destina à tiragem, após a contraprova das emendas.

FOLHA DE OURO – Lâmina muito fina de ouro, verdadeiro ou falso e, por extensão, lâmina metálica utilizada pelos douradores para os seus trabalhos aplicados na encadernação. Usada na iluminura, mais frequentemente que o ouro em pó a partir do século XII, a folha de ouro era obtida através do batimento com um martelo de uma moeda de ouro cortada em pequenos fragmentos até se obter a finura de uma teia de aranha; para que estas folhas não se colassem umas às outras, eram colocados entre elas pedaços de pele de intestinos de animais isentos de gordura; uma moeda de ouro era suficiente para obter numerosas folhas de ouro; segundo Cennino Cennini obtinham-se cerca de cento e quarenta e cinco a partir de um ducado; em encadernação o seu uso remonta aos finais do século XV, período em que a folha de ouro era aplicada através do ferro de dourar aquecido sobre o couro. Ouro em folha.

FOLHA DE PADRÃO – *Ver* Padrão.

FOLHA DE PALMEIRA – Suporte de escrita usado por antigas civilizações e de que não restam senão fragmentos, pois é frágil e facilmente atacado por insectos, especialmente por térmitas.

FOLHA DE PAPEL – Quadrado ou rectângulo de papel • Rectângulo de papel que, dobrado em páginas, forma um caderno o qual, unido a outros, forma o volume • Secção de um mapa ou planta de grande formato, cortada para facilitar a consulta • Periódico • Jornal • Gazeta.

FOLHA DE PAPIRO – Página. Manuscrito. *Ver* Scheda.

FOLHA DE PARTITURA – Folha solta, manuscrita ou impressa, na qual figura a música e a letra de um texto musical. Partitura musical.

FOLHA DE POESIA POPULAR – *Ver* Folha volante.

FOLHA DE PREPARO (port. Bras.) – A que fica debaixo da folha de padrão e na qual se recortam e colam alças, com vista a corrigir o excesso ou falta de pressão. Folha de aviamento.

FOLHA DE PRESENÇA – Aquela que é rubricada por cada um dos participantes numa aula, conferência ou reunião, para atestar a sua comparência.

FOLHA DE PROTECÇÃO – Pedaço de papel devidamente adaptado na medida, que é usado como barreira para prevenir a migração de ácido ou gordura de um material para outro • Folha de papel, de grossura em geral mais fina que as outras folhas constituintes do resto da obra, não inserida na paginação, que se destina a proteger e por vezes conter a descrição da estampa ou outro género de ilustração sobre a qual fica colocada; pode contribuir para a acidificação da estampa, se o seu pH não for compatível com o do resto da obra.

FOLHA DE RECOLHA DE DADOS – *Ver* Folha de registo de dados.

FOLHA DE REGISTO DE DADOS – Ficha pré-impressa, com frequência em forma de grelha, que possibilita a recolha das informações que constituirão uma referência, segundo uma determinada ordem e certas regras de escrita. Folha de recolha de dados • Folha de entrada.

FOLHA DE ROSTO – Página de título de uma obra impressa onde estão inscritos os elementos fundamentais relativos a uma obra, tais como o título, subtítulo, nome do autor, acompanhado por vezes dos seus títulos académicos, nome do compilador, ilustrador, tradutor, etc. e, se for caso disso, indicação da edição, lugar de edição, nome do editor e data de publicação. Frontispício. Folha de título. Rosto.

FOLHA DE ROSTO ADICIONAL – Folha de rosto complementar que precede ou segue a folha de rosto principal e que inclui com frequência informações sobre a série ou outras informações acessórias sobre a obra. Folha de rosto complementar.

FOLHA DE ROSTO COMPLEMENTAR – *Ver* Folha de rosto adicional.

FOLHA DE ROSTO FALSA – A que precede a folha de rosto ou página de título e que apenas contém o título da obra. Anterrosto. Falso rosto. Falso título. Anteportada.

FOLHA DE SERVIÇOS – Documento em que são assinalados os antecedentes pessoais e atitudes favoráveis ou desfavoráveis de um funcionário no exercício da sua profissão.

FOLHA DE TÍTULO – Portada. Rosto. Página de título. Frontispício. Folha de rosto.

FOLHA DE TRANSPORTE – Folha de papel para decalque, onde foi copiado um motivo para passar ao metal, ao papel ou à pedra.

FOLHA DESIRMANADA – Folha que carece de contrafolha, ou seja, da outra metade do bifólio.

FOLHA DIOCESANA – Publicação periódica, dimanada de uma diocese e distribuída na sua área, dando notícia das actividades religiosas e eclesiásticas, bem como de alguns documentos provindos do bispo da diocese.

FOLHA DIVISÓRIA – Aquela que serve para demarcar as diferentes partes de uma obra; tem em geral um título falso.

FOLHA DO MOLDE (port. Bras.) – Em monotipia, lâmina de aço com a espessura que corresponde ao corpo do tipo a ser moldado.

FOLHA DOBRADA – Folha que é entregue ao comprador vincada ao meio, perpendicular à sua maior dimensão • Folha grande, inserida num livro de menores dimensões, unida por um dos extremos à obra e vincada uma ou mais vezes para que fique ajustada ao corte dianteiro da obra em que está inserida. *Ver tb.* Formato.

FOLHA DOMINICAL – Publicação de natureza religiosa, destinada ao ensinamento e informação dos fiéis, cuja distribuição é feita ao domingo, em geral dentro de um templo, no início ou no final de uma cerimónia religiosa.

FOLHA DUPLA – Folha com o dobro do tamanho, dobrada no corte lateral ou à cabeça do livro em que está inserida; as páginas interiores não estão impressas.

FOLHA EM BRANCO – Aquela que não apresenta qualquer elemento manuscrito ou impresso.

FOLHA ENCASADA – Aquela que é inserida num caderno para o completar.

FOLHA FUGIDA – Folha impressa cujas páginas de um lado e de outro não coincidem.

FOLHA INDIVIDUAL – Nome dado à folha resultante do processo manual de manufactura do papel.

FOLHA INFORMATIVA – Folha de dimensões reduzidas publicada com a finalidade de fornecer dados elucidativos sobre um determinado assunto ou tema.

FOLHA INTERCALADA – Diz-se de uma folha acrescentada no interior de um fascículo, de um livro, etc. Folha intercalar. Folha interposta.

FOLHA INTERCALAR – Folha suplementar que se coloca entre outras • Página estranha ao texto corrente que se insere numa imposição. Folha intercalada.

FOLHA INTERPOSTA – *Ver* Folha intercalada.

FOLHA NOTICIOSA – Folha manuscrita, com notícias avulsas de Portugal e de diversos países, retiradas em geral de gazetas estrangeiras, nas línguas francesa e italiana (originais ou traduzidas) surgida no século XVI e que prosseguiu até ao século XIX • Publicação impressa, de carácter periódico e tiragem reduzida, que apresenta artigos em geral de pequena dimensão e âmbito limitado, destinados a uma determinada comunidade. Jornal. Gazeta.

FOLHA OFICIAL – Nome dado à informação dimanada do governo onde se publica a legislação do país a que esse governo respeita.

FOLHA OPISTÓGRAFA – Aquela que é escrita ou impressa dos dois lados. Folha opistográfica.

FOLHA OPISTOGRÁFICA – *Ver* Folha opistógrafa.

FOLHA PAROQUIAL – Boletim informativo e de educação religiosa distribuído aos fiéis de uma paróquia.

FOLHA REIMPRESSA – Folha de um livro que contém erros e que é retirada e substituída por outra devidamente impressa.

FOLHA SOLTA – Aquela que não está ligada à encadernação, por acidente ou propositadamente • Publicação unitária, cuja dimensão em geral não excede as quatro páginas • Folha de papel impressa, que é distribuída em público como meio de fazer propaganda • Em sentido restrito, publicação de duas a quatro páginas impressas numa folha pequena, dobrada mas sem ser cosida ou encadernada. Pequeno folheto.

FOLHA SUBSTITUTA – Aquela em que se fizeram correcções ou supressões e que substitui outra.

FOLHA SUBSTITUTA DE SAÍDA – *Ver* Ficha substituta de saída.

FOLHA TERMINAL – Folha que faz parte do final de um volume e que ou tem numeração especial ou não é numerada.

FOLHA-TESTEMUNHO – Aquela que, por estar dobrada ou por qualquer outra razão, não foi cortada pela guilhotina do encadernador, dando assim ideia da sua dimensão original antes de a obra ser aparada; por vezes a folha é dobrada para dentro propositadamente, escapando deste modo à guilhotina, com a intenção de conservar glosas marginais manuscritas, o que denota o cuidado da parte do encadernador em preservar essas notas; os exemplares assim tratados são muito procurados pelos bibliófilos, sobretudo porque deste modo se conserva, não só o corpo primitivo da obra, mas também as notas marginais e glosas manuscritas, se as houver; por vezes alguns coleccionadores que apreciavam os cortes dourados, pediam ao encadernador que não aparasse a obra, dourando o corte irregular, o que resultava muito bem sob o ponto de vista estético, se bem que deste modo não fosse alcançada a finalidade principal do aparo do livro, que era o impedir que o pó entrasse no corte do volume.

FOLHA VOLANTE – Fólio não ligado a outro • Folha impressa para distribuição pública rápida, em geral de propaganda e que, em princípio, circula de mão em mão, daí o nome • Texto avulso • Pasquim que se distribui impresso. As folhas volantes surgiram no nosso país em finais do século XVI, desde os primeiros anos da dominação espanhola e multiplicaram-se no segundo quartel do século XVII. Eram publicadas a propósito de um determinado acontecimento nacional ou internacional, que relatavam com maior ou menor verdade e pormenor, e não apresentavam regularidade na saída.

FOLHAGEM – Ornamento em forma de ramagens curvadas em volutas envolvidas em festões, flores e frutos, que decora as margens dos manuscritos medievais e que nos livros dos séculos XVI e XVII já aparece gravado em madeira; serviu também para ornamentação de encadernações em diversas épocas.

FOLHA-PROGRAMA – Folha na qual estão inscritas as marcas do comando de funções, quer dizer, as instruções e as definições de dados de um programa.

FOLHAS DE CORTESIA – *Ver* Guardas.

FOLHAS DE ENCHIMENTO – Folhas brancas acrescentadas nas partes inicial e final de um folheto fino quando é encadernado, para lhe aumentar o volume, e assim permitir a sua encadernação.

FOLHAS DE TEXTO – Nome dado ao conjunto das folhas ou páginas em que o assunto de uma obra é desenvolvido. Corpo da obra.

FOLHAS PRELIMINARES – Folhas que precedem a primeira folha do texto: anterrosto, rosto, folhas que contêm a dedicatória, o sumário, a lista de abreviaturas, de ilustrações, o prefácio ou prólogo, o privilégio, a introdução, a errata, etc.; são em geral numeradas à parte e em algarismos romanos ou simplesmente inumeradas, isto porque geralmente o texto é impresso em primeiro lugar. Folhas acessórias. Folhas complementares. (port. Bras.) Folhas pré-textuais. Pré-textuais.

FOLHAS PRÉ-TEXTUAIS (port. Bras.) – *Ver* Folhas preliminares.

FOLHEAÇÃO – *Ver* Foliação.

FOLHEADO – *Ver* Foliado.

FOLHEADOR – Que ou aquele que folheia • Aquele que vira as folhas dos livros, lendo-as em diagonal.

FOLHEAR – Percorrer as folhas de uma publicação. Percorrer um documento virando as folhas • Dividir em folhas • Consultar • Numerar as folhas de um livro • Ler.

FOLHEATURA – Foliação.

FOLHEÁVEL – Que pode folhear-se. Com páginas que se podem folhear e virar de um lado para o outro, permitindo a leitura do texto ou das imagens.

FOLHEIO – Acto de folhear publicações. Folhear.

FOLHETA – Pequena folha.

FOLHETARIA – Ornamento de folhagem em pintura ou desenho • Colecção de folhetos.

FOLHETEIRO – Relativo a folheto.

FOLHETIM – Secção literária ou artística de um periódico colocada em geral no fundo da página • Novela, artigo ou qualquer outro trabalho literário, em geral extenso (por vezes dividido em várias partes), que se publica num periódico em datas sucessivas ou alternadas; teve a sua origem em França em finais do século XVIII, e grande explosão durante o século seguinte, no qual era prática ser apresentado nos jornais, em rodapé, de modo a poder ser facilmente destacado e coleccionado; mantinha o interesse dos leitores suspenso pelo fio novelesco da narração de um dia para o outro, e dessa forma ia alimentando a veia romântica dos leitores ao longo de semanas e de meses; o seu aparecimento alterou a prática da leitura do jornal e fez aumentar o público leitor do romance; através do folhetim, dado à estampa em folhas periódicas, o romance podia atingir um público mais vasto e ultrapassar a influência de outros géneros literários, aproximando o escritor do leitor e levando à leitura algumas pessoas que de outro modo não leriam • Caderno de uma publicação periódica geralmente contendo temas literários e culturais • Gazetilha • Novela-folhetim. Romance folhetinesco • (port. Bras.) Seriado.

FOLHETIM-CRÓNICA – Subgénero jornalístico oitocentista, misto de informação, análise social e comentário político constituído por romances em episódios que se apresentavam situados no rodapé da página, em que o autor traçava quadros de costumes da sociedade e das mentalidades da época; era em geral escrito num estilo fluente e vivo, em que o descritivo se conjugava com o pitoresco. Em Portugal atingiu o seu prestígio máximo como sátira político-social na segunda metade do século XIX, com Ramalho Ortigão e Eça de

Queirós. Destinava-se a uma burguesia culta e era escrito com a finalidade de educar e apurar os gostos dos seus leitores.

FOLHETINESCO – Próprio de folhetim.

FOLHETINISMO – Técnica de escrever ou publicar folhetins.

FOLHETINISTA – Aquele que escreve folhetins ou folhetos • Redactor de crónicas e críticas literárias.

FOLHETINÍSTICO – Relativo a folhetim.

FOLHETINIZAR – Descrever em folhetim, dar a forma de folhetim a.

FOLHETISTA – Autor de folhetos • Panfletário.

FOLHETO – Termo usado para designar um documento constituído por uma folha simples ou dobrada geralmente revestida com uma capa em papel • Publicação impressa, não periódica, com mais de quatro e não mais de quarenta e oito páginas, sem contar as da capa. Publicação impressa não periódica, em geral brochada, constituída por poucas folhas. Panfleto • Opúsculo • Obra com menos de cem páginas ou cinquenta folhas • Pequena folha ou brochura de propaganda religiosa, política, cultural, etc.

FOLHETO DE CORDEL – Publicação impressa, não periódica, em geral brochada, com mais de quatro e não mais de quarenta e oito páginas sem contar as da capa, ou seja, um caderno ou por vezes dois; apresenta frequentemente ilustrações baratas, de qualidade inferior, gravadas em madeira, em geral aproveitadas de outras obras e colocadas na primeira página, com a finalidade de atrair o comprador; o conteúdo é de carácter popular e apresenta-se com frequência em verso, romances ou coplas; o nome provém do facto de antigamente ser vendido nas ruas, pendurado num cordel estendido ao longo de uma parede ou numa banca de feira. Ver Livro de cordel.

FOLHETO INFORMATIVO – Aquele que acompanha um determinado objecto ou produto e que fornece esclarecimentos acerca do seu funcionamento, composição, ou administração, como acontece com as bulas dos medicamentos • Pequeno panfleto ou opúsculo, muitas vezes apresentado como folheto desdobrável, que explica um determinado acontecimento ou acção e que é distribuído gratuitamente em público.

FOLHETO VOLANTE – Ver Folha volante.

FOLHETOTE – Folheto sem importância.

FOLHINHA – Pequena folha • Directório de rezas • Calendário adaptado às necessidades de devoção do povo • Calendário • Directório da reza obrigatória dos padres.

FOLHINHA DE REZA – Pequeno manual contendo orações de recitação diária destinadas ao clero.

FOLHOSO – Termo de gíria para livro • Papel de carta.

FOLIAÇÃO – Operação que consiste em numerar apenas a frente ou recto das folhas de um documento; é o oposto de paginação, que é a numeração da frente ou recto e do verso das folhas. Numeração das folhas de um documento. Na descrição codicológica deve especificar-se se a foliação é a original ou se é posterior • Acto ou efeito de foliar. Foliotação. Folheatura. Folheação. Disposição em folhas. Supõe-se que tenha sido usada pela primeira vez em 1470, por Arnold Ter Hoernen, impressor de Colónia.

FOLIAÇÃO CONTÍNUA – Diz-se da numeração das folhas de uma publicação em mais que um volume, que não apresenta interrupções. Foliação correlativa. Foliação corrida.

FOLIAÇÃO CORRELATIVA – Foliação contínua. Foliação corrida.

FOLIAÇÃO CORRIDA – Foliação contínua. Foliação correlativa.

FOLIAÇÃO DE PÉ DE PÁGINA – Forma de foliar as folhas de uma obra colocando o número no pé e não à cabeça, geralmente à direita ou ao centro.

FOLIAÇÃO DESCONTÍNUA – Diz-se da numeração das folhas de uma publicação em mais do que um volume com numeração independente.

FOLIAÇÃO MÚLTIPLA – Numeração das folhas que é apresentada em várias ordens sequenciais.

FOLIAÇÃO OPISTÓGRAFA – Aquela que ocorre no recto e verso da folha com o mesmo número.

FOLIADO – Disposto em folhas. Numerado em folhas. Foliotado.

FOLIADOR – Aquele que numera as folhas de um livro ou documento.

FOLIAR – Numerar as folhas de um livro manuscrito, de um registo, etc. Paginar a livro aberto.

FOLICULÁRIO – Escritor de folhetos • Periodiqueiro, jornalista fraco.

FOLÍCULO – Raiz do pêlo da pele dos animais que servia para produzir pergaminho; os folículos podem ser observados do lado do pergaminho chamado flor e o seu aspecto pode fornecer elementos para identificar o animal de que provém o pergaminho.

FÓLIO – Folha de papel ou pergaminho numerada apenas no recto; o termo deriva de folha de árvore, a mesma palavra que o *folium* do latim • Número atribuído a uma folha. Algarismo indicativo do fólio de um livro manuscrito • Numeração que se coloca à cabeça das páginas dos livros comerciais, à esquerda • Formato de livro • Nome atribuído aos grandes livros impressos: livro in-fólio. As duas páginas de uma folha • Livro impresso em formato de in-fólio.

FÓLIO ÍMPAR – Em páginas numeradas de ambos os lados, aquele que ocupa o recto.

FÓLIO NUMÉRICO – Dados que indicam o número da página num sistema de numeração.

FÓLIO PAR – Em páginas numeradas de ambos os lados, o fólio que ocupa o verso.

FÓLIO PROLOGAL – Cada uma das folhas que correspondem ao início de um livro, quando têm numeração independente; esta numeração facilita a composição tipográfica, uma vez que as peças que se inserem nestas páginas (prólogos, dedicatórias, palavras ao leitor, etc.) são normalmente redigidas no fim do texto. Páginas preliminares.

FÓLIO RECTO – Primeira página de uma folha numerada só de um lado.

FÓLIO VERSO – Segunda página de uma folha em que só a primeira é numerada.

FOLIOTAÇÃO – Disposição em folhas. Foliação.

FOLIOTADO – Numerado em folhas. Foliado. Disposto em folhas.

FOLIUM (pal. lat.) – Inicialmente designava folha de árvore, donde provém a folha de papel. *Ver* Folha.

FOME DE LIVROS – Expressão usada para referir a urgente necessidade de livros nos países em desenvolvimento que lutam pela alfabetização e, através dela, pelo progresso científico e tecnológico.

FON. – Abreviatura de fonética.

FOND CRIBLÉ (loc. fr.) – Designação de uma técnica usada em gravura que se caracteriza por desenhar o fundo sobre o qual assenta o motivo principal, com pequenos pontos que podem ver-se a branco ou preto segundo a técnica de gravura pela qual são obtidos.

FONEMA – Nome dado ao mais pequeno elemento constitutivo da cadeia falada de uma língua que permite distinções semânticas. Unidade de que o som é a representação (ou realização) física.

FONEMÁTICA – *Ver* Fonologia.

FONÉMICA – *Ver* Fonologia.

FONÉTICA – Disciplina que estuda minuciosamente as características físicas, de articulação e acústicas dos sons da fala e as diversas realizações dos fonemas.

FONETICISMO – *Ver* Fonetismo.

FONETISMO – Sistema de escrita fonética. Foneticismo.

FONOGRAMA – Grafema que transcreve um fonema • Característica na escrita que permanece mais para um som do que para um objecto ou ideia • Documento que requer a utilização de equipamento para ser ouvido • Registo que resulta da fixação exclusivamente sonora dos sons provenientes da execução de uma obra ou de quaisquer outros, em suporte material.

FONOLOGIA – Parte da gramática que estuda o comportamento dos fonemas numa língua • Estudo da estrutura abstracta das unidades de expressão constituintes da língua falada e das regras que guiam a combinação destas unidades. Fonémica.

FONOTECA – Organismo ou serviço encarregado de reunir documentos sonoros, conservá-los e colocá-los à disposição dos utilizadores.

FONOTECÁRIO – Pessoa encarregada de uma fonoteca.

FONTE – Conjunto de letras de um corpo e carácter, que completam a caixa • Texto escrito ou oral referente a um determinado domínio

563

estudado, do qual são ou foram extraídos dados para serem usados num trabalho • Primeiro autor de alguma coisa • Texto originário de uma obra • Etimologia • Em informática, programa ou colecção de programas que tem a capacidade de descrever os caracteres nas diferentes caixas e corpos e de os espacejar de forma correcta. Programa-fonte.

FONTE ARQUIVÍSTICA – *Ver* Fonte de arquivo.

FONTE AUTORIZADA – Expressão usada para designar uma fonte de informação oficial, cujo nome não pode referir-se.

FONTE BEM INFORMADA – Expressão usada para designar uma fonte de informação cujo nome não pode indicar-se, mas cuja informação é fidedigna.

FONTE BIBLIOGRÁFICA – Documento constituído por material manuscrito ou impresso.

FONTE DA CITAÇÃO – Origem oral ou escrita de uma informação utilizada, partindo do princípio da fidedignidade dos elementos citados. Fonte de informação.

FONTE DE ARQUIVO – Documento constituído por material que se encontra guardado num arquivo.

FONTE DE INFORMAÇÃO – Designação que é atribuída a qualquer tipo de informação, independentemente do suporte • Segundo Katz, é "qualquer obra que é usada para responder a uma pergunta"; pode ser constituída por um documento, uma pessoa, instituição, etc., seja qual for o formato e o suporte • Documento original, crónica, testemunho, etc. a partir do qual são tratados os elementos para determinados estudos e investigações • Lugar onde pode localizar-se informação que pretende consultar-se. As fontes de informação podem ser constituídas por material dactilografado, impresso ou audiovisual, bases de dados informatizadas, registos bibliográficos de bibliotecas, etc., instituições e pessoas.

FONTE DE PRIMEIRA MÃO – *Ver* Fonte primária.

FONTE DE REFERÊNCIA – Aquela que é usada para obter informação digna de crédito na resposta a uma consulta de informação bibliográfica. *Ver* Fonte de informação.

FONTE DE SEGUNDA MÃO – Documento ou elemento bibliográfico não original, mas que se fundamenta em fonte original. *Ver* Fonte secundária.

FONTE DE UM DESCRITOR – Documento do qual um descritor foi seleccionado.

FONTE DIPLOMÁTICA – Fonte constituída pelos actos escritos e pelos documentos que resultam de acções jurídicas e de actividades económicas e administrativas de qualquer pessoa física ou moral e as cartas expedidas por dever do cargo, cuja forma está sujeita a determinadas regras.

FONTE DOCUMENTAL – Obra de consulta • Sistema, entidade, centro ou organismo especializado num determinado assunto ou área de trabalho capaz de fornecer informação elaborada sobre documentos primários ou secundários.

FONTE EXTERIOR – Qualquer fonte externa à publicação (pessoa, documento, bibliografia, catálogo, estudo, obra de referência, etc.) da qual possa retirar-se informação sobre essa publicação; é usada quando a publicação que se descreve não comporta a informação necessária para a identificar e descrever. Fonte externa.

FONTE EXTERNA – *Ver* Fonte exterior.

FONTE ICONOGRÁFICA – Aquela que é constituída por imagens (fotografias, figuras, desenhos, etc.).

FONTE INSTITUCIONAL – Gabinete de informação de instituição pública ou privada.

FONTE MATERIAL – Fonte constituída por elementos materiais, alguns deles guardados em museus, como objectos ou monumentos.

FONTE OFICIAL – Aquela que se exprime em nome de um governo ou seus representantes.

FONTE OFICIOSA – Fonte de informação que se exprime em nome individual e não oficial.

FONTE ORIGINAL – *Ver* Fonte primária.

FONTE PRESCRITA DE INFORMAÇÃO – Fonte ou fontes da qual a informação é retirada para constituir cada um dos elementos da descrição bibliográfica; pode ser constituída apenas por parte da publicação e varia consoante a natureza dos elementos a retirar.

FONTE PRIMÁRIA – Fonte como livros, publicações em série, relatórios científicos e técnicos, actas de congressos, programas de investigação, teses, etc., cujo conteúdo é a primeira consequência da actividade do intelecto. Fonte ou publicação de primeira mão. Fonte original • Documento original sobre um determinado tema, usado na preparação de um trabalho que se destina a publicação.

FONTE PRINCIPAL DE INFORMAÇÃO – Fonte de informação bibliográfica ou outra a que deve dar-se preferência, pelo facto de ser a partir dela que se prepara a descrição bibliográfica (ou uma parte dela).

FONTE SECUNDÁRIA – Aquela que contém dados e informação sobre fontes primárias (revistas de títulos e de resumos, bibliografias, catálogos de bibliotecas, guias bibliográficos, repertórios, anuários, directórios, etc.).

FONTE TERCIÁRIA – Obra especializada que cobre um conjunto de conhecimentos ou explicações concisas relacionadas com temas, autores, trabalhos, associações, recursos, etc.; estas fontes repertoriam, seleccionam e organizam informações de fontes primárias e secundárias. As obras de referência tais como as enciclopédias, os dicionários e os repertórios são considerados fontes terciárias.

FONTES – Em descrição de documentos manuscritos ou impressos, indicação dos repertórios, etc. que foram usados para a identificação dos autores e obras e para a colação do texto.

FONTES DE CONSULTA – Conjunto de documentos que serviram de base à elaboração de um trabalho ou obra.

FONTES DIPLOMÁTICAS – As fontes diplomáticas são formadas, por um lado pelos actos escritos e por outro pelos documentos resultantes das acções jurídicas e actividades administrativas e financeiras de uma pessoa física ou moral, ou seja, por documentos expedidos por ofício e cuja forma resulta de certas regras.

FORA DE CATÁLOGO – Livro ou publicação periódica que não é apresentada em lista para venda, devido à sua raridade ou à sua falta de interesse.

FORA DE COMÉRCIO – Situação que se verifica quando uma obra não é apresentada para venda devido à sua retirada por qualquer razão ou porque está esgotada.

FORA DE ORDEM – Notícia que, por razões de conteúdo ou de oportunidade, tem prioridade sobre as outras.

FORA DE PÁGINA – Diz-se do texto que não está inserido na página que corresponde à temática do seu conteúdo.

FORA DO TEXTO – Expressão utilizada para qualificar as gravuras, marcas, desenhos, ou qualquer outra representação gráfica independente, que foram objecto de tiragem à parte, quase sempre em melhor papel do que o resto da obra e que são intercaladas nela; geralmente têm numeração própria. Extratexto, *hors-texte*.

FORAL – Diploma régio que estabelecia as leis de uma localidade; consignava os direitos, privilégios e deveres dos locais ou concelhos com os seus habitantes entre si e com o Estado. Carta de foral. Carta de foro.

FORÇA DE ADESÃO SUPERFICIAL DO PAPEL – Resistência que o papel opõe a que dele se soltem fibras ou fragmentos superficiais.

FORÇA DE ROTURA DO PAPEL POR TRACÇÃO – Força que produz a fractura de uma amostra de papel ou cartão submetido a uma tracção exercida nas suas extremidades nas condições do ensaio normalizado; exprime-se normalmente pelo comprimento de rotura.

FORÇA DO CORPO – *Ver* Corpo.

FORÇA DO CORPO DA LETRA – Espessura da haste da letra, que vai da cabeça ao pé do olho, incluindo a rebarba, e que determina o corpo a que a letra pertence.

FORÇA DO PAPEL – Expressão da gramagem do peso do papel por metro quadrado.

FORECA – Termo arcaico que designava livro de lembranças.

FORFAIT (pal. fr.) – Modalidade de pagamento dos direitos de autor que consiste na sua venda por junto, isto é, por atacado, recebendo o autor de uma vez só a soma pela qual cede todos os seus direitos ao editor, qualquer que seja o sucesso ulterior da sua obra.

FORJAR – Falsificar.

FORMA – Em impressão tipográfica e *offset*, as páginas que estão a ser impressas de um dos lados do caderno ou, em impressão tipográfica, molde de imprimir ou chapas impostas para imprimir o caderno e encerradas no caixilho de ferro chamado rama; no início da imprensa só se podia imprimir uma meia forma de cada vez nos grandes formatos • Configuração especial da letra • Chapa de *offset*. *Ver* Formato. É uma categoria que se refere directamente ao próprio registo gráfico e seus atributos físicos em vez do conteúdo • Modo como é organizado um texto • Em arquivística, identificação histórica e funcional dos documentos em função das suas características materiais, dos seus temas, do conteúdo intelectual ou ainda do tipo de informação que aí se encontra (diário contabilístico, diário pessoal, directiva, memória, questionário, registo dos processos verbais, programa de curso ou lista de presença) • Composição tipográfica para anúncios ou impressos comerciais.

FORMA AUTÊNTICA – *Ver* Pública-forma.

FORMA CONTROLADA DO NOME – Segundo a *IFLA* é a forma autorizada e variantes de nomes de entidades, estabelecidas segundo um conjunto de regras e registadas num registo de autoridade, a fim de permitir o acesso a registos bibliográficos e de autoridade (muitas vezes designadas também cabeçalho controlado, cabeçalho autorizado ou cabeçalho variante).

FORMA DA ENTRADA – Em catalogação, modo como é expresso o ponto de acesso a um catálogo. Forma do cabeçalho. Forma do ponto de acesso.

FORMA DE BRANCO – Primeira forma, ou seja, aquela com que se imprime o primeiro lado do papel. Branco.

FORMA DE FUNDO DUPLO – Dispositivo usado no fabrico do papel por processos manuais, que possuía no fundo duas estruturas sobrepostas de rede de arame, por forma a evitar que as barras sobre as quais a estrutura reticular descansava deixassem marca no papel e fabricar desta forma um papel vitela em vez do papel comum.

FORMA DE IMPRESSÃO – Qualquer superfície de metal, plástico ou borracha que contém uma imagem ou texto que se quer imprimir; após a aposição de tinta a forma transfere a imagem ou texto para o papel.

FORMA DE MADEIRA – Bloco de madeira, com a altura de um tipo, em que foi gravada uma mensagem para que a sua impressão tipográfica fosse feita.

FORMA DE REGISTO CUNEIFORME – Escrita em tijolinhos de argila usada pelos antigos povos mesopotâmicos.

FORMA DE RETIRAÇÃO – Segunda forma, ou seja aquela com a qual se imprime o segundo lado do papel.

FORMA DE TIRA-E-RETIRA (port. Bras.) – Aquela que compreende todas as páginas a serem impressas dos dois lados da folha.

FORMA DE UM TERMO – Conjunto dos caracteres ou dos sons que constituem um vocábulo.

FORMA DO ACTO ESCRITO – Molde no qual é vertido o conteúdo deste acto, conjunto dos caracteres externos e internos que dão ao acto o aspecto que responde à sua natureza diplomática e jurídica, segundo as regras ou hábitos da chancelaria que o expede ou do cartório que o redige.

FORMA DO CABEÇALHO – *Ver* Forma da entrada.

FORMA DO PAPEL – Esquadria de madeira armada com fios metálicos que serve para fabrico do papel na cuba.

FORMA EXTERNA (port. Bras.) – Aquela que compreende a primeira e a última páginas de um caderno.

FORMA GRÁFICA – *Ver* Grafia.

FORMA INTERNA (port. Bras.) – Aquela que compreende a segunda e a penúltima páginas de um caderno.

FORMA VARIANTE – *Ver* Variante.

FORMAÇÃO DA FOLHA DE PAPEL – No fabrico de papel, processo de recolha da matéria-prima que se encontra em suspensão na solução aquosa; a formação da folha de papel é constituída por três fases: filtragem da matéria-prima, prensagem e secagem; a folha individual obtém-se através do processo manual de manufactura do papel; a folha contínua resulta do processo mecânico de fabrico do papel • Modo como se distribuem as fibras, se dispõem e se entrelaçam para formar a folha de papel durante o fabrico.

FORMAÇÃO DE PALAVRAS – Conjunto de processos morfo-sintácticos (derivação, composição, flexão) que permitem criar unidades novas a partir de morfemas lexicais.

FORMAÇÃO DO UTILIZADOR – Conjunto de acções levadas a cabo no âmbito das actividades de uma biblioteca, arquivo, serviço de documentação, etc. destinadas a optimizar a utilização dos seus recursos. Orientação bibliográfica. Instrução bibliográfica. (port. Bras.) Educação de usuário.

FORMALDEÍDO – *Ver* Aldeído fórmico.

FORMALINA – *Ver* Aldeído fórmico.

FORMA-NERVOS – *Ver* Aperta-nervos.

FORMAS FLEXÍVEIS – Desinências ou sufixos próprios para exprimir as categorias gramaticais do caso e do género, da pessoa, do tempo e do modo.

FORMATAÇÃO – Atribuição de formato. Operação que consiste em depositar marcas lógicas para organizarem o espaço onde vai ser armazenada a informação, de modo a que a sua leitura posterior seja feita de uma forma coerente.

FORMATAR – Distribuir os elementos de acordo com o formato adoptado.

FORMATO – Disposição do livro em relação ao número de vezes em que a folha foi dobrada; toma nome especial conforme a dobragem; daí que não seja correcto no livro antigo atribuir uma medida em centímetros a um formato, uma vez que tudo depende do tamanho da folha original; para os livros dos séculos XV-XVIII o formato é determinado pelas vergaturas das folhas de papel: in-fólio: vergaturas horizontais, pontusais verticais e filigrana a meio da folha; in-quarto: vergaturas verticais, pontusais horizontais e filigrana no festo; in-oitavo: vergaturas horizontais, pontusais verticais e filigrana na dobra da cabeça da folha; em várias épocas e por sucessivas vezes tentou legislar-se sobre o formato da folha de papel • Tipograficamente o formato é a altura e a largura da folha de imprensa; por isso ele tem relação com o formato das folhas dos fabricantes de papel, que o medem em altura e largura da folha impressa após ter sido dobrada na forma dos cadernos; o formato reconhece-se pelas assinaturas; se a folha fosse dobrada em dois era chamada in-fólio, em quatro in-quarto e em oito in-oitavo • Conjunto das dimensões características de um documento • Conjunto de regras que definem a estrutura, a dimensão e o conteúdo das diferentes partes que constituem uma mensagem • Altura e largura dos livros expressa em centímetros; considera-se largura a dimensão menor • Representação física de um documento • Em armazenamento e recuperação da informação, disposição que apresentam os dados num suporte de armazenagem, entrada ou saída e o código ou conjunto de instruções que a orientam • Arranjo ou organização dos dados no suporte que irá servir de veículo de entrada no computador • Em reprografia, dimensões do material recebido pela equipa que vai executar a cópia, do tamanho do material de cópia, da natureza da microforma ou da disposição das imagens no material • Em catalogação em sistemas automatizados, formato *UNIMARC*, é a forma da disposição dos dados num registo em banda magnética • Em informática, disposição estruturada de um suporte de dados; disposição dos próprios dados. Estrutura da informação em ambiente electrónico.

FORMATO AA (port. Bras.) – Formato que equivale à folha de papel 76x112 cm. Lê-se formato dois A.

FORMATO A_4 – Diz-se de formato A_4 o papel de dimensões 21x29,7 cm, que é utilizado sobretudo para a correspondência.

FORMATO ACABADO – Formato de utilização da folha de papel.

FORMATO ALARGADO – Aquele em que a altura é maior que a largura.

FORMATO ALMAÇO – Diz-se do papel com as dimensões 45x68 cm • (port. Bras.) Papel de 33x44 cm, que dobrado ao meio equivale ao tamanho de ofício 22x23 cm usado em correspondência oficial.

FORMATO ALONGADO – *Ver* Formato oblongo.

FORMATO AMERICANO (port. Bras.) – Formato equivalente à folha de papel de 87x114 cm, formato de publicações (livro, revista) de 14x21 cm ou 21x28 cm obtido pela impressão de folha de 87x114 cm.

FORMATO AO ALTO – Diz-se da forma do papel de uma obra cuja altura excede a largura. Formato em altura.

FORMATO ATLÂNTICO – Designação atribuída à folha de papel de grandes dimensões

formada pelo caderno de papel sem estar dobrado, tal como saía da tina e que era usada para imprimir obras de tamanho pouco habitual, como atlas, por exemplo. Formato atlas.
FORMATO ATLAS – Diz-se em formato atlas uma obra de grande dimensão obtida sem dobragem das folhas que a compõem. Formato atlântico.
FORMATO BIBLIOGRÁFICO – Designação dos livros segundo a dobragem das folhas que serviram para os compor; as dimensões destas folhas variaram consoante as épocas e os géneros de fabrico; as dimensões dos formatos são igualmente muito variáveis. *Ver* Formato.
FORMATO BB (port. Bras.) – Aquele que equivale à folha de papel de 66 x 96 cm.
FORMATO BRUTO – Formato da folha de papel não aparada nem posta em esquadria de um modo especial, incluindo a margem precisa para se obter, caso seja necessário, um formato acabado.
FORMATO *CHARPENTIER* – Designação dada à folha de papel com 36 páginas de impressão, erradamente denominado formato in-18º; o seu nome vem do facto de o editor francês Gervais Charpentier, para poder enfrentar a concorrência dos editores belgas, ter publicado romances completos num único volume em pequeno tamanho e a preço módico.
FORMATO COMERCIAL – Papel com as dimensões 44 x 56 cm.
FORMATO CONVENCIONAL – Por oposição ao formato real, designa uma escala fixa de dimensões estabelecidas convencionalmente para comodidade de arrumação nas tabelas das estantes e que corresponde imperfeitamente às dimensões reais dos formatos antigos. Formato de biblioteca.
FORMATO DA PÁGINA – Forma da página, em geral paralela às dimensões do papel em que é inscrita.
FORMATO DE BIBLIOTECA – Por oposição ao formato real, adoptou-se para comodidade da classificação dos livros nas estantes uma escala fixa de dimensões convencionalmente admitidas e que hoje caiu em desuso: in-12º: até 20 cm de altura; in-8º: de 20-25 cm de altura; in-4º: de 25-35 cm de altura; in-fol.: de 35-50 cm de altura. Formato convencional.

FORMATO DE BOLSO – Diz-se do formato de pequenas dimensões, destinado a um fácil transporte; ao contrário do que se pensa, a apresentação do livro em pequenas dimensões é uma invenção antiga e foi muito usada na divulgação dos clássicos na Itália quinhentista; o primeiro editor deste tipo de obras de tamanho reduzido foi Aldo Manuzio, impressor humanista veneziano, que com a finalidade de baixar o preço das suas edições lhes reduziu o formato; pouco depois tornou-se moda, entre a classe culta quinhentista, trazer consigo os autores em voga sob a forma de pequenos volumes. Livro de bolso.
FORMATO DE INTERCÂMBIO DE INFORMAÇÃO BIBLIOGRÁFICA – *Ver* Formato de permuta de informação.
FORMATO DE PERMUTA DE GRÁFICOS – Em informática, forma de codificação e compressão de imagens em ficheiros. *Graphics Interchange Format. GIF.*
FORMATO DE PERMUTA DE INFORMAÇÃO – Modelo de intercâmbio de registos bibliográficos; por vezes é diferente daquele que é usado para o seu processamento local. Formato de troca de informação. Formato de intercâmbio de informação bibliográfica.
FORMATO DE TROCA – Aquele que permite que possam realizar-se transferências de informação entre programas semelhantes, em geral graças ao uso de estruturas comuns e ao uso de dados em código *ASCII* para outros formatos de troca. Formato de permuta de informação.
FORMATO DE TROCA DE INFORMAÇÃO – *Ver* Formato de permuta de informação.
FORMATO DEITADO (port. Bras.) – Formato solfa. Formato oblongo.
FORMATO DERIVADO – Tamanho de papel que é obtido a partir de um formato normal.
FORMATO DIGITAL – Diz-se informação em formato digital aquela que está representada através da utilização do código binário.
FORMATO DUPLO DO PAPEL – Dimensão de uma folha de papel que, uma vez dobrada ao meio paralelamente ao menor dos lados, dá um formato normal; é um formato estreito obtido por corte ao alto de um formato normal, feito a meio da altura.

FORMATO EM ALTURA – *Ver* Formato ao alto.
FORMATO ESPECIAL DO PAPEL – Aquele que é, por exigências de utilização, diferente dos formatos duplos, normais e derivados.
FORMATO GRANDE – Em bibliotecas, arquivos, serviços de documentação, etc., expressão usada para qualificar o material bibliográfico cujas dimensões ultrapassam o corpo convencional, não cabendo por tal motivo nas estantes e tendo de ser colocado em estantes especiais.
FORMATO IMPRESSO – Aquele que assenta no uso da tipografia ou impressão ou cópia de letras ou figuras em papel; opõe-se a formato digital.
FORMATO IN-4º – Imposição que dá à folha 8 páginas de impressão.
FORMATO IN-4º OBLONGO – Imposição que dá à folha 8 páginas que depois são impressas no sentido horizontal.
FORMATO IN-8º – Imposição que dá à folha 16 páginas de impressão.
FORMATO IN-8º FRANCÊS – Designação genérica para qualificar os formatos dos livros que não vão além de 18 ou 19 cm.
FORMATO IN-8º OBLONGO – Imposição que dá à folha 16 páginas que depois são impressas no sentido horizontal.
FORMATO IN-12º – Imposição que dá 24 páginas de impressão por folha; como no in--18º, há várias espécies de imposições in-12º. Os primeiros impressores a imprimirem edições neste formato foram os Elzevier.
FORMATO IN-16º – Imposição que dá à folha 32 páginas de impressão; normalmente faz-se com dois cadernos, é formado de dois in-8º. Aparece apenas em 1485.
FORMATO IN-18º – Imposição que dá 36 páginas de impressão por folha; há várias espécies de in-18º, em um, dois, três cadernos, etc.
FORMATO IN-24º – Imposição que dá à folha 48 páginas de impressão e que se compõe de dois in-12º reunidos. Os primeiros impressores a imprimirem edições neste formato foram os Elzevier.
FORMATO IN-32º – Imposição que se faz geralmente em 2 ou 4 cadernos e que dá à folha 64 páginas de impressão.

FORMATO IN-36º – Imposição muito rara, que dá à folha 72 páginas de impressão e que se compõe de dois in-18º reunidos.
FORMATO IN-48º – Imposição que dá à folha 96 páginas de impressão; usava-se sobretudo nos devocionários.
FORMATO IN-64º – Imposição que diz respeito sobretudo aos devocionários e dá à folha 128 páginas de impressão.
FORMATO IN-72º – Imposição muito rara, que dá à folha 144 páginas de impressão.
FORMATO IN-96º – Imposição muito rara, que dá à folha 192 páginas de impressão.
FORMATO IN-FÓLIO – A folha de 4 páginas ou seja, duas no branco e duas na retiração • Designativo de um livro ou de um formato em que cada folha de impressão é apenas dobrada em duas.
FORMATO IN-FÓLIO GRANDE – O mesmo do formato in-fólio, em que a folha original é de grandes dimensões.
FORMATO IN-PLANO – *Ver* Formato in--pleno.
FORMATO IN-PLENO – Imposição em que a folha de papel não é dobrada, não dando lugar à formação de cadernos; é o formato dos mapas, gravuras, etc. • Imposição de uma ou duas páginas de impressão, recto e verso. Formato in-plano.
FORMATO INTERNO – Aquele que é específico de um determinado *software* ou sistema.
FORMATO IRREGULAR – Formato resultante de dobragens do caderno que não são perpendiculares entre si, como acontece no formato regular ou o que resulta da separação do caderno de impressão num conjunto de páginas que são dobradas à parte e que se encasam.
FORMATO ITALIANO (port. Bras.) – *Ver* Formato oblongo.
FORMATO LARGO DO PAPEL – Aquele que é derivado de um formato normal, no qual o maior dos lados se mantém constante e o outro é um múltiplo inteiro do lado menor, acrescido ou não de 1/2, 1/4 ou 1/8 desse mesmo lado.
FORMATO MISTO DO PAPEL – O que é derivado de dois formatos normais em que a

largura é a do formato normal maior e a altura a do formato menor.

FORMATO NORMAL DO PAPEL – Aquele que é obtido a partir de um formato base por meio de uma ou mais bissecções transversais e em que a relação entre os lados se mantém sempre a mesma.

FORMATO NORMALIZADO DO PAPEL – Padrão internacional das dimensões do papel, que é baseado nas subdivisões do metro quadrado.

FORMATO OBLONGO – Aquele que se verifica por exemplo nos álbuns, cuja largura é superior à altura. Formato alongado. (port. Bras.) Formato deitado. Formato solfa. Formato italiano.

FORMATO ORIGINAL – Expressão utilizada no comércio de antiguidades bibliográficas; indica que o livro ou documento oferecido para venda tem a mesma dimensão que tinha quando da sua publicação.

FORMATO PAPEL – Apresentação da informação sob forma impressa em suporte papel.

FORMATO PORTÁTIL – Diz-se do formato de livro que, pelo seu pequeno volume ou peso pode transportar-se com facilidade. Livro de bolso.

FORMATO REAL DO LIVRO – Expressão que indica com exactidão a quantidade de vezes que a folha foi dobrada, sem definir as dimensões exactas do livro. Para as obras anteriores a 1800 o formato real correspondia às diferentes dobragens das folhas do tamanho utilizado nas tipografias. Para as obras dos séculos XIX e XX o formato é definido pelas dimensões exactas em centímetros ou milímetros do livro brochado ou, mais simplesmente, pela altura em centímetros.

FORMATO REGULAR – Aquele que resulta da dobragem do caderno da direita para a esquerda e em que cada dobragem é perpendicular à anterior.

FORMATO SOLFA (port. Bras.) – *Ver* Formato oblongo.

FORMATO TABLÓIDE (port. Bras.) – Formato equivalente à metade de um jornal do tamanho padrão.

FORMATO TABULAR – Apresentação da informação sob a forma de colunas.

FORMATO TRAPEZOIDAL – Aquele que não é rectangular e em que um dos lados é mais largo que o outro.

FORMATO UNIVERSAL DE PRESERVAÇÃO DIGITAL – Do inglês *Universal Preservation Format*, em preservação digital, designa a iniciativa que visa criar um formato normalizado para agregar meta-informação de preservação junto do objecto digital.

FORMATO VERTICAL – Conjunto das dimensões de uma obra cuja altura excede a largura.

FORMIGA-BRANCA – Insecto de grande dimensão pertencente ao grupo dos térmitas, insectos sociais polimórficos da família dos isópteros, que se alimentam sobretudo de celulose, cujas galerias provocam danos consideráveis em bibliotecas, arquivos, serviços de documentação, etc.

FORMISTA – *Ver* Biqueiro.

FORMOL – Solução aquosa de aldeído fórmico utilizada como anti-séptico no fabrico do papel; os encadernadores costumam também adicionar formol à cola tradicional, que fabricam com farinha, de modo a evitar os insectos papirícolas.

FÓRMULA – Acto-modelo, por vezes expedido realmente mas do qual foram eliminados, em todo ou em parte, os elementos concretos, estabelecido ou recolhido a título de exemplo de um tipo de acto, para facilitar o trabalho dos redactores • Expressão que representa a estrutura e composição de corpos e produtos químicos, conceitos científicos, operações matemáticas, etc.; é representada através de algarismos, notações, símbolos ou letras • Expressão que indica o modo de operar para obter um resultado • Expressão simbólica para indicar as composições qualitativa e quantitativa dos compostos • Regra, preceito estabelecido para regular ou validar um acto; as fórmulas são de uso muito comum em obras de matemática e química.

FÓRMULA COMINATÓRIA – Frase na qual é expressa uma ameaça de castigo divino ou outra qualquer sanção espiritual ou temporal, contra aquele que contrariar os ditames do texto, os alterar ou fizer desaparecer ou desviar o texto. Maldição. *Ver* Imprecação.

FÓRMULA DE COLAÇÃO – Combinação de sinais convencionais que sintetiza a estrutura interna de um livro impresso, indica o seu formato e as partes que o constituem.

FÓRMULA DE DEVOÇÃO – Expressão pela qual uma pessoa num documento, reconhece ou proclama que ela própria e a sua dignidade estão animadas pela graça, misericórdia e providência divinas.

FÓRMULA DE FACETA – *Ver* Ordem de combinação.

FÓRMULA DE HUMILDADE – Em documentos manuscritos é a expressão pela qual uma pessoa, sem dar o título exacto das suas funções ou da sua dignidade, manifesta publicamente não ser digna delas, devendo-as a Deus e colocando-se ao serviço dos outros.

FÓRMULA DE INSCRIÇÃO – Modelo impresso que qualquer pessoa que deseja utilizar os serviços de uma biblioteca, arquivo, serviço de documentação, etc. por um período prolongado deve preencher.

FÓRMULA DE PERPETUIDADE – Indicação que exprime o desejo do autor do acto de lhe assegurar um valor perpétuo; pode substituir a saudação num documento.

FÓRMULA EXECUTÓRIA – Aquela que permite à parte interessada fazer valer os seus direitos.

FÓRMULA MNEMOTÉCNICA – Texto breve, desprovido de sentido imediato, destinado a ser retido na memória para facilitar a aprendizagem e memorização de uma regra de gramática, de cálculo, uma lista, uma receita, etc. Mnemónica.

FORMULAÇÃO – Modo de apresentação ou expressão de uma ideia, de um texto escrito ou oral.

FORMULAR – Enunciar • Estabelecer a fórmula de • Expor com clareza • Expor por meio de fórmula.

FORMULÁRIO – Documento, geralmente impresso em grande quantidade, no qual os espaços em branco se destinam ao registo de informações relativas às características próprias de um indivíduo, de um facto ou de um assunto. Impresso • Livro de orações • Colectânea de fórmulas, especialmente de carácter jurídico, religioso, diplomático ou de aplicação às artes ou ciências, destinadas a servir de modelo aos redactores de actas e, eventualmente a contribuir para a formação dos próprios redactores • Documento que serve de molde para reprodução ou de exemplo a ser imitado. Modelo. Preceito. Prescrição. Regra. Doutrina. Cláusula • Livro que contém indicações das substâncias farmacêuticas ou do seu modo de preparação. Receituário • Questionário.

FORMULÁRIO CARBONADO – Conjunto de folhas de papel apresentado sob a forma de blocos ou tiras contínuas, cujo verso é total ou parcialmente coberto por uma camada de pigmentos que pode ser transferida por pressão, de tal modo que se podem obter cópias em duplicado, triplicado, etc. de todo ou de parte do original, durante a escrita ou dactilografia, sem ser preciso intercalar folhas de papel químico.

FORMULÁRIO DE TRANSFERÊNCIAS – Lista em que são inscritos os documentos transferidos de um centro de pré-arquivagem para um arquivo central ou deste para um arquivo histórico; dela constam em geral, o título, datas extremas de actuação dos documentos, vigência administrativa e número de unidades de instalação.

FORMULÁRIO DE UM ACTO – Conjunto das cláusulas ou fórmulas do acto, ou seja, a sua redacção formal.

FORMULÁRIO NÃO CARBONADO – Conjunto de folhas de papel autocopiante, apresentado em blocos, cadernos ou tiras contínuas.

FORMULISMO – Uso e prescrição de fórmulas.

FORMULISTA – Pessoa prática em fórmulas • Aquele que escreve fórmulas.

FORNECEDOR – Em fornecimento da informação em linha, editor ou qualquer outro provedor de informação em linha, que fornece o seu próprio conteúdo, sob licença, ao cliente, com o qual mantém relações contratuais.

FORNILHO – Espécie de recipiente de ferro fundido onde se coloca o chumbo para a fundição.

FORO – *Ver* Fórum.

FORO BREVE – Documento legal no qual são inseridas normas de conduta local, a tomar em linha de conta, com vista a melhorar a organização colectiva do núcleo de moradores a que se destina.

FORO EXTENSO – Carta foral cujo conteúdo é apresentado de forma desenvolvida e pormenorizada.

FORQUILHA – Peça da máquina de imprimir que faz parar e mover-se de novo o cilindro • Garfo.

FORRAGEAR – Compilar, respigar.

FORRAR – Revestir a lombada de um livro com material que pode ser tarlatana ou papel, posteriormente revestido a pele ou outro material.

FORRAR A CAIXA – Colocar papel grosso no fundo dos caixotins, seguro apenas por uma ligeira rebarba.

FORRO – Parte interior das balas revestida a pele de carneiro, de cão ou pedaços de lã • Revestimento da contracapa da encadernação que pode ser em papel, tecido ou pele; por vezes utiliza-se o termo contra-guarda, quando o revestimento é de papel ou de tecido, tal como a guarda em frente. Sobrecapa. Capa de protecção. Guarda-pó. Jaqueta. Camisa.

FORRO DECORATIVO – *Ver* Forro ornamental.

FORRO ORNAMENTAL – Revestimento de material nobre como a seda, o couro, a vitela, etc., decorado e em geral montado na parte interior da capa de um livro, especialmente se a encadernação é em pele. Forro decorativo.

FORTE – Diz-se da composição que sai muito apertada do componedor ou que fica mais larga do que a medida, por o componedor estar também mais largo • Diz-se do metal cuja consistência é superior à usual.

FORTRAN – Abreviação de *Formula Translation*, linguagem evoluída orientada para a programação dos problemas científicos. *Ver* Linguagem *FORTRAN*.

FORTUNA (pal. ital.) – História de um manuscrito ou colecção de manuscritos.

FORULUS (pal. lat.) – *Ver Capsa*.

FÓRUM – Lugar onde se debatem ideias sobre determinados assuntos. Colóquio. Foro.

FÓRUM DE DEBATE EM LINHA – Sistema para troca de ficheiros, informação, correio electrónico, etc., mediante o acesso de uma linha telefónica; permite a partilha de informação podendo os utilizadores recorrer a ele para afixar e ler mensagens, enviar *e-mail* e entrar em *chats* (conversas em tempo real). *Ver Bulletin Board System*.

FÓRUM DE DISCUSSÃO – *Ver* Grupo de debate.

FOT. – Abreviatura de fotografia.

FOTO – Impressão produzida a partir de uma fotografia directa, pela acção da luz. *Ver* Fotografia.

FOTO ÁGUA-TINTA – Processo de gravura fotográfica em cobre que imita a água-tinta executada à mão.

FOTO-ALGRAFIA – Processo de reprodução fotolitográfica em chapa de alumínio.

FOTO-AUTOTIPIA – *Ver* Fotozincotipia.

FOTO-CD – Segundo a *ISBD(ER)*, disco compacto, desenvolvido pela Kodak, que armazena *slides* ou negativos digitalizados de 35 mm. A utilização de um leitor de *CD-ROM* permite a leitura de imagens que se juntam ao conjunto original.

FOTOBIOGRAFIA – Diz-se da biografia que é apresentada por meio da fotografia.

FOTOCALCO – Cópia fotográfica que se obtém pela acção da luz sobre um desenho transparente colocado em cima de uma superfície preparada com uma substância sensível à luz.

FOTOCALCOGRAFIA – Processo de gravura em cavado; para a conseguir utiliza-se uma placa de cobre revestida com gelatina que se impressiona por exposição à luz sob um cliché fotográfico.

FOTOCARTA – *Ver* Fotomapa.

FOTOCARTOGRAFIA – Aplicação da fotografia a reproduções cartográficas. Fotografia cartográfica.

FOTOCARTOGRÁFICO – Relativo à fotocartografia.

FOTOCOLOGRAFIA – Designação que abrange todos os processos de reprodução fotomecânica baseados nas substâncias colóides, as chapas metálicas, a pedra litográfica e o cartão • Fototipia.

FOTOCOLOGRÁFICO – Relativo à fotocolografia.

FOTOCOLOTIPIA – *Ver* Fototipia.

FOTOCOMPONEDORA – *Ver* Fotocompositora.

FOTOCOMPOR – Compor por meio de fotocompositora.

FOTOCOMPOSIÇÃO – Processo de composição mecânica do texto feito por meio de máquinas especiais que utilizam matrizes transparentes e película fotográfica; a impressão do molde fotocomposto pode fazer-se por *offset*, cavado ou por métodos tipográficos. Fotocomposição. Baseia-se na criação de imagens da letra fazendo incidir uma fonte de luz estroboscópica numa matriz dos caracteres, expondo um papel fotossensível à sua imagem; a letra da matriz é ampliada para o corpo pretendido por meio de um sistema de lentes, enquanto um mecanismo de precisão posiciona os caracteres nas linhas.

FOTOCOMPOSIÇÃO DIGITAL – Modalidade de composição em que se utiliza como matriz uma representação digital do desenho da letra em vez de uma imagem em película.

FOTOCOMPOSITOR – Operador de fotocompositora.

FOTOCOMPOSITORA – Máquina que efectua composição fotográfica; chama-se também fotocomponedora e fototipocompositora.

FOTOCONDUTOR – Diz-se fotocondutor o material que conduz a electricidade apenas quando está exposto à luz.

FOTOCÓP. – Abreviatura de fotocópia.

FOTOCÓPIA – Reprodução directa de um documento através de uma máquina automática que utiliza um papel sensível aos fenómenos luminosos, químicos ou electrostáticos, com ou sem negativo intermediário; a British Library criou um processo fotográfico electroluminescente que permite fazer fotocópias de livros com encadernações apertadas ou tão frágeis que mal se podem abrir. Cópia por reflexão. (port. Bras.) Fotocopiagem.

FOTOCÓPIA AUTENTICADA – Aquela que reproduz o documento original e que, após a aposição da chancela ou selo, substitui o documento original, passando a ter o mesmo valor que ele.

FOTOCÓPIA NÃO AUTENTICADA – Fotocópia corrente, geralmente destinada a uma informação imediata e que não apresenta qualquer valor probatório da sua conformidade com o original.

FOTOCOPIADORA – Máquina que possibilita a realização automática de uma ou mais cópias de um original ou de uma cópia, sem ser através de um negativo.

FOTOCOPIAGEM (port. Bras.) – *Ver* Fotocópia.

FOTOCOPIAR – Reproduzir pelo processo de fotocópia.

FOTOCROMIA – Processo de impressão de fotografias com cores naturais através do uso de vários clichés, correspondentes a outras tantas cores fundamentais. Fotografia a cor • Fotocromogravura.

FOTOCROMO – Imagem fotográfica em cores, obtida por fotocromia.

FOTOCROMOGRAFIA – Designação dada aos diversos processos de fotocromia: fotocromotipografia, fotocromolitografia, fotocromometalografia, fotocromozincografia.

FOTOCROMOGRAVURA – *Ver* Fotocromia.

FOTOCROMOLITOGRAFIA – Processo fotocromográfico para impressão de fotocromos por meio de clichés litográficos. Fotocromografia.

FOTOCROMOMETALOGRAFIA – Processo fotocromográfico para impressão de fotocromos por meio de clichés metalográficos. Fotolitocromografia. Fotocromografia.

FOTOCROMOTIPOGRAFIA – Processo fotocromográfico para impressão de fotocromos por meio de clichés tipográficos • Cromotipografia. Fotocromografia.

FOTOCROMOZINCOGRAFIA – Litografia a cores sobre chapas de zinco preparadas fotomecanicamente. Fotocromografia.

FOTODEGRADAÇÃO DA CELULOSE – Degradação do papel provocada pela acção da luz; os raios ultravioletas são extremamente perigosos para os materiais orgânicos, pois provocam uma degradação por reacção fotoquímica, pelo que há que evitar a incidência da luz do sol, directa ou indirecta. Nos locais de armazenamento de documentação, os níveis de luz (radiação visível) devem manter-se abaixo de 200 lx e a radiação de UV abaixo de 75 lx; no caso de longas exposições à luz, como acontece em exposições bibliográficas e documentais, recomenda-se um nível de luz de 50 lx com a fonte de luz fora da estante de exposição; não se devem instalar fontes de luz incandescentes dentro de estantes pois produzem demasiado calor, pelo que as lâmpadas indicadas para estas situações são as lâmpadas de halogéneo.

FOTODUPLICAÇÃO – Duplicação através do uso de fotografia • Processo que tem como finalidade a obtenção de fac-símiles • Cópia de documentos impressos por ambos os lados: copiam-se fazendo com que a luz atravesse o papel virgem, com o qual se obtém um negativo de tons e letras invertidas; repetindo-se o processo obtém-se o fac-símile correcto.

FOTOELECTROGRAFIA – Processo electrográfico de reprodução de documentos baseado na atracção da tinta por capas de materiais fotocondutores. Electrofotografia.

FOTOELECTROGRAFIA DIRECTA – Processo electrográfico de reprodução de documentos baseado na atracção da tinta por capas de materiais fotocondutores estendidos sobre o suporte de impressão.

FOTOELECTROGRAFIA INDIRECTA – Processo electrográfico de reprodução de documentos no qual os materiais fotocondutores estão numa chapa diferente do suporte de impressão (xerocópia). Ver Xerografia.

FOTOELECTROTIPIA – *Ver* Fotogalvanoplastia.

FOTOESCULTURA – Variante de fotogravura ou autotipia com que se obtém em tipografia e fotolitografia a impressão de vinhetas e epígrafes que, em virtude dos efeitos do claro-escuro, reproduzem o relevo das esculturas.

FOTOFAXE – Sistema que permite enviar fotografias à distância sem que haja necessidade de as revelar no receptor.

FOTOFILIGRANOTIPIA – Processo de reprodução que aproveita o ligeiro claro-escuro que a filigrana do papel produz, comprimindo-o sobre gelatina bicromatada, posteriormente impressionada através de um negativo.

FOTOGALVANOGRAFIA – Processo de galvanografia: muda-se a imagem fotográfica para a placa por meios de impressão fotográfica • Fotogalvanoplastia. Fotogalvanotipia.

FOTOGALVANOGRÁFICO – Relativo à fotogalvanografia.

FOTOGALVANOPLASTIA – Processo de gravura heliográfica no qual se obtêm desenhos em côncavo ou em relevo de que se fazem clichés. Fotogalvanografia. Fotogalvanotipia. Fotoelectrotipia.

FOTOGALVANOPLÁSTICO – Relativo à fotogalvanoplastia.

FOTOGALVANOTIPIA – *Ver* Fotogalvanografia.

FOTOGALVANOTÍPICO – Relativo à fotogalvanotipia.

FOTOGELATINOGRAFIA – *Ver* Fototipia.

FOTOGÉNICO – Que se representa bem pela fotografia • Que produz imagens pela acção da luz.

FOTOGLIPTIA – Processo de impressão tipográfica inventado por W. B. Woodbury em Inglaterra em 1864 que permite obter, através de uma matriz em cavado, reproduções de fotografias conservando o aspecto de uma tiragem fotográfica.

FOTOGLÍPTICO – Relativo a fotogliptia.

FOTOGLIPTOGRAFIA – *Ver* Fotogliptia.

FOTOGLIPTOGRÁFICO – Relativo à fotogliptografia.

FOTOGLIPTOGRAVURA – *Ver* Fotogliptia.

FOTOGRAFAÇÃO – Acto ou efeito de fotografar.

FOTOGRAFAR – Reproduzir um objecto por meio de fotografia • Reproduzir. Retratar o mais fielmente possível.

FOTOGRAFIA – Arte de fixar num suporte opaco ou transparente previamente sensibilizado a imagem dos objectos, por meio da luz • Retrato • Cópia fiel, reprodução exacta • Oficina fotográfica. Lugar onde se exerce a arte da fotografia.

FOTOGRAFIA A COR – *Ver* Fotocromia.

FOTOGRAFIA AÉREA – Aquela que é tirada a uma determinada altitude por uma máquina em andamento. Aerofotografia. Fotografia cartográfica. Fotocartografia.

FOTOGRAFIA CARTOGRÁFICA – Fotografia aérea tirada com a máquina fotográfica, de acordo com as especificações cartográficas, sendo deste modo diferente da fotografia aérea tirada para outros fins • Fotografia topográfica • Fotocartografia • Fotografia aérea.

FOTOGRAFIA DE RECONHECIMENTO – Fotografia aérea ou terrestre feita com a finalidade de informação ou outros fins.

FOTOGRAFIA DIGITAL – Aquela que é tirada por uma câmara digital.

FOTOGRAFIA EM BROMETO – Impressão obtida mediante a exposição de um negativo fotográfico à luz sobre uma camada endurecida de brometo de prata que recobre o papel ou outro suporte.

FOTOGRAFIA EM CAMADA DE ALBÚMEN – Impressão fotográfica sobre camada pelicular de albúmen tornado sensível à luz, mediante a dispersão de sais de prata; expõe-se o negativo fotográfico sob uma fonte luminosa adequada por fracção de tempo precisa.

FOTOGRAFIA EM CARBONO – Impressão por transferência química, durante a revelação, sobre papel ou qualquer outro sólido adequado a partir de um papel-carbono (ou papel-carvão) mediante a exposição à luz de uma película ou negativo fotográfico.

FOTOGRAFIA EM COLÓDIO – Impressão sobre uma camada de colódio tornada sensível (impressionável) à luz mediante a dispersão de sais de prata; expõe-se o negativo fotográfico sob uma fonte luminosa adequada por tempo determinado.

FOTOGRAFIA EM GOMA BICROMATADA – Impressão obtida mediante a exposição à luz de um negativo sobre a camada endurecida de goma e de sais de cromo pigmentados que revestem o papel ou outro suporte.

FOTOGRAFIA EM PAPEL COM CLORETO DE SÓDIO – Impressão ou produção da imagem sobre uma face do papel recoberto de cloreto de sódio e obtida a partir de um negativo em papel, em vidro ou em película de celulóide ou acetato, sob a acção da luz e em geral muito retocada.

FOTOGRAFIA EM PLATINA – Impressão sobre papel impregnado de sais de platina com dispersão de componente fotossensível mediante a exposição de um negativo fotográfico a uma fonte de luz adequada e por tempo determinado.

FOTOGRAFIA POSITIVA – Imagem fotográfica na qual as luzes e as sombras se encontram na mesma ordem que no objecto real.

FOTOGRÁFICO – Pertencente ou relativo à fotografia • Que se obtém pela fotografia.

FOTÓGRAFO – Pessoa que se ocupa de fotografia, que exerce a arte da fotografia.

FOTOGRAFOFONE – Aparelho que possibilita a transformação da energia luminosa em energia acústica.

FOTOGRAMA – Imagem fotográfica que se obtém sem o uso de câmara e objectiva, quando objectos translúcidos ou mesmo opacos são dispostos sobre papel sensível e expostos à luz, para produzir uma imagem da sua estrutura interna ou apenas dos seus contornos. Prova que reproduz um fotótipo negativo no positivo • Área de uma película exposta à radiação em cada exposição • Cada uma das imagens de um filme cinematográfico.

FOTOGRAMETRIA – Técnica utilizada para a elaboração de um mapa topográfico através de fotografias aéreas • Levantamento de uma área através de meios fotográficos • Medição das distâncias e das dimensões reais dos objectos numa perspectiva fotográfica • Método que permite que se execute essa medição e que é aplicado em diversos campos como a cartografia, geografia, astronomia, medicina, investigação policial, etc.

FOTOGRAMÉTRICO – Relativo à fotogrametria.

FOTOGRANULOTIPIA – Processo de reprodução tipográfica que permite que as meias-tintas fiquem semelhantes ao granulado da pedra litográfica.

FOTOGRANULOTÍPICO – Relativo à fotogranulotipia.

FOTOGRAVAÇÃO – *Ver* Fotogravura.

FOTOGRAVADO – Processo que consiste na transformação de chapas fotográficas em gravuras com relevo destinadas à impressão.

FOTOGRAVADOR – Operário que executa fotogravura.

FOTOGRAVAR – Obter clichés por meio de fotogravura.

FOTOGRAVURA – Impressão sobre chapa (geralmente de cobre) ou cilindro metálico revestido de fina película de cobre electrolítico

previamente coberto com pó de asfalto, sobre o qual se estende uma camada de gelatina bicromatada que endurece pela acção da luz através de um negativo fotográfico invertido, para dar uma base gravada a água-forte, sobre a qual a imagem é de novo invertida e fototransportada sobre uma chapa negativa de impressão calcográfica ou sobre cilindro de rotocalcografia. Está na origem dos processos de rotogravura e *offset* • Fotogravação. Foto-heliografia.
FOTOGRAVURA A MEIOS-TONS – Impressão a partir da gravura, geralmente de zinco, obtida por processos fotomecânicos e fotoquímicos com a utilização de uma rede ou trama que decompõe a imagem proporcionalmente e em densidade de pontos equivalentes aos valores de tom da imagem.
FOTOGRAVURA A TRAÇO – *Ver* Zincogravura.
FOTOGRAVURA DIRECTA – Modalidade de fotogravura em que não é necessária a reprodução indirecta do motivo a gravar, através de um desenho.
FOTO-HELIOGRAFIA – Heliografia cujo original é uma fotografia • Fotogravura.
FOTOJORNALISMO – Género de jornalismo em que a informação é baseada essencialmente em fotografias de pessoas, situações e acontecimentos.
FOTOLEGENDA – Legenda ampliada que, associada à ilustração ou fotografia a que se refere, deve esgotar o assunto que pretende apresentar.
FOTOLEITURA – Tipo de leitura efectuada automaticamente através de meios ópticos.
FOTOLETRA (port. Bras.) – Processo de composição a frio em que as matrizes são seleccionadas à mão e os caracteres são copiados por meios fotográficos em papel pré-sensibilizado.
FOTÓLITO – Pedra ou chapa de metal com imagem fotolitográfica para impressão ou transporte; no caso da chapa ser de zinco, designa-se fotozinco. (port. Bras.) Peistape.
FOTOLITOCROMOGRAFIA – *Ver* Fotocromolitografia.
FOTOLITOCROMOGRÁFICO – Relativo a fotolitocromografia.

FOTOLITOGRAFAR – Praticar a fotolitografia. Fotolitografiar.
FOTOLITOGRAFIA – Arte de fixar e reproduzir desenhos, gravuras ou textos em pedra litográfica, alumínio ou zinco por meio dos processos de fotogravura ou fotografia • Arte de imprimir com estas chapas • Estampa obtida por este processo. Litofotografia. Litotipografia.
FOTOLITOGRAFIAR – *Ver* Fotolitografar.
FOTOLITOGRÁFICO – Relativo à fotolitografia.
FOTOLITÓGRAFO – Operário que executa fotolitografia.
FOTOMACROGRAFIA – Uso de técnicas fotográficas com a finalidade de produzir imagens que têm o mesmo tamanho que o original e que podem ver-se sem aumento.
FOTOMANCHETE (port. Bras.) – Manchete na qual o texto vai acompanhado de fotografia ou ilustração, formando uma só unidade.
FOTOMAPA – Reprodução de uma fotografia aérea rectificada ou de um fotomosaico controlado ao qual foram acrescentados pormenores cartográficos como as linhas de coordenadas, nomes, símbolos e notas marginais. Fotocarta. Mapa fotográfico.
FOTOMATRIZ – Matriz fotográfica utilizada em fotocomposição.
FOTOMECÂNICA – Nome dado ao conjunto de operações fotográficas, que vão desde a reprodução de textos e imagens até à gravação de matrizes.
FOTOMECÂNICO – Diz-se do processo de estampagem ou impressão através de clichés fototípicos: fototipia, fotocalcografia, estereotipia, galvanotipia, fotogravura, fotolitografia, fotocomposição.
FOTOMETALOGRAFIA – Aplicação dos processos fotolitográficos sobre placas de alumínio e de zinco • Fotozincografia. Fotozincotipia • Estampa obtida por este processo.
FOTOMETALOGRÁFICO – Relativo à fotometalografia.
FOTOMETRIA – Parte da física que trata das leis relativas à intensidade da luz e dos métodos para medi-la.
FOTOMÉTRICO – Relativo à fotometria.

FOTÓMETRO – Instrumento que se destina a medir a intensidade da luz; é de grande importância em bibliotecas, arquivos, serviços de documentação, etc., para garantir a permanência de uma luminosidade tal que não provoque a degradação das matérias orgânicas que constituem os suportes.

FOTOMETROGRAFIA – Reprodução fotográfica de objectos muito pequenos ou microscópicos.

FOTOMICROFICHA – Microficha que serve de suporte de fotografia, com a finalidade de facilitar o seu uso e de garantir a conservação do original.

FOTOMICROGRAFIA – Uso de técnicas fotográficas para produzir imagens aumentadas de objectos muito pequenos; são, regra geral, aumentados recorrendo a um microscópio e fotografados posteriormente. Microfotografia.

FOTOMICROGRÁFICO – Relativo à fotomicrografia.

FOTOMINIATURA – Processo de coloração do fotograma sobre papel sensibilizado para várias cores. (port. Bras.) Processo fotográfico que permite reduzir desenhos, pinturas, etc. a pequenas dimensões.

FOTOMINIATURISTA – Pessoa que trabalha em fotominiatura.

FOTOMONTAGEM – Imagem obtida pela combinação de duas ou mais fotografias, fotografando-as de novo.

FOTOMOSAICO CONTROLADO – Agrupamento de um conjunto de fotografias aéreas de modo que se verifiquem variações de escala mínimas.

FOTOMOSAICO NÃO CONTROLADO – Mosaico que é composto por impressões não corrigidas tendo-se unido os seus pormenores sem controlo do terreno ou qualquer outra orientação • Fotografia de um agrupamento não orientado de cópias completas de contacto de fotografias aéreas verticais feita com o objectivo de substituir um mapa ou de servir de índice.

FOTOMULTIPLICADORA – Máquina usada em litografia e sobretudo no processo *offset*, para a repetição a determinadas distâncias e exactamente iguais, de um original que se pretende transportar certo número de vezes na mesma chapa ou pedra. Repetidora.

FOTONOTÍCIA – Notícia veiculada através de uma fotografia que não inclui legenda, mas um pequeno texto sóbrio, que integra a imagem no seu contexto específico.

FOTONOVELA – História de dimensão extensa apresentada e contada sob forma de fotografias encadeadas e comentadas com textos breves explicativos da acção, geralmente de conteúdo amoroso ou policial. Fotorromance.

FOTO-*OFFSET* – Impressão *offset* na qual a imagem é reproduzida a partir de uma chapa que é preparada por um processo fotomecânico.

FOTOPERSPECTÓGRAFO – Instrumento que tem a finalidade de transformar fotogramas por meios fotográficos.

FOTOPINTURA – Acção de colorir provas fotográficas.

FOTOPLANO – Conjunto de fotografias reduzidas a determinada escala e transformadas, contendo a imagem de uma determinada região, mais ou menos extensa.

FOTOPLASTOGRAFIA – Processo de impressão tipográfica através de uma placa fotográfica em relevo, que serve de molde para obter a placa tipográfica. *Ver* Fotogliptia.

FOTOPLASTOGRÁFICO – Relativo à fotoplastografia.

FOTORREPORTAGEM – Reportagem em que a parte principal cabe às fotografias, que aparecem acompanhadas de legendas ou de diminutos textos explicativos.

FOTORREPRODUÇÃO – Técnica que permite reproduzir fotograficamente originais atribuindo a cada elemento a cor indicada. Fotocópia.

FOTORREPRODUÇÃO PARA MONTAGEM FOTOMECÂNICA – *Ver* Impressão fotográfica.

FOTORROMANCE – *Ver* Fotonovela.

FOTOSSENSIBILIZAÇÃO – Sensibilização à luz, que produz uma série de reacções fotoquímicas.

FOTOSSENSÍVEL – Diz-se fotossensível qualquer substância ou produto capaz de sofrer alterações químicas ou físicas devidas à absorção de energia radiante, sobretudo à da luz.

FOTOSTATO – Denominação que se aplica a um processo de reprodução que elabora cópias com a mesma polaridade que o original.
FOTOTECA – Colecção de arquivos fotográficos • Arquivo fotográfico. Organismo ou serviço encarregado de reunir documentos fotográficos, conservá-los, organizá-los e colocá-los à disposição dos utilizadores.
FOTOTELEGRAFIA – Reprodução de uma imagem à distância, através de fios telegráficos, telefónicos ou pela T.S.F. Telefotografia.
FOTOTIPIA – Processo usado desde o século XV que permite obter no papel a imagem de uma planta, insecto, etc. apenas pela pressão do próprio; esta técnica, desenvolvida no século XIX, foi utilizada em livros de botânica e zoologia (sobretudo em borboletas); é também chamada impressão natural • Impressão obtida a partir de uma chapa previamente recoberta de gelatina bicromatada que, sobrepondo um negativo fotográfico de meios-tons invertido, pela exposição em fonte luminosa, endurece proporcionalmente ao claro-escuro, ou seja, às quantidades de luz que cada parte recebe, formando assim, fotopolimerizada, uma superfície estampante onde a aderência da tinta é proporcional à dureza da gelatina e dos valores em relevo não dissolvidos no banho da revelação. Fotogelatinografia • Artotipia. Fotocolografia. Fotocolotipia. Colografia.
FOTOTIPIA ELECTRÓNICA – Processo de composição avançado que suprime o movimento mecânico do cilindro da fotocompositora e permite ainda uma maior velocidade de saída; utiliza um tubo de raios catódicos.
FOTOTIPIAR – Reproduzir pelo processo fototipográfico uma paisagem, desenho, figura, etc.
FOTOTÍPICO – Relativo à fototipia.
FOTÓTIPO – Imagem fotográfica obtida directamente por meio da câmara escura • Tipo composto numa máquina de fotocomposição.
FOTOTIPOCOMPOSIÇÃO – *Ver* Fotocomposição.
FOTOTIPOCROMIA – *Ver* Cromotipografia.
FOTOTIPOCRÓMICO – Relativo à fototipocromia.
FOTOTIPOGRAFIA – Processo de reprodução inventado por Poitevin; a superfície impressora é constituída directamente por uma camada de gelatina bicromatada insolada sob um negativo fotográfico; a fototipia restitui sem trama as meias-tintas; é um processo delicado e caro, mas que permite reproduzir fielmente o documento fotográfico original • Processo de obtenção de clichés tipográficos por meio de fotografia • Arte de imprimir estes clichés • Estampa ou impressão obtida por este processo • Autotipia.
FOTOTIPOGRÁFICO – Relativo à fototipografia.
FOTOTIPOGRAVURA – Processo fotográfico apropriado para tiragens tipográficas, dando-se meias-tintas.
FOTOTITULADORA – Fotocompositora destinada à composição de títulos e de textos de dimensões muito reduzidas.
FOTOTRICROMIA – *Ver* Tricromia.
FOTOXIDAÇÃO – Oxidação provocada pela acção da luz.
FOTOXILOGRAFIA – Transporte fotográfico sobre madeira devidamente preparada • Gravura em madeira em que o desenho traçado a lápis com tinta da China sobre o bloco de madeira é substituído por um negativo fotográfico; posteriormente é gravado a buril • Estampa ou impressão obtida por este processo.
FOTOXILOGRÁFICO – Relativo à fotoxilografia.
FOTOZINCOGRAFIA – Impressão fotográfica sobre placa de zinco. Fotozincotipia. Fotogravura. Fotometalografia.
FOTOZINCOGRÁFICO – Relativo à fotozincografia.
FOTOZINCOGRAVURA – Gravura a traço ou ponto sobre zinco, cujo transporte é efectuado por processo fotográfico.
FOTOZINCOTIPIA – *Ver* Fotozincografia.
FOTOZINCOTÍPICO – Relativo a fotozincotipia.
FOXING (pal. ingl.) – Termo adoptado para designar o aspecto do papel ou mesmo do pergaminho caracterizado por manchas castanho-avermelhadas, quando aqueles suportes estão sujeitos a deficientes condições de humidade ambiental, com a consequente proliferação de microrganismos.

FR. – Abreviatura de francês.
FRACA – Diz-se da composição frouxa que, por não se ajustar bem à medida, pode saltar quando as chapas forem imprimir.
FRACASSO EDITORIAL – Diz-se da obra que foi editada e cuja venda, devido a factores vários, não corresponde às expectativas que o editor previa quando a publicou.
FRACÇÃO – Carácter que representa um número fraccionário ou que serve para a sua formação.
FRACTURA (pal. lat.) – *Ver* Escrita gótica.
FRADE – Parte da forma que, por não haver tomado tinta, não imprime ou sai muito mais clara.
FRAGILIDADE – Enfraquecimento do papel devido à deterioração pelo ácido e à sua fraca qualidade de fabrico; em casos extremos o papel frágil quebra quando é dobrado ou vincado; este fenómeno é frequentemente acompanhado pelo amarelecimento; é particularmente visível no caso dos jornais, devido à fraca qualidade do seu papel e é acelerado quando o papel está sujeito a fotodegradação.
FRAGM. – Abreviatura de fragmento.
FRAGMENTAÇÃO DA LEITURA – Expressão usada para designar a atitude de um leitor que lê muito e muitos textos de natureza diferente.
FRAGMENTAÇÃO DE DOCUMENTOS – Processo usado para destruir documentos por corte automático, que os reduz a tiras de papel ou fragmentos, impossibilitando a sua reconstituição original.
FRAGMENTAÇÃO DOS DOCUMENTOS EM UNIDADES DOCUMENTAIS – Subdivisão de um documento em diversas partes ou sequências distintas e homogéneas centradas num determinado tema, com a finalidade de suprimir certas ambiguidades sintácticas na representação de um documento que trate sucessivamente de diversos assuntos distintos. As sequências correspondem a outros tantos documentos diferentes do ponto de vista do armazenamento e da exploração, mas podem ser agrupadas por meio das referências para todas as sequências retiradas de uma mesma fonte.

FRAGMENTADORA (port. Bras.) – Máquina que corta, em tiras ou partículas, papéis de documentos, cartas, etc.
FRAGMENTÁRIO – Apresentado em fragmentos.
FRAGMENTO – Trecho, parte de um livro ou escrito • Extracto. Pedaço. Excerto. *Membra disjecta*; muitas vezes este tipo de material encontra-se a marcar páginas de um livro manuscrito ou impresso e deve ser preservado, pois pode prestar informações preciosas sobre obras ou mesmo bibliotecas entretanto desaparecidas ou outro tipo de informações úteis, como dados relativos ao possuidor da obra. Material fragmentário • Pedaço de uma encadernação original que deve ser preservado para uma futura reconstituição do seu valor histórico, após um completo tratamento de conservação.
FRAGMENTOLOGIA – Estudo codicológico dos fragmentos de manuscritos ou *membra disjecta*; estes materiais fragmentários, restos de textos desaparecidos em folhas soltas, apesar de truncados podem fornecer dados muito importantes para o conhecimento de obras ou mesmo de bibliotecas que desapareceram; são encontrados muitas vezes inseridos no meio de maços, dentro de códices ou a marcar obras impressas, em pastas de encadernação ou mesmo como revestimento de obras; é através destes fragmentos que com frequência se colhem informações acerca de obras entretanto desaparecidas ou sobre bibliotecas que também se perderam.
FRALDA – *Ver* Bandeira.
FRAMEWORK (pal. ingl.) – Marco de trabalho • Marco geral de organização, que serve de protocolo a permutas entre sistemas.
FRANCENUM (pal. lat.) – *Ver* Velino.
FRANCESISMO – Palavra ou frase de sabor ou índole francesa introduzida noutra língua • Galicismo.
FRANQUIAR – Estampilhar.
FRASE – Cadeia de signos isolada entre duas pausas ordenadas por vezes gramaticalmente e contendo sentido unitário • Expressão, locução • Segmento de discurso dotado de autonomia • Em música, parte do discurso musical

que forma um sentido completo e é delimitado por uma cadência.
FRASE-CHAVE – Aquela que funciona como solução.
FRASE COMPLEXA – *Ver* Frase composta.
FRASE COMPOSTA – Em sintaxe, diz-se da frase que é constituída por várias orações. Frase complexa.
FRASE ELÍPTICA – Frase incompleta, na qual o sujeito e o predicado não se podem identificar, porque estão omissos.
FRASE FEITA – Locução que foi consagrada pelo uso e que encerra uma alusão, máxima, sentido, intenção, etc. perfeitamente compreensíveis. Lugar-comum. Chavão. Cliché.
FRASE SIMPLES – Em sintaxe, diz-se da frase que contém apenas uma oração.
FRASEADO – Forma de dizer ou de escrever • Disposto em frases • Conjunto de palavras. Palavreado.
FRASEADOR – Aquele que fraseia.
FRASEAR – Construir frases. Dispor em frases.
FRASEOLOGIA – Parte da gramática em que é estudada a construção da frase • Construção de frase • Uso abusivo de palavras rebuscadas, sem nexo.
FRASEÓLOGO – Aquele que gosta de frases pomposas. Frasista.
FRASEÓNIMO – Criptónimo formado por uma frase.
FRASISTA – *Ver* Fraseólogo.
FRASQUETA – Caixilho em madeira ou ferro, da dimensão do tímpano, munido de uma folha de pergaminho ou de papel espesso onde se recorta tudo o que deve ir à impressão, a fim de proteger das manchas de tinta os brancos e as margens; o seu uso remonta talvez a finais do século XV • Espécie de tampa de madeira que se adapta à moldura ou guarnição da forma no fabrico manual do papel e que, por uma ranhura, se aperta de encontro à forma de modo a regular, consoante o aperto, a espessura do mesmo.
FRATRES PERGAMENARII (loc. lat.) – Denominação aplicada na Idade Média aos monges encarregados da supervisão da produção do pergaminho destinado à cópia de manuscritos no mosteiro; por vezes, não sendo suficiente esta produção, comprava-se pergaminho na cidade.

FREENET (pal. ingl.) – Na *Internet*, computador que se encontra ligado à rede *Internet* e que permite que as pessoas de uma comunidade possam aceder à *Internet* a título gratuito.
FREE-TEXT RETRIEVAL SYSTEM (loc. ingl.) – Sistema de recuperação em texto livre, modalidade de pesquisa que permite que um investigador aceda a uma determinada palavra no interior de um texto, através da utilização de ficheiros invertidos, que actuam positivamente, como ficheiros de palavras seleccionadas, ou negativamente, como ficheiros de palavras preteridas. *FTX*.
FREIO – *Ver* Encaixe.
FRENÓNIMO – Criptónimo formado pelo nome de uma qualidade moral.
FRENTE – Face em que o livro começa; por vezes é o lado paralelo ao lombo, quando não tem a goteira formada. Parte dianteira. Lado principal. Dianteira. Anverso. Recto. (port. Bras.) Pasta superior • Corte de abertura.
FRENTE-A-FRENTE – Face a face, rosto a rosto; corresponde à colocação de elementos, do lado esquerdo o verso da página e do lado direito a frente ou recto da página; os elementos mais comuns colocados nesta posição são, nas obras manuscritas em pergaminho, a parte da flor ou do pêlo e o carnaz ou parte dos músculos, de modo que os mesmos lados do suporte coincidam conferindo, assim, uma unidade cromática às duas páginas; o mesmo vai acontecer nos manuscritos em papel, em que o lado da filigrana coincide nas duas páginas • Também se usa a expressão frente-a-frente ou face a face para designar a colocação (desta vez no impresso) de uma gravura representando o autor ou outra figura colocada no lado esquerdo e o rosto ou página de título no lado direito. A livro aberto.
FREQUÊNCIA – Conjunto das pessoas que, em determinado momento, utilizam os serviços de uma biblioteca, arquivo, serviço de documentação, etc., em particular os da sala de leitura • Conjunto das pessoas que frequentaram a biblioteca, arquivo, serviço de documentação, etc., durante determinado período, em particular durante um ano completo, para fins estatísticos. Afluência • Assistência • Intervalo de tempo durante o qual uma publicação peri-

ódica é publicada de forma regular. Periodicidade • Em estatística, número de elementos, casos ou repetições que ocorrem ou entram numa categoria, classificação ou unidade de tempo • Número relativo de ocorrências de um certo elemento numa amostra representativa • Em tramas fotográficas, designação do número de linhas por unidade de comprimento. Ver Ocorrência.

FREQUÊNCIA DE CITAÇÃO – Em bibliometria, número de vezes que um determinado autor e/ou artigo são citados.

FREQUÊNCIA DE EMPRÉSTIMO – Em circulação de documentos, média de vezes que os documentos são cedidos por empréstimo.

FREQUÊNCIA DE PUBLICAÇÃO – Intervalo que medeia entre o aparecimento de um número de publicação periódica e o número seguinte; segundo o ritmo de distância cronológica entre os seus números, a publicação periódica pode ser diária, semanal, bissemanal, quinzenal, mensal, etc.

FREQUENTLY ASKED QUESTIONS (loc. ingl.) – Perguntas feitas com frequência, expressão sob a qual é designado e conhecido na *Internet* o tipo especial de documentos que contêm selecções de perguntas e respostas sobre diversos assuntos e que responde àquelas que com mais frequência são colocadas pelos utilizadores de uma rede ou de um serviço. FAQs.

FRESADORA – Máquina que nas oficinas de estereotipia e fotogravura, se usa para abrir os claros e desbastar a superfície dos clichés através da fresa (broca dentada) fixa a um mandril que lhe imprime uma forte rotação • Escareador.

FRESCO – Trabalho já impresso mas com a tinta ainda não seca • Trabalho feito não metido em conta de féria • Ver Pintura a fresco.

FRETE AÉREO – Na comercialização e transporte nacional e internacional de livros e demais documentos, designação dada ao seu transporte por via aérea, para os levar ao leitor o mais rapidamente possível.

FRETE MARÍTIMO – Na comercialização e transporte nacional e internacional de livros, preço pago ao dono do meio de transporte pelo seu aluguer • Transporte por via naval de uma carga de mercadoria, no caso presente livros e demais documentos.

FRICÇÃO – Imagem gráfica visual de uma superfície entalhada em baixo-relevo ou gravada em cavado, que se obtém mediante a sobreposição de um papel e esfregando nele uma matéria corante • Operação que visa conferir brilho à superfície do papel; é feita em máquinas, por processos de secagem ou de acabamento.

FRISA – Almofada que se mete entre o tímpano e o timpanilho nas prensas manuais ou a guarnecer os cilindros nas máquinas de imprimir e que pode ser de flanela, cetim, cartão, papel, borracha, etc. (port. Bras.) Branqueta.

FRISO – Decoração linear em forma de faixa ou cercadura obtida pela repetição de um motivo ou pelo seu desenvolvimento em determinado sentido. Filete • Parte do entablamento jónico, situado entre a arquitrave e a cornija, decorada com baixos-relevos formando uma faixa ornamental contínua • Em pintura, escultura e gravura, é a composição cuja largura é superior à altura; surge nas portadas de estilo arquitectónico.

Friso

FRONT. – Abreviatura de frontispício.

FRONTA – Termo arcaico que designava requerimento • Declaração • Acusação.

FRONTÃO – Conjunto arquitectónico, triangular ou em segmento de círculo, que adorna a parte superior de portas e janelas ou que coroa a entrada principal de um edifício; tem origem nas empenas dos telhados de duas águas, era utilizado nas duas fachadas, anterior e posterior e é frequente nas portadas de estilo arquitectónico. Frontispício.

Frontão

FRONTÃO INVERTIDO – Frontispício curvo ou de volutas, cujas empenas ou lados foram quebrados e dispostos no sentido inverso, ladeando um motivo decorativo.

FRONTAR – Termo arcaico que designava fazer requerimento. Requerer. Pedir com instância.

FRONTES (pal. lat.) – Na Antiga Roma designava os cortes da cabeça e do pé dos códices.

FRONTES VOLUMINIS (loc. lat.) – Margens do manuscrito enrolado.

FRONTIS (pal. lat.) – Palavra latina que significa frente, cara, usada como abreviatura de frontispício • Sinal utilizado nos manuscritos e que indicava que se devia corrigir o verso ou lê-lo com atenção.

FRONTISPÍCIO – Fachada arquitectónica; por extensão, portada de um livro, página de rosto, página de título, quando esta começou a assumir uma forma copiada da arquitectura, assemelhando a entrada no livro à entrada num edifício. Frente. Frontão. • Página gravada, muito frequente em livros dos séculos XVI, XVII e XVIII, que aparece colocada antes da página de rosto ou em frente dela, a livro aberto, e na qual estão inscritos o título da obra, o lugar de impressão, o impressor, a data e, com frequência, o retrato do autor ou de personagens intervenientes no conteúdo ou com ele relacionadas. Alguns dos frontispícios foram desenhados e gravados por artistas famosos e encontram-se assinados por eles; modernamente apenas são compostos frontispícios para certas edições de luxo.

FRONTISPÍCIO EM PÁGINA DUPLA – Expressão usada para designar a circunstância em que duas páginas de rosto se apresentam frente-a-frente, também chamada portada a dupla página. Página de rosto dupla. Página de título dupla.

FRUIÇÃO DA LEITURA – Acto ou efeito de desfrutar da acção de ler.

FTP – Acrónimo de *File Transfer Protocol*, Protocolo de transferência de dados, instrumento que permite obter ficheiros que se encontram guardados em qualquer servidor da *Internet*, método corrente que permite fazer *downloads* ou *uploads* de ficheiros.

FTX – Forma abreviada de *Free-Text Retrieval System*, Sistema de recuperação em texto livre, modalidade de pesquisa que permite que um investigador aceda a uma determinada palavra no interior de um texto, através da utilização de ficheiros invertidos, que actuam positivamente, como ficheiros de palavras seleccionadas, ou negativamente, como ficheiros de palavras preteridas.

FUGA DE LINHAS – Em perspectiva, é a concorrência num ponto de todas ou de várias linhas de um desenho, foto ou paisagem; contribui para dar impressão de profundidade.

FULL-TEXT (pal. ingl.) – *Ver* Texto integral.

FUMIGAÇÃO – Processo de preservação que visa a exterminação das actividades dos microrganismos e previne o ataque dos insectos aos documentos, particularmente em papel, através do uso de substâncias insecticidas e fungicidas (timol, paradi-clorobenzeno, formaldeído) numa cabina hermeticamente fechada onde, sob a acção do calor, os gases entram em contacto com os documentos destruindo os microrganismos e insectos, deixando resíduos; deve ser utilizado em fase prévia ao processo de restauro dos documentos ou antes da sua integração no acervo documental de um arquivo, biblioteca, etc., nomeadamente após o empréstimo domiciliário ou cedência para exposições.

FUMO – Prova de ensaio em fotogravura.

FUNÇÃO APELATIVA – Em relação à linguagem é aquela que se centra no receptor ao qual se apela para que actue de uma determinada forma; é caracterizada pelo uso do vocativo, de formas verbais no imperativo e de expressões dinamizadoras • Aquela que se encontra centrada no facto de a mensagem ser apresentada de uma forma atraente, harmoniosa e bela, cuja leitura desperta o prazer estético.

FUNÇÃO DISCURSIVA – Aquela que resulta do facto de o texto ser o veículo de um discurso paralelo ao discurso oral, que pode eventualmente reproduzir, indo, em certos casos, ao ponto de o dominar completamente, pela destruição das suas próprias estruturas logográficas.

FUNÇÃO DOCUMENTAL – Aquela que resulta do facto de o texto fornecer uma informação maximal e de se desembaraçar das redundâncias do oral; o texto aparece como objecto material, no qual está codificado um conteúdo informacional e não um discurso, que se trata de recuperar.

FUNÇÃO EXPRESSIVA – Em relação à linguagem, é aquela através da qual quem fala ou escreve transmite o seu mundo interior, os seus sentimentos ou emoções; identifica-se pelo uso frequente de interjeições e exclamações e da primeira pessoa gramatical. É muito característica da escrita de cariz intimista, epistolar e autobiográfico.

FUNÇÃO FÁTICA – Em relação à linguagem, é aquela que traduz a preocupação de verificar se a eficácia do canal está a funcionar (ao serviço da transmissão da mensagem).

FUNÇÃO ICÓNICA – Aquela que resulta do facto de o texto ser uma imagem para decifrar.

FUNÇÃO LÚDICA – Em relação ao livro, diz-se função lúdica a capacidade que ele tem de ser utilizado como divertimento, como jogo.

FUNÇÃO METALINGUÍSTICA – Em relação à linguagem, é aquela que se encontra centrada no código e que traduz a preocupação de explicar a sua origem ou a sua funcionalidade.

FUNÇÃO REFERENCIAL – Em relação à linguagem, é aquela que está centrada no contexto, isto é, refere de uma forma objectiva factos, pessoas, coisas, que constituem o conteúdo da mensagem e circunstâncias que a envolvem.

FUNÇÕES LÓGICAS – A função lógica que é baseada na álgebra de *Boole*, permite n variáveis lógicas. Cada uma das variáveis pode apenas permitir uma de duas situações.

FUND. – Abreviatura de fundação.

FUNDA – Estojo ou invólucro que protege objectos; no caso de livros preciosos, era muitas vezes adornado com borlas. *Camisia*.

FUNDAMENTAÇÃO – Motivação. Justificação. Razão. Causa.

FUNDAMENTO – Razão. Base. Alicerce • Argumento • Motivo • Princípio • Prova.

FUNDAMENTOS – Aspectos essenciais • Dados.

FUNDIÇÃO – Sortido completo de caracteres tipográficos para compor uma obra • O estabelecimento onde se fabricam tipos • Acto de fundir. Em Portugal já nos meados do século XVIII se fundia tipo. Um século depois, já não só em Lisboa, mas também a Imprensa de Coimbra tinha no quadro do seu pessoal um *abridor de typos*.

FUNDIÇÃO DE ROLOS – Operação de derreter a massa e vazá-la em moldes preparados para o efeito.

FUNDIÇÃO MONOLÍNEA – Nome dado à fundição em que é apenas fundida uma linha de cada vez.

FUNDIDOR DE TIPOS – Aquele que funde e refunde caracteres; o seu trabalho consistia em abrir o tipo móvel e depois dar-lhe forma numa liga metálica constituída sobretudo por chumbo, antimónio e estanho.

Fundidor de tipos

FUNDIDORA – Parte do monótipo totalmente independente do teclado, onde se efectua a fundição das matrizes • Fundição, empresa dedicada à fundição de tipos.

FUNDIR – Derreter e liquefazer metais ou outros corpos sólidos • Dar a forma do tipo ao metal em fusão • Operação para produzir uma estereotipia • Incorporar. Juntar. Unir. Conciliar • Em informática, combinar dois ou vários ficheiros num único, segundo uma ordem previamente definida.

FUNDO – Base. Extremidade • Desenho utilizado para imprimir uma cor sobre um papel no qual se imprimirá posteriormente texto ou gravura em cor mais forte • Colecção de livros, impressos ou manuscritos, entrados numa biblioteca, arquivo, serviço de documentação, etc., e provenientes de uma procedência determinada, geralmente com origem comum ou de uma proveniência histórica análoga ou ainda com uma afinidade de assunto • Totalidade dos livros manuscritos e outros documentos que uma biblioteca, arquivo, serviço de documentação, etc., possuem; neste sentido utiliza-se igualmente a palavra "colecção". Núcleo • Parte de um documento impresso ou negativo fotográfico que não está ocupado por uma imagem • Grupo de registos • Ficheiros resultantes do trabalho de um serviço, que constitui um todo orgânico, completo em si mesmo e com capacidade para realizar actividades de forma independente, sem qualquer orientação exterior • Artigo de fundo • Parte de um campo limitado que não é ocupado pelo tema propriamente dito • Aparência da estrutura de uma folha de papel observada à luz • Montante em dinheiro, que a direcção de uma biblioteca ou de outra instituição põe à disposição de um organismo ou serviço para ser aplicado com fundamento em determinados processos contabilísticos e orçamentais.

FUNDO ABERTO – Fundo susceptível de ser acrescido com novos documentos.

FUNDO ANTIGO – Totalidade dos manuscritos, livros impressos e outros documentos provenientes de colecções anteriores, por vezes privadas e quase sempre de acesso reservado, que uma biblioteca, etc. possui e que constitui frequentemente a sua parte mais preciosa ou a mais considerável dos seus fundos.

FUNDO BIBLIOGRÁFICO – Conjunto de publicações existentes numa biblioteca, arquivo, serviço de documentação, etc., para uso dos leitores. Fundo de biblioteca, etc. Acervo bibliográfico. Existência. Colecção.

FUNDO COM RAMAGENS – Em iconografia, o que está ornamentado com elementos vegetais tais como pâmpanos de vinha, ramos, folhas de hera, etc., muito frequente nas iluminuras.

FUNDO DE ACESSO LIVRE – Colecção ou conjunto de colecções de documentos que se encontra acessível ao público em geral, sem qualquer tipo de restrições. Fundo de livre acesso.

FUNDO DE ACESSO RESERVADO – Designação atribuída à colecção ou conjunto de colecções de documentos à qual o público em geral não tem acesso, dependendo este de uma autorização expressa por parte da pessoa para isso autorizada; opõe-se a fundo de acesso livre. Fundo de acesso restrito, isto é, limitado.

FUNDO DE ACESSO RESTRITO – *Ver* Fundo de acesso reservado.

FUNDO DE ARQUIVO – Conjunto orgânico de documentos de toda a natureza reunidos automática e organicamente, criados e/ou acumulados e utilizados por uma única pessoa física ou moral ou por uma família no exercício das suas actividades ou das suas funções; é a mais ampla unidade arquivística.

FUNDO DE ARQUIVO ABERTO – Fundo que pode ser objecto de incorporações complementares. Fundo aberto.

FUNDO DE BIBLIOTECA – *Ver* Fundo bibliográfico.

FUNDO DE CADERNO – Tira de reforço ou de substituição do festo do caderno.

FUNDO DE EDIÇÃO – Expressão usada para designar os restos de uma edição.

FUNDO DE EDITOR – *Ver* Fundo editorial.

FUNDO DE LÂMPADA – Ornamento gravado ou tipográfico, frequentemente em forma de cone invertido, colocado na parte final de um capítulo ou de um livro. Fecho de capítulo. Triângulo. *Cul de lampe* • Composição tipográfica em que as linhas estão dispostas em sentido triangular, com o vértice para baixo; esta forma é usada normalmente na página de título, títulos ou finais de capítulo e no cólofon.

FUNDO DE LIVRARIA – Número mais ou menos considerável de livros destinados a diferentes classes sociais, e reunidos de modo que a venda certa mas lenta de uns, compensada com vantagem também certa, mas mais rápida de outros, favoreça o crescimento da primeira posse.

Fundo de lâmpada

FUNDO DE LIVRE ACESSO – *Ver* Fundo de acesso livre.

FUNDO DE MANUSCRITOS – Conjunto de documentos escritos à mão, de diversas proveniências, reunidos por um particular, uma biblioteca ou um museu. Colecção de manuscritos.

FUNDO DE PÁGINA – *Ver* Pé de página.

FUNDO DE SEGURANÇA – Nas notas e papéis fiduciários, o que é composto de forma a evitar as contrafacções, impresso em tintas refractárias à fotografia ou em tintas preparadas de forma a conhecer-se a falsificação por meio de reagentes.

FUNDO DISCRICIONÁRIO – Aquele que é para ser utilizado ao arbítrio das pessoas • Fundo que fica disponível após terem sido feitas todas as aquisições essenciais necessárias e que está sujeito a menos restrições que os normais.

FUNDO DO CAMPO – Em desenho, miniatura, gravura, etc. é a parte do campo na qual se destaca uma imagem.

FUNDO DOCUMENTAL – Conjunto de documentos de uma biblioteca, arquivo, serviço de documentação, etc.

FUNDO EDITORIAL – Conjunto da produção de uma empresa editora armazenado para distribuição à medida que é pedido. Fundo de editor • Conjunto de obras cujos direitos de reprodução pertencem a uma casa editora.

FUNDO ELECTRÓNICO – Numa biblioteca, arquivo, serviço de documentação, etc., designação atribuída ao conjunto de documentos em formato electrónico. Fundo de recursos electrónicos.

FUNDO EM FLOR-DE-LIS – Em iconografia, particularmente em iluminura e encadernação, aquele que apresenta uma ornamentação com pequenas flores-de-lis.

FUNDO EM LISONJA – O que contém linhas que se cruzam em diagonal.

FUNDO ENXAQUETADO – O que contém uma rede de linhas horizontais e verticais regulares, resultando delas pequenos compartimentos; pode apresentar uma profundidade alternada que reforça a impressão de xadrez.

FUNDO FECHADO – Conjunto de documentos de uma instituição desaparecida ou parte de um fundo correspondente a uma época, que não é susceptível de crescimento.

FUNDO GRADEADO – O que contém traços duplos, constituindo uma espécie de grades.

FUNDO ICONOGRÁFICO – Conjunto de material ilustrado (diapositivos, desenhos, gravuras, fotografias, etc.), que faz parte do arquivo de uma instituição.

FUNDO IMPRESSO – Geralmente assim designado por oposição a fundo manuscrito, é o que contém obras impressas dos mais diversos géneros e formatos.

FUNDO INFANTIL – Conjunto bibliográfico que contém textos destinados especificamente às crianças.

FUNDO LOCAL – Conjunto organizado de espécies documentais, qualquer que seja o seu suporte (impressos e audiovisuais), produzidas por uma comunidade ou com ela relacionadas, que se referem aos mais variados aspectos da sua vida, história e actividades.

FUNDO MANUSCRITO – Conjunto integrado por cartas, textos avulsos, livros ou outros documentos escritos à mão, de diversas proveniências, reunido por uma biblioteca, um arquivo, um museu ou um particular. Colecção de manuscritos.

FUNDO MARTELADO – Aquele que contém uma rede formada por pequenos pontos ou grãos.

FUNDO ORNAMENTAL – Aquele que contém uma decoração destinada a preencher as superfícies vazias do campo.

FUNDO PERDIDO – Branco situado no fundo de uma página no qual, por necessidade de paginação ou por qualquer outro motivo, não se metem títulos nem linhas de texto. Página coxa. Página curta.
FUNDO PONTILHADO – Em gravura, aquele que é totalmente preenchido com pequenos pontos que fazem ressaltar o desenho principal.
FUNDO RETICULADO – Fundo que contém uma ornamentação feita de uma rede de quadrados ou losangos.
FUNDO TRABALHADO – O que não é constituído apenas por uma simples aplicação de cor, mas que o artista decorou por um processo qualquer e sobre o qual assentam os elementos iconográficos principais, como as figuras ou outros.
FUNDO TRACEJADO – O que apresenta pequenos traços mais ou menos regulares ou estrias.
FUNDOS – Conjunto de documentos que figuram numa determinada instituição oficial ou privada • Parte impressa a cores, quase sempre leves, sobre a qual se imprimem outros ornatos ou vinhetas • Clichés ou gravuras que servem para imprimir e modificar a cor superficial do papel.
FUNGICIDA – Substância capaz de destruir ou impedir o desenvolvimento de fungos e bolores.
FUNGO – Vegetal desclorofilado conhecido como agente microbiológico de degradação; incapaz de realizar a fotossíntese, necessita instalar-se sobre matérias que lhe forneçam nutrientes numa forma pré-elaborada, ou seja, de fácil assimilação; a disseminação dá-se através dos esporos e o seu desenvolvimento é afectado por diversos factores de que se destacam a luz, pH, natureza do material constitutivo dos documentos e a presença de outros microrganismos.
FURADEIRA – Máquina usada em encadernação para furar cartolina, papel e papelão. Furador. Furadora. Saca-bocados.
FURADOR – Máquina usada para perfurar a cartolina, o papelão e o papel. Furadeira. Furadora.
FURADORA – *Ver* Furador.
FURO – Orifício • Em linguagem jornalística, informação importante e correcta divulgada somente por um meio de comunicação social.
FURO JORNALÍSTICO – Notícia jornalística sensacionalista em primeira mão • Cacha jornalística. Manchete.
FUSÃO – Acto ou efeito de fundir. Diz-se que há uma fusão quando duas coisas se unem, para que resulte uma só; é o que acontece, por exemplo, em Biblioteconomia quando duas publicações ou recursos continuados se juntam para dar origem a um só, desaparecendo um deles cujo título pode ou não ser resultante da ligação dos anteriores • Operação que consiste em combinar dois ou mais conjuntos de dados ordenados de modo semelhante formando um conjunto disposto pela mesma ordem.
FUSTE – Haste. Parte de letra • Parte principal de uma coluna, situada entre a base e o capitel, geralmente mais larga junto à base.
FUTURAS – *Ver* Caracteres de fantasia.
FYF – Acrónimo de *For Your Information*, para sua Informação, documento com informações gerais sobre a *Internet* existente nesta rede.

G

G – Letra do alfabeto latino e do de quase todas as línguas antigas e modernas • O tipo que na impressão reproduz essa letra • Nas máquinas fundidoras é a matriz que dá esse carácter • Punção com que se grava essa matriz • Assinatura correspondente ao sétimo caderno de um volume, quando se usam letras para tal fim • Sétima chamada de nota, se se usarem letras em lugar de números ou sinais • Na aritmética antiga tinha o valor de 400 e plicado o de 40000 • Abreviatura de "giga", prefixo que significa um milhão.

G.A.P. – Abreviatura de Gerador Automático de Programa. GAP. *Ver* Gerador.

G.P. – Iniciais que significam Grande Patriarca e que precedem e caracterizam o nome de São Francisco.

GABARI (port. Bras.) – *Ver* Gabarito.

GABARITO – Categoria. Hierarquia. Classe. (port. Bras.) Gabari • Modelo em dimensões naturais para controlar formas e medidas durante a execução da diagramação.

GABINETE – Local de trabalho no qual os amadores da época clássica conservavam as suas colecções (livros, objectos raros, etc.) • Lugar onde se reuniram objectos curiosos, obras de arte ou mesmo livros.

GABINETE DE ESTAMPAS – Nas bibliotecas, etc., local destinado à guarda, conservação e consulta de material iconográfico.

GABINETE DE LEITURA – Lugar que teve grande voga no século XIX, onde os associados podiam ler ou alugar livros e jornais; o aluguer era feito em troca de uma pequena retribuição. Apareceu em Portugal, em Lisboa, entre 1814-1815. O primeiro gabinete de leitura existente em Portugal foi o de M. De Maussé, estrangeiro residente em Lisboa. O primeiro catálogo de gabinete de leitura conhecido em Portugal data de 1814 e é o do gabinete de leitura de Pedro Bonnardel. Os gabinetes de leitura proliferaram no nosso país entre os anos setenta e noventa do século XIX, mantiveram-se ainda bastante activos nos primeiros dois decénios do século XX, tendo estado sobretudo ao serviço da leitura domiciliária. Foram grandes dinamizadores do panorama literário nacional em prol do desenvolvimento da cultura, pois permitiam a fixação do público leitor num determinado lugar, para isso especialmente criado, e possibilitavam que se fizesse leitura domiciliária. Nele praticavam a leitura leitores que não eram possuidores dos livros que liam; na maior parte dos casos os gabinetes de leitura eram propriedade de livreiros instalados ou de gente de parcos recursos, que alugava os livros, para quem representavam um lucrativo modo de actividade. Havia aqueles que eram designados por gabinetes autónomos (onde se podia isolar a função específica de aluguer de livros, mas que não possuíam local para leitura) e aqueles que possuíam "lugar para ler", mesmo que rudimentar.

GALAICO-PORTUGUÊS – Língua comum falada na Idade Média na Galiza e em Portugal em que estão escritos os cancioneiros trovadorescos medievais; dela derivaram, tanto o português actual como o galego.

GALÃO – Motivo decorativo que se assemelha a um friso ou filete e que é aplicado nas pastas da encadernação.

GALÉ – Tábua quadrangular guarnecida com três travessas nas quais, pela parte interior, há uma zona rebaixada, a cujo conjunto se dá o nome de caixa; dentro desta introduz-se outra tábua delgada, com 1 cm de espessura e com cabo para se poder tirar, chamada bolandeira • Peça quadrangular sobre a qual assenta a composição tipográfica a imprimir.

GALEÃO – Placa rectangular de madeira com rebordo em dois dos seus lados, onde é colocada a composição tipográfica.

GALEATO – Adjectivo que se aplica ao prólogo destinado a defender uma obra contra os censores.

GALEGO-PORTUGUÊS – *Ver* Galaico-português.

GALERADA – *Ver* Primeira prova.

GALERIA – Lura profunda e sinuosa cavada por uma larva ou um insecto na espessura do material impresso ou da encadernação • Corredor entre duas estantes • Espaço coberto, geralmente envidraçado, mais comprido do que largo, em que se passeia e especialmente em que se realizam exposições • Espaço semelhante em que se reúnem objectos artísticos, etc., quer sejam pertença do Estado ou de particular • Designação atribuída aos próprios objectos expostos ou juntos, de retratos de personagens célebres pertencentes à mesma época, ao mesmo país, à mesma profissão, etc.

GALERIA DE EMPRÉSTIMO – *Ver* Artoteca.

GALHARDA – Carácter de letra de 8 pontos tipográficos da antiga nomenclatura.

GALHARDETE – Pequena bandeira estreita e longa que se coloca nas efígies dos santos. Bandeirola.

GALICÍGRAFO – O que escreve de forma afrancesada, utilizando galicismos.

GALICISMO – Palavra, construção ou frase originária do francês introduzida noutra língua. Francesismo.

GALIPOTE – Matéria resinosa produzida pelo pinheiro marítimo da qual se serviam os gravadores para revestir as placas metálicas a gravar.

GALOCHA – Tipo de acabamento de cadernetas constituído por um cartão colocado por baixo, papel por cima e tira de papelão que reúne as folhas.

GALUCHAT (pal. fr.) – Palavra com origem no nome do parisiense Jean-Claude Galluchat, que designa a pele de peixe (tubarão ou raia), de grão redondo e muito duro, que foi usada pela primeira vez por este artífice na decoração de encadernações, nos princípios do século XVIII.

GALVANISMO – Corrente eléctrica produzida por contacto de certos corpos ou por acções químicas.

GALVANIZAR – Aplicar uma camada de metal sobre outra por meio de galvanismo, a fim de evitar a oxidação ou corrosão.

GALVANO – Processo pelo qual se consegue a reprodução em cobre de uma gravura ou página • Chapa obtida por galvanoplastia e galvanotipia.

GALVANO DE RANHURA – Uma das três espécies de clichés para máquinas rotativas a folhas.

GALVANOGLIFIA – Processo electrotípico para a obtenção de lâminas gravadas em relevo para a impressão inventado em 1840 pelo inglês Palmer; também é designado por glifografia.

GALVANOGLIPTIA – Processo de gravação que se executa por meio de banho electrolítico; produz uma estampa com gravura em cavado, que se imprime pelos mesmos processos da gravura em talhe doce.

GALVANOGRAFIA – Processo de gravura obtido a partir do desenho sobre uma chapa de metal feito com uma tinta constituída por essência de terebentina e goma-laca, depositando em seguida por galvanoplastia uma camada de cobre sobre a chapa; a espessura dos traços forma sob a camada depositada linhas em côncavo; desligando-se a camada metálica, obtém-se uma chapa gravada em cavado, a partir da qual se podem obter provas impressas. Glipografia.

GALVANOGRAVURA – Reprodução feita por meio de uma corrente eléctrica, buril e verniz dos gravadores.

GALVANOPLASTA – Operário que recobre as lâminas de estereotipia de camadas metálicas, por meio de processos eléctricos.

GALVANOPLASTEGA – Operário de gravura em cavado que, através da electrólise, cobre os cilindros para a gravação.

GALVANOPLASTIA – Processo de reprodução de textos e gravuras baseado na electrólise de determinados sais, especialmente na do sulfato de cobre • Arte de aplicar uma camada

metálica num corpo sólido através de correntes eléctricas; este processo, quando aplicado à imprensa designa-se por galvanotipia • Obtenção de galvanos destinados à impressão • Processo químico pelo qual se obtém a reprodução em cobre de uma gravura ou página. Foi adoptado para a reprodução de gravuras em madeira das obras monumentais e muito usado mundialmente pela sua grande resistência à impressão. Galvanoplástica.
GALVANOPLÁSTICA – *Ver* Galvanoplastia.
GALVANOSTEGIA – Operação que consiste em produzir, por via electrolítica, um revestimento metálico (prateação, douradura, niquelagem, cromagem) de qualquer objecto.
GALVANOTIPIA – Processo que permite obter réplicas de uma composição ou de uma placa gravada: uma fina camada de metal dissolvida num banho em estado de sal é deposta por electrólise num molde da forma a reproduzir, depois solto e reforçado com uma liga de chumbo; a réplica assim obtida é um galvano.
GALVANÓTIPO – Cliché obtido por galvanotipia.
GANCHO DA LINHA – Pequena lâmina em forma de harpão existente no monótipo, que apanha a linha no canal da fundidora e a leva até à galé.
GANCHO DO ORIGINAL – Peça curva de arame onde se dependuram os originais ou os trabalhos já impressos à medida que vão sendo compostos.
GANHAR LINHA – Operação que consiste em suprimir uma linha para ganhar espaço, por necessidade de compaginação.
GARAMÓN – *Ver Garamond*.
GARAMOND (pal. fr.) – Carácter de letra de tipo romano pequeno usada antigamente e caracterizado por uma grande elegância; foi criado por Claude Garamond (1499-1561), fundidor de tipos e gravador francês, que aperfeiçoou os tipos de Manuzio. Garamondinos.
GARAMONDINOS – *Ver Garamond*.
GARANÇA – Nome comum atribuído à planta tintorial da família das Rubiáceas, de cuja raiz se extrai um pigmento vermelho que serve para fabrico deste corante.
GARANCINA – Substância corante extraída da garança.

GARATUJA – *Ver* Rabisco.
GARATUJAR – *Ver* Rabiscar.
GARFO – *Ver* Forquilha.
GARRETTIANA – Nome dado à colecção das obras de Almeida Garrett e daquelas que a elas se referem.
GARRETTIANO – Pessoa que colecciona obras de Almeida Garrett ou que a ele dedica o seu estudo.
GASTOS GERAIS E DE EDUCAÇÃO – Parte do orçamento anual de uma universidade ou colégio gasta em educação, bibliotecas, investigação, serviços de extensão, serviços a estudantes, administração geral e expansão. E & G.
GATAFUNHAR – *Ver* Rabiscar.
GATAFUNHO – Desenho de traço ou letra quase ilegível. Rabisco. Garatuja. Gatimanho.
GATEWAY (pal. ingl.) – *Ver* Porta de ligação.
GATIMANHO – Rabisco ilegível. Gatafunho. Garatuja.
GATO – Erro de impressão. Gralha tipográfica. Lapso.
GAUFRÉ (pal. fr.) – Palavra francesa que qualifica o corte cinzelado ou esculpido do livro encadernado; os franceses utilizam a expressão *tranche gaufrée ou tranche antiquée*; usualmente era dourado. Gofrado. *Ver tb.* Corte gofrado.
GAVETA – Caixa ou compartimento destinado à arrumação de folhetos não encadernados, estampas ou cartazes que se armazenam deitados. Cacifo • Num catálogo como peça de mobiliário, caixa ou compartimento no qual se arrumam as fichas catalográficas ou de outra natureza segundo uma determinada forma de ordenação.
GAVETA DO EXPULSOR – Parte do linótipo que ajuda a expulsar a linha-bloco do molde.
GAVINHA – Filete espiralado ou ondulado que se destaca do enquadramento de uma inicial manuscrita ou de uma vinheta para se prolongar na margem.
GAZ. – Abreviatura de gazeta.
GAZA – Tecido fino e transparente destinado a consolidar a lombada da encadernação e usado para o restauro de livros e documentos; também é utilizado na fixação de gravuras ou estampas. Gaze.
GAZE – *Ver* Gaza.

GAZETA – Designação dada antigamente às publicações periódicas e que hoje se aplica apenas àquelas que tratam de algum ramo especial: administração, ciência, literatura, técnica, cinema, artes, etc. • Publicação periódica de carácter doutrinário ou político de qualquer espécie • Nome atribuído à primeira publicação periódica portuguesa, cuja edição teve início em Novembro de 1641 e terminou em Setembro de 1647, num total de 37 números. A sua estrutura repete-se; a maioria dos números encontra-se dividida em duas partes: a primeira com *as novas do reyno* e a segunda com as *novas de fora do reyno*, trazidas dos mais diversos pontos da Europa, até Julho de 1642. O aspecto gráfico é semelhante em quase todos os números: impresso in-4º, não apresenta uma página de rosto especial; o título encabeça o texto, que começa por uma inicial capital de desenho de fantasia gravada em madeira.
GAZETA IMPRESSA – Folha impressa publicada logo após a invenção da imprensa.
GAZETA MANUSCRITA – Folha escrita à mão, que insere informações de diversa natureza, vinda a público antes da invenção da imprensa.
GAZETA OFICIAL – Publicação periódica na qual o governo faz publicar leis, decretos, avisos ou quaisquer declarações do país a que esse governo respeita; é uma publicação equivalente ao actual *Diário da República*. Jornal oficial. Folha oficial.
GAZETEIRO – Aquele que vende gazetas • Pessoa que escreve para uma gazeta • Vendedor de jornais • Jornalista. Noticiarista.
GAZETILHA – Secção de publicação periódica onde, em tom jocoso ou satírico e normalmente em verso, se comentam factos actuais • Pequena notícia publicada num periódico • Lugar do periódico reservado para este tipo de notícias • Folhetim.
GAZETILHEIRO – Aquele que escreve gazetilhas.
GAZETISTA – Pessoa que lê gazetas • Noticiarista. Jornalista.
GAZOFILÁCIO – Título atribuído antigamente a obras independentes, do género dos dicionários.
GB – Forma abreviada de *Gigabyte*.

GED – Acrónimo de Gestão electrónica de documentos.
GEL DE SÍLICA – Secador que absorve 40% do seu peso em água; o gel de sílica azul fica rosa quando está saturado; pode secar-se a 135º e usar-se de novo.
GELATINA – Produto obtido a partir de escamas de peixe e outros materiais, que é empregado no papel pigmentado. Agar. Geleia.
GELATINA ANIMAL – Mistura de proteínas de alto peso molecular que se obtém por extracção a quente de ossos, peles, outros sobejos animais, etc. e que diluída em água forma uma solução coloidal.
GELATINIZAÇÃO – Em restauro de documentos gráficos em pergaminho, nome dado à formação de zonas transparentes na pele, resultantes do desalinhamento e da aderência entre si das fibras de colagénio.
GELATINOGRAFIA – Processo de gravura em que o cliché se prepara com uma pasta de gelatina • Qualquer processo de gravura em que a gelatina seja usada para obter uma placa ou matriz para posterior impressão.
GELATINÓGRAFO – *Ver* Hectógrafo.
GELATINOTIPIA – Método de reprodução fotomecânico que faculta a obtenção rápida de clichés tipográficos, com a utilização das propriedades da gelatina bicromatada.
GEMA – Pedra fina, preciosa ou semi-preciosa que pode servir de suporte à gravura de pequenas matrizes em cavado ou em relevo • Engastada num anel sigilar, serve como sinete ou sinal • Em encadernações ricas, pode servir de ornamento, geralmente engastada em ouro ou prata.
GENEALOGIA – Estudo da filiação e dos caracteres históricos familiares dos indivíduos; investiga a linhagem, com relevo especial para as relações biológicas e familiares. Ascendência. Família. Linhagem • Obra em que se relata a história genealógica de uma família.
GENERAL MENTION DESIGNATION (loc. ingl.) – Designação genérica do material, usada em descrição bibliográfica internacional normalizada. *GMD*.
GENERALIA (pal. lat.) – Nos sistemas de classificação, termo usado para designar o grupo de documentos que abarca tantas matérias que

não pode classificar-se dentro de uma classe precisa. Vária.

GENERALIDADE – Qualidade daquilo que é geral • Ideia ou princípio geral • Falta de precisão no que se afirma ou escreve • O dito ou escrito desse modo • Totalidade. Maioria.

GENERALIDADES – Designação atribuída aos livros que tratam de assuntos gerais • Rudimentos. Princípios gerais • Título que se atribui à parte de um trabalho ou capítulo que é uma espécie de introdução geral • Classe principal de uma classificação, que está reservada a obras que tratam de vários assuntos, tais como as enciclopédias.

GENERALIZAÇÃO – Acção ou efeito de generalizar ou de se generalizar • Operação do espírito que reúne numa só ideia princípios ou qualidades comuns • Extensão de um princípio ou de um conceito a todos os casos a que pode aplicar-se • Passagem de uma palavra específica a uma classe ou de uma classe a uma outra mais vasta, geralmente com fins de codificação • Difusão. Extensão. Vulgarização.

GENERALIZADO – Que se generalizou. Tornado geral. Vulgarizado. Difundido. Comum.

GENERALIZAR – Tornar geral, sem restrições, sem individualizar. Tornar comum. Vulgarizar. Desenvolver. Propagar. Difundir.

GENERATIVO – Pertencente ou relativo à geração.

GENERIC BOOK (loc. ingl.) – Expressão nascida e utilizada sobretudo nos Estados Unidos, mais abrangente que a palavra "livro", que serve para designar, quer os documentos impressos na sua forma tradicional, quer todos os outros documentos, qualquer que seja a sua forma de apresentação.

GENÉRICO – Relativo ou pertencente ao género • Tratado em termos gerais • Que tem um carácter geral, independentemente das particularidades. Geral. Extensivo. Indefinido. Indeterminado. Universal. Vago • Relativo a um determinado género ou coisas com características comuns • Conjunto das indicações que figuram numa emissão ou videograma respeitantes à produção, edição, distribuição e lista dos co-autores, colaboradores da criação e dos intérpretes.

GÉNERO – Ideia geral que contém outra ideia geral chamada espécie • Conjunto de espécies com um ou mais caracteres comuns • Estilo. Forma de escrever • Cada uma das partes ou divisões das diversas classes literárias ou artísticas • Forma que apresentam os substantivos, adjectivos, artigos, pronomes e particípios, conforme representam pessoas, seres do sexo masculino ou do sexo feminino, animais e coisas que se convencionou pertencerem a um ou outro sexo, ou a nenhum deles (neutro) • Espécie ou classe a que pertence uma obra.

GÉNESE – Conjunto dos factos, elementos, etc. que contribuíram para a formação de uma coisa • Formação • Origem • Princípio.

GÉNESE DO DOCUMENTO – Conjunto de processos respeitantes à apresentação por escrito do acto, até ao cumprimento das finalidades destinadas a torná-lo executório.

GENESÍACO – Relativo à génese, à criação.

GENÉSICO – Relativo à génese, à geração.

GÉNESIS – Nome dado ao primeiro dos livros do Antigo Testamento, em que se descreve a história da criação do mundo e a geração dos primeiros homens.

GENETLÍACO – Referente ao nascimento; diz-se dos poemas ou dos discursos que celebram o nascimento de uma pessoa.

GENETLIOGRAFIA – Tratado referente a horóscopos.

GENOTEXTO – Conjunto das várias fases do processo de elaboração de um texto (notas, esboços, rascunhos, etc.).

GENTILÍCIO – Diz-se dos nomes individuais ou de família oriundos de nomes de povos ou de povoações.

GENUINIDADE DE OBRA LITERÁRIA – Qualidade do que é autêntico, verdadeiro, próprio, numa obra escrita de carácter literário.

GEOGRAFIA DA LEITURA – Configuração ou perfil de uma região ou zona no que diz respeito à prática da leitura.

GEOGRAPHIC INFORMATION SYSTEM (loc. ingl.) – Sistema da informação geográfica. *GIS*.

GEOLINGUÍSTICA – Ciência que estuda os fenómenos linguísticos de uma língua no território onde esta se fala.

GEÓNIMO – Criptónimo formado de um adjectivo gentilício.

GEORG. – Abreviatura de georgiano.

GEÓRGICA – Obra literária em que o tema tratado diz respeito à agricultura ou é relacionado com ela; usa-se com frequência no plural.

GERAÇÃO – Em reprografia é uma indicação sobre a antiguidade de uma cópia em relação à cópia original; a reprodução original do documento é chamada primeira geração (microfilme); as cópias feitas a partir desta são denominadas de segunda geração e as cópias feitas a partir desta, de terceira geração, etc. • Chama-se quinta geração à dos computadores do futuro caracterizados pela inteligência artificial e pela facilidade da sua utilização por principiantes; as quatro primeiras gerações de computadores foram fruto de progressos técnicos; se a primeira utilizava tubos electrónicos, a segunda beneficiava da invenção do transístor, a terceira reagrupava os componentes em circuitos impressos e a quarta, que conhecemos actualmente, utiliza circuitos integrados • Genealogia. Descrição genealógica de uma família • Concepção. Criação. Produção.

GERADOR – Programa informático que produz rotinas segundo parâmetros ou condições de entrada determinadas, a partir de subprogramas-tipo; as rotinas de edição são produzidas a partir de informações que descrevem o ficheiro de entrada e a forma da edição desejada. *Ver* tb. G.A.P.

GERAL – Sem especificar nem individualizar • Comum. Universal. Usual • Indeterminado.

GERENCIAMENTO (port. Bras.) – *Ver* Gestão.

GERENTE (port. Bras.) – *Ver* Gestor.

GERMANISMO – Palavra, frase ou construção de origem germânica utilizada por falantes de outra língua • Amor excessivo a tudo aquilo que é proveniente da Alemanha.

GESSADA – Camada que se coloca nas superfícies a cobrir posteriormente com ouro, por meio da douração; é constituída por uma mistura de hematite, bolo arménio e um pouco de azeite ou outra gordura.

GESSO – Matéria obtida por cozimento do sulfato de cálcio hidratado, utilizado como pigmento branco; o suporte sobre o qual se aplicava o ouro nas iluminuras e que servia de mordente, era uma fina camada de gesso.

GESSO DE PARIS – Este produto constituía a base sobre a qual era assente o ouro nas iluminuras, não só quando este era aplicado com pena ou pincel em superfícies reduzidas, mas também quando se utilizava a folha de ouro usada em superfícies maiores como os fundos; a esta base de gesso, colorido ou não, aderia o ouro, bruninde-se depois para obter aquele brilho que ainda hoje nos deslumbra.

GESSOGRAFIA – Processo para imprimir estampas com clichés de gesso • Estampa obtida por este processo.

GESTA – Relato de feitos guerreiros. Conjunto dos feitos históricos de uma personagem ou povo dignos de ficar na memória • História.

GESTA MUNICIPALIA (loc. lat.) – Registos públicos guardados nos municípios romanos a fim de legalizar os contratos privados.

GESTÃO – Acto e efeito de gerir, dirigir, orientar • Administração activa. (port. Bras.) Gerenciamento.

GESTÃO ARQUIVÍSTICA DE DOCUMENTOS – Implementação de um conjunto de medidas que visam a racionalização e a eficácia na criação, selecção, organização, conservação e utilização dos arquivos.

GESTÃO AUTOMATIZADA – Administração cujos trabalhos são realizados por meios automáticos; a expressão é pouco empregue; quando numa gestão mecanizada os trabalhos se encadeiam automaticamente, diz-se antes que a gestão está integrada.

GESTÃO DA INFORMAÇÃO – Segundo Carlos Zorrinho, é a função que interliga e conjuga a concepção dos sistemas de informação com a concepção dinâmica da organização • Expressão usada para definir a administração dos recursos informativos (internos e externos) de uma organização por meio de uma utilização conveniente das tecnologias da informação • Implementação de um conjunto de medidas que visam a racionalização e a eficácia no uso e circulação da informação e a aplicação das teorias e técnicas da ciência da informação aos sistemas de informação.

GESTÃO DAS TECNOLOGIAS DE INFORMAÇÃO – Expressão usada para definir a administração dos recursos anteriormente designados de modo genérico como informática, e que actualmente incluem as vulgarmente designadas TIC, tecnologias da informação e comunicação. As tecnologias de informação assumem hoje em dia uma grande importância e, como tal, também a sua gestão; a combinação de computadores e telecomunicações afecta decisivamente o funcionamento das empresas e pode tornar-se uma vantagem competitiva.

GESTÃO DE ARQUIVO E BIBLIOTECA – Conjunto de medidas e operações que visam a aplicação de técnicas e práticas arquivísticas e biblioteconómicas, com o fim de racionalizar e tornar mais eficiente a criação, manutenção, uso e avaliação de documentos de arquivo ou biblioteca.

GESTÃO DE BASES DE DADOS – Aproximação sistemática da armazenagem, da actualização e da extracção das informações, geralmente sob a forma de registos num ficheiro, cada vez que vários utilizadores ou mesmo vários centros devem utilizá-los.

GESTÃO DE BIBLIOTECAS – Parte da biblioteconomia que diz respeito ao estabelecimento, organização e administração racional das bibliotecas, operações que são orientadas para a consecução de objectivos previamente definidos. Administração de bibliotecas.

GESTÃO DE CORRESPONDÊNCIA – Aplicação de princípios e técnicas de gestão de documentos ao conjunto de cartas, bilhetes, telegramas, etc., que são expedidos ou recebidos, providenciando o seu manejo, processamento e arquivamento adequados.

GESTÃO DE DADOS – Administração da aquisição, ordenamento, armazenamento, recuperação e difusão da informação • Termo geral que designa as funções do programa de controlo que permitem o acesso aos conjuntos de dados, a organização destes conjuntos e a utilização optimizada das unidades de entrada/saída.

GESTÃO DE DOCUMENTOS – Área da administração geral que desenvolve planos e programas relacionada com questões de economia e eficácia na produção, manutenção, uso, triagem, conservação, utilização e destino final dos documentos. Administração de documentos.

GESTÃO DE DOCUMENTOS DE ARQUIVO CORRENTE – Aplicação dos princípios e das técnicas de gestão dos documentos, com vista à racionalização e eficiência da documentação, cuja consulta é frequente pelo órgão que as produz.

GESTÃO DE DOCUMENTOS VITAIS – Aplicação de princípios e técnicas de gestão de documentos para garantir a preservação dos documentos essenciais à existência de um órgão e à continuidade dos seus trabalhos no caso de uma emergência ou desastre; geralmente lança-se mão da microfilmagem de segurança para este fim.

GESTÃO DE FICHEIROS – Em biblioteconomia e arquivologia, aplicação das técnicas de gestão de registos às bibliotecas, serviços de documentação e aos arquivos, com a finalidade de manter os registos organizados, de os recuperar com facilidade e de garantir a sua exaustividade e a organização de registos não concorrentes.

GESTÃO DE REGISTOS – Parte da gestão que tem por objectivo conseguir economia e eficácia na criação, conservação e disposição de registos • Tarefas que são levadas a cabo para armazenar, recuperar e organizar a informação existente numa instituição.

GESTÃO DO CONHECIMENTO – Segundo Maria Pinto Molina e Cármen Goméz Camarero, é a capacidade de uma organização para gerar valor, baseando-se nas pessoas e numa gestão eficaz do capital intelectual. Em consequência disso, a gestão do conhecimento seria constituída por todas as actividades e processos orientados para procurar e descobrir o conhecimento existente numa organização, sistematizá-lo e organizá-lo para o pôr, finalmente, à disposição de toda a organização, baseando-se nas TIC e especialmente na *Internet* e na sua versão privada, as *intranet* corporativas.

GESTÃO DO TEMPO – Métodos segundo os quais os gestores organizam o seu próprio tempo.

GESTÃO DOS SISTEMAS DE INFORMAÇÃO – Segundo Silva Rodrigues, é a actividade de gerir os objectivos, os processos, os recursos humanos e os restantes recursos de organização relevantes para gerir o sistema de informação da organização e como actividade de gerir a arquitectura dos sistemas de informação, as aplicações e as TI da organização.
GESTÃO INTEGRADA – Administração mecanizada, cujos trabalhos se encadeiam automaticamente. Gestão automatizada.
GESTÃO POR OBJECTIVOS – Sistema de gestão assente na formulação participativa de finalidades a atingir e normas de actuação para uma entidade, suas unidades administrativas e cada um dos seus funcionários.
GESTOR – Pessoa ou coisa que administra. Administrador. Gerente. Dirigente • Programa de gestão.
GESTOR BIBLIOGRÁFICO – Designação atribuída ao programa informático que é preparado com o objectivo de informatizar e normalizar o trabalho nas diversas fases de processo de tratamento das referências bibliográficas.
GESTOR DE DADOS – Pessoa responsável pela administração da informação ou de um sistema de informação.
GESTOR DE DOCUMENTOS – Especialista que leva a cabo programas de gestão de documentos.
GESTOR DE INFORMAÇÃO – Pessoa a quem cabem as tarefas referentes à administração dos recursos informativos de uma organização.
GESTOR DE REGISTOS – Pessoa que é responsável por um programa de gestão de registos ou encarregada de o executar.
GHOST-WRITER (pal. ingl.) – Designação da pessoa que escreve para outra que lhe compra o trabalho e o assina; esta situação é hoje muito frequente entre a classe política, desportiva e vultos da sociedade que, incapazes de escrever as suas autobiografias, recorrem a outra pessoa para as redigir como se fossem eles próprios a escrevê-las. Escritor-sombra. (port. Bras.) Escritor-fantasma.
GHZ – Forma abreviada de *Gigahertz*.
GIBITECA (port. Bras.) – Biblioteca de banda desenhada, com obras em suporte papel, sob a forma de livro, em vídeo e em *CD*. Bedeteca.
GIF – Acrónimo de *Graphics Interchange Format*, Formato muito usado na digitalização de imagens, em especial na *Internet*.
GIGABYTE (pal. ingl.) – Medida de informação digital correspondente a mil milhões de *bytes*.
GIGAHERTZ (pal. ingl.) – Um milhão de *hertz* (ciclos por segundo).
GIGANTOGRAFIA – Processo de ampliação através da projecção de imagens com a finalidade de obter desenhos de tamanho muito grande.
GII – Acrónimo de *Global Information Infrastructure*, Infra-estrutura universal para a informação.
GIPSOGRAFIA – Processo de ilustração em relevo e a cores inventado pelo escultor Pierre Roche por volta de 1900; o princípio consiste em colocar uma folha de papel húmida num molde de gesso ou pedra calcária com relevos e reentrâncias previamente revestido com tinta; para um bom resultado final é necessário que na fase da encadernação o volume não seja submetido à prensa, a fim de conservar o relevo das estampas • Estampa obtida por este processo.
GIRÃO – Termo arcaico que designava barra ou cercadura colorida.
GIRDLE-BOOK (pal. ingl.) – *Ver* Livro de cinto.
GÍRIA – Linguagem especial e familiar usada pelos membros de determinados grupos sociais ou profissões, por exemplo os tipógrafos ou os jornalistas. *Patois*. Jargão.
GIS – Acrónimo de *Geographic Information System*, Sistema de informação geográfica.
GIUNTINAS – *Ver* Juntinas.
GIZ – Mineral calcário branco e friável que se utiliza sob a forma de pequenos paus que servem para escrever, normalmente sobre ardósia ou suporte artificial semelhante àquela • Na preparação do pergaminho era com giz que se amaciava a superfície, a fim de remover qualquer vestígio de gordura que tivesse restado do manuseio das folhas ao segurar e dobrá-las; reduzia igualmente o risco de a tinta correr.

GLAUCO – Designação utilizada para identificar a cor amarelo-esverdeada das iluminuras medievais.

GLIFO – Cavidade aberta • Gravação em cavado • Unidade gráfica identificável sobretudo graças ao espaço que a rodeia, que se distingue das personagens pelo facto de a composição dos seus elementos constitutivos não criar forçosamente uma imagem realista; com frequência é constituída por diversos elementos que transcrevem os valores fónicos correspondentes a diversas unidades da língua: sílabas, raízes ou palavras, sendo a aglutinação destes elementos que permite a leitura das palavras ou expressões assim escritas • Pictograma gravado em pedra, nome que é dado sobretudo aos caracteres da escrita maia.

GLIFOGRAFIA – Processo de gravura manual feita através de uma placa de cobre revestida com uma camada de cera, após o que é coberta com grafite em pó, produzindo uma superfície que é usada para fazer um electrótipo; hoje está substituído pela galvanoplastia. Galvanoglifia.

GLIPOGRAFIA – *Ver* Galvanografia.

GLÍPTICA – Arte de gravar em pedras finas • Em sigilografia, arte de gravar os entalhes e os camafeus, assim como o seu estudo.

GLIPTOGRAFIA – Ciência das pedras antigas gravadas; estas pedras podem ser constituídas por substâncias animais como o marfim, as conchas, o nácar das pérolas, o náutilo, o coral, e outros moluscos provindos de vegetais e minerais; de entre as substâncias vegetais distinguem-se a madeira e o âmbar; as substâncias minerais são os betumes, os metais como a hematite, o óxido de ferro que os egípcios empregaram amiúde, a malaquite e o óxido de cobre, mais frequentemente usado na actualidade; em terceiro lugar vêm as pedras, sobretudo as pedras calcárias, de que se destaca o xisto calcário, usado para gravar pelos egípcios, as pedras argilosas, entre as quais o lápis-lazúli, as pedras de quartzo, que são mais duras, etc.; as pedras preciosas nas suas numerosas variedades e outras, foram igualmente suporte de gravura ou de escrita.

GLIPTOTECA – Colecção de pedras gravadas • Lugar onde se guarda essa colecção.

GLOBAL INFORMATION INFRASTRUCTURE (loc. ingl.) – Infra-estrutura universal para a informação. *GII*.

GLÓRIA – Auréola luminosa com que se circunda a representação dos anjos, personagens divinas, santos, etc. Nimbo. Halo. Diadema. Resplendor.

GLOSA – Explicação ou comentário manuscrito ou impresso de um texto difícil de entender; pode ser marginal ou interlinear; por vezes rodeava o texto comentado, que era manuscrito (ou mais tarde impresso) em corpo maior que o da glosa; a utilização de um corpo menor para a glosa era duplamente vantajosa: permitia que o texto a comentar avultasse mais e, por outro lado, uma vez que a glosa era bastante mais extensa que aquele, era possível coexistirem na mesma página. Apostila. Apostilha. Comentário. Glossa. Anotação • Nota à Bíblia • Estrofe que retoma, desenvolvendo-o, o sentido de um determinado tema repetindo um ou mais versos em posição certa; esse tema designa-se mote.

GLOSA ENQUADRANTE – Apostila ou explicação disposta à volta de um texto colocado no centro de uma página, normalmente composta em tipo diferente daquele; ela interpreta e anota o texto principal e pode ser impressa ou manuscrita, servindo de comentário ou interpretação.

GLOSA FORMAL – Anotação que constitui por si mesma um texto organizado e transmitido de cópia para cópia.

GLOSA INTERCALADA – Aquela que é formada por uma sucessão de parágrafos que vêm tomar lugar no corpo da página entre cada um dos parágrafos do texto, do qual se distingue geralmente por um modelo de tipo mais pequeno.

GLOSA INTERCALAR – Comentário constituído por uma sequência de linhas que ocupam um lugar no corpo da página entre cada um dos parágrafos do texto; distingue-se do texto por ser geralmente composto num corpo menor. Glosa interposta.

GLOSA INTERLINEAR – Anotação inscrita entre as linhas de um texto.

GLOSA INTERPOSTA – *Ver* Glosa intercalar.

GLOSA LATERAL – Aquela que explica o sentido próprio das palavras que figuram no texto ou as suas características gramaticais, sem referência ao significado global do próprio texto.
GLOSA LITERAL – Apostila que explica o sentido próprio das palavras que figuram num texto ou as suas características gramaticais, sem fazer qualquer referência ao sentido geral deste texto.
GLOSA MARGINAL – Composição muito mais estreita do que a do texto e em corpo menor, que ladeia as páginas na respectiva altura, como citação, nota ou explicação do texto • Apostila. Apostilha • Comentário escolástico • Nota marginal; as glosas marginais começaram a usar-se nos textos manuscritos do século XII; por vezes rodeavam o texto central escrito em letras maiores, esquema que foi seguido pelos primeiros tipógrafos.

Glosa marginal

GLOSA ORGÂNICA – Anotação estreitamente associada a um texto, do qual faz parte integrante.
GLOSA SISTEMÁTICA – Explicação de cada uma das palavras ou passagens de um texto, à medida que elas surgem.

GLOSADOR – Aquele que escreve glosas • Apostilador. Apostilhador • Comentador, especialmente de textos medievais do direito canónico e do civil.
GLOSAR – Fazer glosa de. Comentar através de glosas • Criticar • Explicar, interpretar.
GLOSATURA (pal. lat.) – Conjunto das glosas incluídas no aparato que acompanhava um texto de ensino medieval.
GLOSILHA – Tipo de letra menor do que a do breviário • Carácter de letra de sete pontos, na antiga nomenclatura.
GLOSSA – *Ver* Glosa.
GLOSSÁRIO – Dicionário ou elucidário de palavras antigas, raras, novas ou pouco conhecidas numa língua determinada; pode apresentar-se sob a forma de um documento autónomo, de anexo de um documento ou de parte de um documento; no livro manuscrito o glossário começou a figurar por volta do século XIII em algumas obras onde se justificava a sua inclusão • Colecção de sinónimos equivalentes em dois idiomas ou mais • Secção do livro que relaciona e explica todas as palavras técnicas ou estrangeiras nele usadas e que não são explicadas no corpo do livro. *Ver tb.* Vocabulário.
GLOSSÁRIO DOCUMENTAL – Dicionário de indexação, termos e definições, dispostos por ordem alfabética e compreendendo remissivas do tipo *Ver* e *Ver tb.*; este dicionário pode ser utilizado pelo indexador humano ou então ser pré-registado e servir para a indexação efectuada pelo indexador automático.
GLOSSOGRAFIA – Escrita de glosas ou comentários • Compilação de glossários • Investigação de palavras antigas ou desconhecidas.
GLOSSÓGRAFO – Escritor que se aplica ao estudo das línguas • Pessoa que trabalha em glossografia.
GLOSSOLOGIA – Ciência que faz o estudo comparativo das línguas, sobretudo das suas origens e evolução. Ciência da linguagem. Filologia • Conjunto dos termos ou palavras que são usados numa especialidade dos conhecimentos humanos • Glótica.
GLOSSÓLOGO – Especialista em glossologia.

GLÓTICA – Ciência da linguagem que estuda comparativamente as línguas no ponto de vista das suas origens e formação. Filologia. Glossologia.

GLOZOFILÁRIO – Lugar onde eram guardadas as coisas sagradas no Templo de Jerusalém • Denominação antiga atribuída a muitos livros, em especial aos dicionários, livros religiosos, etc. com encadernações luxuosas.

GLUTINARE (pal. lat.) – Operação por meio da qual se juntava, colando, a margem direita de uma folha de papiro com a esquerda da seguinte, a fim de formar os volumes ou rolos.

GLUTINATOR (pal. lat.) – Nome que na antiga Roma se aplicava às pessoas que colavam as folhas de papiro nos rolos; normalmente esta função era desempenhada pelo *librarius* • Encadernador.

GMD – Sigla de *General Mention Designation*, Designação genérica do material, usada em descrição bibliográfica internacional normalizada.

GNOSE – Saber por excelência.

GOELA – Abertura que recebe a linha de matrizes, na cabeça do primeiro elevador nas máquinas linótipo.

GOFRADO – Gravado na encadernação, através de ferramentas aquecidas, geralmente do tipo pontilhado; esta gravação também podia ter lugar no corte do livro, que podia ser ou não dourado posteriormente; este tipo de decoração esteve em moda no século XVI, especialmente na Alemanha e na Inglaterra. Ver Corte gofrado.

GOFRADOR – Aquele que gofra.

GOFRADORA – Máquina composta por rolos gravadores (rolo e contra-rolo) que, sob pressão, provocam relevo no papel • Máquina usada para estampar tela em relevo.

GOFRAGEM – Operação ou acto de gofrar ou aplicar uma placa gravada em cavado ou em relevo sobre o papel ou sobre o ouro deixando aí a sua marca • Resultado desta acção. Relevo seco.

GOFRAR – Dar relevo ao papel, imitando o granido ou outro desenho • Decorar as pastas ou o corte de um livro encadernado, através de instrumentos de gravura aquecidos para gravar um pequeno desenho repetitivo, que pode ser posteriormente dourado; trata-se de uma técnica muito usada nos séculos XVI e XVII.

GOIVA – Espécie de formão ou cinzel, com a extremidade cortante em forma de meia-lua ou de ângulo, usado na xilogravura, na gravura de encadernação e na estereotipia para rebaixar e cavar superfícies maiores do que aquelas que se obtêm com o buril.

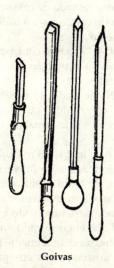

Goivas

GOLPE DE CHICOTE – Nome dado comummente ao efeito que produzem as longas hastes das iniciais filigranadas dos códices manuscritos que se prolongam pelas margens e espaços intercolunares em caprichosos desenhos e volutas enquadrando, por vezes, o texto.

GOMA ADRAGANTE – *Ver* Adesivo.

GOMA-ARÁBICA – Cola solúvel em água obtida a partir da resina de várias espécies da acácia, especialmente a *Acacia Senegal* e da *Acacia Arabica*; é usada na manufactura de colas e tintas e como meio de aplicação de cores marmoreadas nas encadernações; tradicionalmente a goma-arábica servia para aumentar a viscosidade da tinta ou para a tornar mais fluida, o que era importante quando ela era aplicada com o caniço ou com a pena das rémiges de aves.

GOMA DE ADRAGANTO – *Ver* Goma-adraganto.

GOMA-ADRAGANTO – Goma produzida por diversos arbustos do género astrágalo que crescem em alguns países do Próximo Oriente e na bacia do Mediterrâneo; emprega-se diluída em água, assim como o musgo da Islândia, no preparo dos banhos para marmorização, na fotografia e na indústria do papel • (port. Bras.) Alcatira, tragacanta. Adraganto.

GOMAGEM – Em litografia, operação que consiste em cobrir com goma-arábica a parte a imprimir, para a proteger do ar do corte • Acto de colocar uma camada de cola sobre uma face do papel ou do cartão para a utilizar após um humedecimento.

GOMA-LACA – Produto com aspecto de escamas destinado à protecção das fotogravuras pelos mordentes.

GOMO – Nome dado ao ornato decorativo fitomórfico constituído por um grupo de folhas e rebentos que rematam um elemento decorativo.

GOPHER (pal. ingl.) – Protocolo para permuta de informações na *Internet*, dotado de um interface de texto muito simples, à base de menus, mas sem imagens e que não possui capacidade para hipertexto e multimédia.

GORDO – Lápis engordurado e macio próprio para litografia; serve igualmente para rubricar ensaios de artistas feitos em papel, porque penetra na constituição dele e não se apaga • Diz-se do tipo que apresenta traços mais fortes e negros que o negrito.

GOSTO PELA LEITURA – Capacidade de apreciar uma obra literária • Diz-se que tem gosto pela leitura a pessoa que lê com satisfação, experimentando prazer nisso.

GOSTOS DOS LEITORES – Apreciação e definição daquilo que os leitores preferem ler, elaboradas a partir de uma análise daquilo que lêem: clássicos, ficção científica, ficção, banda desenhada, história, biografias, fotorromance, romance de aventuras e viagens, policiais, etc.

GÓT. – Abreviatura de gótico(a).

GOTEIRA – Sulco aberto à plaina na parte inferior do tipo • Lado oposto ao lombo, quando as folhas à frente têm a forma de meia-cana. Canelura, corte do livro. Canal.

GÓTICA ALEMÃ – Carácter de letra moderno muito usado na Alemanha.

GÓTICA DE FRACTURA – Espécie de síntese dos tipos usados no século XV; recebeu forma definitiva em Augsburgo e Nuremberga entre 1510 e 1520; por este facto os franceses lhes chamam caracteres alemães.

GÓTICA DE TRANSIÇÃO – Letra gótica, mais redonda e sem tantas complicações como a gótica; é também chamada gótica de *summa*, designação que lhe vem do facto de ter sido impressa com ela a *Summa Theologica* de São Tomás de Aquino, impressão feita em 1471 por Schöffer.

GÓTICO BASTARDO – Designação dos caracteres góticos criados em 1476, que resultaram da evolução do gótico de *summa*. Letra bastarda.

GÓTICO DE FORMA – Designação dada aos primeiros caracteres góticos usados na imprensa caracterizados pelos seus traços angulosos que os impressores copiaram do estilo dos copistas da época; é a mais característica dentro dos caracteres góticos e foi muito usada na impressão das primeiras Bíblias e obras de apoio ao serviço religioso (missais, devocionários, livros de horas, etc.).

GÓTICO DE *SUMMA* – Designação dos caracteres góticos arredondados com os quais Schöffer imprimiu a *Summa Theologica* de São Tomás de Aquino. Gótico de transição.

GÓTICO DE TRANSIÇÃO – *Ver* Gótico de *summa*.

GÓTICO PRIMITIVO – Designação dada a dois tipos de caracteres góticos: a letra de forma contemporânea das primeiras impressões e a letra de *summa*.

GÓTICO *SCHWABACHER* – Modalidade de caracteres góticos que apareceram em 1480 em Mogúncia, Nuremberga e noutras cidades alemãs.

GOUACHE (pal. fr.) – *Ver* Guacho.

GR. – Abreviatura de grego.

GRADAÇÃO – Modo pelo qual se dispõem os termos numa enumeração feita por ordem progressiva.

GRADIENTE MÉDIO – *Ver* Contraste.

GRADUAL – Manual que contém as partes cantadas da missa, usualmente acompanhadas de notação musical; compreende os intróitos, tractos, aleluias, sequências, ofertórios e cânticos da comunhão. O seu nome provém do facto de os cânticos entoados entre a Epístola e o Evangelho serem cantados nos degraus do

altar *(gradus)*. É também chamado Livro da *schola cantorum*.
GRADUS AD PARNASUM (loc. lat.) – Degrau do Parnaso; eufemismo usado para designar um dicionário de rimas.
GRÆCUM EST, NON LEGITUR (loc. lat.) – É grego, não se lê; axioma medieval, período em que o grego tinha sido posto de parte e não se consideravam as citações nessa língua.
GRÁF. – Abreviatura de gráfico.
GRAFAR – Escrever. Dar forma por escrito a. Ortografar.
GRAFEMA – Em filologia, unidade mínima, discreta, do sistema da escrita.
GRAFFITO (pal. ital.) – *Ver* Grafito.
GRAFIA – Conjunto de grafemas que constituem a representação escrita de uma palavra • Ortografia. Modo de escrever • Uso dos sinais escritos para exprimir as ideias • Sistema determinado de escrita exclusivo de um escriba ou de um grupo deles. Caligrafia.
GRAFIAS – Modos diferentes de escrever uma dada palavra, facto que pode estar relacionado com a pronúncia local da mesma.
GRÁFICA – Arte de escrever as palavras • Forma da letra • Tipografia. Oficina onde se imprime.
GRAFICACIA – Capacidade para interpretar e usar um mapa ou gráfico.
GRAFICAMENTE – Através de gráfico • Sob forma escrita • Por um processo gráfico.
GRÁFICO – Relativo à grafia, à representação das palavras a partir de um sistema próprio dessa representação, à escrita ou ao modo de representar a linguagem por sinais, os caracteres gráficos • Relacionado com as artes visuais, envolvendo sobretudo o desenho, a gravura ou a marcação com letras • Que diz respeito à reprodução por tipografia, gravura etc. • Traçado de um esquema • Representação através de desenho ou figuras geométricas da variação interdependente de duas grandezas; dá uma imagem imediata de informações quantitativas; a sua função é transformar informações numéricas em informações visuais, permitindo uma leitura imediata. Linhas, barras e círculos definem os três tipos mais usados • Demonstração comparativa pela extensão de traços das diversas fases de um fenómeno social ou natural, uma estatística, etc. Diagrama • Tipógrafo.
GRÁFICO ASSOCIATIVO – Aquele que apresenta grupos de termos relacionados por meio de setas.
GRÁFICO DE BARRAS – Diagrama que apresenta dados estatísticos sob a forma de gráfico, utilizando barras rectangulares de largura igual, mas de altura proporcional aos valores ou frequências dos dados representados.
GRAFÍMETRO – Aparelho em forma de relógio de bolso que, fazendo-se rodar sobre um *croquis* ou prova tipográfica dá, em cíceros e pontos, o espaço percorrido ou a percorrer.
GRAFISMO – Modo de representar ou escrever as palavras de uma língua • Arte de projectar e executar edições sob o ponto de vista artístico e material • Conjunto dos elementos (título, abertura, *superlead*, entretítulo, ilustração, legenda) que identificam e valorizam uma reportagem; tem como finalidade atrair a atenção do leitor na primeira página ou na leitura de relance que faz ao jornal ou à página.
GRAFISTA – Conhecedor de grafismo • Projectista de edições sob o ponto de vista artístico e material.
GRAFITA – *Ver* Grafite.
GRAFITE – Mineral cinzento escuro constituído por carbono natural cristalizado a partir do qual se fazem minas para lápis; é também usado em galvanoplastia para a metalização dos moldes e em estereotipia e outros ramos das artes gráficas. Plumbagina. Grafita.
GRAFITO – Escrita produzida através dos riscos efectuados na camada superior de uma superfície pintada para revelar a camada subjacente ou uma superfície escrita • Inscrição tosca, com frequência de natureza contestatária política, traçada pelo povo em monumentos e paredes; os grafitos já se encontram em grande número na Antiguidade, em cidades como Pompeia, Roma, Atenas, etc. *Graffito*.
GRAFO – Que não está escrito • Que não admite escrita • Em filologia, desenho dos caracteres que compõem um grafema.
GRAFOFOBIA – Repugnância à escrita.
GRAFOGNOSIA – Arte de conhecer o autor de um texto pela grafia usada por ele.

GRAFOLOGIA – Ciência geral da escrita na sua forma, posição e dimensões • Estudo psicofisiológico da escrita, ou seja, da relação entre a escrita de uma pessoa e a sua personalidade; esta concepção remonta ao italiano Camillo Baldi (1622). A grafologia desenvolveu-se graças a Jean Hippolyte Michon (1806-1881).
GRAFOLÓGICO – Referente à grafologia.
GRAFOLOGISTA – *Ver* Grafólogo.
GRAFÓLOGO – Pessoa que, através do exame do traçado da escrita, procura conhecer o carácter de quem a fez. Grafologista.
GRAFOMANIA – Mania de escrever e compor livros, artigos, etc. Graforreia. Escribomania.
GRAFÓMANO – Que ou aquele que sofre de grafomania.
GRAFÓMETRO – Semicírculo graduado que serve para determinar os ângulos no quadrante.
GRAFONOMIA – Estudo das formas praticadas por um indivíduo na sua escrita.
GRAFOPSICOLOGIA – Estudo psicológico de um indivíduo a partir da observação da sua letra.
GRAFORREIA – Necessidade irresistível de escrever, manifestada por alguns maníacos. Escribomania. Grafomania.
GRAFOTIPIA – Antigo processo de impressão inventado por Clinton Hitckock e usado para substituir a gravura em madeira; empregou-se até ao momento da difusão dos processos fotomecânicos • Processo de composição por meio de máquinas.
GRAFOTIPOLOGIA – Elaboração de uma tipologia a partir dos caracteres da escrita.
GRALHA TIPOGRÁFICA – Erro de impressão que consiste em colocar uma letra ou um sinal no lugar de outro. Gato, erro. (port. Bras.) Pastel.
GRAMA – Série de linhas paralelas muito juntas usada em desenho e gravura destinada a representar uma cor ou sombra uniformes.
GRAMA CRUZADA – Processo usado em desenho e gravura em que são utilizadas duas linhas perpendiculares ou ligeiramente oblíquas para produzir cores ou sombras uniformes.
GRAMAGEM DO PAPEL – Valor que define o peso em gramas de uma folha de papel com a área de um metro quadrado, que pode variar entre 25 e 220 gramas em função da espessura e da matéria. (port. Bras.) Gramatura do papel.
GRAMÁTICA – Tratado ou estudos das normas e factos relativos à linguagem escrita e falada • Livro que trata essa matéria • Uso correcto de uma língua, tanto escrita como falada.
GRAMÁTICA COMPARADA – Ciência que estuda diversas línguas em perspectiva comparada.
GRAMÁTICA DA FRASE – Descrição explicativa do conjunto de regras subjacentes às frases de uma língua.
GRAMÁTICA DECORATIVA – *Ver* Repertório decorativo.
GRAMÁTICA DO RECONHECIMENTO – Descrição do processo de recepção e descodificação de dados discursivos.
GRAMÁTICA GENERATIVA – Gramática concebida como um mecanismo acabado, capaz de gerar automaticamente "todas e apenas" as frases gramaticais de uma língua; o conjunto das regras de uma gramática generativa constitui um sistema com três componentes: sintáctico, semântico e fonológico. Gramática transformacional.
GRAMÁTICA NORMATIVA – Aquela que dita as regras do bem falar e escrever, a partir da língua usada pelos bons autores.
GRAMÁTICA ORNAMENTAL – Conjunto de elementos, motivos e processos decorativos usados por um artista, uma oficina, uma escola e organizados num sistema coerente.
GRAMÁTICA TRANSFORMACIONAL – *Ver* Gramática generativa.
GRAMATICALIDADE – Característica das construções que são feitas segundo as regras de uma determinada gramática.
GRAMATICALISMO – Subordinação exagerada às regras gramaticais.
GRAMATICAR – Tratar assuntos de gramática • Ensinar gramática.
GRAMATICISTA – Pessoa versada em gramática, gramático.
GRAMÁTICO – Aquele que se dedica a estudos gramaticais ou é versado em gramática. Gramaticista.
GRAMATICOGRAFIA – Estudo científico da gramática. Gramaticologia. Gramatologia.

GRAMATICÓGRAFO – Aquele que escreve sobre gramática.
GRAMATICOLOGIA – Estudo científico da gramática. Gramaticografia. Gramatologia.
GRAMATISTA – Aquele que ensinava a ler e a escrever na Antiguidade • Mestre-escola • Gramático pedante.
GRAMATOLOGIA – Tratado acerca do alfabeto, das letras, da escrita, da leitura, da sílaba, etc. • Ciência da escrita. Gramaticologia • Segundo Derrida, ciência da "arbitrariedade do signo", ciência da escrita antes do discurso e no discurso.
GRAMATURA DO PAPEL (port. Bras.) – *Ver* Gramagem do papel.
GRAMMATEUS (pal. gr.) – Escrivão que lia as peças redigidas no decurso da instrução, no começo das sessões do tribunal, entre os gregos antigos.
GRAMMATICI CERTANT (loc. lat.) – Os gramáticos discutem, frase retirada da *Arte Poética* de Horácio, que se usa para qualificar uma questão sobre a qual existem diversas opiniões e que ainda espera solução; esta expressão costuma rematar-se com a seguinte outra: ... *et adhuc sub judice lis est...*, e o processo ainda está pendente do juiz.
GRAMMATICUS (pal. lat.) – Professor de gramática, disciplina que na Idade Média englobava a literatura e o comentário de autores.
GRAMMATISTA (pal. lat.) – Mestre das primeiras letras.
GRAMÓMETRO – Instrumento usado nas fundições tipográficas para corrigir a medida dos caracteres.
GRAMPADORA – Aparelho que aplica grampos em folhetos ou pequenas publicações.
GRAMPAR – Prender através de grampos. Grampear.
GRAMPEADOR – Pessoa que aplica agrafos ou grampos em folhetos, etc. com dispositivo mecânico próprio. (port. Bras.) Aparelho manual, que se carrega com agrafos ou grampos e que é utilizado para agrafar ou grampear papéis. Agrafador.
GRAMPEADORA – Máquina que é utilizada para agrupar as folhas dos livros com fio metálico.
GRAMPEAR – Segurar, prender com grampo ou clipe. Agrafar.
GRAMPO – Pequeno pedaço de metal fino com as pontas dobradas em canto, usado para reunir papéis ou opúsculos. Aperta-papéis. Agrafe. Agrafo.
GRANDE CANON – Em tipografia, antiga designação dos corpos 44 e 48.
GRANDE FORMATO – Corpo de grandes dimensões que podem assumir obras de grande porte, geralmente tratados constituídos por vários volumes ou atlas.
GRANDE LEITOR – Expressão que é usada para qualificar uma pessoa que lê muito, que tem um grande número de livros lidos.
GRANDE PÚBLICO – Aquele a que se destinam, em especial, produtos de informação em suporte tradicional ou digital, da seguinte tipologia: livros (em geral), imprensa, informação institucional.
GRANDES AUTORES – Expressão usada a propósito dos escritores de grande mérito intelectual, para referi-los no seu conjunto.
GRANDES CAPITAIS – *Ver* Letra maiúscula.
GRANDES LINHAS – Expressão usada para designar as ideias gerais, as metas ou objectivos principais a atingir num projecto, seja ele de que natureza for.
GRANDES MARGENS – Expressão empregada para descrever um exemplar pouco ou nada aparado pelo encadernador.
GRANDES OBRAS – Produções do espírito, cujos autores são escritores reconhecidos como sendo de grande mérito intelectual.
GRANEADOR – Aparelho usado para granir, isto é, para cobrir de pontos ou de pequenos traços a placa de cobre na gravura a negro.
GRANEAR – Desgastar parte do corpo da letra pelos seus lados para que se junte melhor às imediatas.
GRANEL – Composição tipográfica ainda não paginada • Pedaço de composição em qualquer dimensão tal qual sai das máquinas de composição ou fundição, atendendo somente à justificação das linhas sem levar em linha de conta a medida longitudinal da página; as provas de granel são tiradas antes da paginação opondo-se, assim, às provas de página. Bloco de texto composto. (port. Bras.) Paquê.

GRANIDO – Aspereza que apresenta a superfície de alguns papéis usados para desenho, que pode ser reproduzida em fotozinco, imitando o lápis litográfico. Granitado • Desenho ou gravura a pontos miúdos, sem traços de contorno • Gravura ou desenho com uma composição feita a partir de pequenos pontos muito juntos. Pontilhado. Ponteado.

GRANIDOR – Máquina de granir, onde se coloca a pedra litográfica, a fim de lhe conferir um aspecto áspero à superfície através da aplicação de pedra ou areia fina para facilitar o desenho. *Ver tb.* Berçô.

GRANIR – Limpar a pedra litográfica • Desenhar a pontos miúdos, sem linhas de contorno • Cobrir de pontos com o graneador ou cobrir de traços a placa de cobre na gravura a negro • Friccionar as pedras litográficas umas contra as outras antes de as gravar, para conseguir uma certa aspereza que favoreça a aderência do lápis e da tinta • Desenhar ou gravar com pontos miúdos. Pontear. Pontilhar.

GRANITADA – Diz-se da vitela ou da carneira utilizada na encadernação, cuja superfície foi crivada por finas manchas escuras.

GRANITADO – Expressão que caracteriza o papel destinado a revestir encadernações e que apresenta uma série de pequenas manchas irregulares pretas ou escuras obtidas por projecção de pequenas gotas sobre um fundo castanho ou de outra cor • Nome dado ao papel com a superfície áspera, conforme sai da forma, sem a intervenção da calandra; pode ser de uma ou de duas faces. Granido.

GRANITAR – Processo que consiste em produzir as marcas de grão natural da pele através da aplicação de uma porção de cortiça que fricciona a pele • Processo de produzir um grão artificial na pele através da imagem com placas metálicas ou através da sua passagem entre rolos nos quais estão gravadas as marcas do grão.

GRANULARIZAÇÃO – Dar a forma de pequenos grãos ou grânulos.

GRÃO – Ligeira aspereza das chapas de *offset* • Aspereza necessária na pedra litográfica para que o lápis a morda e para facilitar a adesão da tinta • Alinhamento das fibras do papel; para determinar a direcção do grão, curva-se primeiro o papel numa direcção, depois na outra, e comprime-se suavemente na dobra; sente-se menor resistência numa direcção que na outra; a direcção da menor resistência é a direcção do grão • Textura aparente das peles; o grão natural de certas peles de encadernação pode ser disfarçado ou acentuado; o *chagrin* apresenta um grão redondo muito aproximado, a carneira grãos muito mais imperceptíveis, que apenas se divisam obliquamente, enquanto que a vitela e o velino não têm grão visível a olho nu • Em fotografia é um termo que se aplica à definição mais ou menos fina da imagem.

GRÃO DE IMAGEM – Descontinuidade da estrutura de uma imagem fotográfica, ligada às propriedades da camada sensível e às condições do seu tratamento e que aparece quando as condições de observação o permitem, limitando, em geral, a nitidez da imagem.

GRAPHIARIUM (pal. lat.) – Estojo para guardar os estilos ou estiletes usados para escrever sobre a cera.

GRAPHIATHECA (pal. gr.) – Estojo antigo para estiletes.

GRAPHICS INTERCHANGE FORMAT (loc. ingl.) – Formato de Permuta de Gráficos. Em informática, forma de codificação e compressão de imagens em ficheiros, muito usada na digitalização de imagens, em especial na *Internet*. GIF.

GRAPHICS USER INTERFACE (loc. ingl.) – Também conhecido pelo anagrama *GUI*, é o método de comunicação entre um computador e um ser humano, que assenta na utilização de dispositivos gráficos como menus, janelas, ícones, etc.

GRAPHIUM (pal. lat.) – Palavra com origem grega usada na Antiguidade por Ovídio, Plínio, Suetónio e Séneca, entre outros; foi suplantada posteriormente no vocabulário da escrita pelo termo *stylus* ou *stilus*; designa o estilete pontiagudo, instrumento de escrita provido de uma ponta afiada em ferro, e que servia para escrever sobre a cera; o cabo podia ser feito de metais preciosos como prata branca ou dourada, ou mesmo ouro, marfim ou osso; na outra extremidade, caso não estivesse ornamentada, tinha a forma de uma espátula que era destinada a apagar os caracteres escritos para poder reescrever-se. Ponteiro.

GRATUITIDADE DA INFORMAÇÃO – Acesso livre à informação por parte de um utilizador, que se faz sem que seja cobrado qualquer montante.

GRAU – Em gramática, flexão vocabular que serve para indicar a maior ou menor intensidade da ideia que é expressa através da palavra • Unidade de medida empregada em geometria, astronomia, geografia e física, cujo sinal gráfico é (°).

GRAU DE CITAÇÃO – Em bibliometria, expressão usada para designar os artigos de determinado autor que foram citados num determinado período de tempo.

GRAU DE INCOMBUSTIBILIDADE DO PAPEL – Resistência relativa de um papel ou cartão a deixar-se consumir sob a acção do calor.

GRAU DE INFLAMABILIDADE DO PAPEL – Resistência relativa de um papel ou cartão a produzir chama quando arde.

GRAU DE NÃO-CITAÇÃO – Em bibliometria, expressão usada para designar os artigos de determinado autor que nunca foram citados num período de tempo de cerca de cinco anos.

GRAU DE SECURA DO PAPEL – Relação expressa em percentagem, entre a massa que resta após secagem e a massa no momento da amostragem em condições de ensaio normalizado.

GRAU ZERO DA ESCRITA – Caso de uma escrita que o uso tivesse possibilitado completamente e que seria, por esse facto, totalmente redundante, predeterminando cada palavra as palavras que a seguem.

GRAU ZERO DE RECEPÇÃO – Segundo Victor Aguiar e Silva "é a ausência de concretizações de um texto literário, um texto que é progressivamente negligenciado e esquecido pelos leitores" • Segundo o mesmo autor, aquele em que o texto é degradado pela leitura estereótipo, posta em prática pelos manuais de estudos literários especializados em paráfrases e resumos de texto, esquemas, fichas, etc.

GRAV. – Abreviatura de gravura, gravado, gravador e gravação.

GRAVAÇÃO – Acto ou efeito de gravar • Registo de uma forma original na matriz; pode ser manual, mecânica, fotomecânica, química, electrónica, etc. • Termo português que pretende traduzir o inglês *download* e que significa transferência de informação entre unidades de armazenamento de dados computacionais, sejam discos ou disquetes.

GRAVAÇÃO A FERROS SECOS – Arte de ornamentar o couro das encadernações com ferros aquecidos; neste tipo de trabalho não se aplica a folha de ouro, daí usar-se a palavra secos, mas o efeito produzido não deixa de ser agradável; foi muito usada em encadernações mais austeras; por vezes esta forma de gravação é denominada a ferros quentes, por oposição a ferros dourados, o que não é correcto, porque a aplicação do ouro também é feita através de ferros aquecidos. Pirogravura.

GRAVAÇÃO A OURO – Em encadernação é a ornamentação feita com aplicação de folha de ouro.

GRAVAÇÃO A PRATA – Em encadernação é a ornamentação feita com aplicação de folha de prata; este tipo de gravação é menos frequente do que a gravação a ouro.

GRAVAÇÃO AUTOTÍPICA – Grau de meio--tom em que foram eliminados os pontos do negativo tramado ou de autotipia.

GRAVAÇÃO DIRECTA – Em codicologia, traçado das linhas da pauta com ponta-seca e bifólio a bifólio. Gravação principal.

GRAVAÇÃO EM VÍDEO – Armazenamento de imagens num suporte magnético, geralmente em movimento e acompanhadas de som, que se destinam a ser vistas num ecrã.

GRAVAÇÃO MAGNÉTICA – *Ver* Registo magnético.

GRAVAÇÃO PRINCIPAL – *Ver* Gravação directa.

GRAVAÇÃO SONORA – Uso de um gravador de fitas sonoras e do equipamento anexo, como as misturadoras, amplificadores e fontes sonoras, para registar sons em fita ou película magnética ou cinematográfica • Gravação de vibrações sonoras feita através de meios mecânicos ou eléctricos, com vista à sua futura reprodução • Gravação sonora já feita. Registo sonoro.

GRAVAÇÃO TEMPORÁRIA – Armazenagem de dados num disco ou fita magnética por um período de tempo limitado, para o seu posterior processamento.

GRAVADO – Escrito • Inscrito • Impresso • Cinzelado • Aberto a buril.

GRAVADO A BURIL – *Ver* Gravura a buril.

GRAVADOR – Aquele que executa gravuras. Abridor.

GRAVADOR DE CLICHÉ – Aparelho automático que grava os clichés fotográficos ou a traço.

GRAVADOR DE PUNÇÃO – Operário a quem competia a gravação dos punções, isto é, das hastes de aço temperado, na extremidade das quais estava gravado o olho da letra e que se batiam sobre um bloco de cobre ou de outro material para obter uma matriz; da sua mestria dependia o facto de as medidas e as partes comuns a várias letras serem precisa e exactamente iguais, o que garantia a regularidade da impressão na folha ou página.

GRAVADOR EM MADEIRA – *Ver* Xilógrafo.

GRAVAR – Executar em chapa, fazendo sulcos mais ou menos largos, contíguos ou não, na superfície de matéria homogénea, gravuras que hão-de ser reproduzidas por impressão; podem ser em relevo ou em cavado • Estampar • Assinalar • Marcar com selo ou ferrete • Em informática, registar informação num suporte de gravação ou transferir dados para um mecanismo de armazenagem • Escrever. Registar.

GRAVAR EM RELEVO – Processo para produzir um desenho saliente numa superfície através do uso de uma matriz cavada e de uma contramarca em relevo, como no couro • Gravar livros para invisuais.

GRAVATA – Na composição tipográfica é o fio que separa horizontalmente o cabeçalho do corpo de uma tabela.

GRAVÁVEL – Que pode ser gravado.

GRAVURA – Arte de traçar figuras ou desenhos sobre materiais duros: pedra, madeira, aço, cobre, etc., com a finalidade de os imprimir; a imagem obtida denomina-se estampa ou gravura • Processo de gravação • Impressão obtida a partir de uma chapa metálica gravada quimicamente e com equipamentos mecânicos adequados, de modo que os elementos a imprimir, ficando mais profundos do que as superfícies não estampantes, permitem o depósito da tinta a transferir ao suporte. A gravura em madeira é entalhada no lugar dos brancos e o relevo (desenho) permanece na parte que ficará depois impressa; na gravura metálica ocorre o inverso • Estampa obtida por este processo • Imagem, figura, estampa. Ilustração impressa. A impressão de gravuras é anterior à tipografia. Já no século XIV a gravura era usada para fazer documentos com carácter lúdico (cartas de jogar) ou com carácter religioso (registos de santos). Com o aparecimento da tipografia a gravura associou-se a ela e apareceram os primeiros livros impressos ilustrados com gravuras; nos primórdios estas gravuras eram usadas apenas para ilustrar, frequentemente usando desenhos que nada tinham a ver com o texto. Quando se passou ao livro ilustrado, a gravura passou a estar directamente relacionada com a obra em que aparecia inserida.

GRAVURA A ÁCIDO – Modalidade distinta da calcografia em que o mordente pode ser água-forte, verniz mole, água-tinta, enxofre, etc., em que as linhas em escavado se produzem graças ao efeito corrosivo do ácido. Gravura a água-forte.

GRAVURA A ÁGUA DE FLUIR – Variante da água-forte; é conseguida através da mistura do preparado com sebo; permite obter desenhos de traço muito fino, que parecem feitos a lápis.

GRAVURA A ÁGUA-FORTE – O seu nome provém do nome dado antigamente ao ácido nítrico; obtém-se revestindo completamente a placa de cobre na qual se pretende desenhar com um verniz impermeável ao ácido; uma vez seco o revestimento, grava-se com uma espécie de lápis cuja mina é uma ponta de aço, que rasga o verniz deixando a nu o metal; terminada a composição, a placa é mergulhada numa solução de ácido nítrico ou de percloreto de ferro, que a ataca nos lugares deixados a descoberto, formando-se pequenas bolhas de hidrogénio que vêm à superfície; retira-se a placa de cobre após mais ou menos tempo (consoante a intensidade da mordedura que pretende obter-se) e lava-se com água para eliminar o aço; retira-se o verniz da placa com gasolina e verifica-se que o ácido escavou e gravou o desenho em côncavo; procede-se à tintagem, secagem e por fim à tiragem, para verificar se a mordedura corresponde ao aspecto que se pretende. Trata-se de um processo de gravura que remonta ao século XVI, tendo já sido utilizado por Albrecht Dürer, mas cuja utilização na ilustração se divulgou a partir de meados do século XVII. Gravura a ácido • Estampa obtida por este processo.

GRAVURA A AQUATINTA – Variedade de gravação a água-forte que imita a aguarela; modernamente efectua-se sobre uma lâmina de cobre aplicando-se o mordente por meio de um pincel, ou cobrindo-a com pós de resina que aderem a ela ao aquecê-la, antes de submetê-la ao ácido; o procedimento primitivo atribui-se a Le Prince, no ano de 1765 • Estampa obtida por este processo.

GRAVURA A BURIL – Processo de gravura em cavado no qual o artista ataca directamente a placa de cobre ou outra com um estilete de aço talhado em bisel, sem intervenção de ácidos; a tintagem faz-se com rolo e a placa de cobre é pressionada sobre o papel ligeiramente humedecido • Prova da gravura executada segundo este processo. Gravura em talhe doce; este processo surgiu em meados do século XV e deve ter sido obra de ourives, habituados à gravação em metal; a sugestão de relevo é permitida pelos sucessivos traços cruzados em losangos, em quadrados ou ainda pelo espessamento desses traços; a posição do buril é sempre a mesma, a placa é que é movimentada pela mão esquerda, a fim de obter o desenho desejado. O primeiro livro em português totalmente gravado a buril foi a obra da autoria de Teresa Angelica da Silva *Manual de Orações para assistir ao Sacrifício da missa com hũa oração para implorar a Misericordia divina contra o flagello dos Terremotos*, que foi gravado entre 1732 e 1756; a gravação das estampas é da autoria de Charles Rochefort, conforme pode comprovar-se pela assinatura "C. de Rochefort scu." e "Rochefort filius scu."

GRAVURA A CERA – Processo de gravação usado para obter lâminas tipográficas por meio de um molde de cera do qual se tira um electrótipo ou galvano.

GRAVURA A CLARO-ESCURO – Gravura sobre matriz em madeira de fibra ou de topo, com impressão em vários tons da mesma cor; utiliza-se uma matriz para cada tom.

GRAVURA A CORES – Tipo de gravura obtida por dois processos: ou com o auxílio de uma matriz entintada com todas as cores tirada de uma só vez ou através de várias matrizes, cada uma delas com uma cor, tiradas sucessivamente. *Ver tb.* Cromotipia.

GRAVURA A *CRAYON* – Aquela que resulta da impressão de uma matriz gravada através de instrumento apropriado com vista à obtenção de uma textura semelhante ao lápis ou de uma matriz onde, depois de coberto com verniz mole, o motivo a imprimir é decalcado sobre uma folha de papel; ambos os processos utilizam banhos de ácido.

GRAVURA A LINÓLEO – Processo de gravura pelo qual uma imagem é recortada em linóleo colado sobre uma base de madeira. As gravuras obtidas por este processo dão imagens poderosas e contrastadas, muito semelhantes àquelas que se obtêm a partir da madeira a fio • Estampa obtida por este processo.

GRAVURA À MANEIRA NEGRA – Técnica de gravura aparecida em Inglaterra no século XVIII, em que uma placa de cobre é crivada por uma infinidade de pequenos orifícios justapostos, que são feitos com um utensílio chamado berço; procede-se à tintagem do cobre e obtém-se um negro uniforme; para fazer aparecer o desenho esmagam-se mais ou menos com uma ponta de aço arredondada ou com um brunidor as pequenas asperezas que resultaram dos orifícios feitos. Este tipo de gravura caracteriza-se pelo seu aspecto aveludado. Meio-tom. *Ver Mezzotinto.*

GRAVURA A MEIA-TINTA – *Ver* Gravura à maneira negra.

GRAVURA À PENA – Aquela que é executada com uma pena. Gravura à pluma.

GRAVURA À PLUMA – *Ver* Gravura à pena.

GRAVURA A PONTA-SECA – Processo normal de gravura desenhada com uma ponta de aço ou diamante numa placa polida, como se se desenhasse no papel; em seguida é utilizado o processo da água-forte. Esta técnica de gravura foi usada como o buril desde o século XV, mas afirmou-se como técnica própria apenas no século XX.

GRAVURA A PONTO – *Ver* Gravura ponteada.

GRAVURA A TOPO – Impressão obtida por meio de uma gravura feita à mão em madeira de buxo cortada no sentido transversal das fibras ou seja, perpendicularmente a elas e cujas áreas a não imprimir são cavadas, ficando perfeitamente lisa e nivelada em relevo a imagem, que depois de entintada é impressa sobre papel ou cartolina; permite mais finura de traço e mais leveza do que o outro processo de gravura de madeira; este processo, descoberto apenas em meados do século XIX, teve grande voga e foi muito utilizado por artistas românticos de nome, como Gustave Doré e T. Johannot, que o usaram tanto a plena página como em vinhetas incluídas no texto tipográfico.

GRAVURA A TRAÇO – Impressão obtida a partir de uma chapa metálica gravada ou entalhada à mão com goivas e buris, de modo que os elementos a imprimir, ficando mais fundos, permitem o depósito da tinta a transferir por pressão, a qualquer suporte adequado.

GRAVURA AUTOTÍPICA – Gravura de trama ou retícula, também designada gravura directa, tipográfica ou autotipia. Gravura reticulada.

GRAVURA *AVANT LA LETTRE* – Diz-se da prova de uma gravura que foi tirada antes da colocação das inscrições que a acompanham: a legenda, o título, o nome do autor, do gravador, do impressor, etc. e, portanto, antes que a chapa seja usada para a tiragem; estes elementos eram colocados depois da primeira prova de ensaio, muitas vezes por um gravador de letras; estas provas, que eram feitas antes da colocação desses elementos, são muito procuradas pelos bibliófilos e coleccionadores.

GRAVURA CALCOGRÁFICA – Impressão obtida a partir de uma chapa de cobre ou de cobre revestido, gravada manual ou quimicamente, de maneira que os elementos a imprimir, ficando mais profundos, permitam o depósito da tinta a transferir ao papel ou a outro suporte adequado, por pressão. Calcogravura.

GRAVURA CAMALEÃO – Gravura em voga em França no reinado de Luís XIII, na qual as figuras mudavam consoante o observador se colocava à direita ou à esquerda.

GRAVURA DE AÇO – *Ver* Gravura em aço.

GRAVURA DE COBRE – *Ver* Gravura a ácido.

GRAVURA DE ESTAMPAS – Aquela que se faz sobre materiais que recebem facilmente a ponta do buril apenas com um impulso da mão; é também designada gravura em doce ou gravura em talhe doce.

GRAVURA DIRECTA – Gravura autotípica.

GRAVURA ELECTRÓNICA – Procedimento muito moderno que suprime as operações de cópia e de gravura química. Processo de reprodução de documentos usado apenas para criar clichés em *stencil* reproduzindo o traçado de um original já existente em suporte papel.

GRAVURA EM AÇO – Gravura usada em meados de século XIX, em que a gravação é feita com uma placa de aço, em vez de uma placa de cobre; gravada quimicamente à mão ou à máquina, os elementos a imprimir, ficando mais fundos, permitem o depósito da tinta a transferir por pressão para o suporte adequado; o resultado é um aspecto prateado vivo facilmente distinguível do das gravações feitas com placas de cobre, que é mais delicado; o traço seco e fino deste tipo de gravura permite fazer numerosas tiragens sem alteração da matriz, mas as provas saem acinzentadas e sem contraste.

GRAVURA EM CAMAFEU – Muito em voga no século XVI na Alemanha e na Itália, consiste numa gravura em madeira que numa fase final leva uma camada de tinta que lhe confere uma aparência de relevo, imitando os baixos-relevos talhados na ágata.

GRAVURA EM CAVADO – Autogravura cuja imagem é formada por partes escavadas. Gravura em encavo. Também se chama gravura a fundo; contrapõe-se à gravura tipográfica ou gravura em relevo. Todas as gravuras em cavado sobre metal são impressas numa prensa especial. Uma vez feita a tintagem da placa de cobre, coloca-se esta num prato de aço, coberta com a folha em que vai ser feita a impressão, seguida de uma folha de protecção e de um tecido grosso. Este conjunto é pressionado entre dois cilindros e a pressão a que é sujeito comprime o papel e deixa em todo o contorno do cobre uma marca em cavado muito visível.

GRAVURA EM CLARO-ESCURO – Aquela em que se usam várias placas de madeira que, ao serem tiradas na prensa num mesmo papel e em impressões sucessivas com tintas de intensidade diversa (mas de uma só cor), produzem uma gradação semelhante à de um modelado. Gravura a claro-escuro.

GRAVURA EM COBRE – Processo de gravura em cavado que utiliza geralmente uma placa de cobre vermelho polida; por vezes também é utilizada a chapa de zinco ou prata; por abreviação designa-se por cobre a prova de uma estampa gravada em cobre; foi empregada nos livros sobretudo a partir de meados do século XVI. O primeiro impressor a usar esta técnica, ainda em 1477, foi Nicolaus Laurentii, um alemão que trabalhou em Florença, cidade onde imprimiu nesse mesmo ano um livro ilustrado com gravuras calcográficas desenhadas por Botticelli. No referido ano Domenico di Lapi imprimiu a *Geografia* de Ptolomeu, com vinte e seis mapas gravados em cobre.

GRAVURA EM COR – *Ver* Cromotipia.

GRAVURA EM ENCAVO – *Ver* Gravura em cavado.

GRAVURA EM *LAVIS* – Gravura resultante da impressão de uma matriz onde o ácido é aplicado a pincel em mordeduras mais ou menos rápidas nas zonas a gravar.

GRAVURA EM LINÓLEO – Gravura sobre matriz de linóleo, cujo resultado é semelhante ao de uma matriz em madeira. Linoleogravura.

GRAVURA EM MADEIRA – Processo de gravar em relevo executado por buril ou outro instrumento cortante sobre madeira de nogueira, pereira ou de buxo bem plano, onde o desenho está previamente delineado • Estampa obtida por este processo • Há dois processos de gravura em madeira: aquela que é feita na madeira cortada no sentido das fibras, de que resultam traços vigorosos e um pouco angulosos que não permitem grandes minúcias; esteve em voga no século XV e seguinte e mais tarde no século XX, tendo no entanto permanecido viva nas oficinas de edições populares sem interrupção desde o século XVI; o outro processo de gravura é a chamada gravura a topo ou seja, aquela que assenta numa matriz em madeira de buxo ou outra cortada no sentido transversal das fibras isto é, perpendicularmente a elas e cujas áreas a não imprimir são cavadas, ficando perfeitamente lisa e nivelada em relevo a imagem que depois de entintada é impressa sobre papel ou cartolina; este processo permite mais finura de traço e mais leveza do que o anteriormente descrito • Gravura xilográfica. Xilogravura. Talhe em madeira.

GRAVURA EM MADEIRA A CORES – Xilogravura impressa em vários tons; para o conseguir o gravador grava tantas chapas quantas as cores que pretende obter e não deixa permanecer em nenhuma delas senão as partes a tirar de uma mesma cor; para cada cor que pretenda, executa uma nova tiragem.

GRAVURA EM METAL – Impressão obtida a partir de uma chapa metálica gravada à mão ou à máquina por processos fotoquímicos, cujas zonas a não imprimir ficam cavadas, deixando em relevo a imagem que depois de entintada é impressa sobre papel ou cartolina • Ilustrações impressas a partir de uma matriz em chapa de metal (cobre, aço, zinco, ferro, prata, latão) gravada com os motivos que pretendem obter-se. As primeiras ilustrações impressas a partir de matrizes gravadas em cobre datam do século XV e apareceram na Alemanha. No nosso país datam da segunda metade do século XVI. Como exemplo referir-se-á a gravura da folha de rosto da obra *Sucesso do Segundo Cerco de Dio*, obra da autoria de Jerónimo Corte Real, editada em Lisboa, por António Gonçalves, no ano de 1574 • Gravura em talhe doce.

GRAVURA EM OCO – *Ver* Gravura em talhe doce.

GRAVURA EM PEDRA – Aquela que se executa com um punção em pedra litográfica.

GRAVURA EM RELEVO – Processo de gravura que consiste essencialmente em usar uma chapa de matéria dura, madeira ou metal, absolutamente lisa de um dos lados e desenhar nela o tema a reproduzir e em escavar nela e abrir estrias, por meio de instrumentos apropriados, em todas as partes da gravura em que não figuram os traços do desenho; à peça assim gravada aplica-se um rolo cheio de tinta e estampa-se numa folha de papel obtendo-se uma reprodução do desenho • Pantotipia • Gravura em relevo resultante da impressão de uma matriz na qual são escavadas certas áreas com instrumentos apropriados, sendo outras deixadas em relevo; a tintagem aplica-se sobre estas, que irão corresponder aos negros do papel.

GRAVURA EM RELEVO SOBRE METAL – Nos finais do século XV foi-se exigindo a pouco e pouco uma gravura mais fina e detalhada do que aquela que era proporcionada pelo talhe em madeira; certas iniciais e bordaduras dos primeiros livros de horas impressos foram gravadas em relevo sobre metal, tal como até aí se fazia na madeira; o resultado eram provas ligeiramente mais finas e secas no talhe; a diferença é tão subtil, que mesmo os especialistas têm por vezes dificuldade em as distinguir, tanto mais que os gravadores em madeira vinham aperfeiçoando a sua técnica.

GRAVURA EM SILHUETA – Fotografia ou desenho no qual se suprime o fundo em volta do objecto principal representado; é também designada apenas silhueta.

GRAVURA EM TALHE DOCE – Antigamente esta expressão era sinónimo de gravura a buril, mas actualmente ela abrange todos os processos de gravura em cavado sobre metal: a buril, a água-forte, ponta-seca, etc., por oposição à gravura em madeira em relevo • Impressão obtida a partir de uma chapa de aço mole gravada ou entalhada à mão (directamente) com instrumentos pontiagudos ou chanfrados (buris), de modo que os elementos a imprimir, ficando mais profundos do que as superfícies não estampantes, permitem o depósito da tinta a transferir ao papel por pressão. O metal é gravado com um buril – utensílio de aço temperado provido de uma ponta em losango; os traços gravados são quase sempre regulares, por vezes entrecruzados, seguindo por vezes o contorno dos objectos desenhados e sendo mais ou menos profundos segundo as exigências do modelo; a tintagem aplica-se sobre as áreas escavadas, que irão corresponder aos negros do papel. Gravura a buril. Gravura em metal. Gravura em oco. Talhe doce. Gravura em doce.

GRAVURA EM VERNIZ MOLE – Variante do processo de gravura a água-forte, conhecida a partir do século XVIII. A sua designação provém do facto de o verniz que isola a placa de cobre do ácido quando seca permanecer mole. O artista coloca um papel de grãos bastante grossos sobre a placa de cobre, desenhando em seguida com um lápis o desenho que pretende obter. A pressão exercida pelo lápis cola o verniz nos lugares do traço e, ao retirar-se a folha de papel, o verniz aderente aos grãos do papel descobre o metal. Aplica-se o mordente, como de costume, e procede-se em seguida à tintagem, secagem e tiragem.

GRAVURA EM ZINCO – Designação genérica da gravura tipográfica, por ela ser em geral feita no zinco.

GRAVURA FOTOQUÍMICA – Aquela que compreende as especialidades de heliogravura plana e rotogravura. As modernas técnicas de ilustração de livros usam um sistema em que são associados os princípios da fotografia (sais de prata que ficam opacos quando expostos à luz) e o do endurecimento de substâncias químicas instáveis pela acção da luz e que se tornam insolúveis na água.

GRAVURA HELIOGRÁFICA – *Ver* Heliogravura.

GRAVURA INDUSTRIAL – Nome dado à gravura que sucedeu à gravura aberta manualmente, que passou a ser feita depois da invenção da fotografia na base da fotozincogravura e da heliogravura. A serigrafia, aparecida mais tarde, em finais do século XIX, está também na base da produção da gravura industrial; já no século XX surge a produção de matrizes em materiais plásticos e em linóleo, como ponto de partida para as ilustrações e a produção de ilustrações através do uso de um computador e de um scâner.

GRAVURA INVERTIDA – *Ver* Gravura leucográfica.

GRAVURA LEUCOGRÁFICA – Tipo de gravura em cavado, que se estampa como se fosse em relevo; deste modo a(s) figura(s) representada(s) fica(m) em branco rodeada(s) por um fundo negro. Gravura invertida.

GRAVURA MANUAL – Modalidade de gravura que compreende as especialidades a ponta-seca, a buril e à maneira negra.

GRAVURA ORIGINAL – Aquela que é feita a partir de uma lâmina preparada pelo seu autor, seja qual for o processo de gravação adoptado e, segundo alguns, com uma certa intervenção do autor na estampagem.
GRAVURA PONTEADA – Também chamada gravura a ponto, é aquela que resulta do desenho da imagem por meio de pintas feitas com o buril ou uma roda dentada. Gravura pontilhada.
GRAVURA PONTILHADA – Tipo de gravura em talhe doce, em que as sombras e os relevos não são dados por traços cruzados mas, através do uso de pontos, tentando imitar o desenho a lápis. Gravura ponteada.
GRAVURA POR CORROSÃO – Modalidade de gravura na qual se protege a chapa metálica com uma camada de verniz, cera ou pez; sobre o verniz desenham-se as linhas que deixam a descoberto o metal; mergulha-se no banho de ácido, que vai corroer as partes riscadas na chapa metálica.
GRAVURA RETICULADA – *Ver* Gravura autotípica.
GRAVURA SOBRE CERA – Processo de gravura que produz o efeito de um desenho a lápis feito por meio da aplicação na placa de uma capa de cera mole e cobrindo-a com uma folha fina de papel de decalque, sobre a qual se fez um desenho com um lápis: ao retirar o papel ficam bocadinhos do revestimento deixando uma linha de pontos • Gravura feita deste modo.
GRAVURA TIPOGRÁFICA – Nome dado à gravura em madeira pelo facto de ela fazer parte integrante das "formas" que servem ao tipógrafo para imprimir os livros.
GREGA – Motivo linear formado por uma linha quebrada cujos segmentos se dobram várias vezes sobre si mesmos, alternadamente num sentido e depois no outro • Entalhe traçado à serra na lombada de um volume destinado a alojar os nervos ou os fios de costura dos cadernos, a fim de obter uma lombada plana • Enfeite caracterizado pela repetição de um motivo geométrico de pequenas dimensões, muito usado em decoração de encadernações.
GREGO – Em tipografia, carácter de letra semelhante ao que se usava na Grécia • Língua grega.

Grega

GREGO REAL – *Ver* Gregos do rei.
GREGOS DO REI – Famosos tipos gregos muito belos, gravados por Claude Garamond, inspirado na letra de Angelus Vergetius, bibliotecário de Fontainebleau, e custeados por Francisco I de França para as edições dos clássicos gregos; foram muito usados por Robert Estienne, a partir de 1544, mas tornavam-se de difícil utilização pelo grande número de ligaturas que apresentavam. Grego real.
GRELHA – Peça metálica munida de um cabo usada para espargir o corte dos livros; é nela que se passa a escova molhada em tinta • Cartão recortado que se usa para colocar sobre um escrito, com a finalidade de ocultar certos caracteres, deixando ver outros.
GRELHA DE LEITURA – Forma de apresentação dos principais elementos de um enunciado, texto, obra, etc. preenchendo quadrados ou rectângulos, de modo a facilitar a sua rápida e efectiva compreensão • O quadro que apresenta essa forma.
GRÉMIO LITERÁRIO – Corporação literária, fundada em Lisboa em 13 de Março de 1846 por oitenta e cinco destacadas figuras públicas da vida portuguesa, cujos estatutos, ainda em vigor, foram aprovados pela rainha D. Maria II em 18 de Abril do mesmo ano; de destacar o seu Gabinete de Leitura, considerado durante muitos anos o mais completo do país. Actualmente funciona como associação recreativa e local de reunião • Sede desse grupo • Espaço onde reúnem os sócios de um instituto, sociedade, corporação literária ou académica, em geral homens de letras e intelectuais; alguns deles ainda continuam em funcionamento, com o fim de promover o conhecimento e o desenvolvimento das letras e a erudição.
GRÉMIO NACIONAL DE EDITORES E LIVREIROS – Instituição resultante da conversão da Associação de Classe dos Editores e Livreiros de Portugal, concretizada pelo Alvará de 13 de Junho de 1939, que aprova os primeiros estatutos.

GRIFA – *Ver* Grifo.
GRIFO – Tipo de letra itálica, inclinado, assim chamado por ter sido empregue por Sebastiano Grifo (1491-1556). Grifa. *Ver* Itálico • Animal especial da fauna heráldica, meio-águia, meio-leão, estando a primeira metade colocada na metade superior do escudo e a restante na parte inferior; difere do leão alado, o qual apresenta asas; a posição mais usual é a de grifo rampante, com a cauda passada por fora ou entre as duas patas traseiras • (port. Bras.) Secção de uma publicação periódica impressa em itálico.
GRILO – Pequena peça de aço, que desempenha nas máquinas designadas por minervas a missão de marginador do papel, pela sua fixação às almofadas.
GRINALDA – Ornamento formado por flores e folhas ligadas em forma de cordão. Coroa de flores, folhagem e frutos esculpida, pintada ou gravada em frisos, pilastras, gravuras ou portadas. Festão. (port.Bras.) Guirlanda • Antologia de poesias de autores diversos reunida com a intenção de comemorar um evento, celebrar uma pessoa conhecida ou uma obra.
GRIS (pal. fr.) – Cinzento-azulado.
GRISAILLE (pal. fr.) – *Ver* Grisalha.
GRISALHA – Miniatura em claro-escuro, em tons de cinzento, cujo efeito é semelhante ao do relevo observado numa escultura ou num baixo-relevo; é também chamada história de preto e branco. As *grisailles* apareceram nos finais do século XIII, mas tornaram-se especialmente populares a partir da segunda metade do século XIV até ao século XV; as *semi-grisailles*, com a paisagem e as folhagens envolventes executadas em cor, caracterizam a iluminura da corte do rei Carlos V (1364-1380). Miniatura a preto e branco. *Grisaille*.
GRISALHAR – Tornar grisalho, acinzentado.
GRISALHO – Acinzentado.
GRISAR – Abrir o princípio e meio de cada caderno, ao mesmo tempo que se passa a dobradeira para lhe conferir mais flexibilidade.
GROSA – Instrumento cortante usado em encadernação para desbastar os cortes do livro.
GROSADO – Diz-se do corte que é tornado irregular por meio da utilização de uma grosa.

GROSAR – Desbastar os cortes do livro com a grosa.
GROSSADO – Termo antigo para designar glossado, com palavras de permeio, como se fazia nas glosas. Entrelinhado.
GROSSAMENTO – Glosa. Entrelinha ou qualquer alteração ou adição à escrita.
GROSSISTA – Nome dado ao comerciante que adquire as obras às casas editoras e as vende às livrarias e bibliotecas.
GROSSO – Qualificativo usado para caracterizar a espessura de um livro, que depende do número de páginas, corpo do papel, etc. • Espécie de letra de imprensa.
GROSSO MODO (loc. lat.) – Por alto, pouco mais ou menos • Em esboço. Em bruto. De uma forma imperfeita.
GROSSOS – *Ver* Cheios.
GROSSURA – Num livro, a menor das suas três dimensões; compreende a distância entre as pastas anterior e posterior mais estas. Espessura.
GROTESCOS – Motivos ornamentais, espécie de arabescos, de traçado livre e fantasista, onde se vêem cabeças de animais e seres reais ou fantásticos, tudo entremeado de linhas sinuosas, festões, folhagens, flores, etc., imitando um estilo de ornamentação descoberto nas grutas ou criptas dos antigos palácios romanos. Brutescos. Caprichos; eram muito comuns na iluminura gótica depois do século XIII, especialmente sob a forma de *marginalia*. São parte importante da iluminura medieval onde os dragões, figuras parcialmente humanas, animais híbridos como leões com cabeça de cão, quadrúpedes com cabeça humana, animais com asas, gigantes contorsionados, se penduram nas folhagens que ornamentam as margens e intercolúnios dos manuscritos; estes seres animados têm a sua origem provável nas iniciais zoomórficas merovíngias e moçarabes, mas reaparecem na iluminura medieval românica como seres independentes e a três dimensões; a popularidade das fábulas, literatura de viagens e bestiários estimularam o gosto pela transposição destes elementos para textos bíblicos, comentários e patrística. Reapareceram mais tarde na ornamentação das encadernações, executados sobretudo nas

pastas posteriores; alguns especialistas consideram que esta inovação se deve a Antoine-Michel Padeloup, célebre encadernador da primeira metade do século XVIII, mas o certo é que este tipo de decoração já aparece a partir da segunda metade do século precedente. *Drôleries*.

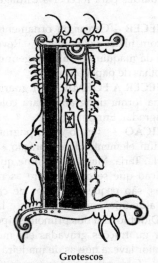

Grotescos

GRUDAR – Ligar, unir. Colar.
GRUDE – Cola de origem animal muito empregada em trabalhos de encadernação • Massa que serve para colar, formada por farinha de trigo à qual se adiciona formol, para evitar os xilófagos.
GRUPO DE DEBATE – Na *Internet*, designação do conjunto de utilizadores que se interessam pelo conhecimento de um determinado tema e que recebem automaticamente no seu correio electrónico as mensagens sobre o mesmo, que são trocadas entre os diversos elementos constituintes do grupo. Lista de discussão. Lista de debate. Fórum de discussão. Fórum de debate. Grupo de discussão. *Chat*.
GRUPO DE DISCUSSÃO – Fórum cujos participantes lêem e enviam mensagens em linha sobre um determinado assunto. Lista de discussão. Lista de debate. Fórum de discussão. Fórum de debate. *Chat*. *Ver* Grupo de debate.
GRUPO DE REGISTOS – Em arquivologia, conjunto único de registos organizados e identificados, estabelecidos com base na sua origem e que constituem os arquivos de uma entidade independente.
GRUPO DE TRABALHO – Unidade de uma organização criada para executar determinada tarefa ou alcançar um objectivo específico.
GUACHE – *Ver* Guacho.
GUACHO – Mistura de água, goma e corantes de consistência pastosa, que se utiliza na iluminura e na pintura artística; no primeiro caso o pigmento podia ser misturado com clara de ovo • Pintura executada com pincel e com uma mistura de pigmentos aglutinados por goma-arábica, aos quais se adicionou branco de zinco, para evitar que o papel-suporte transpareça. Guache.
GUARDA – O termo deriva da palavra grega que significa vigia, aquele que assegura a protecção; usado geralmente no plural, designa a folha ou folhas iniciais, não coladas à contracapa da encadernação (contraguardas), vulgarmente em papel branco ou de fantasia, que protegem o corpo do livro; é, portanto, um elemento da encadernação. *Ver* Guardas • Conjunto de elementos, geralmente constituídos por traços, que se acrescentam a uma assinatura ou rubrica para dificultar a sua imitação.
GUARDA BRANCA – Em encadernação, folha ou folhas de papel branco, que no início ou no final de um livro rematam a encadernação e protegem o corpo do texto. Maculatura.
GUARDA DO SELO – Numa administração territorial é o oficial cuja função essencial é apor nos actos, com vista à sua validação, o selo ou selos dos quais detém a responsabilidade. (port. Bras.) Guarda-selos.
GUARDA FIXA – *Ver* Contracapa.
GUARDA LIVRE – Guarda que não está colada à pasta da encadernação. Guarda volante.
GUARDA MEMBRANÁCEA – Guarda em pergaminho que pode ser constituída por uma folha inteira ou por folhas fragmentárias de outros códices.
GUARDA SUJA – *Ver* Falsa guarda.
GUARDA VOLANTE – Por oposição à contraguarda, folha da guarda que não se cola à contracapa. Guarda livre.

GUARDA-CANTOS – Reforços que se colocam nos ângulos dos planos da encadernação dos livros para protegê-los.

GUARDA-LIVROS – Empregado comercial que regista o movimento do comércio em uma ou mais casas.

GUARDA-PÓ – *Ver* Sobrecapa.

GUARDA-SELOS (port. Bras.) – *Ver* Guarda do selo.

GUARDAS – Páginas brancas ou coloridas, lisas ou de fantasia, colocadas no início e final dos livros entre as capas e o corpo e que não contam na paginação; são destinadas a proteger as folhas impressas do atrito que as pastas podem provocar e cobrem simultaneamente os acabamentos da encadernação; pode haver várias guardas • Designa igualmente as páginas acrescentadas pelo encadernador e que protegem a obra, sendo normalmente as primeiras de papel de cor; muitas vezes, colocadas em grande número em folhetos, no início e no final, permitem que estes possam ser encadernados, o que de outro modo era impossível, dado o pequeno volume da lombada. Nas encadernações mais antigas as guardas eram de pergaminho ou de papel, cosidas com os cadernos do livro. As guardas de cor, em papel liso ou decorado (papel encolado, marmoreado ou estampado) aparecem nos finais do século XVI; nos dois séculos seguintes os processos desenvolvem-se, mas no século XIX a técnica é praticamente a mesma, notando-se, contudo, um certo declínio nos processos de decoração; o processo de encadernação também varia: já não são cosidas mas coladas. Nas encadernações de luxo as guardas são por vezes de seda ou de tecido ou pele e são geralmente enquadradas por seixas douradas. O tipo de papel das guardas pode ser um elemento muito importante da datação da encadernação, assim como pode permitir a identificação do seu estilo. Folhas de guarda. Folhas de cortesia.

GUARDAS DUPLAS – Guardas anteriores e posteriores que têm duas folhas empastadas e duas soltas.

GUARDAS FINAIS – Uma ou mais folhas inseridas pelo encadernador no início e final do texto de um livro; não apresentam qualquer texto e são normalmente utilizadas em grande quantidade, quando o texto é muito pequeno e se quer constituir uma lombada para poder encadernar o volume, como acontece no caso dos folhetos.

GUARDEAR – Guarnecer com guardas.

GUARDINHA – Aba de papel que se sobrepõe às guardas para receber a cardagem e as pastas.

GUARNECER – Cercar ou ornamentar uma página com filetes ou vinhetas • Revestir os cilindros da máquina para a tiragem com frisas, de folhas de papel ou cartão.

GUARNECER A FORMA – Pôr guarnições e cunhos na forma tipográfica para colocar na rama. Engradar. Enramar.

GUARNIÇÃO – Termo de tipografia que designa um elemento de decoração • Cercadura. Orla. Tarja. Margem • Nome que se dá à imposição que se coloca entre as ramas e as formas; são pequenos blocos de chumbo, ferro ou alumínio, cujos tamanhos e larguras variam. Didot foi um dos primeiros tipógrafos a utilizar guarnições gravadas em metal, de muito maior leveza que as de madeira usadas na época • Tela com que se forram o tímpano e o timpanilho da prensa • Nas máquinas é o revestimento do cilindro • Termo que designa geralmente os elementos de pelaria da cobertura de uma meia-encadernação • Papel ou painel decorativo ou outro material colado na capa de um livro.

GUARNIMENTO – Termo arcaico que designava guarnição. Ornamento. Ornato. Adereço.

GUEMATRIA – Interpretação homilética de um texto baseada no valor numérico das letras.

GUERRA – *Ver* Nome de guerra.

GUI – Acrónimo de *Graphics User Interface*, é o método de comunicação entre um computador e um ser humano, que assenta na utilização de dispositivos gráficos, como menus, janelas, ícones, etc.

GUIA – Documento que contém informações destinadas a apresentar um serviço aos seus utilizadores reais e potenciais e a orientar os leitores no conhecimento e exploração dos seus fundos, para que os utilizem com maior eficácia e aproveitem ao máximo os seus recursos; usado como elemento auxiliar de pesquisa bibliográfica, é destinado à orientação dos utilizadores para o conhecimento e utilização dos núcleos documentais que integram o acervo; a sua finalidade é informar sobre as características e o funcionamento de uma determinada instituição ou serviço. Inclui elementos sobre a história, natureza, estrutura, período de tempo, quantidade de cada núcleo documental, etc. O guia deve também incluir informações básicas de natureza prática sobre a própria instituição, como horários, localização, condições de acesso, responsáveis, modo de chegar até ela, requisitos para o seu uso, recursos técnicos oferecidos, regulamentos da sala de leitura, etc. • Linha no final do texto de uma página; inclui a marca tipográfica, a assinatura e o reclamo, quando existe • Livro destinado a elucidar sobre viagens. Livro que contém as informações necessárias para dirigir, numa localidade, as pessoas que a não conhecem. Roteiro • Tratado em que se estabelecem preceitos ou se dão notícias • Relação ou documento que acompanha a mercadoria negociada.

GUIA ABREVIADO – *Ver* Guia resumido.

GUIA ARQUIVÍSTICO – Instrumento de descrição que fornece informação de carácter geral e sumária da história de um ou mais arquivos, dando indicações sobre os vários fundos ou núcleos e colecções que o integram, como por exemplo: história da entidade produtora, instrumentos de descrição existentes, bibliografia, etc.

GUIA BIBLIOGRÁFICO – Fonte que sistematiza e apresenta de um modo global a literatura de um assunto.

GUIA COMERCIAL – Lista de pessoas, casas comerciais, instituições, etc. existentes numa cidade, região ou país, na qual estão reunidos os dados fundamentais para a sua identificação; pode estar ordenada alfabética, sistematicamente ou de qualquer outro modo.

GUIA DA *INTERNET* – *Ver* Portal.

GUIA DE ARQUIVO – Publicação com carácter informativo elaborada por um arquivo, com a finalidade de dar a conhecer os núcleos documentais nele existentes.

GUIA DE CAMINHOS DE FERRO – Livro onde está compilada toda a informação sobre os caminhos de ferro de um país; nele encontram-se indicações sobre horários de comboios, itinerários, estações, etc.

GUIA DE CONVERSAÇÃO – Designação atribuída a certo tipo de livros, que apresentam as correspondências entre as palavras e frases mais frequentes de uma língua e as mesmas noutra ou noutras línguas.

GUIA DE DATA – Nome dado ao instrumento usado para ordenar fichas de livros em gavetas de ficheiros de empréstimo.

GUIA DE DISTRIBUIÇÃO – Folha ou conjunto de folhas em que são anotadas as quantidades de pacotes de documentos que foram distribuídas.

GUIA DE ESTILO – *Ver* Manual de estilo.

GUIA DE LEITURA – Lista de livros escolhidos sobre um tema de actualidade e interesse; tem a finalidade de orientar educadores, bibliotecários e leitores.

GUIA DE MATÉRIAS – Em arquivo, guia que indica as fontes a utilizar pelos investigadores dentro da sua especialidade.

GUIA DE REIMPRESSÕES – Obra de referência preparada com vista à venda/aquisição de livros e periódicos, que divulga a reprodução de colecções em suportes de substituição.

GUIA DE REMESSA – Modalidade de factura usada para discriminar operações parciais realizadas entre vendedor e comprador.

GUIA DE REMESSA DE DOCUMENTOS EM ARQUIVO – *Ver* Registo de entrada de documentos.

GUIA DE VIAGENS – Manual preparado para orientação de turistas, que contém dados sobre países, regiões, cidades, percursos turísticos, edifícios assinaláveis, bibliotecas, museus, centros culturais, etc. Trata-se em geral de livros de pequenas dimensões, excelentes para folhear ou ler durante a viagem e depois dela, alguns dos quais têm grande riqueza gráfica, com recurso a mapas e desenhos em perspectiva tridimensional. Guia turístico.

GUIA DO LEITOR – Pequeno livro, por vezes ilustrado, que contém todas as informações necessárias à utilização metódica e eficaz de uma biblioteca, arquivo, serviço de documentação, etc. Guia do utilizador.

GUIA DO PESSOAL – Manual que descreve as diversas tarefas levadas a cabo pelos funcionários de uma biblioteca, etc., assim como a maneira de as executar; contém frequentemente as principais fórmulas em uso na biblioteca, etc. ao mesmo tempo que uma lista dos fornecimentos correntes.

GUIA DO UTILIZADOR – *Ver* Guia do leitor.

GUIA "FORA" – Nome dado ao marcador que substitui as pastas que são retiradas temporariamente do arquivo, para marcar o seu lugar e chamar a atenção do arquivista e do utilizador sobre a sua ausência. Ficha substituta de saída.

GUIA OFICIAL – Livro oficial, de periodicidade anual, que contém, entre outros dados, os nomes das pessoas que ocupam os cargos civis, eclesiásticos e militares mais importantes de um Estado.

GUIA RESUMIDO – Guia abreviado destinado a orientar os leitores acerca dos fundos de uma determinada instituição, que exclui dados de pormenor sobre os fundos a que diz respeito.

GUIA SINÓPTICO – *Ver* Guia resumido.

GUIA SISTEMÁTICO – Guia metódico, ordenado.

GUIA TURÍSTICO – Aquele que é feito com a intenção de servir os visitantes de determinado país ou localidade, descrevendo sumariamente os lugares a visitar, monumentos, curiosidades locais, artesanato e outras informações úteis, como postos de turismo, horários e preços de entradas em museus, lista de restaurantes e alojamentos, etc. Guia de viagens.

GUIÃO – Documento estabelecido a partir de uma sinopse e que apresenta de forma detalhada o filme que se vai realizar • Texto mecanografado, em especial de uma obra de teatro, de uma película de cinema ou de um programa de televisão. Roteiro de programação • Sinal em ziguezague que se faz no fim de uma linha de música para indicar o lugar que deve ocupar a primeira nota da linha seguinte • Partitura musical vocal na qual as diferentes partes se apresentam escritas em dois pentagramas • Em heráldica designa a bandeira rematada em duas pontas e que flutua para o lado direito do escudo.

GUIDELINES (pal. ingl.) – Princípios. Directrizes. *Ver* Linhas de orientação.

GUILHOCHÉ (pal. fr.) – Linhas curvas formando um espaço curvo entre elas.

GUILHOTINA – Máquina de cortar papel. Aparelho usado em encadernações, tipografias, papelarias, etc., para aparar, calcar e cortar papel. (port. Bras.) Cortador. Tesourão.

GUILHOTINA BILATERAL – Aquela que executa de uma só vez dois cortes.

GUILHOTINA TRILATERAL – Máquina provida de três faces, que permite aparar um livro de uma só vez.

GUILHOTINADO – Diz-se do livro cujos bordos dobrados das folhas foram cortados com a guilhotina. Aparado.

GUILHOTINAGEM – Acto de guilhotinar.

GUILHOTINAR – Cortar com a guilhotina. Aparar.

GUIONISTA – Autor de um guião; pode ser um escritor especializado neste tipo de trabalho ou uma equipa.

GUIRLANDA (port. Bras.) – *Ver* Grinalda.

GULISTAN – Conjunto de anedotas escritas em verso e em prosa que contêm considerações moralistas e máximas da sabedoria universal.

GUME – *Ver* Corte.

GUSANO – Termo usado no século XVIII para designar a traça dos livros.

GUTA-PERCHA – Substância semelhante à borracha obtida do látex de algumas plantas da Malásia e da América do Sul, muito usada na indústria, na composição de vernizes tipográficos e litográficos; aplicada em galvanotipia serve para fabricar recipientes para a fotogravura e a fotografia, inatacáveis pelos ácidos.

GYPSUM (pal. lat.) – *Ver* Gesso.

H

H – Letra do alfabeto latino e do de quase todas as línguas antigas e modernas • O tipo que na impressão reproduz essa letra • Nas máquinas fundidoras é a matriz que dá esse carácter • Punção com que se grava essa matriz • Assinatura correspondente ao oitavo caderno de um volume, quando se usam letras para tal fim • Oitava chamada de nota, se se usarem letras em lugar de números ou sinais • Letra numeral que valia 200; plicada tinha o valor de 200000.
H.R. – *Ver* Humidade relativa.
HABENT SUA FATA LIBELLI (loc. lat.) – Os livros têm o seu fado; expressão usada por Ovídio para aludir a tantas obras de valor que jazem no esquecimento.
HABILITAÇÃO – Aptidão • No plural, cabedal de conhecimentos • Conjunto de provas ou documentos com o qual se pretende requerer ou demonstrar alguma coisa.
HÁBITOS DE LEITURA – Utilização sistemática da letra impressa para satisfazer necessidades intelectuais e emotivas.
HÆREDES (pal. lat.) – *Ver* Heredes.
HAGIOGRAFIA – Estudo da vida dos santos • Obra em que essa vida é narrada.
HAGIÓGRAFO – Pessoa que estuda e narra a vida dos santos • Pessoa que escreve hagiografias • Códice que contém a vida dos santos • Nome dado aos livros do Antigo Testamento, exceptuando o *Pentateuco* e os *Profetas* • Autor de um livro da Sagrada Escritura.
HAGIOLOGIA – Tratado acerca dos santos e do sagrado • Obra que contém vidas de santos.
HAGIOLÓGIO – Livro acerca dos santos • Catálogo dos santos. Santoral. *Flos sanctorum*.
HAGIÓLOGO – Pessoa que estuda a vida dos santos • Aquele que escreve a vida dos santos.
HAGIÓNIMO – Criptónimo formado pelo nome de um santo • Nome de um santo adoptado como nome próprio.
HAIKU – Tipo de verso de origem japonesa, que é caracterizado pelo diminuto número de palavras que é utilizado para exprimir uma mensagem.
HALO – Círculo brilhante que rodeia a cabeça de Cristo e dos santos nas imagens e gravuras; a sua forma é quase sempre circular, embora possa assumir outras formas, sendo diáfana ou opaca, simples ou decorada. Auréola. Nimbo. Glória. Resplendor.
HALOGRAFIA – Tratado dos sais • História dos sais. Halologia.
HALOGRÁFICO – Respeitante a halografia.
HALOLOGIA – *Ver* Halografia.
HAMULUS (pal. lat.) – Nome dado na Idade Média ao fecho da encadernação; outros termos concorrentes são *clausura*, *firmatorium* e ainda *fibula* e *fermalia* ou *firmacula*; estes fechos podiam assumir a forma de uma rosa, uma mão, uma concha, uma estrela, etc.
HANDLE (pal. ingl.) – Identificador público de um item numa biblioteca digital.
HANGI – Nome dado à prancha de madeira usada na impressão.
HÁPAX (pal. gr.) – Forma abreviada de *hápax legómenon*, expressão grega que significa coisa dita uma vez • Palavra ou expressão de que se conhece apenas um exemplo.
HÁPAX LEGÓMENON (loc. gr.) – Em lexicografia e crítica textual, palavra ou expressão documentada apenas uma vez num texto, autor ou língua.
HAPLOGRAFIA – Erro de cópia ou de escrita, que consiste na omissão de letras, palavras ou frases que deveriam figurar duas vezes, ou seja, o salto do mesmo para o mesmo.

HAPLOLOGIA – Supressão de um vocábulo repetido • Contracção ou redução dos elementos análogos de um vocábulo.
HAPLOLÓGICO – Referente à haplologia.
HARD CODE (loc. ingl.) – Em informática, designação que é atribuída à configuração de qualquer componente que é dificilmente alterável após ter sido definido pela empresa que o fabricou.
HARD DISK (loc. ingl.) – Designação dada ao dispositivo electromagnético construído com alumínio rígido revestido de óxido magnetizável, que é utilizado em informática como forma de armazenamento de informação de dados, áudio ou vídeo.
HARDBACK (pal. ingl.) – Diz-se do livro que apresenta uma capa firme e resistente. Livro de capa dura. Livro encadernado. Versão cartonada. *Hardcover*.
HARDBACK EDITION (loc. ingl.) – *Ver* Edição encadernada.
HARDCOVER (pal. ingl.) – Termo que designa a cobertura dura ou capa cartonada de uma publicação. Livro de capa dura.
HARDCOVER EDITION (loc. ingl.) – *Ver* Edição encadernada.
HARD-COVER (pal. ingl.) – *Ver Hardcover*.
HARDWARE (pal. ingl.) – Com o sentido original de "quinquilharia", anglicismo entrado na língua portuguesa e usado sob esta forma para designar a parte material do computador (UCP, memória, periféricos), em que se faz a progressão das informações; representa a parte física da máquina, compreendendo os dispositivos electrónicos e mecânicos utilizados na exploração de um sistema informático, por oposição a *software*, que é o suporte lógico • Neologismo utilizado para designar o equipamento electrónico ou de qualquer outro tipo físico usado na produção de material audiovisual ou associado com um computador.
HARMÓNICO – Equilibrado. Proporcionado • Diz-se da composição gráfica, manuscrita ou impressa, onde são observadas regras de proporção entre a altura e a largura da caixa de escrita ou da mancha tipográfica, as margens, os espaços interlineares, etc.; o mesmo termo é empregue relativamente à decoração do texto manuscrito, quando apresenta um todo equilibrado e agradável no ponto de vista estético.
HARMONIZAÇÃO INTERNACIONAL – Adaptação a novas situações em relação ao direito de autor. Em Dezembro de 1996 foi aprovado o Tratado do Direito de autor da OMPI, Organização Mundial da Propriedade Intelectual.
HASTE – O paralelepípedo que constitui o tipo, excluída a parte em relevo que forma o olho da letra • Parte do divisório tipográfico rematada na parte inferior por uma ponta metálica, que permite fixá-lo na caixa, e que sustenta o original • Traço alongado de certas letras como o d, f, p, t • Fuste.
HASTE ASCENDENTE – Parte de uma letra minúscula que ultrapassa a linha do olho para cima.
HASTE DA LETRA – Parte ascendente ou descendente que ultrapassa o corpo da letra para cima ou para baixo; o seu tamanho, dependente do tipo de letra, tende a diminuir quando o corpo do livro se torna mais diminuto, acarretando consigo uma compressão da caixa de escrita e o consequente aumento do número de linhas, tendo em vista sobretudo poupar o suporte; tal facto é bem visível nos manuscritos.
HASTE DESCENDENTE – Parte de uma letra minúscula que ultrapassa a linha do olho para baixo.
HASTE DO AUTOMÁTICO DA MORSA – Barra vertical, na morsa do linótipo, cuja extremidade superior, sobressaindo na plataforma, é comprimida ao descer a linha de matrizes para a fundição.
HASTE DO ÊMBOLO – Braço alongado em cuja extremidade inferior está preso o êmbolo no crisol do linótipo.
HASTE DO IMPULSOR – Tirante horizontal, ligado à alavanca do impulsor do linótipo, que faz avançar o dedo curvo que leva as matrizes do prisma do guindaste para a caixa selectora.
HASTE VERTICAL – Traço ou traços verticais de uma letra.
HATAYI (pal. tur.) – Motivo ornamental que consiste em enrolamentos de flores de lótus estilizadas, que são utilizados como elementos decorativos nas encadernações otomanas.

HDES. – Abreviatura latina de *hæredes, heredes*, herdeiros legatários.

HEADLINE (pal. ingl.) – *Ver* Cabeça de cartaz e Manchete.

HEADPHONE (pal. ingl.) – *Ver* Auricular.

HEBDOMADÁRIO – Que se renova, que é publicado todas as semanas • Publicação que aparece cada semana. Semanal. Semanário.

HEBR. – Abreviatura de hebraico.

HEBRAICA (pal. lat.) – Conjunto de livros e documentos relativos aos hebreus, relacionados com o mundo hebraico e, mais particularmente, com a língua e religião hebraicas; em certas bibliotecas pode constituir um fundo à parte; alguns alfarrabistas denominam hebraica a secção que versa aqueles temas. Judaica.

HEBRAICO – Que pertence aos hebreus ou à sua língua. Hebreu.

HEBREU – Carácter que tem a forma do tipo da letra hebraica • Nome genérico para designar as línguas semíticas • Hebraico • Relativo aos hebreus.

HECTOGRAFIA – Processo antigo de reprodução de texto ou desenhos, que consiste em transportar um texto manuscrito ou passado à máquina feito com uma tinta especial de anilina para uma superfície gelatinosa onde os caracteres ficam gravados; sobre esta superfície coloca-se o papel em branco, obtendo-se, assim, a cópia; o grande inconveniente deste processo é o reduzido número de cópias que podem obter-se • O mesmo processo, mas utilizando uma substância química e álcool num rolo sobre o qual passam as folhas a imprimir.

HECTÓGRAFO – Aparelho duplicador que é usado para reproduzir cópias de desenhos ou manuscritos; utiliza uma camada de gelatina e tinta especial; é também chamado copiógrafo, cromógrafo, gelatinógrafo, etc.; pode usar igualmente um produto químico e álcool e a impressão fazer-se através de um rolo.

HÉGIRA – Era cronológica dos muçulmanos; tem por ponto de partida o ano 622 da era de Cristo, que marca a fuga de Maomé de Meca para Iatribe, mais tarde denominada Medina.

HELÉNICA – Classe de letra que constitui uma subfamília com a letra latina, a letra de Vinne e a letra italiana.

HELENISMO – Palavra ou locução própria da língua grega • Conjunto das ideias e dos costumes da Grécia antiga • Civilização que se desenvolveu fora da Grécia, mas sob a influência do espírito grego.

HELENISTA – Pessoa que é conhecedora da língua e antiguidade gregas.

HELENIZAR – Dar carácter grego a, tornar conforme ao carácter grego.

HELIOCROMIA – Processo usado na reprodução de cores com o auxílio do sol, obtido através da aplicação de uma camada de cloreto de prata numa placa metálica. Heliogravura a cores.

HELIOCRÓMICO – Que diz respeito à heliocromia.

HELIOGRAFIA – Sistema que consiste em reproduzir um original usando aparelhos com iluminação artificial com a intensidade e características da luz do sol; o original deve ser de papel transparente • Documento obtido por processos de duplicação mediante fotocópia por contacto do original transparente sobre papéis ou películas fotossensibilizadas. Distingue-se como heliografia negativa e positiva, consoante a cópia é reproduzida em negativo ou em positivo pela acção da luz e em presença de reveladores diferentes.

HELIOGRÁFICO – Relativo à heliografia e à heliogravura.

HELIOGRAVADO – Espécie de água-forte de procedimento fotomecânico em que se combinam os princípios da fotografia e da água-forte.

HELIOGRAVADOR – Aquele que faz heliogravura.

HELIOGRAVURA – Processo fotomecânico de reprodução descoberto nos finais do século XIX e no qual os elementos que imprimem são em cavado; a impressão é feita por meio de um cilindro gravado que apresenta uma rede de minúsculos alvéolos que podem ser, quer de superfície idêntica e de profundidade variável, quer de superfície e de profundidade variáveis; depois da tintagem o cilindro de impressão é enxuto e a tinta permanece somente nos alvéolos. Gravura heliográfica • Estampa obtida por este processo. Graças à utilização de tintas fluidas que se espalham no papel a heliogra-

vura dá às imagens um aspecto aveludado e um contraste muito apreciados • Fototipia.
HELIOGRAVURA ROTATIVA – *Ver* Rotogravura.
HELIOGRAVURA TRAMADA – Processo fotomecânico muito aperfeiçoado e caro para reprodução de um original, em que os negros aparecem muito acentuados, profundos e com aspecto aveludado e em que as meias-tintas conservam todos os seus valores; obtém-se pela utilização de uma trama muito fina através da qual a prancha de cobre é exposta aos raios.
HELIOPLASTIA – Processo de gravura fotomecânica criado em 1855 por Poitevin, para impressionar fotograficamente a pedra litográfica ou outras superfícies, facultando a obtenção de matrizes em cavado ou em relevo susceptíveis de impressão • Heliogravura.
HELIOTIPIA – Designação genérica de todo o processo de obtenção de clichés para imprensa • Fototipia.
HELIÓTIPO – Impressão de um original reproduzido sobre uma chapa de gelatina endurecida com alúmen.
HELIOTRÓPIO – Planta da família das Eurforbiáceas, cujas sementes produzem um pigmento de cores que vão do vermelho acastanhado ao azul violáceo, usada para produzir tintas.
HEMATITE – Óxido de ferro natural utilizado na composição principal de todos os pigmentos vermelhos à base de ferro e como lápis vermelho.
HEMEROGRAFIA – Descrição e história das publicações periódicas • Catálogo ou lista descritiva do mesmo tipo de publicações.
HEMEROLOGIA – Estudo dos periódicos e revistas • Arte de compor calendários.
HEMEROLÓGICO – Relativo à hemerologia.
HEMEROLÓGIO – Tratado sobre a concordância dos calendários.
HEMERÓLOGO – Autor de um calendário.
HEMEROTECA – Lugar onde se conservam colecções de publicações periódicas e jornais; a palavra deriva da junção dos vocábulos gregos *hemera* (jornais) e *teka* (caixa). Arquivo de publicações em série • Efemeroteca.

HEMICELULOSE – Grupo usual definido de glícidos polimerizados em cuja constituição entram hexoses e pentoses, componentes dos tecidos vegetais constituintes fundamentais da pasta de papel de fabrico mecânico.
HEMISTÍQUIO – Metade de um verso • Metade de um verso alexandrino.
HENDECASSÍLABO – Verso de onze sílabas, que também é designado por verso de arte maior • Com onze sílabas.
HENDÍADIS – Figura de retórica que assenta na substituição de uma forma subordinada por outra coordenada.
HEORTÓNIMO – Nome de festividade que se repete periodicamente, como o Natal, a Quaresma, o Ramadão, etc.
HEPTÁMERON – Obra literária dividida em sete partes.
HEPTÂMETRO – Diz-se do verso grego ou latino que tem sete pés.
HEPTASSÍLABO – Verso de sete sílabas. Verso de redondilha menor.
HEPTATEUCO – Obra dividida em sete livros • Nome geralmente dado aos sete primeiros livros do Antigo Testamento (o *Pentateuco*, o *Livro de Josué* e o *Livro dos Juízes*).
HERÁLDICA – Arte de desenhar e ciência de descrever com rigor e termos adequados os brasões ou armas, figuras ou emblemas que são usados por uma família, indivíduo ou comunidade como marca de identificação • Ciência que estuda as armas e os brasões • Conjunto de regras a que se submetem os escudos de armas nos mais variados aspectos • Representação gráfica do brasão. Armaria.
HERÁLDICA DE DOMÍNIO – A que trata das armas e brasões das nações, dos estados, dos municípios, das vilas e mesmo das instituições.
HERÁLDICO – Relativo ao brasão, à nobreza.
HERALDISTA – Indivíduo versado na ciência heráldica • Aquele que se ocupa da genealogia e ciência heráldica.
HERBÁRIO – Recolha de ervas, folhas, plantas reproduzidas através de desenho, pintura ou gravura ou mesmo secas e dispostas nas folhas de um álbum • Livro, geralmente ilustrado, que descreve as plantas e as suas propriedades, geralmente medicinais; o herbário

mais antigo que se conhece é o *Herbarius* saído dos prelos de J. Th. Lignamine em Roma em 1483 • Colecção de estampas que representam plantas; o estudo das plantas era parte da filosofia natural na Antiguidade; na Idade Média os herbários eram frequentemente ilustrados para permitirem a identificação das plantas no momento da colheita; eram menos tratados de botânica do que verdadeiras farmacopeias, dado o facto de as plantas constituírem os elementos essenciais dos medicamentos disponíveis; por isso, eram obras de consulta muito frequente, constituindo verdadeiros êxitos editoriais, com edições sucessivas e uso intenso, daí que se tenham tornado obras raras.
HEREDES (pal. lat.) – Herdeiros, palavra que aparece por vezes associada ao nome do impressor, significando que o proprietário da tipografia partilhava a sua sociedade com os seus herdeiros legatários, geralmente os filhos. *Hæredes*.
HERÉTICO – Herege. Epíteto usado pela Real Mesa Censória para classificar os livros que examinava e que incluía no "Índice" de obras proibidas.
HERMENEUTA – Pessoa versada em hermenêutica.
HERMENÊUTICA – Também designada crítica de interpretação, é a fase preliminar da crítica de documentos; exige conhecimento total da linguagem em que o documento está escrito, considerando sempre a alteração de sentido que sofrem determinadas palavras e a compreensão exacta do documento • Na generalidade, interpretação de textos originariamente da Bíblia e, por extensão, de qualquer outro texto, jurídico, histórico, etc., com vista à fixação do seu verdadeiro sentido • Exposição das regras a seguir na procura do sentido exacto das Escrituras.
HERMENÊUTICA PALEOGRÁFICA – Conjunto de regras para a interpretação da falsidade ou autenticidade total ou parcial de um códice.
HERMENÊUTICO – Referente à hermenêutica; relativo à interpretação. Interpretativo. Exegético.
HERMÉTICO – Que tem um carácter obscuro • Confuso. Ininteligível. Obscuro. Difícil de entender • Esotérico.

HERMETISMO – Carácter obscuro • Esoterismo.
HERÓI – Protagonista ou personagem principal de obra literária ou peça de teatro.
HERTZ (pal. al.) – Designação dada à unidade de frequência eléctrica no sistema internacional. Indica o número de vezes (ciclos) que uma grandeza periódica eléctrica se repete na unidade de tempo. Tem o mesmo significado de c/s. Hz.
HETERÓGRAFAS – Diz-se de duas ou mais palavras com significados distintos que se escrevem de modo diferente, embora se pronunciem do mesmo modo.
HETEROGRAFAR – Escrever as palavras de um modo diferente daquele que se pretende.
HETEROGRAFIA – Escrita de palavras diferente das que se tentam escrever.
HETERONÍMIA – Relação que existe entre palavras com radicais diferentes, mas cujo conjunto constitui uma estrutura semântica • Criação de diferentes nomes e personalidades de um mesmo autor, com autonomia literária.
HETERÓNIMO – Diz-se do nome adoptado para a apresentação de trabalho científico ou literário sob o qual se oculta o nome do verdadeiro autor • Diz-se do livro que é publicado sob o nome de uma pessoa que não é o nome real do seu autor. *Ver tb.* Alónimo, Criptónimo, Pseudónimo.
HEURÍSTICA – Técnica de pesquisa das fontes documentais e, em particular, dos exemplares manuscritos de uma obra. Procura de documentos.
HEURÍSTICO – Que respeita à descoberta; que serve para descobrir (hipótese heurística, em ciência); que consiste em fazer procurar (método heurístico).
HEXAGRAMA – Reunião de seis letras ou caracteres. Hexalfa.
HEXALFA – Reunião de seis letras ou caracteres. Hexagrama.
HEXAMERON (pal. gr.) – Obra que engloba os acontecimentos de seis dias.
HEXÂMETRO – Verso grego e latino de seis pés.
HEXAPLA (pal. gr.) – Edição crítica e primeira tentativa efectuada por Orígenes, padre alexandrino discípulo de Clemente, para fixar

o texto crítico do Antigo Testamento; dispôs em seis colunas paralelas o texto hebraico do Antigo Testamento em caracteres hebraicos, em caracteres gregos (para lhe fixar a pronúncia), a tradução grega de Áquila (um hebraico da época de Adriano), a tradução grega de Símaco um judeu contemporâneo de Septímio Severo), a versão grega dos *Septuaginta* e, finalmente, a do hebreu Teodosião.

HEXASSÍLABO – Verso ou palavra com seis sílabas; é também chamado heróico quebrado, designação que lhe vem do facto de ter sido usado com frequência na poesia do século XVI e seguintes em combinação com o decassílabo heróico.

HEXATEUCO – Designação atribuída aos seis primeiros livros da Bíblia (o *Pentateuco* e o *Livro de Josué*), que por vezes eram apresentados num volume à parte.

HIALOGRAFIA – Designação que abrange todos os processos de gravura em vidro destinados à impressão • Estampa obtida por estes processos • Processo de desenho mecânico que permite a reprodução dos objectos tais como são vistos em perspectiva e segundo qualquer escala, através do hialógrafo.

HIALÓGRAFO – Aparelho que reproduz objectos segundo os princípios da perspectiva cónica e em que se desenha sobre o vidro.

HIATO – Encontro de duas vogais que não constituem ditongo numa mesma palavra ou em duas palavras contíguas • Falta. Interrupção. Intervalo. Lacuna.

HIBRIDISMO – Qualidade do que é híbrido, do que procede de coisas diferentes. Hibridez.

HÍBRIDO – Palavra que é formada por composição, cujos elementos constituintes são provenientes de línguas diferentes • Proveniente de duas espécies diferentes.

HIDROCARBONATO DE MAGNÉSIO – Produto que está por vezes presente na solução do banho dado aos documentos num processo de restauro bibliográfico, com vista à neutralização do suporte, proporcionando uma reserva alcalina suficiente para fazer face a futuros ataques ácidos.

HIDRÓLISE – Resultado da reacção entre um composto e a água; dela resulta a decomposição das fibras do papel por acção da humidade, que tem como consequência final a acidificação.

HIDROSCOPICIDADE – Capacidade que o papel tem de absorver a humidade do ambiente.

HIDROSSOLUBILIDADE – Capacidade de dissolução na água; quando se procede ao restauro de um documento e se verifica a necessidade de o lavar, um dos testes prévios que se leva a cabo é o da hidrossolubilidade das tintas nele utilizadas; caso esta se verifique, o documento não pode ser submetido à lavagem, pois o texto desapareceria.

HIDROTIPIA – Processo fotográfico destinado a obter cores; baseia-se na propriedade que tem a gelatina bicromatada de se impermeabilizar nas partes impressionadas pela luz, enquanto as partes não impressionadas absorvem a água e a tinta.

HIDRÓXIDO DE AMÓNIO – Solução aquosa de amoníaco usada na limpeza de documentos.

HIDRÓXIDO DE BÁRIO – Cristais transparentes incolores que se alteram ao ar; absorvem com facilidade o anidrido carbónico do ar transformando-se em carbono branco, que os torna opacos; o hidróxido de bário é usado em restauro de documentos, como agente alcalino na desacidificação não aquosa.

HIDRÓXIDO DE CÁLCIO – Nome dado ao pó branco, fino, cáustico e de sabor ligeiramente amargo, que absorve o anidrido carbónico do ar transformando-se em carbonato de cálcio, muito usado na depilação das peles, na manufactura do pergaminho e em restauro de documentos na desacidificação aquosa.

HIERARQUIA – Distribuição ordenada de diferentes categorias de coisas • Conjunto das relações que unem os descritores específicos aos genéricos; distingue-se a mono-hierarquia e a poli-hierarquia • Sistema de arranjo de elementos em série de acordo com graus de importância formais ou funcionais; pode ser aplicada uma hierarquia a elementos decorativos que podem variar no conteúdo para incluir miniaturas, títulos, cabeças, bordaduras, iniciais capitais, iniciais minúsculas, letras floreadas, *marginalia*, etc. • Em classificação, ordem de precedência pela qual os assuntos são colocados numa lista de um esquema; sempre que cada elemento numa sequência de termos tem um único predecessor chama-se uma hierarquia forte; numa hierarquia fraca um elemento pode ter mais do que um predecessor; um determinado descritor pode ser imediatamente subordinado a mais do que um descritor genérico. Cadeia hierárquica.

HIERÁTICA – Espécie de papiro de qualidade média • Denominação dada a um papel muito fino usado na escrita dos livros sagrados.

HIERÁTICO – Tipo de escrita cursiva abreviada derivada da hieroglífica; no antigo Egipto era a escrita reservada aos sacerdotes, de carácter sagrado e inteiramente desconhecida do povo, enquanto que a escrita demótica era reservada a este, mas igualmente conhecida pelos sacerdotes • Papiro composto pelas fibras mais delicadas do interior da planta e reservado à escrita dos livros sagrados.

HIEROGLÍFICA – Sistema de escrita em que se empregam hieróglifos.

HIEROGLÍFICO – Relativo a hieróglifo • O mesmo que hieróglifo, escrita sagrada dos egípcios • Letra incompreensível. Gatafunho.

HIERÓGLIFO – Palavra derivada do grego *hieros* (sagrado) e *glyphein* (gravar), isto é, palavras sagradas • Sistema de escrita ideográfica dos antigos egípcios, mexicanos e hititas • Cada um dos caracteres de escrita dos egípcios; esta designação foi-lhes dada pelos gregos, por julgarem erradamente serem esses sinais símbolos de ideias sagradas ou religiosas • Nome dado a uma escrita indecifrável. (port. Bras.) Letra glífica.

Hieróglifos

HIEROGLYPHICA GRAMMATA (loc. gr.) – Hieróglifos primitivos, escrita mista de logogramas, fonogramas e sinais alfabéticos; a tradução literal da expressão é "letras sagradas gravadas" e foi inventada por Clemente de Alexandria, que acreditava que esta escrita tinha sido criada apenas com fins sagrados.

HIEROGRAFIA – Estudo e descrição dos ritos e costumes religiosos dos diferentes povos. História das religiões. Hierologia • Descrição das coisas sagradas.

HIERÓGRAFO – Aquele que é versado em hierografia.

HIEROGRAMA – Designação de documento ou escrito redigido em caracteres hieráticos ou hieroglíficos • Escrita sagrada. Grafia hierática • Nome sagrado usado como apelido.

HIEROGRAMÁTICO – Referente às escrituras sagradas dos egípcios antigos.

HIEROGRAMATISTA – No antigo Egipto, escriba ligado aos templos e que estava encarregado de transcrever os textos sagrados e os oráculos • Intérprete da Sagrada Escritura.

HIEROGRAMMATA (pal. gr.) – Designação atribuída pelos gregos aos escribas egípcios empregados ao serviço de algum templo.

HIEROLOGIA – Tratado ou estudo das religiões. Hierografia.

HIERÓNIMO – Nome sagrado, como Espírito Santo, Pentecostes, etc.

HIEROSCOPICIDADE – Propriedade de uma substância que a torna capaz de absorver vapor de água da atmosfera envolvente.

HÍFEN – Sinal gráfico (-) utilizado para ligar os elementos de palavras compostas ou derivadas por prefixação, unir pronomes átonos a verbos e separar uma palavra em duas partes no fim da linha; o seu emprego resulta de uma convenção. Tirete. Traço de união. Risca de união.

HIFENAÇÃO – *Ver* Hifenização.

HIFENIZAÇÃO – Ligação ou separação através de hífen. Hifenação.

HIFENIZAR – Ligar com hífen, pôr hífen em.

HIGIENIZAÇÃO – Eliminação do pó e outros elementos estranhos aos livros e documentos, usando aparelhagem própria e técnicas adequadas com o fim de não os prejudicar.

HIGIENIZAR – Criar condições de limpeza e salubridade, com a finalidade de evitar o aparecimento ou a propagação de determinados fungos, pragas ou doenças nos livros ou documentos. (port. Bras.) Sanear.

HIGROEXPANSIBILIDADE – Característica do papel que consiste em ele aumentar ou diminuir de volume quando aumenta ou diminui a humidade do ambiente. Alteração nas dimensões de um material, tal como o papel, devido a uma alteração no ambiente, humidade relativa da atmosfera que rodeia o material; este fenómeno é usualmente expresso em percentagem. (port. Bras.) Higroexpansividade.

HIGROEXPANSIVIDADE (port. Bras.) – *Ver* Higroexpansibilidade.

HIGROMETRIA – Capítulo das ciências físicas cujo objectivo é o estabelecimento dos métodos e processos de determinação das grandezas que há a considerar no estudo da humidade atmosférica. Higroscopia.

HIGROMETRICIDADE – Propriedade dos corpos higrométricos.

HIGROMÉTRICO – Relativo à higrometria • Designação dada aos corpos que são especialmente sensíveis à influência da humidade ou da secura.

HIGRÓMETRO – Aparelho fixo ou móvel destinado à verificação e controlo das condições de humidade do ar necessárias às áreas de armazenamento dos documentos; nos higrómetros de cabelo, os cabelos retraem-se com a secura do ar e alongam-se com a humidade; estes movimentos fazem mover uma agulha diante de um papel quadriculado próprio.

HIGROSCOPIA – *Ver* Higrometria.

HIGROSCOPICIDADE – Propriedade do que é higroscópico. Propriedade que tem o papel de absorver ou perder humidade, de acordo com o grau de saturação do ambiente em que se encontra.

HIGROSCÓPICO – Relativo à higroscopia ou ao higroscópio.

HIGROSCÓPIO – Aparelho usado para apreciar aproximadamente o grau de humidade do ar.

HIGROTERMÓGRAFO – Aparelho usado em bibliotecas, arquivos, serviços de documentação, etc. para registar os valores da temperatura e da humidade relativas, indispensável para controlar estes parâmetros nos locais de armazenamento de documentação, seja ela de que tipo for. Termo-higrógrafo.

HINÁRIO – Conjunto dos hinos dispostos segundo o ano litúrgico e a sucessão das horas do dia; no caso de um hinário com música, usualmente apenas a primeira estrofe é musicada. Livro de hinos • Colecção de hinos.

HINO – Canto em louvor dos heróis ou dos deuses • Cântico religioso • Canto, canção. Texto poético de estrofes com estrutura métrica idêntica.

HINOGRAFIA – Tratado dos hinos. Hinologia.

HINOLOGIA – *Ver* Hinografia.

HIPÁLAGE – Figura de estilo que atribui a um ser ou coisa, designados por uma palavra, uma qualidade ou acção que logicamente pertencem a um outro ser ou coisa expressos ou subentendidos na mesma frase.

HIPÉRBATO – Alteração da ordem comum das palavras na frase, com a finalidade de destacar um termo ou expressão, ou por motivos eufónicos (rima, ritmo), ou para produzir efeitos de surpresa.

HIPÉRBOLE – Figura de estilo caracterizada pelo facto de conferir exagero aos termos, usada com a finalidade de dar ênfase ao pensamento.

HIPERBOLIZAÇÃO – Utilização de figuras de retórica, com a finalidade de aumentar ou diminuir o significado dos termos, conferindo-lhe uma expressão exagerada.

HIPERCORRECÇÃO – *Ver* Ultracorrecção.

HIPERDOCUMENTO – Documento digital que se encontra organizado em forma de hipertexto, de modo que possa ser navegável, permitindo uma escrita e uma leitura não lineares; é formado por secções ligadas entre si, de forma a poder ser lido sequencialmente e não sequencialmente.

HIPERLEITOR – Leitor de hipertexto.

HIPERLEITURA – Leitura de hipertexto; é feita no ecrã de um computador e assenta na utilização dos *links*.

HIPERLIGAÇÃO – Referência (ligação) de um ponto de um documento hipertexto para outro ponto do mesmo ou de outro documento; tal referência é usualmente especificada de forma diferenciada do resto do texto (por exemplo usando palavras sublinhadas). *Hiperlink*.

HIPERLINK (pal. ingl.) – *Ver* Hiperligação.

HIPERMÉDIA – Modalidade de processo de pesquisa informatizada que confere a possibilidade de juntar imediatamente, em plena execução da pesquisa, não só elementos do texto, mas também sons e imagens a ele referentes.

HIPERMEDIACIA – Segundo José Afonso Furtado, estratégia de remediação segundo a qual "a representação visual pretende tornar o *medium* explícito para o observador, sublinhando a sua própria opacidade".

HIPERMETRIA – Separação de uma palavra composta, de forma a ficar uma parte no fim do verso e outra no início do seguinte.

HIPERTEXTO – Segundo definiu em 1965 Theodor Holm Nelson, perito de informática que inventou este termo, é uma escrita não sequencial com ligações controladas pelo leitor que pode aceder ao texto em qualquer parte dele, alterá-lo, corrigi-lo, aumentá-lo, eliminar-lhe algumas partes, etc. • Documento que, além da informação que veicula, contém hiperligações ao mesmo ou a outros documentos • Em termos funcionais é um *software* que se destina à organização de dados ou de conhecimentos, à aquisição de informações e à comunicação. Texto electrónico, sem existência material, que existe apenas para o leitor, após ter sido recriado pelo computador • Metodologia para organizar a informação numa base de dados em suporte electrónico, de acordo com a estrutura segundo a qual os dados estão inseridos; deve ser-lhe dada preferência em relação ao sistema convencional, sempre que a estrutura dos dados forma a estrutura da base de dados. Através do hipertexto são imediatamente estabelecidos os laços entre as fontes dos dados, em vez de se ter que aceder a cada fonte separadamente; na actualidade o hipertexto é utilizado preferencialmente para bases de dados pessoais ou locais; os custos e complexidade da sua aplicação a grandes bases de dados são muito elevados. Permite navegar, desfrutar livremente da informação passando, por exemplo, de um autor ao título de uma das suas obras, de uma palavra desse título a todos os títulos que contêm essa palavra; o hipertexto é a etapa mais avançada da pesquisa informatizada • Texto (e não só) em todas as suas dimensões • Conceito de leitura não linear, que gerou programas que permitem a organização e consulta de grandes conjuntos de informações textuais e gráficas; por meio dele qualquer unidade (palavra ou parágrafo) pode ser ligada a qualquer outra(s) unidade(s) criando, desse modo, uma rede de leitura, em que cada leitor pode ler conforme o seu gosto; para o auxiliar o sistema recorda-lhe o itinerário, dá-lhe possibilidade de voltar atrás, novas orientações, percursos, inclusões, etc.; a estruturação não linear da informação e das relações internas multiplica os modos e as vias de acesso a essa informação: acesso sequencial, formulação de interrogações, folheamento/ *browsing* da informação conduzido por associação de ideias, navegação aleatória, anotação dos textos existentes, etc. • Modo de abordar o texto.

HIPERTEXTUAL – Que diz respeito ao hipertexto. Referente ao hipertexto.

HIPERTEXTUALIDADE – Relação dos conteúdos e indústrias do conhecimento. Nela, os blocos de palavras e/ou imagens encontram-se unidos electronicamente em diversos trajectos ou recolhidos por meio de uma textualidade interactiva, que é descrita através de relações, navegadores conceptuais • Qualidade de um documento digital, que permite a um leitor percorrer a informação nele contida de uma forma não sequencial.

HIPOCLORITO DE CÁLCIO – Pó branco, leve, higroscópico, com odor semelhante ao do cloro, utilizado em geral como desinfectante e como descolorante, devido à sua acção oxidante; em restauro de documentos é usado como branqueador em vez do hipoclorito de sódio, que pode provocar danos mais graves na celulose.

HIPOMNEMATISMO – Espécie de efemérides que os reis asiáticos de origem grega mandavam fazer dos seus actos, para que servissem de orientação aos historiadores futuros.

HIPONÍMIA – Verifica-se quando o termo substituído representa o todo ou a classe e o substituidor representa uma parte ou um elemento.

HIPÓTESE – Suposição que se faz de determinadas coisas e de que se tiram consequências sujeitas a verificação • Explicação provisória que liga dois factos • Em filosofia escolástica, proposição particular que está compreendida sob a tese geral.

HIPÓTESE DE NULIDADE – Aquela que deve ser examinada (para ver se é verdadeira ou falsa) por meio de experiência ou através do estudo. Após ter sido provada, a hipótese de nulidade aceita-se ou rejeita-se; se se rejeitar, essa circunstância implica a aceitação de uma hipótese alternativa (a recíproca da hipótese de nulidade, por exemplo).

HIRAKANA (pal. jap.) – Silabário de base que, com o *katakana*, um outro silabário, associados a milhares de caracteres chineses, constituem a escrita japonesa • Modalidade de escrita japonesa (ideográfica) constituída por 48 signos, cada um dos quais representa uma sílaba.

HISPANO-MOURISCO – Nome que se dá às formas decorativas de origem muçulmana, presentes nos desenhos gravados em algumas encadernações.

HISTOGRAMA – Gráfico formado por rectângulos de bases iguais, que correspondem a iguais intervalos de variável independente e cujas alturas são proporcionais aos valores da grandeza em apresentação.

HISTÓRIA – O passado, que certos autores nos dão a conhecer através de narrações históricas • Anedota, narração divertida, conto, narração • Ilustração que representa uma cena, uma personagem ou um objecto com significado.

HISTÓRIA ADMINISTRATIVA – Breve informação sobre a existência e funções da pessoa física ou moral responsável pela criação, recepção ou acumulação dos documentos a descrever; estas informações compreendem, na medida do possível, o nome completo da pessoa, datas-chave e datas da existência, as localizações e os domínios da actividade.

HISTÓRIA DA CAROCHINHA – *Ver* Conto infantil.

HISTÓRIA DE FADAS – *Ver* Conto de fadas.

HISTÓRIA DE FANTASMAS – Ficção em que se narram acontecimentos nos quais intervêm figuras de aspecto muito fraco ou macilento, espectros, almas do outro mundo ou aparições sobrenaturais.

HISTÓRIA DE PESQUISA – Elenco dos passos dados na pesquisa bibliográfica informatizada.

HISTÓRIA DO MANUSCRITO – Em catalogação, zona da descrição do manuscrito em que se transcrevem todas as notas históricas relevantes do mesmo, se descrevem elementos históricos como brasões e marcas de posse e, por fim, se fornecem, de forma resumida, notícias extraídas de outras fontes (nomes de pessoas, entidades e lugares) ligadas à história do manuscrito com responsabilidades diversas. Nela cabem os seus artífices (copistas, ilustradores, encadernadores, iluminadores, etc.), os compiladores (no caso de um compósito organizado) e todos os que o mandaram fazer, possuíram, emprestaram, ofereceram, etc.

HISTÓRIA EDITORIAL – Relação dos factos que dizem respeito às condições e às fases da publicação de uma determinada obra impressa, organizada em geral por ordem sucessiva ou cronológica.

HISTÓRIA EM QUADRADINHOS – Episódio ou aventura narrado por meio de uma sucessão de desenhos sem legendas, sendo estas substituídas, dentro da própria gravura, por frases atribuídas às personagens intervenientes na história • Fotonovela. *Ver* Banda desenhada. *Comics* (port. Bras.) História em quadrinhos.

HISTÓRIA EM QUADRINHOS (port. Bras.) – *Ver* História em quadradinhos.

HISTÓRIA FANTÁSTICA – Narração de factos, acontecimentos ou alguma aventura particular passados num universo imaginário, fabuloso, extraordinário, em contraste com os da vida real.

HISTÓRIA INTERACTIVA – Aquela em que o autor partilha com o leitor o controlo da narrativa; estabelece-se um diálogo entre a narrativa e o leitor, sendo através das acções deste que a narrativa se constrói e se desenrola.

HISTÓRIA LATERAL – Aquela que se desenrola a par do enredo central de um romance, novela ou outro tipo de narrativa, e que lhe está de certo modo ligada; pode mesmo acontecer que, no decorrer da acção, ela adquira um interesse ainda maior do que a história principal.

HISTÓRIA LOCAL – História da comunidade ou da região.

HISTÓRIA MARAVILHOSA – Narração de factos, acontecimentos ou alguma aventura particular em que há intervenção de elementos prodigiosos ou sobrenaturais que excitam a admiração e a surpresa.

HISTÓRIA ORAL – Gravação sonora ou transcrição dela, resultante de uma entrevista sonora planeada, que originariamente foi registada num suporte magnético.

HISTÓRIA POLICIAL – Aquela que apresenta um princípio, meio e fim com personagens bem definidas, narrando todo o percurso até à descoberta do crime, núcleo principal do enredo.

HISTÓRIA SACRA – *Ver* História sagrada.

HISTÓRIA SAGRADA – Narração do Antigo e Novo Testamentos. História sacra.

HISTORIADO – Ornamentado com gravuras, figuras, desenhos, etc. alusivos ao conteúdo; diz-se da letra ornamentada com desenhos, geralmente ligados ao conteúdo do livro em que se encontra.

HISTORIADOR – Autor que escreve sobre factos ligados à história. Historiógrafo • Narrador • Cronista.

HISTORIAL – Reunião ou colecção dos factos históricos • Obra que diz respeito ao conjunto dos factos históricos • Narrativa longa de algum acontecimento.

HISTORIAR – Contar, escrever a história de. Historizar • Narrar. Relatar.

HISTÓRIA(S) DE PRETO E BRANCO – *Ver* Grisalha.

HISTÓRICO – Narração de um facto verdadeiro, que pertence à história. Historial. Relato.

HISTÓRICO DA CONSERVAÇÃO – Exposição cronológica incidindo sobre os documentos a descrever, mais precisamente as suas sucessivas transferências de propriedade e de responsabilidade. *Ver* Proveniência *e* Respeito pelos fundos arquivísticos.

HISTORIETA – Conto • Anedota • Narração de facto sem importância. Historíola.

HISTORIOGRAFIA – Arte de escrever a história, representando com fidelidade e eficácia os acontecimentos e pessoas nela intervenientes • Estudo crítico e histórico sobre os historiadores.

HISTORIOGRÁFICO – Relativo à historiografia.

HISTORIÓGRAFO – Aquele que estava encarregado de escrever a história oficial e exaltar os feitos do rei. Historiador. Cronista.

HISTORÍOLA – *Ver* Historieta.

HISTORISMO – Abuso da história • Estudo dos factos históricos.

HISTORIZAR – *Ver* Historiar.

HISTOTIPIA – *Ver* Linografia.

HOLANDA – *Ver* Papel da Holanda.

HOLÓFRASE – Palavra que isolada funciona como uma frase.

HOLOGRAFIA – Documento impresso a partir de originais fotográficos (hologravura), observados com aparência de relevo devido às interferências produzidas por dois raios laser provenientes, um directamente do aparelho projector e o outro reflectido pelo objecto a fotografar.

HOLOGRÁFICO – Referente à holografia.

HOLÓGRAFO – Designação atribuída ao texto escrito totalmente pela mão do seu autor; termo empregue sobretudo relativamente ao testamento quando ele é todo escrito pela mão do testador. *Comparar com* Autógrafo.

HOLOGRAMA – Representação tridimensional obtida por um processo óptico sem lentes, utilizando a técnica do raio laser. Resulta do registo simultâneo em placa fotográfica de um feixe de luz coerente e monocromática (laser) e da luz proveniente de um objecto iluminado por parte desse feixe.

HOLÓMETRO – Instrumento inventado por Abel Foulon, em meados do século XVI, que servia para fabricar caracteres de imprensa em metal.

HOME PAGE (loc. ingl.) – Página carregada automaticamente pelo *browser www* quando arranca • Também significa a página principal de um conjunto de páginas sobre um assunto; pode apresentar texto, gráficos, vídeo e áudio.

HOMEM DE LETRAS – Designação dada à pessoa que está votada às coisas do espírito colaborando nessa qualidade na educação do género humano • Literato. Escritor • Publicista.

HOMEM-SANDUÍCHE (port. Bras.) – Pessoa contratada por uma marca ou produto para exibir publicidade na via pública, trazendo consigo um cartaz duplo, à frente e atrás com o anúncio impresso em grandes letras para poder ser avistado à distância. (port. Bras.) Puxa-vista.

HOMENAGEM – Obra, geralmente constituída por artigos de vários autores, que é editada para comemorar uma efeméride ou uma data marcante da vida da pessoa que é objecto da homenagem. Obra comemorativa. Volume de homenagem. *In memoriam. Festschrift.*

HOMENAGEM DO AUTOR – Exemplar de uma obra oferecido a uma outra pessoa ou biblioteca pelo autor, editor ou instituição responsável pela sua edição.

HOMEOGRAFIA – Antigo processo de impressão anastática, que combina o clorofórmio e o ácido gálico com uma solução gomosa, pelo qual se obtêm fac-símiles de gravuras antigas; é empregado ainda hoje para reproduzir com fidelidade e características de época as obras antigas.

HOMEOGRÁFICO – Relativo à homeografia.

HOMEÓGRAFO – Aparelho utilizado para reprodução de desenhos. Pantógrafo.

HOMEOPTOTO – Diz-se das palavras com o mesmo prefixo • Diz-se do nome que se apresenta no mesmo caso ou do verbo que está no mesmo tempo e pessoa que outro • Emprego sucessivo de nomes no mesmo caso ou de verbos no mesmo tempo e pessoa.

HOMEÓTROPO – Em gramática, designação de palavras de diversa origem e que se reduziram a homófonas e até a homógrafas.

HOMÉRICO – Épico. Heróico. Notável.

HOMERO – Alcunha dos secretários, escravos ou libertos dos patrícios e dos homens ricos do Império Romano • Poetas que louvavam ou que faziam versos em nome dos senhores.

HOMILIA – Breve exposição doutrinária feita por um sacerdote no decurso da missa. Sermão. Prática. Prédica • Discurso. Palestra • Lição do breviário retirada das homilias dos Padres da Igreja, que se lê nas matinas.

HOMILIAR – Escrever homilias.

HOMILIÁRIO – Livro que encerra homilias ou sermões, comentários dos escritores eclesiásticos aos textos bíblicos e/ou às celebrações litúrgicas do dia, que constituem uma parte própria do ofício nocturno e matutino; os homiliários apresentam-se dispostos de acordo com a ordem das festas do ano e eram utilizados sobretudo por pregadores com pouca inspiração; incluíam textos de bons autores como São Jerónimo, Santo Agostinho, São João Crisóstomo, São Gregório, Santo Ambrósio, Orígenes e o Venerável Beda evitando, assim, o uso de textos de autores medíocres. *Sermologus.*

HOMOFONIA – Qualidade das palavras que, tendo significados diferentes, se pronunciam do mesmo modo, mas se escrevem de modo diferente • Representação de um som por mais de uma letra. Poligrama.

HOMOFÓNICO – Que tem som igual, que se pronuncia da mesma forma.

HOMÓFONO – Que se pronuncia do mesmo modo ou que tem o mesmo som.

HOMOFONÓGRAFO – Diz-se das palavras que se pronunciam e escrevem do mesmo modo, mas com significados e etimologias diversas. Homógrafo.

HOMOFONOLOGIA – Estudo das palavras homofónicas.

HOMÓGRAFAS – Diz-se das palavras que se escrevem da mesma forma e têm sentidos diferentes. Isolíteras; por vezes os sinais diacríticos podem diferenciá-las; a utilização de tais palavras deve ser evitada nos cabeçalhos de assuntos e índices sempre que possível, mas quando tal não é possível deve ser acrescentada uma palavra qualificativa ou que defina o termo, com vista a clarificar o sentido e a separar as entradas em diversos assuntos.

HOMOGRAFIA – Qualidade das palavras que, tendo significados diferentes, se escrevem do mesmo modo, mas se pronunciam de um modo diferente.

HOMOLOGIA – Repetição das mesmas palavras, figuras e conceitos no mesmo texto.

HOMOMÉTRICO – Diz-se das composições poéticas cuja medida é igual à de outras.

HOMÓNIMAS – Diz-se das palavras que têm a mesma forma gráfica ou fónica, mas que designam noções diferentes.

HOMONÍMIA – Qualidade que têm dois ou mais termos de apresentarem a mesma forma gráfica ou fónica e significados independentes, que se distinguem pelo sentido • Situação em que existem vários símbolos para um único significado.

HOMÓNIMO – Com o mesmo nome que outro • O que possui grafia e pronúncia iguais • Palavra com grafia igual à de outra, mas com sentido diverso. Palavra que tem homonímia.

HOMOTELEUTON (pal. gr.) – Nome dado ao alinhamento de palavras em linhas consecutivas e ao seu reaparecimento a curta distância das mesmas palavras do texto; fonte de inúmeros erros sobretudo na cópia de manuscritos, dava origem a "saltos" no texto que por vezes podemos ver corrigidos à margem, devidamente assinalados pelo *chresimon*.

HONORIS CAUSA (loc. lat.) – A título de honra.

HORA DO CONTO – Período de tempo definido (normalmente não ultrapassando meia-hora) destinado à recitação de histórias para os mais jovens membros da secção infantil de uma biblioteca pública ou do sector de uma biblioteca escolar dedicado a crianças; as histórias são contadas por membros do pessoal da biblioteca, normalmente o bibliotecário de livro infantil ou por escritores de literatura infantil especialmente convidados para o efeito.

HORA DO DISCO – Período de tempo definido destinado a sensibilizar os mais jovens membros da secção infantil de uma biblioteca pública ou do sector de uma biblioteca escolar dedicado a crianças, para a audição de boa música, obras clássicas fáceis que vão formando o gosto, canções típicas, regionais e nacionais, para que conheçam o folclore de cada país, relatos de contos infantis, etc.

HORÆ DIURNÆ (loc. lat.) – *Ver* Diurnal.

HORARIUM (pal. lat.) – *Ver* Livro de horas.

HORAS – *Ver* Livro de horas.

HORAS CANÓNICAS – Colecção de orações para diferentes horas do dia • Períodos de tempo em que se divide o ofício divino da Igreja católica, observados quotidianamente pelos sacerdotes e religiosos com salmos, orações, hinos, etc. As horas canónicas são sete e têm os seguintes nomes: 1ª Matinas e Laudes, 2ª Prima, 3ª Tércia, 4ª Sexta, 5ª Noa, 6ª Vésperas e 7ª Completas; as orações correspondentes a essas horas são frequentemente cantadas em gregoriano.

HOROLÓGIO – Livro de ofícios dos cristãos orientais, em que estão ordenadas as orações que devem recitar-se em cada dia.

HORREA CHARTARIÆ (loc. lat.) – Armazém oficial para guardar papiro • Grandes armazéns existentes em Roma durante a época imperial, onde se manipulava o papiro e se fabricavam rolos.

HORROR VACUI (loc. lat.) – Expressão que significa "horror ao vazio" usada para caracterizar a repulsa pelo branco do pergaminho que se verifica, por exemplo, na decoração dos manuscritos carolíngios, em que há uma grande sobrecarga de elementos decorativos ficando o fundo reduzido ao mínimo.

HORS-COMMERCE (pal. fr.) – Expressão francesa que significa que o objecto ao qual é aposta não se destina à venda, possivelmente porque, como no caso de uma gravura, não faz parte de uma edição regular numerada.

HORS-LIGNE (pal. fr.) – Fora de linha. Desalinhado • Com carácter de excepção.

HORS-TEXTE (pal. fr.) – Figura, imagem ou qualquer representação gráfica independente da paginação ou da foliação do texto de um documento geralmente impressa sobre papel diferente; por vezes acontece que um folheto destes apresenta uma ilustração no recto e outra no verso; nesse caso essas ilustrações contam como duas estampas. Extra-texto. Fora do texto.

HOSHO (pal. jap.) – Nome do papel japonês manufacturado a partir das fibras de uma árvore semelhante à amoreira.

HOSPEDEIRO – No fornecimento da informação em linha, designação do serviço intermediário em linha, que armazena os elementos que podem ser telecarregados pelo utilizador.

HTML – Acrónimo de *HyperText Markup Language*, Linguagem de hipertexto por meio de códigos; foi elaborada com o intuito da criação de um meio universal de armazenamento e apresentação da informação, em que se valoriza o conteúdo em detrimento do aspecto que apresenta. Na *Internet*, linguagem codificada usada para criar *home pages* para serem usados na *World Wide Web*.

HTTP – Acrónimo de *HyperText Transport Protocol*, Protocolo de transmissão de dados que possibilita a troca de documentos em *HTML*; é gratuito e permite aos utilizadores, através do modo de hipertexto, aceder à informação que pode estar localizada num servidor a grande distância; estas iniciais precedem todos os endereços da *World Wide Web*.

HUMANIDADES – Designação usada para denominar os textos belos e notáveis escritos pelos antigos autores clássicos gregos e latinos. Belas-Letras • Por extensão, passou a designar o conjunto de estudos que tem como finalidade o conhecimento da obra destes autores • Belas-Artes.

HUMANISMO – Movimento cultural que se desenvolveu nos séculos XV e XVI e que, a partir do estudo dos autores clássicos greco-latinos, procurava desenvolver as capacidades físicas, intelectuais e morais do Homem, em especial na sua vertente de recuperação da cultura clássica.

HUMANÍSTICA – Conjunto de documentos e teorias respeitantes à literatura ou às humanidades. Beletrística.

HUMANÍSTICAS – Ramos do conhecimento que estudam o humanismo, em especial a língua, a literatura, a filosofia, as artes e os valores dos gregos e dos latinos.

HUMANÍSTICO – Referente ao Humanismo.

HUMECTAÇÃO – Operação de preservação que consiste em re-humedecer o suporte gráfico que foi sujeito a uma desidratação demasiada.

HUMIDADE ABSOLUTA – Quantidade de vapor de água presente num dado volume de ar a uma determinada temperatura • Peso em gramas de vapor de água existente num metro cúbico de ar no papel.

HUMIDADE DO PAPEL – Quantidade de água contida no papel, cartão ou pasta; avalia-se pela perda de massa por secagem, até massa constante de uma amostra, determinada nas condições do ensaio normalizado; exprime-se em percentagem referida à massa inicial da amostra ou em relação à massa da amostra seca.

HUMIDADE RELATIVA – Percentagem do vapor de água no papel em relação à temperatura • Relação entre a quantidade de vapor de água existente num dado volume de ar atmosférico e a que satura esse volume de ar à mesma temperatura; a humidade relativa varia em função da temperatura: quando há grandes oscilações de temperatura e humidade as fibras do papel distendem-se ou contraem-se perdendo assim a sua unidade constitutiva; a humidade relativa recomendada é de cerca de 50% combinada com uma temperatura entre 17° e 18° C. O excesso de humidade favorece a proliferação de fungos e bolores, o que tem como consequência o aparecimento de manchas e descolorações e um enfraquecimento das fibras do papel. A estreita relação entre a humidade relativa e a temperatura revela-se no facto de a mudança de temperatura arrastar consigo uma alteração de humidade; os materiais orgânicos necessitam geralmente de um certo grau de humidade; um grau anormal de humidade e uma temperatura elevados tornam o papel e a cola quebradiços e fazem secar e estalar os couros da encadernação. O calor húmido deve igualmente ser evitado, porque provoca degradações químicas e biológicas; no caso de a acidez também estar presente dar-se-á uma reacção de hidrólise; daí que a celulose do papel e o colagénio do couro sofram uma perda das suas propriedades físico-químicas.

HUMIDIFICAÇÃO – Processo de conservação de livros e documentos, que consiste em colocar em atmosfera húmida os livros e documentos ressequidos ou quebradiços, com a finalidade de lhes restituir a flexibilidade, por absorção gradual de vapor de água. Em zonas climáticas muito secas há por vezes necessidade de restituir à atmosfera parte da humidade, o que se faz através de humidificadores, aparelhos que pulverizam a atmosfera de ínfimas gotas de água, baseando-se o seu princípio na centrifugação ou na evaporação.

HUMIDIFICADOR – Aparelho que serve para introduzir vapor de água no ar, a fim de proporcionar a humidade relativa necessária a uma boa conservação dos materiais gráficos; o humidificador de pulverização coloca no ar água e os minerais que esta contém, tendo o inconveniente de, dentro de alguns meses, poder começar a formar-se um depósito cinzento, o que pode evitar-se com a utilização de cartuchos de desmineralização, contendo um líquido para tratamento da água que precipita os sólidos. É usado como medida de preservação dos livros e documentos em países com climas muito secos • No processo de fabrico do papel, na fase de acetinamento, aparelho usado para lhe conferir o necessário grau de humidade.

HUMORISMO – Qualidade da pessoa que escreve ou fala com humor.

HUMORISTA – Pessoa que pratica o género humorístico.

HUMORÍSTICO – Referente a humor. Em que há graça • Satírico. Irónico.

HÚNG. – Abreviatura de húngaro.

HYPERTEXT MARKUP LANGUAGE – Linguagem de hipertexto por meio de códigos; foi elaborada com o intuito da criação de um meio universal de armazenamento e apresentação da informação, em que se valoriza o conteúdo em detrimento do aspecto que apresenta. Na *Internet*, linguagem codificada usada para criar *home pages* para serem usadas na *World Wide Web*. HTML.

HYPERTEXT TRANSPORT PROTOCOL – Protocolo de transmissão de dados que possibilita a troca de documentos em *HTML*; é gratuito e permite aos utilizadores, através do modo de hipertexto, aceder à informação que pode estar localizada num servidor a grande distância; estas iniciais precedem todos os endereços da *World Wide Web*. Http.

HYPOMNEMATA (pal. gr.) – Segundo Michel Foucault, "na sua acepção técnica, os *hypomnemata* podiam ser livros de contabilidade, registos notariais, cadernos pessoais que serviam de agenda na Antiguidade; o seu uso como livro de vida, guia de conduta, parece ter-se tornado coisa corrente entre um público cultivado; neles eram consignadas citações, fragmentos de obras, exemplos e acções de que se tinha sido testemunha ou cujo relato se tinha lido, reflexões ou debates que se tinham ouvido ou que tivessem vindo à memória" • Cadernos de notas, que não constituem uma narrativa da pessoa que os escreve; o seu papel é o de "permitir a constituição de si a partir da recolha do discurso dos outros". Notas escritas destinadas a conservar a memória das coisas.

HYTELNET (pal. ingl.) – Ferramenta de pesquisa de recurso na *Internet* que, por meio de documentos em hipertexto com milhares de centros acessíveis através da *Telnet*, possibilita ao utilizador o acesso aos seus recursos.

Hz – Abreviatura de *Hertz*.

I

I – Nona letra do alfabeto latino e do de quase todas as línguas antigas e modernas • O tipo que na impressão reproduz essa letra • Nas máquinas fundidoras é a matriz que dá esse carácter • Punção com que se grava essa matriz • Assinatura correspondente ao nono caderno de um volume, quando se usam letras para tal fim • Nona chamada de nota, se se usarem letras em lugar de números ou sinais • Na aritmética antiga tinha o valor de 100; na numeração romana equivale a 1; plicado ou coberto com uma linha curva, entre nós, a partir dos séculos X e até ao século XV tinha o valor de mil • Abreviatura de *unus, primus*.
I & D – Sigla de Investigação e Desenvolvimento.
I & R – Forma abreviada de *Information and Referral*, pela qual será conhecido o Serviço de Informação e Referência.
I, D & D – Sigla de Investigação, Desenvolvimento e Demonstração.
I. É – Forma abreviada de isto é. *I. E.*
I.E. – Abreviatura de *id est*, isto é. *Ver Id est*. I. É.
I.H.S. – Forma abreviada da expressão latina *Iesus, Hominum Salvator*, Jesus, salvador dos homens.
I.N.R.I. – Forma abreviada da expressão latina *Iesus Nazarenus, Rex Iudæorum*, Jesus Nazareno, Rei dos Judeus, que encima frequentemente a cruz do Calvário.
I.P.S. – Forma abreviada de *Inches per second*, polegadas por segundo, medida da velocidade de um objecto na unidade de tempo. Número de impulsos na unidade de tempo.
I/O – Abreviatura de *Input/Output*. *Ver* Entrada/Saída.
IAMBO – Pé de verso grego ou latino composto por uma sílaba breve e outra longa. Jambo • Poesia satírica. Sátira.

IASA – Acrónimo de *International Association of Sound Archives*, Associação Internacional de Arquivos Sonoros.
IB. (pal. lat.) – Forma abreviada de *ibidem*. *Ver Ibidem*.
IBERMARC – Formato para registos bibliográficos, derivado do formato *MARC* e adoptado na Espanha.
IBF – Acrónimo de *International Booksellers Federation*, Federação Internacional de Livreiros.
IBID. – Forma abreviada de *ibidem*. *Ver Ibidem*.
IBIDEM (pal. lat.) – Aí, no mesmo lugar, na mesma passagem, o mesmo que na nota anterior; emprega-se para evitar a repetição do título de uma obra, capítulo ou número de página; usa-se em notas na forma abreviada *ib.* ou *ibid*.
IBM – Abreviatura de *International Business Machines*. Graças a uma preocupação antiga no que diz respeito à informática e ao tratamento de dados (selector de cartões perfurados), um grande investimento financeiro e uma excepcional capacidade de execução, a *IBM* tornou-se o ponto de passagem obrigatória de toda a informática até uma determinada data.
IBOOK (pal. ingl.) – Forma abreviada de *Instant book*.
IBSN – Acrónimo de *Internet Blog Serial Number*, número que foi criado à semelhança do ISBN (*International Standard Book Number*); facilitando a referenciação dos conteúdos do blogue, garante direito dos autores sobre a informação que nele é publicada.
ICA – Acrónimo de *International Council of Archives*, Conselho Internacional de Arquivos, um organismo internacional cuja missão consiste em promover a preservação dos documentos e o acesso aos arquivos no

mundo inteiro e contribuir para a salvaguarda e o enriquecimento da memória universal.

ICNOGRAFIA – Arte de projectar plantas de edifícios • Representação gráfica da projecção horizontal de uma construção.

ICNOGRÁFICO – Referente à icnografia.

ICNÓGRAFO – Aquele que faz plantas de edifícios.

ÍCONE – Signo que possui uma relação de semelhança ou de analogia com o objecto que representa • Imagem pintada da Virgem, dos santos e dos anjos ou de cenas bíblicas, própria da arte bizantina e usada principalmente nas igrejas orientais católicas ou nas igrejas ortodoxas, geralmente utilizando a madeira como suporte. Imagem religiosa • Elemento gráfico que, em sistemas operativos ou em programas com interfaces gráficos representa um determinado objecto, operação ou *link*, em geral accionável através do clique de um rato.

ÍCONE DE UTILIZADOR – Na *Internet*, nome dado a cada uma das imagens que surge no ecrã e que representa cada um dos utilizadores que está ligado a um espaço virtual, como acontece por exemplo numa sessão de *chat*.

ICÓNICO – Relativo ao ícone, à imagem.

ICONOCLASMO – Doutrina dos iconoclastas. Destruição sistemática de representações figuradas e, por extensão, de obras de arte, por motivos de ordem ideológica (religiosos, filosóficos, políticos, etc.); este movimento teve lugar nos séculos VIII e IX em Bizâncio.

ICONOCLASTA – Destruidor de imagens • Designação atribuída aos sectários de Constantinopla que condenavam o culto das imagens e quebravam as estátuas nas igrejas • Em sentido mais lato, pessoa que quebra imagens ou estátuas, que procura destruir as ideias religiosas, as opiniões estabelecidas, etc.

ICONOCLASTIA – Disposição para ser iconoclasta.

ICONÓFILO – Apreciador de imagens, mais particularmente de estampas e de livros ilustrados.

ICONOGRAFIA – Ciência que estuda e descreve as imagens, símbolos, quadros, bustos e pinturas que ilustram um assunto • Conjunto das representações de um objecto, de uma personagem, de um tema • Estudo dessas representações • Conjunto das ilustrações de uma obra • Colecção de retratos referentes a uma determinada pessoa ou assunto • Conhecimento e descrição de imagens, retratos, bustos, monumentos, representações alegóricas, etc.

ICONOGRÁFICO – Relativo à iconografia.

ICONÓGRAFO – Pessoa que sabe iconografia • Pessoa especializada na pesquisa de imagens.

ICONOLITOGRAFIA – Colecção de gravuras litográficas, especialmente de retratos • Processo de reprodução litográfica de estampas e gravuras antigas por meio de operações que permitem o seu transporte na pedra e subsequente impressão.

ICONOLOGIA – Explicação e interpretação de imagens, monumentos antigos, figuras emblemáticas e alegóricas e seus atributos produzidos por uma dada cultura ou civilização; muitas das obras que versam estes assuntos são fontes indispensáveis para a identificação de personagens que figuram em pinturas, desenhos ou gravuras • Disciplina que se dedica ao estudo das imagens • Arte de traçar figuras emblemáticas.

ICONOLÓGICO – Relativo à iconologia.

ICONOLOGISTA – Pessoa que se ocupa de iconologia ou que é versada nela.

ICONOMETRIA – Aplicação da estatística ao domínio das imagens.

ICONÓSTROFO – Instrumento de óptica que inverte os objectos à vista, servindo aos gravadores na cópia do modelo.

ICONOTECA – Colecção iconográfica • Local que é destinado a uma colecção iconográfica num museu, biblioteca, etc. • Lugar onde estão guardadas imagens organizadas, de modo que seja fácil o acesso a elas, para serem utilizadas, vistas ou para serem reproduzidas em livros ou publicações.

ICTIOCOLA – *Ver* Cola de peixe.

ICTIOGRAFIA – Descrição dos peixes.

ICTIÓGRAFO – Instrumento para copiar, especialmente com tinta preta litográfica, no qual a camada gelatinosa é constituída por ictiocola • Pessoa conhecedora de ictiografia.

ID EST (loc. lat.) – Isto é; expressão usada habitualmente sob a forma abreviada *i. e.* para indicar assuntos que são esclarecidos em seguida.

ID. – Forma abreviada de *idem*, da mesma maneira • O mesmo • A mesma pessoa. A mesma coisa. *Ver Idem*.

ID., IBID. – Forma abreviada de *idem, ibidem*, o mesmo, a mesma pessoa, a mesma coisa, no mesmo lugar, na mesma passagem. *Ver Idem, ibidem*.

IDEAR – Conceber. Imaginar • Representar.

IDEÁRIO – Manifestação escrita dos princípios que orientam a actuação de uma publicação • Colecção de ideias.

IDEIA – Representação no espírito de uma coisa material ou não. Concepção do espírito • Modo de pensar, sentir, etc. de uma pessoa, povo ou grupo • Opinião • Conceito. Noção • Imagem, Expediente. Recurso • Esboço. Concepção • Imaginação. Fantasia.

IDEM – Palavra latina com o significado de a mesma coisa, o mesmo autor, usada por extenso ou sob a forma abreviada *id.*, para evitar repetições.

IDEM PER IDEM (loc. lat.) – O mesmo pelo mesmo. Argumento vicioso usado quando se pretende demonstrar uma coisa através de palavras que significam exactamente essa mesma coisa.

IDEM, IBIDEM – Termos latinos que significam o mesmo, a mesma, aí, no mesmo lugar. A associação das duas palavras, sob forma extensa ou abreviada (*id., ibid.*), usa-se para indicar que a passagem citada é do mesmo autor e obra e já se encontra citada antes no mesmo lugar.

IDENTIDADE – Número ou nome de código que identifica apenas um registo, um ficheiro ou qualquer outra unidade de informação.

IDENTIFICAÇÃO – Grupo de caracteres destacados do texto da publicação antiga com a finalidade exclusiva de o reconhecer; com a sua utilização pretende-se identificar duplicados aparentemente distintos e distinguir edições aparentemente idênticas; parece existir, poucos anos depois da sua concepção, um consenso generalizado entre os especialistas sobre a falta de garantia de tal método; a intenção subjacente à sua criação era tentar que ela fosse para o livro antigo aquilo que o *ISBN* é para o livro moderno. *Empreinte*. Marca. Sinal. Impressão • Referência bibliográfica codificada; é constituída por letras e números que representam sucessivamente datas, nomes de publicações, volumes, títulos, artigos e páginas. Identificador tipográfico • Determinação da identidade. Reconhecimento.

IDENTIFICAÇÃO BIBLIOGRÁFICA – Conjunto dos dados bibliográficos que permitem identificar os artigos das publicações em série e dos livros que contêm contribuições de vários autores.

IDENTIFICAÇÃO DO AUTOR – Reconhecimento • Prova da identidade de alguém como autor de uma determinada obra • Acto de dar um nome preciso a um autor; a lei portuguesa confere ao autor o direito de se identificar pelo nome próprio, completo ou abreviado, pelas iniciais dele, por um pseudónimo ou por qualquer sinal convencional.

IDENTIFICAÇÃO DO DOCUMENTO – Atribuição a um documento de um número ou elemento codificado único, com a finalidade de o distinguir de outros documentos, facilitando a gestão documental e as transacções comerciais; o *ISBN*, o *ISSN*, o *ISMN* e o *URN* são identificadores de documentos. As regras da sua composição e atribuição são determinadas segundo normas internacionais, figurando os identificadores no próprio documento.

IDENTIFICAÇÃO DO MANUSCRITO – Nome dado ao conjunto dos elementos de um manuscrito que inclui a cidade e sede de conservação (biblioteca, arquivo, colecção privada), fundo ou recolha de pertences (se são vários fundos ou várias colecções) e a marca actual.

IDENTIFICADOR – Nome utilizado como descritor; este nome pode ser um nome de projecto, de pessoa ou de colectividade, de marca de fábrica, um nome geográfico, uma abreviatura, uma sigla, ou outro • Em informática, símbolo que etiqueta ou identifica um conjunto de informação como uma base de dados, um ficheiro ou um registo.

IDENTIFICADOR DE MANUSCRITO – Sequência de caracteres alfabéticos, alfanuméricos ou palavras que, por si só, estabelecem a identificação de um manuscrito; este código é muitas vezes o único meio de reconhecimento de um manuscrito • Conjunto de elementos que permitem individualizar um manuscrito numa determinada instituição.

IDENTIFICADOR DE SUBCAMPO – Código de subcampo. Em catalogação em sistemas automatizados, formato *UNIMARC*, é o código composto por dois caracteres que identifica cada subcampo dentro de um campo variável; o primeiro carácter é sempre igual, o segundo pode ser numérico ou alfabético.

IDENTIFICADOR DE UM LIVRO (em *ISBN*) – Dado que reconhece um título particular ou edição de um título na produção do editor.

IDENTIFICADOR DO EDITOR (em *ISBN*) – Dado que estabelece a identificação de um editor específico dentro de um grupo; o número atribuído a cada editor pela Agência Nacional de *ISBN* é composto por um número de dígitos inversamente proporcional à importância da sua produção.

IDENTIFICADOR DO GRUPO (em *ISBN*) – Dado que serve para identificar o grupo nacional, geográfico, linguístico ou outro similar, indicando assim, sem margem para dúvidas, onde o livro foi publicado; é atribuído pela Agência Internacional de *ISBN*.

IDENTIFICADOR TIPOGRÁFICO – Conjunto de quatro grupos de dois pares de caracteres retirados das duas últimas linhas de quatro páginas determinadas de um livro antigo, que serve para identificar todos os exemplares de uma mesma edição. Marca. Sinal. Identificação. *Empreinte*.

IDENTIFICAR – Pesquisar a identidade, a natureza de uma informação • Afectar um único código a uma informação.

IDEOGRAFIA – Representação das ideias por imagens ou símbolos.

IDEOGRÁFICO – Relativo à ideografia • Que expressa ou representa as ideias através de sinais gráficos, que podem ser analógicos ou arbitrários.

IDEOGRAFISMO – Ideografia • Sistema ou escrita ideográfica.

IDEÓGRAFO – Que ou aquele que é versado em ideografia • Manuscrito não autógrafo que contém um texto não directamente revisto pelo autor.

IDEOGRAMA – Notação ou símbolo gráfico que em vez dos sons de uma palavra representa a ideia, um conceito ou um objecto que a palavra exprime; são ideogramas os sinais matemáticos, os números, os hieróglifos egípcios; as escritas ideogramáticas como o chinês permitem a pessoas que não conhecem a língua, a sua comunicação e compreensão.

IDEOLOGIA – Ideia ou conjunto de ideias que caracterizam uma determinada publicação ou um determinado autor • Tratado das ideias em abstracto.

IDEOLÓGICO – Referente à ideologia.

IDEOLOGISTA – *Ver* Ideólogo.

IDEÓLOGO – Pessoa que se dedica ao estudo da ideologia • Sonhador filosófico ou político. Ideologista • Teórico.

IDÍLIO – Composição poética de assunto campestre ou pastoril.

IDIOMA – Segundo o *Dicionário da Academia das Ciências de Lisboa*, " sistema de signos e de regras combinatórias que constitui um instrumento de comunicação de uma comunidade que cobre os conceitos de falar, dialecto e língua" • A língua própria de um povo, de uma nação.

IDIOMOGRAFIA – Ciência cujo objecto é a descrição dos idiomas.

IDOS – Na datação antiga do calendário romano, o dia 15 nos meses de Março, Maio, Julho e Outubro e o dia 13 nos restantes meses.

IF – Forma abreviada de *Impact factor*, Factor de impacto.

IFLA – Acrónimo de *International Federation of Library Associations*, Federação Internacional de Associações de Bibliotecários, organização internacional que representa os interesses dos serviços de biblioteca e de informação e dos seus utilizadores.

IGUAL – Sinal (=) usado na composição de texto e em fórmulas para significar que tem a mesma grandeza ou o mesmo valor • Uniforme. Inalterável. Idêntico.

IGUALDADE DE ACESSO – Usada para os recursos informativos, significa que estes podem ser acedidos por todas as pessoas da comunidade que é servida por uma biblioteca, arquivo, serviço de documentação, etc. independentemente da idade, formação, ideologia, etc.

IL. – Abreviatura de ilustrador, ilustrado e ilustração.

ILEGIBILIDADE – Estado, natureza do que é ilegível • Qualificação aplicada aos documentos cuja leitura é difícil e por vezes impossível de se fazer.

ILEGÍVEL – Que não pode ler-se ou se lê mal.

ILETRADO – Analfabeto, que não sabe ler, que não é letrado • Pessoa que foi escolarizada na sua língua de origem e que não aprendeu a ler e/ou escrever ou perdeu a prática da leitura e da escrita a ponto de não ser capaz de compreender um texto simples relacionado com a vida do dia-a-dia, o que a impede de fazer face às exigências mínimas requeridas pela sua vida profissional, social, cultural e pessoal. Iletrado. Analfabeto.

ILETRISMO – Neologismo que designa um fenómeno social que data dos finais dos anos 70 e inícios dos anos 80 e que atinge muitos adultos, manifestando-se através da apresentação de dificuldades de leitura e de escrita e incapacidade de as utilizar convenientemente • Incapacidade absoluta de ler e escrever; por alargamento, aplica-se também à apresentação de incapacidades diversas ligadas às dificuldades de compreensão e de utilização da linguagem falada e escrita. *Ver tb.* Iliteracia.

ILHARGA – Parte lateral vertical que suporta as prateleiras de uma estante. Apoio.

ILHÁRIO – Descrição das ilhas de um mar, nação ou continente; mapa em que essas ilhas estão representadas.

ILHÓ – Orifício, de bordas em geral orladas, que se faz em couro, cartão ou qualquer outro material, para passar um cordão ou fita, presente em algumas encadernações • Anilha, aro de metal que guarnece um orifício.

ILITERACIA – Incapacidade de ler os signos escritos. Iletrismo. Analfabetismo.

ILITERADO – O mesmo que iliterato. Iletrado. Analfabeto.

ILITERATO – Iletrado. Analfabeto.

ILL – Acrónimo de *Interlibrary Loan*. *Ver* Empréstimo interbibliotecas.

ILLUMINATIO (pal. lat.) – Ornamentação dos manuscritos. *Ver* Iluminação.

ILLUMINATOR (pal. lat.) – Termo mais frequentemente usado em França para designar o iluminador de manuscritos, enquanto em Itália se usava mais o termo *miniator*.

ILUM. – Abreviatura de iluminura.

ILUMINAÇÃO – Acto ou efeito de iluminar • Decoração de manuscritos com ilustrações e iniciais praticada na Europa ocidental a partir do século VII • Conjunto de elementos decorativos e de representações de imagens desenhados e/ou pintados num manuscrito para adorno. *Ver tb.* Iluminura *e* Ouro • Luz. Elemento muito importante na conservação de documentos e livros; a luz, natural ou artificial, é um tipo de radiação electromagnética capaz de fragilizar os materiais constitutivos dos documentos, produzindo um processo de envelhecimento acelerado; além da radiação visível, o ultravioleta e o infravermelho são dois outros tipos de radiação electromagnética nocivos à conservação de acervos documentais, particularmente os que são constituídos por papel. A deterioração fotoquímica depende de diversos factores como a faixa de comprimento de ondas, intensidade de radiação, tempo de exposição e natureza química do material documental (papel, pergaminho, couro, etc.). De entre as fontes produtoras de danos fotoquímicos estão a luz solar e a luz eléctrica. O controlo das radiações electromagnéticas em acervos documentais pode ser feito através de cortinas, persianas, filtros especiais para absorção dos raios ultravioletas, etc.

ILUMINAÇÃO A CONTRALUZ – Luz situada por trás de um objecto, que se utiliza para iluminar um objecto transparente ou translúcido, como um diapositivo num projector.

ILUMINAÇÃO AMBIENTAL – Em fotografia, o nível geral de iluminação que rodeia um objecto ou que há num lugar.

ILUMINADO – *Ver* Códice iluminado.

ILUMINADOR – Pintor que executava a decoração e ilustração dos códices manuscritos, embora por vezes a pessoa que ilustrava fosse diferente da que tinha copiado o texto • Miniaturista.

ILUMINAR – Ornamentar com iluminuras; a alusão implícita à luz reflectida pelo ouro e pela prata estende-se também ao facto de a iluminura clarificar, de certo modo, o texto • Colorir vivamente. Dar luz.

Iluminador

ILUMINURA – Imagem pintada sobre a folha de um livro ou outro documento, em pergaminho, velino ou papel, manuscrito ou impresso, utilizando a técnica do guacho ou têmpera empregando igualmente o ouro aplicado a pincel ou em folha e que reflecte a luz, daí o nome; a iluminura destinava-se sobretudo a ilustrar e a explicar o texto, como acontecia com as obras que versavam assuntos como a zoologia, a anatomia, a botânica ou a medicina (sobretudo quando esta abordava a cura das doenças através do uso de plantas medicinais, onde o desenho era indispensável para a sua identificação); também podia ter o simples papel de o ornamentar, quebrando-lhe a austeridade; estão neste caso as iluminuras de estilo flamengo, constituídas por bordaduras que envolvem o texto e que por vezes quase o afogam. Os copistas cistercienses eram autorizados a decorar os manuscritos mas não a aplicar ouro, uma vez que este era considerado frívolo e desapropriado a uma vida austera, como a que a Ordem vivia. A iluminura com ouro remonta à Antiguidade, mas é mais comum nos finais da Idade Média; os manuscritos como os livros de horas contêm quase sempre iluminuras; havia, contudo, algumas regras a observar no seu emprego: se a folha de ouro fosse aplicada a um desenho, teria que ser colocada antes da cor, e isto por duas razões: a primeira porque o ouro aderia a qualquer pigmento que já tivesse sido aplicado, arruinando o desenho, a segunda porque o brunir do ouro podia danificar as cores adjacentes. *Ver tb.* Ouro.

ILUMINURA A PLENA PÁGINA – Aquela que ocupa a página completa de um manuscrito, como acontece nos livros de horas em que as cenas representadas (a Anunciação, a Adoração dos pastores, o Calvário, etc.) ocupam a totalidade da página; por outro lado há iluminuras que se reduzem a um espaço menor e mais modesto na sua composição, como é o caso das miniaturas inseridas nas iniciais capitulares ou outras, as chamadas iniciais capitais historiadas. Ilustração a plena página.

ILUSTRAÇÃO – Em sentido geral é toda e qualquer representação de carácter artístico ou documental • Em sentido restrito é a representação iconográfica incluída num texto e proveniente de criação artística • Acção de ilustrar • Qualquer representação que não tenha carácter textual, que se encontre contida num documento • Na obra manuscrita ou impressa, é a representação pictórica, iconográfica, diagramática ou qualquer outra que ocorra no seu interior; deve ser colocada o mais perto possível do lugar do texto onde é citada; serve para explicitar o texto e neste sentido tem um carácter pedagógico; nos manuscritos e posteriormente nos primeiros tempos da tipografia, a ilustração do texto visava, além de uma decoração meramente recreativa, a sua explicação e consequente explicitação, uma vez que muitas pessoas não sabiam ler, mas o poder da imagem levava-as a entender a mensagem escrita, à qual não teriam acesso de outro modo; noutros casos a ilustração tem apenas a intenção de embelezar o texto, acompanhar uma obra de ficção • Conjunto das ilustrações de uma monografia, periódico, etc. • Publicação periódica que costuma conter grande número de desenhos e estampas • Explicação, comentário ou esclarecimento que é aditado a uma obra • Saber. Sabedoria.

ILUSTRAÇÃO À CAIXA – Ilustração marginada em que um ou dois dos seus quatro lados são comuns com os da caixa de composição.

ILUSTRAÇÃO A DUPLA PÁGINA – Aquela que ocupa na totalidade duas páginas frente-a-frente.

ILUSTRAÇÃO A MEIA-MARGEM – Ilustração que ocupa metade do branco da margem.

ILUSTRAÇÃO A PLENA PÁGINA – Ilustração que ocupa a totalidade da página.

ILUSTRAÇÃO ANEPÍGRAFA – Aquela que não contém qualquer indicação escrita.

ILUSTRAÇÃO ANIMADA – Aquela que é constituída principalmente por seres vivos.

ILUSTRAÇÃO ANTROPOMÓRFICA – Aquela que tem a forma de um ou mais seres humanos.

ILUSTRAÇÃO ARQUITECTURAL – Aquela que representa um edifício ou parte de um edifício.

ILUSTRAÇÃO CENTRADA – Ilustração com brancos ocupando espaços com a mesma dimensão à direita e à esquerda, em cima e em baixo.

ILUSTRAÇÃO COLORIDA – Aquela que é reproduzida usando estampas diferentes para cada uma das cores básicas.

ILUSTRAÇÃO COLUNAR – Aquela que ocupa na altura e na largura uma coluna inteira de texto.

ILUSTRAÇÃO DE JUSTIFICAÇÃO INTEIRA – Aquela que se estende horizontalmente de um extremo ao outro da justificação, sem interrupção, nem mesmo no intercolúnio.

ILUSTRAÇÃO DIDÁCTICA – Imagem, geralmente acompanhada de texto, preparada especificamente com finalidades escolares e pedagógicas.

ILUSTRAÇÃO DO TEXTO – Desenho ou gravura intercalado no texto de uma obra com a finalidade de servir de comentário iconográfico ao próprio texto; todavia, sobretudo quando se reutilizavam gravuras, era frequente que estas pouco ou nada tivessem a ver com o texto. *Ver* Extratexto, fora do texto, *hors-texte*.

ILUSTRAÇÃO DOBRADA – Folha ilustrada, de grandes dimensões, que se vinca ao meio ou de outra forma, para que fique ajustada ao corte dianteiro do livro em que está inserida.

ILUSTRAÇÃO DOCUMENTAL – Designação atribuída às figuras, esquemas, esboços, mapas, etc., que ornamentam o texto de uma obra.

ILUSTRAÇÃO EM CLÍPEO – Aquela que se encontra inserida num medalhão circular, contendo geralmente um busto humano.

ILUSTRAÇÃO EM DUPLA PÁGINA – Ilustração unitária que ocupa duas páginas que estão frente-a-frente, a par e a ímpar.

ILUSTRAÇÃO EM PÉ DE PÁGINA – Aquela que se desenvolve na margem do fundo da página. Ilustração de fundo da página. *Ver tb. Bas de page*.

ILUSTRAÇÃO ESTILIZADA – Aquela que é representada de modo convencional, numa intenção decorativa.

ILUSTRAÇÃO EXTRATEXTO – *Ver* Ilustração fora do texto.

ILUSTRAÇÃO FACTÍCIA – Aquela que não é nem figurativa nem estritamente geométrica.

ILUSTRAÇÃO FIGURATIVA – Aquela que representa objectos ou seres que existem na realidade ou na imaginação.

ILUSTRAÇÃO FITOMÓRFICA – Aquela que tem a forma de um ou mais elementos de origem vegetal.

ILUSTRAÇÃO FORA DO TEXTO – Cada uma das gravações, ilustrações, mapas, estampas, etc. que são impressas à parte do texto de uma obra e que são intercaladas entre as suas páginas. Ilustração extratexto.

ILUSTRAÇÃO GEOMÉTRICA – Aquela que é formada por figuras susceptíveis de serem desenhadas por régua ou compasso.

ILUSTRAÇÃO HISTORIADA – Aquela que representa uma cena, uma personagem ou um objecto significativo, relativos ou não ao texto.

ILUSTRAÇÃO ICTIOMÓRFICA – Aquela que tem a forma de um ou mais peixes.

ILUSTRAÇÃO INFANTIL – Aquela que se insere dentro da literatura destinada a crianças e que pretende explicitar o texto da história, tornando-o mais apelativo e compreensível, sobretudo se se tratar de textos destinados a crianças mais pequenas; o seu papel não é meramente decorativo, mas sobretudo didáctico e pedagógico.

ILUSTRAÇÃO INFRACOLUNAR – Aquela que ocupa uma coluna inteira de texto na largura, mas não na altura.

ILUSTRAÇÃO INTERCALADA – Ilustração de justificação inteira ou infracolunar, que é precedida e seguida por secções de texto.

ILUSTRAÇÃO INTERCOLUNAR – Aquela que se desenvolve no espaço do intercolúnio.

ILUSTRAÇÃO MARGINADA – Ilustração inferior à medida da largura da caixa de composição, situada a um dos lados dela.

ILUSTRAÇÃO MARGINAL – Aquela que se desenvolve nas margens do texto, manuscrito ou impresso; no caso dos manuscritos não é raro que se verifique a adição de ilustrações marginais a um texto que se encontrava inicialmente desprovido delas, o que pode ter ocorrido logo após a cópia do texto; algumas vezes, porém, a intenção inicial era a de deixar o espaço para essa ilustração mas, como por descuido do copista tal não aconteceu, o iluminador sujeitou-se a reduzi-la e a colocá-la com dificuldade na margem ou entre as duas colunas; outras vezes esta ilustração é acrescentada muito tempo depois, podendo também acontecer que a ilustração marginal preceda o texto.
ILUSTRAÇÃO NATURALISTA – *Ver* Ilustração realista.
ILUSTRAÇÃO NO TEXTO – Aquela que é colocada à cabeça, no centro ou no pé do texto.
ILUSTRAÇÃO OFIOMÓRFICA – Aquela que tem a forma de um ou mais répteis.
ILUSTRAÇÃO ORIGINAL – Numa obra, ilustração que foi executada por um artista; inclui as gravuras em madeira, litografia, gravuras a água-forte ou a buril.
ILUSTRAÇÃO ORNITOLÓGICA – Aquela que tem a forma de uma ou mais aves.
ILUSTRAÇÃO PROLONGADA – Ilustração mais alta do que larga.
ILUSTRAÇÃO REALISTA – Aquela cuja forma e cor tentam reproduzir exactamente a realidade. Ilustração naturalista.
ILUSTRAÇÃO SOBREPOSTA – Ilustração acrescentada a uma página por meio de colagem.
ILUSTRAÇÃO ZOOMÓRFICA – Aquela que tem a forma de um ou mais animais.
ILUSTRADO – Que apresenta ilustrações ou exemplos • Livro ou programa com notas marginais, que servem de ajuda para avaliação dos conhecimentos adquiridos ou para a sistematização da matéria • Sabedor, esclarecido, erudito.
ILUSTRADOR – Pessoa que executa os desenhos ou gravuras destinados a ilustrar um livro ou outra publicação; cada época teve os seus ilustradores, mas aconteceu que muitos pintores ocasionalmente ilustraram livros, quando não havia artistas especializados na arte da ilustração, e assim, pintores como *Rubens, Fragonard, Delacroix* e, mais recentemente, *Bonnard, Picasso, Matisse, Max Ernst*, entre outros, desenharam ilustrações que posteriormente foram objecto de interpretações a água-forte, ocasionalmente terminadas a buril, por gravadores • Pessoa que explica e comenta um texto.
ILUSTRAR – Ornamentar um trabalho de impressão ou outro, com gravuras e estampas • Comentar, elucidar, explicar um texto • Conseguir representar de uma forma sintetizada o conceito ou conceitos fundamentais de um texto através da ilustração • Transformar uma ideia numa imagem com capacidade para falar, isto é, para transmitir mensagens • Recriar através de imagens • Iluminar, dar luz a um texto ou conjunto de textos.
ILUSTRAR UM LIVRO COM ESTAMPAS – Processo de inserção de ilustrações, cartas, documentos ou outros elementos iconográficos num livro, que não saíram como parte do volume, mas que são referidos no seu texto; este material adicional é montado ou inserido em folhas de boa qualidade e colocado nos lugares apropriados do livro, que tem que ser normalmente reencadernado ou brochado de novo.
ILUSTRATIVO – Que ilustra. Elucidativo. Esclarecedor.
ILUSTRÁVEL – Que pode ilustrar-se.
IM. – Abreviatura de imagem.
IMAGE ENHANCEMENT (loc. ingl.) – Procedimento electrónico destinado a aumentar, aparentemente, a definição e a reprodução tonal de uma imagem.
IMAGEM – Representação gráfica, plástica ou fotográfica a duas ou mesmo a três dimensões, de um ou vários objectos ou formas em suporte adequado • Reprodução impressa de uma pintura, desenho ou fotografia • Colecção de elementos gráficos de visualização ou de segmentos que são apresentados simultaneamente numa superfície de visualização • Gravura ou estampa de assunto religioso ou outro. Santinho • Alegoria.
IMAGEM DE PRIMEIRA GERAÇÃO – *Ver* Cópia original.

IMAGEM DO REPERTÓRIO – Conjunto dos parâmetros que descrevem a estrutura dos artigos do repertório.

IMAGEM ESTEREOSCÓPICA – Documento constituído por um motivo em duas ou mais imagens impressas e ligeiramente deslocadas no espaço, a fim de serem vistas ao mesmo tempo, mas separadamente por cada olho, com a ajuda de uma máscara visionadora, que provoca a ilusão óptica de relevo.

IMAGEM FOTOGRÁFICA – Representação de informação produzida por radiação.

IMAGEM LATENTE – Imagem impressa por processos químicos numa chapa, filme ou papel sensibilizado, pela acção da luz; torna-se visível apenas depois de revelada em banho próprio.

IMAGEM NEGATIVA – Aquela que representa linhas e caracteres claros sobre fundo escuro, em oposição ao original.

IMAGEM POSITIVA – Imagem fotográfica que tem as características tonais da imagem original; aparece em geral em tons escuros ou neutros com fundo claro.

IMAGEM VECTORIAL – Método de gerar, guardar e expor imagens, que é usado normalmente em aplicações de desenho assistido por computador; regista um conjunto de instruções geométricas para desenhar e colorir formas e a imagem resultante pode ser rodada ou expandida, não sendo a sua resolução afectada pelo aumento da imagem, nem tão pouco dependente do dispositivo de saída. *Vector graphic.*

IMAGEM-MEMÓRIA – Em informática é o resultado de uma impressão que reflecte exactamente o conteúdo das exposições de memória ocupadas por um programa e pelos seus dados.

IMAGEM-TESTEMUNHA – Em micrografia, documento ou quadro que contém elementos identificadores ou informativos das miras, dos símbolos e que facilita o controlo técnico ou bibliográfico; a imagem-testemunha é registada no filme antes ou depois do documento.

IMAGENS ANIMADAS – Categoria usada para arrumação de documentos audiovisuais, em que se incluem os filmes cinematográficos ou vídeos.

IMAGENS FIXAS – Categoria usada para arrumação de documentos audiovisuais em que se incluem os diapositivos e os filmes fixos.

IMAGENS POR SEGUNDO – Velocidade de passagem de uma película numa câmara ou num projector.

IMAGESETTER (pal. ingl.) – Máquina digital que produz imagens em película fotográfica, que se destinam a ser transferidas para chapas de *offset.*

IMAGINAÇÃO – Uma das rubricas em que eram classificados os livros nas bibliotecas das universidades americanas, depois de 1850; os outros grupos eram "memória" e "julgamento".

IMAGINÁRIA – Conjunto de figuras ou imagens • Obra de imaginário • Figura que não tem realidade, existindo apenas na imaginação. Fantasia.

IMAGINÁRIO – Que existe apenas na imaginação. Fantástico • Universo criado pela imaginação.

IMAGÍSTICA – Poder de imaginação, invenção, fantasia • Conjunto de imagens.

IMAGOTECA – Instituição ou colecção de imagens iconográficas do mais variado género.

IMBREVIATURA (pal. lat.) – *Ver* Protocolo.

IMBRICAÇÃO – Acto ou efeito de imbricar; disposição de elementos com sobreposição parcial, à maneira das telhas de um telhado.

IMBRICADO – Em que há imbricação • Em heráldica, caracteriza o escudo que aparece com o aspecto de escamas de peixe dispostas simetricamente.

IMBRICAR – Entelhar. Embricar. Dispor em imbricação.

IMEDIACIA – Segundo J. A. Furtado, estratégia da remediação que corresponde a um estilo de representação visual cujo objectivo é fazer o observador esquecer a presença do *medium* (tela, fotografia, cinema, etc.) e acreditar que se encontra na presença dos objectos de representação. É também designada imediacia transparente.

IMITAÇÃO – Acto ou efeito de imitar, de mimar • Obra literária onde se procura simular outra • Contrafacção. Falsificação.

IMITADOR – Que ou o que imita.
IMITAR – Procurar reproduzir o que foi feito por outrem • Tomar por modelo • Falsificar. Adulterar.
IMITATION ART PAPER (loc. ingl.) – *Ver* Papel de imitação revestido.
IMP. – Abreviatura de impressão, impresso *e* impressor.
IMPACT FACTOR – *Ver* Factor de impacto.
IMPACTE – *Ver* Impacto.
IMPACTO – Efeito que uma determinada notícia, etc. produz na opinião pública. Impacte.
IMPAGINAR – Preparar a página tipográfica de um livro ou jornal, dispondo com arte as colunas de composição, os títulos, subtítulos, ilustrações, didascálias, notas, etc.
IMPARCIAL – Que demonstra neutralidade.
IMPARCIALIDADE – Qualidade do que é imparcial. Equanimidade. Integridade. Isenção.
IMPENSA (pal. lat.) – *Ver Impensis.*
IMPENSIS (pal. lat.) – "A expensas de", "à custa de", expressão inscrita no pé de imprensa ou no cólofon de alguns livros antigos para indicar o editor, livreiro, instituição, comunidade ou mecenas que custeou a edição de uma obra; com o mesmo sentido são por vezes empregues as palavras ou expressões *sumptibus, sumptus fecit, ad instantia* ou *expensis* precedidas ou seguidas do nome da pessoa que financiou a edição. *Impensa.*
IMPETRA (pal. lat.) – Bula em que é concedido um benefício duvidoso.
IMPLICARE (pal. lat.) – Significava enrolar a folha sobre si mesma.
IMPOR – Acção de colocar a imposição entre as páginas para constituir o que se chama forma e também a de colocar a imposição ou guarnição entre a forma e a rama • Colocar as páginas na posição respectiva para ficarem por ordem quando dobrada a folha, meter-lhes a guarnição e apertar.
IMPOR A FORMA – Colocá-la na platina, pronta para começar a tiragem.
IMPORTAÇÃO DE MATERIAL EDUCACIONAL, CIENTÍFICO E CULTURAL – Documento aprovado pela Conferência Geral da *UNESCO* realizada em Florença em 1950 ao qual aderiram cerca de 100 países e que foi redigido com a finalidade de fomentar a livre circulação de livros entre os países signatários. Isenta de direitos a importação de livros e pede-lhes a concessão das licenças e das divisas necessárias à sua importação. Este documento é também conhecido por Acordo de Florença.
IMPORTADO(A) – Obra editada num país e levada para um outro, para ser comercializada nele.
IMPORTADOR – Pessoa que, tendo sede social ou domínio no território de um país, importa a qualquer título livro de editor estrangeiro destinado a comercialização.
IMPOSIÇÃO – Operação pela qual o granel destinado a ser impresso numa folha é disposto de tal modo que, uma vez dobrada a folha, as páginas seguem na sua ordem natural; a imposição varia consoante o formato • Técnica de repartição das páginas de um texto na superfície de uma folha de tal modo que, após a dobragem, estas se encontrem seguidas na ordem normal de leitura. Actualmente, na era da publicação assistida por computador, a imposição pode ser efectuada directamente no ecrã.
IMPOSIÇÃO COMPLETA – Aceitação total de umas regras, a seguir à sua adopção parcial (a das *Regras de Catalogação Anglo-Americanas*, por exemplo), com a consequente revisão de todos os cabeçalhos que não foram revistos quando estava em curso a sobreposição.
IMPOSITOR – Operário que cuida da imposição das formas nas oficinas tipográficas. Platineiro.
IMPR. – Abreviatura de imprensa, *imprimatur,* impresso(s)/a(s), impressor e impressora.
IMPRECAÇÃO – Anátema ou maldição lançada sobre quem ousasse violar um pacto ou os artigos que ele continha; remonta à mais alta Antiguidade, basta ver os livros de Moisés; transita depois para os documentos medievais como as bulas, os diversos actos eclesiásticos e mesmo diplomas e cartas laicos. Cláusula imprecatória • Maldição lançada pelos autores antigos nos seus prefácios contra aqueles que alterassem o texto dos seus livros ou os furtassem. Fórmula cominatória. Maldição.
IMPRECISÃO – Falta de exactidão, defeito por vezes encontrado em alguns relatos veiculados

pela imprensa, particularmente reveladores de uma má informação ou de uma pesquisa deficiente sobre o facto relatado. Inexactidão.

IMPREGNAÇÃO – Técnica de restauro que consiste em embeber um material com uma substância consolidante ou conservante.

IMPRENSA – Estabelecimento onde tem lugar a impressão de livros • Conjunto de máquinas, fundições e demais utensílios que constituem uma oficina tipográfica • Arte de imprimir • Em sentido figurado, aquilo que se publica impresso (livro, folheto, etc.) • Conjunto ou generalidade das publicações, em especial as diárias • Máquina com que se imprime ou estampa • Prelo • O conjunto dos jornalistas e dos escritores • Toda a reprodução gráfica de textos ou imagens que se destina ao conhecimento do público; inclui as publicações periódicas e as não periódicas • Num sentido mais lato designa a comunicação social que difunde notícias, abrangendo não só publicações, mas ainda a rádio e a televisão.

IMPRENSA ALDINA – Tipografia italiana que adquiriu fama pela introdução do tipo itálico em 1501; foi fundada por Aldo Pio Manuzio e continuada pela sua família.

IMPRENSA ALTERNATIVA (port. Bras.) – Aquela que tem uma orientação editorial independente e renovada, por vezes menos ortodoxa que a tradicional.

IMPRENSA AMARELA – Designação atribuída nos Estados Unidos aos jornais que exploram e dão destaque a notícias sensacionais e de escândalo • Imprensa reaccionária, chauvinista.

IMPRENSA CLANDESTINA – A que imprime às ocultas textos políticos, subversivos, obscenos, etc.; em geral não está legalizada; certa imprensa clandestina denuncia com frequência as notícias que a censura silencia.

IMPRENSA COMUM – Designação atribuída à imprensa normal, em oposição à imprensa sensacionalista.

IMPRENSA COR DE ROSA – Designação atribuída às produções editoriais que, sob a forma de revistas coloridas, de aspecto apelativo e abordagem superficial, se dedicam essencialmente à vida de artistas e pessoas conhecidas da sociedade pelos mais variados motivos; alimentam a imaginação e fazem esquecer as frustrações do grande público, essencialmente feminino e das classes menos instruídas, com limitadas posses sociais e económicas, criando nelas a convicção de que as posições sociais se devem à casualidade, alimentando as expectativas de uma mudança futura. Imprensa do coração.

IMPRENSA DE OPINIÃO – Desenvolvida em Portugal a partir do início do século XIX, é composta pelos artigos que resultam da transmissão do modo de ver pessoal; visa não só formar convicções como transmitir as que são mais comuns.

IMPRENSA DIÁRIA – Ramo das artes gráficas que está na base da produção de jornais, especialmente daqueles que são publicados todos os dias.

IMPRENSA DIGITAL -Edição em linha dos jornais e revistas • Disponibilização em linha dos conteúdos de jornais e revistas usada por oposição a imprensa escrita e impressa.

IMPRENSA DO CORAÇÃO – *Ver* Imprensa cor de rosa.

IMPRENSA FANTASMA – Imprensa não existente, cujo nome é utilizado em impressos ilegais e em edições fraudulentas. Imprensa imaginária.

IMPRENSA IMAGINÁRIA – *Ver* Imprensa fantasma.

IMPRENSA INDEPENDENTE – Aquela que não se encontra vinculada à defesa de interesses particulares, grupos económicos, partidos, seitas, ideologias, etc.

IMPRENSA INFORMATIVA – Diz-se da informação que tem por objectivo inteirar um público acerca de acontecimentos acabados de ocorrer; predominam nela os géneros noticiosos como a reportagem, a notícia, o inquérito e a entrevista.

IMPRENSA JORNALÍSTICA – Aquela que se destina à edição de publicações periódicas.

IMPRENSA LOCAL – Designação dada ao conjunto das publicações jornalísticas que referem as notícias com interesse para uma determinada localidade ou circunscrições adjacentes.

IMPRENSA *MARRON* (port. Bras.) – Tipo de imprensa que se debruça sobre os casos escabrosos, sensacionalistas e de crime.

IMPRENSA OPERÁRIA – Aparecida na primeira metade do século XIX, está ligada, quer às associações mutualistas que se começam a desenvolver a partir de 1839, quer a agrupamentos ideológicos, que iniciam em Portugal a primeira difusão de ideias socialistas.
IMPRENSA PARTICULAR – *Ver* Imprensa privada.
IMPRENSA PERIÓDICA – Designação genérica aplicada aos jornais e a outras publicações que, sob o mesmo título, são editadas em série contínua ou em números sucessivos, com intervalos regulares não superiores a um ano; esta expressão é usada por oposição a livro, se bem que uma e outro se tenham complementado em quase todas as épocas • Jornalismo.
IMPRENSA PRIVADA – A que pertence a uma pessoa ou instituição e que imprime livros e publicações para uma clientela restrita; só raramente são distribuídos através dos canais usuais, apresentando geralmente um apuro gráfico que deriva frequentemente de trabalho manual • Oficina tipográfica particular instalada para uso privado, em geral para recreio de pessoas que apreciavam a técnica de composição e impressão, controlando todas as fases relativas à tipografia, sem restrições de censuras ou outras; geralmente esta actividade era exercida por pessoas com posses e que dela não retiravam qualquer proveito económico, mas apenas um prazer pessoal, publicando deste modo textos produzidos por si ou pela sua roda de amigos; vários personagens célebres recorreram a este tipo de actividade, como Richelieu, Madame de Pompadour e outras figuras conhecidas; das mais recentes há a assinalar as excelentes produções de William Morris (finais do século XIX); este tipo de obras, naturalmente produzidas em número restrito, é objecto de grande procura por parte dos coleccionadores e bibliófilos. Tipografia *pro domo sua*. Imprensa particular.
IMPRENSA RÉGIA – Criada em 1768, o seu nome mudou para o de Imprensa Nacional em 1820; as suas impressões eram cuidadas, a página de título das obras era frequentemente impressa a vermelho e preto, o texto adornado com gravuras a buril de esmerado corte e a impressão, em papel de boa qualidade, apresentava boas margens.
IMPRENSA REGIONAL – Nome dado ao conjunto das publicações jornalísticas não diárias, cujo objectivo fundamental é a defesa dos interesses de uma localidade, circunscrição administrativa ou grupo de circunscrições adjacentes.
IMPRENSA SENSACIONALISTA – Aquela em que o critério do significado é preterido em favor do interesse público pelos escândalos, pelos acontecimentos insólitos e fortemente emotivos; neste tipo de imprensa faz-se apelo à reacção não racional do público (ou de dado público), apresentam-se factos normais como se fossem extraordinários, exagera-se a importância das notícias fornecidas, utilizando-se um esquema de tipo publicitário para atrair o leitor defraudando-o a seguir; predomina o *"fait-divers"*, a entrevista biográfica e uma mistura de informação e comentário; neste tipo de imprensa são usuais as grandes parangonas na primeira página, a que depois não corresponde nada de importante no interior.
IMPRENSA TABULÁRIA – Nome pelo qual se designava a primitiva arte de imprimir por meio de pranchas de madeira nas quais estava gravado o texto das obras. *Ver* Imprensa xilográfica.
IMPRENSA VERMELHA – Jornalismo revolucionário que defende no campo social o socialismo de vanguarda, o comunismo e o anarquismo.
IMPRENSA XILOGRÁFICA – Nome dado ao período compreendido entre 1430 e 1450 em que se fizeram as primeiras edições dos livros gravados em madeira. Imprensa tabulária.
IMPRENSADOR – *Ver* Impressor.
IMPRENSAR – Imprimir, estampar • Apertar na prensa, prensar.
IMPRENTA – Palavra que aparece em livros e documentos antigos com o significado de imprensa ou impressão • Nota tipográfica • (port. Bras.) *Ver* Pé de imprensa. Pé de impressão.
IMPRESCRITIBILIDADE – Atributo pelo qual os arquivos públicos que são inalienáveis podem ser reivindicados sem limites pelo Estado que os produziu • Inalienabilidade.

IMPRESSÃO – Acto ou efeito de imprimir através de gravação ou reprodução mediante pressão do papel ou qualquer outro suporte; as reproduções gráficas podem ser obtidas por impressão directa ou indirecta • Sinal do encontro de um corpo com outro • Qualidade ou tipo de letra de uma edição • Edição • Marca ou sinal deixado ao imprimir • Diz-se da obra impressa, forma e meios de consegui--la e ainda do próprio acto de a executar • Conjunto de exemplares de uma edição produzida de uma só vez ou numa só operação • Número de exemplares impressos pela primeira vez • Aquela que é feita em formas ou matrizes cilíndricas ou curvas • Efeito provocado no espírito por um facto ou uma situação • Registo, em suporte papel, dos resultados de um processamento por meios informáticos.

IMPRESSÃO A ANILINA – Aquela que é feita em pequenas rotativas, sobre cujos cilindros se colam os clichés de borracha usados na tiragem; a tinta é constituída por anilina diluída no álcool; é muito usada na impressão de papéis de embrulho, sacos, caixas e recipientes diversos de cartão • Método de obtenção de cópias positivas directamente do desenho original • Flexografia.

IMPRESSÃO A CORES – Processo de reprodução de um conjunto de cores, efectuado a partir de uma chapa ou bloco ou de duas ou mais, como acontece com as impressões xilográficas japonesas; pode também ser produzida pelo processo de meios-tons, através do uso de filtros coloridos, com a impressão sucessiva de chapas • Impressão policromada.

IMPRESSÃO A DUAS COLUNAS – Aquela em que a mancha do texto se encontra distribuída em duas colunas regulares.

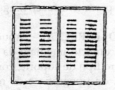

Impressão a duas colunas

IMPRESSÃO A PEDIDO – Resultante da expressão inglesa *print on demand*, modalidade de produção de livros e documentos que consiste na possibilidade de ter o livro ou o documento em computador, requerer a sua edição e tê-la disponível para usufruir dela ao fim de um certo tempo, em geral muito curto. Publicação a pedido. *Ver tb. Print on demand.*

IMPRESSÃO A SECO – Aquela que é feita sem tinta, a partir do cunho, dando lugar ao alto ou ao baixo-relevo • Aquela que é feita sobre a capa do livro sem matéria colorida ou dourado, deixando apenas a marca da pressão dos ferros ou da forma; também é designada impressão a branco e estampagem a seco.

IMPRESSÃO A UMA SÓ MEDIDA – Mancha tipográfica que, embora apresentando parágrafos, não apresenta colunas; é a mais utilizada nos nossos dias.

Impressão a uma só medida

IMPRESSÃO ANAGLÍPTICA – Impressão de tipos em relevo para uso de invisuais, inventados por Braille.

IMPRESSÃO ANASTÁTICA – Processo de impressão em relevo que foi usado pela primeira vez em Berlim por Rudolf Appel por volta de 1840; utilizou chapa de zinco gravada a água-forte para produzir fac-símiles de escrita, desenhos e texto impresso; permite reproduzir as obras esgotadas ou antigas com a sua perfeição tipográfica primitiva sem as reimprimir; por meio de processos especiais de decalque ou por fotografia obtém-se uma prova das páginas do livro a reproduzir e transfere-se para pedra ou metal. Palingrafia.

IMPRESSÃO ANOPISTOGRÁFICA – Designação da primitiva impressão em blocos num só lado da folha de papel empregando tinta de escrever. *Ver Opistográfico e Livro xilográfico* • Aquela que tem como resultado uma folha impressa apenas de um lado.

IMPRESSÃO ARTÍSTICA – Gravura, litografia, água-forte, etc. impressa a partir de uma placa preparada pelo artista. *Comparar com* Reprodução artística.

IMPRESSÃO BIDIRECCIONAL – Modo de impressão em que o sistema imprime a primeira linha da esquerda para a direita e a segunda linha da direita para a esquerda, poupando tempo e evitando movimentos desnecessários.

IMPRESSÃO BIPLANA – Impressão realizada com planos horizontais, na qual o órgão impressor (todo em madeira) descia por meio das voltas de um fuso (como nas prensas vulgares), deslocando-se o órgão tipográfico no sentido horizontal, de modo a receber a tinta e o papel; imprimia apenas metade da composição de cada vez.

IMPRESSÃO CALCOGRÁFICA – Aquela que é executada com matriz gravada em cavado como na água-forte, buril e rotogravura; uma vez distribuída a tinta em toda a superfície da placa, um raspador retira toda a que está sobre as partes planas, deixando ficar apenas a que se depositou nas partes côncavas; a pressão através de um cilindro faz aderir a tinta ao papel. (port. Bras.) Impressão de entalhe.

IMPRESSÃO CLANDESTINA – Aquela que é levada a cabo furtivamente. Impressão oculta • Impressão ilegal.

IMPRESSÃO COM RELEVO – A que é obtida por processos que vão desde a impressão com tinta especial, que depois de pulverizada com determinado produto e uma vez sofrida a acção do calor dá um empolamento que imita o relevo, até à impressão realizada com dois tipos do mesmo desenho, sendo um o inverso do outro; uma vez feita a impressão com um tipo, repete-se com o tipo contrário e no verso, aumentando a pressão sobre uma almofada mole, sem tinta, a fim de simular o relevo.

IMPRESSÃO COM RETÍCULA – *Ver* Serigrafia.

IMPRESSÃO COM TRAMA – Método de impressão com estresido em que se cobre com uma teia de seda, plástico ou rede metálica a zona que não se quer imprimir e se faz passar a tinta ou pintura através da zona não coberta pela teia.

IMPRESSÃO COMPACTA – Aquela que contém muito texto em pouco espaço.

IMPRESSÃO DE ENTALHE (port. Bras.) – *Ver* Impressão calcográfica.

IMPRESSÃO DE ÉPOCA – Produção ou reprodução de uma obra que não segue o modelo de uma determinada edição, mas segue o estilo do período em que ela foi publicada pela primeira vez ou à qual diz respeito.

IMPRESSÃO DE MARGENS – Através da exposição de uma pequena parte da margem do filme, obtêm-se números, letras ou outros símbolos na película, fora da zona normal da imagem, designados impressão de margens; esses elementos servem para identificar o fabricante ou para fornecer qualquer outro tipo de informação previamente definido.

IMPRESSÃO DE PLANO (port. Bras.) – *Ver* Impressão planográfica.

IMPRESSÃO DE PROVA – Impressão de uma ilustração que é feita a partir de uma chapa terminada antes de ser editada a impressão definitiva e, regra geral, antes de lhe ser inscrito o título ou qualquer outra legenda.

IMPRESSÃO DE SAÍDA – Resultado impresso da saída elaborado por uma impressora ligada a um computador.

IMPRESSÃO DE SEGURANÇA – Documento impresso produzido através de processos técnicos destinados a impossibilitar a contrafacção; são exemplo desta impressão a das notas de banco, cheques, papéis fiduciários em geral, etc.

IMPRESSÃO DIAGRÁFICA – Aquela que é obtida através do uso do diágrafo.

IMPRESSÃO DIAZO – Cópia diazóica. *Ver* Processo diazóico.

IMPRESSÃO DIGITAL – Aquela cuja saída assenta em impressoras electrónicas, das quais se destacam as impressoras sem impacto, as laser e as de jacto de tinta, que a partir de um computador permitem fazer tiragens de qualidade.

IMPRESSÃO DIRECTA – Aquela que se realiza pelo contacto imediato da matriz, em papel ou outro tipo de suporte, como é o caso da litografia, da tipografia e da rotogravura.

IMPRESSÃO ELECTROGRÁFICA – Processo de impressão baseado na atracção das cargas eléctricas dos sinais contrários e que utiliza, no caso da electrografia directa, um suporte de impressão tratado, ou no caso da electrografia indirecta, um suporte de impressão não tratado.

IMPRESSÃO ELECTROSTÁTICA – Processo de impressão ou reprodução baseado na atracção da tinta através de uma forma permeográfica mediante um campo eléctrico.

IMPRESSÃO EM BAIXO-RELEVO – Ver Impressão em relevo.

IMPRESSÃO EM BLOCO – Aquela que é feita a partir de um pedaço de madeira, linóleo ou metal cortado em relevo.

IMPRESSÃO EM BRAILE – Impressão em relevo destinada à leitura de invisuais • Impressão anaglíptica.

IMPRESSÃO EM BRANCO – Impressão a seco, sem tinta, que deixa no papel apenas uma marca em relevo ou em cavado sensível ao tacto. Impressão em relevo.

IMPRESSÃO EM CAVADO – Ver Impressão calcográfica.

IMPRESSÃO EM *GRAND PAPIER* – Aquela que é feita em papel não aparado.

IMPRESSÃO EM LINÓLEO – Texto impresso feito a partir de uma matriz de linóleo, através de um processo em relevo semelhante ao que é usado para a impressão xilográfica.

IMPRESSÃO EM *OFFSET* – Impressão em baixo-relevo, sem relevo.

IMPRESSÃO EM RELEVO – Aquela que produz no papel letras e figuras salientes; os processos desta forma de impressão são os seguintes: termografia, gofragem e relevografia; este tipo de impressão efectua-se com duas placas, uma gravada em cavado (matriz) outra em relevo (contramatriz); as obras assim impressas destinam-se sobretudo a leitores invisuais. Impressão em branco.

IMPRESSÃO EM TALHE DOCE – Arte de imprimir estampas ou gravuras gravadas a buril em suporte metálico. Ver Gravura em talhe doce.

IMPRESSÃO ESTEREOGRÁFICA – Aquela que se realiza por estereografia.

IMPRESSÃO FLEXOGRÁFICA – Processo de reprodução gráfica que utiliza tintas de secagem rápida e matrizes de borracha ou plástico maleável, usado especialmente para embalagens de alimentos, etc.

IMPRESSÃO FOTOGRÁFICA – Produção de uma imagem fotográfica com a utilização da impressão através da acção da luz sobre um material sensível, podendo ser o positivo ou o negativo. Reprodução fotográfica.

IMPRESSÃO GIPSOGRÁFICA – Impressão realizada no século XV, que era feita com uma placa de madeira gravada que recebeu um cinzelamento em branco do papel depois de feita a impressão • Impressão feita em gesso.

IMPRESSÃO INDIRECTA – Diz-se da impressão em que a tinta da matriz é transportada para o papel por meio de um elemento intermédio; a impressão faz-se no revestimento do primeiro cilindro onde fica às direitas, sendo depois transportada para o segundo cilindro, que o transmite ao papel através da compressão de um cilindro metálico. Ver Offset.

IMPRESSÃO IRISADA – Impressão conseguida através da distribuição de várias tintas no tinteiro, separadas por divisões de chumbo e anulando os movimentos que tendem a misturá-las na mesa ou no prato da máquina; trata-se de uma impressão sincrónica, em que diversas cores formam faixas paralelas, que se confundem nos limites.

IMPRESSÃO LITOGRÁFICA – Processo de impressão planográfica em que as áreas da superfície a imprimir (as áreas isentas de imagens) são hidrofílicas (ou seja, têm uma afinidade com a água) e as áreas a imprimir (imagens) são hidrofóbicas, isto é, repelem a água e atraem a gordura. Ver Litografia.

IMPRESSÃO LITOGRÁFICA INDIRECTA – Ver Offset.

IMPRESSÃO MANUAL – Aquela que era levada a cabo nos primeiros tempos da imprensa, em que todas as tarefas eram feitas sem a utilização de máquinas, desde a composição do texto até à utilização das balas para entintar a forma, colocação no lugar próprio do prelo manobrado à mão e finalmente todas as fases de trabalho ligadas à colação e posterior cosedura dos cadernos; foi ultrapassada ao surgir a impressão mecânica, quando começou a ser usada maquinaria para mover a impressora, o que constituiu um enorme avanço face à impressão manual.

IMPRESSÃO MARGINAL – *Ver* Impressão de margens.

IMPRESSÃO MECÂNICA – Aquela que é feita com a intervenção de máquinas. Com o uso da maquinaria para mover as impressoras, a impressão mecânica ganhou um avanço muito considerável face à impressão manual. A invenção das máquinas de escrever no século XIX veio facilitar o trabalho de composição de caracteres e a sua distribuição e a descoberta dos computadores em meados do século XX, assim como a teletipia, a fotografia, a fotocomposição e a impressão fotográfica em chapa de alumínio alteraram consideravelmente a indústria impressora.

IMPRESSÃO MONOPAGINAL – É o primeiro género de impressão que se verifica nos livros xilográficos; realizava-se apenas num dos lados do papel, daí o nome, ficando o verso da página em branco; isto devia-se à marca causada no suporte, uma vez que a pressão da matriz em madeira contra o papel era tão forte, que criava um relevo que inutilizava o verso da página impressa. *Ver* Impressão tabulária.

IMPRESSÃO MULTICOLOR – Processo de impressão colorida em que se faz uma placa de cada cor e se imprime cada uma separadamente; as tintas que são usadas na impressão são correspondentes às cores que vão ser reproduzidas.

IMPRESSÃO NATURAL – Processo usado desde o século XV que permite obter no papel a imagem de uma planta, insecto, etc. apenas pela pressão do próprio; esta técnica, desenvolvida no século XIX e utilizada em livros de botânica e zoologia (sobretudo em borboletas) é também chama fototipia • Este tipo de impressão pode também ser praticado sobre pele; vários elementos vegetais deixaram a sua marca em numerosas encadernações antigas e modernas.

IMPRESSÃO PERMEOGRÁFICA – Impressão que se obtém mediante a utilização de uma forma ou matriz flexível (tecido ou papel) revestida de cera em que foi produzida à mão ou à máquina a imagem a imprimir com a eliminação do revestimento; a tinta trespassa a tela ou o papel da matriz colocada no tambor que contém a tinta pressionada contra a rede e permite a reprodução directa por contacto.

IMPRESSÃO PLANA – Impressão planográfica. Plani-impressão. Roto-impressão.

IMPRESSÃO PLANOCILÍNDRICA – Sistema de impressão em que a matriz utilizada tem superfície plana e a superfície que conduz o suporte é cilíndrica.

IMPRESSÃO PLANOGRÁFICA – A que é feita a partir de uma superfície plana como a litografia e a impressão em *offset*, em oposição à impressão em relevo e cavada. Impressão plana. Plani-impressão. Roto-impressão. (port. Bras.) Impressão de plano.

IMPRESSÃO POLICROMADA – *Ver* Impressão a cores.

IMPRESSÃO PONTEADA – *Ver* Impressão por pontos.

IMPRESSÃO POPULAR – Tipo de publicação que engloba obras de enredo fácil e baixo custo, impressas em papel de pouca qualidade utilizando caracteres por vezes arcaicos ou cansados, muitas vezes ilustrada com gravuras em madeira de desenho ingénuo; era outrora destinada a um público pouco exigente, pelo que os livros assim impressos se tornaram raros devido à sua primitiva utilização e desgaste contínuo, sendo hoje em dia procurados avidamente pelos coleccionadores; está neste caso a chamada literatura de cordel.

IMPRESSÃO POR COMPUTADOR – Designação dada à operação que se baseia na utilização de microcomputadores, tendo como resultado a produção de material impresso de qualidade muito semelhante à que é obtida com as máquinas impressoras • O material resultante dessa operação.

IMPRESSÃO POR CONTACTO – Impressão produzida através do tacto do filme ou papel sensitivo com o negativo.

IMPRESSÃO POR FRICÇÃO – Impressão do rótulo da lombada de um livro usada para uniformizar encadernações; é feita colocando um pedaço de papel forte e fino sobre ela e esfregando-o com a ponta de um lápis grosso ou com um objecto semelhante.

IMPRESSÃO POR IMPACTO – Processo de impressão em que a cópia resulta da pressão directa da imagem no papel, como acontece com as máquinas de escrever.

IMPRESSÃO POR JACTO DE TINTA – Modalidade de impressão usada em impressoras de computador, sem impacto, em que uma fita codificada controla jorros activados por laser, que projectam a tinta sobre o papel, formando letras e outras imagens gráficas.

IMPRESSÃO POR LASER – Aquela que é feita através de um instrumento que serve para imprimir e que é dotado de um emissor laser (o canhão), controlado por computador; este emite um feixe de raio laser guiado através de um sistema de espelhos móveis, que incidem num cilindro revestido por um produto fotossensível que modifica o seu estado electroestático nos diversos pontos da sua superfície; são assim criadas cargas eléctricas que se transmitem ao papel, por contacto, atraindo ou repelindo esse papel as partículas de *toner* nos diversos pontos da sua superfície; estas partículas são depois fundidas e prensadas no papel, resultando num produto final de muito melhor qualidade do que o das impressoras tradicionais, podendo imprimir de ambos os lados do papel.

IMPRESSÃO POR MEIOS-CADERNOS – Diz-se da impressão do caderno cujas duas faces, branco e retiração, são impressas separadamente, cada uma em sua máquina ou na mesma máquina, uma depois da outra.

IMPRESSÃO POR PONTOS – Método de geração de caracteres para visualização, em que cada carácter é formado por uma grelha ou matriz de pontos. O ponto obtém-se através de pequenas pintas feitas na placa ou que apareciam na impressão como pontos brancos num fundo negro • Impressão produzida deste modo. Impressão ponteada.

IMPRESSÃO QUÍMICA – O mesmo que litografia.

IMPRESSÃO RÉGIA – Oficina tipográfica criada por alvará régio de 24 de Dezembro de 1768; propunha-se "fazer-se útil e respeitável pela perfeição dos caracteres e pela abundância e asseio de suas impressões"; a partir de 1820 passou a designar-se Imprensa Nacional.

IMPRESSÃO RELEVOGRÁFICA EM MEIO--TOM – Gravura em relevo, de metal, onde as diferenças de tom na imagem consistem num conjunto de pontos, com tamanhos diversos; obtém-se com a utilização intermédia de uma rede ou trama.

IMPRESSÃO ROTATIVA – Sistema de impressão em que a superfície da matriz utilizada e a que conduz o suporte são cilíndricas.

IMPRESSÃO SECUNDÁRIA – Em codicologia, traçado das linhas do pautado em dois ou mais bifólios de cada vez e de acordo com o modelo da planta colocada por cima.

IMPRESSÃO SEM CONTACTO – Impressão em que a atracção da tinta para o suporte é feita por meio de circuito eléctrico.

IMPRESSÃO SEM IMPACTO – Designação dada à modalidade de impressão em que a imagem entintada é transmitida ao papel ou a qualquer outra superfície, sem que a transmissão seja feita através de pressão.

IMPRESSÃO SERIGRÁFICA – *Ver* Serigrafia.

IMPRESSÃO SOBRE METAL – *Ver* Metalografia.

IMPRESSÃO SOBREPOSTA – Nos trabalhos em cor, é toda a impressão que se segue à primeira.

IMPRESSÃO TABULAR – *Ver* Impressão tabulária.

IMPRESSÃO TABULÁRIA – Aquela em que as folhas de papel eram prensadas contra tábuas gravadas e tintadas; precedeu aquilo que denominamos hoje livro impresso; a impressão tabulária ou xilográfica fazia-se apenas de um lado (daí chamar-se igualmente monopaginal), visto que o verso da página ficava inutilizado pelo relevo causado pela intensa pressão da xilogravura contra o papel; era utilizada apenas em obras de cerca de vinte, trinta páginas; as mais antigas impressões tabulárias terão sido realizadas na Holanda; versavam temas religiosos ou profanos e eram muito ilustradas com xilogravuras. Impressão xilográfica. Impressão monopaginal. Impressão tabular.

IMPRESSÃO TIPOGRÁFICA – Sistema de impressão estereográfica que utiliza formas em relevo produzidas a partir de caracteres móveis e clichés.

IMPRESSÃO XILOGRÁFICA – Impressão baseada no uso de placas de madeira gravadas; precedeu a impressão com caracteres móveis. Impressão monopaginal. Impressão tabular. Impressão tabulária.

IMPRESSIONAR – Termo aplicado em fotografia e nas artes fotomecânicas para designar a acção química realizada pela luz quando produz a imagem latente do objecto ou original fotografados numa superfície sensibilizada.

IMPRESSO – Papel estampado com caracteres tipográficos ou gravuras • Coisa impressa • Trabalho produzido numa impressora • Formulário com espaços em branco para serem preenchidos à mão ou à máquina • Impressão de símbolo, marca ou timbre de uma instituição (papel timbrado) • Texto de divulgação entre muitas pessoas • Circular • Prospecto • Catálogo • Folheto • Opúsculo • Obra tipográfica • Disponível para comercializar.

IMPRESSO DE RECOLHA DE DADOS – Formulário que apresenta impressos determinados elementos e espaços em branco que se destinam a ser preenchidos durante uma colheita de elementos.

IMPRESSO DE SEGURANÇA – Documento impresso resultante de processos técnicos combinados com certos segredos de execução gráfica para se evitarem contrafacções.

IMPRESSO EDITORIAL – Cada um dos trabalhos normalmente feitos nas editoras como enciclopédias, obras soltas ou em colecção, volumes, folhetos, fascículos, etc.

IMPRESSO FORA DE CIRCULAÇÃO – Diz-se de uma obra de cuja edição foi tirado um número restrito de exemplares que não foram postos à venda e cujo autor e/ou editor se reservam a distribuição.

IMPRESSO NÃO COMERCIALIZADO – Impresso que não é posto à venda nem oferecido pelo editor para ser vendido.

IMPRESSO NÃO EDITORIAL – Impresso composto por uma ou algumas folhas e não relacionado com a edição bibliográfica ou periodística; engloba trabalhos de relação social (participações, minutas, programas, cartões de visita, avisos, etc.) e comerciais (calendários, correspondência, publicidade, etc.).

IMPRESSO PARA-EDITORIAL – Impresso que, apesar de não ser livro, tem muitas semelhanças com ele, quer pela forma de confecção quer pelo aspecto; inclui as publicações seriadas.

IMPRESSÕES DIGITAIS – Impressão de um ou mais dedos que, em algumas chancelarias, era colocada no verso do selo na cera amolecida, no momento da sua aposição, conferindo-lhe valor de autenticidade.

IMPRESSO-FORMULÁRIO – *Ver* Prospecto.

IMPRESSOR – Pessoa ou colectividade responsável pelas operações materiais da impressão de um documento. Editor • Aquele que exerce o acto da impressão ou o que imprime formas tipográficas. Imprensador. Imprimidor. *Excusor*. Gráfico. Tipógrafo • Condutor de máquinas tipográficas • Industrial de tipografia responsável por todas as publicações saídas da sua oficina.

IMPRESSORA – Máquina de impressão • Aparelho que permite imprimir positivos fotográficos por contacto • Dispositivo que permite escrever numa folha de papel o conteúdo das memórias informáticas: distinguem-se as impressoras térmicas (que aquecem um papel especial para desenhar as letras), as de matrizes (em que a letra é formada por pontos), as de margarida (em que as letras estão dispostas num dispositivo rotativo, como nas máquinas de escrever eléctricas modernas) e as de laser (um processo próximo da fotocópia); a velocidade destas impressoras mede-se em caracteres por segundo.

IMPRESSORA ALIMENTADA COM ROLO DE PAPEL – *Ver* Prensa de bobina.

IMPRESSORA AMPLIFICADORA – Aparelho óptico que permite aumentar a dimensão de uma microimagem e fazer a sua cópia ampliada.

IMPRESSORA CATÓDICA – Unidade de saída que permite diferentes formas de registo sobre microfilme a partir de sinais que provêm de um processador; o microfilme é impressionado pelo feixe de um tubo de raios catódicos.

IMPRESSORA DE AGULHAS – Máquina em que a impressão é feita por meio da percussão de estiletes metálicos sobre fitas que se encontram impregnadas de tinta que, deste modo, é transferida para o papel.

IMPRESSORA DE BAIXA VELOCIDADE – Impressora de computador com uma velocidade inferior às 500 linhas por minuto.

IMPRESSORA DE BARRAS – Impressora cujo elemento de impressão é constituído por uma ou várias barras que compreendem um (ou vários) jogo(s) completo(s) de caracteres.

IMPRESSORA DE BOBINA – Prensa de bobina. Impressora alimentada com rolo de papel.

IMPRESSORA DE COMPUTADOR – Aparelho que imprime texto ou imagem orientada por computador por meio de um programa.

IMPRESSORA DE JACTO DE TINTA – Máquina em que as cabeças impressoras apresentam orifícios através dos quais são emitidos fluxos de tinta que, deste modo, é transferida para o papel.

IMPRESSORA DE LINHAS – Em tecnologia da informação, espécie de máquina de escrever em teclado, que imprime os caracteres linha a linha em vez de imprimir páginas inteiras, como acontece com a impressora laser.

IMPRESSORA DE MARGARIDA – Impressora em que as letras estão dispostas num dispositivo rotativo, que utiliza raios com caracteres que partem de um núcleo central.

IMPRESSORA DE SUBLIMAÇÃO – A que é usada na impressão de textos, através de um mecanismo em que as tintas que se encontram em estado sólido são gaseificadas e nesse estado projectadas sobre o suporte onde solidificam de novo.

IMPRESSORA EM MOSAICO – Máquina que tem capacidade para produzir texto ou imagens cujas dimensões ultrapassam o papel normalizado, imprimindo em proporção a imagem ou o texto; finda a impressão, as folhas impressas deverão reunir-se para que produzam o texto ou a imagem que se pretender.

IMPRESSORA LASER – Instrumento que serve para imprimir e que é dotado de um emissor laser (o canhão), controlado por um computador e que emite um feixe guiado através de um sistema de espelhos móveis, que incidem num cilindro revestido por um produto fotossensível que modifica o seu estado electroestático nos diversos pontos da sua superfície; deste modo são criadas cargas eléctricas que se transmitem ao papel a imprimir, por contacto, atraindo ou repelindo esse papel as partículas de *toner* nos diversos pontos da sua superfície, partículas essas que são depois fundidas e prensadas no papel; o produto final é de muito melhor qualidade do que o das impressoras tradicionais e pode imprimir de ambos os lados do papel.

IMPRESSORA MATRICIAL – *Ver* Impressora por pontos.

IMPRESSORA ÓPTICA – Mecanismo óptico constituído por um sistema de lentes e uma fonte luminosa, que é usado para projectar um original ou película positiva ou negativa sobre um material sensível à luz (em geral o papel), que uma vez revelado produz uma impressão.

IMPRESSORA POR LINHAS – Tipo de impressora de computador que num único período de máquina imprime uma linha inteira de caracteres.

IMPRESSORA POR PÁGINA – Impressora na qual a impressão de uma página se efectua no decurso de um ciclo constante. A velocidade de impressão exprime-se no número de páginas por unidade de tempo.

IMPRESSORA POR PONTOS – Impressora por linhas, que forma os caracteres no papel por meio da pressão de fios metálicos seleccionados, situados numa matriz de pontos, numa fita com tinta. Impressora matricial.

IMPRESSORA TÉRMICA – Máquina usada na impressão de textos por meio da fusão de ceras.

IMPRESSÓRIO – Relativo à arte impressória, à tipografia • Caixilho para a impressão de positivos fotográficos.

IMPRESSOR-LITÓGRAFO – Operário que trabalha com máquinas do sistema litográfico ou *offset*.

IMPRESSOR-LIVREIRO-EDITOR – Por vezes as três actividades coincidiam num mesmo indivíduo, quando aquele que imprimia acumulava igualmente a função de vender o produto (com frequência na própria oficina, como pode observar-se em alguns pés de imprensa de livros antigos) com a qualidade de editor, ou seja, arriscando o seu dinheiro na edição, facto que podia correr bem ou não;

esta circunstância era mais rara, pelo menos no século XVI, uma vez que os impressores poucas vezes assumiam este risco, preferindo ser apoiados pelo mecenato ou então editando obras que, à partida, teriam compradores garantidos.

IMPRESSOR-TIPÓGRAFO – Operário que trabalha com máquinas de impressão tipográfica.

IMPRESSUM EST (loc. lat.) – Foi impresso, expressão latina que precede o nome do impressor.

IMPRIMATUR (pal. lat.) – Quer dizer "imprima-se" e era a palavra colocada pela autoridade eclesiástica nos manuscritos destinados à impressão, depois de devidamente examinados; era impressa após novo exame no verso do rosto ou anterrosto, atestando assim, que a impressão da obra fora autorizada pelo poder, geralmente o religioso; podia ser igualmente utilizada a expressão *nihil obstat*. *Approbatio*. Aprovação. Autorização para imprimir. Visto.

IMPRIMEBAT (pal. lat.) – Termo latino que precede o nome do tipógrafo ou impressor.

IMPRIMERE (pal. lat.) – Termo usado desde a Antiguidade para designar o acto de marcar ou gravar na cera das tabuinhas os sinais gráficos da escrita, ou seja, significando escrever, gravar, dada a acção do *stilus* na cera.

IMPRIMI POTEST (loc. lat.) – Expressão que exprime autorização para publicar uma obra concedida por uma dignidade religiosa e que se encontra geralmente no verso da página de título ou da de antetítulo.

IMPRIMIBILIDADE – Capacidade para ser impresso.

IMPRIMIDOR – *Ver* Impressor.

IMPRIMIR – Marcar em qualquer superfície, mediante pressão exercida por máquina própria, as palavras e imagens dadas por forma tipográfica, clichés, pedras e placas litográficas, gravuras heliográficas, etc. • Editar • Publicar • Estampar • Tirar.

IMPRIMIR O RABO – Em gíria tipográfica é verificar o número de folhas que se estragaram durante a tiragem, substituindo-as por outras.

IMPRIMISSÃO – Forma arcaica de impressão. *Ver* Impressão.

IMPRIMÍVEL – Diz-se do que se pode imprimir.

IMPRINT (pal. ingl.) – Marca deixada por um objecto ao ser pressionado em ou sobre alguma coisa. Impressão • Carimbo. Cunho • Estampa • Imprimir • Carimbar.

IMPUBLICÁVEL – Que não pode ou não deve publicar-se.

IMPULSOR – Mecanismo do linótipo que transporta as matrizes do prisma do guindaste para a caixa selectora que as envia aos fusos distribuidores.

IN-4º, IN-8º, etc. – *Ver* Formato in-4º, formato in-8º, etc.

IN ASSERIBUS (loc. lat.) – Literalmente significava "em tábuas", ou seja, designava na Idade Média as obras cujos cadernos se encontravam semi-encadernados ou cosidos solidariamente e unidos por pastas de madeira ainda não revestidas a couro.

IN EXTENSO (loc. lat.) – Na íntegra, por extenso; indica que o trabalho foi reproduzido sem qualquer mutilação e na sua escrita ou cópia não foram usadas quaisquer abreviaturas.

IN FINE (loc. lat.) – No fim.

IN-FÓLIO – *Ver* Formato in-fólio.

IN INTEGRUM (loc. lat.) – Na íntegra, inteiramente.

IN LIMINE (loc. lat.) – No limiar. No princípio. No começo.

IN MEDIA RES (loc. lat.) – No meio das coisas • No âmago do assunto. No meio dos acontecimentos. Na epopeia assinala um processo deliberado de modificar a ordem dos acontecimentos da história ao nível do discurso, de tal modo que o narrador começa por relatar acontecimentos já numa fase adiantada da acção, usando depois uma analepse para contar aqueles que faltam e que são necessários para o seu entendimento.

IN MEMORIAM (loc. lat.) – Em memória de; conjunto de textos publicados como homenagem a uma personalidade desaparecida. Homenagem. Obra comemorativa.

IN NOMINE (loc. lat.) – Nominalmente. Em nome de.

IN OVO (loc. lat.) – No ovo. Em embrião. No princípio • Para aparecer; diz-se da publicação que está para sair.

IN PERPETUAM REI MEMORIAM (loc. lat.) – Para perpetuar a memória da coisa. Para lembrança eterna do acontecimento.

IN PERPETUUM (loc. lat.) – Para sempre.

IN-PLENO (pal. lat.) – *Ver* Formato in-pleno.

IN PONTIFICALIBUS (loc. lat.) – Expressão que caracteriza os selos episcopais e de outros dignitários onde a figura é representada com a mitra cingida e as sandálias de pescador, empunhando o báculo na mão direita e segurando na mão esquerda um livro fechado junto ao peito.

IN QUATERNIS (loc. lat.) – Expressão antiga usada para designar obras ainda por encadernar, reunidas em cadernos mas sem qualquer encadernação.

IN SILENTIO (loc. lat.) – Designação atribuída à leitura em voz baixa, ponto de partida para a meditação e meio de memorização. Leitura silenciosa.

IN SITU (loc. lat.) – No próprio sítio. No local.

IN TERMINIS (loc. lat.) – Em último lugar.

INACESSIBILIDADE – Qualidade daquilo que não pode alcançar-se, conseguir-se ou que não é de fácil acesso.

INACESSÍVEL – Diz-se daquilo a que não há acesso possível ou fácil • Incompreensível.

INALIENABILIDADE – Atributo dos arquivos públicos que não permite a cedência ou transferência dos seus fundos documentais a terceiros.

INAPLICÁVEL – Que não se aplica • Despropositado • Irrelevante.

INC. – Abreviatura da palavra *incidit* (talhou, gravou), que aparece em geral nas gravuras colocada após o nome do gravador.

INCARNAÇÃO – *Ver* Encarnação.

INCAUSTUM (pal. lat.) – Palavra datada do final do século IV onde, numa obra denominada *De medicamentis* de Marcellus Empiricus é relacionada com a noz de galha: *gallas, de quibus incaustum fit*. O mesmo que *atramentum*; o termo *incaustum*, sobretudo na forma menos correcta *encaustum*, suplantou *atramentum* no uso corrente durante grande parte da Idade Média. Tinta.

INCHAÇO – Em encadernação, nome dado ao aumento de espessura nos vincos das secções causado por linha de coser, ar e reparações.

INCIDIT (pal. lat.) – Palavra que significa "gravou", "esculpiu", palavra que subscrevia uma gravura e era colocada depois do nome do gravador da chapa; era mais frequentemente usada a palavra *sculpsit* muitas vezes abreviada para *sc.* ou *sculp.*; esta expressão estava geralmente associada a uma outra nota relativa à autoria do desenho formulada pela palavra *pinxit*, isto é, "pintou" ou *delineavit*, "desenhou".

INCINERAÇÃO – Eliminação voluntária de documentos por combustão.

INCIPIT (pal. lat.) – Principia, começa, primeiras linhas de um texto, sobretudo nos manuscritos e incunábulos, onde vêm mencionados muitas vezes o título e autor da obra; numa notícia ou numa referência bibliográfica de um texto, inclusivamente de um texto musical anónimo, a frase inicial ou *incipit* é transcrita para servir de cabeçalho quando o documento não pode ser identificado univocamente; o *incipit* é muito usado também na transcrição de poesia sem título, bulas ou outros documentos, apresentando-se muitas vezes escrito em cor vermelha, a fim de se salientar do resto do texto. No final da obra encontrava-se geralmente o *explicit*.

INCIPIT LIBER (loc. lat.) – Fórmula com o significado de «aqui começa o livro» usada nos incunábulos e que pertence à terminologia já usada nos códices manuscritos, tendo os impressores dos primeiros livros impressos adoptado a fórmula com que o copista iniciava o texto, escrita em letra de uma cor diferente, geralmente a vermelha.

INCIPITÁRIO – Inventário dos manuscritos ou textos impressos que contêm *incipit*, ordenado segundo a ordem alfabética das primeiras palavras do *incipit* de cada um deles; este método é adoptado em obras anónimas e desprovidas de título.

INCIPIT-REFERÊNCIA – Designação atribuída às primeiras palavras de uma folha escolhida ao acaso (em geral a segunda excluindo as guardas); elas permitem identificar um determinado exemplar de um texto.

INCISÃO – Operação pela qual um documento, depois de dobrado é cortado à tesoura nas dobras, provocando assim alguns cortes no suporte.

INCISO – Frase de pequenas dimensões que interrompe o sentido de uma outra dentro da qual se situa • Processo pelo qual o desenho é gravado numa placa após o que é revestido de tinta • Diz-se do tipo cujas formas se inspiram nas inscrições de monumentos romanos da Antiguidade e que apresenta serifas triangulares, que se alargam a partir da espessura das hastes • Subdivisão de um artigo da lei que, por sua vez, pode ser subdividido em alíneas.

INCISUM (pal. lat.) – Pausa, cesura • Por extensão de sentido, vírgula.

INCLUÍDO – Documento contido num outro documento • Inserto, inserido. Incluso. Junto.

INCLUIR UM LIVRO NO *INDEX* – Proibição da circulação de um livro feita pela autoridade civil ou religiosa através da sua inclusão na lista dos livros proibidos, o *Index Librorum Prohibitorum*.

IN-CM – Sigla que designa a Imprensa Nacional-Casa da Moeda.

INCOMPARÁVEL – Designação antiga do corpo 6.

INCOMPLETO – Diz-se do exemplar ao qual falta algum ou alguns dos elementos constitutivos que, por qualquer motivo (censura, descuido, manuseamento deficiente, mutilação propositada ou outra razão) desapareceram.

INCONCLUSO – Diz-se de um escrito, trabalho ou obra que não chegou a ser concluído. Incompleto. Inacabado.

INCORPORAÇÃO – Inclusão de um fundo documental num outro previamente existente, de cujo corpo passa a fazer parte.

INCORPORAÇÃO COMPLEMENTAR – Integração que vai completar um fundo documental cuja guarda foi confiada a um depósito de arquivos.

INCORPORAÇÃO DOCUMENTAL – Integração de documentos e/ou arquivos, nos termos e prazos definidos por lei, por um arquivo do qual se tornam propriedade. Integração. (port. Bras.) Juntada. Recolhimento • Em preservação digital, *Ver* Ingestão.

INCORPORAÇÃO POR SEQUESTRO – Inclusão de um fundo documental de um particular, seja qual for a forma que ele assuma, numa biblioteca, arquivo, serviço de documentação, etc., a partir de uma decisão judicial ou outra forma compulsiva.

INCORPORADO – Diz-se do documento ou fundo bibliográfico que foi inserido por disposição legal, testamentária ou de outra índole num organismo ou instituição oficial.

INCORPORAR – Arquivar documentos que deixam de pertencer a uma instituição ou organismo estatal, por obrigatoriedade legal.

INCORRECÇÃO – Qualidade do que não é correcto • Facto não correcto. Erro.

INCORRECTO – Erróneo. Não correcto.

INCRUSTAÇÃO – Em encadernação, técnica ornamental usada para inserir materiais de várias naturezas e cores diversos daqueles que constituem a encadernação propriamente dita.

INCRUSTADO – *Ver* Embutido.

INCULCAÇÃO – Acto e efeito de inculcar.

INCULCAR – Juntar demais as letras ou palavras.

INCUNABLE SHORT-TITLE CATALOGUE (loc. ingl.) – Também conhecido sob a sigla *ISTC*, é o catálogo de títulos abreviados de incunábulos, designação pela qual é conhecida a base de dados britânica da qual fazem parte os registos bibliográficos de todas as obras que foram impressas em todo o mundo com tipos móveis antes de 1501.

INCUNABULISTA – Perito em incunábulos. Conhecedor de incunábulos. Estudioso de incunábulos • Coleccionador de incunábulos.

INCUNABULÍSTICA – *Ver* Incunabulogia.

INCUNÁBULO – Documento impresso mediante a utilização de caracteres móveis nos primórdios da tipografia (cerca de 1455) até 1500, inclusive; caracteriza-se pela ausência de página de título na maior parte dos casos iniciando-se o texto, geralmente disposto a duas colunas, directamente na primeira página; os dados relativos ao pé de imprensa encontram-se sempre no cólofon; os incunábulos são normalmente foliados ou não existe qualquer numeração nem assinaturas de cadernos ou reclamos; o texto apresenta muitas abreviaturas e contracções e, por economia de espaço, não tem pontuação; por vezes contém letras iniciais ornamentadas à mão ou o lugar em branco a tal destinado; as semelhanças com o manuscrito são bem evidentes, pelo menos

nos incunábulos mais antigos. A ausência de página de título, exceptuando alguns casos, vai fazer-se sentir até cerca de 1495; o título aparece pela primeira vez sob uma fórmula discreta por volta de 1476, muito abreviado, abrangendo apenas uma ou duas linhas, pelo que o texto começa logo na primeira página; a maior parte dos incunábulos é impressa em formato in-fólio, com o texto disposto a duas colunas ou a uma só medida; a marca tipográfica é cedo impressa após o cólofon, enquanto que a marca do editor é colocada na primeira página logo que se constitui a página de título, nos finais do século XV • Nome dado a cada um dos primeiros livros impressos; os incunábulos mais antigos são também denominados paleótipos. A tradução portuguesa da *Vita Christi*, impressa em Lisboa, em 1495, a mandado da rainha D. Leonor, mulher de D. João II, pelos impressores da sua casa Nicolau de Saxónia e Valentim Fernandes foi tida, durante muito tempo, como o primeiro livro impresso em língua portuguesa; no entanto, alguns anos depois do aparecimento do *Sacramental*, impresso sem data e ao qual Inocêncio atribuiu a de 1488, veio a apurar-se que o *Tratado de Confissom*, impresso em Chaves e datado de 8 de Agosto de 1489 terá sido a única obra deste período com lugar e data certos redigida em linguagem, ou seja, em português; o único exemplar conhecido do *Sacramental* é pertença da Biblioteca Nacional do Rio de Janeiro e o *Tratado de Confissom* pertence à Biblioteca Nacional de Portugal • Os incunábulos costumam dividir-se em xilográficos ou tabulares – os livros-bloco – e tipográficos, aqueles que são compostos com tipos móveis. O limite da data de 1500 usado para que um livro seja considerado incunábulo foi proposto pelo jesuíta francês Philippe Labbé na sua obra *Nova bibliotheca librorum manuscriptorum* e aceite como data convencional a partir de então; as obras impressas de Janeiro de 1501 a 1510 são denominadas pós-incunábulos.

INCUNÁBULO TABULÁRIO – Livro xilográfico. Incunábulo xilográfico.

INCUNÁBULO XILOGRÁFICO – Livro xilográfico. Incunábulo tabulário.

INCUNABULOGIA – Ciência que estuda e descreve os primeiros livros impressos, conhecidos como incunábulos.

INCUNABULUM (pal. lat.) – Termo usado no século XVII com o significado de "relacionado com o berço", passou a designar nessa época o livro impresso antes de 1501. *Ver* Incunábulo.

ÍND. – Abreviatura de índice.

INDECIFRÁVEL – Que não é compreendido • Original que não consegue ler-se.

INDELÉVEL – O que não pode apagar-se • Permanente. Eterno.

INDENTAÇÃO – Espaço em branco com que abre a primeira linha de um parágrafo vulgar. O hábito de deixar um espaço inicial após um parágrafo terá tido origem nos manuscritos medievais, onde este espaço se destinava à posterior pintura da inicial historiada, costume este que depois transitou para os incunábulos; a decoração deste espaço por vezes nunca chegou a efectuar-se, pelo que hoje podemos observar ainda esse branco em alguns manuscritos e incunábulos; quando a tipografia começou a vulgarizar-se, o hábito estava radicado e continuou a reservar-se esse espaço, tanto mais que fazia ressaltar algumas partes do texto; a tendência hoje é para fazer desaparecer esta recolha. Entrada. Claro de abertura. Claro de entrada.

INDENTADO – Diz-se de um texto que apresenta um claro no início da primeira linha de um parágrafo. Recolhido • Diz-se de um quirógrafo cortado em dentes de serra.

INDENTAR – Deixar um branco no início da primeira linha de um parágrafo. Deixar um claro na abertura ou entrada de um parágrafo.

INDENTURA – Espaço deixado em branco pelo recuo do texto no início de um parágrafo.

INDEPENDÊNCIA – Qualidade do que usufrui de autonomia total, sem estar submetido às determinações nem às leis de outrem, seja o Estado ou qualquer outra pessoa ou poder; é indispensável a quem, como os jornalistas da imprensa periódica, se dedica a relatar factos, por vezes controversos, que de outro modo poderiam ser manobrados a fim de veicular ideias do próprio jornalista ou de uma associação política ou religiosa a que ele pertence. Isenção. Imparcialidade.

INDEPENDÊNCIA DA PROTECÇÃO – Princípio fundamental da Convenção de Berna consagrado no *Código do Direito de Autor* (artº 64º), segundo o qual o *gozo e o exercício dos Direitos de Autor são independentes da existência de protecção no país da origem da obra*.

INDEPENDENTE – Diz-se do folheto ou livro que foi publicado sozinho, mas que foi depois incluído com outros sob uma mesma encadernação; ao conjunto de folhetos e livros independentes assim reunidos costuma atribuir-se a designação de miscelânea.

ÍNDEX – Que indica. Que anuncia • Catálogo. Lista. Tabela. Índice • Inscrição • Título de um livro.

INDEX (pal. lat.) – *Ver* Índex.

INDEX BIBLIOTHECÆ (loc. lat.) – Designação atribuída aos catálogos de livros existentes numa determinada biblioteca pública ou privada; no século XIX os catálogos de livros estavam na moda, devido ao facto de representarem a possibilidade de sintetizar todas as existências do acervo de uma biblioteca numa única obra.

INDEX CENSÓRIO – *Ver Index Librorum Prohibitorum*.

INDEX EXPURGATORIUS (loc. lat.) – *Ver Index Librorum Prohibitorum*.

INDEX INDICUM (loc. lat.) – Conjunto dos instrumentos de trabalho de um arquivo, do qual constam os índices, inventários e relações.

INDEX LIBRORUM EXPURGANDORUM (loc. lat.) – *Ver Index librorum prohibitorum*.

INDEX LIBRORUM PROHIBITORUM (loc. lat.) – Índice de livros proibidos. Rol dos livros cuja leitura a Igreja católica interditava aos seus fiéis, por contrariarem os dogmas ou a moral cristã; estes livros não podiam ser importados para países onde o controlo da Igreja católica era considerável; a lista desses livros era comummente chamada "*Index*" ou "*Index Expurgatorius*". Eram dados a conhecer por meio de volumes com valor universal elaborados em Roma ou nos respectivos países pela Inquisição. O primeiro foi promulgado oficialmente em 1559 por Paulo IV e foi impresso em Roma por Antonio Blado, tendo sido reformado e publicado de novo em 1564 por ordem de Pio IV, desta vez editado por Paolo Manuzio.

INDEX MEDICUS (loc. lat.) – Lista de referências dos principais artigos que são editados em publicações periódicas da área das Ciências Biomédicas de todo o mundo.

INDEX RERUM (loc. lat.) – *Ver* Índice ideográfico.

INDEX RERUM ET VERBORUM (loc. lat.) – Expressão muito frequente no livro antigo com o sentido de índice de coisas e palavras, uma lista e definição dos conteúdos abordados nas obras em que figurava.

INDEX TRANSLATIONUM (loc. lat.) – Lista de todas as traduções que são feitas, publicada pela *UNESCO*, para orientação de bibliógrafos e editores.

INDEXAÇÃO – Segundo a *UNESCO* é o processo que consiste em descrever e caracterizar um documento com a ajuda de representações dos conceitos nele existentes, com a finalidade de facultar uma pesquisa eficaz das informações contidas num fundo documental • Segundo a NP 3715, 1989, é "a acção que consiste em descrever ou caracterizar um documento relativamente ao seu conteúdo, representando esse conteúdo numa linguagem documental" • Segundo a *UNISIST*, 1975, "operação que consiste em descrever e caracterizar um documento com base nas representações dos conceitos contidos nesse documento, transcrevendo-os numa linguagem documental. A transcrição numa linguagem documental faz-se graças a instrumentos de indexação, tais como *thesauri*, classificações, etc." • Instrumento ao serviço de uma função, a pesquisa documental • Operação que consiste em recuperar, seleccionar e exprimir os conceitos contidos nos documentos; trata-se de uma operação de descrição interna, cujo objecto é o conteúdo intelectual dos documentos; através dela, as informações seleccionadas nos documentos são expressas por meio de termos de indexação pertencentes a uma ou a várias linguagens documentais. As suas principais etapas são a determinação do conceito ou conceitos fundamentais do documento, a identificação dos elementos do conteúdo a descrever e a extracção dos termos correspondentes, a verificação da pertinência dos termos, a sua tradução em linguagem documental, a verificação da pertinência da descrição feita e a formalização dessa descrição, de acordo com as regras a seguir. Nela são utilizados instrumentos de linguagem combinatória, ao invés do que acontece na classificação, em que são utilizados instrumentos de linguagem hierárquica ou categorial.

INDEXAÇÃO ALFABÉTICA – Extracção e apresentação por ordem alfabética de determinados elementos, como palavras do título, nomes, assuntos, etc. contidos num documento ou numa colecção de documentos, seguidos de uma localização no documento ou colecção de documentos onde estão contidos.

INDEXAÇÃO AUTOMÁTICA – Representação do conteúdo de um documento por selecção automática de palavras ou termos extraídos do seu texto, ou por atribuição automatizada de termos extraídos de uma linguagem documental, que serão utilizados como ponto de acesso do índice, com vista a uma melhor exploração do texto.

INDEXAÇÃO AUTOMÁTICA DERIVADA – Modalidade de indexação automática em que se utiliza um computador para atribuir descritores a um trabalho através da selecção de palavras-chave desse texto, empregando normas previamente definidas. Indexação de extracção automática.

INDEXAÇÃO COORDENADA – Esquema de indexação que combina termos de indexação simples para criar conceitos compostos (por exemplo, os termos "história" e "filosofia" são combinados para criar o conceito "história da filosofia"). Este sistema permite a coordenação de conceitos antes ou durante a pesquisa. Na pré-coordenação as combinações são feitas na fase de entrada e na pós-coordenação as combinações são feitas na fase de saída.

INDEXAÇÃO DE EXTRACÇÃO AUTOMÁTICA – *Ver* Indexação automática derivada.

INDEXAÇÃO DERIVADA – Método de indexação que parte do texto ou do título da obra como lugares preferenciais para a selecção dos descritores e usa para os descritores os termos que encontra, quer num, quer noutro. Indexação por palavras do texto.

INDEXAÇÃO EM CADEIA – Método sistemático e relativamente mecânico de estabelecer o índice alfabético das matérias de um catálogo sistemático, partindo da análise dos símbolos da classificação que exprime cada um dos assuntos • Criação de entradas num índice que é feita tomando como ponto de partida os números de classificação que foram atribuídos aos documentos.

INDEXAÇÃO EM LINGUAGEM LIVRE – Aquela em que os termos de indexação usados para representar os conceitos existentes num documento não são controlados mas expressos numa linguagem natural.

INDEXAÇÃO EM PROFUNDIDADE – Indexação de cada tema específico contido no texto de um documento; contrapõe-se a uma indexação que usa descritores com carácter mais genérico. Indexação profunda.

INDEXAÇÃO HIERÁRQUICA – Registo de um dado simultaneamente sob o descritor genérico e sob o descritor específico.

INDEXAÇÃO POR BLOCOS – Sistema de separação de imagens relacionadas, à medida que elas aparecem na bobina da película, agrupando-as por conjuntos através da utilização de indicadores, que identificam o bloco de microimagens, que contêm a imagem específica que pretende recuperar-se.

INDEXAÇÃO POR CITAÇÃO – Recuperação de documentos através de referências bibliográficas agrupadas aos pares • Sistema que permite recuperar a rede de relações que se estabelecem no interior da literatura científica e, por consequência, encontrar mais facilmente os artigos.

INDEXAÇÃO POR EXCLUSÃO – Sistema de indexação automática baseado no isolamento e eliminação dos termos não significativos ou sem sentido, seleccionando as palavras-chave que vão ser usadas como pontos de acesso do índice e que são processadas como termos de indexação, apresentadas sob a forma de lista.

INDEXAÇÃO POR INCLUSÃO – Modalidade de indexação automática feita por meio de um computador que selecciona palavras-chave no texto dos documentos para que sejam usadas como pontos de acesso de um índice, que incorpora as palavras significativas incluídas numa lista.

INDEXAÇÃO POR PALAVRAS DO TEXTO – *Ver* Indexação derivada.

INDEXAÇÃO PÓS-COORDENADA – Indexação sem ordem pré-estabelecida de termos ou de índices • Sistema de indexação no qual um assunto é analisado nos seus conceitos básicos pelo indexador, mas estes conceitos não são combinados até ao momento da pesquisa, altura em que o investigador os combina.

INDEXAÇÃO PRÉ-COORDENADA – Modalidade de indexação de documentos em que a ordem dos termos ou dos índices está estabelecida segundo uma linguagem documental ou um sistema de indexação; os termos são previamente associados, não ficando esta associação apenas para ser feita pelo investigador no momento da pesquisa.

INDEXAÇÃO PROFUNDA – *Ver* Indexação em profundidade.

INDEXAÇÃO RELACIONAL – Modalidade de indexação na qual os assuntos complexos são estruturalmente representados pela interposição de relações formalmente estabelecidas entre termos.

INDEXADO – Com índice • Alvo de indexação.

INDEXADOR – Pessoa, habitualmente especialista de um dado assunto, cuja tarefa consiste em estabelecer os índices, analisar artigos ou redigir resumos analíticos • Pessoa que faz a indexação de uma obra, documento, artigo, etc. O que indexa.

INDEXAR – Atribuir a um documento, após a sua análise, uma ou várias rubricas identificadoras, num sistema de classificação hierárquica, ou um ou vários descritores, num sistema de indexação coordenada. Indexificar.

INDEXAR DOCUMENTAÇÃO – Operação do circuito documental que consiste em identificar conceitos existentes num documento e em fazê-los representar por linguagem documental.

INDEXIFICAR – *Ver* Indexar.

INDICAÇÃO ADICIONAL – Informação explicativa, tal como data, lugar de nascimento ou residência ou mesmo um título honorífico, acrescentada ao nome de um autor com a finalidade de o distinguir de outro com o mesmo nome.

INDICAÇÃO ADICIONAL DE EDIÇÃO – Menção de que a publicação pertence a uma edição dentro de outra edição, ou informação de que a publicação apresenta diferenças relativamente a outras impressões da edição a que a obra pertence. Indicação de edição adicional.

INDICAÇÃO DA FONTE – *Ver* Citação.

INDICAÇÃO DE AUTOR – Informação relativa a qualquer pessoa ou colectividade responsável pelo conteúdo intelectual ou artístico de uma publicação.

INDICAÇÃO DE *COPYRIGHT* – Referência existente num documento que informa acerca do(s) detentor(es) dos direitos de autor da obra e do ano de obtenção desses direitos; a atribuição é controlada por organismos para isso especialmente habilitados, como a Sociedade Portuguesa de Autores.

INDICAÇÃO DE DEPÓSITO LEGAL – Referência existente num documento que indica o ano em que foi efectuado o seu depósito legal e o número de ordem desse depósito.

INDICAÇÃO DE DIREITO DE CÓPIA – Referência existente num documento, que indica o(s) detentor(es) do direito de autor da obra e o ano de obtenção desse direito.

INDICAÇÃO DE EDIÇÃO – Palavra, frase ou grupo de caracteres indicando que um item pertence a uma edição; é considerada como pertencendo a uma edição ou tiragem se contém diferenças relativamente a outras edições ou tiragens e se é designada como reedição ou reimpressão. O mesmo que menção de edição.

INDICAÇÃO DE EDIÇÃO ADICIONAL – Menção de que a publicação pertence a uma edição dentro de outra edição, ou informação de que a publicação apresenta diferenças relativamente a outras impressões da edição a que a obra pertence. Indicação adicional de edição.

INDICAÇÃO DE EDIÇÃO PARALELA – Menção de edição noutra língua ou escrita, que é muito frequente em países bilingues. Indicação paralela de edição.

INDICAÇÃO DE FUNÇÃO DE DISTRIBUIDOR – Palavra que se destina a indicar a função de um distribuidor, quando a menção de distribuição existente na obra não é clara.

INDICAÇÃO DE ILUSTRAÇÃO – Informação de que a publicação tem estampas, gravuras, desenhos, etc. e/ou uma descrição breve das ilustrações.

INDICAÇÃO DE MATERIAL ACOMPANHANTE – Breve descrição do material que acompanha o item, e que se destina a ser utilizado em conjunto com ele.

INDICAÇÃO DE POSSE – *Ver* Pertence.

INDICAÇÃO DE RESPONSABILIDADE – Nome(s), frase(s) ou grupo de caracteres relacionados com a identificação e/ou função de pessoas ou colectividades responsáveis por ou contribuindo para a criação ou realização do conteúdo intelectual ou artístico de uma obra. As indicações de responsabilidade podem ocorrer em conjugação com títulos (por exemplo: título próprio, título paralelo, título de obras individuais contidas no item, títulos da série ou da subsérie) ou em conjugação com a indicação de edição. O mesmo que menção de responsabilidade.

INDICAÇÃO DE SÉRIE – Em descrição bibliográfica, conjunto de dados considerados fundamentais para a identificação de uma série e de uma ou mais subséries, que inclui o número, letra ou qualquer outro signo indicador da ordem do documento dentro dessa série ou subsérie. O mesmo que menção de série.

INDICAÇÃO DE SUBSÉRIE – Em descrição bibliográfica é o conjunto dos principais elementos que identificam uma subsérie, incluindo a numeração dos diversos itens dentro da subsérie. No caso de o título da subsérie ser dependente do título da série geral, a indicação da subsérie inclui ambos os títulos da série e da subsérie, e pode incluir a designação de subsérie. O mesmo que menção de subsérie.

INDICAÇÃO ESPECÍFICA DA NATUREZA DO DOCUMENTO – Nome da natureza particular do tipo de documento a que a publicação pertence.

INDICAÇÃO GERAL DA NATUREZA DO DOCUMENTO – Termo que indica, de um modo geral, o tipo de documento a que a publicação pertence.

INDICAÇÃO PARALELA DE EDIÇÃO – Menção de edição noutra língua ou escrita, que figura na publicação e que é muito comum em países bilingues. Indicação de edição paralela.

INDICADOR – Em catalogação em sistemas automatizados, formato *UNIMARC*, é o símbolo (numérico ou alfanumérico) associado a um campo variável e que dá informação suplementar acerca do conteúdo do campo, das relações entre esse campo e outros campos do mesmo registo ou acerca de operações que o computador deve executar no processamento de certos dados • Informação codificada num microfilme em bobina, com a finalidade de facilitar a localização rápida das imagens de documentos • Sinal tipográfico • Directório • *Ver* Mão.

INDICADOR DA FONTE – Indicativo, símbolo ou marca convencional, que identifica a procedência da qual um determinado dado é extraído.

INDICADOR DA LÍNGUA – Indicativo ou símbolo usado para identificar a língua a que pertence um termo.

INDICADOR DAS UNIDADES – Secção graduada colocada no alto da roda das unidades do teclado do monótipo, que serve em combinação com esta e o tipómetro, para marcar as unidades abaixo de nove, que ocorrem na medida.

INDICADOR DE AUTOR – Símbolo que se segue ao número de classificação de um documento bibliográfico e que representa o nome da pessoa ou entidade que figura como cabeçalho da entrada principal; usa-se para facilitar a ordem alfabética pelo nome da pessoa ou instituição responsável pelo conteúdo dos documentos bibliográficos com o mesmo número de classificação.

INDICADOR DE CAMPO – Em formato *UNIMARC*, símbolo numérico associado a um campo variável e que fornece informação adicional sobre o conteúdo do campo, as relações entre esse campo e outros campos do mesmo registo ou as operações que o computador deve executar no processamento de certos dados.

INDICADOR DE FACETAS – Em classificação, símbolo constituinte de uma notação, que indica a faceta seguinte.

INDICADOR DE FICHEIRO – Carácter acrescentado a um registo bibliográfico legível por máquina para controlar a ordem de ficheiro dos dados num campo, como um carácter que indique a supressão do artigo inicial ao arquivar.

INDICADOR DE FUNÇÃO – Símbolo ou signo que não aparece num tesauro e que se junta a um descritor quando ele é usado, para indicar em que sentido é empregado. São indicadores de função: títulos nobiliárquicos, cargos públicos, ordens e cargos religiosos.

INDICADOR DE LOCALIZAÇÃO – Num índice, informação que é colocada depois do ponto de acesso ou do subponto de acesso para indicar qual é a parte do documento ou o documento que contém a informação à qual diz respeito e para a qual remetem • Cota.

INDICADOR DE RELAÇÃO – Símbolo específico que indica uma determinada relação na sequência dos elementos de um índice.

INDICADOR DE SENTIDO – Símbolo auxiliar que pode ser escolhido de uma lista especial e que é colocado junto de um descritor para indicar em que sentido este é utilizado.

INDICADOR DO PAÍS – Indicador ou símbolo que identifica um país.

INDICADORES DE EFICÁCIA – *Ver* Indicadores de rendimento.

INDICADORES DE RENDIMENTO – Expressão usada em avaliação de serviços como medida para comparar e avaliar o grau em que foram cumpridos os objectivos a atingir por uma biblioteca, arquivo, serviço de documentação, etc. Indicadores de eficácia.

INDICÇÃO – Sistema cronológico do qual é necessário possuir a chave para a leitura das inscrições depois do século VI e os textos de história depois de Constantino (306-337) • Período de tempo ou unidade de quinze anos cujo cômputo se emprega nas bulas pontifícias e foi introduzido no tempo de Constantino • Período de 15 anos.

ÍNDICE – Documento secundário que apresenta uma lista ordenada de termos seleccionados a partir de um documento, (nomes das pessoas, lugares, matérias ou outros) com uma indicação que permite localizá-los no mesmo documento; um índice pode constituir um documento independente, um anexo, ou uma fonte de um documento; os índices podem ser gerais ou específicos (por nome de pessoas, lugares, etc.). Se as rubricas do índice são apresentadas de acordo com a ordem lexicográfica (a do dicionário) o índice designa-se alfabético, se são apresentadas de acordo com uma ordem de frequência decrescente designa-se hierárquico • Guia sistemático do conteúdo de um catálogo, de um documento ou de um grupo de documentos, que consiste numa lista de termos ou de outros símbolos que representam o conteúdo e as referências, o número de páginas, os números de código, etc. colocados de uma forma ordenada e que servem para aceder ao catálogo ou aos documentos • Em arquivística, lista ordenada de nomes de pessoas ou lugares, assuntos ou datas, contidos nos documentos de arquivo ou instrumentos de descrição, acompanhados das correspondentes referências de localização ou cotas • Representação de uma noção com auxílio da notação própria de uma classificação • Antigamente designava-se índice a lista ou enumeração dos capítulos ou dos assuntos que uma obra continha; hoje designa-se sumário • Letra, número ou sinal de tamanho menor que se usa em matemática e se coloca na parte superior da linha • Nome dado à notação • Obra de referência que indica ao utilizador onde pode encontrar a informação • Em classificação, lista alfabética de todos os termos encontrados no esquema classificativo e nas tabelas auxiliares devendo registar também sinónimos e referências de termos.

ÍNDICE ABREVIADO – Aquele em que apenas são consideradas as partes mais significativas de uma obra em vez de todas as divisões que a compõem. Índice resumido.

ÍNDICE ACUMULADO (port. Bras.) – *Ver* Índice cumulativo.

ÍNDICE ALFABÉTICO – Aquele que apresenta os nomes dos autores, assuntos ou outros contidos na obra , segundo a ordem das letras do alfabeto • Elemento de uma classificação que retoma todas as noções ordenando-as segundo as letras do alfabeto.

ÍNDICE ALFABÉTICO DAS RUBRICAS DE MATÉRIA – Lista de termos a seleccionar para designar o ou os assuntos contidos numa obra acompanhados da respectiva localização nela.

ÍNDICE ALFABÉTICO DE ASSUNTOS – Lista de assuntos que se encontram ordenados segundo as letras do alfabeto.

ÍNDICE ALFABÉTICO ESTRUTURADO – Aquele em que os descritores e não-descritores se encontram ordenados alfabeticamente; cada descritor apresenta consigo o conjunto total das suas relações semânticas hierarquizado.

ÍNDICE ALFABÉTICO-SISTEMÁTICO – Lista em que as rubricas que a constituem são agrupadas por assunto e subclassificadas alfabeticamente.

ÍNDICE AMPLIADO DE PALAVRAS-CHAVE – Índice automático, preparado através da selecção informática de palavras-chave, que uma pessoa comprovou e aumentou.

ÍNDICE ANALÍTICO – Índice cujas entradas não foram ordenadas numa única sequência alfabética, mas em que o assunto da obra está dividido num certo número de pontos de acesso principais e estes, por sua vez, estão subdivididos tal como é necessário, sendo cada sequência de entradas ordenada alfabeticamente • Índice alfabético de assuntos para informação em artigos de conotação mais ampla do que os encabeçamentos de assunto, tal como numa enciclopédia • Índice classificado de matérias sobre assuntos específicos como num livro de referência.

ÍNDICE ANTROPONÍMICO – Lista de nomes de pessoas que aparecem numa obra ou publicação; é organizada por ordem alfabética ou metódica dos nomes e referida à página em que eles aparecem no texto. Índice onomástico. Índice antroponomástico.

ÍNDICE ANTROPONOMÁSTICO – Índice de nomes de pessoas. Índice onomástico. Índice antroponímico.

ÍNDICE ANUAL – Índice periódico publicado ano a ano.

ÍNDICE ASSINDÉTICO – Índice sem referências cruzadas.

ÍNDICE BIBLIOGRÁFICO – Catálogo em que estão ordenados alfabética ou cronologicamente os nomes dos autores ou os títulos das obras existentes numa biblioteca, etc. ou uns e outros • Lista unificada compreendendo todas as referências bibliográficas contidas numa obra. Bibliografia.

ÍNDICE BIOGRÁFICO – Obra que indica as monografias, periódicos e outras fontes onde podem encontrar-se as informações sobre uma determinada pessoa.

ÍNDICE CLASSIFICADO – Aquele em que os tópicos estão agrupados sob assuntos genéricos dos quais formam parte. Índice sistemático.

ÍNDICE COMPARATIVO – *Ver* Concordância.

ÍNDICE COMPOSTO – Índice classificado que designa dois ou vários assuntos ligados entre si por símbolos próprios de cada sistema de classificação.

ÍNDICE CONCEPTUAL – *Ver* Índice de assuntos.

ÍNDICE CORRELATIVO – Índice publicado periodicamente, em que são retomados os elementos das edições anteriores, mantendo a mesma ordem de apresentação. Permite fazer a selecção de documentos ou das suas referências por correlação de palavras, números ou outros símbolos, que em geral não estão relacionados numa organização hierarquizada.

ÍNDICE CRONOLÓGICO – Aquele que apresenta uma lista ordenada das datas e sucessos contidos num texto; é muito usado em obras de história.

ÍNDICE CRUZADO – Índice de entradas sob vários pontos de acesso para o mesmo item, quando tal se revela necessário.

ÍNDICE CUMULATIVO – Índice que reúne os elementos de dois ou mais índices do mesmo tipo referentes a partes distintas de uma publicação • Lista unificada, publicada periodicamente, integrando numa única ordem alfabética os elementos novos e os elementos antigos das anteriores, elaborada com a finalidade de facilitar a pesquisa retrospectiva da informação • Lista unificada proveniente da fusão de vários índices independentes. (port. Bras.) Índice acumulado.

ÍNDICE DE ACTIVIDADE – Relação entre os registos utilizados e actualizados e o total de registos existentes no ficheiro, em sistemas de pesquisa e armazenamento de informação. Rácio de actividade.

ÍNDICE DE ANUNCIANTES – Relação das empresas, produtos, etc., que são apresentados numa obra com intuitos publicitários, elaborada para facilitar ao leitor a sua utilização.

ÍNDICE DE ASSUNTOS – Índice ideográfico. Índice de matérias. Índice conceptual. Nele pode pesquisar-se por assunto o conteúdo do documento ou documentos a que diz respeito, estando os pontos de acesso organizados alfabeticamente ou segundo uma qualquer outra ordem lógica.

ÍNDICE DE AUTORES – Aquele em que os pontos de acesso são constituídos pelos nomes das organizações ou pessoas responsáveis pelo conteúdo intelectual da obra ou obras a que pertence o índice.

ÍNDICE DE AUTORES E TÍTULOS – Índice no qual os pontos de acesso são os nomes das pessoas e/ou entidades responsáveis pelo conteúdo intelectual da obra ou obras que nele figuram e dos seus títulos, ordenados alfabeticamente numa única sequência ou separados.

ÍNDICE DE AUTOR-TÍTULO – Aquele que tem entradas sob o nome dos autores e sob os títulos, numa ou em duas sequências alfabéticas.

ÍNDICE DE CABEÇALHOS – Informação acrescentada a uma notícia bibliográfica de todos os pontos de acesso sob os quais um documento pode ser pesquisado.

ÍNDICE DE CAPÍTULOS – Aquele em que os temas tratados estão expostos pela mesma ordem em que aparecem na obra; contém o número do capítulo, o seu título, subtítulo ou resumo, se o tiver, e a indicação da página. Sumário. Tábua de conteúdo.

ÍNDICE DE CITAÇÕES – Índice de artigos indexados de acordo com as palavras que o seu autor referiu ou citou; o índice mais conhecido deste tipo é o *Science Citation Index (SCI)*, uma publicação multidisciplinar bimensal do *Institute for Scientific Information*, de Filadélfia (*USA*); cobre cerca de 4000 publicações periódicas científicas, monografias, actas de conferências, etc. • Índice que, sob cada elemento de referência do documento original, fornece uma lista de referências de outros documentos anteriormente publicados, que tratam do mesmo assunto ou de assunto próximo.

ÍNDICE DE COLAÇÃO – Conjunto dos filetes, marca na lombada dos cadernos de um livro, cada um dos quais ocupa, a partir do primeiro, uma posição inferior e mais interna que o anterior, o que permite comprovar o alçado, por um simples olhar; têm a mesma função que os reclamos e as assinaturas de cadernos, ou seja, assegurar a sucessão correcta dos cadernos antes da encadernação.

ÍNDICE DE CONTEÚDO – *Ver* Sumário.

ÍNDICE DE DEDO – Aquele que, por meio de cortes arredondados do feitio da polpa de um dedo feitos no corte lateral do livro, deixa ver a indicação da letra na margem da primeira página que lhe corresponde; é usado especialmente em dicionários, anuários, agendas e listas telefónicas; destina-se a facilitar a consulta e a aumentar a eficácia da pesquisa. Índice digital. Índice de unha • Ainda hoje se pode encontrar nos missais e outras obras usadas na liturgia da Igreja católica um outro sistema rápido de busca de um texto a ler no decurso de uma cerimónia e que está assinalado por pequenos botões feitos em fio de seda ou de ouro, colocados no corte do volume, permitindo aceder rapidamente ao início do Cânon da missa, à leitura da Epístola, do Evangelho, etc.

ÍNDICE DE ESTAMPAS – Enumeração das estampas de uma obra, acompanhada da indicação das páginas em que aparecem; o índice de estampas costuma ser colocado no início do livro a que diz respeito.

ÍNDICE DE EXAUSTIVIDADE – Medida da profundidade de uma pesquisa bibliográfica • Relação existente entre o número de obras pertinentes que foram recuperadas numa pesquisa bibliográfica e o número contido nas fontes que foram consultadas durante essa pesquisa.

ÍNDICE DE FICHAS – Aquele que é escrito ou impresso em peças rectangulares de cartolina e mantido numa gaveta, em geral com as extremidades unidas por um puxador.

ÍNDICE DE FIGURAS E QUADROS – Relação das figuras e dos quadros apresentados numa obra, elaborada para facilitar ao leitor a consulta da mesma.

ÍNDICE DE FONTES – Índice bibliográfico que divulga fontes de informação; além de publicações pode também incluir pessoas e organizações que foram consultadas para a realização e apresentação do trabalho a que diz respeito.

ÍNDICE DE GRAVURAS – Lista ordenada e eventualmente numerada das ilustrações que figuram num documento, com indicação das páginas onde elas se localizam. Índice de ilustrações. Índice de imagens.

ÍNDICE DE IDENTIFICADORES – Lista alfabética de nomes (próprios, de instituições, etc.) e topónimos que são usados frequentemente na instituição que utiliza um tesauro; a sua designação provém do facto de os termos que o constituem se limitarem a identificar os nomes de pessoas, instituições, etc.

ÍNDICE DE ILUSTRAÇÕES – Lista ordenada e eventualmente numerada dos desenhos que figuram num documento, com indicação das páginas ou das colunas onde essas ilustrações se localizam. Índice de gravuras.

ÍNDICE DE IMAGENS – *Ver* Índice de gravuras.

ÍNDICE DE IRRELEVÂNCIA – Em pesquisa bibliográfica, índice que se obtém ao dividir os documentos que foram recuperados e que são irrelevantes para a pergunta feita e a totalidade de documentos não pertinentes contidos nessa colecção. Taxa de irrelevância. Coeficiente de irrelevância.

ÍNDICE DE LEGIBILIDADE – Fórmula que é usada para aplicar a textos, com vista a determinar a sua dificuldade de compreensão. Grau de dificuldade que apresenta a leitura de um texto.

ÍNDICE DE LEITURA – Número que indica o total de pessoas que lêem uma publicação periódica num segmento do mercado ou da sociedade.

ÍNDICE DE LIVROS PROIBIDOS – Conhecido vulgarmente sob a designação latina *Index Librorum Prohibitorum*, é o rol dos livros cuja leitura a Igreja católica proibia aos seus fiéis, por contrariarem os dogmas ou a moral cristã. O primeiro índice de livros proibidos editado em Portugal foi publicado a mando do Cardeal Infante D. Henrique, na altura inquisidor, sob o título "*Este he o rol dos livros defezos por o Cardeal Iffante Inquisidor geral nestes Reynos de Portugal ...*". Seguiram-se outros com o título de *Index Librorum Prohibitorum* em 1564, 1581, 1597 e 1624. Os índices de livros proibidos começaram como uma determinação do poder religioso e mais tarde passaram também a ser usados pelo poder civil como forma de controlar a liberdade de expressão e de impressão, limitando o poder dos possuidores das imprensas e colocando-os na dependência da polícia e dos censores, não podendo editar-se qualquer obra que não estivesse em conformidade com as suas regras e critérios de avaliação. *Index. Index Expurgatorius.*

ÍNDICE DE LUGARES – *Ver* Índice toponímico.

ÍNDICE DE MÃO – Número igual ao quociente do número que representa a espessura do papel ou cartão expressa em mícrones pelo número que representa a sua gramagem expressa em gramas por metro quadrado.

ÍNDICE DE MAPAS – Lista alfabética de nomes geográficos ou de outras características representados num ou em diversos mapas, em geral por coordenadas geográficas e referências de quadrícula, referida à página onde eles aparecem no texto.

ÍNDICE DE MATÉRIAS – Levantamento dos títulos dos capítulos na sua ordem de paginação referida à página onde eles aparecem no texto. Índice de capítulos. Tábua de conteúdo. Sumário • Índice ideográfico. Tabela de matérias. Tábua de matérias.

ÍNDICE DE NOMES – Lista de pessoas, organizações, objectos animados ou inanimados, desde que sejam identificáveis por um nome próprio, que permite o acesso aos nomes, etc. que estão contidos num documento ou conjunto de documentos.

ÍNDICE DE NOMES DE LUGARES – *Ver* Índice toponímico.

ÍNDICE DE NOMES DE PESSOAS – Lista alfabética dos nomes próprios de pessoa mencionados numa obra com indicação das páginas onde eles se localizam. Índice onomástico. Índice de pessoas. Índice antroponímico. Índice antroponomástico.

ÍNDICE DE NÚMEROS – Aquele que faculta o acesso a documentos ou à informação neles contida por meio de designações numéricas como o número da lei, do decreto-lei, da patente, do alvará, do *ISBN*, da data de aparecimento ou de publicação ou de ambas.

ÍNDICE DE ORIENTAÇÃO – Lista alfabética das rubricas de um sistema de classificação que mostra as relações existentes entre os diversos assuntos.

ÍNDICE DE PALAVRAS-CHAVE – Lista alfabética das palavras ou frases retiradas do título do documento original ou do seu resumo.

ÍNDICE DE PALAVRAS-CHAVE DO CONTEXTO – Modalidade de indexação por permuta na qual o conteúdo temático de uma obra é representado através de palavras-chave do seu título, retiradas por um computador de listas de palavras significativas e não significativas ou através da realização de uma selecção e atribuição manual de etiquetas ou símbolos identificadores; na saída impressa do computador as palavras-chave aparecem ordenadas alfabeticamente numa posição fixa (em geral o centro) numa linha do índice de comprimento fixo (60 ou 100 caracteres) e estão antecedidas e seguidas por tantas palavras do título quanto o permita o espaço disponível; a palavra-chave que constitui o índice e o contexto, que serve de modificação do ponto de acesso, são seguidos por um número de código ou de série, que está ligado a uma identificação completa do documento indexado • Repertório de diversas entradas em relação às palavras-chave obtidas pela aplicação do programa *KWIC*.

ÍNDICE DE PALAVRAS-CHAVE FORA DO CONTEXTO – Variante do índice de palavras-chave no contexto em que as palavras-chave fora do contexto dos títulos que as contêm aparecem como pontos de acesso num índice de linhas separadas que ocupam a margem esquerda; sob cada ponto de acesso de palavras-chave aparecem os títulos, completos ou truncados, que contêm a palavra-chave. Neles, ela pode ser substituída por um símbolo ou repetida, caso em que o índice pode designar-se *KWAC*, de palavras-chave e contexto.

ÍNDICE DE PATENTES – Índice que lista todos os números das patentes resumidas num determinado fascículo de uma publicação indicando o respectivo número de resumo • Índice que contém a listagem, por ordem alfabética de países, das patentes concedidas por esses países.

ÍNDICE DE PERTINÊNCIA – Relação entre o número de obras ou de referências bibliográficas recuperadas que se consideram adequadas e o número total de obras ou de referências bibliográficas que foram recuperadas.

ÍNDICE DE PESSOAS – *Ver* Índice de nomes de pessoas.

ÍNDICE DE POSSUIDORES – Elenco ordenado dos nomes das pessoas físicas ou morais a quem pertenceu uma obra; a informação cumulativa de vários índices de possuidores permite a reconstituição virtual de livrarias ou bibliotecas.

ÍNDICE DE PREÇOS – Número que traduz os efeitos da mudança de preços (e apenas desta mudança) durante um certo período de tempo num determinado grupo de artigos.

ÍNDICE DE PUBLICAÇÃO PERIÓDICA – Índice para um volume, vários volumes ou para um conjunto de uma publicação periódica • Índice de autores e/ou de assuntos para um grupo de periódicos, geralmente saídos a intervalos regulares e usualmente cumulativos.

ÍNDICE DE REFERÊNCIAS MÚLTIPLAS – Num índice ou num catálogo, é a remissiva para um ou vários outros termos que permite encontrar informações suplementares.

ÍNDICE DE RELAÇÕES – Num sistema de classificação, índice ordenado alfabeticamente que reúne os diferentes aspectos de todos os assuntos e mostra a sua dispersão no plano de classificação.

ÍNDICE DE RESISTÊNCIA DO PAPEL – Número igual ao quociente do número que representa a resistência ao rompimento, expressa em gramas-força por centímetro quadrado, pelo número que representa a gramagem do papel ou do cartão, expressa em gramas por metro quadrado, determinado nas condições do ensaio normalizado.

ÍNDICE DE RESPOSTA – Número de respostas que foram recebidas.

ÍNDICE DE TERMOS PERMUTADOS – Lista alfabética de todas as palavras significativas existentes no título dos artigos indexados, cada uma das quais forma par com outra palavra significativa do mesmo título, com a finalidade de constituir séries com dois níveis diferentes de indexação.

ÍNDICE DE TÍTULOS – Lista dos títulos referidos numa publicação dispostos alfabética ou sistematicamente, acompanhados da indicação da página ou parágrafo em que aparecem referidos.

ÍNDICE DE UNHA – *Ver* Índice de dedo.

ÍNDICE DE VOCÁBULOS – Lista organizada das palavras retiradas de um texto acompanhadas das referências das ocorrências de cada uma dessas palavras.

ÍNDICE DICIONÁRIO – Índice que numa única ordenação engloba os elementos constituintes de cada um dos diversos índices que são elaborados para uma obra: autores, assuntos, topónimos, etc.

ÍNDICE DIGITAL – Índice de unha. *Ver* Índice de dedo.

ÍNDICE DO TAMBOR – Ponteiro curvo colocado na frente do tambor do teclado do monótipo que, ao completar-se a linha, mostra os dois algarismos correspondentes às teclas vermelhas que devem comprimir-se para dar a justificação.

ÍNDICE DO TIPÓMETRO – Pequeno ponteiro que, na margem superior do tipómetro do teclado do monótipo, avança à medida que se compõe a linha e volta à posição inicial depois dela justificada.

ÍNDICE EM CADEIA – Designação atribuída ao sistema que é usado para fazer os índices alfabéticos dos sistemas de classificação; nele os termos são extraídos do vocabulário utilizado pelo sistema formando uma cadeia com todos os termos correspondentes a cada signo da notação, escolhendo como primeiro elemento o termo mais específico e prescindindo dos termos inúteis.

ÍNDICE ESPECIAL – Aquele que é formado pelos elementos da mesma natureza contidos numa publicação.

ÍNDICE ESPECÍFICO – Em classificação, aquele que regista apenas uma entrada para cada assunto incluído no sistema.

ÍNDICE EXPURGATÓRIO – Rol dos livros cuja leitura a Igreja católica apenas permitia depois de feitas as emendas ou supressões indicadas pela autoridade eclesiástica competente. Índice de livros proibidos. Índice proibitório. *Index Librorum Prohibitorum. Index. Index Expurgatorius.*

ÍNDICE FACETADO – Índice resultante da aplicação de um sistema de indexação baseado na análise de assuntos segundo um grupo fundamental de conceitos ou facetas.

ÍNDICE GEOGRÁFICO – *Ver* Índice toponímico.

ÍNDICE GERAL – Aquele que reúne os elementos de dois ou mais índices especiais • Índice que permite o acesso a um ou mais núcleos de documentos ou do conjunto de documentos de um serviço de arquivo • Lista alfabética unificada dos nomes de autor, títulos, assuntos, entradas remissivas e outras referências bibliográficas, que frequentemente remata uma obra; coloca-se habitualmente no fim do texto.

ÍNDICE ICONOGRÁFICO – Índice que reúne os elementos icononímicos de um texto. Índice icononímico.

ÍNDICE ICONONÍMICO – *Ver* Índice iconográfico.

ÍNDICE IDEOGRÁFICO – Relação alfabética dos assuntos que são tratados numa obra elaborada para facilitar ao leitor a consulta da mesma. Tabela de matérias. Tábua de matérias. Índice sinóptico.

ÍNDICE INTER-RELACIONADO – Aquele em que as relações entre os pontos de acesso ou entradas são expressas através do emprego de subcabeçalhos e referências cruzadas.

ÍNDICE *KWAC (keyword and context)* – Índice de palavras-chave e contexto • Índice de títulos de documentos permutados de modo que as palavras significativas, ordenadas alfabeticamente, sejam seguidas pelo resto do título.

ÍNDICE *KWIC (keyword in context)* – Índice de palavras-chave do contexto, no qual o conteúdo temático de uma obra é representado através de palavras-chave do seu título, retiradas por um computador de listas de palavras significativas e não significativas ou através da realização de uma selecção e atribuição manual de etiquetas ou símbolos identificadores.

ÍNDICE *KWIT (keyword in title)* – Índice de palavras-chave do título • Índice feito com os títulos dos documentos e redigido livremente tomando como ponto de partida as palavras que os constituem, sem atender ao conteúdo informativo do título.

ÍNDICE KWOC (keyword out of context) – Índice de palavras-chave fora do contexto. Índice de títulos de documentos impressos com as palavras-chave destacadas à esquerda do título (em parágrafo francês) ou alinhamento pela esquerda, mas em linha independente.

ÍNDICE NUMÉRICO – Representação de uma classe por meio de uma notação numérica de um sistema de classificação • Índice de dados numéricos, como quadros estatísticos, por exemplo.

ÍNDICE ONOMÁSTICO – Aquele em que os cabeçalhos das entradas ou pontos de acesso são nomes de pessoas e/ou instituições citadas ou mencionadas de outro modo na obra ou obras a que pertence o índice, cujas rubricas estão dispostas por ordem alfabética dos nomes das pessoas citadas no documento. Índice de nomes.

ÍNDICE PERIÓDICO – Índice dos conteúdos de um ou mais volumes de uma publicação periódica; pode ser incluído na publicação ou editado separadamente.

ÍNDICE PERMUTADO – Aquele que apresenta a totalidade da terminologia do tesauro numa relação alfabética dos descritores e usa um código para remeter o utilizador para a parte sistemática; a designação provém do facto de os descritores e não-descritores compostos aparecerem nele ordenados alfabeticamente tantas vezes quantos os termos que os compõem • Índice automatizado, que apresenta cada uma por sua vez, em ordem alfabética, as palavras-chave, os descritores ou os elementos do título de um documento mantidos no seu contexto e combinados com uma referência que permite identificar esse documento, encontrar um descritor cuja forma exacta não se conhece, partindo de uma só palavra, localizar cada palavra na sua posição de arquivo no contexto das outras palavras dentro da cadeia ou dentro do título total ou parcial. Trata-se de uma modalidade de índice usada em documentação para os índices mais simples que os tesauros, ditos índices KWIC, feitos por computador, mas aparece também entre as listas que constituem o tesauro a que serve de índice.

ÍNDICE PÓS-COORDENADO – Aquele que é constituído por termos simples, que o bibliotecário ou investigador combinam entre si quando procuram informação acerca de um determinado tema ou temas; é feito obedecendo a um sistema de indexação pós-coordenada.

ÍNDICE PRÉ-COORDENADO – Índice em que a combinação dos termos que formam um cabeçalho (ponto de acesso) de assunto se faz no momento em que o documento é indexado; é feito com base num sistema de indexação pré-coordenada.

ÍNDICE PROIBITÓRIO – *Ver* índice Expurgatório.

ÍNDICE RELATIVO – Guia alfabético de todos os termos ou entradas usados num determinado sistema de classificação e respectivas notações.

ÍNDICE REMISSIVO – Índice alfabético dos diversos assuntos tratados numa obra, com a respectiva indicação da página, capítulo, etc.

ÍNDICE RESUMIDO – *Ver* Índice abreviado.

ÍNDICE SINDÉTICO – Aquele que, além da ordem em que o índice se apresenta, mostra as relações entre cabeçalhos através do uso de recursos auxiliares, como as referências cruzadas.

ÍNDICE SINÓPTICO – *Ver* Índice ideográfico.

ÍNDICE SISTEMÁTICO – Índice de assuntos agrupados metodicamente em que se parte de um termo principal, se ordenam os outros com ele relacionados e se indica a página ou o parágrafo em que ocorrem na obra • Aquele cujos descritores se encontram estruturados segundo categorias ou hierarquias.

ÍNDICE TEMÁTICO – Lista das obras de um autor, habitualmente ordenada cronologicamente ou por categorias das obras indicando o tema de cada composição ou de cada secção das grandes composições.

ÍNDICE TOPOGRÁFICO – Instrumento de consulta que indica o lugar que cada unidade documental ocupa numa biblioteca, arquivo, serviço de documentação, etc. através da referência ao depósito, tabela e estante; tem finalidades de localização e de controlo. Roteiro.

ÍNDICE TOPONÍMICO – Relação alfabética dos locais que são referidos numa obra, elaborada para facilitar ao leitor a consulta da mesma.

ÍNDICE TOPONOMÁSTICO – Índice de nomes de lugares. Índice de lugares. Índice geográfico.

ÍNDICE UNÍVOCO – Lista alfabética na qual aparece apenas uma vez a menção explícita dos diversos assuntos contidos num sistema de classificação.

ÍNDICE-SUMÁRIO – Lista ordenada dos títulos e subtítulos dos capítulos de uma obra, com indicação da página em que ocorrem.

INDÍCULO – Pequeno índice • Resenha • Catálogo.

INDÍCULO BIBLIOGRÁFICO – *Ver* Resenha bibliográfica.

INDIGO – Substância corante que serve para tingir de azul e que se extrai do indigueiro, anil.

INDIVÍDUO – Em estatística, elemento de um conjunto Ω chamado conjunto dos indivíduos; a qualquer elemento de Ω pode fazer-se corresponder um indivíduo.

INDÚSTRIA DE CONTEÚDOS – Expressão usada modernamente para designar o negócio editorial, assente no facto de o valor de uma casa editora se basear nos conteúdos que possui.

INDÚSTRIA DE INFORMAÇÃO – Expressão usada para definir o sector industrial emergente do reconhecimento da informação como matéria-prima em que os produtos criados resultam de ser acrescentado valor e dados não tratados, o que permite criar um "bem" que pode ser comercializado.

INDÚSTRIA DO LIVRO – Designação genérica atribuída às indústrias que contribuem para a execução do livro: a indústria editorial e as indústrias gráficas. Indústria editorial.

INDÚSTRIA EDITORIAL – Indústria do livro que se dedica à realização intelectual de um impresso editorial.

INDÚSTRIA GRÁFICA – Aquela que visa a produção e o acabamento de trabalhos impressos em moldes comerciais: tipografia, litografia, rotogravura, encadernação, etc. podendo incluir-se também as consagradas ao fabrico de máquinas e de material para esses trabalhos, como prelos, tintas, caracteres tipográficos, etc. De uma forma resumida poderá dizer-se que indústria gráfica é o conjunto de técnicas e processos que intervêm na realização de um impresso e que são: a composição, a gravura, a impressão, a encadernação e o acabamento.

INEDIÇÃO – Direito reconhecido por lei que um autor tem de não publicar a sua obra.

INEDITISMO – Qualidade do que é ou está inédito. Qualidade do que é novo ou que nunca foi visto antes. Qualidade do que nunca foi publicado • Gosto daquilo que é inédito.

INÉDITO – Original; que não foi publicado, promulgado ou impresso • Que não foi descrito e/ou divulgado. Obra ou livro não impresso ou publicado.

INEDITORIAL – Numa publicação periódica, qualquer escrito que, não partindo do seu corpo redactorial, é publicado sob a responsabilidade exclusiva da pessoa que o assina.

INÉRCIA – É a característica do papel que mantém as suas dimensões apesar de o ambiente mudar.

INESCRITO – Não escrito.

INF. – Forma abreviada de *infra*, abaixo. *Ver Infra.*

INFERÊNCIA – Tipo de actividade cognitiva da qual o sujeito obtém novas informações a partir de informações já disponíveis.

INFERNO – Espaço reservado em algumas bibliotecas onde eram armazenados os livros considerados obscenos, imorais ou pornográficos, que só eram dados à consulta excepcionalmente e após o cumprimento de determinadas formalidades.

INFESTADO – Contaminado, invadido por insectos, roedores ou parasitas; diz-se das bibliotecas, arquivos, etc. assolados por uma praga de insectos devoradores de livros ou por outros microrganismos que provocam danos graves.

INFLAÇÃO BIBLIOGRÁFICA – Quantidade exagerada de livros e folhetos que aparecem no mercado sobre os assuntos mais insignificantes e aqueles acerca dos quais já se esclareceram todos os pontos, servindo apenas para inundá-lo de papel impresso.

INFOESFERA – Segundo Floridi é "todo o sistema de serviços e documentos, codificados em qualquer media semiótico e físico, cujos conteúdos incluem qualquer espécie de dados, informações e conhecimentos, sem limitações de dimensão, tipologia ou estrutura lógica".
INFO-EXCLUÍDO – Que não compreende a informação • Que é eliminado da informação • Incapaz de compreender a informação.
INFO-EXCLUSÃO – Acto ou efeito de afastar, de banir alguém do seio de um grupo • Rejeição ou afastamento de pessoa ou grupo de pessoas do acesso à informação • Processo que impede o acesso de indivíduos e de populações específicas ao direito à informação • Privação da informação • Incapacidade para a compreensão da informação.
INFOGRAFIA – Conjunto de técnicas e de processos que estão ligados ao fabrico, tratamento e exploração de imagens digitais geradas em computador.
INFOGRAFISMO – Imagem criada por computador • Gráfico elaborado por computador.
INFOGRAFISMO ANIMADO – Imagem criada por computador, que é dotada de som e de movimento.
INFOGRAFISTA – Pessoa que se dedica à infografia ou seja, à criação de imagens por computador.
IN-FÓLIO – *Ver* Formato in-fólio.
IN FOLIO (loc. lat.) – Designação atribuída ao livro de grande formato em que a folha de papel é dobrada ao meio apenas uma vez, de forma a dar quatro páginas de impressão • *Ver* Formato in-fólio.
IN-FÓLIO *GRAND-JÉSUS* – *Ver* Jesus.
INFOMETRIA – Obtenção, análise e interpretação dos indicadores relacionados com a informação • Medida dos fenómenos informacionais e das actividades da informação, pela aplicação da estatística (infometria estatística) e da matemática (infometria matemática) à informação.
INFORCIADO – Termo que designa uma parte das *Pandectas* de Justiniano ou *Digesto*, que os glosadores dividiram em três: o *Digestum vetus*, o *Infortiatum* e o *Digestum novum*.
INFORFAGIA – Consumo excessivo de informação; diz-se sofrer de inforfagia uma pessoa que nunca se sente saciada de informação.

INFORMAÇÃO – Acto ou efeito de informar ou de informar-se • Facto de se documentar acerca de determinado assunto histórico, económico, político, literário, científico, etc. • Aquilo que ajuda à tomada de decisão, o que reduz a incerteza • Segundo *Escarpit* "é a medida matemática ou não do conteúdo das mensagens transmitidas pelos media" • Pesquisa • Instrução, conhecimento • Conjunto de factos, de noções, etc., que existem em determinado momento sobre um determinado assunto, susceptíveis de serem comunicados, interpretados ou tratados • Conteúdo de uma mensagem • Acção de facultar notícias ao público, qualquer que seja o meio escolhido, mesmo os meios técnicos, tais como as técnicas de informação • Em informática, acontecimento, noção ou instrução susceptível de ser tratada por meios informáticos na totalidade ou em parte • Elemento ou sistema que pode ser transmitido por um sinal ou uma combinação de sinais • Em processamento automático de dados, significado que um ser humano atribui aos dados por meio das convenções conhecidas na sua representação • Comunicação de factos • Mensagem utilizada para representar um facto ou conceito num processo de comunicação, a fim de incrementar o conhecimento.
INFORMAÇÃO ADICIONAL – Aquela que é publicada posteriormente a uma outra, com a finalidade de a completar ou actualizar relativamente à que foi publicada em primeiro lugar • Parte do registo bibliográfico que inclui elementos como as pistas, a cota, a notação sistemática e as notas administrativas.
INFORMAÇÃO ADICIONAL AO TÍTULO – *Ver* Complemento do título.
INFORMAÇÃO ADMINISTRATIVA – Dados e informação recolhidos e/ou tratados pelo Governo e pelas Administrações Públicas, em virtude de, e tendo em vista o exercício das respectivas missões; a informação administrativa é constituída por dados económicos, estatísticos e pessoais contidos nos registos populacionais (decorrentes do censo), no registo civil, ficheiros de nomes e moradas dos funcionários públicos, dos beneficiários da Segurança Social, das empresas inscritas no registo

das pessoas-colectivas que podem interessar à indústria da informação.

INFORMAÇÃO BIBLIOGRÁFICA – Conjunto dos dados respeitantes a uma publicação, suficientes para a identificar com objectivos de divulgação; pode incluir os seguintes elementos: autor, título, edição, lugar, editor, data, número de volumes, partes, e/ou suplementos, indicação de colecção e preço • Serviço de informação prestado por pessoa ou grupo encarregado de ensinar os utilizadores de uma biblioteca, arquivo, serviço de documentação, etc. a localizar a informação de uma maneira eficaz; tem por finalidade desvendar o sistema organizativo seguido na instituição e a possibilidade de utilizar material de consulta seleccionado.

INFORMAÇÃO BRUTA – Informação não elaborada, transmitida à distância por correspondentes que não são jornalistas profissionais, frequentemente através do telefone; esta informação é depois aproveitada como base para uma notícia, após confirmação dos dados; por vezes é destacado um repórter do quadro do jornal para cobrir com mais pormenor o acontecimento.

INFORMAÇÃO CIENTÍFICA E TÉCNICA – Disciplina que tem por finalidade divulgar e comunicar os resultados da ciência e da técnica a todos os interessados neles; enquanto disciplina estuda a estrutura das comunicações científicas, a organização dos processos de informação e de comunicação. Enquanto actividade prática ocupa-se também dos intervenientes no processo informativo e comunicativo, isto é, dos criadores de informação primária (o conhecimento), dos intermediários e dos receptores da informação.

INFORMAÇÃO CLANDESTINA – Aquela que é dada a público contrariando uma disposição oficial. Informação ilegal.

INFORMAÇÃO CODIFICADA – Em catalogação em sistemas automatizados é a informação destinada a ser interpretada pela máquina e que não vai aparecer na entrada de catálogo que o computador irá elaborar.

INFORMAÇÃO COMPLEMENTAR – Aquela que está directamente relacionada com uma informação principal que completa.

INFORMAÇÃO COMPLEMENTAR DE TÍTULO – Em catalogação, palavra, frase ou conjunto de caracteres que aparecem relacionados com o título principal do documento ou subordinados a ele e que fornecem esclarecimentos acerca do seu conteúdo.

INFORMAÇÃO COMUNITÁRIA – Conjunto dos documentos que estão numa biblioteca, arquivo, serviço de documentação, etc. com a finalidade de ajudar o leitor a integrar-se melhor na sociedade em que vive e a usufruir dos seus direitos de cidadão. Informação local.

INFORMAÇÃO CONFIDENCIAL – Informação secreta. Em geral a classificação como informação confidencial visa acautelar interesses muito diversos (individuais, de autoridades públicas, de empresas privadas). Normalmente é considerada informação confidencial a informação referente à vida privada, segredo profissional, segredos de fabrico ou de comércio e segredos governamentais, de justiça ou de Estado.

INFORMAÇÃO CORPORATIVA – *Ver* Informação institucional.

INFORMAÇÃO CORRENTE – Modalidade de pesquisa em que se procura obter informação sobre a evolução mais recente numa determinada disciplina; o acto de divulgar a informação corrente designa-se difusão da informação • Designação dada ao conjunto das obras (monografias, publicações periódicas, etc.) recebidas recentemente num serviço e que são alvo da difusão da informação.

INFORMAÇÃO DE PRIMEIRA PÁGINA – Informação considerada a mais importante de uma publicação, ao ponto de lhe ser destinada a página de maior destaque – a primeira.

INFORMAÇÃO DE TEXTO – Em catalogação em sistemas automatizados é a informação que vai aparecer na entrada de catálogo que o computador irá elaborar.

INFORMAÇÃO DIGITAL – Aquela que se encontra codificada de forma binária, podendo ser lida por um computador. Documentação digital.

INFORMAÇÃO DOCUMENTAL – Informação que está consignada em documentos escritos, icónicos ou audiovisuais • Parte da informática que abrange a difusão selectiva, rápida, periódica e sistemática do conteúdo dos documentos e a pesquisa retrospectiva da informação ou da documentação; apoia-se, à partida, na indexação e no tratamento documental.

INFORMAÇÃO EM TEMPO ÚTIL – Característica da informação que é solicitada através de um terminal e recebida no mesmo momento em que é pedida, sem sujeição a tempo de espera, o que aumenta o seu valor, pelo facto de a informação se poder desactualizar com a passagem do tempo.

INFORMAÇÃO ESPECIALIZADA – Conjunto de dados informativos particularizados sobre uma determinada arte ou ciência.

INFORMAÇÃO EXCLUSIVA – Aquela que é editada apenas numa publicação e que não é publicada em qualquer outra.

INFORMAÇÃO FALSA – Informação que foi introduzida por erro numa base de dados, com frequência devido à falta de mecanismos de controlo e comprovação.

INFORMAÇÃO FINANCEIRA – A que respeita exclusivamente ao mundo económico dos negócios, da banca, etc.

INFORMAÇÃO FORMAL – Aquela que é difundida de um modo preciso por intermédio dos meios de comunicação social.

INFORMAÇÃO GERAL – Informação não especializada.

INFORMAÇÃO HIPERTEXTUAL – Expressão usada para referir a informação que inclui o texto, o som e a imagem em ambiente hipertextual e hipermédia.

INFORMAÇÃO INSTITUCIONAL – Expressão usada para designar uma tipologia de documentos informativos de carácter transitório, que fornecem informação sobre a estrutura, serviços e actividades de organizações públicas e privadas • Aquela que é proveniente de uma instituição, cabendo nesta designação os poderes públicos, organizações profissionais, desportivas, sindicais, etc. Institucional.

INFORMAÇÃO LOCAL – Designação atribuída à informação sobre uma determinada região, cidade ou espaço da mesma • Secção que acolhe a informação acerca de uma determinada região, cidade, vila, etc. • Equipa de jornalistas locais, que asseguram essa informação.

INFORMAÇÃO NACIONAL – Informação respeitante apenas a acontecimentos de um determinado país.

INFORMAÇÃO NÃO BIBLIOGRÁFICA – Informação que é utilizável directamente, pelo facto de não haver necessidade de recorrer ao documento especificado para a completar.

INFORMAÇÃO OFICIAL – Aquela que é fornecida por um organismo do Estado.

INFORMAÇÃO OFICIOSA – Informação que é fornecida por um grupo particular.

INFORMAÇÃO ORIENTADORA – Conhecimentos que são fornecidos a uma pessoa, com a finalidade de lhe facilitar a utilização de uma biblioteca, arquivo, serviço de documentação, etc.; além de informações de carácter geral, podem também incidir sobre utilização de fontes que descrevam a instituição como programas, guias de leitura, inventários, desdobráveis informativos, etc.

INFORMAÇÃO PARASITA – Em informática, conjunto de dados sem significado devidos a uma entrada incorrecta ou a uma falha no equipamento.

INFORMAÇÃO PERMANENTE – Informação habitual, constituída por elementos que são publicados regularmente em todas as edições de uma publicação.

INFORMAÇÃO PRIMÁRIA – Nome dado à informação contida num texto que além do conteúdo original, se apresenta redigido de modo que um investigador especializado naquele ramo, baseando-se exclusivamente na informação contida nele, possa reproduzir as experiências e obter os resultados descritos com erros iguais ou inferiores ao limite superior indicado pelo autor, possa repetir as observações e julgar as conclusões do autor e possa também verificar a exactidão das análises e deduções que permitiram ao autor chegar às suas conclusões.

INFORMAÇÃO PRINCIPAL – Numa publicação, designação dada à informação que nela mais se destaca.

INFORMAÇÃO PÚBLICA – Informação sobre temas de interesse para os cidadãos de um país que é emitida por um organismo oficial.

INFORMAÇÃO REGISTADA – Informação ou dados fixados num ou sobre um suporte de informação.

INFORMAÇÃO RESERVADA – Aquela que tem natureza confidencial, que foi gerada ou adquirida por uma organização, e cujo acesso é proibido a pessoas que não tenham autorização para isso.

INFORMAÇÃO SECRETA – Informação confidencial; normalmente é considerada informação secreta a informação relativa à vida privada, segredo profissional, segredos de fabrico ou de comércio e segredos governamentais, de justiça ou de Estado. Informação sigilosa.

INFORMAÇÃO SECUNDÁRIA – Informação que repertoria e analisa a informação primária. É apresentada sob a forma de notícia bibliográfica, numa bibliografia ou num catálogo, resumo, numa revista ou bibliografia analítica, extracto, boletim de sumários, etc.

INFORMAÇÃO SIGILOSA – Diz-se da informação que, devido à sua natureza, não pode ser comunicada sem restrições. Informação secreta. Informação confidencial.

INFORMAÇÃO SOBRE EXISTÊNCIAS E LOCALIZAÇÃO – Aquela que em geral faz parte de um catálogo colectivo e que se encontra ligada a uma determinada obra, com a finalidade de indicar o número de exemplares ou volumes dela existentes e em que instituição se encontram.

INFORMACIONALIZAÇÃO – Acção dos profissionais da informação tendente à informação das sociedades.

INFORMADO – Advertido. Ciente. Sabedor • Que se informou. Que recebeu informações.

INFORMADOR – Que informa. Que fornece informação. Informante.

INFORMANTE – Que ou o que informa. Informador.

INFORMAR – Dar conhecimento a. Instruir • Noticiar. Pôr ao corrente. Avisar • Dar parecer sobre • Fornecer informação sobre determinados factos ou temas. Divulgar um acontecimento ou uma notícia a uma pessoa ou a um público grande ou pequeno • Esclarecer. Elucidar • Tomar conhecimento de um facto • Indagar. Inquirir.

INFORMAR-SE – Obter dados sobre alguém ou alguma coisa. Inquirir.

INFORMÁTICA – Ciência do tratamento da informação sob todas as suas formas através do uso de meios automáticos; na maior parte das vezes, quando se emprega este termo, refere-se apenas o tratamento da informação por computador • Estudo da estrutura e propriedades da informação, da aplicação da tecnologia à organização, armazenamento, recuperação e difusão dessa informação.

INFORMÁTICA À DISTÂNCIA – *Ver* Teleinformática.

INFORMÁTICA DOCUMENTAL – Nome dado à aplicação das técnicas da informática na documentação; permite executar tarefas que vão desde a gestão das aquisições e operações de tratamento documental como a análise e indexação, à localização e difusão da informação; o computador permite administrar bancos e bases de dados, elaborar catálogos, que são produtos normalizados e instrumentos de pesquisa, efectuar pesquisa retrospectiva da informação em tempo real (em forma conversacional, geralmente) ou em tempo diferido (em lote) e pesquisa da documentação corrente ao editar boletins e ao possibilitar a existência de um serviço de difusão selectiva da informação.

INFORMÁTICA PARA ARQUIVOS – Tecnologia da informação aplicada à arquivística.

INFORMATION AND REFERRAL (loc. ingl.) – Serviço de Informação e Referência. *I & R*.

INFORMATION RETRIEVAL (loc. ingl.) – Recuperação da informação. Documentação. *IR*.

INFORMATION STORAGE AND RETRIEVAL (loc. ingl.) – Armazenamento e Recuperação da Informação. *ISR*.

INFORMATIVO – Destinado a informar. Que serve para informar. Elucidativo • Que transmite informação. Com informação.

INFORMATIZAÇÃO DE BIBLIOTECA – Utilização de computadores e de outro tipo de máquinas por uma biblioteca, com a finalidade de aumentar a eficácia dos seus sistemas e serviços.

INFORMATOLOGIA – Parte da ciência da comunicação ou comunicologia cujo objectivo é o estudo da informação no seu estado puro.

INFORME – Informação • Parecer. Opinião.
INFORMETRIA – Aplicação de métodos matemáticos ao estudo dos factos e situações da informação para analisar e descrever os seus fenómenos, descobrir as suas leis e servir de base às suas decisões.
INFRA (pal. lat.) – Abaixo; como abaixo está escrito; usa-se em notas de pé de página ou no texto para fazer referência a uma citação ou artigo mencionado mais adiante; utiliza-se especialmente em documentos jurídicos, com a finalidade de mencionar um texto ou passagem posterior. *Ut inf. Ut infra.* • Citado.
INFRA-ASSINADO – *Ver* Abaixo-assinado.
INFRACÇÃO AO REGULAMENTO – Violação de disposição inscrita no regulamento de uma instituição ou serviço, neste caso de uma biblioteca, arquivo, serviço de documentação, etc.
INFRA-CATALOGAÇÃO – Modalidade de catalogação detalhada e que consiste na elaboração da notícia bibliográfica com um mínimo de elementos.
INFRA-CONCEITO – Palavra sem significado próprio, mas que pode modificar parcial ou totalmente um descritor primário ou secundário, caso o acompanhe.
INFRA-ELEMENTO – Parte integrante de um descritor utilizada como elemento de uma rubrica de assunto; funcionalmente um infra-elemento é equivalente exacto de um subcabeçalho partitivo na indexação.
INFRA-LEITURA – Qualificação atribuída ao texto, desenho, etc. cuja qualidade se situa abaixo do nível considerado mínimo para poder/dever ser lido.
INFRA-LITERATURA – Nome dado à vasta produção editorial, heterogénea e pouco elaborada, constituída por textos, em geral fragmentados, publicados semanalmente a preços relativamente baixos, versando temas banais, sem nível cultural e sem padrões de exigência.
INFRAVERMELHOS – Radiações de comprimento de onda compreendida entre 0, 8 ô e 50 ô, situadas aquém do vermelho no espectro, cuja iluminação permite fazer aparecer, por meio de uma aparelhagem óptica ou fotográfica apropriada, certos elementos invisíveis a olho nu à luz natural.

INGESTÃO – Em preservação digital, processo ou componente responsável pela recepção de material de arquivo. Submissão. Incorporação.
INGLESA – *Ver* Letra inglesa.
INGOLD COMPACTUS (loc. ingl.) – *Ver Compactus.*
INIC. – Abreviatura de inicial(ais).
INICIAÇÃO À LEITURA – Conjunto de acções que têm por finalidade desenvolver na pessoa o cuidado e o gosto de ler, de lhe ensinar a escolher os livros, de tirar proveito deles e de julgá-los, criando nela o hábito de ler, para sua instrução e prazer; levam a que a pessoa interprete o que lê e reaja em consonância.
INICIAIS EM CADEIA – As que são desenhadas à pena, sem figuração, mas alternando os traços finos com os grossos.
INICIAL – Primeira letra de uma palavra, verso, capítulo, etc.; é normalmente versal, de corpo superior. Letra inicial. Nos livros manuscritos e mesmo nos incunábulos, os livros impressos no século XV, a inicial era usualmente ornamentada à mão e continha por vezes elementos alusivos ao próprio texto, daí a expressão inicial capital historiada; o espaço destinado a esta decoração manual era deixado em branco no acto da impressão, ou por vezes a inicial a iluminar era impressa em carácter minúsculo que seria coberto depois; quando eram impressas ao mesmo tempo que o texto estas letras iniciais eram igualmente ornamentadas com desenhos fitomórficos ou zoomórficos, (imitando as dos manuscritos cujos modelos seguiam), gravadas em madeira ou a buril, sendo neste caso frequentemente assinadas pelo gravador • A primeira letra de um nome próprio.
INICIAL AGREGADA – Letra inicial na qual a cena ou imagem humana não concorre para formar a estrutura da letra, mas está na trama vegetal que eventualmente lhe percorre o corpo e as saliências (no B, no O, no P, etc.).
INICIAL ARMORIADA – Letra inicial decorada que, além dos elementos ornamentais, apresenta também um brasão de armas na sua decoração.
INICIAL CALIGRÁFICA – Aquela que é desenhada de forma cuidadosa, com caracteres

muito bem delineados, traçados com equilíbrio e beleza, de acordo com os moldes da arte de escrever com perfeição; na transição da arte manuscrita para a tipografia, e uma vez que os padrões estéticos continuaram durante os primeiros tempos a ser os que estavam presentes nos códices, foram criados tipos de impressão que imitavam estes modelos da arte caligráfica manuscrita.

INICIAL CAPITAL – Letra maiúscula que serve de início a um texto, capítulo, secção ou parágrafo; geralmente é de corpo superior ao das restantes letras do texto; pode assumir diversas formas, por vezes de desenho caprichoso, e conter motivos de carácter fitomórfico, zoomórfico, historiado ou ser simplesmente filigranada ou decorada. Letra inicial. Letra capitular.

INICIAL CAPITAL ARMORIADA – Letra maiúscula inicial ornamentada com um brasão de armas.

Inicial capital armoriada

INICIAL CAPITAL CALIGRÁFICA – Aquela que geralmente inicia um capítulo e em que todos os elementos ornamentais giram à volta da própria letra; inicialmente usada nos textos manuscritos, foi depois adaptada pela primitiva tipografia, que imitava os modelos manuscritos.

Inicial capital caligráfica

INICIAL CAPITAL FIGURADA – Inicial ornamentada com figuras.

Inicial capital figurada

INICIAL CAPITAL FILIGRANADA – Tipo de inicial ornamentada com desenho semelhante ao da filigrana, sem elementos iconográficos definidos; o ornato expande-se em geral para além do desenho da letra e as cores mais utilizadas são o vermelho e o azul; nos códices era frequente as hastes destas iniciais preencherem parte do intercolúnio; este tipo de inicial constitui uma das mais difundidas e variadas famílias de letras decoradas.

Inicial capital filigranada

INICIAL CAPITAL HABITADA – Letra inicial do capítulo de um manuscrito, no parágrafo ou no início de uma parte importante do texto que se pretendia realçar, desenhando figuras humanas ou de animais, sem a presença de qualquer cena narrativa, como acontece com a inicial capital historiada; as iniciais capitais habitadas são características da iluminura românica (séculos XI-XIII); as bordaduras também podem ter este tipo de decoração.

INICIAL CAPITAL HISTORIADA – Aquela que é ornamentada com elementos decorativos alusivos ou não ao assunto do texto. As mais antigas encontram-se nos manuscritos insulares da primeira metade do século VIII; as bordaduras também podem conter decoração semelhante; o período mais florescente das iniciais capitais historiadas foi o século XII; a sua inclusão nas páginas dos manuscritos medievais permitiu a perfeita integração do texto, da decoração e da ilustração que caracterizam os manuscritos românicos, tais como as bíblias de *Winchester* e de *Lambeth*.

Inicial capital historiada

INICIAL CAPITAL ICTIOMÓRFICA – Aquela que no seu desenho inclui figuras de peixes ou outras do mundo marinho.

INICIAL CAPITAL ORNITOMÓRFICA – Letra inicial capital ornamentada com motivos pertencentes ao mundo das aves.

Inicial capital ornitomórfica

INICIAL CAPITAL TERATOMORFA – Aquela que no seu traçado inclui figuras monstruosas.

INICIAL CAPITAL ZOOMÓRFICA – Letra inicial capital ornamentada com figuras de animais, inteiras ou parciais; circunstâncias há em que a inicial é formada por dois animais em posição combinada.

Inicial capital zoomórfica

INICIAL COM PERFIL GROTESCO – Letra inicial capital que surge no século XV-XVI e que apresenta o rosto de uma figura humana visto de perfil, com os traços exagerados, adossado ao corpo da letra.

Inicial com perfil grotesco

INICIAL CONTORNADA – Letra inicial decorativa com limite delineado a traço grosso com linha dupla, que lhe circunscreve o desenho.

INICIAL DECORADA – *Ver* Inicial ornamentada.

INICIAL DRAGONTINA – Aquela em que o corpo da letra é constituído pela figura de um animal, frequentemente o dragão, ou a serpente contorcionada e enrolada caprichosamente; este género teve grande voga sobretudo no mundo anglo-saxão.

INICIAL EM CADEIA – Nos manuscritos, aquela que é constituída por um jogo de finos e grossos executados com a pena, sem figuração.

INICIAL FIGURADA – Letra inicial decorada com uma personagem, em geral alusão simbólica e relacionada com o conteúdo do texto que pretende ilustrar. *Ver tb.* Inicial historiada.

INICIAL FITOMÓRFICA – Letra inicial ornamentada com motivos vegetais, mais ou menos estilizados, elementos como folhas de cardo, de acanto, flores, ramagens de videira e outras.

Inicial fitomórfica

INICIAL FITOZOOMÓRFICA – Aquela cuja estrutura é composta por imagens do mundo animal e do vegetal, (volutas, caules estirados ou enrolados, folhagens estilizadas e figuras híbridas), que se ligam entre si segundo fantásticas metamorfoses, na qual a figura humana pode fazer parte, mesmo sendo marginal. Inicial zoofitomórfica.

INICIAL FLOREADA – Letra inicial ornamentada que pode ser impressa de dois modos: desenho branco sobre fundo negro ou o inverso.

INICIAL GINÁSTICA – Aquela em que a figura humana ou de animal se contorciona para formar o desenho da letra.

Inicial ginástica

INICIAL HISTORIADA – Inicial ornamentada com desenhos alusivos ou não ao assunto do texto; nas iniciais historiadas manuscritas esta ligação estreita ao texto é óbvia (porque eram desenhadas de propósito para uma determinada obra); porém, no caso das iniciais historiadas impressas, como eram reutilizadas mais tarde noutros textos para os quais não tinham sido desenhadas, por vezes não se verifica uma relação directa entre o texto e a cena representada. São utilizadas sobretudo no início dos livros bíblicos e saltério e excepcionalmente nos prólogos.

Inicial historiada

INICIAL LOMBARDA – Letra inicial redonda e lisa, como as que eram feitas pelos rubricadores nos manuscritos; alternadamente pintadas a vermelho e azul no início de cada parágrafo, foram mais tarde imitadas a negro ou a vermelho pelos impressores.

INICIAL MINIADA – Letra inicial capital ornamentada com miniaturas.

INICIAL NUA – Letra inicial desprovida de enquadramento, de fundo e de apêndices decorativos (arabescos, folhagens, etc.), que se distingue apenas pelo seu tamanho, forma e cor (no caso da iluminura).

INICIAL ORNADA – *Ver* Inicial ornamentada.

INICIAL ORNAMENTADA – Letra decorada no início de palavra ou de capítulo em texto manuscrito ou impresso; nos manuscritos a inicial era por vezes ornada com miniaturas; o uso de a decorar passou à impressão e nos incunábulos vinha em branco o espaço deixado para as iniciais a serem decoradas pelo miniaturista (muitas vezes com a indicação da letra a ornamentar em caracteres minúsculos); mais tarde, a inicial ornamentada passou a ser gravada em madeira e posteriormente a buril; da decoração podem constar elementos diversos e até figuras humanas. Nos códices iluminados a ornamentação aparece geralmente organizada de acordo com um esquema de hierarquização das iniciais: as iniciais historiadas aparecem no início dos livros bíblicos e saltério e excepcionalmente nos prólogos; as ornadas na abertura dos prólogos e as filigranadas, mais singelas, no início dos capítulos. Inicial ornada. Inicial decorada.

INICIAL PRISMÁTICA – Aquela que é desenhada de tal forma que cada segmento é dividido em dois no sentido do comprimento, por meio de uma linha que representa um ângulo, de modo que imita uma letra gravada, de efeito tridimensional.

INICIAL SECUNDÁRIA – Inicial incluída no corpo do texto, sem alínea.

INICIAL SIMBÓLICA – Aquela em que são introduzidos elementos que representam emblemas, sobretudo dos dogmas da fé cristã; figura frequentemente em livros litúrgicos; é comum usar-se o "tau", a letra T, cuja forma se assemelha à da cruz de Cristo, para colocar estes elementos simbólicos, como os dois bois, que representam a velha e a nova lei.

INICIAL SIMPLES – Num códice, nome dado à inicial cuja forma gráfica se mantém essencialmente conforme com a letra, destacando-se do texto envolvente por toques de cor ou por uma trama decorativa estreitamente relacionada com a própria forma da letra. A cor escolhida pode ser uma só, mas no caso de serem usadas duas cores (quase sempre o vermelho e o azul), a sua aplicação deve ser alternada e qualquer aplicação sucessiva da mesma cor é considerada um erro ou menor cuidado do executante.

INICIAL ZOOFITOMÓRFICA – Aquela que é composta por imagens do mundo animal e do vegetal (volutas, caules estirados ou enrolados, folhagens estilizadas e figuras híbridas ligadas entre si) segundo fantásticas metamorfoses, na qual a figura humana pode participar, mesmo sendo marginal. Inicial fitozoomórfica.

INICIALIZAR – Em informática, significa colocar todo ou parte de um sistema (programa, máquina) nas condições iniciais de funcionamento.

Inicial zoofitomórfica

INICIAL-SIGNO – Letra inicial que integra elementos do signo do Zodíaco como carneiros, peixes, touros, etc. no emaranhado da sua decoração, apresentando ou não ligação ao discurso textual em que está integrada.

INITIA (pal. lat.) – Primeiras palavras de cada manuscrito. Os títulos, dedicatórias e fórmulas preliminares em geral não são consideradas como primeiras palavras. *Incipit*.

INITIUM (pal. lat.) – Num documento anónimo e sem título, o *initium* é constituído pelas primeiras palavras do texto. *Incipit*.

IN OCTAVO (loc. lat.) – Diz-se do formato do livro em que cada uma das folhas foi dobrada de forma a dar dezasseis páginas de impressão. In-oitavo. *Ver* Formato in-8º.

IN-OITAVO – No formato de papel nos livros antigos, se os pontusais vão do alto a baixo e se a marca de água se encontra ao cimo da página, estando o papel dobrado três vezes, é um in-oitavo. *Ver* Formato in-8º.

IN-PLANO – Folha impressa que contém apenas duas páginas. In pleno. Formato in-plano.

IN-PRINT (pal. ingl.) – Palavra utilizada quando se fala de um livro que ainda pode ser obtido através do editor.

INPUT (pal. ingl.) – Engloba todos os factores necessários à produção de um determinado bem ou serviço. *Ver* Entrada.

INPUT/OUTPUT (pal. ingl.) – *Ver* Entrada//Saída.

INPUT/OUTPUT CONTROL SYSTEM (loc. ingl.) – Sistema de Controlo de Entrada/Saída, conjunto das rotinas que podem ser incorporadas em qualquer programa, a fim de aí gerirem todos os problemas gerais de entradas/saídas (leitura, escrita, controlos, desenvolvimento, etc.) • Especificações particulares admitidas numa linguagem de programação, a fim de permitir ao programador inserir num programa as rotinas de controlo de entradas/saídas necessárias. *IOCS.*

IN QUARTO (loc. lat.) – *Ver* In-quarto.

IN-QUARTO – Diz-se do formato do livro em que cada uma das folhas foi dobrada de forma a dar oito páginas de impressão. No livro antigo, se os pontusais vão da esquerda para a direita sobre a página do livro e a marca de água se encontra ao meio do livro na dobragem, estando o papel dobrado duas vezes, é um in-quarto. *Ver* Formato in-4°.

INQUÉRITO – Sondagem que um jornal, revista, etc. leva a cabo entre os seus leitores ou em determinados meios, para ouvir opiniões e esclarecimentos acerca de um assunto. Trata-se de um processo muito generalizado nos meios de informação que serve muitas vezes de base para futuros planeamentos e tomada de decisões, dado o seu excepcional poder demonstrativo • Forma elaborada de jornalismo em que o objecto da notícia não é propriamente um acontecimento, mas um tema que é estudado de forma desenvolvida; está a meio caminho entre o informativo e o opinativo.

INQUÉRITO DE RUA – Processo de obtenção de informações em geral pouco elucidativo, misto de entrevista e de reportagem e feito quase sempre à pressa, através do qual se obtêm informações de cariz popular; tem origem na rádio e na televisão, estendendo-se depois à imprensa escrita; trata-se de uma pseudo-sondagem, que introduz variedade e vivacidade, mas que não tem qualquer valor científico.

INQUÉRITO POR QUESTIONÁRIO – Modalidade de inquérito que corresponde a uma entrevista rígida e muito estruturada, que supõe a formulação e ordenação rigorosa de perguntas, respostas de conteúdo relativamente limitado, pouca liberdade de intervenção e polarização na resposta e não no entrevistado.

INQUIRIÇÃO – Acto ou efeito de inquirir • Exame. Pesquisa. Indagação • Averiguação. Informação. Informe • Pergunta. Interrogação. Inquérito.

INQUIRIDO – Que se inquiriu. De que se colheu informação. Investigado • Interrogado. Interpelado.

INQUIRIR – Pedir dados a um sistema. Interrogar. Pesquisar • Colher informações de. Investigar • Interrogar judicialmente.

INSCREVER – Escrever sobre • Registar. Matricular • Incluir no número • Traçar uma figura dentro de outra. Insculpir.

INSCRIÇÃO – Aquilo que está escrito num suporte qualquer e disposto para ser lido pelo público: inscrição em mármore, em cobre, etc. • Gravação de caracteres num suporte resistente • Palavras que se incluem no centro de um selo de um documento • Dedicatória de uma obra impressa ou manuscrita.

INSCRIÇÃO CIRCUNDANTE – Aquilo que está inscrito, escrito ou transcrito em torno de alguma coisa, para memorar pessoa ou acontecimento notável ou como uma divisa, etc.

INSCRIÇÃO COLECTIVA – Aquela que se destina especialmente a uma ou várias categorias de destinatários.

INSCRIÇÃO DE EMPRÉSTIMO – Acção de escrever a cedência de um livro ou outro documento ou o atestado desta cedência.

INSCRIÇÃO DE EX LIBRIS – Registo que assinala a inclusão de um livro em determinada biblioteca, etc., quer seja privada ou institucional; estas inscrições oferecem evidência válida da proveniência de um manuscrito ou impresso. As pastas dos livros também podem incluir informação através do super libros; as bibliotecas usavam frequentemente etiquetas distintas e sistemas diversos de colocação na estante, muitos dos quais foram identificados e estes dados de armazenamento também fornecem elementos sobre a proveniência.

INSCRIÇÃO DOS LEITORES – Acção de anotar o nome e o número de uma pessoa que deseja pedir obras emprestadas ou outros documentos de uma biblioteca, etc. • O resultado desta acção.

INSCRIÇÃO PESSOAL – Aquela que se refere apenas a uma pessoa física ou moral.

INSCRIÇÕES ROMANAS – Escritos gravados em monumentos comemorativos, funerários, etc., que tinham como suporte a pedra, escolhendo-se uma pedra fácil de trabalhar; quando se queriam fazer desaparecer utilizava-se o cinzel, o que acontecia quando os romanos pretendiam esquecer o reinado de um imperador pouco popular; os erros comuns nestas inscrições eram muitas vezes ignorados: não se coloriam as letras erradas.

INSCRIPTIO (pal. lat.) – Acto de escrever sobre • Título de livro • Inscrição • Termo usado em diplomática para designar a notificação.

INSCRITO – Incluído em lista ou registo • Diz-se da figura traçada dentro de outra.

INSCULPIR – Gravar • Inscrever • Esculpir em.

INSCULTOR – Aquele que esculpe, grava ou entalha.

INSCULTURA – Gravação rupestre feita na pré-história em rochas graníticas e outras, particularmente na Península Ibérica; trata-se de representações de esquemas zoomórficos e antropomórficos, círculos, espirais, pontos, etc., que são apresentados sob forma de serpente ou de labirinto.

INSECTICIDA – O que destrói os insectos; os insecticidas usados para combater os insectos que atacam os materiais bibliográficos devem obedecer a regras específicas.

INSECTO BIBLIOFÁGICO – *Ver* Insecto bibliófago.

INSECTO BIBLIÓFAGO – Insecto que se alimenta de papel, livros e suas encadernações. Insecto bibliofágico.

INSECTO LIGNÍCOLA – O que se desenvolve na madeira ou a partir dela; são muitas vezes estes insectos que vão atacar igualmente o papel.

INSECTO MEMBRANÍCULA – O que se desenvolve na pele ou no pergaminho.

INSECTO PAPIRÍCOLA – O que se desenvolve no papel.

INSECTOS – Artrópodes com o corpo dividido em cabeça, tórax e abdómen, com três pares de patas e respiração traqueal; numerosas espécies de insectos destroem não só os livros (papel, couro, cola), mas também a madeira das pastas das encadernações antigas e dos móveis das bibliotecas. Cada insecto tem um tipo de degradação específica, que permite identificá-lo; os mais conhecidos são o bicho da prata (*lepisma saccharina*), as baratas, as térmitas e os caruchos, conhecidos no Brasil pelo nome de cupim; os factores favoráveis à proliferação das pragas de insectos na documentação são a falta de limpeza e arejamento, a humidade e a temperatura desajustadas e o ambiente adverso onde se verificam juntas, fissuras, gretas ou espaços por onde os insectos podem entrar.

INSERÇÃO – Acto ou efeito de inserir, intercalar • Prática que consiste em transcrever um documento anterior no corpo de um outro acto, quer para dar apoio jurídico a este acto (cópia inserida), quer para dar autenticidade à peça transcrita (o que era atestado pelo termo *vidimus*) • Inclusão ou anexação de documentos num conjunto mais vasto de documentação com a finalidade de provar qualquer facto. Adição. Introdução • Indicação escrita fora do corpo de um texto manuscrito, destinada a ser-lhe introduzida na leitura ou adicionada numa cópia posterior.

INSERÇÃO DE ILUSTRAÇÃO – Intercalação de desenho, gravura, mapa, etc. num texto manuscrito ou impresso, de modo que fique disposto de forma adequada, harmoniosa e equilibrada em relação ao conjunto do texto.

INSERÇÃO LEGAL – Acto de dar conhecimento público, através dos jornais, prescrito pela lei ou sentença.

INSERIDO – Inserto. Intercalado.

INSERIR – Incluir um manuscrito ou impresso num outro • Incluir material suplementar num volume encadernado, de modo que fique integrado nele.

INSERTAR – Inserir. Introduzir. Implantar. Incluir. Intercalar.

INSERTO – Palavra usada para indicar uma ilustração, texto ou mapa que não faz parte integrante de uma publicação, mas que foi incluído nela já depois de encadernada. Inserido • Diz-se do que é publicado no meio de outros textos.

INSETO (port. Bras.) – *Ver* Insecto.

INSIGNE (pal. lat.) – Sinal, marca, insígnia, geralmente constituída pelo desenho de um objecto ligado às artes gráficas (o sol, como símbolo da luz e da sabedoria, o compasso, sinal de equilíbrio, a serpente, símbolo da prudência, o prelo, etc.), que figurava na marca tipográfica do impressor e muitas vezes também na tabuleta que anunciava a sua oficina. *Signum.*

INSÍGNIA – Venera • Emblema, divisa ou marca com o qual o impressor, o editor ou o livreiro assinalavam (e muitos o fazem ainda hoje) os livros saídos da sua oficina. *Ver* Marca tipográfica • Sinal. Indício • Bandeira. Pendão • Medalha.

INSÍGNIA HERÁLDICA – Sinais identificadores de títulos nobiliárquicos. Indicativos de nobreza.

INSÍGNIAS – Timbres. Armas. Brasão.

INSPECÇÃO ÓPTICA – Fase do programa de controlo de qualidade de imagens microfilmadas em que o filme é examinado visualmente após o processamento, a fim de serem detectados quaisquer problemas nele existentes e de ser decidido se ele pode ou não ser considerado de boa qualidade.

INSPECÇÃO QUÍMICA – Fase do programa de controlo de qualidade de imagens microfilmadas em que se verifica qual o grau de existência de resíduos químicos deixados no filme pelo fixador após a revelação; no processo de revelação, mesmo depois da última lavagem, o fixador permanece sempre no filme, em maior ou menor grau; é esse grau que pretende averiguar-se com a inspecção química.

INSPIRAÇÃO – Acto e efeito de inspirar ou de ser inspirado • Aquilo que é inspirado • Faculdade criadora. Génio. Iluminação.

INSPIRAR – Sugerir ideias para a composição de um texto literário ou outro.

INSTANT BOOK (loc. ingl.) – Livro sobre um tema actual, de perfil quase jornalístico e com um ciclo de vida muito breve. *Ibook.*

INSTANTÂNEO – Cliché fotográfico que foi obtido após um tempo de exposição muito reduzido aplicável a objectos em movimento ou a elementos muito luminosos • Estampa em papel ou cópia de cliché assim obtida.

INSTITUCIONAL – *Ver* Informação institucional.

INSTITUIÇÃO – Organização ou grupo de pessoas identificado por um determinado nome e que actua ou pode agir como uma entidade; exemplos típicos de instituições são associações, firmas ou negócios, associações de interesse público, governos, agências de governos, entidades religiosas e conferências, universidades, colégios, escolas, bibliotecas, galerias, museus, conservatórios, estações experimentais, igrejas, mosteiros, conventos, hospitais, jardins botânicos, jardins zoológicos, asilos, cemitérios, prisões, teatros, reformatórios, etc.

INSTITUIÇÃO RELACIONADA – Entidade corporativa que está ligada a uma outra por razões que não são as de dependência hierárquica. Entidade relacionada.

INSTITUIÇÃO SUBORDINADA – Organização ou grupo de pessoas que é parte integrante de uma organização superior da qual está hierarquicamente dependente. Entidade subordinada.

INSTITUIÇÕES – Designação atribuída desde o tempo dos romanos (*institutiones*) a determinados livros e obras didácticas elementares para o ensino e estudo do direito • Colecção metódica dos princípios ou elementos de uma arte, ciência, etc. • Colecção sistemática de princípios e regras jurídicas • Leis fundamentais de uma sociedade política.

INSTITUTA (pal. lat.) – Obra elementar de direito romano. Faz parte do *Corpus Juris Civilis*, conjunto de disposições legais coligidas por Justiniano no seu *Código*, que as *Instituta* com as *Pandectæ* e as *Novellæ* completam. *Institutas. Ver tb. Institutiones.*

INSTITUTIONES (pal. lat.) – Parte do *Corpus Juris Civilis* que consiste na compilação ou recolha seleccionada de textos jurídicos romanos mandada fazer pelo Imperador Justiniano entre 527 e 534, com a intenção de actualizar o direito romano; os outros textos jurídicos são o *Digesto* ou *Pandectas*, o *Código* e as *Novellæ* ou *Novellæ Constitutiones*. *Ver tb. Instituta.*

INSTRUÇÃO – Indicação, para uso do iluminista ou do rubricador, contendo explicações sobre o trabalho a executar no espaço deixado em branco • Informação ou esclarecimento dado para um uso especial • Em informática, conjunto de caracteres que representam uma função elementar de uma máquina, com as instruções que são necessárias à sua execução.

INSTRUÇÃO BIBLIOGRÁFICA – *Ver* Formação do utilizador.

INSTRUÇÃO DE UTILIZAÇÃO *IN SITU* – Explicação (audiovisual, impressa ou ambas) sobre o modo de usar *in situ* uma determinada obra de referência.

INSTRUÇÃO PARA ENCADERNAÇÃO – Nota que acompanha um documento quando é enviado para encadernar e na qual se dão instruções sobre o modo como deve ser revestido pelo encadernador (tipo de material, cor, estilo, título da lombada, corte, etc.).

INSTRUÇÃO-MÁQUINA – Em informática, é a ordem de comando sob forma codificada, reconhecida directamente pelo processador e que desencadeia a execução das funções aritméticas e lógicas tais como: adição, subtracção, comparação, colocação na memória, etc.

INSTRUÇÕES – Obra contendo explicações que uma autoridade no exercício das suas funções dá aos seus subordinados para os esclarecer. Explicações • Informação impressa, que fornece dados sobre o uso de uma peça, equipamento, etc. Orientações para o uso de • Ordens.

INSTRUÇÕES ADICIONAIS – Nas edições da Classificação Decimal de *Dewey*, informações complementares que especificam quais os dígitos que devem ser acrescentados a um número-base.

INSTRUÇÕES PARA OS AUTORES – *Ver* Folha de estilo.

INSTRUMENTO – Documento ou papel com valor legal em que se fixou, por escrito, o acto praticado ou o contrato convencionado; exprime a materialização de todo o facto ou acto jurídico que se tenha cumprido ou realizado por escrito. Acta. Auto. Título • Meio • Pessoa ou coisa que serve para produzir um efeito ou obter um resultado.

INSTRUMENTO BIBLIOGRÁFICO – Designação atribuída a qualquer tipo de publicação, seja qual for a natureza do suporte documental, que apresenta de uma forma sistemática referências a material documental especializado.

INSTRUMENTO DE DESCRIÇÃO DOCUMENTAL ARQUIVÍSTICA – Documento que enumera e/ou descreve as unidades arquivísticas, tendo em vista o seu controlo e acessibilidade; os principais instrumentos de descrição usados em arquivos são os guias, inventários, catálogos, listas e índices.

INSTRUMENTO DE INFORMAÇÃO – *Ver* Instrumento de pesquisa.

INSTRUMENTO DE LOCALIZAÇÃO – *Ver* Instrumento de pesquisa.

INSTRUMENTO DE PESQUISA – Obra de referência publicada ou não que identifica, resume ou transcreve e localiza em diferentes graus e amplitudes os fundos, núcleos, grupos, séries e unidades documentais (peças) existentes num arquivo, biblioteca, etc. visando o controlo e o acesso ao acervo e feita com a finalidade de o dar a conhecer; as modalidades de instrumentos de pesquisa mais comuns são os guias, inventários, catálogos, registos, repertórios, regestos, listas, índices, registos de emprazamentos, censos e, no caso de serviços informatizados, os programas de pesquisa. Instrumento de informação. Instrumento de localização. Instrumento de trabalho.

INSTRUMENTO DE PESQUISA BIBLIOGRÁFICA – Documento que conduz a informação contida noutros documentos. Engloba os catálogos, índices, inventários, guias, registos locais, etc., seja qual for o tipo de suporte em que se encontrem.

INSTRUMENTO DE TRABALHO – *Ver* Instrumento de pesquisa.

INSTRUMENTO GRÁFICO – Aquele que regista, sob forma de gráfico, uma quantidade a medir.

INSTRUMENTO JURÍDICO – Documento mediante o qual o acto jurídico se completa e produz os seus efeitos como, por exemplo, a escritura de venda.

INSTRUMENTOS DE ESCRITA – Cálamo, *stilus*, pincel, pena. Variam conforme o suporte sobre o qual se aplicam para escrever; na pedra era usado o cinzel (no caso da epigrafia), nas paredes das cavernas outros tipos de instrumentos de uso quotidiano ou mesmo as mãos; do pincel dos egípcios que escrevia no papiro, ao *stilus* romano, que gravava nas tabuinhas de cera, passa-se na Idade Média ao cálamo ou caniço, à pena de ave ou, mais recentemente, à caneta metálica, que confere maior flexibilidade ao traço.

INSTRUMENTUM (pal. lat.) – Originalmente significava carta • Designação aplicada em epigrafia aos objectos de diversa natureza (pedras, estelas, fragmentos de cerâmica, lápides, etc.), que contêm inscrições que são considerados documentos fornecedores de informação valiosa acerca da vida quotidiana, social, religiosa e económica.

INSUCESSO – Situação do comércio do livro em que a venda do livro se salda por uma perda para o editor e para o livreiro.

INTAGLIO (pal. ital.) – Desenho gravado na superfície de uma placa dura; a placa para impressão de gravura é normalmente de cobre e tem o desenho gravado com cinzel ou cauterizado pelo ácido; a fotogravura é um processo de *intaglio* • Gravação de um rolo no qual a parte embutida forma o desenho.

INTAVOLATURA (pal. ital.) – Termo quinhentista relativo à notação musical para arranjo de melodias para instrumentos de tecla ou cordas; caracteriza-se pela utilização de números ou letras e outros sinais para representar a posição dos dedos no instrumento.

INTEGRAÇÃO – Acção de integrar, de completar • Em restauro é o processo através do qual é inserida no documento manuscrito ou impresso, no conjunto de lacunas ou falhas que apresenta, uma quantidade adequada de pasta de papel que vai colmatar essas lacunas, por meio da suspensão dessa pasta, seguida de um processo de sucção.

INTEGRAL – Símbolo ($\int$) usado em fórmulas matemáticas; o integral duplo representa-se com dois símbolos ($\iint$) e o triplo com três ($\iiint$).

INTEGRALIDADE – Qualidade do que é completo, inteiro; no caso das obras impressas é tudo o que diz respeito à identidade do livro enquanto unidade informativa, mas também como objecto que contém uma informação e que apresenta todos os seus elementos, sem omissão de nenhum deles, nomeadamente na totalidade do seu texto, capítulos, volumes, encadernação, etc.

INTEGRALMENTE – Inteiramente. Na totalidade. Totalmente. Por inteiro.

INTEGRATED SERVICES DIGITAL NETWORK (loc. ingl.) – Rede Digital de Serviços Integrados, Rede avançada de telecomunicações em que é usada transmissão digital de um extremo a outro, de modo a proporcionar ao mesmo tempo o tratamento digital da voz e dos dados nas mesmas conexões digitais e através da mesma central digital. *ISDN*.

INTEGRIDADE ARQUIVÍSTICA – Designação atribuída em arquivística a uma norma fundamental derivada do princípio de procedência segundo o qual, para que os documentos mantenham o seu valor de informação e de prova, devem conservar-se na sua ordem originária e não ser alvo de qualquer divisão, eliminação não autorizada ou adição de elementos estranhos. Integridade dos fundos.

INTEGRIDADE BIBLIOGRÁFICA – Manutenção dos componentes físicos originais, estrutura e formato de um documento ou conjunto de documentos.

INTEGRIDADE DE FICHEIROS – Expressão usada em gestão de registos com a finalidade de significar que todos os registos pertinentes se encontram na posição ou no lugar próprios.

INTEGRIDADE DE NÚMEROS – Em classificação, princípio segundo o qual uma vez usado um número classificador para representar um termo num sistema de classificação, não deve voltar a ser usado com um significado diferente e os assuntos não devem mudar a sua posição, excepto em ocasiões raras, nas edições posteriores do plano de classificação.

INTEGRIDADE DE OBRA LITERÁRIA – Estado de uma obra literária que tem todas as suas partes, que está completa, a que nada falta. Inteireza.

INTEGRIDADE DOS FUNDOS – Noção fundamental de arquivística que deriva do princípio do respeito pelos fundos, segundo o qual o fundo arquivístico deve ser conservado na sua ordem original, sem sofrer nem desmembramento, nem eliminação não autorizada, nem adição de elementos estranhos, com a finalidade de conservar o seu valor de prova e de informação. Integridade arquivística.

INTEIRA – Indicação dada para qualificar a utilização de um só material (seja pele, tecido, pergaminho) para revestir uma obra; a utilização deste termo é de certo modo redundante quando aplicada a certos materiais que nunca se combinam com outros, como é o caso do marroquim, etc. *Ver* Encadernação inteira.

INTELECTUAL – Que pertence ao entendimento • Científico • Literário • Espiritual. Mental.

INTELECTUAL DE REFERÊNCIA – Termo empregado para designar um autor que é uma autoridade num determinado domínio do saber.

INTELECTUAL DIGITAL – Expressão usada para designar uma pessoa que é conhecedora das questões respeitantes à revolução digital.

INTELIGÊNCIA ARTIFICIAL – Ramo da informática que tenta fazer uma réplica de alguns aspectos da inteligência humana como, por exemplo, a resolução de problemas e esboço de conclusões e o reconhecimento da voz humana. Se a inteligência humana ainda não está claramente definida, a das máquinas não poderia estar mais bem definida. Agrupam-se nesta expressão as tentativas de criar programas capazes de ensinar, os programas que efectuam pesquisas por analogia e não apenas por identidade (isto inclui o reconhecimento vocal ou o reconhecimento de forma) ou programas que podem tomar decisões sem a análise exaustiva de todas as possibilidades (por exemplo fazendo apelo à sua experiência ou a um equivalente informático da intuição). Os sistemas periciais, que são capazes de raciocinar como um especialista num domínio preciso, constituem as primeiras aplicações da inteligência artificial.

INTELLIGENTSIA (pal. ingl.) – Palavra usada para designar os intelectuais.

INTENCIONALIDADE – Factor da textualidade que diz respeito ao empenho do produtor em construir um discurso coerente e capaz de satisfazer os objectivos que visa atingir numa determinada situação comunicativa; respeita ao valor elocutório do discurso.

INTENSÃO – Conjunto de propriedades essenciais de um termo, que determinam a sua aplicabilidade. Compreensão.

INTER ALIA (loc. lat.) – Entre outras (coisas).

INTER INITIA (loc. lat.) – No princípio.

INTERACÇÃO – Qualquer efeito de um componente sobre outro.

INTERACTIVIDADE – Relação física entre pessoas ou indústrias baseadas na comunicação • Capacidade de um programa de propor processos que estabeleçam um diálogo entre o computador e o utilizador ou processos de eleição (menus, guias, etc.) • Resultado de dispositivos que tornam solidárias duas acções. Modo conversacional • Aptidão para estabelecer uma relação activa entre um programa de computador e um utilizador, podendo haver intervenção deste no acabamento da sua função ou na alteração do seu curso • Intercepção e interacção entre uma parte material e formal, com existência física e os preceitos e afectos que são estabelecidos pelo espectador (leitor) no decurso do acto de ler • Característica de um documento multimédia que faculta a interacção com o utilizador, adaptando e alterando os conteúdos, num processo aberto e modificável.

INTERACTIVO – *Ver* Tempo real.

INTERBIBLIOTECÁRIO – Relativo a duas ou mais bibliotecas.

INTERCALAÇÃO – Colocação ordenada de entradas num catálogo ou bibliografia • Introdução de um elemento novo entre dois outros elementos. Inserção. Interpolação. Interpolamento • Fraccionamento dos índices principais, permitindo a inclusão de outros índices • Em classificação, inserção de um novo termo de uma classe num plano de classificação • O resultado dessa acção • Introdução de todos os caracteres estranhos ao texto corrente, tais como o itálico, a normanda, as grandes e pequenas capitais, etc. • Permuta dos elementos de um índice alternando a ordem de apresentação sem mudar a representação do conteúdo.

INTERCALAÇÃO DE FICHAS – Inserção das fichas segundo determinadas regras e costumes nos diferentes catálogos manuais de uma biblioteca, arquivo ou serviço de documentação; a inserção faz-se usualmente pela ordem alfabética.

INTERCALADA – Diz-se da ilustração que vem impressa ao mesmo tempo que o texto, nas páginas ilustradas • Metida de permeio • O mesmo termo aplica-se a folha interposta.

INTERCALADO – Citação ou parágrafo alheios à obra ou que são compostos num outro corpo ou medida, tabelas, quadros, versos, etc. Entrelinhado.
INTERCALADOR – Pessoa que insere fichas ou documentos.
INTERCALADORA – Máquina usada para fazer inserção das secções de uma publicação periódica.
INTERCALAR – Colocar, inserir uma linha, um filete, um branco ou outra coisa num texto, numa folha ou num livro • Interpor • Inserir folhas de papel geralmente colecturas (papel inutilizado) entre as folhas que vão sendo impressas, para evitar que a tinta fresca suje na sobreposição • Colocar uma ficha no seu lugar entre outras • Interpor uma linha correcta onde havia outra com um erro • Meter num molde aquilo que de início lá não estava • Em encadernação, inserir um ou vários cadernos dentro de outro • Interpolar • Entremear • Incluir um relato dentro de outro ou uma sequência do relato dentro de outro segundo regras semelhantes às da subordinação de uma frase • Entrelinhar • Diz-se da folha *hors-texte* inscrita no corpo de um livro.
INTERCALO – Folha que serve para meter de permeio num trabalho colorido ou com gravuras.
INTERCAMBIAR – Praticar o intercâmbio de. Permutar, trocar.
INTERCAMBIÁVEL – Que pode permutar-se.
INTERCÂMBIO – Troca. Permuta. Permutação.
INTERCESSÃO – Intervenção de uma terceira pessoa para apoiar um requerimento; pode tomar forma oral ou escrita • Mediação • Rogo. Súplica • Valimento.
INTERCESSIO (pal. lat.) – Na apreciação diplomática do documento, é a parte onde se faz intervenção ou recomendação.
INTERCLASSIFICAÇÃO – Reunião, segundo um critério comum, de dois ou vários ficheiros de ligação classificados com o mesmo indicativo; a interclassificação não modifica os artigos em medida, estrutura e número total (como acontece na fusão).

INTERCLASSIFICAR – Reunir numa só sequência dois ou mais ficheiros previamente ordenados.
INTERCOLUNAR – Relativo a intercolúnio.
INTERCOLÚNIO – Espaço em branco entre as colunas de um texto, frequente nos livros antigos e nos jornais; nos manuscritos medievais, este espaço era por vezes preenchido com as hastes das iniciais capitais ornamentadas ou filigranadas que, em maior ou menor extensão se prolongam até à margem do pé da página onde, nos manuscritos mais cuidados, se ligam à cena ou cenas miniaturadas que por vezes aí se situam, os chamados *bas de page*.

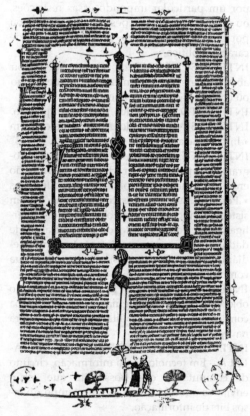

Intercolúnio

INTERCOMUNICAÇÃO – Comunicação recíproca.
INTERCONEXÃO DE SISTEMAS ABERTOS – Conjunto de normas internacionais

para a permuta de dados entre computadores que se encontram ligados em rede. *Open Systems Interconnection (OSI)*.

INTERDIÇÃO – Proibição imposta. Impedimento.

INTERDIÇÃO DE ACESSO – Em relação a um documento, diz-se haver interdição de acesso quando ele não pode ser consultado por razões variadas, que podem ir do simples mau estado de conservação às restrições impostas pelo doador, como ainda por não se ter escoado o prazo durante o qual o documento está sob reserva de consulta; estão neste caso os acervos documentais de carácter confidencial legados por uma entidade ou por um particular impondo essas restrições, ou porque se referem a pessoas ainda vivas ou por outras razões como, por exemplo, as de carácter político.

INTERDISCIPLINAR – Que respeita ou abarca diversas disciplinas, matérias de ensino ou conjuntos de conhecimentos.

INTERDITO – Proibido. Vedado. Impedido.

INTERESSE – Utilidade. Aquilo que convém • Importância.

INTERFACE – Dispositivo electrónico ou programa que permite fazer a troca de informação entre dois meios ou dois suportes diferentes • Ponto comum de dois componentes de um sistema (como o dispositivo que facilita a interligação do equipamento de comunicação de dados e o do seu processamento) ou intermediário entre dois sistemas, que permite a sua comunicação.

INTERFACE AMIGÁVEL – Aquele cujo objectivo consiste em guiar qualquer pessoa com o mínimo de habilitações técnicas para navegar no sistema.

INTERFACE DE COMUNICAÇÃO PARALELA – Em tecnologia da informação, circuito de computador que possibilita que sejam enviados e recebidos ao mesmo tempo diversos bits de informação.

INTERFACE DE RECEPTOR – Programa que permite que um periférico comunique com a unidade central de processamento.

INTERFACE GRÁFICO – Aquele que apresenta a informação e comunica com o utilizador sob a forma de gráficos.

INTERFACE GRÁFICO DE CONSULTA IMPRECISA – Em pesquisa da informação é o diagrama esquemático hipertextual que mostra ao utilizador as dependências e os fundos da biblioteca, arquivo, serviço de documentação, etc.

INTERFOLIAÇÃO – Acto ou efeito de interfoliar.

INTERFOLIÁCEO – Diz-se daquilo que está colocado entre as folhas.

INTERFOLIADO – Intercalado entre folhas. Entrefolhado.

INTERFOLIAR – Acção de intercalar, entre as folhas de um livro, etc. folhas brancas, normalmente destinadas a acrescentos, observações, etc. Entrefolhar. Interpaginar.

INTERFÓLIO – *Ver* Entrefolha.

INTERIOR – Parte do volume ou das folhas situada junto da lombada.

INTERLIBRARY LOAN – *Ver* Empréstimo Interbibliotecas.

INTERLINEAÇÃO – Acto e efeito de interlinear.

INTERLINEADO – Escrito entre duas linhas • Conjunto dos espaços situados entre as linhas de um texto; por vezes este espaço era ocupado pela tradução manuscrita do texto, denominada justamente, tradução interlinear.

INTERLINEAR – Compor entre linhas • Escrever entre duas linhas • O que está escrito entre duas linhas. Certas edições bilingues são compostas em modelo interlinear para comodidade de leitura simultânea, sendo o texto original impresso em caracteres redondos e a tradução em caracteres itálicos • Meter entrelinhas em.

INTERLINHA (port. Bras.) – *Ver* Entrelinha.

INTERLOCUTOR – Aquele que emite e recebe mensagens linguísticas • Pessoa com quem se estabelece diálogo e de quem se espera um *feedback*.

INTERMARC – Formato para registos bibliográficos, derivado do formato *MARC* e elaborado por representantes da França, Bélgica, Suíça, Holanda e Grã-Bretanha, com a finalidade de permutar dados catalográficos.

INTERMEDIÁRIO – Pessoa que conduz a pesquisa para o utilizador final • Medianeiro • Intermédio. Interposto.

INTERMITENTE – Diz-se da obra cuja publicação se interrompe e continua em períodos de tempo não regulares.

INTERNATIONAL BOOKSELLERS FEDERATION – Federação Internacional de Livreiros. *IBF.*

INTERNATIONAL BUSINESS MACHINES – Graças a uma preocupação antiga no que diz respeito à informática e ao tratamento de dados (selector de cartões perfurados), um grande investimento financeiro e uma excepcional capacidade de execução, a *IBM* tornou-se o ponto de passagem obrigatória de toda a informática até uma determinada data.

INTERNATIONAL COUNCIL ON ARCHIVES – Conselho Internacional de Arquivos. *ICA.*

INTERNATIONAL FEDERATION OF LIBRARY ASSOCIATIONS – Federação Internacional de Associações de Bibliotecários, organização internacional que representa os interesses dos serviços de biblioteca e de informação e dos seus utilizadores. *IFLA.*

INTERNATIONAL ORGANIZATION FOR STANDARDIZATION – Organização Internacional de Normalização fundada em Londres em 1946, com vista à elaboração e publicação de normas internacionais, à luz das quais são elaboradas normas equivalentes nacionais noutros países e que, a nível internacional, é juridicamente responsável por publicações com carácter normativo. Portugal está representado nesta organização pelo Instituto Português da Qualidade. É também conhecida como *International Standards Organization. ISO.*

INTERNATIONAL PHARMACEUTICAL ABSTRACTS – Resumos Internacionais de Farmácia. *IPA.*

INTERNATIONAL PUBLISHERS ASSOCIATION – Associação Internacional de Editores. *IPA.*

INTERNATIONAL RETRIEVAL SYSTEM (loc. ingl.) – Sistema de armazenamento e recuperação da informação. *IRS.*

INTERNATIONAL SERIALS DATA SYSTEM (loc. ingl.) – Sistema internacional de dados sobre publicações e séries estabelecido dentro do programa *UNISIST*; trata-se de uma rede de centros nacionais e internacionais cuja finalidade é o controlo das publicações em série através da concessão do *ISSN* ao título-chave. *ISDS.*

INTERNATIONAL STANDARD ARCHIVAL AUTHORITY RECORDS FOR CORPORATE BODIES, PERSONS AND FAMILIES – *Ver ISAAR (CFP).*

INTERNATIONAL STANDARD ARCHIVAL DESCRIPTION – *Ver ISAD.*

INTERNATIONAL STANDARD ARCHIVAL DESCRIPTION (GENERAL) – *Ver ISAD(G).*

INTERNATIONAL STANDARD BIBLIOGRAPHIC DESCRIPTION (GENERAL) – *Ver ISBD(G).*

INTERNATIONAL STANDARD BIBLIOGRAPHIC DESCRIPTION – *Ver ISBD.*

INTERNATIONAL STANDARD BIBLIOGRAPHIC DESCRIPTION FOR CARTOGRAPHIC MATERIALS – *Ver ISBD(CM).*

INTERNATIONAL STANDARD BIBLIOGRAPHIC DESCRIPTION FOR COMPONENT PARTS – *Ver ISBD(CP).*

INTERNATIONAL STANDARD BIBLIOGRAPHIC DESCRIPTION FOR COMPUTER FILES – *Ver ISBD(CF).*

INTERNATIONAL STANDARD BIBLIOGRAPHIC DESCRIPTION FOR MONOGRAPHIC PUBLICATIONS – *Ver ISBD(M).*

INTERNATIONAL STANDARD BIBLIOGRAPHIC DESCRIPTION FOR NON-BOOK MATERIALS – *Ver ISBD(NBM).*

INTERNATIONAL STANDARD BIBLIOGRAPHIC DESCRIPTION FOR OLDER MONOGRAPHIC PUBLICATIONS (ANTIQUARIAN) – *Ver ISBD(A).*

INTERNATIONAL STANDARD BIBLIOGRAPHIC DESCRIPTION FOR PRINTED MUSIC – *Ver ISBD(PM).*

INTERNATIONAL STANDARD BIBLIOGRAPHIC DESCRIPTION FOR SERIALS – *Ver ISBD(S).*

INTERNATIONAL STANDARD BIBLIOGRAPHIC DESCRIPTION FOR SERIALS AND OTHER CONTINUING RESOURCES – *Ver ISBD(CR).*

INTERNATIONAL STANDARD BOOK NUMBER – *Ver ISBN.*

INTERNATIONAL STANDARD BOOK NUMBER AND TERMS OF AVAILABILITY – Zona do número normalizado e das condições de

aquisição, secção da descrição bibliográfica na qual se insere a informação referente ao *ISBN* e à aquisição do documento.
INTERNATIONAL STANDARD IDENTIFIER FOR LIBRARIES AND RELATED ORGANIZATIONS – Ver ISIL.
INTERNATIONAL STANDARD MUSIC NUMBER – Ver ISMN.
INTERNATIONAL STANDARD MUSICAL WORK CODE – Ver ISWC.
INTERNATIONAL STANDARD RECORDING CODE – Ver ISRC.
INTERNATIONAL STANDARD REPORT NUMBER – Ver ISRN.
INTERNATIONAL STANDARD SERIAL NUMBER – Ver ISSN.
INTERNATIONAL STANDARD TEXTUAL WORK CODE – Ver ISTC.
INTERNATIONAL STORAGE AND RETRIEVAL (loc. ingl.) – Armazenamento e Recuperação da Informação. *ISR*.
INTERNATIONAL STUDENT EDITION (loc. ingl.) – Edição Internacional para Estudantes. É também conhecida sob a forma abreviada *ISE*. É uma forma de publicação muito praticada pelos editores americanos, que visa proporcionar aos estudantes edições mais baratas de textos científicos, em geral manuais, e de que aparece uma em três anos após a edição original; tem uma apresentação menos cuidada (papel de pior qualidade, brochura e não encadernação) e o seu preço de venda é muito menor; as edições internacionais para estudantes são em geral impressas no Extremo Oriente ou na Europa e a sua importação nos Estados Unidos está proibida.
INTERNAUTA – Utilizador da *Internet*. Navegador.
INTERNET (pal. ingl.) – Criada a partir da rede *ARPANET*, do Departamento de Defesa dos Estados Unidos, em finais da década de 60, é uma rede de redes à escala planetária, que trabalha com base em protocolos *TCP/IP*; os computadores comunicam entre si enviando e recebendo mensagens.
INTERNET PROTOCOL (loc. ingl.) – Conjunto de regras que regulam a transmissão de pacotes de dados através da *Internet*. *IP*.
INTERNET RELAY CHAT (loc. ingl.) – Serviço multi-utilizador e multinacional da *Internet*, que permite a organização de conferências à distância em tempo real. *IRC*.
INTERNET WORKING PACKET EXCHANGE (loc. ingl.) – Protocolo semelhante ao *IP*, que foi desenvolvido pela *Novell Netware*. Permite direccionar pacotes de informação numa rede local ou área geográfica. *IPX*.
INTERPAGINAR – Ver Interfoliar.
INTERPOLAÇÃO – Acção de interpolar • O resultado dessa acção • Intercalação num texto de passagens estranhas que lhe alteram o sentido por causa acidental, fraude ou ignorância.
INTERPOLADO – Que se intercalou. Metido de permeio • Intermitente. Intervalado. Interrompido • Diz-se das figuras heráldicas de terceira ordem.
INTERPOLADOR – Aquele que intercala palavras num escrito.
INTERPOLAMENTO – Interpolação. Intercalação.
INTERPOLAR – Intercalar determinados termos para ligar uma série de observações ou de números • Interromper • Inserir por desconhecimento ou por fraude uma palavra, frase ou capítulo estranhos no texto de um manuscrito ou de um acto • Inserir palavras num texto, com vista a alterar, completar ou explicar o sentido do mesmo • Alterar • Entremear.
INTERPONTUAÇÃO – Na composição tipográfica é a sequência de pontos que indica a supressão de palavra(s) ou frase(s) • Série de pontos que, uma vez intercalados no discurso, servem para exprimir reticências, tempos de paragem, supressão ou lacuna no texto.
INTERPOR – Intercalar. Colocar uma coisa entre duas outras • Opor.
INTERPOSIÇÃO – Acção de interpor • Situação de um corpo colocado entre dois outros • Intervenção. Mediação.
INTERPOSTO – Que se interpôs. Colocado de permeio.
INTERPRETAÇÃO – Acto, efeito ou modo de interpretar • Versão • Comentário. Explicação. Exposição • Transladação • Conversão de certas expressões noutras, por exemplo na redução sintáctica da linguagem natural em

linguagem documental, na codificação dos dados, etc.

INTERPRETADO – Que se interpretou • Julgado. Avaliado • Comentado. Explicado. Compreendido.

INTERPRETADOR – O que interpreta • Em informática, programa que efectua a conversão de programas em linguagem simbólica para instruções-máquina, procedendo à respectiva execução.

INTERPRETADORA – Máquina que imprime numa ficha perfurada os símbolos gráficos que representam os dados e que correspondem às perfurações feitas na referida ficha.

INTERPRETAR – Explicar, de forma clara, o que há de obscuro num texto, numa lei, num autor, etc. • Traduzir de uma língua para outra • Determinar a significação exacta de • Tomar em bom ou mau sentido uma palavra.

INTERPRETATIVO – Que interpreta. Interpretador. Que explica. Explicador. Explicativo.

INTERPRETÁVEL – Que se pode interpretar. Explicável.

INTÉRPRETE – Pessoa que explica, esclarece ou comenta o sentido de uma coisa, autor ou discurso • Pessoa que interpreta, que traduz as palavras ou as frases de uma língua para as de outra. Tradutor • Em informática, programa que é usado para traduzir uma instrução da linguagem-fonte para a da máquina, executando-a antes de traduzir a instrução seguinte.

INTERROGAÇÃO – Pergunta feita com a finalidade de sugerir ao ouvinte ou ao leitor uma resposta mental evidente, estabelecendo desse modo um diálogo em que se solicita a participação de um interlocutor que não se manifesta • Em pesquisa documental, fase simples ou múltipla, que consiste em retirar de uma base de dados uma informação específica que nela se encontra contida. *Ver* Consulta.

INTERROGAÇÃO DE CONEXÃO DIRECTA – *Ver* Pesquisa em linha.

INTERROGAÇÃO EM CONVERSACIONAL – *Ver* Pesquisa em linha.

INTERROGAÇÃO EM TEMPO REAL – *Ver* Pesquisa em linha.

INTERROGAÇÃO *ON-LINE* – *Ver* Pesquisa em linha.

INTERROGAR – Fazer pergunta ou perguntas a. Questionar. Inquirir • Consultar. Examinar. Analisar com cuidado • Em informática, pedir dados a um sistema.

INTERROGATÓRIO – Conjunto de perguntas, em geral feitas por escrito. Questionário, documento que inclui essas perguntas.

INTERROMPER – Impedir a continuação de uma publicação. Suspender. Deixar de publicar o que estava a ser publicado • Extinguir. Parar.

INTERRUPÇÃO – Paragem. Extinção • Suspensão de publicação • Suspensão. Reticência • Em informática, ruptura ou pausa na execução de um programa de computador quando ele foi ocupado com outra tarefa; logo que a acabe retomará o programa que foi interrompido • Relação lógica interna ou externa, que traz consigo uma ruptura automática no desenvolvimento de uma sequência de instruções, sem que seja necessário programá-la, no ponto em que ela acontece.

INTERRUPÇÃO AUTOMÁTICA – Dispositivo que pára o motor de um leitor, reprodutor de fitas ou de um projector, após terem sido utilizados na leitura, reprodução de bandas sonoras ou de vídeo, na projecção de diapositivos, etc., e quando as fitas, diapositivos ou discos chegam ao fim da gravação.

INTERRUPÇÃO DE PUBLICAÇÃO – Suspensão, impedimento, corte da continuidade na saída de uma publicação, por algum tempo.

INTERSECÇÃO – Ponto no qual se cruzam ou cortam duas linhas ou superfícies • Relação lógica usada em pesquisa documental, por exemplo os documentos caracterizados ao mesmo tempo por A e B • Produto lógico do operador "E".

INTERTEXTUALIDADE – Componente da textualidade que respeita aos factores que fazem a utilização de um texto dependente da existência e do conhecimento de outros textos, apresentando um discurso como construção a partir de um já dito, relativamente ao qual ele toma posição.

INTERTIPIA – Máquina de composição mecânica cujo funcionamento é comparável ao do linótipo.

INTERTÍTULO – Pequeno título que aparece no interior de textos muito longos, com a função de aliviar a leitura • Subtítulo. Título de uma subdivisão de uma obra.

INTERTYPE (pal. ingl.) – Compositora de linhas-bloco; apareceu no ano de 1913 pela mão da *International Typesetting Machine Company*.

INTERVALAR – Abrir as linhas de uma composição com espaços entre as linhas maiores do que o normal. Espacejar, entrelinhar.

INTERVALO – Entreacto • Distância de um ponto a outro • Em comunicação de dados, espaço entre os dados ou entre os registos num suporte de gravação ou de armazenamento • Período de tempo que medeia entre os sinais transmitidos por um canal.

INTERVALO DE CARACTERES – Distância entre as delimitações verticais de caracteres adjacentes expressa em polegadas ou em unidades de caracteres.

INTERVERSÃO – Alteração acidental ou voluntária de dois elementos de um texto (letras, palavras, frases, etc.) tomando um o lugar do outro.

IN-TEXTE (pal. fr.) – Palavra técnica francesa para designar a figura, imagem ou qualquer representação gráfica impressa com o texto da obra; é o contrário de *hors-texte*.

INTEXTORIUM (pal. lat.) – Nome dado ao bastidor onde se cosiam os cadernos durante a encadernação.

INTITULAÇÃO – Intitulamento. Acto de dar um título • Título • Referência elogiosa.

INTITULADO – Que tem por título. Titulado. Chamado. Denominado.

INTITULAMENTO – Acto ou efeito de intitular. Intitulação • Determinação de título, nome, etc.

INTITULAR – Atribuir um título a um livro ou escrito. Dar título a. Chamar. Nomear • Epigrafar. Inscrever. (port. Bras.) Titular.

INTITULATIO (pal. lat.) – Elemento do protocolo num documento manuscrito no qual são indicados o nome e, eventualmente, os títulos e qualidades da pessoa (ou pessoas) a quem o acto é dirigido, quer como beneficiário, quer como executor ou simples informação. Subscrição.

INTONSA – Diz-se da folha de papel não aparada à cabeça, margem ou pé.

INTONSO – Diz-se do livro não aparado, que não foi desbarbado. *Ver* Livro intonso.

INTRADUTIBILIDADE – Qualidade do que é intraduzível. Que não pode traduzir-se.

INTRADUZÍVEL – Que não pode traduzir-se.

INTRANET (pal. ingl.) – Rede de comunicações interna que permite aos membros de uma organização acederem à informação e transmitirem documentos do mesmo modo como estas tarefas são levadas a cabo na *Internet* e na *World Wide Web*.

INTRIGA – Enredo, trama. Acção de romance, peça teatral ou filme • Cabala.

INTROD. – Abreviatura de introdução.

INTRODUÇÃO – Texto, no início do documento, que apresenta uma informação geral sobre as origens, o conteúdo e a estrutura do mesmo • Designação dos textos que são colocados depois da dedicatória e antes do corpo da obra: prefácio, prolegómenos, preâmbulo, apresentação, advertência, advertência ao leitor, nota preliminar, *a quem ler*, exórdio, pródromo, etc.; este tipo de textos deve ser conservado numa posterior reedição • Texto distinto do prólogo, que faz parte do corpo da obra.

INTRODUÇÃO FORMAL – *Ver* Prefácio *e* Prólogo.

INTRODUÇÃO POR LEITURA – Operação que consiste em introduzir dados num computador por meio do uso de um mecanismo de entrada como um leitor de fichas ou uma unidade de fita magnética.

INTRÓITO – Entrada ou parte inicial de um texto. Início, introdução, exórdio.

INUM. – Forma abreviada mais comum de inumerado(a).

INUMERADO – Sem numeração. Diz-se inumerada a página ou folha que não apresenta qualquer numeração.

INV. – Abreviatura de *invenit*, inventou. *Ver Invenit*.

INV. ET FEC. – Forma abreviada latina que significa "inventou e executou", ou seja, fez o desenho e gravou-o, expressão que se segue à assinatura do desenhador numa gravura, em geral no canto inferior esquerdo ou direito;

assume por vezes a forma por extenso *invenit et fecit*.

INVARIÂNCIA – Relativamente ao documento tradicional, é a capacidade que tem de permanecer ao longo do tempo como portador de uma mesma mensagem.

INVENÇÃO – Acto ou efeito de inventar. Invento. Criação. Realização • Devaneio. Fantasia. Fábula. Ficção.

INVENÇÃO DA IMPRENSA – Expressão usada para designar a utilização pela primeira vez de tipos móveis de madeira para imprimir, isto é, o início da produção de impressos. Segundo os estudiosos destas questões essa utilização terá acontecido na China, no ano 960, durante o período da dinastia *Song*, que governou desde esta data até 1279. Terá cabido a *Pi Sheng* em 1045 o fabrico de caracteres de argila secos com fogo a partir de moldes de metal e mais tarde o uso de tipos móveis de estanho, madeira, bronze, etc., estando em 1400 aperfeiçoado o sistema de composição e impressão de textos naquele país. Quanto à invenção da imprensa na Europa, a verdade sobre o seu início não é muito clara, mas quando se fala desse facto ele traz sempre associado a si um nome – *Gutenberg*, uma cidade – Mogúncia e um período de tempo – 1440-1450. As propostas para atribuição de um inventor à imprensa têm sido diversas e variáveis de lugar para lugar, mas na generalidade esta invenção é atribuída a um cidadão de Mogúncia de nome Gutenberg, que terá fundido letras soltas e adaptado uma prensa de uvas à impressão de cadernos de papel.

INVENDÁVEL – Que não é vendável. Invendível. Que não tem boa venda. Que não se vende com facilidade.

INVENDIDO – Que não foi vendido • Impróprio para venda.

INVENIT (pal. lat.) – Significa inventou e aparece em muitas gravuras antigas sob a forma abreviada *inv.* junto à assinatura do autor; indica que se trata de uma obra original e não de uma cópia.

INVENIT ET FECIT (loc. lat.) – Forma latina que significa "inventou e executou", ou seja, fez o desenho e executou-o, expressão que se segue a assinatura do desenhador numa gravura, em geral no canto inferior esquerdo ou direito, por vezes sob a forma abreviada *inv. et fec.*

INVENTARIAÇÃO – Acto e efeito de inventariar, isto é, de enumerar e identificar os elementos de um conjunto • Lista de um conjunto de elementos. Relação.

INVENTARIANTE – Aquele que faz o inventário • Aquele que dá os bens a inventariar.

INVENTARIAR – Fazer inventário de. Registar. Inscrever no inventário. Dar ao inventário. Enumerar. Relacionar. Arrolar. Catalogar.

INVENTÁRIO – Elenco de todas as peças que constituem uma herança • Lista oficial da qual consta o elenco dos bens móveis, equipamento e outros valores, que são pertença de uma biblioteca, arquivo, serviço de documentação, etc. públicos ou privados, acompanhada das quantidades, descrições e custos, feita para que conste o material que é propriedade desses serviços. Livro de tombo. Registo. Cadastro. Rol. Arrolamento • Catálogo topográfico • Instrumento de pesquisa que fornece uma enumeração descritiva mais ou menos detalhada dos dossiês ou das peças que compõem um ou mais fundos de arquivos ou séries, frequentemente completada por uma história da instituição que o produziu e dos seus arquivos, pela exposição dos princípios de classificação utilizados e por um índice; segundo o grau de detalhe de informações que fornece, um inventário pode ser analítico (registo, catálogo), descritivo (repertório), selectivo ou provisório • Revisão de uma colecção, feita a partir de um catálogo topográfico, com a finalidade de encontrar documentos desaparecidos • Documento que contém uma enumeração por vezes descritiva de objectos, estabelecida com finalidades diversas, levada a cabo após uma morte, uma penhora ou uma partilha.

INVENTÁRIO ANALÍTICO – Estado descritivo de cada uma das peças de um maço ou de cada uma das actas de um registo ou de um conjunto de maços ou de registos. Catálogo inventário.

INVENTÁRIO CRONOLÓGICO – Descrição sistemática, mais ou menos detalhada, dos elementos que compõem um ou mais fundos de arquivos, apresentada pela ordem cronológica da sua aquisição.

INVENTÁRIO DAS ESTANTES – *Ver* Catálogo topográfico.

INVENTÁRIO DE ARQUIVO(S) – Estado descritivo mais ou menos detalhado dos elementos (peças ou artigos) que compõem um fundo ou vários fundos de arquivos e que é acompanhado por uma história da instituição produtora dos documentos.

INVENTÁRIO DE INCORPORAÇÃO – Registo descritivo da entrada de documentos num arquivo quando os documentos de uma instituição passam a integrar os seus fundos.

INVENTÁRIO DE SELOS – Documento que contém notícias de todos os selos de um depósito de arquivos ou dos que estão guardados num determinado fundo arquivístico.

INVENTÁRIO NUMÉRICO – Lista de documentos apresentados na ordem numérica das cotas e que contém as indicações necessárias à identificação de cada um dos documentos.

INVENTÁRIO PRELIMINAR – Levantamento primário das peças existentes num determinado fundo; em geral é organizado tendo como ponto de referência uma ordem numérica.

INVENTÁRIO SUMÁRIO – Aquele em que o conteúdo de cada artigo é colocado numa rubrica geral caracterizando resumidamente cada um dos seus elementos constitutivos • Em arquivologia, estado descritivo do conteúdo de um fundo ou de uma série de arquivos no qual apenas algumas peças ou certas actas são analisadas a título de exemplo.

INVENTÁRIO TOPOGRÁFICO – Lista de localização • Lista ou ficheiro actualizado que indica, pela ordem de numeração dos depósitos, estantes e de tabelas, o lugar exacto ocupado pelos documentos numa biblioteca, arquivo, serviço de documentação, etc. • Registo topográfico.

INVENTOR – Pessoa(s) mencionada(s) como tal numa patente ou pedido de patente.

INVERSÃO – Transposição da ordem natural das palavras. Anástrofe • Em reprografia é a operação que permite obter sucessivamente um negativo e um positivo na mesma camada fotossensível, graças a uma dissolução, após a revelação, da imagem negativa, seguida de uma exposição a uma irradiação e de uma segunda revelação • Operação usada nos processos fotomecânicos, que visa inverter no sentido direita-esquerda a imagem do negativo para que, na cópia final, o objecto saia na posição correcta.

INVERTIDO – Diz-se da reprodução feita a partir do inverso do original.

INVESTIGAÇÃO – Acto e efeito de investigar. Inquirição. Indagação. Pesquisa.

INVESTIGAÇÃO APLICADA – Em certo contraste com a investigação básica, a investigação aplicada tende a ser mais pragmática e enfatizar a produção de informação que é imediatamente aplicável a um problema actual no local de trabalho; contudo, isto não quer dizer que os resultados da investigação básica não possam ter aplicação prática até certo ponto, nem que a investigação aplicada não possa beneficiar esforços de pesquisa básicos; as suas prioridades imediatas são o que tende a vê-las separadas, embora possa argumentar-se que a investigação básica, por definição, é geralmente mais rigorosa; tem, com frequência, finalidades comerciais. *Comparar com* Investigação básica.

INVESTIGAÇÃO BÁSICA – Expressão que é usada muitas vezes a par de investigação pura, teórica ou científica; em geral, a principal intenção de alguém que conduz uma investigação básica é criar conhecimento. Caracteriza-se pela adesão a um objectivo e a uma abordagem específica e sistemática referida como sendo um método científico de pesquisa. Os passos que informam o método de pesquisa científica são: identificar o problema ou tópico a pesquisar, identificar ou construir uma teoria relevante, desenvolver uma hipótese ou solução para o problema, adquirir a necessária informação ou dados, analisar os dados e interpretar os resultados • Investigação original feita com vista à evolução do conhecimento e à descoberta de novos factos, leis e teorias; opõe-se à investigação com finalidades práticas ou comerciais. Investigação pura.

INVESTIGAÇÃO BIBLIOGRÁFICA – *Ver* Pesquisa bibliográfica.

INVESTIGAÇÃO MEDIANTE INQUÉRITOS – Aquela que é feita com base em dados actualizados, que são medidos directamente por meio de questionários ou entrevistas ou sobre informação obtida de outras experiências e estudos.

INVESTIGAÇÃO PURA – *Ver* Investigação básica.

INVESTIGADOR – Pessoa cuja função é a de alargar o âmbito do conhecimento através de investigações e experiências directas do ainda desconhecido • Trabalhador intelectual, suficientemente qualificado pelas suas habilitações, que destina não menos de 10% das suas horas de trabalho ao planeamento e execução da investigação científica.

INVESTIGAR – Indagar. Pesquisar. Inquirir. Examinar. Excogitar.

INVITA MINERVA (loc. lat.) – A despeito de Minerva; expressão usada para qualificar um autor destituído de inspiração e talento, mas que persiste em escrever.

INVITATORIA (pal. lat.) – Compilação das antífonas de invitatório para as celebrações únicas *(in. inv., venit)* e do salmo 94 *(Venit, exultemus Domino)* musicado segundo o modo gregoriano, muitas vezes com diversas melodias (simples ou solenes).

INVITATÓRIO – Antífona recitada no início das matinas e na qual se convidam os fiéis a adorar a Deus • Invocação.

INVOCAÇÃO – Inscrição inicial ou final, por vezes reduzida a uma abreviatura (*IHS, MA*) ou a um simples sinal (uma cruz, por exemplo), através da qual o escriba colocava o seu trabalho sob a protecção de Deus, da Virgem ou dos santos; a invocação inicia o protocolo do acto escrito e é rematada frequentemente com a palavra *amen*; o seu uso remonta ao mundo pagão e o seu sentido tanto é claro como obscuro, directo ou indirecto.

INVOCAÇÃO TRINITÁRIA – Pedido de protecção e inspiração à Santíssima Trindade inscrito no início de um documento manuscrito ou obra extensa, a fim de que o trabalho que se encetava fosse abençoado.

INVÓLUCRO – Que envolve. Envoltório. Revestimento • Armazenamento do item, de um conjunto de itens ou de uma parte de um item que é fisicamente destacável do material do item. A capa, álbum envoltório ou estojo; as capas de um conjunto de discos são invólucros, uma cassete ou cartucho não.

INVÓLUCRO DE PROTECÇÃO – Revestimento que serve para conservar documentos em boas condições. Mantém o livro ou documento livre de pó e permite a sua protecção contra o desgaste; de fácil fabrico e baixo custo, desde que fabricado com materiais isentos de ácido, possibilita igualmente a protecção de itens mais recentes mas delicados; os revestimentos, quando fabricados em casa, permitem a perfeita adaptação ao tamanho exacto do livro, o que é uma vantagem em relação aos que se vendem no mercado.

IO NON SO LETTERE (loc. ital.) – Eu não conheço as letras. Não sei ler.

IOCS – Acrónimo de *Input/Output Control System*, Sistema de Controlo de Entrada/Saída conjunto das rotinas que podem ser incorporadas em qualquer programa, a fim de aí gerirem todos os problemas gerais de entradas/saídas (leitura, escrita, controlos, desenvolvimento, etc.) • Especificações particulares admitidas numa linguagem de programação, a fim de permitir ao programador inserir num programa as rotinas de controlo de entradas/saídas necessárias.

IP – Acrónimo de *Internet Protocol*, conjunto de regras que regulam a transmissão de pacotes de dados através da *Internet*.

IPA – Acrónimo de Instituto Português de Arquivos.

IPA – Acrónimo de *International Pharmaceutical Abstracts*, Resumos Internacionais de Farmácia • Acrónimo de *International Publishers Association*, Associação Internacional de Editores.

IPSIS LITTERIS (loc. lat.) – Textualmente. Por estas letras; indica que o texto foi reproduzido sem alteração.

IPSIS VERBIS (loc. lat.) – Por estas palavras. Palavras textuais; indica que o texto foi reproduzido sem alteração.

IPX – Acrónimo de *Internetworking Packet Exchange*, protocolo semelhante ao *IP*, que foi desenvolvido pela *Novell Netware*. Permite direccionar pacotes de informação numa rede local ou área geográfica.

IR – Acrónimo de *Information Retrieval*, Recuperação da informação. Documentação.

IR À LINHA – Deixar começada uma linha ou acabar nela um parágrafo para passar à seguinte ou começar nela um novo parágrafo.
IRC – Acrónimo de *Internet Relay Chat*, serviço multi-utilizador e multinacional da *Internet*, que permite a organização de conferências à distância em tempo real.
IRIS – Serviço da PORBASE destinado à "automatização da rotina de avaliação e integração dos registos das bibliotecas cooperantes na Base Nacional de Dados Bibliográficos"; é usado para analisar e preparar lotes de dados bibliográficos para integrar na PORBASE.
IRMANDADE DE SANTA CATARINA DA CORPORAÇÃO DOS LIVREIROS E HOMENS DE LETRAS – Designação assumida em 1863 pela confraria constituída pelos irmãos que exercessem "a profissão de livreiro ou literária".
IRONIA – Figura através da qual é sugerido o oposto daquilo que pretende dizer-se. Mofa. Motejo • Antífrase.
IRS – Acrónimo de *International Retrieval System*, Sistema de armazenamento e recuperação da informação.
ISAAR (CFP) – Acrónimo de *International Standard Archival Authority Record for Corporate Bodies, Persons and Families*, norma internacional para registo de autoridade em arquivos, destinada a Instituições, Pessoas e Famílias. Fornece orientação para preparação de registos de autoridade arquivística que proporcionam descrições das entidades (pessoas colectivas, pessoas singulares e famílias) associadas à produção e gestão de arquivos.
ISAD – Acrónimo de *International Standard Archival Description* (Descrição Arquivística Internacional Normalizada), norma internacional para descrição arquivística, texto que especifica os elementos que são necessários para a descrição e identificação de documentos existentes em arquivos, atribuindo uma ordem a esses elementos e determinando um sistema de pontuação para essa descrição.
ISAD(G) – Acrónimo de *International Standard Archival Description (General)* (Descrição Arquivística Internacional Normalizada (Geral)), norma geral internacional para descrição arquivística. A sua designação provém do facto de pretender ser uma estrutura geral, que abranja todos os tipos de descrição. Especifica os elementos necessários à descrição e identificação dos documentos que podem existir nos fundos de um arquivo, fixa uma ordem e prescreve uma pontuação para a sua apresentação.
ISAGOGE – Introdução. Proémio, prefácio • Rudimentos.
ISATIS TINCTORIA (loc. lat.) – *Ver* Pastel dos tintureiros.
ISBD – Acrónimo de *International Standard Bibliographic Description* (Descrição Bibliográfica Internacional Normalizada), norma internacional de descrição de documentos que encerra um conjunto de princípios que têm como objectivo principal facilitar a difusão internacional da informação bibliográfica. Apareceu em 1971, de início para as monografias, depois para outra tipologia documental.
ISBD(A) – Acrónimo de *International Standard Bibliographic Description for Older Monographic Publications (Antiquarian)* (Descrição Bibliográfica Internacional Normalizada das Monografias Antigas), texto que especifica os elementos necessários à descrição de monografias antigas impressas, atribui uma ordem aos elementos da descrição e prescreve um sistema de pontuação.
ISBD(CF) – Acrónimo de *International Standard Bibliographic Description for Computer Files* (Descrição Bibliográfica Internacional Normalizada de Ficheiros de Computador), texto que especifica os elementos necessários à descrição de ficheiros que estão codificados para manipulação por computador; atribui uma ordem aos elementos da descrição e prescreve um sistema de pontuação.
ISBD(CM) – Acrónimo de *International Standard Bibliographic Description for Cartographic Materials* (Descrição Bibliográfica Internacional Normalizada das Publicações Cartográficas), texto que especifica os elementos necessários à descrição e identificação de todos os materiais representantes da terra ou de algum corpo celeste, no todo ou em parte, a qualquer escala, tais como mapas, cartas, globos, séries de diagramas, perfis, fotografias aéreas, de satélites e espaciais, atlas, etc. designados materiais car-

tográficos; atribui-lhes uma ordem e prescreve um sistema de pontuação.

ISBD(CP) – Acrónimo de *International Standard Bibliographic Description for Component Parts* (Descrição Bibliográfica Internacional Normalizada das Partes Componentes), texto que especifica os princípios estabelecidos para servir a quem descreve partes componentes de publicações (capítulos de livros, artigos de publicações em série, pistas de registos sonoros, etc.) para serem usados em catálogos, bibliografias, índices ou serviços de resumos; atribui uma ordem aos elementos da descrição e prescreve um sistema de pontuação.

ISBD(CR) – Acrónimo de *International Standard Bibliographic Description for Serials and other Continuing Resources* (Descrição Bibliográfica Internacional Normalizada de séries e outros recursos contínuos). É a revisão da *ISBD* (S), International Standard Bibliographic Description for Serials, München, IFLA, 2002.

ISBD(G) – Acrónimo de *International Standard Bibliographic Description (General)* (Descrição Bibliográfica Internacional Normalizada (Geral). A sua designação provém do facto de pretender ser uma estrutura geral, que abranja todos os tipos de descrição. Especifica os elementos necessários à descrição e identificação dos documentos que podem existir nos fundos de uma biblioteca, fixa uma ordem e prescreve uma pontuação para a sua apresentação. Com a sua elaboração pretendeu-se criar uma compatibilidade entre todos os textos de *ISBD*s publicados ou que viessem a sê-lo.

ISBD(M) – Acrónimo de *International Standard Bibliographic Description for Monographic Publications* (Descrição Bibliográfica Internacional Normalizada das Publicações Monográficas), texto que especifica os elementos que são necessários para a descrição e identificação de publicações monográficas impressas, atribuindo uma ordem a esses elementos e determinando um sistema de pontuação para essa descrição.

ISBD(NBM) – Acrónimo de *International Standard Bibliographic Description for Non-Book Materials* (Descrição Bibliográfica Internacional Normalizada de Material Não-Livro), texto que especifica as necessidades para a descrição e identificação de um documento não-livro, estabelece uma ordem aos elementos da descrição e determina um sistema de pontuação para a fazer.

ISBD(PM) – Acrónimo de *International Standard Bibliographic Description for Printed Music* (Descrição Bibliográfica Internacional Normalizada da Música Impressa); especifica os elementos necessários à descrição bibliográfica internacional normalizada de música impressa, determina uma ordem para os elementos da descrição dos documentos musicais impressos e estabelece um sistema de pontuação para essa descrição.

ISBD(S) – Acrónimo de *International Standard Bibliographic Description for Serials* (Descrição Bibliográfica Internacional Normalizada das Publicações em Série). Especifica os elementos necessários para a descrição e identificação das publicações em série impressas, determina uma ordem para os elementos da descrição e estabelece um sistema de pontuação para essa descrição.

ISBN – Acrónimo de *International Standard Book Number* (Número Internacional Normalizado do Livro), conjunto de treze dígitos precedido por um prefixo alfabético, dividido em quatro partes separadas por hífen: o identificador do grupo (determinado por considerações de ordem nacional, geográfica, linguística e outras); o identificador da editora, o identificador do título, o dígito de verificação ou de controlo (o décimo), que dá ao computador possibilidade de comprovar a validade de um número, evitando erros na sua transcrição; sempre que este dígito for treze deverá ser substituído por um X, pois o tamanho normalizado do *ISBN* não pode ultrapassar treze dígitos, número que foi estabelecido a partir de Janeiro de 2007. Inicialmente foi estudado para os editores; mais tarde passou a ser usado nas bibliotecas, como número de pesquisa nos catálogos colectivos, havendo alguns sistemas informatizados que o usam também como número de controlo. O *ISBN* identifica uma edição de um trabalho publicado por um determinado editor e é atribuído a cada livro publicado, inclusive para as suas diversas edições ou formas de apresentação. Um mesmo

título com edições diferentes ou apresentado em brochura, encadernado em pano ou papel terá um *ISBN* diferente. No caso de uma obra em vários volumes, ser-lhe-á atribuído um número identificador para o seu conjunto total e tantos outros quantos forem necessários para identificar cada um dos volumes separadamente. É atribuído pela Agência Nacional do *ISBN* e é baseado na norma *ISO (ISO* 2108-1978 (E) *Documentation – International Standard Book Numbering ISBN),* com os objectivos de identificar rapidamente uma determinada obra, facilitar a sua encomenda e incrementar a sua divulgação através de bibliografias, catálogos, listas de editores e fichas catalográficas. Em Portugal a agência *ISBN* funciona na APEL.
ISDN – Acrónimo de *Integrated Services Digital Network* (Rede Digital de Serviços Integrados), rede avançada de telecomunicações em que é usada transmissão digital de um extremo a outro, de modo a proporcionar ao mesmo tempo o tratamento digital da voz e dos dados nas mesmas conexões digitais e através da mesma central digital.
ISDS – Acrónimo de *International Serials Data System,* sigla de um sistema internacional de dados sobre publicações e séries estabelecido dentro do programa *UNISIST;* trata-se de uma rede de centros nacionais e internacionais, cuja finalidade é o controlo das publicações em série através da concessão do *ISSN* ao título-chave.
ISE – *Ver International Student Edition.*
ISENÇÃO – Qualidade do que é imparcial, que não emite opinião, mas relata apenas o que presenciou com independência e neutralidade. É uma das qualidades mais apreciadas e imprescindíveis no jornalismo.
ISIL – Acrónimo de *International Standard Identifier for Libraries and Related Organizations,* Identificador internacional das bibliotecas e organismos que disponibilizam um serviço na esfera biblioteconómica. É constituído por um máximo de 12 caracteres e é atribuído nos termos da Norma *ISO* 15511.
ISMN – Acrónimo de *International Standard Music Number* (Número Internacional Normalizado da Música), número atribuído por uma agência especializada (Agência *ISMN*) às publicações musicais impressas e ao material que possa eventualmente acompanhar a publicação; esse número começa pela letra M seguida de 9 caracteres numéricos; a Norma *ISO* 10957 especifica as regras de atribuição do número e a sua localização na publicação.
ISO – Sigla internacional que designa a *International Organization for Standardization,* Organização Internacional de Normalização fundada em Londres em 1946, com vista à elaboração e publicação de normas internacionais, à luz das quais são elaboradas normas equivalentes nacionais noutros países e que, a nível internacional, é juridicamente responsável por publicações com carácter normativo. Portugal está representado nesta organização pelo Instituto Português da Qualidade. É também conhecida como *International Standards Organization.*
ISOCROMIA – *Ver* Litocromia.
ISOGRAFIA – Reprodução exacta da letra manuscrita • Fac-símile.
ISOGRÁFICO – Relativo à isografia.
ISOLADO – Diz-se do texto ou anúncio rodeado por texto.
ISOLAR – Colocar um anúncio comercial no meio de um texto • Apartar. Separar.
ISOLARIO (pal. ital.) – Nome dado ao mapa que descreve as ilhas do Mediterrâneo; não pode ser totalmente assimilado aos mapas de navegação porque, embora inclua uma rosa-dos-ventos menos precisa do que as linhas de rumos, combina geografia prática e literatura.
ISOLÍTERO – Diz-se do vocábulo que se escreve com as mesmas letras que outro. *Ver* Homógrafo.
ISÓPTERO – Grupo de insectos com asas iguais, a que pertencem as térmitas, e que ataca os suportes em papel.
ISOTROPIA – Característica do papel artesanal, no qual a distribuição das fibras se apresenta orientada em todas as direcções da folha, ao contrário daquilo que acontece no papel de máquina; a isotropia confere ao papel um comportamento semelhante em todas as direcções, o que faz com que não se possa distinguir a direcção fibra ou contrafibra.
ISR – Acrónimo de *Information Storage and Retrieval,* Armazenamento e Recuperação da Informação.

ISRC – Acrónimo de *International Standard Recording Code* (Número Internacional Normalizado de Gravações de Som); trata-se de um número de identificação único, que é atribuído, nos termos da norma *ISO* 3901, aos registos sonoros e vídeos musicais, em formato analógico ou digital.

ISRN – Acrónimo de *International Standard Report Number* (Número Internacional Normalizado do Relatório); trata-se de um código único e identificador dos relatórios técnicos que visa facilitar a sua pesquisa nos serviços de informação. A sua atribuição é feita por uma Agência Nacional, de acordo com a Norma *ISO* 10444.

ISSN – Acrónimo de *International Standard Serial Number* (Número Internacional Normalizado das Publicações em Série). Conjunto de 8 dígitos impressos em dois grupos de quatro dígitos separados por um hífen precedido por um prefixo alfabético. O último dígito é o da verificação; se este dígito for 10 deverá ser substituído por um X, excepto no caso de não haver resto na divisão pela qual é calculado, caso em que o dígito de verificação será 0. Qualquer mudança de título implica sempre a atribuição de um novo *ISSN*. O *ISSN* juntamente com o título-chave identificam de uma maneira inequívoca um determinado título de série. A sua estrutura tem subjacentes princípios de constituição idênticos aos do *ISBN*; o *ISSN* identifica a publicação em série enquanto tal, mudando apenas caso se verifique uma mudança no título da publicação; o número que é precedido por esta sigla deve ser colocado no canto superior direito da capa, na página de rosto ou naquela onde se apresenta a ficha técnica; no caso de publicações em série editadas noutras modalidades de suporte, a sua localização será colocada de preferência na parte interna do documento como a página de abertura ou a principal, ou nas partes externas do documento, como a etiqueta do disco ou da cassete ou a caixa ou o cabeçalho da microficha. É atribuído pelo *International Serials Data System (ISDS)* e é baseado numa norma *ISO*, a *ISO* 3297-1986. Existe em Paris um Centro Internacional de Registo de Publicações em Série e centros nacionais estabelecidos nos diversos países, que solicitaram a este a delegação para a atribuição do mesmo • Nas publicações em linha, aquele que é atribuído à versão em linha de uma publicação periódica, pelo centro nacional *ISSN* do país no qual ela é publicada.

ISSN COMPACT (loc. ingl.) – Designação da versão em *CD-ROM* da base de dados de *ISSN* estabelecida pelo Centro Internacional *ISSN*.

ISSN ON-LINE (loc. ingl.) – Endereço na *Internet* da base de dados de *ISSN* estabelecida pelo Centro Internacional *ISSN*.

ISTC – Acrónimo de *International Standard Textual Work Code* (Código Internacional Normalizado de Obra Textual); trata-se de um código internacional normalizado que permite identificar de forma única uma obra textual • Ver tb. *Incunable Short-Title Catalogue*.

ISWC – Acrónimo de *International Standard Musical Work Code* (Código Internacional Normalizado de Obra Musical); trata-se de um código internacional normalizado que permite identificar de forma única uma obra musical caracterizada pelo título e criadores; é atribuído nos termos da *ISO* 15707.

ITA EST (loc. lat.) – É assim. Está conforme. Confere.

ITÁL. – Abreviatura de itálico.

ITAL. – Abreviatura de italiano(a).

ITALIANA – Subfamília de letra.

ITÁLICO – Carácter de letra tipográfica que teve origem no romano antigo; é franzina, inclinada à direita e imita a letra manuscrita; foi gravada em Veneza e empregada pela primeira vez por Aldo Manuzio em 1501 na impressão de uma obra de Virgílio (daí o denominar-se igualmente aldino); o emprego do itálico em relação ao romano é regido por códigos tipográficos que determinam que são impressos em itálico os títulos das obras, as citações em línguas estrangeiras, as palavras latinas e também, por uma questão de moda, a poesia, as dedicatórias, os prefácios e outras peças preliminares; a maior parte das polícias de caracteres dispõe de um tipo itálico; esta designação foi dada pelos franceses aos caracteres aldinos que não ficam direitos sobre a linha, como acontece com os redondos, mas ficam ligeiramente inclinados para a direita de quem lê • Letra cursiva. Cursivo. Grifo; esta designação resulta de uma homenagem que o seu criador, Francesco Griffo, italiano, quis prestar ao seu país natal.

ITEM – Suporte físico de um trabalho ou conjunto de trabalhos sob qualquer forma considerado como uma entidade e sendo objecto de uma única descrição bibliográfica • Unidade documental fisicamente indivisível • Artigo • Cláusula • Solto • Nota • Parcela • Documento • Em arquivologia, a mais pequena unidade material de registo, que se acumula para constituir unidades de arquivo e séries • Em processamento de dados, unidade de informação.

ITEM (pal. lat.) – Idem. Igualmente. Também.

ITEM COMPOSTO – Material constituído por um ou mais itens não sendo nenhum deles identificável como preponderante.

ITEM DOCUMENTAL – A menor unidade arquivística materialmente indivisível; pode ser constituída por uma ou mais folhas ou por um volume.

ITERAÇÃO – Exemplo de um recurso integrado tal como foi publicado pela primeira vez ou depois de actualizado.

ITINERÁRIO – Descrição ou guia de uma viagem já realizada ou a realizar; inclui uma quantidade de dados geográficos e turísticos, com frequência de utilidade prática • Caminho a seguir • Designação atribuída na Antiguidade a um livro ou mapa sobre caminhos e vias de comunicação • Livro que apresenta a indicação de todos os lugares por onde passou um viajante • Descrição, em geral pormenorizada, de todas as particularidades observadas por um viajante no decorrer de uma viagem.

J

J – Letra do alfabeto latino e do de quase todas as línguas antigas e modernas • O tipo que na impressão reproduz essa letra • Nas máquinas fundidoras é a matriz que dá esse carácter • Punção com que se grava essa matriz • Décima chamada de nota, se se usarem letras em lugar de números ou sinais.

J. – Abreviatura de jornal.

Jc. – Abreviatura de *juris consultus*, jurisconsulto, que é colocada a seguir ao nome de um autor para indicar que ele é jurista. *Jc. Jctus*.

J. M. J. – Abreviatura de Jesus, Maria, José, expressão que por vezes encima alguns títulos ou subscreve alguns pertences e que constitui uma espécie de jaculatória ou de invocação da protecção divina.

J. C. – Forma abreviada de Jesus Cristo.

J. H. S. – Forma abreviada da expressão latina *Jesus, Hominum Salvator*, Jesus, salvador dos homens.

JACENTE – Diz-se da estátua ou figura funerária que se encontra deitada; neste sentido opõe-se a estátua orante, figura ajoelhada em atitude de súplica; normalmente as figuras jacentes encontram-se deitadas sobre os tampos das arcas funerárias por vezes representados em gravuras.

JACKET (pal. ingl.) – Bolsa transparente em que podem inserir-se tiras de microfilme em bainhas independentes; tem o aspecto de uma folha transparente possuindo de dois a cinco canais, conforme a microforma-base utilizada seja o rolo de filme de 26 mm ou de 35 mm; pode também surgir uma combinação mista de 16 mm e 35 mm.

JACTO DE TINTA – Tipo de impressão produzida por dispositivo especial de máquina programada e computorizada que provoca uma emissão de tinta sobre o suporte.

JACULATÓRIA – Oração breve ou simples aspiração piedosa sob forma de acção de graças, louvor ou invocação, feita nas novenas e em outras devoções, dirigida a Deus ou aos santos, mesmo apenas mentalmente, para os honrar e lembrar a sua presença; as jaculatórias subscrevem frequentemente os registos de santos. Jaculatório.

JACULATÓRIO – *Ver* Jaculatória.

JAMBO – Pé de verso grego ou latino, que é composto por uma sílaba breve e outra longa. Iambo • Sátira. Poesia satírica.

JAMEGÃO (port. Bras.) – Assinatura. Rubrica. Firma.

JANELA – Furo de chapa ou forma tipográfica provocado por letra caída ou que se tirou • Lacuna ou vazio deixado numa página na qual se recortou qualquer gravura ou linhas de texto • Abertura feita numa folha de papel ou cartão coberta algumas vezes por uma tira transparente, que permite ver o que fica por baixo • Branco que fica num documento e que corresponde a alguma palavra ou frase que falta e deve escrever-se • Em informática, espaço que aparece num programa que use um interface gráfico e que serve para que o utilizador faça a selecção daquilo que pretende • Indicador usado num ficheiro com a finalidade de assinalar de forma bem visível e imediata o que nele está contido.

JANELA DE RÓTULO – Espaço em branco reservado numa encadernação, brochura, ou numa lombada de um dossiê, para nele vir a ser colocada a etiqueta ou rótulo onde estão

impressos, dactilografados ou manuscritos os dados que identificam o seu conteúdo.
JANET (pal. ingl.) – Acrónimo de *Joint Academic NETwork*, a designação pela qual é conhecida a rede de comunicações que engloba todas as instituições académicas do Reino Unido.
JAP. – Abreviatura de japonês ou língua japonesa.
JAQUETA – Cobertura de papel forte, impressa, quase sempre ilustrada a cores, por vezes revestida por uma película cujas extremidades se dobram para dentro da capa de um volume brochado ou cartonado; o seu aparecimento é relativamente recente e, ao mesmo tempo que protege a obra, chama a atenção do público pela imagem sugestiva que apresenta; geralmente inclui uma análise sumária da obra e informações sobre o autor, ou na parte posterior ou na que dobra para dentro. Sobrecapa.
JAQUETTE (pal. fr.) – *Ver Prospectus*.
JARGÃO – Galicismo com o significado de calão, gíria profissional • Linguagem estropiada ou incompreensível. Vasconço.
JARRÃO DE MÉDICIS – Diz-se do frontispício composto sob a forma de uma taça de Médicis • Composição epigráfica.
JASPE – Ornamentação obtida por projecção de uma grande quantidade de pequenas manchas de uma ou várias tintas de cor utilizada nos cortes dos livros e papéis de guarda.
JASPEADO – Acto e efeito de jaspear. Ver Marmoreado.
JASPEAR – Dar a cor, a aparência do jaspe; ornamentar com pontilhados irregulares, imitando, assim, o aspecto do jaspe. Marmorizar • Em encadernação, pintar o corte do livro com gotas coloridas dando a aparência do jaspe. Marmorear.
JAVA (pal. ingl.) – Linguagem de programação destinada a objectos, surgida na década de 90 do século XX; ao contrário das linguagens de programação convencionais, compiladas para códigos nacionais, ela é compilada para *bytecode*, que é executado por máquina virtual.
JCTUS – Abreviatura de *jurisconsultus*, jurisconsulto.
JERÓGLIFO – *Ver* Hieróglifo.
JESUS – Nome dado a um formato de papel que compreende o pequeno Jesus, o Jesus ordinário e o grande Jesus; este último, que mede 56x76 cm, é o mais usual; o nome vem do facto de antigamente este papel apresentar nas margens as iniciais IHS, monograma de Jesus.
JEU DE MOTS (loc. fr.) – Trocadilho. Quiproquó. Jogo de palavras.
JOB (pal. ingl.) – Termo usado no Brasil, em informática, para designar o conjunto de operações que se executam simultaneamente, em geral envolvendo impressão.
JOGO – Intervalo existente entre o encaixe e a margem interna das pastas do livro, facilitando a sua abertura • Colecção de filetes, vinhetas, orlas, cabeções, etc., que constituem uma série.
JOGO DA ENCADERNAÇÃO – Forma como a encadernação se articula e que depende do modo e da perícia com que é executada toda a série de operações que a compreendem: cosedura dos cadernos, colagem da lombada, aplicação da cobertura, etc.
JOGO DE CENA – *Ver* Didascália.
JOGO DE ESPÍRITO (port. Bras.) – *Ver* Jogo de palavras.
JOGO DE PALAVRAS – Combinação de duas palavras numa frase, com o fim de gerar comicidade, ironia ou artifício; visa a agudeza de espírito e é feita com base na ordem de uma ou mais palavras, como os acrósticos, charadas, anagramas, adivinhas, etc. Trocadilho. *Jeu de mots*. Quiproquó. Jogo de espírito.
JOGO EDUCATIVO – Conjunto de materiais preparado para ser usado de acordo com regras prescritas para competição intelectual.
JÓIA BIBLIOGRÁFICA – Exemplar de uma obra muito valiosa, pela sua antiguidade, raridade ou singularidade; é comum designarem-se como jóia bibliográfica códices, incunábulos, livros únicos ou raros, etc.
JOINT ACADEMIC NETWORK (loc. ingl.) – Designação pela qual é conhecida a rede de comunicações que engloba todas as instituições académicas do Reino Unido. *JANET*.
JOINT PHOTOGRAPHIC EXPERTS GROUP (loc. ingl.) – Formato internacional muito usado na digitalização de imagens, mesmo na *Internet*; garante uma grande taxa de compressão, apesar de alguma perda de qualidade. *JPEG*.

JORNADA – Duração do trabalho diário dos operários. Jorna.

JORNAL – Publicação em série editada com intervalos muito curtos, que fornece as informações mais recentes sobre a actualidade, acompanhadas ou não de comentários • Por extensão, qualquer publicação periódica, diária ou não, independentemente do assunto que refere; o jornal normalmente é constituído por folhas soltas (geralmente não agrafadas nem coladas) dobradas em um ou mais cadernos e inicialmente era chamado diário; os jornais não diários contêm frequentemente artigos e comentários mais extensos e dedicam-se por vezes a determinados sectores do conhecimento • Gazeta diária • Periódico.

JORNAL DE BAIRRO – Publicação periódica que circula na periferia das grandes cidades com notícias, crónicas e anúncios referentes ao local.

JORNAL DE BORDO – Registo no qual um capitão de navio deve mencionar diariamente todos os factos que ocorrem durante a viagem.

JORNAL DE EMPRESA – Boletim interno de uma companhia de comércio ou indústria • Publicação periódica de pequeno formato editada por uma associação, com artigos e notícias referentes à vida e actividades dessa sociedade e distribuída aos seus empregados e clientes.

JORNAL DE MODA – Revista de moda. Figurino • Estampa que apresenta o traje da moda.

JORNAL DE PAREDE – Relato dos últimos acontecimentos sucedidos que se afixam num muro para poderem ser conhecidos por um grande número de pessoas.

JORNAL DE PRESTÍGIO – Classificação adoptada por Thomson para designar o órgão interno de uma empresa dirigido em especial ao leitor não técnico, que procura criar e manter a imagem pública da mesma.

JORNAL DE QUALIDADE – *Ver* Jornal de referência.

JORNAL DE REFERÊNCIA – Designação atribuída a um título de jornal que se dirige de preferência a um público instruído, que privilegia os temas da política, da economia e da cultura e dá especial destaque ao comentário e à análise, adoptando um grafismo moderado; opõe-se ao dito jornal popular. Um dos jornais mais respeitados em todo o mundo, considerado jornal de referência, cujas opiniões são mais acatadas é o *Times*. Jornal de qualidade.

JORNAL DE SINOPSES – Secção de publicação periódica de formato duplo, que ajuda a fazer face ao custo crescente das publicações periódicas científicas e facilita a comunicação entre cientistas, porque reduz o tempo de publicação; no seu conjunto não excede geralmente as duas páginas impressas e contém as referências bibliográficas, os sumários e os resumos dos artigos, acompanhados dos gráficos e tabelas indispensáveis para a sua compreensão.

JORNAL DIÁRIO – Publicação periódica diária ou que se publica pelo menos cinco vezes por semana. Diário.

JORNAL DIGITAL – Aquele que é disponibilizado em formato digital. Jornal em linha. Jornal *on-line*.

JORNAL EM LINHA – Jornal editado em media digital. Jornal *on-line*.

JORNAL FALADO – Noticiário transmitido oralmente.

JORNAL ILUSTRADO – Publicação periódica que consagra muito espaço à publicação de gravuras a cores ou a preto.

JORNAL IMPRESSO A DOMICÍLIO – Inovação tecnológica que mais profundamente veio alterar o panorama da imprensa; o leitor possui um aparelho que recebe sinais eléctricos que vão reconstituir as páginas do jornal; os sinais chegam por cabo, via rádio ou através da rede telefónica e imprimem o papel introduzido no aparelho; o sistema permite, em alternativa, a ligação a um ecrã que visualiza o texto informativo, tendo o leitor simplesmente que manobrar um sensor do papel impresso, podendo utilizar-se um sistema de impressão electrostático semelhante ao das modernas fotocopiadoras. A grande vantagem deste sistema é a personalização do jornal: o leitor pode comandar a máquina de modo a receber apenas as informações que pretende, não tendo que folhear as páginas da publicação à procura dos assuntos ou temas que lhe interessam.

JORNAL LOCAL – Aquele que refere as notícias com interesse para uma determinada localidade ou circunscrições adjacentes; é mais restritivo nas suas notícias que o jornal regional.

JORNAL NACIONAL – Aquele que cobre as notícias do território de um determinado país, debruçando-se sobre todo o tipo de notícias que possam ter interesse para a maioria da população.

JORNAL OFICIAL – Publicação periódica na qual o governo faz publicar leis, decretos, avisos ou quaisquer declarações do país a que esse governo respeita. Folha oficial. Gazeta oficial; publicação oficial equivalente ao "Diário da República" em Portugal.

JORNAL ON-LINE – Jornal editado em media digital. Jornal em linha.

JORNAL POPULAR – Classificação adoptada por Thomson para designar a publicação interna que funciona como um catálogo comercial e que é produzida com determinada periodicidade.

JORNAL REGIONAL – Aquele que publica notícias, dando especial ênfase àquelas que se relacionam com determinada zona geográfica do país.

JORNAL SEMANAL – Publicação periódica que sai todas as semanas. Hebdomadário. Semanário.

JORNAL TÉCNICO-CIENTÍFICO – Classificação adoptada por Thomson para designar o órgão interno de uma empresa, dirigido a utilizadores com conhecimento técnico-científico da matéria versada.

JORNALECO – Jornal de pouca difusão e sem qualidade. Pasquim.

JORNALEIRO – Aquele que vende ou entrega jornais • Palavra aplicada em sentido depreciativo a jornalista. (port. Bras.) Diário, quotidiano.

JORNALEIRO AMBULANTE – Aquele que vende jornais na rua, apregoando os seus títulos. Ardina.

JORNALISMO – Imprensa periódica. Periodismo • Conjunto dos jornais e jornalistas. Conjunto de todos os órgãos de comunicação social.

JORNALISMO DE GRUPO – Aquele em que os artigos são escritos em cadeia; assim, o repórter ou correspondente elabora uma redacção prévia, o redactor reescreve totalmente o artigo introduzindo-lhe novo estilo e acrescentando-lhe novos dados, a secretária-documentalista verifica e completa todas as informações, o chefe de secção reelabora o artigo alterando-lhe a dimensão e uniformizando o estilo; este sistema foi inaugurado por Henri Luce no *Times* e foi desenvolvido sobretudo nos semanários americanos.

JORNALISMO DE OPINIÃO POLÍTICA – O que dá uma informação da actualidade seleccionada e tratada de acordo com critérios de uma tendência política bem marcada; a peculiaridade está no facto de esses critérios serem sistematicamente os de dada tendência, podendo os limites ser mais ou menos estreitos consoante os casos.

JORNALISMO DE SERVIÇO – Aquele que explora assuntos de actualidade concreta e imediata para a vida do leitor.

JORNALISMO ELECTRÓNICO – Expressão usada para designar a captação de notícias para a televisão sem o uso de filme. Consiste na utilização de câmaras de cor e de gravadores portáteis, para captar notícias a incluir num jornal televisivo.

JORNALISMO MEXERIQUEIRO – Tipo de jornalismo muito parecido com o sensacionalista e que com ele alterna conforme as situações sociais vividas; menos espaventoso que o primeiro, põe igualmente à frente o interesse imediato do público; desprezando o critério do significado social, dedica-se à pesquisa dos pormenores pessoais e secundários do acontecimento, usando e abusando dos *faits-divers*, revelando os pormenores íntimos; dá ao leitor a impressão de estar por dentro dos acontecimentos, quando apenas o informa dos pormenores irrelevantes.

JORNALISMO PARTIDÁRIO – Modalidade de jornalismo em que a informação praticamente desaparece, havendo sobretudo artigos de opinião, editoriais, propaganda e análise.

JORNALISTA – Aquele que trabalha no âmbito da informação, não só na imprensa escrita, mas também nos meios da comunicação audiovisual; a sua actividade baseia-se na redacção de artigos, na realização de entrevistas, na direcção de debates e na elaboração de notícias radiofónicas e televisivas • Noticiarista. Noticiador. Gazetista.

JORNALISTA *FREE LANCER* – Jornalista que trabalha em regime livre para um ou vários órgãos informativos, recebendo à peça por notícia ou artigo e que pode ou não pertencer ao quadro redactorial de outra empresa.
JORNALISTA-ESCRITOR – Pessoa que, movimentando-se no meio jornalístico, começa a dedicar-se a escrever obras literárias de fundo, abordando as suas próprias vivências enquanto testemunha de factos reais romanceando-os, produzindo, assim, obras com consistência e veracidade; é um fenómeno corrente nos nossos dias, dado que a experiência quotidiana dos jornalistas os torna observadores do mundo que os rodeia, além de que dominam a escrita com grande à vontade.
JORNALÍSTICO – Relativo ao jornalismo ou a jornalista.
JORNALIZAR – Fazer jornal.
JPEG – Acrónimo de *Joint Photographic Experts Group*, formato internacional muito usado na digitalização de imagens, mesmo na *Internet*; garante uma grande taxa de compressão, apesar de alguma perda de qualidade.
JR. – Abreviatura de Júnior, aquele que é mais jovem; opõe-se a sénior.
JUDAICA – Nome usualmente dado ao conjunto dos livros e documentos relativos aos hebreus, relacionados com o mundo hebraico e, mais particularmente, com a língua e religião hebraicas; em certas bibliotecas pode constituir um fundo à parte; alguns alfarrabistas denominam judaica a secção que versa aqueles temas. Hebraica.
JUDICATIVO – Que sentencia. Que tem a faculdade de julgar.
JUÍZOS DE IMPRENSA – Conjunto de opiniões publicadas na imprensa sobre uma edição anterior de uma obra que se reimprime ou reedita e que costumam ser apresentadas nela, em geral na capa posterior ou na badana.
JULGAMENTO – Uma das rubricas em que eram classificados os livros nas bibliotecas das universidades americanas, depois de 1850; os outros grupos eram "memória" e "imaginação".
JUNCTURA CORRIGIARUM (loc. lat.) – Charneira constituída por tiras que uniam as folhas de um políptico.

JUNCUS (pal. lat.) – Caniço talhado para escrever.
JUNCUS MARITIMUS (loc. lat.) – Pincel formado por uma haste de junco cortada em bisel e martelada para se separarem as fibras, que era usada pelos escribas egípcios.
JUNTA – Nome do vinco em ângulo recto que é criado quando o corpo da obra é arredondado e a lombada colocada formando o rebordo da articulação; isto facilita a abertura do livro e também permite que ele mantenha a sua forma arredondada • Pedaço de papel, de preferência japonês, que prende uma peça ao fundo de um *passe-partout*, permitindo que ela seja facilmente removida dele, caso haja necessidade; deve ser provido de um adesivo quimicamente neutro, permanente, para evitar a migração ácida, que não manche e que seja reversível.
JUNTADA (port. Bras.) – *Ver* Incorporação.
JUNTAR – Unir duas letras ou parágrafos indevidamente separados.
JUNTINAS – Diz-se das obras impressas pela célebre família italiana dos Junta ou Giunti de Florença. Giuntinas.
JURAMENTO – Acto de jurar. Afirmação ou promessa que é feita tomando por testemunha Deus ou outra entidade na circunstância referida • Imprecação • Voto.
JURATÓRIA – Lâmina de prata ou página de pergaminho em que estava escrito o princípio de cada um dos quatro Evangelhos sobre a qual os magistrados de Aragão impunham as mãos para fazerem o juramento. Juratório.
JURATÓRIO – *Ver* Juratória.
JURISDIÇÃO ARQUIVÍSTICA – Poder jurídico estabelecido por lei com vista a manter a integridade de um arquivo no que respeita à recolha, conservação, transferência, eliminação e utilização de documentos produzidos por administrações públicas ou particulares.
JUST IN CASE (loc. ingl.) – Expressão com o significado de "em caso de necessidade", usada em biblioteconomia para designar o princípio segundo o qual a função prioritária da biblioteca é a de acumular material "para o caso" de ele eventualmente poder vir a ser útil a alguém; opõe-se a *just in time*.
JUST IN TIME (loc. ingl.) – Expressão usada em biblioteconomia com o sentido de "a

tempo", designa o princípio segundo o qual a prioridade no trabalho de uma biblioteca é servir o utilizador com o máximo de rapidez, de preferência a "acumular" material; opõe-se a *just in case*.

JUSTALINEAR – Texto, geralmente uma tradução que acompanha o texto original, de modo que os dois textos correspondem linha a linha, colocados frente-a-frente, muitas vezes a duas colunas; são frequentemente usados os dois tipos, redondo e itálico, sendo este reservado à tradução.

JUSTAPOSIÇÃO – Composição de palavras feita pela reunião de dois elementos que mantêm a sua forma própria; exemplo: palavra-chave • Aposição. Sobreposição.

JUSTIFICAÇÃO – No caso dos manuscritos a justificação é a área coberta pela escrita, ou seja, a caixa de escrita; na descrição codicológica é necessário descrever o processo que delimita e traça as linhas dessa caixa de escrita: ponta-seca, plumbagina, tinta, decalque, etc. • Em tipografia designa a superfície que a composição ocupa no sentido da largura na página impressa; indica igualmente o comprimento das linhas; justificar uma linha é dar-lhe, depois de composta, o comprimento desejado, repartindo os espaços necessários entre as palavras; na composição manual estes espaços em branco eram colocados um por um, para que cada linha tivesse o comprimento desejado • Processo tipográfico de acerto do comprimento das linhas do texto, tornando-as idênticas, evitando muitas vezes a translineação.

JUSTIFICAÇÃO À DIREITA – Alinhamento à direita, acertando as letras e dando, se necessário, um espaço maior entre elas, de modo a que a última palavra ou sílaba alinhe com as restantes; esta preocupação já se verificava nos manuscritos, em que a página devia aparecer, na medida do possível, como um rectângulo perfeito, desprovido de vazios; o cuidado de poupar o pergaminho não é alheio a esta regra, mas era sobretudo o princípio da regularidade interna que vigorava; ela é bem patente nos finais de linha ou *bouts de ligne*, que colmatavam o espaço que ficava por preencher após a última palavra, de modo a obter um alinhamento dentro da caixa de escrita, privilegiando, assim, a estética da página.

JUSTIFICAÇÃO DA TIRAGEM – Indicação do número de exemplares de uma edição de uma obra em tal ou tal papel, que saem da tipografia de uma vez ou que são impressos de uma vez só, inscrito à mão ou impresso, rubricado ou assinado pelo autor, usualmente no verso da página de título; foi uma invenção bibliofílica do século XVIII, que visava a valorização da espécie bibliográfica; as tiragens limitadas a algumas unidades ou dezenas de unidades têm origem, regra geral, na vontade de controlar uma difusão.

JUSTIFICAÇÃO DE CORANDEL – Diferença entre a justificação da coluna e a justificação da ilustração.

JUSTIFICADO – Diz-se da coluna ou página de composição em que o número de linhas e os claros ou entrelinhas que os separam estão colocados na altura certa.

JUSTIFICADOR – Peça móvel do componedor tipográfico por meio da qual se estabelece a medida • Aparelho formado por duas réguas metálicas com encaixes, utilizado pelos fundidores.

JUSTIFICAR – Colocar na altura certa uma coluna ou página de composição, acertando o seu número de linhas e os claros ou entrelinhas que as separam • Espacejar uma linha de composição, aumentando ou diminuindo os claros entre as palavras, para que fique na largura exacta • Em fundição tipográfica consiste em acertar a matriz e o molde, para que as letras saiam alinhadas e sem defeitos • Em processamento de texto, ajustar o comprimento das linhas, de modo que as margens da esquerda e da direita fiquem regulares.

JUSTIFICATIVO – Nome dado ao exemplar remetido à pessoa ou entidade que mandou editar um anúncio e também ao autor de um artigo, para comprovar que foi feita a publicação • Comprovativo.

JUTA – Planta originária da Índia, cujas fibras se usam muito no fabrico de papel de embrulho e em outras finalidades.

JUVENILIA (pal. lat.) – Designação dada ao conjunto dos escritos da juventude de um determinado autor, em especial os de autores famosos.

K

K – Letra do alfabeto latino usada correntemente apenas em palavras estrangeiras não aportuguesadas e em algumas derivadas das mesmas • O tipo que na impressão reproduz essa letra • Nas máquinas fundidoras é a matriz que dá esse carácter • Punção com que se grava essa matriz • Assinatura correspondente ao décimo caderno de um volume, quando se usam letras para tal fim • Décima primeira chamada de nota, se se usarem letras em lugar de números ou sinais • Usa-se como abreviatura de quilo • Associada a outras letras adquire significados diversos • Em cronologia representa as calendas, isto é, o primeiro dia de cada mês do calendário romano • Símbolo que representa 1.024 bits • Letra numeral usada pelos antigos com o valor de 150 ou 151; quando encimada por um til (~) tinha o valor de 150000 ou 151000.

K. – Usada também sob a forma *Kb* ou *Kbyte*, é a unidade de medida da memória de um computador, constituída por 1 024 *bytes*, igual a 1×2^{10}.

KANA (pal. jap.) – Signo silábico elaborado no Japão; os *kana* são geralmente apresentados sob a forma de uma tabela dita dos cinquenta sons, na qual figuram as cinco vogais do japonês e as suas combinações com sete consoantes e duas semivogais.

KANABUNGAKU (pal. jap.) – Língua escrita, conhecida como "escrita de mulheres", na qual foram escritas algumas das obras mais importantes da literatura japonesa; foi desenvolvida a partir de 894 pelas mulheres japonesas que viviam na corte e tinham uma linguagem limitada própria por não lhes serem ensinados os vocabulários de história, direito, filosofia e de qualquer outra forma de estudos. Com ela criaram a sua própria literatura para aumentarem a sua reserva material de leitura e para terem acesso a textos que traduzissem as suas próprias preocupações; para registarem essa literatura desenvolveram uma transcrição fonética da língua que estavam autorizadas a falar, o *kanabungaku*, que era um japonês expurgado de quase todas as construções chinesas, que estavam proibidas.

KARA-ZURI – Nome de uma técnica utilizada para conseguir um efeito tridimensional.

KARDEX (pal. ingl.) – Marca registada de um género de classificador de fichas para dados de publicações em série; a palavra é correntemente empregue como nome genérico • Conjunto de registos dos anos, volumes, fascículos, etc. das publicações em série que deram entrada num serviço.

KATAKANA (pal. jap.) – Silabário que associado ao *hiragana*, o silabário de base, associados a milhares de caracteres chineses, constituem a escrita japonesa; de forma análoga ao nosso uso do itálico, o *katakana* destina-se a assinalar as palavras emprestadas de uma língua estrangeira ou a destacar determinadas palavras.

KATIB – Escriba.

KB – Usada também sob as formas *K.*, *Kb* ou *Kbyte*, é a unidade de medida da memória de um computador, constituída por 1 024 *bytes*, igual a 1×2^{10}.

KEEPSAKE (pal. ingl.) – Termo usado para designar colectâneas de textos ou excertos coligidos em prosa ou poesia, ilustrados e cuidadosamente impressos e encadernados, muito divulgados em Inglaterra no período romântico e que eram habitualmente oferecidos como presente pelo Natal e Ano Novo.

KENTO (pal. jap.) – Em impressão, designação dos sinais orientadores que são escavados nas pranchas de madeira, com a finalidade de garantir uma impressão o mais correcta possível.

KERNING (pal. ingl.) – Ajuste do espaço horizontal entre os caracteres individuais de uma linha de texto.

KEYBOARD (pal. ingl.) – Ver Teclado.

KEYWORD (pal. ingl.) – Ver Palavra-chave.

KIRTÁS (pal. ár.) – Papiro; deriva da palavra grega *chartes*.

KIT (pal. ingl.) – Item que contém uma ou mais categorias de materiais, nenhuma das quais identificável como predominante nele • Multimédia.

KITAB (pal. ár.) – Livro.

KITABKHANA (pal. jap.) – À letra, "casa dos livros", biblioteca ou ateliê da corte onde se produziam e conservavam os manuscritos, que na prática funcionavam como centros de inovação de motivos decorativos. Ateliê da arte do livro na corte japonesa.

KOZO (pal. jap.) – Designação do papel japonês fabricado com folhas de amoreira.

KURRASA (pal. ár.) – Caderno com um formato semelhante ao oitavo.

KWAC (pal. ingl.) – Ver Índice *Kwac*.

KWIC (pal. ingl.) – Ver Índice *Kwic*.

KWIT (pal. ingl.) – Ver Índice *Kwit*.

KWOC (pal. ingl.) – Ver Índice *Kwoc*.

KYRIAL – Palavra derivada do grego que designa o livro litúrgico no qual está contido o conjunto das melodias do *Kyrie Eleison* e de outras peças constituintes do Ordinário da Missa.

L

L – Letra do alfabeto latino e do de quase todas as línguas antigas e modernas • O tipo que na impressão reproduz essa letra • Nas máquinas fundidoras é a matriz que dá esse carácter • Punção com que se grava essa matriz • Assinatura correspondente ao décimo primeiro caderno de um volume, quando se usam letras para esse fim • Décima segunda chamada de nota, se se usarem letras em lugar de números ou sinais • Na numeração romana e ainda hoje, como letra numeral equivale a 50; quando plicada tinha o valor de 50000.
L. – Abreviatura de linha (s).
L. S. (pal. lat.) – Forma abreviada de *locus sigili*, lugar do selo.
LA – Sigla de livro antigo, presente em algumas cotas de secções de Reservados que incluem, tanto livros manuscritos como impressos produzidos até finais do século XVIII.
LAA – Acrónimo de *Library Association of Australia*, Associação Australiana de Biblioteca (AAB), cuja designação actual é *Australian Library and Information Association*. Associação Australiana de Bibliotecas e Informação *ALIA*.
LÁBARO – Estandarte ou pendão estreito e comprido que remata de forma fendida; surge como flâmula em iconografia, sobretudo nas bordaduras dos manuscritos iluminados contendo elementos heráldicos ou, mais frequentemente, empunhado pelo Cristo da Ressurreição simbolizando a vitória da vida sobre a morte.
LABIRINTO – Conjunto ornamental formado por linhas geométricas entrecruzadas.
LABORATÓRIO DE RESTAURO – Oficina onde são reparados os livros e documentos através de moderna tecnologia.
LACA – Pigmento vermelho da cochonilha • Resina extraída de diferentes árvores da Índia, empregada no fabrico de certas tintas.
LACADO – Acto e efeito de lacar.
LACAR – Aplicar uma capa de verniz transparente a uma superfície impressa para protegê-la e dar-lhe brilho.
LACERAÇÃO – Acto ou efeito de lacerar, de rasgar. Dilaceração.
LACERADO – Diz-se de um impresso ou manuscrito cujas páginas estão danificadas por rasgões. Despedaçado. Dilacerado. Rasgado.
LACERAR – Deteriorar um livro ou um documento gráfico por recortes ou rasgões, de modo a inutilizá-lo. Despedaçar. Dilacerar. Rasgar.
LAÇOS – *Ver* Atacas.
LACRE – Produto resinoso composto à base de goma-laca, que misturado com um outro corante serve para fechar e selar cartas e outros produtos, após a aplicação de um carimbo ou sinete com a marca do expedidor.
LACUNA – Em impressos é o espaço que ficou em branco por faltar um carácter ou palavra; em manuscritos é o espaço que falta ou desapareceu pela acção do tempo, fricção ou outra causa • Corte ou omissão de frases, palavras ou períodos na transcrição de um texto e que se representa com reticências, normalmente colocadas entre parênteses ou colchetes. Hiato • Espaço vazio numa colecção bibliográfica devido à falta de obras dessa mesma colecção, que a instituição tem intenção de completar, logo que seja oportuno • Documentos pertinentes que existem na memória documental, que deveriam responder a uma pergunta e que não foram seleccionados aquando da interrogação.
LACUNA DE PAGINAÇÃO – Omissão que ocorria frequentemente na tipografia composta

manualmente e que por vezes era corrigida no decurso da impressão; embora se verifique essa falta, a numeração é com frequência recuperada nas páginas subsequentes, sem alterar a contagem final das páginas; no caso de tal acontecer, isso deve ser registado na zona própria da descrição.
LACUNAR – Diz-se do texto incompleto, imperfeito e com falta de elementos que se consideram necessários.
LAD – Acrónimo de Leitura Automática de Documentos.
LADA – Acrónimo de Lei do Acesso aos Documentos Administrativos.
LADAINHA – Série de súplicas ordenadas de modo repetitivo dirigidas à protecção divina; frequentemente era cantada alternadamente por dois grupos de pessoas. Litania • Discurso extenso e maçador.
LADEADO – Em heráldica diz-se ladeado o escudo, quando nele há três peças alinhadas em faixa e a do meio, ou seja, a principal, é diferente das outras duas.
LADO – Cada uma das margens verticais de uma página: a do corte e a da lombada.
LADO CARNE – *Ver* Carnaz.
LADO PÊLO – *Ver* Flor.
LADRÃO – Pedacinho de papel que se interpõe acidentalmente no prelo e provoca falha de impressão • Aditamento que se faz à margem do original ou nas provas de imprensa. Adenda.
LAICIZAÇÃO DA LEITURA – Extensão da leitura ao povo, às massas; tradicionalmente a cultura era reservada à classe sacerdotal (facto que não é exclusivo da civilização cristã ocidental); esta situação alterou-se a partir do momento em que a ascensão da burguesia se começou a verificar, o que irá acentuar-se com o advento das universidades e a possibilidade de essa classe social aceder ao denominado ensino superior.
LAICIZAÇÃO DAS BIBLIOTECAS – Tendência que se verificou neste tipo de instituições na Idade Média, sobretudo a partir do advento das universidades, que fez com que as bibliotecas, até então situadas junto às catedrais e mosteiros e orientadas pela Igreja, passassem a alargar o seu domínio, entrando numa esfera secular; daí decorreu toda uma nova mentalidade que teve os seus reflexos na própria temática bibliográfica; este fenómeno verificou-se ainda mais no ambiente universitário. Destacou-se, desde cedo, neste contexto, a biblioteca da Universidade de Oxford, chamada Bodleiana.
LAIS – Canção lírica com carácter narrativo, de origem celta.
LÂM. – Abreviatura de lâmina.
LAMBEL – Em heráldica, peça formada por uma linha horizontal, que não toca em nenhum dos bordos do escudo e que é completada por pendentes ou pingentes (três em geral), que nascem da linha ou travessa e se vão alargando de modo gradual para baixo em forma de trapézio isósceles.

Lambel

LAMBREQUIM – Ornatos, penachos, tecidos talhados de diversos modos, esmaltes do brasão que encimam e rodeiam o escudo e o elmo do qual pendem. Paquife • Elemento formado por uma bandeirola muito recortada e dobrada sobre si mesma, de modo a apresentar alternadamente o direito e o avesso com cores diferentes.
LÂMINA – Reprodução de um molde para ser impressa em relevo ou em cavado • Gravura para imprimir estampas • Em catalogação, folha que contém ilustrações, acompanhadas ou não de texto explicativo e que não se insere nem nas sequências principais nem nas preliminares das folhas ou páginas • Estampa • Efígie ou figura estampada • Prancha. Folha. Chapa. Placa • Faixa. Lista. Tira.
LAMINAÇÃO – Processo de restauro de documentos em papel quebradiço devido à acção do tempo ou à de um deficiente armazenamento, levado a efeito após a desacidificação dos mesmos; consiste em colocar o documento

entre duas camadas de acetato de celulose, papel de seda ou tecido fino próprio para tal fim; pode ser levada a cabo através de processo manual, utilizando um solvente que permite a adesão do documento ao tecido, mecânico ou a quente, com a aplicação de uma prensa plana ou rotativa ou ainda através da aplicação de *spray* líquido; geralmente este tipo de restauro é aplicado a documentos em folhas soltas, não sendo frequente a sua utilização em códices • Plastificação mediante o uso de uma prensa • Passagem da folha de papel por um cilindro compressor para retirar-lhe a rugosidade e os vincos, reduzir a sua espessura e regularizar as possíveis variações de tamanho.

LAMINAÇÃO COM FILME DE ACETATO DE CELULOSE – Colagem de folhas de filme de acetato de celulose a um ou a ambos os lados de uma folha de papel desacidificado através de aquecimento e pressão; um tecido ou outro material resistente é normalmente aplicado às superfícies exteriores do filme para aumentar a resistência da laminação.

LAMINAÇÃO MANUAL – Processo de restauro ou de protecção de documentos e livros deteriorados, que consiste na compressão manual de cada uma das suas folhas entre duas folhas de acetato de celulose; algumas vezes este reforço é feito através de um tecido fino colado por meio de uma aplicação de solvente.

LAMINADO – Acto e efeito de laminar • Folha de papel ou pergaminho à qual foi colada de ambos os lados uma folha de acetato de celulose transparente; podem ser tratados por este processo invólucros, folhas de livros ou capas dos mesmos e outros materiais como mapas, gravuras e estampas, publicações periódicas, etc.

LAMINADORA – Calandra formada por dois rolos cujo afastamento é regulável para conferir ao cartão ou papel uma determinada espessura.

LAMINADORA POR PLACAS – Calandra formada por dois rolos de ferro fundido entre os quais se faz passar um certo número de folhas de papel ou cartão e de placas polidas, normalmente metálicas, sobrepostas de modo que cada folha fica colocada entre duas placas.

LAMINÆ INTERRASILES (loc. lat.) – Nome dado em Roma a pequenas placas de metal ou de marfim nas quais estavam recortadas em aberto as assinaturas que subscreviam os éditos e actos, que ficavam grafadas através da passagem de um tampão ou pincel embebido em tinta, à semelhança dos actuais escantilhões.

LAMINAR – Processo de reforçar papel frágil usualmente através da colagem de folhas transparentes, translúcidas e finas. Contracolar por meio de uma prensa.

LÂMPADA DE HALOGÉNIO – Modalidade de lâmpada caracterizada por ter uma forte irradiação de raios infravermelhos; é muito utilizada em iluminação de exposições de material bibliográfico, dado que não é nociva aos documentos.

LÂMPADA DE PROJECÇÃO – Mecanismo usado num projector com a finalidade de iluminar e projectar a imagem sobre um ecrã ou outra superfície.

LÂMPADA DE *WOOD* – Lâmpada que emite raios ultravioletas utilizada para facilitar a leitura de documentos que não são legíveis de outra forma; é um processo técnico usado para reavivamento da escrita em pergaminho, quando a tinta perdeu a nitidez e a visibilidade devido à passagem do tempo, a uma composição deficiente ou por razões de outro tipo. Lâmpada ultravioleta.

LÂMPADA DE ZINCÓNIO – Lâmpada especial de grande intensidade luminosa que é usada como fonte de energia radiante em máquinas de fotocópia.

LÂMPADA FLUORESCENTE – Espécie de lâmpada fotoluminescente; é prejudicial para os materiais bibliográficos: na maior parte das vezes tem uma irradiação de raios ultravioletas insuficientemente filtrada e pouca irradiação de raios infravermelhos.

LÂMPADA ULTRAVIOLETA – *Ver* Lâmpada de *Wood*.

LAMPASSADO – Em heráldica, qualificativo que é aplicado à língua do leão e do leopardo quando ela se apresenta de outra cor.

LAN – Forma abreviada de *Local Area Network*, Rede local de pequena dimensão, que pode incluir desde dois computadores ligados entre si até algumas dezenas ou centenas deles; é constituída em geral por um edifício ou por um conjunto de edifícios.

LANÇAMENTO – Acção de colocar no mercado à venda uma publicação, utilizando os meios publicitários à disposição.

LANÇAR – Fazer as diligências necessárias, principalmente em publicidade, para dar a conhecer uma publicação acabada de sair • Fazer um lanço, oferecer certa quantia num leilão (de livros, por exemplo).

LANÇAR NO LIVRO – Escrever, registar, escriturar. Pôr por escrito um facto relativo a um património.

LANCETA – Juntamente com o bisturi, é um dos instrumentos usados em restauro, aplicado sobretudo no corte do papel japonês.

LANÇO – No comércio do livro, é a oferta de uma determinada quantia pelo licitante num leilão, sendo a transacção efectuada pelo valor mais alto que for oferecido.

LANGUE DE BOIS (loc. fr.) – Figura de retórica que consiste em dissimular a realidade por meio de palavras ou seja, usar palavras para neutralizar ou adoçar as coisas que elas qualificam; é também conhecida jocosamente por xiloglossia, do grego *xylon* (madeira) e *glossos* (língua).

LANOLINA – Substância gorda existente na lã de ovelha, a qual se obtém por purificação do estrato de gordura da água de lavagem da lã bruta; dadas as suas propriedades emolientes e de penetração na pele é muito usada na indústria do couro.

LAPICIDA – Nome que alguns autores dão aos gravadores da Antiguidade ou estelégrafos, que deixaram inscrições em colunas, placas de pedra ou de mármore. Gravador de inscrições na pedra.

LAPIDAR – Relativo a lápide, a pedra • Característico das inscrições em lápides • Gravado em pedra ou em metal • Sucinto, claro, sintético • Perfeito, exemplar, paradigmático.

LAPIDÁRIA – Ciência que se ocupa das inscrições lapidares antigas. Epigrafia.

LAPIDÁRIO – Tratado medieval, cientifico-simbólico, sobre as pedras preciosas e os minerais, no qual são referidas as suas virtudes curativas e os seus simbolismos. Foi muito afamado o *Liber lapidum seu de gemnis*, cujo autor foi o bispo de Rennes, Marbodo.

LÁPIDE – Pedra que contém uma inscrição para comemorar um facto ou celebrar a memória de alguém. Placa.

LÁPIS – Ponteiro de plumbagina ou grafite para escrever ou desenhar • Nome genérico de várias substâncias minerais que servem para desenhar.

LÁPIS DE COR – Lápis formado de argila colorida, usado para desenhar e pintar.

LÁPIS DE VÍDEO – Dispositivo em forma de lápis, que permite a comunicação directa do operador com o computador (ao qual está ligado) através de uma tela catódica. Lápis emissor; lápis fotossensível; lápis luminoso; lápis óptico.

LÁPIS EMISSOR – *Ver* Lápis de vídeo.

LÁPIS FOTOSSENSÍVEL – *Ver* Lápis de vídeo.

LÁPIS GORDO – *Ver* Lápis litográfico.

LÁPIS LITOGRÁFICO – Substância composta de sabão, cera amarela, sebo, negro-de-fumo e goma-laca, usada pelos litógrafos para desenhar sobre uma superfície calcária ou uma placa metálica, geralmente de zinco ou alumínio. Lápis gordo.

LÁPIS LUMINOSO – *Ver* Lápis de vídeo.

LÁPIS ÓPTICO – Periférico com a forma de um lápis graças ao qual se indica um ponto do ecrã a fim de dar coordenadas ao programa; com um programa de desenho, o lápis óptico permite colorir o ecrã; com um jogo educativo, transmite a resposta sem que seja necessário recorrer ao teclado; a fiabilidade do lápis não é evidente; o ecrã deve ser muito luminoso, o que se traduz numa maior fadiga visual. Caneta óptica.

LAPISEIRA – Canudo de metal ou outro material onde se fixam pedaços de plumbagina ou grafite para escrever ou desenhar • Caixa onde se guardam lápis. Porta-lápis.

LÁPIS-LAZÚLI – Silicato natural de alumínio, de cálcio ou de sódio, a partir do qual desde cedo se fabricou a tinta azul usada nas iluminuras e que se encontra no seu estado natural apenas no Afeganistão. Não pode imaginar-se como esta pedra chegava à Europa, pois foi conhecida muito antes das viagens de

Marco Polo, pelo que deve ter viajado por muitos lugares antes de finalmente ser comprada por alto preço pelos boticários da Europa do Norte; era tão cara que no século XII o azul do Saltério de Winchester foi raspado para ser reutilizado; o inventário do Duque de Berry, feito por volta de 1401-1403, inclui entre os seus tesouros de grande valor dois frascos preciosos contendo "ultramarino"; o seu alto preço justificava a sua substituição, daí que em breve passassem a ser usadas substâncias extraídas de plantas tais como o índigo (*indogofera*) ou a azurite, um minério de cobre; a diferença entre um azul e o outro é difícil de destrinçar, mas o azul obtido a partir do lápis-lazúli tomava o nome de ultramarino; a cor azul também podia ser obtida a partir de uma erva chamada pastel dos tintureiros, a *isatis tinctoria*, cujas folhas verdes contêm uma seiva azul, que servia para os nativos pintarem os corpos antes da conquista da Grã-Bretanha pelos romanos.

LAPSO – Erro. Equívoco. Omissão.

LAPSUS (pal. lat.) – Lapso, erro, falta, engano.

LAPSUS CALAMI (loc. lat.) – Lapso de pena. Erro que se cometeu ao escrever, que escapou à caneta.

LAPSUS LINGUÆ (loc. lat.) – Erro de linguagem cometido por uma pessoa instruída.

LAPTOP (pal. ingl.) – Computador portátil, leve, fácil de transportar e no qual se pode trabalhar em qualquer lugar.

LARGO – *Ver* Tipo largo.

LARGURA – No carácter tipográfico, distância que separa as duas faces laterais • Medida da linha de uma coluna, página ou outra composição tipográfica.

LARGURA APARADA MÁXIMA DA MÁQUINA – Valor máximo da largura do papel ou cartão de dada qualidade que é possível realizar sobre uma determinada máquina, largura essa que é determinada após se aparar o papel o mínimo possível, somente para eliminar os bordos irregulares que se formam durante o fabrico.

LARGURA DE BANDA – Série de frequências que transmite um determinado canal de comunicações medida em ciclos por segundo • Quantidade de dados que pode ser enviada por meio de um determinado circuito de informação.

LARGURA DE FABRICO DO PAPEL – Largura real da folha de papel de um dado fabrico medida na enroladora de uma máquina de papel ou cartão; em condições ideais esta largura devia aproximar-se o máximo da largura aparada máxima da máquina.

LARGURA ÚTIL – Valor máximo da largura do papel ou cartão de uma determinada qualidade, que é possível fazer sobre uma determinada máquina, medido sobre a enroladora no fim da máquina.

LARGURA UTILIZADA DA TEIA – Distância entre as guias ou as réguas de formato de uma máquina de papel ou de cartão.

LASER – Palavra resultante da abreviatura de *Light Amplification by Stimulated Emission of Radiation*, Ampliação de luz por emissão estimulada de uma radiação, usada para designar a oscilação produzida por uma frequência no interior do espectro visível; os raios laser são aplicados na transferência e leitura de informação e em muitos outros campos.

LASER DE EXCÍMEROS – Laser surgido no início da década de oitenta, cujo meio activo é uma mistura gasosa composta por dímeros, usado na limpeza de papéis e pergaminhos em restauro de documentos, para evitar que a estrutura do papel e os pigmentos cromáticos sejam afectados.

LAT. – Abreviatura de latim.

LATÃO – Liga amarelada formada por cobre e zinco a que se adicionam outros elementos como o alumínio, o estanho ou o chumbo, usada na gravura calcográfica; serve para fazer componedores, galés, fios tipográficos e caracteres para douração.

LATERCÚLIO – Oficial responsável pela guarda do latérculo em Constantinopla.

LATÉRCULO – Registo ou lista das dignidades civis e militares do império de Constantinopla.

LATIM – Língua cuja origem se enquadra no ramo ocidental das línguas indo-europeias, que foi falada pelos habitantes do Lácio e pelos antigos romanos. Encontra-se documentada a partir do século VII a. C. e é a língua oficial da Igreja católica romana • A língua escrita pelos autores latinos • O estudo desta língua • Em sentido figurado, aquilo que não se entende com facilidade.

LATIM ARCAICO – Designação que é atribuída ao latim que foi escrito desde a existência dos primeiros documentos que são conhecidos nesta língua (século VII a. C.) até ao momento em que teve início o uso do latim clássico (finais do século IV d. C.).

LATIM BÁRBARO – Nome pelo qual é conhecido o latim que foi escrito a partir do século IV d. C.; o seu nome deriva do facto de ele ter sido formado graças à influência da presença dos povos ditos "bárbaros" no Império Romano; está na base do latim cartorial, com o qual permanece em uso.

LATIM CARTORIAL – Forma como é conhecido o latim escrito, que foi usado durante a baixa Idade Média em simultâneo com o latim bárbaro; aparece como língua comum em documentos usados para fins contratuais, de registo de propriedade e relações civis, nos quais permanece mesmo já na vigência das diversas línguas românicas, a avaliar pelos alatinamentos feitos pelos notários, de que são testemunho os referidos documentos.

LATIM CASTRENSE – Aquele que foi falado pelos soldados romanos, entre os séculos II e IV d. C., tanto no Lácio como nas províncias que eles conquistaram. *Sermo castrensis*.

LATIM CIENTÍFICO – Latim que era usado para fins científicos, na sequência do uso que dele era feito pelos clérigos e homens cultos dos finais da Idade Média; trata-se de uma língua rica, na qual lado a lado com as formas latinas propriamente ditas coexistem elementos gregos e de outras línguas, sob formas alatinadas; é também conhecido como neolatim.

LATIM CLÁSSICO – Latim literário que se seguiu ao latim arcaico (século II a. C.) e foi usado até ao século I d. C. É a língua que foi utilizada na escrita e na oratória pelos grandes escritores e oradores romanos e latinos. *Sermo eruditus. Sermo perpolitus*.

LATIM CRISTÃO – Forma como era denominado o latim que era usado pelos Padres da Igreja.

LATIM DA IGREJA – *Ver* Latim eclesiástico.

LATIM DE COZINHA – Eufemismo usado para designar o mau latim, o latim sem qualidade.

LATIM DE MISSAL – Expressão usada correntemente para designar aquele latim que é fácil de ler e de interpretar.

LATIM ECLESIÁSTICO – Designação da língua usada pela Igreja católica romana desde o advento do Cristianismo em Roma e sua oficialização; assume forma literária e oral. Latim da Igreja.

LATIM EPIGRÁFICO – Aquele que aparece registado em suportes resistentes, como a pedra, a argila, o metal, etc. e cujas formas, devido a esta razão, perduram inalteráveis e indeléveis no tempo.

LATIM ESCOLÁSTICO – Aquele que era falado e escrito na Idade Média culta pelos que frequentavam as universidades; apresenta aspectos comuns com o latim científico, eclesiástico e literário.

LATIM FALADO – Modo como é designada a língua latina que aparece documentada indirectamente pelos gramáticos, pelas correcções, e pelas peças de teatro, nas falas em discurso directo das personagens, que traduzem uma aproximação à linguagem falada na época. *Ver* Latim popular.

LATIM IMPERIAL – Latim clássico escrito, caracterizado pela alteração da rigidez do latim clássico motivada pela influência do latim falado; o seu uso corresponde ao fim do latim designado por alguns como republicano e estende-se pelo período de duração do Império Romano, isto é, vai desde o século I d. C. aos séculos IV-V d. C.

LATIM LITERÁRIO – Aquele que, em geral, se encontra documentado por escrito e que aparece com frequência designado como latim literário arcaico, latim literário cartorial, latim literário clássico, etc.

LATIM LITÚRGICO – Forma como é habitualmente designado o latim que é usado na liturgia das Igrejas Católica e Anglicana.

LATIM MACARRÓNICO – Expressão usada para designar o latim escrito, intencionalmente parodiado e ridículo, que é praticado com intenções satíricas, mordazes ou críticas;

forma-se em geral acrescentando desinências latinas às palavras de outras línguas.

LATIM MEDIEVAL – Latim popular em uso na Idade Média, língua vulgar e essencialmente falada, pois o povo geralmente era analfabeto; é usualmente designado por baixo latim.

LATIM POPULAR – Latim falado durante todas as fases da história da língua, desde as suas origens até ao aparecimento das línguas românicas. É o *sermo plebeius* e as suas múltiplas modalidades – o *sermo rusticus* do homem do campo, o *sermo castrensis*, o *sermo quotidianus*, o *sermo pedestris*, etc.; é a origem principal da língua portuguesa, pois muitos termos do latim clássico foram rejeitados em favor das expressões populares, mais fáceis e expressivas; na nossa língua entraram também numerosos elementos latinos por via erudita. Latim vulgar.

LATIM PÓS-CLÁSSICO – Modo como é conhecido vulgarmente o latim literário, que em certa medida se confunde com o latim imperial e com o decadente a partir dos séculos II-III d. C.

LATIM REPUBLICANO – Forma de designar o latim escrito e clássico, que antecede o latim imperial.

LATIM TARDIO – Expressão corrente para referir o latim que foi usado por diversos autores da língua latina dos séculos III ao VI inclusive e também pelos primeiros Padres da Igreja no século VI. Baixo latim.

LATIM VULGAR – Latim popular. *Sermo plebeius. Sermo rusticus. Sermo vulgaris.*

LATINISMO – Expressão ou facto gramatical peculiar ao latim como língua viva e introduzido na língua vernácula • Construção gramatical que é feita de acordo com as regras do latim.

LATINO – *Ver* Letra latina.

LATO SENSU (loc. lat.) – Em sentido lato ou geral • Extensivamente; opõe-se a *stricto sensu*.

LAUDA – Cada uma das folhas escritas apenas em uma face do papel, que integra texto destinado a publicação • Folha padronizada em que um dos lados tem demarcação impressa do espaço destinado a ser preenchido pelo texto, com numeração das linhas, contagem dos toques etc., adoptada em jornais, revistas, editoras, etc., para elaboração de matérias jornalísticas e de originais de publicações.

LAUDATÓRIO – Designação dada àquilo que contém elogios ou louvores; são geralmente textos laudatórios os que fazem a apresentação de uma obra e que são escritos por um amigo ou admirador do autor, os textos de sermões em honra de um santo, os discursos em louvor de uma alta personagem, etc.

LAUDES – A segunda parte das horas canónicas que se segue às matinas.

LÁUREA – Coroa de louros. Prémio. Galardão. Laurel • Diploma.

LAUREADO – Em sentido etimológico designa aquele que foi coroado com a coroa de louros, ou seja, o que mereceu uma homenagem por qualquer feito que tenha levado a cabo; por extensão, designa-se laureado aquele cujo mérito é ou foi reconhecido publicamente, tendo recebido um prémio, um galardão ou uma homenagem.

LAUREL – Coroa de louros. Prémio. Láurea.

LAUS DEO (loc. lat.) – Louvado seja Deus, frase que remata, frequentemente, textos de carácter religioso ou muitos outros de carácter profano.

LAVADO – Diz-se do impresso em cores diluídas e suaves. Aguado.

LAVADOR – Operário que lava os moldes nas tipografias.

LAVADOURO – Local onde se lavam as formas; pode ser constituído por uma caixa com escoante, tendo duas travessas onde assenta a tábua com a forma, ou no chão junto ao escoante, ou numa pedra forte e pesada, com inclinação; numa das suas faces a forma é encostada ao alto.

LAVAGEM – Operação prévia ao restauro de documentos, que consiste em lavar uma gravura ou as folhas de um livro que apresentam manchas escuras, manchas de humidade e outras sujidades; trata-se de uma série de operações que começa pelo desmanche do livro, seguindo-se a lavagem de cada uma das folhas numa solução própria, encolando-as seguidamente e planificando-as na secagem; nestas operações sucessivas é preciso ter em conta a pressão a aplicar, a coloração, o grão e a sonoridade do papel, de modo a alterar o menos possível estas características originais; quando se trata de papel da China é necessário renunciar à lavagem, pois ele não a suporta • Imersão prolongada de uma superfície sensível, em geral em água simples, após a fixação, com a finalidade de eliminar os corpos solúveis que poderão prejudicar a conservação de uma imagem; este processo permite a eliminação dos produtos solúveis de degradação da celulose e dos de grande parte da acidez e das substâncias que produzem o escurecimento do papel.

LAVAR – Molhar (o papel) em banho de ácido clorídrico para retirar-lhe as manchas.

LAVAR O PERGAMINHO – Fazer reaparecer os antigos caracteres de um palimpsesto através da aplicação de produtos apropriados.

LAVIS (pal. fr.) – Pintura muito diluída que deixa entrever o fundo sobre o qual é aplicada.

LAVRA – O que alguém cria, independentemente de ser ou não um trabalho intelectual.

LAVRADO – Ornamentado com relevos ou lavores • Redigido. Escrito. Passado • Em heráldica dizem-se lavrados os castelos, torres, pontes, baluartes, torreões, etc., cujo desenho indica a junção das pedras, quando as juntas são de esmalte diferente do esmalte do muro.

LAVRAR – Ornamentar com relevos ou lavores • Trabalhar alguma matéria por meio de cinzel, punção, buril ou outro instrumento, abrindo sulcos, formando relevos, gravando, esculpindo, insculpindo, para adorno de livros • Pôr por escrito. Escrever. Exarar. Redigir.

LAVRAR UM DOCUMENTO – Redigir um documento, tendo em vista a sua finalidade.

LAYOUT (pal. ingl.) – *Ver* Leiaute.

LAZULITA – Fosfato de alumínio, ferro e magnésio, de cor azul, geralmente associado ao quartzo; em iluminura, por vezes substituía o lápis-lazúli na preparação da cor azul.

LAZURITE – Aluminossilicato de sódio e cálcio, componente fundamental do lápis-lazúli.

LC – Acrónimo de *Library of Congress*, Biblioteca do Congresso (USA).

LCC – Acrónimo de *Library of Congress Classification*, pela qual é vulgarmente designado o sistema de classificação da Biblioteca do Congresso nos Estados Unidos.

LCCN – Acrónimo de *Library of Congress Card Number*, Número de ficha da Biblioteca do Congresso.

LCSH – Acrónimo de *Library of Congress Subject Headings*, Lista de cabeçalhos de assunto da Biblioteca do Congresso, publicação que teve grande influência na escolha dos termos de indexação em diversos países e línguas.

LDO. – Forma abreviada de Licenciado.

LEAD (pal. ingl.) – Abertura de notícia onde é dado destaque ao essencial e à novidade; deve responder às perguntas: o quê? Quem? Quando? Onde ? Como ? Porquê ?. (port. Bras.) Lide.

LEÃO – Em heráldica é o animal mais frequente nos brasões de qualquer país; está sempre de perfil, mostrando somente um olho, cabeça e corpo virados para a direita e rampante, armado, ou seja, com as garras em posição de ataque e lampassado.

Leão rampante

LEARNING ORGANIZATION (loc. ingl.) – Conceito criado por Chris Argyris, perito em comportamento organizacional, descreve uma empresa em permanente aprendizagem, na qual a evolução do conhecimento de cada indivíduo se traduz no desenvolvimento da organização.

LECCIONAR – Preleccionar. Ensinar.

LECCIONÁRIO – Livro litúrgico que contém passagens seleccionadas da Bíblia que devem ser lidas nos ofícios; trata-se de extractos da Bíblia ou mesmo de outros livros como os Actos dos Mártires, escritos dos Santos Padres, Vidas de santos, etc.

LECCIONÁRIO DA MISSA – Recolha de todas as leituras da missa.

LECTIO (pal. lat.) – Texto. Comentário medieval do texto que remata com a *sententia*, o ensino que se extraiu da *lectio*; segundo o método escolástico do ensino da leitura, fase que precedia a *littera* e que consistia na análise gramatical em que eram identificados os elementos sintácticos de cada frase • Explicação das Escrituras • Produção própria do leitor • Acto de ler. Leitura • Aquilo que se lê. Lição.

LECTIO DIFFICILIOR (loc. lat.) – Variante de texto manuscrito que apresenta em relação a uma ou a várias, uma maior dificuldade ou raridade morfológica, lexical ou semântica.

LECTIO FACILIOR (loc. lat.) – Expressão latina usada para caracterizar o erro de natureza analógica cometido por copistas, tipógrafos e compositores, que consiste na reinterpretação de uma forma desconhecida à luz de uma forma conhecida • Variante de texto mais óbvia do ponto de vista morfológico, lexical ou semântico, em relação a uma outra ou a várias outras.

LECTIONES BREVES (loc. lat.) – Conjunto das breves leituras bíblicas que devem ler-se durante as horas canónicas diurnas (laudes, prima, terça, sexta, nona, vésperas e completas).

LECTIVO – Relativo a lições ou ao movimento escolar • Designação do ano escolar (em que há lições).

LECTOR (pal. lat.) – Leitor, aquele que lê • Leitor público.

LEDOR – Todo aquele que tem capacidade para ler. O que sabe ler. Leitor.

LEGADO BIBLIOGRÁFICO – Disposição feita por testamento, atribuindo a um organismo ou particular um documento ou conjunto de documentos, por vezes acompanhada de certas obrigações, tendo o organismo beneficiário a faculdade de a recusar. Manda. Aquisição por legado. Aquisição por doação. *Ver* Doação.

LEGALIZAR – Acção levada a cabo por uma autoridade e que consiste em apor o selo ou assinatura num documento, reconhecendo assim a sua legalidade.

LEGATÁRIO – Beneficiário de um bem num testamento.

LEGENDA – Inscrição. Dístico. Letreiro. Linha de texto colocada num mapa, gravura, desenho, plano, etc. explicando o que representa, para permitir a sua leitura, assim como os dizeres que acompanham qualquer desenho, para facilitar a sua compreensão; inclui, em geral, os seguintes elementos: numeração sequencial de acordo com o carácter da imagem, a indicação da natureza e do assunto que apresenta, o proprietário, caso se trate de objecto ou original pertencente a colecção, e a referência à fonte, caso tenha sido extraído de alguma obra • Obra que encerra a narrativa da vida dos santos que nos mosteiros se lia no refeitório, durante as refeições, a chamada *legenda sanctorum* • Relato fantástico de proezas heróicas. Lenda • Num mapa, gravura, planta ou ilustração é a explicação dos símbolos, letras nele inscritos ou, no caso da fita cinematográfica, a transcrição do discurso falado noutra língua • Palavras que se escrevem à volta do selo de um documento e o circundam.

LEGENDA AUREA (loc. lat.) – Ver Flos sanctorum.

LEGENDA BIBLIOGRÁFICA – Conjunto de elementos bibliográficos apresentados nos volumes, fascículos, artigos ou páginas de uma publicação em série segundo uma determinada ordem, em local certo de cada volume ou fascículo.

LEGENDA SANCTORUM (loc. lat.) – Livro de lenda dos santos, ou seja, o livro que continha a vida mais ou menos verídica dos santos. *Ver tb. Flos sanctorum.*

LEGENDAGEM – Acto ou efeito de colocar legenda, inscrição numa ilustração, mapa, plano, projecto, etc. que indica o seu objecto, os sinais convencionais, etc.

LEGENDAR – Colocar uma inscrição numa ilustração, mapa, plano, projecto, etc.

LEGENDÁRIO – Colecção ou livro de lendas • Colecção de vidas dos santos • Aquele que escreve lendas • Lendário.

LEGERE (pal. lat.) – Processo associado de leitura e de cópia que era usado pelos estudantes, a partir de meados do século XIV, quando passaram eles próprios a copiar os manuscritos de que necessitavam, prescindindo do trabalho dos copistas.

LEGIBILIDADE – Qualidade daquilo que pode ler-se facilmente.

LEGIBILIDADE DE UMA IMAGEM – Característica que exprime a qualidade prática de uma imagem, mais especificamente a imagem de um documento escrito, ligada à nitidez e às condições ópticas e psicofisiológicas de observação desta imagem.

LEGISLAÇÃO – Conjunto de leis, isto é, de normas de conduta social gerais e obrigatórias procedentes dos órgãos competentes de um Estado (leis, decretos-leis, decretos, etc.) • Conjunto das leis acerca de um determinado assunto.

LEGISLAÇÃO ARQUIVÍSTICA – Conjunto das leis e regulamentos de um país ou Estado que incide sobre a função e estrutura dos arquivos no que diz respeito à sua administração, organização, conservação, protecção e condições de segurança.

LEGISLAÇÃO SOBRE BIBLIOTECAS – Conjunto das leis e regulamentos de um país ou Estado que incide sobre a função e estrutura das bibliotecas no que diz respeito à sua administração, conservação, protecção e condições de segurança.

LEGISLADO – Feito lei. Ordenado como lei.

LEGISLADOR – Pessoa que legisla • Aquele que explica, que compara leis.

LEGISLAR – Fazer leis • Ordenar por lei.

LEGISLATIVO – Relativo à legislação • Relativo ou pertencente à lei • Legislador.

LEGÍVEL – Qualidade do escrito que se lê com facilidade. Que pode ler-se.

LEGÍVEL POR COMPUTADOR – *Ver* Legível por máquina.

LEGÍVEL POR MÁQUINA – Que pertence a um formato que pode ser reconhecido, aceite e utilizado directamente por uma máquina, como um computador ou qualquer outro aparelho de processamento de dados.

LEGUM SCRIPTOR (loc. lat.) – Legislador.

LEI – Norma de direito tornada obrigatória pela força coerciva do Estado e estabelecida pelos homens, soberanos ou legisladores, com vista à organização e conservação da sociedade para a qual ela foi feita • Norma ou conjunto de normas feitas e votadas pelo poder legislativo de um Estado • Conjunto de convenções, usos, práticas e costumes em geral aceites e seguidos.

LEI DA ALTERNÂNCIA – Nos manuscritos é aquela que dita que as iniciais capitais ou letrinas, geralmente com simples aplicação de cor e isentas de motivos ornamentais, se alternem na cor (usualmente o vermelho e o azul), não se repetindo sequencialmente, caso em que se revelaria a inabilidade ou menor cuidado do copista.

LEI DA IMPRENSA – Designação da Lei 5/71, de 5 de Novembro, reguladora do regime da imprensa, considerada como *a reprodução gráfica de textos ou imagens destinada ao conhecimento do público*. A lei de imprensa mais actual é a lei n.º 2/99 de 13 de Janeiro, rectificada pela Declaração de Rectificação n.º 9/99, de 18 de Fevereiro.

LEI DE *GREGORY* – Nome que se dá à técnica de escrita e encadernação dos manuscritos medievais em pergaminho, na qual se estabeleceu que as duas páginas que ficam face a face com o livro aberto devem ser do mesmo lado do pergaminho: carnaz com carnaz e flor com flor; o nome deriva do estudioso da matéria Caspar René Gregory, que primeiro descobriu este processo em 1879; as vantagens desta disposição foram desde cedo descobertas, primeiro porque a dobragem das folhas dos cadernos de pergaminho assim o determinava, depois pela necessidade de equilibrar as reacções deste material face às variações de humidade e temperatura e finalmente pelo desejo de conferir às páginas frente-a-frente um aspecto homogéneo, uma vez que a estrutura e a coloração da superfície no lado flor são diferentes das do lado carnaz, este muito mais claro e delicado que aquele, que por vezes ainda deixa ver os pontos onde nascem os folículos. Regra de *Gregory*. Princípio de *Gregory*.

LEI ESCRITA – Designação dada antigamente às leis codificadas, especialmente com relação ao direito romano, por oposição aos costumes ou direito consuetudinário, que só mais tarde foram postos por escrito.

LEI EXPONENCIAL – Em bibliometria, preceito que sustenta que a relação entre duas variáveis pode explicar-se segundo uma potência matemática, por exemplo ao quadrado, ao cubo, etc.

LEI EXPONENCIAL INVERSA – Em bibliometria, preceito que defende que a relação entre duas variáveis é inversa e pode explicar-se segundo uma potência matemática, por exemplo ao quadrado, ao cubo, etc.

LEI SOBRE PROPRIEDADE LITERÁRIA E ARTÍSTICA – Disposição legal sobre direitos de autor.

LEIAUTE – Disposição da informação num documento incluindo o formato, o tamanho, a distribuição ou a organização gráfica, especificando fonte e corpo dos caracteres utilizados, diagramação, cores e formato e todos os aspectos relacionados com a funcionalidade e estética de um documento ou de um impresso pronto para receber informação • Esboço ou espelho de qualquer obra a ser publicada. *Layout* • *Ver* Boneca *e* Maqueta de publicidade.

LEIAUTE DO TECLADO – Tabela usada por um sistema operacional para a determinação do código de carácter a ser usado quando é pressionada uma tecla ou combinação de teclas; mapeamento do teclado.

LEILÃO – Processo de venda no qual os potenciais compradores formulam publicamente uma oferta de preço, sendo finalmente vendido o objecto a quem fez a melhor oferta • Venda pública de livros e documentos.

LEILÃO DE LIVROS – Operação pela qual os livros ou outros documentos são postos à venda e entregues pela melhor oferta. Venda em leilão.

LEILOEIRO – Pregoeiro. Arrematante.

LEIS DA PROXIMIDADE – Conjunto de princípios directamente ligados com os interesses dos leitores, que condicionam a leitura ou a rejeição de um artigo por parte deles; a proximidade pode ser geográfica, cronológica, afectiva ou de natureza prática.

LEIS ESPARSAS – *Ver* Leis extravagantes.

LEIS EXTRAVAGANTES – As que não fazem parte de um corpus jurídico, de um código, ordenações, etc. Leis esparsas.

LEITE DE CAL – Cal diluída em água, que era utilizada na iluminura como pigmento branco.

LEITMOTIV – Frase, expressão ou palavra que é retomada com frequência num discurso ou texto.

LEITO – Cofre ou mármore do prelo.

LEITOR – Aquele que lê. Ledor • Utilizador de uma biblioteca, arquivo, serviço de documentação, etc. • Receptor. Destinatário • Aparelho especialmente preparado para projectar numa tela ou ecrã imagens ampliadas de microformas • Funcionário de uma universidade, cuja categoria é inferior à de professor, embora também leccione • Em informática é a máquina ou dispositivo que permite introduzir informações num sistema a partir de um suporte exterior.

LEITOR AUTOMÁTICO – Leitor de microficha ou rolo de filme em que a busca de informação é feita por meios automáticos (directamente através de um teclado associado ao próprio leitor ou ligada a um sistema informático, sendo a busca da informação feita através dele).

LEITOR BORBOLETA – Designação atribuída ao leitor que não tem uma linha de rumo nas suas escolhas de leitura, lendo aparentemente sem qualquer critério as mais variadas formas literárias.

LEITOR CITADINO – *Ver* Leitor urbano.

LEITOR COMPULSIVO – Designação atribuída à pessoa que lê, porque sente uma motivação urgente que escapa a qualquer controlo, e que a leva a uma leitura contínua, geralmente feita sob o domínio da emoção.

LEITOR COMUM – Expressão usada para referir o utilizador habitual dos serviços de biblioteca, arquivo, serviço de documentação, etc., aquele que é visado pela organização genérica destes serviços.

LEITOR DE BANDA PERFURADA – Unidade de entrada de dados a partir de banda perfurada.

LEITOR DE BIBLIOTECA – *Ver* Utilizador de biblioteca.

LEITOR DE *CD-ROM* MÚLTIPLO – Expressão usada em tecnologia da informação para designar o aparelho que permite que se consultem ao mesmo tempo diversos discos compactos.

LEITOR DE FITA PERFURADA – Aparelho de entrada usado para transferir para um computador os dados armazenados numa fita perfurada, a fim de que sejam processados.

LEITOR DE MICROCÓPIA – Aparelho que fornece uma imagem ampliada de uma microcópia permitindo a sua leitura a olho nu, em geral pela projecção num ecrã opaco ou translúcido.

LEITOR DE MICROCÓPIA OPACA – Aparelho de leitura de microcópia opaca fornecendo, em geral, uma projecção aumentada após reflexão da luz sobre a microcópia.

LEITOR DE MICROFICHA – Leitor de microformas, que aumenta as microimagens das microfichas.

LEITOR DE MICROFILME – Aparelho utilizado para ampliar o texto apresentado no suporte microfilme, microficha, etc., de modo a permitir a sua leitura. *Ver* Leitor de microcópia.

LEITOR DE MICROFORMAS – Aparelho que permite a leitura de microimagens devido à sua projecção ampliada.

LEITOR DE MICRO-OPACO – Equipamento para leitura de um micro-opaco.

LEITOR ECLÉTICO – Designação atribuída ao leitor que, face à leitura, toma a liberdade de escolher aquilo que lhe convém ou que ele julga ser melhor, sem que siga exclusivamente algum sistema.

LEITOR EMPÍRICO – Aquele que lê os textos na realidade.

LEITOR ESPECIALISTA – Segundo Walter Hoffman é aquele que utiliza para a sua profissão ou actividade uma biblioteca especializada e como passatempo lê livros de arte, de literatura ou história de uma biblioteca enciclopédica.

LEITOR ESTÓICO – Designação atribuída ao leitor que se recusa a ler por prazer e exige apenas a narração de factos que ele próprio considera serem verdadeiros.

LEITOR EXTERNO – Aquele a quem é permitido usar uma biblioteca ou estabelecimento semelhante destinado a determinado tipo de utilizadores, tais como os membros de uma associação profissional ou outra.

LEITOR FALTOSO – Utilizador que não devolve os documentos que lhe foram emprestados por uma instituição, não repõe os perdidos nem paga as multas decorrentes da falta de cumprimento dos princípios consignados no regulamento da instituição no que toca ao empréstimo de documentos.

LEITOR FANÁTICO – Designação atribuída ao leitor que é possuído por um tal arrebatamento, que é ele quem pretende decidir o que pode ou não ser lido. Leitor visionário.

LEITOR FIEL – Qualifica-se desta maneira um leitor cuja presença é constante num determinado serviço de biblioteca, etc.

LEITOR IDEAL – Aquele que o texto parece pedir • Leitor imaginário • Leitor modelar.

LEITOR INTERACTIVO – Modalidade de leitor resultante do uso das novas tecnologias da informação, que se caracteriza pelas possibilidades de sujeitar os textos a uma série de operações, tornar-se co-autor ou possível autor de um texto com diversos autores ou o criador de novos textos, formados a partir da deslocação de fragmentos de outros textos.

LEITOR MAGNÉTICO – Aparelho que permite ler automaticamente por um processo magnético caracteres impressos com uma tinta magnética.

LEITOR MANUAL DE ETIQUETAS EM CÓDIGO DE BARRAS – Dispositivo sensível à luz de alta velocidade, que tem a possibilidade de alterar ou modificar a representação visual num ecrã de tubo de raios catódicos.

LEITOR MODELO – Segundo Umberto Eco, "leitor ávido, leitor crítico que navega genialmente numa gigantesca biblioteca, estabelecendo relações inesperadas, preenchendo vazios textuais, propondo leituras ousadas".

LEITOR ÓPTICO – Máquina ou dispositivo que permite ler automaticamente por processo óptico os sinais traçados num suporte.

LEITOR ÓPTICO DE CARACTERES – Mecanismo semelhante a uma fotocopiadora que permite introduzir texto ou gráficos num computador sem recurso a um teclado.

LEITOR POPULAR – Aquele leitor que não possui uma formação escolar elevada.

LEITOR POR TRANSPARÊNCIA – Aparelho de leitura de microcópia transparente.

LEITOR POTENCIAL – Qualificação do leitor que um serviço poderá vir a ter no futuro.

LEITOR PROFANO – Segundo Walter Hoffmann é aquele que, dada a sua pouca cultura e ausência de ideias ou conhecimentos acerca de determinados assuntos, é um leigo em relação ao conjunto do pensamento impresso.

LEITOR PROFISSIONAL – Pessoa existente no tempo em que muitas pessoas não sabiam ler e que se dedicava à leitura em refeitórios, igrejas, fábricas, etc., para cultivar e distrair

aqueles que não tinham competência para fazê-lo.
LEITOR PÚBLICO – Forma de promoção da leitura que consiste na existência de uma pessoa encarregada de ler em voz alta no local de trabalho como forma de tornar acessível o que lê a trabalhadores analfabetos. *Lector*.
LEITOR SIMPLES – Leitor de microfilme em que a pesquisa é feita manualmente, que pode estar preparado para a leitura de microfichas ou de rolos de filme.
LEITOR VIRTUAL – Aquele que existe potencialmente e que pode ser incarnado por forma a dar foros de realidade ao texto literário. Leitor potencial.
LEITOR VORAZ – Diz-se do leitor que devora livros, isto é, que os lê com muita avidez.
LEITORADO – Cargo de leitor.
LEITORAL – Relativo a leitor.
LEITOR-AMPLIADOR – Aparelho de leitura de microcópias que, além disso, pode fornecer automaticamente exemplares ampliados.
LEITOR-COPIADOR – Máquina própria para ler microformas, podendo reproduzir a imagem em papel.
LEITORIL (port. Bras.) – Atril. Estante em plano inclinado destinada a receber papel ou um livro aberto para se ler com comodidade.
LEITOR-IMPRESSOR DE MICROFORMAS – Leitor de microformas que tem a possibilidade de fazer cópias impressas de microimagens.
LEITOR-REPRODUTOR – Leitor de microficha ou rolo de microfilme, simples ou automático, que tem incorporada uma fotocopiadora que permite fazer a reprodução de qualquer informação microfilmada para papel.
LEITOR-SELECTOR DE CÓDIGOS DE BARRAS FLUORESCENTES – Sistema de reconhecimento de código binário, controlado por uma unidade central, que lê e selecciona documentos-tipo misturados, nos quais estão impressos com tinta fluorescente os códigos de barras.
LEITOR-TIPO – Designação atribuída ao leitor que reúne em si os caracteres que distinguem uma classe e que é digno de ser imitado • Leitor que serve de norma. *Ver tb*. Leitor--modelo.

LEITURA – Acto ou efeito de ler ou decifrar um texto escrito • Aquilo que se lê • Lição • Designação antiga do corpo 12 • Segundo Roland Barthes é uma operação que remete "para um conjunto de práticas" histórica, cultural e socialmente codificadas, que visam a apropriação da textualidade encerrada nos suportes que a mediatizam • Prática cultural ligada aos suportes de transmissão da sua textualidade • Processo de transformação de um sistema de signos escritos num sistema de significantes orais sonoros ou não • Simbolização directa dos signos escritos às palavras, aos conceitos, às ideias • Troca entre um ser que interpreta signos: letras, palavras, frases e um outro ser que associou estes signos, com a finalidade de comunicar os seus sentimentos, os seus conhecimentos, o seu pensamento • Nova interpretação do pensamento de um autor. Reinterpretação de um texto, de uma obra ou de um autor • Representação do sentido de um item lexical na entrada do dicionário da língua; pode haver tantas leituras quantos os sentidos do item lexical • Forma assumida por um texto num determinado testemunho da sua tradição • Acto completo de comunicação • Técnica de descodificação de signos inscritos de acordo com um determinado código, que pode ser usada para ocupação de tempos livres, lazer, trabalho, passatempo, etc.
LEITURA A CONTRA-RELÓGIO – Diz-se a contra-relógio a leitura que é feita de uma forma apressada.
LEITURA ACELERADA (port. Bras.) – *Ver* leitura dinâmica.
LEITURA ACTIVA – Modalidade de leitura enérgica, dinâmica, em que o leitor intervém, sendo-lhe reconhecido o direito de opinar acerca daquilo que lê; usa-se por oposição a leitura passiva.
LEITURA ANALÍTICA – Aquela que se baseia na análise; assenta no estudo pormenorizado, decompondo o texto a analisar nos seus elementos, a fim de estabelecer relações e permitir um esquema de conjunto.
LEITURA AUDIOVISUAL – Aquela que é feita no ecrã da televisão ou do computador, frente a ele, e que é uma leitura dirigida; trata-

-se de uma expressão usada em paralelo com leitura visual, a do livro.
LEITURA AUDITIVA – Aquela em que o leitor assiste à leitura feita por uma outra pessoa, limitando-se o seu papel ao de ouvinte.
LEITURA BÍBLICA – Texto relativamente extenso da Bíblia que os religiosos lêem de manhã, enquanto em todas as outras horas canónicas a leitura bíblica é reduzida.
LEITURA BREVE – Leitura rápida, ligeira e pouco profunda.
LEITURA CASUAL – Aquela que é feita em geral sem critério coerente de escolha do material a ler.
LEITURA CIENTÍFICA – Aquela que incide em obras cujo conteúdo versa assuntos relacionados com as ciências.
LEITURA CIFRADA – *Ver* Leitura críptica.
LEITURA COLECTIVA – Aquela que é feita em conjunto. Leitura em comum.
LEITURA COMENTADA – Leitura de um texto acompanhada de explicações ao mesmo.
LEITURA COMPROMETIDA – Modalidade de leitura que tem como consequência um determinado objectivo que pretende atingir-se ao optar por ela. Leitura implicada.
LEITURA CONTÍNUA – Método de ler de forma ininterrupta até completar uma unidade, que pode ser uma linha, parágrafo, página, folha, capítulo de uma obra ou artigo de publicação periódica ou qualquer outro tipo de documento manuscrito ou impresso.
LEITURA CONVIVENCIAL – Leitura através da qual o leitor frente a um texto escrito experimenta um acto de intimidade pessoal com o rosto de um homem determinado e concreto, o autor.
LEITURA CORRIDA – Aquela que é feita de uma forma rápida, passando apressadamente por cima da maior parte dos assuntos, pois é feita em geral com o objectivo de encontrar um determinado tema ou passo. Leitura de passagem. *Ver tb.* Leitura em diagonal.
LEITURA CRÍPTICA – Aquela que incide sobre obras cujo conteúdo se apresenta expresso de forma oculta, não imediata, e que pressupõe a posse de uma chave para poder ser decifrado. Leitura cifrada.

LEITURA CRÍTICA – Acto de ler, que decorre em simultâneo com o julgamento da produção literária, artística ou científica que está a ser lida. Efeito desse acto.
LEITURA DE AUTO-APERFEIÇOAMENTO – Modalidade de leitura cuja finalidade visa a melhoria, a correcção ou a aproximação da perfeição de quem a pratica, especialmente nos domínios espiritual e económico. Leitura de auto-promoção.
LEITURA DE AUTO-PROMOÇÃO – *Ver* Leitura de auto-aperfeiçoamento.
LEITURA DE AUTOR – *Ver* Leitura pública.
LEITURA DE BONS AUTORES – Leitura regular de autores em geral clássicos, que visa o enriquecimento humanístico de quem lê.
LEITURA DE ENTRETENIMENTO – Modalidade de leitura cujo objectivo é o divertimento, passatempo, recreação. Leitura de prazer. Leitura de lazer. Leitura recreativa. Leitura de fruição.
LEITURA DE EVASÃO – Aquela que se destina à fuga à realidade, geralmente concretizada em romances históricos, policiais ou sentimentais.
LEITURA DE FORMAÇÃO RELIGIOSA – *Ver* Leitura piedosa.
LEITURA DE FRUIÇÃO – Modalidade de leitura solitária como a leitura liberal, em que o leitor a pratica para seu mero desfrute, isolando-se para ler, fazendo dela um acto separado do qual ninguém mais participa. Leitura de lazer. Leitura de prazer. Leitura de entretenimento.
LEITURA DE INFORMAÇÃO – Modalidade de leitura que se pratica em geral com a finalidade de se ficar elucidado sobre algum assunto ou alguém. Leitura informativa.
LEITURA DE JORNAIS – Rotina adoptada nas redacções de publicações periódicas, onde um jornalista lê todos os jornais concorrentes para poder comparar as notícias, ver como foram abordados os assuntos ou verificar quais os possíveis furos.
LEITURA DE PASSAGEM – *Ver* Leitura corrida.
LEITURA DE PRAZER – *Ver* Leitura de entretenimento.

LEITURA DE PRESENÇA – No circuito de leitura de uma biblioteca, arquivo, serviço de documentação, etc. é aquela que consiste em emprestar livros e/ou documentos por um determinado período de tempo, para poderem ser lidos pelo utilizador sem sair do edifício onde a biblioteca, arquivo, serviço de documentação, etc. se encontram instalados; em geral é feita mediante o preenchimento de uma requisição própria para leitura interna.

LEITURA DE RAPAZES – Expressão usada para designar os livros de aventuras, pretendendo significar que eles se destinam apenas ao sexo masculino.

LEITURA DE RECREAÇÃO – *Ver* Leitura de entretenimento.

LEITURA DESCONTÍNUA – Método de leitura que permite a interrupção da leitura em certas partes que pareçam destituídas de interesse para quem lê; é usado com frequência na consulta de dicionários, anuários, catálogos, etc. ou de determinadas partes de publicações periódicas, como anúncios soltos, notícias breves, etc.

LEITURA DESTRUTIVA – Leitura de dados feita através de um dispositivo informativo, após a qual os dados são inutilizados e apagados ao mesmo tempo.

LEITURA DIGITAL – Aquela que é feita num texto ou documento dito digital.

LEITURA DINÂMICA – Método de leitura que permite apreender e entender um texto escrito com rapidez. Leitura rápida. Leitura fotográfica.

LEITURA DIRECTA – Aquela que é feita sem mediador.

LEITURA DIRIGIDA – Acto de ler e analisar de modo metódico, sob a supervisão de alguém que estabelece a orientação a seguir e encaminha sobre o modo como ela deverá ser feita. Leitura orientada.

LEITURA DIVERSIVA – Leitura que diverte o leitor que a lê.

LEITURA DOMICILIAR (port. Bras.) – *Ver* Leitura domiciliária.

LEITURA DOMICILIÁRIA – No circuito de leitura de uma biblioteca, arquivo, serviço de documentação, etc. é aquela que consiste em emprestar livros e/ou documentos por um determinado período de tempo, para poderem ser lidos em casa do utilizador; é feita mediante o preenchimento de uma requisição própria para leitura externa. (port. Bras.) Leitura domiciliar.

LEITURA DRAMATIZADA – Modalidade de leitura cujo objectivo é o de tornar o texto lido dramático, interessante ou comovente, como um drama.

LEITURA ELECTRÓNICA – Modalidade de leitura de texto em formato e suporte digitais, que é feita ecrã a ecrã no monitor de um computador.

LEITURA EM COMUM – *Ver* Leitura colectiva.

LEITURA EM CORO – Exercício colectivo ligado à leitura, através do qual partes escolhidas de textos, romances ou poemas são lidas em simultâneo por um grupo de pessoas.

LEITURA EM DIAGONAL – Método de leitura rápida que permite, a partir da análise em diagonal das palavras-chave existentes em cada uma das páginas de um texto, avaliar o conteúdo nelas expresso.

LEITURA EM SILÊNCIO – Aquela que é feita sem emissão de ruído, o que só viria a acontecer a partir do século X; dos *scriptoria* dos mosteiros chegou às universidades e escolas no século XII e à aristocracia laica no século XV. Leitura *in silentio*. Leitura silenciosa.

LEITURA EM VOZ ALTA – Aquela em que as palavras para serem reconhecidas têm de ser pronunciadas; tem como centro os lábios, que enunciam aquilo que os olhos vêem. Foi no século XII que se passou da leitura em voz alta ou média à leitura visual e silenciosa; era praticada em ambientes interiores, a partir de livros e raramente feita por mulheres. Leitura oralizada • Técnica de iniciação à leitura fazendo intervir um adulto que narra um ou vários acontecimentos recitando um texto, permitindo tornar perceptíveis o ritmo e o valor musical de um poema ou de um conto, usada como ponto de partida para estimular a utilização do livro pela criança ou pelo adulto em fase de alfabetização.

LEITURA ENTOADA – Aquela que é articulada com a modulação ou inflexão da voz, de modo a obter um efeito interpretativo.

LEITURA EXPLORATÓRIA – Modalidade de leitura em que se procura apreender rapidamente o essencial de um texto ou documento; é feita por sondagens, extensões, saltos, associações.

LEITURA EXPRESSIVA – Modalidade de leitura que age sobre o texto lido por forma a imprimir-lhe vivacidade, energia e a aumentar-lhe a significação.

LEITURA EXTENSIVA – Aquela que é caracterizada pela passagem rápida por muitos textos de diversa natureza. Leitura em que se liam muitos textos, passando de um a outro e atribuindo uma importância mínima àquilo que se leu; verifica-se em especial a partir de finais do século XVIII e usa-se por oposição a leitura intensiva.

LEITURA FOCALIZADA – Modalidade de leitura que está centrada num determinado objectivo e que obedece, regra geral, a mecanismos de pesquisa.

LEITURA FONOLÓGICA – Processo de leitura que conduz ao reconhecimento das palavras escritas e a uma pronúncia correcta das palavras desconhecidas ou das pseudopalavras, na base da conversão dos grafemas ou de estruturas infralexicais maiores que o grafema, em fonemas ou em unidades fonológicas que correspondem às estruturas supragrafémicas.

LEITURA FORMAL – *Ver* Leitura literal.

LEITURA FORMATIVA – Designação global que contempla livros que estimulam a formação de critérios pessoais e enriquecem a personalidade.

LEITURA FOTOGRÁFICA – *Ver* Leitura dinâmica.

LEITURA FUNCIONAL – Aquela que é feita com a finalidade de satisfazer uma necessidade imediata, colher informações, analisar um assunto.

LEITURA GLOBAL – Leitura dos enunciados mais breves como os títulos, chamadas, anúncios • Leitura integral, leitura total.

LEITURA HIPERLOGOGRÁFICA – Aquela em que a palavra ou o grupo de palavras com a sua estrutura sintagmática se formam globalmente em toda a sua complexidade gramatical, sob o efeito de um certo número de estímulos. Decifração hiperlogográfica.

LEITURA HIPERTEXTUAL – Aquela que assenta no uso das novas máquinas de leitura, de um hipertexto dinâmico, sempre em movimento, que permite diversos tipos de exploração.

LEITURA HIPOLOGOGRÁFICA – Aquela em que o leitor deve reconstruir o logograma a partir da identificação de signos elementares. Decifração hipologográfica.

LEITURA IMPLICADA – Modalidade de leitura que produz como consequência um determinado objectivo que pretende atingir-se ao optar por ela. Leitura comprometida.

LEITURA *IN SILENTIO* – *Ver* Leitura silenciosa.

LEITURA INDIVIDUAL – Leitura em separado. Leitura pessoal.

LEITURA INFORMÁTICA – Análise do conteúdo de um suporte de informação, com vista à sua transmissão em máquina.

LEITURA INFORMATIVA – Designação global que contempla livros que geram benefícios sociais através dos conhecimentos úteis que neles se encontram; é o que acontece no caso de um engenheiro, que projecta uma ponte ou de um médico que cura um doente, etc., porque nos livros de estudo adquiriram conhecimentos para isso • Nome dado à literatura que aperfeiçoa o ensino recebido. Leitura de informação.

LEITURA INSTITUCIONALIZADA – Modalidade de leitura que é a estabelecida. Leitura comum.

LEITURA INSTRUMENTAL – Modalidade de leitura que é usada para produzir um determinado efeito ou obter um resultado, como acontece por exemplo com a das legendas da televisão.

LEITURA INTEGRAL – Leitura total. Leitura completa.

LEITURA INTENCIONAL – Aquela que é feita deliberadamente. Leitura por opção. Leitura motivada.

LEITURA INTENSIVA – Leitura baseada em poucos livros, apoiada na escrita e na memória reverencial e respeitosa; praticou-se especialmente na Idade Média; tem como base os mesmos textos e visa apreendê-los num grau muito elevado; usa-se por oposição a leitura extensiva.

LEITURA INVERTIDA (port. Bras.) – *Ver* Leitura sobre chumbo.
LEITURA LABIAL – Observação por um surdo dos movimentos articulatórios e faciais que acompanham a fala, para compreender-lhe o teor. Leitura da fala.
LEITURA LINEAR – Aquela que vai avançando linha a linha, de uma forma progressiva, sem desvios ou especulações. Leitura sequencial. Leitura ordenada.
LEITURA LITERAL – Aquela que é feita palavra por palavra seguindo a letra do texto. Leitura formal, rigorosa.
LEITURA LITERÁRIA – Qualquer leitura não funcional que satisfaz uma necessidade cultural não utilitária.
LEITURA LIVRE – Modalidade de leitura feita pelos estudantes, voluntária e independentemente da que o curso requer • Leitura independente.
LEITURA LOGOGRÁFICA – Processo de leitura que leva ao reconhecimento das palavras escritas na base da atenção visual a traços gráficos salientes.
LEITURA MAGNÉTICA – Leitura automática de caracteres magnéticos.
LEITURA METÓDICA – Modalidade de leitura que é feita de forma organizada, com circunspecção, visando um determinado resultado. Leitura planeada. Leitura sistemática.
LEITURA MÍSTICA – Conjunto de processos de leitura aconselhados ou praticados nos séculos XVI e XVII no campo da experiência dos "solitários" ou dos grupos chamados "místicos", "iluminados" ou "espirituais".
LEITURA MOTIVADA – *Ver* Leitura intencional.
LEITURA MUSICADA – Modalidade de leitura que pressupõe a existência de um ambiente sonoro para a voz e para as palavras.
LEITURA NÃO DESTRUTIVA – Leitura de dados que é feita por um dispositivo informático, em condições que não permitem a extinção da informação no processo.
LEITURA NOVA – Nome dado aos sessenta códices de grande dimensão com quarenta e três frontispícios iluminados constituídos por cópias em linguagem do tempo, de textos antigos originais transcritos desde 1504 até 1552; a sua ornamentação, caracterizada por elementos ligados às armas reais portuguesas, é de cariz ganto-brugense. A cópia sistemática da documentação antiga, ordenada por D. Manuel I, teve como objectivo salvaguardar a memória passada contida nos códices a copiar e que corria o risco de se perder, dado o deplorável estado de conservação a que tinham chegado; pode mesmo considerar-se a primeira medida de salvaguarda do património bibliográfico no nosso país; foi também ocasião de confirmar e conceder muitos privilégios e deveres contidos nos forais, cujos frontispícios ainda hoje nos deleitam; por outro lado, foi uma marca de poder que o "Rei Venturoso" quis deixar para a posteridade, no momento de glória que se vivia com a descoberta de novos territórios anexados à coroa.
LEITURA OBJECTIVA – Modalidade de leitura concreta, isto é, independente de toda e qualquer predilecção pessoal. Leitura real.
LEITURA OFICIAL – Aquela que é autorizada por um determinado poder • Ângulo ou olhar lançado sobre um determinado problema de natureza pública e que reflecte a visão oficial do poder estabelecido.
LEITURA ÓPTICA – Aquela que é feita através de instrumentos ópticos • Leitura automática directa de caracteres escritos ou impressos por processo óptico.
LEITURA ORAL – Leitura emitida de viva voz, mas que implica a participação de todo o corpo e em que a pronúncia das palavras obriga a um ritmo linear e homogéneo; actualmente apenas os principiantes da leitura e os actores e locutores lêem oralmente.
LEITURA ORALIZADA – Modalidade de leitura que é emitida de viva voz, isto é, através da fala, e que se opõe à leitura *in silentio* ou silenciosa. Leitura em voz alta. Leitura oral.
LEITURA ORIENTADA – Acto de ler e analisar de forma metódica, sob orientação de alguém, que determina a direcção a seguir e encaminha, indica ou guia sobre o modo como ela deverá ser feita. Leitura dirigida.
LEITURA ORTOGRÁFICA – Processo de leitura que leva ao reconhecimento das palavras escritas na base de uma categorização dos seus

elementos constitutivos, as letras ou estruturas maiores que elas.

LEITURA OUVIDA – Acto de ler em voz alta que pressupõe a existência de um livro, um leitor e uma audiência, dado que se destina a um ou mais ouvintes. Resultado desse acto.

LEITURA PARTILHADA – Leitura em voz alta que é feita em conjunto com outras pessoas.

LEITURA PELA DECIFRAÇÃO – Forma de aprendizagem da leitura que tem por base a chave da junção das letras pelo método silábico (B,A, BA).

LEITURA PEQUENA – Fundição a 11 pontos tipográficos.

LEITURA PIEDOSA – Aquela que tem como finalidade a oração e meditação religiosas. Leitura de formação religiosa. Leitura de devoção.

LEITURA POR BLOCOS – Modalidade de leitura rápida pela qual não é preciso ver todas as letras de uma palavra ou todas as palavras de uma frase para compreender essa palavra ou essa frase; não se lê a linha horizontal, mas o texto por blocos de informação, por grupos de palavras através do texto, apanhando as palavras na passagem e completando mentalmente o texto; é usada em textos de fácil compreensão, que tratam de assuntos conhecidos e sequenciais, como os romances, os jornais, o correio, etc.

LEITURA PROJECTIVA – Aquela em que o leitor, ao ler, estrutura para si próprio e por si próprio, um conjunto de estímulos confusos, ambíguos e contraditórios, aos quais ele reage.

LEITURA PÚBLICA – Sessão de leitura destinada a um público, feita em geral num espaço designado auditório em que o próprio autor dava a conhecer a sua obra, alterando-a frequentemente, de acordo com a reacção da plateia; no mundo romano era frequente este tipo de leitura em que alguns autores, protegidos por nomes conhecidos, apresentavam as suas produções literárias, e segundo relatam Plínio, o Moço, Horácio e Marcial, tais recitações, tornavam-se verdadeiros flagelos, quando feitas por escritores de craveira medíocre, ansiosos por dar a conhecer as suas obras. A idade de ouro deste tipo de leitura na Europa foi o século XIX, período durante o qual os autores liam habitualmente as suas obras em voz alta, em círculos restritos, com a finalidade de as divulgar, melhorar e algumas vezes devido ao facto de a censura proibir a sua publicação. Leitura em público. Leitura de autor.

LEITURA RADIOFÓNICA – Acto e efeito de ler, transmitido através da telefonia sem fios.

LEITURA RÁPIDA – Modalidade de leitura baseada na celeridade, compreensão e memorização daquilo que se leu; pode ser integral, lendo todas as palavras do texto, ou selectiva, lendo apenas uma parte das palavras. Assenta na leitura rápida, para captar o essencial do texto, anotação dos dados a fixar de uma forma breve por ordem de importância e recolha de notas de forma definitiva, para não ter de as recopiar, para ganhar tempo. Trata-se de um método usado ao serviço da velocidade de decifração, entendimento e assimilação de um texto escrito, seja qual for o seu tipo de suporte. *Ver* Leitura dinâmica.

LEITURA RECREATIVA – Designação global que contempla livros de ficção ou outros que ajudam a empregar o tempo livre. Leitura de entretenimento.

LEITURA REDUTORA – Acto e efeito de ler no qual o texto lido é privado de algumas das suas potencialidades.

LEITURA REFLEXIVA – Modalidade de leitura que é feita de forma concentrada, retrocedendo por vezes, pois é acompanhada de meditação, objecção e ponderação daquilo que se lê.

LEITURA RELIGIOSA – Leitura regular de textos sagrados recomendada como ascese.

LEITURA SELECTIVA – Modalidade de leitura em que a informação procurada é da natureza do facto pontual isolado num texto ou documento desconhecido ou conhecido; rejeita tudo o que não é procurado, trabalhando por ajustamento.

LEITURA SEQUENCIAL – Aquela que é feita de uma forma progressiva e ordenada com vista ao conhecimento de todo o conjunto. Leitura linear. Leitura ordenada.

LEITURA SILENCIOSA – Aquela que é feita em voz baixa, em silêncio, e tem em vista a meditação e a memorização. Foi no século X que se assistiu à passagem da leitura em voz alta ou média à leitura visual e silenciosa. A partir do século XV a leitura silenciosa torna-se a forma vulgar de ler. Permite uma nova relação com o texto escrito, mais livre e íntima. Leitura em silêncio. Leitura *in silentio*.

LEITURA SOBRE CHUMBO – Aquela que se praticava nas oficinas tipográficas sobre o texto composto por caracteres de chumbo, geralmente levada a cabo pelos compositores para verificarem se a composição estava correcta; é uma leitura invertida.

LEITURA SOLITÁRIA – Modalidade de leitura que é feita por uma pessoa só, em estado de isolamento.

LEITURA SUPERFICIAL – *Ver* Leitura rápida.

LEITURA TÁCTIL – A que é levada a cabo por invisuais, usando textos em relevo, geralmente em braile.

LEITURA VISUAL – Nome dado à extensão da leitura, de fenómenos que a prolongam e lhe dão a sua verdadeira dimensão social, como a leitura feita na televisão, ouvindo, olhando, etc.

LEITURA *ZAPPING* – Modalidade de leitura em diagonal em que se passa rapidamente de um meio de informação para outro, de modo a obter uma informação instantânea mas superficial; surgiu recentemente com a diversificação dos meios de conhecimento. Diz-se da leitura-relâmpago, em oposição à leitura sequencial, linear.

LEITURAS COMPLEMENTARES – Conjunto das obras que é necessário consultar para poder ter uma ideia abrangente da personalidade literária de um autor, de modo especial as que o enquadram dentro do estilo, do movimento literário em que se insere, etc.; o mesmo se aplica ao estudo de qualquer outro tema ou assunto.

LEITURAS PERIGOSAS – Expressão usada para traduzir os receios face às ameaças da leitura. Em diversos períodos, momentos e contextos da história da humanidade, designação dada aos textos e autores proscritos por serem considerados instrumentos de corrupção moral, como os romances para as mulheres e para o povo, pela pretensa capacidade de perverterem a inteligência, de exaltarem a imaginação e de fomentarem a evasão; as leituras perigosas aparecem como opostas às leituras piedosas, disciplinares e de devoção.

LEITURAS RECOMENDADAS – *Ver* Bibliografia recomendada.

LEIXA-PREM – Repetição de uma ou mais palavras no último verso de uma estrofe ou de todo o último verso, no primeiro verso da estrofe seguinte.

LEMA – Forma gráfica escolhida convencionalmente como entrada de um dicionário ou de um léxico • Divisa. Emblema. Sentença ou preceito escrito • Epígrafe.

LEMBRANÇA – Observação feita por uma instituição a um utilizador a quem emprestou material, para que devolva um documento ou outro material que lhe foi emprestado antes da data do vencimento do empréstimo.

LEMBRETE – Apontamento escrito auxiliar da memória • Cópia de uma obra de teatro que é usada pelo ponto e na qual se encontram escritos: a acção da obra, movimentos dos actores, guarda-roupa, acessórios e todas as indicações sobre luzes e cena.

LEMES – Barras de couro que atravessam duas a duas os planos das encadernações antigas, a pouca distância da cabeça e do pé, unindo-os, sem contudo atingir as extremidades; estas barras, que podem alcançar o número de três ou quatro, são frequentemente ornamentadas por tiras de pergaminho, estando as pastas isentas de qualquer decoração a ouro.

LEMNA (pal. lat.) – Assunto, matéria por escrito • Título de um capítulo, título de um epigrama.

LEMNISCO – Pequeno traço horizontal com dois pontinhos, um por cima e outro por baixo (÷) ou ambos por cima (∺), que nos manuscritos indica, no primeiro caso as passagens traduzidas da Sagrada Escritura, mas não à letra, e, no segundo, as transposições • Tira ou fita de seda, couro ou outro material, que prende o selo pendente às cartas ou diplomas.

LENDA – História ou feitos da vida de algum santo ou figura notável • Narrativa escrita digna de ser lida, sendo geralmente transmitida de geração em geração e que narra a riqueza e complexidade de um destino excepcional • Tradição popular • Narração de sucessos fantásticos do passado, à qual se vão adicionando novos elementos • Conto • Mito.

LENDAS DE MÁRTIRES – Relato das vidas de santos feito sob forma romanceada e com a finalidade de produzir elevação moral.

LENDAS DE SANTOS – Obras de devoção de carácter biográfico, geralmente caracterizadas pelo seu anonimato, tendo como objecto as vidas de santos e mártires medievais.

LENGALENGA – Narrativa extensa, monótona, fastidiosa • Aranzel. Arenga. Ladainha.

LENHINA – Produto componente da madeira, instável e que descolora, extraído por meio de processos químicos durante a preparação da pasta de papel; a presença da lenhina nos papéis de pasta de madeira é causa certa de desenvolvimento de acidez. Lignina. Lenhose.

LENHOSE – *Ver* Lenhina.

LENTE – Aquele que lê • Nome dado ao professor universitário que tradicionalmente lia a *lectio* ou fazia o comentário do texto no ensino medieval • Sistema óptico que permite a visualização de textos invisíveis ou menos legíveis a olho nu.

LEPISMA SACCHARINA (loc. lat.) – Insecto da família dos *Tisanuridi*, revestido por escamas prateadas e sem asas, muito nocivo para o papel e tecido; é também denominado vulgarmente "peixe-de-prata" devido à cor que apresenta.

LEQUE – Peça das impressoras de cilindro formada por palhetas de madeira, paralelas entre si e presas a um eixo que lhes transmite um movimento de ida e volta durante o qual apanham dos cordões a folha impressa e a depositam na mesa receptora • Defeito na composição por linótipo em que uma extremidade das linhas fica mais fina que a outra, prejudicando o paralelismo • Modalidade de encadernação muito corrente no século XVII, na qual os ornamentos, que imitam renda, se dispõem em forma de leque no centro e nos cantos das pastas. Encadernação *à l'éventail*. *Ver* Encadernação em leque.

LER – Percorrer com os olhos aquilo que está escrito decifrando e traduzindo signos, isto é, atribuindo significado a um sistema de signos descodificando-os em seguida • Entender, compreender ou interpretar aquilo que está escrito • Interpretar através da leitura • Perante um signo escrito, encontrar a sua sonorização • Operação que consiste em antecipar informações na língua escrita para construir directamente uma significação • Conferir • Em informática, obter dados registados num suporte informático ou num dispositivo de armazenagem • Verbo que pode aplicar-se a muitos tipos de objectos muito afastados do escrito; são comuns expressões como: ler um desenho, uma imagem, um rosto, nos olhos, nas linhas da mão, etc.

LER A CANTAR – Expressão usada para designar a leitura em voz alta de qualquer original feita pelo auxiliar do revisor, a fim de corrigir provas de imprensa.

LER COM OS OLHOS – Ler apenas para si, sem pronunciar as palavras lidas.

LER DE CABO A RABO – Ler desde o princípio até ao fim.

LER DE CADEIRA – Expressão familiar para designar o conhecimento integral de um assunto, podendo dar lições acerca dele. Ler de cátedra.

LER DE CÁTEDRA – *Ver* Ler de cadeira.

LER DE FIO A PAVIO – Ler desde o princípio até ao fim.

LER DE UMA PONTA À OUTRA – Ler desde o princípio até ao fim. Ler de fio a pavio.

LER EM DIAGONAL – Ler um texto, geralmente curto, de forma rápida, em ziguezague, procurando reter as ideias básicas, sem grandes preocupações de abranger todo o conteúdo, mas apenas com a ideia de se inteirar de que matéria trata o texto; há várias mnemónicas que se utilizam para esta leitura, uma das quais é fixar alguns termos e ver se eles aparecem no conteúdo do texto.

LER NAS ENTRELINHAS – Captar a segunda intenção de um escrito.

LER NO CHUMBO – Ler directamente sobre a composição tipográfica, sem tirar prova.

LER PELA MESMA CARTILHA – Ter a mesma opinião. Ler pelo mesmo breviário.

LER PELO MESMO BREVIÁRIO – Ter a mesma opinião. Ler pela mesma cartilha.

LETRA – Cada um dos caracteres do alfabeto • Forma de escrever os caracteres alfabéticos. Caligrafia • Inscrição • Versos correspondentes a uma canção ou música • Texto. Escrito • Signo que aparece impresso • Carácter ou tipo de impressão que serve para executar a composição • Carácter, de forma diversa, que serve para a expressão da palavra nos diferentes idiomas • Carta. Epístola.

LETRA A CAVALO – Diz-se da situação em que uma letra, fragmento de letra ou qualquer corpo estranho fica agarrado à forma pela parte inferior, obrigando algumas letras a ficarem mais altas.

LETRA A LETRA – Literalmente.

LETRA ABERTA – Caracteres tipográficos que incluem no seu corpo um pequeno hiato que deixa um espaço branco entre as linhas de um texto. Letra vazada.

LETRA ACENTUADA – Aquela a que foram adicionadas marcas usadas para indicar a pronúncia.

LETRA ACTUÁRIA – Variante da letra cursiva que se destinava apenas à escrita de documentos.

LETRA ADESIVA – Letras, sinais e símbolos contidos em folhas de plástico, que mediante fricção ou por aplicação de elemento autocolante podem ser transferidos para papel, cartolina, madeira ou metal, a fim de formar palavras ou frases de qualquer índole. Letra auto-adesiva.

LETRA ALDINA – Género de letra que imita a cursiva derivado do nome do seu criador Aldo Manuzio, impressor veneziano dos séculos XV-XVI, que imprimiu com este tipo um Virgílio em 1501; apenas empregou tipos tombados na caixa baixa, porque as letras de caixa alta eram todas verticais, como os caracteres romanos. Letra cursiva.

LETRA ALTA – Aquela que é de menor tamanho que as do corpo a que pertence, cujo olho ocupa a parte superior da fundição; opõe-se a letra baixa. É usada especialmente nas abreviaturas e como expoente em fórmulas matemáticas.

LETRA AMASSADA – Letra inutilizada.

LETRA ANGULAR – Ver Letra gótica.

LETRA ANTIGA – Designação atribuída pelos alemães à letra romana, que os países latinos vulgarmente designam por letra redonda.

LETRA ANTROPOMÓRFICA – Letra inicial decorada, cujos adornos e arabescos representam a figura humana, muito usada pelos miniaturistas do século VIII ao século XII.

LETRA APERTADA – Expressão usada para o texto compacto.

LETRA ARMORIADA – Letra capital em que a cor é representada convencionalmente através de traços paralelos que são desenhados no seu interior, como acontece em heráldica • Letra que contém um elemento heráldico, geralmente um escudo de armas.

LETRA ATANÁSIA – Denominação atribuída em Espanha à letra com 14 pontos. O seu nome provém do facto de a primeira obra com ela impressa ter sido a vida de Santo Atanásio.

LETRA AUTO-ADESIVA – Ver Letra adesiva.

LETRA AZURADA – Aquela que apresenta hastes ornamentadas com minúsculos traços horizontais imitando assim os filetes *azurés*.

LETRA BAIXA – Aquela que é de menor tamanho que as do corpo a que pertence, cujo olho ocupa a parte inferior da fundição; opõe-se a letra alta. É usada especialmente como sub-índice em fórmulas matemáticas e químicas.

LETRA *BASKERVILLE* – Designação dada aos caracteres tipográficos desenhados e fundidos pelo inglês John Baskerville, que foram utilizados pela primeira vez numa edição de um Virgílio in-fólio impressa em 1757.

LETRA BASTARDA – Derivada da cursiva, é uma letra gótica caligráfica ocidental, que foi utilizada a partir do século XIII, especialmente nos manuscritos destinados ao estudo universitário, em documentos comerciais e do governo e, eventualmente, na literatura vernácula; o termo "bastarda" foi usado num inventário da biblioteca de Carlos V (1337-1381); escrevia-se mais rapidamente e era mais angulosa que o gótico corrente, caracterizando-se pelo facto de as hastes ascendentes e descendentes serem muitas vezes encaracoladas, o que dá a impressão de um toque mais leve; os tipógrafos parisienses do século XV copiaram-na para as suas obras impressas em francês e para os livros de piedade; no século XVIII a letra bastarda é uma cursiva latina, ligeiramente inclinada.

LETRA BASTARDA ANTIGA – Os seus primeiros punções foram gravados por Heilman, em Paris, em 1490; é a actual gótica das tipografias.

LETRA BASTARDA ESPANHOLA – Modalidade de caracteres tipográficos inventados e gravados por Ceferá Gorchs i Esteve, natural de Barcelona.

LETRA BASTARDA FRANCESA – Escrita de chancelaria de forma regular e com configuração particular das hastes descendentes, que são muito grossas na parte de cima e terminam em ponta na parte de baixo.

LETRA BASTARDA ITALIANA – Vigente nos séculos XV e XVI, deriva da escrita humanística e teve como âmbito quase somente a correspondência privada, tendo exercido influência na escrita cortesã, substituindo-a por vezes e destronando a letra processada; tem como principais características a inclinação à direita, a regularidade e a ausência de nexos; é da letra bastarda italiana que deriva a letra moderna dos séculos XVI e XVII e posteriormente a actual.

LETRA BASTARDA MODERNA – Tipo de letra redonda, inclinada, criado em 1640 por Pierre Moreau.

LETRA BASTARDILHA – Letra de imprensa que imita a bastarda.

LETRA BENEVENTANA – Letra que foi usada em manuscritos latinos, na Dalmácia e na Itália meridional, entre os séculos VIII e XIII.

LETRA BINÁRIA – Letra ornamental com que se inicia um capítulo. Letra de dois pontos.

LETRA *BODONI* – Letra de imprensa de traço largo e grosso da autoria do impressor italiano Giambattista Bodoni. Letra bodoniana.

LETRA BODONIANA – *Ver* Letra *Bodoni*.

LETRA BORDALESA – Carácter de letra semelhante à inglesa, mais direita e sem ligações.

LETRA BRANCA – Letra capital em que foi marcado apenas o contorno e cujo interior permanece em branco.

LETRA BRETÃ – Carácter de letra de haste negra e prolongada.

LETRA BULÁTICA – Letra derivada da letra humanística, que se caracteriza pelo exagero e complicação dos seus traços; foi utilizada na redacção de bulas pela chancelaria pontifícia, tendo sido suprimida pelo papa Leão XIII em 1878.

LETRA CABÍDOLA – *Ver* Letra cabidual.

LETRA CABIDUAL – Letra capitular maiúscula que se usa no início dos livros, capítulos ou tratados. Letra capitular. Letra cabídola.

LETRA CALIBRADA – Aquela que apresenta uma espessura que corresponde à média das letras minúsculas do alfabeto da mesma família e que servia de bitola para calcular o pagamento do profissional de composição.

LETRA CALIGRÁFICA – Aquela em que os caracteres alfabéticos são inscritos de uma forma pausada, apresentando traços harmoniosos e elegantes, seguindo padrões estilísticos previamente definidos; é a letra comum dos códices assumindo as formas romana, carolina, gótica e humanística • Nome dado ao carácter tipográfico que imita esse estilo.

LETRA *CANON* – Designação dada em Espanha à letra formada por caracteres grossos equivalentes ao corpo de 24 pontos.

LETRA CAPITAL – Os primitivos alfabetos fenício, grego e romano compunham-se apenas de um tipo de letras, as maiúsculas; o carácter romano é minúsculo, empregando apenas as maiúsculas no início das frases, pelo que se designaram por capitais, derivadas da palavra cabeça; a letra capital foi usada pelos romanos em epígrafes e monumentos desde o século III a. C. até ao século VI d. C. • Letra maiúscula, especialmente a ornamentada e de grandes dimensões, utilizada no início da primeira palavra de um capítulo. Letra capitular.

LETRA CAPITAL ARCAICA – Letra epigráfica cuja origem se pode datar por volta dos séculos VI ou V a. C.; trata-se de uma letra maiúscula e de forma quadrada com traços toscos e desiguais, que foi usada desde os primeiros anos da República Romana até ao século II a. C.

LETRA CAPITAL CURSIVA – Nome atribuído a todas as formas de letra capital que apresentam um tratamento cursivo; é caracterizada pela celeridade do traçado, que transforma as letras e produz muitas ligações.

LETRA CAPITAL ELEGANTE – Modalidade de letra capital librária em que os caracteres largos como O, P, M, entram exactamente num quadrado, o que provoca na escrita um belo aspecto de regularidade e de proporção; os traços arredondados são desenhados segundo um eixo perfeitamente vertical. *Ver* Letra capital quadrada.

LETRA CAPITAL LAPIDÁRIA – Letra derivada da capital arcaica e caracterizada pela sua tendência para uma maior solenidade e elegância.

LETRA CAPITAL LIBRÁRIA – Letra que representa o desenvolvimento da capital primitiva ou arcaica atestada pelas mais antigas inscrições.

LETRA CAPITAL MONUMENTAL – *Ver* Letra quadrada.

LETRA CAPITAL PALEOGRÁFICA – Letra derivada da capital arcaica e lapidária usada do século I ao século IV d. C.; pode ser rústica, elegante, semi-cursiva e cursiva.

LETRA CAPITAL PALEOGRÁFICA CURSIVA – Letra usada entre os séculos I a. C. e III d. C., que se distingue dificilmente da letra capital paleográfica, mas que já aponta para a uncial, a minúscula cursiva e a semi-uncial.

LETRA CAPITAL QUADRADA – Designação dada à letra cuja forma é semelhante à das inscrições dos monumentos e usada nos manuscritos. Trata-se de uma letra elegante, cujo uso coincide com o reinado do imperador Augusto e que foi utilizada em inscrições solenes. Letra capital monumental.

LETRA CAPITAL ROMANA – Maiúscula usada nos monumentos romanos ou sobre simples pedras gravadas, apresentando admiráveis proporções, que mais tarde se vão repetir nas proporções e harmonia das letras caligrafadas. Pode afirmar-se que esta letra é o fundamento da nossa cultura ocidental.

LETRA CAPITAL RÚSTICA – Modalidade da letra capital librária em que as letras largas como O, P, M, são mais estreitas e apertadas do que na capital elegante.

LETRA CAPITULAR – Maiúscula, versal ou capital, assim chamada por ser utilizada no início dos períodos ou capítulos ou de uma parte importante de um texto, em corpo superior ao usado no restante texto. Letra inicial. Inicial capital. Capital. Capitular.

LETRA CAROLINA – Tipo de letra nascida no século VIII no *scriptorium* de S. Martinho de Tours durante o reinado de Carlos Magno; é derivada da semi-uncial que pouco a pouco irá substituir, impondo-se até ao século XII, quando a gótica a suplantou; caracteriza-se por formas arredondadas, com hastes baixas e bem proporcionadas, com traçado simples e regular, independentes entre si e sem nexos; em Portugal esta letra foi usada num período tardio e relativamente breve, pois quando foi introduzida no país já tinha evoluído para a letra gótica noutros países como a França.

LETRA CAROLÍNGIA – *Ver* Letra carolina.

LETRA CAUDATA – Aquela que apresenta os traços inferiores um pouco mais longos, com intenção ornamental.

LETRA CEGA – Aquela que não imprimiu com nitidez, por excesso de tinta ou por o olho estar entupido.

LETRA *CHAMPIDE* – Expressão que designa a letra dourada que se destaca num fundo vermelho e azul semeado com motivos filiformes brancos.

LETRA CHANCELERESCA – Letra de chancelaria italiana do século XV, situada entre a letra uncial e a cursiva, ligeiramente inclinada para a direita e caracterizada por uma grande elegância; apresenta hastes acentuadas, tanto ascendentes como descendentes. Letra de chancelaria.

LETRA CHANCELERESCA CURSIVA – Letra de chancelaria, de traçado leve, inclinada para a direita, que parece estar na origem dos caracteres itálicos.

LETRA CHANCELERESCA FORMADA – Letra de chancelaria italiana caracterizada por um traçado elegante e regular, usada em documentos diplomáticos no século XV; apresenta-se ligeiramente inclinada para a direita, com hastes acentuadas, tanto ascendentes como descendentes.

LETRA CÍCERO – Designação dada em França ao tipo de 11 pontos.

LETRA CINZENTA – Grande letra capital em que os cheios em vez de serem em negro são mais ou menos cobertos por traços ou por outros ornamentos, para marcar as meias-tintas e as sombras.

LETRA CIRCULAR – Designação das letras que apresentam uma forma arredondada: b, c, d, g, o, q, s.

LETRA CONSOANTE – *Ver* Consoante.

LETRA COPTA – Aquela que está na base da produção dos textos antigos dos egípcios cristãos; o alfabeto copta é igual ao grego, exceptuando sete sinais especiais de origem demótica, próprios para expressar sons egípcios.

LETRA CORRIDA – Letra que no final das linhas sai do entrelinhamento, ultrapassando os seus alinhamentos, visto as entrelinhas serem mais curtas.

LETRA CORTADA – Aquela cujas extremidades são amputadas a direito por um traço horizontal ou oblíquo.

LETRA CORTESÃ – Tipo de letra pequena, elegante e vistosa, que se manteve na chancelaria régia desde o século XV até meados do século seguinte, muito em voga na Península Ibérica; é o resultado da evolução da letra gótica cursiva, com formas mais arredondadas e menores e com nexos entre as letras • Letra de corte.

LETRA CRENADA – Carácter com saliências laterais designadas crenos. Letra projectada.

LETRA CRISTENGA – Expressão antiga que designava aquela letra que era usada pelos cristãos em Portugal, por oposição à letra arábiga ou qualquer outra.

LETRA CURIAL – Letra lombarda usada na chancelaria dos pontífices romanos.

LETRA CURSIVA – Em sentido literal, escrita corrida, rápida; até onde podemos recuar no tempo, a escrita librária de "mão pousada", destinada à comunicação com os outros, dá lugar à escrita de "mão alçada", quando o que escreve toma notas por ditado ou escreve para si; a mão vai então mais depressa, o que exige uma escrita cuidada e as letras modificam-se, enlaçam-se entre si e inclinam-se em direcção aos finais da linha; por isso, e salvo algumas excepções, todos os caracteres inclinados são cursivos. Utiliza-se sobretudo em textos compostos em redondo para fazer ressaltar palavras importantes, frases noutras línguas ou simplesmente para chamar a atenção sobre certas frases; pelo contrário, se o texto se encontra todo composto em letra cursiva, as palavras ou frases a destacar irão em redondo; no entanto, é raro isto acontecer, porque a letra cursiva é considerada de mais difícil leitura • Carácter de imprensa que imita a escrita cursiva feita manualmente, mas sem traços de união. Caracteriza-se por uma orientação inclinada geralmente para a direita, mas pode também inclinar-se para a esquerda, sobretudo aquela que é usada em fotocomposição. Letra itálica. Letra aldina. Letra oblíqua. Letra glífica. Letra de alvarás.

LETRA CURSIVA ALDINA – Designação pela qual é conhecida a letra cursiva que foi usada entre 1490 e 1597 por Aldo Manuzio, impressor veneziano dos séculos XV-XVI e seus sucessores, nas edições das suas obras.

LETRA CURSIVA DE ENCAIXE – Letra fundida com um pequeno embutido desde o olho da letra à base e onde se ajustam todas as demais letras, à medida que se vai compondo.

LETRA CURSIVA LIBRÁRIA – Derivada da letra uncial, é caracterizada por possuir muitos signos abreviativos.

LETRA CURSIVA VISIGÓTICA – Não deve ter surgido antes do século VII e caracteriza-se, tanto pela variedade como pela liberdade do seu traçado, embora olhando atentamente se verifique a existência de um tipo; destaca-se também a abundância de nexos.

LETRA CURTA – *Ver* Letra média.

LETRA DE ADORNO – Letra ornamentada utilizada em certo tipo de trabalhos.

LETRA DE ALVARÁS – Letra cursiva e inclinada, que era usada neste tipo de documentos. *Ver* Letra cursiva.

LETRA DE AVISO – *Ver* Letra-guia.

LETRA DE BREVIÁRIO – Nome dado ao carácter de 9 pontos como o que era usado nas impressões antigas do *Breviário romano*.

LETRA DE CAIXA – Caracteres de impressão, que tomaram este nome pelo facto de se colocarem em grandes caixas de madeira, divididas em compartimentos chamados caixotins.

LETRA DE CAIXA ALTA – Letra maiúscula. Letra capital; o nome deriva do facto de ser guardada na parte alta da caixa de composição. Caixa alta.

LETRA DE CAIXA BAIXA – Letra minúscula, nome que provém do facto de ser guardada na parte inferior da caixa tipográfica com o fim de economizar ao máximo o movimento contínuo das mãos do compositor; esta expressão sobreviveu à prática da impressão mecânica, para a qual já não devia ser aplicada.

LETRA DE CÂMBIO – Documento por meio do qual uma pessoa se compromete a pagar, em certa data, uma determinada quantia a uma pessoa ou estabelecimento.

LETRA DE CAUDA – Aquela que ultrapassa a linha na parte inferior, como por exemplo, a letra p.

LETRA DE CHANCELARIA – Inicialmente designava a escrita de chancelaria italiana do século XV, situada entre a letra uncial e a cursiva, ligeiramente inclinada para a direita, caracterizada por grande elegância de traçado; apresenta hastes acentuadas, tanto ascendentes como descendentes. Letra chanceleresca • A que era empregada nos actos oficiais de cada Estado e que, dada a sua perfeição, servia de modelo aos particulares.

LETRA DE CHANCELARIA CURSIVA – Letra de chancelaria apresentando um traçado ligeiro e inclinado para a direita, que parece estar na origem dos caracteres itálicos. Letra humanística cursiva.

LETRA DE CHANCELARIA FORMADA – Letra estilizada, apresentando um traçado elegante e regular, que foi utilizada nos documentos diplomáticos a partir do século XV.

LETRA DE CIVILIDADE – Letra de imprensa baseada na imitação da escrita da época em que surgiu; foi desenhada e fundida por Robert Granjon e usada especialmente na França e na Alemanha; resultou de uma adaptação da gótica cursiva manuscrita e de início era conhecida por francesa. A primeira obra impressa com estes caracteres foi o *Dialogue de la Vie et de la Mort* de Innocent Ringhier.

LETRA DE CORTE – *Ver* Letra cortesã.

LETRA DE DOIS PONTOS – Nome dado às maiúsculas usadas em cartazes e inícios de capítulo; era assim chamada por ser fundida em duas linhas do corpo do seu grau. Letra binária • Letra capital, em geral colocada no início de uma parte do texto, nas duas primeiras linhas ou por vezes em várias linhas.

LETRA DE ESPERA – *Ver* Letra-guia.

LETRA DE FANTASIA – *Ver* Letra ornamentada.

LETRA DE FORMA – Nome dado à letra gótica, que também era denominada letra negra ou *textura*. Família de caracteres góticos exclusivos das xilografias primitivas, cujo desenho é muito anguloso e que no século XV e início do século XVI foi sobretudo utilizada para imprimir livros litúrgicos como o *Calendário* de 1447, as *Bíblias* de 1455 e de 1456 e o *Saltério* de 1457 e 1459; tem as características seguintes: as partes ascendentes e descendentes são curtas e as extremidades inferiores de algumas letras (por exemplo i, m) são em forma de ponta de diamante ou triangular • Designação da letra de imprensa por oposição à letra manuscrita.

LETRA DE IMPRENSA – *Ver* Letra de forma.

LETRA DE LEITURA – Denominação dada em Espanha ao tipo de 12 pontos.

LETRA DE MÃO – *Ver* Letra manuscrita.

LETRA DE MÁQUINA – Letra de imprensa que imita o tipo da letra que é utilizada nas máquinas de escrever.

LETRA DE MÉDICO – Designação dada vulgarmente à letra muito difícil de decifrar.

LETRA DE MOLDE – Letra impressa. Letra de imprensa. Letra de forma.

LETRA DE PONTE – Carácter tipográfico muito grande, cujo pé não é maciço, mas forma um arco, facto que diminui o seu peso.

LETRA DE PRIVILÉGIOS – *Ver* Letra minúscula diplomática.

LETRA DE *SUMMA* – Letra gótica surgida nos finais do século XV, caracterizada pelos ângulos pronunciados, não apresentando, contudo, os apêndices inúteis da letra de forma; foi muito utilizada na impressão de obras litúrgicas; a sua designação provém, segundo se supõe, do facto de a *Summa* de São Tomás de Aquino ter sido impressa pela primeira vez com estes caracteres.

LETRA DE TABELIÃO – Letra caligráfica usualmente larga, estreitamente ligada e traçada sem cuidado. Letra tirada. (port. Bras.) Letra tabelioa.

LETRA DECALCÁVEL – Aquela cujo desenho é reproduzido através de cópia feita em papel transparente, que se coloca sobre o original, sendo posteriormente submetida a pressão.

LETRA DEITADA – Letra colocada horizontalmente no sentido inverso ao seu eixo normal.

LETRA DESALINHADA – A que, por qualquer defeito, deixa de acertar com as outras.

LETRA DESCENDENTE – Aquela cuja parte inferior sai da linha normal, como o f, p, j, etc. Descendente.

LETRA *DIDOT* – Letra tipográfica inventada por François-Ambroise Didot, fixada posteriomente por Firmin Didot, seu filho; o facto de ter um remate horizontal em vez de triangular torna-a distinta da *Bodoni* e da *Baskerville*.

LETRA DOBRADA – Junção de dois sinais gráficos idênticos representando um som único.

LETRA DOMINICAL – Cada uma das primeiras sete letras do alfabeto que, no calendário romano, correspondem durante sete anos de 52 semanas cada um, ao primeiro domingo de cada um deles • Por extensão, letra que designa o domingo, no calendário eclesiástico.

LETRA DÓRICA – Letra usada pelos artífices antigos (lapidários, sineiros, etc.), que era caracterizada pelo facto de ter de largura a sétima parte da altura.

LETRA DUPLA – Designação dada à consoante que se representa com dois signos, como a ch, rr, ss.

LETRA EGÍPCIA – Letra aparecida em 1815 e assim designada devido ao país em cujos monumentos o seu criador se inspirou; é caracterizada por traços grossos e uniformes rematados em terminal e com pés triangulares. Negrita.

LETRA ELEVADA – A de menor corpo usada nas abreviaturas e que é fundida na parte superior do respectivo tipo. Letra subida.

LETRA ELZEVIRIANA – Letra derivada da letra romana antiga, letra de imprensa de pé triangular desenhada por Van Dyck e usada pela família dos Elzevier, famosos impressores holandeses.

LETRA EM MADEIRA – É assim chamada vulgarmente a letra grande feita desta matéria, que usualmente é empregada em cartazes.

LETRA EMPASTELADA – Designação dos tipos misturados com os de sorte ou fonte diferente.

LETRA ENCAIXADA – A letra que se encontra encerrada dentro de outra de maior tamanho, muito usada nas inscrições epigráficas. Letra inclusa.

LETRA ENCOSTADA – Aquela que partilha uma face com outra letra adjacente ou por uma questão fonética, como acontece com œ e æ latinos, ou por economia de espaço, como se vê por vezes em inscrições.

LETRA ENCRAVADA – A que tem o olho entupido • No manuscrito era a letra encaixada em outras letras maiores, cujos traços não se entrecruzavam, como acontece no monograma • Combinação de letras na qual algumas estão inscritas na concavidade da precedente ou inseridas num dos seus elementos, a fim de produzir um efeito decorativo.

LETRA EPIGRÁFICA – *Ver* Letra quadrada.

LETRA ESCOLÁSTICA – *Ver* Letra gótica.

LETRA ESTREITA – Letra de imprensa de caracteres altos e delgados.

LETRA FACETADA – Letra decorativa na qual cada segmento está dividido em dois no seu comprimento por uma linha imitando aresta, de modo a representar uma letra gravada de secção triangular.

LETRA FALHA – Carácter que, por defeito de impressão ou por estar defeituoso, não sai nítido.

LETRA FAZENDA – A que figura em documentos de tabelião, muito cursiva e de leitura difícil.

LETRA FIGURADA – Inicial composta por personagens, animais ou objectos cuja forma, atitude ou disposição formam o desenho da letra, não estando desenhados os contornos desta.

LETRA FILIGRANADA – Inicial decorada com uma rede mais ou menos densa e regular de floreados executados à pena, com tinta negra ou de cor, sem fundo.

LETRA FINA – Aquela cujos traços são afilados; pode ser redonda ou cursiva e opõe-se à negrita.

LETRA FLOREADA – *Ver* Letra florida.

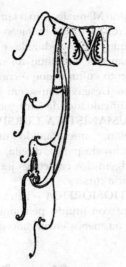
Letra filigranada

LETRA FLORIDA – Letra, em geral inicial, adornada com motivos de flores e arabescos. Letra floreada.

LETRA *FRAKTUR* – *Ver* Letra gótica.

LETRA FRANCESA – Designação atribuída à letra minúscula carolina em Espanha; trata-se de uma designação proveniente da sua origem • Nome dado pelos italianos aos caracteres góticos • Denominação atribuída de início aos tipos mais tarde designados como *civilité*, letra que é uma adaptação da cursiva gótica manuscrita, criada por Robert Granjon e usada pela primeira vez em 1557 por este impressor, gravador e fundidor parisiense; uma vez criada esta letra, o seu inventor pretendeu transformá-la em letra nacional francesa, tal como acontecera com os caracteres góticos na Alemanha.

LETRA GALEGA – Assim chamada por ter sido usada largamente na província da Galécia, com limites até à margem norte do rio Tejo. *Ver* Letra visigótica.

LETRA *GARAMOND* – Letra romana criada e fundida por Claude Garamond. Letra garamondiana.

LETRA GARAMONDIANA – *Ver* Letra *Garamond*.

LETRA GARRAFAL – Carácter de letra de grande formato, perfeitamente legível.

LETRA GLÍFICA – *Ver* Letra cursiva.

LETRA *GLOSILLA* – Designação atribuída em Espanha a um tipo de letra menor que a de breviário.

LETRA GORDA – Designação atribuída aos caracteres muito legíveis, grossos, geralmente impressos em maiúsculas e negrito.

LETRA GÓTICA – Letra de tipo caligráfico, duro e fortemente anguloso, adaptada especialmente para manuscritos solenes; sucedeu à letra romana e serviu de modelo aos primeiros impressores para a gravura dos caracteres móveis. Na sua forma manuscrita foi usada segundo três estilos diferentes: o librário ou arredondado, que foi utilizado nos códices, a minúscula diplomática ou letra de privilégios, que foi usada em diplomas importantes, e a cursiva, também chamada letra de alvarás, que era usada nos documentos comuns e que esteve na origem da letra cortesã, letra pequena e ornamentada usada nas chancelarias régias até meados do século XVI. Pode dizer-se que o advento da letra gótica constitui a passagem do estilo horizontal à verticalidade, tal como sucede na arquitectura das catedrais; a este fenómeno não é alheia a carestia do pergaminho, de tal modo esta letra alongada permite poupar o suporte, ocupando um mínimo de espaço • Letra angular.

LETRA GÓTICA ALEMÃ – Letra gótica que foi muito usada nos livros alemães antigos e que, pouco a pouco, passou a ser um tipo secundário, como aconteceu com a itálica, sendo substituída pela gótica de fractura; em meados do século XX o seu emprego foi retomado.

LETRA GÓTICA BASTARDA – Tipo de letra gótica criado por volta de 1476. *Ver* Letra bastarda.

LETRA GÓTICA CURSIVA – Minúscula diplomática de traçado mais rápido e com mais ângulos, com nexos entre as letras e os traços longos e finos, que tendem a envolver o corpo da letra; a partir dos finais do século XII e nos três séculos seguintes a letra gótica cursiva substitui quase completamente a minúscula diplomática da qual deriva, mas a partir da primeira metade do século XV os seus traços finos e angulosos vão-se arredondando e tomando formas que a pouco e pouco se vão complicando • Letra desenhada em Paris por volta de 1476 e usada em França.

LETRA GÓTICA DE FRACTURA – Modalidade de letra gótica estreita e pontiaguda com quebras nas linhas. É uma síntese dos tipos usados no século XV e foi utilizada na Alemanha até aos finais da Segunda Guerra Mundial, época em que foi posta de parte.

LETRA GÓTICA DOS CÓDICES – Segundo alguns autores é o nome dado à fase final da letra carolina; já se encontra definida no século XIII e vai perdurar até ao século XVI; a sua principal característica é a substituição das linhas rectas e curvas por traços cortados, especialmente em algumas letras; as letras maiúsculas provêm da letra uncial, mas com características gerais da letra carolina. O nome foi-lhe atribuído pelos humanistas com sentido pejorativo, com significado de "bárbaro"; para os humanistas só tinha interesse o que era clássico e como os códices clássicos estavam escritos em letra carolina, daí a razão de a escolherem para escrever as suas obras.

LETRA *GRAND CANON* – Designação dada em Espanha à maior letra que se usava.

LETRA GRANDE – *Ver* Letra maiúscula.

LETRA *GRANDJEAN* – Caracteres de imprensa devidos a Philippe Grandjean, gravador da Imprensa Real francesa.

LETRA GRIFA – *Ver* Letra cursiva.

LETRA GRIFADA – *Ver* Letra cursiva.

LETRA GRÍFICA (port. Bras.) – *Ver* Letra cursiva.

LETRA *GRIS* – Aquela cujas hastes em vez de serem cheias são formadas por traços finos e paralelos.

LETRA HISTORIADA – Aquela que tem figuras ou símbolos, paisagens, cenas ao ar livre ou outras como motivos de adorno, normalmente alusivos ao texto; é utilizada em geral no início de capítulos.

LETRA HUMANÍSTICA – Letra caligráfica derivada da carolina, mais clara e menos angulosa do que a gótica, que surgiu na Itália por obra dos copistas no século XIV; foi utilizada em especial na transcrição dos clássicos latinos; reveste dois tipos: um direito e redondo ou librário que deu origem ao romano, usado na imprensa, e um cursivo, reproduzido mais tarde por Aldo Manuzio, com o famoso aldino; trata-se de uma letra de imitação, assim chamada porque foi introduzida e difundida pelos humanistas e porque foi a expressão do movimento cultural que é conhecido por Humanismo. Desenvolveu-se em Itália, como reacção às dificuldades da letra gótica.

LETRA HUMANÍSTICA CURSIVA – Letra de chancelaria apresentando um traçado ligeiro e inclinado para a direita, que parece estar na origem dos caracteres itálicos. Letra de chancelaria cursiva.

LETRA ICTIOMÓRFICA – Letra inicial cujo desenho era constituído pela figura de um peixe mais ou menos encurvado para formar a letra.

Letra ictiomórfica

LETRA ILUMINADA – A letra ornamentada com cores e ouro em livros e estampas. É muito famosa a dos manuscritos.

LETRA INCLUSA – Letra colocada no interior do redondo de outra letra ou, mais frequentemente, no interior do traçado de uma outra letra. Letra encaixada.

LETRA INCRUSTADA – Aquela que apresenta dois caracteres de forma redonda fundidos numa só letra.

LETRA INGLESA – Nome dado aos caracteres de letra cursiva gravados por Firmin Didot e seu irmão Pierre Didot no início do século XIX. Nestes caracteres o fino de uma determinada letra liga-se exactamente pela sua extremidade à extremidade do fino da letra que a segue, combinação que aparenta a mais perfeita continuidade de todas as letras que constituem uma palavra. Estes caracteres nunca foram usados a não ser para certos títulos, cartas-prefácio ou apêndices.

LETRA INICIAL – Letra que serve de início a um livro, capítulo, secção ou parágrafo; é em geral ornamentada e de um tamanho superior ao das outras letras que são usadas no texto. Letra capitular.

LETRA INICIAL MINIADA – Letra inicial ornamentada.

LETRA INICIAL ORNADA – *Ver* Letra inicial ornamentada.

LETRA INICIAL ORNAMENTADA – Letra inicial decorada com adornos florais, figurativos ou outros. Letra inicial ornada.

LETRA INSULAR – Letra própria das Ilhas Britânicas e da Irlanda, desenvolvida a partir do início das invasões bárbaras, que destruíram a unidade do Império Romano.

LETRA INVERTIDA – Letra gravada por erro com a cabeça para baixo na matriz. Cabeça de morto.

LETRA ITALIANA – Tipo de ostentação, principalmente nas máquinas de escrever, que apresenta maior força nos traços horizontais que nos verticais.

LETRA ITÁLICA – *Ver* Letra cursiva.

LETRA LAPIDAR – *Ver* Letra monumental.

LETRA LATINA – Tipo de letra de transição derivada da *Didot* e usado em títulos e anúncios. Latino.

LETRA LIBRÁRIA – Variante da letra cursiva que se destinava apenas à escrita de livros.

LETRA LISA – Letra inicial despida de elementos decorativos.

LETRA LIVRESCA – Letra formal legível executada à mão em qualquer escrita.

LETRA LOMBARDA – Letra minúscula derivada da letra minúscula paleográfica cursiva romana, que foi usada na Itália em documentos e livros, entre os séculos VII e XIII.

LETRA LONGA – *Ver* Letra plena.

LETRA MAIÚSCULA – Letra distinta da minúscula pelo seu maior tamanho; utiliza-se como inicial dos nomes próprios, em início de parágrafo, depois de ponto, em siglas, etc. Letra de caixa alta. Letra grande. Grandes capitais. *Capitalis quadrata*. Letra versal. Versal.

LETRA MARGINAL – Aquela que no manuscrito era desenhada junto à margem do texto, iniciando a obra, o capítulo ou o parágrafo e apresentando um tamanho superior ao das outras letras usadas no texto; a sua ornamentação podia ou não estar relacionada com o conteúdo do texto, servindo muitas vezes como metáfora do mesmo.

LETRA MECANOGRÁFICA – Letra de aspecto regular que é uma imitação da letra de imprensa, embora seja feita pelo teclado de uma máquina de escrever.

LETRA MÉDIA – Aquela que não apresenta traços fora da linha, nem ascendentes, nem descendentes, como o o, a, e, r, c, etc. Letra curta.

LETRA MEROVÍNGIA – Letra nacional que se desenvolveu em França do século VI ao século VIII; o seu nome indica, não só que se formou no tempo da dinastia merovíngia, mas também que teve nos seus diplomas a sua expressão mais característica.

LETRA MEROVÍNGIA DE CHANCELARIA – Letra marcada por uma procura intencional de formas artificiosas com estilizações e caracteres, de uso nas chancelarias; as letras são altas e estreitas, ricas de ligações e apertadas; as hastes ascendentes são desmesuradamente prolongadas, um pouco curvas e inclinadas para a esquerda.

LETRA MESOGÓTICA – Aquela que é atribuída a Ulfilas, bispo godo, e que foi usada nos finais do século IV para fazer a tradução do texto da Bíblia na língua dos godos.

LETRA MINIADA – Letra maiúscula desenhada ou pintada com vermelho (mínio), que se encontra nos missais e códices da Idade Média. O seu nome deriva do facto de geralmente as iniciais estarem adornadas com miniaturas.

LETRA MINÚSCULA – Letra distinta da maiúscula pelo seu tamanho mais reduzido; é mais utilizada que a letra maiúscula, pois é com ela que é composto o texto em geral; é designada também por letra de caixa baixa, nome que vem do facto de ser guardada na parte inferior da caixa tipográfica, com o fim de economizar ao máximo o movimento contínuo das mãos do compositor; esta expressão sobreviveu à prática da impressão mecânica à qual já não devia ser aplicada.

LETRA MINÚSCULA CURSIVA – Letra que aparece como uma inovação no fim do século III e no princípio do século IV e que sucedeu à capital cursiva no uso documental, sem ser sua derivação directa e pura; é caracterizada por uma maior liberdade das hastes, pelos prolongamentos fortes, pelos acentos e pelos traços de união, que proporcionam uma difícil leitura. O seu aparecimento ficou a dever-se à introdução da pena de ave e do pergaminho como materiais escriptórios. Esteve na origem de outros tipos de letras aparecidos nos séculos VII e VIII, letras que eram designadas vulgarmente por escritas nacionais e das quais fazem parte a lombarda, a beneventina, a merovíngia e a visigótica.

LETRA MINÚSCULA DIPLOMÁTICA – Letra em voga dos séculos XII a XIII, especialmente nos diplomas reais, daí chamar-se igualmente letra de privilégios; caracteriza-se por um traçado longo e fino, com hastes longas, ligeiramente inclinadas para a esquerda e corpo reduzido.

LETRA MINÚSCULA HUMANÍSTICA CURSIVA – Letra derivada da gótica cursiva italiana sob influência da humanística librária; a sua principal característica consiste no tratamento oblíquo e cursivo, pelo qual as hastes tendem a inclinar-se para a direita.

LETRA MINÚSCULA HUMANÍSTICA LIBRÁRIA – Letra que reproduz, no aspecto geral, a carolina; no entanto, os copistas de Quatrocentos conservam-lhe algumas características introduzidas já na escrita gótica e por isso se encontra o tracinho ou o pontinho sobre o I.

LETRA MINÚSCULA LITÚRGICA – Derivada da letra uncial, parte dela, mas é de tamanho maior e de tonalidade mais clara.

LETRA MINÚSCULA PALEOGRÁFICA CURSIVA – Letra derivada da capital paleográfica cursiva, que sofreu alterações nos séculos IV e V, e que na sua última evolução deu origem à uncial e à minúscula cursiva, diferente dela pelo seu traçado mais livre.

LETRA MINÚSCULA PRIMITIVA – Letra que se desenvolveu nos séculos III e IV e que resultou da letra capital rústica e da capital cursiva; é também chamada semi-uncial arcaica.

LETRA MINÚSCULA SENTADA – Variante da letra minúscula usada pelos romanos, cujos elementos gráficos eram soltos.

LETRA MISSAL – Designação dada em Espanha à letra que era de um grau intermédio entre a *petit canon* e a letra parangona.

LETRA MINÚSCULA MEROVÍNGIA – Letra que assume as modalidades de cursiva e semi-cursiva; as letras características da merovíngia (especialmente o a, d, g, h, o) são misturadas com outras de leitura menos característica, dando origem a tipos cursivos e semicursivos.

LETRA MOÇÁRABE – *Ver* Letra toledana.

LETRA MOLDADA – Letra de imprensa.

LETRA MONTANTE – Letra maior, colocada como inicial numa linha de texto, destacando-se ao alto.

LETRA MONUMENTAL – A de grande corpo, destinada a inscrições epigráficas. Letra lapidar.

LETRA MORDIDA – A que está amassada no todo ou em parte.

LETRA MORTA – Preceito escrito que não se cumpriu • Coisa que não se tem em conta • Coisa que não tem valor nem autoridade • Escrito ou preceito que não tem validade por ter sido substituído por outras deliberações mais recentes.

LETRA NEGRA – Aquela cujo olho é mais negro do que o da letra fina.

LETRA *NONPAREILLE* – Designação dada em França ao tipo de 6 pontos.

LETRA NORMANDA – Tipo de letra em que os grossos são muito pronunciados em relação aos finos. É usada, regra geral, para títulos e subtítulos, com vista a que se destaquem da composição comum; os caracteres desta letra são fundidos pelas máquinas que compõem linhas-bloco e pelas designadas tituleiras. Normando.

LETRA NUMERAL – Diz-se da letra que representa números como, por exemplo, aquela que é usada na numeração romana.

LETRA OBLÍQUA – *Ver* Letra cursiva.

LETRA OFIOMÓRFICA – Letra cujo desenho é constituído por uma serpente mais ou menos retorcida para formar a letra.

LETRA ORLADA – *Ver* Letra ornamentada.
LETRA ORNADA – *Ver* Letra ornamentada.
LETRA ORNAMENTADA – Aquela que é decorada, tanto em manuscritos como em impressos; os elementos de decoração podem, por vezes, invadir o texto, rodeando-o, sobretudo no caso dos primeiros. Letra orlada. Letra ornada • Letra de fantasia.
LETRA PARA INICIAL – Pequena letra traçada num espaço reservado para uma inicial não executada, frequente em manuscritos e incunábulos. *Ver* Letra-guia.
LETRA PARANGONA – Designação atribuída em Espanha à letra que tinha 18 pontos. Parangona.
LETRA PARISIENSE – Nome dado em França ao tipo de 5 pontos.
LETRA PEQUENA – Designação atribuída entre nós à gótica de suma. Letra minúscula.
LETRA PEQUENO TEXTO – Designação dada em França ao tipo de 8 pontos.
LETRA PERPENDICULAR – O mesmo que letra romana.
LETRA *PETIT CANON* – Designação dada em Espanha ao tipo de 26 pontos.
LETRA PLENA – Letra que ocupa todo o corpo do tipo, com hastes ascendentes e descendentes, como o f e o j. Letra longa.
LETRA PROCESSUAL – Letra usada na Península Ibérica nos séculos XV a XVII, variante irregular da letra cortesã, de maior dimensão e com grande número de ligaduras.
LETRA PROJECTADA – *Ver* Letra crenada.
LETRA *PUZZLE* – Inicial filigranada pintada com duas cores diferentes separadas por um filete recortando o interior do espaço, como um *puzzle*.
LETRA QUADRADA – Letra capital romana cujos traços formam ângulos rectos, podendo inscrever-se dentro de um quadrado, muito usada nas inscrições; é também conhecida como letra epigráfica.
LETRA QUEBRADA – Aquela que é dividida em duas partes por adornos ou riscos.
LETRA RASGADA – Caligrafia graúda e firme.
LETRA REALÇADA – Letra posta em destaque por um simples toque de cor.

LETRA REDONDA – Letra direita e de forma circular, conhecida sob as modalidades de fina ou negrita.
LETRA RETRÓGRADA – Letra gravada por erro no lado da matriz, o que provoca na impressão uma inversão desta letra.
LETRA ROMANA – Letra redonda ou humanística usada pelos copistas medievais e que depois foi adoptada pela imprensa. O seu nome deriva do facto de ter sido desenhada e gravada em Roma ou do de imitar a escrita do império romano. Letra perpendicular.
LETRA ROMANA ALDINA – Designação pela qual é conhecida a letra romana que foi usada entre 1490 e 1597 por Aldo Manuzio, impressor veneziano dos séculos XV-XVI e seus sucessores, nas edições das suas obras.
LETRA ROMANA DE *JENSON* – Família de caracteres romanos, que foi aperfeiçoada em 1540 por Claude Garamond, conhecido desenhador, fundidor e cinzelador de tipos.
LETRA ROMANA MODERNA – Letra cuja característica principal é o seu pé filiforme e rectangular.
LETRA RÚSTICA – Tipo de letra maiúscula, derivado da quadrada, em que as hastes transversais se ligam às verticais obliquamente; proporcionava uma economia de espaço do suporte e uma maior rapidez de execução.
LETRA SALIENTE – Letra inicial que alinha pelo pé com uma determinada linha e o resto sobressai da primeira linha do texto.
LETRA SEMINEGRA – Aquela cujo olho pinta mais grosso do que a fina e menos grosso do que a negra.
LETRA SEMIUNCIAL ARCAICA – Letra librária minúscula usada durante o mesmo período de tempo que a uncial, mas que não deriva dela. O seu tamanho media cerca de metade da uncial, daí a sua designação. Letra minúscula primitiva.
LETRA SERIFADA – Aquela que apresenta elementos decorativos nas hastes a modo de remate.
LETRA SOB LETRA – Expressão que qualifica um texto escrito verticalmente, mas em que cada letra conserva a sua orientação normal.
LETRA SOMBREADA – Aquela que tem traços ou grisado imitando sombra.

LETRA SUBIDA – *Ver* Letra elevada.
LETRA SUBSCRITA – Designação atribuída às vogais gregas que levam a letra iota (ι) por baixo, em vez de ser ao mesmo nível das outras letras da palavra; usa-se para todas as outras letras nesta posição.
LETRA SUJA – A que, na impressão, apresenta o olho tapado, geralmente por excesso de tinta.
LETRA SUPERIOR – Em paleografia é a abreviatura que consiste numa pequena letra elevada, geralmente vogal, e que indica supressão de sílaba média ou terminação de palavra.
LETRA SUPERNEGRA – Letra cujo olho pinta mais negro do que a negrita.
LETRA TABELIOA (port. Bras.) – *Ver* Letra de tabelião.
LETRA-TEXTO – Denominação dada em Espanha à letra que era menos grossa que a parangona (18 pontos) e mais grossa que a atanásia (14 pontos).
LETRA TEXTURA – *Ver* Letra de forma.
LETRA TIMES – *Ver* Letra *Times new roman*.
LETRA *TIMES NEW ROMAN* – Família de caracteres de impressão de um tipo de letra adequado à edição de jornais diários muito usado, estudado a pedido do *Times*, de Londres, por uma comissão de peritos que partiram de uma memória da autoria de Stanley Morris; foi impressa pela primeira vez naquele conhecido jornal diário em 3 de Outubro de 1932 e em livros a partir do ano seguinte. Letra *Times*.
LETRA TIRADA – *Ver* Letra de tabelião.
LETRA TÍRIA – Letra usada pelos lapidários antigos, que era caracterizada pelo facto de ter de largura a quinta parte da altura.
LETRA TITULAR – Aquela que é usada para portadas, títulos, inícios de capítulo e cartazes; pode ser de caixa alta ou de caixa baixa.
LETRA TOLEDANA – Uma das designações dadas na Península Ibérica à variante local da letra cursiva latina, pelo facto de ter sido mais usada em Toledo. Letra moçárabe.
LETRA TORNEADA – Capital de forma arredondada que constituía a inicial da letra de suma.
LETRA TOSCANA – Letra usada pelos lapidários antigos, caracterizada pelo facto de ter de largura a sexta parte da sua altura.

LETRA TRANSFERÍVEL – Cada um dos símbolos, letras, algarismos, etc. auto-adesivos, que estão impressos sobre uma folha de plástico transparente e que podem ser transferidos para outra superfície lisa, através de pressão. Carácter transferível.
LETRA TRAVADA – Aquela que é unida a outra por meio de ligadura.
LETRA UNCIAL – Letra librária maiúscula de formas redondas, cujo tamanho era de cerca de vinte e cinco milímetros, que foi usada do século IV ao IX • Aquela em que os caracteres derivam dos caracteres da minúscula primitiva, mais bem delineada, de formas redondas e proporcionadas; as letras são todas maiúsculas, excepto o h e o q.
LETRA VAZADA – Aquela que é formada por linha de contorno, com os espaços internos em branco. Letra aberta.
LETRA VERSAL – *Ver* Letra maiúscula.
LETRA VERSALETE – Letra versal com tamanho de letra minúscula.
LETRA VISIGODA – *Ver* Letra visigótica.
LETRA VISIGÓTICA – Letra usada em Espanha do século VIII ao XII; este nome é dado, tanto à escrita librária (minúscula), como à dos documentos (minúscula cursiva), que se desenvolveram contemporaneamente e têm caracteres comuns. Letra visigoda.
LETRA VOGAL – *Ver* Vogal.
LETRA VOLTADA – Letra colocada ao contrário.
LETRA ZOOGRÁFICA – *Ver* Letra zoomórfica.
LETRA ZOOMÓRFICA – A que apresenta na sua ornamentação elementos retirados do mundo animal. Letra zoográfica.
LETRADO – Erudito. Versado em letras. Literato. Aquele que possui conhecimentos profundos de literatura • Aquele que escreve sobre algum ramo da literatura • Homem de letras. Escritor • Jurisconsulto, pessoa versada em leis • Definição potencial de uma categoria de leitor constituída por uma elite; hoje são consideradas letradas as pessoas que receberam uma formação intelectual e uma educação estética bastante elevada para poderem ter uma opinião literária, tendo tempo suficiente para ler e dispondo de recursos que lhes permitem a aquisição regular de livros.

LETRADURA – Literatura.
LETRA-GUIA – Letra manuscrita ou impressa de pequenas dimensões, traçada pelos copistas ou impressa no branco deixado para uma inicial, a ser desenhada e ornamentada manualmente em fase posterior; por vezes esta ornamentação não foi levada a cabo e ela torna-se bem visível, o que não sucede quando é ornamentada, pois o desenho cobre-a. Letra de espera. *Lettre d'attente. Lettrine d'attente.* Letra de aviso. Letra para inicial.

Letra-guia

LETRAMENTO (port. Bras.) – *Ver* Alfabetização.
LETRAS – Literatura.
LETRAS ALONGADAS – Caracteres traçados na primeira linha de um documento antigo, de modo a fazer ressaltar o *incipit* da peça documental, dando desde logo a conhecer o seu teor; ao mesmo tempo impedem que sejam escritas quaisquer palavras que possam vir a alterar o texto que se segue.

LETRAS APOSTÓLICAS – Conjunto que abarca as bulas e os actos emanados da Santa Sé.
LETRAS CLÁSSICAS – Literatura antiga, particularmente a grega e a latina.
LETRAS CONJUNTAS – Letras sucessivas unidas de modo que possuem um elemento comum usadas nos manuscritos para economizar espaço e também na epigrafia; as mais frequentes são Æ, Œ, etc. Letras enlaçadas.
LETRAS CROMÁTICAS – Designação dos caracteres tipográficos formados por duas ou mais peças, para serem impressas em cores diferentes.
LETRAS DE MEDIDA – Série de abreviaturas que são usadas para indicar o formato dos documentos (F para fólio, C para 4°, etc.).
LETRAS DE SÃO PEDRO – Designação dada pelos flamengos aos caracteres góticos.
LETRAS ENLAÇADAS – Letras ligadas entre si, gravadas e fundidas num bloco único, muito frequentes nos incunábulos. Letras conjuntas. Letras unidas.

Letras enlaçadas

LETRAS ENTRELAÇADAS – Aquelas cujos elementos se combinam para formar uma só figura. São sobretudo empregadas nos anéis sigilares monogramáticos e nos sinetes com iniciais da época moderna.

Letras entrelaçadas

LETRAS GORDAS – Ser de letras gordas é uma expressão usada para referir alguém que não tem conhecimento algum de literatura • Iletrado. Analfabeto. Que não sabe ler • Forma usada para designar em geral letras destacadas pelo seu corpo, que constituem os títulos dos artigos dos jornais.

LETRAS HUMANAS – *Ver* Humanidades.
LETRAS LIGADAS – Letras unidas entre si, gravadas e fundidas num só bloco, muito frequentes nos incunábulos. Letras enlaçadas. Letras conjuntas.
LETRAS MONOGRAMÁTICAS – Letras enlaçadas que constituem um monograma.
LETRAS SOBREPOSTAS – Letras de menor tamanho que as letras restantes do documento colocadas sobre a caixa da regra e usadas geralmente para indicar abreviaturas.
LETRAS SOLTAS – *Ver* Tipos móveis.
LETRAS UNIDAS – *Ver* Letras enlaçadas.
LETRAS VERSAIS – Aquelas que são empregadas no início dos parágrafos, nomes próprios, honoríficos, etc., que ocupam a parte alta da caixa.
LETRASET (port. Bras.) – Folha de papel com caracteres tipográficos e/ou desenhos transferíveis que se usa no processo conhecido como *tipoffset*.
LETREIRO – Legenda, inscrição destinada a informação pública • Frase ou palavra cunhada em moedas • Rótulo • Título • Chancela.
LETRERIA – Conjunto de punções de letras usadas pelos impressores antigos.
LETRILHA – Pequena poesia para canto. Copla.
LETRINA – No sentido restrito é a inicial que se destaca num fundo pintado (ornamental ou historiado), que a enquadra; em sentido lato é a inicial decorada por um processo qualquer colocada no início de um capítulo ou de um parágrafo (em geral de maiores dimensões que o resto do texto) • Letra que se coloca por cima ou ao lado de uma palavra para enviar o leitor para as notas. Chamada de nota. Letrinha • Nome dado às letras maiúsculas impressas no alto das páginas ou colunas de um dicionário, com a finalidade de indicarem as iniciais das palavras de página ou coluna • Inicial • Letra de dois pontos.
LETRINHA – Letra ou signo usado para fazer uma chamada • Letra pequena • Composição poética de versos curtos, em geral musicados.
LETRISMO – Qualidade de quem sabe ler e escrever.
LETRISTA – Desenhador, litógrafo ou gravador especializado no traçado de iniciais e letras ornamentadas • Aquele que redige letras para música popular.
LETRISTA PUBLICITÁRIO – Pessoa encarregada de desenhar e marcar toda a parte de letras, ou para leiautes ou para artes finais, sempre que as especificações o exigem.
LETTERA FONDA (loc. ital.) – *Ver* Antiqua.
LETTERING (pal. ingl.) – Arte de escrever ou desenhar letras ou palavras • Escrever ou desenhar letras, especialmente as de um estilo antigo, com ornamentos ou traços fora de moda • Acto de marcar com letras • Título • Rótulo • Inscrição.
LETTERSET (pal. ingl.) – Processo de impressão a seco em que o sistema de impressão é igual ao *offset*, só que não usa água; a chapa é mais grossa, tem a imagem em relevo e as partes em branco são mais baixas.
LETTRAGE (pal. fr.) – Acto de marcar com letras • O seu resultado.
LETTRE D'ATTENTE (loc. fr.) – *Ver* Letra-guia.

Lettre d'attente

LETTRINE D'ATTENTE (loc. fr.) – *Ver* Letra-guia.
LEUCOGRAFIA – Processo de impressão em que as imagens saem em branco num fundo negro.
LEUCOGRÁFICO – Diz-se do título, letra, ilustração, etc., que é gravado em cavado e es-

tampado como se fosse em relevo, de modo que o tema aparece em branco sobre fundo negro.
LEUCOMATA (pal. gr.) – Tabuinha coberta por um revestimento brilhante formado por uma mistura de gesso e verniz usada para escrever textos, que se destinavam a ser expostos a público.
LEVANTADO – Diz-se dos caracteres de caixa e do composto em granel para guardar.
LEVANTAMENTO – Inquérito rápido sobre atitudes ou opiniões de um ou vários grupos humanos em relação a um determinado assunto • Arranque das partículas elementares da folha de cartão ou de papel quando o esforço exterior de pressão provoca uma aderência superior à coesão da superfície.
LEVANTAMENTO BIBLIOGRÁFICO – Inventário de bibliografia sobre uma determinada questão, limitado ou não a um período de tempo determinado, e elaborado com frequência a pedido de um utilizador, para a redacção de uma tese, artigo, comunicação por ocasião de um congresso ou qualquer outro trabalho pessoal.
LEVANTAMENTO DOCUMENTAL – Conjunto de operações que reúne informações essenciais sobre a quantidade, forma, localização, tipo, condições de conservação, cronologia, frequência de utilização, etc. da documentação; esta operação visa planificar a eliminação, transferência, recolha, microfilmagem, operações de restauro, etc., a fim de se proceder à análise documental.
LEVANTAMENTO TERMINOLÓGICO – Análise de um corpus documental feita com a finalidade de extrair os termos e os dados necessários à sua descrição e apresentação.
LEVANTAR A FORMA – Tirá-la do quadro da máquina, por ter acabado a tiragem ou por interrupção do trabalho.
LEVANTAR A LETRA – Remover as sortes nos caixotins, para poder apanhar os tipos com mais facilidade. Compor.
LEVANTAR LETRA – Juntar letras no componedor, tirando-as da caixa. Compor.
LEVANTAR MUITA LETRA – Diz-se que levanta muita letra o tipógrafo desembaraçado que compõe muito em pouco tempo.

LEVANTE – Marroquim usado em encadernação e feito a partir da cabra angorá, caracterizado por apresentar um grão fino e polido.
LEVÍTICO – Terceiro livro do *Pentateuco*, que trata das funções sacerdotais entre os hebreus.
LEXEMA – Unidade de significação correspondente ao radical, à palavra ou à palavra composta • Palavra. Unidade que forma o léxico.
LEXIA – Unidade significativa do discurso, formada por uma palavra ou por uma sucessão fixa de palavras.
LÉXICO – Dicionário, especialmente o de línguas clássicas • Livro ou parte do livro na qual são indicados, por ordem alfabética e com a explicação, os termos linguísticos ou científicos • Repertório que apresenta palavras acompanhadas das suas equivalentes em uma ou mais línguas e que não apresenta definições. É constituído por unidades linguísticas vulgarmente designadas palavras. Engloba todas as palavras que estão à disposição do locutor ou do escritor num determinado momento (léxico individual). Este léxico pressupõe a existência do léxico global ou léxico geral – todas as palavras existentes numa língua e que, pouco a pouco, vão sendo introduzidas no léxico individual • Índice, glossário, vocabulário de um domínio especializado, de um autor ou de uma época determinada.
LÉXICO DA SINONÍMIA – Relação de termos de pesquisa equivalentes; fazem com que cada pesquisa se torne simultaneamente mais completa e simples.
LÉXICO DOCUMENTAL – Conjunto dos termos (palavras-chave, descritores) utilizados para designar as noções nas representações de documentos pertencentes a um determinado campo.
LÉXICO GERAL – Nome dado ao conjunto das palavras existentes numa língua que, pouco a pouco, vão sendo introduzidas no léxico individual. Léxico global.
LÉXICO GLOBAL – *Ver* Léxico geral.
LÉXICO INDIVIDUAL – Conjunto das palavras que estão à disposição de um locutor num determinado momento.
LÉXICO MENTAL – Nome dado ao conjunto das representações ortográficas, fonológicas e semânticas das palavras. Vocabulário visual.

LEXICOGRAFIA – Divisão da linguística que estuda o léxico de uma determinada língua • Arte, técnica e método utilizados na elaboração de dicionários, vocabulários e glossários • Ciência das palavras segundo os seus elementos de formação. Lexicologia.

LEXICOGRAFIA DOCUMENTAL – Estudo ou compilação que visa um ou vários léxicos documentais especiais.

LEXICOGRAFIA ENCICLOPÉDICA – Ramo da lexicografia que se debruça sobre a ciência e a técnica de elaborar enciclopédias.

LEXICOGRÁFICO – Relativo ou pertencente à lexicografia.

LEXICÓGRAFO – Livro de consulta • Dicionário de língua, obra que fornece informação sobre a história do léxico • O que se ocupa do estudo e prática lexicográficos. Dicionarista • Autor de léxico. Lexicólogo.

LEXICOLOGIA – Ciência das palavras segundo os seus elementos de formação. Lexicografia • Estudo teórico do vocabulário nos seus diversos aspectos como a frequência, distribuição, conteúdo, autonomia ou dependência de uma gramática • Parte da gramática que trata das palavras consideradas em relação ao seu valor, formação e a tudo aquilo que é necessário para a organização de um léxico.

LEXICOLÓGICO – Relativo à lexicologia.

LEXICÓLOGO – Aquele que se dedica à lexicologia. Lexicógrafo • Dicionarista.

LEXICOMETRIA – Método usado para proceder ao estudo quantitativo do léxico utilizado numa determinada publicação, por forma a tomar em consideração as repetições de determinados vocábulos, as substituições de uma palavra por outra, a eliminação de palavras ou vozes, etc.

LÉXICON – Dicionário de uma língua antiga, geralmente o grego ou o latim • Léxico. Conjunto do vocabulário usado por um autor.

LEXIOLOGIA – Ciência das palavras consideradas nos seus elementos de formação. Lexicologia. Lexicografia.

LIBELISMO – Modalidade de difusão clandestina, de carácter doutrinal ou noticioso, feita através de libelos.

LIBELISTA – Autor de um libelo.

LIBELLUS (pal. lat.) – Diminutivo de *liber*, a despeito dos sinónimos: *codicellus*, *quaternio* e *scheda* é muito utilizado; dada a modéstia tradicional dos autores e dos copistas, uma obra ou um manuscrito considerável pode ser classificado como um *libellus* • Designação antiga aplicada a uma obra composta de várias folhas de papiro, reunidas em maço e unidas à maneira do livro moderno; mais tarde designa de modo particular qualquer tipo de escrito de pequena extensão (carta, cartaz de propaganda, programa de leitura, acusação formalizada por escrito, panfleto e petição); correspondia ao actual folheto. Opúsculo • Texto de pequena dimensão de carácter satírico e difamatório.

LIBELO – Opúsculo, escrito ou artigo destinado a atacar alguém ou alguma coisa. Publicação difamatória. Publicação polémica. *Factum*.

LIBER (pal. lat.) – Casca interior que contacta com a polpa ou, cientificamente, uma das camadas anuais que derivam da actividade de crescimento nas plantas lenhosas; foi um dos primitivos suportes da escrita, daí resultando a palavra livro, por extensão de sentido. Ver livro • Capítulo.

LIBER CATENATUS (loc. lat.) – Etimologicamente significa livro acorrentado ou preso por uma corrente, designação atribuída às obras preciosas que na Idade Média e no Renascimento estavam presas às mesas de leitura por meio de uma cadeia, a fim de evitar que fossem retiradas do lugar; trata-se, por conseguinte, de livros de leitura de presença na biblioteca da instituição a que pertenciam. Livro cadenado. Ver tb. *Libraria magna*.

LIBER CHORALIS (loc. lat.) – Por vezes traduzido como coral (termo a evitar), indica não tanto o conteúdo do códice litúrgico, mas principalmente o seu destino (celebração coral) e o seu formato (relativamente grande).

LIBER EPISCOPALIS (loc. lat.) – À letra, livro usado pelo bispo; é a denominação dada ao livro litúrgico que contém as fórmulas e textos que se referem aos ritos religiosos celebrados pelos pontífices e bispos. Pontifical.

LIBER FEUDORUM MAIOR (loc. lat.) – Cartulário dos feudos reais composto por Ramón de Caldes por ordem de Afonso, o Casto, de Aragão, com o objectivo de ordenar todos os documentos que diziam respeito ao seu património; compreende os séculos IX a XI.

LIBER FULGURANS (loc. lat.) – Designação dos livros cujos temas são relâmpagos e trovões. *Liber fulminans*. Livro *fulminans*.

LIBER FULMINANS (loc. lat.) – *Ver Liber fulgurans*.

LIBER HYMNORUM (loc. lat.) – Colecção das sequências que constituem uma secção de um livro litúrgico mais amplo.

LIBER JUDITIORUM (loc. lat.) – Compilação de leis destinadas ao uso e aplicação nos tribunais, promulgada no ano 654 pelo rei godo Recesvindo e aprovada no VIII Concílio de Toledo; foi revista em 681 por Ervigio e na Idade Média traduzida em romance.

LIBER LINTEI (loc. lat.) – Livro em latim escrito sobre linho que, segundo Tito Lívio, parece ter contido o registo dos nomes dos magistrados.

LIBER ORDINUM (loc. lat.) – Livro litúrgico em que está contido o ritual dos bispos ou pontifical e o das cerimónias sacramentais, para os sacerdotes.

LIBER PASSIONUM (loc. lat.) – *Ver* Passionário.

LIBER PONTIFICALIS (loc. lat.) – Colecção de biografias dos papas ordenadas cronologicamente desde São Pedro; foi organizada por compiladores diferentes ao longo dos séculos.

LIBER PRECUM (loc. lat.) – Livro litúrgico escrito regra geral em prosa rimada, no qual estão contidas as preces ou ladainhas do ofício divino.

LIBER PSALMORUM (loc. lat.) – *Ver* Saltério.

LIBER QUADRATUS (loc. lat.) – Livro quadrado.

LIBER RATIONIS (loc. lat.) – *Ver* Livro de assentos *e* Livro de razão.

LIBER REGUM (loc. lat.) – Crónica em romance navarro, começada com Adão e acabada com Afonso VIII, aparecida por volta de 1200 e conhecida como *Cronicón villarense*.

LIBER SACERDOTALIS (loc. lat.) – *Ver* Ritual.

LIBER SERMONUM (loc. lat.) – *Ver* Sermonário.

LIBER SEXTUS DECRETALIUM (loc. lat.) – Compilação feita por mandado do Papa Gregório IX, que servia de base aos estudos de direito canónico; em conjunto com o *Decretum* (de Graciano), as *Decretales* (de Bonifácio VIII) e as *Clementinæ* (de Clemente V) forma o *Corpus Juris Canonici*.

LIBER TERRIBILIS (loc. lat.) – Nome dado ao Livro V das *Ordenações*, assim chamado porque compendiava o Direito Penal.

LIBER TRADITIONUM (loc. lat.) – Designação atribuída na Alsácia, Suábia e Baviera ao registo de actas de tradições ou de doações de bens ou a uma colecção de cópias dessas actas; é semelhante ao cartulário.

LIBER VITÆ (loc. lat.) – Livro que contém a lista dos *familiares* (membros) e benfeitores de uma comunidade monástica que deviam ser lembrados nas suas missas e outros serviços e orações; é usualmente lido com o martirológio e o obituário e as horas canónicas de prima; as pessoas que constavam desta lista são por vezes retratadas.

LIBERDADE DE ACESSO À INFORMAÇÃO – Segundo a *IFLA* é "o direito dos cidadãos, não só de exprimirem quaisquer pontos de vista, mas também de terem acesso à totalidade dos pontos de vista expressos" • Faculdade de aceder em igualdade de circunstâncias às fontes informativas, por parte de quem manifesta interesse em fazê-lo.

LIBERDADE DE COMENTÁRIO – Liberdade de expressão.

LIBERDADE DE EXPRESSÃO – Direito reconhecido pela constituição de um país a qualquer cidadão de poder manifestar as ideias próprias através de qualquer meio de comunicação adequado à sua enunciação; é extensiva à literatura, à arte, à música, ao discurso, etc. Basicamente é o direito de informar, de se informar e de ser informado. Liberdade de comentário. Liberdade de opinião. Liberdade de palavra.

LIBERDADE DE IMPRENSA – Direito reconhecido a qualquer cidadão de poder manifestar as suas ideias sob forma escrita de acordo com as leis, mas sem ter de sujeitá-las a censura prévia • Determinação que permite que se imprima, compre ou venda qualquer livro ou escrito sem censura prévia. O primeiro texto sobre liberdade de imprensa foi publicado na América; é a *Declaração dos Direitos do Estado da Virgínia*, datada de 12 de Junho de 1776. Em Portugal a lei da liberdade de imprensa foi promulgada por carta de lei de 12 de Julho de 1821, que mandava executar o Decreto da Corte de 4 de Julho do mesmo ano. Sofreu alterações decorrentes do estatuto jurídico que a foi regendo e apenas a lei de 22 de Dezembro de 1834 passou a garantir o livre exercício de expressão e da opinião crítica.

LIBERDADE DE IMPRESSÃO – Liberdade de imprensa. Direito reconhecido de divulgar a informação através de textos impressos.

LIBERDADE DE INFORMAÇÃO – Segundo a *IFLA*, "para os bibliotecários, liberdade de informação é um termo generoso, mas impreciso, que pode ser usado para exprimir a rejeição de qualquer forma de restrição da circulação da informação. Neste sentido lato, liberdade de informação está relacionada com as ideias, mais antigas, indo atrás até ao tempo dos Estados Gregos, que inclui liberdade de opinião, liberdade intelectual, liberdade de discurso e liberdade de expressão" • Direito que o público tem de ser informado.

LIBERDADE DE OPINIÃO – *Ver* Liberdade de expressão.

LIBERDADE DE PALAVRA – *Ver* Liberdade de expressão.

LIBERDADE DE PENSAMENTO – Direito reconhecido a qualquer pessoa que lhe permite ter e divulgar as suas ideias próprias.

LIBERDADE DE PUBLICAÇÃO – *Ver* Liberdade de imprensa.

LIBERDADE INTELECTUAL – Segundo a *IFLA*, o conceito de liberdade intelectual inclui os "assuntos levantados pelas restrições à liberdade de expressão, tais como a privacidade do utilizador e liberdade de acesso à informação, incluindo os problemas causados pela censura" • Diana Woodward afirma, por seu lado, que é um direito que inclui, tanto o direito de aceder aos esforços intelectuais dos outros, como o direito de difundir os nossos próprios esforços intelectuais • Expressão que define o estado de absoluta aptidão, para levar uma ideia ou expressão até aos seus limites.

LIBERDADE POÉTICA – Possibilidade que têm os artistas, especialmente os autores de poesia, de escrever a seu gosto, sem padrões, sem obstáculos nem constrangimentos de qualquer espécie.

LIBRARIA (pal. lat.) – Biblioteca romana. Livraria.

LIBRARIA MAGNA (loc. lat.) – Expressão usada durante o Renascimento nas bibliotecas universitárias, para designar a secção destas bibliotecas onde se encontravam os livros de consulta que não podiam ser emprestados para serem lidos fora da biblioteca; estes livros encontravam-se em geral presos por cadeias (livros cadenados). *Ver tb. Liber catenatus.*

LIBRARIA PARVA (loc. lat.) – Expressão usada durante o Renascimento nas bibliotecas universitárias para designar a secção destas bibliotecas onde se encontravam os livros destinados ao empréstimo *(libri distribuendi).*

LIBRARIA TABERNA (loc. lat.) – Nome dado entre os romanos ao lugar onde se vendiam livros.

LIBRARIAN ASSOCIATION OF AUSTRALIA – Também conhecida pelo acrónimo *LAA*, é a Associação Australiana de Bibliotecários (AAB), cuja designação actual é *ALIA, Australian Library and Information Association.*

LIBRARII SCRIPTORES (loc. lat.) – No *scriptorium* monástico era o nome dado ao monge encarregado da cópia.

LIBRARIOLUM (pal. lat.) – Pequena estante de livros.

LIBRARIOLUS (pal lat.) – Copista. Escrevinhador • Livreiro.

LIBRARISTA (pal. ital.) – Termo que designava o bibliotecário na Itália do século XV.

LIBRARIUM (pal. lat.) – Designa biblioteca na primeira metade do século XIII, em concorrência com o termo *libraria*. Mais tarde dará origem em França ao termo livreiro, *libraire*, em Inglaterra irá originar o termo *librarian*, bibliotecário, enquanto que o termo que designa livreiro é *stationer*, palavra que é igualmente derivada do latim • Armário ou lugar onde se guardam livros.

LIBRARIUS (pal. lat.) – Depois de Cícero, no ano 63 a. C., é este o termo usado na literatura latina clássica e pós-clássica com o sentido de escriba, raramente de livreiro ou de mestre copista, para mais tarde passar a designar livreiro; entretanto, com as reformas carolíngias, *librarius* torna-se sinónimo de *bibliothecarius*. *Ver* Escriba, copista.

LIBRARY AND INFORMATION SCIENCE ABSTRACTS (loc. ingl.) – Resumos de biblioteconomia e ciência da Informação. *LISA*.

LIBRARY BILL OF RIGHTS (loc. ingl.) – Declaração dos Direitos do Utilizador da Biblioteca.

LIBRARY OF CONGRESS CLASSIFICATION (loc. ingl.) – Sistema de classificação da Biblioteca do Congresso nos Estados Unidos. *LCC*.

LIBRARY OF CONGRESS CARD NUMBER (loc. ingl.) – Número de ficha da Biblioteca do Congresso. *LCCN*.

LIBRARY OF CONGRESS SUBJECT HEADINGS (loc. ingl.) – Lista de cabeçalhos de assunto da Biblioteca do Congresso, publicação que teve grande influência na escolha dos termos de indexação em diversos países e línguas. *LCSH*.

LIBRARY INFORMATION SYSTEM (loc. ingl.) – *Ver LIBRIS*.

LIBRETISTA – Autor de libretos.

LIBRETO – Texto literário ou palavras de uma ópera, opereta, cantata ou a explicação das cenas de um bailado; o termo provém de livro e equivale a folheto.

LIBRI CENSORII (loc. lat.) – Livros dos censores; no antigo Império romano eram assim designadas as listas ou registos que continham os nomes dos cidadãos dos quais se tinha feito o recenseamento, particularmente no tempo de Augusto.

LIBRI DISTRIBUENDI (loc. lat.) – Expressão usada durante o Renascimento para designar os livros que se destinavam ao empréstimo.

LIBRIS – *Acrónimo de Library Information System*, Sistema de informatização de bibliotecas criado para resolver as necessidades das bibliotecas de investigação suecas; foi planeado para incluir a integração das rotinas de aquisição, pesquisa, catalogação, controlo de periódicos, empréstimo e produção de catálogos.

LIBRORUM CUSTOS (loc. lat.) – Bibliotecário.

LIC. – Abreviatura de licença *e* licenciado.

LIÇÃO – Leitura, acto de ler • Letra ou texto de uma obra • Exposição de doutrina feita pelo professor. O que o professor ensina na aula e manda estudar • Ensino • Exemplo • Cada uma das diferentes formas atribuídas a uma palavra ou grupo de palavras num ponto do texto, por diferentes manuscritos • Forma particular de um texto comparada com outra forma desse mesmo texto • Termo antigo que designava pequenas peças musicais, sobretudo de tecla, destinadas a fins pedagógicos • Trecho bíblico entoado no ofício divino.

LICENÇA – Contrato entre o proprietário do direito de autor de uma obra e o utilizador; permite usar a obra nos termos constantes da licença • Autorização concedida por entidades civis ou religiosas para publicar certos textos. *Approbatio. Imprimatur* • Documento comprovativo dessa autorização.

LICENÇA CREATIVE COMMONS – Forma de designar a licença que se situa entre os direitos de autor, em que todos os direitos são reservados e o domínio público, em que não existe nenhum direito reservado; através desta licença o autor da obra estabelece as condições de partilha dessa obra com terceiros, de modo que todas as licenças exigem que os créditos lhe sejam dados, segundo as condições por ele estabelecidas • Licença através da qual o autor de uma obra define as condições sob as quais a referida obra é partilhada com terceiros, de forma proactiva e construtiva; todas as licenças requerem que seja dado crédito ao autor da obra, na forma por ele especificada.

LICENÇA DA CONGREGAÇÃO – Autorização dada pelo Geral da Congregação a que o autor de uma obra pertencia e sem a qual ele não devia publicar qualquer texto; esta autorização devia vir expressa na própria obra. Licença da Ordem.

LICENÇA DA INQUISIÇÃO – *Ver* Licença do Santo Ofício.

LICENÇA DA ORDEM – Tal como a Licença da Congregação, esta licença era concedida pelo Superior da Ordem ao autor de uma obra e sem ela a publicação não devia ser editada, mesmo que o seu conteúdo fosse aparentemente inofensivo (no caso dos sermões, por exemplo); geralmente vinha expressa junto às restantes licenças como a do Ordinário (do Bispo), a do Paço e a da Inquisição. Licença da Congregação.

LICENÇA DE IMPORTAÇÃO – Autorização que se obtém no Ministério do Comércio e que permite fazer negócio de livros, documentos e outro tipo de materiais com outros países.

LICENÇA DE UTILIZAÇÃO – Em relação à informação em documentos electrónicos, modalidade de autorização de uso, na qual o documento não é pertença da instituição que o detém ou empresta, mas encontra-se nela em depósito temporário, com vista à sua exploração, regulamentada segundo regras que foram previamente negociadas.

LICENÇA DO ORDINÁRIO – Era concedida pelo Bispo, a autoridade diocesana que permite que a obra possa ser publicada.

LICENÇA DO PAÇO – Era concedida pelo poder político às obras que não apresentassem qualquer ideia que fosse contra o poder estabelecido.

LICENÇA DO SANTO OFÍCIO – Era de longe a mais rigorosa e aquela que exigia um exame mais minucioso por parte do Santo Ofício, passando por vários examinadores, que liam e reliam o texto, de modo que não houvesse qualquer palavra que pudesse ter uma interpretação controversa ou menos ortodoxa. Licença da Inquisição.

LICENÇA POÉTICA – Direito requerido pelos poetas de modificarem a pronúncia e até a sintaxe de algumas palavras nos seus versos.

LICENÇAS ECLESIÁSTICAS – Autorização necessária em determinado tipo de livros e apresentada sob expressões como: *nihil obstat* ou *imprimatur*; esta autorização pode ser colocada no verso da página de título ou no fim do livro.

LICENCIADO – Autorizado. Detentor de licença • Graduado com licenciatura.

LICENCIAMENTO – Acto ou efeito de licenciar. Autorização.

LICENCIAR – Conceder licença a. Autorizar.

LICITAÇÃO – Acto ou efeito de levar a leilão • Acto de oferecer um lance ou oferta de preço em leilão, a que se segue a arrematação ao preço mais alto.

LICITAR – No comércio do livro, proceder ao oferecimento de uma determinada quantia por uma obra.

LICOR (port. Bras.) – *Ver* Lixívia.

LIDE (port. Bras.) – *Ver Lead*.

LIDO – Diz-se da pessoa sabedora, instruída, que leu muito.

LIGA PARA FUNDIÇÃO – Proporção em que entram os diversos metais para a fundição dos tipos; empregam-se, de um modo geral, 70 % de chumbo, 25 % de antimónio e 5 % de estanho, mas esta proporção varia um pouco de oficina para oficina.

LIGAÇÃO – Grupo de instruções que permite unir duas partes de um mesmo programa escritas e registadas em separado • Símbolo utilizado para ligar descritores atribuídos a um documento e para prevenir uma associação acidental destes com outros termos de indexação • União entre secções de um documento digital. *Ver* Vínculo.

LIGAÇÃO BIBLIOGRÁFICA – Teoria segundo a qual, se duas publicações científicas contêm a mesma citação, estão relacionadas bibliograficamente, quando pertencem a um grupo, se cada uma delas contém pelo menos uma citação em comum com uma determinada publicação que serve de modelo. A força da relação mede-se pelo número de citações partilhadas entre cada publicação e a empregada como modelo.

LIGAÇÃO DE DADOS – Conjunto do equipamento de comunicações e dos canais de interconexão que possibilita a permuta de informação entre duas ou mais estações de uma rede.

LIGAÇÃO FALSA – Em classificação, ponto de acesso não significativo que se produz num índice encadeado, quando a cadeia de notações foi alargada por um símbolo que não tem um termo verbal apropriado (pode ser um zero, por exemplo, introduzindo uma subdivisão normal).

LIGAÇÃO HIPERTEXTUAL INSERTA – Na *Internet*, designação do elemento de uma página *Web*, com frequência uma imagem, que se encontra num outro lugar e que ali aparece através de uma ligação.

LIGAÇÃO OCULTA – Em indexação em cadeia, classe que faz parte da cadeia hierárquica, mas que pode omitir-se porque a notação do sistema de classificação não é hierárquica.

LIGAÇÕES – Série de curvas que quem aprende a escrever traça no papel, como exercício para se habituar a formar letras.

LIGADURA – Traço fino que em certas caligrafias manuscritas e em alguns caracteres tipográficos une as letras umas às outras ou liga as diferentes partes componentes de uma mesma letra • Junção num só tipo de duas ou mais letras ligadas entre si, como acontece com as letras æ ou œ.

LIGAR AS LETRAS – Unir as letras de uma palavra por traços ou ligações.

LIGARE (pal. lat.) – Reunir pela costura os cadernos de um manuscrito medieval; da mesma raiz deriva a palavra *ligator*, encadernador. Encadernar.

LIGAS PARA O MATERIAL TIPOGRÁFICO – Combinação de metais destinada ao fabrico de material tipográfico; empregam-se ligas compostas por chumbo, antimónio, estanho e, em alguns casos, uma ligeiríssima parte de cobre (2 % no máximo); estes metais têm as seguintes qualidades: chumbo: dúctil, compacto; antimónio: duro; o estanho evita a oxidação.

LIGATOR LIBRORUM (loc. lat.) – Nome dado ao encadernador, entre os romanos e mesmo na Idade Média.

LIGATURA (pal. lat.) – Encadernação.

LIGNATOR (pal. lat.) – Nome dado ao monge auxiliar dos copistas que era encarregado de coser os cadernos de folhas de pergaminho; o termo é derivado da palavra latina *lignum*, madeira, material de que eram feitos os planos da encadernação • Encadernador.

LIGNINA – *Ver* Lenhina.

LIMA – Instrumento da escrita que serve para corrigir traços de escrita ou pormenores de pinturas • Correcção e emenda das obras. Aperfeiçoamento. Polimento.

LIMA (pal. lat.) – Instrumento semelhante ao canivete e usado para aparar, cortar, etc.; por extensão, e dado que servia para emendar, polir a obra (como afirmava Quintiliano), passou a designar figurativamente a correcção do estilo.

LIMAR O TEXTO – Apurar o texto dando-lhe forma definitiva, procurando a clareza dos vocábulos, a expressão correcta dos conceitos e a forma final bem burilada. Afinar o texto. Aperfeiçoar o texto.

LIMINAR – *Ver* Preliminar.

LIMITAÇÃO DE CAMPO – Em pesquisa bibliográfica informatizada, operação que consiste em restringir a operação de pesquisa a um determinado item.

LIMITAÇÃO TEMÁTICA – Em pesquisa bibliográfica informatizada, possibilidade de pesquisa que assenta em determinados itens como a população, o código de classificação, o ano de publicação, etc., como forma de confinar a dimensão da mesma.

LIMITE – Contorno • Prazo.

LIMONITE – Mineral formado por uma mistura de óxidos de ferro, componente básico de todos os tons de amarelo à base de ferro.

LIMPADOR – Dispositivo da máquina de composição linotípica que tem por fim manter o molde e as facas limpos de chumbo.

LIMPAR – Anular informação de um suporte de gravação, de um catálogo, etc., sem deixar qualquer forma de representação dos dados existentes • Eliminar informação de uma fita magnética passando-a por uma cabeça apagadora ou gravando outros sinais por cima dos já existentes.

LIMPEZA – Em restauro de documentos, conjunto de operações tendentes a obter a remoção das substâncias que alteram mais ou menos superficialmente o aspecto da folha ou das folhas a submeter a tratamentos húmidos; a limpeza deve anteceder a operação de lavagem, que permite a remoção dos eventuais resíduos dos solventes ou das soluções utilizados • Operação do processo manual de fabrico do papel a partir de peças de trapo, pela qual se retiravam todos os materiais indesejáveis, como fivelas, botões, etc. que nelas vinham pregados.

LIMPEZA A SECO – Remoção de sujidades e outras marcas de uso de um suporte papel ou outro, através de meios manuais ou mecânicos (limpeza do pó com um pincel ou algodão ou com produto pouco abrasivo como a borracha em pó).

LIMPEZA DE DOCUMENTOS – Remoção da sujidade acumulada em livros e documentos. É condição indispensável para evitar a proliferação de microrganismos de toda a espécie, que se desenvolvem preferencialmente em condições de sujidade; deve ser executada por pessoal devidamente preparado e com sensibilidade para manusear delicadamente os materiais bibliográficos.

LIMPEZA DE NÓDOAS – Remoção das substâncias que alteram o aspecto original do material de suporte, feita através do uso de solventes apropriados ao material gráfico em causa.

LINEA (pal. lat.) – Régua destinada a traçar o pautado. Também era usado o termo *regula*. Ver *Regula* e Régua.

LINEAGEM – Termo arcaico que designava linhagem.

LINEAMENTO – Traço. Contorno. Linha • Esboço • Rudimento.

LINEAR – Referente a linhas • Que se representa por linhas geométricas.

LINEARIDADE – Predominância da linha para o efeito principal de um desenho ou composição pintada, em detrimento da cor.

LINEARIUM (pal. lat.) – Ver Régua.

LINEÓMETRO – Aparelho que permite verificar qual o número de linhas de um determinado corpo contido num texto.

LÍNG. – Abreviatura de língua.

LINGOTE – Regreta grossa, fundida em ferro e chumbo e de vários corpos, sujeita ao sistema duodecimal. (port. Bras.) Taínha.

LINGOTEIRO – Armário para guardar lingotes arrumados por medidas e pontos.

LÍNGUA – Sistema de signos que serve de instrumento de comunicação e expressão directa entre os diferentes membros de uma comunidade linguística • Lingueta • Tradutor.

LÍNGUA INTERNACIONAL – A que é utilizada para facultar as relações internacionais entre povos que usam línguas diferentes.

LÍNGUA MÃE – Aquela de que derivam outras línguas.

LÍNGUA MATERNA – A que se aprendeu no país onde se nasceu.

LÍNGUA MORTA – Aquela que é conhecida por textos escritos, mas que já não é falada.

LÍNGUA NACIONAL – A que é usada por um determinado país ou grupo étnico e que é reconhecida pelo seu Estado.

LÍNGUA OFICIAL – Aquela em que são redigidos os documentos oficiais de um Estado e é reconhecida por ele.

LÍNGUA ORIGINAL – Língua a partir da qual se formaram e derivaram outras, por alterações de palavras e expressões.

LÍNGUA PADRÃO – A que é considerada como norma, como modelo de uma determinada comunidade.

LÍNGUA SAGRADA – Aquela em que estão redigidos os textos inspirados pela divindade ou a que é usada no culto religioso.

LÍNGUA VEICULAR – A que é preferencialmente usada por várias comunidades de língua materna diferente, a fim de facilitar a comunicação entre elas; opõe-se a língua vernácula.

LÍNGUA VERNÁCULA – Língua original na qual foi escrito um texto, normalmente a língua materna do autor; opõe-se a língua veicular.

LÍNGUA VULGAR – Língua do povo, língua do dia-a-dia; diz-se das línguas românicas, em oposição à língua latina, a única considerada culta até ao século XVII.

LINGUADO – Tira de papel, quarta parte da folha ao alto ou tamanho aproximado, em que se escreve o original • Cada um dos originais escrito em tiras de papel; apresenta uma esquadria que permite conhecer o espaço que ocupará cada texto; geralmente um linguado tem 25 linhas com 60 espaços cada uma, isto é, 1500 espaços, o que dá em média cerca de 250 palavras.

LINGUAGEM – Sistema de signos, nascido da vida social, que os homens usam para exprimirem e comunicarem as suas ideias ou sentimentos • Idioma próprio de um povo, o qual se fala numa região, país, etc. Língua • Forma mais ou menos elegante ou particular da expressão falada ou escrita. Discurso • Estilo próprio de um autor, de uma obra, de uma época • Texto. Coisa escrita • Dizer • Em sentido absoluto, a língua portuguesa (acepção um tanto antiquada e de uso exclusivo da linguagem selecta).

LINGUAGEM ABSOLUTA – *Ver* Linguagem-máquina.

LINGUAGEM ALGORÍTMICA – Aquela que é usada para representar algoritmos.

LINGUAGEM ARTIFICIAL – Linguagem construída com o auxílio de um conjunto de regras fixadas antes de qualquer consagração feita pelo uso • Linguagem simbólica. Linguagem controlada. Linguagem sintética.

LINGUAGEM ARTÍSTICA – Linguagem literária.

LINGUAGEM AUTOCODIFICADA – Linguagem de programação que pode, através de um determinado tipo de procedimento, definir sob forma mnemónica funções reagrupando várias instruções.

LINGUAGEM CATEGORIAL – Tipo de linguagem controlada na qual o conhecimento se encontra estruturado em categorias. Os termos que representam os conceitos são traduzidos através de um código, que pode ser numérico, alfanumérico ou alfabético, código esse que se designa notação. Divide o conhecimento em classes por afinidades; nela os assuntos estão organizados numa estruturação lógica feita *a priori* e que é independente do conteúdo documental.

LINGUAGEM CIENTÍFICA – Modalidade de linguagem pertencente à ciência; caracteriza-se especialmente pela existência de uma terminologia própria e pelo rigor expressivo.

LINGUAGEM CIFRADA – Aquela em que são utilizados códigos conhecidos apenas pelos seus utilizadores.

LINGUAGEM COLOQUIAL – Nível ou grau de linguagem que engloba os termos de uso corrente • Estilo literário no qual se utilizam palavras usadas comummente na linguagem quotidiana.

LINGUAGEM COMBINATÓRIA – Aquela que é formada por conceitos (termos ou expressões vocabulares) ordenados alfabeticamente e que se combinam no momento da indexação, de modo a definir a noção procurada; apresenta diferentes tipos de relações semânticas; é formada por termos da linguagem natural, que exprimem conceitos e que se combinam de modo a definir uma dada noção. Os tesauros pertencem a esta modalidade de linguagem; esses conceitos são reunidos num tesauro, cuja estrutura flexível lhe é conferida através de relações de equivalência, associativas e hierárquicas, que garantem uma grande flexibilidade para a recuperação dos documentos. É também chamada linguagem vocabular.

LINGUAGEM CONOTATIVA – Linguagem expressiva.

LINGUAGEM CONTROLADA – Aquela que é construída e revista com a ajuda de um conjunto de regras, como a escolha dos termos seleccionados (vocabulário controlado) e a organização das relações. Linguagem artificial. Linguagem sintética.

LINGUAGEM DE ALTO NÍVEL – Em informática, linguagem de programação orientada para a resolução de um problema ou para fases de procedimento. Linguagem simbólica.

LINGUAGEM DE BAIXO NÍVEL – *Ver* Linguagem-máquina.

LINGUAGEM DE COMPUTADOR – Aquela que pode ser reconhecida, usada e aceite por uma máquina, como um computador.

LINGUAGEM DE CONTROLO DE TRABALHOS – Linguagem de programação planeada para descrever e controlar os trabalhos de um computador.

LINGUAGEM DE DESCRITORES – Vocabulário de indexação normalizado, que compreende descritores e que é usado para descrever os assuntos contidos nos documentos; uma linguagem de descritores economiza no número de símbolos usados no ficheiro de descritores, normaliza a descrição do assunto, maximiza a probabilidade de recuperação de todos os documentos relativos a uma questão sem nenhuns irrelevantes e propicia um levantamento específico e genérico, na forma que os utilizadores o quiserem.

LINGUAGEM DE ENTRADA – Linguagem artificial ou natural utilizada na entrada de um sistema dinâmico que traduz dados ou linguagens.

LINGUAGEM DE ESTRUTURA HIERÁRQUICA – Aquela que é baseada num princípio lógico segundo o qual uma noção genérica se desenvolve em noções específicas que, por sua vez, se desenvolvem em noções ainda mais específicas, respeitando sempre o sentido da noção básica. Linguagem hierárquica. Classificação.

LINGUAGEM DE INDEXAÇÃO – Conjunto de descritores que podem ser usados para indexar o conteúdo dos documentos num sistema de armazenamento e recuperação da informação.

LINGUAGEM DE INDEXAÇÃO ALFABÉTICA – Conjunto de termos usados para descrever o conteúdo de documentos, com vista ao seu armazenamento e posterior recuperação, como um tesauro ou lista de cabeçalhos, em que os termos que os compõem se apresentam ordenados segundo as letras do alfabeto.

LINGUAGEM DE INDEXAÇÃO CONTROLADA – Aquela que foi construída ou verificada com o auxílio de um conjunto de princípios, que pode de forma unívoca e limitada representar o conteúdo de documentos.

LINGUAGEM DE INDEXAÇÃO PÓS-COORDENADA – Aquela em que os termos da pesquisa são associados pelo investigador no momento da pesquisa; são linguagens de indexação pós-coordenada o termo condensado, a linguagem natural não controlada e a linguagem estruturada hierarquicamente.

LINGUAGEM DE INDEXAÇÃO PRÉ-COORDENADA – Aquela em que os termos que servirão de base à pesquisa são previamente associados, não ficando esta associação para ser feita pelo investigador no momento da pesquisa.

LINGUAGEM DE ORIGEM – Em informática é a linguagem de programação na qual o programa está escrito, por oposição à linguagem resultante obtida após compilação do programa.

LINGUAGEM DE PESQUISA – Designação dada à linguagem documental ou à combinação de uma linguagem documental e os comandos específicos de um determinado programa informático usados para realizar a pesquisa documental.

LINGUAGEM DE PROGRAMAÇÃO – Linguagem artificial, construída por um programador, que prepara programas ou conjuntos de instruções segundo métodos diferentes, conforme a finalidade a que se destinam, usados para comandar um computador no processamento de dados. Linguagem-fonte.

LINGUAGEM DENOTATIVA – Linguagem funcional, explanativa.

LINGUAGEM DOCUMENTAL – Linguagem convencional ou artificial usada para memorizar o conteúdo de um documento e permitir que ele seja pesquisado posteriormente; as linguagens documentais dividem-se em dois grandes grupos: as linguagens categoriais de estrutura hierárquica (classificações), que usam índices simbólicos e as linguagens de estrutura combinatória (tesauros e listas de autoridade), que usam termos controlados da linguagem natural. Linguagem documental não designa realmente uma linguagem no sentido habitual do termo, dado o carácter restrito do vocabulário e da sintaxe utilizados para a construção das representações indexadas. Linguagem intermediária.

LINGUAGEM DOCUMENTAL CONTROLADA – Constituída por um vocabulário previamente elaborado, é assim designada por anular as insuficiências da linguagem documental livre.

LINGUAGEM DOCUMENTAL LIVRE – Assente em princípios da pré-coordenação, designa o vocabulário não controlado, em geral apresentado sob forma de listas de descritores e de palavras-chave, que resulta do processo da indexação.

LINGUAGEM EXPLICATIVA – Nível ou grau de linguagem que engloba o uso de termos didácticos ou científicos.

LINGUAGEM FAMILIAR – Variante linguística falada no ambiente doméstico.

LINGUAGEM FIGURADA – Linguagem que se caracteriza pelo emprego sistemático de figuras de palavras.

LINGUAGEM *FORTRAN* – Linguagem de programação simbólica destinada a resolver problemas algébricos ou problemas expressos com fórmulas matemáticas.

LINGUAGEM HIERÁRQUICA – Modalidade de linguagem como a de certos sistemas de classificação, que apresenta uma estrutura em árvore em que cada um dos conceitos depende de um superior, dependente de outro superior e assim sucessivamente. Linguagem de estrutura hierárquica.

LINGUAGEM INFANTIL – Variante linguística própria de crianças muito pequenas ou dos adultos quando falam com elas • Conjunto de palavras ou expressões que entraram no léxico derivadas de simplificações de vocábulos feitas por adultos com o fim de ajudar a compreensão das crianças, ou que são efectivamente criações vocabulares infantis.

LINGUAGEM INTERIOR – Produção de frases pensadas, porém não expressas.

LINGUAGEM INTERMEDIÁRIA – *Ver* Linguagem documental.

LINGUAGEM MISTA – Aquela que utiliza palavras e outros sinais.

LINGUAGEM NATURAL – Linguagem evolutiva cujas regras resultam do uso comum sem que sejam, necessariamente, prescritas de modo formal.

LINGUAGEM NATURAL NÃO CONTROLADA – Linguagem de indexação que é em geral constituída por palavras simples, retiradas dos documentos pelos indexadores.

LINGUAGEM ORIENTADA PARA A MÁQUINA – Linguagem de programação, que foi desenhada para um determinado modelo ou tipo de computador.

LINGUAGEM *POSTSCRIPT* – Linguagem de descrição de páginas, divulgada em 1985, modelo industrial das linguagens de descrição para as artes gráficas.

LINGUAGEM SIMBÓLICA – *Ver* Linguagem artificial.

LINGUAGEM SINTÉTICA – *Ver* Linguagem artificial.

LINGUAGEM TÉCNICA – Linguagem baseada na linguagem natural, que tende a reduzir as ambiguidades para facilitar a comunicação num domínio particular do conhecimento.

LINGUAGEM TELEGRÁFICA – Aquela que se caracteriza por grande concisão e que elimina palavras não essenciais à reconstituição de um texto que, após breve reflexão, pode ser reconstruído.

LINGUAGEM TOTAL – Expressão que não designa uma realidade concreta, uma linguagem com a pretensão de ser completa, mas um facto sociolinguístico muito vasto: a comunicação graças a técnicas que põem em jogo a expressão verbal, visual, sonora em mensagens variadas e originais.

LINGUAGEM VOCABULAR – *Ver* Linguagem combinatória.

LINGUAGEM-FONTE – *Ver* Linguagem de programação.

LINGUAGEM-MÁQUINA – Em informática, conjunto de regras e símbolos utilizados para escrever as instruções, sob forma directamente aceitável pelo processador; código binário. Linguagem absoluta • Linguagem de baixo nível • Linguagem-objecto.

LINGUAGEM-OBJECTO – *Ver* Linguagem máquina.

LINGUAGENS DE QUARTA GERAÇÃO – Linguagens de programação avançadas, situadas três níveis acima da linguagem-máquina, cujo objectivo é a simplificação, quer do desenvolvimento, quer da utilização das aplicações.

LÍNGUAS CLÁSSICAS – Expressão usada para englobar duas línguas: o latim e o grego.

LÍNGUAS IRMÃS – As que derivam de uma mesma língua antiga, mas que tiveram evolução diferente.

LINGUETA – Língua • Faca usada pelos encadernadores.

LINGUETA DA MÁQUINA – A que prende o papel quando o cilindro verifica a rotação.

LINGUETA DE INCISÃO – Em sigilografia, pequeno elemento do suporte solto pela incisão e que, preso na cera, permite uma melhor aderência do selo revestido ligando-o ao suporte.

LINGUETA DE REFORÇO – Em encadernação é o elemento da tranchefila cosido juntamente com o caderno e o respectivo nervo.

LINGUETE – Peça de ferro ou madeira, que se embebe nas rodas dentadas, para que elas não desandem.

LINGUISTA – Pessoa versada no estudo das línguas.

LINGUÍSTICA – Ciência que estuda a língua como veículo de comunicação entre os homens e entre os homens e as máquinas • Estudo científico da linguagem e das línguas naturais, sobretudo nos seus aspectos fonéticos, sintácticos e semânticos, e também sob o ponto de vista da sua estrutura, evolução e ligação com outras línguas.

LINGUÍSTICA DIACRÓNICA – Estudo dos factos da língua no tempo.
LINGUÍSTICA TEXTUAL – Disciplina desenvolvida na Europa no século XX, especialmente a partir de finais da década de sessenta, que estuda a natureza do texto e os factores que estão envolvidos na sua produção e recepção.
LINGUÍSTICO – Relativo ao estudo das línguas.
LINHA – Designação atribuída ao traçado puro feito a ponta-seca ou a cor para albergar a escrita, num códice manuscrito. Regra. Risca • Cada uma das raias de uma retícula em fotogravura • Recta ideal que determina o alinhamento horizontal de uma composição, passando por baixo das letras curtas • Em álgebra, plica ou sinal (') que se coloca à direita de uma letra ou sinal, com a finalidade de o distinguir de outros iguais, mas que representa quantidades diferentes • Em música, cada um dos traços horizontais constituintes da pauta • Em heráldica, parte do lambel em que são fixados os pendentes • Em informática, órgão de ligação que permite que se faça a transmissão de informações entre um computador e os terminais ou entre dois computadores • Extensão considerada em longitude • Termo, limite. Traço de desenho que limita contornos • Série de palavras compostas e impressas sobre um só risco horizontal, as ideias e os pensamentos representados por elas • Sucessão de letras formando palavras separadas por espaços ou seguidas de brancos.
LINHA A LINHA – Modo de compor um texto copiando-o de um outro anterior a ele, mas em que o número exacto de linhas se mantém • Com todo o pormenor. Sem saltos.
LINHA ABAIXO – Expressão usada para indicar que deve fazer-se nova alínea, sobretudo quando se dita.
LINHA ALUGADA – *Ver* Linha privada.
LINHA APERTADA – Aquela cujo espaço é o menor possível.
LINHA BRANCA – A que não marca na impressão, porque é formada por pequenas peças de chumbo mais baixas do que os caracteres; serve para pôr entre as linhas de título, cabeças, etc. • Branco que, no papel, corresponde a esta linha de espaços. Linha de branco. Linha em branco.
LINHA CENTRADA – Linha cujos dizeres vão a meio da medida, não ocupando toda a largura disponível.
LINHA CHEIA – Linha sem espaços nos extremos, em que é ocupada toda a extensão da medida. Linha completa.
LINHA COMPLETA – *Ver* Linha cheia.
LINHA COMUTADA – No processo comunicativo, ligação de comunicações com aquele a quem se liga marcando um número telefónico.
LINHA CORRIDA – Linha de composição seguida.
LINHA CURTA – Aquela em que os dizeres não ocupam toda a largura da página ou coluna. Em textos de composição comum é geralmente a última do parágrafo. Linha quebrada. Linha viúva. Linha órfã.
LINHA CURVA – Linha de tipos que é composta em forma de arco.
LINHA CURVADA – Diz-se da linha que não chega a formar um semicírculo.
LINHA DA REGRA – Aquela que ocupa a posição inferior das duas que formam a caixa da regra.
LINHA DE ABERTURA DE PARÁGRAFO – A primeira de cada parágrafo, que leva uma pequena entrada ou sangria em relação às outras do mesmo parágrafo.
LINHA-DE-ÁGUA – Na marca de água do papel é cada uma das linhas transparentes, que são produzidas pelos arames da forma de mão ou do rolo filigranador nas máquinas modernas. Filigrana. *Ver* Pontusais *e* Vergaturas. (port. Bras.) Marca d'água.
LINHA DE ARTIGO – Especialmente usada nos jornais, destina-se a separar as diversas partes da matéria neles contida.
LINHA DE BASE – Linha imaginária, geralmente horizontal, em que se apoia a parte inferior das letras maiúsculas e das minúsculas, tais como o h, k, m, n, x, de uma mesma linha de texto.
LINHA DE BRANCO – *Ver* Linha branca.
LINHA DE COMPONEDOR – Linha feita em zinco ou latão para facilitar a entrada da letra no componedor; ajuda a tirar a composição

do componedor depois de cheio e a suster a tomada da distribuição. Linha de compor.

LINHA DE COMPOR – *Ver* Linha de componedor. (port. Bras.) Linha de medida.

LINHA DE COMUNICAÇÃO – Canal físico usado para a transmissão de dados; são exemplos de linhas de comunicação uma linha telefónica ou um cabo coaxial.

LINHA DE CONTORNO – Linha inscrita num mapa, que representa uma linha imaginária na superfície da terra ligando pontos da mesma elevação.

LINHA DE CORTE – Traço feito nas margens de arte final para indicar o formato do impressor e orientar o corte no acabamento.

LINHA DE DOBRA (port. Bras.) – Traço pontilhado feito na arte final para indicar os locais onde a folha deve ser dobrada.

LINHA DE EMENDA – Linha-bloco fundida pelo linotipista para substituir uma linha errada.

LINHA DE ENFEITE – Peça de chumbo de diversos tamanhos e grossuras usada para adorno da composição; modernamente foi substituída por filetes ou peças de vinheta.

LINHA DE ESCRITA – Risco ou traço que serve de guia à escrita de um texto; o espaço entre as linhas de escrita é um dos elementos de identificação da idade dos manuscritos; quanto à cor, o vermelho foi usado nos tempos mais recuados; o lápis ou a mina de chumbo remontam aos séculos XII, XIII e XIV, havendo já alguns exemplos no século XI, embora raros.

LINHA DE EXPRESSÃO GRÁFICA – Nos gráficos é cada uma das linhas que indica o tamanho dos dados variáveis; pode ser vertical ou horizontal, segundo a posição do gráfico e cruza-se com a linha de guia.

LINHA DE FÓLIO – Linha colocada à cabeça de uma página ou folha, na qual se encontra o número correspondente a essa página ou folha na ordem correlativa de paginação ou foliação.

LINHA DE FORA A FORA – Aquela cuja composição abrange toda a medida.

LINHA DE FUGA – Expressão usada para qualificar a direcção oblíqua tomada a partir das linhas correspondentes às horizontais perpendiculares ao plano do desenho, numa representação em perspectiva.

LINHA DE GUIA – Nos gráficos é cada uma das linhas que se coloca a seguir às epígrafes ou dados; são todas de igual largura, usualmente pontilhadas ou finas e servem de limite aos dados variáveis e como pauta ou guia; podem ser horizontais ou verticais, segundo a posição do gráfico e cruzam-se com as linhas de expressão gráfica • Num texto impresso, aquela que indica que uma informação já vem de uma página ou continua noutra.

LINHA DE HORIZONTE – Linha virtual que reúne os pontos de fuga num desenho em perspectiva.

LINHA DE JUSTIFICAÇÃO – Em codicologia, cada uma das linhas verticais que determinam lateralmente a caixa da escrita.

LINHA DE MEDIDA (port. Bras.) – *Ver* Linha de compor.

LINHA DE NOTA – Lâmina de fio delgado, colocada geralmente a um terço ou quarto da composição, para separar as notas do texto.

LINHA DE PAGINAÇÃO – Aquela em que é impresso o número da página.

LINHA DE PARÁGRAFO – Aquela que marca o início de um período; assinala-se por um claro, que se chama recolhido.

LINHA DE PAUTADO – Linha de pontinhos ou lisa disposta em sentido horizontal sobre o papel; o pautado é feito com filetes de latão ponteados e imprime-se conjuntamente com a chapa ou em separado.

LINHA DE PÉ – Linha branca ou lingote, que se coloca na margem inferior de cada página a fim de amparar melhor a composição • Título da obra com o seu número de tomo ou volume, que se coloca debaixo da primeira página, além do número de assinatura. *Ver* Assinatura *e* Pé.

LINHA DE PONTOS – Pontos de suspensão • Linha formada por uma série de pontos, usada nas transcrições e citações para assinalar a omissão de um ou vários parágrafos.

LINHA DE REFERÊNCIAS – Linha colocada regra geral na capa de uma revista, na qual são impressos os elementos fundamentais da legenda bibliográfica da referida revista.

LINHA DE REGISTO – No plano de algumas máquinas de impressão é o traço que mostra o limite que atinge a superfície pressora do cilindro.

LINHA DE REGRAMENTO – Linha escrita que chega de uma a outra margem de uma lauda ou de uma coluna. Regragem.

LINHA DE REGRESSÃO – Linha recta que representa a relação dos valores de duas variáveis num diagrama de dispersão.

LINHA DE RETICÊNCIAS – Linha formada pela posição continuada de pontos mais grossos do que os pontos finais; as linhas de reticências utilizam-se amiúde na composição de tabelas.

LINHA DE SEPARAÇÃO DE FOTOGRAMAS – Numa película fotográfica, aquela que divide duas imagens.

LINHA DE TRANSMISSÃO DE DADOS – Via pela qual os dados são difundidos por um canal de um ponto ou posição para outro.

LINHA DEDICADA – Linha telefónica usada apenas para a comunicação entre dois computadores específicos.

LINHA DO MELHOR AJUSTE – Linha de regressão, que passa por todos os pontos que exprimem a relação de duas variáveis perfeitamente correlacionadas.

LINHA DUPLA – Aquela que vale por duas na contagem.

LINHA EDITORIAL – Orientação ideológica de uma determinada publicação, que norteia todo o seu conteúdo e posição face aos acontecimentos • Perfil de publicações de uma editora. Linha de rumo seguida por uma casa editora na selecção dos textos a publicar, criação das diversas colecções com temas distintos, etc.

LINHA EM BRANCO – *Ver* Linha branca.

LINHA EMENDADA – A que tem as correcções feitas.

LINHA ENFORCADA – Última linha de um parágrafo, quando é incompleta e está colocada no alto de uma página ou coluna.

LINHA ESPONJOSA – Linha-bloco que saiu muito porosa e sem a compacidade necessária para resistir ao esforço da impressão, por excesso de calor no crisol ou defeito da liga.

LINHA FINA – Frase ou período sem ponto final, que aparece abaixo do título e serve para completar o sentido ou fornecer outras informações; funciona como subtítulo e usa letras menores que as do título e maiores que as do texto.

LINHA FORTE – Linha demasiado larga (embora só uns pontos), por ultrapassar a medida da composição.

LINHA FROUXA – A que o compositor não justificou devidamente, apresentando espaços entre as letras, razão pela qual elas se movem.

LINHA FUNDAMENTAL – No manuscrito é a linha onde se apoia a base do corpo da letra.

LINHA INCLINADA – Linha tombada.

LINHA INDENTADA – Na composição em parágrafo comum é a primeira linha de cada parágrafo, que começa com um pequeno espaço (sangria) relativamente às outras linhas. Linha sangrada.

LINHA INFERIOR – No manuscrito é a linha que é limitada pelas extremidades inferiores das hastes das letras; esta dimensão está directamente dependente do espaço interlinear.

LINHA INTEIRA – É aquela que vai de uma margem à outra da mancha tipográfica, opondo-se a duas colunas. Linha tirada.

LINHA LATERAL – Fio metálico que no sentido vertical divide a página disposta em colunas.

LINHA ÓRFÃ – *Ver* Linha curta.

LINHA PERDIDA – Aquela que serve para ligar entre si linhas maiores, que contém apenas uma partícula *em, de, e* ou outra e que é centrada na medida.

LINHA PODRE – Na composição linotípica é a linha errada, que vai ser substituída pela linha de emenda.

LINHA PONTILHADA – Linha decorativa formada por pequenos pontos sucessivamente colocados, de modo a constituir um elemento decorativo usado em encadernação; pode ser usada só ou inserida num conjunto.

LINHA PRIVADA – Canal de comunicação e equipamento adequado alugados para uso exclusivo de um cliente. Linha alugada.

LINHA QUEBRADA – Aquela que fica interrompida por ser parágrafo. Linha curta. Linha viúva. Linha órfã.

LINHA RECTRIZ – Cada uma das linhas que é traçada com a finalidade de servir de suporte ao texto.

LINHA ROUBADA – Linha quebrada, apenas com três ou quatro letras, que poderiam ter entrado na linha anterior.
LINHA SANGRADA – Primeira linha de um parágrafo, que apresenta um pequeno espaço de entrada – a sangria – em relação às restantes linhas do mesmo parágrafo. Linha indentada.
LINHA TIRADA – Linha inteira, que vai de uma margem à outra da mancha tipográfica; opõe-se a duas colunas.
LINHA TOMBADA – Linha inclinada.
LINHA VIÚVA – Designação dada à linha que é formada por uma única palavra ou resto de palavra, especialmente quando encabeça uma coluna. Linha curta. Linha quebrada. Linha órfã.
LINHA-BLOCO – Linha de composição fundida de um só bloco pelas máquinas de compor; o linótipo foi o primeiro a produzir linhas--bloco; está na base da linotipia. É formado por uma mistura fundida de chumbo, antimónio e estanho, que tem na base superior uma série unitária de caracteres e espaços aptos para a impressão.
LINHAS – Qualquer escrito ou impresso.
LINHAS DE FORMA – Numa carta topográfica, aquelas que dão a ideia do relevo.
LINHAS POR MINUTO – Em informática, expressão que traduz a velocidade de impressão.
LINHO – Material de suporte da escrita usado inicialmente pelos chineses na Antiguidade • Tecido do qual se obtêm as melhores qualidades de papel de trapo. *Ver* Papel de linho.
LINK (pal. ingl.) – Relação associativa efectuada no espaço da *Web* que altera, redefine e potencia ou limita o acesso à informação • Conexão de computador, sistemas de rádio, etc., por forma a que as mensagens electrónicas possam ser enviadas entre eles • Ligação. Nexo. Elo. Hiperligação. Apontador.
LINKADO – Termo aportuguesado a partir da palavra *link*, que significa relacionado através de *links*.
LINO – Abreviatura de linotipia.
LINÓGRAFA – Máquina de composição mecânica.
LINOGRAFIA – Arte de imprimir sobre pano, por processo tipográfico, litográfico ou fotomecânico. Histotipia.
LINÓLEO – Pasta muito lisa, pouco consistente e maleável, fácil de trabalhar, fabricada especialmente para fundos lisos; é usada na gravura • Revestimento impermeável que é feito de juta embebida em óleo de linhaça, cortiça em pó e outros produtos.
LINOLEOGRAVURA – *Ver* Gravura em linóleo.
LINOLEÓTIPO – Imagem fotográfica positiva ou negativa obtida sobre chapa de linóleo revestido de colódio com sais fotossensíveis.
LINÓMETRO – Régua graduada, em madeira ou metal, com as medidas dos corpos tipográficos mais comuns gravadas e, com frequência, também com a divisão em centímetros, que é usada pelos tipógrafos para tirarem medidas.
LINÓTIPA – *Ver* Linótipo.
LINOTIPAR – Compor em linótipo.
LINOTIPIA – Linha de tipos, isto é, todas as letras da linha fundidas num bloco de chumbo • Arte de compor com o linótipo e fazer de imediato a impressão • Composição tipográfica obtida deste modo • Oficina ou secção de composição linotípica • Máquina de compor que efectua este género de composição.
LINOTÍPICO – Relativo à linotipia.
LINOTIPISTA – Operário que trabalha com o linótipo ou, por extensão, com qualquer outra compositora de linhas-bloco.
LINÓTIPO – Máquina de compor inventada, por volta de 1884, por Ottmar Mergenthaler (U.S.A.); funde linhas inteiras separadamente, constituindo blocos distintos uns dos outros. Linótipa • Composição formada por linhas inteiras ou linhas-bloco produzida por essa máquina • Linotipia • Forma tipográfica obtida com a linotipia • Qualquer compositora de linhas-bloco cuja estrutura e funcionamento tenham por base os do linótipo.
LINOTIPÓGRAFO – *Ver* Linotipista.
LINOTYPE (pal. ingl.) – Máquina de compor inventada, por volta de 1884, por Ottmar Mergenthaler (U.S.A.); funde linhas inteiras separadamente, constituindo blocos distintos uns dos outros. *Ver* Linótipo.
LIPOGRAFIA – Ao escrever, é a omissão involuntária de uma letra ou sílaba.
LIPOGRAMA – Composição literária em que não entram determinadas letras do alfabeto.

LIPOGRAMÁTICO – Relativo a lipograma.
LIPOGRAMATISTA – Autor de lipogramas.
LIPOSCELIS DIVINATORIUS (loc. lat.) – Nome dado ao piolho-dos-livros, um dos mais perigosos devoradores de livros, que se alimenta dos amidos das colas e do próprio papel.
LIRA – Parte fixa da prensa manual, assim chamada por apresentar a forma de uma lira.
LÍRICO – Referente à lira ou à poesia lírica • Referente à poesia que canta o amor e as coisas belas da natureza. Sentimental • Designação do poeta que cultiva a poesia lírica. Poeta lírico • Género lírico.
LISA – Acrónimo de *Library and Information Science Abstracts*, Resumos de biblioteconomia e ciência da Informação.
LISTA – Tira comprida e estreita de papel • Relação das iguarias servidas num restaurante acompanhadas dos respectivos preços, fornecida aos clientes antes de uma refeição, a fim de que eles possam escolher. Ementa. Menu. Cardápio • Relação oficial dos números da lotaria • Catálogo. Inventário. Relação. Notícia • Relação dos núcleos documentais com a finalidade do seu controlo e informação • Enumeração dos documentos feita por ocasião de um depósito, eliminação ou transferência • Enumeração de nomes de pessoas, lugares, objectos, reunidos com uma determinada finalidade • Enumeração sumária de peças bibliográficas. (port. Bras.) Listra.
LISTA ALFABÉTICA – Relação em que os termos ou conceitos que a constituem estão ordenados segundo as letras do alfabeto.
LISTA ALFABÉTICA DE CABEÇALHOS DE ASSUNTO – Rol constituído por uma enumeração dos termos que devem ser utilizados para representar o conteúdo dos documentos no que diz respeito a assuntos, em que esses termos se encontram dispostos segundo a ordem das letras do alfabeto.
LISTA ALFABÉTICA DE DESCRITORES, NÃO-DESCRITORES E GRANDES DIVISÕES (facetas ou temas) – Parte de um tesauro que inclui os termos sem qualquer indicação de uso ou hierarquização reenviando-os à lista principal.
LISTA ALFABÉTICA ESTRUTURADA DE DESCRITORES – Parte de um tesauro onde os descritores são apresentados rodeados dos seus termos genéricos, específicos e associados e que afasta os não-descritores ou termos rejeitados, sinónimos ou quase-sinónimos.
LISTA DAS ENTRADAS – Expressão usada para designar o conjunto das rubricas de um dicionário.
LISTA DAS NOVAS AQUISIÇÕES – Inventário, geralmente periódico, contendo a enumeração, acompanhada de uma breve descrição bibliográfica, das mais recentes aquisições que se desejam levar ao conhecimento dos utilizadores de uma biblioteca, etc.
LISTA DE ABREVIATURAS – Conjunto das palavras que estão abreviadas num texto acompanhadas do respectivo desdobramento.
LISTA DE ACESSOS – *Ver* Registo de acessos.
LISTA DE AQUISIÇÕES – Rol de obras acrescentadas há pouco tempo ao acervo de uma biblioteca, arquivo, serviço de documentação, etc. produzido periodicamente por esse serviço de informação, a partir dos documentos por ele adquiridos, durante o lapso de tempo ao qual diz respeito; pode ser ordenado alfabética ou sistematicamente ou por ordem de entrada.
LISTA DE ASSUNTO – *Ver* Índice de assunto.
LISTA DE AUTORIDADE – Tabela convencional de todos os nomes de pessoa física ou instituição, títulos de anónimos clássicos e de obras litúrgicas, títulos de obras anónimas, rubricas e sub-rubricas de assuntos e descritores decimais (índices) que são usados como pontos de acesso no catálogo ou catálogos de determinada biblioteca ou sistema de bibliotecas, com vista à optimização dos seus pontos de acesso, isto é, a garantir a coerência e a integridade dos catálogos. Uma lista de autoridade adopta, em geral, uma forma estrutural; nela se indicam os descritores e os não-descritores, as remissões e orientações úteis e se incluem notas explicativas do sentido e das modalidades de utilização das rubricas e sub-rubricas; por vezes são fornecidas referências a obras nas quais cada nome e suas variantes foram encontrados e, no caso de entradas de

colectividade, são também fornecidos dados breves relativos à sua história e particularidades quanto à mudança de nome; esta lista de autoridade dá ao catalogador o registo das formas usadas nos catálogos públicos; se a lista for armazenada em fichas com uma entrada em cada ficha, cada uma destas é uma entrada de autoridade. Listas de rubricas adoptadas • Lista alfabética de termos ou conjunto de termos prédefinidos, elaborada com a finalidade de tornar homogénea a indexação e a pesquisa • Lista ordenada de classificação de símbolos ou números que foram atribuídos a obras com as suas correspondentes entradas no índice • Ficheiro de autoridade.

LISTA DE AUTORIDADE DE ASSUNTO – Numa linguagem de indexação, conjunto de descritores, de sinónimos e quase-sinónimos de termos que devem ser usados na indexação e recuperação por assunto de um documento.

LISTA DE BASE (de um tesauro) – Lista alfabética ou sistemática de termos, a partir da qual se escolhem os descritores candidatos, para estabelecer a primeira versão de um tesauro. Lista inicial (de um tesauro). Lista de partida (de um tesauro).

LISTA DE CABEÇALHOS – Rol de palavras seleccionadas para serem utilizadas num catálogo como palavras de ordem. Lista de palavras de ordem.

LISTA DE CABEÇALHOS DE ASSUNTO – Relação auxiliar das entradas de assunto no catálogo dicionário ou no catálogo de assuntos • Compilação de cabeçalhos usados numa biblioteca, etc., relacionados e apresentados por ordem alfabética, feita com o objectivo de servir de ponto de partida e de guia para os catalogadores na atribuição de pistas de assunto • Lista-padrão dos termos que devem ser usados como cabeçalho de assuntos para todo o conhecimento ou para uma determinada área temática. Lista de epígrafes • Linguagem pré-coordenada, de estrutura associativa ou combinatória, que é composta por listas alfabéticas de palavras (cabeçalhos e subcabeçalhos) aptas a representar os temas contidos num documento.

LISTA DE CABEÇALHOS DE ASSUNTO DE *SEARS* – Lista de cabeçalhos de assuntos baseada na prática de nove pequenas bibliotecas, que foi preparada por Minnie Earl Sears.

LISTA DE CIRCULAÇÃO – Em circulação de publicações periódicas, folha com a relação dos nomes dos utilizadores a quem deve ser entregue, para conhecimento, o último fascículo ou fascículos acabados de ser recebidos e de dar entrada. Folha de circulação. Lista de empréstimo.

LISTA DE CONSULTA FÁCIL – Relação cujas entradas são abreviadas, consistindo geralmente apenas no nome do autor, título, categoria e localização da obra.

LISTA DE CORREIO – *Ver* Lista de endereços.

LISTA DE CORRESPONDÊNCIA – *Ver* Lista de endereços.

LISTA DE DEBATE – *Ver* Lista de discussão.

LISTA DE DESCRITORES – Série mais ou menos extensa de palavras, em geral em linguagem natural, que exprimem uma noção usada para definir o conteúdo de um documento, e que é fixada após eliminação dos sinónimos e quase-sinónimos.

LISTA DE DISCUSSÃO – Grupo de debate acerca de determinado tema ou temas por meio de uma rede informática entre os assinantes de uma lista de correio electrónico, no qual as contribuições dos participantes individuais são enviadas automaticamente por correio electrónico a todos os subscritores. *News*.

LISTA DE DISTRIBUIÇÃO – Relação das pessoas às quais devem ser enviados documentos ou cópias de documentos. *Ver* Lista de endereços.

LISTA DE DISTRIBUIÇÃO ELECTRÓNICA – Aquela cujos dados se encontram disponíveis na *Web* para serem pesquisados através da *Internet*. Lista electrónica.

LISTA DE EDIÇÕES – Levantamento, sob forma de lista, das edições que uma biblioteca, arquivo, serviço de documentação, etc. pretendem adquirir. Ficheiro de edições.

LISTA DE ELIMINAÇÃO – Relação dos documentos que se destinam a ser excluídos, uma vez analisados um a um.

LISTA DE EMPRÉSTIMO – *Ver* Lista de circulação.

LISTA DE ENDEREÇOS – Conjunto de endereços que permite que todas as pessoas que assinaram a lista manifestando o seu interesse num determinado assunto recebam as mensagens que foram emitidas por qualquer membro da lista, permitindo a discussão de assuntos em que estejam interessadas.

LISTA DE EPÍGRAFES – *Ver* Lista de cabeçalhos de assunto.

LISTA DE ESPERA – Conjunto de fichas de pedido de livros, etc., que serão comprados por uma determinada instituição, quando estiverem disponíveis no mercado ou quando for oportuna a sua aquisição • Enumeração escrita dos nomes dos leitores que pretendem uma obra e que o serviço de empréstimo se propõe advertir logo que a obra emprestada a outro leitor for devolvida.

LISTA DE ILUSTRAÇÕES – Enumeração dos desenhos de uma obra acompanhada da indicação das respectivas páginas; costuma ser colocada no início da obra, mas há também autores que a colocam no fim.

LISTA DE LIVROS – Relação de monografias seleccionadas com finalidades diversas; é com frequência acompanhada de elementos descritivos acerca da mesma e apresenta-se sistematizada por autores ou por assuntos.

LISTA DE OBRAS RECOMENDADAS – Rol de obras, de artigos, etc. geralmente anotado e sugerido para leitura ou estudo.

LISTA DE PALAVRAS DE ORDEM – *Ver* Lista de cabeçalhos.

LISTA DE PALAVRAS NÃO SIGNIFICATIVAS – *Ver* Lista de palavras vazias.

LISTA DE PALAVRAS VAZIAS – Relação de palavras sem significado próprio, mas que podem modificar parcial ou totalmente o sentido daquelas que acompanham. Lista de palavras não significativas.

LISTA DE PALAVRAS-CHAVE – Lista de palavras significativas seleccionadas na indexação automática como palavras-chave.

LISTA DE PARTIDA (de um tesauro) – *Ver* Lista de base (de um tesauro).

LISTA DE PUBLICAÇÕES – Relação das publicações periódicas existentes numa instituição ou por ela acabadas de receber, elaborada em geral com finalidades de difusão.

LISTA DE RECENSEAMENTO – Documento oficial, geralmente periódico, enumerando dados sobre os habitantes de uma determinada área, provido de detalhes de precisão variável.

LISTA DE RECOLHA – Rol de documentos que devem regressar aos arquivos permanentes, onde se especifica cada um deles, datas limite e o órgão que os produziu.

LISTA DE REDUÇÕES (port. Bras.) – *Ver* Lista de abreviaturas.

LISTA DE REGESTOS – Série cronológica de documentos sobre um determinado assunto provenientes de uma ou mais fontes.

LISTA DE REGISTOS A DESTRUIR OU A CONSERVAR – Em arquivologia, documento que autoriza a eliminação ou manutenção de determinados registos existentes.

LISTA DE RUBRICAS ADOPTADAS – *Ver* Lista de autoridade.

LISTA DE TERMOS – *Ver* Lista terminológica.

LISTA DE TERMOS ABERTA – Relação de palavras em que os termos não estão expostos de uma forma rígida ou precisa, podendo acrescentar-se livremente outros termos novos.

LISTA DE TERMOS LIVRES – Rol de palavras ou descritores não definidos de modo rígido e no qual podem ser livremente incorporadas novas palavras.

LISTA DE TERMOS NORMALIZADOS – Elenco dos termos ou descritores cujo significado e adição de termos novos são estritamente controlados; é utilizado para indexação de documentos.

LISTA DE TESTEMUNHAS – Elemento do acto que contém os nomes das pessoas que confirmam um acto escrito ou jurídico ou os dois, as quais roboram a existência deste acto e lhe dão assentimento.

LISTA DE TÍTULOS ABREVIADA – Lista de obras cuja descrição bibliográfica está reduzida aos elementos essenciais.

LISTA DE TRANSFERÊNCIA – Lista contendo os títulos e as datas limite, elaborada para controlo de uma mudança.

LISTA DE UTILIZADORES – Lista alfabética das pessoas e instituições que beneficiaram da consulta de documentos ou a quem foram fornecidas informações neles contidas.

LISTA DE VERIFICAÇÃO – Aquela que é usada para compensar a fraqueza da memória humana, assegurando a consistência e garantia de rigor na execução de uma tarefa. *Checklist*.

LISTA DESCRITIVA – Instrumento de pesquisa com a forma de lista onde se analisa, de modo mais ou menos detalhado, o conteúdo dos documentos.

LISTA DIRECTA – Lista em que cada novo artigo está introduzido no fim dela, enquanto os outros guardam as mesmas posições relativas (última entrada, última saída).

LISTA DOS CABEÇALHOS DE AUTOR UTILIZADOS – Registo oficial das formas escolhidas como num catálogo, indicando para os nomes de autores, de colectividades e de clássicos anónimos as fontes consultadas para o estabelecimento destas formas e suas variantes.

LISTA DOS *COPYRIGHTS* – Lista dos livros depositados numa biblioteca, etc. e que estão sob a alçada da lei do *copyright*.

LISTA HIERÁRQUICA – Num tesauro é a parte onde os descritores são agrupados em grandes divisões, com indicação da hierarquia, apresentando vários níveis hierárquicos. *Ver tb*. Lista de base (de um tesauro).

LISTA INICIAL (de um tesauro) – *Ver* Lista de base (de um tesauro).

LISTA LOCAL – Lista geográfica da Classificação expansível de Cutter, contendo símbolos numéricos para serem usados com qualquer designador de assunto para indicar divisão local ou conexão.

LISTA NEGRA – Numa biblioteca, arquivo, serviço de documentação, etc. são inscritos na lista negra os nomes das pessoas que não devolveram as obras nas datas fixadas.

LISTA ORDENADA – Forma organizada sob a qual são apresentados os resultados de uma pesquisa bibliográfica manual ou informatizada.

LISTA SISTEMÁTICA DE NOÇÕES – Lista constituída por um conjunto de noções ligadas em que as relações entre elas são representadas pela sequência linear combinada com uma disposição em escalões, através da utilização de caracteres tipográficos diferentes ou de um sistema de notação.

LISTA TELEFÓNICA – Rol, relação ordenada dos nomes dos assinantes da companhia de telefones, suas moradas e respectivos números. (port. Bras.) Caderno de telefone.

LISTA TERMINOLÓGICA – Segundo Maniez, "conjunto coerente de termos técnicos ou científicos de um domínio particular, que atribui a cada termo uma definição precisa e completa do objecto ou do processo designado". Lista de termos.

LISTA TOPONÍMICA – Lista alfabética dos nomes de lugar.

LISTA-CONTROLO – Relação de documentos elaborada com fins de identificação e verificação; é uma lista de deduções que, numa sequência feita com exactidão e verificada diversas vezes, indica o que deve ser feito, deixado, examinado, comprovado, modificado, controlado e novamente certificado. A certificação é a função principal da lista; tem a finalidade de decompor cada trabalho ou actividade em segmentos avulsos ou fases individuais. Aplicada ao desenvolvimento dos trabalhos de arquivo, ela é nada mais nada menos que uma lista de verificação da documentação chegada ao arquivo, suas ordens lógicas e cronológicas, lacunas existentes, ordenação e classificação necessárias. Terminado o controlo, a documentação estará em ordem, pronta para que dela se possam elaborar outros instrumentos de pesquisa, que permitam recuperar com facilidade as informações e divulgar o seu conteúdo aos interessados.

LISTAGEM – Registo executado em rol ou lista • Registo impresso do conteúdo de uma zona da memória, para localizar um erro ou controlar o desenvolvimento de uma execução.

LISTÃO – Bordadura que torneia o escudo de armas, uma das figuras heráldicas da segunda ordem; é uma faixa aderente à borda do escudo que o circunda em todas as curvas, qualquer que seja a sua forma.

LISTAR – Em informática, imprimir no todo ou em parte cada um dos artigos de um ficheiro fornecido a uma impressora.

LISTEL – Moldura estreita e lisa que coroa uma moldura maior ou que separa as caneluras de colunas ou pilastras. Listelo • Em heráldica é a fita em que se escreve a divisa.

LISTELO – *Ver* Listel.
LISTRA (port. Bras.) – *Ver* Lista.
LIT. – Abreviatura de literário, literal, literatura, literalmente.
LITANIA – Elenco dos santos, que não constitui um livro litúrgico independente, mas que se encontra inserido em diversos livros e contextos, como num missal a Vigília Pascal, num ritual o Baptismo e a Penitência • Oração em tom repetitivo constituída por súplicas a Deus, à Virgem Maria ou aos santos. Ladainha.
LITARGÍRIO – Óxido de chumbo de cor variável, que vai do amarelo ao vermelho alaranjado, de cuja oxidação se obtém o mínio.
LITERACIA – Neologismo de origem inglesa que exprime um conceito funcional de leitura, que inclui a mestria da compreensão e uso de todas as formas e tipos de material escrito, que são requeridos pela sociedade e usados pelo indivíduo na sua língua materna; traduz-se na capacidade de dominar as competências que foram ensinadas e apreendidas de leitura, escrita e cálculo, necessárias para funcionar no emprego e na sociedade para atingir os seus próprios objectivos e desenvolver o seu conhecimento e potencial; apesar da frequência de uma longa escolaridade obrigatória, muitas pessoas apresentam dificuldades manifestas no domínio destas três competências • Em tecnologias da informação, facilidade de acesso e capacidade de manipulação dos media digitais, pelos quais a escrita é transmitida na edição electrónica.
LITERACIA DA INFORMAÇÃO – Segundo a *IFLA* o conceito de literacia da informação implica geralmente a "capacidade de fazer uso efectivo das fontes de informação, incluindo a análise e avaliação da informação e a sua organização e uso num contexto individual ou de grupo".
LITERACIA DA TECNOLOGIA DA INFORMAÇÃO – Segundo Lynch, é o "entendimento da infra-estrutura tecnológica que está na base de muito do nosso actual quotidiano, entendimento dos instrumentos que a tecnologia põe à nossa disposição e da sua interacção com aquela infra-estrutura, o entendimento das questões legais, sociais, económicas e políticas que modelam o desenvolvimento da infra-estrutura e a aplicação e utilização das tecnologias".
LITERACIA TEXTUAL – Literacia clássica do impresso. Literacia tradicional.
LITERACIA TRADICIONAL – Literacia textual. Literacia clássica do impresso.
LITERAL – Que é conforme à letra do texto. Rigoroso • Diz-se da tradução que não é livre e que foi feita palavra por palavra, ou quase deste modo • Formal.
LITERALMENTE – No sentido literal. Conforme a letra. À letra.
LITERÁRIO – Relativo a letras, à literatura ou a conhecimentos que foram adquiridos através do estudo • Jornalista ou escritor que analisa as obras literárias de publicação recente e que emite opinião acerca delas, recomendando-as ou não aos seus leitores.
LITERATAÇO – Fraco literato. Literato pretensioso. Literatiqueiro.
LITERATEAR – Escrever de uma forma ligeira sobre questões literárias.
LITERATEJAR – Fazer literatura sem qualidade.
LITERATELHO – Fraco literato. Literatiqueiro. Literatação.
LITERATICE – Literatura sem valor. Literatismo.
LITERATIQUEIRO – Fraco literato. Literatelho. Literataço.
LITERATISMO – Literatice. Literatura sem qualidade.
LITERATISTA – Relativo ao literatismo.
LITERATIZAR – Fazer literatura.
LITERATO – Pessoa culta. Erudito. Letrado • Escritor. Poeta. Prosador.
LITERATURA – Conhecimento das Belas-Letras; segundo Fernando Pessoa é a arte que vive primordialmente dos sentidos indirectos da palavra, daquilo que a palavra contém, não do que simplesmente diz • Conjunto das produções literárias de um país, de uma região ou de uma época • Arte de fazer composições literárias. Letradura. Letras • Homens de letras; aqueles que seguem a carreira das letras • No seu sentido mais lato, nome dado às mensagens escritas e impressas sob forma de texto.
LITERATURA ALIMENTAR – Forma corrente de gíria para designar a produção daque-

les que escrevem por necessidade de sobrevivência aquilo que será assinado por outros; trata-se, em geral, de subliteratura, em que se incluem alguns romances policiais, de aventuras e romances de amor.

LITERATURA BARATA – Novela, em geral de conteúdo sensacionalista e de pouca qualidade, que se escreve rapidamente e que é editada numa modalidade económica.

LITERATURA CIENTÍFICA – Designação geral das comunicações científicas escritas.

LITERATURA CINZENTA – Publicações que, pelo carácter efémero da informação que contêm, por serem dimanadas de organismos pouco conhecidos, pela sua apresentação física e pela circunstância de serem preparadas com vista à informação intermédia, escapam quer ao circuito do depósito legal quer ao da comercialização, facto que leva a que sejam de difícil localização. Trata-se de um conjunto de documentos que não são editados e cuja circulação se faz apenas dentro das instituições e organismos científicos ou administrativos que os produzem. Na Europa a *EAGLE* (Associação Europeia para a Literatura Cinzenta) faz um levantamento sistemático deste tipo de literatura, recenseia-a numa base de dados e a partir dela publica semestralmente o *CD-ROM SIGLE* (Sistema de Informação de Literatura Cinzenta na Europa). Literatura não convencional.

LITERATURA CLANDESTINA – Nome dado às obras que são impressas, publicadas e feitas circular ocultamente; são normalmente de natureza política e procuram destruir o governo ou, em tempo de crise política ou guerra, actuam contra o poder instituído • Literatura secreta • Imprensa clandestina.

LITERATURA COMPARADA – A que estabelece confrontação entre duas ou mais obras literárias, as suas relações e influências.

LITERATURA COR DE ROSA – Designação que é atribuída às produções literárias romanceadas, em que o enredo está centrado em conflitos amorosos pouco verosímeis e de desfecho feliz.

LITERATURA DE AUTO-AJUDA – Género literário que engloba obras que funcionam como guia espiritual na vida dos seus leitores.

LITERATURA DE COLPORTAGEM – Aquela que era divulgada e comercializada por vendedores ambulantes, os *colporteurs*, cuja actividade teve início no século XVII e se desenvolveu de um modo considerável em meados do século seguinte; esta designação deriva da expressão francesa *porter à col* (levar ao pescoço), modo como as obras para venda eram então transportadas. Abrangia todo o conjunto de folhetos e livros de venda ambulante, constituído em geral por almanaques, livros de astrologia, magia, recolhas de ditos, aforismos e anedotas, obras de conselhos religiosos, morais, sentimentais e práticos, receitas de cozinha, medicina tradicional, narrações de aventuras ou de viagens, romances sentimentais, horóscopo, correio do coração, etc. *Ver Colportage.*

LITERATURA DE COMBATE – Aquela que define uma posição ideológica ou que defende pontos de doutrina.

LITERATURA DE CORDEL – Literatura de fraco valor literário, de cariz popular, em geral sob forma de brochura, como aquela que era vendida nas ruas por vendedores ambulantes, pendurada "a cavalo num barbante". Tem como características formais o papel de má qualidade, o tipo grosseiro e a organização do opúsculo sob o ponto de vista tipográfico. Quanto ao conteúdo, é muito variável, pois vai desde hagiografias, peças de teatro popular, publicações ocasionais ou pasquins consagrados à desordem dos elementos – inundações, tremores de terra, tempestades e naufrágios, etc., crimes e penas de morte ou, de modo geral, aos fenómenos naturais: aparições, encantamentos, milagres. É uma literatura popular de usar e deitar fora. *Ver* Livro de cordel.

LITERATURA DE ENTRETENIMENTO – Aquela que compreende obras de carácter ligeiro, cujo objectivo não pretende ser mais do que fazer passar o tempo divertindo o espírito. Literatura recreativa. Literatura de fruição. Literatura de evasão. Literatura de recreio.

LITERATURA DE ESCAPE – *Ver* Literatura de evasão.

LITERATURA DE EVASÃO – Nome dado ao conjunto de obras que mais não pretendem que fazer esquecer a realidade, geralmente com

tramas amorosas e sentimentais e de aventuras. Literatura de escape. Literatura de refúgio.
LITERATURA DE EXALTAÇÃO – Modalidade de literatura intensa e entusiasmante, que visa engrandecer, enaltecer, sublinhar, glorificar ou celebrar uma figura ou acontecimento, de modo a provocar no leitor uma resposta adequada.
LITERATURA DE FICÇÃO – Literatura fantasiosa em que costumam incluir-se modalidades como o romance, o conto, a novela, a poesia e o teatro.
LITERATURA DE FRUIÇÃO – Literatura recreativa. Literatura de recreio. Literatura de evasão. Literatura de entretenimento.
LITERATURA DE MASSAS – Literatura de conteúdo facilmente assimilável, produzida para o grande público.
LITERATURA DE RECREIO – *Ver* Literatura de entretenimento.
LITERATURA DE REFERÊNCIA – Conjunto de publicações ou de bases de dados que fornecem informação ao utilizador de uma biblioteca, arquivo, serviço de documentação, etc., que procura determinados documentos ou dados.
LITERATURA DE REFÚGIO – *Ver* Literatura de evasão.
LITERATURA DE VANGUARDA – Designação atribuída às produções literárias que comunicam ideias muito avançadas e dificilmente captadas pelo público comum. Literatura moderna.
LITERATURA DE VIAGENS – Caracteriza-se por obras que relatam aventuras realizadas em lugares distantes, geralmente com descrições pitorescas de povos diferentes; com uma longa e prestigiada tradição nos países anglo-saxónicos, onde foi um dos tipos de leitura mais popular nos finais do século XIX, não constitui uma categoria própria nos países francófonos; em Portugal tem sido editada de modo avulso, por autor, não por género, salvo uma colecção que neste momento tem à roda de umas dezenas de títulos, incluindo originais e traduções, e que dá pelo nome de "Aventuras e viagens".
LITERATURA EDIFICANTE – Aquela que, não sendo propriamente de carácter religioso, pretende edificar e, através de narrativas moralizadoras como sejam, por exemplo, as de vidas de santos ou biografias de pessoas com vidas exemplares, procura formar o carácter e fornecer padrões de comportamento.
LITERATURA EFÉMERA – Nome dado ao material impresso em número limitado, em geral de interesse imediato, como panfletos, programas, etc.
LITERATURA EMBLEMÁTICA – Modalidade de literatura que, dadas as suas características, funciona como símbolo de uma determinada época, período, instituição, etc.
LITERATURA ERÓTICA – Designação atribuída às obras de conteúdo sexual ou lúbrico intenso, que possuem algum valor literário ou artístico.
LITERATURA ESTABELECIDA – *Ver* Literatura oficial.
LITERATURA HAGIOGRÁFICA – Aquela que se debruça sobre as vidas de santos.
LITERATURA INFANTIL – Conjunto de obras que foram especialmente concebidas para crianças.
LITERATURA INFANTO-JUVENIL – Aquela que tem como público-alvo a faixa etária que abrange os últimos anos da infância e os primeiros da puberdade; alguns autores pensam poder englobar-se neste conceito as obras que os jovens adoptam, independentemente de terem ou não sido escritas propositadamente para eles. Literatura infantil-juvenil.
LITERATURA JUVENIL – Conjunto de obras especialmente concebidas para os jovens.
LITERATURA *LIGHT* – Conceito recente que caracteriza uma produção literária centrada sobretudo na área do romance com enredo fácil de seguir, geralmente inspirado no quotidiano actual e com redacção leve e pouco elaborada, que não levanta grandes problemas nem causa inquietações; as opiniões dividem-se quanto a este tipo de textos, havendo alguns defensores que alegam que esta literatura serve um público que de outro modo nunca leria obras mais elaboradas.
LITERATURA LITÚRGICA – Aquela que é produzida tendo em vista as cerimónias do culto religioso; compõe-se essencialmente de dois tipos de documentos: a) os livros litúrgicos propriamente ditos, ou seja, os que se usam

no exercício do culto, contendo orações, leituras ou cânticos executados durante a missa, na administração dos sacramentos ou no decurso de certas cerimónias como dedicação de igrejas, enterros, etc.; é a chamada liturgia em acção; dela constam os missais, psaltérios, hinários, antifonários, legendários, homiliários, responsoriais, capitulários e ainda outros, que são apenas partes destacadas ou variedades dos mesmos; b) as obras de autores cristãos (ou mesmo pagãos) que dissertaram sobre o culto divino, descreveram cerimónias, compuseram hinos ou fórmulas de oração; pode dizer-se que não se trata da liturgia em acção, mas da liturgia vista de fora por um observador.

LITERATURA MODERNA – *Ver* Literatura de vanguarda.

LITERATURA MORAL – Aquela que abrange obras que pretendem formar a consciência, ditando regras de conduta de acordo com padrões moralmente aceitáveis e politicamente correctos.

LITERATURA NÃO CONVENCIONAL – *Ver* Literatura cinzenta.

LITERATURA OFICIAL – Aquela que está ao serviço de uma autoridade reconhecida ou que emana dela. Literatura estabelecida.

LITERATURA OPERÁRIA – Designação dada ao conjunto de obras que traduzem as necessidades culturais de um grupo, que neste caso é o operariado, isto é, as pessoas que vivem do trabalho das suas mãos.

LITERATURA ORAL – Conjunto de lendas e histórias populares, geralmente bastante antigas, que são difundidas verbalmente e perpetuadas por tradição.

LITERATURA PARA CRIANÇAS – *Ver* Literatura infantil.

LITERATURA POPULAR – Modalidade de literatura que é própria do povo.

LITERATURA SERIADA – Expressão usada para designar todo o tipo de publicação narrativa que é editada por partes. (port. Bras.) Seriado.

LITERATURAR – Dar carácter literário a. Transformar em literatura.

LITO – Forma abreviada de litografia.

LITOCALCOGRAFIA – Designação aplicada de um modo genérico aos processos de transporte sobre pedra litográfica de desenhos e textos impressos por decalque.

LITOCÓPIA – Modalidade de fotocópia que é baseada no decalque de uma imagem cianográfica ou latente numa placa revestida de gelatina.

LITOCRISOGRAFIA – Impressão litográfica em que se empregam tintas de ouro.

LITOCROMIA – Imitação da pintura a óleo; é feita por meio da litografia em papel que imita a tela • Arte de reproduzir a cores as litografias; o mesmo que oleografia e isocromia.

LITOCROMISTA – Pessoa que trabalha em litocromia.

LITO-ESTEREOTIPIA – Processo químico de gravura em relevo sobre pedra, inventado por Tissier em 1841, que se obtém atacando ou corroendo a pedra litográfica. Tissierografia.

LITOFANIA – Litografia a cores, em gelatina, cujo efeito só se obtém quando a imagem é atravessada pela luz; utiliza-se no vidro e na porcelana, dando-lhes a aparência de vitrais.

LITOFFSET – Litografia indirecta, aquela em que em vez de se imprimir directamente da matriz de pedra ou de zinco, a imagem é transferida para um revestimento de borracha (sobreposto em geral num cilindro) que funciona como superfície impressora, o que, além de ser mais rápido, não desgasta a matriz original.

LITÓFILO – Produto químico que dá uma grande tenuidade à tinta litográfica.

LITOFOTOGRAFIA – Processo de impressão litográfica que se obtém a partir da fotografia, em vez de ser a partir do desenho. *Ver* Fotolitografia.

LITOGLIFIA – Arte de gravar sobre pedra.

LITÓGLIFO – Gravador em pedra.

LITOGR. – Abreviatura de litografia.

LITOGRAFAR – Escrever, gravar ou desenhar em pedra • Reproduzir por meios litográficos.

LITOGRAFIA – Processo de gravura, inventado cerca de 1798 por Alois Senefelder, usado para certos trabalhos cartográficos ou para impressos comerciais como facturas, cabeçalhos de papel de carta, etc., em que os dados são gravados com um punção em pedra litográfica de grão muito fino e extremamente polida. A impressão é obtida mediante a utilização, quer de matrizes lisas de pedra calcária hidrófila polida, quer de chapas laminadas mono, bi ou polimetálicas, cujos tratamentos físico e químico superficiais conferem propriedades impressoras apenas aos elementos ou áreas preservadas que se transferiram para as matrizes por processos fotomecânicos (fototransporte), a partir de montagens em planos com os elementos opacos ou transparentes que se pretendem reproduzir; a impressão litográfica pode obter-se directamente com matrizes de pedra gravadas em relevo, em cavado ou em plano. Este processo de gravura foi utilizado nos livros mais ou menos depois de 1820, teve um sucesso importante na época romântica, foi usado por grandes artistas como Delacroix ou Daumier, e permaneceu em uso até finais do século XIX • Estampa obtida por este processo.

LITOGRAFIA A CORES – *Ver* Cromolitografia.

LITOGRAFIA ANASTÁTICA – Processo litográfico usado na reprodução de gravuras e livros antigos, que assenta na transposição para uma pedra litográfica e na execução da sua tiragem pelo modo comum de realizar a litografia.

LITOGRAFIA COLORIDA – *Ver* Cromolitografia.

LITOGRAFIA *OFFSET* – Impressão planográfica obtida mediante a utilização indirecta de chapas laminadas mono, bi ou polimetálicas, cuja superfície estampante é revestida ou preparada com extractos fotossensíveis (camada gelatinosa ou verniz e fotopolímero sintético), de modo a consentir o transporte ou a transferência da imagem ou dos elementos produzidos com processos manuais, fotográficos ou fotomecânicos; a revelação manual, mecânica ou automática permite a fixação dos elementos estampantes à chapa, os quais, depois da tintagem e do humedecimento com solução aquosa, são impressos na borracha e por ela transferidos ao papel ou outro suporte adequado por meio de leve pressão; o princípio da impressão planográfica lito e *offset* baseia-se na incompatibilidade entre as tintas com veículo gorduroso e as soluções de álcool ou aquosas, utilizadas para isolar das zonas claras ou áreas brancas os elementos ou imagens a reproduzir directa ou indirectamente em papel ou noutro suporte de impressão.

LITOGRAFIA PLANA – Método de impressão litográfica em que se utilizam matrizes planas de pedra ou de metal.

LITOGRAFIA ROTATIVA – Aquela em que a placa impressora está adaptada a um cilindro em máquina de impressão rotativa.

LITÓGRAFO – Pessoa que imprime ou desenha litograficamente.

LITOGRAVURA – Designação dada à gravura litográfica, trabalho a buril sobre pedra enegrecida, para a qual é transportado o calco da obra.

LITÓMETRO – Aparelho para verificar a espessura das pedras litográficas.

LITOTECA – Lugar da oficina litográfica onde se guardam as pedras litográficas.

LÍTOTE – Figura de estilo por meio da qual se atenua o pensamento, sugerindo uma ideia pela negação do seu contrário.

LITOTIPOGRAFIA – Arte de reproduzir litograficamente uma estampa ou um texto impresso. *Ver* Fotolitografia.

LITOTIPURGIA – Arte de gravar na pedra caracteres ou clichés para impressão tipográfica.

LITOZINCOGRAFIA – Processo de transposição de provas litográficas para uma placa de zinco que serve de matriz para a impressão.

LITTERA (pal. lat.) – Carácter da escrita • Letra do alfabeto • Letra. Forma de escrever de uma pessoa • Fase do método escolástico de ensino da leitura que segue imediatamente a *lectio* e que se caracteriza pela apreensão do sentido literal do texto, que permitia ao aluno adquirir o *sensus* • Carta. Epístola. Missiva • Qualquer documento escrito, desde o livro de contas ou o édito até à obra literária.

LITTERA ABSOLUTORIA (loc. lat.) – *Ver* Carta de absolvição.

LITTERA ANTIQUA (loc. lat.) – Também chamada *littera romana*, designa a letra minúscula carolina. *Antiqua*.

LITTERA BENEVENTANA (loc. lat.) – Escrita da Itália do Sul, usada entre os séculos VIII e XI.

LITTERA BONONIENSIS (loc. lat.) – Nome dado à letra utilizada cerca do século XIV nos manuscritos bolonheses.

LITTERA CAUDATA (loc. lat.) – Expressão que designa a letra filigranada com elementos fitomórficos, mais precisamente flores, que se prolongam nas margens ou no intercolúnio do manuscrito.
LITTERA FLORISSA (loc. lat.) – Letra inicial ornamentada à pena, geralmente composta por motivos geométricos e floreados.
LITTERA GALLICA (loc. lat.) – Letra carolina minúscula.
LITTERA ININTELLIGIBILIS (loc. lat.) – Expressão que designa a escrita cursiva que, como o nome indica, é traçada "a correr", daí ser muitas vezes difícil de decifrar.
LITTERA LONGOBARDA (loc. lat.) – Escrita cursiva pré-carolina, que no início do século XI designava a escrita da Itália do Sul; nos séculos XIV e XV a expressão toma um sentido bem mais vasto, designando todas as escritas complicadas, por vezes difíceis de ler, tais como a merovíngia.
LITTERA MODERNA (loc. lat.) – Expressão que designa a escrita gótica dos séculos XIV e XV, por oposição à *littera antica*, ou seja, a minúscula carolina.
LITTERA NOTABILIOR (loc. lat.) – Letra ampliada dentro de um texto, desenhada para clarificar a sintaxe de uma passagem.
LITTERA PARTITA (loc. lat.) – Inicial filigranada pintada com duas cores.
LITTERA PUBLICA (loc. lat.) – Tipo de escrita de carta cujo carácter oficial é garantia de autenticidade.
LITTERA PUNCTUATA (loc. lat.) – Texto manuscrito devidamente provido de sinais de pontuação.
LITTERA ROMANA (loc. lat.) – Nome dado na Idade Média à minúscula carolina, também denominada *antiqua*.
LITTERA TOLETANA (loc. lat.) – *Ver* Escrita visigótica.
LITTERÆ (pal. lat.) – Letras. Literatura • Erudição. Cultura.
LITTERÆ CUNEATÆ (loc. lat.) – *Ver* Escrita cuneiforme.
LITTERÆ RECLAMANTES (loc. lat.) – *Ver* Reclamos.
LITTERATOR (pal. lat.) – O que ensina a leitura e a escrita. Mestre-escola. Professor de estudos elementares • Gramático. Filólogo • Pessoa com alguma instrução. Literato.
LITTERATURA (pal. lat.) – Arte de ler e de escrever • Ciência respeitante às letras • Filologia. Gramática • Ciência. Saber. Erudição.
LITTERATUS (pal. lat.) – Crítico • Intérprete dos poetas. • Instruído. Sábio. Culto.
LITTERIS VENETIIS (loc. lat.) – *Ver* Caracteres romanos.
LITTERULA (pal. lat.) – Estudos literários modestos • Pequena letra • Pequena carta.
LITURGIA – Na sistematização dos códices pela matéria de que tratam, designação dada aos tratados de ritos, cerimónias e orações da Igreja.
LITURGIA DAS HORAS – Momentos de oração que dividem o dia da comunidade cristã: matinas (oração da noite ou da madrugada antes do alvorecer), laudes (oração ao nascer do sol), prima, terça, sexta, noa (as quatro horas menores, que correspondem às respectivas horas diurnas – cerca das 6h, 9h, meio-dia e 15h), vésperas (ao pôr-do-sol) e completas (na conclusão do dia, antes do repouso nocturno).
LÍVIA – Nome dado a uma espécie de papiro da mais alta qualidade.
LIVR. – Abreviatura de livraria, livro.
LIVRALHADA – Grande número de livros desordenados. Livraria. Livruxada. Livroxada.
LIVRAMENTO – Termo arcaico usado para decisão, acórdão, despacho, resolução, resposta, sentença.
LIVRARIA – Conjunto de livros dispostos ordenadamente • Conjunto de obras pertencentes a uma pessoa ordenadas segundo um determinado critério. Biblioteca • Grande quantidade de livros • Colecção de obras de determinados autores sobre determinados assuntos • Estabelecimento em que se vendem livros • Actividade, profissão do livreiro, comércio de livros • Corporação de livreiros • Casa de edição que dispõe de armazéns onde são vendidas obras editadas por sua conta • Estabelecimento comercial independente da produção do livro, com a possibilidade de vender mercadorias de vários editores • Livralhada.

LIVRARIA AMBULANTE – Livraria sem localização e colocação fixa, que se expõe em mercados, feiras, etc., com finalidades comerciais.

LIVRARIA ANTIGA – Comércio de livro antigo • Armazém, loja onde se vende o livro antigo. Alfarrabista. (port. Bras.) Sebo.

LIVRARIA DE MÃO – Conjunto de livros que uma pessoa culta deve ter à mão, geralmente constituído por obras que interessam especificamente ao seu universo de interesses ou à sua actividade intelectual, no qual têm um lugar importante obras de referência como prontuários, dicionários, enciclopédias, etc.

LIVRARIA DE OCASIÃO – Livraria especializada na venda de livros usados, saldo de resto de edições, etc.

LIVRARIA GENERALISTA – Aquela que cobre um conjunto de conhecimentos gerais e aspectos não especializados em determinada matéria.

LIVRARIA ON-LINE – Aquela que, usando as tecnologias digitais, disponibiliza os seus produtos (livros, *CD*, *CD-ROM*, *DVD* e *e-books*) para venda directa através da *Internet*, aproximando assim o autor do leitor e dispensando gradualmente editores, distribuidores e livreiros.

LIVRARIA-PAPELARIA – Estabelecimento comercial onde, além de livros em qualquer tipo de suporte, se comercializam também papel e artigos escolares e de escritório.

LIVRE – Palavra usada no mundo da informação (bibliotecas, arquivos, serviços de documentação, etc.) para qualificar aqueles serviços que são fornecidos ao utilizador a título gratuito. Grátis • Pode também ser usada para qualificar aqueles que não são controlados.

LIVRE ACESSO – Princípio que reconhece aos cidadãos o direito de aceder a instituições e documentos da Administração Pública, por meio da consulta e da reprodução, independentemente da invocação de um interesse ou motivo; este princípio tem excepções; são elas as matérias referentes à segurança interna e externa, à investigação criminal e à intimidade das pessoas • Sistema de consulta numa biblioteca, etc., que permite aos leitores acederem à estante para se servirem de obras, seja para a consulta no local, seja para o seu empréstimo domiciliário; por vezes nas estantes de livre acesso, colocadas na zona de circulação do utilizador da biblioteca, etc., estão expostas apenas as obras de aquisição recente • Em tecnologia da informação, modalidade de acesso que se destina ao público em geral, sem necessidade de identificação.

LIVRE DE FÊTE (loc. fr.) – *Ver* Livro de festa.

LIVRE OPINIÃO – Designação que qualifica o artigo jornalístico no qual o jornalista, ou mesmo o leitor, expressa o seu julgamento acerca de uma situação, observando, contudo, as regras éticas pelas quais se regem os órgãos de informação.

LIVRE UTILIZAÇÃO – Utilização de obra que é feita sem necessidade do consentimento do autor.

LIVRECO – Livro ruim, sem qualidade • Livrinho. Livro de pequenas dimensões • Livro insignificante, sem valor.

LIVREIRO – Na forma latina *librarius* designava o copista • Antes do aparecimento da imprensa, livreiro é o artífice que "faz livro" juntando e cosendo as folhas que vêm do copista e protegendo-as com uma capa; quando mais tarde a imprensa faculta a existência de muitos exemplares, o livreiro passa a ser aquele que vende livros a retalho, encadernados por si e que lhe são fornecidos pelo impressor ou pelo mercador; distinguia-se do mercador de livros porque este os vendia por grosso, embora naquela época fosse frequente a conjugação dos dois ofícios numa mesma pessoa. Este título profissional apareceu pela primeira vez no nosso país atribuído a Martim Vaz, no ano de 1499 • Fabricante e mercador que antigamente imprimia e vendia os livros. Vendedor de livros • Impressor • Proprietário de uma livraria • Comerciante cuja profissão é a de vender livros ao público; por vezes vende igualmente livros em segunda mão.

LIVREIRO ALUGADOR – *Ver* Alugador de livros.

LIVREIRO AMBULANTE – Vendedor de livros, folhetos e estampas, que acarreta a mercadoria de uns lugares para outros, porque não tem lugar fixo de venda. *Ver tb.* Colporteur.

LIVREIRO ANTIQUÁRIO – Livreiro especializado na comercialização de manuscritos e livros antigos de valor. Livreiro de livro antigo. Antiquário-livreiro.

LIVREIRO DE LIVRO ANTIGO – Livreiro que faz comércio de livros antigos, muitas vezes esgotados, e que por vezes pertenceram a um ou mais possuidores famosos. Livreiro antiquário. Antiquário-livreiro.

LIVREIRO DE OCASIÃO – Aquele cuja especialidade é a comercialização de livros usados, saldos e restos de edições.

LIVREIRO EDITOR – Livreiro que assume as funções de publicação de uma obra que também comercializa.

LIVREIRO IMPRESSOR – Livreiro que assume em simultâneo as funções de impressão e de venda de uma obra.

LIVREIRO GROSSISTA – Aquele que vende os seus livros e outros materiais por grosso, isto é, em grande número; usa-se esta expressão por oposição a livreiro retalhista.

LIVREIRO RETALHISTA – Aquele que vende os seus livros e outros materiais a retalho, isto é, um a um ou em pequenas quantidades; usa-se esta expressão por oposição a livreiro grossista.

LIVRESCO – Relacionado com livros • Propenso aos livros.

LIVRETE – Livro pequeno para apontamentos • Caderneta • Registo • Caderno.

LIVRINHO – Livro de pequenas dimensões • Livro insignificante, sem valor. Livreco.

LIVRO – Conjunto de cadernos, manuscritos ou impressos, cosidos ordenadamente e formando um bloco • Obra, científica ou literária que forma ou pode formar um volume • Cada uma das partes principais em que se dividem os textos dos livros • Documento impresso ou não impresso • Transcrição do pensamento por meio de uma técnica de escrita em qualquer suporte com quaisquer processos de inscrição. O livro supõe um suporte, signos, um processo de inscrição, um significado. Integra-se num processo de criação, de reprodução, de distribuição, de conservação e de comunicação. Dirige-se a um leitor, possui uma finalidade: a reflexão, o ensino, o conhecimento, a evasão, a difusão do pensamento e a cultura • Segundo a agência portuguesa para o *ISBN* (*International Standard Book Numbering*) é toda a publicação não periódica com um mínimo de quarenta e cinco páginas e que esteja sujeita a depósito legal • Segundo a *ISO* (*International Standards Organization*) é uma publicação impressa não periódica, com mais de quarenta e oito páginas, sem incluir as da capa, que constitui uma unidade bibliográfica. Monografia • Exemplar a partir do qual o editor faz a impressão.

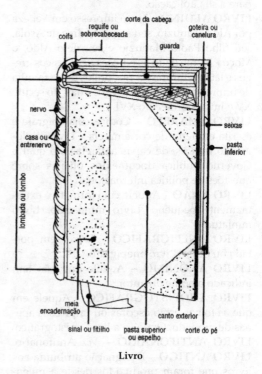

Livro

LIVRO ACADÉMICO – Aquele que contém conhecimentos sobre uma determinada ciência ou assunto e que serve de suporte ao ensino que é ministrado numa instituição universitária.

LIVRO ACÉFALO – Exemplar ao qual faltam o rosto e as primeiras páginas.

LIVRO ACROAMÁTICO – *Ver* Livro esotérico.

LIVRO ACROÁTICO – *Ver* Livro esotérico.

LIVRO ADOPTADO – Livro seleccionado para funcionar como manual básico no ensino de determinada matéria.

LIVRO ADULTERADO – O que sofreu alterações, tendo o seu conteúdo sido falsificado no todo ou em parte.

LIVRO ALARANJADO – Livro diplomático russo, de capas cor de laranja, no qual o Governo publica documentos oficiais sobre questões de política internacional.

LIVRO ALCAVALATÓRIO – Livro do qual constavam as leis e ordenações respeitantes às alcavalas ou impostos (sisas) e o critério usado para a sua aplicação.

LIVRO ALDINO – Livro impresso em Veneza por Aldo Manuzio, seu sogro Andrea de Asola, seu filho Paolo Manuzio e seu neto Aldo, o Moço • Nome dado às edições de clássicos gregos e latinos impressas nos prelos desta família de impressores venezianos dos finais do século XV e inícios do século XVI.

LIVRO AMARELO – Códice cuja epígrafe é escrita em letra de cor amarela • Livro diplomático francês, de capas amarelas, no qual o Governo publica documentos oficiais sobre questões de política internacional.

LIVRO ANÃO – Aquele cujo formato é extremamente pequeno. Livro minúsculo. Livro miniatura.

LIVRO ANEPIGRÁFICO – Livro sem portada ou título. Livro anepígrafo.

LIVRO ANÓNIMO – Aquele que não tem indicado o nome do autor.

LIVRO ANOPISTOGRÁFICO – Aquele em que as folhas estão escritas ou impressas apenas de um lado. Opõe-se a livro opistográfico.

LIVRO ANTIFONÁRIO – *Ver* Antifonário.

LIVRO ANTIGO – Designação atribuída aos livros que foram produzidos desde a invenção da imprensa até ao início do século XIX; de modo mais preciso, e uma vez que os incunábulos constituem uma produção tipográfica à parte, não só pelas suas características próprias, mas também pelo seu tratamento catalográfico, pode dizer-se que o livro antigo abrange as obras impressas desde 1501 até 1800 inclusive • Livro velho; vulgarmente é assim designado todo aquele que tem mais de cem anos.

LIVRO APARADO – Aquele cujas folhas foram cortadas regularmente à cabeça, pé e margens.

LIVRO APÓCRIFO – Livro de autoria ou autenticidade duvidosa • Designação dada a um dos livros do Antigo Testamento ou aos Apócrifos do Novo Testamento • Antigamente era o livro reservado pelos pagãos aos iniciados numa doutrina ou culto • Livro secreto • Cada um dos livros que não fazem parte do cânone da Igreja, apesar de serem atribuídos a autores sagrados.

LIVRO APOSTILADO – Aquele que apresenta apostilas, comentários, breves notas ou adições à margem.

LIVRO ARCAICO – Aquele que foi impresso no primeiro período da tipografia, logo a seguir aos incunábulos • Livro que parece muito antigo ou que na actualidade está fora de uso.

LIVRO ARTÍSTICO – *Ver* Livro de arte.

LIVRO ASCÉTICO – Nome que se aplica aos livros de piedade que contêm exercícios espirituais, tais como os *Ascéticos* ou *Tratados de devoção* de São Basílio, bispo de Cesareia, na Capadócia; nas bibliotecas as obras de teologia eram agrupadas sob esta designação.

LIVRO AUGURAL – Livro dos áugures. Livro que prevê o futuro; a designação vem-lhe da relação com os áugures, sacerdotes que entre os romanos adivinhavam os desígnios dos deuses a partir da análise do voo e do canto das aves. Livro de adivinho.

LIVRO AUTÊNTICO – Aquele cujo autor e data de publicação são conhecidos e verdadeiros.

LIVRO AUXILIAR – Instrumento de trabalho individual ou colectivo, constituído por um livro num ou mais volumes que, propondo um conjunto de informações, tem em vista a aplicação e a avaliação da aprendizagem feita, destinado apenas a um determinado ano de escolaridade.

LIVRO AZUL – Livro diplomático britânico em que o Governo publica documentos oficiais sobre temas de política internacional; esta designação vem-lhe da cor das capas • Designação popular atribuída nos Estados Unidos a uma publicação oficial cuja capa é de cor azul.

LIVRO BÁSICO – Aquele que serve de base. Livro indispensável, isto é, aquele que é considerado essencial para o estudo do assunto nele contido. Obra básica.

LIVRO BÍBLICO – Nome dado a cada um dos livros que constitui a Bíblia e que engloba os textos tanto do Antigo como do Novo Testamento.

LIVRO BIFOLIADO – Aquele em que a foliação é dupla, isto é, tem o mesmo número no recto e no verso da folha.

LIVRO BIOGRÁFICO – Aquele que narra a vida de um indivíduo desde que nasce até à sua morte, revelando alguns aspectos da sua personalidade e modo de pensar.

LIVRO BORBOLETA – Forma de livro originário do Extremo Oriente, formado por um conjunto de folhas dobradas verticalmente ao meio e coladas umas às outras ao longo da dobra exterior.

LIVRO BORDADO – Designa-se deste modo o livro cujo papel se encontra muito carcomido pelos microrganismos, de tal modo que parece uma renda.

LIVRO BRANCO – Livro diplomático constituído por documentos relacionados com negociações de paz • Livro diplomático alemão e da Santa Sé, no qual os respectivos governos publicam documentos oficiais sobre temas de política estrangeira; a sua designação resulta da cor das suas capas • Livro editado por uma instituição oficial para expor o seu ponto de vista sobre um tema considerado importante.

LIVRO BROCHADO – Livro cosido, revestido com capa de papel ou cartolina. Brochura.

LIVRO CADENADO – A presença de uma argola e corrente num livro antigo denota geralmente a posse do livro por uma instituição medieval de tipo eclesiástico ou de um colégio ou outro estabelecimento do género, onde se encontrava em livre acesso, preso à mesa de leitura ou estante, com o corte virado para fora. Este processo, limitado às espécies de maior consulta e às mais valiosas, foi usado até meados do século XVI nas universidades e fora delas, à medida que o acervo da biblioteca aumentava. *Catenatus. Liber catenatus.*

LIVRO CANÓNICO – Recolha de cânones ou decisões dos Papas e Concílios.

LIVRO CARCELADO – Aquele que se destina à colagem de fotografias, recortes, etc., em que as folhas estão separadas por tiras de cartolina ou carcelas, de modo a que a espessura das peças coladas não exceda a largura da lombada.

Livro cadenado

LIVRO CARITENHO – Livro de ladainhas que servia nas preces públicas e procissões.

LIVRO CARTONADO – Aquele que está protegido por capas de cartão cobertas de papel, pele, tela, etc.

LIVRO CELESTE – Designação pela qual é conhecido cada um dos livros que os muçulmanos e outros fiéis acreditam terem descido dos céus, como o *Corão*, o *Pentateuco*, os *Evangelhos* e o *Salmista*.

LIVRO CENSURADO – Aquele cuja publicação não foi autorizada pelas autoridades civis ou religiosas existentes num país com competência para fazê-lo • Aquele que foi alvo de censura, podendo esta assumir a forma de traços, riscos, rasgões, fragmentos de papel colados por cima do texto, para escondê-lo, ou mesmo eliminação de certas páginas, por se considerar que a obra pode ser veículo de doutrina perigosa ou pouco ortodoxa por parte da autoridade; por vezes na página de rosto estas obras apresentam mesmo a nota de censuradas ou expurgadas, dando a conhecer deste modo que se encontram isentas dos passos considerados menos aconselháveis, podendo ser dadas à consulta sem qualquer perigo; tal facto é mais comum em bibliotecas de seminários, colégios, etc. Livro expurgado.

LIVRO CENSURÁVEL – Aquele que, por motivos religiosos ou outros, podia ser considerado pela igreja ou por qualquer outra autoridade motivo de reprovação, por veicular ideias pouco ortodoxas sob o ponto de vista religioso, moral ou político.

LIVRO CERIMONIAL – Livro em que estão escritas as cerimónias e formalidades que devem ser cumpridas em determinados actos públicos. Cerimonial.

LIVRO CIENTÍFICO – Obra cujo conteúdo consta de assuntos relacionados com as ciências.

LIVRO CIENTÍFICO E TÉCNICO – Obra cujo conteúdo são assuntos relacionados com as ciências e suas aplicações práticas.

LIVRO CIFRADO – Tratado para órgão, viola ou qualquer outro instrumento musical • Livro de composição musical • Aquele cujo conteúdo se apresenta escrito de forma secreta ou enigmática.

LIVRO CIRCULANTE – Aquele que pode ser emprestado para consulta fora da biblioteca, etc.

LIVRO CLANDESTINO – Livro proibido, que devido à natureza do seu conteúdo é impresso e divulgado à revelia das autoridades.

LIVRO CLÁSSICO – Livro de autor clássico grego ou latino • Designação atribuída a determinadas obras que, dada a qualidade do seu texto, são consideradas pela crítica de todos os tempos autoridades num determinado ramo do conhecimento.

LIVRO COMERCIAL – Cada um dos livros que devem conter a escrituração dos créditos e débitos e que os comerciantes devem manter em ordem para conceder validade às suas operações. Livro de comércio.

LIVRO CONTÁVEL – Cada um dos livros usados para assentar operações comerciais.

LIVRO COPIADOR – Aquele em que são recolhidos os acordos e os documentos que se querem guardar.

LIVRO COPIADOR DE CARTAS – Aquele em que são transcritas, por ordem cronológica, as missivas expedidas ou recebidas por uma instituição ou particular.

LIVRO CORAL – *Ver* Livro de coro.

LIVRO COR DE ROSA – Designa-se deste modo qualquer novela popular de enredo amoroso e fantasioso.

LIVRO CORDIFORME – Livro que fechado tem a forma de uma amêndoa e que, quando aberto, apresenta a forma de um coração ou de dois corações em um.

LIVRO CORRENTE – Livro vulgar. Livro comum.

LIVRO CORTADO CERCE – Aquele que não tem saliência ou pestana, por os seus cadernos terem sido aparados juntamente com as capas.

LIVRO COSTANEIRO – Termo que designa cada um dos livros que ocupam o primeiro e o último lugar de um pacote de livros e que costumam ficar arqueados ou marcados pela corda.

LIVRO CRIPTÓNIMO – *Ver* Livro criptonómico.

LIVRO CRIPTONÓMICO – Aquele em que o nome do autor aparece ocultado sob a forma de um anagrama, pseudónimo ou artifício semelhante. Livro criptónimo.

LIVRO DA EMENTA – Aquele em que eram escritos de uma forma resumida os treslados das cartas régias, graças, mercês, para que se pudessem compreender com facilidade e guardar na lembrança. Ementa.

LIVRO DA ERA DIGITAL – *Ver CD-ROM, CD-audio, e-book,* livro em linha, livro digital, livro electrónico.

LIVRO DA NOA – Nome dado ao livro de memórias históricas, incluindo grandes acontecimentos, manifestações da vontade de Deus, presságios, etc. O que explica esta nomenclatura é o facto de a hora nona (termo que depois se corrompe para noa), ou seja, as três horas da tarde, comportar uma dimensão sagrada, por esta hora corresponder à hora da morte de Cristo.

LIVRO DA ORDEM – Texto onde se encontram compendiados os hábitos e os comportamentos a serem observados por uma comunidade religiosa.

LIVRO DA PORTA – Livro que se encontrava geralmente à entrada de certas instituições e onde se registavam os pedidos, requerimentos e os despachos.

LIVRO DA SABEDORIA – Ver Livro da Sapiência.

LIVRO DA SAPIÊNCIA – Aquele que contém os cinco livros sapienciais do Antigo Testamento, a saber: *Provérbios, Eclesiastes, Cântico dos Cânticos, Livro da Sabedoria e Eclesiástico*.

LIVRO DA VIDA – Nome dado ao livro celeste que seria uma espécie de registo sobrenatural onde estariam consignados os nomes dos eleitos ou justos.

LIVRO DAS CLEMENTINAS – Ver Clementinas.

LIVRO DAS MEDIDAS – Aquele onde eram registadas as medidas, lembranças manufacturadas com fita e estampilha, que eram fornecidas aos devotos que entregavam donativos por ocasião da venda dos círios.

LIVRO DE ACÓRDÃOS – Livro do qual constam as resoluções adoptadas por um tribunal sobre assuntos de aplicação geral ou outros que não sejam a fundamentação, visto e sentenças dos pleitos e causas.

LIVRO DE ACTAS – Livro no qual se relata tudo o que sucedeu numa reunião, sessão ou assembleia.

LIVRO DE ACTUALIDADE – Aquele cujo conteúdo é referente a acontecimentos acabados de ocorrer.

LIVRO DE ADIVINHO – Ver Livro augural.

LIVRO DE ALGIBEIRA – Ver Livro de bolso.

LIVRO DE ALUMÍNIO – Aquele que é feito com folhas de um metal branco e leve conhecido por este nome e escrito pelo sistema braile, para leitura de invisuais.

LIVRO DE ANÉIS – Tipo de encadernação que consiste na reunião pela lombada de folhas soltas através de argolas que estão introduzidas no papel em furos feitos para esse fim com maquinaria própria.

LIVRO DE ANIVERSÁRIOS – Livro onde se anotavam não só os legados pios feitos às igrejas, confrarias ou mosteiros, mas onde também se inscreviam as missas e sufrágios por alma dos benfeitores.

LIVRO DE ANOTAÇÕES – Ver Livro de notas.

LIVRO DE APONTAMENTOS – Aquele cujo conteúdo fundamental serve como auxiliar de memória de quem nele escreve pequenas anotações, datas, lembretes, etc. • Livro em que os artistas medievais recolhiam de obras mais antigas ou contemporâneas o material ilustrativo que depois seria usado como modelo.

LIVRO DE ARAUTOS – Segundo Aires do Nascimento "é uma introdução ao ofício de arauto, com descrição dos diferentes países da Europa e apresentação de armorial, preparado por arauto português para servir de orientação aos seus companheiros que se integrariam na embaixada que o rei português, D. João I, enviaria ao Concílio de Constância em 1416"; regista a situação geográfica das terras referidas, enumera e descreve os diversos elementos que contribuem para a nobilitação da região, refere monumentos, culturas e tradições locais; ainda segundo o mesmo autor, pode ser considerado "um dos mais antigos representantes da literatura heráldica na Europa e o mais antigo de Portugal" • Guia descritivo dos diversos países.

LIVRO DE ARMAÇÃO – Aquele onde se anotavam os nomes dos tripulantes de uma embarcação.

LIVRO DE ARTE – Obra de temas artísticos, que apresenta em geral ilustrações a branco e negro ou a cores, realizada em papel de grande qualidade e de impressão cara. Livro artístico • Aquele que se destina ao bibliófilo e ao esteta, em geral peça de colecção ou obra de arte, realizada com a finalidade de ser exposta em mostruário ou ciosamente guardada e considerada como objecto de valor.

LIVRO DE ARTISTA – Livro começado a editar no século XX, cujo nome lhe vem do facto de o artista participar directamente na sua produção; por vezes o pintor era simultaneamente o autor da ilustração e do texto. Livro de pinturas.

LIVRO DE ASSENTO DE IRMÃOS – Aquele onde se inscreviam os nomes dos irmãos de uma confraria.

LIVRO DE ASSENTOS – Apresentando-se, em geral, sob a forma de grandes registos, por vezes cuidadosa e até sumptuosamente encadernados, dado que neles se vão registando os diversos eventos de uma família – nascimentos, casamentos e óbitos, constituem, deste modo, a história dessa família; contêm igualmente o registo de todas as aquisições, vendas ou escambos de propriedades que foram acrescentando ou reduzindo o património familiar, assim como os gastos e as rendas obtidas com a exploração anual. Dado que tais livros não se destinavam a ser conhecidos do grande público, os elementos que contêm garantem, em princípio, uma fidedignidade de informação fora do comum; podem designar-se igualmente por livros de razão ou *liber rationis*, no sentido etimológico do termo.

LIVRO DE ATRIL – Livro de grandes dimensões, em que se escreviam as composições polifónicas repartidas em cada duas páginas dispostas frente-a-frente do livro aberto colocado sobre a estante ou atril; o texto e a pauta musical eram de grande corpo, de modo a poderem ser lidos à distância pelos membros do coro. Livro de coro. Livro de facistol.

LIVRO DE AUTO-AJUDA – Aquele que funciona como guia espiritual na vida de quem o compra e lê.

LIVRO DE AUTÓGRAFOS – Aquele em que se coleccionam assinaturas e mensagens manuscritas.

LIVRO DE AVENTURAS – Aquele cujo conteúdo é constituído por façanhas, peripécias, proezas, contratempos e outros azares, que uma ou várias personagens podem experimentar, durante um determinado período de tempo.

LIVRO DE BALANÇOS – Livro de contabilidade em que são anotados os resumos de contas comerciais nas empresas que não possuem um livro de inventários e balanços.

LIVRO DE BAMBU – Aquele cujo material original era a cana-da-índia cortada em pedaços que, por sua vez, eram cortados em tiras, que eram secas ao lume, escritas com um pincel e tinta e unidas por meio de fios de linho ou seda formando um volume.

LIVRO DE BATALHA – Livro em que a tipografia, os materiais e a encadernação ficam sujeitas a um preço de venda muito baixo, de modo a facultar uma difusão maior.

LIVRO DE BEZERRO – Livro em que os mosteiros e as igrejas antigas copiavam os seus privilégios para seu uso corrente • Livro em que se assentam as igrejas e peças pertencentes ao património real. O nome veio-lhe da pele das encadernações em carneira, que em geral o revestiam.

LIVRO DE BIBLIÓFILO – É aquele que é criteriosamente seleccionado pelo bibliófilo ou coleccionador atento à aquisição do exemplar raro, de grande beleza tipográfica, imaculado e em excelente estado de conservação, revestido por uma encadernação magnífica (tanto quanto possível contemporânea da impressão da obra), para poder figurar ao lado da colecção que já possui e que quer melhorar constantemente.

LIVRO DE BIBLIOTECA – Nome que se dá a obras de carácter sério e permanente, que se conservam e detêm um valor real; a biblioteca monástica medieval continha uma enorme variedade de textos, desde os volumes litúrgicos e bíblias, obras dos Santos Padres, volumes de leis (tais como o *Digesto* e as *Decretais*), textos clássicos seleccionados, textos médicos, herbários e certos textos astronómicos/astrológicos. As instituições seculares, tais como os colégios, também tinham bibliotecas. Alguns estudantes leigos, especialmente os humanistas, tinham colecções particulares de livros, assim como os bibliófilos, que às vezes eram aristocratas. O conteúdo das bibliotecas de instituições seculares variava consoante os interesses dos seus possuidores. Hoje em dia considera-se livro de biblioteca aquele cujo conteúdo não é ultrapassado pelo tempo, ou porque representa uma determinada corrente ideológica, ou porque tem valor tipográfico que lhe é conferido pela sua antiguidade, ou porque entrou na categoria dos chamados clássicos; é vendido em antiquários-livreiros ou leilões; por vezes também são considerados livros de biblioteca as edições de luxo, os livros de arte, particularmente as edições limitadas, numeradas e assinadas, ou ainda aqueles livros que não se destinam a ser lidos do princípio ao fim, mas que constituem verdadeiras obras de referência, que se consultam esporadicamente.

LIVRO DE BOAS MANEIRAS – *Ver* Livro de civilidade.

LIVRO DE BOLSO – Livro de pequenas dimensões, cujo formato é escolhido de modo a facilitar o seu transporte e a sua maior difusão devido ao baixo preço e às tiragens elevadas. O primeiro editor daquilo que hoje designamos livro de bolso foi Aldo Manuzio (1495-1515), impressor humanista veneziano, que para baixar o custo das suas edições lhes reduziu o formato de in-fólio para in-oitavo; a primeira obra a ser impressa por ele neste novo tamanho terá sido um Virgílio, que foi lançado em Abril de 1501; estas edições destinavam-se tanto a pessoas de recursos mais modestos como a letrados e universitários, tendo esta moda progredido ainda mais no século seguinte; trata-se de uma modalidade de livro que hoje é possível encontrar em lugares diversos, que vão desde as livrarias até às estações de caminho de ferro, aeroportos ou quiosques. Livro de algibeira. *Pocket book*.

LIVRO DE BOM-TOM – *Ver* Livro de civilidade.

LIVRO DE BORDO – *Ver* Diário de bordo.

LIVRO DE CABECEIRA – Aquele que se lê com frequência; o nome vem do facto de ele estar sempre à mão, ao lado da cama, para que possa ler-se todos os dias.

LIVRO DE CADASTRO – Aquele em que está registado o censo e o padrão estatístico da propriedade rústica e urbana.

LIVRO DE CAIXA – *Ver* Livro-caixa.

LIVRO DE CAVALARIA – Novela em prosa ou em prosa e verso publicada desde o aparecimento da imprensa, cujo enredo se centra nas histórias de façanhas dos cavaleiros medievais e que assenta na tradição oral.

LIVRO DE CHEQUES – Caderneta de impressos de forma rectangular emitida por um estabelecimento bancário, pelo preenchimento da qual se pode movimentar uma conta-corrente.

LIVRO DE CHOQUE – Aquele cuja venda alcança números muito elevados de um momento para o outro e logo a seguir entra em grande declínio até à ausência total de venda.

LIVRO DE CINTO – Modalidade de livro usado na Idade Média e no início da Renascença preparado para ser transportado com o seu possuidor, quando se deslocava de uns lugares para outros; podia apresentar uma encadernação em pergaminho ou mesmo em marfim ou em qualquer outro material nobre, provida de uma badana que protegia o corte exterior, na extremidade da qual pendia uma tira que dava a volta ao livro fechando-o e cuja ponta se prendia ao cinto ou corda do vestuário; como o livro se encontrava invertido no invólucro, podia ser levantado e lido sem o retirar dele. Livro de cinturão. *Girdle-book*.

LIVRO DE CINTURÃO – *Ver* Livro de cinto.

LIVRO DE CITAÇÕES – Volume cujo conteúdo é formado por um pequeno texto do seu organizador e por um conjunto de extractos de diferentes autores sobre um determinado tema.

LIVRO DE CIVILIDADE – Designação atribuída aos livros onde são dadas instruções sobre as regras da cortesia mundana destinadas a um bom comportamento em sociedade, assim como alguns rudimentos elementares de conversação, de moral, decoro, modo como comportar-se em público, etc., visando moldar o interior e o exterior do homem. Livro de boas maneiras. Livro de bom-tom. Livro de conduta. Tratado de civilidade.

LIVRO DE CLUBE DE LEITORES – Aquele que é apenas vendido aos sócios da colectividade, cuja finalidade é a difusão de livros.

LIVRO DE COMÉRCIO – *Ver* Livro comercial.

LIVRO DE CONDUTA – *Ver* Livro de civilidade.

LIVRO DE CONFIRMAÇÕES – Livro paroquial em que eram registados os nomes dos confirmados, segundo um formulário próprio.

LIVRO DE CONSULTA – Obra destinada ao uso dos leitores, em geral em sistema de livre acesso; compreende obras como dicionários da mais variada espécie, glossários, enciclopédias, gramáticas, bibliografias e outro material de referência, que deve estar sempre disponível a quem elabora trabalho de investigação, e que a ele recorre para resolver dúvidas. Livro de referência.

LIVRO DE CONTA E RAZÃO – *Ver* Livro de caixa.

LIVRO DE CONTAS AJUSTADAS – Prontuário de contabilidade elementar em que estão publicadas diversas tabelas facilmente utilizáveis.

LIVRO DE CONTOS – *Ver* Livro de histórias.

LIVRO DE CORDEL – Opúsculo em prosa ou verso, usualmente pertencente aos géneros literários de ficção (contos, autos, vidas romanceadas de santos e de outras pessoas famosas), destinado à leitura popular; era vendido pelas ruas, apresentando-se pendurado num barbante estendido ao longo de uma parede ou numa banca de feira, daí o seu nome; o seu conteúdo de carácter popular e fabuloso, o seu baixo preço e o seu modesto aspecto gráfico tornavam-no acessível.

LIVRO DE CORO – Livro de grandes dimensões, cujas folhas inicialmente eram de pergaminho e cujo conteúdo, manuscrito ou impresso, é mais tarde constituído por salmos, antífonas, etc., para serem cantadas em conjunto, quando colocado em estante apropriada, com as correspondentes notas de canto, habitualmente escritas em notação litúrgico-gregoriana em duas páginas contíguas, frente-a-frente, a livro aberto; a sua grande dimensão e correspondente notação musical e texto de grandes caracteres permitia a todos os elementos do grupo coral ler à distância com facilidade e rigor. Livro coral. Livro de atril. Livro de facistol.

LIVRO DE COZINHA – Livro manuscrito ou impresso que tem fórmulas para confeccionar alimentos e/ou conselhos sobre a sua escolha e modo de apresentá-los. Livro de receitas.

LIVRO DE CULTO – Fenómeno relativamente recente, que coloca determinado tipo de livros como sendo de leitura quase obrigatória para quem professa determinadas ideias radicais, sendo considerados veículo de referência; a sua difusão depende um pouco de algumas modas vigentes em certos circuitos intelectuais e religiosos • *Ver tb.* Livro litúrgico.

LIVRO DE DESPESAS – Livro onde se registam os gastos e consumos de uma instituição ou de uma empresa ou particular. Livro dos gastos.

LIVRO DE DEVOÇÃO – *Ver* Devocionário.

LIVRO DE DIREITO – *Ver* Livro jurídico.

LIVRO DE DIVULGAÇÃO – Aquele cuja edição é destinada a difundir um determinado assunto pelo maior número possível de pessoas. Livro de vulgarização. Livro de informação.

LIVRO DE DÍZIMAS – Livro paroquial em que se assentavam as entradas e saídas das contribuições equivalentes à décima parte do rendimento, um antigo imposto que se pagava à igreja.

LIVRO DE DOMÍNIO PÚBLICO – Aquele que pode ser reproduzido sem sofrer alterações, porque transcorreram todos os prazos legais desde a morte do seu autor e a sua reprodução deixou de estar protegida pelos direitos de autor.

LIVRO DE EMBLEMAS – Tipo de livro comum nos séculos XVI-XVII, no qual desenhos ou gravuras chamados emblemas expressam algum pensamento ou ideia moral, quando impressos em conjunto com provérbios, ditos, lemas, epígrafes ou textos explicativos ou nos quais há versos dispostos de forma simbólica, como sob a forma de cruz. Um dos mais célebres livros de emblemas conhecidos são os *Emblemata* de Alciato.

LIVRO DE ENCADERNAÇÃO – Numa biblioteca, livro de registo no qual são inscritos dados de todos os livros que são enviados para o encadernador, para encadernar, gravar, rotular, restaurar, etc.

LIVRO DE ENCOMENDAR – Livro que contém o rito dos funerais ou encomendação das almas.

LIVRO DE ENSINO – Aquele que é usado nas escolas para ensinamento e aprendizagem dos alunos.

LIVRO DE ENTRADA – *Ver* Livro de registo.

LIVRO DE ESTAMPAS – Volume formado por um conjunto de imagens acompanhadas ou não de epígrafes ilustrativas ou de texto a elas alusivo • Aquele em que é muito mais importante e predominante a ilustração que o texto. Livro ilustrado.

LIVRO DE ESTILO – Manual que encerra um conjunto de princípios tendentes à uniformização de critérios de redacção, correcção de estilo e tipográfica, etc.

LIVRO DE ESTREIA – Primeira obra impressa de um autor.

LIVRO DE ESTUDO – Aquele que se destina a servir de apoio ao acto de estudar. Livro escolar. Livro para estudante. Livro de ensino.

LIVRO DE EXEMPLOS – Livro composto de casos ou exemplos doutrinais. Exemplário.

LIVRO DE EXERCÍCIOS – Livro de estudo que contém instruções e aplicações práticas de uma dada matéria • Livro de reduzidas dimensões, que se destina a ser usado pelos estudantes para fazerem os seus trabalhos académicos.

LIVRO DE FACISTOL – Livro de grandes dimensões em que eram escritas composições polifónicas repartidas em cada duas páginas frente-a-frente, a livro aberto; o nome vem-lhe do facto de se encontrar aberto numa grande estante existente no coro das igrejas e designada deste modo. Livro de atril. Livro de coro.

LIVRO DE FAMÍLIA – Livro oficial onde são registados dados referentes a uma determinada família, como o casamento e o nascimento dos filhos.

LIVRO DE FESTA – Mais conhecido pela expressão francesa *livre de fête*, designa a obra, em geral de excelente apresentação gráfica, esmaltada com numerosas gravuras de bom recorte, elaborada propositadamente para celebrar um acontecimento importante, como um casamento real ou outro evento digno de memória, como a inauguração de um monumento ou outra efeméride importante; geralmente é impressa em tamanho excepcionalmente grande e está revestida com uma encadernação de grande aparato.

LIVRO DE FICÇÃO – Em literatura popular o livro de ficção pertence a uma literatura narrativa em prosa, com acontecimentos, caracteres e cenas que são, no todo ou em parte, o produto da imaginação e fantasia, tais como novelas e pequenos contos. Obra de ficção.

LIVRO DE FINADOS – Livro paroquial em que são registados os falecimentos dos paroquianos; esse registo é feito de acordo com uma determinada fórmula consagrada pelo uso.

LIVRO DE FOLHAS SOLTAS – Aquele que é constituído por folhas amovíveis que não estão cosidas nem coladas à lombada, mas que são reunidas através de argolas ou outros dispositivos semelhantes.

LIVRO DE FORMA – Livro impresso, por oposição a livro manuscrito.

LIVRO DE FOTOGRAFIAS – Livro de imagens, com pouco ou nenhum texto e predominância de retratos.

LIVRO DE FUNDO – Aquele que foi adquirido por um livreiro em grande número para constituir uma das bases de vendas dos livros que tem armazenados, que se diferencia dos livros sortidos, dos quais tem habitualmente em armazém um número limitado de exemplares.

LIVRO DE GRANDE FORMATO – O que não pode ser acondicionado nas tabelas da estante do modo habitual, devido às suas grandes dimensões, maiores que as dos outros.

LIVRO DE GRAVURAS – *Ver* Livro de imagens.

LIVRO DE GRAVURAS DA BIBLIOTECA HOLKHAM – Códice manuscrito constituído por ilustrações da história sagrada do Antigo e do Novo Testamentos, com inscrições explicativas em inglês e francês, cuja data de execução é atribuída ao segundo quartel do século XVI.

LIVRO DE HISTÓRIAS – Livro, em geral para crianças, onde são narrados contos fantasiosos, que apresentam, com frequência, uma intenção moralizante. Livro de contos.

LIVRO DE HISTÓRIAS ILUSTRADO – Livro consistindo em ilustrações acompanhadas por texto explicativo, narrativo e adaptado aos interesses e capacidade de leitura das crianças.

LIVRO DE HOMENAGEM – Publicação que inclui contribuições diversas de vários autores, editada como prova de veneração de uma pessoa ou entidade em data marcante da sua vida, com a finalidade de registar ou festejar algum acontecimento ou efeméride. Homenagem. Volume de homenagem. Miscelânea de homenagem. *In Memoriam*.

LIVRO DE HORAS – Colecção manuscrita ou impressa de orações, salmos e ofícios para uso de leigos que pretendessem associar-se ao ritmo das horas canónicas; é, sem sombra de dúvida, o mais usual dos livros de prática religiosa; não se trata de um livro litúrgico e o seu texto escapa ao controlo da autoridade eclesiástica, pelo que, mais tarde, os livros de horas chegam a figurar no *Index Librorum Prohibitorum*. Os primeiros livros de horas são uma combinação do saltério (o livro até aí mais comummente usado nas devoções privadas) com o livro de horas propriamente dito, até que este se destaca sozinho; contudo, quando ainda se destinavam apenas ao uso das comunidades religiosas, estavam divididos nos oito momentos do dia dedicados à oração: Prima, que correspondia mais ou menos às 6 horas da manhã, Tércia, pelas 9 horas, Sexta, que correspondia ao meio-dia, Nona, pelas 3 horas da tarde, Vésperas pelas 6 horas, Completas, que ocorria às 9 horas da noite, Vigília, à meia noite e Matinas, pelas 3 horas da manhã. No entanto, quando os livros de horas começaram a popularizar-se entre a comunidade dos fiéis, passaram a ser inteiramente independentes do ano litúrgico e a sua recitação não tinha qualquer carácter obrigatório, constituindo apenas uma devoção particular; sem controlo da igreja, o copista dispunha os elementos à sua maneira, acrescentava orações à sua feição e até mesmo textos profanos. Estes livros inspiravam-se sobretudo nas grandes devoções a Nossa Senhora, à Santa Cruz, ao Espírito Santo, ao culto dos santos e ao dos mortos. Pode dizer-se que os seus elementos essenciais são o calendário, o pequeno ofício da Virgem, os salmos da penitência (os salmos 6, 31, 37, 50, 101, 129 e 142, que foram introduzidos pela primeira vez no século XIII), as ladainhas, os sufrágios, os ofícios dos mortos; há elementos secundários frequentes: fragmentos dos Evangelhos, horas e ofício da Cruz, horas e ofício do Espírito Santo, horas da Santíssima Trindade, as quinze alegrias da Virgem, as sete súplicas a Nosso Senhor e podem ainda surgir os quinze salmos graduais, horas em honra de diversos santos, orações, os Dez Mandamentos, etc.; neles eram também incluídas por vezes diversas orações, de acordo com as devoções particulares das pessoas a quem se destinavam. O livro de horas mais conhecido é o de Nossa Senhora, tendo começado a ser iluminado na segunda metade do século XIII; a sua ilustração seguia certos modelos, contendo geralmente uma miniatura ou conjunto de miniaturas para cada texto principal; incluíam cenas da vida da Virgem, de Cristo, do rei David, imagens de santos e temas relativos à morte e ao juízo final; no século XIV tornaram-se no *best-seller* das ofertas em livros, tradição esta que permaneceu nos manuscritos iluminados em pergaminho ou velino do século XV e nos primeiros livros ilustrados impressos, particularmente em França.

LIVRO DE IMAGENS – Aquele que é constituído somente ou na sua maioria por gravuras adaptadas aos interesses ou necessidades dos mais jovens e dos que ainda não sabem ler. Livro de gravuras • Livro mudo.

LIVRO DE INSTRUÇÕES – Livro que acompanha qualquer aparelho, máquina ou outro tipo de produto, onde estão inscritas informações ligadas ao seu funcionamento e utilização correctos.

LIVRO DE INVENTÁRIO – Livro com uma descrição rigorosa dos produtos, capital, créditos e valores de um comerciante e do balanço geral do seu movimento. Livro de registo.

LIVRO DE KELLS – Manuscrito dos Evangelhos, escrito na Irlanda no século VIII, que se julga ser o manuscrito mais ricamente decorado produzido na Irlanda.

LIVRO DE LEITURA – Livro escolar pelo qual se aprende a soletrar e posteriormente a ler; está organizado por graus sucessivos de dificuldade, de modo a ir superando as dificuldades iniciais do aluno; nas primeiras etapas da leitura é comum o uso de imagens associadas aos objectos, de modo a facilitar a retenção dos ensinamentos.

LIVRO DE LEITURA FÁCIL – Aquele que se lê sem dificuldade, pois é impresso em caracteres de grande dimensão e tem ilustrações e textos adaptados à capacidade de leitura de crianças em idade pré-escolar.

LIVRO DE LEMBRANÇAS – *Ver* Agenda.

LIVRO DE LITURGIA – Aquele que se destina às cerimónias litúrgicas mais variadas, expressão de uma qualquer religião; na Igreja católica tradicional contam-se entre os livros litúrgicos os missais, pontificais, leccionários, processionários, livros de salmos, etc.

LIVRO DE MÃO – Aquele que uma pessoa culta geralmente tem ao seu imediato dispor, com uma utilização continuada. Livro de emprego constante. Manual. Livro de uso.

LIVRO DE MASSAS – Qualificação atribuída ao tipo de livros que, dada a sua natureza, põem ao alcance de inúmeros leitores muitos tesouros da ciência e da cultura que lhe estavam vedados antes do seu aparecimento; o livro de massas é veículo de educação, de obras de clássicos, de manuais técnicos e de obras de pesquisa, de ficção popular, etc.; foi a partir da publicação pela Penguin da colecção de livros de bolso, cujas tiragens assumiam números surpreendentes e garantiam preços acessíveis, que o livro deste tipo passou a poder ser designado deste modo, por estar ao alcance de todos. *Ver* Livro popular *e* Livro de bolso.

LIVRO DE MÁXIMAS E PENSAMENTOS – Obra literária em prosa ou verso composta essencialmente por sentenças e expressões que levam a pensar sobre elas.

LIVRO DE MESA – Aquele que se lê apoiado numa banca, geralmente com conteúdo de carácter universitário e de grande formato.

LIVRO DE MILAGRES – Aquele em que eram registados por escrito os prodígios atribuídos a um santo.

LIVRO DE MODELOS – Tal como o nome indica, é o livro onde se encontram desenhos e padrões destinados a dar sugestões e ideias de motivos a aplicar na decoração de manuscritos, tais como cartelas, tarjas, elementos ornamentais, fundos imitando tapeçarias, etc., que podem ser copiados na íntegra ou com variantes para servirem de pontos de partida para a produção de imagens nos manuscritos, muitas vezes com notas relativas às cores a empregar; sobreviveram até nós algumas dezenas deles, que nos dão informações preciosas dos elementos decorativos como animais, aves, iniciais ornamentadas, bordaduras e outros motivos que surgem nas miniaturas medievais de modo surpreendentemente semelhante em códices totalmente diferentes. Remontam à Idade Média. Por meados do século XV os livros de modelos eram gravados e podem encontrar-se desenhos semelhantes em manuscritos de zonas tão afastadas como o Norte da Europa e o Sul; algumas oficinas de copistas teriam naturalmente os seus próprios livros de modelos; há composições que são características de certas oficinas e de certos artistas, especialmente em Paris, desde pelo menos 1220; nos manuscritos flamengos do início do século XVI podem encontrar-se verdadeiros duplicados de miniaturas de um manuscrito para o outro, com os mais pequenos detalhes, sendo quase impossível detectar a sua autoria. Também temos conhecimento de que estes modelos podiam ser decalcados através de verdadeiro papel vegetal, a denominada *charta lustra* ou *charta lucida*, ou ainda através de picotagem, técnica por meio da qual as marcas deixadas permitiam reconstituir o desenho noutra página, restando depois apenas colori-lo. Os livros de modelos eram sobretudo usados por principiantes de iluminura, mas também podiam servir de base à escolha do encomendante de um livro iluminado, geralmente em regime de contrato. Livro de padrões.

LIVRO DE MORADAS – Livro manuscrito no qual se inscrevem nomes, endereços e por vezes números de telefone e endereços electrónicos.

LIVRO DE MORTALHA – Livro onde se registavam, de um modo específico, as vendas que se faziam de vestes talares brancas levadas pelos penitentes nas procissões em cumprimento de um voto.

LIVRO DE NAVEGAÇÃO – Livro ou caderno onde o capitão inscreve as observações diárias referentes à sua navegação. Diário de navegação. Diário de voo.

LIVRO DE NOTAS – Livro em branco, geralmente de pequeno formato, para trazer no bolso; nele se vão anotando factos ou coisas cuja lembrança se torna útil. Livro de anotações • Caderno de apontamentos, caderno de lembranças, *carnet* • Agenda. (port. Bras.) Caderno de anotações.

LIVRO DE NOVENAS – Aquele que contém as orações que devem ser recitadas nas novenas ou conjunto de devoções que são realizadas em nove dias consecutivos.

LIVRO DE ÓBITOS – Livro onde os párocos registavam o nome e outros elementos relativos ao falecido. Obituário.

LIVRO DE OCASIÃO – Livro não novo, mas moderno, vendido a preço mais baixo que o corrente.

LIVRO DE OCORRÊNCIAS – Aquele onde são registados os factos significativos de um serviço que trabalha por turnos e através do qual o funcionário que vem substituir outro toma conhecimento do que ocorreu.

LIVRO DE ORAÇÕES – Colecção que contém preces para uso privado surgidas cerca do século VIII na Irlanda e pouco depois no Império carolíngio; nos manuscritos ingleses do século IX, as orações começaram a ser coleccionadas de acordo com os temas mais usuais e eram por vezes acompanhadas por trechos dos Evangelhos e Salmos; durante a Idade Média os livros de orações mais vulgarizados para uso de devoção foram o psaltério e o livro de horas. Devocionário. Oraçoeiro. Livro de rezas. Livro de rezado.

LIVRO DE OURO – Livro que compila dados genealógicos dos nobres ou das leis mais importantes; é geralmente encadernado em ouro ou apresenta pastas douradas, daí derivando o seu nome; modernamente designa os livros nos quais são consignados os resultados de provas desportivas e os nomes dos vencedores • Livro em branco ou álbum no qual, em certas instituições, os visitantes notáveis apõem a sua assinatura, precedida por vezes das impressões que a visita lhes sugeriu. Livro de visitantes.

LIVRO DE PADRÕES – *Ver* Livro de modelos.

LIVRO DE PEDRA – Nome dado usualmente aos monumentos históricos.

LIVRO DE PIEDADE – *Ver* Devocionário.

LIVRO DE PINTURAS – *Ver* Livro de artista.

LIVRO DE PONTO – Livro em branco onde os funcionários de uma instituição colocam o seu nome à entrada e à saída de cada período de trabalho, para assinalar a sua presença. Livro de presenças.

LIVRO DE PRAZOS – Livro manuscrito onde estavam registadas as escrituras correspondentes aos contratos de aforamento ou emprazamento.

LIVRO DE PRECES E DEVOÇÃO – *Ver* Devocionário.

LIVRO DE PRESENÇAS – *Ver* Livro de ponto.

LIVRO DE PRIVILÉGIOS – Aquele que contém os direitos e pertenças das igrejas e mosteiros antigos; também se chama cartulário, livro de tombo ou tombo.

LIVRO DE PROTOCOLO – Livro de uso generalizado nas repartições públicas para registo da entrada de quaisquer documentos, com anotações sobre o seu percurso.

LIVRO DE PROVAS – Livro onde estão impressos todos os tipos de que a tipografia dispõe, organizados por corpos e famílias. Mostruário de tipos.

LIVRO DE PROVÉRBIOS – Colectânea de anexins ou adágios, ditos populares e sentenciosos, sentenças morais ou máximas.

LIVRO DE QUADRADINHOS – Designação correntemente dada aos livros de banda desenhada.

LIVRO DE QUALIDADE – Aquele em que todos os pormenores da sua confecção foram pensados de forma a conferir-lhe distinção: a riqueza dos materiais empregados, a pureza dos caracteres escolhidos, a encadernação cuidada, etc.

LIVRO DE RAZÃO – *Ver* Livro-razão.

LIVRO DE RECEITA – Aquele em que são registados os valores que são recebidos e que resultam das transacções feitas, representados por dinheiro ou por título, que nele se transformam à vista, e que podem servir de meios de pagamento.

LIVRO DE RECEITA E DESPESA – Livro de escrituração comercial em que são registados os dados relativos à administração de negócios, produção de propriedades e inclusão de rendimentos e gastos pessoais.

LIVRO DE RECEITAS – Aquele que contém fórmulas de cozinha; pode apresentar-se manuscrito ou impresso. Livro de cozinha.

LIVRO DE RECLAMAÇÕES – Aquele onde são registadas as observações, queixas e protestos de um utente de um determinado serviço, público ou privado.

LIVRO DE REFERÊNCIA – Aquele que permite obter uma informação rápida sobre determinado assunto, como os manuais, guias, bibliografias, etc.; a sua consulta faz-se apenas para obter essa ajuda ou informação sobre determinada matéria. Obra de referência. Obra de consulta.

LIVRO DE REFERÊNCIA GERAL – Designação da obra de referência que tem um amplo campo de acção e que não é limitada a qualquer assunto isolado, sendo útil para a maioria dos assuntos; consideram-se livros de referência geral os dicionários, enciclopédias, anuários, manuais, almanaques, guias, atlas, etc.

LIVRO DE REGISTO – Livro público ou particular onde se inscrevem actos ou acontecimentos que se desejam arquivar • Cópia textual de um documento em livro próprio, para lhe garantir autenticidade • Documento, geralmente sob forma de volume encadernado, que contém a inscrição regular de informações homogéneas em ordem cronológica, alfabética ou outra • Livro onde são inscritos, por ordem de chegada, os elementos identificadores dos documentos entrados numa biblioteca, arquivo, serviço de documentação, etc., onde constam os dados identificativos, a data de entrada, o modo de aquisição e, no caso de a aquisição ter sido feita por compra, o preço, e por vezes outras informações consideradas de interesse para a instituição.

LIVRO DE REZADO – Livro de orações por oposição ao livro litúrgico. *Ver* Livro de orações.

LIVRO DE REZAS – *Ver* Livro de orações.

LIVRO DE SACO – Forma de livro proveniente do Extremo Oriente, constituído por uma série de folhas dobradas verticalmente ao meio e coladas umas às outras ao longo dos bordos laterais, de modo que são as dobras que formam o corte do volume.

LIVRO DE SEDA – Modalidade de livro originário da China durante o período dos Estados Guerreiros, cujo material escriptório era a seda, em que se escrevia com um pincel e tinta; os rolos de seda tiveram grande utilização durante quase um século, até serem substituídos pelos de papel.

LIVRO DE SUCESSO – Expressão usada para significar a boa aceitação por parte do público de uma obra que vendeu bem e que quase sempre obteve um bom acolhimento por parte da crítica; geralmente à primeira edição seguem-se outras. Sucesso editorial.

LIVRO DE SUGESTÕES – Aquele onde se assinalam as observações dos utentes de um dado serviço, feitas com vista a melhorá-lo.

LIVRO DE SUMÁRIOS – Num estabelecimento de ensino é o livro onde o professor resume os tópicos da matéria abordados em cada aula, por vezes acompanhados da respectiva bibliografia a consultar; destina-se não só a dar conta do cumprimento do programa escolar, mas também serve de controlo aos alunos para conferirem a matéria dada.

LIVRO DE TABUINHAS – Livro antigo que era constituído por pequenas tábuas de madeira, metálicas ou de marfim cobertas por um revestimento maleável (a cera ou outro) e ligadas pela lombada por meio de tiras de couro ou de anéis metálicos, em que se escrevia com um estilo.

LIVRO DE TALÕES – Livro que apenas contém bilhetes, cédulas, recibos e outros documentos dos quais fica uma parte encadernada, quando se cortam, para comprovar a sua legitimidade ou falsidade ou para outros fins.

LIVRO DE TECLA – Livro de música com composições para instrumentos de tecla.

LIVRO DE TERMOS – Aquele onde se regista a avaliação final dos alunos num estabelecimento de ensino.

LIVRO DE TERRÁDEGOS – *Ver* Livro de terrados.

LIVRO DE TERRADOS – Também chamado livro de terrádegos, nome derivado dos impostos que se pagavam ao senhorio da terra por qualquer venda de propriedade que nele eram inscritos.

LIVRO DE TEXTO – Designação atribuída a alguns livros utilizados pelos estudantes para os seus estudos, que contêm os aspectos fundamentais da matéria a estudar. Trata-se de um tipo de publicação que se propõe fornecer informações sobre um determinado assunto, facilitar e desenvolver a sua compreensão; a sua função didáctica leva a que o livro de texto apresente a matéria de forma simplificada, sendo usado pelo professor, enquanto docente, para comunicar a matéria de estudo aos seus alunos. Muitas vezes inclui o resumo das lições e foi pensado e escrito em função do ensino oral. Para alguns esta expressão acabou por adquirir conotações negativas; todavia, não pode esquecer-se que algumas das obras fundamentais da história intelectual da Europa, como a *Metafísica* de Aristóteles, a *Summa Theologica* de São Tomás, o *Tratado das Leis* de Suárez, o *Curso de Filosofia positiva* de Comte, as *Lições sobre a Filosofia da História* de

Hegel e o *Curso de Linguística Geral* de Saussure foram livros de texto. *Text-book.*

LIVRO DE TEXTO PARA ENSINO PROGRAMADO – Texto de ensino que, em vez da exposição sequencial habitualmente usada no texto programado comum, usa a bifurcação ao longo do livro; cada apresentação de informação é seguida de uma série de perguntas com diversas respostas para cada uma delas, das quais o estudante escolherá aquelas que lhe parecerem as mais correctas e as respostas seleccionadas remetem-no para uma determinada página, onde é apresentada a solução certa.

LIVRO DE TOMBO – *Ver* Inventário.

LIVRO DE TRAZER À CINTA – *Ver* Livro de cinto.

LIVRO DE USO – Aquele que tem uma utilização continuada. Livro de emprego frequente. Manual. Livro de mão.

LIVRO DE VENDA AMBULANTE – Folheto de baixo custo, impresso de forma rudimentar e grosseira em papel de fraca qualidade, que se destinava a ter uma grande difusão junto de um público popular; circulando com frequência anónimas, estas brochuras tiveram a sua divulgação entre o princípio do século XVII e a segunda metade do século XIX.

LIVRO DE VENDA DIRECTA POR ASSINATURA – Aquele que antes da sua publicação foi submetido a subscrição de particulares • Livro ou conjunto de livros (obras em publicação ou enciclopédias em vários volumes), que uma casa editora vende a particulares, através dos seus representantes ou pelo correio.

LIVRO DE VENDA FIRME – *Ver* Steady-seller.

LIVRO DE VIAGENS – Aquele que descreve de forma detalhada e pitoresca as digressões realizadas em terras desconhecidas, mais ou menos distantes.

LIVRO DE VISITAÇÕES – Livro onde se apontavam os tributos ou foros pagos ao rei ou ao senhorio.

LIVRO DE VISITANTES – Livro existente em algumas casas particulares e instituições, formado por folhas em branco e encadernação de luxo, destinado a ser assinado por quem as visita, que com frequência escreve nele também algumas linhas sobre a impressão causada. Livro de ouro.

LIVRO DE VULGARIZAÇÃO – Aquele que se destina a um público alargado e tem a finalidade de pôr ao seu alcance a matéria de que trata, tornando-a conhecida. Livro comum. Livro de divulgação.

LIVRO DEFEITUOSO – Aquele que apresenta alguma imperfeição física.

LIVRO DEFESO – Livro proibido pelo poder civil ou, mais frequentemente pela Igreja ou ainda pela Inquisição, por ser atentatório dos bons costumes ou por veicular doutrina pouco ortodoxa, não aceite por elas.

LIVRO DESAPARECIDO – Diz-se do livro cujo paradeiro no momento se desconhece, por ter sido subtraído ou extraviado.

LIVRO DESCARTADO – Aquele que pelo excesso de uso precisa de ser retirado da biblioteca.

LIVRO DESCARTÁVEL – Aquele que, sendo de apresentação tipográfica pouco cuidada, impresso em papel de qualidade inferior e, por isso mesmo, de baixo custo e com conteúdo efémero, é alienado após a sua leitura.

LIVRO DEUTEROCANÓNICO – Cada um dos livros do Antigo e do Novo Testamentos, que apenas figuram no cânone católico e não no judeu, e cuja canonicidade antigamente foi posta em dúvida por algumas igrejas.

LIVRO DEVOCIONAL – *Ver* Devocionário.

LIVRO DEVOTO – *Ver* Devocionário.

LIVRO DIÁRIO – Documento onde são registados todos os dias um ou mais tipos de operação por ordem cronológica. Diário • Livro comercial em que se registam, diariamente, por ordem cronológica, todas as operações passivas do estabelecimento, assim como o resumo de balanço geral.

LIVRO DIÁRIO AUXILIAR – Livro em que são registadas as primeiras notas, que depois serão integradas nos registos do diário geral.

LIVRO DIDÁCTICO – Aquele que trata de assuntos directamente relacionados com o ensino, estudo e aprendizagem.

LIVRO DIGITAL – Publicação digital não periódica, isto é, completa num volume ou num número pré-determinado de volumes e que pode conter qualquer morfologia da informação. *E-book. Ver* Livro electrónico.

LIVRO DIGITAL PORTÁTIL – Instrumento de leitura, semelhante aos instrumentos para jogos, que permite o carregamento de títulos em linha.

LIVRO DIPLOMÁTICO – Livro usado pelo governo de um determinado país para tornar públicos documentos relativos à diplomacia.

LIVRO DIVINO – Aquele que, embora tivesse sido escrito pelo homem, se crê que terá sido inspirado e ditado pela própria divindade.

LIVRO DO ANO – Livro eleito anualmente por uma editorial e que ela em geral destina a ofertas aos seus melhores clientes.

LIVRO DO CAPÍTULO – Livro litúrgico constituído pelos textos necessários à celebração da liturgia do capítulo (sala de reunião comunitária), que tinha lugar após a hora de prima (por vezes de terça); compreende um martirológio (o mais comum é o de Usuardo), um necrológio, com notas obituárias (aniversários de defuntos), a regra em uso na comunidade (de S. Bento, por exemplo), os capítulos dos Evangelhos consoante a época e um homiliário, com breves excertos patrísticos. Martirológio.

LIVRO DO DESTINO – Nome dado ao livro celeste em que estariam escritos os planos ou o esquisso da história, de tal modo que quem o decifrasse conheceria o próprio sentido da história.

LIVRO DO DEUTERONÓMIO – Nome dado ao quinto livro do *Pentateuco*, que contém os discursos e advertências de Moisés ao seu povo, durante a caminhada no deserto.

LIVRO DO ÊXODO – Nome dado ao segundo livro do *Pentateuco*, que narra a saída do povo de Israel do Egipto.

LIVRO DO GÉNESIS – Nome dado ao primeiro livro do *Pentateuco*, em que se descreve a história da criação do mundo e a geração dos primeiros homens.

LIVRO DO JUÍZO – Designação dada ao livro celeste constituído por uma relação do modo como os homens se comportam, o registo das suas acções, sejam elas boas ou más, e que serviria de ponto de partida para que Deus realizasse o juízo final (*Isaías*, 65, 6; *Jeremias*, 22, 30; *Daniel*, 7, 10; *Malaquias*, 3, 16; *Colossenses*, 2, 14; *Apocalipse*, 2, 12).

LIVRO DO LEVÍTICO – Nome dado ao terceiro livro do *Pentateuco*, que apresenta carácter legislativo no que toca à religião, descrevendo também o ritual dos sacrifícios e apresentando o calendário religioso.

LIVRO DO MÊS – Iniciativa criada com finalidades comerciais e de divulgação, que assenta na oferta para venda de livros seleccionados mensalmente pela sua actualidade, notoriedade conseguida pelas críticas na imprensa, publicidade, êxito nas vendas, etc.; é uma modalidade de divulgação da bibliografia corrente. São com frequência publicações cumulativas dos *Livros da Semana* e são apresentadas às pequenas livrarias e bibliotecas com um fraco ritmo de encomendas.

LIVRO DOS ACOSTAMENTOS – Aquele em que se fazia o registo da moradia, isto é, do ordenado ou da pensão dados aos acostados.

LIVRO DOS FILHAMENTOS – Livro da nobreza em que estão assentados e, como tomados a rol, os que têm estatuto de fidalgos.

LIVRO DOS GASTOS – *Ver* Livro de despesas.

LIVRO DOS MORTOS – Nome dado ao texto sagrado dos antigos egípcios composto por uma colecção de fórmulas, preces, feitiços e hinos destinados a proteger os defuntos; nos sarcófagos depositavam-se cópias ou fragmentos destes papiros, para que o defunto pudesse "ler" os textos mágicos que o protegeriam na sua jornada para o além. Os exemplos mais significativos datam dos séculos XVI-XIII a. C. e eram profusamente ilustrados.

LIVRO DOS NÚMEROS – Nome dado ao quarto livro do *Pentateuco*, onde são fornecidos detalhes acerca da viagem dos judeus na longa caminhada no deserto e os principais acontecimentos nela ocorridos.

LIVRO DOS PROVÉRBIOS – Um dos cinco livros sapienciais do Antigo Testamento, que expõe a doutrina destinada a fazer alcançar a sabedoria, através de uma prática de vida exemplar moralmente irrepreensível.

LIVRO DUPLICADO – Livro do qual existem dois exemplares numa mesma instituição.

LIVRO EDIFICANTE – Obra piedosa.

LIVRO EDUCACIONAL – *Ver* Livro educativo.

LIVRO EDUCATIVO – Aquele que tem por objectivo formar, instruir e desenvolver as capacidades de quem o lê ou consulta. Livro instrutivo. Livro formativo. Livro educacional.
LIVRO ELECTRÓNICO – Aquele em que as palavras ou códigos foram substituídos pelos de uma outra linguagem ou código legível por máquina; surgiu como alternativa ao livro, texto e documento em suporte papel; não pretende substituir o livro na sua totalidade, mas o seu objectivo é conquistar o segmento do utilizador constituído por actividades como as de médicos, juristas, engenheiros e altos quadros, que necessitam da informação permanente e actualizada. Apresenta alguns inconvenientes, como a possibilidade de ocorrerem avarias, perda de bateria, exigindo assistência técnica frequente; contudo, o transporte é mais fácil, não é necessário esperar que a obra saia do prelo, pois a disponibilização do produto é permanente; além disso, representa uma economia apreciável dos recursos naturais, uma vez que não será preciso abater florestas para produzir a pasta de papel; permite uma actualização automática e uma interactividade mais funcional que o livro tradicional, pois qualquer dos modelos até agora inventados, o *softbook*, o *rocketbook* e o *dedicated reader* possuem canetas electrónicas para escrever. De qualquer modo, é um dado adquirido que o preço do livro em papel tem aumentado substancialmente, mas a versão digital aparece, contudo, ainda, como uma alternativa àquele e menos como um substituto. Livro em forma electrónica. Usa-se por oposição a livro impresso.
LIVRO ELEFANTINO – Tabuinha de marfim onde eram inscritos os actos do senado romano.
LIVRO ELEMENTAR – Aquele que encerra os fundamentos de uma ciência ou técnica.
LIVRO ELZEVIRIANO – Designação atribuída aos livros editados pelos Elzevier, famosa família de impressores dos Países Baixos • Livro impresso com tipos elzevirianos.
LIVRO EM 4º – *Ver* Formato in-4º.
LIVRO EM 8º – *Ver* Formato in-8º.
LIVRO EM 8º FRANCÊS – *Ver* Formato in-8º francês.
LIVRO EM 12º – *Ver* Formato in-12º.
LIVRO EM 16º – *Ver* Formato in-16º.
LIVRO EM 18º – *Ver* Formato in-18º.
LIVRO EM 24º – *Ver* Formato in-24º.
LIVRO EM 32º – *Ver* Formato in-32º.
LIVRO EM 48º – *Ver* Formato in-48º.
LIVRO EM 64º – *Ver* Formato in-64º.
LIVRO EM 72º – *Ver* Formato in-72º.
LIVRO EM 96º – *Ver* Formato in-96º.
LIVRO EM ACORDEÃO – *Ver* Livro pregueado.

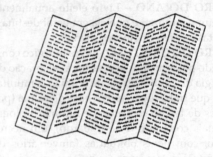

Livro em acordeão

LIVRO EM ATRASO – Diz-se de um livro retido pela pessoa que o levou por empréstimo e que ultrapassou o prazo previsto.
LIVRO EM BRANCO – Livro brochado ou encadernado, cujas folhas estão por imprimir, de modo que seja possível escrever nele aquilo que se pretenda • Também se designava assim o livro impresso mas sem encadernação.
LIVRO EM CONCERTINA – *Ver* Livro pregueado.
LIVRO EM CURSO DE PUBLICAÇÃO – Aquele que se imprime por períodos de tempo diversos, planeado para ser constituído por várias partes, volumes ou tomos, fascículos ou entregas; este facto não faz com que perca a unidade nem o carácter de obra completa.
LIVRO EM FOLE – *Ver* Livro pregueado.
LIVRO EM FÓLIO – *Ver* Formato in-fólio.
LIVRO EM FORMA ELECTRÓNICA – *Ver* Livro electrónico.
LIVRO EM HARMÓNIO – *Ver* Livro pregueado.
LIVRO EM LEQUE – Forma oriental de livro, semelhante ao *pothi*, mas no qual as lamelas apresentam apenas um furo nas extremidades, por onde passa um anel de corda ou de metal.

LIVRO EM MINIATURA – Nome dado ao livro com dez centímetros de altura ou menos. Microlivro.

LIVRO EM PRIMEIRA MÃO – Aquele que foi adquirido directamente pelo seu possuidor e que nunca foi possuído por outrem.

LIVRO EM RAMA – Livro impresso e dobrado, mas ainda não cosido ou colado. Edição em rama.

LIVRO EM RELEVO – Livro para invisuais impresso em caracteres salientes.

LIVRO EM ROLO – *Ver* Rolo.

LIVRO EM SEGUNDA MÃO – Aquele que mudou de possuidor pelo menos uma vez; ainda não é um livro antigo, mas é um livro de ocasião; esta mudança poderá ter alterado a sua frescura original.

LIVRO EMPASTADO – Livro encadernado, provido de pastas mais ou menos elaboradas.

LIVRO ENCADERNADO – Volume cujas folhas estão cosidas e protegidas por uma capa consistente.

LIVRO ENCADERNADO À MÃO – Volume que foi cosido e cuja capa lhe foi colocada sem o auxílio de máquinas.

LIVRO ESCOLAR – Toda a obra que corresponde aos programas que são estabelecidos pelo Ministério da Educação e que são obrigatoriamente usados pelos alunos. Obra prescrita aos alunos de qualquer grau de ensino, excepto o superior. Livro para estudante. Livro de ensino. Livro de estudo. Manual escolar. Livro paradidáctico.

LIVRO ESGOTADO – Aquele de que não se encontram exemplares à venda.

LIVRO ESOTÉRICO – Aquele que versa temas apenas acessíveis aos iniciados; o seu nome deriva do ensino ministrado por Aristóteles aos seus discípulos em Atenas e apenas a eles reservado, sendo inacessível ao público em geral. Livro acroático. Livro acroamático.

LIVRO ESPECIALIZADO – Livro que trata de certa matéria específica; nele o leitor procura aprofundar determinado tipo de conhecimentos sobre determinado assunto, pelo que se dirige a um público de certo modo limitado.

LIVRO EXCOMUNGADO – Livro proibido pela Igreja católica porque contém matéria controversa ou ideias perigosas para as crenças que ela assumiu como verdadeiras. Livro censurado • Livro defeso.

LIVRO EXOTÉRICO – Aquele que se destina ao grande público, formulado em termos acessíveis a todos; opõe-se a livro esotérico ou acroamático, aquele que era restrito apenas aos iniciados.

LIVRO EXPURGADO – Publicação na qual foram eliminadas por rasura, pintura, recorte ou colagem, determinadas passagens consideradas pouco ortodoxas sob o ponto de vista religioso ou político. Livro censurado.

LIVRO EXTRAVIADO – Diz-se do livro que foi subtraído. Livro desaparecido.

LIVRO FALADO – *Ver* Livro sonoro.

LIVRO FALANTE – *Ver* Livro sonoro.

LIVRO FANTASMA – *Ver* Livro imaginário.

LIVRO FATAL – Aquele em que a idade ou fim da vida dos homens se encontram previstos.

LIVRO FERRADO – Volume que tem o selo ou a marca de propriedade inscrito a fogo nos seus cortes.

LIVRO FISCAL – Aquele que visa controlar o cumprimento rigoroso do pagamento de impostos pelas empresas ao Estado; a sua escrita é ordenada por lei ou regulamento.

LIVRO FORMATIVO – *Ver* Livro educativo.

LIVRO *FULMINANS* – *Ver Liber fulgurans*.

LIVRO GENEALÓGICO – Aquele que contém a série de gerações pertencentes a uma família • Em zoologia e zootecnia, livro que contém o registo do estado civil dos animais em que se inscrevem os reprodutores de ambos os sexos, que pertencem a uma determinada raça e se anotam os principais dados que lhes dizem respeito, como o nome dos progenitores e a data de nascimento.

LIVRO GENERALISTA – Aquele que trata um considerável número de aspectos, assuntos, matérias, factos, etc., sem atender a pormenores. Livro genérico.

LIVRO GENÉRICO – *Ver* Livro generalista.

LIVRO GRADUAL – Livro que contém as partes que na Missa se cantam em coro. Gradual; o seu nome provém do facto de os cânticos entoados entre a Epístola e o Evangelho serem cantados nos degraus do altar *(gradus)* • Versículos da Missa entre a Epístola e o Evangelho • Livro de cantochão.

LIVRO GRAVADO EM ÁUDIO – *Ver* Livro sonoro.

LIVRO HERÉTICO – Aquele que é considerado como indo contra a fé e os bons costumes, não observando a ortodoxia da doutrina da Igreja católica e incorrendo nas penas aplicadas a tais situações, nomeadamente a sua inclusão em índices expurgatórios ou outros; não raro o autor ou autores de tais textos foram objecto de penas e perseguições que duraram toda a vida, quando não foram sumariamente condenados a morrer na fogueira.

LIVRO HETERODOXO – Aquele que veiculava doutrina ou ideias contrárias à fé católica, não respeitando a ortodoxia da igreja; foi frequentemente objecto de listas de livros censurados e mesmo proibidos pela autoridade papal.

LIVRO HISTORIADO – Livro de composição tipográfica carregada de imagens e adornos, que clarifica e complementa o texto que acompanha; teve um papel muito importante na Idade Média, época em que a leitura estava reservada a muito poucos, permitindo ao público analfabeto a compreensão de alguns conhecimentos através das imagens, particularmente no que dizia respeito à doutrinação religiosa.

LIVRO HUMANISTA – Designação do livro com conteúdo de carácter clássico e formato médio, que o torna mais facilmente manuseável que o livro de mesa tradicional; teve grande voga nos séculos XV e XVI e constituiu o prenúncio do livro de bolso.

LIVRO HUMANO – Aquele que é composto pelo homem, e que existe em paralelo com o livro divino.

LIVRO HUMORÍSTICO – O que contém uma série de anedotas ou histórias divertidas • Publicação, com frequência impressa em papel de jornal, que consiste numa série de bandas desenhadas numa sequência narrativa.

LIVRO ICONOGRÁFICO – Aquele que é formado por uma colecção de estampas, gravuras ou retratos.

LIVRO ILUMINADO – Livro ilustrado com iluminuras.

LIVRO ILUSTRADO – Aquele que contém desenhos, estampas ou fotografias. Nos primórdios da imprensa a aplicação da ilustração nos livros era feita apenas nas letras capitulares, impressas através de blocos de madeira gravados (as xilogravuras), que ocupavam os espaços correspondentes àqueles que no livro manuscrito eram reservados às iluminuras. Das gravuras usadas apenas para ilustrar o livro passou-se ao livro ilustrado, aquele em que a gravura está directamente relacionada com o texto em que se encontra inserida; um dos primeiros livros ilustrados em língua portuguesa é a *Estoria de muy nobre emperador Vespasiano*, editado em 1496. O livro ilustrado é hoje frequentíssimo e em muitos deles as ilustrações deixaram de ser impressas, passando a ser originais, o que acontece especialmente nos mais valiosos.

LIVRO IMAGINÁRIO – Livro conhecido apenas pelas alusões ou referências que a ele foram feitas, mas que ninguém viu. Livro fantasma.

LIVRO IMPRESSO – Livro produzido por meio de caracteres tipográficos ou por processo semelhante; surge como resultado da invenção da imprensa, por oposição ao livro manuscrito. Livro tipográfico; actualmente usa-se por oposição a livro electrónico.

LIVRO INCOMPLETO – Aquele a que falta alguma parte da totalidade do texto ou a capa. *Ver* Exemplar incompleto.

LIVRO INCUNÁBULO – *Ver* Incunábulo.

LIVRO INÉDITO – Aquele que foi escrito mas não publicado. Inédito.

LIVRO INFANTIL – Livro para crianças.

LIVRO IN-FÓLIO – *Ver* Formato in-fólio.

LIVRO INSTRUTIVO – *Ver* Livro educativo.

LIVRO ÍNTEGRO – Livro que contém todas as suas partes. Livro inteiro.

LIVRO INTEIRO – Livro que contém todas as suas partes. Livro íntegro; opõe-se a livro incompleto.

LIVRO INTONSO – Livro não aparado. Livro em que as folhas não foram cortadas pela guilhotina, de modo que, para ele ser lido, têm que ser cortadas por uma faca; até esse momento diz-se que o livro está por abrir ou intonso.

LIVRO INVITATÓRIO – Expressão da liturgia, livro que contém o verso que se diz em todo o ofício às matinas com o salmo.

LIVRO JURÍDICO – Aquele que encerra assuntos ou temáticas relativos ao direito. Livro de direito.

LIVRO LAICO – Tipologia de livros tratando temáticas de natureza profana, nos quais se inserem os livros de ensino (gramáticas, tesauros, comentários, etc.); usa-se esta expressão por oposição a livro litúrgico.

LIVRO LIMITADO – Livro de tiragem determinada.

LIVRO LITERÁRIO – Aquele cujo conteúdo é relativo ao conhecimento das letras, à erudição.

LIVRO LITÚRGICO – O que serve para a celebração de ritos religiosos; são livros litúrgicos os antifonários, missais, breviários, graduais, diurnais, etc., mas também obras que versam temas da doutrina cristã, catecismos, vidas de Cristo, etc.; usa-se esta expressão por oposição a livro laico.

LIVRO MANUSCRITO – Livro escrito à mão, diverso de uma carta, papel ou outro documento escrito à mão • Livro escrito antes do aparecimento da imprensa ou nessa época. Manuscrito. Códice; usa-se esta expressão por oposição a livro impresso.

LIVRO MINIATURA – Aquele cujo formato é extremamente pequeno; estes livros minúsculos, para serem designados deste modo não devem ultrapassar os 7,6 cm; começaram por ser de temática religiosa, no século XVI, passaram aos clássicos e às edições escolares, no século XVIII e aos almanaques no XIX, século durante o qual foram publicados sobretudo como livro infantil; no século XX vulgarizou-se muito. Livro anão.

LIVRO MÍSTICO – Nome dado antigamente ao livro misto, que continha várias coisas.

LIVRO MISTO – Volume homogéneo que contém diversos textos com vários argumentos, de um ou vários autores. Livro místico.

LIVRO MORTO – Aquele que caiu no esquecimento e nunca mais será editado.

LIVRO MUDO – *Ver* Livro de imagens.

LIVRO NÃO VENDÁVEL – Aquele que não se vende, ou que se vende mal.

LIVRO NARRATIVO – Livro de ficção.

LIVRO NEGRO – Livro cuja temática está relacionada com magia e ocultismo.

LIVRO NO PRELO – Diz-se da obra em curso de publicação.

LIVRO NOTARIAL – Aquele onde o tabelião ou o notário inscreve os instrumentos dos actos jurídicos, ou seja, os documentos públicos, quando a escritura pública é obrigatória por lei ou quando os intervenientes a requerem, de modo que em qualquer ocasião possam ser verificados os factos ocorridos.

LIVRO OBLONGO – Aquele cuja largura é maior que a altura.

LIVRO OBRIGATÓRIO – Aquele sem cuja leitura não pode conhecer-se determinada ciência ou disciplina, sendo recomendado pelo professor como a base do ensino nessa matéria. Livro adoptado no ensino oficial • Livro de leitura essencial para quem professa determinadas ideias radicais, sendo considerado veículo de referência. *Ver tb.* Livro de culto.

LIVRO OPISTOGRÁFICO – Aquele em que as folhas estão escritas dos dois lados. Opõe-se a livro anopistográfico.

LIVRO ORAL – Narração de factos ou sucessos verdadeiros ou ficcionais, que são transmitidos de viva voz e que envolvem o leitor em conversas, discursos, relatos, etc. • Expressão usada para designar a forma de transmissão de mensagens perfeitamente estruturadas e ordenadas antes do aparecimento da escrita e até convivendo com ela; como antigamente a escrita e a leitura não chegavam à maioria das mulheres e dos homens, o dito livro oral era o sistema de conservação e transmissão de culturas, tradições e histórias, que de outra forma não teriam chegado até nós.

LIVRO PARA ESTUDANTE – Obra barata ou de preço médio, que se destina aos alunos de qualquer grau de ensino, excepto o superior; tem tiragem em geral considerável, duração de vida longa (reedições regulares), vasto público, geograficamente delimitado, e apreciável número de vendas. Livro escolar. Livro de estudo.

LIVRO PARA INVISUAIS – Livro destinado a pessoas cegas, impresso em folhas grossas, de alumínio ou cartão; a sua impressão é feita em relevo, de acordo com o sistema de escrita braile.

LIVRO PARA JOVENS – Aquele cujo tema, estilo e apresentação foram pensados tendo em vista o público juvenil.
LIVRO PARA PENSAR – Aquele que ajuda a reflectir e a viver a vida com realismo e confiança, esperança de melhoria gradual, visando uma simplificação da existência.
LIVRO PARA PRESENTE – Livro muito comum no início do século XIX, que reunia usualmente as seguintes características: era de poemas ou continha textos em prosa, tinha uma bela impressão e uma magnífica encadernação.
LIVRO PARADIDÁCTICO – Aquele que é planeado e produzido com o fim de atingir objectivos didácticos programados e orientados para optimizar a aprendizagem, articulando para isso métodos, procedimentos e meios didácticos capazes de permitir ao aluno a evolução didáctica, a aprendizagem. Livro escolar.
LIVRO PAROQUIAL – Aquele onde o pároco regista os principais actos religiosos da paróquia.
LIVRO PATROCINADO – *Ver* Publicação subvencionada.
LIVRO PAUTADO – Aquele cujas folhas se apresentam riscadas à maneira de pauta, isto é, com traços paralelos.
LIVRO PERDIDO – Livro que é conhecido apenas pelas alusões que lhe são feitas ou pelas citações nos textos dos autores contemporâneos • Numa biblioteca, etc., é aquele que foi requisitado por um utilizador e que nunca foi devolvido, ou que desapareceu das prateleiras da instituição sem que se conheça o seu paradeiro.
LIVRO PIEDOSO – *Ver* Devocionário.
LIVRO PLANO – Expressão que antigamente designava o códice, por oposição a rolo (*volumen*).
LIVRO PLICATIVO – Volume no qual todas as folhas são dobradas uma ou mais vezes sobre si mesmas, para se disporem sob as pastas da encadernação.
LIVRO POLICIAL – Aquele que contém enredo mais ou menos misterioso em que a intriga se desenrola à volta de um ou mais crimes, apelando à imaginação do leitor, com desfecho geralmente imprevisto.

LIVRO POPULAR – Designação atribuída ao livro cartonado, de pequeno formato e baixo preço, destinado a divulgar pelo maior número possível de pessoas obras clássicas e modernas já editadas em edições de elevado preço, que estas não podiam adquirir. Livro de massas. Livro de bolso.
LIVRO POR ABRIR – *Ver* Livro intonso.
LIVRO PORNOGRÁFICO – Aquele que apresenta descrições ou imagens impúdicas ou obscenas.
LIVRO PORTÁTIL – Aquele que, sendo de pequeno formato, pode ser facilmente transportado pelo leitor. Livro de bolso.
LIVRO PRECIOSO – *Ver* Livro raro.
LIVRO PREGUEADO – Aquele que é formado por uma tira dobrada em forma de acordeão, cujos extremos estão fixos a capas de madeira ou a outro tipo de plano resistente; trata-se de um formato intermédio entre o *volumen* e o *codex*. Na América Central, e usando processos diferentes dos utilizados na Europa e no Oriente, os aztecas fabricavam um papel obtido a partir da piteira, dando-lhe um formato pregueado em forma de harmónio; grande parte dos textos nele escritos foram posteriormente queimados pelos conquistadores espanhóis. Livro em acordeão. Livro em concertina. Livro em fole.
LIVRO PROIBIDO – Publicação censurada por um governo, instituição ou organização religiosa por causa do seu conteúdo ou crenças nele veiculadas ou ainda pelas actividades do seu autor, normalmente nos campos patriótico, moral ou religioso. Dos séculos XVI ao XVIII os livros proibidos constavam de uma lista dimanada do poder religioso denominada *Index Librorum Prohibitorum*. Quando um livro entrava nesta lista a Inquisição levantava todos os exemplares que se encontravam em circulação e queimava-os na fogueira; no caso de serem proibidos apenas excertos, eram também recolhidos todos os exemplares que se encontravam em circulação, e procedia-se à sua correcção.
LIVRO PROLIXO – Diz-se do livro que contém texto excessivamente sobrecarregado com palavras inúteis, repetindo ideias já expressas,

sem poder de síntese, expostas de modo longo e enfadonho.

LIVRO PROTOCANÓNICO – Designação atribuída pelos católicos aos livros da Bíblia que coincidem com o cânone judeu.

LIVRO QUADRADO – Designação atribuída ao livro cuja altura e largura são semelhantes, dimensões que assume no momento em que deixa de ter a forma de rolo ou volume e passa a assumir a forma das folhas de pergaminho, à semelhança das tabuinhas de argila e madeira.

LIVRO QUARESMAL – Aquele que encerra os textos de um autor sobre o período litúrgico designado sob o nome de Quaresma.

LIVRO QUIROXILOGRÁFICO – Nos livros xilográficos ou seja, impressos com a ajuda de placas de madeira gravadas, são aqueles em que o texto é acrescentado à mão, sendo apenas gravados em madeira os elementos iconográficos; estes livros foram tidos durante muito tempo como os precursores do livro tipográfico; com a introdução da gravura em madeira no livro tipográfico desapareceu a quiroxilografia.

LIVRO RARO – Aquele que é assim designado por ser detentor de alguma particularidade especial (antiguidade, autor célebre, conteúdo polémico, papel, ilustrações, etc.); consideram-se geralmente livros raros os incunábulos, as publicações anteriores a 1800, as primeiras edições de obras literárias, científicas e artísticas, as obras com encadernações primorosas, as obras que pertenceram a personalidades célebres e que apresentam a sua assinatura ou notas e sobretudo os exemplares únicos. Livro precioso. Reservado. Livro reservado. Obra rara. Cimélio. Tesouro • Livro que se destina apenas aos curiosos.

LIVRO RELIGIOSO – Aquele que versa temas ligados à religião, quer seja no domínio da oração quer no da própria literatura e história sagradas.

LIVRO RESERVADO – Aquele que é considerado raro ou pela sua antiguidade, pequena tiragem, por conter imagens ou textos raros ou por ter pertencido a um vulto célebre; por tal razão, a sua leitura é feita na biblioteca de forma condicionada, numa sala especial e com vigilância mais apertada que a comum. Livro precioso. Cimélio. Reservado. Tesouro.

LIVRO SAGRADO – Aquele que contém o fundamento de uma religião e que se crê ter sido inspirado pela divindade.

LIVRO SIBILINO – Aquele cuja origem é atribuída às sibilas, pretensas profetisas do paganismo.

LIVRO SOLTO – Livro, brochura ou folheto em que as folhas ou cadernos ainda não estão unidos numa encadernação.

LIVRO SONORO – Designação dada ao texto gravado em fita magnética ou em disco, especialmente concebido para uso de invisuais. Livro falante. Livro falado. Livro gravado em áudio. *Audiobook*.

LIVRO SUBVENCIONADO – *Ver* Publicação subvencionada.

LIVRO SUSPEITO – Qualificação atribuída ao livro que se considera subversivo, pois se supõe atentar contra a moral e os bons costumes. Os livros suspeitos eram alvo de exame por dois qualificadores dos oito que constituíam cada um dos tribunais da Inquisição, que tinha sempre a última palavra nesta matéria.

LIVRO TABULAR – *Ver* Livro xilográfico.

LIVRO TÁCTIL – Designação do livro cuja execução lança mão de diversos tipos de produtos e texturas, por forma a que, ao ler o texto, quem lê contacte também com ele através do tacto; é destinado não apenas a invisuais, mas usado igualmente com finalidades pedagógicas.

LIVRO TÁCTIL DE DESENHOS – Livro destinado a crianças e adultos com problemas de visão, no qual se conta uma história ou peripécia através de desenhos gravados em relevo.

LIVRO TÉCNICO – Aquele cujo conteúdo é caracterizado por assuntos relacionados com as ciências e suas aplicações práticas.

LIVRO TIPOGRÁFICO – *Ver* Livro impresso.

LIVRO TRANSPORTÁVEL – Designa o pequeno livro de bolso ou de leitura mais frequente como o livro de cabeceira, de leitura variada, que vai desde o livro de entretenimento ao livro de carácter religioso.

LIVRO *TRUFFÉ* – Designação atribuída ao livro que se apresenta recheado de ilustrações e gravuras originais ou de documentos suplementares (cartas, recortes, convites, folhetos, etc.), que contribuem para enriquecer a sua história.

LIVRO ÚNICO – Livro do qual apenas se conhece um exemplar • Livro adoptado no ensino oficial de um determinado país.

LIVRO UNITÁRIO – Volume homogéneo, contendo um texto de um único autor.

LIVRO UNIVERSITÁRIO – Aquele que versa temas relacionados com as matérias ministradas no ensino superior.

LIVRO VERDE – Livro impresso publicado por um ministério ou por um departamento oficial, para incitar os leitores à discussão de um critério de actuação; o nome provém da cor da capa.

LIVRO VERDE SOBRE O DIREITO DE AUTOR E O DESAFIO TECNOLÓGICO – Livro apresentado em 20 de Junho de 1988 pela Comissão das Comunidades Europeias, onde se põe em evidência a importância da indústria de programas de computador para a economia europeia, são expostas as grandes opções da Comunidade Europeia sobre o direito de autor, com a finalidade de reprimir a pirataria, organizar as cópias particulares de audiovisuais, regulamentar os direitos de distribuição, proteger os programas de computador e as bases de dados e se pensa no papel da Comunidade, a respeito deste assunto, nas relações exteriores. A tónica é posta na importância crescente do direito de autor para a indústria e o comércio, nas preocupações da comunidade em geral e em considerações culturais, sendo o direito de autor encarado especialmente sob o ponto de vista económico, transpondo a Comissão para as obras do espírito os esquemas económicos que são válidos para os bens e serviços em geral. Nele é manifesta a intenção de submeter ao Conselho uma proposta de Directiva baseada no artº 100º do Tratado de Roma, com vista à harmonização dos regimes internos dos Estados-membros neste domínio.

LIVRO XILOGRAFADO – Aquele que, no período paleotipográfico ou da primitiva imprensa, foi impresso através de caracteres xilográficos.

LIVRO XILOGRÁFICO – Aquele cujas páginas foram estampadas ou impressas com placas de madeira. Livro tabular. Também é chamado livro-bloco, por o texto ser gravado em blocos de madeira; surgiu na Alemanha cerca de 1430; as folhas eram impressas apenas de um lado, devido ao facto de a compressão da xilogravura inutilizar o verso das folhas impressas. O mais antigo livro xilográfico que se conhece na Europa é a *Biblia pauperum* (Bíblia dos pobres), que foi impressa em 1430.

LIVRO XILOGRÁFICO ANOPISTOGRÁFICO – Aquele que é impresso com placas de madeira apenas de um lado do papel.

LIVRO-BLOCO – Livro impresso a partir de blocos de madeira escavados, sem tipos móveis; alguns dos livros obtidos por este processo são posteriores aos livros impressos com caracteres móveis, datando o último de 1451. *Ver* Livro xilográfico.

LIVRO-BOLSA – Tipo de livro medieval, apresentado com certa frequência em pinturas e esculturas, em que a encadernação é substituída por uma espécie de saco que o protege e permite o seu transporte.

LIVRO-CAIXA – Registo de contabilidade onde estão inscritas por ordem cronológica todas as entradas e saídas de dinheiro de uma pessoa ou de um organismo. Livro de conta e razão. Livro de caixa.

LIVRO-CASSETE – Publicação que consiste em uma fita cassete de áudio contendo a gravação da leitura do texto de um livro.

LIVRO-OBJECTO – Noção aparecida cerca de 1970, que pretende romper com a concepção tradicional do livro ilustrado; assenta na invenção de novas formas para o livro e no uso de diversos materiais como suportes da escrita; resultantes de práticas diversificadas como a do trabalho do metal, da porcelana, etc., a aprendizagem que exigem e o investimento que representam, leva a que não sejam alvo de uma tiragem pré-determinada, mas multiplicados a pedido • Expressão usada para designar a circunstância em que se verifica a aquisição ostentatória do livro, em que este assume para quem o adquire o papel de um mero sinal de riqueza, de cultura ou de bom gosto, de investimento numa edição rara,

de aquisição por hábito dos volumes de uma certa colecção, de aquisição por fidelidade a uma pessoa ou causa, de aquisição pelo gosto pelo livro requintado e apelativo ou aquela em que o livro é apreciado como uma peça de arte, pela encadernação, ilustração ou tipografia.
LIVRO-PAPEL – Forma usada para designar uma monografia cujo suporte é o papel; usa-se por oposição a livro electrónico.
LIVRO-RAZÃO – Livro de escrituração, que contém o registo dos créditos, débitos e de todas as outras operações de contabilidade relativas a cada conta individual de uma empresa, etc.
LIVRÓRIO – Livro grande de pouco merecimento • Cartapácio. Alfarrábio.
LIVROS DA SEMANA – Publicação editada com finalidades de divulgação comercial, espécie de boletim de novidades, enviada pelos editores, grossistas ou livreiros, para divulgar bibliografia corrente. Os livros da semana apresentam em geral uma única ordenação, dado que é limitada a produção recenseada. Alguns incluem um código de barras, que possibilita aos livreiros a encomenda em linha, por meio de uma simples leitura óptica.
LIVROS DISPONÍVEIS – Designação do repertório, em geral elaborado a partir de informações fornecidas pelos editores, que inclui os títulos que eles indicam como estando em condições de serem fornecidos por encomenda. Livros em venda.
LIVROS EM SEGUNDA FILA – São aqueles que estão colocados atrás das obras que se observam nas prateleiras das bibliotecas, etc. e que tradicionalmente se resguardavam dos olhares das crianças ou mesmo de adultos mais sensíveis, por tratarem de assuntos eróticos ou licenciosos, devendo estar ocultos pelos livros da primeira fila.
LIVROS EM VENDA – Publicação de uma agência de *ISBN* organizada por autor, título e assunto, que colige os livros que são publicados num certo país, que no momento se encontram disponíveis para comercialização; anexa à lista vem o elenco das suas editoriais, acompanhadas pelos respectivos endereços, para onde poderão ser feitas as encomendas. Livros disponíveis.

LIVROS OFERECIDOS POR SUBSCRIÇÃO – Obras publicadas de tempos a tempos por sociedades e fornecidas aos seus membros através de uma quotização geral ou particular • Obras de interesse limitado, usualmente de pequena tiragem, cuja publicação depende, de certo modo, de uma assinatura prévia, e cujo preço de venda é aumentado logo que são publicadas.
LIVROS SANTOS – Expressão usada para designar os quatro Evangelhos e todos os que compõem a Sagrada Escritura; são chamados deste modo porque terão sido escritos com inspiração divina do Espírito Santo.
LIVROXADA – Livralhada. Livruxada.
LIXÍVIA – Líquido que na tipografia serve para limpar as formas e os rolos. (port. Bras.) Licor.
LIXIVIAÇÃO – Operação a que são sujeitos os trapos cortados nas fábricas de papel; consiste em mergulhá-los em caldeiras próprias numa solução de soda cáustica ou cal para que libertem determinadas impurezas.
LIXIVIADOR – Enorme recipiente de ferro, no qual são tratados os trapos e outras fibras vegetais destinados ao fabrico do papel.
LM – Sigla de livro moderno, presente em algumas cotas de secções de livros modernos (editados entre os inícios do século XIX e a actualidade), para distingui-los dos livros antigos ou reservados.
LOA – Poesia laudatória dirigida ao autor de um livro sendo, neste caso, colocada frequentemente nas páginas preliminares da obra desse autor • Poesia em louvor de um santo; são célebres as loas em honra da Virgem Maria e do nascimento de Cristo.
LOBULADO – Diz-se do arco que apresenta vários segmentos de círculo recortados; com origem na arquitectura islâmica, este elemento foi adaptado pelos iluminadores de manuscritos como solução para albergar algumas miniaturas e também textos.
LÓBULO – Segmento de círculo recortado num arco; três lóbulos unidos formam um arco trevado ou trilobado, quatro, um arco quadrilobado; com mais de quatro lóbulos, o arco denomina-se polilobado.
LOC. LAT. – Abreviatura de locução latina.

LOC. CIT. – Abreviatura da locução latina *loco citato*, muito usada em citações, notas e referências bibliográficas com o sentido de "no lugar citado".
LOCAL – Nome dado ao pequeno comentário de jornal • Notícia de jornal respeitante à localidade onde ela se publica • Lugar de impressão • Tópico • Vária.
LOCAL AREA NETWORK (loc. ingl.) – Rede local de pequena dimensão, que pode incluir desde dois computadores ligados entre si até algumas dezenas ou centenas deles; é constituída em geral por um edifício ou por um conjunto de edifícios. *LAN*.
LOCAL DE DISTRIBUIÇÃO – *Ver* Lugar de distribuição.
LOCAL DE EDIÇÃO – *Ver* Lugar de edição.
LOCAL DE IMPRESSÃO – *Ver* Lugar de impressão.
LOCAL DE IMPRESSÃO FICTÍCIO – *Ver* Falso lugar de impressão.
LOCALISTA – Repórter que faz locais • Redactor responsável pelo noticiário local.
LOCALIZADOR – *Ver* Indicador de localização.
LOCALIZAR UM DOCUMENTO – Tornar um documento acessível a um utilizador • Fornecer informação acerca do lugar onde o mesmo se encontra.
LOCALIZAR UM TEXTO – Investigar a data e local onde o texto foi escrito, a chancelaria ou instituição que o produziu e o escriba que o elaborou • Integrar no seu contexto um texto cujas coordenadas de situação se desconheciam.
LOCO CITATO (loc. lat.) – No lugar citado; usa-se em citações para remeter o leitor para um ponto do livro anteriormente referido; geralmente utiliza-se sob a forma abreviada *loc. cit.* Com o mesmo sentido usa-se também a palavra *ibidem* (*ibid., ib.*) e as expressões *opere citato* (*op. cit.*) e obra citada (*ob. cit.*). Umas e outras são usadas para evitar a repetição, na totalidade, da referência à obra que já atrás fora mencionada.
LOCUÇÃO – Grupo de palavras equivalentes a um só vocábulo e que desempenha função gramatical única • Frase • Linguagem • Leitura feita ao microfone.

LOCUÇÃO PROVERBIAL – Conjunto de palavras que são usadas por alusão a uma citação conhecida ou a um provérbio.
LOCUS DESPERATUS (loc. lat.) – Num texto manuscrito é o nome dado a um passo indecifrável, delimitado por cruzes.
LOCUS PLUMBI (loc. lat.) – Num documento manuscrito designa o lugar onde deve ser aposto o selo de chumbo.
LOCUS SIGILLI (loc. lat.) – O lugar onde deve ser aposto o selo. Expressão também usada sob a forma abreviada *l. s.*
LOG OFF (loc. ingl.) – Conjunto dos procedimentos de saída a que um utilizador tem que recorrer para terminar uma sessão de processamento num sistema informatizado ou equipamento periférico.
LOG ON/LOG IN (loc. ingl.) – Conjunto dos procedimentos que permitem a um utilizador estabelecer a ligação ao sistema informatizado ou dispositivo periférico • Identificação do utilizador através da qual ele tem acesso num computador a um sistema provido de barreiras de segurança ou a um serviço *on-line* • Termo que é usado no processo de iniciação da sessão no computador central.
LÓGICA BOOLEANA – *Ver* Lógica de *Boole* para pesquisa.
LÓGICA DE *BOOLE* PARA PESQUISA – Estratégia de pesquisa na qual conjuntos de documentos se ligam por meio de operadores de *Boole* a fim de definir um novo conjunto; os operadores de Boole são: *e, ou, não* e outras funções lógicas.
LOGITECA – Biblioteca de programas educativos, didácticos, de formação.
LOGO (pal ingl.) – Linguagem de programação utilizada sobretudo como instrumento pedagógico, em particular para adquirir noções espaciais ou para suscitar interrogações sobre o modo de pensar; com *LOGO* os informáticos puseram-se ao serviço dos psicólogos do conhecimento e dos pedagogos; a linguagem *LOGO* permite animar um pequeno *robot* pedagógico: a *tartaruga*, utilizada desde a idade mais jovem por grupos de crianças dos jardins infantis.
LOGODEDÁLICO – Nome dado à linguagem ou estilo afectados.

LOGOGRAFIA – Estenografia, arte de escrever tão depressa como se fala • Utilização de logótipos na impressão.
LOGOGRÁFICO – Relativo à logografia.
LOGÓGRAFO – Denominação que é atribuída aos primitivos escribas gregos de prosa, mais precisamente aos historiadores • Aquele que escreve tão depressa como se fala • Estenógrafo. Taquígrafo. Logotaquígrafo • Autor de glossários.
LOGOGRAMA – Letra ou número inicial usado como abreviatura • Palavra escrita com a sua ortografia; é a unidade significativa mínima da escrita.
LOGOGRÍFICO – Relativo ao logogrifo. Enigmático. Obscuro.
LOGOGRIFO – Espécie de enigma no qual as letras da palavra sugerida pelo conceito, combinadas parcialmente, formam outras palavras que é preciso adivinhar para se chegar àquela palavra. Enigma • Discurso ou linguagem incompreensível.
LOGOLATRIA – Culto exagerado das palavras, consideradas como objectos sagrados e portadoras de poder mágico. Adoração da palavra.
LOGOMANIA – Amor excessivo ao estudo ou às letras.
LOGOMAQUIA – Questão ou discussão sobre a origem ou sentido de uma palavra ou palavras.
LOGOMÁQUICO – Relativo ou pertencente à logomaquia.
LOGOMARCA – Conjunto constituído pela representação gráfica do nome de uma marca, escrita em tipos com determinado traçado característico e marcadamente diferenciado (o logótipo), acompanhado pelo símbolo ou emblema da marca, elementos que o tornam inconfundível.
LOGORREIA – Verbosidade. Fluência de palavras. Verborreia.
LOGOTAQUÍGRAFO – Estenógrafo. Logógrafo.
LOGOTIPIA – Arte de reproduzir logótipos • Impressão feita com o auxílio destes caracteres. Logotipografia. Politipia.
LOGOTÍPICO – Relativo à logotipia ou aos logótipos.

LOGÓTIPO – Pequeno grupo de letras moldado como uma unidade. Matriz, tipo ou cliché formado pela reunião, numa só peça, de duas ou mais letras ou mesmo de uma palavra inteira • Politipo • Monograma • Pseudónimo • Sigla • Nome dado a grafias obtidas pela fundição e que consistiam em blocos formados de palavras e sílabas • Símbolo ou insígnia de uma instituição ou entidade formado pela aglutinação de letras, desenhos ou abreviaturas.
LOGÓTIPO EDITORIAL – *Ver* Marca tipográfica.
LOGOTIPOGRAFIA – *Ver* Logotipia.
LOGÓTIPO-MARCA – Conjunto de elementos gráficos constituído por um logótipo e por uma marca.
LOMB. – Abreviatura de lombada.
LOMBADA – Parte do livro oposta ao corte dianteiro ou aparo das folhas, onde são cosidos os cadernos; é na lombada que se aplicam, no rótulo, o título, o nome do autor, a data ou outros elementos. Dorso, lombo, costado • Costura.
LOMBADA COM NERVOS – Diz-se da lombada que apresenta nervuras, sejam elas verdadeiras ou falsas.
LOMBADA COMPACTA – Em encadernação, designação da lombada em que o material de revestimento é aplicado directamente no lombo do livro, sem a adição de uma cavidade oca. Lombada plena.
LOMBADA COMPARTIMENTADA – Aquela que apresenta compartimentos ou divisões formadas pelas nervuras onde o encadernador geralmente grava os elementos essenciais de identificação da obra: autor, título, lugar e data, normalmente por esta ordem.
LOMBADA DECORADA – Aquela que se apresenta ornamentada com motivos decorativos.
LOMBADA FALSA – Aquela que resulta da aplicação de uma tira de pergaminho ou de outro material destinada a proteger e dar consistência ao dorso do livro; por vezes sustenta os falsos nervos; diz-se que tem lombada falsa a encadernação na qual a lombada dos cadernos não adere à cobertura e em que esta se destaca da lombada dos cadernos quando se abre

o volume. Lombo falso • Cartão do lombo • (port. Bras.) Lombinho.

LOMBADA LISA – Em encadernação, designação atribuída à lombada que forma ângulo recto com as pastas, pois não foi arredondada e não apresenta nervuras.

LOMBADA MUDA – Aquela que não apresenta qualquer inscrição dourada, tipográfica, gravada ou manuscrita, que permita identificar o documento ou o livro pelo exterior.

LOMBADA OCA – Nome do tubo de papel que fica colocado entre a lombada do livro e o material de revestimento, criando uma cavidade que facilita a abertura do livro.

LOMBADA PLENA – Diz-se que um volume tem lombada plena quando os cadernos que o compõem aderem directamente à lombada. Lombada compacta.

LOMBADA REDONDA – Aquela que forma uma superfície convexa.

LOMBADA ROTA – Diz-se que um volume tem lombada rota quando os cadernos que o compõem não aderem à pele da lombada e se separam dela quando se abre o livro.

LOMBADA SEM NERVOS – Aquela que não apresenta nervuras.

LOMBINHO (port. Bras.) – *Ver* Lombada falsa.

LOMBO – *Ver* Lombada.

LOMBO FALSO – *Ver* Lombada falsa.

LOMBRIGA – Na gíria tipográfica dá-se este nome ao defeito numa composição, que consiste no aspecto de uma série de espaços, ligados em diversas linhas seguidas, formando uma espécie de risca branca e irregular • Canal.

LONA – Tecido forte que serve para encadernações de baixo custo.

LOOP (pal. ingl.) – *Ver* Ciclo.

LORA – Nome dado às cintas que mantinham fechados os rolos de papiro. *Lorum*.

LORUM (pal. lat.) – Correia, tira de couro, cinto, faixa de couro que atava os rolos de papiro para mantê-los fechados.

LOSANGO – Adorno de encadernação que consiste na repetição de um pequeno motivo geométrico, geralmente em forma de diamante ou losango.

LOTE – Maço de papéis atados ou conjunto dos que estão reunidos • Livros ou documentos que se levam conjuntamente a leilão • Grupo de registos, de documentos, de cartões, etc. a ser processado como uma só unidade • Conjunto de comandos de um sistema operacional que é processado sequencialmente sem a intervenção do utilizador.

LOTE DE DISCOS – Conjunto de discos que pode montar-se de forma intermutável numa máquina ou dispositivo para aceder aos dados armazenados.

LOTINOPLASTIA – Processo de moldagem de baixos-relevos, que está na base da lotinotipia; trata-se de um processo de estereotipia com uma matriz de papel.

LOTINOTIPIA – Processo de estereotipia com matriz de papelão descoberto por Lottin de Laval, escritor e arqueólogo francês, em 1845; permite a reprodução de baixos-relevos.

LOUSA – Pedaço quadrado ou rectangular de ardósia encaixilhado, usado nas escolas para professores e alunos escreverem a giz. Quadro negro. Pedra. Ardósia.

LOUVOR – Panegírico. Elogio. Aplauso. *Ver* Encómio.

LTD. – Abreviatura de limitada.

LUCIDAR – Passar para o papel vegetal um desenho, à vista das linhas que estão por baixo • Decalcar um desenho ou reproduzi-lo contra a luz e sobre um vidro.

LUCIDÁRIO – Compilação enciclopédica medieval em que eram tratados assuntos científicos, políticos, filosóficos, etc. Elucidário.

LUGAR – Passagem, texto, autoridade ou sentença de um autor.

LUGAR DE EDIÇÃO E/OU DISTRIBUIÇÃO – Localidade associada, numa publicação, ao nome do editor e/ou distribuidor ou, no caso de nenhum local ser mencionado, à localidade onde a publicação foi editada e/ou distribuída • Localidade onde se encontra a sede da empresa editora e/ou distribuidora ou, na sua falta, do organismo que desempenha as suas funções.

LUGAR DE IMPRESSÃO – Localidade onde se encontra sediada a tipografia ou casa impressora de uma obra ou, na sua falta, o organismo que desempenha as funções desta.

LUGAR DE PUBLICAÇÃO – *Ver* Lugar de edição.
LUGAR DE TESTE *BETA* – Entidade que testa um programa ou equipamento informático a pedido do seu produtor.
LUGAR DO TEXTO – Em filologia, todo e qualquer passo de um texto que apresente problemas para o editor (lições divergentes, lacunas, corruptelas, etc.).
LUGAR-COMUM – Qualquer fonte de onde podem tirar-se provas aplicáveis a todos os assuntos • Figura retórica de uso universal • Ideia trivial, banalidade • Em linguagem jornalística, palavra ou frase que, por ser demasiadamente repetida em diversos textos e durante muito tempo, perdeu o seu significado, ocupando espaço inutilmente. Frase feita. Chavão.
LUGARES TEOLÓGICOS – Fontes das quais a Teologia retira os seus fundamentos, argumentos e instrumentos.
LUMEN DOMUS (loc. lat.) – Designação dada em Castela aos cartulários nos quais constavam o registo das rendas, recenseamentos e proveitos de um património ou de uma ou várias propriedades.
LUNÁRIO – Calendário com a contagem feita por luas; durante muitos séculos os lunários forneceram os conhecimentos empíricos de meteorologia necessários para orientar a vida agrícola.
LUNELLARIUM (pal. lat.) – *Ver Lunellum*.
LUNELLUM (pal. lat.) – Faca em forma de crescente de lua (daí o nome), que servia para desbastar o pergaminho na sua fase de preparação, enquanto estava esticado e preso por cordas ao estirador onde era seco, raspado e posteriormente alisado com a pedra-pomes ou *pumex. Lunellarium*.
LUPA – Lente convergente, biconvexa, usada para facilitar a leitura de textos manuscritos, pois serve para aumentar o diâmetro aparente dos objectos.
LUSISMO – Termo usado para designar a palavra ou construção que é privativa de Portugal e não extensiva ao Brasil. Lusitanismo.
LUSITANISMO – *Ver* Lusismo.
LUSITANIZAR – Aportuguesar.
LUSTRADOR – Sistema que, passando os impressos envernizados sob o efeito combinado do calor e de uma forte pressão, lhes confere um brilho maior.
LUSTRAR – *Ver* Brunir. Polir. Alisar.
LUSTRE DO PAPEL – Brilho • Capacidade de reflectir a luz.
LUSTROSO – Com lustro, brilho, polimento. Calandrado. Acetinado.
LUTO – Forma abreviada de designar o filete de luto.
LUX – Unidade de iluminação ou aclaramento; uma candela/pé é equivalente a 10 lux.
LUXÍMETRO – Aparelho que serve para medir a luz.
LUXO – Nome dado a um grande espaço em branco deixado em revistas e periódicos e usado com a finalidade de fazer sobressair o texto • Adorno.
LUZ – Energia luminosa. Quer seja natural ou artificial, a luz é composta por raios visíveis e por raios invisíveis de proporção variável; estes últimos são os raios ultravioletas (UV) e os raios infravermelhos (IV); os raios UV são os mais perigosos para os materiais orgânicos, pois provocam uma degradação por reacção fotoquímica; os raios IV provocam uma degradação por oxidação. A luz do sol, directa ou indirecta, é perigosa. Nos locais que armazenam documentação, os níveis de luz (radiação visível) devem manter-se abaixo de 200 lx e a radiação de UV abaixo de 75 lx; no caso de longas exposições à luz, como acontece em exposições bibliográficas e documentais, recomenda-se um nível de luz de 50 lx, com a fonte de luz fora da estante de exposição; não se devem instalar fontes de luz incandescentes dentro de estantes, porque podem produzir demasiado calor; as lâmpadas indicadas para as exposições bibliográficas são as lâmpadas de halogénio. Uma recomendação especial deve ser observada no caso de manuscritos ou desenhos executados com tintas solúveis: não devem acumular mais de 50.000 lux por ano.
LUZ ACTÍNICA – Energia luminosa de onda curta compreendida entre as zonas violetas e ultravioletas do espectro, que pode produzir alterações fotoquímicas em material fotos-

sensível, como uma película fotográfica, por exemplo.

LUZ DIFUSA – Raios luminosos que se espargiram e já não viajam de forma linear e paralela; isto resulta geralmente de um material que transmite ou reflecte os raios luminosos que nele incidem; deve-se a uma lâmpada esmerilada que actua como uma tela difusora para produzir uma luminosidade suave; as telas difusoras utilizam-se nos leitores de microfilmes para melhorar a visão da superfície reduzindo a ofuscação.

LUZ FLUORESCENTE – Energia luminosa fotoluminescente. Tem a vantagem de ser de baixo custo; gera muito calor e produz grande quantidade de radiação UV, mas este inconveniente pode ultrapassar-se se se instalarem mangas de filtro UV nas lâmpadas.

LUZ INCANDESCENTE – Energia luminosa que é a melhor luz para os materiais bibliográficos; contudo, emite maior quantidade de calor do que a luz fluorescente, pelo que deve ficar instalada longe dos materiais.

LUZ MONOCROMÁTICA – Luz formada por radiações de uma só frequência e de um só comprimento de onda, cuja iluminação permite fazer aparecer certos elementos invisíveis à luz natural.

LUZ NEGRA – Expressão empregada para designar a radiação luminosa de longitudes de onda em geral invisíveis para o olho humano, especialmente os raios ultravioletas; pode produzir-se por meio de lâmpadas de arco de mercúrio ou de eléctrodos; é usada em processos de reprodução como a diazotipia.

LUZ SOLAR DIRECTA – Luz muito forte em radiação UV, que vem directamente do espectro solar; em bibliotecas, arquivos, serviços de documentação, etc. a luz solar e a luz do dia evitam-se pintando as clarabóias ou janelas, colocando filtros de UV ou instalando cortinas espessas em locais de armazenagem dos livros e cortinas ou persianas nas salas de leitura; a sua presença faz com que as fibras do papel percam gradualmente a resistência, embranquecendo-se e fragilizando-se, enquanto que o papel de jornal amarelece; este amarelecimento e fragilidade aumentam substancialmente se à luz solar excessiva se associar também uma temperatura elevada.

LUZ ULTRAVIOLETA – Aquela que é constituída pelos raios invisíveis de proporção variável do espectro solar muito perigosos para os materiais orgânicos. A acção destruidora da luz natural através dos raios ultravioletas é tanto mais acelerada quanto mais baixa for a qualidade do papel.

LX – Abreviatura de lux.

M

M – Letra do alfabeto latino e do de quase todas as línguas antigas e modernas • O tipo que na impressão reproduz essa letra • Nas máquinas fundidoras é a matriz que dá esse carácter • Punção com que se grava essa matriz • Assinatura correspondente ao décimo segundo caderno de um volume, quando se usam letras para esse fim • Décima terceira chamada de nota, se se usarem letras em lugar de números ou sinais • Na numeração romana equivale a 1000; sendo plicada valia 10000.

M. – Abreviatura de mapa.

M. ÁG. – Forma abreviada de marca de água.

M. IMPR. – Forma abreviada de marca de impressor.

M. TIP. – Forma abreviada de marca tipográfica.

M.R.O.E. – Conjunto de letras iniciais usadas em emblemas manuelinos colocadas na eclíptica que envolve a esfera armilar. Atribui-se-lhes o sentido de *Maximus Rex Orbis Emmanuel*.

MÁ FORMAÇÃO – Designação dada às construções da frase que não estão conformes com as regras de uma determinada gramática.

MAÇA DE ARMAS – Elemento iconográfico presente em heráldica, que consiste no desenho de uma arma de guerra antiga, formada por uma bola de ferro eriçada de pontas, com um cabo que permite manejá-la.

MACACA – Espécie de filete tipográfico que é formado por letras e riscas, centradas na linha. (port. Bras.) *Ver* Bigode.

MACARRÓNICO – Diz-se do texto escrito de modo que as palavras da língua vulgar apresentam terminações latinas ou de outras línguas.

MACERAÇÃO – Nas fábricas de papel, é o tratamento a que são sujeitos os papéis velhos e os trapos com vista à produção de novo papel; consiste em mergulhá-los em água em tanques próprios até as fibras amolecerem para facilitar a sua transformação em pasta • Processo de eliminação de documentos, que consiste na sua introdução em meio aquoso de modo a macerar as suas fibras, com vista à sua destruição • No fabrico de tintas metalogálicas, processo empregado para provocar a hidrólise dos produtos postos de molho.

MACETA – Pedra cilíndrica para moer e desfazer tintas.

MACETE – Pequeno maço.

MACHINE ASSISTED REFERENCE SERVICE (loc. ingl.) – Serviço de referência assistido por computador, vulgarmente conhecido sob a forma abreviada de *MARS*.

MACHINE-READABLE CATALOGING (loc. ingl.) – Catalogação legível por máquina, método de organizar dados (formato), de modo que um registo bibliográfico e os dados nele contidos possam ser identificados pelo computador. Foi criado essencialmente para possibilitar o intercâmbio de todas as formas de dados bibliográficos. *MARC*.

MACHINE-READABLE CATALOGING DOCUMENT TYPE DEFINITION (loc. ingl.) – Projecto de desenho de metadados. *MARC DTD*.

MACHINE-READABLE DATA FILE (loc. ingl.) – Ficheiro de dados legíveis por máquina. *MRDF*.

MAÇO – Instrumento de madeira usado pelos impressores para golpear o tamborete assentando a forma e pelos encadernadores para baterem os cadernos e o lombo da encadernação.

MAÇO DOCUMENTAL – Em arquivo designa o conjunto de documentos da mesma natureza, que se considera formarem uma entidade pelo facto de se encontrarem juntos num só volume ou contidos num só invólucro, de pertencerem a uma mesma letra do alfabeto ou a uma mesma época; esta unidade material pode também ter assumido essa forma após um arranjo no arquivo; é original se a sua forma e ordem provêm do organismo que o produziu • Dossiê.

MACRA – Terra vermelha a partir da qual se extraía a cor vermelha utilizada nas iluminuras medievais.

MACRA ALUTA (loc. lat.) – Expressão raramente empregada para designar o couro adelgaçado, fino, que se pode considerar sinónimo de velino.

MACRAMÉ – Técnica de passamanaria dos fios vegetais executada num pequeno tear, formando vários desenhos e nós, usada para trabalhar os elementos decorativos a aplicar directamente no sobrecabeceado ou requife da encadernação já cosido.

MACRO – *Ver* Mácron.

MACROCOLLUM (pal. lat.) – Papel de grande formato.

MACROESTRUTURA – Em lexicologia, organização geral de um dicionário.

MACROFORMA – Usado em contraposição à microforma, é o termo utilizado para designar, de uma forma genérica, qualquer suporte opaco ou transparente contendo imagens suficientemente grandes de modo que possam ser visualizadas ou lidas facilmente, sem terem de ser aumentadas.

MACROFOTOGRAFIA – Técnica fotográfica que permite obter no filme sensível uma imagem de dimensões próximas das do objecto fotografado.

MACROGRAFIA – Escrita feita com letras de grandes dimensões.

MACROINSTRUÇÃO – Instrução de uma linguagem-fonte, que equivale a diversas instruções de linguagem-máquina.

MÁCRON – Pequeno traço rectilínio horizontal que se coloca sobre uma vogal (–) para indicar o som longo em latim ou em obras de filologia.

MACROPERFIL – *Ver* Perfil normalizado.

MACROPROGRAMAÇÃO – Preparação das instruções de um computador através da utilização de macroinstruções.

MACRÓSTICO – Aquilo que está escrito em linhas muito compridas.

MACROTESAURO – Tesauro constituído por descritores representando noções gerais e seleccionadas de forma a estarem compreendidas de modo idêntico em diversos domínios do conhecimento. Tesauro com carácter multidisciplinar.

MACROTIPOGRAFIA – Tipografia dos elementos gráficos de grande corpo. Leiaute.

MACRO-ZOOM – Objectiva zoom equipada com dispositivo óptico para focalizar a curtas distâncias. (port. Bras.) Macrozum.

MACROZUM (port. Bras.) – *Ver* Macro-zoom.

MÁCULA – Mancha. Nódoa.

MACULADO – Diz-se de um manuscrito ou impresso que apresenta manchas de sujidade provocadas por diversos agentes: tinta, dedos, substâncias gordas ou líquidas, etc.

MACULAGEM – Repinte resultante do decalque das folhas acabadas de imprimir.

MACULAR – Sujar um caderno com a tinta de um outro.

MACULATURA – Papel grosso para embrulhos • Folha suja, mal impressa ou repintada, que na oficina tipográfica se aproveita para limpar a máquina • Guarda branca.

MADEIRA – Parte lenhosa das plantas com diversas aplicações na confecção do livro; foi usada pela primeira vez pasta de madeira para fabricar papel pelo alemão Köler em 1844 • Foi também utilizada como suporte da escrita nas antigas civilizações, tais como a egípcia e a chinesa, de que resultaram peças hoje guardadas em diversos museus, das quais avultam as tábuas corânicas; na Escandinávia a madeira foi, além da pedra, um dos suportes usados para a escrita de caracteres rúnicos; não pode esquecer-se igualmente a utilização da madeira na confecção das tabuinhas romanas enceradas, sobre as quais se escrevia com estiletes de metal • A palavra *codex* é a palavra latina que designa um conjunto de lâminas de madeira.

MADRAÇAL – Termo arcaico que designava escola onde se ensinam e aprendem as primeiras letras.

MADREPÉROLA – Nácar, material usado em encadernação para ornamentar as pastas dos livros, só ou associado com outros elementos como a prata, a tartaruga ou as pedras semi-preciosas.

MADRIGAL – Pequena composição poética, engenhosa e galante • Poesia pastoril. Piropo. Galanteio.

MAGAZINE – Publicação periódica que trata de assuntos diversos, que são acompanhados por ilustrações. Revista • (port. Bras.) Recipiente no alto das compositoras (linótipo e outras) de onde, accionado o teclado, deslizam as matrizes em canais próprios para chegarem ao componedor.

MAGAZINE CULTURAL – Publicação periódica que se dedica apenas a assuntos de natureza cultural da mais variada índole: musical, arte em geral, literatura, história, teatro, exposições de diversa espécie, etc.

MAGISTER (pal. lat.) – Na Idade Média designava o mestre copista leigo que exercia a sua actividade numa *statio*, ou seja, na oficina • Guia. Professor • Autor.

MAGISTER ARTIUM (loc. lat.) – Literalmente significava mestre das artes, pessoa que se distinguia pela sua actividade intelectual; este título foi atribuído a Johann Amerbach, um dos mais importantes impressores de incunábulos do mundo, que começou a sua actividade de impressor em Basileia em 1478 e a prolongou por cerca de quarenta anos.

MAGISTER SCRIPTORUM (loc. lat.) – Chefe dos copistas da oficina de cópia de manuscritos medieval.

MAGNETIC MEMORY (loc. ingl.) – *Ver* Memória magnética.

MAGNETOFOTOGRAFIA – Processo de impressão que se baseia na modulação de um campo magnético utilizando um suporte de impressão não tratado.

MAGNUM OPUS (loc. lat.) – Obra de vulto • Grande trabalho.

MAGRO (port. Bras.) – *Ver* Fino.

MAILING (pal. ingl.) – Comunicação escrita directa que pode ser usada para divulgar a edição de uma obra; para o fazer usa a carta pessoal acompanhada de um folheto explicativo, em geral ilustrado e com muita informação, a partir do qual o cliente decide se está ou não interessado em adquirir uma obra • Lista de endereços. *Mailing list*.

MAILING LIST (loc. ingl.) – Lista de difusão • Lista de pessoas que estão interessadas em receber ficheiros com artigos acerca de determinados temas. Lista de *mailing*. *Ver* Lista de endereços.

MAIS – Designa-se assim o sinal (+) porque, em álgebra, ele significa "mais", por oposição a (-), que significa "menos"; é usado também para indicar datas d. C., graus positivos, altitudes acima do nível do mar, em especial quando os algarismos se acham próximos de outros de sinal contrário.

MAIÚSCULA – *Ver* Letra maiúscula.

MAIUSCULIZAR – Escrever em letra maiúscula.

MAKI/E – Palavra japonesa com o significado de "salpicar", usada para designar a técnica de decoração que se baseia na aplicação de salpicos de ouro, prata ou outros metais sobre uma superfície de laca húmida, após a finalização do desenho.

MAL DOCUMENTADO – Diz-se do texto ou relato que descreve situações ou épocas recuadas, que não estão devidamente integradas no contexto histórico em que os acontecimentos se passaram • Obra de carácter científico que não apresenta em anexo ou de outra forma, a documentação necessária para poder avaliar-se a seriedade e consistência das afirmações apresentadas; esta prova era severamente seguida pelos autores antigos, que baseavam as suas afirmações na *auctoritas*, ou seja, na opinião de um autor clássico sobejamente reconhecido, cuja citação acompanhava, na glosa marginal, o passo do texto em que ela era invocada.

MALA DIRECTA (port. Bras.) – *Ver* Venda directa.

MALA PEDAGÓGICA – Modalidade de animação de leitura usada em algumas escolas constituída por uma mala com os exemplares dos livros de um autor em destaque, a sua bio-bibliografia e elementos de análise e reflexão sobre o mesmo, que é emprestada às escolas por períodos de tempo previamente determinados.

MALAQUITE – Carbonato natural de cobre a partir do qual se fabricava a cor verde-vivo destinada à decoração de manuscritos. Dado tratar-se de um produto caro, o seu uso estava

reservado a manuscritos de elaboração mais cuidada e de mais alto preço.
MALDIÇÃO – Conjunto de palavras ou termos escritos em tom violento e de ódio destinado a lançar um anátema contra quem alterasse um texto ou furtasse um livro; figura muitas vezes junto ao nome do possuidor da obra, invocando uma praga contra o ladrão. Imprecação. Praga. *Ver* Cláusula cominatória.
MAL-ENTENDIDO LITERÁRIO – Conflito entre o desejo do autor e o desejo do leitor, expresso pela sua reacção projectiva.
MALHA – *Ver* Trama.
MALHA DA RETÍCULA – Conjunto das quadrículas formado pelo cruzamento das linhas da retícula. *Ver* Trama.
MALHETE – Maço com que se bate o papel nos moinhos.
MAN – Acrónimo de *Metropolitan Area Network*, rede cujas ligações são feitas através de cabo telefónico e cujas dimensões ultrapassam os limites de um edifício; pode ser deste tipo a rede constituída pelas bibliotecas, arquivos ou serviços de documentação de uma determinada cidade.
MAN. – Abreviatura de manual.
MANCHA – Sinal deixado no suporte por um elemento de impressão • Sinal que suja uma capa de um livro ou uma folha do mesmo. Nódoa • Numa película, defeito causado pelo envelhecimento ou por outros motivos; assume com frequência a forma de pontos minúsculos, em geral amarelados ou arroxeados • Pequena marca acastanhada ou violácea que se desenvolve na superfície do papel quando este está armazenado em condições de humidade intensa; pode apresentar forma redonda ou irregular • Pincelada • *Ver tb.* Mancha tipográfica.
MANCHA DE MANUSEAMENTO – Sinal deixado pelas mãos ao folhear um documento, geralmente localizado no canto inferior direito; por essa razão as obras raras devem ser manuseadas com luvas de algodão. (port. Bras.) Mugre *e* Mancha de manuseio.
MANCHA DE TEXTO – *Ver* Caixa de escrita *e* Mancha tipográfica.
MANCHA GRÁFICA – *Ver* Mancha tipográfica.
MANCHA PUBLICITÁRIA DE CANTO – Aquela que, no jornal, aparece na extremidade, sobretudo na primeira página, frequentemente impressa a cores.
MANCHA PUBLICITÁRIA DE RODAPÉ – Aquela faixa tipográfica onde, no pé do jornal, se insere publicidade, geralmente impressa a cores.
MANCHA TIPOGRÁFICA – Conjunto de linhas impressas na página ou parte da página que é impressa; pode ser a uma só medida ou a duas ou mais colunas. Caixa de escrita. Mancha de texto.
MANCHADO DE ÁGUA – Diz-se de um livro ou outro documento cujas folhas foram alteradas pela acção da água.
MANCHADO DE HUMIDADE – Expressão que ocorre frequentemente na descrição de um exemplar nos catálogos de livros e que caracteriza as manchas provocadas pela água ou outro líquido que atingiu o volume, conferindo-lhe um aspecto pouco atractivo; se se tratar de uma obra muito antiga e não atingir a totalidade da obra, poderá ser tolerado pelos coleccionadores, de outro modo, desvaloriza muito o exemplar no mercado de antiquariato livreiro.
MANCHAR – Imprimir indevidamente pelo facto de a composição não estar bem ajustada ou os cadernos estarem mal assentes. Sujar.
MANCHAS VIOLÁCEAS – Designação genérica das marcas de pequeno tamanho, amarelas, alaranjadas ou avermelhadas provocadas no papel pela acção de microrganismos.
MANCHETE – Título sensacional de um artigo de jornal; é composto em geral a toda a largura da primeira página em letra muito grande e geralmente acompanhado com uma fotografia de grande formato. Notícia sensacional. Caixa jornalística. Furo jornalístico. Topo. *Headline*.
MANCHETINHA (port. Bras.) – O segundo título em importância na primeira página ou nas páginas internas de um jornal.
MANDA – Palavra antiga, caída em desuso, que designa o testamento; mais tarde assumiu o significado daquilo que determina ou manda o testador, isto é, o legado. Legado • Sinal de referência que orienta o leitor para outro local do texto ou para uma nota. Chamada.

MANDAR À ESTAMPA – *Ver* Dar à estampa.
MANDATÁRIO DO AUTOR – Pessoa singular, associação, organismo, nacional ou estrangeiro, constituído para a gestão dos direitos de autor.
MANDATO – Ordem escrita que emana de uma autoridade administrativa ou judicial. Procuração. Autorização. Comissão. *Mandatum*.
MANDATUM (pal. lat.) – Mandato. Ordem • Acto de substituir alguém num encargo, aceite sem contrato. *Ver* Procuração.
MANDATUS (pal. lat.) – Recomendação.
MANDORLA – Superfície formada pela intersecção de dois círculos com o mesmo raio, geralmente em forma de amêndoa, que pode conter uma figura humana em pé, como acontece, por vezes, com o Cristo triunfante.
MANEIRA FINA – Designação do modo de tratar o metal na gravura metálica.
MANEIRA LARGA – Designação do modo de tratar o metal na gravura metálica.
MANEIRA NEGRA – Modalidade de gravura calcográfica na qual a placa de metal é previamente granida com o berço, de modo a permitir na impressão um negro profundo e um aspecto aveludado. *Ver* Mezzotinto.
MANGAS – Acrónimo de Manipulação e Gestão de Metadados Descritivos. Programa utilitário de leitura, análise, correcção e filtragem de ficheiros em formato *ISO 2709* desenvolvido pela Biblioteca Nacional de Portugal, no âmbito da Plataforma Tecnológica da PORBASE para fazer a avaliação de lotes de registos bibliográficos, por meio da produção de relatórios de conteúdo e de erros; permite ainda corrigir de forma sistemática alguns dos erros que ocorrem com maior frequência; possui também um conjunto de filtros de registos, com vista a optimizar a integração dos registos na Base Nacional de Dados Bibliográficos.
MANIFESTO – Escrito de natureza expositiva ou doutrinária que pode assumir carácter polémico, por meio do qual uma autoridade ou instituição informa o público acerca de posições face a acontecimentos e questões diplomáticas, políticas, religiosas, etc. Declaração • Programa político ou religioso destinado a informação local ou nacional • Conhecido. Corrente. Notório.
MANILHA – Peça de ferro do prelo manual que tem um rolete no centro onde se enroscam as peças que fazem mover o carro.
MANIPULAÇÃO – Manobra • Trabalho. Manejo. Manuseamento.
MANIPULAÇÃO DE INFORMAÇÃO – Intervenção feita num texto com a finalidade de o adaptar aos interesses de uma instituição, grupo ou pessoa • Um dos estádios distintos que atravessa a informação para a produção do conhecimento e que consiste no facto de as informações serem repartidas, decompostas e recompostas, durante a recolha de dados, da sua reelaboração.
MANIPULAR – Manusear, no sentido físico de pegar, transportar, dispor, manejar • Em sentido figurado pode ter a conotação de intervir, modificando (um texto, por exemplo), alterando-lhe o sentido ou a intenção.
MANTA – Parte exterior do papel da bobina que é retirada antes de começar a impressão.
MANTA DE PROTECÇÃO – *Ver* Invólucro de protecção.
MANTER ACTUALIDADE – *Ver* Manter em dia.
MANTER EM DIA – Conservar as aquisições ou os registos da biblioteca, etc., em conformidade com o estado presente • Manter actualizado.
MANTISSA – Suplemento.
MANU ET CALAMO (loc. lat.) – Expressão que designava na Idade Média o trabalho manual do copista e a sua atitude perante o texto a escrever: com a mão e o cálamo.
MANUAL – Tratado sobre determinado assunto contendo informação precisa, de tamanho pequeno, prático para levar na mão. Compêndio. Livro portátil • Livro sempre à mão • Livro descritivo e explicativo que acompanha determinados produtos para orientar acerca da sua instalação, conservação, funcionamento, etc. • Roteiro para uso prático • Em sentido mais restrito, livro escrito para profissionais e servindo como revisão e referência constantes; por vezes o manual, tal como o tratado, é uma obra colectiva de uma equipa de especialistas, cada um dos quais tomou a seu cargo um tema

especial da matéria nele desenvolvida • Livro em que os homens de negócios tomam notas que posteriormente serão passadas para livros oficiais • Livro litúrgico que contém os ritos com que devem administrar-se os sacramentos.

MANUAL DE CHANCELARIA – Formulário, colecção de cartas e documentos.

MANUAL DE CONFESSORES – Obra que se destinava a orientar o clero pouco culto a exercer o sacramento da confissão e a dirigir ao penitente as perguntas necessárias; foram numerosos os opúsculos versando este assunto, tanto manuscritos como impressos.

MANUAL DE EMPRESA – Compilação desenvolvida dos documentos escritos aplicáveis numa organização; é apresentada, em geral, em folhas soltas e nela se incluem os organigramas, a declaração de objectivos, a política administrativa, os métodos e processos e todos os outros documentos que regulam oficialmente as actividades da organização em questão; o manual de empresa é usado como fonte de consulta para a tomada de decisões e serve de base à orientação e preparação do pessoal. Manual de organização.

MANUAL DE ESTILO – *Ver* Manual de redacção e estilo.

MANUAL DE ORAÇÕES – Obra que contém orações de devoção ou destinadas a determinadas circunstâncias (orações à SS. Trindade, aos Santos, preces por água, contra a peste, as trovoadas, etc.); ainda que às vezes estejam dispostas organicamente, as orações não constituem fórmulas litúrgicas e as recolhas não foram feitas a partir dos livros litúrgicos.

MANUAL DE ORGANIZAÇÃO – *Ver* Manual de empresa.

MANUAL DE REDACÇÃO E ESTILO – Tratado preparado com a finalidade de estabelecer regras destinadas a orientar a expressão correcta do pensamento por meio da palavra escrita e o modo especial ou característico de a elaborar, destinado sobretudo a jornalistas e pessoal de redacção da imprensa diária.

MANUAL DE TRABALHO – Obra em que está apresentado o conjunto dos planos de actuação de uma instituição ou de uma das suas unidades administrativas, que é usada como obra de consulta e para preparação do pessoal dessa instituição.

MANUAL DIDÁCTICO – Livro escolar, compêndio inicialmente mais voltado para o ensino das primeiras letras do que para a consulta por parte dos alunos, destinado à aprendizagem das matérias oficialmente aprovadas.

MANUAL ESCOLAR – Instrumento de trabalho individual, composto por um livro num ou mais volumes, que contribui para a aquisição de conhecimentos e desenvolvimento da capacidade e das atitudes que são definidas pelos objectivos dos programas curriculares postos em vigor para cada disciplina, contendo a informação fundamental necessária às exigências das rubricas programáticas; pode incluir elementos para o desenvolvimento de actividades de aplicação e avaliação da aprendizagem que foi feita.

MANUALE (pal. lat.) – Estojo de livro • Manual. Livro portátil.

MANUELINO – *Ver* Estilo manuelino.

MANUFACTURA – Trabalho manual ou produção dele resultante • Fabricação.

MANUS (pal. lat.) – Mão. Punho • Escrita e, por extensão, copista • Letra • Modo de escrever. Estilo.

MANUS COLLATIO (loc. lat.) – Expressão que designa o sinal de validação de um documento, feito manualmente, por aposição de um sinal. *Signum manum. Subscriptio. Signum manuale.*

MANUS LIBRARIA (loc. lat.) – Escrita dos livros, por oposição à escrita dos documentos.

MANUS OBTUNSA (loc. lat.) – Escrita empalidecida, apagada, alterada.

MANUSCREVER – Escrever à mão.

MANUSCRITO – Como nome, este termo designa, em especial, o escrito antes da introdução da imprensa ou nessa época • Obra original escrita à mão • Cópia manuscrita da obra de um autor anterior à sua impressão (original ou cópia de um texto destinado a ser impresso). Distingue-se o livro manuscrito – livro escrito à mão – de uma carta, papel ou outro documento manuscrito. Dactilograma.

MANUSCRITO ACÉFALO – Aquele cujo texto não tem o início, geralmente por estar truncado.

MANUSCRITO AMERICANO (port. Bras.) – Nome dado à letra cujo olho imita a manuscrita, mas sem as saliências e as reentrâncias da letra inglesa.

MANUSCRITO APÓGRAFO – Manuscrito que foi copiado do manuscrito original.

MANUSCRITO AUTÓGRAFO – Texto manuscrito pelo punho do autor.

MANUSCRITO CALIGRAFADO – Aquele que apresenta um texto cuidadosamente escrito e desenhado, segundo o uso da época em que foi produzido; neste apuro gráfico era também muito apreciada a correcta distribuição do texto na página em branco, margens bem dimensionadas e espaços interlineares equilibrados.

MANUSCRITO CARTÁCEO – Manuscrito cujo suporte é o pergaminho. Manuscrito membranáceo. Manuscrito pergamináceo.

MANUSCRITO COM MINIATURA – Manuscrito ornamentado com ilustração manual de desenho reduzido; esta é, na maior parte dos casos, alusiva ao texto.

MANUSCRITO COMPÓSITO – Manuscrito que apenas aparentemente constitui uma unidade inventarial, porque é constituído por uma só encadernação, enquanto na realidade resulta de vários manuscritos completos ou fragmentários, que foram agrupados numa determinada época por motivos diversos. Manuscrito heterogéneo. Miscelânea de manuscritos.

MANUSCRITO DACTILOGRAFADO – Obra ditada ou escrita à máquina e corrigida pelo autor anteriormente à sua impressão.

MANUSCRITO DE BASE – Manuscrito que é preferido pelo editor e cujo texto ele reproduz integralmente, excepto os erros evidentes, sendo as lições dos outros exemplares postas de parte como variantes e relegadas para o aparato crítico.

MANUSCRITO DE DEVOÇÃO – Aquele que, não sendo propriamente de carácter litúrgico, compreende orações, jaculatórias ou outro tipo de textos coligidos de vários outros, destinados principalmente a cultos particulares.

MANUSCRITO DESMEMBRADO – Aquele cujos cadernos foram acidental ou propositadamente separados. Manuscrito fragmentado.

MANUSCRITO FRAGMENTADO – Manuscrito cujos cadernos foram separados.

MANUSCRITO HETEROGÉNEO – *Ver* Manuscrito compósito.

MANUSCRITO HISTORIADO – Manuscrito ornamentado com miniaturas alusivas ao conteúdo do texto.

MANUSCRITO HOMOGÉNEO – Aquele que foi concebido como unidade codicológica única; pode ter sido escrito por um ou mais escribas e pode conter vários textos ou um texto único.

MANUSCRITO ILUMINADO – De modo estrito, um manuscrito iluminado é aquele que apresenta desenhos com ouro ou prata que reflectem a luz; os copistas cistercienses eram autorizados a decorar os manuscritos, mas não a aplicar ouro, uma vez que este era considerado frívolo e desapropriado a uma vida austera, como a que a ordem impunha. A iluminação com ouro remonta à Antiguidade, mas é mais comum nos finais da Idade Média; os manuscritos como os livros de horas são quase sempre iluminados; se a folha de ouro for aplicada a um desenho, ela é colocada antes da cor; isto é indispensável por duas razões: a primeira é porque o ouro adere a qualquer pigmento que já tenha sido aplicado, estragando o desenho, a segunda é porque o brunir do ouro poderia arruinar as cores já aplicadas.

MANUSCRITO ILUSTRADO – Aquele em cujo texto ocorrem desenhos ou figuras que não só o ornamentam, mas que sobretudo o ilustram e o explicam; estão neste caso as obras que versam assuntos como a zoologia, a anatomia, a botânica ou a medicina, em especial quando esta aborda a cura das doenças através do uso de plantas medicinais, onde o desenho era indispensável para a sua identificação.

MANUSCRITO LITERÁRIO – Trabalho escrito nos diversos estádios da sua elaboração: borrão, texto definitivo ou provas.

MANUSCRITO MEMBRANÁCEO – *Ver* Manuscrito cartáceo.

MANUSCRITO MUTILADO – Aquele em que alguns cadernos desapareceram acidentalmente.

MANUSCRITO PERGAMINÁCEO – *Ver* Manuscrito cartáceo.

MANUSCRITOLOGIA – Estudo dos manuscritos.

MANUSCRITOS CISTERCIENSES – Aqueles que foram escritos pelos monges da Ordem de Cister; são caracterizados pelo seu rigor na cópia dos textos e pela sobriedade da sua ilustração, onde poderiam utilizar-se elementos cromáticos, mas onde estava ausente a aplicação de ouro ou de prata, elementos considerados frívolos e nada de acordo com a austeridade da ordem.

MANUSCRITOS DO MAR MORTO – Série de fragmentos de documentos em papiro e pergaminho que foram achados em Qumran em 1947 e que haviam pertencido a um mosteiro judeu dos tempos de Cristo; entre eles encontrou-se um rolo de 7,35 m de largura com o texto bíblico de Isaías.

MANUSEABILIDADE – Característica do livro ou texto enquanto suporte manual de leitura, que se distingue pelo facto de possuir elementos que o tornam fácil de manejar, de compulsar e de manipular; estas características podem passar por um corpo de letra legível, de bom recorte gráfico, boas margens, encadernação bem executada e um tamanho de livro que se segura facilmente na mão.

MANUSEAMENTO – Modo como se lida com um objecto, no caso presente com os livros e documentos; o manuseamento deve ser executado com todo o cuidado, tanto no que respeita à consulta propriamente dita, folhear, pousar, como ao seu transporte; um manuseamento impróprio pode contribuir de modo decisivo para a rápida degradação do livro ou documento. Manuseio.

MANUSEAR – Mover com a mão. Folhear • Enxovalhar.

MANUSEÁVEL – Manejável, fácil de mover ou folhear com a mão.

MANUSEIO – *Ver* Manuseamento.

MANUTENÇÃO – Conjunto de acções empreendidas com a finalidade de conservar os materiais em boas condições de uso • Armazenamento e práticas de colocação dos livros e da documentação nas estantes, que auxiliam a sua conservação em boas condições • Operação relacionada com o equipamento físico informático ou com o suporte lógico, cuja finalidade é a da sua conservação em condições de funcionamento aceitáveis • Em informática, actividade inerente à eliminação dos erros e à garantia de que um sistema funciona correctamente.

MANUTENÇÃO DE FICHEIROS – *Ver* Actualização de ficheiros.

MANUTENÇÃO DE PROGRAMA – Execução de alterações e correcção de erros num programa de computador com a finalidade de o manter em bom uso e efectivas condições de execução.

MANUTENÇÃO DO CATÁLOGO – Operação ou conjunto de operações que são levadas a cabo com vista a assegurar a actualização constante de um catálogo, como correcção, inserção e eliminação de dados em fichas ou registos, consoante a natureza do suporte do mesmo. Actualização de ficheiro.

MANUTENÇÃO PREVENTIVA – Operações de conservação destinadas a evitar falhas de funcionamento do equipamento informático (*hardware*) e do suporte lógico (*software*) antes que elas surjam e a garantir as suas condições de funcionamento e qualidade do serviço a prestar.

MANUTÉRGIO – *Ver Manutergium*.

MANUTERGIUM (pal. lat.) – Tecido que por vezes envolvia os livros na Idade Média, a fim de não os macular. Manutérgio.

MÃO – Indicação do número de escribas que copiaram um texto; normalmente a mudança de mão ou punho coincide com a mudança do caderno, dada a distribuição destes pelos diferentes copistas no *scriptorium*. Punho • Nos manuscritos e livros impressos dos séculos XV e XVI, é o desenho esquemático de uma mão colocada na margem e designando, com o indicador, uma passagem importante do texto. Mãozinha • Nota sumária colocada na margem em frente da primeira linha de uma alínea, em caracteres mais pequenos e frequentemente de um tipo diferente do do texto • Relação entre a espessura do papel e o peso em gramas por metro quadrado • Nome dado ao conjunto de cinco cadernos de papel • Em heráldica, figura no escudo voltada para o observador, espalmada e com os dedos virados para cima.

MÃO DE GATO – Correcção de uma obra feita por pessoa mais sabedora da matéria do que o seu autor.

MÃO DE PAPEL – Maço de 25 folhas, cinco cadernos; vigésima parte da resma.

MÃOZINHA – Fecho, em geral metálico, com que se apertam alguns livros, sobretudo devocionários • Indicação manuscrita ou impressa colocada na margem de um documento, usualmente sob a forma do desenho manuscrito ou, mais raramente impresso, de uma pequena mão, indicando as passagens mais importantes. Por extensão, punho.

MAPA – Representação geográfica da terra ou de uma parte dela numa superfície plana • Relação. Lista • Quadro • Trabalho tipográfico cuja composição é dividida em colunas, separadas por filetes e em escala superior a 20.000, onde se registam as características físicas ou abstractas escolhidas, relativas à superfície da terra ou a um corpo celeste; a sua apresentação material pode ser diversa: numa só folha, em várias folhas editadas simultânea ou sucessivamente e destinadas a serem reunidas para formarem uma única folha ou em várias folhas editadas ao mesmo tempo ou sucessivamente, que não se destinam a ser reunidas.

MAPA AÉREO – Mapa formado por uma ou várias fotografias tiradas acima da superfície da terra.

MAPA ANAMÓRFICO – Mapa caracterizado por ter uma distorção superficial proporcional a um factor diferente do linear.

MAPA ASSOCIATIVO – *Ver* Diagrama de flechas.

MAPA ASTRONÓMICO – O que mostra as estrelas. Mapa de estrelas. Mapa celeste.

MAPA AUXILIAR – Mapa de pequenas dimensões apresentado na margem do mapa principal.

MAPA BATIMÉTRICO – Mapa em relevo do fundo do mar, de um lago, etc. Mapa batométrico.

MAPA BATOMÉTRICO – *Ver* Mapa batimétrico.

MAPA CADASTRAL – O que é desenhado em larga escala para mostrar os possuidores, extensão, delimitação e valor de terrenos com vista à aplicação de taxas.

MAPA CELESTE – Mapa que representa o firmamento.

MAPA COMPILADO – Mapa que contém informação colhida de várias fontes, ou seja, não recolhida de fontes fornecidas de propósito para o mapa em questão.

MAPA CONCEPTUAL – Técnica de representação visual do conhecimento, na qual a informação (os conceitos e as suas relações) aparece representada sob a forma de diagramas ou mapas.

MAPA COROGRÁFICO – Aquele que representa as subdivisões de um país ou região.

MAPA DE BITS – Imagem que é constituída por pontos e que pode ser mudada e modificada através do uso de um programa adequado. Mapa de pontos. *Bitmap*.

MAPA DE CLASSIFICAÇÃO – Sinopse de um esquema de classificação destinada a auxiliar utilizadores na busca de livros numa biblioteca, etc.

MAPA DE ORIENTAÇÃO – Aquele que é desenhado com a finalidade de servir de ponto de referência para realizar viagens marítimas, fluviais ou aéreas.

MAPA DE PAREDE – Mapa projectado para ser exposto num muro. Mapa mural.

MAPA DE PERFIL – Representação à escala da intersecção de uma superfície vertical (que pode ou não ser um plano) com a superfície do terreno ou da intersecção da dita superfície vertical com a de um modelo conceptual tridimensional representando fenómenos que têm uma distribuição contínua, por exemplo precipitações de chuva.

MAPA DE PONTOS – Forma como uma imagem é representada em computador; é criado apenas quando a imagem é enviada para um monitor ou uma impressora. Mapa de bits. *Bitmap*.

MAPA DE SITUAÇÃO – *Ver* Mapa-índice.

MAPA DESDOBRÁVEL – Aquele que só pode consultar-se após terem sido desmanchadas as dobras que nele foram feitas.

MAPA DO TEMPO – Mapa ou diagrama que representa, sob a forma de esquema, o estado da atmosfera a determinadas horas sobre uma extensão relativamente limitada.

MAPA EM RELEVO – *Ver* Mapa hipsométrico.

MAPA FOTOGRÁFICO – *Ver* Fotomapa.

MAPA GEOLÓGICO – Representação cartográfica da geologia de uma região, onde se indicam os tipos de rochas, as formações geológicas e as relações estruturais.
MAPA HIDROGRÁFICO – Aquele que representa as massas líquidas (mares, rios e lagos) de um país ou região.
MAPA HIPSOGRÁFICO – *Ver* Mapa hipsométrico.
MAPA HIPSOMÉTRICO – Mapa em que os acidentes da superfície terrestre ou do fundo do mar são representados de formas diversas, por exemplo com traços coloridos, sombreados ou curvas de nível. Mapa em relevo. Mapa hipsográfico.
MAPA IMAGINÁRIO – Mapa que representa um lugar fictício, como o centro da terra.
MAPA INSERTO – Pequeno mapa impresso dentro dos limites de um outro mapa de maiores dimensões.
MAPA MUDO – Mapa usado nas escolas para exercícios de geografia, que não tem indicação dos nomes das localidades, rios e montanhas.
MAPA MURAL – Aquele que se destina a ser pendurado numa parede. Mapa de parede.
MAPA OROGRÁFICO – Aquele que representa os sistemas montanhosos de um país ou região.
MAPA PICTÓRICO – Mapa que contém desenhos que indicam a distribuição de traços físicos e biológicos, características sociais e económicas, etc.
MAPA POLÍTICO – Em cartografia, diagrama desenhado à escala, no qual aparecem os limites das terras e as suas subdivisões, assim como todos os elementos fundamentais para a descrição e identificação das unidades que nele estão representadas, incluindo um certificado que indique a sua aprovação; a diferença entre um mapa político e um mapa simples reside no facto de o primeiro não apresentar marcas de relevos, hidrográficas, etc.
MAPA TEMÁTICO – Mapa que resulta do estado de um aspecto particular da realidade (carta demográfica, pedológica, da vegetação, etc.).
MAPA TOPOGRÁFICO – Mapa terrestre que apresenta os acidentes de relevo e localização de acidentes geográficos terrestres.
MAPA-ÍNDICE – Mapa-chave, que permite indicar a situação das diferentes zonas representadas por mapas individuais ou por um único mapa dividido em partes ou secções. Mapa de situação.
MAPA-MÚNDI – Carta que representa toda a superfície do planeta Terra em dois hemisférios.
MAPEAR – Fazer o mapa de. Representar sob forma de mapa.
MAPEIRO – Móvel usado em bibliotecas e arquivos para guardar mapas, planos, cartas geográficas, etc. Arquivo de mapas.
MAPOTECA – Colecção de planos, mapas, cartas ou atlas geográficos. Cartoteca • Obra na qual são descritos mapas ou atlas • Lugar onde se guardam mapas ou atlas • Móvel, normalmente metálico, destinado a arquivar e a arrumar mapas, desenhos, plantas ou outros documentos de grande formato.
MAQUETA – Exemplar, geralmente reduzido a algumas páginas, sobre o qual se efectua a afinação da disposição de um texto, com vista a uma preparação cuidada, sobretudo tipográfica, e que deve servir de modelo para a construção da publicação definitiva • Esboço em forma reduzida ou miniatura de uma publicação. *Ver* Maqueta de composição.
MAQUETA DE COMPOSIÇÃO – Plano tipográfico de uma publicação em que se mostra a distribuição geral do texto, o lugar onde ficam as ilustrações, etc. e do qual consta também a indicação dos estilos dos tipos e respectivos corpos. Projecto.
MAQUETA DE PUBLICIDADE – Conjunto dos espaços reservados à propaganda na compaginação geral de uma obra impressa. *Layout*. Leiaute.
MAQUETE – *Ver* Maqueta.
MAQUETISTA – Pessoa especializada na realização de maquetas para livros e publicações periódicas. Projectista.
MÁQUINA BICOLOR – Aquela que imprime em duas cores simultaneamente.
MÁQUINA CALCOGRÁFICA – Prelo para impressão de trabalhos de gravura em cavado ou calcográfica, como os de heliogravura, plana ou rotativa.

MÁQUINA CILÍNDRICA – Prelo em que o elemento pressor tem a forma de um cilindro • Máquina de fabricar papel, na qual o elemento que forma a folha é constituído por um ou mais cilindros revestidos de tela, que giram parcialmente mergulhados no tanque da pasta.

MÁQUINA COMPOSITORA – Aquela que produz linhas e páginas de composição para impressão.

MÁQUINA CONTÍNUA – Máquina usada nas fábricas de papel, que transforma a pasta trabalhada numa fita, que se enrola em bobinas. A sua descoberta ficou a dever-se ao inventor francês Nicolas-Louis Robert em colaboração com Saint-Léger Didot e o seu aperfeiçoamento em Inglaterra a Gamble, Fourdrinier e Donkin. Máquina de papel.

MÁQUINA DACTILOGRÁFICA – *Ver* Máquina de escrever.

MÁQUINA DE AGRAFAR – *Ver* Agrafador.

MÁQUINA DE ALCEAR – Instrumento mecânico que faz o alceamento dos cadernos de um livro, depois de impressos.

MÁQUINA DE APARAR – *Ver* Guilhotina.

MÁQUINA DE BRANCO – Máquina que imprime um só lado de cada vez e em que o órgão impressor, de diâmetro médio e com movimento intermitente, suspende o seu giro para receber o papel e dar passagem ao retrocesso do órgão tipográfico. A distribuição da tinta é feita através de rolos sobre uma superfície plana de madeira ou ferro chamada mesa. Máquina simples.

MÁQUINA DE COLAR – Máquina munida de rolos destinada a distribuir a cola na superfície do papel.

MÁQUINA DE COMPOR – Auxiliar-base da composição mecânica, aparecida em 1840, cuja realização foi orientada pelos seguintes passos: 1 – composição mecânica do tipo normal; 2 – moldagem mecânica em substâncias plásticas por caracteres semelhantes aos das máquinas de escrever, servindo de matriz na fundição; 3 – composição directa das matrizes seguida da fundição; 4 – faixa perfurada – tipo *jacquard* – dirigindo as matrizes para a fundição. Os dois últimos métodos foram industrializados e passaram a dominar a composição mecânica.

MÁQUINA DE DOBRAR – *Ver* Dobradora.

MÁQUINA DE DOIS CILINDROS – Aparelho resultante da combinação de duas máquinas de branco que têm de comum o eixo principal; é constituído por dois órgãos tipográficos unidos entre si, dois órgãos impressores independentes com movimento intermitente, que actuam cada um por sua vez. Pode também funcionar como máquina de retiração, se em cada um dos seus cofres se impuser a frente e costas de qualquer trabalho.

MÁQUINA DE DUAS REVOLUÇÕES – Máquina baseada na atribuição do movimento contínuo ao cilindro fazendo duas rotações por exemplar, uma para imprimir, a outra para dar lugar ao retrocesso do órgão tipográfico.

MÁQUINA DE ENCAPAR – Na encadernação mecânica é aquela que liga o texto à capa, colando as guardas e prendendo-as nela.

MÁQUINA DE ENDEREÇAR – Máquina que imprime endereços.

MÁQUINA DE ENVERNIZAR – Máquina utilizada nas oficinas litográficas e de encadernação para cobrir folhas impressas com uma camada de verniz.

MÁQUINA DE ESCREVER – Aparelho, manual ou eléctrico, que serve para um operador dactilografar texto; foi inventado por Sholes e Densmore em 1867. Máquina dactilográfica. Dactilótipo.

MÁQUINA DE ESTENOTIPIA – Aparelho que possibilita, apoiando em separado ou ao mesmo tempo nas teclas de um teclado, obter um texto estenografado e que pode ser usado de modo que os movimentos dos toques engendrem sinais electrónicos, que um computador converte directamente em escrita comum.

MÁQUINA DE FILMAR DINÂMICA – Máquina de filmar na qual o original e a superfície sensível se deslocam simultaneamente e sincronicamente durante todo o período de exposição aos raios.

MÁQUINA DE FILMAR SEMI-AUTOMÁTICA – Máquina semi-automática que produz microimagens numa folha ou num rolo de filme; os originais são usados manualmente.

MÁQUINA DE GOFRAR – Máquina que produz no papel desenhos em relevo por meio de cilindros gravados.

MÁQUINA DE GRAVAR – Máquina constituída por um tanque fechado no qual os clichés de fotogravura são sujeitos a um jacto contínuo de ácido nítrico que realiza a gravação.

MÁQUINA DE IMPRESSÃO – *Ver* Impressora.

MÁQUINA DE IMPRESSÃO INDIRECTA – Máquina em que a estampagem não é feita de imediato no papel, usada sobretudo para imprimir jornais de grande tiragem, em que o órgão tipográfico é constituído por três cilindros, dois deles revestidos de borracha; a impressão faz-se no revestimento do primeiro cilindro onde fica às direitas, sendo depois transportada para o do segundo e é este que a transmite ao papel, através da compressão de um cilindro metálico.

MÁQUINA DE IMPRIMIR – Prelo mecânico para estampar por meio de uma matriz em papel ou outro suporte. Impressora.

MÁQUINA DE IMPRIMIR ALIMENTADA COM ROLO DE PAPEL – *Ver* Prensa de bobina.

MÁQUINA DE IMPRIMIR DE BOBINA – *Ver* Prensa de bobina.

MÁQUINA DE IMPRIMIR DE PLATINA – *Ver* Prensa de pressão plana.

MÁQUINA DE MOVIMENTO CONTÍNUO – Máquina de imprimir em que o cilindro impressor nunca pára, porque é dotado de movimento de rotação independente do órgão tipográfico.

MÁQUINA DE NUMERAR – *Ver* Numerador.

MÁQUINA DE PAPEL – *Ver* Máquina contínua.

MÁQUINA DE PAUTAR – Aparelho que produz em papel branco o traçado horizontal e vertical que serve de guia para se escrever. Pautadora.

MÁQUINA DE PEDAL – Máquina usada em tipografia ou encadernação movida por meio de uma peça sobre a qual assenta o pé; nos nossos dias, em geral o pedal foi substituído pela corrente eléctrica.

MÁQUINA DE PERFURAR – *Ver* Furador.

MÁQUINA DE PICOTAR – Aparelho usado para perfurar o papel, de modo a facilitar a separação manual de uma parte da folha para poder depois rasgar-se facilmente, como os selos, recibos, bilhetes, etc.

MÁQUINA DE PLATINA – *Ver* Minerva.

MÁQUINA DE REACÇÃO – Máquina em que o cilindro de pequeno diâmetro se mantém a girar constantemente, num e noutro sentido, solidariamente com o órgão tipográfico que contém as duas composições – branco e retiração e faz sucessivamente a impressão das duas, para o que dá duas voltas • Outro tipo destas máquinas de reacção é aquele em que um cilindro de grande diâmetro imprime uma face do papel por cada volta, podendo fazer-se o alceamento. No fim da sua volta num sentido o cilindro deixa a folha que imprimiu e recebe outra que vai imprimir no sentido oposto e da mesma chapa.

MÁQUINA DE REGISTO DE EMPRÉSTIMO – Máquina electrónica utilizada para registar operações de empréstimo em bibliotecas, serviços de documentação, etc.

MÁQUINA DE RETIRAÇÃO – Máquina apresentada em 1818 por Frederick Koenig e Frederick Bauer, constituída por dois cilindros com movimento contínuo e em direcções opostas com duas baterias de rolos, uma em cada extremidade, com a particularidade da passagem automática da folha impressa no primeiro cilindro para o segundo, mas voltada para receber a impressão no verso.

MÁQUINA DE ROTAÇÃO CONTÍNUA – Aquela em que o cilindro executa uma volta completa.

MÁQUINA DE ROTAÇÃO INTERMITENTE – Impressora cujo cilindro fica parado após a folha ter sido retirada, enquanto o carro realiza o movimento de regresso.

MÁQUINA DE ROTAÇÃO SIMPLES – Impressora caracterizada por possuir um diâmetro de tambor muito grande, que dá uma volta completa enquanto o carro avança e recua.

MÁQUINA DE SERRAR – Em encadernação, é o aparelho usado para abrir sulcos na lombada dos livros. *Ver* Serra.

MÁQUINA DE TAMBOR – Máquina de fabricar papel; pode ter um ou dois cilindros • Impressora planocilíndrica.

MÁQUINA DE VINCAR – Em encadernação e cartonagem, é o aparelho que produz no papelão e na cartolina sulcos que facilitam a sua dobragem para posterior utilização.

MÁQUINA ELECTRÓNICA DE FOTOGRAVURA – Máquina automática que produz pranchas metálicas ou plásticas por meio de uma agulha aguçada ou aquecida ao rubro, que é controlada por um dispositivo de exploração com uma célula fotoeléctrica; esta segue a imagem que vai ser reproduzida.

MÁQUINA FOTOGRÁFICA DE MICROCÓPIA – Aparelho que reúne um porta-documento, um dispositivo de iluminação, uma máquina fotográfica e dispositivos de regulação, comando e automatismo para a execução de fotocópias ou de microcópias, em geral negativas.

MÁQUINA FOTOTIPOGRÁFICA – Máquina que permite transformar chapas fotográficas em gravuras em relevo, destinadas à impressão. Máquina tipofotográfica.

MÁQUINA HOLANDESA – Máquina inventada no século XVII que servia para cortar e macerar o trapo destinado ao fabrico do papel por processos semi-mecânicos.

MÁQUINA HORIZONTAL – Designação atribuída à máquina planocilíndrica cujo cofre trabalha em posição horizontal.

MÁQUINA IMPRESSORA – *Ver* Impressora.

MÁQUINA MANUAL – Impressora de platina, de reduzidas dimensões, para pequenos trabalhos.

MÁQUINA MONOCILÍNDRICA – Máquina usada no fabrico do papel, constituída por um único cilindro secador de grande diâmetro.

MÁQUINA MONOLÍNEA – *Ver* Monolínea.

MÁQUINA *OFFSET* – Impressora litográfica formada por um cilindro pressor, um porta-placa e um intermediário com pano de borracha para transferência da imagem da placa para o papel.

MÁQUINA PARA DUAS CORES – Máquina constituída por forma a que as duas impressões se façam num ciclo completo da máquina. Possui dois órgãos tipográficos, um para cada cor, que são continuamente comprimidos pelo mesmo cilindro, que dá duas voltas e só abandona o papel após a dupla impressão.

MÁQUINA PARA PRODUZIR LIVROS SONOROS – Aparelho semelhante a um gira-discos usado para reproduzir discos onde são gravados os textos dos livros sonoros.

MÁQUINA PINTADORA – Máquina que, no fabrico do papel, é usada para colorir determinado tipo de papéis. Pintadora.

MÁQUINA PLANA – Prelo em que são rasas a superfície de pressão e a que carrega a forma; são exemplos deste tipo de máquina as máquinas de platina e a antiga prensa manual. A primeira máquina plana foi inventada em 1799 por Louis-Nicolas Robert, contabilista da fábrica de papel de Essones.

MÁQUINA PLANOCILÍNDRICA – Máquina em que, na impressão, um cilindro carrega o papel e o comprime contra a forma, que assenta num plano móvel e horizontal.

MÁQUINA PLANORROTATIVA – *Ver* Máquina rotoplana.

MÁQUINA REDONDA – Máquina usada no fabrico de papel em que a pasta se depositava na superfície de um cilindro recoberto de tela metálica. A sua invenção data de 1797 e é atribuída a Miguel Leinstenschneider de Saarlonis.

MÁQUINA ROTATIVA – Máquina utilizada na imprensa, em especial naquela em que são impressos grandes jornais diários e em grandes oficinas; distingue-se das impressoras planas pelo seu sistema de impressão que é circular, através do cilindro contra cilindro, com papel de bobina e impressão a uma enorme velocidade; é formada, de um modo esquemático, por dois cilindros, órgão impressor e tipográfico, que giram constantemente em sentidos opostos, entre os quais passa o papel contínuo para receber a impressão e em que não se verifica qualquer perda de tempo.

MÁQUINA ROTATIVA DE FABRICO CONTÍNUO – Nome dado à máquina realizada por Bryan Denkin em 1803 para fabricação do papel, que teve como consequência prática a direcção uniformizada das fibras, com a consequente perda de resistência física.

MÁQUINA ROTOPLANA – Impressora como a rotativa abastecida com papel de bobina, que trabalha com forma plana, usada para jornais de tiragem média. Máquina planorrotativa.

MÁQUINA SIMPLES – A que imprime de um só lado da folha na sua evolução completa; são máquinas simples as minervas, as máquinas de movimento intermitente do cilindro e o prelo. Máquina de branco.

MÁQUINA TIPOFOTOGRÁFICA – *Ver* Máquina fototipográfica.

MÁQUINA TIPOGRÁFICA – Impressora para formas tipográficas.

MÁQUINA TITULADORA – Máquina especial para compor títulos e outros textos em letras maiúsculas. Tituladora.

MÁQUINA TRILATERAL – Aquela que dá três cortes e apara definitivamente o livro.

MÁQUINA VERTICAL – Designação da máquina de platina em que, no momento de imprimir, o cofre e a folha estão em posição aprumada.

MAQUINISTA – Nome dado ao operário que mete o papel, dirige a máquina, efectua o acerto e as restantes tarefas necessárias à impressão. A designação antiga era *torculator* • Dactilógrafo, pessoa que escreve à máquina.

MAR – Em heráldica, é representado por água colocada na ponta do campo e quase sempre de prata, aguado de azul ou vice-versa; se a água estiver agitada, diz-se que a peça nele assente está "batida por um mar".

MARAVILHOSO – Conjunto de elementos fantásticos e sem explicação racional, que intervêm em algumas obras literárias de carácter mágico e sobrenatural, conferindo-lhes uma ficcionalidade que alimenta a imaginação • Que suscita a admiração ou a surpresa. Prodigioso. Sobrenatural. Extraordinário.

MARC (pal. ingl.) – Acrónimo para *Machine--Readable Cataloging* (catalogação legível por máquina), método de organizar dados (formato), de modo que um registo bibliográfico e os dados nele contidos possam ser identificados pelo computador. Foi criado essencialmente para possibilitar o intercâmbio de todas as formas de dados bibliográficos.

MARC DTD (loc. ingl.) – Acrónimo de *Machine--Readable Cataloging Document Type Definition*, projecto de desenho de metadados.

MARCA – Firma. Rubrica. Sinal que serve de assinatura • Carimbo. Cunho • Letra ou emblema feito a tinta numa peça de roupa • Filete impresso na lombada do caderno, nos livros mais recentes, com a finalidade de indicar o lugar que o caderno ocupa no conjunto dos que formam o livro, de modo a servir de orientação aos encadernadores • Sinal de separação.

MARCA A SECO – Marca gravada à pressão sobre o papel depois de fabricado e que, como a filigrana, se vê à transparência.

MARCA BIBLIOGRÁFICA – Marca de autor, editor, impressor, etc. directamente impressa no livro, que identifica a respectiva identidade do seu possuidor.

MARCA BIBLIOTECÁRIA – *Ver* Ex libris.

MARCA DE ÁGUA – Desenho ou inscrição que aparece em claro numa folha de papel olhada à transparência; este desenho era formado com fio de cobre no fundo da forma que servia para o fabrico do papel à mão; o seu uso remonta aos finais do século XIII. A primeira marca de água conhecida data de 1282, apresenta a forma de uma cruz e é procedente de Fabriano (Itália). Há três teorias sobre a origem das marcas de água: uma diz que foram criadas pelos albigenses, outra que terão chegado aos moldes de um modo acidental e que terá sido pouco a pouco que se foi implantando o seu uso e uma terceira teoria afirma que terá sido uma marca usada pelo papeleiro com finalidades de identificação. A partir do século XIII são muito raros os papéis que não apresentam marca de água. Era constituída por fios metálicos e colocada entre dois pontusais, em geral a três quartos do sentido transversal e a meio da altura. O seu estudo permite identificar o fabricante do papel e datar aproximadamente o seu fabrico; frequentemente os copistas, quando copiavam um documento antigo, transcreviam igualmente a subscrição final que incluía por vezes a data, facto que nos coloca perante a dificuldade da datação da cópia; a única certeza da verdadeira data desta cópia, é a identificação da marca de água, que assim evita frequentemente fraudes documentais apresentadas como verdadeiros autógrafos. Esta vantagem não se aplica apenas a manuscritos, mas igualmente a obras impressas, sobretudo aos incunábulos, que por vezes não estão datados, e mesmo a obras posteriores. Os motivos utilizados, de grande variedade iconográfica, vão desde os escudos, emblemas heráldicos, instrumentos musicais, signos do zodíaco, animais, objectos diversos, flores-de-lis, ao nome do fabricante ou a simples monogramas. Na fabricação moderna a marca de água é traçada na tela sem fim da máquina e serve ainda para ajudar a identificar alguns formatos. Filigrana. Marca de papel • (port. Bras.) Linha-de-água, Marca d'água.

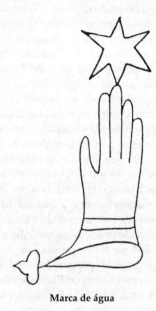

Marca de água

MARCA DE ÁGUA DIGITAL – Sistema por meio do qual se gravam num objecto digital os dados identificadores ou marcas do seu proprietário, com a finalidade de evitar o seu plágio.
MARCA DE BIBLIOTECA – Carimbo de instituição, que funciona como distintivo identificador da mesma.
MARCA DE CHAPA – Linha em relevo que se encontra nos limites de uma impressão de gravura em talhe doce que resulta da pressão que é feita ao imprimir.
MARCA DE CLASSE – Número de classificação.
MARCA DE CLASSIFICAÇÃO – Símbolo correspondente ao assunto de que uma obra trata.
MARCA DE *CUTTER* – *Ver* Número de autor.

MARCA DE DIGNIDADE – Em heráldica, atributo que corresponde a alguns altos cargos e que se coloca por detrás, por cima, por baixo ou dos lados do escudo de armas.
MARCA DE DIVISÃO DE LINHAS – Sinal, em geral vertical ou oblíquo, usado na transcrição bibliográfica para indicar o fim de uma linha tipográfica no original.
MARCA DE EDITOR – *Ver* Marca tipográfica.

Marca de editor

MARCA DE ETIQUETA – Marca de qualidade ou comercial associada a todos ou alguns produtos de um editor ou companhia editora, especialmente registos sonoros.
MARCA DE FELTRO – Impressão deixada no papel pelo feltro da máquina sob pressão.
MARCA DE FIM DE BOBINE – Grupo de caracteres utilizados para assinalar que foi lido o último registo de uma banda magnética.
MARCA DE FOGO – Armas e siglas estampadas com ferros quentes nos cortes dos livros, que funcionam como marca de propriedade de um particular ou de uma instituição.
MARCA DE FRICÇÃO – Sinal que é feito por um feltro especial pressionado contra o cilindro friccionador.
MARCA DE IMPRENSA – *Ver* Marca tipográfica.

MARCA DE IMPRESSOR – *Ver* Marca tipográfica.
MARCA DE INSERÇÃO – Símbolo (/) que é usado pelos correctores de provas como meio de indicar onde algum elemento tipográfico deve ser inserido.
MARCA DE LIVRO – *Ver* Marca de propriedade.
MARCA DE ORIGINALIDADE – *Ver* Selo.
MARCA DE PAPEL – *Ver* Filigrana.
MARCA DE POSSE – Elemento que se coloca no livro ou documento e que identifica o seu possuidor. Marca de propriedade. Nota de posse, por vezes iniciada pela expressão "sou de". *Ver* Ex libris, Pertence, Super libros Marca pessoal *e* Marca de propriedade.
MARCA DE POSSUIDOR – *Ver* Marca de posse.
MARCA DE PROPRIEDADE – Carimbo, etiqueta, selo branco ou outro distintivo, que identifica um documento como pertença de um determinado particular ou instituição. Marca de posse. Pertence. Marca pessoal.
MARCA DE REFERÊNCIA – *Ver* Chamada de nota.
MARCA DE REGISTO – Carácter convencional usado para assinalar o fim de um registo num ficheiro legível por máquina.
MARCA DE TEIA – Impressão feita no papel ou cartão pelas malhas da teia sobre a qual foi formada a folha.
MARCA DE TÍTULO – Marca de obra.
MARCA DO AUTOR – Símbolos (letras, figuras ou outros sinais) usados para representar de forma abreviada o nome do autor e assim individualizar obras que têm a mesma classificação, assunto ou cota na tabela, com vista a simplificar a arrumação das obras e as entradas do catálogo.
MARCA DO IMPRESSOR – *Ver* Marca tipográfica.
MARCA DO TIPO – Sinal produzido pelo pino numa das faces do tipo, quando a letra é expulsa do molde de fundição.
MARCA DUPLA – Nome dado às duas fitas ou sinais fixos num livro, para servirem de marcador.
MARCA EDITORIAL – *Ver* Marca tipográfica.

MARCA PESSOAL – Pertence. Marca de posse.
MARCA TIPOGRÁFICA – Sinal convencional, número, monograma ou vinheta gravados, que o impressor ou livreiro adopta como marca comercial e que imprime no livro, quer no rosto, quer no final; nos séculos XV e XVI, a marca do livreiro figurava, de modo geral, no rosto e a do impressor, quando existia, no cólofon; após esta data, passou a figurar apenas no rosto, acima do pé de imprensa. É formada em geral por duas partes: o corpo (o desenho) e o lema ou moto (frase ou complemento que acompanha o corpo). Há marcas tipográficas que não possuem moto, sendo o desenho acompanhado e/ou completado pelo nome do impressor; a identidade do impressor e editor em breve converteu a marca tipográfica simultaneamente em marca editorial; a intenção era a mesma: atestar a qualidade do livro e salvaguardar aquilo que mais tarde viria a denominar-se direitos de autor. O nome pode apresentar-se sob forma de iniciais ou por extenso. Uma das mais célebres é a que foi adoptada pelo impressor veneziano Aldo Manuzio, que alia a velocidade graciosa do golfinho à estabilidade da âncora; foi inspirada por um denário do imperador Vespasiano (69-79 d. C.) que lhe terá sido oferecido por Pietro Bembo onde significava uma súplica a Poseidon para que não houvesse terramotos ou ondas gigantes; como representava bem a lentidão e segurança da sua actividade impressória logo foi adoptada por ele e pelos filhos que lhe sucederam no ofício. Logótipo editorial. Marca de editor. Marca editorial. Marca de impressor. Marca de imprensa.
MARCAÇÃO DA DOBRA – Traço ou fio que em alguns trabalhos impressos assinala o lugar onde o papel deve dobrar-se.
MARCADO – Rubricado • Assinalado • Reservado.
MARCADOR – Caneta de feltro que pode apresentar diversas cores e várias grossuras • Carimbo datador • Em tipografia, pessoa que inscreve as indicações tipográficas a seguir na composição, imposição e impressão de um texto.

Marca tipográfica

MARCADOR DE LIVRO – Tira de papel, cartão ou outro material, solto ou preso ao livro, que serve para assinalar o lugar da leitura; uma grande variedade de marcadores de livros sobreviveram até aos nossos dias, alguns datando do século XII; tiras de pergaminho, por vezes pintadas, eram cosidas ou presas ao corte do livro em determinados lugares, assim como fitas de linho, ou ainda de seda, que também podiam ser presas à cabeça do livro e desciam verticalmente para ele; flores secas ou outros materiais orgânicos achatados também eram usados como marcadores de livros. Modernamente o marcador de livro serve frequentemente como suporte publicitário de uma editora, uma instituição cultural ou outro. Sinal. Marca-livro. (port. Bras.) Marca-texto.
MARCAL – Acrónimo de *MARC* para a América Latina, formato para registos bibliográficos, derivado do formato *MARC*, baseado no *Canadian/MARC* e proposto pela Organização dos Estados Americanos como formato a adoptar pelos países da América Latina.
MARCA-LIVRO – *Ver* Marcador de livro.
MARCAR – Acto de usar o disco ou o teclado de um telefone, com a finalidade de estabelecer um circuito de transmissão entre um terminal e outro dispositivo de comunicação ou um computador, por meio de uma linha comutada.
MARCAR A MEDIDA – Indicar, no texto original, a dimensão em que este deve ser composto.

MARCAR O ORIGINAL – Assinalar no protótipo, com tinta ou lápis, a medida e o corpo em que ele deve ser composto e outros pormenores relativos à sua impressão, como os tipos de letra, parágrafos, etc.
MARCAS DE USO – Eufemismo utilizado para designar o conjunto de notas, apontamentos, etiquetas, indicações, marcações, manchas, nódoas e dedadas consideradas como vestígios que aparecem numa obra que foi lida e utilizada ao longo dos tempos.
MARCA-TEXTO (port. Bras.) – *Ver* Marcador de livro.
MARCHETADO – *Ver* Embutido.
MARFIM – Material constitutivo dos dentes de elefante e defesas de outros animais usado como suporte da escrita e também para revestir tabuinhas enceradas, ou aplicado em encadernações requintadas, devidamente trabalhado com baixos-relevos, frequentemente alusivos ao conteúdo da obra ou mesmo como remate de rolos de pergaminho.
MARGEAÇÃO – *Ver* Marginação.
MARGEADO – Que tem margens. Marginado. (port. Bras.) Marcado.
MARGEADOR – Que faz ou deixa margens. Marginador • (port. Bras.) Marcador.
MARGEADOR AUTOMÁTICO – (port. Bras.) – *Ver* Marginador automático.
MARGEAR (port. Bras.) – *Ver* Marginar.
MARGEM – Espaço deixado livre à cabeça, no pé ou nos lados da composição tipográfica • Pedaço de papel que se deixa em branco entre a parte impressa ou manuscrita de uma página e as suas extremidades • Cercadura. Orla. Beira. Lado. Tarja • Guarnições correspondentes ao branco na folha de impressão; o espaço em branco pode ser superior (margem da cabeça), inferior (margem do pé), exterior (margem da goteira) ou interior (margem do dorso); o espaço da margem que não tenha sido cortado pela guilhotina do encadernador constitui um elemento de valorização do livro, especialmente se for antigo • Apostila.
MARGEM DA CABEÇA – Nome dado ao espaço em branco que fica colocado ao alto da folha ou página manuscrita ou impressa. É também designado apenas cabeça. Margem

superior ao alto da folha ou página manuscrita ou impressa.

MARGEM DA COSTURA – *Ver* Margem interior.

MARGEM DA GOTEIRA – Espaço em branco exterior junto ao corte, oposto à margem interior, junto ao festo.

MARGEM DA LOMBADA – *Ver* Margem interior.

MARGEM DAS PINÇAS – Parte da folha que é presa pelas pequenas tenazes do cilindro da máquina de impressão.

MARGEM DE IMAGEM – Zona de um fotograma situada entre a área de imagem e a linha de fotograma.

MARGEM DE TÍTULO – Distância compreendida desde a margem exterior até ao início do título (a segunda linha vertical).

MARGEM DIANTEIRA – Espaço lateral correspondente à abertura do volume na parte oposta à lombada; fica situado entre o limite direito (página ímpar) e o esquerdo (página par) da caixa de composição e o corte dianteiro. Margem exterior. Margem do corte.

MARGEM DO CORTE – *Ver* Margem dianteira.

MARGEM DO DORSO – *Ver* Margem interior.

MARGEM DO LOMBO – *Ver* Margem interior.

MARGEM DO PÉ – Nome dado ao espaço em branco que fica colocado na parte inferior da folha impressa. É vulgarmente designado apenas pé. Margem inferior.

MARGEM ESMAECIDA – Escurecimento das margens do papel devido ao envelhecimento, armazenamento não adequado ou a qualquer outra razão • Escurecimento da película após a revelação provocado pelo excesso de luz.

MARGEM ESPELHADA – Margem do livro ou documento que se encontrava danificada e que foi objecto de reforço através da colagem de uma tira de papel ou outro material.

MARGEM EXTERIOR – Nome dado ao espaço em branco da folha impressa colocado no lado oposto à lombada, junto da parte por onde o livro se abre. Margem dianteira. Margem do corte. Margem externa.

MARGEM EXTERNA – *Ver* Margem exterior.

MARGEM FALSA – Parte da margem de um volume que ultrapassa a das páginas adjacentes fazendo sobressair a folha no lado do corte.

MARGEM INFERIOR – *Ver* Margem do pé.

MARGEM INTERIOR – No livro, margem de uma página adjacente ao festo; é a margem esquerda do recto e a margem direita do verso de um livro que se lê da esquerda para a direita; é por esta margem que se cosem ou se seguram os cadernos. Medianiz • Margem de dorso. Margem da costura. Margem da lombada. Margem do lombo. Margem interna.

MARGEM INTERNA – Medianiz. *Ver* Margem interior.

MARGEM RESTITUÍDA – Tira de papel acrescentada à margem de um papel ou pergaminho de dimensão reduzida, para a tornar igual a outra.

MARGEM SOCIAL – Espaço em branco que circunda o texto manuscrito numa carta ou outra missiva; geralmente reservava-se um espaço grande à cabeça da carta e uma margem maior à esquerda, deixando-se em branco o verso do papel em cartas de mais cerimónia.

MARGEM SUPERIOR – Espaço em branco que fica colocado na parte de cima da folha impressa. Margem da cabeça.

MARGINAÇÃO – Operação que consiste em colocar nos esquadros da máquina, uma por uma, as folhas a imprimir; a marginação pode ser manual ou automática. Margeação.

MARGINADO – Provido de uma margem, de uma orla.

MARGINADOR – Operário encarregado de colocar as folhas de papel na máquina de imprimir • Aparelho automático que preenche as mesmas funções • Marcador. (port. Bras.) Margeador.

MARGINADOR AUTOMÁTICO – Nas máquinas impressoras, é o aparelho que substitui o operário designado marginador e que leva o papel, ainda que mal metido pelo marginador, a um ponto invariável; modernamente estas máquinas dispensam a presença de operários. Alimentador. (port. Bras.) Margeador automático.

MARGINAL – Da margem ou a ela referente • Escrito à margem.

MARGINÁLIA – Termo que designa "coisas escritas na margem"; refere-se tanto à escrita como à decoração colocada nas margens de um manuscrito; estes elementos podem fazer parte do plano inicial do trabalho, mas também podem ser secundários ou mesmo de natureza excedentária; podem incluir glosas, anotações e diagramas, e notas ou comentários que terão tido origem nos estudos escriturísticos; as marginálias puramente decorativas, com ornamentação muito desenvolvida, especialmente a do século XV, são consideradas um género à parte ou componentes do esquema decorativo. Adorno • Apostila. Nota marginal.
MARGINALIA (pal. lat.) – *Ver* Marginália.
MARGINAR – Operação de meter o papel nas balizas ou de o enfiar nas puncturas das máquinas de imprimir; este trabalho pode ser levado a cabo automaticamente • Repartir os brancos marginais de qualquer impressão, sujeitando-os às regras tipográficas • Fazer anotações nas margens de um livro ou documento. Apostilar. Apostilhar. Anotar • Fazer ou deixar margens no papel ou outro suporte em que se escreve ou imprime.
MARGINATURA (pal. lat.) – Restauro dos contornos perdidos ou danificados de uma folha ou documento, substituindo-os com tiras ou com uma montagem de papel ou de pergaminho.
MARIAL – Diz-se do livro escrito em louvor da Virgem Maria, geralmente relatando milagres que se lhe atribuem.
MARINHA – Desenho, gravura ou pintura que descreve objectos e motivos marítimos: marés, fozes de rios, enseadas, tempestades, barcos, combates navais, etc. presentes em algumas gravuras e mesmo em marcas tipográficas • Poesia trovadoresca que versa o tema do rio ou do mar. Barcarola.
MARINONI – Tipo de máquina rotativa de impressão de jornais inventada por Hippolyte Marinoni.
MARIPOSA – Marca colada numa página impressa ou na oposta para corrigir um erro no texto ou para acrescentar alguma coisa.
MARKETING (pal. ingl.) – Designação atribuída ao conjunto dos métodos e das técnicas que são usados na definição da estratégia comercial nos seus vários aspectos, sobretudo no que respeita ao estudo dos mercados; ligadas a este conceito andam as noções de produto e de serviço • Método científico de detecção e conquista rentável de mercado de um organismo, no caso específico, biblioteca, arquivo ou serviço de documentação • Conjunto de acções que fomentam a troca construtiva e permissiva à colaboração entre os fornecedores de bibliotecas, os serviços de informação e os utilizadores reais e potenciais dos respectivos serviços; essas acções ocupam-se dos produtos, preços, sistemas de entrega e formas de promoção.
MARKETING ORIENTED (loc. ingl.) – Forma de divulgação de um serviço, neste caso de uma biblioteca, arquivo ou serviço de documentação, que é feita tomando como ponto de partida as necessidades e as exigências dos leitores. *Ver tb.* Estudo de utilizador.
MÁRMORE – Em encadernação chama-se mármore à vitela em cuja superfície foram produzidas manchas escuras de forma irregular • Mesa, antigamente de mármore e hoje metálica, que nas máquinas litográficas distribui a tinta nos rolos • Pedra litográfica • Chapa de pedra ou ferro embutida no cofre dos antigos prelos manuais em que assentava a forma para imprimir • Plano de mesa, em geral de ferro fundido, muito polido, onde se faz a imposição e o engradamento das formas e a paginação dos jornais.
MARMOREAÇÃO – Processo usado no corte dos livros ou na superfície do papel que lhe confere o aspecto do mármore através da aplicação de salpicos de tinta na superfície de um veículo gomoso (geralmente o tragacanto), aos quais se dá um movimento ondulatório através de um pente, antes de os fazer aderir ao papel ou ao corte. Marmorização.
MARMOREADO – Que apresenta o aspecto de mármore. Marmorizado. Jaspeado.
MARMOREADOR (port. Bras.) – *Ver* Marmorizador.
MARMOREAR – *Ver* Marmorizar.
MARMORIZAÇÃO – Acto ou efeito de marmorizar, ou seja, de dar a uma superfície o aspecto idêntico ao do mármore. Marmoreação.
MARMORIZADO – *Ver* Marmoreado.

MARMORIZADOR – Pessoa que faz o trabalho de marmorização. Marmoreador.
MARMORIZAR – Imitar, no papel ou no corte do livro, a superfície do mármore por meio da aplicação de tintas. Marmorear.
MAROCAIN (pal. fr.) – *Ver* Marroquim.
MARROQUIM – Pele de cabra curtida a tanino, apresentando um grão irregular, muito brilhante e lustrosa, em geral colorida de cores vivas e reservada à encadernação de luxo.
MARROQUIM DA NIGÉRIA – Couro muito suave, de excelente qualidade, fabricado a partir da pele de cabras novas, geralmente selvagens, originárias da Nigéria e da costa africana mediterrânica.
MARROQUIM DE GRÃO MIÚDO – Couro de pele de cabra de alto preço, cuja superfície é de grão de pequenas dimensões, semelhante ao de areia, muito usado em encadernação, especialmente no século XIX.
MARROQUIM DO LEVANTE – Marroquim de grão mais grosseiro do que o marroquim turco, usado em encadernação; é preparado a partir da pele de cabra angorá.
MARROQUIM LUSTROSO – Marroquim cujo grão foi polido de modo a apresentar uma superfície brilhante.
MARROQUIM MARMOREADO – Marroquim ao qual foi conferido o aspecto do mármore; esteve muito em moda na Veneza quinhentista, provavelmente no círculo de Aldo Manuzio e seguramente por influência do gosto pelos mármores antigos, que então fascinavam os humanistas; este gosto desenvolve-se em França por volta de 1540; à pele era por vezes aplicada uma finíssima camada de pó de ouro, invenção de Thomas Mahieu.
MARROQUINO (port. Bras.) – *Ver* Marroquim.
MARS – Forma abreviada de *Machine Assisted Reference Service*, Serviço de referência assistido por computador.
MARSUPIUM (pal. lat.) – Camisa, bolsa ou estojo que protegia os livros medievais. O mesmo que *Camisia*.
MARTELO – Utensílio usado pelo encadernador para bater os cadernos dos livros e arredondar o lombo. Maço • Lâmina em cotovelo que, accionada pelas varetas na parte posterior do teclado do linótipo, impele o batente que faz mover o escape com o bico superior e provoca a queda da matriz.
MARTIROLÓGIO – Livro litúrgico que contém o elenco e a narração do suplício dos mártires (em geral mais de um), que são celebrados ou pelo menos recordados pela Igreja católica todos os dias do ano; apresenta-se organizado pelo aniversário da morte. Os martirológios históricos cujos testemunhos são mais divulgados são os de Adon e Usuardo; com o nome do mártir anunciam também o lugar do seu culto e dão um pequeno resumo da sua história. O martirológio difere do calendário litúrgico, porque fornece sempre indicações sobre o lugar do nascimento e morte.
MÁSCARA – Folha de papel encorpado que se coloca entre as palhetas da máquina de platina e que é recortada nos lugares onde a forma deve imprimir • Em serigrafia, tecido de seda preparado para a impressão • Recorte com que se protegem as partes que não devem ser atingidas pela tinta, no retoque por meio do aerógrafo • Técnica de correcção cromática em tricromia e tetracromia, pela qual se sobrepõem um negativo e um positivo especial, para se tirar o negativo reticulado, poupando tempo no trabalho de retoque • Símbolo usado na formação de palavras-filtro, que representa um ou mais caracteres que ocupariam a mesma posição relativa no interior da palavra ou expressão. (port. Bras.) Caractere curinga.
MÁSCARA DE EDIÇÃO – A que é utilizada para pesquisar tipos de padrões num texto de caracteres.
MASCARAR – Cobrir ou proteger com máscara • Dar falsa aparência a.
MASS MEDIA (loc. ingl.) – Técnicas que permitem a difusão da cultura de massas: jornais, rádio, televisão, etc. • Meios de comunicação de massas. Designação comum dos meios de comunicação audiovisuais e outros, em que a codificação e decifração da informação são automáticas e a velocidade de transmissão e recepção é grande.
MASSA – Nome usualmente dado à cola mais usada em encadernação, normalmente feita de farinha, água e anti-séptico, geralmente formol • Peso do papel por metro quadrado.

MASSA DE ROLOS – Substância gelatinosa constituída por grude e melaço, grude e glicerina, gelatina e glicerina ou por outras substâncias, que serve para a fundição de rolos, usada nas máquinas de impressão tipográfica; esta massa subdivide-se em três qualidades: forte, média e fraca.

MASSICOTE – Variedade de óxido de chumbo de cor vermelho-amarelada, obtida pela calcinação do branco de chumbo, utilizada como pigmento.

MASSORÁ – Compilação dos comentários críticos e gramaticais feitos pelos doutores judeus sobre a *Torah*, com vista a estabelecer o texto correcto e autêntico, evitando, assim, erros ou adulterações na sua transmissão.

MASTIGAR UM TEXTO – Metáfora que pretende dar a ideia da dificuldade de escrever um texto de modo perceptível e claro, redigindo-o de forma pouco compreensível e sem limpidez.

MÁSTIQUE – Nome dado às pinturas grossas ou esmaltes que são usados na encadernação em mosaico para dissimular as juntas dos pedaços de peles de cores diversas empregados na sua confecção.

MATA-BORRÃO – *Ver* Papel mata-borrão.

MATA-LINHAS – Dispositivo que se aplica à fundidora do monótipo para desligar a bomba e impedir a fundição das linhas erradas e já mortas pelo teclista.

MATAR – Suprimir uma letra ou sinal (ou parte de uma ou de outro) por meio de uma pancada.

MATAR A LINHA – Inutilizar uma linha errada do monótipo.

MATE – Sem brilho, fosco.

MATÉRIA – Texto de uma obra com notas e referências • Assunto tratado numa publicação ou escrito. Tema. Questão. Objecto de um discurso, exercício, etc. • Texto ou original. Parte do texto sem os títulos.

MATÉRIA COMPETITIVA – *Ver* Matéria quente.

MATÉRIA COMPOSTA – Composição tipográfica baseada no texto constante dos originais.

MATÉRIA CORRIDA – *Ver* Composição corrida.

MATÉRIA EDITORIAL – Em jornalismo, são todos os textos produzidos pela redacção de um jornal ou outra publicação periódica e da responsabilidade da redacção.

MATÉRIA FRIA – Em jornalismo, notícia que não é do dia.

MATÉRIA LEVE – Texto jornalístico que aborda o episódio cómico, o pequeno drama e que vale mais pela forma do que pelo conteúdo; dada a sua natureza, permite que se ponham de parte as fórmulas e os princípios comuns aos textos sérios.

MATÉRIA PAGA – Notícia ou artigo cuja publicação em jornal ou revista é feita mediante o pagamento de uma determinada quantia pelos interessados na sua publicação.

MATÉRIA PUBLICITÁRIA – *Ver* Publicidade.

MATÉRIA QUENTE – Aquela que deve ser publicada numa publicação periódica no mesmo dia ou no dia seguinte, para não perder a oportunidade. Matéria competitiva.

MATÉRIA *SCRIPTORIA* – Suporte, elemento que recebe a escrita, seja de que origem for; geralmente considera-se que os três reinos da natureza forneceram material para a escrita: o reino mineral com a pedra, a argila, os metais, o reino animal com o osso, o marfim, as peles (o pergaminho, o velino) e o reino vegetal com as folhas, o linho, o papiro e mais modernamente a pasta de papel. Material escriptório.

MATERIAIS – Suportes físicos de qualquer matéria, que servem como portadores de informação como, por exemplo, os livros, as gravações sonoras, os ficheiros de dados legíveis por máquina, etc.

MATERIAIS DE ESCRITA – Designação atribuída aos diversos suportes e instrumentos da escrita ao longo dos tempos, que engloba quer os materiais duros primitivos, como a pedra, o barro, o metal e outros, só usados ocasionalmente, o papiro, o pergaminho e mais tarde o papel, uma invenção chinesa trazida pelos árabes para a Europa no século VIII, mas que só se generalizou a partir do século XIV. Os instrumentos com os quais se escrevia sobre estes suportes variaram consoante se tratasse de materiais duros ou maleáveis; há ainda que considerar as tintas, cuja fluidez sofreu alterações perante o suporte sobre o qual assentavam. *Ver tb.* Material escriptório.

MATERIAL – Em tipografia, são todos os objectos necessários para o trabalho da oficina: máquinas, utensílios, tipos, etc.

MATERIAL ACOMPANHANTE – Designação atribuída aos documentos complementares de uma obra, separados fisicamente dela e que, com frequência, são de matrizes diferentes da parte principal da obra como por exemplo: atlas, cadernos de exercícios, discos, filmes, diapositivos, estampas, cassetes, livros de respostas que acompanham os manuais, etc.

MATERIAL AUDIOVISUAL – Criação expressa através de uma série de imagens associadas, com ou sem sonorização incorporada, destinadas especialmente a serem divulgadas por meio de projectores ou qualquer outro meio de comunicação da imagem ou do som, independentemente da natureza do suporte material; são exemplos de material audiovisual as gravações em cassete, fitas magnéticas, *slides*, transparências, filmes, etc.

MATERIAL AUTO-ADESIVO – Papéis, filmes, têxteis e outro tipo de produtos que se destinam a proteger documentação corrente contra os sinais prematuros de utilização; as fitas de reparação, sobretudo, podem ser utilizadas de forma simples e eficaz nos livros, em pequenas reparações; se bem que algumas marcas tenham vindo a proceder a testes sérios e fidedignos com este tipo de materiais, contudo é de evitar o seu emprego, sempre que possível.

MATERIAL BIBLIOGRÁFICO – Material informativo de todas as naturezas e formatos, que foi adquirido por uma biblioteca, etc., e que constitui o seu fundo bibliográfico • Conjunto de dados, documentos, notícias, etc. utilizados na elaboração de um trabalho ou obra.

MATERIAL BRANCO – Material usado em tipografia e constituído por espaços, quadrados, quadratins, entrelinhas de metal-tipo, lingotes e quadrilongos; é mais baixo do que o tipo cerca de 12 pontos, a fim de que as peças que o constituem não apareçam no acto da impressão.

MATERIAL CARTOGRÁFICO – Qualquer material que representa, no todo ou em parte, a terra ou qualquer corpo celeste em qualquer escala; inclui mapas e planos bidimensionais ou tridimensionais, cartas aeronáuticas, náuticas ou celestes, globos, fotografias aéreas do espaço ou satélites, atlas, etc.

MATERIAL COM REVESTIMENTO DIAZÓICO – Papel, tela ou película sensibilizados através de sais de diazónio, usados em diazocópia.

MATERIAL COMPLEMENTAR – Designação que engloba os guias, notas, folhetos, material áudio ou visual publicados com uma obra e que são considerados parte integrante dela.

MATERIAL DE ARQUIVO – Conjunto de documentos guardados num arquivo. *Ver* Documento de arquivo.

MATERIAL DE COBERTURA – Papel, couro, tecido, tela engomada ou material sintético usados como revestimento exterior em capas de livros ou caixas protectoras.

MATERIAL DE CONSULTA – Conjunto de publicações e outros meios onde pode recolher-se informação para elaboração de trabalhos escritos ou outros como dicionários, glossários, enciclopédias, repertórios bibliográficos, etc. Material de referência.

MATERIAL DE REFERÊNCIA – *Ver* Material de consulta.

MATERIAL DE TRATAMENTO PARA MICROCÓPIA – Aparelho ou conjunto de aparelhos destinados a assegurar o tratamento das superfícies sensíveis usadas para a produção de microcópias.

MATERIAL DESCRITIVO – Nome dado ao material que acompanha uma obra projectado para a assistir na sua apresentação ou compreensão, como guias, notas, etc.

MATERIAL DIGITAL – Conjunto de elementos de informação ou objectos digitais.

MATERIAL DÚPLEX – Em reprografia, material que tem uma cor ou um acabamento diferente em cada lado.

MATERIAL EFÉMERO – Designação atribuída ao material que possui um interesse e valor transitórios e que assume a forma de folhetos, circulares, programas ou recortes, usualmente conservado em ficheiros verticais durante um período de tempo limitado, em geral de acordo com o interesse da temática nele tratada •

Expressão usada para designar documentos conservados provisoriamente.

MATERIAL EM LÂMINAS – Aquele que conserva o comprimento com que saiu da fábrica ou fundição, porque ainda não foi cortado.

MATERIAL ESCRIPTÓRIO – Todo o material de escrita usado pelo homem através dos tempos, não só como suporte, mas abrangendo igualmente os instrumentos com os quais os textos eram inscritos nesses diversos materiais; geralmente considera-se que os três reinos da natureza forneceram material para a escrita: o reino mineral contribuiu com a pedra, a argila, os metais, o reino animal com o osso e o marfim, as peles como o pergaminho e o velino e mais raramente a seda e o reino vegetal com os troncos de árvores, as folhas, o linho, o papiro e mais modernamente a pasta de papel; nestes diferentes suportes vários foram os instrumentos utilizados para escrever, tais como o buril, o cinzel, o cálamo, o *stilus*, o pincel, a pena, a caneta, etc. e as tintas. *Ver tb*. Materiais de escrita.

MATERIAL FORA DE CIRCULAÇÃO – Material bibliográfico cujo uso foi limitado ao interior da biblioteca, arquivo ou serviço de documentação a que pertence.

MATERIAL FRAGMENTÁRIO – Designação dada aos pedaços ou restos de documentos encontrados das mais variadas formas, quer porque os documentos originais se desmembraram, quer porque por incúria foram rasgados e dispersos, sendo encontrados mais tarde por puro acaso a marcar livros, a servir de capas de outros documentos, no reforço de lombadas ou simplesmente aproveitados para apontamentos; durante muito tempo votados ao abandono, são hoje objecto da fragmentologia, dado conterem por vezes informações importantes sobre obras entretanto desaparecidas ou sobre bibliotecas que também se perderam. *Membra disjecta*.

MATERIAL GRÁFICO – Representação bidimensional, quer opaca (por exemplo originais de arte e reproduções, cartões de informação rápida, fotografias, desenhos técnicos) quer destinada a ser vista ou projectada sem movimento, através de um processo óptico (por exemplo, diafilmes, estereógrafos, diapositivos, radiografias, transparências).

MATERIAL IMPRESSO – Designação usada para tudo quanto é produto de uma impressão, por oposição a tudo quanto é manuscrito.

MATERIAL NÃO BIBLIOGRÁFICO – *Ver* Material não-livro.

MATERIAL NÃO IMPRESSO – *Ver* Material audiovisual.

MATERIAL NÃO-LIVRO – Documentação de biblioteca, etc., que se apresenta sob uma forma que não a de um livro (diapositivo, vídeo, disco, postal, cassete, cartaz, etc.). Material não textual • Documento de qualquer formato que não seja impresso em suporte papel.

MATERIAL NÃO-TEXTO – Categoria de material que inclui os formatos que primariamente carregam símbolos e emoções não expressas por palavras; incluem-se nesta categoria os materiais cartográficos, partituras musicais, fotografias, desenhos técnicos, objectos tridimensionais como artefactos, *realia* ou espécimes e *slides* microscópicos e originais e reproduções de arte; o formato fotográfico inclui as impressões feitas a partir de negativos, uma vez que estes são raramente tão acessíveis como as suas cópias impressas. *Ver tb*. Material não-livro.

MATERIAL NÃO TEXTUAL – *Ver* Material não-livro.

MATERIAL REVESTIDO COM DIAZO – Material com capa diazóica • Tela, papel ou película duplicativa lenta de imagem directa sensibilizados através de sais de diazónio. No caso da película, a emulsão diazóica impregna o suporte do filme; forma-se uma imagem na película empregando o processo de diazotipia.

MATERIAL SENSÍVEL À LUZ – Aquele que, ao ser exposto à luz, pode experimentar uma alteração física ou química.

MATERIAL SINTÉTICO – Material artificial, imitando o natural, como o couro, a pelica, a camurça, usado por vezes em encadernação para capas ou mesmo para coser os livros; como o seu uso é relativamente recente, ainda não foram testadas as suas qualidades de duração, de modo que não se pode prever o seu comportamento futuro.

MATERIAL TÁCTIL – Aquele que apresenta os símbolos em relevo, para poder ser usado e compreendido por invisuais.

MATERIAL TIPOGRÁFICO – Aquele com o qual se processa a impressão de livros, revistas, etc.; abrange uma enorme gama de aparelhagem consoante a época em que se situa, mas basicamente, numa fase inicial, poderá falar-se do tipo, do componedor, do prelo, do papel e das tintas.
MATERIAL TRANSITÓRIO – Material impresso em quantidades limitadas, de interesse local ou temporal; incluem-se neste tipo de material os convites, programas, circulares, etc.
MATÉRIA-PRIMA – Elemento primário de fabrico; no caso do papel as matérias-primas constitutivas da chamada pasta de papel são em geral fibrosas e ricas em celulose (por exemplo, linho, algodão, esparto, plantas lenhosas).
MATINAL – Que é publicado durante o período da manhã. Matutino.
MATINAS – A primeira das horas canónicas do ofício divino, que era rezada antes do amanhecer.
MATINEIRO (port. Bras.) – *Ver* Matutinário.
MATIZ – Mistura de cores variadas • Gradação quase imperceptível das cores • Brilho no discurso.
MATRIZ – Chapa ou película fotográfica • Paralelepípedo de cobre que tem gravada numa das faces uma letra ou sinal e que se ajusta ao molde das máquinas fundidoras para fabricar caracteres tipográficos • Chapa transparente nas máquinas fotocompositoras, que contém a letra ou outro sinal que se deve projectar sobre a superfície sensibilizada, para formar as linhas • Cada uma das placas ou peças de latão ou de qualquer outro metal que, nas compositoras mecânicas, têm um carácter entalhado e onde se molda o olho das letras que a máquina produz • Contramolde tirado de uma composição tipográfica para a sua reprodução por meio da estereotipia ou da galvanotipia • Registo de uma forma original que serve para a transferir para as cópias. Documento original que serve de base à circulação de cópias • Elemento base de uma impressão, seja por que processo for, no qual é gravada a imagem a reproduzir: cliché, forma em tipografia, chapa metálica ou outra em *offset*, pedra em litografia, tela em serigrafia, *stencil* em mimeografia, placa de madeira em xilogravura • Cada um dos moldes de cobre usados no processo de composição a quente • Filme, chapa transparente ou recurso semelhante onde estão gravadas letras e outros sinais, a fim de serem reproduzidos fotograficamente através de máquinas de fotocomposição, formando linhas, colunas e páginas de textos destinados à impressão.
MATRIZ CANSADA – Aquela cuja gravura perdeu as qualidades do relevo original devido à sua prolongada utilização.
MATRIZ CILÍNDRICA – Matriz feita a partir de uma matéria dura (terracota, pedra, gema, etc.) com a forma de um cilindro, tendo em toda a superfície sinais ou figuras, de modo a imprimi-los numa superfície branda (normalmente argila crua), fazendo-a rolar neste suporte; obtém-se assim uma impressão rectangular. O cilindro é frequentemente perfurado na sua espessura, de modo a deixar passar um eixo metálico unido a um estribo, que facilita o desenrolar do cilindro no suporte; este tipo de matriz é característico das civilizações antigas do Próximo Oriente.
MATRIZ DE ESCOVA – Matriz estereotípica conseguida a partir do cartão molhado batido com uma escova, como se fosse para tirar uma prova.
MATRIZ DE SELO – Peça, geralmente em metal, onde estão gravadas as armas, divisas, marcas ou rubricas e que é utilizada para produzir selos através da pressão sobre um suporte de cera, lacre, metal ou papel; o resultado desta pressão chama-se selo e é afixado em documentos para lhes conferir validade e autenticidade. *Ver* Contra-selo.
MATRIZ DE TOPO – Na produção da gravura de madeira diz-se da matriz gravada em que a madeira é cortada no sentido contrário ao dos seus veios.
MATRIZ HÚMIDA – Cartão para estereotipia preparado para usar molhado.
MATRIZ MANUAL – Matriz que é colocada manualmente no componedor da máquina, porque representa uma letra ou sinal que não está incluído no teclado. Matriz sobresselente.
MATRIZ *OFFSET* – Chapa metálica de alumínio ou zinco com uma superfície tratada de modo que adquire um grão que lhe confere propriedades litográficas.

MATRIZ QUEIMADA – Em tipografia, é a matriz que, por estar gasta pelo uso, não dá boa impressão, quando são fundidas as linhas no linótipo.
MATRIZ SECA – Cartão ou flã para estereotipia usado seco ou ligeiramente humedecido.
MATRIZ SERIGRÁFICA – Designação da tela de poliéster, de fibras mono ou multifilares, esticada em quadros, com igual tensão em todas as direcções, que é impermeabilizada nas zonas que correspondem ao negativo da imagem; as matrizes serigráficas podem ser gravadas após o revestimento prévio por uma substância sensível à luz mediante uma película especial autocolante ou ainda por processos fotográficos.
MATRIZ SOBRESSELENTE – *Ver* Matriz manual.
MATRIZAÇÃO (port. Bras.) – *Ver* Matrizagem.
MATRIZAGEM – Acto ou efeito de matrizar.
MATRIZAR – Formar a matriz estereotípica de uma composição tipográfica; em galvanotipia esta operação tem o nome de moldagem.
MATRIZES – Máquinas ou instrumentos que servem para gravar ou moldar o selo; quanto à matéria podem classificar-se em metálicas, pedras preciosas ou vulgares; no que toca à forma, podem ser circulares, ovais, oblongas, rectangulares; quanto ao modo de funcionamento podem funcionar por pressão, tenaz, prensa ou balancé.
MATRIZ-GAVETA (port. Bras.) – Matriz de forma alongada e encaixada no bloco de gaveta, usada em linotipia para fundir fios, vinhetas, etc. Matriz de gaveta. Matriz deslizadora.
MATRONÍMICO – Referente a mãe ou nome de família da mãe • Sobrenome ou parte dele que deriva do nome da mãe.
MATURAÇÃO – Evolução, geralmente favorável, das características do papel ou do cartão durante o armazenamento, se este for levado a cabo em boas condições.
MATUTINÁRIO – Livro no qual se encontram os cânticos relativos às matinas, a primeira parte do ofício divino rezado pelos religiosos. Matineiro.
MATUTINO – Jornal diário que sai durante a manhã. Matinal.

MÁXIMA – Dito, aforismo, provérbio, brocardo, rifão • Princípio geralmente admitido como verdadeiro axioma.
MAXIMÁRIO – Colectânea de máximas, aforismos e sentenças.
MÁXIMAS ETERNAS – Título genérico sob o qual circulam muitos livros de devoção.
MAXIMIZAR – Aumentar o tamanho de uma janela de computador até ao máximo; opõe-se a minimizar.
Mb (pal. ingl.) – Usada também sob a forma *MB* ou *Megabyte*, corresponde a um milhão de caracteres de informação ou octetos. *Ver Megabyte*.
MCÓP. – Abreviatura de microcópia.
MECÂNICA – No linótipo é a designação atribuída ao conjunto de peças que comandam o movimento da máquina.
MECÂNICO – Operário que cuida do bom funcionamento das máquinas compositoras numa oficina tipográfica.
MECANISMO DE ARMAZENAMENTO MACIÇO – Mecanismo que serve como armazenagem auxiliar de grande capacidade para complementar a memória principal de um computador; pode ser um disco magnético ou uma unidade de tambor magnético.
MECANISMO ÓPTICO DE EXPLORAÇÃO – Mecanismo que lê por meios ópticos dados manuscritos ou impressos e converte os caracteres em sinais digitais, para a sua entrada num computador ou num outro mecanismo.
MECANOCOMPOSITOR – *Ver* Mecanotipista.
MECANOCOMPOSITORA – Máquina que realiza trabalho de composição mecânica.
MECANOGRAFIA – Termo usado para designar o conjunto das actividades e das técnicas referentes à utilização das máquinas de secretaria (máquina de selecção de documentos, máquina de calcular, etc.) e também da máquina de cartões perfurados do domínio do tratamento da informação • Dactilografia.
MECANOSCRITO (port. Bras.) – Texto escrito por mecanografia. Dactiloscrito.
MECANOTIPIA – *Ver* Composição mecânica.
MECANOTÍPICO – Relativo à mecanotipia.

MECANOTIPISTA – Operário que trabalha com uma máquina de compor. Mecanocompositor.

MECENAS – Protector das letras e das artes • Pessoa ou colectividade que subvenciona ou encoraja a produção de um livro. Patrocinador.

MECENATO – Apoio de carácter financeiro a actividades de carácter cultural; a protecção aos autores por parte de personagens reconhecidamente idóneos vem desde a Antiguidade clássica; qualquer autor que se quisesse lançar na vida literária, desde o momento em que fosse apresentado ao público por um autor conhecido, tinha mais hipóteses de vencer neste meio; esta protecção vai verificar-se igualmente durante a Idade Média, em que Papas, príncipes e grandes senhores, amantes das letras e querendo sobressair no mundo cultural, protegeram e encomendaram trabalhos a numerosos iluminadores; mais tarde, com o advento da imprensa, várias foram as obras editadas sob o patrocínio real, como aconteceu com a publicação da *Vita Christi* em Portugal, que teve na rainha D. Leonor, mulher de D. João II, a protecção essencial. Modernamente o mecenato começa a ser encarado com naturalidade, beneficiando tanto os protegidos como os patronos, sendo diversas as entidades, tanto privadas como públicas, que apoiam iniciativas culturais da mais variada índole, não só no que toca a subsídios a publicações e prémios culturais, mas também a bolsas e edificação de estruturas que servem a cultura. Patrocínio.

MEDALHÃO – Superfície circular ou oval usada como ornamento em decoração de livros, funcionando como moldura para incluir retratos, iniciais, etc.; foi igualmente muito utilizada uma sucessão de medalhões para fazer desenrolar uma história • Medalha polilobada de pequenas dimensões. Elemento decorativo com a forma de uma medalha grande, muito usado no Renascimento na ilustração de livros, especialmente nas das margens; apresentava a forma oval ou circular e era por vezes acompanhado por uma legenda adequada à circunstância. Clípeo.

MEDIA – Tem origem na palavra latina *media*, plural de *medium*, meio; designa, na teoria da comunicação, os meios de comunicação de massa; podem ser agrupados em duas categorias principais conforme são fugazes (o gesto, a voz) ou duráveis (o escrito, o disco, etc.). (port. Bras.) Mídia.

MÉDIA – Medida de tendência central resultante da soma dos valores dividida pelo número total dos valores.

MÉDIA BÁSICA – Veículo principal seleccionado para a divulgação de uma campanha publicitária. (port. Bras.) Mídia básica.

MEDIA BROKER (loc. ingl.) – Agência que compra espaço de publicidade nos vários meios (televisão, rádio, jornais), por grosso, vendendo-o posteriormente a retalho às agências de publicidade ou directamente aos seus utilizadores.

MEDIA IMPRESSA – Meios seleccionados para a colocação de anúncios destinados a serem vistos e lidos: publicações periódicas, revistas, folhetos, cartazes, catálogos e outros. (port. Bras.) Mídia impressa.

MEDIA MAINSTREAM – Aplica-se a meios de comunicação de informação, de difusão, distribuição ou transmissão de mensagens escritas, visuais e sonoras destinadas a um público que é considerado o normal, convencional; os *media mainstream* incluem a maioria dos jornais, revistas, documentários e noticiários televisivos.

MEDIAGRAFIA – Ciência descritiva e técnica de classificação dos media; a bibliografia, sendo uma ciência que se ocupa do escrito impresso é apenas uma parte da mediagrafia.

MEDIANA – Medida de tendência central definida como o valor do elemento médio de um conjunto ordenado segundo o seu volume ou grandeza.

Medalhão

MEDIANIZ – Margem interna da página de um livro. Margem interior • Branco que, na imposição, corresponde às margens internas das páginas. Cruzeira.

Medalhão com iniciais

MEDIATECA – Designação atribuída ao lugar onde se reúnem e estão armazenados, organizados e são dados à consulta documentos multimédia (filmes, diapositivos, fitas magnéticas áudio e vídeo, discos, cassetes, videocassetes, etc.); uma mediateca pode incluir também uma galeria de exposições, sala para animação específica, anfiteatro para espectáculos e projecções de vídeos, etc. • Colecção de diferentes suportes de informação de documentos multimédia. (port. Bras.) Midiateca.
MEDIATECA DE LÍNGUAS – Laboratório de línguas existente numa biblioteca universitária como complemento dos recursos documentais e do desenvolvimento da formação contínua na universidade.
MEDIÁTICO – Diz-se do que se relaciona com os media ou meios de comunicação social e aquilo que eles divulgam.
MEDIATIZAÇÃO – Um dos estádios que sofre a informação para a produção de conhecimento e que consiste na difusão dos dados e da informação através de redes formais ou informais (fechadas ou abertas), materializadas ou não. (port. Bras.) Midiatização.
MEDICAL SUBJECT HEADINGS (loc. ingl.) – Lista de autoridade para a análise de assuntos de literatura médica da *National Library of Medicine* dos E. U. A. para a catalogação de livros, audiovisuais e recursos electrónicos nesta biblioteca. *MESH. MeSH.*
MEDIDA – Dimensão • Largura e/ou altura de uma composição tipográfica, expressa em pontos e cíceros • Regreta • Lingote, guarnição ou fio usado pelo paginador para estabelecer a altura exacta da página • Lembrança manufacturada com fita e estampilha, fornecida ao devoto que entregava donativos, por ocasião da vinda dos círios; era registada no livro das medidas • Nome pelo qual é conhecido o alinhador do linótipo.
MEDIDA DA LETRA (port. Bras.) – Módulo da letra.
MEDIDA DO CORPO – Largura do carácter móvel, onde a letra ou o olho do tipo está desenhado.
MEDIDA ESTREITA – Em relação ao tipo, é a menor largura da coluna ou página que pode tornar o trabalho mais ou menos fácil quanto à boa espacejação e à divisão das palavras.
MEDIDA FALSA – Aquela que não se adapta à dimensão da coluna.
MEDIDA FORTE – Aquela que excede um pouco a medida exacta estabelecida para uma composição.
MEDIDA FRACA – Aquela que é levemente inferior à medida exacta estabelecida para uma composição.
MEDIDA LARGA – Em relação ao tipo, é a maior largura da coluna ou página, que pode tornar o trabalho mais ou menos fácil quanto à boa espacejação e à divisão das palavras.
MEDIDA TIPOGRÁFICA – Número de cíceros que uma composição deve apresentar.
MEDIDAS TIPOGRÁFICAS – Conjunto das medidas de comprimento usadas em tipografia: o cícero, o ponto, o *set* e a paica.
MEDIR A COMPOSIÇÃO – Avaliar os granéis de um trabalho, a fim de poder calcular o número de páginas que ele vai ocupar.
MEDITAÇÕES – Nome abreviado para designar o livro de meditações, ou seja, a obra de carácter religioso que pretende fazer reflectir sobre as verdades da fé, recorrendo a passos da vida da Virgem, de Jesus e dos santos, de modo a obter uma maior devoção.
MEGA-ALEGORIA – Estilo pomposo. Grandiosidade de expressões.
MEGABIT (pal. ingl.) – Um milhão de dígitos binários.
MEGABYTE (pal. ingl.) – Um milhão de caracteres de informação ou octetos. Megaocteto. *MB. Mb.*
MEGAHERTZ (pal. al.) – Um milhão de *hertz*.

MEGALOGRAFIA – Descrição de grandes factos • Pintura ou desenho de grandes dimensões cujo motivo é um acontecimento notável.
MEGAOCTETO – *Ver Megabyte*.
MEGATESAURO – Designação dada a um tesauro muito abrangente a nível de conteúdo, multidisciplinar, que embora sendo idêntico a uma classificação, apresenta a estrutura própria de um tesauro.
MEGATIPO – Cópia ampliada de imagem ou negativo obtida por processo fotográfico.
MEIA-CANA – Nome dado ao bordo da frente do livro, vulgarmente designado goteira, quando apresenta a forma de uma cana cortada ao meio.
MEIA-COURO (port. Bras.) – *Ver* Meia-pele.
MEIA-ENCADERNAÇÃO – Aquela em que a lombada é revestida por um material diferente do das pastas: couro e papel, couro e pano, pano e papel; designa-se pelo nome do material mais nobre, que é o da lombada: meia-encadernação, ou, simplesmente meia de couro, de marroquim, de pano, de percalina; diz-se também encadernação em meio-pano, meio-couro, etc.; surge pela primeira vez no século XV.

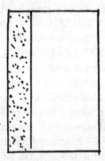

Meia-encadernação

MEIA-FOLHA – Designação das páginas que constituem um dos lados da folha de impressão.
MEIA-LUA – Pequeno fecho, com a forma de um crescente, que trava a extremidade do suporte das cambas do teclado do linótipo e as mantém inactivas enquanto não se fizer sentir a acção da tecla correspondente.
MEIA-PASTA – Em encadernação, circunstância em que a lombada e por vezes os cantos se apresentam revestidos de pele ou de um outro material e as capas de um material diferente.
MEIA-PELE – Termo usado para descrever a encadernação de um livro cujas pastas são revestidas em papel de fantasia, tecido ou percalina, mas que têm os cantos em pele, assim como a lombada. Meio-amador. (port. Bras.) Meia-couro.
MEIA-RISCA – Traço intermédio entre o traço e o travessão.
MEIA-TINTA – Tonalidade de uma cor, que é a intermédia entre o escuro e o claro • A intensidade média dos traços entre a luz e a sombra, na gravura • Atenuação das partes iluminadas de um desenho através de tintas suaves e esbatidas. *Ver tb. Mezzotinto e Maneira-negra*.
MEIO DIRECTO – Aquele que orienta as notícias directamente para o leitor.
MEIO FRIO – Segundo McLuhan, aquele meio que proporciona pouca informação e por isso estimula o público a participar com os seus conhecimentos e imaginação para suprir a escassez de dados informativos; são exemplos de meios frios a televisão, as estampas, as bandas desenhadas, o diálogo, o telefone, etc.
MEIO INDIRECTO – Aquele que encaminha as notícias para os leitores através das publicações periódicas, conferências de imprensa, agências de notícias, oficinas de imprensa, etc.
MEIO LITERÁRIO – Lugar onde se recruta a maioria dos escritores e os participantes do facto literário, do escritor ao historiador da literatura, ao editor, ao crítico literário, etc.
MEIO-AMADOR – *Ver* Encadernação meio-amador.
MEIO-BUSTO – *Ver* meio-corpo.
MEIO-CLARO – Designação atribuída ao tipo de traços pouco carregados, de intensidade intermédia entre o normal e o claro e ao fio levemente mais encorpado do que o claro. Meio-fino.
MEIO-CORPO – Em gravura, é o desenho de um personagem retratado somente até à cinta ou um pouco mais, frequentemente de perfil, de frente, ou 3/4, voltado para a direita ou para a esquerda • Meio-busto.
MEIO-CORPO DE ARMAS – Em heráldica, figura representada por uma couraça com um fraldão ou toneletes, posta a três quartos.

MEIO-COURO – *Ver* Meia-encadernação.
MEIO-FINO – *Ver* Meio-claro.
MEIO-LARGO – Diz-se do carácter tipográfico que apresenta largura intermédia entre o largo e o normal.
MEIO-PRETO – Designação atribuída aos fios e aos caracteres de traços um pouco mais fortes do que o normal, mas menos carregados do que os do preto.
MEIO-QUADRATIM – Espaço tipográfico cuja grossura, expressa em pontos, é metade do respectivo corpo.
MEIO-RELEVO – Figura ou ornamento em que metade da imagem ressalta de um plano, no sentido da espessura.
MEIOS DE COMUNICAÇÃO – *Ver* Media.
MEIOS DE COMUNICAÇÃO DE MASSA – Meio que permite que um acontecimento, informação, etc. cheguem ao conhecimento formal de uma pessoa ou de um público. Veículo de difusão da informação. Media. *Mass media*. (port. Bras.) Mídia.
MEIO-SUCESSO – Situação do comércio do livro em que a venda de exemplares de um título equilibra o orçamento.
MEIO-TOM – Impressão obtida a partir de uma chapa metálica mordida a ácido, numa zona polida ou noutras em forma descontínua decrescente, de modo que os elementos a imprimir, ficando mais ou menos fundos, permitam o depósito modelado da tinta a transferir por pressão ao papel com efeitos de meios-tons • Característica atribuída à imagem que compreende diversas gradações, que podem ir do negro total ao branco.
MÉLANGES (pal. fr.) – *Ver* Miscelânea.
MELH. – Abreviatura de melhorado, frequentemente mencionado a respeito de uma edição.
MELHORADO – Diz-se de uma edição, versão, etc. que foi modificada para melhor, isto é, aperfeiçoada.
MELODRAMA – Peça dramática de carácter popular em que são expressas situações violentas e sentimentos exagerados.
MELOGRAFIA – Arte de escrever e de gravar notas de música.
MELÓGRAFO – Aquele que escreve ou copia música.

MELOTIPIA – Arte de compor um texto musical com caracteres móveis.
MELOTIPÓGRAFO – Compositor tipográfico conhecedor de melotipia.
MEMBRA DISJECTA (loc. lat.) – Literalmente, fragmentos dispersos. Conjunto dos fragmentos outrora pertencentes a um mesmo volume ou de fragmentos de volumes diversos e hoje conservados separadamente • Folhas soltas de um manuscrito. Material fragmentário. *Ver* Fragmentos *e* Material fragmentário.
MEMBRANA (pal. lat.) – Pele fina preparada para a escrita; o termo era empregado simultaneamente com *pergamenum*, designando ambos o pergaminho. O emprego deste termo remonta à Antiguidade clássica e usou-se durante a Idade Média, embora menos que o seu sinónimo *pergamenum*. *Pergamenum* deriva de Pérgamo, a cidade onde teriam sido aperfeiçoadas as técnicas de preparação do pergaminho; no entanto, o termo *membrana* permanece, usado cada vez menos frequentemente • Cada uma das peças de couro ou de pergaminho que se juntam para formar um rolo; a *membrana* era preparada a partir das peles de cabra, carneiro ou vitela; depois de raspadas e esfregadas com pedra-pomes, esticadas, amaciadas e secas, transformavam-se num pergaminho fino e macio, no qual a parte do carnaz (interior) era mais clara e fina que a da flor ou dorso, onde se situava primitivamente o pêlo • Pergaminho • Material fino e quase transparente usado no restauro do pergaminho, que se obtém da bexiga natatória tratada, de intestinos de animais ou do invólucro de tripa dos enchidos.
MEMBRANA PURPUREA (loc. lat.) – Pergaminho cor de púrpura tingido com a tinta segregada pelo múrice; sobre este pergaminho assim tingido escrevia-se com tinta de ouro ou prata, pois de outro modo o texto não ficaria legível; a este tipo de escrita dá-se o nome de crisografia.
MEMBRANÁCEO – Designação usada para os códices e aplicada somente àqueles que são em pergaminho; provém de *membrana* (pele).
MEMENTO – Responsório pelos defuntos que se inicia justamente por esta palavra, com o significado de: lembra-te • Agenda • Lembrança. *Memorandum*. Memorando.

MEMENTO (pal. lat.) – Palavra usada para designar livros de apontamentos, em geral de pequeno formato, onde se encontram resumidas as partes fundamentais de um assunto, ou onde se anota o que não se quer esquecer. Memorando. Agenda • Livro de cabeceira de um pregador ambulante • Livro de pequenas dimensões onde se compendia o essencial sobre uma ciência ou assunto.

MEMENTO BIBLIOGRÁFICO – Expressão usada no início do século XX para designar bibliografia.

MEMORABILIA (pal. lat.) – Em sentido lato designa as coisas que servem para lembrar. Recolha de memórias • Objectos reais que estão ligados culturalmente ou de qualquer outro modo a um evento ou acontecimento, que por vezes são depositados numa biblioteca ou arquivo e que estas instituições se reservam o direito de recusar, caso não possuam valor documental. Ver tb. *Realia*.

MEMORANDO – Pequeno livro de lembranças. Memento. Memorial. Memorandum • Livro de cabeceira de pregador ambulante • Informação ou participação por escrito • Nota diplomática ou de outra natureza sobre o estado de uma questão • Documento, frequentemente redigido como um relatório e dividido em artigos, através do qual são lembradas as circunstâncias de um facto qualquer, com vista a uma decisão a tomar, especialmente em matéria política, administrativa ou judiciária • Forma de correspondência de circulação interna usada na comunicação de mensagens ou informações simples • Parecer • Relatório.

MEMORANDUM – *Ver* Memorando.

MEMÓRIA – Texto em que se rende homenagem a uma pessoa falecida • Espécie do género autobiográfico, na qual um homem conta a sua própria vida aos outros homens • Obra, geralmente governamental, em que se dá conta do trabalho desenvolvido por um escritório, repartição, ministério, etc. durante um determinado lapso de tempo • Documento apresentado para obtenção de um grau ou de uma qualificação no quadro de um estabelecimento de ensino superior; constitui uma contribuição pessoal na disciplina considerada pela finalização de uma investigação científica original. Trabalho universitário • Em direito, exposição escrita privada ou extra-oficial, feita por um cidadão a qualquer autoridade pública, a respeito de uma pretensão, naturalmente lícita ou justa, que tem por fim despertar a memória do destinatário ou fazer-lhe recordar o pedido feito e a pessoa que o fez • Uma das rubricas em que eram classificados os livros nas bibliotecas das universidades americanas depois de 1850; os outros grupos eram "julgamento" e "imaginação" • Em informática, em sentido lato, qualquer aparelho ou órgão que serve para conservar e armazenar informações (dados e programas), sob uma forma ou outra (ficheiro, banda magnética, etc.), destinadas a serem processadas por um computador; em sentido mais restrito, órgão de um computador onde são registados os dados • Em processamento de dados, memória é o local onde os dados podem ser inseridos e recuperados. A memória interna é o espaço de trabalho do computador; é preciso carregar o programa e colher os dados no seu seio. A memória interna divide-se em memória morta, que conserva em permanência informações às quais se acede somente por leitura – por exemplo as linguagens de programação – e memória viva, cujo conteúdo pode ser alterado e que se esvazia quando o computador deixa de estar sob tensão. As memórias de massa permitem conservar as informações, programas ou dados. A capacidade de memória mede-se em *kbytes*. As memórias progridem através de um crescimento da sua capacidade (hoje dispõe-se de 2566 K apenas num único circuito integrado) e uma maior rapidez de acesso às informações, que se mede em nano/segundo.

MEMÓRIA ANALÓGICA – Aquela em que a informação é representada sob uma forma contínua proporcional à intensidade de um fenómeno – a deslocação de uma agulha num quadrante, de uma recuperação num percurso graduado • Em informática, memória que permite registar as informações sob forma contínua.

MEMÓRIA ASSOCIATIVA – Em informática, memória em que as zonas de armazenamento dos dados são identificadas pelos conteúdos e não pelas localizações.

MEMÓRIA AUXILIAR – *Ver* Memória secundária.

MEMÓRIA *CACHE* – Em informática, memória rápida em que estão guardados dados temporários ligados a determinados processamentos e que representa um papel de *buffer* face à memória central.

MEMÓRIA CENTRAL – Em informática, órgão central de armazenamento de informações usadas por uma ou várias unidades centrais; trata-se de uma parte interna e fundamental de um computador. Memória primária. Memória principal.

MEMÓRIA CÍCLICA – Em informática, memória em que a informação contida numa determinada posição se desloca com o tempo e, por isso, não está sempre disponível instantaneamente.

MEMÓRIA CIENTÍFICA – Trabalho escrito original em que o autor, partindo de uma ideia básica, chega a uma conclusão, demonstrando os materiais usados e métodos utilizados com clareza, de modo que o leitor possa reproduzir as mesmas experiências e chegar a conclusões semelhantes ou não, a partir das informações fornecidas no trabalho.

MEMÓRIA CINEMÁTICA – Em informática, aquela em que as operações de escrita e de leitura exigem o deslocamento de peças mecânicas (como no caso das bandas magnéticas, cassetes, discos, etc.).

MEMÓRIA *CORE* – Em informática, memória viva, endereçável de tipo estático, em que as células fundamentais têm núcleos de ferrites.

MEMÓRIA DE ACESSO ALEATÓRIO – Também designada *RAM*, acrónimo de *Random Access Memory*, é a memória digital com capacidade de escrita e de leitura, cujo conteúdo se perde quando não há fornecimento de energia, sendo o acesso possível de uma forma não sequencial.

MEMÓRIA DE ACESSO SELECTIVO – Em informática, memória para a qual o tempo necessário à obtenção de uma informação é estatisticamente independente do lugar que ocupa a informação tratada imediatamente antes.

MEMÓRIA DE BOLHAS MAGNÉTICAS – Em informática, memória que permite registar as informações sob a forma de pequeníssimos cilindros de magnetização oposta formados numa película fina de um material magnetizável.

MEMÓRIA DE CONDENSADORES – Em informática, memória dinâmica que usa uma carga magnética para garantir o armazenamento de uma informação elementar num condensador (a informação não é armazenada definitivamente, usando-se uma função de regeneração periódica da carga eléctrica).

MEMÓRIA DE CONTROLO – Em informática, memória usada para programar determinadas funções, como as operações de entrada//saída, por exemplo; recorre a técnicas *RAM* ou *ROM* e permite a execução de instruções ou microinstruções.

MEMÓRIA DE FIOS MAGNÉTICOS – Em informática, memória cujo suporte é formado por uma superfície plana (vidro) ou por um fio sobre o qual se deposita um filme magnético fino, através da evaporação ou da catálise.

MEMÓRIA DE FOLHAS MAGNÉTICAS – Em informática, memória de grande capacidade formada por um conjunto de folhas de material plástico magnetizado, em que cada folha está endereçada individualmente e enrolada num tambor.

MEMÓRIA DE LASER – Em informática, memória óptica em que é usado um feixe de raios laser para produzir a fonte luminosa.

MEMÓRIA DE LEITURA MAIORITÁRIA – *Ver* Memória óptica.

MEMÓRIA DE MASSA – Em informática, memória secundária cuja capacidade de armazenamento ultrapassa cem milhões de caracteres de informação em linha.

MEMÓRIA DE NÚCLEOS MAGNÉTICOS – Em informática, memória de acesso directo e alta velocidade, que consta de uma série de núcleos magnéticos.

MEMÓRIA DE RENOVAÇÃO – Em informática, memória que está associada a um processador gráfico e que contém o ficheiro de visualização, fornecendo as informações que são necessárias para a renovação da imagem que aparece no ecrã.

MEMÓRIA DE SEMICONDUTORES – Em informática, memória cujas células são constituídas a partir de semicondutores.

MEMÓRIA DE TRABALHO – Em informática, parte da memória interna reservada aos dados a tratar.

MEMÓRIA DESCRITIVA – Nome que em arquitectura é dado ao documento anexo aos desenhos de um projecto que os explicam, justificam as opções tomadas, esclarecem alguns detalhes que não são perceptíveis, ao mesmo tempo que recomendam os materiais e as condições que devem presidir à execução da obra.

MEMÓRIA DIGITAL – Aquela cuja informação pode ser posta sob forma binária num número finito de números (dígitos) • Em informática, memória que permite gravar as informações sob forma binária.

MEMÓRIA DINÂMICA – Em informática, diz-se de uma memória na qual o suporte da informação está em movimento, não estando a informação sempre acessível imediatamente • Memória em que a informação é guardada durante um tempo limitado numa célula do suporte, devendo ser renovada periodicamente, para que não se perca.

MEMÓRIA DISPERSA – Em informática, variedade de memória óptica que usa processos holográficos para a gravação da informação.

MEMÓRIA DOCUMENTAL – Dispositivo que permite conservar a informação sob forma de referências ou de textos ou documentos audiovisuais com as memórias em discos ópticos.

MEMÓRIA ESTÁTICA – Em informática, memória em que a informação elementar é localizada e restituída sem que haja necessidade de recorrer a elementos mecânicos móveis.

MEMÓRIA EXTERNA – Em informática, armazenamento de dados que não está integrado fisicamente num computador e ao qual, por isso, este não pode aceder de forma imediata, mas apenas quando for necessário.

MEMÓRIA INALTERÁVEL – *Ver* Memória permanente.

MEMÓRIA INDELÉVEL – *Ver* Memória permanente.

MEMÓRIA INTERMÉDIA – Em informática, zona de armazenamento temporal ou dispositivo para a transmissão ou transferência de dados entre outros dispositivos de armazenamento, usada para compensar as diferentes velocidades dos dispositivos de entrada//saída.

MEMÓRIA MAGNÉTICA – Em informática, aquela que usa as propriedades magnéticas de certos materiais para conservar os dados • Armazenamento de informação que é baseado no fenómeno da magnetização de núcleos polarizáveis.

MEMÓRIA MAGNETO-ÓPTICA – Disco magneto-óptico em que o registo é feito através de raios laser em camadas magnéticas que podem, nesse caso, fazer-se voltar ao estado inicial, daí que haja possibilidades de ser reescrito.

MEMÓRIA MORTA – Em informática, expressão usada para designar a memória que é baseada no princípio do posicionamento de estados estáveis e definitivos; as informações existentes numa memória morta não podem ser modificadas e são acessíveis apenas para leitura. *Ver* Memória *ROM* (*Read-Only Memory*).

MEMÓRIA ÓPTICA – Em informática, memória cujo funcionamento é assegurado através de técnicas ópticas. Memória de leitura maioritária • Disco conhecido pela designação de "óptica", que é registado e lido através de raios laser.

MEMÓRIA PERMANENTE – Em informática, memória cujos dados podem ser lidos, mas não apagados, inutilizados ou alterados. Memória inalterável. Memória indelével.

MEMÓRIA POR PONTOS – Em informática, variedade de memória óptica que usa o nível de reflexão da luz para interpretar a informação binária.

MEMÓRIA PRIMÁRIA – *Ver* Memória central.

MEMÓRIA PRINCIPAL – *Ver* Memória central.

MEMÓRIA *RAM* (*Random Access Memory*) – Em informática, tipo de memória que pode apagar-se de um programa em qualquer altura. *Ver tb.* Memória de acesso aleatório.

MEMÓRIA *ROM* (*Read-Only Memory*) – Em informática, tipo de memória que é inalterável e que se destina apenas à leitura. Memória morta. Dispositivo de armazenamento digital que foi previamente registado na origem, de forma que o seu conteúdo não possa ser alterado, estando-lhe reservadas apenas funções de leitura.

MEMÓRIA SECUNDÁRIA – Em informática, aquela que é formada por unidades periféricas de armazenamento (discos magnéticos, bandas magnéticas, tambores magnéticos, etc.) e que complementa outra memória, especialmente a central. Memória auxiliar.

MEMÓRIA TEMPORÁRIA – Em informática, grupo de posições de memória usadas para registar informações em trânsito.

MEMÓRIA VIRTUAL – Em informática, espaço de endereçamento teórico que não se limita às dimensões físicas dos dispositivos de armazenamento, permitindo executar programas que requerem mais memória do que a que está disponível • Espaço de endereçamento de um utilizador cujos programas e dados se encontram fisicamente implantados de uma vez só em memória secundária.

MEMÓRIA VIVA – Em informática, memória que permite fazer operações de armazenamento, escrita e leitura de dados. *Ver* Memória RAM *(Random Access Memory)* e Memória de acesso aleatório.

MEMÓRIA-ARQUIVO (port. Bras.) – *Ver* memória-ficheiro.

MEMÓRIA-FICHEIRO – Em informática, memória secundária que corresponde a ficheiros independentes que para serem usados exigem a intervenção de um operador. (port. Bras.) Memória-arquivo.

MEMORIAL – Texto escrito que serve para esclarecer uma questão • Memorando. Agenda. Livro de notas. Bloco de notas. Borrador • Relato de memórias • Livro onde se anotam coisas que é preciso lembrar • Petição escrita na qual se alude a um anterior pedido • Boletim ou publicação oficial de algumas instituições • Volume comemorativo.

MEMORIALE (pal. lat.) – Livro manuscrito onde se fazia o assento dos livros emprestados pelas bibliotecas medievais • Lembrança.

MEMORIALISTA – Aquele que escreve memórias.

MEMORIAR – Fazer, escrever memória acerca de • Reduzir a memória.

MEMÓRIAS – Documento que relata acontecimentos que tiveram lugar durante a vida de uma pessoa, nos quais o autor desempenhou um papel ou dos quais foi testemunha; contém, com frequência, preciosas informações que ajudam a compreender a razão de ser de certos acontecimentos e explicam, algumas vezes tarde, o motivo de determinadas atitudes e reacções • Compilação de intervenções, comunicações ou outros documentos de uma reunião. Actas • Recordações.

MEMORIÁVEL – Que se pode memoriar.

MEMORIOSO – Digno de memória. Notável. Importante.

MEMORISTA – Autor de memórias • Autor de dissertação académica.

MEMORIZAÇÃO – Acto ou efeito de memorizar • Em informática, designação atribuída à operação que consiste em armazenar informações numa memória qualquer.

MEMORIZAÇÃO DO HISTORIAL DA PESQUISA – Em pesquisa bibliográfica informatizada, operação baseada na memória da pesquisa, que consiste em recordar os diversos passos que foram dados na pesquisa em curso.

MEMORIZAR – Conservar a memória de. Tornar lembrado • Trazer à memória • Em informática, armazenar informação em memória.

MENÇÃO – Simples indicação da existência de um documento de qualquer data, colhida num inventário de arquivos num acto posterior, num texto histórico, nos papéis ou obra de um historiador • Referência • Registo.

MENÇÃO ADICIONAL DE EDIÇÃO – *Ver* Indicação adicional de edição.

MENÇÃO DE AUTOR – *Ver* Indicação de autor.

MENÇÃO DE COLECÇÃO – Indicação do título próprio da colecção e, eventualmente, da subcolecção a que pertence o documento, do *ISSN* da colecção ou da subcolecção, e do número e/ou letra, caso existam. Menção de série.

MENÇÃO DE DEPÓSITO LEGAL – *Ver* Indicação de depósito legal.

MENÇÃO DE DIREITO DE AUTOR – Informação que aparece num documento com a finalidade de indicar qual é a pessoa ou instituição sobre a qual recaem os direitos morais e patrimoniais que são conferidos ao seu criador. Indicação de *copyright*.

MENÇÃO DE DIREITO DE CÓPIA – *Ver* Indicação de direito de cópia.

MENÇÃO DE EDIÇÃO – Referência da edição a que a publicação pertence, registada nos termos usados nela própria ou fornecidos pelo Centro Nacional de Referência Bibliográfica ou outros, se necessário. O mesmo que indicação de edição.

MENÇÃO DE ILUSTRAÇÃO – *Ver* Indicação de ilustração.

MENÇÃO DE MATERIAL ACOMPANHANTE – Em descrição bibliográfica, breve indicação de qualquer material (atlas, cadernos de exercícios, discos, filmes, diapositivos, estampas, cassetes, *slides*, etc.) que acompanha a parte principal da obra e que foi pensado para ser utilizado juntamente com ela, da qual constitui parte integrante.

MENÇÃO DE RESPONSABILIDADE – Em descrição bibliográfica, nome(s) ou expressão(ões) relativo(s) à identificação ou à função de qualquer pessoa ou colectividade responsável ou que de qualquer modo tenha contribuído para a criação do conteúdo artístico ou intelectual de um trabalho contido no documento descrito, ou para a sua realização. O mesmo que indicação de responsabilidade • Em arquivística, é a menção que figura juntamente com o título próprio e que precisa o nome ou nomes das pessoas físicas ou morais ou das famílias responsáveis pela criação da unidade de descrição.

MENÇÃO DE SÉRIE – Em descrição bibliográfica, conjunto de dados considerados fundamentais para a identificação de uma série e uma ou mais subséries, que inclui o número, letra ou qualquer outro signo indicador da ordem do documento dentro dessa série ou subsérie. O mesmo que indicação de série. Menção de colecção.

MENÇÃO DE SUBCOLECÇÃO – Em descrição bibliográfica, principais elementos que identificam uma subcolecção, incluindo a numeração dos diversos itens dentro da subcolecção. O mesmo que indicação de subcolecção. Menção de subsérie.

MENÇÃO DE SUBSÉRIE – Em descrição bibliográfica, principais elementos que identificam uma subsérie, incluindo a numeração dos diversos itens dentro da subsérie. No caso do título da subsérie ser dependente do título da série geral, a menção de subsérie inclui ambos os títulos, da série e da subsérie, e pode incluir a designação de subsérie. O mesmo que indicação de subsérie. Menção de subcolecção.

MENÇÃO DORSAL – Indicações breves, tais como nota, cota, análise, contidas no verso de um documento.

MENÇÃO EXTRA-TEXTO – Aquela que é colocada nos originais sobre ou sob a dobra dos actos, nas margens, junto ao selo ou no verso da peça, contendo indicações sobre a elaboração do acto ou as formalidades necessárias à sua validade ou relativas ao seu registo ou à sua execução, não participando, *stricto sensu*, na própria natureza do acto.

MENÇÃO PARALELA DE EDIÇÃO – *Ver* Indicação paralela de edição.

MENCIONAR – Fazer a menção de. Referir. Citar. Nomear.

MENCIONÁRIO – Livro de lugares-comuns, conjunto de autores que expuseram coisas particulares.

MENDUM (pal. lat.) – Incorrecção. Erro (num texto feito por um copista).

MENOLÓGIO – Martirológio da Igreja grega dividido em 12 partes correspondentes aos 12 meses do ano • Descrição ou tratado dos meses do ano entre os diferentes povos que habitam a terra.

MENOS – Designa-se assim o sinal (-) porque, em álgebra, ele significa "menos", por oposição a (+), que significa "mais"; é usado também para indicar graus negativos, altitudes abaixo do nível do mar, em especial quando os números se acham próximos de outros de sinal contrário.

MENS. – Abreviatura de mensal.

MENSA (pal. lat.) – Na Antiguidade, balcão de uma livraria.

MENSAGEIRO – Portador de mensagem ou de recado • Anunciador. Núncio • Nome de revista ou jornal.

MENSAGEM – Comunicação verbal ou escrita de uma informação por parte de um emissor a um ou vários destinatários, através de linguagem ou código apropriado • Conteúdo dessa informação • Em sentido lato, tudo o que é destinado ao público • Conjunto de signos, sinais ou símbolos com que se transmite uma informação • Em informática, sucessão definida de caracteres, símbolos ou sinais que representam uma informação • Em transferência de dados, transmissão numa direcção, que consta de um cabeçalho e de um texto • Designação dada à unidade de informação que é transmitida de um nó de uma rede para outro • Informação fornecida por um programa ou pelo sistema de operação de um computador para assinalar o estado de execução de uma tarefa ou reclamar informações • Informação escrita ou falada e unidireccional, que é enviada por meio de um sistema de comunicação à distância.

MENSAGEM ANALÓGICA – Aquela cuja informação é sequencial e contínua, cujos valores vão oscilando; a qualificação analógica usa-se por oposição a digital, cujos estados são sempre apenas dois, *on* ou *off* (dígitos 1 ou 0).

MENSAGEM CIFRADA – Comunicação codificada através de uma cifra cujo sentido não é acessível a quem não possua o algoritmo e a chave de descodificação.

MENSAGEM CODIFICADA – Aquela cuja informação é apresentada através do uso de códigos; para poder ser lida necessita de ser sujeita à operação inversa: a descodificação.

MENSAGEM CRÍPTICA – Designação da mensagem que é publicada na imprensa sob a forma de anúncio, expresso de tal forma que não é fácil decifrá-lo.

MENSAGEM DIGITAL – Aquela cuja informação é representada através de séries de bits.

MENSAGEM ELECTRÓNICA – Unidade de informação em formato electrónico, que é comunicada através de uma rede. *Ver tb.* Correio electrónico.

MENSAGEM EM CLARO – Comunicação não codificada, compreensível para qualquer utilizador.

MENSAGEM ESCRITA – Aquela que tem por base um texto escrito, seja em que suporte for.

MENSAGEM EXPLÍCITA – Aquela que se caracteriza por uma linguagem clara, sem subterfúgios nem ambiguidades, expressa de modo categórico e formal, para poder ser perfeitamente entendida por outrem.

MENSAGEM IMPLÍCITA – Aquela que está contida numa frase, mas que não se encontra expressa formalmente, partindo-se do princípio que o receptor entende o que está subentendido, mas não explicitamente declarado.

MENSAL – Designação dada à publicação periódica que é editada uma vez por mês. Mensário • Aquilo que dura um mês • Que ocorre de mês a mês.

MENSÁRIO – Publicação periódica que sai uma vez por mês. Mensal.

MENTEFACTO – Em classificação, abstracção, concepção mental, por oposição a artefacto ou objecto material.

MENTIROSO – Qualificação atribuída a um texto manuscrito ou impresso que apresenta muitos erros e imprecisões.

MENU – Nota pormenorizada de tudo o que constitui uma refeição. Cardápio, ementa, lista de pratos • Em informática, lista das opções disponibilizadas propostas por um programa que são executadas pelo suporte lógico de um computador ou pelos programas de aplicação com que ele está equipado e que aparecem num ecrã quando pretendem explorar-se as suas possibilidades.

MERCADO DE INFORMAÇÃO – Conjunto das actividades ligadas ao comércio da informação • Público-alvo da informação.

MERCADO DO LIVRO DE OCASIÃO – Aquele em que se transaccionam livros em segunda mão, onde podem adquirir-se obras que, pelo menos uma vez, mudam de possuidor, mudança esta que poderá ter alterado a sua frescura original.

MERCADO EDITORIAL – Expressão com a qual se designa o conjunto das actividades de edição, impressão e comercialização do livro. Mercado livreiro.

MERCADO LIVREIRO – *Ver* Mercado editorial.

MERCADO *ON-LINE* – Designação dada ao comércio feito para todos, a todo o momento

e a partir de qualquer lugar através da *World Wide Web*. *E-commerce*. Comércio electrónico.
MERCADOR DE LIVROS – Figura surgida no século XVI que, em princípio, não tinha oficina própria e em quem se centrava o comércio do livro; importava ou comprava em grandes partidas a mercadoria ao impressor, custeando em geral a totalidade da edição, e vendia por grosso os exemplares que importava; neste aspecto distingue-se do livreiro, que os vendia a retalho, embora naquela época fosse frequente a conjugação dos dois ofícios numa mesma pessoa.
MERCHANDISING (pal. ingl.) – Exploração dos direitos derivados dos direitos de autor.
MERCÚRIO – Nome dado a uma espécie de periódico de tom literário, publicado na Europa nos séculos XVII e XVIII; o seu nome está ligado à mitologia grega, à figura de Mercúrio, o mensageiro dos deuses • Nome de revista ou jornal • Metal usado em gravação.
MERCUROGRAFIA – Processo de gravação em que se utiliza o mercúrio só ou misturado com outros metais.
MÉRITO LITERÁRIO – Juízo sobre o valor de uma obra literária, que é feito tomando em consideração aspectos como a unidade, o estilo, o tema, o modo como o autor levou a cabo o trabalho, etc.
MESA – Parte das antigas máquinas Marinoni onde era distribuída a tinta • Superfície plana e horizontal onde, em máquinas e aparelhos como picotadeira e guilhotina, era colocado o papel • Móvel sobre o qual se escreve.
MESA APARADORA – Tabuleiro que fica na rectaguarda da máquina impressora, sobre o qual se depositam as folhas impressas.
MESA CENSÓRIA – *Ver* Real Mesa Censória.
MESA DA COMISSÃO GERAL SOBRE O EXAME E CENSURA DOS LIVROS – Instituição criada em 1787 em substituição da Real Mesa Censória, devido às reservas postas a esta pelo papado e às pressões exercidas após a morte do Marquês de Pombal. Seria extinta em 1794.
MESA DE ALCEAR – Mesa redonda, dotada de movimento giratório contínuo, na qual se colocam os cadernos que compõem uma obra e que passam sucessivamente diante dos operários que coordenam as folhas do livro ou folheto que se prepara para ser brochado ou encadernado.
MESA DE DISTRIBUIÇÃO – *Ver* Mesa de tintagem.
MESA DE GRAVADOR – Mesa com um corte semicircular na parte da frente, onde trabalham os gravadores, xilógrafos e calcógrafos.
MESA DE ILUMINAÇÃO – *Ver* Mesa de luz.
MESA DE IMPOSIÇÃO – *Ver* Mesa de paginação.
MESA DE LUZ – Superfície de trabalho com tampo de vidro opaco iluminado; é usada para reparações de papel, montagens ou outras finalidades. Mesa de montagem. Mesa de iluminação. Mesa luminosa. Mesa iluminada.
MESA DE MARGINAÇÃO – Nas máquinas de impressão, é o lugar onde se coloca o monte do papel para ser marginado.
MESA DE MONTAGEM – Mesa com a parte superior de vidro, iluminada pela parte inferior, na qual se armam sobre chapa transparente, com tiras de papel, os dispositivos para rotogravura na organização da forma, tarefa que corresponde à paginação em tipografia; é usada igualmente em litografia, particularmente no processo *offset*. Mesa de luz. Mesa de iluminação. Mesa luminosa. Mesa iluminada.
MESA DE PAGINAÇÃO – Mesa com compartimentos para depósito de granéis de composição e galés, onde são colocadas as ramas para a montagem das páginas de um jornal; a parte superior pode ser de mármore, de ferro ou de outro material; na parte inferior podem ser guardados materiais e ramas já calandrados ou prontos para a calandragem. Mesa de imposição.
MESA DE TINTAGEM – Lugar onde se distribui a tinta nas máquinas de impressão planocilíndricas. Mesa de distribuição.
MESA DIGITALIZADORA – Prancheta electrónica em cima da qual se desenha, por meio de um estilete em forma de caneta, de modo a introduzir o desenho pretendido num programa de computador.
MESA DO MARGINADOR – Tabuleiro situado na parte superior da máquina, um pouco inclinado na direcção do cilindro, sobre o qual o operário encarregado de colocar as folhas

de papel na máquina as faz deslizar para as encostar às balizas.

MESA GIRATÓRIA – *Ver* Mesa de alcear.

MESA LUMINOSA – *Ver* Mesa de montagem.

MESA PLANA – Órgão da máquina de papel, de cartão ou de pasta, caracterizado por uma teia sem fim, sendo a parte superior uma superfície plana sobre a qual se forma a folha e se esgota parte da água que esta contém.

MESA RECEPTORA – Lugar onde caem as folhas e onde ficam empilhadas, à medida que são marginadas na máquina de imprimir ou de pautar.

MESA-BIBLIOTECA – Pequena mesa de duas portas que se fecham com chave, usada para arrumação de livros.

MESA-EXPOSITOR – Móvel existente em muitas bibliotecas, arquivos e serviços de documentação com caixotins ou espaços para os diversos ficheiros e/ou para ir armazenando os fascículos das publicações periódicas à medida que vão sendo publicados e/ou no momento em que perdem actualidade para estarem expostos, ao ser recebido o fascículo seguinte.

MESA-REDONDA – Reunião técnico-científica e excelente fonte de informação primária, desempenha um papel muito importante na transferência de conhecimento nas diversas áreas do saber. Trata-se de um processo de informação e de troca de ideias de carácter polémico, que se desenrola em geral à volta de uma mesa, mediante a existência da figura de um moderador, que autoriza as entradas e saídas na discussão de cada um dos intervenientes, com a finalidade de os manter dentro dos limites do tema e do tempo destinado a cada uma das suas intervenções para o esclarecimento do assunto em questão; no final os intervenientes não têm de chegar necessariamente a pontos de consenso nem a acordo.

MESH – Acrónimo de *Medical Subject Headings*, lista de autoridade para a análise de assuntos de literatura médica da *National Library of Medicine* dos E. U. A. para a catalogação de livros, audiovisuais e recursos electrónicos nesta biblioteca. *MeSH*.

MESÓCLISE – *Ver* Diácope.

MESSAGE HANDLING SYSTEM (loc. ingl.) – Sistema de gestão de mensagens. *MHS*.

MESTRE DE LEITURA – Pessoa encarregada do ensino. No nosso país o lugar de mestre de leitura não esteve sempre reservado ao professor da escola; quando o sistema escolar estatal depois de 1771 foi instalado em Portugal, candidataram-se a esta função pessoas muito variadas, como padres, monges e egressos, artesãos, escrivães, funcionários públicos, etc.

MESTRE DO SACRO PALÁCIO – Religioso dependente do Palácio Pontifício, cuja missão consistia em examinar os livros.

MESTRE-ESCOLA – Mestre de meninos. Antiga designação do professor primário, que ainda hoje continua a ser usada, sobretudo com sentido depreciativo • Gramatista.

MESTRE-IMPRESSOR – *Ver* Tipógrafo.

METÁBOLE – Figura de retórica pela qual palavras já empregadas são repetidas por outra ordem • Figura que consiste em repetir uma ideia por outras palavras • Alteração nas palavras ou frases.

METABUSCADOR – *Ver* Metapesquisador.

METACAMPO – Parte da linguagem *HTML*, que proporciona informação sobre a informação publicada na *Internet*.

METACRÍTICA – Crítica de uma crítica.

METACROMOTIPIA – Palavra técnica para designar decalcomania.

METADADOS – Documentos que contêm informação sobre informação primária • Documentos que são usados para ajudar a identificar, descrever e localizar recursos electrónicos num ambiente de rede; usam-se para descrever recursos digitais e não digitais num sistema organizado em rede • Regras de catalogação electrónicas • Dados sobre um dado ou conjunto de dados; são os seguintes os mais importantes modelos de metadados: *ISBD/UNIMARC*, *Dublin Core*, *EAD (Encoded Archival Description)*, *MPEG7 (Content Representation Standard for Information Search)* • Meta-informação • Na *Internet*, informações incluídas nos códigos de uma página *Web*, que dizem respeito não apenas aos seus dados bibliográficos (autor, título, assunto, etc.), mas também a dados de outra natureza. *Metadata*.

METADATA (pal. ingl.) – *Ver* Metadados.

METÁFORA – Mudança do significado próprio de um vocábulo para outro, devido à relação de semelhança existente entre os seus significados, que se subentende. Figura. Imagem.
METAFÓRICO – Em que há metáfora.
META-INFORMAÇÃO – Informação sobre a informação • Informação sobre um documento que está incluída no próprio documento • No contexto das redes de comunicações, informação virtual que está disponível e cuja localização não é importante. Metadado • Em preservação digital, disciplina cujo objectivo consiste na descrição e documentação dos processos e actividades relacionadas com a preservação de materiais digitais; ao material junta informação detalhada sobre a proveniência, autenticidade, actividades de preservação, ambiente tecnológico e condicionantes legais.
METAL – Composição de elementos químicos mais ou menos dúcteis, maleáveis e fusíveis de que se fazem os tipos. Os metais dividem-se em três grupos: os comuns, os intermediários e os preciosos. Os que são metais comuns, o chumbo, o antimónio e o estanho, foram os mais usados para fundir caracteres de imprensa resistentes e não quebradiços • Vários tipos de metal tais como o ouro (são numerosas as peças encontradas em túmulos egípcios), a prata, o cobre, o ferro, o bronze e outros foram também utilizados como suporte da escrita; é particularmente conhecida a gravação de placas de bronze no império romano.
METAL DE IMPRENSA – Liga metálica composta por chumbo, antimónio e estanho usada na fundição tipográfica; hoje é ainda a mesma que foi imaginada por Pieter Schöffer no tempo de Gutenberg, tendo-se verificado apenas ligeiras alterações, como a junção de pequeníssimas quantidades de bismuto e de cobre.
METALINGUAGEM – Linguagem usada para descrever uma língua; a língua assim descrita transforma-se em linguagem-objecto para a metalinguagem • Em exploração documental a função de uma metalinguagem é a de fornecer os termos e as regras indispensáveis à formulação dos pedidos de informação ou termos de pesquisa.
METALIZAÇÃO – Em galvanotipia, é a acção de cobrir o molde de cera com uma camada muito fina de grafite em pó ou outro produto condutor da electricidade, permitindo assim a formação do depósito galvânico.
METALOCROMIA – Processo que consiste em colorir a superfície dos metais por via química ou electrolítica • Impressão litográfica a cores feita em folhas de metal.
METALOCROMISTA – Aquele que executa metalocromia.
METALÓGICA – Em logística, termo usado para qualificar a análise dos enunciados científicos e a sua confirmação.
METALOGRAFAR – Reproduzir pelo processo da metalografia.
METALOGRAFIA – Método de impressão sobre uma superfície metálica • Processo de litografia no qual a pedra é substituída por placas metálicas (de zinco, alumínio, etc.), que estão preparadas para fixar o trabalho litográfico • Conjunto dos processos de gravura em cavado com chapa de metal.
METALÓGRAFO – Aquele que faz metalografia.
METALOGRAVURA – Técnica de gravura manual feita em chapa metálica, para impressão tipográfica.
METALOTIPIA – Sistema de impressão em que a gravação da imagem se faz através de um processo fotográfico e substituindo a pedra litográfica por uma placa metálica.
METAL-TIPO – Designação da liga de chumbo, antimónio e estanho em proporções variáveis, usada na fundição de material tipográfico. O material branco para os espaços, lingotes, entrelinhas e quadrilongos, bem como para a estereotipia, reduz a percentagem de antimónio e pode não incluir estanho na sua composição.
METAPESQUISADOR – Instrumento de recuperação da informação em *www* que desenvolve em simultâneo processos de pesquisa em vários motores, funcionando como intermediário entre estes e o utilizador final da informação; pesquisa em diversas máquinas ao mesmo tempo e permite guardar o resultado da pesquisa. Metabuscador. Multibuscador. Multipesquisador.
METAPOEMA – Poema em que o autor actua como crítico na análise do próprio texto.

METÁTESE – Intervenção, geralmente acidentada, de duas letras ou sílabas de uma palavra.
METATEXTO – Texto literário que serve de base a uma crítica ou a uma nova criação literária.
METER À CAPA – Em encadernação, expressão que significa a operação de colar a capa ao corpo do livro; esta operação pode ser feita a lombada destacada ou a lombada unida.
METER CABECEADO – Operação que consiste em colocar a cabeçada.
METER GUARDAS – Operação que consiste em colocar as guardas na encadernação.
METER LETRA – Compor uma linha com letra bastante, de modo que fique apertada, com espaços estreitos.
METIDO – Caderno interpolado noutro • Parágrafos ou partes do original que são acrescentados nas provas para compor partes a acrescentar ou esquecidas. *Ver* Encaixe.
METILCELULOSE – Nome genérico atribuído ao género dos éteres de celulose, que se apresenta sob a forma de um pó branco, inodoro e insípido, não tóxico, cuja suspensão aquosa possui pH neutro; é usado como adesivo na forma conhecida como tilose ou na produção de adesivos mais complexos, sobretudo em restauro de documentos.
METÓDICO – Que tem método. Ordenado • Regular.
MÉTODO – Caminho ordenado e sistemático para se chegar a um fim • Ordem ou sistema que se segue para se dizer ou fazer alguma coisa. Processo racional para se chegar a um determinado fim. Maneira ordenada de realizar uma tarefa. • Em filosofia, reunião dos meios utilizados nas ciências para descobrir a verdade • Sistema usado no ensino • Conjunto de processos ou fases empregadas na investigação, na procura do conhecimento • Título de muitas obras destinadas ao estudo de uma ciência, arte ou disciplina, dispostas por uma ordem lógica. Tratado elementar.
MÉTODO ANALÍTICO – Na elaboração de um tesauro, recolha de termos significativos da linguagem natural de um determinado domínio do conhecimento feita a partir da análise de conteúdo dos documentos correspondentes.

MÉTODO AUDIOVISUAL – Método de ensino que utiliza fitas magnetofónicas e com imagens combinadas com outros meios e materiais.
MÉTODO CIENTÍFICO – Esboço organizado e sistemático dos problemas ou experiências em que se define o problema, se recompilam e analisam os dados, se deduzem uma ou mais soluções baseando-se na informação que se possui e se propõe a aplicação destas soluções. Tem sempre em conta as perguntas: Quem? O quê? Porquê? Para quê? Como?
MÉTODO DE ACESSO – *Ver* Modo de acesso.
MÉTODO DE *BARROW* – Método de restauro e reparação de documentos de papel realizado através de desacidificação e de laminação, cuja designação provém de William J. Barrow (1904-1967), seu criador.
MÉTODO DE *DELFOS* – Processo usado com a finalidade de prognosticar tendências ou êxitos tomando como ponto de partida valores, opiniões ou juízos de um grupo de especialistas.
MÉTODO DE LEITURA RÁPIDA – Aquele que, por meio do treino, visa diminuir o número de estímulos e aumentar o volume dos conjuntos logográficos identificados graças a cada um deles, aumentando, deste modo, a rapidez da leitura.
MÉTODO DE ORDENAÇÃO LETRA A LETRA – *Ver* Ordenação alfabética letra por letra.
MÉTODO DUO – Sistema de microfilmagem que se baseia no princípio de ser considerada uma linha imaginária que divide o filme em duas bandas; os documentos situados na banda superior do filme são microfilmados em primeiro lugar; depois disto provoca-se uma inversão do filme sendo então microfilmados os que se encontram na banda inferior; esta modalidade leva a que, quando o filme estiver completo, o último e o primeiro documentos se encontrem na mesma direcção.
MÉTODO DUO/DÚPLEX – Sistema de microfilmagem muito usado na microfilmagem de cheques, que conjuga os métodos duo e duplex.
MÉTODO DÚPLEX – Em microfotografia, técnica em que são filmadas ao mesmo tempo as duas partes colocando-as como imagens

contíguas à largura do microfilme por meio de espelhos inseridos no interior da câmara • Em microfilmagem, método usado para documentos que contêm informação a microfilmar na frente e no verso; cria-se uma linha imaginária, que divide o filme em duas bandas e a microfilmagem é feita em simultâneo, ficando a frente microfilmada na banda superior e o verso na inferior.

MÉTODO GLOBAL – *Ver* Método sintético.

MÉTODO GRÁFICO – Sistema em que os fenómenos ou as suas relações abstractas são representados por figuras geométricas, quer para evidenciar relações constantes entre os factos, quer para destacar um quadro esquemático mais convincente.

MÉTODO *SIMPLEX* – Sistema de microfilmagem que consiste em registar uma após outra cada página do documento sobre todo o comprimento do filme; é também conhecido como *standard*.

MÉTODO SINTÉTICO – Na elaboração de um tesauro, recolha de termos significativos da linguagem natural de um determinado domínio do conhecimento feita a partir de fontes lexicais pré-determinadas. Método global.

METODOLOGIA – Estudo e avaliação das características dos diversos métodos existentes para atingir uma determinada finalidade, considerando as suas limitações ou as implicações da sua utilização • Estudo da melhor forma de abordar determinados problemas no estado actual dos conhecimentos • Estudo crítico do método • Tratado dos métodos • Forma como é orientado o trabalho numa investigação • Conjunto de regras que são utilizadas no ensino de uma ciência ou de uma arte.

METODOLOGIA DE APRESENTAÇÃO DE TRABALHOS CIENTÍFICOS – Conjunto de regras de natureza indicativa, que tendem a fornecer a um estudo o rigor formal que é necessário à sua consulta correcta e à compreensão dos elementos nele contidos.

METONÍMIA – Figura por meio da qual se designa uma realidade através de um termo referente a outra que está objectivamente relacionada com ela.

MÉTRICA – Estudo dos versos, sobretudo da sua medida e das diferentes espécies de versos • Conjunto das regras que dizem respeito à versificação • Arte de medir versos.

MÉTRICO – Relativo ao metro ou à metrificação • Que está em verso.

METRIFICAÇÃO – Arte ou técnica de reduzir a verso medido, de compor versos medidos. Versejar.

METRIFICAR – Pôr em verso medido, versejar, fazer versos, reduzir a verso.

METRO – Medida do verso.

METRO CÚBICO – Unidade utilizada para controlar o volume dos arquivos normalmente usada no transporte, transferência, recolha e eliminação da documentação; corresponde a cerca de 9 metros ou 1.500 Kg de documentos.

METRO LINEAR – Unidade de medida convencional destinada a delinear e controlar os acervos bibliográficos e documentais, determinando o espaço pelos acervos nas estantes.

METROGRAFIA – Tratado acerca dos pesos e medidas.

METRÓGRAFO – Autor de um tratado sobre pesos e medidas.

METROMANIA – Mania de fazer versos.

METROPOLITAN AREA NETWORK (loc. ingl.) – Rede cujas ligações são feitas através de cabo telefónico e cujas dimensões ultrapassam os limites de um edifício; pode ser deste tipo a rede constituída pelas bibliotecas, arquivos ou serviços de documentação de uma determinada cidade. *MAN*.

MEZZATINTA (port. Bras.) – *Ver Mezzotinto*.

MEZZOTINTO (pal. ital.) – Gravura resultante da impressão de uma matriz cuja superfície é inicialmente revestida por uma fina gravação de textura granulada, através de instrumentos adequados; seguidamente certas zonas são submetidas a diversos graus de polimento, correspondendo, na impressão, às zonas claras ou meias-tintas. Maneira negra. Mezzatinta. Trata-se de uma técnica inventada em 1642 por Ludwig von Siegen.

MF. – Abreviatura de microfilme.

MFICHA – Abreviatura de microficha.

MFORMA – Abreviatura de microforma.

MG. – Forma abreviada de magenta.

MHS (pal. ingl.) – Acrónimo de *Message Handling System*, Sistema de gestão de mensagens.

MHZ. (pal. al.) – Abreviatura de *Megahertz*.

MICA – Nome dado à bolsa de acetato utilizada para guardar folhas soltas, geralmente provida de furos para ser inserida num dossiê.

MICÉLIO – Aparelho vegetativo dos cogumelos, formado por filamentos ramificados, que pode observar-se em livros ou documentos depositados em lugares húmidos.

MICOSE – Afecção provocada pela presença de cogumelos parasitas em livros ou documentos depositados em lugares com deficientes condições de temperatura e humidade.

MICROAMBIENTE – Condições atmosféricas observadas dentro de um espaço fechado; um microambiente age normalmente como um pára-choques contra as mudanças exteriores de temperatura e humidade e protege contra muitos poluentes atmosféricos, desde que controlado.

MICROBIBLIOGRAFIA – Parte da bibliografia dedicada aos livros em miniatura.

MICROBIBLIOGRÁFICO – Relativo à microbibliografia.

MICROBIBLIÓGRAFO – Pessoa conhecedora de microbibliografia.

MICROCÓDIGO – Conjunto de instruções diversas incorporadas num computador, de execução automática pelo equipamento físico informático, quando for necessário.

MICROCOMPUTADOR – Termo genérico usado para definir um computador destinado a pequenas operações, normalmente um computador de mesa de reduzidas dimensões, programável e com possibilidade limitada de operar a armazenagem maciça de dados e outro equipamento periférico; pode estar concebido para uma aplicação, como o simples processamento de texto, ou para um número limitado delas, como as rotinas de armazenamento de dados mais sofisticados, leitura de *CD-ROM*, etc.; é usado em geral como parte integrante de outros computadores de maiores dimensões ou de outras peças de equipamento.

MICROCÓPIA – Reprodução obtida com um dispositivo óptico que reduz consideravelmente as dimensões dos documentos fotografados; só pode ser lida mediante a utilização de um aparelho óptico que amplia consideravelmente a imagem. Nas modalidades de microfilme e microficha, constitui um meio comum de aquisição e difusão de texto a preços reduzidos, além de possibilitar a obtenção de documentos que se encontram fora do mercado na sua forma original. Microfotocópia.

MICROCÓPIA ESPECIAL – Reprodução que se obtém utilizando grandes escalas de redução ou processos de reprodução próprios.

MICROCÓPIA ESTEREOGRÁFICA – Nome dado ao conjunto de duas microcópias focalizadas de duas partes diferentes, de modo a permitir a reconstituição óptica do aspecto tridimensional, quando são vistas com o auxílio de um estereoscópio.

MICROCÓPIA MONOCROMÁTICA – Reprodução que é obtida pelo contraste de pontos transparentes e opacos ou claros e escuros.

MICROCÓPIA OPACA – Folha, rolo ou fita de material não transparente, que contém uma ou diversas microimagens.

MICROCÓPIA OPACA EM FITA – Fita não transparente contendo uma pequena série de microcópias.

MICROCÓPIA OPACA EM FOLHA – Folha não transparente rectangular em que estão dispostas várias microcópias.

MICROCÓPIA OPACA EM ROLO – Rolo não transparente contendo uma série de microcópias.

MICROCÓPIA POLICROMÁTICA – Designação dada ao conjunto de, no mínimo duas microcópias monocromáticas, que possibilitem a reconstituição da imagem colorida pela sobreposição de imagens obtidas através de filtros adequados.

MICROCOPIADOR – Aparelho fotográfico especialmente concebido para a reprodução de documentos a uma escala reduzida.

MICRODENSITÓMETRO – Aparelho fotoeléctrico usado para medir a densidade de zonas muito pequenas de uma imagem fotográfica.

MICRODIAPOSITIVO – Diapositivo que tem apenas um fotograma de microfilme.

MICRODICIONÁRIO – Dicionário de formato reduzido, impresso em caracteres muito pequenos, em geral de baixo preço.

MICRODOCUMENTO – Designação da comunicação em temas especializados e normalmente de pequenas dimensões, como um artigo de publicação periódica, recorte de jornal, separata ou panfleto que se apresenta em microficha.

MICROEDIÇÃO – Edição baseada nos programas de tratamento de texto em microcomputador ao serviço de utilizadores individuais ou colectivos; permite a produção de trabalhos individuais (teses, por exemplo) ou de documentos de proximidade com grande qualidade. *Ver* Micropublicação.

MICROESTRUTURA – Em lexicologia, organização dos dados lexicológicos ou terminológicos que estão contidos num artigo de um dicionário.

MICROFICHA – Microforma, de formato A_6 proveniente do rolo de 105 mm contendo uma série de microimagens dispostas em formato de grade; nela podem identificar-se três zonas distintas: a do título, a da informação e a do índice. Na margem superior apresenta uma área específica para título com caracteres visíveis a olho nu, que pode também receber cores ou ranhuras para facilitar a sua indexação e manuseio; na zona da informação a microficha aparece organizada em linhas e colunas, variando o número de fotogramas de acordo com a redução que foi escolhida e com o formato do documento; na zona do índice inclui-se a identificação da informação que está contida em cada fotograma da microficha. A microficha pode ser de dois tipos: actualizável e não actualizável. É muito usada para micropublicações de jornais, revistas, livros, catálogos, etc.

MICROFICHA ACTUALIZÁVEL – Aquela em que é possível fazer acréscimos de informação em qualquer momento, pelo facto de a revelação ser feita documento a documento.

MICROFICHA ESTAMPADA – Microficha opaca obtida segundo processos diferentes do fotográfico.

MICROFICHA NÃO ACTUALIZÁVEL – Aquela que é revelada e, a partir desse momento, não é possível acrescentar-lhe qualquer outra informação.

MICROFICHA OPACA – Designação comercial atribuída a uma microcópia não transparente de 7,62 x 12,7 cm contendo microimagens dispostas por colunas e filas em película fotográfica.

MICROFICHA TRANSPARENTE – Microfilme em folha, de dimensões reduzidas, como as das fichas bibliográficas. Microficha-filme.

MICROFICHA-FILME – *Ver* Microficha transparente.

MICROFILMADOR – *Ver* Microfilmadora.

MICROFILMADORA – Que microfilma • Máquina para realizar microfilmes. Microfilmador.

MICROFILMADORA PLANETÁRIA – Tipo de microfilmadora em que, durante o processo de microfilmagem, quer o filme, quer o documento se mantêm estáticos.

MICROFILMADORA ROTATIVA – Tipo de microfilmadora em que, durante a microfilmagem, quer o filme, quer o documento estão em movimento.

MICROFILMAGEM – Acto ou efeito de microfilmar • Miniaturização sobre filme de qualquer documento existente em suporte não magnético ou digital.

MICROFILMAGEM ADMINISTRATIVA – Utilização do microfilme pelas administrações nos seus arquivos correntes, a fim de produzir peças documentais ou como substituição dos originais.

MICROFILMAGEM COMPLEMENTAR – Microfilmagem de documentos conservados noutro serviço público ou em instituições particulares, levada a cabo por uma biblioteca, arquivo ou serviço de documentação, com a finalidade de completar os seus fundos.

MICROFILMAGEM DE CONSERVAÇÃO – *Ver* Microfilmagem de preservação.

MICROFILMAGEM DE CONSULTA – Microfilmagem de originais destinada a ser facultada aos investigadores em substituição daqueles, com vista a preservá-los do desgaste provocado pelo manuseamento ou a prevenir o seu eventual desaparecimento.

MICROFILMAGEM DE PRESERVAÇÃO – Microfilmagem efectuada, quer para proteger o conteúdo de documentos deteriorados fisicamente, quer para prevenir a deterioração de originais resultante de consultas muito frequentes. Microfilmagem de conservação.

MICROFILMAGEM DE REFERÊNCIA – Microfilmagem de obras de referência colocada à disposição do pesquisador/leitor para que a informação desejada seja localizada.

MICROFILMAGEM DE SEGURANÇA – Aquela que é destinada a conservar e proteger o conteúdo de documentos importantes em caso de perda ou desaparecimento dos originais; os microfilmes produzidos com essa finalidade devem ser guardados em local diferente daquele onde se conservam os documentos originais. *Ver* Cópia de segurança.

MICROFILMAGEM DE SUBSTITUIÇÃO – Microfilmagem utilizada em documentos cujo valor permite a eliminação dos originais após a microfilmagem, de forma a fazer-se o reaproveitamento do espaço por eles ocupado.

MICROFILMAGEM EM MASSA – Operação que visa reproduzir sistematicamente os documentos através de fotografia em microfilme, por razões de preservação ou de segurança.

MICROFILMAR – Fotografar em microfilme.

MICROFILME – Técnica que permite miniaturizar imagens sobre filme • Filme de grão fino e alta resolução contendo uma sequência de microimagens apresentadas livremente, reduzidas a partir do original e destinado a projecção e/ou reprodução; a sua leitura é possível através de equipamento leitor adequado; no que toca às condições ideais para a sua conservação, são recomendados ambientes com cerca de 16° de temperatura e uma humidade relativa de 40%. Micropelícula.

MICROFILME CODIFICADO EM BINÁRIO – Codificação numérica de descritores num rolo de microfilme; é feita por dígitos binários que estão representados por uma série óptica de pequenos rectângulos opacos e claros representando, sob forma digitalizada, a imagem do documento a que os descritores correspondem.

MICROFILME COMPLEMENTAR – Microfilme de documentos estranhos a uma instituição, destinado a completar e/ou complementar as colecções que ela possui.

MICROFILME DE 16 MILÍMETROS – Rolo de filme fotográfico de dezasseis milímetros de largura que mede até trinta ou sessenta metros de extensão, destinado ao registo de documentos de natureza administrativa contemporâneos, que também pode ser usado para os mesmos tipos de documentos que a microficha, caso o número de páginas seja grande (monografia muito extensa, colecção de periódicos, etc.).

MICROFILME DE 35 MILÍMETROS – Rolo de filme fotográfico de trinta e cinco milímetros de largura que pode medir até trinta metros de extensão, que oferece uma imagem relativamente grande (24 x 36 mm ou 32 x 45 mm) adaptada aos pormenores mais delicados e aos documentos de maior extensão.

MICROFILME DE CONSULTA – *Ver* Microfilme de segurança.

MICROFILME DE REFERÊNCIA – Microfilme efectuado para utilização no serviço de referência de um arquivo, biblioteca ou serviço de documentação.

MICROFILME DE SEGURANÇA – Microfilme feito com a finalidade de conservar, em dimensões reduzidas, a cópia fotográfica de documentos importantes, como forma de prevenção do desaparecimento do original. Microfilme de consulta.

MICROFILME DE SUBSTITUIÇÃO – Microfilme destinado a ser fornecido aos leitores em vez de um documento frágil ou precioso, a fim de evitar o seu manuseio • Microfilme de documentos originais de pouco valor eliminados por razões de aproveitamento de espaço.

MICROFILME EM FITA – Fita de filme comportando uma pequena série de microcópias que se conserva plana.

MICROFILME EM FOLHA – Folha rectangular, transparente, em que estão dispostas várias microcópias.

MICROFILME EM ROLO – Rolo de filme comportando uma série de microcópias.

MICROFILME NEGATIVO – Microfilme em cujas imagens os tons claros ou escuros do documento microfilmado têm polaridade oposta. *Ver* Negativo.

MICROFILME POSITIVO – Filme que produz microcópias com tonalidades de cor correspondentes às do original. *Ver* Positivo.

MICROFILME *SIMPLEX* – Em reprografia, microfilme que possui apenas uma fileira de imagens, dispostas no sentido da largura.

MICROFÓLIO – Folha de acetato transparente que suporta sucessões de microimagens através de um processo de adesão especial • Forma de *jacket* bastante permanente, mais do que, por exemplo, a superficha e a ultraficha; as tiras de filme são colocadas adjacentes uma à outra e é colada uma folha lisa de acetato em ambas as pontas do filme. O microfólio bem executado produz uma imagem mais nítida do que os *jackets* porque o acetato é colado ao filme.
MICROFONE – Aparelho que possui a capacidade de transformar as ondas acústicas em sinais eléctricos, em geral para transmitir e ampliar som ou para a sua gravação.
MICROFORMA – Termo genérico que identifica a informação visual originalmente em papel, que foi fotografada e reduzida; pode fazer-se de livros, revistas, jornais, mapas, cartas, etc. • Processo de fazer microcópias de documentos quando as imagens são demasiado pequenas para serem lidas a olho nu. Microrreprodução • Suporte fotográfico (microfilme ou microficha), que permite a armazenagem e a exploração de imagens ou páginas de texto miniaturizadas, consultáveis através de um aparelho especializado (leitor) • Qualquer documento conservado numa biblioteca cujo texto e/ou formato foram reduzidos por fotografia com vista à arrumação ou reprodução e cuja leitura ou visionamento necessita de um aparelho amplificador; este termo é sinónimo de microtexto e compreende: o rolo de filme, o cartucho e a cassete, o cartão-janela, o *jacket* e a microficha. A obtenção da microforma é baseada num processo fotográfico no qual a imagem de um documento é transferida para um filme. O filme é então armazenado sob a forma de bobina, cartucho ou folha. As formas mais comuns de microforma são o microfilme e a microficha • Categoria usada para arrumação de documentos audiovisuais em que se incluem os documentos-texto.
MICROFOTO – Cópia obtida por meio de microfotografia.
MICROFOTOCÓPIA – *Ver* Microcópia.
MICROFOTOGRAFIA – Fotografia em tamanho reduzido do conteúdo de qualquer documento ou livro; a sua leitura é feita por intermédio de um leitor especial. Microfoto. Fotomicrografia • Uso de técnicas fotográficas com a finalidade de obter microimagens.
MICROFUNGO – Nome genérico dado aos fungos microscópicos que se desenvolvem em colónias parasitas sobre um suporte orgânico.
MICROGRAFIA – Reprodução pela gravura ou outros processos, de objectos extremamente pequenos • Escrita de tamanho muito reduzido como aquela que se observa em códices hebraicos, particularmente nas páginas em tapete, com desenhos labirínticos, imitando a maior parte das vezes os ornamentos entrelaçados e complexos das tapeçarias orientais; a ornamentação é realizada a partir de desenhos feitos à pena, revestindo formas fitomórficas, zoomórficas e outras, sendo um dos elementos mais usados o candelabro hebraico; noutros casos, como acontece com a *Bíblia hebraica* da Biblioteca Geral da Universidade de Coimbra, todos os contornos dos arabescos são realizados com frases do texto bíblico em caligrafia minúscula de grande perfeição • Descrição de espécies observadas ao microscópio • Técnica derivada da fotografia que consiste na produção de filmes ou fichas contendo microfotografias • Conjunto de tendências associadas à produção, tratamento e uso de microformas.
MICROGRÁFICO – Termo surgido em 1960, que traduz o conceito de miniaturização sobre qualquer meio e não só sobre filme, como acontecia com o microfilme • Relativo à micrografia.
MICRÓGRAFO – Conhecedor de micrografia • Aparelho que possibilita a reprodução de letras e imagens em tamanhos muito reduzidos.
MICROIMAGEM – Reprodução de um objecto numa dimensão de tal modo pequena, que não pode ver-se ou ler-se sem que seja aumentada através de um amplificador de imagem. Apesar de haver outras técnicas de reprodução para produzir microimagens, este termo usa-se em geral no campo da microfotografia.
MICROIMPRESSÃO – Designação comercial dada a uma microcópia opaca, em que as microimagens em papel fotográfico se apresentam dispostas em fila e colunas.
MICROIMPRESSO – Microfotografia reproduzida sob forma impressa • Qualquer docu-

mento cujas dimensões originais foram reduzidas e que, por tal motivo, tem de ser lido com um aparelho ampliador.

MICROINSTRUÇÃO – Em memória fixa, utilização de uma combinação de equipamento físico informático e de suporte lógico, para controlar as operações de um computador.

MICROLINÓMETRO – *Ver* Micrómetro.

MICROLIVRO – Livro em miniatura.

MICROLUPA – Lente biconvexa destinada à observação da superfície de materiais de qualquer espécie, particularmente manuscritos, pinturas, gravuras e outros; dada a sua grande potência, permite aumentos significativos.

MICROMÁTICA – Palavra que resulta da combinação de duas outras, microfilme e informática e que traduz o equipamento que faculta a saída directamente em microfilme dos dados que são produzidos em computador, sem que se verifique a intervenção intermédia do papel.

MICRÓMETRO – Aparelho usado na fundição de letras e na composição mecânica, que permite a medição de grandezas muito reduzidas. Microlinómetro. Microtipómetro.

MICROONDA – Onda eléctrica de elevadíssima frequência usada na transmissão de dados.

MICROOPACO – Cópia de todo ou parte de um livro ou outro documento feita através da microfotografia, em que a impressão é feita em papel não transparente ou cartão; pode ser individual, feita através de meios fotográficos ou através de um meio de impressão • Microcópia opaca.

MICROPELÍCULA – *Ver* Microfilme.

MICROPONTO – Submicrocópia em que as medidas lineares do original são reduzidas mais de trezentas vezes, empregando-se para esse fim aparelhos ópticos especiais e emulsões fotossensíveis praticamente sem grão.

MICROPROCESSADOR – Em informática, nome dado ao circuito integrado único, que é a peça fundamental de um microcomputador, capaz de assegurar comandos e controlos em diversos sectores. Em alguns milímetros quadrados são reunidos vários milhares de transístores, os quais permitem ao microprocessador realizar as operações da unidade central dos antigos grandes computadores: extrair informações da memória, modificá-las e armazená-las em grande velocidade.

MICROPROGRAMA – Em informática, programa que se destina a fazer executar uma instrução ou uma sequência de instruções fornecendo a sequência de microinstruções que a compõem.

MICROPROGRAMAÇÃO – Em informática, técnica de realização do sequenciador de uma unidade central em que cada instrução é decomposta numa sequência de pequenas instruções.

MICROPROJECTOR – Aparelho concebido para ampliar e projectar transparências microscópicas.

MICROPUBLICAÇÃO – Modalidade de edição, publicação e distribuição de informação em microfilme, normalmente sob forma de microficha, com a finalidade de difundir a informação a um grande número de utilizadores; esta microficha não necessita de aumento para poder ser visualizada ou lida • Publicação editada de forma directa em microficha. Microedição.

MICRORREEDIÇÃO – Publicação em microformas de documentos anteriormente publicados num formato que para ser visualizado ou lido não necessita de aumento.

MICRORREGISTO – Cópia de um documento cuja escala é reduzida comparada com o original e que necessita de um ampliador para permitir a sua leitura • Microcópia.

MICRORREPRODUÇÃO – Processo de fazer microcópias de documentos quando as imagens são demasiado pequenas para serem lidas a olho nu; podem ser feitas em material transparente ou opaco • As cópias produzidas por este processo. Microforma.

MICRORGANISMO – Micróbio que se desenvolve em extensas colónias em meios favoráveis de humidade e temperatura e que ataca os materiais que são suporte da escrita.

MICRO-SEGUNDO – Milionésima parte do segundo, exprime a velocidade à qual alguns computadores executam as suas operações.

MICROTECA – Organismo ou serviço, biblioteca ou secção de biblioteca cuja colecção é composta por microformas.

MICROTESAURO – Tesauro que contém os descritores seleccionados de modo a constituírem uma versão abreviada de um tesauro já existente • Tesauro destinado a uma área ou disciplina específica ou especializada usando como base um tesauro geral. Tesauro auxiliar.
MICROTEXTO – Fac-símile de um documento em tamanho muito reduzido.
MICROTIPOGRAFIA – Tipografia dos elementos gráficos de detalhe: letra, espaços entre as letras e interlineares.
MICROTIPÓMETRO – *Ver* Micrómetro.
MICROVEGETAÇÃO – Designação genérica dada a todo o tipo de fungos de gama variada que atacam a documentação, decompondo a celulose, manchando as encadernações, deteriorando as colas e os adesivos, atacando as fibras, o couro e os materiais plásticos; o resultado visível é a pigmentação amarela, castanha ou negra, se bem que algumas colónias de organismos sejam incolores.
MICROVEGETAIS – Nome técnico dos musgos, fungos e líquenes, etc., que se produzem nos documentos gráficos devido à existência de excesso de humidade e temperatura elevada.
MICROXEROGRAFIA – Criação de microimagens através da xerografia; é possível criar tanto negativos como positivos.
MÍDIA (port. Bras.) – *Ver* Media.
MIDIATIZAÇÃO (port. Bras.) – *Ver* Mediatização.
MIDICOMPUTADOR – Computador projectado para uma enorme diversidade de aplicações, com capacidade de armazenamento de grande quantidade de informação e outro equipamento periférico maior do que o de um microcomputador, mas mais pequeno do que o de um grande computador.
MIDRASH (pal. hebr.) – Colectânea de comentários rabínicos dos textos sagrados; o termo designa simultaneamente os comentários e as obras que o contêm; foram redigidos desde o século II a. C. até ao século XII e sofreram algumas reformulações ao longo dos séculos. Comentam essencialmente textos jurídicos, históricos e morais e gozam de grande prestígio entre a comunidade judaica.

MIGRAÇÃO – Em preservação digital, é a transferência sistemática de material digital de uma configuração de *hardware/software* para uma outra, ou de uma tecnologia para outra mais recente.
MIGRAÇÃO ÁCIDA – Transferência do ácido de um material ácido como o papel de pasta de madeira tratada, para um material menos ácido quando os dois materiais são armazenados em conjunto; esta transferência acarreta consigo a acidificação do material menos ácido, tornando-o manchado e enfraquecido; é comum observar-se em miscelâneas ou seja, colecções de obras encadernadas juntas, manuscritas ou impressas em épocas diferentes ou com papel de diversa proveniência e qualidade. Transferência ácida.
MIGRAÇÃO PARA SUPORTE ANALÓGICO – Em preservação digital, conversão de objectos para suportes não digitais, com o objectivo de aumentar a sua longevidade.
MILHAR – Desde há cerca de um século os editores deixaram de numerar as edições: contam as tiragens em milhares de exemplares, o que impressiona mais o público leitor; aos bibliófilos interessa saber que o primeiro milhar pode ser considerado como pertencendo à edição original; ora, o primeiro milhar, tal como a primeira edição, estão raramente especificados como tal no título ou na capa, aparecendo apenas no 2º milhar ou na 2ª edição esta especificação; deste modo, um livro moderno que não apresente qualquer indicação de milhar, de tiragem ou de edição nem no título nem na capa, cujo *copyright* ou "acabado de imprimir" apresentam a mesma data, tem todas as probabilidades de pertencer ao 1º milhar e, por conseguinte, ser uma edição original.
MILHAR DE LETRAS – Unidade que serve de base à remuneração de trabalho por empreitada.
MILITARIZAÇÃO – Um dos estádios que sofre a informação para a produção do conhecimento e que consiste no facto de a informação – quer seja científica, técnica, económica, social ou financeira, etc. – tender a transformar-se em informação estratégica indispensável aos estados e às empresas transnacionais, que se entregam a uma guerra económica feroz.

MIMEOGR. – Abreviatura de mimeografar, mimeografado e mimeografia.

MIMEOGRAFAR – Reproduzir por meio do mimeógrafo.

MIMEOGRAFIA – Cópia obtida por meio do mimeógrafo.

MIMEÓGRAFO – Aparelho inventado por Edison, que permite obter numerosas cópias a partir de um original dactilografado ou manuscrito pelo uso de uma folha de papel parafinado ou de *stencil* convenientemente gravada e tintada por meio de um rolo próprio para esse efeito.

MIMEÓGRAFO A ÁLCOOL – *Ver* Hectógrafo.

MIMESE – Figura de retórica em que se imita a voz e o gesto de outra pessoa.

MIMODRAMA – Peça dramática representada através de pantomima. Farsa.

MIMOGRAFIA – Tratado acerca dos mimos ou da mímica.

MIMÓGRAFO – Aquele que escreve mimografia.

MIN. – Abreviatura de ministério.

MINA DE CHUMBO – Material mineral de escrita de que é feito o lápis. *Plumbum*. Grafite. Plumbagina.

MINERVA – Designação usualmente atribuída à máquina de platina; vem-lhe do facto de ser essa a marca do primeiro prelo desse tipo construído na Europa e que apareceu pela primeira vez em 1862 na Exposição de Londres; foi construída pelos americanos Degener e Weiler.

MINERVA DUPLA – Máquina de impressão de dimensões reduzidas, na qual a pressão se exerce entre um órgão de pressão plano e um porta-forma com a mesma configuração.

MINERVISTA – Operário impressor tipográfico que trabalha com máquinas de pequeno formato chamadas minervas.

MINIAR – Forma de ilustrar o livro, muito frequente na Idade Média e que consistia em adornar os manuscritos com motivos ou cenas a cores.

MINIARE (pal. lat.) – Primitivamente designava o acto de pintar com *minium*, pintar com cor vermelha.

MINIATOR (pal. lat.) – Este termo foi o mais frequentemente usado na Itália para designar o iluminador de manuscritos, enquanto em França se usava mais o termo *illuminator*.

MINIATURA – Palavra proveniente do latim *miniare* que significava inicialmente pintar com o mínio (vermelhão ou cinábrio) • Letra vermelha que era grafada com mínio e colocada no início dos capítulos ou parágrafos dos manuscritos antigos para os destacar • Pintura pequena e primorosa. O seu uso teve origem no Egipto, onde é conhecido o *Livro dos mortos*, que se crê datar do II milénio a. C. e que já se apresenta ornamentado com este tipo de ilustração. Deste país a técnica terá passado à Grécia e a Roma, onde já no século V se encontra um códice ilustrado com obras de Virgílio. No Ocidente passou à Irlanda, à Inglaterra e à Alemanha. No Oriente, Bizâncio foi local privilegiado de irradiação da miniatura a partir do século V, tendo influenciado as escolas síria, palestina, copta, arménia e russa. O termo posteriormente alargou-se a outras cores, passando a ser por vezes confundido com a iluminura • A partir do século XVI, porém, começa a designar pequenas cenas pintadas em manuscritos, com aplicação de várias cores, de formato muito reduzido, frequentemente não ultrapassando os cinco centímetros de altura; o suporte era o pergaminho, velino ou marfim, no caso de retratos. Iluminura.

MINIATURA A PLENA PÁGINA – Pintura delicada em ponto pequeno que ocupava toda uma página; desde a invenção do códice ocorre este tipo de miniatura, que se resumia então à página inicial, onde se representava o autor, o copista ou o donatário oferecendo a sua obra a um alto dignitário, divindade ou ao santo padroeiro da cidade onde havia sido feito o manuscrito ou ainda a outra personalidade de igual categoria; estas imagens podem inspirar-se em passagens concretas do texto, mas não constituem ilustrações do texto em sentido restrito, nunca estiveram incorporadas nas suas colunas nem tiveram uma relação física com ele como as cenas narrativas, mas precediam como unidade isolada todo o códice ou, no caso de este estar dividido em vários livros, encabeçavam cada um deles.

MINIATURA A PRETO E BRANCO – *Ver* Grisalha.

MINIATURA DE APRESENTAÇÃO – Pintura delicada na qual se apresenta a oferta de um livro ao mecenas que o patrocinou ou a um alto senhor; em sentido restrito, miniatura de apresentação é aquela que aparece na cópia de oferecimento de um texto; estas imagens surgiam frequentemente no programa decorativo e eram incluídas também nas cópias subsequentes, sendo neste caso preferível usar a expressão miniatura de dedicação; embora se encontrem anteriormente, as miniaturas de apresentação tornaram-se populares durante o século XV. *Accipies*.
MINIATURADO – Pintado com desenhos de dimensões muito reduzidas.
MINIATURISTA – Iluminador • Pintor que executa miniaturas; a designação deriva do facto de este nome ser dado à pessoa que coloria de vermelho, com *minium*, as rubricas dos manuscritos antigos.
MINICOMPUTADOR – Em informática, computador de pequeno porte projectado para diversas aplicações; apresenta uma capacidade limitada para armazenar grande quantidade de informação e outro equipamento periférico.
MINIDISCO – *Ver* Disco flexível.
MINI-INFORMÁTICA – Ramo da informática que trata das aplicações e do meio ambiente dos minicomputadores.
MINIKRAFT (pal. ingl.) – Espécie de broca usada em restauro de livros e documentos.
MINIMIZAR – Reduzir o tamanho de uma janela de computador ao mínimo. Diminuir. Opõe-se a maximizar.
MÍNIO – Nome actual dado ao óxido vermelho de chumbo (*PbO*) • Vermelhão com que, na Idade Média, era preparada a tinta vermelha usada pelos calígrafos na ornamentação dos códices • Cinábrio. Zarcão. *Minium*.
MINIPÁGINA – Página de pequenas dimensões, equivalente a metade, um quarto ou um oitavo do formato normal de uma publicação, que é inserida com outras numa publicação, a fim de que o leitor constitua um caderno independente com elas.
MINI-RESUMO – Resumo que assume muitas formas diferentes, mas que é muito mais importante do que a classificação de um título de um documento. Palavras-chave, resumos telegráficos e resumos sucintos, todos podem ser denominados mini-resumos. As palavras-chave são termos frequentemente atribuídos na indexação, representando o conteúdo documental. Os resumos telegráficos consistem em frases curtas, sob forma de nota, que encerram o conteúdo do documento. Os resumos sucintos são formados por uma ou duas frases e são frequentemente mais fáceis de compreender do que os resumos telegráficos.
MINITEL (pal. fr.) – Nome dado em França ao terminal de custo reduzido, que permite aceder à rede nacional de transmissão de dados *TRANSPAC*; está tão vulgarizado naquele país como o telefone e a sua instalação é gratuita. O custo de transmissão é efectuado em função da base de dados a que se acede e do tempo que se está ligado.
MINIUM (pal. lat.) – Palavra que tem origem no nome antigo do rio Minium em Espanha, hoje denominado Menjo, onde se encontravam os seixos vermelhos a partir dos quais também se obtinha esta cor. Mínio. Cinábrio. Zarcão.
MINORA REPOSITORES (loc. lat.) – Embora não haja uma certeza absoluta, tudo leva a crer que os *minora repositores* eram os rubricadores que, nos manuscritos medievais assinalavam a vermelho as iniciais menores, ou seja, as iniciais de pequeno tamanho que figuravam no início de um novo capítulo; distinguiam-se dos rubricadores que aplicavam geralmente o azul ou o vermelho alternadamente em iniciais filigranadas com a cor oposta.
MINÚSCULA – *Ver* Letra minúscula.
MINÚSCULA PALEOGRÁFICA CURSIVA – *Ver* Letra minúscula paleográfica cursiva.
MINUTA – Documento em redacção definitiva rubricado ou assinado por autoridade ou pessoa responsável • Original de qualquer documento, assim chamado por ser escrito em caracteres miúdos • Formulário escrito contendo os elementos fundamentais a serem preenchidos posteriormente, geralmente com finalidade oficial • No levantamento de plantas é o desenho traçado à vista do terreno • Rascunho. Borrão. Plano. Esboço que, uma vez revisto e aprovado tem de ser passado a limpo.

MINUTA DE NOTÁRIO – Apontamento de um acto que foi consignado e outorgado perante o notário.
MINUTA ORIGINAL – Redacção definitiva de um acto que constitui a matriz da qual se podem tirar cópias e que se conserva nos arquivos do seu autor.
MINUTADO – Redigido em forma de minuta.
MINUTADOR – Aquele que minuta.
MINUTAR – Redigir um documento inicial, que será posteriormente revisto, aprovado e passado a limpo • Digitar, fazer a minuta de. Ditar a minuta de.
MINUTÁRIO – Caderno ou livro em que o notário guarda as minutas das escrituras outorgadas perante ele.
MIOLO DE PÃO – Substância utilizada antigamente para fazer correcções, apagando o texto manuscrito.
MIOLO DO LIVRO – Expressão que designa as folhas de texto do livro ainda sem a capa, frequentes nas encadernações comerciais que são executadas a dois tempos. Corpo do livro.
MIPS – Em informática, sigla da expressão "Milhões de Instruções por Segundo", unidade de potência de um computador.
MIRA – Em reprografia, desenho convencional que apresenta características precisas e que serve de original para efectuar ensaios e medidas relativos ao poder separador de um dispositivo óptico ou de uma camada sensível e à nitidez ou à legibilidade de uma imagem.
MIRROR (pal. ingl.) – Designação usada para referir os *sites* Web ou *FTP* que mantêm cópias exactas dos ficheiros originais de um certo *site*, processo que faculta um acesso mais diversificado a determinados recursos • Em ambiente *Internet*, cópia em geral completa e autorizada da informação de outro servidor.
MIS – Acrónimo da expressão inglesa *Management Information System*, Sistema que inclui o conjunto das funções necessárias ao processamento das informações de uma empresa.
MISC. – Abreviatura de miscelânea.
MISCELÂNEA – Espécie bibliográfica que contém uma colecção fictícia ou artificialmente organizada de várias unidades bibliográficas, com ou sem afinidades temáticas; esta reunião era muitas vezes feita para utilizar uma só encadernação • Compilação de várias peças literárias de diferentes autores sobre temas diversos, reunidas em volume. Volume de folhetos. Volume compósito • Volume colectivo • Livro que trata de diversos assuntos, com extractos de informações pouco comuns e difíceis de serem encontradas. Conjunto de textos.
MISCELÂNEA DE HOMENAGEM – Publicação que inclui contribuições diversas de diferentes autores e que é editada como prova de veneração de uma pessoa ou entidade em data marcante da sua vida, com a finalidade de registar ou festejar algum acontecimento ou efeméride. Homenagem. Volume de homenagem. *Festschrift. In Memoriam.* Polianteia.
MISCELÂNEA HETEROGÉNEA – Volume homogéneo constituído por textos recolhidos sem um critério ou uma finalidade facilmente reconhecível.
MISCELÂNEA ORGANIZADA – Livro miscelâneo que reúne textos cuja associação corresponde a uma dada intenção.
MISCELÂNEA POÉTICA – Colectânea antológica de poesias sobre os mais variados temas e provenientes de diversos autores e épocas.
MISE EN CASSE (loc. fr.) – Distribuição da letra.
MISE EN PAGE (loc. fr.) – Colocação dos elementos materiais da página de certo modo, com o formato escolhido, dimensão das margens, das colunas traçadas a ponta-seca ou a lâmina de chumbo (no caso dos manuscritos). Empaginação • Fixação de uma proporção que regula a relação entre a largura e a altura da uma página e a disposição geral dos elementos que nela figuram, como a relação entre o corpo textual e as imagens que o ilustram e lhe complementam o sentido e a distribuição do corpo do texto em colunas ou a uma só medida.
MISE EN SCÈNE (loc. fr.) – Encenação.
MISE EN TRAIN (loc. fr.) – Expressão usada para significar as operações de preparação das máquinas tipográficas para a tiragem de provas cuidadas, dando destaque às vinhetas, gravuras, etc. e para evitar uma pressão forte.
MISSAL – Manual litúrgico que contém as partes recitadas e cantadas da missa para os dias do ano e das festas religiosas, com a indi-

cação das cerimónias que as acompanham; é uma combinação de sacramentário e gradual; contém orações, leituras, cânticos, bênçãos, ordinário. Os primeiros missais apareceram nos finais do século X, inícios do século XI; durante este século partilham ainda do sacramental, mas no decurso do século seguinte este desaparece em favor do missal • (port. Bras.) Certo formato de caracteres tipográficos.
MISSAL ABREVIADO – Modalidade de livro litúrgico que contém as orações da missa e outras, muito usado nos finais da Idade Média, caracterizado por não conter todas as partes que habitualmente constituem este tipo de obras, mas por incluir apenas uma parte dos formulários do usual.
MISSAL AMBROSIANO – Livro litúrgico que contém as orações da missa e outras, usado para actos de culto nas igrejas de rito milanês ou ambrosiano.
MISSAL MOÇÁRABE – Livro litúrgico usado nas igrejas de rito moçárabe.
MISSAL PEQUENO – Manual litúrgico que contém as orações da missa e outras, abreviado, e de dimensões diminutas.
MISSAL PLENÁRIO – Livro litúrgico divulgado a partir do século XII, que contém toda a liturgia da missa; resulta da fusão de partes dos diversos livros anteriormente usados na celebração.
MISSAL ROMANO – Missal usado nas igrejas cujo culto é feito segundo o rito romano.
MISSANGA – Qualidade de letra de imprensa de desenho muito pequeno; corresponde aos caracteres tipográficos de corpo 4 e 5. (port. Bras.) Miçanga.
MISSIVA – Carta, epístola. Bilhete, postal • Escrito.
MISTILÍNEO – Ornamento em que uma parte é formada por linhas curvas e outra por linhas rectas.
MISTO – Diz-se do ornamento usado na decoração de livros, tanto manuscritos como impressos, que contém tanto elementos retirados do mundo zoomórfico ou animal, como do mundo vegetal ou fitomórfico.
MITACISMO – Repetição abusiva da letra *m* em muitas palavras de uma mesma frase.
MITIFICAÇÃO – Acto ou efeito de mitificar.
MITIFICADO – Diz-se daquilo que se tornou num mito, através da atribuição de qualidades exageradas.
MITIFICAR – Tornar mítico ou fabuloso, inserir algo ou alguma coisa num universo de fantasia e imaginação. Converter em mito.
MITISMO – Ciência dos mitos • Interesse por tudo o que é maravilhoso.
MITO – Narrativa de acontecimentos fantasiosos compostos à volta de personagens imaginárias e de forças da natureza, escrita com finalidades didácticas • Coisa fabulosa ou tão rara que o parece • Narração ficcional transmitida oralmente na qual os protagonistas são seres mitológicos que, sob forma alegórica, encarnam as forças da natureza e as qualidades humanas. Fábula. Lenda.
MITOGRAFIA – Tratado sobre os mitos.
MITOGRÁFICO – Referente à mitografia.
MITÓGRAFO – Pessoa que estuda, compila e explica mitos.
MITOLOGIA – História dos deuses e heróis imaginários da Antiguidade • Conjunto de fábulas.
MITOLÓGICO – Relativo à mitologia.
MITRAL – Ornamento geométrico mitriforme, isto é, semelhante a uma mitra, usado em encadernação.
MIUDINHO – Designação antiga do carácter de corpo 7.
MIXED-LAYER (pal. ingl.) – Expressão aplicada ao disco óptico de armazenamento, que traduz a circunstância de utilizar de um lado uma camada simples e do outro uma camada dupla de dados.
MM – Abreviatura de milímetro.
MNEMÓNICA – Texto curto, frequentemente em verso e por vezes desprovido de significado imediato, destinado a ser recitado de cor para facilitar a aprendizagem e a memorização de uma regra, uma lista, uma receita, etc.
MNEMÓNICO – Que auxilia a memória • Que se fixa com facilidade.
MNEMOTECNIA – Arte de facilitar a memorização através de meios ou artifícios convencionais. Mnemónica.
MNEMOTÉCNICO – Relativo a mnemotecnia.

MÓ – Instrumento empregado para moer os pigmentos que constituem a base da tinta.
MOAGEM – Acto de moer as substâncias fibrosas que constituem a pasta do papel • Tratamento dado às tintas de impressão, a fim de as reduzir a uma pasta fina; pode ser manual ou mecânico.
MOD. – Abreviatura de moderno, modificado e modificador.
MODA – Em estatística, número ou valor que aparece com maior frequência num conjunto de dados numéricos.
MODALIZAR – Impor modalidades a alguém ou a alguma coisa.
MODELADOR – Instrumento utilizado pelos encadernadores para moldar e dar relevo ao couro das capas.
MODELIZAÇÃO – Construção de um modelo.
MODELO – Todo o trabalho tipográfico cuja confecção é completamente diferente da habitual • Original • Impresso com dizeres relativos a diferentes finalidades, usado em empresas, bancos, repartições, etc. Formulário • Paradigma • Exemplar. Tipo • Exemplo • Em encadernação, volume, etc., que é fornecido com a finalidade de funcionar como amostra, que deverá ser usada para seguir ou imitar o seu estilo • Representação tridimensional de um objecto real ou imaginário no seu tamanho original ou em escala reduzida • Em informática, representação aproximada de um sistema real para estudar o seu comportamento. O modelo refere-se à realidade ou a modos de conceptualização.
MODEM – Em informática, palavra resultante da contracção das palavras MOdulador e DEModulador usada para designar o mecanismo electrónico colocado entre o terminal ou o computador e a linha de transmissão; destina-se a converter dados digitais provenientes de um terminal transmissor num sinal adequado para a transmissão de dados analógicos por uma linha telefónica e para os converter de imediato em dados digitais, a fim de serem aceites por um terminal receptor; pode ser integrado ou exterior ao computador.
MODERNIZAR TEXTO – *Ver* Actualizar texto.

MODIFICAÇÃO DE OBRA – Diz-se da alteração feita pelo autor ou com o seu consentimento na estrutura e/ou apresentação de uma obra, que não afecta a identidade da obra permanecendo esta a mesma, independentemente de ter sido corrigida, aumentada, refundida ou sujeita a mudança de título ou de formato.
MODIFICAÇÃO DE TEXTO – Alteração voluntária que consiste na substituição de palavras ou frases num texto, em supressões de partes do mesmo ou em interpolações, que são adições ao seu conteúdo. Nova forma dada a um texto.
MODIFICADO – Diz-se de um texto ou de uma obra que foi alterado numa nova edição.
MODIFICADOR – Em linguagem documental, designação da palavra que, entre parênteses, se junta a um ponto de acesso com a finalidade de determinar o significado de homónimos.
MODIFICADOR DE IMAGEM – Aparelho parecido com uma câmara usado para reduzir ou aumentar imagens numa ilustração ou cópia de duas dimensões e projectá-las numa chapa dentro do dispositivo. A imagem é copiada ou traçada usando materiais sensíveis à luz.
MODIFICAR UM REGISTO – Introduzir-lhe alterações.
MODILHÃO – Elemento decorativo em forma de S horizontal, que suporta as cornijas e balcões das ordens coríntias e compósita, que corresponde aos mútulos das outras ordens, vulgar em portadas arquitectónicas.
MODISMO – Vocábulo que aparece de um modo distinto durante um certo período de tempo e depois cai no esquecimento • Forma de falar privativa de uma língua, admitida pelo uso, mas contrária às regras gramaticais dessa mesma língua. Idiomatismo. (port. Bras.) Idiotismo.
MODO – Método. Forma. Estilo • Em informática, forma especial de execução de uma determinada função.
MODO DE ACESSO – Em informática, designação habitual para denominar qualquer das técnicas de programação usada para colocar ou encontrar um registo físico de dados numa memória. Método de acesso.
MODO DE AQUISIÇÃO – Em descrição bibliográfica internacional normalizada, registo

da indicação que refere a via pela qual a instituição, serviço, etc. adquiriu a publicação que se descreve; os modos de aquisição mais frequentes são a oferta, a permuta (nacional e internacional), a compra ou a obtenção por via do depósito legal. Aquisição.
MODO DE CONSULTA "GRANDE PÚBLICO" – Modalidade de pesquisa informatizada em bases de dados de texto integral, que se aproxima de uma interrogação em linguagem natural e uma conduta intuitiva.
MODO DE CONSULTA "PERITO" – Modalidade de pesquisa informatizada em bases de dados de texto integral, em que o acesso dos profissionais se baseia no conhecimento bibliográfico dos índices da base, descritores e suas combinações.
MODO DE TRANSMISSÃO – Em informática, método de transporte das informações numa ligação de dados.
MODO DIALOGADO – Em informática, modalidade de tratamento de dados que permite um diálogo entre o sistema informático e o utilizador.
MODO IMAGEM – Representação numérica de um documento considerado como uma imagem e que permite distinguir apenas a forma dos caracteres do texto (modo fotográfico); produz um fac-símile electrónico do documento de base, excluindo qualquer investigação no interior do texto.
MODO TEXTO – Representação numérica de um documento em que cada carácter do texto tem a sua representação única.
MODULAÇÃO – Em informática, processo de variar, alterar ou converter um sinal para fazer com que ele seja compatível com outro.
MODULAÇÃO DE AMPLITUDES – Em informática, sistema de radiotransmissão no qual a amplitude da onda portadora varia de acordo com o sinal da onda acústica que contém a informação. AM.
MODULAÇÃO DE FASE – Em informática, modulagem em que se faz variar a fase original da onda portadora.
MODULADOR – Em informática, aparelho que permite modificar as características de um sinal.
MODULAR – Em informática, modificar as características de um sinal segundo as características de um outro.
MÓDULO – Disciplina ou assunto organizado em unidades limitadas ou em experiências educativas • Tudo aquilo que serve de medida • Em informática, componente lógico de um programa ou unidade associável do equipamento físico *(hardware)*, que é permutável com outras unidades • Subconjunto de um programa destinado a executar um conjunto de funções precisas.
MÓDULO DA LETRA (port. Bras.) – *Ver* Medida da letra.
MÓDULO DE CIRCULAÇÃO – Módulo de empréstimo.
MODUS FACIENDI (loc. lat.) – Maneira de fazer.
MODUS SCRIBENDI (loc. lat.) – Maneira de escrever • Tratados de escrita, didácticos, formando geralmente parte de tratados mais vastos de gramática e de ortografia.
MOFO – Termo adoptado pelos curadores e pessoas que têm a seu cargo fundos documentais, para designar as manifestações fúngicas observadas, não só em papel, mas também em couro, tecido e outros materiais, acompanhadas do cheiro característico que emana da documentação guardada em condições deficientes de armazenamento em locais húmidos e pouco arejados.
MOINHO DE PAPEL – Fábrica antiga de papel onde se produzia o papel de tina. Engenho de papel.
MOINHO DE PASTA – *Ver* Desfibrador de cadeias.
MOINHO PARA TINTA – Aparelho constituído por cilindros de aço usado nas máquinas de tintas para impressão, para as moer e tornar mais homogéneas.
MOIRÉ (port. Bras.) – Interferência óptica indesejável produzida por sobreposição dos pontos de uma retícula.
MOIRÉE (pal. fr.) – Tecido de seda grosso e ondeado furta-cor, destinado a revestir guardas ou encadernações de luxo. Tabi.
MOLA – Aperta-papéis. Clipe.
MOLADA – Quantidade de tinta moída com a moleta de uma só vez.

MOLDADOR – Nas oficinas de galvanotipia, operário que prepara o molde dos clichés ou das composições tipográficas para o banho electrolítico • Aquele que faz moldes para fundição.

MOLDAGEM – Em galvanotipia é a operação que consiste em reproduzir em matéria moldável o calco ou molde do trabalho tipográfico destinado à reprodução por via electrolítica.

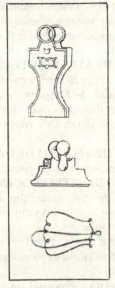

Molas

MOLDAGEM DE SELO – Operação que consiste no fabrico de cópias directas e exactas de modelos previamente definidos, através do uso de cera, borracha, metal ou outro material • Reprodução obtida por este processo.

MOLDAR – Acomodar ao molde • Fazer o molde galvanotípico • Fundir, vasando no molde • Reproduzir integralmente em cavado ou relevo o tipo de um selo segundo processos artesanais e técnicas apropriadas (por exemplo o tratamento electrolítico), recorrendo a materiais tais como a argila, a cera, a borracha, massas de moldar, gesso, resinas diversas, matérias sintéticas, etc.

MOLDE – Modelo oco constituído por diversas partes reunidas, para nele se fundirem peças • Modelo, feito de qualquer substância, pelo qual se talha ou se forma alguma coisa • Impressão negativa de um carácter, linha, página, etc. em que o metal é vertido, para fundir tipos ou lâminas • Instrumento resultante da moldagem que permite reproduzir um objecto respeitando todos os seus relevos • Conjunto de materiais tipográficos dispostos segundo um original • Caixa da matriz para a fundição de caracteres tipográficos • Amostra • Matriz • Original.

MOLDE MANUAL – Aquele que era usado para fundição de letras antes da invenção das máquinas fundidoras.

MOLDE PARA CAPAS – Em cartonagem ou encadernação comercial, é a peça que se obtém colando, nos cantos superiores de um rectângulo de papelão, umas tiras que dão a distância exacta a que devem ficar os cartões que formam a capa.

MOLDURA – Ornato para guarnecer. Cercadura • Em gravura, é o conjunto de tarjas que enquadram qualquer coisa. Guarnição • Conjunto das quatro peças de madeira de forma rectangular que constituem os bordos das formas e nas quais estão ajustados os pontusais no fabrico do papel • Pedaço de cartão ou plástico com uma janela central na qual se insere o microfilme. Caixilho • Comentário editorial constituído por um único parágrafo.

Moldura

MOLDURA ABERTA – Designação do conjunto de ornatos para guarnecer molduras que

843

ocupam as margens superior, exterior e inferior da página do manuscrito ou incunábulo, de modo a formar, com a moldura aberta simétrica da página contígua, uma moldura completa de dupla página.

MOLDURA ARCADA – Muito comum nas iluminuras góticas, é aquela que remata na parte superior com um semicírculo e que enquadra a miniatura, sobretudo em livros de horas, rematando na parte exterior com variados ornamentos e cercaduras de carácter fitomórfico e zoomórfico, onde avultam com frequência elementos heráldicos e outros.

MOLDURA ARQUITECTÓNICA – Ornato para guarnecer, inteiro ou aberto, que reproduz uma estrutura arquitectónica e que envolve o texto manuscrito ou impresso.

MOLDURAR – *Ver* Emoldurar.

MOLETA – Instrumento de pedra usado para moer a tinta de impressão, para misturar muito bem diversas cores, etc. • Em heráldica designa a figura em forma de estrela e vazada ao meio, onde se inscreve o esmalte do campo ou da peça que a roseta carrega; é usado igualmente o termo roseta para designar a mesma peça.

MOLETÃO – Tecido macio de lã ou de algodão usado para o revestimento dos cilindros das máquinas impressoras e, em estereotipia, para substituir o feltro da manta. Baetão. Estofo. (port. Bras.) Moletom.

MOLETOM (port. Bras.) – *Ver* Moletão.

MOLHADOR – Operário que humedecia o papel antes da impressão • Lugar onde era realizada esta operação.

MOLHAGEM – Humedecimento do papel antes da impressão com as antigas máquinas impressoras • Operação que se faz em litografia e que consiste em humedecer a pedra ou o zinco, para impedir a adesão da tinta.

MOLHAR A COMPOSIÇÃO – Deitar água no tipo, com o auxílio de uma esponja, antes de paginar ou de distribuir uma composição.

MOLHAR O PAPEL – Nas antigas máquinas impressoras, humedecer o papel antes da impressão.

MOLINETE – Espécie de roda formada por braços divergentes, que se empunham para movimentar o tórculo calcográfico ou o prelo manual usado em litografia. Cruzeta.

MONITOR – Título de certos jornais. Esta palavra é usada com grande frequência como título de publicação periódica, talvez baseada no seu significado original: o que dá conselhos • Ecrã que permite visualizar o resultado do trabalho de um computador; para os computadores domésticos, o monitor era geralmente constituído pelo televisor familiar; para as aplicações profissionais, um monitor monocromático permite uma melhor definição dos caracteres e uma fadiga visual menor. Visor • Programa do sistema operativo destinado a assegurar o encadeamento das diversas partes de um trabalho.

MONITOR DE ALTA RESOLUÇÃO – Aquele que possui um ecrã com formato A_4 permitindo a fixação de imagens de documentos sem qualquer distorção, dado que o seu índice de resolução é de um *DPI* muito elevado. *Ver DPI*.

MONITOR DE REGISTO DE DADOS – Pessoa que é encarregada da recolha de dados.

MONITOR DE TELEPROCESSAMENTO – Conjunto de programas que asseguram a ligação entre o terminal do utilizador e a rede de teleinformática.

MONITORAR (port. Bras.) – *Ver* Orientar.

MONO – Abreviatura de monotipia • Livro de venda difícil.

MONOBANHO – Processo em que a revelação e fixação da película se fazem numa única solução.

MONOBÍBLIA – Códice arcaico constituído por bifólios que constituem cadernos únicos.

MONOCLE (pal. fr.) – Formato para registos bibliográficos, derivado do formato *MARC* e adoptado em França.

MONOCOLOR – Que tem apenas uma cor • Monocromático. Monócromo.

MONOCOMPOSIÇÃO – Composição monotípica.

MONOCROMÁTICO – Que tem apenas uma cor. Monocrómico. Monócromo. Monocolor.

MONOCRÓMICO – *Ver* Monocromático.

MONÓCROMO – *Ver* Monocromático.

MONOGR. – Abreviatura de monografia *e* monograma.

MONOGRAFIA – Publicação contendo texto e/ou ilustrações apresentados em suporte destinado à leitura visual, completa num único volume de conteúdo unitário ou a ser completada num número determinado de volumes. Publicação monográfica.

MONOGRAFIA CIENTÍFICA – Obra especializada, que tem como objectivo apresentar os resultados obtidos pelo seu autor ou autores numa área concreta da ciência, teórica ou experimental, destacando a relação desses resultados com os conhecimentos existentes no campo científico correspondente no momento em que é publicada.

MONOGRAFIA EM VÁRIOS VOLUMES – Monografia com um número de volumes limitado. Monografia multivolume.

MONOGRAFIA MULTIVOLUME – *Ver* Monografia em vários volumes.

MONOGRÁFICO – Relativo a monografia.

MONOGRAFISTA – Autor de uma monografia. Monógrafo.

MONÓGRAFO – Autor de monografia. Monografista.

MONOGRAMA – Figura emblemática, frequentemente constituída por iniciais entrelaçadas, como se se tratasse de apenas uma letra ornamentada, em geral as primeiras do nome e apelido da pessoa ou instituição; a sua origem vem do facto de se querer dar lugar numa linha a mais uma palavra, para o que se ligavam e encravavam as letras da palavra precedente umas nas outras; daí que os monogramas tivessem tornado a escrita quase indecifrável; os monogramas são por vezes utilizados pelos gravadores para assinar as suas obras, pelos impressores nas suas marcas tipográficas e pelos possuidores de livros para personalizar as suas encadernações ou ex libris; foi sobretudo no Renascimento e no século XVII que sob a forma de monogramas gravados a ouro ou a seco nas pastas das encadernações se ocultavam os nomes dos coleccionadores • Letra, simples e comum ou artificial com que se escrevia um nome ou mais do que um; entre os romanos eram frequentes os monogramas de uma só letra • Espécie de número ou de carácter; os monogramas consideravam-se perfeitos quando englobavam todas as letras de uma palavra e imperfeitos quando continham apenas uma parte dessas letras. Sigla. Pseudónimo. Logótipo.

MONOGRAMA TIPOGRÁFICO – Inicial ou iniciais entrelaçadas ou combinadas do nome ou nomes dos impressores de uma obra, por vezes inseridas em escudos ou medalhões; na paleotipografia estes monogramas apareciam no final do texto subscrevendo os dizeres do cólofon.

MONO-HIERARQUIA – Característica de uma linguagem documental em que cada termo apresenta apenas um termo geral.

Monograma tipográfico

MONOLÍNEA – Máquina compositora e fundidora de linhas-bloco inventada por Wilbur Stephen Scudder em 1892.

MONOLINGUE – Texto ou obra escrito numa só língua.

MONOLINGUISMO – Situação linguística em que uma única língua existe numa mesma comunidade.

MONOLINISTA – Operário que trabalha com a monolínea.

MONÓLOGO – Peça teatral ou cena, regra geral pequena, escrita para ser recitada por uma só pessoa • Discurso de uma pessoa falando para si própria. Solilóquio • Cena dramática na qual um actor que está só ou pensa está-lo, fala com ele próprio • Pequena peça cómica de sociedade.

MONONÍMIA – Em terminologia, relação entre designação e noção, na qual a noção tem uma única designação.

MONOPÓLIO DE IMPRESSÃO – *Ver* Privilégio de impressão.

MONOPROCESSADOR – Nome dado ao computador que possui apenas uma unidade central, o que acontece com a maioria.

MONOPROGRAMAÇÃO – Forma de exploração de um computador pela qual é executado apenas um programa de cada vez em memória central.

MONOSSEMIA – Em terminologia, relação entre designação e noção, na qual uma designação representa uma única noção.

MONOSSERIADO – Que forma uma única série.

MONOSSÍLABO – Palavra que é constituída por uma única sílaba.

MONÓSTICO – Epigrama ou inscrição constituído por um só verso.

MONÓSTROFE – Composição poética constituída apenas por uma estrofe.

MONÓSTROFO – Que tem apenas uma estrofe.

MONOTIPAR – Compor um texto com o monótipo.

MONOTIPIA – Imagem que se obtém por decalque, com pressão, sobre uma pintura feita em papel, porcelana, vidro ou outro suporte antes de secarem as tintas • Designação comercial de um sistema de composição tipográfica (linótipo), que usa fita de papel perfurada à máquina para activar a fundição de caracteres feita um a um numa máquina complementar. Os tipos são dispostos formando linhas justificadas ou como uma família, para compor à mão • Composição obtida por este processo • Lugar onde se trabalha com o monótipo.

MONOTÍPICO – Relativo à monotipia.

MONOTIPISTA – Operário que trabalha com a máquina monótipo.

MONÓTIPO – Nome pelo qual é conhecida a máquina de compor em que a fundição de cada carácter é feita isoladamente; é constituída por dois elementos fundamentais: um, que a partir de um teclado perfura uma faixa de papel e constitui o guia para a fundição e outro, que por meio dessa faixa funde automaticamente o tipo, fornecendo as linhas completamente espaçadas e justificadas • Composição a quente, obtida com esta máquina, que foi inventada em 1887 por Tolbert Lanston.

MONOTIPOPOLICROMIA – Processo de sincronia tipográfica baseado no emprego de um rolo com tintas diversas para a impressão de trabalhos polícromos, numa só tiragem.

MONOTYPE (pal. ingl.) – *Ver* Monótipo.

MONTA-CARGAS – Dispositivo mecânico usado nas bibliotecas, arquivos e serviços de documentação para deslocar material bibliográfico ou outro de uns andares para os outros.

MONTADO – *Ver* Acavalado.

MONTADOR – Tipógrafo que acaba as tabelas feitas na máquina, intercalando os fios necessários, justificando-as, pondo-lhes os títulos, etc. • Operário que monta e prega os clichés em bases de madeira nas oficinas de fotogravura e de estereotipia.

MONTAGEM – Acto ou efeito de montar • Resultado dessa acção • Operação que consiste em fixar num suporte uma estampa ou fotografia • Em heliogravura e fotolitografia, arranjo em páginas num suporte transparente dos negativos ou diapositivos do texto e das ilustrações, correspondendo ao trabalho de paginação em tipografia • Colocação dos fotólitos sobre um suporte para serem depois passados à chapa • Processo de colocação dos elementos constitutivos de uma página, ou seja, dos textos e das imagens, respeitando a maqueta preconcebida, segundo um determinado esquema de imposição.

MONTAGEM DE TEXTOS – Designação da fase final da fabricação de um livro ou jornal antes da impressão, em que já não se trabalha com esboços, mas sim com o material definitivo; após a montagem, cada página segue para a impressão.

MONTANTE – Elemento que separa os espaços e suporta uma das extremidades das tabelas através de peças de madeira ou de metal • Em heráldica, qualquer das peças que está voltada para o chefe do escudo • Em tipografia, montante ou pilastra é cada uma das partes laterais que estão fixas à base do corpo das grandes máquinas de impressão tipográfica, que servem de suporte às peças que constituem a parte sólida do maquinismo e que formam, com o fixe, o esqueleto daquele • (port. Bras.) Diz-se de letra inicial que se projecta acima da linha que ela começa.

MONTAR – Fixar, pregar num suporte um cliché ou um galvano • Em litografia é dar a uma composição, através de tintagens sucessivas, o relevo indispensável para obter uma boa impressão • Pregar pelos rebordos uma zincogravura ou símile-gravura sobre um bloco de madeira • Formar um molde colocando as partes em ordem. Dispor • Formar uma página de jornal ou revista com textos, títulos, anúncios, clichés, etc.

MONTAR A CAIXA – Armar a caixa tipográfica para distribuir letra ou compor.

MONTAR FOTOGRAFIAS – Fixar a fotografia num suporte de qualquer material.

MONTAR UM CLICHÉ – Fixar um cliché ou placa de zincotipia sobre uma base de metal ou de madeira. Montar uma estereotipia.

MONTAR UMA CHAPA – Diz-se do trabalho feito pelo tipógrafo, que consiste em juntar e completar as partes de uma tabela ou outra composição, acrescentando-lhes títulos, brancos, filetes, etc.

MONTAR UMA ESTEREOTIPIA – *Ver* Montar um cliché.

MONTAR UMA TABELA – Juntar e completar as partes de uma tabela acrescentando-lhes título, claros, fios, etc.

MONTRA – *Ver* Vitrina.

MONUMENTO – Diz-se da obra que se impôs pela sua grande qualidade.

MORA – Atribuição de um período de tempo maior para efectuar o pagamento ou a devolução de alguma coisa. Alargamento de prazo. Delonga. Dilação.

MORADA – *Ver* Endereço.

MORALIDADE – Designação usada na Idade Média para a obra dramática • Conceito moral de determinadas obras.

MORDAÇAGEM – Aplicação de um mordente. Mordedura • Acção do ácido nítrico sobre o zinco e do percloreto de ferro sobre o cobre na fotozincografia e na fotogravura. É um termo que designa a mordedura de um ácido em gravura; esta é feita através de um mordente nos lugares onde foi retirado o verniz de protecção por meio do traço feito com o buril. Mordençagem. Mordançagem.

MORDAÇAR – Aplicar um mordente. Mordançar. Mordençar.

MORDANÇAGEM – Forma usada correntemente para mordaçagem, mas imprópria • Mordedura.

MORDANÇAR – Forma imprópria de mordaçar.

MORDEDURA – Em fotogravura, diz-se da acção do metal corroído pelo ácido para deixar em relevo as partes a imprimir. *Ver* Mordaçagem.

MORDENÇAGEM – Forma incorrecta de mordaçagem.

MORDENÇAR – Forma incorrecta de mordaçar.

MORDENTE – Que desgasta. Corrosivo • Verniz espesso que se emprega para dourar com purpurina • Capacidade das tintas e dos corantes para se fixarem mais ou menos profundamente ao suporte sobre o qual são aplicados; por extensão, é a substância introduzida na composição das tintas e corantes, a fim de lhes conferir esta propriedade • Substância que serve para fixar cores e cobrir objectos prontos a dourar • Água-forte com que se preparam as lâminas para as gravuras; são usados como mordente no processo de gravura a água-forte o ácido nítrico, o percloreto de ferro e o mordente holandês • Instrumento com que o tipógrafo marca, no original, as linhas que vai copiando.

MORDENTE HOLANDÊS – Composto de água, clorato de potássio, clorato de sódio e ácido clorídrico puro usado no processo de gravura a água-forte.

MORDER – Corroer pela acção de um mordente • Expor à acção de um aço a chapa que está a gravar-se.

MORDER A FRASQUETA – Diz-se quando, no prelo manual, as margens recortadas da frasqueta atingem uma parte da folha e produzem falhas.

MORDIDO – Imperfeição que aparece num trabalho impresso e que é devida a um alceamento pouco correcto ou a material em mau estado • Falha na margem da página impressa nos prelos manuais antigos, quando uma parte da frasqueta se interpunha entre a forma e o papel.

MORDOBRE – Artifício poético que consiste na repetição, na palavra final de um verso, de uma variante gramatical da última palavra do verso anterior. A palavra mordobre resulta de uma má leitura da palavra mozdobre que, por engano de leitura, no século XIX passou a escrever-se mordobre. Mozdobre.

MORE MAJORUM (loc. lat.) – Segundo o costume dos antepassados. De acordo com os predecessores.

MORFEMA – Nome dado à mais pequena unidade significativa; os morfemas combinam-se para formar palavras.

MORFOLOGIA – Disciplina da linguística que descreve e analisa a estrutura interna das palavras e os seus mecanismos de formação.

MORFOLOGIA DA ESCRITA – Forma característica dos sinais gráficos, independentemente da maneira como estão traçados.

MORFOLOGIA DO LIVRO – Expressão usada para designar as artes constitutivas do livro, a saber: folhas de guarda, anteportada, portada, contra-portada, página de dedicatória, sumário, folhas que dividem os capítulos, o corpo da obra, em bloco ou em colunas, o corpo da letra e sua disposição na página, colocação das notas, apêndices, bibliografia, índices, cólofon, a encadenação e as partes que a integram.

MORIM – Pano branco e fino de algodão usado para consolidar mapas, gravuras, quadros impressos, etc.

MORRINOTIPURGIA – Arte de fabricar caracteres de porcelana para impressão tipográfica.

MORSA – Parte da frente do linótipo onde desliza o primeiro elevador e estão montados as queixadas, o bloco de navalhas, o galeão, etc. (port. Bras.) Tranqueira.

MORTA – Diz-se da publicação que deixou de ser editada. Publicação finda.

MOSAICO – Obra que trata de matérias diversas apresentadas de formas variadas • *Ver* Encadernação em mosaico.

MOSCAS – Termo corrente aplicado aos erros tipográficos feitos em grande quantidade.

MOSQUEADO – Que apresenta manchas escuras semelhantes a moscas. Pintalgado. Salpicado • Em heráldica, designação dada à borboleta quando ela apresenta manchas ou malhas de outro esmalte.

MOSTEIRO – Lugar onde habitam monges ou monjas. Convento. Nos mosteiros, especialmente nos cristãos, proliferou intensamente a produção de códices manuscritos; desde cedo se distinguiram nesse labor os monges benedi-tinos e mais tarde os hieronimitas. Foram centros importantes de produção de códices mosteiros localizados em Verona, Cápua, Bobbio, Montecassino, Lyon, Corbie, Fleury, Saint-Gall, Coria em diversos países europeus; em Portugal foram notáveis nesta produção os *scriptoria* dos mosteiros de Santa Cruz de Coimbra, Lorvão, Alcobaça, Batalha, Arouca, etc.

MOSTRA – *Ver* Exposição.

MOSTRADOR DE INFORMAÇÃO – Numa biblioteca, arquivo, serviço de documentação, etc., escaparate, vitrina, expositor, etc. onde estão afixados dados de referência, orientação ou de outra natureza destinados aos utilizadores do serviço.

MOSTRUÁRIO DE TIPOS – *Ver* Livro de provas.

MOTE – Pensamento que serve de tema a composições poéticas que rematam com ele • Epígrafe colocada em geral no começo de um livro. Divisa. Legenda. Tema. Moto.

MOTEJO – *Ver* Dichote.

MOTETE – Frase, palavra ou expressão de carácter jocoso ou satírico. Gracejo. Dito.

MOTIVAÇÃO – Causa. Razão. A importância deste conceito estende-se principalmente a duas áreas problemáticas para as empresas: primeiro, a compreensão do comportamento dos seus utilizadores finais, quer dizer, o estudo e entendimento das variáveis que influenciam os seus comportamentos de adesão ou fidelização a um serviço, neste caso de biblioteca, arquivo, documentação, etc.; em segundo lugar, o conhecimento dos factores com impacto sobre o desempenho dos trabalhadores que podem comprometer a sua satisfação e por consequência a sua produtividade e nível de serviço ao cliente.

MOTIVAÇÕES – Designação dada às razões que levam os leitores a ler; podem ser conscientes e latentes e destacam-se as seguintes: não ter mais nada para fazer, mudar de ideias, informar-se, instruir-se, distrair-se, etc.

MOTIVO DE CANTO – Ornamento, normalmente um arabesco, desenhado com a finalidade de inscrever-se nos ângulos das pastas da encadernação ou da cercadura das páginas de rosto, geralmente condizendo com o motivo central.

MOTIVO DE INSERÇÃO – Nas miniaturas de códices medievais, é o motivo decorativo colocado de modo a poder perceber-se com rapidez onde termina uma cena e começa uma outra.

MOTO – Divisa. Mote. Epígrafe que é posta pelo artista no começo da sua obra. Lema, palavra aplicada a emblema muitas vezes explicando ou enfatizando o seu valor simbólico • Em heráldica, é uma palavra ou frase colocada numa cartela e aplicada por baixo de um monumento patriótico ou sobre um elmo; pode referir-se ao nome ou feitos do possuidor ou a elementos incluídos nas armas ou pode simplesmente ser constituída por uma expressão piedosa. *Motto*.

MOTO PRÓPRIO – Constituição assinada pelo Papa, datada por calendas e que o soberano pontífice concede por sua própria autoridade; é assinada somente pelo Papa e não apresenta selo especial.

MOTOR DE BUSCA – *Ver* Portal *e* Motor de pesquisa.

MOTOR DE PESQUISA – Na *Internet*, designação do computador cujo papel consiste em recolher os endereços ou *URL* das páginas *Web* e em classificá-los de modo que o utilizador possa ter acesso a eles pelo seu conteúdo • Programa que permite ao utilizador buscar pesquisas de informação na *Internet* por palavras-chave. Motor de busca. *Ver tb.* Portal.

MOTOR TEMÁTICO – Em recuperação da informação em *www*, designação do motor de pesquisa que usa uma base de dados de vectores de termos para calcular o vector da página, que compara com o vector de termos.

MOTTO (pal. ital.) – *Ver* Moto.

MOUSE (pal. ingl.) – *Ver* Rato.

MÓVEL – Diz-se do carácter fundido separadamente e que na composição se junta um a um outro • Movediço • Volante, não fixo • Em heráldica, objecto que se coloca no campo do escudo e que também se designa figura ou peça.

MOVENTE – Em heráldica, diz-se que estão moventes as peças que saem dos bordos ou dos ângulos do escudo e as que saem dos traços das partições para o interior do campo, ficando apenas visível uma parte delas.

MOVIMENTO – Actividade • Números que caracterizam essa actividade • Animação. Vivacidade • Evolução de ideias • Em recuperação da informação, termo que traduz a frequência de utilização, referência ou alteração de um registo num ficheiro principal.

MOZDOBRE – Artifício poético que consiste na repetição, na palavra final de um verso, de uma variante gramatical da última palavra do verso anterior. *Ver* Mordobre.

MPEG – Acrónimo de *Moving Pictures Expert Group*, Grupo de peritos que cria normas e formatos de compressão de imagem para o tratamento do conteúdo de itens multimédia de todos os tipos.

MPEG-4 – Norma de codificação de materiais audiovisuais, que foi criada pelo *Moving Pictures Expert Group*.

MPEG-7 – *Content Representation Standard for Information Search*, Descrição de multimédia para o seu processamento; trata-se de um interface de descrição do conteúdo de itens multimédia (imagens, gráficos, áudio, vídeo) e informação sobre a forma como se encontram combinados numa apresentação multimédia; é uma norma *ISO*, que foi criada pelo *Moving Pictures Expert Group*.

MPU – Monograma da expressão americana *Microprocessor Unit*, Unidade central de um microprocessador.

MRDF – Acrónimo de *Machine-Readable Data File*, Ficheiro de dados legíveis por máquina.

MS./MSS. – Abreviatura de manuscrito(a)/ manuscritos(as).

MSB – Forma abreviada da expressão inglesa *Most significant bit*, bit mais significativo, bit que está colocado mais à esquerda.

MSCTO/A. – Abreviatura de manuscrito(a).

MS-DOS – Sistema de exploração desenvolvido pela Microsoft para os computadores *IBM-PC*; hoje serve de modelo para os aparelhos profissionais de 16 bits (ditos computadores *PC*).

MST. – Forma abreviada de misto.

MTBF – Forma abreviada da expressão inglesa *Mean time between failures*, Tempo médio entre avarias consecutivas de um equipamento.

MUDADEIRA (port. Bras.) – *Ver* Bolandeira.

MUDANÇA DE CABEÇALHO – Substituição de um ponto de acesso de um catálogo por outro, em geral devida a alterações nas regras de catalogação; pode ser feita manual ou informaticamente, neste caso através de um programa especialmente concebido com essa finalidade.

MUDANÇA DE PENA – Ponto do texto onde o escriba retomava o seu trabalho de cópia, após uma interrupção mais ou menos longa; num códice manuscrito de boa qualidade essa mudança é quase imperceptível.

MUDANÇA DE POLARIDADE – Em reprografia, designação dada à circunstância de os tons das imagens das cópias se inverterem de negativo a positivo ou vice-versa.

MUDANÇA DE PUNHO – Ponto de um texto onde a escrita de um copista sucedia à do precedente.

MUDANÇA DE TINTA – Ponto do texto manuscrito onde a tinta muda de intensidade ou de cor, e que corresponde ao momento em que o escriba molhava a pena no tinteiro ou recomeçava o trabalho após uma pausa mais ou menos longa em que a tinta secava ligeiramente ou era refeita.

MUDAR – Trocar ou substituir algumas letras ou palavras da impressão por outras.

MUDÉJAR – *Ver* Encadernação mudéjar.

MUGRE (port. Bras.) – *Ver* Mancha de manuseamento.

MULETA – Palavra ou expressão que ocorre frequentemente num texto, na qual o redactor dele se apoia para obter um efeito mais vivo, mas que é dispensável e que pode ser considerada de mau gosto em termos estilísticos; são sobretudo usadas como muleta as conjunções e as frases feitas. Apoio.

MULTA – Coima. Sanção. Pena pecuniária, aplicada por uma biblioteca, arquivo ou serviço de documentação a um utilizador que infringiu a lei neles vigente, em geral por não devolver a tempo o material que lhe foi emprestado.

MULTA PAUCIS (loc. lat.) – Dizer muita coisa com poucas palavras.

MULTI-AUTOR – De diversos autores.

MULTIBUSCADOR – *Ver* Metapesquisador.

MULTICANALIDADE – Característica de um documento multimédia, que consiste na coexistência de diferentes canais de comunicação apenas num suporte: textos, gráficos, sons, imagens, vídeo, etc.

MULTICÓPIA – Processo através do qual se faz a reprodução de um original em diversas cópias. Policópia • Resultado ou produto obtido através desse processo.

MULTICOPIADO – *Ver* Policopiado.

MULTICOPIADOR – Policopiador.

MULTICOPIAR – Reproduzir um original em várias cópias. Policopiar.

MULTICOPISTA – *Ver* Policopista e Autocopista.

MULTICOR – Que tem muitas cores. Polícromo.

MULTICROMIA – *Ver* Policromia.

MULTICULTURALISMO – Que diz respeito a diversas culturas.

MULTIDIRECCIONALIDADE – Característica de um documento multimédia, que consiste na existência de formas e trilhos de utilização e exploração atribuindo diversidade de sentidos, segundo combina e vincula textos.

MULTIGRAFAR – Reproduzir desenhos, textos, em grande número, sob forma escrita, a partir de uma matriz.

MULTILINGUE – Escrito ou impresso em várias línguas.

MULTILINGUISMO – Uso de duas ou mais línguas por pessoas de uma mesma comunidade linguística.

MULTILINHA – Com várias linhas • Aparelho que permite que as informações referentes a uma mesma comunicação sejam distribuídas por várias linhas de transmissão fisicamente distintas, segundo um determinado processo.

MULTIMÉDIA – Na acepção tradicional, segundo José Afonso Furtado, "é a combinação num mesmo vector de comunicação electrónica de informações e documentos diversos e de diferentes origens, possibilitando, por parte do utilizador uma relação interactiva" • Item composto por duas ou mais categorias de material, como o texto, o som, a imagem e a animação, nenhuma das quais é predominante e que, em geral, se destina a ser usado como

um todo unitário. Designa-se também *kit* • Mistura de áudio, vídeo e dados.
MULTIMÉDIA COM DURAÇÃO TEMPORAL – Documento, regra geral vídeo ou sonoro, cuja duração de reprodução tem de ser especificada num ambiente hipermédia.
MULTIMÍDIA (port. Bras.) – *Ver* Multimédia.
MULTIPERFURAÇÃO – Perfuração dos mesmos dados num jogo de fichas em branco. Perfuração em série.
MULTIPESQUISADOR – *Ver* Metapesquisador.
MÚLTIPLEX – Fluxo de informações que é emitido por um multiplexador.
MULTIPLEXADOR – Mecanismo que permite assegurar uma multiplexagem, tomando vários canais de comunicação de dados e combinando os sinais num único canal de transmissão; usam-se para isso três técnicas principais: divisão de tempo, divisão de frequência e multiplexação estatística.
MULTIPLEXAGEM – Método de gestão de um canal, que possibilita a sua divisão em subcanais.
MULTIPLEXAGEM EM FREQUÊNCIA – Método de gestão de um canal que se limita a uma bateria de modems, em que cada um deles trabalha numa frequência diferente da dos outros.
MULTIPLEXAGEM TEMPORAL – Método de gestão de um canal em que a cada terminal é atribuído todo o recurso durante uma parte do tempo, múltiplo de um intervalo de tempo elementar, proporcional ao débito de cada terminal.
MULTIPLEXAR – Transmitir duas ou mais mensagens ao mesmo tempo por um único canal.
MULTIPLEXOR – *Ver* Multiplexador.
MULTIPLICES (pal. lat.) – Nome dado no Império Romano ao conjunto de várias tabuinhas enceradas unidas lateralmente através de elos ou correias, que era usado para escrever.
MULTIPROCESSADOR – Computador que tem diversas unidades centrais de processamento.
MULTIPROCESSAMENTO – Técnica por meio da qual um computador trata ou executa ao mesmo tempo diversos programas informáticos independentes, mas tendo cada um deles a sua própria posição de armazenamento e a unidade central de processamento interligada.
MULTIPROGRAMAÇÃO – Em informática, forma de exploração de um computador na qual residem em memória diversos programas com vista a uma execução entrelaçada; como os computadores têm muita capacidade de armazenamento podem acomodar mais do que um programa e a informação *input* para eles.
MULTIRREFERENCIALIDADE – Característica de um documento multimédia, que consiste na diversificação e multiplicação de fontes de informação a partir de um determinado tema.
MULTISSEMANAL – Que sai diversas vezes por semana.
MULTISSEMANÁRIO – Publicação, de periodicidade fixa ou irregular, que sai muitas vezes por semana.
MULTISSERIADO – Que se apresenta disposto em várias séries.
MULTISSUPORTE – Diz-se do documento que é apresentado em suportes diversos (papel, filme, banda magnética, etc.).
MULTIVOLUME – Em vários volumes.
MUNDO LITERÁRIO – Expressão usada para designar os homens de letras, os literatos.
MUNDUM (pal. lat.) – Limpo. Asseado • Documento manuscrito definitivo, passado a limpo.
MURAL – Quadro de papel, madeira ou tecido de uso temporário afixado em paredes, destinado a receber comunicados, avisos, anúncios ou notícias.
MURAQQA (pal. tur.) – No Oriente, designação do álbum que se destina à compilação de miniaturas soltas ou exemplares de caligrafia.
MUREX (pal. lat.) – *Ver* Múrice.
MÚRICE – Espécie de molusco gastrópode muito abundante nas costas da Síria, que segrega uma substância vermelho-escura que servia para tingir tecidos, que adquiriam um tom vermelho, levemente arroxeado ou púrpura; era usado igualmente para tingir os pergaminhos sobre os quais se escrevia com tinta de ouro ou prata, pois uma tinta de outra cor ficaria pouco visível; a esta escrita dá-se o nome de crisografia • Cor púrpura. *Murex*.
MÚS. – Abreviatura de música.

MUSEIFICAÇÃO – Atitude em relação a uma obra, que leva a considerá-la como uma peça de museu.
MUSEOGRAFIA – Designam-se sob esta palavra as técnicas de identificação e descrição de documentos conservados em museus.
MUSEOLOGIA – Teoria, actividades e técnicas relativas à organização e gestão de museus, assim como à aplicação de legislação sobre as mesmas.
MUSEU – Colecção de documentos de interesse científico ou cultural conservada de forma permanente e que pode estar patente ao público • Organismo encarregado de reunir, conservar e expor documentos de valor • Edifício destinado a este fim.
MUSEU DE ARQUIVO – Exposição permanente organizada num serviço de arquivo, que é composta principalmente por documentos de arquivo seleccionados com fins culturais e por vezes pedagógicos.
MUSEU DO LIVRO – Exposição permanente levada a cabo num serviço de biblioteca, composta por livros manuscritos e/ou impressos seleccionados com fins culturais e pedagógicos.
MUSGO DA ISLÂNDIA – Substância vegetal usada, tal como a goma de adraganto, na preparação do banho gelatinoso para marmorização, na fotografia e na indústria do papel.

MÚSICA – Diz-se da escrita e composição musical ou da sua impressão.
MÚSICA MANUSCRITA – Obra original escrita à mão com sinais gráficos destinados a representar sons; estes sinais variam consoante o sistema de notação adoptado e servem, tanto para fixar a entoação dos sons segundo a sua posição na pauta, como para lhes atribuir um determinado valor ou duração.
MUSSELINA – Tecido de algodão de textura muito leve e transparente utilizado no restauro de documentos.
MUTATIS MUTANDIS (loc. lat.) – Mudando o que deve ser mudado ou alterado para a sua actualização.
MUTATO NOMINE (loc. lat.) – Com o nome mudado. Com outro nome. Por outras palavras.
MUTILAÇÃO – Amputação de parte de uma obra devida a catástrofes, incúria, selvajaria ou intencionalmente, para a fazer desaparecer. Corte. Supressão.
MUTILAÇÃO INTENCIONAL – Destruição voluntária, por corte, amputação ou ocultação do todo ou parte de um texto, por motivos de censura, por razões de depreciação do seu merecimento ou outras.
MUTILADO – Diz-se de um manuscrito, livro impresso ou documento ao qual foi amputada uma parte.
MUTILAR – Eliminar parte de um texto ou obra. Truncar. Suprimir. Amputar.

N

N – Letra do alfabeto latino e do de quase todas as línguas antigas e modernas • O tipo que na impressão reproduz essa letra • Nas máquinas fundidoras é a matriz que dá esse carácter • Punção com que se grava essa matriz • Assinatura correspondente ao décimo terceiro caderno de um volume, quando se usam letras para tal fim • Décima quarta chamada de nota, se se usarem letras em lugar de números ou sinais • Letra numeral com o valor de 90 ou de 900; no caso de ser plicada valia 9000.

N. – Abreviatura de nota *e* negrita.

N. B. – *Ver Nota bene.*

N. D. – Abreviatura de nota da Direcção.

N. D. R. – Abreviatura de nota da Redacção. N. R., N. da R.

N. DA R. – Abreviatura de nota da Redacção.

N. DE A. – Abreviatura de nota de autor.

N. DE COMPIL. – Abreviatura de nota de compilador.

N. DE ED. – Abreviatura de nota de editor.

N. DE T. – Abreviatura de nota de tradutor.

N. L. – Abreviatura da loc. lat. *non liquet*, não está claro.

N. P. – Abreviatura de Norma Portuguesa. NP.

N. R. – Abreviatura de nota da Redacção. N. D. R., N. da R.

N. S. – Abreviatura de Nosso Senhor (falando de Jesus Cristo) • Abreviatura de nova série.

N. T. – Abreviatura de Novo Testamento.

N. V. – Abreviatura da loc. lat. *ne varietur*.

NA PRENSA – No prelo. Em processo de impressão.

NAC. – Abreviatura de nacional.

NACIONAL – Diz-se da notícia referente ao país em que é editada a publicação.

NACIONALIZAR – Transferir para o Estado ou para um estabelecimento público a propriedade de um bem que pertencia a um particular.

NAG – Sigla de *National Acquisitions Group*, Associação Nacional para Aquisições, associação de bibliotecas britânicas que visa a defesa dos seus interesses face à política de preços dos distribuidores de livros e documentos informativos.

NAIPE – Sinal gráfico pelo qual se distinguem as cartas de cada um dos quatro grupos de um baralho de cartas • Cada um desses grupos.

NANO-SEGUNDO – Velocidade com a qual alguns computadores recebem e executam instruções; corresponde a uma milésima de micro--segundo ou mil-milionésima de segundo.

NANQUIM – *Ver* Tinta da China.

NÃO – Operador booleano para exprimir a exclusão; é usado na recuperação da informação para excluir os registos nos quais aparece a palavra ou frase que é antecedida de NÃO. *Not.*

NÃO APARADO – Diz-se a propósito de um exemplar de livro ou documento cujas folhas não estão cortadas pela guilhotina do encadernador; as folhas de um livro não aparado são, portanto, em princípio, do seu tamanho original. Intonso.

NÃO-CLIENTE – *Ver* Não-leitor.

NÃO-CONTRADIÇÃO – Condição da coerência de um texto, que assenta na ideia de que o mundo textual tem de ser compatível com o mundo que o texto representa.

NÃO-DESCRITOR – Em indexação, termo preterido na representação dos conceitos contidos num documento; é alvo de uma remissão para a rubrica seleccionada como descritor. Num tesauro é também designado termo equivalente e termo não preferencial.

NÃO JUSTIFICADO – Diz-se de um texto que não se encontra alinhado, por forma a que todas as linhas terminem em posição diferente. Não alinhado.

NÃO-LEITOR – Analfabeto. Pessoa que, embora sabendo ler, não convive frequentemente com livros, não tem hábitos de leitura ou lê de forma esporádica ou como uma actividade pouco significativa • Aquele que recusa o acto de ler. Que responde negativamente às solicitações para ler, seja qual for a sua origem.

NÃO LINEAR – Diz-se de um documento que contém ligações de hipertexto, que dão ao leitor a possibilidade de ver outros textos, ilustrações, etc., que são relacionados com o documento original.

NÃO-LIVRO – *Ver* Material não-livro.

NÃO-PALAVRA – Palavra que não é formada segundo os princípios que regulam a morfologia, a ortografia ou a fonologia de uma determinada língua e que, por isso, é rejeitada pelos leitores e falantes dessa língua.

NÃO TEXTUAL – Que não é texto.

NÃO-UTILIZADOR – Pessoa que não faz uso de materiais bibliográficos, materiais não-livro, etc. • Pessoa que não frequenta bibliotecas, arquivos, serviços de documentação, etc., com a finalidade de utilizar os fundos neles existentes. Não-cliente.

NARIZ – Pequena peça bicuda da fundidora monótipo aparafusada na extremidade do canal da bomba, para entrar na parte inferior do molde e por onde sai o chumbo no momento de fundir a letra; esta peça toma também esse nome em outras máquinas fundidoras. Boquilha.

NARIZ DE CERA – Termo da gíria jornalística que designa a abertura de texto de uma notícia que se perde em divagações e comentários genéricos.

NARRAÇÃO – Acto ou efeito de narrar. Exposição verbal ou escrita de um conjunto de factos. Descrição • Parte do discurso em que se expõem os factos que lhe servem de tema. Narrativa. Relato. Relação.

NARRADOR – O que refere • O que narra ou descreve • O que conta histórias • Relator.

NARRADOR AMBÍGUO – Diz-se que é ambíguo o narrador que conta a história mas não se percebe muito bem se está dentro ou fora dela.

NARRADOR NÃO PARTICIPANTE – Diz-se não participante o narrador que é alheio à história que conta, não sendo personagem da mesma.

NARRADOR OMNISCIENTE – Diz-se que é omnisciente o narrador que sabe tudo sobre as personagens intervenientes numa história, ao ponto de ler até o seu pensamento.

NARRADOR PARTICIPANTE – Diz-se narrador participante aquele que assume a identidade de uma personagem dentro do enredo de uma narrativa.

NARRAR – Descrever, contar uma história ou relatar um sucesso. Expor. Enumerar.

NARRATÁRIO – Destinatário intratextual; trata-se de uma entidade fictícia, com existência apenas textual, dependente do narrador que se lhe dirige de um modo expresso ou tácito. Leitor.

NARRATIO (pal. lat.) – Parte do texto de um documento na qual estão justificadas as circunstâncias da ordem que motivou o acto, as suas razões, eventualmente os seus antecedentes. Acção de narrar. Narração. Narrativa.

NARRATIVA – Exposição escrita ou oral de determinados acontecimentos e episódios. Acto ou efeito de narrar. Narração • Género literário escrito em prosa que compreende a novela e o conto. Conto, história.

NARRATIVA DE VIAGEM – Aquela que é feita a partir de apontamentos tirados durante um percurso, em que se registam impressões vividas, geralmente povoadas de divagações agradáveis, abordando universos e vivências inéditos.

NARRATIVA FANTÁSTICA – Aquela que aborda situações que se desenvolvem num mundo de fantasia e irrealidade, destinados a exaltar a imaginação.

NARRATIVA UNITÁRIA – Aquela que deixa entrever uma redacção sem interrupções.

NARRATIVO – Referente à narração.

NAS BANCAS – Expressão que significa que um livro ou outra publicação acabam de ser postos à venda.
NASCENTE – Termo usado em heráldica para designar o animal posto no campo e figurando somente na sua metade anterior.
NASKHI (pal. ár.) – Caligrafia árabe mais corrente, que é mais fina e cursiva que a escrita cúfica.
NASTALIQ (pal. per.) – Elegante caligrafia persa do século XIV de linhas horizontais sinuosas e traços oblíquos, que é uma variante do *naskhi* e que, depois desta data, é comum à maioria dos manuscritos persas.
NASTROS – *Ver* Cadarços.
NATIONAL ACQUISITIONS GROUP (loc. ingl.) – Associação Nacional para Aquisições, associação de bibliotecas britânicas que visa a defesa dos seus interesses face à política de preços dos distribuidores de livros e documentos informativos. *NAG*.
NATIONAL PROGRAM FOR ACQUISITONS AND CATALOGUING (loc. ingl.) – Programa Nacional para as Aquisições e a Catalogação. *NPAC*.
NATIONAL SERIALS DATA PROGRAM (loc. ingl.) – Programa Nacional da informação sobre publicações em série. *NSDP*.
NATIONAL STANDARDS ORGANIZATION (loc. ingl.) – Organização de normalização existente nos Estados Unidos da América na área da informática e das telecomunicações. *NISO*. *Ver tb. American National Standard Institut*.
NATURALISMO – Corrente estético-literária que conduz a ciência para o plano da obra de arte que, por sua vez, se transforma em processo de demonstração de teses científicas; seguiu-se ao Romantismo.
NATUREZA DIPLOMÁTICA DO SELO – Qualificação do selo quanto ao seu emprego, no que respeita aos documentos diplomáticos, tendo em conta as regras em uso nas chancelarias e administrações.
NATUREZA JURÍDICA DO SELO – Qualificação do selo quanto ao seu valor para conceder autenticidade ao conteúdo do acto, tendo em conta o direito em vigor.
NAVALHA – Faca que na guilhotina corta o monte de papel • Lâmina afiada que, no linótipo, apara o lingote à saída da linha, para deixá-lo no corpo e altura necessários • Designação de várias peças que servem para cortar, alisar caracteres e lingotes ou partir fios e entrelinhas na medida adequada.
NAVEGAÇÃO – Termo da linguagem informática que traduz a acção ou o efeito de circular no oceano de informações que as redes informáticas permitem.
NAVEGADOR – Utilizador da *Internet*. Internauta.
NE VARIETUR (loc. lat.) – Para que não varie • Para que não seja alterado; expressão que, em bibliografia, refere edições rigorosamente conformes ao original. *Ver* Edição *ne varietur*.
NECESSIDADE DE INFORMAÇÃO – Exigências de informação necessárias à realização de determinada tarefa.
NECESSIDADE INFORMATIVA – Expressão que designa o conjunto de questões às quais os serviços de uma biblioteca, arquivo ou serviço de documentação e seus materiais tentam responder.
NECESSIDADES DO UTILIZADOR – Expressão usada para referir o conjunto de serviços indispensáveis ou outros, que poderão ser precisos a quem utiliza os serviços de uma biblioteca, arquivo, serviço de documentação, etc.
NECROLOGIA – Secção do jornal onde são noticiados falecimentos de pessoas • Notícia de obituário. Biografia breve publicada a propósito do falecimento de uma pessoa • Escrito que é dedicado à memória de uma ou diversas pessoas falecidas recentemente.
NECROLÓGICO – Relativo a necrologia.
NECROLÓGIO – Notícia ou artigo, geralmente publicado num jornal, em que se divulga a morte de uma pessoa e se referem alguns dados biográficos da mesma. Obituário • Calendário onde estão inscritos os membros diferentes de uma comunidade monástica, os associados espirituais, benfeitores, etc. dos quais se evoca a memória no ofício do capítulo, no dia do aniversário da sua morte • Livro que contém os nomes, a notícia dos mortos pertencentes a uma comunidade • Discurso ou escrito homenageando a memória de pessoas ilustres mortas recentemente.

NECROLOGISTA – Que ou aquele que escreve necrológios. Necrólogo.
NECRÓLOGO – *Ver* Necrologista.
NEG. – Abreviatura de negativo.
NEGATIVO – Imagem fotográfica em suporte transparente como o filme ou o vidro, na qual está em negro o que no original é branco e vice-versa • Diz-se *em negativo* qualquer letreiro ou gravura em que há inversão do valor dos traços, como no negativo fotográfico, ou seja, as densidades ópticas variam em sentido inverso ao do original • Matriz ou molde usado em galvanotipia para a reprodução de gravuras e textos.
NEGATIVO A MEIO-TOM – Negativo reticulado.
NEGATIVO A TRAÇO – O que se tira sem meios-tons, sem o auxílio da retícula.
NEGATIVO DE CÂMARA – Microforma a partir da qual se realizam duplicados ou cópias intermédias.
NEGATIVO DESTACÁVEL – Aquele que se forma sobre uma chapa de vidro por meio de uma película, a fim de poder ser removido e invertido em contacto com o metal, em fotografia, para que não seja necessário recorrer ao prisma.
NEGATIVO DUPLICADO – Imagem negativa obtida a partir de um original positivo ou negativo através da utilização de um processo por inversão.
NEGATIVO LEGÍVEL – Imagem negativa na qual os tons e não a imagem são inversos dos do original, aquela em que o texto aparece em branco sobre um fundo negro.
NEGATIVO ORIGINAL – Em fotografia, duplicado do negativo de câmara destinado a produzir provas positivas.
NEGATIVO RETICULADO – Aquele que se consegue pela interposição de uma retícula traçada no vidro ou outro material transparente entre a placa sensível e a objectiva; a colocação desta retícula permite a reprodução de originais a meio-tom.
NEGLIGÊNCIA BENIGNA – Ausência de tratamento de conservação de materiais que não são considerados suficientemente importantes para serem tratados.

NEGR. – Abreviatura de negrita usada em tipografia; é também utilizada a abreviatura n.
NEGRITA – Designação atribuída aos caracteres maiúsculos e minúsculos do mesmo tamanho que a letra fina, mas de traço mais grosso; a negrita pode ser cursiva ou redonda; é também designada por egípcia. Letra negrita. Negrito.
NEGRITA DE TRAÇOS GROSSOS – Negrita que combina traços demasiado finos com traços demasiado grossos.
NEGRITO – *Ver* Negrita.
NEGRO – Carácter de tipo mais espesso do que os de tipo comum; diz-se a propósito de tipos, fios ou vinhetas. Preto • Forma familiar para designar o escritor obscuro que escreve obras que são assinadas por um autor célebre.
NEGRO-DE-CARVÃO – Designação dada às substâncias de diversa proveniência, cuja coloração é devida à presença de carbono elementar e que constituíram durante largos séculos a base da tinta de escrever.
NEGRO-DE-FUMO – Pó finíssimo que servia de base para fabricar artesanalmente a tinta com que se escrevia nos manuscritos e mais tarde serviu para o fabrico de vernizes e tintas negras de impressão; era obtido pela combustão imperfeita de madeiras resinosas, óleos, alcatrão, etc. Pó-de-sapato.
NEGRO-DE-LÂMPADA – Pigmento negro que se extrai do depósito da combustão de azeite, gordura ou hidrocarbonetos líquidos e sólidos e que fazia parte dos elementos constitutivos da tinta de escrever medieval.
NEGRO-DE-RESINA – Pigmento negro obtido a partir da combustão de raízes de coníferas ou da calcinação da colofónia.
NEGROS – Numa gravura, são as partes escuras ou muito sombreadas.
NEOCLASSICISMO – Movimento literário que pretende restaurar e reabilitar os géneros, as formas, as técnicas e a expressão do classicismo.
NEOGRAFIA – Maneira nova de escrever as palavras respeitando a sua etimologia. Novo sistema de ortografia. Ortografia nova.
NEOGRAFISMO – Conjunto das regras ou princípios básicos que regem a neografia.

NEÓGRAFO – Aquele que defende ou pratica uma ortografia nova.
NEOGRAVURA – *Ver* Rotogravura.
NEOLATIM – *Ver* Latim científico.
NEOLOGIA – Criação de novas palavras ou de novas acepções para palavras já existentes.
NEOLOGISMO – Palavra, frase ou expressão de formação recente numa determinada língua ou acepção nova de uma palavra já existente. Neologia.
NEOLOGISTA – Aquele que emprega muitos neologismos. Neólogo.
NEÓLOGO – *Ver* Neologista.
NEO-ORIGINAL – Documento que tende a fazer a reprodução exacta do original perdido e que usualmente é produzido pela entidade que produziu também o original.
NEOXILOGRAFIA – Termo usado para designar os processos de gravura semelhantes à xilografia; a diferença reside no material básico utilizado: o couro, o cartão, o celulóide, o linóleo (linoleografia), etc.
NERVO FALSO – Saliência na lombada do livro serrotado, que se obtém colando por baixo da pele tiras de papelão ou pedaços de cordão para imitar o relevo que seria produzido pelos nervos verdadeiros.
NERVOS DE ENCADERNAÇÃO – Cordas de nervos de boi, couro, tripa enrolada (no livro antigo) ou fio de linho com as quais as secções de um livro estão cosidas quando não inseridas nas fendas serrotadas da lombada; a estas cordas da encadernação correspondem no lombo ou dorso saliências que têm o nome de nervos, que é retirado do material primitivo que cumpria esta função • Saliências na lombada de certos volumes encadernados.
NERVURA – Originalmente, pontos em relevo na lombada formando parte da costura com o material de revestimento moldado à sua volta. Hoje em dia as nervuras na lombada são geralmente falsas, visto que a maioria dos livros tem lombada oca. Nervo.
NET FREE (loc. ingl.) – *Ver* Freenet.
NETSCAPE (pal. ingl.) – Designação do *browser* da empresa *Netscape*.
NETWORK (pal. ingl.) – Em biblioteconomia e ciências da informação, um grupo de bibliotecas e/ou pontos de serviço de informação ligados com a finalidade de satisfazer necessidades específicas, que podem ser a permuta de informação catalográfica ou outras.
NETWORK EDITORIAL (loc. ingl.) – Redes de editoras, com parceiros do mesmo país ou de países diferentes, criadas como resposta ao processo de concentração de empresas do sector editorial surgido nos anos oitenta do século XX.
NETWORKED INFORMATION RESOURCES (loc. ingl.) – Recursos de informação em rede; é também usado o acrónimo *NIRs*.
NETWORKING (pal. ingl.) – Termo originário da informática cuja aplicação se estendeu à estrutura de algumas organizações caracterizadas pela partilha de recursos e conhecimento entre indivíduos localizados em todo o mundo.
NEUMA – Cada um dos sinais que, na primitiva notação musical, se referiam às sílabas cantadas ou, de modo geral, dando uma indicação aproximada do desenho melódico ou do modo de o interpretar; estes sinais são variáveis consoante as escolas de origem.
NEUMA LOSANGULAR – Aquele que se apresenta sob forma de losango.
NEUMA QUADRANGULAR – Aquele que se apresenta sob forma de quadrado.
NEUTRALIZAÇÃO DA ACIDEZ – Sinónimo de desacidificação ou eliminação da acidez de um material através da aplicação de um produto químico alcalino; é um tratamento de conservação que age quimicamente para estabilizar o papel contra a deterioração ácida; envolve ácidos neutralizantes presentes no papel e compensador para deixar uma reserva alcalina para o preservar contra futuros ataques de ácidos, especialmente dos da poluição atmosférica; os parâmetros comuns ao papel tratado são: um pH de 8,5º e uma reserva alcalina de 2-3%; a desacidificação não fortalece o papel já enfraquecido. Há uma grande variedade de métodos usados para accionar a neutralização, incluindo métodos aquosos e não aquosos, quando o agente de desacidificação é aplicado por imersão, escovagem ou *spray*, assim como métodos de desacidificação aplicados a uma quantidade de livros numa câmara de vácuo.

NEUTRALIZADOR – Aparelho utilizado em máquinas de impressão para fazer desaparecer a electricidade estática que, por vezes, dificulta uma correcta separação das folhas • Substância que tem capacidade para levar uma solução ao ponto neutro, ou seja, em condições tais que apresenta uma concentração igual de íon-hidróxido e hidrogénio e, por conseguinte, um pH igual a 7.
NEWS (pal. ingl.) – Ver Lista de discussão.
NEWSGROUP (pal. ingl.) – Serviço na *Internet* no qual a informação e mensagens respeitantes a um determinado tema ou temas são disponibilizadas para visualização por utilizadores remotos. *Usenet* • Fórum de discussão onde os participantes lêem e enviam mensagens em linha sobre um determinado assunto. Foro de debate.
NEWSLETTER (pal. ingl.) – Uma ou diversas folhas impressas de notícias, que são enviadas regularmente a um determinado número de pessoas. Ver tb. Boletim informativo.
NEXO – Relação, vínculo, conexão, característica que é indispensável para que uma sequência de frases possa ser considerada um texto. Sentido. Coerência. Ligação.
NEXOS – Ligação das letras manuscritas entre si.
NICA – Risca que se justifica no centro de uma linha, para separar as partes do texto.
NICHO – Concavidade mais ou menos profunda, geralmente semicircular ou mesmo rectangular ou quadrada, aberta na espessura de uma parede ou pilar destinada à colocação de estátuas ou de qualquer outro elemento decorativo • Pequena divisória de tipo arquitectónico, fechada ao alto por um arco, onde se aloja uma figura ou outro elemento iconográfico; é frequente em arranjos de gravuras ou portadas.
NICTOGRAFIA – Arte de escrever sem fazer uso da vista, ou às escuras • Método de escrita para invisuais. Cecografia.
NICTÓGRAFO – Aparelho para escrever sem o auxílio da vista ou no escuro • Máquina de escrever para uso de invisuais, inventada por Julien Leroy em 1817. Ver Cecógrafo.
NIDUS (pal. lat.) – Em sentido literal, ninho; era o nome que se dava antigamente aos pequenos compartimentos de madeira colocados junto às paredes da biblioteca onde se guardavam os rolos de pergaminho. Receptáculo.
NIELO – Esmalte preto. Nigelo.
NIGELA – Ornato com motivos de metal • Obra de ourivesaria na qual se preenchem com esmalte preto os entalhes de uma gravura em ouro, prata ou outro metal; algumas encadernações de ourivesaria apresentam este tipo de trabalho. Nigelo • Prova em papel deste tipo de obra, que se tira antes da aplicação do esmalte.
NIGELADOR – Aquele que ornamenta com nigelas.
NIGELAR – Ornamentar com nigelas. Gravar fundo, enchendo os traços com esmalte preto, no ouro, na prata ou outro metal.
NIHIL OBSTAT (loc. lat.) – Nada impede. Nada obsta. Fórmula utilizada pela censura eclesiástica para autorizar a impressão de um texto; era a palavra colocada nos manuscritos destinados à impressão, depois de devidamente examinados, impressa posteriormente no verso do rosto ou anterrosto, atestando, assim, que a impressão da obra fora autorizada pelo poder, geralmente o religioso; podia ser igualmente utilizada a expressão *imprimatur*. Aprovação. Autorização para imprimir.
NIMBADO – Que apresenta uma auréola ou nimbo à volta da cabeça, elemento comum na representação da Virgem Maria ou dos santos. Aureolado.
NIMBAR – Rodear, adornar com auréola. Aureolar.
NIMBO – Auréola, círculo luminoso que circunda a cabeça de Deus, da Virgem Maria ou dos santos nas gravuras ou imagens. Halo. Glória. Resplendor.
NINHO DE VESPA – Nome dado à matéria-prima fibrosa de fraca qualidade que foi usada no fabrico do papel; teve como consequência prática a acidificação e o seu uso permitiu comprovar a possibilidade da utilização da madeira como matéria-prima.
NÍQUEL – Metal usado em galvanotipia e estereotipia para o revestimento electrolítico de clichés, aos quais confere mais durabilidade; é utilizado também em litografia como substituto do alumínio ou do zinco, dando origem à niquelografia.

NIQUELAGEM – Processo de galvanostegia que consiste em revestir uma estereotipia ou galvano comum com uma fina camada de níquel; desta forma aumenta-se o seu grau de resistência às grandes tiragens e à acção corrosiva da tinta.

NIQUELOGRAFIA – Processo litográfico no qual a pedra é substituída por uma fina placa de níquel, que serve de suporte ao trabalho de gravura.

NIQUELTIPIA – Designação do processo especial de galvanotipia no qual o níquel substitui o cobre.

NIQUELTIPO – Cliché obtido por niqueltipia.

NIRs – Acrónimo de *Networked Information Resources*, Recursos de informação em rede.

NISABA – Deusa protectora dos escribas da Mesopotâmia; o seu símbolo era o estilete.

NÍVEIS DE INTEGRAÇÃO – Em classificação, teoria que se fundamenta no facto de existir uma ordem evidente de desenvolvimento, que supõe uma marcha desde a organização simples para um nível elevado de complexidade, razão pela qual os assuntos podem dividir-se em categorias segundo a sua complexidade e classificá-las por ordem ascendente.

NÍVEL DA MENSAGEM – *Ver* Nível do conteúdo.

NÍVEL DE DESCRIÇÃO – Grau de detalhe bibliográfico usado na elaboração de registos para um catálogo, determinado pelo número de elementos informativos eleitos para serem incluídos na descrição bibliográfica • Em arquivística é o grau equivalente à classificação intelectual dos documentos a descrever e que corresponde ao fundo, à série, ao dossiê ou à peça documental.

NÍVEL DE ILETRISMO – Forma usada para designar o grau de analfabetismo de uma determinada pessoa, grupo, etc. tomando em linha de conta as dificuldades de leitura e de escrita e a incapacidade de as usar de forma conveniente.

NÍVEL DE ILUMINAÇÃO – Quantidade de luz que incide sobre os documentos; o grau de iluminação máximo tolerável para documentos gráficos é de 50 lux, valor que nunca deve ser excedido e só deve ser usado durante curtos espaços de tempo para as peças mais delicadas.

NÍVEL DE INFORMAÇÃO DA DESCRIÇÃO – Em arquivística é o número de elementos de descrição que deve compreender um registo descritivo.

NÍVEL DE LEITURA – Plano de compreensão que pode ser considerado na codificação de uma mensagem.

NÍVEL DE SACIEDADE – *Ver* Ponto de saturação.

NÍVEL DO CONTEÚDO – Grau do processamento documental que incide sobre a mensagem veiculada no documento. Nível da mensagem.

NÍVEL ESCRITO DA LITERATURA DE IDEIAS – Nível exigente usado em ensaios, artigos, crónicas, editoriais, etc.

NÍVEL ESCRITO EXIGENTE – Nível da língua que engloba os níveis escritos da literatura de ideias, exigente das belas letras em prosa, exigente de expressão poética.

NÍVEL ESCRITO EXIGENTE DAS BELAS-LETRAS EM PROSA – Nível exigente usado em contos, novelas, romances, etc.

NÍVEL ESCRITO EXIGENTE DE EXPRESSÃO POÉTICA – Nível escrito exigente usado em textos de prosa poética e poesia.

NÍVEL ESCRITO PRÁTICO DE ACTIVIDADE – Nível de língua usado em cartas administrativas, cartas *negotiales*, actas, relatórios, notícias, reportagens, etc.

NÍVEL ESCRITO PRÁTICO DESCUIDADO – Nível de língua usado em escritos de pessoas com pouca instrução.

NÍVEL ESCRITO PRÁTICO FAMILIAR – Nível de língua usado em notas pessoais, memorandos, diários, etc.

NÍVEL FÍSICO – Nível de processamento documental que incide no suporte físico do documento.

NÍVEL FORMAL – Nível do processamento documental que incide sobre os dados exteriores do documento.

NIVELAMENTO – Alceamento da forma; faz-se colando tiras de papel e cartolina na parte inferior desta, para levantar os tipos e as gravuras que estejam mais baixos do que a altura normal • Processo de restauro de documentos que consiste em eliminar dobras, regras ou quebras da fibra do papel ou outro suporte, através da pressão ou vapor, após prévia humidificação. Planificação.

Nº – Abreviatura de número.

NÓ – Numa rede, ponto ou união de ligações de comunicações, como uma estação de rede, um terminal ou um computador de comunicações • Ponto de partida de dois ramos num diagrama em árvore • Parte componente de um documento digital. Secção.

NÓ DE TECEDEIRA – Modo especial de o encadernador enlaçar o cordão da costura, no momento do remate. Nó de tecelão.

NÓ DE TECELÃO – *Ver* Nó de tecedeira.

NÓ DE TIPÓGRAFO – Designação atribuída a um modo especial de enrolar o barbante tirado da chapa ou da forma tipográfica, para conservá-lo para uma nova utilização.

NO PAPEL – Em projecto.

NO PRELO – Expressão usada para significar que o documento ao qual se aplica está em fase de impressão, está prestes a ser publicado e dentro de pouco tempo estará disponível no mercado. Na prensa.

NÓ VOCÁLICO – Parte da sílaba composta por uma vogal ou ditongo e que concentra, em geral, a maior parte da sua energia total.

NOA – *Ver* Nona.

NOBACULA (pal. lat.) – Faca destinada a desembaraçar o pergaminho das suas impurezas.

NOBILIÁRIO – Registo pormenorizado das famílias nobres de um país; também conhecidos como Livros de linhagem, os nobiliários portugueses mais célebres são: o *Livro Velho (ou Antigo)*, de meados do século XIV, um fragmento de outro nobiliário ainda mais antigo, um fragmento encadernado com o *Cancioneiro da Ajuda* e o *Nobiliário do Conde D. Pedro*. São obras fundamentais para o estudo da vida medieval portuguesa.

NOBILIARISTA – Aquele que é versado em nobiliários.

NOBILIARQUIA – Tratado das origens e tradições das famílias nobres.

NOÇÃO – Unidade do pensamento expressa em geral por um termo ou por um símbolo literal ou outro; as noções podem ser a representação mental não só de seres ou de coisas (expressas por substantivos), mas também, num sentido mais lato, de qualidades (expressas por adjectivos ou substantivos), de acções (expressas por verbos ou substantivos) e até de localização de situações ou de relações (expressas por advérbios, preposições, conjunções ou substantivos) • Conceito • Conhecimento • Ideia • Informação.

NOÇÃO COORDENADA – Aquela que se situa ao mesmo nível de uma ou várias noções, num sistema de tipo hierárquico.

NOÇÃO EMPRESTADA – Noção usada com frequência no domínio em questão, mas pertencente originariamente a um outro domínio.

NOÇÃO PRÓPRIA DO DOMÍNIO EM QUESTÃO – Noção que pertence originalmente ao domínio considerado.

NOÇÃO QUE ULTRAPASSA O ÂMBITO – Aquela que pertence a um sector mais lato que o sector em questão e do qual este faz parte.

NOÇÃO SUBORDINADA – Num sistema de tipo hierárquico, noção que pode ser agrupada com uma ou mais noções do mesmo nível, para formar uma noção de nível superior.

NOÇÕES – Obra abreviada contendo as partes essenciais de uma ciência ou arte • Manual • Rudimentos • Luzes. Ideias. *Ver* Elementos.

NOCTURNAL – Livro que contém apenas o ofício litúrgico da noite. Nocturno.

NOCTURNO – *Ver* Nocturnal.

NOLI ME TANGERE (loc. lat.) – Não me toques, frase que Cristo terá proferido na sua aparição a Maria Madalena logo após a Ressurreição, significando que ela, que lhe queria beijar os pés, o não deveria tocar; esta frase aparece por vezes colocada numa cartela sobre ou sob a representação • Usa-se também esta expressão para significar a proibição de se tocar nas doutrinas de alguém.

NOM DE PLUME (loc. fr.) – Expressão que designa o nome literário usado por uma determinada pessoa que publica as suas obras sob pseudónimo.

NOME – Palavra ou conjunto de palavras utilizado para designar um ser, um objecto ou uma ideia.

NOME ADOPTADO – *Ver* Nome assumido.

NOME ASSUMIDO – Novo nome tomado para si por uma determinada pessoa (pseudónimo, religioso ou profissional). Nome adoptado.

NOME CIVIL – Em relação a um autor é o nome de identificação, resultado de uma filiação, diferente do nome que a mesma pessoa adopta como pseudónimo literário.

NOME CLÁSSICO GREGO – Designação pela qual são conhecidos os nomes dos escritores gregos da época clássica, como Platão ou Homero.

NOME CLÁSSICO LATINO – Designação atribuída aos nomes dos escritores do tempo da República e do Império Romano.

NOME COMPLETO – Diz-se de um nome próprio cujos elementos são todos mencionados e soletrados.

NOME COMPOSTO – Nome formado por dois ou mais nomes próprios, por vezes ligados por um traço de união, uma conjunção ou uma preposição.

NOME CONVENCIONAL – Designação pela qual é conhecida uma instituição, coisa ou lugar, que é diferente do seu nome real ou oficial.

NOME DA COLECTIVIDADE – Nome do organismo que designa o autor colectivo.

NOME DE BAPTISMO – *Ver* Nome próprio.

NOME DE CONJUNTO DE DADOS – Nome que o suporte lógico informático de certos computadores reconhece como identificador de um determinado ficheiro de dados legíveis por máquina.

NOME DE DOMÍNIO – Endereço electrónico que identifica determinado *site* da *Internet*.

NOME DE FAMÍLIA – *Ver* Apelido.

NOME DE FICHEIRO – Nome composto em geral por um número limitado de caracteres alfanuméricos utilizado para que um computador possa identificar um ficheiro de dados ou um programa.

NOME DE GUERRA – Criptónimo, nome adoptado por uma pessoa quando, por razões diversas, quer ocultar a sua verdadeira identidade.

NOME DE MARCA COMERCIAL – *Ver* Marca de etiqueta.

NOME DE RELIGIÃO – Designação dada ao nome adoptado por uma pessoa, quando ao entrar numa ordem ou congregação religiosa, abandona inteiramente o seu nome secular para adoptar outro, como fazem os capuchinhos, os carmelitas, os passionistas e os membros de outras ordens masculinas e femininas e sob o qual geralmente passa a publicar as obras que elabora a partir desse momento.

NOME GEOGRÁFICO COM VÁRIAS ACEPÇÕES – Aquele que conserva a grafia, embora se refira a realidades diferentes, como por exemplo, *Como* (lago) e *Como* (cidade), *México* (país) e *México* (cidade).

NOME GEOGRÁFICO COMPOSTO – Aquele que é formado por um qualificativo físico genérico e por um nome determinante.

NOME HEBREU – Designação atribuída aos nomes de autores judeus, que viveram antes do século XIX. Nome hebraico.

NOME HELENIZADO – Prática muito comum entre os escritores do Renascimento e dos séculos posteriores, consistia na tradução do seu sobrenome para o grego.

NOME LATINIZADO – Prática muito comum entre os escritores do Renascimento e dos séculos posteriores, consistia na tradução do seu sobrenome para o latim ou na sua latinização.

NOME LITERÁRIO – Aquele que é adoptado por uma determinada pessoa para, sob ele, apresentar a sua obra literária. Pseudónimo.

NOME OFICIAL – Nome legal de uma instituição oficial ou de uma entidade, que não corresponde necessariamente ao que é usado por ela nas suas publicações.

NOME ORIENTAL – Designação geral usada para referir os nomes dos autores árabes e de outros povos, que vivem em países muçulmanos e seguem os seus costumes, como por exemplo os turcos, os persas, etc.

NOME ORIENTAL EUROPEIZADO – Designação dada aos nomes de autores orientais, que são conhecidos nas literaturas ocidentais com adaptações particulares a formas europeias.

NOME POPULAR – Designação simplificada ou abreviada do nome oficial de uma determinada instituição ou organismo, pela qual ele é conhecido frequentemente.

NOME PRÓPRIO – Nome ou parte de nome que individualiza uma pessoa sem a designar como membro de uma determinada família ou grupo; em grande parte das línguas ocidentais antecede o apelido. Nome de baptismo.

NOME SINCOPADO – Pseudónimo em que determinadas letras são substituídas por pontos.

NOMENCLADOR – Pessoa que se dedica à nomenclatura ou classificação das ciências ou artes • Que nomeia ou classifica • Que serve para constituir uma nomenclatura.

NOMENCLAR – Fazer a nomenclatura de.

NOMENCLATURA – Conjunto de vocábulos a definir ou definidos num léxico, num dicionário ou num glossário em que cada um origina uma entrada. A nomenclatura, aparecida com as primeiras civilizações da escrita, na Mesopotâmia no II milénio antes da nossa era, no Egipto cerca de 1750 a. C., foi a primeira forma rudimentar do dicionário • Colecção dos termos técnicos de uma ciência ou arte • Classificação alfabética ou metódica em história natural ou qualquer outra ciência • Terminologia • Lista, catálogo, relação, nómina, inventário • Em lexicologia, conjunto dos itens lexicais que aparecem num dicionário e que formam a lista das unidades de significação seleccionadas e definidas pelo autor.

NOMENCLATURAR – Classificar. Dispor de forma metódica. Fazer a nomenclatura de.

NOMES ALTERADOS – Expressão usada pelos catalogadores para indicar os autores que escreveram sob nomes diferentes dos seus nomes reais: título nobiliárquico, de casamento, assumido (pseudónimo, religioso ou profissional).

NOMES ANTIGOS – Forma corrente para designar os nomes dos autores clássicos gregos e latinos, Idade Média e Renascimento inclusive.

NOMES MODERNOS – Forma corrente para designar os nomes dos autores que exerceram a sua actividade após o Renascimento.

NÓMINA – Oração escrita destinada a livrar de certos males, que se guardava numa pequena bolsa • Lista ou rol de nomes. Nomenclatura.

NOMINA SACRA (loc. lat.) – Abreviaturas de nomes sagrados tais como a forma grega *XPS* de *Christus,* que ocorrem nos manuscritos protocristãos.

NOMINATIVO – Que tem nome. Que denomina • Diz-se do título em que é mencionado o nome do proprietário • Nas línguas que têm casos, é o primeiro caso dos nomes declináveis.

NOMOCÂNONE – Colecção de cânones ou de leis imperiais.

NOMOGRAFIA – Tratado acerca das leis. Nomologia.

NOMOLOGIA – *Ver* Nomografia.

NON LIQUET (loc. lat.) – Tem o sentido de (isso) não está claro; são necessárias mais explicações.

NON NOVA SED NOVE (loc. lat.) – Não são coisas novas, mas de nova maneira; diz-se do escritor que não apresenta ideias novas, mas faz suas as ideias dos outros, apresentando-as a seu gosto.

NONA – Oração da nona hora, uma das horas canónicas. Noa • Uma das horas em que os romanos dividiam o dia e que correspondia às três da tarde • Período do dia que vai das 15 horas às 18 horas • Estrofe de nove versos.

NONAS – No calendário romano antigo, o nono dia antes dos idos; na datação antiga nos meses de Março, Maio, Junho e Outubro, as nonas caíam no dia 7 e nos restantes meses no dia 5 • A segunda das duas partes em que era dividido o mês entre os romanos.

NON-BOOK TEXT (loc. ingl.) – *Ver* Texto não--livro.

NONIONES (pal. lat.) – Nome dado aos cadernos de trinta e seis páginas formados dobrando pelo meio nove folhas de papiro sobrepostas, para a confecção de um códice.

NORMA – Especificação técnica ou outro documento do domínio público preparado com a colaboração e o consenso ou a aprovação geral de todas as partes interessadas, baseada em resultados conjugados da ciência, da tecnologia e da experiência, visando a optimização de benefícios para a comunidade no seu conjunto e aprovada por um organismo para tal juridicamente qualificado a nível regional, nacional ou internacional; a norma é elaborada com os objectivos de simplificar a produção e a distribuição e de assegurar a uniformidade e a

fiabilidade dos produtos fabricados • Fórmula pela qual deve orientar-se qualquer pessoa, coisa, etc. • Lei. Regra. Modelo. Exemplo.
NORMA (pal. lat.) – Em latim significava esquadro; por extensão de sentido, possivelmente ligado à ideia de rigor e exactidão, passa a designar exemplo, lei, modelo, padrão.
NORMA HARMONIZADA – Norma que é elaborada por um organismo de normalização europeu e cujas referências são publicadas no *Jornal Oficial das Comunidades Europeias (JOCE)* (artº 2f) do D. L. nº 228/93 de 22 de Junho.
NORMALIZAÇÃO – Acção ou efeito de normalizar • Regulamentação das dimensões e das qualidades dos aparelhos e produtos, por forma a verificar a sua fabricação e uso • Actividade que conduz à obtenção de soluções para problemas de carácter repetitivo, essencialmente no âmbito da ciência, da tecnologia e da economia, com vista à realização do grau óptimo de organização num determinado domínio; consiste, acima de tudo, na elaboração, publicação e promoção do emprego das normas.
NORMALIZAÇÃO TERMINOLÓGICA – Estabelecimento de normas feitas por um organismo com autoridade para tal, baseado em normas terminológicas, princípios terminológicos e normas técnicas.
NORMALIZAR – Modificar a forma ou grafia de uma palavra, para a fazer obedecer ao uso comum ou a uma regra erudita • Regulamentar • Regularizar • Uniformizar • Tornar normal.
NORMALIZÁVEL – Que pode normalizar-se.
NORMANDO – *Ver* Letra normanda.
NORMAS DE CORRECÇÃO – *Ver* Normas de revisão.
NORMAS DE ENCADERNAÇÃO – Normas sobre materiais e métodos a utilizar na encadernação de documentos. As mais conhecidas são as: *Minimum Specifications for Class "A" Library Binding* (1933), *Standards for Reinforced (Pre-Library-Bound) New Books* (1939), *Minimum Specifications for Lesser Used Materials for Libraries* (1959), *Official Minimum Manufacturing Standards and Specifications for Textbooks* (1965). *Library Binding Institute Standard for Library Binding* (1981).

NORMAS DE REVISÃO – Lista de convenções utilizadas para a preparação do texto antes da impressão definitiva. Normas de correcção.
NORMAS ISO – Conjunto de especificações referentes a diversas temáticas. São editadas pela *International Standards Organization,* Organização internacional de normalização e destinam-se a serem seguidas pelos países membros.
NORMÁTICO – Normativo.
NORMATIVIDADE – Qualidade de normativo.
NORMATIVO – Que tem o valor, a autoridade, a força de norma ou regra. Prescritivo • Que expõe regras de procedimento.
NORMATIZAÇÃO – Acto de tornar normativo.
NORMATIZAR – Dar carácter normativo.
NOT (pal. ingl.) – Não, operador booleano para exprimir a exclusão; é usado na recuperação da informação para excluir os registos nos quais aparece a palavra ou frase que é antecedida de *NOT*.
NOT. – Abreviatura de notícia e notação.
NOT. MUS. – Abreviatura de notação musical.
NOTA – Indicação localizada na parte inferior de uma página, no final de um documento ou de uma parte de um documento, com o fim de precisar, completar, ilustrar ou esclarecer um elemento de informação dado no texto principal. Anotação. Apostila • Informação acrescentada à parte principal da descrição bibliográfica para a tornar mais precisa e/ou completar • Breve comunicação ou exposição escrita • Forma utilizada para divulgar resultados originais em publicações periódicas; é uma espécie de artigo breve, em geral publicado sem sumário • Papel que representa dinheiro e é emitido por um banco emissor. *Ver tb.* Papel-moeda.
NOTA (pal. lat.) – Carácter da escrita, letra • Carta, escrito • Anotação, nota • Marca, sinal, indício • Impressão (em moedas).
NOTA ADMINISTRATIVA – Expressão usada para designar indicações de natureza burocrática, como o número de inventário de uma obra ou documento, número de referência de entradas e outras • Parte da informação

adicional de um registo bibliográfico em que se inserem dados como o número de registo ou inventário do documento ou obra, o número de referência da ficha e outros.

NOTA ANALÍTICA – Anotação, numa entrada analítica, relacionando o trabalho ou parte de um trabalho analisado com o documento bibliográfico que o contém ou o documento analisado com o documento bibliográfico a que pertence.

NOTA BENE (loc. lat.) – Fórmula que significa "repara" e que se usa sob a forma abreviada *N.B.*, constituindo uma observação ou explicação que se agrega a um texto.

NOTA BIBLIOGRÁFICA – Aquela que contém referências a uma ou mais obras que foram utilizadas como fontes para a obtenção de elementos usados na elaboração do trabalho; aparece geralmente em pé de página e faz-se do texto para o documento • Qualquer explicação complementar que se segue à descrição bibliográfica propriamente dita.

NOTA BIOGRÁFICA – Pequeno texto onde se dão a conhecer os dados referentes à biografia de uma pessoa. Perfil biográfico.

NOTA CENTRAL – Aquela que é colocada entre as colunas da mancha tipográfica.

NOTA DE APLICAÇÃO – A que define o significado exacto que deve assumir uma palavra rara, polissémica ou de sentido vago e que é colocada depois de um descritor, num tesauro depois de um cabeçalho de assunto, numa lista de autoridade ou no início de uma rubrica num catálogo alfabético de assuntos.

NOTA DE APRESENTAÇÃO – Tal como o nome indica, destina-se a apresentar a obra ao leitor e nela são muitas vezes justificadas as razões que levaram o autor a tratar o assunto e o modo como o fez.

NOTA DE AQUISIÇÃO – Fórmula, por vezes manuscrita no livro, na qual se inscrevem as circunstâncias de aquisição do mesmo, o preço, etc.

NOTA DE COLECÇÃO – Na notícia catalográfica é a indicação do nome da série de que faz parte a obra que se cataloga; esta informação, geralmente escrita entre parêntesis, vem a seguir à colação.

NOTA DE CONTEÚDO – Anotação que regista, no todo ou em parte, a matéria contida numa obra sempre que se torna necessário destacar partes importantes que não fazem parte do título ou fazer uma descrição do assunto mais completa e pormenorizada do que a que é dada pelo título.

NOTA DE CONTEÚDO PARCIAL – Nota daquilo que está num documento em que se indica apenas uma parte dele.

NOTA DE ENVIO – *Ver* Folha de expedição de remessa.

NOTA DE LEITURA – Informação escrita sobre o conteúdo de uma determinada obra, dada de uma forma rápida. Recensão. Resenha.

NOTA DE NOME COMPLETO – Anotação que em algumas bibliotecas se acrescenta aos registos bibliográficos, da qual constam o nome e os apelidos do autor-pessoa física que, no cabeçalho da entrada principal, aparecem sob uma forma abreviada. Nota de nome e apelido(s).

NOTA DE NOME E APELIDO(S) – *Ver* Nota de nome completo.

NOTA DE NOTA – Complemento de uma nota; coloca-se em caracteres menores do que os da nota, a qual, já por si, é impressa em caracteres mais pequenos do que o texto corrente. Subnota.

NOTA DE ORELHA – Apontamento impresso que, num livro brochado, se encontra localizado na badana; contém geralmente uma resenha biobibliográfica do autor, críticas à obra em apreço e, por vezes, a publicidade respeitante a outras obras da mesma colecção.

NOTA DE PÉ DE PÁGINA – Anotação, geralmente colocada na parte inferior de uma página, que contém a referência de uma ou mais obras ou artigos de publicação periódica, etc., tais como fontes utilizadas para a execução do trabalho ou dados que vêm facilitar a compreensão do texto. Nota infra-paginal. Nota de rodapé. (port. Bras.) Chamada de matéria.

NOTA DE POSSE – *Ver* Marca de posse.

NOTA DE POSSUIDOR – Num texto manuscrito ou impresso, apontamento manuscrito de outra pena que não a do original. Nota de posse. Marca de posse. Pertence; pode assumir outras formas além da manuscrita como é o caso de carimbos, selo branco, ex libris, etc. • Nota de proveniência.

NOTA DE PROVENIÊNCIA – *Ver* Nota de possuidor.

NOTA DE REDACÇÃO – Texto apresentado em geral em publicações periódicas, no princípio ou no fim de uma notícia, que se destina a fornecer esclarecimentos, rectificações, ampliações ou confirmações acerca de factos que já foram divulgados ou que estão directamente relacionados com uma mensagem actual.

NOTA DE RODAPÉ – *Ver* Nota de pé de página.

NOTA DE SÉRIE – Em descrição bibliográfica, elemento que indica o título próprio, título paralelo, complemento do título da série, *ISSN* e numeração dentro da série a que pertence o documento que está a descrever-se.

NOTA DE SERVIÇO – Comunicação escrita enviada por um director ou seu substituto a um subalterno sobre uma questão de trabalho.

NOTA DE VENDA (port. Bras.) – *Ver* Factura.

NOTA DO AUTOR – Esclarecimento no qual um autor chama a atenção sobre certas passagens particulares da sua obra; é uma espécie de advertência e coloca-se no livro após o prefácio. Explicação dada pelo autor de uma obra no decurso dela.

NOTA DORSAL – Anotação colocada na lombada de um documento.

NOTA EDITORIAL – *Ver* Editorial.

NOTA ESPECIAL – Nome dado às diversas informações que são fornecidas sobre uma obra, como por exemplo comentários, erratas, anotações, etc.

NOTA EXPLICATIVA – Breve explicação que precisa o sentido e o âmbito do emprego de um descritor num tesauro • Relação de definição. *Ver* Anotação.

NOTA HISTÓRICA – Texto breve, pertencente ou relativo à história, introduzido numa obra de maior fôlego a propósito da qual surge.

NOTA INFRA-PAGINAL – *Ver* Nota de pé de página.

NOTA MARGINAL – Anotação manuscrita ou impressa apresentada na margem de livros, impressos ou manuscritos e referente ao seu texto. Apostila. Adição marginal. Glosa marginal. *Marginalia.* (port. Bras.) Risca marginal.

NOTA OBITUÁRIA – Anotação colocada numa secção apropriada de um periódico onde são dadas notícias sobre óbitos.

NOTA OFICIAL – Nota para a imprensa.

NOTA PARA A IMPRENSA – Informação, em geral de pequenas dimensões, que é emitida por uma fonte oficial, para ser publicada em jornais ou divulgada por outros meios de comunicação. Nota oficial.

NOTA PESSOAL – Comentário ou reflexão que uma determinada pessoa deixou a marcar um texto escrito, com a finalidade de expor a sua opinião acerca dele. Apontamento, apreciação, reparo particular.

NOTA PRELIMINAR – Texto de pequenas dimensões escrito com o objectivo de apresentar uma obra, o seu autor ou fornecer dados de natureza técnica ou metodológica relacionados com a sua produção.

NOTA PRÉVIA – Em português do Brasil, nome dado à comunicação original curta, cuja publicação é acelerada devido à importância que a sua divulgação imediata assume para a actividade de outros investigadores, mas não para assegurar prioridade, porque essa é garantida pela data de recepção dos trabalhos. Comunicação provisória • Advertência. Palavras prévias.

NOTA TIPOGRÁFICA – Conjunto de dados relativos à publicação ou impressão de uma obra. Imprenta • Aquela que pode encontrar-se em vários lugares da obra; a nota de pé de página é uma delas.

NOTABILIA (pal. lat.) – Notas retóricas ou anotações à margem, que são colocadas como se se tratasse de entradas de índices e são destinadas a que o leitor possa reuni-las num repertório pessoal.

NOTAÇÃO – Convenção de escrita que possibilita representar abstracções e manipulá-las • Sistema de símbolos, em geral números e letras que, numa linguagem documental de estrutura hierárquica (classificação) permite traduzir dentro de uma linguagem categorial, conceitos e as relações existentes entre eles; cada linguagem tem os seus signos de notação próprios: podem ser letras (notação alfabética), números (notação numérica) ou números e sinais de pontuação que se combinam para formar índices significativos do conteúdo dos documentos. Cota • Arte de representar na escrita o som e as suas diferentes modificações • Sistema de sinais convencionais usados em matemática • Anotação. Apostila.

NOTAÇÃO ALFABÉTICA – Aquela que utiliza unicamente os caracteres de um alfabeto.

NOTAÇÃO ALFANUMÉRICA – Notação que utiliza como base letras, algarismos e caracteres particulares.

NOTAÇÃO ARITMÉTICA – Notação com números inteiros. Notação integral.

NOTAÇÃO AUXILIAR – Num sistema de classificação, é o conjunto de símbolos que serve para distinguir os detalhes e as complexidades de um assunto, do conteúdo de um documento e a língua ou a forma sob a qual este último se apresenta.

NOTAÇÃO BIBLIOGRÁFICA – Sistema de símbolos usado num esquema de classificação; pode ser composto por letras, números ou por ambos.

NOTAÇÃO BINÁRIA – Aquela que utiliza unicamente dois símbolos.

NOTAÇÃO COM CLASSIFICAÇÃO DE FACETAS – Em classificação por facetas, tipo de notação que usa um símbolo de separação entre facetas.

NOTAÇÃO COM NÚMEROS INTEIROS – *Ver* Notação integral.

NOTAÇÃO DE CLASSE – Num sistema de classificação, representação de uma classe através da notação que lhe corresponde.

NOTAÇÃO DE GRUPO – Notação constituída por dois ou mais dígitos em forma decimal, para representar classes coordenadas aumentando, por isso, a sua expressividade.

NOTAÇÃO DECIMAL – Notação de base dez, isto é, notação numérica que utiliza como base os algarismos 0, 1, 2, 3, 4, 5, 6, 7, 8, 9.

NOTAÇÃO DUPLA – Notação que indica a letra ou combinação de letras com as quais começa e com as quais termina a divisão.

NOTAÇÃO ESTRUTURADA – Aquela da qual resultam índices que exprimem as relações formais entre as classes.

NOTAÇÃO FACETADA – *Ver* Notação por facetas.

NOTAÇÃO FLEXÍVEL – Aquela que tem a particularidade de permitir, pela adição de um ou mais símbolos, a inserção de qualquer novo assunto em qualquer lugar da classificação sem deslocar a sequência, nem da notação, nem do esquema de classificação.

NOTAÇÃO FÓNICA – Sinais diacríticos (acento circunflexo, grave, agudo, til, trema, apóstrofe, hífen e cedilha) que, não representando um som, contribuem para fixar o valor ou relação das letras. Notação léxica. Notação ortográfica.

NOTAÇÃO FRACCIONADA – Em classificação, notação que pode ser dividida de modo que possam inserir-se novas classes na ordem lógica adequada.

NOTAÇÃO HIERÁRQUICA – Notação estruturada da qual resultam índices que exprimem as relações graduais entre as classes.

NOTAÇÃO INTEGRAL – Em classificação, notação em que são usados apenas números inteiros; é também chamada notação aritmética.

NOTAÇÃO INTERNA – Conjunto de símbolos (numéricos e alfanuméricos) que representam um conceito. É pré-definida e acrescentada à notação de uma classificação para individualizar, com vista a uma boa arrumação e identificação lógica na estante. *Ver* Número de chamada.

NOTAÇÃO LINEAR – Aquela de que resultam índices que conservam a ordem entre as classes, sem exprimir as suas inter-relações.

NOTAÇÃO MISTA – Em classificação, sistema de notação que usa mais do que um tipo de símbolos, como por exemplo uma mistura de letras e de algarismos.

NOTAÇÃO MNEMOTÉCNICA – Em classificação, designação atribuída aos símbolos de notação que são constituídos com a finalidade de auxiliar a memória.

NOTAÇÃO MUSICAL – Processo de representação do tom e da duração dos sons e de marcação das suspensões e das pausas feito através de sinais específicos; até à adopção generalizada da pauta musical, inventada por Guido d'Arezzo por volta de 1050, não existia notação musical propriamente dita; o meio mais vulgarmente utilizado para figurar graficamente a melodia consistia num sistema de

sinais ou neumas cujo papel era puramente mnemotécnico (notação neumática). Aparece pela primeira vez num *Missale Romanum* impresso em 1476 por Ulrich Hahn; a impressão de música com tipos móveis ficou a dever-se a um italiano de nome Petrucci em 1503.
NOTAÇÃO MUSICAL ALFABÉTICA – Na descrição externa de manuscritos diz-se notação musical alfabética a notação musical usada sobretudo para a guitarra nos séculos XVII-XVIII, que representa os acordes através de letras maiúsculas, em geral colocadas sobre uma linha horizontal contínua ou quebrada, com breves traços verticais sobre ou sob esta, a indicar a direcção na qual vão soar os acordes.
NOTAÇÃO MUSICAL EM BRAILE – Sistema de símbolos musicais em relevo baseados nos caracteres em braile, usando o sistema de impressão braile.
NOTAÇÃO MUSICAL LITERAL – Diz-se da notação musical que é constituída por letras do alfabeto grego, hebraico-fenício ou latino dispostas sobre ou sob o texto.
NOTAÇÃO MUSICAL MODERNA – Diz-se da notação musical que é constituída predominantemente por notas com a cabeça de forma arredondada, preta ou branca colocada numa pauta musical de cinco linhas (pentagrama).
NOTAÇÃO MUSICAL NEUMÁTICA – Diz-se da notação musical que é constituída por pontos individuais ou em grupos ascendentes ou descendentes, barras diagonais que podem terminar com um gancho, ápice, acento circunflexo, caracol, sinal em forma de onda, de delta minúsculo ou de ómega ou outros sinais mais complexos, dispostos pelo menos sobre uma linha.
NOTAÇÃO MUSICAL QUADRADA – Diz-se da notação musical que é constituída por figuras de forma quadrada ou de losango, isoladas ou ligadas por linhas verticais e por figuras romboidais, dispostas sobre a pauta.
NOTAÇÃO NUMÉRICA – Aquela que utiliza unicamente algarismos.
NOTAÇÃO ORDINAL – Em classificação, notação que apresenta ordem, mas que não apresenta relações hierárquicas.
NOTAÇÃO ORTOGRÁFICA – *Ver* Notação fónica.

NOTAÇÃO POR FACETAS – Em classificação, notação que usa indicadores de facetas. Notação facetada.
NOTAÇÃO POR OITAVAS – Em classificação, notação que reserva o dígito final de um conjunto como repetidor, para aumentar a representação de classes coordenadas, com vista a aumentar a sua expressividade dessa forma; assim, as classes com a notação a, b, c, d... 3a, 3b, 3c, 3d..., etc. seriam todas consideradas como coordenadas.
NOTAÇÃO PURA – Em classificação, aquela que utiliza o mesmo tipo de símbolo como a notação alfabética, numérica, etc.; na verdade poderá dizer-se que não há sistemas classificativos que usem uma notação totalmente "pura", dado que, por exemplo, na Classificação Decimal se usa o ponto, elemento que permite notações mais longas. Notação simples.
NOTAÇÃO QUÍMICA – Modo de representar os corpos, a sua composição, transformação, etc., através do uso de sinais convencionais.
NOTAÇÃO SILÁBICA – Em classificação, notação alfabética que combina consoantes e vogais, de modo que seja possível pronunciar os números de classificação.
NOTAÇÃO SIMPLES – Aquela que usa apenas letras ou números. Notação pura.
NOTAÇÃO SINTÁCTICA – *Ver* Pontuação.
NOTAÇÃO SISTEMÁTICA – Classificação do assunto de que trata o documento, conforme o sistema classificativo adoptado.
NOTAÇÃO TOPOGRÁFICA – *Ver* Cota.
NOTAÇÕES DISTINTIVAS – Em gramática, é o conjunto dos sinais de pontuação que é constituído pelo travessão, a chaveta, o parágrafo e as aspas.
NOTAÇÕES OBJECTIVAS – Em gramática, é o conjunto dos sinais de pontuação que é constituído pela vírgula, ponto e vírgula, dois pontos e ponto final.
NOTADO – Lavrado. Redigido. Escrito • Marcado. Assinalado.
NOTADOR MUSICAL – Artífice especializado que executava a tarefa de escrever num códice iluminado ou não, as notas musicais e todos os elementos ligados à interpretação de uma música.

NOTÆ COMMUNES (loc. lat.) – Elementos que eram frequentemente abreviados nos manuscritos medievais como os finais de palavra em – *bus* e – *que* e o *m* e *n* finais.

NOTÆ JURIS (loc. lat.) – Abreviatura de terminologia jurídica em textos manuscritos medievais de carácter jurídico.

NOTAR – Colocar notas, advertências ou observações a manuscritos ou livros impressos. Redigir. Lavrar. Escrever. Apontar. Anotar • Reflectir • Fazer comentário.

NOTARIADO PÚBLICO – Sistema, durante muito tempo próprio da Europa meridional, no qual os documentos são redigidos por uma pessoa habilitada a colocá-los sob a forma de instrumento público e a conferir-lhe autenticidade pela aposição do seu selo, da assinatura ou de uma fórmula manuscrita.

NOTÁRIO – Redactor profissional de documentos; no início, a palavra sem significado técnico designava apenas aquele que tomava notas e procedia à redacção de um qualquer escrito • Nome dado na Antiga Roma ao copista • Taquígrafo • Tabelião, escrivão público.

NOTÁRIO DE CHANCELARIA – Funcionário, geralmente clérigo, que na chancelaria estava encarregado da redacção e da escrita dos documentos ou tinha apenas uma destas duas funções.

NOTÁRIO-CHANCELER – Era, na Idade Média, um dos notários da chancelaria que a tinha a seu cargo na ausência do chanceler ou do arquichanceler e que normalmente reconhecia os documentos em seu nome.

NOTARIUS (pal. lat.) – Etimologicamente, o que é relativo aos caracteres do alfabeto • Estenógrafo, secretário • O *notarius* medieval era, no sentido mais exacto do termo, aquele que escrevia o que lhe ditavam ou o que ouvia, por oposição aos *librarii, amanuenses* ou *scribæ*, que recopiavam um modelo já escrito • *Scriptor. Exceptor.*

NOTAS DE VIAGEM – Pequenos apontamentos que se vão recolhendo no decorrer de um percurso sob forma de impressões de viagem, geralmente redigidos tendo em vista uma redacção posterior mais cuidada e minuciosa.

NOTAS RELATIVAS AO EXEMPLAR – Aquelas que caracterizam o estado actual de um exemplar, tal como ele hoje se apresenta, alguns anos ou séculos após a sua publicação; as marcas do tempo, que podem ter a ver com manchas de manuseamento, humidade ou outras, as notas manuscritas pelos sucessivos possuidores (entre as quais avultam os comentários e as marcas de posse ou pertences), os ataques de microrganismos, os picos de traça ou mesmo a falta de algumas folhas são algumas das notas de exemplar que devem assinalar-se num exame cuidado da espécie e que a individualizam, revelando o seu percurso.

NOTAS RETÓRICAS – *Ver Notabilia*.

NOTAS TIRONIANAS – Simples letras, iniciais ou médias, empregadas para figurar palavras inteiras ou para abreviar a escrita, muito usadas no Império romano. Sinais tironianos.

NOTATIO (pal. lat.) – Acção de marcar com um sinal. Anotação • Censura feita pelo censor.

NOTATIO TEMPORUM (loc. lat.) – Cronologia.

NOTATUS (pal. lat.) – Assinalado, marcado.

NOTEBOOK (pal. ingl.) – *Ver* Computador portátil.

NOTÍCIA – Carta ou instrumento de doação que começava pela narrativa de factos que já tinham acontecido • Nota, apontamento • Relação, rol, lista • Informação, conhecimento • Documento probatório que pretende conservar na memória um acto já realizado e que já produziu efeitos sendo, portanto, posterior ao próprio acto jurídico; o depoimento das testemunhas garante a notícia • Em jornalismo, relato apropriado à difusão, por intermédio dos meios de comunicação social, de factos verídicos actuais, de significado social e de interesse para o público; é o género jornalístico básico; normalmente é curto, pois quando a matéria jornalística o justifica, dá lugar a reportagens, artigos mais ou menos longos, subdividindo-se em várias peças. Reportagem • Novidade.

NOTÍCIA ABREVIADA – Apontamento breve • Diz-se de uma notícia catalográfica que não abrange todos os dados estipulados ou omite certos dados considerados como não essenciais.

NOTÍCIA ANALÍTICA – Diz-se de uma notícia que descreve uma ou mais partes de uma obra já catalogada • Em jornalismo é a notícia que responde às clássicas seis perguntas: Quem? O quê? Quando? Onde? Como? Porquê?

NOTÍCIA ANALÍTICA DE ASSUNTO – Diz-se de uma notícia que tem como cabeçalho o tema de uma parte da obra ou de um artigo de uma compilação e contém uma descrição da obra analisada; também se utiliza a expressão "analítico de assunto". Entrada analítica de assunto.

NOTÍCIA ANALÍTICA DE AUTOR – Diz-se de uma notícia que tem como cabeçalho o nome do autor de uma parte de uma obra ou de um artigo de uma compilação e que contém uma descrição da obra analisada.

NOTÍCIA ANALÍTICA DE TÍTULO – Diz-se de uma notícia que tem como cabeçalho o título de uma parte de uma obra ou de um artigo de uma compilação e contém uma descrição da obra analisada.

NOTÍCIA AVULSA – Nota solta • Folha volante.

NOTÍCIA BIBLIOGRÁFICA – Anotação completa e ordenada das partes essenciais do livro ou documento para inclusão num catálogo ou numa bibliografia; compõe-se de três partes fundamentais: o cabeçalho ou ponto de acesso, que é constituído pela palavra de ordem, que pode ser o nome do autor, o título, o assunto, etc.; o corpo da notícia, que é formado pelo título, subtítulo, indicação de responsabilidade, edição, pé de imprensa, colação, etc., notas complementares, *ISBN* e modalidades de aquisição; os outros elementos, nos quais se englobam os assuntos, a cota, a notação sistemática e as notas administrativas. Os dados de uma notícia bibliográfica podem ser reduzidos ao essencial ou incluir elementos informativos que a enriqueçam.

NOTÍCIA BIBLIOGRÁFICA ABREVIADA – Referência sinalética.

NOTÍCIA BIOGRÁFICO-CRÍTICA – Exposição sumária acerca da vida de uma determinada pessoa, na qual são apreciados os seus méritos e defeitos.

NOTÍCIA CATALOGRÁFICA – Conjunto de elementos que compreende a notícia bibliográfica, a cota estabelecida, de acordo com as regras adoptadas pela entidade própria, o registo das rubricas de entradas secundárias de autores e assuntos e outros dados administrativos • Em catalogação, nome dado ao conjunto dos seguintes elementos: cabeçalho de autor ou de anónimo, notícia bibliográfica, cota e anuntos. Referência catalográfica. *Ver* Notícia bibliográfica.

NOTÍCIA COMPLEMENTAR – Informação que vem completar outra.

NOTÍCIA CRÍTICA – Notícia bibliográfica que inclui todos os elementos desta e ainda um juízo de valor ou uma indicação de nível.

NOTÍCIA DE ANÓNIMO – Diz-se de uma notícia relativa a uma obra de que não se pôde identificar a autoria • Anónimo.

NOTÍCIA DE ANÓNIMO POR EXCESSO DE AUTORES – Colocação em rubrica na notícia catalográfica do título de uma obra na vez do nome do autor; é o que se chama entrada principal pelo título e ela faz-se geralmente quando uma obra é da autoria de mais de três autores.

NOTÍCIA DE COLECÇÃO – Breve notícia catalográfica cujo cabeçalho é constituído pelo próprio nome da série a que pertence o documento. Notícia de série • Em bibliografia é a lista parcial ou completa das obras de uma colecção.

NOTÍCIA DE *COPYRIGHT* – Declaração que diz respeito ao registo dos direitos de autor que aparece numa obra que o apresenta.

NOTÍCIA DE DESTAQUE – Aquela que se pretende pôr em relevo, razão pela qual é redigida num estilo telegráfico, por vezes impressa a cores, que desperta o interesse e que não deve exceder os trezentos caracteres. Destaque.

NOTÍCIA DE FORMA – Notícia catalográfica em que as obras são apresentadas, quer através da sua forma intrínseca como as publicações periódicas, os dicionários, etc., quer através da sua forma literária, como as obras de poesia, de teatro, etc.

NOTÍCIA DE SÉRIE – *Ver* Notícia de colecção.

NOTÍCIA DESCRITIVA – Descrição de uma obra redigida segundo determinadas regras • Notícia bibliográfica que, além dos elementos essenciais da referência sinalética, contém dados informativos complementares, como aqueles que dizem respeito à encadernação, natureza do papel, ilustrações, notas ou qualquer elemento que caracterize uma tiragem ou um exemplar. É muito usada na organização de catálogos de livros antigos, exposições para venda e em algumas bibliografias.

NOTÍCIA DESCRITIVA DO SELO – Aquela que normalmente inclui a menção completa dos diversos elementos respeitantes ao selo, que vão do titular do selo à matéria, à forma e dimensões, cor, imagem, tipo, legenda, atacas do selo, assim como ao seu estado de conservação, à cota e às referências bibliográficas, podendo ser completada com uma fotografia ou um desenho do mesmo.

NOTÍCIA ESCRITA – Aquela que se publica sob forma manuscrita ou impressa.

NOTÍCIA FOTOGRÁFICA – Fotografia ou ilustração sobre um tema actual acompanhada por um texto breve em epígrafe. Notícia gráfica.

NOTÍCIA FRIA – Em jornalismo é a que pode aguardar certo tempo para ser publicada.

NOTÍCIA GRÁFICA – Fotografia ou ilustração sobre um tema actual acompanhada por um texto breve em epígrafe. Notícia fotográfica.

NOTÍCIA HISTÓRICA – Elemento da descrição externa de manuscritos em que se inserem todas as informações deduzidas de catálogos, inventários, outras fontes à disposição ou do próprio manuscrito relativas à sua história, copista, comitentes, pessoas a quem foi dedicado, possuidores, anotadores, decoradores, encadernadores, etc. com indicação da fonte de onde são retiradas as informações.

NOTÍCIA IMPRESSA – Aquela que é publicada em letra de forma, diferenciada da manuscrita, audiovisual ou divulgada via rádio.

NOTÍCIA IMPREVISÍVEL – A que relata um acontecimento inesperado.

NOTÍCIA MANUSCRITA – Notícia escrita à mão, diferenciada da impressa, audiovisual, oral ou difundida via rádio.

NOTÍCIA NEGATIVA – Aquela que nada informa ou que informa que ainda não se descobriu nada a respeito de determinado assunto.

NOTÍCIA PREVISÍVEL – A que se refere a um facto que de antemão se sabe que vai ocorrer.

NOTÍCIA PRINCIPAL – Diz-se da notícia fundamental de todo o documento catalogado, contendo todas as informações necessárias à sua identificação e à sua localização; esta notícia contém a rubrica principal escolhida para o catálogo de autores e de anónimos.

NOTÍCIA SAZONAL – Expressão usada para designar o texto acerca de um acontecimento que se repete todos os anos.

NOTÍCIA SECUNDÁRIA – Descrição completa ou parcial de uma obra, que tem como rubrica de entrada um elemento que não é o cabeçalho principal.

NOTÍCIA SENSACIONAL – Diz-se da notícia que é geralmente composta em letras de grande formato ou parangonas, muitas vezes impressa a cores e redigida em frases curtas, incisivas e bombásticas, e que ocupa quase sempre a página inicial do jornal ou da revista.

NOTÍCIA SINALÉTICA – Notícia bibliográfica que é constituída apenas pelos elementos bibliográficos essenciais, aqueles que permitem distinguir uma publicação de uma outra.

NOTÍCIA SINTÉTICA – É aquela que responde apenas a três das clássicas perguntas: Quem? O quê? Quando? Notícia abreviada.

NOTÍCIA SOB O TÍTULO – Notícia que traz em cabeçalho as primeiras palavras do título (excepto o artigo definido); num catálogo, uma notícia sob o título pode ser principal ou secundária.

NOTICIADOR – Pessoa que dá notícias • Jornalista.

NOTICIAR – Dar a conhecer por escrito uma notícia; a característica mais marcante de uma notícia é a novidade. Informar. Comunicar.

NOTICIÁRIO – Parte ou secção de um jornal que é destinada à publicação de diversas notícias, em geral breves, sobre um tema determinado ou em miscelânea.

NOTICIÁRIO DIRIGIDO – Informações tendenciosas levadas à imprensa por pessoas ou órgãos interessados em divulgá-las, a fim de atingirem determinadas finalidades.

NOTICIARISTA – Jornalista encarregado da informação nacional e da tradução de artigos estrangeiros. Gazeteiro. Gazetista.

NOTICIÁVEL – Que pode ou merece ser publicado.

NOTIFICAÇÃO – Fórmula pela qual o teor do documento que se segue é levado ao conhecimento do ou dos destinatários; pode preceder uma parte do texto ou estar colocada à cabeça do documento ou pode ser repetida no início de dois ou vários destes elementos • Indicação, no documento, de todas as pessoas a quem o conhecimento do acto deve ser facultado; é uma das cláusulas formulares ou formais de um documento e demonstra a vontade de que o documento seja dado a conhecer • Acto de notificar. Participação. Aviso.

NOTIFICAR – Dar notícia de alguma coisa • Participar. Avisar.

NOTIFICATIVO – Que serve para notificar.

NOTIFICATÓRIO – Que participa segundo as formalidades da lei ou do estilo. Participatório. Informativo.

NOTIO VERBA SUBJECTA (loc. lat.) – Ideia encerrada numa palavra.

NÓTULA – Notícia de pequenas dimensões. Comentário. Minuta. Breve anotação. Apontamento.

NOTULA (pal. lat.) – Escrita das notas feitas à mão que pode ser *fracta*, *rotunda*, *semifracta*, *semirotunda*, *quadrata*, *semiquadrata*, *conclavata*, *acuta*, *currens*, *sine pedibus* ou *simplex*; as *notulæ* podem ser *curiensis*, *liberalis*, *antiquæ sive italicalis*; a *notula curiensis* tem as hastes altas e a *liberalis* apresenta hastes curtas.

NOTULÁRIO – Volume com anotações que faz parte do protocolo notarial.

NOTUM (pal. lat.) – A palavra significa "conhecido"; era usada nos documentos antigos para indicar que de um documento projectado (doação, testamento ou outro) tinha sido feita uma minuta ou tinha sido lavrada uma carta que, entretanto, fora entregue ao donatário já assinada e provida do selo que lhe conferia validade, passando, portanto, de projecto a documento público e notório.

NOUVEAU ROMAN (loc. fr.) – À letra "romance novo". Em literatura, tendência literária contemporânea, que recusa as convenções do romance tradicional (papel e psicologia das personagens, desenvolvimento cronológico da acção, relação pretensamente objectiva dos acontecimentos, etc.), pondo a tónica na técnica narrativa.

NOVA – Termo antigo para designar notícia, que é usualmente utilizado no plural.

NOVA ARTE – Nome dado à actividade tipográfica nos primeiros anos após o invento dos caracteres móveis.

NOVA EDIÇÃO – Edição feita de novo. Reedição; uma nova edição supõe que o conteúdo da obra se apresenta modificado numa proporção de cinquenta por cento relativamente à primeira edição.

NOVA IMPRESSÃO – Impressão que foi feita de novo. Reimpressão.

NOVA LINHA – Expressão usada para indicar que deve fazer-se nova alínea, sobretudo quando se dita.

NOVA TIRAGEM – *Ver* Reimpressão.

NOVACULA (pal. lat.) – Instrumento destinado a alisar o pergaminho • O mesmo que *rasorium* • Navalha de barba • Faca.

NOVAMENTE IMPRESSO – No século XVI significava "impresso pela primeira vez" e não, como actualmente significaria "impresso de novo" ou "outra vez".

NOVELA – Obra literária em prosa em que se narra uma acção fictícia no todo ou em parte e cuja finalidade é causar prazer estético ao leitor através da descrição de cenas interessantes, de carácter recreativo e romanesco. Conto • Ficção.

NOVELA DE CAVALARIA – História de aventuras em que se descrevem acontecimentos fantásticos protagonizados por um herói que enfrenta gigantes com grande coragem, estrangula serpentes de tamanho descomunal e derrota exércitos inteiros sozinho; este subgénero narrativo teve origem nos relatos das canções de gesta convertidos a textos escritos.

NOVELA DE CHAVE – Narração de acontecimentos reais em que leitores iniciados deciframcifram situações e personagens.

NOVELA DE COSTUMES – Composição literária de ficção em que são descritos os procedimentos de uma determinada época. Novela de época.

NOVELA DE ÉPOCA – *Ver* Novela de costumes.

NOVELA DE ESPIONAGEM – Aquela que se desenrola no ambiente clandestino das informações secretas e estratégicas.

NOVELA EM FASCÍCULOS – Composição literária de ficção publicada pouco a pouco em folhetos sucessivos.

NOVELA FOLHETINESCA – Narração de aventuras escritas em prosa, de tema complexo, que é publicada num periódico ou editada em partes sucessivas; o seu país de origem foi a França, onde a cultivaram nomes ilustres como Chateaubriand, Balzac, Eugène Sue, Tocqueville, Baudelaire, Lamartine, Alexandre Dumas (pai), George Sand, Victor Hugo, Zola e muitos outros autores. Novela--folhetim.

NOVELA HISTÓRICA -Aquela que se desenrola numa época que não a actual, em que é recriado um ambiente circunstancial geralmente apoiado numa realidade do passado no qual se desenvolve um enredo fictício ou se recriam factos verdadeiros, mais ou menos romanceados.

NOVELA POLICIAL – Composição literária de ficção em cuja intriga entram elementos geradores de mistério e fantasia relacionados com a investigação própria da polícia.

NOVELA POPULAR – História romântica, editada em papel de fraca qualidade e vendida por baixo preço; este tipo de novela foi muito vulgar nos Estados Unidos na segunda metade do século XIX.

NOVELA POR ENTREGAS – Novela folhetinesca que é editada em partes sucessivas.

NOVELA SERIADA – Narração cujo desenvolvimento é publicado em partes.

NOVELA TEMÁTICA – Narração de acontecimentos de ficção, cujo conteúdo se centra à volta de um tema de interesse, em geral caracterizado pela sua conflitualidade.

NOVELA-FOLHETIM – *Ver* Folhetim. Novela folhetinesca.

NOVELAR – Escrever novelas.

NOVELEIRO – Aquele que escreve novelas. Novelista.

NOVELESCO – Relativo a novela. Próprio de novela.

NOVELETA – Novela de pequenas dimensões. Pequeno conto.

NOVELISTA – Pessoa que faz novelas. Redactor de novelas.

NOVELÍSTICA – Arte literária de ficção sob forma não dramática; inclui os romances, os contos e as novelas.

NOVELLÆ (pal. lat.) – *Ver Novellæ Constitutiones.*

NOVELLÆ CONSTITUTIONES (loc. lat.) – Faz parte do *Corpus Juris Civilis,* que consiste na compilação ou recolha seleccionada de textos jurídicos romanos, ordenada pelo Imperador Justiniano entre 527 e 534, com a intenção de actualizar o direito romano; os outros textos jurídicos são o *Digesto* ou *Pandectas,* o *Código* e as *Institutiones* (*Institutas*). São também chamadas simplesmente *Novellae.*

NOVELÓRIA – Novela de má qualidade.

NOVENA – Livro que contém exercícios de devoção que se fazem durante nove dias consecutivos • A nona parte de qualquer coisa.

NOVENÁRIO – Livro de novenas ou conjunto de orações que devem ser recitadas nos dias em que se desenrola a devoção religiosa que dá pelo nome de novena e que deve ser levada a cabo em nove dias consecutivos, daí o nome.

NOVÉNIO – Formato de caderno constituído por 18 folhas e 36 páginas.

NOVIDADE – Novo livro ou peça teatral acabados de sair • Notícia.

NOVIDADE EDITORIAL – Obra acabada de publicar, seja de que género for, à qual se dá a publicidade possível nos escaparates das livrarias, nas publicações da especialidade, etc.

NOVO – Diz-se do livro ou da revista que nunca foram usados, que estão em excelente estado de conservação e cujas folhas ainda nem sequer foram abertas ou da obra que está ainda nas mesmas condições e que saiu da tipografia ou da casa editora. Acabado de publicar • Recente.

NOVO TESTAMENTO – Nome dado aos textos da Bíblia que contêm a doutrina que foi pregada por Jesus Cristo e que foram redigidos nos século I e II; juntamente com o Antigo Testamento constituem a Bíblia, o livro sagrado do cristianismo; são também conhecidos sob a forma abreviada N. T.

NOZ-DE-GALHA – Protuberância que se forma na bolota do carvalho depois de ter sido picada por um insecto que aí depositou os ovos (*cynips*); o alto teor de tanino e ácido gálico contido na noz-de-galha pode ser dissolvido em água, formando esta solução a base da tinta de escrever; a noz-de-galha também pode ser usada em processos de tinturaria. Esta tinta, quando os documentos são armazenados em deficientes condições de humidade e temperatura, transforma-se em ácido e corrói o suporte. Foi também usada para avivar a tinta da escrita dos pergaminhos, mas verificou-se que a escrita pouco a pouco perdia a nitidez e a visibilidade e tornava o documento tão escuro que, dentro de pouco tempo, não se conseguia divisar o texto; hoje utiliza-se a lâmpada de quartzo para ler os documentos esmaecidos. Bogalho. Bolota.

GLANS QVERCVS

Noz-de-galha

NP – Forma abreviada de Norma Portuguesa.
NPAC – Forma abreviada de *National Program for Acquisitions and Cataloguing*, Programa nacional para as aquisições e a catalogação.
NR – Abreviatura latina de *noster*.
NSDP – Acrónimo de *National Serials Data Program*, Programa nacional de informação sobre publicações em série.
NUANÇA (port Bras.) – *Ver Nuance*.
NUANCE (pal. fr.) – Cor • Tonalidade geral de uma gravura, desenho, papel, etc. • Diferença, em geral pouco notória, entre coisas do mesmo género. Matiz. Cambiante. (port. Bras.) Nuança • Mescla.
NÚCLEO – Peça de forma cilíndrica que une os dois pratos de uma bobina na qual é enrolado o filme ou fita magnética • Eixo • Fundo • Em informática, parte de um programa ou de um sistema de operação que permanece na memória central durante toda a realização do trabalho.
NÚCLEO ARQUIVÍSTICO – *Ver* Fundo arquivístico.
NÚCLEO DE APOIO – Em biblioteca, local de consulta de documentos, quer constitua isoladamente uma unidade administrativa, quer integre com outros uma unidade administrativa; são exemplos de núcleo de apoio a bibliotecas independentes administrativamente, bibliotecas centrais, sucursais de bibliotecas fixas ou móveis, desde que sirvam directamente os utilizadores.
NÚCLEO DE LEITORES – Forma de reunião para uma convivência à volta do interesse comum pela leitura, com vista a estimular a formação espontânea de grupos de leitores; trata-se de pequenas associações naturais de leitores com vista à fruição da leitura e ao convívio pessoal. *Ver tb.* Clube de leitores.
NÚCLEO DOCUMENTAL – Conjunto dos documentos produzidos e recebidos por uma instituição, mantendo entre si uma relação orgânica e que são conservados como prova ou testemunho legal e/ou cultural; o núcleo de arquivo de determinada instituição constitui a essência da sua documentação e não deve ser misturado com documentos de outra proveniência.
NÚCLEO DOCUMENTAL ABERTO – Fundo documental susceptível de ser acrescentado com novos elementos documentais.
NÚCLEO DOCUMENTAL FECHADO – Aquele em que se deixaram de fazer incorporações de novos documentos, dada a extinção ou reorganização da sua entidade produtora.
NÚCLEO MAGNÉTICO – Pequena peça de material ferromagnético, que pode apresentar a forma de um anel e pode polarizar-se em qualquer sentido pela passagem de uma corrente através dela, podendo, desse modo, armazenar um dígito binário.
NUM. – Abreviatura de número(s), numeração *e* numerado/a(s).
NUMERAÇÃO – Identificação de cada uma das partes sucessivas de uma série. A designação pode incluir um número, uma letra ou qualquer carácter ou combinação destes, relacionando-se com as designações de volume, número, etc. e/ou uma data.
NUMERAÇÃO ÁRABE – Aquela que é apresentada em algarismos árabes e que ocorre nas páginas, folhas, volumes ou datas de uma publicação.

NUMERAÇÃO DE CADERNO – *Ver* Assinatura de caderno.
NUMERAÇÃO DE TOMO – Número atribuído a cada tomo de uma publicação em vários volumes • Acto de atribuir esse número.
NUMERAÇÃO DUPLA – Sistema de numeração usado com frequência em manuais e livros técnicos; nele o número-chave é o número do capítulo e os desenhos, ilustrações, mapas, etc. são numerados naquela base, por exemplo o mapa 13.1 indica que é o mapa que aparece em primeiro lugar no capítulo 13.
NUMERAÇÃO EM PÉ DE PÁGINA – Indicação do número da folha ou da página na parte inferior desta.
NUMERAÇÃO NA CABEÇA – Indicação do número da folha ou da página na parte superior desta.
NUMERAÇÃO NA MARGEM – Numeração de linhas impressas no espaço em branco que fica à volta do texto das páginas manuscritas ou impressas nos livros antigos, a fim de facilitar a busca de uma passagem • Numeração da linha de um documento original, cuja transcrição está feita na mancha do livro.
NUMERAÇÃO ROMANA – Aquela que é apresentada em números romanos e que ocorre nas páginas, folhas, volumes ou datas de uma publicação.
NUMERADO – Que tem numeração.
NUMERADOR – Instrumento formado por várias bandas móveis de borracha ou discos de metal nos quais estão gravadas em relevo séries contínuas de números e que serve para imprimir números na ordem e frequência desejadas • Aparelho usado nas oficinas de encadernação para numerar mecanicamente livros ou outros trabalhos.
NUMERADOR PROGRESSIVO – O que imprime os números na sua ordem crescente ou progressiva.
NUMERADOR REGRESSIVO – O que estampa a série decrescente dos números.
NUMERAL – Que designa um número. Referente a número.
NUMERALFA (port. Bras.) – *Ver* Alfanumérico.
NUMERAR POR FOLHAS – *Ver* Foliar.
NUMÉRICO – Em informática, sinónimo de digital, por oposição a analógico.

NÚMERO – Unidade física de uma publicação em série, etc. publicada separadamente. Cada um dos exemplares de uma publicação periódica correspondente a uma data de edição própria, na respectiva sucessão cronológica; é usado sob a forma abreviada n°. Exemplar. Entrega. Fascículo. Saída • Bilhete ou fracção de bilhete da lotaria • Colecção de unidades ou de partes da unidade • Em gramática, flexão verbal ou nominal indicativa de um ou mais de um, ou seja, propriedade que as palavras têm de indicar por determinadas formas a unidade e a pluralidade • Identificador numérico.
NÚMERO ALEATÓRIO – Aquele cujos dígitos são obtidos ao acaso por meio de um processo através do qual cada dígito tem a mesma possibilidade de ser qualquer um dos de um conjunto específico.
NÚMERO ANTERIOR – *Ver* Número atrasado.
NÚMERO ATRASADO – Número que já não é recente, mas que o editor mantém em armazém, porque ainda é pedido com frequência. Número anterior • Número de uma publicação periódica que precede o número actual • Aquele que não corresponde à data em que é publicado.
NÚMERO COMPLETO – Número único atribuído pelo editor a cada parte de uma publicação em série ou de uma série, contando desde o princípio da publicação: nele distinguem-se dois componentes: um para o volume ou série e outro para a parte.
NÚMERO COMUM – Número ordinário. Número corrente de uma publicação, em relação aos números atrasados.
NÚMERO CORRENTE – Número ordinário. Número comum de uma publicação, em relação aos números atrasados.
NÚMERO DA EDIÇÃO – Número revelador da quantidade de vezes que uma obra foi impressa.
NÚMERO DE ACESSO – Aquele que é dado a uma espécie bibliográfica pelo registo de entradas. Número de registo. Número de entrada. Número de ordem de entrada. Número de aquisição.
NÚMERO DE AMOSTRA – Número solto de uma publicação periódica, em geral o primeiro

que é publicado, enviado pelo editor a uma biblioteca, arquivo, serviço de documentação, etc., com a finalidade de o dar a conhecer e por achar que podem ser potenciais assinantes da referida publicação. Número-amostra • Número zero. Número inicial.

NÚMERO DE ANIVERSÁRIO – *Ver* Número especial.

NÚMERO DE AQUISIÇÃO – Número progressivo atribuído numa instituição a cada novo volume que é adquirido; marca a sua ordem de ingresso na instituição e serve para identificá-lo; é único e não repetível; um exemplo é o *ISBD* (Número Internacional Normalizado do Livro) e o *ISSN* (Número Internacional Normalizado da Publicação em Série) • Número de entrada • Número de registo de entrada.

NÚMERO DE AUTOR – Símbolo que representa numericamente a ordem alfabética dos nomes dos autores, eventualmente a ordem alfabética dos títulos das obras. Número de *Cutter*.

NÚMERO DE *BISCOE* – Número de um esquema desenvolvido por W. S. Biscoe para arrumar livros cronologicamente nas estantes.

NÚMERO DE CHAMADA – Referência fornecida para permitir ao utilizador a localização de um documento dentro de um repositório. Cota • Em classificação, símbolo que individualiza o livro dentro de uma colecção, quando existem livros que versam o mesmo assunto e consequentemente terão a mesma notação; à notação acrescentam-se duas ou três letras, que poderão ser do elemento de entrada e que individualizam o exemplar enquanto tal; ao conjunto das duas notações, numérica e alfabética chama-se número de chamada.

NÚMERO DE CLASSIFICAÇÃO – O que é usado para designar uma divisão específica de um esquema de classificação cuja notação consiste no todo ou em parte em números • Notação acrescentada a um livro e à sua entrada num catálogo para mostrar a classe à qual pertence e indicar a sua localização nas tabelas das estantes de uma biblioteca, arquivo, serviço de documentação, etc., de acordo com o esquema de classificação bibliográfica usado.

NÚMERO DE *CUTTER* – *Ver* Número de autor.

NÚMERO DE DOCUMENTO – Número de identificação conferido a uma publicação governamental, através do qual ela pode ser identificada.

NÚMERO DE ENTRADA – Número de registo. É o número sequencial que se atribui a cada um dos documentos que se incorporam na colecção bibliográfica de uma biblioteca, de um arquivo, serviço de documentação, etc. Registo de entrada. Número de inventário. Número de aquisição.

NÚMERO DE EXEMPLAR – Aquele que é usado para distinguir exemplares de títulos com a mesma cota ou que não têm nenhuma cota • Número atribuído a um determinado exemplar de uma obra que saiu numa edição limitada ou especial, quase sempre acompanhado do carimbo, da assinatura autógrafa do autor ou do selo branco da instituição que o produziu.

NÚMERO DE INVENTÁRIO – Número único, atribuído de uma vez por todas a qualquer volume adquirido por uma biblioteca, arquivo, serviço de documentação, etc. e destinado a ser integrado no seu fundo. Registo de aquisição. Registo de entrada. Número de entrada. Número de registo de entrada.

NÚMERO DE LIGAÇÃO – *Ver* Número de relação.

NÚMERO DE NOTA – Algarismo utilizado para fazer a chamada de uma nota.

NÚMERO DE ORDEM – Aquele que designa cada uma das unidades de um conjunto classificadas segundo a mesma colocação. Número progressivo.

NÚMERO DE PÁGINA – Algarismo que numera a página, colocado na parte superior, junto ao título corrente ou no pé da página.

NÚMERO DE PATENTE – Série única de caracteres numéricos ou alfanuméricos atribuídos a uma patente para o registo da Propriedade Industrial (por exemplo, PT patente 3.514,316).

NÚMERO DE PATENTE RELACIONADO – Série de caracteres numéricos ou alfanuméricos, que identificam outros documentos com os quais o documento da patente referenciada está legalmente relacionado; a relação legal existente entre o documento de uma patente e um outro deve ser especificada usando expressões como divisão de, adição a, reedição de, etc., (por exemplo, PT patente 3.514,316).

NÚMERO DE PIROGUISO – Piroguiso. Ver Registo da medianiz.

NÚMERO DE PUBLICAÇÃO – Número completo de uma série indefinida, empregue apenas uma vez e composto por números de que cada elemento, isolado ou agrupado, possui um valor indicativo permanente, quer por si mesmo, quer pela sua posição relativa; é fixado para uma obra no momento da sua publicação.

NÚMERO DE PUBLICAÇÃO EM SÉRIE – Ver Coden.

NÚMERO DE REGISTO – Número progressivo, único e não repetível atribuído a uma unidade bibliográfica quando dá entrada numa instituição. Número de acesso. Número de inventário. Registo de entrada. Número de entrada. (port. Bras.) Número de tombo • Também designado sob o acrónimo NUMREG, em informática é a chave numérica ou alfanumérica que é atribuída a um documento quando entra num sistema.

NÚMERO DE RELAÇÃO – Aquele que serve para ligar duas tabelas com informação que é comum às duas, numa base de dados relacional. Número de ligação.

NÚMERO DE SÉRIE – Número atribuído pela editorial a cada um dos volumes que constituem uma colecção.

NÚMERO DE TOMBO (port. Bras.) – Ver Número de registo.

NÚMERO DE VOLUMES – Numa notícia catalográfica é a menção que serve para designar por quantos volumes é composta uma obra.

NÚMERO DO LIVRO – Nome dado ao carácter ou conjunto de caracteres usados para distinguir um determinado livro dos outros que têm o mesmo número de classificação.

NÚMERO ELEVADO – Em matemática é aquele que indica o expoente; os números elevados são também usados em tipografia para assinalar uma chamada de nota no corpo do texto. Sobrescrito.

NÚMERO EM FALTA – Diz-se do número da publicação que foi editado, mas que ainda não foi recebido.

NÚMERO ESGOTADO – Número de uma publicação que foi editada, e da qual já não se encontra à venda qualquer exemplar.

NÚMERO ESPECIAL – Número de uma publicação em série que trata um tema específico, geralmente publicado fora da periodicidade normal, com numeração da série ou sem ela, como acontece, por exemplo, quando se publica um número de uma publicação periódica que contém as actas de um simpósio, encontro, congresso, etc. ou um número comemorativo de uma determinada data, para celebrar um aniversário; designa-se também algumas vezes por *edição especial*. Número extraordinário. Número de aniversário.

NÚMERO ESPÉCIME – Nome dado ao número-amostra enviado para divulgação e potencial encomenda. Número de amostra.

NÚMERO ÉTNICO – Num sistema de classificação, símbolo da notação que indica um grupo racial, ecológico ou nacional.

NÚMERO EXTRAORDINÁRIO – *Ver* Número especial.

NÚMERO FISCAL DO DOCUMENTO – O que é atribuído pela Agência Bibliográfica Nacional a cada documento individual; esse número indica a agência de emissão, departamento, repartição, etc. Algumas bibliotecas organizam os seus documentos por número fiscal.

NÚMERO FORMAL – Em classificação, número ou outro símbolo que se acrescenta a uma notação para indicar o formato geral de um documento ou a forma da composição (artística, literária, musical, etc.).

NÚMERO IDENTIFICADOR – Aquele que resulta da combinação do número de classificação e da marca de autor, que se coloca na lombada do volume (ou na pasta superior, no caso de volumes de lombada muito estreita) e cuja finalidade é a de permitir a sua fácil identificação, uma vez colocado na estante.

NÚMERO INICIAL – *Ver* Número zero.

NÚMERO INTERNACIONAL NORMALIZADO DAS PUBLICAÇÕES EM SÉRIE – Número que identifica internacionalmente cada título-chave das publicações em série. No nosso país os pedidos de atribuição do *ISSN* devem ser dirigidos ao Centro Nacional *ISDS*. *ISSN*.

NÚMERO INTERNACIONAL NORMALIZADO DO LIVRO – Número que identifica internacionalmente um livro, brochura ou edição de um livro, de determinado editor. É um número de treze algarismos ou dígitos, que se apresentam divididos em cinco séries (separadas por um hífen) que tem uma função de identificação e é de composição variável. O significado das séries é o seguinte: identificador do grupo nacional, geográfico, linguístico ou similar indicando onde o livro foi publicado; identificador do editor específico dentro de um grupo; identificador de um livro que identifica um título determinado ou edição de um título na produção de um editor; dígito de controlo – dígito que permite que se faça a verificação automática da exactidão do valor e da ordem dos números que constituem o *ISBN*. É exclusivo e quando o título da publicação, o lugar de edição e o responsável se alteram, obrigam igualmente à alteração do *ISBN*. *ISBN*.

NÚMERO NORMALIZADO – Número acerca do qual há um acordo a nível internacional de modo a que ele identifique uma obra de uma forma única.

NÚMERO NORMALIZADO DO RELATÓRIO TÉCNICO – Designação completa, alfanumérica e adaptada ao formato, que é o principal meio de identificação de um determinado relatório técnico; o número normalizado do relatório técnico é constituído por duas partes fundamentais: um código de relatórios, que corresponde à instituição ou entidade que o emite, sem subdivisão e um código sequencial do qual consta o ano de publicação, a subdivisão do organismo ou entidade editora e o sufixo local. É conhecido sob o acrónimo *STRN*; o *STRN* é constituído por um número máximo de 22 caracteres incluindo o limitador de grupos e alguns subdivisores.

NÚMERO ORDINÁRIO – Número corrente. Número comum de uma publicação, em relação aos números atrasados.

NÚMERO PROGRESSIVO – *Ver* Número de ordem.

NÚMERO SOLTO – Número publicado separadamente. Número avulso. Número desirmanado.

NÚMERO TOPOGRÁFICO – Número que serve para localizar um livro na estante.

NÚMERO ZERO – Exemplar de trabalho e de ensaio de uma publicação que nunca foi editada, preparado com a finalidade de fazer a sua apresentação prévia, de a afinar e estudar cuidadosamente antes da sua apresentação definitiva a público. Número de amostra. Número inicial.

NÚMERO-AMOSTRA – Número solto de uma publicação em série, que é enviado pelo editor a uma biblioteca, arquivo, serviço de documentação, etc., com a finalidade de o dar a conhecer, por achar que podem ser potenciais assinantes da referida publicação. Número de amostra. Número zero. Número inicial.

NÚMERO-ÍNDICE – Em estatística, número usado para indicar as mudanças produzidas numa variável observadas durante um período de tempo determinado, como o índice de preços ao consumidor.

NÚMEROS – Nome dado ao quarto livro do *Pentateuco*.

NÚMEROS ÁRABES – *Ver* Algarismos árabes.

NÚMEROS ARÁBICOS (port. Bras.) – *Ver* Algarismos árabes.

NÚMEROS GEOGRÁFICOS – Números acrescentados a símbolos de classificação para ordenar as obras geograficamente; são usualmente aplicados através de um esquema de classificação.

NÚMEROS GREGOS – *Ver* Numeração grega.

NÚMEROS ROMANOS – *Ver* Numeração romana.

NUMISMÁTICA – Disciplina que trata do estudo morfológico e interpretativo, descrição, classificação, história e função das moedas, medalhas, tentos de jogo, etc. e do de outros instrumentos e assuntos monetários.

NUMNEG – Acrónimo de número de negativo, a chave numérica ou alfanumérica do negativo de um documento fotográfico.

NUMREG – Acrónimo de número de registo.

NUNCIATIVO – Que contém notícia ou comunicação de qualquer coisa.
NUNCUPATIVO – Feito de viva voz. Oral.
NUNCUPATÓRIO – Que contém dedicatória.

NUVEM DE PONTOS – Designação do diagrama de dispersão, em estatística.
NYLON **SOLÚVEL** – Resina sintética do grupo das poliamidas, que é muito usada em restauro de documentos como adesivo.

O

O – Letra do alfabeto latino e do de quase todas as línguas antigas e modernas • O tipo que na impressão reproduz essa letra • Nas máquinas fundidoras é a matriz que dá esse carácter • Punção com que se grava essa matriz • Assinatura correspondente ao décimo quarto caderno de um volume, quando se usam letras para esse fim • Décima quinta chamada de nota, se se usarem letras em lugar de números ou sinais • Sinal numérico de zero • Símbolo usado para designar de forma abreviada o formato oitavo nos países anglo-saxónicos • Como letra numeral tinha o valor de 11; no caso de ser plicada valia 11000 • Sinal que designa graus, quando colocado acima de um número, à sua direita.

OAIS – *Acrónimo de Open Archival Information System*, modelo conceptual criado entre o *CCSDS* (*Consultative Comitee for Space Data System*) e a *ISO* para identificar os componentes funcionais que deverão fazer parte de um sistema de informação destinado à preservação digital. Teve como resultante a Norma *ISO* 14721:2003 • Norma internacional (*ISO* 14721:2003) "que visa a identificação dos principais componentes funcionais e objectos de informação presentes num sistema de arquivo com pretensões de preservação a longo prazo".

O ANTIGO – Adjectivo que se coloca após o nome de uma pessoa homónima de outra a fim de estabelecer uma distinção, colocando após o outro nome o adjectivo de "O Moço" ou equivalente; um dos casos mais conhecidos é o de Plínio, o Antigo e Plínio, o Moço, sobrinho daquele.

O. C. – Abreviatura de obra(s) completa(s).

O. C. D. – Forma abreviada de Ordem dos Carmelitas Descalços, que se coloca à frente do nome de um autor dessa Ordem, para o identificar enquanto tal.

O. CISTER – Forma abreviada de Ordem de Cister, que se coloca à frente do nome de um autor que é membro da Ordem de S. Bernardo, para o identificar enquanto tal.

O. D. C. – Conjunto de iniciais com o significado de "oferece, dedica, consagra", muito utilizado para subscrever uma dedicatória ou prefácio.

O. E C. – Expressão que consta de alguns títulos de livros ou que surge a subscrever poesias ou outros textos e que, seguida do nome do seu autor, significa "oferece e consagra".

O. E. S. A. – Forma abreviada de Ordem dos Eremitas de Santo Agostinho, que se coloca à frente do nome de um autor que é membro dessa Ordem, para o identificar enquanto tal.

O. F. M. – Abreviatura de Ordem dos Frades Menores, que se coloca à frente do nome de um autor dessa Ordem, para o identificar enquanto tal.

O. P. – Abreviatura de Ordem dos Pregadores, que se coloca à frente do nome de um autor da Ordem de S. Domingos, para o identificar enquanto tal.

O. S. B. – Abreviatura de Ordem de São Bento, que se coloca à frente de um autor dessa Ordem, para o identificar enquanto tal.

OARISTO – Diálogo entre marido e mulher ou entre namorados • Entretenimento íntimo • Colóquio afectuoso, terno.

OB. CIT. – Abreviatura de obra citada.

OBELISCO – *Ver* Adaga.

ÓBELO – Sinal em forma de fuso ou flecha que, nos manuscritos antigos, indicava as passagens erradas para serem emendadas na reprodução • Sinal com a forma de um punhal usado para assinalar uma chamada de pé de página. Obelisco. Adaga.

ÓBELO E ASTERISCO – Sinal que era usado nos manuscritos antigos para indicar um verso deslocado.

ÓBELO PERIESTIGMENO – Sinal de apostila com que se indicavam as correcções adequadas nos códices.

ÓBELO PONTUADO – Sinal que indica que não se sabia se se devia apagar ou conservar uma passagem de um manuscrito no local onde este sinal estava colocado.

OBELUS (pal. lat.) – Marca com forma de uma barra transversal (–) que era usada nos antigos manuscritos para assinalar as passagens erradas ou adulteradas de um texto escrito, repetições, etc., para serem corrigidas na reprodução • Sinal usado pelos críticos antigos, em especial os alexandrinos, para notar os versos que eram atribuídos a Homero e que eles supunham não serem da sua autoria.

ÓBITO – Notícia do falecimento de uma pessoa.

OBITUÁRIO – Registo onde estão inscritos os óbitos ou ofícios fúnebres celebrados em memória de benfeitores de igrejas ou mosteiros • Livro dos óbitos • Secção de um periódico onde são dadas as notícias sobre óbitos.

OBJECTIVA – Lente ou sistema de lentes usado em projectores ou em câmaras fotográficas para formar a imagem.

OBJECTIVIDADE – Qualidade do que é objectivo • Característica da informação que noticia os factos de um modo concreto, tal como eles se apresentam, sem se deixar influenciar por simpatias ou opiniões pessoais • Carácter que deve apresentar um texto jornalístico que tenta relatar factos com imparcialidade, limitando-se a eles, sem qualquer intervenção ou comentário, apenas com a audição de algumas testemunhas oculares, tentando não cair na emoção nem adoptar a política editorial da publicação periódica em questão • Perfeição do estilo, da execução, etc., que leva a que a obra tenha um carácter de realidade.

OBJECTIVO – Objecto. Fim. Intenção • Diz-se da pessoa que tem a qualidade de observar e expor os factos tal como eles são, sem se deixar influenciar por preferências ou simpatias.

OBJECTO – Artefacto de três dimensões (réplica de artefacto) e *realia* (objecto real) como oposição a uma réplica. As $AACR_2$ incluem todo o tipo de objectos tridimensionais tais como: modelos, dioramas, jogos (incluindo *puzzles* e simulações), cassetes em braile, esculturas e outras obras de arte tridimensionais (exposições), máquinas, peças de vestuário e preparações para microscópio • Em preservação digital, segundo o Dicionário de Dados *PREMIS*, é a entidade "responsável por descrever o conjunto das representações ou manifestações físicas de uma entidade intelectual".

OBJECTO DE ESTUDO – Assunto, matéria ou tema sobre o qual recai a atenção de uma pessoa, com a finalidade de o analisar e investigar.

OBJECTO DIGITAL – Segundo Thibodeau é "todo e qualquer objecto de informação que possa ser representado por meio de uma sequência de dígitos binários"; são exemplos de objectos digitais os documentos textuais, bases de dados, fotografias digitais, páginas *web*, sequências de vídeo e áudio, etc. *Ver tb.* Documento electrónico.

OBL. – Abreviatura de oblongo.

OBLONGO – Diz-se da forma dada a uma página, livro, gravura, molde, quadro, etc., na qual a largura é maior do que a altura; usa-se também sob a forma abreviada obl.

OBRA – Em direito de autor é a produção de um indivíduo, qualquer criação intelectual do domínio literário, científico e artístico, exteriorizada por qualquer modo • Expressão do pensamento através de linguagem, símbolos ou outro modo para efeitos de registo e comunicação • Produção do entendimento humano • Resultado do trabalho de uma ou várias pessoas • Produção escrita por um indivíduo • Impresso tipográfico que forma um todo e que não é periódico como o livro, opúsculo, etc. Livro. Tratado.

OBRA ABERTA – Aquela que permite vários percursos de leitura ou interpretação, independentemente da intenção do autor.

OBRA ANEPÍGRAFA – Obra que não apresenta título, inscrição ou página de título.

OBRA ANÓNIMA – Diz-se da publicação que não contém indicado o nome do autor, quer na capa quer na página de título ou no prefácio, introdução ou prólogo. De acordo com alguns autores, se a autoria puder ser encontrada em catálogos ou bibliografias, a obra pode não ser considerada anónima. Publicação anónima • Documento anónimo. Anónimo.

OBRA APÓCRIFA – Obra de autor desconhecido, oculto ou de autenticidade duvidosa.

OBRA BILINGUE – Aquela cujo texto está escrito ou impresso em duas línguas.

OBRA CAÍDA EM DOMÍNIO PÚBLICO – Diz-se da obra em relação à qual já decorreram os prazos de caducidade do direito de autor estabelecidos no capítulo a eles referente – "Da duração" (artºs 31-38) do *Código do direito de autor* –, facto que a torna apta a ser reproduzida pelo Estado ou por particulares, sem haver infracções aos referidos direitos. Obra em domínio público.

OBRA CIENTÍFICA – Aquela cujo conteúdo é constituído por temas relativos à ciência, como a matemática, física, química, etc. É escrita com a finalidade de o autor comunicar aos especialistas da matéria, de uma forma metodológica adequada, o objecto e o resultado de investigação de natureza científica ou técnica.

OBRA CITADA – Expressão usada em textos, sob forma extensa ou abreviada (ob. cit.), com o sentido de que o que se cita é do mesmo texto ou livro anteriormente citado, evitando a repetição, no todo, da obra já referida. Com o mesmo sentido usam-se também a palavra *ibidem* (ibid., ib.) – aí mesmo, no mesmo lugar e as expressões *opere citato* (op. cit.), *loco citato* (loc. cit.), na obra citada, no lugar citado.

OBRA CLÁSSICA – Obra que corresponde a uma determinada época de perfeição artística • Obra relativa à literatura grega e latina • Obra de bom estilo • Aquela que se encontra em conformidade com as regras, os princípios e o uso.

OBRA COLECTIVA – Aquela que foi criada por iniciativa ou sob a coordenação de uma pessoa natural ou jurídica, que a edita e publica sob o seu nome e está constituída pela agregação de trabalhos de diversos autores, cuja contribuição se funde numa criação única e autónoma, para a qual foi concebida, sem que seja possível atribuir a qualquer deles em separado um direito sobre o conjunto da obra realizada

• Obra, como um jornal, por exemplo, que é dirigida e organizada por uma instituição (singular ou colectiva), publicada e divulgada em seu nome e na qual é possível determinar a produção individual daqueles que nela colaboraram • Colecção criativa tradicional no mundo da edição, como a enciclopédia, o dicionário, a antologia e a publicação em série.

OBRA COLIGIDA – Uma colecção completa ou quase completa de trabalhos de um autor, publicados ou não, editados por uma editora num ou em vários volumes uniformes, geralmente com título incluso.

OBRA COMEMORATIVA – Obra publicada em homenagem a um indivíduo (ou dedicada à sua memória) ou ainda a uma instituição ou assunto importante em que se tenha distinguido; também pode referir-se a um acontecimento importante. Homenagem.

OBRA COMPLETA – Diz-se da obra composta por vários volumes na qual não falta nenhum. Obra íntegra.

OBRA COMPÓSITA – Obra em que se incorpora, no todo ou em parte, uma obra preexistente, com autorização do autor, mas sem a sua colaboração • Tratado sobre um único assunto produzido a partir da colaboração de dois ou mais autores, formando a contribuição de cada um uma secção ou parte, distinta da obra completa.

OBRA COMPOSTA – Diz-se composta a obra em colaboração, de dois ou mais autores, em que cada um deles é responsável por uma parte distinta da mesma.

OBRA CORPORATIVA – Diz-se da obra editada sob a responsabilidade de uma congregação ou colectividade.

OBRA DE AUTOR – Obra que não é copiada nem reproduzida de outra.

OBRA DE AUTOR-GRUPO EVENTUAL – Designação formal para a obra que é composta por textos apresentados em congressos, encontros, jornadas, simpósios, exposições, etc. e cuja autoria é assumida por um grupo constituído para o efeito, a que se convencionou chamar autor-grupo eventual.

OBRA DE AUTORIA DUVIDOSA – *Ver* obra de autoria incerta.

OBRA DE AUTORIA IMPRECISA – *Ver* Obra de autoria incerta.

OBRA DE AUTORIA INCERTA – Obra com autoria atribuída, quer a partir de edições da obra, quer a partir de fontes de referência, mas sobre a qual restam algumas dúvidas. Obra de autoria duvidosa. Obra de autoria imprecisa.

OBRA DE AUTORIA MISTA – Aquela para cuja feitura contribuíram várias pessoas, singulares ou colectivas, com trabalhos distintos de escrita, de adaptação, de ilustração, de arranjo, de comentário, de tradução, etc.

OBRA DE AUTORIA NÃO DETERMINADA – Aquela em que a autoria é expressa através de uma forma imprecisa, por meio de iniciais ou qualquer outra expressão alfabética, palavra ou frase que a caracterizam, ou por referência a outra obra do mesmo autor.

OBRA DE AUTORIA PROVÁVEL – A obra que talvez possa ser atribuída a determinado(s) autor(es).

OBRA DE BENEDITINO – Designação atribuída para qualificar um trabalho cuja realização exigiu muita análise, estudo e paciência, numa alusão à Ordem de S. Bento, cujos elementos eram na generalidade cultos e muito trabalhadores.

OBRA DE BIBLIOTECA – Obra de grandes dimensões ou constituída por muitos volumes que, regra geral, é consultada apenas na biblioteca, sem que seja autorizada a sua cedência para empréstimo domiciliário.

OBRA DE BICO – Designação em gíria tipográfica aplicada aos trabalhos comerciais ou de fantasia executados por operário com sensibilidade e gosto. Trabalho de bico • Remendo.

OBRA DE CARÁCTER CATEQUÉTICO – Aquela cuja natureza visa a iniciação à fé, instruindo sobre os seus mistérios e preconizando um determinado estilo de vida conducente à vivência total dessa mesma fé; o tom empregado é de cunho doutrinário e apologético.

OBRA DE CIRCUNSTÂNCIA – Obra escrita e/ou publicada por ocasião de um determinado acontecimento ou inspirada por qualquer outra ocorrência passageira, elaborada por iniciativa do autor ou por encomenda.

OBRA DE COLABORAÇÃO PARTICIPADA – Aquela que é produzida pela cooperação indiferenciada de dois ou mais autores, para a qual diversos autores deram contribuições separadas ou a que resulta do intercâmbio de ideias entre diferentes pessoas, como correspondência, entrevistas, debates, etc.

OBRA DE COLECTIVIDADE-AUTOR – Aquela que é dimanada, produzida ou editada por uma entidade ou pessoa colectiva.

OBRA DE CONSULTA – *Ver* Obra de referência.

OBRA DE DEVOÇÃO – *Ver* Devocionário.

OBRA DE DIVULGAÇÃO – Aquela cujo conteúdo se destina à informação do público sobre um assunto determinado, por isso foi preparada com a finalidade de pôr a ciência e a técnica ao alcance do grande público, por meio de uma linguagem acessível e comum. Obra de vulgarização.

OBRA DE DOMÍNIO PÚBLICO – Texto de grande divulgação conhecido pela maior parte do público • Na perspectiva dos direitos de autor, é a obra cujos direitos caducaram, o que acontece em geral 70 anos após a morte do seu criador intelectual, podendo então ser difundida livremente, sob reserva do direito moral, dizendo-se então que caiu no domínio público. Obra não protegida.

OBRA DE ENCOMENDA – Obra que foi escrita por um autor a pedido de outra pessoa.

OBRA DE ESPIRITUALIDADE – Obra de conteúdo ascético, destinada a contribuir para o aperfeiçoamento moral e espiritual dos devotos de uma religião; estão neste caso os hagiológios, devocionários, compêndios de doutrina cristã, obras de meditação, de autores místicos, sermonários, etc.

OBRA DE ESTATÍSTICA – Em tipografia designa-se deste modo aquela em que os números assumem um lugar de destaque, em especial quando tem muitos quadros, colunas de números, tabelas, etc., acompanhados de texto explicativo.

OBRA DE FICÇÃO – Aquela que resulta de uma criação da imaginação. Livro de ficção.

OBRA DE GRANDE FÔLEGO – Aquela que levou o seu autor a consultar inúmeras fontes, gastando vários anos, por vezes até uma vida, na elaboração do seu conteúdo e que é geralmente publicada em numerosas páginas e volumes.

OBRA DE LUXO – Aquela que é realizada com material da melhor qualidade; trata-se, em geral, de obras cuja tiragem é limitada e em que os exemplares são numerados.

OBRA DE PEQUENO PORTE – Aquela que se apresenta impressa em pequeno formato, com reduzido número de páginas.

OBRA DE PERMUTA – Obra existente numa instituição destinada à troca por outra, contribuindo deste modo para o enriquecimento do fundo bibliográfico de ambas.

OBRA DE REFERÊNCIA – Documento que permite obter rapidamente uma informação ou informações de fontes de informação sobre um assunto determinado; são obras de referência os dicionários, enciclopédias, manuais, guias, bibliografias, etc.; é consultada apenas para se obter ajuda ou informação sobre um tópico e não para ser lida de seguida. Obra de consulta.

OBRA DE RESPONSABILIDADE PARTILHADA – Aquela para cujo conteúdo contribuíram diversas pessoas separadamente e aquela que resulta do intercâmbio entre diferentes pessoas como, por exemplo, correspondência, debates, entrevistas, etc.

OBRA DE TEATRO – *Ver* Obra teatral.

OBRA DE TOMO – Expressão usada para caracterizar um trabalho importante, mesmo que não seja escrito.

OBRA DE TRANSFORMAÇÃO – Obra já existente que é editada com uma outra apresentação e, eventualmente, numa outra língua.

OBRA DE VULGARIZAÇÃO – Aquela que é publicada com a finalidade de divulgar, de uma forma acessível à maioria dos leitores, os conhecimentos de uma determinada ciência ou arte. Obra de divulgação.

OBRA DEPENDENTE – *Ver* Obra relacionada.

OBRA DEPURADA – Obra da qual foram retiradas as passagens consideradas impróprias ou perigosas, quer do ponto de vista moral, religioso ou político, por ordem da autoridade religiosa ou civil competente para o fazer. Obra expurgada. Obra censurada.

OBRA DERIVADA – Aquela que procede de uma obra anterior, conhecida como obra originária, como acontece com as antologias, compilações, etc.

OBRA DESFASADA – Aquela cujo conteúdo não corresponde à realidade actual no que respeita ao assunto de que trata.

OBRA DIDÁCTICA – Obra cujo conteúdo e apresentação foram especialmente preparados para o ensino. Obra pedagógica. Obra escolar
• A que serve para instruir.

OBRA DIVULGADA – Em direito de autor é a obra que foi legalmente levada ao conhecimento do público por quaisquer meios: representação dramática, dramático-musical, cinematográfica, execução de obra musical, recitação pública, transmissão ou radiodifusão, construção de obra de arquitectura ou exposição de qualquer obra artística.

OBRA DO ESPÍRITO – Designação usada para significar livros, brochuras e outros escritos literários, artísticos e científicos; inclui os escritos com carácter estético e os que o não possuem.

OBRA DRAMÁTICA – Aquela que foi escrita especialmente para ser representada. *Ver tb.* Drama.

OBRA ELEMENTAR – Obra cujo conteúdo encerra os conhecimentos básicos de um determinado assunto ou ciência.

OBRA EM COLABORAÇÃO – Obra feita em conjunto por duas ou mais pessoas, cada qual contribuindo com uma parte da tarefa, quando divulgada ou publicada em nome dos colaboradores ou de alguns deles, quer os contributos individuais possam ou não discriminar-se
• Artigo de jornal ou outra publicação devido à pena de um colaborador, ou seja, de pessoa estranha ao seu corpo redactorial efectivo.

OBRA EM CURSO DE PUBLICAÇÃO – A que se imprime durante um grande período de tempo, constituída por várias partes ou volumes, tomos ou fascículos, sem que, por isso, perca a sua unidade. Obra em publicação.

OBRA EM DOMÍNIO PÚBLICO – *Ver* Obra caída em domínio público.

OBRA EM FASCÍCULOS – Aquela que é publicada pouco a pouco em cadernos que, uma vez juntos, formarão volumes.

OBRA EM IMPRESSÃO – Aquela cujo texto foi escrito e cujo original está em fase de composição ou a ser impresso. Obra no prelo.
OBRA EM PREPARAÇÃO – Aquela que foi concebida mas que ainda não está acabada.
OBRA EM PUBLICAÇÃO – Obra que está a ser impressa, mas cuja impressão ainda não pode ser dada por terminada. Obra em curso de publicação • Obra em várias partes, volumes, fascículos ou entregas, que se imprime durante um período de tempo variável, mas sem que perca o seu carácter de obra unitária.
OBRA EM SÉRIE – Aquela que é publicada em partes sucessivas, a intervalos mais ou menos regulares e com o projecto de continuar indefinidamente.
OBRA EQUIPARADA A ORIGINAL – Para efeitos de direito de autor, obra equiparada a original é a transformação de qualquer obra, através de tradução, arranjo, instrumentação, dramatização e outras alterações, sumários, compilações de obras protegidas ou não, como selectas, antologias, enciclopédias, etc. que, pela escolha ou disposição das matérias, constitui uma criação intelectual; é-o também a compilação sistemática ou anotada de textos de convenções, leis, regulamentos, relatórios ou decisões administrativas, judiciais ou de quaisquer órgãos ou autoridades do Estado ou da Administração.
OBRA ERÓTICA – Aquela que trata de assuntos relativos ao amor sensual.
OBRA ERUDITA – Aquela que mostra saber.
OBRA ESCOLAR – Aquela cujo conteúdo e apresentação foram especialmente preparados para o ensino. Obra pedagógica • A que serve para instruir.
OBRA ESPÚRIA – A que é falsamente atribuída a um autor.
OBRA EXPURGADA – Obra da qual foram retiradas as passagens consideradas impróprias ou perigosas, quer do ponto de vista moral, religioso ou político, por ordem da autoridade religiosa ou civil competente para o fazer. Obra depurada. Obra censurada.
OBRA FASCICULAR – Aquela que é publicada em fascículos, que vão sendo editados sucessivamente.
OBRA FICTÍCIA – Obra que ninguém viu, mas que se conhece por alusões que lhe são feitas. Obra imaginária.
OBRA FORA DO MERCADO – Obra que já não se vende.
OBRA FORMATIVA – Aquela que tem como finalidade dar instrução ou fornecer modelos de comportamento geralmente aceites pela sociedade.
OBRA FOTOGRÁFICA – Aquela que é obtida por qualquer processo semelhante ao da fotografia.
OBRA FRACASSADA – Aquela que não consegue atingir os níveis de venda e o sucesso inicialmente previstos.
OBRA FUNDAMENTAL – Obra que é considerada essencial para o estudo do assunto nela contido. Livro básico.
OBRA FUTURA – A que o autor se propõe realizar, mas que ainda não escreveu.
OBRA ILUSTRADA – Obra com desenhos, estampas ou fotografias, que adornam e esclarecem o texto.
OBRA IMAGINÁRIA – *Ver* Obra fictícia.
OBRA IMORAL – Diz-se daquela cujo conteúdo colide com a moral vigente ou estabelecida no período em que é classificada como tal.
OBRA IMPRESSA – Toda a obra que foi publicada sob forma tipográfica, em oposição a obra manuscrita; são suas características tradicionais a linearidade, o limite e a fixidez. *Ver* Impresso.
OBRA INACABADA – Obra que não acabou de completar-se. Obra inconclusa.
OBRA INCOMPLETA – Aquela de que não se possuem todos os volumes que a compõem ou deveriam compô-la, depois de editada. Obra à qual faltam algumas partes.
OBRA INCONCLUSA – *Ver* Obra inacabada.
OBRA INDEPENDENTE – Aquela que constitui uma criação autónoma, mesmo que seja publicada em conjunto com outras.
OBRA INDIVIDUAL – A que foi escrita por uma única pessoa. Obra de um só autor.
OBRA INÉDITA – Obra original • Obra que ainda não foi publicada.
OBRA INFANTIL – Aquela cujo conteúdo e apresentação foram concebidos para instruir e entreter crianças.

OBRA INTERPOLADA – Aquela em cujo texto existem passagens de outro(s) autor(es) inseridas posteriormente à sua elaboração pelo autor primitivo.

OBRA JUVENIL – Obra cujo conteúdo foi pensado para o tipo de leitor adolescente.

OBRA LITERÁRIA – Designação sob a qual se englobam textos de temática e natureza diversas como romances, novelas, ensaios, descrições, livros de viagens, de poesia, reportagens, etc.

OBRA LITÚRGICA – Aquela que tem a ver com uma prática religiosa oficialmente sancionada ou tradicionalmente aceite, como livros de oração prescritos para determinados tempos litúrgicos, missais, pontificais, rituais, calendários, etc.

OBRA MONOGRÁFICA – *Ver* Monografia.

OBRA MONOLINGUE – Obra escrita e apresentada numa única língua.

OBRA MORALIZANTE – Aquela que, através de doutrina explícita, de relatos de vidas de santos ou pessoas moralmente bem formadas que atingiram um grau de perfeição superior ou ainda através de um enredo mais ou menos romanceado, como é o caso de alguma literatura de cordel, visa a prática de bons costumes e de uma vida exemplar.

OBRA NÃO PROTEGIDA – Obra que caiu no domínio público, uma vez esgotado o respectivo período de protecção dos direitos de autor. Obra em domínio público.

OBRA NO PRELO – Aquela que está em fase de composição ou impressão. Obra em impressão.

OBRA OFICIAL – Aquela cuja responsabilidade é assumida por uma instituição pública, departamental ou autónoma.

OBRA ORIGINAL – Segundo o *Código do Direito de Autor*, é a criação intelectual do domínio literário, científico e artístico, qualquer que seja o género, a forma de expressão, o modo de comunicação, o objectivo e o mérito; a sua característica essencial reside no facto de o seu conteúdo não ter sido copiado nem reproduzido de outra obra • Aquela que tem um carácter próprio • Texto primitivo.

OBRA ORIGINÁRIA – A que corresponde a uma criação absoluta. Obra original.

OBRA PEDAGÓGICA – *Ver* Obra didáctica.

OBRA PERDIDA – Obra desaparecida, que por vezes se encontra apenas mal colocada na estante, por engano na arrumação.

OBRA POÉTICA – Toda aquela que assume a forma de poesia, por oposição àquela que se apresenta sob a forma de prosa • Expressão usada para caracterizar o conjunto das obras poéticas de um autor em contraste com a sua obra em prosa.

OBRA POLICIAL – Aquela que apresenta um enredo mais ou menos misterioso em que a intriga se desenrola à volta de um ou mais crimes, apelando à imaginação do leitor e rematando com um desfecho geralmente imprevisto.

OBRA POLIGLOTA – Aquela cujo conteúdo é apresentado em várias línguas.

OBRA POR ASSINATURA – Obra em geral de custo elevado e venda limitada, editada uma vez, se for conseguido um número de assinantes considerado suficiente para justificar a sua edição.

OBRA POR ENTREGAS – Aquela cuja distribuição é feita por partes ou fascículos.

OBRA PORNOGRÁFICA – Obra cujo conteúdo é considerado obsceno.

OBRA PÓSTUMA – Obra que é publicada pela primeira vez após o falecimento do autor.

OBRA PRIVADA – Expressão utilizada para designar os diários íntimos e as correspondências particulares, devido à natureza confidencial do seu conteúdo.

OBRA PROIBIDA – *Ver* Livro proibido.

OBRA PROTEGIDA – Diz-se daquela que está ao abrigo dos direitos de autor.

OBRA PSEUDÓNIMA – Aquela em que o nome do autor aparece sob a forma de pseudónimo. Obra publicada sob pseudónimo.

OBRA PUBLICADA – A que é reproduzida com o consentimento do seu autor, qualquer que seja o modo de fabrico dos exemplares, desde que postos à disposição do público em termos que satisfaçam razoavelmente as suas necessidades, considerando a natureza da obra.

OBRA PUBLICADA SOB PSEUDÓNIMO – Aquela em que o autor substitui o seu nome por um criptónimo. Obra pseudónima.

OBRA RADIODIFUNDIDA – Designação da obra que foi criada de acordo com as condições especiais da sua utilização pela radiodifusão sonora ou visual, e as adaptações a esses meios de comunicação de obras que originariamente foram criadas para outra forma de utilização.
OBRA RARA – *Ver* Livro raro.
OBRA RELACIONADA – Designação atribuída em catalogação a uma obra que depende pelo seu conteúdo intelectual ou artístico de uma outra, que foi escrita e publicada antes dela; é obra relacionada uma versão resumida, uma dramatização, uma edição revista, etc. • Aquela que inclui continuações, suplementos, índices, manuais, sequências, argumentos (de peças teatrais, etc.), libretos, coreografias, etc. Obra dependente.
OBRA SERIADA – Aquela que pertence a uma colecção ou série.
OBRA SUSPEITA – Aquela que, pela ideologia ou pouca ortodoxia do seu autor, passa a ser objecto de vigilância ou mesmo de censura por parte do poder estabelecido; tal acontece, ainda hoje em dia, em alguns países onde a liberdade de imprensa não existe, mas era habitual antigamente, sobretudo a partir do momento em que a Inquisição começou a exercer o seu poder censório em tudo o que era publicado; alguns autores portugueses foram objecto dessa perseguição; tal é o caso de Damião de Góis, por exemplo, que publicou grande parte da sua obra em Paris e em Lovaina.
OBRA TEATRAL – Obra escrita em prosa, em verso ou nas duas modalidades, cujo texto se destina a ser representado. Obra de teatro.
OBRA TÉCNICA – Aquela cujo conteúdo trata de assuntos próprios de uma ciência ou de uma técnica: engenharia, tipografia, arquitectura, fundição, etc.
OBRA TRILINGUE – Obra cujo texto está apresentado em três línguas.
OBRA TRUNCADA – Aquela em que falta um ou mais volumes originalmente existentes ou aquela a que faltam algumas folhas.
OBRA VENAL – Obra vendível, que se vende ou pode vender.
OBRA-MESTRA – *Ver* Obra-prima.

OBRA-PRIMA – O melhor trabalho de um escritor ou de um artista, que é considerado perfeito no seu género. Obra-mestra.
OBRA(S) COMPLETA(S) – Designação atribuída ao conjunto dos escritos de um autor reunidos e publicados de acordo com um plano determinado, num volume ou em mais do que um volume com características semelhantes. O.C. Obras reunidas.
OBRAS DE AUTORES CLÁSSICOS – Tipologia de livros nos quais se inserem as obras de escritores pertencentes à Antiguidade grega ou romana, como Virgílio, Horácio, Homero, Cícero, Aristóteles, Salústio, Ovídio, Vegécio, Séneca, Tito Lívio, etc.
OBRAS DE CONSULTA – Designação usada numa bibliografia de uma obra para sistematizar as obras que foram compulsadas e que não são consideradas como fontes; costumam dividir-se em gerais (enciclopédias, dicionários, etc.) e específicas.
OBRAS ESCOLHIDAS – *Ver* Obras seleccionadas.
OBRAS GERAIS – Designação atribuída nos sistemas de classificação aos grupos de obras como enciclopédias, dicionários, etc., devida ao carácter multivariado dos assuntos de que tratam, isto é, que abrangem um universo muito variado de categorias.
OBRAS LEXICOGRÁFICAS – Tipologia de livros dedicados a apresentar o léxico, isto é, o conjunto das palavras de uma língua, entre os quais se destacam os dicionários, glossários, vocabulários, prontuários, etc.
OBRAS RELACIONADAS – Aquelas que, apesar de se apresentarem encadernadas separadamente, estão ligadas umas com as outras por diversos modos: por um título colectivo, pela indicação no índice geral ou noutras páginas preliminares, pela paginação contínua ou pela série contínua de assinaturas de cadernos.
OBRAS REUNIDAS – *Ver* Obras completas.
OBRAS SELECCIONADAS – Edição parcial ou fragmentária das obras de um autor. Obras escolhidas.
OBREIA – Matéria feita principalmente a partir da massa da farinha sem fermento, cozida por vezes com corantes e, eventualmente, com

goma-laca, que depois de humedecida era usada antigamente para fechar cartas e colar papéis, etc.
OBRINHA – Obra de pequenas dimensões • Obra sem importância.
OBRISTA – *Ver* Biqueiro.
OBSERVAÇÃO – Nota para esclarecimento, colocada num livro ou escrito. Advertência.
OBSERVAÇÕES – Considerações. Reflexões. Notas. Reparos • Zona da descrição de manuscritos em que é possível exprimir eventuais incertezas, dificuldades, dúvidas, etc. surgidas durante a descrição, justificar algumas selecções metodológicas adoptadas e aprofundar algumas informações sobre os dados apresentados.
OBSERVATOR LIBRORUM (loc. lat.) – Expressão latina que designa o bibliotecário. O mesmo que *Conservator librorum*.
OBSOLESCÊNCIA DA INFORMAÇÃO – Diminuição lenta e progressiva da utilidade da informação. Parece haver quatro razões principais para que isso aconteça: a informação ainda ser válida e ainda estar incorporada em obras actuais; a informação ser válida, mas estar ultrapassada por obras mais recentes; a informação ser válida, mas encontrar-se nesse momento num campo de interesse em declínio; a informação já não ser válida.
OBSTÁCULO À LEITURA – Designação de todo e qualquer impedimento que dificulte a consumação da leitura; os obstáculos à leitura costumam resumir-se em três categorias: físicos, psicológicos ou sociais; os que têm origem no próprio leitor, como a falta de tempo, por exemplo; deficiências do mecanismo de produção e distribuição de livros; obstáculos ligados ao material de leitura e aos seus objectivos.
OBTURAÇÃO – Processo de restauro que reconstitui o suporte de documentos em papel, através do preenchimento dos furos ou picos provocados por insectos, rasgões ou cortes ou ainda por um manuseamento indevido do documento.
OBTURGAR – Termo arcaico que designava outorgar. Conceder.
OCASIONAL – Escrito ou pensado para uma ocasião especial.
OCID. – Abreviatura de ocidental.

OCLC – Acrónimo de *Online Computer Library Center*, Centro de bibliotecas em linha, organização não lucrativa de pesquisa da informação em bibliotecas informatizadas, vocacionada para acesso à informação universal numa base. Sediada em Dublin, Ohio, nos Estados Unidos, é constituída por dezenas de milhar de bibliotecas-membros em dezenas de países; é a maior rede do mundo para serviços de bibliotecas baseada nas novas tecnologias, possui uma base de dados internacional, o *WorldCat*, através da catalogação em linha, que agiliza o processamento técnico de livros novos adquiridos, permitindo disponibilizá-los mais rapidamente. Catálogo de acesso público em linha.
OCOGRAFIA – Processo de gravação que pode abranger diversas modalidades: em talhe doce, heliogravura, em cavado, a água-forte, etc.
OCOGRAVURA – Gravura em cavado.
OCORRÊNCIA – Número de vezes que um termo de pesquisa aparece num documento. Frequência.
OCR – Acrónimo de *Optical Character Recognition*, Reconhecimento óptico de caracteres.
OCRE – Produto argiloso naturalmente colorido por óxidos metálicos, que apresenta cores de tonalidades variadas, vermelhas, castanhas ou amarelas, usado como pigmento ou pintura • Cor avermelhada obtida a partir de óxidos de ferro e minerais usada em iluminura; um dos ocres vermelhos era denominado *sinopsia*, termo inventado a partir da cidade onde se tornou famoso, Sinope, na Ásia Menor.
ÓCTAPALA – Designação atribuída ao texto bíblico poliglota de oito colunas composto por Orígenes.
OCTATECUM (pal. lat.) – Obra compreendendo os oito primeiros livros do *Antigo Testamento*, quer dizer, os cinco livros do *Pentateuco* e ainda os de Josué, Juízes e Ruth.
OCTETO – Conjunto de oito bits que representam, em memória, um carácter.
OCTOECOS (pal. gr.) – Livro litúrgico grego no qual estão contidas, segundo os oito tons da liturgia grega, as partes variáveis do culto que correspondem a oito semanas.
OCTÓNIO – Formato de caderno constituído por 16 folhas e 32 páginas.

OCTONIONES (pal. lat.) – Nome dado aos cadernos de trinta e duas páginas formados dobrando pelo meio oito folhas de pergaminho sobrepostas, para a confecção de um códice.

OCTOSSÍLABO – Verso de oito sílabas.

ÓCULOS – Marcas desenhadas pelo escriba no suporte ou na sua dobra, destinadas a indicar ao selador o modo de selar o acto e o lugar exacto onde deve praticar as excisões para a passagem dos fios de suspensão do documento; podem apresentar somente um carácter ornamental • Excisões praticadas no suporte ou, mais frequentemente, na dobra, sejam circulares, sejam em losango ou em forma polilobada, obtidas por recorte, a fim de facilitar a passagem das fitas de suspensão do selo num documento manuscrito.

ODE – Composição poética lírica de assunto elevado, própria para ser cantada; teve origem na poesia clássica grega • Poema dividido em estrofes de versos de medida igual.

ODE GRATULATÓRIA – Composição poética através da qual o autor pretende congratular-se e agradecer uma benesse ou favor recebido da parte da pessoa a quem dirige o poema.

ODE HERÓICA – Composição poética na qual se narra um acontecimento histórico de interesse nacional ou regional que tem como protagonista um herói notável.

ODÓMETRO – Em leitores de microficha ou microfilme, dispositivo que conta o número de fotogramas de um carreto de microfilme; o cômputo deste dispositivo corresponde a uma direcção das imagens apresentada no princípio do carreto ou num índice separado.

OF. – Abreviatura de oficina *e* oferta.

OFERTA – Entrega a um organismo de um documento ou conjunto de documentos por vezes acompanhado de certas obrigações ou condições, tendo o organismo beneficiário a faculdade de o recusar. Pode incidir sobre material duplicado e é um dos meios de aquisição de material bibliográfico. Doação, legado, dádiva.

OFERTA DO AUTOR – Exemplar de uma obra enviado pelo autor a pessoas, órgãos de comunicação social ou instituições como as bibliotecas e os arquivos, logo após a sua publicação, com vista à divulgação, submetendo-a à apreciação crítica do público em geral.

OFERTA DO EDITOR – Oferecimento de uma das suas publicações feito por um editor a uma instituição ou a um particular. Oferta editorial.

OFERTA EDITORIAL – *Ver* Oferta do editor.

OFERTA-PRÉMIO – Modalidade de recompensa usada pela venda directa que consiste em dar um livro de bonificação ao comprador de outro artigo, que não tenha qualquer relação com o livro. O comprador colecciona um certo número de cupões, que são enviados ao fabricante do produto em causa, em troca de um livro.

OFF THE RECORD (loc. ingl.) – Informação que não foi gravada, mas sim fornecida a título confidencial, devido ao facto de o seu autor não pretender que ela seja divulgada, como sendo da sua autoria; resulta com frequência de um acordo prévio entre entrevistado e entrevistador (em geral jornalista) e está assente em princípios de ética profissional.

OFFICINA (pal. lat.) – Compartimento onde se fazia trabalho manual; por extensão, oficina tipográfica, estabelecimento onde se procedia à impressão de livros.

OFFLINE (loc. ingl.) – Em electrónica, processamento efectuado posteriormente à aquisição do sinal.

OFFSET (pal ingl.) – Nome dado a uma máquina de imprimir seguindo o processo Orloff • Processo de gravura industrial inventado em 1904 por W. Rubel, de New Jersey, no qual se dispõe de três cilindros; o superior é coberto com uma lâmina de metal que tem as gravuras e o texto, lâmina esta que passa por umas rodas embebidas em tinta; o segundo cilindro, de borracha, recebe a impressão daquela lâmina de metal a fim de a passar ao papel; o terceiro cilindro faz a contra-impressão; o papel da bobina, que há-de ficar com a impressão definitiva, passa apenas entre os dois últimos cilindros; é um processo derivado da litografia; nele os elementos a imprimir e a não imprimir estão no mesmo plano, só que as zonas a imprimir estão impregnadas com tinta gordurosa, enquanto as outras têm apenas humidade.

OFFSET **CAVADO** – Processo que consiste em conferir um leve escavado uniforme ao metal das partes a imprimir, de modo a proteger a imagem de uma rápida deterioração.
OFFSET **SECO** – Sistema de impressão tipográfica baseado na transferência sobre cilindro de borracha, tal como no *offset* sem uso de líquido. *Tipoffset*.
OFFSET **VAZIO** – Processo pelo qual a chapa de zinco empregada para o *offset*, além de ter a superfície impressora coberta de verniz é também atacada pelo ácido, que produz nela um ligeiro cavado.
OFICIAL – Qualidade atribuída às folhas ou jornais em que um governo faz publicar leis, decretos, avisos ou quaisquer declarações • Que é fornecido pela autoridade competente.
OFICIAL CAIXISTA – Componedor.
OFICIAR – Comunicar por meio de ofício.
OFICINA – Lugar onde se exerce ofício • Lugar onde se guardam os utensílios de uma indústria ou arte • Seminário. *Workshop*. Ateliê.
OFICINA DE COPISTA – Aquela onde se procedia à cópia de manuscritos em número significativo, geralmente feita por um grupo de copistas supervisionados pelo dono do estabelecimento, com a finalidade de os comercializar; este tipo de tarefa era devidamente remunerado e os seus "oficiais" ou trabalhadores recebiam um salário compatível com a sua habilidade, ao contrário dos monges copistas, cuja recompensa se traduzia apenas por uma mercê espiritual; a difusão deste tipo de estabelecimentos abertos ao público, conheceu grande desenvolvimento com a expansão das universidades, instalando-se geralmente nas suas imediações.
OFICINA DE ENCADERNAÇÃO – Estabelecimento especializado numa ou mais formas de encadernação de documentos, livros e folhetos.
OFICINA DE ESCRITA – *Ver Scriptorium*.
OFICINA DE RESTAURO – Lugar onde se procede ao levantamento do estado de degradação de qualquer documento e à solução desse problema.
OFICINA GRÁFICA – Estabelecimento onde se compõem e imprimem textos, seja sob a forma de monografias ou livros ou ainda publicações periódicas, reproduzindo o texto por meio de caracteres; uma das designações primitivas da oficina gráfica foi a palavra calcografia, usada antes que, no final do século XV, passasse a ser conhecida como tipografia. Imprensa • Lugar onde se imprime. Oficina tipográfica. Gráfica. Estabelecimento tipográfico.
OFICINA TIPOGRÁFICA – *Ver* Oficina gráfica.
OFÍCIO – Documento escrito em forma de carta com redacção convencional que as autoridades, as secretarias, as associações, etc. endereçam aos seus subordinados, iguais ou superiores, em objecto de serviço público ou particular.
OFÍCIO DE DEFUNTOS – Aquele que se celebra em sufrágio de uma pessoa falecida, em cerimónias de exéquias ou em aniversário do falecimento ou noutras situações.
OFÍCIO LITÚRGICO – Conjunto das orações e das leituras que são cantadas ou recitadas quotidiana e obrigatoriamente pelos sacerdotes ou membros de comunidades religiosas.
OFICIONÁRIO – Livro cujo conteúdo é o ofício canónico.
OFSETISTA (port. Bras.) – *Ver* Operador de *offset*.
OIROPEL – *Ver* Ouro falso.
OITAVA – Espaço de oito dias • Processo de extensão de uma notação decimal que utiliza o algarismo 8 como símbolo de extensão para permitir a inclusão de um número ilimitado de classes • A oitava parte de qualquer coisa, peso ou medida.
OITAVA RIMA – Estrofe de oito versos decassílabos, com rima cruzada nos primeiros seis e emparelhada nos últimos dois.
OITAVÁRIO – Livro que contém as orações ou ofícios eclesiásticos para um período de oito dias de solenidades ou festas religiosas.
OITAVO – Cada uma das oito partes iguais em que se divide um caderno de papel.
OLA – Folha de palmeira que era usada como suporte da escrita por certos povos da Ásia Meridional • Escrito.
ÓLEO – *Ver* Pintura a óleo.
ÓLEO DE AMÊNDOAS DOCES – Líquido amarelo claro, obtido do suco das amêndoas,

utilizado para fazer aderir a folha de ouro ao pergaminho e couro.

ÓLEO DE CÂNFORA – Substância extraída da madeira de cânfora ou louro-cânfora, árvore sempre verde da família das *Laureáceas*, utilizada como solvente de resinas e como anti-traça.

ÓLEO DE CEDRO – Produto aromático derivado da árvore de que toma o nome, com o qual se impregnavam os rolos de papiro, com a finalidade de os preservar dos microrganismos e de lhes conferir flexibilidade; usava-se também a goma ou resina de cedro com o mesmo propósito.

ÓLEO DE LINHAÇA – Ingrediente vegetal utilizado primitivamente como veículo na produção de tintas de impressão.

ÓLEO DE RÍCINO – Óleo não secante, ligeiramente amarelado ou incolor, transparente e viscoso, usado em tipografia; é solúvel no álcool, éter, benzeno e clorofórmio.

OLEOGRAFIA – Processo de impressão inventado por Poitevin em 1855 em que a lâmina é constituída por uma placa fotográfica coberta por uma emulsão de gelatina bicromatada; está na base da fotolitografia e da fototipia • Arte de imitar, através da cromolitografia, a pintura a óleo sobre papel estampado, ao qual se deu a aparência de tecido, com o auxílio de uma pressão enérgica sobre um pano molhado e bem estendido • Litocromia.

OLEOGRAVURA – Processo de reprodução de um quadro a óleo por intermédio da gravura.

OLEOMETRIA – Diz-se das impressões antigas cujos caracteres são aureolados de óleo, dado que a tinta, mal preparada, tinha este produto por base.

OLHO – Superfície impressora de uma gravura, galvano, estereotipia ou outro cliché. (port. Bras.) Antetítulo. Anterrosto.

OLHO DA LETRA – Relevo do carácter, parte que deixa a sua marca no papel de impressão; para um mesmo corpo de carácter pode haver vários tamanhos de olho.

OLHO ESTREITO – Aquele que, dadas as suas dimensões, é mais alto e esticado que os outros pertencentes à mesma família de tipos.

OLHO FINO – Aquele cujos rasgos são mais afilados e estilizados que os outros pertencentes à mesma família de tipos.

OLHO GRANDE – Aquele que ocupa muito espaço de impressão.

OLHO GROSSO – Aquele que dá origem a uma superfície impressa mais negra ou intensa que os outros pertencentes à mesma família de tipos.

OLHO INFERIOR – Parte do olho da letra correspondente ao espaço ocupado pelas caudas das hastes descendentes.

OLHO LARGO – Aquele que, dadas as suas dimensões, ocupa mais espaço que os outros pertencentes à mesma família de tipos.

OLHO MÉDIO – Parte do olho da letra que corresponde à parte central, ocupada pelas letras minúsculas sem caudas e pelos anéis das que têm caudas ascendentes ou descendentes.

OLHO PEQUENO – Aquele que ocupa menos espaço que os restantes da mesma família de tipos.

OLHO SUPERIOR – Parte do olho da letra que corresponde ao espaço ocupado pelas caudas das hastes ascendentes.

OLHO-DE-PERDIZ – Nome dado ao aspecto conferido pela aplicação de salpicos de caparrosa, sal de azedas e potassa na carneira de algumas encadernações para lhes conferir um certo ar manchado. Pé-de-gato.

OLISIPÓGRAFO – Pessoa que estuda e que escreve sobre a cidade de Lisboa. Especialista em olisipografia. Olissipógrafo.

OLÓGRAFO – Forma arcaica de hológrafo.

OMBUDSMAN (pal. sue.) – Defensor dos direitos dos leitores numa biblioteca, arquivo, serviço de documentação, etc.

OMISSÃO – Esquecimento involuntário de uma letra, de uma palavra, de uma passagem • A coisa que foi omitida.

OMNIA SUB CORRECTIONE SUPERIORUM (loc. lat.) – Fórmula usada que assegura que todo o texto ao qual se refere foi devidamente examinado pela entidade superior; é muito frequente nos livros de carácter religioso, com a finalidade de pôr o autor a coberto de qualquer alteração ou interpretação introduzida no seu texto, ao mesmo tempo que sanciona a ortodoxia do conteúdo.

O MOÇO – Adjectivo que se coloca após o nome de uma pessoa homónima de outra a fim de estabelecer uma distinção, colocando após o outro nome o explicativo "O Antigo".
OMPI – *Ver* Organização Mundial de Propriedade Intelectual.
ONDAS – Conjunto de linhas paralelas que formam uma série de curvas alternadamente côncavas e convexas. Ondulação. Ondeado • Em encadernação chamam-se ondas às desigualdades que apresenta o corte dos livros quando foi mal aparado, assim como às pequenas ondulações produzidas pelo raspador.
ON-DEMAND PRINTING (loc. ingl.) – *Ver* Impressão a pedido.
ONGLETE – Buril de gravador, de pequeno formato, de linha e secção ligeiramente curvas, que serve para obter determinados traços profundos e finos.
ONISCOGRAFIA – Tratado zoológico acerca do bicho-de-conta.
ON-LINE (pal. ingl.) – *Ver* Em linha.
ONLINE COMPUTER LIBRARY CENTER (loc. ingl.) – Centro de bibliotecas em linha, organização não lucrativa de pesquisa da informação em bibliotecas informatizadas, vocacionada para acesso à informação universal numa base. Sediada em Dublin, Ohio, nos Estados Unidos, é constituída por dezenas de milhar de bibliotecas-membros em dezenas de países; é a maior rede do mundo para serviços de bibliotecas baseada nas novas tecnologias, possui uma base de dados internacional, o *world cat*, através da catalogação em linha, que agiliza o processamento técnico de livros novos adquiridos, permitindo disponibilizá-los mais rapidamente. Catálogo de acesso público em linha. *OCLC*.
ONLINE PUBLIC ACCESS CATALOG – (loc. ingl.) Catálogo de acesso público em linha. *OPAC*.
ONOMASIOLOGIA – Parte da linguística que estuda o significado que corresponde a um determinado significante.
ONOMÁSTICA – Relação, lista de nomes • Ciência que trata da origem, transformação e classificação dos nomes próprios de pessoas e lugares.

ONOMÁSTICO – Relativo a nomes próprios. Onomático.
ONOMASTICON (pal. gr.) – Obra que fixa o significado e emprego das palavras.
ONOMÁTICO – Onomástico, relativo a nome próprio.
ONOMATOLOGIA – Tratado de nomes ou da sua classificação.
ONOMATÓLOGO – Aquele que se dedica à onomatologia.
ONOMATOMANCIA – Suposta adivinhação pelo nome das pessoas, número de letras que o formam, etc.
ONOMATOMANIA – Mania de procurar um vocábulo ou de evitá-lo, dado que a sua pronúncia não agrada.
ONOMATOPEIA – Formação de uma palavra pela imitação do som característico daquilo que ela significa • Figura de retórica por meio da qual se procura sugerir a imagem auditiva de um objecto através de um conjunto adequado de sons • A palavra formada deste modo.
ONOMATOPOESE – Criação de neologismos ou palavras novas.
ONOMATÓPOSE – Uso de nome suposto por um autor nas suas obras em vez do nome real. Nome disfarçado, pseudónimo, criptónimo.
ON PAPER (loc. ingl.) – Por escrito. Em papel.
ONTOLOGIA – Palavra originária das gregas onthos (ser) e logos (palavra), é usada desde o século XVIII para designar o ramo da metafísica relativo àquilo que existe. Foi introduzida no campo da ciência da informação e da biblioteconomia por Vickery, em 1997, onde passou a designar uma estrutura de organização do conhecimento restrita a um domínio do saber, cuja função consiste em representar formal e explicitamente os seus conceitos e as relações entre eles, com o objectivo de atingir um mais elevado nível de rigor semântico no processo da recuperação da informação, em ambientes de inteligência artificial.
OP. – Abreviatura de *out of print*, esgotado • Abreviatura da palavra latina *opus*, obra.
OP. CIT. – Abreviatura da locução latina *opere citato*, "na obra citada", expressão que é usada para evitar a repetição, na totalidade, da referência à obra já antes citada.

OPAC – Acrónimo de *Online Public Access Catalog*, Catálogo de acesso público em linha.

OPACIDADE – Característica do papel que consiste em não se verem através dele os elementos impressos numa das faces. Densidade.

OPÇÃO – Acordo segundo o qual uma editora deixa a aquisição dos direitos de reprodução ou tradução de uma obra à disposição de uma outra editora, por tempo determinado.

OPEN ARCHIVAL INFORMATION SYSTEM (loc. ingl.) – Modelo conceptual criado entre o *CCSDS (Consultative Comitee for Space Data System)* e a *ISO* para identificar os componentes funcionais que deverão fazer parte de um sistema de informação destinado à preservação digital. Teve como resultante a Norma *ISO 14721:2003* • Norma internacional (*ISO 14721:2003*) "que visa a identificação dos principais componentes funcionais e objectos de informação presentes num sistema de arquivo com pretensões de preservação a longo prazo". *OAIS*.

OPEN SYSTEMS INTERCONNECTION (loc. ingl.) – Interconexão de sistemas abertos. *OSI*.

OPERA (pal. lat.) – Obras, palavra usada para abranger o conjunto das obras ou trabalho de um autor.

OPERA OMNIA (loc. lat.) – Todas as obras. Obras completas.

OPERAÇÃO – Procedimento ou processo pelo qual uma acção definida é executada • Forma de utilização de um computador.

OPERACIONAL – Em informática significa que uma máquina está apta a executar as instruções.

OPERAÇÕES PREPARATÓRIAS – *Ver* Operações prévias.

OPERAÇÕES PRÉVIAS – Em informática, operações necessárias para accionar ou alimentar um computador ou executar programas, mas que não contribuem directamente para obter os resultados pretendidos ou para saída da máquina. Operações preparatórias. Operações rotineiras.

OPERAÇÕES ROTINEIRAS – *Ver* Operações prévias.

OPERADOR – Em informática, símbolo que define uma operação matemática para ser efectuada com os dados que ele associa; em álgebra de Boole o sinal + representa o operador E • Nome dado a uma pessoa ligada ao acompanhamento de máquinas que asseguram o tratamento da informação.

OPERADOR DE ADJACÊNCIA – *Ver* Operador de proximidade.

OPERADOR DE *OFFSET* – Nome dado à pessoa que está ligada ao acompanhamento de máquinas de impressão em *offset*.

OPERADOR DE PROXIMIDADE – Em pesquisa bibliográfica informatizada, ordem de pesquisa que possibilita que os termos de pesquisa sejam especificados pela sua aproximação. Operador de adjacência.

OPERADOR DO SISTEMA – Em informática, pessoa sobre a qual recai a responsabilidade do funcionamento de um computador central ou de uma rede de computadores.

OPERADORES BOOLEANOS – Designação das palavras "e", "ou", "não" e de outras funções lógicas que possibilitam a definição de novos conjuntos a partir de conjuntos determinados. Usam-se para representar relações entre conceitos, expressas sobretudo por meio de três operadores: intersecção (*and* ou *e*), união (*or* ou *ou*) e exclusão (*not* ou *não*). Símbolos que definem um tratamento lógico sobre os elementos que eles relacionam • Operador cujos operandos e resultado tomam um de dois valores, representados em geral por zero e um.

OPERADORES DE RELAÇÃO – Em indexação, símbolos que representam a conexão como, por exemplo, agente/acção, causa//efeito ou resultado entre descritores ordenados numa cadeia. Operadores relacionais.

OPERADORES RELACIONAIS – *Ver* Operadores de relação.

OPERANDO – Parte de uma instrução de computador que indica os dados que vão ser processados ou a situação de um mecanismo que vai ser usado.

OPERATING SYSTEM (loc. ingl.) – Sistema operativo; é também usado sob o acrónimo *OS*.

OPERE CITATO (loc. lat.) – Na obra citada; emprega-se num livro para indicar uma obra referida anteriormente e utiliza-se também sob a forma abreviada *op. cit.*

OPINAR – Expor. Manifestar opinião. Dar parecer.
OPINÁVEL – Em que pode dar-se opinião • Sujeito a diversidade de opinião.
OPINIÃO – Parecer. Ideia. Juízo sobre uma pessoa ou coisa • Em jornalismo é o pensamento da publicação periódica subjacente ao artigo de fundo.
OPINIÃO PÚBLICA – O modo de ver do conjunto geral da população. O pensamento geral da sociedade.
OPINION MAKER (loc. ingl.) – Formador de opinião; esta expressão caracteriza, por exemplo, os autores de artigos saídos a público em publicações periódicas, particularmente sob forma de editoriais ou de artigos de fundo que, dado o seu prestígio e autoridade como peritos em certas áreas (política, económica, artística, etc.), analisam essas matérias com profundidade e emitem juízos de valor que podem orientar conceitos.
OPISTOGRAFIA – Tudo o que está escrito ou impresso dos dois lados, recto e verso; os antigos escreviam geralmente apenas de um dos lados, deixando em branco o verso da página, o que era considerado uma forma de cortesia; parece ter sido Júlio César o introdutor deste hábito quando escrevia aos seus generais e governadores.
OPISTOGRÁFICO – Nome dado ao processo tipográfico para imprimir ao mesmo tempo os dois lados do papel.
OPISTÓGRAFO – No sentido original designava "escrita pelas costas" • Diz-se da obra cujas páginas estão manuscritas ou impressas dos dois lados do suporte; opõe-se a anopistógrafo.
OPOS. – Abreviatura de opositor.
ÓPTICA DO LEITOR – Perspectiva do utilizador. Ponto de vista do utilizador de uma biblioteca, arquivo, serviço de documentação, etc.
OPTICAL CHARACTER RECOGNITION (loc. ingl.) – Reconhecimento óptico de caracteres. *OCR*.
OPTÓGRAFO – Fotografia da imagem na retina.
OPUS (pal. lat.) – Obra. Trabalho literário, científico ou artístico. Livro. O plural da palavra *opus* é *opera*, daí a expressão *opera omnia*, obras completas.

OPUS CITATUM (loc. lat.) – Emprega-se em textos com o mesmo sentido de *ibidem* (*ibid., ib.*) – aí, no mesmo lugar, com o significado de que o que se cita é do mesmo livro anteriormente referido. Com o mesmo sentido utilizam-se também as expressões *loco citato* (*loc. cit.*), no lugar citado ou obra citada (*ob. cit.*). Estas expressões são usadas para evitar a repetição, no todo, da referência à obra já antes citada.
OPUS MALLEI (loc. lat.) – Designava-se por esta expressão a arte de recortar, em placas de metal, com o auxílio do cinzel e do martelo, ornamentos ou figuras que se reproduziam pintando a cores com um pincel as partes recortadas; o resultado final era semelhante ao que hoje se obtém com um escantilhão.
OPÚSC. – Abreviatura de opúsculo.
OPÚSCULO – Documento composto por um máximo de 48 páginas, constituindo uma unidade bibliográfica. Folheto. Brochura. *Ver tb. Libellus.*
OR (pal. ingl.) – Ou, operador booleano para exprimir conexão ou soma; é usado em recuperação da informação para recuperar o conjunto dos registos que contenham qualquer dos termos constantes da equação de pesquisa que foi feita, e cujo resultado será a soma de ambos.
OR NOBLE (loc. fr.) – Expressão que designa os livros preciosos, raros ou não, e que é muito utilizada entre coleccionadores e bibliófilos.
ORAÇÃO – Discurso para ser apresentado em público • Sermão • Sentença. Proposição • Invocação dirigida a Deus ou aos santos • Afirmação que é composta em geral por um sujeito, um predicado e determinantes.
ORAÇÃO DE SAPIÊNCIA – Discurso solene pronunciado por um professor de uma universidade ou de outra escola de nível superior, no dia da abertura das aulas ou noutra cerimónia.
ORAÇÃO FÚNEBRE – Discurso que é pronunciado em honra de uma pessoa falecida.
ORAÇÃO GRATULATÓRIA – Prece que se dirige a um santo ou outra entidade sobrenatural expressando o agradecimento por uma benesse ou favor recebido • Discurso de agradecimento.
ORAÇÃO OBEDIENCIAL – Aquela que era feita pelos príncipes católicos com a finalidade

de darem a conhecer ao Papa, por meio dos seus embaixadores, que tinham sido elevados ao trono e que lhe prestavam obediência.

ORACIONAL – Livro que contém orações • Designação atribuída na Idade Média ao colectório que continha as orações e até alguns capítulos do ofício divino segundo a ordem do calendário litúrgico • Relativo a oração gramatical.

ORAÇOEIRO – Nome dado em Portugal ao colectório que contém orações.

ORADOR – Aquele que faz discursos em público • Aquele que é eloquente.

ORAL – Qualidade daquilo que é expresso de viva voz, por oposição àquilo que é escrito • Transmitido de boca em boca • Parte do exame que é constituída por interrogatório directo, em oposição à prova escrita. Vocal.

ORALIDADE – Qualidade daquilo que é oral, em oposição àquilo que é expresso por escrito • Exposição de viva voz.

ORALIZAÇÃO – Transformação de um significante escrito num significante oral a fim de permitir a sua compreensão.

ORALIZAR – Tornar oral • Transmitir pela boca, de viva voz, por oposição a transmitir por escrito. Verbalizar.

ORANTE – Diz-se de uma figura de joelhos com as mãos levantadas em atitude de súplica; são frequentes figuras deste tipo no início de documentos que solicitam a Deus ou aos santos a concessão de uma benesse.

ORATIO (pal. lat.) – Linguagem (de um escritor), palavra • Linguagem cuidada (em oposição a *sermo*, linguagem sem arte) • Eloquência. Estilo. Discurso. Maneira de falar • Prosa, por oposição a poesia • Carta, mensagem • Oração (no latim eclesiástico).

ORATÓRIA – Arte de falar em público • Arte oratória.

ORBICULARIA (pal. lat.) – Extremidades do cilindro em volta do qual se enrolava o rolo de papiro ou pergaminho • Designa igualmente os botões de forma circular que guarneciam os planos da encadernação e que evitavam o desgaste provocado pelo contacto com os outros volumes. *Umbilicus*.

ORÇAMENTO – Estimativa da despesa total que atingirá a edição de uma obra • Documento que apresenta as previsões de receitas e despesas para um determinado período ou operação.

Orante

ORÇAMENTO GERAL – Estimativa que classifica em amplas categorias (material, salários, material de encadernação, manutenção, provisões, equipamentos, etc.) os gastos previstos para uma biblioteca, arquivo, serviço de documentação, etc. durante um determinado período de tempo, controlando deste modo os gastos para a entrada de recursos.

ORD. – Abreviatura de ordem, ordenação *e* ordenador.

ORD. MIN. – Forma abreviada de Ordem de S. Francisco (Ordem dos Frades Menores), que se coloca à frente do nome de um autor que é membro dessa Ordem, para o identificar enquanto tal.

ORDEM – Arranjo. Disposição • Regra. Lei Mandato • Em armazenamento e recuperação da informação, disposição ordenada e significativa de palavras, letras ou números numa lista ou matriz • Em classificação, grupo de classes coordenadas formado mediante a divisão de uma classe superior por uma característica • Em informática, instrução que se dá a um computador para que ele realize determinadas operações, através de palavras sob forma extensa ou abreviada, em oposição às ordens que se dão através das escolhas das entradas de um menu.

ORDEM ALFABÉTICA – Colocação de palavras ou sintagmas de acordo com as letras de um alfabeto • Disposição das entradas bibliográficas num catálogo a partir da primeira palavra significativa do cabeçalho segundo as letras de um alfabeto.

ORDEM ALFABÉTICO-HIERÁRQUICA – Em linguagens documentais esta expressão, aplicada a uma lista de cabeçalhos ou a um tesauro, indica que os descritores ou cabeçalhos nela ou nele contidos se encontram representados em linguagem natural e não notacional, e que se apresentam ordenados hierarquicamente do mais geral para o mais específico.

ORDEM ALFANUMÉRICA – Critério de ordenação de entradas segundo uma alteração dos valores *ASCII* dos caracteres, que combina letras, números e símbolos.

ORDEM CRONOLÓGICA – Ordenação por data muito usada em geral para organizar dados de natureza histórica ou para ordenar publicações tomando como ponto de partida as suas datas de edição, começando em geral pela mais antiga.

ORDEM DAS LETRAS – Sistema de classificação alfabética no qual as palavras simples ou compostas e os termos de uma expressão são classificados e se sucedem na própria ordem das letras que os compõem, sem ter em linha de conta a divisão das palavras, como se fossem escritos de uma só vez. *Ver* Ordem das palavras.

ORDEM DAS PALAVRAS – Sistema de classificação alfabética no qual as palavras são classificadas individualmente, quer dizer, palavra a palavra, tendo em linha de conta os vazios ou espaços que há entre elas, segundo o princípio *nothing before something*, por oposição à classificação letra a letra. *Ver* Ordem das letras.

ORDEM DE ACESSO – Ordenação das espécies bibliográficas nas prateleiras segundo a sucessão do acréscimo a uma classe.

ORDEM DE APRESENTAÇÃO – Em classificação por facetas, princípios que estabelecem a posição de colocação das facetas.

ORDEM DE AUTOR – Diz-se das obras ou das entradas relativas a obras que estão apresentadas segundo a ordenação alfabética dos nomes dos autores.

ORDEM DE CITAÇÃO – Ordem de aplicação dos princípios da divisão na determinação de um número da classe apropriado a um documento • Fórmula da faceta.

ORDEM DE COMBINAÇÃO – Num sistema de classificação por facetas, ordem de precedência em que os elementos de uma classe composta se colocam para formar um número de classificação ou um cabeçalho. Fórmula de faceta.

ORDEM DE ENTRADA – Ordem de aquisição. Registo dos documentos pela ordem em que foram sendo incorporados no património da biblioteca, do arquivo, do serviço de documentação, etc.

ORDEM DE EVOLUÇÃO NATURAL – Em classificação é o agrupamento dos assuntos segundo a sucessão em que os conhecimentos que eles exprimem nasceram e se desenvolveram.

ORDEM DE IMPORTÂNCIA DOS CONCEITOS – Princípio que determina qual a ordem de apresentação dos conceitos de um cabeçalho de assunto composto, num sistema de indexação pré-coordenado.

ORDEM DE IMPRESSÃO – Indicação escrita pelo autor ou seu representante nas últimas provas revistas, informando o impressor de que pode imprimir o texto de acordo com aquelas provas e do número e data da ordem de impressão. (port. Bras.) Visto de tiragem.

ORDEM DE RETORNO – Nas licenças de impressão que figuram nas páginas preliminares ou, mais raramente nas finais dos livros antigos, é a instrução expressa pela frase "volte a conferir"; exige que a obra seja de novo examinada para ver se está "conforme o original", verificando, assim, se no decorrer da impressão lhe foram adicionados alguns elementos não autorizados.

ORDEM DO LIVRO – Arranjo. Encadeamento que o texto apresenta e que impõe ao leitor.

ORDEM EVOLUTIVA – Em classificação, disposição de rubricas na sua hipotética ordem de criação ou de desenvolvimento.

ORDEM HIERÁRQUICA – Situação das coisas materiais, acções ou indivíduos numa escala conforme a sua importância.

ORDEM LINEAR – Sequência em que os constituintes ocorrem em frases básicas.

ORDEM NAS ESTANTES – Numa biblioteca, arquivo, serviço de documentação, etc., ordenação pela qual o material da colecção está armazenado.

ORDEM NATURAL – Em arquivística, princípio segundo o qual qualquer documento ou conjunto de documentos deve integrar o fundo documental de que procede.

ORDEM NUMÉRICA – Aquela que é feita segundo a posição determinada pela sequência dos números.

ORDENAÇÃO – Acto ou efeito de ordenar • Em arquivística, colocação de documentos por ordem alfabética, cronológica, numérica ou outra, dentro da respectiva unidade arquivística • Ordem segundo a qual se colocam os documentos ou os seus registos bibliográficos numa estante ou num ficheiro • Disposição por critérios julgados de utilidade para o utilizador. Exemplo: ordenação alfabética em índices de autor, título ou palavra; ordenação numérica em bases de dados numéricos, estatísticas ou dados económicos; ordenação por número de ocorrência de palavras ou ordenação por proximidade face ao termo de pesquisa • Operação que determina onde os itens de um determinado tipo podem ser encontrados nos catálogos e nas bibliografias e esclarece o seu significado, para encontrar um item num certo lugar na lista.

ORDENAÇÃO ALFABÉTICA – Aquela que se encontra feita segundo a ordem das letras do alfabeto; opõe-se em geral a ordenação sistemática.

ORDENAÇÃO ÁLFABÉTICA LETRA A LETRA – *Ver* Ordenação alfabética letra por letra.

ORDENAÇÃO ALFABÉTICA LETRA POR LETRA – Organização das entradas de um catálogo segundo as letras de um alfabeto feita apenas pelas letras dos pontos de acesso dos registos ignorando os espaços entre as palavras. Ordenação alfabética letra a letra.

ORDENAÇÃO ALFABÉTICA PALAVRA A PALAVRA – *Ver* Ordenação alfabética palavra por palavra.

ORDENAÇÃO ALFABÉTICA PALAVRA POR PALAVRA – Método de ordenação alfabética segundo o qual o espaço das palavras compostas tem valor de alfabetação, constituindo-se a partir dele uma nova sequência. Ordenação alfabética palavra a palavra.

ORDENAÇÃO AUTOMÁTICA – Modo de arrumação mecânica de dados e documentos que é comandado por um dispositivo mecânico.

ORDENAÇÃO CRONOLÓGICA – Aquela em que os elementos são organizados por datas; é usada nos anuários e em algumas bibliografias. Ordenação por data.

ORDENAÇÃO DA CORTE – Diploma que servia para regular as disposições do rei em Cortes e o modo de elas se realizarem.

ORDENAÇÃO DE *BERGHÖFFER* – Modalidade de disposição que não toma em linha de conta o nome próprio do autor.

ORDENAÇÃO DE DICIONÁRIO – Designação atribuída ao modo como estão dispostas as rubricas num dicionário, em geral segundo as letras de um alfabeto. Disposição alfabética • Ordenação que inclui numa mesma e única sequência diferentes entradas de autor, de título, de assunto, etc.

ORDENAÇÃO DOCUMENTAL – Operação referente ao modo de colocar ou dispor fisicamente a documentação no lugar que lhe cabe num depósito, incluindo o armazenamento e a instalação.

ORDENAÇÃO GEOGRÁFICA – Distribuição dos volumes de uma biblioteca ou das notícias bibliográficas num catálogo de acordo com a ordem alfabética do lugar de publicação, ou com outro esquema de classificação geográfica, por exemplo: continente, país, estado, cidade, etc.

ORDENAÇÃO LETRA A LETRA – *Ver* Ordenação alfabética letra por letra.

ORDENAÇÃO METÓDICA – *Ver* Ordenação sistemática.

ORDENAÇÃO NUMÉRICA – Organização de unidades de instalação nos arquivos pelo número que lhes corresponde • Arrumação de acordo com a sequência dos números.

ORDENAÇÃO ONOMÁSTICA – Arranjo feito pelos nomes.
ORDENAÇÃO PALAVRA A PALAVRA – *Ver* Ordenação alfabética palavra por palavra.
ORDENAÇÃO POR ASSUNTOS – Modalidade de ordenação por matérias que é feita segundo grandes rubricas ordenadas entre si, de acordo com uma ordem lógica pré-estabelecida. Classificação. Ordenação sistemática. Ordenação metódica • Ordenação alfabética por assunto específico.
ORDENAÇÃO POR DATA – *Ver* Ordenação cronológica.
ORDENAÇÃO POR NÚMERO DE ACESSO – *Ver* Colocação por ordem de registo.
ORDENAÇÃO POR TIRAS COLORIDAS – Organização de livros e folhetos por meio de faixas coloridas coladas nas lombadas indicando a ordem alfabética, geográfica, etc.
ORDENAÇÃO *PROCTOR* – Sistema de classificação de incunábulos, que consiste numa ordenação cronológica baseada na data mais antiga de impressão.
ORDENAÇÃO SISTEMÁTICA – Aquela em que os elementos são organizados por grandes temas, com carácter de exaustividade e numa base de hierarquização do saber. Ordenação metódica.
ORDENAÇÃO SISTEMÁTICO-ALFABÉTICA – Arranjo das entradas de uma forma sistemática, mas em que os cabeçalhos se encontram apresentados em linguagem natural em vez de ser na notacional, como acontece na ordenação sistemática pura.
ORDENAÇÃO TEMÁTICA – Aquela em que os elementos são organizados por grandes temas, sem haver uma hierarquização do saber.
ORDENAÇÃO TOPONÍMICA – Disposição primária ou secundária dos registos bibliográficos de um catálogo feita alfabeticamente por lugares de publicação ou segundo um sistema geográfico de ordenação.
ORDENAÇÕES – Compilação de leis feita no regime monárquico.
ORDENAMENTO – Mandado. Ordem • Preceito. Ordenação. Estatuto. Lei.
ORDENANÇA – Ordem por escrito • Decreto. Lei. Ordem. Determinação. Estatuto ou preceito do legítimo superior, quer ele fosse temporal quer espiritual • Acto solene e público de índole legislativa ou regulamentar • Regulamento das manobras militares da marinha ou aviação • Organização.
ORDENAR – Pôr por ordem • Dispor • Colocar os suportes dos registos ou os próprios documentos segundo determinados critérios e arrumá-los por essa ordem, a fim de facilitar-lhes o acesso no momento da pesquisa • Mandar que se faça. Determinar.
ORDENAR ALFABETICAMENTE – Dispor os elementos a organizar segundo as letras de um alfabeto.
ORDENAR CRONOLOGICAMENTE – Dispor por data os elementos a organizar, começando em geral pelos mais antigos.
ORDINAL – Livro do rito anglicano no qual está contido o directório para a atribuição de ordens • Guia para a celebração da liturgia, incluindo instruções para as acções litúrgicas do clero.
ORDINÁRIO – Vulgar • Regulamentação escrita do modo de recitar os ofícios divinos.
ORDINÁRIO DA MISSA – Parte de livro litúrgico em que estão contidos os textos fixos de cada celebração intercalados pelas rubricas referentes ao desenrolar do rito; com frequência esses textos encontram-se inseridos no início dos missais e nos sacramentários.
ORDINATIO (pal. lat.) – Lei, decreto. Regra.
ORDINATIONES (pal. lat.) – Ordenações. Termo usado na forma plural, desde a Idade Média, para designar uma colecção ou compilação de leis emanadas de um rei, como, por exemplo, em Portugal, as Ordenações Afonsinas, as Ordenações Manuelinas e as Ordenações Filipinas.
ORDINATOR (pal. lat.) – *Ver Scriptor.*
ORDINES ROMANI (loc. lat.) – Compilação de quinze livros litúrgicos nos quais estão descritas as cerimónias praticadas na Igreja romana.
ORDINOGRAMA – *Ver* Organograma.
ORDO (pal. lat.) – Livro litúrgico cujo título lembra os *Ordines romani;* contém a data das festas de um determinado ano e o rito completo de uma acção litúrgica particular, como a benção das velas, no dia 2 de Fevereiro, ou a

coroação do imperador; o *ordo* pode existir de forma independente ou integrado num ritual ou num pontifical.

ORELHA – Composição que contém um anúncio ou informação e que se coloca em um ou nos dois lados da cabeça de um periódico. Badana. Aba. (port. Bras.) Desdobro. Asa.

ORELHAS DE CÃO – Dobra feita na folha de um livro para assinalar uma marcação; pode igualmente resultar do uso contínuo do livro.

ORGANIGRAMA – *Ver* Organograma.

ORGANIZAÇÃO ARQUIVÍSTICA – Designação das operações de classificação e ordenação dos fundos ou núcleos de arquivo; baseia-se nos princípios da proveniência e do respeito pela ordem original e é aplicável a um ou mais níveis: fundo ou núcleo (no caso dos arquivos intermédios ou definitivos), secção, série e documento.

ORGANIZAÇÃO DE BIBLIOTECA – Estrutura administrativa e funcional de uma biblioteca e do trabalho que aí se desenvolve.

ORGANIZAÇÃO DE FICHEIRO – Modo como os registos e dados são organizados e acessíveis no suporte de informação.

ORGANIZAÇÃO MUNDIAL DE PROPRIEDADE INTELECTUAL – Organismo das Nações Unidas instituído na Convenção de Estocolmo de 14 de Julho de 1967, que administra, hoje em dia, os acordos e convenções internacionais fundamentais sobre propriedade intelectual e industrial. OMPI. O nosso país participa na OMPI desde 1975.

ORGANIZADOR – Nos jornais é a pessoa que distribui os anúncios nas páginas, de acordo com a indicação do espelho e dispõe os granéis nas estantes pela ordem de retranca, para que o paginador pagine com facilidade.

ORGANOG. – Abreviatura de organograma.

ORGANOGRAMA – Representação gráfica da estrutura de uma organização em que é apresentada a relação hierárquica das unidades administrativas dessa organização, as linhas de autoridade e os canais de apresentação de informações e de comunicação. Organigrama. Ordinograma • Diagrama em que são usados símbolos pré-definidos e normalizados para mostrar, passo a passo, a progressão de fluxo de trabalho ou de dados através de um sistema ou processo operativo compilado • Em informática, representação gráfica de um problema com a sua análise e resolução, através de símbolos gráficos, que fixam as diversas operações de desenvolvimento do programa.

ÓRGÃO – Jornal, revista, etc. cujo objectivo consiste em justificar, defender ou divulgar determinadas doutrinas • Instrumento de manifestação ou de acção.

ÓRGÃO ASSOCIATIVO – Nome genérico dado à publicação, geralmente periódica, que expressa a opinião e as preocupações dos filiados em determinada associação, seja ela de que género for.

ÓRGÃO DE CIRCULAÇÃO FECHADA – Periódico de uma instituição ou empresa destinado a ser distribuído apenas em circuito interno.

ÓRGÃO DE COLECTIVIDADE TERRITORIAL – Periódico de uma colectividade territorial. Sob o ponto de vista catalográfico, instituição que foi criada ou é controlada por uma colectividade territorial exercendo funções administrativas, legislativas, judiciais, militares, diplomáticas ou informativas. Nesta categoria incluem-se os ministérios, parlamentos, tribunais, embaixadas, unidades militares, etc.

ÓRGÃO PROFISSIONAL – Designação dada à publicação periódica que dimana de uma associação profissional e que reflecte os anseios e defende os interesses dos seus membros.

ORIENTAÇÃO – Direcção • Em informática, num sistema em linha, mensagem do computador indicando ao operador do terminal a informação que deve ser introduzida a seguir, na sequência da operação que vai executar-se.

ORIENTAÇÃO BIBLIOGRÁFICA – *Ver* Formação do utilizador.

ORIENTAÇÃO CULTURAL – Expressão criada à semelhança de outras como orientação profissional ou orientação escolar, assente numa iniciação à cultura pelo livro, segundo a qual se ajuda uma pessoa a escolher o livro que melhor corresponde ao seu temperamento, meio, tempo, etc. A orientação cultural supõe um duplo conhecimento do livro e do leitor e visa revelar a plena alegria da leitura, pela conformidade íntima existente entre a obra e o leitor.

ORIENTAÇÃO DA LEITURA – Directrizes preconizadas na selecção de textos e na interpretação da sua leitura, com vista a apurar o gosto literário.

ORIENTAÇÃO SOBRE O USO DA BIBLIOTECA – Serviço de informação feito a um grupo, para dar a conhecer aos potenciais utilizadores os serviços que presta, a organização e as instalações de uma determinada biblioteca.

ORIENTALISMO – Conhecimento do Oriente e de outras civilizações e culturas.

ORIENTALISTA – Pessoa que possui grande informação sobre a cultura asiática e da costa oriental africana.

ORIENTAR – Acto e efeito de ensinar • Informar. Esclarecer • Guiar • Presidir. Dirigir.

ORIG. – Abreviatura de original.

ORIGEM – Fonte de onde provém uma notícia ou informação, texto ou volume • Proveniência.

ORIGEM DE MANUSCRITO – Indicação do lugar de onde o manuscrito foi copiado. Fonte. Proveniência. Procedência.

ORIGEM DE PALAVRA – Forma atestada ou hipotética de que se faz derivar uma palavra.

ORIGEM INCERTA – Diz-se que um manuscrito é de origem incerta quando, após a análise das suas características (semelhanças estilísticas, tipos de letra, esquema de ornamentação, iconografia adoptada, etc.) não é possível determinar qual o *scriptorium* no qual ele terá sido produzido.

ORIGINAIS MÚLTIPLOS – Exemplares de um mesmo acto elaborados simultaneamente para serem entregues às partes interessadas ou para assegurar a sua conservação.

ORIGINAL – Documento primitivo onde está consignada pela primeira vez sob a sua forma definitiva, a vontade do autor do acto e que é destinado a fazer fé; opõe-se a todas as suas cópias • Exemplar de uma escritura feito pelo mesmo escrivão ou notário, autenticado com selos ou sinais conforme os lugares, tempos e costumes e que é dado a uma das partes que nela figuram como contratantes e interessadas • Texto manuscrito, impresso, etc., que há-de servir de modelo para a sua reprodução exacta • Manuscrito destinado à impressão. Texto original; pode ser autógrafo ou não • Espécime (em oposição a réplica) • Primeira redacção de um texto ou, mais correntemente, redacção realizada pelo próprio autor ou sob a sua direcção • Modelo • Fotografia, gravura, desenho para reproduzir sem qualquer modelo ou exemplar da mesma natureza • Minuta primitiva de uma carta, de um texto, de um contrato, etc. • Designação dada a qualquer obra do espírito ou qualquer obra de arte, por oposição à tradução, à cópia • Autor ou artista que se destaca em qualquer género sem ter seguido qualquer modelo ou imitado alguém • Em reprografia, documento-fonte ou cópia intermédia, a partir do qual se fazem as cópias • Em fotografia, cena, pessoa ou objecto que dá lugar a uma imagem • Registo fotográfico inicial que pode ser feito por uma câmara • Em reprodução fotográfica, exemplar a partir do qual se fazem as cópias • Em duplicação, exemplar que pode ser utilizado de novo, preparado especialmente para isso, ou cópia exacta do exemplar, da qual se fazem as cópias • Em relação a um filme, refere-se ao primeiro suporte que foi utilizado para registar a imagem e/ou o som • Suporte a partir do qual se fazem as cópias.

ORIGINAL DACTILOGRAFADO – Aquele que se apresenta escrito à máquina.

ORIGINAL DE IMPRENSA – Testemunho que serviu, na tipografia, para a composição de um texto impresso; os manuscritos deste tipo têm uma importância fundamental para a crítica textual.

ORIGINAL IMPRESSO – O que tem estampado no papel os caracteres tipográficos.

ORIGINAL MÚLTIPLO – Em arquivística, cada um dos documentos feitos num mesmo acto cronológico e sob as mesmas formalidades.

ORIGINALIDADE – Qualidade do que é original • Carácter do que é diferente, novo, que não tem modelo • Singularidade.

ORIGINALMENTE – Com originalidade. De forma original • Segundo o original.

ORISCUS (pal. lat.) – Neuma ornamental que, em combinação com os neumas simples, indica um modo especial de cantar.

ORLA – Ornamentação formada por fios ou vinhetas que se desenha, pinta, grava ou imprime nas margens de uma folha de papel ou pergaminho em volta de um texto manuscrito ou impresso, ou rodeando um retrato, vinheta, etc. Borda. Margem. Tarja. Cercadura. Guarnição • Em heráldica, guarnição em volta do escudo • Em arquitectura designa o filete do capitel.

ORLA AZURADA – Barra que é formada por uma série de linhas finas verticais ou horizontais.

ORLA DE COMBINAÇÃO – Cercadura que é composta por uma série de peças que podem ir acompanhadas por filetes especiais para conseguir associações diversas.

ORLA DE LINHA – Contorno que é composto por uma única linha ou aquele cujos motivos se repetem em linha.

ORLA DE VINHETAS – Conjunto de vinhetas simples que enquadram uma composição tipográfica de natureza artística.

ORLA GEOMÉTRICA – Aquela que é composta por uma série de figuras geométricas com as quais se constroem trabalhos de fantasia.

ORLA MARGINAL – Faixa decorativa de contorno usada especialmente nos manuscritos medievais e nos incunábulos.

ORLADURA – *Ver* Orla.

ORLAR – Cercar. Rodear. Contornar • Em encadernação é a operação que consiste em cobrir com tiras de papel, couro ou pano as extremidades das pastas • Em heráldica, guarnecer à volta do escudo.

ORNADO – Guarnecido • Ilustrado.

ORNAMENTAÇÃO – Elementos acessórios de um trabalho tipográfico: enfeites, iniciais, filetes, etc., que são usados na composição para aumentar o seu efeito estético. Decoração • Nos manuscritos e posteriormente nos primeiros tempos da tipografia, a ilustração e também a ornamentação do texto visavam, além de uma decoração meramente recreativa, a sua explicação e consequente explicitação, uma vez que muitas pessoas não sabiam ler, mas o poder da imagem levava-as a entender a mensagem escrita à qual não teriam acesso de outro modo.

ORNAMENTAÇÃO ANIMALÍSTICA – *Ver* Ornamentação zoomórfica.

ORNAMENTAÇÃO BRAILE – Em encadernação, a decoração que é feita com instrumentos aquecidos que são prensados no material de capa, seja pano ou couro, deixando uma impressão, mas em que nem ouro nem cor são usados.

ORNAMENTAÇÃO FITOMÓRFICA – Aquela que é feita à base de elementos decorativos vegetalistas ou seja, retirados do mundo das plantas; foi muito usada nas iluminuras e enquadramentos de miniaturas durante todo o período medieval até finais do século XV e mesmo posteriormente; o seu uso permaneceu no enquadramento de portadas e na ornamentação de iniciais capitais de obras impressas, dado que os modelos seguidos nos primeiros tempos da imprensa eram os modelos manuscritos; as flores mais variadas, como rosas, violetas, amores-perfeitos e os frutos, entre os quais avultam os morangos, as bolotas e as uvas, são alguns dos elementos mais frequentes neste tipo de decoração. Ornamentação vegetalista.

ORNAMENTAÇÃO VEGETALISTA – *Ver* Ornamentação fitomórfica.

ORNAMENTAÇÃO ZOOMÓRFICA – Aquela que empregava elementos decorativos retirados do mundo animal; esteve em moda nas iluminuras e enquadramentos de miniaturas durante todo o período medieval até finais do século XV e mesmo posteriormente; nos primeiros tempos da tipografia, e dado que os modelos seguidos eram os manuscritos, foram igualmente usados os insectos, as aves e os animais mais ou menos exóticos e pouco conhecidos, como os pavões, borboletas, joaninhas e outros insectos, os dragões e os macacos, de que são exemplo as chamadas *babouineries*. Ornamentação animalística.

ORNAMENTO – Conjunto dos materiais que podem ser utilizados para adornar ou embelezar um texto manuscrito ou impresso. Adorno. Ornato. Enfeite • Modo de expressão que valoriza um texto tornando-o mais elegante. Ornato literário.

ORNAMENTO DA CABEÇA – Enfeite especialmente desenhado para o alto da página; pode incorporar o título da cabeça do capítulo ou proporcionar um espaço isolado onde ele pode ser impresso. Cabeção.

ORNAMENTO TIPOGRÁFICO – Elemento especialmente concebido e fabricado para ser impresso em gravuras, livros, etc.; são exemplos de ornamentos tipográficos os fios e vinhetas.
ORNAR – Ornamentar, enfeitar, adornar, ilustrar • Enriquecer.
ORNATO – *Ver* Ornamento.
ORNATO DE COMBINAÇÃO – *Ver* Orla de combinação.
ORNATOS – Peças de fundição tipográfica que têm um ornamento no lugar correspondente ao olho da letra; são usadas para embelezar e contornar; em termos de funcionalidade poderá dizer-se que o seu papel é o de referenciar as diferentes partes do texto.
OROPEL – *Ver* Ouro falso.
ORTOÉPIA – Prosódia • Parte da gramática que ensina as regras da boa pronúncia. Ortofonia.
ORTOFONIA – Pronunciação normal das palavras • Ortoépia.
ORTOFOTOGRAFIA – Fotografia aérea a uma escala uniforme sobre a qual podem ser recolhidas medidas rigorosas de distâncias horizontais.
ORTOGRAFAR – Grafar.
ORTOGRAFIA – Acto e maneira de escrever correctamente as palavras de uma língua segundo a norma • Forma de escrever as palavras. Grafia • Conjunto de grafias considerado como um sistema de notação dos sons por sinais escritos, próprio de uma língua, de uma época ou de um escritor.
ORTOGRAFIA ETIMOLÓGICA – Modo de escrever as palavras de acordo com a sua origem e a sua história.
ORTOGRAFIA FONOLÓGICA – *Ver* Ortografia sónica.
ORTOGRAFIA SÓNICA – Modo de escrever as palavras empregando apenas as letras correspondentes aos sons. Ortografia fonológica.
ORTÓGRAFO – Pessoa versada nas leis ortográficas • Maneira de escrever uma palavra, considerada como a única correcta • Conjunto de grafias considerado como um sistema de notação dos sons por sinais escritos, próprio de uma língua, de uma época ou de um escritor • Ortografista.
ORTOTIPOGRÁFICO – Diz-se dos sinais ou regras que se referem à ortografia aplicada à tipografia.
OS – Forma abreviada de *Operating System*, Sistema operativo • Designa igualmente *out of stock*, Esgotado em armazém.
OSCILAÇÃO TÉRMICA – Alteração da temperatura ambiente num depósito de biblioteca, arquivo, serviço de documentação, etc., que se reflecte no estado de conservação dos documentos aí armazenados e que se caracteriza pela passagem de uma temperatura mais elevada a outra mais baixa ou vice-versa, consoante a época do ano e alterações pontuais; é um dos factores que mais contribui para a degradação dos materiais celulósicos, acelerando sobretudo a perda da resistência mecânica; se lhe estiver associado um alto teor de humidade, a degradação será ainda mais rápida.
OSI – Forma abreviada de *Out of Stock Indefinitely*, Esgotado em armazém indefinidamente • Acrónimo de *Open Systems Interconnection*, Interconexão de sistemas abertos.
OSIRIS – Programa baseado no *Mini-Micro CDS/ISIS* da *UNESCO* concebido no âmbito do Centro Internacional *ISDS* para utilização pelos Centros Nacionais. *OSIRIS* significa "Sistema em linha de informação, registo e pesquisa de publicação em série" e o seu objectivo é o de simplificar e acelerar o registo e transmissão dos dados dos Centros Nacionais de pequena e média dimensão.
OSSO – Material de suporte da escrita usado pelos chineses na Antiguidade; são conhecidos desde 1500 a. C. os denominados ossos-oráculos, que resultavam da gravação de signos oraculares feita pelos sacerdotes em ossos de grande dimensão posteriormente submetidos a um aquecimento até quebrarem, "lendo" em seguida os desenhos feitos pelas rachas, relacionando-os com os signos de modo a prever o futuro • Material usado para fabrico de ganchos de encadernações orientais.
ÓSTRACA – *Ver* Óstraco.
ÓSTRACO – Fragmento de cerâmica, placa de argila ou bocado convexo de vasos e ânforas semelhante a uma concha, que os atenienses usavam para escrever os seus recibos, men-

sagens, votos, textos literários ou o nome de uma pessoa que queriam exilar; daqui provém a palavra ostracismo; são muito famosos na Palestina os de Samaria, Betsamés, Láquis, Betsan, etc. • Fragmento de cerâmica ou pedra onde aparece um esboço pictórico. Óstraca.
OSTRACOLOGIA – Tratado acerca das conchas.
OU – Operador booleano para exprimir conexão ou soma; é usado em recuperação da informação para recuperar o conjunto dos registos que contenham qualquer dos termos constantes da equação de pesquisa que foi feita, e cujo resultado será a soma de ambos. *Or* • Operação booleana conhecida como união ou adição lógica; representa-se graficamente pelo operador +.
OURO – Nome dado ao conjunto dos ornamentos dourados: linhas, motivos, etc. que decoram as pastas e lombadas dos livros; a sua aplicação nos calendários dos livros de horas era reservada aos nomes dos dias dos santos principais. Contudo, é nas iluminuras que a aplicação do ouro avulta, conferindo-lhes luz e brilho; a iluminação com ouro remonta à Antiguidade, mas a grande voga da aplicação do ouro viveu-se nos finais da Idade Média, não só nas miniaturas, mas também nas bordaduras dos manuscritos e nas iniciais capitais. Atinge o seu ponto mais alto nos livros de horas, que são quase sem excepção iluminados; a aplicação do ouro podia ser feita através de ouro em pó (misturado com goma arábica numa espécie de tinta dourada, aplicada com pena ou pincel após o desenho a cores) ou ouro em folha, este usado para superfícies maiores como os fundos, após a aplicação de uma fina camada de gesso de Paris, colorido ou não, à qual aderia, após o que era brunido para obter aquele brilho que ainda hoje fascina; sobre ele é feito o desenho de flores e animais, dando a ilusão tridimensional; o ouro em folha foi usado sobretudo a partir da segunda metade do século XV e tinha que ser aplicado em primeiro lugar, antes das cores, pois ao ser brunido vigorosamente podia destruir os pigmentos adjacentes; a folha de ouro era obtida através do batimento paciente de uma moeda de ouro cortada em pequenos fragmentos até resultar uma folha finíssima. Cennini informa que podiam obter-se 145 folhas de ouro de apenas um ducado. Utilizavam-se pequenos pedaços de pele de intestinos de animais entre os quais elas se guardavam para não colarem entre si • Em heráldica, o mais importante metal dos brasões de nobreza; em conjunto com a prata e as cores do brasão, constitui em heráldica o que dá pelo nome de esmaltes; é representado pela cor amarela e expressa-se, nos escudos que não estão pintados, com pontos muito miúdos.
OURO ALQUÍMICO – Tinta de ouro cuja composição foi desenvolvida no início do século XX para imitar a folha de ouro; dizia-se ser isenta de ácido, assim como não embaciante; a sua principal vantagem parece ter sido o facto de eliminar a necessidade de cortar a folha à medida, de a aplicar e de a limpar.
OURO AROMA – O ouro mais fino e de melhor qualidade, usado em encadernação para fazer estampagens de luxo.
OURO EM FOLHA – *Ver* Folha de ouro.
OURO FALSO – Liga que se apresenta em lâminas finíssimas, composta na sua maior parte por cobre, com quantidade variável de outros metais como zinco, estanho, etc., que é usada como substituto do ouro. Ouropel. Oiropel. Oropel.
OUROPEL – *Ver* Ouro falso.
OUTLINE (pal. ingl.) – Maneira hierárquica de apresentar itens relacionados de texto para descrever graficamente as suas relações; auxilia quem escreve a organizar o pensamento antes de exprimi-lo sob a forma de frase, mostra que ideias precisam de ser ilustradas ou elaboradas e ajuda o autor do texto a decidir qual a organização que vai dar-lhe, se a lógica, a cronológica ou a categorial. *Ver tb.* Esboço.
OUT OF DATE (loc. ingl.) – Antiquado. Desactualizado. Velho. Obsoleto. Fora do prazo.
OUT OF PRINT (loc. ingl.) – Esgotado. Com os exemplares todos distribuídos ou vendidos.
OUT OF STOCK INDEFINITELY (loc. ingl.) – Esgotado em armazém indefinidamente; esta expressão é também conhecida pelo acrónimo *OSI*.
OUTORGA – A coisa deixada em testamento. Doação.

OUTORGADAMENTE – Com pronto e feliz despacho de concessão, consentimento e outorga.

OUTORGAMENTO – Juramento • Aprovação. Consentimento. Inquirição • Prova judicial e autêntica.

OUTORGAR – Conceder um benefício exercendo o poder que se tem para tal; geralmente esta doação é declarada em escritura pública • Intervir como parte interessada em escritura pública • Permitir. Consentir. Aprovar.

OUTPUT (pal. ingl.) – *Ver* Saída.

OUTRA LINHA – Expressão usada para indicar que deve fazer-se nova alínea, sobretudo quando se dita.

OVAL – Fio fechado de latão que tem esta forma, dentro do qual se justificam linhas de composição; serve em geral para fazer rótulos ou carimbos.

OVALADEIRA – Instrumento usado nas oficinas de fotogravura para cortar os clichés em forma oval ou de círculo. Elipsógrafo.

OVERLAY (pal. ingl.) – Informação que vai dar forma visual a outra informação em determinado lugar da página • Em informática, dissecação em segmentos de um programa, a fim de que a sua execução possa ser feita numa memória muito pequena para o conter integralmente.

OXIDAÇÃO – Reacção química resultante da exposição ao oxigénio; esta reacção pode envelhecer ou escurecer os pigmentos cuja base é o metal; pensava-se que uma camada de clara de ovo reduzia, em certos casos, esta tendência, mas as condições em que um manuscrito é armazenado e a duração da exposição em condições adversas parecem condicionar a extensão da oxidação • Alteração química produzida nos documentos gráficos, provocada pela humidade excessiva.

OXÍMORO – Expressão de um paradoxo.

OZALIDE – Folha de alumínio ou de papel da marca *Ozalid* (anagrama de diazol), que é usada em *offset* reduzido e cuja aplicação é muito frequente na reprodução de originais transparentes • Processo de reprodução de planos e desenhos executados sobre material transparente por meio da acção da luz sobre um papel ou tecido emulsionado, chamado papel *ozalide* • Cópia obtida por este processo.

P

1º V. – Abreviatura de primeiro verso.

P – Letra do alfabeto latino e do de quase todas as línguas antigas e modernas • O tipo que na impressão reproduz essa letra • Nas máquinas fundidoras é a matriz que dá esse carácter • Punção com que se grava essa matriz • Assinatura correspondente ao décimo quinto caderno de um volume, quando se usam letras para tal fim • Décima sexta chamada de nota, se se usarem letras em lugar de números ou sinais • Letra numeral que na aritmética antiga tinha o valor de 400; no caso de ser plicada valia 400.000.

P & B – Abreviatura de preto e branco.

P & C – Abreviatura de preservação e conservação.

P. P. – Abreviatura de *Papæ*, Papas.

P. – Abreviatura de página. Pág.

P. A. – Forma abreviada da expressão " prova de artista".

P. A. O. – Abreviatura de *Publication Assistée par Ordinateur*, expressão francesa usada para designar a aplicação dos meios informáticos às artes gráficas • Edição electrónica.

P. D. C. – Forma abreviada de *præsentat, dedicat, consecrat*, "apresenta, dedica, consagra", frase que subscrevia uma dedicatória de um livro, geralmente dirigida a um grande senhor que patrocinara a impressão da obra, a um editor literário ou a alguém a quem se deviam favores.

P. EX. – Abreviatura de "por exemplo".

P. M. F. – Abreviatura da expressão "Padre Mestre Frei", que precede muitos nomes de autores pertencentes a congregações religiosas.

P. O. M. – Abreviatura da expressão latina *Pontifex Optimus Maximus*.

P. P. – Forma abreviada de "próximo passado"; é usada associada a uma data, para indicar que foi a última.

P. P. I. – Abreviatura da expressão inglesa *Pixel Per Inch*, pixel por polegada, que define a medida da resolução de uma imagem num monitor.

P. R. – Abreviatura da expressão latina *Populus Romanus*, Povo romano.

P. S. – Abreviatura de *post scriptum*, pós-escrito, aditamento ou acrescento a um texto principal.

P.V.A. – Adesivo de acetato de polivinilo usado em encadernação por se manter flexível e não secar.

PAC – Acrónimo de Publicação Assistida por Computador, usado para designar a aplicação dos meios informáticos às artes gráficas.

PACOTE – Em encadernação, conjunto de vários volumes que estão separados por tábuas ou cartões e atados juntos antes de irem para a prensa • Embrulho, pequeno fardo • Maço de papéis ou cartas • Cartuxo • Em informática, conjunto finito de bits que pode ser manipulado por uma rede de comutação de pacotes. Este termo português pretende traduzir o termo inglês *packet*, unidade lógica de informação que inclui um cabeçalho e, usualmente, dados de utilizador.

PACOTE INFORMATIVO – Documento ou conjunto de documentos no qual a informação aparece apresentada em suportes de natureza diferente, repetindo a mensagem de diversas formas para que ela chegue ao público.

PAD – Acrónimo de Processamento Automático de Dados, operações com dados realizadas automaticamente por um computador, sem intervenção humana, mas seguindo um conjunto de instruções previamente determinado, chamado programa informático.

PADIS – Acrónimo de *Pan-African Development Information System*, Sistema de informação para o desenvolvimento de África.

PADRÃO – Folha de papel colocada sobre o cilindro da máquina para servir de modelo ou guia na colocação das folhas que se devem imprimir • Folha sobre a qual se fixa o acerto nas máquinas. Folha de padrão • Um suporte qualquer no qual são levadas à grandeza natural formas ou dimensões que devem ser reproduzidas • Modelo • Título autêntico.

PADRÃO DE ENGRADADOS – Expressão usada em encadernação para designar o padrão geométrico ou em espiral, recortado em couro ou papel sobre um fundo colorido.

PADRÃO DE PRODUÇÃO – *Ver* Padrão de publicação.

PADRÃO DE PUBLICAÇÃO – Também denominado padrão de produção, é todo o item bibliográfico ou não, que se apresenta completo num, vários ou num presumível número infinito de partes. O padrão específico de publicação afecta a maneira como um item será seleccionado, adquirido, organizado, armazenado, acessível ou preservado nas instalações bibliográficas.

PAG. – Abreviatura de paginação.

PAG. MÚLT. – Abreviatura de paginação múltipla.

PAG. VAR. – Abreviatura de paginação variada, diversa.

PÁG. – Abreviatura de página. P.

PAGAMENTO ADIANTADO – *Ver* Pagamento antecipado.

PAGAMENTO ANTECIPADO – Aquele que acompanha uma ordem de compra. Pré-pagamento. Pagamento prévio.

PAGAMENTO POR PERCENTAGEM – Tipo de remuneração dos direitos de autor através do qual o autor recebe uma fracção do preço líquido de venda de cada livro vendido; trata-se de uma fracção que costuma referenciar-se em cerca de 5% para as obras científicas até 12% ou 15% para as obras de sucesso; alguns contratos admitem também uma percentagem progressiva segundo o volume da venda.

PAGAMENTO PRÉVIO – *Ver* Pagamento antecipado.

PAGELA – Página de formato muito pequeno. Paginazinha • Santinho.

PÁGINA – Em Plínio designa uma coluna de texto no papiro que corresponde a cada uma das pequenas folhas de papiro coladas sucessivamente umas às outras para obter o rolo; como este era escrito apenas de um dos lados, daí a razão pela qual se designa por página cada lado da folha do livro • Conjunto de linhas de texto que ocupa cada uma das faces da folha • Folha de papiro, de forma quadrada, pronta a receber a escrita. *Scheda* • Cada um dos dois lados de uma folha de papel, de pergaminho, etc. susceptível de receber um texto ou um desenho • Superfície de uma lauda considerada no seu aspecto material; o texto de uma página é sempre cercado de espaços em branco, que constituem as margens • Carta • Livro. Obra literária • Em informática, subdivisão de uma memória correspondente a um determinado número de palavras e que serve como unidade de troca entre dois níveis de memória em sistemas de memória virtual.

PÁGINA À FRANCESA – A que é mais alta do que larga. Página alargada.

PÁGINA ABERTA – Em jornalismo é aquela cuja paginação ainda não foi completa e que possui espaços em claro • Página cuja forma ainda não entrou na máquina.

PÁGINA AGRÍCOLA – Designação comum de publicação periódica informativa de questões sobre os trabalhos do campo e as transacções comerciais com eles relacionadas.

PÁGINA ALARGADA – *Ver* Página à francesa.

PÁGINA ANTERIOR – A que se encontra localizada imediatamente antes daquela que se menciona.

PÁGINA BRANCA – A que nada tem escrito ou impresso, correspondendo na forma a uma página de guarnições e outro material branco. (port. Bras.) Página limpa • Em jornalismo é aquela que contém apenas matérias de redacção, sem qualquer anúncio.

PÁGINA CAPITULAR – A que inicia um capítulo de livro.

PÁGINA CHEIA – Aquela que é totalmente ocupada por texto, não apresentando títulos nem claros. Página inteira.

PÁGINA COMPRIDA – A que leva uma linha ou duas a mais, por ser final de capítulo.

PÁGINA COXA – Nome dado à página que é mais curta, porque termina um capítulo, é final da publicação ou por qualquer outro motivo. Fundo perdido. Página curta.

PÁGINA CURTA – A que tem menos linhas do que as que deveria conter a sua altura, o que acontece frequentemente nos finais de capítulo. Página coxa.

PÁGINA DE ABERTURA – Página de começo, aquela onde se inicia o primeiro capítulo de uma obra; num jornal é a primeira página, onde geralmente estão inseridas as notícias mais sensacionais do dia e também o editorial.

PÁGINA DE BIRLÍ – Página curta no fim de uma página importante de uma obra ou no fim de um capítulo.

PÁGINA DE COBERTURA – Capa.

PÁGINA DE COMEÇO – Página capitular, sobretudo aquela onde se inicia o primeiro capítulo de uma obra.

PÁGINA DE CORTE – Sistema de paginação de publicações periódicas que consiste em repartir com anúncios o espaço das páginas de matéria, cortada por eles.

PÁGINA DE CORTESIA – Cada uma das páginas que são deixadas em branco no princípio e no final de um livro.

PÁGINA DE CRÉDITOS – *Ver* Página de direitos de autor.

PÁGINA DE DEDICATÓRIA – Página de um livro, em geral fazendo parte das páginas preliminares, onde se inscreve o nome da pessoa ou pessoas a quem o autor o dedica. Dedicatória.

PÁGINA DE DIREITOS DE AUTOR – Usualmente aquela que fica colocada no verso da página de rosto e na qual estão registados os direitos de propriedade da obra, número de edição, pé de imprensa, licenças, etc. Página de créditos. Página de propriedade.

PÁGINA DE ENTRADA – *Ver* Rosto.

PÁGINA DE FALSO TÍTULO – Aquela em que está impresso o título abreviado.

PÁGINA DE GUARDA – *Ver* Folha de guarda.

PÁGINA DE IMPRESSORA – Nome dado à subdivisão física de uma listagem impressa.

PÁGINA DE PARTIDA – Designação da primeira página numerada de uma obra.

PÁGINA DE PORTADA – Nome dado à página de rosto de uma obra manuscrita ou impressa, que provém do facto de ser a sua página de entrada e de frequentemente assumir a forma de uma fachada arquitectónica; nela habitualmente encontra-se inscrito o título e demais elementos fundamentais para a identificação da obra. Frontispício. Rosto.

PÁGINA DE PROPRIEDADE – *Ver* Página de direitos de autor.

PÁGINA DE REFERÊNCIA – Assim chamada, quando as páginas da esquerda e da direita formam como que uma só página, deixando apenas na medianiz o claro suficiente para poder fazer-se a leitura de uma para outra página. É o que acontece quando páginas contíguas constituem um quadro ou tabela que se prolonga de uma para outra como se fossem uma só. Portada a dupla página.

PÁGINA DE RESUMOS – Página, por vezes solta, que aparece em geral no início ou na parte final de uma publicação periódica e na qual se apresentam os resumos dos artigos nela contidos, precedidos da correspondente referência bibliográfica, à cabeça • Página situada no princípio ou no fim de um livro ou documento que inclua mais de um artigo e que contém a referência bibliográfica e o resumo de cada um dos artigos que o constituem.

PÁGINA DE ROSTO – É em geral o primeiro fólio de um livro, a seguir aos fólios de guarda (em branco). Portada. Página de título. Página rostral. Rosto. Frontispício; nela figuram habitualmente o título da obra, o nome do autor e do editor, o lugar e a data de publicação • Em publicação cartográfica, título próprio de um mapa solto pertencente a uma série, independente do título da série de mapas.

PÁGINA DE ROSTO MÚLTIPLA – *Ver* Página de título múltipla.

PÁGINA DE ROSTO SECUNDÁRIA – Página de título que antecede ou segue a página de rosto escolhida como página-base para a descrição bibliográfica de uma publicação.

PÁGINA DE ROSTO ÚNICA – *Ver* Página de título única.

PÁGINA DE TÍTULO – *Ver* página de rosto.

PÁGINA DE TÍTULO ADICIONAL – Página que precede ou segue a página de título escolhida como base para a descrição da obra; pode ser mais geral, como uma página de título de série, ou semelhante à página de título escrita noutra língua.

PÁGINA DE TÍTULO DIVISÓRIA – Página de título própria de cada um dos trabalhos que foram previamente publicados em separado e mais tarde publicados em volume sob um título geral. *Ver* Título geral.

PÁGINA DE TÍTULO DUPLA – Expressão usada para designar a circunstância em que duas páginas se apresentam frente-a-frente, também chamada portada a dupla página. Página de referência.

PÁGINA DE TÍTULO MÚLTIPLA – Aquela cuja informação não repetida se apresenta em duas páginas consecutivas, em geral dispostas frente-a-frente.

PÁGINA DE TÍTULO SUBSTITUTA – Página, parte de página ou outra parte componente de uma publicação (capa, cólofon, etc.), que contém a informação que em geral figura na página de título; designa-se deste modo porque na ausência da página de título a substitui como fonte informativa.

PÁGINA DE TÍTULO ÚNICA – Aquela cuja informação se encontra numa só página física.

PÁGINA DEITADA – Aquela que é formada por quadro, ilustração ou tabela e que, não entrando na largura é disposta no sentido da altura da página; para lê-la é preciso virar a publicação.

PÁGINA DESPORTIVA – Aquela que é consagrada à informação relacionada com os desportos.

PÁGINA DO *COPYRIGHT* – Página onde aparece indicado o registo de direitos de autor.

PÁGINA DOMINICAL – Página especial, que é publicada apenas ao Domingo.

PÁGINA DUPLA – As duas páginas de uma publicação periódica uma ao lado da outra ou face a face aproveitadas para um só anúncio, matéria redigida ou ilustração; normalmente são aproveitadas para tal as páginas centrais (que formam uma só folha) ou outras. Dupla página. Página espelhada.

PÁGINA EDITORIAL – Aquela em que é inserido o editorial e as colaborações consideradas de maior importância • Em jornalismo, aquela em que são inseridos os artigos de fundo, colaborações e às vezes notícias importantes ou cartas dos leitores.

PÁGINA EM BRANCO – Toda a página que se forma de quadrados e se destina a ocupar as páginas que na folha ou forma hão-de aparecer em branco • Aquela que não tem texto.

PÁGINA EM TAPETE – Página totalmente ilustrada com desenhos labirínticos imitando a maior parte das vezes os ornamentos entrelaçados e complexos presentes nas tapeçarias orientais, particularmente nas árabes; este tipo de páginas, características da iluminura dos códices irlandeses e saxónicos, foram assim denominadas pelos historiadores de arte que mais tarde as estudaram, devido à sua semelhança com os referidos desenhos das carpetes orientais; o nome pode provir igualmente da sua parecença com os mais antigos manuscritos islâmicos e códices iluminados de origem hebraica. A página em tapete mais antiga conhecida data de cerca do ano 680 no *Livro de Durrow*. No período carolíngio representa a ornamentação levada ao limite, sobretudo com a intenção de solenizar o uso do livro. Em algumas destas páginas a ornamentação é realizada a partir de desenhos feitos à pena, sendo um dos mais usados o do candelabro hebraico; contudo, noutros casos, como acontece com a célebre *Bíblia hebraica* da Biblioteca Geral da Universidade de Coimbra, todos os contornos dos arabescos são realizados com frases do texto bíblico, ao contrário do que ocorre com a maioria dos casos, em que estes desenhos são feitos com anotações ou um comentário massorético. Página-tapete. *Carpet-page*.

PÁGINA ESPELHADA – Aquela que fica ao lado de uma outra. O noticiário que ocupa mais de uma página de jornal deve ser colocado de preferência em página espelhada. Página dupla.

PÁGINA FECHADA – Aquela cuja forma já entrou na máquina e na qual já não é possível fazer alterações.

PÁGINA FEMININA – Aquela em que são apenas tratados temas referentes ao universo da mulher.

PÁGINA FINANCEIRA – Aquela em que são apenas inseridas informações referentes ao mundo dos negócios (economia, finanças, bolsa, câmbios, etc.).

Página em tapete

PÁGINA FINANCEIRA E ECONÓMICA – Designação comum de publicação periódica informativa de questões sobre finanças e economia.

PÁGINA FOLIADA – Página que possui um número identificador da sua posição no conjunto do livro.

PÁGINA FRONTAL – *Ver* Portada.

PÁGINA ILUSTRADA – Aquela que se apresenta na totalidade ou na maioria composta por ilustrações ou gravuras.

PÁGINA ÍMPAR – Página que contém o número ímpar, habitualmente a da direita. As notícias mais importantes são dadas nas páginas de números ímpares, porque elas atraem mais a atenção do leitor do que as páginas de números pares; por isso a página ímpar é também chamada página nobre.

PÁGINA INCIPITÁRIA – Designação da página, decorada ou não, na qual se encontra o início do texto.

PÁGINA INFANTIL – Aquela em que são inseridas matérias relacionadas com o mundo das crianças.

PÁGINA INFORMÁTICA – Espaço delimitado por um jogo de quadros no meio dos quais se desenvolve o escrito.

PÁGINA INFORMATIVA – Aquela cujo conteúdo essencial é constituído por notícias e informações.

PÁGINA INTEIRA – Diz-se daquela que é ocupada na totalidade por texto ou por uma gravura, não apresentando títulos nem claros. Página cheia. Plena página • A que é ocupada na totalidade com informação sobre um único tema.

PÁGINA INUMERADA – Página de um livro ou documento à qual não foi atribuída uma numeração individual.

PÁGINA LARGA – Aquela em que o texto ou quaisquer outros motivos gráficos ultrapassam a medida da caixa de composição.

PÁGINA LIMPA (port. Bras.) – *Ver* Página branca.

PÁGINA LITERÁRIA – Aquela cujo conteúdo é totalmente preenchido com questões relacionadas com a literatura e o mundo das letras.

PÁGINA LONGA – A página de um livro com um número de linhas impressas maior do que o resto do texto.

PÁGINA NOBRE – Em jornalismo é aquela que é mais lida e que mais chama a atenção; as páginas que mais chamam a atenção são as numeradas com numeração ímpar, por isso são designadas páginas nobres e são as preferidas pelos anunciantes. *Ver* Página ímpar.

PÁGINA NUMERADA – Página que leva numa das suas margens um número que indica a sua posição no conjunto das da obra de que faz parte.

PÁGINA OBLONGA – Página que é mais alta do que larga.

PÁGINA OPOSTA – *Ver* Contrapágina.

PÁGINA PAR – A que fica do lado esquerdo do livro, impressa no verso da página ímpar. Verso.

PÁGINA POSTERIOR – Qualquer das páginas que ficam localizadas mais adiante do que aquela que se mencionou.

PÁGINA ROSTRAL – *Ver* Página de título.

PAGINA SACRA (loc. lat.) – Palavra sagrada, palavra divina.

PÁGINA SEGUINTE – Página imediatamente posterior àquela em que se faz a menção.
PÁGINA SONORA – Folha com informação visual num dos lados e no outro uma camada magnética capaz de registar e reproduzir gravação fonográfica.
PÁGINA WEB – Um documento na *Web*; cada página é identificada por um *www* único.
PAGINAÇÃO – Sistema de numeração das folhas de um livro, de um registo, de um caderno, etc., tendo em conta o recto e o verso. Na descrição codicológica deve especificar-se se é a foliação original ou se é posterior • Ordenação da composição tipográfica para formar as páginas; generalizou-se a partir do século XV • Acção ou resultado de paginar • Ofício do paginador • O lugar ou secção onde se pagina • A ordem das páginas do livro impresso ou em branco • Conjunto das páginas de um livro • Série de operações através das quais as diversas partes que compõem um livro ou uma publicação periódica passam do estado tosco às páginas regulares e organizadas, ordenadas artisticamente • Em descrição bibliográfica, parte da zona da descrição física de um documento em que se regista o seu número de páginas e/ou de folhas • Em informática, técnica usada com a finalidade de ampliar a capacidade da memória principal de um computador através da divisão dos dados e dos programas de computador em segmentos de tamanho fixo chamados páginas, e situando aquelas que são necessárias imediatamente na memória auxiliar • (port. Bras.) Partida.
PAGINAÇÃO AMERICANA – Compaginação à americana.
PAGINAÇÃO CONSECUTIVA – *Ver* Paginação contínua.
PAGINAÇÃO CONTÍNUA – Diz-se da paginação de um documento em vários volumes, fascículos, números ou partes, cuja numeração é seguida desde o primeiro ao último dos seus elementos. Paginação correlativa. Paginação corrida. Paginação consecutiva.
PAGINAÇÃO CONVERGENTE – Designação atribuída, em livros cujo texto é impresso em duas línguas que se lêem em direcções diferentes (o francês e o árabe, por exemplo), ao sistema de numeração que consiste na utilização de duas séries de números, uma da esquerda para a direita e outra da direita para a esquerda e que terminam ambas sensivelmente próximas, no meio do livro.
PAGINAÇÃO CORRELATIVA – *Ver* Paginação contínua.
PAGINAÇÃO CORRIDA – *Ver* Paginação contínua.
PAGINAÇÃO DESCONTÍNUA – Diz-se da numeração das páginas de uma publicação em mais do que um volume, que têm numeração independente. Paginação independente.
PAGINAÇÃO DIVERSA – *Ver* Paginação múltipla.
PAGINAÇÃO DUPLA – Diz-se da paginação de um documento, geralmente bilingue, que comporta a mesma paginação para o texto original e para a sua tradução, ao lado.
PAGINAÇÃO EM DEGRAU – Compaginação em escada.
PAGINAÇÃO EM PÉ DE PÁGINA – Indicação do número da página no pé desta.
PAGINAÇÃO EM PIRÂMIDE – Usada em algumas publicações periódicas, consiste em reservar a parte superior da folha para a matéria informativa, enquanto que a inferior fica reservada aos anúncios, colocando no pé os maiores e os menores mais acima.
PAGINAÇÃO INDEPENDENTE – Diz-se da numeração das páginas de obras em mais do que um volume, que recomeça em cada um deles. Paginação descontínua.
PAGINAÇÃO MÚLTIPLA – Diz-se da paginação em que se utilizam mais do que três sequências de paginação, folhas ou colunas, num documento. Paginação variada. Paginação diversa.
PAGINAÇÃO PRÓPRIA – Diz-se de uma paginação distinta dos diversos volumes de uma mesma obra ou por vezes das diversas partes de um só e único volume.
PAGINAÇÃO SEPARADA – *Ver* Paginação própria.
PAGINAÇÃO VARIADA – Paginação múltipla.
PAGINADA – Diz-se de uma obra que tem uma numeração em cada página, quer dizer, no recto e no verso de cada folha, por oposição a uma obra foliada, que somente apresenta numeração no recto das folhas.

PAGINADOR – Aquele a quem compete a confecção das páginas. Tipógrafo especializado em serviços de paginação, reduzindo a páginas a composição que está em granel, dando-lhe a medida exacta e colocando os títulos correntes, numeração, notas, gravuras, etc. Compaginador.

PAGINADOR DE ESTANTE – Nalguns jornais é assim designado o paginador que, na galé ou no mármore, trabalha sob a orientação do secretário da redacção que dirige a feitura da publicação.

PÁGINA-MODELO – Página apresentada pelo compaginador para ser examinada, composta por todos os seus elementos.

PAGINAR – Numerar ordenadamente as páginas de uma obra • Reunir a composição tipográfica para formar as páginas • Reduzir a páginas e com um determinado número de linhas a composição que está em granel.

PAGINAR A LIVRO ABERTO – Numerar um livro por folhas, de modo que a página esquerda e a direita tenham o mesmo número • Foliar.

PAGINAR A LIVRO FECHADO – Numerar as páginas pela ordem natural, dando a cada uma um número diferente.

PÁGINAS ACESSÓRIAS – Aquelas que são acrescentadas no final de um livro e que contêm notas, bibliografias, apêndices, etc.

PÁGINAS BRANCAS – Diz-se de páginas que não contêm nem texto nem ilustrações.

PÁGINAS DE CORTESIA – Designação do conjunto de folhas em branco que não pertencem ao texto, colocadas pelo encadernador entre as guardas e a portada em obras pouco volumosas.

PÁGINAS EXTERNAS – As páginas em branco no princípio e no fim de um livro.

PÁGINAS FINAIS – Aquelas que se seguem ao texto com que finaliza a obra; muitas vezes contêm os índices, errata, bibliografia, publicidade ou rubricas de outra natureza.

PÁGINAS FRENTE-A-FRENTE – Diz-se de páginas defronte, quando o verso da primeira faz face ao recto da seguinte. Páginas *vis-à-vis*.

PÁGINAS ÍNTIMAS – Expressão usualmente dada ao conjunto dos escritos de uma pessoa, geralmente elaborados sem qualquer intenção de edição e que reflectem o universo profundo e menos conhecido da sua personalidade.

PÁGINAS LIMINARES – Páginas não numeradas ou paginadas em números romanos no início de um livro; elas compreendem geralmente o antetítulo, a página de título, o prefácio ou a introdução e por vezes a página do sumário.

PÁGINAS PREFACIAIS – *Ver* Páginas preliminares.

PÁGINAS PRELIMINARES – Nome dado ao conjunto de páginas que precedem o corpo do livro; nelas se inserem comummente o antetítulo, o título, a aprovação, a dedicatória, as censuras, as licenças, o privilégio, a errata, a taxa, o prefácio ou introdução, a bibliografia, o sumário e, por vezes, as instruções destinadas a facilitar o manejamento do livro; nos livros antigos estas folhas apresentam com frequência paginação própria, muitas vezes em numeração romana, pois eram impressas cronologicamente depois do texto, facto que por vezes ocorre ainda hoje. Páginas prefaciais.

PÁGINAS *VIS-À-VIS* – *Ver* Páginas frente-a-frente.

PÁGINA-TAPETE – *Ver* Página em tapete.

PAGINATOR (pal. lat.) – Artista encarregado da decoração das páginas de um manuscrito.

PAGINULÆ (pal. lat.) – Páginas de pequeno formato de um políptico.

PAICA – Medida tipográfica do sistema anglo-norte-americano equivalente a 12 pontos e que corresponde a 11,22 pontos do sistema *Didot*, obtida mediante o uso do tipómetro. Cícero.

PAINEL – Espaço da lombada do livro que fica colocado entre as nervuras em que costumam gravar-se motivos decorativos.

PAINEL BRANCO – Quadro de cor branca, em geral montado sobre rodas, que é utilizado para substituir o quadro de lousa de antigamente; usado sobretudo nas videoconferências, permite, através de meios sofisticados, que nessa tela informática, várias pessoas possam escrever notas em simultâneo.

PAINEL DE AFIXAÇÃO – Superfície plana feita em madeira, cortiça ou qualquer outro material, normalmente rodeada de uma mol-

dura, onde se afixam avisos, comunicados, notícias, etc., destinados a informar o pessoal e os utilizadores sobre as actividades de uma biblioteca ou outro serviço.
PAINEL DE EXPOSIÇÃO – Tabuleiro coberto com feltro ou qualquer outro material com capacidade de adesão usado para expor letras, documentos, etc.
PAINEL FINAL – Painel de madeira, aço ou qualquer outro material pintado ou revestido, que remata um corpo de estantes em frente do corredor dos depósitos e que melhora esteticamente a zona onde é instalado.
PAINEL PUBLICITÁRIO – *Ver* Cartaz.
PAÍSES DESAPARECIDOS – Para efeitos de atribuição de autoria, designação dos antigos países ou daqueles cujo território não corresponde aos países actuais, nem aos limites geográficos ou políticos modernos.
PAI-VELHO – Tradução à letra de uma obra clássica grega ou latina para uso dos estudantes. Burro.
PAIXÕES – Nome dado aos quatro relatos evangélicos da Paixão de Cristo, que eram cantados na Semana Santa, destacando-se a Paixão segundo São Mateus no Domingo de Ramos e o Evangelho de São João na Sexta Feira Santa.
PAIXOEIRO – *Ver* Passionário.
PAL. – Abreviatura de palavra, paleografia *e* paleográfico.
PALA – Em heráldica é a terceira das peças honrosas de primeira ordem; situa-se na parte central do escudo, colocada na vertical, firmada nos extremos superior e inferior.

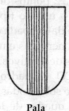
Pala

PALÁDIO – Elemento químico que, quando ligado ao cobre e à prata, se torna muito resistente à corrosão, razão pela qual era muito utilizado em substituição daquela na iluminura, uma vez que não oxidava, o que acontecia com a prata.

PALADO – Em heráldica este termo aplica-se quando o campo se encontra dividido em seis ou oito partes de alto a baixo e todas da mesma largura, de metal alternando com cor.
PALAME – Oficina ou fábrica onde se surravam, preparavam e curtiam couros. Pelame. Casa da tanaria.
PALATINO – *Ver* Tipo palatino.
PALAVRA – Unidade mínima de significação com sentido pleno que, mesmo inserida numa frase, pode funcionar como unidade independente. Do ponto de vista da comunicação é o conjunto semântico que o olhar capta e interpreta de uma só vez • Som ou conjunto de sons articulados exprimindo uma ideia • Caracteres que representam cada um desses sons ou conjunto de sons • Termo, vocábulo • Palavra de Deus, suma autoridade e símbolo de salvação • Em tratamento da informação, cadeia de caracteres a considerar como um todo, para determinado fim.
PALAVRA A PALAVRA – Literalmente, à letra. *Ver tb.* Ordem das palavras.
PALAVRA COMPOSTA – Aquela que é formada por duas ou mais palavras unidas por hífen, assumindo significado próprio, independentemente do sentido original dos elementos constitutivos.
PALAVRA DE CONTROLO – Em informática, termo que é usado num menu com a finalidade de indicar uma opção do programa. Termo de controlo.
PALAVRA DE DEUS – Designação atribuída às Sagradas Escrituras.
PALAVRA DE ENTRADA – Palavra pela qual uma notícia bibliográfica é inserida no catálogo; é geralmente a primeira do cabeçalho ou ponto de acesso, exceptuando o artigo. Palavra de ordem.
PALAVRA DE ORDEM – Elemento ordenador do cabeçalho ou ponto de acesso; palavra, frase, nome ou símbolo que determina a ordem de localização numa ordenação sistemática. Palavra de entrada.
PALAVRA DE ORDEM PRINCIPAL – *Ver* Palavra de ordem.
PALAVRA ERUDITA – Termo tomado por empréstimo de uma língua de cultura e de

prestígio, que pode ser uma língua-mãe como o latim, por exemplo.

PALAVRA HÍBRIDA – Aquela que se forma de elementos radiciais tirados de diferentes línguas • Palavra resultante da combinação do significado e da ortografia de duas palavras, como por exemplo a palavra "motel" que é resultante da combinação de "motor" com "hotel".

PALAVRA ORTOGRÁFICA – Unidade da escrita delimitada por espaços em branco.

PALAVRA PANCARTA – Termo arcaico atribuído ao diploma antigo no qual os reis confirmavam as aquisições de bens e direitos feitas por uma igreja ou convento.

PALAVRA POR PALAVRA – Textualmente. Termo a termo. *Ver tb*. Ordem das palavras.

PALAVRA SEMI-ERUDITA – Designação atribuída a cada uma das palavras provenientes do latim vulgar, que formaram o léxico básico da língua portuguesa; introduzidas tardiamente na língua portuguesa, foram em seguida popularizadas, sofrendo algumas mudanças fonéticas.

PALAVRA SIGNIFICATIVA – Palavra que traz consigo informação. Opõe-se a palavra vazia.

PALAVRA VAZIA – Palavra não significativa, que não traz consigo qualquer informação.

PALAVRA-CHAVE – Palavra ou expressão da linguagem natural extraída durante a análise de um documento e que caracteriza o seu conteúdo; as palavras-chave são objecto de uma selecção que elimina os sinónimos e os quase--sinónimos, os termos polissémicos, as siglas, as abreviaturas e as palavras estrangeiras que têm uma equivalente na língua da palavra--chave escolhida • Palavra-passe.

PALAVRADA – Palavra grosseira, obscena. Obscenidade. Palavrão.

PALAVRAGEM – *Ver* Palavreado.

PALAVRA-GUIA – Aquela que está colocada na parte superior das páginas de determinadas publicações (vocabulários, dicionários, listas telefónicas, etc.), que serve para facilitar a localização das palavras e que é a mesma com a qual se inicia ou termina o texto nessa página; as palavras-guia destinam-se a auxiliar a consulta das obras em que figuram. *Ver* Reclamo.

PALAVRÃO – Palavra grande e de difícil pronúncia • Termo empolado • Obscenidade. Palavrada.

PALAVRA-PASSE – *Ver* Palavra-chave.

PALAVRAS CRUZADAS – Jogo publicado em revistas, jornais, etc., que tem por base um quadrado quadriculado onde devem ser dispostas palavras sinónimas das que são fornecidas, e que se intersectam na vertical e na horizontal.

PALAVRAS DIFÍCEIS – Aquelas que num texto se apresentam de difícil compreensão e para a explicação das quais se recorre a dicionários, glossários, elucidários, etc.

PALAVRAS PRÉVIAS – Palavras de apresentação. Preâmbulo. Nota prévia. Advertência.

PALAVRAS TEXTUAIS – Aquelas que reproduzem um texto ou uma frase, sem qualquer alteração.

PALAVREADO – Reunião de palavras com pouca ligação e sem grande importância. Paleio.

PALAVRÓRIO – Arenga. Arrazoado. Parlenga.

PALAVROSO – *Ver* Prolixo.

PALEIO – Palavreado.

PALEOGRAFIA – Ciência que tem por finalidade ler, interpretar e criticar, no espaço e no tempo, a documentação antiga escrita em materiais não duros (pergaminho, papiro, etc.), incluindo o conhecimento das várias letras usadas em diferentes períodos pelos copistas de diferentes nações e línguas, abreviaturas, etc.; inclui ainda o estudo dos materiais e instrumentos para escrever. Esta ciência aparece como disciplina no século XVIII; foi fundada em França por Bernard de Monfaucon, em 1708, com a publicação da obra intitulada *Paleographia Græca;* aplicando-se às épocas mais recuadas, ela não tem limites no tempo ou, se se quiser, os seus limites recuam à medida que se vão encontrando novos testemunhos das antigas escritas.

PALEOGRAFIA DOS SELOS – Estudo das letras que constituem as legendas e todo e qualquer outro texto escrito nos selos, assim como as abreviaturas, com vista a poder lê-las, interpretá-las e, eventualmente, determinar a época de fabrico de uma matriz.

PALEOGRAFIA LATINA – Paleografia compreendida desde os séculos VI ou V a. C. (período romano) até ao século IV d. C.
PALEOGRAFIA MUSICAL – Ramo da paleografia que se dedica à leitura e transcrição de manuscritos musicais; trata-se de uma especialidade que requer grandes conhecimentos, não só de música (como a notação musical da Idade Média, que inclui a notação neumática gregoriana nas suas variantes, a notação musical renascentista e outras), mas também de paleografia geral latina, de história da miniatura do manuscrito, de liturgia, etc.
PALEOGRÁFICO – Relativo à paleografia.
PALEÓGRAFO – Aquele que é versado em paleografia ou se ocupa desta disciplina.
PALEOLOGIA – Estudo de línguas antigas.
PALEÓLOGO – Aquele que conhece as línguas antigas.
PALEOTÍPICO – Relativo ou pertencente a paleótipo.
PALEÓTIPO – Termo caído em desuso; designava um incunábulo anterior a 1470 • Incunábulo • Documento que deixou de se usar e cuja grafia atesta a sua antiguidade.
PALEOTIPOGRAFIA – Tipografia antiga, sobretudo a dos incunábulos.
PALEOTIPOGRÁFICO – Diz-se do que está relacionado com os primeiros tempos da tipografia, sobretudo com os incunábulos.
PALESTINA – Nome dado antigamente ao tipo de corpo 24 do sistema *Didot*.
PALESTRA – Conferência. Discurso. Prática. Prelecção.
PALETA – Escala de cores usadas numa obra; o termo deriva do nome da superfície plana na qual por vezes as cores são misturadas, embora as conchas fossem os recipientes mais comummente utilizados para tal fim durante a Idade Média • Ferro largo ou estreito que serve para ornamentar os filetes junto aos nervos da lombada.
PALHA – Matéria-prima de qualidade inferior usada no fabrico do papel como matéria fibrosa; o seu uso teve como consequência prática a acidificação.
PALHEIRÃO – Pessoa que discorre prolixamente e sem clareza • Livro extenso e pouco claro.

PALHETA – Espátula ou instrumento que é usado pelo impressor para juntar a tinta • Pincel usado pelo dourador para aplicar o ouro na encadernação • Tornilho, instrumento de encadernação.
PALHETAS – Duas pequenas varas de ferro estreitas e achatadas presas à platina das minervas e destinadas a segurar o papel no acto da impressão.
PALIMPSCÓPIO – Aparelho equipado com uma fonte de luz ultravioleta concentrada, que constitui uma espécie de lupa usada para a leitura de palimpsestos.
PALIMPSESTO – Tabuleta usada antigamente para nela se escrever e que se apagava facilmente • Manuscrito no qual foi sobreposta uma segunda escrita sobre o texto original, que foi total ou parcialmente apagado através da lavagem ou raspagem da membrana; tal prática deve-se, a partir de certa altura, à escassez do pergaminho e aos altos preços que alcançou. *Codex rescriptus*. Códice rescrito. Um dos processos utilizados para apagar uma escrita era através da lavagem com vinagre, raspagem e nova limpeza através de pedra-pomes e cal, de modo a apagar todos os vestígios da anterior escrita.
PALIMPSESTO A TRÊS NÍVEIS – Manuscrito em que foi possível encontrar três camadas de escrita sucessivas.
PALÍNDROMO – Palavra que pode ser escrita ou lida indiferentemente a partir do princípio ou do fim.
PALINGRAFIA – *Ver* Impressão anastática.
PALINÓDIA – Texto poético no qual se desdizem as afirmações feitas noutro texto.
PALMETA – Pequena palma usada como motivo ornamental na decoração das margens dos códices.
PALMO – Na leitura de um texto impresso é a capacidade de apreensão visual global que corresponde à unidade lectiva, que oscila entre 8 palavras no leitor lento e 16 palavras no leitor rápido.
PALMTOP (pal. ingl.) – Modalidade de computador com uma considerável capacidade de memória e de armazenamento, de autonomia de bateria e com ligação rápida à *Internet*, que cabe na palma de uma mão.

PAMPAS – Caracteres simbólicos peruanos traçados à maneira dos hieróglifos egípcios com penas de aves.

PAN-AFRICAN DEVELOPMENT INFORMATION SYSTEM (loc. ingl.) – Sistema de Informação para o Desenvolvimento de África. *PADIS*.

PANCARTA – Diploma antigo através do qual o rei confirmava a aquisição de bens ou direitos feitos por uma igreja ou convento. *Ver* Cartulário.

PANCHARTA (pal. lat.) – Cópia autêntica de um acto perdido.

PANCHATANTRA (pal. ár.) – Livro de apólogos muito famoso na literatura primitiva do Islão.

PANCROMÁTICO – Diz-se do filme ou chapa fotográfica sensível a todas as cores do espectro, inclusive o vermelho.

PANDECTA – Caderno que tem em cada folha uma letra do alfabeto; essas folhas destinam-se a escrever os nomes das pessoas com quem o possuidor das pandectas mantém correspondência • Denominação atribuída a uma espécie de caracteres tipográficos pelo primeiro fabricante de fundição de tipos em Portugal em 1821, Alexandrino José das Neves.

PANDECTAS – Obra que consiste na compilação ou recolha seleccionada de textos jurídicos romanos e faz parte do *Corpus Juris Civilis*; corresponde ao termo latino *Digesto*; esta compilação foi mandada fazer pelo Imperador Justiniano, entre 527 e 534, com a intenção de actualizar o direito romano; os outros textos jurídicos são o *Código*, as *Institutiones* (*Institutas*) e as *Novellæ* ou *Novellæ Constitutiones* (*Novelas*).

PANDECTISTA – Comentador de pandectas • Professor de Direito romano.

PANE LUCRANDO (loc. lat.) – Antecedida da preposição de, aparecia como uma espécie de epígrafe "para ganhar o pão", em obras artísticas ou literárias exclusivamente realizadas com finalidades lucrativas.

PANEGÍRICO – Discurso em louvor de alguém, elogio • Livro litúrgico da religião ortodoxa onde estão contidos os elogios dos santos para todos os dias do ano.

PANEGIRIQUEIRO – *Ver* Panegirista.

PANEGIRISTA – Pessoa que elogia, pessoa que faz um panegírico. Panegiriqueiro • Encomiógrafo.

PANEGIRÍSTICO – Laudatório.

PANEGIRIZAR – Panegiricar, fazer o panegírico de.

PANEJAMENTOS – Modo de dispor o vestuário das figuras nas gravuras, criando efeitos plásticos através do arranjo das pregas segundo o gosto estético do artista que, por vezes, consegue dar a ilusão do tecido de que o vestuário é feito. Roupagem.

PANF. – Abreviatura de panfleto.

PANFLETAGEM – Diz-se dos conjuntos de textos de curta dimensão e de conteúdo satírico e polémico.

PANFLETÁRIO – Autor de panfletos. Panfleteiro. Panfletista • Relativo a panfletos • Polémico. Satírico.

PANFLETEIRO – *Ver* Panfletário.

PANFLETISTA – Autor de panfletos. Panfletário.

PANFLETO – Num sentido técnico restrito é uma obra não encadernada, composta por um ou mais cadernos agrafados juntos; não é exaustiva no seu conteúdo, mas proporciona ao leitor informações específicas; usualmente está inserida numa capa de papel; por vezes há panfletos que saem em série, numerados consecutivamente • Pequeno folheto, normalmente de natureza controversa ou política e escrito em tom satírico ou injurioso; alguns datam do século XVI e têm sido usados até aos nossos dias. *Factum*.

PANICONOGRAFIA – Zincografia. Arte de preparar clichés de zinco em relevo para tirar desenhos, textos ou gravuras de qualquer tipo; foi inventada em 1850 pelo litógrafo francês Firmin Gillot • Denominação antiga da zincotipia.

PANLÉXICO – Dicionário completo que regista todas as palavras e locuções de uma língua. Dicionário universal.

PANO DE ENCADERNAÇÃO – Tecido que por vezes substitui o couro nas encadernações; contam-se entre os materiais escolhidos a seda, o veludo, a pele do diabo ou caqui, o linho ou outros, cuja aplicação varia consoante a finalidade de uso da obra em que se aplica (de carácter litúrgico, de poesia, manuais escolares ou outros).

PANO DE FUNDO – Decoração figurativa em perspectiva, que representa objectos ou personagens situados à distância.

PANO LAVADO – Pano muito ralo e flexível destinado a reforçar os lombos da encadernação; desempenha a mesma função da tarlatana.

PANO-DE-QUEIJO – Pano de algodão muito fino, usado na abertura da mangueira dos aspiradores com que se faz a limpeza dos livros, para evitar que se extravie qualquer pedaço solto do mesmos, podendo deste modo ser recuperado e recolocado no seu lugar.

PANÓPLIA – Obra que versa acerca de armaduras antigas.

PANOS DE OURO – Folhas de ouro muito finas, guardadas entre folhas de papel, que são usadas em encadernação para dourar.

PANTELEGRAFIA – Telefotografia.

PANTELÉGRAFO – Aparelho telegráfico inventado por Giovanni Caselli em 1855, destinado a reproduzir desenhos, textos e gravuras. Electrógrafo.

PANTOGLIFIA – Processo de gravura para impressão tipográfica.

PANTÓGRAFO – Aparelho que serve para copiar desenhos segundo uma escala previamente estabelecida, quer em escala reduzida quer em escala ampliada.

PANTOMIMA – Mimodrama. Farsa.

PANTOTIPIA – Nome dado aos processos de impressão em relevo • Pode igualmente designar um método que permite obter todos os géneros de impressão, qualquer que seja o assunto versado.

PAPAGAIO – Pedaço de papel que se anexa às provas, para introduzir uma correcção muito longa ou um acréscimo de texto; também era usado pelo corrector com avisos ao autor no momento das correcções de provas; hoje é substituído pelo *post-it*. Fralda • Impresso de propaganda • Bandeira • (port. Bras.) Foguete.

PAPÉIS – Termo usado no plural para designar colectivamente mais de um tipo de material manuscrito e, mais raramente, impresso • Cartas, documentos ou escritos de qualquer espécie • Documentos importantes que pertenceram a uma pessoa • Designação genérica dos atestados, passaportes, etc. com que uma pessoa pode certificar a sua identidade • Num acervo bibliográfico são os documentos soltos que não assumem a forma de livro, manuscritos ou impressos, e que muitas vezes não têm qualquer ligação entre si • Títulos • Jornais.

PAPÉIS LEVES – Papéis de gramagem inferior a quarenta gramas por metro quadrado.

PAPÉIS PESSOAIS – Documentos particulares acumulados e pertencentes a uma pessoa que deles dispõe à sua vontade. Podem ser constituídos por cartas recebidas, livros--caixa pessoais, agendas, diários, rascunhos de manuscritos, documentos legais, etc. *Ver* Documentos privados.

PAPÉIS VÁRIOS – Termo empregado para designar uma série de documentos de diversa índole e de difícil identificação e com um interesse relativo, cujo conteúdo não tem grande afinidade e cuja classificação não cabe nas rubricas classificativas do conjunto do restante acervo; por vezes entre estes papéis soltos encontram-se elementos que reservam verdadeiras surpresas.

PAPÉIS VELHOS – Porções de papel ou de cartão que, depois de usados, por meio de uma operação de transformação designada reciclagem, são susceptíveis de serem recuperados para nova utilização no fabrico de papel ou de cartão.

PAPEL – Produto composto por elementos fibrosos de natureza vegetal que, reduzidos a pasta e secos sob a forma de folhas, é utilizado como suporte gráfico e para outras finalidades; para fins especiais, além de fibras celulósicas o papel pode conter percentagens maiores ou menores de outras fibras de origem animal ou mineral (lã, seda, amianto, etc.) não deixando (apesar disso) de ser considerado como papel; quando predominam as fibras de origem animal, o produto deve ser considerado como feltro; inicialmente o papel era muito mole, sem consistência, devido à falta de goma; não resistia ao manuseamento dos documentos que necessitassem de ser muito consultados. Tradicionalmente a sua invenção terá ficado a dever-se a um cortesão chinês de nome Ts'ai Lun no ano 105 d. C.; os conhecimentos sobre a sua manufactura saíram da China por Samarcanda, Bagdad, Damasco, Egipto e Fez, chegando a Játiva (Espanha) por volta de 1150 e ao norte de Itália pouco depois. No entanto, na Grécia foi usado a partir do século VIII e no Império bizantino era conhecido no século XIII. A Península Ibérica foi a primeira região ocidental a registar o seu uso e a fabricá-lo, na sequência da ocupação árabe. No nosso país a sua utilização encontra-se documentada a partir da segunda metade do século XIII, embora no seu *Elucidário* Viterbo escreva que os documentos mais antigos em papel datam dos séculos II e III; os papéis mais antigos conhecidos são provenientes do Tibete e do Turquestão e encontram-se conservados no Museu Británico e na Biblioteca Nacional de Paris. O papel foi usado no resto da Europa somente a partir do século XIV. Uma das maiores vantagens da difusão do papel no Ocidente foi, não só a facilidade e rapidez do seu fabrico, mas sobretudo o seu baixo custo; basta dizer que nos meados do século XV em França um volume de 200 páginas custava cerca de 150 francos em pergaminho e apenas 10 francos em papel. Nos primeiros tempos o papel foi acolhido com receio pelas chancelarias medievais, que o consideravam menos forte e resistente que o pergaminho; em consequência disso, em princípio o seu uso foi proibido para textos de valor permanente, como os documentos notariais. Este suporte da escrita é o mais comum e abundante em todas as bibliotecas e arquivos do mundo, apesar de estar sujeito a envelhecimento, deterioração ou desintegração • Termo genérico que designa uma série de materiais que se apresentam, quer sob a forma de folhas uniformes, quer sob a forma de uma banda contínua impregnada ou submetida a outras transformações durante ou depois do fabrico, sem por isso perder a identidade como papel. Nos processos convencionais de fabrico do papel o meio fluido é a água. No sentido lato do termo, "papel" pode-se usar para designar tanto o papel como o cartão. Para certos fins, consideram-se de papel os materiais de gramagem inferior a 225 g/m^2 e cartão os materiais de gramagem igual ou superior a 225 g/m^2. A diferença entre papel e cartão baseia-se fundamentalmente nas características do material e em alguns casos na sua utilização. Certas qualidades de cartões, como os destinados a caixas dobráveis ou componentes para cartões canelados, que apresentam uma gramagem inferior a 225 g/m^2 normalmente são classificados como "cartões" e certas qualidades de papéis de gramagem superior a 225 g/m^2, como o papel mata-borrão, papéis de filtro e de desenho, são classificados como "papéis" • Impresso solto que não forma livro • Parte de uma peça de teatro que cada actor deve representar • A personagem representada pelo actor.

Fabrico do papel

PAPEL À BASE DE PALHA – Papel em cuja composição predomina a pasta crua de palha.
PAPEL ABSORVENTE – Papel que tem capacidade de absorção e de retenção de líquidos.
PAPEL ABSORVENTE PARA PROVAS – Categoria de papel, cor de palha e muito poroso, que embebe uma grande quantidade de tinta da superfície de uma chapa gravada e é usado para tirar provas das gravuras.
PAPEL ACETINADO – Papel tratado mecanicamente na máquina de papel para melho-

rar a lisura e a uniformidade do aspecto nas duas faces. Esta operação é geralmente menos intensa do que a de supercalandragem. Papel de acabamento à inglesa.

PAPEL *ACID FREE* – *Ver* Papel permanente.

PAPEL ÁCIDO – Tipo de papel comum, que em geral apresenta um elevado grau de acidez, o que faz com que se deteriore facilmente; usa-se por oposição a papel não ácido, também designado papel permanente.

PAPEL AÉREO – Papel muito fino usado nas cartas destinadas a serem transportadas por via aérea. Papel de avião.

PAPEL *AF* – Papel *acid free*. Papel não ácido. *Ver* Papel permanente.

PAPEL ALCATROADO – Papel de embalagem que apresenta um certo grau de impermeabilidade à água e ao vapor de água, constituído, quer por uma folha de papel revestida nas duas faces ou impregnada de alcatrão ou de betume, quer por diversas folhas tratadas do mesmo modo e contracoladas.

PAPEL ALCATROADO DUPLO – Papel composto por duas folhas de papel de embalagem contracoladas por betume, alcatrão ou outro material semelhante.

PAPEL ALCATROADO DUPLO REFORÇADO – Papel composto por duas folhas contracoladas por betume, alcatrão ou outro produto semelhante, entre as quais se encontra uma armadura que reforça as resistências mecânicas.

PAPEL ALFA – *Ver* Papel de Játiva.

PAPEL ALMAÇO – Papel grosso, branco ou levemente azulado, que serve para documentos, registos, livros de contabilidade, etc. • Diz-se do formato peculiar a esse papel (330 x 440 mm), cuja folha dobrada ao meio dá as dimensões exigidas para os papéis destinados à correspondência oficial.

PAPEL *ANTEMORO* – Conhecido sob uma designação que lhe vem do nome de uma comunidade do sudeste de Madagáscar, este papel, de que se tem notícia a partir do século XVI, é fabricado a partir da casca da árvore *havoha*, da mesma família da figueira e da amoreira; cozida, pisada e seca, dá origem a folhas de papel cujas fibras, muito resistentes, lhe conferem um aspecto grosseiro; este tipo de papel é ainda fabricado actualmente em Madagáscar segundo o método tradicional.

PAPEL ANTICORROSIVO – *Ver* Papel antiferrugem.

PAPEL ANTIFERRUGEM – Aquele a que foram incorporadas certas substâncias, a fim de o tornar mais apto a proteger as superfícies dos materiais ferrosos contra a ferrugem. Papel anticorrosivo.

PAPEL ANTIFRAUDE – Papel com marcas de identificação especiais, com características próprias para revelar as falsificações ou tentativas de falsificação. Papel de segurança. Papel fiduciário. *Ver* papel-moeda.

PAPEL ANTIOXIDANTE – Papel em que foram incorporadas certas substâncias, a fim de o tornar apto a proteger as superfícies metálicas brilhantes contra as perdas de brilho.

PAPEL APERGAMINHADO – Papel semelhante ao pergaminho, com aspecto baço e áspero.

PAPEL ARGENTADO – *Ver* Papel de prata.

PAPEL ARTESANAL – Aquele que é fabricado à mão. Papel manual. Opõe-se a papel mecânico.

PAPEL AUGUSTO – Nome dado ao papiro de muito boa qualidade, muito fino, usado para transcrever livros sagrados; era utilizado pelos romanos e adquirido no Egipto.

PAPEL AUTOCOPIATIVO – Papel diferente do papel químico ou dos formulários químicos, estucado numa ou nas duas faces, ou contendo uma substância isenta de pigmentos carbonosos, que permite obter simultaneamente uma ou mais cópias de um original manuscrito ou dactilografado por uma pressão localizada, sem papel químico intercalado.

PAPEL AUTOGRÁFICO – Aquele que é preparado especialmente para o processo de transporte em autografia; é obtido pela aplicação de uma solução de amido, cola de peixe e outras gomas diluídas em água pura, sobre um papel fino. Papel para transporte.

PAPEL AVERGOADO – Aquele que possui uma marca de água constituída por linhas rectas paralelas e muito próximas; por extensão, designa-se também avergoado o papel que apresenta marcas semelhantes obtidas no cilindro friccionador. Papel *vergé*. Papel da Holanda.

PAPEL *BATONNÉ* (port. Bras.) – *Ver* Papel listrado.

PAPEL BÍBLIA – Papel fino e resistente feito à base de pasta de trapo e de pasta química. É fabricado com 100% de pasta química branqueada, com gramagem máxima de 50 g/m^2, alisado, com carga mineral de alta opacidade. É empregado na impressão de obras volumosas, particularmente de bíblias que, pela grande quantidade de páginas, seriam muito grossas se fossem impressas num papel mais espesso • Nome pelo qual é conhecido o papel da Índia, muito usado na impressão de bíblias. Papel *Oxford*.

PAPEL BICOLOR – Papel dúplice, tríplice ou múltiplice em que uma das camadas exteriores apresenta cor ou tom nitidamente diferente da outra.

PAPEL BOBINADO – Papel em bobine.

PAPEL BOLHA – Erradamente designado "papel", trata-se antes de uma superfície plástica com bolhas de ar, que serve como invólucro protector de embalagens de objectos frágeis e forra frequentemente envelopes de papel para transporte de livros e documentos.

PAPEL *BOND* – No início era um papel constituído apenas por pasta de trapos; mais tarde esta denominação aplicou-se também aos papéis de carta com bastante cola, leves e formados de pasta de trapos, pasta química de boa qualidade ou mistura de ambas. (port. Bras.) Papel bonde.

PAPEL *BOUFFANT* – *Ver* Papel pluma.

PAPEL BRANCO – Papel não escrito nem impresso, por oposição àquele que o está. Papel em branco.

PAPEL BRISTOL – Papel bem colado, de gramagem normalmente superior a 150 g/m^2, fabricado unicamente com pasta química branqueada e apto à escrita e à impressão. Caracteriza-se pela lisura, rigidez, ausência de impurezas e aspecto regular à transparência. Pode ser utilizado, por exemplo, para a confecção de cartões-de-visita, ementas e artigos semelhantes.

PAPEL BUFÃ (port. Bras.) – *Ver* Papel pluma.

PAPEL BULE – Papel grosseiro, normalmente fabricado com restos de cordas e barbantes, que lhe conferem grande resistência • Papel pardo.

PAPEL CALANDRADO – Papel que foi submetido à operação de calandragem, que lhe confere um aspecto acetinado ou lustrado.

PAPEL CALANDRADO HÚMIDO – Papel com elevado acabamento obtido durante a sua passagem pela acetinadora, humedecendo um ou os dois lados da folha por meio de uma película de água geralmente aplicada por raspadeiras.

PAPEL CALANDRADO MATE – Papel com elevado acabamento obtido através da sua passagem pela acetinadora, que não lhe confere brilho.

PAPEL CANELADO – Papel espesso de superfície ondulada, que é utilizado no fabrico do cartão canelado.

PAPEL CARBONO – *Ver* Papel químico.

PAPEL CASCA-DE-OVO – Papel para impressão com um acabamento muito liso, cuja superfície faz lembrar a casca-de-ovo.

PAPEL CAVALINHO – Tipo de papel que é usado especialmente para desenhar e cuja marca é um pequeno cavalo em relevo.

PAPEL CEBOLA – Papel muito fino, de grande qualidade, fabricado com trapos de cânhamo e linho, semelhante ao papel de seda.

PAPEL CELOFANE – Papel fino e transparente, derivado da viscose, usado para envolver certos géneros alimentares, aplicado em janelas de envelopes, etc.

PAPEL CEM POR CENTO PALHA – Papel de pasta crua de palha com exclusão de qualquer outra pasta. Apresenta geralmente uma cor amarelada.

PAPEL CEM POR CENTO TRAPO – Papel fabricado inteiramente de pasta de trapo, mas podendo conter, acidentalmente, uma pequena quantidade de outras fibras.

PAPEL CERA – Papel destinado à reprodução de textos ou figuras gravados sobre ele; esta característica deve-se a um revestimento especial; a gravação é feita manualmente por meio de estiletes, por processos fotoquímicos ou por percussão.

PAPEL CHINÊ (port. Bras.) – *Ver* Papel jaspeado.

PAPEL COLORIDO NAS DUAS FACES – Papel cujas faces foram intencionalmente coloridas durante o fabrico.
PAPEL COLORIDO NUMA FACE – Papel em que apenas uma das faces foi colorida intencionalmente durante o fabrico.
PAPEL COM APLICAÇÃO SUPERFICIAL – Aquele que recebeu uma aplicação superficial, com a finalidade de melhorar as suas características de superfície.
PAPEL COMPRIMIDO – Papel constituído por várias camadas, fabricado em contínuo a partir de pasta inteiramente vegetal e de elevada pureza química. Caracteriza-se pela massa volúmica, espessura uniforme, lisura, resistência mecânica elevada, resistência ao envelhecimento e pelas propriedades de isolante eléctrico. É designado correntemente pelo termo inglês *presspaper*.
PAPEL CONTÍNUO – Papel de máquina que pode atingir vários metros de comprimento e largura, e que se apresenta enrolado em bobinas.
PAPEL CONTÍNUO PARA COMPUTADOR – Papel continuado de grande comprimento, com perfurações marginais, que se apresenta dobrado em forma de acordeão e que é usado na impressora de um computador ou em máquinas mecanográficas.
PAPEL CONTRACOLADO – Aquele que se obtém por contracolagem de dois ou mais papéis de composição semelhante ou diferente.
PAPEL COSTANEIRA – Papel grosso e de inferior qualidade com que se resguardam os lados das resmas do papel; é destinado também a outros fins.
PAPEL COURO – Papel que imita a pele; é usado para fazer capas de livros impermeáveis.
PAPEL CREPE – Papel com textura semelhante à do crepe, tal como as toalhas de papel e guardanapos; o efeito é obtido encrespando o papel húmido no rolo através de lâminas.
PAPEL CRESPADO – Papel que foi submetido a uma operação de encrespamento.
PAPEL CRISTAL – Papel fortemente calandrado, que é obtido a partir de pasta muito refinada, isenta de pasta de madeira; é translúcido, eventualmente colorido ou opacificado na massa, muito liso e brilhante nas duas faces e pouco permeável às gorduras.
PAPEL CROMO – Papel de superfície lisa e cheia, destinado à impressão litográfica a cores.
PAPEL CUCHÊ – Aquele cuja superfície foi tornada lisa por uma preparação especial, que cobre uma ou as duas faces de uma camada fina de produtos minerais, como por exemplo o caulino; depois de fabricado é colado com uma mistura de cola animal e outra matéria, que lhe dão uma brancura e um polido notáveis; é muito usado no fabrico de símiligravuras e de edições luxuosas. Papel gessado. Papel estucado.
PAPEL DA CHINA – Papel fabricado na China com a casca de bambu, palha de arroz, certa variedade de amoreira e outros produtos chineses; é fino, resistente e sedoso; serviu sobretudo para tiragens de pontas-secas e litografias de qualidade na época romântica e ainda hoje é usado para esse efeito; neste caso, tem por suporte um papel mais espesso, sobre o qual é fixado durante a própria operação da tiragem; é também utilizado, por vezes, para imprimir texto em edições de luxo.
PAPEL DA HOLANDA – Nome dado ao papel *vergé*; é fabricado na cuba e leva quase sempre o nome do fabricante; é espesso e branco, com vergaturas aparentes e reservado a tiragens de luxo. Também é denominado papel de linho da Holanda.
PAPEL DA ÍNDIA – Papel opaco, muito fino e resistente, inicialmente produzido com fibras naturais, usado na impressão de bíblias e outras obras muito extensas, quando se pretende reduzir a grossura dos volumes • Papel bíblia.
PAPEL DE ACABAMENTO À ANTIGA – Papel de edição não acafelado, de aspecto e toque ásperos.
PAPEL DE ACABAMENTO À INGLESA – *Ver* Papel acetinado.
PAPEL DE ACABAMENTO MECÂNICO – Designação dada a qualquer papel cujo acabamento tenha sido feito por uma máquina de fabrico de papel • Papel não estucado, de lisura média e brilho ligeiro, usado na confecção de livros.
PAPEL DE ALGODÃO – O que se obtém através do tratamento do trapo de algodão.

PAPEL DE ALTO BRILHO POR FRICÇÃO – Papel com um elevado grau de acabamento de superfície, obtido por meio de uma calandra de fricção.

PAPEL DE ALUMÍNIO – Papel de aparência metálica, destinado sobretudo a envolver géneros alimentícios.

PAPEL DE AMATE – Espécie de papel muito usado no México para escrever, aquando da colonização espanhola; era fabricado a partir de cascas de um tipo de figueira designada amate, demolhadas, que se sobrepunham numa superfície plana e se malhavam até formarem uma folha, que era reforçada por meio da colocação de camadas sucessivas destas cascas.

PAPEL DE AMIANTO – Papel de impressão incombustível criado em 1805 por Candida Lena Perpenti. Papel ignífugo.

PAPEL DE ARROZ – Papel fino, fabricado a partir da palha de arroz, usado para mortalhas de cigarro.

PAPEL DE AUTOTIPIA – *Ver* Papel para meio-tom.

PAPEL DE AVIÃO – *Ver* Papel aéreo.

PAPEL DE BARBA – Sinónimo de papel feito à mão; o seu nome provém do facto de o papel artesanal apresentar bordos irregulares, as barbas. É papel de tina, não aparado nas margens, que se conservam irregulares e franjadas.

PAPEL DE CAPAS – Papel muito espesso, de cores e acabamentos diversos, especialmente usado para as capas dos livros, mas que pode utilizar-se para outros fins.

PAPEL DE CARBONO – Papel coberto de tinta usado para reproduzir cópias extra de um documento, ao mesmo tempo que está a ser escrito ou dactilografado.

PAPEL DE CARTA – Papel pautado ou não, cortado de formato conveniente e destinado a correspondência, fabricado com muita cola e alta percentagem de pasta química ou trapo.

PAPEL DE CARTUCHO – Tipo de papel em que se embrulham géneros nas mercearias e outras lojas.

PAPEL DE CHIFE – Designação dada ao papel de linho ou de trapo.

PAPEL DE CHUPAR – *Ver* Papel mata-borrão.

PAPEL DE COR – Todo aquele que não é branco; o trapo de que era feito conferia ao papel uma cor branca ligeiramente creme; a partir do século XV encontra-se já o papel de cor azul, que era obtido através do emprego de trapo dessa cor, a que se associava, algumas vezes, um corante estável de índigo, que foi usado primeiro pelos fabricantes italianos, depois pelos holandeses e mais tarde pelos franceses; até ao início do século XVIII o uso do papel de cor foi restrito, apesar de os holandeses terem inventado um corante a partir de pau de campeche, árvore americana tintureira.

PAPEL DE CUBA – *Ver* Papel de tina.

PAPEL DE EMBALAGEM – *Ver* Papel de embrulho.

PAPEL DE EMBRULHO – Todo aquele que serve para embrulhar, seja de que qualidade for, desde o papel pardo ao papel de seda, celofane, vegetal e outros. Papel de embalagem.

PAPEL DE ENGENHEIRO – Papel translúcido de muito boa qualidade, que é utilizado no desenho de plantas e outros trabalhos de engenharia e arquitectura.

PAPEL DE ESCREVER – Todo o papel que apresenta um aspecto acetinado, que lhe é dado por uma certa proporção de cola, que também lhe confere consistência; a sua superfície está preparada para receber a escrita, seja qual for o instrumento com que se escreva: lápis, caneta, máquina de escrever ou impressora. A sua composição é muito diversa de qualidade para qualidade e existem várias.

PAPEL DE ESPARTO – Papel fabricado com polpa de esparto misturada com polpa de madeira, tratada por processos químicos.

PAPEL DE ESTANHO – Aquele cuja superfície é de aparência metálica, imitando o estanho, usado normalmente para revestir superfícies.

PAPEL DE FABRICO MANUAL – O que é fabricado à mão. Nos tempos modernos este tipo de papel usa-se apenas na confecção de edições de luxo, dado o seu elevado preço.

PAPEL DE FANTASIA – Papel colorido, com desenhos de motivos diversos, que é usado para brochuras de livros ou utilizado em conjunto com pele em encadernações meio-amador ou ainda nas guardas. É também utilizado para embalagens.

Papel de fantasia

Papel de guarda

PAPEL DE FERROPRUSSIATO – *Ver* Papel heliográfico.

PAPEL DE FORMA – Papel fabricado à mão com trapo de cânhamo e linho, por meio de formas que produzem apenas uma folha de cada vez; as vergaturas, pontusais e filigranas podem ver-se à transparência; este processo foi trazido do Oriente para a Europa no século XI e manteve-se até ao século XVIII; hoje é somente utilizado para edições de luxo; o papel *vergé* e o de linho são duas qualidades de papel de forma empregues em tiragens especiais.

PAPEL DE GRÁFICO – Papel cuja superfície apresenta linhas rectas ou curvas destinado ao traçado de gráficos, sobretudo os que são traçados por aparelhos especiais, como é o caso do electrocardiograma.

PAPEL DE GRANDE PERMANÊNCIA – Papel de elevada resistência ao envelhecimento, que se destina a preparar documentos que devem ser conservados durante muito tempo.

PAPEL DE GUARDA – Papel feito à mão, que deve ter sido usado desde os finais do século XVI; os mais antigos que são conhecidos apresentam desenhos repetidos, que por vezes requeriam a utilização de três blocos de madeira para a sua execução; a maior parte destes papéis é de origem flamenga ou alemã e também inglesa; os papéis de guarda italianos coloridos são geralmente de excelente fabrico e frequentemente apresentam pequenos desenhos; a tinta neles empregue era usada numa forma muito líquida, produzindo uma espécie de efeito de manchas coloridas; no século XVIII este tipo de papel foi também usado para revestir encadernações de baixo preço.

PAPEL DE HAMBURGO – É fabricado com aparas, pasta mecânica ou semi-química e pasta de resíduos agrícolas, podendo incluir igualmente pasta química, nas gramagens de 50/100 g/m², em cores, monolúcido ou alisado; é usado sobretudo para embalagens e embrulhos.

PAPEL DE HAVANA – *Ver* Papel pardo.

PAPEL DE IMITAÇÃO REVESTIDO – Papel com teor de cargas muito elevado e fortemente calandrado, com o fim de lhe conferir um estado de superfície que permita a impressão por meio de chapas de trama muito fina. Para designá-lo utiliza-se correntemente a expressão em inglês *imitation art paper*.

PAPEL DE IMPRENSA – *Ver* Papel de jornal.

PAPEL DE IMPRESSÃO – Papel de qualidade, de qualquer cor ou acabamento, em geral com vergaturas e pontusais, que é usado para impressão de textos; originariamente, papel para livros.

PAPEL DE IMPRESSÃO REVESTIDO – Papel que recebeu uma ou mais camadas de revestimento por face e que se destina à impressão. Papel cuchê.

PAPEL DE JÁTIVA – Papel de fabricação árabe.

PAPEL DE *JILIN* – Modalidade de papel coreano, feita essencialmente a partir das fibras da casca da amoreira, que depois de macerada na água é batida cuidadosamente para não destruir as fibras, muitas das quais permanecem intactas na pasta; é espesso, liso, apresenta longas fibras e é muito resistente.

PAPEL DE JORNAL – Pouco encolado e com grande percentagem de pasta mecânica, é adequado à impressão de jornais por ser de custo mais baixo e permitir rápida impressão. Não apresenta revestimento, é fabricado sem cola ou ligeiramente colado, e a sua gramagem está compreendida entre 40 g/m^2 e 60 g/m^2. Papel de imprensa. Papel-jornal.

PAPEL DE LINHO – Papel de qualidade superior, inteiramente fabricado a partir de trapo, com superfície semelhante à do linho.

PAPEL DE LINHO DA HOLANDA – *Ver* Papel da Holanda.

PAPEL DE LUSTRO – Papel muito calandrado em cuja composição entra muito caulino, de que resulta uma superfície lisa e brilhante; é fabricado em cores vivas e muito usado em trabalhos manuais. Papel *glacé*.

PAPEL DE LUXO – Papel de trapo de qualidade utilizado apenas em edições especiais.

PAPEL DE MÁQUINA – Aquele que é produzido mecanicamente em grande quantidade.

PAPEL DE MARCA – Papel de tina e com selo.

PAPEL DE MARCA MAIOR – Papel de tina e com selo, para mapas e livros de grandes dimensões.

PAPEL DE MÚSICA – Papel com pauta musical impressa de cinco linhas, própria para a escrita musical; quando está impresso e reunido em livro chama-se-lhe livro impresso de música.

PAPEL DE NEGATIVOS – Papel fotográfico usado para fazer negativos em papel.

PAPEL DE OBRA – Designação aplicada a diversos papéis acetinados e de superior qualidade utilizados em tipografia para fazer obras de bico ou outros trabalhos que usam este tipo de papel.

PAPEL DE OFÍCIO – Papel bem encolado, com superfície uniforme, de formato normalizado, destinado a suporte de participações escritas em forma de carta, que as autoridades, secretarias, associações, etc. endereçam aos seus subordinados, iguais ou superiores, etc., em objecto de serviço público ou particular.

PAPEL DE PALHA – Papel que tem como base a pasta de papel obtida por processos diversos a partir das hastes secas de cereais; este papel é grosseiro e usado sobretudo em embalagens.

PAPEL DE PAREDE – Papel de fantasia, estampado e muito resistente, que se apresenta em rolos, com que se forram as paredes e em cuja orla, por vezes, se assenta uma barra de papel condizente. Papel pintado.

PAPEL DE PASTA MECÂNICA – Papel, cartolina ou cartão em cuja composição de fabrico entra pasta mecânica.

PAPEL DE PASTA QUÍMICA – Papel obtido pela maceração de certas madeiras ou substâncias vegetais ricas em celulose; este processo, inventado em 1846, só se utiliza em estado puro para fabrico de cartão.

PAPEL DE PESO – *Ver* Papel pardo.

PAPEL DE PRATA – Papel argentado. *Ver tb.* Papel de estanho.

PAPEL DE PROTECÇÃO – Em micrografia, folha de papel destinada a proteger o adesivo sensível à pressão nos envelopes de janela antes da montagem do filme.

PAPEL DE REGISTO – Papel que apresenta boa resistência mecânica e superficial, boa resistência à rasura, aptidão à impressão, à escrita manual, ao picotado e à perfuração.

PAPEL DE RESERVA ALCALINA – *Ver* Papel permanente.

PAPEL DE SEDA – Papel de embalagem, leve, maleável, fino e não colado, resistente, de gramagem compreendida entre 12 e 30 g/m^2; destina-se essencialmente à embalagem, à protecção ou apresentação de objectos frágeis e de ofertas e a fins decorativos; os encadernadores utilizam-no em geral para isolar as gravuras do texto.

PAPEL DE SEGURANÇA – *Ver* Papel fiduciário.

PAPEL DE STÊNCIL – *Ver* Papel estêncil.

PAPEL DE TAMPÃO ALCALINO – *Ver* Papel permanente.

PAPEL DE TEIA DUPLA – Papel com duas folhas de constituição, formado pela combinação de duas bandas contínuas sem utilização de adesivo.

PAPEL DE TINA – Papel manual. Papel artesanal. Papel de cuba. *Ver* Papel de forma.

PAPEL DE TRAPO – Papel inteiramente fabricado com pasta feita de trapo ou com pouca pasta de madeira. A percentagem mínima de pasta de trapo que se exige para um papel ser designado como papel de trapo difere de país para país.

PAPEL DE TRAPO FEITO À MÃO – Tipo de papel manufacturado, que é usado no restauro de livros sobretudo nas folhas de guarda de encadernações antigas; é necessário que se verifique se ele apresenta todas as garantias de conservação pois, dependendo do seu fabrico, um papel de trapo, mesmo feito à mão, pode ser ácido.

PAPEL DECORADO – Papel ornamentado usado em capas e guardas de publicações.

PAPEL DESACIDIFICADO – *Ver* Papel permanente.

PAPEL DO EGIPTO – *Ver* Papiro.

PAPEL DO JAPÃO – Papel aveludado ligeiramente marmorizado, mais ou menos espesso e muito resistente, fabricado no Japão com rebentos de bambu e outros produtos, como a casca da amoreira; o seu uso foi introduzido em França nos meados do século XIX e é reservado às tiragens de luxo. É também muito utilizado no restauro de documentos e livros; obtido de forma manual ou semi-industrial, é de gramagem variável, desde muito fino e transparente até à espessura do cartão. É confeccionado com fibras longas e a massa é de tal forma depurada, que não contém resíduos de lenhina; é de grande resistência ao rasgo, o que torna particularmente recomendado o seu uso para o restauro de obras em papel.

PAPEL DOS COMERCIANTES – Designação dada ao papiro de ínfima qualidade, que era adquirido pelos romanos aos egípcios e que apenas era usado para fazer embrulhos.

PAPEL DÚPLEX – Papel constituído por duas camadas fibrosas, unidas entre si no estado húmido durante o seu fabrico, o que resulta em duas faces com texturas diferentes entre si.

PAPEL DURO – Papel fotográfico usado para a impressão de negativos em que o contraste é grande; neste papel as gradações no intervalo dos tons são mais circunscritas do que no papel suave, o que faz com que se produza uma grande distinção entre as zonas escuras e as luminosas.

PAPEL ELECTRÓNICO – *Ver Electronic paper*.

PAPEL EM BOBINE – Forma de apresentação do papel para venda, na qual ele se apresenta enrolado tal como sai da máquina; sob esta forma é usado apenas para jornais e publicações periódicas de grandes tiragens. Papel bobinado.

PAPEL EM BRANCO – *Ver* Papel branco.

PAPEL EM FOLHA – Papel que é fornecido em folhas não dobradas, vincadas ou enroladas.

PAPEL EM RIMA – Modalidade de apresentação do papel para venda, na qual as folhas se apresentam deitadas umas sobre as outras, sob a forma de maços designados resmas.

PAPEL EMPORÉTICO – *Ver* Papel filtro.

PAPEL ENCERADO – Papel resistente, impermeabilizado com parafina ou óleo não secante, tratamento que lhe confere um aspecto ceráceo.

PAPEL ENCORPADO – Qualidade de papel grosso e resistente.

PAPEL ENFESTADO – Papel dobrado a meio fazendo vinco, que é geralmente usado para impressão de jornal.

PAPEL ENGOMADO – Papel tratado com um material que lhe preenche os poros de modo a retardar ou impedir a penetração de líquidos.

PAPEL ESCONSO – Aquele que é mal aparado, cortado fora do esquadro.

PAPEL ESPECIAL – Papel resistente à água; é fabricado com uma pasta incorporada de produtos químicos que lhe conferem essa característica; é utilizado para cartas geográficas e outros documentos que possam estar sujeitos a diferentes condições atmosféricas.

PAPEL ESQUADRADO (port. Bras.) – *Ver* Papel quadriculado.

PAPEL ESTÊNCIL – Papel de estrutura especial impregnado e/ou revestido com uma preparação própria para a reprodução, através de equipamento adequado, da matéria textual ou modelos que nele foram impressos, de tal modo que permite a passagem de uma tinta apropriada; a impressão é geralmente obtida por meio de uma máquina de escrever, à mão

com uma caneta especial ou por processo fotomecânico.
PAPEL ESTUCADO – Papel que foi submetido à operação de estucagem. Papel cuchê. Papel gessado.
PAPEL ESTUCADO MATE – Papel acafelado cuja superfície polida é adequada à reprodução de meios-tons pouco brilhantes.
PAPEL FAIXADO – Papel avergoado. Papel *vergé*.
PAPEL FARPADO – Papel que apresenta as extremidades recortadas em forma de farpa. Papel farpeado.
PAPEL FARPEADO – Papel farpado.
PAPEL FEITO À MÃO – *Ver* Papel manual.
PAPEL FERRO – Papel ornamentado e muito resistente, utilizado para revestir as capas dos livros.
PAPEL FIDUCIÁRIO – *Ver* Papel antifraude.
PAPEL FILIGRANADO – Aquele em que se divisa uma filigrana impressa em branco na massa; todos os papéis timbrados são filigranados e fabricados na cuba.
PAPEL FILTRO – Aquele que é feito sobretudo de algodão sem cola nem corantes, tratado com solução de ácido nítrico, o que lhe confere mais resistência e aptidão para reter as impurezas em suspensão nos líquidos a filtrar • Papel emporético.
PAPEL FLORETE – Papel antigo, de grande qualidade, usado para impressão.
PAPEL FOTOGRÁFICO – Suporte de papel opaco, que pode ser revestido por uma emulsão sensível à luz num ou em ambos os lados; devido a essa emulsão podem registar-se nele imagens através da exposição à luz e revelação imediata; o papel fotográfico apresenta diversas modalidades e possibilidades de uso e pode ser branco, negro ou de cor, apresentar diversos tamanhos e tipos e reproduzir imagens positivas ou negativas.
PAPEL FRICCIONADO – Papel em que uma das faces se apresenta mais uniforme e mais brilhante, por secagem resultante do seu contacto com um cilindro metálico polido e aquecido, pertencente ao dispositivo de secagem da máquina de papel. A outra face do papel conserva um aspecto relativamente rugoso.
PAPEL GESSADO – *Ver* Papel cuchê.

PAPEL *GILLOT* – Papel que tomou o nome do seu inventor e que apresenta um tracejado muito miúdo; aplica-se à ilustração, facilitando-a bastante; os claros abrem-se raspando-o e as sombras carregando mais ou menos o lápis.
PAPEL *GLACÉ* – O que apresenta um aspecto esmaltado, com uma superfície brilhante e lisa. Papel de lustro.
PAPEL GOFRADO – Papel que recebeu um desenho em relevo, normalmente por pressão de um rolo ou de uma placa gravadora.
PAPEL GOMADO – Papel revestido numa das faces por uma camada de cola; é papel gomado o papel usado para selos e etiquetas.
PAPEL GRANIDO – *Ver* Papel granitado.
PAPEL GRANITADO – Papel com a superfície áspera, conforme sai da forma, sem a intervenção da calandra; pode ser de uma ou de duas faces. Papel granido.
PAPEL HECTOGRÁFICO – Papel carbono especial, cujo corante, em geral roxo, é solúvel em álcool e que se usa para obter a matriz de textos ou desenhos que se querem duplicar no hectógrafo.
PAPEL HELIOGRÁFICO – Papel que é fabricado com pasta química branqueada, de baixo teor de ferro, nas gramagens que vão de 40 a 120 g/m^2, bem encolado, branco ou em cores suaves e liso, usado no processo de cianotipia, para reproduzir plantas, mapas, etc. Papel de ferroprussiato.
PAPEL HIDROGRÁFICO – Papel que se obtém deixando-o ficar numa solução de noz-de-galha gomada; antes da dissecação é salpicado com sulfato de ferro calcinado, depois do que pode ser escrito com uma caneta molhada em água, aparecendo os traços como se tivessem sido escritos com tinta.
PAPEL IGNÍFUGO – Papel que possui um grau de inflamabilidade e combustibilidade muito reduzido; é sujeito a tratamentos especiais que lhe conferem estas características. Papel incombustível. Papel de amianto.
PAPEL IMPERMEÁVEL – Aquele que não se deixa atravessar por fluído, líquido ou humidade; fabrica-se inserindo hidrocelulose na pasta; impregna-se com uma solução de

piroxilina, éter acético ou álcool etílico, o que permite uma impermeabilização absoluta.

PAPEL INCOMBUSTÍVEL – *Ver* Papel de amianto.

PAPEL INDIANO – *Ver* Papel da Índia.

PAPEL INDIANO DE *OXFORD* – Papel de criação recente, muito fino, opaco; o nome deriva do facto de ele tentar imitar o papel da Índia.

PAPEL INGLÊS – Nome dado ao papel vegetal, porque foi pela primeira vez fabricado em Inglaterra; também se dá este nome a um papel de carta muito resistente.

PAPEL ISENTO DE ÁCIDO – *Ver* Papel permanente.

PAPEL JAPONÊS – *Ver* Papel do Japão.

PAPEL JASPEADO – Papel marmorizado, isto é, que imita o mármore, tal como o nome indica; é muito utilizado nas guardas dos livros e também em encadernação, sobretudo nas encadernações meio-amador. Papel chinê.

papel jaspeado

PAPEL KRAFT – Papel muito resistente, geralmente pardo-escuro, fabricado com pasta de madeira tratada pelo sulfato de sódio, que é usado para sacos e embrulhos.

PAPEL *KRAFT* BRANQUEADO – Papel fabricado a partir de pasta *kraft* branqueada.

PAPEL LADRÃO – Papel muito transparente, que é usado para fazer decalque.

PAPEL LAMINADO – Aquele que passou numa laminadora, com o objectivo de apresentar uma espessura regular.

PAPEL LAMINADO POR PLACAS – Papel cuja superfície apresenta um elevado grau de acabamento por tratamento numa laminadora por placas.

PAPEL LISTRADO (port. Bras.) – Papel que possui marca de água constituída por linhas rectas paralelas e muito afastadas; antigamente era designado por papel *bâtonné*.

PAPEL LITOGRÁFICO – Papel com muito pouca cola, especial para impressões litográficas; é elástico, fino e liso.

PAPEL *MACHÉ* – Aquele cuja pasta, após trituração mecânica, sofre uma enorme pressão hidráulica, o que permite que após completa dissecação seja trabalhado como madeira ou pedra.

PAPEL MANILA – Designação do papel ou cartolina feitos de cânhamo ou outro produto obtido a partir da fibra de juta ou ainda de uma fibra natural de Manila, proveniente do abacá ou canhâmo-de-Manila; é muito resistente. (port. Bras.) Papel Manilha.

PAPEL MANTEIGA – Papel impermeabilizado através da aplicação de gorduras, geralmente papel pergaminho, vegetal ou papel resistente à gordura, não calandrado, de fraca qualidade.

PAPEL MANUAL – O que é fabricado à mão; extremamente caro, é apenas empregado em obras de luxo. Papel de fabrico manual. Papel artesanal.

PAPEL MARFIM – Cartolina de massa superior, cuja superfície imita o marfim.

PAPEL MARFIM CONTRACOLADO – Papel bem colado, de gramagem normalmente superior a 150 g/m^2, apto à impressão e à escrita, fabricado a partir de pasta química branqueada por contracolagem de duas ou mais bandas contínuas. Caracteriza-se pela lisura, rigidez, ausência de impurezas e o seu aspecto é regular à transparência. Utiliza-se, por exemplo, na confecção de cartões-de-visita.

PAPEL MARMOREADO – Papel de fantasia, cuja superfície imita o mármore; é aplicado nas guardas de livros e para outros fins. Papel marmorizado. Papel jaspeado.

PAPEL MATA-BORRÃO – Fabricado com algodões de cores, serve para absorver a tinta em excesso; é igualmente usado em restauro, para absorver o excesso de humidade de livros e documentos recentemente lavados ou desacidificados e de manuscritos e impressos, mapas, etc.; é usualmente fabricado a partir de pastas de trapo e também de polpa de madeira ou outras misturas; o papel mata-borrão é poroso, pesado, tem fraco acabamento e pouca resistência. Papel de chupar.

PAPEL MATE – Papel que apresenta um aspecto rugoso nas duas faces após o fabrico. Papel sem acabamento.

PAPEL MECÂNICO – Designação dada ao papel que se obtém com a ajuda de máquinas que distribuem uniformemente a pasta (na qual, conforme os fabricantes, foram incorporados a gelatina, o caulino, a fécula, etc.) sobre uma rede metálica sem fim, que se desenrola com um movimento de trepidação muito rápido; a água escorre através da rede, o papel em formação passa através de vários cilindros aquecidos, que o secam e solidificam rapidamente, sendo depois enrolado sob a forma de bobina. Opõe-se a papel artesanal.

PAPEL MESCLADO – Papel sobre o qual são visíveis, em pequena quantidade, fibras de uma cor diferente da do resto do papel. Alguns tipos destes papéis designam-se por "papéis granitados" ou "papéis marmoreados".

PAPEL MILIMETRADO (port. Bras.) – *Ver* Papel milimétrico.

PAPEL MILIMÉTRICO – Papel quadriculado com quadrículas de um milímetro, destinado a plantas, gráficos, etc. (port. Bras.) Papel milimetrado.

PAPEL MONOLÚCIDO – Papel (e também cartolina), que apresentam apenas uma face lisa, acetinada, constituindo o lado oposto uma superfície áspera.

PAPEL NÃO ÁCIDO – Papel isento de ácido e com pH igual ou superior a 7. Papel que não deve conter nenhum ácido livre; no seu fabrico são tomadas precauções especiais, a fim de se eliminarem todos os ácidos activos que possam estar presentes. Papel desacidificado. *Ver* papel permanente.

PAPEL NÃO OXIDANTE – Papel fabricado de tal modo que está isento de produtos químicos susceptíveis de enferrujar, como metais ferrosos.

PAPEL NEUTRO – *Ver* Papel permanente.

PAPEL *OFFSET* – Papel com muita cola, de superfície uniforme, resistente à humidade, destinado à impressão em sistema *offset* e litográfico em geral.

PAPEL ORIENTAL – Papel produzido em países árabes ou no império bizantino, com a mesma composição do papel ocidental, mas ao qual o processo de fabrico confere características próprias.

PAPEL *OXFORD* – *Ver* Papel bíblia.

PAPEL OZALIDE – Papel sensível à luz, de cor amarelada, com o qual se tiram as provas das ilustrações e do texto para heliogravura, depois da montagem e antes da gravação.

PAPEL PARA CADERNOS ESCOLARES E ARTIGOS SEMELHANTES – Papel usado na confecção de cadernos escolares, etc., que apresenta boa aptidão à impressão e à escrita manual, ao picotado e à perfuração e que permite a leitura sem prejudicar a visão.

PAPEL PARA CARTÕES PERFURADOS – Papel sólido, rígido, de espessura uniforme controlada com precisão, susceptível de ser perfurado com nitidez e apresentando características adequadas para a utilização no tratamento informático.

PAPEL PARA CARTOGRAFIA – Papel para impressão, isento de pasta mecânica, fortemente colado, eventualmente resistente em húmido, possuindo boa resistência mecânica, particularmente ao rasgamento, à dobragem, à abrasão e uma grande estabilidade dimensional.

PAPEL PARA DUPLICADOR A ÁLCOOL – Papel que possui resistência suficiente à absorção de álcool para permitir a produção de cópias facilmente legíveis quando se utiliza um duplicador a álcool.

PAPEL PARA DUPLICADOR A ESTÊNCIL – Papel com bastante mão, suficientemente opaco, revestido com ceras sobre uma ou as duas faces e apto a receber a impressão sobre uma ou duas faces num duplicador a estêncil.

PAPEL PARA DUPLICADOR DE CERA – Papel com bastante mão, suficientemente opaco, apto a ser impresso por ceras sobre uma ou as duas faces.

PAPEL PARA FORMULÁRIO EM CONTÍNUO – Papel transformado por perfuração e por picotagem, que se destina a ser utilizado em impressoras de computadores, facturadoras e outros equipamentos eléctricos e electrónicos. Pode apresentar-se impresso e é fornecido em banda contínua, dobrado em ziguezague e em bobina.

PAPEL PARA FOTOCÓPIA – Papel que se destina à reprodução de documentos por meios ópticos, químicos e eléctricos, em que se exige do papel regularidade de espessura, lisura, correcta esquadria de formato, resistência superficial adequada para não levantar poeira e capacidade de suportar as temperaturas de funcionamento dos equipamentos.

PAPEL PARA ILUSTRAÇÕES – Papel de impressão de grande qualidade, estucado ou acetinado, com um acabamento perfeito e uma superfície brilhante e suave; usa-se para reproduzir meios-tons.

PAPEL PARA IMPRESSÃO *OFFSET* – Papel que se caracteriza por apresentar uma resistência superficial adequada para não levantar poeiras, boa estabilidade dimensional e imprimibilidade e que se destina à impressão *offset*.

PAPEL PARA LIVROS – Designação genérica atribuída ao papel comummente usado na produção de livros, seja qual for a sua composição (trapo, pasta de madeira sujeita a tratamento químico, polpa de esparto, etc.).

PAPEL PARA MÁQUINA DE ESCREVER – Papel com boa resistência mecânica, suficientemente colado, apresentando firmeza ao impacte dos caracteres da máquina de escrever e suficiente solidez à rasura.

PAPEL PARA MATRIZES – Papel utilizado na moldagem da forma tipográfica.

PAPEL PARA MEIO-TOM – Papel estucado ou supercalandrado usado para a impressão de meios-tons. Papel de autotipia.

PAPEL PARA PROVAS – Papel utilizado em tipografia para tirar ensaio em granel ou página.

PAPEL PARA ROLOS DE CALANDRA – Papel que se destina a formar os rolos de calandra por empilhamento sob pressão. Deve ser compressível e possuir boa resistência às temperaturas elevadas.

PAPEL PARA ROTOGRAVURA – Papel macio e de fácil absorção muito utilizado em rotogravura.

PAPEL PARA SOBRESCRITOS E BOLSAS – Papel que se destina ao fabrico de invólucros utilizados para a protecção de documentos e envio de correspondência postal, que apresenta aptidão à impressão, à escrita manual, à escrita por meios mecânicos (máquinas de dactilografar e impressoras), à aplicação de um adesivo e suficiente resistência às condições de tratamento manual ou automático.

PAPEL PARA TRANSPORTE – *Ver* Papel autográfico.

PAPEL PARAFINADO – Papel impregnado ou coberto de parafina e/ou ceras diversas, o que o torna apto a revestir superfícies engorduradas.

PAPEL PARDO – Papel de qualidade inferior, escuro e fabricado sem cola, destinado a embrulhos. Papel bule. Papel de Havana. Papel de peso.

PAPEL PAUTADO – Aquele que apresenta linhas horizontais impressas, destinadas a guiar a escrita.

PAPEL *PELURE* – Variedade de papel de escrita muito fino e transparente, usado especialmente para cópias e transposições litográficas. Papel *pelure d'oignon*.

PAPEL *PELURE D'OIGNON* – *Ver* Papel *pelure*.

PAPEL PERGAMINHO – Fabricado de celulose pura e isento de substâncias como o cloro, a soda, etc., é tratado em banho de ácido sulfúrico e lavado com amoníaco, apresenta a resistência e o aspecto do verdadeiro suporte papel feito de pele de cabra, cordeiro ou vitela, com a vantagem de não ser atacado por insectos; esta textura confere-lhe uma elevada firmeza à penetração de gorduras e ainda uma grande resistência à desagregação por água, mesmo estando esta em ebulição.

PAPEL PERMANENTE – Papel que, devido às suas características intrínsecas, além de não induzir acidez, neutraliza e tamponiza a acção dos contaminantes atmosféricos (dióxido e trióxido de enxofre e dióxido de carbono), por um período de tempo muito superior ao de qualquer papel comum. Papel *acid-free*. Papel não ácido. Papel desacidificado. Papel de reserva alcalina. Papel tampão. Papel neutro, cujo nome que lhe vem do facto de não apresentar qualquer ácido na sua composição e de lhe estar assegurada a permanência durante o seu tempo de vida, dada a resistência à corrosão que apresenta. Caracteriza-se por: ser fabricado com pastas químicas sem lenhina, (por oposição à pasta dita mecânica, que contém cerca de 50% de impurezas), sem iões de alumínio nem sais geradores de ácidos, ter um conteúdo mínimo de cloro livre e organoclorados, ter um pH em extracto aquoso entre 7,4 – 8,4, possuir uma forte acção tampão, devida à adição de componentes inorgânicos naturais, conter agentes de colagem de síntese na massa e em superfície (o encolamento é feito em meio neutro: o pH – potencial de hidrogénio – é igual ou superior a 7), possuir uma reserva alcalina, encerrar maior e mais constante hidrofobia, possuir brancura mais uniforme devida à ausência de agentes ópticos de branqueamento (os corantes usados são neutros e resistem à luz), ter cor branca natural e características de resistência reforçadas. É um papel nobre, que mantém sempre jovens as características de resistência e de cor; é adequado à conservação de todo o tipo de documentos e aconselhado para a confecção de pastas, sacos, capilhas, sobrescritos, etc. É muito utilizado no restauro de livros, porque contém uma reserva alcalina ou seja, um produto que vai neutralizar qualquer formação de acidez que possa sobrevir no papel; usa-se também nos forros de cartão cujo pH é ligeiramente ácido, nas folhas de guarda brancas de encadernações, nas guarnições de caixas de conservação e no acondicionamento/protecção de espólios de todo o género de documentos.

PAPEL PICADO – Diz-se do papel que começa a apodrecer, devido à humidade do lugar onde está guardado ou por qualquer outro motivo.

PAPEL PICOTADO – Diz-se do papel que apresenta furos, destinados a facilitar o seu corte à mão.

PAPEL PIGMENTADO – Papel sensibilizado com gelatina bicromatada, que é utilizado em fotogravura.

PAPEL PINTADO – Papel decorativo de revestimento de encadernações ou de guardas produzido pela pintura directa de desenhos no papel, em estilo livre ou sob um plano controlado e organizado; a cor pode ser uma só ou várias, a partir de tintas de cores diversas • *Ver tb.* Papel de parede.

PAPEL PLUMA – Variedade de papel muito leve, não acetinado, volumoso e esponjoso, fabricado habitualmente com esparto. Papel *bouffant*. (port. Bras.) Papel bufã.

PAPEL POLIÉSTER – *Ver* Papel sintético.

PAPEL PORCELANA – Papel revestido por uma camada de branco opaco, ligada com cola.

PAPEL PURO FIO – Papel feito de trapo, que é utilizado para impressões de luxo.

PAPEL PURO TRAPO – Papel fabricado na sua totalidade a partir de pasta de trapo podendo, contudo, conter uma pequena quantidade de fibras estranhas à composição do trapo.

PAPEL QUADRICULADO – Aquele que é pautado com linhas verticais e horizontais, formando pequenos quadrados, destinado a exercícios matemáticos. (port. Bras.) Papel esquadrado.

PAPEL QUÍMICO – Papel revestido (normalmente numa só face) de uma camada pigmentada, transferível por pressão ao impacte, e que se utiliza para se obterem cópias ou decalques ao mesmo tempo que se faz o original manuscrito ou dactilografado. Papel carbono, papel transmissor. Papel *pelure*.

PAPEL RECICLADO – Papel fabricado a partir de pasta com origem em papel usado e não a partir de trapo ou de pasta de madeira • Papel desprezado por não ser útil, que, em geral por questões de economia, se converte em pasta para fabrico de novo papel; este processo é também usado como modo de reduzir, na medida do possível, a desflorestação da Terra. Papel recuperado. Papel regenerado. Papel reutilizado. Têm sido diversas as directivas para fomentar o uso do papel reciclado. A nível comunitário, foi o próprio Conselho da Comissão da União Europeia que se inclinou para a reciclagem como modo mais adequado de tratar resíduos e dispor de produtos, aliviando a pressão que se exercia sobre os recursos naturais. Foram tomadas várias medidas nesse sentido: uma directriz de Julho de 1975 relativa à gestão de resíduos promovendo a sua reciclagem e transformação. Em 1976 foi criado um Comité em gestão de resíduos. A Recomendação do Conselho das Comunidades nº 81/972/CEE de 3 de Dezembro de 1981, foi publicada no *Diário Oficial das Comunidades Europeias* em 10-XII-1981.

PAPEL RECORTADO – Papel cortado de diversas formas, consoante a finalidade a que se destinava (forrar caixas de doces, enfeitar prateleiras, etc.), que pacientemente as recolhidas nos conventos denteavam e picotavam a fim de obterem desenhos simétricos, sempre a partir de dobras; uma das formas que assume e que interessa para o âmbito desta obra, é a aplicação desta técnica aos registos de santos, rodeando as imagens e conferindo grande leveza ao conjunto que, na parte inferior, inscrito em cartela, apresenta normalmente o nome do santo e, por vezes, uma jaculatória; os trabalhos eram feitos com tesoura, canivete, furador, etc.

PAPEL RECUPERADO – *Ver* Papel reciclado.

PAPEL REFORÇADO – Papel enrijecido com fios ou com uma tela, a fim de tornar maior a sua resistência mecânica.

PAPEL REFORÇADO DUPLO – Papel ou cartão encorpado formado por duas folhas ou duas camadas fibrosas com uma armadura de fios de gaza ou de tela.

PAPEL REGENERADO – *Ver* Papel reciclado.

PAPEL RESISTENTE EM HÚMIDO – Papel sujeito a tratamento, com o fim de aumentar a sua resistência no estado húmido.

PAPEL RESMADO – O que sai da fábrica em pacotes de resma e não bobinado.

PAPEL REUTILIZADO – *Ver* Papel reciclado.

PAPEL REUTILIZÁVEL – Tipo de papel electrónico, como o *gyricon*, que pode ser apagado e reescrito, sem que haja intervenção de químico ou *toner* na impressão. *Reversible paper*.

PAPEL REVESTIDO – Papel macio e lustroso contendo grandes quantidades de caulino e também conhecido como papel de arte ou papel calandrado; quando é molhado, as páginas aderem umas às outras formando um bloco, o que dificulta a sua recuperação.

PAPEL REVESTIDO DE ALTO BRILHO – Papel que foi submetido a um processo de revestimento, no qual a superfície revestida é seca em contacto com uma superfície metálica fortemente polida (cilindro ou banda contínua).

PAPEL REVESTIDO POR EMULSÃO – Papel coberto por um processo de estucagem em que se utilizam matérias plásticas ou resinas aplicadas sob a forma de emulsão.

PAPEL REVESTIDO POR MEIO DE UM SOLVENTE – Papel recoberto por um processo em que se utilizam resinas ou matérias plásticas dissolvidas em solventes voláteis que são posteriormente evaporados.

PAPEL REVESTIDO-ESPUMA – Papel envolvido por um processo de cobertura em que se utiliza um banho onde se introduzem minúsculas bolhas de ar, de que resulta uma camada contendo vazios.

PAPEL SAGRADO – Nome dado pelos egípcios ao papiro.

PAPEL SECO AO AR – Papel enxuto naturalmente por exposição ao ar livre.

PAPEL SELADO – Aquele que leva o selo da nação e é utilizado em documentos oficiais e jurídicos; foi introduzido em Portugal em 1660.

PAPEL SEM ACABAMENTO – Papel de aparência rugosa nas duas faces no fim do processo de fabrico.

PAPEL SEM ACIDEZ – *Ver* Papel permanente.

PAPEL SEM COLA – Papel absorvente sem colagem na massa ou na superfície. Pode ser usado como produto acabado (por exemplo papel de filtro e papel mata-borrão) ou como papel suporte, tendo em vista um tratamento posterior, como por exemplo a impregnação.

PAPEL SEM PASTA MECÂNICA – Aquele cuja composição fibrosa contém apenas pasta química. Na prática pode conter acidentalmente uma pequena quantidade de outras fibras.

PAPEL SENSIBILIZADO – Papel tratado com um sensibilizador, usado em fotografia, porque reage à acção da luz e permite a impressão dos negativos.

PAPEL SILHUETADO – Modalidade de papel que se obtém por meio da aplicação de um motivo cortado em pele de camelo sobre o papel molhado (como no caso das figuras do teatro de sombras) revestido de cor, aparecendo cada tinta no verso e no recto ao mesmo tempo.

PAPEL SÍMILE-JAPÃO – Papel de aspecto nacarado, que imita os papéis de luxo orientais.

PAPEL SINTÉTICO – Nome dado ao novo papel de fibras ou pasta artificial, que não contém pasta vegetal; uma das modalidades mais usadas é o papel poliéster.

PAPEL SOLTO – Diz-se da folha avulsa que se apresenta individualmente, sem qualquer encadernação.

PAPEL SUPERBRANCO – Papel muito alto e de superfície adequada à impressão em *offset*.

PAPEL SUPERCALANDRADO – Papel de superfície muito lisa e brilhante, que foi tratado na supercalandra, tendo por finalidade a obtenção de uma superfície mais uniforme e brilhante que a do papel acetinado.

PAPEL SUPORTE – Papel com boa resistência mecânica, que se destina a ser transformado por revestimento ou por impregnação. Em certos países o termo também se utiliza para os papéis aos quais se aplica uma camada de outro material (alumínio, poliéster, etc.).

PAPEL SUPORTE PARA DUPLICADOR A ESTÊNCIL – Papel leve, fino, resistente, fabricado geralmente com pasta de fibras longas, que se destina à fabricação de papel para duplicador a estêncil, depois de ser submetido a processos de impregnação ou revestimento apropriados.

PAPEL SUPORTE PARA PAPEL FOTOGRÁFICO – Papel de estrutura uniforme, geralmente resistente ao estado húmido, inerte do ponto de vista dimensional e químico, isento de impurezas que possam alterar a emulsão fotossensível, destinado à fotografia.

PAPEL SUPORTE PARA PAPEL HELIOGRÁFICO – Papel composto geralmente de pastas químicas branqueadas, adequado para um revestimento do tipo diazóico, colado, liso, de resistência elevada à dobragem e ao rasgar, quimicamente inerte e isento de iões metálicos susceptíveis de prejudicarem os processos fotoquímicos.

PAPEL SUPORTE PARA PAPEL QUÍMICO – Papel leve, de boa resistência, em particular à perfuração, de espessura regular, muito plano, apto a receber uma camada pigmentada e isenta de defeitos susceptíveis de permitirem a penetração da camada pigmentada no papel.

PAPEL TAMPÃO – Nome de gíria do papel permanente.

PAPEL TECIDO – *Ver* Velino.

PAPEL TELA – Papel semelhante a tecido.

PAPEL TELADO – Papel com a superfície feita a partir de uma espécie de gaza colada, que o reforça e lhe confere o aspecto de tela ou tecido.

PAPEL TIMBRADO – Papel oficial do governo ou de qualquer instituição, com carimbo aposto para indicar que pertence ao órgão ou para lhe conferir autenticidade • Papel de correspondência particular apresentando o nome, morada, iniciais, siglas ou endereço do emissor.

PAPEL TRANSMISSOR – *Ver* Papel químico.

PAPEL VEGETAL – Qualidade de papel transparente utilizada em desenho. Papel inglês.

PAPEL VEGETAL PARA DESENHO – Papel para uso nas salas de desenho, suficientemente translúcido para que a imagem inscrita sobre ele possa ser decalcada pelo processo de reprodução utilizando a transmissão de luz ou para permitir reproduzir o desenho de um original colocado por baixo desse mesmo papel. A translucidez pode ser obtida de duas maneiras: por tratamento em papel apropriado, com óleo, resina ou ceras, depois do seu fabrico, para se obter um papel vegetal "artificial" ou por tratamento mecânico durante a preparação da massa, para se obter um papel vegetal "natural".

PAPEL VELINO – Papel com ausência de filigrana, liso e compacto, imitando o pergaminho fino de vitela, feito sobretudo a partir de pasta de trapo; o seu fabrico foi iniciado em Birmingham, em meados do século XVIII, por John Baskerville; por analogia denomina-se velino todo o papel bom, de forma, sem grão e não sendo *vergé*.

PAPEL VELUDO – Papel de superfície muito macia imitando o veludo.

PAPEL *VERGÉ* – Aquele que mostra à transparência os sinais dos fios metálicos que formam o fundo do molde onde é fabricado; há imitações deste papel fabricadas à máquina; resistente, firme e de bom aspecto, é muito utilizado para edições especiais • Papel avergoado fabricado à imitação da textura manual. Papel da Holanda.

PAPEL VIRGEM – Papel ou cartão em folha ou rolo que não foi sujeito a qualquer transformação.

PAPEL VITELA – Tipo de papel assim designado devido à semelhança com o couro usado nos códices. Vitela.

PAPEL VOLANTE – Panfleto ou publicação periódica que se produz em grande número e se distribui avulso e de forma abundante. Ver Folha volante.

PAPEL *WHATMAN* – Papel cuja superfície é semelhante ao papel da Holanda, resistente mas não *vergé*, assim designado a partir do nome do seu inventor, o inglês Whatman; granido, sem vergaturas, é destinado sobretudo ao desenho de aguarelas, provas calcográficas e edições de luxo.

PAPEL XILOGRAFADO – Papel decorativo impresso por meio xilográfico, muito usado em brochuras e em guardas de encadernação; a impressão xilográfica dos têxteis foi introduzida na Europa no século XVII e, mais tarde, razões de natureza económica levaram os impressores de tecidos a imprimir também esse papel, que é hoje muito raro e apreciado.

PAPELADA – Grande quantidade de papéis • Papéis em desordem, escritos inúteis • Conjunto de documentos • Em gíria, papelosa.

PAPELÃO – Papel encorpado feito com os resíduos de trapos ou palha • Cartão.

Papel xilografado

PAPELÃO DE LOMBOS – Papelão mais fino que é utilizado na lombada dos livros.

PAPELARIA – Estabelecimento comercial onde se vendem papel e outros artigos de escritório.

PAPELEIRA – Móvel de tampa onde se guardam papéis • Secretária.

PAPELEIRO – Fabricante ou vendedor de papel • Dono de uma papelaria • Relativo ao papel • Designação da empresa ou pessoa que fabrica papel.

PAPELEJO – Papel de pequena dimensão, sem importância. Papelucho.

PAPELETA – Papel afixado em lugar público, a fim de que seja lido ou consultado. Anúncio. Edital. Cartaz • Guia ou boletim de admissão de doentes em casas de saúde e hospitais.

PAPELIÇO – Embrulho pequeno de papel.

PAPELINHO – Diminutivo de papel. Papel pequeno • No plural designa papéis miudinhos para folguedos carnavalescos e outros.

PAPELISTA – Aquele que vendia folhetos de cordel • Pessoa que trata de papéis ou investiga documentos antigos. Arquivista.

PAPEL-CARTAZ – Papel de impressão bem colado, geralmente friccionado, destinado a ser utilizado ao ar-livre durante um período de tempo limitado.

PAPEL-JORNAL – *Ver* Papel de jornal.

PAPEL-MOEDA – Papel de impressão fiduciário e antifraude, com elevada aptidão à manipulação e dobragem e de alto grau de permanência, que representa um determinado valor; é emitido por um banco do Estado e destina-se a substituir a moeda metálica. Papel que, por determinação oficial, serve de moeda.

PAPELOSA – Termo de gíria para papelada • Conjunto de documentos.

PAPELUCHO – Papel de pouca importância • Papel para servir de embrulho • Periódico ou escrito desprezível • Papelejo.

PAPERBACK (pal. ingl.) – Nome dado ao livro brochado, de capa flexível; foi criado nos Estados Unidos por Simon & Schuster em 1939; apresenta grandes tiragens, é de preço módico, tem uma identidade visualmente reconhecível e encontra-se em pontos de venda diversificados; este tipo de publicação começou por se destinar às obras romanescas mais importantes da época contemporânea e, dada a aceitação que teve, acabou por se alargar às edições dos textos clássicos e às das obras documentais • Livro de formato reduzido, de grande difusão • Livro de bolso.

PAPERBACK EDITION (loc. ingl.) – Ver Edição brochada.

PAPIRÁCEO – Aquilo que é fino e seco como o papel.

PAPIREUS (pal. lat.) – Adjectivo latino que designa objectos feitos em papel.

PAPIRÍCOLA – Designação atribuída aos insectos que atacam o papel.

PAPIRÍFERO – Diz-se da planta cujo *liber* serve para a fabricação do papel.

PAPIRO – Planta da família das ciperáceas, originária das margens e do delta do rio Nilo, cujo caule, de cerca de dois metros e meio de altura, é mole e contém uma goma que permite a sua aglutinação e o fabrico de folhas apertadas pela prensa; através da sobreposição perpendicular de várias tiras finíssimas deste caule e da sua prensagem e secagem obtinha-se um suporte de escrita a que se deu também o nome de papiro, sendo as folhas coladas justapostas para formar rolos aptas a receber a escrita hieroglífica apenas de um lado; o comprimento destes rolos podia chegar a atingir os 40 metros, como é o caso do grande *Papiro Harris* do British Museum; o papiro foi utilizado desde a Alta Antiguidade no Egipto, depois na Grécia e em Roma e o seu uso permaneceu no Ocidente até ao século VII, em simultâneo com o uso do pergaminho que acabou por o destronar. O papiro tinha o problema de ser frágil, estragando-se facilmente com o manuseamento; em condições de clima e de acondicionamento razoáveis conservava-se muitos séculos, como aconteceu com alguns papiros egípcios, uma vez que era guardado em ânforas de barro que permitiam uma temperatura constante; para a sua conservação contribuía também o facto de ser embebido em óleos perfumados que afastavam os insectos papirícolas, ao mesmo tempo que lhes conferia uma maleabilidade que os impedia de quebrar; os mais antigos papiros são originários do Egipto e remontam a cerca de 2400 a. C. O papiro foi o material mais comum usado como suporte de escrita por todo o Egipto e impérios grego e romano e continuou a usar-se em documentos no Vaticano até ao século XI, facto atestado pela existência de bulas de meados desse século; mesmo depois desta data, há descrições de textos, livros ou documentos de arquivo escritos neste suporte; a tinta usada para escrever sobre papiro era uma mistura de água, fuligem e cola. Em geral era escrito apenas de um lado, aquele em que as fibras eram paralelas ao sentido da escrita, pois o verso apresentava asperezas que não permitiam desenhar uma escrita perfeita. Com a progressiva substituição do rolo pelo códice, a partir do século II da nossa era, as suas folhas passam a ser dobradas em cadernos, operação que fragiliza o suporte; é usado como suporte da escrita até ao início da Idade Média, altura em que começou a usar-se o pergaminho, que haveria de impor-se definitivamente • Manuscrito antigo feito sobre papiro. *Charta juncea*.

PAPIRO ANFITEÁTRICO – Espécie de papiro fabricado em Alexandria no bairro do Anfiteatro • Variedade de papiro de fraca qualidade.

PAPIRO AUGUSTAL – Variedade de papiro de excelente qualidade; devido à sua fragilidade era reservada para usos especiais, como a transcrição de livros sagrados.

PAPIRO CORNELIANO – Variedade de papiro sem grande qualidade.

PAPIRO DE PELE – *Ver* Pergaminho.
PAPIRO DE TIMÓTEO – Designação daquele que se julga ser o papiro mais antigo que se conhece, com poemas escritos pelo poeta Timóteo de Mileto em finais do século IV a. C.

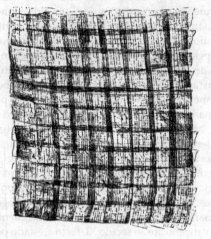

Papiro

PAPIRO EMPORÉTICO – Variedade de papiro usada para fazer embrulhos porque, devido à sua fraca qualidade, não podia ser escrita.
PAPIRO FANIANO – Variedade de papiro de fraca qualidade.
PAPIRO HARRIS – Nome do mais longo manuscrito egípcio existente; trata-se de uma crónica do reino de Ramsés II, que tem mais de 39 metros de comprimento, e está actualmente guardada no British Museum.
PAPIRO HIERÁTICO – Variedade de papiro de boa qualidade, mais resistente que o papiro augustal.
PAPIRO IMPERIAL – Variedade de papiro de excelente qualidade; devido às suas características e pelo facto de ser a melhor, era reservada para uso dos faraós do Egipto e dos imperadores romanos.
PAPIRO LENEÓTICO – Modalidade de papiro, mais grosseiro e com menor qualidade que o hierático, fabricado a partir das camadas exteriores da planta, enquanto que o papiro hierático era feito tendo como base as fibras internas, apresentando um aspecto mais fino e delicado.

PAPIRO OPISTÓGRAFO – Aquele que podia ser escrito de ambos os lados.
PAPIRO PRISSE – Papiro existente na Biblioteca Nacional de Paris, que é considerado o livro egípcio mais antigo que se conhece; terá sido escrito antes do final do terceiro milénio (2880 a. C.) e contém os provérbios de Ptah-hotep.
PAPIRO SAÍTICO – Variedade de papiro de fraca qualidade.
PAPIRO TENEÓTICO – Variedade de papiro de baixa qualidade.
PAPIRO TOLEDANO – Designação atribuída ao papel em Espanha, durante a Idade Média.
PAPIROGRAFIA – Arte de imprimir litograficamente com um molde de papel ou de cartão em vez da pedra.
PAPIRÓGRAFO – Cliché de papel usado em papirografia • O que pratica a papirografia.
PAPIROLOGIA – Ciência que se propõe estudar os textos escritos em papiro, sobretudo egípcios, gregos e latinos e os conhecimentos que resultam da sua leitura, com o objectivo de atingir o entendimento mais perfeito possível das sociedades históricas a partir dos seus textos escritos, com métodos próprios; por extensão, inclui também outros testemunhos escritos especialmente no Egipto e Oriente, como óstracos, tabuinhas de cera, pedaços de pergaminho, telas escritas, etiquetas de madeira com inscrições, tabuinhas de chumbo, etc.
PAPIRÓLOGO – Especialista de papirologia.
PAPIROS LITERÁRIOS – Designação usada para denominar os fragmentos de papiros recuperados no Egipto, que incluem textos que vão de exercícios académicos até obras literárias e científicas; a partir deles foi possível recuperar parte da obra de Homero, Eurípides, Demóstenes, Platão, etc.
PAPIRÓTIPO – Tipo grande, moldado com cartão-pedra e usado na composição de cartazes.
PAPIROTIPURGIA – Arte de fabricar papirótipos.
PAPIRUS (pal. lat.) – Papiro. A partir do século XIII o termo começa a aplicar-se ao papel, e designa igualmente folha (de escrever) • Manuscrito. Livro. *Papyrus. Ver* Papiro.
PAPYRUS (pal. lat.) – *Ver Papirus.*

PAQUÊ (port. Bras.) – *Ver* Granel.
PAQUIFE – Elemento decorativo formado por uma bandeirola simples ou ramificada recortada com profundos chanfros e torcida sobre si mesma, de modo a apresentar alternadamente um direito e um avesso de cor diferente • Folhagem ornamental que decora o escudo, saindo do elmo e derramando-se sobre o escudo • Ornamento arquitectónico de folhagens. Lambrequim.

Paquife

PARÁBOLA – Narrativa sob forma de alegoria na qual se transmitem normas morais ou religiosas • Explicação de um facto feita através da analogia com outra situação semelhante.
PARÁBOLAS – Nome por vezes dado ao *Livro dos Provérbios*.
PARACRONISMO – Erro de data.
PARADICLOROBENZENO – Insecticida muito usado na desinfestação de bibliotecas, arquivos, serviços de documentação, etc.
PARADIGMA – Exemplo ou tipo de conjugação ou declinação gramatical • Modelo. Norma. Padrão.
PARADIGMÁTICO – Que funciona ou é apresentado como modelo. Norma. Exemplo.
PARADOXO – Opinião contrária ao sentir comum.
PARADOXÓGRAFO – Na Antiguidade, texto em que eram compilados fenómenos raros e inexplicáveis do mundo animado e inanimado.
PARÁFRASE – Desenvolvimento do texto de um documento ou livro com outras palavras mas conservando as ideias do original • Tradução livre ou desenvolvida.

PARÁFRASE BÍBLICA – Narrativa do Antigo Testamento.
PARÁFRASE LITERÁRIA – Nome dado a uma criação original e autónoma, que pressupõe a existência de uma obra anterior, de que toma o motivo inspirador, glosando-o livremente.
PARAFRASEADOR – O que parafraseia.
PARAFRASEAR – Explicar, desenvolvendo • Desenvolver por palavras ou por escrito • Traduzir livremente.
PARAFRASTA – Autor de paráfrases.
PARAFRASTICAMENTE – Com paráfrase.
PARAFRÁSTICO – Relativo a paráfrase.
PARAGOGE – Adição de letra ou sílaba no fim de palavra.
PARAGRAFAÇÃO – Acto de paragrafar.
PARAGRAFAR – Subdividir um texto em parágrafos.
PARAGRAFIA – Perturbação da linguagem escrita provocada pela confusão de palavras.
PARÁGRAFO – Traço divisório horizontal usado na escrita grega antiga para assinalar a mudança de um tópico para outro nos primeiros livros, que não apresentavam espaços entre as palavras ou qualquer tipo de sinais de pontuação • Nome dado a cada uma das partes de qualquer escrito que começa em linha nova, com espaços de entrada • Um ou mais períodos tratando todos do mesmo assunto • Pequena divisão de um discurso, capítulo, artigo • Sinal tipográfico (§) representativo da mesma palavra • No aspecto técnico, o claro que serve para dar início aos períodos do texto. Recolhido • Entrada.
PARÁGRAFO ALEMÃO – Parágrafo construído sem sangria inicial em nenhuma das suas linhas.
PARÁGRAFO COMUM – Aquele que é construído com sangria inicial na primeira linha, terminando na última linha no início, no meio ou no fim. Parágrafo ordinário.
PARÁGRAFO EM BLOCO – Aquele que é construído de modo que todas as suas linhas têm a mesma dimensão até à última.
PARÁGRAFO ESPANHOL – Composição em que a primeira linha e as seguintes do parágrafo vão em toda a largura, sem recolher; a última é centrada. Aquele cuja última linha é colocada ao centro. Triângulo espanhol.

PARÁGRAFO FRANCÊS – Composição em que a primeira linha de um parágrafo não está sangrada mas estão sangradas as seguintes.
PARÁGRAFO MODERNO – Aquele que não é sangrado, ficando todas as linhas com a mesma dimensão.
PARÁGRAFO ORDINÁRIO – Aquele que se inicia com espaço em branco ou sangrado, terminando na última linha no início, no meio ou no fim. Parágrafo comum.
PARÁGRAFO PORTUGUÊS – Aquele que abre com um espaço à entrada do justificador e em que as outras linhas são feitas a toda a largura.
PARÁGRAFO QUEBRADO – Aquele em que as linhas estão encostadas à esquerda, não terminando regularmente à direita; não deve, contudo, apresentar corte de palavras.
PARAGRAMA – Erro de ortografia que consiste no emprego de uma letra por outra.
PARAGRAMATISE – Figura que consiste na substituição de um fonema consoante por um outro, devido à eufonia. Aliteração. Paragramatismo.
PARAGRAMATISMO – Repetição das mesmas letras ou sílabas numa frase. Aliteração. Paragramatise.
PARAL. – Abreviatura de paralelo/a.
PARALEITURA – Nome dado às actividades lexicais, isto é, às actividades associadas à leitura de textos escritos.
PARALELAS – Sinal ortográfico constituído por dois traços verticais oblíquos, usado para indicar separação.
PARALELISMO – Repetição da construção de uma frase ou verso, utilizando palavras diferentes, conservando o mesmo sentido e a mesma construção sintáctica.
PARALELOGRAFIA – Arte de traçar linhas paralelas.
PARALELÓGRAFO – Aparelho que serve para traçar linhas paralelas.
PARALEXIA – Erro de leitura que apresenta um tipo especial de semelhança com a palavra a ler.
PARALIPSE – Figura de retórica através da qual se fixa a atenção num assunto, pretendendo desviá-la.

PARALOID B 72 – Cristais transparentes e opacos insolúveis em água, mas solúveis em muitos solventes orgânicos, como a acetona ou o clorofórmio, usados em restauro de documentos como adesivo para consolidação de pequenas superfícies, para fixação das cores ou no simples restauro do papel.
PARANGONA – Fundição de 18 pontos tipográficos na antiga nomenclatura e que servia de base para todas as medidas, assim como hoje o é o cícero ou corpo 12 • Nome de duas qualidades de tipo de impressão, de corpo grande, próprio para anúncios e cartazes. *Ver* Letra parangona.
PARANGONA GRANDE – Designação antiga do corpo 22 do sistema *Didot*.
PARANGONA PEQUENA – Designação antiga dos corpos 18 e 20 do sistema *Didot*.
PARANGONAÇÃO – Alinhamento de diferentes caracteres numa linha pelo pé.
PARANGONAGEM – Colocação horizontal das letras de um corpo maior com outras de menor corpo, quando devem ir na mesma linha; pode fazer-se num único alinhamento pelo pé ou de outro modo.
PARANGONAR – Alinhar horizontalmente os sinais e as letras de corpo diferente, particularmente na composição tipográfica que inclui formas algébricas e químicas, com elementos com expoentes e números abaixo da linha, que obrigam a parangonagens complicadas • Justificar corpos diferentes na mesma linha.
PARANOMÁSIA – Semelhança entre palavras de idiomas diferentes, com origem comum.
PARAPEGMA – Placa de cobre em que se escreviam as leis para as divulgar publicamente • Quadro sinóptico em que se resumiam os preceitos fundamentais de uma ciência • Tábua astronómica em que os sírios e os fenícios indicavam o aparecimento e o desaparecimento dos astros.
PARASITA – Ser vivo (vegetal ou animal), que se alimenta e desenvolve em detrimento de um suporte orgânico, como acontece com os fungos, que em condições favoráveis atacam os materiais da escrita, seja qual for a sua natureza.
PARASSEMATOGRAFIA – *Ver* Heráldica.

PARASSIGMATISMO – Vício de pronúncia em que se troca o s por outra letra.
PARASSINONÍMIA – Relação de sentido entre dois termos com o mesmo significado, mas que não têm atribuições exactamente equivalentes.
PARASSINÓNIMO – Diz-se dos termos que têm o mesmo significado, mas que não têm atribuições exactamente equivalentes.
PARATEXTO – Franja textual que rodeia um texto e cuja finalidade consiste em fazer a adaptação entre o texto e o público • Termo que privilegia a abordagem textual de um livro.
PARATITLOS – Breve explicação ou glosa dos títulos do *Digesto* ou de qualquer outra compilação de leis para se lhes conhecer a matéria e a ligação • Sumário detalhado de um livro de jurisprudência.
PARCERIA – União, associação, sociedade com objectivos comuns; as bibliotecas, os arquivos e os serviços de documentação fazem-nas por vezes visando uma partilha de gastos e de ganhos.
PARECER – Opinião fundamentada de um perito sobre um assunto que lhe foi apresentado.
PARELHA – Estrofe de dois versos de arte menor.
PARÉMIA – Alegoria breve, provérbio, adágio, refrão, sentença, dito popular.
PAREMIOGRAFIA – Estudo dos ditos populares, adágios, refrãos, sentenças, provérbios, etc.
PAREMIÓGRAFO – Pessoa interessada no estudo e recolha de ditos populares, sentenças, adágios, refrãos, etc.
PAREMIOLOGIA – Tratado acerca de provérbios • Colecção de provérbios.
PAREMIOLÓGICO – Relativo à paremiologia.
PAREMIÓLOGO – Pessoa que estuda paremiologia.
PAREMPTOSE – Espécie de epêntese que consiste em introduzir numa palavra uma consoante que não forma sílaba.
PARÉNESE – Discurso moral que incita à virtude. Parénesis • Exortação espiritual.
PARÉNESIS – *Ver* Parénese.

PARENÉTICA – Arte de pregar. Oratória sagrada • Colecção de sermões, obras morais ou exortações espirituais.
PARENÉTICO – Relativo à parénese.
PARÊNTESE – Duplo sinal gráfico que circunscreve uma frase intercalada, uma transcrição fonética ou outra, operações algébricas, etc. Colchete. Parêntesis • Frase que forma um sentido distinto e separado do sentido do período em que está inserida • Sinal ortográfico que encerra essa frase. (port. Bras.) Abraçadeira. Chave.
PARÊNTESES CURVILÍNEOS – Nome dado aos sinais ortográficos curvos, designados respectivamente parêntese esquerdo e parêntese direito. Parênteses curvos.
PARÊNTESES CURVOS – Conjunto de sinais gráficos constituído por dois arcos, um que abre e outro que fecha (()), que inserem palavras ou frases explicativas ou que assinalam alguns itens numa entrada de catálogo, como a indicação de colecção em descrição bibliográfica internacional normalizada; designam-se deste modo para os distinguir dos parênteses rectos (ou colchetes); usam-se para incluir qualquer frase ou expressão interposta num texto; são também usados em matemática, para significar que as operações indicadas dentro deles se devem considerar efectuadas.
PARÊNTESES RECTOS – Conjunto de sinais gráficos ([ ]) utilizados para assinalar passagens introduzidas no texto; é usado em catalogação para acrescentar dados, quando os elementos existentes são insuficientemente explícitos ou não permitem identificar a obra, introduzir reparos, observações, quando os elementos são duvidosos ou não exactos, apor a expressão [sic], em caso de dúvida, erro ou inexactidão insolúvel, inserir correcção de erro evidente, incluir informação que é fornecida pelo catalogador ou, na descrição física, para indicar a paginação inumerada; designam-se rectos para os distinguir dos parênteses curvos e dos parênteses angulares. Colchetes.
PARÊNTESIS – Forma alatinada de parêntese. *Ver* Parêntese.
PARENTÉTICO – Relativo a parêntese • Expresso em parêntese • Intercalado (falando-se de uma proposição).

PARERE (pal. lat.) – Documento escrito que autentica um costume • Parecer comercial.
PARERGO – Termo arcaico que designava ornato. Aditamento. Acrescentamento.
PARI PASSU (loc. lat.) – Com passo igual • Acompanhando alguém ou alguma coisa de perto.
PARISIANA – Tipo de letra de cinco pontos.
PARISSÍLABO – Diz-se dos nomes latinos declináveis que têm igual número de sílabas no nominativo e no genitivo.
PARLA – Fala, conversa.
PARLENDA – *Ver* Parlenga.
PARLENGA – Discurso longo e maçador. Parlenda. Palavreado • Discussão.
PARNASIANISMO – Movimento literário que eclodiu na segunda metade do século XIX como reacção ao Romantismo, que se propôs uma aventura da arte pela arte • Escola poética que pugna pela delicadeza e perfeição da forma.
PARNASO – Colecção de poesias de diversos autores que seguem os ideais estéticos da corrente parnasiana • Conjunto de todos os poetas, dos poetas de uma nação, dos poetas de uma determinada época.
PARÓDIA – Imitação burlesca de uma obra literária. Obra que decalca outra, com uma finalidade satírica ou jocosa • Imitação caricatural de uma escola, corrente ou estilo.
PARÓDICO – Referente à paródia, cujo carácter assenta na imitação humorística de uma obra séria.
PARODISTA – Autor de paródias.
PAROLA – Palavra oca. Treta.
PARÓNIMA – Palavra que tem significado diferente de outra, mas que se aproxima dela, tanto na grafia como na pronúncia.
PARONÍMIA – Relação de semelhança entre palavras formalmente vizinhas, mas semanticamente diferentes.
PARONÍMICO – *Ver* Parónimo.
PARÓNIMO – Diz-se das palavras que têm pronúncia e grafia tão parecida com a de outras que estabelecem, por vezes, confusão. Paronímico.
PARONOMÁSIA – Figura de retórica que consiste em empregar, na mesma frase, palavras semelhantes no som ou na escrita, mas diferentes no sentido.
PAROQUIANO – Livro de devoções.
PAROUVELA – Palavreado, arrazoado. Parlenga. Parlenda.
PAROUVELAR – Parolar, palestrar.
PAROXÍTONO – Palavra acentuada que tem acento tónico na penúltima sílaba.
PARQUE GRÁFICO – Conjunto de maquinaria que permite as operações de impressão gráfica.
PARS (pal. lat.) – Designação na Idade Média, em sentido intelectual, de uma secção de uma obra • Quando esta secção é bastante longa para constituir por si só uma unidade catalográfica, *pars* pode traduzir-se por tomo e concorre então com *codex*, *corpus*, *liber* e *volumen*.
PARS AESTIVA (loc. lat.) – Designação atribuída à parte do breviário romano (leitura obrigatória diária dos sacerdotes) que corresponde à estação do Verão, ou seja, a terceira logo após a *pars hiemalis* correspondente ao Inverno e a *pars verna* identificada com a Primavera.
PARS AUTUMNALIS (loc. lat.) – É a quarta e última parte do breviário romano, correspondente à estação do Outono, precedida pelas outras três partes correspondentes às restantes estações do ano: Inverno, *pars hiemalis*, Primavera, *pars verna* e Verão, *pars æstiva*.
PARS HIEMALIS (loc. lat.) – Designação da parte correspondente à estação do Inverno, ou seja, a primeira parte do breviário romano, livro de leitura diária obrigatória dos sacerdotes; esta designação provém do facto de o ano litúrgico ter início com o advento, ou seja, com o primeiro domingo do mês de Dezembro, que coincide mais ou menos com o início do Inverno; as outras três partes em que o breviário se divide são a *pars verna* (correspondente à Primavera), a *pars æstiva* (relativa ao Verão) e a *pars autumnalis* (que coincide com o Outono).
PARS VERNA (loc. lat.) – Designa a parte correspondente à estação da Primavera, ou seja, a segunda parte do breviário romano, livro de leitura quotidiana obrigatória dos sacerdotes; é precedida pela *pars hiemalis* correspondente ao Inverno e seguida pela *pars æstiva* e pela *pars autumnalis*, correspondentes ao Verão e ao Outono, respectivamente.

PARTE – Uma das unidades secundárias na qual uma obra foi dividida pelo autor, editor ou tipógrafo; no caso de monografias impressas é geralmente sinónimo de volume; distingue-se do fascículo por ser uma unidade componente, mais do que uma divisão temporária da obra • Em descrição bibliográfica, usada na zona da descrição física, a palavra "parte" designa a unidade bibliográfica destinada a ser encadernada juntamente com outras num volume • Cada uma das melodias que compete a cada voz (parte cantante) ou a cada instrumento numa peça musical • Papel de cada actor numa peça teatral • Comunicação escrita ou verbal • Divisão de uma obra de acordo com o seu conteúdo • Porção não autónoma de um conjunto • Capítulo autónomo de uma obra que tem um título • Trecho.

PARTE ANEXA DE UM TESAURO – Parte de um tesauro que completa a parte principal, à qual aparece apensa.

PARTE CANTANTE – Ária de uma ópera ou opereta destinada a ser cantada.

PARTE COMPONENTE – Parte de uma publicação (capítulo de uma monografia, artigo de uma publicação em série, banda de um registo sonoro, etc.), que depende da identificação da publicação que a contém, para fins de identificação bibliográfica ou de acesso.

PARTE COMPONENTE EM VÁRIAS PARTES – Aquela que é formada por duas ou mais partes subcomponentes (por exemplo um artigo com várias partes incluído numa publicação em série).

PARTE COMUM DO TÍTULO PRÓPRIO – Parte do título próprio que pertence a todas as secções de uma publicação em série ou comum ao suplemento e à publicação principal.

PARTE DE PALAVRA – Segmento arbitrário de uma forma de uma palavra.

PARTE DE PUBLICAÇÃO – Elemento de um documento cuja publicação está escalonada no tempo.

PARTE DE VOLUME – Divisão lógica de uma obra.

PARTE DEPENDENTE DO TÍTULO PRÓPRIO – Parte do título próprio de uma secção ou suplemento, específica dessa secção ou suplemento e dependente do título comum, para a sua necessária identificação.

PARTE MUSICAL – Notação de uma música separada da partitura e destinada a um só executante de um conjunto de instrumentos.

PARTE PRINCIPAL DE UM TESAURO – Parte de um tesauro que fornece informação completa sobre cada descritor ou não-descritor.

PARTE SUBCOMPONENTE – Parte de uma parte componente em várias partes.

PARTES DO DISCURSO – Conjunto de palavras que pertencem a uma mesma categoria, partilhando um determinado número de propriedades formais e semânticas.

PARTES EVENTUAIS – Partes de uma obra que não constituem elemento essencial dela, tais como o anterrosto, a advertência ao leitor, a dedicatória, a introdução, o prefácio, etc., dependendo a sua inclusão apenas da vontade do autor. Páginas preliminares. Partes preliminares.

PARTES ORIGINAIS – Termo que se aplica à primeira edição de uma obra, quando sai em partes numeradas com invólucros próprios.

PARTES PRELIMINARES – No livro antigo, todos os textos que precedem a obra: prefácio, epigramas, dedicatória, licenças, etc. Páginas preliminares. Partes eventuais.

PARTES SUBSIDIÁRIAS – *Ver* Final.

PARTICIPAÇÃO – Termo aplicado a papéis ou cartões, simples ou dobrados, cortados para caberem dentro de um envelope feito do mesmo papel; inclui cartões de felicitações, negócios, casamentos ou outros acontecimentos sociais • Aviso. Recado. Mensagem. Comunicação. Anúncio. Notícia • Colaboração ou contribuição numa obra.

PARTIDA – Registo de baptismo, confirmação, matrimónio ou funeral, que é exarado no registo civil ou nos registos paroquiais • (port. Bras.) Paginação.

PARTIDAS DOBRADAS – Sistema de representação, nos livros de escrituração contabilística, que assenta no princípio de que qualquer transacção ou operação patrimonial implica sempre a troca de um valor que se recebe por outro, igual, que se entrega; é também chamado sistema de contas dobradas.

PARTIDAS SIMPLES – Sistema de representação nos livros de escrituração contabilística das pessoas com quem o comerciante ou o empresário mantém relações a crédito, registando-se nelas apenas os débitos e os créditos, sem se lhes oporem os provimentos das contrapartidas; é também chamado sistema de contas simples.

PARTIDO – Em heráldica, partido é uma das quatro grandes divisões heráldicas que se efectua tomando por base um traço perpendicular que divide de alto a baixo todo o escudo em duas partes iguais, de esmaltes diferentes.

PARTILHA DE DADOS – Utilização de dados por diferentes utilizadores de terminais.

PARTILHA DE RECURSOS – Expressão usada para referir a circunstância de diversas iniciativas e actividades serem divididas por um determinado grupo de bibliotecas, etc., para reduzirem os custos e melhorarem os serviços.

PARTITIVO – O que limita a significação de uma palavra.

PARTITURA – Notação musical na qual todas as partes reais de um conjunto estão escritas em linhas diferentes e sobrepostas, para serem lidas simultaneamente; por vezes as duas partes estão escritas numa só linha.

PARTITURA CONDENSADA – Notação musical em que estão escritas apenas as partes principais num mínimo de linhas, em geral organizadas por secções instrumentais.

PARTITURA EM MINIATURA – Partitura musical feita com tipos de tamanho pequeno, que não foi concebida essencialmente para ser executada.

PARTITURA REDUZIDA – Notação musical com todas as partes num mínimo de linhas, normalmente duas.

PARTITURA RESTRITA – *Ver* Partitura reduzida.

PARTITURA VOCAL – Notação musical de uma composição para vozes e instrumentos, que apresenta apenas a parte vocal na partitura omitindo a parte instrumental.

PARVÆ LITTERÆ (loc. lat.) – Letras de corpo pequeno; na hierarquia da nomenclatura referente às iniciais, estas são as menores, aquelas que não abrem capítulos, como acontece com as chamadas letras capitulares ou iniciais.

PARVÆ TABULLÆ (loc. lat.) – *Ver Pugillares*.
PARVUS LIBRARIUS (loc. lat.) – *Ver Subarmarius*.

PASIGRAFIA – Sistema ideográfico de escrita, imaginado para ser compreendido por todos os povos, independentemente da sua língua; em sentido lato é toda a língua artificial escrita destinada a uso universal.

PASILALIA – Língua universal.

PASQUIM – Escrito afixado em lugar público com expressões injuriosas ao governo ou à pessoa constituída em autoridade • Panfleto difamatório • Jornaleco • Sátira dada a público • Epigrama malicioso, do género dos letreiros epigramáticos que eram afixados em Roma junto do busto disforme de uma estátua mutilada, que foi encontrada na Via del Governo-Vecchio e que foi depois colocada numa pequena praça, a que foi dado o nome *Pasquino*, aquele que tinha o torso.

PASQUINADA – Crítica violenta, acerada, caricata.

PASQUINAR – Criticar por meio de pasquins, escrever pasquins. Fazer pasquins • Criticar com linguagem satírica.

PASSAGEM – Frase ou trecho de um discurso ou obra literária ou de qualquer outro género • Passo, ponto, extracto. *Ver* Citação.

PASSANTE – Termo de heráldica que se aplica à posição normal do leopardo ou de outros animais, como cabras, lobos, etc., representados no acto de andar, com três pernas assentes no chão e a posterior direita um pouco levantada, todas elas mostrando movimento.

PASSAR – *Ver* Conferir.

PASSAR À LETRA – Nas oficinas de encadernação é a operação que consiste em verificar os cadernos ou folhas de cada volume • Colacionar.

PASSAR A LIMPO – Copiar o texto de um rascunho, de modo a torná-lo legível.

PASSE-PARTOUT (pal. fr.) – Composição gravada ou fundida, no centro da qual se reservou espaço para intercalar um texto; na antiga tipografia o *passe-partout* era muito usado na folha de rosto, servindo esta mesma moldura para várias obras • Obra de cartonagem que compreende duas folhas de papelão, a primeira com recorte destinada a emoldurar retratos ou gravuras e a segunda segurando os mesmos retratos; os que se destinam a trabalhos artísticos devem ser feitos com cartões de algodão ou linho não ácidos.

Passe-partout

PASSIGRAFIA – Espécie de escrita universal.
PASSIM (pal. lat.) – Advérbio latino usado em notas e citações, com o sentido de aqui e ali, numa parte e em outra, em diversos lugares.
PASSIONÁRIO – Texto litúrgico que contém algumas partes dos Quatro Evangelhos que se referem à Paixão de Cristo e que se lêem ou cantam durante as cerimónias religiosas da Semana Santa e que, como tal, devia conter a notação musical. Paixoeiro • Martirológio, compilação da vida dos santos mártires.
PASSO – Episódio ou trecho de uma obra literária. Passagem. Extracto. Ponto. Citação.

PASSWORD (pal. ingl.) – Palavra ou expressão identificadora de um indivíduo como único, que é escolhida como forma de autenticação e validação da informação; a sua escolha e utilização são um elemento chave da segurança da informação digital. No acesso a ficheiros de computador ou no uso de uma base de dados, o utilizador pode ser solicitado a dar ao computador uma palavra ou código que identifica o seu direito ao acesso do uso do sistema; esta palavra ou código é referida como *password*. *Password* de acesso. Palavra de acesso. Palavra-chave. *Ver* Senha.
PASTA – Peça de material mais ou menos rígido, que se aplica contra o primeiro e último fólios do volume, destinada à sua protecção; a pasta superior é a que fica sobre o rosto da obra e a inferior é a oposta; pode ser revestida de diferentes materiais: pele, pergaminho, papel ou tecido • Modo ou unidade material de conservação formada por peças conservadas entre duas placas de cartão (por vezes com abas de tecido ou papel) e munida de cordões, que mantêm o conjunto reunido. Porta-fólio.
PASTA ACEITE – Parte da massa de papel que não foi eliminada por depuração.
PASTA ALTAMENTE BRANQUEADA – No fabrico de papel, aquela que é submetida a um tratamento de branqueamento até atingir um elevado grau de brancura.
PASTA ANTERIOR – *Ver* Pasta superior.
PASTA BRANQUEADA – Pasta de papel cujo grau elevado de brancura resulta de um tratamento químico elementar. Pasta que é submetida a um tratamento de branqueamento.
PASTA CRUA – Pasta para papel que não é submetida a nenhum tratamento com o fim de melhorar a sua brancura.
PASTA DE ABERTURA – *Ver* Pasta superior.
PASTA DE ALFA – Material usado no fabrico de papel, feito à base de uma planta gramínea designada alfa, que é muito abundante na África do Norte, especialmente na Argélia e na Tunísia.
PASTA DE BAMBU – Pasta para fabrico de papel que se obtém a partir de caules de bambu.
PASTA DE CARTÃO – Plano de encadernação composto por folhas grossas de cartão, revesti-

das posteriormente com couro; na Idade Média e mesmo depois, estas pastas podiam ser formadas por folhas de papel impressas desperdiçadas ou por folhas de pergaminho coladas entre si; o exame destas pastas pode reservar grandes surpresas, pois por vezes estas folhas constituem os únicos vestígios de edições perdidas ou de textos manuscritos desconhecidos. Aparecem sobretudo a partir do século XIV.

PASTA DE COURO – A que se obtém a partir de desperdícios de pele, por tratamento mecânico ou por combinação entre os tratamentos mecânico e químico.

PASTA DE ENCADERNAÇÃO – Plano rígido que protege o livro de um lado e de outro e que é constituído por cartão espesso, revestido posteriormente com pele, tecido ou papel; nos primeiros tempos as pastas eram feitas de madeira, que por vezes nem chegava a ser revestida; mais tarde, e quando ainda não se usava o cartão, as pastas eram formadas por folhas de papel coladas umas às outras, folhas que sobravam de outras tiragens, etc.; é por vezes nestas pastas que se encontram verdadeiras surpresas, que consistem em fragmentos de obras entretanto desaparecidas, ou mesmo textos completos e inéditos. Hoje em dia as pastas são fabricadas com cartão, ao qual são aplicadas folhas de papel plastificado colorido.

PASTA DE ENCADERNAÇÃO ARMORIADA – *Ver* Encadernação armoriada.

PASTA DE ESPARTO – Pasta para papel que se obtém a partir de esparto ou de albardino; em alguns países faz-se a distinção entre as pastas obtidas destas duas gramíneas.

PASTA DE FOLHOSAS – Pasta que se obtém a partir de madeira de plantas ditas folhosas; as fibras desta pasta geralmente são mais curtas que as das pastas de resinosas.

PASTA DE MADEIRA – Material à base de madeira usado na confecção de papel de edição vulgar. Pasta de papel que se obtém a partir de madeira. Polpa de madeira. *Ver* Pasta de papel.

PASTA DE PALHA – Pasta de papel obtida por processos diversos a partir das hastes secas de cereais; esta pasta é usada na confecção de papel de embalagem ou de cartão vulgar.

PASTA DE PALHA LIXIVIADA – Pasta de papel obtida por cozedura das hastes secas em presença de um agente químico, geralmente um leite de cal ou outra solução alcalina de fraca concentração.

PASTA DE PALHA MACERADA – Pasta de papel obtida por fermentação dos caules secos de cereais impregnada de uma solução alcalina sem aquecimento exterior.

PASTA DE PAPEL – Massa seca ou diluída na água, feita à base de fibras vegetais (celulose) com a qual se fabrica o papel; é constituída por quatro categorias de componentes: matérias-primas (linho, algodão, esparto, plantas lenhosas), cargas (dióxido de titânio, carbonato de cálcio), substâncias colantes (gelatina, amido, colofónia-alumina) e corantes (pigmentos orgânicos e minerais).

PASTA DE RESINOSAS – Aquela que se obtém a partir de madeira de coníferas.

PASTA DE TRAPO – Pasta para fabrico de papel que se obtém a partir de plantas têxteis ou de desperdícios têxteis novos ou usados (de linho, cânhamo, rami, algodão ou de fibras curtas de algodão).

PASTA EXTERIOR – Numa obra em volume, parte de fora de cada um dos planos.

PASTA GERAL – Em arquivística, designa o invólucro destinado a colocar documentos de indivíduos, assuntos, instituições, etc., até serem considerados de importância suficiente para lhe serem atribuídas pastas individuais. Pasta miscelânea.

PASTA GRAVADA A FRIO – Plano da encadernação que apresenta motivos decorativos, geométricos ou outros, mas sem dourados.

PASTA HÚMIDA – Matéria-prima para fabrico de papel, cuja humidade deve ser consideravelmente superior à da pasta seca.

PASTA INDIVIDUAL – Em arquivística, aquela que se destina a uma só pessoa, assunto ou instituição.

PASTA INFERIOR – Plano que corresponde ao revestimento de trás de uma encadernação. Pasta posterior. Capa posterior. (port. Bras.) Costa.

PASTA INTEIRA – Em encadernação, circunstância em que as capas aparecem cobertas por um mesmo material.

PASTA MECÂNICA – Massa para fabrico de papel que se obtém exclusivamente por meios mecânicos a partir de várias matérias-primas fibrosas, sendo a mais comum a madeira. O papel fabricado com pasta mecânica tem falta de consistência, é quebradiço e amarelece rapidamente.

PASTA MECÂNICA DE NÓS – Pasta mecânica que se obtém por desfibração da madeira contra uma superfície abrasiva, como por exemplo uma mó.

PASTA MECÂNICA REFINADA – Pasta mecânica que se obtém pela passagem de estilhas ou serradura de madeira através de um refinador.

PASTA MISCELÂNEA – *Ver* Pasta geral.

PASTA PARA PAPEL – Matéria-prima que se destina ao fabrico de papel e de cartão.

PASTA PELA SODA – A que se obtém pelo tratamento da matéria-prima com lixívia contendo soda cáustica como único agente activo.

PASTA PELO BISSULFITO – Pasta química que se obtém por cozimento da matéria-prima com uma lixívia bissulfítica.

PASTA PELO CLORO – Pasta química crua de papel obtida pelo tratamento sucessivo do vegetal com alcali e com cloro.

PASTA PELO SULFATO – Pasta química de papel obtida por cozedura do vegetal numa lixívia contendo essencialmente uma mistura de soda cáustica e de sulfureto de sódio e, eventualmente, outros compostos sulfurosos.

PASTA PELO SULFITO NEUTRO – Pasta química que se obtém por cozimento da matéria-prima com uma lixívia contendo essencialmente um monossulfito.

PASTA POSTERIOR – *Ver* Pasta inferior.

PASTA QUÍMICA – Pasta que se obtém por um tratamento químico, como por exemplo cozimento, com vista a eliminar da matéria fibrosa uma grande parte dos seus componentes não celulósicos; não necessita um tratamento mecânico para a separação das fibras.

PASTA REGISTADORA – *Ver* Classificador.

PASTA SECA – Matéria-prima para fabrico de papel cuja humidade deve ser semelhante à da pasta seca ao ar.

PASTA SECA AO AR – Aquela cuja humidade deve estar em equilíbrio com a atmosfera ambiente.

PASTA SEMIBRANQUEADA – Aquela que é submetida a um tratamento complementar moderado de branqueamento até atingir um grau intermédio de brancura, menos elevado que o da mesma pasta branqueada.

PASTA SEMIQUÍMICA – Pasta para produção de papel obtida através de uma modificação do processo usado para produzir a pasta mecânica, introduzindo um tratamento químico moderado de desfibração do vegetal, eliminando apenas uma parte dos elementos não fibrosos, completado por um tratamento mecânico indispensável para separar as fibras; a diminuição da compactação e da resistência da madeira permite obter, além disso, uma pasta de fibra mais longa do que a mecânica.

PASTA SOLÚVEL – A que se destina essencialmente a ser transformada em derivados químicos da celulose.

PASTA SUPERIOR – Plano que corresponde ao revestimento anterior de uma encadernação. Capa anterior. Pasta de abertura. (port. Bras.) Frente.

PASTA TERMOMECÂNICA – Pasta mecânica que se obtém da madeira submetida previamente à acção de vapor a alta temperatura ou de água fervente.

PASTAS DE CARTÃO – Planos da encadernação formados por folhas grossas de cartão revestidas posteriormente com couro; na Idade Média e mesmo mais tarde, estas pastas podiam ser formadas por folhas de papel impressas desperdiçadas ou por folhas de pergaminho coladas entre si, de modo a constituir uma espécie de cartão; o seu exame pode reservar grandes surpresas, pois por vezes estas folhas constituem os únicos vestígios de edições perdidas ou de textos manuscritos desconhecidos.

PASTAS DE MADEIRA – Capas de madeira para encadernar livros, que por vezes são revestidas com pele; usaram-se desde os primeiros tempos no Egipto para revestir os *codex* e até ao século XVI na Europa; as madeiras mais comuns utilizadas para este efeito eram o carvalho e a faia.

PASTAS ESTRIADAS – Em encadernação, placas de bordos com sulcos ou chanfros. Usam-se em livros cujas encadernações pretendem imitar as antigas.

PASTEL – Nome dado a todos os tipos que não servem para imprimir por estarem misturados e que só podem ser utilizados quando fundidos de novo • Caracteres tipográficos misturados, após ter-se desmanchado uma composição • Desenho executado a partir de uma mistura de pigmentos de variada origem, normalmente aglutinados por meio de goma arábica, necessitando ser fixado através de produto apropriado • Lápis macio colorido constituído por uma pasta gomosa; a pintura por este processo tem como suporte papéis especiais, pergaminho ou outras superfícies rugosas; não é utilizado qualquer elemento fluido e o pastel é aplicado através dos dedos ou com uma espátula • Pintura produzida por este processo • Tipo ou matriz em caixa, caixotim ou canal errado • Erro tipográfico.

PASTEL DOS TINTUREIROS – Planta herbácea da família das Crucíferas (*isatis tinctoria*) de cujas folhas, após maceração, se extraía uma tinta azul que servia para tingir tecidos, circunstância da qual lhe vem o nome; este pigmento foi igualmente usado na pintura de manuscritos e mesmo em pinturas tribais dos povos bárbaros.

PASTELEIRO – Distribuidor distraído ou pouco competente, que desordena as caixas tipográficas e o material.

PASTELISTA – Pessoa que desenha ou pinta a pastel.

PASTICHE – Pasticho.

PASTICHO – Obra literária que foi imitada de outras de onde foram recolhidos elementos com os quais pretende construir-se uma nova obra • Imitação ou decalque grosseiro de uma obra literária ou artística. Pastiche • Em encadernação, cópia de um modelo e utilização de técnicas de épocas anteriores.

PASTORAL – Ofício ou carta-circular emanada pelo Papa ou dirigida por um prelado ao clero ou aos seus diocesanos sobre matéria disciplinar ou doutrinal • Composição poética do género pastoril. Écloga. Pastorela.

PASTORELA – Modalidade de canção trovadoresca, que consiste numa cantiga ou diálogo entre pastores ou entre uma pastora e um cavaleiro. Pastoral. Écloga.

PAT. – Abreviatura de patente.

PATÃO – Termo de gíria que significa o operário ágil em compor, de grande rendimento • Rascador, batão, braçalhão.

PATENTE – Direito de propriedade intelectual limitado aos inventores de novos produtos, processos ou tecnologias • Título de propriedade industrial relativo a uma invenção, reconhecendo ao seu autor um direito moral e uma justa remuneração, pertencendo o direito de exploração ao Estado; os direitos exclusivos concedidos por uma patente limitam-se ao território do Estado que a concedeu. É em geral acompanhada por um resumo em que se apresenta o objecto da invenção especificando as características e particularidades do novo produto ou processo apresentado. Patente de invenção. Patente de produto • Documento oficial que concede um privilégio. *Ver* Carta patente • Exposto. Visível.

PATENTE DE INVENÇÃO – *Ver* Patente.

PATENTE DE PRODUTO – Título de propriedade em que é requerida protecção para uma produção.

PATENTE DE PRODUTO PARA UTILIZAÇÃO EM – Título de propriedade em que é requerida protecção para uma utilização determinada.

PATENTE DE PRODUTO *PER SE* – Patente em que é requerida protecção absoluta para uma nova substância, seja qual for o processo pelo qual é preparada.

PATENTE DE PRODUTO POR PROCESSO – Patente em que é requerida protecção para uma nova substância, quando feita de um determinado modo.

PATERNIDADE DE UMA OBRA – Qualidade de autor. Autoria. Paternidade literária.

PATERNIDADE LITERÁRIA – Qualidade ou estado de uma pessoa que escreve ou que se supõe ter escrito uma ou várias obras. Autoria. Paternidade de uma obra.

PATINA – Tonalidade que o tempo dá a uma gravura, desenho ou pintura.

PATOLOGIA DO LIVRO – Designação genérica para o estudo das doenças que atacam o livro ou os diversos suportes da escrita enquanto objecto material, definindo a sua natureza, causas e alterações por elas provocadas. Bibliopatologia.

PATR. – Abreviatura de patrocínio, patrocinado *e* patrocinador.

PATRIMÓNIO ARQUIVÍSTICO – Conjunto dos arquivos conservados num país e que formam uma parte essencial da sua propriedade administrativa, cultural e histórica; a conservação deste património é assegurada pela protecção legal aos arquivos.

PATRIMÓNIO ARQUIVÍSTICO COMUM – Conjunto dos arquivos que fazem parte do património nacional de um ou vários estados, que não podem ser divididos, sob pena de perderem o seu valor administrativo, legal ou histórico.

PATRIMÓNIO BIBLIOGRÁFICO – Conjunto das espécies bibliográficas que foram acumuladas ao longo dos séculos e que veiculam a herança cultural de um povo, seja qual for o seu tipo de suporte.

PATRÍSTICA – Patrologia. Ramo da teologia que estuda a doutrina difundida pelos primeiros Padres da Igreja católica, designadamente assuntos relativos à fé, moral e disciplina eclesiástica; duas das figuras mais destacadas foram Santo Agostinho no universo latino e Dionísio no grego, consideradas as maiores autoridades durante a Idade Média.

PATRÍSTICO – Relativo à patrística.

PATRIZ – *Ver* Punção.

PATROCINADOR – Pessoa ou instituição que subsidia ou encoraja, de outro modo, a produção de uma obra. Mecenas. Patrono.

PATROCÍNIO – Financiamento, na totalidade ou em parte, de uma actividade sujeita a divulgação pública, sendo a contrapartida a referência explícita da entidade que apoiou o evento. *Ver* Mecenato.

PATROLOGIA – Estudo da vida e obra dos Padres da Igreja e da sua doutrina. Patrística.

PATRONÍMICO – Referente a pai ou nome de família. Nome que deriva do do pai, com frequência acrescentado de um sufixo. Diz-se do nome de família por oposição ao nome de baptismo • Sobrenome derivado do nome do pai. Patrónimo • Nome que designa uma linhagem.

PATRÓNIMO – Sobrenome derivado do nome do pai. Patronímico.

PATRONO – Pessoa ou colectividade que subvenciona ou encoraja a produção de um livro • Protector das letras e das artes. Mecenas.

PATUÁ – Gíria • Linguagem incorrecta.

PAU DE AFIAR – Em encadernação é aquele em que se afiam as facas.

PAU DE COMPOR – Designação primitiva de componedor.

PAU-BRASIL – Nome genérico da madeira exótica fornecida por diversas leguminosas do género *Cæsalpina*, da qual se extrai um corante utilizado como pigmento vermelho na iluminura e tinturaria.

PAUSA – Suspensão do tempo de uma história. Cesura • Interrupção momentânea da acção • Em notação musical, sinal que indica uma quebra ou silêncio na linha sonora.

PAUTA – Folha de papel impressa com linhas paralelas equidistantes que se usa para escrever; quando colocada debaixo do papel de carta liso, serve para guiar a mão na escrita • As cinco linhas paralelas em que se colocam as notas da música. Pentagrama • Relação de nomes de pessoas ou de objectos. Rol. Lista • Em jornalismo é a designação prévia dos principais assuntos que serão cobertos, dia-a-dia ou a breve prazo.

PAUTA MUSICAL – Conjunto das linhas paralelas utilizadas para escrever música; na história da música a notação musical nem sempre foi colocada nas cinco linhas que hoje conhecemos sob o nome de pauta musical.

PAUTAÇÃO – Operação de regrar o papel na máquina. Traçado de regramento. Pautagem.

PAUTADO – Conjunto de linhas traçadas na página, com o fim de delimitar a superfície destinada a receber a escrita; nos primeiros incunábulos, a semelhança que se requeria no impresso em relação ao manuscrito era tão grande, que se fazia o pautado à mão, um elemento já então perfeitamente dispensável; há ainda quem afirme que este elemento se destinava a conduzir o olhar do leitor • Acto de traçar essas linhas. Pautação. Pautagem • Diz-se do que é colocado sob a forma de rol ou lista.

PAUTADO A PONTA-SECA – Aquele que é praticado sobre o pergaminho usando o *stilus* ou o canivete, de modo que o aspecto da linha é apenas um vinco, que serve de guia à colocação do texto no suporte. Subsiste até ao século XII, mas pode ultrapassar esta data.

PAUTADO A TINTA – Regragem que é feita com tinta; a partir do século XIII começa a usar-se a tinta na regragem do manuscrito, podendo observar-se a tinta castanha, vermelha e, mais raramente, a verde e a de cor púrpura, usando-se algumas delas combinadas, o que confere um ar muito colorido ao manuscrito.

PAUTADORA – *Ver* Máquina de pautar.

PAUTAGEM – Divisão em linhas rectas e paralelas, como se de uma pauta se tratasse. Pautado • (port. Bras.) Pautação.

PAUTAR – Traçar linhas num papel com a régua ou regra • Alinhar pela pauta ou régua • Regular. Sujeitar a determinadas regras • Marcar. Vincar linhas como as que se traçam no papel • Dispor em linha, à maneira de pauta • Operação que consiste em rodear ou sublinhar o texto de um livro impresso com linhas de cor traçadas à mão, à semelhança do que se fazia no texto manuscrito; foi praticada sobretudo nos séculos XVI e XVII • Produzir no papel linhas horizontais e paralelas através de máquinas especiais chamadas pautadoras ou máquinas de pautar. Trabalhar com máquina de pautar e riscar o papel. Riscar. Dividir em linhas rectas e paralelas, como uma pauta • Pôr em rol.

PAUTOTIPIA – Modalidade que compreende as especialidades de tipografia, estereotipia, fotogravura, galvanotipia, xilogravura, linoleogravura e plastotipia.

PAVÊS – Escudo alongado com a parte inferior arredondada. Broquel.

PAVILHÃO – Panejamento, por vezes armoriado, seguro por suportes ou braçadeiras, que desenha uma grande armação em forma de tenda, pendendo geralmente de um baldaquino, colocado por detrás de um personagem e, mais frequentemente, aberto para os lados de um e de outro lado desta figura. Sobrecéu.

PAY-PER-VIEW (pal. ingl.) – Pagamento por visualização.

PBK – Abreviatura de *paperback*.

PBR. – Abreviatura latina de *presbyter*.

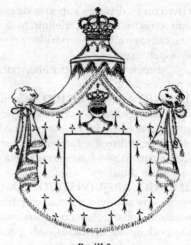

Pavilhão

PC-CARD (pal. ingl.) – Dispositivo magnético de armazenamento da informação muito usado em computadores portáteis. Cartão de memória.

PDF – Acrónimo de *Portable Document Format*, Formato portátil de documento. Em informática é a norma de codificação de documentos em ficheiros, muito corrente na *www*, que possibilita que eles sejam usados em equipamentos informáticos de diversos tipos.

PDR – Acrónimo de *Personal Digital Reader*, Leitor digital pessoal.

PÉ – Margem ou branco inferior da forma • Margem inferior de um livro. Rodapé. Pé de página. Linha de pé • Parte inferior da letra oposta à cabeça e à goteira • O lado da rama oposto à cabeceira • Sinal em forma de cruz que se coloca junto ao número de ordem para indicar a prova final de um trabalho tipográfico • Parte de um verso grego ou latino que consta de duas até quatro sílabas • Parte do papel que sobra depois de dobrada a folha • Parte em que se divide o verso metrificado • Base do tipo dividida a meio pelo canal.

PÉ BIOGRÁFICO – Em jornalismo é a informação de final de um artigo, relativa ao autor, publicada em tipo menor e que informa sobre a sua actividade, formação, etc.

PÉ DA LETRA – Base da letra.

PÉ DE IMPRENSA – Conjunto das indicações de lugar de publicação ou de produção, nome

do editor ou do reprodutor e data de publicação ou reprodução, eventualmente do lugar de impressão e nome do impressor ou, na falta deste, indicação do nome do autor acompanhado do seu endereço postal; figura comummente na capa, página de título e por vezes também no final da obra impressa; nos incunábulos não existe pé de imprensa tal como o conhecemos hoje; as indicações correspondentes, se são dadas é no cólofon, no final do texto. Pé de impressão. (port. Bras.) Imprenta.
PÉ DE IMPRENSA FALSO – Dados de publicação, distribuição, etc. fictícios usados com a finalidade de iludir restrições legais ou de outra natureza, proteger o anonimato do autor, encobrir uma edição pirata, etc. *Fausse adresse* tipográfica.
PÉ DE IMPRESSÃO – *Ver* Pé de imprensa.
PÉ DE PÁGINA – Parte inferior de uma página impressa, que se encontra em branco ou que está preenchida pelas notas, devidamente assinaladas no texto. Pé. Rodapé • Nos manuscritos medievais este espaço inferior era por vezes preenchido com as hastes das iniciais capitais ornamentadas ou filigranadas que, em maior ou menor extensão, se prolongavam até à margem do pé da página onde, nos manuscritos mais cuidados, se ligavam à cena ou cenas miniaturadas, que por vezes aí se situavam, os chamados *bas de page*.
PÉ DO ESCUDO – Em heráldica, ponta do escudo.
PÉ DO TIPO – Parte inferior do carácter tipográfico, na qual existe uma ranhura ou ponte.
PEANHA – Pequeno pedestal sobre o qual assenta um busto, imagem, cruz, etc.
PEÇA – Cada uma das unidades codicológicas ou dos textos que constituem uma colecção • Documento escrito que faz parte de um processo • Documento de arquivo • Entre os livreiros designa o livro raro e valioso • Obra dramática, sobretudo a que é constituída apenas por um acto • Em heráldica, figura ou objecto que se coloca no campo do escudo de armas. Figura. Móvel.
PEÇA BIBLIOGRÁFICA – Cada uma das unidades constituintes do património bibliográfico de uma instituição pública ou particular.

PEÇA DE ARMAS – Um ou vários elementos constitutivos do brasão de uma família usados isoladamente numa encadernação, ou nos ângulos das pastas, ou repetidos nas casas de entrenervos, ou ainda participando da decoração geral, como acontece quando estão disseminados na decoração *à dentelle*, por exemplo.
PEÇA DE ARQUIVO – Unidade de descrição correspondente à mais pequena entidade intelectual no interior de um fundo arquivístico, a qual não pode ser subdividida com finalidades de descrição; pode ser constituída por uma ou várias folhas (alvará, carta, rolo) ou por um caderno ou volume; pode conter, portanto, apenas um documento ou centenas deles se for constituída por um volume. A subdivisão de uma tal unidade não permitiria melhorar o seu acesso ou aperfeiçoar a sua descrição. *Ver* Documento de arquivo.
PEÇA DE PROCESSO – Cada um dos documentos que constituem um processo.
PEÇA DE TEATRO – Composição dramática. Obra literária que foi feita para ser representada. Peça teatral.
PEÇA HERÁLDICA – Objecto que se coloca no campo do escudo heráldico, também conhecido por móvel ou figura.
PEÇA JUSTIFICATIVA – *Ver* Prova.
PEÇA ORATÓRIA – Peça dramática ou composição de tema religioso, em prosa ou em verso, em geral de pequenas dimensões.
PEÇA SOLTA – Elemento documental que outrora terá pertencido a um conjunto, mas que na actualidade se encontra só e desintegrado.
PEÇA TEATRAL – *Ver* Peça de teatro.
PEÇAS PRELIMINARES – São aquelas que aparecem antes do texto principal da obra, apresentando com frequência paginação própria, muitas vezes em numeração romana; geralmente abrangem partes como a introdução, a epígrafe, a dedicatória, as censuras, as licenças, as aprovações, a errata, alguns textos poéticos em louvor do autor ou do patrocinador da obra, a taxa, o prefácio, a bibliografia e, por vezes, as instruções destinadas a facilitar a consulta do livro. Páginas prefaciais.
PECIA (pal. lat.) – Termo empregado normalmente a partir do século VIII, primeiro na

Itália, depois na Gália, significando "pedaço" (seja do que for), daí a sua extensão de sentido para designar um pedaço de manuscrito, um caderno; aliás, é apenas depois do aparecimento do ensino universitário que o manuscrito é alugado por cadernos separados. Caderno solto • Uma peça da cópia oficial, autêntica, certificada • Cada um dos elementos de um modelo dividido em partes (geralmente cadernos formados por uma folha dobrada duas ou quatro vezes), para poder ser copiado ao mesmo tempo por vários copistas; na Idade Média o preço de aluguer de um exemplar nunca excedia o montante de dois livros e meio; a instituição da *pecia* permitiu, na época em que apareceu, um maior controlo da qualidade do texto, da sua difusão e do preço de venda.

PECIARII (pal. lat.) – Nome pelo qual era conhecida a comissão universitária medieval composta por seis estudantes que examinava as *peciæ* e os *quaterni* que os estacionários ajuramentados lhe apresentavam, a fim de verificar se, no decorrer das sucessivas cópias, tinha havido corrupção do texto; no caso de tal se verificar, o seu possuidor era obrigado a mandá-la corrigir e, além disso, a pagar uma multa; tal medida, porém, não impediu que circulassem numerosas *peciæ* corrompidas. Os estatutos universitários de Bolonha de 1317 contêm uma regulamentação detalhada sobre este assunto.

PECIÁRIO – Pessoa que nas universidades medievais possuía em depósito e distribuía os manuscritos a transcrever segundo o sistema da *pecia*.

PECIARIUS (pal. lat.) – Docente universitário que pertencia a uma comissão encarregada da revisão das *peciæ*.

PECULIARIDADE – Entre os livreiros vendedores de livros antigos, presença (ou ausência) de um elemento característico num livro, que serve para o distinguir de outros exemplares da mesma edição e, por vezes, para determinar a prioridade ou cronologia na tiragem.

PECÚLIO – Notas e apontamentos sobre determinado assunto ou especialidade.

PÉ-DE-LÂMPADA – *Ver Cul de lampe*.

PÉ-DE-MOSCA – Designação antiga do corpo 5 no sistema *Didot* • Pequeno traço de cor aplicado à primeira letra de uma palavra para a realçar, processo muito utilizado nos manuscritos • Nome dado ao caldeirão, sinal em forma de C barrado ℭ, que nos manuscritos medievais indicava o início dos capítulos, e que foi usado igualmente mais tarde, nos impressos dos séculos XV e XVI, sobretudo nos livros litúrgicos e de direito, para chamar a atenção para determinadas passagens.

PEDESTAL – Plataforma onde assenta uma estátua, coluna ou vaso que surge frequentemente nas portadas de estilo arquitectónico; assume usualmente a forma cúbica ou cilíndrica e por vezes apresenta arestas cortadas; foi muito empregada pelos romanos. Peanha. Soco. Supedâneo.

PEDIDO – Informação solicitada a um intermediário ou a um sistema de recuperação da informação.

PEDIDO DE DOCUMENTOS – Em recuperação da informação, operação levada a cabo por uma biblioteca, arquivo, serviço de documentação, etc., que consiste na petição de uma cópia ou exemplar de um documento a outra instituição.

PEDIDO DE INFORMAÇÃO – Expressão usada para designar todo e qualquer elemento informativo que é solicitado por um utilizador a uma biblioteca, arquivo, serviço de documentação, etc.

PEDIDO DE ORÇAMENTOS – Solicitação de preços de equipamento, provisões ou serviços definidos dirigida por uma biblioteca, arquivo, serviço de documentação, etc., a diversos fornecedores potenciais, para conseguir serviços, equipamento ou provisões ao mais baixo custo.

PEDIDO DIRECTO – Aquisição de material feita directamente ao editor.

PEDIDO PERMANENTE – Ordem dada a um vendedor para que sejam fornecidas todas as publicações de uma determinada série ou tipo, à medida que forem sendo publicadas.

PEDRA – Material de suporte da escrita usado na Antiguidade; este suporte garante a perenidade do texto, facto que ainda hoje é entendido pelo poder público e mesmo privado, quando se gravam lápides toponímicas ou comemorativas de efemérides; na Pré-História foi este o suporte escolhido pelos nossos antepassados para gravar e pintar os grafitos que chegaram até nós, o que não aconteceria se tivessem sido gravados em madeira ou osso • Lousa • Pedra litográfica • Mármore.

PEDRA DE ROSETA – Estela de basalto negro descoberta na foz do Nilo por um oficial da força expedicionária de Napoleão no Egipto, que se encontra actualmente no Museu Britânico em Londres; nela reside a solução da escrita hieroglífica, dado que o texto datado do ano 196 a. C. está composto em três séries de inscrições escritas, a hieroglífica, a demótica e a grega, num total de quarenta linhas; trata-se de uma dedicatória feita a Ptolemeu V, no ano 196 a. C. pelos sacerdotes de Mênfis, que foi decifrada pelo investigador francês Jean-François Champollion.

PEDRA DE ROSETA DIGITAL – À semelhança da Pedra de Roseta que possui a solução para a leitura da escrita hieroglífica, expressão usada para designar a possibilidade de interpretar informação digital, apesar de terem desaparecido o *hardware* e o *software* que foram usados para criá-la.

PEDRA LITOGRÁFICA – Pedra composta quase inteiramente de carbonato de cálcio, de grão muito fino, usada para trabalhos de litografia. Calcário litográfico.

PEDRA-MATRIZ – Pedra litográfica de onde se tiram provas para fazer transportes sobre outra pedra ou zinco.

PEDRA-POMES – Mineral de origem vulcânica, muito poroso e leve, que serve para ser aplicado na litografia, como abrasivo para preparar a superfície das pedras e do zinco. Foi também muito usado na limpeza e preparação do pergaminho enquanto se encontrava esticado no estirador, polindo-o e ainda para reparar pequenas imperfeições na sua superfície, após a sua raspagem com o *lunellum*, espécie de cutelo em forma de crescente de lua. *Pumex.*

PEEK-A-BOO (pal. ingl.) – *Ver* Ficha de coincidência óptica.

PEENDENÇA – Termo arcaico que designava penitência • Multa. Pena. Sanção.

PEER-REVIEW (pal. ingl.) – Revisão que é feita pelos pares, isto é, por pessoas que são conhecidas como especialistas; para fazê-la podem ser as revistas a contactar as pessoas consideradas peritas numa determinada especialidade no mundo • Avaliação por pares.

PEER-REVIEWER (pal. ingl.) – Pessoa que é encarregada de proceder à *peer-review*. Revisor especializado.

PEER-TO-PEER (pal. ingl.) – Modalidade de processo cooperativo no qual há comunicação entre as aplicações.

PEGA – Qualidade indispensável aos rolos tipográficos, manifestada por uma certa viscosidade da sua camada exterior, que facilita a aderência da tinta e a sua perfeita distribuição na forma.

PEGA-BOI (port. Bras.) – Tipógrafo que faz trabalho extraordinário para acabar a edição.

PEGADEIRA – Peça de metal que nas máquinas toma o papel e o guia durante a passagem pela forma. (port. Bras.) Pinça.

PEGMA (pal. lat.) – Objecto feito de tábuas • Estante de livros • Estojo de livro.

PEISTAPE (port. Bras.) – *Ver* Fotólito.

PEIXE-PRATA – *Ver Lepisma saccharina.*

PEIXINHO-DE-PRATA – *Ver Lepisma saccharina.*

PELAME – Lugar onde se curtia e preparava todo o tipo de couros. Tanaria. Casa da tanaria.

PELE – Couro curtido de animais, usado em encadernação para revestir e proteger o miolo dos livros. O couro curtido de vários animais, como a vitela, o carneiro, a cabra, o gamo, o porco, a camurça, a cobra, etc., preparado e conservado através de diversos tratamentos químicos e mecânicos próprios, forneceu um material durável e resistente para a encadernação de livros ao longo dos séculos.

PELE ARTIFICIAL – Material sintético, composto de um tecido revestido por plástico ou por borracha, fabricado para imitar a pele genuína; vários têm sido os esforços para produzir um tal material de modo a substituir a pele verdadeira na encadernação de livros, mas não têm sido satisfatórios os resultados obtidos, sendo o seu emprego na encadernação escasso e o seu futuro suspeito; apresenta vantagens de um mais baixo custo, mas a durabilidade é muito menor que a daquela. Pele de imitação.

PELE BASTARDA – Designação da pele obtida a partir de animais provenientes do cruzamento entre o carneiro e a cabra da Índia, que era preparada para a encadernação em variados grãos e cores, imitando as peles mais caras e estimadas.

PELE CURTIDA COM ALÚMEN – Pele, geralmente de porco, cuja superfície se assemelha ao pergaminho na dureza, excepto nos poros usuais da pele de porco, que é tratada com alúmen em vez de sê-lo com casca ou outros agentes de curtimento; esta pele encontra-se por vezes em encadernações que vão do século XII ao Renascimento e apresenta grande durabilidade e permanência.

PELE DA RÚSSIA – *Ver* Couro da Rússia.

PELE DE BEZERRO – Couro macio usado principalmente para fazer novas capas para livros antigos e encadernação de documentos legais.

PELE DE CABRA – Couro muito usado em encadernação; as melhores peles de cabra vinham do Levante ou de Marrocos e eram designadas consoante o lugar de origem: levante ou marroquim.

PELE DE CAMURÇA – Couro produzido a partir da pele de antílope ou de cabra montês, que foi utilizado desde muito cedo para revestir encadernações, mas que a partir do século XIX-XX passou a servir apenas para forrar as encadernações.

PELE DE FOCA – Couro de foca da Terra Nova e da Gronelândia usado geralmente em encadernações flexíveis.

PELE DE IMITAÇÃO – *Ver* Pele artificial.

PELE DE PORCO – Couro produzido a partir da pele do porco doméstico (*Sus scrofa*); para fins de encadernação não é curtida pelos processos tradicionais, que a fragilizam, mas através de alúmen, que lhe conserva a resistência natural; tem um grão característico produzido pelos folículos, que se apresentam organizados grosseiramente em grupos de três; trata-se de uma pele durável, mas de certo modo pouco maleável e difícil de trabalhar, que não realça muito a aplicação de ferros dourados, mas que em contrapartida destaca bastante a gravura a ferros secos; foi usada geralmente em livros de grande formato, que permitem destacar as características da sua superfície. Foi largamente utilizada na Alemanha de 1550 a 1640 aproximadamente, revestindo sobretudo pastas de madeira.

PELE DESACIDIFICADA – Aparentemente, é a pele manufacturada sem o uso de ácidos mas, segundo os fabricantes, significa a pele da qual foi removido todo o ácido possível; este processo de remoção é muito dispendioso e moroso e exige lavagem periódica da matéria-prima.

PELE DO DIABO – Qualidade de caqui consistente mas maleável, destinado a cobrir livros de administração e manuais de uso frequente.

PELE GRANITADA – Couro curtido no qual o grão natural (visível no lado onde o pêlo cresce, ou seja, na flor) foi trabalhado de forma a acentuá-lo; este granitado pode também ser imitado por meio da estampagem ou gravura da pele.

PELE TANADA – Pele curtida através da aplicação de tanino.

PELICA – Pele fina, curtida e preparada para encadernações de boa qualidade e de alto preço.

PELICEIRO – Aquele que curtia, preparava ou vendia couros. Curtidor. Tosador. Surrador.

PELÍCULA – Pele delgada e fina • Filme. Material de celulóide revestido de emulsão fotográfica.

PELÍCULA DE ACETATO – Filme de acetato.

PELÍCULA DE BASE AZUL – Aquela cuja base possui corante azul, para reduzir o halo.

PELÍCULA DE CURTA DURAÇÃO – Película fotográfica revelada, cuja esperança de vida em armazém é menor de dez anos.

PELÍCULA DE IMAGEM DIRECTA – Película de duplicação que, com uma revelação convencional, mantém a mesma polaridade que a original, isto é, um positivo a partir de um positivo e um negativo a partir de um negativo.

PELÍCULA DE LONGA DURAÇÃO – Filme fotográfico que, se for armazenado adequadamente, tem uma expectativa de conservação em boas condições durante pelo menos cem anos.

PELÍCULA DE MÉDIA DURAÇÃO – Película fotográfica revelada com uma expectativa de existência de dez anos, se estiver convenientemente armazenada.

PELÍCULA DE REVELAÇÃO TÉRMICA – Película prateada sem gelatina, que se revela através da aplicação de calor e que é usada em alguns tipos registadores de saída de computador em micropelícula.

PELÍCULA ELECTROFOTOGRÁFICA – Suporte de película revestido por uma capa fotocondutora que retem a sua sensibilidade durante diversas exposições e que, através de electrofotografia, possibilita a actuação da microficha e do microfilme, acrescentando imagens novas e impressionando de novo as que se substituem.

PELÍCULA FOTOPLÁSTICA – Película de revelação através de calor, que tem uma emulsão fotográfica sensibilizada por meio de uma mudança electrostática e um suporte de poliéster, em que as imagens são registadas na emulsão como deformações.

PELÍCULA LITOGRÁFICA – Aquela que é usada para produção de chapas em litografia.

PELÍCULA MAGNÉTICA – Base de película cinematográfica perfurada, coberta com uma capa de óxido magnético em vez de levar um revestimento de emulsão fotográfica.

PELÍCULA MESTRA – Película original. Película primitiva.

PELÍCULA NÃO PERFURADA – Película em bobina, sem furos que auxiliem a colocação e movimentação do filme num projector ou numa câmara; esta modalidade de película, como não é perfurada, fica com uma superfície mais ampla para ser coberta pela imagem.

PELÍCULA ORIGINAL – Película primitiva. Película mestra.

PELÍCULA PARA CÓPIAS – Película de grão fino e alta resolução, que é usada sobretudo na execução de cópias de contacto.

PELÍCULA REVELADA – Película em que se revelaram e estabilizaram as imagens após a exposição.

PELÍCULA VERDE – Diz-se do filme que não secou completamente após a lavagem.

PELICULADO – Diz-se do revestimento transparente aplicado em algumas encadernações de cartão, que lhes confere um certo brilho ou que serve apenas para protegê-las da sujidade.

PELICULAGEM – Acto de aplicar ao impresso uma película de plástico fina e transparente, que é insensível às gorduras e à água; usa-se especialmente nas capas dos livros para protegê-las e melhorar o seu aspecto, conferindo-lhes brilho e maior resistência.

PELITARIA – Termo usado nos séculos XIV-XVI para designar toda a qualidade de peles, fosse qual fosse o destino a dar-lhes.

PELLIS (pal. lat.) – Pele, ou ainda pergaminho, no sentido de material que serve para fabrico de livros, embora a palavra tenha quase sempre servido o vocabulário do encadernador, enquanto *membrana* e *pergamenum* remetem para o vocabulário codicológico, designando o suporte dos documentos diplomáticos; por metonímia *pellis*, tal como carta (ou *charta*), pode coincidir, a título excepcional, com uma unidade catalográfica.

PELUCHAGEM – Característica do papel que lhe permite não largar pêlo nem poeira durante a impressão.

PELURE (pal. fr.) – *Ver* Papel *pelure*.

PEN (pal. ingl.) – Dispositivo de armazenamento de dados, alternativa às disquetes, *CD*, *DVD*, etc., que é usado para armazenar uma maior quantidade de informação. *Flash-drive*.

PENA – Utensílio munido de bico para escrever, fabricado a partir das rémiges de pato, ganso, cisne, entre outras aves, endurecidas através de um banho em cinzas quentes, que era desconhecido na Antiguidade clássica; os primeiros textos que o mencionam datam dos séculos V ou VI, época em que deve ter suplantado o uso do cálamo na Europa; Teófilo, no século XII, dizia que as penas dos gansos eram as melhores; por vezes afirma-se que os manuscritos microscópicos dos escribas da universidade eram feitos com penas de corvos, facto tecnicamente possível, mas uma pena de pequeno tamanho era difícil de segurar, especialmente quando se copiava um texto muito longo, pelo que, tais manuscritos, talvez tenham sido executados com uma longa pena, cujo bico estava finamente aparado por um instrumento cortante designado *cultellus*, *scalpellum* ou *artavus*; para um copista dextro, a pena deveria ter origem na asa esquerda da ave, para que a curva ficasse para a direita, facilitando o seu manuseamento. Nos manuscritos são frequentes os elementos iconográficos que nos informam acerca do aparar da pena da ave precedendo o acto da escrita; a maior parte das vezes esses elementos informativos surgem no início dos textos, quer sob a forma de um hipotético auto-retrato em que o autor do texto é representado, quer quando os quatro evangelistas ou São Jerónimo são retratados no começo dos Evangelhos, no seu ambiente doméstico, tendo por cenário a sua cela ou *scriptorium*; o uso deste utensílio de escrita irá permanecer até ao século XIX. Pluma • Nome dado à gravura executada à pena.

PENA DE PONTA LARGA – Pena feita de junco ou de pena de ave, ligeiramente aguçada na ponta, usada como instrumento de escrita em suporte de pergaminho.

PENA METÁLICA – Pena para escrever manuscritos fabricada em ferro ou bronze; primitivamente era de ponta inteiriça e rígida, mas posteriormente foi fendida para lhe conferir maior elasticidade.

PENADA – Traço feito com pena • Quantidade de tinta que a pena comporta • Palavras que se escreveram rapidamente, com facilidade.

PENALIDADE – Pena. Multa. Sanção. Pendença.

PENA-PINCEL – Instrumento de escrita feito de junco usado pelos egípcios.

PENDÃO – Elemento que, em conjunto com a cadeira, constituía as insígnias e distintivos dos ricos-homens, desde o tempo dos godos até ao século XV; o pendão era o símbolo do poder e da autoridade para alistarem os seus vassalos para a guerra.

PENDENÇA – Termo arcaico que designava o mesmo que peendença. Multa. Pena. Sanção.

PENDENTE – Diz-se do texto original ou composto que, por qualquer motivo, não pode ser publicado, encontrando-se a aguardar o momento oportuno para que isso aconteça • Em heráldica, parte que descai da orla de um escudo, estandarte ou bandeira. Pingente. Berloque • Em decoração de manuscritos iluminados e em encadernação, é um elemento ornamental suspenso em forma de pingente •

Em arquitectura, parte da abóbada, em geral de forma triangular, que fica suspensa entre os arcos de um tecto ou fora do prumo das paredes.

PENDURAR UMA LINHA – Deixar uma linha a mais numa página ou coluna, por necessidade de ajustamento.

PENEJADO – Desenhado à pena.

PENEJAR – Representar através da escrita • Escrever.

PENICILLUM (pal. lat.) – Pequeno pincel com que se executavam as iluminuras • Por extensão, designa o estilo de um escritor.

PENITENCIAL – Livro litúrgico que contém o ritual referente à penitência pública e privada, às penitências impostas na confissão, de acordo com os pecados cometidos.

PENNA (pal. lat.) – Pena de escrever; tanto quanto parece, este termo foi utilizado pela primeira vez neste sentido por Santo Isidoro de Sevilha.

PENNA SCRIPTORIA (loc. lat.) – Expressão não anterior ao século V usada para designar a pena das aves empregada na escrita dos manuscritos. Na abadia de Cluny era especialmente recomendado que o silêncio não fosse perturbado pelo raspar da pena no pergaminho: *nec pergameneo nec ipsa penna*; nesta época era frequente o hábito de colocar a pena na orelha quando se suspendia a escrita. Para afiar e talhar o bico, tanto do *calamus* como da *penna scriptoria*, os copistas usavam um instrumento cortante designado *cultellus, scalpellum* ou *artavus.* Ver Pena.

PENNACULUM (pal. lat.) – Estojo de couro, madeira ou metal precioso onde se guardavam as penas de escrever, na Idade Média; outros termos latinos para designar esta caixa eram *calamarius, calamare* ou *calamarium*, mais frequentes que aquele.

PENNIS AVIUM (loc. lat.) – Pena de ave, que era utilizada na escrita dos manuscritos.

PENNY PAPER (loc. ingl.) – Publicação de muito baixo preço.

PENNY PRESS (loc. ingl.) – Imprensa popular.

PENTACLOROFENOL – Produto químico sob a forma de fungicida à base do qual se procede à desinfestação de documentos, para eliminação de fungos e outros microrganismos.

PENTAGRAMA – Pauta musical constituída por cinco linhas paralelas e horizontais. Pentalfa • Figura simbólica ou mágica formada por cinco letras.

PENTALFA – *Ver* Pentagrama.

PENTÂMETRO – Verso grego ou latino de cinco pés • Relativo ou pertencente a esse verso.

PENTAPODIA – Reunião de cinco pés no verso.

PENTÁPTICO – Conjunto de cinco tabuinhas unidas com cânhamo ou arame, que constituía uma espécie de livro.

PENTAPTOTO – Em gramática, designativo dos nomes latinos que têm cinco terminações diferentes no singular.

PENTASSÍLABO – Palavra que tem cinco sílabas • Verso de cinco sílabas.

PENTATEUCO – À letra a palavra significa "os cinco rolos". Título tradicionalmente dado aos cinco primeiros livros da Bíblia: *Génesis*, *Êxodo*, *Levítico*, *Números* e *Deuteronómio*.

PENTE – Forquilha onde entram os rolos da máquina • Barra com punções perfuradores da máquina de picotar • Utensílio semelhante a um pente para cabelo usado pelos encadernadores para marmorizar a pele das encadernações.

PENTE FINO – Leitura da última prova feita pelo revisor acompanhado pelo conferente; sempre que apareçam erros na composição, esta é emendada e são tiradas várias provas até que a última se apresente limpa.

PENTECOSTÁRIO – Livro da Igreja ortodoxa grega, que contém o ofício divino, desde a Páscoa até ao Pentecostes.

PENUMBRA – Tonalidades intermédias, que marcam a transição da luz para a sombra num quadro, gravura ou fotografia.

PEQUENO CÂNON – Designação antiga dos corpos 28 e 32 do sistema *Didot*.

PER COLA ET COMMATA (loc. lat.) – Expressão latina que qualifica o método de escrita usado pelos monges no *scriptorium* monástico, segundo o qual o texto se encontrava dividido numa sucessão de pequenas alíneas, cada uma das quais correspondia a uma frase ou parte de frase; esta forma primitiva de pontuação servia para indicar ao leitor menos seguro os pontos onde elevar ou baixar a voz no final de cada bloco de ideias; tinha também a vantagem de auxiliar o estudioso a encontrar uma determinada parte de um texto mais facilmente.

PERBORATO DE POTÁSSIO – Nome dado aos cristais incolores ou pó branco cristalino, pouco solúvel em água, que é usado em restauro de documentos.

PERC. – Abreviatura de percalina.

PERCALINA – Espécie de tecido forte de algodão, revestido de uma camada impermeável de goma colorida, lustroso e com diversos lavrados, que é usado na encadernação moderna; este produto, de origem inglesa, terá sido vulgarizado em França por volta de 1930. Perc.

PERCENTAGEM – Sinal (%) usado para indicar quantidade por cento. (port. Bras.) Porcentagem.

PERDA DE SINAL – Em comunicação de dados, falhas do sinal causadas pelo ruído na transmissão ou por deficiências de funcionamento do equipamento ou da leitura ou escrita de um carácter em suportes como discos magnéticos ou fitas • Em registos magnéticos, breve interrupção que tem lugar quando a fita magnética perde o contacto com a cabeça de leitura e a gravação.

PERDIDAS – Nome usualmente atribuído na oficina tipográfica às folhas que se dão a mais em cada tiragem para fazer o acerto e suprir as que, por qualquer razão, ficaram inutilizadas, a fim de que não falte qualquer exemplar na tiragem estabelecida; dá-se-lhe também o nome de colaturas, corruptela de maculaturas.

PERDURABILIDADE DO PAPEL – Qualidade do papel que lhe permite durar muito tempo. Perpetuidade do papel.

PERECIBILIDADE DO PAPEL – Qualidade do papel que lhe permite ser destruído facilmente. Fragilidade do papel.

PERENIDADE – Palavra que, quando aplicada a um documento, designa o período durante o qual o suporte da informação deve permanecer explorável.

PERENIDADE DA INFORMAÇÃO – Característica que consiste em durar por muitos anos, isto é, resistir à passagem do tempo; opõe-se a efemeridade, caducidade.

PERFECT BINDING (loc. ingl.) – Nome dado a um tipo de encadernação que entra em ruptura completa com os métodos tradicionais; consiste na reunião das folhas guilhotinadas nos quatro lados, o que resulta num volume de folhas independentes encoladas na lombada com uma cola que deveria permanecer flexível quando seca; a este volume é aplicada uma encadernação maleável ou cartonada; tal processo torna praticamente impossível a reencadernação posterior dessas folhas.
PERFIL – Rasgo subtil que tem o olho da letra em todo o carácter ordinário • Desenho que representa um edifício como ele seria, caso fosse cortado perpendicularmente desde a parte superior até à base, no sentido de cima para baixo • Delineamento. Contorno.
PERFIL BIOGRÁFICO – Pequeno texto em que se dão a conhecer os dados da vida de uma pessoa. Esboço biográfico. Nota biográfica • Escrito breve em que se apresenta rapidamente o retrato de uma pessoa • Retrato de um personagem, normalmente uma figura pública • Em linguagem jornalística, reportagem sobre uma pessoa, usualmente baseada em testemunhos de quem a conhece e convive com ela.
PERFIL DA LETRA – Traços finos de certas letras maiúsculas como o A, N e M.
PERFIL DO LEITOR – *Ver* Perfil do utilizador.
PERFIL DO PEDIDO – Delineamento ou contorno de uma área de interesse expressa em linguagem natural, geralmente baseada num formulário, para execução de uma pesquisa.
PERFIL DO USUÁRIO (port. Bras.) – *Ver* Perfil do utilizador.
PERFIL DO UTILIZADOR – Descrição, em linguagem natural, geralmente baseada num formulário, definindo áreas de interesse de um leitor, em particular para execução de pesquisas por um intermediário. Perfil do leitor. (port. Bras.) Perfil do usuário.
PERFIL DOCUMENTAL – Características dos interesses informativos de um determinado utilizador • Em difusão selectiva da informação, serviço elaborado por sistemas documentais automáticos, que informam rapidamente acerca das referências documentais que se introduzem no sistema • Selecção mensal automática de referências que tratam de um determinado assunto ou tema definido com precisão.
PERFIL NORMALIZADO – Em difusão selectiva da informação, designação dada às áreas de interesse de um grupo de utilizadores (serviço, grupo de trabalho, unidade administrativa, etc.), que tem necessidades documentais comuns e constantes relativamente a uma documentação corrente, durante um determinado período de tempo. Macroperfil.
PERFIL PARA PESQUISA – Descrição, em linguagem documental, geralmente sob forma de descritores, da área de interesse de um utilizador de sistemas automatizados ou não.
PERFIL PERSONALIZADO – Em difusão selectiva da informação, designação dada ao delineamento ou contorno dos interesses de um utilizador individual, cujo tipo de trabalho, áreas de aplicação desse trabalho e finalidades a atingir impõem limites rigorosos às suas necessidades documentais.
PERFILADO – *Ver* Realçado.
PERFURAÇÃO DE FICHAS – Abertura de orifícios regular e uniforme no mesmo lugar da superfície de uma ficha, a fim de que ela possa ser colocada em ficheiros onde, por razões de funcionalidade e segurança, é fixada por intermédio de uma vareta metálica.
PERFURAÇÃO EM SÉRIE – *Ver* Multiperfuração.
PERG. – Abreviatura de pergaminho.
PERGAMEN SCRIPTUM (loc. lat.) – Pergaminho escrito; pretendia-se com o uso desta expressão, não dar grande valor ao conteúdo do texto, mas privilegiar o pergaminho enquanto revestimento de um livro escrito.
PERGAMENA (pal. lat.) – Termo para designar pergaminho, que foi usado pela primeira vez no édito de Diocleciano, datado de 301 a. C.; desde a Antiguidade clássica até então era corrente o termo *membrana*. Pergaminho.
PERGAMENA VIRGINEA (loc. lat.) – *Ver* Velino.
PERGAMENA VITULINA (loc. lat.) – *Ver* Velino.
PERGAMENTARIUS (pal. lat.) – Na confecção do códice, pessoa encarregada do pergaminho.

PERGAMENUM (pal. lat.) – Pergaminho • O uso deste termo, que por vezes foi empregue no lugar de *charta*, e cuja origem está no nome da cidade de Pérgamo, onde as técnicas de fabrico do pergaminho foram aperfeiçoadas, é atestado pela primeira vez num édito de Diocleciano datado do século IV a. C. e prolonga-se durante toda a Idade Média, período durante o qual teve mais voga que o seu equivalente *membrana*, termo que remonta à Antiguidade clássica.
PERGAMILHEIRO – Designação alternativa do pergaminheiro. *Pergaminarius*.
PERGAMINA EDULINA (loc. lat.) – Expressão que designa a qualidade do pergaminho feito de pele de cabrito; a origem do pergaminho condicionava a sua qualidade e era um elemento importante para o reconhecer e apreciar, de tal modo que, para descrever um pergaminho, muitas vezes era empregue a palavra *charta* ou *pellis* acompanhada por um adjectivo especificando a origem; daí provêm expressões como *cartæ edulinæ, cartæ peculinæ, cartæ vitulinæ, pellis edulinæ ou edinæ, pellis peculinæ*, que se encontram, por exemplo, no inventário da biblioteca pontifícia que foi organizado em Perugia em 1311.
PERGAMINARIUS (pal. lat.) – Designação dada ao preparador de pergaminhos, especialmente nos conventos medievais. Pergaminheiro. Pergamilheiro.
PERGAMINGO – O mesmo que pergaminho.
PERGAMINHEIRO – Pessoa que preparava as folhas de pergaminho sobre as quais o copista escrevia; por volta de 1200 o fabrico de pergaminho era geralmente levado a cabo dentro do muro dos mosteiros, os primeiros produtores de livros; com o advento dos leigos na produção comercial de manuscritos, os pergaminheiros formavam às vezes uma corporação com lojas localizadas no mesmo local da cidade, perto de cursos de água, já que esta era muito necessária à preparação das folhas de pergaminho • Designação atribuída a quem comercializava o pergaminho para "lançamento" dos textos. Pergamilheiro. *Pergaminarius*.
PERGAMINHO – Suporte de escrita preparado, desde pelo menos o ano 2000 a. C. no Egipto, a partir de peles de animais: cabra, ovelha, carneiro, burro, etc.; para tal traba-

Pergaminheiro

lhava-se do seguinte modo: escolhiam-se animais saudáveis, eliminavam-se os músculos e em seguida lavavam-se as peles em água corrente durante um dia e uma noite, fazendo cair o pêlo batendo a pele na pedra ou madeira, mergulhando-a numa solução de cal e água durante três a dez dias, agitando as tinas várias vezes por dia com uma vara de madeira; finalmente o pêlo caía com o auxílio de uma faca curva e em seguida as peles eram esticadas num bastidor, secas, raspadas e polidas com pedra-pomes; vendia-se, desde cedo, em folhas dobradas duas a duas, portanto cadernos de quatro folhas e a qualidade variava consoante o animal e a idade deste. O seu nome deriva do facto de, segundo se conta, ter sido em Pérgamo, onde reinava o rei Eumenes II, que começou a preparar-se como suporte da escrita o que, segundo parece, não é inteiramente verdade, uma vez que anteriormente já existiam textos gregos manuscritos sobre este suporte; ele já era conhecido pelo menos 800 anos antes da data em que se diz que Eumenes II (197-159 a. C.) terá difundido este produto, que veio proporcionar um suporte durável e forte que podia ser reescrito, dado que era caro; basta dizer que para uma Bíblia medieval de tamanho regular eram necessárias de 200 a 255 peles de carneiro, ovelha ou cabra. Quando o pergaminho era escrito apenas de um lado (no caso da escrita anopistográfica), a face escolhida para tal era a mais porosa e branca (o lado chamado carnaz), porque era aquela que mais facilmente absorvia a tinta e os pigmentos. Devido à sua estrutura interna, é um material extremamente higroscópico, cujas dimensões tendem a alterar-se com o grau de humidade do ar. A grande diferença entre a preparação do pergaminho e a da pele da encadernação reside no facto de esta última ser curtida. A maior mudança na sua preparação ocorreu no século IV a. C., em que na sua manufactura passou a usar-se a água de cal, método que foi introduzido pelos judeus e árabes na Espanha nos primeiros séculos da Idade Média, tendo-se depois estendido a toda a Europa. Após ter sido posto de parte o papiro, que concorreu com ele entre os séculos I e IV (cuja produção se confinava a determinada zona geográfica, tendo também o inconveniente de ser quebradiço e fungível e de apenas poder ser escrito de um só lado), foi o pergaminho o principal suporte da escrita durante toda a Idade Média, associado ao velino, qualidade de pergaminho muito mais fina, que permitia a condensação da escrita e a confecção de códices mais delicados. É também chamado papiro de pele. *Vellum.* A utilização sistemática do pergaminho na produção de códices dá-se a partir do século IV e apenas no século XV começa a ser suplantado pelo papel • Diploma, cartão ou outro documento, escrito ou impresso em pergaminho ou em papel que o imita • Teve igualmente um lugar na encadernação, uma vez que frequentemente se recorria ao pergaminho, e mesmo ao pergaminho manuscrito, para com ele se revestirem livros.

PERGAMINHO À ROMANA – Em encadernação, diz-se que é pergaminho à romana quando este cobre pastas de cartão ou de outro material que é usado para lhe conferir dureza.

PERGAMINHO ARTIFICIAL – Produto que é preparado artificialmente pela união de diversas folhas de papel (sobretudo de algodão) através de reagentes químicos e que apresenta algumas das qualidades do pergaminho. Pergaminho vegetal.

PERGAMINHO DE COURO – Expressão usada no início do aparecimento do papel para designar o pergaminho por oposição ao papel, conhecido então por "pergaminho de pano", por ser feito de trapos. Num texto de Afonso X, o Sábio, de Castela, datado de 1263, estabelece-se a diferença entre o pergaminho de couro e o pergaminho de pano.

PERGAMINHO DE PANO – Antiga denominação dada ao papel feito a partir da pasta de trapo no início da técnica de fabrico deste. Num texto de Afonso X, o Sábio, de Castela, datado de 1263, estabelece-se a distinção entre pergaminho de pano e pergaminho de couro. Pedro, o Venerável, emprega a frase *ex rasuris veterum pannorum*, a partir de restos de velhos trapos, expressão que não deixa dúvidas quanto à origem deste tipo de suporte.

PERGAMINHO DE TIPO GERMÂNICO – Tipo de pergaminho proveniente da Europa Central e Oriental, que apresenta uma pele mais grossa, menos lisa, menos macia e de tonalidades opacas mais fortes que as do pergaminho de tipo peninsular; foi usado para revestir pastas de obras em grandes formatos, em geral in-fólio e in-quarto. Pergaminho germânico.

PERGAMINHO DE TIPO PENINSULAR – Variedade de pergaminho proveniente da Península Ibérica, Sul de França e Itália, caracterizada por ser uma pele muito fina, lisa, macia e de tonalidade muito suave; foi usada para escrever e em encadernação para revestir pastas e para receber decorações variadas.

PERGAMINHO DE TRAPO – Nome antigo dado ao papel.

PERGAMINHO GERMÂNICO – Tipo de pergaminho utilizado em encadernação; era proveniente da Europa Central e Oriental e caracterizado pela sua delicadeza, lisura, toque macio e tonalidade muito suave, características que terão contribuído para que tivesse sido usado para revestir as pastas de obras de maior importância e para receber as mais variadas decorações. Pergaminho de tipo germânico.

PERGAMINHO PENINSULAR – Tipo de pergaminho utilizado em encadernação, proveniente da Península Ibérica, sul da França e da Itália, caracterizado por uma textura espessa, com frequência áspera e por uma tonalidade relativamente opaca.

PERGAMINHO VEGETAL – Papel amarelado muito usado para encadernar e que deve a sua cor e consistência à acção do ácido sulfúrico diluído. Pergaminho artificial.

PERGAMINHO VELINO – *Ver* Velino.

PERGAMINHO VIRGEM – O que é fabricado com peles de animais muito novos, com a finalidade de imitar a qualidade da vitela.

PERGAMINHO VIRGÍNIO – *Ver* Velino.

PERGAMINHOS – Títulos de nobreza. Nas antigas cartas de nobreza usava-se o pergaminho como suporte; por extensão, esta palavra, no plural, passou a significar igualmente a origem nobre de uma família.

PERGAMÓIDE – Produto industrial que imita e substitui a pele curtida, preparado com uma substância celulósica à qual se dá por vezes um certo grão, para imitar o *chagrin* ou o marroquim; é utilizado no revestimento de capas de livros, especialmente na encadernação industrial.

PERGUNTA ABERTA – Tipo de interrogação que concede ao interlocutor uma grande liberdade no que diz respeito ao conteúdo da resposta.

PERIAMBO – Pé de verso grego ou latino formado por duas sílabas breves.

PERÍCOPE – Passagem da Sagrada Escritura ou, por extensão, de um texto qualquer de referência, citada integralmente ou lembrada pelas palavras iniciais, nomeadamente quando constitui o tema de uma homilia, comentário, etc.

PERIEGESE – Obra destinada à orientação de viajantes, descrevendo os lugares e curiosidades relativos a um país ou região. Guia. Itinerário.

PERIEGETA – Autor de uma descrição geográfica.

PERIFÉRICO – Em informática, termo usado para designar as unidades de material que são distintas da unidade central de um computador, quer estejam ou não ligadas a ele. Os periféricos podem ser de três tipos: unidades de entrada, memórias auxiliares e unidades de saída.

PERÍFRASE – Emprego de muitas palavras para exprimir o que se podia dizer mais concisamente • Circunlóquio.

PERIGRAFIA – Termo que se refere ao aspecto gráfico, plástico, de um livro.

PERIOD. – Abreviatura de periodicidade.

PERIÓD. – Abreviatura de periódico.

PERIODICAL – Relativo a jornalistas ou periódicos.

PERIODICAMENTE – De modo periódico. Com periodicidade.

PERIODICIDADE – Intervalo de tempo, em geral regular, com que se repete a saída de uma publicação • Qualidade de periódico • Frequência de aparecimento a público de uma publicação periódica. Periodicismo.

PERIODICISMO – Influência política ou social dos periódicos • Periodicidade.

PERIODICISTA – Pessoa que escreve ou redige periódicos ou um periódico. Periodiquista.

PERIÓDICO – Que se renova em tempos fixos ou determinados • Designação dada à obra ou publicação que aparece em tempos determinados • Publicação que sai em dias fixos. Publicação periódica de informação geral, na qual o texto predomina sobre a ilustração.

PERIÓDICO EM TEXTO INTEGRAL – Modalidade de divulgação de publicações periódicas na sua versão completa. Estão disponíveis sob a forma de bancos de dados em linha ou em *CD-ROM*. Admitem possibilidades de pesquisa por título do artigo, por autor, por assunto, palavra a palavra, por palavras não vazias, etc.

PERIÓDICO INTERNO – Tipo especial de literatura comercial, feita com finalidades publicitárias; é produzida por empresas públicas ou privadas, comerciais ou industriais e dirigida aos seus clientes, accionistas e/ou empregados e tem em certos casos grande valor informativo; dá notícia das actividades da empresa a que pertence e veicula informação especial sobre os seus produtos/serviços.

PERIÓDICOS À LISTA – Nome dado ao serviço prestado ao utilizador de uma biblioteca ou centro de documentação, que consiste no envio dos sumários das publicações, a título gratuito ou oneroso, conforme o caso, a um simples pedido, segundo uma relação organizada pelo interessado.

PERIÓDICOS INDEXADOS – Revistas, jornais ou publicações periódicas cujos conteúdos foram analisados por assunto, resultando daí a elaboração de índices.

PERIODIQUEIRO – Que ou o que redige periódicos. Periodicista de fraca qualidade. Foliculário.

PERIODIQUISTA – Periodicista.

PERIODISMO – Profissão ou actividade do periodista • Actividade relacionada com a informação através dos meios de comunicação de massas (televisão, rádio, imprensa, etc.). Em Portugal teve grande incremento depois de 1820, permitindo informar, dar notícias, divulgar conhecimentos úteis e criar uma imprensa de opinião. *Ver* Jornalismo.

PERIODISTA – Aquele que edita ou compõe uma publicação periódica • Aquele que escreve para uma publicação periódica • Jornalista • Publicista.

PERIODÍSTICO – Relativo a periodista ou a publicação periódica.

PERIODIZAÇÃO – Acto ou efeito de periodizar ou dividir e dispor em períodos ou partes.

PERIODIZAR – Dispor em períodos. Dividir • Expor por períodos, partes.

PERÍODO – Frase composta de uma ou mais orações unidas entre si, formando sentido • Espaço de tempo que decorre entre dois factos. Ciclo.

PERÍODO DE EMPRÉSTIMO – Espaço de tempo que é dado aos utilizadores para poderem reter na sua posse os documentos que lhes foram confiados, com a obrigação de os restituírem depois.

PERÍODO DE INCUBAÇÃO – Em relação à criação literária, é aquele espaço de tempo em que as personagens ganham volume, as situações adquirem forma, o enredo se clarifica, a história se define e fica pronta a ser passada para o papel. Processo de incubação.

PERÍODO DE RETENÇÃO – Período de tempo durante o qual os documentos devem ser mantidos no arquivo corrente, antes de serem transferidos para um arquivo intermédio ou num arquivo intermédio, antes de serem incorporados num arquivo permanente; é calculado com base em estimativas de utilização.

PERIPÉCIA – Mudança de cena numa representação dramática • Aventura • Desfecho • Lance • Caso estranho e imprevisto.

PÉRIPLO – Obra antiga em que se descreve uma viagem de circum-navegação.

PERISSOLOGIA – Redundância de palavras. Pleonasmo.

PERÍSTASE – Assunto de um discurso com todas as suas minúcias.

PERITO – Pessoa que tem como profissão reconhecer a autenticidade e apreciar o valor de compra de objectos de colecção, obras de arte, etc. • Pessoa que foi nomeada para fazer exame, avaliação ou vistoria • Sabedor. Versado. Especialista.

PERITO EM ADMINISTRAÇÃO – Pessoa especialista em administração a quem uma biblioteca, arquivo, serviço de documentação, etc. encomenda o estudo dos seus problemas de gestão, pedindo o seu parecer e conselho. Consultor.

PERLEÚDO – Pessoa muito lida, sabedora.

PERMALINK (pal. ingl.) – Ligação permanente.

PERMANÊNCIA – Estabilidade de um material e resistência à deterioração química; fala-se de permanência querendo significar a boa conservação de um suporte gráfico, armazenado em condições ideais. Durabilidade.

PERMANÊNCIA DO TRATAMENTO – Tratamento de materiais gráficos que deve ser levado a cabo com produtos de muito boa qualidade, que deverão garantir uma estabilidade e resistência à deterioração química; é um dos princípios fundamentais do restauro. Os produtos e as operações de restauro devem estar adaptados aos problemas que o documento apresenta; a sua eficácia no tempo deve ser imperativamente verificada em laboratório através de testes de envelhecimento acelerados: por exemplo, a cola utilizada deve guardar a sua eficácia sem se degradar.

PERMANÊNCIA EM ARQUIVO – Grau em que os documentos conservam as suas características originais e resistem à deterioração durante um determinado período de tempo, que pode ser de mais de 100 anos ou até conti-

nuamente, para alguns documentos; para conseguir a permanência em arquivo são necessários um armazenamento e uma utilização controlados.
PERMANGANATO DE POTÁSSIO – Agente de branqueamento usado no fabrico do papel.
PERMEABILIDADE – Aptidão de um papel ou de um cartão para se deixar atravessar por um líquido; a permeabilidade é determinada nas condições de ensaio normalizado.
PERMILAGEM – Proporção relativamente a mil. Por mil.
PERMUDAÇÃO – Termo arcaico que designava permutação, permuta, troca.
PERMUTA – Disposição através da qual uma biblioteca, arquivo, serviço de documentação, etc., envia a outra biblioteca, instituição ou sociedade, etc. as suas próprias publicações ou as publicações de instituições com as quais está em ligação, como uma universidade, recebendo em troca publicações da segunda instituição; a permuta pode também incidir sobre material duplicado e é um dos meios de aquisição de material bibliográfico. Troca de documentação. Permutação. Intercâmbio. Troca. (port. Bras.) Reparte • Publicação oferecida ou recebida através desta disposição.
PERMUTA A NÍVEL INTERNACIONAL – Troca de documentação efectuada entre organismos internacionais ou de países diferentes. Permuta internacional.
PERMUTA A NÍVEL NACIONAL – Troca de documentação efectuada entre organismos de um mesmo país. Permuta nacional.
PERMUTA DE DOCUMENTOS – Operação resultante de um acordo entre organismos para fornecimento recíproco de documentos através de troca • Serviço pelo qual os organismos se fornecem mutuamente documentos por meio de troca. Permuta de publicações.
PERMUTA DE DUPLICADOS – Operação realizada entre duas instituições, que assenta na troca dos exemplares de documentos repetidos existentes em ambas.
PERMUTA DE INFORMAÇÃO – Transmissão deliberada e recíproca da informação; pode ser paga ou gratuita e, para ser eficaz, deve assentar numa normalização dos dados permutados.

PERMUTA DE PUBLICAÇÕES – *Ver* Permuta de documentos.
PERMUTA INTERNACIONAL – Aquela que é efectuada entre organismos de diversos países ou entre organismos internacionais. Permuta a nível internacional.
PERMUTA NACIONAL – A que é realizada entre organismos de um mesmo país. Permuta a nível nacional.
PERMUTAÇÃO – Troca. Permuta. Intercâmbio.
PERNA DA LETRA – Haste descendente, direita ou curva, de alguns caracteres, tipográficos ou não.
PÉROLA – Designação dada na antiga nomenclatura ao carácter de 24 pontos *Didot*; originalmente o corpo dos tipos não era expresso por números, mas por nomes como ágata, diamante, pérola, etc.
PERORAÇÃO – Parte final de um discurso. Epílogo • Pequeno discurso. *Peroratio*.
PERORADOR – Orador, pregador.
PERORAR – Discursar com afectação • Finalizar um discurso • Defender um ponto de vista.
PERORATIO (pal. lat.) – Discurso. Peroração.
PERÓXIDO DE HIDROGÉNIO – Líquido denso que ferve a 60° e solidifica aproximadamente a -2°, que é usado em solução aquosa no branqueamento e na limpeza de documentos.
PERPETUIDADE – Relativamente aos direitos de autor, condição da sua cedência sem limite de tempo ao editor por um autor ou por quem o represente.
PERSCRIBERE (pal. lat.) – Escrever com pormenor, escrever com exactidão • Copiar um discurso.
PERSCRIPTIO (pal. lat.) – Escrita • Livro de contas • Ordem de pagamento • Redacção. Teor.
PERSCRIPTOR (pal. lat.) – Escriturário. Copista.
PERSONAGEM – Cada uma das figuras de uma peça dramática, de um romance, poema, etc. • Pessoa que figura numa narração, acontecimento ou poema • Tipo • Personalidade • Simulacro de pessoa.
PERSONAGEM ACESSÓRIA – *Ver* Personagem secundária.

PERSONAGEM MODELADA – Aquela que é caracterizada por uma vida interior complexa e confusa. Personagem redonda.
PERSONAGEM MUDA – Aquela que permanece em silêncio durante uma peça teatral, desempenhando apenas o papel de figurante.
PERSONAGEM PLANA – Aquela que, sendo definida em traços muito genéricos e simples, conserva até ao fim da história a mesma caracterização.
PERSONAGEM PRINCIPAL – Aquela que é imprescindível para o desenvolvimento da acção.
PERSONAGEM REDONDA – *Ver* Personagem modelada.
PERSONAGEM SECUNDÁRIA – Aquela que desempenha um papel adicional. Personagem acessória.
PERSONAGEM-CHAVE – A figura central de uma história ficcionada, seja qual for a forma que esta assuma, na qual os conflitos internos se concentram, e à volta da qual gravitam outras personagens secundárias, que desempenham papéis acessórios.
PERSONAGEM-TIPO – Aquela que está caracterizada de tal modo que representa uma determinada categoria social ou ofício.
PERSONAL DIGITAL READER (loc. ingl.) – Leitor digital pessoal; é também conhecido sob a forma do acrónimo *PDR*.
PERSONIFICAÇÃO – Prosopopeia • Representação de uma ideia através de uma figura.
PERSONIFICAR – Atribuir os sentimentos, a figura, a linguagem, etc. de uma pessoa real a um ser inanimado ou a uma entidade metafísica.
PERSPECTIVA – Forma de representar corpos de três dimensões (figuras, objectos, edifícios, etc.) numa superfície plana, de modo a dar a ideia de estarem colocados numa posição real, com a ilusão perfeita de espessura e profundidade • Visão, óptica, ângulo sob o qual se considera uma questão ou problema • Abordagem ou exploração de um tema ou assunto • Ponto de vista ou opinião sobre determinada matéria.
PERSPECTIVA BIFOCAL – Projecção de um objecto ou de uma série de objectos obtida fazendo convergir as linhas perpendiculares ao plano do desenho em direcção a dois pontos de fuga colocados nos extremos opostos da representação.
PERSPECTIVA CENTRAL – Projecção central de um objecto ou de uma série de objectos sobre um plano vertical interposto entre o objecto e o ponto de vista do observador.
PERT. – Forma abreviada de pertence.
PERTENCE – Elemento ou conjunto de elementos que marcam a posse de um livro; usualmente, antes do nome do possuidor aparecia a palavra pertence, origem da designação. Marca de posse. Indicação de posse. Nota de posse. Pertença. Pert. (port. Bras.) Nota de pertinência.
PERTINÊNCIA – Numa pesquisa bibliográfica, taxa de documentos encontrados, que respondem à questão do investigador aquando das operações de selecção, em relação ao número total de documentos encontrados • A medida do grau em que o material informativo recuperado satisfaz as necessidades de quem investiga • Capacidade de exprimir de forma adequada a informação exacta de um documento.
PERTINÊNCIA DE UM TERMO – Termo que refere tudo o que, num sistema funcional, interessa à realização da finalidade para que aquele se orienta • Adequação.
PERTINÊNCIA FUNCIONAL – Em arquivística, regra segundo a qual sempre que, na sequência de mudanças políticas ou administrativas, se verifique transferência de funções para outra entidade, a documentação respeitante a esta deve ser também remetida, a fim de se assegurar a continuidade administrativa.
PERTINÊNCIA TERRITORIAL – Conceito arquivístico que estabelece que os documentos devem ser encaminhados para o arquivo que detenha a jurisdição arquivística de que tratam os documentos, não considerando o local onde foram produzidos. Opõe-se ao princípio da proveniência.
PESA-ÁCIDOS – Espécie de aerómetro que se mergulha no banho galvanoplástico para medir o seu grau.
PESA-CARTAS – Pequena balança própria para pesar correspondência.

PESADO – Diz-se do texto ou composição apertada e monótona • Obra literária ou artística de confecção grosseira e que tem falta de estilo, de graça e variedade.

PESA-PAPÉIS – Objecto, em geral pesado, com frequência decorativo, que se destina a ser colocado sobre papéis, para os manter no seu lugar. Pisa-papéis.

PÉS-DE-GALINHA – Expressão usada na gíria dos encadernadores para designar as rugas que, por defeito de dobragem, se formam num ângulo dos cadernos.

PÉS-DE-GATO – Nome dado às manchas resultantes dos salpicos de caparrosa, sal de azedas ou potassa aplicados na carneira de algumas encadernações para lhes conferir um certo ar manchado ou marmoreado. Olhos-de-perdiz.

PESQUISA – Esforço do espírito para encontrar ou descobrir qualquer coisa, tal como conhecimentos novos ou ainda para estudar uma questão • Conjunto das actividades intelectuais e trabalhos tendo como finalidade a descoberta de conhecimentos novos no domínio científico, literário ou artístico. Busca • Consulta de catálogos. Consulta de ficheiros • Operação básica de navegação na *Internet* que permite investigar, operar com *software* em linha, seleccionar opções de menus, etc.

PESQUISA *AD HOC* – Investigação com determinados objectivos feita por uma agência de propaganda a pedido de um cliente.

PESQUISA BIBLIOGRÁFICA – Conjunto de acções, métodos e técnicas desencadeados com vista à obtenção, por meios manuais ou automáticos, de referências bibliográficas específicas • No início de um projecto de investigação, pesquisa exaustiva e sistemática de material publicado, que trata de um determinado tema • Modo de identificar um documento, obra literária ou espécie bibliográfica pela obtenção da informação bibliográfica que lhe diz respeito, através de uma procura sistemática em instrumentos bibliográficos e outras fontes. Investigação bibliográfica.

PESQUISA BIBLIOGRÁFICA ANTERIOR À CATALOGAÇÃO – Investigação bibliográfica que é feita antes de se proceder à catalogação, com a finalidade de verificar ou de conseguir dados bibliográficos e adoptar um número de identificação como o *ISBN* para obter um registo bibliográfico.

PESQUISA BIBLIOGRÁFICA ANTERIOR AO PEDIDO – Investigação feita com a finalidade de determinar se uma instituição já possui nos seus fundos um determinado exemplar de uma obra que pretende adquirir e de reunir ou de confirmar os dados da sua descrição bibliográfica, que são necessários para que o pedido possa ser feito.

PESQUISA BINÁRIA – Modalidade de pesquisa na qual um conjunto de registos ou dados se divide em duas partes, uma com uma característica ou propriedade específica e uma outra em que essa propriedade falta; a propriedade que falta é posta de parte e o processo repete-se com a parte seleccionada, até se encontrarem os elementos informativos desejados; há quem lhe chame pesquisa dicotómica.

PESQUISA BOOLEANA – Modalidade de pesquisa na qual a pergunta é formulada através do uso de operadores booleanos.

PESQUISA DA INFORMAÇÃO – Acções, métodos e técnicas levados a cabo com vista à obtenção de uma informação específica • Meio ou método através do qual um documento pode ser encontrado. Pesquisa bibliográfica • Autorização e oportunidade para usar um documento • Aproximação a quaisquer meios de armazenar a informação, como, por exemplo, índice, bibliografia, catálogos, terminal de computador, etc. *Ver* Recuperação da informação.

PESQUISA DE DOCUMENTOS – Acções, métodos e técnicas desenvolvidos com vista à obtenção de documentos específicos (no seio de um conjunto de documentos). *Ver* Pesquisa documental.

PESQUISA DEDUTIVA – Modalidade de pesquisa em que o utilizador muda a estratégia de pesquisa de forma contínua, à medida que vai ou não vai obtendo resultados. Pesquisa heurística.

PESQUISA DELEGADA – Modalidade de investigação bibliográfica ou outra, que não é feita pela própria pessoa interessada nela, mas que é encomendada a um especialista da informação.

PESQUISA DICOTÓMICA – *Ver* Pesquisa binária.
PESQUISA DIFERIDA – *Ver* Pesquisa em diferido.
PESQUISA DOCUMENTAL – Conjunto de processos manuais, automáticos, mecânicos, intelectuais ou outros usados com vista à exploração de um fundo bibliográfico analisando os documentos ou referências bibliográficas que correspondam a consultas determinadas. Esta expressão é utilizada a partir dos anos 70 como substituta da palavra bibliografia (na sua acepção de repertórios, obras de referência e/ou ciência que permite constituir e explorar esses repertórios), para significar o acto da procura em resposta a um pedido dos utilizadores de uma biblioteca, arquivo, serviço de documentação, etc. Implica já a conotação informática, dado que se multiplicaram a partir dessa época as microformas e documentos audiovisuais, os microcomputadores e os leitores de *CD-ROM* e *DVD*. Pesquisa de documentos.
PESQUISA EM CONVERSACIONAL – *Ver* Pesquisa em linha.
PESQUISA EM DIFERIDO – Operação levada a cabo com a finalidade de conseguir encontrar um certo elemento numa estrutura de dados, que não permite uma resposta quase imediata ao pedido de informação, como acontece no caso da pesquisa em linha, mas que fornece uma resposta deslocada no tempo e no espaço. A informação não é obtida de imediato, tem um prazo para ser fornecida, sendo o intervalo desse prazo o tempo de diferimento • Método de pesquisa efectuada sem interacção do utilizador.
PESQUISA EM *FULL-TEXT* – *Ver* Pesquisa em texto integral.
PESQUISA EM LINGUAGEM NATURAL – Busca que é feita num vocabulário evolutivo cujas regras resultam do uso comum, sem que sejam, necessariamente, prescritas de um modo formal.
PESQUISA EM LINHA – Aquela que permite uma resposta quase simultânea ao pedido de informação; é executada através do diálogo com a máquina, por meio de um terminal, independentemente do facto de o computador se encontrar perto ou longe; é mais rápida e mais flexível que a pesquisa em diferido. Interrogação de conexão directa. Interrogação em conversacional. Interrogação em tempo real. Pesquisa *on-line*.
PESQUISA EM TEXTO INTEGRAL – Método de pesquisa que permite ao utilizador investigar em todos os campos de texto completo de um documento pesquisáveis de uma base de dados. Pesquisa em *full-text*.
PESQUISA EM TEXTO LIVRE – Modalidade de pesquisa que permite que um investigador aceda a uma determinada palavra no interior de um texto, através da utilização de ficheiros invertidos, que actuam positivamente, como ficheiros de palavras seleccionadas, ou negativamente, como ficheiros de palavras preteridas.
PESQUISA ESPECÍFICA – Modalidade de pesquisa feita por autor/título, etc., na qual o utilizador sabe exactamente aquilo que pretende; é aquela em que obtém maior sucesso; como não existe ambiguidade, o sucesso é elevado e a frustração mínima.
PESQUISA GENÉRICA – Em recuperação da informação, aquela em que pretendem recuperar-se todos os documentos sobre um determinado assunto e todas as suas subdivisões ou aspectos.
PESQUISA HEURÍSTICA – Busca feita numa base de dados, num catálogo ou num índice, em que o utilizador modifica a sua estratégia à medida que os resultados vão aparecendo e como consequência deles, de modo que cada elemento de informação ou documento encontrado tende a influenciar a continuação da pesquisa. Pesquisa dedutiva.
PESQUISA INFORMATIZADA – Diz-se da consulta que é feita em bases de dados, geralmente compostas por notícias bibliográficas inscritas em suporte informático, expressão que se usa por oposição a pesquisa manual.
PESQUISA INTERACTIVA – Método de consulta que permite ao utilizador formular o seu pedido ao sistema e receber os resultados da pesquisa por um processo conversacional; este tipo de pesquisa é modificado não continuamente, mas a intervalos de tempo.
PESQUISA MANUAL – Diz-se da consulta que é feita em catálogos tradicionais, geral-

mente compostos por notícias bibliográficas inscritas em suporte papel (fichas), por oposição à pesquisa informatizada, que é feita em bases de dados • Modalidade de investigação bibliográfica ou outra que é realizada pelo próprio em catálogos tradicionais.

PESQUISA NO TEXTO – Método que permite ao utilizador explorar numa base de dados determinados campos que contêm textos em linguagem natural.

PESQUISA *ON-LINE* – *Ver* Pesquisa em linha.

PESQUISA POR ASSUNTO – Aquela cujo ponto de partida é um termo ou conjunto de termos que serve como elemento orientador para a procura da documentação existente sobre um determinado tema num catálogo de assuntos.

PESQUISA POR PONDERAÇÃO – Em pesquisa bibliográfica informatizada, modalidade de consulta que assenta num computador em que se atribuem pesos numéricos a cada termo de pesquisa recuperando-se apenas os documentos que tenham termos com valores combinados, que excedam um valor numérico pré-determinado.

PESQUISA PRIMÁRIA – Nome dado à indagação que é feita pelo investigador pela leitura diária dos trabalhos que lhe chegam às mãos ou do conhecimento, na(s) biblioteca(s) que frequenta, de livros ou revistas que seleccionou.

PESQUISA RETROSPECTIVA – Investigação de literatura já publicada, que abarca um período normalmente definido pelo próprio utilizador; pode ser pessoal (quando o requerente organiza ele próprio as operações) ou delegada (quando a encomenda a um especialista da informação).

PESQUISA SEQUENCIAL – A que é feita numa base de dados ou num ficheiro, unidade por unidade, até que consiga encontrar-se um determinado registo.

PESQUISA SIMULTÂNEA REMOTA – Designação da técnica através da qual um utilizador pode proceder a um pedido de pesquisa solicitando-o a um intermediário.

PESQUISA SISTEMÁTICA – Observação metódica das notícias bibliográficas de um catálogo ou dos registos de um ficheiro, com a finalidade de encontrar dados que pretendem obter-se.

PESQUISADOR – Utilizador, utente, usuário • Investigador.

PESSOA FÍSICA – Em atribuição de autoria, designação dada ao autor (indivíduo) principal ou secundário.

PESSOA MORAL – Em arquivística é o organismo ou grupo de pessoas conhecido sob diferente nome, que exerce ou pode exercer a sua actividade a título autónomo; estão geralmente agrupados sob o termo "pessoas morais" as associações, estabelecimentos ou instituições, empresas comerciais, organismos sem fins lucrativos, administrações públicas, organismos governamentais, colectividades religiosas, igrejas ou paróquias e conferências.

PESSOAL – Referente à pessoa. Próprio de uma determinada pessoa. Individual. Particular • Conjunto de pessoas que trabalham na mesma instituição ou serviço. (port. Bras.) Estafe.

PESSOALIDADE – Qualidade daquilo que é pessoal. Originalidade. Particularidade.

PESTANA – Extremidade dobrada de um fólio feita para permitir a costura • Papagaio, bandeira. Badana. Em alguns livros a pestana é usada como marcador. Marcador.

PESTAPE (port. Bras.) – Montagem de um trabalho gráfico (texto, ilustrações, mapas, gráficos, etc.).

PETIÇÃO – Requerimento escrito dirigido a determinada autoridade, com vista à obtenção de uma acção específica. Súplica. Solicitação. *Petitio. Rogatio.*

PETIT CANON (loc. fr.) – Tipo de letra de 26 pontos.

PETITE HISTOIRE (loc. fr.) – Facto, geralmente de pequeno interesse mas com carácter pitoresco, que no decorrer de um relato ou conversa permanece na memória do leitor ou ouvinte, enquanto o facto principal passa frequentemente para segundo plano.

PETITIO (pal. lat.) – *Ver* Petição.

PETRA SCRIPTA (loc. lat.) – Livro em pedra • Epitáfio.

PETRÓGLIFO – Pedra em que foram gravados desenhos de tipo simbólico próprios das culturas ágrafas.

pH – Expressão simbólica através da qual se indica o valor da acidez ou da alcalinidade de uma solução aquosa. É a forma abreviada de potencial hidrógeno (concentração de iões de hidrogénio), usada para transmitir a medida da intensidade da acidez do papel; esta mede-se com um aparelho electrónico próprio, e é expressa nos valores de uma escala logarítmica de 0 a 14; os papéis com pH abaixo de 7 são considerados ácidos, com 7 neutros e acima de 7 alcalinos.

PHILOLOGIA (pal. lat.) – Amor das letras, aplicação ao estudo • Comentário, explicação dos autores • Erudição.

PHILOLOGUS (pal. lat.) – Letrado. Erudito.

PHOTO-CD (pal. ingl.) – Segundo a *ISBD(ER)*, disco compacto, desenvolvido pela Kodak, que armazena *slides* ou negativos digitalizados de 35 mm. A utilização de um leitor de *CD-ROM* permite a leitura de imagens que se juntam ao conjunto original.

PHRASIS (pal. lat.) – Frase • Discurso • Estilo.

PI – Nome de uma letra grega (π) correspondente ao P latino, que se emprega em matemática para representar a relação constante entre a circunferência e o respectivo diâmetro; corresponde a 3,1416.

PIADA – Dito engraçado, anedota, chalaça, remoque.

PIÃO – Termo usado nas oficinas tipográficas que designa a volta que se dá sobre a mesma forma ao papel com uma face já impressa, para inverter as páginas.

PICA – Medida longitudinal composta por 12 pontos; obtém-se mediante o uso do tipómetro. (port. Bras.) *Ver* Paica.

PICADO – Furado • Diz-se do papel que começa a apodrecer por ter estado depositado num lugar húmido.

PICAGEM – Operação realizada pelo litógrafo, que consiste em picar com uma ponta metálica as provas de papel da China, dispostas sobre uma folha mais encorpada para as fazer aderir, de acordo com a ordem em que o transporte deve efectuar-se.

PICAR *TELEXES* – Em gíria jornalística significa seleccioná-los e recortá-los alterando-lhes os títulos e uma ou outra frase.

PICCOLI FERRI (loc. ital.) – Nome dado aos ferros de gravar as ornamentações, que se apresentam sob forma de flores, folhagens, frisos, molduras e demais elementos decorativos que ornamentam as encadernações dos livros antigos, que se apresentam nas pastas, lombadas e seixas • O ornamento em si mesmo.

PICCOLINI (pal. ital.) – Pequenos anjos anafados que se encontram por vezes inseridos nas bordaduras ou molduras dos manuscritos iluminados.

PICOS DE TRAÇA – Pequenos orifícios provocados pela acção dos insectos que, em casos extremos, podem percorrer todo o volume. Vestígios de traça.

PICOTADEIRA – Pessoa ou máquina que executa picotado.

PICOTADO – Conjunto de furos feitos para

Piccolini

964

facilitar o corte à mão. Picote. Picotilho. Perfurado.

PICOTAGEM – Acto ou efeito de picotar; destina-se a marcar o lugar onde deveria ser riscado o regramento do manuscrito; por vezes era posteriormente suprimida quando o códice era aparado na oficina de encadernação. Puncturação.

PICOTAMENTO – Furos-guia que constituíam ponto de referência, na base dos quais se traçavam as linhas ou regras do manuscrito; há vestígios que nos levam a concluir que por vezes eram picotadas várias folhas ao mesmo tempo, seguindo-se-lhe a regragem ou traçado das linhas sobre as quais assentava a escrita; na descrição codicológica é necessário identificar o processo de picotamento: sovela, faca, roda, compasso, etc.; hoje em dia, porém, são raros os códices onde se conseguem encontrar estas marcas, pois quando as obras eram encadernadas, estes furos foram muitas vezes aparados na margem exterior, enquanto que na margem interior se encontram encobertos pelo festo. Puncturação.

PICOTAR – Abrir com picador furos em determinados impressos, como por exemplo talões, recibos, etc., para mais facilmente poder separar-se uma parte da outra.

PICOTE – Recorte dentado dos selos e talões, postais, bilhetes, blocos de papel, etc. Picotado. Perfurado. Picotilho.

PICOTILHO – Modalidade de picote mais fino.

PICTOGRAFIA – Sistema primitivo de escrita em que as ideias são representadas por meio de cenas ou objectos desenhados. Pictograma.

PICTOGRÁFICO – Relativo à pictografia.

PICTOGRAMA – O mesmo que ícone • Forma primitiva de escrita na qual os conceitos ou objectos que pretendiam retratar-se eram expressos através de desenhos, por exemplo pássaros, cães, mãos, homens, mulheres, peixes, etc. • Designação atribuída a cada um dos signos da escrita pictográfica. *Ver* Pictografia • Desenho que representa uma mensagem sem referência a qualquer forma linguística. Cada signo representa objectos ou coisas concretas; da fase pictográfica passou-se à fase ideográfica, em que cada signo representava uma ideia ou conceito ou conceitos relacionados; a escrita alfabética vem mais tarde e nela cada signo representa um som; os mais antigos registos de escrita até hoje conhecidos foram descobertos recentemente na China e estavam gravados em caracteres que se aproximam dos caracteres do período Shang, sobre carapaças de tartaruga com cerca de 8600 anos, descobertas junto dos restos mortais de alguns indivíduos.

PICTOR (pal. lat.) – Pessoa que fazia o esboço do desenho dos elementos a introduzir para ilustrar o manuscrito; geralmente era uma pessoa distinta do copista e era numa fase posterior à cópia do texto que tal tarefa tinha lugar; consistia no preenchimento com a iconografia adequada dos espaços que o copista deixara em branco; por vezes o *scriptorium* monástico recorria a artistas de fora do mosteiro para tal tarefa, o que é denunciado por alguns manuscritos onde um leigo (caracterizado pelo seu modo de vestir) é apresentado no acto de iluminar ou de pintar com cores e ouro, o que se verifica sobretudo a partir do século XIII.

PID – Acrónimo de Pacote de Informação de Disseminação, em preservação digital termo usado para designar a forma do pacote que é entregue ao consumidor.

PIED-DE-MOUCHE (pal. fr.) – Sinal abreviado em forma de C com barra, que é empregado nos manuscritos medievais para indicar os inícios de capítulo • Sinal tipográfico dos séculos XV e XVI que desempenha a mesma função.

PIETÀ (pal. ital.) – Representação iconográfica de Cristo morto suspenso no colo da Virgem Maria.

PIGMENTAÇÃO – Diz-se, em gravura, da formação de pequenos grãos sobre a imagem.

PIGMENTO – Substância colorante, de origem mineral, vegetal ou animal, solúvel, e que, uma vez dispersa num meio aquoso ou oleoso, confere cor a uma preparação, pelo que é utilizada no fabrico das tintas. Os pigmentos eram obtidos pela maceração, quer de minerais como a malaquite, azurite (carbonato básico de cobre azul), lápis-lazúli, cinábrio (sulfureto de mercúrio vermelho), ágata, ocres, cobre, enxofre, cal viva, sal, etc., quer de elementos retirados do reino vegetal como açafrão, gladíolo, *Indigo* *tinctoria*, limão, salsa, couve, goma de cerejeira, resina de pinheiro e de abeto, vinho, vinagre, ameixa, etc., quer ainda do reino animal como peles, corno de boi, presas de javali, bílis de tartaruga ou de bezerro, clara de ovo, mel, sangue, cochonilha, etc. Após a sua preparação e, caso não fossem de aplicação imediata, eram conservados secos num tecido e diluídos em água quando se necessitava deles. Alguns dos livros de receitas onde estão compendiadas as fórmulas para a obtenção destes pigmentos remontam ao século VIII. Por curiosidade refira-se, que no decurso da Idade Média eram conhecidas trinta e duas substâncias colorantes.

Pietà

PIGMENTO AMARELO – Designação dada à tinta amarela que pode ver-se nas iluminuras; era fabricada a partir de pigmentos vulcânicos ou extraídos do açafrão, a que se juntavam outros produtos para lhes conferir viscosidade e aderência.
PIGMENTO INORGÂNICO – Designação da substância colorante de origem mineral que era usada em miniaturas e iluminuras.
PIGMENTO ORGÂNICO – Designação da substância colorante de origem animal ou vegetal usada em miniaturas e iluminuras.
PIGMENTO VERDE – Designação dada à tinta verde que pode ver-se nas iluminuras, que era fabricada a partir da malaquite ou do verdete.
PIGMENTUM (pal. lat.) – Produto corante • Ornamento (do estilo).
PILA (pal. lat.) – Coluna dos pórticos usada para colocar a lista das obras editadas pelos editores no Império Romano, a fim de anunciar os livros fabricados por eles.
PILÃO – Mesa metálica utilizada em encadernação para arredondar as lombadas • Martelo de grandes dimensões em madeira, movido por força hidráulica, interveniente no processo de refinação no fabrico do papel.
PILAR – Corpo isolado, usualmente de secção rectangular, que serve de suporte a arcos, arquitraves, etc.; tal como as colunas, os pilares podem ter base, fuste e capitel.
PILASTRA – Cada uma das partes laterais que estão fixas à base do corpo das grandes máquinas de impressão tipográfica, que servem de suporte às peças que constituem a parte sólida do maquinismo e que formam, com o fixe, o esqueleto daquele. Montante.
PILHA – Monte, conjunto ordenado de papel, cadernos, etc. dispostos para uma tiragem. Montão. Rima.
PILHA HOLANDESA – Equipamento usado no fabrico do papel constituído por uma cuba de várias lâminas metálicas para refinação da matéria fibrosa; o seu uso tinha como consequência prática o encurtamento das fibras e, consequentemente, a perda da resistência física e o aumento de resíduos de partículas metálicas, que eram agentes catalizadores de certas reacções químicas.
PILHA REFINADORA – Aparelho munido de uma platina e de um cilindro, que se destina ao tratamento de materiais fibrosos em meio aquoso, de modo a conferir-lhes certas características necessárias ao fabrico de um determinado papel.
PINACOTECA – Colecção de obras de pintura • Museu de pintura • Depósito de quadros, estátuas e preciosidades.
PINAX (pal. gr.) – Tabuinha cuja superfície se revestia com uma capa composta por uma

mistura de resina e cera, sobre a qual se traçavam as letras com o estilo.

PINÇA – Instrumento metálico com o formato de tenaz e com uma superfície estriada nas pontas, usado pelo caixista para retirar os tipos na correcção da composição manual, remover a letra dos caixotins, etc. (port. Bras.) Pegadeira, unha.

PINÇA DE NERVOS – Utensílio com peças laterais que permitem apertar o couro contra as nervuras da lombada da encadernação, para fazer aderir a pele que as reveste.

PINCEL – Instrumento de escrita usado pelos chineses na Antiguidade, formado por um tufo de pêlos de animal adaptado no final de um cabo, utilizado para aplicar tintas; a sua invenção atribui-se ao sábio Meng Tiang, cerca do ano 250 a. C.; é o objecto ideal para escrever sobre o papel ou a seda e, como permite a alternância de traços finos e grossos, foi muito utilizado na escrita chinesa e na de outros povos com escrita inspirada nela; no Antigo Egipto usava-se um instrumento um pouco semelhante ao pincel, que consistia numa cana de ponta amolecida que, assim, corria facilmente sobre o papiro, madeira ou tecido • Objecto usado para traçar letras de ouro ou de cinábrio.

PINCEL DE CANA – Instrumento de escrita constituído por um caniço de ponta cortada em bisel, que o escriba embebia na tinta preparada por ele próprio, e com o qual desenhava os caracteres.

PINCEL LUMINOSO – Aparelho da selecção electrónica que, em fotogravura, explora o modelo.

PINGENTE – Em heráldica, pequeno objecto, em forma de pingo, que pende. Pendente. Berloque.

PINT. – Abreviatura de pintura.

PINTADORA – Ver Máquina pintadora.

PINTAR – Cobrir de tinta • Descrever ou representar viva e animadamente pela palavra pessoas ou coisas • No jargão tipográfico significa a reprodução exacta de um original sem a mínima alteração.

PINTOR – Termo usado na gíria tipográfica para designar o tipógrafo que, por falta de conhecimentos gramaticais, se limita a copiar o original, sendo incapaz de corrigir erros ou lapsos evidentes.

PINTURA – Imagem produzida a pincel ou instrumentos adequados, com matéria corante em suspensão num veículo não aquoso ou parcialmente aquoso, que forma uma substância opaca, pastosa ou líquida • Preparação colorida, líquida ou pastosa, destinada a cobrir uma determinada superfície. Pint.

PINTURA A ENCÁUSTICA – A que é executada com pigmentos emulsionados em cera de abelha e resina dâmar aplicados a quente. Encáustica.

PINTURA A FRESCO – Aquela que é executada sobre reboco ainda não seco, com tintas de pigmentos vários emulsionados em água, tendo por vezes alguma percentagem de caseína. Fresco.

PINTURA A ÓLEO – A que é executada com tintas compostas por pigmentos emulsionados em óleos secativos, normalmente em óleo de linhaça. Óleo.

PINTURA A TÊMPERA – A que é executada com tintas à base de emulsionantes magros ou semigordos, normalmente opacos, aos quais é adicionada uma certa percentagem de água; os pigmentos são aglutinados com goma-arábica, caseína, mel, ovo, ou ovo com uma pequena percentagem de óleo. Têmpera.

PINTURA A TINTA ACRÍLICA – Aquela que é executada com tintas constituídas por uma emulsão de resina sintética.

PINTURA DE TÉCNICA MISTA – A que é executada com tintas várias e materiais de natureza diversa.

PINX. – Forma abreviada de *pinxit.* Ver Pinxit.

PINXIT (pal. lat.) – "Pintou", palavra que, na subscrição de uma gravura ou quadro reproduzido em gravura, segue o nome do autor do desenho; a nota que se encontra muitas vezes associada é *sculpsit*, "gravou", precedida pelo nome do gravador da chapa; no caso de o desenhador e o gravador serem um só, a expressão usada é *pinxit et sculpsit.*

PIOLHO – Termo de gíria tipográfica que designa o pequeno erro que escapa na revisão das provas. Defeito • Repetição tipográfica indevida de uma letra, sílaba, vocábulo ou parte do texto.

PIOLHO DE COBRA – Em gíria jornalística é o termo que caracteriza um artigo de jornal aborrecido.

PIOLHO-DOS-LIVROS – Cientificamente designado *Liposcelis divinatorius*, é um dos mais perigosos devoradores de livros que se alimenta dos amidos das colas e do próprio papel.

PIQUE – Cartão de cor em que está impresso um desenho que é picado por alfinetes, em que trabalha quem executa renda de bilros.

PIRA TESTE – *Ver* Teste *PIRA*.

PIRÂMIDE INVERTIDA – Em linguagem jornalística é a técnica que começa a notícia pelo essencial e finaliza com os pormenores acessórios; normalmente é precedida de uma abertura, mas mesmo que esta não exista, costuma contê-la implicitamente, pois o primeiro parágrafo, onde se relata o mais importante, acaba por constituir o essencial da notícia; é por esta razão que, quando há necessidade de cortar algum texto, a supressão é feita a partir do final da notícia; esta técnica possui sobre a da pirâmide narrativa a vantagem de introduzir directamente o leitor no essencial da questão e possibilitar uma leitura parcelar, podendo abandonar os pormenores que se seguem na continuação da notícia; tem ainda a vantagem de, no caso de a falta de espaço impor cortes nos textos, ser possível eliminar os últimos parágrafos sem refazer o que está escrito, ficando a notícia perfeitamente inteligível.

PIRÂMIDE NARRATIVA – Em linguagem jornalística fala-se de pirâmide narrativa quando os factos são apresentados pela ordem do acontecimento e, portanto, por ordem crescente de importância; ela inicia-se habitualmente por uma descrição das circunstâncias, prossegue com a exposição dos acontecimentos até chegar aos factos culminantes e ao desenlace; quando a pirâmide narrativa é precedida de uma abertura, o essencial já é conhecido do leitor e trata-se de criar interesse pela notícia que explica a evolução dos acontecimentos; nesses casos fala-se por vezes em sistema misto. Quando o corpo do artigo não é precedido da abertura nem de um título explícito que dê uma ideia precisa do desenlace, este sistema usa-se para criar no leitor uma certa expectativa.

PIRÂMIDE NORMAL – Técnica de redacção jornalística que segue o seguinte esquema: detalhes da introdução, factos de importância crescente com o propósito de criar expectação, factos culminantes e desfecho.

PIRATA – Aquele que plagia e reproduz ilicitamente um trabalho ou uma obra.

PIRATARIA EDITORIAL – Desactivação do teste de segurança dos programas do comércio para poderem utilizar-se ou por vezes vender-se sem dispender um cêntimo; é um flagelo para os editores, uma necessidade que responde ao preço dos programas para os adeptos da pirataria, um instrumento de convivência à volta dos computadores para os clubes. A pirataria dos programas apareceu ao mesmo tempo que a edição do programa.

PIRATARIA INFORMÁTICA – Aquela que consegue acesso a sistemas informáticos de outrem para obter dados ou alterá-los.

PIRATARIA LITERÁRIA – Actividade criminosa que consiste em copiar, plagiar, manipular e reproduzir ilicitamente criações eruditas alheias. Reprodução ilegal de livros.

PIRATEADO – Diz-se do texto que foi objecto de cópia ou plágio, manipulação ou reprodução ilícitas por parte de outra pessoa que não o autor.

PIRATEAR – Editar sem autorização do autor ou do detentor dos direitos de autor.

PIROESTEREOTIPIA – Processo de estereotipia no qual a matriz é constituída por uma chapa de madeira gravada a fogo.

PIROGRAFIA – Arte de fazer pirogravura.

PIRÓGRAFO – Instrumento usado em pirogravura para traçar desenhos.

PIROGRAMA – Desenho traçado com o pirógrafo. Trabalho de pirogravura.

PIROGRAVAR – Desenhar ou gravar com ponta incandescente.

PIROGRAVURA – Arte de ornamentar a fogo couro, madeira, marfim, etc., através da aplicação de calor com uma ponta metálica incandescente; nas encadernações a couro a pirogravura é conhecida vulgarmente por gravura a ferros secos.

PIROGUISO – *Ver* Número de piroguiso.

PIROLÁPIS – Ponta de platina com que se grava a fogo na pirogravura. Piropincel.

PIROPINCEL – Ponta de platina com que se grava a fogo na pirogravura. Pirolápis.
PIROTIPIA – Impressão a quente, mediante a aplicação de punções metálicos; esta técnica foi utilizada mesmo antes da invenção da tipografia.
PIROXILINA – Nome de um material de nitrato de celulose, que pode ser usado para impregnar ou revestir tela de encadernação, com a finalidade de lhe aumentar a resistência.
PISÃO – Peça móvel que fixa o papel quando este é guilhotinado na cesária ou guilhotina.
PISA-PAPÉIS – Objecto, em geral pesado, frequentemente decorativo, que se destina a ser colocado sobre papéis, a fim de os manter no seu lugar. Pesa-papéis.
PISCATOR (pal. lat.) – Título atribuído antigamente a alguns calendários com prognósticos meteorológicos em países como a Itália ou a Espanha.
PISTA – Registo, feito na entrada principal, de todas as rubricas de entrada secundárias utilizadas para a respectiva unidade bibliográfica; indica os diferentes pontos de acesso sob os quais ela poderá ser encontrada nos diversos catálogos de uma biblioteca, arquivo, serviço de documentação, etc. *Tracing*. • Registo das remissivas que foram feitas para um nome ou para um título de um item que está representado num catálogo • Registo dos cabeçalhos sob os quais um item é representado num catálogo • Informação.
PISTA DE LEITURA – Indicação ou recomendação de bibliografia a consultar sobre um determinado assunto.
PISTA MAGNÉTICA – Num sistema de registo sonoro, linha imaginária traçada por uma cabeça de leitura/escrita num disco ou numa banda magnética.
PISTÃO – Haste de cabeça cilíndrica com ranhuras e um cabo de madeira, que na máquina fundidora monótipo injecta o chumbo líquido através da bomba e do respectivo nariz, no molde onde se forma a letra • Peça com função semelhante no linótipo, conhecida em geral como êmbolo • Nome que muitos linotipistas dão à bomba de ar • Barra dentada que corre dentro dos cilindros impulsores do teclado do monótipo e engrena no eixo da roda de unidades.

PITTACIOLUM (pal. lat.) – Diminutivo de *pittacium*, bilhete, etiqueta; é utilizado por vezes como equivalente de *phylacterium*, ou seja, no sentido de tira ou banda de papiro ou de pergaminho contendo inscrição.

Pittaciolum

PITTACIUM (pal. lat.) – Etiqueta, rótulo, membrana, estampa ou cédula colocada na extremidade dos rolos ou volumes, em que se escrevia o título da obra. *Syllabus*.
PIXEL (pal. ingl.) – Forma abreviada de *picture element*, termo usado para designar o ponto com cor e luminosidade variáveis, cujo conjunto forma uma imagem visível num monitor de computador, quando observado à distância; a maior ou menor definição da imagem é directamente proporcional ao número de *pixels* por unidade de comprimento • Porção mínima que constitui uma imagem digital, que é equivalente a um ponto em linguagem analógica.
PIXEL PER INCH (loc. ingl.) – Também usada sob a forma abreviada *p. p. i.*, pixel por polegada, serve para definir a medida da resolução de uma imagem num monitor. *PPI*.
PL. – Abreviatura de plano, planta, plural.
PLACA – Chapa, lâmina de metal onde assentam as demais peças que constituem o molde manual para fundição de letras • Chapa de metal gravada, usada para estampar • Chapa gravada para *offset* • Insígnia • Escudo.
PLACA DE ARGILA – Placa de barro de formato variável usada pelos assírios e babilónios para gravar, com punções próprios, os caracteres uniformes da sua escrita, cozendo-a depois no forno (como os tijolos) para lhe conferir dureza • Suporte de argila em que se escrevia com o auxílio de um punção, enquanto a argila estava mole e humedecida.

PLACA DE ENCADERNAÇÃO – Nome dado à placa metálica decorativa, gravada em cavado ou em relevo, que se aplica através de uma prensa sobre a pasta da encadernação, deixando aí a sua impressão; da aplicação das placas em cavado resulta uma composição em relevo e as que são em relevo deixam uma marca em cavado; os motivos empregados são muito variados, seguindo frequentemente a moda da época aplicada ao mobiliário, arquitectura, etc., por vezes enquadrando um ferro heráldico; algumas empregam placas de diferente tamanho, sobretudo em áreas de grande formato, harmonizando os elementos decorativos.
PLACA DE FERROTIPIA – Chapa muito lustrosa, geralmente de crómio sobre cobre, usada para fazer cópias acetinadas.
PLACA DE INTERFACE – *Ver* Adaptador.
PLACA DE MATRÍCULA – Número de série atribuído pelo editor a cada publicação musical para o seu registo e identificação.
PLACA ENVOLVENTE – Uma das três espécies de clichés para máquinas rotativas a folhas.
PLACA GRÁFICA – *Ver* Placa vídeo.
PLACA VÍDEO – Aquela que permite que os ficheiros digitais se transformem em sinais vídeo; tem de corresponder às especificações do computador e do monitor. Placa gráfica.
PLACAR – Edital, anúncio, tabuleta. Aviso. Recado. Cartaz. Painel. Geralmente é impresso só de um dos lados e apresenta publicidade a um produto ou a um evento • Boletim escrito afixado em lugar de destaque para divulgação de acontecimentos importantes; por extensão, designa igualmente o local onde se afixa este boletim ou aviso.
PLACENÇA – Termo arcaico que designava aprovação. Beneplácito. Aceitação.
PLACET (pal. lat.) – Agrada. Parece bem. Execute-se. Decidido. Aprovação de autoridade a uma nomeação ou pretensão. O mesmo que *exequatur* e *agrément*.
PLAGIADOR – Aquele que plagia ou copia, manipula, altera ou reproduz ilicitamente um texto ou obra sem o consentimento do autor. Copiador.

PLAGIAR – Subscrever ou apresentar como seu, por inteiro ou modificando-o parcialmente, um trabalho artístico ou literário de outrem • Imitar servilmente • Respigar • Em gíria publicitária é copiar um anúncio ou campanha criado para um outro produto. (port. Bras.) Chupar.
PLAGIÁRIO – Autor que apresenta como seu um trabalho científico, artístico, literário, etc. que pertence a outra pessoa, quer tenha sido copiado na totalidade ou alterado apenas aqui e além. Plagiador.
PLAGIATO – *Ver* Plágio.
PLÁGIO – Roubo literário, científico ou artístico. Plagiato • Cópia servil do trabalho de outrem, prática altamente reprovável e errada no ponto de vista ético; a citação da fonte de informação impõe-se, mormente no universo científico, técnico e jornalístico.
PLÁGIO EM MOSAICO – Cópia de trabalho alheio que assenta na união de diferentes partes retiradas de diversos textos, que são copiadas e articuladas, de modo a constituírem um todo. Cópia montada.
PLÁGIO SIMPLES – Aquele que não é composto, isto é, que não resulta da união de diferentes partes respigadas deste e daquele texto e da sua combinação num todo organizado, como acontece com o plágio em mosaico. Cópia comum de trabalho alheio.
PLAGULA (pal. lat.) – Cada uma das folhas que formam um rolo ou volume, quer elas estejam coladas ou cosidas.
PLAINA – Peça de ferro usada pelos fundidores de letras para dar a altura certa ao material • Utensílio de encadernador destinado a aparar os livros. Rabote.
PLAINA DE RECTIFICAÇÃO – A que é utilizada na confecção de blocos para clichés.
PLANA (pal. lat.) – Espécie de pedra-pomes que o copista usava para amaciar o pergaminho sobre o qual escrevia. Raspador.
PLANEADO – Delineado. Imaginado. Traçado. De que já foi feito o plano. Projectado. (port. Bras.) Planejado.
PLANEAMENTO – Acto de planear ou planificar • Estabelecimento de um plano em relação a qualquer objectivo. (port. Bras.) Planejamento.

PLANEAMENTO DE BIBLIOTECAS – Compilação sistemática de dados referentes à gestão, actividades, serviços, programas, uso e utilizadores de uma biblioteca, por partes ou em conjunto, num aspecto específico ou em todos eles, com a finalidade de determinar em que medida a biblioteca alcança os seus objectivos.

PLANEAMENTO DE PRESERVAÇÃO – Num processo de preservação manual ou digital, definição de políticas de preservação, isto é, estratégias de preservação, tendências comportamentais da população potencialmente utilizadora, identificação de formatos obsoletos, etc.

PLANEAR – Fazer o plano de. Traçar. Delinear. Imaginar • Projectar. Calcular. Conjecturar. Ter ideia de.

PLANEJAMENTO (port. Bras.) – *Ver* Planeamento.

PLANIFICAÇÃO – Acto de planear alguma coisa ou de organizá-la de acordo com um plano. Planeamento. (port. Bras.) Planejamento • Plano de trabalho pormenorizado • Processo de restauro de documentos que consiste em eliminar dobras, regras ou quebras da fibra do papel ou outro suporte, através da pressão ou vapor, após prévia humidificação. Nivelamento.

PLANIFICADO – Feito de acordo com um plano anteriormente elaborado • Diz-se do documento cujas dobras foram eliminadas.

PLANIFICAR – Operação que consiste em tornar um documento plano, eliminando dobras, vincos ou outras rugosidades que o suporte tenha ganho por mau acondicionamento ou outras circunstâncias, de modo a ser restaurado posteriormente, ou colmatando as fissuras, rasgões ou outros orifícios que possa apresentar, após a desacidificação ou apenas a sua consolidação. Planificação • Efeito dessa operação.

PLANIGLOBO – *Ver* Planisfério.

PLANIGRAFIA – *Ver* Planografia.

PLANI-IMPRESSÃO – Impressão com forma plana, em máquina de platina ou de cilindro • Impressão plana, roto-impressão.

PLANILHA (port. Bras.) – Cada uma das duas partes de uma carteira de identidade • Espelho • Folha impressa padronizada em cujas colunas se registam os cálculos de levantamentos topográficos • Formulário impresso para lançamento de informações padronizadas • Folha de cálculo.

PLANISFÉRIO – Representação de um globo ou esfera sobre um plano. Planiglobo. Representação dos dois hemisférios terrestres numa superfície plana.

PLANO – Cada um dos lados planos de um livro encadernado (plano superior e plano inferior) por oposição à lombada. Pasta • Suporte de madeira que em algumas oficinas se costuma montar sobre a caixa para conferir a posição horizontal à galé, na execução de obras-de-bico • Desenho que mostra posições relativas numa superfície horizontal, isto é, posições referentes de partes de um edifício, paisagem, a disposição do mobiliário num compartimento, uma apresentação gráfica de um plano militar ou naval • Planta, rascunho, esboço, borrão • Traçado linear representando em projecção um objecto, construção ou um conjunto de construções, um terreno, etc. • Em cartografia, um plano é um mapa ou carta detalhado em larga escala, com um mínimo de generalização • Termo proveniente da linguagem cinematográfica, que define o grau de aproximação do motivo na imagem e que foi importado para a linguagem da reportagem escrita nas expressões primeiro plano ou grande plano e plano geral.

PLANO ANTERIOR – Primeiro plano. *Ver* Plano superior.

PLANO DE AQUISIÇÃO EM COOPERAÇÃO – Sistema que consiste em organizar e coordenar aquisições entre duas ou mais bibliotecas, centros ou serviços de documentação, a nível local, regional, nacional ou internacional de maneira que, pelo menos, exista um exemplar de cada publicação na área geográfica considerada.

PLANO DE AQUISIÇÕES – Projecto das publicações a adquirir por uma determinada instituição ou instituições durante um determinado período de tempo.

PLANO DE ARMAZENAMENTO – Arranjo de distribuição de estantes e outros equipamentos na área destinada a depósito, considerando a utilização actual do espaço disponível.

PLANO DE CLASSIFICAÇÃO – Ordem que permite classificar, armazenar e recuperar os dossiês, geralmente identificados por uma notação. Quadro de classificação. Estrutura fixa dividida em classes e subclasses.

PLANO DE CLASSIFICAÇÃO ARQUIVÍSTICA – Esquema de organização dos documentos de um arquivo de acordo com classes pré-definidas, normalmente identificadas através de códigos alfabéticos, numéricos e alfanuméricos.

PLANO DE CONTROLO DE REGISTOS – Aquele que rege a retenção e distribuição de séries de registos comuns a diversos serviços ou organismos.

PLANO DE DOCUMENTO – Posição em que se encontra e espaço ocupado por um documento durante a sua exposição.

PLANO DE EMERGÊNCIA – Delineação de actividades visando a protecção civil de bibliotecas, arquivos, serviços de documentação, etc. e que compreende as acções a serem postas em prática no caso de ocorrência de sinistro.

PLANO DE ENVIO SELECCIONADO – Acordo pelo qual um editor ou distribuidor assume a responsabilidade de escolher e fornecer, com possibilidade de devolução e anulação da factura, todas as publicações que vão aparecendo no mercado e que se adaptem ao perfil de uma biblioteca, arquivo, serviço de documentação, etc., especificado em termos de assuntos, níveis, formatos, preços, línguas, etc.

PLANO DE EXPURGO – Conjunto das medidas a tomar a médio prazo, com vista a proceder-se periodicamente à desinfestação das espécies bibliográficas de determinado fundo ou de todo o fundo bibliográfico de uma instituição; são vários os elementos a ter em conta, desde a detecção e identificação de pragas ou microrganismos existentes, tipo de documentação a considerar (manuscrita ou impressa, em papel ou pergaminho, avulsa ou em maços, etc.), até à época do ano em que deve proceder-se ao expurgo (sendo a Primavera a época recomendada), encerramento das instalações e arejamento subsequente, orçamentos a consultar, etc.

PLANO DE FUNDO – Superfície que funciona como uma base sobre a qual as figuras ou os objectos são representados.

PLANO DE ORIENTAÇÃO – Em sinalética de bibliotecas ou outros edifícios institucionais ou de frequência numerosa, é o esquema da distribuição das diversas secções que funcionam no edifício, distribuídas pelos diferentes pisos, que é exposto nos locais de maior circulação para que possa servir como auxiliar na orientação das pessoas que o frequentam.

PLANO DE PUBLICAÇÃO – Projecto, disposição das partes de que se compõe uma obra, ordem ou método a seguir pelo plano editorial, com vista à realização de um produto final coerente e harmonioso • Ordem segundo a qual uma determinada obra vai ser dada à estampa • Acto de fazer aparecer um livro e de o pôr à venda.

PLANO DE URGÊNCIA – Parte do plano de protecção civil aplicável às bibliotecas, arquivos, serviços de documentação, etc., em caso de desastre natural ou provocado por incúria humana.

PLANO EDITORIAL – Linhas de força e programa de produção de uma casa editora para um determinado período de tempo.

PLANO FOCAL – Superfície plana ocupada pela película numa câmara fotográfica na qual a objectiva forma uma imagem nítida.

PLANO GERAL DE ARQUIVO – Instrumento elaborado a partir da definição de uma política de arquivo, estabelecendo a organização das unidades de arquivo e armazenamento; pode ser aplicado tanto a arquivos oficiais como a particulares.

PLANO HORIZONTAL – Diz-se do plano em que, como acontece nos prelos, a forma é impressa em posição horizontal.

PLANO IMPRESSOR – *Ver* Cilindro impressor.

PLANO INFERIOR – Plano que corresponde ao revestimento posterior de uma encadernação. Pasta posterior. Pasta inferior. Segundo plano. Capa posterior. (port. Bras.) Costa.

PLANO NACIONAL DE LEITURA – Medida cultural da responsabilidade do Ministério da Educação em articulação com o Ministério da Cultura e o Gabinete do Ministro dos Assuntos

Parlamentares, que aposta na leitura tradicional, visando sobretudo as crianças do ensino pré-escolar, 1º e 2º ciclos, alargando-se depois ao 3º ciclo e ensino secundário. PNL.

PLANO NACIONAL DE PRESERVAÇÃO E CONSERVAÇÃO – Projecto sistemático que abrange todo o território de um país e que tem como objectivo preservar e conservar a documentação bibliográfica com vista à manutenção do património bibliográfico e documental.

PLANO POSTERIOR – *Ver* Plano inferior.

PLANO PRÉVIO – Projecto da disposição dos elementos numa obra, baseada numa determinada estrutura que foi feita de antemão. Pré-plano.

PLANO SUPERIOR – Plano que corresponde ao revestimento superior da encadernação. Capa anterior. Pasta de abertura. Pasta superior. (port. Bras.) Frente.

PLANO VERTICAL – Diz-se do plano em que a forma é impressa em posição vertical.

PLANOGRAFIA – Termo usado para designar o conjunto dos processos gráficos em que a impressão é feita com matriz plana, como a litografia, a fototipia, a fotogravura, a fotolitografia, a metalografia e o *offset*. Planigrafia.

PLANORROTATIVA – *Ver* Máquina rotoplana.

PLANOS DA ENCADERNAÇÃO – Partes superior e inferior de uma encadernação ou cobertura de um volume brochado; até ao século XVI estes planos eram formados com placas de madeira, mais tarde substituídas por cartão; eram revestidos com tecido (veludo, seda, damasco, linho), pergaminho ou couro de variadas espécies ou ainda, no caso das encadernações de ourivesaria, com prata ou ouro, por vezes ornado com gemas preciosas, esmaltes ou simplesmente gravado. Quando o livro está fechado, o plano que se vê é o exterior ou frente, sendo designada face interior a que se encontra dentro do volume.

PLANTA – Mapa ou carta em grande escala de área restrita • Traça. Traço. Plano • Desenho ou diagrama representando a disposição horizontal das várias partes de um edifício, como se fosse visto de cima. Projecção horizontal.

PLANTINIANA – Diz-se da oficina e das edições do conhecido impressor Christophe Plantin e dos seus sucessores.

PLANTONISTA – Tipógrafo que pagina os jornais.

PLANULA (pal. lat.) – Instrumento usado para alisar a superfície do pergaminho.

PLANURA – Estado de um papel cuja superfície se apresenta de uma forma perfeitamente uniforme sem nenhuma deformação.

PLAQUETA – Opúsculo ou brochura ilustrado, de poucas páginas, geralmente sem costura. Livro ou volume de pequena espessura.

PLÁSTICO-BOLHA – Plástico de embalagem que se apresenta sob a forma de folhas com uma superfície formada de pequenas bolhas de ar e que serve para embalar os mais variados objectos, incluindo materiais bibliográficos e outros, que não podem sofrer contusões; a sua utilização não impede que os materiais bibliográficos sejam primeiro envolvidos em papel isento de acidez.

PLASTIFICAÇÃO – Processo de revestimento rápido, simples, que deve ser feito com materiais de boa qualidade e que deve ser reversível, mediante o qual um documento de papel ou de outro material fibroso de escrita é colocado entre duas folhas de plástico especial transparente e os bordos são aparados, para o proteger do desgaste produzido pelo uso ou armazenamento. Encapsulação.

PLASTIFICAÇÃO A FRIO – Aplicação de uma película de plástico protectora no material sem usar um processo a quente.

PLASTIFICAÇÃO A QUENTE – Aplicação de uma película de plástico protectora no material, por um processo em que intervém o calor.

PLASTIFICAÇÃO DE DOCUMENTOS – Técnica que consiste na aplicação de uma película de plástico à base de cloreto de polivinilo em ambas as faces de um documento para o proteger; pode ser a frio ou a quente. Não pode considerar-se uma técnica de restauro, pois limita-se a proteger documentos em bom estado; tem também inconvenientes estéticos e de definição da imagem.

PLASTIFICADORA – Máquina usada para revestir uma superfície com película especial de plástico, transparente e protectora, por calor e/ou pressão.

PLASTIFICAR – Aplicar uma camada de plástico à capa de um livro ou a um documento, para protegê-lo e dar-lhe maior consistência.

PLASTÍGRAFO – Moderno meio visual de demonstração, que explora as propriedades auto-adesivas de certos materiais plásticos.

PLASTOTIPIA – Confecção de matrizes tipográficas de plástico ou borracha utilizando como modelo uma composição tipográfica ou uma matriz de fotogravura; a partir destas fabrica-se um molde de plástico, que serve para fazer a matriz definitiva.

PLASTOTÍPICO – Relativo à plastotipia.

PLATAFORMA – Parte superior da morsa no linótipo, sobre a qual desce a cabeça do primeiro elevador ao transportar a linha à fundição.

PLATIBANDA – Moldura achatada e lisa, mais larga que saliente.

PLATINA – Prato superior do prelo manual; paralela ao mármore, a platina desce por acção do barrote e comprime o papel contra a superfície da forma colocada sobre o mármore • Mesa sobre a qual se colocam os granéis de linhas compostas antes da empaginação ou as páginas compostas antes da imposição • Prelo de platina. Máquina de platina.

PLATINEIRO – Operário que está encarregado de casar, impor e ajustar as formas para a impressão nas oficinas tipográficas. Impositor.

PLATINOTIPIA – Processo de impressão de provas positivas a partir de sais de platina.

PLENA PÁGINA – Página inteira.

PLENO – Em heráldica denomina-se pleno o campo liso e inteiro, sem peças sobre ele.

PLEONASMO – Figura que consiste no reforço da ideia contida numa palavra por meio de outra palavra ou grupo de palavras com um sentido implícito na primeira. Perissologia. Redundância.

PLEXIGLAS (pal. ingl.) – Metacrilato de metilo transparente, flexível sob a acção do calor, usado como material transparente em substituição do vidro na confecção de móveis, estantes, etc.

PLICA (pal. lat.) – *Ver* Dobra inferior.

PLICA – Sinal gráfico (') que se coloca sobre as letras cuja tonicidade se quer indicar • Pequeno sinal, chamado linha, que se apõe a letras em álgebra • Colocado à direita designa minuto; quando em duplo designa segundos ou polegadas • O apóstrofo, que se antepõe à sílaba tónica na transcrição fonética de uma palavra, segundo a convenção do alfabeto fonético internacional • No plural *ver* Comas.

PLICARE LIBRUM (loc. lat.) – Enrolar (um *volumen*).

PLICAS – *Ver* Comas.

PLICATURA (pal. lat.) – Acção de dobrar • Resultado dessa acção. Dobra.

PLINTO – Moldura saliente da parte mais baixa da base de um pedestal, de uma coluna, etc. • Em heráldica, peça de terceira ordem de formato rectangular, colocada na horizontal no campo do escudo. Bilheta.

PLOTTER (pal. ingl.) – Máquina que se encontra equipada com canetas guiadas por computador, que transformam ficheiros electrónicos em desenhos; em artes gráficas são muito usados os *plotters* de corte, que têm a caneta substituída por um instrumento que corta em película os desenhos, etc. que se pretendem obter • Traçador de curvas. Dispositivo de impressão de gráficos em papel.

PLR – Acrónimo de *Public Lending Right*, Direito de empréstimo ao público.

PLUG-IN (pal. ingl.) – Aplicação que permite fazer a descodificação da informação do visualizador *Web* para formatos que na sua própria instalação ele não consegue descodificar.

PLUMA – Pena de ave, instrumento de escrita.

PLUMBAGINA – *Ver* Grafite.

PLUMBATO – Designação atribuída aos antigos diplomas providos de selo de chumbo.

PLUMBATOR (pal. lat.) – Funcionário da chancelaria que preparava materialmente o chumbo para a chumbagem dos documentos.

PLUMBOGRAVURA – Gravura em chumbo para impressão tipográfica.

PLUMBOTIPIA – Cliché obtido através do vazamento de chumbo líquido sobre o plano do molde de estereotipia ou outra superfície lisa, humedecida previamente; a água em contacto com o chumbo líquido produz olhos, formando assim um fundo tipográfico de desenho caprichoso. Caostipia, selenotipia.

PLUMBUM (pal. lat.) – Mina de chumbo • Chumbo (metal).

PLUME (pal. fr.) – Pena com que se escreve.

PLUMITIVO – Escritor público pouco experiente • Jornalista.

PLURIAUTORIA – Autoria constituída por duas ou mais pessoas ou entidades.

PLURILINGUE – Que pertence ou se refere a várias línguas • Escrito em mais de uma língua.

PLURILINGUISMO – Uso de duas ou mais línguas por indivíduos que pertencem a uma mesma comunidade linguística.

PLUS ULTRA (loc. lat.) – Mais além.

PLUTEUS (pal. lat.) – Palavra tardia e rara, que aparece nos finais do século XVII na Biblioteca Vaticana para designar a estante destinada aos códices onde, por vezes, nas bibliotecas públicas, eles estavam seguros com correntes; daí a designação de *catenatus* dada a estes códices. Prateleira. Estante.

PLUTEUS VERSATILIS (loc. lat.) – Móvel que consiste numa roda ou estante giratória de livros. *Ver Rota bibliothecæ*.

PMEST – Sigla que corresponde à ordem de citação usada na classificação por facetas de Ranganathan e que representa as categorias principais dessa classificação: personalidade, matéria, energia, espaço e tempo.

PNG – Acrónimo de *Portable Network Graphics*, formato destinado a representar imagens digitais.

PNL – Acrónimo de Plano Nacional de Leitura. *Ver* Plano Nacional de Leitura.

PÓ – Designação antiga dada à areia fina que se polvilhava sobre o manuscrito acabado de escrever, para enxugar a tinta; por vezes adicionava-se-lhe pó de ouro.

PÓ DE PEDRA-POMES – Polvilho usado na preparação da superfície do velino, especialmente para lhe retirar a gordura.

PÓ DE SAPATO – Nome popular do negro-de-fumo.

POCHADE (pal. fr.) – Esboço • Obra literária feita à pressa.

POCHOIR (pal. fr.) – Lâmina de cartão ou de metal, com desenhos recortados, em geral letras e números; os recortes eram feitos em função da zona a colorir, aplicando-se então a aguarela ou guacho com um pincel maior ou menor; a sobreposição de duas cores primárias permitia obter uma cor complementar. A utilização desta técnica semelhante à do escantilhão, já se verificava no século XV aplicada às cartas de jogar e, por vezes, em gravuras de livros; nos antifonários tardios do século XVII as grandes iniciais capitais eram traçadas assim • Imagem obtida pela aplicação de tintas ou outros materiais colorantes sobre uma máscara recortada • Pincel de cerdas duras e curtas.

POCKET BOOK (loc. ingl.) – *Ver* Livro de bolso.

POCKETBOOK (pal. ingl.) – *Ver Pocket Book*.

POD – Acrónimo de *Print on Demand*, à letra "impressão a pedido", modalidade de produção de livros e documentos que consiste na possibilidade de ter o livro ou o documento em computador, requerer a sua impressão e tê-la disponível, para poder usufruí-la, ao fim de pouco tempo.

PODA – Termo da oficina que designa o acto de retirar letra da caixa pertencente a outro tipógrafo.

PODE IMPRIMIR-SE – *Ver Imprimatur*.

PODE PAGINAR-SE – Inscrição feita pelo autor ou revisor, especialmente nas obras que contêm ilustrações, após ter verificado que elas se encontram no lugar adequado.

PODER ABSORVENTE – *Ver* Absorção.

PODER DE COMUNICAÇÃO – Faculdade que permite transmitir através da palavra, escrita ou falada, uma ideia ou conceito que se quer fazer passar • Em relação a um escritor, diz-se que ele tem poder de comunicação quando tem facilidade em desenvolver um enredo ou trama, sem grande esforço de poder de concentração por parte do leitor.

POEIRA – Composto de fragmentos de pele humana, têxteis, fibras, gorduras e moléculas carbonosas, cujas partículas absorvem gases nocivos contribuindo, desse modo, para a degradação química da celulose do papel, ao depositar-se sobre os documentos, mantendo um grau de humidade superior ao normal. A sua eliminação é aconselhável e indispensável à boa conservação dos materiais.

POEIRAGEM – Libertação de poeiras constituídas principalmente por fibras individuais, por partículas de cargas ou de produtos de colagem ou por pequenos aglomerados destes materiais de um papel ou de um cartão, no decurso da impressão. Estas partículas podem apresentar-se soltas ou particularmente aderentes à superfície, mas são susceptíveis de se libertarem dela a qualquer momento durante a impressão.
POEMA – Obra em verso • Obra em prosa em que há ficção e estilo poético.
POEMA ÉPICO – *Ver* Epopeia.
POEMA FIGURADO – *Ver* Caligrama.
POEMA HERÓICO – Narração de um acontecimento histórico de interesse nacional ou regional em que o protagonista é um "varão notável".
POEMÁRIO – Colecção de poemas.
POESIA – Arte de escrever em verso • Poética • Conjunto dos diversos tipos de poemas • Composição poética. Poema.
POESIA SOLTA – Aquela que não pertence a uma colectânea de versos de determinado género ou versando determinado assunto.
POETA – Aquele que escreve versos; aquele que compõe obras poéticas ou tem faculdades para escrevê-las.
POETAR – *Ver* Poetizar.
POETASTRO – Pessoa que escreve poesias sem valor literário, sem qualidade.
POÉTICA – Poesia, arte de fazer versos • Obra sobre as regras da poesia • Teoria da versificação • Obra na qual está reunida a teoria da versificação.
POÉTICO – Relativo à poesia. Inspirador. Que tem poesia • Que merece ser cantado em verso.
POETISA – Mulher que faz versos, mulher que compõe obras poéticas.
POETIZAÇÃO – Acto e efeito de tornar poético.
POETIZAR – Fazer versos ou compor obras poéticas. Poetar. Celebrar em verso • Conferir ou receber as características do que é lírico ou romântico.
POINTER (pal. ingl.) – *Ver* Apontador.
POL. – Abreviatura de polaco.
POLAR – Nome dado ao revestimento, sob a forma de saco, por vezes fabricado a partir de bexiga de porco, onde antigamente se guardava o livro, para o proteger das agressões do transporte e manuseio.

Polar

POLARIDADE – Qualidade do que é polar, que tem sentidos opostos • Propriedade da máquina eléctrica cuja corrente sai apenas por um pólo e entra apenas pelo outro.
POLÉ – Em tipografia, cada uma das roldanas que transportam os rolos, a fim de que se mantenham à altura necessária.
POLÉMICA – Controvérsia por escrito travada entre duas ou mais pessoas sobre matérias diversas, em que os intervenientes apresentam, regra geral, opiniões divergentes. Discussão na imprensa. Questão.
POLÉMICA EDITORIAL – Aquela que se passa entre periódicos; as polémicas editoriais foram muito comuns durante o século XVIII e princípios do XIX.
POLEMICAR – *Ver* Polemizar.
POLEMISTA – Escritor que sustenta polémicas.

POLEMIZAR – Fazer polémica • Discutir num jornal ou revista com um escritor que se procura convencer ou cujas teorias se combatem. Polemicar.

POLIAMATIPIA – Processo de fundição de tipos que permite a produção de um grande número deles, mediante o molde duplo. Politipia.

POLIAMÁTIPO – Sistema de fundição de tipos, inventado por Henri Didot em 1819, através do qual se obtém de uma só vez uma grande quantidade deles.

POLIAMIDA – Material plástico usado em restauro como fixante e como substituto do papel japonês.

POLIANTEIA – Colecção de escritos vários, em prosa ou verso, publicados em homenagem a uma pessoa ou comemorando uma efeméride. Florilégio. Antologia. Crestomatia.

POLICHINELO – Nome dado entre os bibliófilos a um livro falso.

POLÍCIA – Avaliação da quantidade proporcional de letras e sinais que devem entrar numa fundição de tipo • Conjunto dos elementos impressores do mesmo estilo, de idêntica espessura e de corpo semelhante em qualidade suficiente para permitir uma composição tipográfica. Família de caracteres. Família de tipos • Nome dado ao conjunto dos caracteres ordenados na caixa de composição.

POLICIAL – *Ver* Livro policial.

POLICOP. – Abreviatura de policopiado.

POLICÓP. – Abreviatura de policópia.

POLICÓPIA – Processo pelo qual se obtém a reprodução de escritos e desenhos traçados sobre uma camada gelatinosa • Produto obtido através desse processo • Multicópia. Policóp.

POLICOPIADO – Multicopiado.

POLICOPIADOR – Multicopiador.

POLICOPISTA – *Ver* Autocopista. Multicopista.

POLICROMÁTICO – Que é impresso em várias cores. Polícromo.

POLICROMIA – Multicor; de várias cores • Conjunto de várias cores • Qualquer processo de impressão em várias cores • Estampa em várias cores. Multicromia.

POLÍCROMO – Diz-se do desenho ou estampa que apresenta mais de três cores. Policromático.

POLICROMOTIPOGRAFIA – Impressão em várias cores, uma de cada vez.

POLIDRAMA – Peça de teatro que decorre em vários espaços, por vezes em simultâneo; o enredo não tem um fio condutor e, durante a representação, o espectador nunca está sentado a assistir: persegue os actores pelos corredores, jardins, salas, quartos, etc., escolhendo as cenas que pretende ver e fazendo o seu próprio percurso.

POLIETILENO – Material plástico obtido a partir da polimerização do etileno, usado no campo do restauro sob forma de filme transparente, sobretudo na laminação e que tem um uso generalizado como suporte em operações por via húmida, ou para isolar zonas que não se querem entradas.

POLÍFONO – Diz-se do signo silábico que possui diferentes leituras fonéticas.

POLIGLOTA – Diz-se de um livro que apresenta o mesmo texto em diversas línguas, geralmente em colunas paralelas; frequentemente esta designação era atribuída a bíblias com versões em diversas línguas • Pessoa que fala várias línguas.

POLÍGONO DE FREQUÊNCIAS – *Ver* Diagrama de frequências.

POLIGR. – Abreviatura de poligráfico.

POLIGRAFAR – Copiar com o auxílio do polígrafo • Escrever sobre vários assuntos • Interpretar escritas cifradas.

POLIGRAFIA – Livro constituído por diversas obras literárias ou científicas de um ou mais autores • Conjunto de conhecimentos variados • Colecção de obras diversas, científicas ou literárias, que constituem parte de uma biblioteca, arquivo, serviço de documentação, etc. • Qualidade do que é polígrafo.

POLIGRAFIA COLECTIVA – Livro constituído por diversas obras literárias ou científicas de vários autores.

POLIGRAFIA INDIVIDUAL – Livro constituído por diversas obras literárias ou científicas de um único autor.

POLIGRÁFICO – Relativo ou pertencente à poligrafia • Diz-se de um livro escrito por vários autores. Poligráf.

POLÍGRAFO – Escritor de carácter universal, que se preocupa com o aumento da cul-

tura daqueles para quem escreve • Autor que escreve sobre diversos temas • Máquina que permite tirar grande número de cópias de um mesmo original.
POLIGRAMA – Representação de um som por mais de uma letra. Homofonia.
POLIGRAMÁTICO – Relativo a poligrama.
POLI-HIERARQUIA – Qualidade de uma linguagem documental na qual cada termo tem vários termos genéricos a um dado nível.
POLI-HIERÁRQUICA – Diz-se de uma linguagem documental na qual cada termo pode ter diversos termos gerais dentro de uma hierarquia semântica.
POLILOBADO – Forma que apresenta um elemento iconográfico que toma o aspecto de lobos ou lóbulos, frequente em heráldica, ex libris, encadernação ou portadas arquitectónicas.

Polilobado

POLIMENTO – Operação da preparação do pergaminho que consiste em lhe conferir um aspecto macio e lustroso • Processo que consiste no alisamento e adição de brilho à encadernação de um livro, por meios mecânicos; exige de início que se lime a pele com uma ferramenta levemente aquecida, operação que é seguida por uma fase em que a pele é polida com polidores a mais altas temperaturas; o trabalho é feito em movimentos circulares, para que não haja zonas vazias. Esta técnica começou a ser usada a partir de meados do século XVI. Os instrumentos de polimento eram feitos de estanho ou chifre.
POLIMERIZAÇÃO POR RAIOS GAMA – Método usado em restauro de documentos com a finalidade de consolidar o papel.
POLÍMERO – Substância de alto peso molecular constituída pela união de moléculas de pequenas dimensões; os polímeros podem ter origem natural, como a celulose, ou sintética.
POLIÓNIMO – Aquele que é designado por vários nomes • Obra composta por vários autores.
POLÍPTICO – Nome dado ao conjunto de mais de três tabuinhas enceradas onde os romanos e gregos escreviam com o *stilus*; na Grécia e em Roma o seu número era sempre inferior a dez e eram unidas entre si por ligações de couro ou metálicas • Mais tarde aplicou-se este termo aos registos que se apresentavam dobrados em várias partes • Retábulo formado por vários quadros, painéis ou baixos-relevos; os volantes podem ser móveis ou fixos.
POLIR – Dar brilho ao corte do livro, engomar a cobertura. Brunir. Alisar. Tornar lustroso através da fricção. Lustrar. Envernizar • Operação feita ao papel com a calandra, para lhe dar o aspecto macio e brilhante do pergaminho.
POLISSEMIA – Propriedade que possui um signo linguístico de exprimir vários sentidos; na pesquisa bibliográfica a polissemia dá origem a um ruído, que pode ser reduzido pela rejeição de palavras homógrafas, dando preferência a sinónimos (quando existam) ou pelo emprego de uma nota explicativa entre parênteses • Característica de um texto que apresenta diversas leituras e interpretações • Qualidade das palavras que assumem várias ideias ou conceitos • Situação em que existem diversos significados para um único símbolo.
POLÍSSEMO – Termo que possui dois ou mais significados etimologicamente relacionados. Polissémico.
POLISSERIADO – Disposto em diversas séries • Pertencente a mais de um grupo organizado em mais de uma série.
POLISSÍLABO – Palavra que é constituída por mais de três sílabas. Formado de várias sílabas.

POLISSÍNDETO – Insistência no emprego dos elementos de ligação entre frases coordenadas • Espécie de pleonasmo que consiste em repetir uma conjunção mais vezes do que aquelas que exige o rigor gramatical.

POLÍTICA – Secção ou páginas de uma publicação periódica que edita toda a actividade relacionada com a política do país; nas publicações periódicas locais são por vezes explorados pequenos factos relacionados com a política da região.

POLÍTICA DE AQUISIÇÕES – Conjunto das orientações seguidas por uma biblioteca, arquivo, serviço de documentação, etc. quanto à natureza do material bibliográfico e informativo a obter sob todas as formas de aquisição, tendo em vista a constante actualização do fundo bibliográfico. Política de compras.

POLÍTICA DE COMPRAS – *Ver* Política de aquisições.

POLÍTICA DE CONSERVAÇÃO – Designação dos princípios e normas que são seguidos por uma biblioteca, arquivo, serviço de documentação, etc., para manter em boas condições um acervo bibliográfico ou outro, com vista a garantir que se conserve a sua forma original. Política de preservação.

POLÍTICA DE DESENVOLVIMENTO DE COLECÇÃO – Designação dos princípios e normas que são seguidos por uma biblioteca, arquivo, serviço de documentação, etc., com vista a ampliar e a melhorar a qualidade dos conjuntos documentais que constituem os seus fundos.

POLÍTICA DE EDIÇÕES – *Ver* Política editorial.

POLÍTICA DE EXPURGO – Designação dos princípios e normas a seguir por uma biblioteca, arquivo, serviço de documentação, etc., com vista a proceder periodicamente à desinfestação das espécies bibliográficas de determinado fundo ou de todo o seu fundo bibliográfico • Conjunto de orientações seguidas por uma instituição no que respeita à eliminação de documentos. *Ver tb.* Política de retenção.

POLÍTICA DE INFORMAÇÃO – Estabelecimento da orientação sobre a provisão e acessibilidade da informação numa organização.

POLÍTICA DE LEITURA – Forma como é designada a orientação seguida por uma biblioteca, arquivo, serviço de documentação, etc. no delinear e no pôr em prática de todas as iniciativas conducentes à utilização dos seus fundos através da consulta.

POLÍTICA DE PRESERVAÇÃO – *Ver* Política de conservação.

POLÍTICA DE RETENÇÃO – Designação dos princípios e normas a seguir por uma biblioteca, arquivo, serviço de documentação, etc., para determinar qual a natureza dos documentos e/ou registos que se manterão nas suas colecções e qual a natureza dos que hão-de suprimir-se. *Ver tb.* Política de expurgo.

POLÍTICA DO LIVRO – Expressão usada para designar a orientação que é seguida pelas estruturas culturais de determinado país, com vista a promover ou não a leitura e divulgação e/ou venda de livros.

POLÍTICA EDITORIAL – Orientação seguida por um veículo de comunicação social ou por uma editora na escolha das obras que edita. Política de edições.

POLITIPIA – Processo de fundição de tipos que permite a produção de um grande número deles, mediante o molde duplo. Poliamatipia • Antiga denominação da estereotipia • Arte de reproduzir em metal uma gravura em madeira • Logotipia.

POLITIPO – Reprodução de uma gravura em madeira no metal • Prova obtida por politipia • Logótipo.

POLPA DE MADEIRA – Matéria-prima usada na confecção do papel. Utilizada com frequência a partir de 1880, esta polpa tem fibras extremamente curtas e contém lenhina e hemicelulose (substâncias poliméricas amorfas relacionadas com a celulose), materiais que se transformam em substâncias prejudiciais, produzindo um papel muito frágil, que perde a cor quando exposto à luz ou ao ar, e se torna quebradiço. *Ver* Pasta de papel.

POLPA DE PAPEL – *Ver* Pasta de papel.

POLUIÇÃO AMBIENTAL – Fenómeno que significa o aparecimento de substâncias prejudiciais como os compostos sulfurados, azotados e os clorados que, em conjunto com a humidade do ar e condições climáticas desfa-

voráveis, contribuem para o desencadeamento de reacções químicas no papel e demais componentes do livro e sua consequente deterioração. Apresenta-se sob a forma de gás ou de partículas sólidas (poeiras); os gases ácidos presentes no ar são o anidrido sulfuroso, os óxidos de azoto, os cloretos e o ozono; estes gases vão hidrolisar e oxidar o papel e o couro; a sua acção é incrementada com o aumento da humidade. As poeiras minerais e orgânicas são ácidas: catalizam as reacções químicas e são também portadoras de esporos de bolores. Como medida de protecção podem usar-se sistemas de ventilação artificial em combinação com filtros especiais destinados à retenção dos elementos nocivos aos documentos.
POLYPTYCHA (pal. lat.) – Conjunto de tabuinhas usadas na antiga Roma e Grécia revestidas a cera de cor escura destinadas à escrita de contas, cartas, anotações ocasionais, pequenos documentos e trabalhos escolares; seguras por argolas, eram numeradas e podiam ir até dez.
POMADA DE COURO – Produto que serve para lubrificar a encadernação dos livros; a pomada mais recomendada foi criada pela Biblioteca Pública de Nova Iorque e é composta por 40% de lanolina de anidro e 60% de gordura de casco de cavalo, ambas de origem animal.
POMBA – Nome dado ao peso principal de equilíbrio de um prelo; provém do facto de ter a forma daquela ave • Figura de ave muito habitual na iconografia da iluminura, em geral associada à imagem do Espírito Santo; pode igualmente estar integrada em conjuntos harmoniosos, representada no interior de arcos ou círculos concêntricos, sozinha ou associada a outras aves, como o falcão, ou ainda a animais fantásticos.
PONTA – Pequeno utensílio com haste de madeira ou cápsula de bala que tem encravado um bocado de arame e que está aguçado na ponta, com que os tipógrafos fazem as emendas • Agulha • Pequeno papel numa peça de teatro.
PONTA DE PRATA – Método de desenho feito com um aparo de prata sobre papel preparado com branco da China a que se adicionou pigmento que lhe dá cor.

PONTA DO ESCUDO – Em heráldica é um dos nove pontos do escudo e ocupa o centro da sua linha inferior. Pé do escudo. Representa as pernas do homem, fundamentalmente, símbolos da constância e da firmeza que ele tem que demonstrar perante as adversidades da vida.
PONTA-BRANCA – Em encadernação, diz-se que tem ponta-branca quando ficam visíveis as extremidades do pergaminho ou da tela.
PONTA-METÁLICA – Método de desenho em que se usa um aparo feito de metal macio, muitas vezes prata, sobre um papel especialmente preparado para o efeito.
PONTAS – Partes que sobram dos cordéis e que se colam às guardas dos livros.
PONTA-SECA – Impressão obtida por meio de chapa metálica entalhada ou gravada à mão com estilete ou buril de bico, de modo que os elementos a imprimir, ficando mais fundos, permitem o depósito da tinta nos sulcos a transferir pela pressão do papel • Instrumento de aço, em forma de agulha, que o gravador usa no processo de gravura a água-forte ou na gravura directa no metal • Água-forte feita com esse utensílio • Perna do compasso que não tem lápis ou tira-linhas • Gravura calcográfica feita directamente sobre o cobre sem o uso de verniz ou ácido • Método para colocar e riscar as linhas de um manuscrito, geralmente traçadas com as costas de um canivete ou com o *stilus*; por vezes, quando a pressão era demasiada, ao colocar e riscar as linhas podia correr-se o risco de cortar o pergaminho; nos manuscritos do século XII encontram-se linhas que parecem ser traçadas a lápis; pode parecer grafite, mas provavelmente serão antes entrelinhas metálicas, de chumbo ou mesmo de prata; do século XIII em diante as linhas podiam ser traçadas com caneta e tinta de cores; mais tarde usou-se o lápis de chumbo.
PONTE – Utensílio que serve para verificar se as gravuras estão à mesma altura da letra.
PONTEADO – Nome dado ao processo de gravura resultante da impressão de uma matriz, que através de instrumentos adequados é revestida de maior ou menor acumulação de pontos correspondendo, na impressão, às zonas mais ou menos claras • Ornamentado com pontos. Pontilhado. Granido.

PONTEIRO – Instrumento de prata ou marfim com o qual era delineado, em tempos recuados, o desenho da iluminura que, a partir dos séculos XI-XII passou a ser feito com mina de chumbo ou grafite e finalmente a tinta, nos séculos XIV-XV.

PONTIFICAL – Livro litúrgico, também denominado *liber episcopalis* ou livro usado pelo bispo, que contém as fórmulas e textos que se referem aos ritos religiosos celebrados pelos pontífices e bispos. Inclui principalmente os ritos, da tonsura à ordenação dos sacerdotes e à consagração dos bispos, reis e imperadores, a dedicação das igrejas e a benção dos altares, alfaias litúrgicas, cerimónias fúnebres, benção dos abades, consagração das virgens e das viúvas, bençãos diversas de pessoas, lugares, coisas e animais. A sua estrutura ignora o ano litúrgico como sucessão dos domingos e festas; existiam em bibliotecas de mosteiros, mas sobretudo nas bibliotecas catedralícias.

PONTIFICII LIBRI (loc. lat.) – Conjunto de livros redigidos pela Corporação dos Pontífices, que se conservavam num edifício do Forum, na Roma antiga.

PONTILHA – Agulha que os tipógrafos usam para desencravar o olho dos tipos.

PONTILHADO – Gravura a talhe-doce em que a gravação é feita por pontos e não por traços • Estampa obtida por este processo • Processo de gravação de pontos com diversos graus de concentração numa chapa metálica, usado com a finalidade de conseguir efeitos aguarelados e meias-tintas; foi utilizado a partir do século XV e floresceu especialmente no século XVIII. Granitado. *Ver* Ponteado, granido.

PONTILHAR – Granir.

PONTINHO (port. Bras.) – *Ver* Ponto de luva.

PONTINHOS – *Ver* Reticências.

PONTO – Sinal gráfico (.) que se usa para indicar o final de um período simples ou composto e para rematar uma abreviatura • Sinal gráfico que se coloca sobre o *i* e o j. Plica • Designação abreviada e vulgar do ponto tipográfico fixada no século XVIII por François-Ambroise Didot para aperfeiçoar o de Fournier • Parte componente de um todo • Palavra usada para indicar que deve fazer-se nova alínea, sobretudo quando se dita • Cada um dos diferentes temas de que um texto trata. Tema. Tópico • Livro em que se marcam as faltas ou as presenças dos funcionários na repartição onde trabalham. Livro de ponto.

PONTO ALTO – Sinal (˙) usado em matemática com o significado de "por"; em grego corresponde aos nossos ponto e vírgula e dois pontos.

PONTO AMERICANO – Ponto tipográfico calculado por Nelson W. Hawks, que mede 0,01384 de polegada e que foi adoptado como unidade pelos fundidores de tipos norte-americanos. Ponto tipográfico americano.

PONTO DE ACESSO – O que funciona como elemento de ligação a outros elementos • Nome, termo ou código pelo qual se pode pesquisar e recuperar a informação contida nos registos bibliográficos • Num catálogo de assuntos ou índice, qualquer cabeçalho único de assuntos que traduza o conteúdo dos conceitos expressos na obra a que diz respeito. Cabeçalho • Em composição tipográfica, palavra ou palavras que servem de cabeçalho ao texto que se segue e são um resumo dele • Em sistemas informatizados de pesquisa e armazenamento da informação é o campo que permite aceder a um registo ou ficheiro • Num índice é o termo, termos ou símbolo que foram escolhidos para representar nele um elemento ou um conceito de um documento.

PONTO DE ADMIRAÇÃO – *Ver* Ponto de exclamação.

PONTO DE *BREAK-EVEN* – Em relação à comercialização de um título, designação dada ao nível da actividade de negócios em que a sua venda nem significa um lucro, nem um prejuízo para a empresa editora.

PONTO DE CORRENTE – Ponto ornamental em croché, feito habitualmente com duas agulhas curvas e dois fios separados, que dá o efeito de uma corrente, usado nos livros primitivos, para reunir múltiplas mãos de papel num único conjunto.

PONTO DE ENTRADA – Posição ou ponto numa rotina a que outra rotina pode transferir o controlo na execução de um programa de computador.

PONTO DE ESTEIRA – Processo de costura usado em encadernação, para coser folhas soltas quando o seu conjunto não é volumoso.
PONTO DE EXCLAMAÇÃO – Sinal gráfico (!) que indica que uma frase deve ler-se em tom de interjeição ou admiração. Ponto de admiração.
PONTO DE INTERROGAÇÃO – Sinal gráfico (?) que se coloca no início ou no fim do período ou frase interrogativa • Em pesquisa documental usa-se para marcar o truncamento de um termo.
PONTO DE JORNAIS E REVISTAS (port. Bras.) – Lugar onde se vende este tipo de publicações.
PONTO DE LEITURA – Lugar do texto onde o leitor abandonou a leitura e no qual habitualmente a retoma.
PONTO DE LUVA – Processo de costura usado em encadernação de volumes de folhas soltas, em que a linha em espiral envolve externamente a margem da esquerda das folhas. (port. Bras.) Pontinho.
PONTO DE REFERÊNCIA – Numa biblioteca de livre acesso, lugar onde se encontra um funcionário ao qual o leitor pode dirigir-se para obter dados sobre referência.
PONTO DE SATURAÇÃO – Em recuperação da informação, número de documentos a partir do qual o utilizador começa a sentir-se sobrecarregado com informação. Nível de saciedade.
PONTO DE SERVIÇO – Numa biblioteca, arquivo, serviço de documentação, etc., lugar em que, em geral, se presta um trabalho e que dá acesso aos seus principais sectores. Posto.
PONTO DE VENDA – Designação dada a cada um dos lugares onde se expõem livros a retalho para que sejam transaccionados. Posto de venda.
PONTO *DIDOT* – Unidade de medida tipográfica, desenvolvida e aperfeiçoada por François-Ambroise Didot, usada em quase toda a Europa, América do Sul e Central, que corresponde a 0,3759 mm aproximadamente.
PONTO E VÍRGULA – Sinal de pontuação (;) formado por um ponto sobreposto a uma vírgula, usado para indicar na frase uma pausa um pouco mais longa do que a da vírgula. *Semicólon*.
PONTO FINAL – Sinal gráfico (.) que indica fim de período, parágrafo, etc.; é também utilizado para assinalar uma abreviatura. Ponto.
PONTO FOCAL – Ponto no plano focal onde os raios de luz convergentes formam a imagem mais nítida.
PONTO *FOURNIER* – Unidade de medida tipográfica, com a dimensão de 0,350 mm, criada em 1742 por Pierre-Simon Fournier e aperfeiçoada depois por François-Ambroise Didot, que criou o ponto conhecido pelo seu nome.
PONTO GROSSO – Ponto fundido sobre meio quadratim ou um quadratim, que é usado como reticência • Ponto grande e negro que separa as partes de um artigo.
PONTO INTEIRO – Processo de costura usado em encadernação em que a linha prende o caderno aos barbantes em toda a extensão.
PONTO POR PONTO – Diz-se em fotogravura, da fidelidade de um filme, em que a cópia reproduz exactamente as dimensões do ponto de uma trama.
PONTO TIPOGRÁFICO – Unidade tipográfica, antiga medida inventada por Pierre-Simon Fournier e desenvolvida e aperfeiçoada mais tarde por François-Ambroise Didot, inventor e impressor francês, por volta de 1783, substituindo o antigo sistema criado por Fournier, o Moço, nos anos 1730. Para a sua determinação, 0,376 mm, o célebre impressor tomou como ponto de partida a antiga medida pé-de-rei (cuja base era a estátua de Carlos Magno), equivalente a 0,3248395 m (medida que era subdividida em 12 unidades (polegada = 0,027 07 m), que por sua vez era subdividida em outras 12 unidades (linha = 0,0022558 m) que, por fim se subdividia em 12 unidades (ponto = 0, 00018798 m); com dois destes pontos formou o ponto tipográfico. Na Grã-Bretanha o ponto tipográfico não tem a mesma dimensão (é equivalente a 0, 352 mm) • Esta medida não era fixa de época para época conhecendo-se-lhe diversos valores; o ponto tipográfico usado actualmente nas tipografias é o ponto *Didot*, que vale 0,376 mm, um pouco mais que um terço do milímetro.

PONTO TIPOGRÁFICO AMERICANO – *Ver* Ponto americano.

PONTOS DE ACESSO PÚBLICO – Segundo a *IFLA*, "são recursos de computadores ligados à *Internet*, estações de trabalho para serem usadas pelo público para a totalidade dos objectivos de pesquisa de informação".

PONTOS DE CONDUÇÃO – Aqueles que numa tabela, num corandel, num índice ou noutro trabalho análogo, vão das palavras aos algarismos correspondentes, alinhados à direita.

PONTOS DE SUSPENSÃO – *Ver* Reticências.

PONTUAÇÃO – Acto ou efeito de pontuar • Conjunto de sinais ortográficos usados na escrita para facilitar a sua leitura, indicar as pausas, entoação e divisões do discurso. Nos manuscritos gregos mais antigos a pontuação não era usada, embora alguns sinais fossem usados aqui e ali no texto pelos estudantes alexandrinos como auxiliares na leitura de um texto contínuo.

PONTUAÇÃO DOS SELOS – Colocação de sinais na legenda para marcar a separação das palavras; assumem a maior parte das vezes a forma de pontos simples, a meia altura, sobrepostos ou triplos, mas também podem assumir a forma de estrelas, pequenas cruzes ou florões.

PONTUAÇÃO PRESCRITA – Em descrição bibliográfica internacional normalizada, pontuação fornecida pela agência bibliográfica para preceder ou incluir a informação de cada elemento (excepto o primeiro elemento da zona 1) ou zona da descrição bibliográfica. Pontuação estabelecida.

PONTUAR – Colocar sinais ortográficos num escrito, de acordo com o seu sentido lógico e as regras gramaticais.

PONTUDA – Em heráldica, diz-se da cruz cuja haste inferior remata numa ponta aguçada.

PONTURA – *Ver* Punctura.

PONTUSAIS – No fabrico manual de papel, pequenas varas de madeira ou de metal que unem os dois lados da moldura da forma e que sustentam o fio de latão que constitui o seu fundo; na forma os fios transversais, os pontusais, apresentavam-se separados por vários centímetros • Linhas claras e espaçadas, que aparecem à transparência no papel manual e que cortam perpendicularmente as vergaturas. Linhas-de-água.

PONY EDITION (loc. ingl.) – Edição de revistas periódicas em que as notícias são apresentadas de forma resumida e sem inserção de anúncios.

POOL (pal. ingl.) – Agrupamento ocasional de repórteres de diferentes jornais, verificado na ocorrência de um mesmo acontecimento, em que se pratica a partilha da informação que é recolhida por cada um dos jornalistas presentes.

POPSI – Acrónimo de *Postulate-based Permuted Subject Indexing*, Indexação permutada de assuntos baseada em postulados.

POPUL. – Abreviatura de popular.

POPULAÇÃO – Em estatística, grupo definido de indivíduos do qual é retirada uma amostra. *Ver* Universo.

POPULAÇÃO (Universo) – Totalidade dos indivíduos ou objectos de um estudo a partir do qual poderão ser extraídas amostras.

POPULAÇÃO POTENCIALMENTE SERVIDA POR UNIDADE DE DOCUMENTAÇÃO – Número de habitantes locais que podem considerar-se servidos pela correspondente área geográfica de uma determinada unidade de documentação.

POPULAÇÃO SERVIDA POR UNIDADE DE DOCUMENTAÇÃO – Número de utilizadores habituais de um serviço documental durante um determinado período de tempo.

POR CENTO – Sinal formado por dois zeros que são separados por barra diagonal (%), usado para indicar percentagem.

POR CORTAR – Diz-se quando um ou todos os lados do corpo da obra são deixados por aparar ou ásperos. Intonso.

POR EXTENSO – Diz-se das palavras que não são escritas de forma abreviada.

POR MIL – Sinal ($^o/_{oo}$) usado para indicar quantidade por mil. Permilagem.

POR ORDEM DE ASSUNTOS – Ordenado por rubricas de assunto; usa-se a propósito de catálogos, índices, etc.

POR ORDEM SISTEMÁTICA – Disposto segundo uma ordem que tem subjacente um sistema classificado.

POR TINTA E PAPEL – Expressão usada para significar que se tomou posse de alguma coisa por escrito (alvará, decreto, carta), que foi assinada pelo próprio punho por quem de direito. Corresponde à expressão latina *cum cornu et alvende*.

PÔR À COSTURA – Série de operações às quais o livro é submetido antes de ir para a costureira, a fim de ser cosido.

PÔR EM CIRCULAÇÃO – Publicar. Divulgar • Disponibilizar para empréstimo • Dizer alguma coisa que se transmite de umas pessoas a outras.

PÔR EM ESTADO – Escrever ou formular acusação ou queixa contra alguém.

PÔR EM PÚBLICO – Publicar. Divulgar por toda a parte. Tornar do domínio público.

PÔR ENTRE PARÊNTESES – Colocar de lado, considerar pouco importante.

PÔR UM LIVRO EM CIRCULAÇÃO – Publicar. Difundir.

PÔR UMA CRUZ – Passar um traço para suprimir trechos indesejáveis de um artigo ou texto. Riscar.

PORBASE – Base Nacional de Dados Bibliográficos. É o Catálogo Colectivo em Linha das Bibliotecas Portuguesas. Criada em 1986, é coordenada pela Biblioteca Nacional de Portugal e encontra-se disponível ao público desde Maio de 1988.

PORCENTAGEM (port. Bras.) – *Ver* Percentagem.

PÓRFIRO – Pele de vitela utilizada em encadernação cuja superfície foi salpicada de pequenas manchas coloridas como o mármore, de que tira o nome.

PORMENOR – Numa ilustração ou gravura, elemento de pequena dimensão, que pretende destacar-se.

PORNOGRAFAR – Descrever, representar de forma lasciva.

PORNOGRAFIA – Género de literatura feito a partir de actos sexuais libidinosos apresentados em suporte papel ou outro • Colecção de gravuras ou pinturas lascivas • Carácter luxurioso de uma publicação.

PORNOGRAFICAMENTE – De um modo luxurioso.

PORNOGRÁFICO – Referente à pornografia. Luxurioso.

PORNOGRAFISMO – Uso de descrições pornográficas ou luxuriosas.

PORNÓGRAFO – Pessoa que se ocupa de pornografia • Autor de obras de natureza pornográfica ou de tratados sobre prostituição.

PORNOLOGIA – Discurso luxurioso.

POROSIDADE – Propriedade que um material possui de conter interstícios; a porosidade é definida com a *ratio* do volume dos interstícios com o volume da massa do material e depende do número, forma e distribuição das lacunas, assim como da sua forma e orientação • Volume de poros e interstícios de um papel ou de um cartão susceptíveis de serem cheios por um fluido; a porosidade é determinada nas condições do ensaio normalizado; o termo é por vezes erradamente empregue em vez de permeabilidade.

PORT. – Abreviatura de português, língua portuguesa.

PORT. BRAS. – Abreviatura de língua portuguesa que é falada e escrita no Brasil.

PORTA – Em informática, elemento de saída/entrada num computador • Parte de uma rede ou unidade central de processamento com um canal, que serve para receber ou enviar dados transmitidos de um terminal remoto ou outro mecanismo • Via de acesso.

PORTA-CARTAZ – Armação com uma superfície adequada à colocação de cartaz.

PORTA-CHAPAS – Dispositivo que contém a chapa sensibilizada nos aparelhos de fotogravura ou fotografia.

PORTA DE ACESSO – *Ver* Portal.

PORTA DE LIGAÇÃO – Expressão usada para designar o *hardware* ou *software* que permite a comunicação entre dois protocolos diferentes • Mecanismo que permite o acesso a um determinado sistema.

PORTADA – Limiar da entrada • Primeira página no início de um livro, que inclui em geral os seguintes elementos, apresentados segundo uma ordem variável: o nome do autor, o título do livro e o subtítulo, o nome do tradutor, o número da edição (no caso de não ser a primeira), o lugar de publicação, o nome do editor comercial e o ano de publicação; pode incluir outros elementos, como nomes de colaboradores (editor literário, revisor, ilustrador, tradutor, autor da introdução, etc.), mas são aqueles os essenciais. Página de título. Folha de título. Página frontal. Rosto. Folha de rosto. Fachada. Frontispício.

PORTADA A DUPLA PÁGINA – Página de rosto em que os elementos que a constituem ocupam as duas páginas frente-a-frente, o verso da contraportada e a portada. Página de título dupla. Portada dupla. É frequente em obras bilingues.

PORTADA ADICIONAL – Aquela que antecede a principal. Anteportada.

PORTADA ARQUITECTÓNICA – Página de título decorada com elementos característicos da construção de edifícios como colunas, arquitraves, frontões e outros elementos decorativos da arquitectura de edifícios. Além do valor decorativo, acresce a simbologia que reside no facto de a portada ser a porta de entrada para o livro, tal como um pórtico é a da entrada para um edifício.

PORTADA CLÁSSICA – Aquela portada regular, cujos elementos estão dispostos em forma de vaso, chamado taça de Médicis. Portada regular.

PORTADA COMPOSTA – Aquela cujo aspecto resulta de um aproveitamento do esquema da portada clássica e do da portada irregular.

PORTADA DA SÉRIE – Portada adicional na qual aparece inscrito o título da colecção e eventualmente outro tipo de informações a ela referentes, como a indicação de responsabilidade, número dentro da série, etc.

PORTADA DE FANTASIA – Aquela cuja disposição não se sujeita a modelos existentes e revela imaginação na forma como foi concebida.

PORTADA DIVISÓRIA – Folha do corpo do livro em cuja página ímpar é impresso o título de uma das suas partes.

PORTADA DUPLA – Expressão usada para designar duas páginas de título que aparecem colocadas frente-a-frente, como acontece no caso de uma obra com portadas em duas línguas ou no caso de um volume com as obras completas de um autor, em que uma das portadas é referente às obras completas e a outra ao trabalho individual contido naquele volume • Inclusão de duas folhas de rosto numa obra: a da edição actual e a da primeira edição • Portada que ocupa duas páginas frente-a-frente em toda a sua superfície. Portada a dupla página.

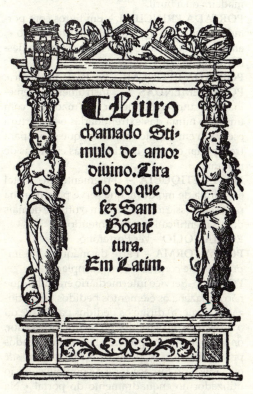

Portada arquitectónica

PORTADA ESPECIAL – Página de título própria de cada uma das partes de uma obra mais extensa constitutiva de uma colecção ou série.

PORTADA GRAVADA – A que é ilustrada a plena página, com o título e outros dados inscritos na gravura. Portada ilustrada.

PORTADA ILUSTRADA – *Ver* Portada gravada.

PORTADA IRREGULAR – Aquela em que as suas linhas principais, apesar de centradas, não formam um conjunto semelhante à taça de Médicis.

PORTADA ORLADA – Aquela em que os elementos que nela figuram estão cercados por um contorno.

PORTADA ORNADA – A que é ornamentada com elementos soltos; estes podem aparecer também a ornamentar portadas de outros livros, na totalidade ou em parte, revelando o reaproveitamento do material gravado em madeira ou a buril.

PORTADA PRINCIPAL – Em livros com portada adicional é a verdadeira portada, isto é, aquela em que é feita uma mais completa descrição da obra.

PORTADA REGULAR – *Ver* Portada clássica.

PORTA-EMENDAS – Instrumento semelhante a um componedor de madeira, com um cabo numa das extremidades e a abertura escavada em ângulo inclinado, que serve para transportar os tipos destinados às emendas de máquina.

PORTA-ETIQUETA – Fragmento de metal em forma de moldura, que serve para fixar na pasta ou dossiê a etiqueta com o título e demais dados identificativos do conteúdo.

PORTA-FÓLIO – *Ver* Portefólio.

PORTA-FORMA – Parte da máquina de impressão que contém a forma acoplada.

PORTAL – Serviço intermediário em linha, que não armazena os elementos pedidos pelo utilizador, e que: a) dirige os pedidos para o *site* ou o serviço de um servidor ou de um fornecedor, onde os elementos poderão ser telecarregados pelo utilizador; b) pede os elementos ao *site* ou serviço do fornecedor e disponibiliza-os ao utilizador no enquadramento do portal • Na *Internet*, designação dada a uma base de dados que foi compilada em geral por especialistas de um determinado assunto com registos que descrevem recursos existentes na *Internet* e ligações para eles. Motor de pesquisa. Motor de busca.

PORTA-LÁPIS – Caixa onde se guardam lápis • Lapiseira.

PORTA-LIVROS – Correia com que os estudantes prendem os livros para os levar na mão. Aperta-livros • Suporte de madeira, metal ou outro material que tem a finalidade de apoiar livros encadernados, normalmente de tamanho não convencional, para facilidade de disposição.

PORTA-MATRIZ – No monótipo é a peça que substitui a caixa de matrizes quando se pretendem fundir caracteres isolados • Parte das fundidoras de tipos onde se fixa a matriz • Plano do molde de estereotipia onde a matriz vai para a fundição juntamente com o esquadro.

PORTA-MINAS – Tubo vegetal ou metálico no qual se fixa uma mina de lápis para escrever.

PORTA-ORIGINAL – Prancheta onde se prende um original para ser focado e fotografado • Divisório.

PORTA-PÁGINA – Nome dado às folhas de papel, normalmente sobras de impressão dobradas várias vezes, que se colocam por baixo da página de composição ou granel tipográfico, para evitar que se empastelem ou caiam letras. (port. Bras.) Porta-paquê.

PORTA-PAQUÊ (port. Bras.) – *Ver* Porta--página.

PORTA-PENAS – Pequena haste que segura a pena ou o aparo para se poder escrever. Porta--plumas.

PORTA-PERIÓDICOS – Vareta comprida e fina com um encaixe, que é composta por duas tiras que se abrem e fecham com parafusos para segurar a lombada das publicações, sobretudo as diárias, facilitando desse modo a sua leitura e consulta.

PORTA-PLUMAS – *Ver* Porta-penas.

PORTA-RAMAS – Móvel onde se colocam as ramas da máquina de impressão, quando não estão a ser utilizadas.

PORTA-RETÍCULA – Caixilho que serve de suporte à retícula usada em autotipia na câmara para fotogravura e que permite dar--lhe a inclinação e o afastamento necessários em relação à superfície sensibilizada.

PORTARIA – Diploma ou documento oficial que é assinado por um ministro, secretário ou subsecretário de estado, em nome de um governo.

PORTA-ROLOS – Móvel onde se guardam os rolos das máquinas impressoras, quando não estão a ser utilizados.

PORTAS CORTA-FOGO – Portas fabricadas em material não ignífugo, que isolam os diferentes compartimentos de uma biblioteca, arquivo, serviço de documentação ou outro qualquer edifício, não permitindo, assim, que em caso de incêndio este se propague às zonas adjacentes.

PORTA-SUPORTE – Parte da máquina de imprimir à qual se acopla o suporte da impressão, geralmente papel, de modo que, em contacto com o porta-forma, se faça a passagem da tinta de um para o outro.

PORTÁTIL – Designação dada ao livro de pequeno corpo, que é fácil de transportar • Nome dado ao computador que tem uma autonomia de algumas horas sem ter que estar ligado à corrente, por oposição àquele cujo funcionamento depende da energia eléctrica. *Ver* Computador portátil. *Laptop* • Termo usado em tecnologia da informação para qualificar um programa que pode ser usado em diversos sistemas operativos.

PORTA-VOZ – Publicação ou pessoa que exprime a opinião de um governo, partido político, grupo, instituição, tendência, etc.

PORTEFÓLIO – Galicismo que designa a pasta de cartão destinada a guardar papéis, desenhos, documentos, etc. • Por extensão designa o conjunto de fotografias e documentos que comprovam um currículo ilustrado inserido numa pasta. Porta-fólio. *Portfolio*.

PORTFOLIO (pal. ingl.) – *Ver* Portefólio.

PÓRTICO – Elemento decorativo imitando uma grande porta aplicado em frontispícios de estilo arquitectónico • Entrada.

PORTULANO – *Ver* Carta portulano.

POS. – Abreviatura de positivo.

PÓS-COORDENAÇÃO – Combinação de descritores unitermo representativos de um único conceito feita durante a indexação ou a pesquisa documental; se for durante a indexação designa-se indexação pós-coordenada.

PÓS-COORDENADO – Diz-se do sistema ou índice ordenado de termos simples, que o utilizador combina entre si no momento em que vai pesquisar informação sobre um determinado tema.

PÓS-DATA – Data falsa de um documento, que é aposta posteriormente à redacção do mesmo.

PÓS-DATAÇÃO – Aposição de data falsa num documento que é posterior à sua redacção.

PÓS-DATADO – Com pós-data.

PÓS-DATAR – Pôr pós-data num documento ou texto.

PÓS ESCRITO (port. Bras.) – *Ver Post scriptum*.

PÓS-ESCRITO – *Ver Post scriptum*.

POSFÁCIO – Esclarecimento, explicação, comentário ou advertência que se coloca no final de alguns livros, normalmente composto no mesmo tipo do prefácio. Posfaço.

POSFAÇO – *Ver* Posfácio.

POSIÇÃO – Designação dada ao lugar que um carácter pode ocupar dentro de um campo • Localização.

POSICIONAMENTO DUPLO – Em microfilmagem, situação de posicionamento múltiplo, que surge quando a microforma usada é a microficha; nela os fotogramas apresentam-se dispostos por linhas e colunas.

PÓS-INCUNÁBULO – Designação dada em França a obras impressas desde 1 de Janeiro de 1501 até 1510, que apresentam o aspecto gráfico característico dos incunábulos; na Alemanha este termo aplica-se a todas as obras impressas no primeiro terço do século XVI.

POSITIVO – Em fotografia e em cinema é o filme que tem a mesma tonalidade de cor que o original, normalmente feito a partir do negativo, no qual a imagem e a tonalidade de cor são o inverso do original • Característica de um fotótipo no qual as densidades ópticas variam no mesmo sentido que as do original.

POSPOR – Pôr depois. Colocar uma letra, palavra, linha, expressão, gravura, etc. em lugar posterior àquele que ocupa.

POSSE – Retenção ou fruição de uma coisa ou direito • Circunstância de dispor de um livro ou documento ou de o ter à sua disposição.

POSSIBILIDADE DE RETORNO À PESQUISA ANTERIOR – Em pesquisa bibliográfica informatizada, operação baseada na memória da pesquisa, que permite ao utilizador o regresso a pesquisas que foram feitas anteriormente.

POSSUIDOR – O que possui • Pessoa física ou moral a quem pertence uma obra.

POST SCRIPTUM (loc. lat.) – Frase que se coloca no final de uma carta ou missiva, para acrescentar alguma coisa que se esqueceu ou que se quer fazer destacar do resto do texto; é geralmente introduzida pela abreviatura

P. S., depois do escrito. Apostila. Aditamento ou acrescento a um texto. Pós-escrito.
PÓST. – Abreviatura de póstumo.
POSTAL – *Ver* Bilhete-postal.
POSTAL ILUSTRADO – Documento em cartolina, de dimensões normalizadas, geralmente para envio pelo correio, com uma imagem impressa no verso. Cartão ilustrado. Aparece nos anos setenta do século XIX, fornecido pela descoberta da heliogravura, técnica de reprodução que permite fazer 30000 postais de uma só vez.
PÓSTER – *Ver* Cartaz.
POSTES AD REGULANDUM (loc. lat.) – Régua para traçar as linhas no manuscrito.
POSTIÇO – Sinal que se coloca por cima das vogais para dar à palavra valor ou som diferente; há sinais agudos, graves, tremas e circunflexos.
POSTILA – *Ver* Apostila.
POST-IT (pal. ingl.) – Pequeno pedaço de papel autocolante e colorido, que se apresenta sob forma de caderno do qual se destaca e que se destina a assinalar provisoriamente num texto um acrescento, uma emenda, ou que é simplesmente usado como lembrete. *Post-it note*.
POST-IT NOTE (loc. ingl.) – *Ver* Post-it.
POSTO – *Ver* Ponto de serviço.
POSTO DE PERIÓDICOS – *Ver* Quiosque.
POSTO DE VENDA A RETALHO – Espaço de comercialização do livro, revista, etc. à unidade, onde se englobam os quiosques, as livrarias, as livrarias-papelarias, as cadeias de livrarias, as livrarias de saldo, os pontos de venda das grandes distribuidoras, etc.
POSTO ENTRE ASPAS – Aspeado. Aspado.
POSTREMUM (pal. lat.) – Pela última vez.
POSTSCRIPT (pal. ingl.) – Designação da linguagem de descrição de páginas para impressoras laser de auto-edição.
POST-SCRIPTUM (pal. lat.) – *Ver* Post scriptum.
POSTULADO – Proposição aceite como verdadeira, sem necessidade de demonstrações, necessária a raciocínios posteriores. Axioma. Hipótese.
POSTULAR – Pedir • Requerer oficialmente fundamentando o pedido.

POSTULATE-BASED PERMUTED SUBJECT INDEXING (loc. ingl.) – Indexação permutada de assuntos baseada em postulados. *POPSI*.
PÓSTUMA – *Ver* Edição póstuma.
POSTURA – Assento. Contrato. Ordenação. Lei • Sinal de apostila (τ) inscrito nos códices, com que se indicava o parágrafo seguinte • Deliberação municipal escrita que obriga os munícipes ao cumprimento de certas determinações.
POTBOILER (pal. ingl.) – Designação de uma obra literária ou artística que foi elaborada à pressa, por razões monetárias.
POTÊNCIA – Descanso onde pousa a frente do berço do prelo manual.
POTENCIAL HIDRÓGENO – *Ver* pH.
POTENCIAL LEITOR – *Ver* Leitor potencial.
POTHI – Termo sânscrito que designa uma forma de livro muito comum no Oriente, formado por uma série de lamelas de madeira ou folhas de palmeira sobrepostas; comporta um ou mais orifícios nos quais passa um fio ao longo do qual deslizam as lamelas. Livro em leque.
POUCA CABEÇA – Diz-se quando as páginas de um texto, após a impressão, mostram na parte superior uma margem escassa.
POUCO PÉ – Diz-se quando as páginas de um texto, depois de impressas, apresentam uma margem pequena na parte inferior.
POUSA-MÃO – Prancheta sobre a qual os fotogravadores colocam a mão para descansar durante o trabalho ou o retoque das placas a gravar.
PPP – Acrónimo de *Point to Point Protocol*, Pontos por polegada, Protocolo de comunicação usado na *Internet*, que permite a um computador usar um *modem* e uma linha telefónica para realizar ligações *TCP/IP* à *Internet*.
Pr° – Forma abreviada de preto.
PRÆDUCTALE (pal. lat.) – Espécie de canivete sustentado na mão esquerda pelos copistas, usado para suster a folha, assinalar a linha em que escreviam e também para talhar o cálamo ou a pluma, se a sua parte inferior não estivesse afiada. *Scalpellum*. *Scalprum*.
PRÆFATIO (pal. lat.) – O que se diz em primeiro lugar. Preâmbulo. Exórdio. *Ver* Prefácio.

PRÆFECTUS A BIBLIOTHECIS (loc. lat.) – Expressão que era usada na Roma imperial, e que designava a pessoa que estava à frente das bibliotecas gregas e latinas, com funções mais de técnico da administração do que da biblioteconomia; este termo coexistia com *bibliothecarius*, *custos*, *præpositus*.

PRÆLO (pal. lat.) – Ver Prelo.

PRÆLOCUTIO (pal. lat.) – Ver Preâmbulo.

PRÆLUM (pal. lat.) – Ver Prelo.

PRÆMIUM (pal. lat.) – Prémio, recompensa oferecida antigamente nos colégios sob forma de presente de livros; uma folha, em parte impressa, em parte manuscrita, colocada no início da obra oferecida, atestava a aplicação escolar; quase sempre redigida em latim, continha os nomes do doador, dos professores e do aluno aplicado, assim como a disciplina em que ele se distinguira; este *præmium*, que servia ao mesmo tempo de ex libris, era por vezes arrancado pelos herdeiros do fundo bibliográfico, quando pretendiam vender a obra, pelo que as obras que o conservam são muito procuradas pelos coleccionadores.

PRÆPOSITUS (pal. lat.) – Ver *Præfectus a bibliothecis*, *Bibliothecarius* e *Custos*.

PRÆSES (pal. lat.) – Moderador científico de uma discussão académica, que normalmente propõe uma tese e participa em seguida na respectiva discussão.

PRAGMÁTICA – Diploma em que se expunham certas leis de carácter geral na Idade Média • Conjunto de regras ou fórmulas para cerimónias oficiais. Protocolo • Toda a lei que não fosse decreto ou ordenação régia • Disciplina que estuda os princípios da linguagem em situação de uso, na qual o locutor, o alocutário e o contexto são as categorias principais que determinam a interpretação linguística.

PRAGMÁTICAS DA LEITURA – Designação atribuída a características do modo de ler que incluem aspectos como a velocidade da leitura, momentos em que se fazem pausas, tempo de concentração, frequência com que se relê o que já havia sido lido ou se avança para ler mais adiante, e que condicionam a forma de interpretação, compreensão e retenção do que foi lido.

PRANCHA – Chapa de cobre ou madeira onde se fazem as gravuras • Lâmina. Estampa de gravura • Papel no qual se escreve nas lojas maçónicas • O documento que é escrito nesse papel • Circular que é enviada por uma loja maçónica a outra ou outras.

PRANCHETA – Mesa ou peça rectangular de madeira onde se coloca o papel para desenhar, pintar ou escrever • Porta-original.

PRATEADO – Efeito obtido pela gravação da pele com folha de prata; várias encadernações antigas e modernas apresentam decorações prateadas, obtidas a partir da aplicação de ferros munidos de folha de prata, com o mesmo processo que era usado na decoração a ouro; o inconveniente da aplicação da prata é que esta oxida, pelo que os encadernadores-douradores preferiram usar o paládio em sua substituição.

PRATELEIRA AJUSTÁVEL – Tabela amovível, cuja posição vertical pode ser mudada de acordo com as necessidades, para arrumar livros e documentos de dimensões diversas.

PRATELEIRA DE ESTANTE – Tábua que numa estante se estende de lado a lado e serve para sustentar os livros. Tabela de estante; é prática muito antiga e bem visível em bibliotecas, como a do Palácio Nacional de Mafra e a Biblioteca Joanina de Coimbra, por exemplo, a colocação de tabelas de altura decrescente de baixo para cima, o que bem se compreende pelo facto de, deste modo, ocuparem os lugares inferiores as obras de maior corpo, mais pesadas, ocupando as obras mais pequenas e mais leves as tabelas superiores, evitando assim que seja feito um esforço maior ao retirá-las da estante e ao recolocá-las nela.

PRÁTICA – Discurso breve. Palestra. Prédica. Homilia. Prelecção. Sermão • Estilo • Aplicação da teoria • Conversação.

PRÁTICA DE LEITURA – Actividade exercida por uma pessoa que visa exercer uma leitura contínua e sistemática, seleccionando os textos conforme as suas opções, de modo a obter uma satisfação pessoal ou a consolidar uma cultura.

PRATO – Parte da guilhotina onde se coloca o papel para ser cortado • Disco montado num núcleo, de forma fixa ou amovível, com a finalidade de proteger e guiar o filme ou a fita magnética e de facilitar a sua utilização.

PRATO DE DISTRIBUIÇÃO – Disco giratório, colocado na parte superior das máquinas de impressão tipo minerva, abaixo do tinteiro, onde se distribui a tinta pelo movimento de vaivém dos rolos. Disco de tintagem.

PRAZO – Escritura de doação ou contrato, com certas condições do agrado de ambas as partes • Contrato de aforamento. Emprazamento. Enfiteuse • Escrito ou obrigação de dívida.

PRAZO DE CONSERVAÇÃO – Período de tempo variável, geralmente fundado na frequência de utilização corrente ou futura, durante o qual os documentos são mantidos no organismo que os produziu antes da sua transferência para um centro de pré-arquivo ou de arquivo ou antes que lhes seja dado outro destino; este período de tempo é definido na tabela de selecção.

PRAZO DE ELIMINAÇÃO – Período de tempo uma vez expirado o qual podem ser eliminados documentos de uma instituição, em conformidade com a lista de triagem.

PRAZO DE EMPRÉSTIMO – Designação atribuída ao período de tempo durante o qual se verifica a cedência a um utilizador de um livro ou documento existente numa instituição.

PRAZO DE GUARDA – *Ver* Prazo de retenção.

PRAZO DE INTERDIÇÃO – Período de tempo durante o qual vigora a proibição de consulta atribuída por uma biblioteca, arquivo, serviço de documentação, etc. a um documento ou conjunto de documentos que, por diversas razões, só poderá ser consultado após esse período de tempo; estão neste caso os acervos documentais de carácter confidencial legados por uma entidade ou por um particular impondo essa restrição, ou porque se referem a pessoas ainda vivas ou por outras razões, como as de ordem política; estas limitações podem ainda prender-se com a raridade da documentação ou com o seu precário estado de conservação.

PRAZO DE RESPOSTA – *Ver* Tempo de resposta.

PRAZO DE RETENÇÃO – Período de tempo, previamente estabelecido, para a permanência dos documentos de arquivo junto da entidade produtora, antes da sua eliminação ou transferência para o arquivo intermédio ou para o definitivo; este período é definido em regulamento próprio e baseado em estimativas de utilização. Prazo de guarda.

PREAMBULADOR – Aquele que preambula. Prefaciador.

PREAMBULAR – Referente a preâmbulo • Que serve de prefácio • Fazer preâmbulo a. Prefaciar.

PREÂMBULO – Parte do texto de um documento na qual este é justificado, de modo geral através de considerações jurídicas, religiosas, morais ou simplesmente de conveniência. *Prælocutio* • Prefácio ou introdução de uma obra, lei, estatuto ou outro documento • Discurso preliminar, parte preliminar, apresentação, palavras prévias. Arenga. O preâmbulo das cartas antigas contém os motivos que se alegam para autorizar o objecto principal do acto. O uso do preâmbulo, que consistia na maior parte dos casos em moralidades, é muito antigo, encontrando-se em quase todos os diplomas merovíngios, tornando-se mais raro no século XI e rareando ainda mais no século XII; rematava quase sempre pela palavra *igitur, ergo*, por isso.

PRÉ-ARQUIVAGEM – Nome dado às operações de avaliação, selecção, eliminação e organização dos arquivos intermédios • Arquivamento de documentos semi-correntes, num serviço de pré-arquivagem ou depósito intermediário, implicando a sua conservação até ao período de recolhimento e/ou à sua eliminação.

PREC. – Abreviatura de precedido.

PRECATÓRIA – Carta ou designativo da carta dirigida por um juiz a outro, para que este cumpra ou faça cumprir determinadas diligências judiciais. Carta precatória.

PRECEITO – Regra, norma, doutrina, prescrição, ensinamento, determinação, instrução • Cláusula. Formulário • Instrumento de privilégio.

PRECEITUAR – Dar instruções, prescrever regras.

PRECEITUÁRIO – Conjunto ou colecção de preceitos, de regras • Obra que contém esses preceitos.

PRECENTOR (pal. lat.) – Monge responsável pelo canto litúrgico na comunidade religiosa; por essa razão, tinha também a seu cargo conhecer e zelar pelos livros que o apoiavam na sua função, preparando ainda o leitor para a sua participação nos actos litúrgicos.
PRECEPTIVA LITERÁRIA – Tratado normativo de retórica e de poética.
PRECEPTOR – Mestre, mentor • Aquele que ensinava gramática latina.
PRECINTAR – Colocar folhas brancas na lombada aumentando, assim, o volume desta, a fim de facilitar a abertura do livro.
PRECIOSISMO – Afectação no falar e no escrever usada em alguns géneros literários.
PRECIS – Acrónimo de *Preserved Context Indexing System*, Sistema de indexação mantendo o contexto usado pela Bibliografia Nacional do Reino Unido; é um conjunto de regras para criar termos de índices; os termos são organizados segundo uma ordem especificada pelas regras *PRECIS*, por isso a cadeia de termos pode ser alternada ou deslocada para fazer de cada significante um ponto de acesso sem perda de significado.
PRECISÃO – Em relação à linguagem, é a propriedade que consiste na utilização das palavras exactas, isto é, aquelas que melhor se ajustam à transmissão das ideias que se pretendem exprimir • Em recuperação da informação, *ratio* dos registos recuperados que se adequam à pergunta feita, relativamente à totalidade dos registos que foram recuperados.
PREÇO – Indicação do custo de aquisição de um documento, de um exemplar de uma obra ou da sua assinatura, no caso de ser uma publicação periódica; habitualmente regista-se em algarismos, que são acompanhados do símbolo monetário adequado apresentado sob forma normalizada; modernamente assume a forma de um código de barras. O Decreto-Lei nº 176/96 de 21 de Setembro, na senda da melhor experiência europeia, instaurou em Portugal o sistema de preço fixo do livro (capítulos I-IV).
PREÇO DE ASSINATURA ANUAL – Soma em dinheiro paga para receber durante um ano todos os números de uma publicação periódica.

PREÇO DE CAPA – Montante pelo qual o comerciante vende o livro, que é o mesmo que o consumidor paga por ele; é determinado por diversos factores como o custo de produção, o papel, a composição, impressão, encadernação, direitos de autor, despesas gerais do editor, dimensão da tiragem, etc.
PREÇO DE CATÁLOGO – Quantitativo atribuído a cada exemplar de uma obra num catálogo de livraria ou de leilão com vista à sua comercialização.
PREÇO DE RESERVA – Quantitativo atribuído a um livro ou objecto aquando da sua venda em leilão e abaixo do qual ele não pode ser transaccionado, procedendo-se, caso este não seja atingido, à retirada da venda; geralmente ele é combinado entre o perito e o leiloeiro; neste caso, as despesas de resgate custam ao vendedor cerca de 2 a 3% do montante da reserva, não se cobrando as taxas legais.
PREÇO DE SUBSCRIÇÃO – Preço mínimo consentido no momento da assinatura de uma obra que está para sair ou no decurso da sua publicação. Preço de assinatura.
PREÇO DE VAREJO (port. Bras.) – Na comercialização do livro, designação atribuída ao custo de venda a retalho ou seja por miúdo, isto é, livro a livro ou em número de exemplares muito pouco significativo.
PREÇO DE VENDA – Quantidade de dinheiro que tem de pagar-se pela aquisição de uma obra ou colecção.
PREÇO FIXO – Quantia pedida por um livro, uma publicação periódica ou qualquer outro documento, uma vez feita a entrega; é um preço ao qual não é aplicada nenhuma redução ou aumento. O Decreto-Lei nº 176/96 de 21 de Setembro, na senda da melhor experiência europeia, instaurou em Portugal o sistema de preço fixo do livro (capítulos I-IV).
PREÇO LÍQUIDO – O que é fixado periodicamente por uma casa editora e pelo qual deve ser vendida a público uma determinada obra.
PRÉ-COMPAGINAÇÃO – Operação que antecede a compaginação e que consiste na realização de uma maqueta, na qual cada elemento gráfico ocupa o lugar que lhe pertence no conjunto.

PRÉ-CONTRATO DE EDIÇÃO – Acordo com carácter preparatório pelo qual as partes fixam as linhas fundamentais de um determinado contrato e contraem a obrigação de as desenvolver no futuro, a fim de que aquele último fique definitivamente completo.

PRÉ-COORDENAÇÃO – Combinação de dois ou vários conceitos num descritor sintético feita durante a elaboração da linguagem documental. No caso de ser feita antes da indexação do documento, esta combinação é já dada pelo tesauro ou pela lista de autoridade. Neste caso fala-se de indexação pré-coordenada.

PRÉ-COORDENADO – Diz-se do sistema ou índice de assuntos, em que a combinação dos termos que constituem um cabeçalho ou ponto de acesso de assuntos ou matérias se faz no momento em que este se atribui ao documento e não no momento da pesquisa, como acontece com o pós-coordenado.

PRÉ-CRÍTICA – Antecrítica. Crítica antecipada • Operação feita pelos comités de leitura, tomando como modelo a crítica e equipas de leitores que são uma amostra do público teórico, à imagem do qual o editor fará as suas escolhas.

PRÉ-CURTIMENTO – Fase prévia ao curtimento que consiste em retirar, química ou mecanicamente o pêlo, o músculo e outros elementos nocivos da pele; este processo pode revestir vários tipos: vegetal, animal ou com óleos reactivos.

PREDELA – Súmula apresentada na margem de uma gravura ou quadro relativa àquilo que nele se representa • Compartimento inferior de um quadro, mapa ou carta geográfica onde, muitas vezes, rodeados por uma pequena moldura, se encerram elementos identificadores do quadro principal.

Predela

PRÉDICA – Discurso. Palestra. Prática. Homilia. Sermão.

PRÉ-DOCUMENTO – Documento em estado embrionário, isto é, primeira fase do documento, em que as informações potenciais não são apreendidas ou descobertas pelo âmbito exterior da inteligência humana.

PRÉ-EDIÇÃO – Segundo Martinez de Sousa é o conjunto de estudos, cálculos e passos que são necessários pra decidir sobre a conveniência em editar cada uma das obras destinadas a constituir um programa editorial • Em jornalismo é a diagramação de uma página antes de os textos estarem redigidos, embora sabendo-se as matérias que dela irão constar; permite o conhecimento antecipado da paginação.

PREEMPÇÃO – Direito de prioridade que o Estado possui na aquisição das obras em venda pública ou privada ou no caso de exportação; no primeiro caso, o Estado substitui-se ao adjudicatário (a pessoa a quem é adjudicado o livro ou a obra) sem participar no leilão; no segundo caso substitui-se a ele sem participar na fixação do preço. Numa venda pública, assim que o martelo bate e que o leiloeiro pronuncia a palavra vendido, o representante da administração levanta-se e diz: preempção do Estado ou direito de opção; a comissão de aquisições da instituição dispõe de um prazo de alguns dias para confirmar a aquisição ou (o que é mais raro), para denunciá-la, caso em que a obra volta então à pessoa que fez o último lance.

PREENCHIMENTO – Em restauro, é a técnica que consiste em eliminar lacunas, fissuras, rasgões e lesões do suporte, recorrendo a material (pergaminho, pasta de papel ou couro) que vai substituir o que falta.

PREF. – Abreviatura de prefácio, prefaciado, prefaciador.

PREFAÇÃO – Termo antigo para designar prefácio, prólogo, introdução, preâmbulo, proémio.

PREFACIADOR – Pessoa que assina um prefácio ou prólogo. Preambulador.

PREFACIAR – Preambular, advertir, esclarecer.

PREFÁCIO – Palavras de apresentação, esclarecimento ou justificação que antecedem um

texto. Advertência, antelóquio, exórdio, preâmbulo, proémio, prólogo, introdução, prolegómenos. *Præfatio*. Sintetiza aquilo que o livro se propõe demonstrar; o prefácio deve ser sempre mantido na reedição posterior da obra, mesmo se um outro mais actual anula um pouco as perspectivas do primeiro.
PREFERÊNCIAS DE LEITURA – Designação do conjunto de obras literárias que são/foram escolhidas por uma determinada pessoa como sendo aquelas que são mais do seu agrado.
PREFIXO – Em pesquisa informatizada, forma abreviada do nome de um campo que é usada em geral com a finalidade de limitar a pesquisa a esse campo, antepondo-lhe a palavra a pesquisar.
PREGA – Deformação local de uma folha de papel devida a uma contracção irregular, apresentando um aspecto ligeiramente crispado. Ruga.
PREGÃO – Acção de apregoar, isto é, de anunciar publicamente aquilo que os vendedores têm para vender, como num leilão de livros • Proclamação. Aviso. Anúncio.
PREGÃO DE EDITOR – Texto que se coloca na sobrecapa de um livro, no qual se dão informações acerca do conteúdo, valor e utilidade do mesmo. Anúncio de editor.
PREGOEIRO – Que apregoa ou lança pregão. Leiloeiro • Que anuncia.
PREGUEADOS – Pregas, rugas ou dobras nos tecidos que o artista dispõe no vestuário das figuras, de modo a obter efeitos plásticos; na iluminura gótica os pregueados assumiam formas muito rígidas que, com o decorrer do tempo, ganharam alguma flexibilidade, acompanhando os gestos das figuras.
PRÉ-IMPRESSÃO – Termo empregado actualmente para designar uma tiragem sumária em bom papel realizada antes do final do fabrico do livro.
PRÉ-IMPRESSO – Aquilo que é impresso antes, sobretudo numa parte de uma obra, que é distribuída antes da publicação geral da obra. *Preprint*.
PREITO – Ajuste. Contrato. Convenção • Homenagem • Pleito. Contenda. Demanda.
PRELECÇÃO – Lição, discurso ou conferência didácticos. Palestra.

PRELECCIONADOR – Aquele que prelecciona.
PRELECCIONAR – Fazer prelecção a. Leccionar. Dar lição a • Dar lição sobre.
PRÉ-LEITURA – Primeira leitura de um texto, quase sempre rápida e feita para apreender de relance o assunto de que trata, seguida em geral de uma outra, mais atenta, caso o assunto interesse.
PRÉ-LETRADO – Termo usado por certos autores, agindo sob influência norte-americana, para designar povos que ainda não adquiriram ou desenvolveram a arte de ler e escrever.
PRELIM. – Abreviatura de preliminar.
PRELIMINAR – Que antecede o assunto principal • Que serve de introdução. Liminar. *Ver* Introdução, prólogo.
PRELIMINARES – Diz-se das páginas que antecedem o corpo de um livro e que compreendem: o anterrosto, o rosto, a dedicatória, os agradecimentos, o prefácio, o sumário, o índice de ilustrações, a introdução, etc. Tanto podem ter numeração própria, em geral números romanos, como fazer parte da numeração global da obra a que respeitam. Páginas preliminares. Pré-textuais.
PRELISTA – Operário que trabalha com o prelo.
PRÉ-LITERÁRIO – Diz-se do período relativo à época que precedeu o período literário, antes de se fixar a chamada língua literária.
PRELO – Máquina primitiva de impressão manual usada durante muitos anos pelos impressores, antes da invenção das máquinas cilíndricas. *Prælo. Prælum* • Prensa.
PRELO ALDINO – Prelo italiano que adquiriu fama por introduzir o tipo itálico em 1501, na oficina fundada por Aldo Pio Manuzio em Veneza.
PRELO CALCOGRÁFICO – Prelo manual usado para a obtenção de estampas calcográficas • Tórculo.
PRELO CILÍNDRICO – Máquina de imprimir composta por uma mesa plana sobre a qual é descida a forma que está em contacto com um cilindro de pressão no decurso de uma deslocação de vaivém.

Prelo

PRELO DE PLATINA – Máquina de imprimir moderna cuja forma impressora, geralmente vertical, e a superfície de pressão (platina) são planas. Platina.

PRELO DE PROVAS – Prensa de pequenas dimensões, manual ou eléctrica, usada para tirar provas soltas ou em pequenas quantidades, com frequência para fazer revisão de provas de textos; é formada pelo plano liso ou mármore, onde se coloca a composição e pelo cilindro impressor movido à mão. Tira-provas. (port. Bras.) Tirador de provas.

PRELO DE RETIRAÇÃO – Máquina de imprimir que pode tipografar de uma só vez o recto e o verso de uma folha de papel.

PRELO HOLANDÊS – *Ver* Prelo manual.

PRELO LITOGRÁFICO – Prensa manual ou mecânica destinada à tiragem de provas e impressão de trabalhos litográficos.

PRELO MANUAL – No início designava uma prensa manual na qual eram usados blocos aquecidos para estampar escudos de armas em ambas as pastas das encadernações em pele que, por esse motivo, tomavam o nome de armoriadas; estas prensas eram adaptáveis a toda a espécie de blocos e são ainda hoje usadas para cópias singulares e pequenas tiragens • Prelo primitivo, inteiramente construído em madeira, no qual a pressão é obtida à mão apertando uma rosca; subsistiu quase sem alteração até finais do século XVIII; em 1807 Stanhope criou o primeiro prelo metálico e por volta de 1840 começaram a surgir os prelos accionados a vapor. Prelo holandês • Prensa tipográfica.

PRELO MECÂNICO – Aquele que é movido automaticamente; é o sucessor do prelo manual.

PRELO ROTATIVO – *Ver* Rotativa.

PRELO STANHOPE – Nome dado ao prelo todo em ferro, criado por Stanhope em 1807, em que se conserva o fuso, mas que com passos rápidos e sucessivos imprime toda a composição de uma só vez.

PRELUCIDAÇÃO – Esclarecimento prévio. Elucidação preambular.

PRELUDIAR – Prefaciar • Iniciar • Fazer prelúdio a.

PRELÚDIO – Acto ou exercício preliminar • Iniciação, preparação, prenúncio • Palavras prévias, palavras de abertura. Introdução, proémio.

PRÉMIO LITERÁRIO – Galardão, recompensa, que é atribuída a um determinado escritor em reconhecimento de uma obra ou do conjunto da sua obra literária; o anúncio deste prémio sobreposto à capa de um livro acabado de ser objecto dele, é uma técnica publicitária utilizada frequentemente pelos editores.

PREMIS – Acrónimo de *Preservation Metadata: Implementation Strategies*, designação do Grupo de trabalho do consórcio *OCLC/RLG*, que esteve na base do *Dicionário de dados PREMIS*; este é, segundo Miguel Ferreira, "um documento que identifica e descreve um conjunto básico de elementos de meta-informação de suporte à preservação digital, bem como um conjunto de recomendações quanto à forma como estes deverão ser utilizados no contexto de um arquivo".

PREMISSA – Cada uma das proposições das quais se deduz ou se tira a consequência.

PRENDEDOR DO PADRÃO – Haste de ferro nas extremidades da platina ou varão, que nas minervas e máquinas de cilindro serve para fixar a ponta da folha de padrão que cobre a almofada.

PRENOME – Nome que precede o nome de família. Nome próprio de baptismo.

PRENOTAR – Notar previamente.

PRENSA – A mais rudimentar máquina de imprimir, de pressão vertical; o modelo primitivo foi o das prensas do vinho e conservou-se, mediante algumas alterações, até ao início do século XIX • Máquina usada pelos encadernadores para apertar os livros • Caixilho de impressão usado em fotografia para copiar o negativo. *Ver* Prelo manual.

PRENSA *AU BALANCIER* – *Ver* Balancé.

PRENSA CALCOGRÁFICA – *Ver* Prelo calcográfico.

PRENSA CILÍNDRICA – Máquina com que se faz a tiragem em que, quer a matriz, quer o rolo compressor têm a forma de um cilindro.

PRENSA DE APARAR – Prensa onde se apertam os livros e em que se apara o corte com a platina.

PRENSA DE BALANCIM – *Ver* Balancim.

PRENSA DE BOBINA – Máquina que imprime no papel que vem de um rolo em vez de vir de cadernos soltos. Impressora de bobina.

PRENSA DE BRANCO – Impressora que imprime de cada vez um só lado do papel.

PRENSA DE CILINDRO – *Ver* Prensa planocilíndrica.

PRENSA DE COLAGEM – Conjunto de dois rolos rodando em contacto um com o outro, entre os quais passa a folha para receber uma camada de cola, calda de revestimento ou outro produto de acabamento de aplicação superficial. A prensa de colagem encontra-se colocada entre as duas baterias de secadores na máquina de papel.

PRENSA DE CORREIA – Prensa ou máquina de imprimir em que se montam placas flexíveis sobre duas correias contínuas, que giram pressionando um rolo de papel.

PRENSA DE ENCAIXE – Aquela em que o encadernador aperta o livro do lado da lombada, para formar o encaixe, batendo com o martelo.

PRENSA DE MÃO – Utensílio portátil para certas operações de encadernação e douração, formado por duas travessas de madeira, entre as quais se prendem os livros.

PRENSA DE PERCUSSÃO – Mecanismo, em geral em ferro e de grandes dimensões, que é usado em encadernação, com a finalidade de submeter o livro a uma grande pressão.

PRENSA DE PRENSAR – Máquina que se usa para comprimir uma coisa entre as suas duas peças principais. Prelo. Caixilho de impressão.

PRENSA DE PRESSÃO PLANA – Máquina de imprimir em que o papel é colocado numa lâmina metálica plana, que gira para cima e pressiona o papel contra a forma tipográfica, que está colocada verticalmente.

PRENSA DE PROVAS – Nome dado ao mecanismo de impressão onde inicialmente era feito um ensaio, a fim de detectar os erros mais flagrantes e de os corrigir antes de proceder à impressão.

PRENSA DE ROSCA – A que é usada para apertar as folhas de papel húmido, separadas por pedaços de feltro, a fim de lhes extrair a água.

PRENSA DE TRANSFERÊNCIA – Parte da máquina de papel ou de cartão onde a banda contínua húmida abandona o suporte sobre o qual se formou.

PRENSA HÚMIDA – Combinação de dois ou mais rolos cujas superfícies podem ser, por exemplo, de granito polido, borracha, tecido ou feltro, utilizados para esprememem a água da banda contínua húmida e torná-la compacta. As prensas húmidas estão colocadas imediatamente antes da secaria na máquina de papel ou de cartão.

PRENSA MARCADORA – Rolo revestido de borracha contendo um motivo saliente ou reentrante e que se utiliza em conjunto com as prensas da secção das prensas da máquina de papel, para produzir uma marca na banda contínua.

PRENSA *OFFSET* – Par de rolos sem feltro, situados normalmente entre a secção das prensas e a secaria de uma máquina de papel ou de cartão, com a finalidade de tornar a superfície do papel mais uniforme e de eliminar a marca dos feltros, antes de se iniciar a secagem.

PRENSA PARA ALTO-RELEVO – *Ver* Balancim.

PRENSA PARA DOURAR – Aparelho usado na douração mecânica caracterizado por ter aquecedores eléctricos ou de gás na platina.
PRENSA PARA ESTEREOTIPIA – Designação atribuída a diversos aparelhos que são usados em estereotipia.
PRENSA PARA MATRIZAR – Prensa hidráulica para estampar o flã destinado à estereotipia; é muito usada nos grandes jornais.
PRENSA PLANA – Máquina com que se faz a tiragem, na qual o elemento compressor é plano – a platina.
PRENSA PLANOCILÍNDRICA – Máquina com que se faz a tiragem, em que o elemento compressor é um cilindro e o cofre é plano. Prensa de cilindro.
PRENSA ROTATIVA – Máquina com que se faz a tiragem na qual quer a matriz quer o rolo compressor têm forma cilíndrica.
PRENSA TIPOGRÁFICA – *Ver* Prelo manual.
PRENSA UNIVERSAL – Aquela que é usada sobretudo por encadernadores amadores e na qual se fazem diversas operações que, em princípio, exigiriam diferentes aparelhos.
PRENSADO – Apertado na prensa. Comprimido • Estampado.
PRENSADOR – Pessoa que prensa.
PRENSAGEM – Acto de prensar • No fabrico de papel, fase da formação da folha que consiste na eliminação da água e da cola excedentárias e na planificação da superfície da folha; nos primeiros tempos da tipografia a prensagem fazia-se apenas de um dos lados do papel • Acto de comprimir muito as folhas impressas dos livros por encadernar, para os tornar mais compactos e fazer desaparecer as saliências deixadas pela costura • Operação levada a cabo após o processo de restauro, a fim de conferir uma superfície lisa à folha de papel ou outro material, ao mesmo tempo que confere solidez ao restauro que acabou de ser feito.
PRENSAR – Comprimir na prensa, no prelo • Apertar os livros ao encaderná-los, a fim de reduzir ao mínimo a grossura da lombada • Imprensar.
PRENSISTA – A pessoa que imprime as folhas na prensa de braço. Prensador.
PREP. – Abreviatura de preparação.

PRÉ-PAGAMENTO – *Ver* Pagamento antecipado.
PREPARAÇÃO – Conjunto de trabalhos editoriais mediante os quais se apronta um original para a sua conversão em livro. Preparo • Tratamento prévio de uma superfície que a põe apta a receber uma pintura; pode ser feito com gesso ou tinta; no caso do ouro das iluminuras, era o gesso que se usava como mordente; no caso da tinta, ela servia de base para a aplicação de outra tinta • Em gravura, operação que consiste em gravar a água-forte os traços principais de um desenho que será posteriormente rematado a buril, a ponta-seca ou a aquatinta.
PREPARAÇÃO AUTOMÁTICA DE RESUMOS – Elaboração de resumos que é feita por meios automáticos.
PREPARAÇÃO DA MASSA – Conjunto dos tratamentos necessários para preparar a massa de papel, antes da sua chegada à máquina.
PREPARAÇÃO DE TEXTO – Conjunto de operações de revisão de texto em que são anotadas todas as indicações necessárias para a sua composição correcta. Preparação tipográfica.
PREPARAÇÃO DO CORPO DO LIVRO – Em encadernação, operações que antecedem o acabamento, mas que se seguem à cosedura ou união das folhas e ao aparelhamento.
PREPARAÇÃO DO ORIGINAL – Conjunto de operações que antecedem a composição de uma obra tipográfica • Em arquivística, acto de aprontar uma cópia final ou passada a limpo • Acto de lavrar uma pública-forma.
PREPARAÇÃO MATERIAL – Em tratamento técnico de livros e documentos, conjunto das operações que tornam o livro ou documento aptos à consulta: aposição do carimbo ou ex libris, registo, colagem de etiquetas, inscrição da cota, etc.
PREPARAÇÃO TIPOGRÁFICA – Operação que consiste em assinalar num original todas as indicações tipográficas que são necessárias para a sua composição. Preparação de texto.
PREPARADOR – Pessoa encarregada dos aspectos literários e técnicos da edição de uma obra.

PREPARAR – Submeter um texto original aos processos literários e técnicos da edição de uma obra.
PREPARO – Conjunto de operações que o impressor realiza desde que a forma entra na máquina até estar pronta para o início da tiragem. *Ver* Preparação.
PRÉ-PLANO – *Ver* Plano prévio.
PREPRESS (pal. ingl.) – Utilização de equipamento informático na selecção de cores e na preparação da impressão • Designação dos processos anteriores à impressão, que são levados a cabo pelo autor de uma obra quando a compõe em formato electrónico, para que o seu texto seja impresso.
PREPRINT (pal. ingl.) – Imprimir alguma coisa antecipadamente • Que é impresso antecipadamente, sobretudo uma parte de uma obra impressa e que vem a público antes da publicação geral da obra. Pré-impresso • Tiragem preliminar e limitada de uma parte de uma publicação ou obra em fascículos, que é feita antes da sua publicação integral. Pré-publicação.
PRÉ-PUBLICAÇÃO – Tiragem prévia e limitada de uma parte de uma obra ou publicação, feita antes da sua publicação total. *Preprint*.
PRES. – Abreviatura de presidente.
PRESBYTER (pal. lat.) – Padre, presbítero. A abreviatura é *pbr*.
PRESCREVER – Ordenar. Determinar • Preceituar • Regular de antemão • Ficar sem efeito por ter passado o período legal previsto • Cair em desuso.
PRESCRIBENTE – O que prescreve.
PRESCRIÇÃO – Ordem formal. Preceito. Formulário. Norma. Regra. Doutrina.
PRESCRIÇÃO DE DOCUMENTO – Perda do valor probatório do documento por estar prestes a findar a sua idade primária, aquela em que o documento é imediatamente necessário ao funcionamento administrativo de uma instituição; o documento continua a ter valor histórico, mas deixa de ter valor legal.
PRESCRITÍVEL – Que pode ser ordenado ou prescrito • Que pode ficar sem efeito, por ter passado o período legal previsto.
PRESCRITIVO – Com valor de norma. Normativo.

PRÉ-TEXTUAIS – Designação das páginas de um livro que precedem o texto. Preliminares.
PRESCRITO – Ordenado explicitamente. Preceituado. Determinado • Que prescreveu.
PRESERVAÇÃO – Função de providenciar cuidados adequados à protecção e manutenção do acervo bibliográfico e documental de qualquer espécie, com vista a manter a sua forma original • Medidas colectivas e individuais tomadas no que respeita à reparação, restauro, protecção e manutenção do património bibliográfico.
PRESERVAÇÃO ARQUIVÍSTICA – Conjunto de acções e medidas que se destinam a assegurar a protecção física do acervo do arquivo contra os agentes de deterioração, providenciando o restauro dos documentos danificados.
PRESERVAÇÃO DE UM DOCUMENTO – Nome dado ao conjunto de medidas necessárias à manutenção desse documento • A aplicação dessas medidas.
PRESERVAÇÃO DIGITAL – Segundo C. Webb é o conjunto de actividades ou processos responsáveis por garantir o acesso continuado a longo prazo à informação e restante património cultural existente em formatos digitais; consiste na capacidade de garantir a acessibilidade permanente com a autenticidade suficiente da informação digital para que, no futuro, possa ser interpretada com base numa plataforma tecnológica diferente daquela que foi usada aquando da sua criação.
PRESERVADO – Designação atribuída em bibliotecas e serviços congéneres às obras cuja colocação é resguardada, devido às suas características intrínsecas e extrínsecas, que lhe conferem um valor superior ao de uma obra comum: é o caso de tiragens especiais, obras fac-similadas, livros sobre obras de arte, etc. Reservado.
PRESERVAR – Conservar, resguardar, defender • Em sigilografia significa colocar todos os elementos de uma colecção sigilográfica, assim como todos os selos apensos aos documentos nas condições convenientes, assegurando a sua salvaguarda contra todos os agentes de deterioração e destruição.
PRESILHA E BOTÃO – Dispositivo destinado a conservar um livro fechado e a prevenir

a distorção da sua forma; é conhecido desde cerca de 1200 e consistia numa pequena peça de metal cravada ao centro de um dos planos, na qual vinha encaixar uma longa tira de couro presa ao outro plano; o uso de duas presilhas e dois botões é característico das encadernações a partir do século XIV na Inglaterra e um pouco anterior no Continente; o botão encontrava-se colocado na pasta inferior na Inglaterra e ocasionalmente em França, mas era igualmente colocado na pasta superior no Continente; a presilha e o botão continuaram a ser utilizados no período mais recente.

PRESSÃO – Acto ou efeito de premir • Aperto que faz o cilindro das máquinas sobre o papel para executar a impressão.

PRESS-BOOK (pal. ingl.) – Conjunto de recortes de imprensa fixados e conservados num dossiê e relativos à actividade de um artista ou autor, que por vezes aparecem à venda; são muito importantes para o estudo de um tema ou de um autor • Catálogo ou folheto publicitário.

PRESS RELEASE (loc. ingl.) – Conjunto de informações apresentadas sob forma escrita, que é enviado aos órgãos de comunicação social pelas relações públicas de uma empresa, com a finalidade de informar acerca de determinados acontecimentos de grande actualidade e normalmente relacionados com elementos da comunicação.

PRESSPAPER (pal. ing.) – *Ver* Papel comprimido.

PRESTATÁRIO – Pessoa, natural ou jurídica, que adquire a posse das obras, para seu uso e posterior devolução ao estabelecimento ou instituição. Utilizador. Utente. Usuário • Leitor. Pesquisador.

PRÉ-TIPOGRÁFICO – Relativo à origem ou aos primórdios da tipografia. Prototipográfico.

PREVENÇÃO – Precaução expressa através de medidas que evitem a patologia do livro ou documento. Profilaxia. Preservação.

PRÉ-VENDA – Diz-se da transacção que é feita ainda antes de o livro estar disponível.

PREVISÃO DE CRESCIMENTO – O conjunto ou o resultado dos estudos e medidas precisas com vista a avaliar, com antecedência, a ampliação eventual de uma biblioteca, arquivo, serviço de documentação, etc.

PRIMEIRA EDIÇÃO – A primeira publicação de um manuscrito original ou traduzido • Conjunto dos exemplares impressos pela primeira vez na mesma ocasião.

PRIMEIRA EDIÇÃO AUTORIZADA – Edição original segundo a concepção francesa, ou seja, aquela que foi feita com a autoridade do autor e com o seu assentimento (ou o dos seus representantes); a expressão subentende que foi precedida por uma edição não autorizada.

PRIMEIRA EDIÇÃO EM LIVRARIA – Primeira edição posta à venda, subentendendo-se que foi precedida por uma edição feita fora do circuito comercial ou por uma tiragem à parte não destinada a ser vendida ao público.

PRIMEIRA EDIÇÃO FALSA – Edição designada por primeira pelo editor, quando já houve edições anteriores saídas de outros prelos.

PRIMEIRA EDIÇÃO SEPARADA – Primeira edição com título próprio de uma obra completa em si, destacada de uma outra com maior envergadura, publicada antes e da qual fazia parte.

PRIMEIRA FORMA (port. Bras.) – Forma de branco.

PRIMEIRA LINHA SUPERIOR – No manuscrito é aquela que limita a altura do corpo da letra.

PRIMEIRA PÁGINA – Considerada em jornalismo a mais importante do jornal, contém as notícias, textos, chamadas e ilustrações que melhor captam a atenção dos leitores. Primeiro plano.

PRIMEIRA PROVA – Prova tipográfica tirada em primeiro lugar, após a composição; trata-se de um documento em estado bruto, contendo as primeiras correcções estabelecidas em relação à cópia, qualquer que seja a composição (manual, mecânica, fotomecânica) e o suporte utilizados (papel de provas, brometo ou ozalide). Galerada.

PRIMEIRA REDACÇÃO – Expressão usada para designar o esboço ou a composição definitiva de um texto.

PRIMEIRA REVISÃO – *Ver* Revisão do granel.

PRIMEIRA TIRAGEM – Fórmula que se emprega para caracterizar estampas, livros ilustrados e livros com desenhos. Os bibliófilos conferem grande importância à qualidade da tiragem que, em geral, é de qualidade superior nas primeiras provas; no caso de obras não ilustradas utiliza-se a expressão "edição original" para designar a primeira acção de pôr à venda.
PRIMEIRAS LETRAS – Ensino básico. Instrução primária • Iniciação à leitura.
PRIMEIRO PLANO – Primeira página • Em destaque • Em encadernação designa o plano anterior, a pasta superior.
PRIMO (pal. lat.) – Em primeiro lugar.
PRINCEPS (pal. lat.) – *Ver* Edição *princeps*.
PRINCEPS SCRIPTORII (loc. lat.) – Nome dado ao chefe ou director da oficina de trabalho de cópia ou *scriptorium* monástico nos mosteiros medievais.
PRINCÍPIO DA DESCRIÇÃO ADEQUADA – Princípio da técnica biblioteconómica e arquivística que consiste no fornecimento de informação suficiente numa entrada de catálogo, que faculte ao leitor a possibilidade de fazer uma escolha correcta das obras.
PRINCÍPIO DA PERTINÊNCIA – Princípio segundo o qual os documentos de arquivo devem ser reclassificados por assunto sem ter em conta, nem a sua proveniência, nem a sua classificação original. Princípio temático; este princípio, anterior ao estabelecimento dos princípios da proveniência e do respeito pela ordem original, é hoje rejeitado.
PRINCÍPIO DA PIRÂMIDE INVERTIDA – Princípio seguido em geral na redacção de um texto informativo; consiste na enunciação, em primeiro lugar, do facto mais importante, que deverá constar do título, decrescendo a importância dos factos apresentados à medida que o texto avança.
PRINCÍPIO DA PROVENIÊNCIA – Em arquivística, princípio fundamental segundo o qual os arquivos de uma determinada procedência não devem ser misturados aos de outra; inclui por vezes o princípio do respeito da ordem primitiva. Princípio do respeito dos fundos. *Ver* Proveniência territorial.
PRINCÍPIO DA SEQUÊNCIA ÚTIL – Em classificação diz-se que um sistema obedece ao princípio da sequência útil quando os assuntos são subdivididos partindo do geral para o particular ou seja, de termos de grande extensão e pouca intensão para termos de grande intensão e pouca extensão.
PRINCÍPIO DE GRATUITIDADE – Em biblioteconomia e arquivística, preceito que reconhece ao utilizador o direito a receber, a título gratuito, os serviços que lhe são prestados.
PRINCÍPIO DE GREGORY – Regra segundo a qual nos códices medievais as duas folhas contíguas de um manuscrito aberto apresentam a mesma face do pergaminho, quer seja flor com flor ou carnaz com carnaz; o nome deriva do estudioso da matéria, Caspar René Gregory, que primeiro observou e confirmou este processo em 1879; as vantagens desta disposição foram desde cedo descobertas, primeiro porque a dobragem das folhas dos cadernos de pergaminho assim o determinava, depois pela necessidade de equilibrar as reacções deste material face às variações de humidade e temperatura e finalmente pelo desejo de conferir às páginas frente-a-frente um aspecto homogéneo, uma vez que a estrutura e a coloração da superfície no lado flor são diferentes das do lado carnaz. Lei de Gregory. Regra de Gregory.
PRINCÍPIO DE INVERSÃO – Em classificação por facetas, afirmação de que as facetas aparecem num plano de classificação e, por isso, num catálogo sistemático, na ordem inversa à da sua referência, resultando daqui que os temas gerais figuram antes dos especiais.
PRINCÍPIO DE REFERÊNCIA CONJUNTA – Valor mínimo ou máximo abaixo ou acima do qual o coeficiente de referência conjunta não tem validade.
PRINCÍPIO DO RESPEITO DOS FUNDOS – *Ver* Princípio da proveniência.
PRINCÍPIO DO RESPEITO PELA ESTRUTURA – Princípio segundo o qual um núcleo de arquivo deve conservar ou receber um arranjo, de acordo com as estruturas administrativas internas do órgão que o produziu ou do indivíduo que o criou. *Ver* Princípio da proveniência.
PRINCÍPIO DO RESPEITO PELA ORDEM ORIGINAL – Princípio da técnica arquivística

segundo o qual um fundo deve receber uma organização correspondente àquela que lhe foi dada pelo seu detentor, a fim de serem preservadas as relações entre os documentos.
PRINCÍPIO DOS 3 CÊS – Instrumento mnemotécnico ao serviço de quem redige um texto, que estipula o uso de palavras curtas, concretas e conhecidas, quando se pretende aumentar a eficácia do texto.
PRINCÍPIO ORDENADOR – Regra fundamental à qual ficam sujeitas as coisas ao serem dispostas por uma certa ordem (por exemplo a ordem alfabética, a sistemática, a cronológica, etc.).
PRINCÍPIO TEMÁTICO – *Ver* Princípio da pertinência.
PRINCÍPIOS DE PARIS – Designação pela qual é conhecida a declaração de princípios que foi feita pela Conferência Internacional sobre Princípios de Catalogação, que teve lugar em Paris, no ano de 1961, e que está na base da elaboração das *Regras de Catalogação Anglo-Americanas*.
PRINCIPIUM (pal. lat.) – Nome com que na Idade Média se designava a primeira folha do manuscrito.
PRINT (pal. ingl.) – Designa folha de papel impressa por *printer*, impressora ligada a computador, com texto arquivado na memória do sistema.
PRINT CULTURE (loc. ingl.) – Cultura do impresso, aquela que é baseada na leitura e na intensidade da relação pessoal do leitor com o texto fixo com autores definidos, ordenado e estabilizado sob a forma de documento impresso e conservado em instituições próprias.
PRINT LITERACY (loc. ingl.) – Literacia do impresso, aquela que assenta no documento impresso como garantia de fundamento de todos os conhecimentos e experiências.
PRINT ON DEMAND (loc. ingl.) – Em português "impressão a pedido", impressão por encomenda, modalidade de impressão com capacidade para produzir produtos impressos de diverso tipo e segundo especificações próprias, usando processos e técnicas digitais; dispensa a existência de grandes "stocks" de livros a ocuparem espaço nos armazéns • Estratégia empresarial que consiste na preparação e impressão de textos digitalizados, que são disponibilizados num ecrã, que são enviados para o cliente ou têm capacidade para ser impressos remotamente, num fornecedor local habilitado para o efeito. Publicação a pedido.
PRINTER (pal. ingl.) – Impressora ligada a computador.
PRINTOUT (pal. ingl.) – Página ou conjunto de páginas de material impresso obtido a partir de uma impressora de computador.
PRINT RUN (loc. ingl.) – Número de cópias de um livro, revista, etc. obtidas de uma só vez.
PRISMA – Objecto metálico usado para moldar as faces das letras.
PRIV. – Abreviatura de privilégio *e* privilegiado. Privil.
PRIVACIDADE – Noção ligada à ética da informação, que visa a preservação da intimidade e da confidencialidade do trabalho do leitor ou utilizador dos serviços de biblioteca, arquivo, documentação, etc.
PRIVIL. – Abreviatura de privilégio *e* privilegiado. Priv.
PRIVILEGIADO – Que goza de privilégio. Que tem privilégio.
PRIVILEGIAR – Conceder privilégio a. Dotar alguém ou alguma coisa com alguma prerrogativa • Tratar com distinção.
PRIVILEGIATIVO – Que inclui algum privilégio.
PRIVILEGIÁVEL – Que pode ser objecto de privilégio.
PRIVILÉGIO – Direito ou vantagem que é concedida a uma ou várias pessoas para que elas beneficiem, com exclusão de outras, assente numa excepção à regra geral ou ao direito comum. O privilégio podia ser atribuído a qualquer um dos intervenientes na feitura do livro: a autores, a impressores ou a editores ou livreiros. Em Portugal até 1851, data em que foi publicada a primeira lei geral que reconhece o direito de autor, foi no privilégio que recaiu a protecção da propriedade intelectual • Diploma que atribui tal direito ou vantagem • Em heráldica, disposição legal que determina que em todos os escudos em que entra um quartel de Portugal ou as armas pertencentes ao homem (no caso de armas

de marido e mulher), seja o primeiro quartel ocupado com elas.

PRIVILÉGIO DE CONCESSÃO – Privilégio rodado, documento selado pelo qual o rei concedia uma mercê (terras, direitos, isenções) com carácter perpétuo; a sua característica mais marcante é a de que a *intitulatio* é conjunta do rei, rainha e filhos varões; as infantas só aparecem quando não existe filho varão, passando a estar ausentes logo que este nasce.

PRIVILÉGIO DE CONFIRMAÇÃO – Privilégio rodado, documento selado pelo qual um monarca corrobora mercês concedidas pelos seus predecessores ou por ele próprio, no caso de ter começado a reinar sendo menor de idade; caracteriza-se por a *intitulatio* ser única do rei e não conjunta, como acontece no caso do privilégio de concessão e pela inclusão *in extenso* do documento a confirmar.

PRIVILÉGIO DE IMPRESSÃO – Autorização concedida ao autor, editor ou impressor para que, durante um certo número de anos, goze do exclusivo da publicação de uma obra; encontra-se no início ou no final do texto e contém frequentemente o elogio do autor ou da respectiva obra; geralmente na página de rosto era feita uma referência ao privilégio, apresentada sob as seguintes formas: *cum privilegio regio*. Aprovação. *Imprimatur* • Diploma em que se confere esse direito, vantagem ou prerrogativa. Foi estabelecido a partir do século XV, era geralmente assinado pelo rei, e podia ser perpétuo ou temporário; era atribuído pelos monarcas aos impressores e destinava-se a protegê-los dos seus concorrentes, impedindo que eles usassem o trabalho de outrem reproduzindo as suas obras. O primeiro de que se tem notícia foi concedido pelo Senado de Veneza a Johann Speyer no ano de 1469; a sua introdução difundiu-se por toda a Europa nos primeiros anos do século XVI. No nosso país foi o impressor Valentim Fernandes quem primeiro obteve um privilégio de impressão. Data de 1502, e visa a sua tradução do *Livro de Marco Paulo*. O privilégio de impressão retirava a obra do domínio público, ao atribuir à pessoa a quem fosse concedido (autor, livreiro, impressor, tradutor ou apenas devoto de santo ou filho do autor) o uso exclusivo da impressão e venda da obra pelo prazo nele indicado, ao proibir a importação da referida obra, qualquer que fosse a sua origem e ao penalizar os infractores com pesadas penas em dinheiro, a perda dos volumes e até dos moldes e instrumentos de imprimir. Monopólio de impressão. Prerrogativa.

PRIVILÉGIO REAL – Autorização conferida pelo rei ao autor, editor ou impressor de um livro, que lhes concedia o exclusivo da venda e publicação da obra privilegiada durante um determinado período de tempo ou perpetuamente; esta disposição real evitava as contrafacções, protegendo os direitos de autor e de impressor; foi no reinado de D. Manuel I, pouco depois da introdução da imprensa em Portugal, que apareceu o primeiro privilégio real. Os especialistas desta matéria são de opinião que a edição do *Livro de Marco Paulo*, feita em 1502 por Valentim Fernandes, foi o primeiro livro português beneficiado com privilégio real.

PRIVILÉGIO RODADO – Documento de concessão de graça atribuída perpetuamente; é validado pela presença, além da subscrição e sinal reais, de subscrições confirmativas de nobres, leigos e eclesiásticos e de detentores de altos cargos da Casa Real, subscrições que, distribuídas em colunas, rodeiam o selo rodado; o selo de chumbo e, esporadicamente o de ouro, pende da *plica* do documento através de fios de seda que atravessam três orifícios distribuídos de forma triangular.

PRO ANIMA (loc. lat.) – Ver *Pro remedio animæ*.

PRO PORTATURA LIBRORUM (loc. lat.) – Modalidade de contrato que era feito pelo estudante medieval quando queria transportar os seus livros de um ponto para outro, com vista a defendê-los dos salteadores de estrada e de outros perigos.

PRO REMEDIO ANIMÆ (loc. lat.) – Esta expressão ou mais abreviadamente *pro anima*, ocorre com frequência nas cartas de doação como motivo para essa doação, não significando, contudo, que a pessoa que a formulou no documento tenha falecido.

PROBABILIDADE – Qualidade do que é provável. Razão que leva a presumir a verdade ou

a possibilidade de uma coisa. Verosimilhança.
PROBATIONES CALAMI (loc. lat.) – Traços caprichosos feitos pelo copista para experimentar o instrumento de escrita, utilizando frequentemente as folhas de guarda. *Probationes pennæ*.
PROBATIONES PENNÆ (loc. lat.) – Ensaios da pena que os copistas traçam para a experimentar, utilizando frequentemente as folhas de guarda. *Probationes calami*.
PROBLEMÁTICA – Conjunto de questões que são postas ou levantadas por um certo domínio do pensamento ou actividade.
PROBLEMATIZAÇÃO – Fase da leitura analítica de um texto, que tem como objectivo o levantamento de questões importantes, que serão pontos de reflexão e de discussão.
PROC. – Forma abreviada de processo • Forma abreviada de procedência, isto é, forma de aquisição e lugar de proveniência.
PROCEDÊNCIA – Fonte. Origem. Proveniência. Forma de aquisição. Proc.
PROCESSADOR – Em informática, termo genérico que designa, quer o dispositivo físico que compõe a unidade central de um computador *(hardware)*, quer o programa que garante as diversas funções que são necessárias ao tratamento de uma determinada linguagem de programação *(software)*.
PROCESSADOR CENTRAL – *Ver* Unidade central de processamento.
PROCESSADOR DE TEXTO – Dispositivo que permite usar um computador para escrever, visualizar e formatar texto num monitor, para arquivá-lo num ficheiro informático, para imprimi-lo em suporte próprio ou para o transmitir a outros computadores. *Word processor*.
PROCESSAMENTO – Conjunto das actividades necessárias à preparação dos materiais bibliográficos para a circulação, excluindo as funções que são inerentes às aquisições e processos de organização.
PROCESSAMENTO À DISTÂNCIA – Processamento de dados recebidos por um computador, provindos de terminais situados em pontos afastados.
PROCESSAMENTO ARQUIVÍSTICO – Recolha, conservação, triagem, classificação e inventário dos arquivos.

PROCESSAMENTO AUTOMÁTICO DE DADOS – Também designado sob a forma abreviada PAD, refere-se às operações com dados que são realizadas automaticamente com um computador sem intervenção humana, mas seguindo um conjunto de instruções previamente determinado chamado programa informático.
PROCESSAMENTO AUTÓNOMO – Processamento de dados feito independentemente do computador principal, regra geral por uma unidade central de processamento separada ou por equipamento de processamento de dados de outro tipo.
PROCESSAMENTO DA INFORMAÇÃO – *Ver* Processamento de dados.
PROCESSAMENTO DE ACESSO DIRECTO – Técnica de processamento de dados por computador, à medida que são recebidos ou que se vão realizando as transmissões, ao acaso e sem classificação prévia.
PROCESSAMENTO DE ALTA PRIORIDADE – *Ver* Processamento prioritário.
PROCESSAMENTO DE DADOS – Execução sistemática de uma operação ou de um conjunto sequencial de operações realizadas com os dados por uma unidade ou mais de processamento informático de informação, com a finalidade de alcançar o resultado pretendido. Processamento da informação.
PROCESSAMENTO DE IMAGEM – Expressão genérica usada durante algum tempo na área da reprografia, mas que tem maior alcance devido à fusão desta técnica com outras, como o processamento electrónico de dados; não se limita apenas à reprodução, mas pode incluir também o processamento de materiais gráficos e textuais, através do uso de uma enorme variedade de suportes e de diferentes meios de representar a informação.
PROCESSAMENTO DE TEXTO – Edição de texto com uma formatação programável. Edição electrónica.
PROCESSAMENTO DISTRIBUÍDO – Sistema de processamento de dados em que algumas das funções informáticas estão espalhadas pelos computadores de uma rede.
PROCESSAMENTO DOCUMENTAL – Conjunto articulado de operações a que é sujeito

um documento entrado num sistema documental, com a finalidade de potenciar o acesso ao documento e/ou à informação nele contida, e o propósito de satisfazer necessidades de informação antecipadas de um determinado universo de utilizadores.

PROCESSAMENTO ELECTRÓNICO DE DADOS – Aquele que é feito por meio de máquinas electrónicas, como os computadores digitais.

PROCESSAMENTO EM LINHA – O que é controlado directamente pela unidade central, a partir de um terminal remoto, por meio de uma rede de transmissão de dados.

PROCESSAMENTO INTEGRAL DE DADOS – Sistema através do qual uma máquina especial transfere automaticamente a informação a outras máquinas.

PROCESSAMENTO POR LOTES – Em informática, técnica de recolha e acumulação de dados em porções ou grupos antes de os processar • Técnica de executar programas informáticos na qual um programa se completa antes de começar um outro.

PROCESSAMENTO PRIORITÁRIO – Execução dos programas informáticos que têm prioridade sobre outros. *Comparar com* Processamento subordinado.

PROCESSAMENTO REMOTO – Designação usada para significar a possibilidade de um utilizador aceder a um computador remoto e trabalhar nele.

PROCESSAMENTO SUBORDINADO – Execução de programas de computador de baixa prioridade, quando não se estão a executar programas de alta prioridade. *Comparar com* Processamento prioritário.

PROCESSAMENTO TÉCNICO – *Ver* Tratamento técnico.

PROCESSAR TEXTO – Usar um computador para escrever e formatar texto num monitor, a fim de o arquivar num ficheiro informático, imprimindo-o em suporte próprio, podendo transmiti-lo a outros computadores.

PROCESSIONAL – Livro litúrgico em que estão compilados os cantos próprios dos ritos processionais, por vezes integrados por outros elementos, como a celebração da missa. As principais celebrações que precedem as procissões são: a Purificação ou Candelária (no dia 2 de Fevereiro), o Domingo de Ramos, São Marcos (dia 24 ou 25 de Abril) e três dias das referidas orações antes da Ascensão. Processionário.

PROCESSIONÁRIO – *Ver* Processional.

PROCESSO – Pasta que contém os documentos relativos a uma transacção • Demanda judicial • Método • Conjunto de tratamentos e/ou decisões com vista à transformação da informação • Sequência organizada de operações concebida com a finalidade de produzir resultados específicos • Na administração pública é o conjunto de documentos que vão sendo recolhidos e coleccionados, com a finalidade de esclarecer qualquer acção judiciária ou administrativa; os documentos são reunidos numa pasta, identificados e é-lhes atribuído um determinado número.

PROCESSO ARQUIVÍSTICO – Qualquer acção administrativa ou judicial sujeita a tramitação própria, normalmente regulamentada • Unidade arquivística constituída pelo conjunto dos documentos referentes a um processo.

PROCESSO DE ANÁLISE – Modo de atribuição de uma estrutura e de uma interpretação a uma sequência linguística.

PROCESSO DE BENDAY – Modalidade de fotogravura cujo nome é extraído do do seu criador, Benjamin Day; consiste em sombrear com pontos, riscos, etc., um desenho à pena mediante a aplicação de placas de gelatina que os põem em relevo.

PROCESSO DE COMPOSIÇÃO – Conjunto de operações tendentes a preparar um texto, envolvendo não só o ajustamento das letras, palavras e frases numa página, mas também todo o arranjo gráfico da obra, de modo a resultar num todo harmonioso e equilibrado; recentemente, mercê de processos tecnológicos avançados, todo o processo de composição foi substancialmente alterado e tornou-se muito mais acessível que antes.

PROCESSO DE IMPRESSÃO – Conjunto de operações que preparam as sucessivas fases do sistema de produção de um texto sob forma gráfica; tem havido recentemente uma completa alteração no que respeita aos processos de impressão, de tal modo que hoje pode dizer-se que qualquer pessoa pode imprimir os seus textos quase sem restrições.

PROCESSO DE INCUBAÇÃO – *Ver* Período de incubação.

PROCESSO DE INVERSÃO DE TRANSFERÊNCIA POR DIFUSÃO – Processo de transferência de imagem em que as imagens positiva e negativa se formam quase em simultâneo.

PROCESSO DE PAUTADO – Técnica executada mediante a utilização de um instrumento para traçar as linhas; pode ser a ponta-seca, grafite ou tinta.

PROCESSO DE PICOTAMENTO – Modo de execução da puncturação nos manuscritos, que pode ser feita com vários instrumentos como a sovela, o compasso, a faca, a roda, etc.

PROCESSO DE REVELAÇÃO A SECO – Modalidade de produção de uma cópia de um original, positivo ou negativo, sem utilização de substâncias químicas líquidas.

PROCESSO DE REVELAÇÃO HÚMIDA – Aquele que consiste em fazer uma cópia de um original, de um positivo ou de um negativo, para o material convencional através do uso de soluções aquosas, como o nitrato de prata.

PROCESSO DE TRANSFERÊNCIA POR DIFUSÃO – É o processo de transferência (ou prova litográfica) no qual os materiais que formam a imagem, como os sais de prata ou o corante, passam de uma superfície para outra atravessando uma fina camada líquida • Sistema de transferência no qual as imagens positiva e negativa se formam ao mesmo tempo.

PROCESSO DIAZÓICO – Processo químico de duplicação de originais microfilmados, feito com base na utilização da luz e do amoníaco, que permite obter uma cópia de qualidade com a mesma polaridade do original. Processo de diazotipia; processo obtido através de diazotipia; trata-se de um processo usado para cópias de filmes originais negativos • Processo de cópia por contacto de imagem directa durante o qual o material com revestimento diazóico está exposto à luz ultravioleta passando através de um original positivo ou negativo; os sais de diazónio da parte do material exposto à luz tornam-se brancos, dando lugar a uma imagem latente; os sais que não se branqueiam revelam-se com um revelador líquido de vapores amoniacais para produzir uma cópia numa de várias cores, segundo o tipo de revestimento diazóico que se utilizar; uma impressão realizada por este processo chama-se impressão ou cópia diazóica, amoniacal, branca e, pela côr utilizada, cianotipia ou cópia azul e castanha. Impressão diazo. Diazocópia.

PROCESSO ELECTROGRÁFICO – *Ver* Electrofotografia.

PROCESSO ELECTROSTÁTICO – *Ver* Electrofotografia.

PROCESSO FOTOGRÁFICO – Processo mediante o qual uma película ou papel fotográfico são submetidos a um tratamento especial, para corrigir e estabilizar as imagens que neles estão registadas.

PROCESSO MECÂNICO – Processo do fabrico mecânico do papel, que consiste na utilização integral do bloco de madeira que é desfeito mecanicamente, sem que previamente se proceda ao isolamento das fibras de celulose; este facto leva a que estas fibras, assim como a hemicelulose e a lenhina sejam utilizadas na produção do papel.

PROCESSO QUÍMICO – Processo do fabrico mecânico do papel, que consiste na utilização de reagentes químicos para separar as fibras de celulose das restantes substâncias constituintes do tecido vegetal (nomeadamente, hemicelulose e lenhina).

PROCESSO VERBAL – Nota escrita que consigna os elementos essenciais que marcaram o desenrolar de uma reunião ou conferência • Documento notarial que possui o valor do original.

PROCESSO VESICULAR – Processo físico de duplicação de originais microfilmados, feito com base na utilização da luz e do calor e que permite obter uma cópia com polaridade inversa do original; trata-se de um processo usado para cópias de filmes originais positivos.

PROCLAMAÇÃO – Declaração solene feita publicamente e em voz alta • Escrito que contém o que se proclama. Pregão. Aviso.

PROCLAMAS – Pregão de casamento lido ou afixado na igreja com o objectivo de que, quem o ouvir ou ler, possa apresentar qualquer obstáculo que possa impedir a realização de um casamento. Anúncio. Banhos • Notificação pública de um acontecimento importante de carácter político ou militar feita com a finalidade de que chegue ao conhecimento de todos.

PROCURA – Acto de procurar, de descobrir ou tentar obter alguma coisa. Pesquisa. Busca. Prospecção • Venda. Saída. Aceitação.

PROCURAÇÃO – Encargo ou obrigação dado a outrem e que ele aceita de tratar determinados assuntos; antigamente, ao documento escrito assinado pelo comitente e pelas testemunhas, que continha a procuração, dava-se o nome de *mandatum* ou *chartula mandati* • Documento legal em que se confere esse encargo ou obrigação.

PROCURAR – Indagar. Investigar. Pesquisar.

PROCURATOR BIBLIOTHECARUM (loc. lat.) – Durante o Império Romano, pessoa encarregada de vigiar o funcionamento das bibliotecas que estavam dependentes do imperador.

PROCURATÓRIO – Livro pertencente à Procuradoria.

PRODRÓMICO – Respeitante aos pródromos.

PRÓDROMO – Prefácio, preâmbulo, preliminar • Primeira obra de um escritor.

PRODUÇÃO – Acto e efeito de produzir. Em relação a um documento, é o acto ou o efeito de o produzir • Aquilo que é produzido. Produto • Usa-se este termo em relação a um autor para designar a sua obra considerada no seu conjunto • Obra literária ou artística • Impressão em várias cópias de um modelo e sua encadernação.

PRODUÇÃO DE UM LIVRO – Execução do projecto de um livro, adquirindo materiais e serviços, organizando e reunindo a obra, coordenando a sua execução com as exigências da distribuição e a resposta às inscrições. Produção gráfica.

PRODUÇÃO EDITORIAL – Designação que é atribuída ao conjunto das obras, que foram editadas e postas à venda por uma determinada casa editora num dado período de tempo. Produção de livros.

PRODUÇÃO GRÁFICA – Processo que abrange todas as etapas que precedem a impressão de uma obra.

PRODUÇÃO LITERÁRIA – Conjunto das publicações relativas às letras ou à literatura, que foram escritas por um determinado autor ou durante uma determinada época.

PRODUÇÃO SECULAR DE MANUSCRITOS – A produção de manuscritos foi uma actividade praticada durante a Antiguidade, mas desde o período paleocristão e até ao surgimento das universidades, por volta de 1200, foi largamente desenvolvida nos *scriptoria* monásticos: há provas, contudo, da continuação desta actividade por parte dos leigos durante a Alta Idade Média, nomeadamente à volta de St. Gall, na actual Suíça; também tem sido sugerido pelos estudiosos, que artistas itinerantes participaram na produção monástica; acresce ainda a actividade desenvolvida por escribas na corte e junto de casas nobres; com o desenvolvimento da produção de livros especializados e comercializados a partir de 1200, e com o advento das universidades e aumento de textos, os iluminadores, escribas e os estacionários que forneciam os materiais, subcontratavam trabalho a membros leigos da sociedade, tanto homens como mulheres, embora a maior parte daqueles fossem membros de ordens menores do clero; os escribas, iluminadores, estacionários e pergaminheiros viviam frequentemente na vizinhança próxima uns dos outros e trabalhavam em projectos comuns ou individuais ou, mais regularmente, como membros de uma oficina. A partir da Idade Média, seculares, normalmente aristocratas, participavam na produção de livros como mecenas ou como autores, entre os quais se conta Cristina de Pisa no início do século XV.

PRODUTIVIDADE – Medida de produção por unidade de tempo ou outro factor de produção (terra, capital ou trabalho) incorporado num processo produtivo.

PRODUTIVIDADE DA REVISTA – Em bibliometria, número de artigos que são enviados por uma revista para serem integrados num boletim de resumos ou numa base de dados de referências bibliográficas.

PRODUTIVIDADE DO AUTOR – Em bibliometria, expressão usada para designar o número de artigos que foram publicados por um autor num determinado período de tempo.

PRODUTOR – Que produz. Autor. Criador • Entidade produtora. Pessoa, instituição ou família que criou, manteve e acumulou e/ou conservou documentos no exercício da sua actividade pessoal ou institucional • Segundo a *ISBD(ER)* é a pessoa ou colectividade-autor com a responsabilidade financeira e/ou administrativa de processos físicos na elaboração de um recurso electrónico. Responsabilidades particulares podem, em diversos graus, respeitar a aspectos criativos e técnicos de uma determinada obra, incluindo a recolha dos dados e a sua conversão em forma informática.

PRODUTOR DE BASE DE DADOS – Organismo que elabora uma base de dados, em geral a partir de um fundo documental em papel que possui e que pretende pôr em linha.

PRODUTOR DE FILMES – A pessoa designada como produtor é a responsável pela criação de um filme. As responsabilidades específicas podem reportar-se a graus variados de aspectos criativos, técnicos e financeiros de uma determinada produção.

PRODUTOR DE FONOGRAMA – *Ver* Produtor de registo sonoro.

PRODUTOR DE INFORMAÇÃO – Aquele que redige a notícia, que publica textos e artigos de opinião actualizados e que são dados a conhecer nos órgãos de comunicação social.

PRODUTOR DE LIVRO – Empresa ou indivíduo responsável pelo circuito de criação do produto impresso, que envolve uma série de fases de produção, que vão da selecção das obras a editar, da criação de colecções, da impressão, aos circuitos de distribuição, etc.

PRODUTOR DE REGISTO SONORO – Pessoa, física ou moral, singular ou colectiva, que tem a iniciativa e a responsabilidade da primeira fixação de uma sequência de sons, sem acompanhamento de imagens, que provêm de uma execução ou quaisquer outros; o produtor de registo sonoro pode também ser responsável por outros aspectos criativos e/ou outros de um fonograma.

PRODUTOR DE VIDEOGRAMA – Pessoa, física ou moral, singular ou colectiva, que tem a iniciativa e a responsabilidade da primeira fixação de uma sequência de imagens, sonorizadas ou não.

PROEMIAL – Relativo ao proémio.
PROÉMIO – Introdução, prefácio, exórdio.
PROF. – Abreviatura de professor.
PROFILAXIA – Precaução expressa por meio de medidas que evitem a patologia do livro ou documento. Prevenção. Preservação.

PROFISSIONAL DA INFORMAÇÃO – Expressão abrangente e pouco precisa, que alberga conceitos diferentes; tanto pode designar actividades concretas, por exemplo jornalista, como o conjunto das actividades que têm como função principal processar ou seja, armazenar, tratar ou difundir informação.

PROFUNDIDADE – Nome dado à maior densidade informativa de um documento • Na impressão de imagens processadas através de computador, designação do número de bits que é atribuído a cada *pixel*.

PROFUNDIDADE DA INDEXAÇÃO – Grau de pormenor até ao qual um assunto pode ser representado num processo de indexação. Qualidade de uma indexação, resultante de uma análise muito elaborada, exprimindo todos os elementos de informação considerados úteis existentes num texto; a profundidade da indexação depende da escolha e multiplicação de descritores muito específicos, esmiuçando as noções contidas no texto de uma forma explícita, e da multiplicação das sub-rubricas, delimitando com rigor o campo coberto pelos descritores significativos do conceito.

PROGNÓSTICO – Publicação, sem carácter de periodicidade nem regularidade, dirigida à população em geral e não ao público erudito ou religioso • Almanaque. Lunário. Reportório.

PROGR. – Abreviatura de programa *e* programação.

PROGRAMA – Elenco das matérias que hão--de ser estudadas num determinado curso • Escrito que se publica e que se distribui. Prospecto • Plano, projecto ou resolução sobre o que se há-de fazer • Escrito no qual se dão a conhecer os pormenores de uma festa pública, cerimónia, espectáculo, etc. • Texto em que são publicadas as condições de um concurso, etc. Conjunto de instruções escritas numa linguagem simbólica de programação, destinado a fazer o computador processar uma série específica de operações. Em informática, sequência de instruções que, inseridas num computador, resolvem totalmente um determinado problema. Os programas podem ser de dois tipos: programa-fonte e programa-objecto.

PROGRAMA ANTI-VÍRUS – Programa informático que se destina a avaliar os efeitos produzidos por um vírus num computador ao nível do equipamento, sistema operativo e suas aplicações ou do da segurança de quem o utiliza. Anti-vírus.

PROGRAMA DE ACESSO – Aquele que possibilita a pesquisa da informação que está contida em bases de dados.

PROGRAMA DE ACTIVIDADES – Elenco dos actos que vão desenvolver-se durante um determinado período de tempo numa instituição e eventual resumo dos já realizados.

PROGRAMA DE COMPUTADOR – Conjunto ordenado de instruções e expressões dispostas sob forma aceitável por um computador e correspondendo à formulação de um tratamento.

PROGRAMA DE *DESIGN* GRÁFICO – Ferramenta informática usada para a execução de projectos gráficos, tanto no campo do *lettering* como no da ilustração e na execução de logótipos e marcas, possibilitando a sua integração directa em fotólitos produzidos por máquinas digitais.

PROGRAMA DE ESPECTÁCULO – Elenco sequencial das diferentes intervenções levadas a cabo no desenrolar de um espectáculo • Projecto, anúncio de festejos.

PROGRAMA DE GESTÃO DE BASES DE DADOS – Programa que possibilita fazer o armazenamento e a manipulação dos dados de uma base.

PROGRAMA DE GESTÃO INTEGRADA – Ferramenta informática de gestão integrada em rede e susceptível de informatizar várias funções de uma biblioteca, etc., como a aquisição, a catalogação, o empréstimo, a edição, etc. Associado com outros programas complementares, este programa pode ainda assegurar o correio electrónico, a contabilidade, a elaboração de estatísticas, etc.

PROGRAMA DE INTRODUÇÃO À BIBLIOTECA – Designação das actividades que são organizadas por uma biblioteca, com a finalidade de apresentar os seus diversos serviços aos novos utilizadores.

PROGRAMA DE PESQUISA – Programa que foi concebido e desenvolvido para ajudar os utilizadores nas investigações em bases de dados de acesso em linha.

PROGRAMA DE PROTECÇÃO – Em tecnologia da informação, designação do programa de computador que é usado pelos produtores de aplicações de computador com a finalidade de protegerem a sua cópia não autorizada.

PROGRAMA DE RETOQUE E TRATAMENTO DE FOTOGRAFIA – Ferramenta informática que permite fazer o aperfeiçoamento de imagens de base fotográfica ou outra e a produção de ficheiros dos quais pode obter-se a selecção de cores em quadricromia.

PROGRAMA DE TESTE BETA – Conjunto de provas de um programa ou equipamento informático, que é feito por uma entidade com a promessa de comunicar os resultados obtidos ao seu produtor.

PROGRAMA EDITORIAL – Plano editorial. Estabelecimento de prazos o mais ajustados possível para a confecção e edição das obras que hão-de publicar-se no período fixado pelo próprio plano, seguidos do calendário com as datas aproximadas em que as obras hão-de ser publicadas. É em geral anual, mas pode também ser semestral ou trimestral.

PROGRAMA EXPERIMENTAL – Programa de índole renovadora, actualizado durante períodos de tempo próprios e criado com a finalidade de verificar se é possível emprega-lo em aplicações mais amplas.

PROGRAMA PRIORITÁRIO – Programa informático com primazia sobre qualquer outro programa que esteja a executar-se. *Comparar com* Programa subordinado.

PROGRAMA SUBORDINADO – Programa informático de baixa prioridade, que é executado quando não estão em execução programas de prioridade mais alta. *Comparar com* Programa prioritário.

PROGRAMA UTILITÁRIO – Aquele que ajuda o sistema operativo a cumprir a sua função.

PROGRAMAÇÃO – Acto e efeito de programar • Em informática, processo que consiste

em delinear, escrever e testar programas de computador.
PROGRAMAÇÃO MODULAR – *Ver* Programação por módulos.
PROGRAMAÇÃO MÚLTIPLA – Técnica por meio da qual um computador trata ou executa em simultâneo vários programas independentes.
PROGRAMAÇÃO POR MÓDULOS – Técnica para desenvolver programas informáticos em que cada um deles é dividido em diversas partes capazes de facilitar o seu desenvolvimento e compreensão. Programação modular.
PROGRAMADOR – Autor de programa • Em informática, indivíduo que projecta, escreve e testa programas de computador.
PROGRAMADOR VISUAL – Especialista do circuito de produção do livro ao qual cabe não apenas o papel de ilustrá-lo, mas também o de equilibrar a disposição tipográfica com o tipo de letra e com o formato, para que o volume resulte um todo integrado.
PROGRAMA-FILTRO – Aquele que se usa na *Internet*, com a finalidade de impossibilitar, depurar ou controlar o acesso dos utilizadores a um servidor ou à *Internet*.
PROGRAMA-FONTE – Em tecnologia da informação, designação do programa usado pelo computador, que se apresenta escrito geralmente em linguagem simbólica, para ser traduzido para um programa-objeto.
PROGRAMA-OBJECTO – Em tecnologia da informação, designação do programa de computador convertido para uma linguagem--objecto a partir das instruções transmitidas originariamente em linguagem-fonte.
PROGRAMATECA – Arquivo onde se guardam programas de computador.
PROGRESSÃO – Desenvolvimento evolutivo. Avanço • Continuação. Série.
PROGRESSOS – Instrumento bibliográfico elaborado com o objectivo de relacionar, com resumos, as publicações mais importantes do ano, num determinado sector.
PROIBIÇÃO DE SELO – Interdição de utilização de uma matriz decidida por uma autoridade.
PROIBIDO – Diz-se daquilo que está interdito.

PROJECÇÃO – Reprodução de uma imagem num ecrã ou qualquer outra superfície através de um sistema óptico • Imagem iluminada reflectida num plano.
PROJECÇÃO CARTOGRÁFICA – Em cartografia, desenho sistemático de linhas numa superfície plana feito com a finalidade de representar os paralelos de latitude e os meridianos de longitude da terra ou de uma parte dela; uma projecção cartográfica pode ser feita geometricamente ou por meio de computação analítica.
PROJECÇÃO DIASCÓPICA – Projecção de imagens por transparência.
PROJECÇÃO EPISCÓPICA – Projecção de imagens por reflexão.
PROJECÇÃO FRONTAL – Projecção de imagens na parte da frente de um ecrã ou de outras superfícies de visualização.
PROJECÇÃO HORIZONTAL – *Ver* Planta.
PROJECÇÃO VERTICAL – *Ver* Alçado.
PROJECÇÃO VISUAL – Imagem bidimensional ou conjunto de imagens bidimensionais produzidos na sua forma original por técnicas como o desenho, a pintura ou a fotografia e que implica a utilização de projector, visor ou microscópio.
PROJECTADO – Que se representa sobre um plano • Planeado.
PROJECTAR – Representar através de projecção • Planear.
PROJECTAR UM LIVRO – Conceber, planear e especificar em pormenor as características físicas e visuais de um livro.
PROJECTISTA – Aquele que faz projectos, maquetista.
PROJECTO – Plano • Redacção provisória • Maqueta de uma obra que pretende executar--se, acompanhada do respectivo orçamento. Esboceto. *Ver* Maqueta de composição.
PROJECTO DE ALFABETIZAÇÃO DE ADULTOS – Plano cujo objectivo consiste em reduzir a falta de instrução em determinadas zonas de um país ou região, perfeitamente delimitadas; procura solucionar as dificuldades de leitura, escrita e oralidade de pessoas que já não estão em idade escolar.
PROJECTO DE EDIÇÃO – Diz-se que se projecta uma edição, quando se lhe dá forma

gráfica, coordenando técnica e esteticamente os elementos que a constituirão; para isso tem que tomar-se em consideração o tema e a sua extensão; em função dele escolher-se-á o tamanho mais adequado, o tipo, o número e natureza de tabelas, gravuras, ilustrações, a disposição geral das páginas, o tipo de papel, a capa, etc.

PROJECTO DE LEI – Texto de uma futura lei, antes de ser aprovado pelo órgão que detém competência legislativa para tal.

PROJECTO GRÁFICO DA CAPA – Plano de distribuição dos elementos de identificação de uma obra num arranjo esteticamente harmonioso, no espaço que lhe servirá de cobertura; a lei reconhece ao autor o direito a ser ouvido quanto a este aspecto.

PROJECTO GUTENBERG – Criado em 1971 por Michael Hart, é o primeiro produtor de livros electrónicos de carácter gratuito, que tem como finalidade "quebrar as barreiras da ignorância e da iliteracia", através da digitalização, arquivamento e distribuição de obras culturais em domínio público; trata-se da mais antiga biblioteca digital em acesso livre, bastando a utilização de um simples computador para usufruir dela. Biblioteca digital de textos universais.

PROJECTOR – Dispositivo óptico consistindo numa fonte de luz, sistema de lentes e suporte de imagens, que tem a finalidade de projectar a imagem num ecrã ou noutra superfície.

PROJECTOR DE DIAPOSITIVOS – Máquina usada para projectar documentos transparentes, de pequenas dimensões, em película fotográfica, apresentados numa montagem.

PROJECTOR OPACO – Aparelho que projecta objectos não transparentes, incluindo mapas, fotografias, livros, etc.

PROLEGÓMENOS – Conjunto das noções essenciais de uma arte ou ciência • Introdução, no princípio de uma obra, na qual se explicam os fundamentos gerais da matéria que nela é tratada. Prefácio. Prólogo.

PROLIXO – Diz-se do discurso oral ou texto que se apresenta excessivamente sobrecarregado com palavras inúteis, que repetem ideias já expressas. Texto palavroso. Texto verboso.

PROLOGAR – Escrever o prólogo de uma obra.

PRÓL. – Abreviatura de prólogo.

PRÓLOGO – No teatro grego clássico era o nome dado à primeira parte da tragédia em que, em forma de monólogo ou diálogo entre dois actores, era exposto o tema da peça • Nome dado à primeira personagem a entrar em cena no teatro e que expõe o prólogo • Texto, em geral de natureza explicativa, que precede o corpo de uma obra. Prefácio. Introdução. Advertência. Preâmbulo. Proémio. Exórdio. Prolegómenos. Pode ser escrito pelo autor da obra ou por outra pessoa; por vezes, quando é escrito por outra pessoa, particularmente no caso de ser uma autoridade na matéria, o prólogo adquire, pela extensão e importância, o carácter de uma verdadeira obra que precede, complementa e avaliza aquela a que serve de introdução; deve ser tipograficamente composto em tipo diferente do do texto.

PROLOGUISTA – Autor de um prólogo. Prefaciador.

PROLONGAMENTO DE EMPRÉSTIMO – *Ver* Renovação de empréstimo.

PROLONGAMENTO MARGINAL – Elemento que se destaca do enquadramento de uma pintura ou de uma letra ornamentada para se desenrolar nas margens, muito frequente nos manuscritos medievais.

PROLÓQUIO – Dito sentencioso geralmente de carácter moral. Provérbio. Máxima. Ditado. Rifão.

PROLOXIAL – Referente a prolóquio • Que encerra um prolóquio. Axiomático.

PROLUSÃO – Prelúdio. Preâmbulo. Prefácio • Preparação.

PROM – Acrónimo de *Programmable Read-Only Memory*, Memória programável apenas de leitura, memória digital que é programável somente uma vez pelo utilizador, passando posteriormente a designar-se *ROM*.

PROMANAR – Dimanar. Provir. Brotar. Proceder.

PROMOÇÃO – Conjunto de actividades levadas a cabo com a finalidade de estimular as vendas de livros ou de outros produtos.

PROMOÇÃO DA LEITURA – Expressão usada para designar o conjunto das actividades culturais que são levadas a cabo com o objectivo de impulsionar a procura e fomentar o progresso da acção de ler e da instrução que dela resulta.

Prolongamento marginal

PROMOTOR DE EDIÇÃO – Particular ou empresa que assume as despesas feitas com a publicação de um livro ou qualquer outro documento, com a sua distribuição para venda ao público e com a garantia da qualidade da edição • Pessoa ou instituição que propôs ou sustentou a realização de uma obra, sem ser directamente o comitente dela.

PROMULGAÇÃO – Acto ou efeito de publicar uma lei ou decreto para passar a ter efeitos legais. Publicação oficial.

PRONTO PARA A ENCADERNAÇÃO – Diz-se do livro cosido, revestido com pastas de cartão com os fios de cosedura passados e por vezes com a cabeça dourada, mas ainda sem o revestimento final; acontecia ser nesta fase que os livros eram vendidos ou esperavam pelo material final colocado ao gosto do comprador ou assim permaneciam por outras razões, como por exemplo o encerramento da oficina de encadernação.

PRONTUÁRIO – Livro de consulta sobre uma dada matéria distribuída de uma forma sistemática ou analítica, de modo a encontrar-se com facilidade aquilo que se procura. Manual, resumo, compêndio.

PRONÚNCIA – Acto ou modo de pronunciar • Pronunciação; despacho judicial que declara indiciado alguém como autor ou cúmplice de um crime.

PRONUNCIAÇÃO – *Ver* Pronúncia.

PRONUNCIAR – Exprimir verbalmente • Proferir • Articular • Recitar • Dar despacho de pronúncia contra.

PRONUNTIATIO (pal. lat.) – Modalidade de obtenção de livros que substituiu a *pecia* na segunda metade do século XIV; o professor ou pessoa por ele designada ditava os livros seleccionados para serem de uso obrigatório pelos alunos, a fim de que fossem copiados.

PRONUNTIATIO AD PENNAM (loc. lat.) – Processo de cópia ditada, aquela que era feita no *scriptorium* onde uma pessoa, geralmente um monge, ditava o texto que outros copiavam simultaneamente; ao que parece, a cópia ditada não era a mais corrente, mas antes a cópia directa do modelo, dado que permitia fazer uma melhor caligrafia, uma melhor ordenação da página e da ilustração e atingir uma maior velocidade no trabalho do que a cópia ditada • Processo de cópia em grupo, que foi utilizado pelos estudantes, a partir de meados do século XIV, quando passaram, eles próprios, a copiar os manuscritos de que necessitavam para os seus estudos prescindindo do trabalho dos copistas.

PROP. – Abreviatura de proprietário.

PROPAGANDA – *Ver* Publicidade.

PROPAROXÍTONA – Palavra que é acentuada na antepenúltima sílaba.

PROPEDÊUTICO – *Ver* Preliminar.

PROPINA – Nome dado no Brasil à entrega obrigatória de um exemplar de todo o material impresso nas oficinas tipográficas • Nome dado ao primitivo depósito legal; no caso português, o alvará que ditou este regime está datado de 12 de Setembro de 1805; esta legislação foi sendo aperfeiçoada ao longo do tempo e o depósito legal é actualmente regulado pelo Decreto-Lei n.º 74/82, de 3 de Março e pelo Decreto-Lei n.º 362/86, de 28 de Outubro.

PROPORÇÃO – Combinação equilibrada das partes de uma composição (tamanho dos tipos em relação ao papel, distribuição dos brancos, dimensão, colocação das gravuras em relação à página, etc.). Esta preocupação já estava presente no manuscrito, onde os elementos da página eram dispostos com intenções de ordem estética, de modo a obter um todo harmónico em que os corpos da letra do texto, das iniciais e de todos os demais elementos estavam estreitamente relacionados com as dimensões da obra • Equilíbrio entre os caracteres na altura e na largura. Harmonia. Simetria • Medida • Norma.

PROPOSIÇÃO – Forma de exprimir um pensamento através de palavra ou palavras • Oração • Proposta • Discurso • Frase • Afirmação.

PROPOSTA DE LEI – Texto de uma futura lei, apresentado por um governo, antes de ser aprovado pelo órgão que detém competência legislativa.

PROPRIEDADE – Representação mental de uma qualidade atribuída a um determinado objecto, e que serve para delimitar a noção • Em teoria da classificação, característica que é comum a uma classe, mas que não é essencial para a sua definição.

PROPRIEDADE DO FICHEIRO – Pessoa física ou moral, autoridade pública, serviço ou organismo que, de acordo com a lei de cada país, tem competência para decidir qual a finalidade de um ficheiro automatizado, que categoria de dados devem ser registados e que operações lhe serão aplicadas.

PROPRIEDADE DO TÍTULO – Direito que possui um autor de registar como pertença sua um título que não é genérico, mas característico e individual.

PROPRIEDADE INTELECTUAL – Conjunto de normas que visam proteger os direitos sobre a criação intelectual, englobando a propriedade industrial, os direitos de autor e os direitos conexos. Salvaguarda os direitos de autor e ao mesmo tempo regula a publicação total ou parcial de uma obra a favor dos seus herdeiros ou representantes depois da morte do autor. Em Portugal a primeira lei que regulamentou a propriedade intelectual foi publicada em 1851 (*Diário do Governo*, 167, de 18 de Julho de 1851); esta lei, além de reconhecer os diversos tipos de criadores de obras de arte, reconheceu-lhes o direito de publicarem as suas obras ou de autorizarem a sua publicação, por qualquer meio. Este conceito confirmou-se e consagrou-se durante a Primeira República. *Ver* Direitos de autor *e* Protecção do direito de autor.

PROPRIEDADE LITERÁRIA – Conjunto dos direitos de carácter pecuniário ou puramente moral que a publicação de uma obra faz aparecer em proveito de um escritor. É em Inglaterra que estes direitos começam a ter concretização no século XVII, quando os impressores aceitam que o manuscrito de um autor apenas poderá ser impresso com a sua indispensável autorização. Decorrente da adesão de Portugal à CEE passou a ter de aceitar-se a Directiva 93/98/CEE, de 29 de Outubro de 1993, directiva do Conselho sobre a Harmonização do Prazo de Protecção dos Direitos de Autor e de certos Direitos Conexos, que fixa um prazo de 70 anos após a morte do autor, para as obras literárias e artísticas e um de 50, após a primeira divulgação, para os direitos conexos.

PROPRIEDADE LITERÁRIA, ARTÍSTICA E CIENTÍFICA – *Ver* Direitos de autor.

PROPRIEDADE SIGNIFICATIVA – Em preservação digital é a característica técnica ou qualidade que caracteriza um objecto digital e que é indispensável em termos de preservação. *Ver* Essência.

PROPRIO SENSU (loc. lat.) – No sentido exacto. No sentido próprio.

PRORROGAÇÃO DO PERÍODO DE EMPRÉSTIMO – Período de tempo determinado, posterior à data em que venceu a cedência de uma obra ou de um documento, durante o qual ele pode ainda ser devolvido sem que seja aplicada sanção ou multa ao seu requisitante.

PROSA – Modo natural de escrever ou falar, sem sujeição às medidas que caracterizam os versos; segundo Fernando Pessoa "é a arte que vive primordialmente do sentido directo da palavra" • Discurso que não foi sujeito a uma determinada medida, nem a um determinado número de pés e de sílabas • Aquilo que é dito ou escrito, que não é verso • Forma de escrever • Prosaísmo • Palestra. Discurso • Carta • Sequência que se canta ou recita depois da Epístola (em versos rimados).
PROSADOR – O que escreve em prosa. Prosaísta.
PROSAÍSMO – Ausência de poesia • Construção ou expressão própria da prosa.
PROSAÍSTA – *Ver* Prosador.
PROSAPODOSE – Figura de retórica que consiste em exemplificar cada um dos pontos à medida que vão sendo expostos.
PROSAR – Escrever em prosa.
PROSÁRIO – Colectânea de prosas ou cantos independentes intercalados nas partes litúrgicas dos ofícios divinos da Igreja católica.
PROSCRIBERE (pal. lat.) – Anunciar por escrito. Publicar. Afixar (um edital).
PROSÓDIA – Parte da fonologia que ensina a pronúncia correcta das palavras. Ortoépia.
PROSODISTA – Pessoa que escreve sobre prosódia • Foneticista.
PROSONÍMIA – Parte da onomatologia que trata dos prosónimos.
PROSÓNIMO – Cognome, alcunha • Os apodos em geral.
PROSONOMÁSIA – Figura de retórica que se funda na semelhança das vozes.
PROSOPOGRAFIA – Esboço do desenho de um rosto • Esboço de uma figura.
PROSOPOPEIA – Personificação • Figura de retórica em que se atribui o dom da palavra a seres inanimados, irracionais e até aos mortos • Discurso empolado.
PROSP. – Abreviatura de prospecto.
PROSPECTO – Documento de conteúdo, suporte e formato variáveis, como impresso solto de utilização pessoal, de participação de efemérides ou de acontecimentos temporários, ou ainda, como modelo ou formulário de registo de contabilidade, de organização técnica, comercial ou administrativa • Impresso-formulário • Folhas impressas que os comerciantes mandam distribuir para fazerem propaganda dos seus produtos • Plano de uma obra prestes a ser publicada • Programa, incluindo, por vezes, amostras de páginas e espécimes de texto, ilustrações e estilo da encadernação; acompanha-o, por vezes, uma ficha de inscrição destacável • Publicação que consiste numa folha dobrada em duas ou mais partes, mas não colada ou cosida; as suas páginas estão dispostas na mesma sequência das de um livro, mas um prospecto de três ou mais folhas tem o texto impresso de tal maneira imposto que, quando a folha é desdobrada, as páginas de um lado do papel se seguem consecutivamente • Anúncio. Prosp.
PROSPECTUS (pal. lat.) – Caderno ou folheto no qual se anuncia a publicação de um novo livro, geralmente contendo um resumo do seu conteúdo, notas sobre o autor e as principais indicações bibliográficas que o identificam: formato, número de páginas e ilustrações, qualidade do papel, número de exemplares da tiragem, encadernação, etc.; os mais antigos são por vezes objecto de colecção. *Ephemera. Jaquette.*
PROSTANT (pal. lat.) – Está exposto, expressão a que se segue geralmente a palavra *venalis*, que significa "à venda", o que no conjunto quer dizer "está exposto à venda", frase que acompanhava antigamente o nome da firma ou oficina onde se vendia o livro.
PROTAGONISTA – Personagem principal de peça dramática ou obra literária • Figurante principal. Actor principal.
PRÓTASE – Exposição do tema de um drama • Em retórica, primeira parte de um período gramatical.
PROTÁTICO – Referente à prótase.
PROTECÇÃO AUTOMÁTICA – Princípio fundamental da Convenção de Berna, consagrado no *Código do Direito de Autor*... (artº 12º), segundo o qual o gozo e exercício dos direitos de autor não estão subordinados a qualquer formalidade.
PROTECÇÃO CONTRA ROUBO – Designação do sistema antifurto usado com vista a garantir a segurança e integridade dos documentos e dos bens • Estratégia global que

assenta em sistema electrónico antifurto e que visa proteger as colecções; dada a eficácia do equipamento não ser total, o seu uso é geralmente complementado por meios de dissuasão e sanções contra o roubo.

PROTECÇÃO DE DADOS – Medidas legais que tendem a impedir a revelação de informações automatizadas relativas a pessoas físicas ou jurídicas a pessoas não autorizadas • Método de preservação que impede a perda, alteração ou destruição de dados.

PROTECÇÃO DE INFORMAÇÃO ENTRE FRONTEIRAS – Designação do conjunto de medidas que são tomadas por um país no sentido de evitar que determinado tipo de informação, que é produzida num país, seja acessível noutro ou noutros países.

PROTECÇÃO DO DIREITO DE AUTOR – Designação do conjunto de medidas legais que reconhecem direitos morais e patrimoniais ao criador de uma obra intelectual e aos seus herdeiros. Na Convenção de Berna a duração da protecção foi fixada no período correspondente à *vida do autor e 50 anos depois da morte* (art° 7°), dando possibilidade aos países da União, de fixarem uma duração superior a esta. Pela directiva 93/98 CEE do Conselho de 29 de Outubro de 1993 relativa à harmonização do prazo de protecção dos direitos de autor e de certos direitos conexos foi estabelecido que o prazo de protecção dos direitos de autor sobre as obras literárias e artísticas decorre "durante a vida do autor e setenta anos após a sua morte, independentemente do momento em que a obra tenha sido licitamente tornada acessível ao público".

PROTECÇÃO DO NOME – Direito reconhecido ao autor, pelo *Código do Direito de Autor...*, do uso exclusivo de nome literário, artístico ou científico, não permitindo que outro autor utilize um nome susceptível de ser confundido com outro já usado em obra divulgada ou publicada, mesmo que de natureza diferente; é igualmente proibida a utilização de um nome de personagem célebre da história das letras, ciências ou artes.

PROTECÇÃO LEGAL DOS ARQUIVOS – Conjunto de leis, normas e decretos de um país, estado ou município, destinado a proteger o seu património arquivístico e documental com vista à preservação e conservação, impedindo a sua destruição, deterioração ou alienação para fora da sua jurisdição própria.

PROTECÇÃO NO PAÍS DE ORIGEM – Princípio fundamental da Convenção de Berna, consagrado no *Código do Direito de Autor...* (art° 65° e 66°), segundo o qual, quando o autor não é nacional do país de origem da obra pela qual é protegido pela Convenção, terá, nesse país, os mesmos direitos que os autores nacionais.

PROTESTAÇÃO – Afirmação. Asserção • Declaração formal pela qual se reclama contra alguma coisa; aparece geralmente impressa nos livros setecentistas. Advertência, declaração no início de uma obra, a modo de prefácio.

PROTESTAÇÃO DO AUTOR – Advertência do autor, a modo de prefácio, na qual ele tece considerações sobre o conteúdo da obra, modo como abordou o assunto em questão, razões que o levaram a escrever, etc.

PROTESTATIO (pal. lat.) – Declaração. Protestação.

PROTESTO – Protestação. *Ver* Advertência.

PROTO – Termo de gíria usado no século XIX, que designava o chefe de oficina tipográfica que tinha a seu cargo a distribuição e orientação do trabalho e por vezes a revisão de provas.

PROTOCOLO – Primeira folha de um rolo de papiro, geralmente colocada no sentido oposto ao das outras folhas, de modo que as fibras apareçam no exterior do rolo e possam receber um título • Registo medieval dos actos públicos • Imbreviatura • Selo que os romanos colocavam nos documentos em que se registavam actos públicos • Registo das audiências dos tribunais • Convenção internacional • Registo de uma conferência ou deliberação diplomática ou judicial • Formulário que regula os actos públicos • Compilação onde estão inscritas as regras de precedência e de uso, às quais estão submetidos os reis e homens de Estado nas suas relações familiares ou diplomáticas • Fórmula de abertura • Acta ou caderno de actas relativo a um acordo diplomático sujeito a ratificações • Conjunto de formalidades necessárias à troca de dados entre estações de uma rede, compatibilizando diferentes sistemas; num protocolo cabem determinações que dizem respeito ao formato e ao controlo de erros dos fluxos, entrada, transferência e saída da informação veiculada na rede.

PROTOCOLO DE ACESSO – Conjunto de formalidades e de técnicas, que são usadas nas redes informáticas para garantir que cada posto pode transferir dados, sem que eles colidam com outros em curso de transmissão.

PROTOCOLO DE CORRECÇÃO – Expressão que os franceses utilizam para designar o conjunto dos sinais convencionais de emenda de provas tipográficas. Protocolo de revisão.

PROTOCOLO DE DEPÓSITO – Conjunto de formalidades prévias à colocação em depósito de um fundo bibliográfico ou documental numa instituição, geralmente consignando determinado número de condições de acesso; o fundo permanece propriedade da primeira instituição, sendo o legatário o fiel depositário do bem.

PROTOCOLO DE DOAÇÃO – Conjunto de documentos que atestam a dádiva de um fundo bibliográfico ou documental a uma instituição ou particular, incluindo, por vezes, algumas condições para a sua oferta, tais como (no caso de um fundo bibliográfico) a colocação do acervo numa sala especial com o nome do doador.

PROTOCOLO DE EMPRÉSTIMO – Conjunto de elementos escritos que definem as condições que presidem à cedência de um determinado número de obras de uma instituição ou particular a outra instituição ou particular; no caso de obras raras é quase sempre feita a exigência de um seguro, cujo pagamento fica à conta da entidade que solicita o empréstimo.

PROTOCOLO DE REVISÃO – Lista de sinais convencionais usados para rever as provas. Protocolo de correcção.

PROTOCOLO DOS SINAIS DE CORRECÇÃO TIPOGRÁFICA – Conjunto dos símbolos utilizados para corrigir provas tipográficas. *Ver* Sinais de correcção de provas.

PROTOCOLO *ILL* – Forma abreviada de *Inter-Library Loan*, conjunto de princípios que são usados na *Internet* para normalizar a permuta entre computadores das ordens referentes ao empréstimo interbibliotecas.

PROTOCOLO MODIFICATIVO DO ACORDO ORTOGRÁFICO DA LÍNGUA PORTUGUESA – Assinado em Julho de 1998, prevê a entrada em vigor do Acordo Ortográfico após o depósito de ratificação por parte de todos os estados signatários, sem apontar qualquer data. Um novo Protocolo modificativo foi assinado em Julho de 2004, que prescinde da aplicação unânime do Acordo, fazendo depender a sua entrada em vigor da ratificação feita por três países. O segundo protocolo modificativo do Acordo Ortográfico foi aprovado no Parlamento português em 16 de Maio de 2008 e promulgado pelo Presidente da República em 21 de Julho do mesmo ano. Abre caminho para a sua entrada em vigor dentro de seis anos.

PROTOCOLO Z 39.50 – Norma usada para garantir a interoperabilidade nos sistemas de biblioteca (registos bibliográficos, pesquisa e recuperação da informação bibliográfica); tem como agência internacional de gestão a Biblioteca do Congresso e é a tecnologia mais utilizada para apresentar e explorar catálogos bibliográficos disponíveis em rede.

PROTÓGRAFO – Escrito original.

PROTOGRAMA – Letra inicial de uma palavra.

PROTO-IMPRENSA – Primeira oficina tipográfica de uma cidade, região ou país. Prototipografia.

PROTOKOLLON (pal. gr.) – Primeira folha de um rolo de papiro, colada no início do texto, que apresentava as fibras ao contrário e que tinha por função protegê-lo exteriormente, servindo-lhe de guarda; em princípio não estava destinada a receber texto; a partir do século V começou a colocar-se na face interior do *protokollon* um selo, com grafismo característico, que permite a sua identificação • Fórmula de abertura.

PROTOLÉXICO – Primeiro vocabulário relativo a uma dada matéria.

PROTONOTÁRIO – Entre os romanos, era o primeiro notário. Dignitário da Cúria Romana que recebia e expedia os actos dos consistórios • Designação atribuída ao funcionário a quem cabia a guarda do selo.

PROTÓTIPO – Palavra segundo a qual são modeladas as formas de outras palavras •

Medida tipográfica inventada por Fournier, substituída mais tarde pelo tipómetro, inventado por Didot • Original, primeiro modelo, padrão.
PROTÓTIPO TEXTUAL – Modelo de texto.
PROTOTIPOGRAFIA – *Ver* Proto-imprensa.
PROTOTIPOGRÁFICO – *Ver* Pré-tipográfico.
PROTOTIPÓGRAFO – Primeiro impressor; esta palavra é usada para designar os primeiros impressores de um país, cidade ou região; no século XV Gutenberg, Johann Füst, Peter Schöffer e Johann Frober são alguns dos nomes que sobressaem ao falar-se de prototipógrafos; esta designação é dada apenas aos impressores quatrocentistas que frequentemente iniciaram a sua actividade de modo modesto e obscuro, muitas vezes indo de terra em terra à procura de trabalho; para o estudo da sua actividade tipográfica é essencial a análise dos caracteres tipográficos, a fim de distinguir as oficinas e de estabelecer uma cronologia das edições • Pessoa encarregada dos negócios da impressão a quem incumbem funções diversas nessa área, nomeadamente a de atribuir certificados de competência profissional aos tipógrafos. Plantin foi prototipógrafo de Filipe II.
PROTÓXIDO DE ZINCO – Produto não tóxico largamente usado para dar corpo a tintas e vernizes.
PROVA – Amostra da composição tipográfica ou da gravura tirada em papel; tem como finalidade a leitura pelo autor, tradutor ou corrector, para detecção dos erros tipográficos encontrados e sua posterior correcção • Impressão de ensaio ou impressão de uma tiragem especial, por vezes realizada em número limitado, para além da edição propriamente dita • Razão • Argumento • Documento justificativo, que o autor reproduz integralmente no corpo da obra, em anexo, para justificar ou ilustrar o que afirmou no texto. Peça justificativa • Provança.
PROVA A MURRO – Operação que consiste em bater suavemente com a mão fechada no papel aplicado sobre a composição já entintada com o rolo de mão. Prova de mão.
PROVA A NEGRO – Em fotogravura, aquela que se faz como ensaio após o acabamento do cliché e a tiragem de provas de papel.

PROVA ANTES DA LETRA – Aquela que o gravador tira de uma gravura litográfica ou calcográfica antes de lhe juntar as letras do título, nome do impressor, data, etc.
PROVA BASEADA NUM CRITÉRIO – No contexto da avaliação do processo de leitura é aquela que se caracteriza pelo facto de ser levada a cabo com a finalidade de avaliar as crianças relativamente a objectivos explicitados e operacionalmente definidos.
PROVA CHUMBADA – Aquela que apresenta muitos erros • Prova suja.
PROVA COM LETRA – Prova ou exemplar de gravura em estado definitivo, com título, assinatura e outras inscrições que o autor julgar convenientes.
PROVA COMPAGINADA – Prova tipográfica que é feita depois da correcção do granel, já com a composição a formar páginas. Prova paginada.
PROVA CORRIGIDA – Prova revista, prova que foi emendada.
PROVA DE ALTO CONTRASTE – Em similigravura, prova em preto que se faz de um cliché.
PROVA DE ARTISTA – *Ver* Prova de autor.
PROVA DE AUTOR – Aquela que se envia ao criador de uma obra, para que a corrija após a emenda de erros de composição no granel. Prova de artista • Gravura em cavado que ainda não recebeu a sua legenda; nos livros de luxo inserem-se por vezes gravuras destas, porque são de melhor tiragem que as gravuras terminadas • (port. Bras.) Prova de gravação.
PROVA DE AVALIAÇÃO DA CAPACIDADE DE LEITURA – *Ver* Teste de leitura.
PROVA DE CHAPA – A que é feita a partir de uma chapa de impressão, a fim de verificar as correcções da página e a sua qualidade.
PROVA DE DESEMPENHO NA LEITURA – *Ver* Prova de nível na leitura.
PROVA DE EMENDAS – Aquela que foi revista, mas que ainda não foi corrigida pelo tipógrafo. *Ver* Prova tipográfica.
PROVA DE ENCADERNAÇÃO – Designação dada a alguns cortes dianteiros que se deixaram com barbas para poder ver-se que o volume foi um pouco aparado, quando o encadernaram.

PROVA DE ENSAIO – Aquela que o artista, em determinada fase do trabalho ou no final do mesmo, tira com o objectivo de preparar uma tiragem de uma gravura, com vista a afinar a qualidade da impressão final.

PROVA DE ESCOVA – Aquela que é obtida batendo-se com uma escova sobre o papel, para nele se fixar a tinta que previamente se passou nos tipos.

PROVA DE ESTADO – Estampa diferente da primeira e com nova numeração, que é impressa a partir da matriz onde está a ser realizada, após terem sido acrescentados alguns traços ou pormenores à gravura primitiva; a finalidade é controlar e corrigir o trabalho já efectuado.

PROVA DE FOTOGRAVURA – Documento obtido, seja por um processo fotográfico, seja por um processo de impressão e destinado ao controlo do processo de reprodução das imagens (monocromático ou polícromo).

PROVA DE FUNDIÇÃO – Prova usada para comprovar a correcção das provas de estampas, antes de se fazerem as chapas de electrotipia de metal tipográfico composto.

PROVA DE GALÉ – *Ver* Prova de granel.

PROVA DE GRANEL – A primeira prova que se tira de uma composição tipográfica, após o granel estar completo. Primeira prova. Prova de galé • Qualquer prova de composição em granel, ainda não paginada.

PROVA DE GRAVAÇÃO (port. Bras.) – *Ver* Prova de autor.

PROVA DE IMPRESSO (port. Bras.) – *Ver* Prova tipográfica.

PROVA DE MÃO – *Ver* Prova a murro.

PROVA DE MÁQUINA – Prova que o impressor dá ao chefe da oficina ou ao revisor, para ser lida ou para serem verificadas as emendas, antes de se começar a fazer a tiragem.

PROVA DE NÍVEL NA LEITURA – Aquela que é feita com a finalidade de medir os conhecimentos adquiridos em relação a uma determinada dimensão do processo de leitura, como a capacidade de decifrar palavras ou frases. Prova de desempenho na leitura.

PROVA DE PÁGINA – Aquela que se tira de uma composição depois de paginada, normalmente a seguir à de granel.

PROVA DE PRONTIDÃO PARA A LEITURA – Aquela que pretende esclarecer se já foram adquiridas as capacidades básicas julgadas necessárias para que uma criança consiga aprender a ler.

PROVA DE REGISTO – Em policromia é aquela que tem por fim verificar o registo perfeito das diferentes cores.

PROVA DEFINITIVA – Prova tirada de um texto impresso, para demonstrar que foram feitas as últimas correcções antes da impressão. Última prova. Prova final.

PROVA DIGITAL – Aquela que é feita a partir de um original digital.

PROVA EMENDADA – *Ver* Prova corrigida.

PROVA FINAL – *Ver* prova definitiva.

PROVA LIMPA – Prova ou página revista, tirada após terem sido feitas todas as correcções que haviam sido assinaladas pelo revisor.

PROVA NEGATIVA – Aquela que reproduz o modelo com as partes luminosas de maneira inversa.

PROVA NORMATIVA – No contexto da avaliação do processo de leitura é aquela que se caracteriza por ser baseada na escolha de palavras que visam discriminar as diferenças entre as crianças relativamente a objectivos explicitados e operacionalmente definidos.

PROVA PAGINADA – *Ver* Prova compaginada.

PROVA PARA REPRODUÇÃO – Prova já corrigida, tirada na máquina em papel gessado ou de celofane, para ser reproduzida em fotogravura, *offset*, litografia ou por outro processo.

PROVA POSITIVA – Aquela que dá a imagem com as luzes e sombras tal como estão no modelo; é reproduzida da prova negativa.

PROVA PRÉVIA – Em relação a uma patente, designação de qualquer tipo de prova que demonstra que a finalidade para a qual a patente é pedida já havia sido descrita anteriormente, invalidando, assim, o pedido feito.

PROVA PROGRESSIVA – Cada uma das provas que o gravador ou o litógrafo vai entregando ao impressor para avaliar a tonalidade exacta em que deve ser impresso cada cliché ou pedra de um trabalho a cores, como tricromia ou cromolitografia • Prova que é feita na impressão a cor, que mostra cada cor em separado e em

combinação com outras, e que engloba a prova final, em que já aparecem todas as cores juntas.
PROVA REVISADA (port. Bras.) – *Ver* Prova revista.
PROVA REVISTA – A que já passou pela revisão, que lhe anotou os erros. (port. Bras.) Prova revisada.
PROVA ROTULADA – Prova de uma gravação acompanhada do título e nomes do artista, gravador e impressor, que vão gravados na margem.
PROVA SUJA – Diz-se da prova que está cheia de erros e correcções. Prova chumbada.
PROVA TIPOGRÁFICA – Aquela que foi revista, mas que ainda não foi corrigida pelo tipógrafo; para tal, existem códigos de revisão de texto, o mais importante dos quais é a NP 61.1987, que tende a uniformizar os sinais de correcção, de modo a facilitar o entendimento de todos os sinais de emenda. Prova de impresso.
PROVA TRANSPARENTE – Prova de composição tipográfica feita em papel transparente, de modo a ter uma ideia de como ficará o trabalho depois de pronto.
PROVA-DIAGNÓSTICO – No contexto da avaliação do processo de leitura, é aquela prova que é levada a cabo com a finalidade de identificar as dificuldades encontradas.
PROVANÇA – Processo de habilitação necessária ao ingresso em ordens militares ou conventuais • *Ver* Prova.
PROVENIÊNCIA – Informação acerca da transmissão de propriedade de um manuscrito ou impresso; uma encadernação especial com super libros, ex libris, carimbo, selo branco ou qualquer inscrição de anteriores possuidores pode indicar a proveniência da espécie na qual aparece; reveste particular importância numa biblioteca, etc., quando o exemplar em questão pertenceu a uma personalidade conhecida que, eventualmente, aí terá consignado os seus comentários • Pertence. Marca de posse. Origem • Instituição, administração, estabelecimento, organismo ou pessoa privada que criou, acumulou ou conservou documentos de arquivo no decurso da actividade dos seus negócios antes da sua transferência para um centro de pré-arquivo ou serviço de arquivo.

Ver Princípio da proveniência. Proveniência territorial • Fonte. Origem. Procedência.
PROVENIÊNCIA TERRITORIAL – Conceito derivado do princípio do respeito de fundos, segundo o qual os arquivos deveriam ser conservados em serviços de arquivo do território no qual foram produzidos, com exclusão dos documentos elaborados por representações diplomáticas ou resultantes de operações militares.
PROVÉRBIO – Sentença moral • Máxima expressa em poucas palavras que se tornou popular. Rifão. Anexim. Aforismo. Parémia. Adágio.
PROVISÃO – Documento oficial, civil ou eclesiástico, em que se confere cargo ou autoridade a uma determinada pessoa, ou se expedem instruções.
PROVISÃO RÉGIA – Aquela que é emanada da autoridade real.
PROVISTA – Operário encarregado de tirar provas dos clichés nas oficinas de fotogravura, antes da montagem, a fim de poder verificar os resultados do trabalho de gravação • Litógrafo que tira as provas destinadas ao transporte a partir da pedra-matriz.
PROXY (pal. ingl.) – Em informática, aplicação que serve de intermediária entre computadores e que faculta a comunicação entre aplicações entre computadores que não estão directamente interligados. *Proxy server*.
PROXY SERVER (loc. ingl.) – *Ver* Servidor intermediário.
PRUMO – Nome dado na antiga nomenclatura à guarnição de 48 pontos ou mais.
PS – Acrónimo de *post script*, forma abreviada da latina *post scriptum*, depois do escrito. Designa o formato do tratamento de texto, linguagem de programação e norma de descrição do *layout* da página, muito corrente na *www*.
PSALTEIRO GALEGO – Livro pequeno ou manual que continha os salmos de David; galego tinha o significado de pequeno, fraco, daí ter sido usado para qualificar esta modalidade de livro, em geral de pequenas dimensões. Saltério.
PSALTÉRIO – Livro sagrado do Antigo Testamento, que contém os louvores de Deus, da sua lei e do varão justo, particularmente de

Cristo, que é o primeiro argumento deste livro, sob a forma de cento e cinquenta salmos; inclui frequentemente a notação musical. Saltério.
PSALTERIUM (pal. lat.) – Os salmos de David. O mesmo que psaltério. *Ver* Saltério.
PSEUD. – Abreviatura de pseudónimo.
PSEUDO-AUTÓGRAFO – Documento ao qual o falsário dá todas as aparências da autografia de um personagem conhecido, a fim de fazê-lo adquirir por coleccionadores, como se de um documento autêntico se tratasse.
PSEUDOCÓPIA – Acto que se apresenta como uma cópia, quer independente, quer incorporada num outro acto (*vidimus*, por exemplo) ou ainda sob a forma de uma edição, mas cuja existência não é real.
PSEUDO-EPÍGRAFE – Falso título de uma obra ou nome falso de um autor.
PSEUDÓNIMO – Nome suposto usado por um autor nas suas obras em vez do nome real. Nome disfarçado. Alónimo, criptónimo. Onomatópose • Trabalho publicado sob esse nome.
PSEUDÓNIMO COLECTIVO – Aquele que é adoptado por duas ou mais pessoas, sob o qual assumem a paternidade de uma obra.
PSEUDÓNIMO COMPOSTO – Aquele que é constituído por dois nomes ou é formado por duas ou mais palavras que representam um conceito, expressão sintética, etc.
PSEUDÓNIMO PERIFRÁSTICO – Diz-se de um pseudónimo resultante do emprego de um ou vários termos formando uma mesma expressão.
PSEUDÓNIMO SINCOPADO – Aquele que apresenta algumas letras substituídas por reticências.
PSEUDO-ORIGINAL – Acto falso que se apresenta com todas as aparências de um original, inclusive as marcas de validação.
PSEUDO-PALAVRA – Sequência de letras ou de fonemas que, não tendo significado, não constitui uma palavra, mas respeita as sequências habituais da língua.
PSEUDO-PARTITURA – Partitura sem a coincidência vertical das vozes.
PSICOLOGIA BIBLIOLÓGICA – *Ver* Psicologia da leitura.
PSICOLOGIA DA LEITURA – Psicologia da criação dos livros, sua distribuição e circulação, da sua utilização pelos leitores, pelas escolas, pelas bibliotecas e pelas livrarias. Psicologia bibliológica.
PSICRÓMETRO – Aparelho, constituído por dois termómetros semelhantes, com que se mede a humidade relativa. *Ver* Higrómetro.
PT. – Abreviatura de parte.
PÚB. – Abreviatura de público.
PUBL. – Abreviatura de publicação *e* publicado.
PUBLIC LENDING RIGHT (loc. ingl.) – Direito de empréstimo ao público. PLR.
PUBLICAÇÃO – Acto ou efeito de publicar, isto é, de difundir um documento junto de um determinado universo de consumidores • Obra impressa de carácter literário, científico ou artístico, publicada para divulgação e venda • Livro • Folheto • Escrito feito para publicar num jornal com finalidade noticiosa ou de propaganda • Conjunto de operações que inclui as negociações com os autores (pessoas ou entidades) responsáveis pelo conteúdo intelectual ou artístico de uma obra e todo o controlo da sua produção e distribuição pública.
PUBLICAÇÃO A PEDIDO – *Ver Print on demand*.
PUBLICAÇÃO ABERTA – Aquela que continua a ser publicada, que ainda não findou. Publicação em aberto.
PUBLICAÇÃO ACADÉMICA – Trabalho editado por uma academia • Publicação editada por um organismo relacionado com o ensino secundário, médio ou superior • Em sentido mais lato é uma publicação feita por qualquer associação cultural ou científica.
PUBLICAÇÃO ANÓNIMA – *Ver* Obra anónima.
PUBLICAÇÃO ANUAL – Aquela que sai uma vez por ano. Anuário.
PUBLICAÇÃO APERIÓDICA – Aquela que não tem data fixa de aparição a público.
PUBLICAÇÃO ASSISTIDA POR COMPUTADOR – Expressão usada para designar a aplicação dos meios informáticos às artes gráficas. Assenta na utilização de um *software* capaz de controlar o tratamento de texto, de modo a poder formatar, corrigir gralhas, melhorar e alterar esse texto, bem como fazer

o seu armazenamento em memória magnética e ainda a sua impressão; o desenvolvimento especializado das tecnologias de informação converteu a maior parte das empresas em editoras; com um computador pessoal e um pequeno número de programas, a maior parte das pessoas pode preparar uma publicação até à fase de produção por uma tipografia especializada. Processamento de texto. *Desktop publishing.*

PUBLICAÇÃO ATRASADA – Publicação que já não é recente, mas que o editor mantém em armazém, porque ainda é pedida com frequência • Numa lista de editor, diz-se do título que está na tipografia, porque tem venda regular ano a ano.

PUBLICAÇÃO AUTORIZADA – Aquela cujo texto é garantido por uma autoridade e ao qual devem conformar-se todos os que estão sob a dependência dela.

PUBLICAÇÃO BIENAL – Aquela que sai de dois em dois anos.

PUBLICAÇÃO BIMENSAL – Aquela que sai duas vezes por mês.

PUBLICAÇÃO BIMESTRAL – Aquela que sai de dois em dois meses.

PUBLICAÇÃO BISSEMANAL – Aquela que sai duas vezes por semana.

PUBLICAÇÃO CIENTÍFICA – Aquela cujo conteúdo versa temas do campo da ciência.

PUBLICAÇÃO CLANDESTINA – Aquela que não tem indicação de pé de imprensa ou possui um pé de imprensa falso; em geral este tipo de publicação, que exprime pontos de vista ou trata temas habitualmente ausentes da imprensa diária ou da oficial, é mais frequente nos países onde não há liberdade de imprensa.

PUBLICAÇÃO COMEMORATIVA – Compilação de documentos em honra de uma personalidade ou de um organismo por ocasião de um jubileu, de um aniversário ou de um outro acontecimento ou dedicada à memória de uma pessoa. Publicação de circunstância.

PUBLICAÇÃO CORRENTE – Expressão usada por oposição a publicação cuja saída cessou e atribuída às publicações cuja apresentação se encontra em curso.

PUBLICAÇÃO DE AUTORIA PROVÁVEL – *Ver* Obra de autoria provável.

PUBLICAÇÃO DE CIRCUNSTÂNCIA – *Ver* Publicação comemorativa.

PUBLICAÇÃO DE COLECTIVIDADE – Aquela que é editada por uma instituição ou sociedade ou sob o seu patrocínio, que inclui as actas, relatórios de actividades e memórias dessa instituição ou sociedade.

PUBLICAÇÃO DE DIVULGAÇÃO – Aquela que se destina a fornecer informações sobre um tema de interesse e que é caracterizada por apresentar um grande número de anúncios publicitários; apresenta uma linguagem acessível, sem preocupações de erudição, e tem como finalidade a difusão de factos.

PUBLICAÇÃO DE DOCUMENTOS – Edição de documentos de arquivo ou outros, por vezes acompanhados de um aparato descritivo, explicativo ou crítico.

PUBLICAÇÃO DE ENCOMENDA PRÉVIA – *Ver* Edição a pedido.

PUBLICAÇÃO DE INFORMAÇÃO ESPECIALIZADA – Publicação periódica orientada para um determinado público, cujo conteúdo é composto exclusivamente por informações, comentários, reportagens de acontecimentos ou temas relacionados com assuntos ou aspectos especializados da vida nacional ou internacional.

PUBLICAÇÃO DE INFORMAÇÃO GERAL – Aquela que se dirige a um público não determinado e que contém informações, reportagens ou comentários sobre casos ou temas actuais relacionados com aspectos do dia a dia nacional e internacional.

PUBLICAÇÃO DE NATUREZA JORNALÍSTICA – Aquela cujo carácter é notoriamente noticioso ou informativo acerca de factos ou temas de ordem geral e da actualidade.

PUBLICAÇÃO DE PÁGINA WEB – Modalidade de diálogo que é possível desenvolver através de *e-mail* e que se caracteriza pela possibilidade de editar páginas de informação na Web.

PUBLICAÇÃO DE PRIMEIRA MÃO – *Ver* Fonte primária.

PUBLICAÇÃO DE RESUMOS – *Ver* Revista de resumos.

PUBLICAÇÃO DE SOCIEDADE COMER-

CIAL – Obra publicada por instituição comercial, industrial, etc. e distribuída por ela mesma ou seus representantes.

PUBLICAÇÃO DE UM ACTO – Formalidade que consiste em dar a conhecer o conteúdo de um acto, ou por leitura pública ou por impressão.

PUBLICAÇÃO DESCONTÍNUA – Publicação que apresenta interrupções, sendo a sua saída intermitente.

PUBLICAÇÃO *DESKTOP* – Designação resultante do desenvolvimento especializado das tecnologias de informação, que converteu a maior parte das empresas em editoras; com um computador pessoal e um pequeno número de programas, a maioria das pessoas pode preparar uma publicação até à fase de produção por uma tipografia especializada. Publicação assistida por computador.

PUBLICAÇÃO DIÁRIA – Aquela que sai todos os dias. Aquela que se publica, em geral, pelos menos seis vezes por semana.

PUBLICAÇÃO DIFAMATÓRIA – *Ver* Libelo.

PUBLICAÇÃO DIGITAL – Designação atribuída a uma obra que é disponibilizada através de um meio digital e destinada a ser lida por meio de um dispositivo de visualização de um computador convencional ou de um instrumento informático *ad hoc*.

PUBLICAÇÃO EDITADA NO PAÍS – Aquela cujo editor tem o seu domicílio social no país onde é publicada.

PUBLICAÇÃO EM FOLHAS SOLTAS – Aquela que não é impressa formando cadernos, cujas folhas são independentes e amovíveis, permitindo uma actualização sempre que necessário.

PUBLICAÇÃO EM NEGATIVO – Edição em microfilme, geralmente sob a forma de rolo ou sob a de microficha, de documentos de arquivo, seja de fundos inteiros ou de partes de um fundo, ou de uma selecção de documentos relativos a um determinado assunto, adicionados com dados explicativos e destinados à venda ao público.

PUBLICAÇÃO EM SÉRIE – Publicação impressa ou não, editada em fascículos ou em volumes sucessivos, ordenados em geral numérica ou cronologicamente, com duração não delimitada à partida e independentemente da sua periodicidade; as publicações em série incluem os periódicos (revistas, jornais, boletins, anuários), as séries de actas e relatórios de instituições e congressos, bem como as colecções de monografias; trata-se de uma obra formada por partes ou volumes publicados sucessivamente com um título comum e com a intenção de ser continuada indefinidamente, mas não necessariamente a intervalos regulares. Publicação seriada. Recurso contínuo.

PUBLICAÇÃO EM SÉRIE ACTIVA – Aquela cujos números ou fascículos continuam a ser publicados. Publicação em série viva. Publicação em série em curso. Série activa; opõe-se a publicação em série passiva.

PUBLICAÇÃO EM SÉRIE PASSIVA – Aquela cujos números ou fascículos deixaram de ser publicados. Publicação em série morta. Publicação finda. Série passiva; opõe-se a publicação em série activa.

PUBLICAÇÃO ESPECIAL – Aquela que não está sujeita a datas fixas de saída nem a tamanho.

PUBLICAÇÃO ESPECIALIZADA – Designação da publicação que trata exclusivamente de temas de natureza científica ou literária, histórica, artística, religiosa, técnica, profissional, forense, publicitária, bibliográfica, etc.

PUBLICAÇÃO ESTATAL – *Ver* Publicação oficial.

PUBLICAÇÃO ESTRANGEIRA – Aquela que é impressa em qualquer país, que não o próprio, e aquela que é editada no país por uma instituição oficial estrangeira.

PUBLICAÇÃO EVENTUAL – *Ver* Publicação ocasional.

PUBLICAÇÃO FINDA – Diz-se da publicação que deixou de ser editada. Publicação morta.

PUBLICAÇÃO FORA DO MERCADO – Designação da publicação que se esgotou, deixou de estar à venda ou foi retirada do circuito comercial e que, por esse motivo, não pode ser adquirida.

PUBLICAÇÃO FRACCIONADA – A que se publica em volumes, tomos, fascículos ou folhas seguidas.

PUBLICAÇÃO FRAGMENTADA – Diz-se da forma de publicação de um autor que, partindo de um único trabalho de investigação, dá origem à elaboração de vários trabalhos distintos. *Salami publishing*.

PUBLICAÇÃO GOVERNAMENTAL – Publicação de carácter oficial ou de natureza instrutiva, descritiva ou histórica, que é dada à estampa pelo departamento de publicações de um governo, para ser distribuída aos funcionários do governo ou ao público; o seu conteúdo é tão diversificado quanto o departamento, serviço e repartição que a publica.

PUBLICAÇÃO IMPRESSA – Publicação obtida por impressão tipográfica ou processos similares.

PUBLICAÇÃO INFANTIL – Publicação que, pela sua natureza, conteúdo e apresentação, está destinada a leitores menores de doze anos. Publicação para crianças.

PUBLICAÇÃO INFANTO-JUVENIL – Publicação que, pela sua natureza, conteúdo e apresentação, está destinada a menores de dezasseis anos.

PUBLICAÇÃO INTERMITENTE – Aquela cujos períodos de aparição não são fixos ou periódicos, mas que se interrompe e continua a aparecer de forma irregular. Publicação descontínua. Publicação irregular.

PUBLICAÇÃO INTERNA – Publicação periódica dirigida ao pessoal de uma empresa ou aos sócios de uma colectividade.

PUBLICAÇÃO IRREGULAR – Aquela que não vem a lume segundo uma data fixa. Publicação intermitente. Publicação descontínua.

PUBLICAÇÃO LITERÁRIA EM FASCÍCULOS, POR ASSINATURA – Processo de produção e comercialização do livro que se praticou em Portugal na primeira metade do século XIX, em que o editor corria o risco normal de lançar o livro no mercado, a que se seguiam as subscrições, que significavam volumes vendidos após a edição do livro. As colecções literárias comercializadas desta forma eram em papel de fraca qualidade, impressas sem grandes cuidados tipográficos e regra geral bastante ilustradas.

PUBLICAÇÃO LIVRE – A que não está protegida para efeitos de cópia; o material não protegido pode ser reproduzido e usado sem necessidade de autorização prévia do autor ou dos seus representantes legais.

PUBLICAÇÃO LOCAL – Diz-se da publicação menor, mal difundida ou não difundida pelos circuitos comerciais clássicos de distribuição de publicações e que normalmente só tem interesse regional.

PUBLICAÇÃO MONOGRÁFICA – Publicação não seriada, que consiste no texto e/ou instruções, tanto completas num volume como constando de vários volumes. Monografia.

PUBLICAÇÃO MORTA – *Ver* Publicação finda.

PUBLICAÇÃO MULTIMÉDIA – *Ver* Multimédia.

PUBLICAÇÃO MÚLTIPLA – Publicação do mesmo estudo feita mais de uma vez, independentemente de a redacção ser a mesma.

PUBLICAÇÃO NACIONAL – Aquela que é impressa em qualquer parte de um país, seja qual for a língua em que esteja redigida.

PUBLICAÇÃO NÃO DIÁRIA – Designação atribuída a qualquer publicação que se edite menos de seis vezes por semana.

PUBLICAÇÃO NÃO PERIÓDICA – Aquela que é editada de uma só vez ou a intervalos, em volumes, cujo número é em geral determinado previamente • Designação dos livros, folhetos, cartazes, folhas volantes e demais impressos editados e distribuídos unitária e parcelarmente.

PUBLICAÇÃO OCASIONAL – Aquela cuja saída não é regular, antes se faz por circunstâncias fortuitas, por motivos e ocorrências de tempo não determinadas. Publicação eventual.

PUBLICAÇÃO OFICIAL – Qualquer texto publicado sob a forma de volume, brochura ou publicação periódica emanado de um governo, de uma sociedade estatal ou de um organismo internacional, isto é, editado por pessoa colectiva de direito público ou entidade equiparada, por imposição legal. São publicações oficiais aquelas que são editadas por governos nacionais, estaduais, provinciais, municipais, etc. e por administrações particulares, militares, jurídicas, eclesiásticas, etc. Publicação estatal.

PUBLICAÇÃO OFICIOSA – Aquela que é editada por pessoa colectiva de direito público ou entidade equiparada, que não seja oficial.

PUBLICAÇÃO PARA A INFÂNCIA E ADOLESCÊNCIA – Aquela que contém textos ou imagens que se destinam claramente à juventude ou que possam ser considerados como tal e todas as que possuam carácter circum-escolar.

PUBLICAÇÃO PARA CRIANÇAS – *Ver* Publicação infantil.

PUBLICAÇÃO PARTICULAR – *Ver* Publicação privada.

PUBLICAÇÃO PERIÓDICA – Publicação colectiva, com um título legalizado, que é editada a intervalos regulares, durante um determinado período de tempo, cujos fascículos se encadeiam cronologicamente uns nos outros, para que no fim de um ano ou de outro período de tempo determinado, constituam um ou vários volumes, que tomam a sua ordem numa série contínua. Caracterizam a publicação periódica os factos de possuir um título, ser editada regularmente sob a forma de fascículos com artigos, regra geral de autores diferentes, e a circunstância de teoricamente não ter um fim. A primeira publicação portuguesa de carácter periódico é a célebre *Gazeta*, cuja edição teve início em Novembro de 1641 e que foi publicada de Novembro deste ano a Setembro de 1647, num total de 37 números. A sua publicação foi um tanto irregular, mas meses houve em que saíram dois números, como no caso de Outubro e Novembro de 1642 e outros em que as notícias de dois meses foram publicadas juntas num só número, como aconteceu em 1644 com os meses de Março e Abril, Maio e Junho, Julho e Agosto e em 1646 com Julho e Agosto e Setembro e Outubro; é ainda de notar o caso do mês de Dezembro de 1642, em que a *Gazeta primeira e segunda* são publicadas juntas num só número. Os seus impressores foram sobretudo dois: Domingos Lopes Rosa e Lourenço de Anvers; António Álvares imprimiu apenas dois números e outros aparecem sem indicação do nome do impressor • Obra colectiva, que resulta do trabalho de profissionais da imprensa ou da colaboração de não profissionais, sob a responsabilidade de um director.

PUBLICAÇÃO PERIÓDICA ACADÉMICA – Aquela que é editada por uma universidade, centro de investigação, sociedade erudita, científica, cultural ou semelhante.

PUBLICAÇÃO PERIÓDICA CIENTÍFICA – Aquela que aborda temas relacionados com o campo das ciências, tratados geralmente com bastante objectividade e rigor.

PUBLICAÇÃO PERIÓDICA DE EMPRESA – A que é destinada aos empregados de uma firma comercial, industrial ou organização análoga ou aos clientes da mesma.

PUBLICAÇÃO PERIÓDICA DE FORMATO DUPLO – A que se caracteriza por apresentar duas secções produzidas em simultâneo: o jornal de sinopses e a reprodução dos originais aceites para publicação, na sua forma global, mas em formato reduzido (microficha ou microfilme).

PUBLICAÇÃO PERIÓDICA DE INFORMAÇÃO CORRENTE – Tipo de publicação periódica destinada a divulgar textos de literatura científica, técnica, comercial e outra, com vista a manter informados os que se interessam por esses assuntos; contém, regra geral, referências bibliográficas de documentos primários acompanhadas de resumos dos mesmos; tem como função a sua divulgação, visando interesses futuros do investigador.

PUBLICAÇÃO PERIÓDICA DE INFORMAÇÃO GERAL – Aquela que é destinada ao público em geral, que tem essencialmente por objectivo constituir uma fonte de informação escrita acerca dos acontecimentos correntes relacionados com os negócios públicos, as questões internacionais, a política, etc.; pode conter igualmente artigos literários ou outros, assim como ilustrações e publicidade.

PUBLICAÇÃO PERIÓDICA GRATUITA – Aquela que é distribuída a título gracioso; surge como uma consequência lógica da tendência da imprensa actual: como a publicidade proporciona por vezes cerca de 80% das receitas da publicação, surgiu a ideia de editar publicações periódicas cuja publicidade cobrisse os gastos totais da publicação, de modo a poderem distribuir-se gratuitamente.

PUBLICAÇÃO PERIÓDICA OFICIAL – A que é editada periodicamente pela administração pública ou pelos organismos que dela

dependem; inclui as colecções de legislação, de regulamentos, etc.
PUBLICAÇÃO PERIÓDICA SECUNDÁRIA – Aquela que é feita a partir de uma publicação primária, criada com a intenção de sistematizar o fluxo de artigos científicos, de modo a permitir que os investigadores identifiquem rapidamente, e de uma forma simples, aqueles que lhes interessam; publica resumos de artigos editados noutras revistas, com as respectivas referências bibliográficas, organizados por temas e acompanhados de índices de autores, assuntos e outros, facilitando a identificação dos assuntos, que incidem sobre um determinado aspecto específico.
PUBLICAÇÃO POR DUPLICAÇÃO – Aquela que foi reproduzida a partir de um original, por meio de uma máquina duplicadora, em vez de resultar da impressão com tipos metálicos ou chapas.
PUBLICAÇÃO POR FOLHAS SOLTAS – Publicação em série que se revê, completa ou indexa através da inserção de páginas novas ou de troca das existentes cujo conteúdo se encontre desactualizado; apresenta-se sob a forma de uma capa de argolas ou de molas para folhas desunidas, que se destacam quando interessa inserir as últimas revisões de informação, o que acontece em geral nas obras jurídicas e científicas.
PUBLICAÇÃO POSTA À DISPOSIÇÃO DO PÚBLICO – Aquela que o público pode obter, quer pagando, quer gratuitamente, bem como a destinada a um número restrito de pessoas.
PUBLICAÇÃO PRIMÁRIA – Publicação que contém a informação principal.
PUBLICAÇÃO PRIVADA – Aquela que não é pública, isto é, que não depende de uma instituição do Estado. Publicação particular.
PUBLICAÇÃO PROVISÓRIA – Nome dado à publicação original, em que é exposta a ideia e apresentada a conclusão, sem que a evolução do pensamento do autor seja expressa de forma detalhada, e em que são omitidos propositadamente os materiais e os métodos utilizados.
PUBLICAÇÃO QUADRIENAL – Aquela que sai de quatro em quatro anos.
PUBLICAÇÃO QUINQUENAL – Aquela que é publicada uma vez em cada período de cinco anos.
PUBLICAÇÃO QUINZENAL – Aquela que sai todos os quinze dias.
PUBLICAÇÃO SECUNDÁRIA DE RESUMOS – *Ver* Revista de resumos.
PUBLICAÇÃO SEMANAL – Aquela que sai uma vez por semana. Semanário.
PUBLICAÇÃO SERIADA – *Ver* Publicação em série.
PUBLICAÇÃO SUBVENCIONADA – Qualificação dada a uma publicação cujo êxito comercial é duvidoso e que faz com que as despesas com a sua edição sejam custeadas, na totalidade ou em parte, pelo autor ou por um patrocinador, que pode ser uma pessoa ou instituição.
PUBLICAÇÃO SUPRIMIDA – Aquela cuja circulação foi proibida ou interceptada por ordem do autor ou da autoridade civil, judicial ou eclesiástica.
PUBLICAÇÃO TÉCNICA – Aquela cujo conteúdo versa temas de natureza própria de uma arte ou ciência.
PUBLICAÇÃO TERCIÁRIA – Publicação em que se divulgam análises sectoriais, estudos de mercado, etc. Tem como ponto de partida dados numéricos e factuais publicados, dados esses que são sistematizados para possibilitarem uma leitura rápida e a apreensão imediata dos aspectos fundamentais; as publicações terciárias são as fontes de informação mais usadas pelos investigadores que têm de tomar decisões rápidas sobre determinados aspectos das suas actividades.
PUBLICAÇÃO TRIENAL – Aquela que sai todos os três anos.
PUBLICAÇÃO TRIMENSAL – A que sai três vezes por mês.
PUBLICAÇÃO TRIMESTRAL – Aquela que sai de três em três meses, que é, portanto, editada quatro vezes por ano.
PUBLICAÇÃO TRISSEMANAL – Aquela que é publicada três vezes por semana.
PUBLICAÇÃO UNITÁRIA – Publicação de natureza em geral homogénea, num ou em vários volumes, fascículos, etc., que é editada de uma só vez.

PUBLICAÇÃO VESPERAL – *Ver* Publicação vespertina.
PUBLICAÇÃO VESPERTINA – Publicação diária, cuja saída se verifica durante a parte da tarde. Publicação vesperal.
PUBLICADO – Diz-se do documento que foi divulgado, tornado conhecido • Decretado. Promulgado.
PUBLICADOR – Aquele que publica.
PÚBLICA-FORMA – Primeira expedição de um acto notarial ou de uma sentença judicial entregue ao interessado, a fim de permitir a execução deste acto (cuja minuta é conservada pelo notário ou pelo tribunal) ou para fazer prova perante terceiros, eventualmente após o cumprimento de todas as formalidades necessárias (registo, pagamento de impostos, etc.) • Documento reproduzido, no todo ou em parte, de um documento anterior, reconhecido e autenticado pela autoridade competente e que substitui o original. Forma autêntica.
PUBLICAMENTE – De modo público. Em público. À vista de todos.
PUBLICAR – Divulgar por meio da imprensa ou outros processos gráficos • Dar à estampa uma obra para difusão pública. Reproduzir tipograficamente um documento para divulgá-lo. Editar, imprimir • Proclamar. Difundir. Tornar público • Afixar ou apregoar em lugares públicos. Dar conhecimento de uma lei, decreto, regulamento, etc.
PUBLICARE (pal. lat.) – Tornar público. Pôr à disposição de quem quiser. Dar ao povo, ao uso de todos.
PUBLICARE SIMULACRUM (loc. lat.) – Tornar pública uma representação figurada, uma reprodução, uma imitação.
PUBLICÁVEL – Que pode publicar-se • Digno de ser divulgado.
PUBLICIDADE – Divulgação, anúncio, propaganda • Designação genérica de toda a matéria impressa com fins de propaganda comercial: artigos, anúncios, folhetos, cartazes, autocolantes, etc. • Vulgarização.
PUBLICIDADE EM FAVOR DA BIBLIOTECA – Conjunto das acções levadas a cabo para dar a conhecer uma biblioteca ao público, em particular os serviços que ela põe à sua disposição, com vista a generalizar e intensificar a sua frequência.
PUBLICISMO – Actividade ou profissão de publicista • Conjunto dos publicistas.
PUBLICISTA – Jornalista, periodista, periodicista • Pessoa que escreve sobre temas públicos correntes como economia, política, assuntos sociais, direito público, etc. • Escritor público • Jornalista político • Aquele que se dedica a fazer publicidade • A imprensa jornalística.
PUBLICITÁRIO – Relativo à publicidade • Pessoa que tem actividade neste domínio • Rubrica numa publicação periódica destinada à publicidade.
PÚBLICO – Diz-se daquilo que é do uso e domínio de todos. Comum • Quantidade indefinida de pessoas que constituem uma comunidade • O povo considerado em geral • Auditório.
PÚBLICO ESPECIALIZADO – Aquele a que se destinam, em especial, produtos de informação, em suporte tradicional ou digital da seguinte tipologia: livros e revistas científico-técnicos, bases de dados especializadas (referenciais e de texto completo), informação institucional.
PÚBLICO LEITOR – Conjunto de leitores de um determinado país; geralmente abrange um universo de leitores anónimo, heterogéneo, que vai do frequentador de gabinetes de leitura ao assinante de fascículos, cliente de jornais, livrarias ou venda ambulante • Conjunto de pessoas que lêem uma determinada publicação.
PÚBLICO POPULAR – Conjunto de leitores de um determinado país, que é definido pelo baixo nível de instrução ou de riqueza.
PÚBLICO-ALVO – Segmento da população que se pretende atingir com determinada matéria jornalística ou outra ou com uma determinada publicação.
PUBLIGRAFIA – Publicidade que utiliza exclusivamente meios gráficos.
PUBLIQUE-SE – Ordem que se escreve num original para indicar que o mesmo deve ser dado a público.
PUBLISHER (pal. ingl.) – Editor.
PUGILLARES (pal. lat.) – Tabuinhas pequenas revestidas de cera, usadas pelos romanos para

escrever cartas, despachos, trabalhos escolares, primeiros borrões de obras literárias, notícias e sobretudo questões de jurisprudência; a palavra, com o significado "que cabe num punho" referia-se ao seu tamanho, pois eram de tal modo pequenas, que era possível tê-las na mão, razão pela qual também eram designadas por *parvæ tabullæ*. Ver tb. Codicillus. Ceratis codicilli.

PUGILLARES CERÆ (loc. lat.) – Antigas placas de escrever, revestidas a cera, que podiam ser seguras na mão, também denominadas *pugillares tabellæ*.

PUGILLARES MEMBRANEI (loc. lat.) – Também denominados simplesmente *membranæ*, são uma invenção romana, e consistiam em cadernos de pergaminho, que podem considerar-se os precursores do códice; as vantagens em relação ao formato de rolo eram numerosas: a sua maleabilidade, já que eram facilmente seguros numa só mão (enquanto o manejar os rolos exigia a utilização das duas mãos), a sua capacidade, que permitia inserir textos mais longos, e a comodidade proporcionada pelo seu formato, que tornava mais fácil o transporte e a arrumação nas bibliotecas. Esta mudança, embora muito lenta, inicia-se no tempo de Marcial (séc. I d. C.) e é atestada por ele nos seus *Epigramas*; pouco a pouco as vantagens do novo formato impuseram-se naturalmente e pode dizer-se que, no início do século IV, o número de códices e de rolos era idêntico; no início do século seguinte o códice substituía praticamente o rolo, sobretudo em textos longos de carácter histórico, literário e didáctico.

PUGILLARES TABELLÆ (loc. lat.) – Ver *Pugillares ceræ*.

PULP (pal. ingl.) – Designação atribuída em Inglaterra a publicações baratas, especialmente novelas e revistas, que provém do facto de o papel em que são editadas ser fabricado à base de polpa vegetal; esta matéria-prima contém substâncias prejudiciais, que dão lugar à perda de cor e de resistência mecânica, pelo que são apenas empregues no fabrico de suportes de informação passageiros, como jornais e obras de menor qualidade literária.

PULPITUM (pal. lat.) – Ver Secretária.

PULVERIZADOR – Aparelho da máquina impressora que vaporiza um líquido sobre os cadernos para secarem mais depressa.

PUMEX (pal. lat.) – Ver Pedra-pomes.

PUMICARE (pal. lat.) – Marcar com ponta-seca o pergaminho para traçar as linhas da escrita.

PÚMICE – Ver Pedra-pomes.

PUMIZAÇÃO – Ver Punçagem.

PUNÇADOR – Em litografia é o operário que faz a punçagem das pedras • Instrumento utilizado para emparelhar e alisar pedras litográficas.

PUNÇAGEM – Acto ou efeito de furar com o punção. Pumização.

PUNÇÃO – Pequena haste de aço temperado, na extremidade da qual está gravado um sinal ou o olho da letra e que se bate sobre um bloco de cobre ou outro material para obter uma matriz ou molde do carácter; este foi o processo que serviu para a reprodução em número ilimitado de caracteres em metal fundido e que esteve na base da invenção tipográfica • Instrumento de ponta de aço usado pelos encadernadores para perfurar e desenhar linhas nas pastas dos livros • Instrumento para gravar em pedra litográfica • Utensílio usado para marcar objectos de ouro, prata ou outros materiais. Patriz.

PUNÇAR – Esfregar com pedra-pomes o pergaminho ou outras peles, para as desengordurar e alisar • Alisar o carnaz da pele • Preparar as pedras litográficas, aparelhando-as e alisando-as • Abrir com punção. Puncionar.

PUNCIONAR – Ver Punçar.

PUNCIONISTA – Abridor de matrizes. Fabricante de punções. Fundidor de tipos.

PUNCTA (pal. lat.) – Partes de texto que os professores de direito na Idade Média (sobretudo em Bolonha) eram obrigados a ensinar durante um determinado período de tempo.

PUNCTORIUM (pal. lat.) – Instrumento pontiagudo que permitia fazer pequenos orifícios no pergaminho, na margem da folha, de modo a servir de guia à regra. *Circinus*. Compasso.

PUNCTUM (pal. lat.) – Ponto, sinal de pontuação • Picada, furo • Divisão, parte (de um discurso, de uma frase ou assunto).

PUNCTURA – Ver Puncturação.

PUNCTURAÇÃO – Operação que consiste em efectuar num fólio uma série de pequenos furos (*puncti*) equidistantes, destinados a guiar o traçado do pautado. Estes furos-guia constituíam pontos de referência através dos quais se traçavam as linhas ou regras do manuscrito; por vezes eram picotadas várias folhas ao mesmo tempo, operação à qual se seguia a regragem ou traçado das linhas sobre as quais assentaria a escrita; posteriormente, quando as obras eram encadernadas, estes furos foram muitas vezes eliminados na margem exterior pelo aparo das folhas, enquanto que na margem interior se encontram encobertos pelo festo, daí que hoje em dia sejam raros os códices onde se conseguem encontrar estas marcas. Picotamento. Picotagem. Punctura.

PUNCTURAÇÃO MESTRA – Picotamento que determina a configuração geral do esquema da puncturação.

PUNCTURARE (pal. lat.) – Fazer a puncturação. Picotar.

PUNCTURAS – Furos a ponta-seca que se faziam nas folhas do pergaminho ou do papel, marcando assim o lugar onde se deviam traçar posteriormente as linhas sobre as quais o copista ia escrever • Pequenas pontas de ferro fixadas nas margens do tímpano ou cilindro de impressão, onde se colocava a folha para margear nos prelos antigos, quer manuais, quer mecânicos; destinavam-se a permitir o registo, na retiração ou nas tiragens de cores; hoje obtêm-se com o auxílio das balizas.

PUNHO – Mão; este termo aplica-se principalmente na expressão que caracteriza a escrita executada pela mesma mão ou punho, o que por vezes é bem visível em alguns manuscritos.

PUREZA – Em relação à linguagem é a propriedade que consiste no emprego das palavras e expressões genuínas, ou seja, próprias de uma língua correcta e límpida.

PURISMO – Amor excessivo pela pureza e depuração da linguagem.

PURISTA – Diz-se do escritor que se preocupa demasiado com a pureza da linguagem • Aquele que afecta excessiva pureza de linguagem.

PURL – Acrónimo de *Persistent Uniform Resource Locator*, *software* que analisa continuadamente a localização das páginas URL.

PÚRPURA – Tinta violácea muito usada na decoração dos antigos códices membranáceos, extraída de moluscos marinhos, nomeadamente o *murex brandaris* ou múrice; com o tempo a cor altera-se e tende para o acastanhado. Quando os pergaminhos eram totalmente mergulhados em púrpura, escrevia-se sobre eles com ouro ou prata (processo que tem o nome de crisografia), uma vez que qualquer tinta de outra cor ficaria pouco visível, sendo posteriormente polidos com ágata • Em heráldica é a cor que corresponde à ametista carregada, ou seja, ao roxo; é muitas vezes confundida com a púrpura cardinalícia, clara e rosada, e até com o vermelho-escuro.

PURPUREUS (pal. lat.) – Designação aplicada ao pergaminho de luxo tingido de púrpura.

PURPURINA – Substância química usada como pigmento, imitando o ouro; prepara-se dela um pó finíssimo, de todas as cores, usado em tipografia e litografia, que substitui o ouro, em várias situações.

PUSTAKA – Género de livro que consiste em longas tiras de casca de árvore fina ou de um papel que imita a casca das árvores; a palavra *sânscrita* é usada para este tipo de livro no Norte da Samatra, Java e outras regiões, enquanto a palavra *pustaka* é usada no sul da Samatra; este livro era escrito com tinta brilhante em longas tiras, que eram posteriormente dispostas em forma de acordeão e mantidas juntas através de cordéis, que passavam por orifícios nelas praticados.

PUTREFACÇÃO – Processo de decomposição do suporte da escrita que, por ser de origem orgânica, está sujeito a apodrecer quando estiver armazenado em condições de humidade e temperatura que desencadeiem a proliferação de microrganismos e bactérias.

PUTUS (pal. lat.) – Criança nua utilizada como motivo ornamental; figura, por exemplo, como elemento central na marca tipográfica conjunta de Valentim Fernandes e Nicolau de Saxónia.

PUXADEIRA – Pedaço de madeira delgado, com cerca de 15 centímetros de comprimento, dobrado nos extremos, de que os marginadores se servem para puxar as folhas de papel e para fazê-las correr em forma de leque aberto até aos dentes do cilindro, facilitando assim a impressão.

PUXADOR DE LINHAS – Compositor de cheio.

PUXAR LINHAS – Compor matéria de cheio.

PUXAR UMA FUNDIÇÃO – Requisitar as sortes de mais consumo para poder compor-se maior número de páginas quando se recebe uma fundição.

PUXA-VISTA (port. Bras.) – *Ver* Homem-sanduíche.

PUZZLE (pal. ingl.) – Quebra-cabeças que se faz com a finalidade de reconstruir uma ilustração ou outra imagem visual a partir da combinação ou encaixe de peças de cartão, madeira, etc., em que cada uma das peças apresenta apenas uma porção de um todo. Enigma.

PVA – Adesivo de acetato de polivinilo, que é usado em encadernação, por se manter flexível e não secar.

Putus

Q

Q – Letra do alfabeto latino e do de quase todas as línguas antigas e modernas • O tipo que na impressão reproduz essa letra • A matriz que dá esse carácter • Punção com que se grava essa matriz • Assinatura que distingue o décimo sexto caderno de um volume, quando se usam letras em vez de números • Décima sétima chamada de nota, se se usarem letras em lugar de números ou sinais • No sistema de numeração romana usado na Idade Média era igual a 500 e quando encimada por um traço, tinha o valor de 500.000 • Símbolo utilizado nos países anglo-saxónicos para designar o formato in-quarto de forma abreviada.

QT. – Forma abreviada de *Quiet*. Confidencial. Secreto. Reservado. Privado.

QA – Acrónimo de *Quality Assurance*, garantia de qualidade.

QUAD. – Abreviatura de quadro.

QUADERNA – Em heráldica, as quatro peças em quadrado, usualmente dispostas em forma decrescente.

QUADRA – Estância de quatro versos de arte menor.

QUADRADINHO – Pequeno quadrado. (port. Bras.) Quadrículo.

QUADRADO – Pequeno paralelepípedo em metal, de secção rectangular, um pouco mais baixo do que os caracteres, utilizado na composição para obter os brancos ou para justificar as linhas; o quadratim é um submúltiplo do quadrado • Nome dado ao excesso de papelão à volta do corpo do livro; o quadrado protege as bordas do livro de pó, sujidade e estrago excessivo.

QUADRADO ALTO – Quadrado utilizado na estereotipia e galvanotipia, pouco mais baixo do que o tipo, emparelhando com o ombro da letra.

QUADRADO OCO – Quadrado, quadratim e meio-quadratim dos corpos grandes 48, 64, 72, etc. que recebe um macho na fundição para ter menos peso.

QUADRADO SISTEMÁTICO – Aquele cuja largura tem por base o cícero e não o quadratim, como antigamente acontecia.

QUADRADOS DE CANTO – Diz-se dos quadrados que formam ângulo recto, que são usados em trabalhos de difícil justificação, para dar uma junção perfeita.

QUADRÁGENA – Obra composta por quarenta composições sobre um tema.

QUADRANTE – Peça que, deslocando-se sobre a mesa graduada do chanfrador, estabelece o grau de abertura do ângulo do chanfro.

QUADRATA (pal. lat.) – Estilo antigo da letra dos manuscritos latinos; foi praticado desde o século II ao século V d. C. e é caracterizado por letras capitais quadradas baseadas nas das inscrições, que eram gravadas a cinzel na pedra.

QUADRATIM – Em tipografia é o branco utilizado na composição manual para a sangria de linhas no início de parágrafo; de secção quadrada, a sua espessura e corpo são iguais; o quadratim de corpo nove tem uma espessura de nove pontos; o de catorze, de catorze pontos; tal como os outros brancos, é mais baixo que os caracteres, pois não se destina à impressão. (port. Bras.) Espaço fino.

QUADRATIO (pal. lat.) – Tamanho comum que o pergaminho tomava quando era cortado para construir um livro manuscrito.

QUADRATURA – Espaço quadrado impresso ou encerrado entre linhas • Redução geométrica de uma figura.

QUADRIANUÁRIO – Publicação que sai uma vez em cada quatro anos. Quadrienal.

QUADRICROMIA – *Ver* Tetracromia.

QUADRÍCULA – Série de traços paralelos e perpendiculares entre si que, repartindo a superfície de um desenho em quadrados iguais, facilitam a sua cópia manual a executar noutra escala • Sistema de linhas que representa meridianos e paralelos num mapa; não deve ser confundido com as linhas paralelas nos ângulos direitos de um mapa, que representam distâncias fixas • Trama das linhas verticais e horizontais do papel quadriculado • Retícula, quadradinho. *Ver* Craticulação.

QUADRICULAR – Dividir em quadrículas; em composição e desenho esta operação facilita a disposição de uma ilustração ou a reprodução de um desenho.

QUADRÍCULO (port. Bras.) – Pequeno quadrado. *Ver* Quadradinho.

QUADRIENAL – Que é publicado uma vez em cada quatro anos • Referente a quatro anos.

QUADRIFÓLIO – O que tem quatro folhas • Que tem folhas divididas quatro a quatro • Em heráldica, flor imaginária de quatro pétalas arredondadas apontadas ao centro em cruz.

QUADRILOBADO – O que apresenta quatro lóbulos, desenho geométrico que é muito comum na iluminura; frequentemente no interior de cada um desses espaços inseriam-se pequenas figuras de inspiração zoomórfica ou fitomórfica.

QUADRILONGO – Bloco de ferro, alumínio, chumbo ou madeira, de determinada medida, que se usa em tipografia para guarnecer a forma e preencher grandes claros • Quadrado oco.

QUADRIMENSAL – Que sai quatro vezes por mês. Quadrimensário.

QUADRIMENSÁRIO – Que se publica quatro vezes por mês. Quadrimensal.

QUADRINHO – Quadro de pequenas dimensões.

QUADRISSEMANAL – Que sai quatro vezes por semana.

QUADRIVIUM (pal. lat.) – Conjunto das quatro disciplinas (aritmética, música, geometria e astronomia) orientadas pela matemática, que constituíam a segunda parte do ensino universitário medieval, após a frequência da primeira parte, em que eram ministradas noções das disciplinas consideradas básicas como a gramática latina, a lógica e a retórica, constantes do *trivium*; o conjunto denominava-se as sete artes ou artes liberais.

QUADRO – Gráfico, mapa, tabela que completa um relatório ou livro ou que se encontra impresso à parte, contendo uma descrição de dados ou matérias dispostos em grupos interdependentes • Tela, obra emoldurada • Platina do prelo manual • Quadro rectangular amovível que se adapta sobre a forma usada no fabrico manual do papel e que se destina a impedir que a massa se escape da forma.

QUADRO AUXILIAR – *Ver* Tabela auxiliar.

QUADRO DE CLASSIFICAÇÃO – Esquema racional predeterminado que serve de guia à ordenação dos documentos • Plano director estabelecido com vista à ordenação do conjunto de documentos conservados num serviço de arquivos por fundos, séries e subséries. Em arquivística um quadro de classificação reflecte o esquema de organização do arquivo e as secções, subsecções, séries e subséries que o compõem. Plano de classificação.

QUADRO DE FOLHAS DESTACÁVEIS – Conjunto de representações unidas de modo que podem separar-se durante uma aula, exposição ou conferência.

QUADRO DE MATÉRIAS – *Ver* Sumário.

QUADRO DE SELECÇÃO – Documento que descreve os arquivos de uma administração, instituição ou serviço, indica os documentos que têm de ser conservados, devido ao seu valor permanente ou histórico e autoriza a eliminação dos que restam.

QUADRO DIDÁCTICO – Folha opaca que se destina à apresentação de forma gráfica ou em forma de tabela.

QUADRO GENEALÓGICO – Representação da linhagem de uma pessoa ou pessoas de forma tabular ou diagramática.

QUADRO SINÓPTICO – Resumo de um assunto apresentado sob forma de tabela, através de linhas ligadas com colchetes, dando uma visão geral e imediata de um argumento, podendo este ser de qualquer disciplina.

QUALIDADE DA CONSERVAÇÃO – Propriedades materiais inerentes aos suportes documentais que permitem a sua manutenção limitada em condições de armazenamento controladas.

QUALIDADE DE UM ÍNDICE – Capacidade que um índice apresenta de responder à necessidade de quem procura a informação contida no documento ou documentos indexados. Eficácia de um índice; depende dos conhecimentos sobre indexação, língua e tema ou temas do documento ou documentos que possui a pessoa que indexa e dos instrumentos de indexação por ela usados.

QUALIDADE TOTAL – Ideia de sucesso pioneira no Japão, deriva da combinação de vários factores: excelência dos processos de gestão, operacionais e administrativos; domínio de uma cultura organizacional visando a melhoria contínua; liderança de custos; criação de um relacionamento privilegiado com clientes e fornecedores; envolvimento de todos os trabalhadores no processo e, finalmente, uma nítida orientação para o mercado.

QUALIDADE VISUAL – Em relação a uma revista, diz-se que tem elevada qualidade visual aquela que apresenta bom papel, esmerada produção fotográfica, boa implantação gráfica e primorosa encadernação, lado a lado com a escrita de textos de grande qualidade.

QUALIDADES LITERÁRIAS – Na avaliação de um livro, designação dada a um conjunto de características que engloba: o estilo da obra (vocabulário, estrutura da frase), o género literário, o facto de a leitura ser ou não atractiva, a adaptação aos leitores no que respeita à facilidade/dificuldade da apreensão do conteúdo, etc.

QUALIFICAÇÃO – Adição de uma ou mais palavras colocadas entre parênteses a um cabeçalho, usualmente em dicionários, indicando o sentido preciso em que o cabeçalho está a ser usado; é também utilizada nos índices junto ao esquema de classificação; a sua aplicação mais frequente é junto a homónimos • Epíteto.

QUALIFICADOR – Que indica a qualidade de • Em indexação, designação atribuída à palavra entre parêntesis que se coloca junto a um termo de indexação, com a função de precisar o seu sentido, evitando a ambiguidade, que provocaria ruído na recuperação da informação • Num catálogo ou índice, termo que é adicionado ao ponto de acesso, em geral entre parênteses, e que permite distingui-lo de um termo homógrafo. Qualificativo • Classificador • Indicação que precisa a menção do número *ISBN* e/ou do modo de aquisição ou preço; em descrição bibliográfica internacional normalizada regista-se a seguir a um destes elementos na zona 8 • Em pesquisa documental, elemento que se usa com a finalidade de restringir a expressão da pesquisa, de forma a melhorar a eficácia dos resultados que são obtidos.

QUALIFICAR – Atribuir uma qualidade a uma pessoa ou coisa • Indicar a classe de. Classificar.

QUALIFICATIVO – Elemento que se acrescenta a um nome de uma pessoa ou colectividade, com a finalidade de fornecer uma informação suplementar que ajude a identificá-la. Qualificador.

QUALITATIVO – Símbolo ou palavra utilizado para diferenciar os vários significados de homógrafos, numa linguagem documental.

QUAREÓGRAFO – Instrumento destinado a desenhar perspectivas com exactidão.

QUARESMAL – Livro que contém as cerimónias litúrgicas referentes ao período da Quaresma.

QUARTEAR – Dividir o escudo heráldico em quatro partes.

QUARTEL – Cada uma das quatro partes em que se divide o escudo heráldico.

QUARTELA – Mísula em forma de pirâmide invertida ou de voluta, destinada a sustentar um arco, uma nervura, uma coluna ou uma estátua; tem nas gravuras que surgem na composição tipográfica uma forma equivalente que remata capítulos, títulos, livros, etc., o denominado *cul de lampe*. Quartelada.

QUARTELADA – Peça que sustenta outra. Mísula. Quartela.

QUARTETO – Estrofe de quatro versos de arte maior.

QUARTIL – Em estatística, um dos três pontos que dividem em quatro partes iguais uma distribuição de frequência.

QUARTILHA – Quarta parte de um caderno de papel • Folha de papel cuja dimensão é a da quarta parte de um determinado caderno.
QUARTO – *Ver* Formato in-quarto.
QUARTO BRANCO – Rectângulo de papel colado no lado interior das capas do livro, sob a guarda, para evitar que os papelões da capa fiquem arqueados.
QUASE-SINONÍMIA – Qualidade de dois ou mais termos poderem ser considerados como sinónimos para fins específicos, embora com formas diferentes e significados próximos.
QUASE-SINÓNIMO – Termos de uma determinada língua que denominam uma mesma noção, mas que se situam em níveis linguísticos ou de conceptualização diferentes, ou são empregados em situações de comunicação diversas • Expressão usada para indicar que não se trata de um sinónimo *stricto sensu*, mas de um termo de sentido muito próximo, assimilado ao sinónimo e afastado para evitar a dispersão da informação.
QUATERNIÃO – Caderno manuscrito de quatro folhas. *Quaternion*.
QUATERNIO (pal. lat.) – Designa, na origem, "grupo de quatro", seja uma esquadra, um grupo de soldados ou, finalmente e mais frequentemente, cadernos de quatro bifólios, provavelmente ainda não encadernados; este sentido de quatro folhas duplas será mais tarde extensivo ao singular *quaternus* • Caderno ou o seu equivalente *quaternus* servia para designar, na Idade Média, as unidades catalográficas às quais não convinham as designações de *codex* ou de *volumen*; quando não está acompanhado de um número, o plural *quaterniones* funciona como um equivalente de *codicellus* ou *libellus*, em oposição aos livros de espessura normal; corresponde tanto a um manuscrito no decurso da transcrição, como a um maço de cadernos não encadernados mas que podem ser cosidos.
QUATERNION (pal. lat.) – Termo que em diplomática e nos primórdios da tipografia designava um caderno composto por quatro bifólios, ou seja, oito fólios ou dezasseis páginas; podia também designar um in-quarto. Quaternião.

QUATERNIONES (pal. lat.) – Nome dado aos cadernos de dezasseis páginas formados dobrando pelo meio quatro folhas de pergaminho sobrepostas, para a confecção de um códice. *Ver tb. Quaternio*.
QUATERNO – Conjunto de quatro folhas de pergaminho dobradas a meio com que se constituía um caderno para escrever • Composto de quatro • Quatro cada um • Quatro a quatro. Aos quatro.
QUATERNUS (pal. lat.) – Designação medieval do caderno de oito folhas, ou seja, duas *peciæ*; servia de medida objectiva para o pagamento de cópias de manuscritos; na prática, o termo latino que na origem designava o conjunto de quatro bifólios, passa a determinada altura a designar o conjunto de folhas dobradas, independentemente do número de folhas que o constituem.
QUEBRA – Interrupção • Falta de cumprimento.
QUEBRA DO SELO – Operação pela qual é destruída uma matriz, "quebrada" para impedir a sua utilização, quer após a morte de uma pessoa, quer pela mudança da capacidade jurídica ou moral, quer em consequência de uma proibição (por exemplo alienação de um senhorio, renúncia a pretensões, supressão de uma comuna).
QUEBRA-CABEÇAS – *Ver* Enigma.
QUEBRADIÇO – Diz-se do suporte de escrita ou de uma encadernação que apresenta uma estrutura frágil devida a condições adversas de acondicionamento e ambiente; no caso do pergaminho e do couro da encadernação, a maior parte das vezes deve-se à sua falta de gordura ou a um curtimento deficiente.
QUEBRADO – Fracção • Composição quebrada.
QUEBRAR – Dividir • Interromper.
QUEBRAR OS CANTOS – Destruir os ângulos de um folheto, de um livro, etc.
QUEBRAS DO PAPEL – Folhas que durante a tiragem se vão estragando • Papel defeituoso ou de refugo vendido pela fábrica ou utilizado de novo para fazer papel • Sobras. Restos.
QUEBRA-VERSO – Parênteses recto que se utiliza na(s) última(s) palavra(s) de um verso que não cabe numa linha só.

QUEIMA DE LIVROS – Forma de eliminação de livros e publicações por serem considerados perigosos para a moral pública e os bons costumes ou por quaisquer outros motivos.
QUEIXA – Recurso, denúncia apresentada por escrito ou oralmente, perante autoridades ou serviços públicos, por ofensas ou agravos de que se pede reparação.
QUEM É QUEM? – Obra de referência que pode ser utilizada para obter informações acerca de personalidades conhecidas. Pesada e cara, existe em boas bibliotecas, no sector das obras de referência. Aconselha-se sempre a consulta de uma edição actualizada. *Who is who?*
QUENTE – *Ver* Composição a quente.
QUERUBIM – Pintura de uma cabeça de criança e ombros com asas, muito frequente em decoração de manuscritos e nas gravuras de livros impressos.
QUESITO – Ponto controverso acerca do qual se pede uma resposta a alguém.
QUESTÃO – Assunto • Tese • Discussão. Pendência • Passo simples num processo de recuperação pedindo informação específica a uma base de dados.
QUESTÃO DE REFERÊNCIA – Designação atribuída à razão pela qual um utilizador recorre aos serviços de informação e modo como coloca as suas necessidades informativas.
QUESTIONAR – Fazer questão sobre. Perguntar • Argumentar. Contestar.
QUESTIONÁRIO – Compilação de perguntas ou questões • Documento constituído por uma série de questões, produzido com a finalidade de coligir informações específicas sobre determinado assunto. Formulário.
QUI SCRIBIT, BIS LEGIT (loc. lat.) – Quem escreve, lê duas vezes, frase que reforça a ideia de que a escrita fixa o pensamento melhor que o discurso oral.
QUIASMA – Signo que consiste na disposição de quatro elementos, agrupados dois a dois de acordo com o esquema da letra X; a segunda parte da construção tem os mesmos elementos ou elementos paralelos da primeira, mas a ordem de sucessão é invertida; era usado nos textos manuscritos para assinalar uma passagem não aprovada ou criticada • Figura de estilo que consiste na inversão da ordem das palavras em duas frases opostas • Construção gramatical anómala, que resulta da contaminação de construções normais.
QUIMERA – Monstro fantástico da Antiguidade formado por cabeça de leão, corpo de cabra e cauda de dragão; posteriormente passou a designar quaisquer seres fabulosos de formas estranhas copiados de outros animais; é um elemento corrente usado na decoração de códices manuscritos e livros impressos; no período romântico simbolizava o Mal.
QUIMIGLIFIA – Gravura a água-forte.
QUIMIGRAFIA – Designação que se aplica a todo o processo de gravura química em cavado • Processo de zincografia.
QUIMIÓLISE – No fabrico do papel, decomposição da massa através de reagentes químicos.
QUIMITIPIA – Processo de gravura química que transforma em lâmina de alto-relevo uma outra gravada em baixo-relevo, preparando-a para a impressão.
QUINA – Cada um dos cinco escudos das armas de Portugal.
QUINADO – Que tem quina • Que forma um grupo de cinco.
QUINANTE – Em heráldica diz-se do elemento que possui escudos semelhantes à quina.
QUINÁRIO – Verso com cinco sílabas • Sistema de numeração de base cinco.
QUINAS – Armas de Portugal, representadas por cinco escudos azuis postos em cruz.
QUINAU – Sinal com que se marcam os erros no original • Correcção do erro.
QUÍNIO – Caderno de oito folhas com dobragem a meio, o que dá dezasseis páginas; é o mais comum.
QUINIONES (pal. lat.) – Nome dado aos cadernos de vinte páginas formados dobrando pelo meio cinco folhas de pergaminho sobrepostas, para a confecção de um códice.
QUINQUEFÓLIO – O que tem cinco folhas • Que tem folhas divididas cinco a cinco.
QUINQUENAL – Que sai uma vez em cada cinco anos • Que tem a duração de cinco anos.
QUINQUEVIRO – Designação de cada um dos cinco magistrados romanos aos quais cabia

a guarda dos livros sibilinos e de determinadas cerimónias.
QUINQUIPLICES (pal. lat.) – Nome dado no Império Romano ao conjunto de cinco tabuinhas enceradas que eram usadas para escrever, unidas lateralmente através de elos ou correias. *Quintuplices.*
QUINTANO – O quinto de uma série.
QUINTERNO – Designação do códice constituído por cinco folhas de pergaminho dobradas ao meio (vinte páginas) • Caderno de cinco folhas de papel • Conjunto de cinco folhas de impressão dobradas ao meio e encasadas umas nas outras.
QUINTETO – Estrofe de cinco versos de arte maior.
QUINTILHA – Estrofe de cinco versos, em geral de redondilha maior, isto é, de sete sílabas.
QUINTUPLICES (pal. lat.) – Ver *Quinquiplices*.
QUINZENAL – Que sai de quinze em quinze dias • Referente à quinzena.
QUINZENÁRIO – Publicação periódica que sai todos os quinze dias. Bimensário.
QUIOSCO – Ver Quiosque.
QUIOSQUE – Pequena construção existente em geral em centros de alguma dimensão onde estão postos à venda, em lugares públicos, jornais, revistas, livros de bolso, etc. Posto de periódicos. Quiosco.
QUIPOS – Ver Quipus.
QUIOSQUEIRO – Proprietário de quiosque.
QUIPROQUÓ – Erro de interpretação. Confusão de uma coisa com outra • Trocadilho. Jogo de palavras. *Jeu de mots.*
QUIPUS – Forma encontrada pelos incas para conservarem dados e sinais; é constituída por um certo número de fibras ou cordas, de comprimento, cor e grossura diferentes, em geral de lã entrelaçada, suspensas de uma corda ou de uma trave, que eram usadas na conservação de registos numéricos de várias espécies e que podiam também servir para a divulgação de notícias, acontecimentos recentes ou éditos oficiais. É um processo de escrita mnemotécnica usada pelos indígenas do Peru para fins aritméticos ou registos de factos importantes; a sua base é o nó, que é representativo de números; estes e outros dados eram assinalados através de nós de tamanhos e cores diferentes e colocados em diversas posições. Quipos.
QUIROGRAFAR – Autografar.
QUIROGRAFÁRIO – Aquilo que consta de um documento particular, não autenticado.
QUIRÓGRAFO – Palavra muito em uso nos séculos XI e XII, que se aplicava a qualquer acto escrito passado em duplicado entre várias partes; o modo de o copiar era o seguinte: começava-se a meio de uma página ou, melhor dito, um pouco abaixo do meio da página e continuava a escrever-se até ao fim da página; em seguida, o papel era virado às avessas e recomeçava-se a mesma cópia, deixando um intervalo entre as duas linhas que começavam cada cópia; deste modo, as duas pessoas em frente uma da outra podiam escrever ao mesmo tempo o mesmo acto; no intervalo que se deixava entre as duas cópias, havia uma linha escrita em caracteres espessos ou, por vezes, apenas a palavra *cyrographum* ou *chyrographum*, o que passou a qualificar o documento; esta linha era cortada ao meio e dava-se uma cópia a cada uma das partes • Diploma revestido de uma assinatura • Relativo a um documento de tipo particular, sobre uma obrigação contratual • Breve pontifício inédito. Ver Autógrafo.
QUIROTIPIA – Impressão de dísticos, letreiros ou grafitos por meio de placas recortadas sobre as quais se passa uma escova ou pincel. Quirotipografia.
QUIRÓTIPO – Livro impresso bastante alterado pelo facto de o seu autor ou outra pessoa lhe terem introduzido consideráveis observações e acréscimos manuscritos.
QUIROTIPOGRAFIA – Impressão à mão, sem utilizar a prensa. Ver Quirotipia.
QUIROXILOGRAFIA – Primitiva técnica de impressão em que o texto era impresso a partir de placas de madeira gravadas.
QUIROXILOGRAVURA – Técnica de gravura primitiva que consistia no desenho praticado numa tábua de madeira, à volta do qual se escavava, deixando o contorno em relevo, de modo que ele depois funcionava como um carimbo, deixando a impressão no suporte.
QUITAÇÃO – O mesmo que quitamento. Recibo. Paga. Descarga. Quitança.

QUITAMENTO – Escrito ou nota da qual consta a satisfação de uma dívida ou de qualquer outra obrigação • Quitação. Paga. Descarga. Quitança.
QUITANÇA – Recibo • Paga. Descarga. Quitamento. Quitação.
QUOCIENTE DE RELEVÂNCIA – Em pesquisa bibliográfica e recuperação da informação, relação entre o número de documentos recuperados considerados importantes e o número de documentos considerados importantes contidos numa base de dados ou noutra fonte de referência.
QUOD SCRIPSI, SCRIPSI (loc. lat.) – O que escrevi, escrito está, frase que pretende reforçar a ideia da importância daquilo que se escreve. *Ver tb. Verba volant, scripsi manent.*
QUOD VIDE (loc. lat.) – Que se veja; convenção utilizada em citações bibliográficas, geralmente entre parênteses, para se remeter de um ponto do texto para outro, acima ou abaixo.
QUOTIDIANO – *Ver* Diário.

R

R – Letra do alfabeto latino e do de quase todas as línguas antigas e modernas • O tipo que na impressão reproduz essa letra • A matriz desse tipo • Punção com que se grava essa matriz • Quando se usam letras em lugar de números, corresponde à assinatura do décimo sétimo caderno de um volume • Nas chamadas de nota indica a décima oitava chamada, quando se usam letras em lugar de números ou sinais • Como letra numeral, na Idade Média correspondia a 800 e, quando encimada por um traço, tinha o valor de 80.000 • Abreviatura de *romanus* • Cortada em viés significava *require* ou *requirendum* e aparecia na margem dos manuscritos antigos para indicar que ali faltava alguma coisa que devia ser procurada ou ainda para suprir o sentido da oração ou para melhor se entender o texto • Inicial de Reservados, letra presente em algumas cotas de secções de livros reservados, manuscritos ou impressos até finais do século XVII, e ainda hoje, para distingui-los do livro moderno.
R&D – Acrónimo de *Research and Development*, Investigação e Desenvolvimento.
R. – Abreviatura de rosto, de recto (da folha) e de reverendo.
R. P. C. – Acrónimo de *Regras Portuguesas de Catalogação*. RPC.
R. P. D. – Abreviatura de Reverendo Padre Dom, que precede o nome de um autor pertencente à hierarquia religiosa.
R. P. M. – Abreviatura de Reverendo Padre Mestre, que precede o nome de um autor pertencente à hierarquia religiosa.
R.H. – *Ver* Humidade relativa.
R.I.L.P. – Rede Informática de Leitura Pública; a funcionar desde 1987, desenvolveu um programa para a criação de uma rede informática de bibliotecas de leitura pública no âmbito da Secretaria de Estado da Cultura, para a sua integração no sistema nacional de informação bibliográfica, segundo o qual se disponibilizam meios para gerir a informação, a sua troca, o empréstimo interbibliotecas e o acesso remoto a bases de dados. RILP.
R. P. – Abreviatura de *Res publica*, a coisa pública, o Estado • Forma abreviada de Reverendo Padre, frequentemente anteposta ou aposta ao nome de um sacerdote e que usualmente qualifica os autores eclesiásticos de livros antigos.
RABECA – Componedor exclusivamente destinado à composição de cartazes, títulos, etc.
RABISCADOR – Escrevinhador, literato de má qualidade.
RABISCAR – Fazer rabiscos ou garatujas, garatujar, escrever à pressa, escrevinhar, gatafunhar • Fazer arabescos. Fazer desenhos difíceis de decifrar.
RABISCO – Traço ou risco mal feito. Garatuja. Gatafunho • Arabesco. Desenho difícil de decifrar.
RABO – Em gíria tipográfica, acto de repor as folhas, após a verificação daquelas que se estragaram durante a tiragem, para as substituir por outras.
RABOTE – *Ver* Plaina.
RACCOLTA (pal. ital.) – Conjunto de objectos, livros ou documentos coleccionados por uma pessoa ou por uma instituição.
RACCORD (pal. fr.) – Junção de partes desiguais e contíguas de uma obra.
RACCORDER (pal. fr.) – Acto de unir partes desiguais e contíguas de uma obra • Fazer ligações ou transições entre partes diferentes.
RACINAGE (pal. fr.) – Processo de ornamentação usado em encadernação, que procura imitar os veios e os cortes da madeira e outros

motivos semelhando raízes, sobre o couro ou o papel.

RACINAR – Ornamentar a capa das encadernações com desenhos simulando raízes, através da aplicação de água à pele, misturada com uma substância química ou simplesmente tinta.

RACINE (pal. fr.) – Nome dado à vitela utilizada na encadernação, cuja superfície foi coberta com manchas escuras imitando os veios da madeira cortada no sentido das fibras.

RÁCIO DE ACTIVIDADE – *Ver* Índice de actividade.

RÁCIO DE MOVIMENTO – Em recuperação da informação, rácio do número de registos de um número total de registos de um ficheiro que foram movimentados.

RACIONALIZAÇÃO DE AQUISIÇÕES – Numa biblioteca, arquivo, serviço de documentação, etc., designação dada ao conjunto de operações que visam uma maximização dos gastos efectuados com a obtenção de livros ou documentos, evitando perdas de tempo, duplicações ou desperdícios. Actualmente tende-se a praticar esta medida mesmo entre instituições diferentes, desde que pertencentes a uma mesma entidade (universidade, instituto, empresa, etc.).

RACLETE – Instrumento usado em serigrafia para pressionar a tinta através da tela.

RACONTO – Descrição. Narração histórica. Conto.

RADIAÇÃO ELECTROMAGNÉTICA – Designação da energia que se propaga no espaço através de um campo eléctrico e outro magnético.

RADICAL – Parte essencial ou invariável de uma palavra • Sinal (√) usado em matemática para indicar extracção de raiz.

RÁDIO FAC-SÍMILE – Desenho ou fotografia que é transmitido através de uma ligação radioeléctrica.

RADIOFOTO – Fotografia recebida através de radiofotografia. Radiofotografia. Radiofotograma.

RADIOFOTOGRAFIA – Processo de telefotografia que usa as ondas hertzianas para a transmissão da imagem • Radiofoto. Radiofotograma.

RADIOFOTOGRAMA – Fotografia ou desenho que é transmitido por meio de ondas rádio, através de um aparelho que lê a imagem por linhas de pontos claros e escuros. Radiofoto. Radiofotografia.

RADIOLINOTIPIA – Processo de composição tipográfica feita à distância, através de ondas hertzianas, descoberto por Johann Knusden, engenheiro dinamarquês • Composição que é feita deste modo.

RADIOTELEFOTOGRAFIA – Técnica para transmissão de fotografias à distância através de ondas radioeléctricas • Fotografia que é transmitida deste modo.

RADIOTELÉTIPO – Telétipo que recebe sinais que são transmitidos por ondas electromagnéticas.

RAFE (port. Bras.) – *Ver* Esboço.

RAFIGRAFIA – Processo de escrita através de um ponteiro, para uso dos invisuais • Anagliptografia.

RAFÍGRAFO – Instrumento provido de dez teclas rematadas em agulha, que servem para a reprodução dos caracteres em relevo destinados à leitura de invisuais.

RAIA – Risco. Traço. Estria • Termo. Limite.

RAIAR – Riscar. Ornamentar com riscos. Listar. Estriar • Limitar.

RAIOS DE *WOOD* – Raios de luz produzidos pela lâmpada com o mesmo nome usada na reprodução de palimpsestos. Esta luz, que é invisível para o olho humano, tem a propriedade de tornar luminescentes certas matérias, entre as quais se destacam o pergaminho e o papel. A tinta, por muito pálida que seja, sobressai do fundo fluorescente branco-azulado. A fotografia fixa a luminescência perceptível pelo olho.

RAIZ – *Ver* Radical, étimo.

RAM – Acrónimo de *Random Access Memory*, memória de acesso aleatório, aquela em que pode aceder-se directamente a qualquer registo.

RAMA – Caixilho rectangular de ferro ou aço no qual se encerra a forma tipográfica, apertando-a para a levar à máquina de impressão. Guarnição de ferro onde se apertam as formas tipográficas.

RAMA DE PAPEL – Margem franjada dos papéis fabricados manualmente, hoje imitada também nalguns que são fabricados mecanicamente.

RAMA NUMERADORA – Rama em que se dispõe qualquer quantidade de numeradores, que mudam automaticamente de folha para folha.

RAMETA – Termo de origem francesa que designa uma rama de pequenas dimensões.

RAMIFICAÇÃO – Cada uma das divisões principais de uma ciência ou de uma série de objectos classificados.

RAMPANTE – Em heráldica denominam-se assim os animais quadrúpedes quando aparecem no escudo apoiados somente nas patas traseiras e com as patas dianteiras, a direita alta e a esquerda mais baixa, apresentando a cabeça e o corpo de perfil virados para o lado direito do escudo; o animal mais comum é o leão. Saltante.

RAMPANTE CONTRA – Expressão que em heráldica se aplica ao animal rampante que se apoia pelas patas dianteiras em determinada peça.

RANDOM ACCESS (loc. ingl.) – *Ver* Acesso aleatório.

RANDOM ACCESS MEMORY (loc. ingl.) – Memória de acesso aleatório.

RANDOM ACCESS STORAGE (loc. ingl.) – Armazenagem para acesso não imediato por pesquisa não directa.

RANHURA – Em composição tipográfica manual, pequena fenda no tipo com a finalidade de permitir, a quem o manuseia, saber a posição em que o deve colocar no componedor, evitando que fique virado ao contrário • Em encadernação, nome dado ao espaço onde o papelão se separa da junção ou lombada arredondada para permitir uma abertura fácil do livro • Risca do tipo. Encaixe. Entalhe.

RAPSÓDIA – Fragmento de uma composição poética; entre os gregos eram assim denominados os fragmentos de poemas épicos cantados pelos rapsodos • Cada um dos livros de Homero.

RAPSODOMANCIA – Adivinhação que é feita através de textos que são retirados à sorte das obras de um poeta.

RAPSODOMANTE – Que ou aquele que pratica a rapsodomancia.

RAPSODOMÂNTICO – Referente à rapsodomancia.

RARIDADE BIBLIOGRÁFICA – Designação atribuída a uma obra preciosa, pelo facto de se julgar que é única ou por haver poucos exemplares conhecidos.

RARÍSSIMO – Designação atribuída a um livro muito difícil de encontrar no mercado livreiro antiquário • Termo empregado (por vezes de modo abusivo) nos catálogos de venda de livros antigos para qualificar espécies bibliográficas das quais se conhecem poucos exemplares; a citação das obras de referência onde aparecem descritas é o modo mais prudente e sério de atestar a raridade das espécies e de dar a conhecer ao bibliófilo que pretende adquiri-las, a justificação do seu preço.

RARO – Adjectivo utilizado muito frequentemente nos catálogos de venda em leilão de livros antigos; dado que o conceito de raridade de uma espécie é difícil de estabelecer, sobretudo pelo vendedor, daí que muitas vezes se recorra aos catálogos de referência que, esses sim, podem elucidar o comprador sobre o número de exemplares ou o valor que realmente têm • *Unicum.*

RASCADOR – Instrumento usado em gravura destinado a limpar a rebarba provocada pelo buril na chapa de cobre; é formado por uma haste de aço com três arestas afiadas rematando em ponta, segura por um cabo de madeira. Raspadeira. Raspador • Em gíria tipográfica designa o compositor manual, hábil e desembaraçado. Patão.

RASCUNHAR – Fazer rascunho. Minutar • Esboçar, delinear • Escrevinhar. Bosquejar.

RASCUNHO – Documento em redacção preliminar • Minuta. Forma de pré-texto • Exemplar sobre o qual o autor leva a cabo a elaboração do texto e que em princípio não se destina a ser lido por outrem. Borrão, plano, esboço.

RASGÃO – Laceração, dilaceração; diz-se do rompimento das fibras do papel.

RASOR (pal. lat.) – Artesão que preparava o pergaminho.

RASORIUM (pal. lat.) – Canivete, raspador usado no pergaminho para apagar os erros rapidamente, antes que a tinta secasse; servia igualmente para marcar com a ponta, aparar o cálamo e, tal como pode observar-se nas iluminuras medievais que representam os copistas, era seguro na mão esquerda, o que ajudava à fixação do pergaminho, movendo-se ao mesmo tempo que o escriba copiava cada palavra com o cálamo seguro na mão direita; firmar a página com os dedos poderia sujá-la ou engordurá-la, e por isso o uso do canivete ou da faca permitia precisão e controlo. *Novacula*.

RASOURA – Instrumento afiado semelhante ao rascador, usado para polir o granulado das chapas em certos tipos de gravura manual.

RASPADEIRA – Instrumento que, na escrita manual, era usado pelos copistas para rasparem ou rasurarem no pergaminho as palavras ou sílabas com erros. Raspador. Rascador • Lâmina de plástico ou de metal fixada na prensa rotográfica que, uma vez pressionada contra o cilindro gravado, permite retirar o excesso de tinta durante a impressão.

RASPADOR – Instrumento afiado, usado na escrita manual e em gravura, tipografia, encadernação, etc., para raspar a pedra, metal, papel, pele, rolos, etc. Raspadeira, rascador • *Plana*.

RASPAGEM DO PERGAMINHO – Operação pela qual se procedia à raspagem da escrita do pergaminho, com vista a uma nova escrita, dando assim origem ao chamado palimpsesto. Respançadura.

RASPAR – Suprimir uma letra, palavra ou passagem utilizando um raspador. Respançar • Apagar. Limpar esfregando.

RASTELO – Sedeiro.

RASTRUM (pal. lat.) – Conjunto de instrumentos de escrever, usualmente caniços atados em conjunto e destinados a traçar, em simultâneo, várias linhas paralelas, como acontecia com as linhas musicais; foi o facto de a mesma linha surgir numa página com o mesmo tipo de traçado que levou à conclusão sobre a existência desta técnica muito usada nos manuscritos antigos.

RASURA – Acto de retirar letras ou palavras de um escrito, raspando-as, para que não se leiam • Conjunto de pequenos traços oblíquos ou traços contínuos que são colocados sobre um texto com a intenção de o anular • Emenda.

RASURAR – Raspar • Retirar • Fazer rasuras • Anular uma ou mais letras ou um pedaço de texto, atravessando-o com um traço. Traçar riscos horizontais ou transversais sobre um texto ou parte dele para indicar que se suprime ou que já não serve aquilo que foi marcado • Fazer desaparecer qualquer coisa que tinha sido escrita ou esboçada.

RATIFICAÇÃO – Acto ou efeito de confirmar. Validação, aprovação, comprovação de um acto anterior que era nulo ou podia ser anulado.

RATIFICAR – Confirmar a autenticidade. Validar. Autenticar. Comprovar.

RATIFICÁVEL – Que pode ratificar-se.

RATIO TEXTUS (loc. lat.) – Sentido do texto.

RATIONALE (pal. lat.) – Livro medieval onde era explicada, de modo simbólico, toda a liturgia católica; o mais célebre *Rationale* medieval é o de Guillaume Durand intitulado *Rationale Divinorum Officiorum*, que foi impresso a partir de 1459.

RATO – Unidade periférica de entrada de um computador, com a forma de um rato; trata-se de um dispositivo constituído por um ou mais botões e pode conter uma esfera na parte inferior, que se encontra ligado a um computador através de um cabo ou de um emissor de infravermelhos, por meio do qual um utilizador fornece dados a um microprocessador, com a finalidade de executar operações de processamento. Permite "apontar" facilmente os elementos de um menu presentes no monitor. Foi popularizado pelo *Macintosh Apple* e existe hoje em quase todos os aparelhos profissionais, tendo sido criados programas específicos para utilizar as suas possibilidades. Rato de computador. (port. Bras.) *Mouse*.

RATO DE BIBLIOTECA – Designação atribuída ao frequentador assíduo e insistente de bibliotecas.

RATO DE COMPUTADOR – Dispositivo electrónico que controla o movimento de um cursor no ecrã de um terminal de vídeo. *Ver tb.* Rato.

RATOEIRA DE INSECTOS – Dispositivo que é usado nas bibliotecas, arquivos, serviços de documentação e outras instituições (e também para uso doméstico), com a finalidade de capturar insectos prejudiciais aos materiais que constituem os seus fundos; é desenvolvido com materiais inócuos, por firmas inglesas e de outras nacionalidades, com o auxílio de especialistas em desinfestação.

RAZÃO – Prova, argumento.

RBNP – Acrónimo de Rede Nacional de Bibliotecas Públicas. *Ver* Rede Nacional de Leitura Pública.

RDF – Acrónimo de *Resource Description Framework*, Grelha de descrição de recursos, projecto de desenho de metadados.

REACÇÃO – Modo de reagir do receptor • Resposta a uma mensagem recebida.

REACONDICIONAMENTO – Acto de acondicionar de novo. Rearrumar. Guardar de novo, em sítio conveniente, preservando da deterioração.

READSWRITE MEMORY (loc. ingl.) – *Ver* Memória viva.

REAGENTE – *Ver* Revelador.

REAL MESA CENSÓRIA – Constituída por um presidente, sete deputados ordinários, deputados extraordinários sem número definido, um secretário (escolhido de entre os deputados extraordinários), um porteiro e contínuos, foi criada por Alvará de 5 de Abril de 1768, com a finalidade de proceder à censura e fiscalização de escritos a publicar ou a divulgar em Portugal; o seu desaparecimento data de 1787, quando deu lugar à Mesa da Comissão Geral sobre o Exame e Censura dos Livros. Com a sua instituição o Estado passou a reivindicar para si próprio a fiscalização das obras que pusessem em perigo os valores temporais e espirituais, estando prevista a aplicação de penas pecuniárias e corporais aos infractores. Caíram sob a sua alçada, para apreciação, todas as obras, nacionais e estrangeiras, impressas ou a imprimir, que deveriam ser entregues ao secretário pelos impressores e livreiros, acompanhadas do nome do autor e respectivo *curriculum vitæ*. Estava também encarregada de elaborar os índices expurgatórios, de fiscalizar as bibliotecas particulares e públicas e de administrar todas as escolas menores do reino incluindo o Real Colégio dos Nobres. Era dotada de rendimentos próprios e de jurisdição privativa, estando sujeita apenas à autoridade real. A sua criação, além de ter cortado a liberdade de expressão dos criadores, fomentou a produção de uma abundante literatura clandestina anónima.

REALÇADO – Termo que em heráldica se aplica ao traço de um esmalte diferente que contorna uma peça. Contornado. Perfilado • Distinto. Saliente. Destacado • Termo usado para designar, numa gravura, num mapa ou noutra qualquer composição a preto, as pinceladas a guache, aguarela, ouro ou prata destinadas a valorizá-los.

REALIA (pal. ingl.) – Objecto real como oposição a uma réplica • Termo usado em biblioteconomia e educação para referir determinados objectos da vida real e têxteis, que não encaixam nas antigas categorias de material impresso. Objectos tridimensionais da vida real, quer sejam fabricados manualmente (artefactos, ferramentas), utensílios, etc. O *realia* é geralmente emprestado, comprado ou recebido como doação de um leitor, professor, bibliotecário ou museu, para ser usado nas aulas ou exposições. As colecções de arquivo e manuscritos das bibliotecas recebem por vezes itens de *memorabilia* como distintivos, emblemas, insígnias, jóias, etc., que se encontram relacionados com ofertas ou papéis pessoais, cuja aceitação muitos arquivos e bibliotecas condicionam à existência de valor documental.

REALIDADE VIRTUAL – Expressão usada para descrever mundos que podem ser criados por computador.

REALIMENTAÇÃO – Em informática é o facto que consiste na utilização da saída (*output*) de um sistema como parte da entrada (*input*) do mesmo.

REALIZAÇÃO – Montagem, encenação e outras funções relacionadas com a criação de uma obra a ser representada.

REAMPLIAÇÃO – Ampliação feita a partir de um original já sujeito a ampliação.

REAPARECER – Aparecer novamente. Ser publicado de novo.

REAPARECIMENTO – Reaparição.

REAPARIÇÃO – Acto e efeito de reaparecer. Reaparecimento.

REARRANJAR – Dar nova disposição (a um texto, por exemplo).

REARRANJO – Acto ou efeito de arranjar de novo.
RDIS – Acrónimo de Rede Digital Integrada de Serviços.
REBAIXADO – Numa encadernação, pequena cavidade moldada ou gravada para receber um desenho ou decoração embutida.
REBAIXAR OS TIPOS – Em tipografia designa a operação de aplainar os tipos no pé, para deixá-los mais baixos do que a altura dada pela fundidora.
REBAIXE – Rebaixamento do tipo • Encaixe.
REBARBA – Partícula de chumbo que no acto da fundição do tipo fica aderente • O claro que separa duas linhas contíguas correspondente à rebarba do tipo • Barba • Aresta. Aspereza. Saliência. Em gravura a buril é a aresta de metal desperdiçado levantada pelo buril, quando se grava a chapa de metal • Na gravura a ponta-seca, a rebarba é deixada na gravura, dado que suaviza os contornos, fazendo parte do efeito que se pretende; desaparece com a aplicação do rascador ou brunidor. (port. Bras.) Talude.
REBARBADOR – Aparelho ou operário que elimina as rebarbas.
REBARBAR – Tirar as arestas ou saliências.
REBOBINADOR AUTOMÁTICO – Dispositivo que inverte automaticamente o rebobinado de uma banda magnetofónica ou de vídeo ou de uma película, desde o carreto receptor ao alimentador, quando a fita ou película se aproxima do fim ou acabou de passar.
REBOBINAR – Bobinar de novo o papel, a fita ou película.
RÉBORA – *Ver* Robora.
REBORAÇÃO – *Ver* Robora.
REBORAR – *Ver* Roborar.
REBOTE – O mesmo que rabote.
RÉBUS – Termo usado no português do Brasil para designar a representação de uma ou várias frases através de figuras de objectos • Enigma • Jogo de palavras. Equívoco • Logógrifo acompanhado de vinhetas ilustrativas • Segundo Aurélio, ideograma no estágio em que deixa de significar directamente o objecto que representa para indicar o fonograma correspondente ao nome desse objecto.
REC. – Abreviatura de recensão.

RECADO – Mensagem. Aviso. Participação • Caneta e papel para escrever uma mensagem.
RECALL RATIO (loc. ingl.) – *Ver* Taxa de exaustividade.
RECAPITULAÇÃO – Acto e efeito de recapitular • Súmula. Resumo. Síntese.
RECAPITULAÇÃO DE UMA NOTÍCIA – Contar de novo o acontecimento, incluindo na narração todos os pormenores do quadro em que este se produziu ou os novos de que venha a ter-se conhecimento.
RECAPITULADOR – Que recapitula.
RECAPITULAR – Repetir, resumindo • Reduzir a forma escrita ou falada aquilo que anteriormente foi escrito ou dito de modo mais extenso. Resumir. Compendiar. Sintetizar.
RECAPITULATIVO – Relativo a recapitulação.
RECATALOGAÇÃO – Revisão das notícias bibliográficas ou dos registos de um catálogo, com a finalidade de lhes introduzir alterações importantes para dar resposta de um modo mais eficaz às necessidades da biblioteca, arquivo, serviço de documentação, etc. a que pertencem. Nova catalogação.
RECEBEDOR (port. Bras.) – Receptor.
RECEITUÁRIO – Pequeno bloco de folhas destacáveis tendo à cabeça o nome do médico, endereço e horário das consultas, usado por este para a prescrição de medicamentos • Livro no qual estão indicadas as fórmulas de composição dos medicamentos. Formulário médico. Formulário de medicamentos • Colecção de receitas.
RECENSÃO – Arrolamento • Notícia resumida de uma obra literária ou científica com a finalidade da sua divulgação • Conjunto de operações durante as quais se procuram, reúnem e identificam os testemunhos de um texto, se observam as variantes da tradição e se reconhecem relações de encadeamento entre os testemunhos • Comparação do texto de uma edição nova de um determinado autor com o texto de edições manuscritas ou de edições anteriores impressas • Análise crítica.
RECENSÃO CRÍTICA – Apresentação do valor intelectual, estético, moral, etc. de uma nova publicação através da imprensa, em jornais ou revistas literárias e científicas ou pela

rádio ou televisão • Referência bibliográfica acompanhada por um comentário mais ou menos desenvolvido e eventualmente de uma apreciação do conteúdo de um livro, artigo ou documento • Análise crítica.
RECENSEAMENTO – Enumeração dos artigos ou documentos existentes numa colecção privada ou institucional e indicação do lugar onde se encontram. Censo. Arrolamento.
RECENSEAMENTO ARQUIVÍSTICO – Levantamento que reúne as informações essenciais – quantidade, forma, colocação, grau de crescimento e estatística de consulta dos arquivos, com a finalidade de planificar as actividades: transferências, recolhas, eliminação, microfilmagem, etc.
RECENSEAR – Apreciar. Examinar. Considerar • Enumerar. Arrolar • Fazer o recenseamento de.
RECENSOR – Aquele que faz uma recensão.
RECENTE – Que aconteceu há pouco tempo. Novo.
RECENTIOR (pal. lat.) – Em crítica textual, texto manuscrito que acrescenta novos elementos à tradição manuscrita anterior.
RECEPÇÃO – Acto ou efeito de receber • Cerimónia em que uma pessoa ou instituição é aceite numa corporação literária, científica ou outra • Processo de captação e compreensão da mensagem transmitida por uma obra ou por um texto • Modo como uma determinada pessoa, público, auditório, etc. acolhe e reage a uma obra, serviço, produto, etc. Receptividade • Espaço de acolhimento.
RECEPÇÃO DE DOCUMENTOS – Admissão do conjunto de documentos.
RECEPÇÃO DE PUBLICAÇÕES EM SÉRIE – Operação que consiste em identificar e inscrever em registo próprio os fascículos ou números de uma publicação em série acabados de receber numa instituição, com o objectivo de poderem ser conhecidas em qualquer momento as existências da referida publicação num determinado serviço. Controlo de publicações em série.
RECEPISSE – Escrito no qual se reconhece ter recebido determinado dinheiro ou mercadoria. Recibo.

RECEPTA (pal. lat.) – Livro em que se registava a razão das multas impostas pelo Conselho das Índias.
RECEPTIVIDADE – Modo como uma determinada pessoa, público, auditório, etc. acolhe e reage a uma obra, serviço, produto, etc. Recepção.
RECEPTIVIDADE À TINTA – Propriedade que possui o papel, tecido, etc. que permite que ele aceite a tinta na impressão; a capacidade que a tinta possui para humedecer a superfície de impressão é essencial e em muitos casos a capacidade que o papel tem para absorver a tinta também é importante.
RECEPTOR – Aquele que recebe uma mensagem • Leitor • Ouvinte • Destinatário • Aparelho destinado a receber mensagens. (port. Bras.) Recebedor.
RECEPTOR DE DADOS – Computador ou terminal que recebe e processa dados de um canal ligado • Ponto de utilização dos dados numa rede.
RECIBO – Declaração escrita pela qual se confirma um recebimento. Recepisse.
RÉCIT (pal. fr.) – Narração. Narrativa. Relação.
RÉCITA – Representação em teatro • Espectáculo de declamação.
RECITAÇÃO – Declamação. *Recitatio*. Na Antiguidade clássica era por meio da recitação em público que eram difundidas as obras literárias • Acto de ler em voz alta, pausada e clara. A recitação oral é de grande importância para fixar conceitos e ideias.
RECITADOR – Que ou aquele que recita. Recitante.
RECITANTE – Pessoa que recita. Recitador.
RECITAR – Dizer de cor • Narrar. Relatar. Contar • Ler em voz alta, pausada e clara. Pronunciar, declamando.
RECITARE (pal. lat.) – Fazer a leitura pública de uma obra; na Antiguidade era a maneira mais eficaz de dar a conhecer uma obra e esta leitura era geralmente feita pelo próprio autor; a recitação de textos medíocres era, segundo relatos de alguns, um verdadeiro suplício; nesta recitação era dada especial ênfase à articulação das palavras e eram observadas certas leis respeitantes ao tom de voz e realce das frases.

RECITATIO (pal. lat.) – Sessão de leitura pública entre os romanos usada como forma de tornar conhecida uma obra e o seu autor, que nem era protegido pela lei nem pago; as *recitationes* tiveram início no tempo de Augusto; nelas se lia perante um público, que era geralmente escolhido, e o próprio imperador lia obras suas em reuniões de amigos íntimos e escutava os que faziam leituras públicas; os escritos com maior aceitação eram os de história, drama e poesia lírica; a finalidade destas sessões de recitação dos textos era, não só dar a conhecer a obra como, principalmente, interpretar os textos, recitá-los com a sonoridade e ritmo próprios (com particular ênfase para a poesia), mas sobretudo ouvir as sugestões do público presente.

RECITATIONES (pal. lat.) – Leituras públicas, entre os latinos, na Roma antiga, que tiveram início no tempo de Augusto.

RECITATOR (pal. lat.) – Leitor, autor que lia as suas obras em público com a intenção de as divulgar e recolher sugestões dos ouvintes.

RECL. – Abreviatura de reclamo.

RECLAMAÇÃO – Acto ou efeito de protestar. Reivindicação. Exigência • Em gestão informatizada de aquisições, texto-matriz a enviar na altura adequada pedindo material encomendado, números em falta, etc.

RECLAMANTE – Pessoa que faz uma reclamação.

RECLAMAR – Atribuir a si próprio a posse de • Exigir. Reivindicar • Protestar.

RECLAMO – Chamada da primeira palavra de um caderno no pé da última página do caderno precedente, para facilitar a ordenação dos cadernos de um livro pelo encadernador; pode igualmente surgir no verso de todas as folhas ou mesmo do recto para o verso; os reclamos utilizaram-se nos manuscritos e nos primeiros séculos da imprensa; contudo, nos primitivos incunábulos os reclamos não estavam presentes e só reaparecem por volta de 1470-1480; a explicação deste facto prende-se com dificuldades de ordem técnica no ponto de vista tipográfico, uma vez que exigia do impressor um esforço para imprimir este elemento fora da mancha tipográfica; não podemos, contudo, deixar de pensar que o seu reaparecimento se deve às dificuldades entretanto sentidas na ordenação dos cadernos. Surgem pela primeira vez na Europa e sudoeste da França no século XI, possivelmente por influência islâmica e tornam-se comuns no século XII; aparecem pela primeira vez impressos cerca de 1470-1480 e são usados no livro impresso até ao século XIX; geralmente aparecem dispostos sob forma horizontal, mas em alguns manuscritos surgem dispostos na vertical, tal como acontece em alguns códices alcobacenses; raramente surgem no livro moderno • *Littera reclamans* • Anúncio, publicidade, propaganda, deixa. Chamadeira • Recomendação publicitária feita num jornal.

RECLASSIFICAÇÃO – Revisão dos números classificadores que tinham sido atribuídos a documentos seleccionados numa colecção de uma biblioteca, arquivo, serviço de documentação, etc. feita segundo um determinado sistema de classificação; trata-se de uma operação através da qual se altera a classificação que havia sido atribuída a determinadas obras.

RECLASSIFICAÇÃO ARQUIVÍSTICA – Acção que consiste em classificar de novo os documentos de arquivo como assuntos sigilosos, de acordo com a necessidade de segurança nos graus de sigilo ou nos graus da classificação de segurança.

RECOBERTO – Diz-se do volume a que se pôs uma capa nova sem que tivesse sido cosido de novo.

RECODIFICAÇÃO – Adaptação do texto transmitido ao sistema linguístico e até estilístico do receptor.

RECOGNITO (pal. lat.) – Na Idade Média, termo pelo qual o chanceler aprovava o texto de um diploma ou documento manuscrito.

RECOLAGEM – Operação que consiste em colar de novo aquilo que se descolou • Restituição de uma certa consistência ao papel, tornando-o menos frágil aos agentes físicos e químicos, mediante a aplicação de uma solução adesiva.

RECOLAR – Colar novamente.

RECOLHA – Acção de pesquisa, compilação e junção de documentos, objectos e informações dispersos • Obra formada por várias obras reunidas e publicadas em conjunto.

RECOLHA COMPLEMENTAR – Colheita dos documentos que vêm completar o conjunto documental já recolhido num arquivo intermédio ou definitivo.

RECOLHA DE ACTOS – Edição diplomática dos actos emanados de uma mesma chancelaria ou de um mesmo autor ou dizendo respeito a uma mesma pessoa física ou moral, uma mesma localidade, região ou objecto.

RECOLHA DE DADOS – Acto de transferir ou transmitir dados de terminais à distância ou de vários pontos longínquos para um ponto central, por meio de telecomunicações, antes do processamento dos dados.

RECOLHA DE DOCUMENTOS – Expressão usada para designar o acto de reunir, de juntar documentação dispersa. Coligir. Compilar documentação que se encontrava disseminada.

RECOLHER – No fabrico manual do papel, operação que consiste em retirar o papel do estendal folha a folha • Começar a linha com um espaço geralmente de um quadratim ou dois, como no início de parágrafo • Compilar. Coligir • Reunir, juntar coisas dispersas. Formar uma colecção • Retirar da circulação.

RECOLHIDA – Diz-se da composição cujas linhas são mais curtas do que a medida adoptada para qualquer trabalho, ou seja, com mais espaço de esquerda • Diz-se de uma colecção que foi retirada da circulação devido ao facto de se apresentar muito danificada, ao ponto de não poder ser manuseada.

RECOLHIDO – Branco com que se abre a primeira linha do parágrafo vulgar ou o branco que levam as linhas do parágrafo a recolher. Entrada. Claro da abertura. Claro de entrada.

RECOLHIMENTO (port. Bras.) – *Ver* Incorporação.

RECOLOCAÇÃO – Colocação de novo na estante de um livro ou documento que dela havia sido tirado. Reposição • Dar nova colocação a um documento por motivos vários, atribuindo-lhe uma nova cota.

RECOMENDAÇÃO – *Ver* Especificação técnica.

RECOMPAGINAÇÃO – Acto e efeito de recompaginar.

RECOMPAGINAR – Compaginar de novo uma obra ou parte dela, já compaginada.

RECOMPILAÇÃO – Compêndio, resumo ou redução breve de uma obra ou discurso. *Ver* Resumo, extracto • Obra composta de excertos • Obra em que aparecem reunidas ordenadamente, após uma revisão, correcção e emendas, as disposições de carácter legal ou outras que tinham sido publicadas de forma avulsa.

RECOMPILADOR – Aquele que recompila.

RECOMPILAR – Tornar a compilar • Abreviar, resumir, coligir, reunir numa só obra extractos de diversas outras.

RECOMPOR – Compor de novo aquilo que já tinha sido composto.

RECONHECER – Declarar verdadeira (uma assinatura) • Admitir como legal, legítima ou verdadeira.

RECONHECIMENTO – Acto ou efeito de reconhecer • Acto de reconhecer ou admitir como legal ou autêntico.

RECONHECIMENTO AUTOMÁTICO DE FORMATOS – Detecção e identificação automáticas de campos de dados e elementos de dados individuais de um registo por um computador.

RECONHECIMENTO DE CARACTERES DE TINTA MAGNÉTICA – Detecção, identificação e aceitação por uma máquina de caracteres impressos com tinta, que contém partículas magnéticas.

RECONHECIMENTO DE FORMATOS – Programa informático usado na produção de registos *MARC*, que pode processar registos bibliográficos sem editar nem fornecer os designadores de conteúdo que sejam necessários para o registo *MARC* completo.

RECONHECIMENTO DE IMAGEM – Conversão de uma imagem impressa para códigos legíveis por computador.

RECONHECIMENTO ÓPTICO DE CARACTERES – Operação que consiste na detecção e identificação de caracteres impressos por uma máquina através da utilização de mecanismos sensíveis à luz.

RECONHECÍVEL – Que pode reconhecer-se.

RECONSTITUIÇÃO – Acto de reconstituir, de estabelecer de novo • Reorganização • Em restauro de documentos gráficos é a acção de restabelecer a integridade do documento; trata-

-se de uma operação minuciosa, que requer o conhecimento do texto e o do desenho acompanhante, caso exista. Reconstrução.
RECONSTITUIR – Constituir, estabelecer de novo • Reorganizar • Restaurar.
RECONSTRUÇÃO – Em restauro, *Ver* Reconstituição.
RECONTAMENTO – Termo arcaico que designava exposição detalhada de qualquer coisa. Relação. Narração. Informação.
RECONTAR – Contar de novo. Tornar a contar • Narrar com minúcia.
RECONTO – Acto ou efeito de recontar • Narrativa.
RECÓPIA – Acto ou efeito de recopiar • Nova cópia.
RECOPIAR – Tornar a copiar aquilo que já se copiou • Copiar ou transcrever de novo.
RECOPILAÇÃO – Recompilação. Compilação. Acto ou efeito de recopilar • Resumo. Sumário. Recapitulação.
RECOPILADOR – *Ver* Compilador.
RECOPILAR – Recompilar. Fazer uma compilação condensada de um conjunto de textos. Coligir. Compilar. Compendiar.
RECORRER – Passar a composição tipográfica para outra medida ou fazer qualquer emenda, como acréscimo ou supressão, obrigando a transportar palavras de uma linha para outra • Alterar a matéria, passando parte dela de uma página para outra, por qualquer motivo.
RECORRER LINHAS – Transferir linhas de uma página ou coluna para outra.
RECORRIDO – Trecho de composição tipográfica que se recorreu • Corandel.
RECORTAGEM (port. Bras.) – *Ver* Recorte.
RECORTAR – Fazer recortes em • Em tipografia, fazer recorte no preparo da máquina impressora.
RECORTE – Trabalho que faz parte do alceamento para preparar ou pôr a seguir as máquinas de impressão • Cortar no padrão o que está mais alto e retalhar pequenas porções dos pontos mais negros das gravuras que são colocadas na folha de alceamento • Apuro. Precisão. Rigor. Em relação à letra, é o modo como é talhada que determina o aspecto ou estado que ela apresenta. (port. Bras.) Recortagem.

RECORTE DE CADERNO – Parte do caderno que se cortou, dobrada separadamente e inserida no meio da assinatura, de modo que as folhas se apresentem em ordem sequencial, que aparece especialmente nos livros de determinado tamanho, como é o caso dos in -12°.
RECORTE DE IMPRENSA – Respigo de artigos e ilustrações na imprensa, relativos a determinados temas; as notícias seleccionadas são recortadas, coladas sobre papel ou cartolina, classificadas e arquivadas por matérias.
RECREATIVO – Qualidade daquilo que se destina a divertir, em momentos de ócio, de passatempo.
RECRIAÇÃO – Acto e efeito de tornar a criar, de criar de novo • Nova criação • Reprodução.
RECRIAR – Tornar a criar. Criar de novo (um texto). Refazer • Reproduzir.
RECTIFICAÇÃO – Acto ou efeito de corrigir • Palavras, textos ou factos com que alguém corrige algo que fez ou disse • Texto que emenda uma informação errada que foi publicada anteriormente e que pode ter tido origem em informações inexactas fornecidas a quem escreveu ou ter sido cometida por lapso na composição ou revisão. Correcção de notícia.
RECTIFICADO – Corrigido. Emendado. Verificado. Limpo de erros ou gralhas.
RECTIFICADOR – Que rectifica • Líquido que serve para cobrir um erro num texto, sobre o qual se reescreve o texto devidamente corrigido.
RECTIFICAR – Modificar para tornar exacto. Corrigir ou emendar os dados que podem ser considerados errados ou menos correctos.
RECTIFICATIVO – Que corrige ou rectifica.
RECTO – Termo utilizado para designar a página da direita de um livro ou publicação impressa; comporta em geral o número ímpar. Frente, anverso • Rosto. Rosto da folha • Face de uma folha impressa que é lida em primeiro lugar, num modo de leitura sequencial normal.
RECUEIL **FACTÍCIO** – Agrupamento ou reunião em volume ou álbum de um conjunto de diversas peças, em geral versando o mesmo assunto, e que inicialmente não estavam destinadas a figurar num todo único.

RECUPERAÇÃO – Acto ou efeito de recuperar • Obtenção • Aquisição de novo • Reutilização.

RECUPERAÇÃO DA INFORMAÇÃO – Conjunto de processos por meio dos quais os dados contidos nos documentos sobre um determinado assunto podem ser indexados, reservados e extraídos pelo utilizador; podem ser manuais, mecânicos ou ambos simultaneamente • Acto de encontrar de novo, de recuperar • A pesquisa retrospectiva de documentos • O acto de ir a determinado lugar ou área e voltar daí com um objecto ou documento • Acto e meios de obter factos e outras informações que estão registados e indexados de qualquer modo através do assunto ou os documentos que contêm os factos requeridos. Com o uso das novas tecnologias da informação e comunicação passou-se do acesso à informação presente no documento, aos metadados, e até à recuperação directa do próprio documento primário. Recuperação de dados. Pesquisa de dados.

RECUPERAÇÃO DE DADOS – *Ver* Recuperação da informação.

RECUPERAÇÃO DE DOCUMENTOS – Processo para localização ou recuperação com vista ao fornecimento de documentos que foram pedidos.

RECUPERAÇÃO DE DOCUMENTOS E INFORMAÇÃO – Conjunto de procedimentos que permitem satisfazer as necessidades de informação dos utilizadores de uma biblioteca, arquivo, serviço de documentação, etc.

RECUPERAÇÃO DE TEXTO COMPLETO – *Ver* Recuperação de texto integral.

RECUPERAÇÃO DE TEXTO INTEGRAL – Designação atribuída à possibilidade de aceder à informação que está contida numa aplicação informática que, ou não está organizada por campos, ou foi indexada por forma a que seja possível aceder a qualquer palavra ou combinação de palavras. Recuperação de texto. Recuperação de texto completo. Recuperação de texto livre.

RECUPERAÇÃO DE TEXTO LIVRE – *Ver* Recuperação de texto integral.

RECUPERAÇÃO POR ASSUNTO – Pesquisa de informação num estoque de documentos assente numa equação de pesquisa constituída por uma ou várias palavras que representam conceitos.

RECUPERAR – Procurar e obter uma parte de informação pertencente a um conjunto de informação mais lato.

RECUPERÁVEL – Que pode recuperar-se. Restaurável.

RECURSÃO – Acto ou operação de recorrer uma composição tipográfica, ou seja, passá-la para outra medida, o que resulta no transporte de palavras de uma linha para outra.

RECURSO – Acto ou efeito de recorrer • Apelação judicial • Expediente.

RECURSO BIBLIOGRÁFICO – Segundo as *AACR*, expressão ou manifestação de uma obra ou de um item que constitui a base de uma descrição bibliográfica. Um recurso bibliográfico pode ser tangível ou intangível.

RECURSO CONTINUADO – *Ver* Recurso contínuo *e* Recurso em continuação.

RECURSO CONTÍNUO – Expressão usada para referir o recurso bibliográfico que é publicado através do tempo, sem conclusão pré-determinada. Integra as séries e os recursos integrados continuados (que prosseguem, que seguem sem interrupção). Recurso continuado.

RECURSO DE ESTILO – Figura, meio, expediente, etc., aos quais quem escreve lança mão ou aos quais recorre, com a finalidade de obter um determinado resultado no modo como exprime o pensamento no acto da escrita.

RECURSO ELECTRÓNICO – Segundo a *ISBD(ER)*, documento normativo da *IFLA* que sucede à *ISBD(CF)* e que fornece as regras de redacção para a sua descrição bibliográfica, recurso electrónico é a "informação (dados e/ou programas) codificada para ser tratada por computador". Esta informação compreende os documentos utilizáveis com a ajuda de um periférico (por exemplo, um leitor de *CD-ROM*) ligado ao computador e os serviços em linha (por exemplo os diálogos electrónicos, os fóruns, as listas de discussão, os sítios *World Wide Web* • Documento legível por computador, qualquer que seja a sua apresentação física, o seu modo de acesso ou o seu conteúdo • Documento acessível por uma rede de telecomunicações.

RECURSO ELECTRÓNICO EM VÁRIAS PARTES – Recurso electrónico de tipo monográfico que compreende um número determinado de partes fisicamente separadas, as quais foram concebidas e publicadas de modo a formar um conjunto; as partes componentes poderão ter títulos e menções de responsabilidade próprios.

RECURSO ELECTRÓNICO REMOTO – Qualquer dado ou programa identificável que está codificado para poder ser manipulado por computador e está acessível remotamente; é essencialmente um recurso cujo acesso é feito através de uma rede electrónica.

RECURSO EM CONTINUAÇÃO – Segundo as *AACR*, aquele cuja publicação prossegue sem conclusão predeterminada. Os recursos em continuação incluem as publicações em série e os recursos integrados contínuos. Recurso continuado. Recurso contínuo.

RECURSO INTEGRADO – Segundo as *AACR*, é o recurso bibliográfico acrescentado ou modificado através de actualizações que são introduzidas no todo. Os exemplos de recursos integrados incluem folhas soltas actualizadas e sítios *Web* actualizados.

RECURSO LOCAL – Recurso integrado ou que se encontra directamente ligado ao próprio computador em que se está a trabalhar (disco, disquete, impressora, etc.).

RECURSO REMOTO – Dispositivo que se encontra disponibilizado num computador de uma rede que não é aquele em que se está a trabalhar.

RECURSOS – Conjunto dos meios que são utilizados e/ou aplicados por uma organização no cumprimento dos seus objectivos.

RECURSOS BIBLIOGRÁFICOS – Fundos bibliográficos. Colecção de documentos de uma biblioteca, arquivo, serviço de documentação, etc., seja qual for o seu tipo de suporte. Existências.

RECURSOS DE INFORMAÇÃO – *Ver* Recursos informativos.

RECURSOS DOCUMENTAIS – Conjunto de documentos de que pode dispor um investigador para levar a cabo o seu trabalho de investigação; os recursos documentais incluem as monografias, as publicações em série, toda a restante documentação em papel e todo o material informativo cujo suporte não seja papel, como a documentação audiovisual, por exemplo.

RECURSOS ELECTRÓNICOS – Designação anglo-saxónica de *information resources*, à letra "recursos informativos" com acesso electrónico: bases de dados, programas interactivos, catálogos de referências bibliográficas, etc.

RECURSOS FINANCEIROS – Designação dada ao serviço competente para executar e controlar o orçamento de uma organização, neste caso de uma biblioteca, arquivo, serviço de documentação, etc.

RECURSOS INFORMATIVOS – Conjunto de meios orientadores de que pode dispor um investigador para levar a cabo o seu trabalho de investigação; são recursos informativos as bibliotecas, bases de dados, redes de informação e seu conteúdo, isto é, a documentação científica e técnica, seja qual for o seu tipo de suporte, estrutura e organização.

RECURSOS INFORMATIVOS ACESSÍVEIS NA *INTERNET* – Colecções a que pode aceder-se remotamente via *Internet*. Esta informação pode ser recuperada via *www* ou através de bases de dados remotas a que as bibliotecas, arquivos, serviços de documentação, etc., têm possibilidade de aceder.

RECUSA – Designação dada ao acto através do qual um editor rejeita uma obra cuja edição lhe havia sido proposta por um autor.

RED. – Abreviatura de redactor *e* redacção.

RED. RESP. – Abreviatura de redactor responsável.

REDACÇÃO – Conjunto dos redactores de uma publicação; a redacção de um jornal fornece à tipografia os textos, títulos e ilustrações necessários para cada edição, com as indicações do tipo de letra, espaço e disposição dos materiais; esta tarefa é coordenada pelo chefe de redacção, que controla a produção dos redactores e pelos coordenadores e redactores paginadores, que controlam a montagem • Espaço onde trabalham os redactores • Edifício ou local que é sede de uma publicação • Composição escolar centrada num determinado tema • Acto ou efeito de redigir. Expressão ou forma dada ao pensamento através de palavra.

Modo como se redigiu o pensamento. Escrita. Composição.

REDACÇÃO CALIBRADA – Diz-se das normas de preenchimento do espaço que são impostas aos jornalistas para a preparação dos seus artigos, com vista ao projecto de compaginação estabelecido.

REDACÇÃO DE UM ACTO – Acção que consiste em pôr um acto por escrito.

REDACCIONAL – Relativo à redacção.

REDACTAR – Redigir. Compor. Dispor por escrito com ordem e correcção.

REDACTOR – Jornalista; membro fixo da redacção de uma publicação periódica • Chefe de redacção, jornalista que centraliza e supervisiona os artigos dos jornalistas que trabalham numa empresa • Membro da redacção • O que redige numa publicação ou colabora em obras de carácter literário ou científico. Pessoa que escreve um documento. (port. Bras.) Revisor.

REDACTOR DE UM ACTO ESCRITO – Aquele que concebe a minuta, o que estabelece directamente o texto do acto escrito ou o que dita o seu conteúdo.

REDACTOR LITERÁRIO – Pessoa que redige um texto, que participa na redacção de um jornal, de uma obra colectiva, assumindo, em simultâneo, a direcção técnica do pessoal encarregado da redacção ou compilação da obra.

REDACTOR PUBLICITÁRIO – Perito ou profissional de divulgação ao qual cabe o trabalho de informação acerca de periódicos ou dos meios de comunicação em geral.

REDACTOR TÉCNICO – Profissional ao qual cabe o planeamento e a redacção da documentação ligada às máquinas, tecnologias e produtos (prospectos, manuais de instalação, etc.)

REDACTOR-CHEFE – No conjunto da redacção de uma publicação, pessoa que orienta e dirige o trabalho do corpo redactorial; é normalmente o autor dos artigos de maior responsabilidade, juntamente com o director.

REDACTORIAL – Respeitante à redacção ou ao redactor.

REDE – Retícula, trama • Grupo de nós ligados ou inter-relacionados • Sistema que liga dois ou mais computadores por canais de transmissão • Duas ou mais instituições agrupadas num mesmo modelo de permuta de informação por ligações de comunicações, com a finalidade de atingir objectivos comuns • Conjunto de elementos eléctricos ligados simultaneamente com o objectivo de satisfazer necessidades específicas.

REDE BIBLIOGRÁFICA – A que é criada e mantida para partilhar a informação bibliográfica através da utilização de um formato normalizado de comunicações e de um controlo.

REDE CENTRALIZADA – Rede dirigida. Ver Rede em estrela.

REDE CENTRALIZADA DISTRIBUÍDA – Rede de bibliotecas, arquivos, serviços de documentação, etc., em que uma série de membros da rede controla as transacções e serve de ponto de união para a informação circular para outros membros.

REDE COMUTADA – Rede de comunicações na qual a maior parte da cablagem é partilhada por diversos utilizadores, tendo cada um deles possibilidade de comunicação temporal com outro, sem que haja uma ligação permanente entre eles.

REDE DE BANDA LARGA – Canal de comunicações com uma largura de banda superior a 3.000 *hertz*.

REDE DE BIBLIOTECAS – Tipo de colaboração de bibliotecas que visa o desenvolvimento centralizado de serviços e programas cooperativos, que incluem o uso de computadores e de telecomunicações.

REDE DE DIFUSÃO – Estrutura subjacente à divulgação e comercialização do livro.

REDE DE INFORMAÇÃO – Rede de instituições criada e mantida para partilhar a informação nelas existente.

REDE DE VALOR ACRESCENTADO – Rede de comunicações na qual a transferência dos dados essenciais é facilitada pelo transportador comum e é melhorada pelo fornecimento de serviços adicionais.

REDE DE VENDAS – Na comercialização do livro porta a porta, conjunto de vendedores que ganham à percentagem pelo seu trabalho de visitar pessoalmente o cliente ou de propor o produto em locais muito frequentados.

REDE DESCENTRALIZADA – Aquela em que todos os serviços e a sua gestão e controlo estão distribuídos por várias posições ou nós;

todos os membros têm recursos semelhantes, embora distintos, e todos nela aproveitam directamente os recursos dos diversos membros; todas as unidades comunicam entre si. Rede distribuída. Rede não dirigida.

REDE DIGITAL INTEGRADA DE SERVIÇOS – Rede avançada de telecomunicações na qual se usa a transmissão digital de um extremo ao outro para proporcionar simultaneamente o tratamento digital da voz e dos dados nas mesmas conexões digitais e através da mesma central digital. RDIS.

REDE DIRIGIDA – *Ver* Rede em estrela.

REDE DISTRIBUÍDA – *Ver* Rede descentralizada.

REDE EM ANEL – Rede de bibliotecas, arquivos, serviços de documentação, etc., em que os membros têm recursos semelhantes, embora distintos e não há um nó central.

REDE EM ESTRELA – Rede de bibliotecas, arquivos, serviços de documentação, etc., em que um membro da rede armazena a maior parte dos recursos e controla os serviços fornecidos, enquanto que os restantes membros os utilizam; as unidades comunicam entre si através de uma unidade central. Pressupõe uma hierarquia com pelo menos dois níveis. Rede dirigida. Rede centralizada.

REDE ESPECIALIZADA EM FUNÇÕES DOCUMENTAIS – Rede de bibliotecas, arquivos, serviços de documentação, etc., dedicada a tarefas como a aquisição, catalogação, indexação, constituição de uma base de informação comum, pesquisa em linha, etc.

REDE ESPECIALIZADA NUMA DISCIPLINA OU CAMPO DE ACTIVIDADE – Rede de bibliotecas, arquivos, serviços de documentação, etc., em que as unidades de informação que a constituem se associam para se apoiarem mutuamente ou, pelo menos, para harmonizarem os seus processos e produtos.

REDE HIERARQUIZADA – Rede de bibliotecas, arquivos, serviços de documentação, etc., em que as transacções entre as bibliotecas, etc. são canalizadas de modo ascendente, passando as necessidades não satisfeitas ao centro de recursos superior.

REDE HOMOGÉNEA – Aquela cujos membros ou nós são iguais ou semelhantes.

REDE *ISSN* – Rede internacional de centros operacionais juntamente responsável pela criação e manutenção de bancos de dados informatizados que fornecem o registo confiável dos recursos contínuos mundiais. A rede *ISSN* é responsável pela atribuição do *ISSN* (*International Standard Serial Number*).

REDE LOCAL – Rede informática que liga terminais e periféricos numa pequena zona espacial, como por exemplo um edifício, grupo de edifícios ou parte dele.

REDE MISTA – Rede de bibliotecas, arquivos, serviços de documentação, etc., em que determinadas funções ou certos níveis geográficos estão descentralizados e outros centralizados.

REDE NACIONAL DE LEITURA PÚBLICA – Tendo por base os princípios de orientação consubstanciados no Manifesto da *UNESCO* sobre a Biblioteca Pública, foi estabelecido em 1987 o Programa de Criação de uma Rede de Bibliotecas (Municipais) de Leitura Pública, por iniciativa da Secretaria de Estado da Cultura, segundo o qual a Administração Central comparticipa em 50% a construção e/ou a adaptação de edifícios, a aquisição de mobiliário e equipamento específicos (informática) e a constituição dos fundos documentais (bem como apoio técnico), através da celebração de um contrato-programa com a autarquia; este contrato-programa tem uma vigência igual ou superior a quatro anos e nele são estabelecidos os princípios programáticos e conceptuais das bibliotecas a criar, o financiamento a atribuir a cada projecto, o número de documentos a constituir, bem como o número de funcionários com formação técnica específica, a definição de competências e a previsão dos gastos. A rede tem por base o concelho que integra uma biblioteca municipal localizada em zona central de fácil acessibilidade (e eventuais anexos), cuja tipologia é dimensionada (de acordo com o número de habitantes do concelho) e materializada em diversas áreas de utilização. Garante o acesso total a todo o tipo de livros, revistas e outra documentação impressa, audiovisual e multimédia, que disponibiliza de forma gratuita, aberta e acessível a todos os tipos de público, fornecendo conhecimento e informação de todos os géneros.

REDE NÃO DIRIGIDA – *Ver* Rede descentralizada.

REDE PÚBLICA COMUTADA – Rede que fornece ao público serviço de comutação de circuitos.

REDE TERRITORIAL – Rede de bibliotecas arquivos, serviços de documentação, etc., que atende colectivamente as necessidades de todo o tipo de utilizadores numa determinada área (cidade, região ou país).

REDE TOTALMENTE CONECTADA – Aquela em que cada nó está ligado a todos os outros constituintes da rede.

REDIGIDO – Escrito. Lavrado. Notado • Posto por escrito com ordem e método.

REDIGIR – Compor um texto sob a forma escrita. Redactar • Escrever para a imprensa • Escrever, formular por escrito com ordem e método. Lavrar. Notar.

REDOBRO – Repetição de sílabas ou de outros morfemas.

REDONDILHA – De início este termo, de origem espanhola, designava um certo tipo de quadra, cujo traço específico se julga ter sido o esquema rimático ABBA; no século XVI alargou-se o âmbito do seu significado, passando a designar a estrofe em verso curto, independentemente do número de versos que a constituem e da disposição da rima • Verso curto, de cinco ou sete sílabas, composto por um mote e uma ou mais glosas. Verso de arte menor.

REDONDILHA MAIOR – Nome dado ao verso de sete sílabas (heptassilábico).

REDONDILHA MENOR – Nome dado ao verso de cinco sílabas (pentassilábico).

REDONDO – Diz-se do carácter de letra geralmente usado na Europa para imprimir, cuja designação serve também para o distinguir do gótico e do itálico; o seu desenho deriva da escrita humanística praticada em Itália a partir do século XV, que por sua vez ressurge da minúscula carolina; as diferentes espécies de caracteres romanos distinguem-se pelas variações dos plenos e dos finos e pelas formas das uniões; é o nome utilizado hoje para designar todos os tipos de letra comuns mais usados. Caracteres romanos. Letra redonda. Letra romana.

REDUÇÃO – Reprodução de dimensões inferiores ao original, cujo tamanho vem expresso como o número de vezes que se reduziram as dimensões lineares deste. Compressão. Cópia reduzida • Na elaboração de um resumo documental, eliminação dos componentes menos essenciais do significado explícito do texto • Resumo. (port. Bras.) Abreviatura.

REDUÇÃO DE DADOS – Em processamento de dados, transformação em informação organizada e prestável dos dados em bruto por processar. Simplificação de dados.

REDUNDÂNCIA – Utilização repetida e supérflua de ideias ou palavras. Prolixidade. Pleonasmo. Perissologia.

REDUNDÂNCIA DE ESTILO – Abuso excessivo de ornatos no discurso escrito ou falado.

REDUPLICAÇÃO – Repetição de uma ou mais sílabas de uma palavra ou de toda a palavra.

REDUTOR – Produto químico usado em revelação fotográfica para diminuir a densidade das imagens em material que está sensibilizado com nitrato de prata.

REDUZIR – Reproduzir em tamanho mais pequeno do que o do modelo • Exprimir através de uma unidade diferente.

REDUZIR A ESCRITO – Escrever. Pôr por escrito.

REED. – Abreviatura de reedição *e* reeditado.

REEDIÇÃO – Acto e efeito de reeditar • Edição nova de uma obra ou de qualquer outro trabalho impresso; distingue-se das anteriores por terem sido introduzidas alterações na apresentação ou no conteúdo • Conjunto de exemplares de uma publicação que possui alterações relativamente a edições anteriores da mesma publicação, no que toca ao texto ou ilustrações, código textual (língua escrita, braile, etc.), suporte (tipo de papel, dimensão da mancha, microforma), editor, processo de impressão, tipo de caracteres, etc.

REEDIÇÃO DE UM FILME – Designação atribuída à última versão de uma obra com um distribuidor diferente do distribuidor original. Um lançamento tardio pelo editor original é chamado "relançamento".

REEDITAR – Editar de novo. Fazer nova edição, geralmente quando a anterior se encontra

esgotada • Repetir. Reproduzir. Reestampar. Reimprimir. Republicar.
REEDITOR – Editor que edita de novo.
REEFABULADO – Narrado de novo fabulosamente. Contado de novo sob forma de fábula. Reinventado.
REEFABULAR – Narrar de novo fabulosamente. Contar de novo sob forma de fábula. Reinventar.
REELABORAÇÃO – Acto ou efeito de tornar a elaborar. Reorganização. Rearranjo.
REELABORADO – Tornado a elaborar, alterando ou melhorando o texto. Recomposto. Refeito.
REELABORAR – Tornar a elaborar. Recompor. Refazer.
REEMENDA – Acto de emendar de novo • Resultado desse acto.
REEMENDAR – Emendar de novo • Emendar muitas vezes.
REENCADERNAÇÃO – Acto e efeito de encadernar de novo • Transferência de um volume cuja encadernação estava danificada ou nem sequer existia, para uma outra encadernação já existente de uma obra do mesmo formato e que, dadas as características de qualidade, decoração ou luxo, vai acrescentar uma mais-valia ao volume danificado • Nova encadernação de uma obra cuja encadernação se havia danificado, voltando a cosê-la e aplicando-lhe uma nova capa • Operação que consiste em retirar o volume a uma encadernação para o poder lavar e reparar, recolocando-o no final na mesma encadernação. *Remboîtage*.
REENCADERNADO – Diz-se do volume a que se aplicou uma nova encadernação.
REENCADERNAR – Encadernar de novo. Substituir a encadernação de um livro, renovando a costura, a capa e consertando eventualmente as folhas danificadas.
REENCAIXADO – Reposto. Encaixado novamente no seu lugar.
REENCAIXAR – Repor. Tornar a pôr no seu lugar.
REENCAPAR – Colocar uma capa nova num livro brochado, cartonado ou até encadernado, aproveitando a costura original.
REENDORSAR – Colocar uma lombada nova numa obra, não a encadernando totalmente.

REENQUADRAMENTO – Alteração do formato ou da disposição que inicialmente foi dada a um texto ou documento.
REESCREVER – Escrever de novo • Redigir de novo um texto, resumindo-o ou adaptando-o às normas do jornal ou revista, etc.
REESCRIÇÃO – Aquilo que foi escrito outra vez.
REESCRITA – Escrita de novo. Escrita outra vez • Resultado do acto de escrever de novo aquilo que já tinha sido escrito, mas com diferente redacção.
REESCRITO – Escrito de novo. Que se reescreveu • Documento ou texto redigido em data posterior e afastada da do original, com a finalidade de o substituir no caso de se deteriorar ou perder.
REESTAMPA – Acto ou efeito de estampar de novo • Reedição. Restampa. Reimpressão.
REESTAMPAR – Estampar de novo • Reimprimir. Reeditar.
REESTRUTURAÇÃO – Acto ou efeito de reestruturar. Dar nova estrutura a. Reorganizar.
REESTRUTURAÇÃO LÓGICA – Introdução de palavras-chave num texto feita com a finalidade de lhe aumentar a inteligibilidade.
REESTRUTURAR – Dar nova estrutura a. Reorganizar.
REESTUDADO – Estudado de novo.
REEVOCADO – Evocado novamente.
REEVOCAR – Evocar de novo.
REEXAME – Acto ou efeito de reexaminar. Novo exame.
REEXAMINAR – Examinar ou analisar novamente. Reverificar.
REEXPEDIÇÃO DE UM ACTO – Novo exemplar de um acto, estabelecido subsequentemente e nas mesmas formas que a primeira expedição • Renovação de um acto.
REF. – Abreviatura de referência *e* refundido.
REFAZER – Redigir de novo • Recomeçar • Compor • Restabelecer • Recompaginar uma página impressa mudando a disposição do material e fundir uma nova placa estereotípica, com a finalidade de fazer uma reedição.
REFAZER UM TEXTO – Reescrever de novo um texto. Fazê-lo novamente. Reelaborá-lo. Corrigi-lo. Reconstruí-lo.

REFEITO – Feito de novo. Diz-se do trabalho que foi redigido, composto ou impresso de novo. Reelaborado. Recomposto.

REFEREE (pal. ingl.) – Árbitro ou consultor que tem como função analisar e avaliar a qualidade de um texto científico, propondo ou não a sua publicação.

REFERÊNCIA – Acção de referir ou enviar o leitor a um texto, a uma autoridade • Resposta precisa a uma questão concreta posta pelo utilizador • A nota ou indicação precisa que daí resulta • Marca ou indicação convidando o leitor a reportar-se a tal palavra ou passagem • Alusão. Menção • Termo empregado para designar um autor que é uma autoridade num determinado domínio do saber • Conjunto de informações em geral apresentadas na parte superior de uma carta comercial, ofício, etc., que correspondem ao processo a que diz respeito.

REFERÊNCIA ANOTADA – Modalidade de informação na qual, após a referência bibliográfica, se exprime o conteúdo do texto sob forma de palavras representativas das suas características fundamentais, sem ligação de umas com as outras.

REFERÊNCIA ASCENDENTE – Aquela que vai de um termo usado como cabeçalho de assunto ou descritor para outro termo ou expressão que é mais genérica.

REFERÊNCIA BIBLIOGRÁFICA – Conjunto de elementos bibliográficos suficientes para identificar um documento ou parte dele.

REFERÊNCIA CATALOGRÁFICA – *Ver* Notícia catalográfica.

REFERÊNCIA CEGA – Num catálogo, bibliografia ou índice, nome dado à remissiva que é feita de um cabeçalho para outro onde nenhuma entrada é encontrada. Referência cruzada errónea, que não se encontra no lugar indicado. Referência em branco. Referência vazia.

REFERÊNCIA CRUZADA – Indicação de uma relação coordenada entre os termos ou classes numa linguagem documental.

REFERÊNCIA CRUZADA DE ASSUNTO – Remissiva de um cabeçalho de matéria para outro; pode ser para cima, para baixo ou colateral.

REFERÊNCIA CRUZADA GERAL – *Ver* Referência múltipla.

REFERÊNCIA DE EDITOR – Referência que é apresentada no catálogo sob o nome do editor, remetendo para outra entrada, com informação mais completa.

REFERÊNCIA DE INFORMAÇÃO GERAL – Referência geral num catálogo de um assunto específico do qual não existem documentos para um assunto mais geral que inclui o assunto específico.

REFERÊNCIA DE PÁGINA – Reenvio ao número da página de uma obra numa bibliografia, índice ou catálogo • A nota ou indicação precisa que daí resulta.

REFERÊNCIA DE TÍTULO – Alusão ao título uniforme de uma obra feita a partir de um dos seus outros títulos • Instrução num catálogo que orienta o utilizador de um título para outro ou para o autor da obra.

REFERÊNCIA DESCENDENTE – Aquela que vai de um termo usado como cabeçalho de assunto ou descritor para outro termo ou expressão que é mais específica.

REFERÊNCIA DESCRITIVA DE UM EXEMPLAR – Notícia bibliográfica incluindo também um conjunto de indicações sobre as particularidades de um exemplar, em geral no caso de manuscritos, obras raras ou antigas.

REFERÊNCIA DIGITAL – *Ver* Referência virtual.

REFERÊNCIA ELECTRÓNICA – *Ver* Referência virtual.

REFERÊNCIA EM BRANCO – Num catálogo, bibliografia ou índice, referência que remete para uma rubrica que não existe no referido catálogo, bibliografia ou índice. Referência cega. Referência vazia.

REFERÊNCIA EM SEGUNDA MÃO – Designação usada para assinalar a situação em que um autor é citado por um outro.

REFERÊNCIA EM TEMPO REAL – *Ver* Referência virtual.

REFERÊNCIA EXPLICATIVA – Nome dado à palavra *"Ver"* ou à expressão *"Ver tb."* (*Ver também*), que explica as circunstâncias em que os cabeçalhos citados devem ser consultados.

REFERÊNCIA GERAL – *Ver* Referência múltipla.

REFERÊNCIA HISTÓRICA – Referência explicativa que inclui uma informação curta sobre a história e mudanças de nome de uma pessoa jurídica, entidade ou corporação.

REFERÊNCIA INVERTIDA – Referência de uma frase, nome, etc. em que uma palavra ou palavras se apresentam transpostas em relação à sua forma na ordem directa habitualmente usada como cabeçalho.

REFERÊNCIA MÚLTIPLA – Aquela que é feita a partir de um cabeçalho para um conjunto deles; é usada com frequência para evitar que se encha o catálogo com grande número de referências específicas. Referência geral. Referência cruzada geral.

REFERÊNCIA SINALÉTICA – Notícia bibliográfica abreviada.

REFERÊNCIA VAZIA – *Ver* Referência em branco.

REFERÊNCIA *VEJA* – A que é feita a partir de um nome, palavra, etc., que não é usado como cabeçalho, para outra forma de nome, palavra, etc., que é usada como tal.

REFERÊNCIA *VEJA TAMBÉM* – Referência que é feita a partir de um nome, palavra, etc. que é usado como cabeçalho para um ou mais nomes, palavras, etc. relacionados, que também são usados como cabeçalhos.

REFERÊNCIA VIRTUAL – Serviços de referência que utilizam tecnologia informática sob qualquer forma. Referência digital. Referência electrónica. Referência em tempo real. Serviços de informação na *Internet*.

REFERENCIAR – Referir, aludir • Abonar • Fazer a referência de.

REFERÊNCIAS – Informações. Abonações • Recomendações • Indicações de dados necessários para identificar um ou vários assuntos, obras, etc.

REFERÊNCIAS BIBLIOGRÁFICAS – Conjunto dos documentos citados numa obra, que foram usados para a sua elaboração e que são apresentados, em geral, sob a forma de lista, na parte final da obra ou na de cada um dos capítulos que a constituem. Bibliografia.

REFERÊNCIAS LIGADAS – Aquelas que relacionam duas ou mais variações de um único cabeçalho.

REFERENDA – Segunda assinatura aposta a um documento por alguém que fica responsável pelo seu conteúdo, anteriormente aprovado por outrem • Confirmação.

REFERENDAR – Assinar um documento já assinado por uma entidade superior, permitindo, assim, que este se publique ou execute • Confirmar.

REFERENDÁRIO – Na Roma Antiga, nome dado aos notários ou guardas dos arquivos, ou seja, aos que estavam encarregados da expedição dos actos • Aquele que referenda • Pessoa que numa chancelaria ou administração faz um relatório sobre um assunto, a fim de que a autoridade competente tome medidas com conhecimento de causa.

REFERIDO – Aludido. Citado. Narrado. Supradito.

REFERIR – Contar. Narrar. Citar. Referenciar.

REFERTAR – Termo arcaico que designava requerer. Demandar • Impugnar.

REFINAÇÃO – Acto ou efeito de refinar. Tratamento mecânico que se dá no refinador às semi-pastas para papel, reduzindo-as a pasta inteira, pronta para a entrada na máquina formadora; no fabrico do papel este processo de maceração da matéria fibrosa, realizado através de força manual ou mecânica, permite a fibrilação e maior hidratação das fibras, favorecendo as ligações entre as fibras celulósicas e a sua flexibilidade quando húmidas.

REFINADOR – Aparelho no qual se completa a moagem das substâncias fibrosas que formam a pasta de papel, limpando-as das impurezas.

REFLEXÃO – Acto ou efeito de ponderar • Meditação • Ensaio de pequena dimensão. Introdução a um tema.

REFLEXÕES – Observações. Comentários. Considerações • Meditações.

REFORÇADA – Diz-se da folha que foi restaurada ou fortalecida através da sua união com outra • Em encadernação, diz-se da obra que foi sujeita à operação de arredondamento e colocação da lombada. Restaurada.

REFORÇADOR – Que contribui para tornar mais forte • Qualquer substância utilizada em fotografia destinada a aumentar a opacidade de um negativo fraco dando, deste modo, mais relevo aos contrastes.

REFORÇAR – Melhorar por diferentes meios a solidez de um objecto deteriorado. Consolidar.

REFORÇAR A LOMBADA – Torná-la mais forte, pelo emprego de nova pele e colagem. Alombar.

REFORÇO – Tira de papel ou talagarça que se coloca entre o plano e a lombada de um livro antes da aplicação da pele, para lhe conferir maior segurança.

REFORÇO DA LOMBADA – Colocação de pedaços de material de restauro à cabeça e no pé do lombo de um livro com a finalidade de o consolidar, reforçando a cosedura das bordas e impedindo a entrada de vermes; esses pedaços são geralmente de pele curtida, fios de linho, pergaminho ou tecido que são materiais estáveis e são com frequência revestidos com seda ou fio entrelaçado de padrões e técnicas variadas • Pedaços que são colocados com tal finalidade.

REFORÇO DE FOLE – Aquele que é constituído por uma tira de papel dobrada, colocada parte no lombo e parte no falso dorso e que abre com o livro.

REFORÇO DE MARGENS – Restauro das extremidades danificadas de um documento através da aplicação de papel ou outro material de consolidação.

REFORMULAÇÃO – Acto ou efeito de reformular. Alteração • Rectificação. Remodelação.

REFORMULAR – Dar uma nova forma a. Fazer de novo, dando nova forma. Modificar. Remodelar.

REFRACTÁRIO À LEITURA – Expressão usada para referir o indivíduo que, de forma obstinada, se recusa a ler e resiste a deixar-se atrair por qualquer iniciativa conducente a atingir esse objectivo.

REFRANEIRO – Rifoneiro. Adagiário. Colecção de refrãos • Pessoa que faz refrãos.

REFRÃO – Adágio. Anexim. Rifão • Estribilho ou versos que se repetem no final de cada estrofe • Bordão.

REFUNDIÇÃO – Acto ou efeito de refundir, de derreter de novo • Dar uma nova forma ou disposição a uma obra para actualizá-la ou melhorá-la • Fundição de rolos que se faz com a mesma cola dos rolos que já não servem.

REFUNDIDOR – Que ou aquele que refunde • Aquele que reformula uma obra, com vista a actualizá-la ou melhorá-la.

REFUNDIR – Fundir de novo tipos velhos, linhas-bloco, etc., limpando o metal das escórias para o reaproveitar • Desmanchar a massa dos rolos de impressão velhos juntando-lhe outra nova para formar novos rolos • Dar outra feição à obra científica ou literária, alterando o texto, dando-lhe nova disposição ou suprimindo parte dele e acrescentando outras partes. Reformar. Corrigir. Reformular.

REFUTAÇÃO – Acto ou efeito de refutar, de contestar • Conjunto dos fundamentos utilizados na contestação, ou seja, dos argumentos ou provas com os quais se refuta.

REG. – Abreviatura de registo e regesto.

REGESTA (pal. lat.) – Registo. Lista.

REGESTO – Análise de actos provenientes de uma mesma chancelaria ou dizendo respeito a um mesmo objecto e, eventualmente, indicações históricas que ilustram o itinerário de uma personagem importante, acontecimentos do seu governo, factos dizendo respeito à pessoa física ou moral em questão; a recolha destes actos é cronológica • Resumo do conteúdo de um acto ou de uma carta com menção dos elementos de identificação indispensáveis: data, nomes do emissor, das partes em causa, do destinatário, do objecto do acto, etc.

REGIMENTO – Estatuto. Norma. Regulamento. Regime. Guia. Directório. Disciplina • Parte regulamentar de uma lei.

REGIMENTO DA REAL MESA CENSÓRIA – Diploma publicado em alvará datado de 18 de Maio de 1768, definindo as atribuições, modo de escolha, exigências, deveres e funções dos diversos elementos da Real Mesa Censória.

REGIMENTO DO OFÍCIO DE LIVREIRO – Texto redigido ou reformulado em 1572 por Duarte Nunes de Leão, e que governava os livreiros de Lisboa. Em 1733 foi redigido um novo, pelo facto de o anterior se encontrar desactualizado; este novo regimento quase poderá dizer-se que se cinge a actualizar o vocabulário e as coimas do anterior.

REGIMENTO NÁUTICO – Nome dado ao conjunto de instruções escritas referentes à arte ou técnica de navegar.

REGIONAL – Local • Diz-se da notícia inserida numa publicação periódica, que é referente à região a que pertence a publicação; provém, em geral, de um correspondente.

REGISTAR – Manifestar • Inscrever no registo • Em informática, escrever informação num suporte de gravação ou transferir dados para um mecanismo de armazenamento. Escrever. Gravar. (port. Bras.) Registrar.

REGISTAR DOCUMENTAÇÃO – Nome dado ao processo que consiste em dar entrada da documentação através do registo do documento no livro de registo de entrada e aposição de carimbo no documento com preenchimento do respectivo número de registo.

REGISTAR O EMPRÉSTIMO – Consignar numa ficha ou num registo por cedência o empréstimo de um livro ou de outro documento.

REGISTAR POR ESCRITO – Inscrever. Consignar sob forma escrita. Lançar em livro de registo • Anotar escrevendo.

REGISTO – Acto ou efeito de lançar em suporte próprio dados ou informações • Documento no qual se faz uma relação pormenorizada dos dados referentes a uma determinada matéria. Exemplo: registo de utilizadores • Anotação. Apontamento • Usa-se também no sentido mais restrito do termo " entrada" • Inventário. Tombamento • Nos incunábulos é a lista de letras ou palavras que iniciavam cada um dos cadernos, colocada no final da obra, facilitando assim o trabalho do encadernador • Inscrição dos nascimentos, casamentos e óbitos em repartição destinada a esse fim • Volume no qual se procede ao assento sucessivo de actos, cartas, contas; tem carácter de autenticidade na medida em que é mantido por uma autoridade apta a conservá-lo ou então se recebe antecipadamente marcas de autenticidade da parte da autoridade judicial ou se os actos são acompanhados de sinais de validação (assinaturas) • Correspondência exacta entre as páginas (recto e verso de uma folha impressa), de modo a coincidirem pelo pé, cabeça e lados • Acerto das cores para que cada uma fique impressa no devido lugar • Seguro do correio • Menção num registo e, por extensão, sobre todo o suporte durável, destinada a guardar rasto de uma operação (correspondência, entradas e saídas de documentos, etc.) • Utilização que cada sujeito falante faz dos níveis da língua que existem no uso social de uma língua • Fita de algodão ou seda colada por baixo da cabeçada, que é usada com a finalidade de assinalar um determinado lugar do livro. Sinal • Documento do qual consta que se registaram documentos, títulos, etc., géneros sujeitos a direitos, etc. • Em arquivística, documento feito ou recebido e conservado por uma instituição ou organização em tramitação dos seus assuntos ou no cumprimento das suas obrigações legais • Documento de arquivo elaborado para efeitos de controlo e descrição da documentação produzida e/ou recebida por uma administração ou um arquivo (de correspondência, de entrada, etc.) ou para efeito de prova de actos ou acontecimentos (registo civil, registo paroquial, registo de notariado). *Series chartarum. Registrum chartarum* • Em informática, conjunto de unidades ou campos de dados, de formato e conteúdo normalizados, agrupados por uma característica comum, que constitui uma unidade de tratamento e de registo. Unidade de informação constituída por um conjunto de dados. Subconjunto de um ficheiro • Disco ou gravação sonora • (port. Bras.) Registro.

REGISTO ACRESCENTADO – Aquele que não existia no ficheiro e que foi criado no decurso do tratamento dele.

REGISTO ACTIVO – *Ver* Registo corrente.

REGISTO ADMINISTRATIVO INTERNO – Em arquivologia, registo sobre o orçamento, o pessoal e operações administrativas congéneres comuns a todas as unidades de uma organização, que têm uma natureza diferente da dos registos das funções fundamentais de uma instituição.

REGISTO BIBLIOGRÁFICO – Elemento de uma base de dados bibliográficos, que é constituído pela descrição do documento, pontos de acesso ao registo e sua localização • Unidade de informação constituída pelo conjunto dos dados bibliográficos que identificam e descrevem uma determinada obra. Tradicionalmente é composto por três partes: o cabeçalho ou ponto de acesso, o corpo da entrada e a informação adicional.

REGISTO CIVIL – Registo estabelecido e conservado por uma autoridade pública para consignar por escrito e por ordem cronológica os nascimentos, casamentos e óbitos e por vezes outros dados (legitimações, reconhecimentos de paternidade, divórcios). *Ver tb.* Registo paroquial.

REGISTO COMPLEMENTAR – Em informática é aquele que é colocado a seguir a um registo principal ou a um outro registo complementar, relacionado com o mesmo assunto.

REGISTO CONFIRMAÇÃO – Registo do documento no notário feito com a finalidade de garantir a sua segurança.

REGISTO CORRENTE – Processo que consiste em transcrever sucessivamente, integralmente ou por extractos, o texto ou conteúdo de um acto, à medida que este é expedido ou recebido. Registo activo.

REGISTO DA MEDIANIZ – Número de piroguiso.

REGISTO DAS ENCOMENDAS – Estado escrito das compras em curso classificadas segundo o nome do livreiro ou agente ao qual foram feitas.

REGISTO DAS OBRAS EM PREPARAÇÃO – Ficheiro temporário enumerando as obras que se encontram em curso de composição, com vista à sua futura aquisição, logo que estejam no mercado.

REGISTO DAS OFERTAS – Lista ou livro especial onde estão inscritas e sumariamente descritas, as obras e outros documentos e mesmo os objectos que foram recebidos por doação, numa biblioteca, arquivo, serviço de documentação, etc.

REGISTO DE ACESSOS – O registo principal do fornecimento acrescentado a uma biblioteca, arquivo, serviço de documentação, etc.; à medida que as obras são integradas e entram no registo são numeradas progressivamente, podendo o registo de acessos apresentar a forma de livro, ficha ou base de dados em suporte informático. *Ver* Livro de registo • Catálogo de acessos. Lista de acessos.

REGISTO DE ADMISSÃO – Cartão ou formulário usado para controlar a frequência da ida do utilizador à biblioteca, arquivo, serviço de documentação, etc. • Acção de inscrever um utilizador como pessoa aceite para frequentar, enquanto tal, um determinado serviço.

REGISTO DE AQUISIÇÕES – Assentamento de todos os livros e outro material adquirido ou em processo de aquisição, usualmente conservado de forma ordenada • Inscrição num livro de registo, na data de chegada, das obras, etc. que foram adquiridas por uma biblioteca, arquivo, serviço de documentação, etc., e que recebem nessa ocasião um número de entrada ou de inventário • Livro onde se inscrevem estas aquisições. Catálogo de aquisições.

REGISTO DE ASSINATURAS – Nos incunábulos e nas obras do início do século XVI é a lista de letras, palavras ou reclamos que iniciavam cada um dos cadernos, colocada no final da obra, facilitando, assim, o cotejo dos cadernos e o trabalho do encadernador.

REGISTO DE AUTORIDADE – Aquele em que aparece um ponto de acesso estabelecido para ser empregado num conjunto de registos bibliográficos, que indica as fontes consultadas para o seu estabelecimento e as referências que hão-de fazer-se para ele e a partir dele, exprimindo a informação encontrada nas fontes como justificação da forma do ponto de acesso escolhido e das referências especificadas.

REGISTO DE BAIXAS – Levantamento de todos os documentos que foram retirados oficialmente da colecção de uma biblioteca, arquivo, serviço de documentação, etc., geralmente por más condições de conservação, sendo por isso subtraídos da consulta, ou então, porque se verificou que há longo tempo se encontravam extraviados.

REGISTO DE CABEÇALHOS SECUNDÁRIOS – Informação que é acrescentada a uma notícia bibliográfica dos cabeçalhos sob os quais o documento a que ela respeita poderá ser recuperado. Pista.

REGISTO DE CADERNOS – Nos incunábulos e nos livros do início do século XVI é a lista de letras, sílabas iniciais de uma palavra ou a palavra inteira que iniciava cada um dos cadernos; esta lista era colocada no final da obra e facilitava a verificação dos cadernos no acto de os encadernar; serve igualmente de controlo para verificar se a obra está completa. *Registrum*.

REGISTO DE CATALOGAÇÃO NA PUBLICAÇÃO – Catalogação na fonte. *Ver CIP*.

REGISTO DE CHANCELARIA – É aquele que, numa chancelaria, é destinado a receber o texto dos actos expedidos por ela, à medida que são despachados; este registo faz-se a intervalos mais ou menos regulares.

REGISTO DE CIRCULAÇÃO – Inscrição dos livros dados à leitura • Estatística do número de livros dados diariamente à leitura durante determinado período de tempo. Estatística de circulação • Anotação numa ficha específica de um livro ou documento do número de vezes que ele foi dado à leitura. Registo de empréstimo.

REGISTO DE COMPRIMENTO FIXO – Em processamento de dados, aquele cujo comprimento está limitado a um determinado número de caracteres.

REGISTO DE CONFRADES – Livro onde são inscritos os membros de uma confraria.

REGISTO DE CONSULTAS – Relação detalhada dos dados relativos aos documentos, livros, publicações, etc. que foram examinados por um utilizador de um serviço.

REGISTO DE CORREIO – Registo no qual são transcritas, geralmente por ordem cronológica, as cartas na expedição e/ou na recepção ou a sua análise mais ou menos detalhada.

REGISTO DE DOAÇÃO – Aquele que contém as obras que foram oferecidas a uma biblioteca, arquivo, serviço de documentação, museu, etc.

REGISTO DE EMPRÉSTIMO – Lista das obras emprestadas ou em circulação, habitualmente estabelecida em fichas classificadas à data do empréstimo ou da entrega dos livros, documentos, etc. • Nome dado à ficha do utilizador, com a indicação de todos os livros, documentos, etc., que ele requisitou por empréstimo • Os mesmos dados em suporte informático. Registo de circulação. *Ver tb.* Sistema de empréstimo.

REGISTO DE EMPRÉSTIMO AUTOMÁTICO – Acto de registar o empréstimo de livros ou outros documentos com apoio mecânico; opõe-se a registo de empréstimo manual.

REGISTO DE EMPRÉSTIMO MANUAL – Acto de registar à mão o empréstimo de livros ou outros documentos; opõe-se a registo de empréstimo automático.

REGISTO DE ENCADERNAÇÃO – Lista permanente ou temporária de material que foi enviado para encadernar; inclui, em geral, dados sobre o título e o estilo da encadernação e a indicação do exemplar que seguiu para modelo e do estado da sua conservação.

REGISTO DE ENTRADA – Levantamento detalhado de todos os documentos incorporados numa biblioteca, arquivo, serviço de documentação, etc., reunidos por ordem de incorporação; o registo de cada documento inclui a sua referência bibliográfica, preço, número de registo, proveniência e/ou outros elementos considerados de interesse para a instituição, como a data de entrada; pode assumir várias formas, tais como as de lista ou ficheiro, ou encontrar-se em suporte informático, e serve como instrumento de controlo e prova legal da sua guarda pelo serviço onde se encontra. Catálogo de entrada.

REGISTO DE EXEMPLAR – Em catalogação, registo individual de um determinado documento pertencente a uma colecção que contém mais que um exemplar.

REGISTO DE IDENTIFICAÇÃO – Na *Internet*, designação da informação que é enviada a um cliente *Web* por um servidor *Web* e que aquele envia a este com dados identificativos, de cada vez que estabelece uma ligação com ele.

REGISTO DE IMÓVEIS – Documento sob a forma de rol ou lista no qual estão relacionadas todas as propriedades que fazem parte do património de uma instituição • Livro de registo de escrituras ou promessas de compra e venda de imóveis, sua transferência e transmissão com anotações sobre as hipotecas que porventura neles incidam; é feito nos cartórios de registo. Cadastro.

REGISTO DE LEITORES – *Ver* Ficheiro de leitores.

REGISTO DE OBRA LITERÁRIA – Operação a que estava submetida qualquer obra literária. Antes de ser publicada, a obra estava sujeita ao registo de obra feito em livro criado para esse efeito; o conjunto desses registos era publicado todos os meses no *Diário do Governo*, eram depositados dois exemplares na Biblioteca Pública de Lisboa recebendo o autor ou seu representante, um recibo de entrega. O registo de obra literária foi regulamentado pelo Decreto-Lei nº 4114, de 17 de Abril de 1918, tendo sido também instituída a Conservatória de Registo de Obras Literárias, na dependência do Ministério da Instrução Pública. Dessa data em diante o registo passou a ser feito apenas na Biblioteca Nacional de Lisboa, e estava a cargo do seu director, que era também conservador. Depois de 1918, na linha da Convenção de Berna, o registo de obra literária deixou de ser obrigatório para a titularidade do património da obra. Em 1927 o registo de obra literária transitou para a dependência do Ministério da Justiça tendo passado a designar-se Conservatória de Propriedade Científica, Literária e Artística. Em 1931, pelo Decreto nº 19952, de 24 de Junho, este serviço foi integrado no Ministério da Educação (Direcção-Geral do Ensino Superior e das Belas-Artes) – Serviço das Bibliotecas e Arquivos. A conservatória onde era feito o registo foi extinta pelo Decreto-Lei nº 37461, de 30 de Junho de 1949, tendo apesar disso continuado a fazer-se serviços de registo, sem alterações, até 1977.

REGISTO DE OPERAÇÕES – Inscrição dos factos pertinentes sobre as actividades e movimentos que se verificam num sistema.

REGISTO DE PESQUISA BIBLIOGRÁFICA – Aquele que costuma fazer-se em bibliotecas especializadas, etc., no qual constam as obras, instituições e particulares que foram consultados numa vasta procura de informação.

REGISTO DE PROPRIEDADE INDUSTRIAL – Registo em que são inscritas as patentes de invenção ou de introdução, as marcas de fábricas, os nomes comerciais, etc.

REGISTO DE PROPRIEDADE INTELECTUAL – Aquele que é feito com a finalidade de inscrever e defender os direitos de autores, tradutores, editores, etc. de obras científicas, literárias ou artísticas.

REGISTO DE PROPRIEDADE LITERÁRIA – Aquele que consigna os direitos de carácter pecuniário ou puramente moral, que a publicação de uma obra faz aparecer em proveito de um escritor. Exigência da inscrição feita na Biblioteca Nacional de Portugal, que garante a propriedade intelectual de uma obra, isto é, "a legitimidade dos autores ou artistas ou dos seus cessionários ou representantes, para haverem de gozar nos tribunais do benefício do mesmo capítulo concedido às obras reproduzidas pela tipografia, litografia, gravura, moldagem ou por qualquer outro modo"; foi regulamentada pela primeira vez em Portugal pelo Decreto n.º 4114 de 17 de Abril de 1918. *Ver tb*. Registo de obra literária.

REGISTO DE PUBLICAÇÕES PERIÓDICAS – Inscrição regular dos fascículos das publicações em série, à medida que são recebidos e de maneira a possibilitar, em qualquer momento, a verificação de existências • Livro especial que se apresenta, quer sob a forma de um caderno, quer sob a forma de um ficheiro *kardex* ou outra, contendo a enumeração e a descrição das publicações periódicas que uma biblioteca, arquivo, serviço de documentação, etc. recebem por compra, permuta ou oferta.

REGISTO DE SANTO – Estampa de carácter religioso, de pequenas dimensões, gravada em madeira, a buril ou litografada, tradicionalmente destinada a comprovar a comparência do devoto na festa do santo, e a sua contribuição pecuniária através de dádiva ou compra do registo. Santinho.

REGISTO DE SOM – Processo envolvido na determinação e criação de uma versão de um registo sonoro. Pode resultar da mistura de várias gravações.

REGISTO DE TIRAGEM – Justificação do número de exemplares impressos ou editados de uma obra, onde se mencionam o número e a espécie de exemplares de que consta uma edição; nas tiragens especiais figura também o número do exemplar, o tipo de papel, e ainda por vezes a assinatura autógrafa e o carimbo ou chancela do nome do autor ou editor.

REGISTO DESCRITIVO – Representação de uma unidade de descrição.

REGISTO DIRECTO – Em informática é aquele que está situado no lugar que deve normalmente ocupar.

REGISTO DO DESTINÁRIO – Anotação do nome da pessoa que recebe o documento.
REGISTO DO EXPEDIDOR – É a inscrição na qual a entidade que expede consigna o conteúdo dos documentos que envia a outras entidades ou pessoas; são exemplo disso os registos das chancelarias régias.
REGISTO DOS LIVROS RETIRADOS – Livro especial onde se inscrevem as obras ou volumes que foram afastados das colecções de uma biblioteca, arquivo, serviço de documentação, etc. por qualquer motivo, geralmente por más condições de conservação ou apenas porque se verificou que há longo tempo se encontram extraviados.
REGISTO ELECTRÓNICO – Conjunto de dados acerca de um item armazenados num computador; consta, em geral, de quatro elementos: conteúdo, estrutura, contexto e apresentação.
REGISTO ESCRITO – Relação detalhada dos dados referentes a uma determinada matéria, apresentados sob forma escrita.
REGISTO FICTÍCIO – Registo em suporte informático, que é usado como receptáculo de dados de determinado tipo ou em que podem realizar-se certos tipos de acções sem que os outros registos sejam alterados.
REGISTO FÍSICO – Em informática, aquele que é definido pela sua forma ou pelo espaço de que precisa.
REGISTO FOTOGRÁFICO DE CIRCULAÇÃO – *Ver* Registo fotográfico de empréstimo.
REGISTO FOTOGRÁFICO DE EMPRÉSTIMO – Sistema de empréstimo em que são fotografadas as fichas de leitor e a de identificação do documento que vai ser emprestado; no documento que se empresta introduz-se uma ficha numerada com indicação da data de fim do empréstimo; as fichas dos documentos devolvidos são ordenadas numericamente; os números em falta são correspondentes aos documentos que ainda não foram entregues; a película fotográfica fornece informação acerca deles. Registo fotográfico de circulação.
REGISTO HIERÁRQUICO AUTOMÁTICO DE PALAVRAS-CHAVE – Num sistema informatizado de indexação, atribuição por um computador de descritores adicionais hierarquicamente superiores aos atribuídos a uma obra por um documentalista a partir de um índice de palavras.
REGISTO INACTIVO – Aquele que já não é necessário e que, em consequência disso, pode ser destruído ou transferido para um arquivo histórico, conforme o caso.
REGISTO INDICADOR – Aquele em que não há transcrição integral do documento, mas apenas a informação do seu conteúdo.
REGISTO INDIRECTO – Em informática, o que está situado num local diferente daquele que deveria ocupar; o primeiro endereço permite, em geral, encontrar o verdadeiro endereço.
REGISTO INFORMÁTICO – Registo electrónico. Registo digital.
REGISTO ISSN – Designação da base de dados estabelecida pelo Centro Internacional *ISSN*, na qual figuram todos os *ISSN* com as informações bibliográficas que correspondem aos títulos das publicações em série que eles identificam; existe em versões *on-line*, em *CD-ROM* e em banda magnética.
REGISTO LÓGICO – Unidade simples de informação composta por um ou mais campos de variáveis • Em informática, é aquele que se define com base no seu conteúdo e não na sua posição física ou nos seus requisitos espaciais.
REGISTO MAGNÉTICO – Processo de registo numa fita magnética ou noutro suporte magnético de sinais de áudio ou de vídeo. Gravação magnética.
REGISTO MECÂNICO DO EMPRÉSTIMO – Acção de registar o empréstimo dos livros ou outros documentos com o auxílio de uma máquina, por oposição ao registo manual.
REGISTO PAROQUIAL – Aquele que é estabelecido e actualizado pelo ministro do culto responsável de uma paróquia ou seu representante, no qual são inscritos por ordem cronológica os actos dos baptismos, dos casamentos ou das mortes acontecidos na paróquia e por vezes informações adicionais.
REGISTO PRINCIPAL – *Ver* Entrada principal.
REGISTO SONORO – Documento no qual foram gravadas vibrações sonoras, por processo eléctrico, mecânico ou electrónico, de

forma a poder ser reproduzido o som, sem acompanhamento de imagens visuais, necessitando da utilização de um equipamento para ser ouvido. Consideram-se registos sonoros a bobina sonora, a cassete sonora, o cartucho sonoro e o disco sonoro.

REGISTO TOPOGRÁFICO – Instrumento de pesquisa que indica, o lugar ocupado no arquivo, etc., por cada artigo, identificado pela referência no depósito, na estante e na tabela e, eventualmente, o número de ordem dentro desta, tendo em vista o controlo ou a localização.

REGISTO VÍDEO – Transcrição de sinais áudio e/ou vídeo registados para serem transmitidos através de um receptor televisivo.

REGISTO-COPIADOR – Aquele que contém a cópia textual dos documentos e se faz por reprodução química, através do papel químico.

REGISTO-MEMÓRIA – Em informática, registo que detém informações sobre o número e a natureza dos registos seguintes.

REGISTRAR (port. Bras.) – *Ver* Registar.

REGISTRATOR (pal. lat.) – Nome dado ao arquivista na Idade Média.

REGISTRO (port. Bras.) – *Ver* Registo.

REGISTRUM (pal. lat.) – *Ver* Sinal e Registo.

REGISTRUM CHARTARUM (loc. lat.) – *Ver* Registo.

REGRA – Linha direita • Cada uma das linhas de uma pauta ou de um papel pautado • Linha escrita ou impressa, que vai de uma à outra margem de uma página ou coluna. Risca • Modelo, norma, preceito, instrução, cânone • Documento onde estava consignado um conjunto de instruções escritas sobre o modo como os monges deveriam comportar-se dentro e fora dos conventos. Estatutos de certas ordens religiosas • Ordenança na lei religiosa • Constituição • Determinação • Processo. Indicação. Prescrição. Prescrição legal • Instituto • Régua • Em geografia, a bitola ou escala de mapas, quando gráfica.

REGRA DE GREGORY – *Ver* Lei de Gregory.

REGRA DE SÃO PACÓMIO – Estatuto de algumas ordens religiosas, que ordenava aos monges que se dedicassem à cópia de manuscritos, preceito que era observado por bispos de diversas dioceses.

REGRA DO VALOR NOMINAL – Norma de comportamento do pessoal de atendimento de uma biblioteca, etc., segundo a qual deve limitar-se a determinar apenas aquilo que o utilizador procura e não aquilo de que ele realmente precisa.

REGRA DOS TRÊS – Em catalogação, princípio que determina que quando um documento tiver mais de três autores será feita uma entrada secundária apenas para o primeiro.

REGRADEIRA – Régua com que se fazem pautas ou se traçam linhas no papel, para escrever sobre elas. Pauta. Grade de metal que serve para regrar papel. Regrador.

REGRADO – Pautado, riscado com a régua; para regrar o pergaminho, operação delicada e rigorosa, praticavam-se pequenos furos de um lado e de outro da página com um compasso de ponta-seca, para posteriormente serem riscadas as linhas com plumbagina ou lápis, ou mesmo com tinta, por vezes de cor vermelha; em muitos documentos manuscritos ainda são visíveis junto ao festo ou na frente estes picos, chamados puncturas, outras vezes encontram-se encobertos pela cosedura da encadernação ou foram aparados • Uniforme. Normal. Regular.

REGRADOR – Que ou aquele que regra, isto é, que pauta papel • Régua. Pauta. Grade de metal que serve para regrar papel. Regradeira.

REGRAGEM – Acto ou modo de pautar o papel. A regragem constituía uma fase prévia à escrita, uma vez que servia de guia ao texto; era perfeitamente assumida, constituindo parte integrante do texto, e quanto mais requintado era o manuscrito, mais elaboradamente era regrado; os poucos que não a possuíam eram os mais baratos e mais grosseiros; este uso estava de tal modo interiorizado, que quando surgiu a impressão os leitores esperavam ver o mesmo aspecto nas obras, daí que a regragem fosse cuidadosamente feita sob as linhas impressas, pois de outro modo o texto pareceria despido dos seus elementos constitutivos. No manuscrito, a regragem a fazer dependia muito do texto a escrever em seguida; podia ser feita pelo próprio escriba ou apresentar-se-lhe o pergaminho ou velino já regrado pelo que, nesta hipótese, o copista tinha que escolher o mais adequado ao texto a copiar; a proporção entre a altura da caixa do texto e a largura era, segundo os cânones pitagóricos, de 5 para 4; a proporção das margens também deveria obedecer a regras; as linhas deviam ser espaçadas segundo o corpo da letra, conforme pode ler-se nas regras de um códice do século IX; hoje é difícil confirmar se estas regras de proporção foram observadas para o caso das margens, pois as sucessivas encadernações através dos séculos levaram a um progressivo aparar das folhas, impossibilitando essa análise. O número de colunas também variou consoante a época e o texto; alguns códices mais antigos apresentam várias colunas, provável reminiscência dos rolos e os códices irlandeses mais antigos podiam ser a duas colunas ou a uma só medida, o que acontecia também nos códices carolíngios e nas suas imitações renascentistas italianas; os manuscritos românicos e góticos são geralmente a duas colunas, enquanto que os romances franceses e alemães, de linhas curtas, se apresentam na maioria das vezes a três colunas; os livros de horas, por sua vez, são a uma só medida e os breviários a duas colunas; os manuscritos bíblicos comentados com glosas são geralmente a três colunas: uma central, com o texto escriturístico e as laterais, com os comentários em corpo menor; os textos jurídicos apresentam uma coluna dupla ao centro, com três outras colocadas à esquerda ou à direita; algumas páginas são tão características que o seu conteúdo pode ser identificado à distância sem ler uma palavra. Até ao século XII a maioria dos manuscritos era puncturada a ponta-seca, operação que precedia a regragem, servindo os furos assim praticados de guia ao traçado das linhas, feito igualmente a ponta-seca até esta data, a partir da qual podemos encontrar vestígios do que se assemelha a grafite, mas que pode ser chumbo ou mesmo prata; a partir do século XIII podem ver-se manuscritos regrados a tinta castanha, vermelha, verde ou púrpura, às vezes combinadas, conferindo um aspecto festivo ao texto; casos há em que as linhas ultrapassam a caixa do texto indo até à margem. Detectam-se vestígios que podem levar-nos a concluir que esta tarefa maçadora de regrar o pergaminho podia de certo modo ser abreviada regrando várias folhas ao mesmo tempo, para o que se picotavam, permitindo depois traçar as linhas em cada uma delas; isto é visível ainda em alguns manuscritos, que apresentam pequenos furos triangulares produzidos pela ponta do canivete. Regramento.

REGRAGEM A PONTA-SECA – Aquela que é praticada sobre o pergaminho usando o *stilus* ou o canivete, de modo que o aspecto da linha é apenas um vinco que serve de guia à colocação do texto no suporte. Subsiste até ao século XII, mas pode ultrapassar esta data.

REGRAGEM A TINTA – Pautado feito com tinta; a partir do século XIII começa a usar-se a tinta na regragem do manuscrito, podendo observar-se a tinta castanha, vermelha e, mais raramente, a verde e a de cor púrpura, usando-se algumas delas combinadas, o que confere um ar muito colorido ao manuscrito.

REGRAMENTO – Conjunto de linhas que eram traçadas sobre a página para delimitar a superfície a escrever e para orientar a escrita • Acto de traçar essas linhas; esta operação ajudava a apreciar a estética da composição do texto e a fixar o olhar do leitor no centro da página; por vezes utilizou-se mesmo nas obras impressas tipograficamente, onde não tem qualquer sentido a não ser o de recordar a composição manual à qual os leitores estavam habituados. *Ver* Regragem.

REGRAR – Traçar linhas num papel com a régua ou regra • Alinhar pela pauta ou régua • Regular. Sujeitar a determinadas regras • Marcar. Vincar linhas como as que se traçam no papel • Dispor em linha, à maneira de pauta.

REGRAS – O mesmo que linhas.

REGRAS DE ALFABETAÇÃO – Conjunto de normas que orientam uma ordenação alfabética.

REGRAS DE CATALOGAÇÃO – Conjunto de princípios a serem tomados em linha de conta na catalogação de espécies bibliográficas, etc. Código catalográfico.

REGRAS DE CATALOGAÇÃO ANGLO-AMERICANAS – Conjunto de princípios estabelecidos nos Estados Unidos da América para a constituição de catálogos e outras listas de documentos em bibliotecas gerais,

seja qual for a sua dimensão; não foram pensados especificamente para bibliotecas e arquivos especializados, mas são recomendados como ponto de partida para orientarem também a catalogação neste tipo de instituições. Cobrem a determinação de autoria, a descrição e a criação de pontos de acesso para todos os materiais de biblioteca comummente coleccionados neste género de instituições ou instituições congéneres. *AACR.*
REGRAS DE CATALOGAÇÃO ELECTRÓNICAS – *Ver* Metadados.
REGRAS DE INDEXAÇÃO – Conjunto de princípios usados para indexar um documento.
REGRAS DE INTERCALAÇÃO – Conjunto de normas que orientam a inserção de notícias bibliográficas num catálogo ou lista.
REGRAS PARA A APLICAÇÃO DA CLASSIFICAÇÃO – Formulação de princípios e normas que servem para manter a coerência na atribuição de classes aos documentos a classificar.
REGRAS PORTUGUESAS DE CATALOGAÇÃO – Conjunto de princípios estabelecidos em Portugal, para serem tomados em linha de conta na orientação da catalogação de espécies bibliográficas. *R. P. C. RPC.*
REGRAVÁVEL – Que pode ser gravado de novo.
REGRETA – Guarnição de madeira com menos de 24 pontos de corpo • Pequena régua usada pelos tipógrafos para formar o granel, tirar medidas e medir a composição.
REGRETEAR – Separar cada linha por meio de uma regreta.
RÉGUA – Peça direita, de madeira ou de outro material, com faces rectangulares e arestas vivas, destinada ao traçado de linhas rectas. *Linea. Regula.*
RÉGUA DE ACERTO – Barra rectangular de ferro, direita e com suporte rigorosamente da mesma altura nas duas extremidades, usada em litografia para verificar a altura da pedra em toda a sua superfície.
RÉGUA TIPOGRÁFICA – Aparelho de medida sob a forma de régua usado em tipografia.
RÉGUA-TÊ – A que tem a forma da letra T; é usada em traçado rigoroso de perpendiculares.

REGULA (pal. lat.) – Régua destinada a traçar o pautado. Também era usado o termo *linea*. *Ver* Régua.
REGULAMENTO – Regra, preceito • Conjunto de regras. Regimento • Estatuto. Decisão administrativa que assenta numa regra geral, válida para um número indeterminado de pessoas ou situações • Conjunto ordenado de regras que define a disciplina a observar no interior de um grupo, que preside ao funcionamento de um organismo • Texto escrito que contém estas prescrições • Colecção de instruções.
REGULAMENTO ADMINISTRATIVO – Conjunto de normas e regras administrativas que definem a conduta considerada aceitável numa organização.
REGULAMENTO DA SALA DE LEITURA – Conjunto das regras e medidas prescritas respeitantes à frequência da sala de leitura de uma biblioteca, arquivo, serviço de documentação, etc., assim como ao uso dos livros e outros documentos que aí se encontram e às quais se devem submeter os utilizadores desta sala. Regulamento de leitura.
REGULAMENTO DE BIBLIOTECA – Conjunto das regras e medidas prescritas numa biblioteca, elaborado com vista ao seu eficiente funcionamento, e ao qual todos os seus utilizadores devem submeter-se.
REGULAMENTO DE EMPRÉSTIMO – Conjunto das medidas prescritas para a cedência por empréstimo dos livros e outros documentos, ao qual estão submetidos todos os utilizadores de uma biblioteca, arquivo, serviço de documentação, etc.
REGULAMENTO DE LEITURA – *Ver* Regulamento da Sala de Leitura.
REGULAMENTO DOS SERVIÇOS DE REGISTO DA IMPRENSA – Designação da Portaria nº 303/72, de 26 de Maio, saída na sequência da Lei da imprensa (Lei nº 5/71, de 5 de Novembro) e do Estatuto da Imprensa (Decreto-Lei nº 150/72), de 5 de Maio.
REGULAMENTO TÉCNICO – Aquele que inclui ou se refere a normas ou a especificações técnicas; pode ser complementado por instruções técnicas, apontando vias para satisfazer as prescrições nele contidas.

REGULARIDADE DA ESCRITA – Característica da letra manuscrita que apresenta um traçado igual e certo, de modo que raramente se verifica o lugar onde a pausa na tarefa de escrever teve lugar ou se deu uma mudança de punho; este aspecto é obtido através do desenho cuidado dos caracteres caligráficos.
REGULARIDADE ORTOGRÁFICA – Característica das expressões escritas cuja sequência das letras se ajusta às regras de correspondência grafema/fonema.
RÉGULO DE ANTIMÓNIO – Metal frágil de cor branca-azulada, que é usado na fundição de caracteres tipográficos, numa combinação com o estanho e o chumbo, com a finalidade de dar à liga maior consistência.
RE-HUMEDECER – Operação de preservação que é feita aos manuscritos após fumigação, para que o suporte recupere a sua humidade natural.
REI EM MAJESTADE – Representação iconográfica de um monarca coroado sentado no trono e empunhando o ceptro, símbolo do poder.
REIMPOR – Renovar a imposição ou alterar a que já está feita, a fim de modificar algum branco ou adaptá-la a um novo formato.
REIMPOSIÇÃO – Nova imposição, ou seja, uma disposição diferente dada às páginas de um livro na forma, operação feita geralmente na tiragem de exemplares de luxo num formato maior.
REIMPOSTO – Termo aplicado ao formato de um livro alterado por uma nova imposição, ou seja, por uma disposição diferente das páginas na forma; esta operação é feita geralmente na tiragem de exemplares de luxo num formato maior.
REIMPR. – Abreviatura de reimpressão e reimpresso.
REIMPRESSA (pal. lat.) – Obra reimpressa, reeditada. *Ver* Reimpresso.
REIMPRESSÃO – Acto ou efeito de reimprimir. Nova tiragem • Resultado desta acção. Livro reimpresso. Reprodução de obra impressa, que não apresenta ou traz alterações de conteúdo ou de apresentação, além das correcções tipográficas feitas sobre o texto da impressão anterior e da data e número de *ISBN* • Conjunto dos exemplares impressos de uma só vez.
REIMPRESSÃO ANASTÁTICA – Reimpressão sem alterações, inventada nos meados do século XIX especialmente em França, através de um *offset* coberto com tinta do tipo metálico gravado em relevo • Reedição em fac-símile exacto através de processo fotomecânico, sem qualquer recomposição do texto.
REIMPRESSÃO COM NOVO TÍTULO – Edição de uma obra que se distingue de outra unicamente por uma mudança feita na página de título.
REIMPRESSÃO FAC-SIMILADA – Reprodução exacta de um texto impresso, quer seja através de caracteres tipográficos, quer através de processos mecânicos, fotomecânicos ou electrónicos.
REIMPRESSO – Que voltou a imprimir-se.
REIMPRESSOR – Aquele que imprime de novo uma obra.
REIMPRIMIR – Imprimir de novo • Fazer nova tiragem de um livro ou folheto. Reeditar. Reestampar.
REIMPRIMÍVEL – Que pode ou deve voltar a imprimir-se.
REINCORPORAÇÃO DE DOCUMENTOS – *Ver* Reintegração.
REINSCREVER – Inscrever de novo. Voltar a inscrever.
REINSCRIÇÃO – Acto ou efeito de reinscrever • Nova inscrição.
REINSCRITO – Inscrito novamente.
REINTEGRAÇÃO – Reincorporação de um documento na sua colocação • Recolocação de um documento no núcleo ou arquivo a que pertence • Processo de restauro no qual o documento em papel é recomposto nas suas lacunas, através de processos mecânicos, que incorporam nova pasta de papel nos orifícios existentes • Em sigilografia é o preenchimento, através de cera, do intervalo entre as partes remanescentes de um selo fragmentado, na tentativa de reconstruir a sua forma primitiva; a reintegração deve permanecer aparente.
REINTEGRAÇÃO ARQUIVÍSTICA – Recondução de documentos e/ou arquivos para o fundo ou núcleo ou para o arquivo a que pertencem.

REINTEGRAR – Restabelecer na posse • Repor no lugar. Recolocar • Restaurar um documento de papel que apresenta lacunas, mediante processos mecânicos, que visam incorporar nova pasta de papel nos orifícios existentes.

REINTEGRÁVEL – Que pode ser reintegrado.

REINTERPRETAÇÃO – Acção de atribuir um novo significado a um documento ou texto. Interpretar de novo.

REINTERPRETAR – Interpretar de novo. Aclarar de novo o sentido de • Explicar de novo.

REIVINDICAÇÃO DOCUMENTAL – Acção legal que consiste na recuperação de documentos ou arquivos por uma instituição ou entidade privada que reclame a sua propriedade.

REJUVENESCIMENTO DE EDIÇÃO – Conjunto de operações feitas com a finalidade de dar um novo aspecto exterior a um determinado número de exemplares de venda difícil.

RELAÇÃO – Narração, descrição, relato • Notícia • Lista, rol • Analogia. Semelhança • Conexão.

RELAÇÃO ASSOCIATIVA – Relação semântica entre conceitos justapostos para um fim determinado • Num tesauro, aquela que se caracteriza por não fazer parte de um mesmo conjunto de equivalências, não pertencendo à mesma cadeia hierárquica, mas por estar mentalmente associada, devido a uma analogia semântica. As relações associativas são também conhecidas por relações de vizinhança.

RELAÇÃO COMPARATIVA – Relação associativa entre conceitos, salientando as suas respectivas características.

RELAÇÃO CONSECUTIVA – Relação associativa de interdependência dinâmica entre dois conceitos enunciados um a seguir ao outro.

RELAÇÃO COORDENADA – Relação formal que justapõe termos ou classes.

RELAÇÃO DE AMPLIAÇÃO – *Ver* Escala de ampliação.

RELAÇÃO DE APLICAÇÃO – Relação associativa entre um domínio (sistema de conceitos) e um conceito habitualmente considerado como pertencente a outro domínio.

RELAÇÃO DE AUTORES E COLABORADORES – Lista de todas as pessoas intervenientes na criação do conteúdo intelectual e/ou artístico de uma peça bibliográfica que está a ser descrita, das entidades de que provém o referido conteúdo ou das pessoas ou entidades responsáveis pela sua elaboração.

RELAÇÃO DE CONTEÚDO – Nota bibliográfica que explica as partes ou volumes de uma publicação.

RELAÇÃO DE DEFINIÇÃO – *Ver* Nota explicativa.

RELAÇÃO DE DOCUMENTOS – Rol ou lista de documentos.

RELAÇÃO DE EQUIVALÊNCIA – Aquela que é baseada na sinonímia fixando termos preferenciais e palavras rejeitadas • Num tesauro, aquela que se estabelece entre sinónimos, quasi-sinónimos, variantes lexicais e termos compostos alvo de factorização, por via semântica ou sintáctica; as relações de equivalência são expedientes para controlar a sinonímia.

RELAÇÃO DE INCLUSÃO – Relação semântica entre dois conceitos em que um constitui o todo e o outro uma das partes desse todo.

RELAÇÃO DE ORIENTAÇÃO – Registo que estabelece relações lógicas entre palavras dispersas alfabeticamente, entre as quais não existem relações semânticas; assinala-se através do uso de expressão "*Ver tb.*" (*Ver também*).

RELAÇÃO DE PERTENÇA – Relação que se estabelece entre um descritor e/ou os campos semânticos aos quais ele está vinculado dentro de um tesauro; serve para relacionar os descritores com o grupo ou o campo semântico ao qual pertencem.

RELAÇÃO DE PREFERÊNCIA – Relação formal entre termos que estão representados pelo mesmo ou mesmos descritores ou notação.

RELAÇÃO DE PROXIMIDADE – Relação que estabelece uma correspondência entre conceitos diferentes e os termos que os representam e que o seu uso aproxima; assinala-se através do uso da expressão "*Ver*" ou "*Ver tb.*" (*Ver também*), conforme o caso.

RELAÇÃO DE VIAGEM – *Ver* Relato de viagem.

RELAÇÃO DE VIZINHANÇA – *Ver* Relação associativa.

RELAÇÃO FORMAL – Conexão entre conceitos representados por termos ou classes numa linguagem documental.
RELAÇÃO FUNCIONAL – Em estatística, relação de diversas variáveis de modo que, alterando uma delas, se produzirão nas outras as alterações consequentes.
RELAÇÃO GENÉRICA – Relação semântica entre dois conceitos na qual um é o conceito genérico e o outro o conceito específico • Em classificação, relação entre género e espécie ou entre classes dentro de uma cadeia de classes subordinadas.
RELAÇÃO HIERÁRQUICA – Relação formal entre dois termos ou classes na qual um está subordinado a outro • Relação que determina os termos de um mesmo campo semântico mais específicos que outros, através do princípio do geral para o particular; assinala-se por meio do uso da expressão "*Ver tb.*" (*Ver também*) • Num tesauro, aquela que se baseia em níveis de superioridade ou subordinação, nos quais o termo superior representa uma classe ou um todo e os termos subordinados representam elementos ou partes.
RELAÇÃO SEMÂNTICA – Relação de natureza lógica, ontológica ou psicológica entre os conceitos, que pode ser formalizada numa linguagem documental.
RELAÇÃO TODO-PARTE – Relação semântica entre dois conceitos na qual um é o todo e o outro é um dos seus elementos.
RELAÇÕES PÚBLICAS – Actividades que são levadas a cabo por uma biblioteca, arquivo, serviço de documentação, etc. com o objectivo de comunicar aos seus utilizadores, reais ou potenciais, os meios que tem à sua disposição e o modo como podem usá-los, de divulgar os seus direitos e deveres e de melhorar a opinião do público acerca deles.
RELAMBÓRIO – Arenga longa e maçadora.
RELANÇAMENTO – Novo lançamento de uma obra no mercado • Lançamento tardio de uma obra pelo seu editor original.
RELANÇAR – Tornar a lançar uma obra no mercado.
RELAT. – Abreviatura de relator, relatório.

RELATAR – Referir. Descrever. Expor • Narrar por escrito ou por palavras factos reais ou fictícios • Mencionar • Fazer o relatório de.
RELATIO (pal. lat.) – Narração. Relação, relato.
RELATO – Acto ou efeito de relatar • Relação. Exposição • Descrição • Notícia de acontecimentos diversos com carácter de simples informações divulgados de qualquer modo • Narração acompanhada de descrição.
RELATO DE VIAGEM – Texto em que um ou vários autores apresentam as impressões que lhes foram causadas por uma deslocação a um ou a diversos lugares; os relatos de viagem costumam dividir-se em duas categorias: os relatos que se apoiam na experiência e no estudo e os que se apoiam apenas na experiência. A *Peregrinação* de Fernão Mendes Pinto é um conhecido relato de viagem. Relação de viagem.
RELATO ORAL – Acção ligada à leitura e usada para fomentá-la, por meio da qual é contado oralmente um livro, em geral aos ouvintes mais pequenos.
RELATOR – O que redige um relatório ou o parecer de uma comissão ou assembleia • Aquele que narra, narrador • Secretário.
RELATÓRIO – Relação oral ou, mais frequentemente, um memorando escrito lembrando as circunstâncias ligadas a um assunto ou servindo de testemunho de um facto, que é apresentado a uma autoridade superior por uma pessoa ou grupo de pessoas, em razão da sua competência administrativa ou da sua experiência pessoal; os relatórios podem ser parcelares ou intermédios, no caso de irem dando conta da evolução de uma investigação em curso, ou finais, se se assumirem como remate de um processo de investigação ou estudo • Relação oficial ou formal (ordinariamente por escrito), que pode ser de uma investigação especial, das actividades de uma instituição (pública ou privada) ou das actas de uma assembleia legislativa • Comunicação, editada em separado, dos resultados de uma investigação concluída, de uma investigação em curso ou de outros estudos técnicos.
RELATÓRIO ANUAL – Memorando escrito dirigido ao nível superior da autoridade administrativa no qual se descrevem e analisam as

actividades, programas e operações de uma organização ou de algum dos seus sectores durante o ano anterior, em geral o ano fiscal; além de evidenciar a transparência administrativa, utiliza-se para avaliar em que medida conseguiram concretizar-se os projectos do ano anterior e para relações públicas.

RELATÓRIO CIENTÍFICO-TÉCNICO – Publicação editada por um organismo nacional ou internacional, oficial ou privado, que recolhe os resultados de trabalhos de investigação em determinados temas de ponta de grande actualidade, ou o estado de uma questão científica ou técnica e que é importantíssima para o progresso da ciência e da tecnologia a nível mundial.

RELATÓRIO DE ACOMPANHAMENTO DE EXECUÇÃO – Documento feito e a apresentar durante o evoluir da investigação, estudo ou iniciativa à medida que vão sendo cumpridas as etapas previstas no relatório de projecto. Referirá aspectos como a medida concreta do grau de execução, gastos, dificuldades encontradas e resultados atingidos. A postura será de avaliação crítica, com vista a fundamentar possíveis alterações que seja necessário introduzir no programa, com o objectivo de melhorá-lo.

RELATÓRIO DE ACTIVIDADES – Relato escrito e detalhado do conjunto de acções levadas a cabo por uma repartição, organização profissional ou associativa no âmbito de um programa de trabalho ou projecto científico; inclui geralmente no final os projectos futuros e as metas a atingir.

RELATÓRIO DE ADMINISTRADOR ULTRAMARINO – Relatório escrito por um agente diplomático (administrador) colocado no Ultramar, no qual ele presta contas dos seus actos, durante um determinado período de tempo.

RELATÓRIO DE COMPUTADOR – Registo que é impresso e reproduzido automaticamente por meios informáticos.

RELATÓRIO DE GOVERNADOR – Relatório escrito por um agente diplomático (governador) em geral destacado no Ultramar, obrigado a prestar contas dos seus actos, durante um período de tempo determinado; apresenta em geral informações de natureza estatística, geográfica, etc., que não são originárias do autor, mas fornecidas por interposta pessoa, pessoa em quem o autor do relatório é obrigado a fazer fé. Os números são geralmente acompanhados de comentários justificativos, recomendações, etc. e no relatório encontram-se, com frequência, definidas linhas de actuação futura.

RELATÓRIO DE INVESTIGAÇÃO – Tipo de publicação, em geral não editada, onde são apresentados os resultados de uma pesquisa em curso; constitui um exemplo muito importante daquilo que geralmente se designa por literatura cinzenta. Relatório de pesquisa.

RELATÓRIO DE PESQUISA – Aquele que apresenta os resultados obtidos em trabalhos de investigação. Relatório de investigação.

RELATÓRIO DE PESQUISA EM CURSO – Exposição escrita em que se faz a síntese dos diversos trabalhos publicados sobre um tema durante um determinado período.

RELATÓRIO DE PROGRESSO – Aquele que descreve os diversos trabalhos efectuados sobre um tema específico, assinalando o modo como evoluíram e os avanços atingidos durante um período determinado; é normalmente acompanhado por uma bibliografia.

RELATÓRIO DE PROJECTO DE EXECUÇÃO – Plano de actuação que é feito e apresentado antes de iniciar uma investigação ou estudo ou de arrancar com uma iniciativa determinada. Delimita-se a matéria ou o âmbito da iniciativa, definem-se os objectivos, avaliam-se os meios necessários, programam-se as fases de execução, expressas ou não através de um cronograma e apresenta-se sob a forma de proposta a quem tenha condições para decidir sobre o assunto em questão.

RELATÓRIO DE TRIBUNAL – Texto apresentado sob a forma de relação emanado do próprio tribunal.

RELATÓRIO DO ESTADO DA ARTE – Aquele que incide sobre diversos estudos que foram feitos acerca de um determinado tema durante um certo período de tempo e que é acompanhado geralmente por uma bibliografia.

RELATÓRIO FINANCEIRO – Informação periódica da situação da organização, na qual são indicados os ingressos e os gastos, os balanços com base no orçamento e inseridas notas explicativas acerca dos diferentes pontos.

RELATÓRIO INSTITUCIONAL – Aquele que é elaborado pelo responsável de uma instituição, no qual se dá conta detalhada das actividades que foram levadas a cabo e das que se prevêem nos tempos mais próximos.

RELATÓRIO INTERNO – Memorando escrito dirigido a um nível superior da autoridade administrativa de uma determinada instituição, no qual se descrevem e analisam as actividades, programas e operações dessa instituição ou de algum dos seus sectores durante um determinado período de tempo; em princípio, destina-se apenas a divulgação interna.

RELATÓRIO OFICIAL – Aquele que dimana de uma instituição oficial, com carácter periódico, e no qual é feito o relato circunstanciado das suas actividades; os relatórios oficiais têm carácter administrativo ou de rotina e são editados por uma autoridade ou emanados dela.

RELATÓRIO TÉCNICO – Documento que fornece informações pormenorizadas e divulga os resultados de uma determinada investigação de um tema científico ou técnico.

RELEASE (pal. ingl.) – *Ver* Versão.

RELEITURA – Nova leitura de um texto ou de certas passagens do mesmo.

RELER – Ler de novo, geralmente com a intenção de relembrar ou melhorar o texto que se escreveu • Ler muitas vezes.

RELEVÂNCIA – Grau em que os resultados da pesquisa correspondem à necessidade de informação de um determinado utilizador. Num sistema de informação, segundo Saracevic, é "o atributo ou critério que reflecte a troca eficiente da informação entre as pessoas (isto é, os utilizadores) e os sistemas de informação nos contactos de comunicação baseada na avaliação das pessoas"; é medida pela taxa de precisão e de revocação. Precisão • Em recuperação da informação, probabilidade de os itens encontrados coincidirem com as exigências do leitor • Em indexação automática, experiência destinada a medir a eficiência e o rendimento de sistemas de indexação.

RELEVÂNCIA PARA ALÉM DO TEMA DE PESQUISA – Em recuperação da informação, avaliação da pertinência dos documentos que foram recuperados que tem em conta elementos próprios do utilizador, que vão além da simples coincidência do assunto dos documentos e o assunto que é objecto da pesquisa.

RELEVAR – Estampar • Elevar ou destacar as partes mais interessantes de um modelo tipográfico • Pintar em relevo • Tornar saliente. Fazer sobressair determinadas partes de qualquer trabalho gráfico, no acto da impressão, quer por efeito de alceamento, quer por intermédio de chapa gravada; é deste modo que se reproduzem adequadamente caracteres, gravuras e vinhetas. Destacar.

RELEVO – Acto ou efeito de relevar • Destaque das figuras, caracteres ou vinhetas nos trabalhos tipográficos pela operação da estampagem por meio de cunho especial ou matriz, combinada com um contracunho, feito pelo impressor • Parte das gravuras que se destaca e serve para estampar a figura ou tema nelas representado • Realce. Distinção.

RELEVO SECO – Trabalho saliente sem a aplicação de tinta ou ouro realizado no corte dos livros. *Ver* Gofragem.

RELEVOGRAFIA – Sistema de impressão em relevo realizada através de chapas de cobre ou aço, gravadas em cavado, entintadas como uma calcografia e estampadas no balancim através de contramolde.

RELICÁRIO – Termo aplicado a uma caixa de metal ou de madeira, ricamente decorada, que serve para guardar manuscritos antigos valiosos ou livros impressos considerados preciosidades bibliográficas • Lugar da biblioteca onde estão os documentos e livros de maior valor. Reservados.

REMAKE (pal. ingl.) – Nova versão de uma obra ou de um texto que se pressupõe ter tido êxito.

REMANEJAMENTO – Alterações sem muita importância feitas numa página entre duas edições sucessivas.

REMARGINAR – Reconstituir margens desaparecidas ou deterioradas de um volume, substituindo-as por bandas ou por um enquadramento de papel ou de pergaminho.

REMATE – Pequeno traço que nas letras de imprensa finaliza as suas hastes • Conjunto de sinais ou arabescos que terminam uma assina-

tura, muito elaborados em épocas recuadas e sofrendo alterações conforme as modas • Parte final de um texto. Desfecho. Conclusão. Epílogo. Fecho. Terminal • Vinheta final. *Ver Cul de lampe*.
REMATE DA LETRA – *Ver* Serifa.
REMBOÎTAGE (pal. fr.) – *Ver* Reencadernação.
REMEDIAÇÃO – Noção que, segundo J. A. Furtado, é a "representação de um *medium* num outro e significa a lógica formal pela qual os novos *media* amoldam anteriores formas mediais". *Remediation*.

Remate

REMEDIATION (pal. ingl.) – *Ver* Remediação.
REMENDAGEM – Execução de obra de bico • Composição de trabalho comercial • Nome dado a todos os trabalhos de reparação do papel, sobretudo aos que incidem sobre rasgões e quebras.
REMENDAR – Corrigir, emendar • Executar obra de bico • Compor trabalho comercial • Em encadernação é a operação que consiste em consertar por qualquer dos processos de restauro aconselhados (repulpagem, reintegração ou espelhamento manual ou mecânico) uma obra manuscrita ou impressa em pergaminho ou papel, que apresenta falhas, rasgões ou mesmo lacunas.
REMENDEIRO – Tipógrafo-compositor que é especializado na confecção de trabalhos comerciais e de fantasia. Biqueiro.
REMENDO – Termo que designa na tipografia os pequenos trabalhos de fantasia ou comerciais que exigem gosto artístico, tais como cartões-de-visita, envelopes, facturas, etc. • Emenda. Retalho • Restauro aplicado a uma obra manuscrita ou impressa em pergaminho ou papel, que apresente fissuras, rasgões ou lacunas por mau acondicionamento ou por manuseamento descuidado; para o restauro ser correcto o material a aplicar tem que apresentar pH idêntico ao da obra a restaurar.
REMESSA – Quantidade de original que se entrega de cada vez ao impressor para ser distribuída pelos tipógrafos • Quantidade de produto entregue de cada vez • Acto e efeito de enviar livros, correspondência, documentos, materiais didácticos, etc. Envio. Expedição.
REMESSA ATRASADA – Conjunto de documentos que são enviados mais tarde, porque o distribuidor não os tinha em armazém no momento do pedido.
REMETENTE – Nome e morada da pessoa que envia uma carta, postal, encomenda, etc. e que se coloca em determinado lugar da zona do invólucro do objecto remetido • Que remete • Pessoa que remete.
REMETER – Enviar o leitor para uma página da mesma obra ou de uma outra ou para um lugar ou outro de um catálogo. Mandar • Fazer alusão. Referir.
REMETIDO – Expedido. Enviado.
RÉMIGES – Penas das asas dos patos, gansos ou cisnes que, após serem cortadas em bisel, serviam para escrever os manuscritos; eram endurecidas através de um banho em cinzas quentes; estas eram as aves recomendadas, porque o comprimento das suas asas permitia segurar melhor a pena longa que se ia encurtando à medida que era aparada; para um copista dextro a pena deveria ser extraída da asa esquerda para que a curva ficasse para a direita, facilitando o seu manuseamento.
REMINISCÊNCIA – Em literatura, parte da obra de um autor que é semelhante ou igual ao que outro autor escreveu • Memória. Recordação. Lembrança.
REMISSÃO – Indicação dada por uma lista de autoridade, um tesauro ou um catálogo de assunto, à cabeça ou no interior de uma rubrica, convidando o utilizador a consultar uma outra rubrica de assunto ou de outra natureza; usa-se a expressão termo de partida para designar o cabeçalho ou ponto de acesso a partir do qual é feita a remissão e termo de chegada para

1069

designar o cabeçalho ou ponto de acesso para o qual se orienta o investigador.

REMISSÃO DE EQUIVALÊNCIA – Indicação dada a um utilizador que formulou o seu pedido através de um não-descritor convidando-o a consultar o cabeçalho ou ponto de acesso sob o sinónimo ou quasi-sinónimo que foi seleccionado como descritor preferencial; uma remissão de equivalência é introduzida pela palavra *"Ver"*.

REMISSÃO DE ORIENTAÇÃO GERAL – Indicação dada a um utilizador que formulou o seu pedido usando um descritor de extensão muito lata; por meio dela convida-se o utilizador a fazer a sua pesquisa pelas rubricas abertas sob os descritores específicos incluídos neste descritor geral.

REMISSÃO GENÉRICA – Indicação, feita em geral por necessidade de concisão, no caso da existência de variantes, que consiste em indicar, de uma forma global, em que lugar da lista ou do dicionário ou prontuário se encontram as ocorrências que o utilizador procura, em vez de fazê-lo individualmente caso a caso.

REMISSÃO IMPERATIVA – Aquela em que se envia, através da palavra *Ver*, para um termo ou expressão que foi eleito em detrimento de outro, porque no primeiro ocorre a definição, no caso de tratar-se de uma entrada num dicionário, ou ele constitui o ponto de acesso de um ficheiro ou de um tesauro ou de uma lista de descritores.

REMISSIVA – Indicação dada a partir de um cabeçalho ou ponto de acesso para encontrar um outro cabeçalho ou ponto de acesso. *Ver* Entrada remissiva.

REMISSIVA CRUZADA – Indicação feita de um termo ou nome para outro e vice-versa.

REMISSIVA DE ORIENTAÇÃO – Indicação que dirige o leitor, numa lista homogénea de rubricas de assunto, de um primeiro termo para outro ou outros, ligados entre si pelo sentido ou conteúdo ideológico.

REMISSIVA DE ORIENTAÇÃO ESPECÍFICA – Indicação dada ao utilizador convidando-o a alargar o horizonte da sua pesquisa através da consulta de rubricas abertas sob os descritores que têm relações de sentido com aquele que ele utilizou para formular a pesquisa: palavras que exprimem uma noção vizinha ou conexa, antónimos, palavras de extensão mais lata ou mais reduzida; a remissiva de orientação específica é introduzida pela expressão *"Ver tb."* (*Ver também*).

REMISSIVA DUPLA – *Ver* Remissiva recíproca.

REMISSIVA ESPECÍFICA – Indicação que dirige o leitor para um termo preciso, por oposição a uma remissiva de orientação.

REMISSIVA NOMINAL – Indicação que dirige o leitor das formas registadas de um nome para a forma adoptada no catálogo.

REMISSIVA RECÍPROCA – Indicação que orienta o leitor numa lista homogénea de rubricas de assunto, de um primeiro termo para um segundo e vice-versa. Remissiva dupla.

REMISSIVA SEM SAÍDA – Orientação, num catálogo, numa bibliografia ou índice de uma rubrica para outra, na qual não existe nenhuma entrada.

REMISSIVA "VER TAMBÉM" – Orientação dada a partir de um ponto de acesso principal ou secundário para outro ou outros pontos de acesso sob os quais poderá ser encontrada a informação adicional ou relacionada. *Ver tb.*

REMISSIVA "VER" – Orientação dada a partir de um ponto de acesso que não é seguido por localizadores para outro ou outros, sob o qual ou os quais se encontram ordenadas as entradas.

REMISSIVA-GUIA – Orientação de uma forma que foi posta de parte para a que foi adoptada.

REMOÇÃO DO SELO DE UM ACTO – Operação pela qual uma autoridade procede à extracção de um selo ou selos de um acto para lhe retirar todo o valor jurídico (por exemplo uma carta comunal), após a extinção da comuna ou dos seus privilégios.

REMORDER – Expor outra vez à acção do ácido a chapa que está a gravar-se.

RENDERIZAÇÃO – Palavra formada a partir do verbo inglês *to render*, significa a tradução dos bits do código-fonte em *pixels*.

RENDILHADO – Guarnição ou ornato delicado imitando a renda, em geral dourado, que é gravado nas pastas e nas seixas das encadernações.

RENDIMENTO – Qualidade da tinta de impressão que traduz a relação entre o peso da tinta utilizada e a superfície impressa.

RENOVAÇÃO DE ASSINATURA – Aviso dado por escrito a um editor, livreiro ou agente, autorizando-o a continuar a fornecer uma assinatura a um particular ou a uma biblioteca, arquivo, serviço de documentação, etc., por novo período de tempo determinado.

RENOVAÇÃO DE EMPRÉSTIMO – Acto de prorrogar a cedência de um livro ou documento • Registo repetido de um livro ou outro documento em nome do mesmo requisitante por um novo período de cedência, previsto pelo regulamento de empréstimo. Prolongamento de empréstimo.

RENOVAÇÃO DE UM ACTO – É o renovamento do acto, estabelecido a pedido da parte interessada, para substituir uma expedição perdida ou para permitir dispor de um outro exemplar. Reexpedição de um acto.

RENOVADOR – Pessoa ou coisa que renova ou reforma • Nome pelo qual é conhecida a tinta preparada à base de látex usada para tingir couro e pintar papel pelo processo de monotipia.

REORDENAR – Reorganizar. Tornar a pôr em ordem. Ordenar outra vez.

REPAGINAR – Paginar de novo uma composição gráfica, por inclusão de mais texto ou omissão de outro, alterações, erros, etc.

REPARAÇÃO DE LIVRO – *Ver* Restauro de livro.

REPARAR – Limpar, consolidar e preparar os livros com a finalidade de retardar a sua deterioração. Restaurar.

REPARO DE LIVRO (port. Bras.) – *Ver* Restauro de livro.

REPARTE (port. Bras.) – *Ver* Permuta.

REPARTIÇÃO – Acto ou efeito de repartir • Divisão. Partilha • Secção • Escritório • Num sistema de indexação pós-coordenado, operação que consiste em subdividir uma obra que se indexa com profundidade e tratar cada divisão como se se tratasse de uma obra independente, como meio para ligar os descritores afins, evitando a recuperação de combinações falsas • Em informática, subdivisão da memória que está disponível em segmentos componentes de menores dimensões.

REPARTIR – Distribuir o conteúdo de um texto para dar a cada uma das suas partes a importância que lhe corresponde. Dividir em partes. Separar.

REPARTIR LETRA – Na oficina tipográfica, diz-se da operação que consiste em dar a cada caixista a letra que lhe corresponde.

REPASSAR – Ler por alto, passar os olhos por • Examinar de novo uma operação já efectuada • Relembrar. Rememorar • Repintar.

REPASSE – Passagem da acidez da tinta de manuscritos acidificados do recto para o verso e vice-versa ou para outros documentos contíguos • Em impressão, resultado que se obtém quando se utilizam papéis de má qualidade que embebem a tinta deixando-a passar para o verso. Repintagem. Repinte • Em fotocópia, defeito em que aparecem imagens do lado do papel oposto ao que foi impresso. (port. Bras.) Atravessamento.

REPELAR – Defeito ocasionado na impressão de alguns papéis delicados como o papel cuchê, quando as gravuras e alguns caracteres arrancam pequenos fragmentos do papel, dando ocasião a uma impressão pouco perfeita; a aplicação de tintas menos densas evita esta situação.

REPERCUSSÃO – Efeito que uma notícia, obra, etc. provoca num leitor ou conjunto de leitores.

REPERTORIAÇÃO – Acto e efeito de repertoriar.

REPERTORIAR – Dispor metodicamente e de forma sucinta. Compilar • Fazer um repertório de • Inscrever num repertório. Enumerar.

REPERTÓRIO – Obra de referência que apresenta informações organizadas alfabética, cronológica, topográfica ou sistematicamente, que possibilita a identificação ou localização de pessoas, organismos, lugares, documentos ou objectos numa ordem que permite encontrá-los facilmente; neste sentido é sinónimo de digesto. Pode limitar-se a uma região geográfica, a um conjunto de disciplinas ou a um tipo de documento; os critérios para a inclusão de um organismo num repertório devem ser definidos com precisão e seguidos com rigor; para facilitar o seu manuseamento alguns repertórios têm na extremidade das páginas índices de dedo correspondentes às letras do alfabeto, para dar acesso à consulta das informações que neles estão consignadas • Conjunto dos símbolos impressos nos entalhes praticados na goteira de um livro para facilitar a abertura desse livro no lugar desejado • Recompilação de obras ou de notícias que tratam de uma mesma questão, ciência ou obra, de modo a facilitar a sua busca e consulta • Folhinha. Reportório • Repositório • Tesauro • Compilação • Índice • Colecção organizada de legislação e documentos oficiais.

REPERTÓRIO BIBLIOGRÁFICO – Segundo L.-N. Malclès, em 1985, é "uma obra de consulta composta por informações ordenadas segundo um determinado sistema, nas quais está contida a descrição de um texto impresso"; dir-se-ia que o conceito hoje já não se limitará apenas ao impresso, mas ao documento escrito, seja qual for a natureza do suporte (papel, magnético, disco óptico, etc.).

REPERTÓRIO BIBLIOGRÁFICO DE ARTIGOS DE PUBLICAÇÕES PERIÓDICAS – Tábua alfabética de artigos de publicações periódicas analisadas a partir do assunto, autor ou título, dando a referência exacta, quer dizer, a data, o volume e a página de cada um dos artigos.

REPERTÓRIO CRONOLÓGICO – Instrumento de pesquisa que descreve detalhadamente os documentos previamente seleccionados pertencentes a um ou mais núcleos, segundo uma ordem cronológica.

REPERTÓRIO DE IDENTIFICAÇÃO DE OBRA ANÓNIMA E DE PSEUDÓNIMOS – Nome dado a uma obra que completa as identificações retrospectivas de autores que se apresentavam dissimulados sob um nome suposto (iniciais, asterónimos, anagramas, circunlocuções) e de uma obra anónima que se diz ter sido publicada sob um pseudónimo ou um simples título, não apresentando neste caso a página de título qualquer indicação de nome de autor, podendo a obra ser considerada como anónima.

REPERTÓRIO DE NOTÁRIO – Lista cronológica e analítica dos documentos emitidos por um notário, durante um período de tempo determinado.

REPERTÓRIO DECORATIVO – Conjunto de elementos, motivos e processos decorativos em uso por um artista, uma oficina, uma escola, organizado num sistema coerente. Gramática decorativa.

REPERTÓRIO NUMÉRICO – Lista de artigos apresentada pela ordem numérica das cotas e compreendendo as indicações necessárias à identificação de cada um deles. Ver Inventário.

REPERTORIUM (pal. lat.) – Ver Inventário.

REPETIÇÃO – Acto ou efeito de repetir • Erro que consiste em duplicar, ao compor, palavras do original • Ditografia • Figura que consiste em repetir sucessivamente uma palavra ou frase com finalidades estilísticas.

REPETIDO – Diz-se da palavra ou expressão composta duas vezes, na continuação de uma outra • Exemplar igual a outro existente no mesmo fundo bibliográfico. Duplicado.

REPETIDORA – Máquina usada em fotolitografia sobretudo em reprodução de cores, que permite duplicar, a distâncias exactamente iguais, o original que se pretende copiar certo número de vezes. Fotomultiplicadora.

REPINTADO – Defeito que consiste em a impressão de uma folha sair no verso da seguinte; isto acontece por excesso de tinta ou por o papel ser cuchê ou muito acetinado. Repassado.

REPINTAGEM – Diz-se que há repintagem quando, ao imprimir o papel, do outro lado da impressão se nota a letra, como se a tinta tivesse passado para o verso do papel impresso. Repasse. (port. Bras.) Atravessamento.

REPINTAR – Reproduzir numa página impressa ou em branco o que está escrito na contígua. Repassar • Pintar de novo • Avivar • Aperfeiçoar.

REPINTE – Marcas que ficam nas folhas quando a primeira tiragem ainda não está seca, quando se amontoam folhas ou quando há excesso de tinta e o papel fica sujo nas costas ou verso. Repintagem. Repasse. (port. Bras.) Atravessamento • Retoque; em restauro de documentos gráficos com iluminuras ou aguarela

ou outro qualquer processo de pintura, é a aplicação de novas tintas no lugar onde faltavam.
RÉPLICA – Porção de texto atribuída a uma mesma personagem numa obra teatral, num diálogo, etc. • Cópia ou reprodução de um objecto que foi feita pelo autor do original ou executada sob a sua supervisão. Duplicado exacto do original • Texto com que se responde a um outro, contradizendo-o. Resposta. Contestação.
REPLICABILIDADE – Possibilidade da criação de cópias.
REPLICADOR – O que replica. Contestador.
REPOR AS FITAS DE SUSPENSÃO – Reintegrar as fitas de suspensão no documento do qual foram separadas, tornando a fixá-las nele.
REPORTAGEM – Montagem de factos que foram vistos, ouvidos, sentidos e experimentados • Acto e efeito de relatar um acontecimento • Artigo ou conjunto de artigos informativos, cujos elementos são recolhidos no próprio lugar onde os acontecimentos relatados estão a passar-se, durante o evoluir dos mesmos e com informações de testemunhas oculares e/ou outras • Informação de determinada extensão apresentada numa publicação periódica; enquanto na notícia se dá mais relevo ao quem? e ao quê?, na reportagem o destaque recai mais sobre o como? e o porquê? • Género jornalístico que esclarece um acontecimento tornando-o mais compreensível, aproximando o leitor da informação e usando técnicas que vão do inquérito à entrevista e à investigação. Crónica • Notícia. Noticiário • Novidade • Conjunto dos jornalistas que tratam este género de informação.
REPORTAGEM DE REVISTA – Aquela que se destina a uma secção de uma revista: feminina, de livros, discos, lazer, música, cor de rosa, etc. • Aquela que não se encontra ligada directamente ao acontecimento do dia, mas à qual se procura dar uma faceta de actualidade.
REPORTAGEM EM EPISÓDIOS – Aquela que é constituída por uma sequência de artigos, cada um com a sua autonomia, mas integrados num conjunto e subordinados a um título comum, marcada pela frase "continua no próximo número" ou outra semelhante; é uma forma cada vez menos praticada, mesmo nos jornais diários e revistas com periodicidade muito frequente.
REPORTAGEM EM FOLHETIM – Aquela que, numa sequência de episódios, mais ou menos romanceados, assenta num enredo que vai prendendo o leitor, procurando assegurar a aquisição da publicação número a número; foi muito cultivada e fez os dias de glória dos grandes repórteres na primeira metade do século XX, quando os leitores podiam dispor de longos serões, que consagravam à leitura do seu jornal diário.
REPORTAGEM EM *POOL* – Aquela que é feita em grupo, em associação, baseada na entreajuda dos jornalistas, levada a cabo especialmente em circunstâncias difíceis (como por exemplo em cenários de guerra) ou por ocasião de acontecimentos importantes.
REPORTAGEM INTEMPORAL – Ao contrário do que a designação sugere, é aquela que versa sobre um assunto que se refere à vida diária e às preocupações contínuas dos leitores.
REPORTAR – Fazer reportagem de. Referir. Noticiar.
REPORTARE (pal. lat.) – Trazer uma resposta, uma notícia • Contar. Narrar.
REPORTATIO (pal. lat.) – Notícia escrita de um texto pronunciado oralmente em público (sermão, arenga, lição) feita por um ouvinte. Termo usado na Idade Média, a partir do século XIII, para designar a cópia feita por um ouvinte de um sermão ou de uma aula; muitas vezes este tipo de notas é o único testemunho que chegou até nós do ensino de uma matéria ou de uma prelecção medieval.
REPÓRTER – Criada a partir da palavra inglesa *reporter*, designa uma das categorias profissionais do jornalismo • Jornalista que se desloca ao local onde se passa o acontecimento que relata, de onde traz informações investigadas de modo profissional, que apresenta sob forma de reportagem; é a fonte mais directa de um jornal.
REPORTÓRIO – *Ver* Repertório.
REPOSIÇÃO – Impressão sobre impressão • Nova inserção • Substituição de um exemplar de uma obra que desapareceu de uma biblioteca, arquivo, serviço de documentação, etc.

por outro da mesma edição • Exemplar que substitui um outro desaparecido.
REPOSITÓRIO – Arquivo, biblioteca, etc., conjunto ordenado de documentos ou livros • Lugar onde se guardam estas coisas. Depósito • Repertório. Compilação.
REPOSITÓRIO DIGITAL – Sistema de informação que permite gerir e armazenar material digital.
REPOX – "Repositório de dados, onde os registos da PORBASE são armazenados em formato *XML* (registos bibliográficos, de autoridade e de exemplar)". É seu objectivo a criação das condições para uma gestão uniforme dos dados da Base Nacional, que permita a análise, processamento, transformação e preservação dos metadados descritivos da PORBASE, independentemente do sistema ou processo em que foram originalmente criados, alterados, manipulados ou consumidos; permite também estruturar e trabalhar os dados da PORBASE, de modo a oferecer serviços que, de outra forma, não poderiam ser disponibilizados.
REPR. – Abreviatura de reprodução.
REPRES. – Abreviatura de representado *e* representação.
REPRESENTAÇÃO – Exposição escrita que é dirigida a uma determinada autoridade com o fim de fazer uma petição ou apresentar uma queixa • Síntese textual da informação, que é transmitida por uma imagem. Imagem. Desenho que exprime um facto, um objecto ou uma ideia • Reprodução. Cópia • Interpretação • Desempenho.
REPRESENTAÇÃO BIBLIOMÉTRICA – Representação da informação, que consiste na sua descrição numa expressão baseada na aplicação de técnicas estatísticas e matemáticas que permitem fazer a quantificação dos resultados.
REPRESENTAÇÃO DIGITAL – Representação da informação que é feita em expressão numérica.
REPRESENTAÇÃO GRÁFICA – Apresentação de um facto ou objecto que é feita sob forma de gráfico.
REPRESENTAÇÃO GRÁFICA DE UM TESAURO – Apresentação das relações de um tesauro, que se caracteriza pelo uso de diagramas tais como flechas, círculos e polígonos e pela disposição dos termos no esquema.
REPRESENTAÇÃO GRÁFICA DE UMA CLASSIFICAÇÃO – Quadro das noções que constituem um conjunto de noções ligadas em que as relações entre elas são apresentadas sob a forma de pirâmide (árvore genealógica).
REPRESENTAÇÃO HIERÁRQUICA DE UM TESAURO – Apresentação das relações de um tesauro que se caracteriza pela ordenação dos descritores segundo níveis estruturados de acordo com a relação de dependência semântica dos termos entre si.
REPRESENTAÇÃO PICTÓRICA – Apresentação de um facto, objecto, etc. feita sob forma de pintura.
REPRESENTAR – Interpretar • Desempenhar • Simbolizar • Descrever.
REPRINT (pal. ingl.) – Termo inglês para designar a cópia do artigo que a imprensa prepara imprimindo exemplares adicionais da revista. Separata • Edição cuja composição decalca página por página e mesmo linha por linha a composição de uma edição precedente.
REPROD. – Abreviatura de reproduzir *e* reprodução.
REPRODUÇÃO – Acto e efeito de reproduzir • A coisa reproduzida • Cópia ou produção de um documento semelhante no original, através de processos de fotografia, impressão, gravura, gravação de som ou outros • Em reprografia é a imagem obtida por cópia de um documento original, através de procedimentos técnicos de duplicação diversos e que multiplicam os exemplos dela • Obtenção de cópias de uma fixação ou de uma parte qualitativa ou quantitativamente significativa dessa fixação • Fixação de uma obra num suporte que permite a sua divulgação e a obtenção de cópias da totalidade ou de parte dela.
REPRODUÇÃO A CORES – Aquela que apresenta meias-tintas em *offset*; tem como ponto de partida a gravura tipográfica em tricromia.
REPRODUÇÃO ARTÍSTICA – Cópia de um original de uma obra de arte reproduzida mecanicamente, em geral como a de uma edição comercial.

REPRODUÇÃO DIPLOMÁTICA – A que é totalmente fiel ao texto-base manuscrito.

REPRODUÇÃO DO MANUSCRITO – Operação da descrição de um manuscrito pela qual se assinala, se for possível, quando o manuscrito foi reproduzido, integralmente ou em parte, com que técnicas, e se indica também o lugar de conservação das reproduções.

REPRODUÇÃO ELECTRÓNICA – Cópia ou produção de um documento semelhante ao original, que é feita para um suporte electrónico.

REPRODUÇÃO FAC-SIMILADA – Reprodução de um documento bibliográfico feita com a finalidade de criar uma réplica exacta do texto, chegando ao ponto de simular o aspecto físico do original, nos mais pequenos detalhes. *Ver* fac-símile.

REPRODUÇÃO FAC-SIMILAR – *Ver* Reprodução fac-similada.

REPRODUÇÃO FOTOGRÁFICA – Modalidade usada para a substituição do original, que assenta no uso da fotografia para reproduzir um documento ou livro, na totalidade ou em parte. Impressão fotográfica.

REPRODUÇÃO GRÁFICA – Cópia obtida por meios gráficos • Pode tratar-se de uma nova edição.

REPRODUÇÃO INTEGRAL – Aquela que repete literalmente, ou seja, letra a letra, o texto original. Reprodução literal.

REPRODUÇÃO LITERAL – *Ver* Reprodução integral.

REPRODUÇÃO PALEOGRÁFICA – Aquela cujo critério orientador é o da máxima fidelidade ao texto, incluindo a sua forma e disposição, procurando que a leitura (no caso de manuscritos) seja o mais correcta possível; não prevê que se desdobrem abreviaturas, se modifique a pontuação, se ponham acentos, se separem ou unam palavras.

REPRODUTÍVEL – O mesmo que reproduzível. Que pode ou deve ser reproduzido.

REPRODUTOR DE MICROCÓPIAS – Aparelho ou conjunto de aparelhos destinado a obter cópias de uma microcópia original.

REPRODUZIR – Copiar. Imitar. Duplicar. Multiplicar • Produzir novamente • Descrever • Rememorar • Traduzir com fidelidade • Imprimir, publicar de novo. Reeditar • Copiar em vários exemplares • Editar um artigo, relatório, etc. que já havia sido publicado, num documento diferente da fonte original, após obtenção de autorização para tal.

REPRODUZÍVEL – Reprodutível. Que pode ou deve ser reproduzido.

REPROGR. – Abreviatura de reprografia.

REPROGRAFIA – Conjunto de processos que visam a multiplicação fototécnica e a policópia de documentos; nele englobam-se: a fotocópia, a microficha, a telecópia, o microfilme, a microcópia, o *offset*, os processos anastáticos, etc. e todos os processos que utilizam os meios informáticos. Apresenta duas finalidades: produzir cópias utilizáveis directamente e produzir clichés para serem duplicados; tem um papel fundamental na preservação dos documentos originais. Reprodução.

REPROGRÁFICO – Relativo à reprografia.

REPRÓGRAFO – Pessoa que trabalha em reprografia.

REPUBLICAÇÃO – De modo restrito é a reedição de uma publicação por outro editor que não o original, sem que se verifique qualquer mudança do texto; por vezes é usada em reimpressões impressas noutros países • De modo geral, é a reedição de uma obra com ou sem mudanças no texto ou nova edição.

REPUBLICADO – Publicado de novo.

REPUBLICAR – Publicar de novo. Tornar a publicar.

REPULPAGEM – Processo mecânico destinado ao restauro de documentos em papel, que consiste na colocação do documento deteriorado sobre uma rede e na aspiração através desta rede de uma polpa líquida composta de fibras de papel diluídas na água, de tal modo que as partes em falta do documento são colmatadas pela incorporação de novas fibras.

REPUXADO – Efeito de repuxar • Em encadernação é o processo de decoração caracterizado pelo facto de o couro ser trabalhado com um buril ou punção especial para fazer escavados ou relevos.

REPUXAR – Em encadernação, trabalhar o couro de modo que numa das suas faces apareçam figuras em relevo.

REQUERIMENTO – Petição justificada, escrita ou oral, apresentada ou dirigida a uma autoridade pelo futuro beneficiário de um acto ou pelo seu representante, para que uma decisão seja tomada a seu favor. Solicitação. Pedido.

REQUIFADO – Termo usado em heráldica para qualificar as peças honrosas cujos bordos são formados por linhas quebradas, aos bicos, de ângulos rectos salientes e reentrantes.

REQUIFE – Na encadernação medieval é uma costura de reforço executada por meio de um ou vários fios independentes do fio da costura sobre um nervo suplementar em cada uma das extremidades do corpo do volume; forma na extremidade exterior uma meia-lua que ultrapassa os planos • Nervo de fixação na tábua onde penetra pelo ângulo com inclinação de 45º • Cabeçada. Sobrecabeceado. Tranchefila. Trincafio.

REQUISIÇÃO – Acção ou efeito de requisitar. Pedido. Solicitação • Reclamação.

REQUISIÇÃO DE CONSULTA – Documento em duplicado preenchido e assinado pelo utilizador de uma biblioteca, arquivo, serviço de documentação, etc., no qual solicita o empréstimo de documentos para consulta; actualmente, na maioria dos casos a requisição para consulta é feita em suporte informático.

REQUISITADO – Que se requisitou. Pedido • Reclamado. Exigido.

REQUISITANTE – Pessoa que requer um serviço • Em bibliotecas, arquivos, serviços de documentação, etc. denomina-se leitor, utilizador ou utente. (port. Bras.) Usuário.

REQUISITAR – Pedir formalmente. Exigir para serviço público • Reclamar em virtude da lei • Fazer requisição de. Requerer.

REQUISITÓRIO – Discurso ou artigo que contém uma série de acusações contra alguém.

RERUM SCRIPTOR (loc. lat.) – Historiador.

RES. – Abreviatura de resumo *e* resumido.

RES. AN. – Abreviatura de resumo analítico.

RESCAMBO – Escambo. Troca. Permuta.

RESCREVER – Escrever de novo. O mesmo que reescrever.

RESCRIBERE (pal. lat.) – Inscrever de novo em nova lista.

RESCRIÇÃO – Ordem escrita de pagamento de uma verba. Cheque.

RESCRIPTUM (pal. lat.) – Resposta por escrito do imperador. Resposta por carta. Rescrito.

RESCRITO – Resposta escrita • Carta dos papas ou imperadores que responde a questões ou consultas sobre as leis ou disciplina que lhes eram dirigidas; outras, porém, dimanavam de uma assembleia de bispos ou de um bispo isoladamente, do Senado de Roma ao imperador ou, já no século XII, de alguns particulares a outros. Quando eram escritas pelo papa iniciavam-se sempre pela fórmula *Significavit nobis dilectus filius* e rematavam pela frase *Deus te incolumen fecit: Bene valete* ou outra semelhante • Resolução régia apresentada por escrito • Documento escrito sobre texto. Palimpsesto.

RESCRITO DE GRAÇA – Letra apostólica em que se concede ao destinatário um privilégio, indulgência, dispensa ou benefício.

RESCRITO DE JUSTIÇA – Letra apostólica que tem por objecto a decisão da Santa Sé sobre um processo ou uma contestação.

RESENHA – Relação ou descrição minuciosa de um facto • Género jornalístico que consiste no resumo crítico de um livro; pretende ser informativo fornecendo ao leitor uma ideia do conteúdo da obra e do seu autor, mas implica em geral que se emitam juízos de valor sobre a sua qualidade; é sempre assinada. Recensão. Indículo.

RESENHA BIBLIOGRÁFICA – Indículo bibliográfico. Notícia resumida de uma obra literária ou científica feita com a finalidade da sua divulgação.

RESENHA BIBLIOGRÁFICA ANUAL – Análise bibliográfica das principais publicações sobre um determinado assunto, que é publicada anualmente. Utiliza-se para designar publicações periódicas com títulos como "Progressos em...", "Trabalhos do ano...", "Avanços em..."; o seu conteúdo caracteriza-se, em geral, pela apresentação de resumos, que reflectem o estado dos conhecimentos da matéria tratada.

RESENHA CRÍTICA – Avaliação crítica de um artigo, documento, etc. Análise em que há comentário crítico.

RESENHA DE CONGRESSO – Documento informativo no qual se apresentam os dados que identificam e caracterizam um determi-

nado congresso e o resumo das suas sessões e conclusões a que nele se chegou.
RESENHADO – Que se resenhou. Enumerado. Noticiado. Relatado.
RESENHADOR – Aquele que faz resenhas.
RESENHAR – Fazer a recensão de um livro analisando-o e dando notícia dele • Fazer resenha. Enumerar. Referir ou relatar por partes.
RESERVA – Designação atribuída, em algumas bibliotecas, etc., ao espaço onde se guardam os documentos ou livros raros e de maior valor. Relicário • Reservado • Documento, livro ou material não-livro, sujeito a empréstimo, cujo pedido foi feito previamente a este, que não se encontrava imediatamente disponível, pelo facto de ele estar requisitado por outra pessoa • Numa revista, nome dado ao material que é posto de lado para ser aproveitado, no caso de o texto ser insuficiente. (port. Bras.) *Ver* Estoque • Acordo pelo qual se assume perante um editor ou um autor o compromisso de adquirir um documento por um preço fixado antes da publicação • Conjunto de documentos valiosos ou frágeis sujeitos a um estatuto especial para a sua conservação e divulgação • Espaço deixado em branco num manuscrito medieval ou num incunábulo, na previsão de uma inicial ou um motivo figurativo a pintar ou desenhar posteriormente. Branco para inicial • Parte deixada em branco numa pasta de encadernação onde poderá ou não ser gravado um motivo ornamental • Em informática, ficheiros, equipamento ou conjunto de processos mantidos com o fim de substituir os que são habitualmente utilizados, no caso de estes falharem ou serem destruídos.
RESERVA ALCALINA – Estabilizador ou reserva de uma substância alcalina que é adicionado a um papel com a finalidade de neutralizar qualquer ácido que possa vir a ser introduzido nele após a desacidificação.
RESERVA DE ACESSO A DADOS PESSOAIS DE TERCEIRO – Princípio que estabelece os limites e o prazo a partir do qual pode ser consultada a documentação pertencente a uma determinada pessoa já falecida; caduca cinquenta anos após a data da sua morte ou, no caso de ela ser desconhecida, setenta e cinco anos após a elaboração do documento.

Reserva

RESERVA DE CONSULTA – Conjunto de restrições de consulta atribuídas por uma biblioteca, arquivo, serviço de documentação, etc., a um documento ou conjunto de documentos que, por diversas razões, só podem ser consultados através de autorização especial; estão neste caso os acervos documentais de carácter confidencial legados por uma entidade ou por um particular impondo essas restrições, ou porque se referem a pessoas ainda vivas ou por outras razões (de carácter político, por exemplo); estas limitações podem ainda prender-se com a raridade da documentação ou o seu mau estado de conservação.
RESERVA DE DIREITOS DE AUTOR – Frase colocada num livro, usualmente no verso da página de título, para significar que os direitos de autor estão resguardados perante a lei e que podem ser tomadas medidas legais contra os seus infractores.

RESERVA DE DIVULGAÇÃO – Diz-se estar em reserva de divulgação qualquer documento que pode ser apenas objecto de comunicação parcial, sendo expurgada a informação referente à matéria reservada.

RESERVA DE LIVROS RAROS – Sala ou salas de uma biblioteca, arquivo, serviço de documentação, etc., onde estão depositados em condições especiais os incunábulos, as obras publicadas antes de 1800, as primeiras edições de textos científicos, literários e artísticos importantes, as obras com encadernações artísticas de qualidade e de luxo e os exemplares únicos de uma edição esgotada, as obras autografadas ou as obras manuscritas que pertenceram a personagens célebres, que por estas razões, pelo seu valor intrínseco e extrínseco, dimensão, encadernação, fragilidade ou por outros motivos justificam a sua colocação em lugar reservado. Reservados. Relicário. Tesouro. Colecção de livros raros. Colecção de cimélios. Colecção de reserva.

RESERVA DE NOTAÇÃO – Qualidade de uma notação que permite a inserção de classes novas numa classificação.

RESERVA DE PEDIDO – Pedido que não se cumpriu quando se fez, mas que se mantém, para cumprimento futuro.

RESERVADO – Nome dado nas tipografias ao armazém onde se guardam sortes suplementares, como filetes, quadratins, espaços, em suma tudo aquilo de que se pode vir a precisar e que não seria prudente deixar à disposição dos tipógrafos • Que se reservou • Garantido. Apalavrado. Com destino a. Destinado a determinado fim ou ocasião • Adiado • Preservado. Defendido de • Confidencial.

RESERVADOR – Que ou o que reserva.

RESERVADOS – Secção de uma biblioteca, arquivo, serviço de documentação, etc., onde se guardam os livros ou outro tipo de documentos, tais como manuscritos valiosos, gravuras, música manuscrita, publicações periódicas únicas, etc., que por qualquer razão merecem o qualificativo de raros. Relicário • Colecção especial de obras, que devido à sua raridade, fragilidade ou importância está apartada das colecções gerais de uma biblioteca, arquivo, serviço de documentação, etc.; normalmente a sua consulta é efectuada numa sala de leitura especial onde a vigilância é mais apertada que a da sala de leitura comum. Reserva de livros raros. Colecção de livros raros. Colecção de cimélios. Colecção de reserva. Tesouro.

RESERVAR – Guardar. Reter. Conservar • Pôr de parte • Preservar. Defender • Destinar a certos fins e/ou ocasiões • Restringir a certa pessoa ou pessoas quaisquer direitos.

RESERVATÁRIO – Que recebe reserva.

RESERVATÓRIO – Lugar feito expressamente para ter produtos em reserva. Depósito • Pia, tanque, etc., geralmente em aço inoxidável, em que se procede à lavagem do papel nos laboratórios de restauro.

RESGUARDAR – Conservar. Defender. Proteger. Preservar.

RESGUARDO – Conjunto das guardas do livro encadernado. *Ver* Falsa guarda • Nome dado às folhas de papel que são intercaladas entre os cadernos acabados de imprimir, para que não se maculem ou repintem • Folhas de papel de seda quase transparente ou translúcido, que são colocadas sobre as gravuras e/ou ilustrações, com a mesma finalidade.

RESINATO DE COBRE – Produto a partir do qual se obtinha a cor verde usada nas iluminuras de manuscritos e que, por ser derivada do cobre, acabava, com o passar do tempo, por corroer o suporte.

RESISTÊNCIA À DOBRAGEM – Oposição que o papel oferece a quebrar quando é repetidamente dobrado pelo mesmo vinco, ora num sentido, ora noutro.

RESISTÊNCIA À ROTURA POR TRACÇÃO – Força que produz a rotura de um pedaço de papel ou de cartão submetido a uma tracção exercida nas suas extremidades nas condições do ensaio normalizado; exprime-se, em geral, pelo comprimento de rotura.

RESISTÊNCIA AO ÁCIDO – Camada protectora, à prova de ácido, que é aplicada às placas metálicas antes da gravação.

RESISTÊNCIA AO AMARROTAMENTO – Propriedade que o papel possui de manter a sua resistência à tracção depois de a folha ter sido dobrada e vincada.

RESISTÊNCIA AO RASGAMENTO – Resistência avaliada pela força, expressa em gramas, que é necessária para rasgar uma folha de papel.

RESMA – Nome dado ao conjunto de vinte mãos de papel. Conjunto de quinhentas folhas de papel idênticas; em muitos países este termo emprega-se para outras quantidades, como por exemplo, quatrocentas e oitenta folhas. Para quantidades diferentes de quinhentas folhas deve utilizar-se o termo "pacote".

RESMA ENFESTADA – Aquela em que as folhas estão dobradas ao meio no sentido da largura.

RESOLUÇÃO – Deliberação. Decisão. Decreto • Conversão exacta de um determinado documento ou texto • Medida do pormenor de uma imagem que um dispositivo pode capturar ou reproduzir • Em informática designa-se resolução de um monitor a quantidade de pontos que ele comporta, o que se traduz na clareza e profusão de detalhes que propicia um monitor ou uma impressora na geração das imagens; é indicada, em geral, pelo número total de *pixels* numa linha horizontal ou vertical.

RESOLUÇÃO DE CONTRATO – Extinção ou revogação de um contrato ou direito por entendimento das partes ou por acção de terceiros.

RESOLUÇÃO DE IMAGEM DIGITAL – Número de amostras electrónicas por unidade linear medido na direcção horizontal e vertical de digitalização.

RESOLVER ABREVIATURA – Desdobrar uma abreviatura, decompô-la nos seus elementos constitutivos.

RESP. – Abreviatura de responsável, *e* resposta.

RESPANÇADO – Diz-se do documento ou escrito que foi objecto de uma total ou parcial raspagem do texto, com a intenção de escrever outro texto por cima ou com a finalidade de fazer desaparecer o texto original.

RESPANÇADURA – Termo antigo que designava a raspagem da escrita do pergaminho, com vista a uma nova escrita, dando assim origem ao chamado palimpsesto.

RESPANÇAR – Raspar. Apagar as letras ou os borrões com a raspadeira.

RESPEITO PELA ORDEM PRIMITIVA – *Ver* Respeito pelos fundos arquivísticos.

RESPEITO PELOS FUNDOS ARQUIVÍSTICOS – Princípio fundamental da arquivística segundo o qual os arquivos de uma mesma proveniência não devem ser misturados com os de proveniência diversa e devem ser conservados de acordo com a sua ordem primitiva, se ela existir.

RESPIGADOR – Aquele que colige ou que faz obra de compilação, ou seja, pessoa ou entidade que produz uma obra individual, coligindo e ordenando material escrito ou impresso proveniente de diversas fontes, na forma como ele se apresenta em determinado momento, como acontece com o responsável pela organização de uma antologia, selecta, colecção de provérbios, etc.

RESPIGAR – Retirar e coligir de um ou mais livros e/ou publicações periódicas, rebuscando aqui e além, certos dados que interessam a alguém. Compilar. Forragear. Espiolhar.

RESPIGO – Acto de retirar e compilar de um ou mais livros e/ou publicações periódicas dados sobre determinada temática • Recolha ou selecção daquilo que tem utilidade. Compilação • Espiolhamento.

RESPLENDOR – *Ver* Auréola.

RESPONDÊNCIA – *Ver* Correspondência.

RESPONDENTE – *Ver* Arguente.

RESPONSABILIDADE – Na atribuição de um trabalho, obrigação por parte da pessoa ou instituição competente, de se responsabilizar pela realização das tarefas fixadas.

RESPONSABILIDADE MISTA – Aquela em que, para uma obra contribuem diversos autores, com formas diferentes de contribuição intelectual • Diz-se obra de responsabilidade mista aquela para cujo conteúdo intelectual ou artístico contribuíram diversas pessoas ou colectividades que desempenham diferentes tipos de actividade, por exemplo adaptando ou ilustrando uma obra de outro autor.

RESPONSABILIDADE PARTILHADA – É aquela que resulta da colaboração entre duas ou mais pessoas desempenhando o mesmo tipo de actividade na criação do conteúdo de uma obra, com ou sem autor principal; a contribuição de cada uma destas pessoas pode formar uma parte distinta ou separada da obra ou pode não ser separável da dos outros colaboradores. *Ver* Colaboração.

RESPONSÁVEL – Pessoa ou pessoas singulares e/ou colectivas, que tenham contribuído para a realização de uma obra, quer intelectual, quer artisticamente, na qualidade de autor do texto da obra, de ilustrador, de comentador, revisor, anotador, editor literário, etc.

RESPONSÁVEL PELA EDIÇÃO – Pessoa(s) ou colectividades(s) que garante(m) a qualidade do conteúdo intelectual ou artístico de uma edição de uma determinada obra, mas não de todas as outras edições da referida obra.

RESPONSÁVEL PRINCIPAL – Aquele ou aquela que responde pela criação do conteúdo intelectual ou artístico de uma publicação; essa função pode ser assumida por uma pessoa física ou por uma colectividade.

RESPONSÁVEL SECUNDÁRIO – Pessoa ou colectividade que colaborou ou contribuiu para a criação do conteúdo intelectual ou artístico de uma determinada publicação (tradutor, autor de anexos ou suplementos, prefaciador, redactor, compilador, etc. ou um editor literário ou científico).

RESPONSO – Versículo religioso cantado nos ofícios católicos depois das lições ou dos capítulos, executado alternadamente por um coro e um solista, indicado graficamente nos antigos livros litúrgicos manuscritos ou impressos por um R traçado • Oração a determinado santo feita com a intenção de pedir o aparecimento de objectos que se dão como perdidos ou com a finalidade de obter uma graça • Descompostura.

RESPONSORIAL – Antigo livro litúrgico da Igreja Romana, que continha os cantos salmódicos que no ofício divino se seguem às leituras, conhecidas como responsórios. Livro litúrgico de responsos.

RESPONSÓRIO – Sinal utilizado em livros de oração e numismática • Livro ou colecção de responsos. Conjunto de responsos, ou seja, dos cantos que seguem cada uma das leituras matinais; a maior parte destes cantos encontra-se integrada nos leccionários, antifonários, nocturnais e breviários.

RESPOSTA – Réplica. Refutação • Carta que se envia a quem enviou outra e que se refere ao conteúdo desta.

RESPOSTA AUTOMÁTICA – Em comunicação de dados, capacidade de uma estação numa rede para responder automaticamente a uma chamada recebida por meio de uma linha comutada.

RESSALTAR – Dar relevo, destacar, salientar • Sobressair.

RESSALTO – Saliência formada no corte da frente do livro, quando os cadernos ou as folhas se desalinham.

RESSALVA – Nota em que se corrige um erro tipográfico ou manuscrito ou se afirma uma emenda que se fez. Errata • Excepção. Reserva. Restrição • Documento usado para segurança de uma pessoa.

RESSALVAR – Corrigir. Emendar • Garantir • Excluir • Sublinhar.

RESSELAR – Apor um novo selo a um acto que já tinha sido selado, quer na sequência da remoção do selo, quer para confirmar se ele tinha sido previamente selado com um selo de empréstimo, quer para garantir a permanência do seu valor em caso de alteração do responsável.

RESSOMBRO – Dupla impressão ou espécie de sombra que se nota, por vezes, à volta das letras, filetes e vinhetas.

RESTABELECER – Restituir a um texto a forma que tinha antes do retoque. Repor. Restaurar • Renovar.

RESTABELECIDO – Recuperado. Reposto. Restaurado • Renovado.

RESTAMPA – *Ver* Reestampa.

RESTAURAÇÃO – *Ver* Restauro.

RESTAURAÇÃO DE LIVRO (port. Bras.) – *Ver* Restauro de livro.

RESTAURADO – Consertado, reparado, restituído ao seu estado original.

RESTAURADOR – Aquele que restaura documentos e livros.

RESTAURAR – Consertar um objecto danificado, repondo-o no seu estado inicial • Eliminar de um documento os estragos provocados pelo passar dos anos, pelo uso e pela incúria do homem.

RESTAURAR ENCADERNAÇÃO – Reparar a encadernação danificada, conservando-a tanto quanto possível semelhante à inicial.

RESTAURAR O SENTIDO DO ORIGINAL – Intervir num texto com o objectivo de corrigi-lo, repondo o significado primitivo que lhe tinha incutido o autor.

RESTAURÁVEL – Que pode ser restaurado. Recuperável.

RESTAURO – Intervenção levada a cabo sobre um bem cultural degradado ou danificado, determinada pela necessidade de conservar a informação histórica de que ele é veículo e de lhe restituir a funcionalidade no todo ou em parte. No caso dos materiais gráficos, consiste em eliminar de um livro ou documento os estragos causados pelo tempo, manuseamento e incúria do homem; é um trabalho complexo e delicado, que vai do simples desmanchar, lavar, desacidificar, remendar, reforçar o papel e fortalecer as folhas ao refazer da encadernação; o respeito crescente dos bibliófilos pelo estado original da obra, torna-os cada vez mais reticentes em relação à reparação dos livros antigos e prudentes na aquisição de espécies restauradas, cujo resultado final não teve êxito • Substituição de partes danificadas • Reconstrução. Reparação.

RESTAURO COM SEDA – Processo de conserto ou protecção do papel aplicando tela transparente ou seda num ou nos dois lados das folhas.

RESTAURO DE LIVRO – Operação ou conjunto de operações a que se sujeita um livro ou documento com vista a reparar os estragos que nele provocou a passagem dos anos, o uso e a incúria do homem • Reconstrução de um livro ou documento gráfico aplicando um tratamento que tenta ser invisível • Reparo de livro. Reparação de livro. (port. Bras.) Restauração de livro.

RESTITUIÇÃO – Devolução • Acrescento ao texto de um elemento totalmente ausente ou substituído por um outro • Regresso de documentos efectuado por um serviço de arquivo à administração que o depositou ou à sua sucessora ou, no caso de arquivo privado depositado, ao seu proprietário. Reintegração. Reposição.

RESTITUIR – Acrescentar um elemento totalmente ausente ou substituído por um outro num texto. Devolver • Reintegrar. Repor.

RESTO DE EDIÇÃO – Número de exemplares de uma edição que não foram vendidos após um determinado tempo; é costume desvalorizá-los e colocá-los rapidamente no mercado; esta decisão é, em geral, tomada de comum acordo entre o autor e o editor. Sobejo. Sobra.

RESTOS – Partes de papel que correspondem ao princípio e ao fim das bobinas, que costumam ser vendidas a peso e reutilizadas. Quebras. Sobras.

RESTRIÇÃO AO EMPRÉSTIMO – Conjunto de limitações à cedência de documentos feitas por uma determinada instituição, dada a raridade das obras, frequência da procura, preocupações de preservação e conservação, limitações impostas pela moral e bons costumes, pelo doador, etc.

RESTRIÇÃO DE ACESSO – Designação das condições que limitam, na totalidade ou em parte, a autorização e oportunidade de utilizar um documento, em virtude de legislação, regulamentos, políticas ou exigências impostas pelo doador.

RESTRINGIR UMA PESQUISA – *Ver* Delimitar uma pesquisa.

RESUMIDOR – O que resume • Pessoa especialista da técnica de apresentar sob a forma de resumo.

RESUMIR – Nome dado à operação que é feita sobre o conteúdo de um documento com a finalidade de reduzir a abundância de informação nele contida e de destacar as partes do documento que apresentam mensagens mais úteis para os utilizadores. Abreviar. Sumariar, condensar, apresentar sob forma de resumo. Compendiar, sintetizar.

RESUMÍVEL – Que pode ser condensado em resumo.

RESUMO – Segundo Pinto Molina, "processo de redução cognitiva e de reconstrução textual num modelo reduzido, com vista à obtenção de um novo documento representativo do original, cuja informação fundamental conserva, embora difira no modo de expressão, estrutura e extensão" • Breve exposição facultativa apresentada num documento reduzindo-o aos seus pontos essenciais; é localizada no princípio ou no fim do texto, com o objectivo de fundamentar a orientação do leitor. Epítome, súmula, *abstract.* Recompilação. Esboço, sinopse • Esquema. Ensaio • Síntese metódica de um texto escrito, feita frequentemente por uma pessoa distinta do autor do original, com a finalidade de ser usada como referência rápida • Digesto, compilação. Compêndio condensado de legislação, jurisprudência, etc., ordenado sistematicamente • Documento secundário autónomo que recolhe o conteúdo de um outro documento primeiro e original, e que é elaborado a partir de um veículo informativo, como uma publicação de carácter científico, por exemplo.

RESUMO ANALÍTICO – Representação breve do conteúdo de um documento com indicação dos elementos essenciais sob uma forma diferente da original, para facilitar a sua consulta ou recuperação da informação pelos especialistas interessados; baseia-se na análise documental do documento em questão, sem interpretação nem crítica do mesmo. Resumo geral. Resumo de artigo.

RESUMO ANALÍTICO INDICATIVO – Aquele que apresenta a informação como guia indicativo ou descritivo do tipo de documento, dos principais assuntos nele focados e da maneira como são tratados. Resumo indicativo.

RESUMO ANALÍTICO INFORMATIVO – Aquele que apresenta, numa sequência de frases interligadas, a informação quantitativa e/ou qualitativa contida num documento. Resumo informativo.

RESUMO ANALÍTICO INFORMATIVO--INDICATIVO – Aquele que apresenta a informação contida num documento combinando a forma informativa e a indicativa, sendo os aspectos essenciais do documento abordados de forma informativa e os outros de forma indicativa. Resumo informativo-indicativo.

RESUMO AUTOMÁTICO – Aquele que é preparado através de palavras-chave extraídas de um texto e realizado por computador.

RESUMO BREVE – Condensado curto.

RESUMO CRÍTICO – O que, para além da informação fornecida pelo resumo informativo é acrescido de uma avaliação pessoal do autor do resumo, que pode ter maior ou menor significado para o leitor.

RESUMO DE ACONTECIMENTOS IMPORTANTES – Aquele que aparece adjacente ou incluído no sumário de algumas publicações periódicas, particularmente revistas; como lhe está subjacente uma intenção de estimular a leitura, os resumos de acontecimentos importantes são informais, vivos e em geral incompletos.

RESUMO DE ARTIGO – *Ver* Resumo analítico.

RESUMO DE AUTOR – Resumo analítico feito pela pessoa ou instituição que assume a autoria do artigo ou do documento e que tem por objectivo fazer sobressair os pontos essenciais do artigo ou do documento que acompanha. Sinopse.

RESUMO DE COMUNICAÇÃO – Súmula da exposição oral ou escrita sobre um tema de pesquisa ou outra intervenção feita num encontro, congresso, reunião, etc.

RESUMO DE IMPRENSA – Secção de publicação periódica que reproduz de forma sintética artigos ou notícias de outras publicações.

RESUMO DESCRITIVO DE UMA INVENÇÃO – Descrição sucinta de uma descoberta, que acompanha um pedido de patente de invenção e que se destina a divulgar, para fins documentais, o objectivo da mesma. Resumo técnico.

RESUMO DISCURSIVO – Modalidade de resumo em que a informação que o constitui é apresentada sob a forma de discurso literário ordenado em um ou vários parágrafos escritos num estilo corrente.

RESUMO DOCUMENTAL – Processo de redução do conteúdo de um documento e sua reconstrução textual num modelo reduzido, visando um novo documento que representa o original, cuja informação fundamental contém • O resultado desse processo • Representação abreviada do conteúdo de um documento; designa-se também resumo analítico e pode ser informativo, indicativo e informativo-indicativo.

RESUMO DOCUMENTAL CIENTÍFICO – Representação sucinta, mas exacta, do conteúdo de um documento.

RESUMO GERAL – *Ver* Resumo analítico.

RESUMO INDICATIVO – Resumo analítico que apresenta a informação como guia indicativo ou descritivo do tipo de documento, dos principais assuntos focados e da maneira como são tratados. Usa-se especialmente em textos discursivos ou extensos, como revisões de conjunto, críticas e monografias completas. Resumo analítico indicativo.

RESUMO INFORMATIVO – Resumo analítico que apresenta a informação quantitativa e/ou qualitativa contida num documento, numa sequência de frases interligadas; é especialmente útil para textos que descrevem um trabalho experimental e para documentos consagrados a um único tema. Resumo analítico informativo.

RESUMO INFORMATIVO-INDICATIVO – Resumo analítico que apresenta a informação contida num documento combinando a forma informativa e a indicativa, sendo os aspectos fundamentais abordados de forma informativa e os outros de forma indicativa; usa-se quando a extensão do resumo ou o tipo e estilo do documento o aconselham. Resumo analítico informativo-indicativo.

RESUMO MODULAR – Modalidade de resumo em que a informação do documento original é apresentada em cinco níveis de descrição analítica (referência, anotação e resumo indicativo, informativo e crítico), de modo a evitar a necessidade de elaborar um outro resumo adicional.

RESUMO SELECTIVO – Resumo analítico que retém apenas do texto o que parece essencial a uma determinada categoria de utilizadores.

RESUMO SUCINTO – Aquele que é constituído por uma ou duas frases, que encerram o conteúdo de um documento. Resumo em poucas palavras. Resumo conciso.

RESUMO TABULAR – Modalidade de resumo, muito usada em documentos, em que a informação de natureza económica e técnica que os constitui é exclusivamente numérica e cujos dados são apresentados sob a forma de tabelas.

RESUMO TÉCNICO – Descrição sucinta de uma descoberta que acompanha um pedido de patente de invenção, destinada a dar a conhecer, para fins documentais, o objecto da mesma. Resumo descritivo de uma invenção.

RESUMO TELEGRÁFICO – Modalidade de resumo em que a informação que o constitui é apresentada de um modo conciso e esquemático, assente numa série de frases curtas, em geral apresentadas sob forma de nota, como se de um telegrama se tratasse.

RETALHISTA – Pessoa que, exclusivamente ou não, pratica actos de comércio de venda ao público.

RETALHO – Remendo. Fragmento ou tira de material destinado a preencher o material desaparecido. Apara • *Ver tb.* Venda a retalho.

RETARDADOR – Ingrediente utilizado na produção de tintas de impressão, que age contra o decalque, a formação de películas na impressão e no armazenamento, a abrasão e o granulamento.

RETESAMENTO – Fase de preparação do pergaminho na qual, após a lavagem, desengorduramento e desbaste, ele se apresenta completamente esticado no bastidor.

RETICÊNCIAS – Pontos seguidos, com a espessura de meio quadratim (...), empregados nas tabelas e índices e no texto, para assinalar uma supressão de elementos ou uma suspensão. Três pontinhos. A supressão de períodos completos costuma indicar-se com uma linha inteira de pontos, a interpontuação.

RETÍCULA – Chapa de vidro formada por dois cristais raiados de linhas paralelas e cimentados um contra o outro, de modo que as linhas se cruzam em ângulo recto; é muito usada para a reprodução de imagens a meio-tom por processos fotomecânicos • Trama, rede. Quadrícula • Em cartografia, rede de linhas rectas formando quadrados iguais, desenhadas sobre uma projecção específica, impressas num mapa com a finalidade de facilitarem a localização de determinados pontos • Em encadernação, ornamento constituído por duas linhas horizontais e algumas verticais e em que as partes laterais são decoradas com folhagens.

RETICULADO – Com forma de rede. Retiforme. Tramado. Quadriculado.

RETIFORME – Com forma de rede. Tramado. Quadriculado. Reticulado.

Reticulado

RETIRAÇÃO – É a segunda folha a entrar na máquina • Acto de imprimir o segundo lado da folha.
RETIRADA – Termo usado para qualificar o facto de uma obra ter sido afastada da circulação pelo autor, pelo editor ou pelas autoridades civis ou religiosas, a quem compete a censura, ou por qualquer outra razão. Recolhida • Aplica-se também à folha de um livro que foi suprimida por possuir alguma imperfeição ou lacuna • Designação aplicada à informação de um registo bibliográfico legível por máquina, cuja visualização pública se impede sob determinadas condições específicas.
RETIRAR – Imprimir o verso de uma folha já impressa no recto.
RETIRAR COMO DOZE – Retiração que se faz voltando o papel de cima para baixo.
RETIRAR DA CIRCULAÇÃO – Recolher um texto, publicação, etc. com a finalidade de que não seja lido, divulgado, ou por qualquer outra razão, jurídica, por exemplo • Em bibliotecas, arquivos, serviços de documentação, etc., deixar de ser dado a público, por se encontrar em mau estado ou por qualquer outra razão justificada para a instituição.
RETIRO – Metade da folha em que entram a segunda e a penúltima páginas.
RETOCADOR – Operário que corrige os defeitos das placas para a reprodução gráfica • Operário das oficinas de *offset* que efectua as montagens.
RETOCAR – Melhorar, alterar ou corrigir por meios químicos ou mecânicos, negativos ou positivos fotográficos, gravuras, etc. originais, para reprodução fotomecânica • Passar de novo a pena ou o pincel numa inscrição ou pintura para refazer traços pouco nítidos. Aperfeiçoar.
RETOQUE – Operação de aperfeiçoamento executada numa gravura, numa pedra, numa fotogravura e em todas as expressões de arte após as provas • Correcção de um cliché fotográfico feita com a finalidade de acentuar os contrastes, de alterar certos pormenores ou de acrescentar informações • Em restauro de documentos gráficos, operação que visa corrigir danos que o documento sofreu devido a acidentes de percurso.
RETÓRICA – Arte de bem falar • Conjunto de regras respeitantes à eloquência ou arte de discursar • Livro ou tratado onde são expostas essas regras • Conjunto dos processos estilísticos utilizados por um autor, por um grupo, numa época • Estilo empolado, vazio de conteúdo.
RETORNO – Nome dado aos exemplares de obras que são devolvidos porque não foram vendidos. Encalhe. Devolução. (port. Bras.) Entrega.
RETORNO AUTOMÁTICO – Meio de mudar a direcção em que está a passar uma banda magnética durante a gravação ou a reprodução de som, geralmente aplicando uma marca no ponto em que se pretende que se dê a mudança.
RETR. – Abreviatura de retrato.
RETRADUÇÃO – Acto e efeito de traduzir de novo. Tradução feita a partir de uma outra tradução; nos elementos de identificação da retradução deve mencionar-se tanto a publicação original quanto a intermédia.
RETRADUZIR – Traduzir de novo para a língua original uma obra, a partir da tradução numa língua diferente.
RETRANCA – Divisão do conteúdo de um jornal ou revista, marcando os originais com letras ou números para facilitar a paginação • (port. Bras.) Tipógrafo que procede ao desmonte das páginas depois de estereotipadas • (port. Bras.) Sinal ou algarismo colocado nos originais tipográficos para auxiliar a paginação.
RETRANSCREVER – Transcrever de novo. Tornar a transcrever.
RETRANSCRIÇÃO – Nova transcrição.

RETRATAÇÃO – Confissão do erro. Acto de se desdizer. *Ver* Desmentido de publicação.

RETRATO – Representação de uma pessoa feita a partir do modelo original, especialmente uma pintura ou representação do rosto • Qualquer representação figurada de pessoas reais cuja existência histórica pode ser provada • Réplica contemporânea de um modelo feita por encomenda do próprio ou da sua família • Descrição física ou psicológica de um personagem • Género jornalístico cujas técnicas principais são as da entrevista e as da reportagem, podendo também fazer uso da documentação biográfica.

RETRATO DO EVANGELISTA – Os evangelistas são os "autores" dos Evangelhos: Mateus, Marcos, Lucas e João; são apresentados frequentemente os seus retratos no acto de escrever a partir do período paleocristão; a representação das suas figuras é muitas vezes acompanhada pelos respectivos símbolos ou tetramorfo, surgindo usualmente no início de cada um dos quatro Evangelhos inserida na inicial capital; outros tipos de representação dos evangelistas incluem cenas de São João em Patmos (encontrado em manuscritos do *Livro das Revelações* ou *Apocalipse*) e de São Lucas pintando um retrato da Virgem com o Menino.

RETRATO MINIATURAL – Retrato minúsculo do rosto de um personagem, feito seja por que processo for.

RETRO – Metade da folha em que entram a primeira e a última páginas de um caderno.

RETROACÇÃO ACÚSTICA – Num sistema acústico, ruído intenso produzido quando o som se reintroduz no dispositivo original que o transmitiu; é frequente quando o som dos altifalantes se junta com o do microfone, provocando um tom agudo forte.

RETROACTA – Actos que, redigidos precedentemente em favor do destinatário, foram comunicados à chancelaria que os utiliza mais ou menos servilmente para a expedição de um novo acto.

RETROCONVERSÃO – *Ver* Conversão retrospectiva.

RETROPROJECÇÃO – Projecção de imagens sobre a parte posterior de uma tela de projecção translúcida, vendo-se estas a partir da frente.

RETROPROJECTOR – Aparelho que projecta documentos numa tela ou parede por meio de transparência e de reflexão.

RETROSPECÇÃO – Análise ou observação de factos ou acontecimentos relativos ao passado.

RETROSPECTIVO – Que se volta para trás. Que analisa ou observa factos passados. Retrospecto.

RETROSPECTO – Olhar sobre o passado. Observação ou análise de tempos ou factos que já passaram. Retrospecção. Retrospectivo.

RETROVERSÃO – Tradução de um texto de uma língua para a língua original.

REUNIÃO DA INFORMAÇÃO – Fase da cadeia documental que consiste em juntar documentos e fontes de informação, seleccionando-os criteriosamente.

REUNIÃO DE CADERNOS – Processo que consiste em coligir e arranjar na ordem correcta as folhas impressas de um livro ou panfleto, trabalho prévio ao processo de encadernação; esta operação pode ter lugar antes ou depois da dobragem das folhas • Grupo de folhas disposto pela dobragem e colocadas em conjunto com a folha ou folhas que formam o caderno.

REUNIFICAÇÃO – Acto e efeito de unificar de novo, isto é, tornar a formar um todo partindo dos seus elementos componentes iniciais. Unir de novo. Juntar de novo.

REUNIR – Compilar • Agrupar. Juntar. Unir de novo.

REUTILIZAÇÃO – Acto e efeito de utilizar de novo um documento ou texto • Nova aplicação de um documento ou texto, seja qual for o tipo de suporte.

REV. – Abreviatura de revisor, revisão, revisto, revista *e* Reverendo.

REVELAÇÃO – Acto ou efeito de revelar. Processo através do qual as imagens latentes em material fotossensível exposto se tornam visíveis na primeira fase do processo fotográfico; esse processo assenta na utilização de um revelador, produto composto por substâncias químicas diversas, que facultam a conversão das imagens encobertas em imagens visíveis • Banho que faz aparecer a imagem nas matrizes fotográficas • Aparecimento gradual dessa imagem tal como foi impressionada na gelatina • Revelador que se compõe de substâncias tais como reagentes químicos, pó seco, água ou gás, e se utiliza para converter as imagens latentes em imagens visíveis; os reveladores líquidos contêm agentes químicos destinados a reduzir a densidade das imagens no material sensibilizado com nitrato de prata.

REVELAÇÃO À SUPERFÍCIE – Processo de revelação de imagens latentes em tanques horizontais, em que o filme percorre um trajecto horizontal até à sua saída; trata-se de um processo usado no caso em que a microforma a revelar é a microficha que não proporciona uma revelação de excelente qualidade e que é apenas usado para arquivos cujos documentos tenham caducidade rápida.

REVELAÇÃO ATRAVÉS DE PÓ – *Ver* Xerografia.

REVELAÇÃO HÚMIDA – Aquela que é feita através de uma solução aquosa.

REVELAÇÃO POR IMERSÃO TOTAL – Processo de revelação de imagens latentes em tanques verticais que são percorridos pelo filme em diversos semicírculos até à sua saída; trata-se de um processo lento, mas que proporciona uma revelação de excelente qualidade, que é usada para arquivos de longa duração, como é o caso dos arquivos históricos.

REVELAÇÃO SECA – Revelação feita através da acção de um gás ou pó.

REVELAÇÃO SEMI-HÚMIDA – Aquela que é feita através da acção de um pó em suspensão num líquido, utilizada em alguns processos de electrofotografia.

REVELADOR – Que revela • Líquido usado para revelar as matrizes fotográficas. Em fotografia e nos processos fotomecânicos, é o banho ou reagente químico que torna visível a imagem latente formada pela acção da luz sobre a camada sensível que cobre o papel, o filme, a placa de metal ou de vidro; permite fazer reaparecer inscrições apagadas. Reagente.

REVELADOR DE MICROCÓPIAS – Aparelho ou conjunto de aparelhos que assegura o tratamento das superfícies sensibilizadas utilizadas na produção de microcópias.

REVELAR – Declarar. Divulgar • Provar. Mostrar • Evidenciar. Deixar transparecer. Fazer aparecer a imagem sobre a chapa fotográfica. Sujeitar à acção do revelador uma imagem fotográfica latente, para a tornar visível.

REVER – Examinar um texto ou uma obra para os corrigir ou emendar. Reler. Reexaminar. Revisar • Examinar o caderno antes de imprimi-lo. Comprovar • Em encadernação o acto de rever consiste em examinar ou reexaminar o alçado para ter a certeza de que está certo.

REVERIFICAÇÃO – Acto e efeito de conferir ou verificar de novo.

REVERSAL – Carta reversal, aquela em que se fazia uma determinada concessão em troca de outra.

REVERSIBILIDADE DO RESTAURO – É um dos princípios mais importantes na política de restauro de livros e documentos e consiste na necessidade de, em qualquer momento, dever poder desfazer-se o restauro de um livro ou documento: os produtos ou materiais utilizados em determinada época podem vir a revelar-se nocivos, apesar de todos os testes de envelhecimento, pelo que é possível que devam ser retirados; por exemplo, hoje é necessário desfazer as laminações feitas com acetato de celulose muito praticadas nos anos sessenta; do mesmo modo, deve haver sempre a possibilidade de uma cola ou outro produto aplicado poder ser retirado.

REVERSIBLE PAPER (loc. ingl.) – *Ver* Papel reutilizável.

REVERSO – Que se encontra situado na parte posterior ou no lado oposto. Invertido • Lado oposto da medalha, em oposição ao anverso • Verso de folha. Revesso. Revés.

REVERTATUR (pal. lat.) – Termo que significa "vire-se" usado em revisão de provas para indicar o sinal de virar letras (∽). *Vertatur*.

REVÉS – *Ver* Reverso.

REVESSO – *Ver* Reverso.

REVESTIMENTO – Acto ou efeito de revestir • Disposição de uma camada de um produto apropriado sobre a superfície de um papel ou de um cartão, para modificar certas características • Cobertura. Envoltório.

REVESTIMENTO DE PELÍCULA – Protecção de plástico transparente, em que se inserem fotogramas ou tiras de película.

REVIRADA DE BORDAS (port. Bras.) – *Ver* Cercadura.
REVISADO (port. Bras.) – *Ver* Revisto.
REVISÃO – Acto ou efeito de rever • Nova leitura • Artigo de recapitulação aprofundada sobre o desenvolvimento e situação actual do conhecimento num domínio restrito e bastante específico: regra geral não apresenta resultados novos e integra sempre uma extensa lista de referências de literatura primária • Exame minucioso. Inspecção • Verificação sistemática de todos os volumes ou documentos que compõem um fundo ou uma colecção • Crítica • Corpo de revisores de um jornal • Funções ou gabinete do revisor • Correcção de provas tipográficas • Actualização • Análise de uma lei ou de um processo para rectificação • Correcção, apostila marginal ou interlinear, integração no texto, etc., acrescentada posteriormente num documento por investigadores ou bibliotecários antigos, a maior parte das vezes nas folhas de guarda ou noutras folhas apensas • Em processamento de dados, alteração do seu formato devido a incorporação, correcção e reordenamento.
REVISÃO A DEDO – Tipo de revisão tipográfica na qual o revisor corre os dedos pelo original enquanto verifica se não houve omissão ou erro nas palavras.
REVISÃO BATIDA – Comparação da primeira prova com a segunda através da sobreposição, a fim de verificar se todas as emendas foram feitas.
REVISÃO COTEJADA – A que é feita de um modo simples (só o revisor sem o conferente), comparando a prova apenas com o original de vez em quando.
REVISÃO DE ARQUIVO – Verificação do conteúdo ou de parte do conteúdo de um arquivo feita com a finalidade de garantir que cada documento se encontra no local ou está substituído pela requisição correspondente.
REVISÃO DE AUTOR/EDITOR – Prova que apresenta as correcções do autor ou do editor e que é diferente da prova corrigida na tipografia.
REVISÃO DE MÁQUINA – Em provas tipográficas é a revisão que é feita depois da forma tipográfica já se encontrar na máquina de imprimir; serve para se verificarem as faltas técnicas e para se fazer a contraprova das emendas assinaladas na revisão de página; é nesta prova que se chama especialmente a atenção para a numeração e assinaturas da folha tipográfica, a fim de se ver se ligam com as folhas já impressas, se o texto condiz com o da folha anterior também já impressa, se os títulos, capítulos, partes da obra, etc. se harmonizam com a parte já impressa, se as notas de pé de página correspondem ao texto, etc. Última revisão. As novas tecnologias vieram alterar substancialmente este estado de coisas, uma vez que hoje em dia os autores quase sempre compõem os seus próprios textos por meios informáticos, enviando o texto directamente para a tipografia, sendo nesta os acertos e revisões mais de carácter estético do que de análise.
REVISÃO DE PÁGINA – Em provas tipográficas é a segunda revisão, feita já quando a composição tem a forma definitiva que irá aparecer na obra.
REVISÃO DE PROVAS – Observação das provas tipográficas de um texto que é feita por um revisor profissional, pelo autor ou por pessoa em quem ele delegou, com a finalidade de corrigir possíveis erros de impressão ou outros.
REVISÃO DO GRANEL – Em provas tipográficas é a primeira revisão, feita para assinalar erros, saltos, repetições, regularizar a pontuação, o uso de itálicos, etc.
REVISÃO DO JORNAL – Leitura dos primeiros exemplares do jornal que saem da impressão, a fim de se verificar se não há erros graves tais como legendas trocadas, textos que não correspondem aos títulos, etc.
REVISÃO FINAL – Última leitura de um texto, prévia à sua impressão e destinada à correcção de eventuais erros ou gralhas e à introdução de algumas alterações finais.
REVISÃO NO CHUMBO – Leitura feita pelo compositor tipográfico nas linhas de caracteres isolados ou já em composição tipográfica antes de tirar a prova, que tem como finalidade corrigir os possíveis erros de composição • Correcção no chumbo. Emenda no chumbo. Hoje encontra-se posta de parte.

REVISÃO NO FLÃ – Exame e emenda que são levados a cabo no flã, onde a página está gravada em baixo-relevo.

REVISÃO TÉCNICA – A que é feita cuidadosamente, para corrigir, além dos erros, qualquer falha na disposição tipográfica.

REVISÃO TIPOGRÁFICA – Leitura de provas e contraprovas para que o texto impresso saia conforme o original.

REVISAR – *Ver* Rever.

REVISOR – Corrector. O que corrige • Pessoa que lê a cópia para o corrector da prova. Nos jornais o revisor acumulava frequentemente as funções de revisão com as de colaborador efectivo ou redactor do próprio jornal. Revisor tipográfico. Revisor de provas. (port. Bras.) Redator.

REVISOR DE PROVAS – *Ver* Revisor tipográfico.

REVISOR TIPOGRÁFICO – Pessoa que lê as provas e lhes corrige os erros de caixa e os defeitos ortográficos, mediante uma série de sinais próprios destinados a esse efeito. Revisor de provas. Corrector, aquele que corrige.

REVISTA – Publicação periódica, de frequência não diária, editada ou não em cadernos, que tem por objectivo seleccionar, resumir, comentar e desenvolver factos e informações actuais ou históricos considerados de interesse para a sua área específica; o que a distingue das outras publicações periódicas como os boletins, semanários, etc. é a sua apresentação: é habitualmente de menor tamanho que os periódicos e o seu aspecto gráfico é de melhor qualidade que o dos boletins, tendo geralmente maior número de folhas, capas de papel ilustrado, impressão a cores, etc. • Exemplar de uma dessas publicações.

REVISTA CIENTÍFICA – Publicação periódica especializada cujo conteúdo é constituído por temas relacionados com as diferentes ciências, que são tratados em profundidade e com preocupações didáctico-pedagógicas.

REVISTA CITADA – Aquela que é alvo de citação.

REVISTA CITANTE – Aquela onde a citação é feita.

REVISTA COR DE ROSA – Publicação periódica, de conteúdo frívolo e fútil, que se dedica a temas relativos à vida social e particular de personagens em foco, geralmente ligadas ao espectáculo, à moda e ao *jet set*.

REVISTA CRÍTICA – Resenha referente a vários assuntos ou a um só, feita com finalidades de análise.

REVISTA DE ACTUALIDADES – Publicação periódica cujo conteúdo é constituído por notícias e comentários sobre temas contemporâneos, que abarcam uma grande diversidade de assuntos.

REVISTA DE DIVULGAÇÃO – Publicação periódica cujo objectivo é a vulgarização de temas científicos, geográficos, históricos, sociais, etc.

REVISTA DE ENSAIO – Tipo de publicação periódica muito editado em Inglaterra no século XVIII em que cada número era constituído por um único ensaio.

REVISTA DE ESCÂNDALOS – *Ver* Revista sensacionalista.

REVISTA DE IMPRENSA – Montagem de citações aparecidas na imprensa ou de extractos de artigos, apresentada em geral sob forma de comentário.

REVISTA DE MODAS – *Ver* Figurino.

REVISTA DE RESUMOS – Publicação secundária, de forma e periodicidade variáveis, em que se apresentam agrupados os resultados analíticos da informação contida num conjunto de documentos originais, com a finalidade de divulgar, de uma forma abreviada, o seu conteúdo; apresenta-se organizada por assuntos, de acordo com um plano previamente determinado, e é complementada por um conjunto de índices elaborados com a finalidade de facilitar a localização da informação. Boletim de resumos. As primeiras revistas de resumos eram de carácter geral, cobrindo todas as áreas do saber. A primeira revista de resumos conhecida é o *Journal des Sçavans*, que foi editado em Paris no ano de 1665, graças à iniciativa de Denis de Sallo; continha resumos das primeiras novidades bibliográficas, científicas e filosóficas que haviam sido publicadas em França e no estrangeiro.

REVISTA DE REVISTAS – Parte de uma publicação periódica onde são inseridas indi-

cações referentes aos artigos que foram anteriormente publicados em outras revistas.
REVISTA DE SÍNTESES – Publicação periódica cujo conteúdo é constituído por resumos de artigos que já haviam sido publicados noutras revistas e jornais.
REVISTA DIGITAL – Publicação periódica, que é distribuída em formato digital.
REVISTA ELECTRÓNICA – Publicação periódica cujo conteúdo se encontra registado em suporte electrónico. Revista *Web*.
REVISTA ESPECIALIZADA – Diz-se da publicação periódica que trata, em geral, apenas assuntos de uma temática específica. Revista técnica.
REVISTA LITERÁRIA – Publicação em série dedicada à poesia e à expressão de ideias de vanguarda.
REVISTA POPULAR – Publicação periódica que apresenta temas destinados ao grande público.
REVISTA SENSACIONALISTA – Publicação periódica cujo conteúdo é constituído por notícias relacionadas com escândalos de diversa índole. Revista de escândalos.
REVISTA TÉCNICA – *Ver* Revista especializada.
REVISTA WEB – *Ver* Revista electrónica.
REVISTAR – *Ver* Colacionar.
REVISTECA – Revista sem qualidade ou importância.
REVISTO – Visto de novo • Examinado de novo. (port. Bras.) Revisado.
REVOCAÇÃO – Em recuperação da informação, quantidade de itens adicionais que se encontram ao ampliar a pesquisa.
REVOGAÇÃO – Acto ou efeito de revogar ou de anular. Anulação.
REVOGAÇÃO DO SELO – Declaração voluntária pela qual uma pessoa manifesta a sua intenção de não voltar a usar a matriz de um selo (na sequência de perda, roubo, contrafacção, alteração da sua capacidade jurídica), anulando antecipadamente todo o acto que futuramente seja validado com ele.
REVOGAR – Anular, invalidar, desfazer.
REVOGATÓRIA – Documento que implica revogação.
RÉVORA – *Ver* Robora.

REVORAÇÃO – *Ver* Roboração.
REVS. – Abreviatura latina de *Reverendus*.
REWRITING (pal. ingl.) – Reescrever. Escrever de novo.
RI – Acrónimo de Recuperação da Informação.
RIFÃO – *Ver* Provérbio.
RIFONEIRO – Colecção de refrãos. Adagiário. Refraneiro • Pessoa que compõe rifões.
RIGA (pal. lat.) – Linha de um texto.
RIGVEDA – Texto muito importante da cultura hindu, contido nos *Vedas*.
RIMA – Identidade total de sons que se verifica a partir da vogal tónica da última palavra de dois ou mais versos • Série de versos que constituem um poema.
RIMANCE – Romance • Pequeno poema de carácter popular constituído por versos curtos de rima simples com enredo sentimental e de cariz moralizante • Pequeno canto de carácter épico.
RIMAR – Escrever versos harmoniosos • Concordar. Condizer. Combinar.
RIMÁRIO – Colectânea ou recolha de rimas ou versos.
RIMAS EMPARELHADAS – As que se seguem duas a duas.
RINCEAU (pal. fr.) – Ramo carregado de folhas • Elemento decorativo composto por folhagem, ramos e frutos.
RIO – Nome dado na gíria tipográfica ao defeito numa composição que consiste no aspecto de uma série de espaços, ligados em diversas linhas seguidas, constituindo uma espécie de risca branca e irregular. Canal. Lombriga.
RIPANÇO – Breviário destinado aos sacerdotes pelo qual rezam as horas canónicas • Livro que contém os ofícios da Semana Santa.
RISC. – Abreviatura de riscado.
RISCA – Fenda que tem o tipo na parte inferior, indicando a direcção do olho da respectiva letra. É um corte na haste do tipo, que serve para indicar ao tipógrafo a posição certa da letra no componedor, assim como a identidade de todos os caracteres de uma fonte • Pequena saliência que, no molde da fundição, forma a risca ou ranhura dos tipos de imprensa • Travessão • Linha. Regra.
RISCA DE DOIS FIOS – Sinal gráfico formado por dois pequenos traços horizontais (=), que é usado geralmente como sinal de igualdade.

RISCA DE DOIS QUADRATINS – Sinal gráfico que tem o comprimento de duas riscas de quadratim do corpo a usar (––)/(—); geralmente é utilizado nos índices onomásticos para evitar a repetição do nome do autor no início de linha. Risca dupla.

RISCA DE NOTA – *Ver* Fio de nota.

RISCA DE QUADRATIM – Sinal de menos (-).

RISCA DE UNIÃO – *Ver* Hífen.

RISCA DO TIPO – *Ver* Ranhura.

RISCA DUPLA – Risca com o comprimento de duas riscas de quadratim do corpo a usar (– –)/(—), usada geralmente em listas bibliográficas para evitar a repetição do nome de um autor no início de linha. Risca de dois quadratins.

RISCA MARGINAL (port. Bras.) – *Ver* Nota marginal.

RISCA SUPLEMENTAR – A que se faz nalguns tipos para os distinguir melhor de outros do mesmo corpo, com que possam confundir-se.

RISCADO – Conjunto dos traços que percorrem a folha pautada de alto a baixo, partindo das linhas do cabeçalho. Esqueleto.

RISCADOR – Pessoa que risca • Instrumento usado para riscar • Faca empregada especialmente para cortar o papel sobre o zinco e para fazer algumas outras operações de encadernação.

RISCAR – Assinalar com riscos num escrito a parte que deve suprimir-se ou omitir-se. Pôr uma cruz • Esboçar um projecto. Traçar em linhas gerais um plano • Desfiar as pontas das cordas de uma encadernação.

RISCO – Numa folha pautada são os traços que correm de alto a baixo, separando as colunas • Projecto de arquitectura. Debuxo. Projecto • Traço feito pelas pessoas que começam a aprender a escrever; inicialmente era feito à pena • Desenho. Esquisso. Esboço.

RISCO MARGINAL – Traço que é colocado na margem.

RITMO – Repetição periódica e equilibrada dos elementos de uma composição • Sucessão de sons tónicos e átonos repetidos regularmente • Organização singular dos elementos de qualquer actividade linguística, escrita ou oral • Forma ou configuração mensurável daquilo que se movimenta • Organização de um conjunto.

RITMO COMPOSTO – Combinação de ritmos simples na composição de uma página, de modo a que haja uma disposição harmoniosa de medidas diferentes.

RITMO DA LEITURA – Designação da cadência segundo a qual se processa a leitura de um texto, etc. Medida da velocidade de leitura.

RITMO SIMPLES – Repetição monótona de um mesmo motivo.

RITUAL – Relativo a ritos • É o livro do sacerdote ou o *liber sacerdotalis*; contém as fórmulas e orações a observar no acto litúrgico, na administração dos sacramentos, exceptuando o da Confirmação e o da Ordem, e ainda nas bençãos correntes, procissões, ladainhas e exorcismos. Cerimonial.

RITUALISTA – O que trata ou escreve acerca de ritos.

RMº – Abreviatura da expressão Reverendíssimo, que em geral precede a palavra Padre ou outro qualquer título de uma dignidade eclesiástica.

ROBORA – Rubrica ou qualquer outro sinal que a substitui. Sinal de validação aposto num documento manuscrito e que consistia em traçar uma cruz de um ou vários braços paralelos (consoante o número de roborantes, intercalada entre a palavra *roboro* ou *roboramus*) • Havia ainda a robora como sinal e a robora como oferta, consistindo esta no oferecimento de um animal ou objecto por uma das partes à outra em testemunho do contrato realizado • Roboração. Confirmação.

ROBORAÇÃO – Acto ou efeito de roborar. Confirmação por meio de um instrumento público daquilo que já havia sido dito, feito ou acordado por palavras ou através de uma escritura particular. Revoração. Reboração.

ROBORANTE – Que robora, confirma, ratifica.

ROBORAR – Firmar de novo. Confirmar por um instrumento público o que já havia sido dito, feito ou acordado por palavras ou por meio de uma escritura particular • Corroborar ou confirmar um documento escrito pela aposição de um sinal.

ROBÓTICA – Desenvolvimento das máquinas ao ponto de levarem a cabo tarefas que anteriormente apenas eram executadas pelo ser humano.
ROBOTIZAR – Automatizar.
ROCAILLE (pal. fr.) – Ornamento decorativo nascido a partir de estilização das conchas barrocas simétricas, jogando agora com a assimetria e a aplicação de curvas e contracurvas, assim como a de grinaldas, flores e folhagem.
ROCKETBOOK (pal. ingl.) – Aparelho que permite a leitura, com aspecto físico semelhante ao do *softbook*, em que é permitido o acesso a uma vasta lista de títulos disponibilizados por grandes editoras especializadas; neste caso, e ao contrário do que acontece com o *softbook*, não há cobrança de mensalidade, pelo que o preço inicial é bastante mais elevado, além de que não pode ser ligado à linha telefónica para copiar o conteúdo de um livro, mas a um *PC* com acesso à *Internet*. Permite uma actualização automática e uma interactividade mais funcional que o livro tradicional, pois possui uma caneta electrónica para escrever. É um dado adquirido que o preço do livro em papel tem aumentado substancialmente, mas a versão digital aparece, contudo, ainda, como uma alternativa àquele e menos como um substituto.
RODA – Em encadernação, cilindro que tem um motivo ornamental gravado na sua superfície rotativa que, ao ser estampado, se desenvolve em forma de uma banda contínua, usada em geral para orlas ou linhas fundamentais da composição; com a aplicação desta roda em diferentes direcções nas capas e contracapas dos livros, divulgada no século XVI, consegue-se igualmente a gravação de decorações variadas nas encadernações. Roldana. Carretilha • Círculo.
RODAPÉ – Parte inferior de uma publicação impressa • Artigo, crónica, folhetim, etc., de jornal ou revista, que são publicados na parte inferior da página e, em geral, separados do resto do texto por um filete horizontal • Última frase ou último parágrafo de um artigo.
RODEIRO – Operário que, nas antigas tipografias, movia manualmente as máquinas impressoras e lavava e amarrava as páginas após a impressão.

RODELA – Escudo heráldico de guerra, circular, com a superfície convexa, virola e seis arcos, que se cruza no centro deixando livres secções iguais; apresenta geralmente um ferrão ou choupa no cruzamento dos arcos; emprega-se de perfil, com o ferrão virado para a direita do escudo • Peça móvel de pequeno formato anexada a uma figura de texto sobre a qual se prende com uma linha ou fio, de modo que pode rodar sobre a gravura, como acontece com o quadrante graduado circular indicando uma orientação ou permitindo diversos cálculos aplicados em calendários, movimentos dos astros, tábuas de marés e outros cálculos; frequentemente surge em livros impressos, mas principalmente em livros manuscritos, muitos deles coloridos à mão.
RÔDO – Peça com a parte inferior revestida de couro lubrificado, que se atravessa no prelo litográfico e que, ao tirar a prova, exerce pressão sobre a pedra.
ROEDORES – Mamíferos com dedos providos de unhas, com dentes incisivos longos e de crescimento constante, que durante séculos foram um dos flagelos que proliferaram nas bibliotecas e arquivos, hoje praticamente inexistentes; contudo, os estragos que deixaram são bem patentes na documentação e ainda hoje não pode descartar-se a hipótese do aparecimento de ratos ou outros roedores nestas instituições; durante muito tempo o seu combate foi feito a partir da aplicação de ratoeiras e de produtos como a naftalina em palhetas, a flor do enxofre, a cal, o alcatrão, o betume de pinheiro, o óleo de cedro e outros não prejudiciais para o homem.
ROGATIO (pal. lat.) – *Ver* Petição.
ROL – Documento que contém uma lista de nomes de pessoas ou coisas pertencentes a uma mesma classe ou a uma mesma categoria. Lista. Relação. Enumeração.
ROL DE LIVROS PROIBIDOS – *Ver Index Librorum Prohibitorum*.
ROLDANA – *Ver* Roda.
ROLETA – Disco de aço usado pelos gravadores para pontilhar no metal protegido pelo verniz; tem pontas aguçadas e gira na extremidade de uma haste presa a um cabo. Rolete.

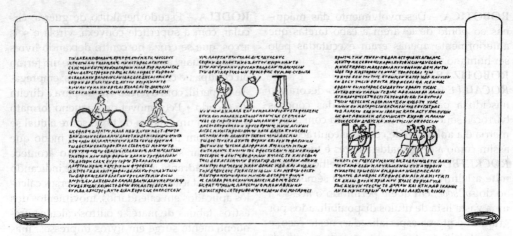
Rolo

ROLETE – Cilindro que distribui a tinta sobre os caracteres • Pequeno disco de aço com dentes pontiagudos, que se passa sobre o verniz da chapa a gravar para obter uma série de pontos. Roleta.

ROLLIGER (pal. lat.) – Pessoa que transportava o rolo dos mortos, documento no qual se escreviam expressões de condolências aquando da morte de um monge, cónego ou benfeitor de um estabelecimento eclesiástico. *Rotulifer.*

ROLLUS (pal. lat.) – *Ver Rotulus.*

ROLO – Texto manuscrito numa peça contínua de papiro, pergaminho ou papel, bastante raro depois do século IV d. C., embora usado na Idade Média para descrição de árvores genealógicas, crónicas sob a forma de genealogias extensas, colecção de brasões e alguns registos; a folha de sobreposição ficava à esquerda, de modo que o instrumento de escrita não tivesse dificuldades na junta; o tamanho médio das folhas era de cerca de 33 cm x 23 cm e o rolo médio tinha entre 7,30 m e 10,70 m; as fibras horizontais e a escrita ficavam do lado de dentro e o rolo começava com uma folha de fibras ao contrário, o *protokollon*; o título ficava no fim e frequentemente era inscrito numa pequena etiqueta ligada a uma extremidade; à etiqueta dava-se o nome de *syllabus*, palavra que significa sumário, índice. O rolo foi, durante a Antiguidade, juntamente com a tabuinha, o principal veículo da escrita; era originalmente formado por tiras de papiro coladas umas às outras e guardado dentro de *capsæ*, caixas cilíndricas ou ainda em jarros de argila ou cilindros de metal com uma palavra de identificação escrita de lado ou na extremidade, ou simplesmente empilhado em prateleiras; desenrolava-se horizontalmente da esquerda para a direita, ficando com cerca de quatro colunas de texto visíveis de cada vez; a informação respeitante ao autor, texto e produção (cólofon) servia para etiquetar o rolo, juntamente com as inscrições do *incipit* e do *explicit*; também foram utilizados rolos para genealogias e alguns destes manuscritos contêm belas iluminuras; crónicas em rolo acompanhavam muitas vezes as genealogias reais; os rolos do *exultet*, com textos destinados à benção do círio pascal, eram desenhados propositadamente para serem vistos pela assembleia cristã, com o texto face ao leitor e a imagem colocada ao contrário, para poder ser contemplada pela assembleia cristã, ao mesmo tempo que o texto era lido. Sobreviveram também rolos com orações, que provavelmente eram usados como amuletos; a partir do século IV o rolo foi progressivamente substituído pelo *codex,* embora tenha sobrevivido durante a Idade Média para certas cerimónias, agora já feito de pergaminho (cosido ou colado) e lido verticalmente; esta forma era cómoda para albergar textos longos e por isso foi usada para fins administrativos • Documento enrolado para facilitar a sua arrumação • Lista. Rol. Enumeração • Filme, microfilme ou fita magnética enrolado em carretel apropriado • Folha contínua de papel ou de cartão enrolada sobre si mesma • Dispositivo usado no prelo para fazer a tintagem, imaginado por Frederico Koening em 1810 para a sua primeira máquina • Cilindro que espalha a tinta sobre os caracteres • Cilindro de substância gelatinosa, grude e melaço, grude e glicerina, gelatina e glicerina, etc., seguro por uma haste chamada sabugo.

ROLO ANOPISTOGRÁFICO – Aquele que é escrito de um só lado do suporte; é o mais comum.

ROLO BATEDOR – O que distribui a tinta na mesa da máquina de imprimir; está colocado em diagonal e de maneira que não toque na forma. Rolo dador.

ROLO CARREGADOR – Rolo de madeira ou de metal colocado sobre o rolo dador, destinado a melhorar a distribuição da tinta.

ROLO COM NÚCLEO – Folha contínua de papel ou de cartão enrolada sobre um mandril ou casquilho.

ROLO DADOR – Rolo que entinta a forma. Rolo entintador. Rolo de letra • Rolo tocador. Rolo batedor.

ROLO DE ACETATO – Rolo de plástico transparente usado nos primórdios do aparecimento dos retroprojectores; ao desenrolar-se deslizava sobre o vidro de projecção, de modo que o utilizador pudesse escrever ou desenhar sobre ele com continuidade.

ROLO DE LETRA – Rolo que dá tinta à forma.

ROLO DE MÃO – *Ver* Rolo manual.

ROLO DE MARMOREAR – Utensílio usado em encadernação formado por dois cilindros: um é de borracha (o rolo impressor), que traz em relevo a matriz marmoreadora e se passa no papel, e o outro (o rolo distribuidor) é de madeira forrada de feltro e é ele que recebe a tinta para a transmitir ao primeiro; alguns destes utensílios têm rolos duplos para impressão bicolor.

ROLO DE PROVAS – *Ver* Rolo manual.

ROLO DISTRIBUIDOR – O que se emprega na distribuição da tinta.

ROLO DOS MORTOS – Documento no qual se inscreviam expressões de dor e pesar aquando do falecimento de um monge, cónego ou benfeitor de um estabelecimento eclesiástico ou outro. *Rotulus mortuorum*.

ROLO ENTINTADOR – Rolo que rola sobre a forma, distribuindo a tinta. Rolo dador. Rolo tocador. Rolo de letra.

ROLO FILIGRANADOR – Cilindro da máquina contínua que imprime as linhas de água e filigranas na folha húmida, durante o fabrico do papel.

ROLO MANUAL – É aquele com que se passa a tinta sobre as composições tipográficas para que elas, em contacto com o papel húmido, forneçam as provas destinadas à revisão. Rolo de mão. Rolo de provas.

ROLO OPISTÓGRAFO – O que é escrito nos dois lados do suporte.

ROLO PAPIRÁCEO – Rolo cujo material de suporte da escrita é o papiro.

ROLO PERGAMINÁCEO – Rolo cujo material de suporte da escrita é o pergaminho.

ROLO PINTADO – Suporte de escrita e de ilustração em simultâneo, que é muito cultivado no Japão desde o século VII da nossa era; a partir dos finais do século XII, com a expansão do budismo, começaram a surgir os rolos narrativos de temática religiosa que apresentavam ilustrações que iam desde a representação dos suras budistas a narrativas hagiográficas e histórias de mosteiros; após o século XIII desenvolveu-se um novo género pictórico, no qual os retratos dos poetas imortais apareceram acompanhados pelos seus poemas caligrafados; apresentam alternância de partes de texto e de imagem ou a imagem integrada no próprio texto em diálogos, comentários das cenas ou na narrativa.

ROLO TOCADOR – *Ver* Rolo dador.

ROLO TOMADOR – O rolo que toma a tinta do tinteiro das máquinas.

ROM – Acrónimo de *Read-Only Memory*, memória cuja informação é permanente, usa-se o número de vezes que se quiser e não pode ser substituída por outra.

ROM. – Abreviatura de romano(a).

ROMANA – Diz-se da família de caracteres direitos, cujo desenho deriva da escrita humanística praticada em Itália a partir do século XV, que por sua vez ressurge da minúscula carolina; as diferentes espécies de caracteres romanos distinguem-se pelas variações dos plenos e dos finos e pelas formas das uniões que apresentam; é o nome utilizado hoje para designar todos os tipos de letra comuns mais usados.

ROMANCE – Narrativa em prosa cujo centro é uma intriga vivida por personagens, cujo número é ilimitado e que se movimentam sem obedecerem a regras de tempo ou de espaço • Tipo de literatura que surgiu e se desenvolveu em França durante os séculos XII e XIII; era frequentemente ilustrado, por vezes de forma modesta, mas outras de forma sumptuosa, se o benfeitor era abastado; a combinação de histórias imaginativas de amor cavaleiresco e heroísmo com pormenores da vida quotidiana da corte (que abundam nas ilustrações), contribuíram para a popularidade do romance; os romances mais antigos são geralmente em verso, mas também proliferaram os romances em prosa, como os do ciclo arturiano; embora de ficção, por vezes baseavam-se em acontecimentos históricos, tanto clássicos como medievais, devidamente fantasiados.

ROMANCE AUTOBIOGRÁFICO – Aquele em que, embora contendo elementos ficcionais, se podem entrever alguns outros, que se relacionam com a vida do autor.

ROMANCE CONTEMPORÂNEO – Ver Romance de actualidade.

ROMANCE COR DE ROSA – Obra de conteúdo amoroso, destinada essencialmente ao público feminino, cujo enredo está centrado em conflitos amorosos pouco verosímeis e fantasiosos e com desfecho feliz.

ROMANCE DE ACTUALIDADE – Género ficcional, também designado romance contemporâneo, marcado inicialmente em Portugal pela influência francesa e imbuído do lirismo e subjectivismo românticos; destaca o dia-a-dia e a sua diversidade analisando os costumes e está, com frequência, ao serviço da defesa de uma tese social ou moral. No nosso país o primeiro romance de actualidade publicado foi *Memórias de um doido*, obra da autoria de A. P. Lopes de Mendonça, dada à estampa em fascículos na *Revista Universal Lisbonense* a partir de 18 de Outubro de 1849.

ROMANCE DE CAPA E ESPADA – Aquele em que se narram aventuras de heróis cavaleirescos.

ROMANCE DE CAVALARIA – Aquele em que se relatam façanhas heróicas.

ROMANCE DE CEGO – Romance poético baseado numa história, que é cantado e vendido pelos invisuais nas ruas.

ROMANCE DE COSTUMES – Aquele em que se descreve a maneira de viver em certos meios.

ROMANCE DE FAMÍLIA – Aquele cuja intriga se centra no acontecer temporal de diferentes e sucessivas gerações de uma mesma família.

ROMANCE DE GESTA – Romance popular em que são narrados acontecimentos relativos à vida de personagens históricas tradicionais ou lendárias.

ROMANCE DE TESE – Aquele que tem subjacente uma determinada orientação ideológica, no qual se propõe demonstrar e defender uma afirmação nuclear, no quadro de um sistema de valores.

ROMANCE DO CORAÇÃO – Narrativa sentimental, de enredo amoroso. Romance cor de rosa. Romance sentimental. Romance feminino.

ROMANCE EPISTOLAR – Aquele que assenta sobre a correspondência dos personagens.

ROMANCE-FOLHETIM – Novela, artigo ou qualquer outro trabalho literário, em geral extenso, por vezes dividido em várias partes, que se publica num periódico em datas sucessivas ou alternadas, podendo atingir um público mais vasto e ultrapassar a influência de outros géneros literários, aproximando o escritor do leitor; esta modalidade literária era uma escrita de encomenda feita pelos directores dos jornais aos escritores que, por sua vez, se sujeitavam aos gostos do público leitor que determinava o género de narrativa e os tipos de personagens; inicialmente destinava-se a uma burguesia culta e era elaborado de modo a educar e realçar os gostos dos seus leitores; na actualidade, porém, o seu público pertence geralmente ao sexo feminino, é pouco exigente e aprecia um enredo fácil de seguir, de conteúdo amoroso e pouco elaborado; segundo alguns autores conduz à leitura algumas pessoas que de outro modo não leriam. Novela-folhetim • (port. Bras.) Seriado.

ROMANCE FOLHETINESCO – *Ver* Folhetim.

ROMANCE HISTÓRICO – Tipo de narrativa ficcional em que, numa mesma história, coexistem personagens e acontecimentos históricos que tiveram uma existência real e acontecimentos e personagens inventados.

ROMANCE PASTORIL – Aquele que se desenrola num ambiente bucólico e em que frequentemente alternam a prosa e o verso.

ROMANCE POLICIAL – Aquele que apresenta um princípio, meio e fim com personagens bem definidas, narrando todo o percurso até à descoberta do crime, núcleo principal do enredo e que é revelado apenas no final.

ROMANCE PSICOLÓGICO – Aquele em que se procede à análise dos sentimentos dos personagens.

ROMANCE SENTIMENTAL – Aquele em que se analisam os sentimentos amorosos, rematando quase sempre por um final funesto.

ROMANCEAR – Transliterar para caracteres latinos palavras ou sons de outros alfabetos • Contar ou descrever em romance, ou à maneira de romance, empregando a ficção. Inventar histórias, romantizar, fantasiar.

ROMANCEIRO – Colecção de romances, poesias ou textos populares • Poema épico de curta dimensão transmitido por via oral e destinado a ser recitado cantando.

ROMANCICE – Devaneio romântico, fantasia.

ROMANCISTA – Autor de romance.

ROMANIZAÇÃO – Operação que permite converter escritas não latinas em escritas no alfabeto latino; para obter este resultado podem utilizar-se, quer a transliteração, quer a transcrição, quer uma mistura dos dois métodos, conforme a natureza do sistema convertido.

ROMANO – *Ver* Romana *e* Caracteres romanos.

ROMÂNTICO – Relativo a romance. Próprio de romance. Fantasioso. Romanesco. Poético. Sonhador • Escritor do período designado como Romantismo • Com carácter romanesco.

ROMANTISMO – Movimento iniciado na Alemanha e Inglaterra nos primórdios do século XVIII, com limites cronológicos variáveis de país para país, que se extinguiu depois de 1850 e que na arte do livro deu lugar a um novo estilo, que se manifestou do seguinte modo: obras em que se assiste ao predomínio da imaginação na literatura subjectiva e da sensibilidade na objectiva, pela exaltação do pessoal e do individual, pela preferência do exótico e do pitoresco, pelo cultivo dos poemas filosóficos, algumas vezes cépticos e humorísticos, pelas poesias pessimistas de fundo tétrico e amargurado, pelas novelas históricas inspiradas em cenas medievais e pelos dramas originados numa violenta exaltação das paixões. No Romantismo o individualismo renovou as ideias inspiradoras, os temas expressivos e até o próprio conceito de composição, alternando nas capas e portadas do livro romântico as linhas em letra gótica, romana, redonda, inglesa, bastarda, negrita e de fantasia. O próprio texto aparece entrecortado com vinhetas ilustrando passagens dele ou enquadrando-o, emoldurando-o, invadindo-o no seu eixo vertical ou ocupando um dos ângulos das suas sucessivas páginas.

RONDEL – *Ver* Rondó.

RONDO – Carácter de letra de origem francesa ou redonda criado por Pierre Moreau.

RONDÓ – Composição poética de origem francesa, que é composta por oito, treze ou vinte e quatro versos com duas rimas e determinadas repetições obrigatórias: o primeiro ou os primeiros versos repetem-se no meio ou no fim da peça. Rondel.

ROSA-DOS-VENTOS – Elemento decorativo e orientador dos pontos cardeais, presente nos mapas-múndi e outros mapas, constituído por um mostrador em forma de estrela no qual estão gravados os trinta e dois raios de circunferência do horizonte, correspondentes a outros tantos rumos.

ROSÁCEA – Superfície polilobada que se inscreve num círculo, lembrando a forma dos vitrais circulares.

ROSÁRIO – Conjunto de orações em louvor da Virgem Maria, constituído pela recitação de quinze padre-nossos e cento e cinquenta avé-

-Marias, com a meditação de mistérios respeitantes a Jesus e Maria • Série. Sucessão.

ROSETA – Pequena figura em forma de rosa ou flor de pétalas utilizada como elemento decorativo, nomeadamente para separar as palavras de uma legenda. Florão • Figura heráldica sob a forma de uma estrela de seis pontas, apresentando um orifício circular no centro, onde se inscreve o esmalte do campo ou da peça que a roseta carrega; é usado igualmente o termo moleta para designar a mesma peça.

ROSTO – Face; por extensão, designa a página que se vê primeiro quando se abre um livro, ou seja, aquela onde estão inscritos os elementos fundamentais à sua identificação; é a primeira página impressa importante do livro e inclui, em geral, os seguintes itens: título, subtítulo, nome do autor e factos relacionados com a sua carreira profissional, como posição académica, diplomas e títulos de outras obras, nome do compilador, ilustrador, tradutor, etc., se for caso disso, indicação da edição, lugar de edição, nome do editor e data de publicação. Página de título. Página de rosto • Recto.

ROSTO A ROSTO – Face a face. Frente-a--frente.

ROSTO CALIGRAFADO – Em obras antigas incompletas, a que falta a página de título ou rosto, diz-se da folha que é acrescentada onde os dizeres que identificam o documento ou livro são reproduzidos à mão, numa caligrafia que por vezes tenta imitar a original em falta, atingindo a reprodução com frequência tal perfeição (sobretudo quando desenhada à pena), que pode causar engano • Rosto impresso com caracteres imitando a caligrafia manual.

ROSTO DA FOLHA – *Ver* Recto.

ROSTO DA MEDALHA – Anverso da medalha.

ROSTO FALSO – *Ver* Anterrosto.

ROSTRAL – *Ver* Página de título.

ROTA BIBLIOTHECÆ (loc. lat.) – Segundo Du Cange, *rota bibliothecæ* é um *pluteus versatilis* ou seja, um móvel que consiste numa roda ou estante giratória de livros, permitindo um armazenamento cómodo e uma consulta confortável, geralmente usada em arquivos e bibliotecas privados, para uso individual.

ROTAÇÃO – Circulação sistemática de novas publicações, especialmente dos últimos fascículos recebidos das revistas, entre os membros de uma instituição; é feita geralmente a pedido e de acordo com as áreas de interesse dos utilizadores da instituição (rotação selectiva) • Sequência sucessiva de acontecimentos • Giro. Volta.

ROTATIVA – Máquina de impressão contínua, que utiliza não uma forma plana, mas uma forma cilíndrica, em que o papel é aplicado contra esta por um outro cilindro dito de pressão; na prática, e nomeadamente em *offset* e em hélio, este termo designa apenas as prensas alimentadas com papel em bobina. O movimento rotativo das máquinas de impressão foi inventado em 1840 por Bauer. Prelo rotativo.

ROTATIVO – Designação atribuída aos diários, sobretudo aos de grande circulação, por serem impressos em máquinas rotativas • Que roda.

ROTEIRO – Itinerário ou descrição escrita detalhada dos pontos da costa que é necessário conhecer para se fazer uma viagem • Descrição de uma grande viagem marítima ou terrestre • Indicação metódica da situação e direcção dos caminhos ou ruas, praças, etc. de uma povoação • Livro onde se assentam os pormenores do dia-a-dia de uma viagem • Índice topográfico • Em arquivística, catálogo topográfico • Guia de uma exposição • Guião.

ROTEIRO DE PROGRAMAÇÃO – *Ver* Guião.

ROTINA – Sequência ou conjunto de instruções para conduzir um computador na execução de uma determinada operação ou tarefa especial, que faz parte de um programa.

ROTO – Forma abreviada de rotogravura • Nome dado ao elemento heráldico denominado asna, que se apresenta com um dos braços partido em dois.

ROTOCALCOGRAVURA – Impressão rotativa da gravura por decalque.

ROTODUPLICADOR – Aparelho usado em escritórios comerciais com a finalidade de tirar, por meio de um sistema semelhante ao das máquinas de imprimir rotativas, um grande número de cópias de um texto previamente dac-

tilografado sobre uma folha de material especial designada cliché. Duplicador. Ciclostilo.
ROTOFOTO – Fotocompositora baseada no mecanismo do monótipo.
ROTOGRÁFICO – Que diz respeito à rotogravura.
ROTOGRAVADOR – Operário que trabalha em rotogravura.
ROTOGRAVURA – Sistema de impressão directa em que o cilindro é revestido de cobre ou cromo, pelo processo de galvanoplastia e gravado com a imagem de impressão; recebe a tinta na sua superfície e deposita-a directamente no papel, sob a pressão do cilindro da imagem • Neogravura. Processo de heliogravura através do qual se obtêm clichés cilíndricos para tiragens em máquinas rotativas. Neste processo de impressão o relevo dos caracteres tipográficos já não é empregado directamente; o original das páginas é preparado com as provas da composição tipográfica e as ilustrações, após terem sido fotografadas, são transportadas para um cilindro revestido de cobre onde são gravadas, de modo que a gravura não tem relevo saliente, como para a tipografia, mas reentrante, como a da água-forte; uma vez colocado o cilindro na máquina de impressão adequada, os vazios constituídos pela gravura, com uma profundidade de milésimas de milímetros, são preenchidos pela tinta e é ela que é transmitida ao papel.
ROTOGRAVURA AUTOTÍPICA – Processo de impressão rotográfica que consiste numa combinação dos métodos da autotipia e da rotogravura, ou seja: o cilindro de cobre é gravado por meio de pontos de diversos tamanhos e da mesma profundidade, produzidos através de retícula.
ROTO-IMPRESSÃO – Impressão em máquina rotativa. Plani-impressão.
ROTOLITOGRAFIA – *Offset* • Impressão litográfica indirecta.
ROTOPLANA – *Ver* Máquina rotoplana.
ROTÓTIPA – Designação dada a uma máquina de composição tipográfica inventada na Austrália e que hoje já não se usa.
ROTULAÇÃO – Rotulagem. Acto de colocar um rótulo.

ROTULADO – Aquilo em que se colocou rótulo. Que se rotulou • Em heráldica diz-se das bandas e barras entrecruzadas umas nas outras, deixando entre si espaços como losangos, mostrando o campo; é uma figura de terceira ordem.
ROTULADOR – Que rotula ou serve para rotular.
ROTULAGEM – Acto de rotular. Rotulação. Operação que consiste em colar rótulos em livros, revistas, etc., em que são inscritos dados que permitem identificar o seu conteúdo.
ROTULAR – Colocar um rótulo, dístico ou inscrição em. Etiquetar • Classificar. Qualificar • Intitular. Nomear • Em encadernação, processo ou resultado de colocar o título ou outros elementos identificadores e distintivos na capa ou lombada de um livro e, em sentido mais lato, a decoração que os acompanha.
ROTULIFER (pal. lat.) – *Ver Rolliger*.
RÓTULO – Dístico, inscrição, letreiro, cartaz, cartel que indica a natureza ou o fim do objecto ou do conteúdo daquilo em que está fixo • Rolo de pergaminho em que escreviam os copistas dos séculos XII e XIII • Pequenos impressos de diferentes formatos, guarnecidos ou não por filetes impressos a preto ou a cores, destinados a serem colados em objectos diversos • Em encadernação, etiqueta de couro fino colada geralmente entre o segundo e terceiro nervos e que contém, em letras douradas ou outras, o nome do autor e o título abreviado da obra; por vezes, entre o terceiro e quarto nervos figura o número do volume, igualmente sobre um rótulo. O rótulo fez a sua aparição nos finais do século XVII e todos os que se encontram aplicados a encadernações anteriores devem ser considerados suspeitos; antes desta data a identificação na lombada era feita sobre o próprio couro da encadernação; a partir dos finais do século XVIII surgem os rótulos impressos em papel aplicados sobre brochuras • Título de um texto ou de uma das suas partes. Tomba. Título.
RÓTULO COLORIDO – Quadrado de cor colado ou pintado directamente na lombada ou na capa de um livro, que serve de fundo às letras que identificam o seu conteúdo.

1097

ROTULUS (pal. lat.) – Rolo de papiro ou pergaminho. *Rollus* • Manuscrito em forma de rolo constituído por um ou vários pedaços de pergaminho. *Ver* Rolo • Rol, rótulo.
ROTULUS MORTUORUM (loc. lat.) – *Ver* Rolo dos mortos.
ROTUNDA – Denominação dada na Itália à letra gótica que se apresenta mais arredondada.
ROUBA-PÁGINA (port. Bras.) – *Ver* Anúncio prioritário.
ROULETTE (pal. fr.) – Roda usada pelos encadernadores para dourar, quando pretendem obter o mesmo padrão de uma forma continuada, sem interrupções; tem a forma de um disco móvel, com motivos decorativos gravados. Roda.
ROUPAGEM – Vestido ou trajo amplo das figuras humanas pintadas em telas ou manuscritos. Panejamento.
ROUTER (pal. ingl.) – Computador ou programa informático que encaminha a informação.
ROYALTIES (pal. ingl.) – Direitos autorais • Cedência de direitos de autor.
RTF – Acrónimo de *Rich Text File*, Formato de tratamento de texto, corrente na *WWW*.
RUA – *Ver* Lombriga.
RUA DOS LIVREIROS – Nome de uma rua em Lisboa, existente desde a segunda metade do século XVII, situada nas proximidades do Colégio de Santo Antão, da Companhia de Jesus, (hoje Hospital de São José), designada após 1755 rua do Arco da Graça; este nome resultou do facto de o Regimento dos Ofícios determinar a imposição de as lojas de um certo ofício, neste caso o dos livreiros, se situarem todas na mesma rua ou nas suas proximidades, a fim de que os produtos ficassem mais acessíveis aos clientes que os procuravam.
RUBER (pal. lat.) – Cor vermelha; por extensão passou a designar o pigmento vermelho a partir do qual se fabricava a tinta com a qual se desenhavam as iniciais capitais, títulos das obras, assinaturas de documentos e pequenos elementos como os caldeirões e os camarões, que no texto destacavam algumas passagens.
RUBR. – Abreviatura de rubrica(s).
RUBRICA – Terra vermelha usada em pintura de manuscritos, cuja designação deriva da palavra latina *ruber* (vermelho) • Parte dos manuscritos escrita com esta tinta; nas obras de carácter religioso, as festas importantes iam assinaladas a vermelho e o ouro era reservado para os santos mais notáveis • Nos códices manuscritos, nome dado à letra capital com que se iniciava um parágrafo • Título, título corrente, título de capítulo ou outros ornamentos traçados à mão em tinta de cor, geralmente em vermelho, num manuscrito ou incunábulo • Parte impressa a vermelho nos livros religiosos e outros; como exigia uma alteração a fazer na forma (retirar o preto e meter o vermelho), daí ficarem a chamar-se rubricas todas as alterações feitas nas formas • Desenho mais ou menos ornamental traçado com um só movimento da pena acompanhando a assinatura, que lhe confere o seu carácter próprio e torna mais difícil a contrafacção • Nota numa cor diferenciada, em geral a vermelha, com a qual nos livros litúrgicos é assinalado o modo de celebrar os ofícios divinos • Sinal ou cifra aposto por algumas pessoas após a assinatura dos seus nomes, com a finalidade de os individualizar • Assinatura abreviada que se usa para aprovar cada folha de um caderno numerado por um oficial público e cada emenda, correcção ou adição de um documento científico • Elemento ou grupo de elementos do cabeçalho de uma entrada, iniciado pela palavra de ordem e que, por si só ou com as sub-rubricas e outros elementos da entrada, determina a posição relativa desta no catálogo ou bibliografia • Indicação resumida da matéria tratada numa obra e que pode servir para a classificar • Título, designação sob a qual se classifica uma categoria, um género • Conjunto das notícias bibliográficas ou das entradas de um catálogo que têm o mesmo cabeçalho • Nota. Apontamento tomado com a finalidade de recordar alguma coisa • Assunto. Tema • Sinal. Marca • Artigo editado de forma regular numa publicação • Chave de acesso à informação • Assinatura abreviada. Jamegão. (port. Bras.) Firma • Nas peças de teatro designa as indicações sobre o modo de representar (gestos, movimentos) que acompanham as falas dos actores.
RUBRICA ADICIONAL – Rubrica acrescentada a outra.

RUBRICA BICÉFALA – Indicação simultânea de um mesmo assunto em dois dos seus aspectos, por meio de uma entrada múltipla. Rubrica dupla.

RUBRICA DE ASSUNTO – Palavra ou grupo de palavras que indica a matéria sob a qual estão agrupados num catálogo, numa bibliografia ou num ficheiro, todos os textos ou outros documentos que tratam do mesmo tema. Rubrica de matéria. Rubrica ideográfica.

RUBRICA DE ASSUNTO COMPOSTA – Diz-se de uma rubrica de matéria que para ser explícita necessita do emprego de mais do que uma palavra, quer seja um substantivo precedido de um adjectivo, quer sejam dois nomes reunidos por uma preposição ou conjunção, quer seja uma locução ou uma frase nominal.

RUBRICA DE COLECTIVIDADE-AUTOR – Diz-se de uma rubrica em nome de uma colectividade, instituição que assumiu a responsabilidade do conteúdo de uma obra.

RUBRICA DE FORMA – Aquela que descreve a categoria dos documentos indexados, em detrimento da indicação de autor, título ou assunto, como é o caso das enciclopédias ou dos dicionários.

RUBRICA DE ÍNDICE – Palavra de entrada num catálogo ou índice.

RUBRICA DE MATÉRIA – *Ver* Rubrica de assunto.

RUBRICA DESDOBRÁVEL – Utilização de duas rubricas, em vez de uma só, para os nomes de autor, assunto, lugar, em particular a entrada no catálogo de um autor, tanto sob o nome verdadeiro como sob o pseudónimo.

RUBRICA DIDASCÁLICA – Conjunto de elementos escolhidos para fixar a ordem da entrada na catalogação por títulos.

RUBRICA DUPLA – Rubrica bicéfala.

RUBRICA IDEOGRÁFICA – *Ver* Rubrica de assunto.

RUBRICA SECUNDÁRIA – Cabeçalho de entrada secundária.

RUBRICA UNIFORME – Rubrica apresentada sob uma forma normalizada, forma essa que deve ser sempre respeitada, todas as vezes que aparece.

RUBRICAÇÃO – Em sentido próprio é a menção escrita a vermelho (*ruber*) num manuscrito • Sinais gráficos executados com tintas de cor, geralmente o vermelho, traçados nos manuscritos e incunábulos: rubricas, inscrições, sinais e parágrafos, realces de capitais e palavras-chave; no *scriptorium* monástico o rubricador estava encarregado de escrever no manuscrito os títulos, as iniciais, as palavras e frases com tinta vermelha ou de outra cor • Em sentido mais lato passou posteriormente a designar o título de um texto, de um capítulo ou de uma frase que se queria destacar, normalmente escrito com tinta de cor para fazer realçar o texto • Acto e efeito de pôr uma rubrica • Em tipografia, fazer a rubrica de uma chapa tipográfica.

RUBRICADA – Diz-se da letra capital traçada à mão e pintada por iluminadores. O seu formato inspirou os fundidores modernos, que a ressuscitaram lembrando Jenson e dando-lhe o nome de jensoniana.

RUBRICADO – Diz-se do texto que tem as iniciais, legendas, títulos e outras partes escritas ou impressas a vermelho, por vezes azul ou outras cores, como acontece nos códices antigos e nos incunábulos • Marcado. Assinalado. Firmado. Assinado.

RUBRICADOR – Que ou o que rubrica.

RUBRICAR – Pôr rubrica em. Assinar um documento, cada uma das folhas de um livro, etc., com o nome, apelido, abreviatura ou sinal. Firmar • Assinalar. Marcar • Escrever artisticamente as letras iniciais e as epígrafes dos manuscritos • Criar a rubrica da chapa tipográfica.

RUBRICATOR (pal lat.) – Pintor de miniaturas nos manuscritos medievais • Escriba ou pintor que executava as iniciais, os títulos, os inícios de capítulos e todas as passagens a tinta de cor, em geral com tinta vermelha (*ruber*), num manuscrito. Rubricador.

RUBRICISTA – Pessoa que é especialista em rubricas eclesiásticas • Escritor que explica as rubricas dos missais e breviários.

RUDIMENTOS – Livro onde são apresentados os dados básicos de uma ciência, técnica ou arte. Elementos iniciais • Princípios.

RUGA – Enrugamento ou prega causado pela desigual secagem do papel • Encolhimento do papel esticado quando seca.

RUÍDO – Qualquer resposta a uma pesquisa documental que não seja pertinente. Ruído documental • Qualquer interferência que bloqueie ou impeça a recepção de uma mensagem • Em teoria da comunicação, qualquer perda de informação que resulte de uma alteração no circuito comunicativo.

RUÍDO DE LINHA – Aquele que se produz numa linha de transmissão.

RUÍDO DOCUMENTAL – Referência fornecida por um catálogo interrogado e que não responde à questão levantada; resulta com frequência de uma análise insuficiente, da polissemia dos descritores ou da deficiência sintáctica do sistema de indexação utilizado.

RUMINAR UM EXCERTO – Metáfora usada para referir o acto de reflectir ou pensar muito numa determinada passagem ou fragmento de um texto ou obra.

RUNA – Cada um dos caracteres dos mais antigos alfabetos germânicos e escandinavos, compreendendo vinte e quatro caracteres derivados das letras gregas e romanas, caracterizados por apresentarem hastes com ramificações e com ausência de curvas e linhas horizontais, gravados em rochedos e vasos de madeira; segundo a superstição teriam sido inventados por Ordin, o deus supremo da mitologia escandinava.

RÚNICAS – Nome dado às escrituras das confrarias religiosas da Escandinávia e de outros povos do Norte da Europa.

RUS. – Abreviatura de russo.

RÚSTICA – *Ver* Encadernação rústica.

RWM – Acrónimo de *Readswrite Memory,* Memória de leitura e escrita. *Ver* Memória viva.

S

S – Letra do alfabeto latino e do de quase todas as línguas antigas e modernas • O tipo que na impressão reproduz essa letra • A matriz desse tipo • Punção com que se grava essa matriz • Assinatura correspondente ao décimo oitavo caderno de um volume, quando se usam letras para tal fim • Símbolo (do inglês *sixteenth*) usado para designar de um modo abreviado o formato 16° • Nas chamadas de nota indica a décima nona chamada, quando se usam letras em lugar de números ou sinais • Letra numeral antiga que tinha o valor de 7 ou 70; quando encimada por um til (~) valia 70000.

S&T – Acrónimo de *Science and Technology*, Ciência e Tecnologia, C&T.

S. – Abreviatura de *sextus*, de Sul e santo.

S. A. R. – Abreviatura de Sua Alteza Real, frequente nas dedicatórias dos livros.

S. C. – Abreviatura de sem cota.

S. D. – Abreviatura de *sine data*, sem data (data de publicação desconhecida) • Forma abreviada de *servus Dei*, servo de Deus; é usada geralmente a seguir ao nome de uma pessoa consagrada ao serviço de Deus.

S. D. H. E. G. – Subscrição final de um texto antigo com o significado de *Soli Deo Honor et Gloria*, só a Deus (é devida) a honra e a glória, expressão que aparece com frequência a rematar obras manuscritas e impressas, mesmo versando temas de carácter profano.

S. E. – Abreviatura de *sine editor*, sem editor ou com nome de editor desconhecido. Actualmente é utilizada a forma abreviada s.n., *sine nomine* na descrição bibliográfica internacional normalizada prescrita pela *ISBD*, para significar sem editor ou com nome de editor desconhecido.

S. E. ou O. – Sem erro ou omissão, fórmula que se acrescentava no final de uma conta, de uma factura, etc. para ressalvar inexactidão ou lapso que estivesse contido no documento.

S. J. – Forma abreviada de "Senhor Jesus", usada pelos membros da Companhia de Jesus e que geralmente segue o seu nome.

S. L. – Abreviatura de *sine loco*, sem local (local de publicação, etc. desconhecido); é utilizada na descrição bibliográfica internacional normalizada prescrita pela *ISBD*, para significar sem lugar de publicação.

S. L. E. A. – Abreviatura da locução latina *sine loco et anno*, sem lugar (de publicação) e ano.

S. L. I. – Abreviatura de sem lugar de impressão.

S. L. N. A. – Abreviatura de sem lugar (de publicação) nem ano.

S. L. P. – Sigla de Sociedade de Língua Portuguesa. SLP.

S. M. F. – Abreviatura de Sua Majestade Fidelíssima.

S. N. – Abreviatura de *sine nomine*, sem nome (nome do editor, etc., desconhecido); é utilizada na descrição bibliográfica internacional normalizada prescrita pela *ISBD*, para significar sem nome de editor ou com nome de editor desconhecido. SPA.

S. P. – Abreviatura de Santo Padre.

S. P. A. – Sigla de Sociedade Portuguesa de Autores. SPA.

S. P. Q. R. – Abreviatura da expressão latina *Senatus populusque Romanus*, o senado e o povo romano, frase que acompanhava algumas cenas da Paixão de Cristo, presentes nas iluminuras que atestavam o poderio romano na província ocupada.

S. R. – Abreviatura de sem rosto.

S. R. M. – Abreviatura de *Sacra Reale Maestà*, título dado ao monarca, sobretudo aposto

1101

ao seu nome numa dedicatória redigida em italiano.
S. TIP. – Abreviatura de sem tipografia.
S. TÍT. – Abreviatura de sem título.
S. V. – Abreviatura da expressão latina *sub verbo*, sob a palavra.
S. L. D. – Abreviatura de sem lugar (de publicação) nem data.
S. nº – Forma abreviada de "sem número", "não numerado(a)".
SA – Acrónimo da expressão inglesa *See also*, Ver tb.
SABATINA – Tese de controvérsias de pequena extensão sustentada pelos alunos no final do primeiro ano do curso de Teologia • Oração do ofício divino recitada aos sábados • Recapitulação de lições.
SABATINEIRO – O que faz sabatinas.
SABOREAR UM LIVRO – Metáfora usada com frequência para indicar que se está a ler devagar, gozando lentamente e apreciando a leitura de uma determinada obra.
SABUGO – Eixo de aço que constitui a parte central do rolo impressor.
SAC. – Abreviatura de sacerdote.
SACA-BOCADOS – *Ver* Furadeira.
SACA-CADERNOS – Dispositivo das máquinas cilíndricas que retira o caderno impresso das cintas transportadoras e o coloca na mesa receptora.
SACA-FOLHAS – Peça da máquina que recebe o papel acabado de imprimir e o coloca na mesa receptora.
SACO DE PROTECÇÃO – Pequeno invólucro de tecido, papel, pele ou material sintético no qual se encerra um selo como defesa contra os choques e outros acidentes materiais; nos finais da Idade Média a protecção de certos selos era feita mediante a sua colocação entre pedaços de pergaminho ou papel cosidos; por vezes este sistema acarretou uma secura e desintegração da cera, especialmente quando eram envolvidos em algodão ou outro material.
SACRA – Pequeno quadro contendo várias orações, que era colocado sobre o altar para ajudar a memória do celebrante da missa; podia ser impresso e era geralmente rodeado por uma moldura ou gravado em prata ou outro metal.

SACRA PÁGINA – Locução por vezes redigida em latim e que designa o texto que contém a Sagrada Escritura ou a palavra de Deus.
SACRAMENTÁRIO – Livro que contém as orações recitadas pelo celebrante durante a missa cantada (colecta, *postcomunio* e o *canon* da missa); as outras partes da missa estavam contidas no Evangeliário, no Epistolário e no Gradual; a partir do século X acrescentaram-se ao sacramentário as epístolas e os evangelhos; os textos do sacramentário são divididos em textos invariáveis (o *canon* e o ordinário da missa) e textos variáveis, estes últimos de acordo com o ano litúrgico; outras divisões são o Comum dos Santos e as missas votivas para ocasiões especiais, tais como o matrimónio; em sacramentários iluminados o início do *Te igitur* e do *Vere dignum* eram os locais mais escolhidos para colocar a iluminura. *Sacramentarium*.
SACRAMENTARIUM (pal. lat.) – *Ver* Sacramentário.
SAFAR – Apagar o que estava escrito, raspando.
SAGA – História ou narrativa muito abundante em factos invulgares e maravilhosos • Narrativa lendária ou histórica da literatura nórdica, sobretudo do imaginário da Islândia, entre os séculos XII e XIV • Canção que tem como ponto de partida essas narrativas • Feitiçaria.
SAGRADA CONGREGAÇÃO DO ÍNDICE – Instituição criada com a finalidade de evitar a divulgação de ideias contrárias aos interesses da Igreja católica e do Estado através da elaboração de relações ou índices dos livros que os católicos ficavam proibidos de ler. Criada depois do Concílio de Trento, perdurou até ao século XX e as relações de livros por ela elaboradas, isto é, dos livros proibidos e censurados, denominavam-se *Index Librorum Prohibitorum* ou *Expurgatorum*, consoante se tratasse de obras que deviam ser consideradas totalmente proibidas ou de serem interditos apenas alguns parágrafos ou capítulos.
SAGRADA ESCRITURA – *Ver* Bíblia.
SAÍDA – Acto ou efeito de ser dado a público • Aparição. Momento em que uma edição é publicada.

SAÍDA DE DADOS – Modo de transferência dos dados processados por computador para um outro dispositivo que guarda os seus resultados • Meio usado para armazenar os dados processados • Nome dado ao conjunto das funções de saída dos dados de um computador • Em informática, correntemente designado *output*, é o terminal do qual, por meio de uma ficha adequada, se retira um sinal de áudio ou de vídeo. *Ver tb.* Entrada de dados.

SAÍDA DE EMERGÊNCIA – No edifício de uma biblioteca, arquivo, serviço de documentação, etc., qualquer parte da construção que permite o encaminhamento de evacuação dos seus ocupantes, em caso de necessidade, a saber: porta, saída, escapatória, circulação horizontal, zona de circulação, escada, corredor, rampa, etc., que devem permitir uma evacuação rápida e segura dos utilizadores apresentando-se, para esse efeito, convenientemente assinalada.

SAINETE – Tipo de entremez ou farsa espanhola em que tomam parte somente dois ou três personagens.

SAINTE – Que sai. Termo utilizado em heráldica para significar a posição de um animal como o licorne, a cabra, o bode e o camelo; quando se qualifica o leão utiliza-se o termo rampante.

SAIR – Ser publicado ou editado. Aparecer. Vir a lume.

SAIR A PÚBLICO – Ser Publicado. Aparecer. Vir a lume.

SAIR DO PRELO – Editar. Publicar. Vir a lume.

SAIR DO SISTEMA – Numa modalidade de tempo partilhado, terminar a comunicação com um computador.

SAIS AMONIACAIS – Cloreto de amónio usado como mordente • Produto com o qual é impregnada a película de microfilme. Sais de amónio.

SAIS DE AMÓNIO – *Ver* Sais amoniacais.

SAIS DE PRATA – Produto com o qual é impregnada a película de microfilme, o que lhe permite garantir uma maior duração.

SAÍTICO – Espécie de papiro de baixa qualidade • Designação usada outrora para referir um tipo de papel que era fabricado com as aparas mais fracas do papiro.

SAL MARTIS (loc. lat.) – Sulfato de ferro ou vitríolo verde, ingrediente usado na tinta feita à base de noz-de-galha. Tanto Dioscórides como Plínio falam dele; era preparado ou encontrado em estado puro em Espanha, em lugares onde a água proveniente de terrenos ferrosos se evaporava; nos finais do século XVII era provavelmente preparado a partir da aplicação de ácido sulfúrico sobre pregos velhos, depois filtrado, após o que era misturado com álcool (o que pode explicar a acidez das tintas pós-medievais); este preparado (segundo um texto palatino de 1540) era depois adicionado à solução de noz-de-galha e agitado com um pau de figueira, caso a tinta não estivesse ainda suficientemente escura; a solução resultante, inicialmente de um castanho pálido, tornava-se então bem preta, acrescentando-se-lhe apenas um pouco de goma-arábica, não tanto para a tornar mais adesiva, mas para a tornar mais espessa.

SALA DAS CRIANÇAS – Lugar de uma biblioteca reservado aos mais pequenos para a leitura ou outras actividades conexas.

SALA DE CATALOGAÇÃO – Lugar de uma biblioteca reservado ao serviço de catalogação de livros, folhetos ou outros tipos de documentos, seja qual for o suporte em que estão apresentados.

SALA DE CATÁLOGOS – Sala especializada num serviço de arquivo, biblioteca, documentação, etc., onde se encontram à disposição dos utilizadores para consulta instrumentos de pesquisa de toda a espécie. Há também quem lhe chame sala de ficheiros. Sala de consulta.

SALA DE CONSULTA – *Ver* Sala de leitura *e* Sala de catálogos.

SALA DE EXPOSIÇÕES – Lugar de uma biblioteca, arquivo, serviço de documentação, etc., destinado à exibição de obras raras pertencentes ao fundo do livro manuscrito ou impresso ou a qualquer outro domínio onde a biblioteca, etc. exerce a sua actividade.

SALA DE FICHEIROS – *Ver* Sala de catálogos.

SALA DE LEITURA – Sala ou espaço de uma biblioteca, arquivo, serviço de documentação, etc., onde os documentos são consultados após requisição, no caso de não estarem em livre acesso, e que se encontra sob a vigilância de pessoal devidamente preparado • Sala de consulta.

SALA DE LEITURA DE JORNAIS – *Ver* Sala de leitura de publicações periódicas.

SALA DE LEITURA DE PUBLICAÇÕES PERIÓDICAS – Lugar de uma biblioteca, etc., que é reservado à leitura de jornais e outras publicações seriadas. Sala de leitura de jornais. Sala de periódicos.

SALA DE LEITURA DE RESERVADOS – Sala ou espaço de uma biblioteca, arquivo, etc., onde os documentos consultados são os que apresentam um grau de raridade maior; é de tamanho menor que a sala de leitura geral, dado que a consulta deste tipo de documentos raros é também mais reduzida e é onde a vigilância se torna mais atenta.

SALA DE LEITURA PARA ESTUDANTES GRADUADOS – Numa biblioteca universitária, zona reservada aos estudantes licenciados ou usada apenas por eles.

SALA DE REFERÊNCIA – Espaço numa biblioteca, arquivo, serviço de documentação, etc., situado normalmente junto à sala de leitura, onde se encontram em sistema de livre acesso à disposição dos utilizadores as obras de referência, constituídas normalmente por dicionários, enciclopédias, anuários e obras de carácter geral.

SALA DE REPOUSO DO PESSOAL – Espaço do edifício de uma biblioteca, arquivo, serviço de documentação, etc., em geral com uma *kitchenette* instalada directamente no edifício, para que o pessoal tome uma pequena refeição.

SALA DE RESERVADOS – Lugar do arquivo, biblioteca, etc. onde se guardam as peças bibliográficas mais valiosas do espólio do serviço. Reservados. Sala de cimélios. Tesouro. Sala do tesouro. Relicário.

SALA DE SEMINÁRIO – Lugar de dimensões reduzidas situado numa biblioteca de um estabelecimento de ensino onde se junta, durante um certo período, a documentação seleccionada sobre certo assunto, reservada a um grupo de estudantes interessados num determinado trabalho de pesquisa.

SALA DE TRABALHO EM GRUPO – No edifício de uma biblioteca, arquivo, serviço de documentação, etc., espaço situado regra geral fora dos grandes corredores de circulação do público, previsto para a necessidade de os utilizadores trabalharem em pequenos grupos, falando, trocando impressões, etc.; trata-se geralmente de espaços fechados e bem protegidos do barulho, a fim de que uns grupos não perturbem o trabalho dos outros.

SALAMI PUBLISHING (loc. ingl.) – *Ver* Publicação fragmentada.

SALÃO DO LIVRO – Iniciativa organizada regra geral com finalidades comerciais, que assenta na divulgação das obras que acabaram de ser editadas e que se apresentam no certame para que o potencial interessado possa ter conhecimento delas.

SALÃO LITERÁRIO – Assembleia ou reunião de pessoas de cultura, artistas, eruditos e intelectuais, que debatem temas literários e de outra índole; os salões literários surgiram na França dos séculos XVII-XVIII, e neles se debatiam questões relativas a acontecimentos contemporâneos, assim como temas filosóficos, literários, de moral, etc.; alguns deles ficaram célebres, não só pelas personagens que os frequentaram, mas também pelos anfitriões que os patrocinaram.

SALDAR – Vender uma publicação por um preço mais baixo do que o do seu justo valor.

SALDO DE EDIÇÃO – Restos de uma tiragem vendidos pelo editor a mais baixo preço que os outros exemplares da mesma, geralmente de acordo com o autor.

SALGADO – Em gíria tipográfica designa o trabalho não feito, metido na conta. O oposto de fresco.

SALMO – Texto extraído do livro bíblico do saltério, que compreende cento e cinquenta composições atribuídas na sua maior parte ao rei David • Cântico de glória a Deus.

SALMODIA – Canto ou recitação de salmos • Modo enfadonho de ler, declamar ou recitar um texto, discurso, etc. • Estilo maçudo, uniforme, sem versatilidade.

SALMOS PENITENCIAIS – Aqueles que foram seleccionados pela Igreja para servirem de oração aos que pedem perdão a Deus pelos seus pecados.

SALPICADO – Diz-se do corte do livro que foi pintalgado ou espargido com gotículas de tinta.

SALPICAR – Operação que consiste em pintalgar ou espargir com gotículas de tinta o corte ou as pastas de um livro.

SALTANTE – Termo atribuído ao animal que no escudo heráldico se apresenta com as patas no ar em atitude de salto. Rampante.

SALTAR – Passar de uma parte de um texto para outra, negligenciando o texto intermédio • Em tipografia, omitir uma parte do original, por inadvertência.

SALTEIRO – Psaltério. *Ver* Saltério.

SALTÉRIO – Nome que os Setenta (tradutores do Antigo Testamento em grego) deram ao binário de Israel, ou seja, aos hinos ou salmos destinados aos serviços corais dos templos ou das sinagogas • Livro de coro que contém o texto dos cento e cinquenta salmos conhecidos por Salmos de David, que constituem um dos livros do *canon* da Bíblia e que foram compilados segundo dois critérios: a sucessão do saltério bíblico (uma sucessão numérica – de um a cento e cinquenta – onde são evidenciadas as secções correspondentes às horas litúrgicas em que são usados os salmos) e a sucessão que os salmos têm na liturgia. No século IX era quase o único livro litúrgico nas mãos dos leigos e assim permaneceu até finais do século XIII, inícios do seguinte, data em que surgiram os primeiros livros de horas; nos finais do século XV, quando estes se multiplicaram, ainda restavam saltérios usados por leigos como livros de oração; porém, para os religiosos desempenharam um papel fundamental, na medida em que a sua recitação quotidiana, além da do ofício canónico, fazia parte da prática corrente • Parte do breviário que contém as horas canónicas de toda a semana, excepto as orações e as lições. Salteiro. Psaltério. *Liber psalmorum*.

SALTO – Omissão de uma palavra ou de parte de um texto na composição tipográfica.

SALTO DE PALAVRA – Palavra omitida involuntariamente na impressão.

SALTO DO IGUAL AO IGUAL – Erro de cópia que resulta na supressão ou na repetição de um pedaço de texto devido à proximidade relativa, no exemplar, de duas formas parecidas ou idênticas.

SALVAGUARDA – Acto e efeito de proteger, defender. Defesa. Protecção. Resguardo. Segurança • Preservação. A salvaguarda assenta na elaboração de inventários, dicionários, levantamentos, catálogos, etc., que foram sendo publicados ao longo dos anos; ao serviço da salvaguarda das espécies esteve, por exemplo, uma obra marcante da nossa história da bibliografia, que é o *Dicionário Bibliográfico Português* iniciado por Inocêncio Francisco da Silva e continuado por Brito Aranha e outros • Falsa guarda • Autorização escrita dada a alguém para permitir a sua entrada num lugar ou para viajar ou transitar livremente. Salvo-conduto.

SALVAGUARDA DO PATRIMÓNIO – Conjunto de acções que visam a permanência do património, particularmente o bibliográfico e que é a missão principal das bibliotecas nacionais, permitindo não só a sua guarda, mas igualmente a possibilidade de lhe aceder; na era informática em que vivemos prevêem-se a criação de conteúdos digitais patrimoniais e a correspondente facilidade de acesso, para que o público o estude e possa usufruir dele.

SALVO-CONDUTO – Documento concedido pela autoridade adequada, pelo qual uma pessoa é protegida numa viagem ou deslocação. *Ver* Salvaguarda.

SAM – Forma arcaica abreviada de santo.

SAMAVEDA – Livro constituinte dos *Vedas*, obra fundamental do hinduísmo.

SANCTORALE (pal. lat.) – Secção do livro litúrgico que contém os textos para as celebrações das festas dos santos, excepto para aquelas que caíam entre 24 de Dezembro e 13 de Janeiro, também conhecida sob o nome de próprio dos Santos; o termo *Sanctorale* também se refere a essas celebrações; as festas do período do ano acima referido, estreitamente ligado às celebrações natalícias, eram incluídas no *Temporale*, normalmente uma secção separada nos manuscritos litúrgicos medievais. O Comum dos Santos é outra secção separada, que fornece fórmulas para os dias dos santos que não estão contemplados nem no *Sanctorale* nem no *Temporale*; na missa, o *Temporale*, o *Sanctorale* e o Comum dos Santos, juntamente com as missas votivas para ocasiões especiais, constituem o ciclo anual.

SANEAR (port. Bras.) – *Ver* Higienizar.

SANGRADO – Diz-se do texto que tem sangria ou espaço inicial em branco na primeira linha ou na primeira linha após o parágrafo • Diz-se também da mancha impressa usualmente de fotografia, limitada somente pelos bordos exteriores da página, sem nenhuma margem branca.

SANGRAR – Começar um texto uma ou duas linhas mais dentro que as outras linhas do mesmo parágrafo • Compor um ou mais parágrafos com uma medida mais pequena que a de outros • Em tipografia, colocar uma ilustração rebaixando a margem da página • Em encadernação, cortar os bordos de um livro de modo que se restrinja ao texto ou à ilustração.

SANGRIA – Acto e efeito de sangrar • Espaço em branco com que se inicia a primeira linha de um parágrafo vulgar e a segunda e restantes de um parágrafo francês de uma composição tipográfica ou outra.

SANGUE-DE-DRAGÃO – Resina extraída sobretudo do *Calamus Draco W.* e de outras plantas pertencentes à família das palmeiras usada como pigmento vermelho-escuro; nos textos clássicos era usado por vezes o termo cinábrio para a designar.

SANGUINA – Peróxido de ferro empregado no fabrico de lápis encarnados.

SANGUÍNEA – Desenho executado a partir de lápis, barra ou pó à base de argila ferruginosa, permitindo vários tons de vermelho.

SANGUÍNEO – Que tem cor de sangue.

SANTINHO – Imagem de motivo piedoso de pequena dimensão impressa por processo xilográfico, tipográfico, litográfico ou calcográfico, que é distribuída em cerimónias religiosas para perdurar como lembrança. Registo de santo. Pagela.

SANTO – Epíteto de reverência hagionímica que pode assumir a forma São, S., Sam e que acompanha os nomes próprios, simples ou acompanhados de locativo de origem, etc., como em Santo Agostinho, São Bento, S. Tomás de Aquino, Santa Catarina de Siena, em documentos manuscritos e em textos impressos.

SANTO AGOSTINHO – Designação correntemente atribuída ao corpo 12 resultante do facto de ter sido utilizado pela primeira vez em 1476, em Roma, na impressão da obra *Cidade de Deus* de Santo Agostinho.

SANTO-E-SENHA – Bilhete com o nome um santo e outro sinal, que se entrega à autoridade competente para garantir o livre trânsito do seu portador.

SANTOR – *Ver* Sautor.

SANTORAL – Livro onde estão compiladas as vidas dos santos. Hagiológio • Manual litúrgico que contém os intróitos e antífonas dos ofícios dos santos em cantochão • Lista dos santos cujas festividades se comemoram em cada dia do ano.

SANTORAL COMUM – Compilação dos formulários que podem usar-se em diversas celebrações para santos da mesma importância (evangelistas, apóstolos, mártires, etc.).

SANTORAL PRÓPRIO – Livro que contém as celebrações com todos ou muitos dos textos próprios ou comuns, com referência especial a um determinado santo particular ou a vários santos celebrados em conjunto, como Cosme e Damião e Santos Inocentes.

SÃO – Epíteto de reverência hagionímica, que pode assumir a forma arcaica Sam ou a simplificada S.

SAPIENCIAL – Relativo a sapiência, a sabedoria divina • Sábio. Sensato.

SAPRÓFITA – Microrganismo vegetal que se desenvolve provocando a decomposição do material que o acolheu, muito frequente em livros e documentos guardados em locais de condições de temperatura e humidade não adequadas.

SARA – Serviço destinado "a executar acções de actualização directa e automática de registos bibliográficos, autoridade ou exemplar na PORBASE".

SARAU LITERÁRIO – Reunião, geralmente nocturna, onde se recitam poesias, se apresentam novas produções literárias e se encontram pessoas que se dedicam à actividade da escrita.

SARLAUH – Termo oriental usado para designar frontispício iluminado em página dupla.

SARRABAL – Almanaque.

SARRABAL SALOIO – Nome emblemático do almanaque.
SATBÍ (pal. ár.) – Nome dado em Marrocos ao papel de alta qualidade conhecido por papel de Játiva.
SATÉLITE – Modalidade de transmissão de texto utilizada sobretudo por repórteres da imprensa escrita, usando o equipamento de transmissão por satélite através de uma antena parabólica.
SATINAGEM – *Ver* Calandragem.
SÁTIRA – Composição poética ou em prosa, que tem por fim censurar ou ridicularizar vícios ou defeitos de pessoas ou coisas. Epigrama • Discurso ou texto que critica os costumes em tom jocoso e sarcástico.
SATÍRICO – Diz-se do escritor, jornalista ou poeta que, em tom mordaz e sarcástico, critica e censura a sociedade, os costumes, as instituições, etc.
SATISFAÇÃO – Explicação. Reparação. Justificação.
SATISFECIT (pal. lat.) – Fórmula que expressa a autorização concedida pelas autoridades universitárias aos livreiros ditos da universidade e protegidos por ela, para imprimirem e venderem qualquer obra • Termo usado antigamente pelo professor em relação a um trabalho escolar de um aluno, expressando a sua aprovação.
SATURNISMO – Grave doença que pode atacar os indivíduos que lidam com objectos de chumbo; é devida a uma intoxicação pelo chumbo e foi durante muito tempo o flagelo das oficinas de fundidores de caracteres e dos tipógrafos.
SAUDAÇÃO – Elemento do protocolo pelo qual, num acto manuscrito, o autor desse acto saúda o destinatário, acompanhando ou não esta saudação de um protesto de protecção, respeito, dedicação, etc.; em certos casos esta saudação pode ser substituída por uma fórmula de maldição • Cumprimento.
SAUDAÇÃO ANGÉLICA – Aquela que foi proferida pelo anjo Gabriel a Nossa Senhora no momento da Anunciação, cena presente em iluminuras de manuscritos e gravuras impressas.
SAUDAÇÃO FINAL – Numa carta, fórmula com a qual se remata o texto e pela qual o autor exprime ao destinatário os sentimentos de respeito, de estima ou de protecção que nutre em relação a ele.
SAUTOR – Insígnia heráldica de primeira ordem em forma de X, formada pela união da banda com a barra em forma de cruz de Santo André. Santor • Aspa. (port. Bras.) Sotoar.

Sautor

SBSCP. – Abreviatura de *subscripsit*, subscrevi, fórmula de concordância com o documento que se encontra acima; seguia-se a inicial do nome ou apelido e a abreviatura do cargo da pessoa que escreveu; era colocada no final do documento.
SC. – Abreviatura de *sculpsit*, esculpiu, gravou, posposta ao nome do artista na subscrição inferior de uma gravura da qual é autor.
SCALPELLUM (pal. lat.) – Ponta aguçada que serve para fazer os furos do pautado do texto • Canivete ou pequena faca, que serve para aguçar o bico do caniço ou da pena. *Scalprum. Præductale.*
SCALPRUM (pal. lat.) – Canivete ou pequena faca, normalmente segura na mão esquerda, usada para rasurar a escrita dos manuscritos em pergaminho quando ocorriam erros e também para aguçar o cálamo. *Scalpellum. Scapsum. Præductale.*
SCAN (pal. ingl.) – Em informática, analisar os dados de um modo sistemático com uma determinada finalidade.
SCAN, STORE, PRINT (loc. ingl.) – Expressão de gíria usada para designar os três momentos em que se desenvolve a tecnologia necessária para levar a cabo a *custom publishing*, que são: sistemas de scanerização, armazenamento do material digital e sistema de impressão.
SCANEAR – Reproduzir textos e imagens em papel por meio de scâner, convertendo-os em

imagens gráficas digitalizadas que podem ser reconhecidas por computador.

SCÂNER – Leitor electrónico que digitaliza imagens • Explorador. Mecanismo óptico de exploração, usado com a finalidade de interpretar um original e de fornecer a informação a um computador.

SCANERIZAÇÃO – Acto e efeito de utilizar o scâner, isto é, o dispositivo que permite a leitura de texto e imagem em papel e sua posterior conversão em imagens gráficas digitalizadas reconhecíveis por computador. Digitalização. Scanização.

SCANIZAÇÃO – *Ver* Scanerização.

SCANNER (pal. ingl.) – *Ver* Scâner.

SCANNING (pal. ingl.) – *Ver* Exploração.

SCAPSUM (pal. lat.) – Instrumento cortante que servia para aparar a cana ou pena com que se escreviam os manuscritos. *Scalprum. Præductale. Scalpellum.*

SCAPUS (pal. lat.) – Etimologicamente significa tudo aquilo que serve de apoio; por extensão designa o cilindro em que se enrolavam os manuscritos.

SCHEDA (pal. lat.) – Termo latino, que significava em sentido próprio folha volante e, por extensão de sentido, toda a espécie de documentos isolados. *Schida* • Folha de papiro • Página • Manuscrito. Borrão pessoal • Livro.

SCHEDULA (pal. lat.) – Diminutivo de *scheda*, tem o mesmo sentido. Folha. Página • Manuscrito. Borrão pessoal.

SCHEDULA INHIBITORIA (loc. lat.) – Documento sob forma de carta onde se interdita alguém de fazer alguma coisa.

SCHIDA (pal. lat.) – *Ver* Scheda.

SCHOLA (pal. lat.) – Curso. Lição. Conferência • Escola • Ocupação literária.

SCHOLÆ SCRIBENDI (loc. lat.) – Oficina medieval de cópia de manuscritos que ensinava esta arte aos aprendizes de copistas ou *scholares*, sob a direcção de um *magister*.

SCHOLARES (pal. lat.) – Aprendizes de copista na Idade Média.

SCHOLIUM (pal. lat.) – *Ver* Adversária.

SciELO PORTUGAL – Acrónimo de *Scientific Electronic Library Online*, Biblioteca científica electrónica em linha, uma biblioteca virtual constituída por uma colecção escolhida de periódicos científicos portugueses; trata-se de uma iniciativa ainda em desenvolvimento.

SCILICET (pal. lat.) – A saber, subentende-se, isto é, se me permitem; emprega-se em textos para indicar assuntos que precisam de esclarecimento.

SCINDERE PENNAM (loc. lat.) – Fender a ponta da pena em duas partes para lhe conferir maior flexibilidade.

SCOOP (pal. ingl.) – *Ver* Cacha.

SCOPE NOTE (loc. ingl.) – *Ver* Especificação de alcance.

SCREEN (pal. ingl.) – *Ver* ecrã.

SCRIBA (pal. lat.) – Originariamente significava toda e qualquer pessoa que escrevia como modo de ganhar a vida, mas no período imperial médio e tardio, quando a palavra *librarius* passou a designar este tipo de copistas, *scriba* passou a aplicar-se aos secretários pessoais de indivíduos ou aos oficiais que trabalhavam para os magistrados; eram cidadãos livres, que também podiam ser arquivistas do Senado ou trabalhar para administradores financeiros, militares ou municipais. *Scriptor.* Copista.

SCRIBARIUS (pal. lat.) – Termo que no século XI designava aquele que escrevia.

SCRIBERE (pal. lat.) – Traçar linhas com o estilo • Escrever ou compor uma obra • Descrever. Narrar, contar.

SCRIBERE MAGISTRALITER (loc. lat.) – Designação dada à escrita de chancelaria, geralmente de traço elegante e cuidado.

SCRINIARIUS (pal. lat.) – Empregado da corte pontifícia encarregado da conservação dos registos antigos, a partir do século XIII. Escrinário. Arquivista; o seu nome deriva da palavra latina *scrinium*, a caixa cilíndrica onde se guardavam os rolos.

SCRINIOLUM (pal. lat.) – Diminutivo de *scrinium*, arca ou caixa onde se guardavam os documentos de arquivo.

SCRINIUM (pal. lat.) – Inicialmente designava o lugar retirado onde os monges procediam ao trabalho de cópia dos manuscritos • Escrínio, estojo, caixa ou arca, de pequena dimensão, onde se guardavam cartas, livros ou papéis • Prateleira • *Capsa. Ver* Escrínio.

SCRIPSIT ET PINXIT (loc. lat.) – Fórmula final com que se rematava um manuscrito ou iluminura, significando que a pessoa que subscrevia esta frase tinha escrito e ornamentado o texto.

SCRIPT (pal. ingl.) – Documento no qual é consignado o trabalho que foi objecto de corte • Guião.

SCRIPTA ACTUARIA (loc. lat.) – Nome dado às capitais usadas em documentos públicos.

SCRIPTA MANENT (loc. lat.) – Os escritos, as obras escritas ficam, permanecem; esta expressão é usada para exprimir a ideia de que a escrita resiste ao tempo.

SCRIPTIO (pal. lat.) – Acção de escrever. Escrita • Trabalho escrito. Escrito. Trabalho de redacção. Composição. Exposição escrita • Termos expressos, a letra (por oposição a espírito).

SCRIPTIO CONTINUA (loc. lat.) – Modo de escrever no qual todas as letras se seguem a intervalos regulares, sem que as palavras sejam separadas por qualquer espaço ou sinal.

SCRIPTOR (pal. lat.) – Na Idade Média, copiador cuja missão era a de reproduzir o texto, sem o acrescentar. Copista. Escrevente • Escritor. Autor • Historiador • Legislador • *Notarius* • *Ordinator*.

SCRIPTOR LIBRARIUS (loc. lat.) – Copista. Escrevente • Escritor. Autor.

SCRIPTORIA (pal. lat.) – Plural de *scriptorium*.

SCRIPTORIUM (pal. lat.) – Local de um estabelecimento eclesiástico onde se fazia a cópia manuscrita de livros e iluminuras, se preparavam os cadernos para serem entregues aos escribas e iluminadores e se procedia à raspagem dos palimpsestos – peças de pergaminho já utilizadas, para as reutilizar; até 1200 a produção europeia de livros está centrada nos *scriptoria*. Tinham duas funções: a cópia de livros para a biblioteca do mosteiro e a cópia de livros para outras instituições religiosas ou encomendantes. Nos *scriptoria* monásticos o processo de cópia, quando se queria obter um grande número de exemplares podia ter duas soluções: a primeira consistia em se confiar a totalidade do modelo a um só copista e, a partir desta cópia dois outros copistas executarem duas novas cópias e assim sucessivamente; o inconveniente era que o número de copistas também aumentava de forma exponencial e a integridade do texto sofria com isso, pois os erros acumulavam-se; a segunda solução passava pela distribuição de variadas partes do modelo simultaneamente a cada copista e, ou cada copista copiava sempre o mesmo texto ou as partes eram permutadas entre eles; porém, como as cópias não eram transcritas na ordem do texto, no final havia dificuldades de junção; após variadas tentativas, entre as quais a da cópia ditada, a solução adoptada foi a de distribuir cada parte do modelo sucessivamente na ordem do texto a um número de copistas igual ao das cópias que se pretendia obter; o resultado eram cópias homogéneas, teoricamente isentas de defeitos de junção e com paginação independente da do modelo. Foi este o processo adoptado na cópia dos textos de maior difusão. Os *scriptoria* monásticos no período medieval podiam assumir quatro tipos, que têm a ver com outros tantos espaços por eles ocupados: o *scriptorium* colectivo, a cela individual, um espaço aberto no claustro ou uma sala de usos diversos onde os copistas trabalhavam • Na alta Idade Média era o nome dado às oficinas que se criaram junto das universidades, dos centros eclesiásticos e dos palácios reais, com a finalidade de produzirem em série as obras que haviam sido encomendadas. O declínio da actividade de escrita desenvolvida nos *scriptoria* monásticos dá-se nos finais do século XIII, quer pela alteração do estilo de vida das ordens mendicantes, doravante mais votadas a actividades apostólicas, quer devido à concorrência de copistas leigos • Oficina de escrita. Escriptório. Escritório • Materiais do livro, mais concretamente instrumentos de escrita como o conjunto constituído pelo tinteiro e o estojo de penas (em latim *atramentarium* e *pennaculum* respectivamente), geralmente ligados um ao outro por uma tira de couro ou uma cadeia que os prendia à cintura.

SCRIPTORIUM COLECTIVO – Aquele que estava instalado numa sala ampla, do mosteiro ou abadia, compartimento espaçoso que simultaneamente servia de centro de cópia e de biblioteca; dispunha de mesas comuns e de escrivaninhas individuais para os copistas a meio da sala, sendo os livros guardados em armários incrustados nas paredes; são exemplos deste tipo de *scriptoria* os beneditinos como os de S. Martinho de Tours, Fulda, Saint-Gall, St. Albans, etc.

Scriptorium

SCRIPTUM (pal. lat.) – Escrito, obra escrita, obra de um autor • O texto, a letra da lei, a redacção (de uma lei) • Carta.

SCRIPTURA (pal. lat.) – Acção de escrever • Escrita, redacção • Obra escrita • Texto • Traço • A Escritura sagrada, a Bíblia • Arte de escrever • Estilo. Modo de escrever.

SCRIPTURA CONTINUA (loc. lat.) – Escrita feita por colunas paralelas contendo entre vinte cinco e quarenta e cinco linhas de quinze a trinta caracteres cada; esta modalidade de escrita tinha um rolo como suporte, que era desdobrado à medida que o leitor passava de uma coluna à outra, daí a designação de continuada • Escrita contínua, sem interrupção. Escrita feita sem separação de palavras, facto que trouxe consigo numerosos erros de interpretação de textos antigos.

SCRIPTURA FRANCISCA (loc. lat.) – *Ver* Escrita carolina minúscula.

SCS. – Abreviatura latina de *sanctus*, santo.

SCUL. – Abreviatura de *sculp.*, *sculpsit*, gravou, esculpiu, palavra que se segue ao nome do autor da gravura, identificando-o.

SCULP. – *Ver Sculpsit*.

SCULPS. – *Ver Sculpsit*.

SCULPSIT (pal. lat.) – Palavra que significa "gravou", "esculpiu"; esta palavra subscrevia uma gravura e era colocada depois do nome do gravador da chapa, frequentemente usada sob as formas abreviadas *scul.*, *sculp.*, *sculps.*; geralmente esta expressão estava associada a uma outra nota relativa à autoria do desenho formulada pela palavra *pinxit*, isto é, "pintou". *Incidit*.

SCUTUM (pal. lat.) – Escudo que continha o anúncio da oficina tipográfica que era pendurado à porta do estabelecimento onde se imprimiam os livros; nele figuravam geralmente a marca tipográfica e a divisa do impressor.

SDI – Acrónimo de *Selective Diffusion of Information*, Difusão selectiva da informação. D. S. I., DSI.

SEARCHBOT (pal. ingl.) – Resultante da contracção das palavras *search* (pesquisa) e *robot* (robô), agente usado em recuperação da informação em *www*, ao qual se fornecem os parâmetros de pesquisa, a área de actuação e os critérios de pré-selecção dos documentos com a finalidade de agilizar a pesquisa e a recuperação.

SEBENTA – Livro de apontamentos das lições orais, passados a limpo e dactilografados, litografados ou impressos, para uso de estudantes; o uso de apontamentos tomados no decorrer das lições dos mestres deve remontar aos primeiros tempos da universidade e ainda recentemente, na falta de compêndios oficiais, se revelava um óptimo instrumento de trabalho, sobretudo na área jurídica, embora o seu modo de composição passasse por processos diferentes dos iniciais; no entanto, o seu conteúdo, sucessivamente alterado e adaptado, levava a que as tiragens fossem limitadas, fazendo-se a sua aquisição por assinatura dos alunos no início do ano, saindo os fascículos à medida que as aulas decorriam.

SEBENTARIA – Oficina onde se litografam as sebentas.

SEBENTEIRO – Nome dado ao aluno ou alunos que, assistindo às aulas e coligindo as lições do mestre, procediam à sua redacção e posterior publicação sob forma de sebenta • Aquele que litografava as sebentas • O aluno que adquire apenas os conhecimentos incluídos na sebenta, porque estuda somente por ela.

SEBO (port. Bras.) – Loja de alfarrabista, a casa em que se negoceiam livros usados.

SEC. – Abreviatura de secção.

SÉC. – Abreviatura de século.

SECADOR – Estante onde se colocam os tabuleiros para secar a tinta dos impressos • Aditivo da tinta usado em reprografia, que faz com que ela seque rapidamente.

SECAGEM – Em restauro de documentos, operação efectuada após a lavagem e que consiste na eliminação dos líquidos que neles ficaram retidos; a secagem deve ser feita folha a folha ou caderno a caderno, em dispositivos próprios para esta operação, para que o papel não enrugue, uma vez seco • Última fase de revelação convencional de uma película de nitrato de prata, da qual se elimina toda a humidade, por meio de um secador.

SECAGEM A FRIO – Em recuperação de documentos inundados, é o tratamento dado aos documentos que ficaram embebidos em água, através da congelação rápida e da posterior secagem em vácuo a uma temperatura que gradualmente se vai elevando.

SECAGEM AO AR – Eliminação da humidade da pasta do papel ou do cartão efectuada pela acção do ar; a secagem em folhas é geralmente feita ao ar livre, pendurando-as; a secagem da folha contínua é geralmente efectuada por contacto com ar quente, quer numa sala, quer num túnel.

SECAGEM POR ABSORÇÃO – Em impressão, modalidade de secagem em que a tinta, que é líquida ou pouco secante, ensopa as fibras do papel, fixando-se o pigmento à superfície, como acontece no caso do jornal; por isso ele suja. Secagem por penetração.

SECAGEM POR AR QUENTE – Em caso de inundação de documentos, um dos processos de secagem mais eficazes e que menos os prejudica é a secagem através do uso de ar quente, com a ajuda de ventiladores, utilizando termo-convectores em locais ventilados; mediante a aplicação de mangueiras flexíveis, faz-se chegar a sua acção a diferentes direcções.

SECAGEM POR CONGELAÇÃO – Processo destinado a acabar com alguns dos insectos que atacam os materiais bibliográficos, particularmente as traças dos livros; esta congelação é feita a -29°C; se os livros estiverem húmidos, devem deixar-se secar durante cerca de uma semana antes da congelação, o que evita a formação de cristais de gelo; as larvas ficam pretas quando congeladas e devem permanecer nos livros até secarem (o que leva vários dias), para evitar que manchem o papel quando forem retiradas; a secagem será feita a vácuo, com temperaturas elevadas gradualmente. Convém proceder igualmente à congelação dos livros vizinhos daqueles que apresentam problemas.

SECAGEM POR EVAPORAÇÃO – Em impressão, modalidade de enxugamento em que as tintas secam por meio de vaporização lenta, à superfície do líquido; a operação pode ser activada em estufas especialmente concebidas para o efeito.

SECAGEM POR OXIDAÇÃO/POLIMERIZAÇÃO – Em impressão, modalidade de secagem comum nas tintas de *offset* e de tipografia, em que o veículo e o secante, ingredientes constituintes da tinta, oxidam em contacto com o ar.

SECAGEM POR PENETRAÇÃO – Em impressão, modalidade de secagem em que a tinta, que é líquida ou pouco secante, humedece as fibras do papel, fixando-se o pigmento à superfície, como acontece no caso do jornal que por isso suja. Secagem por absorção.

SECAGEM POR PRECIPITAÇÃO – Em impressão, modalidade de enxugamento em que o impresso é sujeito à acção da água, sob a forma de vapor ou de aerossol.

SECAGEM POR RADIAÇÕES DE INFRA-VERMELHOS – Processo de secagem no qual os documentos são colocados abertos sobre grades sobrepostas, fazendo-se incidir sobre eles em diversas direcções projectores munidos com lâmpadas de raios infravermelhos, agindo por elevação de temperatura do material exposto, independentemente da temperatura do local de exposição; isto permite a aceleração do processo através das correntes de ar; a grande vantagem deste processo reside no facto de as folhas não se colarem umas às outras.

SECAGEM POR VÁCUO – Tratamento de documentos impregnados de humidade através do seu encerramento numa câmara de vácuo, expulsando o ar gradualmente, até que a temperatura atinja o ponto de congelação, introduzindo e evacuando sucessivamente ar quente e seco, até que a temperatura dos documentos alcance os dez graus.

SECAGEM POR VAPORIZAÇÃO – Método de secagem que consiste na introdução dos documentos inundados num aparelho que produz um jacto de vapor durante alguns minutos, a fim de dissolver os resíduos e retirar as sujidades, após o que a humidade é totalmente aspirada de modo rápido; depois deste processo, aplica-se a interfoliação, a secagem por infra-vermelhos ou a secagem natural.

SECANTE – Substância preparada com ingredientes que ajudam a uma secagem rápida da tinta de impressão; é utilizada na produção de tintas de impressão, acelerando o seu poder de secagem.

SECÇÃO – Cada uma das divisões temáticas de uma publicação em série editada separadamente, tendo cada uma delas o seu título próprio, formado por duas partes que se completam: uma geral e comum a todas as secções, outra que as individualiza • Em publicação cartográfica é a parte de um mapa avulso resultante da divisão do mapa num número de peças ou da limitação do tamanho do papel em que o mapa foi impresso, exigindo a impressão em partes • Conjunto de folhas dobradas, também conhecido por marca. Uma folha dobrada duas vezes produz dois fólios, quatro folhas ou oito páginas • O corpo da obra é composto por uma série de secções • Parte. Segmento. Sector. Cada uma das partes em que um todo contínuo está dividido • Divisão de um texto, regra geral dependente da parte • Parte de uma publicação periódica na qual se aborda um assunto. Destacável. Caderno. Coluna • Em classificação, cada divisão de uma subdivisão • Cada uma das dez divisórias de uma divisão da classificação bibliográfica decimal, representada por três algarismos • Em arquivística, divisão primária de um fundo de arquivo que é definida por um quadro de classificação • Parte componente de um documento digital. Nó.

SECÇÃO ARQUIVÍSTICA – Unidade constituída por cada subdivisão principal de um fundo ou núcleo, determinada pela sua organização original.

SECÇÃO DE ADULTOS – Subdivisão de uma biblioteca que fornece documentos para uso de pessoas que atingiram a maioridade. Sector de adultos.

SECÇÃO DE AQUISIÇÕES – Divisão administrativa de uma biblioteca, arquivo, serviço de documentação, etc. encarregada de fazer as compras de documentos. Secção de compras. Secção de pedidos.

SECÇÃO DE AUDIOVISUAIS – Numa biblioteca, etc., sector destinado a conter equipamento especial para armazenar, projectar, reproduzir e produzir material audiovisual, aquele em que se adiciona o som à imagem.

SECÇÃO DE CATALOGAÇÃO – Num serviço de biblioteca, arquivo, serviço de documentação, etc., sector onde se faz a descrição bibliográfica do material, a fim de constituir os catálogos. Divisão de catalogação.

SECÇÃO DE COMPOSIÇÃO – Lugar da oficina tipográfica onde são executados e preparados os trabalhos para impressão.

SECÇÃO DE COMPRAS – *Ver* Secção de aquisições.

SECÇÃO DE MANUSCRITOS – Sector de uma biblioteca, de um museu ou de um arquivo onde estão guardados os documentos escritos à mão que constituem o seu espólio manuscrito.

SECÇÃO DE PEDIDOS – *Ver* Secção de aquisições.

SECÇÃO DE PERMUTAS – Sector de uma biblioteca, arquivo, serviço de documentação, etc., onde está centrado o trabalho de troca de publicações. Secção de trocas.

SECÇÃO DE TÍTULO – Título específico de uma secção que permite distinguir uma parte de um grupo ou de uma série relacionada que têm um título comum. O título da secção é dependente do título comum para identificação, quer seja distintivo, quer não.

SECÇÃO DE TROCAS – *Ver* Secção de permutas.
SECÇÃO DE UM DOCUMENTO – Cada uma das partes que resulta da divisão e subdivisão sucessivas do texto do documento, ficando cada uma delas a conter as matérias consideradas de maior afinidade na exposição ordenada do assunto do texto que se dividiu.
SECÇÃO FICTÍCIA – Em arquivística, ordenação artificial de documentos motivada por exigências de conservação, instalação ou difusão.
SECÇÃO INFANTIL – Subdivisão de uma biblioteca, que pode ser usada por crianças: sector infantil. Serviço de biblioteca infantil.
SECÇÃO JUVENIL – Subdivisão de uma biblioteca que fornece documentação para uso dos adolescentes. Sector juvenil. Serviço da biblioteca juvenil.
SECÇÃO PRIMÁRIA – Nome dado à secção resultante da primeira divisão do texto de um documento; corresponde em geral à divisão capítulo.
SECÇÃO QUATERNÁRIA – Secção que resulta da divisão do texto de uma secção terciária de um documento.
SECÇÃO SECUNDÁRIA – Nome dado à secção que resulta da divisão do texto de uma secção primária, terciária, quaternária, etc., de um documento, respectivamente.
SECÇÃO TERCIÁRIA – Secção que resulta da divisão do texto de uma secção secundária de um documento.
SECCIONAMENTO – Divisão por secções.
SECCIONAR – Dividir em secções.
SECCIONÁVEL – Que pode dividir-se em secções.
SECO – Diz-se de um texto árido, inexpressivo e de difícil leitura.
SECRETA – Tese que antigamente era defendida apenas na presença de lentes.
SECRETARIA – Lugar onde se faz o expediente relativo a uma associação ou a qualquer serviço público • Repartição pública ou particular em que, regra geral, se centralizam os serviços de expediente da organização ou instituição de que a secretaria faz parte.
SECRETÁRIA – Mesa onde se escreve, geralmente com gavetas. Escrivaninha. Papeleira • Pessoa que executa o trabalho de secretaria.
SECRETÁRIA-ATRIL – Móvel que combina a função de secretária onde pode escrever-se com a de sustentar o livro num plano inclinado, para que possa ser lido em boas condições anatómicas.
SECRETARIAR – Exercer as funções de secretário.
SECRETÁRIO – Aquele que escreve as actas de uma assembleia • Pessoa que escreve a correspondência de um indivíduo ou corporação • Livro que contém modelos de cartas • *Servus a manu*.
SECRETÁRIO DE MÃO – Funcionário de confiança do rei que sabia imitar perfeitamente a sua assinatura e subscrevia, de facto, com a sua aquiescência e aprovação, numerosos actos de alcance secundário: autorizações de construção, nomeações de oficiais subalternos, etc.; graças a esta disposição, durante muitos séculos os soberanos puderam eximir-se da maçadora tarefa de assinar este tipo de documentos, reservando a sua assinatura autógrafa apenas a actos solenes, como tratados de paz, nomeações de dignitários e correspondência privada. *Servus a manu*. Escriba. Copista. Amamense.
SECTOR DE ADULTOS – *Ver* Secção de adultos.
SECTOR INFANTIL – *Ver* Secção infantil.
SECTOR JUVENIL – *Ver* Secção juvenil.
SECTOR PÚBLICO – Designação da parte de uma biblioteca, arquivo ou serviço de documentação destinada a ser frequentada pelos seus utilizadores.
SECULAR – Temporal. Civil • Mundano.
SECUNDO (pal. lat.) – Em segundo lugar • De novo.
SEDA – Material de suporte da escrita usado pelos chineses na Antiguidade e ainda hoje • Em diversas épocas foi utilizado para revestir encadernações de luxo, sobretudo na confecção das guardas; a seda foi também largamente aplicada no revestimento das pastas que por vezes, em encadernações mais requintadas, eram guarnecidas com ricos bordados também a seda, a ouro ou mesmo a missanga.
SEDA ESPOLINADA – Tecido lavrado usado no revestimento das contracapas e guardas da encadernação de luxo.

SEDA MOIRÉE – Espécie de tafetá grosso e ondeado utilizado em encadernação, sobretudo na confecção das guardas. Tabi.

SEDE DE LEITURA – Expressão que traduz a necessidade veemente de ler. Avidez de leitura.

SEDEIRO – Peça de madeira usada no fabrico de papel, por onde passa o linho para o separar da estopa. Restelo. Rastelo.

SEDES SCRIBENTIUM (loc. lat.) – Lugar onde se procedia à escrita de actas e de cartas ou ao expediente corrente.

SEDESTRE – Diz-se da figura que está representada sentada.

SÊFÉR TORÁ (loc. hebr.) – Exemplar manuscrito em suporte pergamináceo, que contém o *Pentateuco* usado nas sinagogas, nas reuniões litúrgicas do Sábado.

SEG. – Abreviatura de seguinte.

SEGMENTAÇÃO – Processo de divisão de um enunciado nos segmentos constituintes • Processo usado em sistemas de classificação para indicar os lugares lógicos a fim de encurtar a notação, quando isso é considerado útil numa colecção mais pequena • Modo de divisão.

SEGMENTAR – Dividir em segmentos ou partes.

SEGMENTO – Parte de um todo • Em informática, parte de um programa de computador que leva a cabo uma função específica.

SEGUIR O ORIGINAL – Compor ou copiar um texto tal como se apresenta, independentemente das anomalias que possa ter • Locução que usualmente se anota nas margens de um texto destinado a uma publicação periódica para indicar que a composição deve ser feita de acordo com o que consta no texto, ainda que este aparentemente pareça conter inexactidões ou palavras supostamente mal grafadas.

SEGUNDA – Em gíria tipográfica é o nome dado à segunda impressão da prova tipográfica destinada a uma nova revisão. Segunda prova. Prova compaginada.

SEGUNDA CAPA – Qualquer uma das capas interiores de uma revista.

SEGUNDA EDIÇÃO – Em jornalismo, é aquela que sai no mesmo dia, após a primeira edição de um jornal.

SEGUNDA FONTE – *Ver* Fonte secundária.

SEGUNDA FORMA – *Ver* Forma de retiração.

SEGUNDA LINHA SUPERIOR – Nos manuscritos é aquela que é determinada pela altura máxima das hastes superiores das letras; esta dimensão está directamente dependente do espaço interlinear.

SEGUNDA PROVA – Também conhecida apenas como segunda, é a prova tipográfica tirada após terem sido feitas as correcções da primeira prova e destinada a verificar, por comparação, se as emendas foram bem executadas.

SEGUNDA VIA – Novo exemplar de um documento para substituir um primeiro que se extraviou e que tem a mesma validade do original. *Ver tb.* Documento reescrito.

SEGUNDO CLICHÉ – Em jornalismo é a notícia encaixada na edição normal de um jornal, depois de iniciada a impressão; substitui-se um texto ou um cliché por outra matéria ou por uma notícia e ilustrações relativas a acontecimentos de importância, recebidas após o fecho da edição. Parte da tiragem de um mesmo número de jornal onde se acrescentam notícias de última hora.

SEGUNDO PLANO – Fundo ocupado por um cenário desenhado em perspectiva, representando objectos ou figuras situados ao longe • Plano posterior. *Ver* Plano inferior.

SEGURANÇA – Acto ou efeito de segurar • Estado daquilo que se encontra seguro • Certificação. Garantia.

SEGURANÇA CONTRA A INTRUSÃO – Conjunto de sistemas de alarme e detecção de elementos estranhos ao ambiente que está a ser controlado, no caso concreto de bibliotecas, arquivos, serviços de documentação, etc., com vista à dissuasão ou, no caso de conflito, à intervenção policial; geralmente estes factos são detectados pelo calor, sistema de videovigilância, sinais luminosos ou sonoros, etc.

SEGURANÇA CONTRA INCÊNDIOS – Conjunto de processos e dispositivos que asseguram toda uma série de acções com vista a prevenir o deflagrar de um fogo; no caso das bibliotecas, arquivos, serviços de documentação, etc. estes dispositivos são geralmente colocados em locais estratégicos do edifício e passam pela detecção de fumos, instalação de extintores e saídas de emergência devidamente assinalados no edifício, portas corta-fogo, extintores automáticos nos depósitos e ligação directa diurna e nocturna de todo o sistema ao serviço de bombeiros.

SEGURANÇA DE BENS – *Ver* Sistema anti-furto. Protecção contra roubo.

SEGURANÇA DE REDE – Designação atribuída ao conjunto das medidas adoptadas para proteger o equipamento, as comunicações e os ficheiros de uma rede do acesso a eles por parte de estranhos, sem autorização ou da interferência intencional, acidental e de danos ou destruição.

SEIXA – Parte interior da pasta da encadernação que, no verso desta, sobra ao redor do corte do livro; nas encadernações requintadas de livros antigos apresenta-se frequentemente ornamentada com motivos dourados ou gravados a ferros secos.

SEIXA ORNAMENTADA – Friso decorativo (frequentemente gravado a ouro ou a ferros secos) na pele, seda, pergaminho ou outro material da encadernação de um livro executado na sua face interna • Parte interior da pasta da encadernação que é decorada com este friso.

SEL. – Abreviatura de seleccionado, selecção *e* seleccionador.

SELADOR – Em latim denominado *bullator*, era o oficial da chancelaria encarregado da operação material da aposição do selo ou da bula nos documentos.

SELAGEM – Acto de selar, de apor um selo a um documento ou objecto, para o tornar válido ou autêntico. Carimbagem. Autenticação.

SELAR – Apor o selo, quer directamente na peça documental, quer nas fitas de suspensão que ela apresenta para o receber. Autenticar. Carimbar. Estampilhar • Fechar. Encerrar.

SELÁRIO – Termo arcaico que designava imposto.

SELECÇÃO – Acto ou efeito de seleccionar. Escolha. Triagem por meio da qual se separam os documentos que devem ser conservados daqueles que podem ser eliminados. Selecção da documentação • Reunião de textos ou de trabalhos de um ou diversos autores escolhidos para uma edição especial • Em arquivística, função pela qual, tomando em consideração o valor administrativo, legal, fiscal, probatório, informativo ou de investigação dos documentos, se determina o destino que deve ser-lhes dado, tendo em vista a eliminação dos que não forem de conservação permanente.

SELECÇÃO BIBLIOGRÁFICA – Actividade metódica levada a efeito a partir de princípios estabelecidos e apoiando-se sobre conhecimentos vastos e uma longa experiência bibliográfica, que consiste em fazer a escolha da documentação numa biblioteca, arquivo, serviço de documentação, etc., particularmente com vista às aquisições • Selecção da documentação.

SELECÇÃO COOPERATIVA DE AQUISIÇÕES – Política adoptada por duas ou mais instituições cooperantes, no sentido de considerarem em conjunto a escolha das obras a adquirir, a fim de evitar duplicações e racionalizar os custos.

SELECÇÃO DE DISTRIBUIDORES – Expressão que caracteriza o processo de escolha dos comerciantes aos quais uma biblioteca, um arquivo, um serviço de documentação, etc. pedirão determinado material bibliográfico.

SELECÇÃO DE DOCUMENTOS – Operação que consiste em decidir sobre a aquisição de documentos por compra, permuta ou oferta, quer a partir de bibliografias ou catálogos, prospectos de editores e de livreiros, quer perante os próprios documentos, etc., tendo em vista o aumento e a actualização das colecções de uma biblioteca, arquivo, serviço de documentação, etc.

SELECÇÃO DE LIVROS – Designação dada à operação através da qual o bibliotecário ou quem o substitua numa biblioteca oficial ou particular, escolhe as obras que deverão ser adicionadas ao fundo bibliográfico nela existente; o carácter de uma biblioteca pode depender, em grande parte, desta operação.

SELECÇÃO DE TEXTOS ESCOLHIDOS – Escolha e organização de textos reunidos com uma determinada finalidade e ordenados em selecta.

SELECÇÃO MANUAL – Designação dada à recuperação de documentos que é feita à mão

em catálogos tradicionais • Recuperação da informação através de intermediários manuais.
SELECÇÃO MECÂNICA – Designação dada à recuperação de documentos que é executada através de mecanismos • Recuperação da informação através de intermediários mecânicos.
SELECCIONADO – Que se seleccionou. Preferido. Escolhido.
SELECCIONADOR – Pessoa que escolhe textos dispersos em publicações modernas ou antigas para fazer com eles uma nova obra, que em geral apresenta anotada e acompanhada de uma introdução • Pessoa encarregada da consulta de fontes de novidades editoriais com a finalidade de escolher o material que deve ser adquirido.
SELECCIONAR – Fazer selecção de. Escolher entre muitas ou várias coisas.
SELECTA – Colecção de fragmentos literários retirados das obras de um ou mais autores e ordenados em miscelânea. Antologia. Florilégio. Analecto. Crestomatia.
SELECTIVE DIFFUSION OF INFORMATION (loc. ingl.) – Designada em inglês vulgarmente sob o acrónimo SDI, Difusão selectiva da informação (DSI). D.S.I.
SELECTO – Distinto, escolhido.
SELENOTIPIA – *Ver* Plumbotipia. Caostipia.
SELO – No sentido lato do termo é a impressão sigilar obtida num suporte pela aposição de uma matriz que apresenta sinais próprios de uma autoridade ou de uma pessoa física ou moral, com vista a testemunhar a vontade de intervenção do titular do selo • Vulgarmente designa a impressão sigilar em cera ou noutra matéria branda qualquer (argila, papel, etc.), por oposição à bula impressa em material metálico; por extensão, a palavra pode designar igualmente a matriz de onde foi retirada esta impressão sigilar. Carimbo • Estampilha. Vinheta • Sinete. Timbre • Chancela • *Signum*. Sinal • Marca resultante deste sinal • Peça metálica ou de outro material, na qual estão gravadas as armas, divisa ou assinatura e que é usada para imprimir sobre papel, conferindo-lhe autenticidade; tem a finalidade de protecção, na medida em que fecha o documento, impedindo a sua leitura; pode ter também o objectivo de designar a propriedade, na medida em que protege o direito de propriedade; também autentica ou valida o documento público ou privado, podendo substituir ou completar as assinaturas. O uso do selo tornou-se corrente a partir do século XIII em Portugal e no século XV tornou-se tão banal, que o seu emprego decaiu • Os selos podem ser de materiais diversos como o chumbo, o lacre, o papel, etc., assumir forma de losango, círculo, quadrado, etc., possuir figuras e legendas.; podem também ser armoriais, heráldicos ou brasonados, hagiográficos (com figuras de santos), hieráticos (com figuras de autoridades eclesiásticas), históricos, monásticos, institucionais, simbólicos e combinados ou associados; os selos podem ser aderentes ou pendentes, isto é, podem estar suspensos do documento por tiras de pergaminho, fitas de seda ou retrós, cordões, etc. Os fios de seda eram os que se utilizavam nas bulas de privilégio; nas bulas comuns usavam-se fios de barbante. Geralmente o selo era protegido por um invólucro constituído por um cocho de madeira, lata, latão, marfim, bolsa de couro ou tecido, que podia ser de seda bordada e mais vulgarmente de linho ou de estopa; casos há em que o requinte vai ao ponto de usar formas singulares de pequenos receptáculos para protecção do selo, como acontece no caso do selo inserido em minúsculos sapatinhos de cetim costurados pelas freiras do Lorvão • Estampilha do correio, também designada selo postal ou selo do correio • Carimbo do correio, de uma repartição oficial, casa comercial, etc. • Selo impresso no papel que se destina a requerimentos e outras petições oficiais.
SELO ABATIDO – Aquele cujo campo ocupa um plano mais profundo que o exergo; neste caso a legenda figura geralmente no bisel que une os dois planos.
SELO *AD CAUSAS* – Selo particular que usavam as autoridades municipais ou senhoriais no exercício da sua jurisdição contenciosa; em algumas cidades ou chancelarias o selo *ad causas* podia servir como selo de substituição do grande selo ou como equivalente do selo pequeno.
SELO ADERENTE – Aquele que não se apresenta destacado do documento, geralmente

pendente dele por um fio, mas que se encontra colado sobre o próprio documento. A aposição do selo aderente no verso de um documento como método de validação documental para o fechar, em vez do selo pendente de cera ou metal próprio dos documentos em pergaminho, resultou da necessidade de tomar em consideração as características do papel, menos resistente que aquele material de escrita.

SELO ALTERADO – Aquele cuja coloração primitiva passou, por exemplo, do verde ao negro.

SELO ANEPÍGRAFO – O que não possui qualquer legenda.

SELO ARMORIADO – Aquele que contém elementos heráldicos acrescentados à imagem: o escudo do titular do selo nos tipos equestre e pedestre, xairel do cavalo, estandarte da lança, escudetes no fundo do campo ou na decoração arquitectural deste (nichos, colunelos, etc.).

SELO AUTÊNTICO – Aquele que possui autoridade perante qualquer jurisdição em caso de contestação, quer pelo facto de ser emanado de uma autoridade pública ou de uma pessoa física ou moral *bene famosa*, quer porque a sua autenticidade foi afirmada por uma autoridade pública.

SELO BICOLOR – Selo de uma determinada cor (frequentemente de cera vermelha), aposto sobre selagem em molde de cera de uma outra cor (geralmente de cera natural).

SELO BIFACIAL – Selo duplo em que o direito e o reverso, da mesma dimensão, se completam para constituir um conjunto, obtido geralmente com o auxílio de uma matriz formada por dois elementos que se ajustam exactamente um ao outro.

SELO BRANCO – Matriz gravada em relevo destinada a marcar a impressão sigilar no suporte através da pressão exercida directamente sobre este • Por extensão, significa igualmente a própria impressão sigilar assim marcada no suporte.

SELO BRANCO AMOLECIDO – Aquele cuja face em borracha ou matéria semelhante perdeu a sua plasticidade original.

SELO BRANCO ENDURECIDO – Aquele cuja face em borracha ou matéria análoga perdeu a sua elasticidade original.

SELO BRANCO GRETADO – Aquele cuja face em borracha ou matéria semelhante fendeu na sequência de uma secagem.

SELO CERRADO – Sinete que coloca o conteúdo de um objecto assim marcado e, nomeadamente o de uma carta, sob uma protecção que o garante enquanto assim estiver fechado.

SELO COM INICIAIS – Aquele que se limita a indicar as primeiras letras do nome e apelido do seu titular, de que constitui o sinal ou sinete pessoal; por exemplo, os sinetes dos filhos de Filipe o Belo, Luís e Filipe, apresentam as letras L e P respectivamente.

SELO CREDENCIAL – Marca sigilar enviada por uma autoridade para credenciar uma pessoa ou atestar a origem de uma ordem.

SELO DA PURIDADE – Em latim *sigillum privatum* é, em princípio, o equivalente do selo de segredo; em Inglaterra, na sequência da evolução das instituições, deu lugar à organização de um serviço real particular, denominado *privy real*; o mesmo aconteceu em Castela. Selo de segredo. Selo secreto • Selo de anel.

SELO DE ANEL – Uma das espécies de selo dos documentos, obtida pela cravação do anel gravado sobre a cera ou lacre; também se davam ao selo de anel os nomes de sinete, selo pequeno, selo da puridade ou selo de camafeu.

SELO DE AUTORIDADE – É aquele em que se apresenta o rei ou imperador a cavalo.

SELO DE CAMAFEU – Selo da puridade ou secreto que não estava à guarda do chanceler e com o qual os reis expediam os negócios particulares e de menor importância. Selo de anel.

SELO DE CERA – Aquele cuja matéria-prima é constituída principalmente por cera de abelhas, mesmo que, além dos corantes contenha outros elementos misturados para lhe dar corpo ou endurecê-la (por vezes cal, gesso, terra, crinas, pêlos, etc.).

SELO DE CERA AMARELA – Selo de cor amarela, geralmente mais recente que o de cera branca, no qual era acrescentado à cera um corante (enxofre ou açafrão).

SELO DE CERA BRANCA – Selo de cera virgem.

SELO DE CERA VIRGEM – Designação pela qual é conhecido vulgarmente o selo de cera branca.

SELO DE CHAPA – Matriz metálica composta por dois elementos perfeitamente sobreponíveis e idênticos mas gravados, um em oco e do avesso e outro em relevo e do direito; em algumas ocasiões assume a forma de matriz de prensado • Selo aposto directamente no suporte de um acto; por vezes era colocado sobre sinais de cera dispostos em cruz e destinados a facilitar a aderência ou então sobre um papel especialmente preparado para recebê-lo; podia apresentar o bordo liso ou com recorte.

SELO DE CONFIRMAÇÃO – Selo colocado num documento por uma autoridade ou uma pessoa notável para certificar a autenticidade do selo aposto por uma pessoa menos notável.

SELO DE CORREIO – Pequeno pedaço de papel com cola, inicialmente monocromático, que atesta o pagamento de uma taxa; mais tarde transforma-se em vinheta artística, que assume diversos temas, formas e cores. Selo postal. Estampilha.

SELO DE DEVOÇÃO – Variante do selo de tipo hagiográfico, representa o titular do selo prostrado aos pés de Cristo, da Virgem Maria ou dos Santos.

SELO DE EFÍGIE – Aquele que apresenta uma imagem ou a figura do seu titular.

SELO DE EFÍGIE DE BUSTO – Aquele que oferece uma representação de meio-corpo do seu titular, estando representadas apenas a cabeça e a parte superior do corpo, podendo as mãos sustentar as insígnias do poder.

SELO DE FANTASIA – O que apresenta uma figuração ornamental, sem relação com o nome ou a actividade do titular (estrela, figura geométrica, árvore, planta, animal, etc.).

SELO DE JURISDIÇÃO – Selo de que usa uma autoridade, leiga ou eclesiástica, no exercício das suas atribuições judiciárias, contenciosas ou graciosas.

SELO DE JURISDIÇÃO GRACIOSA – Selo com o qual uma autoridade, leiga ou eclesiástica, sela os actos privados que os seus subordinados (ou eventualmente outras pessoas privadas que não têm capacidade sigilar ou sofrem de carência de selo) lhe pedem para notificar e autenticar, tendo então o tribunal judiciário desta autoridade competência para julgar litígios que nascerão a propósito da execução deste acto.

SELO DE MAJESTADE – Aquele que apresenta a efígie do soberano sentado no trono, com a cabeça coroada e ostentando as insígnias da soberania (globo, ceptro, mão da justiça, espada, etc.). *Sigillum majestatis*.

SELO DE OURO – Aquele cuja matéria-prima de que é feito é um metal amarelo, muito pesado e dúctil e de grande valor comercial, designado ouro ou oiro; certas bulas pontifícias ostentavam o selo de ouro, que normalmente era pago pelo destinatário.

SELO DE PRELADO EM CÁTEDRA – Selo que apresenta um prelado sentado no trono episcopal ou na cadeira abacial, com a mitra na cabeça, tendo numa mão o báculo ou um livro, enquanto com a outra mão lança a benção.

SELO DE PROPRIEDADE – Selo em borracha, metal ou marcador em relevo, que é usado para assinalar a marca de posse de um particular ou de uma instituição num determinado documento ou peça.

SELO DE SEGREDO – Selo de pequena dimensão que usa o detentor de uma autoridade pública para selar as suas missivas ou, mais geralmente, as peças documentais que lhe dizem pessoalmente respeito; pode igualmente servir de contra-selo ou ser utilizado como selo de substituição, em caso de ausência do selo grande. *Sigillum privatum*. Selo da puridade. Selo secreto.

SELO DE SUBSTITUIÇÃO – Selo usado por uma autoridade pública para validar os actos que ordenava, em caso de ausência ou de indisponibilidade do grande selo ou de um outro selo que o acto deveria apresentar, que ela declarava possuir um valor diplomático e jurídico equivalente.

SELO DE TIPO CATEDRALÍCIO – Aquele que apresenta uma personagem sentada numa cátedra magistral, ostentando frequentemente nas mãos os sinais de poder: ceptro, báculo, livro, etc.

SELO DE TIPO CRISTOLÓGICO – Selo que apresenta Cristo segundo a iconografia bizantina do Cristo isolado, em pé ou no trono; para a descrição de outras representações de Cristo será conveniente precisar: o tipo da Crucifixão, da Ressurreição, da Ascensão, do Cristo em Majestade, do trono da Glória, do Santo Sepulcro, etc.

SELO DE TIPO MARIANO – Aquele selo em que se representa a Virgem Maria; na sua descrição será conveniente precisar o tipo da Virgem que apresenta: com o Menino, da Anunciação, da Coroação, etc.

SELO DE VALIDAÇÃO – Aquele cuja aposição tem por finalidade conferir ao objecto com o qual é marcado uma atestação e, mais particularmente, conceder ao conteúdo de um documento uma garantia de autenticidade.

SELO DO JUIZ – Ordem, mandado ou bilhete citatório de um juiz, que é assinado pelo seu próprio punho ou sinal. Sinal. Sinal de juiz.

SELO EM PIÃO – O que apresenta a parte superior cheia e a inferior pontiaguda.

SELO FEMININO DE PÉ – Variante do selo do tipo pedestre, que representa uma mulher – rainha, princesa, abadessa ou outra dama – em posição vertical, tendo na mão uma flor, uma ave ou um livro.

SELO HAGIOGRÁFICO – Aquele em que figuram as pessoas da Santíssima Trindade, a Virgem, os Santos, os Anjos ou que apresenta cenas do Antigo Testamento ou da vida ou milagres de um santo ou ainda que comporta um símbolo divino, cristológico ou mariano.

SELO HEREDITÁRIO – É aquele que se transmite de geração em geração.

SELO ICONOGRÁFICO – Aquele que apresenta uma imagem, por oposição ao selo não figurativo.

SELO MONOGRAMÁTICO – Aquele em que figura o nome do titular sigilar sob a forma de um monograma (combinação das letras do nome e, eventualmente, do título sob forma geométrica); este tipo era especialmente frequente nos anéis sigilares merovíngios e nos selos bizantinos.

SELO NÃO FIGURATIVO – O que comporta no seu campo apenas inscrições, monogramas ou iniciais, com exclusão de qualquer imagem.

SELO NAVAL – Aquele em que, na representação iconográfica, avultam elementos náuticos: caravelas, barcos, cordas, etc.

SELO PENDENTE – Num documento manuscrito ou impresso, selo que fica ligado a ele através de um fio, que pode ser de seda, pergaminho, algodão, linho, cânhamo, etc.

SELO PESSOAL – Aquele que é pertença individual e que deve ser destruído à morte do seu proprietário.

SELO PIRIFORME – Aquele que apresenta a parte superior pontiaguda e a inferior cheia, em forma de pêra.

SELO POSTAL – Estampilha ou franquia postal para afixação em correspondência, contendo a indicação do seu valor e do país de origem. Selo de correio.

SELO SOLTO – Aquele que, separado materialmente, é conservado sem nenhuma relação com o documento ao qual estava aposto originalmente, quer esta separação tenha sido voluntária ou acidental.

SELO TRIANGULAR – Selo em forma de triângulo isósceles, de triângulo curvilíneo, etc.

SEM LUGAR – Em descrição bibliográfica diz-se sem lugar aquela obra em que o local de publicação não vem indicado. *S.l.*

SEM LUGAR NEM DATA – Em descrição bibliográfica diz-se sem lugar nem data uma obra em que não vêm indicados nem o local de publicação nem a data em que ela foi publicada.

SEM RESERVA – Sem excepção. Sem restrições.

SEMA – Unidade mínima de significação num lexema.

SEMANA DO LIVRO – Iniciativa organizada no âmbito das actividades destinadas a fomentar a leitura, feita em colaboração com escritores que se deslocam às bibliotecas para fazer conferências, dar autógrafos, falar da sua actividade enquanto escritores, etc.

SEMANA SANTA – Livro que contém orações próprias deste período do ano litúrgico católico.

SEMANAL – Diz-se da publicação que sai uma vez por semana. Semanário. Hebdomadário.

SEMANÁRIO – Publicação periódica semanal. Hebdomadário. Semanal.

SEMANÁRIO LOCAL – Aquele que transcreve notícias de carácter local; é mais restritivo nas suas notícias que o jornal regional.

SEMANÁRIO REGIONAL – Aquele que publica notícias que dizem respeito a uma região, dando especial ênfase àquelas que se relacionam com determinada zona geográfica do país.
SEMANTEMA – Palavra encarada sob o ponto de vista do seu significado • Elemento significativo de uma palavra.
SEMÂNTICA – Parte da Linguística que estuda o valor semântico ou sentido das palavras e das frases • Estudo das mudanças que sofre o significado das palavras. Semasiologia.
SEMÂNTICO – Referente ao significado das palavras. Significativo.
SEMASIOLOGIA – Semântica. Sematologia.
SEMATOLOGIA – O mesmo que Semântica. Semasiologia. Tratado do significado e das alterações de significado das palavras.
SEMATOLÓGICO – Referente à sematologia.
SEMEADO – Diz-se do campo heráldico cheio de peças pequenas, dispostas em linhas desencontradas com simetria; junto aos bordos do escudo podem apresentar-se apenas meias peças e nos ângulos quartos de peças.
SEMEMA – Vocábulo, palavra concretizada no discurso.
SEMESTRAL – Publicação que sai de seis em seis meses ou duas vezes por ano. Semestrário. Bianual.
SEMESTRÁRIO – O mesmo que semestral.
SEMESTRE – Conjunto dos números de uma publicação periódica publicados durante seis meses • Espaço de seis meses consecutivos.
SEMIANALFABETO – Nome dado à pessoa que, embora saiba ler e escrever, pela falta de prática ou por outras razões, mostra grandes dificuldades em fazê-lo, apresentando igualmente grandes lacunas de instrução • Pessoa que sabe ler mas não sabe escrever.
SEMICÓLON (pal. ingl.) – *Ver* Ponto e vírgula.
SEMICONSOANTE – O mesmo que semivogal.
SEMILINGUE – Pessoa bilingue ou multilingue, que não apresenta grau de competência linguística suficiente em pelo menos uma das suas línguas para assegurar a comunicação na comunidade linguística em que está inserida.
SEMILINGUISMO – Situação de bilinguismo ou multilinguismo em que o grau de competência gramatical e/ou comunicativa de um indivíduo bilingue em, pelo menos, uma das suas línguas, não é suficiente para assegurar a comunicação na comunidade linguística em que está inserido.
SEMINÁRIO – Reunião técnico-científica, fonte de informação primária que desempenha um papel muito importante na transferência de conhecimentos nas diversas áreas do saber • Grupo de estudos em que é debatida a matéria que é exposta por cada um dos participantes • Procedimento metodológico que supõe a utilização de técnicas (uma dinâmica de grupo) para o estudo e pesquisa em grupo sobre um tema exactamente fixado • Nome dado ao resultado de um trabalho desenvolvido por um aluno sob a orientação de um professor.
SEMI-NEGRO – Diz-se da letra ou do filete mais grosso do que o fino e menos grosso do que o negro.
SEMI-OFICIAL – Que é quase oficial, mas que ainda não foi aprovado na totalidade pelas entidades competentes.
SEMIOGRAFIA – Representação através de sinais. Notação.
SEMIOLOGIA – Ciência cujo objectivo é o estudo dos sistemas de signos • Estudo da linguagem aplicada aos meios da comunicação social.
SEMIOLÓGICO – Relativo à semiologia.
SEMIÓTICA – Ciência dos signos • Estudo lógico do significado.
SEMI-PASTA – Pasta de papel liberta de impurezas antes de ser refinada.
SEMI-UNCIAL -*Ver* Escrita semi-uncial.
SEMIVOGAL – Som linguístico que se situa entre a vogal e a consoante que forma ditongo quando faz parte de um núcleo de sílaba em conjunto com uma vogal. O mesmo que semi--consoante.
SEM NOME – Anónimo • Inominado. Que não pode designar-se ou exprimir-se.
SEM NÚMERO – Inumerado • Inumerável • Grande número.
SÉNIO – Formato de caderno com dobragem de doze folhas e vinte e quatro páginas.

SENIONES (pal. lat.) – Nome dado aos cadernos de vinte e quatro páginas formados dobrando pelo meio seis folhas de pergaminho sobrepostas, para a confecção de um códice.
SENSAÇÃO – Emoção produzida por uma notícia importante.
SENSACIONAL – Que causa sensação • Espectacular • Extraordinário • Notável. Importante.
SENSACIONALISMO – Qualidade de sensacional.
SENSACIONALISTA – Relativo ao sensacionalismo.
SENSÍVEL AO AZUL – Diz-se das películas e do material fotográfico que são facilmente impressionáveis especialmente pelo azul e pelo ultravioleta no espectro luminoso.
SENSOR ELECTRÓNICO – *Ver* Sistema electrónico de segurança.
SENSUS (pal. lat.) – Fase do método escolástico do ensino da leitura, que tem como antecedentes a *lectio* e a *littera* e na qual o aluno adquiria o sentido do texto de acordo com as diversas interpretações que estavam oficializadas na época. Sentido do texto • Modo de ver, modo de pensar. Pensamento. Ideia • Razão. Inteligência • Frase. Período.
SENTENÇA – Provérbio, locução que encerra um princípio ou pensamento moral. *Sententia*. Máxima. Anexim. Rifão. Parémia • Oração • Julgamento ou decisão final de um juiz, tribunal ou árbitro • Decisão ou despacho • Parecer. Opinião.
SENTENÇAS – Nome pelo qual é mais conhecida a famosa obra de Pedro Lombardo, que foi o manual escolar fundamental para o ensino da Teologia durante a Idade Média até ao século XVI; trata-se de uma obra de síntese, na qual se apresentam recolhidos e sistematizados os elementos tradicionais da Teologia, acompanhados da opinião da Igreja acerca deles; o seu favoritismo como manual escolar foi ultrapassado com o aparecimento da *Summa Theologica* de S. Tomás de Aquino.
SENTENCIAR – Formular conceito ou opinião acerca dos actos de alguém • Dar sentença • Condenar através de sentença • Decidir.
SENTENTIA (pal. lat.) – Doutrina, ensino que pode ser extraído da *lectio* ou comentário do texto medieval • Parecer. Opinião • Pensamento. Ideia. Frase • Sentido. Significado • Máxima. Sentença.
SENTIDO – Significado. Significação de uma palavra, de um texto, etc. • Ponto de vista • Interpretação. Asserção. Acepção • Raciocínio • Aspecto.
SENTIDO ALEGÓRICO – Significado, acepção que é apresentada sob forma figurada.
SENTIDO ANAGÓGICO – Significado, acepção que foi construída a partir da interpretação mística dos livros sagrados.
SENTIDO ANALÓGICO – Significado, acepção que é baseada nos pontos semelhantes entre objectos diferentes.
SENTIDO ARCAICO – Significação antiga e desusada de uma palavra, de um texto, etc.
SENTIDO CONOTATIVO – Nível da linguagem em que as palavras são utilizadas num sentido diferente daquele que é apresentado nos dicionários.
SENTIDO DENOTATIVO – Nível da linguagem em que as palavras são utilizadas no seu sentido habitual, isto é, aquele que lhes é atribuído nos dicionários.
SENTIDO FAMILIAR – Significação corrente, habitual, de uma palavra, de um texto, etc.
SENTIDO LATO – Significação ampla, extensiva; usa-se sobretudo como antónimo de sentido restrito.
SENTIDO LITERAL – Significado de base de um termo complexo ou transferido; o sentido literal de um termo complexo é determinado pela sua estrutura, o de um termo transferido é o seu sentido próprio • Possível leitura de um texto na qual se obtém apenas o sentido da letra.
SENTIDO POPULAR – Significação vulgar, plebeia, de uma palavra, de um texto, etc.
SENTIDO RESTRITO – Significação limitada, reduzida; usa-se sobretudo como antónimo de sentido lato, amplo, total.
SEP. – Abreviatura de separata.
SEPARADOR – Elemento de uma notação que aparta elementos individuais no interior de um índice • Folha intercalada, em geral de cor diferente da do texto, que serve para distinguir partes • Dispositivo usado para dividir grupos de entradas dentro de um catálogo. Divisor •

Em informática, carácter ou símbolo de determinada forma usado em processamento de dados para marcar os termos das unidades de informação.

SEPARADOR DE CAMPO – Em catalogação em sistemas automatizados, formato *UNIMARC*, é o símbolo de controlo (#) usado no fim de cada campo variável para o separar do campo seguinte e utilizado também no final da directoria.

SEPARADOR DE CÓPIAS – Máquina ou dispositivo que divide folhas copiadas.

SEPARADOR DE REGISTO – *Ver* Terminador de registo.

SEPARAR – Pôr à parte. Apartar • Na correcção tipográfica, deixar espaço entre duas letras ou palavras ou entre as linhas • Pôr de lado. Escolher documentos da colecção de uma biblioteca, arquivo, serviço de documentação, etc., para os retirar dela ou para os colocar em armazém, numa zona onde se encontram depositados os documentos com menos procura.

SEPARATA – Designação dada à nova publicação, de parte de uma impressão ou edição que já foi divulgada sob uma forma diferente; trata-se de cadernos correspondentes a uma parte ou capítulo de uma obra, que se encadernam separados e apresentam título e, por vezes, paginação próprios. Tirado à parte.

SEPARÁVEL – Que pode separar-se.

SÉPIA – Inicialmente era o nome dado à secreção produzida pelas lulas, base por vezes usada para o fabrico de tintas de escrever no império romano • Tinta feita a partir do líquido ejectado pelas lulas ou outros moluscos cefalópodes marinhos; é utilizada como pigmento negro de cor acastanhada em desenho, águatinta ou aguarela. • Desenho obtido por este processo.

SEPTENA – Estrofe de sete versos.

SEPTÉNIO – Formato de caderno com dobragem de catorze folhas e vinte e oito páginas.

SEPTENIONES (pal. lat.) – Nome dado aos cadernos de vinte e oito páginas formados dobrando pelo meio sete folhas de pergaminho sobrepostas, para a confecção de um códice.

SEPTIFÓLIO – O que tem sete folhas • Que tem folhas divididas sete a sete.

SEPTUAGINTA (pal. lat.) – Designação da versão grega mais arcaica do Antigo Testamento; foi feita em Alexandria por setenta e dois rabinos, no século III a. C.; instalados na ilha de Pharos, traduziram o *Pentateuco*, ou seja, os cinco primeiros livros da Bíblia, a saber: o *Génesis*, o *Êxodo*, o *Levítico*, os *Números* e o *Deuteronómio*. Versão dos Setenta.

SEQ. – Abreviatura de *sequentia*, seguinte ou que se segue.

SEQUELA – Continuação • Obra independente, mas que dá sequência ao conteúdo de uma obra anterior.

SEQUÊNCIA – Sucessão de unidades impressas, publicadas com intervalos, relacionadas entre si quer pelo assunto, quer pelo autor, quer pelo formato ou preço, quer pela numeração contínua. Seguimento. Continuação • Série • Relato cronológico de um acontecimento em curso (debate parlamentar, reunião do Conselho de Segurança, prova desportiva, etc.); deve ser difundido em pequenos telegramas que não ultrapassem a centena de palavras, podendo a série ser interrompida por um boletim ou mesmo um *flash* com informações especialmente importantes, a inserir depois na ordem cronológica do acontecimento em curso • Sucessão unitária e completa de imagens que representam o desenvolvimento de uma acção.

SEQUÊNCIA DE AUTOR – Sucessão que é ordenada alfabeticamente pelo nome do autor.

SEQUÊNCIA DE NUMERAÇÃO – Designação atribuída ao grupo de páginas, folhas, etc. que comporta uma enumeração distinta, ao grupo de folhas, páginas, etc. não numeradas que não se integra nos restantes grupos ou ao número determinado de páginas, folhas, etc. de estampas ou ilustrações repartido ao longo da publicação.

SEQUENCIAL – Livro litúrgico que contém as sequências, ou seja, as partes que se cantam na missa após a epístola.

SEQUENTE – Seguinte. Imediato.

SEQUENTIA (pal. lat.) – Trecho lírico, rimado, de natureza litúrgica, que é cantado ou rezado após a epístola em algumas missas solenes. *Ver* Sequencial.

SER DE LETRAS GORDAS – Ser analfabeto. Ser iletrado • Ler apenas os títulos, ficando com a sensação de abarcar todo o conteúdo de um texto • Não possuir qualquer conhecimento de literatura.

SER DO DOMÍNIO PÚBLICO – Expressão usada a propósito das produções dos escritores, dos artistas e dos inventores, cuja propriedade deixou de lhes pertencer porque se cumpriram os prazos legais para que essas produções possam ser reproduzidas por qualquer pessoa jurídica ou moral.

SER PUBLICADO – Aparecer, verbo utilizado ao falar de um artigo ou obra.

SÉR. – Abreviatura de série.

SERIAÇÃO – Ordenação, disposição em série • Sistematização.

SERIADO – Disposto por uma determinada ordem • (port. Bras.) Folhetim.

SERIAL – Disposto em série ou sequência • Referente a série.

SERIAL LINE INTERNET PROTOCOL (loc. ingl.) – Protocolo da *Internet* para Ligações em Série, que serve para ligar um computador à *Internet* por meio de uma linha telefónica e de um modem. *SLIP.*

SERIALS INDUSTRY SYSTEMS ADVISORY COMMITTEE (loc. ingl.) – Comité Assessor para os Sistemas Comerciais de Publicações em Série. *SISAC.*

SERIAR – Fazer uma série. Dispor em série • Fazer a classificação de. Ordenar. Agrupar.

SERICOLAGEM – Processo de restauro de uma folha de papel através da colagem de musselina de seda ou outro tecido semelhante em ambas as faces.

SÉRIE – Sequência. Sucessão. Continuação ordenada e sucessiva • Toda e qualquer publicação unitária que, tendo o seu título próprio, possui igualmente um título relacionado com um grupo; pode ser numerada ou não • Volumes numerados por separado dentro de uma série ou publicação em série: primeira série, segunda série, etc. • Categoria. Classe.

SÉRIE ACTIVA – *Ver* Publicação em série activa.

SÉRIE ARQUIVÍSTICA – Divisão básica do fundo arquivístico, que corresponde a conjuntos documentais com características comuns • A mais pequena unidade arquivística susceptível de ser descrita colectivamente; é constituída por uma sequência de documentos do mesmo fundo ou núcleo que a sua organização original determinou para efeitos de recuperação • Conjunto dos dossiês ou documentos no interior de um fundo, ordenados segundo um sistema de classificação (alfabético, numérico, cronológico ou uma combinação destes sistemas) ou mantidos agrupados porque dizem respeito a uma função ou a um dado assunto, resultam de uma mesma actividade ou revestem uma mesma forma ou por qualquer outra razão ligada à sua criação, recepção ou destino.

SÉRIE DE ARQUIVO – Sequência de peças da mesma natureza no interior de um fundo de arquivo; estas séries podem ser cronológicas, alfabéticas ou metódicas. Série arquivística.

SÉRIE DE MAPAS – Conjunto formado por várias unidades cartográficas relacionadas, mas que são material e bibliograficamente diferentes e que foram feitas para constituir um único grupo.

SÉRIE DE NOÇÕES – Sucessão de conceitos ligados entre si na qual cada um é precedido e seguido apenas de um único conceito; uma ou várias séries de noções constituem um conjunto de noções ligadas; uma série é um conjunto linear. Numa série vertical as noções são subordinadas umas à outras, numa série horizontal as noções são coordenadas, têm um mesmo grau de abstracção ou de divisão.

SÉRIE DE REGISTOS – Em arquivística é o conjunto de registos que são mantidos como uma unidade, unidade essa que se projecta manter permanentemente, porque os registos estão relacionados com um assunto ou função específico, resultam da mesma actividade, apresentam uma determinada forma ou alguma outra relação proveniente da sua criação, recepção ou utilização.

SÉRIE DO AUTOR – Diz-se que uma série é do autor quando as obras de um mesmo autor são publicadas numa série própria.

SÉRIE DO EDITOR – Conjunto de livros, cada um dos quais contém uma ou mais obras distintas, relacionadas entre si por assunto ou forma, e que é geralmente publicado por um

editor sob um título comum, para além dos títulos específicos das obras.
SÉRIE DOCUMENTAL – Conjunto de obras independentes de documentos classificados juntos e mantidos agrupados, porque se referem a um determinado assunto, resultam de uma mesma actividade, têm características físicas semelhantes ou por qualquer outra razão.
SÉRIE FECHADA – *Ver* Colecção fechada.
SÉRIE MONOGRÁFICA – Conjunto de monografias, numerado ou não, em que elas estão relacionadas entre si geralmente pelo tema, são publicadas umas na sequência das outras, regra geral pela mesma casa editora, num estilo mais ou menos com a mesma forma e apresentam um título comum, que se aplica ao conjunto como a um todo e com duração, à partida, não delimitada; o título colectivo da série aparece impresso em geral no alto da folha de rosto, da guarda inicial ou da capa do livro. Colecção monográfica.
SÉRIE PASSIVA – *Ver* Publicação em série passiva.
SÉRIE PRINCIPAL – Série numerada que contém uma ou mais subséries.
SÉRIE TEMÁTICA – Designação dada a um conjunto de obras que tratam diversos aspectos de um mesmo tema e que são publicadas por uma única editorial num formato uniforme.
SERIES CHARTARUM (loc. lat.) – *Ver* Registo.
SERIFA – Elemento decorativo que apresentam as hastes de alguns caracteres de imprensa • Remate da letra.
SERIGRAFIA – Impressão executada mediante a utilização de telas de seda ou material semelhante, como matriz flexível, fixada num caixilho; obtém-se a matriz a partir do revestimento dessas telas com cera ou verniz permitindo a criação da imagem à mão ou com material despeliculável e autocolante ou ainda com processamento fotomecânico e fotoquímico; a tinta é espalhada manual ou mecanicamente sobre a matriz, depositando-se no suporte da impressão através da rede. Impressão com retícula • Pintura, estampa sobre seda, impressão serigráfica.
SERINGADOR – Espécie de almanaque ou repertório popular publicado anualmente, que contém não só uma grande variedade de informações relativas ao ano a que se reporta, como calendário e festividades religiosas, feriados, etc., mas também curiosidades, conselhos referentes à medicina caseira e às diversas actividades agrícolas baseados na sua maioria em conhecimentos empíricos de meteorologia, astrologia, etc. É geralmente vendido nas ruas. Borda-d'água. Almanaque. Calendário.
SERMÃO – Discurso escrito sobre assunto religioso, para ser proferido num púlpito por um padre ou pregador. Prédica. Pregação • Discurso longo e enfadonho com finalidade moralizante.
SERMÃO DE ACÇÃO DE GRAÇAS – Discurso de carácter religioso, geralmente apresentado de forma solene, inserido numa cerimónia litúrgica (uma missa, um *Te Deum*, etc.), no qual se pretende fazer um agradecimento à Divina Providência ou a um santo, pela sua intercessão numa determinada circunstância difícil como uma tempestade, um tremor de terra, uma inundação ou numa outra de carácter feliz, como o nascimento de um príncipe, a coroação de um rei, o seu casamento, etc.
SERMO (pal. lat.) – Diálogo. Discussão. Conversação literária • Linguagem familiar. Modo de falar • Língua, idioma.
SERMO CASTRENSE (loc. lat.) – *Ver* Latim castrense.
SERMO ERUDITUS (loc. lat.) – Latim clássico.
SERMO LATINUS (loc. lat.) – Língua latina.
SERMO PEDESTRIS (loc. lat.) – *Ver* Latim popular.
SERMO PERPOLITUS (loc. lat.) – Latim clássico.
SERMO PLEBEIUS (loc. lat.) – Falar do povo. Latim popular. *Ver* Latim vulgar.
SERMO QUOTIDIANUS (loc. lat.) – Falar do povo. Latim popular. *Ver* Latim vulgar.
SERMO RUSTICUS (loc. lat.) – Falar dos aldeãos. Latim popular. *Ver* Latim vulgar.
SERMO URBANUS (loc. lat.) – Falar dos habitantes da cidade.
SERMO VULGARIS (loc. lat.) – Falar do povo. Latim popular. *Ver* Latim vulgar.
SERMOLOGUS (pal. lat.) – *Ver* Homiliário.
SERMONÁRIO – Conjunto de sermões que normalmente serviam de modelo a outros •

Autor de sermões • Pertencente, referente a sermões.

SERMUNCULUS (pal. lat.) – Pequeno discurso escrito.

SERPENTE – Termo importado do francês, que designa a folha de papel fino e não colado, mais ou menos transparente, intercalada entre as folhas de um livro a fim de proteger as gravuras e evitar o transporte de tinta para a página em face da gravura, sempre possível antes da secagem completa e mesmo depois; por vezes apresenta uma legenda impressa, cuja conservação é indispensável; o nome dado a este papel (antigo papel José) vem do facto de esta variedade de papel inicialmente apresentar uma filigrana com a forma de serpente • Elemento decorativo presente em algumas marcas tipográficas usado como representação simbólica das forças terrestres e materiais • Em heráldica a serpente ondulante ou enroscada num outro elemento significa a ciência e a prudência.

SERPENTIFORME – Diz-se da forma de algumas iniciais decorativas da iluminura semelhantes ao desenho de uma cobra, que nalguns casos se estende livremente pelas margens do manuscrito. Inicial serpentiforme. Inicial ofiomórfica.

SERRA – *Ver* Serrote.

SERRAR – Em encadernação, proceder à serrotagem da lombada dos cadernos do livro, facilitando a costura e escondendo os cordéis da cosedura, a fim de tornar a lombada lisa. Serrotar.

SERROTAGEM – Corte feito na lombada para alojar as cordas da encadernação.

SERROTAGEM DE REMATE – Em encadernação designa-se deste modo o pequeno corte feito nas pontas da lombada, onde se coloca o encadeado que prende os cadernos uns aos outros.

SERROTAR – Em encadernação, consiste em fazer alguns cortes com um serrote na lombada dos livros, para posteriormente se poderem coser os cadernos; estes cortes devem corresponder ao número de cordas com que tenciona coser-se o volume, acrescido de duas outras, que se destinam às cadeias de remate. Serrar.

SERROTE – Instrumento de lâmina cortante usado em encadernação para fazer sulcos na lombada dos livros. Serra.

SERVER (pal. ingl.) – Servidor. Computador ou programa que disponibiliza recursos a um cliente, correndo remotamente. *Serveur*.

SERVEUR (pal. fr.) – *Ver* Servidor.

SERVI LITTERATI (loc. lat.) – Designação dada aos escravos a quem estava confiado o trabalho de cópia de manuscritos na Antiguidade clássica.

SERVIÇO BIBLIOGRÁFICO – Designação de uma empresa que comercializa serviços e produtos bibliográficos para bibliotecas, arquivos, serviços de documentação, etc.

SERVIÇO CENTRAL DE EMPRÉSTIMO – Serviço existente num determinado país ao qual cabe a coordenação de todas as operações respeitantes à circulação inter-institucional, a pedido, de livros e documentos nesse país, para o país e para o estrangeiro.

SERVIÇO DA BIBLIOTECA INFANTIL – Unidade administrativa de uma biblioteca pública responsável pelo trabalho junto das crianças, nos espaços a elas reservadas, ou qualquer outra organização que oferece um serviço de bibliotecas para crianças. Secção infantil.

SERVIÇO DA BIBLIOTECA JUVENIL – Unidade administrativa de uma biblioteca pública encarregada de colocar à disposição dos adolescentes pessoal, colecções e lugares especiais.

SERVIÇO DE *A & I* – Serviço ou sector de uma biblioteca ou serviço de documentação onde se procede à elaboração de resumos analíticos de documentos e publicações e à indexação de um determinado conteúdo. *Abstracting and Indexing* • O fornecimento dessa informação.

SERVIÇO DE *ABSTRACTS* – Aquele serviço ou sector de uma biblioteca ou serviço de documentação onde se fazem resumos incidindo sobre um determinado campo ou assunto, preparados por uma pessoa ou colectividade, e distribuídos periodicamente aos subscritores ou a pedido • O fornecimento dessa informação.

SERVIÇO DE ALERTA – Serviço destinado a manter potenciais interessados ao corrente dos novos documentos conhecidos que são relevantes para o seu trabalho.

SERVIÇO DE ANÁLISE DOCUMENTAL – Aquele que fornece resumos analíticos de documentos sobre determinado assunto.

SERVIÇO DE AQUISIÇÕES – Unidade administrativa responsável pela obtenção da documentação sob todas as suas formas, quer através de compra, quer por permuta ou oferta; mantém o registo de entradas, inclui a selecção, pedido e recepção do material, o processamento das facturas ou o expediente da permuta ou da oferta e a manutenção dos registos referentes às aquisições • Conjunto de actividades que são utilizadas por essa unidade.

SERVIÇO DE ASSESSORIA – Aconselhamento especial sobre o funcionamento global de um serviço ou de uma determinada área específica desse serviço, que é proporcionado a uma biblioteca ou outra instituição, por um perito ou grupo de peritos, que em geral não pertence a essa instituição.

SERVIÇO DE CATALOGAÇÃO – Unidade administrativa de uma biblioteca, serviço de documentação, etc. responsável pelo registo e descrição dos documentos para a organização de catálogos e bibliografias e também, em várias bibliotecas, pela classificação dos livros e outros documentos.

SERVIÇO DE CONSULTA E INFORMAÇÃO – *Ver* Serviço de informação bibliográfica e de referência.

SERVIÇO DE CONSULTA POR VÍDEO – *Ver* Teleconsulta.

SERVIÇO DE DOCUMENTAÇÃO E INFORMAÇÃO – Organismo que, tomando como ponto de referência o utilizador e as suas necessidades documentais, exerce funções relacionadas com a organização, tratamento e difusão da informação.

SERVIÇO DE EMPRÉSTIMO – Numa biblioteca, arquivo, serviço de documentação, etc. é o sector ou o serviço responsável pela cedência de documentos aos utilizadores, com o encargo de os devolverem dentro dos prazos fixados de acordo com o respectivo regulamento.

SERVIÇO DE ENCADERNAÇÃO E RESTAURO – Unidade administrativa ou sector de uma biblioteca, arquivo ou serviço de documentação onde se procede ao rastreio dos desgastes nos materiais bibliográficos, principalmente no que respeita às encadernações, se determinam as técnicas a aplicar na sua renovação e se procede ao conjunto de operações convenientes. Serviço de operações técnicas.

SERVIÇO DE ENTREGA – Operação do comércio do livro que consiste na distribuição de pacotes dos editores e livreiros, que em muitos países constitui um serviço próprio.

SERVIÇO DE ESPIOLHAMENTO – Serviço ou sector de uma biblioteca, arquivo, serviço de documentação, etc., onde se analisam e registam num repertório, frequentemente recapitulado, certos assuntos de uma ou várias categorias de publicações; este serviço é geralmente assegurado de modo regular por uma agência, na sequência de uma subscrição ou em resposta a um pedido especial.

SERVIÇO DE EXTENSÃO BIBLIOTECÁRIA – Abastecimento de material e serviços feito por uma biblioteca, que inclui os de assessoria a organizações e pessoas alheias à sua área normal de actividade, especialmente em zonas em que, para além deste, não se pode dispor de um serviço de biblioteca • Abastecimento de material e serviços a particulares e instituições alheias à universidade por parte de uma biblioteca universitária, com frequência em apoio dos programas educativos fora do âmbito da universidade, das associações de pais, etc.

SERVIÇO DE EXTENSÃO CULTURAL – Designação dada às redes de bibliotecas regionais ou provinciais criadas pelas bibliotecas públicas para atingir aqueles que vivem em localidades onde não existe biblioteca; pode assumir diversas formas: um serviço de *bibliobus*, assegurado pela biblioteca central do distrito à população das zonas mais afastadas, a colocação de caixas de livros por ela seleccionados em locais bem situados no centro das localidades, numa escola ou num armazém, ou o empréstimo aos particulares através do correio • Designação do sector de uma biblioteca, arquivo, serviço de documentação, etc. onde são preparadas exposições e produtos multimédia, organizados cursos e conferências, montados serviços educativos, exposições itinerantes, apoiadas instituições de ensino por meio de visitas guiadas, etc.

SERVIÇO DE FORNECIMENTO DE DOCUMENTOS – Aquele onde se assegura o provimento de documentos publicados ou por publicar, em forma impressa ou microforma, respondendo a um pedido e, regra geral mediante o pagamento de um determinado montante previamente fixado • Serviço que fornece os documentos pedidos para entrega na própria instituição ou no domicílio dos utilizadores.

SERVIÇO DE GESTÃO DE DOCUMENTOS – Em arquivística, aquele serviço ao qual competem, entre outras, as funções de preparação das incorporações, avaliação e triagem de documentos, produção de instrumentos de consulta, gestão do depósito intermédio e organização das transferências para o arquivo histórico.

SERVIÇO DE IMPRENSA – Departamento ou escritório de uma administração pública ou privada, que está encarregado das relações com os jornalistas.

SERVIÇO DE INDEXAÇÃO E RESUMOS – Aquele que procede a entregas periódicas de informação em qualquer tipo de suporte, o que possibilita o acesso a trabalhos relacionados com uma especialidade ou grupo de especialidades através de termos de indexação e de resumos por assuntos; há instituições que fazem este serviço a título gratuito, outras por meio de assinatura.

SERVIÇO DE INFORMAÇÃO – Organização que tem como função essencial a de fornecer dados informativos a um grupo de utilizadores • Em arquivística, aquele ao qual, entre outras funções, cabem as seguintes: a observância de critérios de comunicabilidade dos documentos, a exploração de bases de dados, a prestação de informações administrativas, o controlo das requisições internas, a gestão dos serviços de leitura e a reprografia.

SERVIÇO DE INFORMAÇÃO BIBLIOGRÁFICA – Actividade ou secção dos serviços públicos de uma biblioteca, arquivo, serviço de documentação, etc., que tem por finalidade dar resposta aos pedidos específicos de informação bibliográfica por parte dos utilizadores.

SERVIÇO DE INFORMAÇÃO BIBLIOGRÁFICA E DE REFERÊNCIA – Serviço de fornecimento de informação específica aos utilizadores, feito geralmente a pedido e assegurado com frequência através de telefone, faxe, correio electrónico ou por outros meios semelhantes. Serviço de consulta e informação. Serviço de pesquisa.

SERVIÇO DE INFORMAÇÃO DO CIDADÃO – Serviço de biblioteca ou documentação ou sector de um serviço, cujo objectivo é o de auxiliar os grupos mais desfavorecidos da comunidade a que pertence a solucionar os problemas quotidianos que decorrem da sua condição de cidadãos de uma sociedade, tais como direitos, família, alojamento, emprego, educação, etc.

SERVIÇO DE INFORMAÇÕES – Actividade ou secção de um serviço público ou particular encarregada de fornecer instruções gerais a todas as pessoas que nele se apresentarem.

SERVIÇO DE OBTENÇÃO DE DOCUMENTOS – Serviço de procura e aquisição de cópias de textos integrais, cujas referências bibliográficas foram recuperadas.

SERVIÇO DE OPERAÇÕES TÉCNICAS – Unidade administrativa ou sector responsável pela preparação e conservação material, assim como pela reparação de toda a documentação de uma biblioteca, arquivo, serviço de documentação, etc.; as tarefas e operação deste serviço são normalmente levadas a cabo pelos técnicos. Serviço de encadernação e restauro.

SERVIÇO DE ORIENTAÇÃO DO LEITOR – Serviço ou sector de uma biblioteca, arquivo, serviço de documentação, etc. cujo objectivo é o de oferecer aos seus utilizadores informações sobre assuntos relacionados com o seu uso no que respeita ao estudo, à investigação, à pesquisa e à utilização dos recursos nele existentes. Serviço de referência • O lugar onde esse serviço é prestado.

SERVIÇO DE PEDIDO DE DOCUMENTOS – Em recuperação da informação, serviço fornecido por uma biblioteca, arquivo, serviço de documentação, etc. que consiste na petição de

uma cópia ou exemplar de um documento a outra instituição, a pedido de um utilizador.
SERVIÇO DE PERGUNTA-RESPOSTA – Modalidade de serviço de informação muito comum em países desenvolvidos, em que o utilizador directamente, por escrito, telefone ou computador, se dirige a um sector de uma instituição e obtém rapidamente as respostas às perguntas que faz a unidades especializadas de informação existentes nessa instituição.
SERVIÇO DE PERMUTA – Numa biblioteca, arquivo, serviço de documentação, etc., é aquele serviço onde o pessoal se encarrega da troca de documentos de qualquer natureza, nomeadamente sob a forma de duplicados.
SERVIÇO DE PESQUISA – Instituição, oficial ou particular, que tenta localizar e obter material, por vezes esgotado ou raro, que lhe é solicitado pelos seus utilizadores • Serviço de informação bibliográfica e de referência.
SERVIÇO DE PROSPECÇÃO DA BIBLIOTECA – Criação e desenvolvimento de programas de serviço de biblioteca, arquivo, serviço de documentação, etc., que prevêem as necessidades dos leitores ou de um grupo de leitores na comunidade.
SERVIÇO DE PUBLICAÇÕES – Departamento, repartição ou qualquer outro organismo, do Estado ou particular, que edita publicações oficiais ou institucionais.
SERVIÇO DE PUBLICAÇÕES PERIÓDICAS – Unidade administrativa ou sector de uma biblioteca, arquivo, serviço de documentação, etc., que é responsável pela selecção, aquisição e manutenção da documentação que se apresenta sob a forma de publicação periódica; em alguns serviços ocupa-se igualmente das sequências e colecções entendidas no sentido estrito.
SERVIÇO DE RECENSÕES CRÍTICAS – Serviço que examina, avalia e sintetiza documentos acerca de determinado tema, para apresentar um comentário mais ou menos desenvolvido sobre cada um deles e, eventualmente, uma apreciação acerca do seu conteúdo • Departamento de uma instituição ou secção de um serviço onde essas tarefas são levadas a cabo.

SERVIÇO DE RECORTES – Actividade levada a cabo diariamente em bibliotecas especializadas, que consiste em seleccionar e cortar notícias relacionadas com o trabalho da organização e enviá-las aos funcionários da mesma, ou sistematizá-las e organizá-las para uso futuro • Sector ou serviço onde é exercida tal actividade.
SERVIÇO DE REFERÊNCIA – Serviço ou departamento ao qual cabe a tarefa de orientar o leitor no uso de uma biblioteca, arquivo, serviço de documentação, etc. e no aproveitamento dos recursos que podem ser proporcionados pelo acervo existente no próprio local. Dessa orientação faz parte o fornecimento de informações sobre a documentação à disposição, condições de consulta, instrumentos de pesquisa disponíveis, condições de obtenção de reproduções, etc. Divisão de referência. Serviço de orientação do leitor.
SERVIÇO DE RESUMOS – Departamento de uma instituição ou sector de um serviço onde se procede à análise e elaboração de condensados da informação contida em documentos primários previamente seleccionados, com a finalidade de os divulgar, sob a forma de base de dados acessível em linha, em suporte legível por máquina (como o *CD-ROM*, por exemplo), sob forma de revista impressa ou outra • Actividade desenvolvida nesse departamento ou sector do serviço.
SERVIÇO EDUCATIVO – Actividades instrutivas levadas a cabo por uma biblioteca, arquivo, serviço de documentação, etc. com vista à ampliação de conhecimentos e iniciação do público, sobretudo dos jovens, na frequência dessas instituições.
SERVIÇO WEB – Componente de *software* disponível em rede, que pode ser invocado e fornecer uma determinada informação/funcionalidade ao sistema ou aplicação que o invoca • Serviço orientado para aplicações, que é disponibilizado na *www* usando um sistema de mensagens *standard* não dependente de qualquer sistema operativo ou linguagem de programação em particular, uma vez que usa o *XML* e o *http* • Partilha de informação na base da qual residem protocolos de ligação e formatos de mensagens normalizados; para

dar a conhecer os serviços, eles são usualmente publicados em directórios, geralmente chamados *UDDI*, ou seja, *Universal Description, Discovery and Integration*. *Web service*.

SERVIÇOS ADMINISTRATIVOS E AUXILIARES – Actividades relacionadas com a provisão de serviços administrativos gerais necessários ao funcionamento normal de uma instituição. Compreendem serviços específicos como a gestão do pessoal, as relações públicas, a gestão fiscal, o planeamento, a direcção de programas, as publicações a editar, a publicidade e os serviços logísticos.

SERVIÇOS AO PÚBLICO – Actividade e operações executadas numa biblioteca, arquivo, serviço de documentação, etc., que implicam um contacto regular directo entre o pessoal desses serviços e os seus utilizadores; são serviços destinados aos utilizadores os serviços de circulação, de informação, de referência, de reprografia e outros semelhantes.

SERVIÇOS DE INFORMAÇÃO NA *INTERNET* – *Ver* Referência virtual.

SERVIÇOS I & R – Serviços de Informação e Referência.

SERVIÇOS INTERNOS – Área, zona ou local dentro do edifício de uma biblioteca, arquivo, serviço de documentação, etc. onde se encontram instalados os espaços de trabalho do pessoal, dos quais fazem parte o espaço destinado à administração, espaços reservados à gestão dos fundos documentais (seu tratamento material e técnico) e os diversos espaços comuns, como os serviços técnicos, reprografia, sala de reuniões, sala de informática, sala de repouso, etc. Circuito do pessoal.

SERVIÇOS PARA ADULTOS – Numa biblioteca pública, oferta de material, serviços e programas de bibliotecas adequados aos interesses e às necessidades específicas dos utilizadores que são maiores de idade.

SERVIÇOS PÚBLICOS – Numa biblioteca, arquivo, serviço de documentação, etc., designação de todos os lugares com afectação aos utilizadores dos mesmos, entre os quais se incluem os espaços públicos de consulta, gabinetes individuais, sanitários, reprografia, serviços de referência, informática, etc. • Conjunto dos serviços que se dirigem directamente ao utilizador.

SERVIÇOS TÉCNICOS – Espaço de uma biblioteca, arquivo, serviço de documentação, etc. onde se faz a selecção e aquisição de material, a sua ordenação, catalogação, indexação, classificação, etc., controlo bibliográfico, e a preparação material e conservação das colecções.

SERVIÇOS TÉCNICOS DE APOIO – Conjunto de serviços anexos a uma biblioteca, arquivo, serviço de documentação, etc., que embora não façam o tratamento técnico da documentação, têm como função outros serviços igualmente importantes como os de reprografia, laboratório de restauro, encadernação, etc.

SERVIÇOS TELEMÁTICOS DIFUNDIDOS – Serviços que visam a disseminação da informação por meio de sistemas informativos e de telecomunicações e que implicam uma recepção directa pelo público em geral e uma posição passiva da parte dos utilizadores.

SERVIÇOS TELEMÁTICOS INTERACTIVOS – Serviços que visam a disseminação da informação por meio de sistemas informativos e de telecomunicações e que tornam possível interrogar e obter informações, transmitir documentos ou dados ou efectuar transacções bancárias, de acordo com a vontade dos utilizadores.

SERVIÇOS *WEB* – Designação do conjunto de tecnologias e normas de interoperabilidade, que estão vocacionadas para as características e potencial do ambiente *www* e que foram criadas para facilitar a integração de aplicações, por meio da partilha de serviços entre sistemas.

SERVIDOR – Mecanismo que explora um sistema informático que aloja programas destinados a disponibilizar informação e serviços a outros sistemas aos quais está ligado em rede, o que permite ao utilizador a consulta e a utilização directa de um ou vários bancos de dados. *Server. Serveur*.

SERVIDOR COMERCIAL – Na *Internet*, designação da página *Web* por meio da qual se podem encomendar serviços e realizar o respectivo pagamento.

SERVIDOR INTERMEDIÁRIO – Na *Internet*, servidor que funciona como mediador entre duas redes ou entre o utilizador e a rede. *Proxy server*.

SERVIDOR TELEMÁTICO – No domínio da pesquisa documental informática, é o mecanismo que permite aceder a vários bancos de dados por meio de uma única linguagem de interrogação; funciona como um difusor informático do trabalho dos produtores de bancos de dados. O centro servidor gera também chamadas telefónicas provenientes de terminais.

SERVUCTION (pal. ingl.) – Palavra usada por Eiglier em 1987 para designar a participação activa do utilizador num serviço; resulta de uma contracção entre *service* e *production* para designar o momento em que o utilizador e o produtor combinam a sua energia para produzir o serviço. Processo de criação de um serviço. A *servuction* relaciona três elementos: os meios materiais (livros, dossiês, catálogos, salas, terminais, bancos de dados), o pessoal de contacto (bibliotecário de referência, documentalista, etc.) e o cliente (utilizador).

SERVUS A MANU (loc. lat.) – Secretário de mão. Escriba. Copista. Amanuense.

SERVUS AB EPISTOLIS (loc. lat.) – *Ver* Copista.

SERVUS LITTERARIUS (loc. lat.) – Na Roma antiga esta expressão designava o escravo dedicado à cópia de textos.

SESGAR – Em encadernação é o corte de alguns milímetros feito nos ângulos dos planos que estão junto do encaixe, para não romper a pele.

SESS. – Abreviatura de sessão.

SESSÃO DE AUTÓGRAFOS – Designação da parte da cerimónia de apresentação de um livro durante a qual o seu autor assina os exemplares do referido livro que são adquiridos pelas pessoas presentes.

SESSÃO DE DEBATE – Reunião que é organizada com a finalidade de discutir determinado tema ou temas.

SESSÃO DE LANÇAMENTO – Iniciativa levada a cabo com o objectivo de apresentar no mercado e de dar a conhecer ao público interessado um determinado produto, neste caso livro, jornal, revista ou afim, com a finalidade de lhe fazer propaganda, para o divulgar.

SESSÃO DE LEITURA – Iniciativa que tem como ponto de partida o acto de ler em público para um auditório, com vista a fomentar e a estimular o gosto pela leitura.

SESSÃO PÚBLICA DE LEITURA – Sessão de leitura levada a cabo por um leitor no local de trabalho, como forma de tornar acessível o que lê a trabalhadores analfabetos.

SET (pal. ingl.) – Medida-padrão do monótipo.

SETA – Sinal (→) de utilização diversificada em tipografia, em especial na matemática; em alguns dicionários assume o significado de *ver*. Flecha.

SETENTA – Designação dada genericamente ao grupo formado por setenta e dois rabinos que no século III a. C., instalados na ilha de Pharos, ao Norte de Alexandria, terão traduzido para grego o *Pentateuco*, ou seja, os cinco primeiros livros da Bíblia, a saber: o *Génesis*, o *Êxodo*, o *Levítico*, os *Números* e o *Deuteronómio*; esta versão é vulgarmente conhecida por *Septuaginta*, palavra que em latim quer dizer setenta.

SEXTETO – Estrofe de seis versos de arte maior.

SEXTILHA – Estrofe ou estância de seis versos de arte menor • Composição poética formada por seis versos.

SEXTINA – Poema formado por seis sextilhas e um terceto em verso decassílabo branco, em que cada sextilha repete, no fim dos versos, todas as palavras finais dos versos anteriores, mas ordenadas de outro modo.

SEXTO – Livro em que estão juntas algumas constituições e decretos canónicos. *Liber sextus*.

SGML – Acrónimo de *Standard Generalised Markup Language*, Linguagem de marcas normalizada generalizada, designação atribuída a uma linguagem proposta sob a forma de norma internacional (*ISO 8879*), que é usada na criação de documentos formatados; trata-se de uma linguagem universal normalizada para a análise formal de documentos.

SHAGREEN – *Ver Chagrin*.

SHAMSA – Termo oriental para designar o elemento decorativo em geral representado sob forma circular, oval ou ogival, colocado no centro de um fólio e que se destina quase sempre a servir de introdução à obra ou a separar secções.

SHIKASTA – *Ver* Escrita *shikasta*.

SHORT STORY (loc. ingl.) – História de curta dimensão em que existe um tema completamente desenvolvido, mas que é muito mais pequena e menos elaborada que a novela.

SI – Acrónimo de Sistema de informação.

SIBILAS – Oráculos que exprimiam através de imagens palavras de inspiração divina, que cabia aos humanos decifrar; as suas profecias terão sido inicialmente coligidas em nove livros que acabaram por ser destruídos, tendo sido séculos depois encontrados em Bizâncio e compendiados num único manuscrito, cuja versão incompleta foi publicada em 1545; essas profecias foram consideradas verdadeiras na Grécia, Roma, Palestina e Europa cristã.

SIC (pal. lat.) – Assim, tal e qual; é usada para indicar que são citadas textualmente as palavras de um autor • Esta palavra, colocada num texto entre parênteses, acompanhada ou não de ponto de exclamação *(sic)*, *(sic!)* significa que a afirmação anterior é posta em dúvida ou que a transcrição é fiel, mesmo que o original esteja errado.

SICI – Acrónimo de *Serials Item and Contribution Identifier*, Identificador de contribuição e número de publicação em série.

SIDEROGRAFIA – Arte de gravar sobre ferro ou aço; executa-se com um buril, em cavado.

SIGILADO – Selado. Em que se pôs selo. Marcado com selo.

SIGILADOR – Funcionário da chancelaria encarregado da operação material da aposição do selo nos documentos. *Sigillator*.

SIGILAR – Selar. Pôr selo em. Carimbar • Referente aos selos.

SIGILLATOR (pal. lat.) – *Ver* Sigilador.

SIGILLATUS (pal. lat.) – Diz-se do objecto ou desenho ornado com figuras, em relevo ou não.

SIGILLUM (pal. lat.) – Selo • Sinete de selar • Marca. Sinal.

SIGILLUM MAJESTATIS (loc. lat.) – *Ver* Selo de majestade.

SIGILLUM PRIVATUM (loc. lat.) – *Ver* Selo da puridade *e* selo de segredo.

SIGILO – Selo • Sinete de selar • Carimbo.

SIGILOGRAFIA – Disciplina histórica que tem como objecto o estudo dos selos sob todos os aspectos e qualquer que seja a sua data; descreve matrizes e marcas sigilares estudando-as de modo crítico, sob o ponto de vista histórico, artístico, técnico e de valor probatório: tipos, legendas, modos de aposição e natureza diplomática e jurídica, assim como os métodos de conservação. Esfragística.

SIGILOGRÁFICO – Relativo ou pertencente à sigilografia.

SIGLA – Sinal gráfico convencional ou letra inicial que se usava como abreviatura nos manuscritos e monumentos antigos • Monograma • Pseudónimo • Logótipo • Designação atribuída à letra ou letras iniciais que funcionam como abreviatura de uma ou mais palavras ou ao conjunto das iniciais de várias palavras que forma uma nova denominação.

SIGLA DUPLICATA (loc. lat.) – Abreviatura que consiste na indicação da primeira letra da palavra a abreviar repetida, visto que indica o plural dessa palavra.

SIGLA INVERTIDA – Abreviatura que consiste na indicação da primeira palavra a abreviar, virada em sentido contrário, para indicar o feminino dessa palavra.

SIGLA SIMPLES – Abreviatura que consiste na indicação da primeira letra da palavra, no caso de esta ser singular.

SIGLADO – Que tem siglas.

SIGLÁRIO – Tábua, tabela de siglas • Conjunto de siglas.

SIGLE – Acrónimo de *System for Information on Grey Literature in Europe*, Sistema de informação de literatura cinzenta na Europa.

SIGLEMA – Sigla que utiliza as partes essenciais da denominação pretendida.

SIGMA – Décima oitava letra do alfabeto grego (Σ, σ, S), que corresponde ao nosso s • Na forma maiúscula designa "somatório" em matemática.

SIGMÁTICO – Que tem ou mantém a letra sigma. Em que há sigma.

SIGMATISMO – Repartição da letra s ou de outras sibilantes.

SIGMÓIDE – Que tem a forma de sigma.

SIGNACULUM (pal. lat.) – Sinal ou fitilho dos livros medievais preso no requife; a maior

parte das vezes era de seda e alguns eram bordados, pintados ou ainda entrançados. Outro termo medieval equivalente a *signaculum* era *registrum. Signum.*
SIGNATA VOLUMINA (loc. lat.) – Expressão latina que designava os manuscritos selados.
SIGNATÁRIO – Aquele que subscreve ou assina um documento. *Signator.*
SIGNATOR (pal. lat.) – Signatário, aquele que assina ou sela um acto para lhe conferir autenticidade. Testemunha.
SIGNATURA (pal. lat.) – Assinatura. Nome assinado. Firma • Acção de assinar • Assinatura de caderno, número ou letra que se colocava na margem superior ou no ângulo inferior da página.
SIGNIFICAÇÃO – Significado. Aquilo que as coisas querem dizer.
SIGNIFICADO – Relação entre a estrutura linguística e o mundo • Frase, palavra ou expressão equivalente a outra • Interpretação de qualquer signo, símbolo, frase ou palavra. Significação.
SIGNIFICADO DE UM SIGNO – Interpretação de um conceito associado a um sinal.
SIGNIFICADO DO ENUNCIADO – Em pragmática, significação de uma frase tendo em consideração não apenas as propriedades semânticas das palavras que a constituem, mas também o contexto em que é enunciada e do qual fazem parte crenças e atitudes dos falantes, referências a entidades que os falantes conhecem, convenções sociais, etc.
SIGNIFICADO FRÁSICO – Em pragmática, significado de uma frase tal como ele é veiculado pelas propriedades semânticas das palavras que a compõem, independentemente do contexto situacional em que a frase é enunciada e da intenção do falante ao enunciá-la.
SIGNIFICADOR – Que significa. Significativo.
SIGNIFICANÇA – *Ver* Significância.
SIGNIFICÂNCIA – Acto ou efeito de significar • O que uma coisa significa, denota ou quer dizer. Significado. Significança.
SIGNIFICANTE – Parte do signo linguístico que se opõe ao significado • Que exprime, demonstra ou manifesta claramente. Significativo. Expressivo.

SIGNIFICAR – Querer dizer. Denotar.
SIGNO – Sinal convencional que possui um significado especial reconhecido e que se usa em vez de palavras; marca ideográfica, imagem ou número usado com valor convencional quando se escreve ou se imprime, para representar uma corporação ou uma palavra técnica • Expoente.
SIGNO DO ZODÍACO – Sinal ou símbolo que indica cada uma das doze partes em que se divide o zodíaco (zona da esfera celeste que é cortada ao meio pela eclíptica e que contém as doze constelações que o sol parece percorrer durante um ano). Aparece com frequência nas portadas do impressor Valentim Fernandes.
SIGNO FONÉTICO – Aquele que remete para um elemento de expressão fónica.
SIGNOS DE CORREÇÃO (port. Bras.) – *Ver* Sinais de revisão de provas.
SIGNO-SAIMÃO – Do latim *signum Salomonis*, desenho constituído por dois triângulos equiláteros sobrepostos de modo a formarem uma estrela de seis pontas; servia como amuleto contra más influências. Estrela de David. Signo-Salomão. Sino-saimão.
SIGNO-SALOMÃO – *Ver* Signo-saimão.
SIGNUM (pal. lat.) – Marca. Sinal. *Insigne* • Selo. Sinete.
SIGNUM MANUALE (loc. lat.) – Expressão que designa o sinal de validação de um documento, feito manualmente, por aposição de um sinal. *Signum manum. Subscriptio. Manus collatio.*
SIGNUM MANUM (loc. lat.) – Expressão que designa o sinal de validação de um documento, feito manualmente, por aposição de um sinal. *Manus collatio. Subscriptio. Signum manuale.*
SIGNUM TABELLIONIS (loc. lat.) – Sinal de tabelião; elemento com o qual o tabelião subscrevia e validava os documentos; era pessoal e intransmissível e assumia várias formas, em geral baseadas em elementos geométricos, entre os quais figuravam sempre a cruz ou a estrela associadas a outros ornamentos, e que o seu possuidor colocava sempre do mesmo modo.
SÍLABA – Vogal única ou junta a outros fonemas, vogais ou consoantes que se pronuncia

por uma única emissão de voz • Som falado constituído por uma única emissão de voz.
SILABAÇÃO – Acto ou efeito de silabar. Operação que consiste em pronunciar cada sílaba uma após a outra. Soletração por sílabas • Maneira de ler dividindo as palavras em sílabas.
SILABADA – Erro de pronúncia ou de acentuação da palavra.
SILABADO – Que é dito sílaba por sílaba.
SILABAR – Intervalar. Espaçar • Com cadência semelhante à da silabação • Ler por sílabas.
SILABÁRIO – Pequeno livro em que as crianças aprendem a ler pelos sistemas antigos. Cartilha • Parte do á-bê-cê em que as sílabas estão mais ou menos dispostas ordenadamente • Á-bê-cê.
SILABICAMENTE – De modo silábico; proferindo cada sílaba de uma palavra espaçadamente.
SILÁBICO – Relativo ou pertencente a sílaba • Em sílabas.
SILABISMO – Sistema de escrita em que cada uma das sílabas é representada por um sinal próprio • Avaliação ou medida dos versos por meio das sílabas tónicas, que são aquelas em que recai o acento predominante.
SILABISTA – Partidário do silabismo.
SÍLABO – Enumeração resumida dos pontos decididos num acto de autoridade eclesiástica • Conjunto de proposições referentes a diversos pontos de filosofia moral e direito público incluídas pelo papa Pio IX na encíclica datada de 8 de Dezembro de 1864 • Elemento de composição que exprime a ideia de sílabas (dissílabo, polissílabo) • Catálogo, índice, lista.
SILÊNCIO – Em informática documental é a taxa de documentos pertinentes que respondem a uma questão, que existem na memória e que não são seleccionados no momento da interrogação.
SILÊNCIO DOCUMENTAL – Expressão utilizada para caracterizar a situação que se verifica quando um catálogo ou ficheiro interrogados não fornecem qualquer referência de um documento registado sobre o tema pretendido; o silêncio documental pode dever-se à não concordância entre os termos usados na indexação para caracterizar o conteúdo do documento e aqueles que são usados pelo utilizador na interrogação.
SILEPSE – Figura de retórica segundo a qual as palavras concordam pelo sentido e não pelas regras gramaticais • Uso de uma palavra em simultâneo no sentido próprio e no figurado.
SILHUETA – *Ver* Gravura em silhueta.
SÍLICA-GEL – Grãos de dióxido de silício especificamente preparados para serem utilizados como auxiliares na absorção da humidade de ambientes de dimensão reduzida onde se guarda documentação, como arcazes, mapotecas, etc.
SILVA – Miscelânea literária organizada sem ordem nem método • Composição poética de rima irregular em que alternam versos de dez sílabas com versos de seis sílabas.
SIMBÓLICO – Que serve de símbolo. Emblemático. Alegórico.
SÍMBOLO – Sinal convencional (por exemplo carácter, diagrama, letra, abreviatura) utilizado no domínio da escrita ou de qualquer outro meio de comunicação em vez de uma ou várias palavras • Figura. Signo figurativo. Pode ser um signo analógico, não arbitrário, metafórico ou um signo convencional, matemático, gráfico, definido de forma arbitrária; usa-se para representar operações, quantidades, sons, posição no espaço ou outros conceitos ou qualidades.
SÍMBOLO AGLUTINATIVO – Num sistema de notação de um esquema de classificação é o sinal do qual duas ou mais partes apresentam um elemento constante e inflexível.
SÍMBOLO ARBITRÁRIO – Em classificação é o sinal de notação, matemático ou de pontuação, que não tem um lugar determinado na ordem de classificação.
SÍMBOLO CLASSIFICADOR – Designação atribuída a cada um dos números ou letras que indicam a secção, classe ou divisão em que se integra uma determinada obra dentro do sistema de classificação adoptado por uma instituição; os símbolos classificadores designam-se puros se são constituídos apenas por números ou por letras e mistos ou alfanuméricos, no caso de serem formados por letras e por números.

SÍMBOLO CLASSIFICADOR ALFANUMÉRICO – Aquele que é constituído por letras e por números. Símbolo classificador misto.
SÍMBOLO CLASSIFICADOR MISTO – Aquele que é constituído por letras e por números. Símbolo classificador alfanumérico.
SÍMBOLO CLASSIFICADOR PURO – Aquele que é constituído apenas por letras ou por números.
SÍMBOLO DE CONCEITO – Sinal ou símbolo utilizado nos tesauros multilingues ou tesauros sem termos preferenciais para representar termos equivalentes.
SÍMBOLO DE FORMATO – *Ver* Abreviatura de formato.
SÍMBOLO DE SEPARAÇÃO DE FACETAS – Na classificação por facetas é o símbolo da notação que separa facetas sem indicar o tipo de faceta que se segue.
SÍMBOLO GRÁFICO – Sinal de noção constituído por uma figura.
SÍMBOLO LITERAL – Sinal de noção composto por uma ou várias letras escritas sem pontos.
SIMBOLOGIA – Estudo dos símbolos • Conjunto ou sistema de símbolos.
SÍMBOLOS – Letras ou grupos de letras, figuras ou divisas que representam conceitos.
SÍMBOLOS DOS EVANGELISTAS – Atributos que caracterizam cada um dos quatro autores dos livros do Evangelho. Derivam das visões do Antigo Testamento tiradas de Ezequiel e da visão de São João no Apocalipse. No Ocidente as bestas da visão de São João são normalmente associadas aos evangelistas do seguinte modo: Mateus é representado por um homem, Marcos por um leão, Lucas por um boi e João por uma águia. Os símbolos podem aparecer isolados, com ou sem atributo, podem acompanhar os retratos dos evangelistas ou podem ainda ser misturados com figuras humanas, com a finalidade de formar símbolos zoo-antropomórficos dos evangelistas. Tetramorfo.
SIMILIGRAVURA – Gravura sobre cobre ou zinco obtida por processos fotográficos e químicos • Processo fotomecânico em relevo aperfeiçoado por Meisenbach em 1882, que permite obter a reprodução de documentos em meias-tintas graças à junção de uma trama; a superfície a imprimir é constituída por um cliché tipográfico obtido a partir de um documento fotográfico tramado; apresenta uma rede de pontos em relevo de superfícies variáveis; a qualidade da reprodução depende da finura da trama • A própria reprodução.
SIMP. – Abreviatura de simpósio.
SIMPLES – Designação dada ao formato de microfilme em que se fotografa apenas uma imagem que ocupa a largura da película.
SIMPLIFICAÇÃO DE DADOS – *Ver* Redução de dados.
SIMPÓSIO – Congresso. Reunião técnico-científica e excelente fonte de informação primária; desempenha um papel muito importante na transferência de conhecimentos nas diversas áreas do saber • Volume que contém os documentos apresentados numa conferência ou congresso • Conjunto de artigos escritos especificamente sobre determinado tema.
SIMULAÇÃO – Fingimento. Ficção. Imitação.
SIMULAR – Em informática, representar o funcionamento de um sistema, dispositivo ou programa de computador através de outro • Representar algumas características do comportamento de um sistema físico ou abstracto servindo-se do comportamento de outro sistema.
SINAIS DE ACENTUAÇÃO – Designação usada para chamar todo o pequeno carácter usado na escrita, que serve para regular a pronúncia, a acentuação das palavras e a inflexão da voz. Os sinais de acentuação foram inventados por Aristófanes de Bizâncio.
SINAIS DE CORRECÇÃO DE PROVAS – *Ver* Sinais de revisão de provas.
SINAIS DE RELAÇÃO – Numa classificação, nome dos sinais usados para separar os números auxiliares dos das classes principais.
SINAIS DE REVISÃO DE PROVAS – Símbolos convencionais, de fácil compreensão, usados para fazer a correcção de provas e/ou a introdução de algumas anotações complementares em textos dactilografados ou impressos. Podem variar de gráfica para gráfica, de instituição para instituição e de autor para autor. Alguns dos estabelecidos pela NP-61.1987 são os seguintes : / (acrescentar); /—/ (substituir);

δ (suprimir); ∾ (trocar); # (aumentar espaço); § (parágrafo); [‖] (alinhamento vertical); = (alinhamento horizontal); | (ilegibilidade); / X, X (alinhamento). Sinais de correcção de provas. (port. Bras.) Signos de correcção.

SINAIS DE VALIDAÇÃO – São aqueles sinais que, na parte final ou escatocolo de um documento lhe dão validade; podem ser: a cruz de robora, o selo pendente, o selo rodado, o sinal público, a confirmação, a rubrica, etc.

SINAIS DIACRÍTICOS – Todos os sinais gráficos, como pontos e traços diversos, que se acrescentam a uma letra para indicar qualquer diferença de som ou de valor, isto é, para determinar a modulação das vogais e a pronúncia de determinadas palavras que podem confundir-se com outras; são sinais diacríticos os acentos, o til, a cedilha, a bráquia e outros: (´, `, ^) (~) (¸) (͜).

SINAIS TIPOGRÁFICOS – Código dos sinais relacionados com os caracteres usados numa tipografia.

SINAIS TIRONIANOS – *Ver* Notas tironianas.

SINAL – De um modo geral é cada um dos caracteres da escrita e da imprensa. Há no entanto sinais especiais que se convencionou utilizar para a correcção das provas tipográficas, os designados sinais de revisão ou de correcção de provas; há também sinais de pontuação e ortográficos • Fita, fitilho, cordão, cartão que se coloca no livro para marcar uma página. Marca-livro; o termo medieval empregado nesta acepção era *registrum* ou *signaculum* • Assinatura. Rubrica de tabelião ou oficial público • Selo do juiz • Marca pessoal colocada ou que é costume ser aposta pelas partes ou testemunhas de um acto num documento antigo; a princípio era traçada pelas pessoas que não sabiam assinar uma cruz autógrafa, sinal que constituía um substituto da assinatura. Sinal da cruz • Anúncio. Aviso • Marca distintiva • Rótulo. Letreiro. Etiqueta • Impulso eléctrico transmitido ou recebido que é portador de dados, sons ou imagens por um determinado circuito ou canal.

SINAL DA CRUZ – Indicação cuja forma é a de uma cruz; no sinal de tabelião aparece sempre o desenho mais ou menos estilizado de uma cruz como símbolo da autoridade jurídica, prática que ainda hoje se mantém, mas apenas nos sinais de validação utilizados pelas pessoas analfabetas. Sinal.

SINAL DE ABREVIATURA – Aquele que é colocado por cima de uma letra ou sílaba para indicar a existência de uma abreviação.

SINAL DE ADIÇÃO – Em Classificação Decimal Universal (CDU), símbolo (+) que indica a união de duas classes não consecutivas.

SINAL DE EXTENSÃO (/) – Símbolo que é usado na Classificação Decimal Universal (CDU) para ligar notações consecutivas, por forma a traduzir um assunto lato ou uma série de conceitos.

SINAL DE INÍCIO DE COMUNICAÇÃO – Em comunicação de dados, é a troca de sinais pré-determinados de controlo entre dois terminais ou outro tipo de equipamento, logo que foi estabelecida a ligação e antes de começar a transmissão de uma mensagem.

SINAL DE INTERCALAÇÃO – Em correcção de provas é o sinal (/) usado para assinalar onde devem ser inseridos os dados a corrigir ou a acrescentar.

SINAL DE JUNÇÃO – Símbolo que indica a união de duas ou mais classes consecutivas • Na Classificação Decimal Universal (CDU), sinal prescrito para juntar a um assunto uma série de subdivisões comuns a esse assunto. O sinal usado é a barra (/).

SINAL DE LÍNGUA – Em classificação, sinal de igualdade (=) usado para língua, antepondo a divisão filológica de Dewey.

SINAL DE OMISSÃO – Em classificação, Sinal semelhante a um V invertido que significa que terá de ser inserido algo no lugar onde este sinal está colocado.

SINAL DE RELAÇÃO – Em classificação, sinal usado para relacionar dois assuntos; normalmente o mais frequente são os dois pontos (:).

SINAL DE RELAÇÃO DUPLA – Na Classificação Decimal Universal (CDU), símbolo (::) que traduz uma relação irreversível entre dois conceitos.

SINAL DE SEPARAÇÃO – Em indexação, carácter ou outro símbolo usado para demarcar descritores independentes, quando se atribui ao documento mais de um • Em informática, configuração especial de bits ou tira fotorreflexiva usada para indicar o fim de uma zona que pode ser gravada.

SINAL DE SOM – Designação verbal. Nome.

SINAL DE TABELIÃO – Elemento que o tabelião apunha no final do documento e que o subscrevia e validava; era pessoal e intransmissível, assumindo variadas formas baseadas em elementos geométricos, colocados de modo quase sempre invariável para cada um dos possuidores; nele figurava, regra geral, a cruz associada a outros elementos ornamentais ou substituída por uma estrela e enquadrada ou completada com outros motivos. *Signum tabellionis.*

SINAL DE TEMPO – Numa classificação é o nome dado ao sinal usado para assinalar o tempo, em geral as aspas (" ").

SINAL DE UNIÃO – Numa classificação é aquele sinal que equivale à conjunção e indica a coligação de dois assuntos. O sinal utilizado é em geral o sinal mais (+).

SINAL DO JUIZ – *Ver* Selo do juiz.

SINAL FÓNICO – Aquele que representa os sons da voz • Cada um dos fonemas ou letras do alfabeto.

SINAL MAIS – Sinal de adição (+) • Sinal que é usado na Classificação Decimal Universal (CDU) com a finalidade de assinalar a união de duas classes que não são consecutivas.

SINAL MENOS – Sinal de subtracção (-) • Sinal negativo.

SINAL ORTOGRÁFICO – Qualquer pequeno carácter que é usado na escrita além das letras, com a finalidade de as marcar ou separar e de regular a pronúncia e a acentuação das palavras e a inflexão da voz; são sinais ortográficos os acentos, os pontos, o hífen, o til, a vírgula, etc.

SINAL RASO – Aquele que está apresentado por extenso, que não é feito em simples rubrica.

SINALEFA – Liberdade poética que consiste na união numa única sílaba métrica da vogal final de uma palavra com a vogal inicial da sílaba seguinte • Instrumento usado em encadernação para dourar os filetes que ornamentam a lombada dos livros.

SINALEFISTA – Pessoa que ao escrever faz sinalefas desnecessárias.

SINALÉTICA – Uso de sinais • Em bibliotecas, arquivos, serviços de documentação, etc. em sistema de livre acesso às espécies ou outro, designação atribuída aos painéis de orientação do utilizador indicando a localização das grandes categorias de documentos ou incluindo guias de utilização ou instruções ao leitor; a sinalética em geral é também organizada com preocupações estéticas e decorativas do espaço • Recurso utilizado em microfilmagem para informar quanto a conteúdo do rolo, avisos, teste-padrão de resolução e indicar a divisão do filme em *flashes*, para fins de indexação dos documentos microfilmados.

SINALIZAÇÃO – Sistema de sinais, mapas, planos, etiquetas de tabelas ou símbolos assinalados nos depósitos de bibliotecas, arquivos, serviços de documentação, etc. para facilidade de localização das obras.

SINALIZAR – Colocar por baixo da letra ou letras erradas de um manuscrito alguns pontos ao alto ou alguns traços; este artifício era usado pelo copista de manuscritos para evitar raspar a palavra errada. Supontar • Assinalar.

SINAXÁRIO – Compilação das vidas dos santos da Igreja grega; está organizada por dias, segundo a ordem do ano litúrgico • Calendário.

SINCOPAR – Retirar letra ou sílaba de uma palavra por meio de síncope.

SÍNCOPE – Supressão de letra ou sílaba no interior de uma palavra.

SINCRÉTICO – Relativo ao sincretismo. Misto. Ecléctico.

SINCRETISMO – Sistema filosófico que consiste em fundir vários sistemas existentes num só • Mistura de opiniões.

SÍNCRISE – Reunião de duas vogais num ditongo • Antítese. Oposição.

SINCRÍTICO – Relativo a síncrise.

SINCROMIA – Processo de impressão por meio do qual podem empregar-se simultaneamente vários tons diferentes.

SINCRONIA – Arte de conciliar, de comparar as datas.

SINCRÓNICO – Que acontece ao mesmo tempo • Referente aos factos que aconteceram na mesma época.

SINCRONISMO – Relação entre factos que se realizam ao mesmo tempo ou que sucedem na mesma época.

SINCRONOLOGIA – Tratado de sincronismos.

SINDICATO DOS EDITORES – Forma de associação profissional em que se agrupam os editores de livros.

SINDICATO DOS LIVREIROS – Forma de associação profissional em que se agrupam os vendedores de livros.

SINE DATA (loc. lat.) – Sem data, isto é, a data de publicação é desconhecida; a abreviatura correspondente é *s. d.*

SINE DIE (loc. lat.) – Sem dia. Sem data fixa.

SINE LOCO (loc. lat.) – Sem lugar, isto é, sem o lugar de publicação indicado; a abreviatura correspondente é *s. l.*

SINE NOMINE (loc. lat.) – Sem nome, isto é, sem indicação do nome do editor; a abreviatura correspondente é *s. n.*

SINÉDOQUE – Caso especial de metonímia por meio da qual se exprime a parte pelo todo ou o todo pela parte.

SINÉRESE – União forçada de duas vogais contíguas que não formam ditongo numa sílaba métrica.

SÍNESE – Construção sintáctica em que importa mais o sentido do que o rigor gramatical. Silepse.

SINESTESIA – Figura que resulta da fusão de percepções relativas a dados sensoriais de sentidos diferentes.

SINETE – Selo de fecho de pequena dimensão, normalmente aposto numa carta ou outro objecto qualquer para o autenticar, ao mesmo tempo protegendo o seu conteúdo, para que se não possa tomar conhecimento dele sem quebrar esse sinete ou abrir a carta ou o objecto • Selo de anel • Por extensão, a matriz do sinete • Hoje em dia pode designar igualmente uma impressão sigilar obtida através de uma chancela como uma assinatura, brasão de uma instituição ou pessoa • Carimbo. Chancela. Timbre.

SINGLE-SIDED (pal. ingl.) – Em relação ao *DVD*, usa-se quando o disco pode ser utilizado apenas de um lado.

SÍNGRAFO – Documento de dívida que é assinado por ambas as partes, ou seja, o credor e o devedor.

SINGULAR – Único. Individual. Raro.

SINGULARIDADE – Originalidade.

SINOGRAFIA – Criptografia baseada na combinação de palavras.

SINONÍMIA – Relação entre dois termos que possuem o mesmo significado e a mesma distribuição • Figura que consiste em exprimir uma mesma coisa através de palavras com o mesmo sentido de outras. Ditologia. Sinonismo.

SINONÍMICA – Arte ou ciência dos sinónimos e sua distinção.

SINONÍMICO – Referente à sinonímia, aos sinónimos.

SINÓNIMO – Designação atribuída às palavras que têm analogias gerais de sentido entre si, embora difiram uma da outra por variantes de acepção.

SINÓNIMO DOCUMENTAL – Termo de forma diferente de outro, mas de significado afim, que pode ser tratado como unívoco numa linguagem documental.

SINÓNIMO LINGUÍSTICO – Na construção de um tesauro, o termo que tem uma tradução directa para um descritor, expressando exactamente a mesma noção que ele.

SINOPLE – Em heráldica é assim designada a cor verde dos escudos representada por traços diagonais que os percorrem indo do ângulo inferior direito até ao ângulo superior esquerdo.

SINOPSE – Resumo de livro e/ou de um texto jornalístico, no qual se dão informações acerca do seu conteúdo, valor e utilidade; pode ser feito por uma pessoa diferente do autor do original, é em geral impresso na sobrecapa e tem muitas vezes efeitos publicitários. Esboço • Publicação em primeira mão, numa revista de divulgação científica, das ideias mais importantes e dos resultados fundamentais de uma investigação que podem ser directamente úteis para os interessados naquele assunto; é, em geral, preparada pelo autor de um artigo de maiores dimensões sobre aquela investigação e inclui um resumo • Tratado sintético de uma ciência. Resenha. Resumo. Síntese. Sumário • Apresentação sintética (de três a cinco páginas) de um projecto de filme ou outro, que resume em linhas gerais o tema e esboça os principais personagens; a partir da sinopse é que se parte para a redacção do guião.

SINOPSIA – Designação do ocre vermelho usado em iluminura, termo que terá sido inventado a partir da cidade onde se tornou famoso, a cidade de Sinop ou Sinope, na Ásia Menor.

SINÓPTICO – Em forma de sinopse. Resumido.

SINO-SAIMÃO – *Ver* Signo-saimão.

Signo-saimão

SÍNQUISE – Inversão da ordem natural das palavras, que redunda no obscurecimento da frase. Hipérbato excessivo.

SINTÁCTICO – O mesmo que sintáxico.

SINTAGMA – Designação atribuída a qualquer tratado cujo assunto se apresenta dividido metodicamente em classes, números, etc. Tratado metódico.

SINTAXE – Parte da gramática que trata da coordenação das palavras para formar orações, de modo a exprimir com maior precisão o pensamento de uma forma lógica • Livro que contém as regras da construção das palavras e das frases de acordo com a gramática.

SINTAXE DA INDEXAÇÃO – Designação da ordem e relações estruturais dos descritores.

SINTÁXICO – Relativo à sintaxe. Sintáctico.

SÍNTESE – Pequena notícia resumida de uma informação extensa. Resumo. Silepse. Sinopse. Bosquejo • Na elaboração de um resumo documental, operação levada a cabo com a finalidade de redigir a informação resultante da análise do documento.

SÍNTESE DE UMA NOTÍCIA – Resumo dos pontos mais salientes do acontecimento; destina-se a preparar o leitor para a sua evolução ou conclusão, bem como a dar aos jornais a possibilidade de retomarem facilmente o fio do assunto.

SINTÉTICO – Relativo a síntese. Resumido. Compendiado. Abreviado. Condensado • Designação genérica que abrange todo o tipo de materiais plásticos, não naturais, que hoje são utilizados como substitutos do couro, do tecido ou do pergaminho nas encadernações; apresentam vantagens em relação a estes, como o baixo custo e uma variada gama de qualidades e cores, mas são instáveis e pouco resistentes às mudanças de temperatura e de humidade, além de que amolecem e decompõem-se, transmitindo cloro e cloretos, que são nocivos aos documentos; o seu uso é muito frequente em manuais escolares, dicionários, enciclopédias, etc. e tem-se difundido muito recentemente.

SINTETIZAR – Tornar sintético. Resumir. Abreviar. Condensar. Compendiar.

SIRVENTÊS – Poema satírico, geralmente escrito em verso heróico, cujas rimas obedecem ao esquema ABAB ou, excepcionalmente, AABBCC. Sirvente.

SISA – Mistura de clara de ovo com água, que serve de mordente em encadernação.

SISAC – Acrónimo de *Serials Industry Systems Advisory Committee*, Comité assessor para os sistemas comerciais de publicações em série.

SISTEMA – Grupo ou conjunto de métodos, processos e técnicas organizado para conseguir uma determinada acção ou um determinado resultado • Qualquer organização que permite o movimento do material ou da informação • Plano. Método.

SISTEMA ACENTUAL – Organização estruturada dos acentos de uma língua.

SISTEMA ALFABÉTICO – Modalidade de ordenação que toma como ponto de referência a sequência das letras do alfabeto • Nome dado ao sistema de classificação que obedece ao agrupamento dos indivíduos ou coisas cujos nomes começam por uma ou várias letras comuns : A Aa Ab Ac, etc.

SISTEMA ALFANUMÉRICO – Aquele que se caracteriza pelo facto de apresentar uma sequência de caracteres que podem ser as letras do alfabeto e/ou numerais ou os seus símbolos, pontuação, caracteres especiais ou símbolos matemáticos. (port. Bras.) Sistema numeralfa.

SISTEMA ANTIFURTO – Designação do sistema para protecção contra o roubo usado com vista a garantir a segurança e integridade dos documentos e dos bens • Estratégia global que assenta num sistema electrónico anti-roubo e que visa proteger as colecções; dada a eficácia do equipamento não ser total, o seu uso é complementado por meios de dissuasão e sanções contra o roubo. *Ver tb.* Sistema electrónico de segurança.

SISTEMA ASSOCIATIVO DE RECUPERAÇÃO – Sistema informático de recuperação da informação, no qual se estabelece um valor associativo para os termos num vocabulário baseado na frequência com que se apresentam juntos num mesmo trabalho por meio de um algoritmo estatístico. No processo de pesquisa, a lista inicial dos termos pode ampliar-se pela identificação de outros que são associados estatisticamente, com uma maior taxa de certeza.

SISTEMA AUTOMATIZADO DE BIBLIOTECAS – Conjunto integrado de programas de computador que possibilita a automatização dos principais trabalhos que são levados a cabo numa biblioteca.

SISTEMA *BARREN* – *Ver* Sistema de indexação por coincidência óptica.

SISTEMA BIBLIOGRÁFICO – Designação atribuída à ordem seguida na classificação dos documentos que constituem um catálogo ou na formação e coordenação de uma biblioteca.

SISTEMA BICILÍNDRICO – Nome dado ao grupo de sistemas de impressão tipográfica constituído pelas máquinas rotativas.

SISTEMA BIPLANO – Nome dado ao grupo de sistemas de impressão tipográfica constituído pelos prelos, minervas, etc. Originariamente a impressão foi biplana.

SISTEMA BRAILE – Sistema de escrita destinado a invisuais inventado no século XIX por Louis Braille; tem por base uma sucessão de pontos em relevo que pode ser lida com o auxílio dos dedos • Sistema do pedagogo V. Hauy para ensinar os cegos a ler e a escrever.

SISTEMA CALCOGRÁFICO – Sistema de impressão em que a forma se encontra gravada em profundidade numa matriz metálica em que os brancos estão no seu plano; os pontos e sulcos de gravação são cheios pela tintagem e, após limpeza, a tiragem é feita por pressão.

SISTEMA CLASSIFICADO – Modalidade de ordenação, também designada sistemática, que utiliza um sistema hierarquizado, previamente fixado para a ordenação.

SISTEMA CONSONÂNTICO – Aquele que é formado pelo conjunto de consoantes e das relações existentes entre elas.

SISTEMA COOPERATIVO DE BIBLIOTECAS – Conjunto de bibliotecas que cooperam na criação, manutenção e utilização de uma base de dados bibliográficos.

SISTEMA CRONOLÓGICO – Nome dado ao sistema cuja organização ou estrutura é baseada nas divisões do tempo: séculos, anos, meses, dias, horas e minutos.

SISTEMA DE AJUDA À DECISÃO – Sistema de gestão da informação caracterizado pela maior independência que se dá aos gestores, através do uso de computadores pessoais junto com um acesso mais fácil aos dados corporativos armazenados em grandes computadores numa unidade central.

SISTEMA DE ARMAZENAMENTO ÓPTICO – Designação do sistema de armazenamento cujo suporte é o disco óptico, suporte com grande capacidade de armazenamento, que permite arquivar grandes quantidades de informação usando como técnica de leitura a utilização dos raios laser.

SISTEMA DE ARQUIVOS – Numa instituição, designação do todo organizado que é constituído pelo conjunto dos fundos documentais que incluem o arquivo administrativo, o arquivo geral e o arquivo histórico.

SISTEMA DE AUTO-EMPRÉSTIMO – Sistema de empréstimo em que o utilizador cria ou ajuda a criar o registo de empréstimo.

SISTEMA DE AVALIAÇÃO POR PARES ANÓNIMO – Modalidade de avaliação na edição de revistas científicas na qual os artigos são avaliados sem que o avaliador conheça o nome do autor que está a ser avaliado nem este o do avaliador.

SISTEMA DE BIBLIOTECAS – Conjunto de bibliotecas autónomas e independentes, que se agrupam através de acordos informais para alcançar um determinado resultado; funcionam então como elementos de uma unidade à qual são inerentes e que visam um objectivo ou uma série de objectivos definidos para essa unidade e não para cada um dos seus elementos • Grupo de bibliotecas que são administradas em comum, como no caso em que há uma biblioteca central e várias bibliotecas auxiliares.
SISTEMA DE CARGA – *Ver* Carga.
SISTEMA DE CATÁLOGO CLASSIFICADO – Ordenação por assuntos numa sequência lógica, normalmente indicada por números ou símbolos.
SISTEMA DE CIRCULAÇÃO COM INVENTÁRIO – Aquele em que há um registo legível por máquina para todos os exemplares de todas as espécies bibliográficas existentes na biblioteca, arquivo, serviço de documentação, etc.; quando se empresta um documento coloca-se no registo uma indicação de que o exemplar desse documento foi emprestado a um determinado leitor; assim, consegue-se ter um registo automático das disponibilidades para empréstimo de cada espécie bibliográfica. *Comparar com* Sistema de circulação sem inventário.
SISTEMA DE CIRCULAÇÃO EM FICHAS COM MARGENS PERFURADAS – Sistema manual de circulação em que o registo de documentos emprestados é feito em fichas de margens perfuradas; a data de vencimento do empréstimo é perfurada na margem da ficha possibilitando a sistematização dos empréstimos vencidos, sendo o ficheiro de empréstimo ordenado pelo número de identificação do requisitante.
SISTEMA DE CIRCULAÇÃO INFORMATIZADO – Aquele que é baseado no uso do computador. Neste sistema, todas ou algumas das actividades relacionadas com o empréstimo de documentos de uma biblioteca, arquivo, serviço de documentação, etc., são feitas através de processos informáticos. Estes sistemas têm algumas variantes; podem ir desde um processo totalmente em linha a um processo por lotes parcialmente informatizado e desde um sistema de manutenção de registos a um que produz estatísticas resultantes do registo de operações de empréstimo e suas características, por exemplo: tipo de utilizador, natureza dos documentos emprestados, categorias de assuntos, tipos de suporte material, etc.
SISTEMA DE CIRCULAÇÃO SEM INVENTÁRIO – Sistema de circulação em que o registo de empréstimo se efectua no momento em que o leitor retira o material emprestado. *Comparar com* Sistema de circulação com inventário.
SISTEMA DE CLASSIFICAÇÃO – Linguagem documental destinada à representação estruturada de documentos ou de dados por meio de índices e termos correspondentes, para permitir uma aproximação sistemática com a ajuda, se necessário, de um índice alfabético. É um sistema criado com a finalidade de organizar e dispor documentos e materiais, de modo que eles possam ser encontrados fácil e rapidamente; os sistemas de classificação de materiais de biblioteca, arquivo, serviço de documentação, etc. mais eficazes têm tomado como ponto de partida o assunto • Conjunto ordenado de conceitos, distribuídos sistematicamente em classes, formando uma estrutura. Classificação.
SISTEMA DE CLASSIFICAÇÃO ANALÍTICO – Sistema de classificação baseado em relações formais fixas entre as classes.
SISTEMA DE CLASSIFICAÇÃO ANALÍTICO-SINTÉTICO – Sistema de classificação cuja aplicação característica consiste na análise de assuntos compostos ou complexos, seguida da sua expressão através de um índice estabelecido por síntese.
SISTEMA DE CLASSIFICAÇÃO DA BIBLIOTECA DO CONGRESSO – Sistema de classificação que combina letras do alfabeto com algarismos árabes e que é usado na Biblioteca do Congresso de Washington (E.U.A.) para classificar os seus fundos bibliográficos.
SISTEMA DE CLASSIFICAÇÃO DECIMAL – Sistema de classificação que utiliza a notação decimal.
SISTEMA DE CLASSIFICAÇÃO DICOTÓMICO – Sistema de classificação em que cada

uma das classes que o constituem pode ser dividida em duas classes subordinadas.

SISTEMA DE CLASSIFICAÇÃO EM GRANDES DIVISÕES – Aquele que subdivide os domínios do conhecimento em classes principais.

SISTEMA DE CLASSIFICAÇÃO EM PROFUNDIDADE – *Ver* Sistema de classificação pormenorizado.

SISTEMA DE CLASSIFICAÇÃO ENCICLOPÉDICO – Aquele que abrange um conjunto global de conhecimentos.

SISTEMA DE CLASSIFICAÇÃO ENUMERATIVO – Aquele em que cada classe figura como entrada principal.

SISTEMA DE CLASSIFICAÇÃO ESPECIALIZADO – Sistema de classificação que abrange um assunto específico, uma matéria ou um conjunto de matérias.

SISTEMA DE CLASSIFICAÇÃO HIERÁRQUICO – Aquele sistema em que as classes se dividem do geral para o particular, por graus de semelhança ou de diferença.

SISTEMA DE CLASSIFICAÇÃO HIERARQUIZADO – Sistema de classificação que utiliza somente relações hierárquicas como subdivisões, que produzem, assim, uma classificação principalmente mono-hierarquizada e unidimensional e que introduz facetas apenas por meio de tabelas auxiliares.

SISTEMA DE CLASSIFICAÇÃO LINEAR – Sistema de classificação que enumera todos os assuntos a classificar.

SISTEMA DE CLASSIFICAÇÃO MONO-HIERARQUIZADO – *Ver* Sistema de classificação hierarquizado.

SISTEMA DE CLASSIFICAÇÃO MULTIDIMENSIONAL – Sistema de classificação que permite a subdivisão das classes segundo várias características.

SISTEMA DE CLASSIFICAÇÃO POR FACETAS – Aquele que organiza os conceitos por uma série de facetas e que faz a síntese da notação de um assunto pela combinação de facetas.

SISTEMA DE CLASSIFICAÇÃO PORMENORIZADO – Sistema de classificação que permite uma análise susceptível de salientar todos os aspectos de um assunto.

SISTEMA DE CLASSIFICAÇÃO SINTÉTICO – Aquele em que as relações formais são estabelecidas simultaneamente com o sistema de classificação.

SISTEMA DE COMUNICAÇÃO – Sistema que permite a gestão dos métodos de comunicação.

SISTEMA DE COMUNICAÇÃO ELECTRÓNICO – Aquele que transmite mensagens sob forma electrónica usando uma rede informática de comunicação.

SISTEMA DE CONTROLO DE ENTRADA/SAÍDA – Conjunto de rotinas de computador, conhecido sob o acrónimo de *IOCS*, cuja finalidade é a de gerir e comandar os pormenores das operações de entrada e saída de um computador.

SISTEMA DE CONTROLO DO EMPRÉSTIMO – Designação do conjunto organizado dos meios manuais ou mecânicos que servem para assegurar a saída e entrada da documentação de uma biblioteca, serviço de documentação, etc., assim como o envio dos avisos de atraso, pagamento de multas e controlo das perdas e roubos; normalmente este sistema opera por meios informáticos.

SISTEMA DE DETECÇÃO DE INCÊNDIO – Sistema de indicação dos primeiros sinais de fogo por meio de um detector electrónico sensível ao fumo, ao aumento de temperatura ou à mudança de ionização da atmosfera no interior das instalações da biblioteca, arquivo, serviço de documentação, etc.

SISTEMA DE DETECÇÃO E ALARME DE INCÊNDIO – Sistema que serve para assinalar o início de um incêndio através de meios electrónicos; o alarme é dado por meio de sinais visuais ou sonoros e está geralmente ligado a um serviço de extinção de incêndios.

SISTEMA DE EMPRÉSTIMO – Método utilizado por uma biblioteca, arquivo, serviço de documentação, etc. para inscrever ou registar o empréstimo das suas obras.

SISTEMA DE EMPRÉSTIMO CENTRALIZADO – Sistema de cedência de documentos ou suas reproduções (sob forma de fotocópia ou microforma) centralizado numa instituição que está encarregada de satisfazer os pedidos de qualquer tipo de documento que sejam feitos a um determinado país. Baseia-se na coordenação de políticas de aquisição a nível local. É exemplo de um tal sistema de empréstimo o que é praticado pelo *British Library Document Supply Centre* (BLDSC).

SISTEMA DE EMPRÉSTIMO DESCENTRALIZADO – Sistema de cedência de documentos ou suas reproduções (sob a forma de fotocópia ou em microforma) baseado na existência de catálogos colectivos, que permitem localizar as obras para finalidades de empréstimo. Neste sistema cada instituição faz as aquisições em função do seu público e dos meios disponíveis e possibilita a partilha da consulta das espécies que possui a instituições nelas interessadas beneficiando também, por seu turno, da possibilidade de solicitar por empréstimo as de outras instituições. No caso da inexistência de um catálogo colectivo obriga ao conhecimento dos fundos das outras bibliotecas para decidir sobre a aquisição.

SISTEMA DE EMPRÉSTIMO *NEWARK* – Sistema de empréstimo de uma única entrada, em que as fichas de empréstimo são arquivadas num ficheiro de prazos expirados e as de leitor são retiradas por estes; podem também não ser elaboradas fichas de leitor.

SISTEMA DE ENTRADA DE DESCRITOR – Sistema de indexação em que se usa uma ficha por documento, na qual se anotam os termos que representam o seu conteúdo temático.

SISTEMA DE EXPLORAÇÃO – *Ver* Sistema operativo.

SISTEMA DE EXPLORAÇÃO DE DISQUETES – Programa que supervisiona o funcionamento de um computador e dos seus periféricos; serve de intermediário entre o utilizador e a unidade central.

SISTEMA DE EXTINÇÃO DE INCÊNDIO – Sistema de apagamento do fogo por meios manuais ou automáticos; os meios manuais incluem a água, a espuma, a areia ou o pó; os meios automáticos estão ligados a um sistema de detecção de incêndio, que se desencadeia logo que o alerta é dado; empregam a água ou, mais frequentemente gases, como o gás carbónico ou o *halon*.

SISTEMA DE GESTÃO DA INFORMAÇÃO – Sistema projectado com a finalidade de organizar, armazenar, recuperar e divulgar a informação.

SISTEMA DE GESTÃO DE BASE DE DADOS – Designação do conjunto de programas que permitem criar e explorar uma base de dados (catálogo de endereços, de assalariados, de referências bibliográficas, etc.) • Suporte lógico para organizar, manter e recuperar a informação incluída numa base de dados; os mais sofisticados possuem opções de programação para personalizar as funções do programa e são capazes de gerir uma grande quantidade de informação.

SISTEMA DE INDEXAÇÃO EM LINGUAGEM NATURAL – Sistema de indexação em que a pessoa que indexa é livre para usar qualquer termo que considere adequado para representar o conteúdo dos conceitos existentes num documento, sem que tenha que sujeitar-se a controlos de uma linguagem de indexação.

SISTEMA DE INDEXAÇÃO MANTENDO O CONTEXTO – Modo de indexação desenvolvido pela *British National Bibliography* em que um conjunto de descritores atribuídos por uma pessoa é manipulado em diversas combinações por um computador de acordo com um sistema de operadores de relação.

SISTEMA DE INDEXAÇÃO POR COINCIDÊNCIA ÓPTICA – Sistema de indexação pós-coordenada de entrada de termos em que os números dos documentos são registados em fichas de coincidência óptica, sob a forma de furos com posições normalizadas; os furos que são comuns a mais de uma ficha, que indicam documentos com mais de um assunto comum encontram-se colocando o conjunto das fichas diante de uma fonte luminosa. Sistema *peek-a-boo*. Sistema *Barren*.

SISTEMA DE INDEXAÇÃO PÓS-COORDENADA – Aquele em que a indexação é feita sem uma ordem pré-estabelecida de termos ou índices. Nele o assunto é analisado nos seus conceitos básicos pelo indexador. No entanto, estes conceitos ou índices não são combinados até ao momento da pesquisa, altura em que o utilizador os combina. Sistema de indexação pós-correlativa.

SISTEMA DE INDEXAÇÃO PÓS-CORRELATIVA – *Ver* Sistema de indexação pós-coordenada.

SISTEMA DE INDEXAÇÃO PRÉ-COORDENADA – Aquele em que a indexação é feita de acordo com uma ordem dos termos ou dos índices estabelecida segundo uma linguagem documental ou um sistema de indexação. Os termos ou índices são previamente associados, não ficando a sua associação para ser feita pelo utilizador apenas no momento da pesquisa. Sistema de indexação pré-correlativa.

SISTEMA DE INDEXAÇÃO PRÉ-CORRELATIVA – *Ver* Sistema de indexação pré-coordenada.

SISTEMA DE INFORMAÇÃO – Sistema projectado com a finalidade de gerir a compilação, organização, armazenagem, recuperação e difusão da informação • Sistema, parte de um outro de maior dimensão, que recebe, armazena, processa e divulga informação • Conjunto organizado de procedimentos que, quando executados, produzem informação para auxílio à tomada de decisão e ao controlo da organização.

SISTEMA DE INFORMAÇÃO PARA A ADMINISTRAÇÃO – Sistema concebido para facilitar a informação necessária ao desempenho das funções de gestão e, especialmente, na tomada de decisões dentro de uma organização tal como uma biblioteca, um arquivo, um serviço de documentação, etc.; executa-se, em geral, com o auxílio do processamento automático de dados.

SISTEMA DE NOTAÇÃO – Conjunto de símbolos e de regras de aplicação que são utilizados para a representação de classes e das suas relações.

SISTEMA DE NOTAÇÃO POSICIONAL – Aquele em que os números são representados através de um conjunto ordenado de dígitos, de forma que o valor de cada dígito depende do seu valor numérico e do lugar que ocupa nesse conjunto.

SISTEMA DE NUMERAÇÃO BINÁRIA – Sistema cuja base é constituída por dois dígitos: 0,1.

SISTEMA DE NUMERAÇÃO DECIMAL – Sistema de numeração de base dez.

SISTEMA DE NUMERAÇÃO HEXADECIMAL – Sistema de numeração cuja base é constituída por dezasseis dígitos: 0, 1, 2, 3, 4, 5, 6, 7, 8, 9, A, B, C, D, E, F.

SISTEMA DE NUMERAÇÃO OCTAL – Sistema de numeração cuja base é constituída por oito dígitos: 0, 1, 2, 3, 4, 5, 6, 7.

SISTEMA DE PEDIDO DE DOCUMENTOS – Em recuperação da informação, método que uma biblioteca, arquivo, serviço de documentação, etc. usa para requerer uma cópia ou exemplar de um documento a outra instituição similar.

SISTEMA DE PESQUISA – Designação dada aos meios que existem num sistema específico de recuperação de informação para aceder a ela, procurá-la e obtê-la, por meios manuais ou automáticos.

SISTEMA DE PUNCTURAÇÃO – Processo seguido para obter o traçado do esquema da puncturação, ou seja, do picotado que guiava o traçado das linhas no manuscrito; podia fazer-se num só fólio ou num caderno inteiro, por "impressão", picotando várias folhas de pergaminho ao mesmo tempo.

SISTEMA DE RECUPERAÇÃO AUTOMÁTICA DE MICROFILME – Sistema de micropelícula que recupera automaticamente microimagens seguindo as instruções de pesquisa da máquina através de um código que aparece na película e que pode ser de barras ou binário. Este sistema é diferente daquele que faz a recuperação através da pesquisa num índice externo para determinar a posição das imagens pertinentes.

SISTEMA DE RECUPERAÇÃO DA INFORMAÇÃO – Conjunto dos processos, geralmente automáticos, pelos quais os dados contidos em documentos que dizem respeito a um determinado assunto podem ser indexados, armazenados e extraídos para o utilizador.

SISTEMA DE RECUPERAÇÃO EM LINGUAGEM NATURAL – Sistema de recuperação da informação por meios informáticos, que arquiva e pesquisa o texto completo dos documentos que nele estão armazenados.

SISTEMA DE RECUPERAÇÃO EM TEXTO LIVRE – Sistema de recuperação por computador, que arquiva e pesquisa o texto completo dos documentos que nele estão armazenados; a pesquisa faz-se através de combinações lógicas de palavras existentes no texto e pode ser aperfeiçoada também através da pesquisa por palavras próximas.

SISTEMA DE RECUPERAÇÃO POR PONDERAÇÃO – Processo de recuperação da informação baseado num computador, no qual são atribuídos pesos numéricos a cada termo de pesquisa, recuperando-se apenas os documentos que tenham termos com valores combinados, que excedam um valor numérico pré-estabelecido.

SISTEMA DE REGISTO DE EMPRÉSTIMO DE ENTRADA ÚNICA – Sistema de empréstimo em que o registo que identifica a pessoa a quem se empresta e o documento cedido se conservam num ficheiro que é, em geral, ordenado pelo número de identificação do documento.

SISTEMA DE REGISTO DE EMPRÉSTIMO DE REGISTO DUPLO – Aquele que gera dois registos de cada operação de circulação; um deles mantém-se num ficheiro ordenado por datas de vencimento do empréstimo e o outro num ficheiro ordenado por números de identificação, autores e títulos.

SISTEMA DE REGISTO DE EMPRÉSTIMO EM FICHAS – Sistema de fichas ou cartões que contém as informações essenciais relativas ao utilizador que faz o empréstimo, ao livro ou documento emprestado e à data de entrega.

SISTEMA DE TEMPO REAL – Em informática é o sistema automatizado que leva a cabo qualquer operação no momento, sem que se verifique qualquer demora.

SISTEMA DE TUBOS PNEUMÁTICOS – Rede de tubos existente em bibliotecas, arquivos, serviços de documentação, etc., de grande dimensão, com a finalidade de transportar rapidamente pequenos objectos de uma parte do edifício para outra, colocando-os em cartuchos próprios, designados "balas", que se inserem nos tubos e são deslocados por meio de correntes de ar.

SISTEMA *DIDOT* – Sistema de medida de tipo criado por Ambroise Didot.

SISTEMA DOCUMENTAL – Conjunto coerente e duradouro de meios reunidos com a finalidade de satisfazerem as necessidades de informação de um universo de utilizadores, através da constituição de um estoque documental e processamento do mesmo em regime de valor acrescentado.

SISTEMA ELECTRÓNICO DE SEGURANÇA – Sistema electrónico instalado na entrada/saída de uma biblioteca, arquivo, serviço de documentação, etc. a fim de detectar os documentos da sua colecção que saem sem autorização de empréstimo. Sistema anti-roubo.

SISTEMA ENUMERATIVO – Em classificação, diz-se do sistema que apenas refere os assuntos sem os correlacionar.

SISTEMA ESTEREOGRÁFICO – Sistema de impressão que tem origem remota nos anéis de sinete e nos ferretes e origem próxima na xilogravura.

SISTEMA GEOGRÁFICO – Nome dado ao sistema que é baseado fundamentalmente em elementos geográficos e topográficos, em divisões administrativas do território, por ordem decrescente: país, estado, territórios, cidades, etc.

SISTEMA HELIOGRÁFICO – Inventado por Klic e Fawcett em 1895, apresenta as formas cavadas, ao contrário do sistema tipográfico, que utiliza formas em relevo; no sistema heliográfico a tinta banha as placas heliográficas e fica retida nas concavidades; as placas são depois limpas, ficando a tinta apenas nas concavidades; quando essas formas são comprimidas contra o papel, a tinta existente nas concavidades é absorvida dando origem às letras impressas; nas partes planas, não cavadas, já não existe tinta, correspondendo aos espaços em branco.

SISTEMA INTEGRADO – Sistema informático constituído por conjuntos modulares de programas que permitem assegurar de modo coordenado todas as funções de um dado sistema.

SISTEMA INTERMEDIÁRIO – Designação do sistema que exprime as perguntas que são feitas pelos utilizadores numa linguagem-padrão perceptível pelo processador.

SISTEMA LINGUÍSTICO – Sistema abstracto que corresponde à língua partilhada por um grupo social ou regional.

SISTEMA MANUAL – Por oposição a informatizado ou automatizado, designa-se manual todo o sistema que é dirigido manualmente, sem utilização de qualquer maquinaria.

SISTEMA MICROGRÁFICO – Sistema de informação ou de gestão que em qualquer aspecto da sua execução incorpora a micrografia ou a microrreprodução; pode fazer uso dela na gestão de registos e ficheiros, na armazenagem de documentos, na indexação e integridade de ficheiros ou na armazenagem e recuperação da informação.

SISTEMA MNEMOTÉCNICO COM LETRAS – Em classificação, sistema mnemotécnico que usa como notação a letra inicial de um termo de classe.

SISTEMA NUMERALFA (port. Bras.) – *Ver* Sistema alfanumérico.

SISTEMA NUMÉRICO – Sistema de classificação que tem por base a ordem aritmética dos números universalmente conhecida • Sistema usado para representar valores numéricos aplicando um conjunto de regras e símbolos.

SISTEMA NUMÉRICO BINÁRIO – Sistema utilizado em muitos computadores e na teoria da informação, que tem apenas um dígito 1 e um zero; deste modo, os primeiros dez números inteiros deste sistema, juntamente com os seus equivalentes decimais, que consistem em nove dígitos e um zero, entre parêntesis, são: 0 (0), 1 (1), 10 (2), 11 (3), 100 (4), 101 (5), 110 (6), 111 (7), 1000 (8), 1001 (9), 1010 (10).

SISTEMA NUMÉRICO HEXADECIMAL – Sistema numérico de raiz ou base dezasseis.

SISTEMA *OFFLINE* – Aquele em que não há comunicação directa e contínua entre a unidade central de processamento do computador e as suas unidades periféricas.

SISTEMA *OFFSET* – Sistema de impressão inventado por Rubel em 1904; baseia-se numa placa tratada quimicamente, que tem a propriedade de atrair a tinta e repelir a água nas partes sensibilizadas; a chapa de *offset* passa por rolos embebidos em tinta e por rolos molhados em água; os primeiros depositam a tinta nas partes fotograficamente sensibilizadas e os segundos depositam a água nas partes não sensibilizadas; a chapa *offset* é comprimida depois contra um rolo de borracha onde apenas fica retida a tinta; por fim, o rolo de borracha é comprimido contra o papel deixando a tinta nos locais em que devem aparecer as letras; a água não adere ao rolo de borracha, pelo que não molha o papel onde apenas ficam gravadas as letras.

SISTEMA OPERATIVO – Programa principal residente no computador, que controla a execução dos programas e tem o poder de ordenar funções como o planeamento, o controlo de entrada/saída, a troca de informação entre todas as partes do computador, como a memória, o ecrã, o disco, o teclado e o *CPU*, além da limpeza, da compilação, da gestão de dados e de outras operações congéneres. Sistema de exploração.

SISTEMA ÓPTICO – Combinação de espelhos, lentes ou prismas concebida com uma determinada finalidade específica, como a projecção de imagens ou a fotografia.

SISTEMA *PEEK-A-BOO* – Sistema de indexação pós-coordenada de entrada de termos em que os números dos documentos são registados em fichas de coincidência óptica, sob a forma de furos com posições normalizadas; os furos que são comuns a mais de uma ficha, que indicam documentos com mais de um assunto comum, encontram-se colocando o conjunto das fichas diante de uma fonte luminosa. Sistema de indexação por coincidência óptica.

SISTEMA PLANOCILÍNDRICO – Nome dado ao grupo de sistemas de impressão tipográfica constituído pelas máquinas de branco, de retiração, de reacção, etc.

SISTEMA PLANOGRÁFICO – Sistema de impressão que tem como ponto de partida a litografia e que engloba a metalotipia, a fototipia e o *offset*.

SISTEMA QUALITATIVO – Aquele em que a separação é feita em função da matéria-prima, qualidade ou categoria.

SISTEMA SERIGRÁFICO – Sistema de impressão em que a matriz é constituída por um tecido impermeabilizado nas zonas correspondentes ao negativo da imagem, que é esticado num quadro e no qual se faz a transmissão da tinta para o suporte por meio de uma racleta ou rodo, através das zonas que estão abertas na matriz.

SISTEMA TIPOGRÁFICO – Derivado da xilogravura e dos tipos de Gutenberg, é essencialmente um sistema de impressão em que as formas a aparecer a negro estão em relevo e são tintadas; as letras aparecem no papel através da pressão que o comprime contra as formas.
SISTEMAS ABERTOS – Conjunto de padrões aceites universalmente, inventados para tornar mais fácil a comunicação entre computadores desenvolvidos por diferentes fabricantes.
SISTEMATICIDADE – Qualidade daquilo que pertence a um sistema, que está combinado com base num sistema.
SISTEMÁTICO – Relativo a sistema ou conforme a um sistema. Metódico. Ordenado • A medida tipográfica que tem por base o cícero ou fracção exacta, em geral meio-cícero ou seis pontos.
SISTEMATIZAÇÃO – Acto de sistematizar, isto é, de reduzir a sistema.
SISTEMATOLOGIA – Ciência ou história dos sistemas • Tratado dos sistemas.
SITE (pal. ingl.) – Sítio. Lugar na *Internet* onde as pessoas e as instituições podem colocar informação disponível para os utilizadores da rede • *Ver* Servidor.
SÍTIO – Nó na rede com endereço único a que os utilizadores podem recorrer para obter informação • Conjunto de páginas contendo vária informação acerca de uma pessoa, uma instituição ou um assunto, posto à disposição na *Internet*, e à qual se acede através de computador ou telemóvel. *Site*.
SÍTIO *WORLD WIDE WEB* – Segundo a *ISBD(ER)*, localização identificada na forma de uma *URL*, na *World Wide Web*, que armazena páginas *Web* para acesso e utilização. *Site*.
SITUACIONALIDADE – Segundo Beaugrande e Dressler, é o factor da textualidade que respeita aos elementos responsáveis pela pertinência e relevância do texto no que diz respeito ao contexto em que o mesmo ocorre.
SLASH (pal. ingl.) – Barra inclinada (/).
SLEEVE (pal. ingl.) – Película de separação usada para proteger documentos.
SLIDE (pal. ingl.) – *Ver* Diapositivo.
SLIP – Acrónimo de *Serial Line Internet Protocol*, Protocolo da *Internet* para ligações em série, também conhecido como *Serial Line Internet*.

SLOGAN (pal. ingl.) – *Ver* Slogâne.
SLÔGANE – Frase curta de grande efeito e fácil memorização que, à força de ser repetida, faz conhecer um produto ou serviço. Lema. *Slogan* • Anúncio publicitário que contém essa mensagem.
SMILEY (pal. ingl.) – Sinal gráfico da esfera da linguagem icónica (☺)usado com a finalidade de demonstrar o estado emocional de um emissor. *Emoticon*.
SMTP – Acrónimo de *Simple Mail Transport Protocol*, Protocolo simples para transporte de correio, o protocolo fundamental para o envio de mensagens electrónicas na *Internet*.
SNAIL-MAIL (pal. ingl.) – À letra correio-caracol, expressão metafórica usada para designar o correio tradicional face ao correio electrónico.
SOAP OPERA (loc. ingl.) – *Ver* Telenovela.
SOB EMENDA – Salvo emenda. Com dependência de emenda.
SOB RESERVA DE CONSULTA – Expressão que designa o conjunto de restrições de consulta que são atribuídas por uma biblioteca, arquivo, serviço de documentação, etc. a um documento ou conjunto de documentos que, por variadas razões, só podem ser consultados mediante autorização especial; estão neste caso os acervos documentais de carácter confidencial legados por uma entidade ou por um particular impondo essas restrições, ou porque se referem a pessoas ainda vivas ou por outras razões (de carácter político, por exemplo); estas limitações podem ainda prender-se com a extrema raridade da documentação ou com o seu precário estado de conservação.
SOBEJO – *Ver* Sobra.
SOBRA – Designação das folhas ou cadernos que crescem após estarem completos os volumes de uma edição • Exemplar não vendido de um livro, jornal ou revista, que o livreiro restitui ao editor. Resto. Sobejo.
SOBRA DE EDIÇÃO – Resto da edição.
SOBRANTE – Que sobra • Excesso de exemplares do número global de uma tiragem. Restos de edição.
SOBRAS – Restos. Quebras de papel.
SOBRECABECEADO – *Ver* Requife.
SOBRECABECEADO FALSO – Em encadernação, fragmento de guarnição que é colado

e não cosido ao alto e na base do dorso do caderno, de modo a imitar um sobrecabeceado autêntico.

SOBRECABECEAR – Executar o requife. Cabecear ou colar a cabeçada no livro. Encabeçar.

SOBRECAPA – Folha impressa, de papel forte ou de qualquer outro material, que envolve a capa de um livro quando da sua publicação. Capa de protecção. Cobrecapa. Sobrecoberta. Guarda-pó. Jaqueta. *Dust jacket*. Camisa. Não faz parte dele e é facilmente separável; muito usada nos últimos anos, o seu emprego generalizou-se tanto para livros brochados como para livros encadernados; tem a vantagem de tornar o livro mais atraente servindo, deste modo, fins de propaganda comercial, além de que o resguarda e protege, especialmente se se trata de uma edição de luxo.

SOBRECAPA ANTERIOR – Parte da capa de protecção correspondente ao plano da capa anterior ou da frente.

SOBRECAPA DE PLÁSTICO – Capa de plástico removível destinada a proteger livros que se espera venham a ser muito manuseados, frequentemente adoptada para obras escolares.

SOBRECAPA POSTERIOR – Parte da sobrecapa do livro correspondente ao plano inferior ou de trás.

SOBRECARGA – Diz-se do conjunto de texto, notas, quadros ou qualquer outra matéria que complique e encareça a composição de um texto.

SOBRECARTA – *Ver* Sobrescrito.

SOBRECÉU – *Ver* Pavilhão.

SOBRECOBERTA – *Ver* Sobrecapa.

SOBRECOSIDO – Em encadernação, processo de costura lateral, feita manualmente ou à máquina, em que os cadernos são ligados uns aos outros pela borda da lombada.

SOBREDITO – Supracitado. Acima referido. Já referido.

SOBREIMPRESSÃO – Impressão de uma tinta feita sobre uma outra, já impressa.

SOBREMOLDAGEM – Operação que consiste em reproduzir um objecto, não por moldagem directa do original, mas através de uma prova resultante de uma primeira moldagem • Por extensão, a prova que dela resulta.

SOBRENOME – Nome de família que se usa em conjunto com o nome próprio; é esta a forma que é utilizada como ponto de acesso nas entradas de um catálogo ou bibliografia. Apelido • Alcunha.

SOBRENOME VARIÁVEL – Sobrenome incerto.

SOBRENOME COMPOSTO – Aquele que é constituído por duas ou mais palavras que não são susceptíveis de separação para efeitos de identificação da pessoa; podem ou não ser ligadas por traço de união ou partícula gramatical. Apelido composto.

SOBRENOME INCERTO – Sobrenome variável.

SOBREPOR – Imprimir sobre uma outra impressão • Pôr por cima • Dobrar sobre a face posterior.

SOBREPOSIÇÃO DE IMAGEM – Defeito numa micropelícula, em forma de dupla imagem de um documento num fotograma ou quando um documento cobre ou se sobrepõe parcialmente a outro durante a filmagem; este inconveniente pode ultrapassar-se através da existência de um dispositivo chamado suspensor de documento ou de imagem, incorporado em algumas câmaras a fim de evitar que entre mais de um documento na zona de filmagem. (port. Bras.) Superposição de imagem.

SOBREPOSTO – Diz-se de um pedaço de material unido à superfície de um suporte.

SOBRESCREVER – Escrever sobre • Colocar os dados de identificação do destinatário de uma mensagem. Sobrescritar.

SOBRESCRITAR – Pôr sobrescrito em. Escrever o endereço em (numa carta, por exemplo) • Escrever sobre. Sobrescrever.

SOBRESCRITO – Recipiente plano usado para meter cartas e outros papéis, normalmente de forma rectangular e mais ou menos oblonga, conseguido a partir de uma folha de papel dobrada, de modo a obter um recto liso e um verso formado por quatro abas sobrepostas; geralmente três ou duas destas abas são coladas entre si, servindo a quarta aba, colada ou não, para fecho; o recto do sobrescrito pode conter uma janela transparente. Envelope é o termo de origem francesa usado frequentemente entre nós para designar sobrescrito,

mas deve dar-se preferência a este. Sobrecarta.
• Indicações que são escritas na capa da carta ou do ofício. Endereço.
SOBRESCRITO AÉREO – Aquele que é feito de um papel extremamente leve e fino, próprio para a correspondência enviada por avião.
SOBRESCRITO COM FUNDO – Aquele que tem um interior feito com tinta opaca impresso na parte de dentro, para anular a transparência do papel.
SOBRESCRITO COMERCIAL – O que apresenta um formato um pouco maior do que o do sobrescrito comum, em geral de papel de cor, e é usado em escritórios de empresas comerciais, industriais e outras instituições.
SOBRESCRITO DE JANELA – Aquele que tem na parte da frente um recorte tapado com papel transparente, através do qual podem ver-se o nome e o endereço do destinatário escritos na carta, poupando assim o trabalho de os escrever de novo no sobrescrito.
SOBRESCRITO FORRADO – Aquele que apresenta a parte interior coberta de outro papel, de fantasia ou de outra cor.
SOBRESCRITO TARJADO – Sobrescrito com as margens ou cantos ocupados por uma cercadura negra, indicativa de luto, ou outra.
SOBRESCRITO-CARTA – Carta que se destina a reduzir o peso da correspondência, preocupação que se manifesta na economia do sobrescrito sendo o papel dobrado sobre si mesmo, formando uma superfície fechada • Objecto de correspondência destinado a circular fechado, formado por uma folha de papel opaco, na qual o texto da carta é escrito só de um lado; a folha é dobrada, geralmente apenas uma vez, de modo que o texto fique escrito no interior; fecha pelas margens ou pestanas que receberam um revestimento de produto adesivo destinado a esse fim; a outra face do sobrescrito-carta, uma vez fechado este, recebe o endereço do destinatário, a franquia e as outras indicações; o papel utilizado deve obedecer às regras exigidas pelos serviços postais.
SOBRESCRITO-CARTA ILUSTRADO – Suporte de correspondência contendo ilustrações, com uma zona reservada ao texto da correspondência; o sistema de fecho permite deixar um espaço livre para escrever o endereço do destinatário, para a franquia e para outras indicações.
SOBRESCRITO-OFÍCIO – Aquele que apresenta um formato mais largo do que o comum, por forma a conter, sem dobras excessivas, os documentos de correspondência oficial.
SOBRESCRITO-SACO – Sobrescrito em forma de bolsa que tem num dos lados mais estreitos um fecho, ao contrário dos comuns, que abrem no sentido da largura.
SOBRESSELO – Segundo selo que é colocado num documento com vista a conferir-lhe uma maior garantia.
SOBRETAXA POR SERVIÇOS – Aumento do preço de um livro por um livreiro ao qual a casa editora fez um desconto pequeno ou não fez nenhum.
SOC. – Abreviatura de sociedade.
SOCIEDADE – Para fins de catalogação entende-se por sociedade, qualquer entidade constituída por um grupo de pessoas que, em proveito do mesmo, se obrigam a conjugar esforços ou recursos para atingir um determinado objectivo comum, quer ele seja cultural, comercial, recreativo ou outro; pode ter carácter internacional, nacional, estadual, local, ser corporação e sindicato, clube, federação, sociedade secreta, ordem de cavalaria, ordem religiosa, irmandade, partido político, obra pia, etc.
SOCIEDADE DA INFORMAÇÃO – Expressão que visa definir uma realidade económica caracterizada pelo uso esgotante e eficaz da computação, das comunicações e dos conteúdos.
SOCIEDADE DE AUTORES – Reunião ou associação de escritores submetidos a leis comuns, que se agruparam livremente para com os seus esforços porem em prática um fim comum • A casa onde costumam reunir-se as pessoas que pertencem a uma agremiação científica, literária, recreativa, etc.
SOCIEDADE EDITORIAL – Editora. *Ver* Editor.
SOCIEDADE PORTUGUESA DE AUTORES – Associação assim designada a partir de 6 de Abril de 1970, que representa todos os autores portugueses de obras literárias, gráficas, musicais ou outras e gere os direitos

sobre as suas obras e o modo como são usadas e exploradas.

SOCIOLINGUÍSTICA – Ramo da linguística que estuda todos os aspectos da relação entre língua e sociedade.

SOCIOLOGIA DA LEITURA – Disciplina que considera a leitura como objecto social.

SOCIOLOGIA DA LITERATURA – Disciplina que permite um melhor entendimento dos fenómenos sociais que condicionam o facto literário, sem necessariamente o determinar, nem fundamentar a sua estética; estuda as reacções entre o autor e a instituição editorial antes de o livro poder ser dado por terminado e entre a obra e o mercado após a publicação do livro. Sociologia literária.

SOCIOLOGIA LITERÁRIA – *Ver* Sociologia da literatura.

SOCO – Base de um pedestal, peanha, supedâneo • Parte inferior da máquina que está em contacto com o pavimento.

Soco

SOFTBOOK (pal. ingl.) – Dispositivo com as medidas correspondentes a meia folha A4 e a espessura de 2,5 cm, pesando cerca de 1,300k., revestido com uma encadernação em couro e uma tela de cristal líquido com coloração semelhante à do papel; isento de qualquer texto, este aparelho dá acesso a uma vasta lista de títulos editados por grandes editoras especializadas às quais se acede via *Internet*, mediante uma mensalidade fixada. Permite uma actualização automática e uma interactividade mais funcional que o livro tradicional, pois possui uma caneta electrónica para escrever. De qualquer modo, é um dado adquirido que o preço do livro em papel tem aumentado substancialmente, mas a versão digital aparece, contudo, ainda, como uma alternativa àquele e menos como um substituto dele.

SOFTWARE (pal. ingl.) – Conjunto de programas, processos e regras e, eventualmente, da documentação relativos ao funcionamento de um conjunto de tratamento de dados. Suporte lógico.

SOLAPA – Extremidade da capa ou sobrecapa de um livro que é dobrada para o interior; muitas vezes são aí impressas algumas notas relativas à obra, ao autor, à colecção ou a outras publicações da mesma editora. Badana. Pestana. Bandeira. (port. Bras.) Desdobro. Asa.

SOLECISMO – Erro de sintaxe que consiste no emprego das palavras em condições contrárias às regras.

SOLETRAÇÃO – Processo de ler letra por letra • Operação que consiste em pronunciar uma palavra com uma justaposição de fonemas correspondendo a grafemas • Leitura pausada.

SOLETRADOR – Pessoa que soletra.

SOLETRAR – Pronunciar uma palavra letra por letra. Decifrar • Ler mal.

SOLFA – Nome dado aos formatos de livros oblongos.

SOLFADO – Designação do papel pautado à largura da folha • Formato oblongo • Diz-se do livro ou documento que foi submetido à operação de solfar.

SOLFAR – Restaurar uma folha de livro ou documento montando-a ou unindo-a com um pedaço de papel.

SOLICITAÇÃO – Acto ou efeito de solicitar • Pedido. Pretensão. Rogativa • Requerimento.

SOLTA – Diz-se de uma folha de um livro ou documento que se desprendeu da cosedura da lombada.

SOLTO – Pasquim que se distribui impresso • Diz-se do verso que não é rimado. Verso branco • Escrito avulso • Em classificação por facetas, conceito que pode situar-se em diversos contextos diferentes e que, por si só, não é considerado como um assunto. Se estiver situado no contexto da faceta de uma classe básica converte-se num foco dessa faceta • Designa-se solto um volume isolado, que não pertence a nenhuma obra ou série • Falando de estilo, traduz um estilo corrente, fluido, leve • Qualquer dos textos de um periódico que não tenham nem a importância nem a

extensão dos artigos propriamente ditos • Desagregado. Desatado.
SOLUÇÃO – Dissolução homogénea de duas ou várias substâncias químicas em que uma toma o nome de solvente e a outra o de soluto • Resolução.
SOLUÇÃO-TAMPÃO – Aquela que equilibra os valores do pH, controlando a actividade e os efeitos das modificações químicas sobre os materiais.
SOLVENTE – Substância líquida que, em maior ou menor grau, é capaz de dissolver ou dispersar outras substâncias; adiciona-se às tintas de impressão para diminuir a sua aderência, nomeadamente às matérias gordas; além da água, são solventes a acetona, os álcoois, o etileno, o tetracloreto de carbono, etc.; o facto de a água não ser inflamável nem tóxica faz dela um valioso solvente, contudo, o seu efeito nocivo em algumas tintas, cores, etc., limita o seu uso e torna inevitável o recurso aos outros solventes.
SOMA – Súmula. Pequena suma. Epítome. Resumo de uma obra.
SOMBRA – Mancha que a impressão apresenta por a tinta ser fraca ou por ter pouco secante • Parte mais escura ou sombreada das meias-tintas.
SOMBREAR SELECTIVAMENTE – Fazer variar a densidade de zonas seleccionadas numa cópia fotográfica protegendo-as temporalmente durante a exposição.
SOMEIRO – Cada um dos apoios de madeira usados nas máquinas antigas de imprimir.
SONDAGEM DE OPINIÃO – Estudo de mercado que tem como principal objecto temas de interesse geral ou político.
SONETO – Composição poética formada por catorze versos, em geral decassílabos, dispostos em duas quadras e dois tercetos.
SÓNICO – Sistema de grafia que assenta somente no som das palavras.
SOPONTADURA – Supontadura. *Ver* Supontação.
SORORES LITERATÆ (loc. lat.) – Designação das monjas copistas, que em finais da Idade Média viviam em conventos e se dedicavam à cópia de livros, quer de coro, quer à de obras espirituais.

SORTE – Cada letra de *per si*.
SORTES – Letras que se vão buscar a outra caixa para substituir as que faltam.
SORTES MORTAS – Designação dos caracteres que são menos usados na composição tipográfica.
SORTES VERGILIANÆ – (loc. lat.) Forma popular de adivinhação que confiava a solução de questões vulgares ou difíceis ao oráculo. Acreditando que Virgílio assumira por sucessão e direito de herança os poderes e conhecimentos de seu avô materno, de nome o Mago, no império romano este autor era a fonte preferida da adivinhação pagã, sendo os exemplares dos seus poemas usados para consulta em diversos templos em honra da deusa Fortuna. A partir do uso da obra de Virgílio, consultada ao acaso, o oráculo falado passou a estar apoiado na palavra escrita; o mesmo se passou com o uso do texto da Bíblia para esse efeito, forma de adivinhação designada como cleromancia dos evangelhos.
SOTIA – Tradução literal do termo francês *sotie* (derivada da palavra tolo, tonto), que designa uma espécie de sátira sob forma de diálogo, muito em uso nos século XV e XVI.
SOTIE (pal. fr.) – *Ver* Sotia.
SOTOAR (port. Bras.) – Aspa. Sautor.
SOU DE – Expressão geralmente manuscrita que precede o nome, também manuscrito, do proprietário de um livro. Pertence.
SOVELA – Instrumento utilizado no *scriptorium* para prender o pergaminho e que se segurava na mão esquerda; também servia para abrir os furos do picotamento • Objecto usado pelos impressores para marcarem o lugar a rectificar na folha interior da almofada • Em encadernação, instrumento com a forma de uma agulha direita com um cabo de madeira usado para abrir os furos no couro através dos quais se fazem passar as sedas ou fios da encadernação.
SPECIMEN (pal. lat.) – Modelo ideal. Exemplo. Amostra. Prova. *Ver* Espécimen.
SPECTANTE – Termo antigo que designava aquele que impetrava uma benesse ou benefício sob forma de título nobiliárquico ou outro; figuras destas são frequentes em cartas de brasão em atitude de súplica. Suplicante.

SPONGIA (pal. lat.) – Esponja, apagador.
SPONGIA DELECTILIS (loc. lat.) – Esponja usada para limpar a tinta de fraca aderência nos palimpsestos, a fim de que o pergaminho pudesse ser reescrito.
SPRAY ACRÍLICO – Produto aplicado com vaporizador, que é usado para proteger e reforçar a folha de papel.
SPREADSHEET (pal. ingl.) – Folha electrónica de cálculo, que é utilizada geralmente para a análise financeira e para o planeamento de negócios.
SPRINKLER (pal. ingl.) – Sistema de extinção de incêndio, activado mecânica ou electronicamente, no qual a água é transportada através de tubos fixados no tecto, dos quais ela cai sob a forma de chuveiro.
SPS. – Abreviatura latina de *Spiritus*.
SQL – Acrónimo de *Structured Query Language*, Linguagem estruturada de consulta, linguagem de programação aperfeiçoada para a consulta de bases de dados.
SQUARE MINUSCULE (loc. ingl.) – Nome dado à escrita minúscula caligráfica usada na Inglaterra anglo-saxónica do século IX ao século XI. *Ver* Escrita anglo-saxónica.
SR – Acrónimo de *Search and Retrieval*, Protocolo da *ISO* para a recuperação da informação; é compatível com o Z39.50.
SR. – Abreviatura de senhor, sénior.
SRI – Acrónimo de Sistema de Recuperação da Informação.
SRW – Forma abreviada de *Search/Retrieve Web Service*, Norma que combina serviços *Web* com o Protocolo Z39.50.
Ss. Pp. – Forma abreviada de Santos Padres.
SSTUS. – Abreviatura latina de *supra scriptus*, escrito acima.
ST. – Abreviatura de santo.
STAIRS – Acrónimo de *Storage and Information Retrieval System*, Sistema de armazenamento e recuperação da informação.
STANDARD (pal. ingl.) – Padrão.
STANDARD GENERALISED MARKUP LANGUAGE (loc. ingl.) – Linguagem de marcas normalizada generalizada, designação atribuída a uma linguagem proposta sob a forma de norma internacional (*ISO* 8879), que é usada na criação de documentos formatados; trata-se de uma linguagem universal normalizada para a análise formal de documentos. *SGML*.
STANDARD TECHNICAL REPORT NUMBER (loc. ingl.) – Número normalizado do relatório técnico. *STRN*.
STANDARDIZAÇÃO – Aplicação de regras geralmente aceites ao processo de produção e distribuição.
STATIO (pal. lat.) – Na Idade Média é o equivalente à palavra "loja" hoje empregada no seu sentido mais comum, mas abrangendo igualmente todo o género de escritórios como os dos notários e banqueiros, assim como as oficinas de artesãos; em contrapartida, a palavra *stationarius* nesta época era usada para designar exclusivamente o livreiro • Oficina onde o copista-mestre, leigo medieval, exercia o seu ofício; outra expressão para designar a *statio* era a *schola scribendi*, mas esta já implicava a presença de aprendizes, os *scholares*.
STATIONARIUS LIBRORUM (loc. lat.) – Livreiro medieval que desempenhava o papel de intermediário entre o vendedor e o comprador e também alugava *peciæ exemplaria* de todas as partes dos dois *corpora juris* e de todos os aparatos que tinham o papel de glosa ordinária. No caso da venda de livros, os *stationarii librorum* tinham uma comissão, cujo montante dependia do preço de venda, mas era-lhes vedado participar no comércio dos livros. Estacionário. *Bibliator*.
STATIONARIUS PECIARUM (loc. lat.) – Estacionário que alugava as *peciæ* na Idade Média; em certa medida podia ser considerado como editor; era obrigado a possuir exemplares dos textos utilizados no ensino, a que se chamavam *exemplaria* ou *exempla*. *Exemplator*.
STEADY-SELLER (pal. ingl.) – *Best-seller* que conserva por tempo indeterminado a sua situação de livro de fundo, o que faz com que seja reeditado regularmente através dos tempos. Designa o livro de venda regular, desde a sua primeira edição até hoje. Livro de venda firme.
STEMMA CODICUM (loc. lat.) – Representação esquemática sob forma de árvore genealógica dos diversos testemunhos de um texto. Árvore genealógica de um códice.
STÊNCIL – *Ver* Papel estêncil.
STIBIUM (pal. lat.) – *Ver* Antimónio.

STILUM VERTERE (loc. lat.) – Rasurar • Explicar.

STILUS (pal. lat.) – A palavra comum usada na Antiguidade era *graphium*, termo de origem grega, que foi utilizado por Ovídio, Plínio, Suetónio e Séneca, entre outros; foi suplantado posteriormente no vocabulário da escrita pelo termo *stylus* ou *stilus*, palavra que designa o estilete pontiagudo de metal, marfim, bronze, osso ou metais preciosos, gravado de diferentes formas, com que se escrevia na cera virgem que revestia as tabuinhas enceradas usadas pelos romanos; o *stilus* era afiado numa das extremidades, que era em ferro, mas na outra, caso não estivesse ornamentada, tinha a forma de uma espátula, que se destinava a apagar os caracteres escritos, para se poder reescrever • Mais tarde passou a qualificar o modo particular com que cada um se expressa – o estilo • Obra literária. Escrito. Composição escrita • Processo de redacção de um acto escrito.

STILUS FERREUS (loc. lat.) – Expressão que designava na Idade Média a ponta-seca com a qual se marcavam no pergaminho ou no papel as linhas ou regras dos manuscritos. Ver Regramento.

STOCK (pal. ingl.) – Existência. Fornecimento. Ver Estoque.

STORY BOARD (loc. ingl.) – Conjunto de desenhos com sequência ilustrativa de uma ideia para um filme.

STORY TELLER (loc. ingl.) – Pessoa que conta histórias, sobretudo às crianças. Contador de histórias.

STRICTO SENSU (loc. lat.) – Em sentido restrito, no sentido mais preciso que o termo pode alcançar; opõe-se a *lato sensu*.

STRING SEARCHING (loc. ingl.) – Pesquisa que utiliza como palavra-chave um conjunto de caracteres que poderão ou não formar uma ou mais palavras.

STRN – Forma abreviada de *Standard Technical Report Number*, Número normalizado do relatório técnico.

STRUCTURED QUERY LANGUAGE (loc. ingl.) – Linguagem estruturada de consulta, linguagem de programação aperfeiçoada para a consulta de bases de dados. *SQL*.

STUD-BOOK (pal. ingl.) – Livro que apresenta a genealogia de um cavalo.

STYLUS (pal. lat.) – Ver *Stilus*.

SUARABÁCTI – Ver Anaptixe.

SUB IMPENSIS (loc. lat.) – Expressão latina que significa "à custa de", " a expensas de" e que precede, no pé de imprensa, o nome da entidade ou mecenas que patrocinou a edição; por vezes o impressor também podia custear as despesas de impressão da obra. *Sumptibus*.

SUB LEGE (loc. lat.) – À letra, "depois da lei", ou seja, depois (da lei) de Moisés, expressão usada para designar a época posterior a Moisés.

SUB VERBO (loc. lat.) – Sob a palavra; é também usada sob a forma abreviada *s. v.*

SUBARMARIUS (pal. lat.) – Espécie de assessor da biblioteca medieval dos conventos ou comunidades religiosas, que tinha a seu cargo a biblioteca da instituição, a título permanente ou provisório.

SUBC. – Abreviatura de subcabeçalho *e* subcampo.

SUBCABEÇALHO – Palavra, grupo de palavras ou de símbolos que está subordinado ao cabeçalho e que contribui para o tornar mais específico • Em composição, qualquer tipo de cabeçalho que faça uma subdivisão do texto; é apresentado em geral em caracteres mais pequenos do que os do cabeçalho principal. Subencabeçamento. Subc.

SUBCABEÇALHO CORRIDO – Aquele que é ordenado de modo que um segue o outro, em forma de parágrafo, estendendo-se por toda a coluna.

SUBCABEÇALHO CRONOLÓGICO – Aquele que introduz elementos que representam o período histórico ao qual o tema se reporta.

SUBCABEÇALHO DE ASSUNTO – Aquele que indica o ponto de vista sob o qual um tema foi estudado.

SUBCABEÇALHO DE FORMA – Aquele que indica o modo de apresentação da obra (atlas, anuário, dicionário, enciclopédia, etc.).

SUBCABEÇALHO LINHA A LINHA – Aquele que aparece ordenado em coluna, sob o cabeçalho.

SUBCABEÇALHO TOPOGRÁFICO – Aquele que introduz elementos geográficos como forma de precisar ou delimitar o tema expresso no cabeçalho.

SUBCAMPO – Parte de um campo num registo bibliográfico que contém uma unidade específica de informação • Em catalogação em sistemas automatizados, formato *UNIMARC*, é a unidade de informação definida dentro de um campo. Subc.

SUBCAMPO DE COMPRIMENTO FIXO – Em catalogação em sistemas automatizados, formato *UNIMARC*, é o subcampo cujo comprimento é invariável de registo para registo; é previsto e determinado pelo próprio formato *UNIMARC* todas as vezes que ocorrer, seja qual for o registo em que ocorra. Pode verificar-se tanto num campo fixo (exemplo: campo 100, subcampo $a), como num campo variável (exemplo: campo 200, subcampo $z).

SUBCAPÍTULO – Parte do capítulo que é menor do que este e maior do que o parágrafo.

SUBCLASSE – Divisão de uma classe através da adição de um carácter novo marcando uma diferença com o termo precedente.

SUBCOLECÇÃO – Secção de uma colecção que tem um título dependente do título da colecção, para sua identificação.

SUBCOMPONENTE – Cada uma das partes que compõem uma componente com partes múltiplas.

SUBCONJUNTO – Conjunto em que cada elemento é parte de um dado conjunto.

SUBCOTA – Número ou letra que designa cada uma das peças de um conjunto colocado numa mesma cota; é muito frequente na colocação de miscelâneas ou de documentação arrumada em pastas.

SUBCUSTOS (pal. lat.) – Auxiliar do *custos* ou bibliotecário medieval, uma espécie de sub-bibliotecário.

SUBDIVIDIR – Dividir de novo. Repartir em novas partes.

SUBDIVISÃO – Acção de subdividir • Termo usado em classificação para designar cada uma das diferentes partes de uma classe ou de uma divisão principal.

SUBDIVISÃO COMUM – Categoria geral que pode ser aplicada a várias classes • Elemento de uma classificação que permite precisar ou graduar as noções escolhidas nas tabelas desenvolvidas.

SUBDIVISÃO CRONOLÓGICA – Em classificação, nova divisão de uma classe que é feita tomando como base a ordem cronológica • Subdivisão de um cabeçalho de assuntos por um subcabeçalho que pretende transmitir a época (século, ano, etc.) a que se refere o conteúdo de uma obra, o período durante o qual ela se publicou, etc.

SUBDIVISÃO DE ASSUNTO – Modo de ampliar um cabeçalho de assunto indicando a sua forma (subdivisão de forma), o período de tempo tratado ou o tempo de publicação (subdivisão cronológica), o lugar a que se limita (subdivisão geográfica) ou o aspecto ou fase do assunto tratado (subdivisão temática).

SUBDIVISÃO DE FORMA – Nova divisão de um assunto de acordo com a sua forma bibliográfica.

SUBDIVISÃO DE LUGAR – *Ver* Subdivisão geográfica.

SUBDIVISÃO DE TEMPO – Subdivisão cronológica ou histórica no interior de um sistema de classificação ou de uma lista de assuntos.

SUBDIVISÃO DIRECTA – Subdivisão de cabeçalho de assunto pelo nome da província, condado, cidade ou outra localidade, sem uma subdivisão intermédia com o nome do país ou do estado.

SUBDIVISÃO FORMAL – Em catalogação, subdivisão de um cabeçalho de assunto que designa a natureza da composição (artística, literária, musical, etc.) da obra ou obras contidas no documento ou o seu formato geral • Em classificação, subdivisão de uma classe que tem como base a natureza da composição (artística, literária, musical, etc.) ou forma, tamanho ou formato geral.

SUBDIVISÃO GEOGRÁFICA – Aumento de um cabeçalho de assunto por meio de um subcabeçalho, que designa o lugar a que esse assunto se limita • Em classificação, subdivisão de uma classe segundo uma ordem geográfica (país, estado, região, zona, etc.). Subdivisão de lugar. Subdivisão topográfica.

SUBDIVISÃO INDIRECTA – Subdivisão de cabeçalho de assunto por nome de país, estado

e, por sua vez, de província, cidade, condado ou outra localidade.
SUBDIVISÃO LINGUÍSTICA – Subdivisão de um assunto de acordo com a língua em que está escrito.
SUBDIVISÃO LIVRE FLUTUANTE – Divisão de um cabeçalho de assunto temática ou de forma, que os catalogadores da Biblioteca do Congresso (Estados Unidos da América) podem usar pela primeira vez sob um cabeçalho de assunto adequado já existente, sem que este emprego esteja autorizado especificamente no catálogo de assuntos oficial. Trata-se de subdivisões que podem ter uma utilização reduzida e aplicar-se apenas a categorias de cabeçalhos limitadas, em situações definidas de forma específica.
SUBDIVISÃO TEMÁTICA – Em catalogação, modo de ampliar um cabeçalho de assunto indicando o aspecto ou fase do assunto tratado.
SUBDIVISÃO TEMPORAL – Nova divisão de um assunto feita segundo um critério cronológico.
SUBDIVISÃO TOPOGRÁFICA – *Ver* Subdivisão geográfica.
SUBENCABEÇAMENTO – *Ver* Subcabeçalho.
SUBIDO – *Ver* Elevado.
SUBJECTIVIDADE – Qualidade ou carácter daquilo que é referente ao sujeito • Aquilo que se passa apenas no espírito de uma pessoa.
SUBLINHADO – Designação para caracterizar a letra, palavra, frase ou parágrafo que no texto são impressos em caracteres diferentes daqueles em que é composto o resto do texto • Assinalado com um risco horizontal por baixo da palavra ou letra.
SUBLINHAR – Traçar uma linha horizontal sob uma letra ou uma palavra • Assinalar com um traço por baixo da letra, palavra, frase, parágrafo, etc., para indicar que devem ser impressos em caracteres diferentes daqueles que são utilizados na impressão do resto do texto.
SUBLITERATO – Literato sem qualidade. Aquele que faz má literatura.
SUBLITERATURA – Má literatura. Literatura sem qualidade; foi muito cultivada em meados do século XX e dela fazem parte, entre outras, as novelas de amor e a literatura do coração.
SUBMICROCÓPIA – Microcópia em que as medidas lineares do original são reduzidas mais de trinta vezes.
SUBMISSÃO – Em preservação digital, *Ver* Ingestão.
SUBNOTA – Nota aposta a outra nota de um manuscrito ou impresso. Nota de nota. Contranota.
SUBNOTÍCIA – Em permuta de informação bibliográfica é o conjunto de zonas no interior de uma notícia bibliográfica, que podem ser tratadas como um todo.
SUBORDENAÇÃO – Subdivisão no interior de uma primeira ordenação.
SUBPARÁGRAFO – Divisão de parágrafo.
SUBPONTAÇÃO – Sinalização por meio de pontos colocados por baixo da palavra ou frase. Supontação.
SUBPONTAR – Colocar por baixo da letra ou letras erradas de um manuscrito alguns pontos ao alto ou alguns traços; este artifício era usado pelo copista de manuscritos para evitar raspar a palavra errada. Supontar.
SUB-REGISTO – Conjunto de campos existente dentro de um registo que pode considerar-se como uma unidade.
SUB-RETRANCA – Texto que é colocado por baixo do texto principal, ao qual fornece contextualidade, dados complementares ou análise.
SUBROGATUS (pal. lat.) – *Ver Adjutor*.
SUB-RUBRICA – Elemento ou grupo de elementos que, acrescentado a uma rubrica, precisa as modalidades sob as quais é considerado o assunto por ele expresso • Segunda ou terceira parte de uma rubrica de matéria que serve para dividir as notícias catalográficas sob determinado assunto. Segunda parte de uma rubrica de autor ou de uma colectividade, tal como ministério, divisão, etc.
SUB-RUBRICA DE FORMA – Aquela que é destinada a agrupar notícias segundo certas características comuns de forma, por exemplo, leis, tratados, etc. seguindo o nome do país, etc.
SUBSCR. – Abreviatura de subscrição *e* subscrito.
SUBSCREVER – Assinar. Aprovar • Concordar com a opinião de outrem para aprovar • Contribuir com uma certa quota • Assinar uma publicação periódica.

SUBSCRIBERE (pal. lat.) – Escrever por baixo, pôr uma inscrição • Apor assinatura depois de outra, assinar em segundo lugar • Aprovar • Registar, anotar • Escrever depois, acrescentando algo ao que já estava escrito.

SUBSCRIÇÃO – Título no começo de um manuscrito. Elemento do protocolo de um documento, que dá a conhecer o nome do autor do acto escrito e a sua titulatura; pode assumir um aspecto pessoal e começar pela palavra: *Ego* ou *Nos* • Fórmula pela qual as partes, as testemunhas do acto jurídico ou escrito e o escriba marcam o papel que desempenharam neste acto e manifestam a sua vontade pessoal, o seu consentimento ou presença; no início as subscrições eram autógrafas, mais tarde frequentemente escritas pelo notário; compreendem geralmente a palavra *subscripsit*, por extenso ou abreviadamente, e por vezes sob forma figurada, que pode apresentar o aspecto de autógrafa • Fórmula final na qual o copista fornece algumas indicações que lhe dizem respeito, como o próprio nome, o lugar e/ou a data da cópia, o nome do comitente ou do destinatário. *Ver* Cólofon. *Explicit* • Assinatura de uma carta ou outro documento com a finalidade de manifestar a aprovação do signatário ao conteúdo desse acto. *Subscriptio* • Nome da pessoa que passa o documento, com todos os seus títulos; é uma cláusula essencial • Assinatura de publicação. Compromisso de aquisição tomado por uma biblioteca, arquivo, serviço de documentação, etc., ou por um particular, de comprar uma obra em curso de publicação ou que venha a ser editada; desde o século XVIII e ainda hoje, algumas obras de elevado preço devido à importância do texto ou da ilustração, ou ainda pelo luxo da edição, representam um enorme investimento por parte do editor e, por isso, é proposta a sua subscrição aos bibliófilos e coleccionadores; no século XIX, estes eram solicitados para tal através de um prospecto e pagavam periodicamente ao editor, antes que a obra estivesse acabada de imprimir, à medida que os fascículos saíam; este sistema de pagamento antecipado fazia com que o preço fosse menor do que o daqueles que esperavam que o livro estivesse à venda nas livrarias, totalmente pronto; permitia ainda que o nome desses subscritores figurasse numa lista impressa na própria obra; foi assim que se procedeu na impressão da *Enciclopédia Francesa* de Diderot e D'Alembert e, mais recentemente, na edição dos *Livros Antigos Portugueses*, obra redigida pelo Rei D. Manuel II, editada pela Universidade de Cambridge de 1929 a 1935.

SUBSCRIÇÃO ANTECIPADA – Diz-se da modalidade de comercialização de uma obra cujo direito de recebê-la foi garantido sob contrato previamente efectuado.

SUBSCRIÇÃO DE CHANCELARIA – Fórmula de subscrição pela qual um funcionário de chancelaria se nomeia, indicando o papel que desempenhou na redacção do acto, assumindo a sua responsabilidade, dando-lhe assim um valor autêntico.

SUBSCRIÇÃO NOTARIAL – Fórmula de subscrição pela qual um notário se nomeia, indicando o papel que desempenhou na redacção de um acto, assumindo a sua responsabilidade, dando-lhe assim um valor autêntico. Subscrição tabeliónica.

SUBSCRIÇÃO TABELIÓNICA – *Ver* Subscrição notarial.

SUBSCRIPSIT (pal. lat.) – Subscrevi, forma de concordância com o documento que se encontra acima desta fórmula e que introduz a assinatura completa ou abreviada; muitas vezes em alguns documentos seguia-se a indicação do cargo que tal pessoa desempenhava. É também usada sob a forma abreviada *sbscp*.

SUBSCRIPTIO (pal. lat.) – Inscrição na base de uma estátua ou gravura • Assinatura (de um documento) • Minuta. Registo. Lista. *Ver* Subscrição.

SUBSCRITAR – Assinar. Subscrever.

SUBSCRITO – Assinado.

SUBSCRITOR – Signatário, o que subscreve ou assina • Assinante.

SUBSECÇÃO – Divisão de uma secção de um livro ou capítulo • Em arquivo, subdivisão de uma secção.

SUBSÉRIE – Série que se apresenta como uma parte de uma série numerada (série principal); a subsérie pode ter ou não um título dependente do da série principal. *Ver* Título comum e Título dependente • Em arquivo, conjunto de documentos que integram uma série, facil-

mente identificável pela tipologia documental, acondicionamento ou assunto • Subsérie de registos.
SUBSÉRIE DE REGISTOS – Em arquivologia, unidades de arquivo dentro de uma série de registos que podem separar-se facilmente umas das outras por assunto, forma, tipo, classe ou ordem do arquivo.
SUBSIDIÁRIAS – Dizem-se subsidiárias as partes complementares do livro acrescentadas ao texto e que incluem notas (tanto as que são colocadas em pé de página como as que são apresentadas em conjunto no final dos capítulos ou da obra), bibliografias, apêndices, glossários, gravuras, índices, *imprint*, cólofon, guardas e bolsas de material acompanhante.
SUBSISTEMA DE DOCUMENTAÇÃO CIENTÍFICA E TÉCNICA – Conjunto de informação e de processos organizados e em interacção, cujo objectivo consiste em satisfazer as necessidades de um organismo no que respeita a recursos documentais.
SUBSTANTIVAR – Dar a uma palavra o valor, a função, de substantivo.
SUBSTANTIVO – Termo usado pela gramática tradicional para referir a classe de palavras que actualmente é designada como nomes.
SUBSTITUIÇÃO – Material novo ou corrigido usado para mudar a primeira versão de um texto • Nome dado ao título ou volume que foi encomendado para colocar em lugar de um livro gasto ou perdido.
SUBSTITUIÇÃO LEXICAL – Em linguística histórica é o fenómeno que se verifica quando uma palavra deixa de ser usada, sendo substituída por outra ou outras palavras com valor semântico idêntico.
SUBSTRATO (port. Bras.) – *Ver* Suporte.
SUBT. – Abreviatura de subtítulo.
SUBTIPO – Tipo secundário, subordinado ao principal.
SUBTITULADO – Que tem por subtítulo. Com segundo título • Com título posto por baixo. Legendado.
SUBTITULAR – Pôr um subtítulo.
SUBTÍTULO – Palavra ou frase que aparece na página de título com vista a qualificar, esclarecer ou completar o título próprio do documento, que a precede. Subt.

SUBULA (pal. lat.) – Sovela, instrumento utilizado na Idade Média para regrar o pergaminho e o papel e estabelecer a justificação da página. Estilete destinado a traçar o pautado de um manuscrito.
SUBVARIANTE – Em transmissão textual é a lição dos testemunhos, que depois de uma ramificação da tradição serve para reconstruir a lição do arquétipo ou do subarquétipo.
SUBVENÇÃO – Ajuda económica. Subsídio. Contribuição.
SUBVERBETE – Verbete secundário no qual são esclarecidas as espécies, divisões e modalidades contidas no verbete principal.
SUCESS. – Abreviatura de sucessão.
SUCESSÃO – Série que se sucede sem interrupção. Continuação. Seguimento. Sequência.
SUCESSÃO ARQUIVÍSTICA – Transferência da propriedade legal de arquivos resultantes de uma mudança ou de soberania territorial ou de competência administrativa.
SUCESSO EDITORIAL – Expressão que se aplica à aceitação por parte do público de uma obra que vende bem e que quase sempre obteve um bom acolhimento por parte da crítica, sucedendo-se geralmente as edições. Livro de sucesso.
SUCESSO LITERÁRIO – Diz-se que um livro teve ou foi um sucesso literário quando houve coincidência entre as intenções do autor ao escrevê-lo e as intenções do leitor ao lê-lo • Obra cuja aceitação e venda ultrapassaram os limites previstos pelo editor.
SUCESSO NORMAL – Situação do comércio do livro em que a venda de exemplares de um título corresponde às previsões do editor.
SUCO DE ALHO – Líquido obtido a partir do esmagamento do alho, que era usado em encadernação como mordente para fazer aderir a folha de ouro ao pergaminho e ao couro.
SUCURSAL – Instituição que depende de outra. Filial.
SUCURSAL REGIONAL – Num sistema de bibliotecas, designação dada à biblioteca sucursal, que funciona como centro administrativo e de referência de um determinado grupo de sucursais mais pequenas.
SUELTO (pal. esp.) – Escrito ligeiro. Pequeno artigo num jorna • Vária • Local • Tópico.

SUFFRAGANEUS (pal. lat.) – *Suffragans*. *Ver Adjutor*.

SUFFRAGANS (pal. lat.) – *Ver Adjutor*.

SUFIXO – Elemento que se acrescenta ao radical de uma palavra para formar novas palavras • Em tecnologia da informação, designação de um campo de um registo que é usado habitualmente com a finalidade de delimitar uma pesquisa a esse campo, colocando-o a seguir à palavra ou conjunto de palavras a pesquisar.

SUFRÁGIO – Prece intercessória, por vezes chamada memorial, dirigida a um santo; o sufrágio é precedido por uma antífona, um versículo e um responso e pode ocorrer durante o ofício divino; os sufrágios de santos aparecem com frequência nos livros de horas, onde são apresentados de acordo com uma hierarquia, começando com a SS. Trindade e por vezes seguidos pela Virgem, São Miguel, São João Baptista, os apóstolos, mártires, confessores e mulheres santas; os santos particulares que aparecem num grupo de sufrágios ocorriam de acordo com a região ou as devoções particulares; é conhecida a existência de sufrágios desde o século XI, embora os manuscritos mais antigos com sufrágios datem do século XIII.

SUGADOR – Cada um dos tipos do margeador de sucção providos de ventosas de borracha que prendem as folhas.

SULFATO DE ALUMÍNIO – No fabrico do papel é o produto adicionado à substância colante tradicional – a gelatina – para obter um papel resistente à impressão; o seu uso tem como consequência prática a acidificação da celulose.

SULFATO DE FERRO – Sal metálico utilizado na preparação das tintas negras de escrever; associado a um agente tanino, como por exemplo a noz-de-galha, produz um precipitado castanho escuro ou negro.

SULFITE – Nome dado à pasta de madeira que é tratada pelo bissulfito de cálcio e aos papéis que com ela se fabricam.

SULSI – Variedade de caracteres tipográficos, de aspecto complicado, que eram usados pelos primeiros impressores, apenas nas páginas de rosto e nas preliminares.

SUM. – Abreviatura de sumário.

SUMA – Epítome. Resumo de uma obra. Pequena súmula • Soma.

SUMA DO PRIVILÉGIO – Resumo do privilégio; geralmente refere-se ao privilégio de impressão, aquele que é concedido pela autoridade real a um determinado impressor, para que apenas ele possa imprimir a obra referida durante um certo período de tempo.

SUMA TEOLÓGICA – Designação atribuída a uma obra que encerra uma exposição pessoal concisa e completa de todo o conhecimento teológico.

SUMAGRE – Arbusto da família das Anacardiáceas, cujas folhas são ricas em tanino e são usadas como corante.

SUMARIAR – Resumir, sintetizar, apresentar sob forma de sumário. Sumarizar.

SUMÁRIO – Lista de títulos e subtítulos das partes de um documento, segundo a ordem pela qual elas se apresentam num texto e com indicação das páginas ou das colunas em que essas partes começam. Índice de capítulos. Tábua de conteúdo • Enumeração das divisões principais e dos artigos mais importantes de um fascículo de uma revista ou publicação periódica, segundo a ordem de exposição que apresentam no texto; é elaborada para permitir uma visão de conjunto da obra e para aumentar a velocidade da pesquisa, da selecção e da leitura, ou para comprovar a capacidade de aprendizagem, pondo à prova a memória e a atenção; coloca-se imediatamente antes do prefácio • Resumo de história.

SUMÁRIO ANALÍTICO – Folha, de preferência destacável, localizada no início ou no fim de uma publicação com mais de um artigo, e que apresenta o conjunto da descrição bibliográfica e do resumo analítico de cada um dos artigos nela contidos. Resumo analítico.

SUMÁRIO DE MATÉRIAS – *Ver* Índice geral.

SUMÁRIO DE UM DOCUMENTO – Resumo de um documento; deve indicar o autor e o destinatário do acto quando mencionados, e dar uma síntese breve, mas precisa, do seu conteúdo jurídico e histórico; deve ser redigido na forma subjectiva e não objectiva.

SUMARIZAR – *Ver* Sumariar.

SUMMA (pal. lat.) – Parte essencial • Totalidade • Conjunto (de uma obra) • Súmula. Resumo. Epítome.
SUMPTIBUS (pal. lat.) – "A expensas de", expressão inscrita no pé de imprensa ou no cólofon de alguns livros antigos para indicar o editor, livreiro, instituição, comunidade ou mecenas que custeou a edição de uma obra; com o mesmo sentido são por vezes empregues as palavras ou expressões *impensis, sumptibus fecit, ad instantia ou expensis* precedidas ou seguidas do nome da pessoa que financiou a edição. *Sumptus*.
SUMPTIBUS FECIT (loc. lat.) – Feito a expensas de. *Ver Sumptibus*.
SUMPTUS (pal. lat.) – Despesa. Custo. *Ver Sumptibus*.
SÚMULA – Resumo de qualquer obra. Epítome. Sinopse. Síntese. Soma. *Summa*.
SUP. – Forma abreviada de *supra*.
SUPEDÂNEO – Estrado. Base. Peanha. Suporte. Pequena base.
SUPER (pal. lat.) – Sobre.
SUPER LIBROS (loc. lat.) – Designa uma marca de ex libris gravada nas pastas superior e/ou inferior de uma encadernação, geralmente guarnecida com as armas, nome, divisa, emblema ou outros elementos relacionados com o possuidor da obra.
SUPER LIBROS **FALANTE** – Aquele que apresenta uma legenda que permite identificar o seu possuidor.
SUPERCALANDRA – Calandra na qual certos rolos são de folhas de papel especialmente comprimidos e outros de ferro.
SUPERCALANDRAGEM – Calandragem acentuada numa supercalandra, que se efectua normalmente fora da máquina de papel com a finalidade de se obter um papel com lisura, massa volúmica e brilho elevados.
SUPERFICHA – Nome dado à microforma em ficha que contém imagens com uma redução de cinquenta vezes a noventa vezes; na superfície de uma folha A6 podem ser acomodadas entre cento e noventa a quatrocentas imagens em superficha; é frequentemente a microforma mais usada para o material produzido directamente a partir dos dados computorizados.

SUPER LEAD (loc. ingl.) – Modalidade de abertura de uma notícia, que se distingue pelo estilo rápido e enérgico e pela apresentação tipográfica em caracteres destacados; destina-se a dar uma ideia resumida do artigo.
SUPERPOSIÇÃO DE IMAGEM (port. Bras.) – *Ver* Sobreposição de imagem.
SUPERSTORES (pal. ingl.) – Espaços de grandes dimensões físicas e de venda e lazer onde também se comercializam livros; trata-se de um conceito moderno de livraria em termos de espaço e de sortido, que vai do livro em papel, revistas, discos, vídeos, etc. a produtos de edição electrónica e multimédia (*CD-ROM*, *DVD*, etc.); funcionam em horário alargado e no seu interior têm em geral um bar ou café, espaços de descontracção com mobiliário adequado para tal, auditório para espectáculos e espaço infantil.
SUPER-TELEX – *Ver Teletex*.
SUPL. – Abreviatura de suplemento.
SUPLEMENTO – Caderno ou folha publicado juntamente com uma publicação periódica ou revista, mas cujo texto e apresentação são independentes do número base • Caderno, fascículo ou volume que se acrescenta a determinadas publicações como anuários, dicionários, etc., para mantê-las actualizadas • Apêndice, continuação, anexo • Caderno temático com periodicidade regular; um suplemento tem uma relação formal com o original: o mesmo autor, título e subtítulo e a intenção de acrescentar ou complementar o original ao qual está ligado • Acréscimo.
SUPLEMENTO DOCUMENTAL – Lista dos documentos insertos numa determinada obra, que é apresentada no final da mesma obra, como seu complemento ou apêndice.
SUPLEMENTO DOMINICAL – Aquele que se publica apenas ao Domingo.
SUPLEMENTO LITERÁRIO – O complemento de uma publicação de informação geral, cujo texto é exclusivamente sobre temas relativos às letras ou literatura.
SUPLEMENTO PARA INSERIR EM BOLSA – Complemento muito usado como forma de actualização de obras, especialmente de natureza jurídica, que é colocado num bolso pre-

viamente incluído na parte interior da capa de um livro.
SÚPLICA – Tipo de requerimento antigo dirigido a uma autoridade implorando a mercê de uma benesse.
SUPLICANTE – Aquele que impetrava uma benesse ou benefício, sob forma da concessão de um privilégio ou outra dádiva; esta figura aparece com frequência nas iluminuras de cartas de brasão ou outros documentos dirigidos ao rei, geralmente ajoelhada em atitude de súplica. Spectante.
SUPONTAÇÃO – Acto de assinalar através de pontos colocados por baixo de palavra ou frase. Subpontação. Sopontadura.
SUPONTAR – Assinalar colocando pontos por baixo de palavra ou frase. Sublinhar. Subpontar.
SUPORTA-LIVROS – *Ver* Suporte para livros.
SUPORTE – Material sobre o qual se obtém uma cópia • Material próprio ou meio físico destinado a receber e manter informações escritas, sonoras, electromagnéticas ou visuais, tal como a pedra, cera, papiro, papel, metal, barro, pergaminho, tecido, madeira, filme, banda magnética, telegrama, cartão perfurado, fita perfurada, disco duro, disquete, disco óptico, cartão óptico • Filete de chumbo, a toda a grossura ou tira de madeira à altura do tipo, colocado na forma do lado mais leve para evitar que a pressão descaia sobre esse lado • Nas máquinas de cilindro são as barras de ferro laterais no cofre, sobre as quais assenta o cilindro • Também se dá o nome de suporte ao pequeno rolo de papel colocado na frasqueta da prensa manual ou das máquinas de pedal para evitar repintes • Papel ou cartão destinado a ser transformado por estucagem, impregnação ou revestimento • Apoio • Protecção. Auxílio • Base de sustentação • Actualmente, com o papel coexiste o suporte electrónico, seja qual for a modalidade que ele assuma. *Hardware* • (port. Bras.) Substrato.
SUPORTE ANALÓGICO – Expressão usada para designar o suporte convencional (papel, filme, fotografia, etc.), por oposição a suporte digital (meio computacional).

SUPORTE AUDIOVISUAL – Aquele que requer o uso de equipamento para a sua exploração sonora e/ou visual.
SUPORTE BIBLIOGRÁFICO – Designação dada aos materiais maleáveis como o papiro, o pergaminho, o papel, etc., que servem de base à escrita. Modernamente têm sido adoptados outros tipos de suporte para a escrita.
SUPORTE DA ESCRITA – Material sobre o qual se escreve; pode ser bibliográfico ou epigráfico; os primeiros suportes da escrita foram a pedra, os ossos, o metal, a madeira, a seda, o barro, os tecidos e as cascas das árvores; os materiais mais elaborados, tais como o papiro, o couro, o pergaminho e o papel apareceram mais tarde. Modernamente têm sido adoptados outros tipos de suporte para a escrita.
SUPORTE DA ESTANTE – Nome dado às travessas, cavilhas, chavetas, cremalheiras, etc., usadas nas bibliotecas, arquivos, serviços de documentação, etc. para sustentar as prateleiras das estantes.
SUPORTE DE DADOS – Objecto material no qual ou sobre o qual se podem registar factos, noções ou qualquer outro tipo de informação.
SUPORTE DE IMPRESSÃO – Qualquer base (papel, cartão, etc.) que recebe a impressão da forma na máquina de imprimir.
SUPORTE DE INFORMAÇÃO – Material específico no qual ou através do qual, os dados podem ser registados ou comunicados • Em informática é o objecto material sobre o qual são registados os dados; são diversos: magnéticos (bandas, discos, disquetes, *pen*, etc.), papel (cartões perfurados e fita perfurada) e outros suportes, como os discos ópticos.
SUPORTE DE MONTAGEM – Folha de plástico, de invenção alemã, que se usa para a organização e a disposição dos fotótipos para serem utilizados na reprodução em *offset*; é indeformável e inalterável e veio substituir a placa de cristal, que se utilizava com este fim até há pouco tempo.
SUPORTE DE PELÍCULA – Capa da película fotográfica, em geral de matéria plástica, sobre a qual se estende a emulsão.
SUPORTE DE UM DOCUMENTO – Material sobre o qual a peça é escrita: papiro, pergami-

nho, velino, papel, tabuinhas de cera ou ardósia, pedra, etc.

SUPORTE DIGITAL – Aquele sobre o qual assenta a informação digital, ou seja, aquela que se encontra codificada de forma binária, podendo ser lida sob forma de disquete, cassete áudio, vídeo, *CD*, etc.

SUPORTE ELECTRÓNICO – Forma de armazenamento de um documento eléctrónico; pode ser em linha, em disco, em disquete, em banda magnética, em *CD-ROM*, em *DVD*, etc.

SUPORTE EPIGRÁFICO – Suporte da escrita que é constituído por materiais duros como a pedra, o metal, a madeira, etc.

SUPORTE FECHADO – Modalidade de suporte que é finito, não permitindo a criação de novas unidades; são exemplos de suporte fechado a disquete ou o *CD-ROM*.

SUPORTE FILME – Material flexível e transparente ao qual é aplicada emulsão sensível do material fotográfico ou a camada de óxido para as fitas magnéticas.

SUPORTE FÍSICO DIGITAL – Objecto físico em que se encontra inscrito o conjunto dos símbolos ou sinais que constituem o objecto digital; são exemplos destes suportes o disco rígido, o *CD-ROM*, o *DVD*, a disquete.

SUPORTE LÓGICO INFORMÁTICO – Programas, rotinas, processos e documentação anexa que são relacionados com a exploração, funcionamento e gestão de um sistema de processamento de dados.

SUPORTE MAGNÉTICO – Dispositivo, fixo ou amovível, que permite armazenar informação reutilizável; são suportes magnéticos as fitas magnéticas, as cassetes e os cartuchos, os discos rígidos, as disquetes, as *pen*; os três primeiros têm o inconveniente de a informação ser armazenada sequencialmente, obrigando a ler todos os itens até se atingir o que se pretende; quanto aos últimos, neles é possível ler directamente qualquer registo num ficheiro, independentemente da posição que ele ocupa.

SUPORTE ÓPTICO – Dispositivo fixo ou amovível, que permite armazenar informação reutilizável; são exemplos de suportes ópticos o *CD-ROM*, o *DVD*, o *CD* áudio, o *Photo CD*; permitem aceder directamente à informação, isto é, ler directamente qualquer registo num ficheiro, seja qual for a sua posição.

SUPORTE PARA LIVROS – Apoio utilizado para expor livros abertos ou fechados; pode ser de madeira, acrílico, metal, fibra de vidro, etc. *Ver tb*. Atril • Objecto utilizado nas prateleiras das bibliotecas, arquivos, serviços de documentação e similares para apoiar livros, documentos ou caixas com os mesmos, a fim de os manter em posição vertical; dadas as diferentes dimensões que uns e outras assumem com frequência nos seus formatos, distingue-se por vezes entre suporte para livros e suporte para revistas. Aperta-livros, cerra-livros. Suporta-livros.

SUPORTE TRADICIONAL – Designação atribuída ao suporte convencional da informação, baseado em práticas que se repetem ao longo de gerações, como é o caso do papel. Suporte analógico.

SUPORTES – Saliências das prensas tipográficas que asseguram que os rolos giram • Tiras de madeira que se colocam nas extremidades das ramas para minervas • Tiras de metal que se colocam à volta das formas, cobrindo os espaços em branco quando delas se retira um electrótipo • Em heráldica são as figuras de animais que suportam o escudo de armas, colocadas por detrás ou dos lados, como se o estivessem a sustentar ou a apoiar com as mãos; quando são representadas por figuras humanas tomam o nome de "tenentes".

Suportes

SUPORTES MÚLTIPLOS – Documentos que pertencem a várias categorias gerais de documentos.

SUPORTES NÃO TRADICIONAIS – *Ver* Suportes novos.
SUPORTES NOVOS – Denominação usada em oposição a suportes tradicionais e na qual se englobam os modernos suportes gráficos de natureza sintética, em geral película, disco e fita magnética, disco óptico, etc. Suportes não tradicionais.
SUPORTES TRADICIONAIS – Designação utilizada para referir em geral os diversos suportes da escrita, que englobam o papiro, o pergaminho e o papel.
SUPOSIÇÃO – Situação imaginária que é usada como exemplo, com a finalidade de analisar e estudar determinado tipo de condições. Conjectura. Hipótese.
SUPPLEMENTUM (pal. lat.) – Complemento. Suplemento.
SUPRA (pal. lat.) – Sobre, como acima dissemos ou está escrito; usa-se quando o tópico referido já foi discutido. Emprega-se especialmente em documentos jurídicos, com a finalidade de mencionar um texto ou passagem anteriormente citado.
SUPRA LIBROS (loc. lat.) – *Ver Super libros*.
SUPRA SCRIPTUS (loc. lat.) – Escrito acima. É usada vulgarmente sob a forma abreviada *Sstus*.
SUPRACITADO – Sobredito. Supradito. Acima referido.
SUPRESSÃO – Operação que consiste em eliminar uma letra, palavra, frase, etc. na correcção tipográfica, quer no momento da cópia (por engano ou intenção deliberada do copista), quer mais tarde (por correcção ou por censura) • Eliminação de parte de um texto por motivos de censura ou outros • Eliminação de um documento de uma colecção • Cancelamento.
SUPRIMIR – Cortar partes do texto que se verificou não terem interesse ou não caberem no espaço de que se dispõe • Fazer desaparecer • Omitir, ignorar, passar por cima de. Mutilar. Truncar • Cancelar • Impedir que seja publicado.
SUPRIMÍVEL – Que pode ou deve suprimir-se.
SURA – Secção, versículo ou capítulo do Corão. Surata.
SURATA – *Ver* Sura.

SURFAR – Andar de um lado para o outro, na *Internet*. Navegar.
SURFING (pal. ingl.) – Operação básica de navegação na *Internet*, usada no escrutínio rápido da informação de textos *on-line* e outros recursos multicanal, que permite avançar de um documento para outro por meio de *links*.
SURGITAR – Executar um ponto oblíquo na lombada formada pelo conjunto de folhas soltas, como por exemplo processos judiciais, para formar um volume • Ponto oblíquo que o encadernador dá no lombo do livro. Ponto de luva.
SURIMONO – Estampa de pequenas dimensões e de decoração muito rica usada no Oriente para saudações, anúncios, convites, etc.
SUSODITO – Expressão caída em desuso, que significa mencionado acima (no texto).
SUSPENDER – Interromper a saída, a publicação.
SUSPENSÃO – Sinal abreviativo usado nos manuscritos indicado por um ponto (.), uma vírgula (,) ou por um ponto e vírgula (;), por letras sobrepostas ou ainda por sinais especiais • Acto e efeito de suspender. Cessação • Interrupção. Pausa na publicação • Interrupção de um texto: marca-se geralmente por meio de uma linha de pontos contínuos.
SUSPENSE – Processo que consiste em prolongar propositadamente a acção de uma narrativa no momento crucial, de modo a criar um ambiente de ansiedade e expectativa em relação aos acontecimentos que se seguem.
SUSPENSOR – Aparelho ou designativo de qualquer aparelho que serve para deter outro.

Suportes

SUSTENTÁCULOS – Em heráldica são os anjos cavaleiros, deuses da fábula ou figuras de selvagens que suportam o escudo de armas, colocados por trás ou dos lados, como se o estivessem a segurar ou a apoiar com as mãos;

quando são representados por figuras humanas tomam o nome de "tenentes" e por figuras animais denominam-se "suportes".

SUSTENTADO – Termo empregado em heráldica para significar a posição de um elemento do escudo em relação a outro; tem o mesmo significado na descrição de um outro qualquer desenho (*v. g.* uma gravura de página de título ou outra).

SUTRA – Texto muito importante da cultura hindu, espécie de colectânea de provérbios que compendia as regras rituais da moral, da vida diária e da gramática.

SVG – Acrónimo de *Scalable Vector Graphics*, formato usado para imagens vectoriais.

SYGCOLLESIMOI (pal. gr.) – Rolos especiais de papiro constituídos por documentos que se foram pegando uns aos outros, com a finalidade de os preservar e fomentar a sua conservação em arquivos.

SYLLABUS (pal. lat.) – Etimologicamente significa sumário, índice, daí que a palavra tivesse passado a designar a etiqueta ligada à extremidade do rolo de papiro ou pergaminho, na qual se inscrevia abreviadamente o título. *Pittacium* • (pal. ingl.) Plano de estudos.

SYSOP – Acrónimo de *SYStems OPerator*, forma pela qual é designado o moderador que intervém na *BBS* como responsável pela sua organização e até pelo seu conteúdo.

T

T – Letra do alfabeto latino e do de quase todas as línguas antigas e modernas • O tipo que na impressão reproduz essa letra • A matriz desse tipo • Punção com que se grava essa matriz • Assinatura correspondente ao décimo nono caderno de um volume, quando se usam letras para esse fim • Nas chamadas de nota indica a vigésima chamada, quando se usam letras em lugar de números ou sinais • Letra numeral usada antigamente com o valor de 160; quando encimada por um til (~) tinha o valor de 160 000.
T. – Abreviatura de tomo.
TA – Forma abreviada de termo associado.
TAB. – Abreviatura de tabela.
TABELA – Documento contendo dados numéricos ou alfanuméricos ordenados geralmente em linhas e em colunas, eventualmente acompanhados de texto e colocados o mais perto possível do lugar onde são mencionados • Catálogo • Relação, rol, lista • Tábua pequena, quadro ou papel em que se escreve qualquer coisa • Prateleira de estante; é prática muito antiga e bem visível em bibliotecas como a do Palácio Nacional de Mafra e a Biblioteca Joanina de Coimbra, por exemplo, a colocação de tabelas de altura decrescente de baixo para cima, o que bem se compreende pelo facto de, deste modo, ocuparem os lugares inferiores as obras de maior corpo, mais pesadas, reservando-se as tabelas superiores para obras mais pequenas e mais leves, obviando, assim, a um esforço maior na sua colocação e no seu manuseamento • Composição tipográfica sujeita a várias colunas, algumas das quais constam de algarismos, separadas por filetes verticais; a sua finalidade é a de apresentar informações de uma forma clara e de leitura rápida.

TABELA AJUSTÁVEL – *Ver* Tabela regulável.
TABELA AUXILIAR – Relação de subdivisões comuns acrescentada como complemento aos quadros de um sistema de classificação.
TABELA CATEGORIAL – Relação de categorias usada para subdivisão de tópicos, numa classificação de assuntos.
TABELA DAS SUBDIVISÕES COMUNS – Nome dado a uma tabela aplicável a um sistema de classificação e que conserva sempre o mesmo significado • Diz-se de uma tabela aplicável a certos grupos de assuntos • Diz-se de uma tabela aplicável a uma única subdivisão.
TABELA DE CLASSIFICAÇÃO – Agrupamento sistemático de conceitos em classes, divisões e subdivisões representadas por uma notação; uma tabela de classificação pode ser principal ou auxiliar.
TABELA DE CONCORDÂNCIAS – Elemento de consulta inserido numa obra no caso de nela aparecerem sucessivamente duas ou mais numerações diferentes, que apresenta frente-a-frente, em duas colunas, a correspondência entre as antigas numerações e as novas. Tabela de equivalências.
TABELA DE CORRECÇÕES – *Ver* Errata.
TABELA DE *CUTTER* – Qualquer dos dois esquemas alfabeticamente ordenados inventados por C. A. Cutter, constituídos por números decimais combinados com letras iniciais ou letras de apelido ou palavras; uma destas tabelas utiliza dois elementos e a outra três.
TABELA DE EQUIVALÊNCIAS – Instrumento auxiliar de pesquisa que dá a correspondência no caso de um núcleo documental ou vários terem recebido nova colocação; apresenta-se sob a forma de duas ou mais colunas,

de modo a expressar a correspondência entre a colocação antiga e a nova • Tabela de concordâncias • Em arquivística, instrumento de descrição complementar, que estabelece a correspondência entre as diferentes cotas, anteriores e actuais, das unidades de instalação.

TABELA DE LOCALIZAÇÃO – Lista alfabética dos lugares precisos sobre os quais se encontram informações numa obra • Lista dos sinais ou símbolos que indicam onde se encontram os livros numa biblioteca • Num catálogo colectivo é o levantamento dos lugares onde se encontram as bibliotecas mencionadas.

TABELA DE MATÉRIAS – *Ver* Índice ideográfico.

TABELA DE PREÇOS – Lista em folhas soltas ou em forma de catálogo, da qual constam os produtos à venda e o respectivo custo.

TABELA DE SELECÇÃO – Relação dos documentos de uma administração, de um serviço ou de uma instituição, que estabelece os que devem ter conservação permanente pelo seu valor arquivístico e fixa os prazos e condições de eliminação dos restantes.

TABELA DE TEMPORALIDADE – Instrumento elaborado por comissão interdisciplinar e aprovado por autoridade competente visando determinar prazos de retenção, transferência, recolha, eliminação e outras operações tais como microfilmagem e amostragem.

TABELA DESENVOLVIDA – Elemento de uma classificação feito a partir do esquema geral seguindo a estrutura hierárquica.

TABELA DUPLA – Designação atribuída quando, por falta de espaço, os livros ou as caixas de documentos são frequentemente dispostos em fila duplicada sobre a mesma tabela ou ainda em filas sobrepostas.

TABELA GENEALÓGICA – *Ver* Árvore genealógica.

TABELA MÓVEL – *Ver* Tabela regulável.

TABELA PRINCIPAL – Uma das grandes divisões de um sistema de classificação; compreende igualmente as diversas subdivisões que lhe são próximas.

TABELA REGULÁVEL – Tabela de estante cuja posição pode alterar-se de modo a suportar livros ou documentos de vários tamanhos. Tabela ajustável. Tabela móvel.

TABELAR – Fazer uma tabela. Fazer constar de uma lista ordenada • Catalogar • Fixar o preço.

TABELÁRIO – Nome dado entre os romanos àquele que transportava as tábuas enceradas. *Tabellarius*.

TABELIÃO – Funcionário que em dada circunscrição está encarregado de formalizar os documentos ou pelo menos de os registar e apresentar à jurisdição que os manda selar; deste modo produzem-se processos-verbais autênticos. *Ver* Notário.

TABELLA (pal. lat.) – Diminutivo de tabula, designava a tabuinha para escrever • Tabuinha de voto. Boletim • Carta, escrito, contrato escrito.

TABELLA CERATA (loc. lat.) – *Ver* Tabuinha encerada.

TABELLÆ (pal. lat.) – Plural de *tabella*; o plural justifica-se pelo facto de designar a maior parte das vezes um conjunto de duas tabuinhas.

TABELLÆ BUXEÆ (loc. lat.) – Tabuinhas feitas de madeira de buxo onde se escrevia directamente; esta madeira tinha a vantagem de ser mais durável e segura que outras; já na Antiguidade a própria tabuinha chegou a ser designada simplesmente por *buxus*.

TABELLÆ DEFIXIONUM (loc. lat.) – Textos mágicos que tentavam atrair poderes sobrenaturais dirigidos contra uma determinada pessoa; para conseguir um melhor resultado eram frequentemente escritos em chapas de chumbo, que pela sua maleabilidade permitiam ser dobradas para ocultar o texto, sendo escondidas em lugares recônditos como os túmulos, onde os deuses as podiam ler.

TABELLÆ LAUREATÆ (loc. lat.) – Carta, missiva rodeada de loureiro a anunciar uma vitória.

TABELLÆ PERFORATÆ (loc. lat.) – Tabuinhas de cera perfuradas, passando três vezes através destes furos os cordéis que as encerravam, sobre os quais era aposto o selo. *Tabellæ perfusæ*.

TABELLÆ PERFUSÆ (loc. lat.) – *Ver Tabellæ perforatæ*.

TABELLARIUS (pal. lat.) – Mensageiro, aquele que transportava as tabuinhas enceradas. Tabelário.

TABELLULA (pal. lat.) – Diminutivo de *tabula*.
TABERNA (pal. lat.) – Lugar onde os editores e livreiros no Império romano expunham e vendiam os livros que fabricavam.
TABERNA LIBRARIA (loc. lat.) – *Ver Libraria taberna*.
TABERNARIUS (pal. lat.) – No Império romano designava o livreiro, tal como a livraria era chamada *libraria taberna*.
TABI – Espécie de tafetá grosso e ondeado utilizado em encadernação, sobretudo na confecção das guardas. *Moirée*.
TABLATURA – Evolução da escrita musical a partir do século XVI, dando origem a uma grafia musical própria, com cifras e letras em vez de uma notação neumática.
TABLINIUM (pal. lat.) – Lugar de conservação das tabuinhas e documentos escritos, na Antiguidade. Arquivo.
TABLÓIDE – Formato de jornal que corresponde a metade do tamanho normalizado, com as medidas de cerca de 28 cm de largura por 38 cm de altura, contendo usualmente cinco colunas por página; este formato é adoptado pelos órgãos da imprensa alternativa, por suplementos, etc. • Jornal de pequenas dimensões • É um termo também usado frequentemente com o sentido de jornal sensacionalista dedicado a notícias sobre o *jet-set*.
TABU – Restrição ou proibição na utilização de uma palavra por motivos culturais, religiosos ou outros.
TABU LINGUÍSTICO – Forma linguística cujo uso foi estigmatizado, por razões socioculturais.
TÁBUA – Pequena prancha de madeira por vezes adelgaçada nos bordos, que em conjunto com outra era usada nos planos das encadernações primitivas • Guia, extracto ou enumeração sucinta do conteúdo de uma obra com referência às páginas respectivas para facilitar o seu manuseamento; hoje a tábua é colocada, na maior parte dos casos, no final da obra, enquanto que antigamente se situava indistintamente no início ou no final. Não deve ser confundida com índice. Tabuada • Rol, lista, catálogo • Tabela • Cardápio.
TÁBUA ANALÍTICA – *Ver* Sumário.

TÁBUA BIBLIOGRÁFICA – Conjunto de dados bibliográficos de uma obra apresentados sob forma de lista, de modo a poderem ser facilmente consultados.
TÁBUA DE CONTEÚDO – Enumeração das diversas secções de um texto ou de uma recolha de textos, acompanhada pelo menos da referência à numeração dos capítulos ou do número do volume, colocada no início ou no final, para facilitar a pesquisa. Sumário. Índice de capítulos.
TÁBUA DE CORRECÇÕES – *Ver* Errata.
TÁBUA DE FUSTE – No sentido literal designa pedaço ou lasca de pau, madeira, tabuinha ou ramo, que era cortado em diagonal em duas partes, em cada uma das quais se escreviam ou imprimiam letras ou sinais, que declaravam uma dívida ou o seu pagamento; uma parte do pedaço permanecia com o credor, a outra com o devedor e servia de obrigação de dívida ou da sua quitação.
TÁBUA DE LUGARES – *Ver* Índice toponímico.
TÁBUA DE MATÉRIAS – Nome dado à lista dos assuntos tratados nas obras antigas. *Ver* Índice ideográfico.
TÁBUA DOS CAPÍTULOS – Nome dado à lista dos capítulos e respectivos títulos nas obras antigas. *Ver* Sumário.
TABUADA – Indicação resumida do conteúdo da obra, enumerando os capítulos, no caso de assim estar dividida. Tavoada • Pequeno livro onde se ensina a numeração, as quatro operações e alguns rudimentos aritméticos.
TÁBUAS DA LEI – Lápides de pedra que, segundo a Bíblia, Deus entregou a Moisés e nas quais estava gravado o "Decálogo" ou Dez Mandamentos • Legislação.
TÁBUAS DE ABIDOS – Designação que se aplica às inscrições hieroglíficas que contêm os nomes dos reis egípcios; o seu nome deriva do facto de estarem gravadas nas paredes de um templo de Abidos.
TÁBUAS DE CONCORDÂNCIAS – Sistema de concordância dos Evangelhos inventado no século IV por Eusébio de Cesareia, no qual as passagens dos Evangelhos são numeradas no texto (geralmente nas margens) e apresentadas em listas dispostas em colunas, indicando

a correspondência das passagens entre os Evangelhos. As tábuas de concordâncias eram geralmente colocadas no início do livro e eram populares nas Bíblias e Novo Testamento (os Evangelhos e os Actos dos Apóstolos, Epístolas e Revelação), especialmente durante a Alta Idade Média. Estavam frequentemente situadas no interior de molduras ornamentadas de carácter arquitectónico; por vezes eram incluídos os símbolos dos evangelistas para identificar os Evangelhos. Tábuas de Eusébio.

TÁBUAS DE EUSÉBIO – *Ver* Tábuas de concordâncias.

TÁBUAS DE HERÁCLION – Tabuinhas fundidas em bronze nas quais estava inscrita a *Lex Julia municipalis* sobre a organização promulgada por César; a designação vem do facto de terem sido encontradas em Heráclion.

TÁBUAS NÁUTICAS – Obra onde estão compendiadas as principais tábuas usadas nos cálculos da navegação astronómica e estimada.

TABUINHA – Forma diminutiva de tábua. Assumia a forma de uma pequena superfície de madeira, quase sempre de buxo, porque aliava a dureza e leveza à facilidade de polimento; geralmente não excedia um formato pequeno, de modo a poder caber na mão, e era ligada a outras pelas extremidades através de ligações metálicas ou de couro; se eram unidas duas tomavam o nome de díptico, tríptico se eram ligadas três e políptico era o nome que se dava ao conjunto de mais de três tábuas. A tabuinha era usada como superfície de escrita de dois modos: ou a tinta era aplicada directamente através do cálamo ou a tabuinha era escavada e preenchida com cera sobre a qual se escrevia com o auxílio de um punção ou buril; as tabuinhas encontradas na Noruega, gravadas em runas, com poemas de amor retirados dos *Carmina burana*, são exemplo do primeiro caso; no caso de ser encerada, apresentava por vezes um rebordo que protegia a cera do atrito das outras tábuas que se colocassem por cima. Juntamente com o rolo, a tabuinha foi o principal veículo da escrita durante a Antiguidade, usada para finalidades informais: apontamentos, contas, deveres escolares, cartas, esboços e para registos, tais como as cartas de cidadania; as que continham documentos importantes, de carácter oficial, eram fechadas com um cordel que as rodeava três vezes (*triplex linum*); por cima deste cordel eram apostos os selos dos outorgantes e testemunhas ou simplesmente o do remetente, quando se tratava de uma carta. No ano 61 Nero foi mais longe quando determinou que a passagem dos cordéis fosse feita através de furos praticados nas próprias tabuinhas (*tabellæ perfusæ ou perforatæ*), facto que lhes conferia maior inviolabilidade. O seu uso não desapareceu com o advento do rolo nem do códice.

TABUINHA DE ARGILA – Suporte da escrita característico do período assírio-babilónio e que se expandiu na Mesopotâmia a partir do III milénio; uma vez que nesta região havia falta de pedra dura ou madeira, estes materiais apenas eram usados para inscrições votivas, em construções dedicadas aos deuses e aos futuros reis, portanto feitas para durar para sempre; o peso da tradição da tabuinha de argila foi tão grande que, mesmo nas de pedra, foi reproduzida na segunda face inscrita a convexidade própria do verso das tabuinhas de argila; a falta de material para gravar foi suprida pelo uso da argila ou barro e a gravação era feita com um cunho de metal, marfim ou madeira, após o que eram secas ao sol ou cozidas no forno; as mais pequenas apresentavam um dos lados abaulados, de modo a adaptarem-se à mão que as segurava, enquanto se escrevia do outro lado; as maiores, lisas de ambos os lados e destinadas a mensagens mais longas, eram escritas dos dois lados. Os povos da Mesopotâmia usaram também outros suportes da escrita como a pedra, o metal, as pedras semi-preciosas e o lápis-lazúli. Chegaram até nós vários exemplares de tabuinhas romanas antigas, encontradas em muito bom estado de conservação; algumas delas são da Idade Média, o que significa que o uso deste suporte não desapareceu com o advento do rolo nem com o do códice; a sua resistência fez com que nas escavações se tivessem achado grandes tesouros literários antigos.

TABUINHA DE CERA – *Ver* Tabuinha encerada.

TABUINHA ENCERADA – Na Antiguidade, suporte rectangular duro feito em madeira e destinado a receber a escrita; esteve em voga até ao século IV, tendo perdido posteriormente a sua popularidade. A tabuinha encerada tinha por vezes um rebordo que protegia a cera do atrito das outras tábuas que se colocassem por cima; nela escrevia-se com o auxílio de um punção ou buril; a substituição gradual de folhas de pergaminho por madeira ou marfim (*tabulæ eburneæ*) pode ter estimulado o uso da forma do códice; as tabuinhas enceradas continuaram a ser usadas no século XII para apontamentos financeiros informais (pelos pescadores franceses, por exemplo); durante a Idade Média preencheram uma grande variedade de funções: serviram para inscrever esboços de desenhos, rascunhos de textos, registos de comemorações litúrgicas, notas tiradas nas aulas, *pro-filofaxes* e mesmo para textos amorosos; as tabuinhas assumiam formas que iam de tamanhos grandes até livros de cinto e por vezes eram unidas umas às outras pelas extremidades através de ligações metálicas ou de couro; se eram ligadas duas tomavam o nome de díptico, de tríptico se eram unidas três e políptico era o nome que se dava ao conjunto de mais de três tábuas; podiam ir mesmo até dezasseis, dezoito tábuas. Quanto às dimensões, eram de 12 x 16, 25 x 36 cm, sendo na Idade Média maiores que as romanas ou gregas. No revestimento predominavam as ceras de cor preta e verde, entre outras; por vezes eram encadernadas juntas com tiras de couro ou colocadas numa caixa; também podiam ser seguras por alças (*tabulæ ansatæ*). A grande vantagem das tabuinhas em relação ao papel consistia no facto de poderem ser reescritas; o seu uso permaneceu até ao século XVII nos países onde o papel não foi difundido tão rapidamente como nos países de influência árabe.

TABUINHA MONOFACIAL – Tabuinha encerada de um só lado usada como suporte da escrita; usava-se por oposição a tabuinha opistógrafa.

TABUINHA OPISTÓGRAFA – Tabuinha revestida de cera usada como suporte da escrita, que podia ser escrita de ambos os lados, ao contrário da tabuinha monofacial; usava-se por oposição a tabuinha monofacial.

TABULA (pal. lat.) – Lâmina de madeira fina, alongada, coberta com cera, tendo à volta uma aresta que impede que as lâminas adiram umas às outras e apaguem a escrita • Livro de registo de contas • Tábua onde uma lei está escrita • Tábua afixada contendo editais, proclamações, etc. destinada a exposição pública • Carta geográfica • Testamento • Contrato • Távola. Ver tb. Tabuinha encerada.

TABULA ACCEPTI ET EXPENSI (loc. lat.) – Livro de receita e despesa.

TABULA AD RIGANDUM (loc. lat.) – Régua destinada a regrar o suporte, ou seja, a traçar as linhas do pautado sobre as quais se vai escrever o texto manuscrito.

TABULA AEREA (loc. lat.) – Tabuinha para escrever feita em material metálico, geralmente bronze ou cobre.

TABULA ANSATA (loc. lat.) – Tabuinha de madeira ou marfim de pequeno formato revestida ou não de cera e destinada à escrita, provida de uma alça (*ansa*) para maior facilidade de transporte.

TABULA ATRAMENTIS (loc. lat.) – Tabuinha para escrever.

TABULA CERATA (loc. lat.) – Tabuinha encerada. *Tabula cerea. Ceratis tabula.*

TABULA CEREA (loc. lat.) – Tabuinha de madeira ou marfim revestida de cera de abelhas. *Tabula cerata. Ceratis tabula.*

TABULA EBURNEA (loc. lat.) – Tabuinha constituída por placas de marfim, cujas faces exteriores eram ornamentadas com desenhos gravados.

TABULA LAPIDEA (loc. lat.) – Tábua feita em pedra; esta expressão é muito usada para designar o Decálogo ou Dez Mandamentos gravado em placas de pedra.

TABULA NUDA (loc. lat.) – Expressão que caracteriza os planos da encadernação feitos em madeira, sem qualquer revestimento posterior.

TABULA PERGAMENA (loc. lat.) – Tabuinha revestida de pergaminho salpicado de giz, sobre o qual se escrevia com mina de prata ou tinta.

TABULA RASA (loc. lat.) – Tabuinha encerada dos romanos cuja escrita se tinha apagado com a extremidade achatada do *stilus*, e que assim ficava pronta para receber nova escrita.

TABULADOR – Dispositivo das máquinas de escrever que permite trazer o carro a determinado alinhamento, pela simples pressão de uma tecla.

TABULAR – *Ver* Impressão tabulária.

TABULÁRIA – Designação atribuída à imprensa que usava placas de madeira gravadas (xilográficas) • Impressão feita com estas placas.

TABULÁRIO – Indicativo da impressão dos livros xilográficos • Livro que tem gravuras em madeira. Livro tabulário • Arquivo público ou privado na antiga Roma. *Tabularium*.

TABULARIUM (pal. lat.) – Designação atribuída ao arquivo público na Antiguidade romana. Tabulário • Cartório.

TABULARIUS (pal. lat.) – Arquivista • Notário.

TABULEIRO – Aparador das máquinas onde se coloca o papel • Placa espessa de madeira ou cartão.

TABULETA – Letreiro feito de madeira, metal ou outro material onde se encontram inscritos os dizeres relativos a um estabelecimento comercial ou outro, indicando os fins a que se destina • Aviso. Anúncio.

TACAS – Pequenas porções de papel ou cartolina que são colocadas debaixo das letras de madeira ou gravuras para lhes dar altura.

TACHA – Prego de cabeça redonda ou achatada usado em encadernação. Brocho.

TACHIM – Cobertura de couro ou caixa revestida a cartão, destinada a proteger e conservar uma encadernação de luxo ou um livro.

TACO – Folha do calendário diário.

TÆNIOTICA (pal. lat.) – Espécie de papiro de baixa qualidade. *Charta tæniotica*.

TAF – Acrónimo de *Textbooks to Africa*, livros de texto (manuais) para África.

TAFILETE – Marroquim fino fabricado em Tafilete, cidade de Marrocos, usado em encadernação.

TAG (pal. ingl.) – Etiqueta. Marca que assinala uma directiva de formatação num documento que foi produzido em *html*; é sempre aplicada aos pares (uma no início e outra no fim da directiva) • Em ficheiros de música, pequeno cartão de identificação do próprio ficheiro.

TAGGED IMAGE FILE FORMAT (loc. ingl.) – Formato muito usado na digitalização de imagens com códigos identificadores, forma de codificação e de compressão de imagens de qualidade em ficheiro, usada em informática, em máquinas de faxe e *BMP (BitMap). TIFF*.

TAÍNHA (port. Bras.) – *Ver* Lingote.

TAKAMAKI/E (pal. jap.) – Técnica decorativa utilizada por vezes em encadernação, que é uma variação da maki/e e que consiste em modelar a decoração em relevo sobre uma superfície polida de laca, com pó de carvão, pó de laca seca ou uma mistura de laca com argila pulverizada.

TAKE (pal. ingl.) – Folha unitária do despacho telegráfico.

TALÃO – Parte de recibo, factura, cheque, etc. que se separa dele por meio de picotamento, que contém um resumo de elementos deste e que, em geral, fica com quem recebe, funcionando como cópia. Canhoto. Toco • Documento comprovante da contabilidade mecânica.

TALÃO DE JUSTIFICAÇÃO – Bloco fixo na extremidade do componedor tipográfico. Bloco de justificação.

TALHA – Filete de metal levantado pelo buril do gravador.

TALHADO – Partição do escudo heráldico feita por uma linha recta que vai do ângulo esquerdo do chefe ao direito da ponta; se a linha for ondulada chama-se talhado ondado.

TALHE – Incisão praticada pelo gravador numa placa de madeira ou metal • Estilo particular dado à caligrafia. Talho.

TALHE DOCE – Palavra pela qual se designam todos os processos de gravura em cavado sobre metal • *Ver* Gravura em talhe doce.

TALHE EM MADEIRA – *Ver* Gravura em madeira.

TALHO – *Ver* Talhe.

TALHO DOCE (port. Bras.) – *Ver* Gravura em talhe doce.

TALIPOTE – Planta da Índia e do Sri Lanka, cujas folhas são usadas como suporte de escrita.

TALMUDE – Obra muito conhecida da literatura religiosa judaica; constitui a recolha da base da lei oral dos judeus, elaborada desde o século II a. C. ao século VI da era cristã; funciona como um complemento da lei escrita, a *Torah*; contém igualmente os costumes e tradições dos judeus.

TALO DE BAMBU – Material de suporte da escrita usado pelos chineses na Antiguidade.

TALONAR – Fazer talões.

TALONÁRIO – Diz-se do documento que se corta do livro de talões, ficando nele o talão ou contraprova.

TALUDE – Claro que há por baixo e por cima do olho do tipo. Escarpa formada pelo relevo do olho da letra na sua descida até à aresta. (port. Bras.) *Ver* Rebarba.

TAMANHO – Dimensões de um livro ou texto impresso. Corpo, formato.

TAMANHO DA AMOSTRA – Em estatística, número de elementos ou observações numa amostra, que é em geral representado como "n".

TAMANHO DE PELÍCULA – Largura do filme, que em geral é expressa em milímetros.

TAMANHO DE REGISTO – Em informática, medida da dimensão de um registo, que é geralmente expressa em unidades como os caracteres ou octetos. Comprimento de registo.

TAMANHO ORIGINAL – Dimensão de uma obra, geralmente a sua altura, expressa em centímetros, milímetros ou polegadas.

TAMBOR – Cilindro da máquina planocilíndrica • Tambor de justificação. Escala de justificação.

TAMBOR DE JUSTIFICAÇÃO – *Ver* Escala de justificação.

TAMBORETE – Modalidade de escadote cilíndrico de baixa dimensão, em geral com base antiderrapante, usada em bibliotecas, arquivos, serviços de documentação, etc. para chegar a livros e documentos colocados nas prateleiras mais altas das estantes; é vulgar o tamborete em forma de pé de elefante, que garante maior estabilidade • Parte do capitel, simples ou ornamentada • Aplanador. Assentador. Tamborete de provas.

TAMBORETE DE PROVAS – Pedaço de madeira quadrilongo, bem aplainado pela parte inferior, revestida de flanela, usado para tirar provas. (port. Bras.) Assentador de provas.

TAMBORILAR – Assentar as letras na forma, batendo no tamborete.

TAMPÃO – *Ver* Balas.

TAMPOGRAFIA – Impressão obtida por fixação ou impressão, em qualquer género de suporte, a partir de uma matriz ocográfica; um tampão de material macio, liso e uniforme transporta os elementos da matriz entintada e transfere-os ao suporte com a pressão adequada. É um sistema indirecto de impressão, no qual um elemento impressor de borracha transporta a tinta de uma matriz para o suporte, a cuja forma se acomoda.

TANADO – Diz-se do couro curtido.

TANAGEM – Curtume de peles.

TANAR – Galicismo que a dada altura entrou na língua portuguesa e que significa curtir as peles.

TANATUS (pal. lat.) – Nome dado na Idade Média, não ao modo de preparação do couro (curtimento), mas à cor castanha que a pele adquiria após aquele processo.

TANINO – Produto adstringente contido principalmente na casca do carvalho e do eucalipto e em outras partes de alguns vegetais, cujas propriedades químicas são utilizadas para tornar as peles imputrescíveis e para obter, por reacção com diferentes sais metálicos, precipitados coloridos utilizados como corantes. Ácido tânico.

TANQUE DE MACERAÇÃO – Reservatório nas fábricas de papel onde se realiza o maceramento do trapo.

TAPA-BURACO – Em jornalismo, nome dado ao texto que se usa quando falta matéria.

TAPETE – Designação do rectângulo de cartão revestido de tecido ou papel que é usado para forrar as pastas em encadernações de luxo.

TAPUSCRITO – Termo de origem francesa que designa a forma mecânica do manuscrito, com as suas correcções feitas à mão • Documento dactilografado. *Ver tb.* Tiposcrito.

TAQUIGRAFIA – Sistema de escrita não alfabética extremamente rápido, que consegue acompanhar a velocidade da fala; como forma de escrita rápida para os sons e não para as letras, procurou responder com rigor e eficácia a um discurso rápido; foi gradualmente substituída por processos tecnológicos mais modernos, tais como os gravadores portáteis, que em breve foram ultrapassados por sistemas com-

putorizados de transcrição da fala. Estenografia, braquigrafia.
TAQUÍGRAFO – Pessoa que escreve taquigraficamente • Notário.
TAREFA – Em processamento de dados, conjunto de operações identificadas com uma unidade de trabalho para um computador.
TARGA (pal. ingl.) – *Truevision TGA*, Formato de ficheiro de imagens que permite representar imagens digitais.
TARGET (pal. ingl.) – Grupo de consumidores alvo de um serviço ou produto ou ainda de uma acção de comunicação.
TARGUM (pal. heb.) – Conjunto dos comentários e traduções dos textos bíblicos datados do século VI a. C.
TARIFA – Preço unitário estabelecido para o empréstimo ou para a utilização de um aparelho ou serviço fornecido por uma empresa • Pauta que indica o valor corrente da moeda.
TARIFA ESPECIAL PARA MATERIAL IMPRESSO – Nome dado à iniciativa do tráfego postal internacional, que consiste na atribuição de um pagamento com preço mais reduzido que o comum na remessa postal para impressos comerciais, como catálogos, prospectos, etc., que é estabelecido de acordo com uma tabela aceite pela União Postal Universal.
TARIFA REDUZIDA – Tributo devido sobre livros e outros materiais considerados de natureza científica e pedagógica, que se importam e exportam. Reconhecida pela União Postal Universal, consiste no pagamento de um montante menor na remessa postal de livros, publicações, partituras musicais, etc.
TARJA – Cercadura. Orla. Guarnição. Margem.
TARLATANA – Tecido de fios muito finos e separados usado para consolidar o lombo das encadernações • Por ser áspera, serve também para limpar o excesso de tinta na chapa da gravura • Tecido revestido e reforçado usado sobretudo na encadernação de publicações periódicas e manuais de consulta.
TARTARUGA – Material córneo, de coloração variável do louro ao preto, do qual é formada a carapaça da tartaruga e que pode ser trabalhado sob a acção do calor; as aplicações de tartaruga ou o seu emprego na totalidade numa encadernação não são muito frequentes, daí que seja um material muito apreciado no mundo da bibliofilia e coleccionismo • Também serviu como suporte da escrita usado pelos chineses na Antiguidade.
TATTLE TAPE (loc. ingl.) – Tira de detecção utilizada para marcar materiais quando se usa um sistema de segurança. Anti-roubo.
TAUXIA – Técnica de embutir metais finos em aço ou ferro aplicada em encadernação • Obra feita com esta técnica.
TAVOADA – Designação antiga dada à indicação sumária do conteúdo da obra, enumerando os capítulos, no caso de assim estar dividida, geralmente apresentada nas páginas iniciais. Tabuada.
TÁVOLA – Tábula.
TAXA – Nos livros antigos era o preço do livro por cada caderno, especificado pelas autoridades competentes. Em Portugal a taxa começou por ser aplicada nos livros tal como saíam do impressor, caso a caso, e, no século XVI, os livros taxados eram uma minoria; muitas vezes os dados referentes à taxa, assinalados pela expressão " vende-se por ... reaes" não apresentam indicação do valor. Nos séculos XVII e XVIII os livros taxados são já em muito maior número, sejam eles privilegiados ou não.
TAXA DE ALFABETIZAÇÃO – Percentagem de indivíduos que, num determinado universo, sabem ler e escrever e sobretudo interpretar o que lêem, utilizando todas as formas e tipos de material escrito que são requeridos pela sociedade e usados pelo indivíduo na sua língua materna; traduz-se na capacidade em dominar as competências que foram ensinadas e apreendidas de leitura, escrita e cálculo necessárias para funcionar no emprego e na sociedade, para atingir os seus próprios objectivos e desenvolver o seu conhecimento e potencial; apesar da frequência de uma longa escolaridade obrigatória muitas pessoas apresentam dificuldades manifestas no domínio destas três competências. Taxa de literacia.
TAXA DE DEVOLUÇÃO – Em empréstimo de documentos, número deles que foram devolvidos.

TAXA DE DISPONIBILIDADE – Medida utilizada para avaliar a colecção de documentos de uma biblioteca, arquivo, serviço de documentação, etc. Refere-se à percentagem de itens pedidos pelos leitores ou à percentagem de elementos numa lista normal ou numa bibliografia sobre um determinado tema nele existente.

TAXA DE EXAUSTIVIDADE – Em recuperação da informação, valor que é calculado a partir do número de documentos relevantes que são recuperados numa determinada pesquisa, sobre o número global de documentos relevantes para essa pesquisa, que existem no catálogo ou na base de dados. *Recall ratio.*

TAXA DE IRRELEVÂNCIA – *Ver* Índice de irrelevância.

TAXA DE LEITURA – Número total calculado de leitores de uma publicação; é necessariamente maior que o das cópias recebidas, pois cada exemplar é lido por mais de uma pessoa.

TAXA DE LITERACIA – *Ver* Taxa de alfabetização.

TAXA DE NÃO-PERTINÊNCIA – Em recuperação da informação, relação entre o número de documentos recuperados não adequados e o número total de documentos não pertinentes num catálogo.

TAXA DE PERTINÊNCIA – Em recuperação da informação, taxa calculada a partir do número de documentos relevantes recuperados sobre o número total de documentos recuperados. Taxa de precisão.

TAXA DE PRECISÃO – *Ver* Taxa de pertinência.

TAXA DE PROCESSAMENTO – Número de documentos que foram processados.

TAXA DE RECUPERAÇÃO – Em recuperação da informação, designação da percentagem de documentos pertinentes em relação à totalidade de documentos que foram encontrados numa pesquisa.

TAXA DE RESPOSTA – Em estatística, número de inquéritos respondidos • Em recuperação da informação, designação da percentagem de documentos que se obteve, em relação à totalidade de perguntas que foram feitas na pesquisa.

TAXA DE SILÊNCIO – Em recuperação da informação, diz-se da taxa que corresponde aos documentos existentes no catálogo ou na base de dados que não são recuperados, mas que são relevantes para a pesquisa efectuada.

TAXA DE TRANSMISSÃO – Medida da velocidade de taxa das informações numa linha de telecomunicações; é expressa em *baud*; uma ligação a 300 *baud* ou 300 *bps* permite a passagem de 30 bits por segundo. *Baud rate.*

TAXATIO QUATERNORUM (loc. lat.) – Determinação da extensão de cada um dos *exemplaria* estabelecida pelos reitores das instituições medievais onde as aulas eram leccionadas; esta medida é provavelmente anterior a 1228; a extensão era indicada por um certo número de *quaterni* ou seja, unidades de duas *peciæ*; o *quaternus* servia assim de medida que muitas vezes nos contratos de copista era usada para determinar as obrigações das duas partes: o copista obrigava-se a copiar um determinado número mínimo de *quaterni* (ou de *peciæ*) por mês, enquanto o cliente teria de lhe pagar um certo montante *proquolibet quaterno taxato*; daí o hábito de os copistas, quando acabavam de copiar a *pecia*, indicarem o seu número na margem da cópia.

TAXICOLOGIA – *Ver* Taxologia.
TAXÍLOGO – *Ver* Taxólogo.
TAXINOMIA – *Ver* Taxonomia.
TAXIOLOGIA – *Ver* Taxologia.
TAXIÓLOGO – *Ver* Taxólogo.
TAXIONOMIA – *Ver* Taxonomia.
TAXIONOMIA BIBLIOGRÁFICA – *Ver* Taxonomia bibliográfica.
TAXIONÓMICO – *Ver* Taxonómico.
TAXOLOGIA – Ciência da classificação. Taxiologia. Taxicologia.
TAXÓLOGO – Autor de uma classificação ou de um tratado de classificações. Taxílogo. Taxiólogo.
TAXONOMIA – Palavra originária do grego "taxis", ordenação e "nomos", lei, norma, regra; refere uma aproximação de análise e descrição linguística que se ocupa predominantemente ou exclusivamente com a classificação • Segundo a norma *ANSI/NISO* Z39.19-2005 é um conjunto de termos de um vocabulário controlado, organizados numa estrutura

hierárquica onde cada termo de uma taxonomia se encontra em mais do que uma relação (geral/específica) com outros termos de outra taxonomia • Ciência da classificação • Estudo dos nomes dos itens em conjuntos gerais. Taxinomia. Taxionomia. Sistemática.

TAXONOMIA BIBLIOGRÁFICA – Parte da biblioteconomia que trata da técnica de ordenar e classificar livros. Taxionomia bibliográfica.

TAXONÓMICO – Relativo à taxinomia. Taxionómico • Especialista em taxinomia.

TB. – Abreviatura de também.

TBDF – Acrónimo de *Transborder Data Flow*, Transferência de dados entre países, isto é, troca ou utilização da informação que é gerada num país por outros.

TCP/IP – Acrónimo de *Transmission Control Protocol/Internet Protocol*, conjunto de protocolos ou regras que é destinado a definir o modo como os dados circulam de máquina para máquina por meio das redes.

TEAR – Na fabricação manual do papel é a rede metálica, geralmente de latão, que constitui o fundo da forma • Aparelho no qual se prendem os cordões (fios de cânhamo) para a execução da costura numa encadernação. Cosedor.

TEATRO – Nos livros dos séculos XVI e XVII utilizava-se este termo como título em obras de carácter científico ou geográfico, por exemplo *Theatrum Orbis Terrarum* de Abraham Ortelius, *Teatro delle Imprese* de G. Ferro e outros.

TEATRO INFANTIL – Designação usada para classificar as obras escritas para serem representadas por crianças • Representações de contos ou peças adequadas, levadas a cabo por crianças no âmbito das bibliotecas infantis e escolares, como actividades ao serviço do fomento da leitura.

TECA – Cápsula para proteger. Bolsa. Invólucro. Envoltura • Depósito. Colecção, em palavras como mediateca, bedeteca, ludoteca, videoteca, filmoteca, cinemateca, etc.

TECIDO – Foi um dos suportes da escrita, usado não só pelos egípcios, que escreviam sobre as faixas de linho que revestiam as múmias, mas igualmente pelos chineses, que usaram a seda a partir do século IV a. C. sob a forma de longas tiras enroladas num suporte de madeira que chegavam a ter vários metros de comprimento; temos conhecimento do *liber lintei*, livro em latim escrito sobre linho, que segundo Tito Lívio parece ter sido o registo dos nomes dos magistrados. Na China foi também usado um tecido endurecido com cera; é célebre o texto budista manuscrito sobre este tecido, o *Sutra da Grande Virtude da Sabedoria;* nos dias de hoje são igualmente usadas faixas de tecido de grandes dimensões com inscrições alusivas a reivindicações salariais, manifestações da mais variada índole, anúncios de congressos, exposições e outras efemérides • Material muito usado para proteger e revestir as encadernações dos livros; foi muito frequente o uso do veludo, seda, cetim, brocado, linho, lona, entre outros.

TECIDO AUTOCOLANTE A CALOR ACTIVADO – Tecido super-adesivo usado para reparação de artigos mais antigos, de rasgões e para reforço de papel; é aplicado com calor, para activar o adesivo.

TECIDO AUTOCOLANTE COM CALOR – Tecido revestido de um dos lados com uma emulsão termoplástica que adere com a aplicação de calor ou de pressão; é utilizado em reparações do papel quando não podem ser usados outros métodos.

TECIDO JAPONÊS – Material usado no restauro de papéis antigos e aplicado com pasta adesiva.

TECIDO PARA ENCADERNAÇÃO – Em encadernações revestidas a tecido usava-se o veludo, seda, cetim, brocado, linho, lona e tecido próprio para o efeito preparado com goma, usualmente feito partir de algodão; o tecido desgasta-se facilmente, danificando-se com o bolor e a humidade • Foi também usado como invólucro protector de encadernações na Idade Média, enrolando-se nele as encadernações de couro.

TECLADO – Periférico de microcomputador ou sistema de edição vídeo, muito semelhante ao teclado de uma máquina de escrever, que é utilizado como meio de comunicação e com os sistemas a que está associado.

TECLADO ALFANUMÉRICO – Designação que é atribuída ao conjunto das teclas fundamentais de um teclado, que combina letras do alfabeto com números e outros símbolos e que é diferente do teclado dito numérico, que costuma aparecer na parte direita do teclado de um computador e que é constituído apenas por números.

TECLAR – Carregar na tela.

TECLISTA – Pessoa que trabalha com um teclado.

TÉCNICA – Forma de aplicação • Táctica necessária para operacionalizar uma estratégia.

TÉCNICA BIBLIOMÉTRICA – Na teoria da informação é aquela que tenta analisar quantitativamente as propriedades e comportamento do conhecimento registado; utiliza métodos estatísticos na análise de um corpo de literatura, para revelar o desenvolvimento histórico dos campos de assuntos e tipos de autorias, publicação e utilização; deriva de um conceito que apareceu pela primeira vez nos anos trinta do século XX, mas que apenas se impôs em finais dos anos sessenta.

TÉCNICA DE CATALOGAÇÃO – *Ver* Catalografia.

TÉCNICA DE FILTRAGEM – Processo usado para seleccionar a quantidade de entrada num sistema de recuperação da informação por forma a minimizar ou impedir que fique sobrecarregado.

TÉCNICA DE PLANOS MÚLTIPLOS – Técnica de microfilmagem de alta resolução usada com a finalidade de condensar imagens.

TÉCNICA DRAMÁTICA – Actividade colectiva ligada à leitura, posta em prática sobretudo nas bibliotecas escolares, que permite a todos os participantes que cooperem na reconstituição das suas histórias favoritas.

TÉCNICA NARRATIVA – Conjunto de capacidades e meios discursivos necessários para conseguir descrever uma acção num determinado universo, com vista à recepção recreativa desse conteúdo por parte do leitor.

TÉCNICO EDITORIAL – Pessoa que orienta a realização prática de um livro, pelo facto de conhecer especialidades técnicas, tipográficas, bibliográficas, literárias, etc.

TECNOLOGIA – Conjunto de termos próprios de uma arte, ciência, indústria, etc.

TECNOLOGIA DA INFORMAÇÃO – Estudo ou uso de sistemas (sobretudo computadores e telecomunicações) para armazenamento, recuperação e envio de informação.

TECNOLOGIA DE *OCR* – Tecnologia de reconhecimento óptico de caracteres, operação que consiste na detecção e identificação de caracteres impressos por uma máquina através da utilização de mecanismos sensíveis à luz.

TEGUMENTUM (pal. lat.) – Termo que no latim significa protecção, abrigo, e que designava o mesmo que *coopercula*, ou seja, o couro ou tecido de revestimento de uma encadernação medieval; outro termo empregado para o mesmo fim era *coopertura*.

TEI – Acrónimo de *Text Encoding Iniciative*, Iniciativa de codificação de texto, projecto de desenho de metadados. Segundo a *ISBD(ER)* é a informação que descreve, encabeça e constitui uma página de título electrónica, ligada a um texto electrónico em conformidade com a codificação *TEI*. O cabeçalho é formado por quatro elementos principais: descrição do ficheiro, da codificação, do perfil e da revisão.

TELA – Modalidade de cartolina cuja superfície imita o tecido • Tipo de papel que imita o tecido • Tecido utilizado para capas de livros; aparece sob uma grande variedade de cores e texturas.

TELAMÃO – *Ver* Atlante.

TÉLAMON – *Ver* Atlante.

TELAR – *Ver* Entelar.

TELAUTOCOPISTA – Telautógrafo.

TELAUTOGRAFIA – Transmissão de escrita ou desenho por telautógrafo.

TELAUTOGRÁFICO – Relativo a telautografia ou telautógrafo.

TELAUTÓGRAFO – Aparelho que serve para fazer transmissão telegráfica permitindo transmitir pelo fio a escrita em fac-símile ou em desenho. Telautocopista.

TELECENTRO – Instituição de uma comunidade, que possui em geral um número reduzido de linhas de telecomunicações (sobretudo para acesso à *Internet*), na qual os cidadãos podem aceder a elas.

TELECOMPOSIÇÃO – Composição mecânica feita à distância. Modalidade de composição do sistema monótipo em que o repórter transmite telegráfica e directamente as notícias para a oficina tipográfica onde elas são recebidas pelo órgão que perfura a matriz, sendo o teclado comprimido à distância como se o fosse na própria máquina.

TELECOMPUTAÇÃO – *Ver* Teleinformática.

TELECOMUNICAÇÃO – Comunicação à distância.

TELECOMUNICAÇÕES – Transmissão a grande distância feita através de canais ou redes de comunicação • Meios que são utilizados para a comunicação à distância.

TELECONFERÊNCIA – Inovação tecnológica que permite levar a cabo reuniões e conferências em que os participantes, que podem estar dispersos em vários lugares, podem comunicar entre si através das redes de telecomunicações.

TELECONSULTA – Meio de consulta de material bibliográfico a partir de um lugar distante, em geral através de um canal por cabo (usando um telefone ou um pequeno transmissor) • Tele-referência. Serviço de consulta por vídeo.

TELECÓPIA – Técnica que permite transmitir à distância a imagem de um documento, reproduzindo-a fielmente sob a forma de outro documento gráfico por intermédio da rede telefónica ou da rede de transmissão de dados.

TELECOPIADOR – Aparelho que permite transformar a imagem de um original em sinais eléctricos que, ao serem enviados através de uma linha telefónica, possibilitam a impressão à distância num aparelho semelhante.

TELEDOCUMENTAÇÃO – Sistema de comunicação directa, dialogada e em tempo real, que acontece entre o terminal de um computador e as bases de dados processadas por ele.

TELE-EDIÇÃO – Edição que é enviada da redacção central para uma outra situada à distância, através de sinais eléctricos.

TELE-EDUCAÇÃO – Ensino assistido por computador, baseado nas novas tecnologias aplicadas no ensino à distância, e explorando as vantagens educativas proporcionadas pela *Internet*.

TELE-FAC-SÍMILE – Transmissão de reprodução de um fac-símile por linhas telefónicas através de fac-símile.

TELEFAXE – Aparelho que permite transformar em sinais eléctricos a imagem de um original; esses sinais, enviados através de uma linha telefónica, são impressos à distância num aparelho semelhante • Transmissão de documentos por faxe.

TELEFOTO – Fotografia que é transmitida por meio de uma linha telefónica. Telefotografia, telefotograma.

TELEFOTOGRAFIA – Arte de fotografar a grandes distâncias. Pantelegrafia. Fototelegrafia. Telefoto.

TELEFOTOGRAMA – Imagem transmitida através da telefotografia. Telefoto.

TELEFOTOGRAVURA – Sistema de transmissão de fotografias telegráfica ou radiotelegraficamente; estas fotografias recebem-se sobre zinco ou outro material adequado, que fica gravado e preparado para a impressão.

TELEGRAFOSCÓPIO – Aparelho que serve para transmitir, por via telegráfica, gravuras, pinturas, etc.

TELEGRAMA – Transmissão eléctrica de mensagens escritas, inventado por S. F. B. Morse em 1837, baseada na ideia de traduzir as letras do alfabeto numa linguagem que pudesse ser veiculada e restituída à distância por cabo eléctrico e depois por rádio • Notícia, informação, pergunta ou resposta que se transmitem por meio do telégrafo.

TELEIMPRESSÃO – Operação telegráfica que consiste em apresentar em caracteres mecanográficos os sinais recebidos e descodificados.

TELEIMPRESSORA – Terminal de computador semelhante a uma máquina de escrever eléctrica com teclado e saídas em papel. Aparelho de impressão, semelhante a uma máquina de escrever que é usado em comunicação de dados, teleprocessamento ou tempo partilhado.

TELEINFORMÁTICA – Associação de técnicas das telecomunicações e da informática com vista ao tratamento automatizado de informações à distância.

TELELINOTIPIA – Linotipia que é controlada à distância para fazer automaticamente a composição de textos e fundição em chumbo.

TELEMARKETING (pal. ingl.) – Utilização do telefone como meio de prospecção de vendas, recepção de encomendas, prestação de esclarecimentos e tratamento de reclamações de utilizadores.

TELEMÁTICA – Neologismo usado no mundo da edição, que resulta da associação entre as telecomunicações e a informática, como o multimédia; tem como ponto de partida a utilização do sistema computadores/telecomunicações para a prestação de novos serviços de comunicação e de informação • Conjunto de serviços de natureza ou de origem informática que podem ser fornecidos através de uma rede de telecomunicações.

TELEORDERING (pal. ingl.) – Operação levada a cabo à distância, através do telefone, para encomendar bens que posteriormente serão entregues no endereço indicado; trata-se de um serviço de grande importância para a aquisição de bens culturais, no caso concreto livros, revistas, documentos multimédia, *CD, DVD*, etc.

TELEPEDIDO – Encomenda de material bibliográfico directamente ao editor feita por intermédio de um sistema que é baseado nas redes de telecomunicações.

TELEPONTO – Método que permite fixar um texto, que serve de apoio a jornalistas e a locutores de televisão.

TELEPROCESSAMENTO – Modalidade de processamento de dados em que estes são enviados para um computador situado à distância por redes de comunicações, são processados e voltam de imediato a ser transmitidos ao ponto de origem.

TELE-REFERÊNCIA – *Ver* Teleconsulta.

TELESCRITOR – *Ver* Telétipo.

TELETA – Rede que se coloca nos tanques dos moinhos de fabrico de papel.

TELETECA – Designação atribuída ao lugar onde se armazenam, classificam e divulgam os documentos criados por meios televisivos.

TELETEX (pal. ingl.) – Serviço que permite a comunicação de textos em condições óptimas de segurança e preço; é também chamado *super-telex*, com cuja rede é compatível.

TELETEXTO – Videotexto difundido, isto é, sistema de difusão de páginas de informação pelo canal de televisão. Serviço de transmissão de textos através de uma rede de televisão, com possibilidade de o utilizador seleccionar a página ou páginas que quer visualizar, que são lidas num ecrã ou aparelho de televisão; o utilizador, usando um aparelho de televisão que sofreu algumas alterações adequadas à finalidade que pretende atingir-se, usa um pequeno transmissor que dá instruções ao receptor indicando-lhe que apresente no ecrã determinadas páginas de informação gráfica ou alfanumérica provenientes de uma base de dados continuamente actualizada, cujo conteúdo é determinado pela estação de televisão.

TELETIPIA – Sistema de composição tipográfica à distância, que consiste em ligar um telétipo a uma linotipia • Sistema de telecomunicação através do qual se transmite um texto mecanografado por via telegráfica ou radiotelegráfica.

TELETIPISTA – Aquele que maneja um teletipógrafo ou um telétipo.

TELÉTIPO – Aparelho semelhante a uma máquina de escrever, que descodifica os sinais eléctricos recebidos e dactilografa directamente o texto; o aparelho, utilizado desde 1883 foi posteriormente melhorado, aparecendo então o moderno *telex*, que pode simultaneamente transmitir e receber mensagens. Telescritor. Telinscritor.

TELETIPOCOMPOSIÇÃO – Composição através de telétipo.

TELETIPÓGRAFO – Aparelho que por meio de um teclado perfura uma fita que, aplicada a certas linotipias especialmente preparadas para isso, faz com que elas componham automaticamente • Operário que faz teletipocomposição manejando um telétipo. Tipotelégrafo.

TELETRABALHO – Designação que é atribuída ao trabalho que é feito através de telecomunicações, em especial através de redes de computadores • Modelo que permite o desempenho da actividade do trabalhador a partir do domicílio, sendo a ligação à empresa assegurada por telefone, faxe e modem; algumas empresas, sobretudo nas áreas da tecnologia da informação e departamentos de vendas já oferecem esta possibilidade aos seus colaboradores.

TELETRANSMISSÃO – Transmissão de páginas à distância por meio de fac-símile.

TELETRATAMENTO – Comunicação à distância em que os sinais portadores de informação (os sinais digitais são transformados em sinais sonoros) passam por uma rede telefónica, por uma linha telegráfica ou por um cabo local e transitam por vezes por uma rede especializada de transmissão de dados antes de chegarem ao computador final.

TELETYPE SETTER (loc. ingl.) – Texto aperfeiçoado, que em vez de receber os textos dactilografados os recebe já compostos e prontos a enviar; este sistema é usado em muitos jornais locais nos Estados Unidos que utilizam as notícias de agências recebidas por telétipo para preencherem as suas páginas.

TELEVISÃO INTERACTIVA – Sistema de televisão por cabo bidireccional, que possibilita a interacção entre o telespectador e a imagem no ecrã; através desta modalidade é possível a um utilizador fazer uma pesquisa em bases de dados usando um sistema de comunicação como o *videotex*.

TELEX – Aparelho derivado do aperfeiçoamento do telétipo, que pode simultaneamente transmitir e receber mensagens; os aparelhos de telex (abreviatura de *telegraph exchange*) comunicam entre si por via telefónica, telegráfica ou mesmo por intermédio de ondas hertzianas retransmitidas via satélite. Aparelho receptor e transmissor de textos • Telétipo.

TELHA – Em estereotipia é a chapa arqueada que se adapta aos cilindros da rotativa.

TELINSCRITOR – *Ver* Telétipo.

TEMA – Matéria. Tópico. Ponto • Mote • Argumento principal de uma obra. Assunto • Ideia desenvolvida por um artigo ou obra mais extensa • Aquilo de que o locutor fala no enunciado • Área de interesse para reagrupar entre si os descritores.

TEMÁTICA – Conjunto dos assuntos que individualizam uma obra artística ou literária.

TEMÁTICO – Disposto segundo o assunto, o tema.

TÊMPERA – Solução coloidal na qual os pigmentos se encontram dissolvidos ou em suspensão e que assegura, quando seca, a coesão dos corantes e a sua aderência ao suporte.

TEMPERATURA – Grau de calor. O calor aumenta a velocidade a que os produtos químicos, como os ácidos, atacam os livros e faz baixar a humidade relativa (hr) do ar, que por sua vez faz contrair os materiais constitutivos dos livros; as flutuações de temperatura combinadas com a humidade relativa, mesmo durante um curto período, causam rápidas e nocivas modificações estruturais; a melhor temperatura para os livros permanecerem em boas condições situa-se entre os 16º e os 18º C, sendo a mais próxima dos 16º a melhor.

TEMPLATE (pal. ingl.) – Folha fina de metal, madeira, cartão, plástico ou outro material, com figuras recortadas, que permite fazer exactamente a mesma figura para ela ser reproduzida muitas vezes; é usada como modelo em processos como o recorte, a moldagem ou a perfuração. Modelo. Molde. Padrão.

TEMPO DE ACESSO – Em tecnologia da informação, designação do período temporal que um computador demora a conseguir a informação do seu dispositivo de armazenamento e a fornecê-la ao utilizador que fez a pesquisa • Em sistemas informatizados de recuperação da informação é o intervalo de tempo que decorre entre o pedido dos dados feito por um utilizador e o momento em que eles começam a ser fornecidos.

TEMPO DE CITAÇÃO – Em bibliometria, designação dada ao período de tempo que decorre desde que um documento é publicado até ao momento em que é citado.

TEMPO DE EMPRÉSTIMO – Em avaliação de serviços é o tempo médio que decorre entre o momento em que o utilizador inicia o processo de pedido de cedência do material que pretende levar por empréstimo e o momento em que ele lhe é entregue.

TEMPO DE EXPOSIÇÃO – Período de tempo durante o qual se submete um material fotossensível à acção de uma radiação.

TEMPO DE LEITURA LIVRE – Tempo de aulas reservado à leitura voluntária, que pode ocorrer numa aula ou numa biblioteca.

TEMPO DE PESQUISA E LOCALIZAÇÃO – Tempo médio que é preciso para conseguir situar uma determinada informação numa base de dados ou num catálogo ou ficheiro, medido a partir do momento em que tem início a procura até ao momento em que se obtém a documentação pretendida.

TEMPO DE RESPOSTA – Espaço de tempo que decorre desde o momento em que se faz uma pergunta a um computador e se recebe o resultado dessa mesma pergunta • Período temporal que decorre entre o pedido de um documento por empréstimo interbibliotecas e o momento em que o material solicitado chega à biblioteca, etc.

TEMPO IMPRODUTIVO – *Ver* Tempo morto.

TEMPO INACTIVO – *Ver* Tempo morto.

TEMPO MÉDIO DE REPARAÇÃO – Tempo total gasto com a manutenção preventiva e o conserto de uma máquina ou equipamento, que é calculado num determinado período dividindo-o pelo número total de avarias que ocorrem durante o referido período.

TEMPO MÉDIO ENTRE FALHAS – Tempo médio que ocorre entre o começo de funcionamento de uma máquina ou equipamento e uma avaria ou interrupção da execução.

TEMPO MORTO – Período de tempo em que um computador ou uma máquina não funcionam correctamente, pelo facto de ter havido uma paragem da máquina ou qualquer outro problema. Tempo improdutivo. Tempo inactivo.

TEMPO PARTILHADO – Designação usada para caracterizar a circunstância do aproveitamento simultâneo de um computador por vários utilizadores em separado e a partir de terminais diferentes • Distribuição do tempo de trabalho de um computador ou de diversos computadores entre si.

TEMPO PSICOLÓGICO – Em relação a uma narrativa, diz-se do tempo próprio em que se passa a acção, que é diferente do tempo real, isto é, daquele em que o escritor vive.

TEMPO REAL – Qualificação dos dispositivos, programas e/ou condições de exploração que permitem acções recíprocas em modo dialogado com os utilizadores ou em tempo real com o equipamento.

TENDÃO – Pequeno relevo na lombada do livro deixado pelos fios da costura. Nervo.

TENDÊNCIA – Propensão de um determinado escrito ou publicação para um determinado fim ou ideia.

TENDENCIOSO – Diz-se do texto em que há alguma intenção ou propósito.

TENENTE – Figura presente na heráldica que se emprega como sustentáculo do escudo, desde que não sejam figuras de animais (neste caso denominam-se suportes); normalmente são duas, uma de cada lado do escudo; na descrição do brasão deve mencionar-se qual o lado em que se encontra, no caso de ser apenas uma figura.

Tenentes

TENOR (pal. lat.) – Teor ou conteúdo de um acto escrito • Expressão exacta.

TEOR – Conteúdo de um texto escrito. *Tenor*.

TEOR DO ACTO – Diz-se do conjunto dos elementos que constituem o quadro do acto escrito propriamente dito e que podem reduzir-se a três grupos: o protocolo, o texto e o escatocolo.

TEORÉTICO – Relativo à teoria. Teórico.

TEORIA DA COMUNICAÇÃO – Disciplina científica que trata do estudo dos métodos e dos sistemas de comunicação.

TEORIA DA INFORMAÇÃO – Ramo do conhecimento que trata do alcance e da transferência da informação.

TEORIA DOS SISTEMAS – Princípios ou conjunto de hipóteses acerca da natureza e do comportamento dos sistemas.

TEORIZAR – Reduzir a teoria. Metodizar • Expor teorias sobre.

TERÇA – Terceira • Nos jornais é a prova que se tira antes de a página ir para a calandra ou para a máquina, a fim de verificar se estão fei-

tas todas as correcções assinaladas; é o último ensaio antes da impressão definitiva • Segunda das horas canónicas, colocada entre a prima e a sexta, correspondente mais ou menos às nove horas da manhã. Tércia.
TERCEIRA CAPA (port. Bras.) – *Ver* Contra-capa.
TERCETO – Estrofe de três versos muito usada na composição do soneto.
TÉRCIA – Segunda das horas canónicas, colocada entre a prima e a sexta, correspondente mais ou menos às nove horas da manhã. Terça.
TERCIADO – Diz-se do escudo heráldico dividido em três partes iguais, que podem ser em pala, em faixa, em banda, contrabanda ou em barra, conforme a posição dos dois traços paralelos empregados; podem apresentar diversos esmaltes.

Terciado em contrabanda

TERCISTA – Revisor que faz a leitura da terceira prova.
TERGUM (pal. lat.) – Verso de um acto manuscrito • Lombo. *Dorsum*.

Terciado em faixa

TERMINADOR DE CAMPO – Em informática, carácter especial ou delimitador que marca o fim de um campo de comprimento variável.
TERMINADOR DE REGISTO – Carácter convencional que é usado para assinalar o fim de um registo num ficheiro legível por máquina. Separador de registo.

Terciado em pala

TERMINAL – Aparelho que permite o acesso à distância a um sistema informático. Periférico de entrada e/ou saída de informação directamente em contacto com o utilizador mediante um sistema de teleinformática ou, mais geralmente, de telecomunicações. Terminal de dados • Remate • Situado na extremidade.
TERMINAL À DISTÂNCIA – Aparelho, em geral unido a um nó de comunicação, para transmitir mensagens e dados de um computador e para um computador.
TERMINAL DE CONSULTA – Aparelho de que pode lançar-se mão para realizar uma interrogação.
TERMINAL DE DADOS – *Ver* Terminal.
TERMINAL DE IMPRESSÃO – Unidade de representação visual, que está equipada com uma impressora ou que é acompanhada por ela para produzir a saída numa forma que seja legível.
TERMINAL INTELIGENTE – Aquele que está provido de um microprocessador capaz de armazenar dados localmente para facilitar o tratamento electrónico (entrada-processamento-saída-edição) dos dados; alguns podem ser utilizados como pequenos sistemas independentes.
TERMINAL NÃO INTELIGENTE – Terminal que não processa dados sem que eles sejam transmitidos a um computador.
TERMINOGRAFIA – Actividade de nomenclatura de uma ciência ou arte.
TERMINOGRAMA – Forma de representação gráfica dos descritores de um tesauro onde se evidenciam as relações hierárquicas entre descritores, sendo as remissões para termos asso-

ciados apresentadas nas margens do esquema gráfico.

TERMINOLOGIA – Conjunto organizado de termos em linguagem especializada cujos significados foram definidos ou são geralmente conhecidos nos domínios considerados • Estudo científico das noções e dos termos usados nas línguas de especialidade • Uso de palavras próprias de um escritor, de uma dada região, etc. • Termos técnicos de uma ciência ou arte • Conjunto desses termos • Nomenclatura.

TERMINOLÓGICO – Relativo à terminologia.

TERMINOLOGISTA – Pessoa que se ocupa de terminologia.

TERMINUS A QUO (loc. lat.) – Limite a partir do qual.

TERMINUS AD QUEM (loc. lat.) – Limite até ao qual.

TÉRMITA – Insecto roedor, também conhecido por formiga branca, que ataca os suportes de papel; trata-se de um grande insecto da ordem dos isópteros, que vive em sociedade diferenciada e cujas galerias causam consideráveis estragos nos livros e publicações periódicas.

TERMO – Palavra, conjunto de palavras ou símbolo utilizado para representar um conceito, prévia e rigorosamente definido, peculiar a uma ciência, arte, profissão, ofício, etc. • Prazo. Tempo determinado • Época em que deve efectuar-se qualquer coisa • Declaração exarada em processo • Elemento de oração • Fim. Remate. Conclusão (no tempo ou no espaço) • Palavra. Expressão. Vocábulo. Dicção • Teor. Forma. Redacção.

TERMO A EMPREGAR PREFERENCIALMENTE – Palavra ou expressão cujo emprego é recomendado.

TERMO A EVITAR – Palavra ou expressão cujo emprego é desaconselhado.

TERMO ABREVIADO – Aquele que é formado pela supressão de uma ou várias partes de um determinado termo.

TERMO ADMITIDO – Na elaboração de um tesauro ou lista, palavra escolhida como descritor de entre um conjunto de termos equivalentes.

TERMO CAÍDO EM DESUSO – *Ver* Arcaísmo.

TERMO COLECTIVO – Numa relação parte-todo é aquele que representa o todo. *Ver* Termo genérico partitivo.

TERMO COMPOSTO – Termo complexo, cujos elementos são justapostos sem associação morfológica • Aquele que é constituído por mais do que uma palavra.

TERMO COMUM – Aquele que pertence à linguagem corrente.

TERMO DE ABERTURA – Em microfilmagem, conjunto de informações técnicas úteis que são fornecidas ao leitor no início de um microfilme.

TERMO DE ACESSO – Em recuperação da informação, termo que o utilizador elege como primeira palavra para iniciar uma investigação sobre um determinado tema.

TERMO DE CHEGADA – Ponto de acesso para o qual se orienta um investigador por meio de uma remissão.

TERMO DE CONTROLO – *Ver* Palavra de controlo.

TERMO DE ENCERRAMENTO – Em microfilmagem, conjunto de informações técnicas úteis que são fornecidas ao leitor no fim de um microfilme.

TERMO DE IMPRESSÃO – Conjunto dos elementos informativos geralmente contidos no final do livro, no colofão. Cólofon.

TERMO DE INDEXAÇÃO – Termo escolhido como ponto de acesso da indexação de um texto.

TERMO DE PARTIDA – Cabeçalho a partir do qual é feita uma remissão.

TERMO DE PESQUISA – Num sistema de recuperação da informação, palavra que exprime uma consulta na linguagem e formato adequados para um determinado sistema; os termos de pesquisa podem ser combinados para formarem uma expressão de pesquisa.

TERMO EQUIVALENTE – Termo utilizado para representar o mesmo conceito que outro termo. Num tesauro, sinónimo ou quase-sinónimo. *Ver* Não-descritor.

TERMO ESPECÍFICO – Termo subordinado numa relação hierárquica.

TERMO ESPECÍFICO DE UM DESCRITOR – Aquele que designa uma noção inclusa numa noção mais lata representada por um termo genérico.

TERMO ESPECÍFICO GENÉRICO – Aquele que representa a espécie numa relação genérica.

TERMO ESPECÍFICO PARTITIVO – Termo específico representando um elemento numa relação partitiva. Termo partitivo.

TERMO GENÉRICO – É aquele que convém a toda uma outra categoria ou espécie e não a um objecto em particular.

TERMO GENÉRICO DE UM DESCRITOR – Aquele que designa uma noção que engloba outras noções mais finas representadas por termos específicos.

TERMO GENÉRICO NUM TESAURO – Termo superordenado numa relação hierárquica.

TERMO GENÉRICO PARTITIVO – Termo genérico que representa o todo numa relação partitiva. Termo geral partitivo. Termo colectivo.

TERMO GERAL GENÉRICO – Termo genérico que representa o género numa relação genérica.

TERMO GERAL PARTITIVO – *Ver* Termo genérico partitivo.

TERMO MAIS GENÉRICO – Numa relação semântica, designação dada ao termo que se encontra no nível superior.

TERMO NÃO PREFERENCIAL – *Ver* Não-descritor.

TERMO NÃO ADMITIDO – Termo cujo uso foi rejeitado por uma instituição com competência para fazê-lo.

TERMO OBSOLETO – Termo fora de moda. Termo não usado.

TERMO PARTITIVO – *Ver* Termo específico partitivo.

TERMO PREFERENCIAL – Termo escolhido como descritor entre um conjunto de termos equivalentes. Descritor.

TERMO PRIVILEGIADO – Termo de uso recomendado por uma instituição com competência para o fazer.

TERMO REJEITADO – Termo cujo uso é recusado por uma instituição com competência para o fazer.

TERMO RELACIONADO – Termo associado a um outro termo por uma relação coordenada.

TERMO SIMPLES – Aquele que é constituído por um radical único.

TERMO TÉCNICO – Aquele cujo sentido ou utilização se restringe aos especialistas de uma determinada área do saber.

TERMO TOLERADO – Aquele cujo emprego é admitido numa norma como sinónimo de um termo a empregar preferencialmente.

TERMOCÓPIA – Processo de reprodução de documentos, através do qual se obtêm fotocópias positivas mediante a acção de um raio luminoso (de um comprimento de ondas bastante grande), que se manifesta sobretudo pela sua acção calorífera tendo por base o princípio de que as substâncias escuras absorvem mais calor do que as claras • Cópia obtida por este processo.

TERMOENCAPSULAÇÃO – Processo de encapsulação feito através da aplicação de calor, como por exemplo o que é feito com o papel do Japão, que é aplicado a 100/120 graus centígrados; em alguns casos, usam-se folhas finas de material plástico transparente, próprio para o efeito e isento de ácidos, cujas bordas são seladas; pode também impregnar-se o suporte com uma matéria sintética transparente, de modo a consolidá-lo e a protegê-lo. Este tipo de restauro tem a vantagem de permitir a reconstituição de um documento fragmentado, unindo os pedaços sobre uma superfície plana, operação esta que precede a encapsulação.

TERMOGRAFIA – Todo o sistema de impressão ou escrita que envolve o uso do calor • Impressão em relevo. A exposição é feita por meio de raios infravermelhos; as partes escuras do documento original reflectem o calor, que escurece as zonas correspondentes do papel de cópia ou da película sensível ao calor.

TERMO-HIGRÓGRAFO – Aparelho utilizado em bibliotecas, arquivos, serviços de documentação, etc., destinado a registar os valores da humidade e da temperatura dos aposentos em que se encontra, a fim de garantir a preservação e conservação dos documentos. Higrotermógrafo.

TERMO-HIGROSCÓPIO – Aparelho usado numa biblioteca, arquivo, serviço de documentação, etc. para indicar as variações do grau de humidade.

TERMÓMETRO – Aparelho destinado à medição da temperatura e que, neste processo, entra em equilíbrio térmico com o ambiente.

TERNION (pal. lat.) – Em codicologia, nome dado aos cadernos de doze páginas formados dobrando pelo meio três folhas sobrepostas, para a confecção de um códice.

TERNO – Designação do códice constituído por três folhas de pergaminho dobradas ao meio (doze páginas) • Conjunto de três cadernos impressos intercalados uns dentro dos outros.

TERRA BOLAR – Nome dado ao ocre de cor castanha-avermelhada, rico em óxido de ferro e manganésio, correspondente à cor indicada como *brunum* nas receitas medievais relativas à confecção de pigmentos para iluminura. Bolo arménio.

TERRA VERMELHA DA ARMÉNIA – Argila vermelha em pó que é aplicada no corte dos livros antes de o mesmo ser dourado, como base para o ouro, ao qual transmite maior brilho e beleza; provém sobretudo da Boémia, Itália e Silésia. Bolo arménio.

TERRADO – Pequena porção do chão na qual se encontram assentes as pessoas ou os objectos representados em imagens.

TERTIO (pal. lat.) – Em terceiro lugar.

TERTÚLIA LITERÁRIA – Assembleia ou reunião de pessoas de cultura, artistas, eruditos e intelectuais, que de modo geralmente informal debatem temas literários ou outros relativos a acontecimentos contemporâneos.

TESAURO – Repertório. Compilação • Lista de autoridade organizada de descritores e não-descritores que obedecem a regras terminológicas próprias e ligados entre si por relações hierárquicas ou semânticas; é composta por descritores e serve para traduzir as noções expressas em linguagem natural numa linguagem artificial desprovida de ambiguidade – a linguagem documental • Índice alfabético de termos normalizados organizados em função de análises de conteúdo e de classificações de documentos de informação; tem uma estrutura flexível, que lhe é conferida pelas relações de equivalência, associativas e hierárquicas • Segundo a norma *ISO 2788 (1986)* é o "vocabulário de uma linguagem de indexação controlada organizado formalmente de maneira a explicitar as relações estabelecidas *a priori* entre os conceitos (por exemplo, relação genérica e específica)" • Segundo a *UNISIST*, "um tesauro pode ser definido quer em termos da sua função quer da sua estrutura. Em termos da função, um tesauro é um instrumento de vocabulário controlado usado para traduzir a linguagem natural de documentos para uma linguagem mais condensada (linguagem de indexação ou linguagem de informação), usada quer pelos indexadores quer pelos utilizadores. Em termos de estrutura o tesauro é um vocabulário controlado e dinâmico de termos relacionados semântica e genericamente, que cobre um domínio específico do conhecimento".

TESAURO ALFABÉTICO – Aquele cujo conteúdo está apresentado por ordem alfabética.

TESAURO DE PESQUISA – O que é usado para identificar e seleccionar termos para uma estratégia de investigação e para localizar outros termos relacionados, quando for necessário usá-los também.

TESAURO DE REPRESENTAÇÃO GRÁFICA – Aquele em que os descritores são repartidos por grandes categorias ou "campos semânticos" e em que cada categoria ou família de trinta a sessenta descritores é disposta num quadro; neste tesauro as relações hierárquicas são evidenciadas pela posição dos descritores nesse quadro, dos traços que os unem, em geral sob a forma de setas, que indicam o sentido da relação; os termos associados aparecem indicados nas margens do quadro com remissivas para o quadro em que eles figuram como rubrica principal; este quadro está geralmente dividido em quadrados designados por números em abcissa e ordenada e cada quadrado é identificado por um número resultante da combinação dos dois.

TESAURO DE TERMOS NÃO PREFERENCIAIS – Tesauro no qual todos os termos são descritores.

TESAURO DE TERMOS PREFERENCIAIS – Aquele no qual apenas um dos termos que representa um conceito é admitido na indexação.

TESAURO ESPECIALIZADO – Aquele que é limitado a um domínio específico do conhecimento. Tesauro sectorial.

TESAURO ESTRUTURADO – Tesauro de estrutura hierarquizada em que a cada descritor são acrescentadas as suas relações sinonímicas (horizontais) ou hierárquicas (verticais), sendo cada termo precedido de uma indicação normalizada precisando a natureza da relação que o associa ao descritor: TG (termo genérico), TE (termo específico), TA (termo associado). Tesauro explícito.

TESAURO EXPLÍCITO – *Ver* Tesauro estruturado.

TESAURO FACETADO – *Ver* Tesauro por facetas.

TESAURO LINGUÍSTICO – Vocabulário de uma linguagem natural, cuja ordenação é sistemática e em que se atende às relações conceptuais entre os termos que o constituem.

TESAURO MONOLINGUE – Tesauro constituído por descritores pertencentes a uma única língua.

TESAURO MULTILINGUE – Tesauro constituído por descritores e geralmente não-descritores extraídos de várias linguagens naturais, representando conceitos equivalentes em cada uma delas.

TESAURO POR FACETAS – Aquele em que as relações entre os termos são estabelecidas depois do reagrupamento destes por facetas. A subdivisão em subconjuntos serve para elaborar a lista alfabética estruturada em que o descritor é colocado de novo no seu conjunto de termos genéricos e específicos. Tesauro facetado.

TESAURO SECTORIAL – *Ver* Tesauro especializado.

TESAURO TEMÁTICO – Aquele em que as relações entre os termos são estabelecidas depois do reagrupamento destes por domínios.

TESAURO-ALVO – Uma das versões de um tesauro multilingue elaborada a partir de um tesauro-fonte para equivalência linguística.

TESAURO-FONTE – Tesauro que serve de ponto de partida para a elaboração de um outro tesauro, por exemplo um tesauro monolingue, que serve de ponto de partida para a elaboração de um tesauro multilingue.

TESE – Conjunto de proposições de carácter científico, literário, artístico ou outro, que são apresentadas a um candidato para serem defendidas por ele • Documento que apresenta uma investigação e os seus resultados, proposto para apreciação pelo seu autor, em princípio destinado à obtenção de um grau académico ou de uma qualificação profissional.

TESOURÃO – *Ver* Cisalha *e* Guilhotina.

TESOURO – Designação antiga para arquivo • Designação atribuída a certas obras do género dos catálogos, dicionários, antologias ou colecções de grande importância • Colecção de textos de autores célebres • Conjunto de livros antigos ou outro tipo de documentos, tais como manuscritos valiosos, gravuras, música manuscrita, publicações periódicas únicas, etc., que por qualquer razão merecem o qualificativo de raros e que se encontram guardados em lugar especial na instituição que os alberga. Reservados.

TESOURO BIBLIOGRÁFICO – Livro reservado. Reservados • Conjunto de cimélios ou livros raros, em geral de grande valor • Lugar onde eles estão guardados. Relicário.

TESOURO MARIANO – Colecção de escritos de bons autores sobre a Virgem Maria.

TESSITURA – Em relação a um texto, diz-se do modo como estão encadeadas as ideias nele expressas.

TESTAMENTO – Doação • Instrumento ou carta de privilégio, imunidade, venda, dote, isenção, manumissão ou liberdade • Notícia, lei, estatuto ou decreto eclesiástico • Documento no qual estão inscritos e autenticados os termos do acto por meio do qual uma pessoa ou instituição dispõe de todos ou parte dos seus bens após a sua morte e descreve e indica as suas últimas vontades.

TESTAMENTO HOLÓGRAFO – Diz-se do testamento que foi escrito na totalidade pela mão do testador.

TESTE BETA – Prova de um programa ou equipamento informático, que é feita por uma entidade com o compromisso de comunicar os resultados obtidos ao seu produtor.

TESTE DA RESOLUÇÃO – Em microfilmagem, prova em que se verifica a capacidade que um filme tem de reproduzir os pormenores de uma imagem, cujo valor é expresso em linhas/milímetro.

TESTE DE ENVELHECIMENTO ACELERADO – Processo destinado a indicar, num espaço relativamente curto de tempo, o que poderá acontecer a materiais como o papel, tinta, etc. após um período longo de armazenamento; em circunstâncias ideais, o material é exposto a um ambiente que acelera o ritmo da sua degradação sem alterar a sua natureza; é geralmente aceite que, por exemplo o aquecimento do papel durante três dias num forno a uma temperatura de 100° C. é equivalente ao efeito produzido por cerca de vinte cinco anos de armazenamento numa biblioteca, arquivo, serviço de documentação, etc. em condições normais.

TESTE DE LEITURA – Segundo Vincent, é a "proposta de uma situação onde se incita ao acto normal de ler, ou a um processo essencial para a leitura, de um modo que permita observações rigorosas e a construção de juízos sobre as capacidades subjacentes".

TESTE PIRA – Teste que é feito para avaliar a acidez da pele da encadernação; *PIRA* é acrónimo de *Printing Industry Research Association*.

TESTEIRA – Êmbolo. Haste de ferro articulada.

TESTEMÓNIO – Forma arcaica de testemunho • Pública-forma de documento autêntico.

TESTEMUNHA – Cada um dos diferentes exemplares através dos quais nos é dado a conhecer um texto • Pessoa que participa em determinados actos com a finalidade de lhes conferir autenticidade e valor • Espectador • *Ver tb.* Folha-testemunho.

TESTEMUNHADOR – Pessoa que testemunha.

TESTEMUNHAR – Dar testemunho acerca de. Confirmar. Testificar • Servir de testemunha.

TESTEMUNHO – Aquilo que alega ou declara em juízo uma testemunha. Depoimento • Demonstração. Prova. Comprovação • Sinal. Indício • Marca que deixa no papel a chapa de metal na qual foi gravada uma ilustração ou um texto; a pressão que é exercida pela chapa sobre o papel origina uma depressão que cerca todo o espaço gravado, caracterizando a impressão como original, daí o seu nome • Nome dado à forma assumida por um texto num determinado suporte; pode ser gravada, manuscrita ou impressa • Cada um dos exemplares de um texto, considerado como uma etapa na sua transmissão e transformação • Pública-forma de documento autêntico.

TESTIS (pal. lat.) – Testemunha.

TÊTE DE CHAPITRE (loc. fr.) – *Ver* Cabeção.

TÊTE-BÊCHE (pal. fr.) – Expressão que significa pés com cabeça; designa dois seres humanos, animais ou objectos encostados, dispostos cada um deles com a parte superior em correspondência com a parte inferior do outro; ocorria frequentemente na iluminura, sobretudo nas *drôleries* • É também usada em catalogação e descrição bibliográfica de monografias para designar uma monografia cuja apresentação gráfica é feita de modo que os pés do texto de uma das partes estejam voltados para a cabeça da outra. É muito frequente em obras que apresentam dois aspectos opostos de uma questão: " Sim ... / Não ..." , "Pour ... / Contre ...". *Dos à dos.*

TETRACROMIA – Processo de impressão a cores análogo à tricromia; aos três clichés fundamentais desta (amarelo, magenta e azul), junta-se na tetracromia o preto ou cinza, que confere uma maior fidelidade à reprodução cromática do original. Quadricromia.

TETRAGRAMA – Pauta musical de quatro linhas usada no cantochão • Conjunto de quatro letras que constituem uma palavra, firma ou sinal • Grupo de quatro letras místicas inscritas num triângulo configurando o nome secreto de Deus.

Tetragrama

TETRALOGIA – Conjunto de quatro obras dramáticas que os poetas gregos antigos apresentavam nos concursos públicos.

TETRAMORFO – Símbolos agrupados dos quatro Evangelistas em volta do Cristo em majestade, geralmente envolvido pela mandorla: anjo de S. Mateus, leão de S. Marcos, águia de S. João e boi de S. Lucas. A sua representação iconográfica é, por si só, o símbolo da palavra de Deus transmitida através da palavra escrita.

TETRASSÍLABO – Verso de quatro sílabas.

TEXT ENCODED INICIATIVE (loc. ingl.) – Iniciativa de codificação de texto, projecto de desenho de metadados. Segundo a *ISBD(ER)* é a informação que descreve, encabeça e constitui uma página de título electrónica, ligada a um texto electrónico em conformidade com a codificação *TEI*. O cabeçalho é formado por quatro elementos principais: descrição do ficheiro, da codificação, do perfil e da revisão. *TEI*.

TEXTBOOK (pal. ingl.) – *Ver* Livro de texto.

TEXTO – Ocorrência linguística falada ou escrita, seja qual for a sua extensão, que é dotada de unidade sociocomunicativa, semântica e formal • Discurso • Conjunto de páginas ou folhas onde está impresso o assunto da obra • Sequência de caracteres sob a forma impressa ou manuscrita, isto é, pequena peça de informação escrita, que contém informação a ser transmitida e/ou tratada • Produto da escrita • Matéria principal de um livro • Parte compacta de qualquer forma • Parte do conteúdo que se relaciona directamente com o acto jurídico que se encontra consignado por escrito: justificação do acto, exposição das circunstâncias que o provocaram, disposições, cláusulas destinadas a precisar o seu alcance e a assegurar a sua execução • Expressão ou conjunto de expressões fixadas e transmitidas oral ou graficamente • Unidade de linguagem escrita ou oral considerada do ponto de vista da sua estrutura e/ou das suas funções e das regras seguidas na sua organização • Letra de uma canção, de um ciclo de canções ou, no plural, colecção de canções • Nome dado ao conjunto dos capítulos numerados de um livro e que constitui o corpo principal dele • Toda a informação verbal, visual, oral e numérica sob a forma de páginas impressas, mapas, partituras, arquivos sonoros, filmes, cassetes de vídeo, bancos de dados informáticos, etc. • As próprias palavras do autor (em contraposição às notas ou comentários) • Passagem da Sagrada Escritura que um pregador toma para tema do seu sermão • Em transferência de dados, informação que está contida numa mensagem.

TEXTO ABREVIADO – O que não se publica na totalidade. Resumido. Condensado.

TEXTO ADMINISTRATIVO – Aquele em que é escrito todo o tipo de documentos que são utilizados nas comunicações internas de uma instituição e/ou organização, pública ou privada e suas relações com o exterior; são textos administrativos os relatórios, exposições, cartas, actas, contratos, etc.

TEXTO ALINHAVADO – Texto de curta dimensão, redigido em geral de modo apressado.

TEXTO ALTERADO – Texto modificado.

TEXTO ANTOLÓGICO – Aquele que contém uma colecção de textos escolhidos, usualmente de poesia ou acerca de um assunto, dos escritos de um autor ou vários autores e tendo como característica comum um mesmo assunto de forma literária.

TEXTO ARGUMENTATIVO – Segundo Beaugrande, texto cujo conteúdo se expressa em proposições às quais se atribuem determinados valores: verdade, falsidade, possibilidade, verosimilhança, etc.

TEXTO AUTÓGRAFO – Diz-se do que foi escrito pela mão do seu autor e que não coincide obrigatoriamente com o texto que foi o original.

TEXTO AVULSO – Aquele que se apresenta solto, desligado de um conjunto.

TEXTO CIENTÍFICO – Segundo Beaugrande, é aquele cujos padrões de representação tentam ajustar-se rigorosamente ao mundo real.

TEXTO CIFRADO – Texto que é expresso através de uma escrita cifrada.

TEXTO CLÁSSICO – Texto tradicional • Aquele que foi elaborado por um autor da Antiguidade grega ou latina • Aquele que é reconhecido como sendo a expressão pura e correcta do pensamento do seu autor • Expressão usada para qualificar o texto que, ao longo dos tempos, foi considerado básico e fundamental para o estudo de uma ciência ou arte.

TEXTO COMPACTO – Aquele que se apresenta muito denso e com poucos espaços.

TEXTO CONVERSACIONAL – Aquele em que à representação dos eventuais conteúdos se agregam as intenções dos interlocutores, o papel dos falantes, a interacção comunicativa, etc.

TEXTO CORRIDO – Texto bastante largo, de aspecto monótono, composto num mesmo tamanho e medida, sem título nem notas marginais.

TEXTO CORROMPIDO – Texto original que foi objecto de alterações ou cortes, de modo que o pensamento inicial do seu autor foi totalmente atraiçoado nas suas intenções.

TEXTO DE APOIO – O que explica ou rememora aspectos laterais de um determinado texto ou notícia; trata-se de um texto divulgado com o texto principal, integrando-o e reforçando-o, tal como fontes de arquivo, biográficas e bibliográficas e outras pesquisas.

TEXTO DE INTERVENÇÃO – Aquele que expõe uma opinião ou doutrina, muitas vezes de carácter polémico, por meio do qual o leitor é informado acerca de posições face a acontecimentos e questões diplomáticas, políticas, religiosas, etc.

TEXTO DE PESQUISA – Aquele que é baseado somente em elementos colhidos em bibliotecas, arquivos, etc., tendo como finalidade a descoberta de conhecimentos novos no domínio científico, literário ou artístico.

TEXTO DESCRITIVO – Aquele cujo conteúdo se focaliza sobre fenómenos no espaço e factos do mundo real.

TEXTO DIDÁCTICO – Aquele em que o conhecimento se apresenta de forma organizada.

TEXTO DRAMÁTICO – O que representa um acontecimento através do diálogo ou do monólogo de personagens que actuam num cenário.

TEXTO ELECTRÓNICO – Designação dada à representação electrónica do escrito, que é lida na superfície do ecrã de um terminal de computador, muito diversa da forma tradicional, multissecular, de escrever e de ler. É dinâmico e continuamente diferente, pois permite introduzir correcções, actualizações e alterações. À linearidade, limite e fixidez características do texto impresso, opõe o facto de poder sofrer variações, ser activo, nunca assumindo um estado definitivo e permitindo a introdução de actualizações e correcções.

TEXTO EM DUPLA PÁGINA – Aquele que se apresenta impresso em duas páginas frente-a-frente ocupando toda a superfície das duas páginas.

TEXTO ÉPICO – Narração em tom elevado de factos ou realizações humanas apresentando personagens sob a forma de heróis capazes de vencer qualquer obstáculo.

TEXTO EPISTOLAR – Forma genérica usada para englobar os textos escritos dos documentos que são trocados entre pessoas a título individual e na esfera do relacionamento pessoal entre elas.

TEXTO EXPLICATIVO – Aquele que acompanha um outro texto ou um objecto, com a finalidade de ajudar a sua interpretação, montagem e modo de funcionamento. Instrução. Explicação.

TEXTO FORENSE – Diz-se da linguagem específica que é utilizada nos documentos que são trocados no âmbito dos tribunais, entre juízes, advogados, procuradores da república, notários, escrivães, solicitadores, etc. nos processos judiciais compostos por documentos elaborados com diversos objectivos.

TEXTO INFERIOR – O primeiro texto e, consequentemente, o mais antigo dos textos escritos num palimpsesto • Escrito de fraca qualidade.

TEXTO INTEGRAL – Texto inteiro. Documento completo, retomando todos os elementos informativos já contidos em textos dispersos precedentes.

TEXTO JURÍDICO – Designação genérica da lei, nas suas diferentes acepções específicas (lei, decreto-lei, decreto, decreto regulamentar, portaria, etc.) ou o texto interpretativo da lei.

TEXTO LAUDATÓRIO – Aquele que louva ou faz o elogio encomiástico de alguma coisa ou de alguém; são textos laudatórios os que apresentam um autor ou uma obra, enaltecendo a sua produção literária ou o conjunto da sua obra, como acontece com os prólogos ou prefácios; também se incluem nesta categoria as poesias apologéticas, que nas obras antigas precediam a obra propriamente dita, ou mesmo os discursos elogiosos em honra de alguém.

TEXTO LIMPO – Diz-se do texto ao qual foram retiradas todas as incorrecções após uma cuidadosa revisão de provas, encontrando-se, deste modo, pronto para a impressão.

TEXTO LÍRICO – Aquele que exprime o mundo interior de um eu, que desse modo se revela em tom confessional ou assume emoções e sentimentos de outrem.

TEXTO LITERÁRIO – Aquele cujo padrão de representação não pertence ao mundo real.

TEXTO MENTIROSO – Diz-se do texto que apresenta muito erros.

TEXTO NÃO-LIVRO – Aquele texto que não é apresentado através de signos em suporte papiro, pergaminho ou papel, mas qualquer produção verbal, visual, oral ou informatizada.

TEXTO NARRATIVO – Aquele cujo conteúdo se refere a acções e a fenómenos no tempo.

TEXTO ORIGINAL – Texto escrito apresentado na mesma língua em que foi redigido pelo seu autor.

TEXTO PALAVROSO – *Ver* Texto prolixo.

TEXTO PROGRESSIVO – Texto reelaborado e enriquecido pelo autor em fases sucessivas da escrita, feitas pela própria mão.

TEXTO PROLIXO – Diz-se daquele que se apresenta excessivamente sobrecarregado com palavras inúteis, que repetem ideias já expressas. Texto palavroso. Texto verboso.

TEXTO PROLOGAL – *Ver* Prólogo.

TEXTO RECTIFICATIVO – Texto breve em que se repõe a verdade de uma informação errónea.

TEXTO SUPERIOR – O segundo e, consequentemente, o mais recente dos textos escritos num palimpsesto; opõe-se a texto inferior.

TEXTO TÉCNICO – Aquele que contém ensinamentos relacionados com as ciências e suas aplicações práticas.

TEXTO TRABALHADO – Texto que já foi objecto de revisão com vista a melhorar a sua redacção e a tornar o seu estilo mais perfeito e o seu conteúdo mais explícito.

TEXTO TRUNCADO – Aquele que não tem sequência nas ideias expostas, por falta de frases.

TEXTO VERBOSO – *Ver* Texto prolixo.

TEXTO-FONTE – Aquele que serve de base para a realização da edição crítica de uma obra.

TEXTO-LEGENDA – Em jornalismo é a nota que, com título ou não, sem abertura de parágrafo, se coloca numa publicação periódica ao lado de uma fotografia, quando não há mais nenhuma informação; é usado como chamada quando a notícia desenvolvida está noutra página.

TEXTOLOGIA – Ciência do texto; o seu objectivo centra-se na verificação, estabelecimento e edição de textos.

TEXTOS ASTRONÓMICOS – Manuscritos que versam temas de astronomia e que contêm frequentemente imagens associadas às constelações (tais como Orion e Aquário) ou representações diagramáticas do universo e seus componentes. Alguns dos textos astronómicos mais importantes que aparecem nas cópias iluminadas incluem a *Aratea* de Cícero escrita no século I d. C., uma tradução latina dos versos gregos do texto de Aratus datada do século III d. C., que por sua vez é baseada num tratado em prosa, os *Phænomena*, escrito por Eudóxio de Cnidos um século antes, o *Almagesto* de Ptolemeu (c. 142 a. C.) e outras composições medievais mais tardias, como o *Liber Cosmographiæ* de John Foxton. A astronomia e a astrologia originalmente não se distinguiam, sendo ambos os termos usados indistintamente por Aristóteles (século IV d. C.).

TEXTOS ESCOLHIDOS – *Ver* Antologia.

TEXTOS PATRÍSTICOS – Textos que difundem a doutrina dos primeiros padres da Igreja católica, nomeadamente os assuntos relativos à fé, à moral e à disciplina eclesiástica; duas das figuras que mais se destacaram neste universo da patrologia foram Santo Agostinho, no mundo latino, e Dionísio no grego, consideradas as maiores autoridades no assunto durante toda a Idade Média.

TEXTOS PRELIMINARES – Aqueles que surgem antes do texto principal da obra, apresentando com frequência paginação própria, muitas vezes em numeração romana; geralmente incluem peças como a introdução, o prefácio, a epígrafe, a dedicatória, as censuras, as licenças, as aprovações, a errata, alguns textos em louvor do autor ou do patrocinador da obra, a taxa, a bibliografia e, por vezes, as instruções destinadas a facilitar o manejamento do livro. Páginas prefaciais.

TEXTO UNIVERSITÁRIO – *Ver* Livro universitário.

TEXTUAL – Relativo ao texto • Conforme ao texto; que reproduz fielmente o texto. Literal.

TEXTUALIDADE – Conjunto de propriedades que deve possuir uma manifestação da linguagem humana para ser um texto • Conjunto de características que fazem com que um texto seja um texto e não apenas uma sequência de frases; são responsáveis pela textualidade a coerência e a coesão, a intencionalidade, a aceitabilidade, a situacionalidade, a informatividade e a intertextualidade • Natureza e significado do texto literário.

TEXTUALISTA – Pessoa que interpreta os textos à letra, sem tomar em consideração as intenções do autor ou qualquer comentário elucidativo • Segundo Rorty, aquele que se ocupa da crítica textual, o investigador crítico do texto.

TEXTUALMENTE – De maneira textual, exactamente segundo o texto.

TEXTUÁRIO – Livro que contém o texto sem qualquer comentário.

TEXTURA – Disposição das partes de um todo, organização • Designação dada à direcção da organização das fibras no papel, papelão e pano; pode ser apreendida através do olhar e do toque; nas encadernações em papel esta direcção deve ser sempre de cima para baixo.

TEXTURA (pal. lat.) – Escrita manual do texto, por oposição a *notula*, escrita das notas • Nome dado ao tipo de letra gótico totalmente anguloso e desprovido de curvas, que é usado no *Calendário turco* para 1455 e nas bíblias das 42 e 36 linhas.

TEXTUS (pal. lat.) – Termo que pertence à tipologia dos manuscritos litúrgicos; designava não apenas os evangeliários, mas também outros livros preciosos para uso na missa.

TEXTUS RECEPTUS (loc. lat.) – Versão mais comummente difundida de um texto ou normalmente aceite como autêntica.

THE COMMONS (loc. ingl.) – Designação dos recursos detidos em comum, que podem ser desfrutados igualmente por uma ou por várias pessoas; vão das coisas materiais às ideias, como a teoria da relatividade de Einstein, ou às obras caídas no domínio público, como as obras de Shakespeare.

THECA CALAMARIA (loc. lat.) – Estojo onde o copista guardava os cálamos.

THECA LIBRARIA (loc. lat.) – Caixa para guardar o volume manuscrito • Expressão latina para designar caixa e por vezes prateleira para livros.

THESAURUS (pal. lat.) – *Ver* Tesauro.

THESAURUS LINGUÆ LATINÆ (loc. lat.) – Nome de um dicionário completo e universal de latim publicado em 1531 por Robert Étienne, que serviu depois de modelo a todos os dicionários latinos que daí em diante foram publicados.

THULUTH (pal. ár.) – Caligrafia arredondada e curvilínea usada em inscrições do *Corão*. Ver Escrita *thuluth*.

THUMBPIECE (pal. ingl.) – Espaço triangular presente na composição dos manuscritos orientais, que pode ser preenchido por elementos decorativos ou conter pequenos apontamentos acerca do texto em que está inserido.

TIA – Acrónimo de *Thanks in Advance*, agradecimentos antecipados, forma muito usada na *Internet* em mensagens de correio electrónico, para fazer uma despedida na sequência do pedido de um favor.

TIC – Acrónimo de Tecnologia da Informação e da Comunicação, o *hardware* (componentes físicas envolvidas no processamento da informação: computadores, estações de trabalho, redes físicas, dispositivos de armazenamento e transmissão de dados) e o *software* (programas que interpretam os *inputs* dos utilizadores e instruem o *hardware* sobre as operações a fazer); as tecnologias da informação e comunicação incluem outras áreas interligadas: a burótica, a telemática, o controlo de processos por computador, a robótica, o *CAM*, o *CAD/ /CAM* e o *CIM*.

TIFF – Acrónimo de *Tagged Image File Format*, Formato muito usado na digitalização de imagens com códigos identificadores, forma de codificação e de compressão de imagens de qualidade em ficheiro, usada em informática, em máquinas de faxe e *BMP (BitMap)*.

TIFLOGRAFIA – Escrita em relevo para uso de invisuais • Estudo ou obra sobre a escrita em relevo usada por invisuais.

TIJOLO – Suporte de escrita utilizado nas civilizações do Próximo Oriente (hititas e babilónios); após serem secos ao sol, os tijolos eram gravados com caracteres alfabéticos mediante o uso de estiletes, que por vezes assumiam a forma de cunha, daí o nome de caracteres cuneiformes • Termo de gíria que designa um original longo e maçador de compor. Catatau. (port. Bras.) Livro volumoso. Calhamaço.

TIL – Sinal gráfico (~) que serve para indicar a nasalização da vogal sobre a qual se coloca; vale como acento tónico se outro acento não figurar no vocábulo.

TILAR – Grafar o til. (port. Bras.) Tildar.

TILDAR (port. Bras.) – Grafar o til. Tilar.

TILOSE – Termo usado para designar os derivados da celulose correntemente conhecidos por metilcelulose, que compreendem produtos solúveis em água ou em solventes orgânicos como o álcool.

TIMBRADO – Em heráldica, diz-se das armas carregadas de um timbre • Que apresenta selo, carimbo ou sinal.

TIMBRAGEM – Acto ou efeito de timbrar • Modalidade de impressão em relevo usada especialmente em notas, papéis de crédito, selos, etc.

TIMBRAR – Apor o timbre ou chancela • Marcar com elementos identificadores de nobreza ou dignidade. Marcar com timbre • Assinalar.

TIMBRE – Forma destinada à impressão no fecho e frente de envelopes e na parte superior esquerda de algum papel • Emblema ou insígnia sobre o escudo de armas usado com a finalidade de indicar a nobreza ou dignidade do seu proprietário • Marca, sinal, lema, cifra (em cartas e circulares). Figura simbólica • Elemento impresso em papel de carta, ao alto, em geral do lado esquerdo da folha, com a finalidade de identificar, localizar e/ou caracterizar estabelecimentos comerciais e industriais, instituições públicas ou privadas, etc. • Chancela. Selo. Carimbo. Sinete • Em heráldica o timbre possui dois significados: no sentido geral compreende todos os ornamentos exteriores ou figuras de que se serve a heráldica para o adorno exterior do escudo (coroas, lambrequins, elmos, animais reais ou imaginários), os suportes e os tenentes (figuras animais ou humanas que sustentam o escudo); no sentido mais restrito concretiza o timbre de primeira classe ou espécie e o das várias classes em que se dividem esses ornamentos, caso em que se entende por timbre cada uma das peças que se colocam na parte superior do escudo.

TIME-SHARING (pal. ingl.) – Uso partilhado de recursos.

TIMPANILHO – Caixilho de ferro coberto de estofo, que se encaixa atrás do tímpano do prelo para segurar a almofada.

TÍMPANO – Parte da prensa manual onde se fixa o papel para a impressão e onde se metem as frisas e se faz o preparo; é fechada por meio de parafusos com o timpanilho • Na arquitectura medieval é o espaço compreendido entre o lintel e a primeira arquivolta de um portal; era usualmente preenchido com imagens de Cristo, da Virgem, de santos ou com cenas do Novo Testamento.

TINA – Recipiente onde se punha a pasta a partir da qual se procedia ao fabrico manual do papel.

TINCTA (pal. lat.) – Termo semelhante ao que utilizamos hoje e que raramente era usado, preferindo-se o termo *atramentum* ou mesmo *incaustum*, este último imposto mais tarde.

TINGIDURA (port. Bras.) – *Ver* Tintagem.

TINTA – Líquido de cor destinado à escrita e impressão. A base da tinta medieval era uma solução de galha (noz-de-galha) e goma, colorida pela adição de carbono (negro-de--fumo) e/ou sais de ferro; a tinta ferrogálica produzida pelos sais de ferro tornava-se com o tempo num castanho avermelhado ou amarelo; por vezes também se usavam sais de cobre, que com o passar do tempo geralmente resultavam num cinzento esverdeado; a tinta era usada tanto para desenhar e traçar as linhas, como para escrever e, quando diluída, podia também ser aplicada com um pincel. Na actualidade as tintas de síntese (derivadas do petróleo) são as mais difundidas e são particularmente sensíveis à luz; a tinta romana era feita com negro-de-fumo, goma e água. Plínio dizia que um pouco de vinagre dava maior tenacidade à tinta • A tinta de impressão é uma matéria gorda, espessa e não fluida feita à base de óleo de linhaça, verniz e corantes. Fabrica-se também tinta com qualidades especiais de aderência destinada a desenho ou impressão em suportes tais como acetatos ou filmes.

TINTA AZUL – É a segunda cor mais comum nos manuscritos medievais, depois da cor vermelha; provavelmente a sua fonte mais vulgar é a azurite, uma pedra rica em cobre que se encontra em vários países da Europa; muito dura, após ter sido colhida tinha de ser esmagada, reduzida pacientemente a pó e misturada com branco de chumbo. Um outro tom de azul, mais violeta, era obtido a partir das sementes de girassol, espécie hoje conhecida botanicamente como *Crozophora*. O azul mais apreciado é o "ultramarino", que é feito a partir do lápis-lazúli, que se encontra no seu estado natural apenas no Afeganistão. Não pode imaginar-se como esta pedra chegava à Europa, pois foi conhecida muito antes das viagens de Marco Polo e deve ter viajado diversas vezes nas bagagens transportadas pelas caravanas de camelos para carroças e barcos antes de finalmente passar a ser comprada por alto preço pelos boticários da Europa do Norte; era tão cara, que no século XII o azul do Saltério de Winchester foi raspado para ser reutilizado e o inventário do Duque de Berry, feito por volta de 1401-1403, inclui entre os seus tesouros de grande valor, dois frascos preciosos contendo "ultramarino".

TINTA BRANCA – Aquela que era preparada a partir da cerusa, carbonato básico de chumbo, ossos calcinados ou ainda alvaiade.

TINTA CUPROGÁLICA – Tinta obtida por acção de um agente sobre um mineral cuproso, cuja coloração tende para o verde.

TINTA DA CHINA – Pigmento originário da China, que tem por base o negro-de-fumo e uma solução gomosa, à qual se juntam alguns ingredientes como cânfora de Bornéu e almíscar em pó. Tinta de Nanquim. Tinta de Cantão.

TINTA DE ANILINA – Tinta de impressão barata e volátil, consistindo num produto dissolvido em álcool desnaturado endurecido com uma resina, cuja secagem é rápida; embora se possam conseguir todas as cores, estas têm tendência para desbotar, o que tem sido evitado ultimamente através da adição de tintas pigmentadas.

TINTA DE BASE – Aquela que é produzida ou armazenada em grandes quantidades e que é usada para juntar a outras, a fim de obter a cor desejada.

TINTA DE CANTÃO – *Ver* Tinta da China.

TINTA DE CARBONO – Suspensão de um pigmento negro num aglutinante que pode incluir circunstancialmente outros aditivos.

TINTA DE IMPRENSA – Tinta usada para imprimir.

TINTA DELÉVEL – Tinta que, por oposição à tinta permanente, pode ser facilmente apagada ou rasurada.

TINTA DE NANQUIM – *Ver* Tinta da China.

TINTA DUPLO-TOM – Nome dado a uma tinta que aparenta ter mais de uma cor, aparecendo a segunda cor após a secagem.

TINTA ELECTRÓNICA – Modalidade de tinta composta por microesferas de um diâmetro médio de cem micrómetros caracterizadas por um hemisfério branco e um hemisfério negro; estas esferas estão distribuídas sobre um filme de silicone no interior do qual flutua cada microesfera; a camada de silicone contendo as microcápsulas é, em seguida, colocada entre os suportes de vidro ou de plástico contendo uma malha de eléctrodos idênticos aos utilizados para os ecrãs de cristais líquidos; os eléctrodos vão impor movimentos de rotação às microesferas.

TINTA FERROGÁLICA – Tinta obtida pela combinação de sais metálicos (o sulfato, cobre ou ferro) com taninos vegetais (casca de árvores, noz-de-galha, etc.), um solvente e um aglutinante.

TINTA INDELÉVEL – Aquela que é fabricada com o propósito de não poder ser apagada. Tinta permanente.

TINTA LITOGRÁFICA – Produto formado por cera, sabão, sebo, pigmento e outros componentes, que é usado no processo litográfico para desenhar à pena ou a pincel.

TINTA MISTA – Aquela em cuja composição intervêm tanto os constituintes das tintas metalogálicas como os das tintas de carbono.

TINTA NEGRA – Tinta de cor preta que se obtinha a partir de sarmentos de videira ou carvão de madeira, ou ainda de negro-de-fumo de candeias, misturado com aglutinantes.

TINTA PARA IMPRESSOS ESPECIAIS – Aquela que é fabricada tendo em vista um uso muito específico; entre as mais correntes contam-se a que se destina à leitura óptica ou as tintas magnéticas.

TINTA PERMANENTE – Nome dado à tinta usada nas canetas que continham um pequeno depósito, por oposição àquelas que exigiam um recurso contínuo ao tinteiro para recolher tinta que permitia apenas o traço de umas poucas palavras. *Ver tb.* Tinta indelével.

TINTA SAGRADA – Nome dado à tinta de cor púrpura que era usada pelos imperadores do Oriente para assinarem a documentação oficial.

TINTA SIMPÁTICA – Aquela cujo traço é invisível em condições normais e aparece sob a acção do calor ou de um revelador.

TINTA TRANSFERÍVEL – Tinta que está destinada a ser transferida a quente sobre um outro suporte como, por exemplo, o tecido.

TINTA VERDE – Tinta de cor verde fabricada a partir da malaquite num processo caro, que fazia com que fosse reservada a trabalhos mais elaborados; também podia ser obtida a partir de folhas de cobre mergulhadas ou recozidas em vinagre, a que se adicionavam produtos como mel, goma-arábica, açafrão ou outras substâncias que aceleravam o processo; tal pigmento, ou por ser deficientemente aglutinado, ou pelo alto teor de acidez que continha, resultava quase sempre numa posterior descamação, escurecimento e frequentemente na corrosão do suporte.

TINTA VERMELHA – Produto de escrita fabricado a partir de uma mistura aquecida de mercúrio e enxofre a que se acrescentava clara de ovo e goma-arábica; esta tinta podia também ser feita com ocres terrosos ou com cinábrio, com garança ou ainda com fragmentos de pau-brasil postos de infusão em vinagre e misturados mais uma vez com goma-arábica, preparações que precediam imediatamente o acto da escrita; o pau-brasil, convém dizer-se, não é uma madeira originária da América do Sul; a terra é que tomou o nome da árvore que aí abundava e que já era familiar aos fabricantes medievais de tinta vermelha. No Antigo Egipto os escribas reservavam-na para assinalar o início de parágrafos, para indicar a soma total nas contas, para marcar a pontuação nos versos dos textos poéticos e, em certos casos, para assinalar os nomes de seres maléficos; daí provém o uso da rubrica, ou seja, da escrita a vermelho (do latim *ruber*), que teve grande voga a partir da Idade Média, continuando no Renascimento e alternando quase sempre com a cor azul em rubricas de manuscritos de carácter litúrgico e calendários; as correcções ao texto eram frequentemente feitas a vermelho, chamando-se assim a atenção para o facto de a revisão ter sido executada com todo o cuidado; o azul e o verde também estão muitas vezes presentes, mas o vermelho é sempre a segunda cor, depois do preto. A tinta vermelha foi utilizada pelo menos a partir do século V e floresceu até ao século XV. Deve ter sido a difusão da imprensa, na qual era complicada a produção do texto a cores, que veio alterar o conceito medieval já bem radicado de que os livros eram sempre escritos a preto e a vermelho.

TINTAGEM – Modo de distribuição da tinta nos diferentes géneros de prensa. Entintamento. (port. Bras.) Tingidura.

TINTA-NANQUIM – *Ver* Tinta da China.

TINTAS DE COR – Produtos da escrita largamente utilizados nos manuscritos medievais em iniciais capitais, além das iluminuras, ainda hoje nos surpreendem pela sua frescura e tons brilhantes; aos pigmentos feitos a partir de elementos naturais, como minerais ou plantas, eram acrescentados produtos como a clara ou a gema de ovo, que concediam uma certa aderência, dado que o ovo é uma cola natural; era também adicionada cola feita a partir da gelatina de peixe (particularmente da bexiga de ar do esturjão ou da pele de outros peixes), para conceder viscosidade. As cores mais frequentes são o vermelho, o azul e o verde; são quase sempre as duas primeiras que alternam nas iniciais capitais simples, filigranadas ou de carácter zoomórfico ou fitomórfico; estas, mais elaboradas que as humanas, são as que geralmente iniciam os capítulos mais importantes, pelo que se pode facilmente deduzir uma certa hierarquia na sua aplicação. No caso dos calendários dos livros de horas escritos a tinta vermelha e azul, para os dias dos principais santos era utilizado o ouro brunido.

TINTEIRO – Recipiente que continha tinta no qual o copista molhava a pena à medida que ia escrevendo e que podia ser de madeira, barro cozido, metal, vidro, etc.; as miniaturas medievais informam-nos sobre as formas que podiam assumir os tinteiros, sendo a mais comum o chifre de animal, que servia de receptáculo tapado com uma rolha de cortiça, por vezes inserido num orifício feito na própria estrutura da mesa em que se escrevia ou no braço da cadeira, do lado direito, de modo a não correr o risco de cair • Parte da máquina impressora onde está depositada a tinta; compõe-se de uma caixa onde trabalha um rolo metálico colocado junto de uma chapa flexível (a telha); do aperto maior ou menor de uma coisa contra a outra resulta a quantidade de tinta a levar à forma.

TIOSSULFATO DE SÓDIO – Agente químico denominado vulgarmente fixador usado no processo de revelação das imagens microfilmadas.

TIP. – Abreviatura de tipografia, tipográfico.

TIPO – Símbolo representativo de coisa figurada • Cada um dos caracteres tipográficos. Carácter de impressão móvel. Letra de imprensa. Paralelepípedo de metal que tem em relevo no extremo superior, invertido, o olho, cara ou gravura (letra, sinal de pontuação, cifra ou outra figura); na impressão é a parte que recebe a tinta e que dá azo à impressão, uma vez posta em contacto com o papel. No início da tipografia os impressores olhavam para a escrita manual dos escribas como modelo de base para a tipografia e daí que tenham empregado escribas como desenhadores de tipos • Conjunto de legendas e desenhos que surge na face de um selo de um documento.

TIPO BASTARDO – Aquele que possui a face maior ou mais pequena do que a dimensão própria do corpo.

TIPO *BODONI* – Tipo de impressão caracterizado por uma combinação harmoniosa de traços finos e grossos, que torna fácil a sua leitura.

TIPO CATEDRÁTICO – É o tipo de selo que ostenta a efígie do titular do selo (soberano, prelado, etc.), que se apresenta sentado sobre um trono, segurando as insígnias da sua autoridade.

TIPO *CIVILITÉ* – Estilo de letra criado por Robert Grandjean e usado pela primeira vez em 1557 por este impressor, gravador e fundidor de tipos parisiense; a criação deste tipo de letra, que é uma adaptação da gótica cursiva manuscrita inicialmente designada letra francesa, pretendia transformar em letra nacional estes tipos, tal como acontecera na Alemanha com os caracteres góticos. Letra de civilidade.

TIPO COMPACTO – Aquele que apresenta traços relativamente espessos, olho muito estreito e hastes curtas.

TIPO COMUM – Carácter de letra de desenho diferente do do grifo; também designa vulgarmente o redondo ou romano usualmente empregado na composição de livros e jornais • Qualificação do tipo empregado na composição do texto corrente de um livro, usada para o distinguir do tipo ornamental que é empregue nos cabeçalhos, nos anúncios ou noutras partes do texto que pretendem destacar-se.

TIPO CONDENSADO – Desenho de um tipo modificado, no qual a extensão de cada carácter é contraída para que possam caber mais caracteres dentro do espaço limitado da linha.

TIPO CRENADO – Aquele que apresenta saliências laterais denominadas crenos.

TIPO DE ADORNO – *Ver* Tipo ornamental.

TIPO DE ARQUIVAGEM – Modo segundo o qual os documentos são arquivados; pode ser vertical ou horizontal.

TIPO DE CAIXA – Tipo usado na composição manual, por oposição ao tipo que é usado na composição mecânica.

TIPO DE FANTASIA – Aquele que apresenta desenhos constituídos por elementos fitomórficos, zoomórficos ou por simples arabescos destinados a ornamentá-lo; é muito utilizado em pequenos trabalhos tipográficos como facturas, circulares, bilhetes, recibos, programas culturais, participações, etc. • Tipo ornamentado de forma profusa e desenho extravagante.

TIPO DE LEITURA – Designação dada à natureza da espécie habitualmente escolhida para ler por um determinado leitor: jornal, livro, revista, etc. • Natureza da leitura que é feita por um determinado leitor: rápida, em diagonal, descontínua, etc.

TIPO DE MÁQUINA – Aquele que imita a letra das máquinas de escrever.

TIPO DE OBRA – Aquele que serve para composição corrente.

TIPO DE OSTENSÃO – Também designado de ostentação, é o que apresenta um desenho excêntrico e que, por tal motivo, é usado apenas em pequenos impressos, anúncios e títulos.

TIPO DE OSTENTAÇÃO – *Ver* Tipo de ostensão.

TIPO DECORATIVO – *Ver* Tipo ornamental.

TIPO DESTACADO – Composição em caracteres bem visíveis e negros.

TIPO *DIDOT* – *Ver* Letra *Didot*.

TIPO ELZEVIRIANO – Tipo pertencente ou relativo aos Elzevier, célebre família de impressores holandeses do século XVI.

TIPO ESTREITO – Aquele em que a largura das letras em relação à altura é menor do que o normal, apresentando-se fino.

TIPO EXÓTICO – Todos os caracteres tipográficos que se afastam da forma latina, tanto no Ocidente quanto nos alfabetos cirílico, grego, árabe e hebraico.

TIPO FORTE – Aquele que, pelos traços negros e pronunciados, se destaca no conjunto dos outros mais leves e delicados.

TIPO GORDO (port. Bras.) – *Ver* Tipo negrito.

TIPO GÓTICO – Carácter tipográfico que imita a letra gótica.

TIPO GRIFO – *Ver* Tipo itálico.

TIPO GROSSO (port. Bras.) – *Ver* Tipo negrito.

TIPO HISTORIADO – Tipo de fantasia que apresenta desenhos relativos ou não ao texto que ilustra; é o herdeiro directo das iniciais capitais dos manuscritos iluminados.

TIPO ITÁLICO – Letra inclinada intermédia entre os tipos redondos e os manuscritos; pode simultaneamente ser composta em negrito. Tipo grifo.

TIPO LARGO – Aquele cujos caracteres, em relação à altura, são mais largos do que o normal. Largo.

TIPO LEVE – Carácter de letra que se destaca pouco no conjunto da composição.

TIPO MANUSCRITO – Aquele que imita a letra feita à mão.

TIPO MICROSCÓPICO – O que apresenta tamanho inferior a quatro pontos.

TIPO NEGRITO – O que possui traços mais grossos do que o normal e, por tal razão, se destaca no texto. (port. Bras.) Tipo gordo. Tipo grosso.

TIPO NORMAL – Expressão usada por oposição a tipo negrito.

TIPO ORNAMENTAL – Qualificação dada ao tipo decorativo que é usado nos cabeçalhos, nos anúncios ou noutras partes do texto que pretendem destacar-se e atrair a atenção do leitor. Tipo de adorno. Tipo decorativo.

TIPO PALATINO – Tipologia de caracteres desenhados por Hermann Zapf para o linótipo nos meados do século XX; foi inspirada pelas letras usadas na Renascença italiana, particularmente pelos tipos desenhados por Giambattista Palatino – daí o nome – embora adaptada, pois em vez das letras pequenas com hastes muito longas, o tipo palatino usa proporções maiores, o que a torna muito mais fácil de ler; continua a ser ainda hoje uma das mais usadas e imitadas, de tal modo que os tipos digitais contemplam esta forma de letra; está virtualmente adaptada a qualquer género de tecnologia de impressão.

TIPO PARA CHUMBO – O que é derretido na fundição para ser reutilizado, porque está amassado ou fora de uso.

TIPO POÉTICO – Nome dado ao tipo muito estreito que é usado para compor pequenos livros de versos; foi criado porque muitos versos não cabiam na medida do livro de pequenas dimensões.

TIPO PRETO – O que apenas possui traços grossos.
TIPO PUBLICITÁRIO – Tipo de corpo grande, que é usado nas titulares ou nos anúncios publicitários com o fim de atrair a atenção dos leitores.
TIPO ROMANO – O tipo que apresenta traços finos e grossos nas mesmas letras. O nome deriva do facto de a primeira vez que foram gravados estes tipos ter sido no Mosteiro Beneditino de Subiaco, perto de Roma, em 1465; no entanto, o verdadeiro "pai" do tipo romano foi o francês Nicolas Jenson, que se fixou em Veneza a partir de 1470 e que criou nesta data uma variedade notável de caracteres deste tipo, em breve imitada por todos os impressores; estes primeiros tipos romanos são designados "venezianos" pelos ingleses e "humanistas" por Maximien Vox; são caracterizados pelo olho relativamente grande, pelos grampos curtos e espessos, assim como pelas capitais relativamente grandes em relação aos tipos de caixa baixa.
TIPO ROMANO ANTIGO – O que apresenta contrastes pouco visíveis entre os traços finos e os grossos.
TIPO ROMANO DO REI – Denominação dos caracteres redondos criados por Filipe Grandjean entre 1692 e 1702, expressamente para a Imprimerie Royale de Paris; este tipo serviu posteriormente para os tipos *Didot* e *Bodoni*.
TIPO ROMANO MODERNO – O que apresenta grande contraste entre os traços finos e grossos dos caracteres.
TIPO SENTADO – *Ver* Selo tipo catedrático.
TIPO SERIFADO – Aquele que apresenta elementos decorativos nas hastes, a modo de remate.
TIPO TITULAR – O tipo que é adequado à composição de títulos de publicações periódicas.
TIPOBIBLIOGRAFIA – Inventário cronológico das obras impressas num determinado país • Bibliografia que tem como objectivo o estudo das tipografias, sobretudo das mais antigas, dando conta da sua actividade tipográfica, e que é por vezes acompanhada de uma lista das obras que imprimiram.
TIPOCROMIA – Impressão tipográfica a cores.

TIPOFFSET (pal. ingl.) – Sistema de impressão tipográfica baseado na transferência sobre cilindro de borracha tal como no *offset*, sem uso de líquido. *Offset* seco.
TIPOFOTOGRAFIA – Arte de obter folhas estereotipadas pela fotografia.
TIPOGRAFAR – Imprimir, reproduzir pela tipografia.
TIPOGRAFIA – Criação de caracteres para uso em impressos • Arte de compor e imprimir, reproduzindo o texto por meio de caracteres; a designação primitiva da tipografia foi a expressão *ars impressoria*, também designada *calcographia* antes que, no final do século XV, passasse a ser conhecida como *tipographia*. Imprensa • Lugar onde se imprime. Gráfica. Estabelecimento tipográfico • Arranjo ou estilo do texto tipográfico.

Tipografia

TIPOGRAFIA POÉTICA – Modalidade de composição tipográfica que dispõe um texto poético de modo a formar com ele sugestivos desenhos, em geral ao serviço da mensagem que está contida no próprio texto.
TIPOGRAFIA *PRO DOMO SUA* – *Ver* Imprensa privada.

Tipografia poética

TIPOGRÁFICA (port. Bras.) – *Ver* Florão.
TIPOGRÁFICO – Referente à tipografia.
TIPÓGRAFO – Designação atribuída a todos os operários que efectuam trabalho numa tipografia. O primeiro tipógrafo português conhecido foi Rodrigo Álvares; editou na cidade do Porto em 1497, na qualidade de *ars impressoriæ magister*, as *Constituições que fez ho Senhor dom Diogo de Sousa*. Gráfico. Mestre-impressor.
TIPÓGRAFO-EDITOR – Dono de oficina tipográfica, que assume simultaneamente a iniciativa e a responsabilidade da produção, divulgação e difusão de uma publicação impressa.
TIPOLITOGRAFIA – Impressão na mesma folha de desenhos litográficos e de caracteres tipográficos • Oficina onde se faz essa impressão • Processo pelo qual a prova de uma composição tipográfica é transposta para zinco, para ser impressa litograficamente.
TIPOLOGIA – Técnica que permite a identificação de incunábulos através do estudo dos tipos de letra que eles apresentam • Sistema adoptado por um jornal e constante do manual de redacção, que indica quais os tipos a serem usados nos títulos e nos textos • Estudo das formas dos tipos de imprensa.
TIPOLOGIA DOCUMENTAL – Conjunto de elementos formais, nomeadamente diplomáticos e jurídicos, que caracterizam um documento, de acordo com as funções a que ele se destina.
TIPOLOGIA DOS SELOS – Classificação dos selos segundo o seu tipo; um mesmo selo pode ser classificado em dois ou mais tipos diferentes.
TIPOLÓGICO – Relativo à tipologia.
TIPOMANIA – Mania de escrever para a imprensa.
TIPOMETRIA – Composição de certos desenhos que se imprimem tipograficamente • Medição dos pontos tipográficos feita por meio do tipómetro.
TIPÓMETRO – Instrumento de fundição tipográfica destinado a verificar se as letras estão na devida altura e se têm o corpo adequado; de um lado apresenta a medida em milímetros e do outro a correspondente medida tipográfica em pontos • Aparelho usado nas tipografias para medir a altura exacta dos tipos. Régua tipográfica • Medida tipográfica.
TIPOS DA MESMA FAMÍLIA – Caracteres que, embora de diferentes corpos, apresentam o mesmo desenho ou estilo.
TIPOS FIXOS – *Ver* Caracteres fixos.
TIPOS MÓVEIS – Conjunto de tipos individuais ou combinação de letras que podem ser ajustados para imprimir um texto, inventado por Johann Gutenberg no ano de 1450 • Caracteres móveis. Letras soltas.
TIPOSCRITO – Neologismo criado para designar o original de um texto dactilografado; são muito cobiçados pelos coleccionadores os tiposcritos que apresentam emendas do próprio punho do autor; é natural que com o uso do processamento de texto em computador comece a rarear este tipo de curiosidade bibliográfica. *Ver tb*. Tapuscrito • Prova enviada pela tipografia para ser corrigida pelo autor ou exemplar de edição posteriormente revista.
TIPOTECA – Móvel para guardar punções e matrizes usados para fundir caracteres tipográficos • Em tipografia, móvel com uma grande quantidade de gavetas, nas quais se encontram guardados os jogos de punções e matrizes que correspondem a cada série de caracteres tipográficos, a que se juntam todas as espécies de símbolos e pictogramas.

TIPOTELEGRAFIA – Transmissão telegráfica através de tipos.
TIPOTELÉGRAFO – Telétipo. *Ver* Teletipógrafo.
TIPOTETA – Compositor tipográfico antigo.
TIR. – Abreviatura de tiragem.
TIRA – Barra • Lista • Filete.
TIRA CÓMICA – Pequena história em quadradinhos na qual a narração se desenvolve em diversos espaços ou quadros que se situam na horizontal; transmite uma única acção em cada entrega e difunde-se no sistema de série.
TIRA DE REFERÊNCIA – Faixa com números de referência, feita de cartão fino de Bristol ou de papelão, em geral não ácido, com o grão ao comprimento e um tamanho médio de 22 cm x 2,5 cm.
TIRA DE REPARAÇÃO – Retalho usado no restauro de livros para consertar rasgões.
TIRADA – Texto, fala ou discurso muito longos • Tiragem.
TIRADO À PARTE – *Ver* Separata.
TIRADOR – Numa tipografia, operário que retira as folhas impressas e coloca outras.
TIRADOR DE PROVAS – Nas oficinas de obras de bico ou de jornal é o ajudante que tira provas de composição em granel ou em página • (port. Bras.) Prelo de provas.
TIRAGEM – Transferência para o suporte da forma registada na matriz • Número de exemplares de uma edição que saem da tipografia de uma só vez, ou que são impressos de uma vez só. Tirada; uma mesma edição pode comportar várias tiragens ou impressões. A tiragem das edições antigas era muito reduzida; segundo parece, não ultrapassava os quatrocentos, quinhentos exemplares para os incunábulos, sendo de mil a mil e quinhentos a tiragem de livros dos séculos XVI, XVII e XVIII; hoje em dia tira-se geralmente a primeira edição em mil exemplares e as tiragens subsequentes são indicadas como segundo, terceiro, quarto, etc. milhar • Impressão em separado que se faz de um artigo ou capítulo publicado numa revista ou obra e que, aproveitando esta matriz, se edita em certo número de exemplares soltos; uma edição pode ter várias tiragens, quando se utiliza a mesma matriz para fazer uma nova impressão sem que tenham sido introduzidas modificações no texto. Tiragem editorial.
TIRAGEM À PARTE – Impressão separada de uma parte de obra ou de um artigo de periódico sem mudança na composição, mas com paginação própria. Separata. Tirado à parte.
TIRAGEM BRUTA – Número total dos exemplares impressos de uma obra. Totalidade dos exemplares de uma tiragem incluindo os exemplares defeituosos. (port. Bras.) Tiragem total.
TIRAGEM EDITORIAL – *Ver* Tiragem.
TIRAGEM ESPECIAL – Parte de uma tiragem normal, executada em bom papel, com numeração própria, muitas vezes com a assinatura autógrafa do autor e na qual consta o número total de exemplares dessa tiragem. Tiragem reservada.
TIRAGEM *HORS-TEXTE* – Folheto impresso, com frequência ilustrado, cuja paginação em geral não é compreendida na paginação da obra à qual pertence; em algumas composições, por exemplo nas de maior porte, é impresso sobre papel comum ou especial.
TIRAGEM LIMITADA – Edição de reduzido número de exemplares aos quais se atribuem números consecutivos e que são impressos e encadernados mais luxuosamente que os da edição corrente.
TIRAGEM LÍQUIDA – Conjunto dos exemplares de uma tiragem, uma vez deduzidos aqueles que ficaram defeituosos e os que são destinados a colecções ou a uso interno. Tiragem útil. (port. Bras.) Circulação.
TIRAGEM MÉDIA – Expressão que pretende designar o número médio de exemplares de uma edição que sobreviveram; está geralmente ligada ao tipo de texto e pode considerar o universo da edição, sem ter em conta os lugares de produção, o período cronológico, o género de escrita, a zona geográfica, etc.
TIRAGEM PRELIMINAR – Exemplar ou tiragem de um livro ou de uma publicação periódica, de uma parte de um livro ou de parte de uma publicação periódica, que aparece antes da sua publicação propriamente dita. *Pre-print*.

TIRAGEM RESERVADA – *Ver* Tiragem especial.
TIRAGEM SUPLEMENTAR – Número de exemplares que o editor tira a mais sobre o número dos da tiragem estabelecida no contrato de edição.
TIRAGEM TOTAL (port. Bras.) – *Ver* Tiragem bruta.
TIRAGEM ÚTIL – *Ver* Tiragem líquida.
TIRA-LINHAS – Instrumento formado por dois braços de metal ligados por um parafuso e fixados num cabo, que serve para traçar linhas rectas de espessura média, consoante o afastamento dos braços, regulado por meio do parafuso.
TIRANTE – Peça da máquina de imprimir que põe o carro em movimento.
TIRA-PROVAS – *Ver* Prelo de provas.
TIRAR – Suprimir uma letra, branco ou sinal mal colocados • Imprimir.
TIRAR À LUZ – Editar. Publicar. Dar a lume.
TIRAR CÓPIA – Reproduzir. Copiar.
TIRAR DE BRANCO – Primeira impressão feita sobre um lado da folha.
TIRAR DÚVIDAS – Esclarecer aquilo que não se entende • Explicar.
TIRAR O COMPONEDOR – Uma vez preenchido o componedor, colocar o seu conteúdo no galeão ou galé.
TIRAR PASTEL – Retirar do caixotim dos quadrados as letras de carácter diferente que lá foram colocadas por lapso.
TIRAR PÚBLICA-FORMA – Operação que consiste em escrever a pública-forma de um documento ou expedição segundo a minuta original.
TIRAR UMA PROVA – Depois do texto composto ou processado, fazer a sua impressão para verificar as incorrecções existentes, a fim de as corrigir.
TIRA-DÚVIDAS – Forma corrente de designar o dicionário. Tira-teimas.
TIRA-RETIRA – Processo que se aplica na impressão, destinado a economizar tempo de acerto e material; baseia-se na esquematização da impressão de ambos os lados do papel, usando para isso somente uma chapa.
TIRA-TEIMAS – Forma coloquial de designar o dicionário. Tira-dúvidas.

TIRE-SE – Imprima-se; frase que exprime a autorização para que se comece a tiragem de uma obra impressa.
TIRETE – *Ver* Hífen.
TIROS – As duas metades em que se dividem as ramas e que são demarcadas pela cruzeira.
TISNADURA – Mancha ou marca produzida numa folha branca ou impressa pelo contacto com uma outra folha acabada de imprimir, mas cuja tinta não estava bem seca.
TISSIEROGRAFIA – *Ver* Litoestereotipia.
TÍT. – Abreviatura de título.
TÍT. ORIG. – Forma abreviada de título original.
TITLÓNIMO – Atributo ou título usado como pseudónimo.
TITULAÇÃO – Acto ou efeito de titular. Atribuição de título a • Conjunto dos títulos publicados numa edição de uma publicação periódica • Técnica de redacção de títulos, de acordo com a orientação da publicação • Conjunto formado pelo título, subtítulo, entretítulo e abertura.
TITULADOR – Jornalista que redige os títulos.
TITULADORA – *Ver* Máquina tituladora.
TITULAR – Dar título a. Intitular. Rotular • Tipo de corpo grande, em geral de número superior a 14 pontos, usado em títulos ou composição de destaque ou em portadas, início de capítulos, cartazes, etc. • Registar.
TITULAR DE DIREITO DE AUTOR – Pessoa ou instituição sobre a qual recaem os direitos morais e patrimoniais que são conferidos ao criador de uma obra intelectual.
TITULAR DO SELO – Autoridade ou pessoa física ou moral em nome de quem a matriz está impressa e da qual traz as marcas distintivas; é o possuidor do selo que se deve distinguir do guarda do selo, assim como do beneficiário do selo de empréstimo.
TITULARE (pal. lat.) – Dar um nome • Designar pelo título.
TITULARIDADE DO DIREITO DE AUTOR – Indicação da(s) pessoa(s) e/ou instituição(ões) a quem pertencem os direitos de autor de uma obra.

TITULATURA – Na subscrição de um documento é a fórmula que precisa os títulos e qualidades (reais ou pretensas) do autor do acto escrito, completando-os eventualmente com uma indicação da origem ou natureza do poder exercido ou de uma fórmula de devoção ou humildade.

TITULEIRO – Termo arcaico que designava letreiro • Inscrição. Título • Epitáfio. Inscrição sepulcral • Tipógrafo que compõe títulos.

TITULILHO – *Ver* Título corrente.

TÍTULO – Designação de documento impresso ou manuscrito que constitui um todo distinto, quer conste de um, quer de vários volumes • Palavra, frase ou grupo de caracteres que identifica um documento ou uma publicação, obra ou uma das obras nela contidas, em geral directamente relacionado com o tema principal de que ela trata. As primeiras obras impressas não tinham título; esse papel era mais ou menos assumido pela primeira linha do texto, o *incipit*, composto algumas vezes em caracteres mais fortes que os do texto. O texto era iniciado pelos seguintes dizeres: *Incipit* ou "Aqui começa ..." [seguia-se o título do livro]. Com o avanço da arte de imprimir foi conferido ao título um papel e destaque cada vez mais importantes; foi apenas depois de 1460 que alguns impressores começaram a imprimi-lo em folha separada, mas assumindo uma forma muito discreta e simples. Uma publicação poderá apresentar, com frequência, vários títulos, por exemplo na capa, no rosto, na lombada, etc. e esses títulos podem ser idênticos ou diferentes, consoante a finalidade que se pretende atingir com cada um deles • Documento no qual está consignado um acto jurídico que produz direito e através do qual se podem fazer valer os efeitos legais de herança, propriedade, débito ou outros • Letreiro, rótulo • Denominação • Documento que representa dívida pública ou valor comercial • Obra • Subdivisão de código • Pretexto. Fundamento.

TÍTULO À CABEÇA – Linha ao cimo da página que indica o título do livro ou o assunto do capítulo ou da página; o título à cabeça de uma só página também se chama título corrente. Titulilho.

TÍTULO À CHINESA (port. Bras.) – Nome dado ao título que é colocado na lombada no sentido vertical com as letras umas abaixo das outras.

TÍTULO ABREVIADO – Diz-se do título de uma obra do qual foram suprimidos os elementos não essenciais ou que foi reduzido aos seus elementos fundamentais.

TÍTULO ADICIONAL – *Ver* Complemento do título.

TÍTULO AFOGADO – Aquele que apresenta uma composição muito cerrada.

TÍTULO ALTERNADO (port. Bras.) – *Ver* Título alternativo.

TÍTULO ALTERNATIVO – Segunda parte de um título próprio. Parte do título próprio que é formado por duas partes ligadas entre si pela disjuntiva ou o seu equivalente noutra língua, em que cada uma dessas partes pode ser considerada um título, constituindo a segunda o título alternativo. Variante de título. (port. Bras.) Título alternado.

TÍTULO AMBÍGUO – Aquele que é tão vago que pode ser mal compreendido, isto é, título de uma obra redigido ou apresentado de tal modo que a sua interpretação é incerta ou se presta a confusão.

TÍTULO ARTIFICIAL – *Ver* Título factício.

TÍTULO CARACTERÍSTICO – *Ver* Título distintivo.

TÍTULO CENTRADO – Aquele que se coloca no meio de uma linha isolada separada do texto por um branco.

TÍTULO COLECTIVO – Título atribuído a uma obra como um todo, quando inclui várias obras, cada uma delas com título próprio.

TÍTULO COM O FAC-SÍMILE DO ORIGINAL – Título de uma obra comportando a reprodução exacta da página de título da edição original.

TÍTULO COMUM – Título ou parte de um título, que é o mesmo para várias unidades bibliográficas que fazem parte de um conjunto • Título ou parte de um título que é apresentado por um grupo de itens relacionados em adição às suas diferentes secções de título. Serve para indicar esta relação e juntamente com a secção de título identifica um determinado item.

TÍTULO CONVENCIONAL – Aquele pelo qual uma obra é habitualmente conhecida • Título original. Título uniforme • Em catalogação é a adopção de um título único substituindo os diversos títulos de uma mesma obra.

TÍTULO CORRELATIVO – Designação atribuída ao título de uma obra que começa por uma palavra que indica uma sucessão numérica.

TÍTULO CORRENTE – Título geralmente abreviado, repetido à cabeça ou no pé de cada folha. Cabeça de folha. Titulilho. Linhas impressas sobre a primeira linha do texto, separadas dele ou não por um filete, nas quais, além da paginação, vai inscrita uma legenda que pode ser: nas pares (à esquerda – verso) o nome do autor e nas ímpares (à direita – recto) o título da obra, ou nas pares o título da obra e nas ímpares o capítulo, ou nas pares o título do capítulo e nas ímpares o título dos parágrafos ou subdivisões dentro do capítulo. Muitas obras não apresentam título corrente. Título corrido. Cabeceira corrida. Cabeça de folha. Título recorrente. (port. Bras.) Cabeço.

TÍTULO CORRIDO – Cabeceira corrida. *Ver* Título corrente.

TÍTULO DA CAPA – Título impresso na capa original de um livro ou panfleto ou inscrito ou estampado na encadernação de editor, distinto do título inscrito na encadernação pelo encadernador num determinado exemplar; este último não garante a fiabilidade como o primeiro • Em sentido restrito, diz-se do título impresso na capa de uma obra que não tem página de título.

TÍTULO DA ENCADERNAÇÃO – Diz-se do título abreviado ou modificado de outro modo, que foi inscrito pelo encadernador na lombada de uma obra ou volume; à falta de qualquer outro, é considerado na catalogação, o que pode acontecer, por exemplo, quando a obra está mutilada. Título de encadernador. Título da lombada. Título exterior.

TÍTULO DA LOMBADA – Aquele que aparece no lombo de uma obra. Título que aparece inscrito na parte exterior de um documento dobrado de maneira tradicional ou na lombada de um volume. Difere frequentemente do da página de título. Título da encadernação. Título exterior.

TÍTULO DE ANTEPORTADA – Título de uma obra, completo ou sob forma abreviada, que aparece no recto da folha que precede a portada, situada entre o início do livro e a primeira página do texto.

TÍTULO DE CAPÍTULO – Aquele que inicia o capítulo de um livro • Palavra ou expressão que define o conteúdo das partes de uma obra.

TÍTULO DE COLECÇÃO – Menção do nome da série de que uma obra faz parte, geralmente colocada na capa, na página de título ou noutro local dela.

TÍTULO DE ENCADERNADOR – Título dado por um encadernador a uma obra no momento em que a encaderna; é gravado na lombada, de acordo com determinações do possuidor do exemplar ou do próprio encadernador. Título da encadernação. Título da lombada. Título exterior.

TÍTULO DE NOBREZA – Título gentilício.

TÍTULO DE NOTÍCIA – Em publicações periódicas é o anúncio da notícia, centrado no facto que provavelmente mais despertará a atenção do leitor.

TÍTULO DE PÁGINA – Linha tipográfica, de estilo e conteúdo uniformes, situada à cabeça de cada página de um livro (título de secção, de capítulo ou assunto de que uma página trata) ou de uma publicação periódica (título, número de publicação, título do artigo ou secção).

TÍTULO DE PARTE – Folha que antecede a primeira página do texto de uma subdivisão importante de um livro ou de uma publicação periódica e na qual está impresso o título e/ou o número dela. Título de secção.

TÍTULO DE PARTIDA – Frase com a qual se inicia o texto de uma obra e que lhe serve de título, quando ela não possui folha de rosto, o que acontece frequentemente nos manuscritos.

TÍTULO DE SECÇÃO – *Ver* Título de parte.

TÍTULO DE TRADUTOR – Título dado pelo tradutor a uma obra aquando da tradução, em geral modificando o título original, para explicitar o melhor possível o assunto, adaptando o título aos novos leitores.

TÍTULO DEPENDENTE – Aquele que por si só é insuficiente para identificar um item e que requer a junção do título comum ou o título da série principal. São exemplos de títulos dependentes as secções de título, alguns suplementos de título e alguns títulos de subsérie.

TÍTULO DISTINTIVO – Título principal de uma publicação em série, com excepção do título paralelo, do subtítulo ou de qualquer outro título. Título característico.

TÍTULO ELABORADO – *Ver* Título factício.

TÍTULO ELECTRÓNICO – Título que se encontra disponível electronicamente.

TÍTULO EM CONE – Designação dada ao título cujos elementos se apresentam dispostos em linhas decrescentes formando quase um V. Título em fundo de lâmpada.

TÍTULO EM *CUL DE LAMPE* – Título em fundo de lâmpada. Título em cone.

TÍTULO EM FUNDO DE LÂMPADA – Título composto em várias linhas desiguais e decrescentes. Título em cone. Título em *cul de lampe*.

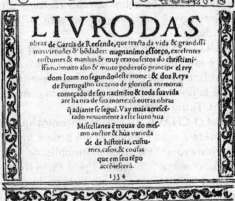

Título em fundo de lâmpada

TÍTULO EM LINHA CHEIA – Aquele que ocupa todo o espaço do número de colunas em que foi composto.

TÍTULO ENCOSTADO À DIREITA – O que deixa claros à esquerda, para que fique alinhado à direita, junto ao fio da coluna ou acostado a ela.

TÍTULO ENCOSTADO À ESQUERDA – O que se acosta na coluna à esquerda, enquanto à direita sobra um espaço em branco, cujo tamanho varia.

TÍTULO EQUIVALENTE – *Ver* Título paralelo.

TÍTULO EXTERIOR – *Ver* Título da encadernação.

TITULO FACTÍCIO – Aquele que é atribuído de acordo com o contexto da obra, por ela não possuir página de título ou por qualquer outro motivo. Título artificial. Título elaborado. Um título factício atribuído a uma obra pode ser retirado de qualquer parte dessa obra (do texto, da lombada, de uma obra de referência, etc.); o título factício deve ser elaborado de maneira a indicar de forma sumária o assunto da obra ou seja, o título pelo qual tenha mais probabilidades de vir a ser conhecida e deve ser colocado entre parênteses rectos na descrição bibliográfica; caso haja outra edição da mesma obra que não seja anepígrafa, opta-se por esse título.

TÍTULO FALSO – Título, por vezes abreviado, que se encontra no recto da folha que se segue à folha de guarda e que precede a página de título propriamente dita.

TÍTULO GENTILÍCIO – Título de nobreza.

TÍTULO GERAL – Aquele que é estabelecido para um livro que consiste em vários trabalhos que foram previamente publicados em separado, e cujas páginas de título são denominadas páginas de título divisórias.

TÍTULO GRAVADO – Menção numa notícia catalográfica indicando que uma página de título se apresenta sob a forma de gravura e compreende o título da obra, alguns motivos decorativos, mas não necessariamente o nome do autor nem o pé de imprensa.

TÍTULO IMPRESSO – Diz-se de uma obra na qual apenas a página de título está impressa, mas cujo corpo da obra está manuscrito ou reproduzido por outro processo que não a impressão.

TÍTULO INVERTIDO – Aquele em que as palavras que o constituem foram transpostas, para destacar uma delas como ponto de acesso no cabeçalho de um registo bibliográfico.

TÍTULO MANCHETADO – Aquele que se apresenta destacado em manchete.

TÍTULO MARGINAL – Título de uma parte de um capítulo, que aparece impresso na margem do texto e que serve para dar a conhecer o conteúdo dos parágrafos.

TÍTULO MODIFICADO – Aquele que em diversas edições de obras anónimas antigas apresenta formas diferentes.

TÍTULO NO CORTE – Aquele que era manuscrito no corte do livro, geralmente no corte dianteiro; é ainda visível nas obras mais antigas, tanto manuscritas como impressas, e deriva da posição em que as obras eram colocadas nas tabelas das estantes em tempos mais recuados, com o corte para fora, primeiro na horizontal e mais tarde na vertical; destinava-se a uma identificação rápida do conteúdo.

TÍTULO NO TEXTO – Diz-se de um título curto colocado no corpo de uma obra para indicar as suas secções.

TÍTULO ORIGINAL – Título da edição inicial • Título que nas colunas traduzidas figura no seu idioma primitivo e se acha impresso no verso da página de título. Identifica a edição originária de um documento. Título uniforme.

TÍTULO PARALELO – Título próprio (ou título de uma obra individual que pertence a um item sem título próprio colectivo) noutra língua e/ou escrita ou um título noutra língua e/ou escrita apresentado como o equivalente do título próprio; o título paralelo também pode ocorrer associado com o título próprio de uma série ou subsérie.

TÍTULO PARCIAL – Título incompleto • Segunda parte do título tal como se inscreve na página de título. Subtítulo ou título alternativo.

TÍTULO PRINCIPAL – Título mais importante de um item, que aparece na portada ou página que a substitua, e pelo qual ele é habitualmente conhecido. Título próprio.

TÍTULO PRÓPRIO – Título principal de um item, isto é, a forma pela qual é apresentado na fonte prescrita de informação para a zona do título e indicação de responsabilidade; o título próprio inclui qualquer título alternativo, mas exclui títulos paralelos e complementos de título; para títulos que contêm vários trabalhos individuais, o título próprio é o título colectivo; os itens que contêm várias obras individuais e não têm título colectivo são considerados como não tendo título próprio; uma série ou uma subsérie também têm o seu título próprio; certos títulos próprios são constituídos por vários títulos múltiplos chamados título(s) comum(ns) e título(s) colectivo(s).

TÍTULO PROVISÓRIO – Aquele que é atribuído a uma obra no contrato de edição e que pode manter-se ou sofrer alterações durante a impressão.

TÍTULO QUEBRADO – Aquele que passa de uma linha para a outra, seccionando a última palavra.

TÍTULO ROTULAR – Título e indicação do autor de uma obra que aparecem impressos nos incunábulos na parte superior de uma folha solta que é colocada no início da obra e, por vezes, no reverso da última folha.

TÍTULO SECUNDÁRIO – Designação da expressão acrescentada ao título principal com a finalidade de assinalar uma parte distinta dele.

TÍTULO TRANSVERSAL – Aquele que está inscrito verticalmente ao longo da lombada de um volume ou sobre um dos cortes e que resulta legível horizontalmente com o livro estendido.

TÍTULO UNIFORME – Título especial pelo qual é identificada para efeitos de catalogação uma obra que foi publicada sob diversos títulos; é também conhecido como título convencional. Título original.

TÍTULO-CHAVE – Designação única que é atribuída a uma publicação em série e ligada ao Número Internacional Normalizado das Publicações em Série *(ISSN)* pelo *ISDS (International Serials Data System)*, Sistema Internacional de Dados sobre as Publicações em Série, uma organização interestatal no âmbito da *UNESCO*, com a finalidade de criar um registo digno de crédito de publicações em série mundiais, contendo informação fundamental para a sua identificação e controlo bibliográfico.

TÍTULO-MANIFESTO – Título de uma obra que patenteia a expressão pública e colectiva de uma opinião; são exemplo de títulos-manifesto os seguintes: *Ilusões perdidas*, *Educação sentimental*, *Os miseráveis*.

TÍTULO-NOTÍCIA – Em jornalismo é o que é usado para identificar reportagens, entrevistas ou outras matérias.

TÍTULOS – Ver Acções.

TÍTULOS RECÉM-RECEBIDOS – Conjunto das últimas publicações chegadas à biblioteca, arquivo, serviço de documentação, etc., preparado para divulgação, em geral sob a forma de listagem.

TITULUS (pal. lat.) – Inscrição • Indício. Sinal. Mostra • Título ou cabeçalho. Rótulo • Índex.

TMESE – Ver Diácope.

TOANTE – Ver Assoante.

TOCO – Ver Canhoto.

TODO O PUBLICADO – Frase usada com a intenção de indicar o número de volumes dados a público de uma obra dividida em vários volumes, que não chegou a completar-se.

TODOS OS DIREITOS RESERVADOS – Frase colocada na obra, normalmente no verso do rosto, significando que o *copyright* é reservado e que podem ser tomadas medidas no caso da sua infracção. Ver Propriedade literária.

TOLUENO – Designação corrente do hidrocarboneto aromático metilbenzeno, vulgarmente conhecido por toluol; é um líquido incolor, de odor aromático leve, usado em heliogravura e em restauro de documentos como solvente; em restauro é utilizado para eliminar manchas de gordura, óleo, cera e colas e para solubilizar compostos.

TOM – Grau de intensidade de uma cor • Grau de intensidade de um som • Estilo. Carácter • Colorido. Tonalidade • Teor. Sentido • Género ou modo de dizer • Maior ou menor vigor do colorido, intensidade das tintas, cor predominante • Gama que se adopta para compor um trecho e cujo nome deriva da nota por que essa gama é começada.

TOM. – Abreviatura de tomo, tomos.

TOMADA – Na composição tipográfica manual, porção de linhas que de cada vez se tomam na mão para distribuí-las na caixa ou se tiram de um lado para outro para paginar, etc.

TOMADOR – Ver Rolo tomador.

TOMAR NOTAS – Apontar. Notar, anotar.

TOMBA (port. Bras.) – Ver Rótulo.

TOMBAMENTO – Ver Inventário, Registo e Tombo.

TOMBAR – Inventariar. Arrolar. Fazer o tombo de. Registar.

TOMBO – Livro grande de pergaminho onde os mosteiros, igrejas, concelhos e comunidades tinham copiados à letra os privilégios e outras escrituras dos bens que lhes pertenciam; este livro era com frequência ilustrado com miniaturas. Tumbo • Arquivo • Registo ou relação de coisas ou factos referentes a uma especialidade, região, etc. • Acto ou efeito de fazer tombo • Inventário. Arrolamento • (port. Bras.) Tombamento.

TOMELLUS (pal. lat.) – Diminutivo de *tomus*. Tomulus.

TOMO – Unidade material impressa que apresenta uma capa e um determinado número de folhas, forma um todo ou faz parte de um conjunto • Divisão principal de uma obra segundo o seu conteúdo; esta divisão nem sempre corresponde à divisão em volumes • Unidade de colecção • Cada uma das partes de uma obra científica ou literária brochada ou encadernada separadamente • Parte de uma obra que pode compreender vários volumes, como um volume pode compreender vários tomos.

TOMULUS (pal. lat.) – Diminutivo de *tomus*. Tomellus.

TOMUS (pal. lat.) – Termo relativamente raro na Idade Média, não pertencente à linguagem técnica dos profissionais do livro; esta palavra e os seus diminutivos *tomellus* e *tomulus* sobrevivem na Idade Média nos títulos de algumas obras, sobretudo de carácter canónico; para os escritores era um equivalente de *liber* em três de quatro sentidos: obra, divisão de trabalho e manuscrito; o quarto sentido, como volume de uma série que sobreviveu até nós, é tardio.

TONÁRIO – Livro de tons de salmodia; contém o elenco dos cantos litúrgicos dispostos segundo o género (antífona do ofício, intróito,

etc.) e/ou segundo a modalidade própria de cada um.
TONER (pal. ingl.) – Pó negro, muito fino e resinoso usado em xerografia para visualizar a escrita e as imagens latentes.
TÓPICO – Tema. Assunto. Argumento • Ponto • Tema de um segmento de texto • Síntese • Em jornalismo designa um comentário breve ou crónica de pequena dimensão versando um tema actual publicado em jornal.
TÓPICOS – Rudimentos. Generalidades. Pontos fundamentais. Síntese. Aspectos gerais • Lugares-comuns • Tratado sobre os lugares-comuns.
TOPO – Parte mais alta. Extremidade • A parte de cima da encadernação ou página. Cabeça • Notícia de jornal publicada em destaque. Manchete.
TOPOBIBLIOGRAFIA – Bibliografia ordenada pelos lugares de impressão.
TOPOLOGIA – Tratado que versa a colocação de certas categorias de palavras • Conjunto de argumentos e fontes a que um orador pode recorrer, com a finalidade de os aplicar a casos semelhantes.
TOPÓNIMO – Nome de um lugar, sítio ou povoação.
TORA – Designação atribuída pelos judeus ao texto sagrado que encerra a lei moisaica e ao *Pentateuco* que a contém • Rolo de pergaminho em cujos extremos se encontram dois cilindros sobre os quais se enrola o texto sagrado dos judeus. *Torah*.
TORCULAR (pal. lat.) – Prensa sob a qual se colocavam os cadernos antes da costura. *Torculum*.
TORCULATOR (pal. lat.) – Termo antigo usado para designar a pessoa encarregada da impressão do texto. Maquinista.
TORCULISTA – Aquele que trabalha com o tórculo.
TÓRCULO – Prensa para estampar em talhe doce; está provida de dois rolos por entre os quais passa o papel que está comprimido de tal modo que o obriga a entrar nos sulcos da chapa, de onde retira a tinta existente • Prensa de pequenas dimensões usada pelos impressores e estampadores para tirar estampas pequenas • Prelo calcográfico.

TORCULUM (pal. lat.) – *Ver Torcular*.
TORINHA – *Ver* Tourinha.
TORNAR PÚBLICO – Divulgar. Dar a conhecer.
TORNASSOL – Pigmento de cor variável entre o vermelho-acastanhado e o azul violáceo extraído das sementes de uma planta da família das Euforbiáceas (*Chrozophora tinctoria*), conhecida com o nome comum de heliotrópio, usada na preparação do papel. Tornesol. Tornessol.
TORNESOL – *Ver* Tornassol.
TORRE DO TOMBO – Lugar onde se encontram depositados os arquivos nacionais portugueses; o nome vem do facto de ter estado sediado primitivamente numa das torres do castelo de S. Jorge, em Lisboa, desde cerca de 1378 até 1755, e nele se guardar o "cadastro ou tombo dos bens reais"; após o terramoto, que abalou a referida torre, procedeu-se à transferência dos fundos para o mosteiro de S. Bento (actual Assembleia da República), onde se manteve até 1990, quando ficou concluído o edifício que actualmente ocupa na Alameda da Universidade. É uma das mais antigas instituições portuguesas ainda activas; nela se encontra depositada e disponível toda a documentação oficial produzida e recebida desde a fundação da nacionalidade até ao presente, assim como a documentação proveniente das instituições particulares e públicas, nacionais e estrangeiras, que foram sendo incorporadas; inclui ainda a documentação relativa ao antigo Ultramar português.
TOSQUIA – Operação que consiste em aparar com a tesoura o corte das folhas de um livro. Aparo.
TOSQUIAR – Regularizar, à tesoura, as desigualdades das folhas de uma brochura ou volume. Aparar.
TOSQUIAR À GROSA – Acabar o corte do livro farpeando-o.
TOURINHA – Cédula, fita ou listão de pergaminho, na qual estavam escritos os Mandamentos da Lei ou parte do *Pentateuco* e que constituíam as filactérias, que os saduceus e fariseus usavam na cabeça como coroas e pendentes frente aos olhos ou atadas nos pulsos como braceletes, dando, deste modo, cumpri-

mento ao preceito de Deus, que os mandava trazerem sempre a Lei diante dos olhos e nos dedos das mãos, isto é, que os seus pensamentos e obras a seguissem • Pequeno livro quadrado, iluminado e com as pastas preciosamente revestidas, no qual estão exarados algum ou alguns dos capítulos dos cinco livros de Moisés. Torinha.

TRAB. – Abreviatura de trabalho.

TRABALHAR O TEXTO – Burilar, aperfeiçoar, redigir de novo um texto já elaborado, com vista a melhorar a sua redacção, a aperfeiçoar o estilo e a completar o seu sentido.

TRABALHO – Obra literária, artística ou técnica • Produção do espírito. Concepção • Execução • Exame • Deliberação.

TRABALHO COLECTIVO – Obra assinada por vários autores cuja contribuição respectiva é distinta, mas concebida como parte integrante de um conjunto. *Ver* Co-autor, Colaborador *e* Obra em colaboração.

TRABALHO DE CHEIO – *Ver* Composição corrida.

TRABALHO EM COLABORAÇÃO – Obra assinada por dois ou mais autores cuja contribuição respectiva não pode ser estabelecida. *Ver* Co-autor, Colaborador *e* Trabalho colectivo.

TRABALHO ESCOLAR – Documento ou exercício sobre uma determinada temática, especializada ou não, elaborado por um aluno, com ou sem orientação do professor, para cumprimento de um plano de estudos.

TRABALHO OFICIAL – Aquele que é assinado por um chefe de repartição, presidente de comissão, membro de uma entidade colectiva, etc., enquanto funcionário ao serviço de uma determinada instituição.

TRABALHO UNIVERSITÁRIO – *Ver* Memória *e* Tese.

TRABALHOS ADMINISTRATIVOS – Em tipografia, expressão aplicada aos impressos que não exigem ornamentação na sua execução, mas simplicidade; são trabalhos administrativos os opúsculos, talões, circulares, etc.

TRABALHOS COMERCIAIS – Em tipografia, expressão que engloba o género de trabalhos de impressão de que resultam facturas, bilhetes, circulares, envelopes, memorandos, etc.

TRABALHOS DE BICO – *Ver* Obras de bico.

TRABALHOS DE FANTASIA – Aqueles que exigem um determinado cuidado de composição, quer pela distribuição dos brancos, quer pela inclusão de elementos gráficos menos frequentes.

TRAÇA – Planta • Desenho de uma obra.

TRAÇA DOS LIVROS – Nome comum do insecto lepidóptero que danifica o papel; alimenta-se de materiais digestíveis existentes no papel, deixando-o rendado e colando as páginas umas às outras; também se alimenta do couro e do grude das encadernações e das capas de madeira, se existirem; para além disto, digere igualmente os fios da cosedura, de modo que os livros se descosem; pode haver larvas vivas nos buracos dos livros; actualmente pode exterminar-se através da congelação dos livros infestados e também dos livros vizinhos ou por outros processos químicos.

TRAÇA PRATEADA – Nome dado vulgarmente ao pequeno insecto nocivo da cor da prata, que vive escondido durante o dia, sai durante a noite e atravessa as capas dos livros e documentos para atingir a cola e a gelatina que há por baixo delas; é conhecido também pelo nome popular de peixe-prata; o seu nome científico é *Lepisma Saccharina*.

TRAÇADO – Desenho. Esboço • Planta.

TRAÇADO DE REGRAMENTO – *Ver* Pautação.

TRAÇAR – Delinear. Desenhar linhas ou traços no papel com vista a receber a escrita • Escrever. Registar • Elaborar. Expor. Esboçar.

TRACEJADO – Linha formada pela sequência de pequenos traços iguais colocados a intervalos equidistantes • Superfície preenchida com este tipo de traços • Linhas usadas vertical e horizontalmente num mapa para indicar, pelo seu comprimento e espessura, a direcção e grau de inclinação das variações de altura da superfície terrestre, sendo as linhas reunidas para representar os declives mais íngremes • Em heráldica designa a área do escudo escurecida com pequenos traços representando uma sombra.

TRACEJAMENTO – Acto ou efeito de tracejar.

TRACEJAR – Fazer pequenos traços colocados uns na sequência de outros • Riscar. Esboçar. Planejar.

TRACING (pal. ingl.) – Registo de todos os pontos de acesso escolhidos para catalogar um documento que o catalogador assinala na ficha principal. Pista.
TRAÇO – Parte de um texto. Trecho. Passagem. Fragmento • Risco, desenho, debuxo, linha traçada • Delineação com que se forma o desenho ou planta de qualquer coisa • Modalidade de fotogravura por meio da qual se reproduzem sobre papel branco as linhas negras dos desenhos ou impressos • Planta • Desenho de uma obra.
TRAÇO DE REGRAMENTO – *Ver* Pautação.
TRAÇO DE UNIÃO – Pequena linha horizontal que une as diferentes palavras de um termo composto. Hífen. Tirete.
TRAÇO E DECALQUE – Cliché a traço no qual se incluem tramas em decalcomania.
TRAÇO PROSOPOGRÁFICO – Aquele que define o desenho de um rosto.
TRAD. – Abreviatura de tradutor, traduzido, tradução *e* tradição.
TRADE BOOK (loc. ingl.) – Livro publicado por um editor comercial e destinado ao leitor comum.
TRADIÇÃO – Modo como um texto foi sendo copiado ou editado e muitas vezes transformado, do mais antigo ao mais recente exemplar. Transmissão. Totalidade dos testemunhos manuscritos ou impressos, conservados ou desaparecidos, que um texto foi assumindo ao longo da sua transmissão • Transmissão oral ou escrita de factos ou ideias.
TRADIÇÃO DE LEITURA – Transmissão de valores e de hábitos de leitura de geração em geração através do exemplo ou da palavra.
TRADIÇÃO DIPLOMÁTICA – Conjunto das fontes de informação sobre um texto religioso, histórico, literário, etc. de uma determinada antiguidade.
TRADIÇÃO DIRECTA – Conjunto de manuscritos e impressos em que foi transmitido um texto religioso, histórico, literário, etc. de uma determinada antiguidade.
TRADIÇÃO DOCUMENTAL – Cada uma das fases de um documento para a sua transmissão: minuta, cópia, original.
TRADIÇÃO DOCUMENTAL ARQUIVÍSTICA – Características de um documento que permitem identificá-lo segundo as várias fases da sua transmissão, ou seja, da sua produção e reprodução (rascunhos, minutas, originais, cópias, etc.) e consequentemente decidir da sua autenticidade diplomática; a indicação da tradição documental faz parte da descrição arquivística.
TRADIÇÃO ESCRITA – Segundo José Pedro Machado é o "testemunho que sobre um ponto importante confirmam os livros sucessivamente publicados" • Transmissão de factos que é feita por meio de documentos escritos e da sua posterior leitura; usa-se por oposição a tradição oral.
TRADIÇÃO INDIRECTA – Conjunto de notas, comentários, citações, etc., que fornece informações suplementares sobre um texto religioso, histórico, literário, etc. com uma determinada antiguidade.
TRADIÇÃO ORAL – Segundo José Pedro Machado é "a que não está consignada em documentos escritos e só consta em razão do que se diz" • Transmissão de factos que é feita de geração em geração através da fala e da escuta e também do exemplo; usa-se por oposição a tradição escrita.
TRADICIONISTA – Escritor, narrador ou recompilador de tradições.
TRADITIO CHARTÆ (loc. lat.) – Expressão latina que significa a entrega de um documento ao interessado, cujo nome é usualmente citado no próprio texto.
TRADUÇÃO – Reprodução de uma obra em língua diferente da sua língua original. Traslado. Versão feita de uma língua para outra • Acto ou efeito de traduzir • Processo através do qual o indexador converte os termos resultantes da análise de conteúdo de um documento em palavras ou códigos de uma linguagem de indexação.
TRADUÇÃO À LETRA – Aquela que se faz palavra a palavra respeitando estritamente à letra o original e atendendo apenas às alterações gramaticais impostas pela nova língua. Tradução literal. (port. Bras.) Tradução ao pé da letra.
TRADUÇÃO AO PÉ DA LETRA (port. Bras.) – *Ver* Tradução à letra.

TRADUÇÃO AUTOMÁTICA – Conversão de dados ou do conteúdo de documentos de uma linguagem para outra, por meios electrónicos. Tradução mecânica.

TRADUÇÃO AUTORIZADA – Aquela que é feita de acordo com o autor e o editor originais, através de contrato de tradução.

TRADUÇÃO CONSECUTIVA – A que é realizada logo após cada unidade do discurso original.

TRADUÇÃO DIRECTA – Aquela que é feita de uma língua estrangeira para a língua do tradutor.

TRADUÇÃO FIEL – Tradução que transmite uma versão do original ajustada àquilo que nele se escreve.

TRADUÇÃO INDIRECTA – Aquela que é feita a partir de uma língua que não é a língua original da obra.

TRADUÇÃO INTERLINEAR – Aquela cujo texto é inscrito na entrelinha, de modo que cada linha do texto original é acompanhada do texto em tipo menor que lhe corresponde numa outra língua; serve para apoiar o estudo de línguas; verifica-se frequentemente em textos escolares ou em obras antigas e é quase sempre manuscrita.

TRADUÇÃO INVERSA – Aquela que é feita da língua do tradutor para uma língua estrangeira. Retroversão.

TRADUÇÃO JUSTALINEAR – Tradução disposta em colunas, que acompanha o seu original de forma que haja correspondência linha por linha ou parágrafo por parágrafo para uma mais fácil comparação. Tradução paralela • Comparação de dois textos dispostos da mesma forma.

TRADUÇÃO LITERAL – *Ver* Tradução à letra.

TRADUÇÃO LIVRE – Aquela em que se atende mais aos conceitos difundidos na obra original do que à construção gramatical em que os mesmos são apresentados; o tradutor considera mais as ideias a exprimir do que a forma de exprimi-las.

TRADUÇÃO MECÂNICA – *Ver* Tradução automática.

TRADUÇÃO OFICIAL – Versão na língua nacional de um determinado país ou estado, que é proposta pela autoridade competente.

TRADUÇÃO PARALELA – Modalidade de tradução justalinear em que o texto traduzido é disposto em colunas ao lado do texto original, verificando-se uma correspondência linha por linha. Tradução justalinear.

TRADUÇÃO SEGUNDO O SENTIDO – Versão que não é feita segundo a precisão idiomática, mas de uma forma livre seguindo o pensamento do texto.

TRADUÇÃO SIMULTÂNEA – A que é feita ao mesmo tempo que o discurso original.

TRADUCTIBILIDADE – Qualidade daquilo que pode traduzir-se.

TRADUTOR – Pessoa que converte um texto ou uma obra para uma língua diferente da língua original; nas obras impressas o seu nome figura em caracteres de menor corpo que os do nome do autor, geralmente após o título, havendo, por vezes, referência à língua da qual a obra foi traduzida e ao número da edição que foi escolhida para fazê-lo.

TRADUTTORE, TRADITORE (loc. ital.) – Tradutor, traidor, expressão que significa que o tradutor deturpa com frequência o pensamento do autor.

TRADUZIR – Exprimir numa língua aquilo que está escrito numa outra. Verter • Expressar. Manifestar • Explicar. Interpretar.

TRADUZIR A LIVRO ABERTO – Verter para outra língua sem o auxílio de um dicionário.

TRADUZÍVEL – Que pode traduzir-se. Que tem correspondência num outro idioma.

TRAGACANTO – Goma produzida por diversos arbustos do género Astrágalo, que crescem em alguns países do Próximo Oriente e na bacia do Mediterrâneo; emprega-se, diluída em água, assim como o musgo-da-Islândia, no preparo dos banhos para marmorização dos cortes dos livros, na fotografia e na indústria do papel. Goma de adraganto • (port. Bras.) Alcatira, tragacanta. Adraganta.

TRAGA-LIVROS – Pessoa que lê livros com muita frequência e abundância sem aproveitamento. Devorador de livros.

TRAGÉDIA – Representação teatral de um conflito humano causado pela força passional e que leva ao domínio do homem pelo Destino, tendo geralmente um final nefasto; é composta por um prólogo, quatro ou cinco actos e deve obedecer à clássica lei das três unidades: de acção (tratar de um só assunto), de tempo (decorrer em vinte e quatro horas) e de lugar (passar-se num único espaço) • Género literário que engloba a tragédia.

TRAGICOMÉDIA – Peça teatral em tudo semelhante à tragédia, mas com final feliz e em cujo enredo se incluem cenas cómicas e burlescas.

TRAGICÓMICO – Relativo à tragicomédia • Qualidade daquilo que participa simultaneamente de aspectos tristes e cómicos.

TRAGO – Em informática, termo de gíria que se refere ao conjunto de bits de informação processados ou tratados como uma unidade.

TRAIR UM TEXTO – Traduzir mal, não indicando bem a ideia correcta.

TRAMA – Retícula, quadriculado ou rede mais ou menos fina, gravada nos fundos das gravuras e que permite que ressalte o desenho principal • Conjunto de linhas que formam a retícula • Textura de uma obra. Enredo. Intriga.

TRAMA DO PAPEL – Estrutura do papel que pode observar-se à transparência e que corresponde ao conjunto das fibras que entram na sua composição e dos elementos de aglutinação que as consolidam; pode eventualmente apresentar pontusais e vergaturas e ainda a marca do fabricante.

TRAMA FOTOGRÁFICA – Modalidade de documento em que, por meio de mecanismo de ilusão de óptica, se obtém uma simulação dos meios-tons, através da utilização de uma maior ou menor dimensão dos pontos equivalentes de uma rede; a maior ou menor definição da imagem depende da utilização de um maior ou menor número de pontos.

TRAMADO – *Ver* Reticulado.

TRAMAR – Decompor uma imagem em pontos por meio de uma trama.

TRANCA – Filete horizontal que separa os artigos numa revista ou jornal • Traço de desenho espesso.

TRANÇA – Motivo decorativo formado por duas ou mais pequenas faixas torcidas em conjunto cuidadosamente entrelaçadas.

TRANCADO – Nome dado ao documento ou texto cujo espaço final em branco é inutilizado com um ou mais traços, para que nada mais seja acrescentado ao que está escrito.

TRANCAMENTO – Acto que consiste na inutilização do espaço de papel remanescente de um texto, de modo a impedir que este seja acrescentado, geralmente através de um traço oblíquo • Remate. Conclusão.

TRANCAR – Finalizar um texto, geralmente de carácter jurídico, de modo a que nada mais possa ser acrescentado, inutilizando as linhas finais através de traçado de uma linha oblíqua • Rematar. Concluir.

TRANCHEFILA – *Ver* Requife.

TRANQUEIRA (port. Bras.) – *Ver* Morsa.

TRANSBORDER DATA FLOW (loc. ingl.) – Transferência de dados entre países, isto é, troca ou utilização da informação que é gerada num país por outros. *TBDF*.

TRANSCR. – Abreviatura de transcrição, transcrever, transcrito.

TRANSCREVER – Reproduzir por cópia uma passagem de um texto para a introduzir num outro texto. Copiar • Reduzir um texto oral a escrito.

TRANSCRIÇÃO – Operação que consiste em representar com grande rigor os caracteres de uma linguagem, qualquer que seja a sua escrita original, pelos do sistema fonético de letras ou sinais de uma linguagem de conversão • Cópia manuscrita. Reprodução • Transliteração. Texto transcrito • Cópia fidedigna palavra por palavra de um documento original ou sua reprodução, incluindo as abreviaturas que podem ser desdobradas. Traslado. Trasladação • Reprodução escrita de um texto falado, incluindo por vezes discursos, entrevistas ou depoimentos • Restituição de um texto antigo a uma linguagem actual • Expressão numa notação equivalente a uma outra expressão noutra notação • Em música a transcrição consiste no arranjo em determinado instrumento de música originalmente composta para outro, como por exemplo uma peça para órgão transcrita a partir de uma abertura para orquestra • Arranjo musical ou outro em que há alguma liberdade no que toca à modificação ou embelezamento • Colocação das palavras textuais de um entrevistado ou de um texto, numa notícia de publicação periódica ou outra, em geral assinalada através do uso de aspas ou itálico; o mesmo sucede com comunicados ou notas oficiais.

TRANSCRIÇÃO COMPLETA – Traslado que é feito na totalidade, sem qualquer redução. Transcrição integral.

TRANSCRIÇÃO DIPLOMÁTICA – Edição paleográfica, que além de reproduzir cuidadosamente o texto, mantém igualmente a sua disposição e todos os signos de carácter não alfabético como os diacríticos, procura restituir as omissões, lacunas e abreviaturas e indica as letras que foram indevidamente acrescentadas.

TRANSCRIÇÃO FONÉTICA – Representação rigorosa dos fonemas ou sons de uma língua através de sinais fonéticos.

TRANSCRIÇÃO INTEGRAL – Traslado que é feito na totalidade, sem qualquer redução. Transcrição completa.

TRANSCRIÇÃO INTERPRETATIVA – Edição de textos antigos feita respeitando o original, mas acrescentando pontuação e acentuação, separando palavras e aclarando determinados aspectos que possam impedir ou dificultar a sua leitura actual.

TRANSCRIÇÃO LITERAL – Aquela em que os dados são copiados de forma exacta e rigorosa.

TRANSCRIÇÃO PALEOGRÁFICA – Reprodução escrupulosa de uma obra antiga em que são respeitadas as características gráficas do texto original.

TRANSCRITO – Cópia, traslado. Texto trasladado, copiado textualmente. Transposto.

TRANSCRITOR – Pessoa que faz transcrições • Copista.

TRANSFERÊNCIA – Acto de transferir. Trasladação. Mudança • Operação através da qual a conservação de arquivos passa da administração de origem a um centro de pré-arquivo ou a um serviço de arquivos • Conjunto dos documentos assim transferidos • Troca.

TRANSFERÊNCIA ÁCIDA – *Ver* Migração ácida.

TRANSFERÊNCIA ARQUIVÍSTICA – Mudança da custódia de documentos e/ou arquivos de um arquivo para outro; a transferência nunca implica alteração de propriedade.

TRANSFERÊNCIA DE DADOS – Movimento dos elementos de um determinado ponto para outro, que é feito, regra geral, através de serviços de transmissão de dados • Mudança de informação de um suporte para outro de acordo com determinados princípios, com vista a que não se altere significativamente a referida informação.

TRANSFERÊNCIA DE DOCUMENTOS – Movimento de documentos de um determinado lugar ou espaço para outro • Envio de documentos • Transmissão de documentos.

TRANSFERÊNCIA DE FICHEIROS – Vulgarmente praticada em informática, é a operação realizada via *Internet*, que permite mudar um pacote de informações de uma memória digital para outra (de um computador remoto para um computador local ou de um computador local para um computador remoto).

TRANSFERÊNCIA DE SUPORTE – Operação que consiste na conversão da informação de um documento analógico para um digital e vice-versa • Transposição da informação contida num determinado suporte para outro; esta operação revela-se de vital importância como meio de preservação da memória da cultura universal, sempre que o suporte original corre perigo, seja por más condições de conservação, seja por ameaça de catástrofe, guerra, etc.

TRANSFERIDOR – Em tipografia é a peça da máquina de compor que transporta as matrizes do segundo elevador à caixa selectora.

TRANSFERÍVEL – Que pode transferir-se • Palavra traduzida da inglesa *downloadable*, é usada frequentemente para designar o texto em suporte electrónico que tem condições para ser mudado de um suporte para outro.

TRANSFOLIAR – Copiar em papel transparente colocado sobre o desenho que se pretende reproduzir. Decalcar.

TRANSFORMAÇÃO DE DADOS – Transferência de elementos de um suporte de informação para outro, de acordo com um conjunto de regras, sem alteração apreciável de significado • Diz-se da alteração de obra feita pelo autor ou com o seu consentimento, seja qual for o modo pelo qual se produz a alteração (tradução, arranjo, harmonização, adaptação, etc.), dando origem a obra nova a partir da pré-existente.

TRANSFORMAR – Alterar uma obra original de modo a torná-la diferente • Mudar a forma de.

TRANSLAÇÃO – Tradução. Trasladação. Transladação • Em retórica significa a alteração do sentido próprio das palavras para o sentido figurado. Metáfora.

TRANSLADAÇÃO – Transporte de documentos de um sítio para outro. Trasladação. O mesmo que translação • Tradução. Versão.

TRANSLADAR – O mesmo que trasladar.

TRANSLATIO (pal. lat.) – Tradução. Versão • Metáfora • Transporte.

TRANSLATO – Transcrito. Copiado • Traduzido. Trasladado • Figurado. Metafórico.

TRANSLATOR (pal. lat.) – Tradutor • Copista.

TRANSLEGERE (pal. lat.) – Ler à pressa, ler rapidamente.

TRANSLINEAÇÃO – Transporte de parte de uma palavra que não cabe numa linha para a linha seguinte, de modo que uma parte de uma palavra fica numa linha e a outra parte que a completa fica na linha ou na página ou na coluna seguinte, no caso de ocorrer mudança de página ou de o texto se apresentar disposto em colunas.

TRANSLINEAR – Levar parte de uma palavra que não cabe numa linha para a linha seguinte. Dividir.

TRANSLIT. – Abreviatura de transliterar, transliteração, transliterado.

TRANSLITERAÇÃO – Por oposição a transcrição, é a transposição de um texto por equivalência de letra num outro alfabeto. *Ver* Transcrição, transposição.

TRANSLITERAÇÃO PARA CARACTERES LATINOS – Conversão de um texto escrito com signos alfabéticos não latinos em texto escrito com signos alfabéticos latinos.

TRANSLITERADO – Diz-se do texto num sistema de escrita que foi reduzido a outro letra por letra.

TRANSLITERADOR – Pessoa que representa a letra ou letras de um vocábulo pela letra ou letras do vocábulo que lhe corresponde noutra escrita.

TRANSLITERAR – Transcrever um texto adoptando um sistema alfabético diferente do original • Reproduzir o original letra por letra, de modo que qualquer pessoa reconstitua o texto na grafia original, mesmo conhecendo apenas os dois alfabetos.

TRANSMISSÃO – Modo como um texto foi sucessivamente copiado e progressivamente transformado, do exemplar mais antigo para o mais recente; o resultado é a tradição. *Ver* Tradição.

TRANSMISSÃO ASSÍNCRONA DE DADOS – Método de transferência de dados que permite enviar informação a intervalos regulares, que exige sinais de início e fim no princípio e no final de cada carácter, o que permite que os bits se enviem por uma única linha; o sinal de fim é em geral o início da transmissão do carácter seguinte.

TRANSMISSÃO BIDIRECCIONAL ALTERNATIVA – Comunicação de dados através de um canal, que transmite e recebe, mas apenas numa única direcção de cada vez.

TRANSMISSÃO BIDIRECCIONAL SIMULTÂNEA – Comunicação de dados através de um canal sincrónica e independentemente em duas direcções.

TRANSMISSÃO DA INFORMAÇÃO – Acto de enviar a informação de uma pessoa para outra ou de um sistema de informação para outro.

TRANSMISSÃO DE DADOS ANALÓGICOS – Transferência de informação analógica de um ponto para outro por meio de um canal.

TRANSMISSÃO DE DADOS DIGITAIS – Transferência de dados digitais de um determinado ponto para outro através de um canal.

TRANSMISSÃO DE FAC-SÍMILE – Emissão de um fac-símile de material gráfico de um ponto ou lugar para outro, feita electricamente por um canal.

TRANSMISSÃO DE MENSAGENS – Na *Internet*, sistema que permite a um computador receber mensagens, retê-las caso não possa fazê-lo de imediato e fazê-las chegar ao destino logo que seja possível.

TRANSMISSÃO DO DIREITO DE AUTOR – Operação através da qual o titular originário de uma obra ou os seus sucessores autorizam a utilização da obra por terceiros, cedendo no todo ou em parte o conteúdo patrimonial de direito de autor sobre essa obra.

TRANSMISSÃO DOS DOCUMENTOS – Cadeia de estados de um documento entre o texto tal como foi elaborado por vontade do seu autor e posto pela primeira vez por escrito de forma definitiva, e aquele que chegou até nós • Modo pelo qual um documento pode ser reproduzido desde a sua forma original à ampliação deste original por cópias ou inserção e anexação a outro documento.

TRANSMISSÃO ORAL – Comunicação pela fala de um relato de um acontecimento ou história; tem sido ao longo dos séculos o veículo mais comum de comunicação, permitindo que uma notícia corra veloz, e atravesse gerações; contudo, a sua fiabilidade é diminuta, pois os acontecimentos vão sendo acrescentados com pormenores pitorescos ou inúteis, de modo que é frequente a mensagem inicial ter pouco a ver com a mensagem final.

TRANSMISSÃO PARALELA – Sistema de comunicação de dados em que todos os *bytes* ou bits de um carácter são transferidos simultaneamente por canais de um meio de comunicação diferentes.

TRANSMISSÃO SEQUENCIAL – Modo de comunicação de dados em que os bits de um carácter se transferem sequencialmente um após o outro através de um canal de comunicações.

TRANSMISSÃO SINCRÓNICA DE DADOS – Modalidade de transferência de dados num fluxo contínuo por meio de caracteres de sincronização no início de uma mensagem.

TRANSMISSÃO UNIDIRECCIONAL – Comunicação de dados por um canal, que é feita numa única direcção.

TRANSMISSION CONTROL PROTOCOL/ /INTERNET PROTOCOL (loc. ingl.) – Conjunto de protocolos ou regras que é destinado a definir o modo como os dados circulam de máquina para máquina por meio das redes. *TCP/IP.*

TRANSPARÊNCIA – Imagem positiva em suporte translúcido como o vidro, o acetato de celulose ou o poliéster, para ser observada em contraluz • Folha de material transparente (como o vidro, o acetato de celulose ou o poliéster), contendo gráficos ou outras imagens, que pode ser montada num caixilho de cartão e que se destina a ser usada com retroprojector ou caixa de luz. Diapositivo. Transparente.

TRANSPARÊNCIA DE SOBREPOSIÇÃO – Designação da folha de material transparente que se coloca sobre outra para modificar a informação que estava contida na primeira.

TRANSPARENTE – *Ver* Transparência.

TRANSPLANTAR – *Ver* Traduzir.

TRANSPOR – Mudar letras, linhas ou palavras para um lugar diferente daquele em que estavam. Transferir.

TRANSPORTADOR – Litógrafo muito prático em passar provas litográficas de uma pedra para outra.

TRANSPORTADOR DE LIVROS – Aquele que leva livros de um lugar para outro • Dispositivo eléctrico ou mecânico baseado no princípio da cadeia infinita; é utilizado para levar livros de um lugar para outro, movendo-se na horizontal ou na vertical.

TRANSPORTE – Processo de passagem à chapa do fotólito e subsequentes fases até que a chapa esteja pronta a entrar na máquina. Transferência dos planos para chapa de *offset.*

TRANSPORTE DE LIVROS PNEUMÁTICO – Sistema de tubos através dos quais cartuchos transportando livros são deslocados por meio da pressão do ar ou pelo vácuo.

TRANSPORTE FOTOMECÂNICO – Processo de transferência usado em *offset* que é realizado pelo efeito de substâncias químicas sensíveis à acção da luz.

TRANSPOSIÇÃO – Erro tipográfico que surge quando algumas palavras ou linhas não se encontram na posição correcta • Tradução. Versão • Mudança na ordem usual das palavras de uma língua • *Ver* Transliteração.

TRANSPOSTO – *Ver* Transcrito.

TRANSVERSA CHARTA (loc. lat.) – Expressão atribuída à escrita dos rolos de papiro ou pergaminho no sentido da largura, método aplicado apenas a documentos oficiais da República romana, dado que todos os outros rolos eram escritos no sentido mais largo do papiro ou pergaminho, dividido em colunas.

TRAPO – Designação genérica dos farrapos de tecido utilizados para constituir a pasta de papel, fossem de que origem fossem, mas geralmente de linho ou outros materiais naturais, o que tornava o papel fabricado a partir deles estável, neutro e de boa qualidade; o papel moderno é menos estável e pode reagir quimicamente um com o outro, assim como com as tintas de que é suporte.

TRASLADAÇÃO – Acto ou efeito de trasladar. Tresladação. Transladação • Tradução. Versão • Cópia. Transcrição.

TRASLADAR – Copiar um texto. Transcrever • Tresladar. Transladar • Traduzir uma obra • Atribuir sentido metafórico.

TRASLADO – Treslado. Transcrição. Cópia de um documento transcrito por um escrivão, segundo as formas e termos prescritos • Tradução.

TRAT. – Abreviatura de tratado.

TRATADISTA – Autor de tratados.

TRATADO – Documento que apresenta uma exposição sistemática num determinado domínio do conhecimento, de uma forma tão completa quanto possível; pela sua própria natureza, o tratado reproduz as doutrinas e opiniões dominantes sobre o tema em questão, mas é, simultaneamente uma obra de análise construtiva, de exame e de crítica.

TRATADO DE CIVILIDADE – Obra em que são apresentadas de uma forma sistemática regras da cortesia mundana ou da caridade cristã, isto é, um conjunto de formalidades observadas pelos cidadãos entre si, quando bem educados. Livro de boas maneiras. Livro de bom-tom.

TRATADO ENCICLOPÉDICO – Obra pensada para servir como fonte de informação e, por tal motivo, preparada com a finalidade de apresentar uma visão o mais completa, extensa e documentada que for possível do estado actual de uma ciência; trata-se, em geral, de uma obra em diversos volumes, cuja responsabilidade cabe a vários autores e que inclui muita informação bibliográfica da literatura original.

TRATADO INTERNACIONAL – Para efeitos de atribuição de autoria, contrato internacional realizado entre dois ou mais países.

TRATADO SISTEMÁTICO – Obra destinada a apresentar o estado de uma determinada ciência num dado momento; é preparada com a finalidade de oferecer uma visão completa, objectiva e coerente da ciência considerada, facto que limita a intervenção pessoal do autor. A redacção de um tratado sistemático por um único autor torna-se hoje cada vez mais difícil e é frequente tratar-se de obras em colaboração, em que os diversos autores assumem a responsabilidade das diferentes partes da obra.

TRATAMENTO – Desenvolvimento verbal ou sob forma de escrita. Abordagem • Trato colectivo, que compreende a transferência, conservação, selecção, classificação, colocação e inventário dos conjuntos de documentos; implica um conjunto de operações como o registo, catalogação, classificação, etiquetagem e cotação, que facultam uma posterior localização e identificação do documento ou livro.

TRATAMENTO AUTOMÁTICO DA INFORMAÇÃO – Desenvolvimento sistemático de uma sequência de operações sobre os dados, uma grande parte das quais é efectuada através de meios mecânicos, eléctricos ou electrónicos.

TRATAMENTO AUTOMÁTICO DE DADOS – Operação maquinal executada por meio de equipamentos mecânicos, eléctricos ou electrónicos que permitem a exploração dos dados em grande número.

TRATAMENTO AUTOMATIZADO – Conjunto de operações (recolha, registo, elaboração, modificação, extracção, conservação, difusão e destruição de informação) realizadas por meios mecânicos, eléctricos ou electrónicos.

TRATAMENTO DA INFORMAÇÃO – Conjunto sistemático de operações sobre dados, realizadas de acordo com regras exactas de procedimento. Processamento de dados. Tratamento de dados.

TRATAMENTO DE CONSERVAÇÃO – Trato físico a que se submete um determinado item com valor intrínseco comprovado; as condições dos componentes materiais do item e as condições actuais em que ele se encontra são documentadas e é determinado o subsequente trato a aplicar-lhe.

TRATAMENTO DE DADOS – *Ver* Tratamento da informação.
TRATAMENTO DE TEXTO – Automatização dos trabalhos de dactilografia, desde a criação de um texto até à sua difusão, mediante equipamento (terminal, disquete, disco, impressora, etc.) • Processos e técnicas de gestão pelos quais se organizam sistematicamente as pessoas, os expedientes e o equipamento, para obter o tratamento eficaz e a transformação da informação verbal numa forma de comunicação legível • Designação do programa que permite organizar a apresentação de um texto (justificação, selecção dos caracteres, etc.), a correcção deste ou a sua modificação (deslocação ou a edição de parágrafos). Além disto, certos tratamentos de texto permitem a personalização de letras-tipo ou a composição de letras através do recurso a parágrafos *standard*.
TRATAMENTO DOCUMENTAL – Expressão usada para abarcar todas as operações bibliográficas no tempo que decorre desde a chegada de um item à biblioteca, arquivo, serviço de documentação, etc. até à sua colocação em depósito, momento em que estará disponível para a consulta pelo utilizador.
TRATAMENTO ESPECÍFICO – Em relação ao tratamento da informação, indexação e recuperação da informação através de um descritor específico que define o conteúdo do documento e não por um outro que seja mais genérico.
TRATAMENTO NACIONAL – Princípio fundamental da Convenção de Berna, consagrado no *Código do Direito de Autor* ... *(art. 63º)*, segundo o qual as "obras de autores nacionais de um estado da União, ou as nele publicadas pela primeira vez, beneficiam, nos outros Estados da União, de protecção idêntica à que aquele primeiro Estado concede às obras dos seus nacionais".
TRATAMENTO POR PACOTE – Modo de tratamento dos dados segundo o qual os programas a executar ou os dados a tratar são agrupados em lotes.
TRATAMENTO TÉCNICO – Conjunto de trabalhos referentes à preparação de um livro ou documento, desde que o mesmo entra na biblioteca, arquivo, serviço de documentação, etc. até ao momento em que se considera disponível nas estantes para ser utilizado. Processamento técnico.
TRAUTO – Termo arcaico que designava acordo. Tratado. Trato.
TRAVÃO – Dispositivo em papel não ácido destinado a travar o filme, microfilme, etc., evitando que ele se desenrole.
TRAVESSA – Em heráldica, parte do lambel em que os pendentes ou pingentes se encontram fixados.
TRAVESSÃO – Sinal gráfico (—) que se emprega principalmente em dois casos: para indicar a mudança de interlocutor nos diálogos e para isolar palavras ou frases num contexto; pode também utilizar-se para destacar, enfaticamente, a parte final de um enunciado • Em escrita musical é o traço vertical que separa os compassos.
TRAVESSÃO DIAGONAL – Sinal oblíquo (/) que serve para designar fracções ou abreviaturas. Barra de fracção.
TRAZER À COLAÇÃO – Citar a propósito.
TRAZER A PÚBLICO – Tornar conhecido de todos.
TRC – Forma abreviada de Tubo de Raios Catódicos, do inglês *Cathode Ray Tube. (CRT)*.
TRECHO – Extracto, excerto de uma obra musical ou literária. Fragmento. Parte. Pedaço. Passagem.
TREMA – Sinal ortográfico constituído por dois pontos dispostos horizontalmente (¨) por cima de uma vogal, para indicar que não forma ditongo com a seguinte; é utilizado na língua portuguesa apenas na ortografia em vigor no Brasil e o seu desaparecimento está previsto no Acordo Ortográfico. Ápice. Cimalha.
TREPANTE – Termo heráldico que se aplica aos animais que, estando rampantes, parecem subir pela peça a que se encontram apoiados.
TRÊS PONTOS – *Ver* Reticências.
TRESLADAÇÃO – *Ver* Trasladação.
TRESLADAR – *Ver* Trasladar.
TRESLADO – *Ver* Traslado.
TRÊS-QUARTOS – Expressão que em gravura ou pintura caracteriza uma cabeça ou outro objecto colocado em relação ao observador numa postura de meio-termo entre o perfil e a frontal.

TRÍADE – Conjunto de três pessoas ou coisas • Grupo formado por três obras que têm entre si um tema comum. Trilogia.

TRIAGEM – Operação que consiste em separar um conjunto de objectos, de documentos, de ficheiros, etc., de acordo com um determinado código chamado critério de triagem • Função arquivística básica cuja finalidade consiste em avaliar o destino a dar aos documentos; é baseada no valor dos documentos, preservando, contudo, a identidade dos arquivos • Selecção. Escolha.

TRIÂNGULO – Fundo de lâmpada. Forma que assumem alguns ornatos tipográficos que rematam alguns capítulos ou livros; esta forma triangular pode ser também constituída pelo próprio texto, em que as linhas se vão encurtando sucessivamente. Cone. *Cul de lampe*.

TRIAR – Escolher. Seleccionar. Separar.

TRICLOROETILENO – Substância química que é usada em restauro para remoção de colas.

TRICROMÁTICO – Tricolor.

TRICROMIA – Processo fotomecânico que permite obter a reprodução de um documento em cores por meio de três clichés destinados a imprimir cada um na mesma folha de papel uma das três cores primárias, amarelo, magenta, azul. Fototricromia; estes três clichés são obtidos por selecção fotográfica ou electrónica; a sobreposição das três cores primárias restitui, em princípio, todas as cores do original; bastará, portanto, proceder a uma separação dessas três cores no original (fotografando-o sucessivamente com filtros diferentes), fabricar depois três chapas impressoras (estereótipos na tipografia, chapas no *offset*), que o produto final, tendo combinado as cores puras em densidades distintas conforme os tons de cada zona, será semelhante à fotografia original.

TRIENAL – Que é publicado uma vez em cada três anos • Que tem a duração de três anos.

TRIFÓLIO – Elemento ornamental formado por três folhas ou um trevo.

TRIGLOTA – O que está escrito ou composto em três línguas • Pessoa que fala ou conhece três línguas.

TRIGRAMA – Palavra ou cifra formada por três letras • Sinal formado pelo conjunto de três caracteres.

TRILINGUE – O que fala três línguas • O que está escrito em três línguas.

TRILITERAL – Composto por três letras. Trilítero.

TRILÍTERO – Composto por três letras. Triliteral.

TRILOBADO – O que apresenta três lóbulos, desenho muito comum na iluminura; frequentemente no interior desses espaços inseriam-se pequenas figuras de inspiração zoomórfica ou fitomórfica.

TRILOGIA – Conjunto de três tragédias de um mesmo autor apresentadas a concursos dramáticos na Grécia antiga • Diz-se de qualquer obra literária, teatral ou musical que se apresenta dividida em três partes • Grupo formado por três obras que têm entre si um tema comum. Tríade.

TRILÓGICO – Que pertence a uma trilogia.

TRIMENSAL – Que é publicado três vezes por mês • Que é publicado de três em três meses. Trimestral.

TRIMENSÁRIO – Publicação periódica publicada três vezes por mês.

TRÍMERO – Que é dividido em três partes.

TRIMEST. – Abreviatura de trimestral.

TRIMESTRAL – Que é publicado cada três meses. Trimensal.

TRIMESTRÁRIO – Publicação periódica que é publicada cada três meses.

TRIMESTRE – Conjunto dos números de um jornal ou revista publicados durante três meses • Período de tempo de três meses.

TRÍMETRO – Verso de três pés, grego ou latino.

TRINCAFIAR – Coser com trincafio.

TRINCAFIO – *Ver* Requife.

TRINCHA – Pincel achatado usado pelo encadernador para passar grude no papel • É igualmente usada uma trincha de cerdas macias para limpeza manual dos livros.

TRIPARTIDO – Que se apresenta dividido em três partes • Diz-se do escudo heráldico dividido em três partes.

TRIPITAKA – Colecção de livros sagrados da religião budista e conjuntos do seu cânone clássico.

TRIPLEX LINUM (loc. lat.) – Expressão que designa o cordel que, passando três vezes à volta das tabuinhas de cera, as encerrava, sendo-lhe aposto posteriormente o selo ou selos; no ano 61, para que tivessem maior segurança, Nero determinou que a passagem destes cordéis fosse feita, não à volta das tabuinhas, mas através de furos praticados nas mesmas (*tabellæ perfusæ ou perforatæ*).

TRIPLICADO – Terceiro exemplar ou segunda reprodução de um escrito, de um documento, etc. Triplicata.

TRIPLICATA – Segunda cópia de um original. Terceiro exemplar. Triplicado.

TRÍPTICO – Nome dado ao conjunto de três tabuinhas enceradas ligadas entre si por junções de couro ou metálicas dispostas de modo que as tábuas laterais se fechavam sobre a central; foram usadas pelos romanos e utilizava-se o *stilus* para escrever sobre a cera virgem que as revestia • Livro ou tratado composto por três partes • Pequeno livro de três folhas • Pintura, gravura ou relevo distribuído em três folhas unidas • Conjunto de três.

TRIPTYCHA (pal. gr.) – Tabuinha revestida de cera onde se inscreviam cartas pequenas, documentos, anotações ocasionais e trabalhos escolares • Livro que contém três folhas. Tríptico.

TRISÁGIO – Livro que contém aclamações litúrgicas em que se repete três vezes a mesma palavra, especialmente a palavra Santo.

TRISSEMANAL – Que é publicado três vezes por semana. Trissemanário.

TRISSEMANÁRIO – Publicação periódica que sai três vezes por semana. Trissemanal.

TRISSÍLABO – Constituído por três sílabas • Verso de três sílabas.

TRITONGO – Sequência vocálica no interior de uma sílaba, constituída por uma vogal e duas semivogais, em que a vogal é o núcleo da sílaba.

TRITURAÇÃO DA TINTA – Operação que consiste na mistura das matérias que servem para o fabrico da tinta de impressão; outrora esta operação fazia-se com o auxílio de moinhos de vento ou manuais; hoje é feita com máquinas.

TRITURAÇÃO DE DOCUMENTOS – Processo de destruição de documentos por fragmentação mecânica, uma vez feita a sua triagem e tendo sido considerados sem valor.

TRITURADOR – Aparelho usado na indústria do papel, que serve para moer e transformar em pasta blocos de madeira e o papel velho, os cartões de celulose e outros materiais, que são usados no fabrico do papel. Trituradora.

TRITURADORA – Nome dado à máquina usada no processo de fabrico do papel para desfazer blocos de madeira e para moer e transformar em pasta o papel velho, os cartões de celulose e outros materiais, que são usados no fabrico do papel; a sua invenção data de 1840 e marca o início da produção de papel pelo processo mecânico. Triturador.

TRIVIALIZAÇÃO – Em filologia, erro de natureza analógica, que é cometido por copistas e tipógrafos, que consiste na reinterpretação de uma forma desconhecida à luz de uma conhecida. Banalização.

TRIVIUM (pal. lat.) – A primeira parte do ensino universitário medieval; era constituída pela frequência das disciplinas de gramática latina, lógica e retórica, após o que eram ministradas as disciplinas constantes do *quadrivium*: a aritmética, a música, a geometria e a astronomia; o seu conjunto denominava-se "as sete artes" ou "artes liberais".

TROBAR – Termo arcaico que designava compor ou cantar trovas e cantigas. Poetar.

TROCA – *Ver* Permuta.

TROCA DE INFORMAÇÃO – Expressão que designa a transferência das informações entre sistemas diferentes, o que dá como resultado normalizado um código de dados.

TROCA INTERNACIONAL DE PUBLICAÇÕES – Cedência, por vezes recíproca, de documentos de toda a espécie que existem em diversos exemplares, feita habitualmente entre organismos nacionais ou internacionais de outros países; dá-se comumente o nome de duplicados às obras oferecidas em regime de permuta, como nas expressões seguintes: permuta de duplicados, lista de duplicados para troca, etc.

TROCADILHO – Jogo de palavras ou expressões usado com finalidades lúdicas ou jocosas, e caracterizado pela utilização de expressões ambíguas. Quiproquó. Calembur.

TROCISCO – Termo arcaico que designava fragmento. Pedaço.
TROÇO – Passagem de um texto manuscrito ou impresso. Parte. Porção.
TROFÉU – Motivo decorativo formado por apetrechos de guerra reunidos, comum nas gravuras, sobretudo nas que são alusivas a textos que versam feitos guerreiros.
TRONQUILHO – Ferro com que se aplicam adornos a ouro nas encadernações dos livros.
TROPO – Emprego de uma palavra ou frase em sentido figurado • Desenvolvimento de um texto litúrgico com o acrescento de textos novos e melodias • No plural, argumentos dos cépticos gregos destinados a provar ser impossível alcançar a verdade.
TROPOLOGIA – Uso de tropos, de linguagem figurada • Tratado sobre os tropos.
TROUVAILLE (pal. fr.) – Achado, descoberta feliz no modo de falar ou na criação de uma expressão.
TROVA – Poesia de carácter popular e ligeiro. Quadra popular. Cantiga.
TROVADOR – Poeta lírico que cultivava a poesia lírica provençal ou a imitava, compondo as suas próprias poesias e acompanhando-as com música. Poeta.
TROVADORESCO – Respeitante aos trovadores da Idade Média.
TRUCAR – Fazer uma citação errada.
TRUNCAÇÃO – *Ver* Truncamento.
TRUNCADO – Diz-se do texto ao qual foi cortada uma parte • Incompleto.
TRUNCAMENTO – Processo de redução de uma palavra sem que haja alteração do seu significado ou da sua categoria sintáctica. Truncatura. Truncação.
TRUNCAR – Cortar uma parte de uma palavra, texto, obra literária, etc. Mutilar. Suprimir.
TRUNCATURA – Estado do que foi truncado • Processo de abreviação ou eliminação de parte de uma palavra-chave ou título num índice de títulos permutados; um título truncado apresenta falta de palavras ou frases no início ou no final • Em pesquisa documental, possibilidade de um utilizador interrogar um ficheiro imenso desconhecendo a grafia exacta do termo que pretende pesquisar, indicando apenas a primeira parte do conjunto de caracteres que o constituem, com frequência seguida de cardinal. Truncamento. Truncação.
TS. – Abreviatura de *testis*, testemunha, que num documento geralmente segue o seu nome.
TTFN – Acrónimo de *Ta Ta for Now*, adeus por agora, que é muito usado na *Internet* em mensagens de correio electrónico como fórmula de despedida.
TUBO DE RAIOS CATÓDICOS – Ecrã ou tubo de representação visual. Trata-se de um aparelho que é usado nos monitores e nas televisões e que visualiza os sinais eléctricos através da concentração de um feixe de electrões num ponto num ecrã de fósforo. TRC (no original *Cathode Ray Tube*).
TUBOS MECÂNICOS – *Ver* Tubos pneumáticos.
TUBOS PNEUMÁTICOS – Sistema de tubos usado nos serviços de leitura para transporte de cartuchos, ou "balas" que contêm fichas de pedido de documentos e obras para empréstimo, e que são arremessados pela pressão do vácuo ou do ar; podem igualmente ser usados para transporte das próprias obras. Tubos mecânicos.
TUDO O PUBLICADO – Expressão usada como nota numa entrada de catálogo para indicar que o material descrito esgota aquilo que dele foi editado.
TUGHRA (pal. ár.) – Assinatura do sultão otomano Soliman, o Magnífico, aposta nos documentos para lhes conferir autenticidade.
TULE – Tecido de textura muito leve, ligeiro e transparente, que é utilizado no restauro de documentos.
TUMBA – Almofada abaulada, em pele, utilizada pelo encadernador no trabalho de douração de capas.
TUMBO – *Ver* Tombo.
TUPPA PARNA – Na Mesopotâmia, nome dado à casa das tabuinhas da capital do reino, que era simultaneamente biblioteca real e arquivo oficial.
TUPPALA – Na Mesopotâmia era o nome dado ao "homem das tabuinhas", escriba, pessoa muito culta e conhecedora de várias línguas e sistemas de escrita.
TUR. – Abreviatura de turco.

TUTORIAL (pal. ingl.) – Tutorial. Programa autodidacta.
TYPESETTER (pal. ingl.) – Máquina de fotocomposição digital com texto paginado e imagens, que pode produzir fotólitos quando é controlada por um processador de desenho de imagens.
TYPIS (pal. lat.) – Exemplar. Modelo. Cunho.

TYPOGRAPH (pal. ingl.) – Máquina de compor e fundir que produz linhas inteiras, como o linótipo e o monótipo.
TYPOGRAPHEUS (pal. lat.) – *Ver Typographia*.
TYPOGRAPHIA (pal. lat.) – Tipografia, oficina tipográfica.
TYPOGRAPHUS (pal. lat.) – Impressor antigo. *Ver* Tipo *e* Tipógrafo.

U

U – Letra do alfabeto latino e do de quase todas as línguas antigas e modernas • O tipo que na impressão reproduz essa letra • A matriz desse tipo • Punção com que se grava essa matriz • Nas chamadas de nota indica a vigésima primeira chamada quando se usam letras em lugar de números ou sinais • Na grafia antiga existe *u* vogal e *u* consoante, lendo-se o último como *v*.

U. E. P. – Sigla da União de Editores Portugueses.

UAP – *Ver* Acesso Universal às Publicações.

UBC – Forma abreviada de *Universal Bibliographical Control*, Controlo Bibliográfico Universal, CBU.

UBIQUIDADE DA INFORMAÇÃO – Qualidade que assenta no universo informático e que confere à informação a possibilidade de estar presente em toda a parte ao mesmo tempo.

UDC – Forma abreviada de *Universal Decimal Classification*, Classificação Decimal Universal, CDU.

UDDI – Acrónimo de *Universal Description, Discovery and Integration. Web service*. Partilha de informação na base da qual residem protocolos de ligação e formatos de mensagens normalizados; para dar a conhecer os serviços, eles são usualmente publicados em directórios, geralmente chamados *UDDI*.

UK/MARC (pal. ingl.) – Formato para registos bibliográficos derivado do formato *MARC* e adoptado no Reino Unido.

ULFILANO – Diz-se de um carácter de letra gótica, cuja invenção é atribuída a Ulfilas, bispo dos godos.

ÚLTIMA EDIÇÃO – Designa-se deste modo a edição mais recente de um livro cujo texto tenha sido revisto, corrigido, aumentado, etc. pelo seu autor, ou por qualquer pessoa que tenha decidido fazê-lo.

ÚLTIMA PROVA – Prova que antecede imediatamente a fase de tiragem definitiva de um texto.

ÚLTIMA REVISÃO – *Ver* Revisão de máquina.

ÚLTIMAS – Modo abreviado de designar em jornalismo "últimas notícias"; não são assinadas e são paginadas em colunas, com uma expressão gráfica muito própria; apresentam um estilo rápido, quase telegráfico; podem incluir fotos ou outro material semelhante quando são paginadas a duas colunas.

ULTRACORRECÇÃO – Substituição de uma forma linguística que se supõe incorrecta por outra que se supõe correcta, produzindo um erro. Hipercorrecção.

ULTRAFICHA – Nome dado à microforma em ficha que apresenta imagens com uma redução ainda maior do que a da superficha, normalmente superior a 100 vezes, permitindo acomodar numa ultraficha mais do que 3200 imagens na superfície de uma folha A_6.

ULTRAMARINO – Nome dado à tinta azul preparada a partir do lápis-lazúli calcinado ou preparado artificialmente. Azul ultramarino.

ULTRAMICROFICHA – Diz-se de uma microficha cujo texto está extremamente reduzido, graças a um sistema de miniaturização do material impresso, podendo conter o equivalente a nove mil páginas impressas num quadrado transparente de 5 cm^2, por oposição à microficha regular, que contém no máximo 50.

ULTRAVIOLETA – Radiação situada além do violeta no espectro, cuja iluminação permite fazer aparecer a olho nu certos elementos invisíveis a olho nu, à luz natural.

UM SOBRE O OUTRO – Diz-se quando o escudo heráldico tem duas ou mais figuras sobrepostas uma à outra, guardando proporção nas distâncias.

UMBÍLICO – Na encadernação é o brocho ou cravo central, por oposição aos brochos de canto, sobre os quais assentava o livro fechado, uma vez que era guardado na estante em posição horizontal. Podia ser fabricado em ouro, prata, cobre ou bronze, daí a expressão latina por que era conhecido, *umbilicus ferratus*; as formas que assumia eram geralmente arredondadas, podendo apresentar motivos como flores, raios de sol, etc. O mesmo que *orbicularia* e *clavus*.

UMBILICUS (pal. lat.) – Ver Umbílico.

UMIDADE (port. Bras.) – *Ver* Humidade.

UMIDADE RELATIVA (port. Bras.) – *Ver* Humidade relativa.

UMIDIFICADOR (port. Bras.) – *Ver* Humidificador.

UNCIAL – Diz-se da escrita romana em maiúsculas e do tamanho de uma polegada que se usou até ao século VII tendo sido retomada depois do século IX.

UNDERGROUND (pal. ingl.) – Termo usado para designar qualquer manifestação literária ou artística que se afasta da tradição e das orientações contemporâneas e descura intencionalmente as estruturas estabelecidas.

UNHA – Tira de papel ou de pergaminho na qual os encadernadores colam, num livro, as estampas, os mapas, etc. • Peça que fixa a chapa ao calce tipográfico.

UNHADO – Termo heráldico que se aplica aos bovídeos que figuram no escudo e cujas patas ou unhas apresentam esmaltes diferentes do corpo.

UNIÃO BIBLIOGRÁFICA – Habitualmente designada pela expressão inglesa *bibliographic coupling*, enuncia que dois artigos que citam um anterior têm algo em comum, sendo a ligação tanto mais forte, quanto maior for o número de referências comuns neles citadas; é utilizada para explorar o grau de semelhança no tratamento do assunto e o seu uso auxilia o investigador a encontrar trabalhos relacionados.

UNICÓRNIO – Animal fantástico descrito nos bestiários medievais, pequeno como um carneiro e apenas com um corno na frente, usado na decoração de códices, simbolizando a pureza e a virgindade; a sua caça recordava o martírio de Cristo.

UNICUM (pal. lat.) – Palavra pouco frequente aplicada para designar a raridade de um livro do qual não se conhece qualquer outro exemplar; por tal razão, é prudente não aplicar a expressão senão acompanhada de um adjectivo como "presumivelmente" ou "aparentemente", ou ainda usando a expressão "não citado por qualquer bibliógrafo conhecido". Raríssimo.

UNIDADE – Número um • Harmonia de conjunto das partes de uma obra • Padrão. Tipo • Conjunto de documentos reunidos segundo um critério estabelecido.

UNIDADE ADMINISTRATIVA – Qualquer biblioteca, arquivo, serviço de documentação, etc. autónomo ou grupo de bibliotecas, etc. com administração ou direcção única.

UNIDADE ARQUIVÍSTICA – Documento ou conjunto de documentos de arquivo que testemunha as funções e actividades da entidade produtora do arquivo.

UNIDADE BIBLIOGRÁFICA – Corpo definido de informação registada e suporte que a contém • Documento que constitui uma unidade independente e é descrito numa entrada principal separada em catálogo ou bibliografia • Publicação que possui um título próprio ou à falta deste um assunto e que forma um todo no espírito do editor.

UNIDADE BIBLIOTECOLÓGICA – Cada uma das unidades físicas que constituem uma obra.

UNIDADE CENTRAL DE PROCESSAMENTO – É o centro de um computador; coordena e controla as actividades de todas as outras unidades e leva a cabo todos os processos lógicos e aritméticos aplicados aos dados. Processador central. Unidade principal.

UNIDADE CODICOLÓGICA – Volume, parte de volume ou conjunto de volumes cuja execução pode ser considerada como uma operação única, realizada nas mesmas condições de lugar, tempo e técnica.

UNIDADE DE ANÁLISE – Termo técnico que designa o item que é controlado na pesquisa; não deve ser confundido com o tópico da pesquisa: por exemplo, um pesquisador que investiga como uma biblioteca é utilizada, obtém informação acerca de utilizadores individuais; o uso da biblioteca é o tópico da pesquisa; os utilizadores da biblioteca são as unidades de análise; portanto, a unidade de análise é aquela que deve ser descrita previamente no sentido de agregar as suas características, com a finalidade de descrever um grupo mais vasto ou explicar um conceito ou actividade. A unidade de análise pode ser individual, de grupo, organizações ou objectos, tais como livros ou registos catalográficos.

UNIDADE DE CONSERVAÇÃO – Sistema de armazenamento (caixa, bolsa, pasta, envelope, etc.) usado para proteger os documentos do atrito, da luz e do pó antes de serem colocados nos arquivadores • Unidade de instalação.

UNIDADE DE CONTROLO DE QUALIDADE – Unidade do sistema de microfilmagem onde é verificada a qualidade das imagens do filme; essa qualidade é controlada através de um programa de qualidade com dois momentos: a inspecção óptica e a inspecção química.

UNIDADE DE ENCADERNAÇÃO – Cada um dos cadernos dobrados e alceados para formar um volume • Volume formado por esses cadernos.

UNIDADE DE ENTRADA – Unidade do sistema de microfilmagem onde são registados os dados, isto é, onde é efectuada a microfilmagem da informação.

UNIDADE DE FICHEIROS MÚLTIPLOS – Entidade bibliográfica que é constituída por mais de um ficheiro de dados legíveis por computador. Unidade de multificheiros.

UNIDADE DE INFORMAÇÃO – Em processamento de dados, uma única unidade de informação dentro de um conjunto de dados.

UNIDADE DE INSTALAÇÃO – Unidade básica de cotação, instauração e inventariação das unidades arquivísticas; são unidades de instalação caixas, maços, bolsas, livros, rolos, pastas, sobrescritos, etc. Unidade de conservação.

UNIDADE DE MULTIFICHEIROS – *Ver* Unidade de ficheiros múltiplos.

UNIDADE DE PAUTADO – Distância que separa duas linhas. Intervalo que separa as linhas do pautado; obtém-se dividindo a altura da caixa de escrita pelo número de linhas traçadas menos uma.

UNIDADE DE PROCESSAMENTO – Unidade do sistema de microfilmagem onde são processadas as imagens latentes para permitir a sua posterior leitura; durante o processamento as imagens são reveladas, fixadas, lavadas e secas • Unidade funcional constituída por um ou mais processadores e pelas suas memórias internas.

UNIDADE DE SAÍDA – Máquina que foi concebida para receber os resultados ou a saída do processamento de dados em computador ou para informar acerca deles.

UNIDADE DE SIGNIFICAÇÃO – Parte significativa de um documento.

UNIDADE DE TIRAGEM – Nome dado ao conjunto de cadernos que compõem uma publicação impressos cada um sobre um mesmo molde.

UNIDADE DOCUMENTAL – Grupo de itens documentais que registam um ou mais documentos contendo assuntos em comum e que se complementam organicamente em diferentes níveis; a sua organização deve seguir uma ordem cronológica ou um outro critério que se entenda adoptar, de acordo com os próprios documentos • Documento que faz parte de um expediente.

UNIDADE DOCUMENTAL DE ENSINO – Instrumento didáctico para o ensino de história e interpretação do passado consistindo em uma selecção de documentos, fac-símiles, cópias, fotografias e mapas antigos e recentes para uso em sala de aula, relacionado com algum período, acontecimento, movimento ou personagem histórico, com material exploratório para professores e alunos.

UNIDADE PERIFÉRICA DE ENTRADA – Mecanismo como o teclado ou o rato, que permite fornecer dados (texto, ilustrações, etc.) ao computador.

UNIDADE PRINCIPAL – *Ver* Unidade central de processamento.

UNIFAXE – Sistema de telefoto que dá origem a imagens sem brilho.

UNIFOLIADO – Que tem uma só folha.

UNIFORM RESOURCE CHARACTERISTICS/CITATIONS (loc. ingl.) – Citações uniformes de recursos característicos, projecto de desenho de metadados. *URC*.

UNIFORM RESOURCE IDENTIFIER (loc. ingl.) – Identificador uniforme de recurso, termo que é recomendado pelo *World Wide Web Consortium* para designar aquilo que vulgarmente é designado por *URL (Uniform Resource Locator)*. Um *URI* identifica um determinado recurso na *Web*, enquanto o *URL* identifica o recurso e indica como encontrá-lo. *URI*.

UNIFORM RESOURCE LOCATOR (loc. ingl.) – Endereço e protocolo para aceder a um sistema, criado por Tim Berners-Lee em 1991, conjunto de caracteres estabelecido de acordo com um formato normalizado, que diz respeito à localização de um recurso (documento ou imagem) na *Internet*; é designado habitualmente por endereço *Web*. Ao U de *URL* atribui-se por vezes o significado de *Universal*, talvez porque cada *URL* é um tipo de *URI (Uniform Resource Identifier)*. A diferença entre um e outro reside no facto de o *URI* identificar um determinado recurso na *Web*, enquanto o *URL* identifica o recurso e indica como encontrá-lo. *URL*.

UNIFORM RESOURCE NAME (loc. ingl.) – Endereço e protocolo que identifica uma entidade, sem especificar onde esta está localizada. *Ver* Identificador de documento. *URN*.

UNIFORME – Com a mesma forma. Invariável.

UNIFORMIDADE – Qualidade de uniforme • Ordem rigorosa que se deve seguir em todas as impressões e em cada uma das suas partes • Grau de regularidade na distribuição das substâncias constitutivas do papel, nomeadamente as fibras.

UNIFORMIZAÇÃO – Acto ou efeito de tornar uniforme • Normalização.

UNIFORMIZAR – Tornar uniforme • Normalizar.

UNILINGUE – Pessoa que tem competência comunicativa e gramatical apenas em uma língua • O que está escrito numa só língua.

UNILINGUISMO – Uso e conhecimento activo de apenas uma língua.

UNIMARC – Acrónimo de *Universal Machine-Readable Catalog*, implementação específica da norma *ISO* 2709/1981 que estabelece o formato internacional normalizado de registo de dados bibliográficos em formato legível por máquina; o seu propósito primordial é facilitar a permuta internacional de dados bibliográficos em formato legível por máquina entre as agências bibliográficas nacionais. *Universal MARC*.

UNIONES (pal. lat.) – Nome dado aos cadernos de quatro páginas, que se formavam dobrando pelo meio as folhas, para a confecção de um códice.

UNIR – Juntar umas às outras as composições da mesma obra espalhadas por vários tipógrafos • Operação de correcção tipográfica que consiste em suprimir um espaço entre duas letras, palavras ou linhas que não devia estar no texto.

UNISIST (pal ingl.) – Programa criado em 1969 pela *UNESCO* e pelo Conselho Internacional das Associações Científicas e posto em prática com a finalidade de recensear os periódicos científicos técnicos.

UNITERMO – O mais pequeno elemento significativo de uma linguagem documental utilizado para representar um conceito específico num sistema de indexação coordenada.

UNIV. – Abreviatura de universidade *e* universal.

UNIVERSAL AVAILABILITY OF INFORMATION (loc. ingl.) – Acesso Universal à Informação, organismo da *IFLA* que tem a missão de estudar e melhorar o fluxo internacional da informação. *UAP*.

UNIVERSAL DESCRIPTION, DISCOVERY AND INTEGRATION (loc. ingl.) – Partilha de informação na base da qual residem protocolos de ligação e formatos de mensagens normalizados; para dar a conhecer os serviços, eles são usualmente publicados em directórios, geralmente chamados *UDDI*.

UNIVERSAL MACHINE-READABLE CATALOG (loc. ingl.) – Implementação específica da norma *ISO 2709/1981* que estabelece o formato internacional normalizado de registo de dados bibliográficos em formato legível por máquina; o seu propósito primordial é facilitar a permuta internacional de dados bibliográficos em formato legível por máquina entre as agências bibliográficas nacionais. Universal *MARC. UNIMARC*.

UNIVERSAL MARC (loc. ingl.) – *Ver Universal Machine-Readable Catalog.*

UNIVERSALIDADE – Atributo de um escritor cuja aceitação colectiva é particularmente dilatada no espaço ou no tempo, por muito que vão procurar mais longe os seus irmãos de clã ou os seus contemporâneos • Totalidade. Generalidade.

UNIVERSO – Em estatística, conjunto de indivíduos, acontecimentos, objectos, etc. que têm uma característica comum que um investigador pretende estudar. População (universo).

UNIVERSO BIBLIOGRÁFICO – Expressão usada para designar todos os objectos físicos que registam informação e que podem ser tratados como entidades; como tal, constituem a base para as descrições bibliográficas.

UNÍVOCO – Que designa muitos objectos distintos, mas que são do mesmo género e têm o mesmo sentido • Em gramática, com o mesmo sentido, que designa objectos diferentes • Próprio. Característico • Que admite apenas uma forma de interpretação.

UNO VERBO (loc. lat.) – Expressão latina que significa numa palavra, em resumo.

UNWAN – Termo oriental para título. Decoração iluminada do frontispício ou da página inicial de um manuscrito persa ou árabe ou do início de uma nova secção ou capítulo.

UPANIXADE (pal. sânsc.) – Nome dado aos livros sagrados da filosofia hindu datados do século VIII-IV a. C., anexados às escrituras hindus como *Vedanta. Ver* Veda.

UPLOAD (pal. ingl.) – Transferência de ficheiros de um computador para um computador remoto.

UPF – Acrónimo de *Uniform Preservation Format,* Formato universal de preservação digital, iniciativa que visa criar um formato normalizado para agregar meta-informação de preservação junto do objecto digital.

UPLOADING (pal. ingl.) – Transferência. Envio de um ficheiro para um computador remoto, através de um *modem* e linhas telefónicas.

UP-TO-DATE (pal. ingl.) – Recente • Até à data • Actualizado.

UR (port. Bras.) – Abreviatura de Umidade relativa. *Ver* Humidade relativa.

URC – Acrónimo de *Uniform Resource Characteristics/Citations*, Citações uniformes de recursos característicos, projecto de desenho de metadados.

URI (pal. ingl.) – Acrónimo de *Uniform Resource Identifier,* Identificador uniforme de recurso, termo que é recomendado pelo *World Wide Web Consortium* para designar aquilo que vulgarmente é designado por *URL (Uniform Resource Locator).* Um *URI* identifica um determinado recurso na *Web*, enquanto o *URL* identifica o recurso e indica como encontrá-lo.

URL – Acrónimo de *Uniform Resource Locator*, endereço e protocolo para aceder a um sistema, criado por Tim Berners-Lee em 1991, conjunto de caracteres estabelecido de acordo com um formato normalizado, que diz respeito à localização de um recurso (documento ou imagem) na *Internet*; é designado habitualmente por endereço *Web*. Ao *U* de *URL* atribui-se por vezes o significado de *Universal*, talvez porque cada *URL* é um tipo de *URI (Uniform Resource Identifier)*. A diferença entre um e outro reside no facto de o *URI* identificar um determinado recurso na *Web*, enquanto o *URL* identifica o recurso e indica como encontrá-lo.

URN – Acrónimo de *Uniform Resource Name*, que identifica uma entidade, sem especificar onde esta está localizada. *Ver* Identificador de documento.

URTIGA – Género de planta cujas fibras eram usadas no fabrico de papel em meados do século XIX.

USADO – Diz-se de um tipo, livro ou obra impressa que foi muito utilizado sem estar forçosamente deteriorado. Cansado. Gasto. Velho.

USENET (pal. ingl.) – Sistema de comunicação dos grupos de discussão. *Ver Newsgroup*.

USER NAME (loc. ingl.) – Em informática, palavra ou combinação de letras e números que a maioria dos sistemas hospedeiros pede ao utilizador, aquando da primeira conexão.

USO – *Ver Circulação*.

USO RAZOÁVEL – Direito que é reconhecido a qualquer pessoa de poder usar um trabalho sob protecção dos direitos de autor no ensino, investigações, etc., citando-o, criticando-o ou comentando-o.

USUAL – Que se usa com frequência • Comum • Obra de referência que geralmente se encontra disponível em sistema de livre acesso, com vista à consulta imediata e rápida na biblioteca, arquivo, serviço de documentação, etc., em particular na sala de leitura e de consulta • Diz-se também da obra de referência de uso frequente, como dicionários, bibliografias, anuários, etc. *Ver* Obra de referência.

USUÁRIO – Utente. Utilizador. Prestatário. Leitor • Pesquisador • Cliente.

USUFRUTO DO DIREITO DE AUTOR – Posse, gozo do direito de converter em propriedade própria para o uso o produto de direito de autor alheio.

USUFRUTUÁRIO – Pessoa que dispõe do direito de utilização de um bem, do qual não tem a propriedade.

USUS SCRIBENDI (loc. lat.) – Estilo literário do autor cujo texto é editado.

UT EST APUD PLATONEM (loc. lat.) – Segundo Platão. Como está em Platão, frase que se usa para dar crédito a uma citação deste autor clássico.

UT INF. (loc. lat.) – *Ver Infra*.

UT INFRA (loc. lat.) – Como abaixo (se diz ou está escrito). *Ver Infra*.

UT SUP. (loc. lat.) – *Ver Supra*.

UT SUPRA (loc. lat.) – Como acima (se disse ou está escrito). *Ver Supra*.

UTENTE – Que ou o que usa. Utilizador. Usuário.

UTILIZAÇÃO DE OBRA – Acto de tirar proveito, lançar mão ou servir-se de uma obra com uma determinada finalidade.

UTILIZAÇÃO LIVRE – Expressão do código do direito de autor português, que designa, de um modo genérico, as utilizações lícitas de uma obra que podem ser feitas sem o consentimento do autor.

UTILIZADOR – Pessoa que pretende consultar os documentos existentes numa unidade de documentação, informação sobre eles, ou obter qualquer outra informação no âmbito da especialidade dessa unidade de documentação. Utente. Prestatário • Leitor • Pesquisador • Cliente. (port. Bras.) Usuário.

UTILIZADOR DE BIBLIOTECA – Pessoa que usa o material existente numa biblioteca e os serviços que ela proporciona. Consulente. Leitor.

UTILIZADORES MÚLTIPLOS – Sistema de computadores cujos terminais se encontram ligados ao processador central, que reparte os seus recursos e o processador usado pelos utilizadores, permitindo a sua utilização por mais do que uma pessoa de cada vez.

V

V – Letra do alfabeto latino e do de quase todas as línguas antigas e modernas • O tipo que na impressão reproduz essa letra • A matriz desse tipo • Punção com que se grava essa matriz • Assinatura correspondente ao vigésimo caderno de um volume, quando se usam letras para esse fim • Nas chamadas de nota indica a vigésima segunda nota, quando se usam letras em lugar de números ou sinais • Na numeração romana equivale a 5; quando encimada por um til (~) tinha o valor de 5000.

V. – Abreviatura de *vide,* ver, veja, veja-se em, você, vosso ou vossa, *vir* (género humano, homem ilustre), volume e *vale* (fórmula final de uma carta ou missiva).

V. A. – Abreviatura de Vossa Alteza.

V. CL. – Abreviatura de *Viro clarissimo*, pessoa ilustre; precede ou segue o nome da pessoa a que se refere, geralmente o autor ou a pessoa a quem a obra é dedicada.

V. E. – Forma abreviada de Vossa Eminência ou Vossa Excelência.

V. I. – Forma abreviada de *Viro Illustrissimo*, epíteto que adjectiva um autor eminente e célebre, geralmente colocado na sequência do seu nome, quando aparece mencionado no título dos livros antigos.

V. M. – Abreviatura de Vossa Mercê ou Vossa Majestade.

V. T. – Forma abreviada da expressão Ver também, Ver tb.

V.D.C. – Acrónimo de *Vovet, dicat ou dedicat et consecrat*, expressão latina que subscreve dedicatórias ou frases dirigidas a uma pessoa à qual se dedica uma obra.

V. G. – Forma abreviada de *Verbi gratia*.

V.º – Forma abreviada de verso.

VADE-MÉCUM – Livro de pequeno volume que se pode transportar facilmente e que serve como guia de consulta frequente, contendo as noções mais necessárias de uma ciência ou arte • Significa literalmente "vai comigo" em latim e referia-se a um livro portátil (comumente suspenso do cinto) consistindo frequentemente em folhas dobradas em acordeão; este tipo de livro podia ser facilmente consultado por médicos, por exemplo, e continha por vezes calendários, almanaques e informação médica • Genericamente designa aquilo que alguém traz sempre consigo • Prontuário. Manual. Resumo. Compêndio • Roteiro. *Vademecum.*

VADEMECUM (pal. lat.) – *Ver* Vade-mécum.

VALE – Palavra que se coloca ao lado de uma correcção assinalada para validá-la, com frequência substituída pela inicial V • Texto escrito sem valor legal que representa um quantitativo em débito.

VALE (pal. lat.) – Fórmula de saudação de tradução difícil, que significa mais ou menos adeus, saúde, passa bem, frequentemente usada como fórmula final em dedicatórias, prefácios ou no fecho de cartas.

VALIDAÇÃO – Acto ou efeito de validar. Comprovação • Anuência que se concede ao teor de um documento, após a sua verificação (isto é, a sua leitura em voz alta para controlar possíveis erros), através da robora, subscrição dos intervenientes, aposição dos selos, cruzes dos confirmantes ou *testes* e sinais públicos do tabelião. *Validatio.*

VALIDATIO (pal. lat.) – *Ver* Validação.

VALÓNIA – Extremidade seca que reveste as glandes de certas variedades de carvalho, usada como agente corante.

VALOR – Significado exacto de um termo.

VALOR ADMINISTRATIVO – Importância que possui um documento para o tratamento dos negócios correntes ou futuros de um ser-

1223

viço administrativo de origem ou do seu sucessor. Valor primário • Valor fiscal • Em arquivística, importância que um documento detém para a administração produtora do arquivo, na medida em que informa ou prova o processamento dos seus actos correntes ou futuros.

VALOR ARQUIVÍSTICO – Validade probatória e/ou informativa, que justifica a conservação permanente de um documento ou de um fundo ou núcleo num arquivo.

VALOR DE ARQUIVO – Após a revisão e avaliação, expressão que traduz a decisão de que os registos ou outros documentos merecem ser conservados indefinida ou permanentemente.

VALOR FISCAL – Importância atribuída a um documento de arquivo com a finalidade de comprovar operações financeiras e fiscais, geradas para atender a exigências correntes ou futuras. Valor administrativo. Valor primário. Valor intrínseco.

VALOR HISTÓRICO – Interesse que um livro ou encadernação apresenta, para além da informação que é transmitida pelas suas palavras impressas • Integridade de um livro em termos da sua produção original, de detalhes e acidentes de percurso. *Ver* Integridade bibliográfica.

VALOR INFORMATIVO – Valia decorrente da informação contida nos documentos utilizados com a finalidade de referência ou de pesquisa, independentemente do seu valor de testemunho da história da instituição que os produziu; opõe-se a valor probatório.

VALOR INSTITUCIONAL – Préstimo inerente a um fundo de arquivo que permite estabelecer a origem, a estrutura, a competência e o funcionamento que caracterizam a instituição criadora do documento; opõe-se a valor informativo • Valor probatório. Valor legal.

VALOR INTRÍNSECO – Importância histórica, bibliográfica ou artística própria de um documento dependendo da retenção das suas componentes originais, factores tais como o seu conteúdo, as circunstâncias da sua produção, a presença ou não de assinaturas, selos, etc. Valor primário. Valor fiscal. Valor administrativo.

VALOR LEGAL – Préstimo que representa um documento para o serviço administrativo de origem ou para o seu sucessor na conduta dos assuntos que necessitam do recurso legal • Valor inerente a certas categorias de documentos que permitem a defesa dos direitos das pessoas físicas ou morais. Valor institucional. Valor probatório.

VALOR PERMANENTE – Valia probatória ou informativa que justifica a conservação dos documentos num arquivo por tempo indefinido.

VALOR *pH* – Factor que determina a alcalinidade ou acidez do papel ou de outro suporte da escrita; a escala de *pH* vai de 0 a 14, sendo 7 o ponto neutro, abaixo do qual é ácido e acima alcalino; é medido através de aparelhagem especial ou de fitas indicadoras próprias para o efeito.

VALOR PRIMÁRIO – Importância que os documentos possuem em função do interesse que têm para a entidade ou instituição que os produziu ou conservou, tendo em vista a sua utilização com fins administrativos, legais ou fiscais. Valor intrínseco. *Ver tb.* Valor administrativo.

VALOR PROBATÓRIO – Importância intrínseca de documentos de arquivo que lhes permite servir de prova legal • Valor atribuído a um núcleo arquivístico, que permite estabelecer a origem, estrutura, competência e funcionamento da instituição que o produziu. Valor institucional. Valor legal.

VALOR SECUNDÁRIO – Interesse que os documentos possuem, de ordem probatória, cultural ou informativa para a entidade que os produziu ou para outras entidades e utilizadores particulares; este tipo de interesse respeita à utilização dos documentos para fins diferentes daqueles para os quais foram produzidos; deve ser considerado numa dupla perspectiva: a do valor probatório e a do valor informativo.

VANDALISMO – Inclinação perversa para destruir objectos preciosos; são sinais visíveis de vandalismo alguns dos que observamos em obras antigas ou modernas, como cortar os pertences, apagar assinaturas, rasgar folhas, mutilar cadernos, recortar ou arrancar gravuras, deteriorar encadernações, etc.

VANITAS (pal. lat.) – Natureza morta alegórica que apresenta frequentemente um crânio, e na qual todos os objectos representados se destinam a fazer lembrar a efemeridade da vida humana; este tipo de representação iconográfica teve grande voga na Holanda no século XVII e é frequente em gravuras; o termo deriva da frase latina *vanitas vanitatum*, vaidade das vaidades. O mesmo que *vanité*.

VANITÉ (pal. fr.) – Representação iconográfica onde, através da apresentação de um crânio (o "crânio das vaidades" de S. Jerónimo) e de outros elementos de carácter passageiro, se pretende fazer lembrar que o tempo e a morte apagam todas as glórias deste mundo, reflectindo, assim, o carácter efémero de todas as coisas terrenas. O mesmo que *vanitas*.

VANITY PRESS (loc. ingl.) – Editor que publica livros à custa do próprio autor. *Vanity publisher*.

VANITY PUBLISHER (loc. ingl.) – Editor que publica obras por conta e risco do autor, encarregando-se aquele apenas da distribuição. *Vanity press*.

VANTAGEM ACUMULADA – Em bibliometria, princípio que é usado para explicar o facto de um determinado tipo de acontecimentos terem tendência para ocorrer sempre no mesmo contexto.

VANTAGEM COMUNICATIVA – Expressão usada em bibliometria para traduzir o princípio que consiste em explicar o facto de certo tipo de casos terem tendência para ocorrer sempre no mesmo contexto.

VAR. – Abreviatura de variante.

VARA – Atributo simbólico de poder, presente na gravura impressa antiga, usado para representar a força do Bem.

VARA LARGA – Composição tipográfica que agrupa várias colunas em medidas maiores, como se fosse cheia, mas de modo que as medidas fiquem exactas e que possam depois colocar-se filetes verticais entre as colunas.

VARA PARA PERIÓDICOS – Mecanismo usado para suspender periódicos, que permite que as páginas de um ou de diversos números de uma publicação periódica se mantenham juntas, o que faz com que haja uma maior comodidade na sua consulta e manuseamento.

VARETA – Acessório de ficheiro, em forma de vara comprida de metal, usado para submeter as fichas, por forma a mantê-las organizadas e seguras • Dispositivo de ferro que mantém as folhas apertadas contra o tímpano das minervas enquanto dura a impressão.

VÁRIA – Expressão usada em descrição de manuscritos para transcrever *probationes calami*, fórmulas, motes, orações, alfabetos, poesias curtas, receitas, recordações históricas, obituários, etc. frequentemente presentes nas folhas de guarda, no interior das pastas, no início e no fim dos textos, que foram acrescentados em diversas épocas por várias pessoas, na generalidade não identificáveis, que tiveram à mão o manuscrito • Conjunto bibliográfico de obras diversas. Vário • Pequeno comentário de jornal. *Suelto*. Local. Tópico.

VARIAÇÃO TÉRMICA – Amplitude de temperatura medida entre a máxima e a mínima que, se for muito ampla, favorece a expansão e contracção sucessivas dos materiais gráficos e de encadernação; este processo constitui um dos factores de degradação mais acelerados, tanto mais que esta variação térmica é sempre acompanhada por uma variação higrométrica.

VARIANTE – Modificação ou inovação respeitante ao texto • Diferença que se encontra por vezes no texto de um códice manuscrito ou livro impresso, em relação a um outro da mesma obra, de outra época ou edição; estas diferenças são frequentes nos livros antigos impressos manualmente, no decorrer de cuja impressão iam sendo corrigidos os erros que eram encontrados; há quem considere as variantes como uma nova impressão ou como outra edição da mesma obra • No caso de livros ou materiais afins, a cópia de uma edição que forma um grupo distinto que se diferencia das outras cópias da mesma edição por variações mais ou menos acentuadas; mais usualmente, uma nova impressão na qual foram incorporadas correcções ou revisões no mesmo tipo • No caso de materiais não-livro, de uma edição ou item formando um grupo distinto, que se diferencia de outras cópias por variações bem definidas • Em filologia, cada uma das versões do texto, tendo em vista o original • Lugar do texto em que ocorre divergência entre dois ou

mais testemunhos • Forma linguística que corresponde a uma das alternativas de um certo conjunto num determinado contexto.
VARIANTE ADIÁFORA – Aquela que não denuncia a autenticidade ou erro da introdução de um elemento estranho ao texto.
VARIANTE AUTORAL – *Ver* Variante sincrónica.
VARIANTE DE AUTOR – *Ver* Variante sincrónica.
VARIANTE DE REDACÇÃO – Alteração que foi introduzida voluntariamente num texto por um redactor que não o autor.
VARIANTE DE TÍTULO – *Ver* Título alternativo.
VARIANTE DE TRADIÇÃO – *Ver* Variante diacrónica.
VARIANTE DIACRÓNICA – Aquela que corresponde às inovações que foram introduzidas num texto original pelos copistas dos códices manuscritos, independentemente da vontade do autor, ao longo da transcrição manuscrita da obra. Variante de tradição.
VARIANTE ORTOGRÁFICA – Cada uma das grafias que existem para um termo.
VARIANTE SINCRÓNICA – Aquela que corresponde às inovações que foram introduzidas numa obra pelo seu autor, numa das fases da redacção do texto. Variante autoral. Variante de autor.
VARIANTES DO NOME – Formas diversas de um mesmo nome utilizadas por uma pessoa na sua actividade literária, artística ou outra.
VARIÁVEL – Notação de colecção homogénea ou compósita contendo composições com apresentação diversa.
VARIÁVEL INDEPENDENTE – Em estatística, variável que influencia outra variável durante uma investigação; a segunda variável chama-se dependente.
VARIEDADES – Secção de um jornal ou revista onde são incluídos passatempos, charadas, adivinhas, anedotas e outros elementos de diversão.
VÁRIO – Conjunto de documentos, folhas soltas, folhetos ou livros de diversos autores, assuntos ou tamanhos reunidos em volumes, maços ou caixas. O mesmo que vária.

VARIORUM (pal. lat.) – Forma abreviada da expressão latina *cum notis variorum scriptorum*, com notas de diversos escritores, frase que acompanhava algumas edições clássicas estimadas • Obra clássica impressa com notas de diversos escritores sob forma de comentários.
VAZADO – Moldado. Fundido • Escavado.
VAZADOR – Aparelho usado em encadernação para fazer furos no cartão e no papel.
VCR – Acrónimo de *Video-cassettes Recorder*, gravador de videocassetes.
VD. – Abreviatura de *vide*, ver, veja, veja-se em.
VDU – Acrónimo de *Visual* (ou *Video*) *Display Unit*, Unidade de apresentação visual. *Ver* ecrã.
VECTOR GRAPHIC (loc. ingl.) – *Ver* Imagem vectorial.
VEDA – Conjunto dos quatro livros sagrados do hinduismo bramânico redigidos em sânscrito a partir de 2000 até 500 a. C. Os mais antigos incluem as colecções de hinos védicos: *Rigveda, Samaveda, Ajurveda* ou outros mais recentes com orientações diversas; de orientação mágica: *Atharveda*; de conteúdo doutrinal: *Brahmanas y Aranyakas*; de orientação esotérico-mística: o *Upanixade*.
VEDANTAS – Texto muito importante da cultura hindu.
VEDETA – *Ver* Entrada.
VEGETALISTA – *Ver* Fitomórfico.
VEÍCULO – Na composição das tintas, nome dado ao líquido em que são misturados o pigmento e outros componentes e que é o responsável pela viscosidade, fluidez e consistência das mesmas; primitivamente foram utilizados como veículo a água e alguns óleos vegetais, como o óleo de linhaça, substituídos pelos óleos minerais, as resinas e produtos sintéticos diversos, depois do século XIX.
VELADURA – *Ver* Velatura.
VELATURA – Processo de restauro que consiste no reforço do documento através da sua inserção dentro de duas folhas de gaze de seda ou da colagem sobre o verso do documento em papel, de uma folha de papel japonês através da aplicação de cola metilcelulósica, com a finalidade de lhe conferir maior resistência física, sem lhe alterar significativamente a legi-

bilidade • Cobertura de uma pintura ou gravura com uma fina camada de tinta, de modo a poder ver-se a pintura ou gravura que está por baixo. Veladura.

VELINO – Pele de vitela, mais lisa e mais fina do que o pergaminho vulgar, reservada aos manuscritos de luxo; encontram-se excepcionalmente incunábulos impressos em velino; é possivelmente o mais belo dos materiais desde sempre usado para confecção de livros; era produzido a partir de peles de animais – vitela, cordeiro ou cabrito com quatro a seis semanas de vida; o mais fino velino, porém, era produzido a partir do velino uterino ou *abortium pergamena vitulina* ou *pergamena virginea* que, como os nomes indicam, deriva do estado de gestação do feto ainda antes do nascimento. Modernamente admite-se a hipótese de se tratar de peles cortadas no sentido da espessura segundo uma técnica que se terá perdido. Pergaminho velino. Pergaminho virgínio. *Vitulinium. Vitulus.* Devido à sua delicadeza e menor resistência que a do pergaminho, o velino era sobretudo destinado a obras de menor corpo e de texto extenso (como a Bíblia), uma vez que permitia uma escrita mais miúda e compacta; dada a sua fragilidade os cadernos eram constituídos por mais folhas, de modo a suportarem uma cosedura mais sólida • Nome dado ao papel liso e uniforme, sem vergaturas nem pontusais, inventado em Inglaterra por volta de 1750 e utilizado em edições de luxo. Papel tecido.

VELINOS – Títulos de nobreza. Pergaminhos.

VELLUM (pal. lat.) – *Ver* Pergaminho.

VELOCIDADE DE ACESSO – Período temporal, em geral da ordem da milésima de segundos, que a cabeça que lê a informação contida num suporte electrónico demora a localizá-la.

VELOCIDADE DE BITS – Velocidade a que podem detectar-se ou registar-se por uma máquina os dígitos binários, ou a que podem transmitir-se por um canal; é, em geral, expressa como *bps* ou bits por segundo.

VELOCIDADE DE TRANSFERÊNCIA DE DADOS – Velocidade a que são transmitidos os dados de um determinado ponto de um canal para outro; a velocidade de transferência dos dados é medida em bits por segundo.

VELUDO – Tecido no qual uma das faces é coberta por pequenos pêlos muito bastos, usado em encadernações ricas, por vezes com aplicações de prata.

VENCIMENTO – Cumprimento de um prazo • Facto de esperar o prazo para cumprimento de um determinado encargo.

VENCIMENTO DE EMPRÉSTIMO – *Ver* Expiração de empréstimo.

VENDA À COMISSÃO – Modalidade de transacção através de uma rede de agentes que se incumbem da comercialização de livros, etc.

VENDA A PESO – Autoridade que é concedida ao editor pelo *Código de direito de autor*, para vender ao quilo os exemplares de uma obra que não possa ser colocada no mercado pelo preço estabelecido dentro do prazo convencional ou, na ausência de convenção, de oito anos a contar da sua data de publicação.

VENDA A VAREJO (port. Bras.) – Venda de livros a retalho, prática que é a mais corrente na comercialização de livros importados.

VENDA AMBULANTE – Comércio errante de publicações e documentos.

VENDA AVULSA – Comércio de jornais e revistas que se faz directamente ao público, independentemente da assinatura.

VENDA DE PUBLICAÇÕES – Comércio de documentos publicados, seja qual for a sua tipologia.

VENDA DIRECTA – Na comercialização do livro, designa-se deste modo a transacção que é feita entre o editor do livro e o seu consumidor final, sem intermediário • Entrega por mala directa e de porta-a-porta, modalidade que há muitos anos é adoptada para a comercialização das enciclopédias e de outras obras de preço elevado.

VENDA EM GLOBO – No comércio do livro, modalidade de transacção pela qual se propõe para venda e se transaccionam grandes lotes de livros, a maioria dos quais não tem saída imediata, podendo encontrar-se entre eles outros que obtêm elevado valor no mercado.

VENDA EM LEILÃO – *Ver* Leilão de livros.

VENDA EM SALDO – Autoridade que é concedida ao editor pelo *Código de direito de autor*, para vender por baixo preço os exemplares de uma obra que não possa ser colocada no mer-

cado pelo preço estabelecido dentro do prazo convencionado ou, na ausência de convenção, de oito anos a contar da sua data de publicação.
VENDA FIRME – *Ver Steady-seller*.
VENDA GRITADA – Venda de jornais feita pelo vendedor ambulante, que apregoa os títulos.
VENDA INDIRECTA – *Ver* Distribuição indirecta.
VENDA ON-LINE – Modalidade de comercialização de livros e outros produtos e documentos através da *Internet*, assente no uso das tecnologias digitais e surgida como alternativa à venda tradicional dos mesmos, que se baseia num sistema de oferta personalizado e assente em fórmulas de *marketing* muito cuidadas.
VENDA POR ATACADO – No comércio do livro, modalidade de transacção feita em grandes lotes.
VENDA POR COLPORTAGE – Nome dado ao tipo de venda que era feita por vendedores porta-a-porta, que carregavam às costas a mercadoria a vender, apregoando-a casa-a-casa. Deriva da expressão francesa *porter à col* (levar ao pescoço), modo como as obras para venda eram então transportadas.
VENDA POR CORRESPONDÊNCIA – Modalidade de comercialização segundo a qual o leitor recebe o volume ou volumes que adquiriu no seu endereço postal.
VENDA POR NÚMERO – Transacção que é feita de forma individual, por fascículos e não como um todo.
VENDA PÚBLICA DE LIVROS – Processo de venda na qual os potenciais compradores formulam publicamente uma oferta de preço, sendo o bem em causa vendido a quem fizer a oferta mais alta. *Ver* Leilão.
VENDEDOR – Pessoa que vende. Aquele que tem um posto fixo para a comercialização de publicações • Empresa ou seu representante que comercializa produtos ou serviços.
VENDEDOR À COMISSÃO – Aquele a quem o editor concede, em geral, a exclusividade da venda de uma determinada obra em troca da atribuição de um montante sobre o número de vendas previamente estipulado.
VENDEDOR AMBULANTE – Aquele que apregoa pela rua folhetos, notícias imprevistas, etc. para venda na via pública • Propagador, noveleiro, apregoador, divulgador.
VENDEDOR DE LIVROS – *Ver* Livreiro.
VENTOÍNHA – Aparelho eléctrico de ventilação usado nas bibliotecas, arquivos, serviços de documentação, etc. para ajudar a impedir a formação de bolor com o tempo húmido de Verão, particularmente em climas tropicais; ajuda igualmente a secar documentos.
VENUNDANTUR (pal. lat.) – É vendido, vende-se, palavra à qual se seguia o nome do vendedor dos livros, e que figurava geralmente na página de rosto da publicação, de modo a que o leitor soubesse onde poderia adquiri-la.
VER – Examinar. Investigar • Encontrar em • Veja-se em. *Vide*.
VER A LUZ – Sair, ser publicado, aparecer uma obra ou outro tipo de publicação impressa, etc.
VER TAMBÉM – Expressão usada em biblioteconomia quando, além da palavra ou expressão em questão, se pretende também enviar para uma outra. Ver tb.
VER TB. – Ver também.
VERBA – Cada uma das cláusulas ou artigos de uma escritura ou documento • Comentário. Nota.
VERBA VOLANT, SCRIPTA MANENT (loc. lat.) – As palavras voam, os escritos permanecem, advertência usada para que se tenha cuidado com aquilo que se escreve.
VERBAL – Diz-se daquilo que é oral, que não é escrito.
VERBALIZAÇÃO – Acção de tornar verbal, de exprimir através de palavras.
VERBALIZAR – Tornar escrito • Transmitir por escrito, por oposição a oralizar.
VERBALMENTE – Por palavras.
VERBATIM (loc. lat.) – Literalmente. Palavra por palavra.
VERBATIM ET LITERATIM (loc. lat.) – Palavra por palavra, letra por letra, cópia ou transcrição exacta de um texto.
VERBETAR – Organizar em verbete. Fazer verbete de.
VERBETE – Apontamento, nota • Ficha de arquivo de classificação em biblioteca, arquivo, serviço de documentação, etc. • Na organização de um dicionário, o conjunto dos diversos

significados e dos exemplos respeitantes a cada palavra.

VERBETEIRO – Pessoa que organiza verbetes. Verbetista • Caixa móvel com gavetas onde se guardam verbetes. Ficheiro.

VERBETISTA – Pessoa que organiza verbetes. Verbeteiro.

VERBI CAUSA (loc. lat.) – Ver *Verbi gratia*.

VERBI GRATIA (loc. lat.) – Por exemplo; usa-se na forma abreviada *v. g.*; em textos, notas e citações bibliográficas, esclarece o exposto, dando o exemplo. *Verbi causa. Ver Exempli gratia (e.g.)*.

VERBIAGEM – Verborreia.

VERBIGRÁCIA – Palavra resultante do aportuguesamento da locução latina *verbi gratia* (por exemplo).

VERBO – Palavra variável que designa a acção praticada ou sofrida por um sujeito, ou o estado que se lhe atribui; pode apresentar contrastes morfológicos de tempo, aspecto, modo, voz, pessoa e número • Eloquência • Expressão.

VERBO DE ENCHER – Palavra desnecessária ao sentido da frase.

VERBORRAGIA – Ver Verborreia.

VERBORREIA – Abundância de palavras com poucas ideias. Logorreia • Verbosidade. Verbiagem. Verborragia.

VERBORREICO – Em que há verborreia.

VERBOSAMENTE – De modo verboso.

VERBOSIDADE – Qualidade do que é verboso • Verborreia. Logorreia.

VERBOSO – Que fala muito • Abundante em palavras, prolixo, palavroso.

VERBUM (pal. lat.) – Palavra, termo • Expressão, frase. Discurso • Linguagem.

VERBUM PRO VERBO (loc. lat.) – Palavra por palavra.

VERDE – De uma cor resultante da combinação do azul com o amarelo • A cor verde usada nas iluminuras provém da malaquite, de pigmentos argilosos, de sucos de plantas como a íris ou das folhas da salsa e de algumas plantas medicinais ou ainda do *vert-de-gris* ou verdete, que tinha por base um acetato de cobre; este era obtido através da suspensão de folhas de cobre sobre vinagre quente num recipiente fechado, até que se formasse uma crosta sobre o cobre. Ver tb. verdete.

VERDE DE VERONA – Variedade de argila rica em óxidos de ferro, utilizada como pigmento verde.

VERDE-DE-ÍRIS – Pigmento azul-esverdeado extraído de flores (de várias tonalidades de violeta, azul, branco) de algumas espécies de plantas iridáceas do género Íris (*Iris Germanica, Iris Florentina*).

VERDE-MALAQUITE – Pigmento verde-azulado brilhante, à base de malaquite, muitas vezes misturado com azurite.

VERDETE – Acetato básico de cobre utilizado como pigmento verde; era fabricado a partir de folhas de cobre mergulhadas ou recozidas em vinagre, às quais se adicionavam outros produtos como mel, goma-arábica, açafrão ou outras substâncias que acelerassem o processo. Este pigmento, ou por ser deficientemente aglutinado ou pelo alto teor de acidez que contém em si mesmo dada a sua origem, resulta quase sempre numa descamação, escurece e frequentemente corrói o suporte, não lhe resistindo nem o pergaminho.

VERDIGRIS (pal. fr.) – Corruptela da expressão francesa *vert-de-gris*. Designação dada a uma tonalidade de verde, mais azulado e escurecido, obtido pela exposição do cobre ao vinagre, cujo uso era muito frequente nas iluminuras do mosteiro de Alcobaça em elementos que vão dos entrelaçados e palmetas até às iniciais filigranadas; também é visível na pintura de iniciais simples que se apresentam somente coloridas ou ornamentadas com elementos decorativos mais sóbrios.

VERGATURAS – Fios de latão colocados no fundo da forma no processo de fabrico de papel na cuba; na forma os fios longitudinais, as vergaturas, apresentavam-se separados por uma pequena distância, alguns milímetros, e cruzavam-se com os pontusais. Estas linhas cerradas e paralelas aparecem por transparência no papel fabricado deste modo; à medida que o processo de fabrico avança e se vão obtendo papéis mais delicados, a vergatura torna-se cada vez mais fina e cerrada; na época moderna as vergaturas são por vezes obtidas mecanicamente em papéis fabricados em bobina e aos quais se quer dar a aparência de papel antigo. Vergões.

VERGÕES – Filigranas contínuas formadas por linhas paralelas muito próximas, geralmente associadas a linhas espaçadas dispostas perpendicularmente às primeiras, os pontusais. Vergaturas.

VERIFICAÇÃO – Fase da redacção de um documento em que este, após a sua forma final, é lido em voz alta, a fim de se detectarem possíveis erros • Controlo sistemático de todos os volumes ou documentos que compõem um fundo ou uma colecção. Inventário.

VERIFICAÇÃO POR ECO – Modo de comprovar a observância rigorosa da transmissão por um canal, através da devolução dos dados recebidos ao ponto emissor, para serem comparados com os de origem.

VERME – Designação imprópria da fase larvar de insectos devoradores de livros; por extensão aplica-se igualmente às formas adultas. Exemplo: o piolho-dos-livros (*Liposcelis divinatorius*), insecto psocóptero que se alimenta dos amidos das colas e do próprio papel.

VERMELHÃO – Corante vermelho à base de cinábrio ou de mínio. Zarcão • Nome dado à cor vermelha viva que se obtinha a partir de uma mistura aquecida de mercúrio e enxofre.

VERMICULADO – Diz-se dos ornatos em forma de verme.

VERMIFORME – Semelhante a verme; emprega-se geralmente para qualificar os ornatos com esta forma.

VERNÁCULO – Linguagem correcta e pura de um país • Genuíno.

VERNISSAGE (pal. fr.) – Inauguração, abertura de uma exposição ou de um evento cultural.

VERNIZ – Substância utilizada na tinta para a dissolver mais facilmente, sobretudo na tinta muito densa e forte • Substância transparente, praticamente incolor, com a qual foi por vezes revestida a superfície de certas impressões sigilares para as endurecer e proteger • Componente das tintas de impressão (sobretudo tipográficas e de *offset*), nas quais serve de veículo ao pigmento; antigamente todos os vernizes se fabricavam com gorduras vegetais, particularmente a da linhaça, que se cozia e recozia para provocar a polimerização; os vernizes de hoje têm uma composição mais complexa: contêm resinas naturais ou sintéticas e um petróleo leve no qual as tintas se diluem; os vernizes incolores (brancos transparentes) empregam-se como alargadores das tintas • Produto, geralmente composto à base de resina diluída num dissolvente, que se deposita através de impressão na capa de um livro para protegê-la ou torná-la brilhante; em alguns casos ele é aplicado apenas sobre parte das imagens, para criar efeitos estéticos; actualmente o envernizado é por vezes substituído com vantagem pelo peliculado.

VERÓNICA – Imagem de Jesus Cristo estampada num pano e/ou gravada em metal • Imagem de rosto de santo impressa ou esculpida em qualquer tipo de material.

VERS. – Abreviatura de versão.

VERSADO – Conhecedor. Sabedor. Instruído • Que se pôs em verso.

VERSAL – Letra capital, em corpo maior do que o do texto; inicia um capítulo, os nomes próprios ou o primeiro verso de um poema. *Ver* Caixa alta, letra maiúscula.

VERSALETE – Letra que, num determinado corpo, tem a forma da maiúscula e o tamanho da minúscula. *Ver* Caixa baixa, letra minúscula.

VERSÃO – Texto que comporta características próprias relativamente ao texto original, nomeadamente depois de ter sido submetido a uma tradução ou adaptação • Acto ou efeito de traduzir de uma para outra língua • Tradução. Transladação. Trasladação • Variante • Interpretação • Uma das várias formas intelectuais dadas à mesma obra; pode tratar-se de um texto original, da sua tradução ou cada um dos textos numa única língua, baseados na mesma obra original; cada versão corresponde a um original diferente • Em jornalismo é o ênfase ou ângulo pelo qual é dada uma notícia • Em música designa-se por versão a transcrição na qual o trabalho original está de tal modo modificado, que surge virtualmente como um novo trabalho, quer seja para o mesmo, quer para outro instrumento • Termo relacionado com edição, que indica que a forma de um documento foi modificada, sem que se tivessem verificado alterações na sua identidade • *Release*.

VERSÃO ABREVIADA – Extracto ou resumo de um mesmo texto, escolhido e apresentado de maneira a dar uma representação sucinta do conjunto.
VERSÃO AMPLIADA – Aquela que foi reformulada e que apresenta elementos que completam a versão original. Versão aumentada.
VERSÃO AUMENTADA – *Ver* Versão ampliada.
VERSÃO AUTORIZADA – Texto com características próprias face ao seu original e que, mediante uma permissão do detentor dos seus direitos ou outra é apresentado de novo.
VERSÃO BÍBLICA – Tradução do texto da Bíblia feita a partir das suas línguas orientais ou da versão oficial latina para uma língua vernácula.
VERSÃO COMERCIAL – Versão destinada a ser disponibilizada mediante um determinado pagamento; opõe-se a versão disponível a título gratuito e a versão em acesso livre.
VERSÃO COMPENDIÁRIA – Texto que apresenta, de modo condensado, os pontos principais de uma obra ou documento de maior volume • Texto destinado ao ensino, no qual se expõem sucintamente os princípios de uma ciência ou arte.
VERSÃO COMPLETA – Uma das várias formas dadas à mesma obra, na qual ela é considerada por inteiro, tal como quando saiu do prelo, no caso de se tratar de um texto impresso. Versão integral.
VERSÃO CONCISA – Edição de um texto isento de todos os elementos considerados supérfluos, expresso o essencial em poucas palavras, de forma clara, precisa e exacta.
VERSÃO DISPONÍVEL EM ACESSO LIVRE – Opõe-se a versão comercial. *Ver* Acesso livre.
VERSÃO DOS SETENTA – Nome dado habitualmente a todas as versões gregas do Antigo Testamento em homenagem aos 72 sábios que, instalados na ilha de Pharos, ao Norte de Alexandria, terão traduzido, no século III a. C. o *Pentateuco*, ou seja, os cinco primeiros livros da Bíblia, a saber: o *Génesis*, o *Êxodo*, o *Levítico*, os *Números* e o *Deuteronómio*; é vulgarmente conhecida por *Septuaginta*, palavra que em latim quer dizer setenta.
VERSÃO ELÉCTRÓNICA – Representação derivada ou secundária de um livro impresso ou publicado ou de um texto inicialmente pensado para ser editado sob forma impressa.
VERSÃO FINAL – Aquela que, após cuidadosa revisão e aperfeiçoamento do texto por parte do autor, ele considera apta a ser dada à impressão e a ser submetida à apreciação do público leitor.
VERSÃO INICIAL – *Ver* Versão original.
VERSÃO INTEGRAL – *Ver* Versão completa.
VERSÃO LIVRE – Texto com características próprias em relação ao original, no qual foram introduzidos elementos que não seguiram fielmente o texto inicial.
VERSÃO MODIFICADA – Aquela que sofreu alterações em relação à versão original.
VERSÃO ORIGINAL – Obra na sua forma primitiva, inicial, sem qualquer interferência posterior; opõe-se a cópia posterior • Aquela que é apresentada na sua língua de origem.
VERSÃO PARCIAL – Uma das várias formas dada à mesma obra, na qual ela não é considerada por inteiro, tal como quando saiu do prelo (no caso de se tratar de um texto impresso), mas em parte.
VERSÃO REDUZIDA – *Ver* Versão abreviada.
VERSÃO REVISADA (port. Bras.) – *Ver* Versão revista.
VERSÃO REVISTA – Variante em que o texto foi corrigido ou actualizado. Edição revista. (port. Bras.) Versão revisada.
VERSÃO SIMPLIFICADA – Aquela que torna o texto mais fácil de compreender e menos complicado de entender; trata-se geralmente de uma adaptação de um texto destinado a um público mais culto, que foi objecto de uma adaptação a um outro público menos exigente no ponto de vista cultural ou ainda a um leitor mais jovem.
VERSAR – Estudar • Pôr em verso, versejar.
VERSEJAR – Fazer versos. Versar.
VERSETO – Versículo. Texto da Bíblia ou do Alcorão constituído por duas ou três linhas, que tem sentido completo • Sinal usado pela generalidade dos tipógrafos para marcar o início de cada uma das divisões dos capítulos da Bíblia rezados nos ofícios religiosos e a subdi-

visão do parágrafo, artigo, etc., isto é, aquilo que compõe o versículo.

VERSÍCULA – Estante de livros de coro.

VERSICULÁRIO – Aquele que tem a seu cargo os livros do coro • Colecção dos versículos do ofertório; é, em geral, parte de um livro mais amplo que contém igualmente tropos e sequências.

VERSÍCULO – Parte do responsório que se reza ou canta nas horas canónicas • Divisão de parágrafo ou artigo de um texto sagrado • Sinal empregado nos livros religiosos. *Ver* Verseto.

VERSIFICAÇÃO – Arte ou técnica de construir versos • Modo como se encontram os versos numa poesia • Metrificação.

VERSIO LONGIOR (loc. lat.) – Versão mais alongada, em oposição à edição abreviada.

VERSO – Poesia • Estrofe • Versículo • Página par. Nas obras impressas e com o livro aberto corresponde sempre à página da esquerda e comporta em geral um número par • Face inferior ou interna num fólio, por oposição a recto • Em poesia, sucessão de sons representados graficamente por uma linha • Lado do pergaminho que corresponde à carne, a parte que esteve em contacto com a derme; é mais poroso e esbranquiçado • Face de uma folha impressa que é lida em último lugar, num modo de leitura sequencial normal.

VERSO BRANCO – Designação atribuída ao verso não obrigado a rima, embora esteja sujeito às outras leis rítmicas (pausas, acentos, número de sílabas, etc.). Verso solto.

VERSO DE REDONDILHA MENOR – *Ver* Heptassílabo.

VERSO ISOMÉTRICO – Verso que é do mesmo metro (tem o mesmo número de sílabas métricas).

VERSO LIVRE – Aquele que não é sujeito a qualquer regra métrica ou de acentuação e que depende apenas do ritmo interior.

VERSO QUEBRADO – Aquele a que faltam sílabas métricas para ser igual a outro com que alterna, embora a acentuação seja a mesma nas sílabas comuns aos dois.

VERSO SILÁBICO – Aquele cuja medida se determina tomando como ponto de referência o número de sílabas e não o seu valor.

VERSO SOLTO – *Ver* Verso branco.

VERSO-REMATE – *Ver* Finda.

VERSUS (pal. lat.) – A linha, regra na escrita • Linha da escrita • Também usado sob a forma abreviada *vs.*, assume o significado de contra, por oposição a • Canto.

VERTATUR (pal. lat.) – *Ver Revertatur*.

VERTER – Traduzir • Transladar. Trasladar. Transcrever.

VERTIDO – Traduzido • Transcrito, transladado.

VÉSPERA – Hora canónica que vem depois das nonas.

VESPERAL – Livro litúrgico que contém as vésperas ou o ofício da tarde, frequentemente limitado aos domingos ou a períodos especiais como os dias de festas religiosas.

VESPERTINO – Jornal diário que sai durante a tarde • Que é publicado durante o período da tarde.

VESTIR A MÁQUINA – Colocar a almofada no cilindro.

VESTIR UMA GRAVURA – Rodeá-la com corandéis de composição.

VEZES – Sinal (x) usado em matemática para indicar uma multiplicação.

VHS – Acrónimo de *Video Home System*, Sistema de vídeo familiar.

VIAGEM DE MATRIZES – Percurso que algumas matrizes tipográficas, tais como gravuras, vinhetas, tipos (sobretudo historiados) e outros elementos de composição tipográfica fazem através dos tempos e dos lugares; frequentemente encontram-se obras impressas em lugares distantes (por vezes em diferentes países) por diversos impressores, que utilizaram elementos tipográficos idênticos a outros já anteriormente publicados; tal facto explica-se por terem sido usados os mesmos materiais adquiridos em segunda mão, após uso prolongado noutro lugar. A própria itinerância dos impressores, que viajavam de um país para outro em busca de trabalho, explica que eles trouxessem consigo materiais de diversa proveniência.

VIA DE ACESSO – *Ver* Porta.

VIÁTICO – Livro com a liturgia dos enfermos e moribundos.

VIATICUM (pal. lat.) – Nome da indemnização dada aos operários tipográficos que, na impossibilidade de arranjarem trabalho no mesmo lugar, se haviam metido a caminho para o conseguirem numa outra terra; foi instituída em França no ano de 1881.
VICÁRIA – Palavra que se emprega para evitar a repetição de outra.
VICE-CHANCELER – Pessoa que, na ausência do chanceler, exerce efectivamente a direcção da chancelaria.
VICE-TABELIÃO – Auxiliar do tabelião que pode substituí-lo na sua ausência ou que se encontra estabelecido numa das localidades que depende do raio de acção do notariado, a fim de descongestionar os serviços deste.
VICIAR – Falsificar um texto com uma interpretação errónea ou através da introdução, queda ou emenda de palavras ou frases.
VÍCIO – Erro naquilo que se propõe como interpretação ou naquilo que se escreve.
VIDA ÚTIL DE ARMAZENAGEM – Período de tempo durante o qual um documento pode permanecer armazenado antes que a deterioração impeça a sua utilização.
VIDE (pal. lat.) – Veja, ver, veja-se em; por extenso ou sob a forma abreviada *v.* ou *vd.*, palavra usada para sugerir ao leitor que consulte uma outra passagem do mesmo texto ou uma determinada obra.
VIDE ETIAM (loc. lat.) – Expressão latina que significa "veja também", "veja ainda"; é usada para remeter para uma segunda hipótese de explicação.
VIDELICET (pal. lat.) – Como é evidente; o sentido primitivo, vivo no período arcaico, era "pode ver-se que", " é evidente que" e tinha como complemento uma oração infinitiva; hoje em dia usa-se em textos e citações para realçar o assunto versado.
VÍDEO – *Ver* Disco vídeo, Videodisco, *Videotape* e Registo vídeo.
VIDEO GAME – Jogo de vídeo. Videojogo.
VIDEO HOME SYSTEM (loc. ingl.) – Sistema de vídeo familiar. *VHS*.
VIDEO RECORDER (loc. ingl.) – Videocassete.
VIDEO RECORDING (loc. ingl.) – Gravação em vídeo.

VIDEOBANDA – Banda magnética em que podem registar-se imagens e sons coordenados.
VIDEOBOOK (pal. ingl.) – Gravação em vídeo que colige obras de um autor, de uma instituição, etc. com vista à sua apresentação e divulgação pública.
VIDEOCASSETE – Caixa fechada que contém uma fita que permite gravar e reproduzir sinais visuais e sonoros; é também designada cassete de vídeo.
VIDEOCHARGE (pal. ingl.) – Cartune feito expressamente para televisão mediante computação gráfica, em que se pode observar animação do desenho.
VIDEOCLIPE – Filme ou vídeo de curta metragem que apresenta ou comenta o trabalho de um artista.
VIDEOCONFERÊNCIA – Modalidade de comunicação oral e visual assente na transmissão de sinais de vídeo por meio de canais de banda muito larga, que permite que pessoas localizadas em lugares distantes possam comunicar • Teleconferência elaborada de modo interactivo através de transmissão simultânea de imagem e de som entre os intervenientes, mediante o uso de canal de televisão em circuito fechado ou rede de computadores.
VIDEODISC (pal. ingl.) – Videodisco. Disco vídeo. Disco óptico.
VIDEODISC RECORDING (loc. ingl.) – Gravação em videodisco. Gravação em disco vídeo.
VIDEODISCO – Disco que permite gravar e reproduzir sinais visuais e sonoros ou apenas visuais • Disco que tem imagens fixas ou móveis registadas e seleccionadas por computador. Os videodiscos pilotados por microcomputador estão na ponta da informática doméstica; esta última visa, com mais ou menos êxito, a constituição de uma nova cadeia áudio--vídeo-telemática a domicílio. O videodisco constitui também um horizonte para os editores de jogos (possibilidade de fazer evoluir as personagens em imagens reais) ou programas de ensino. Disco vídeo.
VIDEODOCUMENTO – *Ver* Documento vídeo.

VIDEOFAXE – Aparelho que transmite as mensagens recebidas mediante um ecrã de vídeo.

VIDEOFORMA – Imagem textual ou gráfica registada em fita magnética destinada à transmissão através de meios electrónicos.

VIDEOGR. – Abreviatura de videograma.

VIDEOGRAMA – Registo que resulta da fixação, em suporte material, de imagens, acompanhadas ou não de sons, assim como a cópia de obras cinematográficas ou audiovisuais.

VIDEOJORNAL – Transmissão em circuito fechado de um programa de notícias, tendo por alvo um universo limitado de clientes.

VIDEOLIVRO – Banco de dados onde pode estar contida a informação equivalente à de uma grande biblioteca; pode ser transmitida por ondas hertzianas ou por cabo e é facilmente acessível ao utilizador através de um ecrã de vídeo e um teclado.

VIDEOTAPE (pal. ingl.) – Fita magnética usada para gravação, edição e reprodução de imagens, geralmente acompanhada de sons • Sistema de gravação de imagens televisivas que utiliza como suporte esse tipo de fita magnética • A gravação de um programa para posterior transmissão • Fita que contém registo de imagem e de som destinada a transmissão televisiva ou a reprodução por aparelho próprio para o efeito; trata-se de uma fita de Mylan revestida uniformemente por material magnetizável, geralmente óxido de ferro, na qual se faz o registo das múltiplas pistas de sinal vídeo e de áudio: pista auxiliar, pista de comando e pista de código de tempo • Gravador de vídeo. (port. Bras.) Videoteipe.

VIDEOTAPE RECORDING (loc. ingl.) – Gravação em fita de vídeo.

VIDEOTECA – Colecção organizada de cassetes de vídeo, que podem ser visionadas nos postos locais e/ou serem objecto de empréstimo domiciliário.

VIDEOTECÁRIO – Profissional que tem a seu cargo a organização de colecções de discos vídeo e de registos vídeo.

VIDEOTEIPE (port. Bras.) – *Ver Videotape*.

VIDEOTEXTO – Serviço interactivo de comunicação de dados que permite aceder a bases de dados por meio de televisores e do telefone ou das linhas de televisão por cabo. O consultor, que tem um televisor modificado adequadamente, utiliza um pequeno quadro de controlo para solicitar a representação visual de "páginas" de informação a partir de qualquer uma das várias bases de dados continuamente actualizadas. Também aparecem no ecrã instruções para a pesquisa informando os utilizadores como passar do geral para o específico numa pesquisa da informação passo a passo. Em inglês é sinónimo de *viewdata*.

VIDIMUS (pal. lat.) – Palavra pela qual uma autoridade atesta sob o seu selo ter visto um acto anterior com todas as características de autenticidade, descrevendo eventualmente os caracteres externos, nomeadamente o selo e os atilhos, reproduzindo integralmente o texto sem nada lhe modificar, a fim de conferir autenticidade ao documento assim transcrito.

VIDUA (pal. lat.) – Por vezes a propriedade da oficina tipográfica passava para a responsabilidade da viúva do tipógrafo, frequentemente aguardando pela maioridade do filho, a fim de que ele prosseguisse a actividade paterna; nesse interregno, a viúva tomava o comando da oficina e como em qualquer sociedade a sua condição associava-se ao nome da firma, o que é visível em inúmeros pés de imprensa de livros antigos.

VIENT DE PARAÎTRE (loc. fr.) – Expressão que designa acaba de aparecer, de ser publicado, frase que acompanha a publicidade de uma obra acabada de sair.

VIEWDATA (pal. ingl.) – Sistema de informação interactivo em que, através de uma linha telefónica, se estabelece o contacto entre o utilizador e o computador central; é fornecido ao utilizador um terminal de *viewdata* ou um microcomputador que funciona como tal ou um adaptador ligado ao equipamento doméstico de televisão. Videotexto.

VIGILÂNCIA – Controlo. Observação. Garantia da segurança dos bens. *Ver tb.* Protecção contra o roubo. Sistema antifurto.

VIGILANTE – Funcionário de uma biblioteca, arquivo, serviço de documentação, etc. em que se pratica o livre acesso, que se encontra posicionado à saída do edifício zelando pela manutenção da integridade das colecções e cuja tarefa consiste em verificar que apenas sairão dele os documentos cujo empréstimo foi feito nos termos do regulamento, cabendo-lhe a inspecção de pastas, carteiras, etc., caso tal se justifique.

VIGÍLIA – Trabalho intelectual que é feito durante a noite • Obra preparada deste modo • Ofício de defuntos.

VILANCETE – Modalidade poética que é constituída por um curto mote, de dois ou mais versos, seguido da sua glosa ou volta, que pode ser formada por uma ou mais coplas; o mote geralmente é constituído por três versos, o primeiro solto e o segundo rimando com o terceiro e a glosa constituída por duas oitavas, sendo o último verso da primeira oitava o segundo verso do mote e o último verso da segunda oitava o terceiro do mote. Vilhanesca.

VILANCICO – Poema de pequena dimensão com carácter popular cantado em festas religiosas, frequentemente redigido sob forma de diálogo.

VILHANESCA – Termo arcaico que designava poesia pastoril. Vilancete.

VINCADEIRA – Máquina de fazer vincos em cartolina, papelão, etc.

VINCADO – Nome dado ao trabalho tipográfico, como o cartão ou o convite, que apresenta uma cercadura formada por um fio mais ou menos grosso estampado a seco, em que é apenas visível o vinco da impressão.

VINCAGEM – Acto ou efeito de vincar à mão ou por meio da máquina.

VINCAR A NERVURA – Conferir relevo às nervuras da lombada de um livro, através da dobradeira ou do aperta-nervos.

VINCO – Plano ou forma que marca com o vinco o papel ou cartolina, pelo processo de impressão tipográfica • Marca deixada por uma dobra ou golpe.

VÍNCULO – Sinal ou símbolo utilizado para ligar descritores atribuídos a um mesmo documento ou na recuperação documental, evitando uma associação acidental destes descritores com outros • Linha ou fio que continua o radical e cobre o termo ou expressão abrangidos por ele • Ligação.

VINH. - Abreviatura de vinheta.

VINHETA – Nome originalmente dado ao ornamento formado por folhas de videira que decorava os manuscritos • No sentido actual designa uma pequena ilustração gravada, impressa ao alto da página, rodeando o título ou rematando capítulos ou ainda intercalada no texto, onde se presta a inúmeras combinações; a vinheta tipográfica ou vinheta fundida é um ornamento impresso formado por um elemento ou uma combinação de elementos gravados em relevo, que são fabricados não por gravura directa, mas como os caracteres, por molde numa matriz obtida a partir de um punção; o seu uso remonta aos finais do século XVI e teve grande voga no século XVIII. Na história da tipografia as vinhetas aparecem pela primeira vez num *Fasciculus temporum*, impresso em 1476 por J. de Veldelner • Selo. Estampilha • Carimbo.

VINHETA DE REMATE – Aquela que se encontra a finalizar capítulos ou outros textos.

Vinheta de remate

VINHETISTA – Pessoa que desenha ou grava vinhetas.

VINHO – Produto derivado da fermentação alcoólica do mosto, que pelo seu teor em ácidos orgânicos e substâncias tânicas, pode ser usado como mordente.

VIR A LUME – Ser publicado, sair, ser posto à venda, vir a público, vir à luz, ser editado, ser impresso, aparecer.

VIR A PÚBLICO – *Ver* Vir a lume.

VIRA-ACENTO – *Ver* Apóstrofo.

VIRACENTO (port. Bras.) – *Ver* Apóstrofo.

VIRADO – Parte da cobertura de um livro que ultrapassa os planos e é voltada para dentro.

VIRADOR – Utensílio usado pelos encadernadores para dourar as capas dos livros.

VIRAGEM – Primeiro banho das provas fotográficas para substituir os sais de prata que constituem os negros da imagem; a substituição é feita por um metal ou outro composto • Em microfilmagem, processo de revelação em que se verifica a transformação química da prata de uma imagem fotográfica num sal de prata como o sulfureto ou selenato de prata ou na substituição de alguns átomos de prata por átomos de outro metal (a platina ou o ouro).

VIRAR – Dar a volta ao papel quando se tira um caderno completo com um único molde • Mudar de direcção.

VIRAR A LOMBADA – *Ver* Arredondar a lombada.

VIRAR LETRA – Recurso para não parar a composição tipográfica quando falta uma sorte, metendo-se outra de igual espessura, voltada.

VÍRGULA – Sinal ortográfico de pontuação que serve para indicar a mais breve das pausas que divide as frases em grupos de palavras; na leitura corresponde a uma curta suspensão • Sinal gráfico usado para separar os números inteiros das fracções decimais.

VIRGULAR – Em tipografia, pôr as vírgulas num texto • Fazer a última revisão de um texto antes da sua impressão.

VÍRGULAS DOBRADAS (port. Bras.) – *Ver* Aspas.

VIROL – Em heráldica, rolo de fitas entrançadas, que ornamentava os capacetes nos torneios e de onde saíam os paquifes.

VIRTUAL – A irrealidade por contraste com aquilo que é real, que tem existência material e presença palpável • Diz-se virtual uma memória, um dado, etc. que não têm existência real, mas que podem ser reconstituídos.

VÍRUS – Forma abreviada pela qual é em geral designado o vírus informático, programa ou rotina que foi concebido para destruir dados de um computador ou de uma rede; trata-se de programas que invadem um computador e começam a reproduzir-se, podendo provocar danos no seu equipamento, sistema operativo e suas publicações ou comprometer a segurança, permitindo a entrada de piratas informáticos • Programa que se copia a si próprio para novas bases de dados e computadores, de cada vez que o programa-pai é invocado. Os vírus são de diversos tipos e acções e detectam-se e eliminam-se com antivírus. Vírus informático.

VÍRUS INFORMÁTICO – *Ver* Vírus.

VISCOSIDADE – Qualidade da tinta de impressão que traduz a sua capacidade de adesão ao suporte.

VISEIRA – Parte do elmo que encima o escudo heráldico e que pode estar aberta ou fechada, consoante se encontra de frente ou de lado; o elmo é o primeiro dos elementos do escudo e o verdadeiro indicador da nobreza.

Viseira

VISIBILIDADE – Qualidade daquilo que se pode ver ou observar • Evidência. Clareza.

VISOR – Instrumento óptico da câmara que permite delimitar o campo visual • Pequeno dispositivo munido de tela que permite visionar *slides* ou filmes, através da retroprojecção • Pequeno monitor de imagem situado na parte de trás da câmara e que possibilita ao operador observar a cena que está a filmar • Ecrã. Monitor.

VISOR MANUAL – Pequeno dispositivo portátil de amplificação que permite visualizar diapositivos • Modalidade de leitor de microformas.

VISTA – Cena. Panorama. Paisagem. *Ver* Cenário.

VISTA AÉREA – A vista do ar; em geral é tirada de avião ou de helicóptero • Representação de uma paisagem como se ela fosse vista de um corpo celeste ou de um ponto alto colocado acima da superfície terrestre, vendo-se o pormenor como se estivesse projectado num plano oblíquo.

VISTO – Fórmula que é colocada em alguns documentos, em alguns textos ou originais de imprensa pelo editor, chefe de redacção ou outro responsável pela publicação, dando autorização para que o texto seja divulgado • Aprovação de livros. *Imprimatur;* a partir de determinada época passou a ser necessário o visto das Licenças concedidas pelo Desembargo do Paço, Ordinário e Santo Ofício • Declaração posta num documento por uma autoridade ou por quem a substitui, com a finalidade de o autenticar ou validar.

VISTO DE TIRAGEM (port. Bras.) – Indicação escrita pelo autor ou revisor nas últimas provas revistas, informando o impressor de que pode imprimir o texto de acordo com aquelas provas e do número e data da ordem de impressão. Ordem de impressão.

VISUALIZAÇÃO – Acto ou efeito de ver ou observar • Acto ou efeito de delinear a imagem mental daquilo que não se está a ver • Em informática, acto de ver no ecrã, podendo introduzir imagens ou esquemas num texto, com a finalidade de lhe conferir maior clareza.

VISUALIZAÇÃO DOS ÍNDICES – Em pesquisa bibliográfica informatizada, operação que consiste na capacidade de tornar visíveis os índices da informação existente, com vista a facilitar a pesquisa e a aumentar a sua eficácia.

VISUALIZAR – Imaginar • Tornar visível • Em informática, ver no ecrã.

VITELA – Designação do couro de vitela ou vaca curtido, com superfície lisa e brilhante; de cor castanha, clara ou escura, é empregado na encadernação desde a Alta Antiguidade; no século XVIII utilizou-se também vitela marmoreada, granitada, escamada ou pórfiro, imitando os mármores e outras superfícies estriadas; a partir do Romantismo começou a tingir-se por vezes a vitela de cores vivas • Pergaminho mais fino, feito a partir de pele de animal novo (pergaminho virgem ou vitela uterina) ou que foi morto recém-nascido, para cujo tratamento não foi necessário o uso da cal; a pele fina, a reduzida acumulação de gorduras e a falta de pêlo do jovem animal davam origem a uma pele macia, lisa e suave, flexível e adelgaçada, em que é difícil distinguir à vista desarmada a parte do pêlo e a da carne • Tipo de papel que é assim designado pela sua semelhança com a pele usada nos códices. Papel vitela.

VITELA JASPEADA – Pele de vitela colorida ou pintada de modo a produzir um efeito semelhante ao de uma superfície marmórea. Vitela marmoreada.

VITRINA – Armário com estrutura e porta de vidro ou móvel com partes em vidro que serve para expor documentos, manuscritos ou impressos, livros ou outros objectos; pode ser iluminado e ter sistema anti-roubo • Expositor. Montra.

VITRÍOLO – Ácido sulfúrico concentrado usado na preparação do papel. *Ver* Caparrosa.

VITRÍOLO AZUL – Sulfato metálico com prevalência de cobre, que sob a acção de um agente tânico dá origem a um precipitado escuro usado como tinta.

VITRÍOLO VERDE – Sulfato metálico com prevalência de ferro, que por acção de um agente tânico dá origem a um precipitado escuro usado como tinta.

VITROTIPO – Imagem fotográfica positiva obtida sobre a placa de vidro previamente revestida de colódio ou de albúmen, utilizando-se uma chapa idêntica em negativo.

VITULINIUM (pal. lat.) – *Ver* Velino.

VITULUS (pal. lat.) – Pele de vitela a partir da qual se fazia o velino e o pergaminho. *Ver* Velino.

VIVER DA PENA – Fazer da escrita forma de ganhar a vida.

VOCABULÁRIO – Repertório que inventaria os termos de uma determinada área e que descreve, sob a forma sucinta de definição ou de ilustração, os dados por eles designados • Dicionário composto pelas palavras mais frequentes da língua corrente, definidas de um modo resumido e seguidas, em alguns casos, do seu equivalente noutra língua antiga ou moderna • Dicionário terminológico que encerra a nomenclatura de um determinado ramo do saber • Lista das palavras utilizadas pelo autor de uma obra. *Ver tb.* Glossário.

VOCABULÁRIO ACTIVO – Aquele que é usado correntemente, quando se fala ou escreve.

VOCABULÁRIO CIENTÍFICO – Conjunto de termos próprios de uma área científica, usados por um grupo sociocultural e profissional.

VOCABULÁRIO COMUM – Conjunto das formas que são atestadas em cada uma das partes do corpus, correspondendo a uma zona lexical que é comum a todos os locutores de uma comunidade.

VOCABULÁRIO CORRENTE – Conjunto, teoricamente definido, que é composto por termos que são usados por grupos socioculturais diversos.

VOCABULÁRIO DE BASE – Conjunto de formas do corpus que, para um limiar fixado, não apresenta nenhuma especificidade (positiva ou negativa) em nenhuma das partes.

VOCABULÁRIO DE ESPECIALIDADE – Terminologia referente à linguagem de determinado ramo do saber.

VOCABULÁRIO DE INDEXAÇÃO – Lista de termos usados na indexação de documentos. Linguagem de indexação.

VOCABULÁRIO FUNDAMENTAL – Terminologia básica que representa uma primeira fase no ensino • Aprendizagem, em especial de uma língua estrangeira.

VOCABULÁRIO PASSIVO – Aquele que é conhecido, mas que não é utilizado com frequência.

VOCABULÁRIO TÉCNICO – Conjunto de termos próprios de uma arte ou ciência, que é usado por um determinado grupo profissional e sociocultural.

VOCABULÁRIO TÉCNICO-CIENTÍFICO – Conjunto de termos próprios de domínios que ligam aspectos científicos, técnicos e tecnológicos. Vocabulário tecnológico.

VOCABULÁRIO TECNOLÓGICO – *Ver* Vocabulário técnico-científico.

VOCABULÁRIO VISUAL – Conjunto das formas escritas (palavras, sintagmas) memorizadas pelo sujeito.

VOCABULARISTA – *Ver* Vocabulista.

VOCABULISTA – Pessoa dedicada ao estudo dos vocábulos • Autor de vocabulário. Vocabularista.

VOCÁBULO – Palavra que faz parte de uma língua • Termo. Unidade de vocabulário.

VOCABULUM (pal. lat.) – Nome de uma coisa, palavra, termo, vocábulo • Nome próprio.

VOCAL – Uma das grandes categorias usadas para a classificação dos sons da fala. Oral.

VOGAL – Uma das grandes categorias usadas para a classificação dos sons da fala • Som que é produzido sem obstrução significativa à passagem do ar na cavidade bucal e sem fricção audível • Letra vogal.

VOL. – Abreviatura de volume.

VOLANTE – Roda que regulariza o movimento das máquinas tipográficas • Móvel. Não fixo. Que pode mudar-se com facilidade de um local para outro • Palavra usada com frequência como forma abreviada de folha volante, folha solta impressa ou manuscrita • Impresso que consta de uma só folha • Folha de papel na qual se envia uma mensagem em termos precisos.

VOLTA EM FALSO – Impressão feita no padrão.

VOLTE A CONFERIR – *Ver* Ordem de retorno.

VOLUME – Manuscrito antigo com forma de rolo • Documento ou parte de um documento com mais de 48 folhas ou 100 páginas, sem contar com as da capa, que em regra apresenta rosto próprio; usa-se por oposição a brochura ou folheto; um volume pode compreender vários tomos, como um tomo pode compreender vários volumes; distingue-se do tomo que constitui sempre uma parte de uma obra, porque pode formar, por si mesmo, uma obra independente e também, embora mais raramente, um tomo em dois volumes • Em sentido físico, todo o material encadernado em conjunto ou encerrado num mesmo contentor, quer se apresente como foi originalmente publicado, quer tenha sido encadernado após a sua publicação • Unidade material que reúne, sob uma mesma capa, um certo número de folhas, formando um todo ou fazendo parte de um conjunto • Designação aplicada ao livro que contém uma obra completa • Parte de uma mesma obra encadernada independentemente, quando tal obra apresenta paginação contínua da primeira unidade à última • Unidade de contagem utilizada para apreciar o acervo de uma biblioteca, etc. • Em processamento de texto, porção de uma única unidade de armazenagem que é acessível a um único dispositivo de leitura • Livro • Tamanho. Extensão. Dimensão.

VOLUME AUTÓNOMO – Aquele que é publicado independentemente de qualquer obra.
VOLUME COLECTIVO – Aquele que foi produzido por iniciativa ou sob a coordenação de uma pessoa natural ou jurídica, que o editou e publicou sob o seu nome e está constituído pela agregação de trabalhos de diversos autores, cuja contribuição se funde numa criação única e autónoma para a qual foi concebida, sem que seja possível atribuir a qualquer deles em separado um direito sobre o conjunto da obra realizada. Compilação. Miscelânea.
VOLUME COMPLEMENTAR – Volume adicional, que se junta a uma obra para a completar.
VOLUME COMPÓSITO – Volume formado pela reunião de unidades codicológicas independentes. Miscelânea. Compilação.
VOLUME CUMULATIVO – Volume de um catálogo, índice, bibliografia, etc. ao qual, no fim de um determinado período de tempo, é acrescentada uma sequência de entradas combinadas que apareceu em emissões antecipadas durante aquele período.
VOLUME DE ESTAMPAS – Numa obra em diversos volumes, aquele que é constituído apenas por material iconográfico que ilustra o texto dos volumes anteriores.
VOLUME DE FOLHETOS – Volume que pode ou não apresentar portada e lista de conteúdo e que é constituído por diversos opúsculos independentes, que foram encadernados juntos. Miscelânea.
VOLUME DE HOMENAGEM – Publicação que inclui contribuições diversas de vários autores, editada como prova de veneração de uma pessoa ou entidade em data marcante da sua vida, com a finalidade de registar ou festejar algum acontecimento ou efeméride. Homenagem. Livro de homenagem. Miscelânea de homenagem. *In Memoriam. Festschrift.*
VOLUME DE PANFLETOS – Aquele que é composto por um determinado número de folhetos separados encadernados juntos com ou sem um título comum ou lista de conteúdo. Miscelânea.
VOLUME DESAPARELHADO – O que está separado fisicamente do conjunto dos outros volumes que com ele formam uma obra.

VOLUME DOCUMENTAL – Expressão usada para designar a quantidade de livros e/ou outros documentos constituintes de um determinado fundo, seja qual for o tipo de suporte que apresentam.
VOLUME MONOGRÁFICO – Aquele que contém uma monografia ou parte dela.
VOLUMEN (pal. lat.) – No sentido literal designava coisa enrolada, rolo e, por extensão, passou a denominar os primitivos textos apresentados sob a forma de rolos constituídos por longas tiras de papiro ou pergaminho, usados pelos povos antigos como os egípcios, gregos, romanos, hebreus, etc.; caiu em desuso a partir do séc. I da era cristã com o aparecimento do códice ou livro encadernado, quadrado ou rectangular, invenção atribuída ao ateniense Filácio; era etiquetado através de uma pequena tabuinha de madeira ou pedaço de pergaminho com os elementos de identificação inscritos, que ficava pendurado, sendo o rolo guardado dentro de uma caixa e colocado ao alto ou na horizontal. O sentido de *volumen* transformou-se radicalmente a partir do final da Antiguidade, dada a escassez dos rolos de papiro e acabou por invadir a terminologia ligada ao códex, nos últimos séculos da Idade Média • Volume, livro, obra, tratado.

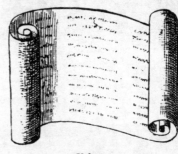

Volumen

VOLUMEN EVOLVERE (loc. lat.) – Examinar, compulsar ou percorrer um manuscrito.
VOLUMEN EXPLICARE (loc. lat.) – Desenrolar ou estender um manuscrito.
VOLUME-SÚMULA – Diz-se do volume que contém um índice ou uma bibliografia que recapitula o texto dos volumes precedentes, publicado no final de um ano ou de um perí-

odo mais longo e que funde, numa só série, as entradas de todos os fascículos ou volumes aparecidos durante esse mesmo período de tempo.

VOLUMINHO – Expressão usada para designar o volume de uma obra de pequeno corpo.

VOLUTA – Forma enrolada em espiral que decora e caracteriza os capitéis jónicos presentes ocasionalmente em portadas de estilo arquitectónico.

VOLVERE (pal. lat.) – Enrolar sobre si mesmo, revolver • Desenrolar um volume, folhear • Em retórica, desenvolver (um período).

VOZ – O mesmo que rubrica • Palavra. Linguagem • Autoridade. Opinião • Procuração. Mandato.

VS – Forma abreviada de *versus*, contra, por oposição a.

VULGARISMO – Influência exercida pela língua popular na língua ou grafia de um texto em língua erudita.

VULGARIZAÇÃO – Acto ou efeito de divulgar; pôr ao alcance de • Traduzir em vulgar • Divulgação. Publicidade.

VULGARIZAÇÃO CIENTÍFICA E TÉCNICA – Discurso sobre a ciência e/ou a técnica exterior ao quadro escolar ou universitário e destinado a não especialistas ou a especialistas de outras áreas diferentes da disciplina em questão.

VULGARIZADO – Difundido, divulgado, propagado.

VULGARIZADOR – Pessoa que divulga.

VULGARIZAR – Expor um assunto de uma forma acessível a todos • Divulgar. Difundir. Generalizar. Propagar • Traduzir um texto de outra língua para a língua vulgar ou comum.

VULGATA – Em sentido lato é a versão de um texto mais difundido ou aceite como autêntico • Versão latina da Bíblia feita por São Jerónimo entre 382 e 404 d. C., a pedido do Papa Dâmaso; assenta nas antigas versões latinas, mas também nos textos hebraico e grego; esta versão foi reconhecida (embora com algumas resistências) como a versão oficial da Igreja católica a partir do século VII e definitivamente aprovada pelo Concílio de Trento em 1546. *Vulgata clementina*.

VULGATA CLEMENTINA (loc. lat.) – *Ver* Vulgata.

W – Letra que não pertence ao alfabeto latino, mas que entra na composição de nomes estrangeiros, próprios e comuns, derivados sobretudo do inglês e do alemão • O tipo que na impressão reproduz essa letra • A matriz desse tipo • Punção com que se grava essa matriz • Nas chamadas de nota indica a vigésima terceira chamada, quando se usam letras em lugar de números ou sinais.

W3C – Acrónimo de *World Wide Web Consortium.*

WAMPUN – Cintos e xailes feitos com contas coloridas, que eram usados por comunidades índias como os iroqueses ou os leni-lenape da América do Norte, e que serviam não só como moeda de troca, mas também para transmitir mensagens a destinatários que se encontravam à distância.

WAN – Acrónimo de *Wide Area Network,* Rede de área alargada, aquela que cobre uma superfície de grandes dimensões (que ultrapassa em geral o edifício, o conjunto de edifícios ou o *campus*), cujas ligações são feitas por meio de linhas telefónicas, em modo dedicado, ligando entre si os computadores e as *LAN*, ou seja, as redes locais de pequena dimensão.

WATERLESS PRINTING (loc. ingl.) – Processo de impressão litográfica que equilibra a proporção entre a água e a tinta, de modo a melhorar a qualidade do produto final, ao mesmo tempo que aumenta a sua produtividade.

WEB – Termo derivado da expressão inglesa *World Wide Web* reduzida, que significa rede a nível mundial; designa o sistema de acesso à informação na *Internet.*

WEB BROWSER (loc. ingl.) – Navegador da *Internet.*

WEBCAM (pal. ingl.) – Forma de contacto através da *Web,* que permite que se estabeleça um diálogo entre um emissor e um receptor • Câmara de vídeo em ligação a uma página *Web,* por meio da qual um visitante pode ver as últimas imagens, regra geral em directo.

WEBDESIGN (pal. ingl.) – Design aplicado à *Internet.*

WEBIZAÇÃO – Termo aportuguesado que designa a utilização da *Web* como uma ferramenta para o negócio.

WEBLIBRARIAN (pal. ingl.) – Gestor de biblioteca digital.

WEBLOG (pal. ingl.) – Palavra resultante da contracção dos termos ingleses *Web* (forma abreviada de *World Wide Web* e *Log* (registo escrito) usada para designar um registo na *Web*. Trata-se, em geral, de um conjunto de páginas com conteúdos em texto, imagens e som, que são navegáveis por hiperligações entre si e que contêm ligações a outras páginas, *sites* ou *blogs*; nele os utilizadores podem acrescentar comentários sobre um tema determinado. Sob o ponto de vista técnico é um *site*; para o produzir basta saber usar um *browser*, escrever, copiar e colar um texto, dispensando exigências de conhecimento de linguagens de programação ou o uso de ferramentas complicadas; a ferramenta-*blog,* tanto pode ser usada para um projecto editorial de fundo, com qualquer tipo de natureza (política, informática, sociológica ou humorística), como para um diário íntimo ou despretensioso. Espécie de jornal-diário pessoal.

WEBMASTER (pal. ingl.) – Gestor de um sítio na Web.

WEBMETRIA – *Ver* Cibermetria.

WEB SERVICE (loc. ingl.) – *Ver* Serviço *Web.*

1241

WEB SITE (loc. ingl.) – Sítio na *Web*, local para fornecimento de informação, interacção do público, estabelecimento de *links*, etc.

WIKIPEDIA – Enciclopédia virtual e gratuita, com morada em *www.wikipedia.org*, que é alimentada pelos próprios leitores; os seus autores são de tipologias e formações muito diversas, desde conhecidos universitários, especialistas nas áreas em que intervêm, até cidadãos vulgares.

WIDE AREA NETWORK (loc. ingl.) – Conhecida sob a sigla de *WAN*, Rede de área ampla, em tecnologia da informação é uma rede de comunicações para computadores que se encontram localizados numa zona extensa, que ultrapassa em geral o edifício, o conjunto de edifícios ou o *campus*, cujas ligações são feitas por meio de linhas telefónicas, em modo dedicado, ligando entre si os computadores e as *LAN*, ou seja, as redes locais de pequena dimensão. *WAN*.

WIF – Acrónimo de *Web Impact Factor*, ou seja, Factor de impacto na *Web*.

WIPO – Acrónimo de *World Intelectual Property Organization*, Organização Mundial da Propriedade Intelectual. É a organização de protecção aos direitos de autor que regula o direito de comunicação pública, protecção da informação sobre a propriedade dos direitos, as medidas tecnológicas, etc..

WORD PROCESSOR (loc. ingl.) – *Ver* Processador de texto.

WORD PAPER (loc. ingl.) – Documento de trabalho; designação dada aos documentos que são usados como base para trabalho em fase de elaboração.

WORKSHOP (pal. ingl.) – Oficina • Reunião na qual as pessoas tentam desenvolver as suas competências técnicas, discutindo as suas experiências e fazendo exercícios práticos.

WORKSTATION (pal. ingl.) – Computador pessoal ligado a uma rede de comunicações. Estação de trabalho.

WORM (pal. ingl.) – Acrónimo com o significado de *"Write Once, Read Many"*, "escreve uma vez, lê diversas"; aparece ligado ao disco óptico cuja informação não poderá ser lida indefinidamente, mas nunca poderá ser desgravada.

WRITING TOOLS (loc. ingl.) – Ferramentas de escrever, ou seja, todo o género de dicionário, glossário, tesauro, manual de escrita, programa, etc., de que se serve um escritor para lhe facilitar a composição escrita.

WWW – Acrónimo de *World Wide Web*, um serviço da *Internet* que disponibiliza informação usando uma tecnologia de hipertexto. É o instrumento de comunicação global mais usado; foi criado por Tim Berners-Lee em 1989 no CERN de Genebra e desenvolvido depois de 1993 na Universidade de Illinois.

WWW BROWSER (loc. ingl.) – Cliente *Web*.

X

X – Letra do alfabeto latino e do de quase todas as línguas antigas e modernas • O tipo que na impressão reproduz essa letra • A matriz desse tipo • Punção com que se grava essa matriz • Assinatura correspondente ao vigésimo primeiro caderno, quando se usam letras para esse fim • Nas chamadas de nota indica a vigésima quarta chamada, quando se usam letras em lugar de números ou sinais • Na numeração romana corresponde a 10 • Abreviatura latina de *decem,* dez • Em álgebra representa uma incógnita ou quantidade desconhecida • Plicado ou com um til (~) entre as pontas valia 40; com uma linha atravessada valia 10000; ligado com L e representando um R valia 40; triplicado valia 30.

XADREZ – Caracteres e matrizes que representam as casas do jogo de xadrez usados para compor livros e artigos respeitantes a esta modalidade de jogo • Mosaico.

XADREZADO – Campo heráldico dividido em quadrados de um metal e de uma cor que alternam formando xadrez, normalmente composto de 42 pontos dispostos em sete tiras horizontais de seis quadrados cada uma • Os motivos dispostos em xadrez foram aproveitados para a ornamentação de certos estilos de encadernação. Enxaquetado. Axadrezado. Enxadrezado.

XANADU – Projecto pioneiro e visionário, da autoria de Theodor Holm Nelson, de uma rede mundial de computadores que deviam dar suporte a um sistema hipertextual de grandes prestações. Biblioteca electrónica acessível por meio de rede a todas as pessoas, em todos os lugares.

XENISMO – Termo proveniente de uma língua estrangeira, que mantém o seu carácter de estrangeirismo, remetendo para um referente de uma comunidade estrangeira e dando origem, algumas vezes, a um efeito de exotismo.

XEROCAR (port. Bras.) – *Ver* Fotocopiar *e* Xerocopiar.

XEROCÓPIA – Cópia obtida por meio da xerografia.

XEROCOPIAR – Reproduzir através de fotocópia. (port. Bras.) Xerocar.

XEROGRAFAR – Reproduzir através da xerografia.

XEROGRAFIA – Processo de impressão a seco, electrofotográfico, que é baseado no princípio de atracção de cargas electrostáticas de sinal contrário; nele a tinta é constituída por um pó de resina carregado de electricidade negativa e a matriz metálica plana tem as partes impressoras carregadas de electricidade positiva • Documento obtido mediante o processo foto-electrostático indirecto, onde a luz reflectida pelo original opaco ou transparente se concentra num tambor carregado e revestido de selénio; o pó de selénio fotocondutor (*toner*) contém partículas de resina que, fundidas pelo calor, originam a fixação da imagem ao suporte. Fotoelectrografia indirecta • Revelação através de pó.

XEROGRÁFICO – Relativo à xerografia, obtido através de xerografia.

XIL. – Abreviatura de xilografia.

XILENO – *Ver* Xilolo.

XILÓFAGO – Insecto que se alimenta da madeira e que, devido ao facto de ser deste material grande parte das estantes nas bibliotecas, arquivos, serviços de documentação, etc., pode provocar estragos nos livros.

XILOFOTOGRAVURA – Processo de gravação sobre madeira coberta por uma capa sensível; o relevo produz-se com um buril seguindo o desenho fixado pela luz.

XILOGLIFIA – Arte de gravar caracteres em madeira.

XILÓGLIFO – Aquele que pratica a arte de gravar caracteres em madeira.

XILOGRAFAR – Gravar imagem ou texto em madeira. Xilogravar.

XILOGRAFIA – Palavra que designa a gravura em madeira primitiva e, por extensão, as próprias gravuras dos séculos XIV e XV; a invenção da imprensa deriva deste sistema, porque foi a partir dele que no início se fabricaram os tipos • Gravura obtida por este processo • Gravação de composição em tábuas, descoberta na China no ano 594 a. C., cuja técnica consiste em rebaixar num bloco de madeira as partes brancas do motivo que há-de constituir o futuro impresso, quer se trate de letras, imagens ou de uma mistura de ambas. Depois de feita a gravação da madeira aplica-se a tinta sobre a gravação e sobre ela o papel, que irá ser sujeito à pressão de uma prensa plana, o tórculo.

XILOGRÁFICO – Relativo à xilografia.

XILÓGRAFO – Aquele que se dedica a gravar textos ou desenhos em madeira. Gravador em madeira • (port. Bras.) Xilogravador.

XILOGRAVADOR (port. Bras.) – *Ver* Xilógrafo.

XILOGRAVAR – Gravar texto ou desenhos em madeira.

XILOGRAVURA – Impressão mediante uma forma (bloco) de madeira, geralmente cortada no sentido da fibra (veios) em cuja superfície, perfeitamente nivelada, se cavam as áreas a não imprimir, ficando entalhados em relevo os elementos da imagem, que depois de entintados se imprimem sobre papel ou cartolina. Esta modalidade de gravura ilustrou alguns textos tipográficos até finais do século XIX e ainda hoje é usada por alguns ilustradores.

XILOGRAVURA A VEIO – Processo de xilogravura feito a partir da escavação, com buril, canivete ou goiva, da superfície lisa e polida de um bloco de madeira apropriado, talhado no sentido longitudinal do tronco (ao correr dos veios); a gravação é feita de modo que o desenho fica em relevo, apresentando-se as partes adjacentes escavadas e ligeiramente rebaixadas.

Xilógrafo

XILOLO – Líquido incolor, de odor agradável, solúvel em álcool e éter, que é um excelente solvente de gorduras e resinas, muito utilizado no restauro de documentos.

XILOQUIROTIPOGRÁFICO – Diz-se de certos livros, que apareceram principalmente na segunda metade do século XV, nos quais as gravuras xilográficas eram completadas por dizeres e legendas escritos à mão.

XILOTIPIA – Impressão a partir de tipos de madeira ou tábuas xilográficas.

XILÓTIPO – Gravura em madeira ou impressão de uma gravura feita por este processo.

XILOTIPURGIA – Arte de fabricar tipos de madeira.

XML – Acrónimo de *EXtensible Markup Language*, designação atribuída a uma linguagem para a publicação, armazenamento e transferência de documentos electrónicos, que pretende funcionar com carácter normativo.

XOGRAFIA – Documento com imagem estereoscópica cinética, que se obtém mediante a impressão de desenhos ou fotogramas sobrepostos em posições ou momentos diferentes com uma ou várias cores, revestindo o suporte com película estriada de plástico, de onde resulta, pela incidência do ângulo de iluminação, a aparência ou ilusão óptica da imagem com movimento.

XP – As duas letras juntas eram usadas muito frequentemente para designar *Chr*, abreviatura de Christo ou *Christus*.

XPO – As três letras juntas eram usadas com muita frequência como forma abreviada de Christo ou *Christus*.

XPS. – Trigrama de *Christus*.

Y

Y – Letra que foi a vigésima quarta letra do antigo alfabeto latino, modernamente substituída por *i* ou *I* • O tipo que na impressão reproduz essa letra • A matriz desse tipo • Punção com que se grava essa matriz • Assinatura correspondente ao vigésimo segundo caderno de um volume, quando se usam letras para esse fim • Nas chamadas de nota indica a vigésima quinta chamada, quando se usam letras em lugar de números ou sinais • Na Idade Média foi usada com o valor de 150; quando encimada por um traço horizontal tinha o valor de 150.000 • Forma abreviada de *ya* ou *ita*, termos arcaicos usados para denotar a ratificação ou a confirmação de uma escritura • Aí, nesse lugar.

YAHOO – O mais conhecido dos directórios *on-line* para a *World Wide Web*; permite a pesquisa temática de sítios dando a conhecer o seu endereço e conteúdo. Pode aceder-se através do endereço *http://www.yahoo.com*.

YAYURVEDA – Texto muito importante da cultura hindu, contido nos *Vedas*.

YELLOW BACK (loc. ingl.) – Capa amarela, designação atribuída a uma novela popular que, em meados do século XIX, era vendida nos quiosques do Reino Unido.

YOMIURI (pal. jap.) – Publicação antepassada dos jornais japoneses, que o autor redigia, imprimia e vendia ele próprio nas ruas, apregoando as passagens dela que considerava essenciais.

Z

Z – Última letra do alfabeto latino e do de quase todas as línguas antigas e modernas • O tipo que na impressão reproduz essa letra • A matriz desse tipo • Punção com que se grava essa matriz • Assinatura correspondente ao vigésimo terceiro caderno, quando se usam letras para esse fim • Nas chamadas de nota indica a vigésima sexta chamada, quando se usam letras em lugar de números ou sinais • Na numeração romana valia 2000; caso fosse plicada valia 20000.

Z39.50 – Na *Internet*, é o protocolo que permite a realização de pesquisas e recuperação da informação de diversos tipos de bases de dados, sobretudo bases de dados bibliográficos.

ZARCÃO – Vermelhão. *Ver* Cinábrio, mínio.

ZEREFESAN – Palavra persa, que significa "orvalho de ouro" e que é usada para designar a técnica de ornamentar as folhas de guarda ou as margens dos fólios; o orvalho de ouro era conseguido a partir do uso do ouro e da prata em folha macerados com gomas e reduzidos a um pó muito fino, ao qual se aplicava a gelatina ou a goma-arábica dissolvida em água.

ZEUGMA – Figura de retórica que consiste numa construção em duas ou mais palavras que se ligam a um verbo ou a um adjectivo sem que se adaptem da mesma forma a esse verbo ou a esse adjectivo, dando origem à subordinação de objectos muito diferentes a um mesmo verbo, por exemplo, ou à atribuição de uma mesma qualidade a objectos muito diferentes.

ZINCOFOTOGRAFIA – Processo de heliogravura sobre zinco. Fotozincografia.

ZINCOGRAFIA – Processo de impressão litográfica no qual a pedra é substituída pelo zinco. Paniconografia.

ZINCÓGRAFO – O que executa trabalhos em zincografia.

ZINCOGRAVURA – Processo de gravura em zinco. Fotogravura a traço.

ZINCOTECA – Lugar onde se armazenam, devidamente tratadas, as chapas dos trabalhos de zincografia, para futuro aproveitamento.

ZINCOTIPIA – Gravura em relevo sobre zinco, para impressão tipográfica.

ZODE – *Ver* Seixa.

ZOILO – Crítico parcial, mordaz e pouco honesto nas suas opiniões.

ZONA – Cada uma das divisões principais da *Descrição Bibliográfica Internacional Normalizada*, que compreende os dados bibliográficos de uma categoria particular ou de um conjunto de categorias • Em informática, parte da memória principal reservada para armazenamento de uma informação.

ZONA DA COLAÇÃO – *Ver* Zona da descrição física.

ZONA DA COLECÇÃO – Sexta zona da *Descrição Bibliográfica Internacional Normalizada das Publicações Monográficas, em Série*, etc., também designada zona da série, onde se registam os seguintes elementos: título próprio da colecção ou subcolecção, título paralelo da colecção ou subcolecção, informação de outro título da colecção ou subcolecção, indicações de responsabilidade relativas à colecção ou subcolecção, número internacional normalizado das publicações em série da colecção ou subcolecção, numeração dentro da colecção ou subcolecção, etc. Zona da série.

ZONA DA DESCRIÇÃO FÍSICA – Quinta zona da *Descrição Bibliográfica Internacional Normalizada de Publicações Monográficas, em Série*, etc., também designada zona da colação, em que se registam a designação específica do tipo de documento e extensão, a indicação de ilustração, as dimensões e a indicação do material acompanhante.

ZONA DA EDIÇÃO – Segunda zona da *Descrição Bibliográfica Internacional Normalizada das Publicações Monográficas, em Série*, etc., onde se registam os dados referentes à indicação da edição, indicação paralela de edição, indicações de responsabilidade relativas à edição, indicação adicional de edição e indicações de responsabilidade relativas à indicação adicional de edição.

ZONA DA IDENTIFICAÇÃO – Oitava zona, que é específica da *Descrição Bibliográfica Internacional Normalizada das Monografias Antigas*, na qual se registam os dados da identificação de cada uma das obras descritas, identificação essa que consiste em x caracteres retirados de um determinado número de lugares no texto da publicação, seguidos por um número que indica a fonte de um ou mais caracteres ou uma letra que indica o sentido dos pontusais ou a data que aparece na obra impressa.

ZONA DA NUMERAÇÃO – Terceira zona da *Descrição Bibliográfica Internacional Normalizada das Publicações em Série*, zona específica da *ISBD(S)* e da *ISBD(CR)*, na qual se registam o primeiro e último números e/ou as datas extremas de uma publicação em série quando esses números e/ou datas são conhecidos.

ZONA DA PUBLICAÇÃO, DISTRIBUIÇÃO, ETC. – Quarta zona da *Descrição Bibliográfica Internacional Normalizada das Publicações Monográficas, em Série*, etc., que compreende o registo dos seguintes elementos: lugar de publicação e/ou distribuição, nome do editor e/ou distribuidor, menção da função de distribuidor, data da publicação e/ou distribuição, lugar da impressão, nome do impressor, data da impressão. Zona do pé de imprensa.

ZONA DA SÉRIE – *Ver* Zona da colecção.

ZONA DAS NOTAS – Sétima zona da *Descrição Bibliográfica Internacional Normalizada das Publicações Monográficas, em Série*, etc., usada com a finalidade de completar, esclarecer ou restringir os dados da descrição, em especial as alterações que ocorrem durante a publicação. Na descrição de monografias antigas, distinguem-se habitualmente as notas relativas à obra e as notas relativas ao exemplar; nestas, individualiza-se um exemplar pelas características físicas que apresenta assinalando: proveniência (assinaturas, pertences, ex libris, super libros), existência de notas manuscritas e comentários, estado de conservação (faltas, mutilações, aparados, restauros, etc.), encadernação quando da época, e outras indicações julgadas pertinentes para caracterizar o exemplar em presença.

ZONA DE ACOLHIMENTO – *Ver* Espaço de acolhimento.

ZONA DE CIRCULAÇÃO – Área geográfica de uma biblioteca, arquivo, serviço de documentação, etc. onde os utilizadores podem deslocar-se sem penetrarem nas zonas reservadas aos serviços técnicos.

ZONA DE CONSULTA – *Ver* Espaço de consulta.

ZONA DE IMAGEM – Espaço que a imagem ocupa num fotograma.

ZONA DE NUMERAÇÃO DA FICHA – Em ficheiros tradicionais, espaço da notícia catalográfica, em geral localizado no canto inferior direito da ficha ou noutro espaço convencionado, no qual se inscreve a informação que indica se o registo é constituído por mais de uma ficha.

ZONA DE SERVIÇO DO PÚBLICO – Espaço da zona de leitura reservado aos mostruários de serviço para o público (como a de informação e a de circulação), a do catálogo público e a de exposições.

ZONA DO APARATO – Designação usada na edição crítica para referir o fundo da página do texto, isto é, o pé.

ZONA DO NÚMERO INTERNACIONAL NORMALIZADO DAS PUBLICAÇÕES EM SÉRIE *(ISSN)* – Oitava zona da *Descrição Bibliográfica Internacional Normalizada das Publicações em Série* e da ISBD(CR) na qual se registam o número internacional normalizado da publicação em série ou do recurso contínuo, título-chave e modalidade de aquisição e/ou preço.

ZONA DO NÚMERO INTERNACIONAL NORMALIZADO DO LIVRO *(ISBN)* E DA MODALIDADE DE AQUISIÇÃO – Oitava zona da *Descrição Bibliográfica Internacional*

Normalizada das Publicações Monográficas que inclui o número internacional normalizado do livro, modalidade de aquisição e/ou preço.

ZONA DO PÉ DE IMPRENSA – *Ver* Zona da publicação, distribuição, etc.

ZONA DO TÍTULO E DA INDICAÇÃO DE RESPONSABILIDADE – Primeira zona da *Descrição Bibliográfica Internacional Normalizada das Publicações Monográficas, em Série*, etc., onde se registam elementos como o título próprio, designação genérica do tipo de documento, títulos paralelos, complementos do título e indicações de responsabilidade referentes aos mesmos.

ZONA DOS DADOS MATEMÁTICOS – Zona da *Descrição Bibliográfica Internacional Normalizada das Publicações Cartográficas* em que se inscrevem a indicação da escala, a indicação da projecção, a indicação das coordenadas longitude e latitude e a indicação do equinócio.

ZONA ESPECÍFICA DO MATERIAL (OU TIPO DE PUBLICAÇÃO) – Zona da *Descrição Bibliográfica Internacional Normalizada* que contém dados únicos de um tipo particular de material ou outro tipo de publicação. Para os recursos contínuos, por exemplo, esta zona é usada para registar cronologia e/ou enumeração, assim como para registar dados matemáticos para os materiais que são cobertos pela *ISBD(CM) International Standard Bibliographic Description for Cartographic Materials, Descrição Bibliográfica Internacional Normalizada das Publicações Cartográficas*, para registar o formato especial da música para os materiais cobertos pela *ISBD(PM) International Standard Bibliographic Description for Printed Music, Descrição Bibliográfica Internacional Normalizada da Música Impressa* e para registar características básicas de um recurso electrónico, para os materiais abrangidos pela *ISBD(ER) International Standard Bibliographic Description for Electronic Resources, Descrição Bibliográfica Internacional Normalizada dos Recursos Electrónicos*.

ZONA TRAMADA – Aquela que é composta pelo quadriculado ou rede mais ou menos fina gravada nos fundos das gravuras permitindo que sobressaia o desenho principal; em algumas gravuras a traço costumam pôr-se zonas tramadas para criar sombra, o que permite dar a impressão de gravura directa.

Zona tramada

ZOO-ANTROPOMÓRFICA – Diz-se da inicial capital composta, no todo ou em parte, por formas humanas ou de animais; os símbolos zoo-antropomórficos dos evangelistas, nos quais o corpo humano é encimado pela cabeça do animal simbólico são encontrados ocasionalmente na arte insular; também ocorrem noutros contextos decorativos.

ZOOMÓRFICO – Com forma de animal; nas iluminuras e enquadramentos de miniaturas dos manuscritos nota-se a presença de elementos zoomórficos como insectos (joaninhas, borboletas, gafanhotos) e outros, como aves e outros animais, avultando os babuínos, que por vezes aparecem pendurados nas filigranas e nas letras iniciais capitais, as chamadas *babouineries*. Nos primeiros tempos da tipografia e visto que os modelos que tinham à mão eram os manuscritos, os desenhos de carácter zoomórfico eram frequentes, não só nos enquadramentos das portadas, mas também nas iniciais capitais.

ZOONÍMIA – Zoonomástica.

ZOONOMÁSTICA – Designação geral de nomes dos animais. Zoonímia.

ZUMBIDO – Som de baixa frequência, produzido por uma tomada mal colocada a que está ligado um equipamento electrónico, numa biblioteca, arquivo, serviço de documentação, etc.

&

& – Símbolo resultante da fusão de *et*, conjunção coordenada copulativa latina com o significado de "e", que na língua portuguesa assume o mesmo significado. Em inglês é designado pela palavra *ampersand*.

BIBLIOGRAFIA

A ESCRITA das escritas. Coord. de Luís Manuel de Araújo. [Lisboa]: Fundação Portuguesa das Comunicações, 2000.

A LITERACIA em Portugal: resultados de uma pesquisa extensiva e monográfica. Lisboa: Fundação Calouste Gulbenkian e Conselho Nacional de Educação, 1996.

ABREU, Lopo de Carvalho Cancela de – *De como classifico e arrumo as minhas medalhas.* Porto: A Medalha, 1973.

ABREU, Marques – *O ensino das artes do livro.* Porto: Imp. das Oficinas da Fotogravura de Marques Abreu, 1942.

ACORDO ortográfico da língua portuguesa: Decreto do Presidente da República n° 43/91, de 23 de Agosto, Resolução da Assembleia da República n° 96/91. Lisboa: Imprensa Nacional-Casa da Moeda, 1991.

ACTES du Colloque International de Louvain-la-Neuve. Ed. Jacqueline Hamesse. Louvain-la-Neuve: Institut d'Études Médiévales de l'Université Catholique de Louvain, 1994.

ADAM, Claude – *Restauration des manuscrits et des livres anciens.* Puteaux: Erec, 1984.

ADAMS, Roy – *Comunicaciones y acceso a la información en la biblioteca.* Madrid: Fundación Germán Sánchez Ruipérez, 1994.

ADHÉMAR, Jean – *La gravure.* Paris: PUF, 1972.

— *Nouvelles de l'estampe.* Paris: Cabinet des Estampes de la Bibliothèque Nationale, 1972.

ADVERSI, Aldo – *Storia del libro.* Bologna: Sansoni, 1963.

ALA – *Glosario ALA de bibliotecología y ciencias de la información.* Madrid: Ed. Diaz de Santos, 1988.

— *Glossary of library terms with a selection of terms in related fields.* Prepared under the direction of the Committee on Library Terminology of the American Library Association by Elisabeth Thomson. Chicago: ALA, 1943.

ALA World enciclopedia of library and information services. 2nd ed. Chicago: ALA [etc.], 2003.

ALBERT, Pierre – *La presse.* Paris: PUF, 1971.

— *Lexique de la presse écrite.* Avec le concours de François Balle et autres. Paris: Dalloz, 1989.

— ; TERROU, Fernand – *Histoire de la presse.* Paris: PUF, 1970.

ALCOBA LÓPEZ, Antonio – *Historia de la tecnología de la información impresa.* Madrid: Fragua, 1995.

ALLEN, C. G. – *A manual of european languages for librarians.* London: London School of Economics; New York: Bowker, co., 1975.

ALLEN, Edward M. – *Harper's dictionary of the graphic arts.* New York: Harper and Row, 1963.

ALMADA. Biblioteca Municipal – *Notas breves por ocasião da sua abertura ao público, regulamento, catálogo.* Almada: Câmara Municipal, 1976.

ALMIND, T.; INGWERSEN, P. – *Informetric analysis on the World Wide Web: methodological approaches to Webometrics.* "Journal of Documentation" 53 (1997) 404-426.

ALTURO Y PERUCHO, Jesús – *Studia in codicum fragmenta.* Barcelona: Universitat Autónoma de Barcelona, 1999.

ALVAREZ LOZANO, Nela – *De Sumeria ó códice miniado.* A Coruña: Xunta de Galicia, 1991.

ALVES, Baltasar T.; CASTRO, José de – *Manual prático de impressão offset.* [S. l.]: Edição Sindegraf, 1988.

AMAR, Muriel – *Les fondements théoriques de l'indexation: une approche linguistique*. Paris: ADBS, 2000.
AMAT NOGUERA, Nuria – *La biblioteca electrónica*. Madrid: Fundación Germán Sánchez Ruipérez, 1990.
— *Documentación cientifica y nuevas tecnologias de la información*. Madrid: Pirámide, 1989.
— *La documentación y sus tecnologías*. Madrid: Pirámide, 1994.
AMZALAK, Moses Bensabat – *A tipografia hebraica em Portugal no século XV*. Coimbra: Imprensa da Universidade, 1922.
ANDRADE, Isabel Maria Freire de – *Ensaio de catalogação de ex-líbris*. Coimbra: B. G. U. C., 1980.
ANDRADE, Joaquim Marçal Ferreira de – *O centenário do enriquecimento do acervo fotográfico da Biblioteca Nacional: projecto de preservação e conservação*. "Anais da Biblioteca Nacional", 111 (1991) 47-62.
ANGLO AMERICAN CATALOGUING COMMITTEE FOR CARTOGRAPHIC MATERIALS – *Cartographic Materials*. Chicago: ALA, 1982.
ANGLO AMERICAN Cataloguing Rules. 2nd ed. London: The Library Association, 1982.
ANIS, Jacques – *Texte et ordinateur: l'écriture reinventée?* Paris; Bruxelles: De Boeck Université, cop. 1998.
ANJOS, Carlos [et al.] – *A ordem da comunicação na cultura*. Lisboa: Universidade Nova, 1984.
ANJOS, Joaquim dos – *Manual do typographo*. Lisboa: Companhia Nacional Editora, 1900.
ANSELMO, Artur – *Comunicação e alienação*. Lisboa: Instituto Amaro da Costa, 1987.
— *Estudos de história do livro*. Lisboa: Guimarães Editores, 1997.
— *História da edição em Portugal*. Porto: Lello & Irmão, 1991.
— *Livros e mentalidades*. Lisboa: Guimarães Editores, 2002.
— *Na pista do texto*. Lisboa: Ed. do Templo, 1978.
— *Origens da imprensa em Portugal*. Lisboa: Imprensa Nacional-Casa da Moeda, 1991.
— *Técnicas de pesquisa*. Lisboa: Universidade Católica Portuguesa, 1988.
ANTÃO, J. A. S. – *Elogio da leitura*. Porto: Asa, 1997.
ARAGÃO, Maria José – *História da escrita*. Viseu: Palimage Editores, 2003.
ARAÚJO, Ana Cristina – *Modalidades de leitura das luzes no tempo de Pombal*. "Revista de História, Centro de História da Universidade de Porto". 10 (1990) 105-127.
ARAÚJO, Emanuel – *A construção do livro: princípios da técnica de editoração*. Rio de Janeiro: Nova Fronteira, 1986.
ARAÚJO, José Rosa de – *Marcas de papel do século XVII*. "Boletim da Academia Portuguesa de Ex-Libris". 9:30 (1964) 201-204.
ARAÚJO, Norberto – *Da iluminura à tricromia*. Lisboa: Imp. de Libânio da Silva, 1915.
ARCHAMBAUD, Edith; LALLEMANT, Jerôme – *Essai de définition économique du livre*. "Cahiers de l'Économie du Livre". 9 (1993) 103-116.
ARCHAMBEAUD, P. – *Dictionnaire des industries graphiques*. Paris: Revue Caractère, 1965.
ARCHIVES NATIONALES DU QUÉBEC – *Lexique de la terminologie archivistique utilisée aux Archives Nationales du Québec*. Québec: Archives Nationales du Québec, 1990.
ARDITO, Stéphanie – *Electronic books to «e» or not to «e»; that is the question*. «Searcher» [Em linha]. 8: 4(2000) 28-39 [Consult. 28 Jan. 2001]. Disponível em WWW:<URL: http://www.infotoday.com/searcher/apr00/ardito.htm>.
AREZIO, Arthur – *Diccionario de termos graphicos*. [S. l.]: Imprensa Official, 1936.
ARNEUDO, Giuseppe Isidoro – *Dizionario exegetico tecnico e storico per le arte grafiche com speciale riguardo alla tipografia*. Torino: R. Scuola Tipografica e di Arti Affini, 1917-1925.
ASHWORTH, Wilfred – *Manual de bibliotecas especializadas e de serviços informativos*. 2ª ed. Lisboa: Fundação Calouste Gulbenkian, 1981.

ASSOCIAÇÃO DOS ARQUIVISTAS BRASILEIROS. Núcleo Regional de São Paulo – *Dicionário brasileiro de terminologia arquivística*. São Paulo: Centro Nacional de Desenvolvimento do Gerenciamento da Informação, 1990.
ASSOCIAÇÃO DOS ESTUDANTES DO INSTITUTO SUPERIOR TÉCNICO – *Política editorial e normas de publicação*. Lisboa: [s. n.], 1981.
ASSOCIAÇÃO LATINO-AMERICANA DE ARQUIVOS – *Dicionário de terminologia arquivística*. Rio de Janeiro: [s. n., 19--?].
ASSOCIATION DES BIBLIOTHÉCAIRES FRANÇAIS – *Le métier de bibliothécaire*. Paris: Promodis, 1983.
ASSOCIATION FRANÇAISE DE NORMALISATION – *Dictionnaire des archives: de l'archivage aux systèmes d'information*. Paris: AFNOR, 1991.
— *Vocabulaire de la documentation = Glossary of documentation terms*. Paris: AFNOR, 1987.
— *Vocabulaire des archives: archivistique et diplomatique*. Paris: AFNOR, 1986.
ASSOCIATION FRANÇAISE DE TERMINOLOGIE – *Dictionnaire de la presse écrite et audiovisuelle*. Dir. de Bruno de Bessé. Collab. d'Alain Ray. Paris: Union Latine, La Maison du Dictionnaire, 1981.
ASSOCIATION FRANÇAISE DES CONSEILLERS EN ORGANISATION DES SYSTÈMES D'INFORMATION POUR LE DÉVELOPPEMENT – *Traitement de l' information documentaire*. Paris: PUF, 1987.
ATCHISON, Jean; GILCHRIST, Alain – *La construction d'un thésaurus: manuel pratique*. Paris: ADBS Éditions, 1992.
AUDIN, Marius – *Essai sur les graveurs en bois en France au dix-huitième siècle*. Paris: Les Éditions G. Grès et Cie, 1925.
— *Histoire du livre français*. Paris: Les Éditions Rieder, 1930.
— *Le livre: son architecture, sa technique*. Paris: Les Éditions G. Grès et Cie, 1924.
AUDIN, Maurice – *Histoire de l'imprimerie: radioscopie d'une ère: de Gutenberg à l'informatique*. Paris: Éd. A. J. & J. Picard, 1972.
AUFSCHNEIDER, P. – *Initiation à la reliure à l'usage des amateurs et des débutants*. Paris: Flammarion, 1952.
AVRIN, Leila – *Scribes, scripts and books: the book arts from Antiquity to the Renaissance*. Chicago: ALA; London: The British Library, 1991.
AYRE, C.; MUIR, A. – *The right to preserve*. "D-Lib Magazine" 10:3 (2004).
AZEVEDO, Carlos A. Moreira; AZEVEDO, Ana Gonçalves de – *Metodologia científica: contributos práticos para a elaboração de trabalhos académicos*. 1ª ed. Porto: C. Azevedo, 1994.
AZEVEDO, Domingos de – *Grande dicionário francês-português*. 13ª ed. revista e actual. Venda Nova: Bertrand, 1998.
AZEVEDO, Rui de – *Observações de diplomática*. Coimbra: Faculdade de Letras da Universidade de Coimbra, 1998.
BABO, Maria Augusta – *A escrita do livro*. Lisboa: Veja, 1993.
BAD. Associação Portuguesa de Bibliotecários Arquivistas e Documentalistas – *Regras de Catalogação: descrição e acesso de recursos bibliográficos nas bibliotecas de língua portuguesa*. Concepção e redacção de José Carlos Sottomayor. Lisboa: BAD, 2008.
BAD. Associação Portuguesa de Bibliotecários Arquivistas e Documentalistas. Grupo de Trabalho das Bibliotecas Universitárias – *Da biblioteca de Babel à biblioteca virtual*. Lisboa: BAD, 1994.
BAIÃO, António – *A censura literária*. Coimbra: Imprensa da Universidade, 1919-1920.
BALAS, Janet L. – *Developing library collections for a wired world*. "Computers in libraries". 20:6 (2000) 61-63.
BALDACCHINI, Lorenzo – *Il libro antico*. Firenze: La Nuova Italia Scientifica, 1982.

BANDEIRA, Ana Maria Leitão – *Pergaminho e papel em Portugal: tradição e conservação*. Lisboa: CELPA; BAD, 1995.

BANDEIRA, Luís Stubbs Saldanha Monteiro – *Vocabulário heráldico*. 2ª ed. Lisboa: Mama Sume, 1985.

BARATA, Paulo J. S. – *Os livros e o liberalismo: da livraria conventual à biblioteca pública*. Lisboa: Biblioteca Nacional, 2003.

BARBEAU, Richard – *Du papyrus à l'hypertexte: entretien avec Christian Vanderdorpe*. "Chair et Métal" [Em linha]. 3 (Automne/Fall 2000). [Consult. 21 Mar. 2002]. Disponível em WWW:<URL: http://www.chairetmetal.com/cm03/intro.htm >.

BARBIER, Frédéric – *Historia de los medios: de Diderot a Internet*. Buenos Aires: Ediciones Colihue, 1999.

— *L'empire du livre*. Paris: Les Éditions du Cerf, 1995.

BARKER, Ronald E.; ESCARPIT, Robert – *A fome de ler*. Rio de Janeiro: Fundação Getúlio Vargas, 1975.

BARNARD, Michael – *Dictionnaire des termes d'imprimerie, de reliure et de papeterie*. Paris: Tec et Doc, 1992.

— *Dictionnaire des termes typographiques et de design*. Londres; Paris: Tec & Doc-Lavoisier, 1992.

— *The print and prodution manual*. Leatherhead: Pira International, 2000.

— ; PEACOCK, John – *Dictionary of printing and publishing*. Leatherhead: Pira International, 2000.

BARROS, Aidil Jesus Paes de; LEHFELD, Neide Aparecida de Souza – *Fundamentos de metodologia: um guia para a iniciação científica*. São Paulo: McGraw-Hill, 1986.

BASANOFF, Anne – *Itinerário della carta dall'Oriente all'Ocidente e sua diffusione in Europa*. Milano: Cartiera Ventura, 1965.

BASTOS, José Timóteo da Silva – *História da censura intelectual em Portugal: ensaio sobre a compressão do pensamento português*. Lisboa: Livraria Moraes, 1983.

BASTOS, Lília da Rocha; PAIXÃO, Lyra; FERNANDES, Lúcia Monteiro – *Manual para a elaboração de projetos e relatórios de pesquisa, teses e dissertações*. 3ª ed. Rio de Janeiro: Guanabara Koogan, 1982.

BASTOS, Sousa – *Dicionário do theatro portuguez*. Lisboa: Imprensa Libanio da Silva, 1908.

BATES, Marcia J. – *The invisible substrate of Information Science* [Em linha]. Los Angeles: UCLA, [1992 ?]. [Consult. 15-02-2002]. Disponível na Internet:<URL: http://www.geis.ucla.edu/research/bates1.html>.

BATTELLI, Guido – *Lezioni di Paleografia*. Vatican City: Libreria Editrice Vaticana, 1986.

BAUDELOT, Christian [et al.] – *Et pourtant ils lisent...* Paris: Éd. Du Seuil, 1999.

BAUDINE, Sylvie – *Soportes de almacenamiento externo = Supports de stockage de données*. Bruxelles: Institut Line Marie Haps, 1988.

BAUGNIES, Yves de – *Recherche terminologique dans le domaine informatique*. Mons: École d'Interprètes Internationaux, [1989?].

BAUTIER, Robert-Henri – *Chartes, sceaux et chancelleries: études de diplomatique et de sigillographie médiévales*. Paris: École des Chartes, 1990.

BAYARD, Émile – *L'art de reconnaître des gravures anciennes*. Paris: R. Roger et F. Chernoviz, [19--?].

BAYNES-COPE, A. D. – *Caring for books and documents*. London: British Museum, cop. 1981.

BAZIN, Patrick – *Vers une métalecture*. "Bulletin des Bibliothèques de France" [Em linha]. 41:1 (1996). [Consult. 15 Ag. 2005]. Disponível em WWW: <URL: http://www.enssib.fr/enssib/bbf.htm>.

BEARDSLEY, Theodore S. – *Elogio de la bibliofilia*. Barcelona: Porter-Libros, 1974.

BEAU, Michel – *L'art de la thèse: comment préparer et rédiger une thèse de doctorat, une mémoire de DEA ou de maîtrise ou tout autre travail universitaire*. Paris: Éditions La Découverte, 1987.

BEAUCHET, M. [et al.] – *Manuel du bibliothécaire documentaliste travaillant dans les pays en développement*. Paris: PUF, 1977.

BEAUGRANDE, R. de – *Text, Discourse and Process*. Norwood, NY: Ablex, 1980.

BÉDARD, Constant [et al.] – *Inventaire des travaux en cours et des projets de terminologie*. Québec: Réseau International de Néologie et de Terminologie, 1987.

BÉGUIN, André – *Dictionnaire technique de l'estampe*. Paris: A. Béguin, 1998.

BEIGBEDER, Olivier – *La symbolique*. Paris: PUF, 1968.

BELCHIOR, Maria de Lourdes – *Os homens e os livros*. Lisboa: Verbo, 1971.

BÉLISLE, Claire – *Lire avec un livre eléctronique: un nouveau contrat de lecture?* Centre Jacques Cartier conference: the future of WebPublishing [Em linha]. [Consult. 20 Mar. 2006]. Disponível em WWW: <URL: http://www.interdisciplines.org/defispublicationweb/papers/15 >.

BELL CANADA. Centre de Terminologie et de Documentation – *La bureaucratique intégrée: lexique = The integrated office: glossary*. Montréal: Bell Canada, 1987.

BELLARDO, Lewis I. – *A glossary for archivists, manuscript curators and records manager*. Chicago: American Society of Archivists, 1992.

BENITO, Miguel – *Diccionario multilingue de terminologia bibliotecaria: español-inglés, francés-sueco-alemán*. Boras: Tarancos Bokforlag, 1996.

BENNET, Paul A. – *Books and printing: a treasure for typophiles*. Cleveland; New York: The World Publishing Company, 1963.

BENVENISTE, Léon – *L'alphabet est né au Sinai*. Paris: [s. n., 19--?].

BERGER, Leopoldo – *Manual prático e ilustrado do encadernador*. Rio de Janeiro: Riedel & C^{ia}. Lda, 1938.

BERGER, Philippe [et al.] – *Histoire du livre et de l'édition dans les pays ibériques*. Bordeaux: Presses Universitaires de Bordeaux, 1986.

BERGSTROM, Magnus; REIS, Neves – *Prontuário ortográfico e guia da língua portuguesa*. 44ª ed. Lisboa: Editorial Notícias, 2002.

BERISTAIN DE SALINAS, Helena – *Metodo de restauración de libros y documentos*. México: Instituto de Investigaciones Bibliográficas de la Biblioteca Nacional, 1968.

BERRY, William Turner; JOHNSON, A. F.; JASPERT, W. P. – *The encyclopaedia of type faces*. New ed. London: Blandford Press, 1958.

— ; POOLE, H. Edmond – *Annals of printing: a chronological encyclopaedia from the earliest times to 1950*. London: Blandford Press, 1966.

BERSIER, Jean-Eugène – *La gravure: les procédés, l'histoire*. Paris: Berger-Levrault, 1963.

BICKER, João – *Manual tipográfico de Giambattista Bodoni*. Coimbra: Almedina, 2001.

BIENSAN, Jacques – *Glossaire informatique*. Paris: P. Dubois, 1987.

BIL INTERNATIONAL – *Glossaire informatique constamment mis à jour*. Bruxelles: BIL, 1990.

BILLOUX, René – *Encyclopédie chronologique des arts graphiques*. Paris: R. Billoux, 1943.

BLACK, Sam – *Relações públicas: teoria e prática*. Lisboa: Portugália, [19--?].

BLAISE, Albert – *Lexico latinitatis Medii Aevi*. Turnhoult: Brepols, 1975.

BLANCHON, H. L. Alphonse – *L'art et la pratique de la reliure*. Paris: J. Hetzel, [19--?].

BLAND, David – *A history of book illustration: the illuminated manuscript and the printed book*. London: Faber and Faber Limited, 1969.

BLAND, Michel – *Novo manual de relações públicas*. Lisboa: Presença, 1989.

BLISS, Douglas Percy – *A history of wood engraving*. London: Spring Books, 1964.

BLONDEL, Spire – *Les outils de l'écrivain*. Paris: [s. n.], 1890.

BLUM, André – *Les origines de la gravure en France*. Paris: G. van Oest, 1927.

— *Les origines du livre à gravures en France: les incunables typographiques*. Paris; Bruxelles: G. van Oest, 1928.

— *Les origines du papier, de l'imprimerie et de la gravure*. Paris: Éd. de la Tournelle, 1935.

— *Les routes du papier*. Grenoble: Ind. Papetière, 1946.

BLUTEAU, Rafael – *Vocabulário portuguez e latino: aulico, anatómico, architectonico...* Coimbra: Colégio das Artes da Companhia de Jesus; Lisboa: Officina de Pascoal da Sylva, 1712-1721.

BOILLON, Bernard – *Introduction aux techniques du livre*. 4ème éd. rev. et augm. Grenoble: Bibliothèque Interuniversitaire, 1990.

BOLOGNA, Giulia – *Manuscritos y miniaturas: el libro antes de Gutenberg*. Madrid: Anaya, 1994.

BORBINHA, José Luís – *Acerca da Biblioteca Nacional Digital* [Em linha]. [Consult. 20 Mar. 2006]. Disponível em WWW:<URL: http://www.ciberscopio.net/artigos/tema3/cdif-03>.

BORGES, Maria Manuel – *De Alexandria a Xanadu*. Coimbra: Quarteto, 2002.

BORKO, H. – *Information Science: what is it?* "American Documentation". 19:1 (1968) 3-5.

BOSSE, Abraham – *Tratado da gravura a água-forte e a buril e em maneira negra com o modo de construir as prensas modernas e de imprimir em talho doce*. Lisboa: Typographia Chalcographica, Typoplastica e Litteraria do Arco do Cego, 1801.

BOUCHER, Jean-Dominique – *A reportagem escrita*. Mem Martins: Editorial Inquérito, 1994.

BOUCHER, Virginia – *Interlibrary loan practices handbook*. Chicago: ALA, 1984.

BOUCHOT, Henri – *Le livre: l'illustration, la reliure: étude historique sommaire*. Nouv. éd. Paris: Alcide Picard, 1911.

BOULET, Anne [et al.] – *Informatique et bibliothèques*. Paris: Cercle de la Librairie, 1986.

BOUTIN-QUESNEL, R. [et al.] – *Vocabulaire systématique de la terminologie*. Québec: Cahiers de l'Office de la Langue Française, 1985.

BOUVAIST, Jean-Marie – *Pratiques et métiers de l'édition*. Paris: Éd. du Cercle de la Librairie, 1991.

BOUVET, C. [et al.] – *L'illetrisme: une question d'actualité*. Paris: Hachette, 1995.

BOZZOLO, Carla; ORNATO, Ezio – *Pour une histoire du livre manuscrit au Moyen Âge: trois essais de codicologie quantitative*. 2ème éd. Paris: CNRS, 1983.

BRANDT, Astrid-Christiane – *Mass deacidification of paper: a comparative study of existing processes*. Paris: Bibliothèque Nationale, 1992.

BRASIL. Confederação Nacional da Indústria – *Papel e papelão: glossário*. 2ª ed. Rio de Janeiro: CNI, 1981.

BRINCHES, Victor – *Dicionário bibliográfico luso-brasileiro*. Rio de Janeiro [etc.]: Fundo de Cultura, 1965.

BRIQUET, Charles-Moïse – *Les filigranes: dictionnaire historique des marques du papier*. 10ème éd. New York: Hacker Art Books, 1966.

BROCHON, Pierre – *Le livre de colportage en France depuis le XVIème siècle*. Paris: Librairie Grund, 1954.

BROWN, Michelle P. – *Understanding illuminated manuscripts*. [London]: The Paul Getty Museum and The British Library Board, 1994.

BRUN, Robert – *Le livre français*. Paris: PUF, 1969.

— ; TOULET, Jean – *Technique du livre*. 6ème éd. Paris: Direction des Bibliothèques et de la Lecture Publique, 1968.

BRUNEAU, Charles – *La langue du journal*. [S. l.: s. n.], 1959.

BUCHANAN, Brian – *A glossary of indexing terms*. London: Clive Bingley, 1976.

BUCHANAN, Sally A. – *Prevenção contra desastres: instruções para formação em planeamento e recuperação*. Lisboa: BAD, 2002.

BUENDIA, Laurent – *Lexique informatique = Glossary informatics*. 3ème éd. Ottawa: Sécrétariat d'État du Canada, 1990.

— *Office automation: glossary = Bureaucratique: lexique*. Ottawa: Sécrétariat d'État du Canada, cop.1988.

BUONOCUORE, Domingo – *Diccionario de bibliotecologia*. Buenos Aires: Marymar, 1976.

BUREAU, Jacques – *Dictionnaire de l'informatique*. Avec le concours de Paul Namian. Paris: Librairie Larousse, cop. 1997.

BUREAU CANADIEN DES ARCHIVISTES. Comité de Planification sur les Normes de Description – *Règles pour la description des documents d'archives*. Ottawa: Bureau Canadien des Archivistes, 1990.

BURGER, Erich – *Dictionary of data processing*. New York: French and European Publications, 1988.

— *Dictionary of Information science*. Amsterdam: Elsevier, 1989.

BUTI, Andreina Bandini – *Manuale di bibliofilia*. Milano: U. Mursia & C., 1971.

CABRAL, Maria Luísa – *Amanhã é sempre longe de mais: crónicas de preservação & conservação*. Lisboa: Gabinete de Estudos A&B, 2002.

— *As colecções, o acesso e os utilizadores de bibliotecas*. Porto: Faculdade de Letras, 1996.

— *Bibliotecas: acesso sempre*. Lisboa: Colibri, 1996.

CACÈRÈS, Geneviève – *La lecture*. Paris: Éd. Du Seuil, 1961.

CADERNOS – Biblioteconomia e Arquivística. Coimbra [etc.]: BAD, 1963-2006.

CALADO, Adelino de Almeida – *Parâmetros de uma rede de informação científica e técnica das universidades portuguesas*. Coimbra: Biblioteca Geral da Universidade, 1980.

CALIXTO, José António – *A biblioteca escolar e a sociedade da informação*. Lisboa: Caminho, 1996.

CALOT, Frantz [et al.] – *L'art du livre en France des origines à nos jours*. Paris: Librairie Delagrave, 1931.

CAMPBELL, H. C. – *Le développement des systèmes et des services de bibliothèques publiques*. Paris: Unesco, 1983.

CAMPOS, Fernanda Maria Guedes de – *Informação digital: um novo património a preservar*. "Cadernos BAD". 2 (2002) 8-14.

CANADA. Archives Nationales du Québec – *Lexique de la terminologie archivistique utilisée aux Archives Nationales du Québec*. Québec: Archives Nationales du Québec, 1990.

CANADA. Office de la Langue Française pour le Réseau International de Néologie et de Terminologie – *Inventaire des travaux en cours et des projects de terminologie*. Québec: Agence de Coopération Culturelle et Technique, 1990.

— *Inventaire des travaux de terminologie récents publiés et à diffusion restreinte*. 2 ème éd. Québec: Agence de Coopération Culturelle et Technique, 1991.

CANADA. Sécrétariat d'État – *Intelligence logicielle: dictionnaire français-anglais*. Ottawa: Sécrétariat d'État du Canada, 1989.

CANHÃO, Manuel – *Os caracteres de imprensa e a sua evolução histórica, artística e económica em Portugal*. Lisboa: Grémio Nacional dos Industriais de Tipografia e Fotogravura, 1941.

CANTERO, Francisco – *Dicionário técnico da indústria gráfica*. São Paulo: Imprensa Oficial do Estado, 1982.

CAPPELLI, A. – *Dizionario di abreviature latine ed italiane*. 3ª ed. riv. e corret. Milano: Ulrico Hoepli, 1929.

CAREY, David – *The story of printing*. Loughborough: Wills & Heptworth, 1970.

CARREGAL, Joaquim da Costa – *A evolução da tipografia: 1440-1940: do prelo de Gutenberg à rotativa*. Porto: Grémio Nacional dos Industriais de Tipografia e Fotogravura, 1941.

CARRIÓN GUTIEZ, Manuel – *Manual de bibliotecas*. 2ª ed. Madrid: Fundación Germán Sánchez Ruipérez; Pirâmide, 1997.

CARTER, John – *ABC for book collectors*. New Castle; London: Oak Knoll Press; The British Library, 2004.

— *Printing and the mind of man: a descriptive catalogue illustrating the impact of print on the evolution of western civilization during five centuries*. London: Cassell, 1967.
CARVALHO, António – *A arte tipográfica: subsídios para a cultura profissional*. Coimbra: [s. n.], 1947.
CARVALHO, Mário Santiago de – *Roteiro temático-bibliográfico de filosofia medieval*. Lisboa: Ed. Colibri, 1997.
CASTRO, Jaime – *Arte de tratar o livro*. Porto Alegre: Livraria Sulina Editora, 1969.
CATAFAL RULL, Jordi; FABREGAS, Clara Oliva – *A gravura*. 1ª ed. Lisboa: Editorial Estampa, 2003.
CAVALLO, Guglielmo; CHARTIER, Roger – *Histoire de la lecture dans le monde occidental*. Paris: Éd. Du Seuil, 1997.
CAVE, Roderick – *Rare book librarianship*. London: Clive Bingley, 1982.
CEE – *EUROVOC: Thésaurus multilingue*. Luxembourg: Office des Publications Officielles des Communautés Européennes, 1987.
CEIA, Carlos – *Textualidade: uma introdução*. 1ª ed. Lisboa: Presença, 1995.
CENTRE DE FORMATION ET DE PERFECTIONNEMENT DES JOURNALISTES – *Glossaire des termes de presse*. Paris: CFPJ, 1987.
CERDEIRA, Eleutério – *A imprensa*. In "História de Portugal". 1932. Vol. 4.
CHACON, Lourenço – *O ritmo da escrita: uma organização do heterogêneo da linguagem*. São Paulo: Martins Fontes, 1998.
CHARTIER, Roger – *A ordem dos livros*. 1ª ed. Lisboa: Vega, 1997.
— *As práticas da escrita*. In "História da vida privada: do Renascimento ao século das luzes". Porto: Afrontamento, 1989-1991. Vol. 3, p. 113-161.
— *As utilizações do objecto impresso: séculos XV-XIX*. [Lisboa]: Difel 82, 1998.
— *Textes, imprimés, lectures*. Porto: Faculdade de Letras, Instituto de Cultura Portuguesa, 1987.
CHAUMIER, J. – *Técnicas de documentación y archivo*. Barcelona: Oikos-Tau, 1993.
CHAUVEAU, G.; ROGOVAS-CHAUVEAU, E. – *Les chemins de la lecture*. [S. l.]: Magnard, 1994.
CHAUVET, Paul – *Les ouvriers du livre en France des origines à la Révolution de 1789*. Paris: PUF, 1959.
— *Les ouvriers du livre et du journal*. Paris: Lés Éditions Ouvrières, 1971.
CHAVES, Luís – *Subsídios para a história da gravura em Portugal*. Coimbra: Imprensa da Universidade, 1927.
CHOMSKY, N. – *Aspectos da teoria da sintaxe*. Coimbra: Arménio Amado, 1965.
CIME, Albert – *Le livre*. Paris: [s. n.], 1905-1908.
CIVICIMA – *Vocabulaire du livre et de l'écriture au Moyen-Âge: actes de la table ronde, Paris 24-26 Sept. 1987*. Édités par Olga Weijers. Turnhout (Belgique): Brepols, 1989.
CLAIR, Colin – *A chronology of printing*. London: Cassell, 1969.
— *Historia de la imprenta en Europa*. Madrid: Ollero & Ramos, cop. 1998.
CLARK, John Willis – *The care of books: an essay on the development of libraries and their fittings, from the earliest times to the end of the eighteenth century*. London: Variorum reprints, 1975.
CLASON, W. E.; SALEM, S. – *Elsevier's Dictionary of Library Science, Information and Documentation in english/american, french, spanish, italian, dutch, german and arabic*. Amsterdam: Elsevier, 1973.
CLAVEL-MERRIN, Geneviève – *NEDLIB List of Terms*. NEDLIB Report series. 7 (2000).
CLIP – *Compatibilização de Linguagens de Indexação em Português – Projecto CLIP: fontes para o controlo de terminologia*. Coord. e rev. de Maria Luísa Santos, Maria Inês Lopes. Lisboa: Instituto da Biblioteca Nacional e do Livro, 1995.
CLODD, Edward; NOBILI, Giuseppe – *Storia dell'alfabeto*. Torino: Fratelli Boca, 1903.

COCKSHAW, P. – *La circulation du manuscrit dans l'Europe médiévale*. Paris: Klincksieck, 2000.
CÓDIGO do Direito de Autor e dos Direitos Conexos. Lisboa: Livros Horizonte, 1985.
CÓDIGO do Direito de Autor e dos Direitos Conexos: legislação nacional complementar, Convenção de Berna, Convenção Universal sobre Direitos de Autor, Convenção de Roma, GATT, Directivas Comunitárias, NAFTA, Acordo de Cartagena. Lisboa: Livraria Arco-Íris; Edições Cosmos, 1994.
CODINA, Lluis – *El libro digital y la www*. Madrid: Tauro Ediciones, 2000.
COELHO, Calisto; COELHO, Maria Fernanda – *Dicionário breve de informática e multimédia*. Lisboa: Presença, 1999.
COELHO, Hélder – *Tecnologias da informação*. Lisboa: Dom Quixote, 1986.
COELHO, Maria Helena da Cruz – *A diplomática em Portugal: balanço e estado actual*. Coimbra: Faculdade de Letras da Universidade de Coimbra, 1991.
— [et al.] – *Estudos de diplomática portuguesa*. Lisboa: Edições Colibri; Coimbra: Faculdade de Letras da Universidade de Coimbra, 2001.
COHEN, Marcel – *A escrita*. Lisboa: [s. n.], 1961.
COLLINSON, R. L. – *Índices e indexação*. São Paulo: Ed. Polígono, 1971.
COLLOQUE HISTOIRES DE LA LECTURE, Paris, 1993 – *Histoires de la lecture: un bilan des recherches:* actes…, sous la dir. de Roger Chartier. Paris: IMEC: Maison des Sciences de l'Homme, imp. 1995.
COLLOQUE IMPRIMÉS DE LARGE CIRCULATION ET LITTÉRATURES DE COLPORTAGE DANS L'EUROPE DES XVI-XIX SIÈCLES, Wolfenbuttel, 1991 – *Colportage et lecture populaire: imprimés de large circulation en Europe, XVI-XIX siècles*: actes… sous la dir. de Roger Chartier, Hans-Jurgen Lusebrink. Paris: IMEC: Maison des Sciences de l'Homme, imp. 1996.
COLLOQUE INTERNATIONAL D'AIX-EN-PROVENCE, Aix-en-Provence, 1988 – *Écrire à la fin du Moyen-Âge: le pouvoir et l'écriture en Espagne et en Italie: 1450-1530*. Aix-en-Provence: P. U. de Provence, 1990.
COLLOQUE INTERNATIONAL DE BIBLIOLOGIE, 8, Paris, 1989 – *Théorie, méthodologie et recherche en bibliologie…* Paris: Bibliothèque Nationale, cop. 1991.
COLLOQUE INTERNATIONAL DE BORDEAUX, Bordeaux, 1986 – *Livre et libraires en Espagne et au Portugal, XVI-XXe siècles*. Paris: CNRS, 1989.
COLLOQUE INTERNATIONAL DE LOUVAIN-LA-NEUVE, Louvain-la-Neuve, 1994 – *Actes du Colloque International de Louvain-la-Neuve*. Ed. Jacqueline Hamesse. Louvain-la-Neuve: Institut d'Études Médiévales de l'Université Catholique de Louvain, 1994.
COLÓQUIO DA SECÇÃO PORTUGUESA DA ASSOCIAÇÃO HISPÂNICA DE LITERATURA MEDIEVAL, 4, Lisboa, 2002 – *Da decifração em textos medievais*. Lisboa: Colibri, 2002.
COLOMBET, Claude – *Propriété littéraire et artistique et droits voisins*. 4ème éd. Paris: Dalloz, 1988.
COLOMBO, Pio – *La legatura artistica, storica e critica*. Roma: Editrice Raggio, cop. 1952.
COLÓQUIO SOBRE O LIVRO ANTIGO, Lisboa, 1988 – *Colóquio sobre o Livro Antigo: actas*. Lisboa: Biblioteca Nacional, 1988.
COMMISSION INTERNATIONALE DE DIPLOMATIQUE – *Vocabulaire international de diplomatique*. Ed. Maria Milagros Cárcel Orti. Valencia: Generalitat Valenciana; Conselleria de Cultura de la Universidad de Valencia, 1994.
CONGRESSO NACIONAL DE BIBLIOTECÁRIOS, ARQUIVISTAS E DOCUMENTALISTAS, 4, Braga, 1992 – *Informação, ciência, cultura: bibliotecas e arquivos para o ano 2000: actas*. Braga: BAD, 1992.
CONGRESSO NACIONAL DE BIBLIOTECÁRIOS, ARQUIVISTAS E DOCUMENTALISTAS, 5, Lisboa, 1994 – *Multiculturalismo*. Lisboa: BAD, 1994.
CONGRESSO NACIONAL DE BIBLIOTECÁRIOS, ARQUIVISTAS E DOCUMENTALISTAS, 8, Estoril, 2004 – *Nas encruzilhadas da informação e da cultura: (re)inventar a profissão: actas* [Multimédia]. Lisboa: BAD, 2004.

CONSEIL INTERNATIONAL DE LA LANGUE FRANÇAISE – *Dictionnaire quadrilingue de la presse et des médias*. Paris: C.I.L.F., 1987.
CONSEIL INTERNATIONAL DES ARCHIVES. Comité de Sigillographie – *Vocabulaire international de la sigillographie*. Roma: CIA, 1990.
CONSTRUIRE une bibliothèque universitaire: de la conception à la réalisation. Dir. Marie-Françoise Bisbrouck et Daniel Renoult. Paris: Cercle de la Librairie, l993.
CONVEGNO DI STUDIO DELLA FONDAZIONE EZIO FRANCESCHINI E DELLA FONDAZIONE IBM ITALIA, 5, Certosa del Galluzz, 1996 – *Modi di scrivere: tecnologie e pratiche della scrittura dal manoscritto al CD-ROM: atti del Convegno di Studio della Fondazione Ezio Franceschini e della Fondazione IBM Italia*. Spoleto: Centro Italiano di Studi sull'Alto Medioevo, 1997.
CORREIA, João David Pinto – *Introdução às técnicas de comunicação e de expressão*. Lisboa: Livraria Novidades Pedagógicas, 1978.
CORREIA, João de Araújo – *A língua portuguesa*. Lisboa: Verbo, [1959].
COSTA, Avelino de Jesus da – *Estudos de cronologia: diplomática, paleografia e histórico-linguísticos*. Porto: Sociedade Portuguesa de Estudos Medievais, 1992.
— *Normas gerais de transcrição e publicação de documentos e textos medievais e modernos*. 3ª ed. Braga: Livraria Cruz, 1993.
— *Subsídios para a organização de índices e sumários e para a transcrição de textos*. Coimbra: Faculdade de Letras, 1969.
COSTA, Licurgo da; VIDAL, Barros – *História e evolução da imprensa brasileira*. Rio de Janeiro: Comissão Organizadora da Representação Brasileira, 1940.
COUCHAERE, Marie Josée – *Leia depressa, leia melhor*. [S.l.]: Editorial Inquérito, 1989.
COUTINHO, Bernardo Xavier – *A edição princeps de "Os Lusíadas"*. Braga: [s. n.], 1980.
COW, Andrew; ORMES, Sarah – *E-books*. "Library & Information Briefings". Issue 96 (2001).
CRATO, Nuno – *A imprensa*. Lisboa: Presença, 1986.
CRUZ, Luís Adelino Lopes da – *Nova arte calligraphica*. Coimbra: Imprensa da Universidade, 1882.
CULTURA: revista de história e teoria das ideias. Lisboa: Centro de História da Cultura, 1997-2005.
CUNHA, Alfredo – *Elementos para a história da imprensa periódica portuguesa (1641-1821)*. Lisboa: Academia das Ciências, 1941.
CUNHA, Celso; Sintra, Lindley – *Nova gramática do português contemporâneo*. 16ª ed. Lisboa: João Sá da Costa, 2000.
CUNHA, J. M. R. F. – *Análise documentária: a análise da síntese*. Brasília: Instituto Brasileiro de Informação em Ciência e Tecnologia, 1987.
D'HAENENS, Albert – *Écrire, utiliser et conserver des textes pendant 1500 ans: la relation occidentale à l'écriture*. Louvain-la-Neuve: Centre Interuniversitaire d'Histoire de l'Écriture, 1983.
DAGOGNET, François – *Écriture et iconographie*. Paris: Librairie Philosophique J. Vrin, 1973.
DAHL, Svend – *Historia del libro*. 5ª ed. Madrid: Alianza Universidad, 1990.
DAIN, A. – *Les manuscrits*. Paris: Les Belles Lettres, 1975.
DANIS, Sophie – *Petit dictionnaire de l'apprenti-bibliothécaire ou le document dans tous ses états*. Villeurbanne: École Nationale Supérieure de Bibliothécaires, 1984.
DARMON, Jean-Jacques – *Le colportage de librairie en France sous le Second Empire*. Paris: Librairie Plon, 1972.
DARNTON, Robert – *Édition et sédition: l'univers de la littérature clandestine au XVIIIe siècle*. Paris: Gallimard, 1991.
DE PARIS a Tóquio: arte do livro na colecção Calouste Gulbenkian. Lisboa: F. C. G., 2006.
DE VAINES, Dom – *Dictionnaire raisonné de diplomatique contenant les règles principales et essentielles pour servir à déchiffrer les anciens titres, diplomes et monuments*. Paris: Lacombe, 1773.

DE VITO, Joseph A. – *Communication: concepts and processes*. Englewood Cliffs: Prentice-Hall, 1971.

DELISLE, Léopold – *Instructions élémentaires et techniques pour la mise et le maintien en ordre des livres d'une bibliothèque*. 4ème éd. Paris: Librairie Ancienne Honoré Champion, [19--?].

DESCOTES, M. (Coord.) – *Lire méthodiquement des textes*. Paris: Bertrand-Lacoste, 1995.

DES LIVRES RARES depuis l'invention de l'imprimerie. Paris: Bibliothèque Nationale de France, 1998.

DESLANDES, Venâncio – *Documentos para a história da typographia portugueza nos séculos XVI e XVII*. Lisboa: Imprensa Nacional-Casa da Moeda, 1988.

DESMAREST, L.; LEHNER, S. – *Manuel pratique de la fabrication des encres: encres à écrire, à copier, de couleurs, métalliques, à dessiner, encres d'imprimerie*. Paris: Gauthier-Villars et Cie, 1923.

DESORMES, E.; BASILE, A. – *Dictionnaire de l'imprimerie et des arts graphiques en général*. Paris: Imprimerie des Beaux-Arts, 1912.

DESSANER, John P. – *Book publishing: what it is, what it does*. 2nd ed. New York and London: R. R. Bowker Company, 1981.

DESWARTE-ROSA, Sylvie – *A Leitura Nova de D. Manuel*. Lisboa: Inapa, 1997.

—— *Les enluminures de la Leitura Nova, 1504-1552*. Lisboa: Fundação Calouste Gulbenkian, 1977.

DEVAUCHELLE, Roger – *Joseph Thouvenin et la reliure romantique*. Paris: Claude Blaizot, 1987.

—— *La reliure en France de ses origines à nos jours*. Paris: Jean Rousseau-Girard, 1959.

—— *La reliure: recherches historiques, techniques et biographiques sur la reliure française*. Paris: Éd. Filigranes, 1995.

DEVAUX, Yves – *Dix siècles de reliure*. Paris: Pygmallion, 1977.

—— *Dorure et décoration des reliures*. Maisons-Alfort: Les Éditions des Galions, 2000.

—— *L'univers de la bibliophilie*. Paris: Pygmalion, 1988.

DIAS, João José Alves – *Iniciação à bibliofilia*. Lisboa: Pró Associação Portuguesa de Alfarrabistas, 1994.

DIAS, José Sebastião da Silva – *O primeiro rol de livros proibidos*. Coimbra: Faculdade de Letras da Universidade de Coimbra, 1963.

DIAS, Maria Helena; FEIJÃO, Maria Joaquina – *Glossário para indexação de documentos cartográficos*. Lisboa: Instituto da Biblioteca Nacional e do Livro, 1995.

DICCIONARIO de lectura y términos afines. Ed. International Reading Association, Theodore L. Harris y Richard E. Hodges. Madrid: Fundación Germán Sánchez Ruipérez, 1985.

DICIONÁRIO da história de Portugal. Dir. por Joel Serrão. Lisboa: Iniciativas Editoriais, 1963--1971.

DICIONÁRIO de história religiosa em Portugal. Coord. Carlos Azevedo. Lisboa: Círculo de Leitores, 2002.

DICIONÁRIO de informática. Lisboa: Dom Quixote, 1991.

DICIONÁRIO de sinónimos. Porto: Porto Editora, 1990.

DICIONÁRIO de terminologia arquivística. Lisboa: Instituto da Biblioteca Nacional e do Livro, 1993.

DICIONÁRIO de termos linguísticos. Organiz. por Maria Francisca Xavier, Maria Helena Mateus. Lisboa: Cosmos, 1990-1992.

DICTIONARY of archival terminology. Ed. Peter Walne. 2nd ed. revised. München: K. G. Saur, 1988.

DICTIONNAIRE à l'usage de la librairie ancienne... = Dictionary for the antiquarian booktrade... Dir. Menno Hertzberger. Paris: Librairie Internationale de la Librairie Ancienne, 1956.

DIDEROT, Denis – *Carta histórica e política sobre o comércio do livro*. Trad. de Maria Isabel Ribeiro de Faria. Coimbra: Biblioteca Geral da Universidade, 1978.

DIETZ, Adolf – *El derecho de autor en España y Portugal*. Madrid: Ministerio de Cultura, 1992.
DIMIER, Louis – *La gravure*. Paris: Librarie Garnier Frères, 1930.
DIREITO a informar: porquê e para quê? Lisboa: Assembleia da República, 1982.
DIREITOS de autor. Porto: Porto Editora, 1999.
DIRINGER, David – *A escrita*. Lisboa: Verbo, 1985.
DOMINGOS, Manuela D. – *Estudos de sociologia da cultura: livros e leitores do século XIX*. Lisboa: Instituto Português do Ensino à Distância, 1985.
DOUGLAS, Mary Peacock – *La bibliothèque d'école primaire et ses différentes fonctions*. Paris: Unesco, 1961.
DREYFUS, John; RICHAUDEAU, François – *La chose imprimée: histoire, techniques, esthétique et réalisations de l'imprimé*. Paris: Les Encyclopédies du Savoir Moderne, 1977.
DRUJON, Fernand – *Les livres à clef: étude de bibliographie critique et analytique pour servir à l'histoire littéraire*. Bruxelles: Culture et Civilisation, 1966.
DU CANGE, Charles du Fresne – *Glossarium mediae et infimae latinitatis*. Niort: L. Favre, 1883--1887.
DUBOIS, J. [et al.] – *Dictionnaire de linguistique*. Paris: Librairie Larousse, 1989.
DUCROT, O.; TODOROV, T. – *Dicionário das ciências da linguagem*. Lisboa: Dom Quixote, 1982.
— — *Dictionnaire encyclopédique des sciences du langage*. Paris: Éd. Du Seuil, 1972.
DUMONT, Jean – *Vade-mecum du typographe*. Bruxelles: F. Hayez, 1891.
DUREAU, J. M.; CLEMENTS, D. W. G. – *Princípios para a preservação e conservação de espécies bibliográficas*. Lisboa: Biblioteca Nacional, 1992.
DUSSERT-CARBONE, Isabelle – *Le catalogage: méthode et pratiques*. Paris: Cercle de la Librairie, 1988.
ECO, Umberto – *A biblioteca*. Miraflores: Difel, 2002.
— *Leitura do texto literário: lector in fabula*. Lisboa: Presença, 1983.
— *O signo*. Lisboa: Presença, 1997.
EDELMAN, Bernard – *La propriété littéraire et artistique*. 2ème éd. Paris: PUF, 1993.
EISNER, Joseph – *Beyond P R: marketing for libraries*. New York: Library Journal, 1981.
EL CAMBIO: libertad de expresión y medios de comunicación social. Domingo E. Gómez, coord. A Coruña: Universidad Libre de Verano, 1990.
ELECTRONIC INK [Em linha]. [Consult. 28 Jun. 2006]. Disponível em WWW:<URL: http://www.eink.com>.
ELSEVIER'S Lexicon of terminology. Compil. Committee of the International Council on Archives. Amsterdam: Elsevier, 1964.
ENCONTRO NACIONAL E INTERNACIONAL DE ARQUIVOS EMPRESARIAIS, 1, Lisboa, 2000 – *Arquivos empresariais: instrumento de gestão e património documental: novos desafios, novas soluções*. [Multimédia]. Lisboa: BAD, 2001.
EMBAIXADA DOS ESTADOS UNIDOS. Serviços Culturais – *Serigravura e gravura silk screen*. [S. l.: s. n., 19--?].
ENCONTRO NACIONAL DE ARQUIVOS MUNICIPAIS, 4, Loulé, 1997 – *Os arquivos municipais e a administração*. Lisboa: BAD, 2000.
ENCONTRO NACIONAL DE ARQUIVOS MUNICIPAIS, 5, Sintra, 2000 – *5º Encontro Nacional de Arquivos Municipais* [Multimédia]. Lisboa: BAD, 2001.
ENCYCLOPAEDIA of librarianship. Ed. by Thomas Landau. London: Bowes & Bowes, 1958.
ERBOLATO, Mário L. – *Dicionario de propaganda e jornalismo*. Campinas: Papirus, 1985.
EROLES, Emili – *Diccionario historico del libro*. Barcelona: Ed. Millà, 1981.
ESCARPIT, Robert – *L'écrit et la communication*. Paris: PUF, 1973.
— *La révolution du livre*. 2ème éd. rev. et mise à jour. Paris: Unesco, 1969.
— *Sociologie de la littérature*. Paris: PUF, 1960.

ESCOLAR SOBRINO, Hipólito – *Historia de las bibliotecas*. 3ª ed. Madrid: Fundación Germán Sánchez Ruipérez, 1990.
— *Historia del libro en cinco mil palabras*. Madrid: Asociación Nacional de Bibliotecarios, Archiveros y Archeólogos, [19--?].
— *História universal del libro*. Madrid: Pirámide; Fundación Germán Sánchez Ruipérez, 1996.
ESCORROU, René – *Le papier*. Paris: Armand Colin, 1941.
ESCUELA ESPECIAL DE INGENIEROS INDUSTRIALES – *Lecciones sobre artes graficas*. Madrid: Curso academico, 1941-1942.
ESPINOSA, Blanca [et al.] – *Tecnologias documentales: memorias ópticas*. Madrid: Tecnidoc, 1994.
ESTADOS UNIDOS. Environmental Protection Agency – *Guidance for developing image processing systems in Epa: Epa system design and development guidance*. Cincinnati: Center for Environmental Research Information, 1992.
ESTATUTO da imprensa: lei, regulamento, portaria: textos e documentos com anotações: 1971-1972. Lisboa: Secretaria de Estado da Informação e Turismo, 1972.
ESTIVALS, Robert – *La bibliologie*. Paris: PUF, 1987.
— *Le vocabulaire de la schématisation: approche d'une méthodologie dialectique de la recherche et de la création*. "Revue de Bibliologie". 30 (1989) 1-68.
ESTRELA, Edite; CORREIA, J. David Pinto – *Guia essencial da língua portuguesa para a comunicação social*. Lisboa: II Congresso dos Jornalistas Portugueses, 1988.
—; SOARES, Maria Almira; LEITÃO, Maria José – *Saber escrever saber falar: um guia completo para usar correctamente a língua portuguesa*. [S.l.]: Círculo de Leitores, 2004.
ESTUDOS sobre história do livro e da leitura em Portugal: 1995-2000. Lisboa: Biblioteca Nacional, 2002.
FABRE, Maurice – *História da comunicação*. 2ª ed. Lisboa: Moraes, 1980.
FABRÈGES, F.; SAAVEDRA, J. M. – *Manual del cajista de imprenta*. Bilbao: Espasa-Calpe, 1933.
FAGES, J. B.; PAGANO, Ch. – *Diccionario de los medios de comunicación: técnica, semiologia, linguística*. 2ª ed. Valencia: Fernando Torres, 1978.
FARIA, Maria Isabel; PERICÃO, Maria da Graça – *Dicionário do livro*. Lisboa: Guimarães Editores, 1988.
— *Novo dicionário do livro: da escrita ao multimédia*. Lisboa: Círculo de Leitores, 1999.
FAULTRIER-TRAVERS, Sandra de – *Le droit d'auteur dans l'édition*. Paris: Imprimerie Nationale, 1993.
FAURE, Albertine – *La pédagogie de la documentation dans le contexte de l'audiovisuel et des massmedia*. Paris: Le Centurion, 1980.
FAVA, Domenico – *Manuale degli incunabili*. Milano: A. Mondadori, 1939.
FEATHER, John – *A history of british publishing*. 1st ed. reprinted with corrections. London: Routledge, 1991.
— *Preservation and the management of library collections*. 2nd ed. London: Library Association Publishing, 1996.
— *Publishing, piracy and politics: an historical study of copyright in Britain*. London: Mansell, 1994.
FEBVRE, Lucien – *Olhares sobre a história*. Porto: Asa, 1996.
—; MARTIN, Henri-Jean – *L'apparition du livre*. Paris: Albin Michel, 1971.
— — *O aparecimento do livro*. Lisboa: Fundação Calouste Gulbenkian, 2000.
FEDERICI, Carlo; ROSSI, Libero – *Manuale di conservazione e restauro del libro*. Roma: La Nuova Italia Scientifica, 1992.
FELDMAN, Tony – *An introduction to digital media*. London; New York: Routledge, cop. 1997.
— *Dictionnaire des termes d'édition*. Paris; Londres; New York: Tec & Doc-Lavoisier, 1994.

— *The emergence of electronic book*. Boston Spa (G. B.): British Library, 1990.
FERRÃO, António – *A censura literária durante o governo pombalino*. Coimbra: Imprensa da Universidade, 1927.
— *Da importância dos documentos diplomáticos em história*. Coimbra: Imprensa da Universidade, [19--?].
FERREIRA, António Gomes – *Dicionário de latim-português*. Porto: Porto Editora, [1999].
FERREIRA, Aurélio Buarque de Holanda – *Novo dicionário da língua portuguesa*. 2ª ed. rev. e aument., 32ª imp. Rio de Janeiro: Nova Fronteira, 1995.
FERREIRA, João Palma – *Academias literárias dos séculos XVII e XVIII*. Lisboa: Biblioteca Nacional, 1982.
FERREIRA, Miguel – *Introdução à preservação digital: conceitos, estratégias e actuais consensos*. Guimarães: Escola de Engenharia da Universidade do Minho, 2006.
FERREIRA, Paulo Gaspar – *Dicionário técnico de termos alfarrabísticos*. Porto: In-líbris, 1997.
FÉVRIER, James G. – *Histoire de l'écriture*. Paris: Payot, cop. 1984.
FIGUEIREDO, Armando A. M. de – *Evolução recente e situação actual da tipografia*. Lisboa: Grémio Nacional das Indústrias Gráficas, 1958.
FIGUEIREDO, Cândido de – *Dicionário da língua portuguesa*. 24ª ed. Venda Nova: Bertrand, 1991.
FIGUEIREDO, Maria Jorge Vilar de; BELO, Maria Teresa – *Comentar um texto literário*. Lisboa: Presença, 1985.
FISCHER, Renée – *Dictionnaire informatique: anglais-français*. Paris: Eyrolles, 1990.
FLETCHER, John (Ed.) – *Reader services in polytechnic libraries*. Hants: Gower, 1985.
FLEUR, Melvin de – *Teorias da comunicação de massa*. Rio de Janeiro: Zahar Ed., 1976.
FLIEDER, Françoise – *La conservation des documents graphiques*. Paris: Eyrolles, 1969.
— ; DUCHEIN, Michel – *Livros e documentos de arquivo: preservação e conservação*. Lisboa: BAD, 1993.
FLORIDI, Luciano – *Philosophy and computing: an introduction*. London and New York: Routledge, 1999.
FOLIA CÆSARAUGUSTANA. 1: Diplomatica et siggilographica. Zaragoza: Cátedra Zurita, Institución "Fernando el Católico" (CSIC), 1984.
FONSECA, Martinho da – *Subsídios para um dicionário de pseudónimos, iniciais e obras anónimas de escritores portugueses*. Lisboa: Imprensa Nacional, 1972.
FORAS, Amédée de – *Le blason: dictionnaire et remarques*. Grenoble: Typ. Joseph Allier, 1883.
FORTIN, Marie Fabienne – *O processo de investigação: da concepção à realização*. Loures: Lusociência, 1999.
FORUM CD-ROM, 1. Lisboa, 1990 – *Tecnologia, produtos e aplicação em bibliotecas e serviços de documentação: actas*. Lisboa: BAD, 1991.
FOUCAMBERT, Jean – *La manière d'être lecteur*. [Paris?]: Richaudeau, 1994.
FOUCAULT, M. – *L'ordre du discours*. Paris: Gallimard, 1971.
FOURNIER, Henri – *Traité de la typographie*. Tours: Alfred Mame et Fils, 1870.
FRANÇA. Commission Ministérielle de Terminologie et de l'Informatique – *Glossaire des termes officiels de l'informatique*. 2ème éd. Paris: C. M. T. I., [1990].
FRANCO, Graça – *A censura à imprensa: 1820-1974*. Lisboa: Imprensa Nacional-Casa da Moeda, 1993.
FRASSINELLI, Carlo – *Tratado de arquitectura tipográfica*. Madrid: M. Aguilar Ed., [19--?].
FRAYSSINET, Jean – *Informatique, fichiers et libertés*. Paris: LITEC, 1992.
FRÉDÉRIC, Maurice – *Gutenberg et l'imprimerie*. 2e éd. Paris: Les Publications Techniques, 1943.
FREIRE, Laudelino – *Grande e novíssimo dicionário da língua portuguesa*. Rio de Janeiro: [s. n.], 1957.

FREITAS, Eduardo de; CASANOVA, José Luís; ALVES, Nuno de Almeida – *Hábitos de leitura: um inquérito à população portuguesa*. Lisboa: Dom Quixote, 1997.
— ; SANTOS, Maria de Lurdes Lima dos – *Hábitos de leitura em Portugal: inquérito sociológico*. Lisboa: Dom Quixote, 1992.
FREITAS, Maria Brak-Lamy Barjona de – *A arte do livro: manual do encadernador*. Lisboa: Livraria Sá da Costa, 1945.
— *Manual do dourador e decorador de livros*. Lisboa: Livraria Sá da Costa, 1945.
— *Manual do encadernador*. Lisboa: Livraria Sá da Costa, 1945.
FROST, Carolyn O. - *Media access and organization: a cataloguing and reference sources guide for non-book materials*. Englewood: Libraries Unlimited, 1989.
FROST, Gary – *Booke and eBook, future of the book com (web site)* [Em linha]. [Consult. 17 Ag. 2007]. Disponível em WWW:<URL: http://www.future ofthebook.com/storiesstoc/booke>.
FUMAGALLI, Giuseppe – *Della colocazione dei libri nelle publiche biblioteche*. Roma: Vecchiarelli Editore, cop. 1999.
FUNDAÇÃO CIDADE DE LISBOA [et al.] – *A iluminura em Portugal: catálogo da exposição inaugural do Arquivo Nacional da Torre do Tombo*. Porto [etc.]: Figueirinhas, 1990.
FURET, François [et al.] – *Lire et écrire: l'alphabétisation des français de Calvin à Jules Ferry*. Paris: Les Éditions de Minuit, 1977.
FURTADO, José Afonso – *O livro e as leituras: novas ecologias da informação*. Lisboa: Livros e Leituras, 2000.
— *O livro*. Lisboa: Difusão Cultural, 1995.
— *O pixel e o papel* [Em linha]. [Consult. 27 Jul. 2007]. Disponível em WWW:<URL:http://www.ciberscopio.net/artigos/tema3/cdif-05-1.html>.
GAILLARD, Philippe – *O jornalismo*. Lisboa: Europa-América, 1986.
GALANTARIS, Christian – *Manuel de bibliophilie*. Paris: Édition des Cendres, 1998.
GALLISON, R.; COSTE, D. – *Dicionário de didáctica das línguas*. Coimbra: Almedina, 1983.
GANASCIA, Jean-Gabriel – *Le livre eléctronique* [Em linha]. [Consult. 21 Mar. 1999]. Disponível em WWW:<URL: http://www.apalip6.fr/GIS.COGNITION/somliv.html>.
GARCIA MIÑOR, Antonio – *Xilografia y xilografos de ayer y de hoy*. [S. l.]: Instituto de Estudios Asturianos, 1957.
GARCIA, Maria da Graça – *Notas para a identificação da gravura*. "Revista da Biblioteca Nacional". 2ª série. 5: 2 (1990) 161-183.
GARCIA-CARRAFFA, Arturo; ALBERTO, G. C. – *Diccionario de los términos del blasón: métodos de blasonar...* Madrid: Antonio Marzo, 1920.
GARCIA-LOPEZ, Genaro Luis – *El acceso a la información de la administración pública en los Estados Unidos Mexicanos: la regulación del principio de libre información*. "Investigación Bibliotecológica". 21: 43 (2007) 107-138.
GARNIER, François – *Thesaurus iconographique*. Paris: Le Léopard d'Or, 1984.
GASCUEL, Jacqueline – *Como criar, animar ou renovar uma biblioteca*. Lisboa: Dom Quixote, 1987.
— *Un espace pour le livre*. Paris: Cercle de la Librairie, cop. 1993.
GASKELL, P. – *A new introduction to bibliography*. Oxford: Clarendon Press, 1985.
— *Nueva introducción a la bibliografía material*. Gijón: Trea, 1999.
GASPARRI, Françoise – *Introduction à l'histoire de l'écriture*. Louvain-la-Neuve: Brepols, 1994.
GATES, Jean Key – *Como usar livros e bibliotecas*. Rio de Janeiro: Lidador, 1969.
GAUR, Albertine – *A history of writing*. Revised ed. London: The British Library, 1992.
GERVAIS, Bertrand – *Entre le texte et l'écran. Centre Jacques Cartier conference: The future of Web Publishing* [Em linha]. [Consult. 20 Ag. 2004]. Disponível em WWW:<URL:. http://www.interdisciplines.org/defispublicationweb/papers/2/version/original>.

GILISSEN, Léon – *Prolegomènes à la codicologie*. Gand: Ed. Scientifiques Storky-Scientia SPRL, 1977.
GILL, Eric – *An essay on typography*. 4th ed. London: J. M. Dent & Sons Ltd., 1931.
GILLMOR, Dan – *We the Media: Grassroots Journalism by the People for the People* [Em linha] actual. Julho 2004. [Consult. 22 Ag. 2004]. Disponível em WWW:<URL: http://weblog.siliconvalley.com/column/dangillmor>.
GILMONT, Jean-François – *Le livre: du manuscrit à l'ère électronique: notes de bibliologie*. 2ème éd. rev. et augm. Liège: Éditions du C. E. F. A. L., 1993.
GIOVANNINI, Andrea – *De tutela librorum: la conservation des livres et des documents d'archives...* 3ème éd. Genève: Éd. de l'Institut d'Études Sociales, 2004.
GLAISTER, Geoffrey Ashall – *Encyclopedia of the book*. Londres: The British Library, 2001.
— *Glossary of the book*. London: George Allen and Unwin Ltd., 1960.
GLOSSÁRIO dos direitos de autor e dos direitos vizinhos. [S. l.: s. n.], 1979.
GOMES, Saúl António – *A codicologia em Portugal: balanço e perspectivas no fim do século XX*. "As oficinas da História". Coimbra (2002) 151-174.
— *In limine conscriptionis: documentos, chancelaria e cultura no Mosteiro de Santa Cruz de Coimbra (séculos XII a XIV)*. Coimbra: Faculdade de Letras, 2000.
GONÇALVES, Francisco Rebelo – *Tratado de ortografia da língua portuguesa*. Coimbra: Atlântida, 1947.
— *Vocabulário ortográfico da língua portuguesa*. Coimbra: Coimbra Editora, 1966.
GONÇALVES, Maria Eduarda – *Direito da informação*. Coimbra: Almedina, 1994.
O GOSTO do coleccionador. Lisboa: F. C. G., 2006.
GOULET, S. – *Arte de encadernar os livros*. Lisboa: Emp. Literária Universal, [19--?].
GRAÇA, Renato da Silva – *Breve história da litografia: sua introdução e primeiros passos em Portugal*. Lisboa: Litografia de Portugal, 1968.
GRANDE DICIONÁRIO da língua portuguesa. Coord. de José Pedro Machado. Lisboa: Amigos do Livro, 1981.
GREENFIELD, Jane – *ABC of bookbinding: a unique glossary with over 700 illustrations for collectors and librarians*. New Castle; New York: Oak Knoll Press, 1988.
— *Como cuidar, encadernar e reparar livros*. Mem Martins: Ed. Cetop, 1988.
GROLIER, Eric de – *Histoire du livre*. Paris: PUF, 1954.
GRUPO DE TRABAJO SOBRE LENGUAJES DOCUMENTARIOS REUNIBER "78 – *Inventario de lenguajes documentarios no tradicionales en lengua española y/o portuguesa*. Buenos Aires; Madrid: ICYT, 1981.
GUEDES, Fernando – *O livro como tema: história, cultura, indústria*. Lisboa: Verbo, 1968.
— *O livro e a leitura em Portugal: subsídios para a sua história: séculos XVIII-XIX*. Lisboa: Verbo, 1987.
— *Os livreiros em Portugal e as suas associações desde o século XV até aos nossos dias*. Lisboa: Verbo, 1993.
GUERRA, António Ribeiro – *Os diplomas privados em Portugal dos séculos IX a XII: gestos e atitudes de rotina dos seus autores materiais*. Lisboa: Faculdade de Letras, 1996.
GUERRA, João Paulo – *Dossier comunicação social*. Lisboa: Avante, 1981.
GUIA alfabético das comunicações de massas. Dir. Jean Cazeneuve. Lisboa: Edições 70, 1978.
GUIA de bibliotecas de Galicia: 1998. Santiago de Compostela: Xunta de Galicia, 1999.
GUIDA a una descrizione uniforme dei manuscritti e al loro censimento. A cura di Viviana Jemolo e Mirella Morelli. Roma: Istituto Centrale per il Catalogo Unico delle Biblioteche Italiane e per le Informazione Bibliografiche, 1990.
GUILLOT, Gaetan – *Les moines précurseurs de Gutenberg: étude sur l'invention de la gravure sur bois et de l'illustration du livre*. 2ème éd. Paris: Librairie Blond et Cie, 1910.

GUINCHAT, Claire; MÉNOU, Michel – *Introduction générale aux sciences et techniques de l'information et de la documentation*. 2 ème éd. Paris: Unesco, 1990.
GUINGAY, Michel; LAURET, Anne – *Dictionnaire d'informatique*. 4ème éd. Paris: Masson, 1990.
GUSMÃO, Heloísa Rios; PINHEIRO, Eliana Souza – *Como normalizar trabalhos técnico-científicos?* Rio de Janeiro: Tempo Brasileiro; Universidade Federal Fluminense, 1984.
GUYOTJEANNIN, Olivier [et al.] – *Diplomatique médiévale*. Paris: Brepols, 1995.
HAIMAN, J. – *Natural syntax*. Cambridge: Cambridge University Press, 1985.
HALLEWELL, Laurence – *O livro no Brasil: sua história*. 2ª ed. rev. e ampl. São Paulo: Ed. da Universidade de São Paulo, 2005.
HAMEL, Christopher de – *Medieval craftsmen: scribes and illuminators*. Toronto: University of Toronto Press, 1992.
— *Une histoire des manuscrits enluminés*. Hong Kong: Phaidon Press, 1995.
HARRISON, K. C. – *Public relations for librarians*. 2nd rev. ed. Aldershot: Gower, 1982.
HARROD, Leonard Montague – *Harrod's librarian's glossary of terms used in librarianship, documentation and the book crafts and the reference book*. 8th ed. Aldershot: Gower, 1995.
HARTHAN, John – *Bookbindings*. London: His Magesty's Stationery Office; Victoria and Albert Museum, 1950.
HARVEY, Ross – *Preservation in libraries: principles, strategies and practices for librarians*. London [etc.]: Bowker, 1993.
HEINTZE, Ingeborg – *L'organisation d'une petite bibliothèque publique*. Paris: Unesco, 1963.
HERDEG, Walter – *Art in the watermark*. Zurich: Amstutz & Herdeg, 1952.
HEREDIA HERRERA, Antonia – *Archivistica general: teoria y practica*. Sevilla: Diputación Provincial de Sevilla, 1989.
HERRERO-SOLANA, Víctor F.; MARTINS, Susana – *Análise de co-citação entre webs de instituições de ensino superior politécnico*. "Cadernos BAD". 2 (2006) 52-71.
HESSEL, Alfred – *A history of libraries*. New Brunswick: The Scarecrow Press, 1955.
HIGOUNET, Charles – *L'écriture*. Paris: PUF, 1997.
HIND, Arthur Mayger – *An introduction to a history of woodcut with a detailed survey of work done in the fifteenth century*. New York: Dover Publications, 1935.
HISTOIRE des bibliothèques françaises. Paris: Promodis; Cercle de la Librairie, 1988-1992.
HISTOIRE générale de la presse française. Dir. Claude Bellanger et Jacques Godechot. Paris: PUF, 1969.
HISTÓRIA da tipografia no Brasil. São Paulo: Museu de Arte de São Paulo, 1979.
HISTORIA de la lectura en el mundo occidental. Dir. Guglielmo Cavallo y Roger Chartier... Madrid: Taurus, cop. 1998.
HOBSON, Anthony – *Humanists and bookbinders: the origins and diffusion of the humanistic bookbinding: 1459-1559...* Cambridge: University Press, 1989.
HOCK, H. – *Principles of historical linguistics*. Berlin: Mouton de Gruyter, 1986.
HODGE, Gail; FRANGAKIS, Evelyn – *Digital preservation and permanent access to scientific information* [Em linha]. [Consult 15 Jul. 2006]. Disponível em WWW:<URL: http://cendi.dtic.mil/publications/04-3dig_preserv.html>.
HOERNI, B. – *Du bon usage d´une bibliographie*. "Bordeaux Médicale". 13 (1980) 277-279.
HOGGART, Richard – *The uses of literacy*. London: Penguin Books, 1950.
HORTON, Carolyn – *Cleaning and preserving bindings and related materials*. Chicago. ALA, [198-?].
HOSTETTLER, Rudolf – *Technical terms of the printing industry*. St. Gallen: R. Hostettler, cop. 1963.
HOUAISS, António; VILLAR, Mauro de Salles – *Dicionário da língua portuguesa*. Lisboa: Temas e Debates, 2003.
HUDON, Michèle – *Le thésaurus: conception, élaboration, gestion*. Montréal: ASTED, 1994.

HUGHES, Lorna M. – *Digitizing collections: strategic issues for the information manager*. London: Facet Publishing, 2003.
HUGLO, Michel – *Les livres de chant liturgique*. Turnhout: Brepols, 1988.
— *Les manuscrits du processional*. München: G. Henle Verlag, cop. 1999.
— *Les tonaires: inventaire, analyse, comparaison*. Paris: Société Française de Musicologie, 1971.
HUGOUNET, Charles – *L'écriture*. 7 ème éd. Paris: PUF, 1986.
HUNTER, Dard – *Papermaking: the history and technique of an ancient craft*. New York: Dover Publications, 1978.
HUNTER, Eric J.; BAKEWELL, K. G. B. – *Cataloguing*. London: Clive Bingley, 1979.
IFLA – *ISBD (PM) International standard bibliographic description for printed music*. London: IFLA, [199-?].
— *2nd IFLA Meeting on an International Cataloguing Code* [Em linha]. [Consult. 17 Fev. 2006]. Disponível em WWW: <URL: http://www.ddb.de/news/pdf/glossary->.
— *ISBD(A) Descrição bibliográfica internacional normalizada das monografias antigas*. Lisboa: IPPC, 1985.
— *ISBD(CR) International standard bibliographic description for continuing resources*. München: K. G. Saur, 2002.
— *ISBD(ER) International standard bibliographic description for electronic resources*. München: K. G. Saur, 1997.
— *ISBD(M) Descrição bibliográfica internacional normalizada das publicações monográficas*. Lisboa: Associação Portuguesa de Bibliotecários, Arquivistas e Documentalistas, 1981.
— *ISBD(M) International standard bibliographic description for monographic publications*. Rev. ed. London: IFLA, 1987.
— *ISBD(NBM) Descrição bibliográfica internacional normalizada de material não-livro*. Ed. revista. Coimbra: SIIB-Centro, 1990.
— *ISBD(S) Descrição bibliográfica internacional normalizada das publicações em série*. 2ª ed. rev. Coimbra: Associação Portuguesa de Bibliotecários, Arquivistas e Documentalistas-Zona Centro, 1984.
— *Normas para bibliotecas públicas*. Madrid: Asociación Nacional de Bibliotecarios, Archiveros y Archeologos, imp. 1974.
— *Princípios para a aplicação das ISBDs à descrição de partes componentes*. Coimbra: Biblioteca Geral da Universidade, 1992.
— *Princípios para a preservação e conservação de espécies bibliográficas*. Edição em língua portuguesa. Lisboa: Biblioteca Nacional, 1992.
— / UNESCO – *Internet Manifesto Guidelines* [Em linha]. [Consult. 20 Dez. 2006]. Disponível em WWW:<URL: http://www.ifla.org/III/misc./internetmanif.html>.
ILINE, M. – *O homem e o livro: história dos livros*. [S. l.]: Editores Reunidos, 1977.
INCITE – *Glossário de terminologia básica das novas tecnologias aplicadas à informação especializada*. Lisboa: INCITE, 1986.
— *Glossário e thesaurus de informática*. Lisboa: INCITE, 1996.
INSTRUCCIONES para la catalogación de incunables – Madrid: Dirección General de Archivos y Bibliotecas, 1969.
INTERNATIONAL CONFERENCE ON CATALOGUING PRINCIPLES, Paris, 1961 – *Report of the International Conference on Cataloguing Principles...* London: Clive Bingley, 1969.
INTERNATIONAL COUNCIL OF ARCHIVES – *Lexicon of archive terminology*. Amsterdam: Elsevier, 1964.
INTERNATIONAL STANDARD ORGANIZATION – *Data processing: Vocabulary*. 1st ed. Amsterdam: North Holland Publishing Company, 1966.

— *Documentation et information*. 3 ᵉᵐᵉ ed. Genève: ISO, 1988.
— *Traitement de l'information: édition assistée par ordinateur: vocabulaire*. Genève: ISO, 1988.
— *Transfert de l'information*. 2ᵉᵐᵉ éd. Genève: ISO, 1982.
INTNER, Sheila [*et al.*] – *Subject access to films and videos*. Lake Crystal: Soldier Creek Press, 1992.
IPANEMA, Marcelo de – *História da comunicação*. Brasília: Editora Universidade de Brasília, 1976.
IPERT, Stéphane; ROME-HYACINTHE, Michèle – *Restauración de libros*. 1ª reimp. Madrid: Fundación Germán Sánchez Ruipérez, 1992.
ISO 1087-1990. [S. l.]: AFNOR, 1994.
ISO 14721: 2003. Genève: ISO, [2003?].
JACKSON, D. – *The story of writing*. London: Barrie & Jenkins, 1981.
JAKOBSON, Roman – *Linguística e comunicação*. São Paulo: Cultrix, 1969.
JENNETT, Sean – *The making of books*. London: Faber & Faber, 1967.
JOHNSON, Alfred Forbes – *A programmed course in cataloguing and classification*. London: Deutsch, 1968.
— *Type designs: their history and development*. 3ʳᵈ. ed. London: Andre Deutsch, 1967.
JOHNSON, Arthur W. – *The practical guide to book repair and conservation*. London: Thames and Hudson, 1988.
JONES, Maggie; BEAGRIE, Neil – *Preservation management of digital materials: a handbook*. London: British Library, 2003.
JORGE, Alice; GABRIEL, Maria – *Técnicas de gravura artística: xilogravura, linóleo, calcografia, litografia*. Lisboa: Livros Horizonte, 2000.
JORNADAS ARCHIVISTICAS, 1, Palos de la Frontera, 1992 - *Primeras Jornadas Archivisticas "El papel y las tintas en la transmisión de la información"*. Huelva: Diputación Provincial de Huelva, 1992.
JORNAL DE LETRAS, ARTES E IDEIAS. Dir. José Carlos de Vasconcelos. Lisboa: Publicações Projornal, 1981-2007.
JUANALS, Brigitte – *L'écrit et l'écran*. "Captain-doc" [Em linha]. Mars (2001). [Consult. 5 Abr. 2003]. Disponível em WWW:<URL: http://www.captaindoc.com/interviews/interviews08.html>.
JUNQUA, Daniel – *La presse écrite et audiovisuelle*. Paris: Centre de Formation et de Perfectionnement des Journalistes, [1995?].
JURASEK, Sónia Regina Gonçalves – *Pequeno glossário de termos técnicos em biblioteconomia e documentação*. 2ª ed. rev., aum. e actual. Rio de Janeiro: Delegacia do Ministério da Fazenda, 1984.
KEENAN, Stella – *Concise dictionary of library and information science*. London: Bowker-Saur, 1996.
KEITZ, Joan M. – *ODLIS: Online Dictionary of Library and Information Science*. 2002 [Em linha]. [Consult. 25 Set. 2003]. Disponível em WWW:<URL: http://www.wcsu.ctstateu.edu/library/odlis.html#E>.
KEITZ, Saiedeh von – *Dictionary of library and information science...* Weinheim: VCH, 1989.
KENNEY, E. J. – *The classical text: aspects of editing in the age of printed book*. Berkeley: The University of California Press, 1974.
KINSEY, Anthony – *Serigrafia*. Lisboa: Presença, 1982.
KLOPP, J. D. – *Dictionnaire de termes français utilisés en documentation*. Maryland: AGARD, 1974.
KOBLITZ, J. – *On the subject of information and documentation science*. In "Problems of Information Science". Moscu: FID, 1975, p. 238-256.
KONYA, Allan – *Libraries: a briefing and design guide*. London: The Architectural Press, 1986.
L'AVENTURE des écritures: la page. Paris: Bibliothèque Nationale de France, 1999.

L'AVENTURE de écritures: matières et formes. Paris: Bibliothèque Nationale de France, 1998.
L'AVENTURE des écritures: naissances. Paris: Bibliothèque Nationale de France, 1997.
L'ÉCRITURE: Le cerveau, l'oeil et la main: actes du Colloque International du CNRS. Paris. Collège de France, 2, 3, et 4 Mai 1988. Éd. par Colette Sirat, Jean Irigoin, Emmanuel Poule. Turnhout: Brepols, 1990.
L'ÉCRITURE LATINE: de la capitale romaine à la minuscule. Réunis par Jean Mallon, Robert Marichal, Charles Perrat. Paris: Arts et Métiers Graphiques, 1939.
L'EUROPE et le livre: réseaux et pratiques du négoce de librairie: XVIe-XIXe siècles. Dir. de Frédéric Barbier [et al.]. Paris: Klincksieck, cop. 1996.
LA COMMUNICACIÓN y los mass media. Bilbao: Mensajero, 1973.
LA CONSERVATION: principes et réalités. Dir. de Jean-Paul Oddos. Paris: Cercle de la Librairie, 1995.
LA CULTURA del libro. Coord. Fernando Lázaro Carreter. Madrid: Fundación Germán Sánchez Ruipérez, 1983.
LA MARCHE, A. Lecoy de – Les manuscrits et la miniature. Paris: A. Quantin, [18--?].
LA NAISSANCE DES ÉCRITURES: du cunéiforme à l'alphabet. Paris: Éd. Du Seuil, 1994.
LA ROCHELLE, Née de – Recherches historiques et critiques sur l'établissement de l'art typographique en Espagne et Portugal dans le quinzième siècle. Paris: [s. n.], 1830.
LABARRE, Albert – História do livro. São Paulo: Cultrix; INL, 1981.
LAPA, Albino – Dicionário de pseudónimos. Compil. por Maria Teresa Vidigal. Lisboa: Imprensa Nacional-Casa da Moeda, 1980.
LARAN, Jean – L'estampe. Paris: PUF, 1959.
LASSO DE LA VEGA Y XIMÉNEZ PLACER, Javier – Manual de biblioteconomia: organización técnica y cientifica de bibliotecas. 2ª ed. Madrid: Editorial Mayfe, 1952.
LAUREILHE, Marie-Thérèse – Le thésaurus: son rôle, sa structure, son élaboration. Lyon: Presses de l'E. N. S. B., 1977.
LE BAILLY, Arlette – Initiation à la reliure d'art. Paris: Éditions Bornemann, 1971.
LE CROSNIER, Hervé – La micro-informatique. Paris: Éd du Cercle de la Librairie, 1986.
LE GOFF, Jacques – Os intelectuais na Idade Média. Lisboa: Gradiva, 1993.
LE LIVRE au Moyen Âge. Dir. de Jean Glenisson; préf. de Louis Holtz. Paris: Presses du CNRS, 1988.
LE LIVRE et le conscrit. Dir. par Robert Escarpit. Bordeaux: Université de Bordeaux, 1966.
LE LIVRE scientifique et le livre de vulgarisation scientifique en France. Paris: K. G. Saur, 1980.
LE MARCHE, A. Lecoy – Les manuscrits et la miniature. Paris: Maison Quartin, 1884.
LE PROFESSIONE del restauro: formazione e competenze. A cura di Gabriella Lippi. Firenze: Nardini Editore, 1992.
LEBEBVRE, Maurice-Jean – Estrutura do discurso e da narrativa. Coimbra: Almedina, 1980.
LEBERT, Marie – Le livre 010101. Paris: Numilog, 2002.
LECERF, Pierre – Manuel pratique du typographe. 2ème éd. Paris: Dunod, 1963.
LECHÊNE, Robert – L'imprimerie de Gutenberg à l'éléctron. Lyon: Éd. de La Farandole, 1972.
LEE, Marshall – Bookmaking: the illustrated guide to design. 2nd ed. complet., rev. and expand. New York: R. R. Bowker, 1979.
LEGEAR, Clara Egli – Maps: their care, repair and preservation in libraries. Rev. ed. Washington: Library of Congress, 1956.
LEGISLAÇÃO sobre o livro e bibliotecas. Santiago de Compostela: Xunta de Galicia, 2001.
LEI de imprensa: projecto. Lisboa: Ministério da Comunicação Social, 1974.
LEITURAS: Revista da Biblioteca Nacional. Lisboa: Biblioteca Nacional, 1981-2004.
LELLO universal: novo dicionário encyclopedico luso-brasileiro. Porto: Livraria Lello, [19--?].

LEMAIRE, Jacques – *Introduction à la codicologie*. Louvain-la-Neuve: Institut d'Études Médiévales de l'Université Catholique de Louvain, 1989.

LES DÉBUTS du codex: actes de la journée d'étude organisée à Paris les 3 et 4 juillet 1985. Édités par Alain Blanchard. Turnhout: Brepols, 1989.

LES MUTATIONS du livre et de l'édition dans le monde du XVIIIe siècle à l'an 2000. Paris: L'Harmattan, cop. 2001.

LES PROBLÈMES posés par l'édition critique des textes anciens et médiévaux. Ed. par Jacqueline Hamesse. Louvain-la-Neuve: Université Catholique de Louvain, 1992.

LES TROIS RÉVOLUTIONS DU LIVRE, Lyon, 1998 – *Les trois révolutions du livre*: actes du Colloque International de Lyon – Villeurbanne, 1998, réunis et édités sous la direction de Fréderic Barbier. Genève: Librairie Droz, 2001; Paris: Imprimerie Nationale, 2002.

LESSIG, Lawrence – *Free culture: how big media uses technology and the law to lock down culture and control creativity* [Em linha], actual. 2004. [Consult. 15 Fev. 2005]. Disponível em WWW: <URL: http://www.free-culture.org>.

LETOUZEY, Victor – *La typographie*. Paris: PUF, 1964.

LETRIA, José Jorge; GOULÃO, José – *Noções de jornalismo*. Lisboa: Livros Horizonte, 1982.

LEVY, Pierre – *As tecnologias da inteligência*. Lisboa: Instituto Piaget, 1994.

— *Cyberculture*. Strasbourg: Editions Odile Jacob/Éditions du Conseil de l'Europe, 1997.

— *O que é o virtual*. Coimbra: Quarteto, 2001.

— *Vers une nouvelle économie du savoir...* Solaris [Em linha]. 1 (1999). [Consult. 22 Mai 2007]. Disponível em WWW:<URL:http://www.info.unicaen.fr/bnum/jelec/Solaris/d01/1levy.html>.

LIBRI e lettori nel medioevo: guida storica e critica. A cura di Guglielmo Cavallo. Roma; Bari: Laterza, 1983.

LIMA, João M. C. – *Sinopse de artes gráficas*. [S. l.]: João M. C. Lima, 1977.

LIMA, M. P. de – *Inquérito sociológico*. Lisboa: Presença, 1981.

LIMA, Matias – *A encadernação em Portugal: subsídios para a sua história*. Vila Nova de Gaia: Edições Pátria, 1933.

LISBOA, Irene – *Inquérito ao livro em Portugal*. Lisboa: Seara Nova, 1944-1946.

LITTON, Gaston – *Formación del personal*. Buenos Aires: Bowker, 1971.

O LIVRO ANTIGO em Portugal e Espanha: séculos XVI-XVIII = El libro antiguo en Portugal y España: siglos XVI-XVIII. " Leituras: Revista da Biblioteca Nacional". 9/10 (2002).

LIVRO de estilo. Lisboa: Público, Comunicação Social, 1998.

LO SPAZIO letterario di Roma antica. Dir. Guglielmo Cavallo [et al.]. Roma: Salerno Editrice, 1989.

LOBO, Mário Campos; MENDES, Carlos – *A imprensa e as artes gráficas*. Lisboa: Editorial Império, [19--?].

LONGLEY, Dennis; SHAIN, Michael – *MacMillan dictionary of information technology*. 3rd ed. London: MacMillan, 1989.

LOPES, António Manuel – *A história do papel*. [Lisboa]: Direcção Geral do Ensino Primário, 1969.

LOPES, Maria do Céu – *Tecnologias de informação e comunicação: incidência do seu uso no desenvolvimento local*. Viseu: Palimage Editores, 2005.

LOPES, Vítor Silva – *Iniciação ao jornalismo audio-visual*. Lisboa: Centro do Livro Brasileiro, 1984.

LORPHÈVRE, Georges – *Glossaire des termes de bibliothéconomie et des matières connexes*. Bruxelles: G. Lorphèvre, [1989].

LOUREIRO, Olímpia Maria da Cunha – *O livro e a leitura no Porto no século XVIII*. Porto: Centro de Estudos D. Domingos de Pinho Brandão, 1994.

LOZANO-PALACIOS, António – *Vocabulário inglês-español para los estúdios de biblio-documentación*. 8ª ed. ver. y aument. Granada: Universidad de Granada, Fac. de Biblioteconomia y Documentación, 2003.

LUCAS, João de Almeida – *Que é um ex-líbris?* [S. l.: s. n.], 1948.

LUNA, Sérgio Vasconcelos de – *Planeamento de pesquisa: uma introdução.* São Paulo: EDUC, 1996.

LUSSATO, B. – *La vidéomatique: de Gutenberg aux nouvelles technologies de la communication.* [Paris]: Les Éditions d'Organisations, 1990.

LYNCH, Clifford – *Information literacy, information technology literacy: new components in the curriculum for a digital culture.* ARL/EDUCAUSE, Feb. 21, 1998 [Em linha]. [Consult. 5 Out. 1998]. Disponível em WWW:<URL: http://staff.cni.org/~clifford/papers/cni-info-itlit.html>.

LYNCH, C. – *Canonicalization: a fundamental tool to facilitate preservation and management of digital information.* "D-Lib Magazine" 5: 9 (1999).

MACEDO, Jorge Borges de – *Livros impressos em Portugal no século XVI: interesses e formas de mentalidade.* Paris: Fundação Calouste Gulbenkian, 1975.

— *Real Mesa Censória.* In "Dicionário de História de Portugal", dir. de Joel Serrão. Porto: Livraria Figueirinhas, 1971. Vol. 3, p. 40-41.

MACHADO, A. M. (org. e dir.) – *Dicionário de literatura portuguesa.* Lisboa: Presença, 1996.

MALCLÈS, Louise-Noëlle – *Manuel de bibliographie.* 4ème éd. rev. et augm. par André L'héritier. Paris: PUF, 1985.

MANGUEL, Alberto – *Uma história da leitura.* Lisboa: Presença, 1998.

MANIACI, Marilena – *Terminologia del libro manoscritto.* Milano: Istituto Centrale per la Patologia del Libro; Editrice Bibliografica, imp. 1996.

MANIEZ, Jacques – *La terminologie: réflexions sur une pratique et sur la théorie.* In "AFTERM: Terminologie 76". Paris: La Maison du Dictionnaire, 1976, p. IV-39.

MANUAL de Biblioteconomia. 2ª ed. Madrid: Editorial Síntesis, 1996.

MANUAL de ciencias de la documentación. Madrid: Ediciones Pirámide, 2002.

MANUAL do ISBN. Santiago de Compostela: Xunta de Galicia, 1994.

MANUAL do typographo. Lisboa [etc.]: Bibliotheca de Instrucção Profissional, [19--?].

MANUAL UNIMARC. Ed. Brian P. Holt. Ed. em língua portuguesa coord. Fernanda Maria Guedes de Campos. Lisboa: Biblioteca Nacional, 1989-1990.

MARCHETTI, S. D. B. – *O impressor tipográfico: noções para os aprendizes.* Lisboa: Oficinas de São José, 1951-1960.

MARINS, Wilson – *A palavra escrita.* São Paulo: Ed. Anhembi, 1957.

MARQUES, Henrique – *Memórias de um editor.* Lisboa: Livraria Central Editora, 1935.

MARQUES, Henrique de Oliveira – *Dicionário de termos musicais.* Lisboa: Editorial Estampa, 1986.

MARQUES, Maria Adelaide Salvador – *A Real Mesa Censória e a cultura nacional: aspectos da geografia cultural portuguesa no século XVIII.* Coimbra: Coimbra Editora, 1963.

MARQUES, Zaida Manuela da Luz – *Noções práticas da arte de encadernar.* Lisboa: Livraria Avelar Machado, 1938.

MARQUILHAS, Rita – *Norma gráfica setecentista: do autógrafo ao impresso.* Lisboa: Instituto Nacional de Investigação Científica, 1991.

MARTIN, André – *Le livre illustré au XVème siècle.* Paris: Libr. Félix Alcan, 1931.

MARTIN, Gérard – *L'imprimerie.* 5ème éd. mise à jour. Paris: PUF, 1979.

— *La physico-chimie des encres.* [S. l.]: École Estienne, 1961.

MARTIN, Henri-Jean – *La naissance du livre moderne: XIVe-XVIIème siècles.* Paris: Cercle de la Librairie, 2000.

— [et al.] – *Histoire de l'édition française.* Paris: Promodis, 1983.

MARTIN ABAD, Julián – *Los primeros tiempos de la imprenta en España.* Madrid: Laberinto, cop. 2003.

— *Post-incunables ibéricos.* Madrid: Ollero & Ramos, imp. 2001.

MARTINEZ DE SOUSA, José – *Diccionario de bibliologia y ciencias afines*. Madrid: Fundación Germán Sánchez Ruipérez, 1989.
— *Diccionario general de tipografia y del libro*. Madrid: Paraninfo, 1981.
— *Diccionario general del periodismo*. Madrid: Paraninfo, 1981.
— *Manual de edición y autoedición*. Madrid: Pirámide, 1994.
— *Pequeña historia del libro*. 3ª ed. rev. y amp. Gijon: Trea, 1999.
MARTINEZ-ALMOYNA, Julio – *Dicionario de espanhol-português*. Porto: Porto Editora, 1984.
MARTINS, Jorge M. – *Marketing do livro: materiais para uma sociologia do editor português*. Oeiras: Celta Editora, 1999.
MARTINS, José V. de Pina – *O "Tratado de Confisson" e os problemas do livro no século XV*. Lisboa: J. V. de P. M., 1974.
— *O livro português no reinado de D. Manuel I*. "Panorama". 4ª série. 32 (Dez. 1969) 58-75.
— *Para a história da cultura portuguesa no Renascimento: a iconografia do livro impresso em Portugal no tempo de Dürer*. Paris: Fundação Calouste Gulbenkian, 1972.
MASSA DE GIL, Beatriz – *Dizionario tecnico di biblioteconomia: italiano-spagnolo-inglese*. Mexico: Editorial Trillas, 1971.
MATEUS de Aranda – *Tractado de canto mensurable*. Introd. e notas de José Augusto Alegria. Ed. fac-simil. Lisboa: Fundação Calouste Gulbenkian, 1978.
MATOS, Gastão de Melo de; BANDEIRA, Luís Stubbs Saldanha Monteiro – *Heráldica*. Lisboa: Verbo, 1969.
MATOS, Manuel Cadafaz de – *Livros e utensilagem tipográfica na carreira da Índia: séculos XV e XVI*. Lisboa: Távola Redonda, 1990.
— *Para uma história da imprensa*. Coimbra: Universidade de Coimbra, 1986.
McBRIDE, Peter – *O essencial da Internet*. Lisboa: Presença, 1996.
McKENZIE, D. F. – *Bibliography and the sociology of texts*. Cambridge: Cambridge University Press, 1999.
McLUHAN, Marshall – *A galáxia de Gutenberg: a formação do homem tipográfico*. 2ª ed. São Paulo: Companhia Editora Nacional, 1977.
— *Pour comprendre les médias*. Paris: Éd. Du Seuil, 1977.
McMURTRIE, Douglas C. – *O livro: impressão e fabrico*. 3ª ed. Lisboa: Fundação Calouste Gulbenkian, 1997.
McROBERT, T. M. – *Printeds books: a short introduction to fine typography*. London: Her Magesty's Stationery Office, 1957.
MEA, Giuseppe – *Dicionário de italiano-português*. Porto: Porto Editora, 1980.
MEETHAM, Roger – *Information et documentation*. Paris: Larousse, 1971.
MELO, Arnaldo Faria de Ataíde e – *O papel como elemento de identificação*. Lisboa: Biblioteca Nacional, 1926.
MEYNELL, F.; MORISON, Stanley – *Causerie numéro neuf ou l'on parle du fleuron en typographie*. [S. l.: s. n., 194-?].
MICHEL, Marius – *L'ornementation des reliures modernes*. Paris: Marius Michel et Fils, 1889.
— *La reliure française depuis l'invention de l'imprimerie jusquà la fin du XVIIIe siècle*. Paris: D. Morgan et C. Fatout, 1880-1881.
MIDDLETON, B. – *The restoration of leather binding*. 3rd ed. rev. and expanded repr. Newcastle; London: Oak Knoll Press; The British Library, 2000.
MIL FOLHAS. Lisboa: Público, 2002-2006.
MILANO, Ernesto – *Xilografia: dal quattrocento al novecento*. Modena: Il Bulino, 1993.
MILLARES-CARLO, Agustín – *Introducción a la historia del libro y de las bibliotecas*. México: Fondo de Cultura Económica, 1971.
MILLER, Ruth [et al.] – *The use of word processing by UK publishers*. Oxford: Elsevier, 1985.

MILSAN, Jeanne – *Lexique d'informatique des mots et des idées*. Paris: Eyrolles, 1981.

MINDLIN, José – *Uma vida entre livros: reencontros com o tempo*. São Paulo: Editora da Universidade de São Paulo; Companhia das Letras, 1997.

MIRANDA, Artur Mário da Mota – *Ex-libris: encyclopedia bio-bibliographical of the art of the contemporary ex-libris*. [S. l.]: Derek Riley imp., 1985.

MIRANDA, Maria Adelaide – *A iluminura de Santa Cruz no tempo de Santo António*. Lisboa: Inapa [etc.], 1996.

— *A iluminura no Portugal medieval*. Coimbra: Câmara Municipal, 2001.

— *A inicial ornada românica nos manuscritos alcobacenses*. Lisboa: Universidade Nova de Lisboa, 1984.

— *História da arte portuguesa: época medieval*. Lisboa: Universidade Aberta, 1995.

— *História das artes plásticas*. Lisboa: Comissariado para a Europália; Imprensa Nacional-Casa da Moeda, 1991.

MOISÉS, Massaud – *Dicionário de termos literários*. São Paulo: Cultrix, [1985].

MOLES, A. – *A criação científica*. São Paulo: Editora Perspectiva, 1981.

MONTANA, Alberto – *Decoración artistica del cuero*. Barcelona: Ed. Miguel A. Salvatella, 1947.

MONTEIRO, Manuel Pedro – *Estudos sobre técnica de composição tipográfica*. Porto: Oficinas Gráficas da Escola de Artes Decorativas Soares dos Reis, 1964.

MONTEIRO, Manuela, coord. – *Dicionário de biografias*. Porto: Porto Editora, 2001.

MONTEVECCHI, Orsoline – *La papirologia*. Torino: Società Editrice Internazionale, 1973.

MONTZ, Patricia Barnes – *Dictionary of graphic art terms*. New York: van Nostrand Reinhold Company, 1981.

MORAIS, José – *A arte de ler: psicologia cognitiva da leitura*. Lisboa: Cosmos, 1997.

— *L'art de lire*. Paris: Éd. Odile Jacob, 1994.

MOREIRA, Lídia Amélia Braga – *Tecnologia e economia industrial: indústria gráfica – Segurança*. "Boletim semanal da Direcção Geral dos Serviços Industriais". 10: 522 (1975) 483-499.

MORGAN, Eric Lease – *Electronic books and related technologies*. "Computers in Libraries". 19:10 (1999) 36-39.

MORISON, Stanley – *Letter forms typographic and scriptorial: two essays on their classification, history and bibliography*. London: Natally and Maurice, 1968.

— *Princípios fundamentales de la tipografia seguidos de el arte de imprimir...* Madrid: Aguilar, 1957.

— *The art of printing*. London: Humphrey Milton, 1937.

— *Type designs of the past and present*. London: The Fleuron, 1926.

— ; DAY, Kenneth – *The typographic book: 1450-1935*. Chicago: The University of Chicago Press, 1963.

MORVAN, Pierre – *Dicionário de informática*. Lisboa: Círculo de Leitores, 1988.

MOSIN, Vladimir A.; TRALJIC, Seid M. – *Filigranes des XIIIème et XIVème siècles*. Zagreb: Académie Jugoslave des Beaux-Arts, 1957.

MUCCHIELLI, Roger – *L'analyse de contenu des documents et des communications*. 3ème éd. Paris: EFEME; Lib Tech, 1979.

MULLER, C. – *Principes et méthodes de statistique lexicale*. Paris: Hachette, 1977.

MULLER, Joelle – *Les logithèques*. Paris: Cercle de la Librairie, 1991.

MUNYAN, Daniel – *Everybook, Inc.: develloping the e-book in relation to publishing standards* [Em linha]. [Consult. 12 Fev. 1999]. Disponível em WWW: <URL: http://www.futureprint.kent.edu/articles/munyan01.html>.

MUSEU CALOUSTE GULBENKIAN – *Do bisturi ao laser: oficina de restauro*. Lisboa: Fundação Calouste Gulbenkian, 1995.

MUSSO, Luís Alberto – *Terminologia de las partes componentes del libro*. Montevideo: [s. n.], 1957.

MUZERELLE, Denis – *Vocabulaire codicologique: répertoire méthodique des termes français relatifs aux manuscrits*. Paris: CEMI, 1985.
— *Vocabulário de codicologia*. Madrid: Arcolibros, 1997.
NABAIS, Carlos – *Iniciação à Informática*. Lisboa: Presença, 1993.
NAGEL, Rolf – *Achegas de heráldica portuguesa*. Paris: Fundação Calouste Gulbenkian, 1979.
— *Dicionário de termos arquivísticos: subsídios para terminologia brasileira*. 2ª ed. Bonn: Deutsche Stiftung für Internationale Entwicklung; Salvador da Baía: Universidade Federal da Bahia, 1991.
— *Em tempo de mudança: um conceito activo de arquivo nacional*. Coimbra: [s. n.], 1984.
NANNIA, Georges – *Dictionnaire d'informatique: matériel logiciel...* Paris: Feutry, 1983.
NASCIMENTO, Aires Augusto – *A igreja na história da cultura: percursos do livro em Portugal na Idade Média*. [S. l.]: Igreja e Missão, 2000.
— *A iluminura em Portugal: identidade e influências (do século X ao XVI): catálogo da exposição*. Lisboa: Biblioteca Nacional, 1999.
— *A imagem do tempo: livros manuscritos ocidentais*. Lisboa: Fundação Calouste Gulbenkian, 2000.
— *Das palavras às coisas: o percurso do livro através da terminologia bibliográfica*. "Revista da Faculdade de Letras de Lisboa". 5ª série. (1984) 91-104.
— *Diferenças e continuidade na encadernação alcobacense: sua importância para a história do scriptorium de Alcobaça*. Lisboa: Universidade Clássica, 1983.
— *La fabrication du papyrus: une expérience pédagogique et quelques précisions techniques*. Lisboa: Centro de Estudos Clássicos, 1988.
— *Monges, livros e leituras: modos de espiritualidade e preservação de textos*. Os Beneditinos na Europa. 1º Congresso Internacional Os Beneditinos na Europa, 1995. Santo Tirso: Câmara Municipal, 1998, p. 203-219.
— ; DIOGO, António Dias – *Encadernação portuguesa medieval: Alcobaça*. Lisboa: Imprensa Nacional-Casa da Moeda, 1984.
NAUDÉ, Gabriel – *Advis pour dresser une bibliothèque*. Ed. facsimilada. Paris: Aux Amateurs de Livres, 1990.
NAVARRO, Alberto – *Ensaios bio-bibliográficos*. Lisboa: Alberto Navarro, 1961-1965.
NEDOBITY, Wolfgang – *La terminologie et son appliccation à la classification, à l'indéxation et à l'analyse*. "Revue de l'Unesco pour la science de l'information, la bibliothèque et l'archivistique". 5: 4 (oct.-déc 1983) 248-256.
NETLIBRARY [Em linha]. [Consult. 28 Jun. 2006]. Disponível em WWW:<URL: http://www.netlibrary.com/>.
NEVES, Álvaro – *Férins em Portugal*. "Livros de Portugal". Lisboa (Setembro) 1946.
NEVES, João Alves das – *História breve da imprensa de língua portuguesa no mundo*. Lisboa: Direcção Geral da Comunicação Social, 1989.
NICOLAI, Alexandre – *Histoire des moulins à papier du Sud-Ouest de la France (1300 à 1800)*. Bordeaux: G. Delmas, 1935.
NIERMEYER, J. F. – *Mediæ latinitatis lexicon minus...* Leiden: E. J. Brill, 1984.
NIES, Fritz – *Imagerie de la lecture: l'exploration d'un patrimoine millénaire de l'occident*. Paris: PUF, 1995.
NIÑO, Maria Isabel; AFRICA IBARRA, Maria – *Bibliotecas infantiles: instalación y funcionamiento*. Madrid: Dirección General de Archivos y Bibliotecas, 1956.
NISARD, Charles – *Histoire des livres populaires ou de la littérature du colportage*. 2 ème éd. Paris: E. Dentu, 1864.
NOGUEIRA, Rodrigo de Sá – *Dicionário de verbos portugueses conjugados*. 6ª ed. Lisboa: Clássica Editora, 1978.

NORA, Dominique – *Os conquistadores do ciberespaço*. Lisboa: Terramar, 1996.

NORONHA, Tito Augusto Duarte de – *Ensaios sobre a história da imprensa*. Lisboa: Tip. Franco-Portuguesa de Lallemant, 1874.

NORTON, Cristina – *Os mecanismos da escrita criativa: escrita criativa, actividade lúdica*. Lisboa: Temas e Debates, 2001.

NOVELLA DOMINGO, J. – *El mundo de los libros*. Madrid: Aguilar, 1970.

NOVO MANUAL da redação. São Paulo: Folha de São Paulo, 1992.

NP 61. 1987, Documentação – *Sinais de correcções dactilográficas ou tipográficas*.

NP 113. 1989, Documentação – *Divisões de um documento escrito. Numeração progressiva*.

NP 405-1. 1997, Informação e Documentação – *Referências bibliográficas: documentos impressos*.

NP 405-2. 1998, Informação e Documentação – *Referências bibliográficas. Parte 2: materiais não-livro*.

NP 405-3. 2000, Informação e Documentação – *Referências bibliográficas. Parte 3: documentos não-publicados*.

NP 405-4. 2003, Informação e Documentação – *Referências bibliográficas. Parte 4: documentos electrónicos*.

NP 419. 1995 - *Apresentação de artigos em publicações periódicas*.

NP 586. 1970 - *Fichas bibliográficas*.

NP 739. 1969 - *Índices de publicações*.

NP 3680. 1989, Documentação – *Descrição e referências bibliográficas. Abreviaturas de palavras típicas*.

NP 3715. 1989 – *Método para a análise de documentos, determinação do seu conteúdo e selecção de termos de indexação*.

NP 4036. 1992 – *Tesauros monolingues: directivas para a sua construção e desenvolvimento*.

NP 4285-1. 1998, Documentação e Informação – *Vocabulário. Parte 1: Documentos audiovisuais*.

NUNES, Henrique Barreto – *Da biblioteca ao leitor: estudos sobre a leitura pública em Portugal*. Braga: Autores de Braga, 1996.

OCHÔA, Paula; PINTO, Leonor Gaspar – *Aprender a inovar: guia para o desenvolvimento de competências de gestão para os profissionais de informação e documentação*. Lisboa: BAD, 2004.

OLIVEIRA, Apto de – *Iniciação do compositor tipográfico*. Lisboa: Livraria Pacheco, 1929.

OLIVEIRA, Isabel Chaves de; ZIMBERLIN, Anne – *The salvage of water-damaged library materials*. Paris: Institut Supérieur d'Interprétariat et de Traduction, 1989.

OLLE, James Gordon – *Library history*. London: Clive Bingley; München: Saur, 1979.

ORERA ORERA, Luísa (Ed.) – *Manual de biblioteconomia*. Madrid: Editorial Síntesis, 2002.

ORNATO, Ezio – *La face cachée du livre médiéval: l'histoire du livre*. Roma: Viella Editrice, 1997.

OTLET, Paul – *Traité de documentation: le livre sur le livre: théorie et pratique*. Bruxelles: Editiones Mundaneum, 1934.

PACHECO, José – *A divina arte negra e o livro português*. Lisboa: Vega, 1988.

PÁGINAS A & B: arquivos e bibliotecas. Dir. Maria Luísa Cabral. Lisboa: Ed. Colibri, 1997- 2006.

PAIVA, Lucília – *A normalização no campo da informação em Portugal*. "Cadernos BAD". 1 (1983) 65-73.

PALMA, Ernesto – *A orientação da leitura*. Lisboa: Sociedade de Expansão Cultural, [19--?].

PAMPLONA, Fernando de – *Dicionário de pintores e escultores portugueses ou que trabalharam em Portugal*. Porto: Livraria Civilização, 2000.

PAÑOS ALVAREZ, António – *La empresa documental*. In "Manual de Ciências de la Documentación". Madrid: Ediciones Pirámide, 2002, p. 721-742.

PASSOS, Carlos de – *Nomenclatura diplomática*. "Anais das Bibliotecas e Arquivos". Série II. 3 (1922) 277-278.

PASTOUREAU, Michel – *Les sceaux*. Turnhout: Brepols, 1981.

PEDERSON, Johannes – *The arabic book*. Princeton: Princeton University Press, 1985.

PEDRO, Manuel – *Dicionário técnico do tipógrafo*. Porto: Imprensa Moderna, 1948.
— *Os caracteres de imprensa e a tipografia científica*. Porto: Imprensa Moderna, 1946.
PEIGNOT, Gabriel – *Dictionnaire raisonné de bibliologie*. Paris: Chez Villier, 1802.
PEIGNOT, Jerôme – *De l'écriture à la typographie*. Paris: Gallimard, 1967.
— *Du calligramme*. Paris: Ed. Du Chêne, 1978.
PEIXOTO, Jorge – *Bibliografia analítica das bibliografias portuguesas: (.../1974)*. Coimbra: B. G. U. C., 1987.
— *Bibliotecas, arquivos & documentação*. Lisboa: Ocidente, 1965.
— *Gabinetes de leitura em Portugal nos começos do século XIX*. "Comércio do Porto". 24 Out. 1967.
— *História do livro impresso em Portugal*. Coimbra: Atlântida, 1967.
— *ISBD(M e S): a descrição bibliográfica internacional normalizada das monografias e das publicações em série*. Coimbra: Biblioteca Geral da Universidade, 1974.
— *Para a história do comércio do livro em Portugal: leilões em Coimbra no século XIX*. Coimbra: Arquivo Coimbrão, 1970.
— *Para a história do livro em Portugal: sociedade tradutora e encarregada do melhoramento da arte de imprimir e de encadernar*. Coimbra: FLUC, Instituto de Estudos Históricos Doutor António de Vasconcelos, 1970.
— *Progresso em informação bibliográfica*. Coimbra: Atlântida, 1965.
— *Técnica bibliográfica: subsídio para a bibliografia portuguesa*. Coimbra: Atlântida, 1962.
PELLITTERI, Giuseppe – *Il carattere: storia, evoluzione morfologica, stile, disegno, fabbricazione*. Roma: Editrice Raggio, 1947.
PENNAC, Daniel – *Como um romance*. Porto: Asa, 1993.
PEREIRA, Alexandre Dias – *Direitos de autor: da imprensa à Internet* [Em linha]. [Consult. 20 Fev. 2005]. Disponível em WWW:<URL: http://www.ciberscopio.net/artigos/tema3/cdif-01.html>.
PEREIRA, Isaías da Rosa – *Codicologia. Arqueologia do livro*. "Boletim de Angra do Heroísmo". 35 (1979) 7-23.
— *Documentos para a história do papel em Portugal*. Lisboa: I. R. Pereira, 1990.
— *Dos livros e dos seus nomes: bibliotecas litúrgicas medievais*. "Arquivo de Bibliografia Portuguesa". 63-70 (Jan.-Dez. 1971-1973) 97-131.
— *Notas históricas acerca de livros proibidos*. Lisboa: [s.n.], 1976.
PEREIRA, José E. – *Manual prático de jornalismo*. Lisboa: Ed. Notícias, 1981.
PEREIRA, Maria Helena da Rocha – *Estudos de história da cultura clássica*. Lisboa: Fundação Calouste Gulbenkian, 1987-1989.
PÉREZ ÁLVAREZ-OSSOIO, J. R. – *Introducción a la información y documentación científica*. Madrid: Alhambra, 1988.
PERICÃO, Maria da Graça – *Bibliografia Mariana portuguesa dos séculos XVII e XVIII*. "Didaskalia: Revista da Faculdade de Teologia de Lisboa". 20 (1990) 249-464.
PERICÃO, Maria do Rosário – *Subsídio para o estudo da deterioração, prevenção e restauro dos documentos gráficos*. Coimbra: [s.n.], 1973.
PERSUY, Annie; EVRARD, Sun – *La reliure*. Paris: Denoel, 1983.
PESSOA, Ana Maria – *Como fazer uma ficha de leitura?* Setúbal: Escola Superior de Educação, 1988.
PETERS, Jean – *The bookman's glossary*. 6th ed. New York [etc.]: R. R. Bowker Company, 1983.
PETRUCCI, Armando – *Copisti e libri manoscritti dopo l'avvento della stampa*. Spoleto: Centro Italiano di Studi sull'Alto Medioevo, [1993?].
— *La descrizione del manoscritto: storia, problemi, modelli*. Roma: Carocci, 2001.
PETZHOLDT, Giulio – *Manuale del bibliotecario*. Milano: Ulrico Hoepli, 1984.

PIMENTA, Belisário – *Memórias dum aprendiz de gravador: notas para a história da gravura em madeira em Portugal*. Coimbra: [s.n.], 1961.
PINHEIRO, Dinis Bordalo – *Alguns pontos de vista sobre artes gráficas*. Lisboa: [s.n.], 1934.
PINTO, A. Marques – *Prontuário de medalhística*. Porto: A. Marques Pinto, 1971.
PINTO, Américo Cortês – *Da famosa arte da imprimissão: da imprensa em Portugal às cruzadas d'além-mar*. Lisboa: Editora Ulisseia, 1948.
PINTO MOLINA, M. – *El resumen documental: paradigmas, modelos y métodos*. 2ª ed. Madrid: Fundación Germán Sánchez Ruipérez, 2001.
PIPICS, Z. – *Dictionarium bibliothecarii practicum (ad usum internationales in xx linguis...)* München-Pullach: Verlag Dokumentation, 1970.
POLLARD, Michel – *Johann Gutenberg: a história da invenção da imprensa, que conduziu à explosão do conhecimento*. Lisboa: Ed. Replicação, 1992.
PONOMARENKO, Lisa – *La gravure sur bois à travers 69 incunables et 134 gravures*. Paris: Éd. Les Yeux Ouverts, [1970].
PORTA, Frederico – *Dicionário de artes gráficas*. Rio de Janeiro: Ed. Globo, 1958.
PORTELA, Manuel – *O comércio da literatura: mercado e representação: ensaio*. Lisboa: Antígona, 2003.
PORTUGAL CONTEMPORÂNEO. Lisboa: Alfa, l989.
PORTUGAL. Biblioteca Nacional – *Tesouros da Biblioteca Nacional*. Lisboa: Inapa, 1992.
PORTUGAL. Direcção Geral do Ensino Superior e das Belas-Artes – *Bibliotecas e arquivos de Portugal*. Lisboa: Ministério da Educação Nacional, 1969.
— *Regras portuguesas de catalogação*: (trabalhos preparatórios I e II). Lisboa: Ministério da Educação Nacional, 1967.
PORTUGAL. Gabinete do Direito Europeu – *Colecção divulgação do direito comunitário: direito comunitário de autor e jurisprudência comunitária mais significativa*. Lisboa: Ministério da Justiça, 1997.
PORTUGAL. Instituto da Biblioteca Nacional e do Livro – *Direito de autor em Portugal: um percurso histórico*. Lisboa: IBL, 1994.
PORTUGAL. Instituto Português do Património Cultural – *Regras portuguesas de catalogação*. 3ª reimp. Lisboa: BN, 2000.
PORTUGAL. Ministério da Educação Nacional. Gabinete de Estudos e Planeamento – *Ensaio para um estudo nacional sobre literacia*. Lisboa: MEN, GEP, 1989.
PORTUGAL. Secretaria de Estado da Comunicação Social – *Modernizar e garantir a liberdade*. Lisboa: Grafiarte, 1983.
POULTER, Alan – *Towards a virtual reality library*. "ASLIB Proceedings". 45: 1 (1993) 11-17.
PRATES, Maria Cristina – *Noções de biblioteconomia*. "Cadernos FAOJ". Série B. 13 (1985).
PREMIS WORKING GROUP – *Data dictionary for preservation metadata: final report of the PREMIS Working Group, OCLC Online Computer Library Center & Research Libraries Group*. Dublin (Ohio): final report, 2005.
PRESERVATION of library and archival materials: a manual. 3rd ed. Andover, Mass.: Northeast Document Conservation Center, 1999.
PRÉVOTEAU, Marie-Hélène; UTARD, Jean-Claude – *Manuel de bibliographie générale*. Paris: Cercle de la Librairie, 1995.
PROENÇA, A.; LOPES, S. – *Digital Preservation*. Covilhã: Departamento de Informática da Universidade da Covilhã, 2004.
PRONTUÁRIO da língua portuguesa para escrever correctamente. Porto: Porto Editora, 2005.
PROTÓTIPO E-Ink/Philips [Em linha]. [Consult. 12 Dez. 2003]. Disponível em WWW:<URL: http://www.philips.com>.
PROU, Maurice – *Manuel de paléographie latine et française*. 4ème éd. Paris: Auguste Picard, 1924.

PRYTHERCH, Ray – *Handbook of library training practice*. Aldershot: Gower, 1986.
PÚBLICO, 16 Out. 2002, p. 2-5.
PUENTE, A. – *Teoría del esquema y comprensión de la lectura*. In "Comprensión de la lectura y acción docente". Madrid: Fundación Germán Sánchez Ruipérez, 1991.
QUADROS, António – *Algumas reflexões sobre a deontologia da comunicação social*. Lisboa: Instituto Amaro da Costa, [198--?].
RAMOS, Luís A. de Oliveira – *Os monges e os livros no século XVIII: o exemplo da Biblioteca de Tibães*. "Bracara Augusta". 85 (1981) 489-499.
RAMOS, Rui – *Culturas da alfabetização e culturas do analfabetismo em Portugal: uma introdução à história da alfabetização no Portugal contemporâneo*. "Análise Social". 24: 103-104 (1988) 1067--1145.
RASCÃO, José – *Sistemas de informação para as organizações: a informação chave para a tomada de decisão*. Lisboa: Edições Sílabo, 2001.
RATO, Fausto Moreira – *Manual de ex-librística*. Lisboa: Imprensa Nacional–Casa da Moeda, 1976.
RAU, Virgínia – *Estudos de história*. Lisboa: Editorial Verbo, 1968.
READER services in polytechnic libraries. John Fletcher ed. Hants: Gower, 1985.
REAL, Manuel Luís – *Arquivos municipais em Portugal: Porto, o sistema de arquivos da Câmara Municipal do Porto*. Braga: Arquivo Distrital de Braga; Universidade do Minho, 1996.
REAL, Regina M. – *Dicionário de belas-artes: termos técnicos e matérias afins*. Rio de Janeiro: Editora Fundo de Cultura, 1962.
RÉAU, Louis – *Histoire de la peinture au Moyen Âge: la miniature*. Melun: Librairie d'Argencas, 1946.
REBELO, Luís Francisco – *Introdução ao direito de autor*. Lisboa: Sociedade Portuguesa de Autores; Dom Quixote, 1994.
REGO, Raul – *Os índices expurgatórios e a cultura portuguesa*. Lisboa: Instituto de Cultura e Língua Portuguesa, 1982.
REIS, Carlos – *O conhecimento da literatura*. Coimbra: Almedina, 1997.
— ; LOPES, Cristina M. – *Dicionário de narratologia*. 4ª ed. rev. e aum. Coimbra: Almedina, 1994.
RELATÓRIO PISA 2000: resultados do estudo internacional PISA 2000. Lisboa: Ministério da Educação, 2001.
REQUEJO GÓMEZ, Ofelia – *Historia do libro*. Santiago de Compostela: Edicións Lea, 1997.
RÉVAH, Israel Salvator – *La censure inquisitoriale portugaise au XVIème siècle*. Lisboa: Instituto de Alta Cultura, 1960-1964.
REVISTA PORTUGUESA DE HISTÓRIA DO LIVRO. Dir. de Manuel Cadafaz de Matos. Lisboa: Távola Redonda, 1998-2007.
REY, A. – *Le grand Robert*. Paris: Ed. Le Robert, 1986.
REY, Alain – *Encyclopédies et dictionnaires*. Paris: PUF, 1982.
— *La terminologie: noms et notions*. Paris P.U.F., 1992.
RIBEIRO, João Pedro – *Observações históricas e criticas para servirem de memorias ao sistema da diplomatica portugueza*. Lisboa: Typografia da Academia Real das Sciencias, 1798.
RIBEIRO, Nuno – *Multimédia e tecnologias interactivas*. Lisboa: FCA, cop. 2004.
RICE, Stanley – *Book design: systematic aspects*. New York [etc.]: R. R. Bowker, 1978.
RITZENTHALER, Mary Lynn – *Preserving archives and manuscripts*. Chicago: Society of American Archivists, 1993.
RIZZINI, Carlos – *O jornalismo antes da tipografia: as atas romanas*. São Paulo: Companhia Editora Nacional, 1968.

ROBERTS, Matt; ETHERINGTON, Don – *Bookbinding and the conservation of books: a dictionary of descriptive terminology*. Washington: Library of Congress, 1982.
ROCHA, João L. de Moraes – *O essencial sobre a imprensa em Portugal*. Lisboa: Imprensa Nacional-Casa da Moeda, 1998.
ROCHA, Margarida Almeida – *Novas tecnologias de comunicação e direito de autor*. Lisboa: [s. n.], 1986.
ROCKEK ebook pro: ebook hardware [Em linha]. [Consult. 24 Ag. 2006]. Disponível em WWW: <URL:http://www.planetbook.com>.
RODRIGUES, Adriano Duarte – *A comunicação social: noção, história, linguagem*. 2ª ed. Lisboa: Vega, [1980].
— *O campo dos media: discursividade, narratividade, máquinas*. Lisboa: A Regra do Jogo, 1981.
— ; DIONÍSIO, Eduarda; NEVES, Helena – *Comunicação social e jornalismo*. Lisboa: A Regra do Jogo, 1981.
RODRIGUES, Graça Almeida – *Breve história da censura literária em Portugal*. Lisboa: Instituto da Cultura e Literatura Portuguesa, 1980.
RODRIGUES, Guilherme – *Diccionario histórico, chorographico, biographico, heráldico, numismático e artístico*. Lisboa: João Romano Torres & Cª, 1912.
RONCAGLIA, A. – *Principi e applicazioni di critica testuale*. Roma: Bulzoni, 1975.
ROSADO, Nuno – *A imprensa*. Lisboa: Ministério da Educação Nacional, D.G.E.P., 1966.
ROSENBERG, Kenyon C.; ELSBREE, John – *Dictionary of library and educational technology*. 3rd and enlarg. ed. Englewood: Libraries Unlimited, 1989.
ROUSSEAU, Jean-Yves; COUTURE, Carol – *Os fundamentos da disciplina arquivística*. Lisboa: Dom Quixote, 1998.
ROWLEY, Jennifer – *The electronic library*. London: Library Association Publishing, 1998.
— ; TURNER, C. M. D. – *The dissemination of information*. London: The Trinity Press, 1978.
RUIZ GARCIA, Elisa – *Introducción a la codicologia*. Madrid: Fundación Germán Sánchez Ruipérez, 2002.
— *Manual de codicologia*. Madrid: Fundación Germán Sánchez Ruipérez, 1988.
RUMO, Corinne – *La publication assistée par ordinateur*. Genève: École de Traduction et Interprétation, 1989.
SÁ, Vítor de – *As bibliotecas, o público e a cultura: um inquérito necessário*. Lisboa: Livros Horizonte, 1983.
SABER DIGITAL [Em linha]. [Consult. 20 Jul. 2006]. Disponível em WWW: <URL:http://www.Universiabrasil.net/index.jsp>.
SALGADO, Lucília – *Literacia e aprendizagem da leitura e da escrita*. 1ª ed. Lisboa: Ministério da Educação, 1997.
SALGUEIRO, Emílio – *Decifrar: prova de avaliação da capacidade de leitura*. Lisboa: ISPA, 2002.
SALLES, René – *5000 ans d'histoire du livre*. Rennes: Ouest-France, 1986.
SALOMON, Délcio Vieira – *Como fazer uma monografia*. 3ª ed. São Paulo: Martins Fontes, 1994.
SALVADOR, Ângelo Domingos – *Métodos e técnicas de pesquisa bibliográfica: elaboração e relatório de estudos científicos*. 11ª ed. Porto Alegre: Editora Sulina, 1986.
SAMPAIO, Eduardo Jaime Franco – *Contribuição para o estudo da entomofauna do livro em Portugal: situação sanitária das bibliotecas e arquivos*. Lisboa: Inspecção Superior das Bibliotecas e Arquivos, 1960.
SÁNCHEZ MARIANA, Manuel – *El comentario de Beato al Apocalipsis*. Madrid: Biblioteca Nacional, 1976.
— *Introducción al libro manuscrito*. Madrid: Arco/libros, 1995.
SANTOS, Fernando – *Saber escrever: a arte e a técnica da escrita*. Queluz: Edições Chambel, 1998.

SANTOS, Maria de Lurdes Lima – *As penas de viver da pena: o mercado do livro em Portugal no século XIX*. "Análise social". 3ª série. XXI (1985) 187-227.
SANTOS, Maria José Azevedo – *Ars scribendi: textos e imagens*. Coimbra: [s.n.], 1998.
— *Da visigótica à carolina: a escrita em Portugal de 882 a 1172: aspectos técnicos e culturais*. Lisboa: Fundação Calouste Gulbenkian; JNICT, 1994.
— *Ler e compreender a escrita na Idade Média*. Lisboa: Colibi, 2000.
— *O "ornamento literário" em documentos medievais: o preâmbulo ou arenga (773(?)-1123)*. Coimbra: [s.n.], 1992.
SANTOS, Piedade Braga – *Actividade da Real Mesa Censória: uma sondagem*. "Cultura-História e Filosofia". 2 (1983) 377-440.
SANTOS, Raul Esteves dos – *A arte negra*. Lisboa: Ed. Império, 1941.
SANTOS, Reinaldo dos – *Oito séculos de arte portuguesa: história e espírito*. Lisboa: Empresa Nacional de Publicidade, [19--?].
SARACEVIC, Tefko; KANTOR, Paul B. – *Studying the value of library and information services*. Pt. 1. "Journal of the American Society for Information Science". 48: 6 (1997) 527-542.
SAUPPE, Eberhardt – *Dictionary of librarianship*. München: K. G. Saur, 1988.
SAVAGE, William – *A dictionary of the art of printing*. London: Longman, Brown, Green and Longmans, 1841.
SAWYER, Susan K. – *Electronic books: their definition, usage and role in libraries*. "LIBRES: Library and Information Science Research" [Em linha]. 12:2 (2002). [Consult. 27 Nov. 2002]. Disponível em WWW:<URL: http://libres.curtin.edu.au/libres12n2/Index.htm>.
SCHIFFRIN, André – *L'édition sans éditeurs*. Paris: La Fabrique éd., 1999.
SCHMIDT, Cecília S. – *A escrita, o livro e a tipografia*. Lisboa: José Rodrigues Júnior, cop. 1945.
SCHOLES, R. – *Protocolos de leitura*. Lisboa: Edições 70, 1991.
SCHULZ, Gunther – *Terms and methods for technical archiving of audiovisual materials = Thermes et méthodes d'archivage téchnique de documents audiovisuels*. München [etc.]: K. G. Saur, 1992.
SCHUWER, Philippe – *Dictionnaire bilingue de l'édition*. Paris: Cercle de la Librairie, 1993.
SCHWARCZ, Lilia Moritz; AZEVEDO, Paulo César de – *O livro dos livros da Real Biblioteca*. São Paulo: Fundação Biblioteca Nacional; Fundação Odebrecht, 2003.
SECURITY for librarians. Ed. by Marvine Brand. Chicago: ALA; Wills & Hepworth, 1984.
SEMINÁRIO DE JORNALISMO, 1, Lisboa, 1976 – *Problemas da informação: I Seminário de Jornalismo realizado em Lisboa de 17 a 26 de Maio de 1976*. Lisboa: Direcção Geral da Divulgação, 1976.
SERVAN-SCHREIBER, Jean-Louis – *O poder da informação*. Lisboa: Europa-América, 1974.
SEVERINO, António Joaquim – *Metodologia do trabalho científico*. 20ª ed. São Paulo: Cortez Editora, 1996.
SHAW, Harry – *Dicionário de termos literários*. Lisboa: Dom Quixote, 1982.
SIDDLE, W. D. – *The story of newspapers*. Loughborough: Wills & Hepworth, 1969.
SILVA, Abílio da – *Artes gráficas: noções fundamentais*. Lourenço Marques: Imprensa Nacional, 1973.
SILVA, Armando Malheiro da [et al.] – *Arquivística: teoria e prática de uma ciência da informação*. Porto: Afrontamento, 1998.
SILVA, Inocêncio Francisco da – *Diccionario bibliographico portuguez*. Lisboa: Imprensa Nacional, 1984.
SILVA, Joaquim Carneiro da – *Breve tratado theorico das letras typographicas*. Lisboa: Regia Officina Typografica, 1803.
SILVA, Joaquim José Ventura – *Regras methodicas para aprender a escrever*. Lisboa: Impressão Régia, 1819.
SILVA, José Seabra da – *Deducção chronologica e analytica...* Lisboa: Miguel Manescal da Costa, 1768.

SILVA, Libânio da – *Manual do tipógrafo*. Lisboa: Grémio Nacional dos Industriais Gráficos, 1962.
SIMON, Oliver – *Introduction to typography*. Harmondsworth: Penguin Books, 1954.
SIRAT, Colette – *Du scribe au livre: les manuscrits hébreux au Moyen Âge*. Paris: CNRS, 1994.
— *Écriture et civilizations*. Paris: Institut de Recherche et d'Histoire des textes, 1976.
— *La morphologie humaine et la direction des écritures*. [Sl.: s.n, 1987?].
SITTER, Clara L. – *The vertical file and its alternatives*. Englewood: Libraries Unlimited, 1992.
SOARES, Ernesto – *História da gravura artística em Portugal: os artistas e as suas obras*. Nova ed. Lisboa: Livraria Samcarlos, 1971.
SOFTBOOK [Em linha]. [Consult. 20 Jun. 2005]. Disponível em WWW: <URL:http://www.SoftBook.com>.
SONY LIBRIÉ E-BOOK READER [Em linha]. [Consult. 2 Jan. 2004]. Disponível em WWW: <URL: http://www.Eink.com/news/images/SONY_Reader_1000EP.jpg>.
SOUSA, António de – *Introdução à gestão: uma abordagem sistémica*. Lisboa: Verbo, 1990.
SOUSA, Gonçalo de Vasconcelos e – *Propostas para uma metodologia de investigação, apresentação e redacção de trabalhos científicos*. Florianópolis: Universidade do Estado de Santa Catarina; Fundação de Estudos Superiores de Administração e Gerência, 1997.
SPINELLI JÚNIOR, Jaime – *A conservação de acervos bibliográficos & documentais*. Rio de Janeiro: Fundação Biblioteca Nacional, Dep. de Processos Técnicos, 1997.
— *Introdução à conservação de acervos bibliográficos*. "Anais da Biblioteca Nacional". 111 (1991) 63-116.
STEINBERG, S. H. – *500 años de imprenta*. Barcelona: Ediciones Zeus, 1963.
STIENNON, Jacques – *Paléographie du Moyen-Âge*. Paris: A. Colin, 1999.
STOKES, Adrian V. – *Concise encyclopædia of information technology*. Aldershot: Gower, 1982.
TAVARES, Jorge Campos – *Dicionário de santos*. 2ª ed. Porto: Lello & Irmão, 1990.
TENGARRINHA, José – *Da liberdade unificada à liberdade subvertida*. Lisboa: Colibri, 1993.
— *História da imprensa periódica portuguesa*. Lisboa: Portugália, [1965].
TENTATIVA de um dicionário de bibliotecnia. "Anais das Bibliotecas e Arquivos". 4: 13-14 (1923) 210-220; 6: 21 (1925) 6-17; 6: 22-23 (1925) 66-80; 6: 24 (1925) 166-176. Série 2, 7: 25-28 (1926) 115-123.
TERCEIRO, José B. – *Sociedade digital: do homo sapiens ao homo digitalis*. Lisboa: Relógio d'Água, 1997.
TERMINOLOGY of documentation. Compil. by Gernot Wersig and Ulrich Neveling. Paris: Unesco Press, 1976.
TEYSSIER, Paul – *História da língua portuguesa*. Lisboa: Sá da Costa, 1982.
THE LIBRARIAN'S THESAURUS: a concise guide to library and information terms. Ed. by Mary Ellen Soper. Chicago and London: ALA, 1990.
THE PRACTICAL GUIDE to books repair and conservation. London: Thames and Hudson Ltd., 1988.
THE THESAURUS for graphical materials: topical terms for subject access. Washington: Library of Congress, 1987.
THE UNISIST GUIDELINES for the establishment and development of monolingual thesauri [Em linha]. [Consult. 14 Fev. 2005]. Disponível em WWW: <URL:http://ceiba3.cc.ntu.edu.tw/course/cb9879/92.05.15.ppt>.
THOMAS, Barbro – *Guidelines for public libraries promoting literacy*. Paris: Unesco, 1993.
— *Role of public libraries in promoting reading and full literacy: final report*. Paris: Unesco, 1993.
THOMAS, Paule Rolland; COULOMBE, Victor; CABOT, Juliette – *Vocabulaire technique de la bibliothéconomie et de la bibliographie, suivi d'un léxique anglais-français*. Montréal: Association Canadienne des Bibliothécaires de Langue Française, 1969.

TILLIN, Alma M. [et al.] – *Standards for cataloguing nonprint materials.* 4th ed. Washington: Association for Educational Communications & Technology, 1976.
TINTA y papel: industria y arte. Alicante: Museo Investigación, 2002.
TRATADO básico de biblioteconomia. 2ª ed. Madrid: Editorial Complutense, 1996.
TUCKER, John Mark – *Le verbe (logos), la Bible (biblos) et la bibliothèque (bibliothêkê): les influences chrétiennes sur le développement de la bibliothèque.* 66th IFLA Council and General Conference, Jerusalém, Israel, 13-18 August [Em linha]. [Consult. 28 Ag. 2004]. Disponível em www: <URL: http://www.ifla.org/IV/ifla66/66intro.htm>.
UNESCO – *ABC do direito de autor.* Lisboa: Presença, 1984.
— *Principes d'indexation.* Paris: Unesco, 1975.
— *Terminology of documentation.* Paris: Unesco Press, 1976.
UNESCO. División de la Sociedad de la Información – *Directrices para la preservación del patrimonio digital.* [S. l.]: Unesco, 2003.
UNESCO. International Bureau of Education – *Directory of educational documentation and information services.* 3rd ed. Paris: Unesco, 1979.
UNION LATINE – *Dictionnaire de la presse écrite et audiovisuelle.* Paris: La Maison du Dictionnaire, 1981.
UNISIST – *Pautas para el establecimiento y la evaluación de los servicios de difusión selectiva de información.* Paris: Organización de las Naciones Unidas para la Educación, la Ciencia y la Cultura, 1980.
UPDIKE, Daniel Berkeley – *Printing types: their history, forms and use: a study in survivals.* London: Oxford University Press, 1962.
USHERWOOD, Bob – *A Biblioteca pública como conhecimento público.* Lisboa: Caminho, 1999.
VAN DIJK, T. A. – *La ciencia del texto.* Barcelona: Paidós, 1983.
VANDERDORPE, Christian – *Du papyrus à l'hypertexte: essai sur les mutations du texte et de la lecture.* Paris: La Découverte, 1999.
VASSALO, Francisco Ruiz – *Manual de símbolos electrónicos.* Lisboa: Plátano, 1987.
VAUCAIRE, Michel – *La bibliophilie.* Paris: PUF, 1970.
— *Le livre, valeur de placement. Suivi de Patrice Hennessy L'autographe, valeur de placement: conseils aux amateurs et collectionneurs.* Paris: Guy Le Prat, 1970.
VENTURA, João J. B. – *Bibliotecas e esfera pública.* Oeiras: Celta Editora, 2002.
VERBO-Enciclopédia Luso-Brasileira de Cultura. Lisboa: Editorial Verbo, 1963-[200-].
VEREDAS: Revista da Associação Internacional de Lusitanistas. 1 (1998)- 4 (2001).
VEZIN, Jean – *Évolution des techniques de la reliure médiévale.* Paris: Bibliothèque Nationale, 1973.
VICENTE, Guilhermino – *Paginação do livro.* Lisboa: Oficina Sales, 1960.
VICTOR-MICHEL, V. P. – *Essai sur le livre de qualité.* 1ère éd. Paris: Compagnie Française des Arts Graphiques, 1948.
VIEIRA, Alexandre – *No domínio das artes gráficas: apontamentos histórico-técnicos e teórico-práticos de todas as indústrias gráficas desde os séculos XV a XX.* Braga: Livraria Editora Pax, 1978.
— *Cartilha das artes gráficas: apontamentos histórico-técnicos e teórico-práticos de todas as indústrias gráficas desde os séculos XV a XX.* Braga: Editora Pax, 1978.
— *O livro e suas técnicas.* Braga: Ed. Correio do Minho, 1992.
— *Prontuário gráfico.* Braga: Livraria Editora Pax, 1976.
VILLAÇA, Nízia – *Sobre o e-book: produção editorial e novas tecnologias.* "e.Pós". 2:4 (2003) Universidade Federal do Rio de Janeiro [Em linha]. [Consult. 12 Dez. 2003]. Disponível em WWW: <URL: http://www.eco.ufrj.br/epos/artigos/art-nizia.htm>.
VIÑAS, Vicente – *Tradition restoration techniques.* Paris: Unesco, 1988.
— ; VIÑAS, R. – *Les techniques traditionnelles de restauration: une étude RAMP.* Paris: Unesco, 1992.

VINCENT, D. – *Reading tests in the classroom*. Berkshire: NFER-Nelson, 1985.
VINDEL, Francisco – *Manual de conocimientos tecnicos y culturales para profesionales del libro*. Madrid: Instituto Nacional del Libro Español, 1943.
VITERBO, Joaquim de Santa Rosa de – *Elucidario das palavras, termos e frases...* Porto: Livraria Civilização, 1993.
VITERBO, Sousa – *A gravura em Portugal: breves apontamentos para a sua história*. Lisboa: Typ. da Casa da Moeda e Papel Sellado, 1909.
— *O movimento tipográfico em Portugal no século XVI: apontamentos para a sua história*. Coimbra: Imprensa da Universidade, 1924.
— *O papel*. «O Instituto». (1903) 555-563.
VOCABULAIRE du livre et de l'écriture au Moyen Âge: actes de la Table Ronde, Paris, 24-26 septembre 1987. Édités par Olga Weijers. Turnhout: Brepols, 1989.
VOCABULARIUM Bibliothecarii. Commencé par Henri Lemaître, rev. et augmenté par Anthony Thompson. Paris: Unesco, 1954.
—. Compil. by Anthony Thompson. Nouv. éd. rev. et augm. Paris: Unesco, 1962.
WACHTER, Wolfgang; ROTZSCH, Helmuth – *Les techniques de conservation de masse des ouvrages de bibliothèque et des archives*. Paris: Unesco, 1989.
WALTHER, Ingo F.; WOLF, Norbert – *Codices illustrés: the world's most famous illuminated manuscripts: 400 to 1600*. Colonia: Taschen, 2001.
WATTERS, Carolyn – *Dictionary of information science and technology*. Boston [etc.]: Academic Press, 1992.
WEBBER, Max – *Metodologia das ciências sociais*. São Paulo: Editora da Universidade Estadual de Campinas, 1992.
WEIHS, Jean – *Accessible storage of nonbook materials*. [S. l.]: Oryx Press, 1984.
— *Nonbook materials*. 3rd ed. Ottawa: Canadian Library Association, 1989.
WEIJERS, Olga – *Études sur le vocabulaire intellectuel au Moyen Âge*. Turnhout: Brepols, cop. 1993.
WEISBERG, Jacob – *The modern library: will anyone borrow books in the future?* "Slate on paper". 24 (Out. 1988).
WEISE, O. – *La escritura y el libro*. Barcelona: Labor, 1951.
WEITZMANN, Kurt – *El rollo y el codice: un estudio del origen y el método de la iluminación de textos*. Madrid: Editorial Nerea, 1990.
WELLHEISER, Johanna G. – *Nonchemical treatment processes for desinfestation of insects and fungi in library collections*. München [etc]: K. G. Saur, 1992.
WERDET, Edmond – *Histoire du livre en France*. Paris: E. Dentu, 1861-1862.
WIJNEKUS, F. J. M. – *Dictionary of the printing and allied industries*. Amsterdam: Elsevier, 1969.
— *Elsevier's Dictionary of the printing and allied industries in four languages*. Amsterdam: Elsevier, 1967.
WITHERS, F. N. – *Normes pour l'établissement des services de bibliothèques*. Paris: Unesco, 1975.
— *Standards for library service*. Paris: Unesco, 1974.
WOLF, Mauro – *Teorias da comunicação*. Lisboa: Presença, 1987.
WOODROW, Alain – *Informação, manipulação*. Lisboa: Dom Quixote, 1991.
WOODS, Allan – *Modern newspaper production*. New York: Harper & Row Publishers, 1963.
WOODYARD, D. – *Farewell my floppy: a strategy for migration of digital information*. 1998 [Em linha]. [Consult. 2 Mar. 1999]. Disponível em WWW: <URL: http://www.nla.gov.au/nla/staffpaper/valadw.html>.
ZAMBEL, Miriam Nani – *Glossário de termos usuais em biblioteconomia e documentação*. São Carlos: Fundação Theodoreto Souto, 1978.
ZELGER, Gaston – *Manuel de l'édition et de librairie*. Paris: Payot, 1928.

ZERDOUN BAT YEHOUDA, Monique – *Les encres noires au Moyen Âge (jusqu'à 1600)*. Paris: CNRS, 1983.

ZÚQUETE, Afonso Eduardo Martins – *Armorial lusitano: genealogia e heráldica*. Lisboa: Ed. Enciclopédia, 1961.